贵州文库编辑出版委员会

贵州文库

孙应鳌全集

第一册

〔明〕孙应鳌 撰

赵广升 编校

贵州出版集团
贵州人民出版社

图书在版编目(CIP)数据

孙应鳌全集 / (明) 孙应鳌撰 ; 赵广升编校. —
贵阳 : 贵州人民出版社, 2023.3
(贵州文库)
ISBN 978-7-221-17491-8
Ⅰ. ①孙… Ⅱ. ①孙… ②赵… Ⅲ. ①孙应鳌
(1527-1586) - 哲学思想 - 文集 Ⅳ. ①B248.99-53
中国版本图书馆 CIP 数据核字(2022)第 214963 号

贵州文库

贵州文库编辑出版委员会

Sūn Yìng'áo Quánjí

孙应鳌全集(全四册)

撰 著 者 〔明〕孙应鳌
编 校 者 赵广升

主 审 李立朴
出 版 人 朱文迅
责任编辑 周 婕 孔令敏
装帧设计 何 萍 温力民
文库名题写 戴明贤
文库名治印 董绍伟
责任印制 尹晓蓓 蔡继磊
出版发行 贵州出版集团 贵州人民出版社
贵阳市观山湖区会展东路 SOHO 办公区 A 座 0851-86828612
印 刷 深圳市新联美术印刷有限公司
版 次 2023 年 3 月第 1 版
印 次 2024 年 6 月第 1 次印刷
开 本 787mm × 1092mm 1/16
印 张 145
字 数 1500 千字
书 号 ISBN 978-7-221-17491-8
定 价 900.00 元

贵州人民出版社微信

出版说明

《贵州文库》是收录和整理贵州古近代历史文献（包括少数民族文献）的大型丛书。该项目旨在系统发掘贵州历史文化资源，通过顶层设计和规划，形成贵州历史文献的经典集成，以推进贵州优秀文化的广泛传播，推动多民族文化大发展大繁荣，建设多彩贵州民族特色文化强省。

《贵州文库》收录时限自今贵州省境有文献始，至公元一九四九年九月三十日止。所收文献分为汉文文献和少数民族文献两大类，前者包括贵州籍人士的著述与客籍人士关乎贵州的著述，后者包括用少数民族文字记载的文献、用汉文记载的少数民族文献和少数民族口传文献。编纂分为整理点校、原版影印以及两种纸质本数据化三种形式，出版为汉文献精装点校、精装影印、线装影印，少数民族文献精装整理翻译、线装影印五个系列。汉文献板块：点校整理系列、精装影印系列共编为四百馀册，线装影印系列数十种。少数民族文献板块：整理翻译系列若干册，线装影印数十种。数据库则收储纸质出版物全部内容。

《贵州文库》的编辑出版，是贵州文化发展史上具有里程碑意义的重大工程，它将为提升贵州文化自觉自信奠定坚实的文献基础，将为实现贵州经济社会发展新跨越提供精神动力和文化支撑。

贵州文库编辑出版委员会

二〇一七年四月

贵州文库总序

贵州省山高水远，历史悠久。原始社会，孕育过古人类；文明时代，涵养了各民族。文化多彩，绚丽独特。

各民族生聚于斯，敬畏自然，和睦相处，安顿心灵，富于智慧，并留下珍贵文献：少数民族口碑文献如《亚鲁王》《安王与祖王》等；刻画文献如《侗族古法十二条》《雷公坪石刻残片》等。此外，各民族或用自创古文字，书写《宇宙人文论》《正七经》等；或借用汉字，书写《贾理》《占堆多堂》之类。

建省之前，汉文献偶论此域：如《史记》《汉书》《后汉书》《华阳国志》中提及的“牂牁”“夜郎”“竹王”等。此后，本土人外出求知，或延宾传道，外地人或以宦游，或以遣戍，或以贸迁，或以流寓，纷纷踏入山门，遂有专注于山川道里著述之出现，如《宋史·艺文志》录有《思州图经》一卷、《珍州图经》三卷，元代还有《顺元路安抚司志》《黄平府志》等，后《大明一统志》卷七十二引文有《遵义军图经》二则，可惜都因兵燹虫蠹、天灾人祸，有意损毁、无意遗弃等，现已湮灭无迹。永乐十一年（一四一三）贵州建省以后，山门洞开，文教勃兴，本省人才蜂起，著述渐丰。如孙应鳌崛为南中心学巨擘，杨文骢诗书画驰名江左，郑珍领清诗三百年之“王气”，莫友芝甄录一代明诗。外省士人驻足，更使气象一新，如王阳明贬谪，著居夷之集；洪亮吉督学，作水道之考，等等，不烦枚举。仅民国《贵州通志·艺文志》所著录本籍人士著作，经、史、子、集各类，就有一千八百六十三部之多。

于是有心志者更致力于乡邦文献之搜集整理：历史方面，自明代以来修纂志书者，都对贵州书籍图录进行过全面搜寻利用；诗歌一门，则有清代瓮安傅氏父子搜辑“黔风”四种，铜仁徐檠采编《全黔诗萃》，独山莫氏、遵义黎氏等辑纂《黔诗纪略》前后编，等等。全面文献整理，则始自民国之续修通志。总纂任可澄先生，清楚意识到贵州文化自信必需“于文字历史发挥而光大”，于是专设机构，征辑编印《黔南丛书》。原规模为二十集二百七十六种一千零九十八卷，但终因战乱、经费等困扰，仅出版六十八种二百一十八卷而止。

中华人民共和国建立，省域历史文献工作得到关怀，但前期中心工作措意于政治，后期致力于经济，文献成绩虽有，而终显零散。近年以来，中央主导于前，空前重视优秀传统文化之继承弘扬，强调文化自觉自信；而贵州紧随其后，挟政治稳定、经济腾飞之势，文化工作不断提升，人文精神得以提炼。以往被遮蔽误读而自卑之西南边省贵州，正以崭新之面貌、磅礴之气势走向前台。

盛世修史。二〇一六年三月，在省委、省政府领导下，启动了大型古籍文献丛书《贵州文库》的编纂，这是建省六百多年来未有之盛事。期以历史经验，创新贵州敬畏自然、珍惜资源的“天人合一”传统，保持贵州恒志新知、精进力行的“知行合一”精神，建设多彩贵州民族特色文化强省。

兹事体大，于是由省委、省政府主要领导任顾问，分管领导牵头，有关部门参与，群智众力，共襄伟业。本丛书既要取先行各省之优点，又有贵州本土之特色；既征汉族典籍，又采含少数民族文献；以中华人民共和国成立之前为时限；科学规划，顶层设计，搜采无遗，精抉细择；标点校勘，简体横排；遴选珍善版本，原样再造；另择文献价值高、亟须保护性传承的文献，影印保存；同步建立“贵州古籍数据库”，等等。初纂巨制，任重道远，当抱弘毅之志，知难而进，誓成此编，为实现贵州经济社会发展新跨越提供强大精神动力和文化支撑。

任可澄先生曾怀“与中原文献之邦絜短量长”“与欧美富强之国并驱争先”之决心编辑《黔南丛书》，“于文字历史发挥而光大之”。今文库之纂辑，继往开来，百年遗愿，当代可偿。抚今追昔，有文字不可表达者。

是为序。

贵州文库编辑出版委员会

二〇一七年四月

编纂凡例

一、收录时限自今贵州省境有文献始，至公元一九四九年九月三十日止。

二、收录范围为贵州籍人士的个人著述（含少数民族文献）与非贵州籍人士关乎贵州的著述。

三、文库以汉文出版，整理本少数民族文献须翻译为汉文。

四、民国时期只收文献类、学术类和旧体文学著述，白话文文学作品不录。

五、文库排印本分装四百馀册，每册约三十万字。各册不编序号，文库出齐后再出总目，编排次序并书名、作者名索引。

六、传世著作较多的重要作者，其书可以作者命名，称“某某全集”或“某某集”；只收一种著作者，以原书名为本册名；篇幅较少者，多种合印一册，原著作名并列为本册名。

七、古籍整理只据底本与通校本、参校本及参校资料进行校勘标点，民国文献中的用语、标点等，原则上不作改动。

八、以简体字横式排印。简体字以二〇一三年国家颁布的《通用规范汉字表》为准。

九、根据成书点校者，署某某著（编），某某点校；将文献重新编次并点校者,署某某著,某某编校;民国时期的非文言文献,署某某著,某某整理。

十、各书均在卷首排印编委会、总纂、出版项目总执行名单,出版说明,文库总序,编纂凡例等,一书多册者,上述内容只在第一册出现。

十一、各书均由整理者撰写前言一篇,简述原作者生平事迹、该书主要内容及价值、版本源流、所用底本、参校本等,重编图书须说明编排原则及有关情况。

十二、保留原书序跋及其排列次序,附录史志中的著者传、前人所作传记或年谱。

十三、校勘记排于当页下端,以便读者。

十四、原书无目录者据正文提取目录,以便检阅。

十五、原书中国历史纪年不加注公元纪年。

十六、正文排小四号宋体字,原书的双行夹注改为小五号宋体字排印,不加括号。

十七、为保持文库体例的统一,民国文献中的阿拉伯数字改为汉字数字,各书编校前言亦如此。

编校前言

孙应鳌(一五二七—一五八四),字山甫,号淮海,别号道吾,贵州清平卫(今凯里)人。祖籍扬州如皋,先世从明太祖讨张士诚,功授南京神策卫副千户,四世祖调清平卫中左所副千户,诰授游骑将军,遂家清平,至高祖孙钦累功升指挥同知,诰授武德将军,世袭罔替;曾祖孙瀚、祖孙重、父孙衣三世蝉联举人,由学官而至府州同知,为清平卫世袭武职和世业文臣的宦族。孙应鳌举嘉靖丙午(一五四六)贵州乡试第一,登癸丑(一五五三)科进士,改翰林庶吉士,历官户科给事中、刑科右给事中、江西按察佥事、江西布政使司参议。四十年(一五六一)升陕西提学副使,勤考校,汰冗滥,讲身心性命之学。四十二年(一五六三)升四川参政,龙州宣抚薛兆乾、白莲教首蔡伯贯先后叛,应鳌协助督抚平定。四十五年(一五六六)四月升四川按察使,十月升湖广右布政使。隆庆元年(一五六七)十月升右佥都御史抚治郧阳,三年(一五六九)二月以病乞归。万历元年(一五七三)六月起复原官巡抚郧阳,二年(一五七四)九月升大理寺卿。三年(一五七五)四月升户部右侍郎,八月改礼部右侍郎管国子监祭酒事,十月上《恳乞圣明裒集英才以弘教育事疏》,申严下第举人入监之法。四年(一五七六）正月补经筵讲官，四月上《议停援纳入监事例疏》，八月二日帝幸太学，孙应鳌率学官诸生迎驾，四日领受敕谕，九月立国子监祭酒司业题名碑，十月以病乞休。七年（一五七九）起国子监祭酒，十一年（一五八三）起刑部右侍郎，十二年（一五八四）三月升南京工部尚书，七月卒于家，赐祭葬。二十八年（一六〇〇）贵抚郭子章、御史宋兴祖、乡人李时华为其请谥于朝，三十年（一六〇二）赐谥文恭，建祠立祀。

孙应鳌是明代中后期著名理学家，也是黔中王门的代表人物，他先后师事徐樾、蒋信，与阳明后学耿定向、胡直、王畿等巨子切磋心学，著有《教秦总录》《淮海易谈》《四书近语》《左粹类纂》《庄义要删》等书，以心学阐释六经。孙应鳌也是著名教育家，任国子监祭酒时，申严监规、议停援纳，是万历新政的重要内容，推动了明代全国教育事业的发展；晚年家居清平，建学孔书院，著述讲学以终，有功于明代贵州文化教育事业的发展。孙应鳌还是明代著名文学家，与“后七子”巨擘谢榛、王世贞、吴国伦等酬唱往来，他反对不本诸性情、一味模拟汉魏，持“言志”“才情”“妙悟”，抒心独到，卓然自立，在明代文坛上占有一席之地，其《孙山甫督学集》是贵州古代流传至今的最早的一部诗文集，在贵州古代文学发展史上具有开创性意义。万斯同《明史》称孙应鳌“奋起荒徼，以学行知名，为黔中人士之冠”，莫友芝谓“先生以儒术经世，为贵州开省以来人物冠，即以词章论，亦未有媲美于先生者也”。孙应鳌作为明代著名理学家、教育家和文学家，对其著述进行系统搜集整理和点校，不仅对研究明代思想史、教育史和文学史有重要意义，而且对提升贵州人民文化自信也有重要意义。

孙应鳌教育类著述有《谕陕西官师诸生檄》《教秦总录》《雍谕》《孙先生格言》《学孔精舍汇编》五种，注解儒家经典著述有《淮海易谈》《四书近语》《春秋节要》《左粹类纂》《律吕分解》《律吕发明》六种，诗文集有《衡庐游稿》《孙山甫督学诗集》《孙山甫督学集》《归来漫兴》《学孔精舍汇稿》《学孔精舍续稿》六种，另编有《邹文庄公年谱》《道林先生摘言》《庄义要删》三种，凡二十种，今存八种。此次整理《孙应鳌全集》共四册：《教秦总录》二卷，日本内阁文库藏明隆庆二年颜鲸序刻本。《淮海易谈》四卷，明隆庆二年刻本。《四书近语》六卷，见莫友芝所辑《孙文恭公遗书》。以上第一册。《左粹类纂》十二卷，用嘉靖四十二年刻本，参校以万历十一年任养心校本，为第二册。《庄义要删》十卷，万历八年陶幼学刊本，为第三册。《孙山甫督学集》八卷，静嘉堂文库藏明嘉靖四十五年邵元善刻本，台北故宫博物院藏四卷本。《学孔精舍诗钞》六卷，见光绪六年刻《孙文恭公遗书》。辑佚五卷。附录六卷，其中诗文五卷，《清平孙氏族谱》一卷。列“参考书目”于最后，为第四册。

编校者

总　目

貴州文庫

教秦总录

〔明〕孙应鳌 述
〔明〕张学诗 宋昂 等 缉录
赵广升 点校

点校前言

嘉靖四十二年（一五六三）秋，孙应鳌由陕西提学副使升任四川右参政，关中弟子张学诗、宋昴等缉录先生答问心学语为《教秦总录》，刻于西安正学书院。四十三年（一五六四），四川顺庆知府伍典刻于果州正学书院，任瀚作序。隆庆二年（一五六八），湖广提学副使颜鲸又为序，并刻行湖广。万历二年（一五七四），河南右参政温纯为序，南阳知县程逊刻于南阳。五年（一五七七），云南提学副使刘伯燮合《教秦总录》《雍谕》《琐言》三种为《孙先生格言》，交昆明尹张志皋刻于昆明。六年（一五七八），清平及门士汇编先生在秦、在郧、在雍及友朋相切琢语，名《学孔精舍论学汇编》八卷，有刘伯燮序。孙氏生前《教秦总录》凡六刻，惜乎身后著述散佚，清末贵州大儒郑珍、莫友芝搜访多年，亦未睹《教秦总录》，误把《谕陕西官师诸生檄》认作《教秦绪言》。光绪四年（一八七八），莫友芝、莫祥芝兄弟辑刻《孙文恭公遗书》，内所收《教秦绪言》一卷，实为《谕陕西官师诸生檄》。二〇一八年夏，笔者请求山东大学杜泽逊先生帮助，始从日本内阁文库国立公文书馆复制回《教秦总录》。孤本秘籍，重见天日，何其幸哉！

内阁文库藏《教秦总录》二卷，一册。封面左上签题“教秦总录”，下有小字“一二、全”；右上钤“昌平坂学问所”。护页后有隆庆二年颜鲸《教秦总录后序》，首页钤“佐伯侯毛利高标字培松藏书画之印”“浅草文库”“日本政府图书”三印，知原系丰后佐伯藩主毛利高标旧藏，后辗转入藏昌平坂学问所、浅草文库、内阁文库。框高十九点二厘米，宽二十五点八厘米。四周单边，版心题“教秦总录”。正文半页十行，行二十字。卷一第一至第三页缺。卷二署“明陕西督学使如皋孙应鳌述，门人张学诗、宋昂等缉录”，无缺页。《千顷堂书目》《传是楼书目》俱载《教秦总录》四卷二册，知内阁文库藏《教秦总录》二卷本为残本，且是目前所知的存世孤本。本次点校，即据内阁文库藏隆庆二年颜鲸序刻孤本。另辑得任瀚《题教秦绪言小引》和温纯《教秦总录序》两篇，附于颜鲸序之后。

《教秦总录》是孙应鳌的一部理学著作。孙应鳌任陕西提学副使时，与秦中诸生在关中正学书院讲论心学，其弟子汇辑先生口授而成语录体著作，凡七十九条。是书内容广泛，既有“北宋五子”周、邵、张及二程，“程门”谢良佐、杨时、游酢，杨时门人罗从彦、李侗、胡宏、张栻，朱熹及门人真德秀，陆九渊、陈亮等宋儒，也有吴与弼及门人陈献章、胡居仁，章懋、王阳明、薛瑄、蒋信等明代理学家，围绕诸生研习宋明诸儒对儒家经典的不同阐释所生的疑惑，孙应鳌一一给予解答。其主旨“大要以天地万物一体为仁”（温纯《教秦总录序》）、“一贯即仁体”（颜鲸《教秦总录后序》），任瀚

《教秦绪言》指出其“一贯”之学臻于“圆融”，标志着孙应鳌心学思想已成体系，趋于圆融。孙应鳌对《论语》“五十以学《易》”等新解，在其后的《淮海易谈》《四书近语》中又有所发展。《教秦总录》还体现了孙应鳌不拘泥琐屑于训诂而以心解经的圆融活泼的学术特色。

点校者

目　录

教秦总录后序

天地一气而万物生焉。身非我有，是天地万物之统会也，万物非有外，是吾之具体也，故曰万物皆备于我矣。微阳眇于重渊而金石皆透，神剑藏于九土而光射斗间，气本则一，自然贯通，物且不违，而况于人乎！《大学》合身心家国天下通为一物，《中庸》合天地人物通为一性，圣贤岂欺我哉！人为形气所牿，则藐乎小耳！出胎白首，摩顶放踵，只从躯壳起念，父子骨肉，犹隔形骸，如家国何？手足痿痹，犹不能察，如民物何？非天之降才尔殊也，其所以陷溺其心者然也。孔门正学以求仁为宗，顾对症用药，不执一方，不言的体。樊迟三问仁，而所告不同者且三，要归使人去己私而还天理，精念虑而全真纯。他日告曾子曰："吾道一以贯之。"一贯者，举天地万物古今之大全而览镜之，是一贯也；举天地万物古今之大全而包括之，是一贯也。一贯即仁体也。惟曾子当下解悟，故继之曰："夫子之道，忠恕而已矣。"忠恕便是充拓得去，天地变化草木蕃，有何限隔？有何魔障？一言神解，于是为至。

昔蒋道林躬修力践，尝倡明求仁之学于桃冈，国朝真儒文清之后，一人而已。贵竹淮海先生自幼颖悟绝伦，尝踵见道林，悟宗旨而归，发愤刊落，功收一原，任重诣极，洞见道体。曩岁以督学使讲道关中，诸生云集问业，随所诘难，响答如流，得其指投，唤醒梦寐，而归于破除有我，以自全其欲立与立、欲达与达之心，直指不睹不闻之妙为莫见莫显之真，而约戒谨恐惧之功即慎独之旨。尝曰："《大学》修身以下未尝无工夫，而慎独之外无别工夫。慎独工夫在不自欺其真好真恶，而格物致知之外无慎独矣。"盖所谓功之妙于慎独，极诸默识，达于悦乐，范围[①]曲成，了得自己。至哉！渊乎！真作圣之极则，扩前贤所未发也。

鲸虚生五十二年，昨至云溪馆中，夜半悟格物之旨，自幸沉疑三十载，一旦廓然，喜而欲狂。至永州城中，复得先生《教秦总录》而读之，益觉印证痛切，探讨分明。噫嘻！《订顽》之训，示我广居，岂天之神灵不忍弃贱子于醉梦烦恼场中，俾有出头日耶？有不感激泣下斩关历块奋而前者非夫也！尤念根力浅薄，不能仰窥先生之学之精，近以职事备员司属，犹得依仿准绳，勉焉求进，不自知其力之微岁之晚也。把玩昌言，三复寤叹，谨述数言于末简，以请教云耳。先生其有以复我否耶？

隆庆戊辰五月十九日，视楚学使慈溪颜鲸顿首书

①围，原作"图"。《周易·系辞》："范围天地之化而不过，曲成万物而不遗。"据改。

题教秦绪言小引[①]

任　瀚

淮海孙山甫，在先帝时提学关西，日与秦中诸生讲论心学，随所疑问，应辩如响。诸生中高等弟子札记其语，编次成书，题曰《教秦绪言》。山甫去秦日，官师刻置学宫，为六经羽翼。蜀太守伍君见之，语诸生曰："且独不可以教蜀耶?"会创建正学书院成，将遂刻置书院，以裨正学，谓余当序诸首，亦山甫意也。

取其书，读一再过，见其了了，剥去枝叶，真见得天地万物与我合成一片。盖自五官百骸以至家国天下，总是一物；自致知格物以至修齐治平，自喜怒哀乐未发以至参天地赞化育，总是一事。此学如泛茧缲丝，握其绪，万缕皆在手矣。

仲尼没，一贯无传。朱元晦尝说，汉唐以来，全无一人晓本领识道理者，竟使千五百年间成大空阔。夫本领之学，心学也。自尧舜拈出人心道心之旨，乃知所谓精一执中者，不假外求。孔门学问大宗旨，总为求仁。初不言仁之的体，至孟子直指"仁，人心也"，而后求仁者始有所冯藉。今夫《易》有太极，在人为心，心主神明，是曰明德。自

①辑自任瀚《任文逸稿》，卷四。傅斯年图书馆藏万历十九年陈文烛序刊本。

其得之乎天曰性，自其发之乎人曰情，自其动而未形有无之间曰几。几者，动之微，其名曰意。意者，吉凶之先见者也。先见曰知，知者神明之德。《易》曰“知几其神”“颜氏之子，其殆庶几”，山甫以为知几之几者是也。有不善，未尝不知，知之，未尝复行，是谓致知。戒慎不睹，恐惧不闻，求致吾此知耳矣。是故慎独即是诚意，诚意即是致知，致知即是明明德，明明德即是致中和，致中和即是穷理尽性以至于命。是故圣人以此洗心退藏于密，以此斋戒神明其德，以此范围天地之化而不过，曲成万物而不遗，此一贯之道也。

《绪言》凡七十九条，其说理，如珠走盘，随方旋转，圆融不定，而卒归于一。余尝语山甫："此学如种树然，太抵皆从诚意慎独上定根，范围曲成上结实。定其根，则华实自相副矣。"合家国天下以成其身，合内圣外王以成其学，盖致知格物之旨于是始尽。尽此学，可以弥纶八极，贯穿百王，幽赞鬼神，明通万象。得此理者，六经皆剩语耳。其孰为绪言？其孰不为绪言？

教秦总录序[①]

温　纯

嘉靖中，吾师淮海先生以臬大夫督秦中学，既以经义课诸弟子正学书院中，日与讲鲁邹之业，冀他日为县官用。兹录盖诸弟子各汇辑先生口授者云。

初，先生入秦，以经义流弊，即宇内人士且十九而作媒贽，既售，不啻冰炭，世用之谓何！乃取鲁邹微言，为诸弟子告其指，详录中。大要以天地万物一体为仁，而其功严于慎独，妙于默识，融于勿忘勿助之间。综之，为成此仁于身，使世之学士，知诚意慎独，为己知几，集义养气，主静定性，无两轨辙，即繇之从经义出而委身县官，不知有我，安知有人？是先生教诸弟子意也。

先生去秦且一纪，诸弟子见用者未见用者，不知视先生教若何？顾纯不佞，往谬为先生期许，今且无能裨益县官，安能不面赤汗浃背哉！虽然，召伯故以利泾导齐民耳，其所遗甘棠，民且不忍伐，况以弟子而学鲁邹于先生！目是录而不惟先生言是听，徒若纯面赤汗浃背，何益？纯故刻此，将与诸故从先生游者共服膺焉，则先生之甘棠且世世在。

①辑自温纯《温恭毅公文集》，卷七，第八、第九页。明崇祯刻清乾隆重修本。

教秦总录　卷一

明陕西督学使如皋孙应鳌　述

门人张学诗宋昂等　缉录[①]

一体矣。[②] 为朋友，以朋友为心，则朋友一体矣。推之，为父者，以子之心为心；为君者，以臣之心为心；为兄者，以弟之心为心。再推之而应天下之事之物，至真至切，无不皆然。性在是矣，道在是矣。故恕也者，无所不可推也，即前一贯之谓也。忠焉而恕得矣，不忠不足以为恕也。然则患人之不笃实于此焉耳，故孔子告哀公修道曰以仁，而行达道达德曰一，皆是物也。一即所以为贯也，此《中庸》所以为尽性之书也欤！

问：涵养须用敬，进学则在致知，可是两件工夫？

曰：学一而已。自此心之不放曰敬，自此心之灵觉曰知。心不放时，灵觉自然不昧，即敬而知在敬也，非致知不能敬也，非知之外有敬也。心之虚灵不昧，自然不放，即知而敬在知也，非敬不能致知也，非敬之外有知也。且涵养出于进学之外，则所涵养者何事？进学而非涵养，则所进者何学？学一而已，安得岐而二之？

---

①原书一至三页缺。此卷端三行文字乃据卷二卷端文字补。

②据任瀚《题教秦绪言小引》“凡七十九条”，《教秦总录》现存七十四条，一至三页上共五条，本条是第六条后半部分。

问:今人多厌讲学,至以相訾笑。

曰:厌则由人厌,笑则由人笑,汝且求汝所讲之学何学。人异禽兽,惟在此心。讲学者讲明此心,以求不失吾之为人耳。然所讲者真耶?伪耶?所讲者行耶?徒讲耶?若所讲能行,所讲是真,乃是吾人吃紧第一件事,更何尚之?若所讲不能行,所讲是伪,即人不厌不相訾,即人无不信从,已非学矣,更何言其他?学自有真伪两端。孔子曰:“汝为君子儒,毋为小人儒。”同一儒也,有君子小人之分,则真伪之别也。君子小人相去,其初不能以毫厘,而其终至于天壤相判,是以一部《论语》致严于君子小人之辨者至多,无非欲人谨于此耳。孔子以德不修,学不讲,不能徙义,不能改不善为吾忧,则学不讲正孔子所忧。若不修德,不徙义,不改不善而徒学之讲,则所讲者吾不知何事。孔子所忧四事,亦只是一事,但举其一而馀自从之:即修德则学以修德而讲,义以修德而徙,不善以修德而改;即讲学则德以讲学而修,义以讲学而徙,不善以讲学而改;以至徙义改不善,莫不皆然,非若后来学者之流弊也。孔门有聚敛者,有谋伐颛臾者,此正所谓其初相去不能以毫厘者,安可以是为孔子讲学之非耶?孔子以文犹人,而以躬行未得,正欲警人讲者之真,讲者之能行耳。吾辈诚当自力,不可徒讲。若徒讲,返不若不讲之为愈。何也?不讲者,犹不失真,徒讲而又至以济其私,伪而又伪,此心术之辨也。故曰毋为小人儒。

问:阳明曰:“尧舜为万镒,孔子为九千镒。”其旨何如?

曰:存而不论可也。学者,学为尧舜孔子而已。若以尧舜为万镒,孔子为九千镒,以时与位言耶?以所造言耶?若言时位,则时位非圣人所能与。若言造诣,则圣人无优劣也。子今但求尧舜孔子之所以同而毋轩轾以异可也。

问:"尽心知性"章,朱子以造理履事为解,至阳明,谓尽心知性为生知安行事,存心养性为学知利行事,夭寿不二为困知勉行事,似更分晓。

曰:子以生知安行、学利、困勉为三项工夫耶?抑当以《中庸》之言为准,虽有生安学困之不同,皆共一知,皆共一行也。《中庸》曰:"及其知之,一也;及其行之,一也。"子当求其所以一耳。心,一性也。性,一天也。自虚灵言谓之心,自生理言谓之性,自至命言谓之天。尽心知性知天,正以明理之一心无不尽,则自然知性,不必求性于心之外,知性则自然知天,不必求天于性之外。此则论吾人之全体大用,无二无杂,是本然之体段分量也,所谓"诚者,天之道也"。然心如何尽得?尽心自存心始。性如何知得?知性自养性始。存心养性,所以事天,能事天,然后可以知天。此则论尽心知性之工夫也。然心如何存?性如何养?必"夭寿不二,修身以俟死[①],所以立命"也,命即天也。今人不能存心养性,只是为外物所动,一涉利害,一涉是非,一涉誉毁,一涉得丧,何往非动心之境?心动于外而能存心养性者,天下无之;不能存养而能尽心知性者,天下无之。

---

①修身以俟死,《孟子》原作"修身以俟之"。本条下文两处俱作"修身以俟死"。

间有不为是非得失所动，尤不能不为夭寿二其心者。盖人至死生而极，今夭寿且不二其心，则视死生且为一，下此而是非得失无不处之一，处之一，周子所谓“化而齐”也。如是惟“修身以俟死”，一息尚存，清明独照，生乎由是，死乎由是，至是，则命不在天而在于我，天之命自我立矣。天之命自我立，则事天之学在此，知天之学在此。故必夭寿不二，然后心得其存，性得其养。能存心，然后能尽心，能养性，然后能知性。必能立天命，然后能事天，能事天，然后能知天。是以始终只是一个工夫，无有两个三个工夫。若以事天为学知利行，则昭事上帝，文王非生知之圣耶？且夭寿不二，是困勉事耶？学者没身而已。张子见得此理，故作《西铭》以“存，吾顺事；没，吾宁也”结之。圣人所以为圣，贤人所以为贤，不过总是“修身以俟死”，外此而别有一毫二其心者，非圣贤之学也。

问：孔子言“敬以直内，义以方外”，后程子言“不若内外两忘”，似与孔子不合。

曰：此正程子深得孔子之旨。孔子见世之学术有偏外者，故言“敬以直内”；见世之学术有偏内者，故言“义以方外”。非是两件工夫，可以更持叠用，内外一道也，敬义一心也，故曰“敬义立而德不孤”。若是两件工夫，则用敬时，义便废；用义时，敬便废；便不能立德，便孤。程子以是内非外与忘内逐外者皆非学，故言不若两忘。夫直内方外，则内外两忘矣；内外两忘，则敬义立而德不孤矣。不疑所行，非内外两忘而何？故两忘，则内外之道始合。合内外之道，诚也。诚者，性也。必定性者，然后足以语此。故程子曰“‘敬以直内，义以方外’，则与物同”，正是两忘之谓。

问：章枫山言：吾辈出处，吴康斋第一着，陈白沙是第二着，到罗一峰与我辈已是第三、四着了。[①] 何如？

曰：仕止之间，求得其当耳，何必算计着数求讨便宜耶？苟得其当，则仕与止皆是也；不得其当，则仕与止皆非也。心不累于仕，仕可也；以止为仕，可也。心不累于止，止可也；以仕为止，可也。故孔子见可际可公养皆仕，心得其安也，否则止亦心得其安也。不然，禹、稷、颜子不能易地皆然矣。

问：未得则发愤忘食，既得则乐以忘忧。如何谓未得？如何谓既得？

曰：圣人原无所失，何以言得？自此心纯乎天理，无有间断怠隋[②]，是发愤。自此心纯乎天理，无有滞碍挠塞，是乐。圣人之心，时时是发愤，时时是乐。时时发愤，则自强不息，有何不乐？时时是乐，则非僻不干，有何不发愤？曰乐曰发愤，皆心体也。圣人能不失此心体耳，非别有所得也。自少至老，只是此一个工夫，虽日用饮食之常所不能废，外物忧喜之感所不能无，然皆不得以干之，是以忘食忘忧，不知老之将至。

问：乐正子善人信人，自“可欲之善”至“圣不可知之

①章懋《枫山语录》（钦定四库全书本）原文：“康斋出处第一着，白沙第二着，一峰第三着，我辈又是第四、五着了。”

②隋，“堕”的异体。堕，古通“惰”。

神”，如何区别？

曰：原无区别。可欲之善，人所同具。可欲者便是善，可见性善“善”是可欲，可见“人之秉彝，好是懿德”。可欲之善，虽人所同具，但失之者多，得之者少，有诸己则得矣，故谓之信。得此善，必充实，然后此善始固，不然，虽得之，必失之，故“充实之谓美”。此善充实，必至光辉，然后此善始大，故“充实而有光辉之谓大”。此善至于大，若不能化，犹有迹在，故“大而化之之谓圣”。此善至于化，可谓盛矣，若犹有可知者在，犹未为至，故“圣而不可知之谓神”。大抵善虽人所同有，第一要信得此善，能信必至于美，美自大，大自化，化自神。信得此善，不必求美大圣神于此信之外，但能缉熙不已，自然驯至。然止于信，不过只做得一信人，必至于美大圣神而后此善之有于我者始为周遍完备。圣人可学而至者，亦以可欲之善我与圣人所同耳。

问：白沙言“必静中养出一个端倪”，人疑其说为禅。

曰：此亦方便法门耳。若论心体，原无动静，故动静可以时言，不可以心体为有动静。且以心为有静时，则事物之未来，心藏何处？以心为有动时，则事物之既至，心从何生？故动静者，应感之迹；无动无静者，心之本体。若动亦定，静亦定，则此心之本体得矣。但常人逐物，意移此心，通失于动，好恶无节于内，知诱于外，却将本体尽迷矣。故先贤教人自静而入，如程子语门人曰“且静坐”，延平语门人曰“且默坐澄心”，皆此意也。若能识得心之本体，静固是静，动亦是静，譬如明镜，照亦明，不照亦明，事有大小，心之应也则一，时有动静，心之通也则一。周子以主静为立人极是也。主静之静，是静定之静，非动静之静也。人之心，即天之心，天之心，可以动静言乎？人生而静，天之性也，此即静定之静，非动静之静也。

问：尊德性而道问学，朱陆各主其一。朱子解之以致知为尽道之细，存心为尽道之大，愿闻其指。

曰：先儒之言皆是也。“大哉圣人之道！”圣人之道，即我之德性也。发育峻极，三千三百，正见我之德性又广大又精微，又高明又中庸，又本是吾之故物又日新，又厚又有条理。故道问学者，所以尊德性也。致之尽之，极之道之，温之知之，敦之崇之，皆是道问学也。能道问学，则德性自然尊矣。何也？德性本自广大，以物欲隘之，则窄小矣，故致其广大，则德性以致广大而尊。德性本自精微，以物欲窒之，则粗荡矣，故尽其精微，则德性以尽精微而尊。德性本自高明，以物欲敝之，则卑暗矣，故极其高明，则德性以极高明而尊。德性本自中庸，以物欲碍之，则偏倚矣，故道其中庸，则德性以道中庸而尊。德性本是固有，不能温之，则固有者失；德性本自日新，不能知之，则日新者隳；德性本自厚，德性本是天理之节文，不能敦之崇之，则厚者失其厚而理者失其理矣，故必温故知新，敦厚崇理，则德性以温以知，以敦以崇而尊。总只是一个工夫，而必历数之者，正以见圣人之道之大，非至德不足以凝至道也。存心致知，总是尊德性，然非是两件事。合天地万物，三千三百，总是一个心；合发育峻极，礼仪威仪，总是一个知。以全体言曰心，以虚灵言曰知。存心就是致知，致知就是存心，非若两件物事可以更换互用。能尊德性，自然能安其所居之位，乐其日用之常，随所处而化矣，是以不骄不倍，足兴足荣，无非广大高明精微中庸之境。可见中庸是人生之常道，学圣人者，不过复此常道耳。此常道即是吾心本然之明哲，明哲即是德性。能尊德性，始能成其身，故曰“既明且哲，以保其身”。

问：颜子得一善，服膺勿失。敢问善是何善？

曰：汝知一是何一，就知善是何善；不知一，何以语善？至善者，天下之至一。天下之至一者，吾之至善也。人人之所同者，天下之至一也，故曰“善无常主，协于克一”。颜子“得一善”，得此耳；“三月不违”，不违此也。故一善者，仁也。

问：孔子言仁必兼智，孟子言仁必兼义。人多疑其不同，敢问其说。

曰：子以为性之五德，各一其用，不相通耶？抑以为同条而共贯耶？若各一其用，不相通，则不必通谓之性，既谓之性，本自同条而共贯矣。性一也，自性之生生言曰仁，自性之裁制言曰义，自性之节文言曰礼，自性之明觉言曰智，四者生生不息，总谓之仁，故仁包四德，为善之长。知之真切不差，即仁之明觉也，即智而仁在智也，故智者必仁，仁者必智。行之适中天则，即仁之裁制也，即义而仁在义也，故义者必仁，仁者必义。孔孟之旨，一而已矣。

问：周子言“君子铢视轩冕，尘视珠玉”，人须要有此器度方好。

曰:周子言此,亦见君子道充之贵,身安之富耳。富贵贫贱,物也。富贵,固不必贵重他,亦不必轻贱他;贫贱,固不必贱恶他,亦不必耽好他;以皆无与于我也。孔子曲肱饮水,乐在其中,言虽曲肱饮水,乐未尝不在也,非以曲肱饮水为乐也,即得位如尧舜,乐亦如是也。颜子箪瓢陋巷,不改其乐,言虽箪瓢陋巷,乐亦不改也,非以箪瓢陋巷为乐也,即得位如皋夔,乐亦不改也。乐全者曰得志。全者,全于天也。全于天者,人不得而加损之,而非外于人也。周子曰:"富贵贫贱处之一,则化。"[1]知一者,全于天矣,何必铢视轩冕,尘视珠玉哉!

问:邵子以老子得《易》之体,孟子得《易》之用,何以见之?

曰:邵子之意,以无为者为《易》之体,以为而无以为者为《易》之用耳。有体自然有用,用而无体,以何为用?未有有体而无用,有用而无体者。汝今且务求得《易》,若得《易》,则体用一原,显微无间矣。曰:如何求之,斯可以得《易》?曰:《易》者,心也。"生生之谓易",心之生理即《易》也。心之生理,无一毫人欲间之,一毫私意蔽之,自然生生不息,万善莫不该备,万象莫不兼统,全无挂碍,全无睽隔,《易》体在此,《易》用在此。神明之德可以生天生地,神鬼神帝退藏之密,可以议礼作乐,制度考文。《易》之时义大矣哉!

---

①周敦颐《元公周先生濂溪集》(宋刻本四卷)原作:"无不足则贵富贫贱处之一也,处之一则能化而齐。"

问：周子谓“志伊尹之志，学颜子之学”，志与学何所分？

曰：周子之意，正是互见。若人无尧舜君民之志，自然学非其学；若人无天德王道之学，自然志非其志。伊尹乐尧舜之道，就是颜子之学。颜子为邦之问，就是伊尹之志。孔子曰：“古之学者为己，今之学者为人。”程子曰：“古之仕者为人，今之仕者为己。”为己之学，颜子之学也。为人之仕，伊尹之志也。白沙以为所学为己，则仕自为人，何也？无自私自利之心也。所学为人，则仕自为己，何也？有自私自利之心也。君子喻义，小人喻利，几微之际，正在此耳。

问：邵子谓“性阳而情阴，性神而情鬼”，不解其意。

曰：此阴阳乃“阳善阴恶”之阴阳，与“一阴一阳之谓道”之阴阳其旨虽同，其语义又稍别。人生而静，性也；感物而动，性之情也。伊川云：“情既炽而益荡，其性凿矣。觉者约其情，使合于中，故曰性其情。愚者不知制之，纵其情，至于邪僻，牿其性而亡之，故曰情其性。”邵子之言即伊川之旨也。私欲泯则阴消，义理生则阳长。阴者，鬼也；阳者，神也。性情原是一理。迷其性，则性虽不离于日用，却全是七情用事，知诱物化，至违禽兽不远，非阴而何？非鬼而何？复其性，则日用虽不外于七情，却全是性天用事，动正用和，可与天地合德，非阳而何？非神而何？一部《易经》，只是教人化其情以复其性耳。一阴一阳，迭用柔刚，阴阳鬼神，如何偏废得？如人自不能废喜怒哀乐之情，但《易》主生生，虽卦至纯阴，而生生之阳体自在，此愚所谓复其性，则日用虽不外于七情，却全是性天用事者也。性非孤立于七情之外，就七情中不染于七情，不牿于七情，不累于七情，便是性，非别有一理与情相对待谓之性也。

问："人之生也直"，何处见得直？

曰：天地所以为天地，人所以为人，惟共此直理耳。当春而春，当夏而夏，当秋而秋，当冬而冬，春便生，夏便长，秋便收，冬便藏，何尝有一毫不直？直理在人，即此心也。直理即真心也，真心乃天理人情之至也。循此直理而行，自然不作好，不作恶，不须打点，不须防检，为学为政，只是顺此而已。如不忍觳觫而就死地，不忍兽相食，此真心也；乃罪岁，乃功不加百姓，便罔矣。见孺子入井而怵惕，此真心也；或旋起一念，纳交要誉恶声，便罔矣。恻隐慈让，羞恶是非，此真心也；自谓不能，便罔矣。其颡有泚，真心也；至于爱无差等，则罔矣。愿有室有家，真心也；钻穴逾墙，则罔矣。有妻有母，真心也；辟兄离母，则罔矣。"父母爱之，喜而不忘；恶之，劳而不怨"，此真心也；慕少艾，慕妻子，则罔矣。欲行其道，真心也；割鼎主瘠环，便罔矣。呼蹴不受，真心也；为宫室妻妾所识贫乏为之，则罔矣。故直则明，罔则昏；直则诚，罔则伪；直则公，罔则私；直则大，罔则小；直则通，罔则塞；直则逸，罔则劳；直则天理，罔则人欲。此直心是吾所得于天地之初心，复初者，复此而已。天以直理赋人，至孔子而其说始著。孔子以直理教人，至孟子而其辨始精。然则人之罔也，祇自罔耳，岂不可惜？人到自罔，其生虽生犹死，可不谓大哀乎！

问：陆象山言“孟子之学，只是先立其大”，如何便能立其大？

曰：能不失心之官则，便能先立其大。孟子只是见得此心真，且如言义内，是见此心之非外；言性善，言圣可学，是见此心之皆同；言牛山之木，言夜气，是见此心之不可不培养；言生不用，辟患不为，是见此心之不可失；言仁人心，义人路，是见此心之不可放。故不曰尽心知性，则曰存心养性；不曰仁礼存心，则曰礼义悦心，十四篇字字论心，字字指人之真心。人苟见此心真，则配天地在此，作圣贤在此，尽人物在此。孟子曰“人之所异于禽兽者几希”，几希言不多也，只此一点心也，可贵在此，可重在此，可危可惧在此。大者立，小者无不从之，如天子一立，四海九州无不臣服。

问：谢上蔡言“颜子气禀似弱，孟子似强”，何以见之？

曰：上蔡之意，无乃以颜子深潜谓弱，孟子岩岩气象谓强耶？若如此看圣贤，连皮肤也不黏着，无论心髓。汝今只去求颜孟之学术，且勿论颜孟之气禀；只去求颜孟学孔子之同，且勿论其异。三月不违，天下之至强莫加焉。克己复礼，朱文公谓“非至明不足察其几，非至健不足致其决”，弱者能之乎？孟子之强，亦不在后车数十乘，从者数百人，所至王侯分庭抗礼，此孟子之所以鄙苏张者，今上蔡返以之论孟子乎？孟子之强在养浩然之气，能集义于勿忘勿助之间。工夫到勿忘勿助，至精至细，始与颜子合，此岂有一毫粗疏渗漏耶！若去学孟子之强，其失奚啻千里！

问：“阖户谓之坤，辟户谓之乾”，此户何指？

曰:即此一节论《易》道造化之妙,便见人心之妙。户者,造化之枢纽。户,一而已,阖就是坤,辟就是乾,阖辟虽异,而户未尝移。人之心,一而已,事未至,应不是先,事至,应不是后,应感虽殊,而心未尝动。且阖且辟为变,可往可来为通。吾心之变,因阖辟之自然,而非生于阖辟,亦非外于阖辟。吾心之通,因往来之不穷,而非逐于往来,亦非外于往来。“见乃谓之象”,便是“乾知太始”,便是吾心之“物各付物”。“形乃谓之器”,便是“坤作成物”,便是吾心之辅相裁成。“制而用之谓之法”,此圣人成能之事,可见吾之心“考诸三王而不缪”。“利用出入,民咸用之,谓之神”,此百姓与能之事,可见吾之心“俟诸百世而不惑”。自阖辟至利用出入,名色虽多,总只是一个道理。自应感变通至合圣凡天下,总只是一个心体。造化惟神,然后见阖辟之妙,吾心惟神,然后见应感之妙,一而已矣。《系辞》曰:“惟神也不疾而速,不行而至。神也者,无在而无不在。”正见吾心无在而无不在,而此之执有动有静以论心,泥在内在外以论心者,不知心者矣。程子曰:“神无速,亦无至。”必如此言之者,形容之辞。无速而无不速,无至而无不至,此正见此心无在而无不在,不可以内外动静论也。

问:《中庸》“戒谨恐惧”与孔子所谓“君子坦荡荡”,是同是别?或先用戒谨恐惧工夫,然后得坦荡荡?

曰:所谓戒谨恐惧,非束缚拘挛之谓也。所谓坦荡荡,非放旷恣肆之谓也。吾心只有一个天理,或人欲蔽之,私意间之,则天理昏塞矣。天理昏塞,便不能坦荡荡,便是常戚戚。君子戒谨恐惧,是于天理人欲之几上用工夫。天理人欲之几，即我之独知也。此知若是天理之发，亦会知得；若是人欲之萌，亦会知得。但常人不能致谨于此，是以天理之暂萌者随明随灭，而人欲之潜滋暗长至于不可救。君子戒谨恐惧，只是慎此独知，不使一毫人欲得以干之耳。人欲不干，全是天理，与天地万物同为一体，何不坦荡？故君子戒惧，是至简至易之工夫，非束缚拘挛之谓也。故君子之心，绝无人欲之干，便时时是戒惧；全是天理之乐，便时时是坦荡。有何同异？有何先后？

问：杨龟山言："物有圭角，多刺人眼目，亦《易》玷缺。君子处世，当浑然天成，则人不厌弃。"似尽处世之道。

曰：信斯言也！"充类至义之尽"，却只成个乡愿。尧舜之教，在直而温，宽而栗，刚而无虐，简而无傲。皇极之训，在沉潜刚克，高明柔克，平康正直。夫学者，所以变化气质，周子所谓"刚善刚恶，柔亦如之，中焉止矣"。使气质偏于刚，则当以柔变化之；气质偏于柔，则当以刚变化之。既能变化气质，自得心之本体，可以养成中和之德，其于处世应物，无适无莫，义之与比。如协于义，虽一家非之，不顾；一国非之，不顾。不协于义，虽国人皆曰是，不从；卿大夫皆曰是，不从。非不顾人之非，以义在也；非不从人之是，以义不在也。若恐人厌弃，不露圭角，此希世随世之徒，何足语道！故君子不苟尚同，不苟立异，无将迎之心，行所无事，斯得之矣。

问：周子言："公于己者公于人，未有不公于己而能公于人者。"敢问公了己方能公人，或公己后又有公人事在？

曰:汝辈须求当下识认本体,勿徒只求见解文义。若只求见解文义,到老无一毫有得。公即仁也,公即是心之本体。人惟杂以私意,便失心之本体矣。心之本体,有何人己之别?但人自躯壳起念,有了一个己,便有一个人,人己立而心塞矣。若能忘我,即能忘物,物岂出于我之外耶?我非物耶?非忘了我方去忘物,亦非忘我后又有忘物之事。盖公则物我同体,物我同体则人己两忘,一事也。故孔子无我,颜子克己,无有内外,一时俱彻。

问:真西山言:"人知事之累心,不知心之累事。"看来心与事皆交相累。

曰:累是累个甚么?汝以何者为心?何者为事?心与事原不相累,人自累之耳。程子作《定性书》说:"廓然太公,物来顺应,此是心之本体。吾人顺此心体而行,非别有工夫可以增损毫末。"太公顺应,心与事何相累?但此本体当下识认者少,以致转迷转远,故明道《定性书》末又开一方便法门,曰:"人情易发难制,惟怒为甚。第于怒时,遽忘其怒,而观理之是非,亦可见外诱之不足恶。"盖心之本体,原无是非之迹,是非之来,不在我观理之是非,亦不必有所喜怒于其物。如此看来,不但怒可自忘,且无可怒之事矣。心与事相累耶?不相累耶?颜子之不迁怒,亦只是得此心体耳。

问:先儒学恭十五年而安不成,何以十五年尚学不成一个安?

曰:此横渠未有所得时之言也。只学孔子之恭而安,不学孔子之心，何但十五年不成，恐终身亦不成。即学得成其恭而安也，终是假孔子，非真孔子也。曰：如何学孔子之心？曰：汝之心即孔子之心也。孟子言："君子所性，仁义礼智根于心，其生色也，睟然见于面，盎于背，施于四体，四体不言而喻。"若不去求仁义礼智根心工夫，只学睟面盎背喻于四体，何处得来？仁义礼智非由外铄，我固有之。有是四端，知皆扩而充之，由诚而形，由美而大，睟盎恭安自可驯至，不自知其恭而安，方是孔子之恭而安。宋儒有言："一于恭则失之拘束；一于安则流于放肆，必恭与安合方好。"何其不知本耶！人有四端而不知与无有同，知而不能扩充与不知同。圣人动容周旋中礼为盛德之至，在此耳。

问：颜子之大贤，何以尚不能"不违仁于三月"之后？

曰：汝何视颜子之易见道之浅耶！颜子有不善，未尝不知，知之，未尝复行，岂有又违仁于三月之后之理？若三月之后违仁，是有不善又不能知，知不善又复行也，岂颜子之学乎！《易》曰："与天地相似，故不违。"不违二字，圣人一见于《系辞》，再称乎颜子耳。颜子之不违，是与天地相似矣。人本与天地一般大，天地之覆载万物，运行不息，天地之仁也；人心之包含万象，贯通无二，人心之仁也；一也。但天不容伪，而人容以伪，杂之，是以渐违渐远。其始与天地同，其终不能不异，至有入于禽兽。颜子默识此理，能先见于诚伪之间，得此把柄入手，服膺勿失，是以虽三月之久，天道已小变，而颜子犹不违仁，此夫子之语意，见颜子之难能也，合于天矣。《易》曰："知几其神。"又曰："颜氏之子，其殆庶几。”几者，诚伪之间之先见者也。颜子知几，则神矣，使又违仁于三月之后，则何谓知几？“有不善，未尝不知”，言能先知于善不善之前，若待有不善方知，何足为颜子！《易》曰：“几者，动之微，吉凶之先见。”颜子知几，知此也，无论三月，即日至月至，亦甚不易。朱子尝言：“听一钟声未绝，念虑已又走作。”此良工独苦之言。汝试自察汝自讲学以来，有纯然不杂以人欲，全是天理之一月乎？有纯然不杂以人欲，全是天理之一日乎？只恐汝尚无有全是天理不杂人欲之一时，则汝尚不可言时至，况于日至，况于月至，安敢议颜子？汝今且自一息试看，自一息之纯以至一刻，自一刻之纯以至一时，自一时之纯以至一日，自一日之纯以至一月三月一岁一世一生，无有不纯，汝方是圣人。然一息之纯，汝可勉者，但驯至之果而确，无难焉。

问：明道谓：“言体天地之化，已剩一体字，只此便是天地之化，不可对此个[①]别有天地。”不知其指。

曰：非程子深造于道不能为此言也。此道理天之所以与我者，原本完全，原本洁白，若少有缺坏，则修治之；少有污染，则澡雪之；若无缺坏，不必别求修治；若无污染，不必别求澡雪。吾之故物既复，只是成性存存而已，岂于本体之外又有工夫，工夫之外又有本体耶？明道谓：“识得仁体，只诚敬存之，不须穷索，不须防检。若心懈，则有防，心不懈，何防之有？理未得，须穷索，存久自明，安得穷索？

①个，原脱，据《二程遗书》（四库全书本）卷二上补。

颜子之服膺勿失，只是如此，何所存养，何所不存养，此学之至妙，口不能言者也。”继颜子之学者，明道而已。天地之化，只此当下便是，而又别求所以体之，是二之也，故曰“率性之谓道”。

问：伊川言：“闻见之知，非德性之知。物交物，则知之非内也，今之博物多闻是也。德性之知，不假闻见。”敢问何谓德性之知？何谓闻见之知？

曰：人无有两个心，安得知有两个知？此知体，人所得于天地，圣凡同具，沦变靡殊，光明洞彻，是名真知。众人迷此知体，逐于闻见，遂为闻见所限碍，引于事物，遂为事物所缠绕，然虽逐引于闻见事物，而此知本未尝昏，未尝息，所贵识之早则为之易耳。识之早，亦即是此知来识，非别有知。若一察识，此知即在，宽裕温柔，斋庄中正，发强刚毅，文理密察，莫非此知之妙用。引伸触类，其益无方，不外于闻见，然非闻见所能限碍；不外于事物，然非事物所能缠绕。恒久不已，凝寂不动，不亏天真，不离当体，明明德于天下者，明此耳，岂于闻见之知之外，别求一德性之知哉！

问：古人谓笺传之学，惟《春秋》难工。经，理也；史，事也；《春秋》名经而实史也，专于经则理虚而无证，专于史则事碍而不通。如何方得理不虚，事不碍？

曰：其然，岂其然乎？世患不得经之理耳，得经之理，史与事皆全综之，何有于虚碍哉！经之理，不必他求，“是非之心，人皆有之”，便是经之理。扩充此是非之心，史与事无不贯通也。

问:薛文清谓"事才入手,便当思发脱",亦妙,亦庶不累心。

曰:敬轩之意,亦恐人为事所缠缚耳。其实人心原不离于应感,亦不滞于应感。不离于应感,故不必于事物上求发脱;不滞于应感,故不必别求发脱乎事物。若事来而先思发脱,是迎之也;事去而以发脱为快,是将之也。看先贤言语,只当以意逆志,勿以文害意,是为得之。

问:吴康斋言:"静坐独处不难,居广居应天下为难。"看来是如此。

曰:只消知道居广居,则静坐独处也是这物事,应天下也是这物事。若不知道居广居,则静坐独处坐个甚么?应天下应个甚么?广居,仁也,贯通者谓之仁,若分了用时与不用时便不得谓之仁。故应天下就是那静坐的,静坐独居就是那应天下的。

问:康斋以"扩然大公为仁,物来顺应为义",似分晓。

曰:康斋之意,以浑然无我是大公,是仁;行而宜之是顺应,是义。但汝勿徒见解文义,只图剖析明白,解得明白时,却本体早已不明白也。汝且看汝心中扩然大公,除了顺应,何处得大公来?物来顺应,除了大公,何处得顺应来?如此有悟,方可长进。天地无私,万物自私;人心无私,意念自私,有何不大公?有何不顺应?一而已矣,不必分配。

问：文清言："存诸心不杂，见于行不杂，措诸事业不杂，形诸文辞不杂，四者不杂，方是真儒。"亦难得四者俱不杂。

曰：汝且去求诸心者不杂上做工夫。若心不杂，汝者文辞事业可杂否？《易》曰："忠信，所以进德也；修辞立其诚，所以居业也。"忠信就是诚，进德就是居业之根本。圣人言虽对待，其旨原是一贯。一忠信，无往非诚矣，以之居业，其业之富有，何莫非一诚所贯彻？故曰"日新之谓盛德，富有之谓大业"。日新，自然富有，不必求富有于日新之外。日新便是不杂，便是忠信。若有一毫杂，忠信已失，何以日新？天下之穷人也，有何富有？

问：白沙言："处生有道，处老有道，处病有道，处死有道。朝闻夕死，其处死之道乎！"敢问何以见其为处死之道？

曰：生老病死，释氏之绪言也。白沙之言，当善看。若谓以求处死之法，然后去欲闻道，则是无奈这生死何，不得已方去求闻道以脱离生死，则圣人之旨远矣。是道即天地之所以为天地、人之所以为人之道。能贯通天地所以为天地、人所以为人者，唯此一心。心即是道，外心别无有道。人闻道，虽夕死无憾，不闻道，虽长生无益，见道之甚切于人也。人常言生死之道，道无两种，生死之道即所以为天地、所以为人之道。《易》曰："通乎昼夜之道而知。"昼夜之道即生死之道，道何尝有昼夜，有生死？而所以昼夜，所以生死，皆道之所以贯彻，但人知体有所蔽而不能通，则迷于昼夜，溺于生死，不复有觉；非昼夜迷之，生死溺之，我之知体有所蔽而自迷之自溺之也。知体即心体也，若能闻道，则吾之知体无所蔽，此心贯彻于天地于人，大之元会运世，次之皇帝王伯，小之食息起居，无不一以贯之，尚何昼夜生死之足言？何也？道无变迁，情有生死。古人有言："万物死生而不亡者存，寿有终穷乎？"故始终是一念，今昔是一时，凡圣是一性，万物是一体。圣人离死生，至道无代谢，所以明道言"尧舜古今多少年，其心至今在"，即所谓死而不亡。人往往求之二氏，不知吾道自足。可见得道者无生死，无昼夜。无生死，无昼夜，是之谓知天，是之谓知人。知天知人，方是尽心，方是闻道。

问：《论语》"富与贵"章，分取舍存养二段。

曰：未尝分也。文公亦互言之，可见未尝分。天所以与我，无一善不备，无一息或停，故曰仁。人有此仁，方名为人，若去此仁，不名为人矣。不以己与之，便是仁，好恶取舍，自有天则。若以己之好恶为取舍，便要违仁，好富贵，恶贫贱，便是以己与之。不以其道得之而为取舍，正是己之用事，此是进道一大关键。若于此打脱不透，决不能求仁。盖此一关不透，凡小之是非毁誉，大之用舍行藏，极之祸福死生，决不能透。若于此透得，求仁之功，思过半矣。故孔子首言此，而就及于"君子去仁，恶乎成名"，见此就是求仁之本。于此透得过，一循天理，不与以己，工夫绵密，无容间隔，方是求仁。以平居，则不可有终食之违；进而言之，造次又不比终食了，亦必于是；又进而言之，颠沛又不比造次了，亦必于是；方能与仁打成一片，而无一息或停，无一善不备者，其庶几矣。今人往往谈仁略有些小得失，便风吹草动，自己已把捉不定，取非其取，舍非其舍，更论甚仁？了得富贵贫贱，名利不足以动之矣，以是求仁，方是实落工夫。

问：胡敬斋曰："心有其主，乃静中之动；事得其平，乃动中之静。"愿闻其义。

曰：学者先要识得心之本体，不必专求训解。若不识得，则心既有主，自无动无静，何乃又谓静中之动？岂以照为动耶？照心又原非动，且静中之动，以何为静，以何为动？心既有主，自然事得其平，心与事原不可分，盖有主则事从心，心从事，无主则心不从事，事不从心。心与事相从，则动止用和，浑是定体作用。心不从事，事不从心，则知诱物化，动且非其动矣，更指何为静耶？心有所主，非是有个主意，无意无必，乃是心有所主。一动一静之间，天地人之至妙，正是指点心体之不倚于动静而言，比可以意会，不可以言解也。

曰：何谓心从事？曰：事物之来，不以己与之，顺其自然以恕施，是心从事。何谓事从心？曰：不将迎于物，物至应之，应已不留，本体不动，非拟议形迹可逮，是事从心。何谓心事不相从？曰：判而为二，本体离矣，离则非道，其失谬以千里，其差毫厘。

问：游酢读《西铭》，以为《中庸》之理。何以见二书之合一？

曰：圣贤之书，无不合一。若不合一，必非圣贤之言。

汝今且勿求解《西铭》是如何,《中庸》是如何,汝且先识汝心体。识得心体,原来《西铭》也是他,《中庸》也是他。不但二书,六经也是他,《大学》也是他,《论》《孟》也是他,以及濂洛关闽之书无不是他。何也?天地万物皆是道所贯通,若有一不贯,便不是道。这所贯通天地万物者,皆妙于吾之一心,这便是仁。故孟子曰:“仁,人心也。”人若不以己自挠,悟得与天地万物之所同者,私意尽皆退听,将见吾心原与天地万物相流通,本来实是如此,非实不然而强为之。尽伦尽分,处常处变,尽仁尽孝,动而未形,有无之间,随处呈露,活泼泼地无不是此。只以是修身俟死,更有何事?圣贤千言万语,不过为人提醒这些,使人人自识耳。识得此后,以圣贤之言证我心亦可,以我心证圣贤之言亦可。不能识此,亦轮扁之所谓耳,圣贤其如我何哉!

问:孔子不食不寝以思,无益,谓不如学。然则,学与思自有重轻?

曰:此正见圣人无一偏之学。若只是思,何处见得心体?故异学有空其心者,有制缚其心者,有观照其心者,将心觅心,何处见得?盖不知我之心体,远则不御,近则静正,天地之间无一不备,则无一非学之所在。圣人之学,非是逐件去理会,逐件去穷索,合天地万物之理于吾心,则即思是学;妙吾心之理于天地万物,则即学是思,所以说“学而不思则罔,思而不学则殆”。学原于思,然后学非逐外;思原于学,然后思不落空。圣人之学至矣!了得此旨,敬义直方,一齐俱到。

问:孔子言“遁世不知而不悔为君子”,却又言“疾没世而名不称”,又言“四十五十无闻不足畏”,可见名亦不可少。

曰:孔子谓无闻者,谓无闻于道,非若解者曰“以善闻于人”之谓,乃“朝闻道”之闻。“名不称”,称字读作去声,乃称副之称,非称述之称。古今人固有欺世盗名于一时者,亦有欺世盗名于后世者,若实不称名,则虽没世而名不朽者,君子亦疾之。可见有其实,则遁世不知,不害为君子;无其实,则虽没世有名,犹为君子所疾。如今乡贤名宦所崇祀者,人亦以时名而祀之,究其当日为善之心,无非为名为利,至以欺人于无穷,如此者岂少也?圣人言之至此,可谓痛切矣。张南轩云:“有所为而为,虽义亦利。”吾人先要辨此志,能辨此志,始可言学。

问:孔子无毁誉,而独举斯民为三代直道而行,何也?

曰:只为这一点公好公恶之心无有不同,三代所以成治化也只在此,孔子所以无毁誉也只在此。若世道交丧,士夫之论也不足凭,朝廷之论也不足凭,惟斯民之是非,不特三代,虽至今日,犹是公的。故有道之世,士夫朝廷之毁誉就是百姓的毁誉;无道之世,公论始在下而不在上。若人能以斯民之好恶为好恶,便是大道为公,三代成治化。孔子欲行周公之道,只依此而行耳,非别又有士夫之论、朝廷之论高于斯民,异于斯民也。《洪范·皇极》一篇,即是此旨。

问:孔子夹谷之会,武事莫加焉,如言“我战则克”,何以对灵公谓“未学军旅”？

曰：天道有阴阳，治道有文武，一而已矣。军旅与俎豆，其事虽殊，其本则一。且如礼交动乎上，为序之至；乐交动乎下，为和之至；此是俎豆之事。若军旅之中，必有坐作进退什伍行列之法，非礼乎？必兵识将意，将识士情，交通无戾，非乐乎？但能知俎豆之事，以用军旅，是以礼乐为本，其为军旅也，为王师，为义师，为不得已之师，此舜禹所以格三苗，文王所以一怒安天下也，何尝不好？若不能明于俎豆之事，以用军旅，则无礼而不序，无乐而不和，为骄师，为偾师，为贪暴侵凌之师，此春秋所以互相吞噬，周室所以日益衰微也。卫灵所问，意正在互相吞并，贪暴侵凌，孔子告以俎豆，教之至矣，彼犹不悟，则是终不可以入礼乐之道也，安得不行？

问：先生尝言“必明《易》，则心学始透”，如何？

曰：吾今不能细举，即举《系辞》首章与子商之。天尊地卑至成象成形，《乐记》引之以为天地自然之序，此即先天之易。相磨相荡至一寒一暑，《乐记》引之以为天地自然之和，此即后天之易。易即心也，非心之外有易，易之外有心也。乾知太始，坤作成物，至易知简能，可见天地之心即吾之心。易知易从至可久可大，可见吾之心足以合天地之心。易简理得，成位乎中，则天地人之心一矣。先天后天非殊也，后天之运用即先天所以不动者，先天之不动即后天所以运用者。人心之感是那寂然者，人心之寂是那感通者，此所谓中也。中者，不偏不倚，先天后天，何者非中？于运用处不动，便是亲爱贱恶畏敬哀矜，无有能所，即此慎独也，合格致而一之也。身修矣，本立矣，由是语齐家，则孝弟慈仁让之立皆藏身之恕，藏恕即此慎独也，合格致而一之也。语治国平天下，则曰絜矩，曰同民之好恶，曰慎德，曰忠信，曰明义利，亦即此慎独也，合格致而一之也。故修身以下未尝无工夫，而慎独之外无别工夫矣。慎独工夫在不自欺其真好真恶，而格物致知之外无慎独矣。此之谓明明德，此之谓止至善。至是方能合天下国家而成其身，此之谓修身，此之谓大人之学。道林曰："《大学》为孔门言仁之微旨。"信乎论仁之体段与求仁之二用皆备焉！而其易简理得之妙，又非言语所及也，吾辈其可不自图之以负此身心耶？

教秦总录　卷二

明陕西督学使如皋孙应鳌　述

门人张学诗宋昂等　缉录

问:邵子何谓"心为太极"?

曰:邵子之见卓矣。吾今试举《系辞》一节论之:"帝出乎震,齐乎巽,相见乎离,致役乎坤,说乎兑,战乎乾,劳乎坎。"帝者,天之主宰也。帝有出入否?有战否?有役否?有见有成有齐有劳否?"出乎震"者,万物自出也。"齐乎巽,相见乎离,役乎坤,劳乎坎"者,皆万物自为之齐,自为之战,自相见自役养也,帝惟因之耳。故帝未尝动,不役于卦,不离于卦,谓之帝。帝者,天心也。故上节言帝,次节言万物,以明非帝之有出入。孔子知天命正在此耳,而解者以上节专言帝,次节专言万物随帝出入,失之矣。人心即天心,即所谓帝也。悟得此理,则何物非我?何我非物?不离日用常行内,直造先天未画前,易不在天地,在于我矣。试看易有太极生两仪四象八卦,且道太极别有一物在仪象八卦之外否?无乃即仪象八卦之生生,不假丝毫智力而成自然之序,有本然之妙者,便是太极也。可见人不必外事物伦理以求心,即事物伦理之中,适当天则,无一毫智力夹杂,就是心之本体。

问:胡五峰言:"静观万物之理,得吾心之悦也易;动处万物之分，得吾心之乐也难。是故智仁合一，然后君子之学成。”愿闻其义。

曰：此五峰解“学而时习”一章之旨，然实不明心体。何也？以己之学属静，人之从属动，一非矣。以得心悦为易，得心乐为难，再非矣。以末节为智仁合一，又何指耶？此章一“学”字尽之矣。学者何？学我之为人，求不失此人也。学我之为人者何？学我之为心，求不失此心也。我之此心如何学之？盖我所得以生者，天地之性浑然与物同体，理一分殊，至大至精，我稽诸古训，问诸先觉，察诸日用动静之间，即便是学。学者，觉也。未得大本大原之先，必学以求觉；既得大本大原，则觉矣。故必加时习之功，不使有一毫间断，一毫虚假，参前倚衡，终食不违，方是时习。缘觉后不加时习，则所觉是虚见，不为己有，故必时习，然后所学始为己有。学为己有，则义理悦心，自然欲罢不能而为悦矣。悦者，吾之心体也。义理之生生不息，充盎无间，谓之悦，所以谓为心体。人惟学，非其学不能觉此，或觉而不能时习，安得此心体呈见？今既觉而能时习，所谓“好仁者，无以尚之”，不亦悦乎？周子曰“君子乾乾，不息于诚”，程子曰“识得仁体，以诚敬存之”，即此时习之谓也。只此一节，已尽为学之全功矣。下二节，不过足此一节之意。盖学以及物为大，有朋相从，大家同做时习工夫，立己立人，达己达人，何等之乐！此乐即是时习中乐，即是悦，非悦之外又有一样乐，若不乐，便不是时习之学了。然学以忘我为至，人不我知，我之时习，犹如往日，不见是而无闷，有何愠？此不愠，即是时习中不愠，即是悦，非悦之外又有不愠，若有愠，便不是时习之学了。曰不愠，曰乐，曰悦，总是此心广大高明，无一外慕，本分之外，不加毫末也。学至于此，始为君子之学矣。指何为动静？指何为难易？

问：《易》曰穷理尽性至命，程子以为一事。张子又言程子说得大快，是有次序。孰是？

曰：程子之言至矣。道一而已矣。如一人，或称名，或姓，或字，岂是两三种人耶？天地设位，《易》行乎中，自流通言为理，自实体言为性，自禀赋言为命，此生生之真精，天地万物共此大本而贯通于人之心，故孔子命之曰仁。人若不见此大本，穷个甚理！尽个甚性！至个甚命！若此大本大原贯通无间，天地万物之流通就在这里穷了，天地万物之实体就在这里尽了，天地万物之禀赋就在这里至了，岂此流通之外又有实体？此实体之外又有禀赋耶？若人见得"易行乎中"易字明白，曰理曰性曰命，自可不生二见。易者，生生之谓也。天地之大德曰生，生生就是仁。上句和顺于道德而理于义，盖理性命一以贯之，便是和顺道德；理无不穷，性无不尽，命无不至，便是理于义。即如"《易》与天地准"一章，朱子以知幽明，知死生，知鬼神为穷理事；与天地相似，知周万物，乐天知命，安土敦仁为尽性事；范围曲成，通昼夜为至命事。死生幽明鬼神，非性命所在耶？似天地，周万物，乐天安土，非穷理至命者能之耶？范围曲成，通昼夜，非穷理非尽性耶？理外无性，性外无命。"《易》与天地准"，是我此心与天地准，此心与天地准，"故能弥纶天地之道"。"知幽明"以下，皆天地之道之所在，而此心弥纶之实也。可见吾心广大高明，精微中庸，真是说不尽，形容不得，在人之自信而默识之耳，故曰“默而成之，不言而信，存乎德行”。若能默识此体，真是可与天地准。

问：阳明言“照心非动”，则既知矣，至谓“妄心亦照”，不解其意。

曰：非阳明深于道不能为此言也。人心之虚灵，自然明觉，何尝有动？有动，则虽照亦妄；妄心，则失其照而入于动矣。然妄心虽动，而虚灵之本然者未尝不在于中，以其照，故不动，以其妄，故动，非有一个照心，又有一个妄心。以不动，故照，以动，故妄，非有一个动的，又有一个不动的。若此心不动，则无照而无不照；若此心动，则虽照而亦非照，无照而无不照。心之本体见矣，岂又于照心之外又去妄心？去妄心之外又立一照心耶？“人心惟危，道心惟微，惟精惟一，允执厥中。”心一也，危处便是人心，微处便是道心，危微一体，在人默识之耳。道心就在人心中见，非别有一个道心。人心浑然是道，便谓之中。精一者，精一此耳，非以一道心为主了又有一人心听命于道心也。

问：孔子谓“假我数年，五十以学《易》”，何以孔子五十始学《易》？注又谓“‘五十’字误”。

曰：非以五十之年学《易》，是以五与十学《易》也。至理不离于象数，后世始分，有理学、数学之异。以《易》之本旨论之，岂其然哉！“大衍之数五十”，“天地之数，五十有五”，虚其中金木水火土五数，便是五十。又数始于一，成于五，小衍成十，大衍成五十。又五为生数之极，十为成数之极，以五乘十，以十乘五，亦为五十。又《河图》中之所居者，惟五与十。设卦观象，参伍错综，所居而安，所乐而玩，无不在此。圣人以此显道神德行，可与酬酢，可与佑神，无不在此。此“五十学《易》”之旨也，岂年之谓哉！故透得此“五十”之精微，万事万化皆生于心，易知简能，不在乾坤而在我矣。中立而大本在此，更有甚过与不及？故曰“可无大过”。

问：孔子言“默识”，不知如何默识？

曰：识是识仁体。说默识，便不堕有无，不偏内外，知行合一，动静一致，圣人妙绝工夫，惟此而已。此须自得始知，非言语所解。曰：何以知是识仁体？曰：除了仁体，更何所识？下文“学而不厌，诲人不倦”，可见便是识仁体。仁者，合天地万物以为公，立己立人，达己达人，在人者莫非我，在我者莫非人，只为天命流行，物与无妄，本来大同，实是如此。若人识得此体，有何厌倦？盖厌心倦心，起于不能察知本来大同，而人我二见得以杂挠，于是天理昏蔽，私欲滋长，故有厌倦。若能默识此体，自然动皆天则，天理流行，自学诲人，总只是这一个贯通，自然而然，非别有一毫勉强之私，鼓舞之术，令其不厌不倦也。不厌不倦，便是默识，只在几上用工耳。

问：《易》曰：“神无方，易无体。”何谓易？何谓神？

曰：一也。“生生之谓易”，“不测之谓神”，生生就是不测，不测就是生生。今以人心为汝点破。人之心，天理流行，私欲不间，此便是生生，便是易。人之心，应感自然，唯其时物，此便是不测，便是神。自然无方无体，允执厥中。《易》曰“圣人以此洗心，退藏于密”，又曰“圣人以此斋戒，以神明其德”，所谓“此”者，何所指耶？于“此”悟得及，无往非易，无往非神。洗心就是斋戒，退藏就是神明，谓之曰密，可见天地鬼神之奥，性命道德之微，都在这里包裹，全无一毫渗漏空隙。人乃自死其心，自物其心，而不求所以易，所以神，何耶？

问：伊川言：“孔子十五至七十，进德许多节次，圣人未必然，是为学者立法，盈科而进。”阳明又谓：“七十从心以上，还有事在。”何以知之？

曰：谓“七十以上，还有事在”，则孔子之学犹为未至而没矣，此是猜孔子若活有八十九十，其学当又不同，乃料度之词，阙之可也。人之所以为心，帝则也。天然之矩便是帝则，亭亭当当，直上直下，天地万物皆范围曲成于此矩之中，知者知此耳，行者行此耳。孔子志学，是灼见天然之则，志在此矩，更不他移；立是此矩能立于我；不惑是此矩之广大精微，卓然不惑；天命是此矩所自出，知之是与矩为一；耳顺是此矩融化；从心是融化此矩，至于不可知之神；此为学之正鹄也。圣人之心，浑然天理，不假十年而后一进，然圣人独知之妙，有非人所及知，如天道之运，三年一变，五年再变，十九年成一章，而天之心未尝易。孔子非自退，托以诱学者，实见得学必至于从心不逾矩而后成，自始学以至圣人，自幼以至老，未有能易者也。汝今且勿为章句作注脚，汝且看汝所志何志。若识得此矩，庶几志向不差，日就月将，念兹在兹，立与不惑，知命从心，到时自知境界，不必望如何立，如何不惑，勿忘勿助，始终如是，到得忘助俱绝，汝自信得。

问：诸生静坐时，尚觉得力，只到动处，便自支离。如何方合一？

曰：心原不支离，汝自支离。心原是合一，汝自不合一。心无动静，故阳明谓："恶动之心，非静也；求静之心，即动也。"汝分了一个静，则到动时，安得不支离？若动处支离，则静中所谓得力，亦非真得力。物理即是吾心，吾心即是物理。物理即是吾心，何尝不宁贴？吾心即是物理，何尝不生生？宁贴则不必求静于动之外，生生则不必恶动于静之中。分了动静，便不宁贴。动静不合一，便不生生。不宁贴，不生生，非本心之正矣，汝自思之。了得此几，存养省察，只是一个一齐俱妙，非静时只存养，动时只省察，非省察自省察，存养自存养也。

问："由仁义行，非行仁义"，愿闻其指。

曰：若知孔子"予欲无言"之旨乎？"天何言哉"，孔子非以天自高，盖以明心体，使人之自悟而有得也。"四时行焉"，非行四时也。"百物生焉"，非生百物也。此天之道，即人之心体，孔子所以欲无言也。人之心体，一之则由仁义行，二之则行仁义。明道曰："敬以直内，义以方外，仁也。"若以敬直内，便不直矣，行仁义，岂有直乎？明道有得之言也。此"行"字，孟子于"天下言性"一章亦以"禹之行水"明此"行"字。言性则故，则天下之故即是性，故者，以利为本，则行之利用即是故。若禹之行水，行所无事，此便是以天下自然之故，利天下自然之用，智者而行所无事，是由仁义行也，智者而凿，是行仁义也，本性之上，岂有加损？故明道曰："若合修治而修治之，是义也；若不消修治而不修治，亦是义也。"故常明白简易而易行，明道真有得者矣。

问：陈同甫、朱文公学术之辨，朱谓陈贬抑三代，陈谓朱使千五百年间成大空阔，毕竟孰是？

曰：吾折衷于孔子而已。谓汉唐以来全无一有本领识道理者，此文公之说。谓汉唐以来犹赖英雄扶持世道，此同甫之说。管仲一匡九合，孔子称其仁，则汉唐以来英雄何可尽毁以为非？管仲一匡九合，孔子不与其知礼，不与其器，其徒无道桓文之事者，则汉唐以来英雄何可尽推以为至？韩子有言："君子责己重以周，待人轻以约。"吾愿以朱子之言责己，同甫之言待人。

问：先儒多讲周礼，本朝诸儒亦言井田可行，不知行之果能如古之治否？

曰：可行与不可行，吾以孔子之言明之。孔子曰："黄帝尧舜之治天下，通其变，使民不倦，神而化之，使民宜之。"行政而倦于民，不宜于民者，黄帝尧舜不为也。殷因于夏礼，所损益可知；周因于殷礼，所损益可知；所因者，礼必有所以为损益者，则三代之治又可知也。尧舜不能不变通黄帝之政，殷周不能不损益尧舜之礼，今必欲一一以周礼见之行耶？且如天时之运，春不能不变为夏，夏不能不变为秋为冬，天不能违时也，而人必欲以今返古耶？皇降而帝，帝降而王，王降而霸，圣人亦不能违也。若能得先王治天下之本,虽以今之时行今之政,有何不可?若不得先王治天下之本,虽纪纲法度无不是周礼,其去文武周召远矣。孔子告哀公问政,但言文武之政,布在方册,人存政举而已,文武之政之详未一及也。曰以道,曰以仁,曰礼所生,曰知天,曰达道,曰达德,曰明善,曰诚身,曰择善,皆是学问中事,皆是治心之说。问政而以问学告之,以治心之说启之,天下岂有心外之治哉?举为政而本于修身,本于道,本于仁,见立仁即所以立政也;举仁与义而本于礼所生,见复礼即所以复仁也;举修身而本于事亲知人知天,见知天即所以知礼也;举达道达德而及于所以知之行之者一,见知一即所以知天也;举九经而又及于所以行之者一,见通一即所以通九经也;举事豫则立而及于道前定,见得道即所以得一也;举获上信友顺亲而及于明善,见明善即所以得道也;举诚者天道,见诚即所以为善也;举诚之者择善固执以及于学问思辨,见择善固执即所以求诚也。其中间参伍错综,若难剖析,而一节照应一节,一节发明一节,以理之一达于分殊,以心之诚通于立政,盖非圣人不能言,而自黄帝尧舜三代以往以及将来凡为治者,莫有能外之者矣。若透得此心,则曰仁曰礼,曰天曰一,曰道曰善曰诚,无不一以贯之,是谓尽性,且将位天地,育万物,于治道何有哉!先王所以使民不倦,使民宜之者,不过此机栝耳。得此,便是人存政举,失此,便是人亡政息,不必别有商量。

问:周子《太极图》,朱陆辨之至多。未谂此图是真是伪?

曰:《太极图》,陆子不信;《通书》,则陆子信之。余请以陆子之所信者言之。“诚者，圣人之本”，即“无极而太极”也。乾元资始，诚之源，乾道变化，诚斯立，即一动一静，分阴分阳，阳变阴合，五气布，四时行也。其引《易》曰“一阴一阳之谓道，继之者善，成之者性。元亨，诚之通；利贞，诚之复”，即真精妙合，成男成女，万物生生，变化无穷也。“诚无为，几善恶”，即“五性感动，善恶分，万事出”也。“诚精故明，神应故妙，几微故幽”，即“圣人定以中正仁义主静，立人极”也。无欲为要，无欲则静虚动直，明通公溥，即主静立人极之旨也。“思者，圣功之本而吉凶之机”，即“君子修之，吉；小人悖之，凶”也。“《易》，何止五经之源，其天地鬼神之奥”，即“大哉《易》，斯其至矣”之谓也。《太极图》与《通书》实相表里，如此，安可以《太极图》非周子所作哉！然返之我心，有所不合，质之前圣，有所不同，犹可阙之，而此图无不合无不同者，又安得而疑之？五行四气，阴阳变合，不过太极之运行，离阴阳变合五行四气，无太极矣。形生神发，万事由出，不过此性之感动，离形生神发，万事万物无此性矣。定之以中正仁义，主静立极，则圣人尽性之至而全体太极之真也。性为太极，太极之道至中至正，圣人定以中正仁义，非仁义之外又有中正也，仁义之不偏不倚，无过不及，即中正也。如太极生阳生阴，一动一静，有何偏倚？有何过不及？故曰“立天之道，阴与阳；立地之道，柔与刚；立人之道，仁与义”，信哉！性为太极而圣人所以合德于天者，在此也。主静者，非偏静之谓也，仁义全备于心，由仁行而不知其为仁，由义行而不知其为义，常是应感，常是定静，故曰立极。合德合明，合序合吉凶皆在于此，则天地人之道归焉矣。太极之生阴生阳，无声无臭，圣人之立仁立义亦如是，故主静之静，即定之以中正仁义之定，非有他也。“君子修之，吉”，是修此定；“小人悖之，凶”，是悖此定。旨哉！明道以定名性，一定而性见矣。定而性见，然后我之得于阴阳太极之秀而最灵者始足以完其真，不定则丧性，性丧则失其所以为人，凶莫尚焉，故主静者变定而言之也。无欲故定，定故诚，太极所以生生不息者，无欲也。定也，静也，诚也，《易》之大旨括于此图矣。此定体无时无处不是他流通，但人多行不著，习不察，终身由之而不知，何怪乎日入于小人而不自觉也！

问：孔子尝言：“道不同，不相为谋。”何乃于楚狂接舆则欲下车与之言，过长沮桀溺则使子路问津，于荷蓧丈人则使子路反见之？

曰：此正见孔子一体之仁。接舆、长沮、荷蓧之隐，未为非也，但其心忍于弃天下之人，则非矣；其遁世，未为非也，但其心果于忘斯民之世，则非矣。其心忍，其心果，学术异矣。孔子虽不忍弃天下，亦不必天下之我用；虽不果于忘斯世，亦不必斯世之我知。凤兮凤兮之叹，彼固知有道则见，无道则隐，而不知用之则行，舍之则藏者，圣人之正也？辟人辟世之论，彼固知人之可绝，世之可逃，而不知以有道望天下，不以无道必天下者，圣人之正也？四体不勤，五谷不分之诮，彼固知自食其力，自善其身，而不知教思无穷，容保民无疆者，圣人之正也？世未有不能透脱名利而可以扩充一体之仁者，数子洁身者也，贤智之过者也，以其洁身而行君臣之义，则义无不尽，以其贤智之过而俯就中道，则中即可能。故孔子汲汲，皆欲与之言，是孔子之仁即与三子为一体矣，惜乎三子之不足与于斯道而止于一节之士也。然孔子不得与之言，亦无留迹于心，即使得与之言，彼之从与不从，孔子亦不强彼以所不逮，则孔子一体之仁，又于是为至也。

问：《系辞》谓"乾坤，其《易》之缊"，"乾坤毁，则无以见《易》，《易》不可见，则天地几乎息"，此《易》又何指？《易》如何见得？

曰：吾今不必远有所引，只就人心与汝明之。人得天地之心以为心，人之心即天地之心，天地之心就是《易》。天地之心如何见得？乾坤者，天地之性情也。天地之性情就是天地之心，非天地之心之外又有天地之性情，除了乾坤，别无有天地之性情。广生大生，便是乾坤。除了静专动直，静翕动辟，别无有广生大生，除了生生，别无有专直翕辟。生生就是我之心体，寂感就是此心之生几，动而无动，静而无静，就是此心之寂感。所以六十四卦，惟《乾》《坤》两卦《文言》论学之语最多，亦最精。其《系辞》所发明，亦惟发明《乾》《坤》之义为多，是以天地之心明人心，使人知求吾心即所以求天地之心也。天地惟其生生，是以乾坤变而为六子，乾坤六子变而为六十四卦、三百馀爻、万一千馀策，以至不可名象不可纪极，而生生者未尝易。人之心惟生生，是以变动不拘，周流六虚，惟变所适，而生生亦未尝易。生生未尝易者，无思而无不思也，无为而无不为也。人之心若与天地之心合，专直翕辟，不在乾坤而在我矣，故曰"神而明之，存乎其人"。知得天地之心，即是神而明之，人心神明即是天地之心，即是《易》。

问：白沙言："终日乾乾，收拾此而已。此理包罗上下，贯彻始终，滚作一片，都无分别。自兹以往，更有分殊处，合理会[①]。"不知如何理会分殊？

曰：分殊是那理一的分殊，理一是那分殊的理一，非理一与分殊相对待，又非理一与分殊分作两截，乃先理会理一，然后理会分殊。除了分殊，则所谓理一者，是何理之一？外了理一，则所谓分殊者，是何分之殊？《易》曰："天下殊途而同归，一致而百虑。"可见理一分殊原非对待，原非两截。识得仁体而存之，则修身齐家治国平天下，自然贯通，无不透彻；事亲从兄，事长使幼，自然贯通，无不曲当；处己处人，应事接物，自然贯通，无不周匝；礼乐名物，制度文为，自然贯通，无不中节；喜怒哀乐，好恶用舍，自然贯通，无不顺应。若于分殊上有滞碍，必于大本上有未尽。广大精微，原非两事，所谓仁体，非于人情物理之外另有一个空空无无的道理也。

问：子贡，圣门高第，何以亦事货殖？

曰：非也。德性之知与闻见之知，其本原非有二，但自德性之知而入者，则是由本而之末，便是圣人所谓"一贯"之学；自闻见之知而入者，则每逐末而忘本，便是圣人所谓"多学而识"之学。德性之知，圣人以之教弟子者，而弟子有即从事德性者，便是传习，便是受圣人之命；有不事德性

①合理会，陈献章《白沙子全集》（明万历四十年序刊本）卷三作"合要理会"。

之知而仍落闻见多学者，便是不受圣人之命。此受命，非受天贫贱之命之谓也，天何尝以贫贱命人？孟子曰“弟子而耻受命于先师”，即此受命之指。落于闻见，多学而识，便是货殖，《左传》所谓“学犹殖也，不殖将落”[1]，夸多斗靡，如蓄货然，故谓货殖。如今人见博学者号为杂货铺，便是此旨，非商贾之货殖也。从事德性，一物不留于胸中，坦坦荡荡，便是屡空，若心体至于空，则无知而无不知，自近道矣。若只务殖学，则有所知，有所不知，即使有知，不过“亿则屡中”之知耳。颜子之“终日不违如愚，退而自私，亦足以发”，此即屡空之实。孔子语子贡曰：“汝以予为多学而识之者与?”子贡学问正是多学而识者，遽答曰“然”，此是以己之学窥圣人也，既而即自觉悟，复曰“非欤”，此即“亿则屡中”之实。于是孔子欲使之返本用功也，复促之曰“非也，予一以贯之”，惜子贡犹不能洒脱多学之识而顿悟也。至于闻“性与天道”之后，然后谓孔子之文章可得而闻，性与天道不可得闻。文章即性与天道之著见者，性与天道即文章之精微者，非有二也。但求孔子于文章者多，故可得闻，即自闻见而入者也；求孔子于天道者少，故不可得闻，即自德性而入者也。至是而子贡始为透彻之悟矣。

问：明道言“《华严经》只是一艮卦”，敢问二书煞有相同处否？

曰：天下本何思何虑？何思何虑即是止，即是光明。

---

①“学犹殖也，不殖将落”，孔颖达等撰《春秋左传正义》（影印宋庆元六年绍兴府刻宋元递修本）卷三十作：“夫学，殖也。不学，将落。”

艮者，止也；光明者，止而光明也，此心体也，思不出其位是也。出其位则不能止，何光明之有？“艮其背，不获其身”，忘内也；“行其庭，不见其人”，忘外也。忘内忘外，则物我两忘；物我两忘，则物我同体；物我同体，天矣，非人矣，理矣，无欲矣。循天循理，则行止动静无不以时，故时止则止，时行则行，动静不失其时矣。行止动静不失其时，光明著矣。圣凡物我，体常如是，无古今，无起灭，无去来，无隐显，非有二也。《华严经》八十馀卷，只是明不动智与光明智二智一体，当念即是善哉。横渠有言：“《易》言光明者，多艮之象，著则明之义也。”又曰：“定，然后有光明，若常移易不定，何求光明？”吾辈今且求物我两忘，且如此时汝之问我，我之答汝，无一毫私意夹杂，真实流通，不将不迎，不厌不倦，此就是当体两忘之境。此体不易，便是常定。自然光明，便是思不出位，更有何思虑？可见吾道自足，不须旁求。

问：“无极之真，二五之精”，如何分晓？

曰：“二五之精”就是“无极之真”，非有一“无极之真”，又有一“二五之精”。朱子以为“阴阳迭运，气也，其理则谓之道”，又曰“太极只是天地万物之理，未有天地之先，毕竟是先有此理此想”，皆朱子少时之言。朱子又谓“太极只是一块气”，此方是有定见之语。试看六经《语》《孟》，何曾说个理，又说一个气？宇宙间只是此元气耳。指元气之生生者为性，指元气之於穆不已者为命，指元气之条理者为理，指元气之生生而灵觉者为心，其实一也。孔子曰“仁者，人也”，此身之外无馀仁矣。《中庸》曰“天命之谓性”,此性之外无馀命矣。孟子曰“仁,人心也”,此心之外无馀仁矣。以为气后于理,以为气外有理,则《易》谓“大哉乾元,万物资始,云行雨施,品物流形,乾道变化,各正性命,保合太和”,皆是指气说,曰性曰命曰理,就都在里面了。说天莫辨于《易》,使果语气而遗理,则文王周孔论道之精析,反不若后儒也?

问:南轩《仁说》谓:“指爱以名仁,则失其体;指公以名仁,则失其真。”文公又谓:“以觉名仁,大本已差。”然则仁毕竟如何说方是?

曰:说之愈详,其道愈离。程子曰:“才说性,便已不是性。”旨哉言乎!欲人之自默识耳。仁何尝不爱?樊迟问仁,子曰“爱人是也”。仁何尝不公?孔子曰“克己复礼为仁”是也。仁何尝不觉?孟子曰“恻隐之心,仁之端也”是也。汝今且勿别去寻仁,且就爱处公处觉处理会。能爱,自然公,自然觉;能公,自然觉,自然爱;能觉,自然爱,自然公。道理原是生生不息,浑融无间,非是必要分别如何为所当然,如何为所以然,析之极其精而不乱,合之尽其大而无馀,六经《论》《孟》未尝有也。孔子教门人以求仁,未尝的言仁体,只是就人事上用功,在念头上精一。除了人事,何处又见仁体?除了念头,何处用功求仁?“居处恭”,恭就是仁;“执事敬”,敬就是仁;“与人忠”,忠就是仁。于此可见仁道无往而不在,不可须臾离矣,岂于爱于公于觉之外,又有一突鹘的道理,始名为仁耶?

问:《易》只言寂感,至周子却添出个“动而未形,有无之间”几字出来。

曰：周子深于《易》矣。寂感非二也，以心体不动故名寂，以心体能通故名感，此两字不过以互形容此心之妙耳。周子恐人以此两字分看，故又说出“几”字。“动而未形，有无之间”，就是形容寂感之妙，非寂感之外又有“几”也。此“几”字，《易》屡言之，曰“见几而作”，曰“知几其神”，曰“极深研几”，曰“知至至之，可与几也”。此“几”即《大学》所谓“意”，《中庸》所谓“独”，曰诚意，曰慎独，即知几也，《学》《庸》特变文言之耳。此几，圣凡所同，特有诚与不诚，慎与不慎之别。曰诚曰慎，可见非于此几之上有一毫增损，特诚此慎此而已。曰诚曰慎，至孟子“勿忘勿助”而发明殆尽。此几不容一毫有损，岂容你忘此几？不容一毫有增，岂容你助？勿忘勿助，寂感自一，故圣人工夫只是顺其本体，非于本体之外别有工夫。了得勿忘勿助，无往非活泼泼地，无往非“动而未形，有无之间”之境。

问：宋儒分别名义，有谓“由太虚，有天之名；由气化，有道之名；合虚与气，有性之名；合性与知觉，有心之名”者，有谓“心为性之郛郭，性为心之形体”者，有谓“性为天命，命为天理，道则性命之理”者，有谓“性为理之形体，情为性之发动”者，有谓“心统性情”者。要之，“心统性情”之说似精。

曰：如此分析，不但六经《论》《孟》无之，虽濂溪、明道亦无之也。濂溪曰：“动而正曰道，用而和曰德。匪仁，匪义，匪礼，匪智，匪信，悉邪也。故君子慎动。”明道曰：“道即性，性即道，若道外寻性，性外寻道，便不是达天德。”何其议论之完密，见理之精深耶！余末学也，不敢妄辨，即以汝所言“心统性情”一句明之。心与性与情，一物耶？三物耶？自“心统性情”之说出，而先儒遂谓“心为将，性为在营之军，情为临阵之军”，又谓“心为寂感之主，性为寂然不动，情为感而遂通”，破碎决裂，远而又远矣。谓心统性情，以心为性情之主，而性情为客也。“天命之谓性”，性顾统于心耶？性是客耶？感于物而动曰七情，为性之欲，情与性可对待耶？古人言心不言性，若《大学》专论正心，则不及性是也；言性不言心，若《中庸》“天命之谓性”是也。孔子曰“成之者性”，即心是性矣；孟子曰“仁，人心”，即性是心矣；又曰“情可以为善”，乃所谓善即情见性矣。除了七情，何处见性？岂有一物独立于七情之表，方谓之性耶？无乃即七情之中节处，至当恰好，纯粹至善，本体寂然不动，便是性也？除了性，何处见心？岂有一物立于性情之表，兼统乎性情，方谓之心耶？无乃自性之迷于情便是人心，自情之反乎性便是道心也？今日学者无他，只须默识，识得后，一切训诂涣然冰释。

问：《西铭》前半节如棋盘，后半节如人下棋。如何？

曰：性者，天地万物之一源，前半节之谓；仁者，以天地万物为一体，后半节之谓。子翼纯孝，践形惟肖，知化穷神，不愧屋漏，存心养性，则下棋之谱也。伯子、封人，舜与申生，曾参、伯奇，则善下棋之人也。厚生玉成，存顺没宁，则下棋之结局也。识得天地万物一体之性，随其所居之位，安其日用之常，处处是尽仁孝，时时是尽仁孝，若有一时一处不尽，便不是与天地万物一体。不但伯子、封人之类，如富贵多男有寿为黄、尧、周公、文王，俱是顺受厚生之命，俱是仁孝；贫贱如孔子，无寿如颜渊，无后如曾参，俱是顺受玉成之命，亦俱是仁孝。所以然者，只为了得此天地万物一体之性，生则是存顺，死则是没宁，便是子翼践形，便是继志述事，便是无恭匪懈，更无有富贵多男寿考贫贱无子夭折之别；不能了得此天地万物一体之性，便是悖德害仁，富贵福泽原是贼害他，贫贱忧戚原非玉成他，生也不顺，死也不宁。此则下棋之先后着也，宇宙世界只是如此，圣贤着数亦只是如此。

问：义理之性与气质之性，毕竟是同是别？

曰：孔子言"天命之谓性"，天有二耶？天之命可二耶？天之命不可一，有二性耶？后儒言理，不究其全，过于分析，自求其说而不得，至谓孟子论性善是本原之性，孔子论性相近是气质之性。然则孔子论性，反不若孟子之得其本原耶？《易》曰"一阴一阳之谓道，继之者善，成之者性"，此即孔子"性相近"之旨也。"仁者见之谓之仁，知者见之谓之知。百姓日用而不知，君子之道鲜"，此即"习相远"与"上智下愚不移"之旨也。论性莫备于是矣。宇宙之内，浑然惟此元气。阴阳，气也，一阴矣，又一阳，见阴阳原是一体。气即道也，元气混合，保合太和，天地人物无不共之，浑辟无穷，於穆不已，于斯指何为善？指何为不善？无善无不善，是谓至善。相近二字，不落于善，不落于不善，形容此性至妙而无以加矣。程明道谓"人生而静以上不容说，才说性，便不是性"，正指此也。惟夫太和运而为阴阳，阴阳变而为刚柔，刚柔之各一其性者，有刚善刚恶刚中，柔善柔恶柔中，纷纭不齐，大段不过禀受分数多寡厚薄清浊之不同，而太和元气之真未尝离也，非可以恶言也，此亦相近之旨也。孟子所以谓“性善”，谓“乃若其情，可以为善，乃所谓善也”，但刚柔之中、刚柔之偏皆是这一本所流来的，非此一本之外又有刚柔中偏之不同，便是习相远，明道所谓“善固是性，恶亦不可不谓之性”，正指此也。人能变此刚柔之偏以归于中，是谓尽性；若不能变而任其变以流于恶，是谓丧性。尽性则人生而静之本体以复，天地人物所共者在我；丧性则迷其善以入于不善，天地人物所共者逾迷逾远，便是上智下愚不移。明道以水为譬，所谓用力敏则疾清，用力缓则迟清，及其清，只是原来之水，不是将清换浊，亦不是取浊另置一边，水清则性善之谓，不是善与恶在性中相对，正指此也。了得此旨，则生之谓性，性可为善，可为不善，有性善，有性不善，皆可不辨其非而自明矣。论性无逾《易》，无逾孔孟，其后无逾濂溪、明道，潜心于此而已，不必他求。

问：阳明《传习录》云：“以后门人讲学，不要失了我良知的宗旨。”我通校勘过，惟良知两字无病痛，此旨谓何？

曰：此门人欲张皇高大门户之言，门人记录之差，非阳明之本旨也。阳明讲学，如明珠走盘，顾欲门弟子之拘拘耶？先正有言“愿士夫敦讲学之实行，不愿士夫立讲学之门户”，此名言也。学问原是家常茶饭，愚夫愚妇皆学问中人，自饮食男女以及齐治均平，无不是学，岂必立宗旨，开门户，然后谓学？不立宗旨，不开门户，即非学耶？一部《论语》，孔子立教具在，如必立定一宗旨，则克复之外，不当更为敬恕讱言爱人忠恭之说教；颜渊之外，不当又异于仲弓、司马、樊、冉之说，良以学问大头脑只在求仁，然必就各人资之所近而告之，则悟入也易，就各人力之所能勉而启之，则践履也易，非圣人之教有传有不传也。京师翼翼，四方之极有志往京师者，但路头不差，则出门便是，四方皆可至京师，以路不同而往京师之路头则同也；若必要由某一路始可达京师，则燕之北，越之南，其何以同之哉！今良知天理之训遍天下矣，宜人人皆得心体，皆是圣贤，然夷考其实，有愚夫愚妇不忍为者，彼莫不甘心焉，学绝道丧，言有枝叶之徒弥漫而不可止，良可痛心。吾辈今且只要认得求仁，圣贤千言万语无不可以入道，得一言则终身可行，各宜勉之！

问：今人作诗，多厌道学诸作，目为陈腐。

曰：道与艺，三代以上未尝分也，三代而下至于今日始分矣。讲道者目诗文为末艺，学诗文者目道学之作为迂腐。诗以三百篇为准，今三百篇内何尝不言学？如“顺帝之则”“先登于岸”“缉熙光明”皆是也。孔子赞诗，亦以《烝民》《鸱鸮》谓为知道。但三百篇言道言学，皆是因事敷陈，或见于颂，或见于雅，皆性情之发，而后儒遂以之作议论之语，辨心性之详，则非诗之正体耳。诗三百，蔽之在思无邪，此孔子论诗之根本也。“不学诗，无以言”，诗可观兴群怨，事父事君，识鸟兽草木，此孔子论诗之作用也。是以子贡达不谄不骄之旨，子夏达绘事后素之旨，孔子便谓“可与言诗”，无非欲人将许多人情物理融贴在自己身心上受用耳。故幽人怨妇，旅客厄士，但能发乎情，止乎理义者，无不可歌可诵。此孔子删《诗》之旨，非以论道论学者方是诗，不论道不论学者便是末艺也；非以工丽雕绘者便是诗，而一涉理道者便非诗也。以是观之，又何足以相非？若作诗诵诗，不达无邪与兴观群怨之旨，虽多虽工，何益？若达此旨，虽作虽诵，又何害？

问：知与行两字先后合一之论，每每不同。

曰：若只见解，更有何难？但求真知实行，斯为难耳！“非知之艰，惟行之艰。”知不如好，好不如乐，学问思辨行，俱非分为两也。非知无以启其行，非行无以成其知；若不行，则虽知亦是空知，空知不可以名知矣；若不知，则虽行亦是冥行，冥行不可以名行矣。自古大圣贤言知则必言行，言行则必言知，说知至便说至之，说知终便说终之，说制心便说制事，说择善便说固执，说良知便说良能，说聪明睿知便说达天德，说尽心知性便说存心养性，说博文便说约礼，说直内便说方外，说知及便说仁守，圣贤不肯偏说，岂是不要人分明？盖以圣贤无一偏之学，知行之不可分不可偏者，正以人之心体不容分不容偏也。人若识得心体，知行自不能分，自不能偏，不须作矮人看场，听人说妍丑。

问：阳明以晦翁比杨墨，以晦翁之学术比洪水猛兽，何以至此极？

曰：何乃至是乎！论道术则欲其精，道者，天下之公道，人心之公理，何嫌于明辨之异同？至论人，则心志学术若一，只议论不一，自不害其为同。孔子之圣，岂老彭所可望？其学术何其径庭！且自言“窃比之”，其尊贤如此，孔子无外之仁也。文公十岁读《孟子》至“圣人与我同类”，遂立志作圣人，自见延平令观“喜怒哀乐未发气象”，辄大有超益，平居教人以尊德性、收放心为本，入对时以平生所学在诚意正心四字，每论孟子之后不得其传，只为不去心上理会，皆万世圣学之的。今人莫不受朱子罔极之恩，不以其不同者辨其所同，而惟以其不异者攻其所异，何耶？孔子论仁论孝论政，人各一其词，岂亦孔子之自为学术亦有异耶？故心术学术苟同，不害为议论之异，心术学术苟异，何取于议论之同？

问：集义养气。

曰：语圣学至集义养气，无复有馀蕴矣。太和元气，流行宇宙，盎然充满，便是浩然之气。此气本自塞乎天地，本至大，本至刚，人得此气以生，与天地无异。惟能直养，则自塞天地；不直养，则害矣。此气就是道，就是义，混合无二。惟能有此气，则自配道义；不能有，则馁矣。欲养此气，欲有此气，惟在集义。义即是浩然之气之天则，此之[①]之神明之矩也。必无间断方是集，无虚假无渗漏方是集，无矫揉造作方是集，如此，则义自然生。若有间断虚假渗漏，有矫揉造作，便是袭，袭则是欲强取此义，义岂能生？说出“行有不慊于心，则馁”，正见不可有间断虚假渗漏矫揉，故告子之未尝知义者，正以其外之也。“必有事焉而勿正”，便是集义之实，勿忘勿助，便是“必有事焉而勿正”之实。说到勿忘勿助，自己一念不落有，不落无，不落动，不

①之，疑作“气”。

落静，不为加，不为损，至中至正，至虚至灵，说心体到此，真是跃如矣。只此就是直养无害，只此就是配义与道，只此就是集义，与太和元气流行宇宙盎然充满者，复何殊哉！《居业录》曰：“勿忘勿助之间，是本心正处，天理妙处，人欲净处。”有味哉其言之也！慎独即此知几，即此本体工夫，只是这些活计耳。欲作圣贤者，其潜心之！

问：“未发是性，已发是情”之义。

曰：使果性是未发，情是已发，则篇首何以只言“天命之谓性”而不言情耶？周子曰：“中也者，和也。中节也，天下达道也。”其见的矣。天命之性，其本然也，率性而行就谓之道，道不可离，见性之不可离也。不睹不闻，便是天命之性，所谓道也，无声无臭者也。戒慎恐惧乎其所不睹不闻，率乎性也，不睹不闻，隐矣微矣，然即莫见莫显之几，道之不容以动静分，信道之不可须臾[1]离也。君子戒慎恐惧，不过慎此独知而已。谓之独知，则不睹不闻，莫见莫显，其几在我喜怒哀乐之萌，其循天理与逐人欲，莫能欺也，故莫见莫显，即不睹不闻之见显也；独知者，即莫见莫显之独知也。性也，即道也，慎独者，变戒谨恐惧而约言之也。率性也，即不离道也，语性，则中和尽之矣。慎独，则动静无端，显微无间，是所以致中和也。如此，则此心常感，其本体原未尝动，浑浑乎天命之性也，万事万化之则在焉，中矣，其顺应而无情也，非中之和乎？是至善之则也，故曰大本。由是喜怒哀乐之发，各循天则，一人之情，千万人之情也，

①臾，原作“叟”，误，据文义改。

非大本之达道而何？达道者，率性之道也，道之不容以动静分，是性之不可分也。故中和一则也，非中外有和，和外有中也，非未发时别有已发者，在已发时又有未发者存也。自常感而本体不动，故言未发；自常感之各当天则，故言发而中节。程明道所谓“未发之前更如何求”，善观者却于已发观之，朱文公谓“一日万起万灭而其寂然之体未尝不寂，非别有一物限于一时拘于一处始谓之中”是也。天命之性，天地万物之一源也，致中和，率性矣，道在我矣，合不睹不闻微隐显见而一之矣，天命之性在我，不能位天地，育万物耶？故位育非他，率性之能事也。於戏！舍慎独其何以哉！故慎独，则一以贯之，非强一也，不容不一也。

问：格物致知，先儒训解每每不同。

曰：先儒之言皆有所见，然反于吾心而深有契，则道林蒋子《古大学义》之说，真中圣学之肯綮。大学之道，“明明德”尽之矣，必言亲民，此便见天下国家本吾一体，故亲民即所以明明德也。至善者，即明德之本体也，止至善，然后明明德始尽。此一节，大学之道已尽矣。欲示人以明明德之要也，故即言“知止而后有定”一节。知止之知，即致知之知也。定静安虑，所以明明德也，得则止至善矣。此一节，明德止至善之说已尽矣。欲人知致知之实也，故即言“物有本末”一节。物有本末之物，即格物之物也。知所先后，即所以格物也。近道，则明德可明而足以止至善矣。盖合此身与家国天下言之，共是一物；故合修齐治平言之，共是一事；一物也而有本末之分，是以一事也而有始终之异。致知者，知此本末，知此始终，以为先后而已，故格物所以致知，知致则物斯格也。此三节，已见《大学》之全矣。又恐人不明于格致之说也，乃即明明德于天下与治国齐家者其本在修身，而推之正心诚意致知格物，又自物格知致以推于意诚心正身修，及于齐治均平，两节互文之意。诚正格致在先，知所先也，齐治均平在后，知所后也，即致知之说也。此二节，《大学》之全益明矣。犹恐人于格致之说有疑也，故一言“天子至庶人皆以修身为本”，见身家国天下为一物而修身为本也；一言“本乱末治者否”，见身家国天下为一物而家国天下为末也；一言“其所厚者薄，而所薄者厚，未之有”，见必先其本而后末治也。格物者，格此也，此谓知本，此谓知之至，则知之者，知此本末之共为一物，而致之必立其本以举其末，则明德明而至善止矣。《书》曰“格于上帝”“格于文祖”“祖考来格”，神与人感通无间，谓之格。格物之格，即此旨也，天下国家与我一身浑合无间，谓之格物。何也？天下国家无二理，以天下国家之人心同也，人心同，好恶同矣，是以齐治均平不必求之天下国家而当本于修身，修身之要在正心诚意，惟公其真好真恶之端，不以一毫己私与之，意自然诚，心自然正，而修齐治平一以贯之。知止之知在此，知所先后之知在此，是曰致知格物，故曰“此谓知本，此谓知之至也”，此即所以释格物致知也。天之命也无二，故天下之人心无二，人之心即天命也，以心之感通言曰意，以心之灵觉言曰知，以心之动之微吉凶之先见言曰独，语《大学》而极于慎独，精矣，一矣。人所以不得入大道之道，只因己私用事，一身之外皆为胡越。若能格通此身与天下国家之为一物也，即是知止定静安虑，所以缉熙此知止者也，非二也。故诚意不外于知止，慎独不外于定静安虑。何也？吾之知炯然不昧，善必先知之，不善必先知之，真好真恶，几在于我，一毫己私何能干预？是所以慎独即知止也。慎独矣，是谓明德，是谓明命，是谓新德，是谓新命，是谓盛德，是谓至善。语正心，则忿懥恐惧好乐忧患必得其正，即此慎独也，合格致而一之也。语修身，见“后天而奉天时”于不动处运用，便是“先天而天弗违”。邵子所谓“先天之学，心学”，此至言也。识得此理，“天根月窟闲来往，三十六宫都是春”矣，更有何事？

貴州文庫

淮海易谈

〔明〕孙应鳌 撰
赵广升 点校

点校前言

《淮海易谈》四卷，孙应鳌撰。前三卷释六十四卦，大抵先释卦名、卦辞，次释彖辞、象辞，最后释爻辞、爻象，缘象数以谈《易》理。第四卷依次阐发《系辞》《说卦》《序卦》《杂卦》精蕴，《杂卦》以后，仰绍于周文、孔、孟、颜回、子思，中间出入于伊川邵子、濂溪周子、横渠张子、二程、晦庵、象山、慈湖，明代则讨论于白沙、甘泉诸子，一空依傍，纵论《易》理。对于该书的特色和宗旨，《四库全书总目》有精辟的评价："是书谓天地万物，在在皆有《易》理，在乎人心之能明。故其说虽以离数谈理为非，又以程子不取卦变为未合，而实则借《易》以讲学，纵横曼衍，于《易》义若离若合，务主于自畅其说而止，非若诸儒之传惟主于释经者也。"清乾嘉间思想家阮元认为"是书通论《易》理，详于人事"。《淮海易谈》被学界公认为是孙应鳌的代表作，并由此奠定了他作为明代著名理学家的地位。

《淮海易谈》自刊布以来，就得到当世及后世学者的称许，成为解《易》的名著，享誉至今。万历朝著名思想家吕坤《答孙月峰》信中称赞道："宋人惟有杨诚斋恢豁爽朗，稍优程正叔；我朝孙淮海通变不拘，又大过于马伯循也。"在另一封《答孙月峰》中，再次称及《淮海易谈》："大都解

《易》固难，而用《易》为尤难。《易》，我浑身之物，盈天地间满眼之物。以经解经而不以经解我，以我解经而不以我用经，总之口耳之学耳。近世有孙淮海《易谈》、汉州周巡抚满《解易》一部而忘其名。弟原有此两家，儿辈失之。”明末清初的大儒李颙在《读书次第易经本义》中评价说：“汉晋以还，说《易》者无虑数十百家，独荀爽、郑玄、何晏、王弼、王肃等九家为最著，然皆举一废百，各执一察以自好。宋儒则程伊川主理而时失之凿，杨诚斋优程而中多牵合。近代惟邓徵君元锡《易绎》宏畅精深，发昔人所未发。此外如孙淮海《易谭》、辛天斋《易象归元》亦各有透髓之见。”以上诸家评价，可见《淮海易谈》在《易》林中的地位和影响。孙应鳌的《淮海易谈》，还开启了明清贵州学者研究《易经》的风气，特别是清代以来，贵州学者研究《易经》的著述蔚为大观。清末莫友芝在《宋元旧本书经眼录》中，指出了孙应鳌对贵州易学研究风气的开创之功：“安平陈定斋先生笺《易》……黔中前辈说《易》知者，清平孙山甫先生《淮海易谭》、麻哈艾凤嵓先生《易注》，及是书而三耳。”时至今日，学者们仍然对《淮海易谈》抱有浓厚的研究兴趣，呈现出方兴未艾的景象。随着孙应鳌理学思想研究的深入，以孙应鳌为代表的阳明心学“黔中王门”也得到学界公认。

《淮海易谈》初刻于明隆庆二年（一五六八），南京图书馆、苏州图书馆、如皋图书馆有藏。《四库全书存目丛书》经部第七册所收《淮海易谈》，即据南京图书馆所藏隆庆二年刻本影印（校记中称“隆庆本”）。清光绪六年（一八八〇）莫友芝、莫祥芝辑刻《孙文恭公遗书》，内收《淮海易谈》。宣统二年(一九一〇),南洋官书局石印《孙文恭公遗书》(校记中称“宣统本”)。民国十一年(一九二二),任可澄主持刻印《黔南丛书》,第一集第一、二册即为《淮海易谈》(校记中称“黔南丛书本”)。一九九六年,贵州教育出版社曾出版了刘宗碧、龙连荣、王雄夫点校的《孙应鳌文集》,内收《淮海易谈》,据“黔南丛书本”点校,而非“隆庆本”,故讹误不少。二〇一五年贵州人民出版社出版的《黔南丛书》第七辑《淮海易谈》、二〇一六年贵州民族出版社出版的《孙应鳌全集》第一册《淮海易谈》,笔者俱以“隆庆本”为底本,以“宣统本”“黔南丛书本”为参校本点校。此次值《孙应鳌全集》收入《贵州文库》之机,在以上二版的基础上再次修订而成。

点校者

目　录

淮海易谈　题辞

孙应鳌曰:《易》者,何也？以著天地万物之理也。天地万物之理妙于人心,故《易》著天地万物之理以明心也。古之圣人生而明诸心矣,欲人人皆明诸心不可得,于是著《易》之书曰经。书不过语,语之所贵者意,意之所贵者不可以无言晦,不可以有言传。故得其所以言则传,不得其所以言则晦;传则得其所以为心,晦则失其所以为心,非得自外,得自我也。自经之意晦而无传,于是诸大儒又出疏《易》之经曰传。

愚自学《易》,尝求诸大儒之说于传,求诸大圣人之说于经,未窥测也。已乃因传以求经,因经以求心,浸浸乎若有窥测矣,而未能见晓。已乃反之于心,略其所有言与无言,涵泳之,优游之,日用起处罔不念斯,久之,则若诸大儒之意若可启于衷,诸大儒之语若可出诸口,而诸大圣人著经之意即若可不远于吾心。

噫嘻！天地得《易》,以清以宁;万物得《易》,以生以成;吾人得《易》,上下四方,往古来今,罔不毕臻。心之理,若是至精至纯至大至一也耶！得其心,斯得其理,天地万物合为一体,固诸大圣人所以立教,诸大儒所以修教,吾人所以由教,意之贵而可传者深已哉!犹然与俱行,嗒然与俱忘,继自今请以终身者,必在是《易》也夫!

隆庆二年戊辰秋中日

淮海易谈　卷一

如皋孙应鳌

观《乾》卦，可见天之所以为大，而惟人能合其大。故学者当为大人之学，若自小之者，小人矣。元亨利贞，天之四德。“君子行此四德，故曰‘《乾》：元，亨，利，贞’。”可见四德皆人人所有，惟君子能行之。既以四德并称，而惟曰“《乾》元”，元之浑然而无所不包也，天之所以为大也。故亨者，元之亨也；利者，元之利也；贞者，元之贞也。知元之所以为元，则知仁之所以为仁矣。故“合礼”者，合此仁也；“和义”者，和此仁也；“干事”者，干此仁也。故曰“‘元者’，善之长”，“君子体仁足以长人”。仁言体，盖天地万物之备于我者无少缺欠，无少渗漏，真浑然无所不包，我之此身真与天地万物同体矣。人有此体，孰不知之？知天地万物之同此体也罕矣！“君子体仁”，是以仁为体，非以我体仁也。以仁为体，则一；以我体仁，则二。“君子行此四德，故曰‘《乾》：元，亨，利，贞’。”是一之也，非二之也，“体仁”，然后“嘉会”“利物”“贞固”，一以贯之。故《象》曰：“天行健，君子以自强不息。”以仁为体矣，何不强？夫何息？是自强也，是自不容息也。元之旨微矣！以其气之融会贯通，谓之太和，故曰元气。天地万物，惟此元气耳。太和元气之所赋与为命，故曰元命。太和元气之所赋与而自成者为性，故曰元性。性、命非二也，一也，是乾道也。知一，则知元矣。万物众矣，资始于元；天大矣，统于元。可见“乾道变化”，元之变化也；乾道变化，则性命各正，元之各正也。性命各正，则太和保合，元之保合也。“云行雨施，品物流行。”生生不已，出出不穷，是变化之迹也。由变化可知性命矣，由性命可知太和元气矣，一也，非二也。是“天行”之“自强”也，是所谓“健”也，是所谓自不容息者也。体元者，体此而已。“大明终始”，是体元之大人也。乾道何常有终始，元、亨、利、贞之循环无端也，自莫不有终始，莫不统于元。明于元，则乾道之终始在我，是以大。明终始之人，体此以居六位，则行止以时，天德以立；体此以乘六龙，则潜跃不忒，天位以正，是“首出庶物，万国咸宁”之圣人也，是与天为一者也。与天为一，非体仁之君子，乌能与于此？仁，天德也；以之长人，君德也；取譬言之，龙德也，一也。“刚健中正，纯粹以精”，此所以为天德也。初九曰“龙，德而隐”，九二曰“龙，德正中”、“德溥而化”，九三曰“君子进德修业”，九四曰“君子进德修业，欲及时也”，九五曰“飞龙在天，乃位乎天德”，又曰“大人与天地合其德”，如此乎言德之详也。然揭其修德之要，于九二曰“闲邪，存其诚”，于九三曰“忠信所以进德”而已。诚也，忠信也，一也。约言之，曰诚；衍言之，曰忠信。故子思曰：“诚者，天之道也。”“‘元’者，善之长。”在天为实理，在人为实心，故孟子曰：“仁，人心也。”知诚，则知实理矣，则知实心矣。故周子曰：“元亨，诚之通；利贞，诚之复。”诚者，圣人之本；思诚者，圣功之本。君子之体仁也，思诚而已矣。思诚，然后诚；诚，然后我真与天地万物同为一体，然后为体元，为穷理、尽性、至命，为天德，为龙德，为君德，然后先天不违，后天奉时。如此乎大人之学不可自小也，自小者，不足言矣。而世之以空无言性命者，岂知此实理实心者耶！故知实心实理则知诚，知诚则知仁。知体仁即知所以合天，即知所以用《易》；知所以用《易》，即知我与天地万物一体，即知一贯之学。

知之德，其《乾》之至德耶！天有常运而其进退存亡之不失也，是天之知，是以动而不失其时，故曰"乾知太始"。此知在人，与天同也，惟不能复此知体，是以昧而不觉。圣人之所以为圣，惟不失此知耳，故曰："知进退存亡而不失其正者，其惟圣人乎。"圣人于《乾》之九三独提"知"字示人，曰："知至至之，可与言[①]几也；知终终之，可与存义也。"吉凶之先见曰几，几之所在，便是至之所在。"知至至之"，则几在我，故曰"知至至之，可与言几也"[②]。这"至"之所在，便是"终"之所在。知至而能终以守之，则德惟一，动罔不吉，故曰"知终终之，可与存义也"。能知此几，则进退存亡皆先知之；能终守此几，则知进退存亡皆不失其正，故曰："知微知彰，知柔知刚，万夫之望。"此几之所在，天地造化之体用皆统焉；"大人"之所以合德、合明、合序、合吉凶者，此知此几耳，故曰："知几其神乎！"了得此知，天道无馀蕴矣。

"大哉乾乎！刚健中正，纯粹精也。"言乾之大，正见吾此心之大。乾之大，大于中；吾心之大，亦大于中。刚者，

①言，原脱，据《乾·文言》"知至至之，可与言几也"补。

②至之，原作"知之"；言，原脱，据《乾·文言》改、补。

乾之德；健者，乾之运。乾之刚健也，至中而已矣。自中之无所偏倚言曰正，自中之无所杂揉言曰纯，自中之无所杂揉而至一者言曰粹，自中之纯粹之至极言曰精。《易》之道，尽于中矣！孔子以“大哉”称尧，尧之所以为尧者，“允执厥中”而已，故曰“尧得统于天”。

“‘利贞’者，性情也。”何以“元亨”不言性情？“《乾》‘元’者，始而亨。”生生不已，是《乾》之大性情也。到“利贞”，则物物自成，是物物自成之性情也。可见天无性情，以万物为性情，万物之性情，就是天之性情。

“学以聚之，问以辨之，宽以居之，仁以行之。”学者，学此仁也，能学则仁始聚；问者，问此仁也，能问则仁始辨；宽者，宽此仁也，能宽则仁始居。如此，而后仁始行，故曰“体仁足以长人”，故曰“君德”。若不知仁，只是平说，则学问都无着落。

《乾》每以“时”字示人，曰“六位时成”，曰“时乘六龙”，曰“因时而惕”，曰“进德修业欲及时”，曰“时舍”，曰“与时偕行”，曰“与时偕极”，曰“与四时合序”，曰“后天奉时”。知时，则知中矣。时不可执，而有一定之易；中不可执，而有一定之道。孟子曰：“孔子，圣之时。”若孟子者，真知《易》者矣！知孔之时，便知尧之中。

“见龙在田，时舍。”“舍”字读作去声，如房舍之舍。盖以舍字明田字，故人常曰田舍。时不可执，而圣人必以“见龙”为时之舍者何？悟得此处，则知《易》，则知圣人之心矣。九二曰：“龙德正中。庸言之信，庸行之谨，闲邪存其诚，善世不伐，德普而化。”九二“龙德正中”，故圣人以此为时之家舍与？惟正中，故言信行谨，言行无过、不及，便是“闲邪”，便是“存诚”。德至于诚，可以善世矣。善世则德溥，德溥则化，德至于化而止矣。故《乾》惟九二、九五称“大人”。故圣人治于上，则位乎天德；圣人治于下，则天下文明。而圣人之心，则惟九二之安也。

初九“不易乎世”，与“天下有道，丘不与易”“易”字同。以此见圣人天地万物一体之学，正“以美利利天下”。其潜者，非圣人之得已也。潜虽圣人之不得已，而圣人无不得已之心，故“时乘六龙”。在此位，即此学之用，潜、见、飞、跃，只是一体，故初九曰：“乐行忧违，确乎不可拔。”故虽极于五，而非有少加于初；虽居于初，而非有少诎于五。然非有“确乎不拔”之潜，必无有“圣作物睹”之化。学《易》君子，其慎思之！

九五之“位天德”，夫子谓“圣作物睹”，而推言之曰：“本天亲上，本地亲下，各从其类。”此“类”字最妙。有子曰：“圣人之于民，类也。”孟子曰：“圣人，与我同类者。”圣同天，知圣人与我同类，然后知我与天同大，而体仁之学自不容已；不能体仁，是自失其类矣。失其类，其究将入于禽兽，可不惧乎！

“《乾》：元亨利贞”，一阴一阳尽之矣，故曰“一阴一阳之谓道”，故曰“立天之道，阴与阳”。一阴一阳，元尽之矣。元者，一也。天惟一，故“行健”；君子惟一，故“自强不息”。故君子“行此四德”之“行”与“天行健”之“行”，其行一也。

“六爻发挥，旁通情也。”言居此爻则尽此情也，故大人“时乘六龙”。居此位则尽此位之事情，如天之“云行雨施”，自然而然，无所强也。故尧、舜事业，自尧、舜视之，不过只是日用饮食之常，无甚异者。故学者要见大，惟体仁便大。

夫子赞“大哉乾元”，首以“刚”言之；他日言未见“刚”者，而曰：“枨也欲，焉得刚？”是乾之刚，以无欲也。周子曰：“圣可学乎？可。何为要？一为要。一者，无欲也。”故非无欲，不足以言刚；非一，不足以言无欲。体乾之元，是曰“得一”。程子体贴“天理”二字，亦自无欲体贴耳。故无欲就是天理。

“天行健”，故“不息”。非特天之运行一日一周不息也，日往月来，寒往暑来，皆不息也。君子法天自强，而道无馀蕴矣。

八卦《大象》：《乾》言天行，《坤》言地势，《坎》言水洊至，《离》言明两作，《震》言洊雷，《艮》言兼山，《巽》言随风，《兑》言丽泽，推之而六十四卦天地水火风雷山泽交互错综，皆《易》之象也。《大象》或言君子，或言大人，或言后，或言圣人，或言先王，皆用《易》之人也。《易》之象，心之象也；用《易》者，心用之也。是以六十四卦之《大象》皆言“以”，只一“以”字，吾心与《易》象合矣。天地万物之象，皆吾心之象，吾心其即物理乎。吾心之用，即天地万物之用，物理其即吾心乎。吾心即是物理，乃欲去物理而归空无，不知吾心者矣。物理即是吾心，乃欲于事事物物上穷究，不知物理者矣。知吾心、物理之无贰，然后知吾身与天地万物实是一体，非实不然而强名之也。彼遗心逐物、舍物求心者，乌足以用《易》？

“乾元‘用九’天德，不可为首。”非言天德不宜为首也，言不为首者，方谓之天德也。所以后又说出：“乾元‘用九’，乃见天则。”天则即天德也。六爻之内，潜、见、飞、跃，各以其时，皆天则所在，天何尝以刚为首，一而不变耶？故圣人之潜、见、飞、跃，一因乎时而已无容心，故惟乾能用九，惟圣人能用九，故曰“乾道变化”。子思亦曰：“惟天下至诚为能化。”

“乐则行之，忧则违之。”圣人之心无忧乐也，以所遇之时言耳；圣人之行无从违也，以因时之道言耳。

“天德不为首”，乃天道圣心自然之变化，固未尝专于用刚，亦未尝废刚，惟其时物，惟变所适。至老子以守黑、守雌、守辱、后身、亡身为道，而天道远矣！邵子以老子得《易》之体，若得《易》体，即得《易》用，体用一原，岂可分属？百骸备而成体，百用备而成《易》，遗白论黑，遗雄论雌，是《易》体否耶？

诸卦言“元亨利贞”者，《乾》《坤》之外，《随》《革》《屯》《临》《无妄》，然其义或谓“大亨”，或谓“利于正”，《坤》之“贞”，但曰“牝马之贞”而已。惟《乾》则谓之四德，惟君子行此四德，信乎道之大原出于天而备于人也！人有此四德而不能行，真谓之弃天亵天，真谓之自暴自弃，故孟子谓之“自贼”。

宋儒有言四德是性、六爻是情者，正不必如此。性者，天命也。《诗》曰：“维天之命，於穆不已。”人之动静、食息、出处、显晦，仁义礼智之德，以时出而名立焉，无不感通，无不各当其可，昼夜于是，生死于是。此天命之性，循其不已之体，自然而然，行所无事，不落意见，不杂己私，与天同流，是谓天命，故曰：“率性之谓道。”其言情者，以性之感通言曰情，非性之外有情也。“六爻发挥”，便是行此四德，非四德是藏的、六爻是用的有两者也。四德谓之行，圣人之言至矣哉！

天地之德，元尽之矣。天地之所以为天地，浑然惟此元气也，故曰乾元，曰坤元。元气之成象为日月，元气之运行为四时，元气之变化为鬼神，元气之虚灵之在人者为心，一也。大人之合明、合序、合吉凶，总只是与天地合德，故曰："人者，天地之心也。"朱子谓："人与天地鬼神，本无二理，惟蔽于有我之私，是以梏于形体而不能相通。大人无私，与道为体，故无彼此先后之可言。"①语体元也，语体仁也，其言至矣。孟子曰："仁，人心也。"孔子曰："克己复礼为仁。"体仁而天地之心尽矣，克己而仁体矣。此谓之大人之学，非九二之"存诚"极其至，何以能合？合者，一也。

"先天不违，后天奉时。"天，一也，何言先后？解者指意之所为为先，理之所行为后；又有以时未至为先，时既至为后者。要之，存之为天德，故曰"先天"；动之为天道，故曰"后天"；其存也，非无天地万物之大本具于斯，故曰"不违"；其动也，非有天地万物之达道行于斯，故曰"奉时"；一也。盖以两句话头明大人心体之一，非两事也。明大人心体之一者，正见其合德也。合者，一也。

《坤》辞之言"无疆"者三："坤厚载物，德合无疆"，"'牝马'地类，行地无疆"，"'安贞'之'吉'，应地无疆"。无疆者，天道也。厚则可以合天道，顺则可以行天道，贞则

①朱熹《周易本义》原作："人与天地鬼神，本无二理，特蔽于有我之私，是以梏于形体而不能相通。大人无私，以道为体，曾何彼此先后之可言哉！"

可以应天道。观此三言，坤元之承天，见矣。

《乾》言“不息”，其至久之德耶？《坤》言“无疆”，其至大之业耶？不久，则不能大；不能不息，则不能无疆。故子思曰：“至诚无息，不息则久，久则征，则悠远，则博厚，则高明。”

“先”则“迷”，先乾也；“后”则“顺”，后乾也；“失道”，失坤道也；“得常”，得坤常也。“东北丧朋”，先迷也；“西南得朋”，后顺也。故一言“主利”，一言“安贞吉”，“利”其“后顺”之利耶？“吉”其“得常”之吉耶？可以见臣道、子道、妻道矣。

坤未尝不健，但其健也以顺为健，故曰：“坤至柔而动也刚，至静而德方。”曰刚曰方，所谓坤之健也。坤之健，是坤之元也。然则无刚德者柔其所柔，岂坤之柔？无方德者静其所静，岂坤之静？故君子法坤，不当于柔静而当于刚方。能刚方，然后“有常”，然后“化光”，然后“时行”，故曰坤之用，皆乾之用。

“早辨”，岂特辨于父子君臣之间？无事无物不当早辨，学问尤当早辨。吾心一念，天理之发，辨之于早而拓充之；一念，人欲之萌，辨之于早而遏绝之。成贤圣，配天地，不沦夷狄，不入禽兽，皆在于此。故曰：“知远之近，知风之自，知微之显。”非知不能早辨。

“敬以直内，义以方外”，此夫子示人万世之学的也。世间学问不同，大段只有两种：偏内者求了心，遗事物；偏外者逐事物，遗心体。君子之学，只是合内外之道而已。合内外之道者，一也。“直内”“方外”，是以两句说话明我一个学问，非是剖析，非是支离。敬即义之在内者，义即敬之在外者。“敬义立而德不孤”,可见只是一个学问也。圣贤有言敬则不必言义者,如“修己以敬”是也。凡安人,安百姓,何莫非义?却都在敬内也。有言义则不必言敬者,如“集义所生”是也。不忘不助,停停当当,何莫非敬?却都在义内也。而于此合而言之,其义益明,其旨益全矣。知敬义是一事,内外是一道,则凡言博约,言精一,言知行,言体用,皆一以贯之。

“含章”之义最好。“含章”方“可贞”,“可贞”方能“时发”。世未有不能含章而能守正者,未有不能守正而能时发者。此轻浮浅露之人易丧自己,难以济天下国家之事也。孔子曰:“如有周公之才之美,使骄且吝,其馀不足观也已。”旨哉!如何是“章”?厚以载物,章之德也;光大咸亨,章之用也;柔顺利贞,章之行也。故章则自含,不含不足以为章。

天地能变化,则草木且蕃矣,况人乎!若天地闭,则贤人且隐矣,况物乎!贤人之隐见,关天地之开闭;天地之开闭,系贤人之隐见。如此乎体《易》,君子不可不知也。故当六四而不“括囊”者失时,孔子曰:“邦无道,富且贵焉,耻也。”不当六四而“括囊”者亦失时,孔子曰:“邦有道,贫且贱焉,耻也。”

“‘黄’中通理。”世以“黄中”为性,“通理”为情,过分析矣。君子之德,中而已矣。中则自通,中则自理。“正位”者,中之正也;“居体”者,中之居也。中,至美之德也;至美之德,在中。“畅四支,发事业”,皆此中之至美也。程子曰:“一刻不存,非中也;一事不为,非中也;一物不该,非中也。”知此者,知“黄中”之义矣。

六五“黄中”之君子，即六二“直方”之君子。何以见得？“黄中”之“中”，“敬以直内”，不偏于外；“义以方外”，不偏于内，此之谓中。“允执厥中”，执此而已。“畅于四支，发于事业”，皆不疑所行之境矣。故非有六二“敬义”之学，不足臻六五“‘黄中’通理”之盛。

坤之德，当生长便生长，当收藏便收藏，何尝有一毫不“直”？生长收藏者，物物有定命，物物有定形，何尝有一毫不“方”？此“直”此“方”，即坤道之“大”也。此皆自然而然，故曰“不习”。顺此自然者而施之，“含弘光大”，故曰“无不利”。以此见得“敬”者原是吾心本有之理，“义”者原是事物自然之宜。“敬”就是坤之“直”，“义”就是坤之“方”。“不疑所行”，正见君子之学自然合是如此，非有加于本分之毫末也。阳明曰：“做得工夫的就是本体，合得本体的就是工夫。”微哉！微哉！

敬义不合一，便不能立德，便孤行且疑矣。疑者，或疑于内，往而不返；或疑于外，物而不化也。

辨之于早，极而至于“‘黄中’通理”，为“美之至”，是谓庆，其善积之致与？辨之不早，极而至于“龙战有血”，为不美之至，是谓殃，其不善积之致与？庆殃在己，非在外也，故曰“祸福无不自己求之者”。

六十四卦，惟《乾》《坤》两卦论学最多，故学也者，弥纶天地者也。《乾》《坤》两卦论学，惟九二、六二最精，故中也者，权衡学问者也。周子曰：“性者，刚柔善恶，中而已矣。”圣人立教，俾人自易其恶，自至其中而止。

用九、用六，不特乾坤之变化，学者气质之变化亦以是也。气质偏于刚，以柔变化之，用九之义也；气质偏于柔，以刚变化之，用六之义也。气质变化，中和之德斯成，故曰："沉潜刚克，高明柔克，平康正直。"是知能用九、用六者，修身及家，平均天下，皆不外是。

《乾》九二言"闲邪存诚"，《坤》六二言"直内方外"。后儒以"克己复礼"为乾道，谓从全体上做也；以"主敬行恕"为坤道，谓从实地上做也。九二之学广大，六二之学绵密，所入虽不同，及其成功，一也。故九二之"诚"，即六二之"敬义"，六二之"敬义"，即九二之"诚"，故曰"乾坤合德"。

"积善馀庆"之"庆"，即"乃终有庆"之"庆"。子安于正以从父，臣安于正以从君，妻安于正以从夫，虽云"丧朋"，其实有庆。故不安于正，不能有庆。正者，善也。善非积不能成，正非安不能纯。

《系辞》云："与天地相似，故不违。"若学有一息不纯，德有一物不容，便不相似矣。然乾道至大，故有"自强不息"之学，即有"厚德载物"之度。凡德之不厚者，皆学之不强也。

《乾》极于九，则亢而有悔；《坤》极于六，则战而必伤。天地尚不可过也，况于人其可过乎？故曰"君子而时中"。

语"大"，至天地尽矣。然天地之大也，大以道，非大以形。君子取法天地，法此道也。心者，道之管也。天地有形矣，道则不囿于形；人有身矣，心则不囿于身。故人之能法天地者，以此心也。故大其心，则足以尽天地，非尽天地也，尽道也。尽道，则天地之始吾之始，天地之终吾之终，天地之不息吾之不息，天地之无疆吾之无疆。凡万象之变化于天地者，皆吾心之变化。其富贵、贫贱、生死、祸福，不过万象变化之瞬息陈迹耳，何足以与吾大？孔子之志于学,志此大人之学也。故学非大,不足以言学。

必知大,然后能体《易》;必知中,然后能用《易》。中者,大之枢也;大者,中之度也。曾子作《大学》,知大矣,而中具焉;子思作《中庸》,知中矣,而大具焉。二书者,其《易》之权舆乎?

屯者,物之初。屯有必达之理,故言"大亨"。然惟正,然后可亨,故"利贞";惟不轻动,然后可亨,故"勿用有攸往";惟得贤,然后可亨,故"利建侯"。

"云雷,《屯》。君子以经纶。"所谓经纶,岂泛泛然为之哉!子思曰:"惟天下至诚,为能经纶天下之大经。"故"天下之大经",君子之所经纶也。卫君待孔子为政,必先正名,此便是圣人经纶手段。

当《屯》之时,有其才,无其位,则不可轻进。然志在济屯,志能行正,故贤人利辅之,众人利归之,初九之"磐桓,利居正,利建候"是也。当《屯》之时,下逼于刚者,上远于应者,则难于进。然持正则妄求自去,待时则正应自合,六二之"屯邅,不字,十年乃字"是也。当《屯》之时,位不中正,才复阴柔,则不能有济。然必自己见几,不致妄作躁进,庶不取困,六三之"即鹿入林,几不如舍"是也。当《屯》之时,位虽近君,才若阴柔,则不能有济。然能舍己从人,忘己之阴柔,从人之刚明,则既能自知,又能求贤,自尔吉利,六四之"乘马班如,求婚媾,吉"是也。当《屯》之时,才既刚明,又居君位,而辅者无人,则不能大济。如六四近臣,六三近臣,六二大臣,皆阴柔之才。初九才刚明矣,又以在远则施未光,九五之"屯膏,小吉"是也。当《屯》之时，屯难既极，机会可乘。然才既阴柔，又无应援，则进退失据，惟有自伤，上六之“泣血涟如”是也。此便是圣人设象系辞大旨。当《屯》之时，处《屯》之道，有此六样事情，圣人发挥于六爻，使人之旁通焉。推此而馀卦皆可引伸触类矣。

蒙者，人之初。蒙有作圣之能，故曰“亨”。然养蒙必自尊其道，而后我之教行，故曰“匪我求童蒙”。必善应其求，而后彼之志达，故曰“初筮告”。必不凌节而施，而后我非妄教，彼非妄受，故曰“渎则不告”。凡此皆归于“利贞”也。

圣贤教人不倦，虽鄙夫来问，必竭两端，岂有再三而即不告之理？盖“初筮”者，其心诚一，以求于我，不失本然之良，故谓“初筮”。是盖有笃信之真，故即告之，所谓“当其可之谓时”也。“再三”者，未能信得此学，而涉于疑惑，入于拟议，故谓“再三”。若遽然告之，不但我为妄施，彼亦不入。盖多歧以乱其心，无专一恳切之意，是以不告之，所谓“不凌节而施之谓逊”也。“初”与“再三”，是就蒙者之疑与不疑说，不是就蒙者问我之多寡说。

“蒙以养正”，只养正，便是“圣功”，非谓今日之蒙，后日之圣也。圣之所以为圣，正而已矣。大人不失赤子之心，只因赤子之心不虑而知，不学而能，今自良知而养之，以至于圣人之无所不知，亦只是当初一点不虑之知；今自良能而养之，以至于圣人之无所不能，亦只是当初一点不学之能。大人与赤子之心原无分毫增减，但系所养之是正与不是正耳。

山之出泉，泉之行也有莫御之势，斯其“果行”乎。泉之蓄也有莫测之渊，斯其“育德”乎。“果行”始足以“育德”，如水流有本而后静深也。教者能“果行育德”，则教有本而不匮；学者能“果行育德”，则学有本而不匮。

《蒙》之道有六：有“发蒙”者，有“包蒙”者，有“慎蒙”者，有“困蒙”者，有“童蒙”者，有“击蒙”者。《记》曰：“禁于未发之谓豫。”蒙者，嗜欲未长，天理未丧，乘此之时，发其本心之良，以我此身为蒙所刑法，使一切嗜欲为此心天理之械系者爽然脱去，则蒙斯正。初六以“利用刑人，用[1]说桎梏”为“发蒙”之象，此也。人性不齐，使有忿疾之意，何能“发蒙”？蒙虽柔暗，我虽刚中，亦必两意相接，教始能施，故贵“包蒙”。虽以人君之尊下学于我，我则以阳受阴，如纳妇然；以下事上，如子克家然。九二以“纳妇”“克家”为“包蒙”之象，此也。蒙之下愚不移者，不知择师，惟利是从，在我则当拒绝之，不可一概包容，如女子之“见金，夫不有躬”者，则勿取之，是“有教无类”之中，又得取善去恶之道。六三“勿用取女”之象，此也。世间有一种至愚至柔之人，蒙昧不通者，若求二与九刚明之人学之，则蒙尚可开；若又远于刚明之人，困而不学，民斯为下，六四“困蒙”之象是也。凡求人之教，必忘其贵，忘其贤，人君居尊，不移于声色货利，不作聪明，诚心下贤，则贤必尽心于我，天下俱受其福，如高宗于傅说，成王于周公，六五“童蒙”下从九二之象是也。卦之不蒙者，惟二与九。二得中得时，故为群蒙之主。九过中过时，故不能包蒙，能击蒙。其击蒙也，必先正己，故“不利为寇”。其击蒙又不可过暴，故但言“御

①用，原脱，据《蒙》卦《爻辞》“初六”补。

寇”。寇者,蒙之至者也。若但御之而不过暴,则我既顺,彼亦顺,故言“上下顺”,上九“击蒙”之象是也。

《屯》之“利建侯”,君道也;《蒙》之“童蒙求我”,师道也。《乾》《坤》之后,继以《屯》《蒙》,盖师道立则善人多,君道立则贤才辅而天下治,天地之心属于君师矣。

有所待者谓之需。《乾》刚,《坎》险,以刚遇险,不遽进以陷险,故为《需》。“有孚,光亨,贞吉”,皆指九五言。“大川”者,《坎》险之象也。可见必“有孚”,则自然“光亨”,必“正”则自然“吉”。如此而需,虽大川可涉,况其他乎?此《需》之善者也。若不孚、不正则需者,事之贼矣,何亨何利之有?

“云上于天”,无所致力矣,待之而已,故“君子以饮食宴乐”。凡无所致力者,只当待,不可强有所为,所以九五又说:“需于[1]酒食,贞吉。”为政者若克尽其道,只当守正以待治化之成,急于求治,反不治矣。为学亦然,尽集义工夫,只是不忘不助。不然,进锐退速,反失本心之正矣。

初九远于险,故为“需于郊”之象。郊,远地也。初以刚德而能安守其常,必不至于躁进犯难矣,故“无咎”。九二渐近于险,故为“需于沙”之象。沙,近水也。二以刚德不失其中,虽近险而“小有言”,然宽裕而无大害,故“终吉”。九三逼于险,故为“需于泥”之象。泥,将陷于水也。三阳刚不中,又居健极,迫于坎险,故“致寇”。四身既处险,质复阴柔,不安其居,伤于险难,故云“需于血”。血,言

①于,原脱,据《需》卦《爻辞》“九五”补。

伤也。五有德有位，为需之主，以一阳处二阴之中，待下三阳同德之援，险者平，难者解，与天下相安于无事，故云“需于酒食”。酒食，言乐也。上居险之极，三阳并进，六以阴柔，又不当位，然能审己量力，敬顺其阳之至，不但免侵夺，亦可得助，故云“入穴，不速三人来。敬，终吉”。穴，言陷也。《需》六爻，初、二、五、六皆言吉；三虽致寇，又言敬慎，则不败；四虽伤，又言顺听，则能出穴。可见天下之事，从容审处，不急遽躁妄，终不困穷。初之恒，二之宽衍，三之敬慎，四之顺，五之贞，六之敬，此六者，所以需也；返是六者，则贼。

上刚下险则相胁，内险外健则相倾，己险彼健则相敌，皆《讼》之道也。然《讼》有吉有凶，有利有不利，惟“孚窒惕中”则“吉”，惟“终”则“凶”，“见大人”则“利”，“涉大川”则“不利”。诚实无诈谓之孚，能惩忿欲谓之窒，儆戒恐惧谓之惕，和平无忤谓之中，故吉。凌犯不悛谓之终，变诈自怙谓之终，故凶。大人有中正之德，见之则曲者直，枉者平，故利。大川有沉溺之危，犯之则自入于危，自陷于险，故不利。

“天水违行，《讼》。君子以作事谋始。”盖听讼非难，止讼为难；讼人非难，自讼为难；讼身非难，讼心为难。谋及止讼，则讼不待听而自无；谋及自讼，则人不待讼而自服；谋及讼心，则身不待讼而自端，其斯以为作事谋始之道乎。

《讼》之道，有以柔弱居下不能终极其讼者，其人原无十分伤犯底事，但得辨明即止，初六之“不永所事，小有言，终吉”以之。有阳刚处险，心本欲讼而势不敌上，欲为讼而义不克，只得退逊谦约自处以免过灾者，九二之“不克讼，归而逋，其邑人三百户无眚”以之。有自己柔弱，介乎两刚之间，能守旧德，能居正，含忍不报，安其常分，如此，虽受人侵厉，然终获吉，但其质柔，虽从王事，然终无成，六三之“食旧德，贞厉，终吉。或从王事，无成”以之。有以上讼下，挟贵、挟长、挟勋劳而讼者，然强莫强于理，而势力不与焉，若能自反其柔屈，不能克讼，复就正理，渝变其初心，安处于正，亦可获吉，九四之“不克讼，复即命渝。安贞吉”以之。有以阳刚中正居尊位者，讼者遇之，是非不淆，曲直立见，九五之“讼元吉”以之。有以阳刚居讼极，能以强词夺正理而取胜者，虽夺正理，必屈于正理，虽胜必败，上九“或锡之鞶带，终朝三褫”以之。此卦惟五为听讼之主，馀皆讼者。然刚者讼，柔者不讼，虽讼不求胜，故初与三皆终吉。二与四虽欲讼，能自顾于理义而不克讼，故无眚，故亦吉。惟上九穷刚，以讼取胜。然夫子示戒，即胜亦不足敬，况理无不复，且有“三褫”之辱，世之以讼取胜者可以鉴矣。

师，非圣人之得已也。兴师必有其道，用师必得其人，然后“吉而无咎”。事固有吉而咎者，有无咎而不吉者，故必“正”，必“丈人”，然后能兼有此善也。用师非严不克，而严不可过，故言“刚中”，此用师之人也。然非在上任用之专，必不能成功，可以见五、二之象矣。兵凶战危，故言“行险”，此兴师之道也。然必以顺行之，庶足禁暴安民，可以见《坎》《坤》之体矣。惟“正”，惟“丈人”，然后“能以众正”，然后“毒天下，而民从之”。知师贵正，则看《武经七书》，有所取裁；知师贵丈人，则看《百将传》，有所权度。

“容民蓄众”，盖古者寓兵于农，居则为比闾族党，行则为卒伍军旅。平日之教树畜，制田里，兴学校，明礼义，皆“容民蓄众”之事也。不能容民，必不能使民；不能蓄众，必不能动众。故曰：“三代之得天下有道，得其民，斯得天下。”

行师贵谨始，谨始以号令节制为本。盖军之命系于将，将之权在于律，故初六曰：“师出以律，否臧凶。”将之统众，贵得中道，使威行而不怨，惠行而不亵；又必在上宠任，使之得专阃外，不为中制，故九二曰：“在师中吉，无咎，王三锡命。”凡为将，志刚而才弱者败；不中不正，犯非其分者败，故六三曰：“师或舆尸，凶。”为将之道，见可则进，知难则退，是以善战者以守为战，先为不可胜，然后待敌之可胜，故六四曰：“师左次，无咎。”人君柔顺居尊，必蛮夷猾夏、寇贼奸宄而后用兵，此兴师之以其道也。既用刚中之将，必专于任使，不使柔懦之弟子参之，此用师之得其人也，所谓“师贞，丈人吉，无咎”也。故六五曰：“田有禽。利执言，无咎。长子帅师，弟子舆尸，贞[①]凶。”行师之终，将帅成功，论功行赏。但行师之时，献谋毕力，不择其人；事定之后，尊贤使能，必慎其事，是以爵位惟及于君子，赏赉但止于小人，故上六曰：“大君有命，开国承家，小人勿用。”《师》卦，九二为统众之将，六五为任将之人，三、四亦为将者，四之“无咎”不如二之“吉”，三之“凶”又不如四之“无咎”。故用师在择将，在能任将。行师者诚得此卦之义，斯尽之矣。

①贞，原脱，据《师》卦《爻辞》“六五”补。

上亲下，则下以上为心；下亲上，则上以下为体，故比则“吉”。然为人所亲者必自筮，其有“元”之德，则能有容；有“永”之德，则能有终；有“贞”之德，则能有执，是以“无咎”。如是，不但比者皆亲，虽未比而不安者亦来归之矣。此上之亲下之道也。若上无“元永贞”之德，犹可背之；若上既有德而不求比，则不祥莫大焉，是以“后夫凶”。此下之亲上之道也。

“地上有水”，亲比之象。“天子，作民父子者也。”[①]今不曰亲万民而曰亲诸侯，盖四海之广，兆民之众，岂一人能尽亲之哉！惟“建万国”以“亲诸侯”，则“列国[②]惟五，分土惟三。建官惟贤，位事惟能”，诸侯以天子之心为心而亲万民，则万民皆以诸侯之心为心而亲天子矣，是之谓“天下一家，中国一人”，比之至也。

《比》之道，在初贵诚、贵实、贵质三者，《比》之所以吉也，故“初六：有孚，比之无咎。有孚盈缶，终来有他，吉”也。在我有柔顺中正之德，自重其身，以应上之求，则内不失己，外不失人，两相求而两相遇，故“六二：比之自内，贞吉”也。若自己阴柔又不中正，则所近者皆非正人，同流合污，必至大凶，故“六三：比之匪人，伤”也。若内无可比，舍己柔暗而比刚明，则比得其人，故“六四：外比之，贞吉”也。若为人所比者至公无私，正大光明，有比天下之道而无比天下之心，其从与否，一听乎人，不与以己，而人之从者自不约而皆同，故“九五：显比，三驱，失前禽，邑人不诫[③]，

①“天子，作民父子者也”，《洪范》作“天子作民父母”。

②国，《尚书·周书·武成》作“爵”。

③诫，原作“诚”，误，据《师》卦《爻辞》“九五”改。

吉”也。若自己阴柔居上，不能比人，不能比于人，是谓大凶，故“上六：比之无首，凶”也。显比之道，不特居尊位，人之相比，莫不皆然。伊川曰：“以臣言之，竭其忠诚，致其才力，乃显其比君之道，不可阿谀逢迎，求其比己也。在朋友，修身诚意以待之，亲己与否，在人而已，不可巧言令色、曲从苟合以求比己也。于乡党亲戚众人，莫不皆然。‘三驱失禽’之义也。”其言曲而中矣。故孔子曰：“君子周而不比，小人比而不周。”显其比，周而不比矣；不显其比，比而不周矣。

李氏曰：“于《师》，得古人井田之法；于《比》，得古人封建之法。”言《大象》也。郭氏曰：“一阳之卦，得君位者为《比》，得臣位者为《师》。”言二、五也。

《小畜》以六四为主，上巽下乾，以阴畜阳，畜之小也；上下五阳，畜于六四，畜之小也；以阴当阳，不能固止其阳，畜之小也。以阴畜阳，能系阳，不能固止其阳，阳道必进，必“亨”，其“亨”之义乎。阴阳和而后雨，阴先倡阳，阳有所不及，不能成雨；一阴五阳，阴有所不及，亦不能成雨，其“密云不雨，自我西郊”之象乎。孔子曰：“健而巽，刚中而志行，乃‘亨’。‘密云不雨’，尚往也。‘自我西郊’，施未行也。”“施未行”之行，即“志行”之行。阳虽被屈矣，然志犹可行；阴虽得位矣，然施未可行，扶阳之意见矣。

《大畜》之《象》“天在山中”，故“多识前言往行，以畜其德”，无所不畜也。《小畜》之《象》“风行天上”，故“懿文德”，所畜者止于文词威仪也。风无形而山有质，风柔软而山坚刚，其斯为畜之大小乎。

"初九:复自道,何其咎"者,初与四为正应,在下而畜于阴势也。然以乾健之体居于下位,得正之德,远于群阴,自守以正,不枉道以从人,是为"复自道"。盖复己之道,非因彼之相求而后往,如此则不为所制,故"吉"也。"九二:牵复,吉"者,二正为四所畜,初九刚而正,九二刚而中,二与初九心孚意契,牵连而进,复其本位,不失中道,所以"吉"也。"九三:舆脱辐輹,夫妻反目"者,三切近于四,阴阳相比,譬如夫妻,宜易畜矣;但三过刚不中,四又上畜于五,与五相得,是三、四彼此相失,不能进如"舆脱輹",不相能若"夫妻反目";此见三之不中不正,不能为四之仪刑,失不在四也。"六四:有孚,血去,惕出无咎"者,四为畜主,一阴畜乎五阳,若难于无咎;然能存至诚之心以爱,畜而又绝其阴党,泯其疑惧,亦可无咎。盖诚则动物,理势然也。"九五:有孚挛如,富以其邻"者,九五为六四至诚"有孚"所感,故亦以至诚"有孚"相与,位尊势行,厥施斯普,此成雨之时也。盖四密比于五,见受畜之专也。"上九:既雨既处,尚德载,妇贞厉,月几望,君子征凶"者,盖上九居《畜》之极,六四以一阴无所不畜,畜而至上九①,既雨而和矣,既处而足矣。惟当尚以巽顺之德承载,即使妇女之贞,亦将有厉,何也?阴不可过盛,如月之几望,势将敌阳。君子但当静退,不可征往以取凶也,此圣人训阴之辞也。胡氏曰:"'复'字虽与《复》卦'复'字不同,然二卦惟初与二言'复'言'吉'。'休复'以其下于初,'牵复'以其连于初。彼则六阴已极之时,喜阳之复生于下;此则一阴得位之时,

①上九,原作"九上",倒,据《小畜》卦《爻辞》"上九"乙正。

喜阳之复升于上。”又曰：“《坤》六阴欲敌阳，极而阴阳两伤；《小畜》一阴欲畜阳，极而阴阳两不利。”

《履》，以上下观之，天上泽下，以柔履藉于刚，是履至危而无所害之义矣；以前后观之，以兑遇乾，和悦以蹑刚强之后，是“履虎尾”而无所伤之象矣。“履虎尾，不咥人”，便是“亨”，非别有亨道也。世之处危者多有所伤，不为所伤，方见所履，非和悦以蹑刚强，安有不伤？《系辞[①]》以《易》之兴为文王事纣之事，故其词危。“履虎尾”，危之至矣，而纣卒不能伤文王。故《履》为九卦忧患之首，故曰履以和行。

天高地下，此自然之礼也。君子法之，“以辨上下，定民志”。天下之强凌弱、众暴寡、上逼下、下僭上，以至灭天理、穷人欲，只因民志不定。民志定，在辨上下，礼达而上下辨矣。世谓礼为“伪”、为“忠信之薄”，彼乌识礼！

履，行也。凡人之幼学而壮行者，必有雅素洁白之守，然后志不移而行不污；不然，则得富贵即忘贫贱，据利达即入骄盈，此学者出门之第一步事也，故初九[②]曰“素履，往无咎”也。人有刚中之德，可以进为而行其道；然以在上无援，必安静恬淡，不使利欲一毫得乱其中，则所履合道，自然得吉，故九二曰“履道坦坦，幽人贞吉”也。人之不中不正，质柔而志刚，不量己力，妄欲有为者，必见伤害，如六三[③]眇者自以为能视，跛者自以为能履，是履虎尾而咥人，

①辞，原作“词”，误，据文义改。

②初九，原作“初六”，误，据《履》卦《爻辞》“初九”改。

③六三，原作“九三”，误，据《履》卦《爻辞》“六三”改。

凶之道也，如武夫欲有为于大君，所以凶也。人之不中不正，又近刚决之君，宜其危矣；然能以刚居柔，愬愬然小心敬畏，则其行得遂而亦吉，故"九四：履虎尾，愬愬，终吉"也。人君以乾刚居至尊，下又巽顺，事可必行，志可必遂；但才常伤于所恃，危多出于自安，必存虽正亦厉之心，然后不入于危，故九五曰"夬履，贞厉"也。居《履》之极，处《履》之终，必反观于初，自察休咎。如凡事皆善，但有一事未善，一事之中九分尽善，但有一分未善，亦非"其旋元吉"，故上九曰"视履考祥"也。六三、九四其不中正同，然三"凶"而四"吉"者，三以柔居刚，无其才而强为其事者也；四以刚居柔，能为而不敢为者也。九二、九五其刚中同，然二"贞吉"而五"贞厉"者，二难于进，以乐天知命为贵；五易于行，以虑患防危为贵也。六三言虎尾，以乾为虎也；九四言虎尾，以君为虎也。卦以说遇刚，六三为亨而爻又言凶者，卦言正体，爻言变体也。以此见《易》之不可为典，要在用《易》者于己取之而已。

阴"小"阳"大"，《易》之体也。《泰》，阴"往"居外，阳"来"居内，"天地交"而二气通与"上下交"而德业成者无异矣。可见世道不泰，由君子之不用；君子不用，由小人之得时。《否》《泰》吉凶之道无他，在阴阳、邪正、内外、消长而已。君子"内"，非专指在朝者；小人"外"，非专指在外者。凡在州郡而得行其志，外犹内也；凡在朝廷而不得行其志，内犹外也。云峰曰："三阳来而居内，三阴往而居外，阴阳之正，唯《泰》卦为然。"自《乾》《坤》至《履》，阳三十画，阴三十画，阴阳之数适相等，然后为

《泰》,《泰》岂偶然哉!

“财成天地之道,辅相天地之宜,以左右民。”独言“后”者,盖大君为天地宗子,宗子能以天地万物为一体,所以为《泰》之元后也。“天地之宜”,便是天地之道,以流行言曰“宜”,以本体言曰“道”。“辅相”便是“财成”,以赞化育言曰“辅相”,以赞化育之成言曰“财成”、曰“左右”者,总之则教养两端。圣人非有加于百姓本然之外也,因百姓得于天地之自然者而为之耳。天地之道,何道也?曰“交”而已。“以左右民”,正是君民之情交,民以君为心,君以民为体。凡有一之不遂其生、不若其性者,皆取足于圣人“裁成”“辅相”之中矣。

“初九:拔茅茹以其汇,征吉”者,致泰之机也。用一君子,则众君子进,如一茅拔而众根随也。“九二:包荒,用冯河,不遐遗,朋亡,得尚于中行”者,治泰之人也。五以柔中之君专任二刚中之臣,求治者待人不可过急,故言“包荒”;起弊不可因循,故言“冯河”;用人不可忘远,故言“不遐遗”;出政不可立党,故言“朋亡”,如此,则“得尚中行”而光大也。“九三:无平不陂,无往不复。艰贞,无咎。勿恤其[1]孚,于食有福”者,忧泰之诚也。三居《泰》中,在诸阳之上,泰之盛矣。“平”而“陂”,“往”而“复”,天运也;“艰贞”,人事也;“无咎”“有福”,不失保泰之道,泰之所以能保也。《泰》之时有何艰而圣人言“艰”?惟后克艰,然后安厥后;惟臣克艰,然后安厥臣。圣人之意何深切也!“六四:翩翩,不富以其邻,不戒以孚”者,妨泰之戒也。六四泰

①其,原作“有”,误,据《泰》卦《爻辞》“九三”改。

已极而否将来，小人得志之时，故六四与上二阴翩然而下复，不待富厚之力而能用其邻，不待戒约之齐而皆同其志，此为君子危欲知所戒也。“六五：帝乙归妹以祉，元吉”者，保泰之主也。五以柔中应在下之刚中，帝女下嫁从夫之象。人君虚己下贤，则泰可常保，福祉至大也。“上六：城复于隍，勿用师，自邑告命，贞吝”者，反泰之势也。泰极必否，治极必乱，如城复隍，虽欲用师，孰为之用？虽欲告邑，孰为之听？贞亦吝也。治泰者其毋使时势之至此极耶！自《乾》《坤》之后，历《屯》《蒙》《需》《讼》《师》《比》《畜》《履》，而后能《泰》，《泰》未几而《否》即随之，何天下之治日常少耶？求治有要，进君子退小人而已。

君子进而天下治，《泰》之“小往大来”也；小人进而天下乱，《否》之“大往小来”也。“否之匪人”[1]而曰“不利”者，小人得志；小人之利，天下之不利也。“君子贞”者，君子不得志；“君子”之“贞”，天下之不贞也。君子得志则吉亨，兼善天下也；不得志则贞，独善其身也。以天道言，乾坤不交则生理绝，是“否之匪人”也；以人身言，阴阳不交则生理绝，是亦“否之匪人”也；以人心言，欲长理消则生理绝，是亦“否之匪人”也。

“俭德避难，不可荣以禄。”盖必俭德，然后能避难，避难者，避小人之难也。使德有一毫不俭，则避之未几，诱之随至，祸将及矣。“不可荣以禄”，言非爵禄之所能荣，是所谓俭德也，是君子之贞也。爵禄不入其心，馀可知矣。

①否之匪人，原作“否否匪人”，误，据《否》卦辞改。

一小人进，则众小人进。然君子、小人之分，在正与不正耳。小人进用之初能变为君子，是小人之"吉亨"也，故初六曰"拔茅茹以其汇，贞吉，亨"也。小人而能包容承顺乎君子，是小人之吉；大人以否处否，不以小人之包承自失所守，其身愈否，其道愈亨，故六二曰"包承，小人吉，大人否，亨"也。小人之进，其初甚锐，其渐甚壮，其终将穷，将穷之时，君子将进，小人将退。然小人以阴柔不中正之资，虽当将穷之时，而包羞忍耻，犹贪位苟得，不知其身之危，故六三曰"包羞，位不当"也。济否在阳刚之君子，然必得位则始济，必有君命则始济；不得君命，畴类亦不应，何福之有？陈蕃、曹爽是已，故九四曰"有命，无咎，畴离祉"也。人君有阳刚之德，居中正之位，得群贤之助，可以济否而为休美[①]，是大人之吉矣。但祸常生于自骄，才常伤于自恃，惟勿恃否之可休，勿安休之有吉，常有"其亡系桑"之念，始能济否，故九五曰"休否，大人吉。其亡其亡，系于苞桑"也。否方休而辄有其亡之戒，可以见大人之心也。物理必反，否极之泰，君臣同德，可倾否矣，然戒谨恐惧不可忘也。以倾否为先，以喜泰为后，始能保泰，故上九曰"倾否，先否后喜"也。《否》卦惟九五、六二称"大人"，盖六二有德无位，故必守否而后亨；九五有德有位，故能休否而获吉。然非有亨否之节，必无有休否之功。凡言否者，皆指君子，若小人，而否乃其本等也。

《同人》，以离遇乾，火上同于天，是上下之心同也；六

①休美，《否》卦《爻辞》"九五"作"休否"。

二得位得中，上应九五，是君臣之德同也；一阴而五阳同与，是彼此之情同也。“同人”，贵公不贵私，贵大不贵昵。“同人于野”，公而大矣。处一家，同乎一家；处一国，同乎一国；处天下，同乎天下。大川且利涉，如同舟共济，况其馀乎！然其同也，利在君子，以正道相同，不正不足以为同也。何以为君子之正？“文明以健，中正而应”，此“君子”之“正”也。内文明则察于理，外刚健则勇于义，中正则己无私心，应乾则可合天德，此君子之正，所以“能通天下之志”者也。天下之人万殊而志则一，惟正则能通之。能通天下之志，是谓大同。可见君子之所同者，同天下人心之公理而已。

卦为《同人》，而《大象》言“类族辨物”。“类族”则贤智愚不肖之归自别，“辨物”则善恶是非之界自明。异其所不得不异，而后能同其所不得不同，此君子之正也。

“初九：同人于门”者，人之情，门以内则亲，门以外则疏。初九《同人》之始，刚而无应，是无私主之心，无比昵之迹，无私与之人，一出门而天地四方皆在所与矣，故“无咎”也。“六二：同人于宗”者，人之情，一有所系，虽公亦狭；二与五为正应，故曰“宗”，虽不失二之正，亦未免有所偏，故“吝”也。“九三：伏戎于莽，升其高陵，三岁不兴”者，人之情，德性不善，妄于求同者，失理；独立无与，急于求同者，失势。三欲下同于二，然二只应九五之君，而非三之正应；三又恐九五之见攻，不得不自为之备，有“伏戎升陵”之象。然奸雄之心欲敌乎五，五不可敌；欲攘乎二，二不可攘，故不能兴也。“九四：乘其墉，弗克，攻吉[①]”者，人之情，有行不纯，良人莫与同，欲强劫其同而阻于义有不敢者。四欲同于二，为三所隔。三有墉象，四乘其墉，而能自反于义，不敢怙终，故“吉”也。三与四同，欲劫二以同乎己。三以刚乘刚，故迷而不反。四以刚乘柔，故知自反也。“九五：同人先号咷而后笑，大师克，相遇”者，人之情，有上下同心同德而为强梗所间者，必去其所梗而后其遇始合。九三、九四下欲夺六二之上应，上欲间九五之下应，然二之心忠而不二，五之德刚而不疑，克去三、四，上下始遇而相同也。“上九：同人于郊”者，人之情，有无求无与、孤介荒僻如沮溺、荷蒉，物莫之同者，上居远郊，无吝无争，故“无咎”也。世之同于人者，如五、如二，正矣。初之同，是《同人》之大公也，三与四，至于争人之同而不得反，不若上之无求自得矣。二与五虽正，然有吝与号咷之象，盖两人志意相投，至亲至密，虽是义理之公、气味之合，然以大同之道观之，未免系于情而有所偏。于此若能打脱得透，同人之义无遗憾矣！

《大有》，“火在天上”，无所不照，有人君照临天下之象。六五一阴居中，五阳应之，有天下皆归一人之象。居尊者柔而不明，则以善为恶，以恶为善；明而不刚，则任贤易贰，去邪易疑。惟刚健文明，应天而时措之，然后大亨。人君治天下，不过刑赏两事。《大象》言“遏恶扬善，顺天休命”，惟能顺天命以遏恶扬善，不与以己，所以为“应乎天而时行”也。

①吉，原脱，据《同人》卦《爻辞》“九四”补。

一阴居二得中，上下五阳同与之，所以为《同人》。一阴居五得中，上下五阳同归之，所以为《大有》。一阴在四，欲畜上下之五阳，故《小畜》言“亨”，以五阳而亨也。一阴在五，能有上下之五阳，故《大有》言“元亨”，以六五而大亨也。

《大有》之时，有远臣居下处卑无有系应者，孤介不遇，当艰贞自守，“初九：无交害”是也。《大有》之时，有大臣虚己[①]以受，健足以行，能当大事胜大任者，“九二：大车以载，有[②]攸往”是也。《大有》之时，有外臣修其时享，心在王室，不敢存小人自私之心，“九三：公用享于天子，小人不克”是也。《大有》之时，有迩臣能知祸福之几，不敢以盛满自居，克自抑畏，“九四：匪其彭”是也。《大有》之时，主之者君柔顺下贤，君臣交孚，然柔不徒柔，又济以刚，“六五：厥孚交如威如”是也。《大有》之时，有无位之臣居宾师之地，以刚德下从六五[③]之交；孚，信也，而上能履之，是谦退逊让，谓之思顺；志在于五，谓之尚贤；得天人之理，“上九：自天佑之，吉，无不利”是也。《大有》二、三、四、五为在位，其词皆吉。初为远，上为无位，词亦吉。生斯世也，为斯民也，何其幸哉！

《谦》，艮止于内，坤顺于外，为卦德；山以至高，屈于地下，为卦象。“天道下济”，谦矣，“而光明”，《谦》之“亨”也；“地道卑”，谦矣，“而上行”，《谦》之“亨”也。天地神

①已，原作“足”，误，据宣统本改。

②有，原脱，据《大有》卦《爻辞》“九二”补。

③“六五”下原衍“五”，据文义删。

人，皆以“道”言，见“谦”者乃天地神人自然之理。君子之谦非强也，亦自然之理也。“尊”而谦则“光”，“卑”而谦则“不可逾”，此人道之“好谦”，而天道、地道、神道可推也。“君子有终”，言惟君子能终其谦；小人虽谦，亦不能终也。何也？君子之谦，自然也。

谦者，不使过于盈，求得其平之谓也。“裒多益寡，称物平施”，则不过盈矣。说者谓裒己之多，益人之寡，未必然也。《大学》之所恶于上下、前后、左右勿施，此裒益称物之旨也。上下四旁，均齐方正，各得其平，施于家而家齐，施于国而国治，施于天下而天下理，裒益称物之矩絜矣。故谦者，絜矩之大道，非专以贬损一身言也。

初六以柔居下，谦而又谦，“君子用涉大川”亦可，况平居耶？故“吉”也。六二得位，柔顺中正，至诚所感，无恶无射，谓之“鸣谦”，此君子积中发外之正，故“吉”也。九三阳刚得正，劳而不伐，有功而不德，君子持之以有终者，故“吉”也。六四近六五之君而谦以承之，居九三[①]之右而谦以下之，谦德之所发挥，上下皆服，故“无不利”也。六五以君位秉谦德，无崇高富贵之心，臣邻皆归之。如此而犹有不服者，是可以威治不可以德化者也，必利用侵伐。盖谦以和众，威以服猛，君道之正，故“无不利”也。上六以柔处顺之极，谦德有闻，而以无君位，其行师但能自治其私邑，故“利用征邑国”也。艮体静，坤体顺，静顺多吉，故《谦》爻皆吉。然涉川、征伐，乃险难利害之大者，而《谦》皆利之，可见济大险难、当大利害之人，必静顺者始能为之；若

①九三，原作“六三”，误，据《谦》卦《爻辞》“九三”改。

俭薄躁妄之徒，虽平居亦不能自持，其能此耶？

人心和乐，以应其上，谓之豫。《豫》九四一阳上下应之，《彖》谓“刚应而志行”也。以坤遇震，为顺以动，《彖》谓“顺以动，《豫》”也。“《豫》顺以动，天地如之，而况‘建侯行师’”，见顺动之理，天人之同归也。“天地顺动，日月不过，而四时不忒”，是所谓“天地如之”；“圣人顺动，刑罚清而万民服”，是所谓“利建侯行师”，见顺动之理，天人之同用也。

《大象》既法其声，又取其义。总之，一“和”尽之矣。盖雷以鼓万化之化而宣天地之和，乐以赞神人之化而宣人心之和，一也。

“初六：鸣豫，凶。”盖初六阴柔，以四为强援，志得意满，自鸣其豫乐，故凶。世有小人，误见用于上，得时用事，夸己所有，矜人所无，自取祸败，是此象也。“六二：介于石，不终日，贞吉。”盖六二处中得正，无所系应，其处豫如介石，其去豫不终日。世有君子，拔出流俗，不染纷华，义理明而事几定，嗜欲浅而天机深，上交不谄，下交不渎，知微知彰，知柔知刚，察于始动之初，不待吉凶之著，是此象也。“六三：盱豫，悔，迟有悔。”盖六三阴，不中正，又上近于四，下溺于豫，已自有悔，若又迟而不改，其悔遂成。世有小人，依时附势，其心舍曰欲之，不知解脱，既失自守，必鲜善终，是此象也。“九四：由豫，大有得。勿疑朋盍簪。”盖四为豫主，顺以动，为豫之所由；然必勿疑而以诚信自居，则一刚可得五柔，而其朋盍簪从之。世有君子，既以至诚之德顺动而致天下之和，又以至诚之德感人而同保天下之和，是此象也。“六五：贞疾，恒不死。”盖六五以柔居尊，当《豫》之时，下有九四之刚，然以得中位，如人有痼疾，亦不愈亦不死。世有弱君，不能附众，国脉不振，人心未失，是此象也。“上六：冥豫，成有渝，无咎。”盖六居《豫》极，质又阴柔，昏冥于豫，其咎已成，若自能渝变，尚可免祸。世有小人，自侈其福，沉迷豫乐，不知改悔，死亡将至，是此象也。六爻：九四为主，和乐之豫也；六三近于四，为盱迟之豫；六五乘于四，为不得豫之豫；初六援于四，上六虽远而与四同体，皆为纵逸之豫；惟六二中正自守，为见几之豫。处豫者当知所择矣。

兑上震下为《随》。《随》之变，“刚来下柔”；《随》之德，此“动”彼“说”。己能随物，物来随己，“大亨”之道也。然卦辞利在“正”，彖辞又言“时”。盖惟正然后能用时，惟时然后能行正。时无定体，以正为体；正无定用，以时为用。惟正而随时，则我能转物，物自随我；若不知正，即不知时，则物得以转我，我反随物。君子能使一世随己者，盖天下所随者圣人之时，时之所在即是正。圣人之作用，又随天下之时，正之所在即是时。孔子曰：“君子贞而不谅。”此之谓也。

“泽雷，《随》。君子以向晦入宴息。”日出而作，日入而息，《随》时之义也。推之，则饥食渴饮、夏葛冬裘亦《随》之义也。又推之，则五方皆有性，千里不同风，礼从宜，使从俗，亦《随》之义也。又推之，则五帝不相沿乐，三王不相袭礼，不先天以开人，必因时而立政，亦《随》之义也。

初九以阳居下，为震之主，主乎随者也。未有所随，则心无偏主，既有所随，则有所主，而变其常，顾其所随何如？惟在得正则吉。若出门而所交者是正人正士，则为有功，故曰“官有渝，贞吉，出门交有功”也。六二初阳在下而近，为二所系，有“系小子”之象；五阳在上而远，二以阴柔不能自守，以待正应，有“失丈夫”之象。从所不当从，舍所不当舍，凶可知也。六三近系于九四之丈夫，下远于初九之小子，九四阳刚当任而三随之，资其势力，有求必得；然四非正应，因有求必得而不居于正，必至妄求失己，故又戒以“利居贞”也。九四以刚居上之下，为大臣，与君同德，爵高权重，随而有获，但有逼上之嫌，故有“贞凶”之义。必“有孚”，必“在道”，必“以明”，然后无咎也。九五居尊，得正而中实，下应六二，是其中诚在于随善，其吉可知，故云“孚于嘉，吉”也。上六居《随》之极，随之固结而不可解，如既“拘系之，又从维之”之象。其随之之诚，虽“用享于西山”，神且随之而格，则人之随可知也。四与初同为阳，随四则可，随初则不可，上下之别也；五与四皆有位，五则当为人随，四则不当为人随，君臣之分也。卦言正，彖言时，旨哉。

坏极而有事之谓蛊。《蛊》之体与变，艮刚居上，巽柔居下，为上下不交；《蛊》之德，在下卑巽，在上苟止，为上下不立，所以致蛊。《蛊》而曰“元亨”，曰“天下治”，何也？盖物不极则不易，事不极则不更。乱为治源，坏为饬本。“元亨”，治之几也。“利涉大川”，乘其机而有所事，大难所由济也。“先甲”“后甲”，则有所事之术也。言“天行”者，举理数之自然，以见人事之不得不然也。前事已过，则

"先甲三日",为自新之图,则不失乎后,是谨终矣。后事方来,则"后甲三日",致丁宁之意,则能监乎前,是谨始矣。始终克谨,所以"'元亨',而天下治也"。

取"山风"之象为"振民育德",盖饬蛊在振民,振民在育德。旧染污俗,咸与维新,其振民乎,是风之象矣。立先立己,达先达己,其育德乎,是山之象矣。

"初六:干父蛊,有子,考无咎,厉终吉"者,《蛊》之初坏未深而事易济,故"有子"则"考"得"无咎"。子改父道,虽"厉"而"吉",以事不顺而意实顺也。"九二:干母蛊,不可贞"者,二阳刚为六五阴柔所应,是子"干母蛊"之象。惟屈己下意,巽以入之,使事治而身正,不可直行其刚,故云"不可贞"也。"九三:干父蛊,小有悔,无大咎"者,三虽过刚不中,而巽体得正,克以相济,不至大有违拂,故虽"小悔"而"无大咎"也。"六四:裕父蛊,往见吝"者,事之坏者当干不当裕,四以阴柔之才,宽裕其蛊,蛊日深矣,故"吝"也。"六五:干父蛊,用誉"者,五虽柔而得中,二以刚中应五,故"干蛊"得"誉"也。"上九:不事王侯,高尚其事"者,《蛊》,有事之卦;阳刚,有德之人。然在上则在事之外,是不与天下之蛊者,其不事王侯,非洁身乱伦,故"可则"也。凡蛊,有一家之蛊,有一国之蛊,有天下之蛊,爻皆互文以见意,使饬蛊者自择而取之。言父、言母、言子,家也,而国可推矣。言王侯,国也,而家益可见矣。饬蛊者,初、二皆吉,刚柔中也。三悔、四吝,刚柔偏也。饬蛊如拯焚溺,与其为四也,宁三,故三终无咎。然又有一身之蛊者,嗜欲深则天理坏,其去欲也,贵健决不贵因循,是干己之蛊,人所未知者也。

淮海易谈　卷二

如皋孙应鳌

进而凌逼于物,谓之临。二阳浸长以迫于阴,君子道长、小人道消之候,故曰《临》也。《临》之德,下兑"说",上坤"顺",为"说而顺";《临》之体,九二以"刚中"上"应"六五之中,为"刚中而应",所以谓"元亨利贞"。盖"天之道"也,阳既长矣,至八月《遁》卦则阴长阳消,所以谓"至八月凶"。盖阳之"消不久",于方长之时告将消之理,示儆戒也。

地临于泽,为上临下。盖泽能润地,君子以之"教思无穷";地能容泽,君子以之"容保民无疆"。"劳来匡直,辅翼振德",其斯为"教思"乎。"民胞物与,颠连无告,皆使之乐乐利利",其斯为保民乎。教不至无穷,保不能无疆,尚得谓之临乎,况全不知教知保者乎。

卦以二阳临四阴,初九、九二故谓"咸临"。初[1]九阳德方亨,刚而得正,故言"贞吉"。九[2]二阳德上进,刚而得中,故言"无不利"也。六三爻柔而位不正,兑体而迫于刚,既临乎二,欲以媚二,以甘说感人,何利之有?然能顺阳刚之德,不为甘说之态,尚可无咎,故云"甘临,无攸利;既忧

①初,原脱,据《临》卦《爻辞》"初九"补。

②九,原脱,据《临》卦《爻辞》"九二"补。

之,无咎”也。二不为甘临所惑,见君子难说,持己之正也;三能忧而无咎,见君子易事待人之恕也。六四处得其位,为柔顺而正,下应初九,为阴阳正应,故为“至临”,于临之情最为切至。三不利而四无咎,三不正无应,四正而应也。六五柔中,下任九二,以“知临”下“大君之宜”。舜之所以为大知,以其不自用而取诸人,此之谓也。“行中”,即大舜之用中也。上六居《临》之极,处坤之上,厚德载物,自始至终,敦厚于临,以厚接物,未有不吉,故“无咎”也。卦主二阳,四与五皆应二阳,而五为中,故四无咎、五吉。上六虽不与阳应而志在顺阳,故亦吉。三无应而不中正,以甘临人,故不利。“咸”者,《临》之体,言公也。“至”者,《临》之情,言密也。“知”者,《临》之道,言明也。“敦”者,《临》之诚,言久也。“甘”者,《临》之贼,言邪也。

《观》之义至大,此《洪范》“建极”之旨也。“盥而不荐,有孚颙若”,总在一“观”字内矣。祭者,致其洁清,所谓“盥”也;不专在尽物,所谓“不荐”也;诚孚而颙然可仰,所谓“有孚颙若”也。《彖》曰“大观”,故曰《观》之义至大。“在上”,谓九五居上,四阴仰之,言位也。“顺而巽,中正以观天下”,谓内顺外巽。九五中且正,为天下大观,言德也。“‘《观》:盥不荐,孚若’,下观而化”,建其有极则归其有极也。“天之神道而四时不忒”,天道自然之观也。“圣人神道设教而天下服”,圣人自然之观也。以言设教者浅,以事设教者粗,圣人“以神道设教”,是亦天矣。无声色可大,无声臭可指,此“盥而不荐,有孚颙若”之极致也,非“大观”乎?

“风地,《观》。先王省方观民设教。”人君省方者多矣,未必能观民;观民者有矣,未必能设教。《大象》之设教与《彖》之设教,一也。何谓设教?因其俗,不异其教,齐其政,不易其宜,使天下车同轨,书同文,行同伦。

下之所观,观九五之中正也。初最下,又阴柔,如童子之观,无所知,不能有所见,项平庵谓“百姓日用不知,故无咎,君子不著不察,故可吝”也。六二“窥观”者,蒙而无见曰童,见而小曰窥。二虽与五正应,然以阴柔居内观外,所见者小,不见全体,胡氏谓“如仁者见之谓之仁,智者见之谓之智”。“利女贞”者,以非大丈夫所为也。六三居下之上,不必观五,而当“观我生”以为“进退”。盖三之位可进可退,使不“观我生”,是不能量己,岂能应人也?六四切近九五,五以阳明得位,卓有光华,故六四“观国之光,利用宾于王”也。九五居尊处正,为观于下,必反观于己,所为皆君子之道,则可无咎。盖民观乎上,上当自观。自观,所以观民也。上九以阳刚居卦极,当无位之地,负达尊之望,必当自观其生,皆出于君子,然后不负民望,不敢以身之约,遂安其志也。《观》卦一爻胜于一爻,盖其观渐高,则所见自别。然观人者三:初、二、四是也;自观者三:三、五、六是也。观人者,近刚阳中正则吉,远则否,故四利而初吝二丑;自观者,未有不吉,故五、六皆无咎,三未失道。观者审此而已。

《噬嗑》为除间之卦。食有梗,噬以嗑之;治有梗,刑以明之。《彖》谓“颐中有物曰《噬嗑》”,以卦形颐之象。九四,颐中有物之象也。谓“《噬嗑》而‘亨’”,以去其所谓物者,则合而无间也;谓"刚柔分",以三刚三柔也;"动而明",以下震上离也;"雷电合而章",威照并用,即所谓"动而明"也。"柔得中[1]而上行,虽不当位,'利用狱'",以六五柔中,不过刚暴,盖明可察情,非以矜智,威可惩恶,非以立暴,六五中正和平,此治狱合间之主也。虽然,人心亦有梗焉。治人心之梗,非至明不足察其几,非至健不足致其决。天下归仁,则合矣。克己复礼之学其至乎!

《象》不言"用罚"言"明罚",盖明其罚于先,使人知所避耳;不言"行法"言"敕法",盖敕其法于上,使人知所畏耳。避且畏,刑可措矣。

《噬嗑》六爻皆以狱明之。初与上,为受刑之人。初九在卦始,罪薄过小,故以"屦校灭趾"为象;上九在卦极,恶积罪大,故以"何校灭耳"为象。初"无咎",小惩大戒,则无咎也;上言"凶",怙终不悛,则凶也。诚斋云"屦校不惩,必至荷校,而械首灭趾不戒,必至灭耳而献俘"是也。二、三、四、五,为用刑之人。六二中正,乘初刚之上,中正则刑易服,故象"噬肤";乘刚,则刑刚强之人必须深痛,故虽"灭鼻"而"无咎"也。六三阴柔,不中正,所噬之刚强者坚韧难合,有"噬腊遇毒"之象。然此亦是合当治者,但不易治,稍劳力耳,故云"小吝,无咎"也。九四以刚居柔,得用刑之道,虽有难治之人,难听之讼,皆愿质成,有"噬干胏,得金矢"之象,然必知难而惧、守正而行则吉,故"利艰贞,吉"也。六五守正居中,用刑人服,有"噬干肉,得黄金"之象,然必"贞厉"乃得"无咎",欲

①中,原作"位",误,据《噬嗑》卦《彖辞》改。

其不以易心处之也。五之位同于二，五能“噬干肉”，二止“噬肤”者，五之才刚，二之才柔也。五之才同于三，五“得黄金”，三“遇毒”者，五之柔中，三之柔不中也。五之才与位异于二、三而止得“无咎”，不如四之“吉”者，五之柔又不如四之刚也。四以刚噬为正，五以柔噬为正者，执法为人臣之义，好生为人君之仁。卒之，四未尝废柔，而五未尝废刚也。

《贲》之变，或以柔文刚，或以刚文柔，文饰之义也；卦之德，内文明，外艮止，亦文饰之义也，皆亨道也。文无本不立，故本为大；本无文不行，故文为小，为“利攸往”。又，内离则质本刚而柔文之，故“亨”；外艮则质本柔而刚文之，故“小利攸往”。刚柔之交，见天之文；文明之止，见人之文。天文、人文，《贲》之大也。

朱子曰：“《贲》止在外，明在内，故‘明庶政，不敢折狱’；《旅》止在内，明在外，故‘明谨用刑，不敢留狱’。”愚谓以止为明，故“不敢折狱”；以明为止，故“不敢留狱”。

《贲》之道，有守《贲》之义而不妄进者，有得《贲》之道而必待求者，有致《贲》之盛而当固守者，有通《贲》之愿而难间隔者，有求《贲》之贤以成化者，有救《贲》之敝以反本者。初九刚明在下，持义自守，以义为荣，不肯妄进，以一身之贲独善者，故云“贲其趾，舍车而徒”也。六二文明之臣，有黼黻皇猷之具，与六五应，然必待六五之聘，然后与上兴治，不肯轻就，故云“贲其须”也。须者，待也。《儒行》曰：席珍待聘，强学待问，忠信待与，力行待取。此之谓也。九三处文明之任，聚刚柔之文，二与四以柔文三之刚，三以刚文二、四之柔，制作备，礼乐明矣，如物之光华滋润矣。然当永守其正则吉，不可陵替，故云“贲如濡如，永贞吉”也，此《贲》之内体也。六四与初九为应，未用者有难进之节而后其守正，已用者有求贤之助而后其道同。“贲如皤如”，欲受初九之采也；“白马翰如”，欲见初九之急也；“匪寇，婚媾”，欲得初九之欢也。大臣为国求在野之贤者，当如是也。如是，则初九之以义自守者，以义而出，将舍徒而车矣。六五与六二为应，六二以文明之臣，待上之求；六五以“文明以止”之君，以币帛下交，求之共成文明之治，故云“贲于丘园，束帛戋戋[1]”也。然《贲》有所宜施，亦有所宜吝，吝之于匪人，则施之得其人，故云“吝，终吉”也。上九与九三为应，九三贲之盛矣，文极矣。救文之穷，必以至质，非将繁文缛礼一切扫去，只从本色上做，必不能返其陵替，将不知所止，故云“白贲，无咎”也，此《贲》之外体也。

《剥》，五阴一阳，柔变乎刚，“不利攸往”，君子乌能有为乎？《彖词》教以“顺而止之”，非独顺时而上不为也，顺其势以止群阴，观《剥》之象而可知也。“贯鱼”之“宠”，顺其势以止之，非达于阴阳、消息、盈虚合天行之君子，岂能与此？若不愤群阴之进，不知顺势以止而尽力抗之，徒激家国天下之祸，甘受剥烂之危，岂知治《剥》者耶？

山就地，《剥》之道也。“厚下安宅”，不使至于剥也。民不安则天下危，《剥》之大可见者。

①戋戋，原作“笺笺”，误，据《贲》卦《爻辞》“六五”改。

小人得志，必先动摇根本，使邪正莫辨，君子不能安其身，然后其志行，初六“剥床以足”是其象也。正灭，而后凶于家，凶于国，凶于天下，故“蔑贞凶”也。小人必得君子而后有所制，若其势渐进，君子不得位而与之相应，则计益遂，势益炽，六二“剥床以辨”是其象也。辨床干剥，至此愈“蔑贞”也。当阴盛之时，有人焉不忍党邪害正，是小人而知有君子者，此转祸为福之机，虽见恶于党与而可裨于吾道，六三“剥之无咎”，虽阴类而居刚，应上九之阳，是其象也。阴党已盛，贞已蔑尽，剥及君子之身，六四①“剥床以肤”是也。四近五，五，君位，其象身也。若阴盛已极，似无一为，但群阴患无所统耳，于此有统群阴者，能率其众，使循序而进，以受制于阳，不但君子之利，亦小人之福，六五“贯鱼以宫人宠，无不利”是也。当阴极之世，有一君子在上，乃善人之望，天下所赖以倚庇者。圣人既危之，又喜之，上九“硕果不食，君子得舆，小人剥庐”是也。“君子得舆”，则利攸往也。阳无可尽之理，当极剥时，此一点生意犹存，是反剥之主。反剥，则为复之初也。以此见天道不可一日无阳，世道不可一日无君子，人心不可一日无天理。又尝思之，君子未尝尽去小人，但使之循小人之序而不得干君子之位，是亦“贯鱼”之义也；但使之足小人之欲而不得乱君子之道，是亦“以宫人宠”之义也。故君子终能载小人，小人毕竟戴君子，非达消息盈虚之至理者不足语此。

《复》，何谓“亨”？以“刚反”也；《复》，何谓“出入无

①六四，原作“六五”，误，据《剥》卦《爻辞》“六四”改。

疾，朋来无咎”？以“动而顺行”也。《复》，何谓“反复其道，七日来复”？以“天行”也；《复》，何谓“利有攸往”？以“刚长”也。故曰：“《复》，其见天地之心乎。”刚柔皆天地之心，而“刚反”则“见天地之心”矣；动静皆天地之心，而“动以顺行”则“见天地之心”矣；七日、八月皆天地之心，而“七日来复”则“见天地之心”矣；刚柔消长皆天地之心，而“刚长”则“见天地之心”矣。

阴言《姤》，卒然相遇之谓也；阳言《复》，反吾本有之谓也。寓外阴内阳之意矣。《临》言“八月”，八，阴数；月，阴象也。《复》言“七日”，七，阳数；日，阳象也。寓迟阴疾阳之意矣。

自《姤》而《剥》，阴为主，其阳之逆境乎。自《复》而《夬》，阳为主，其阳之顺境乎。逆则吝，顺则亨。“出入无疾”，一阳之顺而亨也；“朋来无咎”，众阳之顺而亨也。“反复其道”，虽阴阳往来之理，而“七日来复”，则阳道自然之常，故言“利有攸往”，言阳之利也。必“出入无疾”，然后“朋来无咎”，必“朋来无咎”，然后“利有攸往”，是以“不远复”，谓之“修身”。圣人之意深矣！

先言“刚反”，后言“刚长”，不反则不能长。故曰“君子反身”，又曰“行有不得，反求诸己”。

《剥》曰“顺以止”，《复》曰“顺以行”。君子之行止无不顺也，是以不终《剥》，是以能《复》，此天道也。

“天地之心”，生生是也。“天地之心”，无在而无不在，生生不已。指静为天地之心，天地之心何尝倚于静也？指动为天地之心，天地之心何尝倚于动也？惟《坤》《复》之交，若道动却又坤体未移，若道静却又一阳将动，此非动非静之境，为不落于动、不落于静之机，所以谓“《复》，见天地之心”也。邵子曰：“冬至子之半。”是尚未成子，方离于亥，为子方得四五分，此即所谓“一动一静之间，天地人之至妙”，是“天地之心”也。天地密移，何尝有间？惟其不容有间，是以谓为天地之心也。邵子之见精哉！

天地生物之心，即人之本心也。了得此心，则何动何静？何见何不见？不能了得此心，何从而见？何以谓之见？所以教人《复》，《复》则刚，反则顺，动则刚长。见得此后，无往非天地之心，即无往非人之本心，动亦是，静亦是。非以《复》为天地之心，是教人就《复》处看天地之心也。

何以《复》处看天地之心？圣人之心，清明在躬，志气如神，程子曰“圣人无复，故未尝见其心”是也。失此清明则昏，昏则扰乱，故孟子曰：“人之异于禽兽几希。”好恶相近之间，所谓几希也。夜气所息，复此几希也。几希复，则夜气即平旦之气，平旦之气即旦昼之气，以能息也。几希不复，则夜气不能不失于平旦，平旦之气不能不梏于旦昼之所为，以不能息也。息与为别，能息则为即是息，不能息则息亦是为，能息就见本心，故曰“《复》，其见天地之心”。

观“至日闭关”三句，圣贤所以养此《复》之微者，何其密耶！使此心天理充满于内不逐于外，是“闭关”也。天理不逐于外，交物之引不至，是“商旅不行”也。天理充满于内而感物之动不移，是“后不省方”也。能“不省方”，而后“出入无疾”；能使“商旅不行”，而后“朋来无咎”，此正天人一大关键所在也。司此关键之柄者，其自知所启闭耶？

“硕果不食”，其义最精。果中有核谓之仁，医家谓桃仁、杏仁之类是也。凡一树之根、株、花、叶、结实，皆在此仁之中。复者，复此仁耳。此仁复，而天地人之道归矣。然非剥之不食，必不能致《复》之亨，故《剥》之上九之象，既可喜又可危也。

《复》之初爻，即全乾之体。“不远复”者，非动而即复之谓也。此“不远”，即《中庸》“道不远人”之“不远”。“天地之心”即我之心，我不失此心，即复天地之心，故言“不远复”。复而未尝有失，故谓“大吉”。孔子以颜子当此，而曰“有不善未尝不知”，以其能常知也。知之未尝复行，以其能常行也。常行即在常知之内，天之行健，是天之常知也。故《大学》之道在致知，知至而天地人之道皆复于我，不远于我矣。此圣人之学也。

二近于初，二能以复为休美，此舍己从人、善与人同者也，故言“休复，吉”。《易》六十四卦未尝言仁，而惟此曰“‘休复’之‘吉’，以下仁也”，是知“不远复”便是“仁”。孔子曰：“仁远乎哉？我欲仁，斯仁至矣。”故为仁者必忘我，必从人，而后仁始得；不能下仁，必不能得仁。六二者，好仁者也。

六三，阴柔不中，故频失；以处刚，故“频复”。此困学也。

六四，五阴当中，故为“中行”；与初相应，故为“独复”。犹中道之人暗与道合，不践迹，亦不入室，故亦无吉无悔。此善人也。

六五，居中而顺，虽不能不远复，而能敦厚其复。此学知者也。

上六，阴柔居复，终为“迷复”。既迷矣，用师必败，以国君必凶，虽十年亦不克征。盖人欲肆而天理灭，此暴弃者也。

“不远复”以合下就是仁。体此当体，即能识认，即能著察者也，上也。“休复”者，以亲贤为仁；“敦复”者，以力行为仁，次也。“独复”者，以从道为仁，又次也。“频复”者，以改过为仁，又其次也。“迷复”，则人而不仁，民斯为下矣。学仁者其毋自远于仁也哉！

程子曰：“动以天，故无妄；动以人，则妄。”又曰：“虽无邪心，苟不合正理，则亦妄也。”得《经》旨矣。朱子解无妄以为实理，自然无妄即是实，实即是理，理即是自然实理。自然，所谓正也，故无妄者，正也。卦之词曰：“大亨。利正。”初九[①]之刚自外来而为震主于内，宅心之实也，所谓正也；“动而健”，行义之勇也，所谓正也；五刚中而二柔中，以应待物之诚也，所谓正也。正者，天之命也，故“大亨”也。卦辞曰“匪正有眚，不利攸往”，则反是也。天之命，即实理之自然无妄者。吉凶祸福悉付之自然，虽吉凶祸福之来无常，而吾之正则有常，故吉与福亨矣。凶与祸亦未尝不亨，以亨道在我也。不正，则虽吉与福，何亨之有？故曰：“不知命，无以为君子。”正者，天之命也。

“乾道变化，各正性命”，天之无妄也。“茂对时，育万物”，因其所性而不为私，圣人之无妄也。其斯为动以天乎？尽物之性，参赞天地之化育，胥此矣，而总之则尽性之事。性，诚也。

---

①初九，原作“九二”，误，据《无妄》卦改。

九为乾体，初为动始，所谓动以天也。动以天为无妄，焉往不吉？故初九曰：“无妄，往吉。”其动也，若柔顺中正，循理而行，不存谋利计功之心，则人皆可处，地皆可居，事皆可为，故六二曰：“不耕获，不[①]菑畬，利有攸往。”动能不妄，或处不得正，有意外之事，君子安之。盖灾至无愧，君子之所能；无妄免灾，非君子之所能；以灾非无妄之所能免，而妄动以求免灾，君子不为也，故六三[②]曰：“无妄之灾，或系之牛，行人之得，邑人之灾。”已能不妄而下无应与，则但当守正，不可妄动取咎，故九四曰：“可贞，无咎。”无妄之至中，正相应而犹有疾，疾非以有妄而致，自当缘无妄而愈，故九五曰：“无妄之疾，勿药有喜。”处时之极，虽能无妄，不可违时而行，以其穷也，故上九曰：“无妄行，有眚，无攸利[③]。”初之吉，二之利，三之灾，四之贞，五之喜，六之穷，皆《无妄》之时也；或有往，或无期必，或顺受其灾，或固有其贞，或不试药，或不行，皆《无妄》之道也，君子之所以动以天与？所以必合正理与？

《大畜》，内德为乾，是“刚健”也；外德为艮，是“笃实辉光”也。刚健，则理得于心，贞诚坚确；笃实辉光，则理体于身，充盛昭明。此“日新其德”，为所畜之大也。以“刚上而上贤，能止健”释“利贞”，以“养贤”释“不家食”，以“应乎天”释“利涉大川”，皆所以见《大畜》也。畜养贤才，畜止乾健，畜蕴天理，皆《大畜》也。胡氏曰：“《大畜》《大

①不，原脱，据《无妄》卦《爻辞》“六二”补。
②六三，原作“九三”，误，据《无妄》卦《爻辞》“六三”改。
③利，原作“往”，误，据《无妄》卦《爻辞》“上九”改。

壮》皆四阳卦，占皆利贞。《大壮》不贞，则刚而无礼；《大畜》不贞，则博而寡要。”

《大畜》之《象》在“多识”，而孔子又言“君子多乎哉，不多”，何也？盖天地万物皆备于我之德性，多识而非畜德，是遗心以逐物；畜德而非多识，是遗物以求心。故自君子之博言之，谓之多；自君子之约言之，谓之不多，一事也。

乾为艮所止，故内卦以为人所止为义，外卦以止人为义。初九为六四所止，势不可进，故象之曰：“有厉利已。”九二为六五所畜，然以刚中，自能知止，故象之曰：“舆脱輹[①]。”九三刚居健极，上九以阳居《畜》极，朱子所谓“极而通”之时，阳不相畜而俱进，然不可锐于求进，必持重审虑，乃可求进，故象之曰：“良马逐，利艰贞，日闲舆卫，利有攸往。”六四下应初阳，最下且微，微而畜之则易制，故象之曰：“童牛之牿，元吉。”六五下应九二，虽不若初之易制，然柔中居尊，机会可乘，操得其要，劳而不伤，故象之曰“豮豕之牙，吉”。四、五以阴柔能止初、二之乾体，虽盛衰强弱之不同，以四、五皆艮体故也。上九《畜》极而通，道可大行，如多识言行而德以畜，刚健光辉而德日新，故象之曰：“何天之衢？”《畜》而至此，《畜》道散矣！

《颐》体外实内虚，是其象也；《颐》德上止下动，是其义也。养道有二：一是养德，一是养身，二者皆不可不正，故曰“养正则吉”也。必观其所养之道正不正乎，如所养是圣贤，《大学》之道则正，异端曲学则不正。又必考其“自

①輹，原作“辐”，误，据《大畜》卦《爻辞》“九二”改。

求口实"之道正不正乎，如重道义而略口体则正，急口体而略道义则不正，故曰："'观颐'，观其所养。'自求口实'，观其自养也。"是养道也，天地圣人皆由之。"天地养万物，圣人养贤及万民"，养道之所以为大也。孟子每以养道教人，曰养浩然之气，曰养其大体，曰养心莫善寡欲，曰兼爱兼养，考其善不善，曰苟得其养，无物不长，曰以善养人。孟子真知《易》矣！

"慎言语，节饮食"，虽亦以养德、养身分看，其实养德者即能养身，养身者未必能养德。有顺理之裕，无从欲之危。圣贤之学，即养身之事也。

下体三爻，皆自养者；上体三爻，皆养人者。"初九：舍尔灵龟，观我朵颐，凶。"初九有刚明之智，如龟之灵，然以浅于自养，见六四之贵，遂欲动颐以求养，其智安在？圣人以此示戒，欲其不舍己以从欲也。"六二：颠颐，拂经于丘颐，征凶。"六二居下卦之中，有中人之资，可善可恶，近于初九，自下以来养，是为颠倒违理，观于上九，妄援以求养，是为"丘颐，征[①]凶"。圣人以此示戒，欲其行不失类，必求正应也。"六三：拂颐，贞凶，十年勿用，无攸利。"盖以阴柔，又不中正，又处动极，拂于养道，虽正亦凶。圣人以此示戒，欲其不徇利害义纵欲伤生也。"六四：颠颐，吉。虎视眈眈，其欲逐逐，无咎。"六四虽阴柔，然与初刚为正应，以上从下，虽以颠倒，屈己下贤，自可获吉。'虎视眈眈"，为任之不贰；"其欲逐逐"，为久而不替也。"六五：拂经，居贞吉，不可涉大川。"六五阴柔不正，虽不能养人，然赖上

---

①征，原作"往"，误，据《颐》卦《爻辞》"六二"改。

九之养，虽云拂颐，能用贤以养人，亦正道也。“上九：由颐，厉，吉。利涉大川。”上九以刚德居师傅之任，位高则不容不厉，刚德则事可利涉，六五赖此以养人，是养人全系于上九也。二与四皆“颠颐”，四吉而二凶，四得正应，二违正应也。二与五皆“拂经”，二凶而五吉，五上求贤，二下求欲也。五不言颐，颐系于上也。上独言“由颐”，颐道所自出也。下三爻皆凶，动也；上三爻皆吉，止也。动涉于妄则凶，止得其所则吉。君子观动止之间，而养可知矣。

阳无可过之理，《大过》言过者，以“栋桡”也。本末柔，故形其过也；本末俱病，则不能用刚。故当大过之时，必有大过之才，始能为大过之事。凡为大过人之事，必先其本始，要其末终；若本不立，末不终，率行己意，适成其过而已。“利有攸往”则“亨”，“刚而中，巽而说”，利往之道也。“刚中，巽说”，不过之意，惟不过，然后能为大过。君子审之！

“《大过》，君子以独立不惧，遁世无闷”，大过人之事也。“《小过》，君子以行过乎恭，丧过乎哀，用过乎俭”，小过人之事也。

《大过》之卦，一于过则不宜，过而不过则宜。“刚过而中，巽而说，行”，过而不过，所以利往而亨也。初六以阴柔居巽下，过于畏慎。是当大过之时，有小过之行，“行过乎恭”者也，故其象占为“藉用白茅，无咎”。九二阳虽过而比于初六，得柔济之，故其象占为“枯杨生荑，老夫得女妻，无不利”。九三以刚居刚，则一于过矣，故其象占为“栋桡，凶”。九四以阳居阴，亦过而不过也，故其象占为“栋隆，吉”；又恐下比初六，稍过阴柔，故其象占为“有它[①]，吝”。九五阳过之极，又比上六过极之阴，真过矣，故其象占为“枯杨生华，老妇得士夫，无咎无誉”。上六以阴柔处过极，小人过常越理，不恤危亡，故其象占为“过涉灭顶，无咎”[②]。丘氏曰：“卦以四阳二阴，阳过乎阴。论全卦，则三、四重刚不中，是过在三、四，不在二、五。论爻位，则二、四以刚居柔，是为不过，故一吉一利。三、五以刚居刚，是为过，故一凶一丑。是过在三、五，不在二、四。至于初六、上六，皆不可过。六在四阳[③]之下，以阴承阳，所以无咎。上在四阳之上，以阴乘阳，所以凶。”可见大过之时，不惟刚不可过，虽柔亦不可过于刚也。

坎，有险之义；习坎，重险之义也。圣人以“水流而不盈，行险而不失其信”释《坎》之“有孚”，以“刚中”释《坎》之“惟心亨”，以“往有功”释《坎》之“行有尚”。盖《坎》中为阳，阳动，故曰“水流”。陷中未出，故曰“不盈”。水惟险则行，故曰“行险”。水中实，故曰“孚信”。刚在中，心象也，故曰“心亨”。险行则有济，故曰“尚，往有功”[④]。天险、地险、王公之险，极言《坎》之用也。

“维心亨，乃以刚中。”人之处险，凡夷狄患难，此身可陷，此心不可陷。心亨，则虽险而夷；心不亨，则自入于险

①它，原作“他”，误，据《大过》卦《爻辞》“九四”改。

②“过涉灭顶，无咎”，《大过》卦《爻辞》“上六”作“过涉灭顶，凶。无咎”。

③阳，原作“阴”。按，《大过》卦初六为阴爻，九二、九三、九四、九五为阳爻，故初六“在四阳之下”，与下文“以阴承阳”义合。据改。

④“尚，往有功”，原作“往，尚有功”，倒，据《坎》卦《彖辞》乙正。

而不可出。非刚中，乌能与于斯？君子无入不自得，其道固有在也。

水惟“洊至”，故其流不穷，其用不匮。君子惟“常德行，习教事”，故学而不厌，诲人不倦。

凡处险者，阴柔之才既不足济险，重险之下又难以出险，其陷益深矣，“初六：习坎，入于坎窞，凶”是也。当上下重陷之时，虽未能出，然有刚中之德者，则才足自振，动不失宜，必小有济，“九二：坎有险，求小得”是也。若才既阴柔，位又不中正，履于重险之间，必不能出，以前既有险，后又有险，陷将益深，“六三：来之坎坎，险且枕，入于坎，窞，勿用”是也。若当重险之时，居近君之位，君臣分定，情虽有间，刚柔相济，心则相求，当斯地者能略其虚文，诚其念虑，由是因明以通蔽，乘机以悟心，无不用其情，则险难可济，“六四：樽酒，簋贰，用缶，纳约自牖，终无咎”是也。济险之道，有阳刚中正之德，则才足济险；居尊位，则力足济险，险且将出，“九五：坎不盈，祇既平，无咎”是也。居险之时，若以阴柔自处险极，时势俱危，才力并弱，必至败亡，“上六：系用徽纆，置于丛棘，三岁不得，凶”是也。六爻虽不同，惟陷于阴，则险斯成；惟居乎阳，则险可济。岂惟人事有陷溺哉？人心亦有之！非刚中之君子，乌能与于斯？武王曰：“吾与溺于人，宁溺于渊。溺于渊，尚可游也；溺于人，不可救也。”溺于人者，陷溺其心者也。

《离》者，丽也。人莫不有丽，所亲之人，所由之道，所主之事，皆丽也。惟正则亨，正而顺则吉。“日月丽天，百谷草木丽土，重明丽正”，皆丽也。“柔丽乎中正，故‘亨’，是以'畜[1]牝牛吉'",所以丽贵得正而顺也。《离》之中正而顺,莫过六二,故以明之也。

"大人继明照于四方。"大人之学在明明德,"继明照于四方",明明德于天下矣。亲民者,即所以明明德。大人之辨忠邪,察疾苦,烛幽隐,虑久长,皆亲民之事,是即所以明明德也。《彖》言正,《象》言明,正以立明,明以行正,大人哉!

九为阳性,初居《离》始,所履之邪正善恶纷错而不知所从。不敬则妄动有咎,敬则无咎,"初九:履敬"之谓也。六二柔中得正,居天下之广居,立天下之正位,行天下之大道,不偏不倚,无过不及。盖道即心,中即道,为己顺而祥,为人爱而公,为天下国家无处不当,是为"元吉","六二:黄离"之谓也。九三居重离之间,前明将尽,盛衰老少,循环之理,君子惟当顺理乐天,安常俟命;若"不鼓缶而歌",而以"大耋"为"嗟",是昧此常理,不知自处之道矣,"九三:日昃之离"之谓也。九四后明方继,凡善继者必有巽让之诚,顺承之道;若不中不正,以刚躁强梁为之,不善继承,如此必至殒亡,是谓"突如,其来如,焚如,死如,弃如"也。六五以柔居尊,但不得其正,上下无助,丽于强梁之间,其势甚危;然以其有文明之德,畏惧忧虑之深,故能保其吉,是谓"出涕沱若,戚嗟若,吉"也。上九明而能助,刚而能断,以之正邦,但诛首恶,不过残暴,是谓"王用出征,有嘉折首,获匪其丑,无咎"也。二、五皆阴[2],二吉而五嗟者,二下安,得丽位;五上危,未得丽位也。初、三、四、六皆阳[3],

①畜,原脱,据《离》卦《爻辞》补。

②阴,原作"阳",误。按,《离》卦二、五为阴爻。据改。

③阳,原作"阴",误。按,《离》卦初、三、四、六为阳爻。据改。

三、四凶焚，初、上吉无咎者，三、四处阴内，为阴所丽；初在阴下，上在阴外也。

《咸》之体，上柔下刚，“二气感应以相与”；《咸》之德，止而感之专，说而应之至；《咸》之象，“男下女”，得其正，得其时，是以“亨利贞，取女吉”也。天下之道，感应而已。“天地感，而万物化生”，以天地万物之气同也。“圣人感人心，而天下和平”，以众人圣人之心其理同也。“和平”二字妙矣哉！《咸》之所以能感者，和平耳。和平者，天地万物之情也。失其和平，则非情之正，非情之正，则失其感。

“《咸》，君子以虚受人。”惟虚，然后能受；惟虚，然后感应不失其正；惟虚，然后和平而得天地万物之情。寂然不动，所谓虚也；廓然大公，所谓虚也；内外两忘，所谓虚也。

初六感于最下，其感未深，不能动人，如疏远者无相亲相得之素，感人而未为人所感，求进而不遂其进，是“咸其拇”也。六二阴柔，不待感而自动，躁妄竞进，内则失己，外则失人；惟能反而居其所，则内不失己，外不失人，顾自处何如，是“咸其腓，凶，居吉”也。九三见初与二皆欲动，不能自主，亦随物而动，自动则妄，随人则牵，同流合污，必至于降志辱身，是“咸其股，执其随，往吝”也。九四为《咸》之主、心之象。心之本体不落于思虑，则寂然不动，感而遂通，是谓正。正则吉，则悔亡。一入思虑，失其心体，则“憧憧往来”，不胜其扰，是谓思。思则朋从，则不正，则悔。九四本心象而不言心，正见感之不可以有心，心之不可以有所也。九五居上之中，不能感物，偏枯寂莫，与世寡伍，是

"咸其脢,无悔"也。上六以阴居兑[①]之终,处《咸》之极,以言语感人,无其情实,是"咸其辅颊舌"也。六爻皆明应感之道,有不感而应,有感而不应,有感而失其应,有思感而不胜其应,有不感不应而为无用之感应,有妄感以求应。学者察于九四主爻,得此心无思无为之体,则不离于应感,不逐于应感,不失于应感,而天下之道毕矣。程子《定性》之书,其九四之精蕴耶?

《恒》刚上柔下,乾坤交而风雷相与;巽而后动,卦体成而刚柔相应,《恒》之所以得名也。《彖》以"久于其道,天地之道恒久而[②]不已"释"《恒》亨无咎利贞",此不易之《恒》也;以"终则有始"释"利有攸往",此不已之《恒》也,此自然之常道也,故"日月得天而能久照,四时变化而能久成,圣人久于其道而天下化成"[③]。道不可易而后见其不容已,道不容已而后见其不可易,故体常者斯能尽变,尽变者斯能体常,故曰"观其所恒,而天地万物之情见"也。故不贞则不能利,不利则不足以贞,未有能守而不能行,能行而不本于守者也。君子以成德为行,《恒》之谓也。

"立不易方",方者,道之所在也。"立不易方",久于其道也。道者,日用事物当行之理,大之父子、君臣,小之事物细微。"不易",则时止而止,时行而行,终食于是,造次颠沛于是。道即身,身即道,事虽万变,理则贞于一矣。非天下之至恒,孰能与于斯?

①兑,原作"说"。按,《咸》卦下艮上兑,故上六以阴居兑之终。据改。
②而,原脱,据《恒》卦《彖传》补。
③"久照""久成"前"能"字,"圣人久于"后"其"字,原脱,据《恒》卦《彖辞》补。

初六虽与四为正应，但隔于二、三，又四阳性震体，不交于下；初以理之常者而深求之，其入不合，其交反疏，虽贞亦凶，故言“浚恒，贞凶，无攸利”也。此知常而不知变者也。九二以阳爻居阴位，似非常理，然能恒久于中，则不失正；虽所处所遭非其时位，自然处置停当，不失其常，故言“悔亡”也。九三以刚躁之资处上下之间，当风雷之交动而无常者也，或善于前而失于后，或美于始而改于终，故言“不恒其德，或承之羞”也。九四以阳居阴，久非其位，不当久而久者。凡处非其地，交非其人，乘非其时，虽久不能成功，此守株待兔之徒，故言“田无禽”也。六五以柔中应刚中，常久不易，以顺为道，似亦正矣。但妇人以从顺为正，夫子以制义为正，此乃妇人之吉，非丈夫之宜，故言“恒其德，贞，妇人吉，夫子凶”也。上六以震终当《恒》极，质既阴柔，居又非地，不知守恒，一味躁动，以振动为常，故言“振恒，凶”也。《恒》者，中道也。初在下体之下，四在上体之下，知恒而泥于恒；三在下体之上，上在上体之上①，不知恒而以妄为恒，以皆失中也。惟五与二似得乎中，然五以柔中为恒，止妇人之吉；二以刚中为恒，止悔亡，亦未尽善也。尽恒之善，非潜心于《彖辞》，何以得之哉！

于《遁》卦见圣人未尝忘天下之情。二阴渐长，势宜遁矣，但五以阳刚当位，下应于二，其时犹可与有行者乎，见望治之心也。二阴虽长，势犹未盛，四阳将消，势犹众多，

①“三在下体之上，上在上体之上”，原作“上在下体之上，六在上体之上”。按，《恒》卦九三居《巽》之上，上六居《震》之上。据改。

或犹可小有所正，未至大坏者乎，见求治之诚也。故贤人于遁之时则一于求去，圣人则苟可致力，无不曲尽以扶持之也。然而必遁者何？不得不然也，其心则有不然者也。

“远小人”，所以为遁也。“不恶”，则不为小人所害。自治“严”，则不为小人所污。自治“严”，小人不能不远矣。

“初六：遁尾，厉，勿用有攸[1]往”者，二为《遁》主，初在二之下，与二同类而迹稍远，惟其迹之稍远，故但不往，静守以俟时，尚可免咎，以类之同，盖已在其家邦，为其党与矣。此圣人戒小人之词也。“六二：执之用黄牛之革，莫之胜，说”者，二正为《遁》之主，四阳之避者皆以二也，但二体本柔顺，位亦居中，其资犹或可语，不至为恶之极。当斯时也，若欲执系斯人，惟宜就其中顺之资，以固结其志，令其相善，不至解脱，得以纵肆其恶。此圣人处小人之词也。“九三：系遁，有疾，厉，畜臣妾，吉”者，三当遁之时，下比二阴，是人皆知不善，决意于遁，己犹以为利，不果于遁，其心系恋，甚非所宜，疾而厉也。“九四：好遁，君子吉，小人否”者，四虽与初为应，然体本刚健，虽有所好，能绝而去之，此君子之能，小人之不能也。“九五：嘉遁，贞吉”者，五虽与二应，然刚中处外，无所好，无所系，不专于应，可行即行，遁之嘉美者也。“上九：肥遁，无不利”者，九阳刚居卦外，又无系应，其去也，处之裕如，道德仁义，足以自润，遁之肥者也。二为《遁》主，圣人欲固结而挽回之，欲其不迫于阳，使阳之遁也。初为二类，圣人教以晦处静俟，欲其不从二以迫阳也。三近阴，故言“系”。四渐远，故言“好”。五、

---

[1] 攸，原作“他”，误，据《遁》卦《爻辞》“初六”改。

六益远，故言“嘉”言“肥”。以此见君子之于小人，避之贵远不贵近，行之贵速不贵迟，皆不恶而严也。

“《大壮》‘利贞’，大者，正也。”[①]天下之大也大于正，不正不足以言大；天下之正也自能大，不大不足以见正。“天地之情”，“正大”尽之，学道者舍正大何以哉？

《大壮》，其浩然之气耶？“刚以动，故壮”，所谓至大至刚也。“非礼弗履”，是谓正大，是谓直养而无害塞天地之间矣。

“初九：壮于趾，征凶，有孚”者，阳刚处下，又当壮时，锐于求进，不量势力者也。“九二：贞吉”者，以阳居阴，不得其正，所为未免恃壮，然以得中，故不失正，是宅心平恕，不为过当之举者也。“九三：小人用壮，君子用罔，贞厉。羝羊触藩，羸其角”者，过刚不中，小人为无礼之勇，君子为不虑之决，用壮亦厉，用罔亦厉，如羝羊触藩羸角，小人以壮败，君子以罔困也。“九四：贞吉，悔亡。藩决不羸，壮于大舆之輹[②]”者，以阳居阴，不极其刚，若能正而进，可以获吉；况前遇二阴，有藩决舆輹之象，可以前进，无所隔也。“六五：丧羊于易，无悔”者，五当众阳强盛于下之时，乃能使众阳帖然而自丧者，止以和柔顺易之德而调伏之也。“上六：羝羊触藩，不能退遂，无攸利，艰则吉”者，六以壮终居动极，故亦有羝触之象；居众爻之上，故不遂；处一卦之穷，故不退；而以其质之柔，故艰则吉也。以《大壮》之时

---

①“大者，正也”，原作“正者，大也”，倒，据《大壮》卦《彖辞》乙正。

②輹，原作“腹”，误，据《大壮》卦《爻辞》“九四”改。

宜，无不利矣，然圣人每不许其过刚，每不许其壮进。盖君子之壮，壮于理，不壮于势；其用刚也，以时不以力。《大象》之言礼至已哉！

“《晋》，进也。”或当明盛之时，或备忠君之德，或逢下贤之君，皆上进之义也。“明出地上”，象也；“顺而丽乎大明”，德也；“柔进而上行”，变也。是以“康侯锡马，昼接”，皆上进之义也。

“自昭明德”，可见明德本明，君子不过自明其本明者耳。明明德于天下，与“明出地上”，一矣。曰：如何明之？曰：《大学》明德在致知。此知体即明德也，致知是自昭明德也。

“初六：晋如摧如，贞吉。罔孚，裕无咎。”盖初当晋始，或有见摧之者，但当守正则吉。盖人已罔孚，能宽裕处之，乃无咎之道，急于求孚不失守，必伤义矣。“六二：晋如，愁如，贞吉。受兹介福于其王母。”盖二在下无援，有中正之德，不强于进，虽有愁如之象，然守正得吉，久而必彰，自受福于王母也。“六三：众允，悔亡。”盖三不中正，宜有悔咎，然在顺体之上，与下二阴皆欲上进，为众所信，得众之助，悔自亡也。“九四：晋如鼫鼠，贞厉。”盖九居于四，处非其位，贪位而居，心常畏人，如鼫鼠然，贞亦厉也。“六五：悔亡，失得，勿恤，往吉，无不利。”盖五居离中，大明在上，坤居离下，下皆顺从，得道多助，以纯王之心行纯王之政，不计失得，不谋功利，故无不利也。“上九：晋其角，唯用伐邑，厉吉，无咎，贞吝。”盖九过刚，处《晋》极，不宜伐外，唯用伐其私邑，示以自治之道也。下三爻坤体，初吉、二吉、三悔亡，惟顺以进，故利也。上三爻，四与上皆阳体，皆厉，以不当位也；五柔体，当位也，惟进而当位，始无恶于进也。

“明入地中”，卦为《明夷》。他卦言“利贞”，而《明夷》独言“利艰贞”，盖时当明夷，有不能直用其贞者，惟艰难坚固以守其贞也。《彖》以文王事纣明一卦之德，“大难”，难在天下也；以箕子事纣明一爻之义，“内难”，难在一家也。文王之“内文明而外柔顺”，与箕子之“晦其明”“正其志”，非有二也，各就卦爻以见其义耳。

蒙难用明而晦，全已也；“莅众用晦而明”，烛物也。

“初九：明夷于飞，垂其翼。君子于行，三日不食。有攸往，主人有言。”《明夷》暗主在上，初体离明，去上又远，欲进而阻，有飞鸟垂翼之象。“君子于行”，决于去也。“三日不食”，去之速也。“主人有言”，伤之浅也。“六二：明夷，夷[①]于左股，用拯马，壮吉。”六二以明体居暗主之下，视初虽近，视三、四、五犹远，虽见伤而未切，有“夷于左股”之象，必速为自拯之计，如用马壮焉者，则吉也。“九三：明夷于南狩，得其大首，不可疾贞。”九三以刚居刚，在明体之上，与暗主为应，放伐之责，不容以辞，有“得大首”之象，然非天命，人心之既去，万不得已，不可为之，故“不可疾贞”也。“六四：入于左腹，获明夷之心于出门庭。”“左腹”，幽隐之处，六四[②]所处本暗地，虽已入暗地而尚浅，故犹可得意于远去也。“六五：箕子之明夷，利贞。”居暗事暗，能正

①夷，原脱，据《明夷》卦《爻辞》“六二”补。

②六四，原作“六五”，误，据《明夷》卦《爻辞》“六四”改。

其志，贞之至也。“上六：不明，晦，初登于天，后入于地。”上居卦终，为《明夷》主，又《明夷》之极，不明而晦，天下失理，有始无终，是其象也。即以桀、纣之事明之，初其伯夷，二其文王，三其汤、武，四其伊尹，五其箕子，六其桀、纣耶。当纣之时，各圣贤所处皆不同，则以远近浅深之殊，而其道则无不同矣。

家难而天下易，家亲而天下疏。“《家人》：利女贞”，谓其刑家也，如“刑于寡妻”“刑于二女”，皆“利女贞”之事也。《彖辞》先言男女矣，又言父母，又言父子、兄弟、夫妇，盖必尽一家之人而皆贞，而后可以定天下。然其本必自身始。《大象》“言有物而行有恒”，修身之谓也。身修，则家齐而国治、天下平矣。言曰“有物”，行曰“有恒”，非正心何以哉？心正则诚，诚者，言之物也，行之常也。

治家必在谨始。“初九：闲有家，悔亡。”盖乘其家人之志未变而预防之。凡一家之尊卑大小皆有纪纲法度，是所谓“闲”也。治家必在正内。“六二：无攸遂，在中馈，贞吉。”盖女必从男，以顺为正，中馈之外，凡百事务一听命于丈夫，是所谓“贞”也。治家必在持严。“九三：家人嗃嗃，悔厉吉；妇子嘻嘻，终吝。”盖过刚不中，虽少伤于恩，然家道整肃，若一于宽纵，笑乐无节，必有玷缺，故嗃嗃者虽厉而吉，嘻嘻者虽和而吝也。家道正则顺生。“六四：富家，大吉。”盖父子笃、夫妇睦、兄弟友，家之肥也，所谓“富”也。家道正则和生。“九五：王假有家，勿恤，吉。”盖刚柔得中，上下相应，夫爱其内助，妇爱其刑家，家之利也，所谓无忧也。家道正则诚立，则威行。“上九：有孚威如，终吉。”盖一家之主得正家久远之道，反身自治，恩义以笃，伦理以明，家之治也，所谓“吉”也。以此观之，孔子所谓“是亦为政，奚其为为政”，岂非以家之政即国之政耶？“政者，正也。子率以正，孰敢不正？”岂非以身之正即家之正耶？

“火动而上，泽动而下”，《睽》之象也。“二女同居，志不同行”，亦《睽》之象也。然所谓“小事吉”者，“说而丽乎明”，是合睽也，卦德也；“柔进而上行”，是合睽也，卦变也；“得中而应乎刚”，是合睽也，卦体也。合睽之道，天地判而合，男女别而合，万物分而合，睽之未有不合者。睽者静，合者动；睽者别，合者交也。一本故也，可以见太极之全体矣，故“《睽》之时用大”也。

“同而异”者，大体之同，以“理一”也；事物之异，以“分殊”也。孔子之仕止、久速，何尝不异？而其根本之所时出者，则同也。

“初九：悔亡。丧马勿逐自复。见恶人无咎。”盖初九上无正应，然四与相应，不无愿合之心，有“丧马自复”之意。彼既愿合，我不得不见；既见恶人，则非避矣。初九不以避为避，而以见为避，化恶人为善人，则终能合初、四之睽而无咎也。“九二：遇主于巷，无咎。”盖二、五阴阳正应，惟当《睽》时，相应之道衰，相戾之意胜，为臣者必委曲相求，则睽合而无咎也。“六三：见舆曳，其牛掣，其人天且劓，无初有终。”盖六三本上九正应，乃以居二、四二阳之间，后为二所曳，前为四所掣，不得应上，又为上九所猜，但无其事者事必白，有其疑者疑必释，始虽睽[1]而终必合也。“九四：睽孤遇元夫，交孚，厉无咎。”盖九四当《睽》时，不得正应，无朋孤立，然初阳在下，同德相与，尤必厉以处之而后无咎也。“六五：悔亡。厥宗噬肤，往何咎[2]？”盖六五居中得应，时虽方睽，而上下相与，其合如噬肤之易，故无咎也。“上九：睽孤见豕负涂，载鬼一车，先张之弧，后说之弧，匪寇，婚媾。往遇雨则吉。”盖上九下应六三，本不孤，然三不幸为二阳所制，而己以刚处明极睽极之地，又相猜嫌，遂睽而孤。睽则疑其人，“见豕”“载鬼”，疑之所致也；“先张之弧”，疑则欲去之也，然世未有无其事而不得白者，“后说之弧”，其疑释也；“匪寇，婚媾”，返求之也；“遇雨而吉”，反得其和也。《睽》之词多无咎。要之，治乖离之情，不使之终穷而无归，则居睽之道也，虽遇善遇恶之不同，事主蒙疑之不同，君子惟尽其合睽之道而睽自无不合者矣。合睽之道，是所谓根本之所时出者也。

见险而止，谓之《蹇》。“利西南，不利东北。利见大人。贞吉”，皆处险之道也。《彖》曰：“《蹇》，难也，[3]险在前。见险能止，智矣[4]哉！”当险，固无轻进之理，昧者恒有行险之心，险而能止，所以为知也。处蹇有道，必知所择则济，必知所避则济，必得其人则济，必有其德则济。“‘利西南’，往得

①睽，原作“揆”，误，据文义改。

②往何咎，原作“往何吝”，宣统本作“往无咎”，今据《睽》卦爻辞“六五”改。

③“《蹇》，难也”，原作“险难也”，误，据《蹇》卦《彖辞》改。

④矣，原作“已”，误，据《蹇》卦《彖辞》改。

中”，知择也；“‘不利东北’，其道穷”，知避也；“‘见大人’，往有功”，得人也；“当位‘贞吉’，以正邦”，有德也。险阻处即是东北，平易处即是西南，非以定方言也。九五刚健中正，即是大人。二以上五爻皆得正位，即是当位也。

“君子反身修德”，济蹇之道也。蹇则不可行，凡行有不得者，吾身之蹇。吾身之蹇，吾德之累，故凡行有不得，皆反求诸己，修仁修礼修敬，则德孚于人，行无不得矣。

初六非济险之才，非济险之位，故往则蹇，来则誉。圣人释之曰“宜待”，以其时未可进，欲其待时而进也。六二柔中，与五为应，君臣同德，致力于险，能忘其身，故曰：“王臣蹇蹇，匪躬之故。”圣人释之曰“无尤”，谓其以身殉国，事之济不济虽不可知，而其心不可尤也。九三与上为应，上柔无位，不足济险，反就二阴，得其所安，故往则蹇，来则反。圣人释之曰“内喜”，言内之二阴亦喜其来也。六四时已在险，且才弱不可以进，下有九三之刚，惟当连之以共济，故往则蹇，来则连。圣人释之曰“当位实”，言六四得正，九三阳爻为实，连则足济也。九五刚健中正，以居尊位，独当一世之险，足以联合群情，得贤共济，故言“大蹇朋来”。圣人释之曰“中节”，以刚中之德正合济险之用也。上六在卦极险极，似可以济，而以才柔不可以往，必来就九五，始济险有功，故“往蹇，来硕，利见大人”。圣人释之曰“在内”“从贵”，正指九五之“大人”也。《蹇》之二、五无“往蹇”之词，以君臣同患，共当济险，馀则以无济险之责，皆戒其往而喜其来。初以极远，不可冒进，惟当自守，然《象》又教以待时而进。三当反就二阴，四当连于九三[①]，六当来就九五。可见圣人虽不教人冒险，亦未尝不教人济险也，在审时察己焉耳。

“险而动”，则不陷险中；“动而免于险”，则能出险外，故谓之《解》。蹇难既解，但当培养生理，保全元气，故惟“利西南”。但居易而不行险即是西南，非以地言也。既解之后，事有不必为者，为“无所往”，则宜安静是图，所谓“来复吉”也。有不容不为者，为“有攸往”，则宜烦扰是戒，所谓“夙吉”也。圣人不欲人以多事自疲，又不欲人以无事自怠，如此乎训戒之至也。莫大于天地，天地之功由《解》而成；莫众于万物，万物之生由《解》而始。观《解》之时之大，可以见圣人喜《解》之深也。

“君子赦过宥罪”，罪止于宥，不同于过者之赦。圣人之仁行而义未尝废也如此。

初六患难既解，安宁无事，柔下应四[②]，彼此相成，故云“无咎”也。九二刚中，正直君子也。五之外，初与三与六皆阴，小人之象也。邪正不两立，九二当《解》之时，力去小人之党，则君子汇进。然必先正己，然后可以正人，故云“田获三狐，得黄矢，贞吉”也。六三以阴柔居下之上，处非其位，以小人乘君子之器，小人固亦有无妄而得福者，虽正亦吝，况不正乎？故云“负且乘，致寇至，贞吝”也。九四阳刚居上位，而与初六之阴为应，是以在上

①九三，原作“九二”。按，《蹇》卦上坎下艮，二为阴，当作六二，三爻为阳，当作“九三”。据改。

②柔下应四，“下”疑当作“上”。下文“九四阳刚居上位，而与初六之阴为应”，正见“柔上应四”。

之人而亲在下之小人，类不同矣。若能解去初六阴柔之交，则君子之朋以诚而至，故云“解而拇，朋至斯孚”也。六五当解之世，为解之君，与三阴同类，未免与小人共事，但君子维能解去小人则吉，验于小人之退，则君子有解可知，故云“君子维有解，有孚于小人”也。上六居《解》之极，当尊高之地，鸷害之小人，射而获之，则朝廷安宁，百姓蒙福，故云“公用射隼于高墉之上，获之，无不利”也。六爻自初之外，二欲其获狐，狐，小人之侧媚者也；三戒其负乘，乘，小人之僭据者也；四欲其解拇，拇，小人之附丽者也；六欲其射隼，隼，小人之鸷害者也；五为《解》主，则直言其欲去小人。盖世之险难，未有不由小人之得志；而难之能解，未有不由小人之屏除。防患忧治之君子，可以识矣！

损下卦上画之阳，益上卦上画之阴，损兑泽之深，益艮山之高，《损》之象也。下损则上亦损，故《彖》曰：“损下益上，其道上行。”言《损》道上行也。损本拂人情之事，惟损所当损，于理可行而下信之，则“元吉”、则“无咎”、则“可贞”、则“利有攸往”可见，损而不孚者反是也。“曷之用二簋，可用享。”古人致孝鬼神，祭享非可损者；然当《损》时，则享犹可损，举重见轻，以明当《损》之时不得不损，故《彖》曰“二簋应有时”也。即以一卦言之，刚非在所损，柔非在所益，而有时不得不损益者，故《彖》又曰“损刚益柔有时”也。又推言之，损而不已必虚，益而不已必盈，损其盈，益其虚，适时之宜，“与时偕行”，虽圣人天地不能有违，故《彖》又曰“损益盈虚，与时偕行”也。当其可之谓时，当损而不损，不当损而损，皆非时。损之所以贵“有孚”者，行乎时者也。

天下无性外之物。情者，性之动。动而失其则，则情炽而性灭矣。“君子惩忿窒欲”，修身之所损者莫切于此。约其情，使合于中。性，其情之谓也。怒之过为忿，喜之过为欲，惩而窒之，使心不至于有所，情不至于有僻，已发之际，犹未发之时，是之谓中，则性复矣。曰惩，曰窒，约情之功难已哉！戒其恶，使不复作，然后谓之惩；塞其源，使不复流，然后谓之窒。

《损》之道，有损己而益人者，“初九：巳事遄往，无咎，酌损之”是也。九上应六四，当损下之时，舍己之事，速往赴上，然后“无咎”。然损下或失其节，其后难继，故又言“酌损”也。《损》之道，有不损而益人者，“九二：利贞，征凶，弗损，益之”是也。二刚中自守，不妄求进，故利于贞，而征则凶；不损己之所守，然后能益上之所求也。《损》之道，有因损而得益者，“六三：三人行则损一人，一人行则得其友”是也。下卦本乾而损上爻以益坤，是“三人行而损一人”；然一阳上而一阴下，是“一人行而得其友”。盖一阴一阳之谓道，苟参之以三，则疑心生，此圣人因一人之行而得致一之理也。《损》之道，有因益而得损者，“六四：损其疾，使遄有喜，无咎”是也。四以阴柔不立，是己之疾；初九以阳刚益己而损其疾，能“学如不及，过勿惮改，资友以辅仁”，则人之益日加，己之恶日损也。《损》之道，有以损为益者，“六五：或益之十朋之龟，弗克违，元吉”是也。五柔居尊，当《损》之时，受天下之益，贤集才聚，众心恳切，虽欲辞而不得，故“元吉”也。

《损》之道，有以不损为益者，“上九：弗损，益之，无咎，贞吉，利有攸往，得臣无家”是也。九当损下之时，居卦之上，受益之极，以上益下，惠而不费，如制田里，教树畜，不必人人而济之，近悦远来，其益无方也。观此六爻，圣人知《损》之时，故其损也无不获益；若常人不识其时，只有损而无益矣。此《损》之旨也。

损上卦初画之阳，益下卦初画之阴，谓之《益》。“利有攸往”，益于处常也；“利涉大川”，益于处变也。《彖》谓“损上益下，民说无疆，自上下下，其道大光”，正见其所以为益也。“‘利有攸往’，中正有庆。‘利涉大川’，木道乃行。”“中正”，卦体之益；“木道”，卦象之益也。“《益》动而巽，日进无疆”，《益》之见于人事也。“天施地生，其益无方”，《益》之见于造化也。“凡益之道，与时偕行”，推极言之，时未至，不先时而加益；时已至，不后时而不益也。损益皆以时言，见圣人不能违时而有所损益也。

《损》之惩忿窒欲，《益》之迁善改过，以此见能损己之所不易损，然后谓之至损；能益己之所不易益，然后谓之至益。善迁则过改，过改则善迁，所谓交相益也。

初九当《益》之时，受上之益，必大有作为以报其上。其大有作为，又必大善，然后有益。如益一时者不为，益万世者为之；益一事者勿为，益万民者为之，故云“利用为大作，元吉，无咎”也。六二以下受上之益，虚中处下，在人臣则受君之赐，以永贞为吉；在人君则受天之享，亦永贞而吉，故云“或益之十朋之龟，弗克违，永贞吉。王用享于帝，吉”也。六三阴柔不中正，虽受上之益，然必如凶事处之，以危厉自持，方得无咎；必有孚，必中行，庶几能达于上，可以通信，故云“益之用凶事，无咎，有孚。中行告公用圭”也。六四居上不中，当此位者宜以益下为心，有以合乎大中之道，由是以其所欲为而告之君，君且信其忘在益下，虽迁国至大之事，亦必乐从，其他可知，故云“中行告公，从，利用为依迁国”也。九五当《益》之时，居尊而有阳刚中正之德，上有信以惠下，则下以信而孚上，是谓大吉，故云“有孚惠心，勿问，元吉，有孚惠，我德”也。上九以阳居《益》之极，求益不已，此立心不恒之人也，求益不已者，怨所由起，是凶之道，故云“莫益之，或击之，立心勿恒，凶”也。此卦初曰“元吉”，二曰“永贞”，三曰“有孚”，四曰“中行”，五曰“有孚”，六曰“恒”。可见吉凶之道，无不自心而生。求益者，求诸吾心，是谓真益矣！

淮海易谈　卷三

如皋孙应鳌

《夬》，以五阳决一阴，宜易易矣，而圣人所以示周防儆戒之道者不一焉足。健决乾体，和说兑体，以和说济健决，然后《夬》之为尽善也。是故去小人必明正其罪，则有以服其心，故曰："'扬[①]于王庭'，柔乘五刚。"去小人必尽诚以号其众，则得助，又必以危厉自持，不可安肆，故曰："'孚号有厉'，其危乃光。"然治人必先自治，不可专尚威武，故曰："'告自邑不利即戎'，所尚乃穷。"夫以必去之势而加以万全之道，则小人无不决，故曰："'利有攸往'，刚长乃终。""刚长乃终"，谓纯乾也，以此知圣人未尝不欲尽去小人，使人人为君子。然小人之不可尽去，则以不能违时之故，但其决之有道，使不为君子害耳。

"施禄及下"，溃决及物之意，故取象于泽天也。施禄，德也。居则积而不流，德斯匮矣，故忌。

初九在四阳之下，首以刚进，"壮于前趾"之象；阴居高位，而初欲决之，不自量力，故云"往不胜，为咎"也。九二以刚居柔，当决之时，能得中道，能忧勤惕厉，呼号其众，同心协力，小人虽有不虞之变，亦不足患，故云"惕号，莫夜有

①扬，原作"杨"，误，据《夬》卦《彖辞》改。

戎，勿恤”也。九三阳刚过中，欲决小人而见于面目，故我之决也未必得宜，彼之防也无所不至，未免自濡，但身在众阳，虽与六为正应而无私系，终能决之，故云“壮于頄，有凶，君子夬夬独行，遇雨若濡，有愠无咎”也。九四以刚居柔，欲决则泥于和，欲进则不能前，惟于能决者让之使前行，则无咎，然以阴柔，虽闻让人前决之言，又不能信，所谓恶恶而不能去，故云“臀无肤，其[①]行次且，牵羊悔亡。闻言不信”也。九五为决之主，但切近上六之小人，若明断兼资，务决去之，不系私爱，合于中道，则无过咎，故云“苋陆夬夬中行，无咎”也。上六以小人居穷极，无用号呼，以凶自终，故云“无号，终有凶”也。圣人当五阳之盛之时，犹有不胜之忧：初之不胜，戒躁也；二之惕号，戒孤也；三之遇雨，戒暴也；四之不信，戒不断也；五之中行，戒比昵也。《夬》之时，义大矣哉！

《夬》之一阴方决于上，而《姤》之一阴已遇于下，自此为《遁》、为《否》、为《观》、为《剥》、为《坤》，其势壮矣，故曰“女壮”。以一阴而有敌五阳之势，不可以其微而昵之矣，故曰“勿用取女”。《彖》之辞曰“《姤》，遇也，柔遇刚也。‘勿用取女’，不可与长也”，欲人于姤遇之时而知所戒也。然姤遇之时虽当知戒，而相遇之道则不可废，故《彖》又曰：“天地相遇，品物咸章也。刚遇中正，天下大行也。”盖天地相遇则百物生，君臣相遇则治化成。学《易》者，知一柔与五刚相遇之可戒，又知天地君臣相遇之可喜，则《易》理始尽此。《姤》

①其，原脱，据《夬》卦《爻辞》“九四”补。

之时，义大也！圣人每于不好处看出好的道理，于好处看出不好的道理，无非精义之至已耳。

“后以施命诰四方。”盖王者布令于下，人民快睹，此君民之相遇，与物之遇风、风之动物，一也。

《姤》之所以为《姤》，在初六一爻。一阴始生，其势渐长，不谨于始，后将无极，必乘其初弱之时，不但系之，且系于柅，不但系柅，且系金柅，可谓固矣。如是则一阴不得上进，君子可以安贞而吉；若听其往进，则凶矣。系于金柅何物也？羸豕也，系之恐其蹢躅也。九二为有时位之君子，与初六相遇。六，阴类，鱼亦阴类。是小人适在统辖之中，包容而制之，可以免咎；若不能制而使遇于众宾，则不利也。九三[①]过刚不中，下不遇于初，有居不安之象，是“臀无肤”；前无应于上，有行不进之象，是“行次且”；虽无所遇，亦无所伤，是“厉，无大咎”也。九四与初为正应而为二所得，故二之“包有鱼”，四之“包无鱼”，已之民心起而之他，凶之道也。九五阳刚中正，主卦于上，下防始生之阴，志在决小人而力或不能副，有“以杞包瓜”之象。然阴阳有迭胜之机，君子有静制之策，若能含其章美，待时而动，则本无倏有，若殒自天也。上九以刚居上，为位不得其遇，有“姤其角”之象，是为吝；然阴邪亦无所伤，是无咎也。《姤》虽不使小人得进，而君子之蓄小人固亦自有道也。初爻“系柅”，善占者反之吾身，则所以制灭人欲，使不为天理之害者，其义亦若此矣。

①九三，原作“九二”，误，据《姤》卦《爻辞》“九三”改。

“顺以说，刚中而应”为《萃》。《萃》，聚也。“王假有庙”，盖必聚己之精神，乃可以承祖考也。“利见大人亨”，盖物既聚，必见大人而后得亨；又所聚不正，亦不能亨也。“用大牲吉”，盖大牲必聚而后有，非聚而必用大牲不可也。“利有攸往”，盖聚则可以有所往，不聚不可以有所往也。“观其所聚，而天地万物之情可见”“方以类聚，物以群分”，天地万物之情也。“用大牲”，而“假有庙”之旨明矣；“利攸往”，而“利见大人”之旨明矣。

泽聚必溃，治溃在知防；物聚则散，合散在知备。“除戎器”，非有他也，“戒不虞”也。不戒不虞，不能合萃；不除戎器，不能戒不虞。

“初六：有孚不终，乃乱乃萃，若号，一握为笑，勿恤，往无咎。”盖初六上应九四，乃其分之所当萃者，然隔于二阴，当《萃》之时，阴柔不能自守，遂与二阴为萃，是为“有孚不终，乃乱乃萃”。夫乱萃，则萃不以正诚，自知其不正，呼号正应，则一握之众必笑为迂；惟勿恤其笑，往从正应，则妄萃之愆去，正萃之道合而无咎也。“六二：引吉，无咎，孚乃利用禴。”盖六二应五，为己之专事，而杂于二阴之间，又为己之同类，必交连二阴以萃于五，既得所萃之正，又无离群之嫌，故“吉，无咎”；二以柔中上应刚中，以此孚德，即用禴亦利也。“六三：萃如嗟如，无攸利，往无咎，小吝。”盖六三阴柔不中而求萃，则无以取重于人；上无应与而求萃，则是无端而自往，故人莫之与，而其萃也嗟如。为三计者，惟往从于上，则可无咎，然素不相萃，以困而往，而赴往者又阴极无位之人，故吝也。“九四：大吉，无咎。”盖四上比九五，与君为萃，下统众阴，与民为萃，若能大正而吉，则无咎也。

“九五:萃有位,无咎。匪孚,元永贞,悔亡。”盖五阳刚中正而萃有位,则人心皆萃,无不信服;若居此位而人有未信,必己德未至,反己而有“元永贞”之德,则悔自亡也。“上六:赍咨涕洟,无咎。”盖六阴柔无位,求萃于人,不得其萃,孤立无助。若能戒惧,自处以危,亦可自保无咎也。《萃》爻或有应无应,或得位不得位,占无凶辞,可见《萃》者启天地万物之情,情合而萃,所由亨欤!

进而上为《升》,《彖》谓“柔以时升”也;“巽而顺”,以内外言;“刚中而应”,以人己言也;“有庆”,正见“勿恤”也;“志行”,正见“吉”也。升于位者,足以行道;升于德者,足以进道。升于位,由王公之大人;升于德,由圣贤之大人。位升,则事业日著;德升,则光辉日盛。《易》以阳为大,《萃》“见大人”,二见五也;《升》“见大人”,五见二也。

“地木,《升》。君子以顺德,积小以高大。”德本高大,然必由积而致。积之在顺,由致曲而诚、而形,以致变化;由善信而美、而大,以至圣神。无一念不谨,无一事不谨,顺之至也。木之生也,惟顺其天地自然之生理而不戕,则干霄蔽日有不自知。德之积也,惟顺其吾心自然之生理而不害,则希圣希天有不自知。以此参之,《孟子·牛山》之章,极有警发。

初六才柔,似不能升,然以其当升时而能从阳,故二阳挈之,其升至吉,故云“允升,大吉”也。九二刚中,以上交六五,柔中以顺应,诚实之至,当升之时而能如是,则鬼神且感格,况于人乎?故云“孚乃利用禴,无咎”也。九三[①]

①九三,原作“九二”,误,据《升》卦《爻辞》“九三”改。

阳刚，当升之时，又利于进，所进者坤又无阻碍，故云“升虚邑”也。六四以柔居柔，诚顺之至，积其诚意以事鬼神，升而上通，无有不格，故云“王用亨于岐山，吉，无咎”也。六五以阴居阳，而当升时能守以正，其得吉如升阶之易，故云“贞吉，升阶”也。上六以阴居升极，知得而不知丧，知存而不知亡，若能自反其冥升之心，不息于正，是为大利，故云“冥升，利不息之贞”也。《象》《象[①]》初“允升”言“合志”，二言“孚”，三言“无所疑”，四言“顺事”，五言“正”，六言“不息之贞”，可见圣贤不求升于升，而求升于己。凡志之不合与有疑与不顺、不正、不恒者，皆不足以进德，不足以立位，虽升，非《易》之所谓升也。故曰：“不患无位，患所以立；不患莫己知，求为可知。”

“《困》，柔掩刚也”，释《困》之义也。坎刚为兑柔所掩，九二为二阴所掩，四、五为上六所掩，是以因也。“险而说，困而不失其所，‘亨’，其惟君子乎”，释“《困》亨”之义也。君子即大人也，君子见掩于阴柔，困矣。困何以亨？亨不于其身，于其心；不于其时，于其道。在险而能说，则无入而不自得。孔子之厄陈、蔡，乐在其中；颜子之居陋巷，不改其乐。故圣贤处困，无不亨也。“‘贞大人吉’，以刚中也”，释“大人无咎”之义也。无欲曰刚，凡人处困，大者失节，小者忧陨，以中不刚，以有欲耳。大人刚中是谓亨，是谓贞也。“尚口乃穷”，释“有言不信”之义也。君子处困，内不可不光明，外不可不晦默，当坎险之时，尚兑说

①象，疑作“爻”。下文所言“允升”“孚”等语皆出自《象》《爻》。

之口,诉穷求通,人既不信,己益困穷也。故说者,困之所以亨;贞者,困之所以亨;刚者,困之所以亨。能刚则自贞,能贞则自说,学而说,学斯成矣。

"泽无水,《困》。君子致命遂志。"盖命在于天,志在于我;天不可必,志则可必。惟天不可必,则致其命于天,得失、生死、荣辱无所可入其心。惟志可必,则遂其志于我,广居、正位、大道无所不极其至。志遂而君子之学尽矣。

困有君子之困,有小人之困。初与三与六,小人之困也;二与四与五,君子之困也。初六以阴柔处困之底,伤而不安,是"臀困于株木"也;迷而不反,是"入于幽谷,三岁不觌"也。九二以刚中之德,为小人所仇,然小人欲困君子,不过使之不得禄不得富而已,是"困于酒食"也。然君子虽困,使上有刚中之君同德相应,则禄位自至,事神治民,行且为之,是"朱绂方来,利用享祀"也。但九二刚中[①]自持,宁上求我,不肯枉道徇人,以至失己,所以免咎,是"征凶,无咎"也。六三阴柔不中正,处二阳之间,欲去九四而四坚如石,是"困于石"也;欲据九二,而二刚锐如蒺藜,是"据于蒺藜"也;进退狼狈,名辱身危,丧亡无日,是"入于其宫,不见其妻,凶"也。九四与九二同类相应,不专以位,四为上六所掩,望应九二,而二以隔于六三,是"来徐徐,困于金车"也。然四虽隔于三而其志不渝,二虽不当初之位而其志必应,不渝则久自合,必应则情自孚,故"吝,有终"也。九五为困世之主,上为阴掩,下则乘刚,上下失与,是"劓刖"也。彷徨求贤,以共拯困,不能即遂,是"困于朱

①刚中,原作"中刚",疑倒。上文言"刚中之君",据此乙正。

绂”也。下有九二，同德相应，徐而得之，为宗庙社稷之福，是“乃徐有说，利用祭祀”也。上六以阴柔处困极，非有为之才，当难为之日，是“困于葛藟，于臲卼，曰动悔，有悔”也。若因其悔心之萌而改其从吉之行，谓之善变，是“征吉”也。柔之困，为株木，为石，为葛藟，可见小人之困与草木同也。刚之困，为酒食，为金车，为赤绂，可见君子之困在仪章品味之末也。《易》之义深哉！

井之为物，有常者也。古者有迁邑以就井，无迁井以就邑，故曰“改邑不改井”，此《井》之体也。性静而定也，不为汲者丧而虚，不为不汲者得而盈，故曰“无丧无得”；汲而往者其欲充，汲而来者其求切，故曰“往来井井”，此井之用也。性动亦定也，君子自治，治人之道贵乎有成，若几至井而未及用，与未繘于井同，故曰“汔至，亦未繘井”；君子自治，治人之道贵乎有具，若毁败其瓶，则自失其用，故曰“羸其瓶，凶”，此汲者之事也。见求尽性者，必居安资深，左右逢源，深造自得，始无负于学也。《彖辞[①]》以“养而不穷”释井，可见民之于性无时无处而能外之矣；以“刚中”释“改邑不改井”，可见君子之率性不以道之进退而有所更改矣。

程子曰：“劳来其民，法《井》之用；劝民使相助，法《井》之施。”此亦可见“养而不穷”之意。然则圣人之养民，固自有道矣。

初六井之泥也，阴柔居下，无以致用。如井之泥，人所

①辞，原作“词”。按，《易经》皆写作“辞”。

不食;乃旧井,无禽鸟之顾。小人之下达者以之。九二井之谷也,二以刚中,然上无正应之汲引,下比初六之卑贱,功不及人。如井之谷,仅能射鲋;如汲水之瓮,敝漏无施。人之失志改行,不能固守,不为君子所与者以之。九三井之渫也,渫者,渫初之泥也。三以阳刚之才,居一《井》之半,泥者去,注者深,可食之泉而人莫之食,行道之人皆为心恻,非三恻也。"可用汲,王明并受其福",行道心恻之词也。君子怀才抱德,待时而动,上遇王者之明而见用,则天下受利泽之益者以之。六四井之甃也。甃者,甃二之谷也。四以柔居柔,但能修治,不能及物,故云"井甃,无咎"。人之能自修洁,不污浊俗,才不足而自守有馀者以之。既渫既甃,《井》道全矣,故九五"井洌寒泉,食"。"上六:井收勿幕,有孚元吉。"盖井以洌为美,泉以食为功。五以刚中具天德而行王道,天下无不蒙教养之泽。《井》以阳刚为泉,上出为功,六当上出,善博施而能济众,天下无不信,心志之公也。《井》至五、六,井道大成矣。非渫,则本源不清;非甃,则持守不固。本源清而持守固,兼善天下,厥施斯普也固宜。

兑[①]上离下为《革》。革者,非圣人之得已也,必如"水火相息"之时而后可革,必如"二女同居志不相得"之时而后可革。然其革也,《彖》谓"'巳日乃孚[②]',革而信之"则革,革而不信者,君子不革也。《彖》又谓"文明以说,大

①兑,原作"坎",误,据《革》卦"兑上离下"改。

②孚,原作"革",误,据《革》卦《彖辞》改。

‘亨’以正”，则见当革之理不能如离明，处当革之事不能如兑说者，君子不革也。《彖》又谓“革而当，其‘悔’乃‘亡’”，则革而不当者，君子不革也。《彖》又谓“天地革而四时成。汤武革命，顺乎天而应乎人[①]”，见天地圣人之革皆不得已。不得已者，时也，当其可之谓时。当革而不革，不当革而革，皆非时，则皆非天地圣人之道也。

“治历明时”，即《彖》之“天地革而四时成”也。举天地而馀可知矣。李西溪曰：“昼夜者，一日之革；晦朔者，一月之革；分至者，一岁之革；历元者，无穷之革。”

圣人处《革》之道，敬慎周密，如六爻之词，正见其不得已也。初九戒革之蚤也。九虽当革时，然居初而位卑，无应而力独，未可遽革，惟当坚确固守其中顺之常，不违其则，是所谓“巩用黄牛之革”也。六二戒革之专也。二柔顺中正，为文明主，有应于上，德与势皆可革，但臣道不当为革之先，必待上下之信，然后革之，则利有攸往，是所谓“巳日乃革之，征吉，无咎”也。九三戒革之躁也。三过刚不中，居离之极，躁于变革，有危道焉；若能反覆推求于时势事机之审，足以孚信于人，方可以革，是所谓“征凶，贞厉。革言三就有孚”也。九四戒革之疑也。时当九四水火之际、可革之时，于此不革，必有悔矣。由是维新起弊，上信于君，下信于民，虽改君之命而君不疑、民不骇，是所谓“悔亡，有孚，改命，吉”也。九五示革之时也。阳刚中正，为《革》之主，名曰大人，自新新民，应天顺人，成功文章，不待占而天下孚信，是所谓“大人虎变，未占，有孚”也。上六戒

①顺乎天而应乎人，原作“应乎天而顺乎人”，倒，据《革》卦《彖辞》乙正。

革之过也。圣人尽其可革之理,不强人以过革之事。君子之革心者,如豹之变,小人之革面者,听其从,革而不强其心,若往则凶,若居贞则吉,是所谓"君子豹变,小人革面,征凶,居贞吉"也。

《象》谓:"《鼎》象也,以木巽火,烹饪也。圣人亨以享上帝,而大亨以养圣贤。"此释《鼎》也。"巽而耳目聪明,柔进而上行,得中而应乎刚,是以'元亨'。"此释"元吉,亨"也。顺于义理是体巽,耳目聪明是体离,有宽仁之德是"柔进",居君长之位是"上行",六五是"得中",应二是"应刚",此《鼎》之德也。故无《鼎》之德,不能尽《鼎》之用。

"正位凝命。"盖不正位,则不能凝命,不能凝命,则鼎乃虚器焉耳!

《鼎》之六爻,总象一鼎。初画耦而虚,在鼎之下为足。上应九四,则颠矣;以当卦初,鼎未有实,而旧有否恶之积,因其颠而出之,则反为利,犹丈夫而耦妾,虽似颠而因以得子也,故曰"鼎颠趾,利出否。得妾以其子,无咎"也。二、三、四画奇而实,居鼎之中为腹。二以刚居中,与初阴密,君子不幸而地近小人,未免为所迫求,是初[①]乃我之仇而为我病者,亦不能即我而病我,以刚中也。刚中,鼎有实之象也,故曰"鼎有实,我仇有疾,不我能即,吉"也。九三以阳居鼎腹之中,有美实,美实即"雉膏",而以过刚失中,不从五而从上。五,鼎耳也。越五应上,则鼎耳与吾不相属,是为鼎耳方革,不可举移,虽有美食,不为人食。然以阳居阳

①初,原作"二"。按,《鼎》之初六阴爻,为柔;九二阳爻,为刚。据改。

为得其正，诚能以正自守，阴阳自和，终可获吉，故云“鼎耳革，其行塞，雉膏不食，方雨，亏，悔，终吉”也。四居上任重，下应初阴，所用匪人，因以败事，是“鼎折足，覆公餗，其形渥，凶”也。初曰“趾”，四曰“足”，以四应乎初，四之足即初之趾也。五画耦而虚，在腹之上，为耳，以柔居中，以应九二之坚刚，如鼎黄耳而贯以金铉，是“利贞”也。三曰耳，五亦曰耳，三无应乎五，义各有取也。上画奇而实，贯耳之上为铉。以阳居阴，刚而能柔，无施不可，是“鼎玉铉，大吉，无不利”也。上曰铉，五亦曰铉者，五附乎上，五之铉即上之铉也。初戒其悖，二戒其仇，三戒其越君，四戒其应柔，惟五以柔中，上以刚柔节与之，圣人之意深矣！

“《震》：亨。”盖事遇变动则能亨通，又阳道上进，亨之象也。“震来虩虩，笑言哑哑，震惊百里，不丧匕鬯。”盖凡当变动之事，即能虩虩戒谨而笑言自若，虽至大震动亦可不失主宰。震固雷象，然天下之可畏，卒然而至，无所不闻者，莫如雷，故曰“惊远而惧迩”，借雷以明至可畏者也。“匕鬯”，固长子有事，然此心专一，敬有所主，惧有所忘，不暇他顾者，莫如主祭，故曰“守宗庙社稷为祭主”也。“笑言哑哑”即在“震来虩虩”之内，不在“震来虩虩”之后。“虩虩”，则此心戒慎恐惧，无一毫之不敬，是恐以致福。“哑哑”，则此心安平宽舒，无一毫之不泰，是后可为则。此君子无所不震，盖指平日言也。平日功夫，无有间断，如此虽“震惊百里，不丧匕鬯”，可为宗庙社稷之祭主，不失所主之重。尧舜之放勋、重华，皆自兢业中出，此之谓也。

君子一生功夫，只是“恐惧修省”四字。此四字工夫，只是“震来虩虩，笑言哑哑”。故“恐惧”非惶惑也，“修省”非矜持也。小心翼翼，昭事上帝，自此心之不放曰“恐惧”，自此心之不违曰“修省”，可谓奉天矣！

“初九：震来虩虩，笑言哑哑。”盖初九为《震》主，当震初常存戒谨，不失本心之则，故“吉”也。“六二：震来厉，亿丧贝，跻于九陵，勿逐，七日得。”盖处变，须刚强坚固者始不为事变所侵夺，不入战惧。二本阴柔而下乘于初震，震之初来，二首当之，不能遽定，故云“震来厉”。因以丧其所有，又被逼于至危之地，故云“亿丧贝，跻于九陵”。但敌刚者不以刚而以柔，制动者不以动而以静，故必勿与初震相逐，以我之柔顺中正，久之自足以复其所失，返其故常，故云“勿逐，七日得”也。“六三：震苏苏，震行无眚。”盖六三柔而不中，不当其位，退则无可比，进则遇重震，故遇震也益苏苏自失，然能以震道恐惧以行，改其不正以从其正，亦可无眚也。“九四：震遂泥。”盖九四亦震之主，亦犹初阳，而云“遂泥”者，人心之动，惟初为善，以其未入于私意，故初之虩虩，遇变而谨，发乎本心，无所因袭，此不失匕鬯诚敬之至者也。至于重震之交，则是动而又动，在天地之气为过甚，在人之心为过常，变动之来岂有常哉！惟当适其宜耳。“遂泥”者，泥于故常，不知其变，是以不能光显运用，为物所牵制也。“六五：震往来，厉，亿无丧有事。”盖六五之往来皆厉，亦犹六三之进退皆危，但五异于三者，以位当柔中，故虽亿其无所丧，而亦不敢不有所事事，是以虽有小过而无大咎。二、五相应，二中正，虽丧而能自得，此失于先而复于后者也；五以中正无丧而有事，此防于先而愤于后者也。两

"亿"字正见圣人处变而不懈思惟之意，今人但言处变而勿动其心，不知圣人之处变曲尽其酬酢之宜者，乃所以为真不动心也。"上六：震索索，视矍矍，征凶。震不于其躬，于其邻，无咎。婚媾有言。"盖上居《震》极，六又柔懦，惊惧之甚，有索索矍矍之象，征凶可知。苟因其祸尚未及身之时而先于戒慎，则得无咎。若恃婚媾，则亦有言。见当早见而豫待，不可后事而他恃也。于邻指五，婚媾指三，三自处不暇，我乌能恃之为援也？此卦初为《震》主，应变之本，四之泥则执，初既不能变，四阴则莫能胜《震》矣。然虽不能胜《震》，圣人未尝不示以处《震》之道，故二则教以勿逐，三则教以行，五则教以有事，上则教以于邻，各因才质而勉之，其斯为处《震》之全乎？

"《艮》，止也。"惟能止，则忘我，故曰："艮其背，不获其身。"忘我则忘物，故曰："行其庭，不见其人。"忘我忘物，止矣。然止非灭息也，以时之行止为行止，以时之动静为动静。行止动静之间，皆道所在。忘我忘物，惟道是止，光明著矣。光明者，止而光明也。"上下敌应"，无相与之义。阴阳各正其性则敌应，相背则不相与，是内不见己，外不见人，所以能止也。甘泉曰："不获其身，必有获也；不见其人，必有见也。"夫不获则获矣，不见则见矣，非不获不见之外又有获与见也。程子以定言性，定即止也，一定而性得矣。非获耶？非见耶？

"思不出其位。"位者，止之所也。不出位，得所止也。虽君臣、父子、夫妇、兄弟之伦物，富贵、贫贱、夷狄、患难之事变，日用乎前而不获不见之真体寂然感应，无有动摇，至矣哉！思者，思此耳。心之官则思，思则得之，此思体即何思何虑矣。故曰："无思非去思也，无所出入于思也。"

《艮》以一身取象，自下而中而上，因各示其义焉。初六，禁于未发之止也，故云"艮其趾，无咎，利永贞"。趾未动而能止之，是止于初常，永贞固之，道在是矣。六二，制于欲动之止也，故云"艮其腓，不拯其随，其心不快"。二比九三，象腓随股，不艮其股而艮其腓，是不拯其随。此不能止于未然而但制于临事，其心不能无歉矣。九三，以执一为止者也，故云"艮其限，列其夤，厉，熏心"。执中无权，是为执一。守上下之界限，无通达之几微，以判隔则如列夤，以危厉则能熏心矣。六四[1]，以笃行为止者也，故云"艮其身，无咎"。是慎行人也。六五，以谨言为止者也，故云"艮其辅，言有序，悔亡"。是谨言人也。上九[2]，以终止为止者也，故云"敦艮，吉"。敦厚于止，久而不变，物莫能违者也。六爻惟初与上为善。初者，"知至至之"也；上者，"知终终之"也。二之制欲，未得止之体；三之执一，未知止之体；四之慎行，五之谨言，比诸言满天下无口过，行满天下无怨恶为大人之止者，尚有间焉。《大学》之道在明德、新民、止至善，而即揭其要于知止，要其功于得所止。《大学》真论《易》之准欤！

《渐》，下艮上巽。未进也，自止而不苟进；方进也，巽

---

①六四，原作"六三"，误，据《艮》卦《爻辞》"六四"改。

②上九，原作"上六"，误，据《艮》卦《爻辞》"上九"改。

顺而不遽进。程子曰："天下之事，进必以渐考，莫如'女归'，臣进于朝，人进于事，固当有序是也。""进得位"，得《渐》之位也，故有功；"进以正"，得《渐》之正也，故可正邦。"其位刚得中"，《渐》之中也。"止而巽，动不穷"，《渐》之动也。

"山上有木"，以渐而致也，故"君子居贤德善俗"。"居贤德"，则士希贤，贤希圣，圣希天，以渐而德成矣。"善俗"则感而动，动而变，变而化，而治成矣。

《渐》爻皆以鸿取象，鸿知时之往来，知行之先后，是《渐》之义也。"初六：鸿渐于干，小子厉，有言，无咎。"当《渐》之始，以水鸟而止于水湄，其进不骤，得《渐》之义。然鸿鹄之志非燕雀所知，小子，燕雀也，虽厉而有言，于君子之行义，何咎之有？故曰"义'无咎'"也。"六二：鸿渐于磐，饮食衎衎，吉。"鸿始进于下，未得所安，自干而渐进于磐石之上，则高而安矣。初有小子之危伤，二则饮食衎衎，安且乐矣。得之以道，其君用之，亦安富尊荣，故曰"不素饱也"。"九三：鸿渐于陆，夫征不复，妇孕不育，凶，利御寇。"三处艮体之上，犹鸿自干自[①]磐而进于高平之陆。陆非鸿所安也。三过刚不中，亦非所安也。非所安，则三悦四之阴，往不以事，故曰"离群丑"也。四从三之阳，合不以正，故曰"失其道"也。倘若以其三之刚而遏四之柔，亦利御寇，鸿止则相保，亦御寇象，故曰"顺相保"也。"六四：鸿渐于木，或得其桷，无咎。"鸿渐进而登于木，则又在陆之上。鸿栖木，必得平柯则可以安，当难处之时，有善处之

①自，宣统本作"至"。

术，故曰"顺以巽"也。"九五：鸿渐于陵，妇三岁不孕，终莫之胜，吉。"鸿渐于陵，陵下视干、磐、陆、木，为最高，是人君之象。五与二为正应，三、四虽欲间五，终不能夺其正，故曰"得所愿"也。"上九①：鸿渐于逵，其羽可用为仪。"鸿自江干渐进而飞于云路，羽乃鸿所用以进者，其进可以为仪。上九居《渐》之极，高超物表，可为天下之仪刑，故云"不可乱"也。《渐》中四爻有夫妇之象，二、五相应，夫妇之正伦也，故虽不孕，而终莫之胜；三与四比，夫妇之邪匹也，故虽孕而不育。卦词言"女归吉，利贞"，旨哉！

"《归妹》，天地之大义也。"盖归妹虽不正，而男室女家，则天地之大义也。"天地不交，而万物不兴。《归妹》，人之终始也。"正见其为天地之大义也。"说以动，所归妹也。"归妹既为天地之大义，而其不正者，以女说而男随以动也。"'征凶'，位不当也。"以自二至五，位皆不正也。"'无攸利'，柔乘刚也。"以三、五二爻皆柔在刚上，夫妇易位也。"位不当"，则乱内外男女之正；"柔乘刚"，则昧夫妇唱随之理也。《随》卦亦震动兑说而有"元亨利贞"之词者何？《随》动而说，阳先阴随，正也，故吉。《归妹》说而动，阴先阳随，邪也，故凶。

"永终知敝。"盖婚姻之道，欲永有其终，必先有以知其不终之敝而正其始，则不至于"说以动"之失矣。事莫不皆然也。《记》曰："言必虑其所终，行必稽其所敝。"

"初九：归妹以娣。跛能履，征吉。"盖居上有应者，正

①上九，原作"上六"，误，据《渐》卦《爻辞》"上九"改。

室也。初九居下无应，则是不得敌配而媵于正室，“归妹以娣”者也。然以阳刚为女子之贤德，但为娣之贱，仅能承助其正室，如跛之能履不能及远也。“九二：眇能视，利幽人之贞。”盖初则女贤而非正室，二则女贤为正室矣。然正应者乃阴柔不正之人，是其配不良，亦不能大成内助之功，如眇能视，必守幽人之贞，从一而终，无有外慕，是其利也。“六三：归妹以须，反归以娣。”盖六三阴柔不中，又为说之主，急于从人，女德不正，人莫之取，须待而不能适人，反归为娣，不正之女为娣之贱，是可丑也。“九四：归妹愆期，迟归有时。”盖四以阳居上体而无正应，阳则女之贤，居上则女之贵，故不自轻而宁愆期以待佳配也。“六五：帝乙归妹，其君之袂不如其娣之袂良，月几望。”盖六五柔中居尊，下应九二，是有德之帝女下嫁于人，惟尚乎德，不尚服饰，是“君袂不如娣袂良”也。内重外轻，女德之盛无以加矣，是“月几望”也。“上六：女承筐无实，士刲羊无血，无攸利。”盖上六阴柔则不贤，居《归妹》之终则过时，无应则无家，约婚不终是无筐篚之将，无燕享之仪，故不利也。初之象，安分者也；二之象，安命者也；三之象，失己者也；四之象，待时者也；五之象为《归妹》之主，崇德者也；六之象，无终者也。察于此，“永终知敝”之道得矣。

圣人当《丰》之时，有喜焉，有惧焉。喜者，喜其能致丰也；惧者，惧其不能保丰也。“《丰》：亨，王格[1]之”，言致丰也；“勿忧，宜日中”，言保丰也。曷为言致丰也？盖“《丰》，

①格，宣统本作“假”，《丰》卦辞亦作“假”。

大也。明以动，故《丰》；‘王假之’，尚大也”。王之致乎丰者，明而能照，动而有为，居其位，操其势，得其时，可谓尚大矣，此《彖》之所以释致丰也。曷为言保丰也？“‘勿忧，宜日中’，宜照天下也。日中则昃，月盈则食，天地盈虚，与时消息，况于人乎？况于鬼神乎？”明以动，尚者大。王者之明，如日之方中，宜照天下矣，可勿忧矣。然勿忧者，止方中之时耳。中则必昃，昃则照者将夕，消息盈虚，自天地鬼神所不能违也，此《彖》之所以释保丰也。

《噬嗑》先明而后威，主于立法者也，故云“明罚敕法”。《丰》先威而后明，主于行法者也，故云“折狱致刑”。

《丰》之时盛矣，而爻返多戒词，《杂卦》曰“《丰》，多故”是也。六五为丰盛之主，其词曰“来章，有庆誉。吉”者，盖诸爻皆从五，五以柔暗本不足致庆誉，然人君不患暗于德，惟患暗于用人，五能来二、四刚明之臣，则虚己下贤，自足成天下之治也。四，比五者也，其词曰“丰其蔀，日中见斗，遇其夷主，吉”者，盖四以刚明之德遇柔暗之君，有“丰其蔀，日中见斗”之象。然虽见蔽于君，幸而下有同德之初九，协力相成，以夹辅其主，故云“遇其夷主，吉”也。二，应五者也，其词曰“丰其蔀，日中见斗，往得疑疾，有孚，发若吉”者，盖二为离明之主，应六五之柔暗，有“丰其蔀，日中见斗”之象。若径往从之以开发其暗，则暗主反致猜疑忌疾；若致其诚意以感动其暗，则暗主庶几开明，故云“往得疑疾，有孚，发若吉”也。初，去五最远，不能自致，则遇四之配主而同往焉，其词曰“遇其配主，虽旬无咎，往有尚”者，初与四为应，二爻皆阳，才德相配，初为明主，四为动主，明、动相资以往，故“有尚”也。此四爻之皆吉者，五以其知有二、四，而初、二、四以其知有五也。惟九三不知从五，远应上六，故其象为“丰其沛，日中见沬，折其右肱”。盖三处明极，应至柔暗之上六，已之明大为所蔽，终无可用之时。丰沛，蔽之甚也；折右肱，不复可用也；无咎者，无所归咎也。上六处《丰》极之时，居障蔽之甚，故其象为“丰其屋，蔀其家，窥其户，阒其无人，三岁不觌，凶”。盖居于卦上位，极其高，故云丰屋；体本阴柔，材蔽于暗，故云蔀家；无刚明之才以用下，而且穷大以失其居，故“窥其户，阒其无人，三岁不觌”也。卦词曰“宜日中”，二，下卦之中；五，上卦之中；初与四，未及乎中；三与上，已过乎中者也。

“《旅》，小亨”，小则亨也。“旅贞吉”，贞者，吉也。《旅》之体，六五之柔得中乎外卦，顺乎上下之二阳，是“柔得中乎外而顺乎刚”也。己随物转，不泥故常，虚心求助，屈己下贤之谓也。《旅》之德，艮止于内而离丽于明，是“止而丽乎明”也。安恬淡泊，不轻举动，识微见几，知所趋避之谓也。柔中顺刚，止而丽明，《旅》之正也，故吉；亦“《旅》之时义”也，故大。

“明慎用刑，而不留狱。”明如火，慎如山，不留如火，似无取于《旅》者。丘建安曰：“山者，火之所旅，久则延烧；狱者，囚之所旅，留则淹滞。”

初六阴柔则性吝啬，居下则志卑污，不致远大，局于琐屑，自取灾咎，故云“旅琐琐，斯其所，取灾”也。六二柔顺则众与之，中正则位不失当，以居则安，以用则裕，以役使则无尤，故云“旅即次，怀其资，得童仆，贞”乜。九三过刚则众莫之与，不中则所处失当，居下之上则不能下人。不安其居，不裕其用，不得其役使，故云“旅焚其次，丧童仆，贞厉”也。九四以阳居阴，用柔则不返刚，能下则不自高，是其所美，但非其正位，上无阳刚之与，下惟阴柔之应，是其所歉，故云“旅于处，得其资斧，我心不快”也。六五其体柔顺，其德文明，其才中道，以之行旅，虽有小费，然誉命上逮，其道可亨，故云“射雉，一矢亡，终以誉命”也。上九过刚太暴，处《旅》之上而自高，居离之极而躁妄，失其居，失其乐，失其顺，故云“鸟焚其巢，旅人先笑后号咷，丧牛于易，凶”也。处《旅》之道，一于柔则取辱，一于刚则招祸，惟得中则为《旅》之正。中者，道也，道无往而不在也。以在内言之，初六不及乎中，故“琐琐”；三过乎中，故“焚次”。以在外言之，四不及乎中，故“不快”；六过乎中，故“焚巢”。惟二与五柔顺文明，得《旅》之中，故内则无尤，故外则得誉。然五虽中，尚有一矢之费，尽《旅》之至善者，惟六二耳。

《彖辞》以“重巽以申命”释《巽》。盖《巽》之德，顺而善。入象乎风，风之吹物，无所不入，命之告戒，无所不至。内之巽，命之始也；外之巽，命之申也。丁宁告戒，反复入人，故谓“重巽以申命”也。《彖辞》以“刚巽乎中正而志行，柔皆顺乎刚”释“小亨，利攸往，利见大人”。盖九二巽乎中者也，重巽则五亦巽乎中；初六顺乎刚者也，重巽则四亦顺乎刚。卦虽以初、四之柔为主，然以二、五之刚为重，二、五能巽乎中正，则刚不过而志得行，是“亨”之“利攸往”也；初、四能巽乎二、五，则柔不怯而事有助，是“亨”之

“利见大人”也。

“申命行事。”上巽，君出命之象；下巽，臣从命之象；两巽相重，申命行事之象；鼓舞万物万民而不倦，风与命令之象。

《巽》卦以二柔为《巽》主。“初六：进退，利武人之贞。”盖六以柔居刚，心志不定，疑于巽者也。圣人戒之以“利武人之贞”，欲其决于进退，庶不失其巽之所主也。“九二：巽在床下，用史巫纷若，吉，无咎。”盖二以刚居柔而得中，当巽之时，不厌其卑，不至已甚，当于巽者也。圣人戒之以“史巫纷若，吉”，欲其以诚动人，庶能通所巽之意也。“九三：频巽，吝。”盖三以刚居刚而不中，本非能巽之人，勉为卑巽之事，强于巽者也。故频失频巽，圣人戒之以“吝”，见声音笑貌之不可伪为也。“六四：悔亡，田获三品。”四与初同，初之进退疑为以柔居刚，故四之吉为以柔居柔，盖安于巽者也。用人而人不忤，下人而人乐从，足以得天下之情，和天下之志，求无不获，欲无不遂也。“九五：贞吉，悔亡，无不利，无初有终。先庚三日，后庚三日，吉。”三与五同，三之吝为不中，故五之贞为刚得中，盖善于巽者也。以正中之位，为出令之主，命出于上，下无不从，能贞而吉，其悔可亡，故“无不利”；申命以后巽为用，故“无初有终”；命之申也，致其丁宁于前，致其揆度于后，宜人宜民，尽善尽美，故“先庚三日，后庚三日，吉”也。“上九：巽在床下，丧其资斧，贞凶。”二与上皆以刚居柔，二之吉为得中，故上之凶为失中，盖过于巽者也。虽有阳刚之德而居卑巽之极，畏怯无断，故“凶”也。观诸爻，柔之巽也，必巽于刚而后善其柔之巽；刚之巽也，必巽于中正而后善其刚之巽。《巽》之时，用大矣哉！不知乎此，而徒以承伏卑顺为曰“我巽也”，其亦异乎《易》之巽矣！

天下之道，一“正”尽之。正也者，天人之所同归也。“《兑》，说也。刚中柔外，说以‘利贞’。”盖二、五以刚居中，固无不正之事；三、上以柔居外，则有不正之嫌。“说以‘利贞’”，《说》之道，利于正也，正为天人之所同归，故“说以‘利贞’”能“顺乎天而应乎人”也。合乎天理之自然为顺，得乎人心之同然为应，非正，曷克以之！“说以先民，民忘其劳”，知先我者，逸我也；“说以犯难，民忘其死”，知杀我者，生我也。使民至于忘劳、忘死，说之至矣，所谓“民劝”矣。民之说即贞之利也，说之大者，正也，正则民劝而说大矣，故曰：“说之大，民劝矣哉！”顺天应人之征如此，《兑》之亨、《兑》之利贞，不可见哉？

说者，心体也。义理无穷，知识有限，若不就朋友讲习，吾之心体何由得明？心体不明，则物欲深而天机浅，求说难矣！惟朋友讲习，则以文会友而义理之著于事物者不昧，以友辅仁而吾心之融乎义理者日深。心之所同然者，义也，理也。理义之说我心，说之至也，是谓真说。说非自朋友得也，资朋友而得也。

《兑》之道有六：有和兑者，有孚兑者，有来兑者，有商兑者，有剥兑者，有引兑者。初九，阳刚则不为柔媚之说，居下则不为贪求之说，无应则不为偏党之说，此发而中节之和，得情之正，行无所疑，故曰“和兑，吉”也。九二，以阳居阴，密近于三，遇难处之人未可遽说，本似有悔，然以刚中有诚实之德，其为说也本诸真心，由是顺亲、信友、获上、治民，一诚所感，未有不动，志足以取信于人，故曰“孚兑，悔亡”也。六三，阴柔不中正，是无其德；为兑之主，是志在于说；上无所应，是无所与说；自失其位，妄以说人，本心亡矣，故曰“来兑，凶”也。九四，介乎三、五之间，欲舍三从五，则六三之阴柔有以中其私情；欲舍五从三，则九五之中正又难背乎公义，是商度而不宁。然必舍三从五，截然有限，介然有守，疾邪如此，自获喜庆，故曰“商兑未宁，介疾有喜”也。九五，阳刚居尊，密近上六，六以阴柔居极，能剥乎阳，五以正当之位，若诚以待之，信以用之，以奸为贤，必至危厉，故曰“孚于剥，有厉”也。上六成《兑》之主，阴居说极，不惟邪佞以求说，又且下诱二阳以为说，柔暗不光，故曰“引兑”也。三为《兑》主，其凶宜矣，而二近之，即有悔之象；六为《兑》极，其未光宜矣，而五比之，即有剥之危。以此见小人之妄说者固可深恶，而君子之处说尤不可不慎。故孔子曰：“君子难说。”说之不以其道，不说也。要之，则“正”之一言尽之矣。和者，正之和；孚者，正之孚；介者，正之介。故君子不但人之说不以正者不说于己，而己之说不以正者亦不说于人也。

“《涣》，‘亨’。刚来而不穷，柔得位乎外而上同。”盖《涣》自《渐》来，九来居二而得中，是所据得地，可凭藉为安，不至困穷也；六往居三，得九之位，上同于四，是所遭得人，可倚重为用，不至寡助也。《涣》道有二：因其涣而萃之，则涣者聚，“‘王假有庙’，王乃在中”是也；因其涣而济之，则涣者散，“‘利涉大川’，乘木有功”是也。祭祀非正，则为妄祷徼福；涉川非正，则为行险侥幸，是以利在贞也。

享帝立庙，即涣之难合者以见之也。天人殊途，享帝，则天人感通而合矣。幽明异用，立庙，则幽明感通而合矣。孔子曰："明于郊社之礼，禘尝之义，治国其如视诸掌乎。"故君子合涣之道，"本诸身，征诸庶民，考诸三王而不谬，建诸天地而不悖，质诸鬼神而无疑，百世以俟圣人而不惑者也"。

初六当《涣》之初，一柔在下，非济涣之才，然拯之于初，其力犹易，惟能顺九二以进则吉，盖二有刚中之才，坎为美脊之马，故云"用拯马，壮吉"，言顺也。九二当《涣》之时而处险中，似若有悔而与初相比，就初为奔机，可藉为安，故云"涣奔其机，悔亡"，言得愿也。六三阴柔而不中正，然高出坎险之上，身得阳位，志在济时，虽未能散天下之难，亦可以自散一己之难，以身济涣，无坎险之悔，故云"涣其躬，无悔"，言志在外也。六四居阴得正，出坎体之上，当涣散之时，上承九五，能辅佐其君，下无应与，能散小人之群党，公道大行，势合于一，其聚若丘。盖心和而平，道公而大，非寻常思虑之所能，故云"涣其群，元吉。涣有丘，匪夷所思"，言光大也。九五刚中居尊，当《涣》之时，居巽之中，下比于四，君臣同德，发号出令天下，因王言之大，知王心之一，故云"涣其汗大号。涣王居，无咎"，言正位也。上九以阳居《涣》极，去险愈远，能出乎涣，免于伤害，故云"涣其血，去，逖出，无咎"，言远害也。《涣》之时，必刚柔上下相合，然后可以成功。初以承二为援，二以藉初为安，故初吉，二无悔，此救涣者也。四上同于五，五下同于四，故四元吉，五无咎，此济涣者也。惟三与上虽相应而远不相及，故三止能涣其躬，上止能涣其血，此避涣者也。可见建大功，散大难，未有无助而能立者，故曰："多助之至,天下顺之。”

自天下之穷欲而灭理也,故圣人受之以节,节则以理制欲矣,故“《节》,亨”也;自守节之过中而失正也,故圣人受之以中,中则不偏不倚矣,故“苦节,不可贞”也,圣人《彖》之曰《节》卦。三阴三阳,刚柔中半,刚分而节之以柔,柔分而节之以刚,是节而得中也;九二阳刚居下之中,九五阳刚居上之中,妙时出之体,合时措之宜,是亦节而得中者也,故“《节》‘亨’”者,以“刚柔分而得中”也。节至于苦,则一于刚而不接以柔,一于柔而不接以刚,不能以时出,不能以时措,故“苦节不可贞”者,以“道穷”也。盖《节》之为卦,下兑为说,上坎为险,说则易流,遇险则止,是“说以行险”,《节》之义也;九五居一卦之尊,“制度数”以节天下之用,“议德行”以节天下之行,是“当位以节”,《节》之权也;度数制则民志一,德行议则民风淳,是“中正以通”,《节》之效也。可见节之致亨,苦节之不可贞也。“天地节,而四时成”,天地之节,亨而可贞矣;“节以制度,不伤财,不害民”,圣人之节,亨而可贞矣,故节者,天地、圣人之自然而然而不得不然者也。何苦之有?何穷之有?

“泽上有水”,水有所限而止也。“君子以制数度,议德行”,数度制则多寡隆杀各限以义,德行议则三纲五常各止其分。制数度,非徒善不足为政者矣;议德行,非徒法不能自行者矣。君子以之自节,以之节人,率是道也。

《节》之六爻,合时则善,不合时则不善。初与二比,“初九:不出户庭”,合时者也;“九二:不出门庭”,不合时者也。得正则善,不得正则不善。三与四比,“六三:不节若，则嗟若”，不正者也；“六四：安节”，得正者也。居中则善，不居中则不善。五与上比，“九五：甘节，吉，往有尚”，居中者也；“上六：苦节”，不居中者也。初九居《节》之初，时未可行，有刚正之德，见几明而守道，固不枉己以辱身，是以无咎。九二时当可行而失刚不正，以隐为高，将至于洁身乱伦，是以凶。六三阴柔不中正，处说之极，不中则侈，说极则悲，是以嗟。六四柔顺得正，自然有节，无所勉强，是以亨。九五当位以节，中正以通，节以天下，非若他爻之节以一身，皇极之彝训，王道之范围，天下甘之，故吉。上六以节终居险极，谓之苦节，必知悔而后凶可亡，是以穷。初，其颜子之闭户乎。二，其泄柳之闭门乎。三，其石崇之斗富乎。四，其杨绾之清德乎。五，其大禹之卑宫乎。六，其伯夷之饥死乎。出与入反，安与勉反，甘与苦反，抑《节》之义又有进于是焉。“喜怒哀乐之未发谓之中，发而皆中节谓之和。”诚能得喜怒哀乐未发之体，则中矣。中也者，和也，中节也，天下之达道也，以之位育可矣，是圣人之节与天地同矣。此固《中庸》所以明中节之大者欤！

《中孚》之卦，在二体则中实，在全体则中虚。朱子曰：“一念之间，中无私主便谓之虚，事皆不妄便谓之实，不是两件事。”盖内欲不萌则不虚其所实，故虚；外诱不入则不实其所虚，故实。《彖》谓“柔在内”，指中虚也；《彖》谓“刚得中”，指中实也。虚则明，实则诚，明则诚矣，诚则明矣。诚明立则性尽，性尽则化孚，化孚则上巽下说，惠德惠心。《彖》谓“说而巽，孚乃化邦”，指孚之感人也。岂惟感人，且将感物。《彖》谓“‘豚鱼吉’，信及豚鱼”。盖天下无性外之物，豚鱼无知，中孚可感，则有知者又可知也。岂惟物为所感，且将物莫之害。《彖》谓"'利涉大川'，乘木舟虚"[①]。盖天下无性外之事，大川险难，中孚可涉，则平夷者又可知也。《中孚》之道利于正，正者，天之道也，故中孚即天道也。《彖》谓"中孚以'利贞'，乃应乎天"，指尽性也。惟天自然，故其虚也，非可以无心得；其实也，非可以有心求。此天理之至者，无一毫人欲之私，则自中自孚也。

泽中有风，风动而万物鼓舞之矣，君子体之，"以议狱缓死"。盖中孚以感天下，举一可以毕万，而中孚之感[②]莫大于好生不杀。舜之钦恤，舜之中孚也；有虞之民协中刑措，天下之中孚也。

孚信之道，贵审度于初。"初九：虞吉，有他不燕。"缘初上应六四，四居阴得正，可信者也。初度其可信而信之，则吉；若二三其德而有他，则不得其所安也。孚信之道，贵同志相应。"九二：鸣鹤在阴，其子和之。我有好爵，吾与尔靡之。"缘二与五俱以中孚之实相应，无有隔塞。"鸣鹤""子和"，二、五之交孚也；"好爵""与靡"，二、五之所以交孚也。孚信之道，贵持守其常。"六三：得敌，或鼓或罢，或泣或歌。"缘三阴柔不中，则躁性无常；又居说极，与上九信之穷者为应，则不能自主无节而改其常也。孚信之道，贵绝去私党。"六四：月几望，马匹亡，无咎。"缘六四居阴得正，位近于君。"月几望"，权张势集也；"马匹亡"，则善居权势，能坏植而散群也。孚信之道，贵至诚感通。"九

---

①乘木舟虚，原作"乘木虚舟"，倒，据《中孚》卦《彖辞》乙正。

②感，原字漫漶，据宣统本补。

五：有孚挛如，无咎。”缘九五刚健中正，至诚所感，固结拘挛，天命人心不能离也。孚信之道，贵审时度势。“上九：翰音登于天，贞凶。”缘上九居信之极，务执其信，不知其变，如鸡而欲升天，虽贞亦凶也。诸爻皆不言孚，惟九五言之。五，孚之主也，合九二以相应，包二阴以相亲。中孚如此，固结而不可解矣。

《彖》曰：“《小过》，小者过而亨也。”盖小者，阴之谓也，四阴二阳，阴多于阳。小者，过也。以义而言，阴固不可过阳；以势而言，既过于阳，亦可以亨也。《彖》曰：“过以‘利贞’，与时行也。”盖惟其义不可过而势不得不过，故戒以贞。贞者，义也，以义用势也。《小过》之时，以过小而不甚过为正，若过大而甚过，则失其正而悖乎时也。非时小有过，谓时当小过也，是《小过》之时也。《彖》曰：“柔得中，是以‘小事吉’也。”盖二、五之柔居得其中，柔虽不可有为而得中，犹可以小事也，是小则贞也。《彖》曰：“刚失位而不中，是以‘不可大事’也。”盖三、四之刚居失其位而不中，刚虽可以有为，以失位不中，不可大事也，是大则不贞也。《彖》曰：“有‘飞鸟’之象焉，‘飞鸟遗之音，不宜上，宜下，大吉’，上逆而下顺也。”盖卦内实外虚，象于飞鸟。飞鸟遗音，则下而不上。以理言之，上则过于大，或至已甚，逆也；下则过于小，不为已甚，顺也。是下而顺则贞，上而逆则不贞也。时当小、当下、当顺，所谓“与时偕行”者也。

“行过恭，丧过哀，用过俭”，小事过也，过于小也。孔子曰：“人之过也，各于其党，观过，斯知仁矣。”故观恭、哀、节俭之过，可以知行、丧、用度之仁。

“初六：飞鸟以凶。”六以阴柔则性躁，应四则志上行，又居过时，急于上进，不量可否，如飞鸟之上而不下，凶之道也。“六二：过其祖，遇其妣。不及其君，遇其臣，无咎。”六二有柔顺中正之德，进则过三、四而遇六五，是过阳而反遇阴，为过祖遇妣之象。所遇者阴，则能损威强而尽谦顺，过而不过者也；不进则不及六五，是不及其君遇其臣之象，适遇其臣，则无凌逼而安职守，亦过而不过者也。过得其宜，虽过不过，无咎之道也。“九三：弗过防之，从或戕之，凶。”九三以刚居正，为众阴所欲害正，当过防之，乃自恃其刚，不过为之防；阴多于阳，阴过之时，必害于阳；己无自全之道，人有得乘之机，从而戕之，凶之道也。“九四：无咎。弗过遇之，往厉必戒，勿用永[1]贞。”九四当过之时，上有二阴，以刚居柔，已位不当，不过于进，二阴在上，有遇之之势，上往则危厉，必当致其戒谨；以阳性本上，故又戒其勿用于贞吉。不必永久贞固以自守，但戒谨则可免危厉，无咎之道也。“六五：密云不雨，自我西郊。公弋取彼在穴。”六五阴柔则无为，居尊则过高，不能有为，如密云不雨之象；下弋六二，两阴相得，既无布德之资，又无贤才之助，弗济之道也。“上六：弗遇过之，飞鸟离之，凶，是谓灾眚。”上六以阴柔居动体之上，不遇乎阳，过极于阴，务为过高，不自抑损，不求合宜，一于过者也，如飞鸟离去迅速，过违常理，灾之道也。卦四阴如鸟翼之虚，二阳如鸟腹之实。初、上两爻，即以飞

①永，原作“利”，误，据《小过》卦《爻辞》“九四”改。

鸟明之，阴柔不中，过之过者也，故皆凶。二、五两爻中矣，二无咎而五无无咎之词，二柔得位，五柔不得位也。三之防，防下二阴也，三在二阴之上，阴不得不防，故有从戕之戒。四之遇，遇上二阴也，四在二阴之下，阴不可相遇，故有往厉之戒。审乎此，而过与不过之义得矣。

何以谓“《既济》‘亨’，小者亨也”？盖当《既济》之时，大者之亨已过，惟小者得亨也。以济本大亨，济而既，所以小亨也。何以谓“‘利贞’，刚柔正而位当也”？盖九为刚，《既济》之初、三、五皆刚，得其正而当刚之位；六为柔，《既济》之二、四、六皆柔，得其正而当柔之位，有“利贞”之义也。何以谓“‘初吉’，柔得中”也？盖六二以柔得下卦之中，柔中之人当方济之初，持乎中道，尚乎中行，所以吉也。五亦中而不言吉[①]者，二方济，五既济也。何以谓“‘终’止则‘乱’，其道穷”也？盖济极则反，上六柔怠自画，非克终既济之才，处无事之日，有自止之心，盛而必衰，人事天运，莫不相因，非终之乱，终而止则乱也。

“水火，《既济》。君子思患而豫防之。”既济无患，而患每生于既济，思而防之，可以保“初吉”，无“终乱”矣。远之天下国家，近之一身，事莫不皆然也。

初九虽当既济之时，犹在既济之初，志意未隳，纪纲克振，心常虑患，事不轻为，如车之曳轮而不前，狐之濡尾而不济，谨畏如此，无咎之道也。六二文明中正，上应九五，宜得行其志，而五时当既济，治功已成，不思下贤，二之志

①吉，原作“及”，误，据宣统本改。

不能以自行，如妇之丧其车茀。但丧则惟失其在外者，逐则自失其在我者。中正之道，不容终废，数极必变，时过则行，故教以“勿逐”，言勿汲汲以求五也。教以“七日得”，言当守静以俟时也。九三以刚居刚，用刚之至。既济而用刚，是犹高宗既兴商道，复伐鬼方，必至于三年而后克之，见不可轻动也。又教以勿用小人，恐其躁动以生乱也。六四出离入坎，济道将革之时，罅漏必生，四以柔居柔，敬慎之至，若坐敝舟，舟有濡漏而水骤至，塞以衣袽，终日戒备，不敢自宁，欲以免祸也。九五与二均既济之时，五为时之过，二为始得时者，故东邻之杀牛过盛，不如西邻之禴祭实受其福。五阳，为东；二阴，为西也。上六当极济之时，居极险之地，抱阴柔之资，不能保其济而溺于险，如狐之涉水而濡其首，不能久长，厉之道也。下三爻当济时而济已成，故初则勉其戒谨，二则戒其勿逐，三则戒以勿用小人，愿其敬慎不败，常如未济之时也。上三爻当济时而济将变，故四则示以衣袽，五则示以禴祭，六则示以濡首，欲其通变不穷，不至化而为未济之时也。圣人之旨深矣！是以圣人论天运必本人事，常人略人事但论天运。

天运人事之盛衰代谢无有终穷，而圣人之所以变通化裁亦无有终穷。《乾》《坤》之后，盛衰代谢，变通化裁，不知其几矣！幸而至于《既济》，济未几而《未济》即继之，此固《易》之道也，此固圣人之所以用《易》也。处《既济》者贵有克终之心，处《未济》者贵有克终之才。惟心不克终，故既济为未济；惟才可克终，故未济终必济。“《未济》亨”者，非未济之亨也，以未济可济，故亨也。既亨矣，又言“小狐汔济，濡其尾，无攸利”，何也？盖不出险则不能济，不续终则不能济，不刚柔相应则不能济。《彖》以“柔得中”释《未济》之亨，见《未济》之可亨者，六五之柔中也；以“未出中”释小狐之汔济，见事之未济者，以尚在险中未出险外也；以“不续终”释“濡其尾”，见二之未能出险者，以初柔力微而不能续其后也；而又言“虽不当位，刚柔相应”者，见初、三、五阳位而以阴居之，二、四、六阴位而以阳居之，位虽不当，刚有柔以为之应，柔有刚以为之应，此《未济》之亨，未济之所以终济也。

水火异用，故君子慎“辨物”；水火各居其所，故君子慎“居方”。君臣、父子、夫妇、兄弟、朋友之物，慎而辨之，由是而君仁臣忠，父慈子孝，夫倡妇随，兄友弟恭，朋友以信之，方慎而居之，是谓“明物察伦”，天下之未济者莫不济矣。

欲济天下之事者，必有才、有势、有时，乃可以遂。初六阴柔则无才，居下则无势，当未济之初则无时，掣肘咨趄，是狐之涉水而濡其尾，可羞吝也。欲济天下之事者，必以刚居中，上有正应，乃可获吉。九二中以行正，上应六五之柔顺，能尽恭顺之道，自止不进，得下之正，不敢逞势以逼上，是曳其车轮，所以贞吉也。欲济天下之事者，无其才，无其德，则不可遂。六三阴柔不中正，才德俱劣，居未济之时，不足以济，而以其柔乘九二之刚，居坎体之上，故利涉水，是“未济，征凶，利涉大川”也。济天下者有才、有时、有势矣，然后欲济之志行。九四怀刚正之资则才立，奋震动之威则才果，居近君之地则时势兼，是以“贞吉，悔亡，震用伐鬼方，三年，有赏于大国”，其志行也。济天下者，有文明之德则吉，居中应刚，虚心以求下之助则吉。六五“贞吉，无悔”者，以有“君子之光”，是文明之德也；下求九二刚中之助，是“有孚”也，皆贞吉之道也。济天下者，知命识时，贵自信自养。上九以刚明，则有能济之才，居未济之极，又值将济之时，惟当饮食宴乐以待天命之自至。若幸其时之将济而放纵自恣，则是过于自信，自失其是，所以曰“有孚于饮酒，无咎，濡其首，有孚失是”也。诸爻之义，内卦皆未济之事，曰“濡尾”，曰“曳轮”，曰“征凶”，欲人之谨于求济也；外卦皆已济之事，曰“志行”，曰“有孚”，曰“饮酒”，欲人之谨于处济也。

淮海易谈　卷四

如皋孙应鳌

程子谓："圣人用意深处，全在《系辞[①]》，《诗》《书》乃格言。"愚谓道不可以精粗分。《诗》《书》之理，即《易》之理，特《诗》专主于性情，《书》专主于政事，以至《礼》《乐》《春秋》，或专主和，或专主序，或专主道名分，而《易》则会其全耳。周子谓："《易》何止五经之源，其天地鬼神之奥乎！"道，合天人者也。天地鬼神之奥，便是五经之源。故《中庸》曰："君子之道，本诸身，征诸庶民，考诸三王而不谬，建诸天地而不悖[②]，质诸鬼神而无疑，百世以俟圣人而不惑。"《易》不作，则天地鬼神之道不著；《系辞》不作，则《易》之道不著。

《系辞》首章"天尊地卑"以下，其《易》之定体乎；"刚柔相摩"以下，其《易》之运用乎，皆自然也。定体自然，便是以不动为运用，即先天也；运用自然，便是以运用为不动，即后天也。先天、后天，一也。自然者，易简之谓也。天地所以为天地，人所以为人，其理易简而已。贤之可久

---

①辞，原作"词"，《易经》皆用"辞"。下同。

②"考诸三王而不谬，建诸天地而不悖"，原作"建诸天地而不悖，考诸三王而不谬"，倒，据《中庸》二十九章乙正。

可大，是得此易简，即可作圣人也。圣人之成位乎中，是得此易简，即可参天地也。所以《中庸》提出“率性”二字，惟率性则易简。

“乾知太始”，所以统元气也；“坤作成物”，所以统元形也。“乾以易知”，可见统元气者未尝劳也；“坤以简能”，可见统元形者未尝劳也。故天地之一而神，两而化，皆自然而然者也，是易简也。今人谈及穷神知化，便以为高深微眇，不知此易简之理无时不流通，无处不贯彻，所以《中庸》论道之大极于天地，圣人所不能尽，而指其昭著不息之体，则不外于“飞跃上下”之间，惟因之以支离，重之以模仿，而深造自得之旨远矣。一部《易经》，皆“飞跃上下”之间，昭著不息之体也。日用一切处，此心易简之理，不着丝毫意见，凡饮食起居，声声色色，有还有，无还无，即当时当处受用地也。如此，则古今、消息、聚散、生死、千圣万贤，皆可以自得于己。通融宇宙，超混六合，有何隔碍？日用之间，性此安此，更有何事？

“易简理得，而成位乎中。”中者，天地之位也。易简者，天地之所以中也。人人皆位天地之中，但成位乎中者寡，惟圣人为能成位，所以《系辞》或言“圣人以见天地”，或言“天地以见圣人”，无非以明此中也。明此中者，明《易》也。《易》者，心也。

“圣人设卦观象系辞焉，以明吉凶”，此文王、周公作《易》之意也。“刚柔相推而生变化”，此文王、周公作《易》之本也。“吉凶者，失得之象；悔吝者，忧虞之象；变化者，进退之象；刚柔者，昼夜之象；六爻之动，三极之道”，此

《易》中卦爻所具之实也。“君子所居而安者，《易》之序；所乐而玩者，爻之词；居则观象而玩词，动则观变而玩占，是以自天佑之，吉无不利”，则君子学《易》之事也。居而安，乐而玩，君子之于《易》，躬行心得而已。躬行心得于《易》，则动与天游，静与天俱，常吉在我，故无不利。故子思曰：“君子无入而不自得。”自得者，常安也，常乐也。常安常乐者，常吉也，故周子曰：“君子修之吉。”他人非不居，但不得《易》之序，是以不安；非不玩，但不得《易》之辞，是以不乐。心之象便是《易》之序，心之变便是《易》之辞。

彖者，言象卦之全体也。爻者，言变卦之一节也。吉凶言得失，悔吝言小疵，无咎言补过，明卦爻之辞之所指也。“列贵贱者存乎位”，爻之言变见矣。“齐小大者存乎卦”，彖之言象见矣。“辨吉凶者存乎辞”，言得失者见矣。“忧悔吝者存乎介”，言小疵者见矣。“震无咎者存乎悔”，言善补过者见矣。“卦有小大”，又以见象之与变也。“辞也者，各指其所之”，又以见得失之与小疵之与补过也。《易》之道，在当人之身，学《易》者，在以其人之道自治其人之身。君子之居而动也，尽善之谓得，尽不善之谓失，小不善之谓疵，不明乎善而误入于不善之谓过。尽善而得则吉，尽不善而失则凶，觉其小不善欲改而不及则有悔，不觉其小不善犹可以改，或不及改，或不肯改，则为吝。当悔吝之萌，不以小疵自恕以求补过，则为无咎，言积疵则为失，积过则为疵，积失则为凶，积补过则为无咎，积无咎则为得，积得则为吉。此其一念之微，而其著甚远。君子之所以贵慎独与！孟子曰：“欲知舜与跖之分，无他，利与善[1]之间也。”孟子之所谓“间”，即大《易》此章之所谓“介”，参天地在此，尽人物在此，沦夷狄在此，入禽兽在此，可危也哉！可惧也哉！所以学《易》之道，全在“忧悔吝者存乎介”一句，君子有终身之忧，其此悔吝之介乎？

“《易》与天地准，故能弥纶天地之道。”《易》之未作，天地即《易》，故言准。准者，度也，则也。《易》之既作，《易》即天地，故言弥纶。弥纶者，该也，理也。“仰观天文，俯察地理，是故知幽明之故”，见圣人观天地阴阳显晦之理而得天地幽明之事也。“原始反终，故知死生之说”，见圣人观天地阴阳消息之理而得人物死生之解也。“精气为物，游魂为变，是故知鬼神之情状”，见圣人观天地阴阳聚散之理而得鬼神造化之用也。曰幽明，曰死生，曰鬼神，尽于天地之文理；天地之文理，尽于圣人之《易》；可见《易》之道即天地之道也。《易》道即天地之道，则与天地相似而不违矣。不违乎天地，则《易》之用即天地之用，天地之用即圣人之用。故万物众矣，以《易》之知而周之；天下大矣，以《易》之道而济之，而何有于过？庶事夥矣，得《易》而旁行之，而何有于流？天命隐矣，得《易》而乐之知之，而何有于忧？以《易》而裕吾身所处之地，安土敦仁而能爱；以《易》而立天地自然之化，范围而不过；以《易》而通万物自然之情，曲成而不遗；以《易》而达阴阳自然之运，通昼夜之道，而知众，而万物广，而天下杂，而庶事隐，而天

①利与善，原作“善与利”，倒，据《孟子·尽心上》乙正。

命近，而吾身远，而天地运，而昼夜易，无不有以弥纶之。可见《易》之神所以无方，而《易》之用所以无体也。无方，则凡有方者皆囿于《易》之神；无体，则凡有体者皆囿于《易》之用。无在而无不在，无为而无不为，此所以"《易》与天地准"也。《易》者，心也。

文公以"仰观俯察"一节为穷理，"天地相似"一节为尽性，"范围天地"一节为"至命"，固是。但明道说得最精："理、性、命，一物也。才穷理，便尽性，便至命。"以《易》之散见于天地万物而条理者，谓之理；以《易》之通贯于天地万物而生生者，谓之性；以《易》之禀赋于天地万物而成就者，谓之命。非理外有性，性外有命也；非先理后性，先性后命也，道一而已。故此章总是穷理，总是尽性，总是至命，分属不得。

圣人所以为圣人，不过"与天地相似，不违"而已。曰不过、不流、不忧、能爱、不遗、能通，皆不违也。少有过，少有流，少有忧，少不能爱，少有遗，少不能通，便不相似，便违矣。然天地大矣，何以能相似？盖天地，《易》而已矣。圣人得《易》，故与天地相似。得《易》者，得心也。

知幽明，知死生，知鬼神，知万物，知命，知昼夜，如此乎言知之详也。总之，只是知《易》耳。幽明即死生，死生即鬼神，鬼神即万物，万物即命，命即昼夜。曰故，曰说，曰情状，曰道，曰化，皆《易》也。此知放而弥六合，卷而藏于密，吾心不虑而知之，知是也。若一入于虑，便不神，便不易，便不能放、不能卷，便入闻见，便落见解，非德性本然之知矣。德性本然之知，乃同于天地万物而能主乎天地万物者。故《大学》之道在致知，致知在格物。合天地万物而为一体，是为格物，妙天地万物一体之道而通于知，是为致知。致知则得《易》，《易》者，心也。故曰："神无方而《易》无体。"心之不测便是神，心之生生便是《易》，非致知其何以哉？故知致则理穷，则性尽，则命至。

"安土敦乎仁，故能爱。"圣人以安土言仁，至矣哉。安土[①]者，随寓而安，心无系累。如是方能敦仁，方能爱。爱者，天地生物之心，所谓仁也。若不能安土，必择自安之地，则惟知有己，不知有人，何以能爱？故尧、舜之得位，孔、颜之不遇，其敦仁一也，能爱一也。

心无一毫系累，谓之乐。乐者，心体也。常人多忧，只因不能乐天。不能乐天，只因不能知命。观幽明、死生、鬼神、昼夜，其屈伸代谢于天地万物之中，自然而然，何莫非命？知命，则一身之生死得丧与天地万物而同其屈伸代谢，变者不容不变，常者不容不常，何忧之有？故《论语》之终曰："不知命，无以为君子。"学至知命而成矣，难已哉！

"一阴一阳之谓道。"一阴一阳即道也。朱子曰："阴阳迭运，气也，其理则谓之道。"不善观者遂谓气不是理，遂谓气外有理，分理气为二，如南宋以后议论之纷纷，而去《易》远矣。《易》凡言性、言命、言道、言诚、言太极、言仁，皆指气之的体而言。宇宙浑是一元气，元气自於穆，自无妄，自中正纯粹精，自生生不息，谓之性，谓之命，谓之道，谓之诚，谓之太极，总是这一个神理，只就自心体之，便

①土，原作"二"，误，据上下文改。

见矣。

“继之者善”，天命之本然乎。“成之者性”，人之得于天命之自然乎。子思妙悟《易》旨而直曰“天命之谓性”，孟子妙悟子思之旨而直曰“性善”。观天命谓性，观性善，而继善成性之旨明矣。阴阳运行，为天命之继续而不已者，本自至善，是乃人之得以自成而为性者也。使继之不善，则性之成可以言不善矣。

天命继续之至善，阴阳合德而性成，至中至正，不偏不倚，此即君子之道之全体也。不能见此全体，未免失其中正，落于偏倚，故“仁者见之谓之仁，知者见之谓之智”。“百姓日用而不知，君子之道鲜矣。”万物各具是性而气禀不同，不知其性者为百姓，知之而入于意见者为仁知之偏，何也？以皆落于成性之后而未睹乎继善之初也。故子思“天命谓性”之论，孟子“性善”之论，是即成性之体而示人以继善之真，可谓大有功于圣门矣。

孔子论“性相近”，其指此“继善成性”之本然者以示人与。不言善，不言恶，但言“相近”，盖宇宙之内循环继续而不息，浑然太和元气，天命流行，物与无妄，中间虽有刚柔善恶中偏之不同，而天命之本然，太和之混辟，无不同也，所谓“相近”也。迷其同而入于异，则为“习相远”，为上智下愚不移；反其异而归其同，则为天命之性，为性善。若真知“相近”之本体，则功夫始与天命合一，始能得性之至善，故孔子“相近”之言，为论性之大全也。后儒不得其说，至谓孔子论性是“气质之性”，孟子论性是“本然之性”，是天下有二性，则去《易》之旨远矣。

天地以一阴一阳化生万物，所谓“仁”也；以可见，故言

"显";万物之化生皆妙于阴阳互宅之中,所谓"用"也;以不可见,故言"藏",此天地之"盛德大业"也。圣人之德业与天地同者,天地此仁此用,圣人亦此仁此用也。然而有不能同者,天地无忧,圣人有忧也。万物并育,天地之"富有";万物皆备,圣人之"富有"。变化不穷,天地之"日新";长裕无方,圣人之"日新"。故虽天地无忧,圣人有忧,而其仁其用之同则一而已。一者何也?《易》也。"生生"不息,是以谓之《易》也。《易》具于天地,散于万物,体于圣人。自其"生生"之"成象",谓之"乾";自其"生生"之"效法",谓之"坤";极乾坤之数以"知来",谓之"占";通乾坤之变以裁物,谓之"事",皆《易》之阴阳可得而测者也。惟阴阳之妙而不可测者,则谓《易》之"神",非他也,即所谓"生生"也。惟生生,故《易》,故"神"。生生者不外于阴阳,不逐于阴阳,不倚于阴阳,不杂于阴阳,是以能"生生"也。此天地之心,即人之心也。邵子曰:"一动一静之间,天地人之至妙者与!"得《易》者,得此"一动一静"之间而已。

世儒说了"体",又说"用",分而为二,惟《易》合言之曰"显仁藏用"。仁言"显",即"用"是体;用言"藏",即体是"用";未有"有体无用""有用无体"者。是意也,惟孟子知之,故曰:"所过者化,所存者神。"存即过之所存者耳,过即存之所过者耳,非二也。明道曰:"体用一原,显微无间。"惟不可"间",故见其为"一原";惟"一原",故不可"间"。明道之学至矣!

《易》之广大,于"远不御,迩静正,天地之间无所不备”见之，而其所以广大者，则出于《乾》《坤》二卦。专与翕，所谓静正也；直与辟，所谓不御也；天地之间无所不备，即大生、广生也。惟专而后直，惟翕而后辟，天地虽广大，其至德则甚易简矣。人心之静正，如乾之专，如坤之翕，则易简之善是亦天地而已。寂然不动，则自专，则自翕，是所谓静正也。

《易》道之至，“圣人所以崇德广业”，其崇德广业，惟“知崇礼卑”而已。知崇是心体高明，礼卑是应用中庸；知崇是“理一”处透彻，礼卑是“分殊”处停当，总是一个体段功用而两言之者，见圣人彻上彻下，合内外之道，与天地相似而不违也。“天地设位，《易》行乎中。”崇者天，卑者地，圣人之知礼，因之而已。知礼，性也，知崇礼卑，“成性存存”也。自知礼之通于人者为道，自知礼之措于用者为义，有天地之位而后《易》行，有知礼之门而后道义出，学《易》者欲得其门，舍知礼合一之旨何以哉！悟得知崇礼卑之旨，“尊德性，道问学”，无馀事矣！

至赜则可恶，圣人见天下之至赜而象立，故不可恶；至动则可乱，圣人见天下之至动而爻立，故不可乱。见者何？见《易》也，见《易》者，见心也。圣人以所见而立象立爻矣，学《易》者拟其所立之象以出言，则言之浅深详略必当其理；拟其所合之爻以制动，则动之久速仕止各当其时，而《易》之变化在于吾身矣。下文引“鸣鹤”言处隐之诚，引“号笑”言同心之一，引“白茅”以言贵慎，引“有终”以言尚谦，引“亢龙”以言恶亢，引“户庭”以言慎密，引“负乘”以言戒盗，引伸触类，而拟议成变化之妙，皆可自得于吾心矣。此便是圣人教人以见《易》之准也。

“观其会通”，朱子以《庄子》庖丁之言解之最妙。天下之赜，天下之动，皆有会焉，皆有通焉。得其所会所通，则因物付物，为而不宰，《易》体《易》用，一以贯之，所以邵子谓庖丁、吕梁皆至理之言也。

“天一地二”以下，天地之数也；“大衍五十”以下，筮策之数也；“四营成《易》”以下，八卦之数也。数本于天地，著于大衍，成于八卦，八卦列而《易》行矣。《易》行，则至微者彰，故显道；至著者妙，故神德行。是故明可酬酢，幽可佑神，《易》之谓也。天地、蓍策、八卦之数，自然而然，乃变化之道也。变化之道，神之所为也，知变化之道，则知神之所为。无思无为之妙用，不疾不速之至理，皆不外于《易》而得之矣。得《易》者，得心也。知者，心之本体，得此知，则得《易》。

孔子“五十以学《易》”，是以五十之理数学《易》，非五十之年始学《易》也。数始于一，备于五，小衍之为十，大衍之为五十，参天两地而为五，十者两其五，五十者十其五。又《河图》中之所居者惟五与十。得此五十之精微，便是知变化之道，便知神之所为，便可合幽明，一事理。

指其所之者，《易》之辞，以言者尚之，则言无不当；化而裁之者，《易》之变，以动者尚之，则动无不时；象其物宜者，《易》之象，制器者尚之，则可尽创物之智；知来者，《易》之占，卜筮者尚之，则可穷先知之神。四者皆变化之道，神之所为也。观变玩占，可以见其精之至；玩辞观象，可以见其变之至；至精至变之妙，寂然感通，可以见其神之至。此变化之道，所以为神之所为也。所以极深者，以其精也；所以研几者，以其变也。极深研几，所以不疾而速，不行而至者，以其神也。故《易》有圣人之道者，谓心也。

寂感，人心也。寂感之间，圣人所谓一贯也。虽寂，而天下之故未尝不感；虽感，而本然之真未尝不寂，故寂感非二，是以两句说话明此心之本体也。周子曰："动而无静，静而无动，物也；动而无动，静而无静，神也。物则不通，神妙万物。"吾心之妙万物，以寂然不动，感而遂通耳。《中庸》论"不睹不闻，莫见莫显"之几，而归其功于慎独。《孟子》论"有事勿正"之道，而约其要于"勿助勿忘"。勿助勿忘，便是慎独，慎独则寂感自一。发明心学，至此无馀蕴矣。寂感一，则如洪钟含声，明镜蓄照，不将迎于物，物至应之，应己不留，本体不动，拟议无所及，思虑无所用，至矣哉！周子谓寂为诚，感为神，动而未形、有无之间为几，非寂感之外又有几也，恐人分寂感为二①，指寂感合一之间以示人曰几。颜子之"庶几"者，庶此"几"耳。故学要于"知几"，慎独即是"知几"。

"圣人以此洗心，退藏于密。""圣人以此斋戒，神明其德。"所谓此者，何所指耶？悟得及，则洗心便是斋戒，退藏便是神明。密者，神明之宅也。谓之密，则天地鬼神之奥，性命道德之微，都在这里包裹，无一毫渗漏，舍寂感之间，更无所指矣。故寂感之间即是《易》。

①自"寂感为二"至"皆因天地四时日月"，据宣统本补。

“阖户谓坤,辟户谓乾。”户一也,阖辟虽异,而枢未尝移;心一也,动静虽殊,而体未尝动。得阖辟之枢,则乾坤之变通、形象、制用、出入,一以贯之;得动静之体,则人心之变通、形象、制用、出入,一以贯之。寂感之间,所谓枢体也。

“《易》有太极。”太极非在仪象卦爻之外,非在仪象卦爻之先。论实理为太极生阴阳,论实体为阴阳涵太极。《易》者,生生之谓也。生生之不假丝毫智力于本然之中,有自然之妙,不离不杂,是太极也。邵子曰:“心为太极。”至矣!人心、生生,便是全体太极。

言天地、四时、日月,而归于圣人,又归于龟蓍,可见圣人不生,《易》道不立,故曰:“天不生仲尼,万古如长夜。”圣人之则象效法,以之示告断决,皆因天地、四时、日月之自然者耳。故惟圣人全体太极,以其因天地、四时、日月之自然也。圣人能全体太极,不过得此阖辟之枢,能洗心斋戒而已。

前言“天地设位,《易》行乎中”,后言“乾坤成列,《易》立乎中”,知所以立,知所以行,《易》其庶几矣。乾坤之《易》,不外乎专直翕辟;人心之《易》,不外乎寂然感通,一也。

形上谓道,形下谓器。以道器而总之曰形,见道器总是这一个物事也。不言有无,但言上下,正为这一个物事不可离也。后世以理气分言之,以形色、性命分言之,去圣人之论《易》远矣。孟子曰:“形色,天性也,惟圣人然后能践形。”此乃真得《易》旨者也。形即道,不必曰形形;色即道,不必曰色色。费而万有,隐而无臭,皆吾心也,一也。故饮食男女者,性之质;声色臭味者,性之情;喜怒哀乐者,性之变;耳目形体者,性之则;虚明灵觉者,性之体;仁义礼智者,性之德。性者,气之精英;气者,性之运行。知至者,知此而至之;知终者,知此而终之也。故践形就是尽性,化裁之变,推行之道,举措之事业,无非所以践形,而上下一以贯之矣。

"默而成之,不言而信,存乎德行。""默成"二字,圣人示人以学问之极则与。《易》之默成,即《论语》之默识也。无思无为,寂然感通,至中至正,停停当当,不偏内,不偏外,无所住,无所往,与天地万物合为一体,是谓默识。天下之至信也,信道者,信此而已。"苟不至德,至道不凝。"故曰"存乎德行"。《大学》以"知止"言默,《中庸》以"戒惧不睹不闻"言默,《孟子》以"勿忘勿助"言默,周子以"无欲主静"言默,明道以"无丝毫人力"言默,所谓"亥子之间,刻刻存也",无时无处不是此体,但人信不及耳。信得此"默",神明在我,《易》无馀蕴。

一部《易经》,无一卦不教人以贞。孔子曰:"吉凶之道,贞胜者也。"何也?盖因象而爻生,因爻而变生,因变而动生,因动而悔吝吉凶生,莫不以刚柔立变通之本,以变通趣刚柔之时,所以吉凶相寻而不已矣。然圣人之处吉凶者,不过一贞。贞者,正也。惟天下之一正,而后能胜天下之万变,非吾求胜于吉凶也,以吉凶不能胜吾之正也。故尧、舜之富贵,未尝以乐而移天下之忧,以正胜吉也。孔、颜之贫贱,未尝以忧而易一身之乐,以正胜凶也。何也?正也者,天地得之以观,日月得之以明者也。故"天下之动，正夫一”。“贞夫一”，则常胜之道在我矣。吉凶之动虽万变，其何伤？是正也，即天地之生生也。惟正则自易简，乾坤之确然、隤然示人爻之效，象之像，吉凶功业之变，圣人之辞，皆明此易简也。惟正则自生生，天地之大德，圣人之守位、聚人、理财、禁非，皆运此生生也。学《易》者达“贞胜”之道，而天地圣人之心一矣。

备物致用，立成器以为天下利，莫大乎圣人。观十三卦之“器”与“象”，馀卦可知矣。观包牺、神农、黄帝、尧、舜之制器尚象，馀圣人可知矣。圣人不能先天而强为，不能后天而不为，皆循其天理之自然耳。天理之自然者何也？时也，《易》也。

言伏牺、神农、黄帝、尧、舜，《易》之所以叙道统者，其旨微矣。故得《易》，然后可言道统。

“吉凶生而悔吝著。”有诸中者，斯形诸外欤？是以君子贵诚意，诚意在不自欺其真好真恶，是慎独也。悔者，其自慊之端欤？故多趋吉。吝者，其自欺之端欤？故多趋凶。吉凶非外至也，顾自修自悖何如耳！

《宋史·奸臣传》曰：“《易》曰：‘阳卦多阴，阴卦多阳。’君子虽多，小人用事，其象为阴；小人虽多，君子用事，其象为阳。”旨哉！故爻位之阴阳，皆以得位不得位为占。

孔子于《咸》九四爻辞详释之，以明心体也。心体，“应感”而已。天下之道，不过只是一个“应感”。应感之理，本出于自然，有何思虑可作？盖理本同归而事物之途殊，理本一致而事物之虑百。言同归，言一致，则顺其自然之理，万殊而一本，而吾心原非空寂；言殊途，言百虑，则顺其自然之理，一本而万殊，而吾心原非逐外。未与物接，而天下之故皆通；既与物接，而寂然之体自若，亦何思虑之有？自然之理，即天理也，即物理也。日月寒暑之往来，天理之自然也；尺蠖龙蛇之屈伸，物理之自然也。制此自然之理为义，措此自然之理为用，妙此自然之理为神，融此自然之理为化，得此自然之理为德。故"精义入神"，则足以致自然之用；"利用安身"，则足以崇自然之德；过此精义利用之学，未之或知。以至于穷神知化，则为自然之德之盛。将天地间大道理平铺直看，无物无我，广大精微，天地万物一齐穿贯，不惟不必思虑，而亦无所用其思虑矣。"憧憧往来"者，何为也哉？得此方是圣学，方是得《易》。

"精义入神"，人以为内矣，孔子却说是"致用"。"利用安身"，人以为外矣，孔子却说是"崇德"。圣人之学，合内外之道也。彼有言学当先一本而后万殊者，又有言学当先万殊而后一本者，分而为二，离《易》远矣。《中庸》曰："小德川流，大德敦化。"德一也，以其无所不该贯，名之为大；一一指其该贯之所在，名之为小。后之言道，不滞于迹，则流于空者，以二本也。

"知几，其神乎。"人人谓心为神明，即此神也。不神则物，物则不通。神妙万物心也者，妙万物而为言者也。故"知几"则"神"。"几者，动之微，吉凶之先见。"只"先见"便是"知几"。"知微知彰，知柔知刚"，先见也。先见者，心之所以为神也，故曰"颜子庶几"。若颜子有不善方知，非庶几矣。惟能先见于善不善之前,故能知不善,不复行不善,以常知也,此"心体"当下便是,故曰"不远复,无祇悔,元吉"。常人不能当下默识此体,故远于复,故悔;悔则有不善,不能知,知而复行矣,是谓"不神则物"。圣人得《易》者,无他,只得此先见之心体耳。

"天地絪缊,万物化醇。男女构精,万物化生",以致一也。乾之专,坤之翕,其致一欤?是一也,愚夫愚妇,能行能知,而圣人天地有不能尽,故道造端于夫妇,察于天地。

"安其身而后动",身之恒也;"易其心而后语",心之恒也;"定其交而后求",交之恒也。顺道则安,不险则易,道义相与则定,只是得一个天地人之常理。

"作《易》者有忧患。"《易》书既著,处忧患者可以忘,可以自得;无忧患者可以备,可以消弭。《易》何止处忧患,虽处治安富贵,无不是他,独举忧患,言忧患能处,馀可知矣,故曰:"贫而无怨,难;富而无骄,易。"

《履》《谦》《复》《恒》《损》《益》《困》《井》《巽》九卦,圣人皆以之为进德,则六十四卦皆所以进德者也。举九卦以例,凡尔"《履》以和行",故"和而至",所以为德之基;"《谦》以制礼",故"尊而光",所以为德之柄;"《复》以自知",故"小而辨于物",所以为德之本;"《恒》以一德",故"杂而不厌",所以为德之固;"《损》以远害",故"先难后易",所以为德之修;"《益》以兴利",故"长裕不设",所以为德之裕;"《困》以寡怨",故"穷而通",所以为德之辨;"《井》以辨义",故"居其所而迁",所以为德之地;"《巽》以行权",故"称而隐",所以为德之制。九德备,天下无不可也，何忧患之虑哉？可见圣人之用《易》，通是自家受用。

"《易》之为书不可远。"杨廷秀曰："《易》之于人，如鱼之于水。君臣父子、视听言动、治乱安危、取舍进退，皆《易》也。"鱼离水则死，人远《易》则凶，故曰："道不可须臾离，可离非道。"

观《易》之"变动不居，周流六虚，上下无常，惟变所适"，则世之拘执其心、物而不化者，非《易》矣[①]。观《易》之"出入以度，外内知惧，明于忧患，如临父母"，则世之莽荡其心、往而不返者，非《易》矣。故圣人之心无有间断，时时是发愤；圣人之心无有滞碍，时时是乐。

既言"不可为典要"，又言"有典常"，知其不可为典要，虽天地亦变迁之物也，况我乎？知其有典常，虽一形色肖翘之物亦无尽也，况我乎？故君子身与天地万物同尽，性与天地万物同久，是曰一体。

圣人教人学《易》，原始要终，示以求象、爻、彖辞，示以求初、上、本、末，示以求中爻是非，示以求二、四功位，示以求二、五贵贱。盖除却象、爻、彖之辞，初、上、中之位，无《易》矣。今人讲学，只空空讲一个"存天理"，而于"好古敏求""明物察伦"一切扫除，不知所谓"天理"者果何在耶？

《易》兼三才而两之，故分言则一卦即具三才，合言则六十四卦总具三才。大莫能载，小莫能破；六即三，三即

①非易矣，原作"非而矣"，误，据宣统本改。

一;天地人三者,一物也。知三者之为一物,圣人所以主静,立人极,而天地之道归矣。

知险知阻,所以为乾坤易简之全。若不知险,则易也不能恒;不知阻,则简也不能恒;易简不能恒,非健顺之至矣。孔子曰:"人皆曰予知,驱而纳诸罟获陷阱之中而莫之知避;人皆曰予知,择乎中庸而不能期月守。"说心研虑,吉凶亹亹,无所不知,方是易简之全。所以圣人成天地之能,百姓与圣人之能,知险知阻之谓也。乾坤尚有险阻,险阻尚为乾坤之所当知,况于人耶!何谓乾坤之险阻?阳为阴所陷,谓之险;阴为阳所拒,谓之阻。知之则不为所陷,不为所拒,以先见在我也。

《孟子》知言,《大易》知辞。辞之所出,有叛、有疑、有躁、有诬、有失其吉者,惟一而已。《书》曰:"德,惟一;动,罔不吉。"

"参天两地而倚数",合得一个三、一个二成五矣,衍之成十矣,是为大衍矣。以此"观变于阴阳",即参两之变也;"发挥于刚柔",即参两之发挥也。得天地参两之本,则"和顺于道德"矣;得天地参两之达道,则"理于义"矣。道也,德也;义也,即理也;性也,命也。知和顺之理[1],理斯穷,性斯尽,命斯至矣。至已哉!孔子之以五十学《易》而无过也欤?故曰:"圣人作《易》,幽赞神明。"神明者,天地参两之体,即人之心也。心体一毫不失,与天地同,是曰

①知和顺之理,原作"和顺之理之",脱一"知",衍一"之",据宣统本补、删。

“无过”。毫厘差殊,天地悬隔。

既言圣人作《易》“穷理、尽性、至命”矣,即言“圣人作《易》将以顺性命之理”。谓性命之理,则谓性理之命可也,谓命理之性亦可也,故三者一也。性命之理,即天地人之道,天之道阴与阳,地之道柔与刚,人之道仁与义。人禀阴阳之气,具刚柔之质,妙仁义之性。仁义立于我,则阴阳合德,刚柔有体,故下言“分阴分阳,迭用柔刚”,而不复言仁义,见用天地之道惟人与能也。周子曰:“圣人之道,仁义中正而已。”守贞[①]行利,廓之配天地,岂不易简?岂为难知?非仁义之外又有中正,得仁义之贞为正,合仁义之时为中。

“逆数”之注,邵、朱皆谓起震而历离、兑以至于乾,数已生之卦为“数往”,以其四三二一为数已生也;自巽而历坎、艮以至于坤,推未生之卦为“知来”,固是。但天地定南北高下之位,坎离正东西日月之方;山起于西北,泽汇于东南;风起西南,夏秋之交;雷动东北,冬春之候,此造化自然之体也。然造化之体起于一阳,三日月出庚,震象也,上弦为兑,望为乾,阳之长也,冬春以之;十八日为巽,下弦为艮,晦为坤,阴之进也,夏秋以之。阳长则阴消,消为往而长为来;阴进则阳退,进为来而退为往。往者顺遂已然者也,已然者宜遂其自化;来者逆待将然者也,将然者宜待其自生。《易》之生卦,自一而二而四而八而六十四,皆出于

①贞,原作“贵”。按,贞为正,上文言“圣人之道,仁义中正而已”,下文言“得仁义之贞为正”,故“贞”是而“贵”非,据改。

自生，未可以人力为也。卜筮主知来，此亦《易》为“逆数”之一旨也。

震、巽为初交，震阳少而阴尚多，巽阴少而阳尚多，雷以动之，风以散之也。兑、离、坎、艮为再交，兑、离阳浸多，坎、艮阴浸多，雨以润之，日以暄之也，山以止之，泽以说之也。震、兑、离之阳皆统管于乾，乾以君之也；巽、坎、艮之阴皆归宿于坤，坤以藏之也，先天之所以为自然也。然乾虽主阳而阴阳无不兼统，故言君。上必无为而用天下，下必有为而为天下用，此不易之道，乾以君之谓也，故心曰天君。

帝之出、之齐、之见、之役、之说、之战、之劳、之成，非帝自为之出、自为之见之役也，即卦气之出、之见、之役而帝因之也。帝者，天之主宰。故卦气常运而帝未尝动，以不动故谓之帝。其在于人，人心即天心，应物接事而心未尝动，故谓之心。所以次节言“万物出乎震，齐乎巽，见乎离，役乎坤，说乎兑，战乎乾，劳乎坎，成乎艮”，言万物之出入即帝之出入，非以上节专言帝、次节专言万物之随帝出入也。孔子曰“四时行焉”，非行四时也；“百物生焉”，非生百物也。故孟子曰：“由仁义行，非行仁义也。”

八卦，莫非圣人之用，何独万物出震内？惟言“圣人南面而听天下”，盖取诸离，举一而馀可知矣。

胡双湖曰：“天下有可变之理，圣人有能变之道。反《需》为《讼》，《泰》为《否》，《随》为《蛊》，《晋》为《明夷》，《家人》为《睽》，此不善变者也。反《剥》为《复》，《遁》为《壮》，《蹇》为《解》，《损》为《益》，《困》为《井》，此善变者也。文王示人以可变之机，则危可安，乱可治，特在反掌之间耳。”此论精，本诸关子明关朗曰：“象生有定数，吉凶有前期，变而能通，故治乱有可易之理。”

胡双湖又云：“上经始《乾》《坤》天地，终《坎》《离》水火，以天道为主，具人道于其中；下经始《咸》《恒》夫妇，终《既》《未济》水火，以人道为主，具天道于其内。三才之间，坎离最为切用，日月不运，寒暑不成矣；民非水火，不生活矣；心火炎，肾水涸，百病侵矣。”人不必就天地坎离上求乾坤水火，人只此心常存，即《易》理常在，自然天地水火各安其位，各臻其用。故孟子曰：“学问之道，求放心。”

《杂卦》始于《乾》，终于《夬》，《夬》尽则成《乾》矣。圣人望治之心其无穷乎，阴阳一气而两化，分截不得，而圣人每每扶阳抑阴。盖天下之治也，必由于君道盛，父道盛，夫道盛，中国之道盛，君子之道盛；其乱也，必由臣道盛，子道盛，妻道盛，夷狄之道盛，小人之道盛，是圣人扶阳之意也。

十者，《易》之成数。太阳居一，除却本身便是九。少阴居二，除却本身便是八。少阳居三，除却本身便是七。太阴居四，除却本身便是六。加了本身在里面，便不成数，便不能成《易》。可见孔子之学，以“无我”为主；颜子之学，以“克己”为先，《易》道当然也。

一分为二，一即二也；二分为四，一即四也；四分为八，一即八也；八分为十六，一即十六也；十六分为三十二，一即三十二也；三十二分为六十四，一即六十四也；六十四分为三百八十四，一即三百八十四也；三百[①]八十四分而为万有一千五百二十，一即万有一千五百二十也。故“分殊”者，乃“理一”之分殊；“理一”者，乃“分殊”之理一。后之论学，有教人“即事物以穷理”者，是除了“理一”寻“分殊”矣；有教人“只空空存天理”者，是除了“分殊”寻“理一”矣。故孔门博约，只是一个工夫，原无先后，原无内外，《易》道当然也。

一画为仪，两画为象，三画为卦，而八卦成。三以上渐加一画，以八卦为太极而复生之仪，加两画为卦之象，加三画为卦之卦，而六十四卦成。或顿加三画，径遍于八卦之上，而六十四卦亦成。可见太极之理，冲漠无朕而又万象森然，万象森然而又冲漠无朕，其生生之妙，又浑然，又截然，又纯然，又皎然，又自然，又不得不然。了得此体，然后知吾心之天理真是“溥博渊泉而时出之”，一毫自私用智也容不得，故曰：“心为太极。”《易》道当然也。

晦庵先生以河图虚其中，所以为《易》；洛书实其中，所以为《范》。其实，图之中未尝不实，洛之中未尝不虚。河之五，即真实之理也，有此实理，然后阴阳奇耦迭运不穷。洛之五、十，即太虚之体也，有此虚体，然后政事德征推行有待。人心一私不容谓之虚，万理咸备谓之实，虚则为心之明，实则为心之诚。明则诚矣，诚则明矣，《易》道当然也。

邵子谓义理之外有物理之学，物理之外有性理之学。理一也，出于天者谓之理，非天则非理矣。理之制于事为

①三百，原脱，据宣统本补。

义，理之著于象为物，理之命于天为性，故《中庸》曰“天命之谓性”，而又曰“惟天下至诚为能尽其性”。“能尽其性”，则天地人物之性归焉，义理、物理皆不外矣，非有三者之理也，《易》道当然也。邵子又曰：“先天之学主于诚。”斯言能尽《易》理，其性命之的旨乎？

伊川不取卦变之说。夫《易》之道，变而已矣。《易》莫非变也，卦变亦《易》之一道，虽不能尽《易》之大变，而亦莫非《易》变之理也。曰“成象成形，变化见矣”，曰“刚柔相推而生变化”，曰“动则观变”，曰“爻言乎变”，曰“游魂为变”，曰“通变之谓事”，曰“变通配四时”，曰“拟议以成变化”，曰“成变化而行鬼神”，曰“以动者尚其变”，曰“知变化之道者，知神之所为”，曰“参伍以变”，曰“一阖一辟谓之变”，曰“天地变化”，曰“变而通之以尽利”，曰“化而裁之谓之变”，曰“变通趋时”，曰“功业见乎变”，曰“穷则变，变则通”，曰“变动不居，惟变所适”，曰“道有变动”，曰“观变于阴阳”，一部《易经》，只是一“变”字。卦之变，《易》之变也。能知《易》之变，而后得不变之真；能知《易》之不变，而后得变之妙，此心体也。心体无时不变，无物不变，然亦无时能变，无物能变。观仪象卦爻莫非太极之变，而不变者可识矣。观太极与仪象卦爻未尝有变，而变者可识矣。尧曰：“人心惟危，道心惟微，惟精惟一，允执厥中。”心一也，“危”处便是“人心”，“微”处便是“道心”。“危微”一体，有至中之理存焉，在人“精一”之耳。精而一之，握天下之至不变以御天下之至变，无往非“道心”矣。变与不变，莫得而测，是至神矣。微哉！

朱子曰：“今《易》中所言，皆后天之《易》。虽然，言者虽后天之《易》，而其理则先天之理也。”理无先后，天无先后，《易》书有先后耳。邵子曰：“先天之学，心学也。吾终日言之而未尝离乎是[1]。”岂惟邵子终日言之而未尝离？虽众人终日言之行之亦未尝离也，但不著不察、终身由之而不知耳。

先儒谓伏羲之《易》不可作文王之《易》，文王之《易》不可作周、孔之《易》，数圣人之《易》，岂各开门户、各立窗牖不相通耶？论《易》之统，则孔子得传于周、文，周、文得传于伏羲；论《易》之备，则伏羲开其源，文、周浚其流，孔子会其归，其合德于天，一也。故观《易》者，知数圣之所以同，则知吾心之《易》矣。

画前之《易》，何所指耶？其理即是画后之《易》。明道曰：“未发之时，更如何求？善观者却于已发之际观之。”故中、和非二理，性、情非二德，画前、画后非二《易》。求此说之义而不得，其流弊将有如麻衣道者《正易心法》内所言：“只当于羲皇心地上驰骋，不可于周孔脚下盘旋。”而《易》道之无先后，圣心之无浅深者，莫不以二见而岐之矣。

伏羲以《坎》《离》居卯酉，文王以《坎》《离》居子午。《坎》《离》《乾》《坤》，中爻之交也，八卦位中，惟四正极好，以阴中有阳、阳中有阴也，此先天后天之微旨欤。朱子《本义》《启蒙》，发明先天后天之旨详矣，而又注魏伯阳《参同契》。缘《参同契》，首《乾》《坤》《坎》《离》四卦橐橐之外，其次即言《屯》《蒙》六十卦，以见一日功次之早晚；

①“而未尝离乎是”至“缘参”，原缺第二十九页，据宣统本补。

又次即言纳甲六卦，以见一月功次之进退；又次即言十二辟卦，以分纳甲六卦而两之。盖内以详理月节，外以兼统岁功，大要以《乾》《坤》为体，以《坎》《离》为用，是《易》之一义也。圣人以《易》而公于天地万物，伯阳以《易》而私于一身，此其所以异也。

自《乾》南《坤》北而交，则《乾》北《坤》南而为《泰》；自《离》东《坎》西而交，则《离》西《坎》东而为《既济》。《乾》生于子，《坤》生于午，《坎》终于寅，《离》终于申，而曰“应天之时”者。先天主《乾》《坤》《坎》《离》之交，其交也将变而无定位，如天运之无穷也。置《乾》西北，退《坤》西南，长子用事，长女代母，《坎》《离》得位，《兑》《艮》为偶，而曰“应地之方”者。后天主《坎》《离》《震》《兑》之交，而交也不变，而有定位，如地体之有常也。可见先天不得不先天，后天不得不后天，先天不得不变为后天，后天不得不变乎先天，故卦之生自然，《易》之作亦自然，可见人之心亦自然。孟子曰：“天下之言性也，则故而已矣。”“故”者，以利为本，所恶于智者，为其凿也。

人若知得《易》理，一元会运世之运，便是一岁一月之运，便是一日一时之运，吉凶、消长、进退、存亡与天地同终始而天地无终始，与万物同终始而万物无终始，故视顷刻即如万古。不得《易》理，以一人之情识，出入于吉凶、消长、进退、存亡之中，天地与我为劳，万物与我为碍，于是有悲喜、好恶、取舍、怨尤，至老死而不自觉。故孔子曰：“朝闻道，夕死可矣。”甚矣！人之不可以不学《易》也。

朱子以图之白处便是太极，其实图之黑处亦是太极，但白处是太极之“流行无滞”者，黑处是太极之“凝聚有质"者耳。

图皆从中起，万事万化生于心。圆图：左旋，起于六十四之《坤》；右转，起于一之《乾》，是中在天地之定位也。方图：《震》《巽》为西北、东南之交；《恒》《益》为东北、西南之交，《恒》《震》《巽》《益》为南北之相直，《震》《益》《恒》《巽》为东西之相直，是中在雷风之动散也。圆者以定位为本，为其体之动也；方者以动散为用，为其体之静也。可见，欲观吾心之应感，当观其寂然者；欲观吾心之寂然，当观应感者，不可二也。寂非沦于无，感非滞于有，则一，是谓之中，万事万化之所由起也。

陆象山曰："宇宙内事，皆吾分内事。"《易》之事，皆宇宙内事也，故《易》为吾分内事也。惟能广大其胸襟，浑融其知识，绵密其功夫，则凡趋者皆分内所当为，凡避者皆分内所当舍矣。孟子曰：君子所性，不加不损，分定故也。分，即性也。不加不损，定于分，即定于性矣，性定而《易》之道归矣。惟不加不损，所以宇宙内事皆吾分内事。

周子谓："静无而动有。"非以静为无也，言静之无者即动之所有，推言之，则动之所有者即静之所无，见动静之不可以有无分也。邵子曰："无极之前，阴含阳也；有象之后，阳分阴也。"自《坤》卦右旋以至于《姤》，皆属阴，"阴为阳母，故曰母孕"；自《复》左旋以至于《乾》，皆属阳，"阳为阴父，故曰父生"。曰"无极"，曰"有象"，即"静无动有"之旨也，非真有一个无极之前，又有一个有象之后也。

"维天之命，於穆不已"，尽《易》道之缊矣。"於乎不显，文王之德之纯"，尽学《易》之旨矣。人与天无二，所以不能如天者，只因不纯，不纯则有己，一毫有己，与天不相似矣，故周子曰“纯心”。要矣，心何由以纯？只得《易》理到手，心便纯。邵子有“弄丸”之喻，若将《易》理作“玩弄”之意，尚是“以我悦彼”。不知《易》理即我也，我自有之，我自得之，何弄？何不弄？

“太极动而生阳，动极复静；静而生阴，静极复动。”若不说出下面“一动一静，互为其根”两句，亦自未营。太极无动静，动静不可极，极则不能生。然而周子如此云者，正见“动静互根”之理。是以太极之有动静者，“互根”之动静也；动静之极而生者，“互根”之极而生也。《复》至《乾》，百十二阳，八十阴；《姤》至《坤》，八十阳，百十二阴。不但此大段之阴阳之“互根”，虽一卦一爻莫不有“互根”之理焉，此所以为造化之妙。

阴阳之体与数，各分其半。阴阳虽分，天道之生生则一而已。说者虽云阴生阳、阳生阴，其实生理原属阳，故《乾》元、《坤》元主始此生生，作成此生生。邵子所谓“性阳而情阴，性神而情鬼”，盖义理生，为阳长，人欲去，为阴消。人能“性”其“情”，则光明有常，运用不滞，非阳非神而何？以“情皆性”也。若“情”其“性”，则幽暗晦昧，反其故常，非阴非鬼而何？以“性亦情”也。性其情无他，只是不失此生生之理。程子以此旨发明于《颜子好学论》[1]内，真知言哉！邵子他日又曰：“任我则情，情则蔽，蔽则昏。因物则性，性则神，神则明。”盖以物观物，性也；以我观物，情也。性公而明，情偏而暗。

《西铭》明“理一分殊”，却是见得《易》理。明道谓：

①颜子好学论，《宋元学案》卷十三作“颜子所好何学论”。

"《订顽》立心，便可达天德。"又言："学者须先识仁。识得此体，以诚敬存之，不须穷索，不须防检。"①所谓仁体，即《易》体也。明道又言："此道与物无对，大不足以名②之，天地之用皆我之用。"若不是识得《易》体，岂能以天地之用为我之用？岂但不能，亦信不及。信得天地之用是我之用，则处处是"分殊"，即处处是"理一"，仁道之所以兼体而不累也。横渠曰："万物形色，神之糟粕。性与天道云者，《易》而已矣。心所以万殊者，感外物为不一也。天大无外，其为感者，细缊两端而已。"横渠又以形色为糟粕，以性道为《易》，以心之感异于天地之感，与《西铭》意旨迥别。故求《易》理者，当求之吾心。

吾心"明物察伦"，由仁义行，无毫发爽失，于《易》谓之曰巧。孟子曰："智譬则巧。"甚矣！巧之不能喻于人也。羿能教人射，大匠能教人规矩，皆不能教人巧。今之《易》书，亦羿之射法与大匠之规矩，载道之具存乎书，合道之妙存乎人。白沙曰："亦知轮扁是真儒。"观造化之无一毫发爽失于《易》，为造化之巧，然后知吾心之巧可合妙于造化者，惟在自得。自得非他也，默识而已。默识到至处，巧即不言而喻。

近来学问，于人情物理之外，专讲出一段虚无寂静说话。夫虚无寂静，圣人未尝不以之教人，但虚者以实而虚，无者以有而无，寂者以感而寂，静者以动而静，所以为大中

①"识得此体"数句，《二程遗书》作"识得此理，以诚敬存之而已，不须防检，不须穷索"。

②名，原作"明"，误，据《二程遗书》改。

至正、不偏不倚也。外实以言虚，外有[①]以言无，外感以言寂，外动以言静，畔道甚矣！伏羲、文王、周公、孔子，古今大圣人也，未尝单论《易》理，曰卦、曰爻、曰彖、曰象、曰辞、曰占，舍此而《易》无可言矣。外此而《易》，非吾道之《易》矣。天地可灭，日月可息，三纲可沦，九法可斁矣！《中庸》言不睹不闻，言隐，言微，言无所倚，言无声无臭，即于"达道""达德"九经三重中见之，非另有一理在此之外，为千古圣贤之所秘密不传，而直至今日始彰明于世也。故圣人之道，只是"中庸"，《易》理即是"中庸"。

邵子《大易吟》曰："天地定位，《否》《泰》反类。"此即方图第一层四隅也。以周遭二十八卦横直观之，皆《乾》一、《坤》八之卦，可见天地之定位者，自然之定，不得不定者也。曰："山泽通气，《损》《咸》见义。"此即方图第[②]二层四隅也。以周遭二十卦横直观之，皆《兑》二、《艮》七之卦，可见山泽之通气者，自然之通，不得不通者也。曰："水火相射，《既济》《未济》。"此即方图第三层四隅也。以周遭十二卦横直观之，皆《离》三、《坎》六之卦，可见水火不相射者，自然不相射，不得不相射者也。曰："风雷相薄，《恒》《益》起意。"此即方图第四层四隅也，可见雷风相薄者，自然相薄，不得不薄者也。先天法象之妙如此，孰隆施是？孰推行是？白沙曰："动，已形者也，形斯实矣。其未形者，虚而已，虚其本也，致虚所以立本也。戒慎恐惧，所以闲之，而非以为害也。然而世之学者不得其说，而以用

①外有，原衍一"有"字，据文义删。

②第，原作"得"，误，据宣统本改。

心失之者多矣！”故著于见闻者不睹其真，离于见闻者亦不睹其真。故曰：“《易》有太极。”了得太极，便是致虚立本，无往非先天之妙。

真知《易》理，然后信得“万物备我”之义；真体《易》理，然后有得“反身而诚”之乐；真学《易》理，然后行得“强恕求仁”之事。不言我备万物，而言“万物备我”，盖我之此身是天地万物之本，是以逐其身于天地万物者谓之忘本，外其身于天地万物者谓之遗末。不忘本，不遗末，将天地万物之实理都收拾在自己身上，便是“反身而诚”，便是仁。诚便是乐，仁便是乐，非诚之外、仁之外又有乐。“恕”也者，所以求尽此诚也。程子论“恕”曰“充拓得去便是，天地变化，草木蕃”，非仁乎？“充拓不去便是，天地闭，贤人隐”，非不仁乎？

“天根月窟间来往。”天根月窟，造化之所往来者也。然皆天理流行，虽有往来而无将无迎、无起无灭，过者就与化俱徂，存者就与神俱妙。人心悟得此理，自然生生不息，神化无方，将迎起灭之私心当下消殒，仪象卦爻之真体应时收括，“三十六宫都是春”也。

天下惟有《易》理好学，以其不犯些子手段，至易至简也；亦惟《易》理难学，亦以其不犯些子手段，至易至简也。不消一毫之自私，不消一毫之用智，当下便是，非易乎？然有一自私之心，有一用智之心，便天地悬隔，非难乎？

邵子曰：“《离》《坎》[1]者，阴阳之限。”就寅申而言也。

---

①离坎，原作“坎离”，倒。按，邵雍《皇极经世》作“离坎，阴阳之限也”。宋胡方平《易学启蒙通释》引作：“坎离者，阴阳之限也。”淮海当是引自《易学启蒙通释》。据《皇极经世》乙正。

又曰:"数常逾之。"盖《离》为春,春始于寅而尽于卯中;《坎》为秋,秋始于申而尽于酉中,逾于寅申之限也。又曰:"用数不过乎中。"取寅、申不取卯、酉也。寅、申数尚不及,而邵子以为中。盖物盛则衰,圣人不处其盛;事极必变,圣人不当其极,《易》道当然也,所谓中也。圣人不处其盛,不居其极,老子之学亦然。但圣人以《易》道自处,其心公;老子以一身自处,其心私,所以别也。

"阳在阴中,阴在阳中,皆逆行;阳在阳中,阴在阴中,皆顺行。"以此见得造化生生之理,虽常体不易而妙用不息,虽妙用不息而常体不易;既非截然而各为一物,亦非混然而共为一事;动静无端,阴阳无始。非默识者,孰能与之?

尧、舜之道,禹、皋陶见而知之,则见而不知者多矣;汤、文、武闻而知之,则闻而不知者亦多矣。所谓闻者闻何物?所谓见者见何事?闻与见即所谓知也。阳明曰:"良知只是一个天理自然明觉发见处,只是一个真诚恻怛,便是他本体。"故此知即是《易》理。《易》理极真实,极光明,随他发见流行处,当下具足,更无去来,不消假借;其发见流行处,轻重、大小、厚薄、张弛,毫厘爽失不得,增减不得,物即是我,我即是天地。闻者闻此而已,见者见此而已,故闻见即知,非有闻有见而后知也;知即闻见,非待闻待见而后有知也。此知人人所同,但争一先后,是以立教者以先知觉后知。

"仁者见之谓之仁,知者见之谓之知。"圣人之见,即仁知之见,但圣人不落于仁之见知之见,仁知者即落于仁之见知之见。"百姓日用而不知。"百姓之日用,即圣人之日用，但圣人知此日用，百姓不知此日用。日用，即人情物理也，人情物理，《易》理也。除却人情物理，何者为日用？“克己复礼”之学，全在视听言动上做；“发育峻极”之体，全在三千三百上见。曰知曰见，知此合一、见此合一之《易》理耳。其知也无所知，无所知则无所不知，故曰：“吾有知乎哉？无知也。”其见也无所见，无所见则无所不见，故曰：“望道而未之见。”

程子问邵子：“还是知《易》理能知天，知《易》数能知天？”邵子曰：“还是知《易》理能知天。”上古之[①]圣人未尝以理与数分言，盖至理不离于象数，以理学、数学分言者，后世也。但圣人之数学，即天地自然之理学，不至如后来支流末裔之智术耳。邵子作《皇极经世》兼论理数，则当日答程子“《易》理知天”之言，或因程子之学主理，故如此言之欤？物者，道之形体，道变而为物，物化而为道，道亦物也，物亦道也。以物观道则道不虚，以道观物则物不滞，不虚不滞则中。《皇极》大中也，故以《观物》名篇，以《皇极》名书。圣人能以天地为一身，万物为一体，古今为一息，终始为一际，前后为一念者，只因看破此物而已。

朱子作《易学启蒙》，本图书，原卦画，明蓍策，考变占，可谓括尽《易》之大旨。若能看得四件通透，自可了《易》。四件亦只是一件。有图书而后有卦画，有卦画而后有蓍策，有蓍策而后有变占，变占成而后蓍策之用著，蓍策著而后卦画之能显，卦画显而后图书之分全。得图书之理，则卦画、蓍策、变占一以贯之，总之，则一图书尽之矣。图书

①之，原作“人”，误，据宣统本改。

者，吾心之全体大用也；卦画，吾心之象；蓍策，吾心之运；变占，吾心之宜，故只是一件也。《启蒙》三十二图，反覆之为六十四图，图主一卦，各具六十四卦，共四千九十六卦。《焦氏易林》即此卦数，即此蓍策，即此变占。然看《易林》无源委，看《启蒙》有源委，盖《易林》只就数上起数，《启蒙》以理定数，所以《启蒙》能括尽《易》之大旨。

杨慈湖认定"心之精神是谓圣"一句为学问主脑，其议论虽多，不出于此。湛甘泉有《杨子折衷》一书，有辨驳极当者。但慈湖有《己易》一篇，前半篇议论可采，然亦是认"心之精神是谓圣"，后半篇则敢于非圣言矣。今节其前半篇之文于左：

《易》者，己也，非他也。天地，我之天地；变化，我之变化。私者裂之，私者自小也。包牺氏欲形容《易》是己，不得已画而为"⚊"；又谓吾体之中有变化之殊，又无以形容之，画而为"⚋"。"⚊"者，吾之全；"⚋"者，吾之分。全即分也，分即全也。自生民以来，未有识吾之全者。睹在上名曰天，睹在下名曰地。天者，吾性中之象；地者，吾性中之形，皆我之所为也。混融无内外，贯通无异殊，观"⚊"画其旨昭矣。厥后又系之曰"乾"。乾，健也，言千变万化，往古来今，吾体之刚健未始有改也。天即"⚊"画之所似也，天即己，己即《易》也。地者，天中之有形者也。吾之血气形骸，乃清浊阴阳之气合而成之者也。天地人三者，形也；一者，性也，亦曰道，又曰《易》，其实一体也。六十四卦之义，备于《乾》之一卦矣。自清浊分，人物生，男女形，万物之在天下未尝不两，博观、纵观，何者非两？"⚋"者，所以象此者也。又系之词曰坤，坤，顺也。非有二道也，坤者，两画之乾；乾者，一画之坤也。乾何以三“⚊”也？天，此物也；人，此物也；地，此物也。无二“⚊”也，无二己也，皆我之为也。坤何以三“⚋”也？天有阴阳，日月昃晦也；地有刚柔，高下流峙也；人有君臣、夫妇、贵贱、善恶也。“☳”，天下固有如此者也，圣人系之曰震。明乎如此者，阳为主，自下而动且起也，此我之变态也。“☴”，天下固有如此者也，圣人系曰巽，明乎此者，阴为主，阴入于下，柔随之义也，此又我之变态也。“☵”，天下又有如此者也，圣人系曰坎，言阳陷两阴之中，内阳外阴，水之类也，此我之坎也。“☲”①，天下又有如此者也，圣人系曰离，言阴柔不能自立，丽乎两刚，又外阳中虚，火之类，此我之离也。天下又有“☶”者，阳刚止，截乎上，故系曰艮，明乎我之止也。天下又有“☱”者，阴柔发散乎外，故系曰兑，明我之说也。举天地万物万化万理，皆一而已矣，皆乾而已矣。坤者，乾之两，非乾之外复有坤也。震、巽、坎、离、艮、兑，又乾之交错散殊，非乾之外复有此六物也，皆吾之变化也。不以天地万物万化万理为己，而惟执耳目口鼻四肢为己，是剖吾之全体而裂取分寸之肤，牿于血气自私也，自小也。元，亨，利，贞，吾之四德也。吾本无四者之殊，人之言之者自殊。人推吾之始，名曰元，又曰仁；言吾之通，名曰亨，又曰礼；言吾之利，名曰利，又曰义；言吾之正，名曰贞，又曰固；指吾之刚为九，柔为六；指吾之清浊为天地，震巽为风雷，坎离为水火，艮兑为山泽；指吾之变化错通为六十四卦三百八十四爻；以吾之散殊于清浊之两间者为万物，以吾之视

①☲，原作“☳”，误，据《周易·离卦》改。

为目，听为耳，噬为口，握为手，行为足，思虑为心；言吾之变化云为深不可测为神；言吾心之本曰性，言性之妙不可致诘，不可以人为加曰命；得此谓德，由此谓道；明谓之智，昏谓之愚；得谓之吉[①]，失谓之凶；忻然谓之喜，惨然谓之忧；不偏不过谓之中，尽焉谓之圣，未尽谓之贤；言乎其变谓之易，言乎其无所不通谓之道，言乎无二谓之一，今至谓之己。谓之己者，亦非离六尺而复有妙己也，一也；二之者，私也，牿也。姑即六尺而细究之，目能视，耳能听，所以能视能听者何物？心能思虑，所以能思虑者何物？耳目可见，其视听不可见。其可见者，有大小，有彼此，有纵横，有高下，不可得而一。其不可见者，不大小，不彼此，不纵横，不高下，不可得而二。视与听若不一，其不可见则一；思虑若不一，其不可见则一。是不可见者，在视听非视听，在思虑非思虑。视听如此，思虑如此，不思虑如此。昼夜、寝寐、死生、天地、日月、前后、圣愚，皆如此。自有而不自察也，终身由之而不知也，自明也，自昏也，此未尝昏未尝明也。或者蔽之二之，自以为昏为明也。昏则二，明则一。明因昏而立名，不有昏者，明无自而明也。昏明，皆人也，皆名也，非天也。天即道，天即乾，天即《易》，天即人。天与人亦名也。

子在川上曰："逝者如斯夫，不舍昼夜。"《易》之理尽于此矣。"逝者"何物？"如斯者"何指？"不舍者"谁所不舍？道未尝舍也，人自舍之耳。《系》曰："通乎昼夜之道而知。"能通而知，则"不舍"之体在我矣。晦庵曰："有

①得谓之吉，原作"得之谓吉"。按，下文"失谓之凶"与之成对，据改。

天地后此气常运，有此身后此心常发。惟当于常运处见太极，于常发处见本性；若离常运而求太极，离常发而求本性，恐不免于荒唐也。”斯言也其旨远矣！故有钟则声常在，其扣之而鸣，不扣而寂者，声之迹也，而声不以扣不扣而有加损也。有镜则光常在，其对之而照，不对之而不照者，光之迹也，而光不以照不照而有去来也。斯“不舍”之《易》体也。惟慎独，便是从事“不舍昼夜”之实功也。

周子自阴阳动静五气四时上看出太极之流行无声无臭者而言无极，自形生神发五性感动上看出心体之流行不睹不闻者而言静。主静之学，即无极之道也。又恐人误认主静之静为动静之静，故又提出“无欲”二字，见太极心体之流行所以无声无臭不睹不闻者，以无欲也。“无欲”二字，为千古学《易》者之正脉。无欲便是不二，便就生生，便就不测，只此便是天命之性未发之中。故《易》者，圣人尽性之书也。故知太极本无极而后识天道无停机之妙，知主静即无欲而后知圣人无停机之学。

“《易》有太极”，言人有太极也。人人有太极而自复之，自全之，是自成也，自道也，自慊也，自得也；人人有太极而自去之，自亡之，是自贼也，自暴也，自弃也，自欺也。善学《易》者，无他，惟于其所本有者不使之无，于所本无者不使之有耳。故曰：“为仁由己。”

程子谓：“河不出图，卦亦要画，只见一兔，亦可画卦。”此但论得理如此。天地间物虽莫不秉《易》数而生，但有得数之偏者，有得数之过与不及者，惟得天地之中数，得天地之正数，得天地之全数，乃能合《易》。此圣人所以指河图洛书为天生神物也。

朱子曰："圣人一部《易》皆是假设虚借之词。"虽然词是假设，是虚借，而理与数非假设非虚借也，皆实理也，皆实数也。以象显数，以象明理，得象则忘言，得理则忘象矣。若论真实，则理数皆实，则词非实乎？若论假设[①]，则非特其词，即《易》之一字亦是假设，亦是虚借。

论《易》之变化无穷，总只是一分为二；论《易》之还返本始，总只是二合为一。周子云"太极生阳生阴，分阴分阳，阳变阴合而生五气四时"，即一分为二之《易》理也。又云"五行一阴阳，阴阳一太极，太极本无极"，即二合为一之《易》理也。"形生神发，五性感动而善恶分，万事出"，即在人一分为二之《易》理也。"圣人定之以中正仁义，而主静立人极"，即在人二合为一之《易》理也。故曰："人须要复其初。"

陈潜室曰："伏羲《易》以生出为次，文王《易》以反对为次。"《乾》《坤》纯体，《坎》《离》正体，《颐》《大过》《小过》《中孚》杂体，中之正者，此八卦不可反而两相对；馀五十六卦为杂体，两相反以为对。深而通，茂而有间，连而不相及，动而不相害，非《易》道曷克当之？

《易》也者，道也；道也者，性也；性也者，心也；心也者，身也；身也者，人也；人也者，万物也；万物也者，《易》也。人，得《易》而生者也；性也，以生而名也；心也，以主宰而名也；身也，以形色而名也；万物也，以变化而名也，而会之曰道，崇之曰一，得其一而道备矣，故曰："人者，

①设，原脱，据上下文补。

天地之心。"既曰"天地之心",以言乎天地之间则备矣,失其心则失天地矣。天地之间皆备,容可二乎哉?二之则有外,有外则非一,故不得一则非人矣,不知一则非道矣,不志一则非学矣。故《易》也者,一也,一则《易》,不一则不《易》。孔子曰:"吾道一以贯之。"

程子曰:"读《论语》,有读了全无事者,有读了后得一两句喜者,有读了后知好之者,有读了后不知手舞足蹈者。"又曰:"今人读《论语》,未读时是此等人,读了后亦是此等人。"愚于今之读《易》者亦云然。

貴州文庫

四书近语

〔明〕孙应鳌 撰

赵广升 点校

点校前言

《四书近语》共六卷:《大学》为第一卷,《中庸》为第二卷,《论语》为第三、四、五卷,《孟子》为第六卷。孙应鳌《四书近语自序》言:"余既以病废家居,得日与吾党二三子讲明孔门之学,随所论析,二三子各有缉录,已乃成帙。"孙应鳌入仕后有两次乞归。一次是隆庆三年(一五六九)自郧阳巡抚任上以病乞归,至万历元年(一五七三)起官再抚郧阳止,家居四年,筑学孔书院,讲学其间。第二次是万历四年(一五七六)十月,由国子监祭酒以病乞休,一直至万历十二年(一五八四)去世为止,家居八年,讲学著述以终。戴嗣方《四书近语序》云:"嘉、隆间,清平孙淮海先生为切问近思之学,窥知行合一之原,其于四子书融会贯通,详说反约,著《四书近语》。"据此可推断,该书为孙应鳌第一次病归家居期间,弟子缉录其讲学之语而成,当刻成于万历元年前后。该书在清初,已无完本。康熙乙未(一七一五),贵州黄平进士王杌辑成全帙,武陵人戴嗣方考订,予以重刻行世(详见王杌、戴嗣方序),该本今已亡佚。光绪六年(一八八〇),莫祥芝刻印其兄友芝所辑《孙文恭公遗书》,内收《四书近语》,即据王杌刻本,《续修四库全书》所收《四书近语》,又据《孙文恭公遗书》影印。此次整理，即据《续修四库全书》本略加句读，至于章节次第，一依原书。

《四书近语》一书的特色和地位，清儒早已有定评。黄宗羲《明儒学案》评曰："近读孙淮海讲章，亦既明乎其解，视诸家较备矣。乃其紧要，归明心体，是本其所本而非大学之本也，是解一人而学又一人也。"①戴嗣方《重刻四书近语序》评价曰："融贯大意，非徒以训诂字句为工，或详朱《注》所略，或略朱《注》所详，或汇数章联为一说，或综全部括为一义，根据六经，贯串性理，引经说书，真得程子体用一源、显微无间之说。"《续修四库全书总目提要》认为："明人讲章，大都宗朱，然拘迂空泛，鲜能自抒心得。应鳌是书，泛论大义，不为章解句释，与朱注互有详略，不肯苟同，亦不染讲章习套，似在其所著《易谈》之上。《四库》著录《淮海易谈》而不及是书，殆未见之欤！"②以上评价，可见《四书近语》足以与《淮海易谈》媲美，同为孙应鳌的心学代表作。孙应鳌在该书中常有心得，多所发明。如解《论语·为政篇》"温故而知新，可以为师矣"章："天地万物真实之理，根于人心，一定不易，所谓故也。天地万物流行之用，妙于人心，推运不息，所谓新也。温之，是不失吾之故物；知之，是不匮吾之真机。此心学也，圣学也。孔子为万世师，以是耳。新即在于故之中，知不出于温之外。"在《答楚侗公书》中，孙应鳌将之与《大学》《中庸》《孟子》

①黄宗羲《明儒学案·甘泉学案六》，影印文渊阁四库全书本，卷四十二，二十四页。

②中国社会科学院图书馆《续修四库全书总目提要》，中华书局，一九九三版，九三九页。

相关表述作了更为详细的融汇贯通的阐述，并得意地宣称："故某妄以孔子'温故知新'之旨为孔子示人万世师道之准，为师道之极则者，此也。此见畜之久矣。"[①]又如释《论语·述而篇》"加我数年"章："五十学《易》，非五十之年学《易》，是以五、十之理数学《易》也。大衍之数五、十，《河图》中之所虚者惟五与十。参天两地而倚数，合参与两成五，衍之成十。五者，十其五；十者，五其十。参五错综，《易》之理数尽于是矣。透得此五、十之精微，以通神明之德，以类万物之情，皆不能外。所以夫子谓为无过。"清代潘维城《论语古注集笺》、梁章钜《论语旁证》等书对此都有称引评判。以上两例，既是孙应鳌以心解经、以我用经的独到发现，也标志着他的心学思想日渐纯熟圆融，闪耀着生动活泼的创造精神。令人惋惜的是，近代以来鲜有学者注意到这部著作。

点校者

①孙应鳌《孙山甫督学文集》，隆庆二年刻本，卷四，五十页。

目　录

《四书近语》序

圣人者，时人之耳目；时人者，圣人之心思。无耳目，则心思不灵；无圣人，则人心皆昧。六经者，又圣人之耳目也。圣人不能留其心思耳目亲历万年之事，于是著之为经，以教天下。言仁也，知有父子；言义也，知有君臣；言序别信也，知有昆弟夫妇朋友。分之，为四端，为五常，为百行万善；合之，不外一心。心者何？仁是也。尧以是传之舜，舜以是传之禹、汤、文、武、周公，至孔子而集其成《论语》二十篇，皆所以言仁也。至孟子，兼言义。战国之世，人心陷溺，甚于春秋。恻隐之心不明，由于羞恶之心不明。《孟子》七篇，言义详于言仁，是非、辞让，扩而充之，皆为回狂澜于既倒，破功利之积习，故曰功不在禹下。《大学》，立教之书，而先言学，用不离体也。《中庸》，为学之书，而先言教，体不离用也。天德、王道，一以贯之。曾子、子思，一孔子之心也，皆所以言仁也。程明道先生有言："学者先须识仁，识得此体，以诚敬存之。"此三言者，真学圣之功矣。四子之书，六经之旨也，孔、曾、思、孟、尧、舜、禹、汤、文、武、周公之心也。四子之书，多引《诗》《书》，而《学》《庸》列于《戴记》，引而伸之，触类而长之，《易》与《春秋》亦不外是。圣贤之能事毕矣。经学存于汉儒，理学盛于宋儒，皆有功圣学者也。

清平孙淮海先生，生有明盛时，得孔孟所以教人之指，当时讲明正学，与豫章南城罗公近溪、蜀内江赵公大洲、楚黄安耿公楚侗，号称“理学”。著有《四书近语》，每发一论，亲切著明，与朱《注》相表里，当时讲学清平，已梓行世，历年既久，遂致零落。柭癸巳读礼，搜得于敝笥，中缺《论语下》及《孟子》。会施秉顾孝廉其宗、同里赵守戎起龙，乃辑成全璧。圣贤精蕴，犹有传人。因与诸及门亟加校雠，复绣之梓，并辑《学孔精舍琐言》及《教秦语录十六条》，南丰瓣香，景行不远。先生文章事业，蔚为吾乡大儒，国史省志大书特书，又非柭所能殚述矣。

康熙甲午岁桂月之五日，黄平王柭

《四书近语》序

圣贤之书，虽千言万语，其教人皆有旨归。但其旨归散见于千言万语中，读之者择焉弗精，语焉弗详，则茫乎莫测其津涯，而圣贤教人之意旨终晦而不明。《学》《庸》《论》《孟》之书，孔、曾、思、孟传心之法尽于是，教人之术亦尽于是，非泛然陈设而无旨归明矣。自秦火后，表章于汉，历代非不宝重之，然自宋以前，儒者多未领其意旨，各出臆见以解说，解者愈多，愈失其真。考亭朱夫子起而力辨之，排其非，以裒其是，集众说之不悖于旨者而为之章句，孔、曾、思、孟教人之心始昭然若揭日星。盖考亭于孔、曾、思、孟之书，先有以获其旨归，故能于纷然淆乱中独有以得其精详如是也。有明以来，去朱夫子几何年，而讲章之说兴，名曰宗朱，实与朱子相悖谬，名曰体《注》，实与《集注》相矛盾，皆由不得圣贤所以教人之旨归，徒支分节解，岂能有其贯通哉？

嘉、隆间，清平孙淮海先生为切问近思之学，窥知行合一之原，其于四子书融会贯通，详说反约，著《四书近语》，务得圣贤大旨所存，不拘拘一章一句训诂。《论语》开章言学，未言所学何事。先生提“仁”字贯之，曰：“学者学此而已。”今试取《论语》二十章，反覆玩味，何一非圣人教人求仁之事？论《大学》，则以“格致”为圣学之安身立命；论《中庸》，则以“慎独”为尽性之始终条理；而谓孟子一生之学为性学，故可以正人心，息邪说，回治道，端学术，尤为深切著明。虽其标新立异，不无一二间与《章句》互异，然意在发明，实非牴牾。既有以得夫圣贤教人之旨归，则有裨于世道人心不少，其于考亭《集注》之苦心，亦未必不同条而共贯也。书在当日虽已梓行，值兵燹，几更百馀年，梨枣荡然。黄平王先生震来得其残篇而读之，喜发挥透彻，语不离宗，而深惜书之不全。于是旁搜博访，得片语只字，珍如尺璧，久乃辑成全本，付剞劂，以公于世。盖先生不忍淮海一身之精灵，竟湮没百年之近，且不忍百年以后之学者知尊孔、曾、思、孟之书，而不知孔、曾、思、孟所以教人之旨归各有在，而圣贤千言万语皆非泛设也。予小子于《四书》诵习有年，亦未得其要领，展卷伏读，不觉恍然有悟，悟夫圣贤之所以教人者真有在也，故敢妄有所赘云尔。

康熙乙未岁季夏，武陵戴嗣方

重刻《四书近语》序

程子谓“求言必由近，易于近者，非知言者也”，即孟子“言近指远”“求仁莫近”，孔子“近道”、近智近仁近勇与“能近取譬，为求仁之方”之意。求言不自近，是行远不自迩，欲其驯致于道，岂可得哉？孙文恭公所著《四书近语》，盖此意也。融贯大意，非徒以训诂字句为工，或详朱《注》所略，或略朱《注》所详，或汇数章联为一说，或综全部括为一义，根据六经，贯串性理，引经说书，真得程子体用一源、显微无间之说。盖言近而指远，学者欲求近道，舍此何由？惜所著《易谈》《春秋纂要》《律吕分解》《学孔类编》诸篇散失不可得。方今圣天子崇尚理学，凡有功传注、羽翼圣经者，特蒙颁在廷，且以宋儒诸书与四子五经并列学宫取士，著为令，是圣道昌明之会也。予小子敬诵此篇，惧久散失，勉登梨枣，以志私淑。窃恐识见卑陋，校雠未当，冀高明同志考订商榷，公之海内，此则区区厚幸矣！

康熙乙未，武陵戴嗣方

《四书近语》自序

余既以病废家居，得日与吾党二三子讲明孔门之学，随所论析，二三子各有缉录，已乃成帙。余谓其赘益甚，二三子审能察识斫轮之技，非劳筋苦骨搰搰椎凿之间，以天合天，得之自我，用力少，见功多，终身由之而不舍，是圣人诚死，犹有不死者存。所谓不可传者，岂真不可传耶？二三子宁尽无悬解余言于笑谈领略者乎？

清平孙应鳌山甫序

四书近语　卷一

明清平孙应鳌山甫撰

明道先生曰："学者须先识仁，识得此体，以诚敬存之。"此三言者，《大学》之要领也。格得此身与天下国家共是一物，而致其知，无有一毫疑惑障蔽，这便是识仁体。由此着实下诚意工夫，以正其心，以修其身，这便是以诚敬存之。只此就是大人之学。识仁则大，不识仁则小。

格物之论，诸家训释不同，循其言皆可以入道。唯王心斋有言："《大学》是经世完书，吃紧处只在'止至善'，格物却正是'止至善'。"又曰："'自天子以至庶人'数句，是释格物致知之意。"又曰："格物之物，即'物有本末'之物。""'其本乱，而末治者否矣。其所厚者薄，而其所薄者厚，未之有也'，此格物也。故即继之曰：'此谓知本，此谓知之至也。'"心斋数言，真得圣经之旨。至蒋道林作《古大学义》，益详明辨析，更无疑贰矣。

明明德者，复其心之本体而已。至善，即心之本体也。心之本体，通人己，合内外，该本末，贯终始。在心即为明德，在事即为亲民。《中庸》成己成物，皆性之德是也，非两物也，非二事也。

知至，就是明新心之本体。心学工夫全在致知。心之本体,知而已矣。定,即此知之专一;静,即此知之凝聚;安,即此知之顺适;虑,即此知之照察;得则人己内外本末始终一以贯之,相因之功,一齐俱妙,无等级也。若不格得此身与天下国家共是一物,岂能知止?故格物即致知也。格物致知是圣学之安身立命处。

定,便涵意诚;意静,便涵心正;意安,便涵身修;意虑,便涵齐治均平。意真是一贯之学,本于格致,相因之功,一齐俱妙。

明道曰:"有天德,便可语王道。其要只在谨独。"天德王道,一而已矣。存之为天德,发之为王道。格致之学,天德王道之学也。非格致,则意不能诚,格致之实功,就在诚意上见。自心身以及家国天下,无一时一处一事而非诚意工夫。故诚意者,圣学之所以通人己、合内外、该本末、贯终始者也。

"明明德于天下",吾人学问、分量、本体自当如此。齐家者,明明德于家也;治国者,明明德于国也;平天下者,明明德于天下也。其明明德之本,则在修身。曰正心诚意者,修身之实事也;曰格物致知者,正心诚意之实功也;所谓明明德也。此本是吾人合当为的,只看人欲与不欲。孔子曰:"仁远乎哉?我欲仁,斯仁至矣!"可见明德非一人之私,乃通乎天下国家而同然。修身必先正心,心者,身之主宰也。正心必先诚意,意者,心之发动也。诚意必先致知,知者,意之明觉也。致知必先格物,物者,知之统会也。《大学》遍举之,然后明明德之旨始全。物之所在,就是知之所在;知之所在,就是意之所在;意之所在,就是心之所在。其要紧工夫只在诚意。曰格物致知者,所以为诚意之地者也。意者,好恶而已。心之忿懥、恐惧、好乐、忧患，身之亲爱、贱恶、畏敬、哀矜、傲惰，家之仁让、贪戾，而行于国；国之好善、恶恶，而达于天下，皆不外好恶而已。好恶，正心之发而为意也。意诚，则好善如好好色，恶恶如恶恶臭，而自慊于心矣。意无不诚，则心即正，身即修。以其廓然之体，自无忿懥、恐惧、好乐、忧患之失；以其顺应之常，自无亲爱、贱恶、畏敬、哀矜、傲惰之偏。以之齐家而家齐，以之治国而国治，以之平天下而天下平，皆自意诚而致之也。故明道曰“其要只在谨独”，旨哉！阳明曰“《大学》之道，诚意而已。诚意之极，止至善而已”，是也。

引文王敬止之诗，以明至善，可见吾儒实落止善工夫，只在人伦日用上做。仁敬孝慈信之理，即吾心之至善。此至善，人人所同具，但众人去之而不存，君子存之而未尽，故把文王大圣人来做标准 。

缉熙敬止，文王所以为文王，敬止而已矣。此心常常继续，是文王敬止之诚处；此心常常光明，是文王敬止之明处。诚明合德，是文王格致诚正之造于至善处。

学问自修，知行合一之理也。学问，是自修之明处；自修，是学问之诚处。圣门诚意之实功，只是知行合一而已。知行合一，便是缉熙敬止。

明德而至于民不能忘，亲民而至于没世不忘。可见至善之理，真是通人己、合内外、该本末、贯始终而无闲者也。

诚意，只“毋自欺”一句尽之。毋自欺，只是格得好恶是天下同然之理，是非是人心本然之公，真知好恶之至善而实致其知而已。如恶恶臭,不欺所恶之知也;如好好色,不欺所好之知也。好恶之念,各得其正。此知之真而浑然与物同体,不与以一己之私,便是自慊。自欺自慊,只在自己意上用功。曰独者,示人下手用功处也。盖意者,心之所发,正是独知之地,所谓几也。慎之云者,先见于善不善之前,有不善,未尝不知;知之,未尝复行;使自欺之念不得以乘之,就是自慊,非于自欺自慊处用力也。意即为自,是独也;诚意,即毋自欺也,即是慎独也。非有三段四段工夫也。

孟子曰:"万物皆备于我矣。"是教学者先识此仁体也,即《大学》教人先要格物也。"反身而诚,乐莫大焉。"慎独,则反身而诚矣,反身而诚便是乐,非诚之外又有乐也。故不自欺便是自慊。"强恕而行,求仁莫近焉。"以诚意之好恶,达于齐治均平之好恶,都是强恕之事,都是求仁者之事。

孔子言克己,即是诚意也。克己之目,在非礼勿视听言动。勿之云者,即慎独也。非礼勿视听言动,可见一诚意,而正心修身皆举之矣。

《大学》释诚意,上不连格致,下不连正心,以诚意乃《大学》关键所在也。格物致知而不诚意,则格致是虚见;正心修身而不本于诚意,心无由正,身无由修也。故子思、孟子约言之曰诚。身一诚意,而身心皆举之矣。所以正心修身章但言有所有辟之病,而不言其正之修之之方,以正心修身工夫都包括于诚意之慎独矣。学不透此旨,不能入圣。

心体,正而已矣。心体之正,既不可堕于无,又不可滞于有,如太虚包涵万物,应接感通,各止其所,而我无所与,便是心得其正;一涉有所,则意必固我,皆人欲之私心，非天理之本然矣。有所，则便不在，谓其在忿懥，在恐惧，在忧患好乐，而不在心之位也。只意不诚，便有所，便不在。故修身必在正心，以见诚意之当先也。若格得此身与国家天下共为一物，而致其此心本然之知，于此用诚意工夫，以天下国家之好恶为好恶，无将无迎，停停当当，自然无所倚著而思不出其位矣。非慎独，其何以之！

心既有所，则心不在；心不在，则心必有所之；心既有所之，则此身应接于物必有所辟。身辟，则莫不辟矣。好，亦不知所恶；恶，亦不知所好矣。只意不诚，心便有所，便不在，心便有之，便辟。故齐家必在修身，必在正心，以见诚意之当先也。若格得此身与一家共为一物，而致其此心本然之知，于此用诚意工夫，以一家之好恶为好恶，孰为情之公？孰为情之私？自然应感之来，唯其时物，一家之长幼内外，各得其所而归于齐矣。非慎独，其何以之！

孝弟慈，吾心之天理也，所谓明德也。此明德在身如是，在家国如是，在天下如是，原无二理，以家国天下之人心同好恶也。“心诚求之”之诚，即诚意之诚，即此心之诚。而推广之，则此明德之分量，自然充满各足。凡系于家国天下者，一以贯之，故尽之则为仁让，悖之则为贪戾，得之则为尧舜，失之则为桀纣。故治国必先齐家，必先修身，必先正心，以见诚意之当也。若格此身与一国共为一物，而致其此心本然之知，于此用诚意工夫，以一国之好恶为好恶，自然不出于家，成教于国，喻人之理，皆藏身之恕矣，非慎独，其何以之！

《大学》于齐家治国言恕，于平天下言絜矩。絜矩，即恕也。则凡修身、正心、诚意、格致，皆忠也。无忠，做恕不出，忠恕一道也。只忠恕二字，便尽了天德王道。故曰："夫子之道，忠恕而已矣。"

矩者，明德之运用。吾心之德，天则也。自格致诚正以至修身，矩之本体也；到齐治均平，乃矩之妙用也。老老而兴孝，长长而兴弟，恤孤而不倍，即天下国家之人心同，以见矩之同也。以上下前后左右之欲恶言之，所以曲尽乎矩之情状也。正是，即天下国家之人心同，以见矩之同也。合而言之，共成一矩；析而言之，各具一矩；其要在絜之得其当耳。民之好恶虽多端，总不外乎善恶利害之两端。与民同好恶，是絜矩也。辟则与民不同好恶，不能絜矩也。能与民同好恶，此唯仁人能之，故好人恶人必归于仁人。以财发身，亦归于仁人，而不仁者反是。盖絜矩之得失，天理人欲存亡之介也。故以仁不仁申明用人公私之极，又以仁不仁明理财公私之极，而用人之公私，正所以为理财之公私。中间言慎德，言忠信，言先义后利，皆指诚意之实功也。故平天下必先治国，必先齐家，必先修身，必先正心，以见诚意之当先也。若格得此身与天下共为一物，而致其此心本然之知，于此用诚意工夫，以天下之好恶为好恶；以人用人，不以己用人；以财理财，不以己理财；自然可以为民之父母，得众得国，有土有用，保子孙黎民，好义有终，而天下为一家，中国为一人矣。非慎独，其何以之！

《四书近语》卷一

四书近语　卷二

明清平孙应鳌山甫撰

性、道、教三者，就是中庸之理，只是一“诚”字耳。命即天道流行之实，所谓中庸也。天以二气流行，而气之中者，即命；人受天地之中以生，即性；性感而发于万物，率循而不失，即道。修道云者，圣人以人物为性道所同，己虽率性，而人物未尽是，天与我之性命有亏，故为之立教，以继天立极，使人物之性尽，而己之性分亦尽。盖此理本出一原，人物本同一体。圣人修道立教，不过尽人物之性而归于一，使命自我全，性自我尽，极自我立，而圣学之能事毕矣。

曰天命之谓性，性者，天地万物之一原也，所谓全而生之也。到得致中和、天地位、万物育，则能尽其性，天之命我者不亏，是全而归之矣。

道不可离，可离非道，便见得天命之性之实；戒惧慎独，便见得率性之道之实；正圣人修道之教也。不睹不闻，莫见莫显，天命之性之真体也。于此用戒惧慎独工夫，率性之道之实功也。圣人教人之修道，修此也。致中和而天地位、万物育，天命之性已完，率性之道以立，修道之教以行矣。

言不睹不闻，而即曰莫见莫显，可见天命之性不偏于有，不偏于无，不倚于动，不倚于静，所谓中也，此吾心之真机也。吾心之真机，即人所不知而己所独知之地也。君子戒慎恐惧，非有加于此真机之外，只是顺此真机，直养无害，使独知之地惺惺不昧，天理人欲炯然先见，无一时或间，无一处不存，此心全是天理流行。体用一原也在此，显微无间也在此，尽性者，尽此而已；率性者，率此而已；未发已发，皆该之矣。

戒谨恐惧便是慎独。复言慎独者，即戒谨恐惧之真几至精至一者言之也。慎独则尽性，尽性则廓然而大公，便是未发之中；物来而顺应，便是已发之和。未发不在已发之外，盖冲漠无朕而万象森然，是和之所统会，乃天下之大本也。已发即在未发之中，盖万象森然而冲漠无朕，是中之所流行，乃天下之达道也。大本达道，兼总理条，一以贯之，是致中和矣。中和致，则天地之位位于中和，万物之育育于中和，非慎独之极功，尽性之能事耶？

偏于有，偏于无，倚于动，倚于静，便不中，便不和。惟慎独，便有无和一，动静合一。有无动静合一，便是致中和。故戒谨恐惧即是慎独，只是一个工夫；不睹不闻，莫见莫显，只是一个真几。故发与未发非二体，中与和非二事也。所以然者，以天命不可二，性不可二，道不可二也，是谓之中也。

宋儒有看未发已前气象之说，此亦方便法门。圣门真正尽性脉络，只是慎独二字，便是始终条理。

"君子中庸"，人与道一也；"小人反中庸"，人与道为二矣。"君子而时中"，谨独也，故与道为一。"小人而无忌惮"，不谨独也，故与道为二。时中之中，便是动静合一。无时不中，谓之时中。

知行合一，圣学之中路也。道之不行，由于知之过不及，则道之行者，正行此所知之理耳，非知外有行也。道之不明，由于行之过不及，则道之知者，正知此所行之理耳，非行外有知也。外知以为行，外行以为知，民鲜能者，此也；道之不行者，此也；择中庸而不能期月守者，此也；中庸之不可能者，此也。

知行合一便是慎独，慎独便是知行合一。不能慎独，只是外知为行，外行为知，非天命之性之本然也。

大舜知矣，好问好察，惟在用其中于民。可见知者，知其所行耳，行之真切处，便是知也。颜渊仁矣，服膺勿失，皆本于“择乎中庸”。可见行者，行其所知耳；知之笃实处，便是行也；一也，知行合一之理，所谓中和也。“和而不流”，达道之和，不流于喜怒哀乐也；“中立而不倚”，大本之中，不倚于喜怒哀乐也。知者，知此耳；仁者，行此耳；勇者，强此耳。知强此仁耳，一也。知仁勇，同功并进，便是知行合一。中和之理，即中庸之理也。“索隐行怪”，过乎中庸者也；“半途而废”，不及乎中庸者也；皆身与道为二者也。“依乎中庸”，所知所行只在中庸，身与道为一者也。“遁世不见知而不悔”，无时无处而不依乎中庸也。依中庸而不悔，只因我之天命之性“於穆不已”，无须臾可离，虽欲罢而不能者也。

“君子之道”，即率性之道，原于天命之性者也。此道在天地间，本来是体用一原，显微无间，所谓“费而隐”也。

夫妇之愚不肖，可以与知与能，是道不离于愚夫愚妇也。圣人天地亦犹有所憾，非果有可憾也，推极其量而犹有所未尽，是道不囿于圣人天地也。不离于愚夫愚妇，不囿于圣人天地，可见此道又不外于日用，又不滞于日用，而体用一原、显微无间之妙可识矣。故君子之道大，至于“天下莫能载”，盖无小不包；小，至于“天下莫能破”，盖无大不入。大就是小的所敦化，小就是大的所川流；即大的就是小的，即小的就是大的。盈天地间如此活泼，如此昭著，纵横曲直，无不是道，所以君子无时无处而不用其力也。观鸢飞，类天道，就察于上；观鱼跃，类地道，就察于下。小的就是那大的所散殊，大的就是那小的所统会。虽欲囿之，既不得而囿；虽欲离之，又不得而离，不可以见“费而隐”耶？所以“君子之道，造端乎夫妇”，至远的分量就是这至近的工夫。“及其至也，察乎天地”，至近的工夫就是这至远的分量。不愧屋漏之学，即参赞化育之能；溥博渊泉之功，即良知良能之天。合大小而一以贯之。盖即费而隐存，即隐而费在。率性之道，原于天命之性者，惟君子为能尽之矣。非慎独，其何以哉？故知行合一而慎独之功尽，便无时无处不与此道合一，就是体用一原、显微无间之学。既不外于日用，又不滞于日用，不离不囿，然后与道为一矣。

“君子之道费而隐”，故“道不远人”，言道即在当人之身也。“人之为道而远人”，是不以其在当人之身之道自治其当人之身，身与道二，故“不可以为道”也。《伐柯》之诗，正见其道不远人。人之为道，不可远人以为道，唯在以当人之道自治当人之身，改其不合于道以止于道也。道者何？忠恕是也。忠恕者何？“施诸己而不愿，亦勿施于人。”“施诸己而不愿，亦勿施于人”者何？求子必尽事父之道，求臣必尽事君之道，求弟必尽事兄之道，求朋友必尽先施之道是也。求子臣弟友之道者何？庸言必信，庸行必谨，以造乎笃实之地是也。尽道不外于忠恕，尽忠恕不外于子臣弟友，尽子臣弟友不外于言行笃实。可见中庸之道即日用常行之道，惟率其性之自然，即无往而非道矣。惟笃实即是诚，到得诚，方合得道。

天命之性，随处充满，不假于外。素位而不愿乎外者，身在是，心亦在是。率性而行，无往而非天命之性所充满流行也。“无入而不自得”，以率性而行，自得夫天命之本真也。“正己而不求人”，则不怨不尤，所谓自得也。率性便是居易，《中庸》之谓“易以俟命”者，尽人合天，俟天之命也。此君子反身之学也。反身者，率性而行，求合天命，不假于外也。

“君子之道”，一而已矣。以为有远近高卑者，远近非两处，高卑非两地，远即在迩之中，高即在卑之中。求道者如此，然后进道不差。故下学人事，便是上达天理。尽性至命，必本于孝弟，未有道不行于妻子兄弟父母，而能尽人尽物穷神知化者也。舜之大孝，文王之无忧，武周之达孝，孔子之九经，都是从修身齐家做起去，此自迩自卑之本旨也。故《费隐》章曰：“君子之道，造端乎夫妇。及其至也，察乎天地。”

天命之性之流行，道尽之矣。道之所以为道，阴阳尽之矣。曰阴阳，则鬼神尽之矣。曰鬼神，则诚尽之矣。不见不闻，体物不遗，鬼神之无所不在，便是道之无所不在，人所以不可须臾离道也。如在上，如在左右，不可度，矧可射，鬼神无所不在之真机也。“诚之不可掩”，正见鬼神之德之盛也。诚者，即天命之性之实能，乃道之所以为道者也。鬼神无所不在之真机，妙于吾心之独知，乃独之不睹不闻，莫见莫显，为动之微，为吉凶之先见，故曰真机。慎独者，慎此真机耳。慎独则诚，诚则体用一原，显微无间，不见不闻，体物不遗之道在我矣。是曰尽性，是曰至命，是曰合天。

舜之大孝，文王之无忧，周公成文武之德，武周之善继善述，都是率其性之自然，都是道之所在，皆诚者之圣人也，能尽其性者也。

孔子答哀公问政，自“为政在人”至“则知所以治天下国家”，是言以内圣之德而为外王之业也，见人存则政举也。自“凡为天下国家有九经”至“虽柔必强”，是言外王之业本于内圣之德，见政举由人存也。

子思记孔子论政于舜、文、武、周公之后，盖此一章，为学为政，体用兼该，本末具举；天德王道，一以贯之；二帝三王道统治统之传，为君为师之道；皆集大成而无遗。中庸之所以为中庸，于斯至矣。

身者，天下国家之本也。修身以道，即达道之道，身外无道矣。修道以仁，即达德之仁，仁外无道矣。从道字内生出个仁字,仁所以尽道也。又从仁字内推出个义与礼,义与礼所以尽仁也。曰知曰勇,与仁相并为三达德,与前章三达德相应也。又从三达德归结在一“诚”字,后面天道人道,又是自此生出。诚者实理,乃天命之性之根砥。修身以道,修道以仁者,此也。体之为五达道、三达德,措之天下为九经,见之于身为言事行道,其要不过曰明善诚身,其工夫不过曰学问思辨行,总是一个人存道理。人存者,修身而已。

仁者,人也。可见人之所以得为人者,以有比仁尔;失此仁,则不得为人矣。曰义曰礼,都是成此一个仁,以仁其身耳。

自“君子不可以不修身”说到“知天”,正见君子修身以道,修道以仁。“亲亲之杀,尊贤之等”,都不是人安排得的,乃出于天而不可易者,所谓性也。故率性便是道。必知此“天”字大头脑,然后“诚”字有着落。下文言“诚者,天之道”,就本此“天”字。

“知斯三者”,“知”字最重。凡人不能修身、治人、治天下国家,只因失此真知。有此真知,则好学、力行、知耻工夫俱作实去做。“及其知之一也”,也在此真知;“及其成功一也”,也在此真知。由是人己一理,身无不修,其于天下国家一以贯之矣。

夫子因修身、亲亲、尊贤而推天下国家之九经,因达道、达德、九经行之者一而推事豫之立,又因在上者而推及在下者,可以见一贯之理。

“齐明盛服,非礼不动,所以修身也。”孔子曰知及,曰仁守,即齐明也;曰庄莅,即盛服也;曰动之以礼,即非礼勿动也。此修身之全功也,而齐明则尽之矣。

“凡为天下国家有九经，所以行之者一也。”一即诚也，诚者，此心实理也。本此诚而为己，则著于言事行道之实；推此诚而为人，则通于君民亲友之间，无上下，无古今，无内外，一以贯之者也。豫即立诚，即前定之旨也；不跲困，不疚穷，以全得此心之实理，故自然无此等病痛；而获上、治民、悦亲、信友俱是一实理通之，其实落下手则在明善诚身而已。明善诚身者，慎独也。惟慎独则明诚同体而并彻。

子思约曾子诚意、正心、修身之旨曰诚身，约曾子格物致知之旨曰明善。此真是圣学正体。

“诚者，天之道”，天命之性之本然也。“诚之者，人之道”，修道以复夫性者之当然也。由择善固执之学以造于明善诚身之地，是由知行之并进以造于知行之合一，可以见慎独之全功矣。

博学、审问、慎思、明辨，惟精以求惟一也；笃行，惟一以守惟精也。学问思辨，此行不害其为先；笃行，此学问思辨不害其为后；是知行虽若有二功而实无二理。学问思辨既真，则笃行并切；笃行既至，则学问思辨益至；是知行虽若为二事而实无二功。精而一，一而精，慎独之学至矣。慎独者，知行合一之旨也。

“诚则明矣”，合下就是知行合一的本体。明善、诚身，同体并妙，率性者也。“明则诚矣”，先明乎善，乃诚乎身；先明诸心，知所往为行以求至，修道者也。诚则无不明，明则可至于诚，就诚明合一不相离中，见出成功而一之意。

天命之性，合天地人物而一原者也。诚即性之实理，性即诚之实体。至诚尽性，便连人物之性、天地之化育一齐都尽了，而又历言之者，正以见尽性之全功也。至诚，便是致中和之君子。

至诚尽性，不思不勉，无可致者也。“其次致曲”，择善固执者也。曲，一念之诚也。致曲，则念念皆诚，故曰曲能有诚。好学、力行、知耻，此致曲也。学问思辨行，弗能弗知，弗得弗明，弗笃弗措，此致曲也。形著明，诚之自内而外也；动变化，诚之自己而人也；到此处，则内外人己一以贯之。由修道之教而至于率性之地，天命之本体复矣。

“善，必先知之；不善，必先知之”，即《易》之“几者，动之微，吉凶之先见”之旨也。先知即先见也，先知即知几之学也。知几之学，慎独也。常人有不善，不能知，知而复行，只因失此先知之几耳。

孔子曰：“先觉者，其贤乎！”先知先见，即先觉也。先知，则先天而天弗违，天命之性在我矣，是先天之学也。

诚曰自成，乃天命之性本然者也。道曰自道，乃由修道之教以造率性之地当然者也。“诚者物之终始”，即诚之自成也。“不诚无物”，则不能自道而失其自成之诚矣。“君子诚之为贵”，是尽自道之责以求自成也。自成、自道，若专于成己矣。然诚者，万物一源者也。成己之功必至成物，成物之功不出成己。观仁智所性之德，则诚本合内外之道，无分物我之异，而因时制宜，莫非诚之所化裁矣。盖以人己分仁智，以仁智分内外，是所性之散见，莫非一诚以为之流行也。合内外而言仁智，合仁智而言人己，是皆所性之浑全，莫非一诚以为之统体也。所以君子之学，必至于物我无间，时措皆宜，然后于自成本然之体，自道当然之责无馀欠也。

“至诚无息”，圣人尽己之性，尽人物之性，赞化育，参天地，俱备矣。无息，诚之运也久，诚之恒也征，诚之著也悠远，诚之验也博厚，诚之积也高明，诚之发也一齐并妙，非有先后，盛德大业之至也。“博厚，所以载物”三节，极言至诚之与天地同体用，本于自然，见圣人之尽性，只是率其天命之性之本然也。“天地之道，博也，厚也”三节，言天地之道惟诚一不贰，故能极其盛而生物之多至不可测，是举天地以明圣人也。末引文王之诗，是见天地圣人混合为一，圣人即天地，天地即圣人矣。从至诚说到天地，又从天地说到至诚，可见吾性是天地万物之一源也。思诚君子，可不求致中和之本于慎独乎？由慎独便可纯，便可不已，纯一不已，便是致中和，便是至诚尽性。洋洋即优优之统体，是大莫能载者也。优优即洋洋之散见，是小莫能破者也。合大小而不遗不外，正见圣人之道之大也。圣人之道，即我之德性也；我之德性，合大小而不遗不外，故必尊德性，然后为至德，然后可拟至道。欲尊德性，只是道问学。盖德性之外无问学，道问学正所以尊德性也。德性本自广大，本自精微，本自高明，本自中庸，本是故物，本是日新，本是厚，本是礼，君子致之，尽之，极之，道之，温之，知之，致之，崇之，皆道问学之功而尊德性之事也。德立则道凝，故可上可下，可治可乱，处处皆德性之流行，便处处是学问之充满矣。末引明哲保身之诗，德性之本体大用昭晰不二，是明哲至德有于我，至道凝于我；是保身、尊德性、道问学之实功，只是慎独；慎独则知行合一，显微合一，内外合一。吁！精妙已哉！

不闻性与天道，不可以制礼作乐，是德者作礼乐之本也。然又须看位与时。若孔子有其德矣，然而从周，不敢作礼乐，以无位与时也。是见尊德性而道问学之实功，为下可以不倍无道，可以有道。

道之大原出于天，天外无道；其实体备于人，人外无道。与天同德，是谓知天；全尽人道，是谓知人。天人无二理，知天知人非二事。知天则无疑，而不悖者即在其中矣；知人则不惑，而不谬者即在其中矣。不疑不悖，不谬不惑，是天人合一，本诸身而征诸庶民者，一以贯之矣。故世道、世法不厌有望，有以合天下后世之人心而无贰也。是见尊德性、道问学之实功，为上可以不骄有道，可以兴邦。

子思论天道人道，而终之以仲尼祖述宪章，上律下袭，盖至诚之道备于天地，为群圣所同尽，而夫子则会其全而要其极，合内外本末，一以贯之者也。

以不害不悖之小德，并育并行之大德，明天地之道之大，以见圣人之譬如天地者，即譬乎此耳。分殊者，是理一的分殊；理一者，是那分殊的理一。体用一原，显微无间者也。仲尼一以贯之之妙，只是体原显微无间而已。

至圣以聪明睿智之资，具仁义礼智之德，其足以有容、有临、有执、有敬、有别者，乃合下自然如此，尽其性而尽人物、赞化育胥此也，至诚无息而久征、悠远、博厚、高明胥此也。以五者之德之积，便是溥博渊泉；以五者之德之发，便是时出。其德之积不足以形容之也，则言如天、如渊以赞之；其德之发不能以摹写之也，则言民莫不敬信悦以征之；充积之德之所见所言所行犹不足以形容摹写之也，故又极中国蛮貊莫不尊亲，以见德化之所潜孚，不必见与言与行而皆知敬信悦，而以配天终之。盛德大业至矣哉！可见致中和而位育者，乃本等事也。

生知，便包了安行仁义礼智之德，总全于聪明睿知之内，容执敬别之施，总括于有临之内。

经纶、立本、知化，通是率其性之自然者也。诚者，天命之性之本然也。至诚者，不过能全其天命之性之本然耳。“夫焉有所倚”，中和之极，存即是天命之性之全体，发即是天命之性之流行，乃至诚之心体也。“肫肫”，以至诚心体之真切者言之；“渊渊”，以至诚心体之凝寂者言之；“浩浩”，以至诚心体之广大者言之。此唯具聪明睿知之资，达仁义礼智之德者，方能知之。此二章，可以见诚明之性也。然则自明而诚之君子，可不知由教以入哉？后章是自明而诚，由教以入者也。

“自诚明，谓之性”以后逐章，分天道，分人道，亦未必然。说天道就是见人道，说人道就是见天道，通只是欲人尽人道以合天道耳。即前面分某章为费，某章为隐，某章为兼费隐，亦未必然。《中庸》无一章不是体用一原、显微无间之理也。

“衣锦尚䌹”一章，学问之极功，圣人之能事，中庸归宿之地也。暗然者，德性之尊；日章者，是性真之不容泯、不容息处，此一篇之纲领。“潜伏”“屋漏”二诗，见暗然之意；“靡争”“百辟”二诗，见日章之意。

为己、知几，是一事，非二事，以为己之心为知几之学也。“知远之近”，物我合一也；“知风之自”，心身合一也；“知微之显”，内外合一也，慎独是也。

“君子之不可及”，唯在人之所不见慎独也。“不动而敬，不言而信”，只是见慎独之至，乃所以为为己之实学也。慎独者，合动静而一之。人所不见，即人所不睹闻而己所独知也。慎独，则存养省察，一时并妙，非先省察而后存养也。曰敬曰信，总括于慎独之内矣。极而言之，纯一不息，无形迹可拟，是笃恭矣，所谓致中和矣。由民劝、民威至于天下平，中和致而位育神矣。

《中庸》首言“天命之性”，终言“上天之载”，始终以天，则中庸之道，不过尽人合天而已。慎独者，尽人合天者也。高乎此者，是佛老之空寂；卑乎此者，是世俗之功利；以外乎天也，不中也，不庸也。

“中庸”二字，乃形容吾道之情状也。合于天为性，率乎性为道，修乎道为教。其道之本体，曰中曰和；其本体之所该贯，曰天地万物；其本体之至无而至有，曰费隐；其本体至无至有之灵妙，曰鬼神；其本体之实备于人为达道，为达德，为九经，为三重，为三千，为三百；其实体是道者，为舜之知，为回之仁，为子路之勇，为舜之大孝，为文之无忧，为武周之达孝；其一以贯之者，为孔子之祖述宪章，上律下袭；其效之至，曰参赞，曰配天，曰笃恭，而天下平；其统括于一，则谓之诚；其行之自然勉然，则有诚者、诚之者；其诚之者之事，则在择善固执；其择善固执之事，则在学问思辨行；其学问思辨行之要领，则在尊德性、道问学；其实落下手工夫，则曰慎独而已。知几者，慎独也；为己者，实落做慎独工夫也。知慎独者，可与言中庸矣。

《四书近语》卷二

四书近语　卷三

明清平孙应鳌山甫撰

一部《论语》，圣人惟教人以求仁。其第一章首提学字，不言何学，则学者学此仁而已。自不睹不闻以及于起居日用，无时无处不是此学，方是时习。如此，则此心之仁，无有间断，天理流行，人欲净尽，即是说。此一节是终身工夫。朋来而乐，乐即说也。“不知而不愠”，不愠亦即说也。朋来则大家做时习工夫，何等乐！不知时习工夫，亦如往昔，有何愠？后二节特自人知与不知而言耳。其纲领总在“学”字内，工夫总在“时习”内，自得之妙总在“说”字内，圣人所以为教，君子所以为学，不逾于此矣。

首章言学，次章即引有子“孝弟为仁之本”之言，可见学仁工夫就从孝弟做起。盖仁者以天地万物为一体，不虑而知为吾之良知，不学而能为吾之良能，爱亲敬长便是良知良能之最真切处。从此爱亲敬长孝弟之良心栽培起，一毫不丧失，由是达之天下，无一物不爱，无一物不济，充满此良心之量，与天地万物为一体，其根本信有在矣。可见圣贤学问只在人伦日用上做，外此皆非吾之学也。

圣门之学，主于求仁。仁，人心也。言者，心之声。色者，心之著。有为己之心，则发于言，征于色，无非为己。有为人之心，则发于言，征于色，无非为人。曰“巧言令色，鲜矣仁”，是教人不要在言色上做工夫，当在为己求仁上做工夫也。

观巧言令色之鲜仁，则正容貌而远暴慢，出词气而远鄙倍，正颜色而近信之为仁可知矣。

曾子三省，看省字何等用功密切！吾人心体，在处人则为忠，在处友则为信，在事师则为习。省其有不忠、不信、不习，正是戒自欺而求自慊也。此便见曾子诚意慎独之实处。

曾子之传习，必至“仁以为己任，死而后已”。颜子之传习，必至“既竭吾才，如有所立卓尔”。不如颜曾，不得谓之传习也。

“道千乘之国”，总是见以仁心而行仁政，实千古王道之本也。敬事则此心不敢忽，信则此心不敢欺，节用则此心不敢侈肆，爱人则此心不敢残忍，使时则此心不敢劳伤乎人。要之，只一“敬”字却又都该贯了。敬者，帝王相传之心法也。

弟子入孝出弟一节，便是“蒙以养正，圣功也”。今日之弟子，即他日之人才，凡国家兴替、治道隆污，皆由于此。古人教弟子先孝弟，今人教弟子先学文，古今人才所以相去之远。

“行有馀力，则以学文”，非是尽行五者而后学文，只是要人识先后、轻重、本末之分耳。

尽“贤贤易色”四者之大伦，虽未学，而必谓之已学；不能尽此四者之大伦，即虽已学，而与未学同可知矣。此处令人深省，学不明伦，所学何事?

“君子不重”一章，正见切己之学。学在修身，故必威重。学在正心，故必主忠信。学在资人，故必友胜己。学在反己，故必贵改过。四者之中，忠信又学之本也。

“慎终，追远”，因此心不可改之爱，敦此性不容泯之良，故民德自然归厚。

夫子之温良恭俭让，就是尧之允恭克让，舜之温恭允塞，禹之不矜不伐，文之徽柔懿恭，通是性天之流行，圣人有不自知者，真有与人并生、与物同春之意。使其得位，则时雍协和之化，是亦尧舜而已矣。

人子以善继其志为孝，故父在观志。人子以善述其事为孝，故父没观行。三年无改，亦欲其成善继善述之孝云尔。

“礼之用，和为贵。”礼之出于自然处，即是和。有子之所谓和，乃礼中之和，天下之所可贵，先王之所以行者也，故“小大由之”。“有所不行”，即不足贵之意。盖“知和”之“和”，即是外礼为和，乃后世之弊，非先王之道，故不可行也。先王本之以礼，而出之以和，故其为礼，皆自然之节。后世徒一于和，而不知本之以礼，故其为和，非本然之真。君子察于兴废之故，而求得礼之全体以行之，则自吾之身心，以达之天下国家，裕如矣。

有信而不近义者，义以成信，易其心而后语也。有恭而不近礼者，礼之致恭，安其身而后动也。有因而失其所亲者，亲以择因，定其交而后求也。

为学之志，在不为外物所夺。其学之实，用力处只在慎言敏行。故不求安饱者，工夫正在于此。“就有道而正”，是正自己之言行，欲与圣贤“大中至正”之道同归也。今之学者，劈初头就被安饱二字坏了，孰肯着实在自己言行上用功？有知在自己言行上用功，却又自是自足，孰肯就正有道？故好学之未见其人也。

贫而乐者，处富必能好礼；富而好礼者，处贫必能乐；以其化也。故周公之“赤舄几几”，孔子之“饭疏饮水”，易地皆然。就贫言乐，非好礼者不能乐。就富言好礼，非乐者不能好礼。

“患不知人”，其知人欲以成己也。不能居敬穷理，自己取舍不定，是非不明，无以为反身修德之资矣。

子曰：“不患人之不己知，患其不能。”患其不能者，非求人之己知也，求在我者也。又曰：“君子病无能，不病人之不己知。”病无能者，非求人之己知也，求在我者也。又曰：“不患莫己知，求为可知。”求可知者，非求人之已知也，求在我者也。又曰:“不患人之不己知,患不知人。”患不知人者,非求人之己知也,求在我者也。知所求在我,然后知为己之实学矣。

“为政以德”,非全然一无所为也。盖以德为本,许多法制禁令,无非德之运用,总是为所当为,而无一毫伪为于其间也。程子曰:“有天德,便可语王道。”何为天德?曰正心诚意。

“思无邪”一言,足以尽三百之旨。圣人教人求经于心也。思者,诗之所由起。无邪者,思之所由正。“思无邪”,则性情得而无失矣。虽有三百之多,总是要人反约在自己性情而求无失其心耳。盖六经之道虽殊,而反约之功则一,推之而《易》之时,《书》之中,《春秋》之是非,《礼》《乐》之和序,无不自得于心矣。

道政齐刑,是徒法也;道德齐礼,总是德礼贯彻,虽有政刑,亦德礼之融会,非徒善也。盖以刑政治民,则民相率而逃于刑政之外;以德礼化民,则民相率而归于德礼之中,以德与礼皆人心之同然也。德即礼之实体,礼即德之条节。

“吾十有五”,首言学而终言矩。矩,即学之矩度,与文王“顺帝之则”“则”字同,即《大学》内“絜矩”之矩,乃格致诚正修齐平治之至当至妙法子,为吾心天然之帝则也。中间露“天命”二字,则前面所谓立与不惑,后面所谓耳顺、不逾矩之本体，皆可见矣。是圣人之学，始也以至命为事，终也则命自我立，而无复馀学矣。

圣人之学，首言一志字，即后面到从心不逾矩之域，亦只完得当日一点为学之志耳。故学莫大于立志。阳明曰："虽至于不逾矩，亦由志之不逾矩也。"

曰"从心所欲，不逾矩"，即心是矩，矩不在于心之外。

"无违"何以谓孝？盖以道奉亲，以义奉亲，以圣贤待其亲；不以非分所得加其亲，不以世俗苟且之心事其亲，不以有过陷其亲，所以为孝。

体父母之忧疾，何以谓孝？盖人子无不敬也，敬身为大。常体父母忧疾之心，则一起居不敢忘父母，一言语不敢忘父母，一饮食不敢忘父母，虽至临终之时，启手启足，不至毁伤，然后免焉，所以为孝。能敬，何以谓孝？盖敬非出于养之外。养以将敬，所以奉亲之口体者，一诚实之流通；敬以行养，所以适亲之志意者，一真纯之浃洽，非严威俨恪之谓也。推之，如事天之明，如事地之察，无一毫苟且慢忽之意，方才是敬，所以为孝。

承顺父母之色，何以谓孝？盖服劳者取足于力，奉养者取足于物，不足为孝。惟愉色婉容，根著于心。故必有深爱存于中，好货财、私妻子之念一毫不能迁，纯然赤子之良，自然根心生色，聚百顺以事亲，无勉强乖戾之意，所以为孝。

吕泾野曰："答孝四章，一是循理，一是守身，一是敬亲，一是爱亲。"

泾野曰："夫子于人，有不可与言者，有欲无言者，有与终日言者。不似今人开口便道一贯。"又曰："要知终日所言者何事，颜子之所谓愚，正夫子之所谓默也，是作圣本体。"

颜子之学，终日言，与圣心一也；不言，亦一也；有所问，与圣心一也；不问，亦一也。如愚之妙，正所以成不愚之真耳。

颜子岂但发圣人所言之理于退私之时，且能发圣人之蕴教万世无穷。无他，只是得博约合一之真传耳。

视人所以，观人所由，察人所安，又要自视己之所以如何，自观己之所由如何，自察己之所安如何。

君子之学，为己而已。而圣人每示人以知人观人之法，何也？盖知人不真，观人不明，则在下共学无以为身心性情之助，在上共治无以任齐治均平之责，故知人观人皆为己也。

天地万物真实之理，根于人心，一定不易，所谓故也。天地万物流行之用，妙于人心，推运不息，所谓新也。温之，是不失吾之故物；知之，是不匮吾之真机。此心学也，圣学也。孔子为万世师，以是耳。新即在于故之中，知不出于温之外。

《中庸》温故知新，入在尊德性、道问学诸目内。此则单提言之，而尊德性、道问学俱亦包括无馀矣。

君子之道，为天下国家，无所往而不利，非若器之有所可、有所不可也。孔子圣之时，以其得乎道而不拘于器。器者，方圆之谓。君子之道，则规矩方圆之至也。

先行后言，是君子第一切己功夫。大率君子所行者，多是所未言，故曰“先行其言”。其所言者，多是所已行，故曰“而后从之”。非将言之时，且忍默以待行；既行之后，遂急遽以自言也。

君子以同道为朋，故周而不比；小人以同利为朋，故比而不周。一念公私之间，毫厘千里之辨。

学而思，思而学，知行合一之旨也。天下之道，管于一心，而通之在思；散于万事，而体之在学。学而思，则学非事为之粗迹，思以善其事矣。思而学，则思非无实之虚见，学以善其思矣。不然，则各有一偏之弊。罔者，心之未融也。殆者，心之无据也。思学工夫，非先后，非对待，一齐具备到，即博约并进也。

道，一而已矣。在天为命，在人为性。其伦，父子、君臣、夫妇、兄弟、朋友。其知此为智，行此为仁，强此为勇。其得此为帝，为王，为师。其总之名曰中，高乎此为太过，下乎此为不及，异乎此为异端。攻异端而为害大，此圣人深戒。学者当正其学术，不可他用其心。学术一偏，为害甚大。害者，自我身心以及家国天下也。孟子曰：“反经而已。”经正，则庶民兴；庶民兴，斯无邪慝；孔孟所以为吾道之宗主。

君子之学，以致知为要领，以自知为实地。知与不知，此心何等明白，是谓良知。必于此处不欺，方谓致知。内不欺己，外不欺人，不失其所已知，日求其所未知，而德性之知愈光大矣。

子张学干禄，为干禄而学也。为干禄而学，故于多闻多见上做工夫，而疑与殆都不顾，岂能克慎言行？此子张务外之失也。夫子谓闻见不多，则言行固无资，但其要则归于阙其疑殆，以慎吾之言行耳。慎言慎行，则不牿于闻见，而多闻多见，莫非吾身心之益，自然寡尤寡悔。由是德日崇，业日广，闻誉日施，不求人知，人自无不知，不求世用，世自我用，故曰禄在其中。是教子张当为身心而学，不当为干禄而学也。

哀公问何为民服，便为民有不服者而发。盖民情之异习，惟直与枉。治体之大端，惟举与错。举错公，则天下自然以劝以惩矣，不必求服于民也。直，即三代所以直道而行，枉者反此。

民之敬忠与好善恶恶，乃其常性，亦良知良能之不容泯者。但其礼其本，在上而不在下。"临之以庄"，自我立礼也。"孝慈"，自我立爱也。"举善而教不能"，自我立政也。初非有所使于民，而民之敬忠以劝，亦不待于使而然也。

“子奚不为政”，或人之所疑者，位也。“施于有政，是亦为政”，夫子之所喻者，道也。得位，固足以行道；有道，亦不必于得位。故道行于上，则政为天下之公，而非有所加；道行于下，则政为一家之私，而非有所损。君之用舍，己之出处，皆不必论矣。圣人素位而行如此。

信者，心之实理也，所以通天下之志者也。无信，则此心实理不存，此身即为虚器。心无实理，事安有实行？故不可行也。

夫子答子张“十世可知”之问，即其“考诸三王而不谬”者，因以为“百世以俟圣人而不惑者也”。观夏殷周之所因，只是万世一个经常不变之礼，其所损益者，乃各一时通变之宜。百世可知，况十世乎？君子之学，只求其所可知者耳。谶纬术数之学，不必知者也。

非其鬼，不必祭，不为其所不当为也。见义必为，为其所当为也。义者，根于心，形于气。义之所发，即是勇。

季氏舞八佾，提出“可忍”二字，就心之所不能安者言之也。三家歌《雍》彻，提出“奚取”二字，就义之所不当为者言之也。

礼乐由人心而生。心无私意，浑然天理之谓仁。仁者，天地生生之德。这生生之德，陈列之而有序，便是礼；

流行之而不乖，便是乐。若人全得这生生之德，至公无私，天理充周，存之自无不中，发之自无不和，自然声为律，身为度，礼与天地同节，乐与天地同和。人若不仁，则不序不和，心已丧失，其如礼乐何哉？可见用礼乐者，不当强事礼乐之文，贵在能探礼乐之本。

朱子谓："得礼之本，则礼之全体无不在其中。"此言极当深玩。盖礼之本，俭而已矣。以其文未备，故为簠簋、笾豆、章服之饰，所以文其率真之性。丧之本，戚而已矣。以其情无节，故为麻衰哭踊之数，所以节其无已之情，故俭。戚虽非礼之中，而实为礼之本。本立则末从之，逐末者未有能知本者也。

夷狄有君，不如诸夏之无，提一"有"字，提一"无"字，即夷狄以悼中国之衰，此《春秋》之所以作。

泰山不歆非礼之祭，犹林放不尚无本之礼。

君子以乐治心，无斯须不和；以礼治躬，无斯须不敬。何争之有？今即射之揖让升饮观之，容体无不比于礼，节奏无不比于乐，纯然尚德而不尚力，可见无争乃君子之能事。而其争乃争于礼乐，而非若小人之争矣，非于射而后有争之说。

子夏在圣门，以文学名，此只是考究于礼之文，而未尝探乎礼之本。其问"素以为绚"者，以天下之物，质之不可以为文，犹文之不可以为质，此所以致疑而求辨也。圣人不与他论文质，但唤他以先后，知绘事之不可先素，则知素以为绚矣。

子夏得工人之所以为艺，而因悟君子之所以为礼，一言契道，真是难得，所以卒能传经西河，衍夫子三百篇之教于后世也。

能言夏商之礼，见圣人好古之真。杞宋不足以征，则当世阙略之弊。夫子之意，欲取已往之制，立百王之法。文献不足，夫子之心孤矣。他日答颜渊"问为邦"，而斟酌四代礼乐以立极，即思杞宋之心也。

禘自既灌而往，不欲观，以僭礼为讳，以渎礼为讥，圣人之意深矣。问禘，答以不知，而又曰知其说者之于天下，如指掌，则能知禘之深者，唯夫子矣。知其说而必自治天下言，则可行禘之礼者，唯夫子矣。

前言不欲观禘，而即以问禘之说；如在之祭继之，可见不王，不可以禘；不诚，不可以祭。

奥之与灶，有当事之人，有当事之礼。但一有媚心，便逆理了。天即理也。天不可祷，又何择其灶而事之乎？夫子以获罪于天为无所祷。他日又曰："丘之祷久矣！"可见圣人即天。世人只因一媚字，所以不可救。圣人只认得一天字，所以不可及。

夏尚忠、商尚质、周尚文之说，乃汉儒因孔子赞周郁郁之文，而牵合附会以为斯言也。洪荒之世，其民朴野，黄帝、尧、舜立极，风气渐开，人文渐著，天下无一日不趋于文，犹水之就下，不可挽也。唐虞之视结绳已为文，夏商之视唐虞，则唐虞为质而夏商为文。圣人欲反朴野而不可得，而乌有忠之敝愚、质之敝野之说哉？《书》曰："武王克商，反商政，政由旧。"武王有周而欲循商之旧，则成汤有商而欲循禹之旧，可知也，而乌有救忠以质、救质以文之说哉？周公制礼作乐，经制大备，非以繁文缛节导天下也，因天下日趋于文，犹水之就下，不可挽也，而文之弊将滋盛而不可救，故预为之制，曲为之防。盖酌文之中以救质之漓，故其度数品节之详，若曰至此可以已矣，不可复过矣，而天下后世见其度数品节之详，遂曰尚文，不亦谬哉！故孔子曰："周监于二代，郁郁乎文哉！"则文质合宜之谓，非以文灭质之谓也。赞周为郁郁之文，犹赞尧为焕乎文耳，而遂谓周之尚文耶？文之流弊，至秦世其害极矣。汉兴，董仲舒得其意而滞其原，犹武帝损周之文，用夏之忠，不知孔子从周即从先进之意，非从其繁文缛节也。司马迁因衍为循环之说，夫世道可以言循环，而王道不可以言循环也。世道治极而乱，纵横变怪，则质敝于文之极也，乱极将治，天造草昧，则文返于质之始也，无一代开辟不是如此。武王、周公方返虞夏之质不可得，而谓虞夏求周之文而未至耶？善治天下者，使之无失其质，则天下可常保其治，而武周监二代之意，孔子从周之旨，庶不失矣。

入太庙，每事问。或人以不问为知，夫子以所问为礼。

解者曰：礼者，敬而已矣。敬谨处便是礼。不知而问，礼也；知而亦问，亦礼也。不敬谨，便不是礼。不知不问，非礼也；知而不问，亦非礼也。

"射不主皮"，举力以见德，举古以伤今也。

告朔之礼，国家之大典；饩羊之供，国家之小费。事有无关于大而可去其小者，有因小可以存大者，观孔子、子贡所爱之大小，而用心之大小亦即可见矣。

"事君尽礼"，礼者，大中至正之则。过于礼，不得；不及于礼，亦不得；亢亦不得，谄亦不得。故曰："拜下，礼也。"今拜乎上，泰也。虽违众，吾从下。圣人只知道一个礼，不知其他。

使臣之礼，事君之忠，皆本于天。心，天然之则，特因上下异名。事君忠矣，必将以礼，孔子曰"事君尽礼"是也。使臣礼矣，而必本于忠，孔子曰"忠信重禄"是也。

淫与伤，即在哀乐内见之。乐失其正，便淫；乐不淫，是乐得其正。哀失其正，便伤；哀不伤，是哀得其正。就此即可以识性情之本，体此《关雎》所以为修身齐家之诗也。

"使民战栗"一语，真是一言丧邦。凡说之，欲其从；谏之，欲其改；咎之，欲其知失。宰我之谬，验之于迹，则为已成;揆之于势,则为已遂;稽之于时,则为已往。举已往之不谏,明将来之可追。孔子非弃子予,乃教子予也。

管仲以其君霸,人孰不以为大器?孔子独谓其小。故君子必诚意、正心、修身,以达于家国天下。天地万物,浑然同体,不以一毫私欲自累,不以一毫私欲自蔽。得志,与民由之;不得志,独行其道。如尧、舜、禹、汤之为君,皋、夔、伊、傅、周、召之为臣,孔子之为师,颜、曾、思、孟之为儒,方为大器。大器,然后能俭;大器,然后知礼。管仲不能俭,不知礼,正见他器小。

孔子见得古乐虽废,其理未尝隐,求其理,则乐自可知。闻于齐、观于周者,皆不外此。始、从、成,乃乐之三节。翕、纯、皦、绎,乃三节中节奏。此数句,乃作乐一部全经也。惜孔子所正之乐既不传于后世,而后之泥于器数,迷其本始,各立异说者,愈不足以求乐之真矣。

“天下无道久矣”,即孟子“以其数则过,以其时考之则可”之意。“天将以夫子为木铎”,即孟子“天欲平治天下,舍我其谁”之意。孔子见信于人,孟子自信于已。

夫子论《韶》《武》之乐,所谓闻乐知德也。美是成功之象,见于乐之文者;善是成功之本,所以为乐文之情者,即德也。夫子非品论大舜与武王,是论《韶》乐与《武》乐,而二圣不相掩之实亦自见矣。

宽、敬、哀，本之心而发诸外者。吾何以观之？本之则无，其馀不足言矣。

人之所以得为知者，以其择仁而处也。苟择不处仁，一则失身于匪人，而放僻邪侈之心恣；一则受变于薄俗，而礼义廉耻之道丧；自失甚矣，焉得为知？可见知者所以成其仁也。

人心只是一个仁。仁之本体，全具于吾心。富贵贫贱，外物也，何能加损于心？惟不仁之人私欲锢蔽，失其本心。故处约，则心日戚一日，必至于滥；处乐，则心日放一日，必至于淫。唯仁智之人能善事。其心仁，则此心之无私；无私，则心公；心公，则理得，自然安仁。知，则此心之能别；能别，则知明；知明，则守固，自然利仁。安利虽有浅深，皆能善处约乐，皆非外物所能夺而有，以不失其本心也。

好善恶恶，人心之公。不仁之人，此心全是私意，故好只是作好，恶只是作恶。唯仁人浑然天理，故有所好也，因其可好；有所恶也，因其可恶；一毫己私不与焉，故谓能好人，能恶人。达而在上，执惩劝以议法；穷而在下，托是非以明道；无非此者。人心本然之天理，本无不善，本无恶，所谓仁也。但患人不志于仁耳。志于仁，便无恶，心存也。不志于仁，便恶，心亡也。人莫不慕善而恶恶，而其究也，卒不免恶人之归，志不立故也。故人莫大于立志。

君子为仁之全功，至精至密。富贵，不以道，不处；贫贱，不以道，不去；所以全仁也。若慕富贵、恶贫贱，是去仁而无以成其名矣。然君子为仁，不但此义利大关头，虽终食之间亦不违仁，仁不以终食而间也。又进之，虽造次亦不违仁，仁不以造次而间也。又进之，虽颠沛亦不违仁，仁不以颠沛而间也。可见君子无一事而不体仁，无一时而不体仁，无一处而不体仁。取舍存养，对待皆是。

圣人首言好仁、恶不仁者之未见，继言用力于好仁、恶不仁而力不足者之未见，又言或有力于好仁、恶不仁而力诚有不足者之未见，警人之意至矣。仁是我本有的，反不知好；不仁是我本无的，反不知恶。惜哉！

"好仁者，无以尚之。"今名曰好仁而外物犹得以尚之，是真好仁者之未见也；"恶不仁者，不使不仁加乎其身。"今名曰恶不仁而犹有不仁以加其身，是真恶不仁者之未见也。好仁者必恶不仁，恶不仁者好仁，要之只是一人。

仁者，人之本心也。人之有过，有出于本心之所不安者，有出于本心之所自安者，故观其过而辨之，则知人之所存之本心矣。《记》曰："与仁同功，其仁未可知也；与仁同过，然后其仁可知也。"

闻道，虽夕死亦可；则不闻道，虽长生无益。伊川曰："人苟有朝闻夕死之志，则不肯一日安于其所不安。何止一日，须臾亦不能安。"最唤醒人。

学者必须闻道，庶不虚生。如何谓闻道？此必须实修、实证、实悟始知，非言语可解。

学道，当先立志。耻恶衣恶食之人，便是无志之人，所以不足与议，以其驰逐于物欲而不取足于性分。

无适无莫，惟义与比，此君子廓然大公、物来顺应之学。若无适莫而无义以主之，是无舵之舟，无星之秤。故君子之无适莫者，正以无容心于适莫而惟比于义者。比义，自无适莫；适莫，自不比义。

怀德者，乐天之君子。怀刑者，畏天之君子也。怀土者，图安之小人。怀惠者，贪利之小人也。

好利则求，利未得而害已随之，故多怨。

“礼让为国。”礼者，防范人心、纲维世道者也。让则实心行礼，无一毫怠忽慢易之心，非骄泰悖戾之失。尧以克让而成时雍之化，舜以温恭而致风动之休，三代之治，莫不皆然。

位与名，是学者一生事业所在。非学，则无以立乎其位；非实，则无以彰乎其名。故君子求在我者，有其学，无其位可也；有其位，无其学，患莫大矣。有其实，无其名，可也；有其名，无其实，患莫大矣。

夫子所谓吾道，即尧、舜、禹、汤、文、武、周公相传之道；其谓一贯，即尧、舜“精一执中”之一。人若会得一，自一以贯之，无内外，无动静，无显微，无物我，易简而天下之理得矣。但圣人合下便是一贯，学者当从一贯上做工夫。故忠恕二字就是一贯，以天下之事物总不外忠恕一理以贯之也；而解者谓一贯，圣人事，忠恕，学者事，支离矣；又以忠当一，恕当贯，尤支离矣。

君子喻于义，则利不能入矣；小人喻于利，则义不能入矣。可不慎哉！

常人之情，见人之贤则嫉之，不然，则以其可惮而远之。君子见贤，唯惧己之无贤也，故思齐焉。常人之情，见不贤则笑之，不然，则以其可狎而亲之。君子见不贤，惟惧己之有不贤也，故内省焉，无往而非反己自修之学。

敬而不违，劳而不怨，正见其为几谏也。若深爱不根于中，则几谏必不行于亲。

父母在，不远游，人子体亲之心则然也。却又要看亲之心如何，故有违亲从学而亲悦者，有违亲事君而亲悦者。要之，贵得乎亲，贵顺乎亲也。

父母之年得加一日，则多一日之养，故喜；将来之日渐减，则将来之养亦减，故惧。故曰：“孝子爱日。”

古者言不出，耻躬不逮，故必有知耻之心，然后无一言之失。耻之于人大矣。孟子曰:“不耻不若人,何若人有?”不耻躬不逮,不耻不若人也。

“以约失之者鲜”,乃约束之约。慎言其馀,则可以寡尤;慎行其馀,则可以寡悔。故曰才检束,则日就规矩;才恣肆,则日就放荡。

“君子欲讷于言而敏于行。”欲者,君子之心也;言欲其讷,行欲其敏。讷言必敏行,始不徒讷,敏行则自讷于言也。

德者,天下之达德。易则易知,简则易从者也。易知则有亲,易从则有功。故不孤,必有邻。是以人贵有德。

人臣事君,欲以成君之美;交友,欲以成友之善。其谏者,理之合当如此也。然数见而至于辱与疏,则反以伤君臣之伦,破朋友之义。其不数谏者,亦理之合当如此也。求荣求亲之说非是。

圣人妻公冶、南容,必自素行取之,所以重德也。又以男女婚姻之际,必得其人,庶可齐家,又以重伦也。

鲁多君子,固足以成人之德。然使子贱无亲贤取友之诚,虽有君子,亦末如之何矣!故成德虽赖于人,而好善则由于己。

瑚琏虽贵重华美,终是一器。子贡之学多而能识,其未至不器者，未能一以贯之也。

仁则不佞，佞则不仁。“御人以口给，屡憎于人”，则在我之天理已亡，而人心之同然已失。“不知其仁”者，言自丧其心之理而不知也，所谓佞则不仁是也，非不知仲弓之仁之说。

子使漆雕开仕，欲其行道也。开以斯未能信，欲其明道也。不曰道而曰斯，盈天地间只是此理而已，再无别物，故直指之曰斯。信者，明诸心，体诸身，验之性情，征之物我，运之家国天下，无有一毫疑贰乖惑方是。此其志量，岂肯以力优从政自足？真是难得。子说之者，非说其不仕，说其信道也。

夫子欲乘桴浮海，伤道之不行，即欲居九夷之意，非实然也。“子路闻之喜”，是不以困苦流离贰其心者，可谓勇于义矣，是可以见其学之升堂也。但不能裁度事理以适于义，却又落在好勇不好学之弊，是可以见其未入于室也。

夫子称仲由“千乘之国，可使治赋”，即由之以有勇知方自任者也；称冉求“千室百乘，可使为宰”，即求之以足民自任者也；称公西赤“束带立朝”，即赤之以小相自任者也。师之知弟子，与弟子之自知，一毫不差，可见圣门之学者实如此。然夫子称三子之才而不许其仁。盖仁者，此心纯乎天理，无一毫人欲之私，是谓天德；王道不局于兵农礼乐，而兵农礼乐无不出之裕如。孔门唯颜、曾可以当之，非诸子之所及矣。

夫子因子贡平日只在闻见上做工夫，欲其如颜子反之于德性也，故有“汝与回，孰愈”之问。子贡仍落在闻见上较多寡，而以知十知二答之，真不逮颜子矣。故夫子曰：“弗如也，吾与汝弗如也。”与，犹许也，言信是汝不如颜子也。叹惜之而使之自悟也，非自知自屈之说。

君子庄敬日强，安肆日偷，故君子不使其躬俛俛焉如不终日。宰予在圣门，居言语之科，善为说词，非不能进于道者，乃尔昼寝，是谓安肆日偷，自画甚矣，故夫子正言以诛责之：天下惟朽木方不可雕，尔非朽木也，乃自画乎！天下惟粪土之墙方不可污，尔非粪土之墙也，乃自画乎！始吾于人，听言信行，将谓尔之所言即尔之所行，而可进于道矣。今吾于人，听言观行，不敢即尔之所言信尔之所行，而谓尔之真能进于道矣。此又即宰予平日之能言，以正今日昼寝之失，而深诛责其自画也。夫子大意，却是如此。

刚者，天地之直理，天地之正气。人得此直理正气以有生，善养无害，浑然无一物欲之累，方是刚者。若但有一物欲之累，如好货、好色、好功名、好官爵、好佚乐之类，心中丝毫粘滞，便不能刚。欲是不刚之病根，惟无欲，乃能刚而不屈，非不屈于欲也，亦非于欲相反也。或人以申枨为刚，是就气质上看。夫子以申枨有欲，不得为刚，是就心中粘滞隐微之处识破。人一生不得成大丈夫、真男子，只被一欲字埋没结果了。今纵不能如“质美者明得尽，渣滓便浑化”，亦当勇猛精进，用力克治，时时检点，庶几不负此生。

“我不欲人之加诸我，吾亦欲无加诸人”，此公己公人之事，乃天理流行之本体也，与“己欲立而立人，己欲达而达人”一个心地。夫子见得子贡之心尚有人己间隔，其所为学，欲克己而未能忘己，欲公物而未能忘物，虽所言所见到此地位，而所行所得尚未能到，故以“非尔所及”答之，使之实用其力，至于浑然物我同体，然后为自得。正是因其言而责其行，因其所见而期其所造也。安勉仁恕之说，再详。

圣人之学，无精粗、内外、显微、动静，而一以贯之。文章、性与天道非二也。自其著见者谓之文章，即性道之散殊；自其隐微者谓之性道，即文章之根本也。闻不是闻其说，是以了悟为闻。子贡至是乃得一贯之旨，谓初只看得文章，不晓得文章里有性与天道，又不晓得文章之外别有性与天道一项道理；至是乃知圣人动静语默，无非妙道精义所发，是性与天道至此乃得闻之也。“言”字，犹言所谓也，非言说之言也。性与天道，自吾人禀受谓之性，自天命运行谓之道。性即天命所赋予者，道即人性所自出者，一也。

子路乐善之心无穷，唯恐不敏于行，而汲汲皇皇之思恒存于未闻之先，故谓“唯恐有闻”。观子路“唯恐有闻”

之恐，与“闻过则喜”之喜，是何等勇于为善，所以为曾子所畏，孟子所尊。故先正欲人先学子路也。

好学，固难；敏而好学，尤难。问而不耻，固难；下问不耻，尤难。

事上不敬，则行己之恭为虚文；使民不义，则养民之惠为姑息。然行己恭，则事上之敬非容悦之私；养民惠，则使民之义无厉己之怨。君子之道四，又未始不相因也。

夫子在齐，与晏平仲处者八年。平仲沮夫子尼溪之封，而夫子犹称其与人久交之善，可见圣人无我之量，真同天地。

夫子讥臧文仲不智，讥窃位，讥不知礼，讥臧武仲要君，讥微生高不直。夫子非称人之恶也，所以正人心也。

忠者未必仁，仁者无不忠。清者未必仁，仁者无不清。夫子许子文之忠，而不许其仁。若微子、箕子、比干，忠者也，又许为三仁。夫子许陈文子之清，而不许其仁。若伯夷，清者也。又许为求仁得仁，亦在于当理无私心处剖决之耳。

再思可矣，正见思固不可无，而亦不必过也。不必泥著“再”字、“三”字。不可无，不可过，却正是此心天则宰事应物之正当处。

宁武子之智与愚，原非两截。自其显于外而行所无事之谓智，自其藏于中而深沉不灵之谓愚；若所以神明变通之则存乎其人。宁武子全君之绩，张良复仇之烈，狄仁杰返周之功，同是道。

“斐然成章”，是说他狂而简，但不能无过与不及耳。裁之，正欲其进狂简而为中行之士也。“不知所以裁之”，夫子自叹周流列国，志在行道，而不知归而裁之也，意欲以明道付之门人也。学者进道，先要有根器，狂简却是进道之根器。

夷、齐不降志辱身，则凡降志辱身者，皆在所恶矣。人能知所以自新，变恶为善，在夷、齐固不复念，在人自无所用其怨矣。惟人之有恶而怨之也，且不足为夷、齐病，况其寡怨也？不尤见夷、齐之量为不可及耶？

微生高以人之求己者而为己之求人，又以邻之与己者而为己之与人，费许多劳攘委曲，不直甚矣！世之弥缝计较骄吝行私，自失其直理者，皆微生高之类也。

“巧言，令色，足恭”，邪媚也。“匿怨而友”，奸险也。夫子欲人正心术，故言此以示人。“丘明耻之，某亦耻之”，见为天下之公恶也。欲学者正心术，如之何？人之生也直，必养此直心，务使吾之容貌、词气，皆本于吾心之实理，斯乃为君子之实行也。

颜渊、季路、夫子各言己志，虽有大小、分量不同，总之，只是一仁字都尽之。子路，求仁者也；颜渊，不违仁者也；夫子，合内外以成其仁者也。

老安，少怀，只是平常日用之间，今日用之，今日就有下手处，不若二子之尚须著一“愿”字。因物付物而己不劳，虽日用平常之理，自有天地造化之量。

讼者，必根究源委，必求合情理，必惩艾罪过，必怨悔差失，必作事谋始。“自讼”二字，真改过之妙机。肯讼，则知过；克讼，则改过；至于无讼，则可以无过。圣人能立无过之地者，以善事其心，此心无可讼者耳。

十室之邑，不如夫子好学。要知夫子所好何学。知得夫子好学，只是克到忠信至极处，使天之所以与我，我之所以完天，无一毫亏欠而已。忠信之理，天地之至理也。忠信，人人有的，不能克，便止于乡人；能克极，便做得圣人。中庸至诚无息而极于与天地同体用，此之谓也。故忠信就是诚，好学就是知此诚，行此诚，强此诚。故夫子之好学，非忠信之外另有好另有学，就是好此忠信之学。

《四书近语》卷三

四书近语　卷四

明清平孙应鳌山甫撰

《书》曰："帝德罔愆，临下以简。"可见简者，乃人君之所以立位也。但居敬之简有本源，居简之简无本源。居敬之简，是所行之简无往而非所居之敬，敬以成简，而非外敬以为简，所以为可。居简之简，是所行之简无往而非所居之简，不知有敬，而惟任简以为简，所以不可。居敬以行简，非有两时，即敬是简，即简是敬，此即"罔愆"之德，仲弓之所志者也。居简行简，一味徒简，居已无敬，行自无敬，此即无"罔愆"之德，失却简之源头，伯子之所失者也。识得敬之为义，然后尽得简之为义，此夫子所以许仲弓以南面而又深然其言也欤？故学者只当在敬上求简，不可在简上求简。

圣门之学，全在自己身心上用功夫，此则人皆知之。但知学非难，好学为难。哀公、季康之问，夫子之答，重在"好"上，可见不好不足以言学也。人之心体，定而已矣，失此定，然后迁于物感。人之心体，一而已矣，失此一，然后二于过差。颜子之心常定，何迁怒之有？其心常一，何二过之有？观"不迁怒"，则哀乐好恶之皆正可知；观"不贰过"，则仁义礼智之皆尽可知。此可见颜子得博约之真传，而尽克复之实效也。

圣人经世宰物，只是一义字。子华使于齐，弟子服劳之义也。使果贫乏，则夫子义必周之矣。乃冉子为之请粟，又请益，又与五秉，何义哉？故夫子曰“君子周急不继富”。可见，周之，义也；继之，不义也。原思为宰，与粟九百，任职受禄之义也。使不当受，则夫子义必不与之矣。乃原思为之辞，何义哉？故夫子曰“与尔邻里乡党”。可见，散之，义也；辞之，非义也。圣人辨义之精如此。学者辞受取予，真一毫己意也著不得。

“犁牛之子骍且角”，观一“用”字、一“舍”字，真令人有警惕处。《传》曰“父不慈，子不孝，兄不友，弟不恭”，不相及也。故观人者，不可拘于世类为去取，惟知好德而已矣。自取者，不可拘于世类为劝沮，惟知修德而已矣。

圣门之学，全在求仁。夫子称颜渊其心不违仁，提出个“心”字与“仁”字相粘。可见即心是仁，即仁是心；心外无仁，仁外无心。故孟子曰“仁，人心也”，是在夫子称颜子处体贴去的。心存则仁存，心亡则仁亡；存则不违，亡则不至。不违者，已至而不违；至者，谓本违而方至。颜子视听必以其礼，言动必以其礼。盖择乎中庸，得一善，则拳拳服膺弗失，故虽三月之久，犹不违仁也。群弟子知存天理矣，人欲犹得以干之；知尊德性矣，气质犹得以淆之，故或月至，或日至也。

三月不违，终身不违可知矣。违于三月之后之说非是。日至者，一日全在天理；月至者，一月全在天理。或月一至，或日一至之说非是。

人心操存舍亡，出入无时，一时一息，犹易走作，真是难事。今欲做三月不违工夫，即从一息上做起。由一息以至一时，以至一日，以至一月，以至三月，以至终身，便是圣人地位矣。其实落下手只在“慎独”二字。息息慎独，时时慎独，日日慎独，便息息不违，时时不违，日日不违。一息不慎，便就违去，可不惧哉！

果者，此心之刚毅为之；达者，此心之颖悟为之；艺者，此心之智巧为之；皆谓之才。夫子许从政者，言其才也。然使其心皆出于天理之纯，而无一毫人欲之私，便谓之仁。三子纯心之学犹未至此，夫子不许其仁也。

观闵子辞费宰，便见他德行实落处。《易》曰：“君子以处小人，不恶而严。”不恶是严中不恶，严是不恶中严。不恶者，不恶于人；严者，严于己。“善为我辞”，不恶也；“复我，必在汶上”，严也。言行卓然，真足垂法千古。

尽其道而死者，正命也。伯牛有疾，夫子叹曰“命也夫”，伯牛可谓尽其道而死矣。命在于天，道系乎己，君子惟尽其在己者，不责其在天者。伯牛之疾，孔颜之穷，皆天之未定者，何伤于圣贤？不然，跖之寿，蹻之位，亦将可为欤！

君子所性，仁义礼智根于心。这心体，大行不加，穷居不损，何尝不乐？不加不损，便是我心体之大处。只因常人不能见得此大，是以不能乐。所见既小，无一不在自己躯壳上计较，故虽处贫贱，不堪其忧；即处富贵，也只是忧；此心也无一时能得本然之乐。周子令寻孔颜乐处，所乐何事？颜子之乐，惟见大耳。见大便是乐，非见大之外又有乐也。知众人之所忧，便知颜子之所乐，非颜子之所乐又有异于众人之心体之外也。颜子克复功深，博约并进，只见得一个不加不损的性体，世之穷通得丧利害寿殀更何足以干之？故曰见大则心泰，心泰便是乐。又曰心泰则无不足。无不足，便是乐。又曰无不足，则富贵贫贱处之一。处之一，便是乐。又曰处之一，则能化而齐。化而齐，便是乐。总只是见大便了。故颜子之乐，非乐道也。道即是我，何假于乐？亦非乐贫也。即得位得志，亦何有不乐？悟得乐字，便知我性体，乐只是得我性体耳，非真有一乐可以形容名言之也。真知颜子之学者，周子、明道耳。

冉求自言能悦夫子之道而诿于力不足，看他就是非真悦夫子之道者。其悦也，只是在圣人身上寻求，徒悦以口耳，而非自己心上寻求。悦之以心者，若颜子悦圣道，只在自己心上做工夫，博者我之文，约者我之礼，所以欲罢不能，既竭吾才，如有所立卓尔。若只在圣人身上寻求，徒悦口耳，宜乎自谓力不足也。圣人以“画”之一字责之，而即行道为喻，真有味。是教冉有返求诸心也。盖吾道本平平坦坦，其易知，人人与知；其简能，人人与能。人顾以之自限，则斯人不由道，不足惜；但道本可由，乃终身自弃于道，为可惜耳。若真知吾道在自己心上寻求而得其妙，则必悦之深；悦之深，则进之力；虽欲自画，有不能矣。

儒一也，有君子之儒，有小人之儒，其端只在一念之诚伪耳。“为”字最宜潜玩。一曰“女为”，一曰“毋为”，深致其几微之辨，而力严乎邪正之防。夫子教人，激切如此。

即“行不由径”推之，便是往来义路之学；即公事至室推之，便是出入礼门之学。灭明之立身行己如此，子游之取人择善如此。今人有行不由径者，莫不笑为迂；非公事不至者，莫不指为简。可叹也已！

子游为一邑，夫子尚以得人为问，推之宰天下者，可知矣。子游宰一邑，亦必择人，推之宰天下，又可知矣。盖择人得人，资益身心，匡正政事，表励风俗，非细故也。

观人，不于其所勉而于其所忽。孟之反不伐，不特在策马之言，紧要在“将入门”三字上。虽有奔殿之功，尚怀丧师之耻，正当属目之际，不欺本心之真。

祝鮀，巧言也，无鮀之佞而难免，世之无真言可知矣。宋朝，令色也，无朝之美而难免，世之无正色可知矣。伤世之皆失其心，而叹人之不知自有其心也。

知由户，不知由道，甚伤之也。人能知夫子以道喻户之旨，则知道不远人。人之为道而远人，不可以为道矣。道，源于性，具于心，著于人伦，见于日用常行。易则易知，简则易能。

天下之道，可观可度者为文，有本有实者为质。文以济质，质乃文之本；质以立文，文乃质之施。故文出于质，斯为文之至；质达于文，斯为质之善。文质不相胜，则质有其文，文有其质矣，所以为君子。文质相胜，则以文灭质，以质灭文矣，所以为史为野。彬彬是自然彬彬，非是就人涵养操持上说。

“人之生也直”一节，孟子论性善，便是此处体认去的。人之生也，得天之理以为性。性者，人之生理也。恻隐之心为仁，羞恶之心为义，辞让之心为礼，是非之心为智，何尝有一毫不直？这都是性中自然生发出来，无有虚假，无有矫逆。若有是四端于我，知皆扩而充之，便是直养无害，便是尽心知性之学。若有是四端而绝之不信，便是自暴；弃之不为，便是自弃；自暴自弃，便谓之罔。必不失此直理，方不虚生。不然，虽生亦死，大可惧也。庄子曰：“哀莫大于心死，而形次之。”①

知之，好之，乐之，要看得“知”字重。程子曰：“学必明诸心，知所往，然后力行以求至。”明诸心，知所往，知也；力行，好也；求至而至之不去，乐也。盖圣学惟在于致知。好则知之，切实而他道不惑；乐则知之，浑融而与道为一。能好，则其知也不涉于拟议；能乐，则其知也不滞于形迹；

①《庄子·田子方》作：“夫哀莫大于心死，而人死亦次之。”

皆非有外于此心之真知也。了得此知,圣学无有馀蕴。

夫子曰:“中人以上,可以语上;中人以下,不可以语上。”道也者,精粗、隐显、内外、体用,一而已矣,何有上下之可言?然吾人气禀自有上下,学力自有上下,则圣人立教亦因之以上下矣。何言乎立教有上下也?气禀、学力之上者,语以其上;气禀、学力之下者,语以其下;则我之施为,不徒彼之受为当可。若可以语上而不语之,是抑其所可至;不可语上而语之,是强其所未能;皆非圣人因材之教也。陈白沙曰:“学有由积累而至者。”愚谓圣门之徒,不由积累,惟颜子能当之;其次,莫若曾子;又其次,莫若子贡。颜子心斋坐忘,终日如愚,合下便是道体。故夫子曰:“颜氏之子,其殆庶几乎!”言庶几乎,不由积累而可至也。故曰:“一日克己复礼,天下归仁焉。”一日者,不假于岁月之渐也。至语曾子,则曰“吾道一以贯之”,曾子曰“唯”。盖言者不烦,受者不疑,如此乎其相契也。乃若子贡明健之资,虽不远于颜、曾颖悟之才,实高出于伦辈。故夫子屡启之,曰“予欲无言”,曰“莫我知也夫”,曰“汝以予为多学而识之”,盖欲示之以语上之渐也。子贡疑其为“何莫知子”,疑其为“不言何述”,疑其为“然非欤”,盖亦可以语上之渐也。故夫子直语以上,曰“下学上达”,曰“天何言哉”,曰“予一以贯之”。子贡深造有得,遂悟“夫子之言性与天道,不可得闻”。天道有何可闻与不可闻之别?缘有由积累、有不由积累者,是以不同也。其教樊、冉、由、求,或因问而答,或因事而论,虽至理无二,而造就有方,使诸子循其言无不可以至道,所谓及其成功,则一而已矣,是积累之谓也。故明道曰“上智之资明得尽，渣滓便浑化；其次，惟庄敬以持养之”是也。予怪夫今之论学者则异于是矣，开口便论“一贯”，便论“性与天道”。不揣己之所得而直任之，是谓欺己；不顾人之所安而妄与之，是谓欺人。立谈之间，即可与孔子并立争先，而究其实，为颜、为曾、为赐者未之有，睹望樊、冉、由、求之下风者，亦仅仅不多，不亦深可慨哉！此固学问之浮实所由分，而人材成就多寡所由剖判也与？

务民义，远鬼神。专务民义，而去了一切免祸求福之心。先难后获。是专先所难，而去了一切谋利计功之心。二者皆相通也。注以知者言事，仁者言心，即事而心实主之，即心而事无不得。

道之全体，合仁知而一之。但仁者见之，谓之仁；知者见之，谓之知；而全体于是乎分矣。乐水、乐山，非逐物也，盈天地间皆物，则皆道。水之动，得道之用，而知者之动乐之。山之静，得道之体，而仁者之静乐之。乐则心广体胖，有水之优游意思。寿则神凝气足，有山之悠久意思。要之，仁者不忧，是亦乐也；知者弗去，是亦寿也。得此理之谓乐，全此理之谓寿。

齐之难变，以坏于霸习；鲁之易变，犹存乎王道。可见为治者真当审所尚。

“觚哉”之叹，不一而足。夫子即器之失其象而叹其不得为器，推言之，则父子、君臣之不可失其父子、君臣者见矣；又推言之，则身之不可失其身，心之不可失其心，人之不可失其人者，见矣。

乍见孺子将入井，皆有怵惕恻隐之心，此仁之端也。若从井救人，虽至愚者亦所不为。君子可逝不可陷，以凡事可欺不可罔也。可见仁者必知，非知不足以成仁。好仁不好学，其蔽也愚，宰我之谓也。

道之散见，谓之万殊；道之会归，谓之一本。文即礼之著见，道之万殊也；礼即文之精蕴，道之一本也。博文约礼，是同功并进，无有先后，道之全体大用一以贯之矣。自求道者言，故曰弗畔。

子路不悦南子之见，而夫子矢之以天，可见圣人之动以天，而非人之所能浼也。故曰"知我者，其天乎"，子路乌足以知之？

中庸之德为至者，以中庸也。民鲜能者，亦以中庸也。

谓之仁者，人人可能，非绝德也。故虽少有所施所济，亦是若博施济众，便是仁覆天下，圣人得时行道之事。夫子谓"何事于仁，必也圣乎"，见博施济众不是从事于仁之道，乃圣人之能事也。"尧、舜其犹病诸"，见博施济众虽尧、舜之能事，而尧、舜亦未尝于博施济众求仁也。博施、济众、求仁，尧、舜且病也，求仁之道，只在一念人己之间，便可以得仁人之心体。欲立立人，欲达达人，此是一念之公己公人，便是仁人之心体也，又何必施之博而济之众耶？“能近取譬”，就在立达上见之。苟自吾一念之立达而推之于人，是即求仁之门路，遇一事便可行，对一人便可行，举一念便可行，故谓仁之方也。若求之博施济众，则泛滥不切，愈远愈难，终不足以尽仁矣。圣人教人求仁，其言切近精实如此。曰近，则不必求之于远，而事即在；曰譬，则不必外之于我，而仁即存。

唯信古，故好之笃。唯信古而好之笃，故述而不作。非不能作也，古作已备，信而好之笃。古人之心之道即我，我心之道即古人，无用于复作也。观“述而不作，信而好古”，则夫子祖述尧舜，宪章文武，集群圣之大成，即可见矣。其曰“窃比老彭”，谦辞也。

默识“识”字，读作“知”字。默识者，是识我之心体。我之心体，浑然同天，无间人己。人惟不能默识此心体，是以私欲滋长，多有厌倦。若能默识此心体，在我的就是在人的，在人的就是在我的。默识此体而自学，便是成己之智；默识此体而诲人，便是成物之仁。有何厌倦？合内外之道，是之谓尔矣。“默识”二字，圣学之要领，即《易》之“默而成之，不言而信，存乎德行”。

修德、讲学、徙义、改过，圣人以四者并言之。今人讲学只讲学，却将修德、徙义、改过都忘了，不知所学何事，所以为忧。

夫子之申申、夭夭，即文之雍雍、肃肃，皆“不识不知，顺帝之则”也。

泾野曰：“圣人叹道不行，不归于我生不辰，而但曰吾衰。圣人不怨天不尤人如此。”

志道、据德、依仁、游艺，此本末、内外、一以贯之之学，工夫乃一齐俱到。“道”字当重看，德与仁与艺，通在“道”字所包括。人孰无志？但志不在道，则流于他歧，虽志何益？道者，原于天命，具于人心，著于人伦日用，无物不有，无时不然。志于道，便是与之终身，不使须臾离之。自此道之实有于身，谓之德；自此道之纯一于心，谓之仁；自此道之散见于物，谓之艺。必据于德，然后所志之道凝聚而不徙；必依于仁，然后所志之道浑融而不滞；必游于艺，然后所志之道兼体而不累。志、据、依、游，皆一志之运用。

束修以上，未尝无诲，“以是心至斯受之矣”，万物一体之仁也。必行束修而后诲之，又“礼闻来学，不闻往教”之义也。

机不到于愤、悱，悟不及于三隅，圣人终不启发而复教之，非圣人有所私，欲学者之自得也。后之立教者，于圣人引而不发之理，必极论其底里而犹恐不尽，在我之施以口耳，在人之受亦口耳，其亦误矣。

丧侧不饱，以食旨不甘之心为心也。哭则不歌，以闻乐不乐之心为心也。

出处时中之道，不惟难能，亦且难识。“用之则行”，未尝必于行；“舍之则藏”，未尝必于藏。用之固行，至舍之则藏；舍之固藏，至用之则行；此惟中行之有得于道而无一毫己私容心。当时孔门惟颜子之学足以几此，故夫子许之。颜子有行藏之具，如为邦四代礼乐与箪瓢不改其乐是也。

“临事而惧，好谋而成”，古今行师之道尽在于是。行师宜慎不宜忽，贵智不贵勇。

夫子非因富不可求始从吾所好，只警天下之人返其求外之心而求其在内也。两“吾”字，借己以示人也。言求富而举执鞭之士为言，则世之求富其不免为执鞭之类者多矣，可叹也哉！从好，不言所好何事。仁者，人之所以为人也。好仁者，自无以尚之。从好，就是好仁。

夫子慎齐，故祭必受福；慎战，故战则克；慎疾，故无所事于祷 。

《韶》之为乐，尽善尽美，此性此理之妙，通极于覆载，流动于人心，著见于声容，感动乎庶类。夫子之心与舜为一，其契之深者素矣，岂有只待闻乐而后始知舜之乐之妙哉！盖周之末季去虞世已远，况当《诗》散《乐》缺之馀，几就湮泯。今在齐所闻之《韶》，盖齐景公三十一年，太师挚自鲁适齐，夫子亦以是年适齐。明年，夫子与太师论乐论

《韶》。齐无《韶》，而有《韶》自挚始。《国语》谓：“夫子适齐，促从者曰：‘《韶》乐作矣！’[①]从者曰：‘何以知之？’曰：‘吾见童子视端而行直，知其为《韶》乐作。’”故“闻《韶》，三月不知肉味”者，以太师所作之乐与虞廷无异，实夫子正乐之功。盖喜之深，故嗜好之俱忘也。曰“不图为乐之至于斯”，谓不图太师挚至齐为《韶》乐之至于斯，非谓不图舜之为乐至于斯也。

天下之伦，莫亲于父子兄弟，莫大于君臣。卫君父子之争国，与夷、齐兄弟之逊国，存心处行，不待智者知之。冉有疑夫子为卫君，不惟不识夫子之心，而亦不知卫事之日非矣。虽以子贡之贤，亦必待问而后知，可见学者精义之难也。“怨乎？”“求仁得仁。”明是指逊国之事，但未显言耳，非泛论其事也。仁，人心也。即之此心而安，则得矣，何怨之有？苟若少有不安，便有许多怨悔，岂能成逊国之美，贻贤人之令名哉！观夷、齐即之此心而安，无有怨，则知卫君父子争国，不能即之此心而安，不能免于怨见矣。知夫子之取夷、齐，则非辄、蒯也见矣。观他日“为政，必先正名”，则夫子岂特不为，所以扶纲常于既坠者又可见矣。

夷、齐谏伐纣而饿一事，程、朱大儒亦信之，然实无是事。本朝学士王直著有《夷齐十辨》，一辨夷、齐不死于首阳，二辨首阳所以有夷、齐之迹，三辨山中乏食之故，四辨夫子用齐景公对说之由，五辨武王时无夷、齐，六辨《史记》

①“促从者曰：‘《韶》乐作矣！’”，原脱，据《国语》补。

本传不当削海滨避纣之事，七辨道遇武王与《周纪》书来归之年不合，八辨父死不葬与《周纪》言昼祭文王墓而后行者不合，九辨太史公误原于轻信逸诗，十辨左氏所载武王迁鼎义士非之之说亦误，极其明析，细览究之，便知的确。

邹东廓曰："童冠咏归之乐，日至月至者也；箪瓢陋巷之乐，三月不违者也；曲肱饮水之乐，纯一不已者也。由日至月至而守之，则可以三月不违。由三月不违而化之，则可以纯一不已。若以放荡形骸、留连山水为曾氏之乐，则喟然之与，不亦轻乎？"

五十学《易》，非五十之年学《易》，是以五、十之理数学《易》也 。大衍之数五、十，《河图》中之所虚者惟五与十。参天两地而倚数，合参与两成五，衍之成十。五者，十其五；十者，五其十。参五错综，《易》之理数尽于是矣。透得此五、十之精微，以通神明之德，以类万物之情，皆不能外。所以夫子谓为无过。

子所雅言，《诗》《书》、执礼。雅，常也，常言也。雅，正也，正言也。雅，素也，素言也。夫子所言在此，可见《诗》《书》、执礼便是正道，便是素履之道。

忘食、忘忧、忘老，总只是"好学"两字尽之。圣人之心，全不使人欲相干，便时时是发愤；全是天理流行，便时时是乐。无时不发愤，无时不乐，只是此一项工夫，到老真无一息间断，不知老之将至。此心之外无馀道，此道之外无馀学，此学之外无馀能。其为人也，如斯而已。未得、既得之说，再详。

圣人虽曰生知，其实圣学只在致知。若欲致知，则必好古敏求，然后其知始到此，夫子所以善充其知而无所不知也。盖此知即我之心体，无间于古今，必好古敏求，则在古人的就是在我的。知道是在我的，则好者好在我耳，求者求在我耳。

夫子之道，万世不易之常道也。不语怪、力、乱、神，以其害常道，所以正人心也。

“三人行，必有我师”，见师无往而不在也，在人之能自得师耳。能自得师，则见善固长吾之善，见不善亦救吾之不善，而同归于善矣。不能自得师，则见善固无补于我，见不善亦无警于我，而终归于不善矣。

“天生德于予”，天下之人之德，无一非天之生，但人不修德，自绝于天。夫子知天事天之学，与天合德，是天生之德在夫子矣。天生之德在夫子，是夫子与天为一。与天为一，天且不违，而况于人乎？此桓魋所以无如之何。见圣人立命之学，非是患难之际委其命于天也，亦非夫子自谓此身为上天独钟之身也。

道也者，无物不有，无时不然，著见流行，本无所隐。二三子以为有隐者，正由不知夫子无行不与之教。夫子之无行不与者，正所以不免二三子有隐之疑。若知无行不与，则“夫子之文章”，即“性与天道”之实，如天之“四时行，百物生”，即“於穆不已”之命矣。

文行忠信，虽分为四教，然文行者，忠信之散见；忠信者，文行之存主；教尽于四端，道本于一致。

圣人不得见而思君子，善人不得见而思有恒，末又详言无恒之实。盖恒者，作圣之基，若能充有恒之心，立有恒之德，由善人而君子，由君子而圣人，可也。盖圣人所以为圣，亦只是恒久而不已也。故不能充，即止于恒；人能充，即可至于圣人。

夫子不废钓与弋者，用物之义；不纲、不射宿者，待物之仁。

“不知而作”一章，夫子教人致知之学。盖人之妄有所作者，以其无真知也。知行一理，惟有真知而后可作；苟不知而作，是外知以为行，行不本于知，非学矣。然知有二：有德性之知[①]，不由闻见而有，而闻见莫非德性之用，生知者也，上也。有学问之知，由多闻多见以求知，而闻见所会理明心得，德性之真知因以不昧，学知者，次也。彼不知而妄作者，不知致知者也。要见致知乃所以为学，妄作非所

①德性之知，原作“德性之至”。张载《正蒙·大心》曰：“见闻之知，乃物交而知，非德性所知；德性所知，不萌于见闻。”下文“学问之知”，正与“德性之知”对举。据改。

以为知，而致知之外无馀学矣。

王原斋曰："阙党之童，游圣门者也，夫子抑其躁，是以知心之易放。互乡之童，难与言者也，夫子与其进，是以知习之可移。"

欲仁而仁斯至，正见仁之不远于人也。虽然，日至亦至也，欲之浅者也；月至亦至也，欲之稍深者也；三月不违，则至而不违，欲之又深者矣。至而不违，则仁始为己有，而不远于人矣。

司败之问，欲以探君之隐。孔子之对，不忍斥君之非。始曰知礼，固未尝显君之恶；终曰有过，亦未尝文君之恶。

人歌之善而使反之，则有以尽得歌者之性情；于其反而后和之，则己之性情又与歌者之性情而合一矣。人之善即我之善，我之善即人之善也。

夫子，文行合一者也，犹曰躬行之未得，不但已也。曰君子之道四，丘未能一焉，曰君子道者三，我无能焉；曰默识，不厌不倦，何有于我；曰德不修，学不讲，是吾忧；至于勉丧事不困酒之微，亦曰何有。圣人之心，兢兢业业，过了一生，所以德崇业广，万世莫及。今之谈学者，宁无但于圣人此等说话处理会耶？文如圣人，犹不以为重，况不如圣人耶？躬行如圣人，尚不以为足，况不如圣人耶？

圣与仁非两截，大而化之谓圣，心德浑全为仁。此仁圣之理，人己所同。以之自学，以之教人，皆吾人分内事。但至于不厌不倦，则非夫子纯一不已之心不能，故公西华以为不能及。曰不能及者，见其以仁圣之道为之，于己尚不能，况不厌乎？施之于人尚不能，况不倦乎？夫子为圣之极，仁之至，就此见矣。

曰丘之祷久矣，可见君子之祷不在于对越祈祝之际，而在于日用操存之先，而圣人与天地合德，鬼神合吉凶，自见于言表矣。

奢俭虽俱非礼之中，而固尚不失礼之本。

去了常戚戚之心，便是坦荡荡之境，欲尽则理还也。

厉是温中厉，不猛是威中不猛，安是恭中安。圣人中和之至，亦只是得其本体而已。

泰伯以天下让，只为泰伯真见得君臣之义不容一毫僭逾，而父子之情不容一毫伤失，故托故而逃，以自尽其心，自行其志。故人但知其让国，而不知其让天下；但知其为让季历，而不知其为让商；德之不显者也，故为至德。

恭、慎，柔德也，有礼则为柔善柔中，否则为柔恶。勇、直，刚德也，有礼则为刚善刚中，否则为刚恶。

曾子之启手足，张横渠谓之体受全归，最得曾子之旨。全归，非徒以手足之不毁伤为言也。天之所以与我者，大者能立，小者不夺，践形尽性，一毫无所亏失，方才了得父母所生的事。信乎！曾子以“仁为己任，死而后已”也。

“斯远暴慢”三“斯”字最紧要。动容貌而即远乎暴慢，乃为容貌所贵之道，合下便用这工夫，便要有操存涵养之实，非所以声音笑貌为也。“笾豆之事，则有司存”，见君子终身事业，只在正心修身，以为齐家治国之本。否则，即使器数周知，仪文习熟，亦无益也。

圣人之学，只是一无我。颜子克己工夫精到，故处己待人之际，都是无我学问，内焉忘己之善，外焉忘人之过，内外两忘，浑然与天地万物同体，惟颜子能深知之。

世故有有节而无才者，亦有有才而无节考。才、节原通，是性分中事。君子学兼体用之全，是以托孤寄命，则其才诚足以任天下之重，而又临危不夺，则其节诚足以当天下之变。此都在天理上用事，故决其为君子。

仁，人心也。心体万善俱备，本无不宏，一理流行，本无不毅，曾子谓“士不可以不弘毅”。盖此仁虽人人各足的，然必志于仁而后可以为士，必弘毅而后可以为志于仁。任之重，是以不得不弘，非有所扩而大之也；道之远，是以不得不毅，非有所作而强之也；所以复其心之本体也。“仁以为己任”,是不容推逊的事,故见其重。“死而后已”,是不容歇息的事,故见其远。曾子以弘毅为仁,真有得于一贯之传者矣。毅就是弘中毅,死而后已就是仁以为己任实功。

存乎人者,莫不有一念之兴,一节之立,一德之成。然必有《诗》之温柔敦厚之教,方能使兴而不怠。盖《诗》也者,所以正吾身之性情也。故兴者,兴此心也。必有礼之恭俭庄敬之教,方能使之常立而不易。盖礼也者,所以谨吾心之节文也。故立者,立此心也。必有乐之广博易良之教,方能使之大成而不偏。盖乐也者,所以融吾心之天理也。故成者,成此心也。可见圣人之经,不过明人心,而人之得于经也,不过得吾心之所本有者耳。

为人上者,但能道之以德,齐之以礼,使民由于德礼之中,若夫神明默成,此固民之所自知也。上之人焉能使之知哉?盖君子任治教之责,不任其所可能,不强其所不能。

好勇疾贫而乱,是昧于修己;疾不仁而乱,是过于责人。

周公所以为周公,非徒以其才之美也,以其不骄吝也。此才天之所赋,人人与能,骄则据之为己有,吝则敛之为己私,虽有周公之才之美,且不足观,况不如周公耶?

学也者，学夫道也。学不至于谷，是谋道不谋食，忧道不忧贫矣，故不易得。三年，言其久也。

君子只是“学”与“守”二字。学，所以明道；守，所以立德。“笃信好学”，善学也；“守死善道”，善守也。“危邦不入”一节，是有学有守而去就之义洁。“邦有道，贫且贱”一节，是有学有守而出处之分明。然其义亦互见。学与守，原非两截，守是守其所学，学是学其所守。

位者，所以出政。政者，所以立位。有是位，则有是政；不在其位，不谋其政。可见君子思不出其位也。

“始”者，言师挚在官之初，非对“乱”字看。“《关雎》之乱”，《关雎》之一终也。曰“始”者，念师挚之终适齐也，有追思叹美之意。挚真知乐者哉！

“狂而不直”一章，可与“民有三疾”一章参看。狂、侗、悾，气禀之所拘也。不直、不愿、不信，则又坏于习俗之所染矣。圣人甚叹之，叹其习俗之不善，愈难变其气质之不美也。

学者，学夫道也。学字，便是工夫了。“如不及”，而“犹恐失之”，是用功汲汲不已之意。“如不及”，求以造乎道也。“恐失之”，虑其不能得乎道也。功与心不相离，不可分属。

人皆以舜、禹有天下为巍巍，夫子独以舜、禹有天下不与以为巍巍。惟有天下而不与，所以为舜、禹。学者观舜、禹有天下不与之心与夫子称舜、禹巍巍之旨，有不知，爽然自失者，无人心者也。不言其他者，以匹夫而有天下者，惟舜与禹。

“大哉，尧之为君！”“大哉”者，放勋之谓，德业之总称也。“荡荡”“巍乎”“焕乎”，皆所以见其大也。天之大，只是盛德大业；尧之大，亦只是盛德大业。“荡荡”，难名德之盛也。“巍乎”“焕乎”，业之大也。观圣德者，必以治化；观天道者，必以造化。德亦不是玄①妙，成功文章亦不是粗迹。

“舜有臣五人”，非独舜之臣也，唐、虞交会，二代同美，乃共有此五人，为盛耳。“乱臣十人”，非真有十人之全也，尚有文母，其实乃九人耳，正所以见才之难也。

孔子称泰伯、文王为至德，所以教万世之为臣也。又称汤、武革命，应天顺人，所以教万世之为君也。

禹无间然，朱子释之曰丰俭适宜，大段禹是从执中上发出来。惟其道为执中之道，不特俭于衣食宫室，则凡如衣食宫室之类，皆在所必俭矣；不特丰于鬼神、黻冕、沟洫，则凡如鬼神、黻冕、沟洫之类，皆在所必丰矣。

夫子之常教人者，义也，而利则罕言焉。常教人者，人

①玄，原作“元”，避清圣祖玄烨名讳。以下不再出校。

事也，而天之命则罕言焉。常教人者，仁之方也，而仁之体则罕言焉。盖知喻义，则利在其中；知尽人事，则天命在其中；知求仁之方，则仁之体在其中。

夫子之所以大者，大以道也。达巷党人以“大哉”称夫子，似矣；而谓其“博学无所成名”，则不知以道求夫子，而惟执艺以求夫子矣。然自夫子而观之，则又即器而道自寓，即末而本自该者也。故夫子因酌射御之艺，而以御自名，正见游艺者，皆志道之事；而得乎道者，未有不兼乎艺者也。

圣人不从拜上之非，而必欲返乎拜下之旧，何也？盖拜上者，窃命之渐；窃命者，窃国之渐；窃国者，篡弑之渐。圣人所以必谨其微也。

圣人之心，其始也，任理而发，何意之有？其继也，顺理而行，何必之有？其既也，与理俱化，何固之有？其终也，与理俱止，何我之有？盖未感只是一寂然之体，既感只是一顺应之常，故无是四者之累。门人记此，真尽圣人之学。

圣人未生，道在天地；圣人既生，道在圣人。言文王既没而文在兹，正以见己之得统于文王也。又言己之得与于斯文，以为天之未丧乎斯文，又以见己之得统于天也。

太宰知称夫子以圣，似矣，而未能知夫子之深。子贡称夫子之圣为天纵，深矣，而未知夫子作圣之有本。盖太宰称夫子之圣在多能，是以圣人之事尽于多能也。子贡以夫子固是天纵之将圣，又兼多能，是以圣人之事必兼多能也。夫子不以子贡为知我，以太宰为不知我，盖夫子之作圣，自有其本。本者何？一心也，一以贯之之妙也。知一则知心，知心则知本。以圣学无事于多能而致一，斯足以尽道。所以言君子不必多能以晓之，正见多能非所以为圣，而所以作圣者，自有其本也。少贱，故多能鄙事；不试，故艺；则多能乃贱而不试者之鄙艺耳，固非我之所以为圣而君子之所以为君子，岂在此乎？可见太宰蔽于物，子贡犹有物，夫子只无物。

圣人之无知，便是无思无为，寂然不动也。鄙夫问而叩两端以竭，便是“感而遂通天下之故”也。张子曰：“圣人未尝有知，由问乃有知。”朱子曰：“圣人之心至虚至明，万理毕具，一有感触，则其应甚速而无所不通。”最得其旨。圣人以无知之虚心而叩两端之教，鄙夫亦以空空之虚心而受两端之竭，正见感应之皆当处。

凤至图出，则圣人在上，天下文明；凤隐图藏，则圣人在下，天地闭塞。

人于他人之丧，漫不相关；于冕衣裳者，不嫉忌则藐视之；于瞽者，尤为忽略。于此三者而能敬以处之，真是实学，真是至仁。可见圣人待人之诚心，无生死、贵贱、长少，一也。

道无穷尽，至高至坚，而不可即高坚以求之；道无方所，在前在后，而不可执前后以拟之。此四句，颜子赞道之妙，以见用功之难也。道之妙如此。若即高坚以求之，执前后以拟之，是求道于道。求道于道，道愈不可得而有。盖道无穷尽，而欲以有穷尽之心求之；道无方所，而欲以有方所之象拟之；道其可得而有耶？夫子之教不然也，“夫子循循然善诱人，博我以文，约我以礼”。盖夫子不教人求道于道，而教人求道于我。求道于我，是求道于心也。博文，博我也；约礼，约我也。道虽无穷尽，无方所，而其实体则“文”与“礼”二字尽之。求道者虽不可以有穷尽之心求之，有方所之象拟之，而其实功则“博”与“约”二字尽之。文具于吾心，散于事而万殊者，夫子则博我以文，博则以吾心而著之物理，即体是用矣。礼具夫此理，根于内而一本者，夫子则约我以礼，约则以物理而归之吾心，即用是体矣。博约工夫，无有先后，一时并妙，一时并彻。文与礼，只是一个道体，然必著此两字，然后说得道体无遗。博与约，只是一个工夫，必著此两字，然后说得工夫不漏。此一贯之真传也。

“欲罢不能”，以所博者是我之文，所约者是我之礼，欲已而自不能已，此颜子体道之真机也。“既竭吾才”，我之文无所不博，我之礼无所不约，是以竭尽而无馀才，此颜子体道之实功也。真机既得，实功既尽，道体跃于吾心，拟之有象，故“如有所立卓尔”。此乃见道分明，若高坚前后之机卓立于前也。然谓之曰“如”，谓之曰“卓”，以为无，则非真无；以为有，则非真有；是以“虽欲从之，末由也已”。此乃于见道分明之中，真知仰钻瞻忽之功无所施也。欲从，末由，就是卓立之分明处，非卓立后又有此一段境界。由博约之教而造于卓立末从之地，乃非有非无之境，为不落于有、不落于无之几，至此则以有穷尽方所言道亦可，无穷尽方所言道亦可，此唯自喻自得之耳。非颜子其孰能与于斯！

子路使门人为臣，不知以礼事夫子也。夫子不欲无臣为有臣，惟礼是安也。礼者，理而已矣。惟礼是安，则当为臣而为臣，当大葬而大葬，天也，理也。不当为臣而不为臣，不当大葬而不大葬，亦天也，理也。

“沽之哉！沽之哉！”天下之宝，当与天下共也，不容私也。“我待贾者也”，天下之宝，当与天下重之，不容轻也。圣人行道之志，自守之节，相成而不相悖。

欲居九夷，虽是伤道不行，抑亦夷地风气未开，朴野未散，不若中国之机械变诈，以中国之教施之，又何陋之有？

“《雅》《颂》各得其所”，正见乐之正处。

事公卿、父兄，勉丧事，节酒食，皆人生日用伦理之常。圣人以为何有，则所以自修者固不外此，非有甚高难行之事。

川上之叹，喻道也，喻人心也。道在天地间不息，人心亦不息。但天地无心，其不息者，常不息；人心有欲，不息者，有时而息矣。夫子即川流语道，以见道无须臾之或息，欲人之体道亦无须臾之或息也。识此，便是活泼泼地。薛文清曰："如斯不舍，即至诚无息也。"

夫子未见好德如好色，"人心惟危，道心惟微"，信哉！

"譬如为山"，进也是吾，止也是吾，进止之机都决于吾，故曰："为仁由己。"

颜子所以造于圣域，只是一个"不惰"二字成了吾。人所以不能成学，只是一个"惰"字坏了学。至于不惰，可以言学矣。凡有惰者，皆不足言学也。

见其进，不见其止，便是不惰处。

学贵先立本。苗，其本也；必秀，然后苗始立；必实，然后苗始成。有其苗，然后可望其秀与实，徒有其苗而不秀不实，犹无苗也。知，苗也；好乐，秀实也。诚，苗也；形著、变化，秀实也。善，苗也；美大、圣神，秀实也。

"四十无闻"之"闻"，乃闻道之谓，非以善闻于人之谓。"后生可畏"，畏其他日与闻斯道而为圣为贤之意。将来，指后生也。我之今日，孔子以闻道自任也。欲学者当及时勉学，以求闻斯道也。

法言而尚不改，则无言可使之改矣。巽言而尚不绎，则无言可使之绎矣。见进言者，不期于从悦，而期于改绎，正以责受言者，不在于从悦，而在于改绎也。

匹夫之拟三军，相远矣。三军之帅由人，故可夺；匹夫之志由己，故不可夺。可夺者，非志也；有志者，不可夺也。故学莫先于立志，学莫敏于逊志，学莫贵于辨志，学莫贵于致志，学莫切于贵志，学莫美于尚志，学莫要于持志。

学能透得贫富一关，道之基本立矣。故夫子引"何用不臧"之诗以美子路，所以引而进之也。学只止于透贫富一关，道之全功隳矣。故夫子发"何足以臧"之言以裁子路，所以抑而教之也。

松柏贯四时而不改柯易叶，其不凋者，以万物之凋而见之也。君子合治乱而不改节易行，其不变者，以小人之变而见之也。

知，即吾心之良知；仁，即吾心之良能；勇，即知仁合一而乾乾不息者。知仁勇，总是一个人进德之序如此耳。进德者以致知为入门，以践履为实地，以强立不返为全功。不惑，此心之无疑也；不忧，此心之无累也；不惧，即无疑无累之无退转怯懦也；一理也。

权者，圣贤大中之学也，所谓道也。学者学此而已，适道者适此而已，立者立此而已。至于能权，则与道为一而大中在我矣；可共学，不流于异端俗学矣。然未知能适道否也。能适道，然后所共之学始有践履，又未知能立否也。能立，然后所适之道始有准则。进于立，则权矣；能权，然后所立者始浑融而无二。知学以权为准，然后所学不差，所适不差，所立不差。若不造于能权之地，则所谓共学，所谓适道，所谓立，亦徒焉而已。

诗人之思，以室之远也。夫子反言，谓“未之思”，以道之迩也。此道至易至简，一念志仁，而天地万物之实体在是矣；一念之复，而人心物理之真几在是矣。圣人说诗，无非欲返在自己身上来，辞不费而意足，有如此者。

《乡党》一篇，纪圣人起居、言貌、服食之详，至为明析，所谓夫子之文章也，而性与天道即在其内矣。圣人动静语默，无非妙道精义之发，万世之下，如见夫子，舍是书何以哉？

处乡党而恂恂，似不能言者，诚厚之至也。宗庙、朝廷而便便、惟谨，忠敬之至也。至德之发见，皆自然而然者。似不能言，于恂恂内见之；惟谨，于便便内见之。

侃侃、訚訚，言也，而貌从可知矣；踧踖、与与，貌也，而言从可知矣。下大夫分等则情狎，而其言正直，是以不觉其从也；上大夫分尊则情睽，而其言婉曲，是以不觉其信也。踧踖，恭也；而又与与，恭而安也。

君召使摈，色勃，足躩，承命之时之敬也。揖所与立，襜如，为摈之时之敬也。趋进，翼如，迎宾之时之敬也。宾退，复命，送宾之后之敬也。动容周旋，中礼如此，盛德之至也。

自入门至立行，至过位，至升堂，是圣人之于君地愈近而敬愈隆；自出降至没阶，至复位，是圣人之于君地渐远而敬不斁，恭而安也。

命出于君，以圭通信，圭之所在即君命也。敬彰于身，故鞠躬如也；敬彰于手，故如揖如授也；敬彰于色，故勃如也；敬彰于足，故蹜蹜，如有循也。圣人一身都是敬，而门人又善观如此。门之大，入之如不容；圭之轻，执之如不胜；气之屏，又曰似不息；足之蹜蹜，又曰如有循。夫子盛德光辉，真是形容不尽。

“执圭”一节，敬也；“享礼”“私觌”一节，和也。圣人并行不倍，自然而然，安于敬处又见其和，谨于和处又见其敬也。

“不以绀緅饰”，别嫌疑、重丧祭也。“红紫不以为亵服”，恶其非正色、近妇人也。“袗絺绤必表”，恐其亵也。“缁衣羔裘，素衣麑裘，黄衣狐裘”，欲其表里之称也。“亵裘长，短右袂”，取其便也。“寝衣长一身有半”，欲与齐相称也。“狐貉之厚以居”，取其温也。“去丧而佩”，节以礼乐也。“非帷裳，必杀”，尚中正也。“羔裘玄冠不吊”，哀有丧也。“吉月朝服而朝”，敬君也。颜色必正，冬夏必时，表里必称，长短轻重必宜，繁简吉凶必当，可谓服以君子之服，文以君子之容，实以君子之吉德矣。

夫子饭疏饮水，乐在其中，而又食不厌精，脍不厌细，只是随寓而安，无所容心。

夫子于食之可以养生者，则不厌不撤；而其有害于生者，则不食；其所食，又必得正，不使胜食气，不乱多；是皆得饮食之正矣，莫非养身也，则亦莫非养德也。人莫不饮食，鲜能知味。夫子知味矣，知味则道在矣。至于祭肉不出三日，见重神惠之意；寝食不语言，见慎言语之意；疏食菜羹，祭必斋如，见敬鬼神之意；又无一而非德之所在，则亦无一而非道之所在矣。观夫子衣服饮食之宜如此，今人穷身体口腹之奉，耻恶衣恶食者，固不足与议；乃有面垢不洗，衣垢不浣，服臣虏之衣，食犬彘之食，矫情干誉，而曰我学圣人其然，岂其然乎！

“席不正，不坐”，圣人所处，无所非正，即“居处恭”也。

夫子居乡，不以少先长，故饮酒，杖者出，斯出，厚之道也。不以戏废礼，故傩，则朝服立于阼阶，敬之道也。

问人他邦，再拜送之，如亲见其人，不敢渎也。

观夫子处康子馈药一事，执礼之敬，爱生之周，待人之忠，俱可见之。

厩焚，圣人浑然爱人之心，形于乍见怵惕之顷，仁之真也。

"君赐食"一节，圣人承君之赐之礼也。"君祭，先饭"，侍君之食之礼也。"加朝服，拖绅"，承君之顾之礼也。"不俟驾而行"，奉君之召之礼也。圣人真可谓事君尽礼也矣。

朋友死而殡，义所当殡而殡也，仁存其中矣。非祭肉不拜，义所不当拜而不拜也，礼存其中矣。

"寝不尸"一章，门人记之，以为圣人容貌之变。变也者，只是求不失吾常而已。若失其常，不惟此心之本体少汩，则凡所处必至于失己而狎众亵天矣，非圣人自然之容貌也。

"式负版者"，吕泾野谓："负版，为齐衰重服。见《礼记》。"

"升车，必正立，执绥"，圣人动无不正，其容貌之正如此，心体之正可知矣。"不内顾"，头容直，目容端也，亦正也。"不疾言，不亲指"，声容肃，手容恭也，亦正也。夫子于道，在舆则道倚于衡，故范我驰驱，不失其正如此。

"色斯举矣"，去之疾也；"翔而后集"，就之迟也。薛文清曰："大而出处，小而交接，皆当见机而作，可以人而不如鸟乎?”蔡虚斋曰:“此理最好,士大夫皆当服膺勿忘也。”

《乡党》所记者,皆圣人言动服食礼节之详,而其详则近自一身,达于乡党父兄宗族君臣朋友之间,即可以见圣人尽伦之至。孟子曰:“尧舜之道,孝弟而已矣。服尧之服,言尧之言,行尧之行,是亦尧而已。”学孔子者,其潜心思之!

《四书近语》卷四

四书近语　卷五

明清平孙应鳌山甫撰

礼乐之文，钟鼓玉帛是也。礼乐之本，和敬是也。人于礼乐，都从此和敬中发出，便是文质得中，方才成得个礼乐。若只是礼乐之文，雕琢浮靡，全无和敬之实，则礼乐之本亡矣，其如礼乐何哉！“先进于礼乐”，便是文质得中者；“后进于礼乐”，便是只事礼乐之文者。夫子用礼乐而必从先进，即从周之意也。用礼乐，不止用于一身，以之议德行，制度数，移风易俗，经纬邦国，皆是。大道隐而天下无正习，人心蔽而议论无公，是圣人欲挽之而不可得，盖亦悲矣！

四科以德行为首，次言语、政事、文学，以圣门所尚之轻重为序也。颜渊四人非不足于政学，游、夏诸人非全缺于德行，而如此分属，以夫子所就之才器为言也。德行如近道、纯孝、谨疾、不佞是已，言语如知圣人而不阿所好、使四方而不辱君命，政事如可使足民、可使治赋，文学如弦歌武城、笃信圣人，可见圣门之言语、政事、文学，亦非世俗之所谓言语、政事、文学。盖圣人立教，专在德行，虽未尝废言语、政事、文学，而必本德行以为言语，本德行以为政事，本德行以为文学也。

圣人未尝有知，由问乃有知。因其疑问而发我之意，便是助，非是补助我之不及也。故“非助我”之言，非圣人之谦辞。盖以言教者本非圣人之心，惟颜子能相忘于言语之外，能以心学，故于圣人之言无所不说，说便是能以心学处。说则无疑，无疑则无问，无问则无助。学至于无所不说，真善学矣，何必有助于我而后谓之学哉？比是圣人深知颜子之语意也。

《论语》中只记颜子有两问，一问为仁，天德也；一问为邦，王道也。圣人之心学，帝王之经纶，发尽夫子之蕴，教万世无穷，此岂他弟子有助之可企也？

闵子处父母兄弟之变，故其孝为尤难，夫子所以独称之也。如“母在一子寒，母去三子单”之言，父闻之，何等怆悼！母闻之，何等感化！昆弟闻之，何等敬悦！所以，孝之由诚而形而著而明，而人无间言也

夫子于南容之谨言，则妻以女；于闵子之不言，则嘉其能中；于由之妄言，则斥其野；于子贡之多言，则叹其不幸；于宰我之能言，欲观其行；于仲弓之简而不佞，则谓之可使南面；其欲门人之不尚言如此。今之讲学者，于言行之间全不留意，动辄谈天说理，不知愧耻。噫！甚矣哉！

颜渊死，路请子之车，可以见夫子之贫也。夫子如此其贫，而犹请其车，以夫子与颜渊师弟有笃至之情。求之也，夫子不与，爱道重于爱情也。路与门人惟欲厚葬，不知君子事师，当以道相成，不在于情；其爱子，亦当以道相成，

亦不在于情也。人子于亲，敛手足形，还葬无椁，君子以为礼，况弟子于师，父之于子乎？回之可以无椁，非但不可舍车之故，以路之贫，不可厚葬，礼也。鲤也死，夫子以其贫，尚不厚葬，路之贫，又可厚葬回乎？盖借鲤以晓路，非避薄鲤厚回之说而不与也。君子之于人，我可以与，彼不可以受，亦不之与。即使夫子富，无待鬻车，亦不资路以财以为回之椁也。何也？路贫而厚葬回，非礼也。门人厚葬，固自有所处，不俟夫子之车矣。夫子犹叹其不得视回犹子，正以其不能以道成颜渊也。故夫子之车即可鬻，夫子即可徒行，亦不与路也。说者不知夫子之意在于贫而厚葬之不可，而局局于大夫不徒行之意，其亦失夫子之旨矣。夫子病，子路门人为臣，尚谓其欺天，其不欲门人之为臣，即不欲颜渊厚葬之意也。夫子以天自处，而门人乃以世俗之常事；夫子以道爱颜回，而路与回之门人乃以外道之待颜回；谬亦甚矣！

恸，哀之甚也。为夫人之恸而恸，便是哀而不伤，性情之正也。一恸于颜子，再拭于获麟，皆为道也。

哀至于恸，痛至于天丧予，非厚颜子，为道也。却鬻车之请，责厚葬之失，非薄颜子，为道也。

门人厚葬之情同于颜路，夫子循理之念同于颜渊。使渊有知，必有不得大葬，宁死道路之感也。

死生、人鬼，只是一理。非谓事鬼难于事人，事鬼者，即所以事人者也。非谓知死难于知生，知死者，即所以知生者也。盖以理之相通而不容间隔，非谓事之有序而不可躐等也。朱注再详。

圣人之学，诚明而已。事人事鬼，诚也，亦明也。知生知死，明也，亦诚也。子路仕卫辄，其继死于孔悝之难，正由不能达得诚明一贯之理。

訚訚，刚而中者也；行行，刚而强者也；侃侃，刚而直者也。惟刚足以进道，故子乐。乐者，乐其进道之有人而传道之可望也。

长府亦公家不可废者，但鲁人差在一“为”字，闵子重在一“仍”字。推一“为”字，凡伤财害民者无不为矣；推一“仍”字，凡节用爱人者无不为矣。故夫子深嘉之。

“由之瑟，奚为于某之门”，夫子非抑子路也，使之矫偏胜以归中和也。“门人不敬”，不但不知夫子立言，而且不知子路之为人矣，故夫子又以升堂入室喻之。使门人知子路之学已升堂，必服其所已能；使子路知己之学犹未入室，必勉其所未至矣。

圣道只是一中字尽之。师过，商不及，已便见中之所在。子贡不知，而以过为愈也。故夫子又告以过犹不及，则中之所在，盖可知矣。《中庸》载夫子言道之不明，由于贤不肖之过不及；道之不行，由于知愚之过不及。可见道之不行，知愚皆不行也；道之不明，贤不肖皆不明也。言不明而由于行之过不及，可见知之合一于行也；言不行而由于知之过不及，可见行之合一于知也。知行合一，无过不及，便是中也。此千古圣学之正脉。

周公之富，义而富者也；季氏之富，不义而富者也。冉有聚敛，非必如后世头会箕敛之臣，但只缘他学术未纯。才仕季氏，更以政事之才施之，即为之处置调度，以为职分当如此，不知季氏非可附益之人，不但富于周公不可附益，虽不富，亦不可附益也。故夫子深责之。范氏谓其心术不明，不能反求诸身，而以仕为急，最为得旨。

曾子气质之偏，其始也，与柴之愚、师之辟、由之喭同；而其终也，独得传夫子之宗，非三子之可望而及。可见气质之性，君子有弗性，在人之善反焉耳。

“回也其庶乎”一章，鄙见谓圣人以一贯之学为教，是德性之学也。“庶乎”者，庶乎德性之学也；“空”者，胸中一物不留，无知而无不知，是德性之学知也。“不受命”，不受夫子德性之学之命也。“货殖”，务多闻多见以为知，如货殖然也。“亿则屡中”，正是闻见之知，所谓测度而知，有所知，有所不知，非德性自然之知也。惟屡空，故庶几于道；惟货殖，故惟亿度而与道相远矣。

善人，便是可欲之人。不践迹，则不加学问工夫，其于有诸己充实光辉之事皆不及，安能入于圣神之室耶？故必践迹，方入室有望。既践迹，必求至于入室，方不负可欲之善。

"论笃是与",不知其有德者,必有言而为君子乎?不知其有言者,不必有德而为色庄者乎?貌即在言上见。观人者与自反者,察于君子色庄之间,而为己为人之学见矣。

求退而进之,由兼人而退之,圣人教人,俾人自知其失,自至于中。中者,性之本然。圣人之教,非于此性之外而有加损。

颜渊曰"子在,回何敢死",则子在,回何敢不死矣。师弟恩义之重如此。

大臣不从君之欲,则从欲者非大臣矣。必行己之志,则不能行志者,非大臣矣。不能行志,而又不能退止,总只是从欲矣。故子然以"从"为问,而夫子以"弑父与君,亦不从也"答之。则二子之所从者,聚敛、伐颛臾之类耳。若弑父与君而亦从之,岂但不得谓之具臣,且不可谓之臣也矣。

学与政本非二事。但学而仕,仕而学,学以尽仕之理,仕以行学之蕴,则修身治人一以贯之。子路但知就仕为学,不知由学立仕,此便不是。故夫子恶其佞也。

夫子欲点之言志。沈氏曰:"须识得圣人之志,然后识得四子之志。老安、友信、少怀,此圣人之志,素位而行者也。遇一人,则安信怀乎一人;遇一家,则安信怀乎一家;遇一国,则安信怀乎一国;遇天下,则安信怀乎天下。人不知，亦如此；人知之，亦如此。”夫子何以之问？问其把平居何等学术去应人之知，非是问其人知之后何等设施也。三子之志，都说人知以后设施的事；曾点之志，举平居眼前学术来说，而所以应人之知者，即此顺应之耳。曾点只是素位而行，随其所遇，无不可乐；三子则愿乎位外之事。三子必要人知，方得行；点不论人知不知，随时随处皆可行。三子格局死，曾点机括活。三子取必于人，点取必于己。三子待他日做，点即今日做。三子择地方做，点在本地做。夫子所以独与点也。

知夫子与点是素位而行，不愿乎外之意，则暮春乐也，推之四时皆乐也；春服乐也，夏葛、冬裘、玄端、章甫亦乐也；童冠乐也，遇可事之君、可使之民亦乐也；浴风于鲁地乐也，优游于宗庙朝廷之上亦乐也；咏归乐也，治兵、足民、行礼、用乐、膏泽加于斯民亦乐也。不可将曾点之事只看作穷居之事，又不可将点之乐作逍遥物外之乐。

仁者，天地生物之心，而人得之以为心者也。人得天地生物之心为心，浑是一团天理，便浑然与物同体，有何私欲？但人为气拘物蔽，不见与物同体之本然，只从自家躯壳起念，然后有私欲。有了一分人欲，便没了一分天理；去得一分人欲，便全得一分天理。私欲者，我也；有我之私，即己也。天理者，礼也；此心之理，即礼也。若能克去有我之私欲，以复还天理之本然，则天地生物之心浑然在我而无亏矣。夫克己复礼，便可以为仁，则仁只是个心，而天下之人无不是这一个心也。全得我之本心，即全得天下人之本心，自然万物皆吾一体，四海皆吾度内。故一日克复，则天下皆归吾仁之内，此便是有以立天下之心。又曰一日克复而天下皆归吾仁之内，则仁固取诸吾心而自裕者也，为之不在于己乎？天下之人岂得与其力乎？仁之体段与为仁之功用，此节已尽之矣，故渊不复疑问而只请问其目也。请问其目者，寻讨实落克己复礼的条件也。夫子因颜子问克复之目，而教之以非礼勿视，非礼勿听，非礼勿言，非礼勿动，非谓因视听言动之非礼而后勿之也，亦非谓逐件去察其非礼而后勿之也。盖人之心体，不役于视听言动而亦不离于视听言动，不滞于视听言动而亦不外于视听言动，其机则在审理欲之几而慎独，使此心主一于理而无他适耳。此心不主一于理而人欲得以干之，则视听时仁就违于视听，言动时仁就违于言动，己何由克？礼何由复？此心能主一理而人欲不得以干之，则未尝不视听而视听皆理，未尝不言动而言动皆理，己就此克，礼就此复。要紧工夫，全在一“勿”字上。勿者，审理欲之几而时时慎独，使心主一于理而无他适也，故勿之，即克之也。“勿”字工夫无一时间断，虽不离视听言动，自然不役于他，虽不外视听言动，自然不滞于他。天下归仁也，在此“勿”字上；由己不由人也，在“勿”字上。勿之，即克之。可见克与复非二事，克己即所以复礼也。勿之，只是审理欲之几而时时慎独，使此心主一于理而无他适。可见礼与仁非二道，复礼即为仁也。论心学至此，精矣！夫子称颜渊曰：“有不善，未尝不知；知之，未尝复行。”此心之知体炯然不昧，故能先知于善不善之前而主一于善，更无他适。由是知不善，不复行不善，便是常知，此就是“勿”字实落作用也。故“勿”字工夫，即审几也，即慎独也，即主一也，即常知也。故仁者，浑然与物同体，其机括只在此一“勿”字耳！慎思之！慎思之！

仁，人心也。持此心之谓敬，推此心之谓恕。“出门如宾，使民如祭”，无时无处而非此敬之流通，仁之存也。“己所不欲，勿施于人”，无时无处而非此恕之贯彻，仁之施也。“在邦无怨，在家无怨”，仁之验也。敬恕原无二理，只是一道。

颜子之学，无人己界限，惟一克己，便与天地同德，故曰天下归仁。仲弓之学，必致审于人己之间，敬恕之功尽，方能物我为一，故曰邦家无怨。颜子在全体上做，仲弓在切实上做，是以有乾道坤道之别，及其成功，则一也。

为之难，故言之讱。可见仁者之讱言，正所以求顾其行也。仁不出乎言行之外，而谨言慎行，即所以为仁矣。“心存”二字最切。

不忧不惧，不在内省不疚之外，不在内省不疚之后，是君子所为，无一有愧于心，自然如此。盖内省不疚，则理足以胜私，气足以配道义，居常则随遇而安，处变则顺受其正，有何忧惧？孟子曰：“行有不慊于心，则馁矣。”只不慊，便是馁，故内省不疚，便是不忧不惧也。《中庸》曰君子戒谨恐惧，而此曰不忧不惧，何也？惟戒谨恐惧，所以不忧不惧也。戒谨恐惧，便是内省不疚实工夫。

子夏解司马牛之忧，先曰死生有命，富贵在天，见其兄之死生，皆悬于天，皆定于命，不必忧也；后曰敬恭而四海之内皆兄弟，内不失己，外不失人，四海之内，合敬同爱，虽无兄弟，亦不必忧也；谕之于道、思止其乱的意思。既而究其言又有不必有兄弟之意，胡氏所以谓其语滞也。

“浸润之谮”，易移者也；“肤受之诉”，易激者也；皆不能行焉，则是此心鉴空衡平之体，不因物而有迁，知非之真，能早见而预待，不可谓之明乎？谮如浸润，缓而不暇觉，且不听，况非浸润者乎？诉如肤受，急而不及详，且不听，况非肤受者乎？是其心之明，不蔽于近，而且可谓之远矣。明则远，不明则蔽于近，只反覆问明的意思。

足食，道之而生养遂也；足兵，治之而争夺息也；民信，教之而伦理明也。“自古皆有死，民无信不立”，不但说兵食可去而信不可去，以见欲足食足兵而必在于立信也。食足而无信，则仓廪之储未有不为大盗积者也；兵足而无信，则器械之利未有不为大盗资者也；且将并兵食而去之矣。有信，则食虽寡而知方之义益明也，兵虽弱而效死之心益重也，且将并兵食而立之矣。

文、质虽不可相无，然必先有质而后有其文。与其“质，犹文也；文，犹质也”，孰若曰“质者，本也；文者，末也”？子成之言主于灭文，子贡之论主于存文，俱未谛当。

念百姓之足与不足，君以民为体矣；君无有不足，民以君为心矣；是谓君民一体。可见古之彻法行而君民皆足，便是一体之政；今之税亩行而君民皆不足，便不是一体之政。

主忠信，存主之立其诚也；徙义，践履之得其宜也。主忠信而不徙义，所主者便非忠信；徙义而不主于忠信，所徙者便不得谓之义。二句互相发明。曰忠信曰义，便是德；曰主曰徙，便是崇德。爱欲其生，恶欲其死，虽人之常情，然生死有定命，非好恶所能致，著了个“欲”字，便是惑。生死既不可以好恶致，则凡得失之小者又可知矣。著一个“辨”字，能明得爱恶之情，能达得生死之故，而实体于心不杂私欲，便是辨。

崇德辨惑二义，亦相资之理。崇德，自知辨惑；辨惑，则崇德之功益明。

知君臣父子为人道之大经，则尽君臣父子之伦即所以立人道也。人道立而治道举矣。知君臣父子为政事之根本，则尽君臣父子之伦即所以立根本也。根本立而枝叶茂矣。人道大经，便是政事根本。

片言折狱，由于无宿诺。事豫则立也。

忠信明决四字，解得折狱之旨尽。非忠信则人不信，非明决则人不服。世有忠信而不明决者，有明决而无忠信者，惟二者兼备，便是中正之大人。有情者利见之以求伸，无情者惧见之以取败，故不待词毕而即折狱。

无宿诺，便是“有闻，未行，惟恐有闻”也。其为曾子所畏，孟子所尊，宜哉！

使民无讼，明德之功已至，端本之效已臻，片言折狱又不足言矣。“使”字有无穷意味，潜消默夺之机，有出于道政齐刑之外者。

子张问政，子曰“居之无倦，行之以忠”。曰居曰行，指此心也。居，居其所行也；行，行其所居也。天下无心外之治，无心外之政，惟能诚心，便可立政。盖诚者，无终始，无内外，一以贯之者也；存之为天德，发之为王道者也；帝之所以帝，王之所以王者也。“居之无倦”，诚之无终始也；“行之以忠”，诚之无内外也。若有一毫间断，一毫虚假，便不是帝王之道。天德，王道之学。

“君子成人之美，不成人之恶”，是有诸己而求诸人，无诸己而非诸人者也。“小人反是”，是无诸己而求诸人，有诸己而非诸人者也。君子成人之美，实所以成己之美；小人成人之恶，实所以成己之恶。

“政者，正也”，惟正，故能政；不正，而出于正者也。“子帅以正，孰敢不正”，责康子以正而立政也。古人为政者，法制禁令之施，皆本于身心性情之实。夫子虽为康子发，而帝王为政之大体实于此。

“苟子之不欲，虽赏之不窃”，可见民之为盗，欲心使之也;又可见君之所欲,即民之所为窃也。为上者不欲,则观法之地已善,诛求之扰已去,优恤之政已施。观法善则民畏,诛求去则民安,优恤施则民足,何盗之有?“赏”之一字,只甚言民不肯盗,以见此心为善之真,利终不能夺也。

为政自来未有单言“杀”字者,康子有杀之言,夫子便有欲善之教,把个“善”字替他“杀”字,而帝王为政之心见矣。康子欲诛杀恶人以迁就善人,夫子欲嘉尚善人以感化恶人,任德任刑,作用自别。

为政者,不过使此心天理达之于下而已。天理在人心,以无邪谓之正,以无染谓之不欲,以无恶谓之善,上下之所同也,特其机则在上所以感之者。

闻与达,不甚相远,毫厘之辨,为己为人之间也。闻者,欲素利乎外也;达者,欲素豫乎内也。质直,主忠信;好义,徙义也。此是崇德之主本。察言观色,虑以下人,又于人己之间而致审夫质直好义之有至有不至也。此是考德之实功。色取于仁,则非质直;行违,则非好义;主本已忘矣。居之不疑,则非察言观色,虑以下人,无德可考矣。要之,闻之笃实处便是达,达之近利处便是闻。

圣门之学,只是身心之学。崇德,欲复心之善也;修慝,欲去心之恶也;辨惑,欲释心之疑也。

董子曰“正其谊,不谋其利;明其道,不计其功”,先事后得之谓也。张子曰“纤恶必除,善斯成性;察恶未尽,虽善亦粗”，攻其恶之谓也。程子曰“易发难制，惟怒为甚。能于怒时忘其怒，而观理之是非”，不以一朝忿忘身及亲之谓也。

己之恶，下一“攻”字，极妙。人之一心，被种种恶念胶固盘据，遂将此心丧失陷溺。若不是下一“攻”字工夫，扫荡廓清，如何能去得恶？如何能复得我之心体？知道自己之恶，必要攻他，又如何有工夫去攻人之恶？只这要攻人之恶之心，却又反增了己心之恶。

樊迟先问仁，后问知，是各自为问也。夫子先告以爱人，后告以知人，是即仁知之各自为用者而各答之也。樊迟未达，是徒知爱人者之妨于知人，知人者之妨于爱人，是疑仁知之德不相成而反相戾也，不知以爱言仁，以知言知，皆性之德也。知之无私处即是仁，仁之有别处即是知。非知则仁无所施，非仁则知无所立，是仁知虽有异用而实无异理也。故夫子以举直错枉，能使枉直告之。观仁知之互为其用，则知知以成仁，而仁知合一之理见矣。及其又未达，而子夏以舜举皋陶、汤举伊尹，不仁者远告之。观仁知之互为其用，则知知以成仁，而仁知合一之理又见矣。是知之所及，即仁之所存；而知人之名，即爱人之实。圣人一言，尽天下之道如此。

告非难，忠为难；忠告非难，善道为难。本以忠告之诚而出以善道之辞，朋友之责尽矣，故不可则止。忠告善道，朋友之伦也，不可则止，全朋友之伦也。

君子之学，明道进德之实功，知行合一而已。以文会友，求致知之助于友也，就是讲明为仁之理。以友辅仁，求力行之助于友也，就是发挥所会之文。信乎朋友之伦，义重聚乐。若会而非文，辅而非仁，则丧道败德，何取于友？

夫子言先之、劳之，便是常常先之，常常劳之，无倦就在内矣，非待子路请益而后始足其意也。先之无倦，教思无穷也；劳之无倦，容保无疆也。

观"举尔所知"之言，可见为政者患好贤之不极其诚，荐贤之不极其笃耳。在我若果能诚于好贤，笃于荐贤，则一君子进，众君子皆进。我之心既进夫人，人之心亦犹夫我，我所不知，人自不舍，固不必求尽知贤才，而人所举之贤才，即我所举之贤才矣。圣人用心之大公如此。

夫子为政，欲以正名为先。曰言，曰事，曰礼乐，曰刑罚，皆政也；言之顺，事之成，礼乐之兴，刑罚之中，皆必由于名正。可见为政必以正名为先也。卫辄不道，把名分都坏了，夫子为政，必先正名。必有诚意感化，使之良心发现，使卫君父子各悔其过，辄避以让其父，聩跣足以谢其母；上告天王，下告方伯；子让其父，父立其子；君臣之名各正而政立矣。若名不正，则君不君，臣不臣，父不父，子不子；由是言不顺，事不成，礼乐不兴，刑罚不中，民无所措，手足便一齐都倒。所谓大纲一隳，万目瓦裂，不以其渐也。名必可言者，名正而言顺也；言必可行者，言顺而事成也。礼乐之兴，刑罚之中，皆在事成之中。君子之言无所苟，则其始也固本于名之正，而其终也自至于事之成，而礼乐兴、刑罚中矣。可见必以正名为先也。

知学稼学圃为小人之事，则知好礼好义好信为大人之学。大人之学，明德新民之学也。明德新民之学，以天下为度者也，出吾性之礼而四海莫不合敬，出吾性之义而四海莫不合宜，出吾性之信而四海莫不合情，物物各得其所而皆取足于在上者之一心，故曰大人之学也。若规规于农圃，则经营惟止一身，计虑惟在口腹，利一己者则能之，而利天下者则不能矣。此孔子所以不欲迟之学也。

孔子言为学有大人之事，不在学稼。孟子言为治有大人之事，不必并耕。盖真有见于尧舜仁覆天下之心者。

学必有得于心，然后有益于事。诵《诗三百》而不能达，不能言，是学之无得于心矣。“虽多，亦奚以为”，见学必求得之于心而后可也。

“身正，不令而行”，以身教者，从也；“不正，虽令不从”，以言教者，讼也。

夫子尝言“鲁一变，可至道”，则鲁尚可为也。今乃谓其与卫为兄弟之政，则鲁日非矣，周公之道衰矣，夫子伤之切矣。

卫公子荆居室，始有曰苟合，则未尝不欲合也，而亦不必于合也；合可也，不合亦可也。苟完亦然，苟美亦然。视他人之未合，则汲汲以求合；既合，则汲汲以求完；既完，则汲汲以求美。以外物为心而欲难足者不同，故称其善。若推是心以求道，何道不得？

欲为政，先难得个庶，庶则有其民矣。有其民，必君道立而后能保其民，故必富之；必师道立而后能化其民，故必教之。此为政之要经也。

期月而可，王道之始；三年有成，王道之终。

“善人为邦百年，亦可胜残去杀”，此非称许善人也，欲人为王政，勿止于善人之政也。百年之为日甚多，去杀之为政甚浅。若是王者之政，绥来动和，杀之不怨，民之远罪，不知谁之。为之期月、三年，固无待于百年矣，而其效亦不止于胜残去杀而已。

王者必世而后仁，圣人久于其道而天下化成也。

季氏已专国政，又不当在私家以议国政。今也不然，是礼乐征伐自大夫出矣。夫子谓其非国政，乃家事。夫子非不知其本国政也，非不知其非家事也，盖伤其以国政为家事也，盖伤其国政之移而为家事也，而斥正冉有诛绝季氏之意，自见言外矣。

知其为君之难，则凡所以求尽人君之道者，无不为矣，故兴邦；惟其言而莫予违，则凡所以求遂一己之欲者，无不为矣，故丧邦。邦之兴丧，只在一念敬肆之间耳。

王政以得民为本。善政善教，所欲与聚，所恶勿施，由是泽之所被，无有怨言，而近者说矣；风之所树，无有离散，而远者来矣。此乃王政自然之感，非有求悦求来之心而始行善政善教以为之地，亦非善政善教之后而即期其能悦能来以为之验也。

欲速，见小，霸者之心，霸者之政也。无欲速，便是可久之德。无见小利，便是可大之业，纯王之心，纯王之政也。欲速者，以汩于小利；见小利者，以志在欲速。《中庸》载“至诚无息”功用：博厚、高明、悠远，是何等气象！

揆诸天理而顺，即诸人心而安，无矫逆委由之私，谓之直。其父攘羊而子证之，揆诸天理不顺，即诸人心不安矣，故夫子不谓之直。父为子隐矣，其实子有不善，父必有义方之训也，不然，是石碏之于石厚也；子为父隐矣，其实父有不善，子有几谏之道也，不然，是李璀之于李怀光也。所以夫子谓直在其中者，最有味，不是就以隐为直也，言有直以成其隐也。

仁道无往而不在，可见此心随在而当存也。“居处恭”，恭便是仁，而此心存于居处之际矣。“执事敬”，敬便是仁，而此心存于执事之际矣。“与人忠”，忠便是仁，而此心存于与人之际矣。“虽之夷狄，不可弃也”，其无时无处而不用其力也，终食不违，造次不违，颠沛不违，其不在斯乎？恭、敬、忠，只一个心，就时与事与人而分言之耳。

大段士之品只有三等：才节兼全，上也；有本无才，次也；才与本俱不足，斯为下矣。“行己有耻”，只一有耻，无为其所不为，无欲其所不欲，都在里了；“不辱君命”，只一不辱，上不负所学，都在里了；不辱君命本于行己有耻来，二者兼得，而士之明体达用之学尽矣。尧舜之道在孝弟，孝弟之行本是极好的，若只宗族乡党称其孝弟，则是感化有限而施布未广，故为次也。君子之言行在于信果，信果之言行本亦是好的，若只是言必于信，行必于果，则是意见为私而执守不定，故又为次也。行己有耻已包了孝弟、信果，故为上。

《告子》贡士之品有三，皆在实行上见，文学、词章俱不与焉，古之士可知矣。今之士者惟文学、词章是尚，而实行不与焉，则今之士又可知矣。悲夫！

圣人之道，只是一个中行，然后可以传道；“不得中行而与之”，亦必得资质近道之人，裁之以就于中，则传道亦可望矣。狂之志，狷之节，虽似分属，实各就其重处而言；但德性少偏，所以到中行便难。狂者有气魄，阻抑他不得；狷者有筋骨，污染他不得，通是作圣胚胎。

有恒，是为学始事，下手工夫就在此“恒”字。无恒，虽巫医不可为，况为学乎？“或承之羞”，无所往而不羞也，由不占也。占者，占恒也。君子居则观其象而玩其辞，动则观其变而玩其占。恒心之存主处则为居，恒心之应用处则为动，神明在我，知几而动，是无时无处不是占也。不占，则失其心之神明，失其几之感应，是不恒其德矣，羞岂不至耶？圣人唤醒人作圣学，只是一“占”字。

君子小人之分，只在存主公私之间。和即无我之同，以理为从也；同即有我之和，以情相昵也。不同就是和中不同，不和就是同中不和。

“乡人皆好之”，问其贤也；“乡人皆恶之”，亦是问其贤也。子贡之意，以论人必于其乡；夫子之意，以论人当稽其类。先云未可，便见夫子之至公处；后云不如善者好之，恶者恶之，便是夫子之至明处。善者好之，善其善也；恶者恶之，妒其善也。

易事难悦，夫子以君子之心公而恕。公恕便是天理。天理者，顺事而行，不与以己之谓。小人反是。正由他不能顺事而行，无往不是一己之私，所以全是人欲作用。易事者自难悦，难事者自易悦。

泰者以理自适，骄者以欲自纵。以理自适，便是坦荡荡，故不骄；以欲自纵，便是常戚戚，故不泰。

仁者，人心中之理也。刚毅者高明，有弘毅之资，为刚善；木讷者沉潜，有贞固之资，为柔善；故皆近仁。若能因其美质而善充之，高明者，柔克以造于中；沉潜者，刚克以造于中；使心德不偏，本体以厚，而无气质之私，便就是仁。若不充之以学，刚流于厉，毅流于猛，木流于塞，讷流于滞，而仁远矣。

朋友以义为重，故切切偲偲。切切以心言，偲偲以言言也。兄弟以恩为重，故怡怡。怡怡，兼心与言貌言也。夫子以此告子路，可见士之为士，只在人日用功夫变化气质上下手也。

“以不教民战”，则亲上死长之义不知，坐作进退之法不习，必至败亡，是弃其民也。为人上，其忍弃其民哉！则“教之”二字不容缓矣。

使善人为邦，使已教之民战，圣人治国便是如此。

耻者，羞恶之本心。夫子以有道、无道之谷为耻者，盖君子出处为道计也。使不能以道殉身，以身殉道，而惟志于谷，可耻甚矣。谷非可耻，志在于谷，是以可耻也。

克伐不行，犹有克伐者在也，仁则无克无伐矣。怨欲不行，犹有怨欲者在也，仁则无怨无欲矣。此一章正心学所在。原宪不从源头上做工夫，故以强制为能。夫子曰仁则吾不知，是教之返回源头上做工夫也。源头工夫，克己是也。只一克字，便不消强制了。

圣门为仁之功，通只是一个克己。答仲弓、司马牛、樊迟、子贡、子张诸人之问虽不同，无非各就其所难克者克之。盖受病有浅深，下手有难易；病无大小，只沾染处便累了一生，故就其难处刮磨攻治，其馀便自省力。若颜子克己，则是从全体上做，一克了便复，常是克，常是复，与诸子工夫作用又不同，盖行健不息之学也。

“士而怀居”，朱子意所便安为居，最得夫子之旨意。所便安，不止衣服宫室居处之类，如货色名利之间，去就取舍之际，少有顾恋意思，与夫吝于改过，不勇于徙义俱是。必是一刀两断，方有进步处。若但有一毫怀之之心，便与圣贤正大光明德业相去天壤。士乎！士乎！其必足以为士而后谓之士乎！

行无时而不危者，君子无可易之节，所谓国有道，不变塞焉；国无道，至死不变也。言有时而或逊者，天下有当审之时，所谓邦有道，其言足以兴；邦无道，其默足以容也。危言危行，君子只循其常理，自世俗见之危耳。

危言者，非徒展素学之蕴，实欲以赞治化之成也。逊言者，非徒固周身之防，实欲以济天下之事也。

夫子叹世皆尚言尚勇，而尚仁之无其人也。故言有德者精蕴所发，自然有言，不可徒尚夫言也；有仁者义理之发，自然有勇，不可徒尚夫勇也。盖有德之言，乃天下之法言，否则无稽之言而已；有仁之勇，乃天下之大勇，否则血气之勇而已。自修者当求言于德，不可务工其言；当求勇于仁，不可取助于勇。观人者当因德信言，不可徒取其言；当因仁信勇，不可徒取其勇也。

南宫适知羿、奡之不得其死，其遇无道也，必有处矣。知禹、稷躬稼有天下，其遇有道，必见用矣。安道德之贫贱，危权力之富贵，信君子之人而有尚德之心也！比当时孔子之说，再详。

仁者，浑然全体，纯是天理之心。君子有志于仁而功夫断续，天理未纯，但私意少有所间，便是不仁；小人无志于仁而满腔人欲，虽天理暂萌，终不能扩充长养，便是不仁。“君子而不仁”，见欲为君子者当密其求仁之功而后可；“未有小人而仁”，见人决不可为小人以自失其仁也。

爱则必劳，忠则必诲。劳生于爱，所以成爱；诲生于忠，所以成忠。爱于子者，决不能已于劳，不劳者，非爱也；忠于君者，决不能已于诲，不诲者，非忠也。爱而劳，为人父，止于慈也；忠而诲，为人臣，止于敬也。

裨谌不足，取之世叔；世叔不足，取之子羽；子羽不足，取之子产。古之人能用人以成国家之事如此。讨论其草创，不为矜我之长；润色其修饰，不为形彼之短。古之人能忘己以济国家之事如此。

子产在郑，子西在楚，管仲在齐，皆春秋人品之著者。夫子曰惠人，明其心也；曰彼哉彼哉，据其行也；曰人也，夺伯氏，无怨言，表其功也。三子心迹之大概，夫子褒贬之大法，俱可见矣。

贫而无怨，富而无骄，此自守乎贫富者言。守则强制其怨骄之心，故其势有难易。若乐与好礼心中都忘了，贫富无怨无骄，俱不足言，又何难易之分?

“孟公绰为赵魏老则优”，见其不足为大夫也；“不可以为滕薛大夫”，见其尤不可为大夫也。

天地之生人为贵人，必能践形尽性而始能成人。圣人者，践形尽性之至者也。下圣人一等，未免用克治工夫。克治工夫全在礼乐，礼乐所以变化气质而成就道德者也。臧武仲、公绰、卞庄子、冉求四子之资，皆近于知与廉与勇与艺者，但不知文以礼乐，所以各拘于一偏而不得其正。若就四子之资，而能加以礼乐工夫，由是本之至和，出之至敬，以克其偏而会其全，防其过而就其中，则知足穷理，廉足立身，勇足任重，艺足应事，而可以为成人矣。不如是，虽有过人才识，不过只是气质用事，与浑融于义理之学者不同。此君子以事心为贵，而事心之要惟在礼乐也。

“见利思义”，利义之辨真；“见危授命”，死生之分明；“久要不忘平生之言”，言行之机审。是虽未能文以礼乐，亦可以为成人之次。

不言、不笑、不取，事之不近于人情者也，故夫子疑之。时然后言，乐然后笑，义然后取，道之可企于圣修者也，故夫子又疑之。

臧武仲之请后，亦未为非，但据邑以请，便不是了。孔子讥为要君，为据邑也。孔子又尝有言：“臧武仲之知而不容于鲁，抑有由，作不顺而施不恕也。”不能顺事恕施，便是要君张本。

桓之正而不谲，文之谲而不正，都只是就他霸术上与他品论，以为彼善于此，犹自有优劣。若以王道律之，均未可以言正，均之为谲矣。张子曰：“重耳婉而不直，小白直而不婉。”

子路谓管仲为未仁，指其心也；夫子称管仲之如其仁，许其功也。“如”字最妙，言其功亦如仁人之功也，于不泯其功之内而又微见其非真仁之功之意。孰有如其仁之说，再详。

“匹夫匹妇之为谅”，不是说召忽之死，是说管仲之可以无死也；非以召忽之死为未当，是说管仲之不死亦不为苟生也。召忽之失在于辅纠，亦如子路之失在于仕辄，不在于死辄。

曰公叔文子之臣，为文子私之也；曰大夫僎，贤之也；曰同升诸公，为文子公之也。

国之大事，在祀与戎与交邻。故仲叔圉、祝鮀、王孙贾在位，卫灵公独得以不丧。

“言之不怍，则为之也难”，可见为之难，言之不得不讱也。

陈恒弑君，孔子请哀公讨之。胡氏曰："仲尼此举，先发后闻可也。"余表叔阁斋王公曰："先发，请鲁先发；后闻，闻于周天子也。"

勿欺者，心术之忠；犯者，谏诤之直。忠以用乎其直，直以成乎其忠，内外一致之道也，而事君之善，于是尽矣。

君子循理，故日进于高明，天理本高明，是以其心常伸于万物之上。小人徇欲，故日流于污下，人欲本污下，是以其心常屈于万物之下。

古今学术之不同，只判于为己为人之别。一部《论语》，致严于君子小人之力者至多，其判别亦只在为己为人之间耳。一念之诚伪少异，而人品之界限顿殊，学者可不惧哉！

张敬夫曰："为己者，无适非义；为人者，无适非利。曰义，则施诸人者亦莫非为己；曰利，则在己之事亦莫非为人。"

夫子称伯玉之使者，信伯玉有寡过未能之心而嘉使者之能知伯玉之心也。

吾人学问，惟圣人能立无过之地。下圣人一等，必须有欲寡其过之心，然后克治诚切；又必有欲寡过而未能之心，然后检点精密；而事心工夫自然日改月化，可至于无过。此伯玉之所独知者，而使者乃能知之。夫子虽嘉使者，而重与伯玉之心益彰。

“君子思不出其位”，位者，身所处之地也；思不出位，正心以修身也。素位而行，不愿乎外，身在是，思即在是，所谓止其所而天下之理得也。

耻其言，则行益力；过其行，则言益谨。

“君子道者三”，以达德而行达道，便是君子道者三也。“仁者不忧”，能体此道，安于心之理也；“知者不惑”，能察此道，明于心之理也；“勇者不惧”，能任此道，强于心之理也。同功并践，无有先后。

君子之学，必先自治。夫子谓赐为“贤乎哉”，谓其必长于自治，故暇于方人也。“夫我则不暇”，言在我则方自治不暇，故不暇于方人也。警之至矣！

“不患人之不己知”，是无为人心；“患其不能”，是为己心。

逆诈，亿不信，则流于用智而自私，非君子之心也。“不逆诈，不亿不信，抑亦先觉者，是贤乎”，教人复心体也。复心体者，复先觉之本体也。若先觉之本体既得，不逆诈，而诈者之情伪卒无所逃；不亿不信，而不信者之衷曲卒无所隐；不将迎于物，为而不滞，应而不差，以得先觉之本体也。得先觉之本体，无他，只是致吾心之知。致知则虚，虚则感应不滞；致知则明，明则感应不差；如明镜止水一般，便是先觉。

微生亩徒泥于无道则隐之见，而不知圣人以道易天下之心，便是固处。

力德兼，方谓之骥，然骥之重，重以德也。才德兼，方谓之君子，然君子之重，亦重以德也。非全去其才力之说。

圣人心只是一个至公。以德报怨，却就是私意了。以德报德，以直报怨，方是至公之心，于情为洽，于理为顺，于心为安。以其直也，报于其所当报，固直也；报于其所不必报，亦直也；称物平施之谓也。若德，则自然报之矣，亦称物平施之谓也。

“莫我知也夫！”夫子非是为人不知己而叹，是明此学乃不求人知之学也。“不怨天，不尤人，下学上达”，则所以事天而尽人者至矣。事天尽人之学既至，天理本原之妙自合，故知之者惟天耳。“知我者其天”，此圣人之与天为一而不求人知之学，于是为至也。

下学是人事，上达是天理。理在事中，事不在理外。非下学是下学，上达是上达；亦非下学之功已毕而后能上达，无时无处不是下学工夫，便无时无处不是上达学问。可见，可为，可思，皆下学也；而不可见，不可思之至理，即此而寓，便是上达也。知圣人之下学上达是合一的至理，便知圣人天人合一的学问。若知天人合一的学问，不惟不必怨尤，而亦无所庸其怨尤矣。

圣人以道之将行将废为命，便见圣人立命之学，贤人安命之学，自是一定道理。言命则义行乎中矣。

辟世，辟地，辟言，辟色，皆欲行其道而不肯贬道以徇人者也。所遭之时之常变，而非以人品之优劣论也。

作者七，天地闭，贤人隐也。

晨门讥夫子之不可为而为，见己之不可为而不为也。在晨门则时不可为而己即不为，在夫子则时无不可为。晨门之自处其身则是，其言圣人则非也。

果于忘世，人皆可能，见己之不果于忘世处，正人之难能也。圣人心同天地，天地不以时之闭塞而废生物之心，圣人不以世之丧乱而忘行道之心。荷蒉之徒能知夫子之有心，而不知夫子之所以存心也。

观“百官总己以听冢宰三年”，可以见古人慎简辅相之由，可以见人君于父母得终三年丧之由。后世冢宰既难其人，则人君不能行三年之丧也，毋亦势之使然耶？

礼也者，君子以辨上下，定民志也。故上好礼，则民易使，由上下辨而民志定也。

此心之敬之理，合人己，彻上下，通远近而一以贯之，“修己以敬”一言便尽了。一部《大学》，修己修身也。修身者，齐家、治国、平天下之本也。言敬，则格物、致知、正心、诚意包括无遗矣。

安人，安百姓，都是修己实功，不是修己效验。安人，安百姓，非于此敬之外有所加也。明德必能新民，新民即是明德，正见人己一理，远近一心也。

不孙、无述之人，猥生于世，夫子名之为贼。吾人求免于贼，必先就从孙弟、从可述上做始得。

居位，并行，便是速成；徐行，后长，便是求益。夫子之成益后学者，是从孝弟实行上教之。

夫子之道在礼乐，灵公之意在军旅，已不相谋；及夫子以尝闻俎豆启之，而亦不复有问，则是不惟不能用礼乐，且不复知有礼乐之事，夫子安得不行？

俎豆、军旅，亦非二道，但明于俎豆之事，以用军旅，则为帝王仁义之师；不明于俎豆之事，以用军旅，则为列国吞噬之习。

“君子亦有穷乎”，子路非以君子只是通在不穷也；且子路衣敝缊袍则不耻，乘桴浮海则欲从，亦非不能固守其穷者。其问穷者，其意但以君子之道四达不悖，而今阻抑如此，意者在我容有所未尽乎？其愠见者，即与不悦南子之见，不悦公山之往同。夫子告以君子固穷，见道在则时不能为之加损也。又曰小人穷斯滥，见道不在则时即能为之加损也。道则在我者，无所不尽矣，其在外者，乌能必之？夫子之出处以道而穷达随时如此。

一贯者，博约同功，内外合致；吾心就是物理，物理就是吾心；原不待多学而识，而实无所不通，总只是一以贯之。蔡仲默谓"一者，通古今，达上下，万化之原，万事之干"是也。若不识得这个一，只在事物头绪上穷索，逐件记验，是离约以求博，离内以求外，离吾心以求物理，而去道愈远矣。此夫子先告曾子，而又以告子贡也。

先多学而识，然后以求一贯，即后世先穷致事物之理，而后一旦豁然贯通之意，非圣学正脉也。知道一贯之道，便多学而识，原非逐外；独居静坐，原非滞内，只是这一个所贯通。若不知道这个一，多学多识，既是逐外；不学不识，亦是泥空；所谓迷则处处生颠倒，悟则头头合自然也。

注谓告曾子一贯，以行言；告子贡一贯，以知言。知行原拆不开，亦无一个知的一贯，又有一个行的一贯。

夫子告子路以知德者鲜，盖德，我之所得于天者，患人不能知耳。若真知此德，则得于天者不蔽，而在于人者不能失之矣。小之是非毁誉，大之用舍行藏，极之祸福死生，何足以动其中哉！

谓恭己者，是圣人敬德之容，则无为而治者，便是圣人敬德之治者也。大舜之治极其盛，而所以主之则有本。本者，元德也。德只温恭允塞，便尽了温恭允塞，只是一"敬"

字。敬之所在，自然行所无事，如命官敷治，明目达聪，只是个无为而治。况上承帝尧之后，下有众贤之辅，既无所为，则其治自无迹可见，惟恭己以正南面，一敬之外，无馀事矣。故大舜无为之治，只是一敬尽之。

忠信笃敬，此心之实理也。本此心之实理以为言，则其言为实言；本此心之实理以为行，则其行为实行；言行既实，则人同此心，心同此理，自然感应，皆同而无不行矣。然其实落用功，必是未行之先而忠信笃敬之实理念念不忘。“立则见其参于前，在舆则见其倚于衡”，随其所在，常目见之，虽欲须臾离之而不可得，则实理始为己有，而发之于言，征之于行，自无不实，然后可行矣。此是教子张之用功也。

“直哉史鱼”，是可与言者；“君子哉伯玉”，是可与权者。

“可与言而不与之言”，是不知其可与言也，故失人；“不可与言而与之言”，是不知其不可与言也，故失言。知其可与言则与之言，何失人之有？不失人，则不失言可知矣。知其不可与言则不与之言，何失言之有？不失言，则不失人又可知矣。人惟此心之知体不蔽，而致知之学素精，是以是非不淆，鉴别有定，便是知者。

志士仁人，虽有安勉不同，均非利害所能夺，当生而生，当死而死，无有一毫系累，求得心之所安而已。

志士仁人，皆由平日识见既真，涵养素定，是以当生死之际不为苟生，亦不为徒死，只要全得吾心一个仁而已。若平日无有识见涵养，则些小得失亦且摇动，况于生死之际，未有不颠倒错乱者也。

善事之工，必先利器之资。可见求仁之士，必先仁士贤大夫之资也。盖为仁虽由己，而辅仁则在友。大夫与士，有位无位之别；大夫之贤，士之仁，亦无甚优劣也。看“工欲善事”“欲”字，可见必在己有欲仁之真心，然后大夫士之贤仁者得为吾辅仁之助。若自己无欲仁之真心，虽有大夫士之贤仁，其如吾何哉？

颜子天德已具，其问为邦，而以四代礼乐告之，见王道之大全也。“行夏之时”，则凡敬天勤民之政皆举之矣；“乘殷之辂”，则凡制器尚象之政皆举之矣；“服周之冕”，则凡文章度数之政皆举之矣；“乐则《韶》《舞》”，则凡移风易俗之政皆举之矣。礼备乐和，纲举目张，如此，若有害于治者而不去之，则又无以守之矣。故必放郑声，所以防嗜欲之萌也；必远佞人，所以防小人之进也。夫子告以四代礼乐而复有郑声佞人之戒，亦犹舜之授禹以人心道心允执厥中而复以无稽之言弗询之谋为戒也。

虑不周于天下，则害必先及于生民；虑不周于后世，则害必先及于一时；虑不周于国家，则害必先及于一身。君子之虑，务其远者大者；小人之虑，务其近者小者。

"已矣乎！吾未见好德如好色"，见人之好色易而好德难也；又见好德者之无真心也；又见自失其本心，不知好德而反好乎色也；又见人不可不察识于理欲之际而移好色之心以好德也。

臧文仲不荐柳下惠之贤，夫子以为窃位，真诛心之法。所谓窃位，不称其位而有愧于心也，恐恐然，惟惧贤人在位有以形己不得以安其位；如盗窃然，惟恐人知其心将并君之爵禄而尽欲罗之一人。持禄保位之心胜，防护覆盖之术周，故谓为窃。

"躬自厚而薄责于人"，自修之道当如是，非为远怨计也。然必能远怨，而后见自修之至。故夫子告仲弓敬恕之实功，而必于邦家无怨也。

吕伯恭性褊急，因读《论语》"躬自厚而薄责于人"一章，遂极力克治，卒成大儒。今之读《论语》者，有如此实用工夫者否耶？

拟之而后言，议之而后动，拟议以成其变化，乃君子之道也。不曰"如之何"，则凡时之常变，势之轻重，理之是非，皆不拟议于心思，而率意以言，径情以动，其言为妄言，其动为冥行，吾末如之何也已。

"独学而无友，则孤陋而寡闻。"朋友大家得群居，而且至于终日之久，义重聚乐，岂不是好事？但若使不以善言相切劘，而所言皆不义之言；不以善行相砥砺，而所行皆小慧之行；则是燕朋丧志，燕辟丧学，不过载胥及溺而已，不亦难哉！见朋友不可辜负了群居的好景象，不可坐失了终日的好光阴。

“君子义以为质”，义就是我之质干了。即心是义，义之外无所论矣；即事是义，义之外无所由矣；真得此义，自然一以贯之，众美悉具。自此义之得中言，谓之礼，礼以行此义，则有一毫非礼处，即不是义。自此义之和顺言，谓之逊，逊以出此义，则有一毫不逊处，即不是义。自此义之精实言，谓之信，信以成此义，则有一毫不信处，即不是义。精义如此，信成德之君子矣！

能不能在己，故君子病无能，求在己者也。知不知在人，故己有能，君子不病不己知，不求在人者也。

“君子疾没世而名不称”，程子谓“没世无善可称耳，非谓无名也”。其实“称”字当谓作去声。周子曰：“实胜，善也；名胜，耻也。”

“君子求诸己，小人求诸人”，只是一念耳。求诸己，所求者皆吾性分之所固有者；求诸人，所求者皆无与于性分者也。求诸己，便是为己之学，是求之有益于得，求在我者也；求诸人，便是为人之学，是求之无益于得，求在外者也。

君子自守之严矣，又不失于处人，“矜而不争”也；待人之和矣，又不失于自守，“群而不党”也。矜则自守之严矣，而不争，则群之意即在其内；群则待人之和矣，而不党，则矜之意即在其中。夫子之阴阳合德，刚柔得中，就是如此。

“君子不以言举人”，不失人也；“不以人废言”，不失言也。用人不以言举，则其言之在所不废可知；用言不以人废，则其人之在所不举可知。用人之至公，取言之至精，只是无我而已。

“恕”之一言，终身可行，可见夫子一贯之道，惟忠恕而已。恕，即所行乎其忠者也。本至恕以推心天下之欲恶，自无不得其平，久之而恕者熟，而圣人之无我，天地之大化，胥不外此矣。终身之学，不在是乎？

天下有善恶，即有好恶，好恶原是性中来的。若外此以为好恶，便是毁誉。性者，人所生之直理也。本此直理以定是非，谓之好恶；外此直理以为是非，谓之毁誉。夫子之无毁誉，只是不敢将天地间是非直理为吾一人私评耳。然此直理之在人心，不以古有，不以今无。故今之斯民，即三代之所以直道而行也。斯民，即三代直道而行之民，则人心所在，便是直理所在，虽欲外是非之直道以为毁誉，不可得矣。春秋之时，是非不明，故夫子提出人心直理，以为好恶毁誉者之戒，使得邦家遏恶扬善，顺天体人，反三代之治，直如反掌，惜乎仅托言于《春秋》也欤？

史阙文，马借人，与大道为公之世已远矣。今复无之，甚伤之也。

"巧言乱德"，当去谗也；"小不忍则乱大谋"，当惩忿也。

众恶必察，恐其特立，为众所憎也。众好必察，恐其同流，为众所悦也。此惟仁人能之。"必"字非作意矫强，只是顺是非之理，以定取舍之公。察其果不贤，一人好之，不贤也，众好之，亦不贤也。一人恶之，不贤也，众恶之，亦不贤也。此惟仁人能之。

夫子欲人力于任道，故说"人能弘道，非道弘人"。道之大原出于天，实体备于人，人就是道之主，其责甚重。道体广大，唯人能致其广大；道体精微，唯人能致其精微；道体高明，唯人能极得高明；道体中庸，唯人能道得中庸。《易》曰"圣人成能"，成此能也；"百姓与能"，与此能也。"非道弘人"，可见弘道之责在人而不在道，是明上句之意。人于此道，信不得不任其能而致其力也。夫子以道责成于人之意，其切如此。

过或出于无心；过而不改，则出于有心，是为过矣。

思与学，合一不偏，圣学之中理也。思至于终日不食，终夜不寝，思亦极矣！而犹无益，则所思者竟归之空虚而无实得。曰不如学者，非谓思不如学，言学之不可去思而思之不可去学也。夫子原已以立教，示人以一贯之学。学而思，则学因思而益精；思而学，则思因学而有据；精知力行之兼至，而明体达用之至资矣。

“君子谋道不谋食”，是君子之心只知有道，不知有食也。“耕也，馁在其中；学也，禄在其中矣”，谋食者，有得有不得；而谋道者，则道无不得，而且有得食之理，而非教人废食以求道也。“君子忧道不忧贫”，见谋道虽有得之理，而君子之心则惟忧道不忧贫而本无得禄之心也。总之，“谋道不谋食”一言尽之，君子终身之忧只在道。若缘禄以求道，则其学必不精；为贫以为学，则其志必不笃。可以观君子一心之外无馀道，一道之外无馀学，一学之外无馀谋矣。

“知及之”一章，圣人以全德望天下，便见吾儒大成。知及之，必仁以守之，知行之合一也。知及仁守，必庄以莅之，内外之合一也。庄莅，必动以礼，见明新之至善也。造到如此地位，便是体用一原，显微无间，而为一贯之学。

君子所学者大，故所受者大；小人所务者小，故所受者小。若以小知责君子，失贤矣；若以大受付小人，偾事矣。

“民之于仁[①]也，甚于水火”，缘水火以例求仁，欲人知仁之切也。“水火见蹈而死，未见蹈仁而死”，又缘水火之有害，以例求仁之无害，欲人益知仁之切也。水火不过活人之身，而仁则能活人之心，有是心则身赖以生，身为重乎？心为重乎？无水火不过害人之身，不仁则害其心，害身为重乎？害心为重乎？

---

①仁，原作“人”，误，据《论语·卫灵公》改。

当仁，担当此仁也。仁者，人也，人之所以为人也。仁者，心也，心之所以为心也。不容[①]，不当者也，师亦无让，正以见当仁也；师不必让，他无让可知矣。

贞者，允执厥中也。谅者，执中无权也。贞者，固守其礼仪也。谅者，死守其非礼之义也。贞者，言不必信，行不必果，惟义所在也。谅者，言必信，行必果也。贞者，可经，可权，可常，可变，而一归于正也。谅者，拘经泥权，不能安而虑，不知有正也。盖贞者，以天下之理为主，无私者也；谅者，以一己之见为主，有私者也。贞则不谅，不谅然后见其贞；谅则不贞矣。所差只毫厘，但任理，但无我，谓之贞；但任己，但有我，谓之谅。

"敬其事而后其食"，只是不先身而后君，一心只是敬事，不敢以禄食二其心也。人臣以利禄为事，则其心必不忠，便是有所为而为。若一任其事而即有得禄之心，或先敬其事而后有计禄之心，皆非忠也。古之人臣，但有一得禄之心，便谓不忠。今之人臣，自常禄之外，百端谋富，害及百姓，害及国家，又不顾矣，可胜叹哉！故今之人臣，但能以常禄为心，而不取分外之得，即今时之忠臣也。

"有教无类"，万物一体之心也。劝善救失，君子之教，

①不容，疑当作"不让"。按，《卫灵公》第三十六章："子曰：'当仁不让于师。'"

若问其类，则善者固有可进之机，而恶者终无可改之理矣。

“道不同，不相为谋”，君子、小人，各以类聚，示人当严善恶邪正之辨也。

文辞，艺也，为其实而艺自兼之，故辞惟在达意。有其意而不能达，则辞晦；既达意而复逞于辞，则辞漓；外意之旨以为辞，则辞支。

观夫子相师冕一章，不忍之情动于中，教导之宜详于外，皆至诚恻怛，所遇无往非道，与不侮鳏寡、不虐无告同心，直天地万物一体之仁也。谢显道与朱子发论师冕一章曰：“圣人之道，无显微内外，由洒扫、应对、进退而上达天德，本末一以贯之。一部《论语》，只恁他看。”

征伐，天子之权也。请于天子而行征伐，鲁之权也。季氏自伐颛臾，不惟无鲁，且无周矣。始也因由、求“季氏有事颛臾”之言，夫子乃独责求之过，而言颛臾之何以伐为，盖专责冉有以诛季氏之不臣也；继也因冉、求“夫子欲之，二臣不欲”之言，夫子乃又独责冉求之不能扶持，而言出柙毁椟为相之过，盖又专责冉求以诛季氏之不臣也；终也因冉求后世为子孙忧之言，夫子乃又独责冉有之饰词，而举国家之不均、和、安，不修文德，以谋动干戈，盖并责由、求以深诛季氏之不臣也。恻然公室之思，见于言外矣。

“为东蒙主”，举祖宗之旧制言也；“在邦域之中”，举封疆之定典言也；“是社稷之臣”，举国家之世爵言也。

"固而近费",本为贪利,乃曰除害,求实为季谋,见矣。

有国有家,鲁与季氏也。季氏伐颛臾,只是患寡,只是患贫。不均,便觉得贫,此便不和;均,则君禄卿禄各安其所当得,不见其贫矣。均而无贫,则手足腹心视为一体,何和如之!不和,便觉得寡,此便不安;和则治国治家,各安其所当得,不见其寡矣。和而无寡,则内治外严,外侮不作,何安如之!季氏以贫寡为子孙忧,夫子言寡与贫非所以忧,而不均不和实所当忧也。季氏之忧,不在颛臾者此也。

文德,礼乐也。治天下,不过礼乐、征伐二端。言文德者,见不必尚武功,以明征伐之非也。

大夫、陪臣之僭,由于诸侯之专擅,则今日我之僭上,实以启他人之僭我。十世、五世,圣人以理与势断之也。

"礼乐征伐自天子出",天下之常道也;自诸侯出,自大夫出,陪臣执国命,世之变也。十世、五世、三世希不失,变极未有不反于常者矣。礼乐、征伐,政也。政不在大夫,则不在诸侯、陪臣可知。庶人不议,则诸侯、大夫、陪臣之各安其分,可知春秋之世,天子失其权于诸侯,诸侯失权于大夫,大夫失权于陪臣,盖世之变极矣。夫子欲以移于陪臣者返之大夫,移于大夫者返之诸侯,移诸侯者返之天子,则天下之政出于一。此《春秋》之所以作也。

"三桓之子孙微矣",幸其终微,哀其以强而自致夫微也。苏氏注得旨。

直、谅、多闻，为友不同，同归于善；便辟、柔、佞，为友不同，同归于恶。益者，益我之所无；损者，损我之所有。友不可不知所择。

好乐是人之性情，贵得其正。乐节礼乐、道人善、多贤友，君子乐得其道也。乐骄乐、佚游、宴乐，小人乐得其欲也。以道治欲，则乐而不乱，故益。以欲忘道，则惑而不乐，故损。

观交友之损益，则求诸人者，不可不知所择矣。观好乐之损益，则反诸己者，不可不知所审矣。损益无不自己得之者，其机则决于一念之邪正，在自察识而推广之耳。察识只在致知。

三愆之失，亦只是平日无治心检身之功，而临事又无审时识机之智，所以如此。古之君子，所以不失足于人，不失色于人，不失口于人也。

君子有三戒，即终身之忧之道也。曰色，曰斗，曰得，皆出于血气之私，乃人心也。戒色，戒斗，戒得，自少至壮至老，惟恐血气用事，道心为之亡矣！心惟好德，是色戒；心惟尚礼，是斗戒；心惟喻义，是得戒。孔子一生，人欲不干，发愤忘食，天理用事，乐以忘忧，不知老之将至，只是正气用事，无一毫血气。

君子、小人之分，敬肆之间而已。君子循理，故知畏。畏者，心纯乎敬也。小人循欲，故无畏。无畏者，心流于肆也。君子惟知畏，故能无畏，得失、利害、死生，皆不足以动之矣。小人惟无畏，故入于畏，凡可以避毁患、避死生，无不为之矣。故曰："君子修之，吉；小人悖之，凶。"

君子循理。此理原得于天命，具于大人，载于圣言，而大人、圣言又全尽此理。盖天之命为人之心，本是一原。惟只是一，循理，自然天命、大人、圣言一以贯之。

知，重在学。知[1]者，得于天者也。学者，克于己者也。不以得于天者自诿，而以克于己者自勉。虽困而知之之知，与生而知之之知，亦只一样。

非礼勿视、勿听、勿言、勿动，只是一个勿。思明、思听、思温、思恭、思忠、思敬、思问、思难、思义，只是一个思。言九思，犹言四勿也。圣人不思而得，以常思也。君子不能不思而得，必思而后得之，是思者圣功之本也。君子思诚之目虽九，而致思之功则一。一者，吾心之天则也，所谓礼也，妙于吾心，宰夫众理者也。此天则在视为明，在听为聪，在貌色为温恭，在言行为忠敬。惟失此天则而不能思，视听便不聪明，貌色便不温恭，言行便不忠敬。故君子之学，莫要于思诚。思诚，则天则在我。此心惟理为主，自然一以贯之，心无不在，动无不臧；不然，即物物而思，事事而虑，是"憧憧往来，朋从尔思"，而非天则之本然矣。故君子思诚之目虽九，而致思之功则一。

---

①知，原作"质"，误，据文义改。按，《季氏》第九章："孔子曰：'生而知之者，上也。'"

“见善如不及，见不善如探汤”，此好恶之极其诚者。“隐居以求志，行义以达道”，此出处之得其中者。“见善如不及”，汲汲以求进于善，未必善之实有于己也；“见不善如探汤”，汲汲以求免于恶，未必不善之直不加于身也。故闻其语，又见其人。隐居以求其志，志自我立，而达道之机自裕也；行义以达其道，道之我行，而求志之德益光也。故闻其语，未见其人。

齐景公富而无道，夷、齐贫而有道。贫富是学者大关键，只看无道与有道，其称与不称无与焉。无当于道，贫富皆无当也；有当于道，贫与富皆有当也。君子所重，只是道，不可以贫富之故累其向道之心也。

齐景公只慕一生之富贵，不管此身心之是非，真是以富贵易污辱之名者。

圣人身任师道，则天下之学者，皆其子弟，岂有独教异闻之理？故与门人雅言者，此《诗》《礼》也，其教鲤者，亦此《诗》《礼》也。若缘此《诗》《礼》之教而深造之，则无言之《诗》、无体之《礼》，亦不外是。颜子博约，曾子一贯，亦不外是。虽谓《诗》《礼》为夫子精蕴，可也；谓为独传，可也；谓为异闻，可也。若谓夫子之教只是此《诗》、此《礼》，则指为常谈，可也；指为粗迹，可也；指为非异闻，可也。在学者之自得，夫子何心哉？陈亢闻《诗》，闻《礼》，又闻君子之远其子，远之言，又不是。夫子何尝不远其子？何尝远其子？始终只是私意窥圣人。

闺门，万化之原；妃匹，王政之始。春秋之时，妾为夫人，以媵夺嫡，闺门妃匹之分荡然矣。历纪邦君之妻之名号，亦所以谨化原而端王化也。

阳货不能下礼于夫子，夫子先见，非中也。假馈豚之礼以招夫子，夫子不受，非中也；受而不往拜，非中也；往拜不瞰其亡，非中也；遇诸涂而避，非中也；既见而不答其言，非中也；答其言而不逊，非中也；逊而不真，非中也。即一事而周旋中礼如此，所以为至圣。

性之本然，善而已矣。然性非悬空在天的，必具于人气质之中，而气质之禀，则不能无清浊纯驳之殊，虽有清浊纯驳之殊，然本然之善未尝离也，故曰相近。至于习，则性体本然之善都变化了，不惟善者习于恶，恶者习于恶，相去之远；虽善者习于恶，恶者习于善，亦相去之远，故曰相远。曰相近，见人不可不复所性；曰相远，见人不可不慎所习。慎习，便能复性也。

人若见得“性”字真，自然就在性上作用，就不落在习上去。盖性即此心，心即理。缘物而动，因感而形，一一皆从本真上发出，自然不失其初而得性之本体，何至相远？后儒强分孔子论“性相近”是气质之性，孟子论“性善”是义理之性，然则天下有二性耶？孔子论性反不如孟子之得其本原耶？只“相近”二字，便义理、气质都兼总一贯了。外气质以言义理，是悬空说性；外义理以言气质，是以生为性，非孔子论性之大全也。

性固相近，然亦有不相近者；习固相远，然亦有不习而远者。上智下愚，不是上智下愚不移，即是足上章未尽之意。或言上智下愚亦只此相近之性，但习成上智，始不移于下愚；习成下愚，始不移于上智，此说亦通。但夫子语意不如此。世间自有此两种不移之人，美恶一定，不由于习者。

子思曰天命之谓性，孟子曰性善。天命流行，与物无妄，於穆之继续而不已者，性何为不善？既命于天，天岂非至善？是乃人之所得以成性者，此孔子相近之说也，此子思、孟子所以得夫子之旨也。但有习善而善者，有习恶而恶者，有善恶一定不由于习者，乃气质昏明强弱之不齐，而性亦因之，非性之本然者不齐也。后世论性，有谓无善、无不善者，此则以善恶混言性，似孔子相近之旨而非者也；有谓性可以为善，可以为不善者，此则以习言性，似孔子相远之旨而非者也；又谓有性善，有性不善者，此则外相近相远以言性，似孔子不移之旨而非者也；又有谓性恶者，此则外相近相远不移以言性，全外于孔子之旨非而又非者也。夫学，求以复性耳，求以尽性耳。欲复性，欲尽性，舍子思、孟子之言，其何以得孔子之门而入哉！

"君子学道则爱人，小人学道则易使"，道一也，即礼乐也。礼乐之道，和序而已。在上者学此礼乐之道，则至礼不议而天下治，至乐不争而天下平，而人无不在所爱之中；在下者学此礼乐之道，则至礼所施而莫不合敬，至乐所被而莫不同爱，而人莫不易使矣。小人学道本于君子来，帝王之治亦不出此两句。

子路不悦夫子赴公山弗扰之召，恶其以费畔也。夫子欲其用之而为东周，则是并公山畔费之恶而化之矣。为东周非小可的事，使陪臣还政于大夫，大夫还政于诸侯，诸侯还政于天子，圣人独知自信之真，非子路所能识也。“为”字去声，为东周，见不为公山也。

仁，体事而无不在，故人当全体夫仁而不可息。“行五者于天下”，是全体夫仁而不息也。恭，仁之著也；宽，仁之量也；信，仁之孚也；敏，仁之运也；惠，仁之施也。此心此理，人人都有，故功深而效自著，体立而为自顺。

子路不欲夫子赴佛肸之召，夫子即坚白以谕之，见佛肸之不能浼己也，而见化于己之意，自可推矣。不入小人之党，君子守身之常经；能化小人之党，圣人用世之大权。匏瓜之喻，又见己之与时偕行，无可无不可也。可见磨不能磷，涅不能缁也。

坚白是圣人本体。曾子“江汉秋阳，皜皜不可尚”之喻，是赞此道体也。

六言六蔽，气质之偏也。好学者，变化气质也。仁、知、信、直、勇、刚之德，禀于天者，何尝不好？但若不好学以明理，而惟任气质以用事，则仁蔽于愚，知蔽于荡，信直蔽于贼绞，勇刚蔽于乱狂，并本有之美德而亡之矣。非仁、知、信、直、勇、刚之蔽也，气质用事之蔽也。若知道我此心之理，原是天命流行，纯粹至善，一毫气质用事也容不得，时时好学以明之，则本体昭著，随处充满，自然溥博，渊泉发见，当可当[①]仁而仁，当知而知，当信直而信直，当勇刚而勇刚，无复偏倚驳杂之蔽，而皆中和礼乐之美矣。故好学非他，明理也，明心体也。明心体者，致知也。

夫子教小子以学《诗》。夫《诗》者，所以淑身心，理性情，察伦物，数者皆自吾天性中来，学者求以尽性耳。故教学《诗》，教人尽性也。性灵而修己治人，民彝物则，一以贯之矣。

《周南》作于周公，《召南》作于召公。“二南”之“为”字，全要身体力行，不徒讲诵，所以正性情，达事理，修身齐家，先王治平之化亦不外是。

“礼云礼云”，不说和敬出来，而咏叹淫佚，使人深思自得，有无穷意味。

夫子指色厉内荏为小人穿窬之盗，诛其心也。学者苟能充无穿窬之心，从谨独诚意做工夫，自然根心生色。所谓“正颜色，斯近信”，而义不可胜用也。

乡愿，居之似忠信，便贼忠信之德；行之似廉洁，便贼廉洁之德。

道听涂说，乃入耳出口之学，非躬行心得之学也，故为

①“可当”二字疑衍，以下文句例之，当作“当仁而仁”。

德之弃。

鄙夫始于一念患得患失之心，而其终至于无所不至。惟患得，则所以求其得者无所不至，国家之安危亦不顾矣。惟患失，则所以保其失者无所不至，生民之存亡亦不恤矣。故不可事君也。

狂者必肆，肆处正见狂，即狂之疾也。今不肆而荡，则并狂之疾亦亡矣，且流于恶矣。直愚皆然。见不惟气质之美者全无，连气质之偏者亦非其旧，甚伤之也。

恶紫夺朱，恐乱色之移人目也；恶郑乱雅，恐奸声之移人耳也；恶利口覆邦家，恐巧言之移人心志也。

圣人之道，天道也。天道不言而四时行，百物生，可以观天矣。学者欲学圣人之道，只在默识。若能默识，则上天之载无非至教，圣人之动无非至德，而天道人道之常会于吾心矣。若不默识，虽终日言之，只口耳尔，只形迹尔。

"使之闻之"，欲其省过也。省过便救失，便长善，可以见圣人之教，全无弃人。

人之三年之丧，特以报父母三年之爱耳。若能尽其情，则终身之慕，乃根心之仁也。宰予欲短丧，夫子一言"于女安乎"，两言"女安，则为之"，及其既出，又言"予也有三年之爱于父母乎”。仁者,人之良心也。昧此良心,便能安;能安,便无三年之爱于父母,况终身耶?人而不仁,虽亲丧可短,况其他乎?甚矣人之不可以不仁也!

夫子岂用心博弈者?以警无所用心之人,见博弈之为末艺,犹知用心以较胜负,吾人之志道为学,岂可慢无所用心乎?苟知用心以求道务学,则一刻且不可懈,况终日乎?且将忘食求之,况饱食乎?非取博弈也,即博弈以例人之当笃志于道也。

义之所发,即是勇,正气也。知有勇而不知有义,客气也。盖勇自义发,则气由积义而生,是自德性上来的,故为大勇,不必于勇而自无不勇者也。小人反是。

夫子与子贡之所恶,言虽不同而理无二致,可见圣贤之公恶,皆不失本心之正,不枉是非之真耳。“徼以为智”,即“果敢而窒”者;“不逊为勇”,即“勇而无礼”者;“讦以为直”,即“居下讪上,称人之恶”者。

君子之御臣妾,近不至不逊,远不至怨,自无难养之人。只是中道处之,威惠兼济,有以得其心耳。

四十见恶,其终也已。人能怀见恶终止之心自少至老,虽欲一时不汲汲学问以求进德业,不可得矣。

微子之去,箕子之奴,比干之死,虽其行事之迹不同,而其忠君爱国之心诚一无贰则皆同也，故夫子皆称其仁。仁，人心也，人心即天理也。当理而无私心之谓仁，得其心之所安之谓仁，无一毫惜身为名之念以杂其心之谓仁。

直道事人，即不以三公易其介也。柳下惠为圣之和，而《论语》记其直，孟子称其介，则其和乃和而直，和而介者矣。犹伯夷为圣之清，而夫子称其不念旧恶，则其清乃清而容者矣。孟子乃言隘与不恭者，是兼指学清、学和之流弊，非直以论二子也。

待孔子，在尊其道而用之。景公自诿其老，不能用，乃区区较所待厚薄之礼，岂所以事夫子？故夫子行。

尊贤，在去谗、远色、贱货、贵德。齐人馈女乐，见齐之欲阻夫子也；桓子受之，见桓之专权也；三日不朝，见君臣之荒淫也。故孔子行。

楚狂接舆之歌，《庄子》亦载之，而文少异。

"鸟兽不可与同群，吾非斯人之徒与而谁与"，可见夫子固非避世，亦非避人也。

楚狂接舆、长沮、桀溺、荷蓧丈人之所见，只在天下有道则见、无道则隐一边。夫子之道，则以天下为一家，中国为一人，四海皆吾度内者也。夫子之道，天也。诸子局于时也，故诸子之自处则是，其议夫子则非。

夫子接引诸子之意，亦孜孜焉都是欲裁之中道，见圣人之仁无往不存也。惜诸子意见已定，卒不可挽，而相与以易天下者，愈难其人矣。

谓之逸民，非专隐遁者，但皆是不遇于时之人，所以先记伯夷诸君子，而以孔子终之也。夷、齐之所可者，在不降志辱身，而降志辱身，其所不可也。柳下惠、少连之所可者，在中伦中虑，而隐居放言其所不可也。虞仲、夷逸所可者，在隐居放言，而降志辱身其不可者也。诸子虽各具一可，然揆以圣人之中道，则不能焉，以数子皆有意必固我之心也。圣人之心，统会斯道之全体，无意必固我，只是以理应事而不以事徇己。时在于可，则从而可之；或可之中又有不可者存，则从而不可之，非若诸子之执于可也。时在于不可，则从而不可之；或不可之中又有可者存，则从而可之，非若诸子之执于不可也。此所以异于逸民也。

乐官皆统于太师，亚饭、三饭、四饭、播鼗、少师、击磬，皆乐官之分职任事者。当时音乐僭妄，夫子正乐而皆识乐之正，故皆去乱。盖有官守者，不得其职则去。乐既不正，则失其职，故宁弃官而不容失职，正见夫子正乐之功也。使夫子得位，反虞周之治，真无不可者。

周公教鲁公四事，只是一“仁”字。“不施其亲”，仁及于亲也；“不使大臣怨乎不以”，仁及于大臣也；不弃故旧，仁及于故旧也；不求备人，仁及于群臣也。

周之人才，不止八士，以其萃于一门，生于一母，产于四乳，所以特纪之也。

“见危致命”，明死生也；“见得思义”，知取舍也；“祭思敬”，能追远也；“丧思哀”，能慎终也。故子张以为可以为士。

周子曰：“天下至尊者道，至贵者德，人人之至难得者。道德有于身而已矣。”“执德不宏，信道不笃”，则道德无诸身矣；“焉能为有？焉能为亡”，其人之不足为轻重，是自失其难得之身也。

子夏之可者与之，不可者拒之，小子之交也。子张之尊贤容众，嘉善矜不能，成人之交也。得子夏之意，则知择人；得子张之意，则知处众。若圣人，便不是这等。其择人也，善与不善皆我之师；其处众也，善与不善皆欲同归于善。

“小道，必有可观”，是以君子亦不废其小者；“致远恐泥”，是以君子必立乎其大者。君子之大道，格物、致知、诚意、正心、修身、齐家、治国、平天下之大道，是夫子不欲樊迟之学农圃，即此旨也。

学者病痛，只是不能日知所亡，若日知所亡，则日新矣。又多是月忘所能，若月无忘所能，则富有矣。日新、富有，贤之事也，故为好。人多是玩惕时日，故无所知，即使有知，亦是前日有的，不是前日无的，是学之不用力处。又多是忘了，又从新做起，是学之不得力处。日知所亡，便不忘；月不忘，便日知所亡，即夫子所谓“温故知新”矣。

博学，学此仁也；笃志，志此仁也；切问，问此仁也；近思，思此仁也。故曰“仁在其中矣”。若不知道此仁，则所学、所志、所问、所思者何事？

知君子之学以致道，则不致道者，非学也；不学者，不足以致道也。故学也者，学夫道而已。

小人闲居为不善，无所不至，见君子而后厌然掩其不善以著其善，所谓文也。君子则从正心诚意做工夫，何过之有？即使有过，则如日月之食，过也，人皆见之；更也，人皆仰之，何文之有？

君子一心备中和之理，其容貌辞气之常，皆是心体流行。自观者见其中节，故言三变，其实圣人只是不失吾常而已。“望之俨然”，心之庄敬所征也；“即之也温”，心之冲粹所征也；“听其言也厉”，心之正直所征也；一也。

信而后劳，信而后谏，此子夏欲事君使民者，当先立诚以为感孚之本。诚者，吾心之实理，所谓信也。此心之实理，施于民则为爱，达于君则为忠。信而后劳，则我之信，民信之矣，故不以为厉；信而后谏，则我之信，君信之矣，故不以为谤。然或又遇有当劳当谏之事而信有未孚于上下，则将委之不为乎？大抵只无厉心、只无谤心而以诚意行之。一说是先事、临事之信。

德无大小,修德有大小。大德是积成者,小德是大德散殊者。细行不矜,终累大德;大德不逾闲,小德出入可也。以此观人则可,以自处则不可。

子游讥子夏之教务末而忘本,盖以小学为末,大学为本也,以本末为二物也。子夏将先后二字来发明他本末之说,其所见自别。圣人一贯之道,小学、大学一而已矣,不曾把此学分作两样。孰以为先而必传?孰以为后而倦教?但学者之所至不同,则圣人之教自别。如所至既深,则以大学先之而小学不传;如所至尚浅,则以小学先之而大学在后。若不顾学者之所当先,执定何者在所先而强先之;不顾学者之所当后,执定何者在所后而强后之,则诬之而已。盖先后始终,一以贯之,惟圣人为然,无大小精粗,一齐并妙。若门人小子,非圣人之比,则不宜以此法施之,明矣。象山谓子游、子夏之言皆非,再详。

仕与学,只是一理。学也者,所以立仕;仕也者,所以行学。故仕优必学,未尝以仕而废学;学优必仕,未尝徒学而忘仕。大抵学是君子之终身的事,仕优犹学,正见无时不学也。

"丧至乎哀而止",哀者,丧之本也。

道本简易。子张之为难能,便是他行过高处;未仁,即行之过高病源也。仁者,天地易简之理,人得之为心者也。

只一存心乎仁，易则易知，简则易能，何必为所难能哉！

只堂堂，便难与为仁。内无以成己，外无以成人，去仁之远也。

“人未有自致者也”，夫子亦叹事亲之不肯竭其心力耳。必也亲丧而自致，是天性之不可解于死生之际，尤见之也。若见此不用其情，无所用情矣！

孟庄子不改父之臣与父之政，是所谓“无改于父之道”，可谓孝者也。不改，是不改他好的；若不好的，则“干父之蛊”亦孝也，何可不改？

上之立教，欲以免民于刑也。其明刑，所以弼夫教也。教立，则刑措矣。教之立，在得其道。道者，民所共由之道也，可使民由之道也。惟失其道，然后教不立；教不立，然后刑罚用焉。是犯法者虽在民，而所以致之犯法者则在上也。民既犯法，则士师乃执法之官，以为天下之平，必得民所犯之情，而后足以定民所犯之法。大凡执法者患在不能得民之情，是以不能得法之平；苟得民之情，则喜矣。尚能悯民之散由于使之无道，教之无素，故民之犯法，迫于不得已，陷于无知，而恻然动哀矜于心耶？故曾子告阳肤，先言民散由于上失其道，后又言得情则哀矜勿喜，欲士师治狱知反其本也。哀者，哀上之失道民散也；矜者，矜上之失道而民散始犯法也。盖治狱固期于得情，而未尝以得情为尽治狱之道，方将以民之犯法为己辜，教之不立为己病，尚敢以民之服罪为己快，狱之得情为己能耶？此之谓不忍之心。推不忍之心，行不忍之政，必以道而教民，使民迁善远罪，期于无刑而后为人，上之责尽矣。若局局于得情而喜，此一狱吏之能，乌足以语君子之待斯民哉！

纣之恶不如是之甚，非为纣解也。纣为居下流，故天下之恶皆纣之恶，甚言人之不可居下流也。不以小善为无益而不为，而必为善；不以小恶为无伤而不去，而必不为恶；斯不居下流矣。

君子之心，如日月之明，可见君子之心，只是明明德便了。明明德，则无过可言矣。其或少有过差，则如日月之食，乃天道不常之变，故人皆见之。过而复于无过，则如日月之更，乃贞明本体之常，故人皆仰之。

文武之道，一而已。自道之全体言，谓之大，而贤者识之；自道之散殊言，谓之小，而不贤者识之。是识大识小，皆文武之道所在也。夫子因其大而学其道之全体，则贤者即其所师；因其小而学其道之散殊，则不贤即其所师。即夫子之无常师，则无往而非夫子之学矣；无往而非夫子之学，则无往而非夫子之道矣。夫子之道，即得统于文武而上接尧舜禹汤之传者也。无往而非夫子，则文武之道在人，即夫子之道在人者也。

宗庙之美，以日新之盛德言也；百官之富，以富有之大业言也。得其门而入，如颜子自博约入，曾子自忠恕入是也。夫子固未尝不欲人之入而闭其门，但学之者知至矣而或不能至之，知终矣而或不能终之，则终身学圣道而竟无所得者，谓之不得其门入，又何惑也？

“仲尼，日月也，无得而逾焉”，见日月不可毁也，以明夫子之不可毁也。“人虽欲自绝，其何伤于日月”，毁日月者不损于日月，以明毁夫子者无损于夫子。仲尼、日月，只是以道德言。

夫子之不可及，犹天之不可升，以盛德言也；夫子之得邦家，绥来动和，以大业言也。

言夫子之盛德之不可及，而复以功业征之，犹夫子称尧舜“荡荡，则天之德”，而复以成功、文章征之也。子贡真善言德行矣。

子贡始以宫墙譬夫子，犹有迹也；继以日月譬夫子，犹可名也；终以天譬夫子，至矣！尽矣！天无穷尽，无方体，夫子之道岂有穷尽，有方体耶？

《论语》篇终屡叙尧舜汤武，以孔子论政之言终焉，见孔子之心即帝王之心。帝王之治，本于道；帝王之道，本于心。斯得其道而治自举，未有不得其心而能得其道者也；不得其道，未有能致治者也。心何在？中是也。“允执其中”一言，是尧舜以来相传心法也。分而观之，虽有禅受、征伐之不同；合而观之，宽信敏公，皆中道之所在也。夫子得邦家，举是措之耳。

五美之政本于道，道本于心；四恶之政不本于道，不本于心。“尊五美，屏四恶”，帝王所以立极出政，如此而已矣。“因民之所利而利之”，是兴利之政；“择可劳而劳之”，是使民之政；“欲仁而得仁”，是敷受之政；“无众寡，无小大，无敢慢”，是敬事之政；“正衣冠，尊瞻视”，是临下之政；都是“允执厥中”者也。不教而杀是虐政，不戒视成是暴政，慢令致期是贼政，出纳之吝是有司之政，都非“允执厥中”者也。

知命者，达天之学；知礼者，淑身之学；知言者，察物之学；总是君子修身之学也。

《四书近语》卷五

四书近语　卷六

明清平孙应鳌山甫撰

三代以下，无善治，无真儒，都坏在一个“利”字。孟子首见惠王，便提起仁义，便辟利。仁义，性也。可见孟子之学，性学也。义利源头，便是公私之介，理欲之介，王霸之介，舜、跖之介，治乱之介。于是辨志，便是审几慎独之学。正人心在此，息邪说在此，回治道在此，端学术在此。

文王与民偕乐，非以台池鸟兽与民共之也。盖由发政施仁，以民之心为心，先天下之忧而与民同忧，故后天下之乐而与民同乐，忧乐都在民，无与于己；故民亦忧其忧，亦乐其乐，一体故也。若桀，则忧乐只在己，无与于民，故民亦不乐其乐，不忧其忧，失其一体故也。

狗彘食人食，饿莩不知发；肥马肥肉，严刑重税；不教以孝弟忠信，嗜于杀人，只是不知君民一体之义。不知一体之义，不足以行王道。

“仲尼之徒，无道桓、文之事者。”仲尼，王道也，王道以天地万物为一体。一人之心，即千万人之心；千万人之心，即一人之心；公而无私，义而非利，无许多安排劳攘。是心即不忍之心，乃天地生物之心而人得之以为心者，但患不能察识其端而推广之耳。孟子告宣王爱牛一事，是欲察识其端而推广之也。曰"是心足以王"者，人君有不忍之心，则不忍于牛者，即不忍于民；不忍于民者，即有以保乎民。此通篇之主脑也。不忍于牛矣，又忍于羊，以齐王之明，通齐王之蔽，巽语之言也。不忍于禽兽，又忍于百姓，以其明之所及，攻其蔽之所不及，法语之言也。此心之明至于大蔽，由于不知权度于心耳。不知权度于心，则惟欲求快于心以求遂大欲，虽不可忍于民者，亦忍之矣。不可忍于民者亦忍之，不知反其本也。反本者，反求其不忍人之心也。反求不忍人之心，以行不忍人之政，由是制恒产，治礼仪，广教化，老老幼幼，各得其所，所谓"保民而王，莫之能御也"。此之谓万物一体之王道。而霸功者，功利之私，不足言矣。

与民同乐，就是君民一体，君民一体，则仁政流行。民之乐，就是君之乐；君之乐，就是民之乐。所以孟子极言"王之好乐甚，齐其庶几"，欲识此耳。

小忿大勇，原是一几。不能如文、武安天下之民，便是小忿。忧民之忧，乐民之乐，忧乐只在民，不与以己，人君联属天下以成其身也。忧以天下，乐以天下，其心公溥，其道广大，此之谓人心，此之谓王道。

文、武之好勇，太王之好色，公刘之好货，不与以己，所以为王道。王之好勇、好色、好货，都是为己，而民不与，所以为疾。

贤之用，用以国人也；不贤之杀，杀以国人也，都不与以己。

孟子知言养气一章，首言己之当大任而不动心，便见知言养气之张本；中详言知言养气之学之实，末则见知言养气之学；是愿学孔子者也。

曾子之自反而缩，便是直养无害之意；千万人吾往，便是塞乎天地之间之意。自反便是守约上看，只是自反之直，不是以缩不缩为勇怯也。

告子“勿求于心”之言，即孟子所知之言；“勿求于气”之气，即孟子所养之气。告子之学，心与气离，内与外判，不动心，之所以非也。孟子所论持志，则养气即在其中；无暴其气，则持志就在其中；心与气一，内与外一，不动心，之所以妙也。曰气之帅，曰体之充，曰至曰次，曰持曰无暴，此盖两举，其说以见合一之体段工夫，非支离也。志一动气，气一动志，见时时持志，便时时无暴其气；时时无暴其气，便时时持志自然，天君泰然，百体顺从，不至有趋蹶之患。若蹶与趋，是气暴而志不持矣。志不持而气暴矣，合一之功失而交相害矣。下文言浩然之气而不言志，只“浩然”二字，便心气内外一以贯之。外却此心之本体，何处见得浩然？可见天地之生人，合下是理气一团，真有不可得而支离者也。

趋蹶之气，即浩然之气。心气内外合一，便是浩然之气；心气内外支离，便是趋蹶之气。

浩然之气，即流行于宇宙间之太和元气而人得之以生者。此气本至大，本至刚，本塞乎天地，本配乎道义，惟不直养则害矣。不能直养无害，则不足以配道义，无是气而馁矣。欲养此气，欲有此气，惟在集义。义根于心，气之主宰在此，气之运用在此。只"集义"二字，持志无暴，同体并妙，心气内外，一齐俱彻。人得天地之直理正气谓之义，是义也，非离内外也，行之本于心也。人养此直理正气而无害，谓之集义，而集义者，非离内以从事于外而求慊于心也。集义，则行即是心，心即是行，然后浩然之气自生。可见气之自生者，义之集也，非气自生也；则气之馁者，义之失也，非气自馁也。故行有不慊于心，则馁，义之不可袭取如此，义之不可外也明矣。然则告子之昧乎此者，非以其外心于义、外气于义乎？盖义生于心之自慊，则精义于心可也。彼曰"不得于言，勿求于心"，是不知求义于心矣。气本于义之所集，则合气于义可也。彼曰"不得于心，勿求于气"，则不知求气于义矣。此正是袭取而为心与气分，内与外离，行之不求慊于心也，非外心于义，外气于义者乎？欲集义，只是必有事焉而勿正。欲必有事焉而勿正，只是勿忘勿助。必有事者，集义之主本；勿忘勿助者，必有事之实功也。于必有事主本上损了一毫，便是忘；于必有事主本上加了一毫，便是勿忘勿助。事事不失此义，念念不亏此义，心气合一，内外合一，乃至中至正，不偏不倚，无动无静，只是一个自然天理，乃大《易》知几之肯綮，《学》《庸》慎独之妙诀。此唯默识之尔，自得之尔，乌能喻诸人哉！明道先生曰："勿忘勿助之间，无纤毫人力，精妙矣哉！"孟子得孔子之正传者，唯在此耳。

以力假仁，力自是力，只以力装点出个仁来；以德行仁,心就是仁之实心,事就是仁之实事,由中达外做出来。人之为心,不外乎恻隐、辞让、羞恶、是非,发之为乍见孺子怵惕之真心者,此也;运之为先王全体之治者,此也,一而已矣。道心惟微,故以端言,识得此端,便可扩充全体。惟是真心,触之便应,应之便速,又便自然造次、顷刻之间无安排布置之意,所以为本心。若一转念间略夹带了些纳交要誉意思,便不真矣,便非本心矣。

此章点出九个“有”字,四个“无”字,欲人知扩充此真心也。有四端而不知,与无有同;知而不扩充,与不知同。

大舜有大焉,不做在己的善,亦不做在人的善,只是大家公共的善,更无分别障碍,浑然天地万物合为一体。忘己忘物者,此也;成己成物者,此也。

学者欲造大舜地位,就从子路闻过心事上做起。盖圣贤乐善之心无二,而分量之大小则有不同。孟子道性善,必称尧舜,盖尧舜是尽得此性善之人。惟性善,故人人可做尧舜;不肯学尧舜者,自弃其此性之善者也。

曰“道一而已矣”,只是一个性善也,道无二个。故人性皆善也。世子一行三年之丧,四方来观吊者大悦,可以见人性皆善之实。

“民事不可缓”,欲滕文公以民心为心也。以民心为心,必重民事。重民事,莫要制恒产。恒产制,则恒心收而民可教为士。故古之贤王必以恭俭得之。恭则能以礼接下,而位多仁人；俭则能取民有制，而民无网法。夏后氏数节，即三代教养之成法，见今日滕君当参酌而力行之者也。制禄等贤君礼下之事，分田等贤君取民有制之事，以见井地行则民有恒产，学校立则民有恒心。为国之道尽于此矣。

江汉、秋阳，原是圣道本体，不外一心。江汉之濯、静、深不测，是圣心之有源也；秋阳之暴、兼照不遗，是圣心之有明也，只是一事。皜皜不可尚也，正发江汉以濯、秋阳以暴之精妙处。尧舜之精一执中，文王之纯一不已，即此心体也。

薄亲者，墨氏邪说之害厚葬者。夷之不泯之心，故孟子即其不泯之心，以通其邪说之蔽。如保赤子，儒者之所以推仁，一本也。爱无差等，墨氏之所以害仁，二本也。

“得志，与民由之”，是由此仁礼义；“不得志，独行其道”，是行此仁礼义。“富贵不能淫”，富贵也是此仁礼义；“贫贱不能移”，贫贱也是此仁礼义；“威武不能屈”，威武也是此仁礼义。可见君子尽性之外无馀事也。

有仁心仁闻而民不被泽，与尧舜仁心仁闻不同。尧舜有仁心仁闻，便是有政。故徒善之善与尧舜之善不同，尧舜有是善，便有是法。

“圣人，人伦之至”，可见人伦就是人道之规矩，外人伦无人道矣。正己全在修身，修身全在自反。反求诸己者，反求诸心也。孟子言“天下国家之本在身”，而不及于格致诚正，以格致诚正皆修身之事也。后学乃讥韩子《原道》内引《大学》只及诚意，为无头学问，过甚已哉！

“为政不难，不得罪于巨室”继于天下国家之本在身之后，见为政以修身为本。身修则道立，而政教自然振举。巨室之慕，一国之慕，天下之慕，自沛然莫御。若其身不修，政教乖谬，则罪在我，巨室得以罪之，一国得以罪之，天下得以罪之矣。

如耻，莫若师文王，不能自得也。

祸福，无不自己求之，即沧浪清浊自取之理。

所欲与聚，所恶勿施，只是以民之心为心，一毫不与以己。

自暴自弃，断尽天下不肯好学的人。宅曰安宅，路曰正路，见仁义终身所当依，须臾不可离、不容暴、不容弃者也。

诚者，天之所以与我至善者也，故善即诚也。明善者，明此诚也，所谓思诚也。能明善诚身，则获上治民、悦亲信友皆举而措之矣。明善，即《大学》格物致知、明明德、亲民之至善也。诚身，即《大学》诚意、正心、修身也。悦亲，即齐家事；获上治民、信友，即治国、平天下事也。皆至诚之所动也。

胸中正，心在也；胸中不正，心不在也。心有所牵，便不正；不正，便不在。

“侮夺人之君，惟恐不顺”，一“恐”字乃指出不恭俭者之心术而言。

先儒谓权之得中即是礼，不知礼之得中即是权；离中无礼矣，离礼无权矣。嫂溺援手，乃礼之权，援嫂之时之中道者也。

事亲，为事之大；守身，为守之大。守身之大，即所以成事亲之大。曾子仁为己任，体受全归，乃养志之大者。特言酒食一端，举一以例馀耳。曾子养志，不独一酒食，能善是，其大者可知矣。曾元不能养志，不独一酒食，不能善是，其大者可知矣。故学曾子，则事亲守身都在其中。

用人行政，皆君心所发用，大臣以道事君，贵在养其君心之本体。不仁不义，君之非心也，去此非心，则存之心、发之世皆仁。养之正，便是正君，以正朝廷，以正百官，以正万民，而四方莫不一正，故曰“一正君而国定”。

不虞之誉，求全之毁，知人观人者诚不可因此失人，但在学者自己尽反身修德之事。不虞致誉，不当以此而动喜心，且当生愧心，且当求实能胜善之心。求全致毁，不当以此动愤心，且当生信心，且当求自反常直之心。道莫大于仁义，而事亲从兄，乃仁义之至真至切处，故为仁义之实。智者知此耳，礼者履此耳，乐者乐此耳。天下之道尽于此矣。

“天下大悦而将归己”一章，孟子将人子当尽事亲的道理与大舜尽事亲的心事都发明殆尽。天下大悦归己，舜视犹草芥，惟欲得顺亲心，况未至天下归悦者乎？瞽瞍日以杀舜为事，舜犹只全见得自己不是，不见父母一毫不是，必求其得，必求其顺，况父母不至如瞽瞍者乎？舜尽事亲之道，瞽瞍且底豫，况其馀有不底豫者乎？瞽瞍底豫而天下且化，天下之父子且定，况我一家之父子尚不能化，尚不能定，宁无事亲之道未尽乎？此可见舜为人伦之至，而天下后世之人子无不当如舜之纯心以事其亲也。

曰平其政，则惠不足以言政。

“非礼之礼，非义之义”，似礼义而害乎礼义者也，故大人弗为。

不为不仁，然后可以为仁；不为不义，然后可以为义。故能充无害人之心而仁不可胜用，能充无穿窬之心而义不可胜用也。

“仲尼不为已甚”，只是一个易简。易则易知，简则易从。“言不必信”，义在而当信矣；“行不必果”，义在而当果矣。非义则不必，必则非义。

大人无所不知，只是不失了当初赤子一点不虑而知之良知；大人无所不能，只是不失了当初赤子一点不学而能之良能；所谓纯一无伪之本然也。

居安、资深、逢源，是自得之妙，一时并至，无有先后。为学莫要于致道，致道惟在于心得。自得者，心得也。居安，以心得之至定者言也；资深，以心得之至通者言也；逢源，以心得之至裕者言也。心得，则道在我矣。

约者，本也。“反”字是反本之反。博学详说，一言以蔽之，只是反说约耳。学不反本，则所学所说者何事？

以善养人，是以天地万物为一体。人有善，则诱掖奖劝以成其善；人有不善，则教戒督率以去其不善。盖见善之在人，如饱暖安逸之在吾身；见不善之在人，如疾痛疴痒之在吾身；是之谓以善养人也。以善服人，以善养人，孟子推王霸心术之微尽矣。

只“原泉”二字，便是有本之水，故为混混不已，渐近以至于海。孔子曰“逝者如斯夫，不舍昼夜”，非有本不能也。

“人之所异禽兽者几希”，孟子示人存心之学，见道统之所由启也。人异禽兽几希，甚危之也。存得这些几希，便可参天地，尽人物；去了这些几希，便就失人理，同禽兽。真令警惕流汗。今人不能存此异于禽兽者，可悲也夫！

几希之理，在事则为物理，在身则为人伦，在道则为仁义，曰明，曰察，曰由，只是精一执中。由仁义行，即在明察处由而行之，非有三事。道统之在天下，启之者天，传之者圣，尧、舜、禹、汤、文、武、周公、孔子、孟子，皆所以存几希而异于禽兽者也。

美如西子，一蒙不洁，人皆掩鼻，况不及西子者乎？貌如恶人，齐戒沐浴，可祀上帝，况未至恶人者乎？其几只在克念罔念之间耳。

取与死生，人之大节。惟能精养，则自无伤廉、伤惠、伤勇之蔽矣。

天下之言性以故，言性之故以利，此便是善言性者也。性者，本然之心体者也。故者，心体感通之已然者也。利者，心体感通已然中之自然者也。仁义礼智便是性之故处，恻隐、羞恶、辞让、是非便是故之利处。观禹之顺以治水之道与治历之法，无往而非故利之理，则言性之故以利，可见得本然之心体矣。

行所无事，是学问要领。率性之谓道，理本自然，不假强为者也。明道引以发明定性之旨。

程子曰："此章为智而发。"知即吾心良知之性也，自然之天理也。

君子所异于人，只是"存心"二字。仁礼，存心之实也；爱人敬人，仁礼之施也；人恒爱，人恒敬，爱敬之报也。人即以横逆加我，而惟自反，惟不校，可以见心之处常遇变而皆存。故君子有终身之忧，惟恐心之不存也；无一朝之患，非意之祸，无妄之灾，皆不足虑，惟存心也。大舜之为法，天下传后世，以其仁礼存心也。故君子亦惟仁礼存心，而一朝之患君子不患矣。

即妻妾之所以相泣，可见世之求富贵利达者，患得患失，无所不至，不啻一乞墦而已；贪昧隐忍，矫情干誉，不啻骄妻妾而已；卒之，人视己如见肺肝，又不啻妻妾之讪泣而已。自失其本心而不能察，悲夫！

"人少则慕父母"，此孩提之童无不知爱其亲，所谓赤子之心也。大舜经历了许多，少艾、妻子、得君的事都不动心，惟终身爱父母，此便大人不失其赤子之心也。

舜遇父母之顽而委屈以成其顺亲之孝，遇弟象之傲而又恳恻以致其友恭之爱，此圣人人伦之至，肫肫其仁者也。舜于象，富之贵之，而不使有为，亲亲之仁与爱民之仁并行不悖，所以为圣之至。

尧、舜自知其天之所在，故与天下而不为私；舜、禹自知其天之所在，故受天下而不为利，相忘于天而已矣。

伊尹以一介取与之微而比于禄以天下、系马千驷之重，盖精义之学无大小矣。

伊尹致谨于一介取与之微，故能自任以天下之重。若胸中有丝[1]毫粘滞，而能扩充万物一体之学者，罕矣。

尧、舜之道，以己正天下之道也。伊尹乐尧、舜之道，故出处无不一于正，而卒能正人正天下。

孟子辨百里奚不在饭牛，在干主也。

始终、条理，譬圣智之有先后而又兼全也；智巧、圣力，譬圣智之有难易而的不可废也。三子之力有馀，只是即一偏之成就见其有馀；与夫子之力自不同，巧不足，非全无巧，是无夫子之巧耳。

善者，天下之公理，无论人己、古今，皆所同具者。友尽一乡一国天下之善士，则一乡一国之善皆我之善矣。尚论古人之世，则古人之善皆我之善矣。必如是，然后不愧为士。

告子以人性为仁义，犹以杞柳为杯棬。著一个"为"字，盖谓人生之初，只有个知觉运动之蠢然者，与物无异，后来圣人方制为人道以教之，却是杞柳之生于两间，只是根干，后来人为之巧，乃成杯棬。告子单认气为性，故把性与仁义看作二物，岂知仁义即天命之性，非有外于性也。为仁义，即尽性之学，非有害于性也。孟子借其言而反之，不攻自破矣。

①丝，原作"私"，误，据文义改。

告子小变前说，以湍水喻性，是就习俗上论性也。孟子言“人无不善，水无不下”，非谓人皆善，水皆下也，盖人性无恶，水性无上也。以“上”“下”二字换“东”“西”二字，借其言而反之，不攻自破矣。

告子又即前说而指生之谓性，是单就气言性，乃是学术差误之本根。盖自人物之同处论性，而混人物为一途矣。孟子以雪玉之为白，形色虽同，而体质实异；告子犹不悟其性之异，乃又以犬牛人之异性为言。盖白有雪玉之不同，不得概谓之白；即性有犬牛之不同，不得概谓之性。借其言而反之，不攻自破矣。

生之谓气，生之理谓性。生则人物之所同，性则人物之所异。若知得人物之所同，人物之所异，便指生之谓性，亦无不可。而告子不知其于万殊一本、一本万殊之旨，懵然矣，故孟子不得不辨。

食色是性之欲，不是性之本体。告子以食色为性，亦单指气言性，非性之正也。告子先谓以人性为仁义，是并以仁为外。此以食色为性，而谓仁在内，是犹不知性之本原而并其仁之在内者，亦未察其真也。孟子乘其略知仁之在内而因辟其义外之非，先即白长之异以明义之所在，即味嗜物，亦有若长人然者，便是合爱与长而言之，见仁义一源也。若嗜炙为外，则仁决不得为内；既知嗜炙非外，则知义之不得为外。借其言而反之，不攻自破矣。

仁义等，性也；恻隐等，情也。其能如此者，才也。人有是性，其所发则有是情，其作为则有是才。性者，心之理；情者，性之动；才者，性之能。性不可见，观情之可以为善，则性之善可见。性善，则才自能为善；然则为不善者，岂性不能善也？物欲陷之耳。故曰非才之罪也。

颜子欲罢不能，既竭吾才，可谓能尽其才者也。

有物有则，可见性善。物则为民秉之常性，故情无不好是彝德。可见情之可以为善，所以谓性善。

圣人之理义与众人同也，但圣人先得其同者耳。知此理义，人人同知，圣人但先知也；觉此理义，人人同觉，圣人但先觉也。可见圣人与我同类，只是此性之善。

山木之美，既伐，而以日夜之息，雨露之润，故有萌芽之生。仁义之良心，既丧，而以日夜之所息，平旦之气，故有相近之好恶。是苟得其养，无物不长矣。牛羊又牧其萌芽之生，夜气又不足以存其仁义之良心，是苟失其养，无物不消矣。观旦昼牿亡，又曰夜气所存，可见天理在人心，原未尝息，在操而存之耳。操而存之，所谓得其养也。

"鱼我所欲"一章，把生死关、富贵关教人勘破，便就得其本心，只是"礼义"二字。生死尚不顾，则此身尚不能为我有，况身外之物于我无所增益，我又可得而有乎？于此勘破此心只是"礼义"二字，而富贵、妻子之会俱荡然矣。呼蹴不受，乃羞恶之真心，所谓本心也。真心不丧于呼蹴之际，而能决其生死之大，可谓得其本心矣。乃不能不计丰约之细于宴安之时，何也？非真也，物欲蔽之而有所不察也。从事圣贤，大头脑只在“求放心”三字。

孔子言“仁者，人也”，人外无仁矣；孟子言“仁，人心也”，心外无仁矣。恶心不若人，不若恶指；爱身不若爱桐梓；养贵而大者，不若养贱而小者。读此等书而犹不自警，无恻隐羞恶之心也。

人一也，而有小大之分者，一体之大小分之耳。从其小体，便是蔽于耳目之欲而引之也，小者能夺，所以为小人也。从其大体，便是得乎心思之大而立之也，大者既立，所以为大人也。中言天之所与，见小体、大体皆天则所存也。但看人所从耳。以小从大谓之立，以大从小谓之夺。“先”之一字，乃致知力行之实用力也。

仁与不仁之相胜，在理欲消长分数之多寡耳。

仁在乎三月不违，颜子之熟也；耳顺从心，孔子之熟也；纯亦不已，文王之熟也；执中用中，尧舜之熟也。不到此地位，通还是不熟；不熟，便可惜了极美的种子。

羿之射，不出乎彀率之中；匠之巧，即寓于规矩之内。则人可为尧舜，只一“为”字，便有许多工夫在。

巡狩、述职，见得三代仁心仁政。其时天子诸侯是念念只在仁义，无利欲之心。若“五霸者，三王之罪人”，自三代而春秋矣。“今之诸侯，五霸之罪人”，自春秋而战国矣。

"今之大夫,今之诸侯之罪人",自战国而七国矣。

"君子不亮,恶乎执?"孟子所谓亮,孔子所谓贞也。

好善,则天下皆来告以善,虽强虑多闻识之士,皆在延揽中矣。强近果,虑近艺,多闻识近达,只好善便都包得。尽心,"尽"字无工夫,只完全个仁义;知性,"知"字有工夫,以至于无工夫,到知性亦是就成功言矣。知天,"知"字又全不费力了。天与性非有二,天者,性之本原,天人一理,非知性之外又有知天之功也。存心养性不在尽心知性之外,事天不在知天之外。知天事天即是立命,夭寿不贰其心,唯修身以俟死,便能存心养性,便是事天之学。能存心,便能尽心;能养性,便能知性;能事天,便能知天,非有两段三段工夫。细按,此章首节,朱注谓:"夫心者,人之神明,性则人心所具之理。然不穷理,则有所蔽而无以尽乎此心之量,故能极其心之全体而无不尽者,必其能穷夫理而无不知者也。"玩注意,则知此章功夫固在存养,其贯彻工夫还在"尽心"二字。故注有"极其心之本体",甚是著力。观下句遂云"必其能穷"等云者,似有破竹之势,安得谓首句无功夫而功夫在下句知字?又云"以此至无功夫,亦就成功说"。果如此说,是未审功夫不在"尽"字,在"知"字,却又不在"知"字,此等似是而非,叫人何处下手?予虽后生小子,不识先辈立意安在,聊附愚见,以俟高明论订何如。祥芝按,此夹行注附在原稿,或王震来之语,不可知。今仍附存。

"顺受其正",居易俟命;"不立岩墙",不行险侥幸也。

"求在我",取足于性,孔子所谓"求诸己";求在外,取足于欲,孔子所谓"求诸人"。

“万物皆备于我”，此“诚者，天之道也”。“反身而诚，乐莫大焉”，此自然不失其皆备之万物者，即诚者，不思不勉，从容中道，圣人也。“强恕而行，求仁莫近焉”，此勉然而□其所备之万物者，即诚之者，择善而固执之者也。诚即万物皆备之全体，仁恕之极致也。仁即贯通乎万物皆备之全体者，恕即推行此仁以贯通乎万物皆备者也。以其真实无妄则曰诚，以其浑然与万物同体而无一毫己私曰乐，以其全体不息曰仁，以其能近取譬曰恕。乐是此心之全体，非诚外有乐；仁是此诚之生理，非诚外有仁也；恕是此仁之作用，非仁外有恕也。

行不著，习不察，是不存心致知耳。

性之在人，文王、豪杰、凡民，一也。故凡民感之即兴，豪杰不感亦兴。佚道使民，本欲佚之也；生道杀民，本欲生之也。

过化、存神，不外杀利迁善之事。以其发之仁政为事业，故曰过；以其蕴之仁心为德行，故曰存。存神是继天地之志，过化是述天地之事。存神不出过化之外，过化自寓存神之中，其机一也。

能得其体，“民爱之”，所以能得其心。“善政不如善教”，如此，则“仁言不如仁声之入人深也”，又可见矣。

孟子发良知良能，证明性善之意。仁义即良知良能，原无二物。良正是本然之善，达之天下，可见性善乃人心之自然。

从善若决江河，此便是几希之异于野人处。

无为所不为，志士励行，守之于独也。无欲所不欲，哲人知几，诚之于思也。合心与事言也。

机械变诈，君子所耻，邪也；德慧术智，君子之所贵，正也。孟子举四样臣品，欲以大人为的。容悦者，志在富贵；安社稷者，志在功名。天民者，审时以行道；大人者，正己以行道。此二人是在道德上，而大人则德盛而上下自化，又非天民可比。此心之理，原于天，具于人；不失此心之理，便"仰不愧天，俯不怍人"。

得其所欲所乐为大行，不得其所欲所乐为穷居，所分定又何加损之有？分即性也，仁义礼智，此心便见得分定也。生于色，施于四体，皆仁义礼智之发见，则所性之可欲可乐莫以尚之矣。

孔子之道，小鲁，小天下，难为水，难为言，是圣人之道之大也。观水之术以澜，观日月之明以容光，是圣人之道之大之有本也。君子循其本而造其大，正犹流水盈科后行，不敢舍其本而直慕其大也。志于道者，即志其大而有本者也。成章后达，便是自志学以至不逾矩，自性善以至神圣。盖得其本以进于大，与流水之盈科后行者同机矣。

孳孳是指为善为利之心言,舜跖相去何啻天壤!只在善利之间,所谓毫厘之差也。曰审机,曰辨志,曰慎独,都是此处用力。

杨子绝物,墨子徇物,子莫执中无权,又胶于道。三子之执一,则为举一废百。若圣人之时中,则不滞于物,不私于已,明体达用,各当其可,然后为一以贯万而能合道也。

不以饥渴之害,便能先立其大。

桃应之问,惟欲观圣贤之用心。孟子之答,亦惟以圣贤之心告之,非实是也。皋陶惟知有法,大舜惟知有亲。皋陶一味必杀天子之父,舜一味必能穷负而逃。卫辄唯无此心,故只错到底。

形色者,天性之凝著;天性者,形色之本真。故形色就是天性。唯圣人唯能尽性以践形。

非礼勿视听言动之训,与践形尽性同体并彻。

跃如就在引而不发之内,中道而立就在跃如之中。能者从之,得跃如之趣而以中道为一者也。在人之自得耳,何高美不可及之有?

为学,若自常不间断,自无进锐退速之弊。

无不知，无不爱，尧、舜之仁智之全体也。惟急先务，急亲贤，尧舜所以善用其仁智也。

“梓匠轮舆能与人规矩，不能使人巧”，此君子“引而不发，跃如也，中道而立，能者从之”耳。

贫贱，望他日之富贵，则贫贱必不能终身；富贵，若思往日之贫贱，则富贵必非固有。看大舜两个“若”字，此心只是一团天理，与富贵贫贱有何干涉？

仁者，人也。有此人身，便有此天理，乃与生俱生，与形俱形，不可须臾离者也。合而言之，则仁之理在人之身，人之身全仁之理。如亲合于父子，义合于君臣，序别信合于夫妇长幼朋友。仁非虚位，身非虚器，人与仁不相离，是之谓矣。子思曰：“率性之谓道。”此谓也。

介然用之则成路，为间不用则茅塞。人之心，出入无常，天理之存亡甚易，可危也哉！

“口之于味”一节，“人心惟危”也；“仁之于父子”一节，“道心惟微”也；性也。有命，君子不谓命，“惟精惟一，允执厥中”也。

君子不以气质之性为性，以天命之性为性；不以气数之命为命，以义理之命为命。合一，是以能尽性至命也。

善者，人心之天理，始之可欲者，此也；终之不可知者，此也。有诸己是善有于己，充实是善充实，光辉是善光辉，大是善之大，化是善之化。

不忍不为，此真心也。达之于所忍所为，扩充此真心也。至仁义不可胜用，无所往而不为仁义，真心扩充而此心之全体得矣。仁则统体，义有万殊，故精于义之至，然后成仁。所以又以尔汝之实，言不言之餂，示以充类，至义之尽而仁之统体无不尽矣。

善言善道，不是两截，以心明道为善言，以心体道为善道。君子之言与守亦非有异于人，言乃众人之庸言，故不下带而道自存也；行乃众人之庸行，故修其身而天下自平也。然言守虽是一道，毕竟言非难，守难。故下文单言不守约而务施博之病，以见不可求人重而自任轻。盖明道不若体道之为真心也，教人不若修己之为急务也。

德即性，礼即理。动容周旋中礼，由于盛德之至，是礼由性出者也。动容周旋中礼，则哭死而哀，经德不回，言语必信，俱中礼之事，非为干禄、为生、正行，则盛德之至又可见矣。以生死出处言行，性分中事耳。尧舜，性之者，如此行法，正欲哭死而哀，经德不回，言语必信而动容周旋中礼也。曰俟命，则虽未至盛德之至，亦非为干禄、正行之私也。汤武反之者如此。

心本无欲，有欲，则失其心之本体矣。寡欲者，求复其心之本体，寡之以至于无，则心本体复矣。

万章疑夫子之思狂狷，孟子则以为足以任道。万章疑夫子之讥乡愿，孟子则以为足以害道。盖孔子所传于尧、舜、禹、汤、文、武之道，所谓经也，是民生之恒性，古今之秉彝也。夫子思得狂狷传之者，正此经也。邪慝即乡愿害道之类也。经正而无邪慝，吾道盛则异教息，是孔孟之所同望于吾人者也。

《孟子》终篇历叙群圣道统，见七篇之书无非所以明群圣之道，所以继往开来。所谓见者，见何物？所谓闻者，闻何事？见知闻知皆同一知，此“知”字果何如？识得“知”字，然后群圣所见闻之实坦然无疑在是矣。此可与知与能者，顾力行何如耳。

《四书近语》卷六

贵州文库编辑出版委员会

贵州文庫

孙应鳌全集

第二册

〔明〕孙应鳌 撰

赵广升 编校

贵州出版集团
贵州人民出版社

贵州文库

左粹类纂

〔明〕施仁　编集
〔明〕孙应鳌　批点
赵广升　点校

点校前言

《左粹类纂》十二卷，施仁编集，明嘉靖八年（一五二九）锡山安国弘仁堂刻本。施仁，字宏济，长洲（今江苏苏州）人，嘉靖戊子（一五二八）举人。《左传》为编年体史书，叙事完备，内容庞杂；《国语》为国别体史书，以语为主；二书相传皆为左丘明所著。施仁兼采《左传》《国语》，纂为制命、谏诤、诫谕、辩说、议论、赋诗、盟载、谣诵、谋略、政事、荐举、节义、辞让、逆料、梦卜十五类，凡七百八十八则；注释采自《春秋左传注疏》《春秋穀梁传注疏》《左传杜林合注》及韦昭注《国语》诸书，评议则采自吕祖谦《左氏博议》、胡宏《皇王大纪》、真德秀《西山读书记》、苏辙《古史》、程公说《春秋分记》等二十馀家，是一部对《左传》《国语》进行分类编纂的集注式著作。学者黄省曾为作《左粹类纂序》，评价其体例和特色："予友施宏济氏，博古敦行，潜心下帷，以《春秋》举，乃析别二传之文，自《制命》至于《梦卜》，定为十有五目，以辖萃其言，凡若干卷，命曰《类纂》。于古隐而难通者，务酌诸家而曲畅其义，使学者不劳披观，可以因类而求，沿文以讨。若八音殊奏，听之者易入而领也，其心可谓勤矣，通方君子必于施子乎是德也。"其中"务酌诸家而曲畅其义，使学者不劳披观""因类而求，沿文以讨”正是这部书的独特价值所在。

孙应鳌自为诸生时即已研习《左传》，并着手采录，《千顷堂书目》载“孙应鳌《春秋节要》”一书，当时已经刊行，今已佚。嘉靖四十年（一五六一）五月，孙应鳌升任陕西提学副使，他对施仁《左粹类纂》一书的批点工作就完成于这期间，并于嘉靖四十二年（一五六三）刻印颁行。孙应鳌《左粹题评序》曰：“左氏内外二传……虽诸家各有采录，然未睹大体，甚者模拟以为引重，乃又振暴其短，独吴郡施宏济《摘粹类纂》可为诸家决正。余为诸生时，亦妄有裁取，既仕，见施氏所纂而罢。于是即施氏所纂，为加批评，以明己意，庶几参会作者之辞义焉。”故该书仍题《左粹类纂》，署“吴郡施仁编集，如皋孙应鳌批点”。今中国国家图书馆藏《左粹类纂》嘉靖四十二年刻本，王有道校刊。左右双栏，版心白口，下方记刻工。半页十一行，行二十二字。注文小字双行。前有“嘉靖癸亥七月望如皋孙应鳌”《左粹题评序》、“嘉靖己丑黄省曾”《左粹类纂序》二序。孙应鳌对《左粹类纂》的“批点”，包括圈点符号和文字评论两种形式。圈点即是用圈（○）点（·）符号在精美文字和重点语句右侧予以标注，格外醒目；题评即在版面天头处（亦有少量行间评），短则一二字，长则一二百字，或评文章结构，或论人物事理，抉隐发微，精彩纷呈；评点结合，相得益彰，对《左传》研习者良有助益。统计全书，孙应鳌题评共有六百八十二则，凡一万三千八百馀字。其中一些评论文字，抉发隐微，辩难精妙，见解独到，俨然首尾完整、文笔精美的史论短章，被收入其《孙山甫督学集》中，如《庄公戒饬守臣辩》《孔子称叔向辩》《子产数子晳罪解》三篇。

万历十一年(一五八三),两淮御史任养心又校刻《左粹类纂》,其《左粹类纂叙》曰:“维扬淮海孙公既昉施氏合二传之粹者为一,以破拘挛之见,又分类加评注焉,其于左氏也深矣!旧本刓漫,不可以句,予故手厘正之而稍增定其义例之所未及者,以付之梓,为可传也。”任养心校刻本今存哈佛大学汉和图书馆、普林斯顿大学东亚图书馆,题“吴会施仁编集,维扬孙应鳌批点,河东任养心校阅”,除黄省曾、孙应鳌二序外,又增万历癸未春三月朔豫章姚士观序和万历十一年春闰二月河东任养心序。与嘉靖四十二年王有道校刊本比较,任养心校刻本后出转精,不仅改正了前刻中部分文字讹误,并且于每篇题目下标注裁取自《左传》或《国语》,并注明《春秋》系年,便于对照《左传》《国语》原文。王有道校刊本有些文字刓漫不清,任养心校刻本文字清晰;但任校本也有脱漏,其中脱孙应鳌题评二十条,共一百一十字;亦新增少量讹误,是其不足。

光绪四年(一八七八),莫祥芝刻《孙文恭公遗书》时,曾打算刻印《左粹类纂》孙应鳌批点本,他在《孙文恭公遗书序录》中说:“公别有《左粹题评》十二卷,以卷帙繁重,俟续刊之。”至宣统二年(一九一〇),南洋官书局重刊《孙文恭公遗书》,仍然没有收入该书。因流传甚少,所以今天研究孙应鳌的学者亦鲜有论及此书者。

需要厘清的是,孙应鳌批点《左粹类纂》,书名仍题为《左粹类纂》,不掩前人之美。后人据孙应鳌《左粹题评序》,遂称之为《左粹题评》,如毛在《孙文恭公遗稿序》、莫祥芝《孙文恭公遗书序录》及李独清《督学文集跋语》中皆称孙应鳌著有《左粹题评》十二卷,今之学者不辨,遂众口一词称孙应鳌《左粹题评》,闭口不谈施仁《左粹类纂》,掩人之功,夺人之美,实非孙应鳌本意。因此本次整理,仍保留《左粹类纂》原书名。

本次点校,即以国家图书馆藏嘉靖四十二年王有道校刊《左粹类纂》为底本,以万历十一年任养心校本为对校本(校记简称“任养心本”),以嘉靖八年锡山安国弘仁堂刻《左粹类纂》为参校本(校记简称“弘仁堂本”)又以韦昭注《国语》(文渊阁本)及《春秋左传注疏》(文渊阁本)作参照整理。原书中的圈点符号标于相应文字之下,眉批上的孙应鳌题评文字,径移至《左粹类纂》相应文后,有的篇幅较长,则略加分段以标识。

点校者

目　录

左粹类纂　卷之二

谏　诤

左粹类纂　卷之三

诫　谕

左粹类纂　卷之四

辩　说

左粹类纂　卷之五

议　论

左粹类纂　卷之六

赋　诗

盟　载

谣　诵

左粹类纂 卷之七

左粹类纂　卷之八

政　事

左粹类纂　卷之九

节　义

左粹类纂　卷之十

辞　让

左粹类纂　卷之十一

逆　料

左粹类纂　卷之十二

梦　卜

左粹题评序

左氏内外二传，世未有不称美者，岂非以羽翼圣经邪！故论世则事核，综变则术该，辨理则意密，程艺则旨深，信枢管文字，莫能相为竞高矣！

然称美而能举其辞者，鲜矣；能析其义，尤鲜。虽诸家各有采录，然未睹大体，甚者模拟以为引重，乃又振暴其短，独吴郡施宏济《摘粹类纂》可为诸家决正。余为诸生时，亦妄有裁取，既仕，见施氏所纂而罢。于是即施氏所纂，为加批评，以明己意，庶几参会作者之辞义焉。

呜呼！学士大夫总揽古今，欲撷其精英是矣。顾一卷之中，淑可为法，忒可为戒，遐足资理，迩能鉴形，皆罨罨然莫之关省。即识无不博，微无不通，于一己奚有哉？是又非特读左氏者当知已。

嘉靖癸亥七月望，如皋孙应鳌书

左粹类纂序

五岳山人汝南黄省曾　撰

昔左氏罗集国史宝书，以传《春秋》，其释丽之馀，溢为外传，是多先王之明训。自张苍、贾生、马迁综表以来，千数百年播诵于艺林不衰。世儒虽以浮夸阔诞者为病，然而文词高妙精理，非后之操觚者可及。善乎刘生之评，谓其“工侔造化，思涉鬼神，六经之羽翮而述者之冠冕也”，不其信与！

近世往哲之好左氏而予得接其绪论者，若吴郡守溪王公、无锡二泉邵公、河南空同李公，皆游涉二传，乐而忘疲者也。故王公蕴英扬华，每每吐之撰造，且揭其酬对者，别录而研览；邵公于玩绎而有得者，矩武其言而标之简端；李公则又精洞神会，与之深化，故发于菁藻，浑无左氏之迹矣。迨于今之天下文章，翕然渝变，日入于促捷深诡之体，百五十馀年渐涵，程雅之式，俱阁废不省，而忧之者则虑其学左氏而趋之也。固有钩象奥缀而流于晦暧者，然童婴未习其出，尤为妖奇，刑范之言，一切斥笑而庸腐之。予则以为此恐心术之变，若或使之初，非左氏之咎也。且予之所知好左氏者，莫如三公，今三公者之文，皆纡馀光白，果有促捷深诡之态乎？是以知非左氏之咎也。

予友施宏济氏，博古敦行，潜心下帷，以《春秋》举，乃析别二传之文，自《制命》至于《梦卜》，定为十有五目，以辖萃其言,凡若干卷,命曰《类纂》。于古隐而难通者,务酌诸家而曲畅其义,使学者不劳披观,可以因类而求,沿文以讨。若八音殊奏,听之者易入而领也,其心可谓勤矣。通方君子必于施子乎是德也。或曰:“左氏所记,多衰世之事,殆不可以训乎?”予曰:“桀纣淫虐,丑迹备录于商周之典,仲尼所书,其皆善者否乎?既曰史矣,则善鉴恶戒,皆可训也,夫何疵焉之有!”

嘉靖己丑七月四日

凡 例

一、合内外二传,汇次本《吕氏类编》及《真氏正宗》。

一、内传亦以诸国彪列,本句龙氏《分国纪事》。

一、国统先周,尊王也;次鲁、晋、蔡、卫、郑、曹、虞、虢、随,同姓也;次宋、陈、齐、秦、薛、邾、莒,异姓也;而各以小大序,楚大而后邾、吴,姬而后楚,僭王也;晋武穆且后封而先蔡世,霸也;齐始霸而后三恪,则又贵王贱霸也。

一、年经事纬,体也。类分,则以辞矣。故不以年纪,其间义系于年者,仍以某年冠之。

一、自制命以后,列叙谏、诫、辩、论诸门,奇瑰卓荦,正见国有人焉。是故论疾一也,子产系之郑,医和系之秦。

一、地名代有沿革,诸注与今志多不同,故略之。

一、左氏于列国卿大夫不独称名,或以字,或以谥,或以爵,读者卒难识别,故从林氏,悉具名于其下。

一、朱氏节本注中详载本末,以见事之始终,甚便观览,今多仿之。

一、注参用韦氏、杜氏、朱氏、林氏,所易晓者不复录。

一、字音切大略录附卷首,以备参考。

一、所引儒先论断,悉撮其精要者,故或无全文。

一、比事日抄，以资占毕，便检阅。夫固有画脂镂冰之失，若其舛漏，尚俟大方。

凡例毕。

音　释

一卷

隧遂　旅卢 卣西 饫於据 儳士咸 龢古和字 羃莫历 奸干 趯他历 骀台 黡於斩 蝥亡侯 贳式制 铍披

二卷

祭侧界 櫜古毛 窋知律 鄣之亮 瞍瞍 隰习 沃一毒 覛觅 獐旦 墢钵 戏羲 狝息浅 韡韦鬼 阋呼历 姞渠乙 郐古外 妫矩为 曼万 惏力南 阤除尔 瘥才何 湛耽 堙於真 隩於六 燀喘 慆叨 踣蒲北 骙巨追 楛户 越户栝 珽他顶 统多敢 率律 鞞补顶 鞛布孔 游留 刿古卫 攟九敏 尫汪 虿救迈 笮才落 彀古学 罛孤 罶柳 罝嗟 矠策 罜树 麗鹿 麇一考 縠彀 蝝缘 礮宗 獳奴候 辠古罪字 阏遏 胹而 畚本 鸩於谏 碏七略 畛之刃 雔尺由 薳委 瘯七木 腯突 衵女乙 酖鸩 句勾 湫子小 垲凯 遄市专 萑桓 蜃市轸 镮患 雅苦田 匄盖 鬣力叶 骼格 羡即 愔一心 犛力之 憖牛刃 瑱土见 檇醉 嚭普鄙 惎忌 豷许器 鲧鲧

三卷

歜昌欲 郕审 芊弭 偻力主 伛纡雨 鬻粥 庬庞 掐他劳 稯宗 妲丁达 嗛口玷 笫滓 豸直是，或作豸 枹孚 黰之忍 驲人实 祏石 讟独 穮彼骄 坻直疑 瘉愈 蒇敕展 鯈直留 嫠力之 阪反 亹尾 彗薛 荦洛

四卷

郯侯 頡子斯 散五才 戭衍 饕他刀 餮他结 踦丘知 跂丘氏 尨莫江 茸如容 鞬九言 祛起鱼 霣于敏 擐患 虒斯 窕敕尧 熸子潜 绮士见 茷吠 蔡蔡上素达 臭敕略 蛴娇 冯平 衰崔 麇九伦 圬乌 塓莫历 辖户八 甗彦 晐该 搰胡没 遏他历

五卷

繁缨上步干 妃配 沵古流字 钛时僪 儇呼缘 濅所留 璆球 卬仰，又作迓 蹔暂 咮竹又 楗渠偃 殣其吝 飂力谬 睬柔 芣浮 魄京媚 纠因遵 始震下音身 妎该 晐古哀 剸专 榝仕灾 皻又谨 裂列 溥旨究 哤末江 旦莫通作暮 菒稿 袚钵 裲释 蘇古荐字 椋初觐 狵斗 妎害 泱央 箾与箫同

六卷

麇九伦 蠚才何 于思下音腮 猳加 智乌丸 綮而又

七卷

皋比下音皮 党氏上音掌 韅许见 靽半 泜迟 鄗苦交 二广下古旷 軘徒温 弢他刀 韎莫拜 跗夫 旝古外 辂迓 痤才何 厞符费 骓朱推 澨市世 爇如悦 庈侈

八卷

洞迴 积千赐 句劬 颀祈 渖尺审 三百下音陌 襘古外 鞮丁兮 輈张留 堋北邓 焮许勤 禜咏 苻蒲 汔许乙 歂市专 掮九录 钼吾下音鱼 搜古搜字 欘知录 剕弗 泭方无 瞀茂

九卷

鼆莫幸 瞢蒙 期期下音基 瞫尺甚 絓卦 鏟仕产

十卷

掫侧九，又祖侯 邶殿上蒲最，下多荐

十一卷

聆郎丁 鸄巨角 鷟仕角 茀敷勿 蓻千刁 佻敕聊 迃迂 儋丁谈 時诸以 苌直良 槬户化 委蛇上於危，下以支 枵许骄 歼尖 迋尤放 裯直由 觵古横 愒苦盖 樠武官 犴五旦

十二卷

繇力救 洹桓 瑰古回 篴初又 羭羊朱 衁荒 盬古 肓荒 婤职流 姶乌合 寍敕呈

左粹类纂　目录

子家羁谏伐季氏　子家羁谏主齐　衅夏谏立妾

晋

士芀谏将大子　○里克谏将大子　狐突谏战翟　庆郑谏乘小驷　齐姜谏怀安　筮史请复曹伯　士会谏杀宰夫　士渥浊谏讨荀林父　伯宗谏救宋　苗贲皇请释齐臣　韩厥请立赵孤　女叔齐请从楚求　叔向请逆楚公子　叔向谏射鴳　屠蒯以饮寓谏　荀跞请逐范中行

卫

○石碏谏宠州吁　宁速请礼晋公子　宁俞谏祀相　定姜请复孙林父　公叔发谏追鲁师

郑

○祭仲谏封叔段　○公子吕请除叔段　○颍考叔请复武姜　孔叔谏逃盟　孔叔请下齐　叔詹请礼晋公子

曹

僖负羁请礼晋公子

虞

○宫之奇谏假道

随

○季梁劝修政

宋

子鱼谏围曹　公孙固请礼晋公子　乐豫谏去群公子

陈

○五父谏辞平　泄冶谏宣淫

齐

○管仲请救邢　○管仲谏用郑世子华　仲子谏废大子　晏婴谏纳晋栾盈　晏婴讽谏繁刑　晏婴谏诛祝史

晏婴谏禳彗　鲍国谏用鲁阳虎

秦

○蹇叔谏袭郑

楚

鬻拳兵谏　申叔时谏县陈　公子贞谏伐晋　薳冯谏伐舒鸠　椒举谏示侈　椒举谏戮齐庆封　伍举谏筑章华台　薳启强谏辱晋使　申无宇谏外重　○郑丹以诗谏子张骤谏　公子申谏害吴

吴

○伍员谏平越　伍员谏遗越患　伍员谏伐齐

越

范蠡谏伐吴　范蠡谏战吴　范蠡谏平吴

三卷　诫谕凡八十八条

周

密康公母戒女祸　○辛伯谂周公乱本　叔服止刘康公儆戎

鲁

宗有司止逆祀　惠伯劝襄仲哭兄　季文子以德荣穆叔不欲作三军　○臧武仲戒季武子勒功　○臧武仲斥季武子赏盗　闵子马劝公钼孝敬　臧孙哭孟孙　叔仲谕诸臣吊[1]楚丧　穆叔谏季武子卑邾　季武子使谢息反杞田　孟僖子使子学礼　孔子不许琴张吊宗鲁　叔孙舍责意如逐君　公山不狃责叔孙辄忘本　敬姜以劳语季康子

①吊，原作“弟”，误，据任养心本改。

敬姜无外言　敬姜教子一劳　敬姜戒妾从礼　闵马父哂景伯失言　○孔子不欲加赋

晋

史苏戒大夫女祸　史苏戒大夫乱本　丕郑惜里克中立　郤虎耸士蔿建言　荀林父尽心同寮　郤缺讽赵孟归卫田　范文子戒子　解张勉郤克力战　栾书从众不迁戮　伯宗妻戒言　诸大夫勉赵文子　范文子不欲伐郑　范文子不欲战楚　范文子戒幸胜　叔向母戒女祸　祁奚请免叔向　訾祏劝范宣子成和　叔向不患楚衷甲　叔向以德示赵文子　祁午以信谕赵文子　张老止赵文子砻椽　叔向不虞楚　○叔向诒郑子产书　叔向贺韩宣子贫　伯瑕规中行穆子　范献子戒人以学　魏献子命贾辛　阎没女宽谏受女乐　赵简子戒子　邮无正谏杀尹铎　史黯谏赵简子田　史黯匡赵简子　壮驰兹贺求贤　窦犨谕赵简子　赵襄子惧幸胜　知果谏立瑶　士茁惧室美　知国请备难

郑

○庄公戒饬守臣　子家与赵宣子书　子产劝子孔焚载书　黑肱戒宗人　子产告范宣子轻币　大叔戒宛射犬　子产示外仆草舍　子产不欲子皮用尹何　子产止子皮用贽币　大叔劝晋勤王　大叔语赵简子以九言

宋

乐喜责向戌以弭兵请邑

齐

栾施谕陈无宇寝兵　晏子劝陈无宇致邑　陈恒激颜晋救郑

四卷　辩说凡八十六条

蔡

声子复楚伍举

卫

祝佗长卫于蔡

郑

烛之武退秦师　叔詹尽辞就亨　襄公行成于楚　伯骈使晋　石臭复良霄于楚　子产对晋征朝　子产献陈捷于晋　子产复印堇父于秦　游吉使楚　子产坏晋馆垣　子羽却楚逆女以兵　子产争承　子产不耻孔张失礼　子产重环　子产对晋让登陴　子产对晋问驷乞立故　游吉使晋

曹

曹人请负刍于晋

宋

华元平国　宋人拒楚请华向

陈

芋尹盖奉尸终事

齐

国佐不辱命　晏婴不死君难　晏婴使晋请继室　虞人不应弓招　梁丘据不欲纳鲁

薛

薛宰不代宋役

邾

茅夷鸥乞吴师

楚

楚使反诘齐师　屈完使齐　夔子不祀祝融　芳贾不

郑论救饥　郭偃论治　胥臣论教　先轸议伐秦　赵宣子议立君　赵宣子论伐宋　贾季论二赵　伯宗议伐赤狄　绛人论山崩　韩献子议迁都　士弱论宋火　师旷论卫出君　荀偃议定卫　阳毕议逐栾盈　范鞅论立身　师旷论乐　叔向称司马侯　叔向论所取法　叔向议赋禄　叔向与齐晏婴论国政　司马侯论鲁昭公　士文伯论日食　师旷论石言　史赵论陈事　叔向誉单靖公　叔向议邢侯狱　蔡墨论龙　蔡墨论鲁事

卫

〇石祁子归宋猛获议　北宫佗论威仪

郑

史伯议避难　〇厉公议讨子颓　皇武子议享宋礼　子产忧国　子展子驷议从楚　子产然明论政　子展伯有议会葬　游吉讥晋城杞　裨谌论国事　子产论晋侯疾　游吉与晋大夫论国事　子产论厉鬼　子产论罕朔　游吉述礼仪

宋

子鱼论社用人　子鱼论战事

陈

逢滑议辞吴

齐

管仲论政　仲孙湫论鲁事　晏子议昏礼　晏子论和同　晏子论礼

秦

穆公议置晋君　子桑百里议输晋粟　医和论晋侯疾

盟载凡九条

周

王子虎盟诸侯于践土

鲁

季武子盟臧孙纥斩关　臧昭伯盟从昭公者　孔子抗齐人盟

晋

士燮盟楚于宋　晋郑同盟于戏　晋郑同盟于亳

卫

宁武子盟卫人于宛濮

齐

晏子易庆封载书

谣诵凡十三条　　**隐语附**凡二条

周

檿弧箕服谣

鲁

朱儒诵　费人歌　鸜鹆谣

晋

取虢谣　背赂诵　改葬共世子诵　城濮舆人诵

郑

舆人子产诵

宋

城者讴　筑者讴　野人歌

齐

莱人歌

隐语

楚申叔展救萧大夫　吴申叔仪乞粮

七卷　谋略凡七十六条

鲁

○曹刿败齐师　公子偃败宋师　季友酖叔牙　孟献子请荐贿于楚　臧武仲辟齐祸　治区夫谋克费　圉人杀公若　驷赤出侯犯

晋

士蒍欲多虢恶　荀息假虞伐虢　骊姬谋立奚齐　骊姬谋废申生　文公城濮之捷　阳处父退楚师　赵穿挠臾骈之谋　寿馀诱归士会　荀林父知难冒进　栾书不轻敌　士会有备不败　厉公鄢陵之捷　郤至勇而有礼　栾针承饮示暇　栾书嫁祸郤至　魏绛和戎　知䓨驾楚　魏绛谋息民　知䓨克偪阳　知䓨致怨于郑　栾黡违荀偃之令　晋人走齐师　胥梁带执齐乌馀　魏舒变车战法　赵鞅大获齐粟　士蔑执戎蛮子

卫

○州吁修郑怨　石碏杀州吁及厚　宁庄子托旱以伐邢　礼至灭邢勒功　灵公激民叛晋　蒯聩欲杀南子　浑良夫谋废置

郑

○公子突谋胜戎师　公子忽谋御王师　子展欲坚与晋　子产欲使楚逞

宋

公子鲍篡位　狂狡倒戟见禽　寺人伊戾诬大子痤

寺人柳诬华合比

陈

辕涛涂复郑申侯之怨

齐

管仲使反侵地　陈乞伪事高国

秦

公孙枝定计处晋惠公

邓

〇三甥欲杀楚文王

楚

〇斗伯比图随　〇斗廉败郧师　屈瑕胜绞　〇屈瑕以自用败　芳贾谋伐庸　巫臣窃夏姬　巫臣复子重子反之怨　养由基败吴师　子强败吴师　共王埋[1]璧　费无极去蔡朝吴　王子胜图迁许　费无极丧大子建杀伍奢　费无极出蔡侯朱　费无极陷郤宛

吴

公子光复取馀皇　公子光鸡父之捷　伍员肄楚　阖庐柏举之捷　王孙雄决计长晋

越

句践槜李之捷　句践谋伐吴

八卷　政事凡七十条

周

〇周郑交质

---

①埋，原作“理”，误，据任养心本改。

齐

管仲作内政以寄军令　管仲以赎罪足兵　桓公治国治鄙　桓公立三选法　桓公霸诸侯

秦

穆公专任孟明　穆公殉三良

邾

文公迁绎

莒

渠丘公恃陋不备

楚

成王重师轻将　成王不善处其子　蒍艾猎城沂　庄王不为京观　共王不锢巫臣　伯州犁决狱　屈建不以芰祭　蒍掩治赋　平王抚民　昭王赏仇　昭王不禜灾　昭王不越望　叶公讨白公胜

越

句践更政　伐吴军政

九卷　荐举凡九条

周

樊穆仲荐鲁侯

晋

赵衰荐郤縠　臼季荐郤缺　赵盾举韩厥　祁奚荐其子　祁奚举善　司马侯荐叔向　魏舒举魏戊

齐

鲍叔荐管仲

鲁

襄仲辞秦玉　声伯不受晋邑　子冶致禄　叔弓辞晋劳馆礼　季武子辞晋加笾　子家子辞从政　子路辞盟小邾

晋

赵衰三让　范文子不伐　诸将让功　郤至辞楚飨乐　韩无忌让韩起　荀罃辞宋飨桑林　张老让魏绛　魏绛辞乐　诸将相让　董安于辞赏

卫

公孙免馀辞邑与卿　灵公辞宾　公子郢辞立

郑

公子忽辞齐昏　子产辞赏邑

曹

子臧辞国

宋

○穆公属国于弟　子鱼辞国　华耦辞鲁侯宴　向戌辞晋赐偪阳　子罕不受玉

齐

○敬仲辞卿　○敬仲辞夜饮　管仲辞周飨礼　杞梁妻辞郊吊　晏子不受邶殿　东郭书犁弥让功

楚

薳子冯辞令尹　子西辞国　子闾辞国　鲁阳公辞梁

吴

季札辞国

越

范蠡轻舟五湖

十一卷　逆料凡八十五条

周

芮良夫知厉王败　伯阳父知周亡　内史过知虢亡　宰孔料齐桓晋献　内史过知晋君臣不终　内史兴知晋文公必伯　王孙满料秦师必败　单子知陈亡　刘康公料鲁卿休咎　刘康公料成肃公　单子料郤至及王叔　单子料齐晋君臣不免　单子物色晋悼公　单愆期料儋括　刘夏知晋赵武不年　苌弘知蔡兴灭　苌弘知晋伐戎　伶州鸠知景王心疾

鲁

○众仲料卫州吁　季文子使晋求遭丧礼　季文子料齐懿公　季文子料晋景公　孟献子料晋郤锜　穆叔料卫孙林父　厚瘠臧纥料卫献公　梓慎知宋郑饥　穆叔料齐庆封　穆叔料郑伯有　穆叔知楚薳罢情　穆叔料二孟及晋政　穆叔知昭公不度　穆叔料楚公子围　梓慎知火灾　闵子马知周乱　昭子料蔡侯朱　昭子料宋乐大心　○子贡视执玉

晋

○师服知晋乱　士蒍知申生不立　卜[①]偃知虢亡　郭偃料惠公冀芮　伯宗妻知祸　韩献子知郤氏亡　士鞅料栾盈　叔向料齐庄卫殇　司马侯料高止华定　叔向料楚公子围　司马侯料秦公子针　叔向料楚灵王　叔向料周单子　叔向料鲁昭公　叔向料楚子干　叔向母知祸

①卜，原作“十”，误，据任养心本改。

卫

宁嬴料晋阳处父　宁殖料晋郤犨　大叔仪料宁喜　彪傒料苌弘刘卷魏舒　史鰌料公叔戌

郑

叔詹料楚成王　然明料晋程郑　子产料蔡景公　游吉料楚康王　子产知陈亡　子羽察言知祸福　子产料诸侯从违　裨灶知陈兴亡　裨灶知晋平公死期　子产知天弃蔡壅楚

曹

僖负羁妻识晋重耳

虞

宫之奇见几

虢

史嚚知虢亡

宋

乐祁料宋元公鲁昭子　乐祁料鲁昭公

齐

晏弱料鲁公孙归父　陈文子料崔杼

秦

蹇叔哭秦师　秦针知晋赵孟不年

楚

○邓曼知武王不禄　文王知申侯不免　子文知越椒灭族　申舟自分必死于宋　伯州犁料子木　申无宇料公子围　沈尹戌知楚祸　斗且料子当

十二卷　梦卜凡四十三条

鲁

成季应卜筮　卜楚丘占齐鲁君臣　声伯梦泣下为琼瑰　孟献子知有卜筮　穆姜筮得随　庄叔筮所生子　穆叔梦牛　昭公梦襄公祖行　泉丘女梦帷幕孟氏庙　南蒯筮叛　臧会卜龟

晋

毕万筮仕　献公卜伐骊戎　献公卜立骊姬　献公筮嫁女于秦　梁嬴卜孕　文公筮得国　文公卜纳襄王　文公梦楚盬其脑　魏颗梦结草老人　韩厥梦父使辟射　赵婴梦天使祭　景公梦大厉　厉公筮师吕锜梦射月　荀偃梦首坠　平公梦黄熊　赵鞅卜救郑

卫

成公梦康叔谓相夺飨　孙林父卜追郑　孔成子以梦卜立灵公　庄公卜梦

郑

燕姞梦天与兰

曹

曹人梦曹待强亡

虢

虢公梦刑神

宋

元公梦太子即位　宋得梦己为鸟

陈

○懿氏卜妻敬仲　○厉公筮敬仲

齐

崔杼筮取棠姜　卢蒲癸王何卜攻庆氏

秦

卜徒父筮伐晋

楚

子玉梦河神　惠王不烦卜

左粹类纂　卷之一

吴郡施仁　编集

如皋孙应鳌　批点

制　命

姬轨东，王迹熄，天下不闻其教令久矣。间有之，赐齐则重下拜，劳晋则往授策，何王之与有！不绝如线，以终春秋之世，无亦桓、文翼戴之力也夫？虽然，平戎功懋，用嘉殊飧；请隧情逆，距以大章，闻者至今，犹能使人知劝惩也。赞佐得人，岂其教令不行于天下哉？

○襄王赐齐桓胙[①]

王襄使宰孔赐齐侯胙，《周礼》："脤膰以亲兄弟。"于异姓独二王后有焉，客之也。今以胙赐桓，盖比之二王后。曰："天子有事于文、武，使孔赐伯舅胙。"天子谓异姓诸侯曰伯舅。齐侯将下拜。孔曰："且有后命。天子使孔曰：'以伯舅耋老，加劳，赐一级，进一等也。按《外传》："命赏：服大路、龙旂九旂、渠门赤旂。"皆殊礼。无下拜！'"对曰："天威不违颜咫尺，小白余敢贪天子之命，无下拜？不敢恃宠。恐陨越于下，失礼。以遗天子羞。敢不下拜？"下拜，登受。

---

①底本本卷十四段之小标题集中于此，今据任养心本移至各段之首。下同。

【眉批】天子优臣，诸侯谨礼，使者从容将命，俱可见之。

○襄王飨管仲上卿

齐侯使管夷吾平戎于王，惠王宠子带，欲废太子郑而立之。齐桓公定其位，是为襄王。子带怨不得立，尝召戎伐周，故为和之。王以上卿之礼飨管仲。管仲辞曰："臣，贱有司也。有天子之二守国、高在，大国三卿，二卿命于天子，谓之天子守臣。国子、高子皆天子所命为齐守臣。若节春秋，时乎春朝秋觐。来承王命，何以礼焉？陪臣敢辞。"诸侯之臣称于天子曰陪臣。王曰："舅氏！伯舅之使，故云[1]舅氏。余嘉乃勋！应报乃懿德，谓督不忘。功德厚，不可忘。往践乃职，无逆朕命！"管仲受下卿之礼而还。

【眉批】仲以有国、高，受下卿之飨，上不抗君，中不倍位，下不逾礼。

○襄王拒晋文请隧

晋文公定襄王于郏，隗后与叔带通，王绌之。后，狄女也，带因以狄攻王。王出居郑，晋文纳之。王劳之以地，赏以阳樊、温、原、攒茅之田。辞，请隧焉。贾云："隧，王之葬礼，掘地通路曰隧。"《周礼》：天子郊外有六隧，掌供贡赋。王弗许，曰："昔我先王之有天下也，规方千里以为甸服，甸，王田也。服，服其职业也。商以前并畿内为五服，周分畿外为九服。甸服在侯服外。今王云然，仍古也。以供上帝、山川、百神之祀，以备百姓兆民之用，以待不庭不虞之患。其馀以均分公、侯、伯、子、男，使各有宁宇，以顺及天地，无逢其灾害，顺天地尊卑之义，若相侵犯，则有灾害。先王岂有赖焉。无所

---

[1]云，原作"元"，误，据弘仁堂本改。

利。内官不过九御，九嫔。外官不过九品，九卿。足以供给神祇而已，岂敢厌纵其耳目心腹，以乱百度？亦唯是死生之服物采章，以临长百姓而轻重布之，各有差等。王何异之有？帝王皆然。今天降祸灾于周室，余一人仅亦守府，天子自称曰余一人。又不佞以勤叔父，天子谓同姓诸侯曰叔父。而班先王之大物隧以赏私德，其叔父实应且憎，以非余一人。应，受也。憎，恶也。言晋虽受私赏，而心且恶之，亦将以是罪我。余一人岂敢有爱也？先民有言曰：'改玉改行。'佩玉所以节行。君臣尊卑，迟速有节。叔父若能光裕大德，更姓改物，以创制天下，自显庸也，而缩引取备物隧属以镇抚百姓，余一人其流辟于裔土，何辞之与有？若由是姬姓也，尚将列为公侯，以复先王之职，大物其未可改也。叔父其茂昭明德，物将自至，余敢以私劳变前之大章，以忝天下，其若先王与百姓何？何政令之为也？若不然，叔父有地而隧焉，余安能知之？不敢禁。"文公遂不敢请，受地而还。真氏曰："晋文定襄王，自以为不世之大功，其请隧也，盖寖寖乎窥大物之渐。王目之曰私德，曰私劳，所以折其骄矜不逊之意。玩其辞气，若优游而实峻烈，真可为告谕诸侯之法。"

【眉批】言先王之供于己者，非有所利，见辞地请隧出于利也；言私德私劳，见若有大公之功，自有公赏之典也。其曰"光裕大德"，曰"茂昭明德"，曰"有地而隧"，词若劝焉，所以折不臣之心者至矣。结构绵密，无复遗恨。

○襄王策命晋文

晋侯献楚俘于王：文公败楚于城濮，襄王下劳于践土，公以俘献。驷介百乘，被甲马。徒兵千。步卒。王飨醴，命晋侯宥。既飨以酒，又助以束帛，厚之也。命尹氏及王子虎、内史叔兴父策命晋侯为侯伯，《周礼》："九命作伯。"赐之大辂之服、祭祀乘金辂，服鷩冕。戎辂之服，兵事乘戎车，服韦弁。彤弓一、彤矢百，色赤。玈弓矢千，色黑。秬鬯一卣，秬，黑黍。鬯，香草。卣，中尊也。以香草酿黑黍为酒，而实之卣，祭用以降神也。虎贲三百人，卫士。曰："王谓叔父，敬服王命，以绥四国，纠逖王慝。其有恶于王者，纠而远之。"晋侯三辞，从命，曰："重耳敢再拜稽首，奉扬天子之丕显休命。"受策以出。出入三觐。

襄王不杀卫成

温之会，晋文公讨不服。晋人执卫成公归之于周。卫恃楚，不事晋，又杀叔武，元咺讼之晋，故文公执归京师。晋侯请杀之。王曰："不可。夫政自上下者也，从王出。上作政而下行之不逆，故上下无怨。今叔父作政而不行，无乃不可乎？夫君臣无狱，今元咺虽直，不可听也。君臣皆狱，父子将狱，是无上下也。而叔父听之，一逆矣。又为臣杀其君，其安庸刑？用法。布刑而不庸，再逆矣。一合诸侯而有再逆政，余惧其无后也。无以复合诸侯。不然，余何私于卫侯？"晋人乃归卫侯。

【眉批】根据天常。"政自上下"四句乃本领，后面不过发明此。因君臣以及父子，洞畅之甚。"何私卫侯"，结最有力。

定王飨士会殽烝

晋侯景使随会聘于周，定王飨之殽烝，以折俎之殽升。原公相礼。范子士会初封随，后复封范私于原公曰："吾闻王室之礼无毁折，今此何礼也？"王见其语也，召原公而问之，原公以告。

王召士季，曰："子弗闻乎？禘郊之事，则有全烝；以全牲升。王公立饫，立成其礼。则有房烝；房，大俎也，以半体升。亲戚宴飨，则有殽烝。体解节折升之。今女非它也，而叔父使士季实来修旧德，以奖王室。唯是先王之宴礼，欲以贻女。余一人敢设饫禘焉，忠非亲礼，厚非亲戚宴飨之礼。而干旧职，以乱前好？且唯夫戎、翟，则有体荐。夫戎、翟，冒没轻儳，冒，抵触也。没，入也。儳，进退上下无列也。贪而不让，其血气不治，若禽兽焉。其适往来班赋贡，不俟馨香嘉味，故坐诸门外，而使舌人达异方之志，象胥之官也体委与之。女今我王室之一二兄弟，以时相见，将和协典礼，以示民训，则无亦择其柔嘉，选其馨香，洁其酒醴，品其百笾，实枣、栗、糗、饵之属。修其簠簋，盛黍稷。奉其牺象，牺尊饰以牺牛，象樽以象骨为之饰。出其尊彝，皆受酒器。陈其鼎俎，俎设于左，牛豕为一列，鱼腊肠胃为一列，肤特于东。净[①]其巾幂，覆尊彝。敬其祓除，犹扫除。体解节折，而共饮食之。于是乎有折俎加豆，既食之后加之豆，实芹菹兔醢之属。酬币宴货，聘有报宾束帛之礼，其宴束帛为好。以示容合好，示容仪，合和好。胡有孑然全体状其郊戎、翟也？夫王公诸侯之有饫也，将以讲事谋议成章，章程。建大德，功。昭大物，戎器。故立成礼烝而已。饫以显物，示物备。宴以食好，致束帛。岁饫不倦，岁行之。时宴不淫，一时行之。月会计一月之用旬修，修十日中所成。日完完一日所为不忘，服物昭庸，采饰显明，冕服、旗章，所以昭有功；采色之饰，所以显明德。文章比象，黼黻锦绣以象山、龙、华、虫之属。周旋序顺，次序顺礼。容貌有崇，威仪有则，五味实气，五色精心，五声昭德，五义义、慈、友、恭、孝纪宜，饮食可飨，和同可观，财用可嘉，则顺而建

①净，原作"静"，误，据韦昭注《国语》改。

德。古之善礼者，将焉用全烝？”武子遂不敢对而退。归，乃讲聚三代之典礼，于是乎修执秩以为晋法。执秩之法，晋文公搜于被庐时所作。

【眉批】只一殽蒸之问，遂致许多辨析，所谓以大题目说小事情者。大约四节："禘郊之事"以下，见宴享原由；"唯夫戎、翟"以下，见此礼之中正；"王室一二兄弟"以下，备详其礼；"王公诸侯有饫"以下，则以示礼之义远也。"五味实气"四句，语义精华。

○定王却晋献齐捷

晋侯使巩朔献齐捷于周。晋景公使郤克征会于齐，顷公帷妇人笑之，晋为是伐齐，战于鞍，以捷献。王定弗见，使单襄公朝辞焉，曰："蛮夷戎狄，不式用王命，淫湎毁常，王命伐之，则有献捷。王亲受而劳之，锡以弓矢。所以惩不敬、劝有功也。兄弟同姓甥舅，异姓。侵败王略，法度。王命伐之，告事而已，不献其功，所以敬亲昵禁淫慝也。今叔父克遂，有功于齐，而不使命卿镇抚王室，所使来抚余一人，而巩伯实来，未有职司于王室，谓巩朔非命卿。又奸先王之礼。献捷。余虽欲于巩伯，欲受之。其敢废旧典以忝叔父？夫齐，甥舅之国也，齐世与周为昏。而太师之后也，宁不亦淫从其欲以怒叔父，抑岂不可谏诲？"士庄伯朔不能对。王使委于三吏，属于三公。礼之如侯伯克敌，使大夫告庆之礼，降于卿礼一等。

【眉批】言献捷之典。此言巩非[1]命卿之故。"未有职

[1]非，原作"罪"，误。任养心本作"非"。又传文"未有职司于王室"下夹注曰"谓巩朔非命卿"。据改。

司”应巩朔，“奸先王礼”应献捷。复言齐周甘昏，正见兄弟甥舅告事不献捷也。“委于三吏”以下，酌拟停妥。

灵王赐齐灵命

王灵使刘定公夏赐齐侯灵命，将昏齐故。曰：“昔伯舅太公右助我先王，股肱周室，师保万民。世胙大师，袭爵。以表东海。王室之不坏，繄伯舅是赖。今余命女环，灵公名。兹率舅氏之典，纂乃祖考，无忝乃旧。敬之哉！无废朕命！”

景王追命卫襄

卫襄公卒。齐恶，告丧于周，且请命。王景使成简公如卫吊，且追命襄公曰：“叔父陟恪在我先王之左右，以佐事上帝。助祭。余敢忘高圉、亚圉？”二圉，周之先也，为殷诸侯，亦受殷王追命者。

景王责晋伐颍

周甘人与晋阎嘉争阎田。甘大夫襄与阎大夫嘉争阎县田。晋梁丙、张趯率阴戎伐颍。二大夫率陆浑戎助嘉。王景使詹桓伯辞责于晋，曰：“我自夏以后稷，魏、骀、芮、岐、毕，吾西土也。后稷当夏之世受此五国。及武王克商，蒲姑、商奄，二国。吾东土也；巴、濮、楚、邓，四国。吾南土也；肃慎、燕、亳，三国。吾北土也。吾何迩封之有？据十四国皆薄海，示其远。文、武、成、康之建母弟，以藩屏周，亦其废坠是为，虑后世子孙废坠王命，欲诸侯共救之，故为此。岂如弁髦，而因以敝之。弁，缁布冠也。

髦,童子垂髦也。冠礼:先用缁布冠,敛括垂髦,三加之后,弃不复用,故以为喻[1]。先王居梼杌于四裔,以御螭魅[2],四凶独言鲧者,举一以见其馀。故允姓之奸,居于瓜州。允姓,阴戎之祖[3],与三苗俱放三危。伯父惠公,归自秦而诱以来,迁陆浑之戎于伊川。使逼我诸姬,入我郊甸,则戎焉取之。非晋诱之使来,戎何得有周土。戎有中国,谁之咎也?后稷封殖天下,今戎制之,不亦难乎?伯父图之!我在伯父,犹衣服之有冠冕,木水之有本原,民人之有谋主也。宗族之师长。伯父若裂冠毁冕,拔本塞原,专弃谋主,虽戎狄,其何有余一人?"叔向羊舌肸谓宣子韩起曰:"文之伯也,岂能改物?翼戴天子,而加之共。文公虽伯,犹敬事周室。自文以来,世有衰德,而暴蔑宗周,以宣示其侈;诸侯之贰,不亦宜乎!且王辞直,子其图之。"宣子说,致阎田,反颍俘。

【眉批】"后稷封殖"以上,关键谨严;"我在伯父"以下,督责正当。总之,则叔向所谓"辞直"者。叔向可谓知大义者,然不能劝之于未言之先,且设使王无直辞,将任其暴蔑弃周已乎?

景王诘晋不献彝器

晋荀跞如周,葬穆后,景王后。籍谈为介。既葬,除丧,以文伯跞宴,樽以鲁壶。鲁所献壶樽。王曰:"伯氏,晋,同姓国,故称其大夫为伯氏。诸侯皆有以镇抚王室,晋独无有,何也?"

①喻,原作"俞",误。弘仁堂本、任养心本作"喻",据改。

②魅,底本及弘仁堂本俱作"蛛"。任养心本及《春秋左传·昭公九年》作"魅",据改。

③祖,原作"后",误,据《春秋左传注疏》改。

文伯揖籍谈，对曰：“诸侯之封也，皆受明器于王室，以镇抚其社稷，故能荐彝器于王。晋居深山，戎狄之与邻，而远于王室，王灵不及，拜戎不暇，无王宠，有戎患。其何以献器？”王曰：“叔氏，叔，谈字。而汝忘诸乎！叔父唐叔，成王之母弟也，其反无分乎？密须之鼓与其大路，文所以大搜也；密须，姞姓国，文王伐之，得其鼓与车，用以搜。阙巩国之甲，武所以克商也，唐叔受之，以处参虚，实沈之次，晋之分野。匡有戎狄。其后襄之二路、大路、戎路。鏚钺、秬鬯、彤弓、虎贲，文公受之，以有南阳之田，以上皆襄王所赐，劳晋文伐楚之功也。抚征东夏，非分而何？夫有勋而不废，加重赏。有绩而载，书于策。奉之以土田，南阳。抚之以彝器，弓、钺类。旌之以车服，二路。明之以文章，旌旗。子孙不忘，所谓福也。福祚之不登，叔父焉在？福不在晋，更在谁？且昔而汝高祖孙伯黡，晋正卿，谈九世祖。司晋之典籍，以为大政，故曰籍氏。及辛有之二子董之晋，于是乎有董史。辛有，周人也，其子适晋为大史，与黡共掌晋典，因以官为氏。女，司典之后也，何故忘之？”籍谈不能对。

【眉批】既言周于晋有明器，而又点缀“有勋而不废”数句，真完整流丽。周于晋有明器，皆司典所当知者，籍谈世职也，故专责之，尤妙。

敬王请晋城成周

王使富辛与石张如晋，请城成周。景王崩，子朝争立，不克，奔楚，馀党多在王城，敬王畏之，徙都成周，请城之，狭小故也。天子曰：“天降祸于周，俾我兄弟子朝并有乱心，以为伯父忧。我一二亲昵甥舅，不皇启处，于今十年。勤戍五年。余一人无日忘之，闵闵焉如农夫之望岁，惧以待时。伯父若肆大惠，复二文之业，文侯仇、文公重耳也。弛周室之忧，徼文、武之福，以固盟主，宣昭令名，则余一人有大愿矣。昔成王合诸侯城成周，以为东都，崇文德焉。崇文王之德。今我欲徼福假灵于成王，修成周之城，俾戍人无勤，诸侯用宁，蝥贼远屏，虫食苗根曰蝥，食节曰贼，以喻灾害。晋之力也。其委诸伯父，使伯父实重图之，俾我一人无征召怨于百姓，而伯父有荣施，先王庸之。以为大功。"

范献子鞅谓魏献子舒曰："与其戍周，不如城之。天子实云，虽有后事，晋勿与知可也。从王命以纾诸侯，晋国无忧；是之不务，而又焉从事？"魏献子曰："善。"使伯音韩不信对曰："天子有命，敢不奉承以奔告于诸侯？迟速衰序，等次。于是焉在。在周所命。"晋魏舒合诸侯之大夫以城成周，舒卒于役。城三旬而毕。

【眉批】"戍周，不如城之"，为计利；"后事，晋勿与知"，为诈忠；"从命，晋国无忧"，为怀功。此岂实心为王室者？

敬王命卫蒯聩嗣国

卫侯庄使鄢武子肸告于周曰："蒯聩得罪于君父、君母，逋窜于晋。晋以王室之故，同姓。不弃兄弟，置诸河上。赵鞅纳之于戚。天诱其衷，获嗣守封焉，使下臣肸敢[①]告执事。不敢斥尊。"王使单平公对，曰："肸以嘉命来告余一人，往谓叔父：余嘉乃成世，继业。复尔禄次。敬之哉！方天之休。弗敬弗休，悔其可追！"

①敢，原无，据《春秋左传正义》补。

敬王劳吴夫差

吴王夫差使王孙苟告劳于周，曰：“昔者楚人为不道，不承共王事，以远我一二兄弟之国。围蔡。吾先君阖庐不贯赦不忍，被甲带剑，挺铍搢铎，以与楚昭王毒逐于中原柏举。从蔡请以伐楚。天舍其衷，楚师败绩，王去其国，奔随。遂至于郢。吴入郢。王总其百执事，以奉其社稷之祭。其父子、昆弟不相能，夫概王作乱，是以复归于吴。夫概先归自立，故不能定楚。今齐侯任简公名不鉴于楚，又不承共王命，以远我一二兄弟之国。齐伐鲁。夫差不贯不忍，被甲带剑，挺铍搢铎，遵汶伐博，簦笠相望于艾陵。天舍其衷，齐师还。败归。夫差岂敢自多，战功曰多。文、武二王实舍其衷。归不稔于岁，言伐齐之明年，不至于谷熟复出师。余沿江溯淮，阙沟深水，出于商、鲁之间，以彻于兄弟之国。夫差克有成事，敢使苟告于下执事。不敢斥尊。”王曰：“苟，伯父命女来明绍飨余一人，继先王之礼来献。若余嘉之。昔周室逢天之降祸，子朝之乱。遭民之不祥，助子朝。余心岂忘忧恤，不唯下土之不康靖。不但忧四方，亦忧王室。今伯父曰：‘戮力同德。’伯父若能然，余一人兼受而汝介大福。伯父多历年以没元身，考终。伯父秉德已侈广大哉！”

【眉批】楚、齐两叙奇叠，王辞“同德”，又曰“侈大”，不得已耳。

左粹类纂　卷之二

吴郡施仁　编集

如皋孙应鳌　批点

谏　诤

周无谏官，非阙典也。工得以箴谏，瞽得以诗谏，况卿大夫乎？言路亦广矣，感格救正之风养成之矣。故虽幽、厉以降，上自王朝，下逮侯国，一有阙失，诤言盈庭，孰谓春秋无其人哉？泄冶杀而陈遂以亡，士贞赏而晋不失霸，是则万世人君之法戒。

○周

祭公谋父谏征犬戎

穆王将征犬戎，祭公谋父谏曰："不可。先王耀德不观示兵。夫兵，戢而时动，动则威；观则玩，玩则无震。惧。是故周文公旦之颂曰：'载戢干戈，载櫜弓矢。我求懿德，肆于时夏。允王保之。'先王之于民也，茂正其德而厚其性，阜其财求而利其器用，明利害之乡，以文修之，使务利而避害，怀德而畏威，故能保世以滋大。

昔我先世后稷，以服事虞、夏。弃为舜后稷，不窋继之于夏。及夏之衰也，弃稷弗务，太康废稷之官，不复务农。我先王不窋，用失其官，而自窜于戎、翟之间。尧封弃于邰，至不窋失官，去夏迁于豳。不敢怠业，时序其德，纂修其绪，修其训典，朝夕恪勤，守以惇笃，奉以忠信，奕世载德，不忝前人。至于武王，昭前之光明而加之以慈和，事神保民，莫不欣喜。商王帝辛，大恶于民，庶民弗忍，欣戴武王，以致戎于牧。是先王非务武也，勤恤民隐而除其害也。

夫先王之制：邦内甸服，周制九服，甸服在侯服外，而此曰'邦内'者，商制并王畿为五服。祭公盖以古名言也。《周礼》以蛮服为要服，亦足以相况。邦外侯服，方五百里。侯、卫宾服，总言之也。侯、甸、男、采、卫，凡五圻，圻各五百里，常以服贡宾于王。蛮、夷要服，卫圻之外曰蛮圻，去王城三千五百里。夷圻去王城四千里。要者，要结好信而服之。戎、翟荒服。去王城四千五百里为镇圻，五千里为藩圻，在九州外荒裔之地，与戎、翟同俗，故谓之荒。甸服者祭，侯服者祀，宾服者享，《周礼》：侯圻岁一见，甸圻二岁一见，男圻三岁一见，采圻四岁一见，卫圻五岁一见。其见也，各以所贡物供祭、祀、享之用，如牺牲、丝枲、尊彝、玄纁之属，不在常贡之数。要服者贡，要服六岁一见，因朝而贡。荒服者王。九州外蕃国，世一见，各以其所贵琏为贽。盖夷、镇、藩三服无朝贡之岁，惟朝嗣王，及其即位一来见耳。日祭，月祀，时享，岁贡，韦昭谓：日上食于祖考，月祀曾高，时享二祧，岁贡坛墠。于祭法略相表里，与周礼殊不合。汉法：日祭于寝，月祭于庙，时祭于便殿，亦类此。窃恐岁贡不专指祭言，观下云"终王"可见。终王，垂终来王。先王之训也。有不祭无贡以助祭则修意，自责。有不祀则修言，号令。有不享则修文，典法。有不贡则修名，尊卑职贡之名号。有不王则修德，文德。序成而有不至则修刑。已上五者次序已成，而有不至，则明刑。于是乎有刑不祭，伐不祀，征不享，让不贡，告不王。于是乎有刑罚之辟，有攻伐之兵，有征讨之备，有威让之令，有文告之辞。布令陈辞而又不至，则又增修于德，无勤民于远，是以近无不听，远无不服。

今自大毕、伯仕犬戎二君之终也，犬戎氏以其职来王。嗣子以贵珤来见。天子曰：‘予必以不享征之，且观之兵。’其无乃废先王之训而王几顿乎！危败。吾闻夫犬戎树惇，立性惇朴。能帅旧德而守终纯固，循旧德，奉常职，以终其身，天性专一，不听穆王之责。其有以御我矣！”

王不听，遂征之，得四白狼、四白鹿以归。自是荒服者不至。

【眉批】文极醇正。“耀德不观兵”为主脑，终篇反覆不过此意。历叙后稷，以及武王，载述邦制，以及征伐，末以犬戎实之，敷陈曲至。“勤恤民隐而除其害”，便是“耀德”。“修文”“修名”，亦“耀德”也。

召虎谏监谤

厉王虐，国人谤王。召公虎告王曰：“民不堪命矣！”王怒，得卫巫，使监谤者以告，则杀之。国人莫敢言，道路以目。王喜，告召公曰：“吾能弭谤矣，乃不敢言。”召公曰：“是障之也。防民之口，甚于防川。川壅而溃，伤人必多，民亦如之。是故为川，决之使导；为民者，宣之使言。故天子听政，使公卿至于列士献诗，瞽献典，史献书，师箴，少师刺王阙，以正得失。瞍赋，无眸子曰瞍。赋，公卿列士所献诗。矇诵，有眸子而无见曰矇。主弦歌风诵。百工谏，执艺事以谏。庶人传语，卑贱不得达，传以语王。近臣尽规，骖仆之属。亲戚补察，补过察政。瞽、史教诲，大师、大史掌阴阳、礼法之书以教诲。耆、艾修之，师、傅修理瞽、史之教以闻。而后王斟酌焉，是以事行而不悖。民之有口也，犹土之有山川也，财用于是乎出；犹其有原隰衍沃也，广平曰原，下湿曰隰，下平曰衍，有溉曰沃。衣食于是乎生。口之宣言也，善败于是乎兴，行善而备败，所以阜财用衣食者也。夫民虑之于心而宣之于口，成而行之，胡可壅也？若壅其口，其与能几何？言不久。”王弗听，于是国人莫敢出言。三年，乃流王于彘。

【眉批】至言。“天子听政”一段，自是本理，而首以川譬之，后以山川、原隰衍沃譬之，各极旨趣。

虢文公谏不藉田

宣王即位，不藉千亩。天子田千亩，借民力以耕。虢文公谏曰：“不可。夫民之大事在农，上帝之粢盛于是乎出，民之蕃庶于是乎生，事之共给于是乎在，和协辑睦于是乎兴，财用蕃殖于是乎始，敦庞纯固于是乎成，是故稷为大官。古者，太史顺时覛土，阳瘅愤盈，土气震发，阳气厚积，以满而动。农祥晨正，农祥，房星也。晨正，谓立春之日，晨中于午也。日月底于天庙，孟春，日月皆在营室。土乃脉发。先时九日，立春前。太史告稷曰：‘自今至于初吉，二月朔。阳气俱烝，土膏其动。弗震弗渝，脉其满眚，谷乃不殖。阳升土动，当即发泄其气。不然，则脉满气结，反为害矣。’稷以告王曰：‘史帅阳官以命我司事曰：距今九日，土其俱动，王其祗敬祓，除。监农不易。不更土宜。’王乃使司徒咸戒公卿、百吏、庶民，司空除坛于藉，命农大夫咸戒农用。田器。先时五日，瞽告有协风至，王即斋宫，百官御事，各即其斋。三日，王乃淳濯沐浴飨醴。及期，郁人荐鬯，牺人荐醴，王祼鬯，飨醴自洁乃行，百吏、庶民毕从。及藉，后稷监之，膳夫、农正陈藉礼，祭神。太史赞王，王敬从之。王耕一墢，王无耦，以一耜耕。班三之，下于上，其次各三，公三，卿九，大夫二十七。庶人终于千亩。其后稷省功，太史监之；司徒省民，太师监之；毕，宰夫陈飨，膳宰监之。膳夫赞王，王歆大牢，班尝之，公、卿、大夫。庶人终食。是日也，瞽帅、音官以省风土。以音律省风土，气和则土气养。廪于藉东南，钟而藏之，取生长之气。而时布之于农。稷则遍戒百姓，纪农协功，曰：'阴阳分布，日夜同也。震雷出滞。蛰虫。'土不备垦，辟在司寇。治以罪。乃命其旅众曰：'徇，行。农师一之，先往。农正再之，后稷三之，司空四之，司徒五之，太保六之，太师七之，太史八之，宗伯九之，以次而行。王则大徇。帅公、卿、大夫亲行。耨获亦如之。'民用莫不震动，恪恭于农，修其疆畔，日服其镈，不懈于时，财用不乏，民用和同。是时也，王事唯农是务，无有求利于其官，以干农功，变易役使，以乱农事。三时务农而一时讲武，故征则有威，守则有财。若是，乃能媚于神而和于民矣，则享祀时至而布施优裕也。今天子欲修先王之绪而弃其大功，匮神之祀而困民之财，将何以求福用民？"王弗听。

【眉批】"上帝粢盛"六句，见大事在农；"稷为大官"以下，正见其为大事也。

仲山甫谏立鲁戏

鲁武公以括与戏二子见王，王立戏，为太子。樊仲山父食采于樊谏曰："不可立也！不顺必犯，立少，鲁必犯命不从。犯王命必诛，故出令不可不顺也。令之不行，政之不立，行而不顺，民将弃上。夫下事上，少事长，所以为顺也。今天子立诸侯而建其少，是教逆也。若鲁从之，而诸侯效之，王命将有所壅；若不从而诛之，是自诛王命也。是事也，诛亦失，不诛亦失，天子其图之！”王卒立之。武公卒，戏立，是为懿公。鲁人杀之，立括。宣王伐鲁，立孝公称。

【眉批】“自诛王命”，警策深至。

仲山甫谏料民

宣王既丧南国之师，败于姜戎。乃料数民于太原。仲山父谏曰：“民不可料也！夫古者不料民而知其少多，司民协孤终，司民，掌登万民之数，自生齿已上皆书于版。协，合也。无父曰孤。终，死也。合其名籍，以登于王。司商协名姓，司商，掌赐族受姓之官。商，金声清。谓人始生，吹律合之，定其姓名。司徒协旅，合师旅之众。司寇协奸，合奸民，以知死刑之数。牧协职，牧人掌牧牺牲，合其物色之数。工协革，工，百工之官。革，更也，更制度者合其数。场协入[①]，场人掌场圃，委积之珍物，敛而藏之。廪协出，廪人掌九谷出用之数。是则少多、死生、出入、往来者皆可知也。于是乎又审之以事，因藉田与民狩，以简知其数。王治农于藉，千亩。搜于农隙，春田曰搜。农隙，仲春既耕之后。耨获亦于藉，王亲至藉考课。狝于既烝，秋田曰狝。烝，升也。月令：“孟秋乃升谷，天子尝新。”既升，谓仲秋也。狩于毕时，冬田[②]曰狩。毕时，时务毕也。是皆习民数者也，又何料焉？不谓其少而大料之，是示少而恶事也。厌政而不能修。临政示少，诸侯避之。治民恶事，无以赋令。且无故而料民，天之所恶也，害于政而妨于后嗣。”王卒料之。

【眉批】治民之官各尽其职，而后民生可殖，故引“司民”以下告之；治民之事各得其理，而后民业可兴，故引“治

①入，原作“人”误，弘仁堂本与任养心本、《春秋左传正义》宋庆元六年刻本俱作“入”。据改。

②田，原作“曰”，误，据韦昭注《国语》“冬田曰狩”及任养心本改。

农于籍”以下告之。“示少恶事”，正见不可料处。

富辰谏用狄师

王襄将以狄伐郑。以伐滑故。富辰谏曰：“不可。臣闻之：大上以德抚民，其次亲亲，以相及也。昔周公吊二叔之不咸，吊夏、商叔世疏亲戚以至于亡。故封建亲戚，以蕃屏周。管、蔡、郕、霍、鲁、卫、毛、聃、郜、雍、曹、滕、毕、原、酆、郇，文之昭也。邘、晋、应、韩，武之穆也。凡、蒋、邢、茅、胙、祭，周公之胤也。召穆公思周德之不类，善。故纠合宗族于成周而作诗曰：‘常棣之华，鄂不韡韡。凡今之人，莫如兄弟。’其四章曰：‘兄弟阋于墙，外御其侮。’如是，则兄弟虽有小忿，不废懿亲。今天子不忍小忿，以弃郑亲，其若之何？庸勋、亲亲、昵近、亲邻。尊贤，德之大者也。即聋、从昧、与顽、用嚚，奸之大者也。弃德崇奸，祸之大者也。郑有平、惠之勋，平王东迁，武公捍之；惠王出奔，厉公纳之。又有厉、宣之亲，郑始祖桓公友，厉王之子、宣王之弟。弃嬖宠杀嬖臣申侯、宠子子华而用三良，叔詹、堵叔、师叔。于诸姬为近，四德具矣。耳不听五声之和为聋，目不别五色之章为昧，心不则德义之经为顽，口不道忠信之言为嚚，狄皆则之，四奸具矣。周之有懿德也，犹曰‘莫如兄弟’，故封建之。其怀柔天下也，犹惧有外侮；捍御侮者，莫如亲亲，故以亲屏周。召穆公亦云。作诗。今周德既衰，于是乎又渝周、召，变二公所为。以从诸奸，无乃不可乎？民未忘祸，谓子颓、叔带之乱。王又兴之，其若文、武何？”王弗听。

【眉批】总原封建。

引援诗旨。

两举郑、狄，文势照应。

发明诗趣。

“周德既衰”以下，关锁一篇。

富辰谏后狄女

王使颓叔桃子出狄师伐郑，取栎。王德狄人，将以其女隗氏为后。富辰谏曰：“不可。夫婚姻，祸福之阶也。利内则福由之，利外则取祸。今王外利矣，树利于翟。其无乃阶祸乎？昔挚、畴之国也由大任，挚、畴二国，任姓，大任之家也。大任，王季之妃，文王之母。杞、缯由大姒，杞、缯二国，姒姓，大姒之家也。大姒，文王之妃，武王之母。齐、许、申、吕由大姜，四国皆姜姓，大姜之家也。大姜，太王之妃，王季之母。陈由大姬，大姬，周武王之女，以配胡公而封陈。是皆能内利亲亲者也。昔鄢之亡也由仲任，仲任氏之女为鄢夫人。鄢为郑武公所灭。密须由伯姞，伯姞，密须之女也。密须为文王所灭。郐由叔妘，郐，妘姓之国。叔妘，同姓之女，为郐夫人。亦郑[①]灭之。聃由郑姬，聃，姬姓国。郑女为聃夫人。息由陈妫，息，姬姓国。陈女为息夫人，蔡哀侯绳息妫于楚子，楚遂灭息。邓由楚曼，邓，曼姓国。楚曼为武王夫人，生文王。过邓而利其国，遂灭邓。罗由季姬，罗，熊姓国。季姬，姬氏之女，为罗夫人。庐由荆妫，庐，妫姓国。荆妫，庐女，为荆夫人。是皆外利离亲者也。”

【眉批】引利之内外，以明祸福。

王曰：“利何如而内，何如而外？”对曰：“尊贵、明贤、庸勋、长老、爱亲、礼新、亲旧，则民莫不审固其心力以役上令，官不易方，而财不匮竭，求无不至，动无不济。百姓官有

---

①郑，原作“鄢”。《公羊传》载，郑武公和郐君夫人通而灭郐国。据改。

世功受氏姓者兆民，夫人奉利而归诸上，是利之内也。若七德离判，谓尊贵至亲旧。民乃携贰，各以利退，利其身而退自营。上求不暨，是其外利也。夫翟无列于王室，郑伯南也，南服之伯。王而卑之，是不尊贵也。翟，豺狼之德也，郑未失周典，王而蔑之，是不明贤也。平、桓、庄、惠皆受郑劳，平王东迁，郑武公捍之；桓王立，郑庄公佐之；惠王奔郑，郑厉公纳之。王而弃之，是不庸勋也。郑伯捷之齿长矣，王而弱之，是不长老也。翟，隗姓也，郑出自宣王，王而虐之，是不爱亲也。夫礼，新不间旧，王以翟女间姜、任，姜氏、任氏之女世为王妃。非礼，且弃旧也。王一举而弃七德，臣故曰利外矣。《书》有之曰：'必有忍也，若能有济也。'王不忍小忿而弃郑，又登叔隗以阶翟。阶翟祸。翟，封豕豺狼也，不可厌也。《语》。

【眉批】即利内利外之实，以申明祸福，其言翟亦详矣。恳到若此，何不悟也！

臣闻之曰：'报者倦矣，施者未厌。'狄固贪婪，杀人而取其利曰婪。王又启之。女德无极，妇怨无终，妇女之志，近之则不知止，远之则怨不已。狄必为患！"王又弗听。

【眉批】报、施、德、怨四句，可鉴千古。

甘昭公惠王子带也，以不得立奔齐，富辰请王复之，食邑于甘通于隗氏，王替隗氏，颓叔桃子遂奉大叔带，以狄师攻王。王出适郑。《传》。吕氏曰："襄王以狄伐郑，富辰固谏之；襄王召子带，富辰实导之。能见狄之祸，而不见子带之祸，世皆悔富辰导子带之失也。使襄王纳其谏而不与狄通，则子带何自而成其恶乎？唐之回纥，晋之契丹，始借其力，终罹其患，彼二国者，亦岂有子带之衅召之耶？为襄王者，当以与狄通为悔，不当以召子带为悔也。"是。[①]

①是，当是对吕氏之言的评价。任养心本无"是"字。

王孙说谏赐鲁使

鲁成公来朝，使叔孙侨如先聘，且告。将朝。见王孙说，与之语。说言于王简曰："鲁叔孙之来也，必有异焉。其享觐之币薄而言谄，殆请之也。若请之，必欲赐也。鲁执政唯强，故不欢焉而后遣之；执政唯畏其强，难距其欲，故不悦而遣之。且其状方上而锐下，宜触冒人。王其勿赐。若贪陵之人来而盈其愿，是不赏善也，且财不给。故圣人之施舍也议之，其喜怒取予也亦议之。是以不主宽惠，亦不主猛毅，主德义而已。谓赏罚当。"王曰："诺。"使私问诸鲁，请之也。王遂不赐，礼如行人。

【眉批】议论中正。

世子晋谏壅川

谷、洛斗，谷水在王城之北，洛水在王城之南。灵王二十二年，谷水盛，出于王城之西，而南流合于洛，有似于斗。将毁王宫。王欲壅之。太子晋谏曰："不可。晋闻古之长民者，不堕山，不崇薮，不防川，不窦泽。夫山，土之聚也；薮，物之归也；川，气之导也；泽，水之钟也。夫天地成而聚于高，归物于下；疏为川谷，以导其气；陂塘污庳，以钟其美。是故聚不阤崩，大曰崩，小曰阤。而物有所归；气不沉滞，而亦不散越，是以民生有财用而死有所葬，然则无夭昏札瘥之忧，而无饥寒乏匮之患，故上下能相固，以待不虞。古之圣王，唯此之慎。

昔共工弃此道也，虞于湛乐，淫失其身，欲壅防百川，堕高山陵堙庳，池泽。以害天下。皇天弗福，庶民弗助，祸乱并兴，共工用灭。其在有虞，有崇伯鲧，播其淫心，称遂共工之过，鄣洪水。尧用殛之于羽山。其后伯禹念前之非度，厘改制量，象物天地，比类百则，仪之于民而度之于群生，共之从孙四岳佐之，高高下下，疏川导滞，钟水丰物，封崇九山，决汩九川，陂障九泽，丰殖九薮，汩越九原，宅居九隩，合通四海。故天无伏阴，夏之霜雹。地无散阳，李梅冬实。水无沉气，淤塞。火无灾燀，猋起。神无间行，奸神淫厉。民无淫心，时无逆数，寒暑反逆。物无害生。蝗螟之属。帅象禹之功，度之于轨仪，莫非嘉绩，克厌帝心。上合于天。皇天嘉之，胙以天下，赐姓曰姒，氏曰有夏，谓其能以嘉祉殷富生物也。姒，犹祉也。夏，大也。以善福殷富天下为大也。胙四岳国，命为侯伯，赐姓曰姜，氏曰有吕，谓其能为禹股肱心膂，以养物丰民人也。尧以四岳佐禹有功，封于吕。吕之为言膂也。此一王四伯，岂繄是多宠？皆亡王之后。亡王云者，禹，鲧之子，禹郊鲧而追王之。四岳，共王从孙，共王侵陵诸侯而自王，皆以无道而亡。禹、岳之兴，非因之也。唯能厘举嘉义，以有胤，在下守祀，不替其典。有夏虽衰，杞、鄫犹在；申、吕虽衰，齐、许犹在。唯有嘉功，以命姓受祀，迄于天下。及其失之也，必有慆慢淫之心间之，故亡其氏姓，踣弊不振；绝后无主，无祭主。堙替隶圉。夫亡者岂繄无宠？皆黄、炎之后也。伯鲧，黄帝之后。共工，炎帝之后。唯不帅天地之度，不顺四时之序，不度民神之义，不仪生物之则，以殄灭无胤，至于今不祀。及其得之也，必有忠信之心间之，度于天地而顺于时动，和于民神而仪于物则，故高朗令终，显融昭明，命姓受氏，而附之以令名。

【眉批】叙共工、鲧、禹，以启下慆淫之失、忠信之得。

若启先王之遗训，省其典图刑法而观其废兴者，皆可知也。其兴者，必有夏、吕之功焉；其废者，必有共、鲧之败焉。今吾执政，无乃实有所避，违。而滑乱夫二川之神，使至于争明，精气。以妨王宫？王而饰之，无乃不可乎！人有言曰：‘无过乱人之门。’恐干其怒。又曰：‘佐雍者尝焉，雍，烹煎之官。佐斗者伤焉。’又曰：‘祸不好，不能为祸。’《诗》曰：‘四牡骙骙，旟[①]旐有翩，乱生不夷，靡国不泯。’又曰：‘民之贪乱，宁为荼毒。’夫见乱而不惕，所残必多，其饰弥章。民有怨乱，犹不可遏，而况神乎？王将防斗川以饰宫，是饰乱而佐斗也，其无乃章祸且遇伤乎？

【眉批】结上启下，换节移源。

恳到。

自我先王厉、宣、幽、平而贪天祸，至于今未弭。厉暴虐而流，宣不务农而料民，幽昏乱以灭西周，平不能修政，至于东迁。我又章之，惧长及子孙，王室其愈卑乎？其若之何？自后稷以来宁乱，尧时洪水泛滥，黎民阻饥，稷播百谷，民用乂安。及文、武、成、康而仅克安民。自后稷之始基靖民，十五王而文始平之，基，始也。靖，安也。自后稷播百谷，以始安民，凡十五王，世修其德，至文王乃平民受命也。十五王，谓后稷、不窋、鞠陶、公刘、庆节、皇仆、差弗、毁隃、公非、高圉、亚圉、公祖、太王、王季、文王也。十八王而康克安之，加武、成、康，是为十八王。其难也如是。厉始革典，十四王矣。革，更也。典，法也。十四王，谓厉、宣、幽、平、桓、严、僖、惠、襄、顷、匡、定、简、灵。基德十五而始平，基祸十五至景王十五世其不济乎！吾朝夕儆惧，曰：‘其何德之修，而少光王室，以逆迎天休？’王又章辅祸乱，将何以堪之？王无亦鉴于黎、苗之王，下及夏、商之季，少皞氏衰，九黎乱德，颛顼灭之。高辛氏衰，三苗乱，尧诛之。夏桀、商纣，汤、武灭之。上不象天，而下不仪地，中不和民，而方不顺时，不共神祇，而蔑弃五则。

①旟，原作“旗”，误，据韦昭注《国语》改。

象天、仪地、和民、顺时、共神也。是以人夷其宗庙，而火焚其彝器，子孙为隶，下夷于民，而亦未观夫前哲令德之则。则此五者，而受天之丰福，飨民之勋力，子孙丰厚，令闻不忘，是皆天子之所知也。天所崇之子孙，或在畎亩，由欲乱民也。畎亩之人，或在社稷，由欲靖民也。无有异焉！唯所行。《诗》云：'殷鉴不远，近在夏后之世。'将焉用饰宫以徼乱也？度之天神，则非祥也。比之地物，则非义也。类之民则，则非仁也。方之时动，则非顺也。咨之前训，则非正也。观之《诗》《书》与民之宪言，则皆亡王之为也。上下仪之，无所比度，王其图之！夫事大不从象，天象。小不从文。《诗》《书》。上非天刑，下非地德，中非民则，方非时动，而作之者，必不节矣。作又不节，害之道也。"王卒壅之。

【眉批】此正所谓省其典图刑法而废兴可知，以足兴者皆亡王之后，亡者皆黄、炎之后，光影应照。

单旗谏铸钱

景王将铸大钱。单穆公旗曰："不可。古者天灾降戾，至。于是乎量资币，权轻重，以振救民。民患轻，币轻物贵。则为之作重币以行之，于是乎有母权子而行，重曰母，轻曰子。以子贸物，物轻则子独行，物重则以母权而行。民皆得焉。若不堪重，币重物轻。则多作轻而行之，亦不废重，于是乎有子权母而行，母不足则以子平而行之。小大利之。钱有小大，民皆以为利。今王废轻而作重，民失其资，能无匮乎？若匮，王用将有所乏，乏则将厚取于民。民不给，将有远志，逋逃。是离民也。且夫备有未至而设之，有至而后救之，是不相入也。一先一后。可先而不备谓之怠，可后而先之谓之召灾。周固羸国也，天未厌祸焉，而又离民以佐灾，无乃不可乎？将民之与处而离之，将灾是备御而召之，则何以经国？匡无经，何以出令？令之不从，上之患也，故圣王树德于民以除之。《夏书》有之曰：‘关石、和钧，王府则有。’《诗》亦有之曰：‘瞻彼旱麓，榛楛济济。恺悌君子，干禄恺悌。’夫旱麓之榛楛殖，故君子得以易乐干禄焉。若夫山林匮竭，林麓散亡，薮泽肆既，民力彫尽，田畴荒芜，资用乏匮，君子将险哀之不暇，而何易乐之有焉？且绝民用废[①]小钱以铸大以实王府，犹塞川原而为潢[②]污也，其竭也无日矣。若民离而财匮，灾至而备亡，王其若之何？吾周官之于灾备也，其所怠弃者多矣，而又夺之资，以益其灾，是去其藏君之富藏于民而翳其人也。王其图之！”王弗听，卒铸大钱。

【眉批】敷陈离民，剀切。

后世败亡，何有不罹此者！

文极顿挫！

川原之喻最是。

“灾备怠弃”一言，更不须多责。

单旗谏铸钟

王景将铸无射，而为之大林。无射，钟名。大林，钟之覆也。作无射而以大林覆之。单穆公曰：“不可。作重币以绝民资，又铸大钟以鲜其继。若积聚既丧，废小钱。又鲜其继，生财何以殖？且夫钟不过以动声，先以金奏，而八音从之。若无射有林，

①废，原作“费”，韦昭注《国语》、弘仁堂本及任养心本俱作“费”。据《单旗谏铸钟》“若积聚既丧”的夹注“废小钱”改。

②潢，底本、弘仁堂本及任养心本俱作“横”，据韦昭注《国语》改。

耳不及也。无射，阳声之细者。大林，阴声之大者。细抑大陵，难乎听。夫钟声以为耳也，耳所不及，非钟声也。犹目所不见，不可以为目也。夫目之察度也，不过步武尺寸之间；六尺为步，半步为武。其察色也，不过墨丈寻常之间。五尺为墨，倍墨为丈，八尺为寻，倍寻为常。耳之察和也，在清浊之间；其察清浊也，不过一人之所胜。举。是故先王之制钟也，大不出钧，钧，所以钧音之法也。以木长七尺，有弦系之，以为钧法。重不过石。百二十斤。律度量衡于是乎生，小大器用于是乎出，故圣人慎之。今王作钟也，听之弗及，不知清浊。比之不度，不合钧石。钟声不可以知和，制度不可以出节，无益于乐而鲜民财，将焉用之！夫乐不过以听耳，而美不过以观目。若听乐而震，观美而眩，患莫甚焉。夫耳目，心之枢机也，故必听和而视正。听和则聪，视正则明。聪则言听，明则德昭。听言昭德，则能思虑纯固。以言德于民，民歆而德之，则归心焉。上得民心，以殖义方，是以作无不济，求无不获，然则能乐。夫耳内和声，而口出美言，以为宪令而布诸民，正之以度量，民以心力从之不倦。成事不贰，变。乐之至也。口内味而耳内声，声味生气。气在口为言，在目为明。言以信名，审号令。明以时动。名以成政，动以殖生。政成生殖，乐之至也。若视听不和而有震眩，则味入不精，不精则气佚，气佚则不和。于是乎有狂悖之言，有眩惑之明，谓说子朝、宠宾孟。有转易之名，有过慝之度。谓嬖子配適，将杀大臣。出令不信，刑政放纷，动不顺时，民无据依，不知所力，各有离心。上失其民，作则不济，求则不获，其何以能乐？三年之中，而有离民之器二焉，铸大钱、作大钟。国其危哉！”王弗听，卒铸大钟。

【眉批】因耳及目，何其出入跌宕！要以发明心之枢机，以示乐之本原也。但[①]文奇。

此骨子，乐之本原在此。

确论，且文跌宕。

此皆乐之本原，真为精美！

鲁

○臧僖伯谏观鱼

公隐将如棠观鱼者。臧僖伯彄谏曰："凡物不足以讲大事，其材不足以备器用，则君不举焉。君，将纳民于轨、物者也。故讲事以度轨量谓之轨，取材以章物采谓之物。不轨举动无度不物，上下无章。谓之乱政。乱政亟行，所以败也。故春搜，择取不孕者。夏苗，除害苗者。秋狝，取杀为名，顺秋气也。冬狩，围守也。冬，物毕成，获则取之，无所择也。皆于农隙以讲事也。三年而治兵，入而振旅。三年一大习，出治其事。礼毕，则整众而还。归而饮至，以数军实。饮于庙，以数车徒器械及所获也。昭文章，车服旌旗。明贵贱，贵者先杀。辨等列，行伍。顺少长，出则少者在前，入则在后。习威仪也。鸟兽之肉不登于俎，不足以供祭者。皮革、齿牙、骨角、毛羽不登于器，不足以饰器者。则君不射，古之制也。若夫山林川泽之实，器用之资，皂隶之事，官司之守，非君所及也。"公曰："吾将略巡地焉。"遂往，陈鱼大设捕鱼之备而观之。僖伯称疾不从。僖伯卒，公曰："叔父有憾于寡人，寡人不敢忘。"谓不从其谏。葬之，加一等。胡

---

①但，任养心本作"且"。

氏曰："隐公慢弃国政，远事逸游，僖伯之忠言不见纳，亦已矣。又从而为之辞，是纵欲而不能自克之以礼也。僖伯称疾不从，可谓忠臣矣。葬之，加一等，夫是之谓称。然公不敢忘其忠而不能听其言，与郭公善善而不能用，至于亡国，一也。其及宜矣。"

【眉批】森列条贯。

胡氏谓："公不忘忠而不能听言，与郭公善善而不用，至于亡国，一也。"此论固是。但隐公犹能加僖伯之葬于既没，其与后之英主、其与遗直既死而即停婚仆碑者异矣。听言之难，用言之难，难哉！

○臧哀伯谏纳宋鼎

取郜大鼎于宋，纳于太庙。宋华督弑殇公，以前所取郜之鼎行赂，鲁桓公受之。臧哀伯达谏曰："君人者，将昭德塞违，邪。以临照百官，犹惧或失之，故昭令德以示子孙。是以清庙茅屋，大路祀天车越席，结草为之。大羹不致，和五味。粢食不凿，石舂八斗。昭其俭也。衮冕黻珽，衮衣九章。冕，冠也。黻，蔽膝也。珽，玉笏也。带裳幅舄，带，革带。裳，下衣。幅，束其胫，所谓行縢。舄，复履也。衡紞纮綖，衡，维冠者。紞，冠之垂者。纮，缨从下而上者。綖，冠上覆者。昭其度也。藻率鞞鞛，藻率，以韦为之，所以藉王也。佩刀之鞘，上饰曰鞞，下饰曰鞛。鞶厉游缨，鞶，大带。厉，带之垂者。游，旌旗之末垂者。缨，马之饰。昭其数也。火龙黼黻，上衣下裳之饰。昭其文也。五色比象，车服械器之色，象天地四方，示器不虚设。昭其物也。锡鸾和铃，四者皆铃之类。锡在马额，鸾在镳，和在衡，铃在旂。昭其声也。三辰旂旗，画日月星于旗。昭其明也。夫德，俭而有度，登降有数，文物以纪之，声明以发之，以临照百官，百官于是乎戒惧而不敢易纪律。今灭德立违，谓立督。而置其赂器于太庙，以明示百官，百官象之，其又何诛焉？国家之败，由官邪也。官之失德，宠赂章也。郜鼎在庙，章孰甚焉？武王克商，迁九鼎于雒邑，义士犹或非之，而况将昭违乱之赂器于太庙，其若之何？”公不听。

周内史闻之，曰：“臧孙达其有后于鲁乎！君违，不忘谏之以德。”吕氏曰：“哀伯郜鼎之谏，忠谏也。君子不谓之忠，以其所告者威公耳。”

【眉批】备举其义。不可一也。不可二也。不可三也。文彩粲然。原本之论。

○曹刿谏如齐观社

庄公如齐观社。因祀社搜军实。曹刿谏曰：“不可。夫礼，所以正民也。是故先王制诸侯，使五年四王一相朝也。五年之间，四聘于王，而一相朝。终则讲于会，以正班爵之义，帅长幼之序，训上下之则，制财用之节，其间无由荒怠。夫齐弃太公之法而观民于社，君为是举而往观之，非故业也，何以训民？土发而社，助时也。春分祭社，助时求福，为农始也。收攟而烝，纳要也。攟，拾也。冬祭社，以纳五谷之要，休农夫也。今齐社而往观旅，非先王之训也。天子祀上帝，天。诸侯会之受命焉。诸侯祀先王、如宋祖帝乙、郑祖厉王。先公，先君。卿大夫佐之受事焉。臣不闻诸侯之相会祀也，祀又不法。君举必书，书而不法，后嗣何观？”公不听，遂如齐。

【眉批】句字之法。

○匠师庆谏丹楹刻桷

庄公丹桓宫之楹而刻其桷。将逆夫人姜氏故。匠师庆御孙为掌匠大夫，庆其名言于公曰："臣闻圣王公之先封者，遗后之人法，使无陷于恶。其为后世昭前之令闻也，使长监于世，观成败以为戒。故能摄固不解以久。摄，持也。解，怠也。今先君俭而君侈之，《传》曰：'俭，德之共也。侈，恶之大也。先君有共德，而君纳诸大恶，无乃不可乎！'令德替矣。"公曰："吾属适欲美之。"对曰："无益于君，而替前之令德，臣故曰庶可以已乎。"公弗听。

【眉批】一师而有此谏，视后身都丞辅至导启，为之当何如者？句句字字，苍翠可挹。

○夏父展谏男女同贽

哀姜至，庄公夫人。公使大夫宗妇觌，用币。礼：夫人至，大夫郊迎。明日执贽以见。宗妇，大夫之妻也。宗人夏父展曰："非故也。"公曰："君作故。君所作则为故事。"对曰："君作而顺则故之，逆则亦书其逆也。臣从有司，备位礼官。惧逆之书于后也，故不敢不告。夫妇贽不过枣栗，以告虔也。枣取早起，栗取战栗，皆所以示敬也。男则玉帛禽鸟，以章物也。公执桓圭，侯执信圭，伯执躬圭，子执谷璧，男执蒲璧，孤执皮帛，卿执羔，大夫执雁，士执雉，庶人执鹜，工商执鸡，以明尊卑异物也。《内传》御孙曰'男贽，大者玉帛，小者禽鸟，以章物也。女贽不过榛栗枣修，以告虔也'。今妇执币，是男女无别也。男女之别，国之大节也，不可无也。"公弗听。

○臧孙辰谏焚巫尪

僖公二十一年夏，大旱。公欲焚巫尪。巫，女巫也。尪，瘠人面向上者。以巫祷雨，不验。尪亦致旱。故欲并焚之。臧文仲辰曰："非旱备也。修城郭、贬食、省用、务穑、劝分，此其务也。巫尪何为？天欲杀之，则如勿生；若能为旱，焚之滋甚。"公从之。是岁也,饥而不害。

【眉批】十九字,即长牍不过。

修城郭,何与于旱?此即兴工作以资食役之意,后亦有行之者矣。又可备不虞。

○成风请复须句

邾人灭须句。须句子来奔,因成风也。僖公之母风姓,须句之女。成风为之言于公曰:"崇明祀,须句,伏羲之后,实司大皞与有济之祀,故云。保小寡,周礼也;蛮夷猾夏,邾近诸戎,杂用夷礼,故云蛮夷。周祸也。若封须句,是崇皞、济而修祀纾祸也。"公伐邾,取须句,反复其君焉。

○臧孙辰谏不备邾

邾人以须句故,出师。公卑邾,不设备而御之。臧文仲曰:"国无小,不可易也。无备,虽众,不可恃也。《诗》曰:'战战兢兢,如临深渊,如履薄冰。'又曰:'敬之敬之!天惟显思,命不易哉!'先王之明德,犹无不难也,无不惧也,况我小国乎!君其无谓邾小,蜂虿有毒,而况国乎!"弗听。及邾师战于升陉,我师败绩。邾人获公胄,县诸鱼门。邾城门。

【眉批】确论。

臧孙辰请求晋释卫侯

晋人执卫成公归之于周,成公恃楚,不事晋,又杀叔武,其臣元咺诉之晋,文公执之。使医鸩之,不死,宁俞货医,使薄其鸩,得不死。医亦不诛。臧文仲言于僖公曰:"夫卫君殆无罪矣。刑五而已,无有隐者,谓鸩。隐乃讳也。大刑用甲兵,六师移之。

其次用斧钺，斩。中刑用刀锯，割劓用刀，断截用锯。其次用钻笮，钻，膑刑。笮，黥刑。薄刑用鞭扑，鞭，官刑。扑，教刑。以威民也。故大者陈之原野，小者致之市朝，五刑甲兵、斧钺、刀锯、钻笮、鞭扑三次，野、朝、市。是无隐也。今晋人鸩卫侯不死，亦不讨其使者，讳而恶杀之也。有诸侯之请，必免之。臣闻之：班相恤也，位次同者同其忧。故能有亲。夫诸侯之患，诸侯恤之，所以训民也。君盍请卫君以示亲于诸侯，且以动晋？夫晋新得诸侯，使亦曰：'鲁不弃其亲，其亦不可以恶。使不恶鲁。'"公说，行玉二十瑴，双玉曰瑴。《传》曰："纳玉于王及晋侯皆十瑴。"乃免卫侯。

【眉批】忠厚可掬。

臧孙辰请赏重馆人

晋文公解曹地以分诸侯。以观裸故伐曹，执共公，分其田。僖公使臧文仲往，受地。宿于重馆。重地候馆。重馆人告曰："晋始伯而欲固诸侯，故解有罪之地以分诸侯。诸侯莫不望分而欲亲晋，皆将争先；晋不以故班，亦必亲先者，吾子不可以不速行。鲁之班长，而又先诸侯，其谁望之？若少安，恐无及也。"从之，获地于诸侯为多。自洮以南，东傅于济。反，既复命，为之请曰："地之多也，重馆人之力也。臣闻之曰：'善有章，虽贱，赏也；恶有衅，虽贵，罚也。'今一言而辟境，其章大矣，请赏之。"乃出而爵之。出之隶，以为大夫。吕氏曰："异哉！重馆人之论曰：'晋新得诸侯，必亲其共，不速行，将无及已。'信如是说，则狡商庸贾，趋利如风雨者，皆重馆人之所谓共也。以臧文仲之贤，反为其说所动，冒利竞进，虽得地之多，吾恐文仲之所丧者之多于地也。"

【眉批】"鲁之班长"，应"晋不以故班"；"又先诸侯"，应“晋必亲先者”。“少安”，言少缓也。“其谁望之”，言他不能及也。

叔彭生谏用内兵

穆伯公孙敖娶于莒，曰戴己，己，莒姓。其娣声己。戴己卒，又聘于莒。莒人以声己辞，谓有声己在。则为襄仲聘焉。仲遂，穆伯从兄弟。穆伯如莒莅盟，时徐伐莒，莒人来请，敖往平之。且为仲逆。见之，美，自为娶之。仲请攻之，公文将许之。叔仲惠伯叔彭生谏曰：“臣闻之：‘兵作于内为乱，于外为寇。寇犹及人，乱自及也。’今臣作乱而君不禁，以启寇仇，若之何？”公止之。惠伯成之，平二子。使仲舍之，不娶。公孙敖反之，还莒女。复为兄弟如初。

【眉批】锻炼章句。

里革断罟匡君

宣公夏滥于泗渊，渍罟于泗水以取鱼。里革断其罟而弃之，曰：“古者大寒降，季冬。土蛰发，孟春。水虞渔师，掌川泽之禁令者于是乎讲罛罶，取名鱼，登川禽，而尝之寝庙，行诸国人，助宣气也。鸟兽孕，水虫成，春时。兽虞掌鸟兽之禁令者于是乎禁罝罗，罝，兔罟。罗，鸟罟。矠鱼鳖以为夏槁，矠，搛也。夏不得取，故于此时搛刺鱼鳖，以为夏储。助生阜也。鸟兽成，水虫孕，立夏时。水虞于是乎禁罝罜，设阱鄂，罝，当作罜。罜、罜，小网也。鄂，柞格，所以误兽也。以实庙庖，畜功用也。且夫山不槎蘖，槎，斫也。以林生曰蘖。泽不伐夭，草木未成曰夭。鱼禁鲲鲕，鲲，鱼子。鲕，鱼未成者。兽长麑䴠，鹿子曰麑，麋子曰䴠。鸟翼鷇卵，生哺曰鷇，未孚曰卵。虫舍蚳蝝，蚳，蚌子。蝝，蝮蜪。蕃庶物也，古之训也。今鱼方别孕，别于雄而怀子。不教鱼长，又行网罟，贪无艺极也。"

公闻之曰："吾过而里革匡我，不亦善乎！是良罟也，为我得法。使有司藏之，所断之罟。使吾无忘谂。"师存侍，曰："藏罟，不如置里革于侧之不忘也。"

【眉批】里革之正谏，宣公之听言，师存之启沃，叙述流动。

季孙行父谏从楚

公成如晋。晋侯景见公，不敬。公至自晋，欲求成于楚而叛晋。季文子行父曰："不可。晋虽无道，未可叛也。国大臣睦，而迩于我，诸侯听焉，未可以贰。史佚之志有之曰：'非我族类，其心必异。'楚虽大，非吾族也，其肯字我乎？"公乃止。

荣栾谏伐季氏

襄公如楚反，及方城，闻季武子宿袭卞，欲还，出楚师以伐鲁。荣成伯栾谏曰："不可。君之于臣，其威大矣。不能令于国，而恃诸侯，诸侯其谁昵之？若得楚师以伐鲁，鲁既不违，夙武子名，《传》作宿之取卞也，必用命焉，守必固矣。言鲁人不敢违夙之命，必与协力相守。若楚之克鲁，诸姬不获窥焉，而况君乎？彼无亦置其同类以服东夷，而大攘诸夏，将天下是王，而何德于君，其予君也？言楚将封同姓于鲁，以取天下，不予鲁也。若不克鲁，君以蛮夷伐之，而又求入焉，必不获矣。不如予之。以卞与夙。夙之事君也，不敢不悛。醉而怒，醒而喜，庸何伤？君其入也！"乃归。

子家羁谏伐季氏

公若季公亥献弓于公为，昭公子务人。且与之出射于外，而谋去季氏。公若怨季孙意如不从其请，而杀申夜姑也。公为告公果、公贲。皆公为弟。公果、公贲使侍人僚柤告公。言至再三。公曰："非小人之所及也。"公果自言，公以告臧孙，臧孙以难。告郈孙，郈孙以可，劝。尝拘臧氏老，侵郈氏官，亦有怨于二家。告子家懿伯。羁。懿伯曰："谗人以君徼幸，事若不克，君受其名，恶名。不可为也。舍民数世，自宣以来失民。以求克事，不可必也。且政在焉，其难图也。"公退之。言不合，使之出。

公伐季氏。平子登台而请曰："君不察臣之罪，使有司讨臣以干戈，臣请待于沂上以察罪。"弗许。请囚于费，弗许。请以五乘亡，弗许。子家子曰："君其许之！政自之出久矣，隐民穷困者多取食焉，为之徒者众矣。日入慝作，弗可知也。众怒不可蓄也，蓄而弗治，将蕴。蕴蓄，积其所蓄之怒。民将生心。生心，同求将合。与季氏同求叛者。君必悔之！"弗听。郈孙曰："必杀之。"

公使郈孙逆孟懿子。仲孙何忌。叔孙氏之司马鬷戾帅徒以往，时叔孙舍以事往阚不在。陷西北隅以入。公徒释甲执冰箭筒而踞，无战心也。遂逐之。孟氏使登西北隅以望季氏，见叔孙氏之旌，先在。以告。候者来告。孟氏执郈昭伯，杀之，遂伐公徒。子家子曰："诸臣伪劫君者，而负罪以出，逐之使奔，以明非公本意。君止。不可出。意如之事君也，不敢不改。"公曰："余不忍也。难复留。"与臧孙如墓谋，辞先君也。遂行。孙于齐，次于阳州。汪氏曰："昭公君千乘之国二十有五年，讨二季氏不克而出奔者，何哉？即位虽久，而民不见德，则无德也。以叔孙舍、子家驹之贤，而不能专任以听其言，则无人也。臧孙及子家子皆以为不可，不能修政蓄备，而遽信群小之言以图之，则无谋也。公徒释甲执冰而踞，莫有斗心，则无兵也。四者无一焉，而奋然怒臂以当车辙，其不为曹髦之刃出于背者，幸而免尔。”

【眉批】此事三谏，而昭公三违之，及于难，宜也。懿伯之言，有三不可焉。“谗人以君侥幸”，尤为朗鉴。“政自之出久矣”，见公无政也；“为之徒者众矣”，见公无徒也。何不自喻？

子家羁谏主齐

齐侯景唁公于野井，吊生曰唁。曰：“自莒疆以西，请致千社，二十五家为社。以待君命。讨季氏。寡人将帅敝赋以从执事，唯命是听。君之忧，寡人之忧也。”公喜。子家子曰：“天禄不再。天若胙君，不过周公，以鲁足矣。失鲁而以千社为臣，谁与之立？且齐君无信，不如早之晋。”弗从。齐侯取郓。为鲁取。公至自齐，处于郓。既而齐景公设礼以享，而使宰献。及遣高张来唁，而称主君。子家子以卑于齐为辱，复劝如晋，公乃如晋。晋定公欲纳之而不果，薨于乾侯。胡氏曰：“齐侯唁公于野井，以遇礼相见。孔子曰：‘其礼与其辞足观矣。’然则何以失国而不反乎？礼有本末。正身治人，礼之本也。威仪文辞，礼之末也。昭公丧齐归无戚容而不顾，娶孟子为夫人而不命，政令在家而不能取，有子家子之贤而不能用，而屑屑焉习仪以亟，能有国乎？虽齐侯来唁其礼与辞是矣，而方伯连帅之职则未修也，又岂所以为礼哉？”

衅夏谏立妾

公子荆哀公庶子之母嬖，将以为夫人，使宗人衅夏献其礼。对曰：“无之。”公怒，曰：“女为宗司，立夫人，国之大礼也，何故无之？”对曰：“周公及武公娶于薛，孝、惠娶于商，不曰宋而曰商，避定公讳。自桓以下娶于齐，此礼也则有。若以妾为夫人，则固无其礼也。”公卒立之，而以荆为太子。

【眉批】衅夏可谓知礼矣。

晋

士蒍谏将大子

公献作二军，僖王命晋武公以一军为晋侯，至此初作二军。公将上军，大子申生将下军以伐霍。师未出，士蒍言于诸大夫曰：“夫大子，君之贰也。恭以俟嗣，何官之有？今君分之土曲沃而官之，位以卿。是左之也。吾将谏以观之。”乃言于公曰：“夫大子，君之贰也，而帅下军，无乃不可乎？”公曰：“下军，上军之贰也。寡人在上，申生在下，不亦可乎？”士蒍对曰：“下不可以贰上。”公曰：“何故？”对曰：“贰若体焉，四支。上下左右以相助心目，用而不倦，身之利也。上贰代举，手。下贰代履，足。周旋变动，以役心目，故能治事，以制百物。若下摄上，与上摄下，周旋不变，以违心目，其反为物用也，何事能治？故古之为军也，军有左右，阙从补之，成而不知，不使敌知。是以寡败。若以下贰上，阙而不变，败弗能补也。变非声章，金鼓、旌旗。弗能移也。声章过数则有衅，有衅则敌入，敌入而凶，救败不暇，谁能退敌？敌之如志，国之忧也。可以陵小，难以征大。君其图之！”公曰：“寡人有子而制焉，非子之忧也。”对曰：“夫大子，国之栋也。栋成乃制之，不亦危乎！”公曰：“轻其所任，虽危何害？”

【眉批】以体喻事，繁而不杀。又以栋喻，简而不晦。

○里克谏将大子

晋侯使太子申生伐东山皋落氏。赤狄别种也。骊姬欲立奚齐而废申生，言于献公，使之伐翟以图之。里克谏曰："大子奉冢祀、社稷之粢盛，以朝夕视君膳者也，故曰冢子。君行则守，有守则从。从曰抚军，守曰监国，古之制也。夫帅师，专行谋，誓军旅，君与国政执国政者之所图也，非大子之事也。师在制命而已，禀命则不威，专命则不孝，故君之嗣嫡不可以帅师。君失其官，大子专，则君失官人之道。帅师不威，为将待禀则损威。将焉用之？且臣闻皋落氏将战。君其舍之！"公曰："寡人有子，未知其谁立焉！"不对而退。

见大子。大子曰："吾其废乎？"对曰："告之以临民，谓居曲沃。教之以军旅，谓将下军。不共是惧，何故废乎？且子惧不孝，无惧弗得立。修己而不责人，则免于难。"《传》。

【眉批】发明不可之故，非以保全，实事理如此。屡告太子"惧不孝，不惧不得立"，亦事理实如此。

公使大子伐东山。里克谏曰："臣闻皋落氏将战，君其释申生也！"公曰："行也！"对曰："非故也。非故事。君行，大子居以监国也；君行，大子从以抚军也。今君居，大子行，未有此也。"公曰："非子之所知也。寡人闻之，立大子之道三：身钧以年，德同则立长。年同以爱，立所爱。爱疑同决之以卜筮。子无谋吾父子之间，吾以此观之。言使之征伐，欲观其能否也。"公不说。里克退。

见大子。大子曰："君赐我以偏衣金玦，何也？"公衣大子偏裻之衣，佩金玦。裁在中，左右翼，故曰偏。玦如环而缺。里克曰："孺子惧乎？衣躬之偏而握金玦，令不偷矣。君令于太子不为薄矣。

孺子何惧！夫为人子者，惧不孝，不惧不得。不得立。且吾闻之：‘敬贤于请。’言执恭敬，愈于请求也。孺子勉之乎！勉为孝敬。”君子曰：“善处父子之间矣。”入谏其父，出勉其子。吕氏曰：“里克告父以慈，告子以孝，其处父子之间者至矣。其后骊姬杀申生之谋已成，惮克而未敢发，使优施以言动之，克犹用前术而不知变，乃曰：‘吾秉君。以杀太子，吾不忍。’通复故交：‘吾不敢。中立，其免乎？’骊姬得其中立之言，始无所惮，而新城之难作矣。是克知父子之间当两全，而不知邪正不当两立也。两刃之下，人不容足；两虎之斗，兽不容蹄；骊姬、申生之际，夫岂中立之地哉？势已新而方守其旧，势已改而方守其初，用前术应后势，克之所以败也。”

【眉批】前公言“寡人有子，未知谁立”，克已不对。此又言“立太子之道”，克又不对。盖克徒能强谏帅师之故事，而不能深明择嫡之是非，弗济返害，又何尤也！“善处父子之间”，只一言断之。

狐突谏战翟

至于稷桑，翟人出逆。申生欲战。狐突谏曰：“不可。突闻之：国君好艾，多嬖臣。大夫殆；好内，多嬖妾。嫡子殆，社稷危。若惠顺于父而远于死，惠于众而利社稷，其可以图之乎？况其危身于翟以起谗于内也？”申生曰：“不可。君之使我，非欢也，抑欲测吾心也。是故赐我奇服，衣之偏裻之衣，示中分也。而告我权。佩之金玦，示以兵决事也。又有甘言焉。言之大甘，其中必苦。谮在中矣，君故生心。虽蝎谮，蝎，木虫也。谮从中起，如蝎食木。焉避之？不若战也。不战而反，我罪滋厚；我战虽死，犹有令名焉。”果战，败翟于稷桑而反。谗言益起，狐突杜门不出。

【眉批】申生真可谓善处父子矣。喻言以疑，择术以厚，君子有馀悲焉。

庆郑谏乘小驷

秦伯伐晋。秦穆公之纳晋惠公也，穆姬属贾君约纳，群公子许赂秦以五城，皆背之，且闭之籴，故来伐。及韩。晋侯谓庆郑曰：“寇深矣，若之何？”对曰：“君实深之，背施幸灾所致。可若何？”公曰：“不孙！”卜右，庆郑吉，弗使。怒其不孙，不以为车右，而以家仆徒为之。乘小驷，郑入也。郑所献马，名小驷。庆郑曰：“古者大事，必乘其产。生其水土，而知其人心；安其教训，而服习其道；唯所纳之，无不如志。今乘异产，以从戎事，及惧而变，将与人易。不如人所使。乱气狡愤，阴血周作，张脉偾兴，外强中干。进退不可，周旋不能，君必悔之。”弗听。战于韩原。晋戎马还便旋也泞而止。公号庆郑，庆郑曰：“愎谏违卜，固败是求，又何逃焉？”遂去之。秦获晋侯以归。在秦三月而许之平。晋侯归，杀庆郑而后入。

齐姜谏怀安

文公在翟十二年乃行。骊姬谮重耳于献公，使居蒲，后复使寺人披伐蒲，遂出奔翟。献公卒，惠公立，狐偃劝之行。适齐。齐侯相妻之，甚善焉。有马二十乘，将死于齐而已矣。曰：“民生安乐，谁知其他？”桓公卒，孝公即位。诸侯畔齐。子犯狐偃知齐之不可以动，求反国。而知文公之安齐而有终焉之志也，欲行而患之，与从者谋于桑下。蚕妾在焉，莫知其在也。

妾告姜氏，姜氏杀之，灭其口。而言于公子曰：“从者将以子行，其闻之者吾已除之矣。子必从之，不可以贰，贰无成命。《诗》云：‘上帝临汝，无贰尔心。’先王其知之矣，贰将可乎？子去晋难而极于此。自子之行，晋无宁岁，民无成君。谓奚齐、卓子死，惠公无亲，外内恶之。天未丧晋，无异公子，同生九人，唯重耳在。有晋国者，非子而谁？子其勉之！上帝临子矣，贰必有咎。”公子曰：“吾不动矣，必死于此。”姜曰：“不然。周诗曰：‘莘莘征夫，每怀靡及。’夙夜征行，不遑启处，犹惧无及，况其顺身纵欲怀安，将何及矣！人不求及，其能及乎？及谓及时。日月不处，人谁获安？西方之书有之曰：‘怀与安，实疚大事。’郑诗云：‘仲可怀也，人之多言，亦可畏也。’昔管敬仲有言，小妾闻之曰：‘畏威如疾，民之上也。从怀如流，民之下也。见怀思威，民之中也。畏威如疾，乃能威民。威在民上，能威民，则居尊。弗畏有刑。不畏威，则获罪。从怀如流，去威远矣，故谓之下。其在辟也，吾从中也。欲辟罪故。郑诗之言，吾其从之。’此大夫管仲之所以纪纲齐国，裨辅先君而成霸者也。子而弃之，不亦难乎？齐国之政败矣，晋之无道久矣，从者之谋忠矣，时日及矣，公子几矣。计时可得国。君国可以济百姓，而释之者，非人也。败不可处，时不可失，忠不可弃，怀不可从，子必速行。吾闻晋之始封也，岁在大火，岁星所在。阏伯之星也，实纪商人。阏伯，唐之火正，居商丘，祀大火，死以配食。相土因之。实纪商之吉凶。商之飨国三十一王。瞽史之记曰：‘唐叔之世，将如商数。’今未半也。唐叔至惠公方十四世。乱不长世，公子唯子，子必有晋。若何怀安？”弗听。姜与子犯谋，醉而载之以行。

【眉批】知齐，知文公，叙接轻妙。姜氏引“临汝”之诗、“莘莘”之诗，及西方之书、郑诗、管仲之言、瞽史之记，何物女流，能通透若是！

关键精神，激发疏畅。

两谋相合，何事不成？

筮史请复曹伯

晋侯文有疾，曹伯共之竖侯獳货筮史，使曰以曹为解：楚围宋，先轸谋伐曹以救之，因执曹伯。将与楚战，时复用先轸谋，私许复曹以携之，而未归，故以为请。“齐桓公为会而封异姓，邢、卫。今君为会而灭同姓。曹叔振铎，文之昭也。先君唐叔，武之穆也。且合诸侯而灭兄弟，非礼也；与卫偕命，晋以元咺讼，尝执卫，亦私许复之。而不与偕复，先复卫。非信也；同罪异罚，非刑也。礼以行义，信以守礼，刑以正邪。舍此三者，君将若之何？”公说，复曹伯。

○士会谏杀宰夫

灵公不君：厚敛以彫墙；从台上弹人，而观其辟丸也；宰夫胹熊蹯不熟，熊掌煮之不熟，则有毒。杀之，置诸畚，使妇人载以过朝。赵盾、士季会见其手，问其故，而患之。将谏，士季曰：“谏而不入，则莫之继也。会请先，不入，则子继之。”三进，及溜，而后视之，公知欲谏，故佯不见。曰：“吾知所过矣，将改之。”稽首而对曰：“人谁无过，过而能改，善莫大焉！《诗》曰：‘靡不有初，鲜克有终。’夫如是，则能补过者鲜矣。君能有终，则社稷之固也，岂唯群臣赖之。又曰：‘衮职有阙，唯仲山甫补之。’能补过也。君能补过，衮不废矣。可以常服。”犹不改。

【眉批】“谏不入，则莫继”，信斯言矣。“三进，及溜，而后视之”，形写如画。

士渥浊谏讨荀林父

晋师归，楚围郑，晋师救之，遇于邲，战败而归。桓子请死，时荀林父为帅，故任其责。晋侯景欲许之。士贞子渥浊谏曰："不可。城濮之役，晋师三日谷，晋败楚于城濮，食其谷三日。文公犹有忧色。左右曰：'有喜而忧，如有忧而喜乎？'公曰：'得臣犹在，忧未歇尽也。困兽犹斗，况国相乎？'及楚杀子玉，城濮之战，子玉主之。公喜而后可知也。曰：'莫余毒也已。'是晋再克而楚再败也。楚是以再世不竞。成至穆弱于晋。今天或者大警晋也，而又杀林父以重楚胜，其无乃久不竞乎？不止再世。林父之事君也，进思尽忠，退思补过，社稷之卫也，若之何杀之？夫其败也，如日月之食焉，何损于明？"晋侯使复其位。灭潞。林父将。晋侯赏桓子，狄臣千室。亦赏士贞伯，瓜衍之县。曰："吾获狄土，子之功也。微子，吾丧伯氏矣。"

【眉批】引鉴城濮，意新理透。言林父事君，见其为得臣也。

伯宗谏救宋

楚子围宋，楚庄王使申舟聘齐，不假道于宋，宋杀之，楚遂围宋。宋人使乐婴齐告急于晋，晋侯景欲救之。伯宗曰："不可。古人有言曰：'虽鞭之长，不及马腹。'非所击。天方授楚，未可与争。虽晋之强，能违天乎？谚曰：'高下在心。'随时制宜。川泽纳污，山薮藏疾，毒害之物居之。瑾瑜匿瑕，国君含垢，天之道也。晋侯耻不救宋，故伯宗为此喻。君其待之！"乃止。使解扬如宋，使无降楚，曰："晋师悉起，将至矣。"虚言以惧楚慰宋。

苗贲皇请释齐臣

晋侯景使郤克征会于齐，欲召齐会断道。齐顷公帷妇人使观之。郤子登，妇人笑于房。献子怒，先归。《谷梁传》曰："季孙行父秃，晋郤克眇，卫孙良夫跛，曹公子手偻，同时而聘于齐。齐使秃者御秃者，眇者御眇者，跛者御跛者，偻者御偻者。萧同侄子处台上而笑之，闻于客，客不悦而去。"

齐侯使高固、晏弱、蔡朝、南郭偃会。从会。及敛盂，高固逃归。会于断道，辞齐人。晋人执晏弱于野王，执蔡朝于原，执南郭偃于温。苗贲皇使，见晏桓子。弱。归，言于晋侯曰："夫晏子何罪？昔者诸侯事吾先君，皆如不逮，举言群臣不信，诸侯皆有贰志。齐君恐不得礼，故不出，而使四子来。左右或沮之，曰：'君不出，必执吾使。'故高子及敛盂而逃。夫三子者曰：'若绝君好，宁归死焉。'为是犯难而来，吾若善逆，彼以怀来者。吾又执之，以信齐沮，使齐人沮高子之言信。吾不既过矣乎？过而不改，而又久之，以成其悔，三子悔来之心。何利之有焉？使反者得辞，而害来者，以惧诸侯，将焉用之？"晋人缓之，逸。

韩厥请立赵孤

赵庄姬为赵婴之亡故，赵朔早死，庄姬寡居，赵婴通之。原、屏怒其弟，放之齐。谮之于晋侯景曰："原、屏将为乱。"赵同食邑于原，赵括食邑于屏。栾、郤为征。二族证其事。晋讨赵同、赵括。武从姬氏畜于公宫。武，赵朔之子，庄姬所生。庄姬，晋成公之女，故武从其母在宫。以其田与祁奚。韩厥言于晋侯曰："成季之勋，赵衰从文公。宣孟之忠，赵盾拥立灵、成。而无后，为善者其惧矣。三代之令王，皆数百年保天之禄。夫岂无辟王？邪辟者。赖前哲以免也。《周书》曰：'不敢侮鳏寡。'所以明德也。"乃立武，而反其田。

【眉批】厥之言可以劝矣。

女叔齐请从楚求

楚子灵使椒举如晋求诸侯。晋侯平欲勿许。司马侯女叔齐曰："不可。楚王方侈，天或者欲逞其心，以厚其毒，而降之罚，未可知也。其使能终，亦未可知也。晋、楚唯天所相，不可与争。君其许之，而修德以待其归。若归于德，吾犹将事之，况诸侯乎？若适淫虐，楚将弃之，吾又谁与争？"曰："晋有三不殆，其何敌之有？国险而多马，齐、楚多难；多篡弑。有是三者，何乡而不济？"对曰："恃险与马而虞邻国之难，是三殆也。四岳、东岱、西华、南衡、北恒。三涂、太行、轘辕、崤黾三山。阳城、山名。大室、中岳嵩山。荆山、中南，山名。九州之险也，是不一姓。有此险者亦多，无德则灭亡也。冀之北土，燕、代。马之所生，无兴国焉。恃险与马，不可以为固也，从古以然。是以先王务修德音以亨神人，幽通于神，明通于人。不闻其务险与马也。邻国之难，不可虞也。或多难以固其国，启其疆土；或无难以丧其国，失其守宇，若何虞难？齐有仲孙之难，无知弑襄公。而获桓公，至今赖之。晋有里、丕之难，里克、丕郑以二公子之徒作乱。而获文公，是以为盟主。卫、邢无难，敌亦丧之。狄灭卫，卫灭邢。故人之难，不可虞也。恃此三者而不修政德，亡于不暇，又何能济？君其许之！纣作淫虐，文王惠和，殷是以陨，周是以兴，夫岂争诸侯？"乃许楚使。楚子合诸侯于申。

【眉批】不虞天命，不怠人事，此文有焉。

称引俱切。

叔向请逆楚公子

韩宣子起之适楚也，送女。楚人弗逆。公子弃疾及晋境，报礼。晋侯平将亦弗逆。叔向羊舌肸曰："楚辟邪我衷正，若何效辟？《诗》曰：'尔之教矣，民胥效矣。'从我而已，焉用效人之辟？《书》曰：'圣作则。'无宁以善人为则，而则人之辟乎？匹夫为善，民犹则之，况国君乎？"晋侯悦，乃逆之。

叔向谏射鸮

平公射鸮不死，鸮扈，小鸟也。使竖襄搏之，失。公怒，拘将杀之。叔向闻之，夕，暮见曰夕。君告之。叔向曰："君必杀之。昔吾先君唐叔射兕野牛于徒林，殪，一发而死曰殪。以为大甲，以封于晋。今君嗣吾先君唐叔，射鸮不死，搏之不得，是扬吾君之耻者也。君其必速杀之，勿令远闻。反言以谏。"君忸怩颜，乃趣促赦之。

【眉批】此谓反谏。

屠蒯以饮寓谏

荀盈卒，未葬。晋侯平饮酒，乐。膳宰屠蒯趋入，请佐公使尊，公使人执尊献酒，蒯请为之佐。许之。而遂酌以饮工，乐官也。《檀弓》以为师旷。蒯酌酒饮之，以示罚。曰："女为君耳，将司聪也。辰在子卯，谓之疾日，纣以甲子丧，桀以乙卯亡，故国君以为忌日。君彻宴乐，君遇此日，不设宴乐。学人舍业，学者遇此日，不事所业。为疾故也。君之卿佐，指盈。是谓股肱。股肱或亏，何痛如之？女弗闻而乐，是不聪也。”又饮外嬖嬖叔，外都大夫之嬖者，《檀弓》以为李调。曰：“女为君目，将司明也。服以旌礼，礼以行事，事有其物，物有其容。今君之容，非其物也；当哀而乐。而女不见，是不明也。”亦自饮也，曰：“味以行气，气以实志，气和则志充。志以定言，言以出令。臣实司味，二御失官，工不聪，叔不明。而君弗命，臣之罪也。”公说，彻酒。

【眉批】铺叙而《檀弓》之文为胜。

荀跞请逐范、中行氏

范氏士吉射、中行氏荀寅伐赵氏之宫，卫贡五百家在邯郸，赵鞅欲徙置之晋阳而不得，遂杀邯郸午。午，荀寅之甥也。寅，范吉射之姻也。相与攻赵氏。赵鞅奔晋阳，晋人围之。荀跞言于晋侯定曰：“君命大臣，始祸者死，载书在河。为盟书，沈之河。今三臣始祸，而独逐鞅，刑已不钧矣。请皆逐之。”荀跞、韩不信、魏曼多奉公以伐范氏、中行氏，荀寅、士吉射奔朝歌。

卫

○石碏谏宠州吁

公子州吁，嬖人之子也。庄公幸妾之所生。有宠而好兵，公庄弗禁。石碏谏曰：“臣闻爱子，教之以义方，弗纳于邪。骄奢淫泆，所自邪也。邪所从来。四者之来，宠禄过也。将立州吁，乃定之矣；若犹未也，阶之为祸。夫宠而不骄，骄而能降，降而不憾，憾而能眕者，自重。鲜矣。且夫贱妨贵，少陵长，远间亲，新间旧，小加大，淫破义，所谓六逆也；君义，臣行，父慈，子孝，兄爱，弟敬，所谓六顺也。去顺效逆，所以速祸也。君人者，将祸是务去，而速之，无乃不可乎？”弗听。州吁弑桓公庄公子而立。张氏曰：“卫庄溺爱而使内宠僭嫡，嬖子害正。石碏之谏，足以悟矣，愎而弗图，辨之弗早，贻祸后嗣，可谓惨矣。”

【眉批】爱之，能勿劳乎？是义也，石碏知之矣。六逆之驭，柳子有文，然碏言未始不是，柳则推衍言之。

宁速请礼晋公子

晋文公在翟，十二年乃行，过卫。自齐适卫。卫文公有邢、翟之虞，不礼焉。宁庄子速言于公曰：“夫礼，国之纪也；亲，民之结也；君亲其亲，所以结民心，使相亲也。善，德之建也。国无纪不可以终，民无结不可以固，德无建不可以立。此三者，君之所慎也。今君弃之，无乃不可乎！晋公子，善人也，而卫亲也，君不礼焉，弃三德矣。三德，谓礼宾、亲亲、善善也。君其图之。康叔，文之昭也。唐叔，武之穆也。周之大功在武，谓伐纣有天下。天胙将在武族。苟姬未绝周室，而俾守天聚者，聚谓财众。必武族也。武族唯晋实昌，晋胤公子实德。晋仍无道，天胙有德，晋之守祀，必公子也。若复而修其德，镇抚其民，必获诸侯，以讨无礼。君弗蚤图，卫而在讨。小人是惧，敢不尽心。”公弗听。出于五鹿，乞食于野人，野人与之块。文公既立之四年，楚伐宋，晋伐卫以救宋，分其田，赐宋人。

【眉批】宁庄先几之智如此。

宁俞谏祀相

狄围卫，卫迁于帝丘。成公梦康叔曰：“相夺予享。”相，夏后相也，昔居帝丘。公命祀相。宁武子俞不可，曰：“鬼神非其族类，不歆其祀。杞、鄫何事？杞、鄫皆夏之后，自常祀相。

相之不享于此久矣，非卫之罪也，不可以间成王、周公之命祀，诸侯祀不过其祖。请改祀命。”

【眉批】可以语祀典矣。

定姜请复孙林父

定公恶孙林父，林父出奔晋。晋侯厉使郤犨送孙林父而见之。卫侯欲辞。定姜定公夫人曰：“不可。是先君宗卿之嗣也，林父，良夫之子。大国又以为请。不许，将亡。违大国，必见伐。虽恶之，不犹愈于亡乎？君其忍之！安民而宥宗卿，不亦可乎？”卫侯见而复之。

【眉批】“先君宗卿之嗣”，欲不忘世臣也；“大国又以为请”，欲不失邻好也。

公叔发谏追鲁师

公侵郑。周儋翩因郑人以作乱，郑为之伐胥靡。晋使鲁定公讨之。往不假道于卫，及还，阳虎使季、孟自南门入，出自东门。虎将逐三桓，欲使得罪于邻国。卫侯灵怒，使弥子瑕追之。公叔文子发老矣，辇而如公，曰：“尤人而效之，非礼也。昭公之难，君将以文之舒鼎、卫文公所铸者。成之昭兆、卫成公得宝龟，灼之，其兆八明，故名。定之鞶鉴，鞶带而以镜为饰也，卫定公有之。苟可以纳之，择用一焉。公子与二三臣之子，诸侯苟忧之，将以为之质。质子以求纳之。此群臣之所闻也。今将以小忿蒙蔽旧德，无乃不可乎？大姒之子，唯周公、康叔为相睦也，而效小人以弃之，不亦诬乎？天将多阳虎之罪以毙之，君姑待之，若何？”乃止。

郑

○祭仲谏封叔段

武公娶于申，曰武姜，生庄公及共叔段。后出奔共，因以为号。庄公寤生，惊姜氏，《史记》云："寤生，生之难也，盖绝而复苏。"故名曰寤生，遂恶之。爱共叔段，欲立之。为大子。亟请于武公，公弗许。及庄公即位，为之请制。公曰："制，岩邑也，虢叔死焉。虢叔，东虢君也。虢叔居制，恃险而不修德，郑灭之。佗邑唯命。"请京，使居之，谓之京城大叔。祭仲足曰："都，城过百雉，方丈曰堵，三堵曰雉。国之害也。先王之制：大都，不过参国之一；三分其国之一，不过百雉。中，五之一；五分其国之一，不过六十雉。小，九之一。九分其国之一，不过三十三雉。今京不度，非制也，君将不堪。"公曰："姜氏欲之，焉辟害？"对曰："姜氏何厌之有？不如早为之所，早为之图，使得其所。无使滋蔓！蔓，难图也。蔓草犹不可除，况君之宠弟乎？"公曰："多行不义，必自毙，子姑待之。"

○公子吕请除叔段

既而大叔段命西鄙、北鄙贰于己。公子吕曰："国不堪贰，民有贰心。君将若之何？欲与大叔，臣请事之；若弗与，则请除之，无生民心。"公曰："无庸，不用除之。将自及。及于祸。"大叔又收贰以为己邑，前两属者。至于廪延。子封吕字曰："可矣。厚将得众。"公曰："不义无君不昵，无兄。厚将崩。众不附。"大叔完聚，完城聚民。缮甲兵，具卒乘，步卒、兵车。将袭郑，夫人将启之。公闻其期，曰："可矣。"命子封帅车二百乘以伐京。京叛大叔段。段入于鄢。公伐诸鄢。大叔出奔共。胡氏曰："象忧亦忧，象喜亦喜，恩掩义也。使吏治其国，而象不得有为，义胜恩也。恩义并立，而中持衡焉。段虽凶逆，焉攸乱？"又曰："郑庄公志杀其弟，使糊其口于四方，自以为保国之计得也。然身没未几，而世嫡出奔，庶孽夺正，公子五争，兵革不息，忽仪亹突之祭，其祸惨矣。"

○颍考叔请复武姜

遂置姜氏于城颍，并怒姜。而誓之曰："不及黄泉，地中之泉也。无相见也！"既而悔之。颍考叔为颍谷封人，闻之，有献于公。公赐之食。食舍肉。不啜羹，欲发问也。公问之。对曰："小人有母，皆尝小人之食矣；未尝君之羹，请以遗之。"公曰："尔有母遗，繄我独无！"颍考叔曰："敢问何谓也？"公语之故，且告之悔。对曰："君何患焉？若阙掘地及泉，隧而相见，隧，地道也。其谁曰不然？"公从之。公入而赋："大隧之中，其乐也融融。和乐也。"姜出而赋："大隧之外，其乐也泄泄。舒散也。"遂为母子如初。

君子曰："颍考叔，纯孝也，爱其母，施及庄公。《诗》曰：'孝子不匮，永锡尔类。'其是之谓乎！"吕氏曰："考叔以一言回庄公之心，固可嘉矣。伐许之役，反争一车而死于子都之射，惜其不能推也。左氏尝举诗以美之，自今观之，能舍肉而不能舍车，则其孝有时而匮矣；能化庄公而不能化子都，则其类有时不能锡矣。"

【眉批】掘地及隧之谈，犹为未至，何必如此？此为左氏大篇，深通茂问，可谓春容矣。始叙庄、段共生，而姜恶庄爱段，此为置于城颍之张本。继叙祭仲、吕封之谏，而庄皆不听，盖以必除为心，故必养成其恶，段之出奔，已不在于鄢之日。其曰"姜氏欲之，焉辟害"，岂人子之言也？曰"不昵不义，厚将崩"，岂人兄之言也？幸封人之讽，得以发其悔心，不然，人类天常绝矣。故左氏有"纯孝锡类"之与焉。结构照应，形容如见。

孔叔谏逃盟

会于首止，会王大子郑，谋宁周也。诸侯盟。惠王宠王子带，欲废大子郑而立之，故齐桓公帅诸侯会盟以定其位。王使周公孔召郑伯，文。曰："吾抚女以从楚，辅之以晋，可以少安。"郑伯喜于王命，而惧其不朝于齐也，故逃归不盟。孔叔止之，曰："国君不可以轻，轻则失亲；无援。失亲，患必至。病而乞盟，所丧多矣。君必悔之。"弗听，逃其师而归。及惠王崩，齐桓公复与诸侯盟于洮以定襄王位，郑伯乞盟。

孔叔请下齐

齐人伐郑。讨从楚。孔叔言于郑伯文曰："谚有之曰：'心则不竞，何惮于病？'既不能强，又不能弱，所以毙也。国危矣，请下齐以救国。"公曰："吾知其所由来矣，姑少待我。欲以申侯说。"对曰："朝不及夕，何以待君？"郑杀申侯以说于齐。以逃盟之罪归申侯。

【眉批】"既不能强，又不能弱"，此即既不能令，又不受命也。

叔詹请礼晋公子

晋公子过郑，重耳在翟，十二年而行，自宋适郑。郑文公不礼焉。叔詹谏曰："臣闻之：亲有天，天之所启。用前训，先君之教。礼兄弟，资穷困，天所福也。今晋公子有三胙焉，天将启之。同姓不婚，恶不殖也。狐氏出自唐叔。狐姬，伯行之子也，实生重耳。成而隽才，离违而得所，遭祸而去居翟。

久约而无衅,一也。同出九人,唯重耳在,离外之患,而晋国不靖,二也。晋侯日载成其怨,外内弃之;重耳日载其德,狐、赵谋之,三也。在《周颂》曰:'天作高山,大王荒之。'荒,大之也。大天所作,可谓亲有天矣。晋、郑,兄弟也,吾先君武公与晋文侯戮力一心,股肱周室,夹辅平王,平王劳而德之,而赐之盟质,曰:'世相起也。'相扶持。若亲有天,获三胙者,谓成而隽才、晋国不靖、狐赵谋之也。可谓大天。若用前训,文侯之功,武公之业,可谓前训。若礼兄弟,晋、郑之亲,王之遗命,可谓兄弟。若资穷困,亡在长幼,在外自幼至长。还轸诸侯,车所周历。可谓穷困。弃此四者,以徼天祸,无乃不可乎?君其图之。"弗听。晋文公既立之六年,与秦穆公围郑,以其无礼于晋也。

【眉批】首举四节,中言三胙,末又申明四节,以见三胙。其指祸福,颇至明悉。文公竟不听,自贻伊戚哉。

曹

僖负羁请礼晋公子

晋文公自卫过曹,出亡时。曹共公亦不礼焉。闻其骈胁,欲观其状,止其舍,谍其将浴,设微蔽也薄而观之。僖负羁言于曹伯曰:"夫晋公子在此,君之匹也,君不亦礼焉?"曹伯曰:"诸侯之亡公子其多矣,谁不过此!亡者皆无礼者也,余焉能尽礼焉!"对曰:"臣闻之:爱亲明贤,政之干也。礼宾矜穷,礼之宗也。礼以纪政,国之常也。失常不立,君所知也。国君无亲,国以为亲。以国相亲。先君叔振,出自文王;晋祖唐叔,出自武王;文武之功,实建诸姬。故二王之嗣，世不废亲。今君弃之，是不爱亲也。晋公子生十七年而亡，卿材三人狐偃、赵衰、贾佗从之，可谓贤矣，而君蔑之，是不明贤也。晋公子之亡，不可不怜也。比之宾客，不可不礼也。失此二者，是不礼宾、不怜穷也。守天之聚，将施于宜。宜而不施，聚必有阙。玉帛酒食，犹粪土也，爱粪土以毁三常，谓政之干、礼之宗、国之常。失位而阙聚，是之不难，无乃不可乎？君其图之。”公弗听。按，僖负羁之妻曰：“吾观晋公子，贤人也。其从者皆国相也，以相夫子，必得晋国。得晋国而讨无礼，曹其首诛也。”及晋文公立之四年，楚伐宋，晋侵曹以救宋，入曹，数之，以其不用僖负羁，而乘轩者三百人也。执曹伯，分其田，以赐宋人。

【眉批】晋文公以困穷，凡过列国，而国之在位多能识之，则春秋时人材岂易及者？

词甚经奇。

虞

○宫之奇谏假道

晋侯复假道于虞以伐虢。宫之奇谏曰：“虢，虞之表也；虢亡，虞必从之。晋不可启，寇不可玩。一之谓甚，其可再乎？先是，晋献公尝用荀息之谋，以璧马假道，灭下阳。谚所谓‘辅车相依，辅，颊也。车，牙车也。唇亡齿寒’者，其虞虢之谓也。”公曰：“晋，吾宗也，岂害我哉？”对曰：“大伯虞仲，大王之昭也；大伯不从，是以不嗣。虢仲虢叔，王季之穆也；为文王卿士，勋在王室，藏于盟府。将虢是灭，何爱于虞？且虞能亲于桓庄乎？其爱之也，桓庄之族何罪？而以为戮，不唯偪乎？桓叔庄伯之族，献公之从祖昆弟，献公患其偪，尽杀之。亲以宠偪,犹尚害之,况以国乎?”公曰:“吾享祀丰洁,神必据我。”对曰:“臣闻之:鬼神非人实亲,惟德是依。故《周书》曰:‘皇天无亲,惟德是辅。’又曰:‘黍稷非馨,明德惟馨。’又曰:‘民不易物,惟德繄物。’如是,则非德,民不和,神不享矣。神所冯依,将在德矣。若晋取虞,而明德以荐馨香,神其吐之乎?”弗听,许晋使。宫之奇以其族行,曰:“虞不腊矣。不及腊祭。在此行也,晋不更举矣。”晋灭虢还,遂袭虞,灭之。

【眉批】辅车唇齿之譬至矣,不听,乃谓为同宗不害,灭虢,何爱于虞?虽至愚,亦必兴警矣。不听,乃谓事神丰洁。真可大噱。腊,秦祭名也,春秋时何得称之?

随

○季梁劝修政

楚武王侵随,使薳章求成焉,军于瑕以待之。随人使少师董成。主其事。王毁军而纳少师。示弱。少师归,请追楚师。随侯将许之。季梁止之,曰:“天方授楚,楚之羸,其诱我也。君何急焉?臣闻小之能敌大也,小道大淫。所谓道,忠于民而信于神也。上思利民,忠也;祝史正辞,祝官、史官不虚美君。信也。今民馁而君逞欲,祝史矫举以祭,诈称功德,以欺鬼神。臣不知其可也。”公曰:“吾牲牷肥腯,粢盛丰备,何则不信?”对曰:“夫民,神之主也,是以圣王先成民而后致力于神。故奉牲以告曰‘博硕肥腯’,谓民力之普存也,谓其畜之硕大蕃滋也,谓其不疾瘯蠡也,谓其备腯咸有也;谓民力完,则六畜大而无疥癣,备而无阙失。奉盛以告曰‘洁粢丰盛’，谓其三时不害而民和年丰也；奉酒醴以告曰‘嘉栗旨酒’，酒之味嘉，而将之以敬谨也。谓其上下皆有嘉德而无违心也。所谓馨香，无谗慝也。故务其三时，修其五教，父义、母慈、兄友、弟恭、子孝。亲其九族，以致其禋祀，于是乎民和而神降之福，故动则有成。今民各其心，而鬼神乏主；君虽独丰，其何福之有？君姑修政而亲兄弟之国，庶免于难。”随侯惧而修政，楚不敢伐。

【眉批】文如层澜叠嶂，而又湍回阜转，以极奇观。

宋

子鱼谏围曹

宋人围曹，讨不服也。宋襄公、邾文公盟于曹南。曹共公不修地主之礼，故围之。子鱼目夷言于宋公曰：“文王闻崇崇侯虎德乱而伐之，军三旬而不降。退修教而复伐之，因垒而降。备不改前而崇自服。《诗》曰：‘刑于寡妻，至于兄弟，以御于家邦。’今君德无乃犹有所阙，而以伐人，若之何？盍姑内省德乎，无阙而后动。”

【眉批】知本。

公孙固请礼晋公子

晋公子重耳过宋。自曹适宋。公孙固言于襄公曰：“晋公子亡，长幼矣，从幼至长。而好善不厌，父事狐偃，师事赵衰，而长事贾佗[①]。狐射姑也，食邑于贾。狐偃其舅也，而惠以有

①佗，原作“它”，误，据《春秋左传·昭公十三年》改。下同。

谋。赵衰其先君之戎御，赵夙之弟也，而文以忠贞。贾佗公族也，而多识以恭敬。此三人者，实左右之。公子居则下之，动则咨焉，成幼自幼至成人而不倦，殆有礼矣。树于有礼，必有艾。报。《商颂》曰："汤降不迟，圣敬日跻。"降，有礼之谓也。君其图之。"襄公从之，赠以马二十乘。

乐豫谏去群公子

昭公将去群公子。乐豫曰："不可。公族，公室之枝叶也，若去之，则本根无所庇荫矣。葛藟犹能庇其本根，故君子以为比，诗人取以喻王族。况国君乎？此谚所谓'庇焉而纵寻斧焉'者也。八尺曰寻，所以量木也。谓木藉枝叶之庇而纵寻，以寻之斧以伐之也。必不可。君其图之！亲之以德，皆股肱也，谁敢携贰？若之何去之？"不听。穆襄之族公所欲去者率国人以攻公。陈氏曰："昭公去群公子，而乐豫以公子而争之。豫之言虽是，而昭公固已疑之矣。"

【眉批】枝叶本根，见一体也。

陈

○五父谏辞平

郑伯庄侵陈，大获。往岁，郑伯请成于陈，陈侯桓不许。五父佗谏曰："亲仁善邻，国之宝也。君其许郑！"陈侯曰："宋卫实难，郑何能为？"遂不许。君子曰："善不可失，恶不可长，其陈桓公之谓乎！长恶不悛，从自及也。虽欲救之，其将能乎？《商书》曰：'恶之易也，如火之燎于原，不可向迩，其犹可扑灭？'周任有言曰：'为国家者，见恶如农夫之务去草焉，芟夷蕴崇之，绝其本根，勿使能殖，则善者信矣。恶屈则善伸。’”

泄冶谏宣淫

灵公与孔宁、仪行父通于夏姬，郑穆公之女，陈大夫御叔之妻。皆衷其衵服，近身衣。以戏于朝。泄冶谏曰：“公卿宣淫，民无效焉，无以为法。且闻不令。以不善闻四方。君其纳之！指衵服。”公曰：“吾能改矣。”公告二子。二子请杀之，公弗禁，遂杀泄冶。公与孔宁、仪行父饮酒于夏氏。公谓行父曰：“征舒似女。”对曰：“亦似君。”征舒病之。公出，自厩射而杀之。二子奔楚。胡氏曰：“祸莫大于拒谏而杀直臣，忠莫显于身见杀而其言验。”又曰：“冶虽效忠，其犹在宋子哀、鲁叔肸之后乎，故仕于昏乱之朝。若异姓者，如子哀洁身而去可也。其贵戚耶，不食其禄，如叔肸善矣。”

【眉批】公有能改之言，而二子请杀之，二子真不容诛矣，悲夫！

齐

○管仲请救邢

狄人伐邢。管敬仲夷吾言于齐侯桓曰：“戎狄豺狼，不可厌也；不可使之足。诸夏亲昵，不可弃也。宴安酖毒，酖，鸟名，以羽渍酒，能杀人。言宴安之祸，其毒如酖。不可怀也。《诗》云：‘岂不怀归？畏此简书。’简书，同恶相恤之谓也。请救邢以从简书。”齐人救邢。

【眉批】气格自别。

○管仲谏用郑世子华

盟于宁母，谋郑故也。管仲言于齐侯桓曰：“臣闻之：招携以礼，怀远以德。德礼不易，无人不怀。”齐侯修礼于诸侯，诸侯官受方物。四方诸侯，各有职贡，时周向衰，王贡不通，故桓公量其国之大小，令各出方物，以贡天子，而诸国掌赋之官，受命于齐也。郑伯使大子华听命于会，时郑文公逃齐首止之盟而即楚，不肯亲来，姑使华听会。言于齐侯曰：“泄氏、孔氏、子人氏三族，实违君命。言郑所以违齐，三族实使之然。君若去之以为成，我以郑为内臣，盖子华欲乘间以篡国。君亦无所不利焉。”齐侯将许之。管仲曰：“君以礼与信属诸侯，而以奸终之，无乃不可乎？子父不奸之谓礼，守命共时守君命，共时事之谓信，违此二者，奸莫大焉。”公曰：“诸侯有讨于郑，未捷；今苟有衅，从之，不亦可乎？”对曰：“君若绥之以德，加之以训辞，而帅诸侯以讨郑。郑将覆亡之不暇，岂敢不惧？若总其罪人以临之，郑有辞矣，何惧？且夫合诸侯以崇德也。会而列奸，用子华。何以示后嗣？夫诸侯之会，其德刑礼义，无国不记。书。记奸之位，君盟替矣。作而不记，非盛德也。君其勿许！郑必受盟。夫子华既为大子，而求介助于大国以弱其国，亦必不免。郑有叔詹、堵叔、师叔三良为政，未可间也。”齐侯辞焉。子华由是得罪于郑。郑伯使请盟于齐。苏氏曰：“管仲相桓公，辞子华，盛德之事也，齐可以王矣。恨其不学道，不自诚意正心，以刑其国，使家有三归、国有六嬖之祸，故孔子小之。”

【眉批】霸者之略固如此，九合一匡，非偶然者。

仲子谏废太子

齐侯灵娶于鲁，曰颜懿姬，无子。其姪鬷声姬，生光，以为大子。诸子仲子、戎子，众妾皆宋女。戎子嬖。仲子生牙，属诸戎子。戎子请以为大子，欲立牙。许之。仲子牙所生母曰：谏于灵公。“不可。废常，不祥；间诸侯，难。谓废黜之事难成。光之立也，列于诸侯矣。今无故而废之，是专黜诸侯，而以难犯不祥也。君必悔之。”公曰：“在我而已。”遂东大子光。废，徙之东。使高厚傅牙，以为大子。齐侯疾，崔杼微逆光，疾病而立之。光杀戎子，尸诸朝。灵公卒，庄公光即位，执公子牙于句渎之丘。

【眉批】□从仲子，戎、牙皆保。

晏婴谏纳晋栾盈

晋栾盈出奔楚，栾盈患其母栾祁与州宾通，祁惧其讨也，诉于父范宣子，宣子逐盈。自楚适齐。晏平仲婴言于齐侯庄曰：“商任之会，受命于晋。晋平公会诸侯于商任，以锢栾氏。今纳栾氏，将安用之？小所以事大，信也。失信，不立。君其图之。”弗听。退告陈文子曰：“君人执信，臣人执共。忠信笃敬，上下同之，天之道也。君自弃也，弗能久矣。”

晏婴讽谏繁刑

景公欲更晏子婴之宅，曰：“子之宅近市，湫下隘嚣尘，不可以居，请更诸爽垲燥者。”辞曰：“君之先臣容焉，臣不足以嗣之，于臣侈矣。且小人近市，朝夕得所求，小人之利也，敢烦里旅？不敢劳众别为之。”公笑曰：“子近市，识贵贱乎？”对曰：“既利之，敢不识乎？”公曰：“何贵？何贱？”曰：

"踊贵,屦贱。"景公为是省于刑。时景公繁刑,有鬻踊者,故以此讽之。君子曰:"仁人之言,其利博哉!晏子一言,而齐侯省刑。《诗》曰:'君子如祉,乱庶遄已。'其是之谓乎!"

【眉批】晏子辞宅两对,孝不忘亲,谏不忘君。

晏婴谏诛祝史

齐侯景痁,疟。期而不瘳。诸侯之宾问疾者多在。梁丘据与裔款言于公曰:"吾事鬼神丰,于先君有加矣。今君疾病,为诸侯忧,是祝史之罪也。诸侯不知,其谓我不敬,君盍诛于祝固、史嚚以辞宾?"公说,告晏子。晏子曰:"日往日宋之盟,屈建问范会之德于赵武。赵武曰:'夫子之家事治;言于晋国,竭情无私。其祝史祭祀,陈信不愧;其家事无猜,其祝史不祈。'建以语康王。康王曰:'神人无怨,宜夫子之光辅五君文、襄、灵、成、景以为诸侯主也。'"公曰:"据与款谓寡人能事鬼神,故欲诛于祝史,子称是语,何故?"对曰:"若有德之君,外内不废,无废事。上下无怨,动无违事,其祝史荐信,以其实告鬼神。无愧心矣。是以鬼神用飨,国受其福,祝史与焉。其所以蕃祉老寿者,为信君使也,以其为诚信之君所使,故降之福。其言忠信于鬼神。其适遇淫君,外内颇邪,上下怨疾,动作辟违,取辟而违于理。从欲厌私,私情厌足。高台深池,撞钟舞女。斩刈民力,输掠其聚,以成其违,不恤后人。暴虐淫从,纵。肆行非度,无所还忌,顾忌。不思谤讟,不惮鬼神。神怒民痛,无悛于心。其祝史荐信,是言罪也;其盖失数美,掩恶而数其善。是矫诬也。进退无辞,则虚以求媚。进则矫诬,退则言罪,无所措辞,则亦虚媚而已。是以鬼神不飨其国以祸之,祝史与焉。所以夭昏孤疾者,为暴君使也，其言僭嫚于鬼神。”公曰：“然则若之何？”对曰：“不可为也。非诛祝史所能治。山林之木，衡鹿守之；泽之萑蒲，舟鲛守之；薮之薪蒸，虞候守之；海之盐蜃，祈望守之。衡鹿、舟鲛、虞候、祈望，皆官名也，专守其利，不与民共。县鄙之人，入从其政；偪介之关，暴征其私；外鄙之人入服政役，又为逼近国都之关以苛暴征税而夺其私物。承嗣大夫，强易其贿。又为世家恃强以移易其货。布常无艺，布政无法制。征敛无度；宫室日更，淫乐不违。去。内宠之妾，肆夺于市；外宠之臣，僭令于鄙。私欲养求，嬖宠臣妾，纵欲以长养求觅。不给则应。应之以罪。民人苦病，夫妇皆诅。诅君。祝有益也，诅亦有损。假使祝史能徼福，则夫妇之诅亦将有祸。聊、摄以东，二城。姑、尤以西，二水。其为人也多矣。虽其善祝，岂能胜亿兆人之诅？君若欲诛于祝史，修德而后可。”公说，使有司宽政，毁关，去禁，薄敛，已责。除逋债。

【眉批】晏子述屈建、康王之言而不明其旨，正欲公之发问以卒之也。

并论详尽。

此可垂戒于后之不求治于民而求福于神者。

晏婴谏禳彗

齐有彗星，齐侯景使禳之。晏子曰：“无益也，祇取诬焉。天道不谄，不贰其命，祸福不爽。若之何禳之？且天之有彗也，以除秽也。君无秽德，又何禳焉？若德之秽，禳之何损？《诗》曰：‘惟此文王，小心翼翼。昭事上帝，聿怀多福。厥德不回，以受方国。’君无违德，方国将至，何患于彗？《诗》曰：‘我无所监，夏后及商。用乱之故，民卒流亡。'逸诗也。若德回乱，民将流亡，祝史之为，无能补也。"公说，乃止。

【眉批】真至。

鲍国谏用鲁阳虎

阳虎奔齐，虎入阳关以叛，鲁伐阳关，虎犯师而出。请师以伐鲁，曰："三加，必取之。"齐侯景将许之。鲍文子国谏曰："臣尝为隶于施氏矣，鲁未可取也。上下犹和，众庶犹睦，能事大国，晋。而无天灾，若之何取之？阳虎欲勤齐师也，齐师罢，疲。大臣必多死亡，死于战。己于是乎奋其诈谋。夫阳虎有宠于季氏，而将杀季孙，将召季桓子享于蒲圃而杀之。以不利鲁国，而求容焉。容身于齐。亲富不亲仁，君焉用之？君富于季氏，而大于鲁国，兹阳虎所欲倾覆也。鲁免其疾，而君又收之，无乃害乎？"移其害鲁者以害齐。齐侯执阳虎。囚之。载葱灵车而逃，追得而囚之。复以葱灵逃，奔宋，遂奔晋。

【眉批】论齐鲁之势明，诛阳虎之心尽。

秦

○蹇叔谏袭郑

杞子自郑使告于秦，先是，穆公与晋文公围郑，郑使烛之武说之，穆公与郑盟而还，使杞子戍郑。曰："郑人使我掌其北门之管，若潜师以来，国可得也。"穆公访诸蹇叔。蹇叔曰："劳师以袭远，非所闻也。师劳力竭，远主备之，无乃不可乎？轻行。师之所为，郑必知之，勤而无所，劳师无得。必有悖心。且行千里，其谁不知？"公辞焉。师遂东。

及滑，郑商人弦高将市于周，遇之，以乘韦先，古者有献遗于人，皆以轻先重，故郑商将献牛于秦，而以四韦先。牛十二犒师，曰："寡君闻吾子将步师出于敝邑，郑穆公实不闻，而弦高云然，矫致也。敢犒从者。不腆敝邑，为从者之淹，谓秦师在外之久。居则共一日之积，刍米之类。行则备一夕之卫。"且使遽传车告于郑。

郑穆公使视客馆，则束载、厉兵、秣马矣。使皇武子辞焉，曰："吾子淹久于敝邑，唯是脯资饩牵竭矣，干肉曰脯，粮食曰资，腥物曰饩，牛羊曰牵。为吾子之将行也，郑之有原圃，犹秦之有具囿也，吾子取其麋鹿，自取于国。以闲敝邑，使郑得休息。若何？"杞子奔齐。孟明曰："郑有备矣，不可冀也。攻之不克，围之不继，吾其还也。"灭滑而还。

楚

鬻拳兵谏

巴人伐楚。楚子文御之，大败于津。还，鬻拳弗纳，激其志，使别立功。遂伐黄。败黄师于踖陵。还，及湫，卒。鬻拳葬诸夕室。拳亦自杀也，而葬于绖皇。初，鬻拳强谏楚子，楚子弗从，临之以兵，惧而从之。鬻拳曰："吾惧君以兵，罪莫大焉。"遂自刖也。楚人以为大阍，刖足不可复用，故使之守门。谓之大伯。使其后掌之。君子曰："鬻拳可谓爱君矣！谏以自纳于刑，刑犹不忘纳君于善。"范氏曰："左氏以鬻拳兵谏为爱君，是人主可得而胁也，伤教害义，不可得而强通者也。"

【眉批】鬻拳之事，左氏原其心，范氏据其义。要之，人臣事君，必先视义之可否而后为之，然后其心始白于天下。

甚矣！尽臣之义之难也！孔子所以以六言六蔽示人好学与。

申叔时谏县陈

楚子庄为陈夏氏乱故，陈灵公淫夏姬，征舒杀之。伐陈。谓陈人："无动！将讨于少西氏。"少西，征舒之祖，子夏之名。遂入陈，杀夏征舒，轘诸栗门。因县陈。

申叔时使于齐，反，复命而退。王使让之，曰："夏征舒为不道，弑其君，寡人以诸侯讨而戮之，诸侯、县公县大夫僭称公皆庆寡人，女独不庆寡人，何故？"对曰："犹可辞乎？"王曰："可哉！"曰："夏征舒弑其君，其罪大矣；讨而戮之，君之义也。抑人亦有言曰：'牵牛以蹊径人之田，而夺之牛。'牵牛以蹊者，信有罪矣；而夺之牛，罚已太重矣。'诸侯之从也，曰讨有罪也。今县陈，贪其富也。以讨召诸侯，而以贪归之，无乃不可乎？"王曰："善哉！吾未之闻也。反之，可乎？"对曰："可哉！吾侪小人所谓'取诸其怀而与之'也。"乃复封陈。乡取一人焉以归，谓之夏州。朱氏曰："叔时善谏君，庄王能徙义。楚之霸也，岂偶然哉？"

【眉批】牵牛之喻，甚极事情，《史记》略变其文，便弱矣。论已切至，庄公不得不从之也。

一句断尽。

公子贞谏伐晋

秦景公使士雃乞师于楚，将以伐晋，楚子共许之。子囊贞曰："不可，当今吾不能与晋争。晋君悼类能而使之，举不失选，官不易方。其卿让于善，其大夫不失守，其士竞于教，其庶人力于农穑，商工皂隶不知迁业。韩厥老矣，知罃禀焉以为政。罃代厥将中军，政皆咨禀于厥。范丐少于中行偃而上之，使佐中军。丐佐中军，偃将上军。韩起少于栾黡，而栾黡、士鲂上之，使佐上军。起佐上军，黡将下军，鲂佐之。魏绛多功，和戎。以赵武为贤，而为之佐。武将新军，绛佐之。君明臣忠，上让下竞。以力相勉。当是时也，晋不可敌，事之而后可。君其图之！”王曰：“吾既许矣，虽不及晋，必将出师。”楚子师于武城，以为秦援。

薳冯谏伐舒鸠

吴人为楚舟师之役故，先是，楚康王为水军，乘舟以伐吴。召舒鸠人。楚属国。舒鸠人叛楚。楚子康师于荒浦，使沈尹寿与师祁犁让之。舒鸠子敬逆二子，而告无之，无叛故。且请受盟。二子复命。王欲伐之。薳子冯曰：“不可。彼告不叛，且请受盟，而又伐之，伐无罪也。姑归息民，以待其卒。终。卒而不贰，吾又何求？若犹叛我，无辞，有庸。彼无辞，我有功。”乃还。舒鸠人卒叛，令尹子木屈建字伐之，遂灭舒鸠。

【眉批】叛则征之，服则舍之。

椒举谏示侈

楚子灵合诸侯于申，示诸侯侈。椒举曰：“夫六王二公之事，夏启钧台之享、商汤景亳之命、武王盟津之誓、成王岐阳之搜、康王酆宫之朝、穆王涂山之会、齐桓公召陵之师、晋文公践土之盟。皆所以示诸侯礼也，诸侯所由用命也。夏桀为仍之会，有缗叛之。商纣为黎之搜，东夷叛之；周幽为大室之盟，戎狄叛之，皆所以示诸侯汰也，诸侯所由弃命也。今君以汰，无乃不济乎！”王弗听。子产见左师向戌曰：“吾不患楚矣。汰而愎谏。”

椒举谏戮齐庆封

齐庆封奔吴。栾、高、陈、鲍之徒与卢蒲癸、王何攻庆氏，杀庆舍，故封奔鲁。齐人来让，复自鲁奔吴。吴句馀予之朱方，聚其族焉而居之，富于其旧。楚子灵以诸侯伐吴，围朱方，克之，执齐庆封而尽灭其族。将戮庆封，椒举曰：“臣闻无瑕者可以戮人。庆封唯逆命，是以在此，其肯从于戮乎？播于诸侯，焉用之？”王弗听，负之斧钺，以徇于诸侯，使言曰：“无或如齐庆封弑其君，崔杼弑庄公，庆封其党也，故云。弱其孤，以盟其大夫！”崔杼立景公，庆封为相，盟国人于大宫，曰：“所不与崔、庆者！”庆封曰：“无或如楚共王之庶子围弑其君——兄之子麇围将聘于郑，未出竟，闻王有疾而还，入问王疾，缢而弑之，使赴于诸侯，应为后之词曰：‘共王之子围为长。’——而代之，以盟诸侯！”王使速杀之。

【眉批】庆封知不免于死，故发楚之瑕，竟依椒举之见。

伍举谏筑章华台

灵王为章华之台，筑台于章华之地。与伍举升焉，曰：“台美夫！”对曰：“臣闻国君服宠以为美，服宠，以贤受宠服也。安民以为乐，听德以为聪，致远以为明。不闻其以土木之崇高、彤镂为美，而以金石匏竹之昌大、嚣庶为乐；不闻其以观大、视侈、淫色以为明，而以察清浊为聪也。先君庄王为匏居之台，匏居，台名。高不过望国氛，大不过容宴豆，木不妨守备，用不烦宫府，民不废时务，官不易朝常。问谁宴焉，则宋公、郑伯；问谁相礼，则华元、驷騑；问谁赞事，则陈侯、蔡侯、许男、顿子,其大夫侍之。各侍其君。先君是以除乱克敌,而无恶于诸侯。今君为此台也,国民罢焉,财用尽焉,年谷败焉,百官烦焉,举国留治之,数年乃成。愿得诸侯与始升焉,诸侯皆距无有至者。而后使太宰启强请于鲁侯,惧之以蜀之役,启强致辞,援前鲁成公赂楚请盟事。而仅得以来。使富都那竖赞焉,富,盛容也。都,闲也。那,美也。竖,未冠者也。而使长鬣之士相焉,臣不知其美也。夫美也者,上下、内外、小大、远迩皆无害焉,故曰美。若于目观则美,不尚德。缩取于财用则匮,是聚民利以自封厚而瘠民也,胡美之为?夫君国者,将民之与处;民实瘠矣,君安得肥?且夫私欲弘侈,则德义鲜少;德义不行,则迩者骚离而远者距违。天子之贵也,唯其以公侯为官正,而以伯子男为师旅。其有美名也,唯其施令德于远近,而小大安之也。若敛民利以成其私欲,使民蒿焉耗也忘其安乐,而有远心,离叛。其为恶也甚矣,安用目观?故先王之为台榭也,积土曰台,无室曰榭。榭不过讲军实,台不过望氛祥。凶气为氛,吉气为祥。故榭度于大卒之居,大卒,王士卒也。度,谓足以临见之而已。台度于临观之高。足以临下观上而已。其所不夺穑地,其为不匮财用,其事不烦官业,其日不废时务。瘠硗之地,于是乎为之;取不害谷。城守之木,于是乎用之;取其馀。官僚之暇,于是乎临之;不废事。四时之隙,于是乎成之。不妨农。故《周诗》曰:'经始灵台,经之营之。庶民攻之,不日成之。经始勿亟,庶民子来。'夫为台榭,将以教民利也,望氛祥而备灾害,讲军实而御寇乱,皆所以利民也。不知其以匮之也。若君谓此台美而为之正,楚其殆矣!以为得事之正。"

【眉批】此因灵王之称一美,遂以美字极言之。绝好文字，反正论疏，意自互发。

韩《诤臣论》内数“问”字本此。周秦之文，在后世为丹头也。

薳启强谏辱晋使

晋韩宣子起如楚送女，叔向为介。楚子灵朝其大夫，曰：“晋，吾仇敌也。苟得志焉，无恤其他。今其来者，上卿上大夫也。若吾以韩起为阍，刖其足，使守门。而以羊舌肸为司宫，去势为奄。足以辱晋，吾亦得志矣。可乎？”大夫莫对。薳启强曰：“可。苟有其备，何故不可？耻匹夫不可以无备，况耻国乎？是以圣王务行礼，不求耻人。朝聘有珪，执以为信。享眺有璋，执以行礼。小有述职，大有巡功。设机而不倚，爵盈而不饮；务行礼。宴有好货，以货为好。飧有陪鼎，加鼎以厚殷勤。入有郊劳，出有赠贿，礼之至也。国家之败，失之此道也，则祸乱兴。城濮之役，晋无楚备，以败于邲。晋恃胜而不备楚。邲之役，楚无晋备，以败于鄢。楚恃胜而不备晋。自鄢以来，晋不失备，而加之以礼，重之以睦，是以楚弗能报，而求亲焉。既获姻亲，又欲耻之，以召寇仇，备之若何，何以为备。谁其重此？结怨无重于此。若有其人，耻之可也。若其未有，君亦图之。晋之事君，臣曰可矣：求诸侯而麇群至；求昏而荐女，君亲送之，平公送女于邢上。上卿及上大夫致之。犹欲耻之，君其亦有备矣。不然，奈何？韩起之下，赵成、中行吴、魏舒、范鞅、知盈；羊舌肸之下，祁午、张趯、籍谈、女齐、梁丙、张骼、辅跞、苗贲皇，皆诸侯之选也。非凡人。韩襄为公族大夫，韩须受命而使矣；须虽幼，已任使事。箕襄、邢带、叔禽、叔椒、子羽，皆大家也。韩赋七邑，韩襄至子羽凡七人，人一邑。皆成县也。赋百乘。羊舌四族，铜鞮伯华、叔向、叔鱼、叔虎。皆强家也。晋人若丧韩起、杨肸，肸食采于杨，故云。五卿、赵成以下。八大夫祁午以下辅韩须、杨石，石，叔向子食我也。因其十家九县，韩氏七，羊舌氏四，而言十家，举大数也。韩氏七县，杨氏二县，故云九县。长毂九百，戎车九百乘。其馀四十县，遗守四千，计能守国者，尚有四千乘。奋其武怒，以报其大耻。伯华羊舌赤谋之，中行伯、吴。魏舒帅之，其蔑不济矣。君将以亲易怨，实无礼以速寇，而未有其备，使群臣往遗之禽，为晋之降。以逞君心，何不可之有？”王曰：“不谷谦称之过也，大夫无辱。”厚为韩子礼。王欲敖难叔向以其所不知，而不能，亦厚其礼。

【眉批】以有备为一篇议论，中间论彼我之势，述古今之情，明珠走盘，圆融不滞。

整析。

“以亲易怨”三句关锁。

申无宇谏外重

楚子灵城陈、蔡、不羹。陈、蔡，楚所灭。不羹，楚要地。使弃疾为蔡公。王问于申无宇曰：“弃疾在蔡何如？”对曰：“择子莫如父，择臣莫如君。”郑庄公城栎而置子元焉，使昭公不立。昭公，子元也，为厉公所夺。齐桓公城谷而置管仲焉，至于今赖之。臣闻五大不在边，五细不在庭。古人以五行建官，鸟官亦有五，盖立官之本也。以五官之长在边，恐据邑以叛；以五官之属在庭，恐威令不行。亲不在外，羁不在内。今弃疾在外，郑丹在内，君其少戒！”王曰：“国有大城，何如？”对曰：“郑京、栎实杀曼伯，檀伯也。子元居栎，檀伯为邑大夫以佐之。厉公得栎，又并京，因杀曼伯。宋萧、亳实杀子游，宋万弑闵公，立子游。群公子奔萧，公子御说奔亳。萧叔大心与群公子伐子游而杀之。齐渠丘实杀无知，渠丘，雍廪邑也。无知谋弑襄公，雍廪杀无知。卫蒲、戚实出献公。蒲，宁殖邑也。戚，孙林父邑也。献公为二人所逐。按《外传》："无宇曰：'叔段以京患庄①公，郑几不封。栎人实使郑子不得其位。卫蒲、戚实出献公，宋萧、蒙实杀昭公，鲁弁、费实弱襄公，齐渠丘实杀无知，晋曲沃实纳齐师，秦徵、衙实难桓、景。'问意亦异此。"若由是观之，则害于国。末大必折，以木喻。尾大不掉，以兽喻。君所知也。"

【眉批】历引以见，当戒弃疾、郑丹。

○郑丹以诗谏

楚子灵狩于州来，次于乾，楚围徐。故次以为之援。右尹子革夕，子革，郑丹也。暮见曰夕。王与之语曰："昔我先王熊绎楚始封君与吕伋、齐太公之子丁公。王孙牟、卫康叔子康伯。燮父、晋康叔之子。禽父鲁周公子伯禽并事康王，四国皆有分，宝器。我独无有。今吾使人于周，求鼎以为分，王其与我乎？"对曰："与君王哉！昔我先王熊绎辟在荆山，筚路以柴为车蓝缕弊衣以处草莽，跋涉山林以事天子，唯是桃弧、棘矢以共御王事。齐，王舅也；晋及鲁、卫，王母弟也。楚是以无分，而彼皆有。今周与四国服事君王，将唯命是从，岂其爱鼎？"王曰："昔我皇祖伯父昆吾，陆终生子六人，长曰昆吾，次曰季连。季连为楚远祖，故以昆吾为伯父。旧许是宅。昆吾居许。今郑人贪赖其田，而不我与。我若求之，其与我乎？"对曰："与君王哉！周不爱鼎，郑敢爱田？"王曰："昔诸侯远我而畏晋，事晋而不

①庄，原作"严"，弘仁堂本及任养心校本作"严"，误。据《春秋左传·隐公元年》"郑伯克段于鄢"传文改。

事楚。今我大城陈、蔡、不羹，赋皆千乘，子与有劳焉，诸侯其畏我乎！”对曰：“畏君王哉！是四国者，陈、蔡、二不羹。专足畏也。又加之以楚，敢不畏君王哉！”工尹路请曰：“君王命剥圭以为鏚柲，破圭玉以饰斧钺。敢请王命。王与州言时，适有此请。”王入视之。析父谓子革：“吾子，楚国之望也。今与王言如响，国其若之何？”子革曰：“摩厉以须，王出，吾刃将斩矣。以己喻锋刃，欲除君慝。”王出，复语。左史倚相趋过，王曰：“是良史也，子善视之！是能读《三坟》、伏羲、神农、黄帝之书。《五典》、少昊、颛顼、高辛、唐、虞之书。《八索》、八卦。《九丘》。九州之志。”对曰：“臣尝问焉，昔穆王欲肆其心，周行天下，将皆必有车辙马迹焉。祭公谋父作《祈招》之诗，祈父，司马之官；招，其名。祭公谏游行，故借此以作诗。以止王心，王是以获没于祇宫。考终。臣问其诗而不知也。若问远焉，其焉能知之？”王曰：“子能乎？”对曰：“能。其诗曰：‘祈招之愔愔，安和貌。式昭德音。思我王度，式如玉，式如金。形民之力，而无醉饱之心。’此逸诗。”王揖而入，馈不食，寝不寐，数日，不能自克，以及于难。为弃疾所逼，缢于乾溪。

仲尼曰：“古也有志：‘克己复礼，仁也。’信善哉！楚灵王若能如是，岂其辱于乾溪？”

【眉批】楚子三问，而子革三答。首述熊绎之事天子，见灵王不能尽臣职以陵上也。次言“周不爱鼎，郑敢爱田”，见灵王上能陵于天子，则下亦能虐于邻国也。末言“四国足畏，而加之楚”，见可畏之势不专在于楚也。词严义正，本自了了，楚灵不悟，固矣。而析父亦若未喻其意者，故又因王之出之问，而借《祈招》以讽之，王虽不能自克，亦已晚矣。楚子及难，子革《祈招》之讽，于是有验；而申无宇之谏，信亦不诬已哉！

子张骤谏

灵王虐，白公子张骤谏。王患之，谓史老子亹曰："吾欲已子张之谏，若何？"对曰："用之实难，已之易矣。若谏，君则曰：'余左执鬼中，右执殇宫，中，身也。夭死曰殇；殇宫，殇之居也。执，谓把其录籍，制服其身，知其居处。凡百箴谏，吾尽闻之矣，宁闻他言？'"白公又谏，王如史老之言。对曰："昔殷武丁能耸敬其德，至于神明，梦傅说。以入于河，迁河内。自河徂亳，于是乎三年，默以思道。卿士患之，曰：'王言以出令也，若不言，是无所禀令也。'武丁于是作书，曰：'以余正四方，余恐德之不类，善。兹故不言。'如是而又使以象梦求四方之贤圣，得傅说以来，升以为公，而使朝夕规谏，曰：'若金，用女作砺。若津水，用女作舟。若大旱，用女作霖雨。启乃心，沃朕心。若药不瞑眩，厥疾不瘳。若跣不视地，厥足用伤。'若武丁之神明也，其圣之睿广也，其知之不疚也，犹自谓未乂，治。故三年默以思道。既得道，犹不敢专制，使以象旁求圣人。既得以为辅，又恐其荒失遗忘，故使朝夕规诲箴谏，曰：'必交修余，无余弃也。'今君或者未及武丁，而恶规谏者，不亦难乎！齐桓、晋文，皆非嗣也，皆庶子。还轸诸侯，不敢淫逸，心类善德音，以得有国。近臣谏，远臣谤，舆人诵，以自诰也。是以其入也，四封不备一同，不满百里。而至于有畿田，方千里。以属诸侯，至于今为令君。桓、文皆然，君不度忧于二令君，而欲自逸也，无乃不可乎？《周诗》有之曰：'弗躬弗亲，庶民弗信。'臣惧民之不信君也，故不敢不言。不然，何急其以言取罪也？"王病之，曰："子复语。不谷虽不能用，吾慭愿置之于耳。"对曰："赖君之用也，故言。不然，巴浦之犀、牦、兕、象，其可尽乎，其又以规为瑱也？瑱，所以塞耳。言四兽之牙角可以为瑱也。"遂趋而退，归，杜门不出。七月，乃有乾溪之乱，灵王死之。

【眉批】发明曲尽。

□章。

公子申谏害吴

吴子使徐人执掩馀，使钟吾人执烛庸，阖庐弑吴王僚，公子掩馀奔徐，公子烛庸奔钟吾，今使执之。二公子奔楚。楚子昭大封，而定其徙。将以害吴也。子西申谏曰："吴光新得国，而亲其民，视民如子，辛苦同之，将用之也。若好吴边疆，使柔服焉，犹惧其至。吾又疆其仇，封二公子。以重怒之，无乃不可乎？吴，周之胄裔也，而弃在海滨，不与姬通，今而始大，比于诸华。光又甚文，将自同于先王。太王、王季亦自西戎始比诸华。不知天将以为虐乎？使翦丧吴国而封大异姓乎？其抑亦将卒以祚吴乎？其终不远矣。可占知其不久。我盍姑亿吾鬼神，使安享其祭。而宁吾族姓，以待其归，善恶之归。将焉用自播扬焉？"王弗听。吴子怒，执钟吾子，遂灭徐。

【眉批】组织文采。

吴

○伍员谏平越

吴王夫差败越于夫椒，报檇李也。先是，越败吴于檇李，阖庐伤而死。遂入越。越子句践以甲楯五千保于会稽，使大夫种因吴大宰嚭以行成。吴子将许之。伍员曰："不可。臣闻之：'树德莫如滋，去疾莫如尽。'昔有过浇杀斟灌以伐斟鄩，浇，寒浞子，封于过。二斟，夏同姓诸侯。灭夏后相，相失国，依于二斟，复灭于浇。后缗相妻方娠，逃出自窦，归于有仍，生少康焉。为仍牧正，惎毒浇能戒之。有备。浇使椒求之，逃奔有虞，为之庖正，以除其害。赖以得免于害。虞思于是妻之以二姚，邑诸纶，有田一成，方十里。有众一旅。五百人。能布其德，而兆始其谋，以收夏众，抚其官职；使女艾谍浇，候其隙。使季杼诱豷。季杼，少康子。豷，浇之弟也，封于戈。遂灭过、戈，复禹之绩，祀夏配天，不失旧物。今吴不如过，而越大于少康，或将丰之，与越成，使其丰大。不亦难乎！句践能亲而务施，施不失人，亲不弃劳。与我同壤，而世为仇雠。于是乎克而弗取，将又存之，违天而长寇仇，后虽悔之，不可食已。消而止其患。姬之衰也，日可俟也。介在蛮夷，而长寇仇，以是求伯，必不行矣。"弗听。退而告人曰："越十年生聚，而十年教训，二十年之外，吴其为沼乎！"《传》。

吴王告诸大夫曰："孤将有大志于齐，将许越成，而无拂吾虑。若越既改，吾又何求？若其不改，反行，吾振旅焉。伐齐反，振旅而讨之。"申胥谏曰："不可许也。夫越非实忠心好吴也，又非慑畏吾甲兵之强也。大夫种勇而善谋，将还玩吴国于股掌之上，以得其志。夫固知君王之盖尚威以好胜也，故婉约其辞，以从逸王志，使淫乐于诸夏之国，以自伤也。使吾甲兵钝弊，民人离落，而日以憔悴，然后安受吾烬。夫越王好信以爱民，四方归之，年谷时熟，日长炎炎。及吾犹可以战也，为虺弗摧，为蛇将若何？虺小蛇大。"吴王曰："大夫奚隆于越，曾足以为大虞乎？若无越，则吾何以春秋曜吾军士?”乃许之成。《语》。

【眉批】读左氏,每读一篇,先要看他印证精神处。

伍员谏遗越患

吴将伐齐,越子率其众以朝焉,王及列士皆有馈赂。吴人皆喜,唯子胥惧,曰:“是豢吴也夫!”豢,养也,若养牺牲然。谏曰:“越在我,心腹之疾也,壤地同,而有欲于我。欲得吴。夫其柔服,求济其欲也,不如早从事焉。得志于齐,犹获石田也,无所用之。不可耕。越不为沼,吴其泯矣。反受其害。使医除疾,而曰‘必遗类焉’者,未之有也。《盘庚》之诰曰:‘其有颠越不共,则劓殄无遗育,无俾易种于兹邑。’是商所以兴也。今君易之,反商之道,留越以存病根。将以求大,不亦难乎?”弗听。使于齐,属其子于鲍氏,为王孙氏。

伍员谏伐齐

吴王大戒师徒,将以伐齐。申胥进谏曰:“昔天以越赐吴,而王弗受。夫天命有反,谓盛者更衰,祸者有福。今越王句践恐惧而改其谋,舍其愆令,无过举。轻其征赋,施民所善,去民所恶,身自约也,裕其众庶,其民殷众,以多甲兵。譬越之在吴也,犹人之有腹心之疾也。夫越王之不忘败吴,于其心也戚然,服士以伺吾间。今王非越是图,而齐鲁以为忧。夫齐鲁譬诸疾,疥癣也,岂能涉江淮而与我争此地哉?将必越实有吴土。王盍亦鉴于人,无鉴于水。鉴人见成败,鉴水见形而已。昔楚灵王不君,其臣箴谏以不入。乃筑台于章华之上,阙为石郭,陂汉,以象帝舜。舜葬九疑,其山体水旋其丘下,故壅汉水使旋石郭,以象之。罢弊楚国,以间陈蔡。伺陈蔡之隙而灭之。不修方城之内，逾诸夏而图东国，徐夷、吴、越也。三岁于沮汾以服吴越。其民不忍饥劳之殃，三军叛王于乾溪。王亲独行，屏营傍徨于山林之中，三日乃见其涓人畴。王呼之曰：'余不食三日矣。'畴趋而进，王枕其股以寝于地。王寐，畴枕王以墣而去之。王觉而无见也，乃匍匐将入于棘闱，不纳，乃入芋尹申亥氏焉。王缢，申亥负王以归，而土埋之其室。以二女殉葬。此志也，岂遽忘于诸侯之耳乎？今王既变鲧禹之功，而高高下下，起台榭，深污池。以罢民于姑苏。天夺吾食，都鄙荐饥。今王将很天而伐齐。夫吴民离矣，体有所倾，譬如群兽然，一个负矢，将百群皆奔，喻吴民就战，或小有伤，亦如兽之群奔。王其无方收也。方，道也。收，还也。言无归路。越人必来袭我，王虽悔之，其犹有及乎？"王弗听。遂伐齐。齐人与战于艾陵，齐师败绩。

【眉批】子胥、申胥可谓极谏矣，指示心髓，竟不能入！述楚灵之祸，见王劳民与楚同也。

越

范蠡谏伐吴

越王句践欲伐吴。范蠡进谏曰："夫国家之事，有持盈，有定倾，有节事。"王曰："为三者，奈何？"范蠡对曰："持盈者与天，法天道。定倾者与人，顺人心。节事者与地。因地利。王不问，蠡不敢言。天道盈而不溢，盛而不骄，劳而不矜其功。夫圣人随时以行，是谓守时。天时不作，灾变之应。弗为人客；伐者为客。人事不起，畔逆之萌。弗为之始。先动。今君王未盈而溢，未盛而骄，不劳而矜其功，天时不作而先为人客，吴未有灾而欲伐之。人事不起而创为之始，此逆于天而不和于人。王若行之，将妨于国家，靡损王躬身。”王弗听。

【眉批】三句为大总领，后三段实此。

应前，有节奏。

范蠡进谏曰：“夫勇者，逆德也；兵者，凶器也；争者，事之末也。言贤者先修德而后用武。阴谋逆德，好用凶器，始与人者，人之所卒也；始害人，终亦害于人。淫泆之事，上帝之禁也，先行此者，不利。”王曰：“无是贰言也，谓阴谋、淫泆。吾已断之矣！”果兴师而伐吴，战于五湖，不胜，栖于会稽。王召范蠡而问焉，曰：“吾不用子之言，以至于此，为之奈何？”范蠡对曰：“君王其忘之乎？持盈者与天，定倾者与人，节事者与地。”王曰：“与人奈何？”在倾危，故先问与人。范蠡对曰：“卑辞尊礼，以此求平。玩好珍宝女乐，谓士女女于士，大夫女女于大夫。尊之以名。称为王。如此不已，又身与之市。谓委管籥属国家，以身随之。”王曰：“诺。”乃令大夫种行成于吴，曰：“请士女女于士，大夫女女于大夫，随之以国家之重器。”吴人不许。大夫种来而复往，曰：“请委管籥取键器属国家，以身随之，君王制之。”吴人许诺。王曰：“蠡为我守于国。”范蠡对曰：“四封之内，百姓之事，蠡不如种也。四封之外，敌国之制，立断之事，种亦不如蠡也。”王曰：“诺。”令大夫种守于国，与范蠡入宦于吴。三年，而吴人遣之归。

【眉批】应前，有节奏。

反至于国，王问于范蠡曰：“节事奈何？”欲更修政。范蠡对曰：“节事者与地。唯地能包万物以为一，其事不失。不失时。生万物，容畜禽兽，然后受其名生物之功而兼其利。

万物终归于地。美恶皆成，以养生。美恶各育所宜。时不至，不可强生；事不究，穷。不可强成。穷则变生，可因而成也。自若以处，居之自如，无妄动。以度天下，待其来者而正之，因时之所宜而定之。同男女之功，农穑、丝枲。除民之害，以避天殃。田野辟，府仓实，民众殷。无旷其众，以为乱梯。时将有反，事将有间，天时还，则胙在越而吴有隙。必有以知天地之恒制，乃可以有天下之成利。事无间，时无反，则抚民保教以须之。"王与蠡谋之十年而复伐之。

【眉批】应前，有节奏。

范蠡谏战吴

兴师伐吴，至于五湖。吴人闻之，出挑战，一日五反。王弗忍，欲许之。范蠡进谏曰："谋之廊庙，失之中原，其可乎？王姑勿许。臣闻之，得时无怠，时不再来，天予不取，反为之灾。赢缩转化，后将悔之。天节固然，唯谋不迁。"王曰："诺。"弗许。

范蠡曰："臣闻古之善用兵者，赢缩以为常，有进退。四时以为纪，有变易。无过天极，天道所至。究数而止。天道皇皇，日月以为常，县象著明。明者以为法，微者则是行。明谓日月盛满时也，微谓亏损薄蚀也，法其明以进取，行其微以隐遁。阳至而阴，阴至而阳；至，极也。日困穷而还，月盈而匡。亏。古之善用兵者，因天地之常，与之俱行。随其转运、亏盈、晦明之常。后则用阴，后动则沉重固密。先则用阳；先动则轻疾猛厉。近则用柔，敌近则示以弱。远则用刚。抗威厉，辞以御。后无阴蔽，太舒静。先无阳察，太显露。用人无艺，往从其所。艺，射的也。无艺，无常所也。因敌为制，不豫设也。刚强以御，阳节不尽，不死其野。敌以刚强来御己，其阳节未尽，尚未可克。彼来从我，固守勿与。不轻战。若将与之，必因天地之灾，又观其民之饥饱劳逸以参之。尽其阳节、盈吾阴节而夺之。势常在我。宜为人客，刚强而力疾；阳节不尽，轻而不可取。先动者。宜为人主，安徐而重固；阴节不尽，柔而不可迫。后动者。凡陈之道，设右以为牝，益左以为牡，陈有牝牡，使相受也。在阴为牝，在阳为牡。蚤晏无失，必顺天道，周旋无究。穷。今其来也，刚强而力疾，言吴阳势未尽，未可击。王姑待之。"王曰："诺。"弗与战。居军三年，吴师自溃。

【眉批】此文古雅如商彝周鼎，变幻如风飘雨骤，岂曰极兵之情，亦极文之体矣。历叙兵家，而以"刚强力疾"一句印证，譬众乐腾沸，忽然击敔，万有收声。

范蠡谏平吴

吴王帅其贤良，亲士。与其重禄，大臣。以上姑苏。使王孙雄行成于越，曰："昔者上天降祸于吴，得罪于会稽。今君王其图不谷，不谷请复会稽之和。"王弗忍，欲许之。范蠡进谏曰："臣闻之，圣人之功，时为之庸。因天时以为用。得时弗成，天有还形。天节不远，五年复反，五岁再闰。小凶则近，大凶则远。小谓危败，大谓死灭。近，五年。远，十年或二十年。先人有言曰：'伐柯者其则不远。'今君王不断，其忘会稽之事乎？"王曰："诺。"不许。使者往而复来，辞俞卑，礼俞尊，王又欲许之。范蠡谏曰："孰使我蚤朝而晏罢者，非吴乎？与我争三江五湖之利者，非吴乎？夫十年谋之，一朝而弃之，其可乎？王姑勿许，其事将易冀已。言易望也。"遂灭吴。

左粹类纂　卷之三

吴郡施仁　编集

如皋孙应鳌　批点

诫　谕

“美疢不如恶石”，臧孙有见之言也。上下雷同，首鼠顺意，谀佞成风矣。解张勉郤克，而立战功；子产告宣子，而轻客币。武子之不迁戮，知韩范之谏行也。文子之读旧书，祈午之言入也。岂春秋近古而风犹淳哉？不然，何士会之父子，宗伯之夫妇，棠君、郧公之兄弟，各尽言以相淬砺也？

周

密康公母戒女祸

恭王游于泾上，密康公从。有三女奔之。其母曰：“必致之于王。夫兽三为群，人三为众，女三为粲。王田不取群，《易》曰：“王用三驱。”公行下众，礼：遇众则式。王御不参一族。御，妇官也，取侄娣以备三。夫粲，美之物也。众以美物归女，而何德以堪之？王犹不堪，况尔小丑？小丑备物，终必亡。”康公弗献。一年，王灭密。

○辛伯谂周公乱本

周公黑肩欲弑庄王而立王子克。庄王弟，桓王少子。辛伯告王，遂与王杀周公黑肩。王子克奔燕。初，子仪克有宠于桓王，王属诸周公。使傅之。辛伯谏曰："并后、嬖妾。匹嫡、宠孽。两政、权臣。耦国，大都。乱之本也。欲使抑仪以救乱。"周公弗从，故及。吕氏曰："辛伯之谏，才数字耳。汉高帝犯之，而有人彘之祸。唐高祖犯之，而有武氏之篡。晋献公犯之，而有里克之衅。隋文帝犯之，而有张衡之逐。齐简公犯之，而有田阚之乱。齐王芳犯之，而有曹马之争。晋元帝犯之，而有武昌之叛。唐明皇犯之，而有范阳之变。亦天下之甚可畏者。"

【眉批】一字一鉴。

叔服止刘康公徼戎

周甘歜败戎于邥垂。匡王时事。晋侯景使瑕嘉平戎于王。定。刘康公王季子徼戎，邀其归路。将遂伐之。叔服曰："背盟而欺大国，此必败。背盟，不祥；欺大国，不义；神、人弗助，将何以战？"不听。遂伐茅戎，败绩于徐吾氏。

鲁

宗有司止逆祀

夏父弗忌为宗，宗伯掌国祭祀。烝，将跻僖公。升僖于闵之上。宗有司曰："非昭穆也。"曰："我为宗伯，明者为昭，其次为穆，何常之有？"言僖有明德，当为昭；闵次之，当为穆也。有司曰："夫宗庙之有昭穆也，以次世之长幼，而等胄之亲疏也。夫祀，昭孝也，各致齐敬于其皇祖，昭孝之至也。故工史书世，工，瞽师也。史，太史也。世，世次先后也。工诵其德，史书其言。宗祝书昭穆，宗伯掌其礼，太祝掌其位。犹恐其逾也。今将先明而后祖，以僖为明而升之，是先祢后祖。自玄王契以及主癸，莫若汤；自稷弃以及王季，莫若文武；商周之烝也，未尝跻汤与文武为逾也。鲁未若商周而改其常，无乃不可乎！"弗听，遂跻之。《语》。且明见曰："'吾见新鬼大，谓僖为兄。故鬼小。谓闵为弟。先大后小，顺也。跻圣贤，明也。明顺，礼也。"《传》。

君子以为失礼。礼无不顺。祀，国之大事也，而逆之，可谓礼乎？子虽齐圣，齐肃圣明。不先父食久矣。故禹不先鲧，汤不先契，文武不先不窋。宋祖帝乙，郑祖厉王，犹上祖也。不以为不肖而且祖之。是以《鲁颂》曰："春秋匪懈，飨祀不忒，皇皇后帝，皇祖后稷。"君子曰礼，谓其后稷亲而先帝也。《诗》曰："问我诸姑，遂及伯姊。"君子曰礼，谓其姊亲而先姑也。《谷梁》曰："君子不以亲亲害尊尊。"

【眉批】见昭孝。

见昭孝。

如此两队为结，真觉潇洒。

惠伯劝襄仲哭兄

齐人归公孙敖之丧。敖初为襄仲聘于莒，见其美而自娶之。仲欲攻之，惠伯平之。仲舍之，敖反之矣。及吊襄王丧，复以币从之。既而求复，其子谷为请复。三年而尽室适莒，又求复。其子难为请，文公许之。将来，卒于齐难。又毁以为请，故齐人以其丧归鲁。襄仲欲勿哭。怨敖夺其妻。惠伯叔彭生曰："丧，亲之终也。虽不能始，善终可也。史佚有言曰：'兄弟致美救乏，贺善吊灾，祭敬丧哀，情虽不同，睦。毋绝其爱怨不废礼亲之道也。'子无失道，何怨于人？"

襄仲说。帅兄弟以哭之。吕氏曰："襄仲之于穆伯，兄弟也，合以天也。不然，岂惠伯立谈之顷所能回耶？"

【眉批】惠伯于此，始而能止襄仲之攻，今又能劝襄仲之哭。言足以动其真心。

季文子以德荣

季文子行父相宣、成，无衣帛之妾，无食粟之马。仲孙它谏曰："子为鲁上卿，相二君矣，妾不衣帛，马不食粟，人其以子为爱，吝。且不华国乎！"文子曰："吾亦愿之。愿华侈。然吾观国人，其父兄之食粗而衣恶者犹多矣，吾是以不敢。人之父兄食粗衣恶，而我美妾与马，无乃非相人者乎！且吾闻以德荣为国华，不闻以妾与马。"文子以告孟献子。它之父仲孙蔑也。献子囚之七日。自是子服它之妾，衣不过七升之布；马饩不过稂莠。文子闻之，曰："过而能改者，民之上也。"使为上大夫。

【眉批】文子以美妾与马为非相人，而推及父兄之衣食粗恶为不敢，德荣也，孰尚焉！

穆叔不欲作三军

季武子宿为三军。鲁旧有三军，其后削弱，二军而已。武子欲专公室，故益中军以为三，三家各征其一。叔孙穆子豹曰："不可。天子作师，六军。公帅之，以征不德。元侯作师，大国三军。卿帅之，以承天子。从王师。诸侯有卿无军，次国有命卿，无三军。帅教卫以赞元侯。若元侯有事，则命卿帅其所教武士以佐之。自伯、子、男，有大夫无卿，无命卿。帅赋以从诸侯。是以上能征下，下无奸慝。今我小侯也，处大国之间，缮贡赋以共从者，犹惧有讨。若为元侯之所所为以怒大国，无乃不可乎？”弗从，遂作中军。

【眉批】穆子之言，可以明分。

○臧武仲戒季武子勒功

季武子以所得于齐之兵作林钟，而铭鲁功焉。齐灵公叛晋，数伐鲁。鲁从晋伐齐，以所得兵器铸钟，刻铭于其上。林钟，六月律。臧武仲纥谓季孙曰：“非礼也。夫铭，天子令德，以德不以功。诸侯言时计功，大夫称伐。自铭其劳。今称伐，则下等也；从大夫。计功，则借人也；借晋力。言时，则妨民多矣，何以为铭？且夫大伐小，取其所得以作彝器，铭其功烈以示子孙，昭明德而惩无礼也。今将借人之力以救其死，若之何铭之？小国幸于大国，而昭所获焉以怒之，亡之道也。”

【眉批】鄙其不足铭也。

甚鄙也。

○臧武仲斥季武子赏盗

邾庶其大夫以漆、闾丘二邑来奔，季武子以公姑姊妻之，公之姑及姊。皆有赐于其从者。于是鲁多盗。季孙谓臧武仲曰：“子盍诘盗？”武仲曰：“不可诘也。纥又不能。”季孙曰：“我有四封，而诘其盗，何故不可？子为司寇，将盗是务去，若之何不能？”武仲曰：“子召外盗而大礼焉，何以止吾盗？子为正卿，而来外盗；使纥去之，将何以能？庶其窃邑于邾以来，子以姬氏妻之，而与之邑。其从者皆有赐焉。若大盗礼焉以君之姑姊，与其大邑，其次皂牧舆马，其小者衣裳剑带，是赏盗也。赏而去之，赏大盗，去小盗。其或难焉。

纥也闻之:在上位者洒濯其心,壹以待人;轨度其信,所行不爽其所言。可明征也,验于人。而后可以治人。夫上之所为,民之归也。上所不为,而民或为之,是以加罚焉,而莫敢不惩。若上之所为,而民亦为之,乃其所也,又可禁乎?《夏书》曰:'念兹在兹,释兹在兹,名言兹在兹,允出兹在兹,惟帝念功。'《书》言禹任皋、陶,《传》言治人由己,引用殊不合。将谓由己壹也。信由己壹,而后功可念也。"臧孙氏书意如此,以讥季孙无信而责人。家氏曰:"宿之纳邾盗也,臧纥所与言者何如?乃以媚道自结于季孙,废长立幼,亦何异于盗?"

【眉批】姑姊不同分位,岂可同室而处,并事其夫?臧武仲徒知赏盗不足以止盗,而不知灭礼不足以为国矣。《诗》曰:"问我诸姑,遂及[①]伯姊。"姑先于妹,示礼也。

闵子马劝公钼孝敬

季氏以公钼为马正,季孙宿无嫡子,公弥长,而爱少子纥,欲立之。访于申豊,豊不可。访于臧纥,纥为立之。公钼即公弥,竟不得嗣。马正,家司马。愠而不出。闵子马见之,曰:"子无然。祸福无门,唯人所召。为人子者,患不孝,不患无所。位。敬共父命,何常之有?废置无常位。若能孝敬,富倍季氏可也。奸回不轨,祸倍下民可也。"公钼然之,敬共朝夕,恪居官次。季孙喜,使饮己酒,而以具往,飨燕之具。尽舍旃。故公钼氏富。

【眉批】闵子马论甚是,然缘此谋富,则不是。

①及,原作"其",误,据任养心本改。

臧孙哭孟孙

孟孙速恶臧孙，纥。季孙爱之。悼子之立，臧纥为之，故爱其成己志。孟孙卒。臧孙入哭，甚哀，多涕。出，其御曰："孟孙之恶子也，而哀如是。季孙若死，其若之何？"臧孙曰："季孙之爱我，疾疢也；终能为害。孟孙之恶我，药石也。可以治病。美疢不如恶石。夫石犹生我，疢之美，其毒滋多。孟孙死，吾亡无日矣。"寻为季孙宿、孟孙羯所逐。

【眉批】其言曲尽，然何以不能自解，免于疾疢也？

叔仲谕诸臣吊楚丧

襄公如楚，及汉，闻康王卒，欲还。叔仲昭伯带曰："君之来也，非为一人也，指康王。为其名与其众也。盟主之名，兵甲之众。今王死，其名未改，其众未败，何为还？"诸大夫皆欲还。子服惠伯椒曰："不知所为，姑从君乎！"叔仲曰："子之来也，非欲安身也，为国家之利也，故不惮勤远而听于楚；非义楚也，畏其名与众也。夫义人者，固庆其喜而吊其忧，况畏而服焉？闻畏而往，闻丧而还，苟芈姓实嗣，其谁代之任丧？言无有代主其丧者。王太子又长矣，执政未改，予为先君来，死而去之，其谁曰不如先君？将为丧举，闻丧而还，其谁曰非侮也？事其君而任其政，其谁由己贰？言楚之执政者，谁肯使诸侯由我而贰？求说其侮，而亟于前之人，说，除也。楚求除其侮己者，将疾于前人。其仇不滋大乎？说侮不懦，执政不贰，帅大仇以惮小国，其谁云待之？若从君而走患，则不如违君以辟难。且夫君子计成而后行，二三子计乎？有御楚之术而有守国之备乎，则可也；若未有，不如往也。"遂行。

【眉批】为名与众，此来之情也，故善为谋者不肯自背。凡以为国，申为名与众之旨。义人者，庆喜吊忧，况畏而服之？推原大义，以见为名与众也。

以下正见“其名未改，其众未败”。

凡四“其谁”，抽发森耸。末言则道而激之也。

穆叔谏季武子卑邾

小邾穆公来朝，季武子宿欲卑之。穆叔豹曰：“不可。曹、滕、二邾邾、小邾实不忘我好，敬以逆之，犹惧其贰，又卑一睦焉，谓小邾。逆群好也。不顺众心。其如旧而加敬焉。志曰：‘能敬无灾。’又曰：‘敬逆来者，天所福也。’”季孙从之。

季武子使谢息反杞田

晋人来治杞田，晋平公，杞出也，使鲁归前所侵杞田。季孙宿将以成与之。成，孟氏邑，本杞田。谢息为孟孙玃守，不可，曰：“人有言曰：‘虽有挈瓶之知，守不假器，礼也。’瓶，汲水器。挈瓶汲者，喻小知为人守器，尤知不以借人。夫子从君，时孟孙从昭公在楚。而守臣丧邑，虽吾子亦有猜焉。疑其不忠。”季孙曰：“君之在楚，于晋罪也。晋罪鲁朝楚。又不听晋，鲁罪重矣。晋师必至，吾无以待之，不如与之。间晋而取诸杞。候其间，复伐杞取之。吾与子桃，以桃易成。成反，谁敢有之？是得二成也。鲁无忧，而孟孙益邑，子何病焉？”辞以无山，与之莱、柞。乃迁于桃。晋人为杞取成。

孟僖子使子学礼

孟僖子仲孙玃病，不能相礼，相昭公如楚，郑楚郊劳，不能答。

乃讲学之苟能礼者从之。以为师。及其将死也，召其大夫，曰："礼，人之干也。无礼，无以立。吾闻将有达者达于至道曰孔丘，圣人之后也，汤裔。而灭于宋。孔父嘉为华督所杀，其子奔鲁。其祖弗父何，嘉之高祖，宋闵公之子，厉公之兄也。以有宋而授厉公。让之。及正考父嘉之父佐戴、武、宣，三君。三命滋益共，故其鼎铭云：考父庙中。'一命而偻，再命而伛，三命而俯，初命为士，再命为大夫，三命为卿。偻、伛、俯，皆俯首状，而伛甚于偻，俯甚于伛，所谓滋益恭也。循墙而走，亦莫余敢侮。饘于是，鬻于是，以糊余口。'其共也如是。臧孙纥有言曰：'圣人有明德者，若不当世，得大位。其后必有达人。'今其将在孔丘乎！我若获没，必属说与何忌二子于夫子，使事之而学礼焉，以定其位。知礼则位安。"故孟懿子何忌与南宫敬叔说师事仲尼。仲尼曰："能补过者，君子也。《诗》曰：'君子是则是效。'孟僖子可则效已矣。"苏氏曰："以僖子之贤而知夫子之为圣人也，使之未亡而授之以政，则鲁作东周矣。"

【眉批】孟僖子能属子于既没，而不能托国于生前，岂欲用孔子而不及，或犹有不能用者在欤？

孔子不许琴张吊宗鲁

卫齐豹见荐宗鲁于公孟，灵公之兄絷。为骖乘焉。将作乱，公孟夺齐豹司寇与鄄邑，豹怒，欲为乱。而谓之曰："公孟之不善，子所知也，勿与乘，吾将杀之。"对曰："吾由子事公孟，子假吾名焉，故不吾远也。借以善名，故使骖乘。虽其不善，吾亦知之；抑以利故，不能去，是吾过也。今闻难而逃，是僭子也。使子失信。子行事乎，吾将死之，以周事子；有终。而归死于公孟，其可也。"公孟有事祭于盖获之门外，宗鲁骖乘。

及闳中，曲门。齐氏用戈击公孟，宗鲁以背蔽之，断肱，以中公孟之肩，皆杀之。琴张牢闻宗鲁死，将往吊之。仲尼曰："齐豹之盗，而孟縶之贼，谓豹之为盗，縶之见贼，皆宗鲁为之。女何吊焉？君子不食奸，知公孟不善而食其禄，食奸也。不受乱，许豹行事，受乱也。不为利疚于回，以利故，不能去病于邪也。不以回待人，知难不告，以邪待人也。不盖不义，以周事豹，盖不义也。不犯非礼。二心事縶，非礼也。"胡氏曰："豹之不义，夫人皆知之也。若宗鲁，欲事豹而死于公孟，盖未有知其罪者，非圣人发之，大恶隐矣。"

【眉批】圣人之言，其温如春，其肃如秋，岂特断宗鲁，乃万世常道也。

叔孙舍责意如逐君

叔孙昭子婼如阚。以事往外邑。公孙于齐。昭公伐季氏，叔孙氏之司马鬷戾帅兵与孟氏伐公徒，不胜而奔。昭子自阚归，见平子。平子稽颡，曰："子若我何？何以为谋。"昭子曰："人谁不死？子以逐君成名，子孙不忘，不亦伤乎？将若子何？"平子曰："苟使意如得改事君，所谓生死而肉骨[①]也。"死而生之，骨而肉之。昭子从公于齐，与公言，曰："将安众而纳公。"公使昭子归。先归谋之。平子有异志，不欲纳公。昭子齐于其寝，使祝宗祈死。耻为所欺。李氏曰："婼不忍自同于季氏，而谋纳公，正也。不忍见欺于季氏，而反自裁，忠也。然昭公之祸，原于叔孙氏之司马，昭子既归，正鬷戾之罪而诛之，亦庶足以剪季氏之羽翼，而徐为之图，今乃付之无可奈何之命，不及宁俞远矣。"

【眉批】昭子祈死，徒死矣。然志有可悲焉，无亦自谅

---

①肉骨，底本及弘仁堂本、任养心本俱作"骨肉"，《春秋左传正义》宋庆元六年刻本作"肉骨"，据乙正。

其力之不足以去平子而遂欲致命耶?

公山不狃责叔孙辄忘本

吴为邾故,将伐鲁,鲁人邾,邾请救故。问于叔孙辄。鲁人叛奔吴者。叔孙辄对曰:"鲁有名而无情,实。伐之必得志焉。"退而告公山不狃。与辄同叛奔者。公山不狃曰:"非礼也。君子违,去。不适仇国。未臣所适国而有伐之,本国。奔命焉,死之可也。所托也则隐。隐恶。且夫人之行也,不以所恶废乡。今子以小恶而欲覆宗国,不亦难乎?若使子率,为将。子必辞。王将使我。"子张病之。辄患失言。王夫差问于子泄,不狃字。对曰:"鲁虽无与立,必有与毙;诸侯将救之,未可以得志焉。晋与齐楚辅之,是四仇也。与鲁而四。夫鲁,齐晋之唇。唇亡齿寒,君所知也,不救何为?"吴伐我,子泄率,将。故道险,从武城。欲使鲁备。李氏曰:"不狃以叛亡之人,而处心尚能如此,贤于人远矣。孔子欲往,岂无意夫?"吕氏曰:"不狃有全鲁之善,而不免为叛人,是以知小节之不足恃。"

【眉批】观此,则能知宗鲁矣;其召孔子,又似能宗圣矣。安可以亡人目之?

敬姜以劳语季康子

季康子肥问于公父文伯之母,公父歜之母,穆伯之妻敬姜也。于康子为从祖叔母。曰:"主大夫称主,妻从之亦有以语肥也?"对曰:"吾能老而已,何以语子?"康子曰:"虽然,肥愿有闻于主。"对曰:"吾闻之先姑曰:'君子能劳,后世有继。'"子夏闻之,曰:"善哉!商闻之:'古之嫁者,不及舅姑,谓之不幸。'夫妇,学于舅姑者也。"

【眉批】名言也。

敬姜无外言

公父文伯之母如季氏，康子在其朝，外朝。与之言，弗应。从之，及寝门，弗应而入。康子辞于朝而入见，曰："肥也不得闻命，无乃罪乎？"曰："子弗闻乎？天子及诸侯合民事于外朝，合神事于内朝；在路门内。自卿以下，合官职于外朝，公朝。合家事于内朝；私家。寝门之内，妇人治其业焉。上下同之。夫外朝，子将业君之官职焉；内朝，子将庀治季氏之政焉，皆非吾所敢言也。"

【眉批】壸仪嫔德。

敬姜教子一劳

公父文伯退朝，朝其母，其母方绩。文伯曰："以歜之家而主犹绩，惧干季孙之怒也，康子位尊，又大宗，故云。其以歜为不能事主乎！"其母叹曰："鲁其亡乎！使僮子备官而未之闻耶？居，吾语女。昔圣王之处民也，择瘠土而处之，劳其民而用之，故长王天下。夫民劳则思，思则善心生；逸则淫，淫则忘善，忘善则恶心生。沃土之民不材，淫也。瘠土之民，莫不向义，劳也。是故天子大采朝日，与三公九卿，祖识地德；礼：天子以春分朝日，示有尊也。服五采，祖习也。识，知也。地德，所以广生焉。天子与公卿因朝日以修阳政而习地德。日中考政，与百官之政事。师尹惟旅牧相宣序民事。师尹，大夫官也，掌以孅诏王。惟，陈也。旅，众士也。牧，州牧也。相，国相也。皆百官政事之所及也。宣，遍也。序，次也。少采夕月，与太史司载纠虔天刑；礼：夕月以秋分，朝日以五采，则夕月其三采矣，故云少采。载，天文也。司载谓冯相氏、保章氏，与太史相俪偶也。纠，共也。虔，敬也。刑，法也。此因夕月而共敬观天法、考行度，以知妖祥也。日入监九御，使洁奉禘郊之粢盛，监，视也。九御，九嫔之官，主粢盛祭服者。而后即安。诸侯朝修天子之业命，昼考其国职，夕省其典刑，夜儆百工，使无慆慢淫，而后即安。卿大夫朝考其职，昼讲其庶政，夕序其业，夜庀治其家事，而后即安。士朝而受业，昼而讲贯，夕而习复，夜而计过，无憾，而后即安。此皆先公后私之义。自庶人以下，明而动，晦而休，无日以怠。王后亲织玄紞，公侯之夫人加之以纮綖，紞、纮、綖，皆冠之饰。卿之内子为大带，内子，卿之妻也。大带，缁带。命妇成祭服，命妇，大夫之妻也。祭服，玄衣纁裳。列士之妻加之以朝服，天子之士，皮弁素绩；诸侯之士，玄端委貌。自庶士以下，皆衣其夫。社而赋事，春分，祭社、艺农桑。烝而献功，冬而烝，献五谷布帛之功。男女效绩，愆则有辟，罪。古之制也。君子劳心，小人劳力，先王之训也。自上以下，谁敢淫心舍力？今我寡也，尔又在下位，朝夕处事，犹恐忘先人之业。况有怠惰，其何以避辟！吾冀而汝朝夕修儆我，曰'必无废先人'，尔今曰'胡不自安'，以是承看之官，余惧穆伯之绝祀也。"仲尼闻之，曰："弟子志之，季氏之妇不淫矣！"

【眉批】勤妇之织，严子之教，守古之训，光先之德，圣人以"不淫"二字许之，尽矣！

敬姜戒妾从礼

公父文伯卒，其母戒其妾曰："吾闻之：好内，女死之；好外，士死之。今吾子夭死，吾恶其以好内闻也。二三妇之辱共先祀者，请无瘠色，无洵涕，无声涕，出为洵。无掐膺，叩胸。无忧容，有降服，无加服，轻于礼为降，重于礼为加。从礼而静，是昭吾子也。”仲尼闻之，曰：“女知莫如妇，男知莫如夫。言处女之知不如妇，童男之知不如丈夫。公父氏之妇知也夫！欲明其子之令德也。”

闵马父哂景伯失言

齐闾丘明来盟，齐悼公逆季康子之妹，以通于季纺，侯不敢予，齐怒来伐，故及齐平。子服景伯何戒宰人曰：“陷而入于恭。陷，失也。如有过失，宁近于恭。”闵马父笑之。景伯问之，对曰：“笑吾子之大满也。昔正考父校商之名颂十二篇于周太师，以《那》为首，祀成汤诗。其辑之乱辑，成也。凡作篇章，义既成，撮其大要以为乱辞曰：‘自古在昔，先民有作。温恭朝夕，执事有恪。言先圣人行此恭敬之道久矣，不敢以为己创。’先圣王之传恭，犹不敢专，称曰‘自古’，古曰‘在昔’，昔曰‘先民’。今吾子之戒吏人曰‘陷而入于恭’，其满之甚也。周恭王能庇昭穆之阙而为‘恭’，昭王南征不复，穆王以八骏游，其阙失也，恭三能庇之，故谥为恭。楚恭王能知其过而为‘恭’，恭王有疾，召大夫曰：“不谷不德，亡国之师，若没，请为灵若厉。”子囊曰：“君实恭，其谓恭乎！”谥曰“恭”。今吾子之教官僚曰‘陷而后恭’，道将何为？失道且为‘恭’，得道当何为？”

【眉批】恭，首德也。“陷而入于恭”，不知恭矣。又其辞专，皆不考古之过，故引诗引周楚责之。

○孔子不欲加赋

季康子欲以田赋，古者田出税，里出赋。今欲以里廛之赋悉令农民出之。使冉有访诸仲尼。仲尼不对，私于冉有曰：“求来！女不闻乎？先王制土，藉田以力，三十者受田百亩，二十者受五十亩,六十收之。而砥其远迩。砥,平也。《周礼》:"近郊十一,远郊二十而三,甸稍县、都,皆无过十二。"赋里以入,而量其有无。于商贾所居之廛,计其利入多少,而量其财业以为差。《周礼》"国宅无征,园廛二十而一",漆林二十而五。任力以夫,而议其老幼。徭役以夫家为数,老幼则复除。于是乎有鳏寡孤疾,有军旅之出则征之,无则已。其岁,收田一井,出稯禾、秉刍、缶米,缶,庾也。十六斗曰庾,十庾曰秉,四秉曰筥,十筥曰稯。不是过也,先王以为足。《语》。君子之行也,度于礼,施取其厚,事举其中,敛从其薄。如是,则以丘亦足矣。一丘十六井,出戎马一匹,牛三头。若不度于礼而贪冒无厌,则虽以田赋,将又不足。且子季孙若欲行而法,则周公之典在;若欲苟而行,又何访焉?"弗听。《传》。

【眉批】"先王制土"以下,周官之法度也。"君子之行"以下,"关雎麟趾"之意也。

晋

史苏戒大夫女祸

献公伐骊戎,公卜伐骊戎,史苏谓其兆胜而不吉,不听。克之,获骊姬以归。有宠,立以为夫人。史苏告大夫曰:"夫有男戎,必有女戎。女祸犹兵。若晋以男戎胜戎,而戎亦必以女戎胜晋,其若之何!"里克曰:"何如?"史苏曰:"昔夏桀伐有施,有施人以妹喜女焉。妹喜有宠,于是乎与伊尹比而亡夏。伊尹相汤伐桀,妹喜为之作祸,故云比。殷辛伐有苏,有苏氏以妲己女焉。妲己有宠,于是乎与胶鬲比而亡殷。胶鬲自殷适周。周幽王伐有褒,有褒人以褒姒女焉。褒姒有宠,生伯服,于是乎与虢石甫比,石甫,谗人,为王卿士。逐大子宜咎而立伯服。大子出奔申，申人、缯人召西戎以伐周，周于是乎亡。今晋寡德而安俘女，军获曰俘。又增其宠，虽当三季之王，桀、纣、幽。不亦可乎？且其兆云：‘挟以衔骨，齿牙为猾。’挟，会也。猾，弄也。谓兆端左右衅拆，有似齿牙中有从画，故衔骨在口中，齿牙弄之，以象谗口之为害。献公卜伐时，龟有此兆。我卜伐骊，龟往离散以应我。往，令。告龟辞，往伐戎也。其兆离散，应我以不吉。夫若是，贼之兆也，非吾宅也，有害于国，不能安居。离则有之。不跨据其国，可谓挟乎？不得其君，能衔骨乎？若跨其国而得其君，虽逢齿牙以猾其中，其谁云弗从？据国、得君、言从，皆谓骊姬。诸夏从戎，非败而何？从政者不可以不戒，亡无日矣！”

郭偃曰：“夫三季王之亡也宜。民之主也，纵惑不疚，不以为病。肆侈不违，无所避。流放志而行，无所不疚，是以及亡而不获追鉴。鉴前失。今晋国之方偏侯也，偏方之侯。其土又小，不如夏商周。大国在侧，谓齐秦。虽欲纵惑，未获专也。大家邻国，将师保之；以为师保。多而骤立，数置其君。不其集亡，未至于亡。虽骤立，不过五矣。且夫口，龟兆衔骨，齿牙皆在口。三五之门也。口所以纪三辰、宣五行也，故谓之门。是以谗口之乱，不过三五。少则三君，多则五君。且夫挟，小鲠也。可以小戕而不能丧国。当之者戕焉，于晋何害？虽谓之挟，而猾以齿牙，口弗堪也，其与几何？言骨在口，但口不能胜耳，不能久为害。晋国惧则甚矣，亡犹未也。商之衰也，其铭有之曰：‘嗛嗛之德，小德。不足就也，不可以矜，而祇取忧也。嗛嗛之食，薄禄。不足狃也，不能为膏，而祇离咎也。’虽骊之乱，其离咎而已，其何能服？服人。吾闻以乱得聚者，财众。非谋不卒时，三月也，齐无知之类。非人不免难，卫州吁之类。非礼不终年，十年也，齐商人之类。非义不尽齿，楚灵王之类。非德不及世，世，嗣也。晋夷吾之类。非天不离数。离，历也。五季之类。今不据其安，不可谓能谋；行之以齿牙，不可谓得人；废国而向己，尽逐群公子以立己子。不可谓礼；不度而迂求，以邪夺正。不可谓义；以宠贾怨，不可谓德；少族而多敌，不可谓天。德义不行，礼义不则，弃人失谋，天亦不赞。吾观君夫人也，若为乱，其犹隶农也。虽获沃田而勤易之，将弗克飨，为人而已。为他人所取。"士芳曰："戒莫如豫，豫而后给。夫子戒也。谓偃能戒。抑二大夫之言，谓史苏、郭偃。其皆有焉。"既，骊姬不克，晋正于秦，纳惠公、文公，杀吕郤。五立而后平。奚齐、卓子、惠公、怀公、文公。

【眉批】史苏、郭偃言虽稍别，各极祸福浅深之趣。点缀瑰奇。

磋磨错落。

见应二大夫之言。

史苏戒大夫乱本

骊姬立为夫人，生奚齐。其娣生卓子。骊姬请使申生处曲沃，献公娶于贾，无子，烝于齐姜，生申生。骊姬欲废申生，立奚齐，故为请。重耳处蒲，夷吾处屈，重耳，犬戎狐姬所生。夷吾，小戎子所生。曲沃、蒲、屈，皆在河东。奚齐处绛，晋都。以儆无辱之故。出三子镇外，以备戎翟，使无辱于国。公许之。

史苏朝，告大夫曰："二三大夫其戒之乎，乱本生矣！日往君以骊姬为夫人，民之疾心固皆至矣。极也。昔者之伐也，起百姓以为百姓也，先王用兵，皆为民除害。是以民能欣之，莫不尽忠极劳以致死。今君起百姓以自封厚也，民外不得其利，而内恶其贪，则上下既有判矣；然而又生男，其天道也。天强其毒，民疾其态，其乱生哉！吾闻君子好好而恶恶，乐乐而安安，是以能有常。以见献公好恶、安乐皆非其所。伐木不自其本，必复生；塞水不自其源，必复流；灭祸不自其基，必复乱。今君灭其父而畜其子，立骊姬。祸之基也。畜其子，又从其欲，子思报父之耻而信申其欲，虽好美色，必恶心，不可谓好。美。好爱其色，必授之情，许立其子。彼得其情以厚其欲，从其恶心，必败国，且深乱。乱必自女戎，三代皆然。夏以妹喜，商以妲己，周以褒姒。"骊姬果作难，杀太子申生而逐二公子。重耳奔狄，夷吾奔梁。君子曰："知难本矣。"

【眉批】"民之疾心"以下，指百姓之违，以见乱生也。"君子好好"以下，指仇爱之端，以见乱生也。轻裁细练，悉尽事情。

匿仇蓄祸，形写无遗。人之情乎甚不美焉，有如此者。

申生不得其死，奚齐由以召祸，虽曰难本有在，然申生者，献公烝于武公之妾而生者也，岂非天地宗庙厌公宣淫蔑伦，故特贻国家之戚以示殃耶？可以戒矣！

丕郑惜里克中立

骊姬使优施饮里克酒，骊姬欲废申生，立奚齐，而惮里克，故优施为设此谋。歌曰："暇豫之吾吾，不如鸟乌。吾读如鱼。吾吾，不敢自亲之貌。言克欲闲乐以事君，反不敢自亲，其智首乌之不若。人皆集于苑，茂木。己独集于枯。"里克笑曰："何谓苑？何谓枯？"优施曰："其母为夫人，其子为君，可不谓苑乎？其母既死，其子又有谤，可不谓枯乎？枯且有伤。"优施出。里克夜半召优施，曰："曩而言戏乎？抑有所闻之乎？"曰："然。君既许骊姬杀大子而立奚齐，谋既成矣。”里克曰：“吾秉君执君之意以杀大子，吾不忍。通复故交，与大子交。吾不敢。中立，其免乎？不阿君，亦不助太子。”优施曰：“免。”

旦而里克见丕郑，曰：“夫史苏之言将及矣！优施告我，君谋成矣，将立奚齐。”丕郑曰：“子谓何？”曰：“吾对以中立。”丕郑曰：“惜也！失言。不如曰不信以疏之，逆优施以不然，则骊姬意疏，不敢必。亦固大子以携之。离骊姬之党。多为之故，以变其志，志少疏，乃可间也。今子曰中立，况益固其谋，彼有成矣，难以得间。”里克曰：“往言不可及，且人中心唯无忌之，何可败也？言骊姬唯无忌惮之心，执此谋已固而不可败。子将何如？”丕郑曰：“我无心，不得自任。是故事君者，君为我心，以君为心。制不在我。”里克曰：“杀君以为廉，直。长廉以骄心，自大其直。因骄以制人家，父子。吾不敢。抑挠志以从君，为废人申生以自利也，利方以求成人，得道以成大子。吾不能。将伏也。隐避。”

明日，称疾不朝。三旬，难乃成。杀申生。胡氏曰：“人臣所明者义，于功不贵幸而成；所立者节，于死不贵幸而免。克欲以中立祈免，自谓智矣，而终亦不免，等死耳。”

【眉批】苑枯之歌，巧中其心，即里克亦不免乱于谗口，则“齿牙猾中”于献公又何有焉！

以免为心，何私弗遂矣！何义克济矣！

丕郑犹知大义，已乎！

郤虎箝士蒍建言

献公田，见翟柤之氛，其国有凶气。归寝不寐。郤叔虎豹朝，公语之。对曰：“床笫之不安邪？抑骊姬之不存侧邪？”

公辞焉。出，遇士芳，曰：“今夕君不寐，必为翟柤也。夫翟柤之君，好专利而不忌，其臣竞谄以求媚，其进者壅塞，使不闻过。其退者距违；不从君欲。其上贪以忍，其下偷以幸；有纵君而无谏臣，有冒上而无忠下；君臣上下，各厌其私，以纵其回。邪。民各有心，无所据依。以是处国，不亦难乎？君若伐之，可克也。吾不言，子必言之。让其上也。”士芳以告，公说，乃伐翟柤。

郤叔虎将乘城，其徒曰：“弃政而役，非其任也。”郤叔虎曰：“既无老谋，而又无壮事，何以事君？”被羽先升，遂克之。

【眉批】老谋，老成之谋也。壮事，勇壮之事也。

荀林父尽心同僚

晋襄公卒。赵孟盾使先蔑如秦逆公子雍。文公爱庶子雍，使仕于秦为亚卿。时嫡子夷皋幼，议者欲立长君，故逆之。秦康公送公子雍于晋。宣子与诸大夫皆患穆嬴，襄夫人日抱太子以啼于朝，出朝，则抱以适赵氏，故赵盾以为患。且畏偪，乃背先蔑，立灵公以御秦师。先蔑奔秦。先蔑之使也，荀林父止之，曰：“夫人、大子犹在，而外求君，此必不行。子以疾辞，若何？不然，将及。祸将及己。摄卿以往，可也，当使大夫摄卿事以行。何必子？时蔑为卿。同官为僚，吾尝同僚，晋文公作三行，林父将中行，先蔑将左行，故云。敢不尽心乎？”弗听。为赋《板》之三章，《板》，《诗·大雅》。其三章，义取“刍荛之言，犹不可忽，况同僚乎？”又弗听。及亡，奔。荀伯尽送其帑及其器用财贿于秦，曰：“为同僚故也。”

【眉批】林父料事既明，处心尤厚。

郤缺讽赵孟归卫田

晋伐卫，疆戚田。先是，晋襄公以卫成公不朝，伐之，取其田。郤缺言于赵宣子曰：灵公初立，赵盾执政，故郤缺言之。“日往卫不睦，故取其地。今已睦矣，陈为卫请成。可以归之。叛而不讨，何以示威？服而不柔，何以示怀？非威非怀，何以示德？无德，何以主盟？子为正卿，以主诸侯，相晋以为诸侯盟主。而不务德，将若之何？《夏书》曰：‘戒之用休，董之用威，劝之以九歌，勿使坏。’九功之德，皆可歌也，谓之九歌。六府三事，谓之九功。水火金木土谷，谓之六府；正德、利用、厚生，谓之三事。义而行之，谓之德礼。招携以礼，怀远以德。无礼不乐，所由叛也。若吾子之德，莫可歌也，其谁来之？盍使睦者歌吾子乎！”宣子说之。于是晋灵公使解扬归戚田于卫。真氏曰：“按，此章收功，全在‘睦者歌吾子’一语，盖人之常情，强轧之未必从，而顺导之常见听，此宣子之所以说也。”

【眉批】既不拂彼，又不失己。歌动其心。

范文子戒子

范武子将老，景公使郤克征会于齐，克跛而登。齐顷公帷妇人笑之。克怒，归欲伐之，且执其使，故士会欲使逞而告老。召文子会之子曰：“燮乎！吾闻之：喜怒以类者鲜，易者实多。人多迁怒。如郤克怒齐，而但伐齐，是以类也。不胜齐而害晋，则迁怒矣。《诗》曰：‘君子如怒，乱庶遄沮。君子如祉，乱庶遄已。’君子之喜怒，以已乱也。弗已者，必益之。郤子其或者欲已乱于齐乎？不然，余惧其益之也。恐其迁怒害晋。余将老，使郤子逞其志，庶有豸乎。豸，解也。欲使郤子从政快志以止乱。尔从二三子诸大夫唯敬。”乃请老。

【眉批】已乱者，喜怒以类者也。益乱者，喜怒易者也。

解张勉郤克力战

师陈于鞍。先四年，晋郤克以齐房帷一笑，誓必伐之，故请师伐齐，战于鞍。晋解张御郤克。齐侯顷不介马而驰之。郤克伤于矢，流血及屦，未绝鼓音，郤克将中军，自执旗鼓，虽伤而声不息。曰：“余病矣！”张侯解张曰：“自始合，而矢贯余手及肘，余折折其矢以御。左轮朱殷，殷，赤黑色。言血污车轮也。岂敢言病？吾子忍之！师之耳目，在吾旗鼓，进退从之。《语》曰：“车无退表，鼓无退声。”此车一人殿之，镇其车。可以集事。若之何其以病败君之大事也？擐贯甲执兵，固即死也，就死地。病未及死，吾子勉之！”左并辔，右援枹而鼓。马逸不能止，师从之。随克之车以进。齐师败绩。逐之，三周华不注。山名。

【眉批】解张一言而济公家之事，成郤克之名。

“左并辔”以下，模写力疾奋战之状如见。

栾书从众不迁戮

楚子重伐郑。从晋故。晋栾书救郑，与楚师遇于绕角。楚师还。晋师遂侵蔡。楚公子申、公子成以申、息二县之师救蔡，御诸桑隧。赵同、赵括欲战，请于武子，栾书。武子将许之。知庄子、荀首。范文子、士燮。韩献子厥谏曰：“不可。吾来救郑，楚师去我，不与我校。吾遂至于此，蔡。是迁戮也。移罪于蔡。戮而不已，又怒楚师，战必不克。迁戮则不义，怒敌则难当，无可胜之理。虽克，幸胜。不令。无令名。成师以出，六军皆行。而败楚之二县，何荣之有焉？若不能败，为辱已甚，不如还也。”乃遂还。于是军帅之欲战者众。或谓栾武子曰：“圣人与众同欲，是以济事，子盍从众？子为大政，将酌于民者也。不可任意。子之佐十一人，荀首、荀庚、士燮、郤锜、赵同、韩厥、赵括、巩朔、韩穿、荀骓、赵旃。其不欲战者，三人而已。荀首、士燮、韩厥。欲战者可谓众矣。《商书》曰：‘三人占，从二人。’众故也。”武子曰：“善钧从众。夫善，众之主也。三卿为主，可谓众矣。从之，不亦可乎？”

伯宗妻戒言

晋三郤郤犨、郤锜、郤至害伯宗，谮而杀之。初，伯宗每朝，入朝。其妻必戒之曰：“‘盗憎主人，民恶其上。’子好直言，必及于难。”

【眉批】叙甚简洁。伯宗以不从妻之言也，以至于此。

诸大夫勉赵文子

赵文子武冠，见栾武子，书。武子曰：“美哉！昔吾逮事庄主，赵朔谥庄。大夫称主。朔尝将下军，书为之佐。华则荣矣，实之不知，请务实乎。”见中行宣子，荀庚。宣子曰：“美哉！惜也吾老矣。”不及见其所至。见范文子，士燮。文子曰：‘而今可以戒矣，夫贤者宠至而益戒，不足者为宠骄。知不足者，得宠则骄。故兴王赏谏臣，逸王罚之。吾闻古之王者，政德既成，又听于民，于是乎使工诵谏于朝，在列者献诗，使勿兜，惑。风听胪言于市，风，采也。胪，传也。采听商旅之所传。辨妖祥于谣，考百事于朝，问谤誉于路，有邪而正之，尽戒之术也。先王疾是骄也。”见郤驹伯，锜。驹伯曰：“美哉！然而壮不若老者多矣。”恃年自矜。见韩献子，朔。献子曰：“戒之，此谓成人。

成人在始与善。始与善，善进善，不善蔑由至矣；始与不善，不善进不善，善亦蔑由至矣。善恶各从其类。如草木之产也，各以其物。人之有冠，犹宫室之有墙屋也，粪除而已，又何加焉。”欲其自修洁。见智武子，䓨。武子曰：“吾子勉之，成宣之后成，衰也。宣，盾也而老为大夫，非耻乎！欲其修德为卿。成子之文，宣子之忠，其可忘乎！夫成子道前志以佐先君，文。道法而卒以政，执政。可不谓文乎！夫宣子尽谏于襄、灵，二君。以谏取恶，灵欲杀盾。不惮死进也，可不谓忠乎！吾子勉之，有宣子之忠，而纳之以成子之文，事君必济。”见苦成叔子，郤犨。叔子曰：“抑年少而执官者众，吾安容子。”见温季子，郤至。季子曰：“谁之不如，可以求乎。”不欲其高远也。见张老孟而语之，述前言。张老曰：“善矣，从栾伯之言，可以滋；益。范叔之教，可以大；韩子之戒，可以成。物事备矣，志在子。能与否，在所志。若夫三郤，亡人之言也，何称述焉！知子之道训善矣，是先主覆露子也。成、宣之泽。”

【眉批】文彩烂然，甚可观也栾伯之言。

范叔之教。

三郤之一。

韩子之戒。

知子之道。

三郤之一。

三郤之一。

结束完整。

三郤虽亡人之言，然在赵文子，则亦所谓季孙之恶，我药石也。

范文子不欲伐郑

厉公将伐郑。从楚故。范文子士燮不欲，曰："若以吾意，诸侯皆畔，则晋可为也。唯有诸侯，故扰扰焉。凡诸侯，难之本也。畔辄伐之。得郑，忧滋长，谓楚来争。安用郑？"郤至曰："然则王者多忧乎？"文子曰："我王者也乎哉？夫王者成其德，而远人以其方贿归之，故无忧。今我寡德，而求王者之功，故多忧。子见无土而欲富者，乐乎哉？"

【眉批】灼见忧端。此事句法，后人岂及。句法。

范文子不欲战楚

伐郑，荆救之。大夫欲战。范文子不欲，曰："吾闻君人者，刑其民成平而后振武于外，是以内和而外威。今吾司寇之刀锯日弊数加于小人而斧钺不行，不及大臣。内犹有不刑，而况外乎？夫战，刑也，刑之过也。杀有过。过由大大臣而怨由细，小民怨望。故以惠诛怨，除民怨。以忍去过。断以义。细无怨而大不过，而后可以武刑外之不服者。今吾刑外乎大人刑不及而忍于小民，将谁行武？武不行而胜，幸也。幸以为政，必有内忧。且唯圣人能无外患，又无内忧，讵非圣人，必偏而后可。偏而在外，犹可救也。疾自中起，是难。盍姑释荆与郑，以为外患乎？"

【眉批】真知国体。恒存灾疢之意。

范文子戒幸胜

晋楚遇于鄢陵。范文子不欲战。郤至曰："韩之战，惠公不振旅；晋惠公为秦穆公所获。箕之役，先轸不反命；晋败狄于箕，先轸死于狄。邲之师，荀伯不复从，楚败晋师于邲，荀林父不复从故道而归。皆晋之耻也。子亦见先君之事矣。今我辟楚,又益耻也。”考之《语》,此一段又为栾武子之言,且有详略。文子曰:“吾先君之亟战也有故。秦狄齐楚皆强,不尽力,子孙将弱。明所以必战。今三强服矣,齐从晋盟,狄秦皆见败。敌,楚而已。惟圣人能外内无患。自非圣人,外宁必有内忧,盍释楚以为外惧乎?”

既退荆师于鄢陵,将谷。食其谷。范文子立于戎马之前,曰:“君幼弱,诸臣不佞,吾何福以及此?吾闻之:天道无亲,唯德是授。吾庸知天下不授晋且以劝荆乎?君与二三臣其戒之!夫德,福之基也。无德而福隆,犹无基而厚墉也,其坏也无日矣。”

反自鄢。范文子谓其宗、祝曰:“君骄泰而有烈。夫以德胜者,犹惧失之,而况骄泰乎?君多私,嬖臣妾。今以胜归,私必昭。昭私,难必作。宠私必去旧,旧去必作难。吾恐及焉。凡吾宗、祝,为我祈死先难为免。”范文子卒,难作,始于三郤,卒于公。公杀三郤,栾中行畏诛,乃弑公。

【眉批】祸固[①]多藏于隐微而忽于人之所不见。范文子,智者也。伐郑之举,三不欲而厉公皆违之。先难以死,志可悲矣。卒之无土欲富、过大怨细、内忧外患、胜归昭私,一一有左验焉。前后叙述畅达,足纾隐痛。

叔向母戒女祸

叔向欲娶于申公巫臣氏,楚申公巫臣,窃陈夏姬以奔晋,有女,叔向欲聘之。其母欲娶其党。舅氏。叔向曰:“吾母多而庶鲜,

①固,任养心本作“患”。

以妒忌故。吾惩舅氏矣。"其母曰:"子灵巫臣之妻杀三夫、谓陈御叔、楚襄老及巫臣也。时巫臣已死。一君、陈灵公通于姬,为夏征舒所弑。一子,夏征舒以姬故弑君,为楚庄王所杀。而亡一国、陈为楚县。两卿矣,孔宁、仪行父从君宣淫,因君弑而诡辞奔楚。可无惩乎?吾闻之:'甚美必有甚恶。'是郑穆少妃姚子之子,子貉郑灵公之妹也。子貉早死,为公子宋所弑。无后,而天钟美于是,指夏姬。将必以是大有败也。昔有仍氏生女,黰黑发而甚美,光可以鉴,名曰玄妻。乐正后夔取之,生伯封,实有豕心,贪婪无厌,忿纇戾无期,度。谓之封豕。有穷后羿灭之,夔是以不祀。且三代之亡,夏以妹喜,商以妲己,周以褒姒。共子之废,晋以骊姬废申生。皆是物也,女何以为哉?夫有尤物,足以移人。苟非德义,则必有祸。"叔向惧,不敢取。平公强使取之。既娶,生伯石。晋顷公十二年,坐祁盈党,灭其族。

【眉批】古今格言。浚水观源,察木验本。妇者,家之所由盛衰,是以不得不论其世也。平公不足论,叔向竟违母之教,以致灭族。

祁奚请免叔向

栾盈出奔楚。盈母栾祁,与老州宾通,惧盈之讨,诉于父范宣子曰:"盈将为乱。"宣子逐之。宣子士丐杀羊舌虎,坐盈之党也,及箕遗等,凡十人。囚叔向。向,虎之弟,故并囚之。人谓叔向曰:"子离于罪,其为不知乎?"讥其受囚而不能去。叔向曰:"与其死亡若何?言囚愈于死。《诗》曰:'优哉游哉,聊以卒岁。'知也。"

乐王鲋见叔向,曰:"吾为子请。"叔向弗应。出,不拜。其人皆咎叔向。叔向曰:"必祁大夫。"谓祁奚。室老闻之,曰:"乐王鲋言于君,无不行,求赦君子,吾子不许。祁大夫所不能也，不能动君。而曰必由之，何也？”叔向曰：“乐王鲋，从君者也，何能行？祁大夫外举不弃仇，解狐。内举不失亲，祁午。其独遗我乎？《诗》曰：‘有觉德行，四国顺之。’夫子，觉者也。”

晋侯平问叔向之罪于乐王鲋。对曰：“不弃其亲，其有焉。”言必与虎同谋。于是祁奚老矣，闻之，乘驲而见宣子，曰：“《诗》曰：‘惠我无疆，子孙保之。’《书》曰：‘圣有谟勋，明征定保。’夫谋而鲜过，圣有谟勋之谓。惠训不倦者，惠我无疆之谓。叔向有焉。社稷之固也，犹将十世，宥之，以劝能者。今壹不免其身，以弃社稷，不亦惑乎？鲧殛而禹兴；不以父故废其子。伊尹放大甲而相之，卒无怨色；不以小怨妨大德。管、蔡为戮，周公右王。兄弟罪不相及。若之何其以虎也弃社稷？子为善，谁敢不勉？多杀何为？”宣子说，与之乘，以言诸公平而免之。不见叔向而归，明为国。叔向亦不告免焉而朝。明不为己。陈氏曰：“国之大臣，其用心如祁奚，则名迹之或匿或见，权势之或远或近，皆可以两忘也。”

【眉批】老成之见，自然迥别。

结缴处，形写一时气象，千古如见。

訾祏劝范宣子成龢

范宣子士丐与龢大夫争田，久而无成。宣子欲攻之。遍问于大夫，议多不决。问于訾祏，訾祏对曰：“昔隰叔子违周难于晋国，隰叔，杜伯之子。宣王杀杜伯，其子避难适晋。生子舆，士劳字。为理，以正于朝，朝无奸官；理，士官也。为司空，以正于国，国无败绩。世及武子，士劳生成伯缺，缺生武子士会。佐文、襄为诸侯，诸侯无二心。及为卿，以辅成、景，军无败政。

及为成师，“成”字误，当作“景”字。时成公卒，景公请于三，以黻冕命士会将中军兼太傅。居太傅，端刑法，辑训典，国无奸民，盗逃。后之人可则，法。是以受随、范。二采邑。及文子燮成晋、荆之盟，盟楚公子罢于宋西门之外，载书曰：“无相加戎，好恶同之。”丰兄弟之国，使无有间隙，晋、楚为好，郑、卫俱不受兵。是以受郇、栎。二邑。今吾子嗣位，于朝无奸行，于国无邪民，于是无四方之患，而无外内之忧，赖三子之功而飨其禄位。今既无事矣，而非根穌，于是加宠，执晋政。将何治为？”宣子说，乃益穌田而与之和。

【眉批】承结有力。

叔向不患楚衷甲

宋向戌欲弭诸侯之兵，向戌，于晋善赵武，于楚善屈建，故欲息兵以为名。晋楚许之，将盟于宋西门之外。赵孟武患楚衷甲，楚人藏甲于衣中，欲劫晋。以告叔向。叔向曰：“何害也？匹夫一为不信，犹不可，单毙其死。单，尽。毙，踣。言无得生者。若合诸侯之卿，以为不信，必不捷矣。食言者不病，非子之患也。楚人食言，且不自以为病，晋不食言，又何患？夫以信召人，而以僭济之，僭，不信也。必莫之与也，安能害我？且吾因宋以守病，为楚所病，欲入宋城。则夫能致死。与宋致死，虽倍楚可也，宋为地主，致死助我，则力可倍楚。子何惧焉？又不及是。况事不至此。曰弭兵以召诸侯，而称兵以害我，吾庸多矣；非所患也。”

【眉批】言足以慑其心也。

叔向以德示赵文子

宋之盟，楚人固请先歃。叔向谓赵文子武曰："夫伯王之势，在德不在先歃，子若能以忠信赞君，而裨诸侯之阙，歃虽后，诸侯将戴之，何争于先？若违于德而以贿成事，今虽先歃，诸侯将弃之，何欲于先？昔成王盟诸侯于岐阳，楚为荆蛮，置茅蕝，束茅而立之，所以缩酒。设望表，祭山川，立木以为表。与鲜牟东夷守燎，故不与盟。今将与狎迭主诸侯之盟，唯有德也，子务德，无争先，务德，所以服楚也。"《传》曰："诸侯归晋之德，只非归其尸盟也。子务德，无争先，且诸侯盟小国，故必有尸盟者，楚以为晋细，不亦可乎？"乃先楚人。

【眉批】□据理来。

祁午以信谕赵文子

会于虢，寻宋之盟也。祁午谓赵文子曰："宋之盟，楚人得志于晋。先歃。今令尹围之不信，诸侯之所闻也。子弗戒，惧又如宋。子木屈建之信称于诸侯，犹诈晋而驾焉，谓衷甲。况不信之尤者乎？楚重再得志于晋，晋之耻也。子相晋国，以为盟主，于今七年矣。再合诸侯，以报齐会于夷仪，以讨卫会于澶渊。三合大夫，以弭兵会于宋，以宋灾会于澶渊，以寻盟会于虢。服齐狄，求朝。宁东夏，平秦乱，为成。城淳于，杞。师徒不顿，国家不罢，疲。民无谤讟，诸侯无怨，天无大灾，子之力也。有令名矣，而终之以耻，午也是惧，吾子其不可以不戒。"文子曰："武受赐矣！然宋之盟，子木有祸人之心，武有仁人之心，是楚所以驾于晋也。今武犹是心也，楚又行僭，不信。非所害也。我将信以为本，循而行之。譬如农夫，是穮耘是蓘。壅。虽有饥馑，必有丰年。且吾闻之，能信不为人下，吾未能也。未信。《诗》曰：‘不僭不贼，鲜不为则。’信也。诚如此言。能为人则者，不为人下矣。吾不能是难，楚不为患。”楚令尹围请用牲、读旧书加于牲上而已，楚为是请，恐晋先歃也。晋人许之。

【眉批】“吾不能是难”句、“楚不为患”句，言我以不能信为难，不以楚之得志为患也。

张老止赵文子砻椽

赵文子为室，斫其椽而砻之，磨也。张老夕焉而见之，不谒而归。文子闻之，驾而往，曰：“吾不善，子亦告我，何其速也？去之速。”对曰：“天子之室，斫其椽而砻之，加密石焉；先粗砻之，加之密砥。诸侯砻之；无密石。大夫斫之；不砻。士首之。斫其首。备其物，义也；从其等，礼也。今子贵而忘义，富而忘礼，吾惧不免，何敢以告。”文子归，令之勿砻也。匠人请皆斫之，文子曰：“止。为后世之见之也，其斫者，仁者之为也；其砻者，不仁者之为也。”

【眉批】既知张老之言善，速止其砻，犹已犯分；乃又留之，其曰为后世之见之，强辞也。张子不谒而归，正见其不能故耳。

叔向不虞楚

韩宣子起如楚，送女。叔向为介。郑子大叔劳诸索氏。地。大叔谓叔向曰：“楚王灵汰侈已甚，子其戒之。”叔向曰：“汰侈已甚，身之灾也，焉能及人？若奉吾币帛，慎吾威仪；守之以信，行之以礼；敬始而思终，终无不复。事可复行。从而不失仪，不曲从。敬而不失威；不足恭。道之以训辞，达意。

奉之以旧法，致命。考之以先王，成礼。度之以二国，审势。虽汰侈，若我何？”及楚，王欲敖难叔向以其所不知，而不能，厚其礼。

【眉批】欲敖人以所不知，此即汰侈已甚处。

○叔向诒郑子产书

郑人铸刑书。铸之鼎。叔向使诒子产书，曰：“始吾有虞于子，今则已矣。昔先王议事以制，临事制刑。不为刑辟，不豫设法。惧民之有争心也。犹不可禁御，是故闲之以义，纠之以政，行之以礼，守之以信，奉之以仁；制为禄位，以劝其从；严断刑罚，以威其淫。惧其未也，故诲之以忠，耸之以行，教之以务，使之以和，临之以敬，莅之以强，断之以刚；犹求圣哲之上，王公也。明察之官，忠信之长，慈惠之师，民于是乎可任使也，而不生祸乱。

【眉批】此论先王。

民知有辟，知其不敢越法以议罪，曲法以施恩。则不忌于上。权移于法，故无畏。并有争心，以征于书，而徼幸以成之，弗可为矣。难为治。夏有乱政，而作《禹刑》。商有乱政，而作《汤刑》。周有乱政，而作《九刑》。《禹刑》《汤刑》《九刑》，皆刑书。三辟之兴，皆叔世也。

【眉批】此论叔世。

今吾子相郑国，作封洫，田有封洫。立谤政，作丘赋。制参辟，用三代之乱法。铸刑书，将以靖民，不亦难乎？《诗》曰：‘仪式刑文王之德，日靖四方。’又曰：‘仪刑文王，万邦作孚。’如是，何辟之有？言《诗》唯以德与信，不以刑也。民知争端矣，将弃礼而征于书，锥刀之末，喻小事。将尽争之。乱狱滋丰，加罪。贿赂并行。逃罪。终子之世，郑其败乎？肸闻之：‘国将亡，必多制。’数改法。其此之谓乎！”复书曰：“若吾子之言，侨不才，不能及子孙，吾以救世也。既不承命，敢忘大惠！”

【眉批】此总缴前论先王、叔世而益明之。

叔向贺韩宣子贫

叔向见韩宣子，宣子忧贫，叔向贺之。宣子曰：“吾有卿之名，而无其实，财不足。无以从二三子，赙赠之类。吾是以忧。子贺我，何故？”对曰：“昔栾武子，无一卒之田，上大夫一卒之田，栾书为晋上卿，而反不及。其宫①不备其宗器，宣其德行，顺其宪则，使越闻于诸侯。诸侯亲之，戎狄怀之，以正晋国。行刑不疚，以免于难。及桓子，栾黡。骄泰奢侈，贪欲无艺，略则行志，玩法而纵其欲。假贷居贿，宜及于难，而赖武之德，以没其身。及怀子，栾盈。改桓之行，而修武之德，可以免于难，而离罹桓之罪，以亡于楚。夫郤昭子，至。其富半公室，其家半三军，恃其富宠，以泰于国，其身尸于朝，厉公杀之。其宗灭于绛。不然，夫八郤，五大夫、三卿，郤锜、郤至、郤犨为卿，又有五人为大夫。其宠大矣，一朝而灭，莫之哀也，唯无德也。今吾子有栾武子之贫，吾以为能其德矣，能行其德。是以贺。若不忧德之不建，而患货之不足，将吊不暇，何贺之有？”宣子拜，稽首焉，曰：“起也宣子名将亡，赖子存之，非起也敢专承之，其自桓叔以下，嘉吾子之赐。”桓叔，韩氏之祖。

---

①宫，原作“官”，误，据韦昭注《国语》改。

【眉批】宜及于难，而赖武以没[1]其身，见有俭德者犹能善后也。可以免难而罹桓以亡，见无德者后虽改行，犹罹其殃也。又深言郤氏以明之，交证互发，旨趣晓然。

至此，则敛括一篇之意，又见庆吊无门，惟人所召。

伯瑕规中行穆子

晋侯以齐侯宴，晋昭公初立，齐景公朝之，待以燕礼。中行穆子相。荀吴相礼。投壶，晋侯先。穆子曰："有酒如淮，有肉如坻。寡君中此，为诸侯师。"中之。齐侯举矢曰："有酒如渑，有肉如陵。寡人中此，与君代兴。"亦中之。伯瑕谓穆子曰："子失辞。吾固师诸侯矣，壶何为焉，其以中隽也？虽中，不足为贤。齐君弱吾君，欲与代兴，弱之也。归弗来矣。"穆子曰："吾军帅强御，卒乘竞劝，争相劝勉。今犹古也，齐将何事？"

范献子戒人以学

范献子鞅聘于鲁，问具山、敖山，鲁人以其乡对。献子曰："不为具、敖乎？"对曰："先君献、武之讳也。"献公讳具，武公讳敖。献子归，遍戒其所知曰："人不可以不学。吾适鲁而名其二讳，为笑焉，唯不学也。礼，入竟问禁，入门问讳。人之有学也，犹木之有枝叶也。木有枝叶，犹庇荫人，而况君子之学乎？"

---

①没，原作"设"，误，据传文"赖武之德，以没其身"句改，任养心本亦作"没"。

魏献子命贾辛

贾辛为祁大夫，敬王之纳，辛与有力，魏舒举之。将适其县，见于魏子。魏子曰：“辛来！昔叔向适郑，鬷蔑恶，貌丑。欲观叔向，从使之收器者而往，立于堂下，一言而善。叔向将饮酒，闻之，曰：‘必鬷明也。’下，下堂。执其手以上，曰：‘昔贾大夫恶，亦丑貌。娶妻而美，三年不言不笑。恶其夫丑故。御以如皋，为妻御。射雉，获之，其妻始笑而言。贾大夫曰：“才之不可以已。我不能射，女遂不言不笑夫！”今子少不扬，貌不甚显。子若无言，吾几失子矣。言之不可以已也如是。’遂如故知。今女有力于王室，吾是以举汝。行乎！敬之哉！毋堕乃力！”

【眉批】引叔向之证贾大夫，见魏子之不失贾辛也，虽无紧要，殊有风味。

阎没、女宽谏受女乐

魏戊为梗阳大夫。戊，舒之庶子，为馀子尽职举之。梗阳人有狱，魏戊不能断，以狱上。其大宗赂以女乐，魏子将受之。魏戊谓阎没、女宽曰：“主以不贿闻于诸侯，若受梗阳人，贿莫甚焉。吾子必谏！”皆许诺。退朝，待于庭。馈入，召之。召食。比置，自始食至食尽。三叹。既食，使坐。魏子曰：“吾闻诸伯叔，谚曰：‘唯食忘忧。’《曲礼》曰：‘当食不叹。’吾子置食之间三叹，何也？”同辞而对曰：“或赐二小人酒，不夕食。醉故。馈之始至，恐其不足，是以叹。中置，食将半。自咎曰：‘岂将军魏子将中军，故称食之而有不足？’是以再叹。及馈之毕，愿以小人之腹为君子之心，属厌而已。一饱足矣，无过贪也。”献子辞梗阳人。

【眉批】讽喻有体。

赵简子戒子

赵简子鞅使尹铎为晋阳。请曰："以为茧丝乎？赋税。抑为保障乎？城隍。"简子曰："保障哉！"尹铎损其户数。简子诫襄子曰："晋国有难，而汝无以尹铎为少，无以晋阳为远，必以为归。避之。"晋阳之围，知瑶请地于赵襄子，襄子弗与，知伯怒，帅韩氏、魏氏之甲攻赵氏。襄子出，曰："吾何走乎？"从者曰："长子近，且城厚完。"襄子曰："罢民力以完之，又毙以守之，其谁与我？"从者曰："邯郸之仓库实。"襄子曰："浚民之膏泽以实之，又因而杀之，其谁与我？其晋阳乎！先主之所属也，尹铎之所宽也，民必和矣。"乃走晋阳。晋师围而灌之，沉灶产蛙，民无畔意。

【眉批】尹铎之政尚矣。然简子料后襄子奉教何，又并美。

邮无正谏杀尹铎

赵简子使尹铎为晋阳，曰："必堕其垒培。荀寅、士吉射围赵氏时所作。吾将往焉，若见垒培，是见寅与吉射也。"尹铎往而增之。简子如晋阳，见垒，怒曰："必杀铎也而后入。"大夫辞之，为之请。不可，曰："是昭余仇也。"邮无正进曰："昔先主文子武少衅于难，从姬氏于公宫，赵朔妻庄姬淫于赵婴，婴兄赵同、赵括放之。姬谮同、括，景公杀之，武从其母，畜于公宫。有孝德以出在公族，为大夫。有恭德以升在位，为卿。有武德以羞进为正卿，有温德以成其名誉，失赵氏之典刑，而去其师保，基于其身，以克复其所。基，始也。始更修之于身，以能复其先业。

及景子成长于公宫，未及教训而嗣立矣，亦能纂修其身，以受先业，无谤于国，顺德以学子，使其子就学。择言以教子，择师保以相子。今吾子嗣位，继赵成以为卿。有文之典刑，有景之教训，重之以师保，加之以父兄，子皆疏之，以及此难。夫尹铎曰设言：'思乐而喜，思难而惧，人之道也。委土可以为师保，吾何为不增？'是以修之。庶曰可以鉴而鸠安赵宗乎！若罚之，是罚善也。罚善必赏恶。臣何望矣！"简子说，曰："微子，吾几不为人矣！"以免难之赏赏尹铎。免难之赏，军赏也。言见戒而惧，惧则有备，是为免难也。

【眉批】此篇文极工丽。

点实前言，束缚启发。

史黯谏赵简子田

赵简子田于蝼。晋君之囿。史黯闻之，以犬待于门。简子见之，曰："何为？"曰："有所得犬，欲试之兹囿。"简子曰："何为不告？"对曰："君行臣不从，不顺。言君从法，臣从君也。主将适蝼而麓不闻，麓，主苑囿之吏。臣敢烦当日。谓简子直入君囿，故已亦径造其门也。"简子乃还。

【眉批】谏贵因机而入，简子之所以还也。

史黯匡赵简子

赵简子叹曰："吾愿得范、中行之良臣。"史黯侍，曰："将焉用之？"简子曰："良臣，人之所愿也，又何问焉？"对曰："臣以为不良故也。夫事君者，谏过而赏善，荐可而替不，献能而进贤，择才而荐之，朝夕诵善败而纳之。道之以文，行之以顺，勤之以力，致之以死。听则进，不则退。今范、中行氏之臣不能匡相其君，使至于难；以邯郸午故攻赵鞅，鞅奔。荀跞言于定公，二家亦见逐。君出在外，又不能定，而弃之，则何良之为？若弗弃，则主焉得之？夫二子之良，将勤营其君，使复立于外，有爵土于他国。死而后止，何日以来？若来，乃非良臣也。"简子曰："善。吾言实过矣。"

【眉批】数言乃人臣之鹄也。指摘中行非良，无所逃遁。

壮驰兹贺求贤

赵简子问于壮驰兹曰："东方之士孰为愈？贤。"壮驰兹拜曰："敢贺！"简子曰："未应吾问，何贺？"对曰："臣闻之：国家之将兴也，君子自以为不足；其亡也，若有馀。今主任晋国之政而问及小人，又求贤人，吾是以贺。"

【眉批】的当。

窦犨谕赵简子

赵简子叹曰："雀入于海为蛤，雉入于淮为蜃。鼋鼍鱼鳖，莫不能化，唯人不能。哀夫！"窦犨侍，曰："臣闻之：君子哀无人，贤。不哀无贿；哀无德，不哀无宠；哀名之不令，不哀年之不登。高。夫中行、范氏不恤庶难，而欲擅晋国，今其子孙将耕于齐，宗庙之羲为畎亩之勤，喻二子当为祭主于宗庙，今逐之野，是亦化也。人之化也，何日之有！"

【眉批】兴化而亡，小化而大，人之化也，奚啻于物？若以形身为化者，昧化理者也。

赵襄子惧幸胜

赵襄子无恤使新稚穆子狗伐翟，胜左人、中人。翟二邑。遽人来告，襄子将食，寻饭有恐色。侍者曰："狗之事大矣，而主之色不怡，何也？"襄子曰："吾闻之：德不纯而福禄并至，谓之幸。夫幸非福，非德不当雍，任以福禄为和乐也。雍不为幸，吾是以惧。"

【眉批】"将食"二句，形得肖似。

襄子知此，兴也何难！

知果谏立瑶

知宣子荀甲将以瑶为后，知果曰："不如宵也。"宣子曰："宵也狠。"对曰："宵之狠在面，瑶之狠在心。心狠败国，面狠不害。瑶之贤于人者五，其不逮者一焉。美鬓长大则贤，射御足力则贤，伎艺毕给则贤，巧文辩慧则贤，强毅果敢则贤。如是而甚不仁。以其五贤陵人，而以不仁行之，其谁能待之？若果立瑶也，知宗必灭。"弗听。知果别族于太史为辅氏。及知氏之亡，唯辅果在。

【眉批】分疏该括，先几之智。

士茁惧室美

知襄子瑶为室美，士茁夕焉。暮见。知伯曰："室美夫！"对曰："美则美矣，抑臣亦有惧也。"知伯曰："何惧？"对曰："臣以秉笔事君。志有之曰：'高山峻原，不生草木。松柏之地，其土不肥。言无两盛。'今土木胜，臣惧其不安人也。言不两兴。"室成，三年而知氏亡。

【眉批】襄子惟不知惧，故室必极美。

知国请备难

三卿知襄子、韩康子、魏桓子宴于蓝台，知襄子戏韩康子虎而侮段规。知伯国闻之，谏曰："主不备，难必至矣。"曰："难将由我，我不为难，谁敢兴之！"对曰："异于是。言所闻与此异。夫郤氏有车辕之难，郤犫栲长鱼蛴父母妻子于一辕，后为蛴所谮而杀。赵有孟姬之谗，赵同、赵括恶赵婴与庄姬通而放之，后为姬所谮而杀。栾有叔祁之诉，栾盈患其母祁与州宾通，后为祁所诉灭族。范、中行有函治之难，函治，范皋夷之邑也。皋夷无宠于范吉射，欲为乱。范、中行二氏方睦，皋夷谋逐二子，卒灭之。皆主之所知也。《夏书》有之曰：'一人三失，怨岂在明？不见是图。'《周书》有之曰：'怨不在大，亦不在小。'夫君子能勤小物，故无大患。今主一宴而耻人之君相，又弗备，曰'不敢兴难'，无乃不可乎！夫谁不可喜，而谁不可惧？蜹蛾蜂虿，皆能害人，况君相乎！"弗听。自是五年，乃有晋阳之难。知襄子请地于赵，弗与，帅韩、魏以攻赵，围晋阳。段规反，首难，首为策作难反知伯。而杀知伯于师，遂灭知氏。

【眉批】知言之要。

郑

○庄公戒饬守臣

郑伯庄入许，许庄公奔卫。郑伯使许大夫百里奉许叔庄公弟以居许东偏，曰："天祸许国，鬼神实不逞快于许君，而假手于我寡人，寡人唯是一二父兄不能共亿，父兄，同姓之臣。共，给。亿，安也。其敢以许自为功乎？寡人有弟，不能和协，而使糊其口于四方，叔段奔共。其况能久有许乎？吾子其奉许叔以抚柔此民也，吾将使获也佐吾子。若寡人得没于地，天其以礼悔祸于许，加礼于许而悔祸。无宁兹许公复奉其社稷，唯我郑国之有请谒焉，许复之后，郑有所求。如旧昏媾，其能降以相从也。许降心以从。无滋他族，实逼处此，以与郑国争此土也。吾子孙其覆亡之不暇，而况能禋祀许乎？寡人之使吾子处此，不唯许国之为，亦聊以固吾圉也。"

乃使公孙获处许西偏，曰："凡而汝器用财贿，无置于许。我死，乃亟去之！吾先君新邑于此，旧郑在京兆，武公始迁于河南。王室而既卑矣，周之子孙日失其序。夫许，大岳之胤也。天而既厌周德矣，吾其能与许争乎？"谓许当复大，公孙获不可久居。

君子谓郑庄公："于是乎有礼。礼，经国家，定社稷，序民人，利后嗣者也。许，无刑而伐之，服而舍之，度德而处之，量力而行之。相时而动，无累后人，可谓知礼矣。"赵氏曰："诸侯无王命入人之国，罪已大矣；又使大夫守之，不容诛矣。左氏以为有礼，是长乱阶也。"

【眉批】不敢自以为功，似让能；其况能久有许，似反己；况能禋祀许，似虑患；吾其能与许争，似忧远；然其言曰："不唯许国之为，亦聊以固吾圉。"则自为自利之心不觉自发露矣。要之，残忍阴忌，庄公本性。不爱于段，何爱于许？

子家与赵宣子书

晋侯灵合诸侯于扈，平宋也。不见郑伯，穆。以为贰于楚也。郑子家归生使执讯通信问之官而与之书，以告赵宣子盾，曰："寡君即位三年，召蔡侯庄而与之事君。晋。九月，蔡侯入于敝邑以行。敝邑以侯宣多之难，宣多以援立穆公之故，恃宠专权而作乱。寡君是以不得与蔡侯偕。十一月，克减侯宣多，而随蔡侯以朝于执事。难未尽平而行，急于朝晋也。十二年六月，归生佐寡君之嫡夷，归生，子家名。夷，灵公名。以请陈侯于楚而朝诸君。陈共公欲朝晋，畏楚，故郑为请之。十四年七月，寡君又朝以蒇陈事。蒇，敕也。敕成前好。十五年五月，陈侯灵自敝邑往朝于君。往年正月，烛之武往朝夷也。武相太子夷往朝晋。八月，寡君又往朝。以陈蔡之密迩于楚，而不敢贰焉，则敝邑之故也。言陈蔡事晋，皆郑之功。虽敝邑之事君，何以不免？免于罪。在位之中，穆公即位以来。一朝于襄，而再见于君。灵。夷太子与孤之二三臣烛之武、归生相及于绛。虽我小国，则蔑以过之矣。今大国曰：'尔未逞吾志。'敝邑有亡，无以加焉。古人有言曰：'畏首畏尾，身其馀几？'喻郑北畏晋，南畏楚，无以自立。又曰：'鹿死不择音。'音与荫同。喻郑急不择所从。小国之事大国也：德，则其人也；怀之以德，则以人道相事。不德，则其鹿也，铤而走险，急何能择？铤，疾走貌。言如鹿避死，不能择庇荫之处。命之罔极，晋令之苛，无有穷极。亦知亡矣，将悉敝赋以待于儵。晋地。言欲以兵距晋。唯执事命之。文公郑君二年六月壬申，朝于齐桓。四年二月壬戌，为齐侵蔡，亦获成于楚。与楚平。居大国之间，而从于强令，岂其罪也？引前事以证。大国若弗图，无所逃命。言将叛。"晋巩朔行成于郑，赵穿、公壻池为质焉。

【眉批】此书道尾琐周旋之情，述徘徊迫胁之故，古雅透彻，为后来长竿大牍之祖。

子产劝子孔焚载书

子孔嘉当国，为载书，以位序、听政辟。法也。令自群卿以下，各守其职位，以受执政之法，不得预朝政。大夫、诸司、门子卿大夫之胄子弗顺，将诛之。子产止之，请为之焚书。子孔不可，曰："为书以定国，众怒而焚之，是众为政也，国不亦难乎？"子产曰："众怒难犯，专欲难成，合二难以安国，危之道也。不如焚书以安众，子得所欲，众亦得安，不亦可乎？专欲无成，犯众兴祸，子必从之！"乃焚书于仓门之外，欲使远近见之。众而后定。陈氏曰："书以治众也，而焚之，则政替。然郑頑焉，何也？宽之，则庶几于自新；急之，则竟其自绝之志。"

【眉批】子孔"是众为政"之言，未为不是，但法贵相宜，令行以渐，子产则欲宽以需之者也。

黑肱戒宗人

公孙黑肱有疾，归邑于公，简。召室老、宗人立段，而使黜官、薄祭。祭以特羊，四时。殷以少牢，三年盛祭以羊豕。足以共祀，尽归其馀邑，曰："吾闻之：生于乱世，贵而能贫，民无求焉，可以后亡。敬共事君与二三子。生在敬戒，不在富也。"伯张卒。君子曰："善戒。《诗》曰：'慎尔侯度，用戒不虞。'郑子张其有焉。"

子产告范宣子轻币

范宣子晋士丐为政，诸侯之币重，郑人病之。子产寓书于子西，夏。以告宣子，曰："子为晋国，四邻诸侯不闻令德，而闻重币，侨也惑之。侨闻君子长国家者，非无贿之患，而无令名之难。夫诸侯之贿聚于公室，则诸侯贰。若吾子赖恃之，则晋国贰。诸侯贰，则晋国坏；晋国贰，则子之家坏，何没没也！不灭而悟。将焉用贿？夫令名，德之舆也；致远。德，国家之基也。自立。有基无坏，无亦是务乎！有德则乐，乐则能久。《诗》云'乐只君子，邦家之基'，有令德也夫！'上帝临女，无贰尔心'，有令名也夫！恕思以恕存心以明德，则令名载而行之，是以远至迩安。毋宁使人谓子议论如下所云'子实生我'，而谓'子浚我以生'乎？言实能养我民者，乃多取我财，以养汝身。象有齿以焚其身，贿也。"宣子说，乃轻币。

【眉批】此首举合德重币只轻之说。

此言贿非患，令名之难。

此言贿之为患。

此言令名令德之美。

此示令名之当务。

此见不可不务令名也。

此书凡七转折，先后照应，一节妙于一节。

大叔戒宛射犬

楚子康伐郑以救齐，晋伐齐故。诸侯救郑。晋侯平使张骼、辅跞致楚师，求御于郑。欲得郑人知其地利故也。郑人卜宛射犬，吉。子大叔游吉戒之曰："大国之人不可与也。"与，等也。欲使卑下之。对曰："无有众寡，其上一也。"言在己上者有常分，不在国之大小。大叔曰："不然。部娄无松柏。"小阜之无大木，喻小异大。二子张骼、辅跞在幄，坐射犬于外；既食，而后食之。不为之礼。使御广车而行，以兵车先。已皆乘乘车。安车。将及楚师，而后从之乘，同乘兵车。皆踞转衣装而鼓琴。示暇。近，不告而驰之。射犬恨二子故。皆取胄于橐而胄，入垒，皆下，下车。搏人以投，接之车。收禽挟囚。弗待而出。射犬先出。皆超乘，抽弓而射。既免，复踞转而鼓琴，二子。曰：“公孙！同乘，兄弟也，胡再不谋？”谓不告不待。对曰：“曩者志入而已，谓先入。今则怯也。谓先出。”皆笑，曰：“公孙之亟也！”

子产示外仆草舍

子产相郑伯简以如楚，舍不为坛。礼：君至敌国，郊除地，封土为坛，以受郊劳。今但为草舍而已。外仆掌次舍者言曰：“昔先大夫相先君适四国，未尝不为坛。自是至今，亦皆循之。今子草舍，无乃不可乎？”子产曰：“大适小，则为坛；小适大，苟舍而已，焉用坛？侨闻之：大适小有五美：宥其罪戾，赦其过失，救其灾患，赏其德刑，教其不及。小国不困，怀服如归，是故作坛以昭其功，宣告后人，无怠于德。小适大有五恶：说其罪戾，自解。请其不足，行其政事，共其职贡，从其时命。朝会。不然，则重其币，以贺其福而吊其凶，皆小国之祸也，焉用作坛，以昭其祸？所以告子孙，无昭祸焉可也。”

【眉批】示弱自处之智。

子产不欲子皮用尹何

子皮罕虎欲使尹何为邑。子产曰：“少，未知可否。”子皮曰：“愿，吾爱之，不吾叛也。使夫谓尹何往而学焉，夫亦愈知治矣。”子产曰：“不可。人之爱人，求利之也。今吾子爱人则以政，犹未能操刀而使割也，其伤实多。子之爱人，伤之而已，其谁敢求爱于子？子于郑国，栋也。栋折榱崩，侨将厌焉，子产处其下，恐为所压。敢不尽言？子有美锦，不使人学制焉。大官、大邑，身之所庇也，而使学者制焉，其为美锦不亦多乎？邑重于锦。侨闻学而后入政，未闻以政学者也。若果行此，必有所害。譬如田猎，射御贯，习。则能获禽，若未尝登车射御，则败绩厌覆是惧，何暇思获？”子皮曰：“善哉！虎不敏。吾闻君子务知大者、远者，小人务知小者、近者。我，小人也。衣服附在吾身，谓小而近。我知而慎之；大官、大邑所以庇身也，谓大而远。我远而慢之。微子之言，吾不知也。他日我曰前日之言：子为郑国，我为吾家，以庇焉，其可也。今而后知不足。其知不足以谋家。自今请虽吾家听子而行。”子产曰：“人心之不同如其面焉，吾岂敢谓子面如吾面乎？敢使家事皆从我。抑心所谓危，亦以告也。”虽不敢预其家事，于心有所不安，亦将以实告。子皮以为忠，故委政焉，子产是以能为郑国。

【眉批】此文极佳，全借譬喻以晓事理。操刀求割，一喻也；栋折榱崩，二喻也；制锦，三喻也；田猎射御，四喻也；子皮说其言，又以衣服附身喻之；子产申其说，又以子面吾面喻之，各擅俊伟。人但知左氏之齐整，而孰知左氏之奇宕。

见子产之所以得政，全篇又似主脑在此。

子产止子皮用贽币

罕虎如晋，葬平公也。将以币行，见新君。子产曰：“丧焉用币？用币必百两，载以百乘。百两必千人。千人至，将不行。不行，必尽用之。不得见新君，必自费。几千人而国不亡？不可数用。”子皮虎字固请以行。

既葬，诸侯之大夫欲因见新君。叔向辞之，曰：“大夫之事毕矣，谓送葬。而又命孤。列国有凶称孤。孤斩焉在衰绖之中，既葬，未卒哭，犹服斩衰。其以嘉服见，则丧礼未毕；其以丧服见，是重受吊也，大夫将若之何？”皆无辞以见。

子皮尽用其币。归，谓子羽曰：“非知之实难，将在行之。患不能行。夫子知之矣，我则不足。不及。《书》曰：‘欲败度，纵败礼。’我之谓矣。夫子知度与礼矣，我实纵欲，而不能自克也。”

【眉批】叔向之辞，即子产之料，贤者所见，大略相同。

大叔劝晋勤王

王室乱。景王崩，既葬，庶子朝作乱。刘蚠、单旗立王猛，寻卒。乃立敬王，避子朝而出居于狄泉，谓之东王。尹氏立王子朝，入居王城，谓之西王。郑伯定如晋，子大叔相，游吉相礼。见范献子。鞅。献子曰：“若王室何？”对曰：“老夫其国家不能恤，敢及王室？抑人亦有言曰：‘嫠不恤其纬，嫠，寡妇也。织者常苦纬少，寡妇所宜忧。而忧宗周之陨，为将及焉。恐祸之及。’今王室实蠢蠢焉，动扰貌。吾小国惧矣；然大国之忧也，吾侪何知焉？吾子其早图之！《诗》曰：‘瓶之罄矣，惟罍之耻。’王室之不宁，晋之耻也。”献子惧，而与宣子韩起图之。乃征会于诸侯，期以明年。纳敬王，逐子朝。

【眉批】非大国，不足以兴王室，大叔非自诿也。

大叔语赵简子以九言

子大叔游吉卒。晋赵简子鞅为之临，甚哀，曰：“黄父之会，晋合诸侯之大夫于黄父，谋纳敬王也。夫子语我九言，曰：‘无始乱，无怙富，无恃宠，无违同，无敖礼，无骄能，无复怒，无谋非德，无犯非义。’”

【眉批】只述九言，而大叔之有德于简子，简子之感德于大叔，更不必再叙。

宋

乐喜责向戌以弭兵请邑

左师请赏，向戌以弭兵称功。曰："请免死之邑。"谦辞。公与之邑六十，以示子罕。乐喜字。子罕曰："凡诸侯小国，晋楚所以兵威之，畏畏晋楚之兵威而后上下慈和，慈和而后能安靖其国家，以事大国，所以存也。无威则骄，骄则乱生，乱生必灭，所以亡也。天生五材，金木水火土。民并用之，废一不可，谁能去兵？兵之设久矣，所以威不轨而昭文德也。圣人以兴，乱人以废。废兴、存亡、昏明之术，明君善于用兵，则兴而存，昏者反是。皆兵之由也，而子求去之，不亦诬乎！以诬道蔽欺诸侯，罪莫大焉。纵无大讨，而又求赏，无厌之甚也。"削而投之。废赏典。左师辞邑。

【眉批】向戌亦应塞词。

齐

栾施谕陈无宇寝兵

子尾卒。公孙虿。子旗栾施欲治其室，而立子良氏之宰。子良，高强也，虿之子。其臣曰："孺子长矣，而相吾室，欲兼我也。"授甲，将攻之。陈桓子无宇善于子尾，亦授甲，将助之。或告子旗，子旗不信，则数人告。将往，如子尾家。又数人告于道，遂如陈氏。桓子将出矣，闻之而还，游服去戎备而逆之，请命。对曰："闻强氏授甲将攻子，子闻诸？"曰："弗闻。"

"子壵亦授甲,无宇请从。"子旗曰:"子胡然?彼,孺子也。谓子良。吾诲之,犹惧其不济,吾又宠秩之,为之立宰。其若先人何?子壵谓之。相攻,何以见其先人。《周书》曰:'惠不惠,茂不茂。'惠于不惠者,勉于不勉者。康叔所以服弘大也。"桓子稽颡曰:"顷、灵福子,二君庇之。吾犹有望。"遂和之如初。

【眉批】描摹一时,画所不及。

晏子劝陈无宇致邑

陈、鲍伐栾、高氏,栾、高二族皆嗜酒,信内,多怨,强于陈、鲍氏而恶之。陈、鲍方睦用夏,有计伐之。分其室。晏子婴谓桓子:陈无宇。"必致诸公!景。让,德之主也,让之谓懿德。凡有血气,皆有争心,故利不可强,思义为愈。义,利之本也,蕴蓄利生孽。姑使无蕴乎!可以滋长。"桓子尽致诸公,而请老于莒。

【眉批】义之止利,和其凉冰之愈内热乎?无宇非晏子,岂知致公请老之举?

陈恒激颜晋救郑

晋荀瑶帅师伐郑,次于桐丘。郑驷弘请救于齐。齐师将兴,陈成子属孤子陈恒会集死事者之子三日朝。使朝三日以礼之。设乘车两马,大夫服。系五邑焉。召颜涿聚之子晋,曰:"隰之役,而父死焉。先是,晋伐齐,战于犁丘,齐师败,知伯亲擒颜庚。以国之多难,未女恤也。今君命女以是邑也,服车而朝,毋废前劳!"乃救郑。及留舒,违谷七里,谷人不知。言其整也。及濮,雨,不涉。子思国参曰:"大国在敝邑之宇下,是以告急。今师不行,恐无及也。"成子衣制,雨衣也。杖戈,立于阪上，马不出者，助之鞭之。知伯闻之，乃还，曰："我卜伐郑，不卜敌齐。"

【眉批】激之以仇，歆之以赏，出之以不意，应之以整暇。意象可掬。

楚

申叔时戒子反慎战

楚子共救郑。晋伐郑故。过申，子反侧入见申叔时，曰："师其何如？"对曰："德刑详义礼信，战之器也。德以施惠，刑以正邪，详以事神，义以建利，礼以顺时，信以守物。民生厚而德正，用利而事节，时顺而物成，上下和睦，周旋不逆，求无不具，各知其极。故《诗》曰：'立我烝民，莫匪尔极。'是以神降之福，时无灾害，民生敦厖，和同以听，莫不尽力以从上命，致死以补其阙，此战之所由克也。今楚内弃其民，无德。而外绝其好；无义。渎齐盟，无详。而食话言，无信。奸时以动，无礼。而疲民以逞。无刑。民不知信，进退罪也。人恤所底，各忧所至。其谁致死？子其勉之！吾不复见子矣。"及战于鄢陵，果败。子反还，及瑕，自杀。

申叔豫匡薳冯

楚子康使薳子冯为令尹，有宠于薳子者八人，皆无禄而多马。他日朝，与申叔豫言，弗应而退。从之，入于人中。又从之，遂归。退朝，见之，曰："子三困我于朝，吾惧，不敢不见。吾过，子姑告我，何疾我也？"对曰："吾不免是惧，恐与并罪。何敢以告子？"曰："何故？"对曰："昔观起有宠于子南，子南得罪，观起车裂，子南宠观起，未益禄而有马数十乘。康王杀子南于朝，轘观起于竟。即此以喻八人。何故不惧？”自御而归，不能当道。意不在御。至，谓八人者曰：“吾见申叔，夫子所谓生死而肉骨也。知我者如夫子则可；不然，请止。”辞八人者，而后王安之。不罪子冯。

【眉批】宛然不屑之状。

宛然悔过之状。

三困，即申叔不应，又退，又入于人中也。

倚相儆子亹

左史倚相廷见申公子亹，子亹不出，左史谤之，举伯以告。子亹怒而出，曰：“女无亦谓我老耄而舍我，而又谤我！”左史倚相曰：“唯子老耄，故欲见以交儆子。若子方壮，能经营百事，倚相将奔走承序，事业次序。于是不给，而何暇得见？昔卫武公年数九十有五矣，犹箴儆于国，曰：‘自卿以下至于师长士，苟在朝者，无谓我老耄而舍我，不进言。必恭恪于朝，朝夕以交戒我；闻一二之言，必诵志而纳之，以训道我。’在舆有旅贲之规，位宁有官师之典，中廷之左右谓之位，门外之间谓之宁。倚几有诵训之谏，工师以所诵书之几。居寝有亵近御之箴，临事有瞽史之道，事，戎与祀也。瞽，乐师，掌诏吉凶。史，大史，掌礼。宴居有师工瞽曚之诵。史不失书，曚不失诵，以训御之，于是乎作《懿》，戒以自儆也。懿，读曰抑。武公作此诗，以刺厉王，亦以自戒。及其没也，谓之睿圣武公。子实不睿圣，于倚相何害。《周书》曰：‘文王至于日中昃，不皇暇食。惠于小民，唯政之恭。’文王犹不敢惰。今子老楚国而欲自安也，以御数者，谓箴戒诽谤。王将何为？若常如此，楚其难哉!”子亹惧,曰:“老子亹名之过也。”乃骤见左史。

【眉批】一引武公[1],一引文王。

倚相止子期立妾

司马子期结欲以妾为内子,卿之嫡妻曰内子。访之左史倚相,曰:“吾有妾而愿,谨厚。欲笄之,笄,内子首服,衡笄也。其可乎?”对曰:“昔先大夫子囊违王之命谥;楚子审有疾,告大夫,请以厉谥。及卒,子囊谥之共。子夕嗜芰,子木有羊馈而无芰荐。屈到有疾,属宗老曰:‘祭我,必以芰。’及祥,宗老将荐芰,屈建命去,曰:‘祭典有之:大夫羊馈。不以其私欲于国之典。’君子曰:违而道。违命合道。谷阳竖爱子反之劳也,而献饮焉,以毙于鄢;晋败楚于鄢陵,将复战。楚王召子反。谷阳竖献饮于子反,醉,不能见。楚乃宵遁,子反自杀。芋尹申亥从灵王之欲,以陨于乾溪。楚师伐徐,楚子虔次于乾溪,为之援。观从率群失职以弃疾命召比,立之,令曰:‘先归复所。’师溃于訾梁。王窜于棘里,缢于芋尹申亥氏,申亥以其二女殉而葬之。君子曰:‘从而逆。从欲逆道。君子之行,欲其道也,故进退周旋,唯道是从。夫子木能违若敖之欲,以之道而去芰荐,吾子经营楚国,而欲荐芰以干之,以妾为妻,犹以芰当祭。其可乎?’”子期乃止。

【眉批】妾不可以为夫人,理本昭明,故倚相再不论,而但论其从违顺逆,味真隽永。

伍尚勉弟报仇

王平执伍奢,奢为太子建师,费无极为少师,无宠,谮诸平王,使太子

①公,原作“功”,误,据任养心本改。

居城父矣,复谮之曰:"建与伍奢将以方城之外叛。"故执之。无极曰:"奢之子材,若在吴,必忧楚国,若使奔吴,必贻楚忧。盍以免其父召之。彼仁,必来。不然,将为患。"王使召之曰:"来,吾免而父。"棠君尚谓其弟员,尚,伍奢之长子,为棠邑大夫。员,尚之弟,字子胥。曰:"尔适吴,我将归死。吾知不逮,自以智不及员。我能死,尔能报。闻免父之命,不可以莫之奔也;亲戚为戮,不可以莫之报也。奔死免父,孝也;度功而行,功必可成。仁也;择任而往,任,报仇事。知也;知死不辟,勇也。父不可弃,俱死则弃父。名不可废,俱去则废名。尔其勉之!相从为愈。"图报比之从死为胜。伍尚归。楚人皆杀之。员如吴,为行人以谋楚。及柏举之役,入郢,出平王尸而鞭之。

【眉批】伍尚所以处父子兄弟之间,料前后制复之算,一无遗策。楚人皆杀之,自以为得,不知正堕其计耳。无极贻害,谗人永鉴哉!

沈尹戌劝诛费无极

郤宛之难,费无极谮郤宛于令尹子常,杀之。国言未已,进胙者莫不谤令尹。于祭祀时诅之。沈尹戌言于子常囊瓦曰:"夫左尹与中厩尹,莫知其罪,而子杀之,左尹,郤宛也。中厩尹,阳令终也。子常既杀宛,并诛其党阳令终。以兴谤讟,至于今不已。戌也惑之:仁者杀人以掩谤,犹弗为也。今吾子杀人以兴谤,而弗图,不亦异乎!夫无极,楚之谗人也,民莫不知。去朝吴,害吴之在蔡,便逐之。出蔡侯朱,取货于东国,使蔡人出朱而立之。丧太子建,无极为建少师,无宠,既劝王纳其宝,又使居城父,又言将与伍奢叛。建因奔宋。杀连尹奢,即伍奢也。屏王之耳目,使不聪明。不然,平王之温惠共俭,有过成庄,二王。无不及焉。所以不获诸侯，迩无极也。今又杀三不辜，郤氏、阳氏、晋陈氏。以兴大谤，几及子矣。子而不图，将焉用之？夫鄢将师矫子之命，子常召鄢将师，告以郤氏门有甲兵，未令之攻也。将师退，遂攻之。以灭三族。国之良也，而不愆位。在位无愆过。吴新有君，阖闾新立。疆场日骇。楚国若有大事，子其危哉！知者除谗以自安也，今子爱谗以自危也，甚矣，其惑也！"子常曰："是瓦之罪，敢不良图！"子常杀费无极与鄢将师，尽灭其族，以说于国。谤言乃止。

【眉批】人主业有可成，每不得遂，或又基祸，岂智之不若，力不逮古哉？谗人之害，十居八九矣。不能不为之三叹。

斗辛劝弟存君

吴入郢，楚囊瓦欲得蔡昭侯裘，不与，拘之三年。归，请吴以伐楚，败于柏举，遂入郢。王昭奔郧。郧公辛之弟怀将弑王，曰："平王杀吾父，斗成然与养氏比而贪，平王患而杀之。我杀其子，不亦可乎？"辛曰："君讨臣，谁敢仇之？君命，天也。若死天命，将谁仇？《诗》曰：'柔亦不茹，刚亦不吐。不侮矜寡，不畏强御。'唯仁者能之。违强陵弱，非勇也；乘人之约，非仁也；灭宗废祀，弑君，罪应灭族。非孝也；动无令名，非知也。必犯是，余将杀女。"与其弟巢以王奔随。

【眉批】义正意厚。

蓝尹亹劝子西修德

子西叹于朝。蓝尹亹曰："吾闻君子唯独居思念前世之崇替，与哀殡丧，于是有叹，其馀则不。君子临政思义，饮食思礼，同宴思乐，在乐思善，无有叹焉。今吾子临政而叹,何也?”子西曰:“阖闾能败吾师。阖闾即世,吾闻其嗣又甚焉。吾是以叹。”对曰:“子患政德之不修,无患吴矣。夫阖闾口不贪嘉味,耳不乐逸声,目不淫于色,身不怀于安,朝夕勤志,恤民之羸,闻一善若惊,得一士若赏,有过必悛,有不善必惧,是故得民以济其志。战胜。今吾闻夫差好罢民力以成私好,纵过而翳谏,一夕之宿,台榭陂池必成,六畜玩好必从。夫先自败也已,焉能败人?子修德以待吴,吴将弊矣。”

子西不患吴

吴侵陈。贰故。吴师在陈,楚大夫皆惧,曰:“阖庐惟能用其民,以败我于柏举。今闻其嗣又甚焉,将若之何?”子西曰:“二三子恤不相睦,无患吴矣。昔阖庐食不二味,居不重席,室不崇坛,器不彤镂,宫室不观,舟车不饰,衣服财用,择不取费。在国,天有灾疠,亲巡其孤寡而共其乏困。在军,熟食者分而后敢食,其所尝者,卒乘与焉。勤恤其民,而与之劳逸,是以民不罢劳,死知不旷。弃之野。吾先大夫子常易之,反其所为。所以败我也。今闻夫差,次有台榭陂池焉,宿有妃嫱嫔御焉;三宿以上曰次。一日之行,所欲必成,玩好必从;珍异是聚,观乐是务;视民如仇,而用之日新。夫先自败也已,安能败我?”后二十年,越灭吴。

叶公谏用王孙胜

子西使人召王孙胜。太子建之子也,召之吴。沈诸梁闻之,见子西曰:“闻子召王孙胜,信乎?”曰:“然。”子高诸梁字曰:

“将焉用之?”曰:“吾闻之:胜直而刚,欲置之境。”子高曰:“不可。其为人也,展而不信,爱而不仁,诈而不智,毅而不勇,直而不衷,周而不淑。复言而不谋身,必行其言,身不计害。展也;爱而不谋长,外爱人,无远虑。不仁也;以辩盖人,诈也;强忍犯义,恃力。毅也;直而不顾,无所隐讳。不衷也;周言弃德,其言密而不以德。不淑也。是六德者,皆有其华而不实者也,将焉用之?彼其父为戮于楚,太子建以费无极之谮,平王欲杀之,因出奔。而其心又狷而不洁。若其狷也,不忘旧怨,而不以洁悛德,思报怨而已。则其爱也足以得人,其展也足以复之,复前言。其诈也足以谋之,其直也足以帅之,帅众。其周也足以盖之,其不洁也足以行之,而加之以不仁,奉之以不义,蔑不克矣。夫造胜之怨者,谓无极之徒。皆不在矣。若来而无宠,速其怒也。若其宠之,彼贪而无厌,既而得人,而耀之以大利,不仁以长之,长其贪心。思旧怨以修其心,苟国有衅,必不居矣。非子职之,其谁乎?子西将主此祸。彼将思旧怨而欲大宠,动而得人,怨而有术,执复父怨以为辞。若果用之,害可待也。余爱子与司马,子西之弟子期也。故不敢不言。”

【眉批】君子之才,所以成德;小人之才,所以济奸,此之谓也。

子西曰:“德其忘怨乎!余善之,夫乃其宁。”子高曰:“不然。吾闻之曰,唯仁者可好也,可恶也,可高也,可下也。好之不偪,恶之不怨,高之不骄,下之不惧。不仁者则不然。人好之则偪,恶之则怨,高之则骄,下之则惧。骄有欲焉,惧有恶焉,欲恶怨偪,所以生诈谋也。子将若何?若召而下之,将戚而惧;为之上者,将怒而怨。

诈谋之心，无所靖矣。有一不义，犹败国家，今壹五六，而必欲用之，不亦难乎？吾闻国家将败，必用奸人，而嗜其疾味，致疾之味。其子之谓乎？夫谁无疾眚！能者蚤除之。旧怨灭宗，国之疾眚也，为之关籥藩篱而远备闲之，犹恐其至也，是之为日惕。若召而近之，死无日矣。人有言曰：'狼子野心，怨贼之人也。'其又何善乎？若子不我信，盍求若敖氏与子干、子晳之族而近之？若敖氏，庄王所灭斗椒也。子干、子晳，共王庶子比与黑肱也。皆为平王所杀。安用胜也？其能几何？昔齐驺马繻以胡公入于具水，齐胡公靖虐马繻，马繻杀胡公，纳之具水。邴歜、阎职戕懿公于囿竹，齐懿公刖邴歜之父尸，而使歜仆纳阎职之妻，而使职骖乘。公游申池，二人杀公，纳之竹。晋长鱼矫杀三郤于榭，郤犨与长鱼矫争田，执而梏之，与其父母妻子同一辕。既矫嬖于厉公，谮而杀三郤。鲁圉人荦杀子般于次，子般，鲁庄公太子，尝鞭荦。公子庆父通于夫人，夫人欲立之，使荦贼子般于党氏。夫是谁之故也，非唯旧怨乎？是皆子所闻也。人之求多闻善败，以鉴戒也。今子闻而弃之，犹蒙耳也。吾语子何益？吾知逃而已。"子西笑曰："子之尚胜也。"好胜人。不从，遂使为白公。白，楚邑。

子高以疾间居于蔡。及白公之乱，子西、子期死。白公请伐郑以报父仇，子西既许之，未起师，晋伐郑，楚又救之，与之盟。白公怒，遂作乱，杀二子于朝。叶公闻之，曰："吾怨其弃吾言，而德其治楚国，楚国之能平均以复先王之业者，夫子也。以小怨置大德，吾不义也，将入杀之。"帅方城之外以入，杀白公而定王室。

【眉批】将戚而惧，将怒而怨，所谓思旧怨以修其心，与所谓速其怒也。

以下极言旧怨之害。

叶公即诸梁。

吴

季札谕诸国大夫

公子札来聘，通鲁。见叔孙穆子，豹。悦之。谓穆子曰："子其不得死乎！好善而不能择人。吾闻君子务在择人。吾子为鲁宗卿，而任其大政，不慎举，何以堪之？祸必及子！"聘于齐，说晏平仲，谓之曰："子速纳邑与政。归之公。无邑无政，乃免于难。齐国之政将有所归，在陈氏。未获所归，难未歇也。"故晏子因陈桓子无宇以纳政与邑，是以免于栾、高之难。栾施、高强二族强于陈、鲍氏而恶之，陈桓子、鲍文子伐栾、高氏，四族皆召晏子，无所往。景公出师，栾、高战败，陈、鲍分其室。聘于郑，见子产，如旧相识，与之缟带，子产献纻衣焉。吴地贵缟，郑地贵纻，各献所贵，示损己，不为彼货利。谓子产曰："郑之执政侈，谓伯有。难将至矣，政必及子。子为政，慎之以礼。不然，郑国将败。"适卫，说蘧瑗、史狗、史鳍、公子荆、公叔发、公子朝，曰："卫多君子，未有患也。"自卫如晋，将宿于戚，孙林父邑。闻钟声焉，曰："异哉！吾闻之也：辩争而不德，必加于戮。夫子获罪于君以在此，以戚叛。惧犹不足，而又何乐？夫子之在此也，犹燕之巢于幕上。君又在殡，卫献公卒，未葬。而可以乐乎？"遂去之。文子闻之，终身不听琴瑟。适晋，说赵文子武、韩宣子起、魏献子舒，曰："晋国其萃于三族乎！"说叔向。将行，谓叔向曰："吾子勉之！君平公侈而多良，大夫皆富，政将在家。吾子好直，必思自免于难。”

【眉批】季札谕诸大夫之言，后皆有验，而左氏独载晏子免难一节，馀皆不言，此正文章伸缩隐见有意味者。《庄子》夔蚿一段，即此体。

季札于子产独更情亲，邂逅交贽，倏尔相投，同好也。

左粹类纂　卷之四

吴郡施仁　编集

如皋孙应鳌　批点

辩　说

一言以为智，一言以为不智，成败利钝之所关也。当春秋时，临利害，决死生，而謇謇谔谔之士抗言持论，敌国不敢逞志，主君为之霁威，事克有济，为邦家光，辞其可以已乎？是故周鼎之问也，微满则迁之矣；卫侯之藩也，微赐则俘之矣。郑不晋鄙，以有侨在；越及吴平，种实为之；辞其可以已乎？吁！继此而捭[①]阖从衡之徒出，士气索然矣！

周

仓葛不服晋

王襄以阳樊赐晋文公。王绌翟后，翟人奉王子带以攻王。王出奔郑，晋文公纳之，故劳以地。阳人不服，晋侯围之。仓葛阳人呼曰："王以晋君为德，故劳之以阳樊，阳樊怀我王德，是以未从于晋。谓君其何德之布以怀柔之，使无有远志？叛心。今将大泯其宗祊庙门谓祊而蔑杀其民人，宜吾不敢服也！夫

①捭，原作"枰"，误，据文义改。

三军之所寻，讨。将蛮夷戎翟之骄逸不虔，于是乎致武。此羸者阳也，未狎习君政，故臣承命。君若惠及之，唯官是征，其敢逆命，应其召。何足以辱师！君之武震，无乃玩而顿乎？言举兵非义，故威黩而人弊。臣闻之曰：'武不可觌，文不可匿。觌武无烈，匿文不昭。'阳不承获甸，不得承命为甸服。而祇以觌武，反见讨于晋。臣是以惧。不然，其敢自爱也？且夫阳岂有裔民，夫亦皆天子之父兄甥舅也，若之何其虐之也？"晋侯闻之，曰："是君子之言也。"乃出阳民。放令去。

王孙满对楚问鼎

楚子庄伐陆浑之戎，秦晋所迁于伊川者。遂至于雒，观兵于周疆。示威以胁周。定王使王孙满劳楚子。楚子问鼎之大小轻重焉。禹之九鼎，三代相传，以为宝。楚之问，盖欲夺之周也。对曰："在德不在鼎。昔夏之方有德也，远方图物，图山川奇异之物以献之。贡金九牧，九州之牧贡金。铸鼎象物，铸金为鼎而著远方物形于其上。百物而为之备，见其形而预为之备。使民知神奸。故民入川泽山林，不逢不若。不顺之物。螭魅罔两，山川神怪。莫能逢之。用能协于上下，以承天休。桀有昏德，鼎迁于商，载祀六百。商有天下六百年也。载取更始之义，祀取祭祀之义，皆年之别名。《尔雅》云："唐虞曰载，商曰祀。"商纣暴虐，鼎迁于周。德之休明，虽小，重也。其奸回昏乱，虽大，轻也。天祚明德，有所底止。自有极至之时。成王定鼎于郏鄏，卜世三十，卜年七百，天所命也。周德虽衰，天命未改。鼎之轻重，未可问也。"

【眉批】王孙满一言而周鼎重于万钧。"夏之方有德"以下，见"在德不在鼎"也。"成王定鼎于郏鄏"以下，见

"天祚明德,有所底止"也。皆所以折不臣之心。

刘单折晋郤至

晋郤至与周争鄇田,温别邑。王命刘康公、王季子。单襄公朝讼诸晋。郤至曰:"温,吾故也,郤氏旧邑。故不敢失。"刘子、单子曰:"昔周克商,使诸侯抚封,抚有封内之地。苏忿生以温为司寇,忿生为武王司寇,食采于温。与檀伯达封于河。苏氏即狄,桓王夺其邑以与郑,遂叛王即狄。又不能于狄而奔卫。为狄所灭。襄王劳文公而赐之温,文公尝纳襄王,赐文公以阳樊、温原、攒茅之田。狐氏、阳氏先处之,狐溱、阳处父先食采于温。而后及子。若治其故,则王官之邑也,子安得之?"晋侯郤至勿敢争。

【眉批】天子与诸侯之陪臣争田,可怜哉!然人臣无将,郤氏随以灭亡,岂足异者?

瑕禽不下王叔

王叔陈生与伯舆争政,二子,王卿士。王右伯舆。晋侯悼使士丐平王室,王叔与伯舆讼焉。王叔之宰与伯舆之大夫瑕禽坐狱于王庭,周礼:命夫、命妇不躬坐狱讼,故各使其属。士丐听之。王叔之宰曰:"筚门圭窦之人而皆陵其上,其难为上矣。"瑕禽曰:"昔平王东迁,吾七姓从王,时从者七人,伯舆之祖其一也。牲用备具,王赖之,为王备牺牲,共祭祀。而赐之骍旄之盟,骍旄,赤牛也。举骍旄者,言得重盟,不以犬鸡。曰:'世世无失职。'若筚门圭窦,其能来东底乎?底,至也。从王以至于东。且王何赖焉?今自王叔之相也,政以贿成,而刑放于宠。所刑所放皆自宠出。官之师旅,不胜其富,皆受赂。吾能无筚门圭窦乎？唯大国图之！下而无直，则何谓正矣？”正者，不失下之直。范宣子曰：“天子所右，寡君亦右之；所左，亦左之。”使王叔氏与伯舆合要，王叔氏不能举其契。要，契约辞也。伯舆辞直，王叔无以应之也。王叔奔晋。单靖公为卿士以相王室。

【眉批】卿士争政，天子已不能官人矣，又不能自决，而待诸侯之卿听之。

子朝遍告诸侯

王子朝奉周之典籍以奔楚，景王崩，子朝以庶长作乱。刘蚠、单旗立猛，寻卒，复立丐，是为敬王。尹氏立子朝。敬王出，子朝入晋。知跞、赵鞅帅师纳敬王，故子朝奔。使告于诸侯曰：“昔武王克殷，成王靖四方，康王息民，并建母弟，以蕃屏周，亦曰：‘吾无专享文武之功，且为后人之迷败颠覆而溺入于难，则振救之。’至于夷王，王愆于厥身，有恶疾。诸侯莫不并走其望，祀群神。以祈王身。至于厉王，王心戾虐，万民弗忍，居王于彘。诸侯释位，以间王政。周、召二公去其所居之位，与治王之政事，号曰共和。宣王有志，而后效官。厉王之流。宣王尚少，养于召公之家，及能为君，二公共立之，而致其官政于王。至于幽王，天不吊周，王昏不若，顺。用愆失厥位。携王奸命，诸侯替之，而建王嗣，用迁郏鄏，携王，幽王少子伯服也，褒姒所生。王欲立之，而废太子宜臼。宜臼奔申，申伯与犬戎攻杀王，诸侯废伯服，立宜臼，是为平王，始东迁。则是兄弟之能用力于王室也。至于惠王，天不靖周，生颓祸心，子颓，庄王庶子，惠王之叔也。苏国、边伯等奉子颓以伐周，立颓以为王。施及于叔带。叔带，惠王之子，襄王之弟也。通于后隗氏，王废之，后狄女。颓叔奉带，以狄师攻王。惠、襄辟难，越去王都。惠王避子颓之难，适栎。襄王避子带之难，处汜。则有晋郑，咸黜不端，以绥定王家。

晋文杀叔带，郑厉杀子颓。则是兄弟之能率先王之命也。在定王六年，秦人降妖，曰：‘周其有髭王，亦克能修其职，诸侯服享，二世共职。谓灵王、景王时。王室其有间王位，间夺王位者，谓朝也，今子朝反以为王猛。诸侯不图，而受其乱灾。’为乱灾者，谓楚也，今子朝反以为晋。已上皆妖言。至于灵王，生而有髭。王甚神圣，无恶于诸侯。灵王、景王克终其世。今王室乱，单旗、刘狄剥有天下，壹行不若，专为不顺。谓‘先王何常之有，无常法。唯余心所命，其谁敢讨之’，帅群不吊之人，不相吊恤者。以行乱于王室。侵欲无厌，规求无度，贯习渎鬼神，慢弃刑法，倍奸犯齐盟，傲狠威仪，矫诬先王。晋为不道，是摄是赞，思肆其罔极。兹不谷震荡播越，窜在荆蛮，未有攸底。至。若我一二兄弟甥舅，将顺天法，无助狡猾，以从先王之命，立长之命。毋速天罚，赦图不谷，赦其忧而谋其难。则所愿也。敢尽布其腹心，及先王之经，而诸侯实深图之。昔先王之命曰：‘王后无嫡，则择立长。年钧以德，德钧以卜。’王不立爱，公卿无私，古之制也。穆后及大子寿，早夭即世，单、刘赞私立少，以间先王。亦唯伯仲叔季图之！”闵马父闻子朝之辞，曰：“文辞以行礼也。子朝干景之命，远晋之大，以专其志，无礼甚矣，文辞何为！”

【眉批】强辞戾志，借巧以奸。

鲁

○羽父长滕于薛

滕侯、薛侯来朝，争长。薛侯曰：“我先封。”薛祖奚仲，夏所封。滕侯曰：“我，周之卜正也；卜官之长。薛，庶姓也，任姓。

我不可以后之。”

公隐使羽父请于薛侯曰：“君与滕君辱在寡人，周谚有之曰：‘山有木，工则度之；宾有礼，主则择之。’周之宗盟，异姓为后。寡人若朝于薛，不敢与诸任齿。君若辱贶寡人，则愿以滕君为请。”薛侯许之，乃长滕侯。

【眉批】鲁亦姬姓，故不与任齿。

展喜却齐师

齐孝公伐我北鄙。卫尝伐齐，齐怒鲁盟卫，故来伐。公僖使展喜犒师，使受命于展禽。齐侯未入竟，展喜从之，曰：“寡君闻君亲举玉趾，将辱于敝邑，使下臣犒执事。”不敢斥尊。齐侯曰：“鲁人恐乎？”对曰：“小人恐矣，君子则否。”齐侯曰：“室如县罄，野无青草，何恃而不恐？”对曰：“恃先王之命。昔周公、太公股肱周室，夹辅成王。成王劳之，而赐之盟，曰：‘世世子孙无相害也！’载载书在盟府，大师职之。桓公是以纠合诸侯而谋其不协，弥缝其阙而匡救其灾，昭旧职也。及君即位，诸侯之望曰：‘其率桓之功！’我敝邑用不敢保聚，曰：‘岂其嗣世九年，而弃命废职？其若先君何？君必不然。’恃此以不恐。”齐侯乃还。

【眉批】“恃命”一言，孝公岂能上倍其君，远违其祖？

孟文子不弛宅

文公欲弛孟文子谷之宅，欲毁之以益宫。使谓之曰：“吾欲利子于外之宽者。宽地。”对曰：“夫位，政之建也；署，位之表也；车服，表之章也；贵贱有等。宅，章之次也；有章服者之次舍。禄，次之食也。君议五者以建政，为不易之故也。有其位，则治其署，服其章，居其次，食其禄，以立政事，为不可易。今有司来命易臣之署与其车服，而曰：‘将易而汝次，为宽利也。’夫署，所以朝夕虔君命也。臣立先君之署，服其车服，为利故而易其次，是辱君命也，不敢闻命。若罪也，则请纳禄与车服而违署，唯里人之所命次。有罪去位，则当受舍于里宰。”公弗取。臧文仲闻之曰：“孟孙善守矣，守官。其可以盖穆伯公孙敖尝淫乎莒，出奔而死于齐而守其后于鲁乎！”

郈敬子不弛宅

公欲弛郈敬子同之宅，亦如之。如谓孟文子，亦曰“吾欲利乎于外之宽者”。对曰：“先臣惠伯叔彭生以命于司里，尝禘烝享之所致君胙者有数矣。君有祭而赐之胙。出入受事之币以致君命者，亦有数矣。奉使出入，以币将君命。今命臣更次于外，为有司之以班命事也，有司以位次命职事于臣。无乃违乎！远而不便出入。请从司徒，以班徙次。”司徒掌里宰之政，比夫家众寡之官也。敬子自以有罪，君欲黜之，故请从司徒徙里舍也。公亦弗取。

【眉批】文公欲益己宅而及两臣之居，侈逼甚矣。两臣者援引先命，诿借己罪以却之，何其宜也。

季文子逐莒仆

莒纪公生大子仆，又生季佗，爱季佗而黜仆，且多行无礼于国。仆因国人以杀纪公，以其宝玉来奔，纳诸公。宣。公命与之邑，曰：“今日必授！”季文子行父使司寇出诸竟，曰：“今日必达！”公问其故。季文子使大史克对，曰：“先大夫臧文仲教行父事君之礼，行父奉以周旋，罔敢失队，曰：‘见有礼于其君者，事之，如孝子之养父母也；见无礼于其君者，诛之，如鹰鹯之逐鸟雀也。'先君周公制《周礼》，曰：'则以观德，则，父子、君臣、夫妇、朋友之法也，顺此为吉德，逆此为凶德。德以处事，德之凶吉，所以制事之是非。事以度功，事之是非，所以量功之成否。功以食民。以功之成否，为养之厚薄。'作誓命曰：'毁则为贼，掩贼为藏。窃贿为盗，盗器为奸。主藏之名，以掩贼为名。赖奸之用，用奸器。为大凶德，有常无赦。在九刑不忘。周刑书。'行父还观莒仆，莫可则也。孝敬、忠信为吉德，盗贼、藏奸为凶德。夫莒仆，则其孝敬，则弑君父矣；则其忠信，则窃宝玉矣。其人，则盗贼也；其器，则奸兆也。保而利之，则主藏也。以训则昏，民无则焉。不度居于善，而皆在于凶德，是以去之。昔高阳氏有才子八人：苍舒、陨敳、梼戭、大临、尨降、庭坚、仲容、叔达，齐圣广渊，明允笃诚，天下之民谓之八恺。高辛氏有才子八人：伯奋、仲堪、叔献、季仲、伯虎、仲熊、叔豹、季貍，忠肃共懿，宣慈惠和，天下之民谓之八元。此十六族也，世济其美，不陨其名。以至于尧，尧不能举。舜臣尧，举八恺，使主后土，以揆百事，莫不时序，地平天成。举八恺而独言禹事，举大以见其馀。举八元，使布五教于四方，父义、母慈、兄友、弟恭、子孝，内平外成。八元独言契事，亦举其大者耳。昔帝鸿氏有不才子，掩义隐贼，好行凶德；丑类恶物，顽嚚不友，是与比周，类之丑、物之恶，与夫心之顽、口之嚚，此皆人之不可友者，不才子与之亲密。天下之民谓之浑敦。此驩兜也。少皞氏有不才子，毁信废忠，崇饰恶言；靖谮庸回，服谗搜慝，以诬盛德，天下之民谓之穷奇。此共工也。颛顼氏有不才子，不可教训，不知话言；告之则顽，舍之则嚚，傲狠明德，以乱天常，天下之民谓之梼杌。此鲧也。此三族也，世济其凶，增其恶名，以至于尧，尧不能去。缙云氏有不才子，贪于饮食，冒于货贿，侵欲崇侈，不可盈厌，聚敛积实，不知纪极，不分孤寡，不恤穷匮，天下之民以比三凶，谓之饕餮。此三苗也。舜臣尧，宾于四门，流四凶族浑敦、穷奇、梼杌、饕餮，投诸四裔，按《尚书注》，流共工于幽州，北裔也；放欢兜于崇山，南裔也；窜三苗于三危，西裔也；殛鲧于羽山，东裔也。以御螭魅。螭，山神。魅，怪物。是以尧崩而天下如一，同心戴舜，以为天子，以其举十六相、去四凶也。故《虞书》数舜之功，曰'慎徽五典，五典克从'，无违教也。此举八元之功。曰'纳于百揆，百揆时序'，无废事也。此举八恺之功。曰'宾于四门，四门穆穆'，无凶人也。此去四凶之功。舜有大功二十举十六相，去四凶而为天子，今行父虽未获一吉人，去一凶矣。于舜之功，二十之一也，庶几免于戾乎！"朱氏曰："宣公以篡得国，而行父不讨，顾乃逐一莒仆，历数其罪，而不少假借，是托莒仆以劫持宣公也。彼宣公，果人也，固宜羞愧汗下，无措躬之所矣。"真氏曰："行父历数莒仆之罪，当矣。而不知襄仲之恶，近在目前，而不能正，反与之先后如齐，以求昏与会焉。是陷身于盗贼之党而不自知也。且其言曰：'见无礼于君者，犹鹰鹯之逐鸟雀也。'如襄仲者，其有礼乎？其无礼乎？枭獍在前而不知逐，顾区区以去鸟雀为能，而曰'此舜功二十之一也'，岂不可哂也哉！"

【眉批】养父母，逐鸟雀，但形容真爱真[①]恶。

此篇凡二段。先段引周礼誓命，以明莒仆之不可不去；后段引元恺四凶，以明莒仆之不可不诛，典丽严整。

行父与宣公，先后如齐，求昏与会，其甘心甚矣，决非假托莒仆以劫持宣公。

子叔婴齐复季文子于晋

宣伯叔孙侨如通于穆姜，宣公夫人，成公母。欲去季孟而取

①真，原作"直"，误，据任养心本改。

其室。使告郤犨晋卿曰："鲁之有季、孟，犹晋之有栾、范也，政令于是乎成。今其谋曰：诬谮之。'晋政多门，不可从也。宁事齐楚，有亡而已，蔑从晋矣。'虽亡，亦不事晋。若欲得志于鲁，请止行父而杀之，时文子从成公在晋。我毙蔑也，时献子留守公宫。而事晋，蔑有贰矣。鲁不贰，小国必睦。不然，归必叛矣。"晋人执季文子于苕丘。用侨如之谮。公成使子叔声伯婴齐请季孙于晋。求免。郤犨曰："苟去仲孙蔑而止季孙行父，执而杀之。吾与子国，亲于公室。亲鲁甚于公室。"对曰："侨如之情，侨如淫于穆姜，而欲专鲁国之政，故谋去季、孟。子必闻之矣。若去蔑与行父，是大弃鲁国，而罪寡君也。若犹不弃，而惠徼周公之福，使寡君得事晋君，则夫二人者，季、孟。鲁国社稷之臣也。若朝亡之，鲁必夕亡。属他国。以鲁之密迩仇雠，谓齐楚。亡而为仇，使鲁亡而属于齐楚，同于晋之仇雠。治之何及？"郤犨曰："吾为子请邑。"请邑于鲁，以悦其心，欲使不救行父。对曰："婴齐，鲁之常隶也，敢介因大国以求厚焉？承寡君之命以请，请释行父。若得所请，吾子之赐多矣，又何求？"范文子燮谓栾武子书曰："季孙于鲁，相二君矣。宣、成。妾不衣帛，马不食粟，可不谓忠乎？信谗慝而弃忠良，若诸侯何？子叔婴齐奉君命无私，不受请邑。谋国家不贰，谓四日不食以坚事晋。图其身，不忘其君。辞邑，不食，皆先君后身。若虚其请，是弃善人也。子其图之！"乃许鲁平，赦季孙。

【眉批】郤犨于栾、范，此正两立，必不容者，故欲去季文子，而假栾、范以中其心，欲其必去之也。

孟献子借鄫于晋

公襄如晋听政。受贡赋多少之政。晋侯悼享公，公请属鄫。

欲以鄫助鲁出贡赋。晋侯不许。孟献子仲孙蔑曰："以寡君之密迩于仇雠，齐楚。而愿固事君，晋。无失官命。征发之命。鄫无赋于司马，言鄫无贡于晋。为执事朝夕之命敝邑，敝邑褊小，阙而为罪，阙失则见罪。寡君是以愿借助焉。"晋侯许之。

子服湫复季平子于晋

平丘之会，晋昭公使叔向辞昭公，弗与盟，执季平子。邾人、莒人诉于晋曰："我之不共，鲁故之以。"晋昭公遂辞鲁昭公，不见，执季孙意如以归。子服惠伯湫见韩宣子，起。曰："夫盟，信之要也。晋为盟主，是主信也。若盟而弃鲁侯，信抑阙矣。昔栾氏之乱，齐人间晋之祸，伐取朝歌。栾盈奔楚，自楚奔齐，齐庄公纳盈，不克，伐晋，取朝歌。我先君襄公不敢宁处，使叔孙豹悉帅弊赋，踦跂毕行，无有处人，以从军吏，次于雍俞，晋地。与邯郸胜晋大夫赵胜食采邯郸击齐之左，左军。掎止晏莱焉，从后曰掎。止，获也。晏莱，齐大夫。齐师退而后敢还。非以求远也，不急近功。以鲁之密迩于齐，而又小国也；齐朝驾则夕极于鲁国，不敢惮其患，而与晋共其忧，亦曰：'庶几有益于鲁国乎！'今信蛮夷而弃之，夫诸侯之勉于君者，将安劝矣？若弃鲁而苟固诸侯，群臣敢惮戮乎？诸侯之事晋者，鲁为勉矣。若以蛮夷之故弃之，其无乃得蛮夷而失诸侯之信乎？子计其利者，小国共命。"宣子说，乃归平子。《语》。

季孙犹在晋，子服惠伯私于中行穆子荀吴曰："鲁事晋，何以不如夷之小国？鲁，兄弟也，土地犹大，所命能具。若为夷弃之，使事齐楚，其何瘳于晋？亲亲与大，赏共罚否，所以为盟主也。子其图之！谚曰：'臣一主二。'一臣必有二主，道不合，得去事他国。吾岂无大国？"穆子告韩宣子，起。且曰："楚灭陈蔡，不能救，而为夷执亲，将焉用之？"乃归季孙。惠伯曰："寡君未知其罪，合诸侯而执其老。若犹有罪，死命死晋命可也。若曰无罪而惠免之，诸侯不闻，是逃命也，何免之为？请从君惠于会。"欲得盟会见遣，不欲私去。宣子患之，谓叔向曰："子能归季孙乎？"对曰："不能。鲋也能。"羊舌鲋，叔向弟。乃使叔鱼。鲋字。叔鱼见季孙，曰："昔鲋也得罪于晋君，自归于鲁君。叔鱼坐叔虎与栾氏党，并得罪奔鲁。微武子宿之赐，不至于今。虽获归骨于晋，犹子则肉之，再生之赐。敢不尽情？归子而不归，鲋也闻诸吏，将为子除馆于西河，西使近河，言囚之远地。其若之何？"且泣。平子惧，先归。惠伯待礼。遣礼。

【眉批】十二国会于平丘，鲁独不与，可耻甚矣。然晋无德义，而以兵力胁之，上要天子之老歃血，可谓妄肆之极，其不与，又似无轻重者。独惜其数朝于晋，三至于河，不得入，昭公竟无发愤之心。视勾践保栖于会稽，尝胆报吴；燕昭王破燕之后，卑礼厚币以招贤者，其材品志意，奚啻霄壤！

蛮夷指邾、莒。

惠伯又责晋，晋恐诸侯之二之也，故令叔鱼劫季平子以归。季氏专鲁，而意如尤为罪首。晋人若执邾、莒之词，问南蒯子仲奔叛之由，声罪致讨，以去强宗，有何不可？惜其徒知以威胁鲁国，而不知以义正季氏，岂非晋之诸卿专权，以庇大家权臣耶？

孔子相会夹谷

公定会齐侯景于夹谷，齐数伐鲁，鲁及齐平。孔丘相。犁弥言于齐侯曰："孔丘知礼而无勇，若使莱人以兵劫鲁侯，必得志焉。"齐侯从之。孔丘以公退，曰："士兵之！以兵击莱人。两君合好，而裔夷之俘以兵乱之，非齐君所以命诸侯也。裔不谋夏，夷不乱华，俘不干盟，兵不逼好。于神为不祥，盟将告神，犯之则不祥。于德为愆义，于人为失礼，君必不然。"齐侯闻之，遽辟之。去莱兵。将盟，齐人加于载书曰："齐师出竟，而汝不以甲车三百乘从我者，有如此盟！"孔丘使兹无还大夫揖对，曰："而不反我汶阳之田，吾以共命者亦如之！"须得汶阳田，乃以三百乘共命。齐侯将享公。孔丘谓梁丘据曰："齐鲁之故，旧典。吾子何不闻焉？事既成矣，而又享之，是勤执事也。且牺象不出门，牺尊、象尊，朝庙中酒器。嘉乐不野合。飨而既具，是弃礼也；若其不具，用秕稗也。享不备礼，秽薄如秕稗。用秕稗，君辱；弃礼，名恶。子盍图之！夫享，所以昭德也。不昭，不如其已也。"乃不果享。齐人来归郓、谨、龟阴之田。胡氏曰："仲尼一言，威重于三军，亦顺于理而已矣。故天下莫大于理，而强众不与焉。"

【眉批】是会也，孔子凡三言，一却莱兵，一改载盟，一罢享礼。子贡谓其"绥之斯来，动之斯和"，岂偶然者？

子服何拒吴征百牢

公哀会吴于鄫。吴王夫差方图伯。吴来征百牢。飨礼。子服景伯何对曰："先王未之有也。"吴人曰："宋百牢我，鲁不可以后宋。且鲁牢晋大夫过十，士鞅聘，昭公享以十一牢。吴王百牢，不亦可乎？"景伯曰："晋范鞅贪而弃礼，以大国惧敝邑，故敝邑十一牢之，初用七牢，士鞅怒，加四牢。君若以礼命于诸侯，则有数矣。上公九牢，伯七牢，子、男五牢。若亦弃礼，则有淫过者矣。周之王也，制礼，上物不过十二，以为天之大数也。自子至亥为十二辰，故象之。今弃周礼，而曰必百牢，亦唯执事。”吴人弗听。景伯曰：“吴将亡矣，弃天而背本。不与，必弃疾于我。遗患。”乃与之。

【眉批】景伯据理，而吴弗听，失在吴矣！

子贡拒吴召季康子

吴大宰嚭召季康子，肥。康子使子贡端木赐辞。大宰嚭曰：“国君道长，奔走于道路而长大。而大夫不出门，此何礼也？”对曰：“岂以为礼？畏大国也。不敢虚国尽行。大国不以礼命于诸侯，征百牢。苟不以礼，岂可量也？包藏祸心。寡君既共命焉，其老岂敢弃其国？大伯端委以治周礼，端，服。委，冠也。仲雍嗣之，太伯无子，雍继之。断发文身，裸以为饰，岂礼也哉？有由然也。”其效吴俗，权以避害也。

【眉批】吴责鲁无礼，故子贡以吴之先亦无礼者反之。

子贡止吴寻盟

公哀会吴于橐皋，吴子夫差使大宰嚭请寻盟。鄫之盟。公不欲，使子贡对曰：“盟，所以周固信也，故心以制之，玉帛以奉之，言以结之，明神以要之。寡君以为苟有盟焉，弗可改也已。若犹可改，日盟何益？今吾子曰‘必寻盟’，若可寻也，亦可寒也。”乃不寻盟。

【眉批】切至。

子贡复卫出公于吴

卫侯出会吴于郧。吴人藩卫侯之舍。以辞吴盟，拘之也。

子服景伯谓子贡曰："夫诸侯之会，事既毕矣，侯伯致礼，主盟者。地主归饩，会所主人。以相辞也。各尽礼。今吴不行礼于卫，而藩其君舍以难之，子盍见太宰？"乃请束锦以行。语及卫故，太宰嚭曰："寡君愿事卫君，卫君之来也缓，寡君惧，恐其叛。故将止之。"子贡曰："卫君之来，必谋于其众，其众或欲或否，是以缓来。其欲来者，子之党也；其不欲来者，子之仇也。若执卫君，是堕党而崇仇也，夫堕子者得其志矣。且合诸侯而执卫君，谁敢不惧？堕党崇仇，而惧诸侯，或者难以霸乎！"大宰嚭说，乃舍卫侯。

【眉批】以三失惧之，辩哉！

子服何不屈于吴

吴人将以公哀见晋侯，时吴王夫差与晋定公盟于黄池。子服景伯对使者曰："王合诸侯，则伯帅侯牧以见于王；伯王，宫伯也。侯牧，方伯也。伯合诸侯，伯，诸侯之长。则侯帅子男以见于伯。自王以下，朝聘玉帛不同；故敝邑之职贡于吴，有丰于晋，无不及焉，以为伯也。今诸侯会，而君将以寡君见晋君，则晋成为伯矣，敝邑将改职贡：鲁赋于吴八百乘，若为子男，则将半邾以属于吴，三百乘。而如邾以事晋。六百乘。且执事以伯召诸侯，而以侯终之，何利之有焉？"吴人乃止。既而悔之，将囚景伯。景伯曰："何也景伯名何立后于鲁矣，不避囚执。将以二乘与六人从，迟速唯命。"遂囚以还。及户牖，地。谓大宰曰："鲁将以十月上辛有事于上帝、先王，季辛而毕，何世有职焉，自襄以来，未之改也。若不会，祝宗将曰'吴实然'，言将告神云：'景伯不会，坐为吴所囚。'吴人信鬼，故以是恐之。且谓鲁不共，而执其贱者七人，何损焉？"大宰嚭言于王曰："无损于鲁，而祇为名，适有恶名。不如归之。"乃归景伯。

【眉批】吴人好兼并，故语之以事晋；吴人信巫鬼，故恐之以宗祝；吴人凌强大，故鄙之以执贱。

子贡复成邑于齐

孟孺子泄将圉马于成，孟氏邑。成宰公孙宿不受。孺子怒，袭成，成叛于齐。子服景伯如齐，时鲁及齐平，而何为之使。子贡为介，见公孙成，宿。曰："人皆臣人，而汝有背人之心，况齐人虽为子役，其有不贰乎？言齐人亦将叛子。子，周公之孙也，多飨大利，犹思不义。利不可得，而丧宗国，以邑入齐，使鲁有危亡之祸。将焉用之？"成曰："善哉！吾不早闻命。"

陈成子馆客，曰："寡君使恒成子名告曰：'寡人愿事君如事卫君。'"谓卫与齐同好，而鲁不肯。景伯揖子贡而进之，对曰："寡君之愿也。亦愿事齐。昔晋人伐卫，讨从齐。齐为卫故，伐晋冠氏，邑。丧车五百。因与卫地，自济以西，禚、媚、杏以南，书社五百。二十五家为一社，籍书而致之。吴人加敝邑以乱，齐因其病，取讙与阐，吴之伐，齐之取，皆为邾故。寡君是以寒心。待卫厚，待鲁薄，故恐。若得视卫君之事君也，则固所愿也。"成子病之，乃归成。

晋

士蒍筑城不慎

晋侯献使士蒍为二公子筑蒲与屈，骊姬欲立奚齐，言于公，使重耳居蒲，夷吾居屈，故为之城。不慎，固。置薪焉。夷吾诉之。

公使让之。士蔿稽首对曰："臣闻之：'无丧而戚，忧必雠焉。无祸而忧者，必召忧以对之。无戎而城，仇必保焉。'无寇而城者，必召寇以据之。寇仇之保，又何慎焉？守官废命，不敬；固仇之保，不忠。失忠与敬，何以事君？所以不敢坚固。《诗》云：'怀德惟宁，宗子惟城。'君其修德而固宗子，何城如之？三年将寻师焉，焉用慎？"退而赋曰："狐裘龙茸，一国三公，吾谁适从？"及难，骊姬谮杀申生。公使寺人披伐蒲，重耳奔翟。使贾华伐屈，夷吾奔梁。吕氏曰："群公子之出于桓、庄者，献公之从父昆弟也。士蔿逢公之恶，反覆陷之死地，使公屠其宗族昆弟，如刈草菅，略无不忍之意。其于宗族昆弟之间既如此，何独难于其子耶？此所以来骊姬之谮也。骊姬之谮，袭吾谮富子之术也。蒲、屈之城，袭吾城聚之术也。是故开献公残忍之心者，士蔿也。教骊姬离间之术者，亦士蔿也。授贼以刃而禁其杀人，世宁有是理也？"

【眉批】"修德而固宗子"，其言似是，然以重耳、夷吾之城为寇仇之保，此何言也？当时夷吾诉之，重耳不诉，无亦知献公、骊姬之爱不能夺，将必有谗人投间以坚其心者欤？

阴饴甥复惠公于秦

秦伯穆伐晋，战于韩原。以背施闭籴故。秦获晋侯惠以归。在秦三月，而许之平。晋阴饴甥瑕吕，饴甥也，食采于阴会秦伯，穆。盟于王城。秦伯曰："晋国和乎？"对曰："不和。小人耻失其君而悼丧其亲，不惮征缮以立圉也，立大子圉以为君。曰：'必报仇，宁事夷狄。'君子爱其君而知其罪，不惮征缮以待秦命，曰：'必报德，有死无二。'以此不和。"秦伯曰："国谓君何？"对曰："小人戚，谓之不免；君子恕，以为必归。小人曰：'我毒秦，三施不报。秦岂归君？'君子曰：'我知罪矣，秦必归君。’贰而执之，服而舍之，德莫厚焉，刑莫威焉。服者怀德，贰者畏刑，此一役也，谓还惠公。秦可以霸。纳而不定，言初纳之而今执之。废而不立，因遂废之，而令不立。以德为怨，秦不其然。”秦伯曰：“是吾心也。”改馆晋侯，馈七牢焉。晋侯归。

【眉批】一解。二解。三解。此以下则饴甥自致之言。极相相术，故秦伯为之动，曰：“是吾心也。”以小人之言恐之，以君子之言歆之。

重耳欲辟舍报楚

公子重耳处翟十二年而行。及楚，自郑往。楚子成飨之曰：“公子若反晋国，则何以报不谷？”对曰：“子女玉帛，则君有之；羽毛齿革，则君地生焉。其波及晋国者，君之馀也；其何以报君？”曰：“虽然，何以报我？”对曰：“若以君之灵，得反晋国。晋楚治兵，遇于中原，其辟君三舍。三十里为一舍。若不获命，其左执鞭弭，弓末之无缘者。右属櫜鞬，櫜以受箭，鞬以受弓。以与君周旋。”及后城濮之战，果辟楚三舍以报之。子玉请杀之。楚子曰：“晋公子广而俭，志大而守之以俭。文而有礼。词华而约之以礼。其从者肃而宽，忠而能力。晋侯无亲，惠公多忌克。外内恶之。吾闻姬姓唐叔之后，其后衰者也，其将由晋公子乎！天将兴之，谁能废之？违天，必有大咎。”乃送诸秦。秦伯纳之。

【眉批】气格自别。

楚子此言，既知君，又知臣，又知天命。

寺人披见文公

公献使寺人披伐蒲。重耳逾垣而走。披斩其祛。遂出奔翟。及入于曲沃，献公卒，惠公赂秦而求入。惠公卒，怀公立。未期，秦纳文公，杀怀公而立。吕、郤吕，瑕甥。郤芮畏逼，将焚公宫而弑晋侯。文。寺人披请见。公使让之，且辞焉，辞不见。曰："蒲城之役，君命一宿，女即至。其后余从狄君以田渭滨，女为惠公来求杀余，命女三宿，女中宿至。虽有君命，何其速也？夫祛犹在，女其行乎！"对曰："臣谓君之入也，其知之矣。知君人之道。若犹未也，又将及难。君命无二，古之制也。除君之恶，唯力是视。蒲人、狄人，在献公时则为蒲人，在惠公时则为狄人。余何有焉？今君即位，其无蒲、狄乎！能为害者。齐桓公置射钩而使管仲相。乾时之役，管仲射桓公中带钩。君若易之，反桓公之所为。何辱命焉？行者甚众，岂唯刑臣？言将自去，不辱君命。"公见之，以难告。晋侯潜会秦伯穆于王城。公宫火，瑕甥、郤芮不获公，乃如河上，秦伯诱而杀之。真氏曰："披可谓知君臣之义矣。方献、惠时，重耳为公子在外，公使伐焉，若披有二心于重耳，岂得为忠？丁公为项羽将，而私从王，终以被戮。汉景帝为太子而召卫绾，绾不往，以此见褒。披惟知此义，是以事献、惠时，知有献、惠，而不知有文公。及文公既入，即吾君也，有难而不以告，又岂得焉忠乎？文公见之，遂免于难。观其言曰'君命无二，古之制也；除君之恶，唯力是视'，非贤而能之乎？此不惟内臣所当法，凡为人臣，皆所当法也。"

【眉批】披曾斩文公之祛，比之齐桓，则管仲之射中带钩也。桓相仲，而文公令披行，故披引以为证。文公非披，几何免于难！

里凫须见文公

晋侯文之竖头须，守藏者也。其出也，公出亡时。窃藏以逃，尽用以求纳之。及入，求见。公辞焉以沐。谓仆人曰："沐则心覆，心覆则图反，所为皆反常。宜吾不得见也。居者为社稷之守，行者为羁绁之仆，其亦可也，无不可。何必罪居者？国君而仇匹夫，惧者甚众矣。"仆人以告，公遽见之。

【眉批】尽用以求纳，则不当复罪其窃藏，而当怜其忠。

解扬不辱命

楚子庄围宋，杀申舟故。宋人使乐婴齐告急于晋，晋侯景欲救之。伯宗曰："不可。"乃止。使解扬如宋，使无降楚，曰："晋师悉起，将至矣。"虚言以惧楚慰宋。郑人囚而献诸楚。楚子厚赂之，使反其言。反言晋不救宋。不许。三而许之。登诸楼车，车上有楼橹，可以望远者。使呼宋而告之。遂致其君命。楚子将杀之，使与之言曰："尔既许不谷而反之，何故？非我无信，女则弃之。速即尔刑！"对曰："臣闻之：君能制命为义，臣能承命为信，信载义而行之为利。谋不失利，以卫社稷，民之主也。义无二信，信无二命。君之赂臣，不知命也。受命以出，有死无霣，坠。又可赂乎？臣之许君，以成命也。死而成命，臣之禄也。寡君有信臣，下臣获考，成君命。死又何求？"楚子舍之以归。

【眉批】解扬知此大义，故亦不辱君命。

知䓨不知所报

晋人归楚公子谷臣与连尹襄老之尸于楚，以求知䓨。邲之战，楚获晋知䓨，晋射杀楚襄老，囚谷臣。至是以往，求之。于是荀首䓨父佐中军矣，故楚人许之。王共送知䓨，曰："子其怨我乎？"对曰："二国治戎，臣不才，不胜其任，以为俘馘。

执事不以衅鼓，使归即戮，君之惠也。臣实不才，又谁敢怨？”王曰：“然则德我乎？”对曰：“二国图其社稷，而求纾其民，各惩其忿，以相宥也。两释累囚，以成其好。二国有好，臣不与及，其谁敢德？”王曰：“子归，何以报我？”对曰：“臣不任受怨，君亦不任受德，无怨无德，不知所报。”王曰：“虽然，必告不谷。”对曰：“以君之灵，累臣得归骨于晋，寡君之以为戮，死且不朽。若从君惠而免之，以赐君之外臣首；称于异国君曰外臣。首其请于寡君，而以戮于宗，亦死且不朽。若不获命，君不许戮。而使嗣宗职，次及于事，而帅偏师，以修封疆。虽遇执事，其弗敢违，避。其竭力致死，无有二心，以尽臣礼，所以报也。”王曰：“晋未可与争。”重为之礼而归之。

【眉批】叙最有味。见楚归罃，非其本心，以罃父佐中军也。

共王四问，而知罃四答，不亢不随，能重本国而不失邻好，辞旨浑涵。

士燮使鲁征兵

晋士燮来聘，言伐郯也，景公使燮征鲁师。以其事吴故。先是，吴伐郯，郯及吴平。公成赂之，请缓师。文子燮不可，曰：“君命无贰，失信不立。礼无加货，事无二成。君后诸侯，后期。是寡君不得事君也。言欲绝鲁。燮将复之。”季孙行父惧，使宣伯侨如帅师会伐郯。

吕相绝秦

晋侯使吕相绝秦，秦晋盟于令狐，秦桓公归而叛盟，故晋厉公使吕相数其罪而绝之。曰："昔逮我献公及穆公相好，戮力同心，申之以盟誓，重之以昏姻。献公以女伯姬嫁秦穆公。天祸晋国，骊姬之难。文公如齐，惠公如秦。避骊姬也。无禄，谓晋。献公即世。穆公不忘旧德，俾我惠公用能奉祀于晋。秦纳惠公。又不能成大勋，而为韩之师。秦获惠公于韩。亦悔于厥心，寻以吕甥之言归之。用集我文公，纳重耳。是穆之成也。成安晋之功。文公躬擐甲胄，跋履山川，逾越险阻，征东之诸侯，虞夏商周之胤而朝诸秦，文公既立，未尝至秦，诸侯亦无有朝秦者。朱氏谓是楚子送诸秦时。则亦既报旧德矣。郑人怒君之疆埸，郑人侵秦。我文公帅诸侯及秦围郑。晋自以郑贰于楚，而与秦围之.郑实未尝侵秦也。此皆文致之辞。秦大夫不询于我寡君，擅及郑盟。烛之武言于穆公，穆公与盟。不敢斥言，故云秦大夫。诸侯疾之，将致命于秦。当时初无有欲致死于秦者，此亦文致之辞。文公恐惧，绥静诸侯，秦师克还无害，则是我有大造于西也。无禄，文公即世，穆为不吊，蔑死我君，寡我襄公，迭我殽地，奸绝我好，伐我保城，秦师过殽，初无伐晋之意，而云然者，盖诬之。殄灭我费滑，滑国都于费。秦袭郑无功，乃灭滑而还。散离我兄弟，滑、晋同姓。挠乱我同盟，谓郑。倾覆我国家。我襄公未忘君之旧勋，纳文公。而惧社稷之陨，是以有殽之师。晋败秦于殽。犹愿赦罪于穆公。穆公弗听，而即楚谋我。使斗克归楚求成。天诱其衷，成王陨命，为商臣所弑。穆公是以不克逞志于我。穆、襄即世，康、灵即位。康公，我之自出，康公，穆姬之子，晋之甥也。又欲阙翦我公室，纳公子雍。倾覆我社稷，帅我蝥贼，以来荡摇我边疆，犹虫之食禾也。雍之来，晋实召之。以此罪秦，其诬甚矣。我是以有令狐之役。晋败秦于令狐。康犹不悛，入我河曲，伐我涑川，俘我王官，翦我羁马，河曲、涑川、王官、羁马，皆晋地。我是以有河曲之战。东道之不通，则是康公绝我好也。

及君之嗣也，秦桓公立。我君景公引领西望曰：‘庶抚我乎！’君亦不惠称盟，惠然共盟。利吾有狄难，晋灭赤狄时。入我河县，焚我箕、郜，河、箕、郜晋三邑。芟夷我农功，虔刘我边陲，我是以有辅氏之聚。晋聚兵拒秦于辅氏。君亦悔祸之延，久长。而欲徼福于先君献、穆，使伯车来命我景公曰：‘吾与女同好弃恶，复修旧德，以追念前勋。’言誓未就，景公即世，我寡君是以有令狐之会。晋厉公立，与秦桓公将会于令狐，秦伯不肯涉河，使史颗盟晋侯于河东，郤犨盟秦伯于河西。君又不祥，背弃盟誓。秦伯归，即背成。白狄及君同州，狄与秦，俱在雍州。君之仇雠，而我之昏姻也。杜氏以为文公纳季隗。考之隗乃赤狄之女，恐非。君来赐命曰：‘吾与汝伐狄。’寡君不敢顾昏姻，畏君之威，而受命于使。君有二心于狄，曰：‘晋将伐女。’狄应且憎，狄虽应秦命，而心实憎其无信。是用告我。狄来言秦。楚人恶君之二三其德也，亦来告我曰：秦背令狐之盟，而来求盟于我：‘昭告昊天上帝、秦三公、穆、康、共。楚三王成、穆、庄。曰：余虽与晋出入，余唯利是视。不谷恶其无成德，是用宣之，以惩不一。’已上述楚共王来告之词。诸侯备闻此言，斯是用痛心疾首，暱就寡人。来亲晋。寡人帅以听命，唯好是求。君若惠顾诸侯，矜哀寡人，而赐之盟，则寡人之愿也，其承宁诸侯以退，承君之意，以安靖诸侯。岂敢徼乱？君若不施大惠，寡人不佞，才。其不能以诸侯退矣。敢尽布之执事，俾执事实图利之。”或和或战。

【眉批】权诈相倾，秦晋故智，本无专直。但此文旁引曲证，错落纵横，如万马驰驱而不失衔勒，三军决骤而各中纪律，一阖一辟，乍放乍收，亦文之最奇矣。

述己之功过，为爱护；数秦之罪曲，加抵诬。

辛俞从栾盈

栾怀子之出，栾盈以母故，逐于范宣子。执政使栾氏之臣勿从，从栾氏者为大戮施。陈尸。栾氏之臣辛俞行，吏执而献之公。平。公曰："国有大令，何故犯之？"对曰："臣顺之也，岂敢犯之？执政曰'无从栾氏而从君'，是明令必从君也。臣闻之曰：'三世仕家，君之；三世为大夫，家臣事之如国君。再世以下，主之。大夫称主。'事君以死，事主以勤，君之明令也。自臣之祖，以无大援于晋国，世隶栾氏，于今三世矣，臣故不敢不君。今执政曰：'不从君者为大戮。'臣敢忘其死而叛其君，以烦司寇？"公说，乃遣之。

栾盈致辞于周

栾盈过于周，周西鄙掠之。辞于行人曰："天子陪臣盈，得罪于王之守臣，谓范宣子。将逃罪。罪重于郊甸，谓见掠。无所伏窜，敢布其死：昔陪臣书能输力于王室，辅晋而翼戴。王施惠焉。赐之命服。其子黡不能保任其父之劳。大君若不弃书之力，亡臣犹有所逃。若弃书之力，而思黡之罪，臣戮馀也，将归死于尉氏，刑官。不敢还矣。敢布四体，唯大君命焉。"王灵曰："尤而效之，其又甚焉。"使司徒禁掠栾氏者，归所取焉，使候出诸轘辕。

【眉批】"尤而效之"，谓盈已有过而我忘栾氏之功，而罪之，是过亦在我，乃效其过也。

女叔齐不尽治杞田

晋侯平使司马女叔侯来治杞田，使鲁归前侵杞田。弗尽归也。晋悼夫人平公母，杞女也愠曰："齐也叔侯名齐取货，先君若有知也，不尚取之。尚当取而杀之。"公告叔侯。叔侯曰："虞、虢、焦、滑、霍、扬、韩、魏，皆姬姓也，晋是以大。八国皆灭于晋。若非侵小，将何所取？武、献以下，兼国多矣，谁得治之？杞，夏馀也，而即东夷。用夷礼。鲁，周公之后也，而睦于晋。以杞封鲁犹可，而何有焉？何得尽归。鲁之于晋也，职贡不乏，玩好时至，公卿大夫相继于朝，史不绝书，府无虚月。无月不受鲁贡。如是可矣，何必瘠鲁以肥杞？且先君而有知也，毋宁夫人，责夫人。而焉用老臣？无用责我。"

赵武求楚释鲁叔孙豹

会于虢，寻宋之盟也。晋赵武、楚公子围、鲁叔孙豹及诸侯之大夫会。季武子宿伐莒，取郓。莒人告于会。楚告于晋曰："寻盟未退，而鲁伐莒，渎齐盟，请戮其使。"乐桓子鲋相赵文子，武。欲求货于叔孙，而为之请。使请带焉，难指言求货，故以带为辞。弗与。梁其踁家臣曰："货以藩身，子何爱焉？"叔孙曰："诸侯之会，卫社稷也。我以货免，鲁必受师，是祸之也，何卫之为？人之有墙，以蔽恶也；墙之隙坏，谁之咎也？卫而恶之，吾又甚焉。罪甚于墙。虽怨季孙，鲁国何罪？叔出行使季处，守国。有自来矣，吾又谁怨？然鲋也贿，弗与，不已。若不与，彼必不肯止。"召使者，裂裳帛而与之，曰："带其褊矣。"赵孟闻之，曰："临患不忘国，忠也；思难不越官，信也；图国忘死，贞也；谋主三者，谓忠、信、贞。义也。有是四者，又可戮乎？"乃请诸楚曰："鲁虽有罪，其执事不辟难，畏威而敬命矣。子若免之,以劝左右,可也。若子之群吏,处不辟污,劳。出不逃难,其何患之有?患之所生,污而不治,不任劳。难而不守,不守节。所由来也。能是二者,又何患焉?不靖其能,有王能此二者,不安靖也。其谁从之?鲁叔孙豹可谓能矣,请免之,以靖能者。子会而赦有罪,不伐鲁。又赏其贤,赦豹。诸侯谁不欣焉望楚而归之,视远如迩?疆埸之邑,如郓之类。一彼一此,何常之有?或归莒,或归鲁。王伯之令也,三王五伯,有令德时。引其封疆而树之官,举之表旗而著之制令,过则有刑,犹不可壹。于是乎虞有三苗,夏有观、扈,商有姺、邳,周有徐、奄。自无令王,诸侯逐进,狎更主齐盟,其又可壹乎?恤大舍小,足以为盟主,又焉用之?封疆之削,何国蔑有?主齐盟者,谁能辩焉?吴、濮有衅,吴在楚东,濮在楚南。此设言也。楚之执事,岂有顾盟?言伐必取。莒之疆事,楚勿与知,诸侯无烦,不亦可乎?莒鲁争郓,为日久矣。苟无大害,于其社稷,可无亢也。不必御。去烦宥善,莫不竞劝。子其图之!"固请诸楚,楚人许之,乃免叔孙。

叔向屈齐于盟

晋成虒祁,平公筑宫于虒祁之地。诸侯朝而归者,皆有贰心。叔向曰:"诸侯不可以不示威。"乃并征会,治兵于邾南,甲车四千乘,遂合诸侯于平丘。晋人将寻盟,齐人不可。晋侯昭使叔向告刘献公挚曰:"抑齐人不盟,若之何?"对曰:"盟以底信,君苟有信,诸侯不贰,何患焉?告之以文辞,董之以武师,虽齐不许,君庸多矣。天子之老天子公卿、大夫自称曰老请帅王赋,'元戎十乘,以先启行',迟速唯君。言将助晋讨齐。"叔向告于齐曰:"诸侯求盟,已在此矣。今君弗利，寡君以为请。”对曰：“诸侯讨贰，则有寻盟。若皆用命，何盟之寻？”叔向曰：“国家之败，有事朝聘而无业，贡赋。事则不经；常。有业而无礼，经则不序；须礼而有次序。有礼而无威，序则不共；礼须威严而后共。有威而不昭，共则不明。威须昭告神明，而后信义著。不明弃共，百事不终，信义不明则弃恭，弃恭则无威，无威则无礼，无礼则无经，无经则无业，百事废矣。所由倾覆也。是故明王之制，使诸侯岁聘以志业，间朝以讲礼，再朝而会以示威，再会而盟以显昭明①。十二年之中，凡八聘、四朝、再会、王一巡守，盟于方岳之下。志业于好，讲礼于等，示威于众，昭明于神。自古以来，未之或失也。存亡之道，恒自是兴。晋礼主盟，以此礼主诸侯盟。惧有不治；奉承齐牺，齐盟所用牺牲。而布诸君，求终事也。君曰‘余必废之’，何齐之有？唯君图之！寡君闻命矣。”齐人惧，对曰：“小国言之，大国制之，敢不听从？既闻命矣，敬共以往，迟速唯君。”叔向曰：“诸侯有间矣，不可以不示众。”八月辛未，治兵，建而不旆。壬申，复旆之。示将战。诸侯畏之。甲戌，同盟于平丘，齐服也。

【眉批】叔向因诸侯之有间而陈兵示武，是之谓以力服人。

晋自重丘之后，会盟皆大夫至。此再合诸侯，盖晋昭即位，乘楚之乱中国，又似有可为之机。惜乎叔向以晋贤大夫，不能以义匡其君，乃导以威力，是以诸侯不服，而晋之合诸侯，遂亦止此矣。

①“明”后原衍一“志”字，据《春秋左传注疏》删。

叔向辞鲁于盟

晋合诸侯于平丘，将寻盟。邾人、莒人诉于晋曰："鲁朝夕伐我，几亡矣。我之不共，鲁故之以。"不共晋贡，以鲁之故。晋侯不见公。昭。使叔向来辞曰："诸侯将以甲戌盟，寡君知不得事君矣，请君无勤。"子服惠伯椒对曰："君信蛮夷之诉，以绝兄弟之国，弃周公之后，亦唯君。寡君闻命矣。"叔向曰："寡君有甲车四千乘在，虽以无道行之，必可畏也。况其率道，其何敌之有？牛虽瘠，偾于豚上，其畏不死？南蒯、子仲之忧，子仲，公子慭也。与南蒯同谋季氏，南蒯以费叛，子仲奔齐。其庸可弃忘乎？若奉晋之众，用诸侯之师，因邾、莒、杞、鄫之怒，以讨鲁罪，间其二忧，因南蒯、子仲二忧为间隙。何求而弗克？"鲁人惧，听命。甲戌，同盟于平丘，公不与盟。

【眉批】向之辞骄债。

范鞅难于纳鲁

会于扈，谋纳公也。鲁昭公为季孙意如所逐，奔齐，齐景公不能纳，复有求于晋。宋卫皆利纳公，固请之。范献子鞅取货于季孙，意如。谓司城子梁宋乐祁犁与北宫贞子卫北宫喜曰："季孙未知其罪，而君伐之。请囚请亡，于是乎不获，请囚于费，请以五乘亡，皆不许。君又弗克，而自出也。战不胜，而奔齐。夫岂无备而能出君乎？季氏之复，既伐而复安。天救之也。休息公徒之怒，而启叔孙氏之心。不然，岂其伐人而说甲执冰箭筒以游？叔孙氏惧祸之滥，而自同于季氏，天之道也。鲁君守齐，三年而无成。季氏甚得其民，淮夷与之，有十年之备，有齐楚之援，有天之赞，有民之助，有坚守之心，有列国之权，而弗敢宣也，不敢自用。事君如在国。每岁纳马与从者之衣屦。故鞅以为难。二子皆图国者也，而欲纳鲁君，鞅之愿也，请从二子以围鲁。无成，死之。”二子惧，皆辞。乃辞小国，而以难复。复命于君。

董褐使吴

吴晋争长未成，吴王夫差会晋定公于黄池，将盟，争先。吴人曰："于周室我为长。"晋人曰："于诸侯我为伯。"边遽乃至，以越乱告。时越袭吴，获太子友。吴王惧，乃合大夫而谋，王孙雄为画计，欲挑战以激晋。乃戒，令秣马食士，服兵擐甲。既陈，晋师大骇，乃令董褐请事，曰："两君偃兵接好，日中为期。今大国越录，次。而造于敝邑之军垒，敢请乱故。"吴王亲对之曰："天子有命，周室卑约，贡献莫入，上帝鬼神而不可以告。无姬姓之振也，救之。徒遽来告。孤日夜相继，匍匐就君，君今非王室不安平是忧，亿负晋众庶，不式诸戎、翟、楚、秦；亿，安。负，恃。式，用也。安恃其众，而不用征伐戎、翟、楚、秦卑周者。将不长弟，以力征一二兄弟之国。责晋不帅长幼之节，而伐同姓。孤欲守吾先君之班爵，爵次当为盟主。进则不敢，不敢过。退则不可。不可不及。今会日薄矣，恐事之不集，以为诸侯笑。孤之事君在今日，不得事君亦在今日。为使者之无远也，孤用亲听命于藩篱之外。①"

董褐还。既致命，乃告诸赵鞅曰："臣观吴王②之色，类有大忧，小则嬖妾、嫡子死，不则国有大难；大则越入③吴。

①事君，原作"不可"；亲听命，原作"之先以"。据韦昭注《国语》改。
②吴王，原作"则人"，误，据韦昭注《国语》改。
③越入，原作"赵人"，误，据任养心本及韦昭注《国语》改。

将毒，若兽被毒而暴。不可与战。主其许之先，无以待危，然而不可徒许也。”赵鞅许诺。

乃令董褐复命曰：“寡君未敢观兵身见，与战。使褐复命曰：‘曩君之言，周室既卑，诸侯失礼于天子，请贞于阳卜，以火发兆曰易。收文武之诸侯。孤以下密迩于天子，无所逃罪，讯让日至，曰：昔吴伯父不失，春秋必率诸侯以顾在余一人。今伯父有蛮荆之虞，礼世不续，责吴废朝聘。用命孤礼佐周公，以见我一二兄弟之国，以休君忧。今君掩王东海，以淫名闻于天子，责吴僭号。君有短垣而自逾之，以垣喻礼。况蛮荆则何有于周室？夫命圭有命，固曰吴伯，不曰吴王。诸侯是以敢辞。不事吴。夫诸侯无二君，而周无二王，君若无卑天子，以干其不祥，而曰吴公，孤敢不顺从君命长弟！先后。’许诺。”

吴王许诺，乃退。就幕而会，吴公先歃，晋侯亚之。

【眉批】察言观色似得之。

责以名号，遂为自屈。

楚隆使吴越

越围吴，报夫椒也。赵孟无恤降于丧食。时有父简子之丧，饮食降于初丧时。楚隆曰：“三年之丧，亲昵之极也，主又降之，无乃有故乎？”赵孟曰：“黄池之役，先主简子与吴王有质，曰：‘好恶同之。’今越围吴，嗣子不废旧业而敌之，欲救吴。非晋之所能及也，吾是以为降。”楚隆曰：“若使吴王知之，若何？”赵孟曰：“可乎？”隆曰：“请尝之。”乃往，先造于越军，曰："吴犯间[1]上国多矣，闻君亲讨焉，诸夏之人莫不欣喜，唯恐君志之不从，请入视之。入吴观衅。"许之。告于吴王曰："寡君之老无恤使陪臣隆，敢展谢其不共：黄池之役，君之先臣志父，简子初名鞅，自叛归，更名志父。得承齐盟，曰'好恶同之'。今君在难，无恤不敢惮劳，非晋国之所能及也，使陪臣敢展布之。"王拜稽首曰："寡人不佞，才。不能事越，以为大夫忧，拜命之辱。"与之一箪珠，使问遗赵孟，曰："句践将生忧寡人，生忧，使生受其忧患。寡人死之不得矣。"欲死不可得。王曰："溺人必笑，自喻所问不急。吾将有问也。史黯何以得为君子？"史黯，晋大夫蔡墨也。吴伐越时，蔡墨言不及四十年，越必有吴，故王感而问之。对曰："黯也进不见恶，退无谤言。"王曰："宜哉！"

【眉批】晋虽不能及，赵孟忧之，亦不忘先之故欤。

蔡

声子复楚伍举

楚伍参与蔡太师子朝友，其子伍举与声子子朝之子相善也。伍举娶于王子牟。王子牟为申公而亡，获罪出奔。楚人曰："伍举实送之。"伍举奔郑，将遂奔晋。声子将如晋，遇之于郑郊，班荆布荆坐地相与食，而言复故。议归楚事。声子曰："子行也，吾必复子。"

及宋向戌将平晋楚，弭兵。声子通使于晋，为楚使晋。还如楚。令尹子木与之语，问晋故焉，且曰："晋大夫与楚孰

[1]犯间，原作"间犯"，倒，据《春秋左传注疏》乙正。

贤?”对曰:“晋卿不如楚,其大夫则贤,皆卿材也。如杞梓皮革,自楚往也。虽楚有材,晋实用之。”子木曰:“夫独无族姻乎?”对曰:“虽有,而用楚材实多。归生声子名闻之:善为国者,赏不僭而刑不滥。赏僭,则惧及淫人;刑滥,则惧及善人。若不幸而过,宁僭,无滥。与其失善,宁其利淫。无善人,则国从之。《诗》曰‘人之云亡,邦国殄瘁’,无善人之谓也。故《夏书》曰‘与其杀不辜,宁失不经’,惧失善也。《商颂》有之曰‘不僭不滥,不敢怠皇。命于下国,封建厥福’,此汤所以获天福也。古之治民者,劝赏而畏刑,恤民不倦。赏以春夏,刑以秋冬。是以将赏,为之加膳,加膳则饫赐,酒食赐下,无不厌足。此以知其劝赏也。将刑,为之不举,不盛馔。不举则彻乐,此以知其畏刑也。夙兴夜寐,朝夕临政,此以知其恤民也。三者,礼之大节也。有礼,无败。今楚多淫刑,其大夫逃死于四方,而为之谋主,以害楚国,不可救疗,所谓不能也。不能用其材。

子仪之乱,楚庄王幼,令尹子孔使子仪守而伐舒蓼,仪因作乱,楚人杀之。析公奔晋,析公,子仪之党。晋人置诸戎车之殿,以为谋主。绕角之役,楚伐郑,晋栾书救之,遇楚师于绕角。晋将遁矣,析公曰:‘楚师轻窕,易震荡也。若多鼓钧声,同其声。以夜军之,楚师必遁。’晋人从之,楚师宵溃。晋遂侵蔡,袭沈,获其君,败申、息之师于桑隧,获申丽而还。郑于是不敢南面。楚失华夏,则析公之为也。此析公为晋谋,以害楚也。

雍子之父兄谮雍子,君与大夫不善是也,楚不能正其曲直。雍子奔晋,晋人与之鄐,以为谋主。彭城之役,楚纳宋叛人鱼石于彭城,宋围彭城。楚伐宋,晋救之。晋楚遇于靡角之谷。晋将遁矣,雍子发命于军曰:‘归老幼,反孤疾,二人役,归一人。

简兵搜乘，秣马蓐食，师陈焚次，示必死。明日将战。’行归者，宜归者，遣之行。而逸楚囚。欲使之知。楚师宵溃，晋降彭城而归诸宋，以鱼石归。楚失东夷，楚东小国，及陈，见楚不能救彭城，皆叛。子辛死之，以陈叛故，归罪于辛，而杀之。则雍子之为也。此雍子为晋谋，以害楚也。

子反侧与子灵巫臣争夏姬，而雍害其事，子反亦壅害巫臣，不使得取夏姬。子灵奔晋，晋人与之邢，以为谋主，捍御北狄，通吴于晋，教吴叛楚，教之乘车、射御、驱侵，中国战法。使其子狐庸为吴行人焉。吴于是伐巢、取驾、克棘、入州来，楚罢于奔命，至今为患，则子灵之为也。此巫臣为晋谋以害楚也。

若敖之乱，越椒，楚若敖之后，代斗般为令尹，杀芳贾，将攻庄王，王灭其族。伯贲越椒之子贲皇奔晋，晋人与之苗，以为谋主。鄢陵之役，晋伐郑，楚救之，遇于鄢陵。楚晨压晋军而陈。晋将遁矣，苗贲皇曰：‘楚师之良在其中军王族而已，若塞井夷灶，成陈以当之，栾、范易行以诱之，时栾书将中军，范燮佐之。易行，谓简易兵备。诱，令楚人贪己，使不复顾左右军。中行、二郤必克二穆，郤锜将上军，中行偃佐之；郤至新军佐也。二穆，谓子重、子辛，皆出穆王。时子重将左军，子辛将右军。吾乃四萃于其王族，四面夹攻之。必大败之。’晋人从之，楚师大败，王夷、吕锜射共王中目。师熸，子反死之。郑叛，吴兴，楚失诸侯，则苗贲皇之为也。”此贲皇为晋谋以害楚也。

子木曰：“是皆然矣。”声子曰：“今又有甚于此。椒举娶于申公子牟，子牟得戾而亡，君大夫谓椒举：‘女实遣之。’惧而奔郑，引领南望，曰：‘庶几赦余。’亦弗图也。楚不以为意。今在晋矣。晋人将与之县，以比叔向。彼若谋害楚国，岂不为患？”子木惧，言诸王，益其禄爵而复之。

【眉批】如此开答，便有主张。

“善为国者”以下，历为指陈，以见楚多淫刑。

子仪、雍子、子灵、苗贲皇凡四大枝，正见楚多淫刑。大夫逃死于四方而为谋主，岂非楚国有材，晋实伯之。

“今又有甚于此”以下，危言以激之，子木安得不动？殊有指点。然声子虽为伍举而发，皆楚晋往迹实事。有贤不用，必授他邦，自贻伊戚，可以为鉴。

卫

祝佗长卫于蔡

刘文公盆合诸侯于召陵，谋伐楚也。楚以一裘一马拘唐、蔡二君三年。既归，请师于晋，晋合天子之元老以谋伐之。将会，卫子行敬子大夫言于灵公曰：“会同难，啧有烦言，啧，至也，至有忿争之言。莫之治也。其使祝佗从！”公曰：“善。”乃使子鱼。佗字。子鱼辞，曰：“臣展四体，以率旧职，犹惧不给而烦刑书。若又共二，兼职。徼大罪也。且夫祝，社稷之常隶也。社稷不动，祝不出竟，官之制也。君以军行，祓社衅鼓，祝奉以从，于是乎出竟。若嘉好之事，君行师从，卿行旅从，臣无事焉。”公曰：“行也！”

及皋鼬，将盟。将长蔡于卫。卫侯使祝佗私于苌弘曰：“闻诸道路，不知信否。若闻蔡将先卫，信乎？”苌弘曰：“信。蔡叔，康叔之兄也，先卫，不亦可乎？”子鱼曰：“以先王观之，则尚德也。昔武王克商，成王定之，选建明德，以藩屏周。故周公相王室，以尹正天下，于周为睦。以盛德独见亲厚。分鲁公以大路、金路，锡同姓诸侯之车。大旂，交龙为旂。周礼：同姓以封。夏后氏之璜，半璧曰璜。封父之繁弱，封父，古诸侯也。繁弱，弓名。殷氏六族，条氏、徐氏、箫氏、索氏、长勺氏、尾勺氏。使帅其宗氏，辑其分族，将其丑类，以法则周公。用即命于周。使六族就周而受周公之命。是使之职事于鲁，以昭周公之明德。分之土田陪敦、加厚为七百里。祝、宗、卜、史，备物、典策，官司、彝器。因商奄之民，商奄，国名。成王伐奄，令属鲁，使抚其遗民。命以《伯禽》，而封于少皞之虚。曲阜。分康叔以大路、少帛、旗名。綪茷、旃旌、大赤之旗也。綪，染赤草名。茷，施也。通帛为旃，析羽为旌。大吕，钟名。殷氏七族，陶氏、施氏、繁氏、锜氏、樊氏、饥氏、终葵氏。封畛土略，自武父以南及圃田之北竟，取于有阎之土以共王职；卫所受朝宿邑。取于相土之东都以会王之东搜。卫所受汤沐邑。聃季授土，周司空。陶叔授民，周司徒。命以《康诰》，而封于殷虚。朝歌。皆启以商政，疆以周索。皆，总鲁卫言。开以政，因殷之风俗，治其疆，用周之法度。分唐叔以大路、密须之鼓、阙巩、甲名。姑洗，钟名。怀姓九宗，唐之馀民。职官五正。五官之长。命以《唐诰》，而封于夏虚，大原。启以夏政，疆以戎索。三者皆叔也，武王、成王之弟。而有令德，故昭之以分物。不然，文、武、成、康之伯犹多，而不获是分也，唯不尚年也。管、蔡启商，惎间王室。惎，毒也。管、蔡导武庚作乱。王于是乎杀管叔而蔡放蔡叔，以车七乘、徒七十人。其子蔡仲改行帅德，周公举之，以为己卿士，见诸王，而命之以蔡。其命书云：'王曰："胡！蔡仲名。无若尔考之违王命也！"'若之何其使蔡先卫也？武王之母弟八人，周公为大宰，康叔为司寇，聃季为司空，五叔无官，管叔、蔡叔、成叔、霍叔、毛叔也。岂尚年哉？曹，文之昭也；晋，武之穆也。曹为伯甸，以伯爵居甸服。非尚年也。今将尚之，是反先王也。

晋文公为践土之盟，卫成公不在，奔楚。夷叔，其母弟也，犹先蔡。其载书云：'王若曰，晋重、文公。鲁申、僖公。卫武、叔武。蔡甲午、庄公。郑捷、文公。齐潘、昭公。宋王臣、成公。莒期。兹平公。'藏在周府，可覆视也。吾子欲复文武之略，而不正其德，将如之何？"苌弘说，告刘子，盆。与范献子鞅谋之，乃长卫侯于盟。

【眉批】观佗之辞于灵公与私于苌弘，信辩给矣。

郑

烛之武退秦师

晋侯文、秦伯穆围郑，以其失礼于晋，且贰于楚也。晋军函陵，秦军汜南。佚之狐言于郑伯文曰："国危矣，若使烛之武见秦君，师必退。"公从之。辞曰："臣之壮也，犹不如人；今老矣，无能为也已。"公曰："吾不能早用子，今急而求子，是寡人之过也。然郑亡，子亦有不利焉。"许之。夜，缒而出。县城而下。见秦伯曰："秦晋围郑，郑既知亡矣。若亡郑而有益于君，敢以烦执事。越国以鄙远，秦在西，郑在东，晋居其间。设使得郑以为秦鄙，尚隔越晋。君知其难也，焉用亡郑以陪邻？陪，益也。邻，谓晋也。言秦虽得郑，必为晋所有。邻之厚，君之薄也。秦地亦必见削于晋。若舍郑以为东道主，行李之往来，行李，小行人也。李本作理，李、理，古字通用。共其乏困，君亦无所害，且君尝为晋君赐矣，纳惠公。许君焦、瑕，晋河外五城之二邑。朝济而夕设版焉，一济河而归，随设版筑以距秦，言背秦之速。君之所知也。夫晋，何厌之有？既东封郑，又欲肆其西封。若不阙秦，将焉取之？谓晋必灭秦。阙秦以利晋，唯君图之。"秦伯说，与郑人盟，使杞子、逢孙、杨孙戍之，乃还。

【眉批】晋乃秦之敌，郑近于晋而远于秦，秦得郑，而晋收之势必至者，故秦不但不围，而且戍郑也。述“许君焦、瑕”，正见晋不可与同事，秦安得不戍郑焉？

叔詹尽辞就烹

晋文公伐郑，反其埤。反，拨也。埤，城上女垣。郑人以名宝行成，公弗许，曰：“予我詹而师还。”文公过郑时，叔詹请礼之，郑伯不听，因请杀之。詹请往，郑伯文弗许，詹固请曰：“一臣可以赦百姓而定社稷，君何爱于臣也？”郑人以詹予晋，晋人将烹之。詹曰：“臣愿获尽辞而死，固所愿也。”公听其辞。詹曰：“天降郑祸，使淫观状，按内外传，郑无观状之事，而詹云然，谓淫放于曹，不礼公子，与观骈胁之罪同耳。弃礼违亲。臣曰：‘不可。夫晋公子贤明，其左右皆卿材，若复其国而得志于诸侯，祸无赦矣。’述前谏词。今祸及矣。尊明，请礼公子。胜患，遏乱阶。智也。杀身，赎国，忠也。”乃就烹，据鼎耳而疾号曰：“自今以往，知忠以事君者与詹同！”乃命弗杀，厚为之礼而归之。郑人以詹伯为将军。

【眉批】叔詹固请以往，正自料其言足以反文公之心。

襄公行成于楚

楚子庄围郑，以贰于晋。克之。郑伯襄肉袒牵羊以逆，曰：“孤不天，不祐于天。不能事君，使君怀怒以及敝邑，孤之罪也，敢不唯命是听？其俘诸江南，以实海滨，亦唯命；其翦以赐诸侯，使臣妾之，亦唯命。若惠顾前好，楚、郑世有盟誓。徼福于厉、宣、桓、武，郑四君。不泯其社稷，使改事君，夷于九县，楚灭息、灭邓、灭黄、灭夔、灭江、灭六、灭蓼、灭庸、克权，皆以为县。君之惠也，孤之愿也，非所敢望也。谓必如比。敢布腹心，君实图之。”左右曰：“不可许也，得国无赦。”王曰：“其君能下人，必能信用其民矣，庸可几乎！望得其国。”退三十里而许之平。

【眉批】楚庄两言殊美，得大国之度。

伯骈使晋

楚子囊贞伐郑，讨其侵蔡也。及楚平，使王子伯骈告于晋，曰：“君命敝邑：‘修而车赋，儆而师徒，而，汝也。以讨乱略。作乱而侵略者。’蔡人不从，敝邑之人不敢宁处，悉索敝赋，以讨于蔡，获司马燮，献于邢丘。今楚来讨曰：‘女何故称兵于蔡？’焚我郊保，冯陵我城郭。敝邑之众，夫妇男女，不遑启处，以相救也。翦焉倾覆，翦，尽也。言楚覆灭郑殆尽。无所控告。民死亡者，非其父兄，即其子弟。夫人愁痛，不知所庇。民知穷困，而受盟于楚。孤也与其二三臣不能禁止，不敢不告。”知武子罃使行人子员对之曰：“君有楚命，亦不使一介行李，告于寡君，而即安于楚。君之所欲也，谁敢违君？寡君将帅诸侯以见于城下。唯君图之。”

石臭复良霄于楚

诸侯悉师以复伐郑，晋悼公三驾之师。郑人使良霄、大宰石臭如楚，告将服于晋，曰：“孤以社稷之故，不能怀君。君若能以玉帛绥晋，不然，则武震以慑威之，孤之愿也。”楚人执之。郑良霄、大宰石臭犹在楚。石臭言于子囊贞曰：“先王卜征五年，征，行也。谓巡守前五年卜之。而岁习其祥，祥习则行。五卜皆吉，则出。不习，则增修德而改卜。今楚实不竞，不能修德与晋竞。行人何罪？止郑一卿，以除其逼，贵者多则势相逼。今良霄在楚，乃除郑相逼之患。使睦而疾楚，以固于晋，不逼则睦，疾楚则事晋固。焉用之？使归而废其使，郑之遣霄，止欲楚执之而得坚事晋，今归之，则废其遣使之本意。怨其君以疾其大夫，而相牵引也，今郑不和，则事晋不固。不犹愈乎？"楚人归之。

子产对晋征朝

晋人征朝于郑。晋平公召郑简公朝。郑人使少正公孙侨对，曰："在晋先君悼公九年，我寡君于是即位。即位八月，而我先大夫子驷从寡君以朝于执事，不敢斥言晋侯。执事不礼于寡君，寡君惧。因是行也，我二年六月朝于楚，晋是以有戏之役。晋伐郑，郑行成而盟。楚人犹竞，而申礼于敝邑。伐而曰申礼，盖饰辞也。敝邑欲从执事，而惧为大尤，曰：'晋其谓我不共有礼？'是以不敢携贰于楚。我四年三月，先大夫子蟜又从寡君以观衅于楚，朝而曰观衅，亦饰辞也。晋于是乎有萧鱼之役。晋伐郑，郑行成而会。谓我敝邑，迩在晋国，譬诸草木，吾臭味也，晋、郑同姓故。而何敢差池？不齐一也。楚亦不竞，寡君尽其土实，土地所有。重之以宗器，以受齐同盟。遂帅群臣随于执事，以会岁终。朝正。贰于楚者，子侯、石盂，归而讨之。郑使臭从良霄告楚，楚执之而曰归讨者，亦饰辞也。溴梁晋平公新立，会诸侯于溴梁之明年，子蟜老矣，致仕。公孙夏从寡君以朝于君，见于尝酎，与执燔焉。酎，重酿酒也。时酿酒新熟，平公荐于庙而尝之。郑君适以此时朝晋，亦执胙以助祭。间二年，闻君将靖东夏，齐庄公即位而新服于晋，遂为澶渊之盟。四月，又朝以听事期。先澶渊二月往，以听会期。不朝之间，无岁不聘，无役不从。以大国政令之无常，国家罢病，不虞荐至，无日不惕，岂敢忘职？大国若安定之，其朝夕在庭，何辱命焉？若不恤其患，而以为口实，征朝。其无乃不堪任命，而翦为仇雠？翦，削也。见削而成仇。敝邑是惧，其敢忘君命？委诸执事，执事实重图之。”

子产献陈捷于晋

子展、子产伐陈，遂入之。报陈从楚伐郑。子产献捷于晋，戎服将事。晋人问陈之罪。对曰：“昔虞阏父为周陶正，阏父，舜之后，为武王陶正。以服事我先王。我先王赖其利器用也，与其神明之后也，庸以元女大姬配胡公，庸，用也。元女，武王之长女。胡公，阏父之子满也。而封诸陈，以备三恪。封舜之后于陈，夏之后于杞，商之后于宋，其礼加隆，示敬而已，故以三恪云。则我周之自出，陈为周之甥。至于今是赖。桓公之乱，桓公鲍卒，于是陈乱。蔡人欲立其出，陈厉公，蔡甥也。我先君庄公奉五父而立之，蔡人杀之，我又与蔡人奉戴厉公。至于庄、宣，二公。皆我之自立。夏氏之乱，征舒弑灵公。成公播荡，奔晋。又我之自入，自晋因郑。君所知也。今陈忘周之大德，蔑我大惠，弃我姻亲，介恃楚众，以冯陵我敝邑，不可亿逞，其欲逞志于郑者，不可亿度。我是以有往年之告。请晋伐陈。未获成命，则有我东门之役。陈从楚伐郑东门。当陈隧者，井堙木刊。敝邑大惧不竞而耻大姬，上辱大姬之灵。天诱其衷，启敝邑心。陈知其罪，授首于我。谓陈侯丧服拥社，使男女自囚待命。用敢献功。”晋人曰：“何敢侵小？”对曰：“先王之命，唯罪所在，各致其辟。法。且昔天子之地一圻，方千里。列国一同，方百里。自是以衰。差降也。今大国多数圻矣，若无侵小，何以至焉？”

晋人曰："何故戎服？"对曰："我先君武、庄为平、桓卿士。城濮之役，晋伐楚。文公布命曰：'各复旧职。'命我文公戎服辅王，令郑文公戎服以傅襄王。以授楚捷，不敢废王命故也。"士庄伯弱不能诘，复于赵文子。武。文子曰："其辞顺。犯顺，不祥。"乃受之。仲尼曰："志有之：'言以足志，文以足言。'不言，谁知其志？言之无文，行而不远。晋为伯，郑入陈，非文辞不为功。慎辞哉！"

【眉批】晋人问陈之罪，则数其恃楚冯陵；问何侵小，则指大国数圻；问何戎服，则指文公布命；各灿然有章。故赵武受之，而孔子以为文辞之功也。

子产复印堇父于秦

印堇父戍城麇，邑。楚人囚之，楚侵郑，至其邑，出与战而见囚。以献于秦。楚与秦同役，故献之。郑人取货于印氏以请之，子大叔游吉为令正，作辞命。以为请。子产曰："不获。言堇父不可得。受楚之功，而取货于郑，不可谓国，秦不其然。言必不肯弃大名，贪小利。若曰更为辞'拜君之勤郑国。微君之惠，楚师其犹在敝邑之城下'，其可。归功于秦，则堇父可得。"弗从，遂行。以货往。秦人不予。更币，从子产，用其辞。而后获之。

【眉批】子产善于辞命，以其习籍典之故，达彼我之情，故有不言，言必中。

游吉使楚

郑伯简使游吉如楚。及汉，楚人还之，不受聘而遣还。曰："宋之盟，君实亲辱。今吾子来，寡君谓吾子姑还，吾将使驲奔问诸晋而以告。"问郑君应来朝否。子太叔曰："宋之盟，君命将利小国，弭兵。而亦使安定其社稷，镇抚其民人，以礼承天之休，此君之宪令，而小国之望也。寡君是故使吉奉其皮币，以岁之不易，以岁荒不得亲朝。聘于下执事。不敢斥言楚君。今执事有命曰：女何与政令之有？以大夫不得预楚之政令。必使而君弃而封守，跋涉山川，蒙犯霜露，以逞君心。小国将君是望，敢不唯命是听？无乃非盟载之言，以阙君德，而执事有不利焉，谓诸侯背楚。小国是惧。不然，其何劳之敢惮？”

子产坏晋馆垣

子产相郑伯简以如晋，晋侯平未之见也。以鲁襄公丧故。子产使尽坏其馆之垣而纳车马焉。士文伯丐让之，曰：“敝邑以政刑之不修，寇盗充斥，无若诸侯之属辱在寡君者何，无以待诸国之来朝聘者。是以令吏人完客所馆，高其闬闳，厚其墙垣，以无忧客使。令客使不以寇盗忧。今吾子坏之，虽从者能戒，其若异客何？以敝邑之为盟主，缮完葺墙，以待宾客。若皆毁之，其何以共命？寡君使丐文伯名请命。”对曰：“以敝邑褊小，介于大国，诛求无时，是以不敢宁居，悉索敝赋，以来会时事。随时朝会。逢执事之不间，无暇。而未得见；又不获闻命，未知见时。不敢输币，亦不敢暴露。其输之，则君之府实也，非荐陈之，见君而献。不敢输也。其暴露之，则恐燥湿之不时而朽蠹，以重敝邑之罪。侨闻文公之为盟主也，宫室卑庳，小。无观台榭，以崇大诸侯之馆，馆如公寝；库厩缮修，司空以时平易道路，治险阻。圬人以时塓馆宫室；涂塈垩。诸侯宾至，甸甸人设庭燎，周《秩官》曰：“甸人积薪，火师监燎。”仆人巡宫；行夜。车马有所，安处。宾从有代，代役。巾车脂辖，主车之官，以脂涂其辖。隶人牧圉，各赡其事；百官之属，各展其物；公不留宾，而亦无废事；宾得速去，则事不废。忧乐同之，事则巡之；有废缺，则巡察。教其不知，而恤其不足。宾至如归，无宁灾患；无宁，宁也，言待宾如此，宁复有患乎？不畏寇盗，而亦不患燥湿。今铜鞮之宫数里，晋离宫。而诸侯舍于隶人，舍如隶人之舍。门不容车，而不可逾越；盗贼公行，而天厉不戒。水潦无时。宾见无时，命不可知。若又勿坏，是无所藏币以重罪也。敢请执事：将何所命之？虽君之有鲁丧，亦敝邑之忧也。若获荐币，修垣而行，君之惠也，敢惮勤劳！"文伯复命。赵文子曰："信。信如子产言。我实不德，而以隶人之垣以赢受诸侯，是吾罪也。"使士文伯谢不敏焉。晋侯见郑伯，有加礼，厚其宴好而归之。乃筑诸侯之馆。叔向曰："辞之不可以已也如是夫！子产有辞，诸侯赖之，若之何其释辞也？《诗》曰：'辞之辑矣，民之协矣；辞之怿矣，民之莫矣。安定。'其知之矣。"

【眉批】言输币，以见己之勤于职责；举文公，以见晋之慢于诸侯。信子产之有辞。

子羽却楚逆女以兵

楚公子围聘于郑，且娶于公孙段氏。伍举为介。将入馆，郑人恶之，知楚怀诈[1]。使行人子羽与之言，乃馆于外。既聘，将以众逆。以兵入。子产患之，使子羽辞，曰："以敝邑褊小，不足以容从者，请墠听命。欲以城外除地为坛行昏礼。"令尹命大宰伯州犁对曰："君辱贶寡大夫围，谓围将使丰氏公孙段抚有而室。围布几筵，告于庄、共之庙而来。若野赐

①诈，原作"许"，误，据《春秋左传注疏》改。

之，是委君贶于草莽也，是寡大夫不得列于诸卿也。不宁唯是，又使围蒙其先君，蒙，欺也。言先君而来，不得成礼于女氏之庙，是使我欺其先君也。将不得为寡君老，大臣称老，惧辱命而黜。其蔑以复矣。不得归。唯大夫图之。”子羽曰：“小国无罪，恃实其罪。恃大无备。将恃大国之安靖己，而无乃包藏祸心以图之？小国失恃，而惩诸侯，以郑为戒。使莫不憾者，恨楚行诈。距违君命，而有所壅塞不行是惧。谓不奉楚令。不然，敝邑，馆人之属也，郑之在楚，与守舍之人相类。其敢爱丰氏之祧？远祖庙。”伍举知其有备也，请垂橐弓衣而入。许之。入，逆而出。

【眉批】伯州犁之言，责以大义，使非子羽，不能对矣。子羽之言，发其隐心，故其出入无患，得以成礼而去。

子产争承

晋合诸侯于平丘。及盟，子产争承，贡赋之次。曰：“昔天子班贡，轻重以列。列尊贡重，周之制也。卑而贡重者，甸服也。天子畿内供职贡者。郑伯，男也，伯爵而在男服，盖削弱也。而使从公侯之贡，惧弗给也，敢以为请。诸侯靖兵，好以为事。行理之命，晋侯使人来责贡赋。无月不至，贡之无艺，重而无法制。小国有阙，所以得罪也。诸侯修盟，存小国也。贡献无极，亡可待也。存亡之制，将在今矣。”自日中以争，至于昏，晋人许之。既盟，子大叔游吉咎之曰：“诸侯若讨，其可渎乎？”子产曰：“晋政多门，贰偷之不暇，何暇讨？国不竞亦陵，不竞于晋，亦为所陵。何国之为？”仲尼谓子产：“于是行也，足以为国基矣。《诗》曰：‘乐只君子，邦家之基。’子产，君子之求乐者也。”且曰：“合诸侯，艺贡事，礼也。”

子产不耻孔张失礼

晋韩起聘于郑，郑伯定享之。子产戒曰："苟有位于朝，无有不共恪！"孔张后至，孔张当从君于庙门外，揖客而入，乃后客而至。立于客间，礼：大夫立于东夹，南面。张立于客间者，盖宾入未升阶时，立于西方，而张误立于其间也。执政御之；适客后，又[①]移立于客之西。又御之；适县间。张益趋西，乃立于钟磬乐肆之间。客从而笑之。事毕，富子谏曰："夫大国之人，不可不慎也，几为之笑也，而不陵我？我皆有礼，夫犹鄙我。国而无礼，何以求荣？孔张失位，吾子之耻也。"子产怒曰："发命之不衷，出令之不信，刑之颇类，狱之放纷，会朝之不敬，使命之不听，取陵于大国，罢民而无功，战败。罪及而弗知，侨之耻也。孔张，君之昆孙，子孔之后也，执政之嗣也，为嗣大夫；承命以使，周于诸侯；国人所尊，诸侯所知。立于朝而祀于家，有禄于国，有赋于军，军出，卿赋百乘。丧祭有职，受脤、君祭赐以肉。归脤。归肉于公。其祭在庙，已有著位。在位数世，世守其业，而忘其所，侨焉得耻之？辟邪之人而皆及执政，是先王无刑罚也。子宁以他规我。"

【眉批】督责有体。

子产重环

宣子韩起有环，其一在郑商。宣子谒诸郑伯，定。子产弗与，曰："非官府之守器也，寡君不知。"子大叔、吉。子羽挥谓子产曰："韩子亦无几求，晋国亦未可以贰。晋国、韩

①又，原作"哀"，误，据弘仁堂本改。任养心本作"张"。

子，不可偷也。晋国，盟主；韩子，执政，不当薄待之。若属适有谗人交斗其间，鬼神而助之，以兴其凶怒，悔之何及？吾子何爱于一环，其以取憎于大国也？盍求而与之？”子产曰：“吾非偷晋而有二心，将终事之，是以弗与，忠信故也。侨闻君子非无贿之难，立而无令名之患。谓宣子。侨闻为国非不能事大字小之难，无礼以定其位之患。谓郑。夫大国之人令于小国，而皆获其求，将何以给之？一共一否，为罪滋大。大国之求，无礼以斥之，何厌之有？吾且为鄙邑，则失位矣。不复成国。若韩子奉命以使，而求玉焉，贪淫甚矣，独非罪乎？出一玉以起二罪，吾又失位，韩子成贪，将焉用之？且吾以玉贾罪，不亦锐乎？细小。”

韩子买诸贾人，既成贾矣。商人曰：“必告君大夫！”韩子请诸子产曰：“日起请夫环，执政弗义，弗敢复也。再求。今买诸商人，商人曰‘必以闻’，敢以为请。”子产对曰：“昔我先君桓公与商人皆出自周，郑初在畿内，桓公以帑贿东迁，与商人俱。庸次比耦用次相从耦耕以艾杀此地，斩之蓬蒿藜藿，而共处之；世有盟誓，以相信也，曰：‘尔无我叛，我无强贾，强市其物。毋或丐夺。尔有利市宝贿，我勿与知。’恃此质誓，故能相保，以至于今。今吾子以好来辱，而谓敝邑强夺商人，是教敝邑背盟誓也，毋乃不可乎！吾子得玉，而失诸侯，必不为也。若大国令，而共无艺，供无法之诛求。郑鄙邑也，亦弗为也。侨若献玉，不知所成。敢私布之。”韩子辞玉，曰：“起不敏，敢求玉以徼二罪？敢辞之。”

【眉批】甚蕴藉，甚严整。岂惟郑国，虽商人亦利赖之。

只一环，犹能知守，推是心也，以保疆圉，其焉能有失？是故惠政之满于郑也。

子产对晋让登陴

火之作也，子产授兵登陴。城。子大叔吉曰：“晋无乃讨乎？”辞客，授兵，有若叛晋，故恐。子产曰：“吾闻之，小国忘守则危，况有灾乎？国之不可小，有备故也。”既，晋之边吏让郑曰：“郑国有灾，晋君大夫不敢宁居，卜筮走望，不爱牲玉。郑之有灾，寡君之忧也。今执事憪然劲忿貌授兵登陴，将以谁罪？边人恐惧，不敢不告。”子产对曰：“若吾子之言，敝邑之灾，君之忧也。敝邑失政，天降之灾，又惧谗慝之间谋之，以启贪人，荐为敝邑不利，以重君之忧。幸而不亡，犹可说也；不幸而亡，君虽忧之，亦无及也。郑有他竟，望走在晋。郑虽与他国为竟，瞻望奔走，唯在晋国。既事晋矣，其敢有二心？”

【眉批】即借晋忧郑之言以反之。

子产对晋问驷乞立故

晋人使以币如郑，问驷乞之立故。驷偃卒，子丝幼弱，立其弟乞。丝告于晋舅氏，故来问。大夫谋对，子产不待而对客曰：“郑国不天，不福于天。寡君之二三臣札瘥夭昏，大死曰札，小疫曰瘥，短折曰夭，未名曰昏。今又丧我先大夫偃。其子幼弱，其一二父兄惧队宗主，私族于谋，而立长亲。寡君与其二三老曰：‘抑天实剥乱是，吾何知焉？’谚曰：‘无过乱门。’民有乱兵，犹惮过之，而况敢知天之所乱？今大夫将问其故，抑寡君实不敢知，其谁实知之？平丘之会，君寻旧盟曰：‘无或失职！’若寡君之二三臣，其即世者，晋大夫而专制其位，是晋之县鄙也，何国之为？”辞客币而报其使，晋人舍之。

【眉批】应接如响。

游吉使晋

晋顷公卒。郑游吉吊，且送葬。魏献子舒使士景伯弥牟诘之，曰：“悼公之丧，子西吊，子蟜送葬。今吾子无贰，副使。何故？”对曰：“诸侯所以归晋君，礼也。礼也者，小事大、大字小之谓。事大在共其时命，随时共其所求。字小在恤其所无。以敝邑居大国之间，共其职贡，与其备御不虞之患，岂忘共命？先王之制：诸侯之丧，士吊，大夫送葬；唯嘉好、聘飨、三军之事于是乎使卿。晋之丧事，敝邑之间，暇。先君有所助执绋矣。绋，輓索也。《礼》：送葬必执绋。若其不间，虽士大夫有所不获数矣。不得如先王礼数。大国之惠，亦庆其加，君自会葬，则于礼为有加，故善之。而不讨其乏，谓不及数。明底其情，明致小国有无之情实。取备而已，以为礼也。灵王之丧，我先君简公在楚，我先大夫印段实往，敝邑之少卿也。王吏不讨，恤所无也。今大夫曰：‘女盍从旧？’旧有丰有省，不知所从。从其丰，则寡君幼弱，是以不共；从其省，则吉在此矣。唯大夫图之！”晋人不能诘。

曹

曹人请负刍于晋

宣公卒于师。从晋伐秦。曹人使公子负刍守，使公子欣时逆曹伯之丧。负刍杀其太子而自立。是为成公。晋侯厉执而归诸京师。曹人请于晋曰：“自我先君宣公即世，国人曰：‘若之何？忧犹未弭。’时子臧不义，负刍将亡，国人皆将从之。

而又讨我寡君，以亡曹国社稷之镇公子，时诸侯欲立子臧，而子臧逃奔宋。是大泯曹也，先君无乃有罪乎？若有罪，则君列诸会矣。当时诸侯有罪，一列于会，不复致讨。曹成公已与于戚之会，故云。君唯不遗德刑，德以柔服，刑以伐叛。以伯诸侯，岂独遗诸敝邑？敢私布之。”晋侯谓子臧：欣时。“反，吾归而君。”子臧反，曹伯归。

宋

华元平国

楚子围宋。楚庄王使申舟聘齐，不假道于宋。宋杀之，楚遂围宋，积九月不服。楚师将去宋，申犀舟之子稽首于王之马前，曰：“毋畏知死，毋畏，申舟字。先是，楚穆王与宋昭公田孟诸，宋公违命，毋畏抶其仆，故其使聘时，知必为宋所杀。而不敢废王命，冒死而行。王弃言焉。谓未服宋而去。”王不能答。申叔时仆，时为王御。曰：“筑室，反耕者，示无去志。宋必听命。”从之。宋人惧，使华元夜入楚师，登子反之床，起之，曰：“寡君使元以病告，曰：‘敝邑易子而食，析骸而爨。虽然，城下之盟，有以国毙，不能从也。去我三十里，唯命是听。’”子反惧，与之盟，而告王。退三十里，宋及楚平。华元为质。盟曰：“我无尔诈，尔无我虞。”胡氏曰：“华元若以大义责之，曰：‘子为上卿，不能恤小，助桀为虐，陵我郊保，围我城郭，欲灭我社稷，纵子得之，何面目见中华之士乎？’使子反果忠楚，庄果贤，必为义动，退师止众，结盟而反矣。何必轻见情实，蹈不测之险乎？”

宋人拒楚请华、向

华、向以南里叛。宋元公恶华亥、华定、向宁,因诱杀,群公子劫公。公怒,攻之。华、向入南里以叛,求助于楚。楚薳越使告于宋曰:"寡君闻君有不令之臣为君忧,无宁以为宗羞,寡君请受而戮之。"对曰:"孤不佞,不能媚于父兄,华、向,公族,故称父兄。以为君忧,拜命之辱。抑君臣日战,君曰'余必臣是助',亦唯命。人有言曰:'唯乱门之无过。'君若惠保敝邑,无亢不衷,亢,蔽。衷,善。以奖乱人,孤之望也。唯君图之!"楚人患之。诸侯之戍谋曰:"若华氏知困而致死,楚耻无功而疾战,非吾利也。不如出之,以为楚功,其亦无能为也已。救宋而除其害,又何求?"乃固请出之,宋人从之。

陈

芋尹盖奉尸终事

楚子西、子期伐吴,报入郢也。及桐汭,陈侯闵使公孙贞子吊焉,及良而卒,将以尸入。吴子夫差使太宰嚭劳,且辞曰:"以水潦之不时,无乃廪然顾动貌陨大夫之尸,以重寡君之忧。寡君敢辞。"上介芋尹盖对曰:"寡君闻楚为不道,荐伐吴国,灭厥民人。寡君使盖备使,吊君之下吏。不敢斥言君。无禄,谓陈。使人逢天之戚,大命陨队,绝世于良。废日供积,废行道之日,以共其殡敛所积聚之用。一日迁次。一日之间便迁尸于次,不敢留君命。今君命逆使人曰'无以尸造于门',是我寡君之命委于草莽也。且臣闻之曰:'事死如事生,礼也。'于是乎有朝聘而终,以尸将事之礼,《礼》:'若宾死,未将命,则既殓于棺,造于朝,介将命。'又有朝聘而遭丧之礼。《礼》:'聘遭丧,入竟则遂。’若不以尸将命，是遭丧而还也，无乃不可乎！以礼防民，犹或逾之，今大夫曰‘死而弃之’，是弃礼也，其何以为诸侯主？先民有言曰：‘无秽虐士。死者。’备使奉尸将命，苟我寡君之命达于君所，虽陨于深渊，则天命也，非君与涉人之过也。以吴辞以水潦故。”吴人内之。

【眉批】盖能据礼以对，故吴人纳之。

齐

国佐不辱命

晋师从齐师，晋郤克以笑故伐齐，战于鞍，齐师败绩，晋师追之。入自丘舆。击马陉。齐侯顷使宾媚人国佐赂以纪甗、玉磬与地。甗、磬，皆灭纪所得者。地，鲁、卫之侵地。不可，则听客之所为。宾媚人致赂。晋人不可，曰：“必以萧同叔子为质，以萧君同叔之女为名，难斥言齐君之母也。而使齐之封内尽东其亩。”对曰：“萧同叔子非他，寡君之母也。若以匹敌，则亦晋君之母也。吾子布大命于诸侯，而曰必质其母以为信，其若王命何？先王以孝治天下。且是以不孝令也。《诗》曰：‘孝子不匮，永锡尔类。’若以不孝令于诸侯，其无乃非德类也乎？不以孝德赐同类。先王疆理天下，物土之宜，种物各从土宜。而布其利。故《诗》曰：‘我疆我理，南东其亩。’今吾子疆理诸侯，而曰‘尽东其亩’而已，唯吾子戎车是利，便于伐齐。无顾土宜，其无乃非先王之命也乎？反先王则不义，何以为盟主？其晋实有阙。四王之王也，禹、汤、文、武。树德而济同欲焉；五伯之霸也，夏昆吾，商大彭、豕韦，周齐桓、晋文。勤而抚之，以役王命。今吾子求合诸侯，以逞无疆之欲，《诗》曰：‘布政优优，百禄是遒。’子实不优，而弃百禄，诸侯何害焉？不然，寡君之命使臣，则有辞矣。述齐侯言。曰：‘子以君师辱于敝邑，不腆敝赋，以犒从者。不敢抗言战。畏君之震，师徒挠败。吾子惠徼齐国之福，不泯其社稷，使继旧好，唯是先君之敝器、土地不敢爱。子又不许，请收合余烬，烬，火馀木也，以喻败兵之馀。背城借一。背齐城，更借一战。敝邑之幸，幸胜。亦云从也；况其不幸，敢不唯命是听？’”鲁卫谏曰：“齐疾我矣。其死亡者，皆亲昵也。子若不许，仇我必甚。唯子，则又何求？子得其国宝，甗、磬。我亦得地，所侵。而纾其难，其荣多矣。齐晋亦唯天所授，岂必晋？”晋人许之，对曰：“群臣帅赋舆，兵车。以为鲁卫请。若苟有以藉口，而复于寡君，君之惠也。敢不唯命是听？”及齐国佐盟于爰娄。

【眉批】齐国丧败之馀，国佐犹能直辞抗敌，卒以安全。“母亦晋君之母”之言，动其同类之心；而“非先王之命”与“收合馀烬”，足以慑其气耶。

晏婴不死君难

崔武子见棠姜而美之，遂取之。棠公死，崔杼往吊，见其妻美而取之。庄公通焉，崔子弑之。晏子立于崔氏之门外，其人曰：“死乎？”曰：“独吾君也乎哉，吾死也？”曰：“行乎？”曰：“吾罪也乎哉，吾亡也？”曰：“归乎？”曰：“君死，安归？君民者，岂以陵民？社稷是主。臣君者，岂为其口实，禄俸。社稷是养。故君为社稷死，则死之；为社稷亡，则亡之。若为己死，而为己亡，非其私昵，谁敢任之？且人众人有君而弑之，吾焉得死之？而焉得亡之？将庸何归？”门启而入，枕尸股而哭，兴，三踊而出。人谓崔子：“必杀之！”崔子曰：

“民之望也，舍之，得民。”

【眉批】晏子不避君难，忠矣。以崔子之大恶，而犹知舍晏子以从民望。

晏婴使晋请继室

齐侯景使晏婴请继室于晋，晋少姜卒，齐复荐女。曰：“寡君使婴曰：‘寡人愿事君朝夕不倦，将奉质币以无失时，则国家多难，是以不获。不得亲来。不腆先君之適谓少姜以备内官，焜耀寡人之望，则又无禄，早世陨命，寡人失望。君若不忘先君之好，惠顾齐国，辱收寡人，徼福于大公、丁公，照临敝邑，镇抚其社稷，则犹有先君之適及遗姑姊妹若而人。言如常人，不敢自誉。君若不弃敝邑，而辱使董振择之，董，正也。振，整也。以备嫔嫱，寡人之望也。’”韩宣子使叔向对曰：“寡君之愿也。寡君不能独任其社稷之事，未有伉俪，在缞绖之中，是以未敢请。君有辱命，惠莫大焉。若惠顾敝邑，抚有晋国，赐之内主，岂唯寡君，举群臣实受其贶，其自唐叔以下实宠嘉之。”

虞人不应弓招

齐侯景田于沛，招虞人掌山泽之官以弓，不进。公使执之。辞曰：“昔我先君之田也，旃以招大夫，弓以招士，皮冠以招虞人。臣不见皮冠，故不敢进。”乃舍之。仲尼曰：“守道不如守官。”招而往者，道之常；非其招而不往者，官之制。君子韪之。张氏曰：“虞人守官，义不敢往，义有重于死故也。使一有畏死之心，应非其招，则见利忘义矣。充虞人之心，行一不义而得天下而不为之心也，人纪之所由立也。是以夫子取之。”

【眉批】以小推大，此不可苟，孰有可苟者？

梁丘据不欲纳鲁

齐侯景将纳公，鲁昭公。命无受鲁货。申丰从女贾二臣以币锦二两匹适齐。因高锜以货梁丘据。子犹据字受之，言于齐侯曰："群臣不尽力于鲁君者，非不能事君也。然据有异焉。宋元公为鲁君如晋，卒于曲棘；叔孙昭子求纳其君，无疾而死。不知天之弃鲁邪，抑鲁君有罪于鬼神，故及此也？君若待于曲棘，使群臣从鲁君以卜焉。若可，师有济也，君而继之，兹无敌矣。若其无成，君无辱焉。"齐侯从之，使公子钽帅师从公，围成。

薛

薛宰不代宋役

晋魏舒合诸侯之大夫于狄泉，将以城成周。奉敬王命。宋仲几不受功，曰："滕、薛、郳，吾役也。"欲使之代。薛宰曰："宋为无道，绝我小国于周，使不自通于天子。以我适楚，故我常从宋。晋文公为践土之盟，曰：'凡我同盟，各复旧职。'若从践土，役于周。若从宋，代宋役。亦唯命。"仲几曰："践土固然。"言薛旧为宋役践土，固合从旧。薛宰曰："薛之皇祖奚仲居薛，以为夏车正，奚仲迁于邳，仲虺居薛，以为汤左相。若复旧职，将承王官，何故以役诸侯？"仲几曰："三代各异物，薛焉得有旧？薛居周世，不得引用夏、商故事。为宋役，亦其职也。"士弥牟曰："晋之从政者新，言范鞅新代魏舒，盖舒卒于役。子姑受功，归，吾视诸故府。"求故事。仲几曰："纵子忘之，山川鬼神其忘诸乎?”士伯弥牟怒,谓韩简子不信曰:“薛征于人,宋征于鬼。宋罪大矣。且己无辞,屈于薛。而抑我以神,诬我也。‘启宠纳侮’,其此之谓矣。必以仲几为戮。”乃执仲几以归诸京师。

邾

茅夷鸱乞吴师

师入邾,鲁季康子伐之。以邾子益来,献于亳社,囚诸负瑕。邾茅夷鸱以束帛乘韦自请救于吴,曰:“鲁弱晋而远吴,冯恃其众,而背君之盟,辟陋君之执事,以陵我小国。邾非敢自爱也,惧君威之不立。君威之不立,小国之忧也。若夏盟于鄫衍,鲁哀公与楚盟。秋而背之,成求而不违,言鲁灭邾,成其所求而不违。四方诸侯其何以事君?且鲁赋八百乘,君之贰也;鲁以八百乘之赋贡吴,然其国大,乃吴之敌国。邾赋六百乘,君之私也。私属。以私奉贰,唯君图之!”吴子夫差从之。

楚

楚使反诘齐师

齐侯桓以诸侯之师侵蔡。蔡溃,遂伐楚。楚子成使与师言曰:“君处北海,寡人处南海,唯是风马牛不相及也,山阴陆甸曰:“牛走顺风,马走逆风。”楚是以云。不虞君之涉吾地也,何故?”管仲对曰:“昔召康公奭命我先君太公曰:‘五侯九伯,女实征之,以夹辅周室!’赐我先君履,所践之竟。东至于海,西至于河,南至于穆陵,北至于无棣。尔贡苞茅不入,王祭不共，无以缩酒，《禹贡》：荆州贡菁茅。包，束也。束茅而灌之以酒为缩酒。寡人是征。昭王南征而不复，南巡，以胶舟溺于汉。寡人是问。”对曰：“贡之不入，寡君之罪也，敢不共给？昭王之不复，君其问诸水滨！”昭王时，汉非楚竟，故不受罪。师进，次于陉。吕氏曰：“伐楚之役，苟直指其不共贡职以讨之，楚必稽首而知罪矣；而君臣过计，以不共贡职之罪为不足，遂远求昭王不复之事，欲张楚之罪，以大吾出师之名。抑不知胶舟之祸，年逾数百，茫昧不可考，楚安肯坐受其责乎？此所以来水滨之侮也。”真氏曰：“荆楚僭王，罪之大者也。包茅不入，罪之小者也。昭王之不复，则非其罪矣。管仲不以僭王责之，而举此二罪，是舍其所当责而责其不必责也，仲岂懵乎哉？盖有诸己而后可求诸人，无诸己而后可非诸人。齐桓之内嬖如嫡，同产不嫁，内之失德者多矣。灭谭，灭遂，迁阳降鄣，外之失义者多矣。楚大国也，僭王其大恶也。我以大恶责之，彼肯弭然受责者哉？必斥吾之恶以对。方八国之师云集而为敌人，指数其恶，岂不为诸侯羞？攻之弗克，围之弗下，将何词以退师乎？故舍其所当责者而及其不必责者，庶几楚人之为辞也易。不尽力以抗我，我之服楚也亦易。不劳师而有功，仲盖计之熟矣。呜呼！此其所以为伯者之师欤！”

【眉批】西山之论，若持桃冶古鉴，照破桓公、管仲心胆。

屈完使齐

楚子成使屈完如师。觇强弱。师退，次于召陵。齐侯陈诸侯之师，与屈完乘共载而观之。齐侯曰：“岂不谷是为？先君之好是继，与不谷同好如何？”对曰：“君惠徼福于敝邑之社稷，加惠于楚以求福于神。辱收寡君，不以同好为辱。寡君之愿也。”齐侯曰：“以此众战，谁能御之？以此攻城，何城不克？”对曰：“君若以德绥诸侯，谁敢不服？君若以力，楚国方城以为城，汉水以为池，虽众，无所用之。”屈完及诸侯盟。真氏曰：“屈完之对，才数语耳，皆足以折服齐侯之心，盖善于辞令者也。”

【眉批】"以此众战","以此攻城",霸略矜张,犹可概见。非德以将之,宜屈于完之对也。

夔子不祀祝融

夔子不祀祝融与鬻熊,祝融,高辛氏之火正,十二世孙是为鬻熊,事文王;其曾孙熊绎,始封于楚。夔乃楚之别封,于礼不得祀者。楚人让之。对曰:"我先君熊挚有疾,鬼神弗赦,自窜于夔,挚,楚嫡子,有恶疾,不得嗣位,故别封为夔子。曰窜者,贬斥之词。吾是以失楚,又何祀焉?"楚灭夔,以夔子归。胡氏曰:"诸侯之祀,无过其祖者。而夔祖熊挚,是不得祀祝融与鬻熊也,而楚反以是灭之,非其罪矣。"吕氏曰:"夔子之对楚问,正也;其激楚怒而见灭者,以气之忿而夺言之正也。治言而不治气,虽有正礼大义,反为忿戾之所败,不足以解纷,而反以速祸,岂不甚可惜哉!"

蒍贾不贺子文

楚子成将围宋,即晋故。使子文治兵于睽,邑。终朝而毕,不戮一人。欲归重于子玉。子玉复治兵于蒍,邑。终日而毕,鞭七人,贯三人耳。国老皆贺子文。所举得人。子文饮之酒。蒍贾尚幼,后至,不贺。子文问之,对曰:"不知所贺。子之传政于子玉,曰'以靖国也',先是,子玉伐陈还,子文以为功,使为令尹。叔伯曰:'若国何?'答曰:'以靖国也。'靖诸内而败诸外,所获几何?子玉之败,子之举也。举以败国,将何贺焉?子玉刚而无礼,不可以治民,过三百乘,其不能以入矣。入其众而治之。苟入而贺,何后之有?"

钟仪不忘楚

楚子重伐郑。郑共仲、侯羽二将军攻楚师,囚郧公钟仪，献诸晋。晋人以钟仪归，囚诸军府。晋侯景观于军府，见钟仪，问之曰：“南冠而絷者，谁也？”有司对曰：“郑人所献楚囚也。”使税之，释缚。召而吊之。问其族，对曰：“泠人也。”乐官。公曰：“能乐乎？”对曰：“先父之职官也，敢有二事？”使与之琴，操南音。公曰：“君王何如？”对曰：“非小人之所得知也。”固问之，对曰：“其为太子也，师保奉之，以朝于婴齐而夕于侧也。婴齐，令尹子重也。侧，司马子反也。朝夕于其所，尊敬之也。不知其他。”公以语范文子。燮。文子曰：“楚囚，君子也。言称先职，不背本也；乐操土风，不忘旧也；称太子，抑无私也；远称少时事，以示性之自然，明不私于君也。名其二卿，尊君也。不背本，仁也；不忘旧，信也；无私，忠也；尊君，敏也。仁以接事，信以守之，忠以成之，敏以行之。事虽大，必济。君盍归之，使合晋楚之成？”公从之，重为之礼，使归求成。

【眉批】钟仪言度，闲雅整顿，是宜文子之亟称。

椒举辞谢宋大子

楚子灵合诸侯于申。宋大子佐后至，王田于武城，久而弗见。椒举请辞焉。请王辞谢之。王使往，曰：“属有宗祧之事于武城，言为宗庙田猎。寡君将堕币焉，敢谢后见。”堕，布也，输也。恨其后至，故言将因诸侯会，布币乃见。

申无宇执亡阍

楚子灵为章华之宫，纳亡人以实之。无宇之阍入焉。无宇，楚芋尹也。阍，守门者。其人得罪，走入宫。无宇执之，有司弗与，曰：“执人于王宫，其罪大矣。”执而谒诸王。王将饮酒，无宇辞曰:“天子经略,诸侯正封,古之制也。封略之内,何非君土?食土之毛,草。谁非君臣?故《诗》曰:‘普天之下,莫非王土;率土之滨,莫非王臣。’天有十日,甲至癸。人有十等。王至台。下所以事上,上所以共神也。故王臣公,五等诸侯。公臣大夫,能扶成人者。大夫臣士,能理庶事者。士臣皂,造成事者。皂臣舆,举众事者。舆臣隶,属于吏者。隶臣僚,供劳事者。僚臣仆,主藏者。仆臣台。给台下厮役。马有圉,牛有牧,以待百事。今有司曰:‘女何执人于王宫?’将焉执之?周文王之法曰:‘有亡,荒阅。’荒,大也。阅,搜也。有亡人,当大搜其众。所以得天下也。吾先君文王作《仆区》之法,《仆区》,刑书名。仆,隐也。区,匿也。曰:‘盗所隐器,隐盗所得之器。与盗同罪。’所以封汝也。启疆北至汝水。若从有司,是无所执逃臣也。逃而舍之,是无陪台也。言皆将逃。王事无乃阙乎?昔武王数纣之罪以告诸侯,曰:‘纣为天下逋逃主,萃渊薮。’故夫致死焉。众欲讨之。君王始求诸侯而则纣,无乃不可乎?若以二文之法取之,盗有所在矣。王亦盗。”王曰:“取而臣以往。使以阍去。盗有宠,未可得也。戏言以我为盗,方为君有宠,未可取也。”遂赦之。

薳启强致鲁

楚子成章华之台,愿与诸侯落之。始成而祀曰落。大宰薳启强曰:“臣能得鲁侯。”薳启强来召公,昭。辞曰:“昔先君成公命我先大夫婴齐曰:‘吾不忘先君之好,将使衡父照临楚国,镇抚其社稷,以辑宁尔民。’婴齐受命于蜀。楚子重伐鲁,鲁使孟孙往赂之,公衡为质,而受盟于蜀。奉承以来,弗敢失陨,而致诸宗祧。曰我先君共王引领北望,日月以冀,望鲁朝。

传序相授，于今四王矣。共王、康王、郏敖及今灵王。嘉惠未至，唯襄公之辱临我丧。送康王葬。孤与其二三臣悼心失图，社稷之不皇，况能怀思君德？今君若步玉趾，辱见寡君，宠灵楚国，以信蜀之役，明受命于蜀之事不虚。致君之嘉惠，是寡君既受贶矣，何蜀之敢望？如蜀之以公衡为质。其先君鬼神实嘉赖之，岂唯寡君？君若不来，使臣请问行期，见伐之期。寡君将承质币而见于蜀，称兵而曰质币，谦言也。以请先君之贶。问成公之不践言。”公如楚。

【眉批】成章台而召诸侯，背礼甚矣。薳启强无一言以谏其非，反曲词以徼鲁公，鲁公畏其见陵，亦遂如楚，行非聘会，乃不俟驾，其削亡也，何异焉！

薳启强反大屈

楚子灵享公昭于新台，章华台也。好以大屈。弓名。以为宴好之赐。既而悔之。薳启强闻之，见公。公语之，拜贺。公曰：“何贺？”曰：“齐与晋、越欲此久矣。寡君无适与也，不知专与何人。而传诸君。君其备御三邻，言将伐鲁取弓。慎守宝矣，敢不贺乎？”公惧，乃反之。

奋扬不忍杀太子

王平使城父司马奋扬杀太子，初，楚平王用费无极言，使太子建居城父。至是，无极谮太子与其师伍奢将据方城之外以叛。王既执奢，又欲杀太子。未至而使遣之。知冤，令去。太子建奔宋。王召奋扬，奋扬使城父人执己以至。王曰：“言出于余口，入于尔耳，谁告建也？”对曰：“臣告之。君王命臣曰：‘事建如事余。’臣不佞，才。不能苟贰。苟且怀二心。奉初以还，奉初命以周旋。不忍后命,谓欲杀之。故遣之。既而悔之,亦无及已。”王曰:“而汝敢来,何也?”对曰:“使而失命,召而不来,是再奸也。犯二罪。逃无所入。”王曰:“归,从政如他日。”

【眉批】奋扬之对曲全。

申包胥乞秦师

伍员与申包胥友。其亡也,楚平王杀伍奢及其长子尚,次子员奔吴。谓申包胥曰:“我必复楚国。”复仇以灭楚。申包胥曰:“勉之!子能复之,我必能兴之。”及昭王在随,吴入郢,昭王奔随。申包胥如秦乞师,曰:“吴为封豕长蛇,以荐食上国,虐始于楚。先是,楚以一裘一佩拘蔡昭侯三年,以肃爽马拘唐成公亦三年,既归,请师于吴以报之。寡君失守社稷,越在草莽,使下臣告急,曰:‘夷德无厌,若邻于君,吴若灭楚,则邻秦。疆埸之患也。逮吴之未定,君其取分焉。共分楚地。若楚之遂亡,君之土也。若以君灵抚之,世以事君。’”秦伯哀使辞焉,曰:“寡人闻命矣。子姑就馆,将图而告。”对曰:“寡君越在草莽,未获所伏,下臣何敢即安?”立,依于庭墙而哭,日夜不绝声,勺饮不入口七日。秦哀公为之赋《无衣》。取“修我戈矛,与子同仇”之义。九顿首而坐。诗凡三章,每章三顿首以谢。秦师乃出以救楚。

【眉批】伍员之复楚,申包胥之兴楚,料远制胜,各如所言,两敌手棋也。

由于有能有不能

王昭之在随也,子西为王舆服以保路,国于脾泄。诈为王车服,立国于脾泄,以安路人,恐其溃也。闻王所在,而后从王。王使由于城麇，复命。子西问高厚焉，弗知。子西曰："不能，如辞。自知不能，当辞勿行。城不知高厚，小大何知？"对曰："固辞不能，子使余也。人各有能有不能。王遇盗于云中，余受其戈，吴入郢，昭王奔入云中。盗攻王寝，击以戈，由于以背受之。其所犹在。"袒而示之背，曰："此余所能也。脾泄之事，余亦弗能也。"

蓝尹亹见昭王

吴人入楚，昭王出奔，济于成臼，津。见蓝尹亹载其孥。王曰："载予。"对曰："自先王莫队其国，当君之世而亡之，君之过也。"遂去王。王归，又求见王。王欲执之，子西曰："请听其辞，夫其有故。"王使谓之曰："成臼之役，而汝弃不谷，今而汝敢来，何也？"对曰："昔瓦唯长旧怨，以败于柏举，瓦欲得蔡侯之裘佩、唐成公之马，弗与，拘之三年，既而献之，乃归。唐、蔡二君既归，请吴师以伐楚，战于柏举。故君及此。今又效之，无乃不可乎？臣避于成臼，以儆君也，庶悛而更乎？今之敢见，观君之德也，曰：庶惧而鉴前恶乎？君若不鉴而长之，君实有国而不爱，臣何有于死，死在司败矣！楚改司寇为司败。惟君图之！"子西曰："使复其位，以无忘前败。"言见亹则念前败。王乃见之。

【眉批】蓝尹不载昭王，非弃君也。是心也，子西知之，故请听其词。而尹之言于昭王甚有警策焉，故子西使复其位。其曰"毋忘前败"，则子西之因尹以效忠于君者也。

吴

蹶由不畏衅鼓

楚子灵以诸侯及东夷伐吴，以报棘、栎、麻之役。齐庆封奔吴，吴以朱方处封，楚围朱方以讨之。吴伐楚，入棘、栎、麻，以报朱方之役。至是，楚复报之。至于罗汭。吴子夷昧使其弟蹶由犒师，楚人执之，将以衅鼓。王使问焉，曰："女卜来吉乎？"对曰："吉。寡君闻君将治兵于敝邑，卜之以守龟，守国之龟。曰：'余亟使人犒师，请行以观王怒之疾徐，而为之备，尚克知之！'命龟之辞如此。龟兆告吉，曰：'克可知也。'君若欢焉好逆使臣，滋敝邑休懈怠，而忘其死，亡无日矣。今君奋焉震电冯盛怒，虐执使臣，将以衅鼓，则吴知所备矣。敝邑虽羸，若早修完，其可以息师。难易有备，可谓吉矣。且吴社稷是卜，岂为一人？使臣获衅军鼓，而敝邑知备，以御不虞，其为吉，孰大焉？国之守龟，其何事不卜？一臧一否，其谁能常之？城濮之兆，其报在邲。楚与晋战城濮，卜得吉兆而败，至邲战胜。今此行也，其庸有报志？"乃弗杀。

是行也，吴早设备，楚无功而还，以蹶由归。平王即位，令尹子瑕言蹶由于楚子曰："彼何罪？谚所谓'室于怒，市于色'者，楚之谓矣。怒吴子而作色于蹶由。舍前之忿可也。"乃归蹶由。

【眉批】临难抗词，不失条节。既言卜吉，而又言臧否无常，且及邲之役，尤为远猷。

越

诸稽郢行成于吴

吴王夫差起师伐越，越王勾践起师逆之江。大夫种乃献谋曰："夫吴之与越，唯天所授，王其无庸战。夫申胥、华登，胥自楚往，登自宋往。简服吴国之士于甲兵，而未尝有所挫也。夫一人善射，百夫决拾，决，钩弦也。拾，捍也。喻胥、登善用兵而众化之。胜未可成。必。夫谋必素见成事焉，而后履之，不可以授命。斗也。王不如设戎，自守。约辞行成，以喜其民，以广侈吴王之心。吾卜之于天，天若弃吴，必许吾成而不吾足也，吴谓越为不足畏。将必宽然有伯诸侯之心焉；既罢弊其民，而天夺之食，安受其烬，乃无有命矣。天命不在吴。"越王许诺，乃命诸稽郢行成于吴，曰："寡君句践使下臣郢，不敢显然布币行礼，敢私告于下执事曰：'昔者，越国见祸，得罪于天王，谓槜李之战伤阖庐也。言天王者，尊之以名。天王亲趋玉趾，以心孤弃句践，而又宥赦之。君王之于越也，繄起死人而肉白骨也。孤不敢忘天灾，其敢忘君王之大赐乎？今句践申祸无良，草鄙之人，敢忘天王之大德，而思边陲之小怨，以重得罪于下执事？谓报见侵。句践用帅二三之老，亲委重罪，顿颡于边。今君王不察，盛怒属兵，将残伐越国。越国固贡献之邑也，君王不以鞭棰使之，而辱军士，使寇令焉！若御寇之号令。句践请盟。一介嫡女，执箕帚以晐姓于王宫；晐，备也。姓，庶姓也。《曲礼》曰："纳女于天子曰备百姓。"一介嫡男，奉槃匜以随诸御。春秋贡献，不解于王府。天王岂辱裁之？亦征诸侯之礼也。'夫谚曰：'狐埋之而狐搰之，发也。是以无成功。'今天王既封殖越国，以明闻于天下，而又刈忘之，是天王之无成劳也。虽四方之诸侯，则何实以事吴？敢使下臣尽辞，唯天王秉利度义焉！”吴王许之成。将盟，越王又使诸稽辞曰：“以盟为有益乎？前盟口血未干，足以结信矣。以盟为无益乎？君王舍甲兵[①]之威以临使之，而胡重于鬼神而自轻也？”吴王乃许之，荒成不盟。荒，空也。

【眉批】老子曰：“天下之至柔，驰骋天下之至坚。”庄子曰：“绰约柔乎刚强。”予于诸稽郢、大夫种之词而有感焉，以越之君臣所谋，土地所产，甲兵所聚，岂肯甘心于吴者？美言鸩毒，何不悟也！

大夫种行成于吴

越王句践栖于会稽之上，乃号令于三军曰：“凡我父兄昆弟及国子姓，有能助寡人谋而退吴者，吾与之共知越国之政。”大夫种进对曰：“臣闻之，贾人夏则资皮，冬则资絺，旱则资舟，水则资车，以待乏也。夫虽无四方之忧，然谋臣与爪牙之士，不可不养而择也。譬如蓑笠，时雨既至必求之。今君王既栖于会稽之上，然后乃求谋臣，无乃后乎？”句践曰：“苟得闻子大夫之言，何后之有？”执其手而与之谋。

遂使之行成于吴，曰：“寡君句践乏无所使，使其下臣种，不敢彻声闻于天王，私于下执事曰：寡君之师徒不足以辱君矣。愿以金玉子女赂君之辱；请勾践女女于王，大夫女女于大夫，士女女于士。越国之宝器毕从。寡君帅越国之众，以从君之师徒，唯君左右之。若以越国之罪为不可

①甲兵，原作“兵甲”，倒，据韦昭注《国语》乙正。

赦也，将焚宗庙，系妻孥，沉金玉于江，有带甲五千人将以致死，乃必有偶。是以带甲万人以事君也，无乃即伤君王之所爱乎？与其杀是人也，宁其得此国也，其孰利乎？”夫差与之成，而去之。

戎翟

戎子不屈于晋

会于向。晋为吴谋楚。将执戎子驹支。戎子名。范宣子士丐亲数诸朝，行之所在，亦设朝位。曰：“来！呼之使前。姜戎氏！四岳之后皆姓姜。昔秦人迫逐乃祖吾离于瓜州，乃祖吾离被苫盖，蒙荆棘，以来归我先君。我先君惠公有不腆之田，与女剖分而食之。今诸侯之事我寡君不如昔者，盖言语漏泄，则职女之由。由戎主之。诘朝之事，尔无与焉。不得与会。与，将执女。”对曰：“昔秦人负恃其众，贪于土地，逐我诸戎。惠公蠲明其大德，谓我诸戎是四岳之裔胄也，毋是翦弃。赐我南鄙之田，狐狸所居，豺狼所嗥。我诸戎除翦其荆棘，驱其狐狸豺狼，以为先君不侵不叛之臣，至于今不贰。昔文公与秦伐郑，秦人窃与郑盟从烛之武之言而舍戍焉，使杞子、逢孙、杨孙戍郑。于是乎有殽之师。晋御其上，戎亢其下，秦师不复，只轮无返。我诸戎实然。譬如捕鹿，晋人角之，执其角。诸戎掎之，掎其足。与晋踣之。毙也。戎何以不免？自是以来，晋之百役，与我诸戎相继于时，以从执政，犹殽志也，岂敢离逖？远。今官之师旅，无乃实有所阙，以携诸侯，而罪我诸戎！我诸戎饮食衣服不与华同，贽币不通，言语不达，何恶之能为？不与于会，亦无瞢闷也焉。”赋《青蝇》而退。取“恺悌君子，无信谗言”之意。宣子辞谢焉，使即事于会，成恺悌也。

夙沙厘从鼓子

中行伯荀吴既克鼓，白翟别邑。以鼓子宛支来。《传》作鸢鞮。令鼓人各复其所，非僚勿从。鼓子之臣曰夙沙厘，以其孥行，军吏执之，辞曰：“我君是事，非事土也。名曰君臣，岂曰土臣？今君实迁，臣何赖于鼓？”穆子吴召之，曰：“鼓有君矣，已使涉佗守之。尔止事君，吾定而汝禄爵。”对曰：“臣委质于翟之鼓，未委质于晋之鼓也。臣闻之：委质为臣，无有二心。委质而策死，委质于君，书名于策，示必死。古之法也。君有烈名，臣无畔质。敢即私利以烦司寇而乱旧法，其若不虞何！”穆子叹而谓其左右曰：“吾何德之务而有是臣也？”乃使行。既献，献功。言于顷公，与鼓子田于河阴，使夙沙厘相之。

【眉批】夙沙厘之持正，穆子之用人，俱尽之矣。

左粹类纂　卷之五

吴郡施仁　编集

如皋孙应鳌　批点

议　论

议论在庙堂，则天下享其福。春秋诸臣，礼有议乐、有议事之利害，人之臧否，亦各有议，天下未尝一日无公论也。故虽战无虚岁，而世道赖以不坠，多夫人之力与！乃若虢射主闭籴之议，而君见获；子驷主从楚之议，而国弗宁；伯宗好直，惧人之治；张趯有知，显君之失，则不能无遗论。

周

伶州鸠论铸钟

王景将铸无射而为之大林，无射，钟名。大林，其覆也。问之伶州鸠。对曰："臣之守官弗及也。不及知。臣闻之：琴瑟尚宫，从大。钟尚羽，从细。石尚角，清浊之中。匏竹利制。以声调利为制，无所尚良。大不逾宫，细不过羽。夫宫，音之主也；第次以及羽。圣人保乐而爱财，财以备器，乐以殖财。故乐器重者从细，轻者从大。是以金尚羽，石尚角，瓦丝尚宫，匏竹尚议，从其调利。革木一声。无变。夫政象乐，乐从和，和从平。声以和乐，律以平声。金石以动之，丝竹以行之，诗以道之，歌以咏之，匏以宣之，瓦以赞之，革木以节之。物得其常曰乐极，中。极之所集曰声，声应相保曰和，细大不逾曰平。如是，而铸之金，磨之石，系之丝木，越之匏竹，越谓为之孔也。节之鼓而行之，以遂八风。正西曰兑，为金，为阊阖；西北曰乾，为石，为不周；正南曰离，为丝，为景；正东曰震，为竹，为明庶；东北曰艮，为匏，为融；西南曰坤，为瓦，为凉；正北曰坎，为革，为广莫；东南曰巽，为木，为清明。于是乎气无滞阴，夏有霜雹。亦无散阳；冬无冰，李梅实。阴阳序次，风雨时至；嘉生繁祉，人民和利；物备而乐成，上下不罢，劳。故曰乐正。今细过其主，妨于正；言无射有大林，是作细而大过其律，害于正声。用物过度，妨于财；言用金多。正害财匮，妨于乐。细抑大陵，不容于耳，非和也。听声越远，非平也。妨正匮财，声不和平，非宗官之所司也。夫有和平之声，则有蕃殖之财。于是乎导之以中德，舞也。咏之以中音，德音不愆，以合神人，祭祀享宴。神是以宁，民是以听。若夫匮财用，罢民力，以逞淫心；听之不和，比之不度；无益于教，而离民怒神，非臣之所闻也。”

【眉批】州鸠不惟达乐之数，亦且知乐之义。

读此文，亦如听和平之乐，所谓中德中音，近知本矣。末[①]意所以警景王者尤切。节奏铿然。

伶州鸠论律

王景将铸无射，问律于伶州鸠。对曰：“律所以立均出度也。均者，均钟木，长七尺，有弦系之，以均钟者。度，钟大小清浊也。古之神瞽，乐祖。考中声而量之以制，制乐。度律均钟，百官

①末，原作“未”，误，据任养心本改。

轨仪。度律吕之长短，以平其钟，和其声，以立百事之道法也。纪之以三，天神、地祇、人鬼。平之以六，六律。成于十二，律吕相生。天之道也。天之大数不过十二。夫六，中之色也，故名之曰黄钟，所以宣养六气九德也。十一月律。六者，天地之中。天有六气，降生五味。天有六母，地有五子，十一而天地毕矣，故六为中。黄，中之色也。钟之言阳气钟聚于下也。六气，阴、阳、风、雨、晦、明也。九德，九功之德，水、火、金、木、土、谷、正德、利用、厚生也。由是第之：二曰大簇，所以金奏赞阳出滞也。正月律。簇，达也。言阳气大达于上也。于正声为商，故为金奏，所以佐阳发、出滞伏也。三曰姑洗，所以修洁百物，考神纳宾也。三月律。姑，洁也。洗，濯也。言阳气养生、洗濯枯秽也。于正声为角，时百物修洁，故用之宗庙，可以合神；用之享宴，可以纳宾也。四曰蕤宾，所以安靖神人，献酬交酢也。五月律。蕤，委蕤，柔貌也。言阴气为主，委蕤于下，阳气盛长于上，有似宾主也。五曰夷则，所以咏歌九则，平民无贰也。七月律。夷，平也。则，法也。言万物既成，可法则也。九则，九功之则。无贰，民心不疑也。六曰无射，所以宣布哲人之令德，示民轨仪也。九月律。阳气收藏，万物无射见者。为之六间，以扬沉伏而黜散越也。六间，六吕。在阳律之间。吕，阴律，所以侣间阳律，成其功，发扬滞气而去散越者也。元间大吕，助宣物也。十二月律。元，一也。阴系于阳，以黄钟为主，故曰元间。天气始于黄钟，萌而赤，地受之于大吕，牙而白，成黄钟之功也。二间夹钟，出四隙之细也。二月律。四隙，四时之间气微细者。春为阳中，万物始生，四时之微气皆始于春。春发而出之，三时奉而成之也。三间中吕，宣中气也。四月律。阳气起于中，至四月宣散于外。四间林钟，和展百事，俾莫不任肃纯恪也。六月律。林，众也。言万物众盛也。钟，聚也。于正声为徵。展，审也。肃，速。纯，大。恪，敬也。任其事，速其功，敬其职也。五间南吕，赞阳秀也。八月律。南，任也。阴任阳事，助成万物也。荣而未实曰秀。六间应钟，均利器用，俾应复也。十月律。言阴应阳用事，万物钟聚，百嘉具备，时务均利，百官器用，程度庶品，使皆应其礼、复其常也。律吕不易，无奸物也。神无奸行，物无害生。细钧有钟无镈，昭其大也。细，细声，谓角、徵、羽也。镈，小钟也。两细不相和，故用钟为节，以大平细也。大钧有镈无钟，甚大无镈，鸣其细也。大，谓宫、商也。两大不相和，故用镈，以小平大也。甚大，谓同尚大声也，则又去镈，独鸣其细。细，谓丝、竹、革、木。大昭小鸣，和之道也。和平则久，久固则纯，纯明则终成，终复则乐，终则复奏。所以成政也，故先王贵之。"

王曰："七律者何？"对曰："昔武王伐殷，岁在鹑火，月在天驷，日在析木之津，辰在斗柄，星在天鼋。岁，岁星也。鹑火、析木、天鼋，皆次名。武王以殷之十一月二十八日戊子，始发师。后三日，得辛卯朔。二日壬辰，辰星始见。三日癸巳，师行。二十八日戊午，渡孟津。星与日辰之位，皆在北维，颛顼之所建也，帝喾受之。北维，水位也。颛顼以水德王，立于此。喾以木德代之。喾，周之先祖。言周以木德受殷之水，犹喾之受颛顼也。我姬氏出自天鼋，及析木者，有建星及牵牛焉，则我皇妣大姜之侄、伯陵之后，逄公之所冯神也。天鼋，齐之分野也。析木，日辰所在也。建星在牵牛间，谓从辰星所在。天鼋之首，至析木之分，历建及牵牛，皆水宿，言得水类也。大姜，齐女，大王之妃，王季之母也。伯陵，大姜之祖。有逄，伯陵也。逄公，伯陵之后，为殷诸侯，封于齐地，属天鼋，故祀天鼋。死而配食为其神主。冯，依也。言天鼋乃皇妣家之所冯依，非但合于水木相承而已。周道起于大王，故本于大姜。岁之所在，则我有周之分野也。鹑火，岁星所在，利伐人。月之所在，辰马农祥也。我人祖后稷之所经纬也。辰马，谓房心星也。心星所在，大辰之次为天驷，有月在房，合于农象也。稷播百谷，故云。王欲合是五位三所而用之。五位，岁、月、日、星、辰也。三所，逄公所冯，周分野所在，后稷所经纬也。自鹑及驷，七列也。岁星鹑火在张十三度，月宿天驷在房五度，从张至房七列，合七宿，谓张、翼、轸、角、亢、氐、房之位。南北之揆，七同也。七同，合七律也。鹑火午，天鼋子，自午至子，其度七同也。凡神人以数合之，以声昭之，数合声和，然后可同也。神人相应。故以七同其数，而以律和其声，于是乎有七律。王以二月癸亥夜陈，陈师牧野。未毕而雨，天地神人协同之应。以夷则之上宫毕之，毕，陈也。上宫，以夷则为宫声。《周礼》："太师执同律以听军声，而诏吉凶。"一曰阳气在上，故曰上宫。当辰，时。辰在戌上，故长夷则之上宫，名之曰羽，所以藩屏民则也。辰，日月之会斗柄也。长，先用之也。其乐为羽，谓羽翼其众，取能藩蔽其民，使中法则也。王以黄钟之下宫，布戎于牧之野，故谓之厉，所以厉六师也。此甲子昧爽，仗钺秉旄时也。作黄钟以厉六军，所以宣养气德，使皆自勉，尚桓桓也。黄钟在下，故曰下宫。以大簇之下宫，布令于商，昭显文德，底致纣之多罪，故谓之宣，所以宣三王之德也。此既杀纣什[1]囚、散财发粟时也。大簇，所以赞阳出滞，故用之。大簇在下，故曰下宫。三王，大王、王季、文王也。反及嬴内，地。以无射之上宫，无射在上，故曰上宫。布宪施舍于百姓，施，施惠。舍，舍罪。故谓之嬴乱，治也。所以优柔容民也。"

【眉批】论律。

论吕。

论七律。

此文亦如广乐之奏，合而成章，分而有体。

①什，疑当作"释"。纣王杀王子比干，囚箕子。武王杀纣，释箕子囚。

鲁

○众仲论乐舞

考仲子之宫，仲子，惠公妾也。考者，始成而祀。将万焉，舞也。公隐问羽数于众仲。对曰："天子用八，八八六十四人。诸侯用六，六六三十六人。大夫四，四四十六人。士二。二二四人。夫舞，所以节八音而行八风，制八音之器，使不荒淫；宣八方之风，使不蕴结。故自八以下。唯天子得尽物数，自诸侯以下，则降杀以两。"公从之。于是初献六羽，始用六佾也。仲子以别宫不敢同群庙而用六，群庙仍僭用八。吕氏曰："隐公之问，必其心有所大不安也。众仲盍申告之曰：'周公制礼作乐，以致太平，盖欲行之天下，传之万世也。周公欲行之天下，而子孙已乱之；欲传之万世，而身没已违之。使周公而有知，吾知其不享鲁祭矣。'不为此言，而使用六佾于仲子之庙，是以礼处仲子，而不以礼处周公，何其待仲子之厚，而待周公之薄耶！虽然，此非所以责众仲也。成王祀周公以天子之礼乐，虽召公、毕公之贤，未尝固争，况众仲乎？"

【眉批】不言佾而言羽，妇人无武事，故独用文乐。

○众仲论谥族

无骇卒，羽父翚字请谥与族。公隐问族于众仲。众仲对曰："天子建德，立有德以为诸侯。因生以赐姓，胙之土而命之氏。如舜生于沩汭，故赐陈妫姓，因所封地命胡公曰陈氏。诸侯以字为谥，因以为族。官有世功，则有官族。邑亦如之。"诸侯不得赐姓，故其臣之氏，或以字，如鲁孟、仲、季；或以谥，如宋、戴、卫、齐；或以官，如晋士、中行；或以邑，如晋韩、赵、魏之类。公命以字为展氏。无骇，公子展之孙，故以王父字为氏。

○申繻论命名

子同生。鲁桓公之子庄公也。以大子生之礼举之：接以大牢，以牛、羊、豕接夫人，重嫡也。卜士负之，《礼》："世子生三日，卜士负之。射人以桑弧、蓬矢射四方。"士妻食之，卜士之妻为乳母。公与文姜、宗妇命之。世子生三月，君夫人沐浴于外寝，立于阼阶，西乡。世妇抱子升自西阶，君命之，乃降。

公问名于申繻。对曰："名有五：有信，有义，有象，有假，有类。以名生为信，如鲁公子友，以生而有文在其手，曰友也。以德命为义，如文王昌、武王发，知其能昌国、发兵也。以类命为象，如孔丘，以首象尼丘也。取于物为假，如孔鲤，适有馈之鲤也。取于父为类。如子同，与父同日也。不以国，不以官，不以山川，不以隐疾，隐，痛。疾，患。辟不祥也。不以畜牲，不以器币。周人以讳事神，讳自周始。名，终将讳之。故以国则废名，以官则废职，以山川则废主，以畜牲则废祀，以器币则废礼。晋以僖侯废司徒，改为中军。宋以武公废司空，改为司城。先君献、武废二山，献公名具，武公名敖，更以其乡名二山。是以大物不可以命。"公曰："是其生也，与吾同物，类也，谓同日。命之曰同。"

【眉批】命名旨趣具见，亦以见古人重讳之原。

曹刿论战事

长勺之役，庄公伐齐纳纠，桓公自莒先入，败鲁师于乾时，至是复伐鲁。曹刿问所以战于严公。公曰："余不爱衣食于民，不爱牲玉于神。"对曰："夫惠本树德施利而后民归之志，志归于上。民和而后神降之福。若布德于民而平均其政事，君子务治而小人务力；动不违时，器不过用；财用不匮，莫不共祀。是以用民无不听，求福无不丰。今将惠以小赐，祀以独恭。

小赐不咸，遍。独恭不优。裕。不咸，民弗归也；不优，神弗福也。将何以战？夫民求不匮于财，而神求优裕于享者也，故不可以不本。先利民。”公曰：“余听狱，虽不能察，必以情断之。”对曰：“是则可矣。夫苟中心图民，知虽不及，必将至焉。至于道。”

【眉批】一节应照一节，句句典实。末出“听狱、中心图民”一段，似出别调，仍归本格，所以为佳。

○藏文仲善宋辞

宋大水。公庄使吊焉，曰：“天作淫雨，害于粢盛，若之何不吊？”对曰：“孤实不敬，天降之灾，又以为君忧，拜命之辱。”臧文仲辰曰：“宋其兴乎！禹汤罪己，其兴也悖焉；桀纣罪人，其亡也忽焉。且列国有凶，称孤，礼也。言惧而名礼，其庶乎！”既而闻之曰公子御说之辞也。代对。臧孙达曰：“是宜为君，有恤民之心。”御说继闵公而立，是为桓公。

【眉批】□言。

○申缙论蛇斗

内蛇与外蛇斗于郑南门中，内蛇死。六年而厉公入。郑有二君，子仪在新郑，突在栎，突使傅瑕弑子仪而入，在蛇斗后之六年。公庄闻之，问于申缙曰：“犹有妖乎？”对曰：“人之所忌，其气焰以取之，子仪畏厉公夺其国，所以致蛇之异。妖由人兴也。人无衅焉，妖不自作。人弃常，则妖兴，故有妖。”

【眉批】君子道其常，是言近之。

展禽论祀典

海鸟曰“爰居”，止于鲁东门之外二日。臧文仲辰使国人祭之。展禽曰：“越哉，迂也。臧孙之为政也！夫祀，国之大节也；而节，政之所成也。故慎制祀以为国典。今无故而加典，非政之宜也。夫圣王之制祀也，法施于民则祀之，以死勤事则祀之，以劳定国则祀之，能御天灾则祀之，能扞大患则祀之。非是族类也，不在祀典。昔烈山氏之有天下也，其子曰柱，能殖百谷、百蔬；夏之兴也，周弃继之，故祀以为稷。共工氏之伯九有也，其子曰后土，能平九土，故祀以为社。黄帝能成命百物，以明民共财，颛顼能修之。帝喾能序三辰以固民，尧能单尽均刑法以仪民，舜勤民事而野死，苍梧之野。鲧鄣洪水而殛死，羽山。禹能以德修鲧之功，契为司徒而民辑，冥勤其官而水死，冥，契之后。汤以宽治民而除其邪，稷勤百谷而山死，黑水之山。文王以文昭，武王去民之秽。故有虞氏禘黄帝而祖颛顼，郊尧而宗舜；夏后氏禘黄帝而祖颛顼，郊鲧而宗禹；商人禘舜而祖契，郊冥而宗汤；周人禘喾而郊稷，祖文王而宗武王；幕，能帅颛顼者也，有虞氏报焉；幕，舜之后虞思也。杼，能帅禹者也，夏后氏报焉；杼，禹之后季杼也。上甲微，能帅契者也，商人报焉；微，契之后。高圉、大王，能帅稷者也，周人报焉。凡禘、郊、祖、宗、报，此五者，国之祀典也。加之以社稷山川之神，皆有功烈于民者也；及前哲令德之人，所以为明质也；质，信也。谓信之于民心。及天之三辰，民所以瞻仰也；及地之五行，所以生殖也；及九州名山川泽，所以出财用也。非是，不在祀典。今海鸟至，己不知而祀之，以为国典，难以为仁且智矣。夫仁者讲功，公平。而智者处物。曲当。无功而祀之，非仁也；不知而不问，非智也。今兹海其有灾乎？夫广川之鸟兽，恒知而避其灾也。”是岁也，海多大风，冬暖。爰居所避。文仲闻柳下季之言，曰：“信吾过也，季子之言不可不法也。”使书以为三策。简书也。三筴，三卿，卿一通。

【眉批】《祭法》亦载此文，而略不同。大抵《祭法》诸书，皆汉儒多附会者，故左氏此文尤先。此篇考据着实，驱步跌荡。

流丽殊甚。

慎祭祀以为国典，至此其意已尽，故又再拈仁智数句，而末又拈避灾以实之，断而复续，信巧匠也。

孔子论臧文仲

仲尼曰：“臧文仲其不仁者三，不知者三。下展禽，知其贤而不使在位。废六关，塞关、阳关之属，往来无禁。妾织蒲，与民争利。三不仁也。作虚器，居蔡，山节藻棁。纵逆祀，跻僖公。祀爰居，海鸟。三不知也。”

【眉批】谨严。

孔子惜繁缨

卫侯穆使孙良夫、石稷、宁相、向禽将侵齐，与齐师遇。石子欲还。孙子曰：“不可。以师伐人，遇其师而还，将谓君何？若知不能，则如无出。今既遇矣，不如战也。”此处阙新筑战事。

石成子稷曰：“师败矣，子不少须，众惧尽。子丧师徒，何以复命？”皆不对。又曰：“子，国卿也。陨子，辱矣。子以众退，我此乃止。于此御齐师。”且告车来甚众。齐师乃止，次于鞫居。新筑人仲叔于奚救孙桓子良夫，桓子是以免。

既，卫人赏之以邑，辞，请曲县、《周礼》曰：天子乐，宫县，四周；诸侯轩县，阙南方。曲县，轩县也。繁缨以朝。繁缨，马饰，诸侯之服。许之。

仲尼闻之，后闻。曰："惜也，不如多与之邑。唯器与名，不可以假人，君之所司也。名以出信，信以守器，器以藏礼，礼以行义，义以生利，利以平民，政之大节也。若以假人，与人政也。以文与其人。政亡，则国家从之，随亡。弗可止也已。"不能救。

【眉批】"名以出信"以下，正见"君之所司"。

臧宣叔议待使臣礼

晋侯景使荀庚来聘，且寻盟。赤棘之盟。卫侯定使孙良夫来聘，且寻盟。始通之盟。公成问诸臧宣叔许曰："中行伯之于晋也，其位在三；下卿。孙子之于卫也，位为上卿，将谁先？"对曰："次国之上卿，当大国之中，中当其下，下当其上大夫。降一等。小国之上卿，当大国之下卿，中当其上大夫，下当其下大夫。降二等。上下如是，古之制也。卫在晋，不得为次国。时以强弱为小大，故卫虽侯爵，犹为小国。晋为盟主，其将先之。"丙午，盟晋；丁未，盟卫。

季文子讥晋不救郯

吴寿梦伐郯，郯成。及吴平。季文子行父曰："中国不振旅，晋景自邲之败，不竞于楚。蛮夷入伐，而莫之或恤。无吊者也夫！中国不相恤，故夷狄内侵。《诗》曰'不吊昊天，乱靡有定'，其此之谓乎！有主不吊，伯主不恤小。其谁不受乱？吾亡无日矣。”君子曰：“知惧如是，斯不亡矣。”

季文子私言晋二命

晋侯使韩穿来言汶阳之田，归之于齐。晋景公胜齐，使归鲁汶阳田矣。齐服晋，故复使归于齐。季文子饯之，私焉，曰：“大国制义，以为盟主，是以诸侯怀德畏讨，无有贰心。谓汶阳之田，敝邑之旧也，而用师于齐，使归诸敝邑。今有二命，曰‘归诸齐’。信以行义，义以成命，小国所望而怀也。信不可知，义无所立，四方诸侯，其谁不解体？《诗》曰：‘女也不爽，士贰其行。士也罔极，二三其德。’七年之中，一与一夺，二三孰甚焉？士之二三，犹丧妃耦，而况霸主？霸主将德是以，而二三之，其何以长有诸侯乎？《诗》曰：‘犹之未远，是用大简。’行父惧晋之不远犹谓谋之不远而失诸侯也，是以敢私言之。”汪氏曰：“夫商人一环，而子产不从于强令，况先君所受于王之分地乎？使是时季文子复于韩穿曰：‘昔武王克商，成王定之，周公相成王以尹天下，有大勋劳于王室，成王封我先君鲁公于少皞之虚，锡之山川土田附庸，以昭周公之明德。顾敝邑褊小，密迩仇雠，惟是先王之封畛疆域，莫克有之。大国为侯伯而长诸侯，矜哀敝邑，以不腆之田，而翦于仇雠，是用痛心疾首，悉师舆赋，以为鞌之役。天诱其衷，齐人悔罪，请盟袁娄，以汝阳之田归诸敝邑，则大国之命也。义无二信，信无二命。今大夫命敝邑曰“复归诸齐”，弃信失义，以蔑先王之制，或者难以霸乎。大国制义，以服诸侯，若徼惠于周公、鲁公，施荣赐于汶阳，使敝邑世世守之，以勿失坠，则寡君之愿也，诸侯之望也，其何有贰志？背袁娄之盟而失诸侯，必不为也。敢尽布之执事，惟执事实图利之。’如是，则韩穿将恐惧悔谢之不暇，复诸晋侯，不复有归齐之命矣。韩宣子不能行之于郑，岂以韩穿独能行之于鲁乎？惜也季文子为鲁之贤大夫，而有愧于子产多矣。”

【眉批】汪氏所设之辞与季文子之辞，无大相远，但汶阳之田系于鲁不小，季文子不能明正其义，慷慨其旨，而乃因饯以私言之，此其所以非也。

里革论君弑故

晋人杀厉公。栾书、中行偃弑之。边人以告，成公在朝。公曰："臣杀其君，谁之过也？"大夫莫对。里革曰："君之过也。夫君人者，其威大矣。失威而至于杀，其过多矣。且夫君也者，将牧民而正其邪者也。若君纵私回而弃民事，民旁有慝，无由省之，益邪多矣。若以邪临民，陷而不振，用善不肯专，则不能使，至于殄灭，而莫之恤也，将安用之？桀奔南巢，纣踣于京，厉流于彘，幽灭于戏，山。皆是术也。失威多过之道。夫君也者，民之川泽也。行而从之，美恶皆君之由，民何能为焉！"君譬则川泽，民譬则鱼也，鱼从川之美恶以为肥瘠。

【眉批】辞虽直遂，甚足警戒。

季武子议行冠礼

晋侯以公宴于河上，晋悼公伐郑归，襄公送至河，故宴之。问公年。季武子宿对曰："会于沙随之岁，成公十六年。寡君以生。"晋侯曰："十二年矣，是谓一终，一星终也。岁星十二岁而一周天。国君十五而生子，冠而生子，礼也。君可以冠矣。大夫盍为冠具？"武子对曰："君冠，必以祼享之礼行之，以金石之乐节之，以先君之祧处之。冠必在庙，诸侯以始祖之庙为祧。今寡君在行，未可具也，请及兄弟之国而假备焉。"晋侯曰："诺。"公还，及卫，冠于成公之庙，假钟磬焉。以悼公欲速故。

叔孙豹论人之不朽

穆叔叔孙豹如晋,贺克栾盈也。范宣子士丐逆之,问焉,曰:"古人有言曰'死而不朽',何谓也?"穆叔未对。宣子曰:"昔丐之祖,自虞以上为陶唐氏,在夏为御龙氏,在商为豕韦氏,在周为唐杜氏,晋主夏盟为范氏,其是之谓乎!"穆叔曰:"以豹所闻,此之谓世禄,非不朽也。鲁有先大夫曰臧文仲,既没,其言立,其是之谓乎!豹闻之:'大上有立德,其次有立功,其次有立言。'虽久不废,此之谓不朽。若夫保姓受氏,以守宗祊,庙门。世不绝祀,无国无之。禄之大者,不可谓不朽。"

【眉批】士丐"不朽"之问,正欲发其先世。穆叔不对,其意远矣。而乃遂自扬之,何其浅也!岂不有愧于"三立"之言?

已言臧文仲立言,而又述德与功以先之,见文仲犹非第一义耳,况世禄乎!甚有轩轾。

申丰论雹

大雨雹。季武子宿问于申丰曰:"雹可御乎?"对曰:"圣人在上,无雹。虽有,不为灾。古者日在北陆而藏冰,西陆朝觌而出之。朝觌谓春分奎星朝见东方也。其藏冰也,深山穷谷,固阴冱寒,于是乎取之。其出之也,朝之禄位,宾、食、丧、祭,于是乎用之。其藏之也,黑牡、秬黍以享司寒。玄冥,北方之神。其出之也,桃弧、棘矢以除其灾。将奉至尊故。其出入也时。食肉之禄,冰皆与焉。大夫命妇丧浴用冰。祭寒而藏之,十二月。献羔而启之,二月。公始用之,优尊。火出三月、四月而毕赋,当受冰者尽颁之。自命夫命妇至于老疾,无不受冰。山人取之，县人传之，舆人纳之，隶人藏之。夫冰以风壮，而以风出。风寒而坚，风和则用。其藏之也周，其用之也遍，则冬无愆阳，夏无伏阴，春无凄风，秋无苦雨，雷出不震，无灾霜雹，无霜雹以为灾。疠疾不降，民不夭札。夭死为札。今藏川池之冰弃而不用，君用之外有馀，弃之，不赋于人。风不越而杀，散不以理，暴杀为害。雷不发而震。动不徐缓，震击为害。雹之为灾，谁能御之？《七月》之卒章，藏冰之道也。”胡氏曰：“是时宿袭位世卿，将毁中军，专执兵权，以弱公室。故数月之间，再有大变。申丰者，季氏之孚也，不肯端言其事，故暴扬于朝，归咎藏兵之失，则亦诬矣。”

【眉批】文诚佳而非其旨，将非有讳之而难言者欤？何其辞之转脱也。

臧武仲讥社用人

平子意如伐莒，取郠。献俘，始用人于亳社。叩鼻血以为牲。臧武仲纥在齐，闻之，曰：“周公其不飨鲁祭乎！周公飨义，鲁无义。《诗》曰：‘德音孔昭，视民不佻。偷。’佻之谓甚矣，而壹用之，同人于畜。将谁福哉？”

【眉批】“飨义”二字，将先王秩祀之典一口道破。且用人以祭，岂但不义，惨哉！平子后被晋执，而竟得逃其诛。

叔孙婼论齐高强

齐高强来奔。陈、鲍二家伐栾、高氏，栾、高败，栾施、高强奔鲁。昭子叔孙婼语诸大夫曰：“为人子不可不慎也哉！昔庆封亡，子尾强之父多受邑，而稍致诸君，景。君以为忠，而甚宠之。将死，疾于公宫，辇而归，君亲推之。其子不能任，是以在此。忠为令德,其子弗能任,罪犹及之,唯不慎也。丧夫人之力,蔑子尾之忠。弃德、旷宗,以及其身,不亦害乎?《诗》曰'不自我先,不自我后',其是之谓乎!"喻强自取其祸。

【眉批】意有所至而爱所亡,可不慎耶!旨哉!

孔子称晋叔向

仲尼曰:"叔向,晋羊舌肸。古之遗直也。治国制刑,不隐于亲。三数叔鱼羊舍鲋之恶,不为末减。曰义也夫,可谓直矣!平丘之会,数其贿也,以宽卫国,晋不为暴。晋兵次于卫地淫刍荛者,卫人以锦请之。叔向曰:"羊舍鲋渎货无厌,若以赐之,其已。"卫从之,鲋为禁之。归鲁季孙,称其诈也,以宽鲁国,晋不为虐。晋执季孙行父,既而归之,子服景伯不肯私去。韩宣子谓叔向:"子能归季孙乎?"对曰:"不能,鲋也能。"叔鱼见季孙曰:"闻将为子除馆西河,若之何?"且泣,季孙逃归。邢侯之狱,言其贪也,以正刑书,晋不为颇。邢侯与雍子争田。叔鱼受雍子所赂女,曲邢侯,邢侯杀叔鱼及雍子。韩宣子问其罪于叔向,向曰:"雍子买直,鲋鬻狱,邢侯专杀,其罪一也。"三言而除三恶,加三利。杀亲益荣,犹义也夫!"所谓大义灭亲者。

【眉批】文简严有体。然鳌以为非孔子之言。肸可称述诚多。但平丘之会,胁诸侯以示威者,肸也。鲋渎货,肸独不受羹乎?归鲁季孙,乃惠伯请从诸侯之会,宣子患之,谋于叔向,因使鲋说之,则鲋之诈,肸实启之矣。邢侯与雍子争鄐田,肸既知直在邢侯,不以教鲋,而令任其贪婪。及宣子问罪于肸,直言当杀,法之所在,肸固不得自私,顾略无忧喜休戚相涉之情焉,况望其养不中不才也?其父攘羊而子证之,孔子不以直;肸之直,此之类也。孔子其肯直之,而又义之乎?若周公之诛管、蔡,事关宗社,不得不然,故曰大义灭亲。肸也而若是班乎?故曰非孔子之言也。

昭子、大史论救日

昭公十七年六月甲戌朔，日有食之。祝史请所用币。昭子婼曰："日有食之，天子不举，无盛馔。伐鼓于社；责阴胜。诸侯用币于社，伐鼓于朝，自责。礼也。"平子御之，曰："止也。唯正月朔，慝未作，日有食之，于是乎有伐鼓、用币，礼也。其馀则否。"大史曰："在此月也。周之六月　夏之四月也。纯阳用事，正阳之月也。平子以为非正月，故大史云。日过分而未至，过春分而未夏至。三辰有灾，谓日月相侵，又犯是宿。于是乎百官降物；素服。君不举，减膳。辟移时；出次。乐奏鼓，祝用币，史用辞。引咎。故《夏书》曰'辰不集于房，瞽奏鼓，啬夫驰，庶人走'，此月朔之谓也。当夏四月，言此六月，乃夏之四月。是谓孟夏。"平子弗从。昭子退，曰："夫子将有异志，不君矣。"安君之灾。

梓慎论日食

昭公二十一年七月壬午朔，日有食之。公问于梓慎曰："是何物也？祸福何为？"对曰："二至二分，日有食之，不为灾。日月之行也，分，同道也；日夜等。至，相过也。长短极。其他月则为灾，阳不克也，不胜阴。故常为水。"

【眉批】春秋日食，昭公凡七焉。梓慎不勉公以修德励政，以回灾变，而乃曰"不为灾"。盖季氏之党阿谀容悦，本不足异，独怜昭公因以怠荒，至失国耳。

孔子论楛矢

仲尼在陈，有隼集于陈侯之庭而死，楛矢贯之，石砮其长尺有咫。砮，镞也，以石为之。陈惠公使人以隼如仲尼之馆问之。仲尼曰："隼之来也远矣！此肃慎氏之矢也。昔武王克商，通道于九夷百蛮，使各以其方贿来贡，使无忘职业。于是肃慎氏贡楛矢石砮，其长尺有咫。先王欲昭其令德之致远也，以示后人，使永监焉，故铭其栝曰'肃慎氏之贡矢'，以分大姬，配虞胡公而封诸陈。古者，分同姓以珍玉，展重亲也；分异姓以远方之职贡，使无忘服也。故分陈以肃慎氏之贡。君若使有司求诸故府，其可得也。"使求，得之金椟，如之。如孔子言。

孔子论刑鼎

晋赵鞅、荀寅帅师城汝滨，遂赋晋国一鼓铁，治石为铁，用橐扇鞴，谓之鼓。此盖令众各出力以鼓石为铁，计令取一鼓而足也。以铸刑鼎，著范宣子丐所为刑书焉。仲尼曰："晋其亡乎！失其度矣。夫晋国将守唐叔之所受法度，以经纬其民，卿大夫以序守之，民是以能尊其贵，贵是以能守其业。贵贱不愆，所谓度也。文公是以作执秩之官，为被庐之法，搜于被庐，作执秩以正其官，盖修唐叔之法也。以为盟主。今弃是度也，而为刑鼎，民在鼎矣，民知罪之轻重在鼎，则弃礼征书。何以尊贵？贵何业之守？贵贱无序，何以为国？且夫宣子之刑，夷之搜也，晋国之乱制也，夷一搜而三易中军帅，以致贾季、箕郑之徒作乱。若之何以为法？"

【眉批】观此，则孔子之论为政，不以政刑为先，而以德礼为本也，有由然矣。

季孟议伐邾

季康子肥欲伐邾，乃飨大夫以谋之。子服景伯何曰："小所以事大，信也；大所以保小，仁也。背大国，不信；伐小国，不仁。民保于城，城保于德。失二德者，信、仁。危，将焉保？"孟孙何忌曰："二三子以为何如？恶贤而逆之？"言子服何贤人也，恶有贤人之言而可违逆之。对曰诸大夫："禹合诸侯于涂山，执玉帛者万国。今其存者，无数十焉，唯大不字小、小不事大也。知必危，何故不言？不言不危故也。鲁德如邾，而以众加之，可乎？孟孙忿言不可恃力。"不乐而出。伐邾，及范门，犹闻钟声，不知御寇。师遂入邾。

【眉批】可以为鉴。

冉有议御齐

齐为鄎故，先是，哀公会吴伐齐，师于鄎。国书、高无丕帅师伐我，及清。季孙肥谓其宰冉求曰："齐师在清，必鲁故也，若之何？"求曰："一子守，二子从公御诸竟。"季孙曰："不能。"自度不能使二子。求曰："居封疆之间。"季孙告二子，叔孙州仇、仲孙何忌。二子不可。求曰："若不可，则君无出。一子帅师，背城而战，不属者，非鲁人也。不从战，则不臣。鲁之群室众于齐之兵车，一室敌车优矣，子何患焉？二子之不欲战也宜，政在季氏。恨其专。当子之身，齐人伐鲁而不能战，子之耻也，大不列于诸侯矣。"季孙使从于朝，俟于党氏之沟。武叔州仇呼而问战焉。对曰："君子有远虑，小人何知？"懿子何忌强问之，对曰："小人虑材而言，量力而共者也。"言子所问，非己材力所及，故不能言。武叔曰："是谓我不成丈夫也。"退而搜乘。及齐师战于郊，师获甲首八十。冉求所得。

孔子议讨陈恒

齐陈恒弑其君壬于舒州。阚止有宠于简公,使为政。陈成子惮之,杀止,执公于舒州,弑之。孔丘三日齐,欲以诚感君。而请伐齐三。三言之。公哀曰:"鲁为齐弱久矣,子之伐之,将若之何?"对曰:"陈恒弑其君,民之不与者半。以鲁之众加齐之半,可克也。"公曰:"子告季孙。政之在。"孔子辞,退而告人曰:"吾以从大夫之后也,故不敢不言。"程子曰:"此非孔子之言。诚若此言,是以力不以义也。若孔子之志,必将正名其罪,上告天子,下告方伯,而率与国以讨之。至于所以胜齐者,孔子之馀事也,岂计鲁人之众寡哉?"

【眉批】请伐齐,实事;以吾从大夫之后,实言;独"以鲁之众伐齐之半"为伪耳?此两言与冉有告季氏"鲁之群室众于齐之兵车"何异?

子贡讥诔孔子

孔丘卒。公哀诔之曰:"旻天不吊,不恤鲁。不憖且遗一老,俾屏余一人以在位,茕茕余在疚。若在病中。呜呼哀哉尼父!无自律。无尼父,无以为法。"子贡曰:"君其不没于鲁乎!夫子之言曰:'礼失则昏,名失则愆。'失志为昏,失所为愆。生不能用,死而诔之,非礼也;称一人,非名也。一人,天子所称。君两失之。"

【眉批】是以知圣人而不阿所好,于此见之。

哀公君臣相猜

公哀至自越,季康子肥、孟武伯彘逆于五梧。郭重仆,为公御车。见二子，曰：告公。"恶言多矣，君请尽之。"二子不臣之言甚多，欲公尽极以观之。公宴于五梧，武伯为祝，进酒。恶郭重，曰："何肥也？"季孙曰："请饮彘也！罚之。以鲁国之密迩仇雠，臣是以不获从君，克免于大行，又谓重也肥？言重随君远行劬劳，不宜称肥。"公曰："是食言多矣，能无肥乎？以激三桓之数食言。"饮酒不乐，公与大夫始有恶。公卒孙越。

子贡私论卫侯

卫侯出奔宋，公纳夏戊女而宠其弟期，夺南氏邑，夺司寇亥政，坏公文要车，使优狡辱拳弥，因相与作乱，出公奔。适城钽。自城钽使以弓问子贡，且曰："吾其入乎？"子贡稽首受弓，对曰："臣不识也。"私于使者曰："昔成公孙于陈，晋文公伐卫，卫侯请盟敛盂，弗许，出奔楚，遂适陈。宁武子俞、孙庄子为宛濮之盟而君入。献公孙于齐，为孙林父、宁直所逐。子鲜、子展为夷仪之盟而君入。今君再在孙矣，以孔悝之乱奔鲁，以拳弥之乱奔宋。内不闻献之亲，外不闻成之卿，则赐不识所由入也。《诗》曰：'无竞惟人，四方其顺之。'若得其人，四方以为主，而国于何有？"

【眉批】御侮先后，必有其人。国无其人，谁为复之？此子贡之所以让不知也。

晋

群臣论申生

晋侯献使太子申生伐东山皋落氏。听骊姬言。太子帅师，公衣之偏衣，左右异色，其半似公服。佩之金玦。如环而不连。先友曰："衣身之偏，握兵之要，在此行也，子其勉之！偏躬无慝，谓分身衣之半，非恶意也。兵要远灾，谓威权在己，可远害也。亲以无灾，又何患焉？”狐突叹曰：“时，事之征也；衣，身之章也；佩，衷之旗也。旗，表也，所以表明其中心。故敬其事，则命以始；赏以春夏。服其身，则衣之纯；服用纯色。用其衷，则佩之度。佩玉其常。今命以时卒，在冬十二月。闷尽其事也；衣之龙服，杂色。远其躬也；佩以金玦，弃其衷也。服以远之，时以闷之；龙，凉；冬，杀；金，寒；玦，离；胡可恃也？虽欲勉之，狄可尽乎？”梁馀子养曰：“帅师者，受命于庙，受脤于社，宜社胙肉。有常服矣。韦弁服。不获而龙，命可知也。君意有在。死而不孝，不如逃之。”罕夷曰：“龙奇无常，非常服。金玦不复。有决别意。虽复何为？君有心矣。”先丹木曰：“是服也，狂夫阻之。有疑。曰‘尽敌而反’，献公之命。敌可尽乎？虽尽敌，犹有内谗，谓骊姬、二五。不如违之。”狐突欲行。以大子去。羊舌大夫曰：“不可。违命不孝，弃事不忠。虽知其寒，薄。恶不可取。子其死之！”欲其死于战也。既胜翟而反，谗言益甚，献公卒杀申生。

【眉批】诸臣为申生虑料，可谓真至。然申生笃伦明理，主见已定，不俟诸臣之赞之也。方献公烝于武庙，尝称疾，使奚齐莅事，猛足言于申生曰：“伯氏不出，奚齐在庙，子盍图乎！”申生曰：“吾闻事君以敬，事父以孝。受命不迁为敬，敬顺所安为孝。弃命不敬，作令不孝。又何图焉？且夫闻父之爱而嘉，况有不忠焉；废人以自成，有不贞焉。孝敬忠贞，君父之所安也；弃安而图，远于孝矣，吾其止也。”呜呼！此固张子列于《西铭》以发挥仁孝也欤？然诸臣逃奔之策，未为不是，不陷其父，免难于己，亦何不可？呜呼！申生之孝，孝而可悲者欤！

狐偃、冀芮托国议

公子重耳出亡，骊姬既毒胙以杀太子申生，又谮重耳、夷吾与谋，献公使寺人披伐蒲，重耳自蒲出奔。及柏谷，卜适齐楚。狐偃曰："无卜焉。夫齐楚道远而望大，望诸侯朝贡。不可以困往。道远难通，望大难走，归。困往多悔。困且多悔，不可以走望。望其援。若以偃之虑，其翟乎！夫翟，近晋而不通，愚陋而多怨，走之易达。不通可以窜恶，多怨可以共忧。今若休忧于翟，以观晋国，且以监诸侯之为，视其为谁动。其无不成。"乃遂之翟。

处一年，公子夷吾亦出奔，公使贾华伐屈，夷吾自屈出奔。曰："盍从吾兄窜于翟乎？"冀芮曰："不可。后出同走，嫌同谋。不免于罪。且夫偕出偕入难，难与俱。聚居异情谓共居而各欲求入恶，于义恶也。不若走梁。梁近于秦，秦亲吾君。秦穆公夫人，献公之女。吾君老矣，子往，骊姬惧，必援于秦。以吾存也，且必告悔，告悔，是吾免也。免罪。"乃遂之梁。居二年，骊姬使奄楚以环释言。四年，复为君。献公卒，秦穆公纳之。

【眉批】狐偃、冀芮各为其主，料事而后皆中，然狐偃远矣。后夷吾虽得国，竟陨其身，则芮陷之也。

里克议杀奚齐

献公卒。里克将杀奚齐，先告荀息曰："三公子之徒谓申生、重耳、夷吾之党将杀孺子，子将如何？"荀息曰："死吾君而杀其孤，吾有死而已，吾蔑从之矣！"里克曰："子死，孺子立，死不亦可乎？子死，孺子废，焉用死哉？"荀息曰："昔君问臣事君于我，我对以忠贞。君曰：'何谓也？'我对曰：

'可以利公室,力有所能,无不为,忠也。葬死者,养生者,死人复生不悔,生人不愧,贞也。'吾言既往矣,岂能欲行吾言而又爱吾身乎?虽死,焉辟之?"里克告丕郑曰:"三公子之徒将杀孺子,子将何如?"丕郑曰:"荀息谓何?"对曰:"荀息曰'死之'。"丕郑曰:"子勉之。夫二国士之所图,无不遂也。谓里克必杀之,荀息必死之。我为子行之。子帅七舆大夫以待我。七舆,申生下军大夫共华、贾华、叔坚、骓歂、累虎、特宫、山祁也。我使翟以动之,援秦以摇之。立其薄者恩之薄者可以得重赂,厚者可使无入。国,谁之国也!言晋可专。"里克曰:"不可。克闻之,夫义者,利之足也;有义,然后利立。贪者,怨之本也。废义则利不立,厚贪则怨生。夫孺子岂获罪于民?将以骊姬之惑蛊君而诬国人,谗群公子而夺之利,使君迷乱,信而亡之,信姬之言,逐群公子。杀无罪申生以为诸侯笑,使百姓莫不有藏恶于其心中,人怀悖逆。恐其如壅大川,溃而不可救御也。是故将杀奚齐而立公子之在外者,以定民弭忧,于诸侯且为援,庶几曰诸侯义而抚之,百姓欣而奉之,国可以固。今杀君而赖其富,贪且反义。贪则民怨,反义则富不为赖。必危。赖富而民怨,乱国而身殆,惧为诸侯载,登于策以为戒。不可常也。"丕郑许诺。于是杀奚齐、卓子及骊姬,而请君于秦。

【眉批】献公使荀息傅奚齐,不以此时强谏,以正嫡庶之分,又不能力辞托孤之寄,以悟献公,临难而欲自免,得乎?然犹能知义所当死,可谓之忠而不可为正也。

里克欲图中立,不能正谏其君,坐视申生以死,而后乃杀其二君,岂不过甚已哉!奚齐、卓子虽庶孽,有遗命焉,固克之君也。

奚齐杀而莫有哀者，岂非犯分之罪重耶？卫宣杀伋、寿，立朔，国人赋《二子乘舟》之诗，以悼其亡。汉武杀戾太子，壶关三老至讼其冤。隋文废太子勇，左右莫不闵默。可见名分之能系属人心也。

狐偃、冀芮复国议

里克及丕郑使屠岸夷告公子重耳于翟，曰："国乱民扰，得国在乱，治民在扰，子盍入乎？吾请为子钛。导。"重耳告舅犯曰："里克欲纳我。"舅犯曰："不可。夫坚树在始，始不固本，终必槁落。夫长国者，唯知哀乐喜怒之节，是以导民。不哀丧而求国，难；因乱以入，殆。以丧得国，则必乐丧，以丧为乐。乐丧必哀生。因乱以入，则必喜乱，喜乱必怠德。是哀乐喜怒之节易也，反常。何以导民？民不我导，谁长？君之。"重耳曰："非丧谁代？非乱谁纳我？"舅犯曰："偃也闻之，丧乱有小大。大丧大乱之剡也，锋。不可犯也。父母死为大丧，谗在兄弟为大乱。今适当之，是故难。"公子重耳出见使者，曰："子惠顾亡人重耳，父生不得供备洒扫之臣，死又不敢莅丧以重其罪，且辱大夫，敢辞。夫固国者，在亲众而善邻，在因民而顺之。苟众所利，邻国之所立，大夫其从之。重耳不敢违。"

吕甥及郤称亦使蒲城午告公子夷吾于梁，曰："子厚赂秦人以求入，吾主子。为内主。"夷吾告冀芮曰："吕甥欲纳我。"冀芮曰："子勉之。国乱民扰，大夫无常，立心无常。不可失也。非乱何入？非危何安？幸苟君之子，唯其索之。求也。方乱以扰，孰适御我？大夫无常，苟众所置，孰能勿从？子盍尽国以赂外内，无爱虚以求入，不吝虚国。既入而后图聚。蓄积。”公子夷吾出见使者，再拜稽首，许诺。

吕甥出告大夫曰：“君死自立则不敢，久则恐诸侯之谋，径召君于外也，则民各有心，恐厚乱，盍请君于秦乎?”大夫许诺。乃使梁由靡告于秦穆公，先置公子夷吾，是为惠公。

【眉批】得理本矣。

不爱虚以求入，入而图聚，此其为心，何尝有天常之念!

庆郑、虢射议闭秦籴

秦饥，使乞籴于晋，晋人弗与。《传》曰：晋饥，秦输之粟；秦饥，晋闭之籴。庆郑曰：“背施，无亲；幸灾，不仁；贪爱，不祥；怒邻，不义。四德皆失，何以守国?”虢射曰：“皮之不存，毛将安傅?”皮以喻所许秦城，毛以喻籴，言既背秦施，为怨已深，虽与之籴，犹无皮而施毛。庆郑曰：“弃信背邻，患孰恤之? 无信，患作；失援，必毙。是则然矣。”虢射曰：“无损于怨，而厚于寇，适使秦嗤。不如勿与。”庆郑曰：“背施幸灾，民所弃也。近亲近之国犹仇之，况怨敌乎?”弗听。退曰：“君其悔是哉!”

【眉批】虢射不恤邻好，竟贻其君之患①。谋之不臧，有如是者。

群臣议娶秦女

秦伯穆召公子重耳于楚，楚子成厚币以送公子于秦。秦伯归女五人，怀嬴与焉。惠公之子圉为质于秦，秦妻之。既而弃嬴氏逃归，立为怀公，故曰怀嬴。今复纳之重耳。然则怀嬴于重耳为侄妇。公

①患，原作“出”，误，据传文及任养心本改。

子使奉匜沃盥，既而挥之。嬴怒，曰："秦、晋，匹也，何以卑我？"公子惧，恐嬴之诉。降服囚命。自囚以听命。秦伯见公子曰："寡人之嫡，此为才。子圉之辱，质于秦时。备嫔嫱焉，欲以成婚，而惧离其恶名。恐不免人之谤。非此，则无故。他故。不敢以礼致之，不行婚姻正礼。欢之故也。公子有辱，降服。寡人之罪也。不备礼。唯命是听。"

公子欲辞，司空季子胥臣曰："同姓为兄弟。黄帝之子二十五人，其同姓者二人而已；唯青阳与夷鼓皆为己姓。青阳，方雷氏之甥也。夷鼓，彤鱼氏之甥也。其同生而异姓者，四母之子别为十二姓。凡黄帝之子，二十五宗，其得姓者十四人，为十二姓。十四人中，二人为姬，二人为己，故云十二。姬、酉、祁、己、滕、箴、任、荀、僖、姞、儇、依是也。唯青阳与仓林氏同于黄帝，故皆为姬姓。同德之难也如是。昔少典取于有蟜氏，生黄帝、炎帝。黄帝以姬水成，炎帝以姜水成。于此生而成功。成而异德，故黄帝为姬，炎帝为姜，二帝用师以相济也，济当作挤，灭也。《传》曰：'黄帝战于阪泉。'异德之故也。异姓则异德，异德则异类。异类虽近，有属名也。男女相及，嫁娶。以生民也。同姓则同德，同德则同心，同心则同志。同志虽远，男女不相及，畏黩敬也。黩则生怨，怨乱毓灾，灾毓灭姓。是故取妻避其同姓，畏乱灾也。故异德合姓，为婚姻。同德合义。义以道利，利以阜姓。姓利相更，成而不迁，乃能摄固，保其土房。居。今子于子圉，道路之人也，取其所弃，以济大事，不亦可乎？"

公子谓子犯狐偃曰："何如？"对曰："将夺其国，何有于妻？唯秦所命从也。"谓子馀赵衰曰："何如？"对曰："《礼志》有之曰：'将有请于人，必先有入焉。欲人之爱己也，必先爱人。欲人之从己也，必先从人。无德于人而求用于人，罪也。'今将婚媾以从秦，受好以爱之，听从以德之，惧其未可也，又何疑焉！"乃归女而纳币，更成婚礼。且逆之。

【眉批】诸臣所计，真惟利是趋者。

箕郑论救饥

晋国饥，公文问于箕郑曰："救饥何以？"对曰："信。"公曰："安信？"对曰："信于君心，信于名，信于令，信于事。"公曰："然则若何？"对曰："信于君心，则美恶不逾；信于名，则上下不干；信于令，则时无废功；信于事，则民从事有业。于是乎民知君心，贫而不惧，藏出如入，何匮之有？"公使为箕。及清原之搜，使佐新上军。

【眉批】本原之论，非迂远也。

郭偃论治

文公问于郭偃曰："始也吾以治国为易，今也难。"对曰："君以为易，其难也将至矣。君以为难，其易也将至矣。"

【眉批】问应俱合。

胥臣论教

文公问于胥臣曰："吾欲使阳处父傅讙也文公子，襄公也而教诲之，其能善之乎？"对曰："是在讙也。籧篨偃人不可使俯，戚施偻人不可使仰，僬侥长三尺不可使举，侏儒短人不可使援，矇瞍不可使视，有眸子而无见曰矇，无眸子曰瞍。嚚瘖不可使言，口不道忠信之言为嚚，瘖，不能言者。聋聩不可使听，耳不别五声之和为聋，生而聋曰聩。僮昏不可使谋。僮，无知。昏，暗乱也。质将善而贤良赞之，则济可俟也。若有违质，邪性。教将不入，其何善之为！臣闻昔者大任娠文王不变，少溲于豕牢，少溲，小便。豕牢，厕也。而得文王，不加病焉。言生之易。文王在母不忧，在傅弗勤，处师弗烦，事王不怒，敬友二虢，虢仲、虢叔。而惠慈二蔡，管叔初亦为蔡，故云。刑于大姒，比于诸弟。《诗》云：'刑于寡妻，至于兄弟，以御于家邦。'于是乎用四方之贤良。及其即位也，询于八虞伯达、伯适、仲突、仲忽、叔夜、叔夏、季随、季騧，皆在虞官而谘于二虢，度于闳夭而谋于南宫，适。诹于蔡、原而访于辛、尹，蔡公、原公、辛甲、尹佚，皆周太史。重之以周、召、毕、荣，四公。亿宁百神，而柔和万民。故《诗》曰：'惠于宗公，神罔时恫。'是则文王非专教诲之力也。"公曰："然则教无益乎？"对曰："胡为文，益其质。故人生而学，非学不入。"公曰："奈夫八疾何！蘧篨至僮昏。"对曰："官师之所材也，裁用。戚施直镈，主击钟。蘧篨蒙璆，使戴磬。侏儒扶卢，缘矛戟之柲以戏。矇瞍修声，听专。聋聩司火。视审。僮昏、嚚瘖、僬侥，官师所不材也，以实裔土。夫教者，因体能质而利之者也。若川然有原，以卬浦而后大。"卬，迎也。开其原，迎之以浦，则水大。

【眉批】此篇前后映照，开合俱妙。如此结，真是奇特。

先轸议伐秦

秦师灭滑而还。秦穆公听杞子之言，将袭郑，郑自备，遂灭滑而还。晋原轸曰："秦违蹇叔，秦出师时，蹇叔以劳师袭远为不可。而以贪勤民，天奉我也。奉不可失，敌不可纵。纵敌患生，违天不祥，必伐秦师！"栾枝曰："未报秦施，谓纳文公。而伐其师，其为死君乎？”时文公新死，言以君死，故忘秦施。先轸曰：“秦不哀吾丧，而伐吾同姓，秦则无礼，何施之为？吾闻之：‘一日纵敌，数世之患也。’谋及子孙，可谓死君乎？”遂发命，遽兴姜戎。败秦师于殽，获百里孟明视、西乙术、白乙丙以归。

赵宣子议立君

晋襄公卒。灵公少，晋人以难故，欲立长君。立少，恐有难。赵孟盾曰：“立公子雍。好善而长，先君文爱之，且近于秦。秦，旧好也。置善则固，事长则顺，立爱则孝，结旧则安。为难故，故欲立长君。有此四德者，难必抒矣。”贾季曰：“不如立公子乐。辰嬴嬖于二君，怀公、文公。立其子，民必安之。”赵孟曰：“辰嬴贱，班在九人，其子何震之有？且为二嬖，淫也。为先君子，不能求大，而出在小国，辟也。陋。母淫子辟，无威；陈小而远，无援，将何安焉？杜祁以君故，让偪姞而上之；杜祁，子雍之母，本班在二。偪姞，襄公之母，本班在三。祁以姞生襄公，为世子，乃遂使在己上。以狄故，让季隗而己次之，以季隗是文公托狄时妻，故复让之。故班在四。先君是以爱其子，而仕诸秦，为亚卿焉。秦大而近，足以为援；母义子爱，足以威民。立之，不亦可乎？”使先蔑、士会如秦逆公子雍。穆嬴襄公夫人日抱大子以啼于朝，曰：“先君何罪？其嗣亦何罪？舍嫡嗣不立而外求君，将焉置此？”出朝，则抱以适赵氏，顿首于宣子盾曰：“先君奉此子也而属诸子曰：‘此子也才，吾受子之赐；不才，吾唯子之怨。’欲使宣子教训之。今君虽终，言犹在耳，而弃之，若何？”宣子与诸大夫皆患穆嬴，且畏逼，畏国人以大义来逼。乃背先蔑而立灵公。

【眉批】是举也，夷皋不当立，则不宜听穆嬴以畏逼；如当立，则不必为雍子之求，所谓大臣以遇大事而能断也。卒之令狐之役，既以背秦，又违先蔑，夷皋竟以乱国，宣子终冒弑名。当断不断，反受其乱，有以也夫！

赵宣子论伐宋

宋人公子鲍弑昭公，赵宣子盾请师于灵公以伐宋。公曰："非晋国之急也。"对曰："大者天地，其次君臣，所以为明训也。今宋人弑其君，是反天地而逆民则也，天必诛焉。晋为盟主，而不修天罚，将惧及焉。"公许之。乃发令于太庙，召军吏而戒乐正，令三军之钟鼓必备。赵同曰："国有大役，不镇抚民而备钟鼓，何也？"宣子曰："大罪伐之，小罪惮之。袭侵之事，陵也。是故伐备钟鼓，声其罪也；战以錞于、丁宁，錞于，形如碓头，与鼓相和。丁宁，谓钲也。儆其民也。袭侵密声，为暂事也。掩其不备。今宋人弑其君，罪莫大焉！明声之，犹恐其不闻也。吾备钟鼓，为君故也。明君道。"乃使旁告于诸侯，治兵振旅，鸣钟鼓，以至于宋。

【眉批】辞严义正，殊为得体。

贾季论二赵

酆舒狄相问于贾季曰："赵衰、赵盾孰贤？"对曰："赵衰，冬日之日也；可爱。赵盾，夏日之日也。可畏。"

伯宗议伐赤狄

潞子婴儿之夫人，晋景公之姊也。酆舒为政而杀之，又伤潞子之目。晋侯将伐之。诸大夫皆曰："不可。酆舒有三隽才，不如待后之人。”伯宗曰：“必伐之。狄有五罪，隽才虽多，何补焉？不祀，一也。嗜酒，二也。弃仲章而夺黎氏地，三也。虐我伯姬，四也。伤其君目，五也。怙恃其隽才而不以茂德，滋益罪也。后之人或者将敬奉德义以事神人，而申固其命，审其政令。若之何待之？不讨有罪，曰‘将待后’，后有辞而讨焉，毋乃不可乎？夫恃才与众，亡之道也。商纣由之，故灭。天反时为灾，寒暑易节。地反物为妖，群物失性。民反德为乱，乱则妖灾生。故文，反正为乏。古篆背书正字，则为乏字。尽在狄矣。妖、灾、乱、乏兼而有之。”晋侯从之。灭潞。酆舒奔卫，卫人归诸晋，晋人杀之。吕氏曰：“君子惧人之乱矣，未闻惧人之治也。伯宗幸人之乱，惟恐其或改，处心积虑，可谓忍矣。”

【眉批】酆舒本有可诛，但虑申固其命；而不待，则所诛者，有所为而为矣。

绛人论山崩

梁山崩，晋侯景以传驿车召伯宗。伯宗辟重，曰：“辟传！”适有重载之车在道，故伯宗辟之，使退，曰：“避我传车。”重人曰：“待我，不如捷之速也。”问其所。曰：“绛人也。”问绛事焉。曰：“梁山崩，将召伯宗谋之。”问将若之何。曰：“山有朽壤而崩，可若何？国主山川，故山崩川竭，君为之不举、去盛馔。降服、损盛服。乘缦、车无缘饰。彻乐、息八音。出次，舍在郊。祝币，祝官陈帛。史辞史官作罪己之辞以礼焉。其如此而已。虽伯宗，若之何？”伯宗请见之。见于君。不可。遂以告，而从之。

韩献子议迁都

晋侯谋去故绛，晋都绛。景公谋徙新田，亦号绛，故谓此为故绛。诸大夫皆曰："必居郇、瑕氏之地，古国。沃饶而近盬，国利君乐，不可失也。"韩献子厥将新中军，且为濮大夫。公揖而入，献子从。公立于寝庭，谓献子曰："何如？"对曰："不可。郇、瑕氏土薄水浅，其恶易觏。多秽恶。易觏则民愁，民愁则垫隘，于是乎有沉溺重膇之疾。病湿与四肢浮肿。不如新田，土厚水深，居之不疾，有汾、浍以流其恶，且民从教，十世之利也。夫山泽林盬，国之宝也。国饶，则民骄逸。近宝，公室乃贫。以不务本。不可谓乐。"公说，从之，迁于新田。

【眉批】知所择矣。

士弱论宋火

宋灾。晋侯悼问于士弱曰："吾闻之，宋灾，于是乎知有天道，宋乐喜知有火灾，预为之备。何故？"对曰："古之火正，官名。或食于心，或食于咮，心，东方宿名也。咮，柳也，南方之宿。后世祀火星之时，以火正配食于心与柳。以出内火。建辰之月，鹑火星昏在南方，则令民放火。建戌之月，大火星伏在日下，夜不得见，则禁民放火。是故咮为鹑火，在午位。朱鸟有喙，故名为咮。心为大火。在卯位。陶唐氏之火正阏伯居商丘，祀大火，而火纪时焉。季春出，季秋纳。相土因之，相土，契之孙，商之祖。故商主大火。商人阅其祸败之衅，必始于火，是以日知其有天道也。"日恐自字之误。公曰："可必乎？"对曰："在道。国乱无象，不可知也。"

师旷论卫出君

师旷侍于晋侯。悼。晋侯曰："卫人出其君，献公为孙林父、宁殖所逐。不亦甚乎？"对曰："或者其君实甚。良君将赏善而刑淫，养民如子，盖之如天，容之如地；民奉其君，爱之如父母，仰之如日月，敬之如神明，畏之如雷霆，其可出乎？夫君，神之主而民之望也。若困民之主，匮神之祀，百姓绝望，社稷无主，将安用之？弗去何为？天生民而立之君，使司牧之，勿使失性。有君而为之贰，卿佐。使师保之，勿使过度。是故天子有公，诸侯有卿，卿置侧室，支子之官。大夫有贰宗，宗子之副。士有朋友，庶人、工、商、皂、隶、牧、圉皆有亲昵，以相辅佐也。善则赏之，过则匡之，患则救之，失则革之。自王以下各有父兄子弟以补察其政。史为书，君举则书。瞽为诗，风刺。工诵箴谏，大夫规诲，士传言，传告大夫。庶人谤，商旅于市，旅，陈也。陈其货物以示时所贵尚。百工献艺。以喻政事。故《夏书》曰：'遒人以木铎徇于路，官师相规，工执艺事以谏。'正月孟春，于是乎有之，有，遒人徇路之事。谏失常也。天之爱民甚矣，岂其使一人肆于民上，以从其淫，而弃天地之性？必不然矣。"

【眉批】与里革、成公之对异语同心，而此尤开豁切至。"天之爱民"以下，语极精微。

荀偃议定卫

晋侯悼问卫故于中行献子。荀偃。对曰："不如因而定之。卫有君矣，已立剽。伐之，未可以得志，而勤诸侯。史佚有言曰：'因重而抚之。'仲虺有言曰：'亡者侮之，乱者取之。推亡、固存，国之道也。'君其定卫以待时乎！"会于戚，谋定卫也。

阳毕议逐栾盈

箕遗及黄渊、嘉父作乱，不克而死。栾盈之党，为范宣子所杀。公平谓阳毕曰："自穆侯以至于今，兵乱不辍，民志无厌，祸败无已。离民且速寇，恐及吾身，若之何？"阳毕对曰："本根犹树，枝叶益长，本根益茂，是以难已也。今若大其柯，去其枝叶，绝其本根，可以少间。谓灭栾氏而去其党。"公曰："子实图之。"阳毕曰："图在明训，明训在威权，威权在君。君抡贤人之后有常位于国者而立之，亦抡逞志亏君以乱国者之后而去之，是遂申威而远权。民畏其威而怀其德，莫能勿从。若从，则民心皆可畜。畜其心而知其欲恶，民孰偷生？若不偷生，则莫思乱矣。且夫栾氏之诬晋国也久矣，栾书实覆宗，杀厉公以厚其家。若灭栾氏，则民威矣。若起瑕、原、韩、魏之后瑕嘉、原轸、韩万、魏毕万，皆贤人而赏立之，则民怀矣。威与怀各当其所，则国安矣。君治而国安，欲作乱者谁与？"公曰："栾书立吾先君，悼公。栾盈不获罪，盈为母范祁所谮，非得罪于国。如何？"阳毕曰："夫正国者不可以昵于权，行权不可以隐于私。昵于权，则民不道；不可训。行权隐于私，则政不行。政不行，何以道民？民之不道，亦无君矣，则其为昵与隐也，复产害矣，且勤君身。君其图之。若爱栾盈，则明逐群贼，知起、中行嘉、州绰、邢蒯之属。而以国伦数而遣之，厚戒箴国以待之。彼若求逞志而图报于君，罪孰大焉，灭之犹少。彼若不敢而远逃，乃厚其外交而勉之，以报其德，不亦可乎！"公许诺，尽逐群贼。栾盈出奔楚。在楚一年，栾盈复奔齐，齐纳之，遂帅曲沃之甲以叛。范宣子讨之，灭栾氏。

【眉批】首微露其旨，中示以灭立，末示以处置。

范鞅论立身

訾祏死，范宣子士丐谓献子曰："鞅乎！昔者吾有訾祏也，吾朝夕顾焉，问以事。以相晋国，且为吾家。今吾观女也，专则不能，谋则无与，无贤臣。将若之何？"对曰："鞅也，居处恭，不敢安易，不自安而简略。敬学而好仁，和于政而好其道，谋于众不以贾好，求为好。私志虽衷，不敢谓是也，必长者之由。"宣子曰："可以免身。"

师旷论乐

平公说新声，濮上之音。师旷曰："公室其将卑乎！君之明兆于衰矣。夫乐以开山川之风，以耀德于广远也。风德以广之，风山川以远之，风物以听之，修诗以咏之，修礼以节之。夫德广远而有时节，是以远服而迩不迁。"

【眉批】审乐知政，师旷有焉。

叔向称司马侯

叔向见司马侯之子，抚而泣之，曰："自此其父之死，吾蔑与比而事君矣！昔者此其父始之，我终之；我始之，夫子终之，无不可。"谓有所建为及谏争，相为始终，以成其事。籍偃在侧，曰："君子有比乎？"叔向曰："君子比而不别。比德以赞事[①]，比也；引党以封己，利己而忘君，别也。"别为党。

---

①事，原作"是"，误，据韦昭注《国语》改。

【眉批】二人同心，其咏可思。

叔向论所取法

赵文子武与叔向游于九京，曰："死者若可作也，吾谁与归？"叔向曰："其阳子乎！处父。"文子曰："夫阳子行廉直于晋国，不免其身，刚而无谋，为狐射姑所杀。其知不足称也。"叔向曰："其舅犯乎！"文子曰："舅犯见利不顾其君，从晋文出亡在外，及反国，授璧请亡。其仁不足称也。其随武子乎！士会。纳谏不忘其师，言身不失其友，事君不援而进，不阿而退。"进贤、退不肖，不从君之欲。

【眉批】《檀弓》亦载，而文稍殊。

叔向议赋禄

秦后子针来仕，避景公。其车千乘。楚公子干来仕，避灵王。其车五乘。叔向为太傅，实赋禄，韩宣子起问二公子之禄焉，对曰："大国之卿，一旅之田。公之孤四命，五百人为旅，为田五百顷。上大夫，一卒之田。上大夫一命，百人为卒，为田百顷。夫二公子者，上大夫也，皆一卒可也。"宣子曰："秦公子富，若之何其钧之？"对曰："夫爵以建事，禄以食爵，德以赋之，功庸以称之，《传》曰："底禄以德，德钧以年，年同以尊。"若之何其以富赋禄也！夫绛之富商，韦藩以韦蔽前后木楗檐以过于朝，唯其功庸少也，惟无功，不得服公服。而能金玉其车，文错其服，言富商之财足以为此车服，以无位爵，故不得为。能行诸侯之贿，而无寻尺之禄，无大绩于民故也。且秦、楚匹也，若之何其回曲于富也。"乃均其禄。

叔向与齐晏婴论国政

齐侯景使晏婴请继室于晋。少姜卒故。既成昏，许之成。晏子受礼，受享。叔向从之宴，相与语。叔向曰："齐其何如？"晏子曰："此季世也，吾弗知。齐其为陈氏矣。公弃其民，而归于陈氏。齐旧四量，豆、区、釜、钟。四升为豆，各自其四，以登于釜。四豆为区，容斗六升。四区为釜，容六斗四升。釜十为钟。六斛四斗。陈氏三量皆登一焉，钟乃大矣。以五斗为豆，五豆为区，五区为釜，十釜为钟，则容八斛矣。以家量贷，而以公量收之。山木如市，弗加于山；鱼盐蜃蛤，弗加于海。贾如在山海，不加贵。民参其力，二入于公，而衣食其一。以三分计之，公得其二，民得其一。公聚朽蠹，而三老冻馁，国之诸市，屦贱踊贵。刖足者多。民人痛疾，而或噢咻之。陈氏痛念之。其爱之如父母，而归之如流水。欲无获民，将焉辟之？箕伯、直柄、虞遂、伯戏，四人皆舜之后，陈氏之先。其相胡公、大姬已在齐矣。"相，助也。胡公，陈始祖。大姬，其妃也。言陈将代齐先祖，神灵于是乎在矣。叔向曰："然。虽吾公室，今亦季世也。戎马不驾，卿无军行，不讨救诸侯。公乘无人，卒列无长。庶民罢敝，而宫室滋侈。道殣相望，饿死曰殣。而女富溢尤。嬖妾之家。民闻公命，如逃寇仇。栾、郤、胥、原、狐、续、庆、伯八姓降在皂隶，政在家门，民无所依。君日不悛，以乐慆忧。公室之卑，其何日之有？谗鼎之铭疾谗之鼎曰：'昧旦丕显，后世犹怠。'况日不悛，其能久乎？"晏子曰："子将若何？"叔向曰："晋之公族尽矣。肸闻之，公室将卑，其宗族枝叶先落，则公室从之。肸之宗十一族，唯羊舌氏在而已。肸又无子，不贤。公室无度，幸而得死，考终。岂其获祀？"

【眉批】两贤相遇，道政由悲，怀闵国之隐忧，惧剥落之将及。异世读之，犹令黯然，殆难为情，亦非左氏写不到此。

司马侯论鲁昭公

公如晋，鲁昭公即位而往见。自郊劳至于赠贿，无失礼。晋侯平谓女叔齐曰："鲁侯不亦善于礼乎？"对曰："鲁侯焉知礼！"公曰："何为？自郊劳至于赠贿，礼无违者，何故不知？"对曰："是仪也，不可谓礼。礼，所以守其国，行其政令、无失其民者也。今政令在家，不能取也；有子家羁，弗能用也；奸犯大国之盟，陵虐小国；利人之难，不知其私。公室四分，民食于他。仰食三家，与民无异。思莫在公，不图其终。无为公谋终始者。为国君，难将及身，不恤其所。礼之本末将于此乎在，在恤民与忧国。而屑屑焉习仪以亟。言善于礼，不亦远乎？"君子谓叔侯于是乎知礼。

【眉批】仪、礼发阐通透，不可移易。

士文伯论日食

夏四月甲辰朔，日有食之。鲁昭公七年，晋平公之二十三年也。晋侯问于士文伯丐曰："谁将当日食？"对曰："鲁、卫恶之。受其恶。卫大，鲁小。祸有大小。"公曰："何故？"对曰："去卫地如鲁地，卫地豕韦也，鲁地降娄也，日食于豕韦之末及降娄之始。于是有灾，鲁实受之。其大咎，其卫君乎！鲁将上卿。"公曰："《诗》所谓'彼日而食，于何不臧'者，何也？"对曰："不善政之谓也。国无政，不用善，则自取谪于日月之灾，故政不可不慎也。务三而已：一曰择人，二曰因民，三曰从时。"

八月，卫襄公卒。十一月，季武子宿卒。晋侯谓伯瑕丐字曰："吾所问日食，从矣。如其言。可常乎？"对曰："不可。六物不同，民心不壹，事序不类，官职不则，同始异终，胡可常也？《诗》曰'或燕燕居息，或憔悴事国'，其异终也如是。"公曰："何谓六物？"对曰："岁、时、日、月、星、辰，是谓也。"公曰："多语寡人辰而莫同，如北辰、大辰之类。何谓辰？"对曰："日月之会是谓辰，一岁日月十二会，所会谓之辰。故以配日。"谓以子丑配甲乙。

师旷论石言

石言于魏榆。晋侯平问于师旷曰："石何故言？"对曰："石不能言，或冯焉。不然，民听滥也。抑臣又闻之曰：'作事不时，怨讟动于民，则有非言之物而言。'今宫室崇侈，民力讟尽，怨讟并作，莫保其性，石言，不亦宜乎？"于是晋侯方筑虒祁之宫，筑宫于虒祁。叔向曰："子野旷字之言君子哉！君子之言，信而有征，故怨远于其身；小人之言，僭而无征，故怨咎及之。《诗》曰'哀哉不能言，匪舌是出，唯躬是瘁。哿矣能言，巧言如流，俾躬处休'，其是之谓乎！是宫也成，诸侯必叛，君必有咎，夫子其知之矣。"真氏曰："侈一宫室而上天为之示异，诸侯为之离心，故曰：'侈，恶之大也。'可不戒夫！"

【眉批】"或凭焉，民听滥也"，可谓明于物理；"作事不时"以下，可谓达于治道。

史赵论陈事

楚灭陈。陈公子招、公子过杀太子偃师，而立公子留，哀公忧恚自缢。楚弃疾奉孙吴讨陈，灭之。晋侯平问于史赵曰："陈其遂亡乎！"对曰："未也。"公曰："何故？"对曰："陈，颛顼之族也，岁在鹑火，是以卒灭。火盛则水灭，颛顼以水德王，故于此年灭。陈将如之。今在析木之津，箕、斗之间有天汉，故云。犹将复由。用是[①]复兴。且陈氏得政于齐而后陈卒亡。物莫能两盛。自幕至于瞽瞍无违命，违天命而废绝。舜重之以明德，置德于遂。殷封舜后于遂。遂世守之。及胡公不淫，故周赐之姓，使祀虞帝。臣闻盛德必百世祀。虞之世数未也，继守将在齐，其兆既存矣。”

叔向誉单靖公

羊舌肸聘于周，发币于大夫及单靖公。靖公享之，俭而敬，宾礼赠饯，视其上而从之；上，位在靖公上者。视之，不敢逾也。燕无私，好货及笾豆之加。送不过郊；语说《昊天有成命》。《周颂》篇名，语及此诗而乐。单之老送叔向，叔向告之曰：“异哉！吾闻之曰‘一姓不再兴’，今周其兴乎！其有单子也。昔史佚有言曰：‘动莫若敬，居莫若俭，德莫若让，事莫若咨。’单子之况我，礼也，皆有焉。夫宫室不崇，器无彤镂，俭也；身耸惧除治洁，外内齐给，敬也；宴好享赐，不逾其上，让也；宾之礼事，放上而动，咨也。如是，而加之以无私，重之以不殽，杂也。众人过郊，单子独否。能辟怨矣。居俭动敬，德让事咨，而能辟怨，以为卿佐，其有不兴乎！且其语说《昊天有成命》，颂之盛德也。其诗曰：‘昊天有成命，二后受之，成王不敢康。修己自勤，以成其王功。夙夜基命宥密，缉熙！亶厥心肆其靖之。’是道成王之德也。成王能明文昭，能定

①用是，原作“谓乎”，语意不通。任养心本作“谓当”。《春秋左传正义》卷第四十四作“言将用是而更兴”，据改。

武烈者也。夫道成命者而称昊天，翼敬其上也。二后受之，让于德也。成王不敢康，敬百姓也。夙夜，恭也；基，始也。命，信也。宥，宽也。密，宁也。缉，明也。熙，广也。亶，厚也。肆，固也。靖，和也。其始也，翼上德让，而敬百姓。其中也，恭俭信宽，帅归于宁。帅，循也。循此四德行之，而归于安民。其终也，广厚其心，以固和之。始于德让，中于信宽，终于固和，故曰成。单子俭敬让咨，以应成德。单若不兴，子孙必蕃，后世不忘。《诗》曰：'其类维何？室家之壶。君子万年，永锡祚胤。'类也者，不忝前哲之谓也。壶也者，广裕民人之谓也。万年也者，令闻不忘之谓也。祚胤也者，子孙蕃育之谓也。单子朝夕不忘成王之德，可谓不忝前哲矣。膺保明德，以佐王室，可谓广裕民人矣。若能类善物，以混厚民人者，必有章誉蕃育之祚，则单子必当之矣。单若有阙，必兹君靖公之子孙实续之，不出于它矣。"

【眉批】文格最密。大，故以卜其再兴为主。首引史佚之言，以征其行；再明《昊天》之旨，以论其心；又自引"其类维何"之诗，以阐扬之。总应分照，曲曲不遗，闲于兹者不难叙述矣。

叔向议邢侯狱

邢侯与雍子二人皆故楚人争鄐田，久而无成。士景伯如楚，叔鱼摄理。羊舌鲋代景伯治狱。韩宣子起命断旧狱，罪在雍子。雍子纳其女于叔鱼，叔鱼蔽罪邢侯。邢侯怒，杀叔鱼与雍子于朝。宣子问其罪于叔向。叔向曰："三人同罪，施生戮死可也。雍子自知其罪，而赂以买直；鲋也鬻狱，邢侯专杀，其罪一也。己恶而掠美为昏，贪以败官为墨，杀人不忌为贼。《夏书》曰‘昏、墨、贼，杀’，皋陶之刑也，请从之。”乃施邢侯加罪于邢侯而杀之而尸雍子与叔鱼于市。

蔡墨论龙

龙见于绛郊。魏献子舒问于蔡墨曰：“吾闻之，虫莫知于龙，以其不生得也，谓之知，信乎？”对曰：“人实不知，非龙实知。古者畜龙，故国有豢龙氏，有御龙氏。”献子曰：“是二氏者，吾亦闻之，而不知其故，是何谓也？”对曰：“昔有飂叔安，古国君。有裔子曰董父，实甚好龙，能求其耆欲以饮食之，龙多归之，乃扰畜龙，以服事帝舜，帝赐之姓曰董，氏曰豢龙，封诸鬷川，鬷夷氏其后也。故帝舜氏世有畜龙。及有夏孔甲，扰于有帝，能顺天。帝赐之乘龙，河、汉各二，各有雌雄。孔甲不能食，而未获豢龙氏。有陶唐氏既衰，其后有刘累，学扰龙于豢龙氏，以事孔甲，能饮食之。夏后嘉之，赐氏曰御龙，以更豕韦之后。龙一雌死，潜醢以食夏后。夏后飨之，既而使求之。惧而迁于鲁县，范氏其后也。”

献子曰：“今何故无之？”对曰：“夫物，物有其官，官修其方，朝夕思之。一日失职，则死及之。失官不食。无禄。官宿安其业，其物乃至。如水官修则有至。若泯弃之，失职。物乃坻伏，止息潜藏。郁湮不育。故有五行之官，是谓五官，实列受氏姓，封为上公，祀为贵神。社稷五祀，是尊是奉。五官能修业者，死皆配食于五行之神，为王者所尊奉。木正官长曰句芒，取木生句曲而有芒角也。火正曰祝融，明貌。金正曰蓐收，秋物摧蓐而可收也。水正曰玄冥，水阴而幽冥。土正曰后土。土为群物主，故称后。龙，水物也，水官弃矣，故龙不生得。不然，《周易》有之：在《乾》之《姤[1]》，乾初九变。曰‘潜龙勿用’；其《同人》乾九二变曰‘见龙在田’；其《大有》乾九五变曰‘飞龙在天’；其《夬》乾上九变曰‘亢龙有悔’，其《坤》乾六爻皆变曰‘见群龙无首，吉’；《坤》之《剥》坤上六变曰‘龙战于野’。若不朝夕见，谁能物之？说《易》者皆以龙喻阳气，如史墨之言，则皆是真龙矣。”

献子曰：“社稷五祀，谁氏之五官也？”对曰：“少皞氏有四叔，曰重、曰该、曰修、曰熙，实能金、木及水。能治其官。使重为句芒，木正。该为蓐收，金正。修及熙为玄冥，代为水正。世不失职，遂济穷桑，穷桑，少皞之号也。言四子能成少皞之功。此其三祀也。颛顼氏有子曰犁，为祝融；火正。共工氏有子曰句龙，能平水土。为后土，此其二祀也。后土为社；稷，田正也，有烈山氏之子曰柱为稷，能播百谷。自夏以上祀之。周弃亦为稷，汤既胜夏，废柱，而以弃代之。自商以来祀之。”

【眉批】中多谬悠荒唐之谈。

蔡墨论鲁事

赵简子鞅问于史墨曰：“季氏出其君，意如逐昭公。而民服焉，诸侯与之；君死于外乾侯而莫之或罪，何也？”对曰：“物生有两、有三、有五、有陪贰。故天有三辰，地有五行，体有左右，各有妃耦，王有公，诸侯有卿，皆有贰也。天生季氏，以贰鲁侯，为日久矣。民之服焉，不亦宜乎！鲁君世从其失，季氏世修其勤，民忘君矣。虽死于外，其谁矜之？

①姤，原作“垢”，误，据《周易》改。

社稷无常奉，君臣无常位，唯德。自古以然。故《诗》曰：‘高岸为谷，深谷为陵。’言高下有变易。三后之姓，虞、夏、商。于今为庶，主所知也。在《易》卦，雷乘《乾》曰《大壮》，天之道也。君臣易位，若天上有雷。昔成季友，桓之季也，文姜之爱子也。始震而卜，卜人谒之，曰：‘生有嘉闻，其名曰友，为公室辅。’及生，如卜人之言，有文在其手曰‘友’，遂以名之。既而有大功于鲁，诛庆父，立僖公。受费邑以为上卿。至于文子行父、武子宿，世增其业，不废旧绩。鲁文公薨，而东门遂杀適恶及视立庶宣公，鲁君于是乎失国，政权。政在季氏，于此君也四公矣。宣、成、襄、昭。民不知君，何以得国？是以为君慎器与名，车服、爵号。不可以假人。”

【眉批】历言臣之强胜，君之凌替，而归重于慎器与名，文字之要机也。

卫

○石祁子归宋猛获议

宋猛获奔卫。获，南宫万之党也。万弑闵公，宋人以曹师讨之，故获奔卫，万奔陈。宋人请猛获于卫，卫人欲勿与。石祁子曰：“不可。天下之恶一也，恶于宋而保于我，保之何补！得一夫而失一国，与恶而弃好，非谋也。”卫人归之。宋人醢之。宋人亦请万于陈，并获俱醢。

北宫佗论威仪

卫侯襄在楚，北宫文子佗见令尹围之威仪，言于卫侯曰：“令尹似君矣，将有他志。虽获其志，不能终也。

《诗》云：‘靡不有初，鲜克有终。’终之实难，令尹其将不免。”公曰：“子何以知之？”对曰：“《诗》云：‘敬慎威仪，惟民之则。’令尹无威仪，民无则焉。民所不则，以在民上，不可以终。”公曰：“善哉！何谓威仪？”对曰：“有威而可畏谓之威，有仪而可象谓之仪。君有君之威仪，其臣畏而爱之，则而象之，故能有其国家，令闻长世。臣有臣之威仪，其下畏而爱之，故能守其官职，保族宜家。顺是以下皆如是，是以上下能相固也。《卫诗》曰‘威仪棣棣，不可选也’，言君臣、上下、父子、兄弟、内外、大小皆有威仪也。《周诗》曰‘朋友攸摄，摄以威仪’，言朋友之道必相教训以威仪也。《周书》数文王之德曰‘大国畏其力，小国怀其德’，言畏而爱之也。《诗》云‘不识不知，顺帝之则’，言则而象之也。纣囚文王七年，诸侯皆从之囚，纣于是乎惧而归之，可谓爱之。文王伐崇，再驾而降为臣，蛮夷帅服，可谓畏之。文王之功，天下诵而歌舞之，可谓则之。文王之行，至今为法，可谓象之。有威仪也。故君子在位可畏，施舍可爱，进退可度，周旋可则，容止可观，作事可法，德行可象，声气可乐；动作有文，言语有章，以临其下，谓之有威仪也。”

【眉批】论述威仪肯綮，真为卓荦！

一引一断，文采焕发。

郑

史伯议避难

桓公为司徒，幽王时。甚得周众与东土之人，问于史伯，曰："王室多故，余惧及焉，其何所可以逃死？"史伯对曰："王室将卑，戎、狄必昌，不可偪也。当成周者，南有荆、蛮、申、吕、应、邓、陈、蔡、随、唐，北有卫、燕、翟、鲜虞、路、洛、泉、徐、蒲，西有虞、虢、晋、隗、霍、杨、魏、芮，东有齐、鲁、曹、宋、滕、薛、邹、莒，是非王之支子、母弟、甥舅也，则皆蛮、荆、戎、翟之人也。非亲则顽，不可入也。其济、洛、河、颍之间乎！左济右洛，前颍后河。是其子男之国，虢、郐为大，虢叔恃势，郐仲恃险，是皆有骄侈怠慢之心，而加之以贪冒。君若以周难之故，寄孥与贿焉，不敢不许。周乱而弊，是骄而贪，必将背君，君若以成周之众，奉辞伐罪，无不克矣。若克二邑，虢、郐。鄢、蔽、补、舟、依、畴、历、莘，八邑。君之土也。若前莘后河，右洛左济，主芣、騩山名而食溱洧，修典刑以守之，唯是可以少固。"

公曰："南方不可乎？"对曰："夫荆子熊严，生子四人：伯霜、仲雪、叔熊、季紃。叔熊[①]逃难于濮而蛮，从蛮俗。季紃是立，薳氏将起之，欲立叔熊。祸又不克。是天启之心也，天意在紃。又甚聪明和协，得民臣心。盖其先王。功德过之。臣闻之，天之所启，十世不替。夫其子孙必光启土，不可逼也。且重、黎之后也。颛顼命南正重司天，北正黎司地。夫黎为高辛氏火正，以淳燿惇大，天明地德，光照四海，故命之曰祝融，淳燿、天明，若历象三辰也。惇大、地德，若敬授民时也。光照四海，使上下有章也。祝，始也。融，明也。其功大矣。夫成天地之大功者，其子孙未尝不章，虞、夏、商、周是也。虞幕能听协风，以成乐物生者也；因时顺气，以育万物，使之乐生。夏禹能单尽平水土，以品

①熊，原脱，据韦昭注《国语》补。

处庶类者也；商契能和合五教，以保于百姓者也；周弃能播殖百谷蔬菜，以衣食民人者也；其后皆为王公侯伯。祝融亦能昭显天地之光明，以生柔嘉材者也，其后八姓，己、董、彭、秃、妘、曹、斟、芈。于周未有侯伯。佐制物于前代者，昆吾为夏伯矣，大彭、豕韦为商伯矣。当周未有。己姓昆吾、苏、顾、温、董，董姓鬷夷、豢龙，则夏灭之矣。彭姓彭祖、豕韦、诸稽，则商灭之矣。秃姓舟人国，则周灭之矣。妘姓邬、郐、路、偪阳，曹姓邹、莒，皆为采卫，或在王室，或在夷、翟，莫之数也。而又无令闻，必不兴矣。斟姓无后。融之兴者，其在芈姓乎！芈姓夔越，不足命也。蛮芈蛮矣。唯荆实有昭德，若周衰，其必兴矣。姜、嬴、荆芈，实与诸姬代相干也。姜，伯夷之后也；嬴，伯翳之后也。伯夷能礼于神以佐尧者也，伯翳能议百物以佐舜者也。其后皆不失祀，而未有兴者，周衰其将至矣。”

公曰：“谢西之九州，谢，申伯之国。何如？”对曰：“其民沓黩贪而忍，不可因也。唯谢、郏之间，郏南谢北，虢、鄫在焉。其冢君侈骄，其民怠沓其君，而未及周德；忠信为周。若更君而周训之，是易取也，且可长用也。”

公曰：“周其弊乎？”对曰：“殆于必弊者。《大誓》曰：‘民之所欲，天必从之。’今王弃高明昭显，而好谗慝暗昧；恶角犀丰盈，须有伏犀，颊辅丰满，皆福相也。而近顽童穷固，陋。去和而取同。夫和实生物，同则不继。以它平它谓之和，谓阴阳相生，异味相和也。故能丰长而物生之；若以同裨同，如以水益水。尽乃弃矣。故先王以土与金、木、水、火杂，以成百物。是以和五味以调口，刚四支以卫体，和六律以聪耳，正七体以役心，目为心视，耳为心听，口为心声，鼻为心芳。平八索以成人，乾为首，坤为腹，震为足，巽为股，离为目，兑为口，坎为耳，艮为手。建九纪以立纯德，心、肝、脾、肺、肾、胃、膀胱、肠、肝胆，所以经纪性命。合十数以训百体。王公、大夫、士、皂、舆、隶、僚、仆、台、百官，各有体统。出千品，具万方，计亿事，材兆物，收经入，行姟极。万万曰姟。自十而千而万，转生至亿、兆，谓王收其常入有此数。故王者居九畡之田，收经入以食兆民，周训而能用之，和乐如一。夫如是，和之至也。于是乎先三聘后于异姓，求财于有方，择臣取谏工而讲校以多物，务和同也。声一无听，须五声。物一无文，须五色。味一无果，须五味，果美也。物一不讲。王将弃是类而与剸同。天夺之明，欲无弊，得乎？夫虢石父，谗谄巧从之人也，而立以为卿士，与剸同也；弃聘后申后而立内妾，褒、姒。好穷固也；侏儒戚施，实御在侧，近顽童也；周法不昭，而妇言是行，用谗慝也；不建立卿士，而妖试幸措，用嬖臣于位，置佞幸于侧。行暗昧也。是物也，不可以久。且宣王之时有童谣，曰：'檿弧箕服，山桑曰檿。弧，弓也。箕，木名。服，矢房也。实亡周国。'于是宣王闻之，有夫妇鬻是器者，王使执而戮之。府之小妾生女而非王子也，惧而弃之。此人也，卖弧服者。收以奔褒。褒人有狱，而以为入。天之命此久矣，其又何可为乎？《训语》有之曰：'夏之衰也，褒人之神化为二龙，以同于王庭，共处也。而言曰："余，褒之二君也。"夏后卜杀之，与去之，与止之，莫吉。卜请其漦沫而藏之，吉。乃布币焉而策告之，龙亡而漦在，椟而藏之，传郊之。传祭于郊。'及殷、周，莫之发也。及厉王之末，发而观之，漦流于庭，不可除也。王使妇人不帏裳正幅曰帏而噪之，化为玄鼋，以入于王府。府之童妾未既龀毁齿未尽而遭之，既笄而孕，当宣王而生。不夫而育，故惧而弃之。为弧服者方戮在路，夫妇哀其夜号也，而取之以逸，逃于褒。褒人褒姁有狱，而以为入于王，幽。王遂置之，赦其罪。而嬖是女也，使至于为后而生伯服。天之生此久矣，其为毒也大矣，将俟淫德而加之焉。毒之酋腊者，精极也。其杀也滋速。申、缯、西戎方强，王室方骚，将以纵欲，不亦难乎？王欲杀太子以成伯服，伯服立，大子宜咎出奔申。必求之申，申人弗畀，必伐之。若伐申，而缯与西戎会以伐周，周不守矣！缯与西戎方将德申，申、吕方强，其隩隐爱太子亦必可知也。王师若在，在申。其救之亦必然矣。王心怒矣，虢公从矣，凡周存亡，不三稔矣！君若欲避其难，速规所矣，时至而求用，备难。恐无及也！”公说，乃东寄帑与贿，虢、郐受之，十邑皆有寄地。

【眉批】文共四大段，首论戎、翟，次南方，次西州，而后则总论周之弊。考据精详，敷陈明悉。

○厉公议讨子颓

王子颓享五大夫，芳国、边伯、詹父、子禽、祝跪奉子颓以伐惠王，王奔郑，子颓立而享之。乐及遍舞。黄帝、尧、舜、夏、商、周六代之乐。郑伯厉闻之，见虢叔曰：“寡人闻之：哀乐失时，殃咎必至。今王子颓歌舞不倦，乐祸也。夫司寇行戮，君为之不举，去乐减膳。而况敢乐祸乎？奸王之位，祸孰大焉？临祸忘忧，忧必及之。盍纳王乎？”虢公曰：“寡人之愿也。”郑伯将王自圉门入，虢叔自北门入，杀王子颓及五大夫。

皇武子议享宋礼[①]

子产忧国

子国、子耳侵蔡，获蔡司马公子燮。郑人皆喜，唯子产不顺，曰：“小国无文德而有武功，祸莫大焉。楚人来讨，能勿从乎？从之，晋师必至。晋楚争郑，自今郑国不四五年弗得宁矣。”子国子产之父怒之，曰：“尔何知！国有大命，君令。而有正卿，执政。童子言焉，将为戮矣！”

【眉批】子产童子，遂能料事而中，后为名大夫，岂偶然者？

子展、子驷议从楚

楚子囊贞伐郑，讨其侵蔡也。子驷、子国、子耳欲从楚，子孔、子蟜、子展欲待晋。子驷曰：“《周诗》有之曰：‘俟河之清，人寿几何？兆云询多，既卜且谋。职竞作罗。竞作罗网，难而无成，职此之由也。’谋之多族，民之多违，事滋无成。民急矣，姑从楚，以纾吾民。晋师至，吾又从之。敬共币帛，以待来者，小国之道也。牺牲玉帛，待于二境，以待强者而庇民焉。寇不为害，民不罢病，不亦可乎？”

子展曰：“小所以事大，信也。小国无信，兵乱日至，亡无日矣。五会之信，会鸡泽、会戚、会城棣、会鄬、会邢丘。今将背之，虽楚救我，将安用之？亲我无成，晋以同姓来亲，反不与成。鄙我是欲，楚欲灭郑为鄙，反欲与成。不可从也。谓驷之言。不如待晋。晋君方明，谓悼公。四军无阙，上、中、下及新军。八卿和

①本篇有目无辞。

睦，知罃将中军，范丐佐之；中行偃将上军，韩起佐之；栾黡将下军，士鲂佐之；赵武将新军，魏绛佐之。必不弃郑。楚师辽远，粮食将尽，必将速归，何患焉？舍之子展名闻之：仗莫如信。完守以老楚，仗信以待晋，不亦可乎？”

子驷曰：“《诗》云：‘谋夫孔多，是用不集。发言盈庭，谁敢执其咎？如匪行迈谋，是用不得于道。’请从楚，骓也受其咎。”乃及楚平。

【眉批】子驷之谋左矣，竟召后衅。

子产、然明论政

晋程郑卒，子产始知然明，以如所料。问为政焉。对曰：“视民如子。见不仁者，诛之，如鹰鹯之逐鸟雀也。”子产喜，以语子大叔，且曰：“他日吾见蔑之面而已，今吾见其心矣。”子大叔问政于子产。子产曰：“政如农功，日夜思之，思其始而成其终，朝夕而行之。行无越思，如农之有畔，其过鲜矣。”

【眉批】简古。

子展、伯有议会葬

葬灵王，郑上卿有事。简公在楚，上卿居守。子展使印段往。伯有曰：“弱，不可。”子展曰：“与其莫往，弱，不犹愈乎？《诗》云：‘王事靡盬，不遑启处。’东西南北，谁敢宁处？坚事晋楚，以蕃王室也。王事无旷，何常之有？”遂使印段如周。

【眉批】知蕃王室之义，难矣。

游吉讥晋城杞

晋知悼子荀盈合诸侯之大夫以城杞。平公杞出也，故治杞。郑子大叔游吉与伯石往。子大叔见大叔文子，卫大叔仪。与之语。文子曰："甚乎其城杞也！"子大叔曰："若之何哉！晋国不恤周宗之阙，而夏肄是屏，肄，馀也。屏，城也。其弃诸姬，亦可知也已。诸姬是弃，其谁归之？吉也闻之，弃同即异，是谓离德。《诗》曰：'协比其邻，昏姻孔云。'晋不邻矣，其谁云之？"归附也。

裨谌论国事

伯有良霄使公孙黑如楚，辞曰："楚郑方恶，而使余往，是杀余也。"伯有曰："世行也。世为行人。"子皙黑字曰："可则往，难则已，何世之有？"伯有将强使之。子皙怒，将伐伯有氏，大夫和之，盟于伯有氏。裨谌曰："是盟也，其与几何？不能久。《诗》曰：'君子屡盟，乱是用长。'今是长乱之道也，祸未歇也，必三年而后能纾。"然明曰："政将焉往？"裨谌曰："善之代不善，天命也，其焉辟子产？天意有在。举不逾等，则位班也。择善而举，则世隆也。天又除之，夺伯有魄，子西即世，将焉辟之？天祸郑久矣，其必使子产息之，乃犹可以戾。定。不然，将亡矣。"

【眉批】季札谓子产："郑之执政侈，难将至矣。政必及子。"至此而验。

子产之系众望如此。

子产论晋侯疾

晋侯平有疾，郑伯简使公孙侨如晋聘，且问疾。叔向问焉，曰：“寡君之疾病，卜人曰‘实沈、台骀为祟’，史莫之知。敢问此何神也？”子产曰：“昔高辛氏有二子，伯曰阏伯，季曰实沈，居于旷林，不相能也，日寻干戈，以相征讨。后帝不臧，尧不善其所为。迁阏伯于商丘，主辰。祀大火。商人是因，故辰为商星。迁实沈于大夏，主参，祀水。唐人是因，以服事夏、商。其季世曰唐叔虞。当武王邑姜方震大叔，邑姜，武王后。震，怀胎也。大叔，成王弟叔虞也。梦帝谓己：‘余命而子曰虞，将与之唐，以与唐季世之君同名故。属诸参，而蕃育其子孙。’及生，有文在其手曰虞，遂以命之。及成王灭唐，而封大叔焉，故参为晋星。不曰唐而曰晋者，叔虞之子燮父改称晋侯也。由是观之，则实沈，参神也。昔金天氏有裔子曰昧，为玄冥师，水官之长。生允格、台骀。台骀能业其官，宣汾、洮，障大泽，以处大原。台骀所居。帝颛顼用嘉之，封诸汾川，沈、姒、蓐、黄四国实守其祀。今晋主汾而灭之矣。由是观之，则台骀，汾神也。抑此二者，不及君身。山川之神，则水旱疠疫之灾，于是乎禜之；日月星辰之神，则雪霜风雨之不时，于是乎禜之。若君身，则亦出入、饮食、哀乐之事也，山川、星辰之神又何为焉？不能为祸。侨闻之，君子有四时：朝以听政，昼以访问，夕以修令，夜以安身。于是乎节宣其气，勿使有壅闭湫底以露其体，壅谓气阻而不行，闭谓气塞而不通，湫谓气聚而不散，底谓气滞而不快。露，羸也。兹心不爽，而昏乱百度。今无乃壹之，不顺时以节其气。则生疾矣。侨又闻之，内官不及同姓，充嫔御。其生不殖。美先尽矣，则相生疾，人于同姓相爱尤厚，若又为夫妇，则相爱之美极矣。夫极则尽，不复生美，生疾而已。君子是以恶之。故《志》曰：‘买妾不知其姓，则卜之。’违此二者，壹四时，取同姓。古之所慎也。男女辨姓，礼之大节也。今君内实有四姬焉，其无乃是也乎？若由是二者，弗可为也已。四姬有省减犹可，无则必生疾矣。”叔向曰：“善哉！肸未之闻也，此皆然矣。”晋侯闻子产之言，曰：“博物君子也。”重贿之。真氏曰：“子产能知实沈、台骀为参、汾之神，可谓博物矣。然推晋侯之疾，不归之鬼而归之饮食哀乐之间，可谓明理，非但博物者也，晋侯独以博物目之，岂知子产者也？”

【眉批】体裁浑成。晋侯之失节理而纵淫嬖久矣，不知自反，而听卜人之言，归返于祟，故子产亦言实沈、台骀之实有此神以解其惑，断然以为二者不及君身；又述山川星辰之神亦不能为，而备论其由前二者之纵失。惜乎晋侯不能改，而叔向亦徒善之，不能推明以匡其君也。

游吉与晋大夫论国事

游吉如晋，送少姜之葬。景公妾。梁丙与张趯见之。梁丙曰：“甚矣哉，子之为此来也！”子大叔曰：“将得已乎！昔文、襄之霸也，其务不烦诸侯，令诸侯三岁而聘，五岁而朝，有事而会，不协而盟。君薨，大夫吊，卿共葬事；夫人，士吊，大夫送葬。王制：诸侯，殷聘，世朝；有丧，士吊，大夫送葬。时俗过制，故文、襄节之，然犹过于古。足以昭礼、命事、谋阙而已，无加命矣。今嬖宠之丧，不敢择位，而数于守適，不以位卑，而令礼数如守嫡夫人。唯惧获戾，岂敢惮烦？少姜有宠而死，齐必继室。今兹吾又将来贺，不唯此行也。”张趯曰：“善哉，吾得闻此数也！然自今子其无事矣。譬如火焉，火中，寒暑乃退。火，心星也。心以季夏昏中而暑退，季冬旦中而寒退。此其极也，能无退乎？晋将失诸侯，诸侯求烦不获。不复能烦诸侯。”二大夫退。子大叔告人曰：“张趯有知，其犹在君子之后乎！”讥其不为晋讳。

【眉批】张趯此言，真欠忠厚。

子产论厉鬼

子产适晋，赵景子成问焉，曰：“伯有犹能为鬼乎？”伯有，郑大夫良霄也，汰侈嗜酒，与公孙黑争，因作乱。郑人杀之，为厉。子产立其子良止以止之。子产曰：“能。人生始化曰魄，形也。既生魄，阳曰魂。阳，神气也。用物精多，禄位高，享物备，则取精多。则魂魄强，是以有精爽至于神明。匹夫匹妇强死，其魂魄犹能冯依于人，以为淫厉，况良霄，我先君穆公之胄，子良之孙，子耳之子，敝邑之卿，从政三世矣。郑虽无腆，微薄。抑谚曰‘蕞尔国’，而三世执其政柄，其用物也弘矣，其取精也多矣，其族又大，所冯厚矣，而强死，能为鬼，不亦宜乎！”

【眉批】其论非怪，实有此理。《易》曰：“精气为物，游神[①]为变。”

子产论罕朔

罕朔奔晋。以杀罕魋故。韩宣子起问其位于子产。子产曰：“君之羁臣，苟得容以逃死，何位之敢择？卿违，从大夫之位；谓以礼去国者，降位一等。罪人以其罪降，罪重则降多。古之制也。朔于敝邑，亚大夫也；其官，马师也，获戾而逃，唯执政所置之。得免其死，为惠大矣，又敢求位？”宣子为子产之敏也，使从嬖大夫。不以罪怪。

【眉批】□论。

①神，《周易·系辞》作“魂”。

游吉述礼仪

子大叔见赵简子，鞅。简子问揖让周旋之礼焉。对曰："是仪也，非礼也。"简子曰："敢问，何谓礼？"对曰："吉也闻诸先大夫子产曰：'夫礼，天之经也，地之义也，民之行也。'天地之经，而民实则之。则天之明，日、月、星、辰。因地之性，高、下、刚、柔。生其六气，阴、阳、风、雨、晦、明。用其五行。金、木、水、火、土。气为五味，酸、甘、咸、辛、苦。发为五色，青、黄、赤、白、黑。章为五声。宫、商、角、徵、羽。淫则昏乱，民失其性。气、味、声、色过度，则伤性。是故为礼以奉之：制礼奉性。为六畜、马、牛、羊、豕、犬、鸡。五牲、麋、鹿、麏、狼、兔。三牺，祭天、地、宗庙谓之牺。以奉五味；成其用。为九文、山、龙、华、虫、藻、火、粉米[①]、黼、黻。六采、青、白、赤、黑、玄、黄。五章，文、章、黼、黻、绣。以奉五色；为九歌、九德之歌。八风、八方之风。七音、五声加变宫、变徵。六律，阴阳各六。以奉五声。为君臣上下，以则地义；为夫妇外内，以经二物；夫治外事，妇治内事。为父子、兄弟、姑姊、甥舅、昏媾、姻亚，妻父曰昏，重昏曰媾。婿父曰姻，两婿相谓曰亚。以象天明；为政事、在君为政，在臣为事。庸力、民功曰庸，治功曰力。行务，行其德教，务其财要。以从四时；为刑罚威狱，使民畏忌，以类其震曜杀戮；象天之威。为温慈惠和，以效天之生殖长育。民有好恶、喜怒、哀乐，生于六气，是故审则宜类，人君为政，审法时之所宜，事之所类。以制六志。好、恶、喜、怒、哀、乐，使不过节。哀有哭泣，乐有歌舞，喜有施舍，怒有战斗；喜生于好，怒生于恶。是故审行信令，祸

①粉米，原脱，据《春秋左传正义》卷五十一补。

福赏罚，以制死生。生，好物也；事之好者。死，恶物也。事之恶者。好物，乐也；恶物，哀也。哀乐不失，乃能协于天地之性，是以长久。”简子曰：“甚哉，礼之大也！”对曰：“礼，上下之纪、天地之经纬也，民之所以生也，是以先王尚之。故人之能自曲直以赴礼者，品节以弼其性。谓之成人。大，不亦宜乎！”简子曰：“鞅也请终身守此言也。”

【眉批】句句不诡于道，精粹完美，而文之泳游藏育，尤不可及。

末又为此一转，愈觉精神。

宋

子鱼论社用人

宋公襄使邾文公用鄫子于次睢之社，杀以为牺牲。欲以属东夷。夷、狄畏鬼，宋盖假此妖神以诱其众，使聚也。司马子鱼曰：“古者六畜不相为用，小事不用大牲，若衅庙用羊，衅门及夹室用鸡之类。而况敢用人乎？祭祀以为人也。民，神之主也。用人，其谁飨之？齐桓公存三亡国鲁、卫、邢以属诸侯，义士犹曰薄德，谓欲乘乱取鲁、缓救邢、专封卫。今一会而虐二国之君，执滕、执鄫。又用诸淫昏之鬼，非周社。将以求霸，不亦难乎？得死为幸。”

【眉批】用人以祭，而后乃有爱重伤、爱二毛之言，将谁欺？欺天乎？

子鱼论战事

宋公及楚人战于泓。宋襄伐郑，楚伐宋以救郑。宋人既成列，楚人未既济。司马子鱼曰：“彼众我寡，及其未既济也，请击之。”公曰：“不可。”既济而未成列，又以告。公曰：“未可。”既陈而后击之，宋师败绩，公伤股，门官歼焉。杀之尽。国人皆咎公，公曰：“君子不重伤，不禽二毛。头半白黑者。古之为军也，不以阻隘也。寡人虽亡国之馀，不鼓不成列。耻以诈胜。”子鱼曰：“君未知战。勍敌之人，隘而不列，天赞我也；阻而鼓之，不亦可乎？犹有惧焉。虽因阻以击，尚恐不胜。且今之勍者，皆吾敌也。虽及胡耇，元老。获则取之，何有于二毛？明耻、教战，教战之法，明设刑戮，以耻不勇。求杀敌也。伤未及死，言能害身。如何勿重？若爱重伤，则如弗伤；爱其二毛，则如服焉。不战而服。三军以利用也，金鼓以声气也。利而用之，阻隘可也；声盛致志，鼓儳可也。”儳岩，未整阵。苏氏曰：“《公羊》嘉之，以为文王之战不过于此。余窃笑之。夫襄公陵虐小国，至使邾人用鄫子于次睢之社，虽桀纣有不为，乃欲以不鼓、不成列、不禽二毛求为文王，不亦过甚矣哉！”胡氏曰：“襄公伐齐之丧，奉少夺长，使齐人有杀无亏之恶，有败绩之伤，此晋献公之所以乱其国者，罪一也。桓公存三亡国，义士犹曰薄德，而一会虐二国之君，罪二也。曹人不服，盍姑省德无阙，然后动而兴师围之，罪三也。凡此三者，不仁非义，襄公敢行，而独爱重伤与二毛，则亦何异盗跖之以分均出后为仁义，陈仲子以辟兄离母居于陵为廉乎？”

【眉批】“爱重伤，则如勿伤；爱二毛，则如服焉。”子鱼达权知本之言也。宋公欲雪盂之耻，而不度其力之不能，徒假匹夫之信以自文，后人乃比之文王，真可大噱。

陈

逢滑议辞吴

吴之入楚也，阖庐破楚入郢。使召陈怀公。怀公朝国人而问焉，曰："欲与楚者右，欲与吴者左。"陈人从田，无田从党。田在西者居右，在东者居左。都邑之人无田，随党而立。逢滑当公而进，不左不右。曰："臣闻，国之兴也以福，其亡也以祸。今吴未有福，楚未有祸，楚未可弃，吴未可从。而晋，盟主也；若以晋辞吴，若何？"公曰："国胜君亡，楚为吴所胜，昭王奔随。非祸而何？"对曰："国之有是多矣，何必不复？小国犹复，况大国乎？臣闻，国之兴也，视民如伤，是其福也；其亡也，以民为土芥，是其祸也。楚虽无德，亦不艾杀其民。吴日敝于兵，暴骨如莽，而未见德焉。天其或者正训楚也，祸之适吴，其何日之有？言今至。"陈侯从之。辞吴。

【眉批】诚悃切怛。

齐

管仲论政

管仲至，无知弑襄公，管夷吾奉公子纠奔鲁，鲁庄公纳纠。桓公自莒先入，取纠杀之，请仲于鲁，鲍叔荐之也。桓公亲逆之于郊，而与之坐而问焉，曰："昔吾先君襄公筑台以为高位，田狩罼弋，不听国政，卑圣侮士，而唯女是崇。九妃六嫔，陈妾数百，食必粱肉，衣必文绣。戎士冻馁，戎车待游车之裂，残。戎士待陈妾之馀。优笑在前，贤材在后。是以国家不日引，不月长，恐宗庙之不扫除，社稷之不血食，敢问为此若何?”管子对曰:“昔吾先王昭王、穆王,世法文、武远绩以成名。合群叟,比校民之有道者,设象以为民纪,设教民之法于象魏也。式权以相应,式,用也。权,平也。治政用民,使均平相应也。比缀以度,比,比其众寡。缀,连其夫家。度,法也。竱本肇末,竱,等也。肇,正也。劝之以赏赐,纠之以刑罚,班序颠毛,以发之白黑序长幼。以为民纪统。”桓公曰:“为之若何?”管子对曰:“昔者圣王之治天下也,参其国而伍其鄙,三分国都以为三军,五分其鄙以为五属。定民之居,成民之事,陵为之终,葬之。而慎用其六柄焉。生、杀、贫、富、贵、贱。”桓公曰:“成民之事若何?”管子对曰:“四民者,勿使杂处,杂处则其言哤,乱。其事易。变。”

桓公曰:“处士农工商若何?”管子对曰:“昔圣王之处士也,使就闲燕;处工,就官府;处商,就市井;处农,就田野。令夫士,群萃而州聚处,闲燕则父与父言义,子与子言孝,其事君者言敬,其幼者言悌。少而习焉,其心安焉,不见异物而迁焉。是故其父兄之教,不肃而成;其子弟之学,不劳而能。夫是,故士之子恒为士。令夫工,群萃而州处,审其四时,辨其功苦,坚脆。权节其用,论比协材。旦暮从事,施于四方,以饬其子弟,相语以事,相示以巧,相陈以功。功成则有赏。少而习焉,其心安焉,不见异物而迁焉。是故其父兄之教不肃而成,其子弟之学不劳而能。夫是,故工之子恒为工。令夫商,群萃而州处,察其四时,而监其乡之资,财。以知其市之贾,负任担荷,服牛轺马,以周四方,以其所有,易其所无,市贱鬻贵。旦暮从事于此,以饬其子弟,相语以利,相示以赖,赢。相陈以知贾。少而习焉,其心安焉,不见异物而迁焉。是故其父兄之教不肃而成,其子弟之学不劳而能。夫是，故商之子恒为商。令夫农，群萃而州处，察其四时，权节其用，耒耜耞芟。及寒，击草枯草除田，以待时耕；及耕，深耕而疾耰之，以待时雨；时雨既至，挟其枪刈耨镈，以旦莫从事于田野。脱衣就功，首戴茅蒲，笠。身衣袯襫，蓑。沾体涂足，暴其发肤，尽其四肢之敏，材。以从事于田野。少而习焉，其心安焉，不见异物而迁焉。是故其父兄之教，不肃而成；其子弟之学，不劳而能。夫是，故农之子恒为农。野处而不昵，其秀民之能为士者，必足赖也。有司掌民之官见而不以告，其罪五。罪在五刑。有司已于事而竣。伏退。"

桓公曰："定民之居若何？此言国中之民。"管子对曰："制国以为二十一乡。"二千家为一乡。桓公曰："善。"管子于是制国以为二十一乡：工商之乡六，士农之乡十五。公帅五乡焉，中军。国子帅五乡焉，高子帅五乡焉。左右军。参国起案，以为三官，分国事以为三。臣立三宰，工立三族，市立三乡，泽立三虞，山立三衡。

桓公曰："伍鄙若何？"管子对曰："相地而衰征，相地之美恶，为赋之轻重。则民不移；政不旅旧，不以故人为师旅。则民不偷；山泽各致其时，则民不苟；陆、阜、陵、墐、井、田、畴均，则民不憾；无夺民时，则百姓富；牺牲不略，则牛羊遂。"

桓公曰："定民之居若何？"此言郊外之民。管子对曰："制鄙。三十家为邑，邑有司；十邑为卒，卒有卒帅；十卒为乡，乡有乡帅；三乡为县，县有县帅；十县为属，属有大夫。五属，故立五大夫，各使治一属焉；立五正，各使听一属焉。是故正之政听属，五正听于大夫。牧政听县，五属大夫听于县帅。下政听乡。县帅听于乡帅。"桓公曰："各保治尔所，无或淫怠而不听治者!”

【眉批】桓公初见管仲,开诚咨询,孜孜不已,欲兴事功,以盖前愆,气格既殊。而管仲立谈之顷,制令规为,条分缕析,教养具兼,罔有遗逸,一匡九合,有以也夫!

应答长短不同,并臻铺叙之妙。

仲孙湫论鲁事

仲孙湫来省难,鲁庄公薨,庆父杀子般,立闵公,国大乱。齐桓公使湫来,盖窥之也。仲孙归,曰:“不去庆父,鲁难未已。”公曰:“若之何而去之?”对曰:“难不已,将自毙,君其待之!”公曰:“鲁可取乎?”对曰:“不可。犹秉周礼。周礼,所以本也。臣闻之:‘国将亡,本必先颠,而后枝叶从之。’鲁不弃周礼,未可动也。君其务宁鲁难而亲之。亲有礼,因重固,安者成之。间携贰,离而疑者,间之。覆昏乱,霸王之器也。”

【眉批】仲孙犹知大义。

晏子议昏礼

灵王求后于齐,齐侯灵问对于晏桓子弱。桓子对曰:“先王之礼辞有之。天子求后于诸侯,诸侯对曰:‘夫妇所生若而人,不敢誉,亦不敢毁,故曰若而人。妾妇之子若而人。’无女而有姊妹及姑姊妹,则曰:‘先守某公之遗女若而人。’”齐侯许昏。王使阴里结之。官师刘夏从单靖公逆王后于齐。

晏子论和同

齐侯景至自田,晏子婴侍于遄台,子犹梁丘据驰而造焉。

公曰："唯据与我和夫！"晏子对曰："据亦同也，焉得为和？"公曰："和与同异乎？"对曰："异。和如羹焉，水火醯醢盐梅，以烹鱼肉，燀之以薪，宰夫和之，齐之以味，济其不及，以泄其过。君子食之，以平其心。君臣亦然。君所谓可而有否焉，臣献其否以成其可；君所谓否而有可焉，臣献其可以去其否，是以政平而不干，民无争心。故《诗》曰：'亦有和羹，既戒既平。鬷嘏无言，时靡有争。'先王之济五味、和五声也，以平其心，成其政也。声亦如味，一气，须气以动。二体，舞有文、武。三类，风、雅、颂。四物，杂用四方之物以成器。五声，六律，七音，八风，九歌，俱解见前。以相成也；清浊、小大，短长、疾徐，哀乐、刚柔，迟速、高下，出入、周疏，以相济也。君子听之，以平其心。心平，德和。故《诗》曰：'德音不瑕。'今据不然。君所谓可，据亦曰可；君所谓否，据亦曰否。若以水济水，谁能食之？若琴瑟之专壹，谁能听之？同之不可也如是。"

【眉批】是文错综比并，亦如和羹之味，雅乐之音。

晏子论礼

齐侯景与晏子坐于路寝。公叹曰："美哉室！其谁有此乎？"景公自知德不能久有国，故叹。晏子曰："敢问，何谓也？"公曰："吾以为在德。"对曰："如君之言，其陈氏乎！陈氏虽无大德，而有施于民。豆区釜钟之数，其取之公也薄，其施之民也厚。以私量贷，以公量收。公厚敛焉，陈氏厚施焉，民归之矣。《诗》曰：'虽无德与女，式歌且舞。'陈氏之施，民歌舞之矣。后世若少惰，不修德。陈氏而不亡，犹在。则国其国也已。"公曰："善哉！是可若何？"对曰："唯礼可以已之。在礼，家施不及国，民不迁，农不移，工贾不变，士不滥，官不滔，大夫不收公利。”公曰：“善哉！我不能矣。吾今而后知礼之可以为国也。”对曰：“礼之可以为国也久矣，与天地并。君令臣共，父慈子孝，兄爱弟敬，夫和妻柔，姑慈妇听，礼也。君令而不违，臣共而不贰；父慈而教，子孝而箴；谏。兄爱而友，弟敬而顺；夫和而义，妻柔而正；姑慈而从，不自专。妇听而婉：礼之善物也。”公曰：“善哉，寡人今而后闻此礼之上也！”对曰：“先王所禀于天地以为其民也，是以先王上之。”真氏曰：“方田氏之初，不过以小惠市于国人而已。使景公用晏子之言，修明君臣上下之礼，使惠施出于上而下不得私利，权归于上而下不得擅，则大分明而人心一，虽百田氏，其能窃国乎？景公乃善之而不能用，在公则厚敛焉，田氏则厚施焉，是驱其人而归之也。”

【眉批】晏子之言，景公凡三善之，而卒不闻其行也，悲夫！

文势萦回，意缠绵矣。

秦

穆公议置晋君

穆公召大夫子明及公孙枝曰：“晋国之乱，吾谁使先，时献公卒，公子重耳在翟，公子夷吾在梁，未知所立，故问当先立谁。若夫二公子而立之？择一人。以为朝夕之急。谓晋无君也。”大夫子明曰：“君使絷也。絷敏且知礼，敬以知微。敏能窜密谋，知礼可使；敬不坠命，微知可否。君其使之。”

乃使公子絷吊公子重耳于翟，曰：“寡君使絷吊公子之忧，谓奔亡。又重之以丧。寡人闻之，得国常于丧，失国常于丧。时不可失，丧不可久，公子其图之！”重耳告舅犯。舅犯曰：“不可。亡人无亲，信仁以为亲，是故置之者不殆。父死在堂而求利，人孰仁我？谁以为仁。人实有之，我以徼幸，人孰信我？谁以为信。不仁不信，将何以长利？”公子重耳出见使者，曰：“君惠吊亡臣，又重有命。命反国。重耳身亡，父死不得与于哭泣之位，又何敢有他志以辱君义？”再拜不稽首，起而哭，退而不私。

公子絷退，吊公子夷吾于梁，如吊公子重耳之命。夷吾告冀芮曰：“秦人勤助我矣！”冀芮曰：“公子勉之。亡人无狷洁，狷洁不行，狷则大事不成。重赂配德，公子尽之，无爱财！人实有之，我以徼幸，不亦可乎？”公子夷吾出见使者，再拜稽首，起而不哭，退而私于公子絷曰：“中大夫里克与我矣，吾命之以汾阳之田百万。丕大夫丕郑与我矣，吾命之以负葵之田七十万。君苟辅我，蔑天命矣！无复天命，在秦而已。吾必遂矣。亡人苟入，扫除宗庙，定社稷，亡人何国之与有？言但守宗社，不敢望国土。君实有郡县，且入河外列城五。岂谓君无有，亦为君之东游津梁之上，无有难急也。免晋之难。亡人之所怀挟缨马缨纕马带以望君之尘垢者。黄金四十镒，白玉之珩六双，不敢当公子，请纳之左右。”

公子絷反，致命穆公。穆公曰：“吾与公子重耳，重耳仁。再拜不稽首，不没为后也。起而哭，爱其父也。退而不私，不没于利也。不贪国家。”公子絷曰：“君之言过矣。君若求置晋君而载成之，置仁不亦可乎？君若求置晋君以成名于天下，则不如置不仁以猾乱其中，且可以进退。臣闻之：仁有置，武有置。仁置德，武置服。”是故先置公子夷吾，是为惠公。

公穆谓公孙枝曰："夷吾其定乎？"对曰："臣闻之，唯则定国。唯有法者，可以定国。《诗》曰'不识不知，顺帝之则'，文王之谓也。又曰'不僭不贼，鲜不为则'，无好无恶，不忌不克之谓也。此释诗意。今其言多忌克，既僭且贼。难哉！"难自定难。公曰："忌则多怨，又焉能克？其言虽多忌，适足以自害，不能胜人。是吾利也。"朱氏曰："秦穆公受赂而纳昏庸之君，又以其忌克而为己利，是诚何心哉！"

【眉批】舅犯知义，文公中礼，秦穆识善。

夷吾听冀芮之言，后背内外之贿，至于陨身。即使不背，得国已不正，况背之乎！

秦穆既知重耳之仁，而听公子絷之言，以立夷吾。其后战于韩原，夷吾见获。

子桑、百里议输晋粟

晋饥，乞籴于秦。丕豹晋丕郑坐里克之党见杀，其子豹奔秦曰："晋君无礼于君，谓背赂。众莫不知。往年有难，谓杀里、丕之党。今又荐饥。已失人，又失天，其殃也多矣。君其伐之，勿予籴！"公曰："寡人其君是恶，其民何罪？天殃流行，国家代有。补乏荐进饥，道也，不可以废道于天下。"谓公孙枝曰："予之乎？"公孙枝曰："君有施于晋君，晋君无施于其众。今旱而听于君，其天道也。君若弗予而天予之。有年。苟众不说其君之不报也，则有辞矣。不如予之，以说其众。众说，必咎其君。其君不听，然后诛焉。虽能御我，谁与？"是故汎舟于河，归籴于晋。《语》。

晋荐饥，使乞籴于秦。秦伯穆谓子桑枝字："与诸乎？"

对曰："重施而报，君将何求？重施而不报，其民必携。携而讨焉，无众必败。"谓百里奚，故虞臣："与诸乎？"对曰："天灾流行，国家代有，救灾恤邻，道也。行道有福。"秦于是乎输粟于晋，自雍及绛相继，命之曰汎舟之役。朱氏曰："按百里奚之言，质实浑厚，无较计利害之心，真贤臣也。"

【眉批】秦君之言，即与百里奚同在道理上看；公孙枝之言，在事机上看。

医和论晋侯疾

晋侯平有疾，求医于秦。秦伯景使医和视之，曰："疾不可为也，是谓近女室。疾如蛊，非鬼非食，惑以丧志。良臣将死，天命不祐。"公曰："女不可近乎？"对曰："节之。先王之乐，所以节百事也，故有五节；五声之节。迟速本末以相及，成中和之声。中声以降。五降之后，不容弹矣。声成五降而息。于是有烦手淫声，慆堙心耳，乃忘平和，君子弗听也。五降不息，则杂声并奏，所谓郑卫之音。物亦如之。至于烦，乃舍也已，无以生疾。烦而不舍，则生疾。君子之近琴瑟，以仪节也，非以慆心也。天有六气，降生五味，金味辛、木味酸、水味咸、火味苦、土味甘。发为五色，辛色白，酸色青，咸色黑，苦色赤，甘色黄。征为五声。白声商，青声角，黑声羽，赤声徵，黄声宫。淫生六疾。六气曰阴阳风雨晦明也，分为四时，序为五节，五行之节。过则为灾：阴淫寒疾，阳淫热疾，风淫末疾，手足缓急。雨淫腹疾，晦淫惑疾，心乱。明淫心疾。心劳。女，阳物而晦时，女常随男，为阳；家道在夜，为晦。淫则生内热惑蛊之疾。今君不节不时，能无及此乎？"

出，告赵孟。武。赵孟曰："谁当良臣？"对曰："主是谓矣。主相晋国，于今八年，晋国无乱，诸侯无阙，可谓良矣。和闻之，国之大臣，荣其宠禄，任其大节。有灾祸兴，而无改焉，改行以救灾。必受其咎。今君至于淫以生疾，将不能图恤社稷，祸孰大焉？主不能御，吾是以云也。”赵孟曰：“何谓蛊？”对曰：“淫溺惑乱之所生也。于文，皿虫为蛊。器受虫害。谷之飞亦为蛊。积谷久化为虫。在《周易》，女惑男、风落山谓之《蛊》。《巽》为长女，为风，在下。《艮》为少男，为山，在上。皆同物也。”赵孟曰：“良医也。”厚其礼而归之。

【眉批】养身养德，此焉具之。

楚

逢伯议待降礼

蔡穆侯将许僖公以见楚子成于武城。许男面缚，衔璧，大夫衰绖，士舆榇。将受死。楚子问诸逢伯。对曰：“昔武王克殷，微子启如是。武王亲释其缚，受其璧而祓之。祭以除不祥。焚其榇，礼而命之，使复其所。”楚子从之。

申叔时论教大子

庄王使士亹傅太子箴，恭王名。辞曰：“臣不材，无能益焉。”王曰：“赖子之善善之也。”对曰：“夫善在大子，大子欲善，善人将至；若不欲善，善则不用。故尧有丹朱，舜有商均，启有五观，汤有大甲，文王有管、蔡。是五王者，皆元德也，而有奸子。夫岂不欲其善，不能故也。若民烦，乱。可教训。蛮夷戎翟，其不宾也久矣，中国所不能用也。”王卒使傅之。

问于申叔时，叔时曰："教之春秋，而为之耸善而抑恶焉，以戒劝其心；法天。教之世，而为之昭明德而废幽昏焉，以休惧其动；法祖。教之诗，而为之道广显德，以耀明其志；教之礼，使知上下之则；教之乐，以疏其秽而镇其浮；教之令，使访物官；知百官之事。教之语，使明其德，而知先王之务用明德于民也；省方、观民、设教。教之故志，使知废兴者而戒惧焉；教之训典，使知族类，行比义焉。义之与比。若是而不从，动而不悛，则文咏物以行之，文，词。咏，风物事也。求贤良以翼之。悛而不摄，则身勤之，多训典刑以纳之，务慎惇笃以固之。摄而不彻，则明施舍以道之忠，明久长以道之信，明度量以道之义，明等级以道之礼，明恭俭以道之孝，明敬戒以道之事，明慈爱以道之仁，明昭利以道之文，明除害以道之武，明精意以道之罚，明正德以道之赏，明齐肃以耀之临。若是而不济，不可为也。且夫诵诗以辅相之，威仪以先后之，体貌以左右之，明行以宣翼之，制节义以动行之，恭敬以临监之，勤勉以劝之，孝顺以纳之，忠信以发之，德音以扬之，教备而不从者，非人也。其可兴乎！夫子践位则退，谦。自退则敬，不则赧。惧。"

【眉批】忠信之人可以学礼，是以受和受采，甘白为先。一篇层波激浪，浩荡萦回，绝佳绝佳！

子囊议共王谥

楚子疾，告大夫曰："不谷不德，少主社稷。生十年而丧先君，庄。未及习师保之教训而应受多福，是以不德，而亡师于鄢;败于晋。以辱社稷,为大夫忧,其弘多矣。若以大夫之灵,获保首领以殁于地,唯是春秋窀穸之事,春秋谓祭祀,窀穸谓葬埋。所以从先君于祢庙者,请为‘灵’若‘厉’。大夫择焉。”莫对。及五命,乃许。王卒,子囊谋谥。大夫曰:“君有命矣。”子囊曰:“君命以共,其辞恭。若之何毁之?赫赫楚国,而君临之,抚有蛮夷,奄征南海,以属诸夏,而知其过,可不谓共乎?请谥之‘共’。”大夫从之。

子庚议用师

郑子孔嘉欲去诸大夫,将叛晋而起楚师以云之。使告子庚,楚公子午。子庚弗许。楚子康闻之,使杨豚尹宜告子庚曰:“国人谓不谷主社稷而不出师,死不从礼。生不能奉先君之业,死不得从先君之礼。不谷即位,于今五年,师徒不出,人其以不谷为自逸而忘先君之业矣。大夫图之,其若之何?”子庚叹曰:“君王其谓午子庚名怀安乎!吾以利社稷也。”见使者,稽首而对曰:“诸侯方睦于晋,臣请尝之。若可,君而继之。不可,收师而退,可以无害,君亦无辱。”楚师伐郑,子庚门于纯门,信于城下而还,留两宿。涉于鱼齿山之下。甚雨,楚师多冻,役徒几尽。

【眉批】子庚信乎有见。

子木盛称晋臣

宋公平兼享晋楚之大夫,向戌设弭兵之策,诸大夫皆盟于宋。赵孟武为客,子木屈建与之言,弗能对;使叔向侍言焉,子木亦不能对也。宋公及诸侯之大夫盟于蒙门之外。子木问于赵孟曰:“范武子之德何如?”士会贤,闻于诸侯,故问之。对曰:“夫子之家事治,言于晋国无隐情,其祝史陈信于鬼神无愧辞。”子木归以语王。康。王曰:“尚矣哉!能歆神人,神享其祭,人怀其德。宜其光辅五君文、襄、灵、成、景以为盟主也。”子木又语王曰:“宜晋之伯也,有叔向以佐其卿,楚无以当之,不可与争。”

灵王会诸侯议礼

楚子灵合诸侯于申。椒举言于楚子曰:“臣闻诸侯无归,礼以为归。今君始得诸侯,其慎礼矣。霸之济否,在此会也。夏启有钧台之享,商汤有景亳之命,周武有孟津之誓,成有岐阳之搜,康有酆宫之朝,穆有涂山之会,齐桓有召陵之师,晋文有践土之盟。君其何用?择于此八者。宋向戌、郑公孙侨在,在会所。诸侯之良也,君其选焉。”王曰:“吾用齐桓。”召陵之礼。王使问礼于左师向戌与子产。左师曰:“小国习之,大国用之,敢不荐闻?”献公合诸侯之礼六。子产曰:“小国共职,敢不荐守?”献伯子男会公之礼六。君子谓合,左师善守先代,子产善相小国。

观射父论重、黎

昭王问于观射父,曰:“《周书》所谓‘重、黎实使天地不通’者,何也?若无然,民将能登天乎?”对曰:“非此之谓也。古者民神不杂。民之精爽不携贰者,而又能齐肃衷正,其知能上下比义,其圣能光远宣朗,其明能光照之,其聪能听彻之,如是则明神降之,在男曰觋,在女曰巫。是使制神之处位次主,而为之牲器时服,四时之服。而后使先圣之后之有光烈,而能知山川之号、高祖之主、宗庙之事、昭穆之世、齐敬之勤、礼节之宜、威仪之则、容貌之崇、忠信之质、禋洁之服，而敬恭明神者，以为之祝。使名姓之后，旧族。能知四时之生、牺牲之物、玉帛之类、采服之仪、彝器之量、次主之度、屏摄之位、屏，屏风也。摄，形如今之要扇。皆所以分别尊卑为祭之位。坛场之所、上下之神、氏姓之出，而心率旧典者为之宗。于是乎有天地神民类物之官，谓之五官，各司其序，不相乱也。民是以能有忠信，神是以能有明德，降福不为灾。民神异业，敬而不渎，故神降之嘉生，民以物享，祸灾不至，求用不匮。及少皞之衰也，九黎乱德，民神杂糅，不可方物。方，犹别也。物，名也。夫人作享，家为巫史，无有要质。告誓。民匮于祀，而不知其福。烝享无度，民神同位。民渎齐同盟，无有严威。神狎民则，不蠲洁其为。嘉生不降，无物以享。祸灾荐臻，莫尽其气。颛顼受之，代少皞。乃命南正重司天以属神，命火正黎司地以属民，火当作北。使复旧常，无相侵渎，是谓绝地天通。地民与天神相通之道。其后，三苗复九黎之德，尧复育重、黎之后，不忘旧者，使复典之。羲、和是也。以至于夏商，故重、黎氏世叙天地，而别其分位主者也。其在周，程伯休父其后也，程，国。伯，爵。休父，其名。当宣王时，失其官守，而为司马氏。宠神其祖，以取威于民，曰‘重实上天，黎实下地’。遭世之乱，幽、平以下。而莫之能御也。不然，夫天地成而不变，何比之有？”

观射父论祀

子期祀平王，祭以牛俎于王，致牛俎于昭王。王问于观射父，曰：“祀牲何及？”对曰：“祀加于举。举，人君朔望之盛馔。天子举以大牢，牛、羊、豕。祀以会；三大牢，举四方之贡。诸侯举以特牛，祀以太牢；卿举以少牢，羊、豕。祀以特牛；大夫举以特牲，祀以少牢；士食鱼炙，祀以特牲；庶人食菜，祀以鱼。上下有序，则民不慢。"王曰："其小大何如？"对曰："郊禘不过茧栗，烝尝不过把握。"王曰："何其小也？"对曰："夫神，以精明临民者也，故求备物，体具而精洁者。不求丰大。是以先王之祀也，以一纯、心。二精、玉、帛。三牲、四时、五色、六律、七事、天、地、民、四时之务。八种、八音。九祭、九州助祭。十日、甲至癸。十二辰子至亥以致之，致神。百姓、官受姓者。千品、万官、亿丑，类。兆民经入畡数以奉之，天子之田，九畡以食兆民，王取经入，以食万官也。明德以昭之，孝敬。和声以听之，以告遍至，则无不受休。毛以示物，色。血以告杀，接诚拔取以献具，为齐敬也。接诚于神。拔毛取血，献其备物也。敬不可久，民力不堪，故齐肃以承之。"王曰："刍豢几何？"对曰："远不过三月，近不过浃日。十日。"王曰："祀不可以已乎？"对曰："祀所以昭孝息民、使民蕃息也。抚国家、定百姓也，不可以已。夫民气纵则底，著。底则滞，滞久而不震，惧。生乃不殖。是用不从，不从上令。其生不殖，不可以封。国。是以古者先王日祭、月享、时类、岁祀。诸侯舍日，有月享。卿大夫舍月，有时祭。士庶人舍时。岁乃祀。天子遍祀群神品物，若八蜡所祭猫虎昆虫之类。诸侯祀天地、三辰及其土之山川，祀天地者，谓夏、商之后，统承先王，得郊祀而配以其祖，非他诸侯比。卿大夫祀其礼，五祀及祖所自出。士庶人不过其祖。日月会于龙豵，龙尾。土气含收，地气降。天明昌作，天气升。百嘉备舍，物皆入室。群神频行。欲求食。国于是乎烝尝，家于是乎尝祀，百姓夫妇择其令辰，奉其牺牲，敬其粢盛，洁其粪除，慎其采服，禋其酒醴，帅其子姓，从其时享，虔其宗祝，道其顺辞，以昭祀其先祖，肃肃济济，如或临之。于是乎合其州乡朋友婚姻，比尔兄弟亲戚。于是乎弭其百苛，殄其谗慝，弭，止也。殄，覆也。谓解怨除恨之辞。合其嘉好，结其亲昵，亿安其上下，以申固其姓。上所以教民虔也，下所以昭事上也。天子禘郊之事，必自射其牲，王后必自舂其粢；诸侯宗庙之事，必自射其牛、刲羊、击豕，夫人必自舂其盛。上言粢，下言盛，互文也。况其下之人，其谁敢不战战兢兢，以事百神！天子亲舂禘郊之盛，帅后舂之[①]。王后亲缫其服，自公以下至于庶人，其谁敢不齐肃恭敬致力于神！民所以摄固者也，若之何其舍之也！"

【眉批】洞达祭义，不但能举其词。

王孙圉论楚宝

王孙圉聘于晋，定公飨之，赵简子鞅鸣玉以相，问于王孙圉曰："楚之白珩佩上横者犹在乎？"对曰："然。"简子曰："其为宝也，几何矣。几世。"曰："未尝为宝。楚之所宝者，曰观射父，能作训辞，以行事于诸侯，使无以寡君为口实。毁弄也。又有左史倚相，能道训典，以叙百物，以朝夕献善败于寡君，使寡君无忘先王之业；又能上下说乎鬼神，顺道其欲恶，使神无有怨痛于楚国。又有薮曰云云梦泽连徒洲，连属。金木竹箭之所生也。龟、珠、齿、角、皮、革、羽、毛，所以备赋用，以戒不虞者也。龟备吉凶，珠御火灾，角为弓弩，象齿为弭。皮，虎豹皮也，以为茵鞬。革，犀兕也，以为甲胄。羽，鸟羽，以为旌旄。毛，牛

①之，底本字坏，据任养心本及韦昭注《国语》补。

尾，以注竿首。所以共币帛，以宾享于诸侯者也。若诸侯之好币具，而导之以训辞，有不虞之备，而皇神相之，寡君其可以免罪于诸侯，而国民保焉。此楚国之宝也。若夫白珩，先王之玩也，何宝焉？圉闻国之宝六而已。圣能制议百物，以辅相国家，则宝之；在人。玉足以庇荫嘉谷，使无水旱之灾，则宝之；祭祀用玉。龟足以宪臧否，则宝之；善恶先知。珠足以御火灾，则宝之；金足以御兵乱，则宝之；山林薮泽足以备财用，则宝之。若夫哗嚣之美，楚虽蛮夷，不能宝也。”微刺简子。

【眉批】字字珠玉。

说宝郑重，稠叠可爱。

申包胥论战事

申包胥使于越，越王句践问焉，曰：“吴国为不道，求残我社稷宗庙，以为平原，弗使血食。吾欲与之徼天之衷，唯是车马、兵甲、卒伍既具，无以行之。请问战奚以而可？”包胥辞曰：“不知。”王固问焉，乃对曰：“夫吴，良国也，能博取于诸侯。敢问君王之所以与之战者。”王曰：“在孤之侧者，觞酒、豆肉、箪食，未尝敢不分也。饮食不致味，听乐不尽声，求以报吴。愿以此战。”包胥曰：“善则善矣，未可以战也。”王曰：“越国之中，疾者吾问之，死者吾葬之，老其老，慈其幼，长其孤，问其病，求以报吴。愿以此战。”包胥曰：“善则善矣，未可以战也。”王曰：“越国之中，吾宽民以子之，忠惠以善之。吾修令宽刑，施民所欲，去民所恶，称其善，掩其恶，求以报吴。愿以此战。”包胥曰：“善则善矣，未可以战也。”王曰：“越国之中，富者吾安之，贫者吾予之，救其不足，裁其有馀，使贫富皆利之，求以报吴。愿以此战。”包胥曰：“善则善矣，未可以战也。”王曰：“越国南则楚，西则晋，北则齐，春秋皮币、玉帛、子女以宾服焉，未尝敢绝，求以报吴。愿以此战。”包胥曰：“善哉，蔑以加焉，然犹未可以战也。夫战，知为始，仁次之，勇次之。不知，则不知民之极，无以铨度天下之众寡；不仁，则不能与三军共饥劳之殃；不勇，则不能断疑以发大计。”越王曰：“诺。”

【眉批】越欲报吴，诚可谓切怛勤苦，故包胥屡困其辞虑，而以智仁勇发之，沛然矣。

沈诸梁议选将

白公之乱，太子建之子胜，避祸在吴，楚令尹子西召之，为白公。因作乱，杀子西，而劫惠王，叶公讨平之。陈人恃其聚而侵楚。楚既宁，将取陈麦。楚子惠问帅于大师子谷与叶公诸梁。子谷曰：“右领差车与左史老皆相令尹子西、司马子期以伐陈，其可使也。”子高诸梁字曰：“率贱，民慢之，惧不用命焉。”子谷曰：“观丁父，鄀俘也，楚武王伐鄀所获。武王以为军率，是以克州、蓼，服随、唐，大启群蛮。彭仲爽，申俘也，楚文王克申所获。文王以为令尹，实县申、息，朝陈、蔡，封畛于汝。唯其任也，何贱之有？”子高曰：“天命不谄。疑。令尹有憾于陈，子西伐吴，陈使贞子吊吴，故以此为恨。天若亡之，其必令尹之子是与，子西之子，公孙朝也。君盍舍焉？舍右领与左史。臣惧右领与左史有二俘之贱而无其令德也。”王卜之，武城尹朝吉。使帅师取陈麦。陈人御之，败，遂灭陈。

吴

季札论乐

公子札来聘，始通鲁。请观于周乐。使工为之歌《周南》《召南》。曰："美哉！始基之矣，王化之基。犹未也，以有纣，未洽于天下。然勤而不怨矣。文王忧勤政事。"为之歌《邶》《鄘》《卫》。曰："美哉渊乎！忧而不困者也。卫康叔、武公德化深远，虽遭宣公淫乱，懿公灭亡，民犹秉义也。吾闻卫康叔、武公之德如是，是其《卫风》乎！"为之歌《王》。《黍离》。曰："美哉！思而不惧，其周之东乎！"犹有先王之遗风。为之歌《郑》。曰："美哉！其细已甚，政事烦琐。民弗堪也，是其先亡乎！"为之歌《齐》。曰："美哉！泱泱乎，弘大之声。大风也哉！大国之风。表东海者，其大公乎！国未可量也。"为之歌《豳》。曰："美哉，荡乎！乐而不淫，其周公之东乎！遭流言之变，居东。"为之歌《秦》。曰："此之谓夏声。起自西戎，至秦仲始用诸夏之乐。夫能夏则大，大之至也，其周之旧乎！"秦襄公至周东迁，尽取西周之地，故云。为之歌《魏》。曰："美哉，沨沨乎！中庸之声。大而婉，险而易，险，当作俭。行以德辅此，则明主也。惜其国小无明君。"为之歌《唐》。曰："思深哉！其有陶唐氏之遗民乎！不然，何忧之远也？非令德之后，谁能若是？"为之歌《陈》。曰："国无主，淫声放荡，无复畏忌。其能久乎！"自《郐》以下无讥焉。微也。为之歌《小雅》。曰："美哉！思而不贰，思文、武。怨而不言，怨商、纣。其周德之衰乎！犹有先王之遗民焉。"非周德之小，以有纣馀俗，故未大。为之歌《大雅》。曰："广哉，熙熙乎！曲而有直体，其文王之德乎！"为之歌《颂》。曰："至矣哉！直而不倨，曲而不屈，迩而不逼，谦退。

远而不携，贰。迁而不淫，复而不厌，日新。哀而不愁，知命。乐而不荒，有节。用而不匮，弘大。广而不宣，自显。施而不费，取而不贪，处而不底，守之以道。行而不流。制之以义。五声和，八风平，节有度，克谐。守有序，无夺伦。盛德之所同也。”

见舞《象箾》《南籥》者，曰：“美哉！犹有憾。”恨不及己致大平。见舞《大武》者，曰：“美哉！周之盛也，其若此乎！”见舞《韶濩》者，曰：“圣人之弘也，而犹有惭德，圣人之难也。”难于处变。见舞《大夏》者，曰：“美哉！勤而不德，非禹，其谁能修之？”见舞《韶箾》者，曰：“德至矣哉，大矣！如天之无不帱也，如地之无不载也。虽甚盛德，其蔑以加于此矣。观止矣！若有他乐，吾不敢请已。”杜氏曰：“季子贤明才博，在吴虽已涉见此乐歌之文，然未闻中国雅声，故请作周乐，欲听其声，然后依声以参时政，知其兴衰也。闻《秦》诗，谓之夏声；闻《颂》，曰五声和、八风平，皆论声以参政也。”

【眉批】吴子使季札来聘，公、谷以为贤之，刘、胡、张三子则以为贬，盖谓书法无异，于斗越椒、西乞术故深求其过以论之耳。季札让国之事，诚未易论，但观此论乐与论诸国大夫贤乎不贤乎，岂其熟于考古，昧于从时，明于责人，暗于治己乎？昔人看《春秋》，有且将胡文定说为正者，苏子由教之只读《左传》亦自分晓，此之谓也。

论诗归重于《颂》，论乐归重于《韶》，如百川争流，忽汇溟渤。非季札，固不能以洞达古今；非左氏，又岂能以铺叙曲至！

屈狐庸论季札

吴子夷昧使屈狐庸聘于晋。赵文子武问焉，曰："延州来季子延陵、州来皆季札邑其果立乎？巢陨诸樊，诸樊门于巢，牛臣射杀之。阍戕戴吴，馀祭观舟，阍以刀弑之。天似启之，何如？"对曰："不立。是二王之命也，非启季子也。若天所启，其在今嗣君乎！夷昧。甚德而度。德不失民，度不失事。民亲而事有序，其天启也。有吴国者，必此君之子孙实终之。季子，守节者也，虽有国，三兄传之。不立。"

【眉批】赵武是答，既知民，又知国，又知季子。

越

五大夫议伐吴

越王句践召五大夫，舌庸、苦成、大夫种、范蠡、皋如。曰："吴为不道，来残我社稷宗庙，以为平原，不使血食。吾欲与之徼天之衷，唯是车马、兵甲、卒伍既具，无以行之。吾问于王孙包胥，既命孤矣；楚申包胥聘越，句践亦与论伐吴事而与其可。敢访诸大夫，问战奚以而可？句践愿诸大夫言之，皆以情告，无阿孤，孤将以举大事。"大夫舌庸乃进对曰："审赏则可以战乎？"王曰："圣。"大夫苦成进对曰："审罚则可以战乎？"王曰："猛。"大夫种进对曰："审物旌旗之属则可以战乎？"王曰："辩。"大夫蠡进对曰："审备则可以战乎？"王曰："巧。"大夫皋如进对曰："审声钟鼓进退之声则可以战乎？"王曰："可矣。"于是楚师伐吴。吴人三战三北，遂入吴，灭之。

【眉批】备众谋以战，故胜。

郯

郯子论官

郯子来朝，公昭与之宴。昭子婼问焉，曰："少皞氏鸟名官，何故也？"郯子曰："吾祖也，我知之。昔者黄帝氏以云纪，故为云师而云名；以有云瑞。炎帝氏以火纪，故为火师而火名；以有火瑞。共工氏以水纪，故为水师而水名；以有水瑞。大皞氏以龙纪，故为龙师而龙名。以有龙瑞。我高祖少皞挚之立也，挚名。凤鸟适至，故纪于鸟，为鸟师而鸟名。凤鸟氏，历正也；知天时。玄鸟氏，司分者也；燕以春分来，秋分去。伯赵氏，司至者也；伯劳以夏至鸣，冬至止。青鸟氏，司启者也；鸧鷃以立春鸣，立夏止。丹鸟氏，司闭者也。鷩雉以立秋来，立冬去。祝鸠氏，司徒也；性孝。雎鸠氏，司马也；挚而有别。鸤鸠氏，司空也。心平。爽鸠氏，司寇也；鹰性猛。鹘鸠氏，司事也。雕春来冬去。五鸠，鸠聚民者也。五雉为五工正，西方曰鷷雉，东方曰鶅雉，南方曰翟雉，北方曰鵗雉，伊洛之南曰翚雉。五工：曰攻木、曰抟埴、曰攻金、曰攻皮、曰设色之工也。利器用，正度量，夷平民者也。九扈为九农正，春扈鳻鶞，夏扈窃玄，秋扈窃蓝，冬扈窃黄，棘扈窃丹，行扈唶唶，宵扈啧啧，桑扈窃脂，老扈鷃鷃。九农：曰趣耕、曰趣耘、曰趣收、曰趣藏、曰为果驱鸟、曰昼为民驱鸟、曰夜为农驱兽、曰为蚕驱雀、曰趣民收麦也。扈民无淫者也。自颛顼以来，不能纪远，乃纪于近。为民师而命以民事，则不能故也。不能致远瑞。"仲尼闻之，见于郯子而学之。既而告人曰："吾闻之：'天子失官，不修职。学在四夷。'，犹信。"

【眉批】学无常师，仲尼且然。"天子失官，学在四夷。"感怆深矣！孔子欲居九夷，而言"夷狄之有君，不如诸夏之无"，于此印证，更见悼世之心。

左粹类纂　卷之六

吴郡施仁　编集

如皋孙应鳌　批点

赋　诗

古有礼会,因诗以见志,春秋时犹有存者。诸国中惟鲁、晋、郑为尤盛,风流文雅,萃于一时,岂亦有音谱相传耶?有能有不能,学与不学耳。不然,何《六月》之赋、《大明》之赋,秦、楚能之,而庆、华,齐、宋世家,反不知《相鼠》《蓼萧》之谓何也?噫!后之华、庆亦多矣!

鲁

庄叔乐晋飨礼

公文如晋。晋侯襄飨公,赋《菁菁者莪》。《小雅》篇,取其"既见君子,乐且有仪"之意也。庄叔叔孙得臣以公降,拜,曰:"小国受命于大国,敢不慎仪?君贶之以大礼,何乐如之?抑小国之乐,大国之惠也。"晋侯降,辞。登,成拜。公赋《嘉乐》。《大雅》篇,取其"显显令德,宜民宜人"之意也。

穆姜拜勤季文子

季文子行父如宋致女,礼:女嫁三月,父母使人安之。鲁伯姬为宋共夫人故。复命，公成享之。赋《韩奕》之五章。《大雅》篇，以喻鲁侯有蹶父之德，宋公如韩侯，宋士如韩乐。穆姜伯姬母出于房，再拜，曰："大夫勤辱，不忘先君，以及嗣君，施及未亡人，妇人夫死，自称未亡人。先君犹有望也。敢拜大夫之重勤。"又赋《绿衣》之卒章而入。《绿衣》，《邶风》也，取其"我思古人，实获我心"，喻文子得己意。

穆叔重拜鹿鸣

穆叔叔孙豹如晋，报知武子荀罃之聘也。晋侯悼享之，金奏《肆夏》之三，《周礼》："以钟鼓奏《九夏》。"其二曰《肆夏》，三曰《韶夏》，四曰《纳夏》，盖击钟而奏此三夏曲。不拜。工歌《文王》之三，《文王》，《大雅》之首，二曰《大明》，三曰《绵》。又不拜。歌《鹿鸣》之三，《鹿鸣》，《小雅》之首，二曰《四牡》，三曰《皇皇者华》。三拜。韩献子厥使行人子员问之曰："子以君命辱于敝邑，先君之礼，藉荐之以乐，以辱吾子。吾子舍其大，而重拜其细。敢问何礼也？"对曰："《三夏》，天子所以享元侯也，使臣弗敢与闻。《文王》，两君相见之乐也，臣不敢及。《鹿鸣》，君所以嘉寡君也，敢不拜嘉？《四牡》，君所以劳使臣也，敢不重拜？《皇皇者华》，君教使臣曰：'必谘于周。'忠信为周。臣闻之：'访问于善为咨，咨亲为询，咨礼为度，咨事为诹，咨难为谋。'说《诗》咨诹、咨谋、咨度、咨询之义。臣获五善，敢不重拜？"

【眉批】所以自处，与所以教人，一一合礼，可谓使矣。

季武子承晋征命

晋范宣子士丐来聘，告将用师于郑。征兵。公襄享之。

宣子赋《摽有梅》。《召南》篇，欲鲁及时同讨郑也。季武子宿曰："谁敢哉？敢不从命？今譬于草木，寡君在君，君之臭味也。言同类。欢以承命，何时之有？迟速唯命。"武子赋《角弓》。《小雅》篇，取其兄弟婚姻，无相远之意。宾将出，武子赋《彤弓》。《小雅》篇，欲使晋悼继文之业，复受彤弓于王。宣子曰："城濮之役，楚围宋，晋救之，战于城濮。我先君文公献功于衡雍，受彤弓于襄王，以为子孙藏。丐也，先君守官之嗣也，敢不承命？"君子以为知礼。

穆叔从晋师济泾

诸侯伐秦，晋悼公伐郑，秦人伐晋以救之，故晋使六卿帅诸侯之大夫伐秦。及泾，莫济。晋叔向见叔孙穆子豹曰："诸侯谓秦不共而讨之，及泾而止，于秦何益？"穆子曰："豹之业，及《匏有苦叶》矣。《邶风》，其诗曰：'济有深浅，深则厉，浅则揭。'《传》曰：'穆子赋《匏有苦叶》。'不知其它。言必济。"叔向退，召舟虞掌舟者与司马掌兵者，曰："夫苦匏不材于人，言不可食。共济而已。可以渡水。鲁叔孙赋《匏有苦叶》，必将涉矣。具舟除隧，不共有法。"是行也，鲁人以莒人先济，诸侯从之。

穆叔求援于晋

穆叔如晋聘，且言齐故。齐再伐鲁。晋人曰："以寡君之未禘祀，禘，三年丧毕之吉祭。时平公新立末三年也。与民之未息，新伐许及楚。不然，不敢忘。不救鲁。"穆叔曰："以齐人之朝夕释憾于敝邑之地，是以大请。请于晋。敝邑之急，朝不及夕，引领西望曰：'庶几乎！'比执事之间，欲及间暇之时。恐无及也。"见中行献子荀偃，赋《圻父》。《小雅》篇，诗人责圻父为王爪牙，使百姓受困，无所止，盖以讽偃也。献子曰："偃知罪矣，敢不从执事，以同恤社稷，而使鲁及此！"见范宣子士丐，赋《鸿雁》之卒章。《小雅》篇，谓鲁国忧困，嗷嗷然如鸿雁之失所。宣子曰："丐在此，敢使鲁无鸠乎！"鸠，集也。

季武子如晋拜师

季武子如晋拜师，晋为鲁伐齐，故宿往谢之。晋侯平享之。范宣子为政，赋《黍苗》。《小雅》，喻晋忧鲁，犹夫召公也。季武子兴，再拜稽首，曰："小国之仰大国也，如百谷之仰膏雨焉。若常膏之，其天下辑睦，岂惟敝邑？"赋《六月》。亦《小雅》，以晋悼公比①吉甫之匡王国。

季武子聘宋

季武子宿如宋，报向戌之聘也。褚师段逆之以受享，赋《棠棣》之七章以卒。谓尽八章，以见二国相安，亲如兄弟。宋人重贿之。归，复命，公襄享之，赋《鱼丽》之卒章。《小雅》篇，武子赋此，喻聘宋得其时。公赋《南山有台》。《小雅》篇，喻武子奉使，为邦家之光。武子去所，避席。曰："臣不堪也。"

穆叔刺齐庆封

齐庆封来聘，叔孙豹与庆封食，不敬。为赋《相鼠》，《鄘风》，取其"人而无仪，不死何为"。亦不知也。来奔。以卢蒲癸乱故。叔孙穆子豹食庆封，庆封汜祭。《礼》：食有祭，示有所先也。汜祭远散，所祭不共。穆子不说，使工为之诵《茅鸱》，逸诗，刺不敬。亦

①比，原作"此"，误，据任养心本改。

不知。既而齐人来让，奔吴，居之朱方。楚灵王以诸侯伐吴，执庆封，杀之。

【眉批】□得简明。

穆叔讥宋华定

宋华定来聘，通嗣君也。元公新立。享之，为赋《蓼萧》，《小雅》，义取"燕笑语兮，是以有誉处兮"，乐与华定燕语也。又曰"既见君子，为龙为光"，欲以宠光宾也。又曰"宜兄宜弟，令德寿岂"，言宾有令德，可以寿乐也。又曰"和鸾雝雝，万福攸同"，言欲与宾同福禄也。弗知，又不答赋。昭子叔孙舍曰："必亡。宴语之不怀，宠光之不宣，令德之不知，同福之不受，将何以在？"言不久在位。越八年，与华亥、向宁谋作乱，元公攻之，以南里叛，奔楚。

敬姜飨宗老

公父文伯歜之母欲室文伯，飨其宗老，而为赋《绿衣》之三章。《邶风》。其三章曰"我思古人，实获我心"，以言古之贤人，正其室家之道，我心所善也。老请守龟卜室之族。师亥闻之曰："善哉！男女之飨，不及宗臣；宗室之谋，不过宗人。谋而不犯，不犯礼。微而昭矣。赋诗之意。诗所以合意，歌所以咏诗也。今诗以合室，歌以咏之，度于法矣。"

【眉批】文伯之母，文雅如此，知礼如此，孔子称其不淫，表妇德也。

晋

子余善答秦赋

秦伯穆将飨公子重耳，公子使子犯狐偃从。子犯曰："吾不如衰赵衰之文也，请使衰从。”乃使子馀衰字从。秦伯飨公子，如飨国君之礼，子馀相如宾。卒事，秦伯谓其大夫曰：“为礼而不终，耻也。言此为明日将复燕。中不胜貌，情貌相违。耻也。华而不实，耻也。不度而施，不度力而施德。耻也。施而不济，耻也。耻门不闭，不可以封国。非此，用师则无所矣。二三子敬乎！”

明日燕，秦伯赋《采菽》，《小雅》篇，王赐诸侯命服之乐也。子馀使公子降拜。秦伯降辞。子馀曰：“君以天子之命服命重耳，重耳敢有安志，敢不降拜？”成拜卒登，子馀使公子赋《黍苗》。《小雅》篇，言召伯述职，劳来诸侯也。子馀曰：“重耳之仰君也，若黍苗之仰阴雨也。若君实庇荫膏泽之，使能成嘉谷，荐在宗庙，君之力也。君若昭先君之荣，东行济河，整师以复强周室，重耳之望也。重耳若获集德而归载祀，使主晋民，成封国，其何实不从。君若恣志以用重耳，四方诸侯，其谁不惕惕以从君命！”秦伯叹曰：“是子将有焉，岂专在寡人乎！”秦伯赋《鸠飞》，《小雅》，言念晋先君及穆姬不寐，以思安集晋之君臣也。公子赋《河水》，逸诗也，取“朝宗于海”，以尊秦也。秦伯赋《六月》，《小雅》篇，言尹吉甫佐宣王北伐，以喻重耳归晋，以能佐天子也。子馀使公子降拜。秦伯降辞。子馀曰：“君称所以佐天子匡王国者以命重耳，重耳敢有惰心，敢不从德？”

【眉批】古人忘己，不分彼我，各出所能，以事其主。如重耳使狐偃，而自谓不如赵衰之文，要以共成其主之美耳。卒之竟秦之宴，答不失辞，动不失礼，岂惟衰与重耳，虽偃与有荣焉。

齐、郑求释卫侯

卫侯献如晋，晋人执之。为孙林父屡诉卫伐之故。齐侯景、郑伯简为卫侯故如晋，晋侯平兼享之。晋侯赋《嘉乐》。《大雅》篇，取"显显令德，宜民宜人"。国景子弱相齐侯，赋《蓼萧》。《小雅》篇，言太平泽及远，若露之在萧，以喻晋君恩泽及诸侯。子展相郑伯，赋《缁衣》。《郑风》，取"适子之馆兮，还予授子之粲兮"，言不敢违远于晋。叔向命晋侯拜二君，曰："寡君敢拜齐君之安我先君之宗祧也，敢拜郑君之不贰也。"国子使晏平仲私于叔向曰："晋君宣其明德于诸侯，恤其患而补其阙，正其违而治其烦，所以为盟主也。今为臣执君，若之何？"叔向告赵文子武，文子以告晋侯。晋侯言卫侯之罪，以杀晋戍三百人。使叔向告二君。国子赋《辔之柔矣》，逸诗，取宽政以安诸侯，若柔辔之御刚马。子展赋《将仲子兮》，《郑风》，义取众言可畏。晋侯乃许归卫侯。

【眉批】国子、子展先之所赋，以歆其心；后之所赋，以明其义，故晋侯拜于先而归卫侯于后也。

文法。按，"敢拜"二句。

叔向称楚薳罢

楚薳罢如晋莅盟，晋侯平享之。将出，赋《既醉》。《大雅》篇，比晋侯于太平君子。叔向曰："薳氏之有后于楚国也，宜哉！承君命，不忘敏。子荡罢字将知政矣。敏以事君，必能养民，政其焉往？"

韩宣子历聘

晋侯平使韩宣子起来聘。观书于大史氏，见《易》《象》

与《鲁春秋》，曰："周礼尽在鲁矣，吾乃今知周公之德与周之所以王也。"公昭享之，季武子宿赋《绵》之卒章。《大雅》篇，以晋侯比文王，以韩子比四臣。韩子赋《角弓》。《小雅》篇，言兄弟之国宜相亲。季武子拜，曰："敢拜子之弥缝敝邑，寡君有望矣。"武子赋《节》之卒章。《小雅》篇，言晋德可以蓄万邦。既享，宴于季氏。有嘉树焉，宣子誉之。武子曰："宿敢不封殖此树，以无忘《角弓》。"遂赋《甘棠》。《召南》，盖以宣子比召公。宣子曰："起不堪也，无以及召公。"

宣子遂如齐纳币。为平公聘少姜。见子雅。子雅召子旗雅之子，使见宣子。宣子曰："非保家之主也，不臣。志气骄亢。"见子尾。子尾见强，尾之子，使见宣子。宣子谓之如子旗。亦不臣。大夫多笑之，唯晏子信之，曰："夫子，君子也。君子有信，其有以知之矣。"

自齐聘于卫，卫侯襄享之。北宫文子赋《淇澳》，《卫风》，比宣子于武公。宣子赋《木瓜》。《卫风》，义取欲厚报以为好。

卫

宁武子不轻答赋

宁武子俞来聘鲁，公文与之宴，为赋《湛露》及《彤弓》。皆《小雅》篇。不辞，又不答赋。鲁失所赋，辞之，则彰其失；答之，则当其宠。使行人私焉。对曰："臣以为肄业及之也。佯言以为乐工①所习，偶及此，初不为我也。昔诸侯朝正于王，王宴乐之，于是乎赋

①工，原作"王"。按，《春秋左传注疏》作"臣以为工人自习诗，业以及此篇，非谓歌之以为己也"。据改。

《湛露》，则天子当阳，诸侯用命也。诸侯敌王所忾，而献其功，王于是乎赐之彤弓一、彤矢百、玈弓矢千，以觉明报宴。今陪臣来继旧好，君辱贶之，其敢干大礼以自取戾？”

【眉批】善于辞礼。

郑

七子赋诗观志

郑伯简享赵孟武于垂陇，子展、伯有、子西、子产、子大叔、二子石从。赵孟曰：“七子从君，以宠武也。请皆赋，以卒君贶，武亦以观七子之志。”子展赋《草虫》，《召南》篇，谓赵孟为君子。赵孟曰：“善哉，民之主也！抑武也不足以当之。”伯有赋《鹑之贲贲》，《鄘风》，义取“人之无良，我以为兄，我以为君”也。赵孟曰：“床笫簀之言不逾阈，况在野乎？非使人之所得闻也。以其淫乱。”子西赋《黍苗》之四章，比赵孟于召伯。赵孟曰：“寡君在，武何能焉？”子产赋《隰桑》，《小雅》篇，义取思见君子，尽心以事之。赵孟曰：“武请受其卒章。欲子产之规诲。”子大叔赋《野有蔓草》，《郑风》，取其邂逅适愿。赵孟曰：“吾子之惠也。”印段赋《蟋蟀》，《唐风》，取“好乐无荒，良士瞿瞿”，顾礼仪也。赵孟曰：“善哉，保家之主也！吾有望矣。”公孙段赋《桑扈》，《小雅》篇，取君子有礼文，故能“受天之祜”。赵孟曰：“‘匪交匪敖’，福将焉往？《桑扈》卒章。若保是言也，欲辞福禄，得乎？”

卒享，文子告叔向曰：“伯有将为戮矣。诗以言志，志诬其上而公怨之，郑伯未有淫乱之实，而伯有赋鹑奔以诬之。以为宾荣，赵孟倡赋诗以自宠，故云。其能久乎？幸而后亡。”叔向曰：

"然,已侈,所谓不及五稔者,越五年,伯有为子晳、驷带所杀。夫子之谓矣。"文子曰:"其馀皆数世之主也。子展其后亡者也,在上不忘降。谓赋《草虫》,曰'我心则降'。印氏其次也,乐而不荒。谓赋《蟋蟀》,曰'好乐无荒'。乐以安民,不淫以使之,后亡,不亦可乎!"

简公飨使臣

赵孟、叔孙豹、曹大夫入于郑,郑伯简兼享之。子皮戒赵孟,戒享期。礼终,赵孟赋《瓠叶》。《小雅》,义取古人不以微薄废礼。子皮遂戒穆叔豹,且告之。穆叔曰:"赵孟欲一献,子其从之。"子皮曰:"敢乎?"穆叔曰:"夫人之所欲也,又何不敢?"及享,具五献之笾豆于幕下。朝聘之制,大国之卿五献。赵孟辞,以非聘。私于子产曰:"武请于冢宰矣。"谓赋《瓠叶》。乃用一献。赵孟为客。礼终乃宴。卿会公侯,享宴皆折俎,不体荐。穆叔赋《鹊巢》,《召南》,言鹊有巢而鸠居,喻晋有国而赵孟治之。赵孟曰:"武不堪也。"又赋《采蘩》,《召南》,义取薄物可以荐公侯,享其信也。曰:"小国为蘩,大国省穑爱而用之,其何实非命?从命。"子皮赋《野有死麕》之卒章,《召南》,以喻赵孟以义抚诸侯,无以非礼相加。赵孟赋《棠棣》,《小雅》,言欲亲兄弟之国。且曰:"吾兄弟比以安,尨也可使无吠。"受子皮之诗。穆叔、子皮及曹大夫兴,拜,举兕爵,兕爵,所以罚不敬,举此以免罚为义。曰:"小国赖子,知免于戾矣。"

六卿饯晋韩宣子

郑六卿饯宣子于郊。晋韩起聘郑归。宣子曰:"二三君子请皆赋,起亦以知郑志。"子齹赋《野有蔓草》。取邂逅适愿。

宣子曰："孺子善哉！吾有望矣。"子产赋郑之《羔裘》。取其"舍命不渝""邦之司直"，以美宣子。宣子曰："起不堪也。"子大叔赋《褰裳》。言宣子思己，将有褰裳之志；如不我思，亦岂无他人？宣子曰："起在此，敢勤子至于他人乎？"子大叔拜。宣子曰："善哉，子之言是！不有是事，相警戒。其能终乎？"子游赋《风雨》。取其"既见君子，云胡不夷"。子旗赋《有女同车》。取其"询美且都"，爱乐宣子之志。子柳赋《箨兮》。取其"倡予和女"，言宣子倡，己将和从之。宣子喜，曰："郑其庶乎！二三君子以君命贶起，赋不出郑志，六诗皆《郑风》。皆昵燕好也。二三君子，数世之主也，可以无惧矣。"宣子皆献马焉，而赋《我将》。《周颂》，以言志在靖乱，畏惧天威。子产拜，使五卿皆拜，曰："吾子靖乱，敢不拜德！"按，虢之会，楚围赋《大明》以自光大，赵孟赋《小宛》以戒之，具十一卷。叔向料楚围向之会，戎子以晋信谗而赋《青蝇》，具四卷，戎子不屈于晋。申包胥之乞秦师也，哀公为之赋《无衣》，以示同仇，具四卷。申包胥乞秦师如此类者皆不复赘，其他寂寥短章者，亦多不录。

盟载

盟，夏未之前闻也，自周有之。世道降矣，且春秋之盟亦烦矣，而其载不尽传常也。今读其仅存者，一则曰："有渝此盟，明神殛之！"二则曰："或间兹命，明神殛之！"何人不自信而相惧以神哉！人心佻矣。於戏！君臣而两猜焉，夷夏而狎主焉，兄弟而恫疑恐喝焉。此岂细故而可习为常哉！是故经世者欲变周制。

周

王子虎盟诸侯于践土

晋作王宫于践土，晋文公败楚于城濮，襄王下劳，故作宫。献楚俘于王。王命尹氏及王子虎、内史叔兴父策命晋侯为侯伯。王子虎盟诸侯于王庭，要言曰：按祝佗语苌弘曰："践土之盟载书云：'王若曰：晋重、鲁申、卫武、蔡甲午、郑捷、齐潘、宋王臣、莒期。'""皆奖王室，无相害也！有渝此盟，明神殛之，俾队其师众，无克祚国，及其玄孙，无有老幼。"

【眉批】晋文攘楚，不朝于京师，献楚俘以警众，乃坐使天子下临主盟，进位侯伯，后世胁天子以取九锡者，事岂有殊？

鲁

季武子盟臧孙纥斩关

孟孙恶臧孙。仲孙速与臧孙纥不相得。孟孙卒。少子羯立。孟氏闭门，告于季孙宿曰："臧氏将为乱，不使我葬。"季孙不信。臧孙闻之，戒。为兵备。孟氏将辟，穿藏。藉除于臧氏。借人以治葬道。臧孙使正夫遂正为兵备助之，除于东门，甲从己而视之。臧纥畏孟氏，以甲士从往视作者。孟氏又告季孙。季孙怒，命攻臧氏。臧纥斩鹿门之关以奔邾。

自邾如防，私邑。使来告曰："纥非能害也，知不足也。谓使甲从。非敢私请。言为先人。苟守先祀，无废二勋，文仲、宣叔。敢不辟邑！避去。"乃立臧为。以后臧氏。臧纥致防而奔齐。其人从者曰："其盟我乎？"盟诸大夫以为戒。臧孙曰："无辞。”将盟臧氏，季孙召外史掌恶臣凡国亡臣，外史掌之而问盟首焉。对曰：“盟东门氏也，曰‘毋或如东门遂不听公命，杀嫡立庶。文公命立公子恶，仲逐杀之，立宣公接。’盟叔孙氏也，曰‘毋或如叔孙侨如欲废国常，荡覆公室。谮成公与季孙行父于晋，晋辞公于平丘，执行父于苕丘。’”季孙曰：“臧孙之罪皆不及此。”孟椒曰：“盍以其犯门斩关？”季孙用之，乃盟臧氏，曰：“毋或如臧孙纥干国之纪，犯门斩关！”臧孙闻之，曰：“国有人焉，谁居？其孟椒乎！”

臧昭伯盟从昭公者

公孙于齐，昭公伐季孙意如，不胜而奔。次于阳州。臧昭伯率从者将盟，载书曰：“戮力壹心，好恶同之。信罪之有无，以明处者有罪，从者无罪。缱绻从公，无通外内！外言不入，内言不出。”以公命示子家子。羁。子家子曰：“如此，吾不可以盟。羁也不佞，才。不能与二三子同心，而以为皆有罪。从者陷君，留者逐君。或欲通外内，求解者。且欲去君。伪负罪以奔。二三子好亡而恶定，焉可同也？陷君于难，罪孰大焉？通外内而去君，君将速入，弗通何为？而何守焉？”乃不与盟。

孔子抗齐人盟

公会齐侯于夹谷。鲁及齐平，齐景公欲以莱兵劫鲁定公，孔子相礼，奉公退而却莱兵。将盟，微者共终盟事。齐人加于载书曰：“齐师出竟而不以甲车三百乘从我者，有如此盟！”孔丘使兹无还大夫揖对曰：“而不反我汶阳之田，吾以共命者，亦如之！”

晋

士燮盟楚于宋

宋华元合晋楚之成。晋楚频年争郑。汜之役，晋获楚钟仪，既而归之，使求成。楚使公子辰请之。晋使籴茷报之。宋华元与晋栾书、楚公子婴齐相善，闻晋楚修成，遂如两国以合成。晋士燮会楚公子罢、许偃，盟于宋西门之外，曰："凡晋楚无相加戎，好恶同之，享其利，任其患。同恤灾危，备救凶患。若有害楚，则晋伐之；在晋，楚亦如之。交贽往来，道路无壅；谋其不协，而讨不庭。有渝此盟，明神殛之，俾队其师，无克胙国。"郑伯成如晋听成。

晋、郑同盟于戏

诸侯伐郑。郑从楚，晋悼公合诸侯伐之。郑人行成，同盟于戏。用荀罃谋。将盟，郑六卿，公子騑、公子发、公子嘉、公子辄、公孙虿、公孙舍之及其大夫、门子，卿之嫡。皆从郑伯简。晋士庄子弱为载书，曰："自今日既盟之后，郑国而不唯晋命是听，而或有异志者，有如此盟！"公子騑趋进曰："天祸郑国，使介居二大国之间，大国不加德音，而乱以要之，恃兵力。使其鬼神不获歆其禋祀，其民人不获享其土利，夫妇辛苦垫隘，无所厎告。自今日既盟之后，郑国而不唯有礼与强可以庇民者是从，而敢有异志者亦如之！"荀偃曰："改载书！"公孙舍之曰："昭大神要言焉。若可改也，大国亦可叛也。"知武子荀罃谓献子偃曰："我实不德，而要人以盟，岂礼也哉？非礼，何以主盟？姑盟而退，修德息师而来，终必获郑，何必今日？我之不德，民将弃我，岂唯郑？若能休和，远人将至，何恃于郑？”乃盟而还。

【眉批】武子之言，似知自反者。

晋、郑同盟于亳

诸侯伐郑，晋悼公再驾之师。郑人行成，同盟于亳。载书曰：“凡我同盟，毋蕴年，毋壅利，毋保奸，毋留慝，救灾患，恤祸乱，同好恶，奖王室。或间兹命，司慎、司盟，天神。名山、名川，群神、群祀，在祀典者。先王、如宋祖帝乙、郑祖厉王之类。先公，始封君。七姓十二国之祖，晋、鲁、卫、郑、曹、滕，姬姓；邾、小邾，曹姓；宋，子姓；齐，姜姓；莒，己姓；杞，姒姓；薛，任姓。实十三国。明神殛之，俾失其民，队命亡氏，踣其国家。”

卫

宁武子盟卫人于宛濮

晋人复卫侯。晋文公伐卫，卫成公请盟，弗许。卫人出君于襄牛以说于晋，遂奔楚，至是听其归。宁武子俞与卫人盟于宛濮曰：“天祸卫国，君臣不协，成公欲与楚，国人不欲，故不和。以及此忧也。谓出君。今天诱其衷，使皆降心以相从也。不有居者，谁守社稷？不有行者，谁扞牧圉？不协之故，恐居者、行者有不相和。用昭乞盟于尔大神，以诱天衷。自今日以往，既盟之后，行者无保其力，居者无惧其罪。有渝此盟，以相及也。明神先君，是纠是殛。”国人闻此盟也，而后不贰。

齐

晏子易庆封载书

灵公生景公，崔杼立而相之，弑庄公，立其弟景公。庆封为左相，盟国人于大宫，大公庙。曰："所不与崔、庆者。"晏子仰天叹曰：读书未终，而晏子易其辞。"婴所不唯忠于君、利社稷者是与，有如上帝！"乃歃。按，清丘之盟曰："恤病讨贰。"溴梁之盟曰："同讨不庭。"亦有誓辞，如重耳及河，曰："所不与舅氏者，有如白水。"秦康公归士会，曰："所不归尔帑者，有如河。"士丐抚荀偃尸，曰："所不嗣事于齐者，有如河。"此类约辞悉不录。

谣　诵

康衢有谣，击壤有歌，唐之世则然也。是故风，听胪言于市，问谤誉于路，省方者唯此之务焉。骊山舆尸，自檿箕也；乾侯客死，应鸜鹆也。彼童子何知？而如响一至此哉！夫民亦可畏矣！天之视听在民，亦征矣。然则城濮之谣，不惜听之；泽门之谤，务为分之者，其知此也夫！

周

檿弧箕服谣

宣王之时，有童谣曰："檿弧箕服，山桑曰檿。弧，弓也。箕，木名。服，矢房也。实亡周国。"于是宣王闻之，有夫妇鬻是器者，王使执而戮之。夏之衰也，褒人之神，化为二龙，以同于王庭，共处也。而言曰："余，褒之二君也。"夏后卜杀之，与去之，与止之，莫吉。卜请其漦沫而藏之，吉。乃布币焉，而策告之，龙亡而漦在，椟而藏之。殷周莫之发也。及厉王之末，发而观之，漦流于庭，不可除也。王使妇人不帏裳正幅曰帷而噪之，化为玄鼋，以入于王府。府之童妾未既齓毁齿未尽而遭之，既笄而孕，当宣王而生。不夫而育，故惧而弃之。为弧服者方戮在路，夫妇哀其夜号也而取之，以逃于褒。褒人褒姁有狱，而以入于王幽，王遂置之赦，而嬖是女也，使为后而生伯服。王欲杀太子宜咎，申后所生以成伯服。伯服立，太子宜咎奔申。求之申，申人弗畀。王伐申，申、缯缯，申之与国与西戎会以伐周。杀幽王于骊山下。

鲁

朱儒诵

邾人、莒人伐鄫，臧纥救鄫，败于狐骀。地。国人诵之曰："臧之狐裘，时衣狐裘。败我于狐骀。我君小子，谓襄公幼弱。朱儒是使。纥短小，故号朱儒。朱儒朱儒，使我败于邾。"

费人歌

南蒯之将叛也，其乡人或知之，过之而叹，且言曰："恤恤乎，忧患貌。湫乎愁隘貌攸乎悬危貌！深思而浅谋，迩身而远志，家臣而君图，有人矣哉！"将适费，饮乡人酒。乡人或歌之曰："我有圃，生之杞乎！非其宜。从我者子乎，谓不失美称。去我者鄙乎，谓为人所鄙。倍其邻者耻乎！谓叛亲必辱。已乎已乎！非吾党之士乎！"

【眉批】古雅。

鸜鹆谣

昭公二十五年，有鸜鹆来巢。师己曰："异哉！吾闻文、武之世，童谣有之曰：'鸜之鹆之，公出辱之。谓昭公失国。鸜鹆之羽，公在外野，往馈之马。意如每岁买马馈之。鸜鹆跦跦，跳行貌。公在乾侯，征褰与襦。每岁归从者之衣屦。鸜鹆之巢，远哉遥遥，裯父丧劳，谓昭公客死。裯，昭公名。宋父以骄。谓定公代立。宋，定公名。鸜鹆鸜鹆，往歌来哭。生出死还。'童谣有是。今鸜鹆来巢，其将及乎！"公伐季氏，是岁秋。叔孙氏司马鬷戾、孟氏懿子伐公徒。公孙于齐。齐景公为取郓居之，凡四年。公如晋，在乾侯，凡三年。平子如意每岁贾马，具从者之衣屦而归之。公薨于乾侯，公子宋即位。

晋

取虢谣

晋侯献围上阳虢都。问于卜偃曰："吾其济乎？"对曰："克之。"公曰："何时？"对曰："童谣云：'丙之晨，朔旦。龙尾伏辰；日月会于尾，故尾星不见。均服振振，戎事，上下同服。振振，盛貌。取虢之旂。鹑之贲贲，火星见于南方，其状贲贲然。天策焞焞，天策，傅说星也。近日，星微，故无光。火中成军，鹑火正中，军有成功。虢公其奔。'已上皆谣言。其九月十月之交乎！谓夏正。丙子旦，日在尾，月在策，鹑火中，必是时也。"冬十二月丙子朔，时献公二十二年。灭虢。虢公丑奔京师。

背赂诵

惠公入而背外内之赂。惠公夷吾求纳，许秦以河外列城五，许里克以汾阳之田百万，许丕郑以负葵之田七十万。及即位，皆背之。舆人诵之曰："佞之见佞，果丧其田。谓里、丕之于公。诈之见诈，果丧其赂。谓秦之于晋。得国而狃忕，终逢其咎。谓惠公。丧田不惩，祸乱其兴。谓丕郑复欲与秦共纳重耳。"既里、丕死，为惠公所杀。公陨于韩。战于韩原，为秦所获。郭偃曰："善哉！夫众口，祸福之门也。是以君子省众而动，监戒而谋，谋度而行，故无不济。内谋外度，考省不倦，日考而习，省察而习行之。戒备毕矣。"

【眉批】匹夫崇贿，尚灾其身，安有惠公而不败者？舆人诵词，奥古洞达。

改葬共世子诵

惠公即位，出共世子申生而改葬之，臭达于外。惠公烝于献公夫人贾君，故申生臭达于外，不欲为无礼者所葬也。国人诵之曰："贞之无报也。贞，正也。谓惠公欲以臣礼改葬共世子而不获吉报也。孰是人斯，而有是臭也？言谁使世子有如此之臭？盖指惠公致之也。贞为不听，以正葬之不见听也。信为不诚。信心行之不见诚也。国斯无刑，偷居幸生。不更厥贞，大命其倾。威兮怀兮，畏惠公，思文公。各聚尔有，所有。以待所归兮。猗兮违兮，心之哀兮。言民心欲去，安土重迁，故哀之。岁之二七，其靡有微兮。言十四岁后。无有微者亦亡，谓怀公圉也。秦纳文公，使杀怀公于高梁。若翟公子，吾是之依兮。重耳时在翟，故云翟公子。镇抚国家，为王妃兮。当为霸，与王对。"郭偃曰："甚哉，善之难也！君改葬共君以为荣也，而恶滋章。夫人美于中，必播于外，而越于民，民实戴之；恶亦如之。故行不可不慎也，必或知之。善恶必为人所知。十四年，君之冢嗣其替乎？其数二七告于民矣。公子重耳其入乎？其魄形兆于民矣。若入，必伯诸侯以见天子，其光耿于民矣。数，言之纪也。魄，意之术也。光，明之曜也。纪言以叙之，述意以导之，明曜以昭之。不至何待？欲先导者行乎？将至矣！”

【眉批】重耳为国人所戴如此。

城濮舆人诵

晋侯文次于城濮。将与楚战。楚师背酅而舍。负险。晋侯患之。听舆人之诵曰：“原田每每，喻晋君美盛，若原田之草每每然。舍其旧而新是谋。可建新功，不足以念楚之旧惠。盖以文公退三舍以报之，故云。”公疑焉。疑众背之。子犯曰：“战也！战而捷，必得诸侯。若其不捷，表里山河，必无害也。”及战，果败楚师，食其谷三日。

郑

舆人子产诵

子产从政一年，舆人诵之曰：“取我衣冠而褚之，褚，藏也。奢侈者畏法，故云。取我田畴而伍之。兼并者失志，故云。孰杀子产，吾其与之！助之。”及三年，又诵之曰：“我有子弟，子产诲之；我有田畴，子产殖之。子产而死，谁其嗣之？”代政。

【眉批】以子产为政，尚致颂于三年之后，后人欲速不达，又何尤也！以子产为政，尚致怨于一年之前，后人轻才数易，又何尤也！

宋

城者讴

宋城，华元为植，主事。巡功。城者讴曰："睅其目，皤其腹，谓华元目大腹大。弃甲而复。谓元与郑战大棘，见获而逃归。于思于思，谓华元多髯。弃甲复来。"使其骖乘谓之曰："牛则有皮，犀兕尚多，弃甲则那？"言牛与犀兕之皮皆可为甲，弃之何害？役人曰："从其有皮，丹漆若何？"不如丹而漆之，使皆坚固。华元曰："去之！夫指役夫其口众我寡。"

筑者讴

皇国父为大宰，为平公筑台，妨于农收。子罕请俟农功之毕，公弗许。筑者讴曰："泽门之皙，皙，白也。言国父白色，居于泽门。实兴我役。邑中之黔，黑也。言子罕黑色，居于邑。实慰我心。"子罕闻之，亲执朴，以行筑者，而抶其不勉者，曰："吾侪小人皆有阖庐，门户。以辟燥湿寒暑。今君为一台，而不速成，何以为役？"讴者乃止。或问其故。子罕曰："宋国区区，而有诅有祝，祸之本也。"

野人歌

卫侯灵为夫人南子召宋朝。宋公子朝旧通于南子，故公召之。大子蒯聩过宋野。野人歌之曰："既定尔娄猪，求子豕也，得牡则定。盍归吾艾豭？牡豕，喻宋朝。"太子羞之。于是欲杀南子而不果，遂奔。

齐

莱人歌

公景疾，使国惠子夏、高昭子张立荼，置群公子于莱。公卒。公子嘉、公子驹、公子黔奔卫，公子鉏、公子阳生来奔。莱人歌之曰："景公死乎不与埋，三军之事乎不与谋，师乎师乎，师，众也。何党之乎？党，所也。之，往也。言往何所，哀之也。"

附　隐语军中不得明言，故为隐语

楚申叔展救萧大夫

楚子庄伐萧。申公巫臣曰："师人多寒。"王巡三军，拊而勉之，三军之士皆如挟纩。遂傅于萧。附其城。还无社与司马卯言，号申叔展。萧大夫还无社素识楚申叔展，故因卯以呼之。叔展曰："有麦麹乎？"曰："无。""有山鞠穷乎？"曰："无。"麦麹，鞠穷，所以御湿。盖欲使无社逃水中。无社不解其意。"河鱼腹疾奈何？"叔展乃问：既无御湿药，如有水患何？曰："目亍眢井而拯之。"无社意始解，欲入废井使救之。"若为茅绖，哭井则己。"叔展又教无社结茅以表井，须哭以为信。明日，萧溃。申叔视其井，则茅绖存焉，号而出之。

吴申叔仪乞粮

吴申叔仪乞粮于公孙有山氏，鲁大夫。曰："佩玉蕊兮，余无所系之；言上之人服饰备而我独无。旨酒一盛兮，余与褐之父昵之。一盛，一器也。言上有旨酒，而我与贱人俱不得饮。”对曰：“粱则无矣，精者。粗则有之。粝者。若登首山以呼军中不得出粮，故教仪为私隐曰‘庚癸乎’，庚，西方，主谷。癸，北方，主水。则诺。诺其请而与之。”

左粹类纂　卷之七

吴郡施仁　编集

如皋孙应鳌　批点

谋　略

好谋而成者，与之行师。圣人固贵谋也，国可以无谋臣哉？无扞采樵，屈瑕之所以胜绞也；三分四军，知罃之所以驾楚也；鄢陵宵遁，子反醉也；棫林迁延，栾黡不用命也；先济之鼓，志不定也；舟中之指，军无律也；敖前七覆，备有先也。然则，斯谋斯猷也庸忽之哉！若彼毒胙而申生缢，逆尸而夏姬行，竭粟而昭公弑，其事则皆三纲所系，尤可为永鉴也已。

鲁

○曹刿败齐师

齐师伐我。桓公以鲁纳子纠故。公庄将战。曹刿请见。其乡人曰："肉食者谋之，又何间焉？与其谋。"刿曰："肉食者鄙，未能远谋。"乃入见，问何以战。公曰："衣食所安，弗敢专也，必以分人。"对曰："小惠未遍，民弗从也。"公曰："牺牲玉帛，弗敢加也，必以信。无虚祝。"对曰："小信未孚，神弗福也。"公曰："小大之狱，虽不能察，必以情。"对曰："忠之属也，忠之一端。可以一战。上思利民，则民思报之。战，则请从。”公与之乘。共载兵车。战于长勺。公将鼓之。刿曰：“未可。”齐人三鼓。刿曰：“可矣！”齐师败绩。公将驰之。刿曰：“未可。”下视其辙，登轼而望之，曰：“可矣！”遂逐齐师。既克，公问其故。对曰：“夫战，勇气也。一鼓作气，再而衰，三而竭。彼竭我盈，故克之。夫大国，难测也，惧有伏焉。吾视其辙乱，望其旗靡，故逐之。”胡氏曰：“善为国者不师，善师者不阵，善阵者不战。故行使则有文告之词，而疆场则有守御之备，至于善阵，德已衰矣，而况兵刃相接，又以诈谋取胜乎？”

【眉批】虽系诈谋之术，然亦战阵之机。

公子偃败宋师

齐师、宋师次于郎。鲁败齐于长勺，又侵宋[①]，故来报。公子偃曰：“宋师不整，可败也。宋败，齐必还。请击之。”公弗许。自雩门窃出，蒙皋比以虎皮蒙马而先犯之。公从之。大败宋师于乘丘。齐师乃还。刘氏曰：“齐、宋轻用其众，以径人之国，罪也。鲁人诚能不用诈谋，推忠信，奉辞令，齐、宋去矣，其所以弭患止乱，安国便民，不益坚且久耶？偷得一时之捷，而忘长世之虑，此小人衅于勇、啬于祸之咎。”

季友酖叔牙

公庄疾，问后于叔牙。对曰：“庆父材。”问于季友。友与叔牙、庆父皆桓公子。对曰：“臣以死奉般。庄公子。”公曰：“乡者牙曰‘庆父材’。”成季使以君命命僖叔，牙。待于针巫氏，使针季酖之，曰：“饮此，则有后于鲁国；不然，死且无

①宋，原作“来”。按，《春秋左传·庄公十年》：“二月，公侵宋。”据改。

后。”饮之，归，及逵泉而卒。立叔孙氏。公薨于路寝。子般即位，次于党氏。共仲庆父使圉人荦贼子般。成季奔陈。吕氏曰：“庆父、叔牙，一体也。季氏诛叔牙而置庆父，何耶？借曰不忍，一朝而尸二昆。盍亦宥之，远窜之裔土，则君臣、兄弟之间岂不两全哉？一失此机，及子般之祸，奉头鼠窜之不暇，非所谓当断不断，反受其乱者耶？”

【眉批】或言叔牙虽杀，无补后日闵公之祸。恐不然。文姜以来，胎养乱本，至此已成。使牙不诛，则庄公既薨，庆父、叔牙强盛，虽有季子之忠，秉礼之俗，亦不能为。故诛牙乃鲁之所以存亡与庆父成败所系。大义灭亲，称君以杀，《春秋》所以不贬之。

孟献子请荐贿于楚

楚子围宋。庄王使申舟聘齐，不假道于宋，宋杀申舟，围之。孟献子蔑言于公宣曰：“臣闻小国之免于大国也，聘而献物，于是有庭实旅百；百品。朝而献功，于是有容貌采章，玄纁、玑组、羽毛、齿革之类。嘉淑而有加货，若有喜庆，则又加物。谋其不免也。诛责而荐贿，则无及也。今楚在宋，君其图之！”公说。公孙归父会楚子于宋。公使聘之。胡氏曰：“楚子不假道于宋，以启衅端；而围之，陵蔑中华甚矣。诸侯纵不能畏简书，攘夷狄，存先代之后，严兵固圉，以为声援，犹之可也。乃以周公之裔，千乘之国，谋其不免，至于荐贿，不亦鄙乎！”

臧武仲辟齐祸

齐侯庄将为臧纥田。纥以孟孙之谮，季孙之攻，斩关奔邾，求为后于鲁。鲁既立臧为，纥乃致防奔齐。臧孙闻之，见齐侯。与之言伐晋，夸功。对曰：“多战功曰多则多矣，抑君似鼠。夫鼠，昼伏夜动，不穴于寝庙，畏人故也。今君闻晋之乱栾盈之叛而后作焉，宁将事之，晋若安，又将事之。非鼠何如?”乃弗与田。武仲知齐侯将败，不欲受其田，故激其怒而止。仲尼曰:“知之难也。有臧武仲之知，而不容于鲁国，抑有由也，作不顺而施不恕也。《夏书》曰‘念兹在兹’，顺事恕施也。”

【眉批】知齐将败，不受其田，故孔子以智称之。

冶区夫谋克费

南蒯以费叛，如齐。以意如不礼故。叔弓围费，弗克，败焉。反为所败。平子意如怒，令见费人执之，以为囚俘。冶区夫曰:“非也。若见费人，寒者衣之，饥者食之，为之令主，而共其乏困，费来如归，南氏亡矣。民将叛之，谁与居邑?若惮之以威，惧之以怒，民疾而叛，为之聚也。若诸侯皆然，皆劫以威。费人无归，不亲南氏，将焉入矣?”平子从之，费人叛南氏。

圉人杀公若

叔孙成子不敢欲立武叔州仇，公若藐固谏曰:“不可。”成子立之而卒。公南武叔之党使贼射之，不能杀。公南为马正，使公若为郈宰。武叔既定，定卿位。使郈马正侯犯杀公若，弗能。其圉人曰:“吾以剑过朝，公若必曰:‘谁之剑也?’吾称子以告，必观之。吾伪固而授之末，诈为固陋不知礼，而以剑末授之。则可杀也。”使如之。如其计。公若曰:“尔欲吴王我乎?”鱄设诸杀吴王，亦用剑。遂杀公若。

驷赤出侯犯

侯犯以郈叛，武叔使侯犯杀公若，犯不副命，故叛。武叔州仇、懿子何忌围郈，弗克。叔孙谓郈工师驷赤曰："郈非惟叔孙氏之忧，社稷之患也，将若之何？"对曰："臣之业在《扬水》卒章之四言矣。诗曰'我闻有命'。"叔孙稽首。谢其受命。驷赤谓侯犯曰："居齐鲁之际而无事，既叛鲁，又不事者。必不可矣。子盍求事于齐以临民？不然，将叛。"侯犯从之。齐使至。驷赤与郈人为之宣言于郈中曰："侯犯将以郈易于齐，齐人将迁郈民。"众凶惧。驷赤谓侯犯曰："众言异矣。子不如易于齐，与其死也，犹是郈也，而得纾焉，何必此？言以郈民易取齐人，与郈无异，胜于守郈，为叛人所杀。齐人欲以此逼鲁，必倍与子地。且盍多舍甲于子之门以备不虞。"侯犯曰："诺。"乃多舍甲焉。侯犯请易于齐，齐有司观郈。觇虚实。将至，驷赤使周走呼曰："齐师至矣！"郈人大骇，介因侯犯之门甲，以围侯犯。驷赤将射之，伪为侯犯射郈人。侯犯止之曰："谋免我。"侯犯请行，许之。驷赤先如宿，邑。侯犯殿。在后。每出一门，郈人闭之。及郭门，止之，曰："子以叔孙氏之甲出，有司若诛之，责其数。群臣惧死。"驷赤曰："叔孙氏之甲有物，自有识别。吾未敢以出。"犯谓驷赤曰："子止留此而与之数。数甲以相付。"驷赤止而纳鲁人。还围郈之师。侯犯奔齐。齐人乃致郈。致其名簿于鲁。

晋

士蔿欲多虢恶

晋侯献将伐虢。虢再侵晋故。士蔿曰："不可。虢公骄，若骤得胜于我，必弃其民。无众而后伐之，欲御我，谁与？夫礼乐慈爱，战所畜也。教民有素，而后可战。夫民，让事乐和，爱亲哀丧，而后可用也。虢弗畜也，亟战，将饥。”言虢不畜民而力战，军旅之后，必有凶年，欲乘此时伐之。

荀息假虞伐虢

荀息请以屈产之乘马与垂棘之璧假道于虞以伐虢。公献曰：“是吾宝也。”对曰：“若得道于虞，犹外府也。”按《谷梁传》曰：“息曰：‘如受而借吾道，则是我取之中府而藏之外府，取之中厩而置之外厩也。’”公曰：“宫之奇在焉。”对曰：“宫之奇之为人也，懦而不能强谏。且少长于君，君昵之，虽谏，将不听。”乃使荀息假道于虞曰：“冀为不道，入自颠軨，伐鄍三门。冀之既病，则亦唯君故。先是，冀尝伐虞，故息为甘言以悦之。今虢为不道，保于逆旅，言虢稍遣人，分依客舍，伺候寇掠。以侵敝邑之南鄙。敢请假道，以请罪于虢。”虞公许之，且请先伐虢①。宫之奇谏，不听，遂起师。晋里克、荀息帅师会虞师，伐虢，灭下阳。居二年，晋复假道于虞以伐虢。宫之奇固谏，不听。晋灭虢，还，遂袭虞，灭之。吕氏曰：“息以璧、马覆虞、虢如反掌，世皆以为智。以吾观之，亦未得为智也。璧、马复归而坐得两国，工矣；骊姬、申生之衅，近在肘腋，曾不能谋，拙孰大焉！”

骊姬谋立奚齐

献公娶于贾，无子。烝于齐姜，武公妾。生大子申生。又娶二女于戎，大戎狐姬生重耳，小戎子生夷吾。晋伐骊戎，骊戎男男爵女以骊姬，纳女以求成。归，生奚齐，其娣生卓子。骊姬嬖，欲立其子，赂外嬖梁五与东关嬖五，二嬖大夫皆名五。使言于公曰：“曲沃，君之宗也；桓叔始封于曲沃。蒲与二

①伐虢，原脱，据《春秋左传注疏》补。

屈，南屈、北屈。君之疆也；外邑。不可以无主。宗邑无主，则民不威；疆埸无主，则启戎心；戎之生心，民慢其政，国之患也。若使大子主曲沃，而重耳、夷吾主蒲与屈，则可以威民而惧戎，且旌君伐。章其功。使俱曰：庶使晋国之人皆言。'狄之广莫，谓蒲、屈。于晋为都。晋之启土，不亦宜乎！'"晋侯说之。使大子居曲沃，重耳居蒲城，夷吾居屈。群公子皆鄙。使居边邑。唯二姬之子在绛。晋都。二五卒与骊姬谮群公子而立奚齐，晋人谓之二五耦。二耜为耦，以喻垦伤晋室。

骊姬谋废申生

公之优曰施，通于骊姬。骊姬问焉，曰："吾欲作大事，而难三公子之徒，谓申生、重耳、夷吾。如何？"对曰："蚤处之，使知其极。欲分之都城而位以卿。夫人知有极，鲜有慢心；虽其慢，乃易残也。"骊姬曰："吾欲为难，欲杀之。安始而可？"优施曰："必于申生。其为人也，小心精洁，而大志重，又不忍人。精洁易辱，重偾可疾。速毙。不忍人，必自忍也。辱之近行。"骊姬曰："重，无乃难迁乎？"优施曰："知辱可辱，可辱迁重；言可辱者虽重必迁。若不知辱，亦必不知，无所知。固秉常矣。固执常谋，因罪以去之。今子内固而外宠，内得君心，外见宠爱。且善不莫不信。所善所恶皆见信。若外单善而内辱之，外尽善意待太子，内以不义加辱之。无不迁矣。且吾闻之：甚精必愚。精为易辱，愚不知避难。虽欲无迁，其得之乎？'是故先施谗于申生。

优施教骊姬夜半而泣，谓公曰："吾闻申生，甚好仁而强，甚宽惠而慈于民，皆有所行之。有术。今谓君惑于我，必乱国，夫指太子无乃以国故而行强于君。恐败国之故，而以强劫君。君未终命而不没，不令终。君其若之何？盍杀我，无以一妾乱百姓。”公曰：“夫太子岂惠其民而不惠于其父乎？”骊姬曰：“妾亦惧矣。吾闻之外人之言曰：为仁与为国不同。为仁者，爱亲之谓仁；为国者，利国之谓仁。故长民者无亲，无私亲。众以为亲。苟众利而百姓和，岂能惮君？惮杀君。以众故不敢爱亲，言欲杀君，以除民害。众况益厚之，彼将恶始而美终，以晚盖者也。以后美掩前恶。凡民利是生，为民生利。杀君而厚利众，众孰沮之？杀亲无恶于人，人孰去之？苟交利而得宠，志行而众悦，欲其甚矣，孰不惑焉？虽欲爱君，惑不释也。今夫以君为纣，若纣有良子，而先丧纣，无章其恶而厚其败。钧之死也，无必假手于武王，而其世不废，祀至于今，吾岂知纣之善不哉？君欲勿恤，其可乎？若大难至而恤之，其何及矣！”公惧曰：“若何而可？”骊姬曰：“君盍老而授之政。彼得政而行其欲，得其所索，乃其释君。且君其图之，自桓叔以来，孰能爱亲？桓叔杀昭侯于翼，庄伯伐翼杀孝侯，武公灭翼而兼之，献公灭桓、庄之族。唯无亲，故能兼翼。”公曰：“不可与政。我以武与威，是以临诸侯。未没而亡政，不可谓武；有子而不胜，不可谓威。我授之政，诸侯必绝；能绝于我，必能害我。失政而害国，不可忍也。尔勿忧，吾将图之。”骊姬曰：“以皋落翟之朝夕苛我边鄙，使无日以牧田野，君之仓廪固不实，又恐削封疆。君盍使之伐翟，以观其果于众也，与众之信辑睦焉。若不胜翟，虽济其罪，可也。若胜翟，则善用众矣，求必益广，乃可厚图也。且夫胜翟，诸侯惊惧，吾边鄙不儆，仓廪盈，四邻服，封疆信，君得其赖，又知可不，其利多矣。君其图之！”公悦，使申生伐东山，败翟于稷桑而反。

反自稷桑，处五年，骊姬谓公曰："吾闻申生之谋愈深。日往吾固告君曰得众，众弗利，焉能胜翟？今矜翟之善，其志益广。吾闻之，申生甚好信而强，又失言于众矣，许众以取国。虽欲有退，悔。众将责焉。言不可食，众不可弭，是以深谋。君若不图，难将至矣！"公曰："吾不忘也，抑未有以致罪焉。"《语》。既与中大夫成谋，谓太子曰："君梦齐姜，申生母。必速祭之。"大子祭于曲沃，归胙于公。公田，姬置诸宫六日。公至，毒而献之。置鸩于酒，置堇于肉。公祭之地，地坟；与犬，犬毙；与小臣，小臣亦毙。姬泣曰："贼由大子。"大子奔新城。缢于新城庙。真氏曰："骊姬之谗申生也，其机变亦甚巧矣。夫父子之情日相亲近，则间言不得而入；惟以术离之，然后谮诉可施焉。故骊姬首赂二五，使说献公出三子于外，此离之术也。献公者，喜功贪得之人，辟地启土，正其所欲。故二五因以啖之，且为之辞，发诸歌咏，以动荡其心志，公安得不悦而从之？三子既出，则图之易矣。既又与优施谋作难之先后，优施知申生之可陷也，则请先之。然恐献公未忍果于杀也，则又夜半而泣，以危言动之，谓申生有将为逆之意，自请先死。公惧而谋之，则又劝授之政而避祸焉。夫献公，刚猛人也，能灭霍、魏、虢、虞诸国以大其封，虽齐桓久主夏盟，未尝一为之屈，而肯为其子屈乎？怀怒必杀之心，自此启矣。然犹患无隙以加之罪也，则使将兵而伐翟焉，胜则加以得众之名，败则绳以覆师之罪，申生至是无逃死之路矣。"

【眉批】"夜半而泣"，因爱方入也。

"岂惠于民而不惠于父"，献公天理之言也。但骊姬以深巧至奸主于内，而二五、优施又从而羽翼之，如弓、弩、毕、弋、削格①、罗落、罝罘，莫不毕具，虽有慧禽智兽，安所逃之？

---

①削格，原作"格削"，倒，据《庄子·外篇》乙正。

此正献公之所以为献公，而骊姬深知之，故劝以授政以激之也。

左氏叙申生，本末详尽，中间巧计诈术，一一剔括无遗，使人读之，如在当日。

文公城濮之捷

楚子成及诸侯陈、蔡、郑、许围宋。宋公孙固如晋告急。先轸曰："报施、文公出亡过宋，宋赠以马二十乘。救患，取威、定霸，于是乎在矣。"狐偃曰："楚始得曹，而新昏于卫，若伐曹卫，楚必救之，则齐宋免矣。"楚亦使申叔成谷以逼齐，故云。晋侯文侵曹、伐卫。侵曹者，报观状之怨；伐卫者，报与块之怨。其曰救宋，盖假公以济私也。晋侯、齐侯昭盟于敛盂。卫侯成请盟，晋人弗许。卫侯欲与楚，国人不欲，出其君以说于晋。楚人救卫，不克。晋侯入曹。

【眉批】历历铺述有节，足发隐微，无有遗憾。

齐桓既没，楚益凭陵中国。宋襄思图之，又以败衄。故晋文特起救宋之志，欲制强楚；曹卫背华附夷，即侵伐之。然晋又实在于救宋服楚，不在于侵曹伐卫。

宋人使门尹般如晋师告急。楚宋解围，故复来告。公曰："宋人告急，舍之则绝，不救则与晋绝而归楚。告楚不许。令退师而不得。我欲战矣，齐秦未可，不肯助战。若之何？"先轸曰："使宋舍我而赂齐秦，藉之告楚。计使宋与晋绝，而以赂求救于齐秦，使告楚请退师。我执曹君，而分曹卫之田以赐宋人。不言执卫君者，已出故也。楚爱曹卫，必不许也。不从齐秦之请。喜赂怒顽，能无战乎？言齐秦喜宋之赂，怒楚之顽，必自与战。公说，执曹伯共，分曹卫之田以畀宋人。

【眉批】此非厚宋，以激楚也。

子玉楚大夫得臣使宛春告于晋师，曰："请复卫侯而封曹，卫在竟，故曰复；曹见执，故曰封。臣亦释宋之围。"子犯曰："子玉无礼哉！君取一，谓以救宋为晋之惠。臣取二，谓子玉以复曹卫为己功。不可失矣。当击之。"先轸曰："子与之。姑且许之。定人之谓礼，楚一言而定三国，谓复卫、封曹、释宋围。我一言而亡之，我则无礼，何以战乎？不许楚言，是弃宋也。救而弃之，谓诸侯何？楚有三施，定三国。我有三怨，亡三国。怨仇已多，将何以战？不如私许曹卫以携之，执宛春以怒楚，既战而后图之。"公说，乃拘宛春于卫，且私许复曹卫。曹卫告绝于楚。子玉怒，从晋师。晋师退。军吏曰："以君辟臣，辱也，且楚师老矣，何故退？"子犯曰："师直为壮，曲为老，岂在久乎？微楚之惠不及此，退三舍辟之，所以报也。初文公出亡过楚，楚成王曰：'若反国，何以报我？'对曰：'晋楚治兵，遇于中原，其辟君三舍。'背惠食言，以亢其仇，御楚。我曲楚直。其众素饱，直气充。不可谓老。我退而楚还，我将何求？无可责。若其不还，君退晋避舍臣犯，楚子玉欲战。曲在彼矣。"退三舍。楚众欲止，子玉不可。

【眉批】私许曹卫之复，非爱曹卫，以激楚也。为计巧而中。

晋侯、宋公成、齐国归父、崔夭、秦小子慭次于城濮。楚师背酅而舍。负险。晋侯患之，听舆人之诵曰："原田每每，以草之盛喻晋兵。舍其旧而新是谋。谋立新功，不必念旧惠。"公疑焉。疑众之背。子犯曰："战也。战而捷，必得诸侯。若其不捷，表里山河，必无害也。"公曰："若楚惠何？"栾贞子枝曰："汉阳诸姬，楚实尽之，思小惠而忘大耻，不如战也。"

子玉使斗勃请战,曰:"请与君之士戏,以战为戏,见子玉轻敌之甚。君冯轼而观之,得臣与寓目焉。"晋侯使栾枝对曰:"寡君闻命矣。楚君之惠未之敢忘,是以在此。为大夫退,其敢当君乎?既不获命矣,不得楚止师之命。敢烦大夫谓二三子,烦斗勃戒饬子玉、子西之属。戒尔车乘,敬尔君事,诘朝将见。"

晋车七百乘,韅靷鞅靽。驂马之饰也,在背曰韅,在胸曰靷,在腹曰鞅,在后曰靽。晋侯登有莘之墟以观师,曰:"少长有礼,其可用也。"遂伐其木,以益其兵。

晋师陈于莘北,胥臣以下军之佐当陈蔡。子玉以若敖之六卒将中军,若敖,楚之先君,子玉之祖也。百人为卒,此盖子玉之亲兵也。曰:"今日必无晋矣!"子西斗直申将左,子上斗勃将右。胥臣蒙马以虎皮,先犯陈蔡。陈蔡奔,楚右师溃。狐毛设二旆而退之。使若少却。栾枝使舆曳柴起尘而伪遁,楚师驰之。原轸、郤溱以中军公族横击之。狐毛、狐偃以上军夹攻子西,楚左师溃。楚师败绩。晋师三日馆谷而还。吕氏曰:"晋文加兵曹、卫以致楚,许复二国以携楚,又拘子玉之使以怒楚,三舍辟之,示怯以诱楚,其诡计如此。孔子断之曰'谲',岂不信哉!"

【眉批】观子玉之辞甚骄,而不料敌,安得不败?但楚子既命无从晋师,而子玉不忍私忿,固欲与战。楚子虽怒其不可,而不能止,以强君而不能制一强臣,此固狐偃、先轸之所以知其必胜也。

阳处父退楚师

阳处父侵蔡,即楚故。楚子上斗勃救之,与晋师夹泜而军。阳子患之,使谓子上曰:"吾闻之:'文不犯顺,武不违敌。’子若欲战，则吾退舍，子济而陈，欲辟楚，使渡，成阵而后战。迟速唯命。不然，纾我。谓楚不肯先渡，则亦当退舍而缓我，使我得渡。老师费财，亦无益也。”乃驾以待。子上欲涉，大孙伯成大心曰：“不可。晋人无信，半涉而薄我，悔败何及？不如纾之。”乃退舍。阳子宣言曰：“楚师遁矣。”遂归。楚师亦归。

【眉批】叙得简尽。

赵穿挠臾骈之谋

秦伯伐晋。襄公卒，赵盾使先蔑逆公子雍于秦，秦康公送雍至晋。晋背先蔑而立灵公，潜师夜起，败秦师于令狐，故来报。晋人御之于河曲。臾骈曰：“秦不能久，请深垒固军以待之。”从之。秦人欲战。秦伯谓士会时会出奔在秦曰：“若何而战？”对曰：“赵氏新出其属曰臾骈，骈，赵氏属大夫，新出佐上军。必实为此谋，将以老我师也。赵有侧室曰穿，晋君之婿也，有宠而弱，不在军事；好勇而狂，且恶臾骈之佐上军也。若使轻者肆焉，使轻兵暂往攻之而速退。其可。”秦军掩晋上军。赵穿追之，不及。反，怒曰：“裹粮坐甲，固敌是求。敌至不击，将何俟焉？”军吏曰：“将有待也。”穿曰：“我不知谋，将独出。”乃以其属出。宣子曰：“秦获穿也，获一卿矣。秦以胜归，我何以报？”乃皆出战，交绥。古名退军为绥，言两军才交战而遂退。秦行人夜戒晋师曰：“两军之士皆未憖也，两无大伤。明日请相见也。”臾骈曰：“使者目动而言肆，惧我也，将遁矣。薄诸河，必败之。”胥甲、赵穿当军门呼曰：“死伤未收而弃之，不惠也。不待期而薄人于险，无勇也。”乃止。秦师夜遁。

【眉批】有体。

寿馀诱归士会

晋人患秦之用士会也，赵盾使先蔑、士会逆公子雍于秦，既而背先蔑，立灵公，故会从蔑奔秦。六卿相见于诸浮。赵宣子盾曰："随会在秦，贾季在狄，狐射姑杀阳处父，奔。难日至矣，若之何？"中行桓子荀林父曰："请复贾季，能外事，任外事。且由旧勋。射姑之父狐偃有功。"郤成子缺曰："贾季乱，且罪大，专杀。不如随会。能贱而有耻，柔而不犯；不可犯。其知足使也。且无罪。其奔，宣子背之。"乃使魏寿馀伪以魏叛者，以诱士会。执其帑于晋，使夜逸。请自归于秦，秦伯康许之。履士会之足于朝。秦伯师于河西，魏人在东，寿馀曰："请东人之能与夫二三有司言者，吾与之先。"使士会。士会辞，曰："晋人，虎狼也。若背其言，臣死，妻子为戮，无益于君，不可悔也。"秦伯曰："若背其言，所不归尔帑者，有如河！"乃行。绕朝赠之以策，马挝。曰："子无谓秦无人，吾谋适不用也。"既济，魏人噪而还。秦人归其帑。

【眉批】意详韵美。

荀林父知难冒进

楚子围郑。郑既受楚盟，又贰于晋，故楚庄怒而围之。既克，退三十里而许之平。晋师救郑，及河，闻郑既及楚平，桓子荀林父欲还，曰："无及于郑而剿民，劳师。焉用之？楚归而动，伐郑。不后。"随武子士会曰："善。会闻用师，观衅而动。德刑政事典礼不易，不可敌也，无衅。不为是征。伐以讨罪，不因此六事。楚君讨郑，怒其贰而哀其卑。叛而伐之，服而舍之，德刑成矣。伐叛，刑也；柔服，德也，二者立矣。昔岁入陈，讨夏征舒。今兹入郑，民不罢劳，君无怨讟，政有经矣。荆尸而举，尸，楚阵名，武王始为此法，以戟为阵。商农工贾，不败其业，而卒乘辑睦，事不奸矣。芀敖为宰，择楚国之令典；军行，右辕，在军之右者，挟辕为战备。左追蓐，在军之左者，使之追求草蓐，以为宿备。前茅虑无，茅，楚以茅为旌帜，在前者持之，以虑军中所无，预为之备也。中权，中军以制权谋。后劲。以精兵为殿。百官象物而动，各象其所建旗物。军政不戒而备，能用典矣。其君之举也，内姓选于亲，外姓选于旧。举不失德，赏不失劳。老有加惠，旅有施舍。不役。君子小人，物有服章。贵有常尊，贱有等威，礼不逆矣。德立、刑行，政成、事时，典从、礼顺，若之何敌之？见可而进，知难而退，军之善政也。兼弱攻昧，武之善经也。子姑整军而经武乎！犹有弱而昧者，何必楚？仲虺有言曰：‘取乱侮亡’，兼弱也。《汋》曰《诗》：‘於铄王师！遵养时晦’，美武王能遵天道，须昧者恶积而后取之。耆昧也。致讨于昧。《武》曰《诗》：‘无竞惟烈。’言武王成无强之业。抚弱耆昧，以务烈所，可也。言当务从武王之业，抚而取之。”彘子先縠曰：“不可。晋所以霸，师武、臣力也。今失诸侯，不可谓力；有敌而不从，不可谓武。由我失霸，不如死。且成师以出，闻敌强而退，非夫也。不成丈夫。命为军帅，而卒以非夫，唯群子能，我弗为也。”以中军佐济。

知庄子荀首曰：“此师殆哉！《周易》有之：在《师》之《临》《师》卦初六变为《临》曰：‘师出以律，否臧，凶。’执事顺成为臧，逆为否。众散为弱，坎为众，今变为兑，兑柔弱。川壅为泽。坎为川，今变为兑，兑为泽，是川见壅。律以如己也，如，从也。法行则人从法，法败则法从人。坎为法象，今为众，则散为川，则壅。是失法之用从人之象。故曰律。否臧，且律竭也。坎变兑，是法败。盈而以竭，夭且不整，水遇夭塞，不得整流，则竭涸也。所以凶也。不行之谓临，水变泽，乃成《临》卦。泽，不行之物。有帅而不从，临孰甚焉？此之谓矣。果遇，必败，彘子尸之，主此祸。虽免而归，必有大咎。”韩献子厥谓桓子曰：“彘子以偏师陷，子罪大矣。子为元帅，师不用命，谁之罪也？失属、谓郑。亡师，为罪已重，不如进也。事之不捷，恶有所分。与其专罪，六人同之，谓荀林父、先縠、士会、郤克、赵朔、栾书。不犹愈乎？”师遂济。

楚子将饮马于河而归。闻晋师既济，王欲还，嬖人伍参欲战。令尹孙叔敖弗欲，曰：“昔岁入陈，今兹入郑，不无事矣。战而不捷，参之肉其足食乎？”参曰：“若事之捷，孙叔为无谋矣。不捷，参之肉将在晋军，可得食乎？”令尹南辕、反旆，示欲归。伍参言于王曰：“晋之从政者新，未能行令。谓荀林父。其佐先縠刚愎不仁，未肯用命。其三帅者，谓荀林父、士会、赵朔。专行不获。不得专制。听而无上，听命于下。众谁适从？此行也，晋师必败。且君而逃臣，谓楚王避晋帅。若社稷何？”王病之，告令尹改乘辕而北之，次于管以待之。胡氏曰：“古者仗钺临戎，专制阃外，虽君令有所不受，况其属乎？林父既知无及于郑，焉用之矣？诸帅又皆信然其策。先縠若独以中军佐济，下令三军，无得妄动，按军法而行辟，夫岂不可？既不能令，乃畏失属亡师之罪，而从韩献子分恶之言，知难而冒进，是弃晋师，于谁责乎？”

【眉批】郑之役，六卿、大夫、司马皆在三师，不欲剿民，先縠违命济师。但林父既为元帅，法得专制，既不能禁副属之违令而专行，又不能督士卒亲矢石以破敌，丧师之罪，夫复何辞？吴、楚叛，亚夫为将，以梁王之贵，太后之尊，交请救援，亚夫谨守便宜，竟平七国。唐六道重兵攻围淮蔡，日久无功，裴中立监师，虽韩弘亦舆疾督战，遂擒元济。代宗以九节度之师围庆绪，不立主帅，一夕而溃。此存亡反覆之迹也。

朱子曰:"《左传》分谤事,近世士夫多如此,只要徇人情。如荀林父邲之役,先縠违命而济,乃谓'与其专罪,六人同之',是何等见识! 当时为林父者,只合按兵不动,召[1]先縠诛[2]。"

此文曲至,极佳。

栾书不轻敌

晋师在敖、鄗之间。郑皇戌使如晋师,曰:"郑之从楚,社稷之故也,未有贰心。楚师骤胜而骄,其师老矣,而不设备。子击之,郑师为承,继其后。楚师必败。"彘子曰:"败楚服郑,于此在矣。必许之!"栾武子书曰:"楚自克庸以来,其君无日不讨国人而训之:治民。'于! 叹辞。民生之不易,祸至之无日,戒惧之不可以怠!'此训民之言。在军,无日不讨军实而申儆之:治兵。'于! 亦叹辞。胜之不可保,纣之百克而卒无后。'此训兵之言。训之以若敖、蚡冒皆楚先君筚路柴车蓝缕弊衣以启山林,箴之曰:'民生在勤,勤则不匮。'不可谓骄。先大夫子犯有言曰:'师直为壮,曲为老。'我则不德,而徼怨于楚。我曲楚直,不可谓老。其君之戎分为二广,左广、右广。每广有车十五乘。广有一卒,百人为卒。卒偏之两。周制:二十五人为两。楚倍之,周一车用七十五人,楚则用百五十人。右广初驾,鸡鸣而驾。数及日中,数其时刻。左则受之,代右。以至于昏。内官序当其夜,以待不虞。不可谓无备。子良,郑之

①召,任养心本作"把"。

②"诛"后疑当有"之"字,原字磨泐不辨。

良也；师叔，楚之崇也。师叔入盟，盟郑。子良在楚，为质。楚、郑亲矣。来劝我战，我克则来，不克遂往，以我卜也！郑不可从。”赵括、赵同曰：“率师以来，唯敌是求。克敌得属，又何俟？必从彘子！从其请而许郑使。”知季曰：“原、屏，原，赵同；屏，赵括。咎之徒也。咎，指彘子。”赵庄子朔曰：“栾伯善哉！实其言，必长晋国。”

楚少宰如晋师，曰：“寡君少遭闵凶，不能文。闻二先君之出入谓成王、穆王伐郑往返此行也，将郑是训定，岂敢求罪于晋？二三子谓晋群帅无淹久！”随季对曰：“昔平王命我先君文侯曰：‘与郑夹辅周室，毋废王命！’今郑不率，寡君使群臣问诸郑，岂敢辱候人？谓非敌楚。敢拜君命之辱。”彘子以为谄，使赵括从而更之，曰：“行人失辞。寡君使群臣迁大国之迹于郑，曰：‘无辟敌！’群臣无所逃命。”楚子又使求成于晋，晋人许之。

【眉批】晋不能讨陈乱，已失三纲军政之本，乃欲恃力以争郑。郑不知楚庄既讨陈乱，则师出有名，而所以施于晋者又各中其节。晋以林父之将，加以先縠诸帅，安得胜之？

士会有备不败

魏锜求公族大夫未得而怒，欲败晋师。请致师，挑战。弗许。请使，报成。许之。赵旃求卿未得，且怒于失楚之致师者，请挑战，弗许。请召盟，许之。皆命而往。其弗许与命往，皆林父主之。郤献子克曰：“二憾往矣，弗备，必败。”彘子曰：“郑人劝战，弗敢从也；楚人求成，弗能好也。师无成命，和战不决。多备何为？”士季会曰：“备之善。若二子怒楚，楚人乘我，丧师无日矣，不如备之。楚之无恶，除备而盟，何损于好？若以恶来，有备，不败。且虽诸侯相见，军卫不撤，君行师从。警也。”彘子不可。不肯设备。士季使巩朔、韩穿帅七覆于敖前。伏兵。

潘党逐魏锜，锜射麋以献。王逐赵旃。旃弃车走林。晋人惧二子之怒楚师也，使軘车逆之。潘党望其尘，使骋而告曰告王：“晋师至矣！”楚人亦惧王之入晋军也，遂出陈。孙叔敖曰：“进之！宁我薄人，无人薄我。《诗》云‘元戎十乘，以先启行’，先人也。《军志》曰‘先人有夺人之心’，薄之也。”遂疾进师，车驰卒奔，乘晋军。桓子不知所为，鼓于军中，曰：“先济者有赏！”中军、下军争舟，舟中之指可掬也。晋师右移，上军未动。时士会将上军。工尹齐将右拒卒以逐下军。楚子使潘党率游阙游军补阙者四十乘，从唐侯以为左拒，以从上军。晋唯上军不败，故楚为方阵以从战。驹伯郤克曰：“待诸乎？”随季士会曰：“楚师方壮，若萃于我，吾师必尽，不如收而去之，分谤、同奔。生民，不战。不亦可乎？”殿其卒而退，不败。见士会之有备。

【眉批】此等举措，岂有纪律！

楚强行中国，郑受盟于辰陵，然犹徼事于晋。及邲之败，而楚伐宋，益为横行，莫得制之矣。惜乎晋之不能养威而审谋也。

厉公鄢陵之捷

晋楚遇于鄢陵。晋伐郑，楚救之。楚晨压晋军而陈。军吏患之。范丐趋进，曰：“塞井夷灶，陈于军中，而疏行首。当阵前决开营垒为战道。晋楚唯天所授，何患焉？”文子士燮执戈逐之，怒其子。曰："国之存亡，天也，童子何知焉！"栾书曰："楚师轻窕，固垒而待之，三日必退。退而击之，必获胜焉。"郤至曰："楚有六间，不可失也。其二卿子重、子反相恶，一间。王卒以旧，二间。郑陈而不整，三间。蛮军而不陈，四间。陈不违晦，五间。在陈而嚣，六间。合而加嚣。各顾其后，莫有斗心；旧不必良，以犯天忌，晦日陈兵，兵家所忌。我必克之。"苗贲皇自楚奔晋者言于晋侯厉曰："楚之良，在其中军王族而已。请分良以击其左右，而三军萃于王卒，必大败之。"公筮之。史曰："吉。其卦遇《复》，曰：'南国蹙，射其元王，中厥目。'国蹙王伤，不败何待？"公从之。

吕锜魏锜梦射月中之，退入于泥。占之，曰："姬姓，日也；异姓，月也，必楚王也。射而中之，退入于泥，亦必死矣。"及战，射共王中目。王召养由基，与之两矢，使射吕锜，中项，伏弢。以一矢复命。子反命军吏察夷伤，补卒乘，缮甲兵，展车马，鸡鸣而食，唯命是听。欲复战。晋人患之。苗贲皇徇曰："搜乘补卒，秣马利兵，修陈固列，蓐食申祷，明日复战！"乃逸楚囚。欲使之知。王闻之，召子反谋。谷阳竖献饮于子反，恐其劳也。子反醉而不能见。王曰："天败楚也夫！余不可以待。"乃宵遁。晋入楚军，三日谷。

【眉批】春秋，中国胜楚，惟城濮、鄢陵。然未有中国诸侯助楚以伐中国者，惟鄢陵郑伯佐楚攻晋。使非吕锜射月之胜而晋倚郑为援，则楚之流毒天下，何有纪极！

栾书固垒之谋是也，公不能听，后虽胜之，亦天幸尔。

楚师既败，晋益骄惰，遂如乐氏之谮以杀三郤。内乱不靖，况于外邦？

郤至勇而有礼

鄢之战，郤至以韎韦之跗注，韎，赤色。韦，熟皮。跗注，戎服也，以赤色之皮为之，自要以下属于跗。三逐楚共王，丕见王必下奔，下车而奔。《传》曰："免胄而趋风。"退战。王使工尹襄问之以弓，曰："方事之殷，有韎韦之跗注，君子也。属见不谷而下，无乃伤乎？"郤至甲胄而见客，免胄而听命，示敬。曰："君之外臣至，郤至，晋卿，故称楚之外臣。以寡君之灵，间蒙甲胄，不敢当拜，《礼》："介者不拜"。君命之辱，为使者故，敢三肃之。"《礼》："军事肃拜。"肃，手至地也。君子曰："勇以知礼。《语》。"

栾针承饮示暇

栾针见子重楚令尹之旌，请曰：请于厉公。"日臣之使于楚也，子重问晋国之勇，臣对曰：'好以众整。以整兵为勇。'曰：'又何如？'臣对曰：'好以暇。以暇为勇。'今两国治戎，行人不使，不可谓整；临事而食言，不可谓暇。请摄饮焉。致酒于子重。"公许之。使行人执榼承饮，造于子重，曰："寡君乏使，使针御持矛，车右主击刺，持矛其职也。针为车右，故云。是以不得犒从者，使某摄饮。"子重曰："夫子尝与吾言于楚，必是故也。不亦识乎？知礼。"受而饮之。

【眉批】叙得潇洒，殊有旨趣。

栾书嫁祸郤至

栾书怨郤至，以其不从己而败楚师也，鄢陵之战，栾书欲固垒，郤至言楚有六间以取胜。欲废之。使楚公子茷战鄢陵时晋所囚者告公厉曰："此战也，郤至实召寡君，至尝使楚。以东师之未至也，谓齐、鲁、卫。与军帅之不具也，荀罃佐下军居守，郤犨将新军乞师。曰：'此必败，吾因奉孙周悼公名，时尚在周以事君。楚。'"公告栾书，书曰："其有焉。不然，岂其死之不恤，而受敌使乎？鄢陵战时，楚共王使人问至以弓，至拜受之。君盍尝试使诸周而察之？"郤至聘于周，栾书使孙周见之。公使觇之，信。果有交通之迹。遂怨郤至，杀之。

魏绛和戎

无终子嘉父无终，山戎国，子爵。嘉父，名。使孟乐如晋，因魏庄子绛纳虎豹之皮，以请和诸戎。晋侯悼曰："戎狄无亲而贪，不如伐之。"魏绛曰："诸侯新服，陈新来和，旧属于楚。将观于我。我德则睦，否则携贰。劳师于戎，而楚伐陈，必弗能救，是弃陈也。诸华必叛。戎，禽兽也。获戎失华，无乃不可乎！《夏训》有之曰：'有穷后羿——'"公曰："后羿何如？"怪其言之不次。对曰："昔有夏之方衰也，后羿自鉏迁于穷石，因夏民以代夏政。羿代相立。恃其射也，不修民事，而淫于原兽，弃武罗、伯因、熊髡、龙圉，四子皆贤臣。而用寒浞。寒浞，伯明氏之谗子弟也，伯明后寒弃之，夷羿收之，信而使之，以为己相。浞行媚于内，宫人。而施赂于外，愚弄其民，而虞羿于田。乐之以游田。树之诈慝，以取其国家，外内咸服。信浞诈。羿犹不悛，将归自田，家众杀而亨之，以食其子，其子不忍食诸，死于穷门。杀之于国门。靡夏遗臣事羿者奔有鬲氏。浞因羿室，生浇及豷，恃其谗慝诈伪，而不德于民。使浇用师，灭斟灌及斟寻氏。处浇于过，处豷于戈。靡自有鬲氏，收二国之烬，以灭浞而立少康。相之子。少康灭浇于过，后杼灭豷于戈，有穷由是遂亡，失人故也。昔周辛甲之为大史也，命百官，官箴王阙。于虞人之箴曰：‘芒芒禹迹，画为九州，经启九道。民有寝庙，兽有茂草；各有攸处，德用不扰。人神名有所归，故德不乱。在帝夷羿，冒贪于原兽，忘其国恤，而思其麀[①]牡。武不可重，用不恢于夏家。羿以好武，虽有夏家，不能恢大之。兽臣司原，敢告仆夫。不敢斥尊。’《虞箴》如是，可不惩乎？”于是晋侯好田，故魏绛及之。公曰：“然则莫如和戎乎？”对曰：“和戎有五利焉：戎狄荐居，聚水草而居。贵货易轻土，土可贾焉，一也。边鄙不耸，惧。民狎其野，穑人成功，二也。戎狄事晋，四邻振动，诸侯威怀，三也。以德绥戎，师徒不勤，甲兵不顿，坏。四也。监于后羿，以羿之好田失国为戒。而用得度，为诸侯度。远至迩安，五也。君其图之！”公说，使魏绛盟诸戎。

【眉批】通篇典实。

如此一转，意味发摅流动。

知䓨驾楚

诸侯伐郑。从楚故。季武子宿、齐崔杼、宋皇郧从荀䓨、士丐门于鄟门，卫北宫括、曹人、邾人从荀偃、韩起门于师之梁，滕人、薛人从栾黡、士鲂门于北门，杞人、郳人从赵武、魏绛斩行栗。表道树。师于汜。令于诸侯曰：“修器备，盛糇粮，归老幼，示将久。居疾于虎牢，使休息。肆眚，围郑。使效力。”郑人恐，乃行成。中行献子荀偃曰：“遂围之，以待楚人之救也，而与之战。不然，无成。无功。”知武子䓨曰：

①麀，原作“麈（尘）”，误，据《春秋左传注疏》改。

“许之盟而还师，以敝楚人。吾三分四军，与诸侯之锐，以逆来者，楚。于我未病，楚不能矣。犹愈于战。暴骨以逞，不可以争。大劳未艾。息。君子劳心，小人劳力，先王之制也。”诸侯皆不欲战，乃许郑成。胡氏曰：“善为国者不师，善师者不阵，善阵者不战。知武子明于善阵之法，以佐悼公，屡与诸侯伐郑，楚辄救之，而不与之战，楚师遂屈，得善胜之道矣。”

【眉批】灼见事体。三分四军，殊尽驾驭之道。

魏绛谋息民

晋侯悼归，谋所以息民。以不得志于郑。魏绛请施舍，施恩惠，舍劳役。输积聚以贷。自公以下，苟有积者尽出之。国无滞积，亦无困人；公无禁利，亦无贪民。祈以币更，不用牲。宾以特牲，无盛馔。器用不作，仍旧。车服从给。不求美。行之期年，国乃有节。三驾一师于牛首，一师于向，一观兵于郑东门而楚不能与争。

【眉批】可见胜人非难，自胜为难。

知䓨克偪阳

荀偃、士丐请伐偪阳。荀䓨曰：“城小而固，胜之不武，弗胜为笑。”固请。围之，弗克。诸侯之师久于偪阳，荀偃、士丐请于荀䓨，曰：“水潦将降，惧不能归，请班师。”知伯䓨怒，投之以机，出于其间，曰：“女成二事，谓伐偪阳欲以封宋向戌。而后告余。余恐乱命，以不女违。女既勤君而兴诸侯，牵帅老夫，以至于此，既无武守，无武功可执守。而又欲易余罪，移罪。曰：‘是实班师。不然，克矣。’余羸老矣，可重任乎？受此责。七日不克，必尔乎取之！取二子以谢罪。”荀偃、士丐帅卒攻偪阳，亲受矢石，灭之。

【眉批】知䓨此举，何其勇健！

知䓨致怨于郑

诸侯之师城虎牢郑岩邑而戍之。楚子囊贞救郑。诸侯之师还绕郑而南，至于阳陵。楚师不退。知武子䓨欲退，曰："今我逃楚，楚必骄，骄则可与战矣。"栾黡曰："逃楚，晋之耻也。合诸侯以益耻，不如死。我将独进。"师遂进，与楚师夹颍而军。子蟜郑公孙虿曰："诸侯既有成行，有去志。必不战矣。无斗心。从之，服晋。将退；不从，亦退。诸侯退师。退，诸侯既退。楚必围我。犹将退也，晋亦退。不如从楚，亦以退之。退楚。"宵涉颍，与楚人盟。畏晋知。栾黡欲伐郑师，涉颍者。荀䓨不可，曰："我实不能御楚，又不能庇郑，郑何罪？不如致怨焉而还。为后伐之资。今伐其师，楚必救之。战而不克，为诸侯笑。克不可命，必胜。不如还也。"诸侯之师还，侵郑北鄙而归。欲以致怨。楚人亦还。

【眉批】不能御楚，不能庇郑，甚极事理。

栾黡违荀偃之令

诸侯之大夫从晋侯悼伐秦，以报栎之役也。秦鲍武尝败晋士鲂于栎。济泾而次。秦人毒泾上流，师人多死。郑司马子蟜虿帅郑师以进，师皆从之，至于棫林，不获成焉。秦不服。荀偃令曰："鸡鸣而驾，塞井夷灶，示不再战。唯余马首是瞻。进退从之。"栾黡曰："晋国之命，未是有也。余马首欲东。"乃归。下军从之。左史谓魏庄子绛曰："不待中行伯乎？荀偃。"庄子曰："夫子命从帅，栾伯，吾帅也，吾将从之。从帅，所以待夫子也。以从命为待偃之道。”伯游偃字曰：“吾令实过，悔之何及！多遗秦禽。军帅不和，恐致败。”乃命大还。晋人谓之“迁延之役”。

【眉批】何栾黡不用命若是！

晋人走齐师

晋侯伐齐，平公讨齐之叛。将济河，献子荀偃以朱丝系玉二瑴而祷曰：“齐环灵公名怙恃其险，负其众庶，弃好背盟，陵虐神主。民。曾臣彪平公名彪。称臣者，明上有天子。曾，犹末也。将率诸侯以讨焉，其官臣偃实先后之。苟捷有功，无作神羞，官臣偃无敢复济。唯尔有神裁之。”沉玉而济。

齐侯灵御诸平阴，堑防门而守之，广里。夙沙卫曰：“不能战，莫如守险。”弗听。诸侯之士门焉，齐人多死。范宣子士丐告析文子子家曰：“吾知子，相知。敢匿情乎？鲁人、莒人皆请以车千乘自其乡入，既许之矣。若入，君必失国。子盍图之！”子家以告公。公恐。晏婴闻之，曰：“君固无勇，而又闻是，弗能久矣。”齐侯登巫山以望晋师。晋人使司马斥山泽之险，设候。虽所不至，必旆而疏陈之。示众。使乘车者左实以人右伪以衣为人形，以旆先，前驱。舆曳柴而从之。扬尘。齐侯见之，畏其众也，乃脱归。齐师夜遁。师旷告晋侯曰：“鸟乌之声乐，齐师其遁。”邢伯告中行伯荀偃曰：“有班马之声，齐师其遁。”叔向告晋侯曰：“城上有乌，齐师其遁。”遂从齐师。逐奔。

【眉批】形容一时，甚为肖似，文格古雅。

意态可掬。

胥梁带执齐乌馀

齐乌馀大夫以廪丘奔晋，袭卫羊角，取之；遂袭我高鱼，取之。又取邑于宋。于是范宣子丐卒，诸侯弗能治也。及赵文子武为政，乃卒治之。文子言于晋侯平曰："晋为盟主，诸侯或相侵也，则讨而使归其地。今乌馀之邑，皆讨类也，言此类宜见讨。而贪之，是无以为盟主也。请归之。"公曰："诺。孰可使也？"对曰："胥梁带能无用师。"言有权谋。晋侯使往。胥梁带使诸丧邑者具车徒以受地，必周。密来。使乌馀具车徒以受封。乌馀以其众出，使诸侯伪效乌馀之封者，使齐、鲁、宋伪若致邑封乌馀者。而遂执之，尽获之。皆取其邑，而归诸侯。诸侯是以睦于晋。

【眉批】正当。

魏舒变车战法

中行穆子荀吴败无终山戎及群狄于太原，崇卒也。将战，魏舒曰："彼徒我车，所遇又厄，地险不便车。以什共车，更增十人以当一车之用。必克。困诸厄，又克。请皆卒，自我始。"乃毁车以为行，五乘为三伍。五乘十五人，今去车，更以五人为伍，故分为三。荀吴之嬖人不肯即卒，斩以徇。为五陈以相离，不相联属，进退易也。两于前，伍于后，专为右角，参为左角，偏为前拒，两、伍、专、参、偏，皆阵名。以诱之。翟人笑之。未陈而薄之，大败之。

【眉批】观其言已森列，况其阵乎！

赵鞅大获齐粟

齐人输范氏粟，范吉射与赵鞅相恶，久在朝歌，故齐继之粟。郑子姚罕达、子般驷弘送之。士吉射逆之,赵鞅御之,遇于戚。蒯聩所居邑。阳虎时奔在晋曰:“吾车少,以兵车之旆与罕、驷兵车先陈。先郑师而结阵。罕、驷自后随而从之,彼见吾貌,车多之状。必有惧心,于是乎会之,必大败之。”从之。简子鞅誓曰:“范氏吉射、中行氏荀寅反易天明,斩艾百姓,欲擅晋国而灭其君。范中行二子伐定公而败,奔。寡君恃郑而保焉。今郑为不道,弃君助臣,二三子顺天明,从君命,经德义,除诟耻,在此行也。克敌者,上大夫受县,下大夫受郡,士田十万,庶人、工、商遂,得遂进仕。人臣隶圉免。去厮役。志父无罪,鞅自叛归,改名志父。君实图之!图赏。若其有罪,绞缢以戮,桐棺三寸,不设属辟,王棺四重:被水牛及兕之革为一重,辟为二重,属为三重,大棺为四重。君再重,属与辟为一重,大棺为再重。大夫一重,无辟唯属,与大棺为一重。今云不设辟者,僭也。素车朴马,无入于兆,域。下卿之罚也。”

将战,邮无恤王良御简子,卫大子蒯聩为右。登铁上,丘。望见郑师众,大子惧,自投于车下。子良授大子绥而乘之,曰:“妇人也。”简子巡列,曰:“毕万,匹夫也,七战皆获,有马百乘,死于牖下。群子勉之!死不在寇。”卫大子祷曰:“曾孙蒯聩敢昭告皇祖文王、烈祖康叔、文祖襄公:郑胜声公名乱从,释君助臣。晋午定公名在难,国有叛臣。不能治乱,使鞅讨之。蒯聩不敢自佚,备持矛焉。戎右,主击刺,故持矛。敢告无绝筋,无折骨,无面伤,以集大事,无作三祖羞。大命不敢请,佩玉不敢爱。以祷。”

郑人击简子,中肩,毙仆于车中,获其蜂旗。大子救之以戈。郑师北,获温大夫赵罗。大子复伐之,郑师大败,获齐粟千车。赵孟喜曰:“可矣。”喜大子前怯后勇。傅傁曰:“虽克郑,犹有知在,言知氏将为难。忧未艾也。"

既战,简子曰:"吾伏弢弓衣呕血,鼓音不衰。今日我上也。上功。"大子曰:"吾救主于车,退敌于下,我,右之上也。"邮良曰:"我两靷将绝,吾能止之,我,御之上也。"驾而乘材,小木。两靷皆绝。以明前功。汪氏曰:"郑之党叛人,固罪也。然鞅不思所以致乱,己实为之。苟能引咎责躬,改过迁善,返国权于其君,修明政事,复兴伯业,则诸侯畏之,范、中行将覆亡是惧,焉敢怙乱?今乃纳蒯聩而见拒于卫,遇郑师而震栗失措,既而幸胜,且以隽功相与矜夸,不思黩武剿民,构怨与国,以力胜人,奚足恃哉!"

【眉批】不特夸诞相竞之气,虽审象图形,殆无以过。

士蔑执戎蛮子

楚人既克夷虎,叛者。乃谋北方。单浮馀大夫围蛮氏,蛮氏溃。蛮子赤奔晋阴地。司马眅起丰、析与狄戎,以临上雒。左师军于菟和,右师军于仓野,使谓阴地之命大夫士蔑曰:"晋楚有盟,好恶同之。士燮子罢盟于宋云。若将不废,寡君之愿也。不然,将通于少习以听命。"少习,武关也。将大开武关道以伐晋。士蔑请诸赵孟鞅。赵孟曰:"晋国未宁,范、中行之难。安能恶于楚?必速与之!"士蔑乃致九州之戎,在晋地者。将裂田以与蛮子而城之,且将为之卜。蛮子听卜,遂执之,与其五大夫以畀楚。

卫

○州吁修郑怨

宋殇公之即位也,公子冯出奔郑。宋穆公属国于弟与夷,使其子冯居于郑。郑人欲纳之。及卫州吁立，弑桓公而自立。将修先君之怨于郑，先是，郑伐卫以讨滑之乱。而求宠于诸侯，一列于会，不复致讨，故求之。以和其民。使告于宋曰："君若伐郑，以除君害，君为主，敝邑以赋与陈、蔡从，则卫国之愿也。"宋人许之。于是陈、蔡方睦于卫，故宋公、陈侯、蔡人、卫人伐郑，围其东门，五日而还。

石碏杀州吁及厚

州吁未能和其民，厚问定君于石子。石子，石碏也。厚，其子也。初，州吁有宠于庄公而好兵，石厚与州吁游，碏禁之不可，乃告老。至是厚以州吁不安谘于父。石子曰："王觐为可。"曰："何以得觐？"曰："陈桓公存而称谥，盖追书之方有宠于王。陈、卫方睦，若朝陈使请，必可得也。"厚从州吁如陈。石碏使告于陈曰："卫国褊小，老夫耄矣，无能为也。此二人者，实弑寡君，敢即图之。"陈人执之，而请莅于卫。卫人使右宰丑莅杀州吁于濮。石碏使其宰獳羊肩莅杀石厚于陈。君子曰："石碏，纯臣也。恶州吁而厚与焉。'大义灭亲'，其是之谓乎！"真氏曰："方庄公之宠州吁也，碏能谏之；及州吁之篡桓公也，碏又能诛之，可谓社稷之臣矣！"

【眉批】碏之至此，事关宗社，不得不然。宋万之弑，宋人求贼于陈；夔父之弑，鲁人求贼于莒，皆责赂而后与。今此陈人能执州吁而不匿贼取赂，亦贤于后此陈、莒之为。然陈乃卫桓之母家，而陈侯亦亲率兵会伐郑，欲定其位，则今日之善，且不足赎前日之过。

宁庄子托旱以伐邢

卫人伐邢，以报菟圃之役。邢[1]尝与狄围卫菟圃。于是卫大旱，卜有事于山川，不吉。宁庄子速曰：“昔周饥，克殷而年丰。今邢方无道，诸侯无伯，齐桓方死。天其或者欲使卫讨邢乎？”从之。师兴而雨。吕氏曰：“昔之善用兵者，托于怪神以使其众。卜偃之牛声，田单之禽翔，陈胜之书帛，樊崇之探筹，妖诞不经，何足深辨！乃若卫之伐邢，其所托有不得不辨者焉。卫方欲伐邢，无以使其众，宁庄子乃假天之神，借武王之重，取众人之所共信者，诳胁其民而使之战耳。滹沱之济，非果能前知其冰也，济适与冰会也。伐邢之役，非果能前知其雨也，师适与雨会也。逢其适然，而人遂以为必然，庄子之说，遂行于后世矣。归亢旱于乾封，归星变于辅弼，归火灾于丁傅，矫诬上天，文饰六经，傲然无所忌惮。导其源而遗其毒者，庸非宁庄子乎？”

礼至灭邢勒功

卫人将伐邢，礼至曰：“不得其守，正卿国子也。国不可得也。我请昆弟仕焉。”乃往，得仕。卫人伐邢，二礼从国子巡城，掖以赴外，扶以出。杀之。卫侯燬成公名灭邢。礼至为铭，曰：“余掖杀国子，莫余敢止。”示勇。吕氏曰：“卫礼至行险侥幸，戕人而取之国，恬不知耻，反勒其功于铭，以章示后世。礼至之恶，因金石而遗臭万年也。”[2]

灵公激民叛晋

卫侯灵欲叛晋而患诸大夫。王孙贾使次于郊。大夫问故，公以晋诟语之，晋成何与卫侯盟，比之温、原。且曰：“寡人

①邢，原作“州”，误，据弘仁堂本改。

②吕祖谦《左传博议》（文渊阁本）作：“卫礼至行险，侥幸而取其国……人皆以礼至之恶，因金石而遗臭万世也。”

辱社稷，其改卜嗣，别立君。寡人从焉。”大夫曰：“是卫之祸，岂君之过也？”公曰：“又有患焉，谓寡人‘必以而汝子与大夫之子为质’。”大夫曰：“苟有益也，公子则往，群臣之子敢不皆负羁绁以从？”将行，王孙贾曰：“苟卫国有难，来伐。工商未尝不为患，使皆行而后可。欲激其怒。”公以告大夫，乃皆将行之。行有日，公朝国人，使贾问焉，曰：“若卫叛晋，晋五伐我，病何如矣？”皆曰：“五伐我，犹可以能战。”贾曰：“然则如叛之，病而后质焉，何迟之有？”乃叛晋。吕氏曰：“灵公以晋之侮，避位而激其民，而终能叛晋，是非乐于自屈也。不屈于此，则无以发机于彼也。灵公岂素抚循其民者耶？民之所以毕力拒晋者，非为灵公也。灵公之言，适动其爱君之机，而不能已也。”

蒯聩欲杀南子

卫侯灵为夫人南子召宋朝。宋公子朝，旧通于南子者。大子蒯聩献盂邑于齐，过宋野。野人歌之曰：“既定尔娄猪，求子猪也，得牡则定，以喻南子。盍归吾艾豭？牡豕也，以喻宋朝。”大子羞之，谓戏阳速曰：“从我而朝少君，少君见我，我顾，乃杀之。”速曰：“诺。”乃朝夫人。夫人见大子。大子三顾，速不进。夫人见其色，啼而走，曰：“蒯聩将杀余！”公执其手以登台。大子奔宋。尽逐其党。大子告人曰：“戏阳速祸余。”戏阳速告人曰：“大子则祸余。大子无道，使余杀其母。余不许，将戕于余，若杀夫人，将以余说。余是故许而弗为，以纾余死。谚曰‘民保于信’，吾以信义也。”以义为信。

浑良夫谋废置

孔圉取大子蒯聩之姊，生悝。孔氏之竖浑良夫长而美,孔文子卒,圉死。通于内。良夫淫于孔姬。大子在戚,蒯聩奔晋,晋纳之戚。孔姬使之焉。使良夫至大子所。大子与之言曰:“苟使我入获国,服冕乘轩,三死无与。”与之盟,为请于伯姬。良夫与大子入,舍于孔氏之外圃。昏,及夜。二人蒙衣而乘,良夫与大子,为妇人服而共载。寺人罗御,如孔氏。孔氏之老栾宁问之,称姻妾以告,遂入,适伯姬氏。既食,孔伯姬杖戈而先,大子与五人介,被甲。舆豭从之。追孔悝于厕,强盟之。欲令追辄。召获奉卫侯辄来奔。鲁。孔悝立庄公。卫侯庄谓浑良夫曰:“吾继先君而不得其器,国之宝器,辄皆将去。若之何?”良夫代[1]执火者屏左右而言,曰:“疾大子与亡君辄,皆君之子也,召之辄而择材焉,可也。若不材,器可得也。废之,而因得其器。”竖告大子疾。大子使五人舆豭从己,劫公而强盟之,且请杀良夫。公曰:“其盟免三死。”曰:“请三之,后有罪,杀之。”公曰:“诺哉!”卫侯为虎幄于藉圃,成,求令名者而与之始食焉。落成。大子请使良夫。良夫乘衷甸卿车两牡,一辕两马。紫衣狐裘。紫衣,君服。至,袒裘,不释剑而食。不敬。大子使牵以退,数之以三罪紫衣、袒裘、带剑而杀之。

郑

○公子突谋胜戎师

北戎侵郑。郑伯庄御之,患戎师,曰:“彼徒我车,惧其侵轶我也。”公子突曰:“使勇而无刚者,尝寇而速去之。勇

①代,原作“伐”,误,据《春秋左传注疏》改。

则能往，无刚不耻退。君为三覆伏兵以待之。戎轻而不整，贪而无亲；胜不相让，败不相救。先者见获，必务进；进而遇覆，必速奔。后者不救，则无继矣。乃可以逞。”从之。戎人之前遇覆者奔，祝聃逐之，衷戎师，冲击其中。前后击之，尽殪。戎师大奔。

【眉批】安危在所令，信矣！

公子忽谋御王师

王桓夺郑伯庄政，郑伯不朝。王以诸侯伐郑，郑伯御之。王为中军；虢公林父将右军，蔡人、卫人属焉；周公黑肩将左军，陈人属焉。郑子元请为左拒，以当蔡人、卫人；为右拒，以当陈人，曰：“陈乱，民莫有斗心。若先犯之，必奔。王卒顾之，必乱。蔡、卫不枝，固将先奔。既而萃于王卒，可以集事。”从之。曼伯为右拒，祭仲足为左拒，原繁、高渠弥以中军奉公，为鱼丽之陈。先偏后伍，《司马法》：车战二十五乘为偏，五人为伍。伍承弥缝。以伍承偏，弥缝其阙，此盖鱼丽阵法。战于繻葛。命二拒曰：“旝动而鼓！”视麾动则进。蔡、卫、陈皆奔，王卒乱，郑师合以攻之，王卒大败。祝聃射王中肩，王亦能军。祝聃请从之。公曰：“君子不欲多上人，况敢陵天子乎？苟自救也，社稷无陨，多矣。”夜，郑伯使祭足劳王，且问左右。

【眉批】王伐郑，而从者仅三国，盖蔡、卫、陈之仇郑久矣。隐二年，郑伐卫。四年，宋、陈、蔡、卫伐郑。十年，宋、卫入郑，又与蔡人伐戴，而郑复伐二国。桓二年，陈、郑虽会于稷，蔡、郑虽会于邓，未有成也。卫之隙未解也，故因王讨而行，以济私忿。要之，只一不朝，何必亲行？王之败绩，岂非自取？

子展欲坚与晋

郑人患晋、楚之故，二国频年伐郑。诸大夫曰："不从晋，国几亡。楚弱于晋，晋不吾疾也。不急争。晋疾，楚将辟之。何为而使晋师致死于我？楚弗敢敌，而后可固与也。"子展曰："与宋为恶，诸侯必至，吾从之盟。楚师至，吾又从之，则晋怒甚矣。晋能骤来，楚将不能，吾乃固与晋。"大夫说之，使疆埸[①]之司恶于宋。数侵犯之。宋向戌侵郑，大获。子展曰："师而伐宋可矣。若我伐宋，诸侯之伐我必疾，吾乃听命焉，且告于楚。楚师至，吾乃与之盟，而重赂晋师，乃免矣。"免晋、楚之难。郑子展侵宋。欲致晋师。诸侯伐郑，会于北林。师于向。右还，次于琐。围郑，观兵于南门，西济于济隧。郑人惧，乃行成，同盟于亳。楚子囊乞旅于秦。秦右大夫詹帅师从楚子共，将以伐郑。郑伯简逆之。伐宋。郑复与楚伐宋。诸侯悉师以复伐郑，观兵于郑东门。郑人使王子伯骈行成。晋赵武入盟郑伯。郑子展出盟晋侯悼，会于萧鱼。自是楚不敢与晋争，郑不背晋者二十四年。

子产欲使楚逞

楚子康伐郑，郑人将御之。子产曰："晋楚将平，诸侯将和，楚王是故昧于一来。昧，犹贪冒。不如使逞而归，乃易成也。夫小人之性衅于勇、啬于祸、以足其性而求名焉者，言欲与楚战者皆衅勇贪名之人。非国家之利也，若何从之？"子展

①埸，原作"扬"，误，据《春秋左传·襄公十一年》改。

说，不御寇。

【眉批】子产每见，自尔超绝。

宋

公子鲍篡位

公子鲍礼于国人，欲结人心。宋饥，竭其粟而贷之。恤民。年自七十以上，无不馈诒也，时加羞珍异。养老。无日不数于六卿之门。求宠。国之材人，无不事也；尊贤。亲自桓以下，无不恤也。亲亲。公子鲍美而艳，襄夫人欲通之，而不可，以礼自防。乃助之施。昭公无道，国人奉公子鲍以因夫人。夫人将使公田孟诸而杀之。公知之，尽以宝行。荡意诸曰："盍适诸侯？"公曰："不能其大夫谓鲍等至于君祖母襄夫人以及国人，诸侯谁纳我？且既为人君，而又为人臣，不如死。"尽以其宝赐左右而使行。昭公将田孟诸，未至，夫人使帅甸郊甸之兵攻而杀之。文公鲍即位。

【眉批】数句而鲍之邀人心以自固，一一毕露。

狂狡倒戟见禽

郑公子归生受命于楚伐宋。狂狡辂郑人，迎伐。郑人入于井。避之。倒戟而出之，待其出。获狂狡。君子曰："失礼违命，宜其为禽也。戎，昭军制之明果毅以听之之谓礼。听谓常存于耳，著于心，想闻其政令。杀敌为果，致果为毅。易之，反其所为。戮也。"

寺人伊戾诬大子痤

平公生佐，恶而婉。貌丑而心顺。大子痤美而很，合左师向戌畏而恶之。寺人惠墙氏伊戾名为大子内师而无宠。楚客聘于晋，过宋。大子知之，请野享之，公使往。伊戾请从之。公曰："夫谓大子不恶女乎？"对曰："小人之事君子也，恶之不敢远，好之不敢近，敬以待命，敢有贰心乎？纵有共其外，摈相。莫共其内，言己不行，恐内侍阙职。臣请往也。"遣之。至，则欿，用牲，加书，征之，诈作盟处，为太子反征。而骋告公，曰："大子将为乱，既与楚客盟矣。"公曰："为我子，又何求？"对曰："欲速。"公使视之，则信有焉。问诸夫人佐之母与左师，则皆曰："固闻之。"公囚大子。大子曰："唯佐也能免我。"以其婉也。召而使请，曰："日中不来，吾知死矣。"左师闻之，聒而与之语。过期，乃缢而死。佐为大子。公徐闻其无罪也，乃亨伊戾。真氏曰："甚矣！宋平公之暗也。初伊戾之请从大子以享客也，公固知大子之恶之矣；及设诈以陷大子，乃信之不疑。夫欿牲加书，谁不能为？平公闻之，逆折其奸而戮之，上也。徐究其妄而罪之，次也。乃遽用其言以囚大子，使不得自直而死。大子，君之贰也，而轻之若是，可乎？后虽能烹谗者，亦无益矣。"

寺人柳诬华合比

寺人柳有宠，大子佐恶之。华合比曰："我杀之。"柳闻之，乃坎，用牲，埋书，而告公平曰："合比将纳亡人之族，华臣尝乱宋，出奔陈。既盟于北郭矣。"公使视之，有焉，遂逐华合比。合比奔卫。真氏曰："坎牲，埋书，伊戾以之诬太子痤矣，寺人柳又用之以诬华合比焉。三尺童子，误听于前，犹必省悟于后，而平公又信之，以逐合比。区区小数，随用辄验，非为谗者之工，乃听者之不聪也。"

【眉批】人而不仁，病之已甚，乱也。佐与合比之死，虽平公之昏暗,厥亦有由哉!

陈

辕涛涂复郑申侯之怨

齐侯桓以诸侯之师伐楚,师退,次于召陵。齐既与屈完盟,将还。陈辕涛涂谓郑申侯曰:“师出于陈郑之间,国必甚病。若出于东方,观兵于东夷,循海而归,其可也。”申侯曰:“善。”涛涂以告齐侯,许之。申侯见曰:“师老矣,若出于东方而遇敌,惧不可用也。若出于陈郑之间,共其资粮扉草屦,其可也。”齐侯说,与之虎牢。执辕涛涂。伐陈,叔孙戴伯帅师会诸侯之师侵陈。陈成,归辕涛涂。陈辕宣仲涛涂字怨郑申侯之反己于召陵,故劝之城其赐邑,曰:“美城之,劝使坚固。大名也,子孙不忘。吾助子请。”乃为之请于诸侯而城之,美。遂谮诸郑伯文,曰:“美城其赐邑,将以叛也。”申侯由是得罪。齐人伐郑。齐桓盟诸侯于首止,以定王世子,郑伯逃归不盟,故治之。郑杀申侯以说于齐,且用陈辕涛涂之谮也。

齐

管仲使反侵地

桓公曰:“吾欲从事于诸侯,其可乎?”管子对曰:“未可。邻国未吾亲也。君若欲从事于天下诸侯,则亲邻国。”桓公曰:“若何?”管子对曰:“审吾疆场,而反其侵地;正其封疆,无受其资;而重为之皮币,以骤聘眺于诸侯,以安四邻，则四邻之国亲我矣。为游士八十人，奉之以车马衣裘，多其资币，使周游于四方，以号召天下之贤士。皮币玩好，使人鬻之四方，以监视其上下之所好，玩好物贵，则其国奢；物贱，则其国俭。择其淫乱者而先征之。”桓公曰：“吾欲南伐，何主？”主供军用。管子对曰：“以鲁为主。反其侵地棠、潜，二邑。使海于有蔽，以海依蔽。渠弭于有渚，渠弭，裨海也。水中可居者曰渚。环山于有牢。牧地。”桓公曰：“吾欲西伐，何主？”管子对曰：“以卫为主。反其侵地台、原、姑与漆里，四邑。使海于有蔽，渠弭于有渚，环山于有牢。”桓公曰：“吾欲北伐，何主？”管子对曰：“以燕为主。反其侵地柴夫、吠狗，二邑。使海于有蔽，渠弭于有渚，环山于有牢。”四邻大亲。既反侵地，正封疆，南至于陶阴，西至于济，北至于河，东至于纪酅，有革车八百乘。择天下之甚淫乱者而先征之。

【眉批】审谋而行，择国而亲，英气豪略，足盖当世。

陈乞伪事高、国

陈乞伪事高、国者，齐景公命高张、国夏立庶子荼，而出大子阳生，故乞欲害之。每朝，必骖乘焉。所从，必言诸大夫举其过曰：“彼皆偃蹇，骄傲。将弃子之命。皆曰：‘高、国得君，必逼我，盍去诸？’固将谋子，子早图之！图之，莫如尽灭之。需，若疑。事之下也。”反朝，则曰：“彼，虎狼也。见我在子之侧，杀我无日矣，请就之位。”欲与诸大夫谋高、国，故求就之。又谓诸大夫曰：“二子者祸矣，恃得君而欲谋二三子，曰：‘国之多难，贵宠之由，尽去之而后君定。’既成谋矣，盍及其未作也先诸？作而后，悔亦无及也。”大夫从之。陈乞、鲍牧及诸大夫以甲入于公宫。昭子高张闻之，与惠子国夏乘如公。公宫。战于庄，六轨之道。败。高、国败。国人追之，国夏奔莒，遂及高张来奔。陈乞既去高、国，乃使召公子阳生于鲁，立之，是为悼公。寻使朱毛迁孺子荼于骀，未至，杀之。

秦

公孙枝定计处晋惠公

秦岁定，帅师侵晋，晋饥，秦输之粟。秦饥，晋闭之籴，且背赂。故侯岁稔侵晋。《传》作伐。至于韩。公惠御秦师。君揖大夫就车，君鼓而进之。晋师溃，戎马泞而止。泥深马陷。遂止于秦。为秦所获。穆公归，至于王城，合大夫而谋曰："杀晋君与逐出之，与以归与复之，孰利？"公子絷曰："杀之利。以为臣子绝望。逐之恐构诸侯，交构之。以归则国家多慝，恐知国家闲隙之恶。复之则君臣合作，恐为君忧，图报。不若杀之。"公孙枝曰："不可。耻大国之士于中原，又杀其君以重之，子思报父之仇，臣思报君之仇。虽微秦国，天下孰不患？虽无秦，诸侯有害人君父者，皆疾之。"公子絷曰："吾岂将徒杀之？吾将以公子重耳代之。晋君之无道莫不闻，公子重耳之仁莫不知。战胜大国，武也。杀无道而立有道，仁也。胜无后害，知也。"公孙枝曰："耻一国之士，又曰余纳有道以临女，无乃不可乎？若不可，必为诸侯笑。战而笑诸侯，不可谓武。杀其弟而立其兄，兄德我而忘其亲，不可谓仁。若勿忘，是再施而不遂也，不可谓知。"君曰："然则若何？"公孙枝曰："不若以归，以要晋国之成，复其君而质其適子，使子父代处秦，国可以无害。"是故归惠公而质子圉，秦始知河东之政。取其地而置官，故知其政。

【眉批】事理亦适如此。

邓

○三甥欲杀楚文王

楚文王伐申，过邓。邓祁侯曰："吾甥也。"止而享之。骓甥、聃甥、养甥请杀楚子。邓侯弗许。三甥曰："亡邓国者，必此人也。若不早图，后君噬脐。喻不可及。其及图之乎！图之，此为时矣。"邓侯曰："人将不食吾馀。"言为人所贱。对曰："若不从三臣，抑社稷实不血食，而君焉取馀？"弗从。还年，时鲁庄公六年。楚子伐邓。十六年，后十年。楚复伐邓，灭之。吕氏曰："邓之三甥，不知国之存亡系于我之治乱，反谓系于楚子之死生，汲汲然欲杀之，忘内而忧外，何其疏也！"朱氏曰："三甥之谋亦愚矣。不能使邓侯自强其国，而徒使为戕贼之谋。纵使楚文王可得而杀，安知后来无灭邓者邪？"

【眉批】即使杀楚子，楚大国也，兴师而来报怨，区区之邓，能当之乎？甚矣，三甥之无谋也。邓之灭于楚，厥亦有由，非三甥之言之中[1]。

楚

○斗伯比图随

武王侵随，使薳章求成焉，军于瑕以待之。随人使少师董成。主其事。斗伯比言于楚子曰："吾不得志于汉东也，

①中，原作"众"，误，据任养心本改。

我则使然。楚自失策。我张吾三军，而被吾甲兵，以武临之，彼则惧而协以谋我，故难间也。汉东之国，随为大。随张，自侈。必弃小国。小国离，楚之利也。少师侈，请羸师以张之。”熊率且比曰：“季梁在，何益？”斗伯比曰：“以为后图，少师得其君。”季梁之贤不如少师之宠，当以少师为计。王毁军而纳少师。少师归，请追楚师。随侯将许之。季梁止之。随少师有宠。楚斗伯比曰：“可矣。仇有衅，不可失也。”楚子伐随，军于汉淮之间。季梁请下之：“弗许而后战，所以怒我而怠寇也。”少师谓随侯曰：“必速战。不然，将失楚师。”随侯御之。望楚师。季梁曰：“楚人上左，精兵在。君必左，无与王遇。且攻其右。右无良焉，必败。偏败，众乃携矣。”少师曰：“不当王，非敌也。”弗从。战于速杞。随师败绩。随侯逸。斗丹获其戎车，与其戎右少师。时少师为车右。随及楚平，楚子将不许。斗伯比曰：“天去其疾矣，谓少师。随未可克也。”乃盟而还。吕氏曰：“尝考伯比之谋，既假毁军之诈而中少师之欲，复假少师之请而激季梁之谏，复假季梁之重而致随侯之惧，复假随侯之止而增少师之惭，复假少师之宠而沮季梁之策，置毫末之毒于少师之心，而一国君臣展转薰染，自胜自负，自起自仆，自予自夺，如轮如机，不得少息，吾端坐拱手，不动声色，而徐制其弊焉。虽事往迹陈，书之简牍，读者犹不知其端倪，况于当时自坠其网者乎？”

【眉批】此节事情，极为曲折，左氏叙之，殊尽其妙。

○斗廉败郧师

屈瑕将盟贰、轸。二国。郧人军于蒲骚，将与随、绞、州、蓼四国伐楚师。莫敖患之。屈瑕为莫敖之官。斗廉曰：“郧人军其郊，必不诫。备。且日虞四邑之至也。君次于郊郢，以御四邑，我以锐师宵加于郧。郧有虞心方度四国之来而不疑楚至而恃其城，走保之。莫有斗志。若败郧师，四邑必离。”莫敖曰：“盍请济师于王？”对曰：“师克在和，不在众。商、周之不敌，武王革车三百两、虎贲三千人以伐纣。君之所闻也。成军以出，又何济焉？”莫敖曰：“卜之？”对曰：“卜以决疑。不疑，何卜？”遂败郧师于蒲骚，卒盟而还。盟贰、轸。

【眉批】唯断乃成，斗廉之谓。

屈瑕胜绞

楚伐绞，军其南门。莫敖屈瑕曰：“绞小而轻，轻则寡谋。请无扞采樵者以诱之。”从之，绞人获三十人。楚采樵者。明日，绞人争出，驱楚役徒于山中。楚人坐其北门，守其归路。而覆诸山下。设伏。大败之。为城下之盟而还。

○屈瑕以自用败

屈瑕伐罗，斗伯比送之。还，谓其御曰：“莫敖必败，举趾高，心不固矣。”遂见楚子武，曰：“必济师！”欲益师，恐其败也。楚子辞焉。入告夫人邓曼。邓曼曰：“大夫其非众之谓，其谓君抚小民以信，训诸司以德，而威莫敖以刑也。莫敖狃于蒲骚之役，瑕尝用斗廉计，败郧于蒲骚。将自用也，必小罗。君若不镇抚，其不设备乎！言瑕必以无备取败。夫固谓君训众而好镇抚之，召诸司而劝之以令德，见莫敖而告诸天之不假易也。与瑕言天不假借于轻易之人，欲其敬也。不然，夫岂不知楚师之尽行也？”楚子使赖人追之，不及。莫敖使徇于师曰：“谏者有刑！”及鄢，乱次以济，遂无次。不整军伍。且不设备。及罗，罗与卢戎两军之，夹攻。大败之。莫敖缢于荒谷。吕氏曰：“屈瑕之祸，邓曼归之蒲骚。吾以为成屈瑕之祸者，在绞而不在蒲骚。方伐绞之初,屈瑕虽欲自用,尚未敢自信也;苟又挫于绞人,必谓昔以用人言而胜,今以自用而败,将益求其所未至,不敢以兵为戏矣。彼既见其谋之验,忘其幸而矜其能,心口相语:畴昔蒲骚之胜,借曰斗廉之谋;今采樵诱敌之策,岂亦斗廉教我乎?此所以坚其自用之意而趣其荒谷之缢也。"

【眉批】"谏者有刑",此屈瑕之所以败。

芳贾谋伐庸

楚大饥。庸人帅群蛮以叛楚,麇人率百濮聚于选地,将伐楚。于是申、息之北门不启。备中国。楚人谋徙于阪高。芳贾曰:"不可。我能往,寇亦能往,不如伐庸。夫麇与百濮,谓我饥不能师,故伐我也。若我出师,必惧而归。百濮离居,将各走其邑,谁暇谋人?"乃出师。旬有五日,百濮乃罢。自庐以往,伐。振廪同食。上下无异。次于句澨。使庐戢黎侵庸,及庸方城。庸人逐之,囚子扬窗。三宿而逸,曰:"庸师众,群蛮聚焉,不如复大师,句澨之师。且起王卒,合而后进。"师叔潘尪曰:"不可。姑又与之遇以骄之。彼骄我怒,而后可克,先君蚡冒所以服陉隰也。"又与之遇,七遇皆北。庸人曰:"楚不足与战矣。"遂不设备。楚子庄乘驲,会师于临品,分为二队,子越自石溪,子贝自仞以伐庸。秦人、巴人从楚师。群蛮从楚子盟,遂灭庸。吕氏曰:"或曰楚之是役,有庐戢黎之兵,有子扬窗之谍,有师叔之谋,有子越、子贝之旅,合众智,萃群力,用集大勋,岂专芳贾之功欤?曰有张良以决鸿沟之追,则参、勃、信、布之徒不可胜用也;有邳彤以决河北之留,则弇、异、汉、恂之徒不可胜用也。天下患无张良而不患无参、勃、信、布,天下患无邳彤而不患无弇、异、汉、恂。当楚人策画未定之际,使无芳贾之一言,退自窜于坂高之墟,则虽有数子之智勇,不过崎岖草莽间,其有匹夫之决者,不过先狗马填沟壑耳。贾也昌言于庭,扶楚国倾仆之势而起之,遍国中勃有生意,淬戈砺刃,惟恐见敌之晚。虽无数子,岂无能办此者哉!"

【眉批】竟依所料。

巫臣窃夏姬

楚之讨陈夏氏也，以夏征舒弑君故。庄王欲纳夏姬。申公巫臣曰："不可。君召诸侯，以讨罪也；今纳夏姬，贪其色也。贪色为淫，淫为大罚。《周书》曰'明德慎罚'，文王所以造周也。明德，务崇之之谓也；慎罚，务去之之谓也。若兴诸侯，以取大罚，非慎之也。君其图之！"王乃止。子反侧欲取之，巫臣曰："是不祥人也。是夭子蛮，郑灵公，字子蛮，夏姬之兄也，遇弑，无后。杀御叔，夏姬之夫，亦早死。弑灵侯，陈侯通于夏姬，为征舒所弑。戮夏南，夏姬子征舒，为庄王所杀。出孔、仪，孔宁、仪行父淫于夏姬，奔楚。丧陈国，楚县陈以讨夏氏之乱。何不祥如是？人生实难，其有不获死乎？无为取夏姬以速死。天下多美妇人，何必是？"子反乃止。王以予连尹襄老。襄老死于邲，晋楚战于邲，知庄子射杀襄老。不获其尸。知庄子载其尸以归。其子黑要烝焉。上淫于夏姬。巫臣使道焉，曰："归，道意于姬，使归郑。吾聘女。"又使自郑召之许自郑来召姬曰："尸可得也，必来逆之。"姬以告王。王问诸屈巫巫臣。对曰："其信。知罃之父，荀首。成公之嬖也，而中行伯林父之季弟也，新佐中军，而善郑皇戌，甚爱此子。知罃。其必因郑而归王子谷臣与襄老之尸以求之。郑人惧于邲之役，而欲求媚于晋，其必许之。"邲之战，楚囚知罃，晋囚谷臣，射杀襄老，故欲以谷臣、襄老尸易罃。王遣夏姬归。将行，谓送者曰："不得尸，吾不反矣。"巫臣聘诸郑，郑伯襄许之。及共王即位，将为杨桥之役，伐晋。使屈巫聘于齐，且告师期。巫臣尽室以行。申叔跪从其父将适郢，遇之，曰："异哉！夫子有三军之惧，而又有桑中之喜，宜将窃妻以逃者也。”及郑，使介反币，而以夏姬行。遂奔晋。

【眉批】严整之中而又有跌宕。

巫臣复子重、子反之怨

楚围宋之役，以杀申舟故。师还，子重婴齐请取于申、吕以为赏田。自赏。王共许之。申公巫臣曰：“不可。此申、吕所以邑也，是以为赋，以御北方。若取之，是无申、吕也，晋、郑必至于汉。”王乃止。子重是以怨巫臣。子反欲取夏姬，巫臣止之，遂取以行，奔晋。子反亦怨之。及共王即位，子重、子反杀巫臣之族而分其室。巫臣自晋遗二子书，曰：“尔以谗慝贪婪事君，而多杀不辜，余必使尔罢于奔命以死。”巫臣请使于吴，晋侯许之。吴子寿梦说之。乃通吴于晋，以两之一卒适吴，舍偏两之一焉。《司马法》曰：“百人为卒，二十五人为两，车九乘为小偏，十五乘为大偏。”巫臣盖以一卒百人使吴，留少偏九乘车及一两二十五人，令吴习之。与其射御，教吴乘车，教之战陈，射御、乘车、战陈，皆吴所未有者，故教之。教之叛楚。置其子狐庸焉，使为行人于吴。吴始伐楚、伐巢、伐徐，子重奔命。救之。马陵之会，吴入州来，子重自郑奔命。子重、子反于是乎一岁七奔命。蛮夷属于楚者，吴尽取之。

【眉批】二人之怨巫臣，皆非其正，即使怨之，何至杀族分室之惨？巫臣修报非过也。

养由基败吴师

吴侵楚，养由基奔命，子庚以师继之。养叔曰：“吴乘我丧，时共王卒。谓我不能师也，必易我而不戒。子为三覆伏兵以待我，我请诱之。”子庚从之。战于庸浦，大败吴师。

【眉批】出其不意。

子强败吴师

舒鸠人叛楚。令尹子木屈建伐之，及离城，吴人救之。子木遽以右师先，子强、息桓、子捷、子骈、子盂帅左师以退。吴人居其间七日。子强曰：“久将垫隘，隘乃禽也，虑有水雨，为吴所获。不如速战。请以其私卒诱之，简师，陈以待我。我克则进，奔则亦视之，若奔，则视其形势以救助。乃可以免。不然，必为吴禽。”从之。五人以其私卒先击吴师，吴师奔；登山以望，见楚师不继，复逐之，傅诸其军，吴逐楚子强五人至其军。简师会之。楚合击。吴师大败。遂围舒鸠，舒鸠溃。楚灭舒鸠。

共王埋璧

共王无冢適，有宠子五人，熊昭、熊虔、比、黑肱、弃疾。无適立焉。未定。乃大有事于群望，星辰山川之神。而祈曰：“请神择于五人者，使主社稷。”乃遍以璧见于群望，曰：“当璧而拜者，神所立也，谁敢违之？”既，乃与巴姬密埋璧于大室之庭，使五人齐，而长入拜。既齐，而以长幼次序入。康王跨之，熊昭。灵王肘加焉，熊虔。子干、子晳皆远之。比、黑肱。平王弱，弃疾。抱而入，再拜，皆厌纽。埋时微露纽以为识，盖属意于弃疾也。斗韦龟属成然焉，以其子托之。且曰：“弃礼谓卜于神，弃立长之礼违命，谓立康王违当璧之命。楚其危哉！”

【眉批】古奥雅重，曲尽其态。

费无极去蔡朝吴

费无极害朝吴之在蔡也,朝吴,故蔡大夫。楚虔灭蔡,朝吴从弃疾,既而弃疾篡立,复封蔡,使居旧国,故无极疚之。欲去之,乃谓之曰:“王平唯信子,故处子于蔡,子亦长矣,而在下位,辱可耻必求之,吾助子请。”又谓其上之人曰:“王唯信吴,故处诸蔡,二三子莫之如也,而在其上,不亦难乎?弗图,必及于难。”蔡人逐朝吴,朝吴出奔郑。王怒,曰:“余唯信吴,故置诸蔡。且微吴,吾不及此。女何故去之?”无极对曰:“臣岂不欲吴?善吴。然而前知其为人之异也。多权谋。吴在蔡,蔡必速飞。去吴,所以翦其翼也。”胡氏曰:“无极,楚之谗人也。去朝吴,出蔡侯朱,丧太子建,杀连尹奢,屏王耳目,使不聪明,卒使吴师入郢,辱及宗庙。谗人为乱,可不畏乎?朝吴以名利累其心而莫之觉,不智亦甚矣。”

王子胜图迁许

左尹王子胜言于楚子平曰:“许于郑,仇敌也,而居楚地,以不礼于郑。恃楚。晋、郑方睦,郑若伐许,而晋助之,楚丧地矣。君盍迁许。许不专于楚,郑方有令政,许曰:‘余旧国也。’郑曰:‘余俘邑也。’郑尝灭许而复存之。叶在楚国,方城外之蔽也。土不可易,国不可小,许不可俘,仇不可启,君其图之!”楚子说,使王子胜迁许于析。

费无极丧大子建杀伍奢

楚子平生太子建,使伍奢为之师,费无极为少师,无宠焉,欲谮诸王,曰:“建可室矣。”王为之聘于秦,无极与逆,预逆女事。劝王取之。为夫人。费无极言于楚子曰:“晋之伯也，迩于诸夏；而楚辟陋，故弗能与争。若大城城父，而置大子焉，以通北方，王收南方，是得天下也。”王说，从之。故太子建居于城父。费无极言于楚子曰：“建与伍奢将以方城之外叛，自以为犹宋、郑也，齐、晋又交辅之，将以害楚，其事集矣。”王信之，问伍奢。伍奢对曰：“君一过多矣，谓纳建妻。何信于谗？”王执伍奢，使城父司马奋扬杀太子。未至，而使遣之。太子建奔宋。无极曰：“奢之子材，若在吴，必忧楚国，言必贻楚忧。盍以免其父召之。彼仁，必来。不然，将为患。”王使召之曰：“来，吾免而父。”伍尚归，楚人皆杀之。伍员奔吴，卒复父仇。

费无极出蔡侯朱

费无极取货于东国，蔡隐太子有之子，平侯庐之弟，蔡侯朱之叔父。而谓蔡人曰：“朱不用命于楚，君王将立东国。若不先从王欲，楚必围蔡。”蔡人惧，出朱而立东国。朱诉于楚，楚子将讨蔡。无极曰：“平侯与楚有盟，平王为蔡公时，与子干、子皙盟于邓，依陈，蔡人以国，遂入楚。故封。其子有二心，故废之。灵王杀隐太子，灭蔡，执世子有以归，用之。其子与君同恶，平侯与公子比杀灵王。德君必甚。又使立之，不亦可乎？且废置在君，蔡无他矣。”

费无极陷郤宛

郤宛直而和，国人说之。鄢将师为右领，与费无极比而恶之。令尹子常囊瓦贿而信谗，无极谮郤宛焉，谓子常曰：“子恶宛字欲饮子酒。”又谓子恶：“令尹欲饮酒于子氏。”子恶曰：“我，贱人也，不足以辱令尹。令尹将必来辱，为惠已甚，吾无以酬之，若何？”无极曰：“令尹好甲兵，子出之，所有。吾择焉。”取五甲五兵，曰：“置诸门。令尹至，必观之，而从以酬之。”及飨日，帷诸门左。藏其甲兵。无极谓令尹曰：“吾几祸子。子恶将为子不利，甲在门矣。子必无往！且此役也，楚平王卒，吴乘其丧伐之，围潜，令尹子常、左尹郤宛皆救之，闻吴乱而还。吴可以得志。子恶取赂焉而还；又误群帅，使退其师，曰：‘乘乱不祥。’吴乘我丧，我乘其乱，不亦可乎？”令尹使视郤氏，则有甲焉。不往，召鄢将师而告之。将师退，遂令攻郤氏，且爇之。子恶闻之，遂自杀也。尽灭郤氏之族党。真氏曰：“无极之陷郤宛也，岂不冤哉！郤宛未尝欲饮子常，子常未尝欲就郤氏以饮也，凿空造端，缔怨梯祸，既劝以甲兵献子常，又从而谗之，帷兵在门，有实可验，子常安得而不信诸？三族无罪而诛，由无极一言以陷之也。呜呼！酷哉！”

【眉批】历观无极，可谓谗恶之魁，然听其言者，皆不能一察而俱堕其计中，何也？

吴

公子光复取馀皇

吴伐楚，战于长岸，子鱼先死，楚司马公子鲂先以其属死之。楚师继之，大败吴师，获其乘舟馀皇。舟名。使随人与后至者守之，环而堑之，及泉，盈其隧炭，置火满隧道。陈以待命。吴公子光请于其众，曰：“丧先王之乘舟，岂唯光之罪？众亦有焉。请藉取之借众力以救死。”众许之。使长鬣者三人潜伏于舟侧，曰：“我呼馀皇，则对。师夜从之。”三呼，皆迭对。楚人从而杀之。楚师乱，吴人大败之，取馀皇以归。

公子光鸡父之捷

吴人伐州来，楚薳越帅师及诸侯之师，顿、胡、沈、陈、蔡、许。奔命救州来。令尹子瑕以疾从戎，故薳越摄行兵事。吴人御诸钟离，子瑕卒，疾不起。楚师熸。吴、越之间谓火灭为熸，盖元帅亡，军无气焰也。吴公子光曰："诸侯从于楚者众，而皆小国也，畏楚而不获已，是以来。吾闻之曰：'作事威克其爱，军事以威胜爱。虽小必济。'胡、沈之君幼而狂，陈大夫啮壮而顽，顿与许、蔡疾楚政。楚令尹死，其师熸。帅贱、谓薳越非卿。多宠，军中多宠人。政令不一。七国同役而不同心，帅贱而不能整，无大威命，楚可败也。若分师先以犯胡、沈与陈，必先奔。三国败，诸侯之师乃摇心矣。诸侯乖乱，楚必大奔。请先者去备薄威，示以不整而诱之。后者敦陈整旅。待战。"吴子王僚从之。戊辰晦，兵忌晦，其用此日，盖出楚所不意。战于鸡父。吴子以罪人三千先犯胡、沈与陈，三国争之。吴为三军以系于后，中军从王，光帅右，掩馀帅左。吴之罪人或奔或止，三国乱，吴师击之，三国败，获胡、沈之君及陈大夫。舍胡、沈之囚使奔许与蔡、顿，曰："吾君死矣！"师噪而从之，三国奔，楚师大奔。

【眉批】观衅而动，楚之衅诚多矣。

伍员肄楚

吴子阖庐问于伍员曰："初而言伐楚，员自楚奔吴时，言伐楚之利于王僚，公子光曰："是宗为戮而欲反其仇，不可从也。"余知其可也，而恐其使余往也，恐任其劳。又恶人之有余之功也。恐夺其功。今余将自有之矣。伐楚何如？"对曰："楚执政众而乖，心异。莫适任患。若为三师以肄焉，更出迭入，以劳苦之。一师至，彼必皆出。彼出则归,彼归则出,楚必道敝。疲于往来。亟肄以罢之,多方以误之。既罢而后以三军继之,必大克之。”阖庐从之,楚于是乎始病。

【眉批】唐太宗观兵籍而曰:“千章万条,不如‘多方以误’一句。”此真非特伐楚,凡三代以下之取胜者,未有不由斯者矣。

阖庐柏举之捷

蔡侯、吴子、唐侯伐楚。蔡昭侯有佩裘,唐成公有肃爽马,楚囊瓦欲而不与,拘于楚三年。既归,请师于吴,吴王阖庐、大宰嚭、行人伍员方谋楚,故起师伐之。舍舟于淮汭,吴乘舟从淮来,过蔡而舍之。自豫章与楚夹汉。左司马戌谓子常囊瓦曰:“子沿汉而与之上下,遮之,使勿渡。我悉方城外以毁其舟,还塞大隧、直辕、冥阨。三路皆汉东之隘,故欲塞之。子济汉而伐之,我自后击之,必大败之。”既谋而行。武城黑谓子常曰:“吴用木也,我用革也,不可久也,不如速战。”史皇谓子常:“楚人恶子而好司马。若司马毁吴舟于淮,塞城口而入,是独克吴也。子必速战!不然,不免。”乃济汉而陈,自小别至于大别。三战,子常知不可,欲奔。史皇曰:“安,求其事;难而逃之,将何所入?子必死之,初罪必尽说。战死可以免贪贿召寇之罪。”二师陈于柏举。阖庐之弟夫概王晨请于阖庐曰:“楚瓦不仁,其臣莫有死志。先伐之,其卒必奔;而后大师继之,必克。”弗许。夫概王曰:“所谓‘臣义而行,不待命’者,其此之谓也。今日我死,楚可入也。”以其属五千先击子常之卒。子常之卒奔,楚师乱,吴师大败之。子常奔郑。史皇以其乘广死。吴从楚师,及清发,将击之。夫概王曰:“困兽犹斗,况人乎？若知不免而致死，必败我。若使先济者知免，后者慕之，蔑有斗心矣。半济而后可击也。”从之，又败之。五战，及郢。

楚子取其妹季芈畀我以出，奔随。吴入郢，以班处宫。《公羊》曰：“君舍于君之室，大夫舍于大夫之室。”《谷梁》曰：“坏宗庙，徙陈器，挞平王之墓。”胡氏曰：“吴能救蔡、败楚、成伯，讨之功善矣。伐国者固将拯民于水火之中而鸠集之耳。杀其父兄，系其子弟，毁其宗庙，迁其重器，而乱男女之配也，如水益深，如火益热，则善小而恶大，功不足以掩之矣。”家氏曰：“使其入郢之后，止兵休掠，命蔡昭、子胥之徒分定楚地，抚辑其民人，请命于周，明正楚罪，削而夺之，以其地封有功诸侯，而吴不自以为有，则伯业可成，虽以继桓、文可也。而夷狄之人志不在大，骄心易生，故败不旋踵，良可惜也！”

王孙雄决计长晋

吴晋争长未成，吴王夫差、晋定公为黄池之会，将盟，争歃之先后。吴人曰：“于周室，我为长。”晋人曰：“于诸侯，我为伯。”边遽乃至，以越乱告。时越王句践率师袭吴，杀太子友。吴王惧，乃合大夫而谋曰：“越为不道，背其齐盟。今吾道路悠远，无会而归，与会而先晋，孰利？”王孙雄曰：“夫危事不齿，不以年次。雄敢先对，二者莫利。无会而归，越闻章矣，民惧而走，远无正就。适从。齐、宋、徐、夷曰：‘吴既败矣！’将夹沟而𢷋我，旁击曰𢷋。我无生命矣。会而先晋，晋既执诸侯之柄以临我，将成其志以见天子。以侯伯之礼见天子。吾须之不能，不能待见天子。去之不忍。若越闻愈章，吾民恐畔。必会而先之。使吴先歃。”王乃步就王孙雄曰：“先之，图之将若何？”王孙雄曰：“王其无疑，吾道路悠远，必无有二命焉，可以济事。”欲决一计求先晋。王孙雄进，顾揖诸大夫曰：“危事不可以为安，死事不可以为生，则无为贵知矣。言人不能以危易安，以死易生，则何贵于知。民之恶死而欲贵富以长没也，谓老终。与我同。虽然，彼近其国，有迁；转退。我绝虑而无迁。道远也。彼岂能与我行此危事也哉？晋不能以死争。事君勇谋，于此用之。今夕必挑战，以广民心。请王励士，以奋其朋势。劝之以高位重畜，备刑戮以辱其不厉者，令各轻其死。彼将不战而先我，我既执诸侯之柄，以岁之不获也，无有诛焉，不责诸侯之贡赋。而先罢之，遣诸侯令归。诸侯必说。既而皆入其地，王安挺志，挺，宽也。一日惕，疾。一日留，徐。以安步王志。安行。必设许以此民也，封于江淮之间，乃能至于吴。”吴王许诺。于是秣马食士，服兵擐甲，以挑战。晋师大骇，令董褐请事贵以僭王，乃就幕而会。吴公先歃，晋侯亚之。

【眉批】怯而示之以强。

越

勾践檇李之捷

吴伐越，越子勾践御之，陈于檇李。勾践患吴之整也，使死士，再禽焉，使敢死之士往乱其陈，两为吴人所禽。不动。吴陈不乱。使罪人三行，属剑于颈，而辞曰：“二军有治，治兵。臣奸旗鼓。犯令。不敏于君之行前，不敢逃刑，敢归死。”遂自刭也。师属之目，越子因而伐之，大败之。灵姑浮以戈击阖庐，阖庐伤将指，足大指。取其一屦。还，卒于陉。夫差使人立于庭，苟出入，必谓己曰：“夫差！而忘越王之杀而父乎？”则对曰：“唯，不敢忘。”三年乃报越。

【眉批】夫差志气如此，吴方晏安得志，及其亡而不悟也。

勾践谋伐吴

王勾践召范蠡而问焉，吴报越，败之于夫椒。越王栖于会稽，使大夫种行成，既归而谋之。曰："先人允常就世，不谷即位。吾年既少，未有恒常，出则禽荒，入则酒荒。吾百姓之不图，唯舟与车。好游田。上天降祸于越，委制于吴。吴人之那于不谷，亦又甚焉。见困。吾欲与子谋之，其可乎？"范蠡对曰："未可也。蠡闻之，上帝不考，时反是守，考，成也。言天未成，越当守天时。天时没，乃可以动也。强索者不祥。得时不成，反受其殃。失德灭名，流走死亡。有夺，有予，有不予，言天意如此。王无蚤图。夫吴，君王之吴也，王若蚤图之，其事又将未可知也。"王曰："诺。"

又一年，王召范蠡而问焉，曰："吾与子谋吴，子曰'未可也'，今吴王淫于乐声色而忘其百姓，乱民功，逆天时；信谗喜优，俳。憎辅相道者远弼矫过者，圣人不出，忠臣解骨倦怠；皆曲相御，曲意取容。莫适相非，上下相偷苟且。其可乎？"范蠡对曰："人事至矣，天应未也，王姑待之。"王曰："诺。"

又一年，王召范蠡而问焉，曰："吾与子谋吴，子曰'未可也'，今申胥骤谏其王，王怒而杀之，其可乎？"范蠡对曰："逆节萌生。天地未形，言无灾异。而先为之征，其事是以不成，杂俱受其刑。王姑待之。"王曰："诺。"

又一年，王召范蠡而问焉，曰："吾与子谋吴，子曰'未可也'，今其稻蟹不遗种，言蟹食稻。其可乎？"范蠡对曰："天应至矣，人事未尽也，谓饥困愁怨之事未极。王姑待之。"王怒曰："道固然乎，妄其欺不谷邪？吾与子言人事，子应我以天时；今天应至矣，子应我以人事。何也？"范蠡对曰："王姑勿怪。夫人事必将与天地相参，然后乃可以成功。今其祸新民恐，其君臣上下，皆知其资财之不足以支长久也，彼将同其力，致其死，犹尚殆。言伐吴于事尚危。王其且驰骋弋猎，使越王为此，示不以吴为念也。无至禽荒；宫中之乐，无至酒荒；肆与大夫觞饮，无忘国常。旧法。彼其上将薄其德，民将尽其力，言吴见越如此，不以为意，必不修德，而纵私好以尽民力也。又使之望而不得食，怨望于上，而天又夺之食也。乃可以致天地之殛。王姑待之。"

至于玄月，《尔雅》曰："九月为玄。"王召范蠡而问焉，曰："谚有之曰：'觥饭不及壶飧。'谓盛馔未具，不及壶飧之能救饥，喻伐吴之急，不能久待。今岁晚矣，子将奈何？"范蠡对曰："微君王之言，臣故将谒之。请伐吴。臣闻从时者，犹救火，追亡人也，蹶而趋之，惟恐弗及。"王曰："诺。"遂兴师伐吴。灭之。

【眉批】所以窥吴，与所以自处，计深虑秘。盖必极其俱败之势而后乘之，然后可以无败。

左粹类纂　卷之八

吴郡施仁　编集

如皋孙应鳌　批点

政　事

世降春秋，治道之不古若固也。优缓可以陶忠厚，严厉可以振萎靡，晋郑诸国有焉。他如楚，南蛮也，不移祸于令尹；邾，弱小也，利在民则迁绎。仁矣哉！昭文之心也。莅政者存此心而不失于天下国家乎何有！心昏则恶政出矣，政恶则身辱国危，为天下笑矣。然则，神之主也，民之望也，与君之陪贰也，其举动也可不慎哉！

周

周郑交质

郑武公、庄公为平王卿士。王贰于虢，欲畀之政。郑伯庄怨王。王曰："无之。"故周郑交质。王子狐为质于郑，郑公子忽为质于周。王崩，周人将畀虢公政。郑祭足帅师取温之麦，又取成周之禾。周郑交恶。君子曰："信不由中，质无益也。明恕而行，要之以礼，虽无有质，谁能间之？苟有明信，涧溪沼沚之毛，草。苹蘩蕰藻之菜，筐筥锜釜之器，潢污行潦之水，可荐于鬼神，可羞于王公，而况君子结二国之信，行之以礼，又焉用质？《风》有《采蘩》《采苹》，《雅》有《行苇》《泂酌》，昭忠信也。”吕氏曰：“周，天子；郑，诸侯也。左氏并称周郑，无尊卑之辩矣。周亦不能无罪焉，平王欲退郑伯而不敢退，欲进虢公而不敢进，巽懦暗弱，反为虚言，以欺其臣，固已失天子之体矣。又其甚至于交质，尊卑之分荡然矣。郑亦何所惮哉！温之麦，洛之禾，宜其稛载而不顾也。”

【眉批】左氏不论尊卑之无辨，而论交质之不衷，文诚佳，失剂量矣。

鲁

臧孙辰告籴于齐

鲁饥，臧文仲辰言于庄[①]公曰：“夫为四邻之援，结诸侯之信，重之以婚姻，申之以盟誓，固国之艰急是为。铸名器，钟鼎。藏宝财，玉帛。固民之殄病是待。今国病矣，君盍以名器请籴于齐？”公曰：“谁使？”对曰：“国有饥馑，卿出告籴，古之制也。辰也备卿，辰请如齐。”公使往。从者曰：“君不命吾子，吾子请之，其为选事乎？自选择其职事。”文仲曰：“贤者急病以民病为急而让夷，以治平为责。居官者当事不避难，在位者恤民之患，是以国家无违。今我不如齐，非急病也。在上不恤下，居官而惰，非事君也。”文仲以鬯圭祼鬯之圭，长尺二寸，有瓒，以祀庙与玉磬如齐告籴，曰：“天灾流行，戾于敝邑，饥馑荐降，民羸几卒，大惧殄周公、大公之命祀，周公为大宰，太公为太师，皆掌命诸侯之国，所当祀之祖。职贡业事之不

①庄，原作“严”。按，《左传·庄公二十八年》：“冬，饥，臧孙辰告籴于齐，礼也。”据改。

共而获戾。不腆先君之敝器，敢告滞积，以纾执事，谷久积则朽败，执事所忧也，请之所以纾其忧。以救敝邑，使能共职。岂唯寡君与二三臣实受君赐，其周公、太公及百辟神祇实永飨而赖之！”齐人归其玉而予之籴。

【眉批】急于民事，恪于命辞，但一年不熟，遂至上下相顾，重臣自往，预备之术何在？

季文子无私积

季文子行父卒。宰庀具家器为葬备，无衣帛之妾，无食粟之马，无藏金玉，无重器备，君子是以知季文子之忠于公室也。相三君矣，宣、成、襄。而无私积，可不谓忠乎？

【眉批】可以训矣。

叔孙豹重罚御叔

臧武仲纥如晋。雨，过御叔。御叔在其邑，将饮酒，曰：“焉用圣人？武仲多智，时谓之圣，故云。我将饮酒而已，雨行，何以圣为？”穆叔豹闻之，曰：“不可使也。言御叔不可使为邑。而傲使人，国之蠹也。”令倍其赋。倍出常赋以为罚。

叔孙婼杀竖牛

昭子即位，先是，叔孙豹之奔齐也，淫于庚宗之妇人，生子名牛。既归为卿，牛有宠，授以家政。牛杀其长子孟丙，逐其次子仲壬。叔孙疾，牛不进食，凡三日，卒。牛立其庶子叔孙婼而相之。仲壬至，牛攻而杀之。朝其家众曰：“竖牛祸叔孙氏，使乱大从，和顺之道。杀適立庶，又披其邑，南遗助竖牛杀仲壬，牛取东鄙三十邑以与之。将以赦罪，罪莫大焉。必速杀之！”竖牛惧，奔齐。孟、仲之子杀诸塞关之外，投其首于宁风之棘上。仲尼曰："叔孙昭子之不劳，不以立己为功。不可能也。周任有言曰：'为政者不赏私劳，不罚私怨。'《诗》云：'有觉德行，四国顺之。'"

【眉批】昭子于此不惟得御臣之道，于纲常亦有助焉。丁公尝有功于汉高，而高帝竟以不臣诛之。彼项籍犹高帝之仇，而孟丙、仲壬则昭子之懿亲也。

孔子堕三都

仲由为季氏宰，将堕三都，费，季孙氏邑。郈，叔孙氏邑。成，孟孙氏邑。于是叔孙氏堕郈。季氏将堕费，公山不狃、叔孙辄帅费人以袭鲁。公定与三子季孙斯、仲孙何忌、叔孙州仇入于季氏之宫，登武子之台。宿所筑者。费人攻之，弗克。入及公侧，仲尼命申句须、乐颀下，伐之，费人北。国人追之，败诸姑蔑。二子奔齐，遂堕费。将堕成，公敛处父谓孟孙："堕成，齐人必至于北门。且成，孟氏之保障也。无成，是无孟氏也。子伪不知，我将不堕。"公围成，弗克。胡氏曰："郈、费、成者，三家之邑。政在大夫，三卿越礼，各固其城，公室欲张而不得也。三桓既微，陪臣擅命，凭倚其城，数有叛者。三家亦不能然也，而问于仲尼，遂堕三都。是谓以礼为国，可以为之兆也。成虽未堕，无与为比，亦不能为患。使圣人得志，行乎鲁国，以及期月，则不待兵革而自堕矣。"

诸大夫救火

司铎宫火。火逾公宫，桓、僖灾。二公之庙。救火者皆曰："顾府。"库藏。南宫敬叔阅至，命周人出御书，俟于宫，周人，司周书典籍之官。御书，进于君者。使待命于宫。曰："庀女，而不在，死。"庀，具也，具所职。而有不在，其罪死。子服景伯何至，命宰人出礼书，以待命。待求。命不共，有常刑。校人乘马，巾车脂辖，校人掌马，巾车掌车，使四马相从。以脂涂辖，为驾之易。百官官备，府库慎守，官人肃给。济濡帷幕，濡帷幕于水中，出用为济。郁攸从之。郁攸，火气也。随火气而为之备。蒙葺公屋，以濡物覆之。自大庙始，外内以悛。先尊后卑，以次救之。助所不给。有不用命，则有常刑，无赦。公父文伯歜至，命校人驾乘车。备缓急。季桓子斯至，御车立于象魏之外，阙门。命救火者，伤人则止，财可为也。轻财而重民命。命藏象魏，《周礼》：正月悬教令之法于象魏，使万民观之，故谓其书为象魏。曰："旧章不可亡也。"富父槐至，曰："无备而官办者，犹拾沈也。"沈，汁也。北土呼汁为沈，言无素备而责办于官，犹拾汁终不可得。于是乎去表之槁，表，表火道风所向者，去其槁积。道还公宫。开除道，周匝公宫，使火无相连。李氏曰："敬叔命出御书，景伯命出礼书，桓子命藏象魏，此见鲁为儒书之国。"

【眉批】仓卒之处灾，救拾之便，不各中条理，不至徨惑。叙得有体。

季康子夺嫡

季孙斯有疾，命正常宠臣曰："无死。欲付以后事，故令勿从己死。南孺子之子，斯之妻，方有妊。男也，则以告而立之。请为后。女也，则肥也可。"季孙卒，康子肥即位。卿位。既葬，康子在朝，南氏生男，正常载以如朝，告曰："夫子有遗言，命其圉臣曰：'南氏生男，则以告于君与大夫而立之。'今生矣，男也。敢告。"遂奔卫。康子请退，避位。公使共刘视之，则或杀之矣。乃讨之。讨杀者。召正常，正常不反。畏康子也。

【眉批】可哀怜哉！

晋

惠公杀里克

晋侯杀里克以说。献公卒，里克欲纳文公，以三公子之徒作乱，杀奚齐于次，杀卓子于朝。荀息死，夷吾重赂秦以求入。秦穆公纳而立之，是为惠公。既立，欲自解以非篡，故杀里克。将杀里克，公使谓之曰："微子，则不及此。虽然，子弑二君奚齐、卓子与一大夫，荀息。为子君者，不亦难乎？"对曰："不有废也，君何以兴？欲加之罪，其无辞乎？臣闻命矣。"伏剑而死。胡氏曰："若惠公既立，而谓克曰：'先君命大夫为世子傅，世子死，非其罪，而大夫之不恤。若奚齐者，既有先君之命矣，而大夫又杀之，以及卓。大夫虽杀之，独不念先君之命乎？'则克必再拜而死，不复有言矣。乃曰'又将图寡人'，是杀之不以其罪也。"

【眉批】晋侯之杀里克，与叔孙婼之杀竖牛不同，此私情也，彼亲怨也。

文公初政

元年春，公文属会百官，赋职、授之事。任功，弃责、除逋。薄敛，施舍、施德舍禁。分寡，财少者。救乏、空绝者。振滞，久淹者。匡困、穷困者。资无，无告者。轻关、关税。易道，除盗贼。通商、宽农；茂穑、劝分，劝有，分无。省用、足财；备凶荒。利器、明德，以厚民性。举善援能，官方定物，方，常。物，事也。立常官，以足百事。正名上下服位百类。善人。昭旧族，有功者。爱亲戚，明贤良，尊贵宠，赏功劳，事耇老，礼宾旅，友故旧。为公子时。胥、籍、狐、箕、栾、郤、栢、先、羊舌、董、韩，十一族。实掌近官。诸姬之良，掌其中官。异姓之能，掌其远官。公食贡，大夫食邑，士食田，庶人食力，工、商食官，官廪。皂隶食职，官禄。官宰食加。宰，家臣。加，大夫之家田也。政平民阜，财用不匮。

【眉批】晋文初即位，条章俱举如此，故能以霸。

文公伐原示信

晋侯文围原，既纳襄王赐原田，原人亦不服。命三日之粮。原不降，命去之。谍出，曰："原将降矣。"军吏曰："请待之。"公曰："信，国之宝也，民之所庇也。得原，失信，何以庇之？所亡滋多。"退一舍而原降。迁原伯贯于冀。赵衰为原大夫。衰以壶飧从亡，馁而弗食，故使处原。

文公教民

晋侯文始入而教其民，二年，欲用之。子犯曰："民未知义，未安其居。"于是乎出定襄王，示尊君之义。入务利民，民怀生矣。将用之。子犯曰："民未知信，未宣其用。"于是乎伐原以示之信。民易资者，贸易货财。不求丰焉，明征其辞。契券要约皆分明。公曰："可矣乎？"子犯曰："民未知礼，未生其共。敬心。"于是乎大搜以示之礼，作执秩主爵之官以正其官。民听不惑，而后用之。出谷戍，楚使申叔去谷。释宋围，楚使子玉去宋。一战而霸，胜楚于城濮，遂主夏盟。文之教也。

【眉批】析经陈猷，施舍有序。然晋文之欲速亟功，于是见之。

文公能刑

晋侯入曹，楚围宋，晋文公侵曹以救宋，实报观状之怨。数之以其不用僖负羁，而乘轩者三百人也，且曰献状。言其无德在位者多，故责其献状。令无入僖负羁之宫而免其族，报施也。公之出亡也，过曹僖负羁，馈盘飧，置璧焉。公子受飧返璧。魏犨、颠颉怒，曰："劳之不图，报于何有！二子皆有从亡之劳者，谓公忘大劳而报小惠也。"爇僖负羁氏。魏犨伤于胸。公欲杀之而爱其材。有力。使问，且视之病，将杀之。魏犨束胸见使者，曰："以君之灵，不有宁也！不以病，故自安。"距跃三百，曲踊三百。距跃，向前跳而越物也。曲踊，向上跳而复下也。百，犹励也，言每跳皆勉力为之。乃舍之。杀颠颉以徇于师，立舟之侨以为戎右。代魏犨。

城濮之战，与楚战。晋中军风于泽，风，谓牛马牝牡相诱而走失。亡大旆之左旃。旗系旐曰旆，通帛曰旃。祁瞒奸命，瞒时掌此二事。司马杀之，以徇于诸侯，使茅茷代之。师还。济河，舟之侨先归，士会摄右。振旅，恺兵乐曰恺以入于晋，献俘授馘，饮至大赏，征会讨贰。杀舟之侨以徇于国，民于是大服。君子谓文公其能刑矣，三罪谓杀颠颉、祁瞒、舟之侨而民服。《诗》云"惠此中国，以绥四方"，不失赏刑之谓也。朱氏曰："颠颉、魏犨同罪，而颠颉独死焉，谓之能刑，可乎？"

赵宣子为政

宣子始为国政，赵盾将中军。制事典，立常法。正法罪，定轻重。辟刑狱，理淹禁。董逋逃，由质要，用契券。治旧洿，秽事。本秩礼，别贵贱。续常职，修废官。出滞淹。拔贤能。既成，以授大傅阳子处父与大师贾佗，使行诸晋国，以为常法。

景公赏功及谏臣

荀林父败赤狄于曲梁，灭潞。潞，赤狄之别种也。酆舒杀潞子夫人，伤潞子之目。夫人，景公之姊。故伐而灭之。晋侯景赏桓子林父狄臣千室，亦赏士伯以瓜衍之县，曰："吾获狄土，子之功也。微子，吾丧伯氏矣。邲之败，晋侯将杀林父，士渥浊谏而止。"羊舌职说是赏也，曰："《周书》所谓'庸庸祗祗'者，言文王能用可用，敬可敬。谓此物也夫。士伯庸中行伯，言林父可用。君信之，亦庸士伯，此之谓明德矣。文王所以造周，不是过也。故《诗》曰：'陈锡载周。'文王能布大赐，载周道而行之。能施也。率是道也，其何不济？"

士会去盗

士会帅师灭赤狄甲氏及留吁铎辰。残邑。献狄俘。献王。晋侯景请于王，定。以黻冕命士会将中军，且为大傅。于是晋国之盗逃奔于秦。羊舌职曰："吾闻之，'禹称举善人，不善人远'，此之谓也夫。《诗》曰：'战战兢兢，如临深渊，如履薄冰'，善人在上也。善人在上，则国无幸民。谚曰：'民之多幸，国之不幸也'，谓僭赏滥刑。是无善人之谓也。"

悼公初政

栾武子书使知武子、荀罃。彘恭子士鲂如周迎悼公。时悼公年十四，在周事单襄公。栾书既弑厉公，迎悼公而立之。盟而入，朝于武宫。定百事，立百官，谓改旧时之非者。育门子，选贤良，门子，卿大夫適子，育其材，选而用之。兴旧族，出滞赏[1]，有功于先君未赏者。毕故刑，被刑居作者，毕之，不复作也。赦囚系，宥间罪，非刑罚

[1] 赏，原作"宾"，误，据韦昭注《国语》改。

之疑者。荐积德，逮鳏寡，振废淹，贤人以小罪久见废者。养老幼，恤孤疾，年过七十者，公亲见之，称曰王父，尊亲之词。王父不敢不承。《语》。

悼公即位于朝。始命百官，施舍、施恩惠、舍劳役。已责，蠲逋。逮鳏寡，振废滞，匡乏困，救灾患，禁淫慝，薄赋敛，宥罪戾，节器用，时用民，欲无犯时。不纵私欲。使魏相、士鲂、魏颉、赵武为卿，荀家、荀会、栾黡、韩无忌为公族大夫，使训卿之子弟共俭孝弟。使士渥浊为太傅，使修范武子之法；以士会尝为景公太傅。右行辛为司空，使修士芳之法。以芳尝为献公司空。弁纠御戎，校正属焉，弁纠，栾纠也。校正，主马官。使训诸御知义。戎士尚节义。荀宾为右，车右。司士属焉，使训勇力之士时使。勇士多不顺命，故训之共。卿无共御，立军尉以摄之。省冗员。祁奚为中军尉，羊舌职佐之；魏绛为司马，张老为侯奄。铎遏寇为上军尉，籍偃为之司马，使训卒乘，亲以听命。程郑为乘马御，六驺属焉，使训群驺知礼。凡六官之长，统六军之六卿。皆民誉也。举不失职，官不易方，爵不逾德，师不陵正，旅不逼师，民无谤言，所以复霸也。《传》。

公即位，使吕宣子相佐下军，曰："邲之役，吕锜佐知庄子荀首于上军，获楚公子谷臣与连尹襄老，以免子羽；邲之战，楚人囚知罃。晋吕锜御，荀首射襄老，获其尸；射谷臣，因之以归。既而晋人归谷臣与襄老之尸，以求知罃，楚人归之。子羽，知罃字。鄢之役，亲射楚王而败楚师；晋楚战于鄢陵。吕锜射共王中目，楚养由基射吕锜，中项而死。以定晋国而无后，无在显位者。其子孙不可不崇也。"使彘恭子士鲂将新军，曰："武子之季，士会少子。文子燮之母弟也。武子宣法，执秩之法。以定晋国，至于今是用。文子勤身，以定诸侯，使诸侯事晋。至于今是赖。夫二子之德，其可忘乎！”故以龁季屏其宗。使令狐文子魏颉食采令狐佐之，曰：“昔克潞之役，秦来图败晋功，魏颗以其身却退秦师于辅氏，亲止杜回，荀林父将灭赤狄潞氏。秦桓公伐晋，次于辅氏，欲败晋功。晋景公治兵以略翟土，及潞，魏颗败秦师于辅氏，获杜回。其勋铭于景钟，景公之钟。至于今不育，其子不可不兴也。”

君知士贞子渥浊之帅循志博闻而宣惠于教也，使为太傅。知右行辛贾辛之能以数宣物定功也，以计明事定功。使为司空。知栾纠之能御以和于政也，军政。使为戎御。知荀宾之有力而不暴也，使为戎右。栾伯请公族大夫，公曰：“荀家惇惠，荀會文敏，黶也果敢，栾黶。无忌镇靖，韩无忌。使兹四人者为之。夫膏粱之性难正也，故使惇惠者教之，教之道艺。使文敏者导之，道其志。使果敢者谂之，告得失。使镇靖者修之。治其气性。惇惠者教之，则偏而不倦；文敏者道之，则婉而入；果敢者谂之，则过不隐；镇靖者修之，则壹。”使兹四人者为公族大夫。公知祁奚之果而不淫也，使为元尉。中军尉。知羊舌职之聪敏肃给也，使佐之。知魏绛之勇而不乱也，使为元司马。中军司马。知张老之知而不诈也，使为元侯。中军侯奄。知铎遏寇之恭敬而信强也，使为舆尉。上军尉。知籍偃之惇率旧职而共给也，使为舆司马。上军司马。知程郑端而不淫，且好谏而不隐也，使为赞仆。

始合诸侯于虚朾以救宋，宋鱼石叛宋而奔楚，楚伐宋，取彭城以封之，故悼公救之。使张老延君誉于四方，且观道逆者。察诸侯之有道与逆乱者。吕宣子卒，公以赵文子为文也，赵武有文德。而能恤大事，使佐新军。代吕相。三年，公始合诸侯。四年，诸侯会于鸡丘，于是乎布令、结援、修好、申盟而还。令狐文子魏颉卒,公乃以魏绛为不犯,不可犯。使佐新军。代魏颉。使张老为司马,代魏绛。使范献子士鞅为侯奄,代张老。公誉达于戎。五年,诸戎来请服,使魏庄子绛盟之,于是乎始复伯。《语》。

【眉批】叙陈烂然。

念其功勋,因其材品,用不逾德,绩不违志。一篇之中,毛羽丰满,音节琳琅。

魏绛以刑佐民

晋侯之弟扬干乱行于曲梁,时晋悼公会诸侯,盟于鸡泽,且服陈也。鸡泽,在曲梁县。魏绛戮其仆。晋侯怒,谓羊舌赤曰:“合诸侯以为荣也,扬干为戮,何辱如之?必杀魏绛,无失也!”欲执之。对曰:“绛无贰志,事君不辟难,有罪不逃刑,其将来辞,陈状。何辱命焉?”言终,魏绛至,授仆人书,将伏剑。士鲂、张老止之。公读其书曰:“日君乏使,使臣斯司马。为此官。臣闻师众以顺为武,军事有死无犯为敬。君合诸侯,臣敢不敬?君师不武,指乱行。执事不敬,不讨罪。罪莫大焉。臣惧其死,以及扬干,无所逃罪。不能致训,至于用钺,臣之罪重,敢有不从以怒君心?请归死于司寇。”公跣而出,曰:“寡人之言,亲爱也;吾子之讨,军礼也。寡人有弟,弗能教训,使干大命,寡人之过也。子无重寡人之过,敢以为请。使无死。”晋侯以魏绛为能以刑佐民矣,反役,与之礼食,使佐新军。

【眉批】扬干之戮,法之正也。自为请死,臣之宜也。绛中礼矣。

叔向黜子朱

秦伯景之弟针如晋修成，叔向命召行人子员。行人子朱曰："朱也当御。"次应直事。三云，叔向不应。子朱怒曰："班爵同，何以黜朱于朝？"抚剑从之。叔向曰："秦晋不和久矣。今日之事，幸而集，晋国赖之。不集，三军暴骨。子员道二国之言无私，子常易之。奸以事君者，吾所能御也。止之。"拂衣从之。人救之。平公曰："晋其庶乎！吾臣之所争者大。"师旷曰："公室惧卑。臣不心竞而力争，不务德而争善，各谓所行为善。私欲已侈，能无卑乎？"

赵武用绛县老

悼夫人食舆人之城杞者，晋悼公娶于杞，生平公，故晋为杞筑城，夫人以饮食犒之。绛县人或年长矣，无子自受役而往，与于食。有与疑年，使之年。使言其年。曰："臣，小人也，不知纪年。臣生之岁，正月甲子朔，四百有四十五甲子矣，其季于今三之一也。三分六甲之一得甲子、甲戌，尽癸未。"吏走问诸朝。师旷曰："鲁叔仲惠伯会郤成子缺于承匡之岁也。乙巳年。是岁也，狄伐鲁，叔孙庄叔得臣于是乎败狄于咸，获长狄侨如及虺也、豹也，而皆以名其子。宣伯曰侨如，穆叔曰豹，独虺未闻。七十三年矣。自乙巳至戊午，该七十四年。而曰七十三年，盖计其全数。"史赵曰："亥有二首六身，上二画，下六画，如算之六者三。下二如身，移上二画往置身旁为𠅃。是其日数也。"士文伯伯瑕曰："然则二万六千六百有六旬也。"赵孟问其县大夫，则其属也。属于赵武。召之而谢过焉，曰："武不才，任君之大事，以晋国之多虞，不能由用吾子，使吾子辱在泥涂久矣，武之罪也。敢谢不才。"遂仕之，使助为政。辞以老。与之田，使为君复陶，主衣服之官。以为绛县师，掌地域辨其夫家人民。而废其舆尉。舆人之尉，以其役孤老而黜之。

【眉批】前后潇洒。

赵孟磊落，知此大义，正尔可人。

荀吴不登叛人

荀吴帅师伐鲜虞，围鼓。鼓人或请以城叛，穆子吴弗许。左右曰："师徒不勤，而可以获城，何故不为？"穆子曰："吾闻诸叔向曰：'好恶不愆，民知所适，事无不济。'或以吾城叛，吾所甚恶也；人以城来，吾独何好焉？赏所甚恶，若所好何？若其弗赏，是失信也，何以庇民？力能则进，否则退，量力而行，吾不可以欲城而迩奸，所丧滋多。"使鼓人杀叛人而缮守备。围鼓三月，鼓人或请降。使其民见，曰："犹有食色，姑修而城。"军吏曰："获城而弗取，勤民而顿兵，何以事君？"穆子曰："吾以事君也。获一邑而教民怠，将焉用邑？邑以贾怠，不如完旧。贾怠无卒，终。弃旧不祥。鼓人能事其君，我亦能事吾君。率义不爽，好恶不愆，城可获而民知义所，知义所在。有死命而无二心，不亦可乎？"鼓人告食竭力尽，而后取之。克鼓而反，不戮一人，以鼓子鸢鞮归。

【眉批】从容整暇，而又能见大义。

蔡

哀侯以息妫产祸

蔡哀侯娶于陈，息侯亦娶焉。息妫将归，过蔡。蔡侯曰："吾姨也。"止而见之，弗宾。不加礼敬。息侯闻之，怒，使谓楚文王曰："伐我，吾求救于蔡而伐之。"楚子从之。楚败蔡师于莘，以蔡侯献舞归。

蔡哀侯为莘故，绳息妫誉其美以语楚子。楚子如息以食，入享，遂灭息。以息妫归，生堵敖楚人谓未成君为敖及成王焉。未言。未与王言。楚子问之。对曰："吾一妇人，而事二夫，纵未能死，其又奚言？愤激之，使报蔡。"楚子以蔡侯灭息，思灭息之故，实由于蔡。遂伐蔡。悦息妫也。楚入蔡。

君子曰："《商书》所谓'恶之易也，易长。如火之燎于原，不可乡迩，其犹可扑灭'者，其如蔡哀侯乎！"

【眉批】既已入敌，犹能报仇，所惜只欠一死。

卫

文公中兴

狄人伐卫。卫懿公好鹤，鹤有乘轩者。将战，国人受甲者皆曰："使鹤！鹤实有禄位，余焉能战？"公与石祁子玦，取决断之义。与宁庄子矢，取御难之义。使守，曰："以此赞国，择利而为之。"与夫人绣衣，取文章顺序之义。曰："听于二子！"渠孔御戎，子伯为右，黄夷前驱，孔婴齐殿，及狄人战于荧泽，卫师败绩，遂灭卫。懿公战死，卫人东徙渡河，遗民男女七百有三十人，益之以共、滕之民，为五千人，立戴公以卢于曹。寻卒，复立文公。齐桓公封卫于楚丘，卫国忘亡。齐桓公使公子无亏帅车三百乘、甲士三千人以戍曹，归文公乘马、祭服五称，牛、羊、豕、鸡、狗皆三百与门材，归夫人鱼轩、重锦三十两。又合诸侯之师，城楚丘而封卫，文公徙居之。卫文公大布之衣、大帛之冠，粗布以为衣，厚缯以为冠，盖诸侯谅闇之服。务材蓄积训农，通商惠工，敬教劝学，授方百事之宜任能，元年，革车三十乘，季年乃三百乘。

【眉批】足鉴千古。

献公蔑冢卿

献公戒孙文子林父、宁惠子殖食，皆服而朝，日旰不召，而射鸿于囿。二子从之，不释皮冠而与之言。二子怒。孙文子如戚，私邑。孙蒯文子之子入使。公饮之酒，使大师歌《巧言》之卒章。《巧言》，《诗·小雅》，其卒章曰："彼何人斯，居河之麋。无拳无勇，职为乱阶。"戚，卫河上邑。公欲以喻文子居河上而为乱。大师辞。以为不可。师曹请为之。初，公有嬖妾，使师曹诲之琴，师曹鞭之。公怒，鞭师曹三百。故师曹欲歌之，以怒孙子以报公。公使歌之，遂诵之。恐孙蒯不解故。蒯惧，告文子。文子曰："君忌我矣，弗先，必死。"并帑于戚。将以叛。公使子蟜、子伯、子皮与孙子盟于丘宫，孙子皆杀之。公如鄄，使子行于孙子，请和。孙子又杀之。公出奔齐。及竟，公使祝宗告亡，告之庙。且告无罪。定姜公母曰："无神，何告？若有，不可诬也。有罪，若何告无？舍大臣而与小臣谋，一罪也。先君有冢卿以为师保，而蔑之，如戒食不召、不释皮冠之类。二罪也。余以巾栉事先君，而暴妾使余，如使妾然。三罪也。告亡而已，无告无罪！"卫人立公孙剽，孙林父、宁殖相之。越十二年，宁喜弑剽而复献公。

【眉批】定姜之言不诬矣！

郑

○庄公诅射颍考叔者

郑伯庄将伐许，授兵于大宫。祖庙。公孙阏与颍考叔争车，颍考叔挟辀以走，不驾马而以手挟之。子都拔棘戟以逐之。及大逵，弗及，子都阏字怒。傅于许。师及城下。颍考叔取郑伯之旗蝥弧以先登，子都自下射之，颠。考叔坠而死。瑕叔盈又以蝥弧登，周麾而呼曰："君登矣！"郑师毕登。遂入许。郑伯使卒出豭，百人出一牡猪。行出犬鸡，二十五人出犬鸡。以诅射颍考叔者。君子谓郑庄公："失政刑矣。政以治民，刑以正邪。既无德政，又无威刑，是以及邪。邪而诅之，将何益矣！"

【眉批】诅射真可发一噱。

厉公使雍纠杀祭仲

祭仲专，逐昭公，立厉公，遂专政。郑伯厉患之，使其婿雍纠杀之。将享诸郊。雍姬知之，谓其母曰："父与夫孰亲？"其母曰："人尽夫也，父一而已，胡可比也？"遂告祭仲曰："雍氏舍其室而将享子于郊，吾惑之，以告。"祭仲杀雍纠，尸诸周氏之汪。池。公载以出，曰："谋及妇人，宜其死也。"厉公出奔蔡。后此十六年，使傅瑕杀子仪而复入。张氏曰："诸侯苟能制节谨度，用贤使民，自足以守其社稷，何至位南面之尊，秉一国之权，而为臣民之所逐哉！突以庶孽夺嫡，初与权臣比而篡位，又与其亲戚谋杀之，为反覆盗贼之计，自取亡也。"

文公以鹬冠杀子臧

子华之弟子臧出奔宋,华欲以郑属齐,文公杀之,臧遂奔。好聚鹬冠。郑伯文闻而恶之,使盗诱之。盗杀之于陈宋之间。君子曰:"服之不衷,身之灾也。《诗》曰:'彼己之子,不称其服。'子臧之服,不称也夫!《诗》曰'自诒伊戚',其子臧之谓矣。《夏书》曰'地平天成',称也。"吕氏曰:"郑世子华以卖国诛其弟,子臧出奔宋,竟坐聚鹬,为郑伯所杀。夫鹬冠之侈,在郑伯初无损益,而必置之死地,何其喜怒之不类耶!盖郑伯之怒,本不在冠,特遇冠而发耳。邻人之笛,怀旧者感之;斜谷之铃,受[①]溺者悲之。感在人而不在笛,悲在人而不在铃,怒在人而不在冠也。呜呼!子臧朋附子华之邪,终不能免,其亦可畏矣哉!"

子产先安大族

子皮授子产政。辞曰:"国小而逼,近大。族大宠多,不可为也。"子皮曰:"虎子皮名帅以听,谁敢犯子?子善相之。国无小,小能事大,国乃宽。"子产为政,有事伯石,欲使公孙段。赂与之邑。子太叔游吉曰:"国皆其国也,国事当共忧之。奚独赂焉?"子产曰:"无欲实难。皆得其欲,以从其事,而要其成。非我有成,其在人乎?成事在我不在人。何爱于邑,邑将焉往?言犹在国。"子太叔曰:"若四国何?"恐贻笑。子产曰:"非相违也,而相从也,欲和顺。四国何尤焉?《郑书》有之曰:'安定国家,必大焉先。'先和大族,而后国家安。姑先安大,以待其所归。"既伯石惧而归邑,卒与之。

①受,疑作"爱"。唐郑处诲《明皇杂录补遗》(文渊阁本)云:"明皇既幸蜀,西南行,初入斜谷,属霖雨涉旬,于栈道雨中闻铃音与山相应,上既悼念贵妃,采其声为雨霖铃曲以寄恨焉。"

【眉批】子皮"虎帅以听"之言,可以为人臣忘己用人者之法。

孟子论为政,亦先巨室。子产此举,非迂也。

子产使民以义

子产使都鄙有章,国都及边鄙车服尊卑各有分部。上下有服;公卿大夫各有服色。田有封洫,封土为疆,通水为洫,以正疆界。庐井有伍。五家相保。大人之忠俭者从而与之,泰侈者因而毙之。

子产择能而使

子产之从政也,择能而使之。冯简子能断大事,子太叔美秀而文,公孙挥能知四国之为,而辨于其大夫之族姓、班位、贵贱、能否,而又善为辞令。裨谌能谋,谋于野则获,谋于邑则否。郑国将有诸侯之事,子产乃问四国之为于子羽,挥字。且使多为辞令;与裨谌乘以适野,使谋可否,而告冯简子使断之。事成,乃授子太叔使行之,以应对宾客,是以鲜有败事。

【眉批】"冯简子"以下,见各人之能;"郑国将有诸侯之事"以下,见子产之择能而使也。

子产不毁乡校

郑人游于乡校,以论执政。然明谓子产曰:"毁乡校如何?"子产曰:"何为?夫人朝夕退而游焉,以议执政之善否。其所善者,吾则行之;其所恶者,吾则改之,是吾师也。若之何毁之?我闻忠善以损怨,为忠善则怨谤息。不闻作威以防怨。岂不遽止？畏危而止。然犹防川。大决所犯，伤人必多，吾不克救也。不如小决使道，通。不如吾闻而药之也。存之以为药石。”然明曰：“蔑也今而后知吾子之信可事也。小人实不才，若果行此，其郑国实赖之，岂唯二三臣？”仲尼闻是语也，曰：“以是观之，人谓子产不仁，吾不信也。”

【眉批】孔子以仁称子产，正见其能忘己，能用人也。

子产数子南罪

徐吾犯之妹美，公孙楚聘之矣，公孙黑又使强委禽焉。纳采用雁。犯惧，告子产。子产曰：“是国无政，非子之患也。唯所欲与。”犯请于二子，请使女择焉。皆许之。子皙黑字盛饰入，布币而出。子南楚字戎服入，左右射，超乘而出。女自房观之，曰：“子皙信美矣，抑子南，夫也。丈夫所为。夫夫妇妇，所谓顺也。”适子南氏。子皙怒，既而櫜甲以见子南，欲杀之而取其妻。子南知之，执戈逐之，及冲，击之以戈。子皙伤而归，告大夫曰：“我好见之，不知其有异志也，故伤。”

大夫皆谋之。子产曰：“直钧，先聘，子南直；用戈，子皙直。幼贱有罪，罪在楚也。”乃执子南而数之，曰：“国之大节有五，女皆奸之。畏君之威，听其政，尊其贵，事其长，养其亲，五者所以为国也。今君在国，女用兵焉，不畏威也；奸国之纪，不听政也；子皙，上大夫；女，嬖大夫，而弗下之，不尊贵也；幼而不忌，不事长也；兵其从兄，不养亲也。君曰：‘余不女忍杀，宥女以远。’勉，速行乎，无重而罪！”郑放游楚于吴。将行子南，逐之使行。子产咨于大叔。游吉，子南之兄子，故问之。大叔曰：“吉不能亢身，焉能亢宗？亢，蔽也。彼，国政也，非私难也。子图郑国，利则行之，又何疑焉？周公杀管叔而蔡放蔡叔，夫岂不爱？爱兄。王室故也。吉若获戾，子将行之，何有于诸游？”

【眉批】子产此断，殊为偏颇。“君在用兵”，固矣；然启衅者，子皙也。子南固奸国纪，然子皙欲夺人所有之妻，独非奸纪乎？子南不尊上大夫，殊不知皙已自失其尊。“幼而不忌，兵其从兄”，盖子皙实欲杀子南以夺妻，则子南之伤皙，出于应敌免身，非无故用兵者矣。二人厥罪惟均，而独放子南，故曰殊为偏颇。以子皙之淫恶，而子产纵之也，其后谋欲作乱，实此焉基之。所幸子产犹能终除之耳。

子产数子皙罪

公孙黑将作乱，欲去游氏而代其位，伤疾作而不果。游楚所击伤之疮。驷氏与诸大夫欲杀之。子产在鄙，闻之，惧弗及，乘遽传车而至。使吏数之，曰：“伯有之乱，伯有，良霄也，强使黑如楚，而黑伐之。伯有奔许，自许入伐郧。以大国之事，而未尔讨也。尔有乱心无厌，国不女堪。专伐伯有，而罪一也；谓杀伯有于羊肆。昆弟争室，而罪二也；谓与游楚争徐吾犯之妹。薰隧之盟，女矫君位，而罪三也。六卿私盟于薰隧，公孙黑强与于盟，使太史书其名曰士子。有死罪三，何以堪之？不速死，大刑将至。”再拜稽首，黑拜受命。辞曰：“死在朝夕，无助天为虐。”子产曰：“人谁不死？凶人不终，命也。作凶事，为凶人。不助天，其助凶人乎！”请以印为褚师。黑又请以其子为市官。子产曰：“印也若才，君将任之；不才，将朝夕从女。女罪之不恤，而又何请焉？不速死，司寇将至。”缢，黑自缢。尸诸周氏之衢，加木焉。书其罪于木，以加尸上。胡氏曰：“黑则有罪，而郑人初畏其强，不之讨也。因其疾而幸胜之，则亦云殆矣。”

子产作丘赋

子产作丘赋，九夫为井，十六井为丘，每丘当出马一匹、牛三头。子产以郑事晋、楚，赋役日繁，故于马牛之外别赋其田，使之出粟也。国人谤之，曰：“其父死于路，谓子国为尉氏所杀。己为虿尾，谓子产重赋，毒害百姓。以令于国，国将若之何？”子宽浑罕以告。子产曰：“何害？苟利社稷，死生以之。且吾闻为善者不改其度，故能有济也。民不可逞，度不可改。《诗》曰：‘礼义不愆，何恤于人言？’吾不迁矣。”浑罕曰：“国氏其先亡乎！君子作法于凉，从薄。其敝犹贪。作法于贪，敝将若之何？姬在列者，诸侯之列。蔡及曹滕，其先亡乎！逼而无礼。蔡逼于楚，曹滕逼于宋。郑先卫亡，逼而无法。郑逼于晋楚。政不率法，而制于心。民各有心，何上之有？”

【眉批】名言。

子产归州田于晋

子产为丰施公孙段之子归州田先是，公孙段相郑简公如晋，有礼，晋平公赐以州田。至是段卒，子产归其田于韩宣子，起。曰：“日往君以夫公孙段为能任其事，而赐之州田。今无禄早世，不获久享君德。其子弗敢有，不敢以闻于君，私致诸子。”宣子辞。子产曰：“古人有言曰：‘其父析薪，其子弗克负荷。’施将惧不能任其先人之禄，其况能任大国之赐？纵吾子为政而可，后之人若属有疆埸之言，敝邑获戾，恐后代宣子者，将以郑取晋邑罪郑。而丰氏受其大讨。吾子取州，是免敝邑于戾而建置丰氏也。敢以为请。”宣子受之。此言子产贞而不谅。

【眉批】免难安国，为计远矣。

子产立公孙泄及良止

郑人相惊以伯有，良霄也，汰侈嗜酒，与公孙黑争，黑因其醉伐之。霄奔许，自许袭郑，郑人杀之。曰："伯有至矣！"则皆走，不知所往。铸刑书之岁二月，简公三十年。或梦伯有介甲而行，曰："壬子，余将杀带也。驷带，助黑杀伯有者。明年壬寅，余又将杀段也。"公孙段，驷氏之党。及壬子，三十年三月三日。驷带卒，国人益惧。齐、燕平之月，壬寅，三十一年正月二十八日。公孙段卒，国人愈惧。其明月，子产立公孙泄及良止以抚之，泄，子孔之子也。子孔，亦郑所杀者。止，霄之子也。乃止。子太叔问其故。子产曰："鬼有所归，乃不为厉，吾为之归也。"太叔曰："公孙泄何为？"谓孔不为厉。子产曰："说也。为身无义而图说，伯有无义，以妖鬼，故立之，恐惑民。并立泄，使若有以大义存诛绝之后，以解说民心。从政有所反之，以取媚也。民不可使知之，故为政泄反道以取民之爱。不媚，不信。不信，民不从也。"

【眉批】立良止，以安民心也；立公孙泄，使民不疑于良止也。意远事当。

子产不毁墓道庙室

简公卒。将为葬除，除葬道。及游氏之庙，将毁焉。子太叔使其除徒执用毁庙具以立，而无庸毁，曰："子产过女，而问何故不毁，乃曰：'不忍庙也。诺，将毁矣。教毁庙者之应辞。'"既如是，子产乃使辟之。迁道以避。司墓之室有当道者，掌公墓者之室，适当葬路。毁之，则朝而堋；下棺。弗毁，则日中而堋。子太叔请毁之，曰："无若诸侯之宾何？"恐不能久待。子产曰："诸侯之宾能来会吾丧，岂惮日中？无损于宾，而民不害，何故不为？"遂弗毁，日中而葬。君子谓子产于是乎知礼。礼，无毁人以自成也。

子产御火灾

有星孛于大辰，西及汉。孛，彗星也。大辰，氐、房、心之宿，即大火也。孛星出辰之西，光芒东及天汉，时鲁昭公之十七年冬，郑定公之五年也。郑禆灶言于子产曰："宋卫陈郑将同日火。宋，大辰之虚；陈，大皞之虚；郑，祝融之虚；皆火房也。卫，颛顼之虚，其星为火。水，乃火之牡也，故云。若我用瓘珪斝爵玉瓒句，郑必不火。"子产弗与。宋卫陈郑皆火。禆灶曰："不用吾言，郑又将火。"郑人请用之，子产不可。子太叔曰："宝以保民也，若有火，国几亡，可以救亡，子何爱焉？"子产曰："天道远，人道迩，非所及也。何以知之？灶焉知天道？是亦多言矣，岂不或信？时或幸中。"遂不与，亦不复火。

【眉批】知于理道。

火作，子产辞晋公子、公孙于东门，晋人新来，未入，故辞，不使前也。使司寇出新客，来聘者。禁旧客勿出于宫。为其知国情，不欲令去。使子宽、子上巡群屏摄，祭祀之位。至于大宫。巡行宗庙，不得使火及之。使公孙登徙大龟，使祝史徙主祏于周庙，告于先君。祏，庙主石函。周庙，厉王庙也。有火灾，故合群主于祖庙，易救护。使府人、库人各敬其事。备火。商成公大夫儆司宫，中官。出旧宫人，置诸火所不及。司马、司寇列居火道，备非常。行火所焮。炙。城下之人，伍列登城。备奸。明日，使野司寇县士各保其征，役人。郊人助祝史，除于国北，为祭处于国北者，就大阴禳火。禳火于玄冥、回禄，水火二神。祈于四鄘。城积土，阴气之所聚，故祈之以禳火之馀灾。书焚室而宽其征，赋税。与之材。助营建。三日哭，君大夫举哀。国不市。忧戚罢市。使行人告于诸侯。

子产不禜龙斗

郑大水，龙斗于时门之外洧渊，国人请为禜焉。子产弗许，曰："我斗，龙不我觌也；龙斗，我独何觌焉？禳之，则彼其室也。渊，龙之室。吾无求于龙，龙亦无求于我。"乃止。

【眉批】不禳火，不禜龙，几于明道矣。

子产授子大叔政

子产有疾，谓子太叔游吉曰："我死，子必为政。唯有德者能以宽服民，其次莫如猛。夫火烈，民望而畏之，故鲜死焉；水懦弱，民狎而玩之，则多死焉，故宽难。难以治。"疾数月而卒。大叔为政，不忍猛而宽。郑国多盗，取劫人于萑苻之泽。大叔悔之，曰："吾早从夫子，不及此。"兴徒兵以攻萑苻之盗，尽杀之，盗少止。

仲尼曰："善哉！政宽则民慢，慢则纠之以猛。猛则民残，残则施之以宽。宽以济猛，猛以济宽，政是以和。《诗》曰'民亦劳止，汔可小康；惠此中国，以绥四方'，施之以宽也。'毋从诡随，以谨无良；式遏寇虐，惨不畏明'，纠之以猛也。'柔远能迩，以定我王'，平之以和也。又曰'不竞不絿，不刚不柔，布政优优，百禄是遒'，和之至也。"

及子产卒，仲尼闻之，出涕曰："古之遗爱也。"胡氏曰："此非孔子之言。岂有仁人为政，先致慢残之弊，又从而济之乎？"

驷歂用邓析竹刑

驷歂嗣子大叔为政，杀邓析而用其竹刑。析欲改所铸刑鼎，私造刑法书于竹简，谓竹刑。君子谓子然歂字于是不忠。苟有可以加于国家者，弃其邪可也。《静女》之三章，取彤管焉。《诗·邶风》也，虽说美女，义在彤管。彤管，女史记事规诲之所执。《竿旄》"何以告之"，取其忠也。《诗·鄘风》也，取其中心，愿告人以善道。故用其道，不弃其人。《诗》云："蔽芾甘棠，勿翦勿伐，召伯所茇。"召伯决狱，舍于棠下，故人思之。思其人，犹爱其树，况用其道而不恤其人乎！子然无以劝能矣。

【眉批】根节扶疏。

虞

○虞公贪求玉、剑

虞叔有玉，虞公求旃。之。弗献。既而悔之，曰："周谚有之曰：'匹夫无罪，怀璧其罪。'吾焉用此，其以贾害也？"乃献之。又求其宝剑。叔曰："是无厌也。无厌，将及我。"遂伐虞公。故虞公出奔共池。吕氏曰："虞公以贪失国，虞叔以吝逐君。贪与吝遇，此祸之所由成也。"

宋

华元食士羊羹

郑公子归生受命于楚，伐宋，华元御之。战于大棘，宋师败绩，囚华元。将战，华元杀羊食士，其御羊斟不与。及战,曰:“畴昔之羊,子为政;今日之事,我为政。”与入郑师,故败。宋人以兵车百乘、文马百驷以赎华元于郑。半入,华元逃归。立于门外,告而入。见叔牂,斟字。曰:“子之马然也?”对曰:“非马也,其人也。”既合答而来奔。

君子谓羊斟:“非人也,以其私憾,败国殄民,于是刑孰大焉?《诗》所谓‘人之无良’者,其羊斟之谓乎!残民以逞。”吕氏曰:“元之意,岂不以斟为吾御几年矣,偕出偕入,相悉相信,今日飨士,吾肘腋同体之人,岂计一杯羹以为轻重?姑及疏者远者可也。羊虽不及,然亲厚之意,固已踰百牢而丰五鼎矣。斟不知享其意,而徒欲享其食,忿戾勃兴,投华元于死地。元待之以君子之心,斟报之以小人之行,非特负元,乃负国也。议者或谓元御下寡恩,以起羊斟之怒。吾观元之为人,乐易慈祥之气,温然可挹。其免于囚虏而归,再与斟遇,犹慰解勉劳,若恐伤其意者。彼能恕于既为变之后,岂不能抚斟于未交兵之前哉?然明不足以烛奸,诚不足以动物,惜乎华元有君子之资,而未尝学也。”

华元讨荡泽

荡泽桓族也,时为司马,汰而骄弱公室,杀公子肥。华元曰:“我为右师,君臣之训,师所司也。今公室卑,而不能正,不能讨荡泽。吾罪大矣。不能治官,敢赖宠乎?”乃出奔晋。鱼石将止华元。鱼府曰:“右师反,必讨,是无桓氏也。”鱼石、荡泽、向为人、鳞朱、向带、鱼府皆出桓公,恐华元还讨荡泽,并及六族。鱼石曰:“右师苟获反,虽许之讨,必不敢。畏桓族强。且多大功,合晋楚之成,劫子反以免楚围。国人与之,不反,惧桓氏之无祀于宋也。右师讨,犹有戌在。向戌贤,华元必不讨。桓氏虽亡,必偏。不尽。”鱼石自止华元于河上。请讨,许之,乃反。使华喜、公孙师帅国人攻荡氏,杀子山。泽字。于是鱼石、向为人、鳞朱、向带、鱼府畏罪,及同族皆出奔楚。

【眉批】荡泽杀肥，而华元欲讨之，此可谓能守官者。

乐喜备火灾

宋灾，乐喜为司城以为政，知将有火灾，素戒为备火之政。使伯氏司里。火所未至，彻小屋，涂大屋；大屋难彻，故涂之。陈畚挶，畚，箦笼。挶，土轝。具绠缶，绠，汲索。缶，汲器。备水器；量轻重，蓄水潦，积土涂；巡丈城，缮守备，表火道。火起则从其所趋标表之。使华臣具正徒，役徒。令隧正纳郊保，聚其民。奔火所。随火所起往救之。使华阅讨右官，官庀其司。讨，治也。庀，具也。向戌讨左，亦如之。使乐遄庀刑器，刑书。亦如之。具左右官。使皇郧命校正出马，工正出车，备甲兵，庀武守。守备。使西钼吾庀府守，六官之典。令司宫巷伯儆宫。守宫。二师令四乡正敬享，祀神。祝宗用马于四墉，城积阴之气，故祀之以禳灾。不用币而用牲，则非礼。祀盘庚于西门之外。盘庚，宋之远祖，祀之，亦非礼。

子罕贷民粟

郑饥，未及麦，民病。子皮以子展之命，罕虎代舍之为卿，时方在丧，故以父命。饩国人粟，户一钟，六斛四斗。是以得郑之民，故罕氏常掌国政，以为上卿。宋司城子罕乐喜闻之，曰："邻于善，民之望也。"民亦望君为善。宋亦饥，请于平公，出公粟以贷，使大夫皆贷。司城氏贷而不书，施而不德。为大夫之无者贷。宋无饥人。叔向闻之，曰："郑之罕，宋之乐，其后亡者也，二者其皆得国乎！掌国政。民之归也。施而不德，乐氏加焉，其以宋升降乎！"随宋盛衰。

齐

管仲作内政以寄军令

桓公曰："吾欲从事于诸侯，其可乎？"欲行伯道，讨不义也。管子对曰："未可，国未安。"桓公曰："安国若何？"管子对曰："修旧法，择其善者而业用之；遂滋民，育长之。与无财，振业之。而敬百姓，则国安矣。"桓公曰："诺。"遂修旧法，择其善者而业用之；遂滋民，与无财，而敬百姓。

【眉批】文字掩映交加，亦尽一时之制。

国既安矣。桓公曰："国安矣，其可乎？"管子对曰："未可。君若正卒伍，修甲兵，则大国亦将正卒伍，修甲兵，则难以速得志矣。君有攻伐之器，小国诸侯有守御之备，则难以速得志矣。君若欲速得志于天下诸侯，则事可以隐，令可以寄政。"事戎事，令军令，托于国政，若有征伐，邻国不知也。

【眉批】只此便是私心。

桓公曰："为之若何？"管子对曰："作内政而寄军令焉。"桓公曰："善。"管子于是制国："五家为轨，轨为之长；十轨为里，里有司；四里为连，连为之长；十连为乡，乡有良人焉。以为军令：五家为轨，故五人为伍，轨长帅之；居则为轨，出则为伍。十轨为里，故五十人为小戎，里有司帅之；古者戎车一乘，步卒七十二人，今用五十人。四里为连，故二百人为卒，连长帅之；十连为乡，故二千人为旅，乡良人帅之；五乡一帅，故万人为一军，五乡之帅帅之。周制：万二千五百人为军，今用万人。三军，故有中军之鼓，有国子之鼓，有高子之鼓。春以搜振旅，《周礼》：仲春教振旅，遂以搜。秋以狝治兵。《周礼》：仲秋教治兵，遂以狝。是故卒伍整于里，军旅整于郊。内教既成，令勿使迁徙。伍之人祭祀同福，死丧同恤，祸灾共之。人与人相畴，家与家相畴，畴，匹也。世同居，少同游。故夜战声相闻，足以不乖；昼战目相视，足以相识。其欢欣足以相死。致死以相救。居同乐，行同和，死同哀。是故守则同固，战则同强。君有此士也三万人，以方横行于天下，以诛无道，以屏周室，天下大国之君莫之能御也。”陈氏曰：“夷吾假内政之名，以行军令，巧于用诡，固如是哉。成周自五家为比，至五州为乡，居民之法也；自五人为伍，至五师为军，会万民之法也。其事暴白于天下，无非王道之公。夷吾之法，能仿佛其一二矣，独奈何以诡道行之，以欺其邻国，则安得不为伯者之私哉？”

【眉批】借王制以行己私，易名款以欺邻国，此孔子所以小之，而孟子不欲比也。

管仲以赎罪足兵

桓公问曰：“夫军令则寄诸内政矣，齐国寡甲兵，为之若何？”管子对曰：“轻过而移诸甲兵。”以甲兵赎罪。桓公曰：“为之若何？”管子对曰：“制重罪，死刑。赎以犀甲、一戟；车戟也，柲长丈六尺。轻罪，劓刖之属。赎以鞼盾、一戟；鞼盾，缀革有纹如缋也。小罪，不入五刑者。谪以金分；以金赎，有分两之差。宥间罪。刑罚之有疑者。索讼者三禁而不可上下，求讼者之情，禁之三日，使审实其辞，一定而不可移也。坐成以束矢。成狱者，以束矢入于朝，乃听其讼。十二矢为束矢，取往而不反也。美金以铸剑戟，试诸狗马；难为利者。恶金以铸锄夷斤欘，四者皆去草平土器。试诸壤土。”甲兵大足。

桓公治国治鄙

桓公曰:"定民之居若何?"此谓国中之民。管子对曰:"制国以为二十一乡。"桓公曰:"善。"管子于是制国以为二十一乡:二千家为一乡。工商之乡六,士乡十五。公帅五乡焉,中军。国子帅五乡焉,高子帅五乡焉。左右军。参国起案,以为三官,参,三也。案,界也。分国事以为三也。臣立三宰,工立三族,市立三乡,泽立三虞,山立三衡。

正月之朝,乡长复事。君亲问焉,曰:"于子之乡,有居处好学、慈孝于父母、聪慧质仁、发闻于乡里者,有则以告。有而不以告,谓之蔽明,其罪五。"有司已于事而竣。退伏。桓公又问焉,曰:"于子之乡,有拳勇大勇为拳股肱之力,秀出于众者,有则以告。有而不以告,谓之蔽贤,其罪五。"有司已于事而竣。桓公又问焉,曰:"于子之乡,有不慈孝于父母、不长弟于乡里、骄躁淫暴、不用上令者,有则以告。有而不以告,谓之下比,其罪五。"有司已于事而竣。是故乡长退而修德进贤,桓公为立三选之法。国子、高子退而修乡,乡退而修连,连退而修里,里退而修轨,轨退而修伍,伍退而修家。是故匹夫有善,可得而举也;匹夫有不善,可得而诛也。政既成,乡不越长,以齿序。朝不越爵,以贤序。罢士无伍,无行曰罢。罢,病也。无伍,无与为伍也。罢女无家。夫称家。夫是,故民皆勉为善。与其为善于乡也,不如为善于里;与其为善于里也,不如为善于家。是故士莫敢言一朝之便,皆有终岁之计;莫敢以终岁之议,皆有终身之功。

桓公曰:"定民之居若何?"此谓郊外之民。管子对曰:"制鄙。三十家为邑,邑有司;十邑为卒,卒有卒帅;十卒为乡,乡有乡帅;三乡为县,县有县帅;十县为属,属有大夫。五属，故立五大夫，各使治一属焉；立五正，各使听一属焉。是故正之政听属，五正听于大夫。牧政听县，五属大夫听于县帅。下政听乡。县帅听于乡帅。”桓公曰：“各保治尔所，无或淫怠而不听治者！”

正月之朝，五属大夫复事。桓公择是寡功者而谪之，曰：“制地分民如一，何故独寡功？教不善，则政不治，一再则宥，三则不赦。”桓公又亲问焉，曰：“于子之属，有居处为义好学、慈孝于父母、聪慧质仁、发闻于乡里者，有则以告。有而不以告，谓之蔽明，其罪五。”有司已于事而竣。桓公又问焉，曰：“于子之属，有拳勇股肱之力、秀出于众者，有则以告。有而不以告，谓之蔽贤，其罪五。”有司已于事而竣。桓公又问焉，曰：“于子之属，有不慈孝于父母、不长弟于乡里、骄躁淫暴[①]、不用上令者，有则以告。有而不以告，谓之下比，其罪五。”有司已于事而竣。五属大夫于是退而修属，属退而修县，县退而修乡，乡退而修卒，卒退而修邑，邑退而修家。是故匹夫有善，可得而举也；匹夫有不善，可得而诛也。政既成，以守则固，以征则强。

桓公立三选法

乡长进贤，桓公亲见之，遂使役官。桓公令官长期而书伐，期年书其所掌在官有功者。以告且选，选其官之贤者而复白用之，曰：“有人居我官，有功休德，惟慎端悫以待时，动不违时。使民以劝，绥谤言，足以补官之不善政。前有阙者。”桓公召而与之语，訾相其质，訾，量也；相，视也。足以比成事，相辅

①骄躁淫暴，原作“骄淫躁暴”，倒，据韦昭注《国语》乙正。

以成。诚可立而授之。可大任者。设之以国家之患而不疚，豫设以其国家之患难以问之，不病，不罢也。退问其乡，以观其所能而无大厉，恶。升以为上卿之赞。佐。谓之三选。谓乡长所进、官长所选、公所訾相也。

桓公霸诸侯

即位数年，东南多有淫乱者，莱、莒、徐夷、吴、越，一战帅服三十一国。遂南征伐楚，济汝，逾方城，望汶山，使贡丝于周而反。荆州诸侯莫不来服。遂北伐山戎，刜令支、斩孤竹而南归。刜，击也。海滨诸侯莫不来服。与诸侯饰牲为载，陈其牲，为载书加于牲上而已，不歃血也。以约誓于上下庶神，与诸侯戮力同心。西征攘白翟之地，至于西河，方舟设泭，乘桴济河，编木曰泭，小泭曰桴。至于石抗。悬车束马，逾大行与辟耳之溪拘夏，大行、辟耳、拘夏，皆山溪险处，故悬其车、束其马以度。西服流沙、西吴。南城周，叔带之乱，戎伐襄王，焚东门，不克。桓公使仲孙湫征诸侯戍周而城之。反胙于绛。使隰朋立晋公子夷吾。岳滨诸侯莫不来服，而大朝诸侯于阳谷。兵车之属六，以平宋乱会于北杏，以宋服会于鄄，以定伯再会于鄄，以救郑会于柽，以迁杞会于咸，以谋鄫会于淮。乘车之会三，以谋伐楚会于阳谷，以定王世子会于首止，以明五禁会于葵丘。诸侯甲不解累，累所以盛甲。兵不解翳，翳所以蔽兵。弢无弓，弢，弓衣。服无矢。服，矢服。隐武事，行文道，帅诸侯而朝天子。谋宁周。葵丘之会，天子襄王使宰孔致胙于桓公，曰："余一人之命，有事于文、武，使孔致胙。且有后命，曰：'以尔自卑劳，实谓尔伯舅，无下拜。'"桓公召管子而谋，管子对曰："为君不君，为臣不臣，乱之本也。"桓公惧，出见客曰："天威不违颜咫尺，小白余敢承天子之命曰‘尔无下拜’，恐陨越于下，以为天子羞。”遂下拜，升，受命。赏服大路、龙旂九旒、渠门、赤旂，大路，诸侯朝服之车。龙旂，画交龙于縿也。正幅为縿，旁属为旒。渠门，亦旗名，两旗所建以为军门，若今之牙门也。赤旂，大旂也。诸侯称顺焉。

桓公忧天下诸侯。鲁有夫人、庆父之乱，二君杀死，庆父通于夫人哀姜，哀姜欲立之。庄公薨，庆父杀子般及闵公。国绝无嗣。桓公闻之，使高子存之。使高傒将南阳之甲而立僖公。翟人攻邢，桓公筑夷仪以封之，男女不淫，牛马选具。选，数也。翟人攻卫，卫人出庐于曹，懿公战死，卫人东徙渡河，立戴公。寻卒，立文公。桓公城楚丘以封之。其畜散而无育，桓公与之系马三百。天下诸侯称仁焉。于是天下诸侯知桓公之为己动也，是故诸侯归之譬若市人。桓公知诸侯之归己也，故使轻其币而重其礼。故天下诸侯罢马以为币，罢，不任用也；币，珪以马也。缕纂以为奉，奉，藉玉之藻也。缕纂，以缕织纂也，不用丝，取易供也。纂，织文也。鹿皮四个；诸侯之使垂橐而入，稇载而归。故拘之以利，结之以信，示之以武，故天下小国诸侯既许桓公，听其约束。莫之敢背，就其利而信其仁、畏其武。桓公知天下诸侯多与己也，故又大施忠焉。可为动者为之动，可为谋者为之谋，军谭、遂而不有也，灭谭、灭遂以分诸侯。诸侯称宽焉。通齐国之鱼盐于东莱，使关市几而不征，以为诸侯利，诸侯称广焉。施惠广也。筑葵兹、晏、负夏、领釜丘，四塞。以御戎狄之地，所以禁暴于诸侯也；筑五鹿、中牟、盖与、牡丘，四关。以卫诸夏之地，所以示权于中国也。教大成，定三革，甲、胄、盾。隐五刃，刀、剑、矛、戟、矢。朝服以济河而无怵惕焉，文事胜矣。是故大国惭愧，小国附协。唯能用管夷吾、宁戚、隰朋、宾胥无、鲍叔牙之属而伯功立。

【眉批】此篇文字极佳。首言桓公之伯略，中言所以奉天子、安诸侯者，而末则归重于能用管仲之属。大意虽是如此，中间伸缩隐见，殊尽变态，可称雄伟巨丽矣。至于字句之工，犹足玩味。

称顺、称仁、称宽、称广，不可分作片段看，四者段段皆有，只如此鼓舞笔端耳。亦犹诸侯知桓公之为己，桓公知诸侯之归己，后又说桓公知诸侯之多与己，皆是鼓舞笔端以为奇特。且首既备言来服，末又述禁暴示权，皆不过张示伯略，深而通，茂而有间。

秦

穆公专任孟明

殽之役，秦欲袭郑，不果，而灭滑还，晋败之于殽。晋人既归秦帅，三帅：百里孟明视、西乞术、白乙丙也。晋获之，文嬴请而归之。秦穆公素服郊次，乡师而哭，曰："孤违蹇叔，以辱二三子，孤之罪也。不替孟明，孤之过也，大夫何罪？且吾不以一眚掩大德。"秦大夫及左右皆言于秦伯曰："是败也，孟明之罪也，必杀之。"秦伯曰："是孤之罪也。周芮良夫之诗刺厉王曰'大风有隧，贪人败类。听言则对，诵言如醉。匪用其良，覆俾我悖'，是贪故也，孤之谓矣。孤实贪以祸夫子，夫子何罪？"复使为政。

孟明视帅师伐晋，以报殽之役。晋侯襄御之，及秦师战于彭衙。秦师败绩，晋人谓秦"拜赐之师"。盖蚩之。秦伯犹用孟明。

孟明增修国政，重施于民。赵成子衰言于诸大夫曰："秦师又至，将必辟之。惧而增德，不可当也。《诗》云'毋念尔祖，聿修厥德’，孟明念之矣。念德不怠，其可敌乎？”晋伐秦，取汪及彭衙而还，以报彭衙之役。秦伯伐晋，济河焚舟，示必死。取王官及郊，晋人不出。遂自茅津济，封殽尸而还。遂霸西戎，用孟明也。

君子是以知秦穆之为君也，举人之周也，言不偏以一恶弃其善。与人之壹也；无二心。孟明之臣也，其不解也，能惧思也；子桑之忠也，其知人也，能举善也。《诗》曰“于以采蘩？于沼于沚。于以用之？公侯之事”，秦穆有焉。“夙夜匪解，以事一人”，孟明有焉。“诒厥孙谋，以燕翼子”，子桑有焉。

【眉批】“用孟明也”一句，是断案。下说穆公之为君，孟明之臣，子桑之忠，又三引诗证之，即明此句之意。

明珠走盘。

穆公殉三良

秦伯任好卒，以子车氏之三子奄息、仲行、针虎为殉，从葬。皆秦之良也。国人哀之，为之赋《黄鸟》。《秦风》，义取黄鸟止于棘桑，往来得其所，伤三良不然。

君子曰：“秦穆之不为盟主也宜哉！死而弃民。先王违世，犹诒之法，而况夺之善人乎？《诗》曰‘人之云亡，邦国殄瘁’，无善人之谓。若之何夺之？古之王者，知命之不长，是以并建圣哲，立司牧。树之风声，因土地风俗，以立声教。分之采物，旌旗衣服，各有分制。著之话言，作善言以遗戒[①]。为之律度，以治历程物。陈之艺极，开陈贡献多少准则中正之法。引之表

①戒，底本与弘仁堂本作“戎”，任养心本作“民”，俱误，据《春秋左传正义》改。

仪，道威仪。予之法制，告之训典，教之防利，防患兴利。委之常秩，官职。道之礼则，使毋失其土宜，众隶赖之，而后即命。圣王同之。今纵无法以遗后嗣，而又收其良以死，难以在上矣。"君子是以知秦之不复东征也。

【眉批】"并建圣哲"以下，见先王违世、诒法之所在也；"今纵无法以贻后世"，见"死而弃民"也；"知不复东征"，见"不为盟主"也。照应不爽，关锁完足。

邾

文公迁绎

邾文公卜迁于绎。史曰："利于民而不利于君。"邾子曰："苟利于民，孤之利也。天生民而树之君，以利之也。民既利矣，孤必与焉。"左右曰："命可长也，君何弗为？"邾子曰："命在养民。死之短长，时也。民苟利矣，迁也，吉莫如之！"遂迁于绎。邾文公卒。君子曰："知命。"

【眉批】文公利民一念，天当鉴之，而何竟卒也？

莒

渠丘公恃陋不备

晋侯景使申公巫臣故楚大夫如吴，假道于莒。与渠丘公立于池上，曰："城已恶。"不坚。莒子曰："辟陋在夷，其孰以我为虞？"对曰："夫狡焉思启封疆以利社稷者，何国蔑有？唯然，故多大国矣。唯或思或纵也。勇夫重闭，况国乎？"

楚子重自陈伐莒，围渠丘。渠丘城恶，众溃，奔莒。戊申，楚入渠丘。莒人囚楚公子平。楚人曰："勿杀，吾归而俘。"莒人杀之。楚师围莒。莒城亦恶，庚申，莒溃。楚遂入郓，莒无备故也。

君子曰："恃陋而不备，罪之大者也；备豫不虞，善之大者也。莒恃其陋，而不修城郭，浃辰之间，而楚克其三都，无备也夫！《诗》曰：'虽有丝麻，无弃菅蒯；虽有姬姜，无弃蕉悴；凡百君子，莫不代匮。'言备之不可以已也。"言精粗美恶皆当蓄之，以备不虞。胡氏曰："夫凿池筑城者，为国之备，所谓事也；效死而民不去，为国之本，所谓政也。'莒恃其陋，不修城郭，浃辰之间，楚克其三都'，信无备矣。然兵至而民逃，其上不能使民效死而不去，则昧于为国之本也。虽隆莒之城，何益乎？"

【眉批】"莒无备故也"一句主意。

佳。

楚

成王重师轻将

楚子成入居于申，楚子及诸侯围宋。晋文公用先轸计，侵曹伐卫以救宋。卫侯出居襄牛。楚人收卫不克，犹未释宋围也。晋复用先轸计，执曹伯，分曹卫之田以畀宋人，欲致楚与战，故楚子去宋入申。使申叔去谷，撤齐戍。使子玉去宋，解宋围。曰："无从晋师！晋侯在外十九年矣，而果得晋国。险阻艰难，备尝之矣；民之情伪，尽知之矣。天假之年，献公之子九人，唯文公在，故云。而除其害，天之所置，其可废乎？《军志》曰：'允当则归。无求过分。'又曰：'知难而退。'又曰：'有德不可敌。'此三志者，晋之谓矣。"子玉使伯棼请战，曰："非敢必有功也，愿以间执谗慝之口。"蒍贾谓子玉刚而无礼，过三百乘不能以入。王怒，少与之师，唯西广、右广。东宫太子宫甲与若敖之六卒若敖，楚之先君，子玉之祖也。百人为卒，盖子玉之亲兵实从之。

既败，与晋战于城濮而败。王使谓之曰："大夫若入，其若申、息之老何？"申、息二邑子弟皆从子玉战死，故言何以见其父老。子西斗宜申、孙伯子玉之子大心曰："得臣子玉名将死，二臣止之曰：'君其将以为戮。'此答王使之词。"及连谷而死。自杀。晋侯闻之而后喜可知也，喜动颜色。曰："莫余毒也已。芀吕臣实为令尹，奉己而已，不在民矣。"言其自守无大志。胡氏曰："得臣信有罪矣。楚子知其不可敌而少与之师，又以败杀之，是以师为重而弃其将以与之也，是晋再克而楚再败也。"

成王不善处其子

楚子成将以商臣为大子，访诸令尹子上。斗勃。子上曰："君之齿未也，而又多爱，宠子。黜既立而废之乃乱也。楚国之举，立后。恒在少者。且是人也，蜂目而豺声，忍人也，不可立也。"弗听。既，又欲立王子职，而黜大子商臣。商臣闻之而未察，告其师潘崇曰："若之何而察之？"潘崇曰："享江芈成王妹而勿敬也。"从之。江芈怒曰："呼！发怒声。役夫！贱者称。宜君王之欲杀女而立职也。"告潘崇曰："信矣。"潘崇曰："能事诸乎？"事职。曰："不能。""能行乎？"曰："不能。""能行大事乎？"曰："能。"以宫甲围成王。王请食熊蹯而死，熊掌难熟，冀久将有外救。弗听，王缢。谥之曰"灵"，不瞑；曰"成"，乃瞑。言其忍甚，未敛而加恶谥。穆王立，以其为大子之室与潘崇，使为大师，且掌环列之尹。以卫王宫。胡氏曰："嫡妾必正，而楚子多爱；立子必长，而楚国之举常在少者。养世子不可不慎也，而以潘崇为之师；侍膳问安，世子职也，而多置宫甲。降而不憾，憾而能眕者鲜。乃欲黜兄而立其弟，谋及妇人，宜其败也。而使江芈知其情,是以不仁处其身,而以不孝处其子也,其及宜矣!"

蒍艾猎城沂

令尹蒍艾猎孙叔敖城沂,使封人虑事,以授司徒。量功命日,计工约日。分财用,筑作具。平板干,立干而后施板以筑平之。称畚筑,畚,盛土器;筑,实土器;量其轻重。程土物,取土用物作为程限。议远迩,均劳逸。略基趾,行广狭,揣厚薄。具糇粮,使得食。度有司。谋监主。事三旬而成,不愆于素。不过素所虑之期。

庄王不为京观

楚师军于邲,遂次于衡雍。楚伐郑,晋救之,战于邲,楚庄王败晋师而次。潘党曰:"君盍筑武军筑营而收晋尸以为京观?积尸封土其上,谓之京观。臣闻克敌必示子孙,以无忘武功。"楚子曰:"非尔所知也。夫文,字义。止戈为武。武王克商,作《颂》曰:'载戢干戈,载櫜弓矢。我求懿德,肆于时夏,允王保之。'又作《武》,其卒章曰:'耆定尔功。'其三曰:'铺时绎思,我徂惟求定。'其六曰:'绥万邦,屡丰年。'此三、六之数,与今《诗·颂》篇次不同,盖楚乐歌之次第。夫武,禁暴、戢兵、保大、定功、安民、和众、丰财者也,故使子孙无忘其章。今我使二国暴骨,暴矣;观兵以威诸侯,兵不戢矣;暴而不戢,安能保大?犹有晋在,焉得定功?所违民欲犹多,民何安焉?无德而强争诸侯,何以和众?利人之几危而安人之乱,以为己荣,何以丰财?武有七德,我无一焉,何以示子孙?其为先君宫,告成事而已,武非吾功也。古者明王伐不敬,取其鲸鲵大鱼以喻吞小国者而封之,以为大戮,于是乎有京观以惩淫慝。今罪无所,晋无所罪。而民皆尽忠以死君命,谓晋民之死者。又何以为京观乎?”祀于河,作先君宫,告成事而还。

【眉批】一节照应一节,严整之中又精细焉。

“今罪无所”二句,亦实见其有不可以示人者耳。

共王不锢巫臣

巫臣奔晋,窃夏姬以逃。而因郤至以臣于晋,晋人使为邢大夫。子反侧请以重币锢之。以争夏姬,故怨之。王共曰:“止!其自为谋也则过,其为吾先君谋也则忠。初,庄王欲纳夏姬,巫臣曰:‘不可。君召诸侯,以讨罪也。今纳夏姬,贪其色也。贪色为淫,淫为大罚。兴诸侯以取大罚,非慎罚也。’乃止。忠,社稷之固也,所盖多矣。足掩其罪。且彼若能利国家,虽重币,晋将可乎?若无益于晋,晋将弃之,何劳锢焉?”吕氏曰:“考之共王,年才十有三耳,其言可为万代纳谏之法,非有大过人之资,能之乎?共王有大过人之资,不能充养,威权下移,虽知巫臣之无罪,坐视子反之徒屠戮其族,曾莫能制,召怨生敌,为国大患,未尝不深憾之矣。”

【眉批】共王于巫臣,可谓责己重以周,而待人轻以约者。

伯州犁决狱

楚子康侵郑,至于城麇。郑皇颉戍之,出,与楚师战,败。穿封戌囚皇颉,公子围共王子,后为灵王与之争之,正于伯州犁。伯州犁曰:“请问于囚。”乃立囚。伯州犁曰:“所争,君子也,有位者。其何不知?”上其手,曰:“夫子为王子围,寡君之贵介大弟也。”下其手,曰:“此子为穿封戌,方城外之县尹也。州犁必上下其手,抑扬其辞者,欲皇颉曲言以媚王子也。谁获子?”囚曰:“颉遇王子,弱焉。”戌怒,抽戈逐王子围,弗及。楚人以皇颉归。

屈建不以芰祭

屈到嗜芰。菱。有疾，召其宗老而属之曰："祭我必以芰。"及祥，祭也。宗老将荐芰，屈建命去之。宗老曰："夫子属之。"子木曰："不然。夫子承楚国之政，其法刑在民心而藏在王府，上之可以比先王，下之可以训后世，虽微楚国，不见称于楚。诸侯莫不誉。其祭典有之曰：国君有牛享，大夫有羊馈，士有豚犬之奠，庶人有鱼炙之荐，笾豆、脯醢则上下共之，以多少为差。不羞珍异，不陈庶侈。夫子不以其私欲干国之典。"遂不用。

【眉批】屈建之事屈到，可为正当，然《礼》曰："孝子于亲，思其所爱。"而曾子不食羊枣，是或一道也。

苏掩治赋

苏掩为司马，子木使庀赋，治兵赋。数甲兵。简阅之。苏掩书土田，土地所宜。度山林，量材以共国用。鸠薮泽，鸠，聚也。使民不得焚燎坏之，欲以备田猎。辨京陵，绝高曰京，大阜曰陵，别之以为冢墓。表淳卤，埆薄之地，表异轻其税。数疆潦，疆界有流潦者，计数减其租。规偃猪，下湿之地，度其受水多少。町原防，广平曰原。防，堤也。堤防间地，不得方正如井田，别为小顷町。牧隰皋，水崖不湿为刍牧之地。井衍沃，平美之地，制为井田。量入修赋，九土之税。赋车籍马，籍疏其毛色岁齿，以备军用。赋车兵、徒兵、甲盾之数。既成，以授子木。

平王抚民

吴灭州来，楚邑。令尹子旗请伐吴。王平弗许，曰："吾未抚民人，未事鬼神，未修守备，未定国家，而用民力，败不可悔。州来在吴,犹在楚也。子姑待之。”

楚子使然丹简上国之兵于宗丘,且抚其民。分贫,振穷;长孤幼,养老疾;收介特,单身民。救灾患;宥孤寡,赦罪戾;诘奸慝,举淹滞;礼新,叙旧;禄勋,合亲;任良,物官。使屈罢简东国之兵于召陵,亦如之。好于边疆。息民五年,而后用师。

【眉批】平王乃有此自反之言。

昭王赏仇

吴人之入楚,楚昭王奔郧,郧公斗辛之弟怀将杀王,郧公辛止之。怀曰:“平王杀吾父,蔓成然立平王,贪求无厌,平王杀之。在国则君,在外则仇也。见仇弗杀,非人也。”郧公曰:“夫事君者,不为外内行,异行。不为丰约举,苟君之,尊卑一也。且夫自敌敌体以下则有仇,非是不仇。下虐上为弑,上虐下为讨,而况君乎!君而讨臣,何仇之为?若皆仇君,则何上下之有乎?吾先人以善事君,成名于诸侯,自斗伯比以来,未之失也。今尔以是殃之,不可。”怀弗听,曰:“吾思吾父,不能顾矣。”郧公以王奔随。王归而赏及郧怀。子西谏曰:“君有二臣,或可赏也,或可戮也,君王均之,群臣惧矣。”王曰:“夫子期成然字之二子邪,吾知之矣,或礼于君,或礼于父,均之,不亦可乎?”

【眉批】礼君,郧也;礼父,怀也。

昭王不禜灾

有云如众赤鸟,夹日以飞三日。楚子昭使问诸周太史。周太史曰:“其当王身乎!若禜之,可移于令尹、司马。”王曰：“除腹心之疾，而置诸股肱，何益？不谷不有大过，天其夭诸？有罪受罚，又焉移之？”遂弗禜。

【眉批】达理。

昭王不越望

初，昭王有疾，卜曰：“河为祟。”王弗祭。大夫请祭诸郊。王曰：“三代命祀，祭不越望。诸侯望祀竟内山川星辰。江汉睢漳，楚之望也。祸福之至，不是过也。不谷虽不德，河非所获罪也。言无由得罪于河。”遂弗祭。

孔子曰：“楚昭王知大道矣。其不失国也，宜哉！《夏书》曰：‘惟彼陶唐，帅彼天常，有此冀方。今失其行，乱其纪纲，乃灭而亡。谓桀。’又曰：‘允出兹在兹。’由己率常，可矣。言信出己，则福亦在己。”

【眉批】明分。

叶公讨白公胜

白公作乱，白公，大子建之子胜也。令尹子西召之吴，叶公言不可，子西不从，使为白公。欲报仇，遂作乱。杀子西令尹、子期司马于朝，而劫惠王。叶公沈诸梁在蔡，时居故蔡。方城之外众民皆曰：“可以入矣。”子高诸梁字曰：“吾闻之，以险徼幸者，其求无厌，偏重必离。”欲待其毙而讨之。闻其杀齐管修也，而后入。及北门，或遇之，曰：“君胡不胄？国人望君如望慈父母焉，盗贼之矢若伤君，是绝民望也，若之何不胄？”乃胄而进。又遇一人曰：“君胡胄？国人望君如望岁焉，日日以几，冀其来。若见君面，是得艾也。安之。民知不死，其亦夫有奋心，犹将旌君以徇于国；而又掩面以绝民望，不亦甚乎！”乃免胄而进。遇箴尹固帅其属,将与白公。助为乱。子高曰:“微二子者,楚不国矣。柏举之败,子西、子期之功多。弃德从贼,其可保乎?”乃从叶公。使与国人以攻白公,白公奔山而缢。沈诸梁兼二事,令尹、司马。国宁,乃使宁为令尹,子西之子。使宽为司马,子期之子。而老于叶。苏氏曰:“子高于白公之未乱也,知其不可近;及其既乱也,举兵而入,罪人斯得而毙,国以宁,可以言知矣。使叶公因惠王之复,而身为令尹,以行楚国之政,楚岂有间言哉!追念子西、子期之功,以其子为令尹、司马,而身老于叶,有存国之劳,而不享有国之利,于是可以言仁矣。然终不能用孔子,使圣人之效不见于当世,岂仁虽能守,而未暇由礼欤?”

【眉批】观衅以动,不违其志;择后以立,不居其功。叶公处此,可为曲至。

越

句践更政

句践说于国人夫楙之役,越既行成于吴而归告之民曰:“寡人不知其力之不足也,而又与大国执仇,以暴露百姓之骨于中原,此则寡人之罪也。寡人请更。”于是葬死者,问伤者,养生者;吊有忧,贺有喜;送往者,迎来者;去民之所恶,补民之不足。然后卑事夫差,宦士三百人于吴,其身亲为夫差前马。前驱。句践之地,南至于句无,北至于御儿,东至于鄞,西至于姑蔑,广运百里。东西为广,南北为运。乃致其父兄昆弟而誓之曰:“寡人闻古之贤君,四方之民归之,若水之归下也。今寡人不能,将帅二三子夫妇以蕃。息也。”命壮者无取老妇,令老者无取壮妻;女子十七不嫁,其父母有罪;丈夫二十不取,其父母有罪。将免者分娩以告,公令医守之。生丈夫，二壶酒，一犬；生女子，二壶酒，一豚；犬，阳畜，知择人；豚，主内，阴类也。生三人，公与之母；乳母。生二人，公与之饩。廪食。当室者死，三年释其政；《礼》：父为嫡子，服三年。支子死，三月释其政；必哭泣葬埋之，如其子。令孤子、寡妇、疾疹、贫病者，纳宦其子。任其子而教之。其达士，洁其居，美其服，饱其食，而摩厉之于义。四方之士来者，必庙礼之。礼之于庙，告先君也。句践载稻与脂于舟以行。国之孺子之游者，无不铺也，无不歠也：必问其名。后将用之。非其身之所种则不食，非其夫人之所织则不衣。十年不收于国，民居有三年之食。国之父兄请曰："昔者夫差耻吾君于诸侯之国，今越国亦节矣，有节度。请报之。"句践辞曰："昔者之战也，非二三子之罪也，寡人之罪也。如寡人者，安与知耻？请姑无庸战。"父兄又请曰："越四封之内，亲吾君也，犹父母也，子而思报父母之仇，臣而思报君之仇，其有敢不尽力者乎？请复战！"句践既许之，乃致其众而誓之，曰："寡人闻古之贤君，不患其众之不足也，而患其志行之少耻也。进不念功，临难苟免。今夫差衣水犀之甲者亿有三千，不患其志行之少耻也，而患其众之不足也。今寡人将助天灭之。吾不欲匹夫之勇也，欲其旅进旅退也。进则思赏，退则思刑；如此，则有常赏。进不用命，离伍独进。退则无耻；不畏戮辱。如此，则有常刑。"果行，国人皆劝。父勉其子，兄勉其弟，妇勉其夫，曰："孰是君也，言谁有恩惠如此君。而可无死乎？"

【眉批】看句践前后所以施恩布惠者，无一处不到，无一事或遗，民安得不为致死？

句践欲报吴仇，其在平日也，则先惠而后威；其临行兵也，则先威而后惠；以至爱夺民之心，以大法正国之纪，虽百战，可也，况三战乎！

伐吴军政

王乃之坛列，鼓而行之，至于军，斩有罪者以徇，曰："莫如此以环瑱通相问也。"行贿以乱军。明日徙舍，斩有罪者以徇，曰："莫如此不从其伍之令。"明日徙舍，斩有罪者以徇，曰："莫如此不用王命。"明日徙舍，至于御儿，地。斩有罪者以徇，曰："莫如此淫[1]逸不可禁也。"王乃命有司大徇于军曰："有父母耆老而无昆弟者，以告。"王亲命之曰："我有大事，子有父母耆老，而子为我死，子之父母将转于沟壑，子为我礼已重矣。谓去父母而来。子归，没而父母之世。后若有事，吾与子图之。"明日，徇于军，曰："有兄弟四五人皆在此者，以告。"王亲命之曰："我有大事，子有昆弟四五人皆在此，事若不捷，则是尽也。择子之所欲归者一人。"明日，徇于军曰："有眩瞀之疾者告。"王亲命之曰："我有大事，子有眩瞀之疾，其归若已。若，汝；已，止也。后若有事，吾与子图之。"明日，徇于军曰："筋力不足以胜甲兵、志行不足以听命者归，莫告。"明日，迁军接和，上下皆和也。斩有罪者以徇曰："莫如此志行不果。"于是人有致死之心。王乃命有司大徇于军曰："谓二三子归而不归，处而不处，进而不进，退而不退，左而不左，右而不右，身斩，妻子鬻。"于是吴王起师，军于江北，越王军于江南。越王乃中分其师以为左右军，以其私卒君子王所亲近有志行者六千人为中

[1]淫，原作"深"，误，据韦昭注《国语》改。

军。明日，将舟战于江，及昏，乃令左军衔枚溯江五里以须，亦令右军衔枚逾江五里以须。夜中，乃令左军右军涉江，鸣鼓，中水以须。吴师闻之，大骇，曰："越人分为二师，将以夹攻我师。"乃不待旦，亦中分其师，将以御越。越王乃令其中军衔枚潜涉，不鼓不噪，以袭攻之，吴师大北。越之左军右军乃遂涉而从之，又大败之于没，地。又郊败之，三战三北，一战于笠泽，再战于没，三战于郊。乃至于吴。越师遂入吴国。吴王行成于越，不许，遂自杀。越灭吴。

【眉批】此皆人情之切至，而句践临军区画至此，岂但行者效死，虽居者是心亦勃勃矣！

左粹类纂　卷之九

吴郡施仁　编集

如皋孙应鳌　批点

荐　举

报国孰为大？荐贤为大。贤其可蔽乎哉！是故展获不卿，臧孙之罪；仲尼无土，责在晏子；何齐鲁之不幸而有臧晏哉！岂亦圣贤遭逢之不偶也？虽然，仲之相，鲍叔荐之；午之尉，祁奚举之；军政之无秕也，民衽之不左也，伊谁之力哉？惜乎列国之祁鲍之鲜也！

周

樊穆仲荐鲁侯

宣王欲得国子之能导训诸侯者，樊穆仲仲山父曰："鲁侯孝。"王曰："何以知之？"对曰："肃恭明神而敬事耇老；赋事行刑，必问于遗训而咨于故实，不干所问，不犯所咨。"王曰："然则能训治其民矣。"乃命鲁孝公于夷宫。命为侯伯也。

晋

赵衰荐郤縠

作三军，谋元帅。文公将与楚战。赵衰曰："郤縠可。臣亟闻其言矣，说礼乐而敦《诗》《书》。《诗》《书》，义之府也。《诗》以美刺为义，《书》以纪述为义。礼乐，德之则也。礼以节民心为德，乐以和民情为德。德义，利之本也。《夏书》曰：'赋纳以言，明试以功，车服以庸。'君其试之！"乃使郤縠将中军。

臼季荐郤缺

臼季胥臣使，过冀，见冀缺耨，其妻馌之，敬，相待如宾。与之归，言诸文公曰："敬，德之聚也。能敬必有德。德以治民，君请用之！臣闻之：出门如宾，承事如祭，仁之则也。"公曰："其父有罪，郤芮欲焚公宫而弑文公。可乎？"对曰："舜之罪也殛鲧，以治水无功，殛于羽山。其举也兴禹。授以天下。管敬仲，桓之贼也，从子纠伐齐，射中桓公带钩。实相以济。伯天下。《康诰》曰：'父不慈，子不祇，敬。兄不友，弟不共，不相及也。'《诗》曰：'采葑采菲，无以下体。'君取节焉可也。不以恶而弃其善。"文公以为下军大夫。

【眉批】惟贤是取，不拘于世，此用人之准。

赵盾举韩厥

赵宣子盾言韩献子厥于灵公，以为司马。河曲之役，秦伐晋，战于河曲。赵孟使人以其乘车干行，犯军行列。献子执而戮之。众咸曰："韩厥必不没矣。其主朝升之，而莫戮其车，其谁安之！"宣子召而礼之，曰："吾闻事君者，比而不党。夫周以举义，比也；举以其私，党也。夫军事无犯，犯而不隐，义也。吾言汝于君，惧汝不能也。举而不能，党孰大焉！事君而党，吾何以从政？吾故以是观汝。汝勉之。苟从是行也，勉之始终如一。临长晋国者，非汝其谁？"皆告诸大夫曰："二三子可以贺我矣！吾举厥也而中，不负所举。吾乃今知免于罪矣。"

【眉批】惟厥也能秉法以成盾，惟盾也能忘己以用厥。使在后世，则厥也以为致怨，而盾也以为负德矣。

祁奚荐其子

祁奚辞于军尉，告老。公悼问焉，曰："孰可？代之。"对曰："臣之子午可。人有言曰：'择臣莫若君，择子莫若父。'午之少也，婉以从令，游有乡，处有所，好学而不戏。其壮也，强志而用命，父命。守业而不淫。其冠也，和安而好敬，柔惠小物，而镇定大事，有直质而无流心，放心。非义不变，非上不举。若临大事，其可以贤于臣也。臣请荐所能择而君比义焉。"公使祁午为军尉，没平公，军无秕政。

祁奚举善

祁奚请老，晋侯悼问嗣焉。称解狐，其仇也，将立之而卒。又问焉。对曰："午也可。"于是羊舌职死矣，晋侯曰："孰可以代之？"对曰："赤也可。"于是使祁午为中军尉，羊舌赤佐之。

君子谓祁奚:"于是能举善矣。称其仇,不为谄;立其子,不为比;举其偏,属。不为党。《商书》曰'无偏无党,王道荡荡',其祁奚之谓矣。解狐得举,祁午得位,伯华得官,建一官而三物成,能举善也。夫唯善,故能举其类。《诗》云'惟其有之,是以似之',祁奚有焉。"

【眉批】以周末季,犹有大公气象如此,三代之流风馀韵可征也。览其遗编,为之屡叹。

司马侯荐叔向

悼公与司马侯升台而望曰:"乐夫!"对曰:"临下之乐,则乐矣;德义之乐,善善为德,恶恶为义。则未也。"公曰:"何谓德义?"对曰:"诸侯之为,日在君侧,以其善行,以其恶戒,可谓德义矣。"公曰:"孰能?"对曰:"羊舌肸习于春秋。纪人事之善恶,而目以天时,谓之春秋。"乃召叔向,使傅太子彪。

【眉批】风味可想。

魏舒举魏戊

魏献子舒为政,以魏戊舒之庶子为梗阳大夫。魏子谓成鱄:"吾与戊也县,人其以我为党乎?"对曰:"何也?何可谓党。戊之为人也,远不忘君,近不逼同;同位。居利思义,在约思纯;有守心而无淫行,虽与之县,不亦可乎!昔武王克商,光有天下,其兄弟之国者十有五人,姬姓之国者四十人,皆举亲也。夫举,无他,唯善所在,亲疏一也。《诗》曰:'惟此文王,帝度其心。莫其德音,其德克明。克明克类,克长克君。王此大国,克顺克比。比于文王,其德靡悔。

既受帝祉，施于孙子。’心能制义曰度，以下九句解诗义。德正应和曰莫，清净。照临四方曰明，勤施无私曰类，物得其所。教诲不倦曰长，长久之道。赏庆刑威曰君，君之职。慈和遍服曰顺，择善而从之曰比，以己方人。经纬天地曰文。相错成章。九德不愆，作事无悔，故袭天禄，子孙赖之。主之举也，近文德矣，近文王之德。所及其远哉！”

【眉批】成鱄知用人之义。

左氏每到引用，便觉印证精采，亦其才之所擅。

齐

鲍叔荐管仲

桓公自莒反于齐，使鲍叔牙为宰，大宰。辞曰：“臣，君之庸臣也。君加惠于臣，使不冻馁，则是君之赐也。若必治国家，则非臣之所能也。若必治国家者，则管夷吾乎！臣之所不若夷吾者五：宽惠柔民，弗若也；治国家不失其柄，弗若也；忠信可结于百姓，弗若也；制礼义可法于四方，弗若也；执枹鼓立于军门，使百姓加勇焉，弗若也。”桓公曰：“夫管夷吾射寡人中钩，乾时之战。是以滨于死。”鲍叔对曰：“夫为其君动也，为纠。君若宥而反之，夫犹是也。”公使请诸鲁。

【眉批】为其君动，反而用之，此是鲍叔唤醒桓公，是以用而且专，而且不疑，此焉启之。

节　义

人谁不死？死得其所，犹夫生也。不然，死亦虚耳。《春秋》列位，原繁以不贰死，荀息以不食言死，弃疾以不忍事仇死。死非虚矣。然皆不满人意，况其他乎？间亦有卓然能自立者，如馆箕之婼，托木门之鱄，激发士风，匡扶社稷，有功于世道为大，岂虚生者哉！噫！若人也，皆当时之仅见者也。

鲁

公孙敖二子效死

穆伯之从己氏也，公孙敖为襄仲逆妇于莒，见其美，自娶之。仲欲攻之，惠伯平之，敖反之矣。既而如周吊丧不至，以币奔莒，从己氏。生二子于莒，而求复。将来，卒于齐。他年，其二子来，孟献子蔑爱之，闻于国。或谮之曰："将杀子。"献子以告季文子。行父。二子曰："夫子以爱我闻，我以将杀子闻，不亦远于礼乎？远礼不如死。"一人门于句鼆，一人门于戾丘，皆死。有寇攻二门，二子御之而死。

【眉批】二子之死，欲以明志，然亦何自轻若是？况献子未信谮也，而又爱之？

公冶不义季氏

公如楚，还，及方城。襄公往朝楚，适康王卒，送葬而归。季武子宿取卞，鲁邑。使公冶问，《语》作"逆"。玺书追而与之，曰："闻守卞者将叛，臣帅徒以讨之，既得之矣。此玺书之辞。敢告。"公冶致使而退，及舍，而后闻取卞。公曰："欲之而言叛，只见疏也。"公谓公冶曰："吾可以入乎？"对曰："君实有国，谁敢违君？"公与公冶冕服。以卿服玄冕赏之。固辞，强之而后受。公至自楚，公冶致其邑于季氏，而终不入焉，曰："欺其君，何必使余？《语》曰："使予欺君，谓余能也。能而欺其君，敢享其禄而立其朝乎？"季孙见之，就见。则言季氏如他日；言其政事。不见，则终不言季氏。及疾，聚其臣曰："我死，必无以冕服敛，非德赏也，言畏季氏，非以我有德。且无使季氏葬我。"

【眉批】季武强臣，取卞自封，使襄公畏其逼而不敢入，而又陷公冶于不知，使告其君以守卞之叛而己取之，欺莫大焉。公冶不受公入国之赏，而且言"无使季氏葬我"，朗见英气，映人耿耿。

叔孙豹不以货免

会于虢，寻宋之盟也。晋赵武、楚公子围及诸侯之大夫以寻弭兵之盟。季武子伐莒，取郓。莒人告于会。楚告于晋曰："寻盟未退，而鲁伐莒，渎齐盟，请戮其使。时叔孙豹在会。"乐桓子鲋相赵文子，武。欲求货于叔孙，而为之请。使请带焉，难于求货，故以带为辞。弗与。梁其踁曰："货以藩身，子何爱焉？"叔孙曰："诸侯之会，卫社稷也。我以货免，鲁必受师，是祸之也，何卫之为？人之有墙，以蔽恶也；墙之隙坏，谁之咎也？卫而恶之，吾又甚焉。虽怨季孙，鲁国何罪？叔出季处，叔孙出使，季孙守国。有自来矣，吾又谁怨？然鲋也贿，弗与，不已。"召使者，裂裳帛而与之，曰："带其褊矣。"

赵孟闻之，曰："临患不忘国，忠也；谓言鲁国何罪。思难不越官，信也；谓言叔出季处。图国忘死，贞也；谓不以货免。谋主三者，忠、信、贞。义也。有是四者，又可戮乎？"固请诸楚，楚人许之，乃免叔孙。

【眉批】伐莒取郓，此季孙之收夺也。

二句最的当。

豹召使者，裂帛而与，卒不行贿；豹子婼拘晋，范鞅求货，亦不与；真世德也。

叔孙舍以礼立身

叔孙婼如晋，晋人执之，邾人诉鲁取其师，故讨之。使与邾大夫坐。坐讼曲直。叔孙曰："列国之卿，当小国之君，固周制也。礼：卿得会伯、子、男。邾又夷也。杂有东夷之风。寡君之命介子服回在，请使当之，不敢废周制故也。"乃不果坐。

韩宣子使邾人聚其众，将以叔孙与之。叔孙闻之，去众与兵而朝。示欲以身死。士弥牟谓韩宣子厥曰："子弗良图，而以叔孙与其仇，叔孙必死之。鲁亡叔孙，必亡邾。邾君亡国，将焉归？子虽悔之，何及？所谓盟主，讨违命也。若皆相执，焉用盟主？"乃馆诸箕。舍子服昭伯于他邑。

范献子鞅求货于叔孙，使请冠焉。以求冠为辞。取其冠法，而与之两冠，曰："尽矣。"为叔孙故，申丰以货如晋。叔孙曰："见我，吾告女所行货。"见，而不出。留不使出，示不欲以货免。

士弥牟逆叔孙于箕。将礼而归之。叔孙使梁其踁待于门内，曰："余左顾而欬，乃杀之；右顾而笑，乃止。"叔孙见士伯。士伯曰："寡君以为盟主之故，是以久子。久执子以谢邾。

不腆敝邑之礼，将致诸从者，使弥牟逆吾子。”叔孙受礼而归。家氏曰：“婼，豹之子也。父子所守如此，亦可嘉矣。有贤大夫如此，而召公不与共图国事，坐视强臣之胁制，以至于亡，悲夫！”

【眉批】晋听邾人之诉，而执叔孙，使与邾大夫坐。婼以周礼争之，竟不坐。又欲以叔孙与邾人，婼去众兵以朝，以示必死，乃不果与。又却范献子之求货，又拘申丰之行货。气节若是，足壮本国，难矣！难矣！

晋

栾共子死节

武公伐翼，杀哀侯，止栾共子成曰：“苟无死，吾以子见天子，令子为上卿，制晋国之政。”辞曰：“成闻之：‘民生于三，事之如一。’父生之，师教之，君食之。非父不生，非食不长，非教不知。生之族也，故一事之。唯其所在，则致死焉。报生以死，报赐以力，人之道也。臣敢以私利废人之道，君何以训矣？且君知成之从也，未知其待于曲沃也。言武公知成将从君死，故使止之，未知不死而待君于曲沃之为贰也。从君而贰，君焉用之？”遂斗而死。

【眉批】执节不移，有如此者。

申生无所逃

骊姬以君命命申生曰：“今夕君梦齐姜，申生母。必速祠而归福。胙。”申生许诺。乃祭于曲沃，归福于绛。大子居新城，故自新城归之绛。公田，时献公以猎出。骊姬受福，乃置鸩于酒，置堇乌豆于肉。公至，召申生献。献胙。公祭之地，地坟。申生恐而出。骊姬与犬肉，犬毙；饮小臣酒，亦毙。申生奔新城。人谓申生曰："非子之罪，何不去乎？"申生曰："不可。去而罪释，必归于君，是恶君也。恶归于君。章父之恶而笑诸侯，为诸侯笑。吾谁乡而入？内困于父母，外困于诸侯，是重困也。弃君去罪，是逃死也。吾闻之：'仁不恶君，知不重困，勇不逃死。'若罪不释，去而必重。去而罪重，不知。逃死而恶君，不仁。有罪不死，无勇。去而厚恶，恶不可重，死不可避，吾将伏以俟命。"乃雉经于新城之庙。《语》。

姬谓大子曰："君梦齐姜，必速祭之！"大子祭于曲沃，归胙于公。公田，姬置诸宫六日。公至，毒而献之。公祭之地，地坟；与犬，犬毙；与小臣，小臣亦毙。姬泣曰："贼由大子。"大子奔新城，公杀其傅杜原款。或谓大子："子辞，君必辩焉。"大子曰："君非姬氏，居不安，食不饱。我辞，姬必有罪。君老矣，吾又不乐。"曰："子其行乎！"大子曰："君实不察其罪，被此名也以出，人谁纳我？"缢于新城。《传》。胡氏曰："申生进不能自明，退不能违难，爱[①]父以姑息而陷之不义，谗人得志，几至亡国，先儒以为大仁之贼也，而尸此者其谁乎？"

杜原款死申生

申生出，公命杀杜原款。申生之傅。杜原款将死，使小臣圉告于申生，曰："款也不才，寡知不敏，不能教导，以至于死。不能深知君之心度，心之权度。弃宠，令大子弃位。求广土而窜伏焉。小心狷介，不敢行也。不敢与申生俱去。是以言

①爱，原作"受"，误，据宋胡宏《皇王大纪》（文渊阁本）卷四十改。

至而无所讼之,受谗无所控告。故陷于大难,乃逮于谗。然款也不敢爱死,唯与谗人均是恶也。吾闻君子不去情,不去忠爱之情。不反谗,申辩。谗行身死可也,犹有令名焉。有孝名。死不迁情,强也。守情说父,孝也。杀身以成志,仁也。死不忘君,敬也。孺子勉之!死必遗爱,死民之思,为民所思。不亦可乎?"申生许诺。

荀息死奚齐

献公使荀息傅奚齐。公疾,召之,曰:"以是藐诸孤,言其幼贱。辱在大夫,其若之何?"稽首而对曰:"臣竭其股肱之力,加之以忠贞。其济,成事。君之灵也;不济,则以死继之。"公曰:"何谓忠贞?"对曰:"公家之利,知无不为,忠也。送往事居,耦俱无猜,送死事生,两无疑恨。贞也。"及里克将杀奚齐,先告荀息曰:"三怨将作,三公子之徒。秦、晋辅之,子将何如?"荀息曰:"将死之。"里克曰:"无益也。"荀叔曰:"吾与先君言矣,不可以贰。能欲复言而爱身乎?虽无益也,将焉辟之?且人之欲善,谁不如我?谓里克忠于申生,亦如我忠于奚齐。我欲无贰而能谓人已乎?不能止里克使不忠于申生等。"里克杀奚齐于次。荀息将死之,人曰:"不如立卓子而辅之。"荀息立公子卓以葬。里克杀卓子于朝,荀息死之。君子曰:"《诗》所谓'白圭之玷,尚可磨也;斯言之玷,不可为也',荀息有焉。"司马氏曰:"立嫡以长,正也。献公溺于嬖宠,废长立少。荀息为国正卿,君所倚信,不能明白礼义,以格君心之非,而遽以死许之。是则荀息之言,玷于献公未没之前,而不可救以已没之后也。"家氏曰:"使荀息早知二子之立,国人不与,而身辞托孤之寄,以悟其君。君不能用,则是时有不必死矣。既不能正谏于其始,又为之任托孤之寄,虽欲临难苟免,其可得乎?"

【眉批】托孤寄命，不专在节，亦贵有临机应变之才，看来荀息全无才者。

共华待死

惠公即位，乃背秦赂，惠公许秦以河外列城五，而求入；既入，背之。使丕郑聘于秦，且谢之，谢缓赂。而杀里克。以杀奚齐、卓子故。丕郑之自秦反也，闻里克死，见共华曰："可以入乎？"共华曰："二三子七舆大夫皆在而不及，罪不及。子使于秦，可哉！可以入。"丕郑入，君杀之。郑之如秦，欲使穆公出公纳重耳，故见杀。共赐谓共华曰："子行乎？其及也！"共华曰："夫子之入，吾谋也，将待及。以误丕郑，故欲待罪。"赐曰："孰知之？"共华曰："不可。知而背之，不信；谋而困人，不知；困而不死，无勇。任大恶三，行将安入？子其行矣，我姑待死。"亦杀之。

【眉批】不背其心以俟死，可以为难矣。

庆郑待死

秦师侵晋，穆公以晋惠公背赂，且闭籴故也。"侵"，《传》作"伐"。至于韩。公惠御秦师，晋师溃。公号庆郑曰："载我！"庆郑曰："忘善而背德，又废吉卜，将战，卜车右，庆郑吉。公以其不逊，废不用。何我之载？郑之车，不足以辱君避也。"梁由靡御韩简，辂秦公，将止之。简与秦迎战，将获穆公。庆郑曰："释来救君！"郑不知其将获秦穆，呼使舍之，来救惠公。亦不克救，误其师。遂止于秦。惠公反为秦师所获。

公在秦三月，将归，未至。蛾皙谓庆郑曰："君之止，子之罪也。今君将来，子何俟？"庆郑曰："郑也闻之曰：'军败，死之；将止，死之。’二者不行，又重之以误人而丧其君。误梁由靡，令君见获。有大罪三，将安适？君若来，将待刑以快君志；君若不来，将独伐秦，不得君，必死之。此所待也。臣得其志，谓出奔。而使君瞢，惭。是犯也。犯，逆也。君行犯，犹失其国，而况臣乎？”

公至于绛郊，命司马说刑之。司马说进三军之士而数庆郑曰：“夫韩之誓曰：‘失次犯令，死；将止不面夷，死；伪言误众，死。’今郑失次犯令，而罪一也；郑擅进退，而罪二也；女误梁由靡，使失秦公，而罪三也；君亲止，女不面夷，而罪四也。郑也就刑！”庆郑曰：“说！三军之士皆在，皆在此。有人能坐待刑而不能面夷？趣行事乎！”斩庆郑，乃入绛。

狐突不教子贰

怀公命无从亡人。重耳。期，期而不至，无赦。狐突之子毛及偃从重耳在秦，弗召。怀公执狐突，曰：“子来则免。”对曰：“子之能仕，父教之忠，古之制也。策名委质，贰乃辟也。辟，罪也。今臣之子，名在重耳，有年数矣。若又召之，教之贰也。父教子贰，何以事君？刑之不滥，君之明也，臣之愿也。淫刑以逞，谁则无罪？臣闻命矣。”乃杀之。

介之推不言禄

晋侯文赏从亡者，介之推不言禄，禄亦弗及。推曰：“献公之子九人，唯君在矣。惠、怀无亲，二公皆忮害。外内弃之。天未绝晋，必将有主。主晋祀者，非君而谁？天实置之，而二三子以为己力，不亦诬乎？窃人之财，犹谓之盗，况贪天之功以为己力乎？下义其罪，上赏其奸；上下相蒙,欺。难与处矣。”其母曰:“盍亦求之?以死,谁怼?”对曰:“尤而效之,罪又甚焉。且出怨言,不食其食。”其母曰:“亦使知之,若何?”对曰:“言,身之文也。身将隐,焉用文之?是求显也。”其母曰:“能如是乎?与女偕隐。”遂隐而死。晋侯求之不获。以绵上为之田,曰:“以志吾过,且旌善人。”吕氏曰:“文公反国之初,从行诸臣骈首争功,子犯之授璧,颠颉、魏犨之纵爇,要切狼戾,有市人之所不忍为者。而介之推独超然处众纷之外,孰谓此时而有此人乎!是宜百世之后,闻其风者犹咨嗟叹颂[①]而不能已也。虽然,推尤诸臣之贪功,其言未必非也;其言之所自发,则非也。使晋文赋之以禄,推以此为辞禄之言,虽不尽中理,犹不失为狷介也。今既不得禄,而为此言,则是借正义以泄私怨耳。推,高士也,未易以凡心、窥利心量也。母子之间底蕴举露,推安所逃情乎?推若果以从亡之臣为不当赏,则狐、赵也,己也,其不赏均也。文公之赏狐、赵,固滥而可责也。赏者为滥,则不赏者乃理之常[②],是文公失之于狐、赵,而得之于我也。君待我以常,我自安其常,怨何为而生?身何为而隐乎?是非无两立之理。今既咎文公之滥赏,又咎文公之不赏,此近于人情乎?吾是以知推之言,特借理以逞怨也。”

【眉批】真至。

其母之言如此,可为贤母矣。

先轸死狄

败秦师于殽,获百里孟明视、西乙术、白乙丙以归。文嬴晋文公夫人,秦穆公女请三帅,曰:“彼实构吾二君,寡君若得而食之,不厌,食其肉犹不足。君何辱讨焉?使归就戮于秦,以逞寡君之志,若何?”公襄许之。先轸朝,问秦囚。公曰:“夫人请之,吾舍之矣。”先轸怒,殽之战,先轸之谋也,故怒。曰:

①颂,原作“重”,误,据吕祖谦《左传博议》改。

②常,吕祖谦《左传博议》作“正”。

“武夫力而拘诸原，妇人暂仓卒而免诸国，堕军实而长寇仇，亡无日矣！”不顾而唾。

狄伐晋，晋侯败狄于箕。先轸曰：“匹夫逞志于君，谓不顾而唾。而无讨，敢不自讨乎？”免胄入狄师，死焉。狄人归其元，首。面如生。吕氏曰：“轸以晋襄公之纵秦囚，不顾而唾，无礼于君甚矣。及箕之役，深悔前过，免胄而死，其一念之劲烈如此。使有以持之，则可以一日而收克己复礼之功矣。身死无名，没有馀责，殆与自经沟渎者等耳！”

狼瞫死秦师

战于殽也，晋梁弘御戎，莱驹为右。车右。战之明日，晋襄公缚秦囚，使莱驹以戈斩之。囚呼，莱驹失戈。狼瞫取戈以斩囚，禽之以从公乘，遂以为右。箕之役，狄伐晋，晋败狄于箕。先轸黜之，而立续简伯。狼瞫怒。其友曰：“盍死之？”瞫曰：“吾未获死所。”其友曰：“吾与女为难。”欲共杀先轸。瞫曰：“《周志》有之：‘勇则害上，不登于明堂。祖庙也，所以策功序德，故不义之士不得升。’死而不义，非勇也。共用之谓勇。死国。吾以勇求右，无勇而黜，亦其所也。谓上不我知，黜而宜，乃知我矣。子姑待之。”及彭衙，既陈，秦孟明伐晋，以报殽之役。以其属驰秦师，死焉。晋师从之，大败秦师。

君子谓狼瞫：“于是乎君子。《诗》曰：‘君子如怒，乱庶遄沮。’又曰：‘王赫斯怒，爰整其旅。’怒不作乱，而以从师，可谓君子矣。”吕氏曰：“狼瞫怒先轸不知其勇而死于秦者，所以彰轸之不知义也。名则忠晋，而实愧先轸。呜呼！是诚瞫过也。”

臾骈不报私怨

贾季狐射姑奔狄。初，搜于夷，狐射姑将中军，赵盾佐之。阳处父改搜于董,以赵盾将中军,射姑佐之。故杀处父。晋讨杀者,遂奔。宣子赵盾使臾骈送其帑。夷之搜,贾季戮辱臾骈,臾骈之人从者欲尽杀贾氏以报焉。臾骈曰:"不可。吾闻前志有之曰:'敌惠敌怨,不在后嗣,有惠于人,不责报于其子;有怒于人,不致报于其子。忠之道也。'夫子礼于贾季,我以其宠蒙宣子宠位报私怨,无乃不可乎?介因人之宠,非勇也。损怨益仇,杀季家欲以除怨,宣子将复怨己,是益仇。非知也。以私害公,非忠也。释此三者,何以事夫子?谓盾。"尽具其帑,与其器用财贿,亲帅扞之,送致诸竟。

【眉批】达节之论。

士会不见先蔑

先蔑奔秦,士会从之。襄公卒,赵盾使二卿逆公子雍于秦,既而患穆嬴抱太子以辛于朝,且畏国人之逼,乃背先蔑立灵公,潜师夜起以御秦,故二人皆奔。士会在秦,三年不见士伯。先蔑。其人曰:"能亡人于国,与人俱亡。不能见于此,焉用之?何用如此。"士季曰:"吾与之同罪,非义之也,非慕蔑之义而从之。将何见焉?"及归,遂不见。吕氏曰:"会不以同患而亲蔑可也,至于绝迹不见,则矫枉过直矣。"

钼麑触槐

灵公不君。谓雕墙、弹人、支解宰夫之类。宣子赵盾骤谏,公患之,使钼麑贼之。晨往,寝门辟矣,盛服将朝。尚早,坐而假寐。麑退,叹而言曰:"不忘恭敬,民之主也。贼民之主,不忠;弃君之命,不信。有一于此,不如死也。"触槐而死。

灵辄不存名

初，宣子田于首山，舍于翳桑，桑之多荫者。见灵辄饿，问其病。曰："不食三日矣。"食之，舍其半。问之，曰："宦三年矣，未知母之存否，今近焉，去家近。请以遗之。"使尽之，而为之箪食与肉，置诸橐以与之。既而与为公介，灵公伏甲攻赵盾，时以甲士与其列。倒戟以御公徒而免之。问何故，对曰："翳桑之饿人也。"问其名居，不告而退，遂自亡也。

【眉批】妙在不告名居。

董狐直笔

赵穿攻灵公于桃园。穿，赵盾之从父昆弟。灵公欲杀盾，故穿攻而弑之。宣子未出山外竟而复。大史书曰"赵盾弑其君"，以示于朝。宣子曰："不然。"对曰："子为正卿，亡不越竟，反不讨贼，非子而谁？"宣子曰："乌乎！'我之怀矣，自贻伊戚'，其我之谓矣。"

孔子曰：追论。"董狐，古之良史也，书法不隐。赵宣子，古之良大夫也，为法受恶。惜也，越竟乃免。"吕氏曰："董狐所谓亡不出竟者，盖责其迁延宿留，潜有所待，以为与谋之证耳。曷尝谓在竟内则有罪，在竟外则无罪乎？左氏不达狐之意，复托①仲尼之言曰'惜也，越竟乃免'。审如是，则后有奸臣贼子如盾者，逆谋既定，从近关出候于竟外，闻事克而徐归，遂可脱逆弑之名矣，夫岂圣人语耶？"

【眉批】赵盾事，欧阳文忠公于《春秋论》中辨之亦悉，亦一说也。

①托，原作"记"，误，据《左传博议》卷二十四改。

贾人不受虚名

荀罃之在楚也，郯之战，知罃为楚所获。郑贾人有将置诸褚中絮也以出。既谋之，未行，而楚人归之。贾人如晋，荀罃善视之，如实出己。贾人曰："吾无其功，敢有其实乎？吾小人，不可以厚诬君子。"遂适齐。

【眉批】荀罃报德，郑贾不居，诚两得之。

郤至待死

厉公将作难，去群大夫。胥童曰："必先三郤。郤至、郤锜、郤犨。族大，多怨。去大族，不逼；不逼公室。敌多怨，有庸。易为功。"公曰："然。"郤氏闻之，郤锜欲攻公。郤至曰："人所以立，信知勇也。信不叛君，知不害民，勇不作乱。失兹三者，其谁与我？死而多怨，将安用之？言俱死，无用多其怨。君实有臣而杀之，其谓君何？我之有罪，吾死后矣。若杀不辜，将失其民，欲安，得乎？言不得安君位。待命而已。受君之禄，是以聚党。有党而争命，死命。罪孰大焉？"胥童、夷羊五帅甲八百攻郤氏，长鱼蟜以戈杀之。朱氏曰："按郤至之言，可谓不幸而受祸矣。而左氏必欲文致其罪，甚哉！"

叔向不见祁奚

栾盈出奔楚。宣子杀羊舌虎，囚叔向。乐王鲋见叔向，曰："吾为子请。"叔向弗应。出，不拜。其人皆咎叔向。叔向曰："必祁大夫。"室老曰："乐王鲋言于君，无不行，求赦吾子，吾子不许。祁大夫所不能也，而曰必由之，何也？"叔向曰："乐王鲋，从君者也，何能行？祁大夫外举不弃仇，内举不失亲，其独遗我乎？"晋侯问叔向之罪于乐王鲋，对曰："不弃其亲，其有焉。"于是祁奚老矣，闻之，乘驿而见宣子，与之乘，以言诸公而免之。不见叔向而归，叔向亦不告免焉而朝。解见三卷《祁奚请免叔向》。

董安于死节

荀寅、范吉射将作乱。赵鞅取卫贡于邯郸午而不得，遂杀午，围邯郸。午，荀寅之甥也。荀寅，范吉射之姻也。故欲攻赵氏以解邯郸之围。董安于赵氏家臣闻之，告赵孟鞅曰："先备诸？"赵孟曰："晋国有命：'始祸者死。'为后可也。"安于曰："与其害于民，宁我独死。请以我说。言晋若讨始祸，杀我以自解。"赵孟不可。范氏、中行氏伐赵氏之宫，赵鞅奔晋阳，晋人围之。荀跞言于晋侯定曰："君命大臣：'始祸者死。'载书在河。沉之河。今三臣始祸，而独逐鞅，刑已不钧矣。请皆逐之。"荀跞、韩不信、魏曼多奉公以伐范氏、中行氏。荀寅、士吉射奔朝歌。韩、魏以赵氏为请。赵鞅入于绛。梁婴父大夫恶董安于，谓知文子荀跞曰："不杀安于，使终为政于赵氏，赵氏必得晋国，盍以其先发难也讨于赵氏？"文子使告于赵孟曰："范、中行氏虽信为乱，安于则发之，是安于与谋乱也。晋国有命：'始祸者死。'二子既伏其罪矣，敢以告。使讨安于。"赵孟患之。安于曰："我死而晋国宁，赵氏定，将焉用生？人谁不死？吾死莫矣。"乃缢而死。赵孟尸诸市，而告于知氏。知伯从赵孟盟，而后赵氏定，祀安于于庙。

【眉批】视死如归。

张柳朔死节

范氏之臣王生恶张柳朔，言诸昭子，范吉射。使为柏人。宰邑。昭子曰："夫非而仇乎？"对曰："私仇不及公，好不废过，恶不去善，义之经也，臣敢违之？"及范氏出，晋围柏人，吉射奔齐。张柳朔谓其子："尔从主，勉之！我将止死，言留此以战死。王生授我矣，授我死节。吾不可以僭之。使失信。"遂死于柏人。

【眉批】古人明于信义，以为死生之准如此！

卫

○伋寿不辟死

宣公烝于夷姜，庶母。上淫曰烝。生急子，属诸右公子。职。为之娶于齐，而美，公取之。生寿及朔。属寿于左公子。泄。夷姜缢。失宠。宣姜与公子朔构急子。公使诸齐。使盗待诸莘，将杀之。寿子告之，使行。不可，曰："弃父之命，恶用子矣？有无父之国则可也。"及行，饮以酒。寿子载其旌以先，盗杀之。急子至，曰："我之求也，此何罪？请杀我乎！"又杀之。朱子曰："伋当逃避，使宣公无杀子之事，不陷于恶，乃为得礼；如不忍去而死之，尚可也。寿无救于兄，而重父之过，其死也，亦何为乎？"

宁武子保身济君

卫侯成出奔楚，晋文公伐卫，卫侯请盟，晋弗许。卫人出其君以说，遂奔。使元咺奉叔武以受盟。摄君事以受盟于践土。或诉元咺于卫侯曰："立叔武矣。"其子角从公，公使杀之。咺不废命，奉夷叔武以入守。晋人复卫侯。宁武子俞与卫人盟于宛濮。卫侯先期入，疑叔武也。宁子先，安谕国人。长牂大夫守门，以为使也，谓宁子为君之使。与之乘而入。公子歂犬、华仲前驱。叔武将沐，闻君至，喜，捉发走出，迎公。前驱射而杀之。元咺出奔晋。诉之。卫侯与元咺讼，宁武子为辅，针庄子为坐，士荣为大士。《周礼》："命夫命妇不躬[①]坐狱讼。"元咺不宜与君对坐，故使针庄子为主，及其狱官质正之。盖今长官有罪，先验吏卒之义。卫侯不胜。杀士荣，刖针庄子，谓宁俞忠而免之。执卫侯，归之于京师，置诸深室。宁子职纳橐饘焉。以供衣食为己职。元咺归于卫，立公子瑕。晋侯使医衍名衍酖卫侯。宁俞货医，使薄其酖，不死。公鲁僖公为之请，纳玉于王与晋侯，皆十瑴，双玉曰瑴。王许之，乃释卫侯。金氏曰："患难不巧避，沉晦不招祸，而能委曲以济君，此其不可及也。盖武子九世公族，无道之时，当正救维持，而卫侯出入始终以乱，亦宁子欠正救之力，不无失谏之过。成公背华从楚，已自失谏；其疑叔武，又失谏；已盟而疑，先期而入，又失谏；其再入也，赂杀元咺及子瑕，又失谏。夫君无道而不谏，但务沉默以两全之，虽不可及，然君子济世，一以愚为尚，亦有所不当者。"

蘧伯玉全身远害

献公戒孙文子、林父。宁惠子殖食，皆服而朝，日旰不召，而射鸿于囿。二子从之，不释皮冠而与之言。二子怒。孙文子如戚，私邑。孙蒯入使。公饮之酒，使太师歌《巧言》之卒章。取"居河之麋""职为乱阶"，以喻文子欲为乱。蒯惧，告文子。文子曰："君忌我矣，弗先，必死。"并帑于戚将叛而入，见蘧伯玉，曰："君之暴虐，子所知也。大惧社稷之倾覆，将

①躬，原作"射"，误，据《周礼》改。

若之何?”对曰:“君制其国,臣敢奸之? 虽奸之,庸知愈乎?”遂行,从近关出。公使子蛴、子伯、子皮与孙子盟于丘宫,孙子皆杀之。公出奔齐。卫人立公孙剽,是为殇公。孙林父、宁殖相之。宁惠子卒,献公使子鲜鱄为复。子鲜以公命与宁喜言曰:“苟反,政由宁氏,祭则寡人。”宁喜告蘧伯玉。伯玉曰:“瑗不得闻君之出,敢闻其入?”遂行,从近关出。宁喜伐孙氏,克之,杀子叔。剽。卫侯入。林氏曰:“孙氏欲逐献公,蘧伯玉从近关出;宁子欲复献公,蘧伯玉又从近关出。其全身远害如此。”

【眉批】伯玉自是高一等。

子鲜终身不仕

宁喜专,恃纳公。公患之。公孙免馀杀宁喜。子鲜曰:“逐我者出,谓孙林父。纳我者死。谓宁喜。赏罚无章,何以沮劝? 惩恶劝善。君失其信,谓违约杀宁喜。而国无刑,谓不能讨林父。不亦难乎! 且鱄实使之。使喜纳君。”遂出奔晋。公使止之,不可。及河,又使止之,止使者而盟于河。誓不还。托于木门,不乡卫国而坐。木门大夫劝之仕,不可,曰:“仕而废其事,罪也;从之,治其事。昭吾所以出也。将谁诉乎? 吾不可以立于人之朝矣。”终身不仕。谷梁子曰:“鱄之去,合乎《春秋》。”

【眉批】鱄之言动,一一不违。

子路死难

孔圉取大子蒯聩之姊,生悝。孔氏之竖浑良夫长而美,孔文子卒,通于内。良夫淫于孔姬。大子在戚,得罪,奔晋,晋纳之戚。孔姬使之焉。使良夫诣大子所。大子与之言曰："苟使我入获国，服冕乘轩，三死无与。"与之盟。良夫与大子入，如孔氏，迫孔悝于厕，强盟之，遂劫以登台。栾宁家臣闻乱，使告季子仲由，召获大夫奉卫侯辄来奔。季子将入，遇子羔高柴将出，曰："门已闭矣。"季子曰："吾姑至焉。"子羔曰："弗及，谓政不及己。不践其难！"季子曰："食焉，不辟其难。"子羔遂出。子路入，及门，公孙敢门焉，守门。曰："无入为也。"言辄已出，无为复入。季子曰："是公孙也，求利焉，而逃其难。由不然，利其禄，必救其患。"有使者出，乃入，曰："大子焉用孔悝？虽杀之，必或继之。继悝为难，以攻大子。"且曰："大子无勇，若燔台，半，必舍孔叔。"大子闻之，惧，下石乞、盂黡二人敌子路，以戈击之，断缨。子路曰："君子死，冠不免。"结缨而死。孔子闻卫乱，曰："柴也其来，由也死矣。"胡氏曰："子路徒知食焉不辟其难之为义，而不知食辄之食而非义也。"

郑

○原繁以不贰死

厉公入，祭仲逐之，奔，今自栎入。杀傅瑕。瑕杀子仪而纳厉公，公既入而讨之。使谓原繁曰："傅瑕贰，周有常刑，既伏其罪矣。纳我而无二心者，吾皆许之上大夫之事，吾愿与伯父图之。且寡人出，伯父无里言。无纳我之言。入，又不念寡人，不亲附。寡人憾焉。"对曰："先君桓公命我先人典司宗祏。世为宗庙守臣。社稷有主，而外其心，其何贰如之？苟主社稷，国内之民，其谁不为臣？臣无二心，天之制也。子仪在位，十四年矣；而谋召君者，庸非贰乎？庄公之子犹有八人，若皆以官爵行赂劝贰而可以济事，君其若之何？臣闻命矣。”乃缢而死。

齐

逢丑父代君任患

师陈于鞍。晋郤克伐齐。邴夏御齐侯，顷。逢丑父为右。齐师败绩。韩厥从齐侯。追之。逢丑父与公易位。将及华泉，骖絓于木而止。丑父寝于轏中，卧车。蛇出于其下，以肱击之，伤而匿之，故不能推车而及。韩厥执絷马前，再拜稽首，奉觞加璧以进，曰：“寡君使群臣为鲁卫请，曰：‘无令舆师陷入君地。’下臣不幸，属适当戎行，无所逃隐。且惧奔辟，而忝两君。辱晋及齐。臣辱戎士，敢告不敏，摄官承乏。欲从君俱还。”丑父使公下，如华泉取饮。郑周父御佐车，宛茷为右，载齐侯以免。韩厥献丑父，郤献子将戮之，呼曰：“自今无有代其君任患者，有一于此，将为戮乎？”郤子曰：“人不难以死免其君，我戮之，不祥，赦之，以劝事君者。”乃免之。

【眉批】郤子舍之，亦合义矣。

史臣直笔

崔子杼称疾，不视事。公庄问崔子，遂从姜氏。崔子弑之。大史书曰：“崔杼弑其君。”崔子杀之。其弟嗣续书，而死者二人。其弟又书，乃舍之。南史氏闻大史尽死，执简以往。闻既书矣，乃还。

【眉批】吾读史臣直笔出崔子而不避屡诛事，甚有愧后之为史者焉。

南史此往，于太史尤好。

楚

斗克黄不弃君命

令尹子文卒，斗谷於菟也。子越椒，子文之侄为令尹，将攻王。庄。王遂灭若敖氏。其孙箴尹克黄斗般之子使于齐，还及宋，闻乱。其人曰："不可以入矣。"箴尹曰："弃君之命，独谁受之？君，天也，天可逃乎？"遂归，复命，而自拘于司败。王思子文之治楚国也，曰："子文无后，何以劝善？"使复其所，改命曰生。吕氏曰："楚之灭若敖氏也，克黄幸而漏网，是宜委质诸侯以逃其死，策无先于此者矣。独以君命为重，明知死地而直赴之，非审知义命一视死生者，能之乎？"

【眉批】的知臣义。

弃疾不忍事仇

观起有宠于令尹子南，未益禄而有马数十乘。楚人患之，王康将讨焉。子南之子弃疾为王御士，王每见之，必泣。弃疾曰："君三泣臣矣，敢问谁之罪也？"王曰："令尹之不能，尔所知也。国将讨焉，尔其居乎？问能止事我否。"对曰："父戮子居，君焉用之？泄命重刑，臣亦不为。"王遂杀子南于朝，轘观起于四竟。子南之臣谓弃疾："请徙子尸于朝。"曰："君臣有礼，唯二三子。不欲犯命移尸。"三日，弃疾请尸。王许之。既葬，其徒曰："行乎？"曰："吾与杀吾父，行将焉入？"曰："然则臣王乎？"曰："弃父事仇，吾弗忍也。"

遂缢而死。吕氏曰:“伐国不问仁人,对孝子而公言将杀其亲,世之所无也。君子之深爱婉容,望者意消,虽欲微诋其亲,犹忸怩而不能出口,矧曰杀之云乎?闻君子死亲之难矣,不闻人敢以杀其亲之谋告君子也。楚子不以弃疾为可惮而告之,亦可占知其为人矣。”

【眉批】“泄命重刑,臣亦不能”,此可为人子之言也乎?成子南之诛者,弃疾也。

司马戌耻为吴禽

吴入郢,左司马戌沈尹戌败吴师于雍澨,伤。初,司马臣阖庐,耻为禽焉,谓其臣曰:“谁能免吾首?”吴句卑曰:“臣贱,可乎?”司马曰:“我实失子,不知其贤。可哉!”三战皆伤,曰:“吾不可用也已。”句卑布裳,刭而裹之,藏其身,而以其首免。

吴

伍员自杀

吴王夫差将伐齐。申胥进谏,王弗听,遂伐齐。齐师败绩,吴人有功。吴王还自伐齐,乃讯告让申胥曰:“昔吾先王阖庐体德圣明,达于上帝,天。譬如农夫作耦,以刈杀四方之蓬蒿,以立名于荆,此则大夫之力也。谓败楚于柏举。今大夫老,而又不自安恬逸,而处以念恶,为恶于吴。出则罪吾众,谓胥之谏曰“吴民离矣,体有所倾”。挠乱百度,以妖孽吴国。谓越当袭吴。今天降衷于吴,齐师受服。孤岂敢自多,军功。先王之钟鼓,实式灵之。敢告于大夫。”申胥释剑而对曰:“昔吾先王世有辅弼之臣,以能遂疑决之计患,虑之。以不陷于大难。今王播弃黎老而孩童焉比谋,曰:'余令而不违。'夫不违,乃违也。夫不违,亡之阶也。夫天之所弃,必骤近其小喜,而远其大忧。王若不得志于齐,而以觉寤王心,吴国犹世。长久。吾先君之得之也,必有以取之;谓阖庐食不二味,勤恤其民。其亡之也,亦有以弃之。谓不正其师,以班处宫,为楚所败。用能缓持盈以没,而骤救倾以时。今王无以取之,而天禄亟至,是吴命之短也。员不忍称疾辟易,狂疾。以见王之亲为越之禽也。员请先死。"将死,曰:"而县吾目于东门,以见越之入,吴国之亡也。"遂自杀。王愠曰:"孤不使大夫得有见也。"乃使取申胥之尸,盛以鸱夷,革囊。而投之于江。真氏曰:"申胥忠矣,夫差从而戮之,不二十年吴国遂墟。古称杀谏臣者必亡其国,岂不信哉!"

【眉批】辞虽愤激,志甚可哀。

何燕泉论子胥不伐郑,为能报父之仇,而不能报君之仇;谓夫差固无颜以见子胥,子胥亦何颜以见太子建?其辨甚悉可取。

左粹类纂　卷之十

吴郡施仁　编集

如皋孙应鳌　批点

辞　让

德让之风远矣，采薇之人亡矣。苞苴脂韦乱天下，春秋之世则然也。而轻富贵如浮云者，不无其人，曹子臧、宋子罕其尤也。至如华耦专矣，不敢齿鲁侯。彼哉子西，与之国而不受，信矣。夫礼，义之同然也。后世纵欲溪壑、甘心控马蹀血禁门者，视此宁无厚颜？

周

周公阅辞鲁飨礼

王襄使周公阅来聘，聘鲁僖公。飨有昌歜、白、黑、形盐。昌歜，昌蒲菹。白，熬稻。黑，熬黍。形盐，盐形象虎。辞曰："国君，文足昭也，武可畏也，则有备物之飨，以象其德。荐五味，羞嘉谷，盐虎形，以献其功，吾何以堪之？"

鲁

襄仲辞秦玉

秦伯穆使西乞术来聘，且言将伐晋。先是，秦纳公子雍于晋，为晋所败，故欲报之。襄仲遂辞玉曰："君不忘先君之好，照临鲁国，镇抚其社稷，重之以大器，圭璋。寡君敢辞玉。"对曰："不腆厚敝器，不足辞也。"主人三辞。宾答曰："寡君愿徼福于周公、鲁公以事君，不腆先君之敝器，使下臣致诸执事以为瑞节，要结好命，所以藉荐寡君之命，结二国之好，是以敢致之。"襄仲曰："不有君子，其能国乎？国无陋矣。"厚贿之。

声伯不受晋邑

子叔声伯婴齐如晋谢季文子。叔孙侨如欲去季氏，谮行父于晋，晋执之。郤犨之妻，声伯之外妹也。故成公使婴齐如晋谢罪，且请之。郤犨欲予之邑，弗受也。《传》曰："郤犨曰：'吾为子请邑。'对曰：'婴齐，鲁之常隶也，敢介大国以求厚？'"归，鲍国谓之曰：国，齐人奔鲁者。"子何辞苦成叔犨之邑，欲信让耶？抑知其不可乎？"对曰："吾闻之，不厚其栋，不能任重。重莫如国，栋莫如德。夫苦成叔家欲任两国晋、鲁而无大德，其不存也，亡无日矣。譬之如疾，余恐易焉。苦成氏有三亡：少德而多宠，位下而欲上政，专国。无大功而欲大禄，皆怨府也。其君厉骄而多私，嬖。胜敌而归，败楚于鄢陵。必立新家，所幸胥童之属。立新家，不因民，不能去旧。旧卿。因民，非多怨，民无所始。首事。为怨三府，可谓多矣。三谓多宠、欲上政、欲大禄。其身之不能定，焉能予人邑！”鲍国曰：“我信不若子，若鲍氏有衅，吾不图矣。今子图远以让邑，必常立矣。”

【眉批】文甚曲折，亦断尽郤犨所由败。

既言苦成叔，而又言及君，见其的也。

子冶致禄

襄公在楚，季武子宿取卞，使季冶逆，追而予之玺书，以告曰：“卞人将叛，臣讨之，既得之矣。”公未言。荣成子曰：“子股肱鲁国，社稷之事，子实制之。唯子所利，何必卞？卞有罪而子征之，子之隶也，又何谒焉？”子冶归，致禄还其采邑而不出，曰：“使予欺君，谓予能也。能而欺其君，敢享其禄而立其朝乎？”

【眉批】季冶先坐不知，故为所使；后乃知之，故遂致禄。

叔弓辞晋劳馆礼

叔弓聘于晋，报宣子也。报韩起聘。晋侯平使郊劳，《礼》：宾至郊者，使卿往劳。辞曰：“寡君使弓来继旧好，固曰‘女无敢为宾’，彻命于执事，敝邑弘矣，敢辱郊使？请辞。”致馆，辞曰：“寡君命下臣来继旧好，好合使成，使事成。臣之禄也，以为荣。敢辱大馆！”叔向曰：“子叔子知礼哉！吾闻之曰：‘忠信，礼之器也；卑让，礼之宗也。’辞不忘国，谓称旧好。忠信也；先国后己，始称敝邑之弘，次称臣之禄。卑让也。《诗》曰：‘敬慎威仪，以近有德。’夫子近德矣。”

季武子辞晋加笾

季孙宿如晋，拜莒田也。莒牟夷以牟娄及防兹奔鲁，莒人诉于晋，晋不之讨，故往谢。晋侯平享之，有加笾。过常数。武子退，使行人告曰："小国之事大国也，苟免于讨，不敢求贶。得贶不过三献，《周礼》：大夫三献。今豆有加，下臣弗堪，无乃戾也。"韩宣子起曰："寡君以为欢也。"对曰："寡君昭犹未敢，况下臣，君之隶也，敢闻加贶？"固请彻加去所加笾而后卒事。晋人以为知礼，重其好货。宴赐。

子家子辞从政

叔孙成子逆公昭之丧于乾侯。季孙意如曰："子家子羁亟言于我，屡于昭公前言季孙。未尝不中吾志也。吾欲与之从政，子必止之，且听命焉。"子家子不见叔孙，易几而哭。几，哭会也，朝夕哭不与同。叔孙请见子家子。子家子辞，曰："羁未得见，而从君以出，时成子未为卿。君不命而薨，羁不敢见。言未受命，托辞也。"叔孙使告之曰："公衍、公为昭公二子实使群臣不得事君，公衍初未与谋，平子欲并废之，故诬之。若公子宋主社稷，宋昭公弟。则群臣之愿也。凡从君出而可以入者，将唯子是听。子家氏未有后，季孙愿与子从政，此皆季孙之愿也，使不敢成子名以告。"对曰："若立君，则有卿士、大夫与守龟在，羁弗敢知。若从君者，则貌而出者，以义从公，与季氏无怨者。入可也；寇而出者，与季氏为仇者。行可也。若羁也，则君知其出也，而未知其入也，羁将逃也。"

【眉批】子家子不从政，远矣！

子路辞盟小邾

小邾射大夫以句绎地来奔，曰："使季路要我，吾无盟矣。"使子路，子路辞。季康子肥使冉有谓之曰："千乘之国，不信其盟，而信子之言，子何辱焉？”对曰：“鲁有事于小邾，后或伐之。不敢问故，伐故。死其城下可也。以死报之。彼不臣而济其言，是义之也，由弗能。”

晋

赵衰三让

公文使赵衰为卿，辞曰：“栾枝贞慎，先轸有谋，胥臣多闻，皆可以为辅，臣弗若也。”乃使栾枝将下军，先轸佐之。郤縠卒，縠将中军，亦赵衰所荐者。使先轸代之。胥臣佐下军。此在城濮战前。

公使原季赵衰为卿，辞曰：“夫三德者，偃之出也。狐偃劝文公纳襄王以示义，伐原以示信，大搜以示礼。以德纪民，其章大矣，不可废也。”使狐偃为卿，辞曰：“毛之知贤于臣，其齿又长。毛偃之兄。毛也不在位，不敢闻命。”乃使狐毛将上军，狐偃佐之。

狐毛卒，使赵衰代之，辞曰：“城濮之役，先且居之，佐军也善，军伐有赏，论功。善君有赏，显忠。能其官有赏。考最。且居有三赏，不可废也。且臣之伦，箕郑、胥婴、先都在。”乃使先且居将上军。公曰：“赵衰三让，其所让，皆社稷之卫也。废让，是废德也。”以赵衰之故，搜于清原，作五军。使赵衰将新上军，箕郑佐之；胥婴将新下军，先都佐之。子犯卒，狐偃。蒲城伯先且居请佐，公曰：“赵衰三让，不失义。宜。让，推贤也。义，广德也。德广贤至，有何患矣。请令衰也从子。”乃使赵衰佐上军。

【眉批】让位既难，所让之人皆贤，所以难。文公知之，故竟令佐上军。

范文子不伐

靡笄之役，靡笄，齐山名。晋伐齐师于靡笄之下。郤献子克师胜而反，范文子士燮后入。武子会曰："燮乎，女亦知吾望尔也乎？"对曰："夫师，郤子之师也。以笑故请伐，上为师。其事臧。有功。若先，则恐国人之属耳目于我也，故不敢。代帅受名。"武子曰："吾知免矣。喜子之谦，不益己祸。"

【眉批】磊落。

诸将让功

晋师归，胜齐于鞍。郤伯见。时克将中军。公景曰："子之力也夫。"对曰："君之训也，二三子之力也，臣何力之有焉？"范叔见，时燮佐上军。劳之如郤伯。对曰："庚所命也，时荀庚将上军。克之制也，燮何力之有焉。"栾伯见，时书将下军。公亦如之。对曰："燮之诏也，士用命也，书何力之有焉。"

【眉批】胜齐之事，无足采者。然君让于臣，臣互相推让，亦可观也。

郤至辞楚飨乐

郤至如楚聘，且莅盟。楚子共享之，子反侧相，为地室而县焉。钟鼓。郤至将登，金奏作于下，惊而走出。子反曰："日云莫矣，寡君须矣，吾子其入也！"宾曰："君不忘先君之好，施及下臣，贶之以大礼，重之以备乐，如天之福，两君相见，何以代此？下臣不敢。"子反曰："如天之福，两君相见，无亦唯是一矢以相加遗，焉用乐？寡君须矣，吾子其入也！”宾曰：“若让之以一矢，祸之大者，其何福之为？世之治也，诸侯间于天子之事，则相朝也，于是乎有享宴之礼。享以训共俭，享有体荐，设几而不倚，爵盈而不饮，肴干而不食。宴以示慈惠。宴则折俎，相与共食。共俭以行礼，而慈惠以布政。政以礼成，民是以息。百官承事，朝而不夕，无事，故不暮见。此公侯之所以扞城其民也。故《诗》曰：‘赳赳武夫，公侯干城。’及其乱也，诸侯贪冒，侵欲不忌，争寻常以尽其民，略其武夫，以为己腹心股肱爪牙。故《诗》曰：‘赳赳武夫，公侯腹心。’天下有道，则公侯能为民干城而制其腹心。乱则反之。今吾子之言，乱之道也，不可以为法。然吾子，主也，至敢不从？”遂入，卒事。

韩无忌让韩起

韩献子厥告老。公族穆子无忌有废疾，将立之。辞曰：“《诗》曰：‘岂不夙夜，谓[①]行多露。以非礼不可妄行，喻非才不可妄用。’又曰：‘弗躬弗亲，庶民弗信。言有疾，不能亲政。’无忌不才，让，其可乎？请立起也！与田苏游，而曰‘好仁’。起以‘好仁’见称于苏。《诗》曰：‘靖共尔位，好是正直。神之听之，介尔景福。’恤民为德，正直为正，正己。正曲为直，正人。参和为仁。二者备，乃为仁。如是，则神听之，介福降之。立之，不亦可乎？”使宣子朝，立起。遂老。晋侯悼谓韩无忌仁，使掌公族大夫。

①谓，底本与弘仁堂本俱作“为”，任养心本作“畏”，今据孔颖达《毛诗注疏》改。

荀罃辞宋飨《桑林》

宋公平享晋侯悼于楚丘，请以《桑林》。殷天子之乐名。荀罃辞。荀偃、士丐曰："诸侯宋鲁，于是观礼。宋，王者后。鲁，周公后。皆得用天子礼乐。鲁有禘乐，宾祭用之。作四代乐。宋以《桑林》享君，不亦可乎？"舞，师题以旌夏，题，识也。夏，大也。以太旌表识其行列。晋侯惧而退，入于房。去旌，卒享而还。及著雍，地。疾。卜，桑林见。荀偃、士丐欲奔请祷焉。荀罃不可，曰："我辞礼矣，彼则以之。犹有鬼神，于彼加之。"

张老让魏绛

悼公使张老孟为卿，辞曰："臣不如魏绛。夫绛之知能治大官，其仁可以利公室；不忘其勇，不疚于刑；能断。其学不废其先人之职。若在卿位，外内必平。且鸡丘之会，其官不犯而辞顺，谓戮扬干。不可不赏也。"公五命之，固辞，乃使为司马。使魏绛佐新军。

【眉批】张老之让，为得人矣。

魏绛辞乐

郑人赂晋侯悼以师悝、师触、师蠲，广车、軘车淳相耦十五乘，甲兵备，凡兵车百乘，歌钟二肆，悬钟三十二。及其镈磬，女乐二八。十六人。晋侯以乐之半赐魏绛，曰："子教寡人和诸戎狄，以正诸华。八年之中，九合诸侯，会戚、会城棣、会鄬、会邢丘、盟戏、会柤、戍郑虎牢、同盟亳城、北会萧鱼。如乐之和，无所不谐。请与子乐之。"辞曰："夫和戎狄，国之福也。八年之中，九合诸侯，诸侯无慝，君之灵也，二三子之劳也，臣何力之有焉？抑臣愿君安其乐而思其终也！《诗》曰：'乐只君子，殿镇天子之邦。乐只君子，福禄攸同。便蕃左右，亦是帅从。引言远人数从君子。’夫乐以安德，义以处之，礼以行之，信以守之，仁以厉之，而后可以殿邦国，同福禄，来远人，所谓乐也。《书》曰：‘居安思危。’思则有备，有备无患，敢以此规。”公曰：“子之教，敢不承命。抑微子，寡人无以待戎，不能济河。服郑。夫赏，国之典也，藏在盟府，不可废也，子其受之！”魏绛于是乎始有金石之乐，礼也。

【眉批】受不忘让，让不忘规，善也。

金石之乐，诸侯之卿可有乎？

诸将相让

晋侯悼搜于绵上以治兵，使士匄将中军，代荀罃。辞曰：“伯游偃字长。昔臣习于知伯，荀罃。是以佐之，非能贤也。请从伯游。”荀偃将中军，士匄佐之。位如故。使韩起将上军，代荀偃。辞以赵武。又使栾黡，辞曰：“臣不如韩起。韩起愿上赵武，君其听之！”使赵武将上军，韩起佐之。栾黡将下军，魏绛佐之。晋国之民，是以大和，诸侯遂睦。君子曰：“让，礼之主也。范宣子让，其下皆让。栾黡为汰，弗敢违也。晋国以平，数世赖之。刑善也夫！一人刑善，百姓休和，可不务乎？《书》曰‘一人有庆，兆民赖之，其宁惟永’，其是之谓乎。周之兴也，其《诗》曰‘仪刑文王，万邦作孚’，言刑善也。及其衰也，其《诗》曰‘大夫不均，我从事独贤’，言不让也。世之治也，君子尚能而让其下，小人农力以事其上，是以上下有礼，而谗慝黜远，由不争也，谓之懿德。及其乱也，君子称其功以加小人，小人伐其技以冯君子，是以上下无礼，乱虐并生，由争善也，谓之昏德。

国家之敝，恒必由之。”

董安于辞赏

下邑之役，赵鞅以卫贡故，杀邯郸午。午，荀寅之甥也；寅，士吉射之姻也，相与攻赵氏，鞅奔晋阳。董安于多。战功曰多。赵简子鞅赏之，辞，固赏之，对曰：“方臣之少也，进秉笔，赞为名命，称于前世，义于诸侯，而主弗志。识。及臣之壮也，耆致其股肱以从司马，苛慝不产。及臣之长也，端委韠带以随宰人，民无二心。今臣一旦为狂疾，谓战斗。而曰‘必赏女’，是以狂疾赏也，不如亡！”趋而出，乃释之。

卫

公孙免馀辞邑与卿

公与免馀邑六十，宁喜既纳献公而专，公孙免馀杀之，故以是赏。辞曰：“唯卿备百邑，臣六十矣。下有上禄，乱也，臣弗敢闻。且宁子唯多邑，故死。臣惧死之速及也。”公固与之，受其半。以为少师。公使为卿，辞曰：“大叔仪不贰，能赞大事。君其命之！”乃使文子仪为卿。

【眉批】既让邑，又让位，贤矣！

灵公辞宾

齐侯景使公孙青聘于卫。闻卫乱，齐豹作乱，灵公奔死鸟。遂从诸死鸟。请将事，辞曰：“亡人不佞，失守社稷，越在草莽，吾子无所辱君命。”宾曰：“寡君命下臣于朝曰：‘阿下执事。’臣不敢贰。”主人曰：“君若惠顾先君之好，照临敝邑，镇抚其社稷，则有宗祧在。”乃止。宾将掫，行夜以助守备。主人辞曰：“亡人之忧，不可以及吾子。草莽之中，不足以辱从者。敢辞。”宾曰：“寡君之下臣，君之牧圉也。若不获扞外役，是不有寡君也。臣惧不免于戾，请以除死。”亲执铎，终夕与于燎。齐豹寻为北宫喜所灭，灵公乃复。

公子郢辞立

卫侯灵游于郊，子南郢仆。公曰：“余无子，将立女。”不对。他日，又谓之。对曰：“郢不足以辱社稷，君其改图。君夫人在堂，三揖在下。卿、大夫、士。君命祇辱。”灵公卒。夫人曰：“命公子郢为大子，君命也。”对曰：“郢异于他子。用意不同。且君没于吾手，若有之，郢必闻之。且亡人蒯聩之子辄在。”乃立辄。

郑

公子忽辞齐昏

齐侯僖欲妻郑大子忽，庄公子。大子忽辞。人问其故，大子曰：“人各有耦，齐大，非吾耦也。《诗》云：‘自求多福。’在我而已，大国何为？”及其败戎师也，北戎伐齐，郑忽救齐有功。齐侯又请妻之，固辞。人问其故，大子曰：“无事于齐，吾犹不敢。今以君命奔齐之急，而受室以归，是以师昏也。民其谓我何？”遂辞诸郑伯。以庄公之命辞。祭仲曰：“必取之。君多内宠，子无大援，将不立。三公子突、亹、仪皆君也。”弗从。宫氏曰：“人皆咎郑忽之辞齐女，不能依大国以自固，殆非也。使忽不辞而取文姜，则彭生之祸移于郑矣。”

子产辞赏邑

郑伯简赏入陈之功，先是，子展、子产伐陈，入之。享子展，赐之先路、车。三命之服，先八邑。以车、服为邑之先。赐子产次路、再命之服，先六邑。子产辞邑，曰："自上以下，降[1]杀以两，礼也。臣之位在四，子展、子西、良霄位皆在子产上。且子展之功也。臣不敢及赏礼，请辞邑。"公固予之，乃受三邑。公孙挥曰："子产其将知政矣。让不失礼。"

【眉批】先路亦非子展所宜受。

曹

子臧辞国

宣公卒于师。晋伐秦时。曹人使公子负刍守，使公子欣时逆曹伯之丧。负刍杀其大子而自立。既葬，子臧欣时字将亡，国人皆将从之。成公乃惧，告罪，谢子臧。且请焉，留之。乃反，而致其邑。晋侯厉执曹伯，将见子臧于王简而立之。子臧辞曰："前志有之，曰：'圣达节，次守节，下失节。'为君，非吾节也。虽不能圣，敢失守乎？"遂逃，奔宋。

宋

○穆公属国于弟

穆公疾，召大司马孔父而属殇公焉，曰："先君舍与夷

①降，原作"隆"，误，据《春秋左传注疏》改。

而立寡人，宣公不立其子，而立其弟。寡人弗敢忘。若以大夫之灵，得保首领以没，先君若问与夷，其将何辞以对？请子奉之，以主社稷。寡人虽死，亦无悔焉。”对曰：“群臣愿奉冯也。冯，穆公子。”公曰：“不可。先君以寡人为贤，使主社稷。若弃德不让，是废先君之举也，岂曰能贤？光昭先君之令德，可不务乎？吾子其无废先君之功！”使公子冯出居于郑。穆公卒，殇公即位。

君子曰：“宋宣公可谓知人矣。立穆公，其子飨之，命以义夫！命出于义。《商颂》曰‘殷受命咸宜，百禄是荷’，其是之谓乎！”朱氏曰：“宣公逊国于弟，而使之逐其子；穆公逊国于侄，而使之杀其身，然则，何‘百禄是荷’之有？《公羊传》曰：‘君子大居正。’宋之祸，宣公为之也。斯言当矣。”

【眉批】左氏此断，朱子谓其只知有利害，不知有义理，是也。

子鱼辞国

宋公桓疾，大子兹父固请曰：“目夷庶兄长且仁，君其立之！”公命子鱼，子鱼辞曰：“能以国让，仁孰大焉？臣不及也，且又不顺。立庶。”遂走而退。桓公卒，襄公即位，以公子目夷为仁，使为左师以听政，于是宋治。故鱼氏世为左师。

华耦辞鲁侯宴

华耦来盟，耦，盖公子鲍之党，豫结鲁以免于讨。公文与之宴。辞曰：“君之先臣督得罪于殇公，弑之。名在诸侯之策。臣承其祀，其敢辱君？请承命于亚旅。上大夫。”鲁人以为敏。

杜氏曰："无故扬其先祖之罪，君子所不与。"

向戌辞晋赐偪阳

晋荀偃、士丐请伐偪阳，妘姓国。而封宋向戌焉。以宋常事晋，而戌贤也。灭偪阳，以与向戌。向戌辞曰："君若犹辱镇抚宋国，而以逼阳光启寡君，群臣安矣，其何贶如之！若专赐臣，是臣兴诸侯以自封也，其何罪大焉！敢以死请。"乃予宋公平。

【眉批】执信不移，卒致予宋。

子罕不受玉

宋人或得玉，献诸子罕，乐喜。子罕弗受。献玉者曰："以示玉人，玉人以为宝也，故敢献之。"子罕曰："我以不贪为宝，尔以玉为宝。若以与我，皆丧宝也，一丧廉，一丧玉。不若人有其宝。"稽首而告曰："小人怀璧，不可以越乡，纳此以请死也。免于死。"子罕置诸其里，使玉人为之攻之，富，售玉致富。而后使复其所。

【眉批】"皆丧宝"之言，何其婉而直！

齐

○敬仲辞卿

陈公子完奔齐。陈人杀大子御寇，完，其党也，故奔。齐侯桓使敬仲完字为卿。辞曰："羁旅之臣幸若获宥，及于宽政，赦其不闲于教训，而免于罪戾，弛于负担，息肩。君之惠也。所获多矣，敢辱高位以速官谤？请以死告。以死自誓。《诗》

云:'翘翘车乘,招我以弓。岂不欲往?畏我友朋。思取讥责。'"使为工正。

○敬仲辞夜饮

饮桓公酒,乐。公曰:"以火继之。"辞曰:"臣卜其昼,未卜其夜,不敢。"君子曰:"酒以成礼,不继以淫,义也;以君成礼,弗纳于淫,仁也。"吕氏曰:"辞一卿之秩而开一世之基,辞一夕之宴而得数百年之眷,深矣哉!敬仲托其子孙于齐也。"

【眉批】敬仲二事,本合于理,非深于欲托子孙者。

管仲辞周飨礼

齐侯桓使管夷吾平戎于王襄,王以上卿之礼飨管仲。管仲辞曰:"臣,贱有司也。有天子之二守国、高在,若节春秋来承王命,何以礼焉?陪臣敢辞。"王曰:"舅氏!余嘉乃勋!应乃懿德,谓督不忘。往践乃职,无逆朕命!"管仲受下卿之礼而还。解见一卷《襄王飨管仲》。君子曰:"管仲之世祀也宜哉!让不忘其上。《诗》曰:'恺悌君子,神所劳矣。'"

杞梁妻辞郊吊

齐侯庄袭莒。杞殖入于莒郊,遇莒子。莒子亲鼓之,获杞梁。齐侯归,遇杞梁之妻于郊,使吊之。辞曰:"殖之有罪,何辱命焉?若免于罪,犹有先人之敝庐在,下妾不得与郊吊。"齐侯吊诸其室。

晏子不受邶殿

与晏子邶殿,齐别都,景公以与之。其鄙六十,弗受。子尾曰："富，人之所欲也。何独弗欲？"对曰："庆氏之邑足欲，故亡。庆封以多邑灭。吾邑不足欲也，益之以邶殿，乃足欲。足欲，亡无日矣。在外，若出亡。不得宰吾一邑。不受邶殿，非恶富也，恐失富也。且夫富，如布帛之有幅焉。为之制度，使无迁也。夫民，生厚而用利，于是乎正德以幅之，使无黜嫚，谓之幅利。利过则为败。吾不敢贪多，所谓幅也。"

东郭书、犁弥让功

齐侯景伐晋夷仪。东郭书让登，登城非人所乐，故让众吏后而先登。犁弥从之，曰："子让而左，我让而右，使登者绝而后下。恐书先入，谲以让之。"书左，弥先下。齐侯赏犁弥，犁弥辞，曰："有先登者，臣从之，皙帻而衣狸制。皙，白也。制，裘也。"公使视东郭书，曰："乃夫子也，吾贶子。"公赏东郭书，辞，曰："彼，宾旅也。言若宾主，进退与俱也。"乃赏犁弥。

楚

薳子冯辞令尹

楚子康使薳子冯为令尹，代子庚。访于申叔豫。叔豫曰："国多宠而王弱，国不可为也。"遂以疾辞。方暑，阙地，下冰而床焉。重茧，衣裘，鲜食而寝。楚子使医视之。复曰：复命。"瘠则甚矣，而血气未动。"乃使子南追舒为令尹。

子西辞国

平王卒。令尹子常欲立子西，曰："大子壬弱，其母非适也，王子建实聘之。子西长而好善。立长则顺，建善则治。王顺国治，可不务乎？”子西怒曰：“是乱国而恶君王也。国有外援，秦。不可渎也；王有适嗣，不可乱也。败亲速仇，不立壬，秦将来讨。乱嗣不祥。我受其名。恶。赂吾以天下，吾滋不从也，楚国何为？必杀令尹！”令尹惧，乃立昭王。壬。

【眉批】子西此怒，可谓义理之勇，其词直。

子闾辞国

吴伐陈，楚子昭师于城父，将救陈。卜战，不吉；卜退，不吉。王曰：“然则死也。再败楚师，前已败于柏举，今复退师，是再败也。不如死；弃盟逃仇，亦不如死。死一也。其死仇乎！”命公子申为王，不可；子西辞。则命公子结，亦不可；子期辞。则命公子启，五辞而后许。将战，卒于城父。子闾启退，曰：“君王舍其子而让，群臣三公子皆王兄敢忘君乎？从君之命，顺也；立君之子，亦顺也。二顺不可失也。”与子西、子期谋，潜师闭涂，逆越女之子章立之，而后还。是为惠王。

鲁阳公辞梁

惠王以梁与鲁阳文子，文子辞，曰：“梁险而在北境，惧子孙之有贰者也。夫事君无憾，憾则惧逼，逼则惧贰。夫盈而不逼，憾而不贰者，臣能自寿也，保之。不知其他。纵臣而得以其首领以没，惧子孙之以梁之险而乏臣之祀也。”王曰：“子之仁，不忘子孙，施及楚国，敢不从子。”与之鲁阳。

吴

季札辞国

吴子寿梦卒。诸樊既除丧，将立季札。寿梦四子，札，其季也。以札才，欲立之，札辞，不可。立诸樊，樊亦爱札，故让之。季札辞曰："曹宣公之卒也，诸侯与曹人不义曹君，负刍杀太子而自立，是为成公。将立子臧。喜时。子臧去之，逃于宋。遂弗为也，以成曹君。君子曰'能守节'。君，义嗣也，诸樊嫡长，义当立。谁敢奸君？犯之。有国，非吾节也。札虽不才，愿附于子臧，以无失节。"固立之，弃其室而耕，乃舍之。苏氏曰："季子事吴九十馀年，观其挂剑于树，不以死背其心；葬子嬴博，不以恩累其志；引兵避楚，不以名害其德；盖其所以养心者至矣。虽禄之天下将有所不受，而况于吴乎？"胡氏曰："昔太伯奔吴而不反，季历嗣位而不辞，武王继统，受命作周，亦不以配天之业让伯邑考，官天下也。彼王僚无季历之贤、武王之圣，而季子为太伯之让，岂至德乎！使争弑祸兴，覆师丧国，其谁阶之也？若季子之辞位，守节立名，全身自牧，则可矣；概诸圣王之道，则过矣。使由于季历、武王之义，其肯附子臧之节而不受乎？"

越

范蠡轻舟五湖

范蠡灭吴，反至五湖，辞于王勾践曰："君王勉之，臣不复入于越国矣。"王曰："不谷疑子之所谓者，何也？"范蠡对曰："臣闻之，为人臣者，君忧臣劳，君辱臣死。昔者君王辱于会稽，吴伐越，勾践栖于会稽，使文种行成，身请为臣，妻请为妾。臣所以不死者，为此事也。今事已济矣，蠡请从会稽之罚。"

王曰:“所不掩子之恶,扬子之美者,使其身无终没于越国。子听吾言,与子分国。不听吾言,身死,妻子为戮。”范蠡对曰:“臣闻命矣。君行制,法。臣行意。”遂乘轻舟以浮于五湖,莫知其所终极。苏氏曰:“范蠡知勾践可与共患难,则与之灭吴,以致其功;知其不可与同安乐,则弃之,浮于江湖,如去仇雠。是以君臣免于恶名,可不谓贤哉!”

【眉批】清风高节,达虑深谋,后人之同功者,则有之;而能保身若此,空矣。

左粹类纂　卷之十一

吴郡施仁　编集

如皋孙应鳌　批点

逆　料

祯祥妖孽，理之先见者，至诚前知，亦唯有见于理而已。左氏所载，或料人，或料事，言如中的，议者例之瞽史。何哉？得无其以验者聚之书耳。自今观之，语偷心荡，视下步高，实凶；共命能礼，被文相德，实吉；固不待至诚而后知也。於戏！使读者鉴哭师而窒欲，鉴家遗而制侈，鉴兵在颈而不多上人，于世教不无补焉，亦未可尽非之也。

周

芮良夫知厉王败

厉王说荣夷公。芮良夫曰："王室其将卑乎！夫荣公好专利而不知大难。夫利，百物之所生也，天地之所载也，地受天气以成百物。而或专之，其害多矣。天地百物，皆将取焉，人皆取用。胡可专也？所怒甚多而不备大难，以是教王，王能久乎？夫王人者，将导利而布之上下者也。使神人百物无不得其极，犹日怵惕，惧怨之来也。故《颂》曰：'思文后稷，克配彼天。立我烝民，莫匪尔极。'《大雅》曰：'陈锡载周。’是不布利而惧难乎？故能载周，以至于今。今王学专利，其可乎？匹夫专利，犹谓之盗，王而行之，其归鲜矣。荣公若用，周必败。”既荣公为卿士，诸侯不享，王流于彘。

【眉批】人臣欲得其君，鲜有不以专利之术启之者。

伯阳父知周亡

幽王三年，西周三川皆震。泾、渭、汭也。伯阳父曰：“周将亡矣！夫天地之气，不失其序；若过其序，民之乱也。言民不敢斥王。阳伏而不能出，阴遁而不能烝，升。于是有地震。今三川实震，是阳失其所而镇阴也，阳为阴所镇。阳失而在阴，在下。川源必塞。夫水土演润而民用也，水土无演，民乏财用，不亡何待？昔伊、洛竭而夏亡，河竭而商亡。今周德若二代之季矣，其川源又塞，塞必竭。夫国必依山川，依其精气利泽。山崩川竭，亡之征也。川竭，山必崩。若国亡，不过十年，数之纪也。夫天之所弃，不过其纪。”是岁也，三川竭，岐山崩。十一年，幽王乃灭，周乃东迁。

内史过知虢亡

惠王十五年，有神降于莘。王问于内史过曰：“是何故？固有之乎？”对曰：“有之。国之将兴，其君齐明衷正，精洁惠和，其德足以昭其馨香，其惠足以同其民人。神飨而民听，民神无怨，故明神降之，观其政德而均布福焉。国之将亡，其君贪冒辟邪，淫泆荒怠，粗秽暴虐；其政腥臊，馨香不登；神不飨。其刑矫诬，以诈用法曰矫，无罪加诛曰诬。百姓携贰。明神弗蠲，洁。而民有远志，欲叛。民神怨痛，无所依怀，故神亦往焉，观其苛慝而降之祸。是以或见神以兴，亦或以亡。昔夏之兴也，融祝融降于崇山；其亡也，回禄火神信于聆隧。再宿为信。商之兴也，梼杌鲧次于丕山；过信为次。其亡也，夷羊在牧。神兽也。周之兴也，鸑鷟鸣于岐山；凤也。其衰也，杜伯射王于鄗。宣王杀杜伯而无辜，后二年，宣王会诸侯田于圃，日中，杜伯起于道左，衣朱衣朱冠，操朱弓朱矢，射王中心，折脊而死。是皆明神之志者也。在史籍者。"

王曰："今是何神也？"对曰："昔昭王娶于房，曰房后，实有爽德，协于丹朱，丹朱冯身以仪之，生穆王焉。爽，亡。协，合。冯，依。仪，匹也。实临照周之子孙而祸福之。夫神壹不远徙迁焉。一心以依人。若由是观之，其丹朱乎。"

王曰："其谁受之？"对曰："在虢土。"王曰："然则何为？"对曰："臣闻之：道而得神，是谓逢福；淫而得神，是谓贪祸。以贪取祸。今虢少荒，其亡乎？"

王曰："吾其若之何？"对曰："使大宰以祝史帅狸姓，丹朱之后。奉牺牲、粢盛、玉帛往献焉，无有祈也。勿有求请，礼之而已。"

王曰："虢其几何？"对曰："昔尧临民以五，五年一巡守。今其胄见，神之见也，不过其物。数。若由是观之，不过五年。"

王使大宰忌父帅傅氏，狸姓在周为傅氏。及祝史奉牺牲、玉鬯，鬯，酒之圭，长尺一寸，有瓒，所以灌地降神之器。往歆焉。内史过从至虢，虢公亦使祝史请土焉。内史过归，告王曰："虢必亡矣。不禋于神而求福焉，神必祸之；不亲于民而求用焉，民必违之。精意以享，禋也；慈保庶民，亲也。今虢公动匮百姓，以逞其违，邪。离民怒神而求利焉，请土。不亦难乎！"十九年，晋取虢。

【眉批】言神而征之民，述古而验诸今，为不诬矣。

宰孔料齐桓、晋献

葵丘之会。齐桓公衣裳之会。献公晋侯将如会，遇宰周公，宰孔赐胙于齐，不与盟而先归。曰："君可无会也。夫齐侯好示务施，与力而不务德，故轻致诸侯而重遣之，垂橐而入，稛载而归。使至者劝而畔者慕；怀之以典言，谓阳谷之会，以四教令诸侯曰无障谷，无贮粟，无易树子，无以妾为妻之类。薄其要结而厚德之，以示之信；谓束牲为盟，罢[①]马为币。三属会诸侯，存亡国三，以示之施；筑鹿门以定鲁，城夷仪以救邢，城楚丘以封卫。是以北伐山戎，为燕辟地。南伐楚，责贡包茅。西为此会也。譬之如室，既镇其甍矣，又何加焉？吾闻之，惠难遍也，施难报也。不遍不报，卒于怨仇。夫齐侯将施惠如出责，望其报也。是之不果奉克行而暇晋是皇，不暇以晋为务。虽后之会，将在东矣。君无惧焉，其有勤也。"《传》曰："东略之不知，西则否矣。其在乱乎？君务靖乱，无勤于行！"公乃还。宰孔谓其御曰："晋侯将死矣！景、霍以为城，而汾、河、涑、浍以为渊，戎、翟之民实环之。绕居。汪是土也，大其地。苟违其违，去邪。谁能惧之！今晋侯不量齐德之丰否，不度诸侯之势，释其闭脩，释，舍。闭，守。脩，治也。而轻于行道，失其心矣。君子失心，鲜不夭昏。"是岁也，晋献公二十六年，鲁僖公九年。献公卒。八年，越八年。为淮之会，此之谓东略。桓公在殡，宋人伐之。纳孝公，杀无亏。

【眉批】齐、晋二国，一口道破。

①罢，原作"皮"，误，据卷八《桓公霸诸侯》"故天下诸侯罢马以为币"改。

内史过知晋君臣不终

襄王使召公过及内史过赐晋惠公命，吕甥、郤芮相晋侯，不敬。晋侯执玉卑，《礼》：执天子器，则上衡。拜不稽首。首至地。内史过归，以告王曰："晋不亡，其君必无后，且吕、郤将不免。"王曰："何故？"对曰："《夏书》有之曰：'众非元后，何戴？后非众，无与守邦。'在《汤誓》曰：'余一人有罪，无以万夫；万夫有罪，在余一人。'在《盘庚》曰：'国之臧，则维女众。国之不臧，则维余一人，是有逸罚。'如是则长众使民，不可不慎也。民之所急在于大事，戎、祀。先王知大事之必以众济也，故祓除其心，以和惠民，考中度衷以莅之，以己之心度人之心，恕以临民也。昭明物则以训之，制义庶孚以行之。庶，众。孚，信也。言为众所信。祓除其心，精也；洁。考中度衷，忠也；昭明物则，礼也；制义庶孚，信也。然则长众使民之道，非精不和，非忠不立，非礼不顺，非信不行。今晋侯即位而背外内之赂，不予秦地及里、丕之田。虐其处者，杀里、丕之党。弃其信也；不敬王命，执玉卑，不稽首。弃其礼也；施其所恶，弃其忠也；以恶实心，弃其精也。四者皆弃，则远不至而近不和矣，将何以守国？古者先王既有天下，又崇立上帝天明神日月而敬事之，于是乎有朝日夕月以教民事君。《礼》：天子以春分朝日，秋分夕月。诸侯春秋受职于王，以临其民；大夫、士日恪位著，以儆其官；庶人、工、商各守其业，以共其上。犹恐有坠失也，故为车服旗章以旌之，天子五路：曰玉路、金路、象路、革路、木路。公金路，侯伯象路，子男革路。孤夏篆，卿夏缦，大夫墨车，士栈车，庶人役车。天子六冕，曰衮冕、鷩冕、毳冕、希冕、玄冕。公衮冕，侯伯鷩冕，子男毳冕，孤希冕，卿大夫玄冕，士皮弁。以旗则王建大常，诸侯建旂，孤卿建旜，大夫士建物。以章则天子冕服十二章，公九章，侯伯七章，子男五章，孤四章，卿大夫一章。为摯币瑞节以镇之，六挚：孤执皮帛，卿执羔，大夫执雁，士执雉，庶人执鹜，工商执鸡。六币：圭以马，璋以皮，璧以帛，琮以锦，琥以绣，璜以黼。六瑞：王执镇圭，公执桓圭，侯执信圭，伯执躬圭，子执谷璧，男执蒲璧。六节：山国用虎节，土国用人节，泽国用龙节，皆以金为之；道路用旌节，门关用符节，都鄙用管节，皆以竹为之。为班爵贵贱以列之，为令闻嘉誉以声之。策命加锡。犹有散迁解慢，而著在刑辟，流在裔土，于是乎有夷蛮之国，有斧钺刀墨之民，而况可以淫纵其身乎？夫晋侯，非嗣也，而得其位，以庶立。亹亹怵惕，保任戒惧，犹曰未也。若将广其心纵欲而远其邻，背秦赂，陵其民虐处者而卑其上，不敬王。将何以固守？夫执玉卑，替其挚也；废执挚之礼。拜不稽首，诬其王也。替挚无镇，无以自重。诬王无民。民亦将诬之。夫天事恒象，事善象吉，事恶象凶。任重享大者必速及。及祸。故晋侯诬王，人亦将诬之；欲替其镇，人亦将替之。大臣享其禄，弗谏而阿之，亦必及焉。谓吕、郤。"襄王三年而立晋侯，八年而陨于韩，秦怨惠公背施，伐之，战于韩，获惠公以归。十六年而晋人杀怀公无胄。惠公卒，怀公立，秦内重耳。晋人刺于高粱。秦人杀子金、子公。吕甥、郤芮悔纳重耳，欲杀之。寺人披告公，公潜出，二子求公不获，遂如河上，秦穆公诱而杀之。

【眉批】追琢精美，铺妆灿烂，绝好文字！

大概议论，至此入以晋侯。

重起议论，至此复入晋侯。

此则专论执玉一节，以见君臣之皆失。

事应之证。

内史兴知晋文公必伯

襄王使大宰文公王子虎及内史兴赐晋文公命。上卿逆于境，晋侯郊劳，馆诸宗庙，馈九牢，牛、羊、豕为一牢。设庭燎。

及期，命于武宫，文公祖庙。设桑主，《礼》：既葬而虞，虞主用桑，天子于是爵命世子，世子即位受命服。文公立献公之主者，不欲继于惠、怀，故自以子继父，行未逾年之礼。布几筵，《周礼》：司几筵，凡封国、命诸侯，王位设黼依，南向；设莞筵、纷纯，加缫席、画纯；左右玉几。大宰莅之，晋侯端委以入。玄端、委貌，士服也，未受爵命，故服之。大宰以王命命冕服，鷩冕七章。内史赞之，《周礼》：内史凡命诸侯，则策命之。三命而后即冕服。三以王命命文公，文公三让，后就。既毕，宾飨赠饯如公命侯伯之礼，公受王命，待以侯伯之礼。而加之以宴好。

内史兴归，以告王曰："晋不可不善也，其君必霸。逆王命敬，谓竟逆郊劳。奉礼义成。谓士服三让飨饯。敬王命，顺之道也；成礼义，德之则也。则德以道训诸侯，诸侯必归之。且礼所以观忠信仁义也，忠所以分也，不偏。仁所以行也，有恩。信所以守也，不贰。义所以节也。制事。忠分则均，仁行则报，信守则固，义节则度。分均无怨，行报无匮，守固不偷，节度不携。若民不怨而财不匮，令不偷而动不携，其何事不济！中能应外，忠也；施三谓三让服义，谓端委。仁也；守节不淫，信也；行礼不疚，义也。臣入晋境，四者不失，臣故曰晋侯其能礼矣，王其善之。树于有礼，艾人必丰。厚报。"

王从之，使于晋者道相逮也。及惠后之难，王出在郑，惠王后陈妫有宠，生子带，将立而卒，带奔。既复，通于襄王后隗氏，王废后。颓叔桃子奉带以翟师伐周，王出适郑。晋侯纳之。纳王而杀子带。襄王十六年立晋文公，二十一年以诸侯朝于衡雍，且献楚捷，遂为践土之盟，晋败楚师于城濮，次于衡雍。襄王下劳，文公率诸侯以朝，遂以俘献。王命尹氏及王子虎、内史叔兴策命晋侯为侯伯。于是乎始霸。

【眉批】一时将命、承命气象，甚写得出。

王孙满料秦师必败

秦师将袭郑，杞子戍郑，使告于秦，欲袭之。穆公乃遣孟明往。过周北门。左右免胄而下，兵车参乘，御者居中不下，但左右去胄而下车，敬天王也。超乘者三百乘。车正行时，跳跃而上，示其勇也。王孙满观之，言于王襄曰："秦师必有谪。咎。"王曰："何故？"对曰："师轻而骄。轻则寡谋，骄则无礼。无礼则脱，易敌。寡谋自陷。入险而脱，能无败乎？秦师无谪，是道废也。谓古道废。"是行也，秦师还，郑商觉之，矫以郑伯之命犒之，遂灭滑而还。晋人败诸殽，获其三帅丙、术、视。白乙丙、西乞术、孟明视。

单子知陈亡

定王使单襄公朝聘于宋，遂假道于陈，以聘于楚。火朝觌矣，火星晨见于辰。道茀不可行也。草秽塞路。候不在疆，候人，掌送迎者。司空不视涂。司空，掌道路。泽不陂，川不梁。野有庾积，露积。场功未毕。道无列树，古者列树表道，且为城守之用。垦田若艺。稀少。膳宰不致饩，膳夫掌宾客之牢。《礼》：生曰饩。司里不授馆。里宰掌授客馆。国无寄寓，旅次。县无施舍。憩所。民将筑台于夏氏。征舒家。及陈，陈灵公与孔宁、仪行父南冠以如夏氏，淫夏姬。留宾弗见。

单子归，告王曰："陈侯不有大咎，国必亡。"王曰："何故？"对曰："夫辰角见而雨毕，辰角，大辰苍龙之角。角，星名也。朝见东方，建戌之初，寒露节也。雨毕，杀气日盛，雨气尽也。天根见而水涸，天根，亢氐之间也，谓寒露后五日。本见而草木节解，本，氐也，谓寒露后十日。驷见而陨霜，驷，天驷，房星也，谓建戌之中。火见而清风戒寒。火，心星也，谓霜降后。故先王之教曰：'雨毕而除道，水涸而成梁，草木节解而备藏，陨霜而冬裘具，清风至而修城郭宫室。'故《夏令》曰:'九月除道,十月成梁。'其《时儆》告民曰:'收而场功,使修囷仓。偫而畚挶,偫,具也。畚,盛土器。挶,舁土器。营室之中,定谓之营室,谓建亥小雪之中,定星昏正于午。土功其始。火之初见,期于司里。致其筑作之具,会于司里之官。'此先王之所以不用财贿而广施德于天下者也。今陈国火朝觌矣,而道路若塞,野场若弃,泽不陂障,川无舟梁,是废先王之教也。《周制》有之曰:'列树以表道,立鄙食以守路;鄙,四鄙。十里有庐,庐有饮食。国有郊牧,放牧之地。疆有寓望;寄寓之舍,候望之人。薮有圃草,圃,大也,有大草以备财用。囿有林池,林积木,池积水。所以御灾也。兵、饥。其馀无非谷土。民无县耜,言常用也。野无奥草;皆垦辟也。不夺民时,不蔑民功;有优无匮,有逸无罢;国有班事,执事有次。县有序民。从事有序。'今陈国道路不可知,田在草间,功成而不收,民罢于逸乐,厉民自奉。是弃先王之法制者也。周之《秩官》周常官篇名有之曰:'敌国相等者宾至,关尹以告,司关者。行理以节逆之,理,吏也,小行人。候人为导,迎送。卿出郊劳,朝服,用束帛。门尹除门,扫除。宗祝执祀,宾将有事于庙。司里授馆,客所。司徒具徒,修道路之委积。司空视涂,视险易。司寇诘奸,防剽掠。虞人入材,掌山泽者。甸人积薪,掌薪蒸者。火师监燎,庭燎。水师监濯,盥洗。膳宰致飧,熟食。廪人献饩,生米。司马陈刍,圉人职属司马。工人展车,展省客车。百官官以物至,宾入如归。是故小大莫不怀爱。谓宾介。其贵国之宾至,则以班加一等,益虔。至于王使,则皆官正莅事,正,长也。上卿监之。若王巡守,则君亲监之。'今虽朝也单子名朝不才,有分族于周,承王命以为过,宾于陈而司事莫至,是蔑先王之官也。先王之令有之曰:文、武之教。'天道赏善而罚淫,故凡我造国,无从非彝,无即慆淫,各守尔典,以承天休。'今陈侯不念胤续之常,弃其伉俪妃嫔,而帅其卿佐以淫于夏氏,不亦渎姓矣乎!夏氏亦妫姓。陈,我大姬之后也,武王之女,虞胡公之妃,陈之祖妣也。弃衮冕而南冠以出,不亦简彝乎!是又犯先王之令也。昔先王之教,茂帅其德也,犹恐殒越。若废其教而弃其制,蔑其官而犯其令,将何以守国?居大国之间晋、楚而无此四者,教、制、官、令。其能久乎?"

六年,单子如楚。八年,陈侯杀于夏氏。灵公与孔宁、仪行父饮酒于夏氏,征舒自其厩射而杀之。九年,楚子入陈。庄王入陈讨夏氏。

【眉批】可谓万事不理者。

民事不治,正以筑台,夏氏之故。

此篇文最齐整,凡四大段,而至此又总括之。

刘康公料鲁卿休咎

定王八年,使刘康公王季子聘于鲁,发币于大夫。季文子行父、孟献子蔑皆俭,叔孙宣子侨如、东门子家归父皆侈。归,王问鲁大夫孰贤,对曰:"季、孟其长处鲁乎!叔孙、东门其亡乎!若家不亡,身必不免。"王曰:"何故?"对曰:"臣闻之:为臣必臣,为君必君。宽肃宣惠,君也;敬恪恭俭,臣也。宽所以保本也,守位。肃所以济时也,宣所以教施也,惠所以和民也。本有保则必固,时动而济则无败功,教施而宣则遍,惠以和民则阜。若本固而功成,施遍而民阜,乃可以长保民矣,其何事不彻?达。敬所以承命也,恪所以守业也,恭所以给事也,俭所以足用也。以敬承命则不违,以恪守业则不懈,以恭给事则宽于死,以俭足用则远于忧，无乏绝之忧，且远骄僭之罪也。若承命不违，守业不懈，宽于死而远于忧，则可以上下无隙矣，其何任不堪？上任事而彻，下能堪其任，所以为令闻长世也。今夫二子者俭，其能足用矣，用足则族可以庇。二子者侈，侈则不恤匮，不悯人之穷。匮而不恤，忧必及之。若是则必广其身，务自大而不顾其上。且夫人臣而侈，国家弗堪，亡之道也。”王曰：“几何？”对曰：“东门之位不若叔孙而泰侈焉，不可以事二君；叔孙之位不若季、孟而亦泰侈焉，不可以事三君。若皆蚤世，犹可；若登年以载其毒，历年以行其害。必亡。”十六年，鲁宣公卒。赴者未及，东门氏来告乱，子家奔齐。子家谋去三桓，使如晋，未及，宣公薨。三桓逐子家，遂奔。简王十一年，鲁叔孙宣伯亦奔齐。侨如通于宣公夫人穆姜，欲去季、孟而专公室，国民逐之，奔。成公未没二年。于子家曰“赴者”“未及”，明不及二君。于叔孙曰“未没二年”，明不及三君也。

【眉批】□[1]量周至。

刘康公料成肃公

刘康公、成肃公会晋侯伐秦，秦桓公背令狐之盟，且欲道狄、楚伐晋故也。成子受脤于社，将出师，宜于社脤其胙也。不敬。刘子曰：“吾闻之，民受天地之中以生，所谓命也，是以有动作礼义威仪之则，以定命也。能者养之以福，不能者败以取祸。是故君子勤礼，小人尽力。勤礼莫如致敬，尽力莫如敦笃。敬在养神，笃在守业。国之大事，在祀与戎，祀有执膰，戎有受脤，神之大节也。交神之礼。今成子惰，弃其命矣，

①□，字模糊，似“较”字。

其不反乎?”师还,成肃公卒于瑕。真氏曰:“敬之一言,乃尧、舜、禹、汤、文、武以来传心之要法。春秋之世,去圣人未远,名卿、贤大夫犹有闻焉。”吕成公曰:“刘子之言,乃三代老师宿儒传道之渊。信矣夫!”

【眉批】朱子谓左氏是个识利害的人,“知天地之中”一段极粹,却便说向祸福去了。鳌则以为不然。夫“福祸”二字,圣贤未尝不言,见于经传屡矣。夫知受天地之中以生,而又知定命之则,此能者养之以福也。不知天地之中,不知定命,此不能者败以取祸也。《虞书》有“惠迪,吉从逆凶”。《孟子》谓“祸福,无不自己求之”。此其旨,视二书何异?而谓其专计利害,恐尚未的。

单子料郤至及王叔

晋既克楚于鄢,厉公伐郑,楚人救之,战于鄢。使郤至告庆于周。未将事,王叔简公陈生饮之酒,交酬好货皆厚,饮酒宴语相说也。明日,王叔子誉诸朝。郤至见召桓公,与之语。召公以告单襄公朝曰:“王叔子誉温季,至。以为必相晋国。相晋国,必大得诸侯。劝二三君子必先导焉,导晋侯使升郤至以为上卿。可以树。植党。今夫子见我,以晋国之克也,为己实谋之,曰:‘微我,晋不战矣!楚有五败,晋不知乘,胜。我则强之。背宋之盟,一也。宋之盟,宋华元所合晋、楚之成也。薄德而以地赂诸侯,二也。楚王薄德,郑人不从,楚以汝阴之田赂郑,郑叛晋从楚。弃壮之良而用幼弱,三也。良谓申叔时,弱谓子反。建立卿士而不用其言,四也。子囊不欲背晋,楚王不听。夷、郑从之,三陈而不整,五也。蛮军而不陈,郑陈而不整,楚陈而嚣。罪不由晋,楚先叛盟。晋得其民,四军之帅,栾书将中军,士燮佐之;郤锜将上军,荀偃佐之;韩厥将下军,知罃佐之;赵旃将新军,郤至佐之。旅力方刚，卒伍治整，诸侯与之。是有五胜也：有辞，一也；得民，二也；军帅强御，三也；行列治整，四也；诸侯辑睦，五也。有一胜，犹足用也，有五胜以伐五败，而避之者，非人也。不可以不战。栾书、范燮不欲，我则强之。战而胜，是吾力也。且夫战也微谋，军中无计。吾有三伐：功。勇而有礼，反之以仁。吾三逐楚君之卒，勇也；见其君必下而趋，礼也；郤至见楚共王，必下，免胄而趋，王遗之以弓。能获郑伯成而赦之，仁也；郤至从郑伯，其右茀翰胡欲执之，至曰："伤国君，有刑。'乃止。若是而知晋国之政，楚、越必朝。'吾曰：'子则贤矣。抑晋国之举也，不失其次，吾惧政之未及子也。郤至位在七人下。'谓我曰：'夫何次之有？昔先大夫荀伯自下军之佐以政，荀林父自第六升。赵宣子未有军行而以政，赵盾自第二升。今栾伯自下军往，栾书自第五升。是三子也，吾又过于四之无不及。郤至言己之材优于四人。若佐新军而升为政，不亦可乎？将必求之。'是其言也，君以为奚若？"襄公曰："人有言曰'兵在其颈'，其郤至之谓乎！君子不自称也，非以让也，恶其盖人也。夫人性，陵上者也，不可盖也。求盖人，其抑下滋甚，故圣人贵让。且谚曰：'兽恶其网，民恶其上。为害己也。'《书》曰：'民可近也，而不可上也。'《诗》曰：'恺悌君子，求福不回。'在礼，敌必三让，谓礼敌者。是则圣人知民之不可加也。故王天下者必先诸民，然后庇焉，先人后己。则能长利。今郤至在七人之下而欲上之，是求盖七人也，其亦有七怨。怨在小丑，犹不可堪，而况在侈卿乎？其何以待之？晋之克也，天有恶于楚也，故儆之以晋。而郤至佻偷天以为己力，不亦难乎？佻天不祥，乘人不义，不祥则天弃之，不义则民畔之。且郤至何三伐之有？夫仁、礼、勇，皆民之为也。民力所为。以义死用谓之勇，奉义顺则谓之礼，畜义丰功谓之仁。奸仁为佻，谓获郑伯而舍之。奸礼为羞，谓见楚君而趋。奸勇为贼。谓逐楚卒。夫战，尽敌为上，守和同顺义为上。故制戎以果毅，制朝以序成。畔战而擅舍郑君，贼也；弃毅行容，羞也；畔国即仇，佻也。有三奸以求替其上，远于得政矣。以吾观之，兵在其颈，不可久也。虽吾王叔，未能违难。在《大誓》曰：'民之所欲，天必从之。'王叔欲郤至，能勿从乎？"郤至归，明年死难。为厉公所杀。及伯舆之狱，王叔陈生奔晋。王叔与伯舆争政，不胜而奔。

【眉批】叙郤至、王叔之交好，桓公之述辞，襄公之断料，体裁不爽，而又精别。

单子料齐晋君臣不免

柯陵之会，晋将伐郑。单襄公朝见晋厉公视远步高。晋郤锜见单子，其语犯；陵人。郤犨见，其语迂；诬人。郤至见，其语伐；夸人。齐国佐见，其语尽。无讳。鲁成公见，言及晋难及郤犨之谮。鄢陵之战，鲁师后期，郤犨受侨如之赂，为之谮鲁于晋侯曰："鲁侯后至者，待于坏隤，以待胜者。"晋侯怒，不见公。单子曰："君何患焉！晋将有乱，其君与三郤其当之乎！"鲁侯曰："寡人惧不免于晋，今君曰'将有乱'，敢问天道乎，抑人故也？"对曰："吾非瞽史，焉知天道？瞽，乐大师，掌知音乐风气，执同律以听军声而诏吉凶。史，大史，掌抱天时，与大师同车，皆知天道者。吾见晋君之容而听三郤之语矣，殆必祸者也。夫君子目以定体，足以从之，是以观其容而知其心矣。目以处义，足以步目，今晋侯视远而足高，目不在体而足不步目，其心必异矣。目体不相从，何以能久？夫合诸侯，国之大事也，于是乎观存亡。故国将无咎，其君在会，步言视听，必皆无谪，则可以知德矣。视远，日绝其义；足高，日弃其德；言爽，日反其信；听淫，日离其名。夫目以处义，足以践德，口以庇信，耳以听名者也，故不可不慎也。偏丧有咎，步言视听四者亡其二为偏。既丧则国从之。四者尽丧，国从而亡。晋侯爽二，爽当作丧，谓视远步高。吾是以云。夫郤氏，晋之宠人也，三卿而五大夫，所谓八郤。可以戒惧矣。高位寔疾偾，速败。厚味寔腊毒。亟害。今郤伯之语犯，叔迂，季伐。犯则陵人，迂则诬人，伐则掩人，有是宠也而益之以三怨，陵、诬、掩。其谁能忍之！虽齐国子，亦将与焉。立于淫乱之国，而好尽言以招人过，怨之本也。唯善人能受尽言，思闻过以自改。齐其有乎？吾闻之，国德而邻于不修，必受其福。今君逼于晋而邻于齐，齐晋有祸，可以取伯，无德之患，何忧于晋？且夫长翟之人，谓叔孙侨如也。得臣败翟于咸，获长翟侨如，因名其子为侨如。利而不义，侨如通于穆姜，欲逐季、孟而专鲁国。其利淫矣，流之若何？"鲁侯归，乃逐叔孙侨如。简王十一年，诸侯会于柯陵。十一年，晋杀三郤。厉公杀之。十三年，晋侯杀栾书、中行偃弑厉公于匠丽氏于翼东门，葬以车一乘。不成丧。齐人杀国武子。庆克通于灵公夫人，国佐责之，庆克以告，夫人诉之，灵公杀之。

【眉批】一篇字字[①]典实，句句警省。

此即中庸见于四体之旨，而议者乃诋为诬，过甚已哉！

①字字，原作"字之"，误。"字字典实"与"句句警省"相对成文，任养心本作"字字"，据改。

单子物色晋悼公

晋孙谈之子周襄公之孙,惠伯谈所生适周,事单襄公。晋自献公用骊姬之谗诅,不畜群公子,故周出。立无跛,偏倚。视无还,转睛。听无耸,不耸耳。言无远。谓非耳目所及。言敬必及天,象天之不息。言忠必及意,出自心。言信必及身,先信于身。言仁必及人,博爱。言义必及利,能利人。言知必及事,能处。言勇必及制,能断。言教必及辩,分别是非。言孝必及神,孝于鬼神,则存者信矣。言惠必及和,言致和睦乃能亲爱。言让必及敌。匹。晋国有忧,未尝不戚;有庆,未尝不怡。襄公有疾,召顷公朝之子而告之曰:"必善晋周,将得晋国。其行也文,能文则得天地。天地所胙,小而后国。天之所福,小则得国,大则得天下。

【眉批】此先该括,周而言之。

夫敬,文之恭也;忠,文之实也;信,文之孚也;仁,文之爱也;义,文之制也;知,文之舆也;勇,文之帅也;教,文之施也;孝,文之本也;惠,文之慈也;让,文之材也。象天能敬,帅意能忠,思身能信,爱人能仁,利制能义,事建能知,帅义能勇,施辩能教,昭神能孝,慈和能惠,推敌能让,此十一者,夫子皆有焉。天六地五,天有六气,地有五行。数之常也。经之以天,纬之以地,经纬不爽,文之象也。文王质文,故天胙之以天下。夫子被之矣,其昭穆又近,可以得国。

【眉批】此段照"言敬必及天"数句。

且夫立无跛,正也;视无还,端也;听无耸,成也;言无远,慎也。夫正,德之道也;路。端,德之信也;成,德之终也;慎,德之守也。守终纯固,道正事信,明令德矣。慎成端正,德之相也。为晋休戚,不背本也。被文相德,非国何取!

【眉批】此段照"立无跛"数句。

成公之归也，赵穿弑灵公，赵盾逆公子黑臀于周而立之。吾闻晋之筮之也，遇《乾》之《否》，曰：'配而不终，君三出焉。乾，天也，君也，故曰配，配先君也。不终，子孙不终为君也。乾，天子也，周天子国也。三爻有三变，故君三出于周。'一既往矣，谓成公已往为晋君。后之不知，其次必此。且吾闻之，成公之生也，其母梦神规其臀以墨，曰：'使有晋国，三而畀欢之孙。三世为君，而更予欢之孙。欢，晋襄公之名也。孙谓周。'故名之曰黑臀。于今再矣。襄公曰欢，此其孙也。而令德孝恭，非此其谁？

【眉批】此段征之梦卜。

且其梦曰'必欢之孙，实有晋国'，其卦曰'必三取君于周'，其德又可以君国，三袭焉。袭，合也。三合，谓德、梦、卦。吾闻之《大誓》，故曰：故事。'朕梦协于朕卜，袭于休祥，戎商必克。'以三袭也。晋仍无道而鲜胄，厉公数行不道，公族又少。其将失之矣。必蚤善晋子，其当之也。"顷公许诺。及厉公之乱，栾书、中行偃使程滑弑之。召周子而立之，使荀罃、士魴逆于京师。是为悼公。

【眉批】至此，则总合上三段而言之，一德、一卜、一梦，乃三袭也。

结构弘敞，盘旋委曲，拂拭雅丽。

单愆期料儋括

王儋季卒，灵王弟。其子括将见王除服入朝而叹。单公子愆期为灵王御士，过诸廷，闻其叹而言曰："乌呼！必有此夫！欲有此朝廷之权。"入以告王，且曰："必杀之！不戚而愿大，视躁而足高，心在他矣。不杀，必害。"王曰："童子何知!”及灵王崩,儋括欲立王子佞夫,灵王子,景王弟。佞夫弗知。儋括围芳,逐成愆。时为芳邑大夫。成愆奔平畤。地。尹言多、刘毅、单蔑、甘过、巩成五大夫杀佞夫,括奔晋。

刘夏知晋赵武不年

天王景使刘定公夏劳赵孟武于颍,馆于雒汭。刘子曰:“美哉禹功!明德远矣。微禹,吾其鱼乎!吾与子弁冕端委以治民临诸侯,禹之力也。子盍亦远绩禹功而大庇民乎!见河雒而思禹功,因劝之。”对曰:“老夫罪戾是惧,焉能恤远?吾侪偷食,朝不谋夕,何其长也?”刘子归,以语王,曰:“谚所谓‘老将知而耄及之’者,当有知识而反乱。其赵孟之谓乎!为晋正卿,以主诸侯,而侪于隶人,朝不谋夕,弃神人矣。神怒民叛,何以能久?赵孟不复年矣。言不得复见明年。神怒不歆其祀,民叛不即其事。祀事不从,又何以年?”晋既烝,冬祭。赵孟适南阳,将会孟子馀,会祭赵衰。烝于温,家庙在温。卒。劳在景王四年夏四月,卒于冬十二月。

苌弘知蔡兴灭

景王问于苌弘曰:“今兹景王十四年诸侯,何实吉?何实凶?”对曰:“蔡凶。此蔡侯般弑其君之岁也,岁在豕韦,自蔡世子般弑父景公至今十三岁,岁星复在豕韦。弗过此矣。蔡凶必在此年。楚将有之,然壅也。楚无德而享大利,所以积其恶。岁及大梁,蔡复楚凶,天之道也。楚灵王弑立之岁,岁星在大梁,后十三年,复在大梁,故云。”楚子灵在申,召蔡灵侯,般。灵侯将往,蔡大夫曰:“王贪而无信,唯蔡于憾。恨其不服。今币重而言甘,诱我也,不如无往。”蔡侯不可。楚子伏甲而飨蔡侯于申,醉而执之。是年三月。杀之。四月。楚子灭蔡。十一月。及景王十六年，平王篡立，封蔡而复之。

苌弘知晋伐戎

晋侯顷使屠蒯如周，请有事于雒水与三涂。山。苌弘谓刘子曰："客容猛，非祭也，其伐戎乎！陆浑氏甚睦于楚，必是故也。君其备之！"乃警戎备。晋荀吴帅师涉自棘津，使祭。史先用牲于雒。陆浑人弗知，师从之。遂灭陆浑，数之以其贰于楚也。陆浑子奔楚，其众奔甘鹿。周大获。

【眉批】观周在廷左右之臣，所以观人料事，每每奇中，不可谓其俱不贤矣，而俱不能辅佐其主以强王室，何也？予甚惑焉。

伶州鸠知景王心疾

天王景将铸无射，钟。伶[①]州鸠曰："王其以心疾死乎！夫乐，天子之职也。所主。夫音，乐之舆也；乐因音而行。而钟，音之器也。音由器而发。天子省风以作乐，移风。器以钟之，聚音。舆以行之。小者不窕，细而不满。大者不槬，横而不入。则和于物。物和则嘉成。故和声入于耳而藏于心，心亿安则乐。窕则不咸，不充满人志。槬则不容，心不堪容。心是以感，感实生疾。今钟槬矣，王心弗堪，其能久乎！"王田北山，有心疾，崩于荣锜氏。王崩在作钟之明年。

①伶，原作"泠"，据韦昭注《国语》改。

鲁

○众仲料卫州吁

公隐问于众仲曰："卫州吁其成乎？"时州吁弑桓公而立，将修怨于郑，而求宠于诸侯，以和其民，乃告于宋以伐郑，故问之。对曰："臣闻以德和民，不闻以乱。以乱，犹治丝而棼之也。治丝宜缓，急则难治。夫州吁，阻兵而安忍。阻兵无众，恃兵，则民残而众叛。安忍无亲。安于忍，则刑过而亲离。众叛亲离，难以济矣。夫兵，犹火也，弗戢，将自焚也。夫州吁弑其君而虐用其民，于是乎不务令德，而欲以乱成，必不免矣！"卫人杀州吁于濮。败郑而还，犹未和其民。石碏之子厚问计，石碏使请于陈以觐王。复告于陈，使计之，陈人执之而请莅于卫。卫人杀州吁。汪氏曰："众仲不曰其元凶大憝，但云阻兵安忍，盖君臣之义，不明于天下久矣！"

【眉批】卫人杀州吁，程子以为见其天属之亲而反为寇仇，而其君宠之太过，任之太重，以至于乱，其罪亦不可掩，是也。

季文子使晋求遭丧礼

季文子行父将聘于晋，使求遭丧之礼以行。闻晋侯疾故。其人曰："将焉用之？"文子曰："备豫不虞，古之善教也。求而无之，实难。临时求用，而无其礼，难以卒得。过求，何害？"晋襄公卒。果如文子所料。

季文子料齐懿公

齐侯懿侵我西鄙，谓诸侯不能也。时晋灵公孱弱，不能以诸侯讨之。遂伐曹，入其郛，讨其来朝也。恶其事鲁。季文子曰：

"齐侯其不免乎？己则无礼，以篡得国，且执王使，而伐无罪。而讨于有礼者，曰：'何故行礼？'礼以顺天，天之道也。己则反天，而又以讨人，难以免矣。《诗》曰：'胡不相畏？不畏于天。'君子之不虐幼贱，畏于天也。在《周颂》曰：'畏天之威，于时保之。'不畏于天，将何能保？以乱取国，奉礼以守，犹惧不终；多行无礼，弗能在矣。言不得久居人上。"齐人弑其君商人。《经》。懿公刖邴歜之父尸而使歜仆，纳阎职之妻而使职骖乘，故谋弑之。文公十五年来侵，十八年见弑。

季文子料晋景公

公成如晋，晋侯景见公，不敬。季文子曰："晋侯必不免。不以寿终。《诗》曰：'敬之敬之！天维显思，命不易哉！'夫晋侯之命在诸侯矣，可不敬乎！"诸侯之从违，天命之去留系焉。不敬诸侯，是自绝于天也。晋侯如厕，陷而卒。成公四年如晋，十年景公疾病，将食麦，张，如厕，陷而卒。

孟献子料晋郤锜

晋侯厉使郤锜来乞师，将以伐秦。将事不敬。孟献子蔑曰："郤氏其亡乎！礼，身之干也。敬，身之基也。郤子无基。且先君之嗣卿也，继郤克。受命以求师，将社稷是卫，而惰，弃君命也，不亡，何为？"长鱼矫杀驹伯。郤锜夺夷阳五田，五嬖于厉公，公欲去三郤，夷阳五与胥童帅甲攻之。长鱼矫亦以争田怨郤犨，遂以戈杀锜及犨于讲武堂。成公十三年来乞师，十七年见杀。

穆叔料卫孙林父

卫孙文子林父来聘，公襄登亦登。《礼》：登阶，臣后君一等。叔孙穆子相，豹相礼。趋进，曰："诸侯之会，寡君未尝后卫君。敌体并登。今吾子不后寡君，寡君未知所过。吾子其少安！缓。”孙子无辞，亦无悛容。穆叔曰：“孙子必亡。为臣而君，过而不悛，亡之本也。《诗》曰‘退食自公，委蛇委蛇’，谓从者也。顺礼。衡而委蛇，横不顺道。必折。毁也。”孙林父以戚如晋。襄公七年来聘，十四年逐献公，二十六年宁喜复献公，孙林父以戚叛。

厚瘠臧纥料卫献公

卫献公出奔齐。孙林父、宁殖逐之。公襄使厚成叔吊于卫，曰：“寡君使瘠，成叔名。闻君不抚社稷，而越在他竟，若之何不吊？以同盟之故，使瘠敢私于执事，曰：‘有君不吊，不恤其臣。有臣不敏。不达事君之礼。君不赦宥，臣亦不帅职，增淫发泄，酿成逐君之事。其若之何？’”卫人使大叔仪对，曰：“群臣不佞，才。得罪于寡君。寡君不以即刑而悼弃之，以为君忧。君不忘先君之好，辱吊群臣，又重恤之。敢拜君命之辱，重拜大贶。”厚孙归，复命，语臧武仲曰：“卫君其必归乎！有大叔仪以守，监国。有母弟鱄以出。从君。或抚其内，或营其外，能无归乎！”齐人以郲寄卫侯。卫侯在郲，臧纥如齐唁卫侯。卫侯与之言，虐。退而告其人曰：“卫侯其不得入矣。其言粪土也。亡而不变，何以复国？”子展、子鲜闻之，见臧纥，与之言，道。合理。臧孙说，谓其人曰：“卫君必入。夫二子者，或挽之，或推之，欲无入，得乎？”卫侯入。在外凡十二年。献公使子鲜与宁喜言曰：“苟反，政由宁氏，祭则寡人。”宁喜伐孙氏，克之，弑殇公剽，献公复入。

梓慎知宋、郑饥

襄公二十八年春，无冰。梓慎曰："今兹宋郑其饥乎！岁在星纪而淫于玄枵，岁，岁星也。星纪在丑，斗牛之次；玄枵在子，虚危之次。是岁当在星纪，明年当在玄枵。今已在玄枵，淫行失次。以有时灾，无冰。阴不堪阳。蛇乘龙。蛇，玄武之宿，虚危之星。龙，岁星。岁星，木也。木为青龙，失次出虚危下，为蛇所乘。龙，宋郑之星也。岁星本位在东方，房心为宋，角亢为郑。宋郑必饥。玄枵，虚中也。玄枵三宿女、虚、危，虚星在其中。枵，耗名也。土虚而民耗，岁星入虚耗之次，时复无冰，地气发泄，故云。不饥何为？"二十九年，郑饥，宋亦饥。

穆叔料齐庆封

齐庆封来奔，卢蒲癸、王何乱，庆氏杀庆封之子舍，故奔。献车于季武子，宿。美泽可以鉴。展庄叔见之，曰："车甚泽，人必瘁，竭人以奉己。宜其亡也。"既而齐人来让，责鲁受叛。奔吴。吴勾馀予之朱方，聚其族焉而居之，富于其旧。子服惠伯椒谓叔孙豹曰："天殆富淫人，庆封又富矣。"穆子曰："善人富，谓之赏；淫人富，谓之殃。天其殃之也，其将聚而歼旃。尽之。"楚子灵以诸侯伐吴，围朱方，克之，执齐庆封，杀之。而尽灭其族。

【眉批】非有智数，适事理如此，安得不败？

穆叔料郑伯有

公襄如楚，过郑，郑伯简不在。已先在楚。伯有良霄迋往劳于黄崖，不敬。穆叔豹曰："伯有无戾于郑，郑必有大咎。伯有不受戮，必还为郑国害。敬，民之主也，而弃之，何以承守？承先祖以守其家。郑人不讨，必受其辜。济泽之阿，薄土。行潦之苹藻，贱草。置诸宗室，季兰尸之，使服兰之女主其祭，则神享之。敬也。敬可弃乎？"伯有死于羊肆。伯有使子晳如楚，不肯往，而强使之。子晳以驷氏之甲乘其醉而伐之。伯有奔许，复自许入，以伐郑。驷带率国人以伐之，杀伯有。

穆叔知楚薳罢情

楚子使薳罢来聘，通嗣君也。郏敖新立。穆叔豹问王子之为政何如。时王子围为楚令尹。对曰："吾侪小人食而听事，犹惧不给命，而不免于戾，焉与知政？"固问焉，不告。穆叔告大夫曰："楚令尹将有大事，篡弑。子荡罢字将与焉，助之匿其情矣。"楚灵王即位，围将聘郑，闻王有疾而还，入问之，缢而杀之，遂篡其位。薳罢为令尹。

穆叔料二孟及晋政

穆叔至自会。叔孙豹会晋赵武及诸侯之大夫于澶渊，为宋灾故也。见孟孝伯，仲孙羯。语之曰："赵孟将死矣。其语偷，不似民主。且年未盈五十而谆谆焉如八、九十者，弗能久矣。若赵孟死，为政者其韩子乎！谓韩起。吾子盍与季孙宿言之，可以树善，君子也。言韩起有君子之德。晋君平将失政矣，若不树焉，使早备鲁，使韩子早为鲁备。既而政在大夫，韩子懦弱，大夫多贪，求欲无厌，齐楚未足与也，鲁其惧哉！"孝伯曰："人生几何，谁能无偷？朝不及夕，将安用树？"穆叔出而告人曰："孟孙将死矣。吾语诸赵孟之偷也，而又甚焉。"穆叔之言在襄公三十一年，是年九月孟孝伯卒。又与季孙语晋故，季孙不从。及赵文子卒，昭公元年十二月。晋公室卑，政在侈家。韩宣子为政,不能图诸侯。鲁不堪晋求,谗慝弘多,是以有平丘之会。会在昭公十三年,晋人执季孙意如。

穆叔知昭公不度

公襄薨于楚宫,立胡女敬归之子子野,卒。过哀毁瘠而死。立敬归之娣齐归之子公子裯。穆叔豹不欲,曰:"太子死,有母弟则立之,同母弟以次当立。无则立长。庶长。年钧择贤,义钧则卜,古之道也。非嫡嗣,谓野。何必娣之子?且是人也,居丧而不哀,在戚而有嘉容,是谓不度。不度之人,鲜不为患。若果立之,必为季氏忧。患。"武子意如不听,卒立之。比及葬,三易衰,衰衽如故衰。嬉戏无度也。于是昭公十九年矣,犹有童心,君子是以知其不能终也。在位二十五年。伐季氏不胜而孙于齐,在郓凡四年。复如晋,在乾侯,凡三年。薨于乾侯。

【眉批】先论其礼,后论其人。

穆叔料楚公子围

虢之会,楚公子围二人执戈先焉。蔡公孙归生与郑罕虎见叔孙穆子。豹。穆子曰:"楚公子甚美,服饰。不大夫矣,抑君也。"郑子皮曰:"有执戈之前,吾惑之。"蔡子家曰:"楚,大国也。公子围,其令尹也。有执戈之前,不亦可乎?"穆子曰:"不然。天子有虎贲,掌先后王而趋。舍则守王闲,在国则守王宫。习武训也。诸侯有旅贲,掌戈盾,夹王车而趋。车止,则持轮。御灾害也。大夫有贰车,副车。备承事也。士有陪乘,告奔走也。今大夫而设诸侯之服,有其心矣。将篡。若无其心,而敢设服以见诸侯之大夫乎?将不入矣。不复入为大夫。夫服,心之文也。如龟焉,灼其中,必文于外。若楚公子不为君,必死,不合诸侯矣。不复为大夫以合诸侯。"公子围反,杀郏敖而代之。

梓慎知火灾

昭公十七年冬,有星孛于大辰,西及汉。孛,彗星也。大辰,氐房心之宿,即大火也。周之十月,夏之八月也。辰星见天汉西,今孛星出辰西,光芒东及天汉。申须曰:"彗所以除旧布新也。天事恒象,天道常以象告人。今除于火,火出必布焉,冬火向伏,俟火星出则为灾。诸侯其有火灾乎!"梓慎曰:"往年吾见之,是其征也。火出而见,前年火出时见孛。今兹火出而章,必火入而伏,孛随火星没。其居火也久矣,历二年。其与不然乎?言必然。火出,于夏为三月,于商为四月,于周为五月。夏数得天,若火作,其四国当之,在宋卫陈郑乎!宋,大辰之虚也;大辰,大火,宋分野。陈,大皞之虚也;大皞在陈,木火所自出。郑,祝融之虚也;高辛氏之火正居郑。皆火房也。星孛及汉,汉,水祥也。卫,颛顼之虚也,故旧为帝丘,其星为大水。卫星营室。水,火之牡也。其以丙子若壬午作乎!水火所以合也。丙午火,壬子水,水火合而相薄。水少而火多,故水不胜火。若火入而伏,必以壬午,不过其见之月。火星谓周五月。"十八年夏五月,火始昏见,心星。丙子,风。梓慎曰:"是谓融风,东北风。火之始也。融风,木也。木,火母。七日,其火作乎!从丙子至壬午水火合,故云。"戊寅,风甚。壬午,大甚。宋卫陈郑皆火。梓慎登大庭氏之库,大庭氏,古国名,在鲁城内。鲁于其处作库以望气。以望之,参之占。曰:"宋卫陈郑也。"数日皆来告火。

【眉批】计料不爽若此。春秋时人物即智数之间犹非后世所及,况他乎?

闵子马知周乱

葬曹平公。往者见周原伯鲁焉，与之语，不说学。归以语闵子马。闵子马曰："周其乱乎！夫必多有是说，而后及其大人。国乱俗坏，言者适多，渐以及有位者。大人患失而惑。惑于众说。"又曰："可以无学，无学不害。无害于政。不害而不学，则苟而可。以为无害，遂不学，则皆怀苟且。于是乎下陵上替，能无乱乎？夫学，殖也。不学，将落，以农喻。原氏其亡乎！"越三年，葬景王。王子朝因旧官百工之丧秩职者，与灵、景之族以作乱。

【眉批】见学之不可以已。

昭子料蔡侯朱

葬蔡平公。蔡大子朱失位，不在嫡子位。位在卑。以长幼序，故卑。大夫送葬者归见昭子。叔孙婼。昭子问蔡故，以告。昭子叹曰："蔡其亡乎！若不亡，是君也必不终。《诗》曰：'不解于位，民之攸塈。息。'今蔡侯始即位而嫡卑，身将从之。"蔡侯朱出奔楚。费无极取货于朱之叔父东国，而胁蔡人使出之。

昭子料宋乐大心

叔孙婼聘于宋，桐门右师乐大心见之。语，卑宋大夫而贱司城氏。乐氏之大宗。昭子告其人曰："右师其亡乎！君子贵其身而后能及人，是以有礼。今夫子卑其大夫而贱其宗，是贱其身也，能有礼乎？无礼，必亡。"宋逐桐门右师。宋景公使乐大心盟于晋，且逆乐祁犁之尸。辞，伪有疾。乐祁之子溷谮于公曰："将作乱。"遂见逐。

○子贡视执玉

邾隐公来朝，子贡观焉。邾子执玉高，其容仰。公定受玉卑，其容俯。子贡曰："以礼观之，二君者皆有死亡焉。夫礼，死生存亡之体也。将左右、周旋、进退、俯仰，于是乎取之；朝祀丧戎，于是乎观之。今正月相朝，时定公十五年春。而皆不度，心已亡矣。嘉事不体，何以能久？高仰，骄也；卑俯，替也。骄近乱，替近疾，君为主，其先亡乎！"公薨。是年夏五月。仲尼曰："赐不幸言而中。是使赐多言者也。"师入邾，以邾子益来。哀公七年。

【眉批】孔子此言，欲子贡之勿专于方人也。

晋

○师服知晋乱

穆侯之夫人姜氏，以条之役十年战于条生太子，命之曰仇。其弟少子以千亩之战生，十年周宣王与姜戎战千亩。命之曰成师。师服曰："异哉，君之名子也！夫名以制义，义以出礼，礼以体政，政以正民，是以政成而民听。易则生乱。易，反也。嘉耦曰妃，配。怨耦曰仇，古之命也。今君命大子曰仇，弟曰成师，始兆乱矣。兄其替乎！知国将归于桓叔。"

晋乱，封桓叔于曲沃，文侯仇卒，子昭侯立，危不自安，封成师为曲沃伯。靖侯之孙栾宾傅之。师服曰："吾闻国家之立也，本大而末小，是以能固。故天子建国，诸侯立家，卿置侧室，众子。大夫有贰宗，嫡子为小宗，次者为贰宗。士有隶子弟，士卑，自以其子弟为仆隶。庶人、工、商各有分亲，皆有等衰，是以民服事其上，而下无觊觎。今晋，甸侯也，而建国，本既弱矣,其能久乎?"

潘父弑昭侯而纳桓叔,不克。晋人立孝侯。昭侯之子。曲沃庄伯桓叔之子伐翼,弑孝侯。翼人立其弟鄂侯。鄂侯生哀侯,哀侯侵陉庭之田。陉庭南鄙,启导曲沃伐翼。

【眉批】师服两议俱当。

士苏知申生不立

晋侯为太子城曲沃。献公用骊姬之谋,使申生居曲沃。士苏曰:"太子不得立矣。分之都城,而位以卿,使将下军。先为之极,处申生于极处。又焉得立?不如逃之,无使[①]罪至。为吴大伯,不亦可[②]乎?犹有令名,与其及也。言去胜于留而及祸。且谚曰:'心苟无瑕,何恤乎无家?'天若祚大子,其无晋乎!"《传》。

太子将下军以伐霍。师未出,士苏进谏。公曰:"寡人有子而制焉,非子之忧也。"对曰:"太子,国之栋也,栋成乃制之,不亦危乎!"公曰:"轻其所任,虽危何害?"士苏出,语人曰:"太子不得立矣。改其制而不患其难,轻其任而不忧其危,君有异心,又焉得立?行之克也,将以害之;若其不克,其因以罪之;虽克与不,不克。无所避罪。与其勤而不入,不入君意。不如逃之。君得其欲,欲立奚齐。太子远死,且有令名,为吴太伯,不亦可乎?"太子闻之,曰:"子舆苏字之为我谋,忠矣。然吾闻之,为人子者,患不从,顺父。不患无名;为人臣者,患不勤,不患无禄。今我不才,而得勤与从,又何求焉?焉能及吴太伯

①使,原作"他",误,据《春秋左传注疏》改。

②可,原作"月",误,据《春秋左传注疏》改。

乎?”太子遂行,克霍而反。谗言弥兴。继此复使伐翟。自胜翟反,骊姬拘之愈急。杀大子申生。骊姬使祭齐姜于绛而归胙,骊姬毒以献之。大子惧,奔新城,缢于庙。

【眉批】大子之志定矣,竟不能从士蔿之言!

卜偃知虢亡

里克、荀息帅师会虞师伐虢,晋以璧马假道,而虞先导之。灭下阳。虞、虢塞邑。虢公败戎于桑田。晋卜偃曰:“虢必亡矣。亡下阳不惧,而又有功,是天夺之鉴,而益其疾也。必易晋而不抚其民矣,不可以五稔。谷熟曰稔。”晋灭虢。献公十九年虢伐戎,二十二年灭虢。

郭偃料惠公、冀芮

惠公既杀里克而悔之,曰:“芮也使寡人过,杀我社稷之镇。”郭偃闻之曰:“不谋而谏者,冀芮也。不图而杀者,君也。不谋而谏,不忠。不图而杀,不祥。不忠,受君之罚。不祥,罹天之祸。受君之罚,死戮。罹天之祸,无后。志道者勿忘,将及矣!”及文公入,秦人杀冀芮而施之。冀芮既纳文公而悔,将杀之。文公知之,潜会秦穆公于王城,芮焚公宫,求公不得,遂如河上。秦穆公诱而杀之。陈尸曰施。

伯宗妻知祸

伯宗朝,以喜归,其妻曰:“子貌有喜,何也?”曰:“吾言于朝,诸大夫皆谓我知似阳子。处父。”对曰:“阳子华而不实,主尚言而无谋,是以难及其身。为狐射姑所杀。子何喜焉?”伯宗曰:“吾饮诸大夫酒,而与之语,尔试听之。”曰:“诺。”既饮,其妻曰:“诸大夫莫子若也。然而民不能戴其上久矣，难必及子。子盍亟索士慭愿庇州犁焉？欲全其子。”得毕阳。贤士。及栾弗忌之难，诸大夫害伯宗，将谋而杀之。三郤害弗忌及伯宗。毕阳实送州犁于荆。犁奔楚为太宰。

【眉批】何物女流，乃有朗鉴！

韩献子知郤氏亡

三郤害伯宗，以贤妒之。谮而杀之，及栾弗忌。亦贤大夫。伯州犁奔楚。韩献子厥曰：“郤氏其不免乎！善人，天地之纪也，而骤绝之，不亡何待？”晋杀其大夫郤锜、郤犨、郤至。《经》。厉公欲尽去群大夫而立其左右，胥童曰：“必先三郤。”长鱼矫以戈杀之，皆尸诸朝。

士鞅料栾盈

士鞅奔秦。晋伐秦，鞅与栾针俱驰秦师，针死鞅返。栾黡欲杀鞅，告之士丐，丐逐之。秦伯景问于士鞅曰：“晋大夫其谁先亡？”对曰：“其栾氏乎！”秦伯曰：“以其汰乎？”对曰：“然。栾黡汰虐已甚！犹可以免，其在盈乎！黡之子。”秦伯曰：“何故？”对曰：“武子书之德在民，如周人之思召公焉，爱其甘棠，况其子乎？栾黡死，盈之善未能及人，武子所施没矣，而黡之怨实章，将于是乎在。”秦伯以为知言，为之请于晋而复之。晋人杀栾盈。范鞅以其亡也，怨栾氏，与栾盈为公族大夫而不相能。盈之母栾祁通于州宾，惧讨而诉于其父范宣子曰：“盈将为乱。”鞅为之征。宣子逐之。盈出奔楚，自楚适齐，齐纳之曲沃。盈帅曲沃之甲以入绛，晋人克栾盈，尽杀栾氏之族。

叔向料齐庄、卫殇

会于商任，锢栾氏也。齐侯庄、卫侯殇不敬。叔向曰：

"二君者必不免。会朝，礼之经也；礼，政之舆也；政，身之守也。怠礼，失政；失政，不立，是以乱也。"齐崔杼弑其君光。《经》。通姜氏故。卫宁喜弑其君剽。《经》。欲复献公故。

司马侯料高止、华定

齐高子容止与宋司徒华定见知伯，荀盈。女齐相礼。宾出，司马侯齐言于知伯曰："二子皆将不免。子容专，司徒侈，皆亡家之主也。"知伯曰："何如？"对曰："专则速及，侈将以其力毙，力尽而自毙。专则人实毙之。将及矣。"齐放其大夫高止于北燕，好以事自为功也。宋华定出奔楚。华定与华亥、向宁谋诱杀群公子，取太子及母弟为质。元公怒，攻之，遂奔陈。自陈入于南里，以叛，乞师于楚。楚救之，遂奔。

【眉批】以两人断于两字，卒如其言。

叔向料楚公子围

令尹楚公子围享赵孟，武。赋《大明》之首章。《大雅》。言文王明明照于下，故能赫赫盛于上，赋此以自光大。赵孟赋《小宛》之二章。《小雅》。言天命去不复还，以戒之。事毕，赵孟谓叔向曰："令尹自以为王矣，何如？"对曰："王弱，令尹强，其可哉！虽可，不终。"赵孟曰："何故？"对曰："强以克弱而安之，以臣之强，胜君之弱，而安然为之。强不义也。不义而强，其毙必速。《诗》曰'赫赫宗周，褒姒灭之'，强不义也。令尹为王，必求诸侯。晋少懦矣，诸侯将往。若获诸侯，其虐滋甚，民弗堪也，将何以终？夫以强取，不义而克，必以为道。道以淫虐，以淫虐为常道。弗可久已矣！楚公子围弑郏敖而立，改名虔，是为灵王，在位凡十三年，为公子弃疾所篡。"

司马侯料秦公子针

秦后子有宠于桓，如二君于景。后子，桓公之子，景公之弟针也。其权宠如两君。其母曰："弗去，惧选。选，数也，数其罪而加刑。"针适晋，其车千乘。司马侯问焉，曰："子之车，尽于此而已乎？"对曰："此之谓多矣！若能少此，吾何以得见？"女叔齐侯以告公，且曰："秦公子必归。臣闻君子能知其过，必有令图。令图，天所赞也。"秦后子复归于秦，景公卒故也。在晋凡五年。

叔向料楚灵王

楚公子弃疾帅师围蔡。蔡灵侯弑父而立，至十二年，楚灵王诱杀之于申，复图其国。韩宣子起问于叔向曰："楚其克乎？"对曰："克哉！蔡侯获罪于其君，而不能其民，天将假手于楚以毙之，何故不克？然肸闻之，不信以幸，不可再也。楚王奉孙吴以讨于陈，曰：'将定而国。'陈人听命而遂县之。陈哀公有废疾，公子招杀太子偃师而立公子留，楚奉偃师之子孙吴围陈，灭之。今又诱蔡而杀其君，以围其国，虽幸而克，必受其咎，弗能久矣。桀克有缗，以丧其国，桀为仍之会，有缗叛之，伐而克之，恃胜而灭于商。纣克东夷，而陨其身。纣为黎之搜，东夷叛之，伐而克之，恃胜而灭于周。楚小位下，不及商、周。而亟暴于二王，甚于桀、纣。能无咎乎？天之假助不善，非祚之也，厚其凶恶而降之罚也。且譬之如天，其有五材金、木、水、火、土而将用之，力尽而敝之，是以无拯，不可没振。喻灵王力尽自敝，不可救而复振。"楚子灭蔡。既灭蔡之三年，围徐以惧吴。灵王次于乾溪，为之援。公子弃疾乘虚以入，师溃，王缢于芋尹申亥氏。弃疾立，是为平王。

【眉批】既知其克，又知其亡，所以为智。文婉曲有味。

叔向料周单子

单子会韩宣子于戚，视下，言徐。叔向曰："单子其将死乎！朝有著定，列位常处。会有表，野会设表为位。衣有襘，领。带有结。交处。会朝之言，必闻于表著之位，所以昭事序也。视不过结襘之中，所以道容貌也。言以命之，容貌以明之，失则有阙。今单子为王官伯，而命事于会，视不登带，言不过步，貌不道容，而言不昭矣。不道，不共；貌不肃。不昭，不从。言不顺。无守气矣。神气不守其体。"单成公卒。晋昭公二年春会，冬卒。

叔向料鲁昭公

齐归薨，鲁昭公母。大搜于比蒲。葬齐归，公昭不戚。晋士之送葬者，归以语史赵。史赵曰："必为鲁郊。言昭公必出在郊野，不能有国。"侍者曰："何故？"曰："归姓也，归氏所生。不思亲，祖不归也。不为祖所祐。"叔向曰："鲁公室其卑乎！君有大丧，国不废搜。有三年之丧，而无一日之戚。国不恤丧，不忌君也。君无戚容，不顾亲也。国不忌君，君不顾亲，能无卑乎？殆其失国。"公孙于齐。鲁昭公十一年会葬，二十五年公伐季氏，不胜而奔。

叔向料楚子干

楚右尹子干比出奔晋，避灵王也，在晋凡十三年。观从以蔡公之命召子干，时楚伐徐，灵王次于乾溪，为之援。诸大夫有怨于王者，皆谋作乱，观从以父观起为康王所杀，亦怨楚，遂矫蔡公弃疾之命，召比于晋，欲立为王。子干归。韩宣子问于叔向曰："子干其济乎？"对曰："难。"宣子曰："同恶相求，如市贾焉，何难？"对曰："无与同好，谁与同恶？谓弃疾与子干不同心。取国有五难：有宠而无人，一也；须得贤。有人而无主，二也；须内应。有主而无谋，三也；相时而动。有谋而无民，四也；民望所归。有民而无德，五也。子干在晋十三年矣，晋楚之从，与之游者。不闻达者，可谓无人；族尽亲叛，可谓无主；无衅而动，可谓无谋；为羁终世，可谓无民；亡无爱征，既奔，楚人无忧念者。可谓无德。王虐而不忌，灵王暴虐，无所畏忌。楚君子干，涉五难以弑旧君，谁能济之？言楚借君子干以弑灵王，终无能成。有楚国者，其弃疾乎！君陈蔡，楚初以穿封戌为陈公，弃疾为蔡公，时戌已死，弃疾兼领陈事。城外属焉。苛慝不作，盗贼伏隐，私欲不违，民无怨心。先神命之，初共王无嫡，有宠子五人，欲请神择，乃遍以璧见于群望，曰："当璧而拜者，神所立也。"密理璧于庭，使五人入拜。抱弃疾而入，再拜，皆压纽。国民信之。芈姓有乱，必季实立，少子得立。楚之常也。获神，一也；当璧。有民，二也；民信之。令德，三也；无苛慝。宠贵，四也；巴姬贵妃之子。居常，五也。弃疾季子。有五利以去五难，谁能害之？子干之官，则右尹也。数其贵宠，则庶子也。以神所命，则又远之。其贵亡矣，位不尊。其宠弃矣，父已没。民无怀焉，非令德。国无与焉，无内主。将何以立？"

宣子曰："齐桓晋文，不亦是乎？皆庶贱。"对曰："齐桓，卫姬之子也，有宠于僖。有鲍叔牙、宾须无、隰朋以为辅佐，有莒卫以为外主，有国、高以为内主。从善如流，下善齐肃，不藏贿，不从欲，施舍不倦，求善不厌。是以有国，不亦宜乎？我先君文公，狐季姬之子也，有宠于献。好学而不贰，生十七年，有士五人。狐偃、赵衰、颠颉、魏犨、胥臣。有先大夫子馀、子犯以为腹心，有魏犨、贾佗以为股肱，称五人而列序四士，贾佗又不在本数，盖叔向所贤。有齐宋秦楚以为外主，齐妻以女，宋赠以马，楚王享之，秦伯纳之。有栾、郤、狐、先以为内主。谓栾枝、郤縠、狐突、先轸。亡十九年，守志弥笃。惠、怀二公弃民，民从而与之。献无异亲，献公九子，唯文公在。民无异望。民望不在惠、怀，而在文。天方相晋，将何以代文？何人代立？此二君者，异于子干。共有宠子，弃疾有宠于共王。国有奥主。国人以弃疾为主，如室之奥。无施于民，无援于外，去晋而不送，归楚而不逆，何以冀国？及入楚，弃疾立以为王，寻逼之自杀。弃疾即位，是为平王。"

【眉批】先述子干之不能有国，次述弃疾之可以有国；既言弃疾，又举子干以证之；再举桓、文，以见子干之不可比而同之，而弃疾之可得也。一篇文势舂容。

叔向母知祸

栾盈出奔楚，盈母与州宾通，惧盈讨之，诉于其父范宣子曰："盈将为乱。"遂逐之。宣子士丐杀羊舌虎，盈之党。囚叔向。虎，叔向之弟，故并囚之，祁奚请而免。初，叔向之母妒叔虎之母美而不使，不令见其父。其子皆谏其母。叔向母。其母曰："深山大泽，实生龙蛇。彼美，谓虎之母。余惧其生龙蛇以祸汝。汝，敝族也。国多大宠，六卿专权。不仁人间之，不亦难乎？余何爱焉！"使往视寝，生叔虎。美而有勇力，栾怀子盈嬖之，故羊舌氏之族及于难。

晋杀祁盈，祁胜与邬臧通室，祁盈执之。晋景公讨盈，杀之。及杨食我。叔向子。食我，祁盈之党也，而助乱，故杀之。遂灭祁氏、羊舌氏。伯石食我始生，子容之母叔向嫂，伯华妻走谒诸姑，叔向母。曰："长叔姒生男。兄弟之妻相谓曰姒。"姑视之。及堂，闻其声而还，曰："是豺狼之声也。狼子野心。非是，莫丧羊舌氏矣。"遂弗视。

【眉批】只闻一啼声，何以遂知至此微哉！

卫

宁嬴料晋阳处父

阳处父晋太傅如卫，反，过宁，舍于逆旅宁嬴氏。嬴谓其妻曰："吾求君子久矣，今乃得之。"举起而从之。阳子道与之语，及山而还。其妻曰："子得所求而不从之，何其怀也！"曰："吾见其貌而欲之，闻其言而恶之。夫貌，情之华也；言，貌之机也。身为情，成于中。言，身之文也。言文而发之，合而后行，情、貌、言三者合，则行。离则有衅。今阳子之貌济，成。其言匮，言不副貌。非其实也。若中不济而外强之，情不足而貌强为。其卒将复，反其情。中外易矣。若外内类而言反之，渎其信也。夫言以昭信，奉之如机，历时而发之，胡可渎也！今阳子之情谌矣，辩察。以济盖也，成其貌以盖其短。且刚而主能，尚材。不本而犯，不本仁义，而陵犯人。怨之所聚也。吾惧未获其利而及其难，是故去之。"期年，乃有贾季之难，阳子死之。初搜于夷，狐射姑将中军，赵盾佐之。阳子至自温，改搜于董，使赵盾将中军，射姑佐之。射姑怨阳子之易其班也，使狐鞫居杀阳处父而奔翟。

宁殖料晋郤犨

卫侯定飨苦成叔，卫孙林父奔晋，晋厉公使郤犨送至卫，卫飨之。宁惠子相。殖相礼。苦成叔傲。宁子曰："苦成家其亡乎！古之为享食也，以观威仪、省祸福也。故《诗》曰：'兕觥其觩，旨酒思柔，彼交匪傲，万福来求。'今夫子傲，取祸之道也。"长鱼矫杀苦成叔。郤犨与长鱼矫争田，执而梏之，与其父母妻子同一辕。既矫嬖于厉公，厉公侈，欲尽去群大夫而立其左右，将攻郤氏。三郤谋于榭，矫以戈杀之。

大叔仪料宁喜

献公出奔齐，孙林父、宁殖逐之，立公孙剽，是为殇公。入于夷仪。晋平公使卫与之。自夷仪使与宁喜言，求复。宁喜许之。大叔文子仪闻之，曰："乌乎！《诗》所谓'我躬不说，皇恤我后'者，宁子可谓不恤其后矣。将可乎哉？殆必不免。君子之行，思其终也，思其复也。复行。《书》曰：'慎始而敬终，终以不困。'《诗》曰：'夙夜匪解，以事一人。'今宁子视君不如弈棋，其何以免乎？弈者举棋不定，不胜其耦，而况置君而弗定乎？必不免矣。九世之卿族，宁氏出自卫武公，至喜凡九世。一举而灭之，可哀也哉！"卫侯入，宁喜杀殇公而复献公。公孙免馀杀宁喜。以其专也。

【眉批】譬喻切当。

彪傒料苌弘、刘卷、魏舒

刘文公卷与苌弘欲城成周，子朝之乱，敬王居于狄泉，晋纳之，入于成周。子朝奔楚，其党儋翩之徒多在王城，日烦诸侯之戍。王欲罢戍，故请城之。为之告晋。魏献子舒为政，说苌弘而与之，从其求。将合诸侯。卫彪傒适周，闻之，见单穆公旗曰："苌、刘其不没乎？《周诗》有之曰：'天之所支，不可坏也。其所坏，亦不可支也。'昔武王克殷而作此诗也，以为饫歌，名之曰《支》，以遗后之人，使永监焉。夫礼之立成者为饫，昭明大节而已，少曲与焉。饫礼但明大体，故其诗乐少，章典威仪少，比类也。是以为之日惕，其欲教民戒也。教民知戒。然则夫《支》之所道者，必尽知天地之为也，谓支坏。不然，不足以遗后之人。今苌、刘欲支天之所坏，不亦难乎？自幽王而天夺之明，使迷乱弃德而即慆淫，以亡其百姓，其坏之也久矣，而又将补之，殆不可矣！水火之所犯犹不可救，而况天乎？谚曰：'从善如登，从恶如崩。'昔孔甲乱夏，四世而殒；甲至桀四世。玄王勤商，十有四世而兴；契至汤十四世。帝甲乱之，七世而殒；甲至纣七世。后稷勤周，十有五世而兴。稷至文十五世。幽王乱之，十有四世，幽至敬十四世。守府之谓多，胡可兴也？夏、殷之乱，或四世，或七世而亡。今周十四世，而无德以救之，虽未亡，得守府藏，天禄多矣，又何可兴？夫周，高山广川大薮也，故能生之良材，而幽王荡以为魁陵粪土沟渎，坏高山以为陵阜粪土，残川薮以为沟渎。其有悛乎？无有止时。"单子曰："其咎孰多？"曰："苌叔必速及，夫将以道补者也。以天道补人事。夫天道道可而省不，达善，去不善。苌叔反是，以诳刘子，必有三殃：违天，一也；支所坏。反道，二也；以天道补人事。诳人，三也。惑刘子。周若无咎，苌叔必为戮，虽晋魏子亦将及焉。若得天福，其当身乎？若刘氏，则必子孙实有祸。夫子而弃常法，以从其私欲，谓城成周。用巧变以崇天灾，谓迁都。勤百姓以为己名，其殃大矣。"是岁也，敬王十一年。魏献子合诸侯之大夫于翟泉，遂田于大陆，焚而死。及范、中行之难，苌弘与之，初，刘氏、范氏世为婚姻，苌弘事刘文公，故朝歌之叛，弘与焉。晋人以为讨，杀苌弘。及定王，刘氏亡。

【眉批】彪傒之言，不过即当时事势所极而论耳。周虽不能再兴，为臣子者将坐视其颠仆而不一救乎？刘公、苌弘之难，要有所在，非因城周而及也。其亲病亟，诚不可救，其子进药，不可以为非孝。傒之言过矣。

史鰌料公叔戌

公叔文子发朝而请享灵公，退，见史鰌而告之。史鰌曰："子必祸矣。子富而君贪，罪其及子乎！"文子曰："然。吾不先告子，是吾罪也。君既许我矣，其若之何？"史鰌曰："无害。子臣，能执臣礼。可以免。富而能臣，必免于难，上下同之。戌也骄，谓文子之子。其亡乎！富而不骄者鲜，吾惟子之见。骄而不亡者，未之有也。戌必与焉。"及文子卒，卫侯始恶于公叔戌，以其富也。公叔戌又将去夫人之党，夫人诉之曰："戌将为乱。"卫侯逐公叔戌与其党。胡氏曰："夫富者，怨之府也。使戌积而能散，以财发身，不为贪人之所怨，于以保其爵位，尚庶几乎。"

郑

叔詹料楚成王

楚子成入享于郑，宋伐郑。楚伐宋以救郑，还，过郑，郑享之。九献，庭实旅百，加笾豆六品。享毕，夜出，文芈送于军。取郑二姬以归。叔詹曰："楚王其不没乎！为礼卒于无别。

无别不可谓礼。将何以没?”诸侯是以知其不遂霸也。城濮之师败于晋,终为商臣所弑。

然明料晋程郑

晋侯平嬖程郑,使佐下军。郑行人公孙挥如晋聘,程郑问焉,曰:“敢问降阶何由?”子羽挥字不能对,归以语然明。鬷蔑。然明曰:“是将死矣。不然,将亡。出。贵而知惧,惧而思降,乃得其阶,下人而已,又何问焉?且夫既登而求降阶者,位既高而求下人。智人也,不在程郑。谓非智人。其有亡衅乎!不然,其有惑疾,将死而忧也。”晋程郑卒,子产始知然明。

子产料蔡景公

蔡侯景归自晋,朝归。入于郑。郑伯简享之,不敬。子产曰:“蔡侯其不免乎!日往其过此也,君使子展迋往劳于东门之外,而傲。吾曰犹将更之。今还,受享而惰,乃其心也。君小国,事大国,而惰傲以为己心,将得死乎?若不免,必由其子。其为君也,淫而不父。通太子般之妻。侨闻之:如是者,恒有子祸。”蔡太子弑景侯。

【眉批】宛转有味。

游吉料楚康王

郑伯简使游吉如楚,及汉,楚人还之。不受聘。子大叔归,复命。告子展曰:“楚子康将死矣。不修其政德,而贪昧于诸侯,以逞其愿,欲得郑朝。欲久,得乎?《周易》有之,在《复》之《颐》曰‘迷复,凶’,其楚子之谓乎!欲复其愿,而弃其本,不修德。复归无所,是谓迷复,能无凶乎?君其往也，送葬而归，以快楚心。楚不几十年，未能恤诸侯也，吾乃休吾民矣。”楚康王卒，郑伯送葬至于西门之外。

子产知陈亡

子产如陈莅盟，归，复命。告大夫曰：“陈，亡国也，不可与也。聚禾粟，缮城郭，恃此二者，而不抚其民。其君弱植，公子侈，太子卑，大夫敖，政多门，以介于大国，能无亡乎？不过十年矣。”楚灭陈。陈哀公有废疾，公子招杀悼太子偃师。楚公子弃疾奉偃师之子吴讨陈，遂灭之。郑简公二十三年莅盟，三十三年陈灭。

【眉批】指摘再无一虚字，一字一案。

子羽察言知祸福

会于虢，寻宋之盟也。楚公子围设服君服离卫。二人执戈于前以自卫。叔孙穆子鲁叔孙豹曰：“楚公子美矣，君哉！似君。”郑子皮罕虎曰：“二执戈者前矣。”蔡子家公孙归生曰：“蒲宫时围在会，缉蒲为宫有前，不亦可乎？”楚伯州犁曰：“此行也，辞而假之寡君。言假之君以饰其过。”郑行人挥曰：“假不反矣。”伯州犁曰：“子姑忧子皙之欲背诞也。言郑子皙杀伯有，将为难。”子羽曰：“当璧犹在，共王择立五子，请于神，曰：‘当璧者立。’乃密埋璧于庭。弃疾抱而入，再拜，皆压纽。假而不反，子其无忧乎？”齐国子弱曰：“吾代二子愍矣。”围篡而不终，州犁寻为围所杀。陈公子招曰：“不忧何成？二子乐矣。”言以忧主事，事成而乐。卫齐子恶曰：“苟或知之，虽忧何害？”谓有备。宋合左师向戌曰：“大国令，小国共，吾知共而已。”敬其命。晋乐王鲋曰：“《小旻》之卒章，诗义非唯暴虎冯河可畏，不敬小人亦危。善矣，吾从之。”退会，子羽谓子皮曰：“叔孙绞而婉，讥其似君，反谓之美。宋左师简而礼，无所臧否，而敬事大。乐王鲋字而敬，不犯凶人，以自爱敬。子谓子皮与子家持之，无所取与。皆保世之主也。齐卫陈大夫其不免乎！国子代人忧，子招乐忧，齐子虽忧弗害。夫弗及而忧，与可忧而乐，与忧而弗害，皆取忧之道也，忧必及之。《大誓》曰：‘民之所欲，天必从之。’三大夫兆忧，忧能无至乎？言以知物，其是之谓矣。”楚公子围弑郏敖而立，是为灵王。陈公子招杀太子偃师，楚灭陈，执招，放之于越。国弱、齐恶，当身，各无患。

【眉批】古雅深奥。人各一言，而占之于末。

子产料诸侯从违

楚子灵使椒举如晋求诸侯，问于子产时子产从郑简公在楚曰：“晋其许我诸侯乎？”对曰：“许君。晋君少安，不在诸侯。其大夫多求，贪。莫匡其君。在宋之盟，楚屈建与晋赵武盟。又曰如一。交相见之约。若不许君，将焉用之？用盟。”王曰：“诸侯其来乎？”对曰：“必来。从宋之盟，承君之欢，不畏大国，晋。何故不来？不来者，其鲁卫曹邾乎！曹畏宋，邾畏鲁，鲁卫逼于齐而亲于晋，唯是不来。其馀，君之所及也，威力所及。谁敢不至？”王曰：“然则吾所求者无不可乎？”对曰：“求逞于人，不可；人不从。与人同欲，尽济。人从之。”诸侯如楚，为申之会，凡十一国。鲁卫曹邾不会。曹邾辞以难，公昭辞以时祭，卫侯襄辞以疾。

裨灶知陈兴亡

陈灾。时陈已为楚县。郑裨灶曰：“五年陈将复封，封五十二年而遂亡。"子产问其故。对曰:"陈,水属也;颛顼之后,故云。火,水妃也。火畏水,故为之妃。而楚所相也。楚之先祝融,为高辛氏火正,主治火事。今火出而火陈,火星见而陈灾。逐楚而建陈也。水得妃而兴,陈兴则楚衰。妃以五成,故曰五年。五行各相妃合,得五而成,故五岁而陈复封。岁五及鹑火,而后陈卒亡,楚克有之,天之道也,故曰五十二年。"是岁,岁星在星纪丑度。五岁及大梁酉度,而陈封。自大梁四岁及鹑火十度,又四周,四十八岁,凡五及鹑火。午度火盛水衰,故云。楚平王即位,封陈。楚白公之乱,陈人恃其聚而侵楚,楚既宁,遂灭陈。鲁昭公八年楚灭陈,至十三年复陈,哀公十七年始灭。

裨灶知晋平公死期

春,王正月,鲁昭公十年,郑简公三十五年,晋平公三十七年。有星出于婺女。郑裨灶言于子产曰:"七月戊子,晋君将死。今兹岁在颛顼之虚,岁星在玄枵。姜氏任氏齐薛实守其地,居其维首,而有妖星焉,告邑姜也。邑姜,齐大公女,晋唐叔之母。婺为既嫁女,邑姜,齐之既嫁女也,妖星在婺女,齐得岁,故知祸归。邑姜,晋之妣也。天以七纪,二十八宿,四七。戊子逢公以登,逢公,殷诸侯居齐地者,以戊子日卒。星斯于是乎出,逢公未死之先,妖星出婺女,时非岁星所在,故齐自当其祸。吾是以讥之。察也。"秋七月戊子,晋平公卒。

子产知天弃蔡壅楚

会于厥慭,谋救蔡也。楚灵王诱杀蔡灵侯,围其国,晋将合诸侯救之。郑子皮将行。子产曰:"行不远,不能救蔡也。蔡小而不顺,蔡侯般弑父而立。楚大而不德,天将弃蔡以壅楚,盈而罚之，蔡必亡矣。且丧君而能守者鲜矣。三年，后此。王其有咎乎！美恶周必复，岁星一周十二年。王恶周矣。”楚灵王以鲁昭公元年弑郏敖而立，岁在大梁，至昭公十三年则一周矣。王缢于芋尹申亥氏。楚师伐徐，灵王次于乾溪，为之援。蔡公弃疾乘虚入楚，使观从告于师曰：“先归复所。”师及訾梁而溃，王窜于棘里。申亥求而得之，以归，王缢。

【眉批】词曲。

曹

僖负羁妻识晋重耳

晋公子重耳处狄十二年而行。及曹，曹共公闻其骈胁，欲观其裸。浴，薄而观之。僖负羁之妻曰：“吾观晋公子之从者，皆足以相国。若以相，用为辅相。夫子必反其国。反其国，必得志于诸侯。得志于诸侯而诛无礼，曹其首也。子盍蚤自贰焉！”乃馈盘飧，置璧焉。公子受飧反璧。既而秦穆公纳之。即位之六年，入曹，令无入僖负羁之宫而免其族，颠颉、魏犨袭之。

【眉批】不有此妇之言，僖负羁安能保其宫?

虞

宫之奇见几

伐虢之役，师出于虞。晋献公假道于虞以伐虢。宫之奇谏而不听，出，谓其子曰：“虞将亡矣！唯忠信者能留外寇而不害。谓舍晋军于国。除闇以应外谓之忠，定身以行事谓之信。今君施其所恶于人，谓假道伐虢。闇不除矣；以贿灭亲，虞伐同姓国，虞公受晋璧马，请先驱以伐之。身不定矣。夫国，非忠不立，非信不固。既不忠信，而留外寇，寇知其衅而归图焉。已自拔其本矣，何以能久？吾不去，惧及焉。”以其帑适西山，三月，虞乃亡。

虢

史嚚知虢亡

神居莘六月。虢公使祝应、大祝名应。宗区、宗人名区。史嚚大史名嚚享焉。以请土。神赐之土田。史嚚曰：“虢其亡乎！吾闻之：国将兴，听于民；将亡，听于神。神，聪明正直而壹者也，依人而行。以善恶为祸福。虢多凉德，其何土之能得！”晋灭虢。

【眉批】万世龟鉴。

宋

乐祁料宋元公、鲁昭子

宋公元享昭子，鲁叔孙婼聘于宋，宋享之。赋《新宫》。逸诗。昭子赋《车辖》。《诗·小雅》，周人思得贤女以配君子，昭子将为季孙逆宋女，故赋之。明日宴，饮酒，乐，宋公使昭子右坐，语相泣也。乐祁佐，退而告人曰：“今兹君与叔孙其皆死乎！吾闻之：‘哀乐而乐哀，皆丧心也。’心之精爽，是谓魂魄。魂魄去之，何以能久？”时鲁昭公二十五年。昭子卒。季孙意如逐昭公，公奔齐。昭子自阚归，以逐君责意如。既许纳，复中变，昭子耻为所欺，使祝宗祈死。宋公卒于曲棘。将如晋请纳鲁昭公。

乐祁料鲁昭公

季公若之姊为小邾夫人,生宋元夫人;生子,以妻季平子。昭子婼如宋聘,且逆之。公若从,随婼在宋。谓曹氏宋元夫人勿与,鲁将逐之。言鲁将逐意如,不可与以女。曹氏告公,元。公告乐祁。乐祁曰:“与之。如是,鲁君必出,政在季氏三世矣,行父、宿、意如。鲁君丧政四公矣。宣、成、襄、昭。无民而能逞其志者,未之有也。国君是以镇抚其民。《诗》曰:‘人之云亡,心之忧矣。’鲁君失民矣,焉得逞其志?靖以待命,犹可,动必忧。”公孙于齐。鲁昭公伐季氏,公徒释甲,执冰而踞。叔孙氏司马、孟懿子遂伐公徒,公孙于齐。

齐

晏弱料鲁公孙归父

公孙归父鲁大夫会齐侯顷于谷,见晏桓子,弱。与之言鲁乐。桓子告高宣子固曰:“子家其亡乎,怀于鲁矣。怀必贪,贪必谋人。谋人,人亦谋己。一国谋之,何以不亡?”公孙归父奔齐。归父欲去三桓以张公室,与宣公谋,而聘于晋,欲以晋人去之。公薨,季文子、臧宣叔逐其家。归父还,及笙,遂奔。吕氏曰:“去国而怀者,情之正也。仪之琴居北而音南,舄之吟,身楚而声越,是固情之不可解,而仁人君子所许也。因去国之悲,然后怀在国之乐,曷有居其国而知其乐哉?归父方居鲁而喋喋以鲁乐告人,自非不安其常而嗜其利,何自而知其乐哉?弃常嗜利,干没不已,虽非晏氏,固可指期而俟其亡矣。”

陈文子料崔杼

齐侯庄伐卫，自卫将遂伐晋。晏平仲曰："君恃勇力以伐盟主，若不济，国之福也。不德而有功，忧必及君。"崔杼谏曰："不可。臣闻之，小国间大国之败而毁焉，时晋有栾盈之乱。必受其咎。君其图之！"弗听。陈文子须无见崔武子杼，曰："将如君何？"武子曰："吾言于君，君弗听也。以为盟主，而利其难。群臣若急，见讨于晋。君于何有？欲弑之以说。子姑止之。使勿伐。"文子退，告其人曰："崔子将死乎！谓君甚，谓伐盟主。而又过之，谓欲弑。不得其死。过君以义，犹自抑也，以义理救君之过，且不敢是己非君。况以恶乎？"齐侯遂伐晋，取朝歌，乃还。崔子曰："晋必将报。"欲弑公以说于晋，而不获间。崔子称疾，不视事。公问崔子，遂从姜氏，崔杼取棠公之妻姜氏，庄公通之。崔子怒，故托疾以致庄公。崔子遂弑之。庆封灭崔氏。崔成、崔强杀东郭偃、棠无咎。崔杼怒，见庆封，请讨之。庆封使卢蒲嫳帅甲攻崔氏，杀成与强，而尽俘其家，其妻缢。崔杼返，则无归，亦缢。

秦

蹇叔哭秦师

穆公召孟明、西乞、白乙，使出师于东门之外。将以袭郑，蹇叔谏，不听。蹇叔哭之，曰："孟子，吾见师之出而不见其入也！"公使谓之曰："尔何知？中寿，尔墓之木拱矣！言其死期将至。"蹇叔之子与师。哭而送之曰："晋人御师必于殽，殽有二陵焉。其南陵，夏后皋之墓也；其北陵，文王之所辟风雨也，必死是间，以其深险故。余收尔骨焉！"秦师遂东。

灭滑而还。及滑，遇郑商人弦高，犒秦师，而使告之郑。郑人知之而有备，故灭滑。晋败秦师于殽，获百里孟明视、西乞术、白乙丙以归。

【眉批】情结言惨，读之殆难为怀。国弃老成，焉不败者？

秦针知晋赵孟不年

秦伯景之弟针出奔晋，见赵孟。武。赵孟曰："吾子其曷归？何时归。"对曰："针惧选于寡君，畏景公数其罪而责之。是以在此，将待嗣君。"赵孟曰："秦君何如？"对曰："无道。"赵孟曰："亡乎？"对曰："何为？言不遽亡。一世无道，国未艾也。先泽未斩。国于天地，有与立焉。多助。不数世淫，弗能毙也。"赵孟曰："天乎？"对曰："有焉。"赵孟曰："其几何？"对曰："针闻之，国无道而年谷和熟，天赞之也。鲜不五稔。少亦有五年。"赵孟视荫，日影。曰："朝夕不相及，谁能待五？"后子出，而告人曰："赵孟将死矣。主民，玩岁而愒日，其与几何？言不久。"赵孟烝于温，卒。是年冬。

楚

○邓曼知武王不禄

武王荆尸，更为楚陈兵之法。授师孑焉，孑，戟也。以戟授其师。盖楚始于此参用戟。以伐随。将斋，将授兵于庙，故斋。入告夫人邓曼曰："余心荡。"邓曼叹曰："王禄尽矣。盈而荡，天之道也。先君其知之矣，故临武事，将发大命，而荡王心焉。

若师徒无亏,王薨于行,死于道。国之福也。"王遂行,卒于樠木之下。

文王知申侯不免

郑杀申侯以说于齐,齐桓公为首止之盟,以定王世子。郑文公逃归,以即楚。齐伐郑,郑归罪于申侯,杀之。且用陈辕涛涂之谮也。齐师自召陵还,辕涛涂欲使循海以归,谋之申侯。侯曰:"善。"既而告之桓公,使出陈、郑之间。桓公与之虎牢,执涛涂,寻什①之。涛涂怨申侯之反己,劝城其赐邑,遂谮诸郑伯曰:"将以叛。"初,申侯,申出也,有宠于楚文王。文王将死,与之璧,使行,曰:"唯我知女,女专利而不厌,予取予求,不女疵瑕也。不以为罪。后之人将求多于女,大责望。女必不免。我死,女必速行。无适小国,将不女容焉。政狭法峻。"既葬,出奔郑,又有宠于厉公。子文斗谷於菟闻其死也,曰:"古人有言曰:'知臣莫若君。'弗可改也已。"吕氏曰:"楚文之嬖申侯也,犹明皇之嬖林甫也。明皇知林甫之妒贤嫉能,楚文亦知申侯之专利不厌,一则终彼之身任之不替,一则终我之身宠之不衰,二君之罪一也。彼子文不知楚文之失,反追诵其明,亦惑矣。"

【眉批】生之时不戒其专利,而于将死,乃使怀璧以行,是授之死也。

子文知越椒灭族

司马子良生子越椒,子文曰:"必杀之。是子也,熊虎之状而豺狼之声。弗杀,必灭若敖氏矣。文与良皆楚君若敖之后。谚曰:'狼子野心。'是乃狼也,其可畜乎?"子良不可。子文以为大戚。及将死,聚其族,曰:"椒也知政,乃速行

①什,疑为"释"之误。

矣，无及于难。”且泣曰：“鬼犹求食，若敖氏之鬼，不其馁而？言祀绝。”及令尹子文卒，斗般为令尹，子越椒为司马。𫇭贾为工正，谮子扬般而杀之，子越为令尹，己为司马。贾为椒谮子扬，而己得椒处。子越又恶之，恶贾。乃以若敖氏之族圄伯嬴囚𫇭贾于轑阳而杀之，遂处烝野，将攻王。庄。王以三王文、成、穆之子为质焉，弗受，师于漳澨。楚子与若敖氏战于皋浒，遂灭若敖氏。

【眉批】言惨！

申舟自分必死于宋

楚子庄使申舟聘于齐，曰：“无假道于宋。”亦使公子冯聘于晋，不假道于郑。申舟以孟诸之役恶宋，先是，楚穆王将伐宋，宋逆而劳之，遂田孟诸，命夙驾载燧，宋公违命。申舟抶其仆以徇。曰：“郑昭宋聋，晋使不害，我则必死。”王曰：“杀女，我伐之。”见犀而行。犀，申舟之子。托以子，示必死也。及宋，宋人止之，华元曰：“过我而不假道，鄙我也。视宋如边鄙。鄙我，亡也。杀其使者必伐我，伐我亦亡也。亡一也。”乃杀之。楚子闻之，投袂而起，屦及于窒皇，寝门阙。剑及于寝门之外，车及于蒲胥之市。楚子围宋。

【眉批】仓皇急遽，如亲见之。

伯州犁料子木

晋楚将盟于宋西门之外，晋赵武、楚屈建为弭兵之盟。楚人衷甲。甲在衣中，欲因会击晋。伯州犁曰：“合诸侯之师，以为不信，劫盟。无乃不可乎？夫诸侯望信于楚，是以来服。若不信，是弃其所以服诸侯也。”固请释甲。子木建曰：“晋楚无信久矣，事利而已。苟得志焉，焉用有信？”大宰退，告人曰：“令尹将死矣，不及三年。求逞志而弃信，志将逞乎？志以发言，言以出信，信以立志，参以定之。有是志、言、信三者，而后身安。信亡，何以及三？”楚屈建卒。盟之明年。

申无宇料公子围

公子围杀大司马蒍掩而取其室。申无宇曰：“王子必不免。善人，国之主也。王子相楚国，将善是封殖，而虐之，是祸国也。且司马，令尹之偏，而王之四体也。绝民之主，去身之偏，艾王之体，以祸其国，无不祥大焉！何以得免？”及弑郏敖而立，又夺薳居田，故薳氏之族因群丧职之族作乱。公子弃疾使观从从灵王师于乾溪，令曰：“先归复所。”师溃于訾梁，王窜于棘里，缢于芋尹申亥氏。弃疾即位。

沈尹戌知楚祸

楚人城州来。沈尹戌曰：“楚人必败。昔吴灭州来，子旗请伐之。王曰：‘吾未抚吾民。平王初年事。’今亦如之，犹前时。而城州来以挑吴，能无败乎？”侍者曰：“王施舍不倦，息民五年，可谓抚之矣。”戌曰：“吾闻抚民者，节用于内，而树德于外，民乐其性，而无寇仇。今宫室无量，非节用树德。民人日骇，劳罢死转，忘寝与食，非乐性兼暂。非抚之也。”

【眉批】体认精至。

囊瓦为令尹，城郢。沈尹戌曰：“子常瓦字必亡郢！苟不能卫，国。城无益也。古者，天子守在四夷；天子卑，守在诸侯。诸侯守在四邻；诸侯卑，守在四竟。慎其四竟，结其四援，民狎其野，安其业。三务成功，春、夏、秋。民无内忧，盗贼。而又无外惧，兵戎。国焉用城？今吴是惧而城于郢，守已小矣。卑之不获，不得守四竟。能无亡乎？昔梁伯沟其公宫而民溃。灭于秦。民弃其上，不亡何待？夫正其疆埸，修其土田，险其走集，垒壁。亲其民人，明其伍候，使民有部伍相为候望。信其邻国，慎其官守，守其交礼，不僭守信不贪，不懦不耆，过强。完其守备，以待不虞，又何畏矣？《诗》曰：'无念尔祖，聿修厥德。'无亦监乎若敖、楚八世祖。蚡冒楚十世祖至于武、文，楚二王。土不过同，百里。慎其四竟，犹不城郢。今土数圻，数千里。而郢是城，不亦难乎？"

【眉批】论大体，陈往迹，隽永有味。

楚子平为舟师以略吴疆。沈尹戌曰："此行也，楚必亡邑。不抚民而劳之，吴不动而速之，吴踵楚，而疆埸无备，邑能无亡乎？"越大夫胥犴劳王于豫章之汭。越公子仓归王乘舟，仓及寿梦帅师从王，王及圉阳而还。吴人踵楚，而边人不备，遂灭巢及钟离而还。沈尹戌曰："亡郢之始，于此在矣。王壹动而亡二姓之帅，守巢与钟离之二大夫。几如是而不及郢？《诗》曰'谁生厉阶，至今为梗'，其王之谓乎！"吴入郢。楚以一裘一马拘唐、蔡二君三年，既归而请师于吴，败楚师于柏举，五战及郢。吴入郢，昭王奔随。

斗且料子常

斗且廷见令尹子常，子常与之语，问蓄货聚马。归以语其弟曰："楚其亡乎！不然，令尹其不免乎。吾见令尹，令尹问蓄聚积实，如饿豺狼焉；殆必亡者也。夫古者聚货不妨民衣食之利，聚马不害民之财用。国马足以行军，一丘所出。公马足以称赋，公之戎马。不是过也。公货足以宾献，家货足以共用，不是过也。夫货、马邮过则阙于民，民多阙则有离畔之心，将何以封矣！封国。昔斗子文三舍令尹，无一日之积，恤民之故也。成王闻子文之朝不及夕也，于是乎每朝设脯一束、糗一筐，以羞子文；羞，进也。至于今令尹秩之。成王每出子文之禄，必逃，王止而后复。人谓子文曰：‘人生求富，而子逃之，何也？’对曰：‘夫从政者，以庇民也。民多旷者，而我取富焉，是勤民以自封也。死无日矣。我逃死，非逃富也。’故庄王之世，灭若敖氏，唯子文之后在，至于今处郧，为楚良臣。子文之弟子斗椒为乱，庄王灭若敖氏之族，子文之孙箴尹克黄使于齐，还而自拘于司败。王思子文之治楚也，使复其所，其子孙当昭王时为郧公。是不先恤民而后己之富乎？今子常，先大夫之后也，子囊之孙。而相楚君，无令名于四方。民之羸馁，日日已甚；四境盈垒，道殣相望；道冢曰殣。盗贼司目，民无所放。依。是之不恤，而蓄聚不厌，其速召怨于民多矣。积货滋多，蓄怨滋厚，不亡何待？夫民心之愠也，若防大川焉，溃而所犯必大矣。子常其能贤于成、灵乎？成不礼于穆，愿食熊蹯，不获而死。成王欲黜商臣而立其弟职。商臣围成王，王请食熊蹯而死，不听，遂自杀。灵王不顾于民，一国弃之如遗迹焉。灵王不君，疲弊楚国，三军叛之。子常为政而无礼，不顾忌甚于成、灵，其独何力以待之！”期年，乃有柏举之战，子常奔郑，昭王奔随。

【眉批】一篇郑重典雅。

述斗子文甚详，非烦辞也。见己之所以自处与君之所以待之，既保其身于前，又保其子孙于后，则以恤民之故，且以见必亡。

再举成、灵，意念愈笃至，以见必亡。

左粹类纂　卷之十二

吴郡施仁　编集

如皋孙应鳌　批点

梦　卜

左氏之失诬，读者病之，盖指梦卜之类言也。考之牛未至而穆子得其貌，强未生而曹人得其名，是诚有近于诬者。六梦三兆，《周礼》具存，其为是言，安知无所因袭乎？《书》曰："筮从、龟从。"又曰："朕梦协朕卜。"版筑之举，后车之载，恒必由之，又安知其果尽无也乎？就其中观之，随而无咎，穆姜不克；黄裳元吉，南蒯非宜，其亦有得于圣经者乎！

鲁

成季应卜筮

成季之将生也，桓公使卜楚丘之父卜之，曰："男也，其名曰友，在公之右，言用事。间于两社，周社、亳社之间，朝廷执政所在。为公室辅。季氏亡，则鲁不昌。"又筮之，遇《大有》之《乾》曰："同复于父，乾为君父，离变为乾，故云。敬如君所。敬与君同。"及生，有文在其手曰友，遂以命之。以为名。成风庄公妾，僖公母闻成季之繇，卦兆之占辞。乃事之，而属僖公焉，故成季立之。庆父弑闵公，成季以僖公适邾。庆父奔莒，乃入，立之。公赐季友汶阳之田及费。庆父奔莒，莒人逐之；奔齐，齐不纳。缢而死，莒以得贼来求赂，鲁不与。季友败莒师于郦，归赐之邑，使世为卿。

卜楚丘占齐、鲁君臣

文公十八年春，齐侯懿戒师期，将伐鲁。而有疾。医曰："不及秋，将死。"公文闻之，卜，曰："尚无及期！先师期死。"惠伯叔彭生令龟。以卜事告龟。卜楚丘占之，曰："齐侯不及期，非疾也。君亦不闻，言君先齐侯死，令龟有咎。言令龟者亦有凶咎，见于卜兆。"二月，公薨。夏五月，齐弑懿公。刖邴歜之父而使歜仆，纳阎职之妻而使职骖乘，谋弑之。冬十月，襄仲杀恶及视，文公二子。而立宣公，以君命召惠伯，杀之。

声伯梦泣下为琼瑰

声伯公孙婴齐梦涉洹，或与己琼瑰食之，泣而为琼瑰泪下化为珠玉盈其怀，从而歌之曰："济洹之水，赠我以琼瑰。归乎归乎，琼瑰盈吾怀乎！梦中歌此。"惧不敢占也。还自郑，伐郑。至于貍脤地而占之，曰："余恐死，故不敢占也。今众繁而从余三年矣，无伤也。"言之，之莫而卒。

孟献子知有卜筮

襄公七年夏四月，三卜郊，不从，乃免牲。孟献子蔑曰："吾乃今而后知有卜筮。夫郊祀后稷，以祈农事也。是以启蛰而郊，郊而后耕。今既耕而卜郊，宜其不从也。"

【眉批】不修彝典，专事卜筮，神其有知，安肯告焉！

穆姜筮得《随》

穆姜薨于东宫。穆姜淫侨如，欲废成公，故徙居东宫。始往而筮之，遇《艮》之八，三易皆以卜八为占，故云。史曰："是谓《艮》之《随》。随，其出也。《随》非闭固之卦。君必速出！"姜曰："亡！无出之理。是于《周易》曰：'《随》，元亨利贞，无咎。'元，体之长也；亨，嘉之会也；利，义之和也；贞，事之干也。体仁足以长人，嘉会足以合礼，利物足以和义，贞固足以干事。然故不可诬也，是以虽《随》无咎。今我妇人，而与于乱，固在下位，卑于夫。而有不仁，不可谓元；不靖国家，不可谓亨；作而害身，不可谓利；弃位而姣，不可谓贞。有四德者，《随》而无咎，我皆无之，岂《随》也哉？我则取恶，能无咎乎？必死于此，弗得出矣！"

【眉批】穆姜能知此《易》义，何以既淫侨如，又欲废成公，恐不其然。

庄叔筮所生子

穆子叔孙豹之生也，庄叔得臣以《周易》筮之，遇《明夷》之《谦》，以示卜楚丘，曰："是将行，主光出奔。而归为子祀。后归奉祭。以谗人入，其名曰牛，卒以馁死。《明夷》，日也。日之数十，甲至癸。故有十时，亦当十位。自王以下，其二为公，其三为卿。日中当王，食时当公，平旦为卿，鸡鸣为士，夜半为皂，人定为舆，黄昏为隶，日入为僚，睡时为仆，日昳为台。日上其中，日中盛明，故为王。食日为二，公位。旦日为三。卿位。《明夷》之《谦》，明而未融，其当旦乎，故曰'为子祀'。庄叔，卿也。卜豹为卿，故云。日之《谦》，当鸟，离为鸟，故曰'明夷于飞'。明而未融，故曰'垂其翼'。象日之动，故曰'君子于行'。当三在旦，故曰‘三日不食’。旦位在三，又非食时，故云。《离》，火也。《艮》，山也。《离》为火，火焚山，山败。于人为言，败言为谗，故曰‘有攸往，主人有言’，言必谗也。纯《离》为牛，世乱谗胜，胜将适《离》，故曰‘其名曰牛’。谦不足，飞不翔，垂不峻，翼不广，故曰‘其为子后乎’。吾子，亚卿也，抑少不终。旦日，正卿之位，庄叔父子亚卿，故不足以尽卦体。”

穆叔梦牛

穆子去叔孙氏，叔孙豹避侨如之难，奔齐。及庚宗，遇妇人，使私为食而宿焉。问其行，告之故，哭而送之。适齐，娶于国氏，生孟丙、仲壬。梦天压己，弗胜，顾而见人，黑而上偻，肩伛。深目而豭喙，口象猪。号之曰："牛！助余！"乃胜之。旦而皆召其徒，无之。且曰："志之。"

及鲁人召，归。既立，立为卿。所宿庚宗之妇人献以雉。问其姓，有子否。对曰："余子长矣，能奉雉而从我矣。"召而见之，则所梦也。未问其名，号之曰："牛！"曰："唯。"皆召其徒使视之，遂使为竖。有宠，以应梦。长及长使为政。家政。

叔孙遇疾。竖牛欲乱其室而有之，强与孟盟，不可，拘而杀诸外。又强与仲盟，不可，遂逐之，奔齐。叔孙不食，卒。牛不进食，癸卯至乙丑，凡三日。牛立昭子婼而相之。

仲至自齐，南遗助竖牛攻之而死，竖牛取东鄙三十邑以与南遗。昭子即位，朝其家众曰："竖牛祸叔孙氏，使乱大从，大顺之道。杀適立庶，又披其邑，将以赦罪，罪莫大焉，必速杀之。"牛惧，奔齐。孟、仲之子杀诸塞关之外，投其首于宁风之棘上。果如卜楚丘之占。

【眉批】此事殊异，何乃一一不爽若此？《周礼》之设占梦，或亦有繇哉！

昭公梦襄公祖行

楚薳启强来召公，召鲁昭落章华之台。公将往，梦襄公祖。祭道神。梓慎曰："君不果行。襄公之适楚也，梦周公祖而行。今襄公实祖，君其不行！"子服惠伯湫曰："行！先君未尝适楚，故周公祖以道之；襄公适楚矣，而祖以道君。不行，何之？"公如楚。

泉丘女梦帷幕孟氏庙

孟僖子貜会邾庄公，盟于祲祥。地。泉丘人有女，梦以其帷幕孟氏之庙，遂奔僖子，其僚邻女从之。盟于清丘之社，曰："有子，无相弃也！"僖子使助薳氏之簉。簉，副倅也。薳氏女为孟氏副妾，别馆在外，故使助之。反自祲祥，宿于薳氏，生懿子无忌及南宫敬叔说于泉丘人。其僚无子，使字敬叔。养之以为子。

南蒯筮叛

南蒯之将叛也，叛季氏，枚筮之，泛卜。遇《坤》之《比》曰："黄裳元吉。"以为大吉也。示子服惠伯湫曰："即欲有事，何如？"惠伯曰："吾尝学此矣。忠信之事则可，不然，必败。外强内温，忠也。坎外卦险，故强；坤内卦顺，故温。和以率贞，信也。水和而土安正。故曰'黄裳元吉'。黄，中之色也；裳，下之饰也；元，善之长也。中不忠，不得其色；非黄。下不共，不得其饰；不为裳。事不善，不得其极；中。外内倡和为忠，率事以信为共，供养三德为善，谓正直、刚克、柔克。非此三者弗当。非忠、信、善不能当此繇。且夫《易》不可以占险，将何事也？且可饰乎？中美能黄，上美为元，下美则裳，参成可筮，三美备吉，可如筮。犹有阙也。筮虽吉，未也。"蒯以费叛，如齐，叔弓围费，克之。费人叛南氏。苏氏曰："负贩之夫，朝而作，莫而息，其望不过一金之储，使之无故而得千金，则狂惑而丧志。夫以南蒯而遇文王之兆，安得不狂惑而丧志哉？故曰'供养三德为善'，又曰'参成可筮'。南蒯皆无以当之，所以使后世知夫卜筮之不可恃也。"

【眉批】《易》为君子而设。惠伯之言如此，可谓知大义。妙甚痛快！

臧会卜龟

臧昭伯如晋，臧会窃其宝龟偻句，龟所出地。以卜为信与僭，不信。僭吉。臧氏老将如晋问，问昭伯起居。会请往。代行。昭伯问家故，尽对；及内子与母弟叔孙，昭伯问其妻、其弟、其叔、其孙。则不对。再三问，不对。归，昭伯归。及郊，会逆。迎昭伯。问，昭伯问。又如初。会不对。至，昭伯既至。次于外而察之，皆无之。无他故。执而戮之，问其罪。逸，奔郈。会逃。郈鲂假郈邑大夫使为贾正焉。掌货物。计于季氏，来送计簿。臧氏使五人以戈盾伏诸桐汝之间。会出，逐之，反奔，入季氏。执诸季氏中门之外。平子意如怒，曰："何故以兵入吾门？"拘臧氏老。季、臧有恶。及昭伯从公，奔齐。平子立臧会。会曰："偻句不余欺也。"

晋

毕万筮仕

公献将上军,毕万为右,车右。以灭魏。还,赐毕万魏,以为大夫。卜偃曰:“毕万之后必大。万,盈数也;魏,大名也。以是始赏,天启之矣。天子曰兆民,诸侯曰万民。今名之大,以从盈数,其必有众。”以魏从万,有众象。

初,毕万筮仕于晋,遇《屯》之《比》。辛廖占之,曰:“吉。《屯》固,《比》入,《屯》险难,所以为坚固;《比》亲密,所以得入。吉孰大焉?其必蕃昌。《震》为土,《震》变为《坤》。车从马,《震》为车,《坤》为马。足居之,《震》为足。兄长之,《震》为长男。母覆之,《坤》为母。众归之,《坤》为众。六体不易,合而能固,比合屯固。安而能杀,《坤》安《震》杀。公侯之卦也。公侯之子孙,必复其始。”

献公卜伐骊戎

献公卜伐骊戎。史苏占之,曰:“胜而不吉。”公曰:“何谓也?”对曰:“遇兆‘挟以衔骨’。齿牙为猾,挟,犹会也。骨,所以鲠刺人也。猾,弄也。齿牙,谓兆端左右衅拆,有似齿牙中有从画,故衔骨在口中。齿牙弄之,以象谗口之为害也。戎、夏交捽。兆有二画,外象戎,内象夏。捽,交对也。交捽,是交胜也,臣故云。言晋胜戎,戎复胜晋。且惧有口,携民,固移心焉。”公曰:“何口之有?口在寡人,寡人弗受,谁敢兴之?”对曰:“苟可以携,其入也必甘,受逞而不知,甘言入耳,必以为快而不知其恶。胡可壅也!”公不听,遂伐骊戎。

克之，获骊姬以归，有宠，立以为夫人。公饮大夫酒，令司正实爵，与史苏饮，而无肴，曰："夫骊戎之役，女曰'胜而不吉'，故赏女以爵，罚女以无肴。克国，得妃，其有吉孰大焉！"史苏卒爵，再拜稽首，曰："兆有之，臣不敢蔽。蔽兆之纪，失臣之官，失职。有二罪焉，蔽兆、失官。何以事君？大罚将及，不唯无肴。抑君亦乐其吉而备其凶，凶之无有，备之何害？若其有之，备之为瘳。臣之不信，国之福也，何敢惮罚？"

出，告大夫曰："夫有男戎，必有女戎。若晋以男戎胜戎，而戎亦必以女戎胜晋。"既，骊姬先施谗于申生，尽逐群公子，立奚齐焉。

【眉批】"甘受逞而不知"，竟如史苏之言。

男戎女戎，交相为胜，几妙而理真。

献公卜立骊姬

献公欲以骊姬为夫人，卜之不吉，筮之吉。公曰："从筮。"卜人曰："筮短龟长，不如从长。卜人欲公从卜，故托言之。其实象数无短长。且其繇曰：'专之渝，攘公之羭。渝，变。攘，夺。羭，美也。言公专爱骊姬，必将变其心，夺其所美。一薰一莸，十年尚犹有臭。言善易消，恶难除。'必不可！"弗听。立之，生奚齐。及将立奚齐，立为太子。既与中大夫成谋，杀太子申生。

献公筮嫁女于秦

献公筮嫁伯姬于秦，遇《归妹》之《睽》。史苏占之，曰："不吉。其繇曰：'士刲羊，亦无衁也；女承筐，亦无贶也。上六无应，所求不获，故下刲无血，上承无实。西邻责言，不可偿也。将嫁女于西，而遇不吉之卦，故知有责言。'《归妹》之《睽》，犹无相也。乖离则无助。《震》之《离》，亦《离》之《震》。二卦变而气相通。'为雷为火，为嬴败姬。《震》为雷，《离》为火，火动炽而害其母，女嫁反害其家之象。车说其輹，《震》为车，上六在《震》，则无应，故云。火焚其旗，《离》为火，上六在《离》，则失位，故云。不利行师，败于宗丘。火还害母，故败；近其宗邑。《归妹》《睽》孤，《归妹》上九变而为《睽》，上九处《睽》之极，故曰孤。寇张之弧。上九失位孤绝，故遇寇而有弓矢之警。侄其从姑，《震》为木，《离》为火，火从木生；《离》为《震》妹，于火为姑，谓我侄者，我谓之姑。盖言子圉质秦。六年其逋，逃归其国，而弃其家，子圉弃怀嬴而归。明年其死于高梁之虚。惠公死之明年，文公入，杀怀公于高梁。'"

及惠公在秦，战败于韩原，为秦所获。曰："先君若从史苏之占，吾不及此夫！"韩简侍，曰："龟，象也；方功，又弓之兆。筮，数也。九六七八之策。物生而后有象，气以成形。象而后有滋，化生万物。滋而后有数，自一而十百千万。先君之败德及，言惠公之祸，皆由献公杀嫡立庶所致。可数乎？天下事虽不逃乎数，而祸福由人，不在于数。史苏是占，勿从何益？"

【眉批】文最古奥。

理至之言。人非天，不因天非人。罔成即欲逃数，弃人事矣。

梁嬴卜孕

惠公之在梁也，避骊姬。梁伯妻之。梁嬴孕，过期，卜招父与其子卜之。其子曰："将生一男一女。"招曰："然。男为人臣，女为人妾。"故名男曰圉，女曰妾。及子圉西质，韩之战，秦获晋惠公，既而归之，而以太子圉为质。妾为宦女焉。

宦事秦为妾。

大子圉为质于秦，于是时，秦穆公以其女妻之，是为怀嬴。将逃归，谓嬴氏曰："与子归乎？"对曰："子，晋大子，而辱于秦，子之欲归，不亦宜乎？寡君之使婢子侍执巾栉，以固子也。安其心。从子而归，弃君命也。不敢从，亦不敢言。"遂逃归。后重耳至秦，秦穆公纳女五人，怀嬴与焉。惠公卒，怀公立。自秦逃归者。秦召重耳于楚而纳之，是为文公。晋人杀怀公于高梁。招父之卜，史苏之占，皆验。

文公筮得国

秦伯穆召公子于楚。将纳重耳。公子亲筮之，曰："尚有晋国。"尚，上也，命筮之辞也。得贞《屯》、悔《豫》，皆八也。内曰贞，外曰悔，八谓《震》两阴爻，在贞在悔皆不动。筮史占之，皆曰："不吉。闭而不通，爻无为也。"《震》为动，动遇《坎》，《坎》为险阻。司空季子晋臣曰："吉。是在《易》皆利建侯。《屯》初九、《豫》大象皆云。不有晋国，以辅王室，安能建侯？我命筮曰'尚有晋国'，筮告我曰'利建侯'，得国之务也，吉孰大焉！《震》，车也。《坎》，水也。《坤》，土也。《屯》，厚也。《豫》，乐也。车班外内，顺以训之，车，雷也。班，遍也。遍外内者，谓《屯》之内有《震》，《豫》之外亦有《震》。坤，顺也。《豫》内为《坤》，《屯》二与四亦为《坤》。泉原以资之，《屯》三至五、《豫》二至四，皆有《艮》象，《豫》三至五有《坎》象。《艮》山《坎》水，水在山上，为泉源流而不竭也。土厚《屯》《豫》皆有《坤》象，重《坤》故厚而乐其实，不有晋国，何以当之？《震》，雷也，车也。《坎》，劳也，水也，众也。主雷与车，内为主。而尚水与众。《坎》象皆在上。车有震，武也。车声轩隆，象有威武。众而顺，文也。《坤》为众，为顺，为文，象有文德，为众所归。

文武具,厚之至也,故曰《屯》。其繇曰:‘元亨利贞,勿用有攸往,利建侯。’主震雷,长也,故曰元。众而顺,嘉也,故曰亨。内有震雷,故利贞。车上水下,必伯。有威而众从,故云。小事不济,壅也,故曰‘勿用有攸往’,一夫之行也。众顺而有武威,故曰‘利建侯’。《坤》,母也。《震》,长男也。母老子强,故曰豫。其繇曰‘利建侯行师’,居乐出威之谓也。是二者,得国之卦也。”

惠公卒,秦伯纳公子。及河,董因迎公。公问焉,曰:“吾其济乎?”对曰:“岁在大梁,将集天行。元年谓文公即位之年始受,实沈之星也。受,受于大梁也,谓岁星去大梁,在实沈之次。实沈之虚,晋人是居,所以兴也。高辛氏有子曰实沈,迁于大夏,主祀参,唐人因之。成王灭唐而封叔虞,南有晋水。子燮改为晋侯。今君当之,无不济矣。君之行也,出奔。岁在大火。大火,阏伯之星也,是谓大辰。高辛氏有子曰阏伯,迁于商丘,祀大火。大火,大辰也。辰以成善,谓辰为农祥。后稷是相,唐叔以封。瞽史记曰:‘嗣续其祖,如谷之滋,必有晋国。’臣筮之,得《泰》之八,无动爻。曰:‘是谓天地配亨,小往大来。小喻子圉,大喻文公。’今及之矣,何不济之有?且以辰出而以参入,皆晋祥也,而天之大纪也。济且秉成,必霸诸侯。子孙赖之,君无惧矣。”公入,即位于武宫。

【眉批】空同子曰:“《易》者,象而已矣。”《春秋》之占皆由象[1]求,故多不爽。然析而察之,亦甚精矣,诚非后人所及。

---

①由,原作“曰”,误,据任养心本改。

文公卜纳襄王

王襄出适郑，大叔带以狄之师伐王故。秦伯穆师于河上，将纳王。狐偃言于晋侯文曰："求诸侯，莫如勤王。诸侯信之，且大义也。继文之业文侯随平王东迁而信宣于诸侯，今为可矣。"使卜偃卜之，曰："吉。遇黄帝战于阪泉之兆。黄帝与姜氏战于阪泉，胜之。今得此兆，故吉。"公曰："吾不堪也。"对曰："周礼未改。今之王，古之帝也。"公曰："筮之。"筮之，遇《大有》之《睽》，曰："吉。遇'公用享于天子'之卦也。战克而王飨，吉孰大焉！且是卦也，天为泽以当日，天子降心以逆公，《乾》为天，《兑》为泽，《乾》变为《兑》，而上当《离》。《离》为日，日之在天，垂曜在泽，天子在上，说心在下，是降心逆公之象。不亦可乎？《大有》去《睽》而复，亦其所也。言去《睽》卦，还论《大有》，亦有天子降心之象。盖《乾》尊《离》卑，今降尊下卑，亦其义也。"晋侯辞秦师而下，独以晋师顺流而下以纳王。逆王，入于王城。

【眉批】勤王之义，臣子分也，随其所在而致力，又何疑之？卜之不足，而又筮之，益见周之衰而君臣之伦斁矣。

文公梦楚盬其脑

晋侯文次于城濮，楚师背酅而舍。晋侯梦与楚子成搏，手相击。楚子伏己而盬其脑，以口𠯗之。是以惧。子犯曰："吉。我得天，楚伏其罪。晋上向，楚下向，故云。吾且柔之矣。脑所以柔物。"战，胥臣蒙马以虎皮，先犯陈、蔡。陈、蔡奔，楚右师溃。狐毛设二旆而退之，使若大将，稍却。栾枝使舆曳柴扬尘而伪遁。楚师驰之，原轸、郤溱以中军公族横击之，狐毛、狐偃以上军夹攻子西，楚左师溃。楚师败绩。

魏颗梦结草老人

秦桓公伐晋，魏颗败秦师于辅氏，获杜回，秦之力人也。初，魏武子犨有嬖妾，无子。武子疾，命颗曰："必嫁是。"疾病，则曰："必以为殉。"及卒，颗嫁之，曰："疾病则乱，吾从其治也。"及辅氏之役，颗见老人结草以亢杜回，杜回踬而颠，故获之。夜梦之，曰："余，而所嫁妇人之父也。尔用先人之治命，余是以报。"

韩厥梦父使辟射

郤克将中军，韩厥为司马，以救鲁、卫。师从齐师于莘，齐尝伐鲁，且侵卫，皆请兵于晋。郤克方以房帷笑故，怒顷公，遂往伐。师陈于鞍。齐师败绩，逐之。韩厥梦子舆厥之父谓己曰："旦辟左右。"故中御居中代御者。自非元帅，御者皆在中，将在左。而从齐侯。追之。邴夏曰："射其御者，君子也。"公曰："谓之君子而射之，非礼也。"射其左，越于车下。射其右，毙于车中。

赵婴梦天使祭

赵婴通于赵庄姬，朔之妻。原、屏赵同、赵括放诸齐。放婴。婴梦天使谓己："祭余，余福女。"使问诸士贞伯。贞伯曰："不识也。"既而告其人曰："神福仁而祸淫，淫而无罚，福也。祭其得亡乎！以得放遣为福。"祭之之明日而亡。被放。

【眉批】小人得祸为常，得福为不幸；君子得福为常，得祸为不幸。

景公梦大厉

晋侯景梦大厉，被发及地，搏膺而踊，曰："杀余孙，不义。以杀赵同、赵括。余得请于帝矣！"坏大门及寝门而入。公惧，入于室。又坏户。公觉，召桑田巫。巫居桑田邑者。巫言如梦。巫云鬼怒如公所梦。公曰："何如？"曰："不食新矣。食麦。"

公疾病，求医于秦。秦伯桓使医缓为之。缓，医名。未至，公梦疾为二竖子，曰："彼，良医也，惧伤我，焉逃之？"其一曰："居肓之上，膏之下，肓，鬲也，心下为膏。若我何？"医至，曰："疾不可为也，在肓之上，膏之下，攻之不可，达针之不及，药不至焉，不可为也。"公曰："良医也！"厚为之礼而归之。

六月丙午，时景公十九年。晋侯欲麦，使甸人献麦，馈人为之。召桑田巫，示而杀之。将食，张，腹满。如厕，陷而卒。小臣有晨梦负公以登天，及日中，负晋侯出诸厕，遂以为殉。

【眉批】晋侯两梦绝奇，医缓更奇，桑田巫尤奇，小臣晨亦奇。①

人身各有神，二竖子之说非诬也。

厉公筮师，吕锜梦射月

晋楚遇于鄢陵。晋伐郑，楚救之。楚晨压晋军而陈。公厉筮之，史曰："吉。其卦遇《复》，曰：'南国蹙，《复》，阳长之卦，阳气起子，南行推阴，故云。射其元王，中厥目。南国势蹙，则离受其

①"晋、医、巫"三字坏，据任养心本补。

咎。离为诸侯，又为目，阳气激南飞矢之象，故云。’国蹙王伤，不败何待？”公从之。

吕锜梦射月中之，退入于泥。占之，曰：“姬姓，日也。异姓，月也。必楚王也，射而中之。退入于泥，亦必死矣。”及战，射共王中目。王召养由基，与之两矢，使射吕锜，中项，伏弢，弓衣。以一矢复命。言一发而中也。明日晋将复战，共王召子反谋，子反醉而不能见。王曰：“天败楚也！夫余不可以待。”乃宵遁。

荀偃梦首坠

中行献子荀偃将伐齐，梦与厉公讼，厉公，献子所弑。弗胜。公以戈击之，首坠于前，跪而戴之，奉之以走，见梗阳之巫皋。巫名。他日见诸道，与之言同。巫亦梦此。巫曰：“今兹主必死。若有事于东方，则可以逞。劝伐晋。”献子许诺。

晋侯平伐齐，将济河，献子以朱丝系玉二瑴双玉而祷，曰：“齐环灵公名怙恃其险，负其众庶，弃好背盟，陵虐神主，民。曾臣彪，平公名。称臣者，明上有天子，以谦告神。曾，犹末也。将率诸侯讨焉。其官臣偃实先后之。苟捷有功，无作神羞，官臣偃无敢复济，以死自誓。唯尔有神裁之！”沉玉而济，东侵及潍，南及沂。晋侯先归，荀偃瘅疽，生疡。济河，及著雍，病，目出，卒。

平公梦黄熊

郑子产聘于晋。晋侯平有疾，韩宣子起逆客私焉，曰：“寡君寝疾，于今三月矣。并走群望，祀山川。有加而无瘳。今梦黄熊入于寝门，其何厉鬼也？”对曰：“以君之明，子为大政，其何厉之有！昔尧殛鲧于羽山，其神化为黄熊，以入于羽渊,实为夏郊,三代祀之。晋为盟主,其或者未之祀也乎?”韩子祀夏郊,晋侯有间,赐子产莒之二方鼎。程氏曰:“若鲧为夏郊,三代祀之,即掌周礼者存焉。晋为主盟,岂天子祀典宜诸侯而僭之邪?是不可祀之者一也。羽山又非晋望,是不可祀之者二也。鲧为天下厉,即有天子太厉司其祀矣,是不可祀之者三也。若为一国之厉,即有侯东海者国厉司其祀矣,是不可祀之者四也。况祀为夏后,鲧有归祀,又不为厉,是不可祀者五也。晋侯方疾,其或昏邪内作,偶梦色象之一物,谓之黄熊,安可执加鲧厉而为昏越之祀哉?”

【眉批】君子一言以为智,一言以为不知。子产此言,不知甚矣!孔子曰:“君子于其所不知,盖阙如也。”

赵鞅卜救郑

宋公景伐郑。报围雍丘。晋赵鞅卜救郑,遇水适火,龟兆。占诸史赵、史墨、史龟。史龟曰:“是谓沈阳,火得水故。可以兴兵,兵,阴类。利以伐姜,不利于商。伐齐则可,敌宋不吉。”史墨曰:“盈,水名也。子,水位也。赵鞅姓盈,宋姓,子水盈坎,乃行子姓,又得北方水位。名位敌,二水俱盛。不可干也。炎帝为火师,姜姓其后也。水胜火,伐姜则可。”史赵曰:“是谓如川之满,不可游也。郑方有罪,郑罕达之嬖许瑕,求邑无与,请外取,遂围宋雍丘。不可救也。救郑则不吉,不知其他。”阳虎以《周易》筮之,遇《泰》之《需》曰:“宋方吉,《泰》六五曰:‘帝乙归妹,以祉元吉。’宋,商后,故云。不可与也。与战。微子启,帝乙之元子也。宋郑,甥舅也。祉,禄也。若帝乙之元子归妹而有吉禄,我安得吉焉?”乃止。

卫

成公梦康叔谓相夺享

狄围卫，卫迁于帝丘。卫成公梦康叔曰："相夺予享。"公命祀相。宁武子不可，曰："鬼神非其族类，不歆其祀。杞鄫何事？相之不享于此久矣，非卫之罪也，不可以间成王、周公之命祀。请改祀命。"解见二卷《宁俞谏祀相》。朱子曰："礼，书诸侯因国之祭，祭其国之无主后者，如齐太公封于齐，便用祭其爽鸠氏、季荝、逢伯陵、蒲姑氏之属。卫侯梦康叔云'相夺予享'，盖卫徙都帝丘，夏后相亦都帝丘，则都其国，自合当祭。不祭，宜其如此。又如晋侯梦黄熊入寝门，以为鲧之神，亦是此类。"

孙林父卜追郑

郑皇耳帅师侵卫，楚令也。孙文子林父卜追之，献兆于定姜。定公夫人。姜氏问繇。曰："兆如山陵，有夫大夫出征而丧其雄。雄，大夫之象。"姜氏曰："征者丧雄，御寇之利也。大夫图之！"卫人追之，孙蒯获郑皇耳于犬丘。

孔成子以梦卜立灵公

襄公夫人姜氏无子，嬖人婤姶生孟縶。孔成子烝鉏梦康叔谓己："立元，梦时元尚未生。余使羁之孙圉羁，烝鉏之子与史苟相之。"史朝亦梦康叔谓己："余将命而子苟与孔烝鉏之曾孙圉相元。"史朝见成子，告之梦，梦协。

晋韩宣子起为政，聘于诸侯之岁，婤姶生子，名之曰元。孟縶之足不良能行。跛。孔成子以《周易》筮之，曰：

"元尚享卫国,主其社稷。"遇《屯》。又曰:"余尚立絷,尚克嘉之。"遇《屯》之《比》。以示史朝。史朝曰:"'元亨',又何疑焉?"成子曰:"非长之谓乎?"对曰:"康叔名之,可谓长矣。孟,非人也,非全人。将不列于宗,不可谓长。且其繇曰'利建侯'。嗣吉,何建?建非嗣也。以位不定,卜嗣得吉,则当从而建之。二卦皆云,子其建之!康叔命之,二卦告之,筮袭于梦,武王所用也,《大誓》曰:'朕梦协朕卜。'弗从何为?弱足者居。家居。侯主社稷,临祭祀,奉民人,事鬼神,从会朝,又焉得居?各以所利,孟跛,利居;元吉,利建。不亦可乎?"故孔成子立灵公。

庄公卜梦

卫侯庄梦于北宫,见人登昆吾之观,卫有观在古昆吾之虚。被发北面而噪曰:"登此昆吾之虚,绵绵生之瓜。良夫言己有以小成大之功,若瓜之初生,谓使卫侯得国。余为浑良夫,叫天无辜。卫侯与良夫盟,免三死,而大子疾杀之,以紫衣袒裘带剑而食。乃一时之事,故云。"公亲筮之,胥弥赦占之,曰:"不害。"与之邑,置之而逃,奔宋。赦不以实告,故惧难而去。卫侯贞卜,其繇曰:"如鱼竀尾,鱼劳则尾赤。衡流而方羊裔焉。横流方羊,不能自安。裔,水边。言卫侯将若大鱼。大国灭之,将亡。阖门塞窦,乃自后逾。"此皆繇辞。

晋伐卫,入其郛,卫人出庄公而与晋平。晋立襄公之孙般师而还。卫侯自鄄入,般师出。石圃因匠氏攻公,以使匠久,且欲逐石圃,故难作。公闭门而请,弗许。逾于北方而堕,折股。

郑

燕姞梦天与兰

文公有贱妾曰燕姞，梦天使与己兰，曰："余为伯鯈，余，而祖也，以是为而子，以兰有国香，人服媚之如是。欲令人爱之如兰。"既而文公见之，与之兰而御之。辞曰："妾不才，幸而有子。将不信，敢征兰乎？惧将不见信，故欲计所赐兰为怀子月数。"公曰："诺。"生穆公，名之曰兰。穆公有疾，曰："兰死，吾其死乎！吾所以生也。"刈兰而卒。

【眉批】兰梦先后相应，亦奇。

曹

曹人梦曹待强亡

曹人或梦众君子立于社宫而谋亡曹。曹叔振铎请待，公孙强许之。旦而求之曹，无之。戒其子曰："我死，尔闻公孙强为政，必去之。"及曹伯阳即位，好田弋。曹鄙人公孙强好弋，获白雁，献之，且言田弋之说，说之。因访政事，大说之。有宠，使为司城以听政。梦者之子乃行。强言霸说于曹伯，曹伯从之，乃背晋而奸宋。宋公景伐曹将还，褚师子肥殿。曹人诟之。公闻之，怒，命反之，遂灭曹，执曹伯及司城强以归，杀之。

虢

虢公梦刑神

虢公梦在庙，有神人面白毛，虎爪，执钺，立于西阿，公惧而走。神曰：“无走！帝命曰：‘使晋袭入于尔门。’”公拜稽首。觉，召史嚚占之，对曰：“如君之言，则蓐收也，蓐收，西方白虎金正之官也。天之刑神也，天事官成。祸福各以官象成。”公使囚之，且使国人贺梦。舟之侨告其诸族曰：“众谓虢亡不久，吾乃今知之。君不度不揆神意而贺，大国之袭，于己何瘳？吾闻之曰：‘大国道，小国袭焉，曰服。小国敖，大国袭焉，曰诛。’民疾君之侈也，是以逐于逆命。今嘉其梦，侈必展，是天夺之鉴而益其疾。民疾其态，天又诳之；大国来诛，出令而逆；谓贺梦。宗国既卑，诸侯远己；内外无亲，其谁云救之？吾不忍俟也！”将行，以其族适晋。六年，虢乃亡。

宋

元公梦大子即位

元公将如晋，请纳鲁昭公。梦大子栾即位于庙，己与平公服而相之。旦，召六卿。公曰：“寡人不佞，不能事父兄，谓华、向。以为二三子忧，寡人之罪也。若以群子之灵，获保首领以没，唯是楄柎所以藉干者，楄柎，棺中苓床也。干，骸骨也。请无及先君。欲自贬损。”仲几对曰：“君若以社稷之故，私降昵宴，谓损亲近、声乐、饮食之事。群臣弗敢知。若夫宋国之法，死生之度，先君有命矣。群臣以死守之，弗敢失队。臣之失职，常刑不赦。臣不忍其死，君命祗辱。必不行。”宋公遂行，卒于曲棘。

宋得梦己为鸟

景公无子，取公孙周之子得与启，畜于公宫，未有立焉。公游于空泽，卒于连中。馆。大尹奉公尸自空桐入，如沃宫，立启，三日而后国人知之。得梦启北首而寝于庐门之外，北首，死象。在门，失国也。己为鸟而集于其上，咮加于南门，尾加于桐门。曰：“余梦美，必立。”皇非我司马谋之诸卿使徇于国曰：“大尹惑蛊其君以陵虐公室。与我者，救君者也。”众曰：“与之。”大尹徇曰：“戴氏、皇氏将不利公室，与我者无忧不富。”众曰：“无别。恶其号令，与君无别。”戴氏、皇氏欲伐公，启。乐得曰：“不可。彼以陵公有罪，我伐公，则甚焉。”使国人施于大尹。加之罪。大尹奉启以奔楚，乃立得。

陈

○懿氏卜妻敬仲

陈公子完奔齐。初，懿氏卜妻敬仲，其妻占之，曰：“吉。是谓‘凤凰于飞，和鸣锵锵，有妫之后，将育于姜。五世其昌，并于正卿。八世之后，莫之与京。大。’”

○厉公筮敬仲

厉公生敬仲。其少也，周史有以《周易》见陈侯者，陈侯使筮之，遇《观》之《否》曰：“是谓‘观国之光，利用宾于王’，此其代陈有国乎。不在此，其在异国；非此其身，在其子孙。光，远而自他有耀者也。坤，土也。巽，风也。乾，天也。风为天，于土上，山也。《巽》变为《乾》，故曰风为天。二至四有艮象，艮为山。有山之材而照之以天光，于是乎居土上，故曰‘观国之光，利用宾于王。四为诸侯，变而之乾，有国朝王之象。’庭实旅百，奉之以玉帛，天地之美具焉，故曰‘利用宾于王。艮为门庭，乾为金玉，坤为布帛，诸侯朝王陈贽币之象。’。犹有观焉，故曰‘其在后乎’。风行而著于土，故曰‘其在异国乎’。若在异国，必姜姓也。姜，太岳之后也。山岳则配天，物莫能两大。陈衰，此其昌乎。”及陈之初亡也，灭于楚。陈桓子始大于齐。桓子敬仲五世孙陈无宇。其后亡也，复灭于楚。成子得政。成子敬仲八世孙陈常。

【眉批】说解流丽。

齐

崔杼筮取棠姜

棠公之妻，东郭偃之姊也。东郭偃臣崔武子。杼。棠公死，偃御武子以吊焉，见棠姜而美之，使偃取之。为己取也。偃曰：“男女辨姓，今君出自丁，丁公，杼之祖。臣出自桓，桓公，偃之祖。不可。”武子筮之，遇《困》之《大过》。史皆曰“吉”。示陈文子。须无。文子曰：“夫从风，《坎》为中男，故曰夫；变而为《巽》，故从风。风陨妻，不可娶也。且其《繇》曰：‘困于石，据于蒺藜，入于其宫，不见其妻，凶。’六三爻辞。‘困于石’，往不济也。‘据于蒺藜’，所恃伤也。‘入于其宫，不见其妻，凶’，无所归也。”崔子曰：“嫠也，何害？先夫当之矣。”遂取之。

崔杼生成及强而寡，丧妻。娶东郭姜，生明。东郭姜以孤入，曰棠无咎，与东郭偃相崔氏。家相。崔成有疾而废之，而立明。为后。成请老于崔，邑。崔子许之。偃与无咎弗予，成与强怒，将杀之，告庆封。庆封曰：“苟利夫子，谓杼。必去之！难，有难。吾助女。”崔成、崔强杀东郭偃、棠无咎于崔氏之朝。崔子怒而出，遂见庆封。庆封曰：“崔、庆一也。言如一家。是何敢然？请为子讨之。”使卢蒲嫳帅甲以攻崔氏，杀成与强，而尽俘其家。其妻缢。东郭姜也。嫳复命于崔子，且御而归之。至，则无归矣，乃缢。

卢蒲癸、王何卜攻庆氏

卢蒲癸、王何二人皆庄公党，辟崔杼难，出奔。既而庆封反之，臣于其子庆舍，皆爱卜攻庆氏，崔杼之乱，庆封与焉，故欲为庄公报仇。示子之兆，以龟兆示庆舍。曰：“或卜攻仇，敢献其兆。”子之曰：“克，见血。”庆封田于莱，陈无宇从。从田。文子无宇之父须无使召之，请曰：“无宇之母疾病，请归。”庆季封卜之，示之兆，曰：“死。”奉龟而泣。无宇泣。乃使归。庆嗣闻之，曰：“祸将作矣！”谓子家：庆封字。“速归！祸作必于尝，秋祭。归犹可及也。”子家弗听。乙亥，尝于太公之庙，庆舍莅事。卢蒲癸、王何执寝戈，亲近兵仗。庆氏以其甲环公宫。栾、高、陈、鲍之徒介因庆氏之甲。子尾抽桷，击扉三，以桷击扉为期。卢蒲癸自后刺子之，王何以戈击之，解其左肩而死。庆封遂奔。

秦

卜徒父筮伐晋

秦伯穆伐晋。以惠公背赂闭籴故。卜徒父筮之，曰："吉。"涉河，侯车败。诘之。谓秦军涉河晋侯车败也。穆公不解，疑败在秦，故诘之。对曰："乃大吉也。三败，必获晋君。其卦遇《蛊》曰：'千乘三去，三去之馀，获其雄狐。'夫狐《蛊》，必其君也。狐，邪媚之物，而雄，故知为晋君。《蛊》之贞，风也；其悔，山也。内卦《巽》为风，外卦《艮》为山。岁云秋矣，我落其实而取其材，所以克也。内卦为主，故以占秦；外卦为宾，故以占晋。然则晋山而秦风也，当秋，山木为风所摧剥，则材为我所取。实落材亡，不败何待？"三败晋兵车三坏及韩，战于韩原，秦获晋侯以归。

楚

子玉梦河神

晋侯文及楚人子玉战于城濮，楚师败绩。《经》。初，楚子玉自为琼弁玉缨，未之服也。先战，梦河神谓己曰："畀余，余赐女孟诸之麋。孟诸，宋薮泽。水草之交曰麋。"弗致也。大心与子西使荣黄谏，弗听。荣季黄曰："死而利国，犹或为之，况琼玉乎？是粪土也，而可以济师，将何爱焉？"弗听。出，告二子曰："非神败令尹，令尹其不勤民，实自败也。"既败，及连谷而死。自杀。

〔南朝梁〕劉勰 著
詹鍈 義證

文心雕龍義證

二

上海古籍出版社

卷四

史傳第十六

紀評：「彦和妙解文理，而史事非其當行，此篇文句特煩，而約略依稀，無甚高論，特敷衍以足數耳。學者欲析源流，有劉子玄之書在。」

范注：「案史通專論史學，自必條舉細目；文心上篇總論文體，提挈綱要，體大事繁，自不能如史通之周密。然如史通首列六家篇（尚書家、春秋家、左傳家、國語家、史記家、漢書家），特重左傳、漢書二家，文心評論左傳、史、漢，其同一也；史通推揚二體（編年體，紀傳體），言其利弊，文心亦確指其短長，其同二也；至於煩略之故，貴信之論，皆子玄書中精義，而彦和已開其先河，安在其爲敷衍充數乎！」校釋：「紀氏譏其『史事非當行』，『諸子爲讕言』，非知言也。今按此篇以『依經』『附聖』爲綱領，深得史遷著述之遺意，前已論之矣。而『二難』、『兩失』、『四要』，尤得史法之精微。後世子玄作史通，蓋即此意擴言之者，安可宗子玄而祧彦和哉？」

開闢草昧，歲紀綿邈，居今識古，其載籍乎！軒轅之世，史有倉頡，主文之職，其來久矣〔一〕。曲禮曰：「史載筆。」〔二〕史者，使也；執筆左右，使之記也〔三〕。古者左史記言，右史書事〔四〕。言經則尚書，事經則春秋也〔五〕。

〔一〕金毓黻文心雕龍史傳篇疏證（以下簡稱「疏證」）：「說文叙：『黄帝之史倉頡，見鳥獸蹏迒之迹，初造書契。』荀子解蔽篇：『好書者衆矣，然而倉頡獨傳者，壹也。』……史通史官建置篇：『蓋史之建官，其來尚矣。昔軒轅氏受命，倉頡、沮誦，實居其職。』案：倉頡爲黄帝之史，且爲創造吾國文字之祖，傳説已久，是否可信，姑不必論。然黄帝果爲古帝，應有司記載、主文書之史官在其左右。……劉勰梁人，摧論史傳，上及軒轅並不爲過。劉勰固云：『居今識古，其載籍乎！』載籍有徵，何爲置而不言。如説文叙、荀子解蔽，皆爲可徵之文獻，不能去而不取。故劉勰考論吾國史官，仍以倉頡爲始。」（中華文史論叢一九七九年第一輯）

〔二〕校證：「『史載筆』下，梅本有『左右』二字。何允中本、日本活字本、凌本、清謹軒鈔本、日本刊本、王謨本俱無。案梅本『左右』二字，此涉下文『執筆左右』而誤衍；何允中本無之，是也，今據删。」范注：「禮記曲禮上：『史載筆，士載言。』」疏證：「曲禮：『史載筆。』謂史官從君於會同，則載筆以從也。孔疏：『不言簡牘而云筆者，筆是書之主，則餘載可知。』」

〔三〕校證：「『史者使也，執筆左右』二句八字原脱，梅按胡孝轅本補。按御覽六〇三正有此八字。」

疏證：「若劉勰『史者使也』之義則出於白虎通。其説云：『所以謂之史，何？明王者使爲之也。』陳立疏證云：『漢書杜延年傳注，史、使一也，或作使字。』然愚不敢謂然。蓋以史、使同音而曲爲之解，仍以記事者爲史之義爲正。又案：説文以『記事者』三字釋史，則古所謂史，即爲史官之簡稱，乃專指記事之人而言。至漢魏以後，乃泛稱記事之書爲史，非本義也。」

〔四〕黄注：「（禮記）玉藻：『動則左史書之，言則右史書之。』」校證：「『左史記言，右史書事』，原作『左史記事者，右史記言者』，今據御覽改。漢書藝文志：『左史記言，右史記事，事爲春秋，言爲尚書。』禮記玉藻疏引六藝論：『右史記事，左史記言。』荀悦申鑒時事篇：『左史記言，右史記動，動爲春秋，言爲尚書。』此彦和所本。淺人習見玉藻『動則左史書之，言則右史書之』之文，逕改此書。而不知玉藻『左』『右』字，今亦互譌，黄以周禮書通故三四官四，辨之究矣。」

〔五〕疏證：「至尚書記言，春秋記事，則諸家説皆無異。然尚書未嘗不記事，春秋有左氏傳，傳亦未嘗不記言。文史通義書教篇申此義云：『夫春秋不能舍傳而空存其目，則左史所記之言，不啻千萬矣。尚書典謨之篇記事，而言亦具焉；訓、誥之篇記言，而事亦見矣。古人事見於言，言以爲事，未嘗分事與言爲二也。』」

唐虞流于典謨，夏商被于誥誓〔一〕。洎周命維新〔二〕，姬公定法〔三〕，紬三正以班歷〔四〕，貫四時以聯事〔五〕，諸侯建邦，各有國史〔六〕，彰善癉惡，樹之風聲〔七〕。自平王微弱，政不及雅〔八〕，憲章散紊，彝倫攸斁〔九〕。

〔一〕校證：「『夏商』原作『商夏』，今乙正。」

疏證：「案尚書序，虞書堯典、舜典、大禹謨三篇，皆記堯舜二帝事，藉以流傳於後。故曰：『唐虞流於典謨。』然今文尚書二十八篇，以舜典合於堯典，無大禹謨。僞孔傳本有大禹謨，則贋作也。又今文尚書，商書有湯誓一篇，周書有牧誓、大誥、康誥、酒誥、召誥、洛誥、費誓、秦誓篇，而書序商書又有湯誥、仲虺之誥，皆已久佚。僞孔本有之，亦贋作也。誥以告諭衆民，如今公文之布告。誓以誓師，如今世之誓師文。堯典曰：『光被四表。』被謂被及。言如日光之充被四表也。夏商之事，借所撰誥誓而傳之久矣。故曰：『商夏被於誥誓。』又穀梁傳隱八年云：『誥誓不及五帝。』注謂：『五帝之世，治化淳備，不須誥誓。』此爲劉勰所本。」

〔二〕校證：「『洎』原作『自』，元本……馮本、汪本、張之象本、兩京本、王惟儉本、譚校本作『洎』，今據改。『自』與下文『自平王微弱』字複。」

校注：「『維』元本、弘治本、汪本、佘本、張本、兩京本、合刻本……作『惟』。……詩大雅文王：『周雖舊邦，其命維新。』則作『維』是也。封禪篇『固維新之作也』，亦作『維』。」

斠詮：「（文王）傳云：『乃新在文王也。』陳奐傳疏：『周自太王徙岐，故稱舊邦，維猶乃也，言周自文王而始新之。』周命維新，即周之國運乃新。」

〔三〕疏證：「杜預春秋經傳集解序云：『仲尼因魯史策書成文，考其真僞而志其典禮，上以遵周公之遺制，下以明將來之法。』又曰：『蓋周公之志，仲尼從而明之。』又曰：『其發凡以言例，皆經國之常制，周公之垂法，史書之舊章，仲尼從而修之，以成一經之通體。』……愚謂……姬周隆盛之世，秉政大臣如周公者，前後何限？一切秉屬之周公，不亦拘而鮮通乎？特劉勰所説仍用杜義，以爲有周開基，周公已創史例，以垂將來。故曰『周命維新，姬公定法』也。」

〔四〕梅注：「夏以斗建寅之月爲正，平旦爲朔，法物見，色尚白。周以斗建子之月爲正，夜半爲朔，法物萌，色尚赤。紬者，繫王於正二三月之上也。書『王正月』者，周王之正月也。二月三月皆有王者，二月殷之正月也，三月夏之正月也。王者存二王之後，使統其正朔，服其服色，行其禮樂，所以尊先聖，通三統，師法之義，恭讓之禮，於是可得而觀之。」按此見左傳隱公元年經「元年春王正月」正義引何休説。

黄注：「書甘誓：『怠棄三正。』注：『三正，子、丑、寅之正也。』」

范注：「史記曆書：『紬緝日分。』索隱：『紬緝者，以言造曆算運者，猶若女工緝而織之也。』……彦和紬三正以班歷之義，似用何休説也。」

斠詮：「謂綴集夏、商、周三代之正朔以頒布曆法也。紬音抽，綴集之也。……班，説文：

『分瑞玉也。』此『班布』之本字，今借作『頒』。」

疏證：「所謂『三正』者，謂夏以建寅之月爲正，商以建丑之月爲正，周以建子之月爲正也。史記曆書曰：『夏正以正月，殷正以十二月，周正以十一月，蓋三王之正若循環，窮則反正。』馬融注尚書，亦云：『建子、建丑、建寅，三正也。』漢儒如賈誼、董仲舒皆爲一代帝王之興，必改正朔，易服色。夏以寅月爲正，商以丑月爲正，故周以子月爲正。凡姬周一代制度，説者皆以爲周公所創。周改正朔，定爲建子，以樹三正之法，當亦爲周公所創。紬三正以頒曆，屬周公創法之一也。」

〔五〕梅注：「春秋無事，四時必書首月，如春王正月、夏四月、秋七月、冬十月是也。」

黄注：「杜預春秋序：『記事者，以事繫日，以日繫月，以月繫時，以時繫年。史之所記，必表年以首事。年有四時，故錯筆以爲所記之名。』」斠詮：「謂貫串春夏秋冬四時之統序，以聯叙世事也。」疏證：「所謂『貫四時以聯事』者，杜序所釋綦詳。例如春秋隱公二年，經云：『秋八月庚辰，公及戎盟于唐。』經于『公及戎盟于唐』六字之上，繫以『庚辰』，是爲『以事繫日』。又于『庚辰』二字之上，繫以『八月』，是爲『以日繫月』。又于『八月』二字之上繫以『秋』字，是爲『以月繫時』。至是秋爲隱公二年之秋，可以一覽而知，是爲『以時繫年』。案此書法，爲周室所頒成式之一。……故周代定例，史官書事，必年、時、月、日四者兼具。劉勰立論，蓋用杜義。故以月日上貫四時之法，亦屬之周公也。」

〔六〕校注「按漢書藝文志：『古之王者，世有史官，君舉必書。』申鑒時事篇：『古者，天子諸侯有事必告于廟，廟有二史……君舉必記，臧否成敗，無不存焉。』」

疏證：「後漢書班彪傳載彪略論云：『唐虞三代，詩書所及，世有史書，以司典籍。暨于諸侯，國自有史。』又杜預春秋序：『諸侯亦各有國史，大事書之于策，小事簡牘而已。』……劉勰謂『諸侯建邦，各有國史』，蓋本班論杜序之言。」

斠詮：「杜預序：『周禮有史官，掌邦國四方之事，達四方之志，諸侯亦各有國史。孟子曰：楚謂之檮杌，晉謂之乘，而魯謂之春秋，其實一也。』」

〔七〕校注：「按書僞畢命：『彰善癉惡，樹之風聲。』枚傳：『明其爲善，病其爲惡，立其善風，揚其善聲。』」

疏證：「左傳成公十四年謂：『春秋之稱有五。』其五曰：『懲惡而勸善。』……故劉勰以諸侯各有國史，爲『彰善癉惡，樹之風聲』而作也。」

史通曲筆篇：「史之爲用，記功司過，章善癉惡。」又直書篇：「史之爲務，申以勸戒，樹之風聲。」

〔八〕鄭玄王城譜云：「於是王室之尊，與諸侯無異，其詩不能復雅，故貶之謂之王國之變風。」

疏證：「文、武、成、康，爲周之盛世。昭、穆之世，王政已替。幽厲之世，周道遂衰。宣王中興，劣能自振。當此之時，中朝臣僚所撰之詩，皆謂之雅，以言王政廢興，亦可謂之『政能及雅』也。洎平王東遷，王室微弱，政令僅行于境内，不復遍及于諸侯。是時輶軒使者在王境所采之詩，謂之曰王風，而不復名之爲雅。以其僅言王境之事，已下儕于列國，不復能及天下之事，非王政廢興所由繫也。故劉勰云：『平王微弱，政不及雅。』……又案：『及雅』義同『復雅』。……范寧穀梁傳序云：『列黍離于國風，齊王德于邦君，所以明其不能復雅，政化不足以被群后也。』此……云『政不及雅』者，即政不復雅也。」

〔九〕校注：「按書洪範：『彝倫攸斁。』孔傳：『斁，敗也。』」疏證：「杜預春秋序云：『周德既衰，官失其守。上之人不能使春秋昭明，赴告策書，諸所記注，多違舊章。』案此即『憲章散紊』之證也。孟子滕文公篇曰：『世道衰微，邪説暴行有作，臣弑其君者有之，子弑其父者有之。』注家謂孟子此語，指周室東遷而言。此即『彝倫攸斁』之證也。凡『憲章散紊，彝倫攸斁』二者之失，皆由平王東遷，王室微弱所致。故劉勰舉此，以爲『政不及雅』之證。又范甯穀梁傳序有：『昔周道衰陵，乾綱絶紐，禮壞樂崩，彝倫攸斁。』亦爲劉勰因襲所自。」尚書洪範蔡傳：「彝、常，倫，理也，所謂秉彝人倫也。……此彝倫之所以敗也。」「攸」，語詞。

昔者夫子閔王道之缺〔一〕，傷斯文之墜，静居以歎鳳〔二〕，臨衢而泣麟〔三〕，於是就太師以正雅頌，因魯史以修春秋〔四〕，舉得失以表黜陟，徵存亡以標勸戒〔五〕；褒見一字，貴踰軒冕；貶在片言，誅深斧鉞〔六〕。

〔一〕黄校：「『昔者』二字從御覽增。」疏證：「本文『昔者』二字，潮陽鄭氏據御覽增入，今通行本無之。愚意應從通行本，文義乃順。」又：「『王道衰』一語，已見毛詩序。篇中曰『王道缺』。缺，即衰也。又孟子曰：『王者之迹熄而詩亡，詩亡然後春秋作。』蓋孔子作春秋，由于王者之迹熄。王迹，即王道也。劉勰謂『夫子閔王道之缺』，義出于此。」范甯穀梁傳集解序：「幽王以暴虐見禍，平王以微弱東遷，征伐不由天子之命，號令出自權臣之門……天下蕩蕩，王道盡矣。」

〔二〕疏證：「孔子曰：『天之將喪斯文也，後至者不得與于斯文也。天之未喪斯文也，匡人其如予何？』注家謂斯文爲禮樂制度之類。玩其語意，即『傷斯文之將墜』也。孔子又曰：『鳳鳥不至，河不出圖，吾已矣夫。』（論語子罕）此所謂『静居以嘆鳳』也。」范甯穀梁傳序：「孔子覩滄海之横流，迺喟然而嘆曰：『文王既没，文不在兹乎？』言文王之道喪，興之者在己。」

〔三〕梅注：「孔叢子曰：叔孫氏之車子鉏商，樵於野而獲麟焉。衆亦莫之識，以爲不祥，棄之五父之衢。冉有告曰：麕身而肉角，豈天之妖乎？夫子往觀焉，泣曰：麟也。麟出而死，吾道窮矣。乃歌云：唐虞世兮麟鳳游，今非其時來何求？麟兮麟兮我心憂。」按此見記問篇，黄注同。

疏證：「孔叢子爲後人僞作，劉勰之説，别有所本。春秋左傳哀公十四年云：『十四年春，西狩于大野，叔孫氏之車子鉏商獲麟。以爲不祥，以賜虞人。仲尼觀之曰：麟也。然後取之。』同年公羊傳云：『孔子曰：孰爲來哉？孰爲來哉？反袂拭面，涕沾袍。』又曰：『西狩獲麟。孔子曰：吾道窮矣！』案史記孔子世家即取左、公二傳以成文，然無『棄之五父之衢』之語。蓋僞撰孔叢子者别有所本。文曰：『臨衢而泣麟。』蓋用孔叢子，不知其爲僞作也。」

〔四〕范注：「論語八佾篇：『子語魯太師樂，曰：樂其可知也。……』子罕篇：『吾自衛反魯，然後樂正，雅頌各得其所。』」疏證：「合此兩文，所謂就太師以正雅頌也。杜預謂仲尼因魯史策書成文，考其真僞，以正其典禮，此所謂因魯史以修春秋也。劉勰此文，悉本范甯穀梁傳序。序曰：『于是就大師而正雅頌，因魯史而修春秋。……舉得失以彰黜陟，明成敗以著勸誡。……一字之褒，寵逾華衮之贈；片言之貶，辱過市朝之撻。』疏云：『云就大師而正雅頌者，大師，樂官也。詩者，樂章也。以大師掌詩樂，故仲尼自衛反魯，就而正之。』」斯波六郎文心雕龍范注補正：「魏文帝黄初二年以孔羨爲宗聖侯置吏修廟詔：『因魯史而制春秋，就太師而正雅頌。』」

〔五〕疏證：「范序疏又云：『云舉得失以彰黜陟者，謂若儀父能結信于魯，書字以明其陟。杞雖二王之後，而後代微弱，書子以明其黜。云明成敗以著勸戒者，成敗黜陟，事亦相類。謂若葵丘書日，以表齊桓之功。戎伐凡伯，言戎以明衛侯之惡。又定、哀之時，爲無賢伯，不屈夷狄，不中中國，皆是書其成敗，以著勸善懲惡。』又案：范序『成敗』二字，劉勰易爲『存亡』者，功成則存，事敗則亡，二者之義一也。」

〔六〕疏證：「范序疏又云：『言仲尼之修春秋，文致褒貶。若蒙仲尼一字之褒，得名傳竹帛，則寵逾華衮之贈。若定十四年，石尚欲著名于春秋是也。若被片言之貶，則辱過市朝之撻。若宣八年，仲遂爲弑君不稱公子是也。言華衮則上比王公，稱市朝則下方士庶。』……范序『辱過市朝之撻』一語，劉勰易爲『誅深斧鉞』，不過變文以明片言之貶，可畏之甚，而語義又加重。」

徵聖篇：「春秋一字以褒貶，此簡言以達旨也。」

然睿旨幽隱〔一〕，經文婉約，丘明同時，實得微言〔二〕；乃原始要終，創爲傳體〔三〕。傳者，轉也；轉受經旨，以授於後，實聖文之羽翮，記籍之冠冕也〔四〕。

〔一〕校證：「『睿旨』下原有『存亡』二字，徐云：『御覽作「睿旨幽秘，經文婉約」，無「存亡」二字，爲是。』梅云：『二字衍。』黄丕烈云：『案馮本（指馮舒校本）「存亡」校云：「各本衍此二字，功甫本無。」此亦誤衍，御覽亦無。』案史略亦無此二字，今據删。」「睿旨」，深遠的意旨。

〔二〕范注：「漢志云：『有所褒諱貶損，不可書見，口授弟子，弟子退而異言。丘明恐弟子各安其意，以失其真，故論本事而作傳，明夫子不以空言説經也。』」

〔三〕范注：「杜預春秋左氏傳序：『左丘明受經于仲尼，以爲經者不刊之書也。……身爲國史，躬覽載籍，必廣記而備言之。其文緩，其旨遠，將令學者原始要終，尋其枝葉，究其所窮。』（正義云：『將令學者本原其事之始，要截其事之終。尋其枝葉，盡其根本，則聖人之趣雖遠，其賾可得而見。』）」

疏證：「漢志所謂仲尼『有所褒諱貶損，不可書見，口授弟子，退而異言』，此即『睿旨幽隱，經文婉約』之注脚也。」

「左傳成公十四年：『春秋之稱，微而顯，志而晦，婉而成章。』杜氏之釋『微而顯』曰：『文見于此，而起義在彼。』釋『志而晦』曰：『約言示制，推以知例。』釋『婉而成章』曰：『曲從義訓，以示大順。』案曰微、曰晦，其爲幽隱可知。曰約言，曰曲從，其爲婉約可知。是其所謂幽隱婉約，又爲春秋之義例矣。」

易繫辭下：「易之爲書也，原始要終，以爲質也。」正義：「原窮其事之初始……又要會其事之終末。」杜預左傳序：「其文緩，其旨遠，將令學者原始要終，尋其枝葉，究其所窮。」

〔四〕范注：「釋名釋書契：『傳，轉也，轉移所在，執以爲信也。』（廣雅釋言云：『傳，轉也。』）史通六家篇：『左傳家者，其先出於左丘明。孔子既著春秋，而丘明受經作傳。蓋傳者，轉也，轉受經旨，以授後人。或曰：傳者，傳也，所以傳示來世。案孔安國注尚書，亦謂之傳，斯則傳者亦訓釋之義乎？觀左傳之釋經也，言見經文而事詳傳内，或傳無而經有，或經闕而傳存。其言簡而要，其事詳而博，信聖人之羽翮，而述者之冠冕也。』」

疏證：「蓋傳對經而言。經爲高文典册，其長在二尺以上。傳之本字爲專。説文：『專，六寸簿也。』其尺寸小于經，專爲釋經而作。左氏爲春秋經作傳，以論其本事，傳蓋附經以行者也。」

「羽翮」，翅膀，指輔助。

及至縱横之世，史職猶存〔一〕，秦并七王〔二〕，而戰國有策〔三〕。蓋録而弗叙，故即簡而爲名也〔四〕。

〔一〕疏證：「戰國之世，史籍流傳絶少。然劉勰猶謂『從横之世，史職猶存』，何也？考戰國時代，史籍僅有竹書紀年，出自汲冢。今所傳者，雖爲後人僞造，然其文多有依據。……杜預春秋傳後序論及紀年曰：『紀年篇起自夏、殷、周，皆三代王事，無諸國别，惟特記晉國。晉國滅，獨記魏事，下至魏哀王之二十年，蓋魏國之史記也。』據預所言，紀年真本，後半獨記魏事，其爲魏國史官所記，已屬無疑。……戰國策所記，爲『繼春秋之後，訖楚漢之起，二百四十五年間之事』，其爲何人所著，雖不可知；然班彪略論已云：『春秋之後，七國並争，秦并諸侯則有戰國策三十三篇。』此爲劉勰『秦并七王而戰國有策』所本。蓋其書爲秦統一六國時所采輯，其所據者必出于各國之史籍。合以上述紀事，皆爲『從横之世，史職猶存』之證。」

周注：「戰國尚有史官。如史記藺相如傳：『趙王鼓瑟。秦御史前書曰：「某年月日，秦王與趙王會飲，令趙王鼓瑟。」』當時秦趙御史皆主記事，即爲史官。」

〔二〕周注：「秦滅六國是六王，秦王改稱皇帝，去掉王號，所以稱七王。」

〔三〕黄注：「戰國策劉向序：國策或曰國事，或曰短長，或曰事語，或曰長書，或曰修書。臣向以爲戰國時游士輔所用之國，爲之策謀，宜爲戰國策。其事繼春秋以後，迄楚漢之起，二百四十年間之事皆定以殺青，書可繕寫，得三十三篇。」校注：「漢書司馬遷傳贊：『春秋之後，七國並争。秦兼諸侯，有戰國策。』」

補注：「（劉）向蓋改原名國事、短長、事語、長書、修書諸名，然終以劉勰『即簡爲名』爲正。觀其言『戰國有策』，加一有字，則指史策明矣。」

〔四〕疏證：「史通六家篇云：『暨縱横互起，力戰争雄，秦兼天下，而著戰國策。……夫謂之策者，蓋録而不序，故即簡以爲名。或云漢代劉向以戰國游士爲之策謀，因謂之戰國策。』案劉知幾前説，承用劉勰之説，意謂爲記戰國時事之簡策；後説則節録劉向之言；蓋兼取二者之義，案而不斷。李氏補注，是劉勰而非子政，亦未見必然。劉向序本謂：『中書本號，或曰國策，或曰國事。』黄注于『國策』二字上，脱去『中書本號或曰』六字，一似戰國策爲向所命新名，實則不然。玩『或曰國策』四字之義，即知書本名戰國策也。」「叙」，按時叙録。戰國策本不按時叙録，劉向校録，也只略以時次之。

春秋左氏傳疏：「蔡邕獨斷曰：『策者，簡也。』……單執一札，謂之爲簡，連編諸簡，乃名爲策。」

姚範援鶉堂筆記卷四十文心雕龍史傳：「按録而不序，即簡爲名，劉知幾亦同彥和此説。余謂此較向序（指劉向戰國策書録）之義爲優。」

以上爲第一段，講史傳的含義，和從初設史官到戰國時期史書的編寫情況。

漢滅嬴項，武功積年、陸賈稽古，作楚漢春秋〔一〕；爰及太史談，世惟執簡〔二〕；子長繼志，甄序帝勣〔三〕。比堯稱典，則位雜中賢；法孔題經，則文非玄聖〔四〕。故取式呂覽，通號曰紀〔五〕，紀綱之號，亦宏稱也〔六〕。

〔一〕斠詮：「漢高帝劉邦……八載而成帝業，故云武功積年。」

范注：「漢書藝文志春秋類：楚漢春秋九篇。自注：『陸賈所記。』史記陸賈傳索隱：『賈撰記項氏與漢高初起及惠、文間事。』漢志補注引沈欽韓曰：『隋志九卷，唐志二十卷。御覽引之。經籍考不載，蓋亡於南宋。』王先謙曰：『後書班彪傳云：「漢興，定天下，太中大夫陸賈記録時功，作楚漢春秋九篇。」』」

疏證：「班彪『記録時功』一語，即劉勰『漢滅嬴項，武功積年』二語所由出。陸氏之書，既爲叔皮所盛稱，則其内容必甚可觀。」

〔二〕黄注：「太史公自序：司馬喜生談，談爲太史公，仕於建元、元封之間。有子曰遷。太史公發憤且卒，執遷手而泣曰：「余先，周室之太史也，自上世嘗顯功名於虞夏，典天官事，後世中衰，絕於予乎？汝復爲太史，則續吾祖矣。」談卒三歲，而遷爲太史令。」「執簡」，指擔任史官職務。

疏證：「太史公自序謂：『當宣王時，（官）失其守，而爲司馬氏。司馬氏世典周史。』故太史談有『余先，周室之太史也』一語。此亦劉勰『世惟執簡』之由來也。」

〔三〕校注：「『志』，黃校云：『元作至，胡改。』御覽、史略引，正作『志』。禮記中庸：『夫孝者，善繼人之志，善述人之事者也。』『繼志』二字出此。」又：「『勳』，宋本御覽六百四引作『續』，合字本、喜多本、鮑本並作『續』。按勳、續古今字。然以封禪篇贊『封勒字勳』例之，則此亦當作『勳』，前後始能一律。」「甄」，甄別。

〔四〕范注：「位雜中賢，謂後世帝王不皆賢聖；文非元聖，謂遷不敢比春秋經。自序所謂『述故事整齊其世傳，非所謂作也，而君（君謂壺遂）比之於春秋，謬矣』是也。」

疏證：「蓋壺遂嘗以遷書比于孔子之作春秋，遷謙不敢當，且曰：『君比之于春秋，謬矣。』尋劉勰之旨，以爲孔子删書，首列堯典，即爲『甄序帝績』，而子長修史，叙帝王事爲本紀，亦爲『甄序帝績』，何以不稱典而稱紀？即由于不敢比堯也。孔子删書之外，又作春秋，後人以春秋列爲六經之一。春秋雖非如尚書之『甄敘帝績』，然假魯史以寓尊王之義，稱周王曰天王，稱正月曰王正月，猶以當代之帝王爲諸侯之共主。且遷之撰本紀，年經月緯，兼詳時日，即用春秋之法，何爲不以春秋名書？即由不敢比孔也。本紀所載堯、舜、禹、湯、文、武之外，兼及世承諸王，下逮秦、楚、漢初，聖賢並載，明昏兼叙，故曰：『位雜中賢。』」

校證：「『玄聖』，原作『元聖』，今改。説已詳原道篇。」

疏證：「後漢書班彪傳附子固典引篇，有曰：『故先命玄聖，使綴學立制。』注：『玄聖，謂孔丘也。春秋演孔圖曰：孔子母徵在夢感黑帝而生，故曰玄聖。』……春秋爲孔子所作，故可題以經號。史記之文，由遷所作，不敢比擬孔子，故曰：『文非玄聖。』按明刊本及今本皆作『元聖』者，蓋由宋人諱『玄』而改。」

〔五〕訓故：「史記：呂不韋，陽翟人，始皇立，尊不韋爲相國，號稱仲父。不韋招致士，厚遇之，使客人人著所聞，爲八覽、六論、十二紀。」

范注：「本紀之名，彦和謂取式呂覽，恐非。史記大宛傳贊兩言禹本紀，正遷所本耳。」

疏證：「呂覽雖有十二紀，以紀一歲十二月，然非史官紀事之作可比。蓋與史記之本紀，僅有幾微之相似。謂爲取式，豈得謂然？惟其前有禹本紀，而子長仍用其名，是爲得之。史通本紀篇云：『昔汲冢竹書，是曰紀年；呂氏春秋，肇立紀號。蓋紀者綱紀庶品，網羅萬物，考篇目之大者，其莫過于此乎！』劉知幾一則曰『呂氏春秋，肇立紀號』；再則曰『綱紀庶品，網羅萬物』；其爲襲用劉勰之説，已極顯然。……本紀爲提綱挈領而作，故子玄謂其『綱紀庶物』，無所不包，而劉勰亦謂爲綱紀之宏稱也。」

清晏世澍沅湘通藝録卷二太史公本紀取式呂覽辨：「按呂覽凡十二紀，八覽、六論，大抵據儒書者十之八九，參以道家、墨家之書理者十之一二，二十餘萬言，頗爲有識者所推重，蓋不韋賓客之所集也。觀其報任安書曰：『不韋遷蜀，世傳呂覽。』又曰：『恨私心有所未盡，鄙陋没世，而文采不著於後世也。』言爲心聲，自比如此，豈非有所欣羨於其素哉！以此知劉舍人之言爲有據，其爲取式無疑也。」

〔六〕「紀綱」，法紀政綱。史記五帝本紀索隱：「紀者，記也。……而帝王書稱紀者，言爲後代綱紀也。」斠詮：「徐灝説文解字注箋：『經傳多綱紀竝言，總持爲綱，分繫爲紀，如網罟，大繩其綱也，網目其紀也。』號，名號也。周禮春官大祝：『辨六號。』鄭注：『號謂尊其名更爲美稱焉。』」

故本紀以述皇王，列傳以總侯伯，〔一〕八書以鋪政體，十表以譜年爵〔二〕，雖殊古式，而得事序焉。爾其實録無隱之旨〔三〕，博雅弘辯之才〔四〕，愛奇反經之尤〔五〕，條例踳落之失〔六〕，叔皮論之詳矣〔七〕。

〔一〕范注：「史記本紀十二，世家三十，列傳七十，書八，表十，共一百三十篇。本篇不言世家，恐有脱誤。疑當據班彪史記論作本紀以述帝王（史記首列五帝本紀，三皇本記司馬貞補撰），世家以總公侯（自序謂三十輻共一轂，此總字所取義），列傳以録卿士，文始完具。史通云：

『蓋紀之爲體，猶春秋之經，繫日月以成歲時，書君上以顯國統。』『紀者，既以編年爲主，唯敘天子一人，有大事可書者，則見之於年月；其書事委曲，付之列傳，此其義也。』（本紀篇）又云：『蓋紀者，編年也；傳者，列事也。編年者，歷帝王之歲月，猶春秋之經；列事者，録人臣之行狀，猶春秋之傳。春秋則傳以解經，史、漢則傳以釋紀。』（列傳篇）又云：『司馬遷之記諸國也，其編次之體，與本紀不殊（各國自用其年），蓋欲抑彼諸侯，異乎天子，故假以他稱，名爲世家。』（世家篇）」

疏證：「班彪略論云：『司馬遷序帝王則曰本紀，公侯傳國則曰世家，卿士特起則曰列傳。』彪以本紀、世家、列傳三者並舉，當爲劉勰所本。……蓋本書文有脱誤使然，否則『列傳以總伯侯』，語不可通。又遺世家而不舉，果何説耶？」

〔二〕梅注：「八書，史記司馬遷作：禮書、樂書、律書、曆書、天官書、封禪書、河渠書、平準書。十表，史記：三代世表、十二諸侯年表、六國年表、秦楚之際月表、漢興以來諸侯年表、高祖功臣侯者年表、惠景間侯者年表、建元以來侯者年表、建元以來王子、侯者年表、漢興以來將相名臣年表。」

疏證：「本紀、世家、列傳、書、表之分，以史通所釋爲最明晰。……其于表，則一見于表歷篇，云：『蓋譜之建名，起于周代。表之所作，因譜象形，故桓君山有云：「太史公三代世表，旁行邪上，並效周譜，此其證歟？」』一見于雜説上篇，云：『觀太史公之創表也，于帝王則敘其子孫，于公侯則紀其年月，列行縈紆以相屬，編字輯䂓而相排。雖燕趙萬里，而于徑寸之內，犬牙可接；雖昭穆九代，而于方尺之中，雁行有序。使讀者閱文便睹，舉目可詳，此其所以爲快也。』其于志，則論于書志篇，曰：『夫刑法、禮樂、風土、山川，求諸文籍，出于三禮。及班馬著史，別裁書志，考其所記，多效禮經，且紀傳之外，有所不盡。只字片文，于斯備録。語其通博，信作者之淵海也。』……劉勰謂『八書以鋪政體』，政體即典禮之異稱，典禮亦稱政典，從政者必守之典也。體即體要，體要即典要也。又謂『十表以譜年爵』者，凡史記十表皆稱年表，而漢興功臣侯以下諸表，又專爲譜爵而作。其謂『殊古式』者，古史皆編年，而司馬遷改爲本紀、世家、列傳、志、表五體，異乎周代史官所用之成法，故云然也。」「鋪」，鋪陳。「譜」，叙録。

〔三〕訓故：「漢書司馬遷（傳）贊：至于采經摭傳，分散數家之事，甚多疏略，或有牴牾，又其是非頗謬于聖人，然自劉向、揚雄，博極群書，皆稱遷有良史之才，不虛美，不隱惡，故謂之實録。」

〔四〕疏證：「（班彪）略論所云：『善述序事理，辯而不華，質而不俚，文質相稱，蓋良史之才也。』此非所謂『實録無隱之旨，博雅弘辯之才』乎？」周注：「博雅宏辯，論稱：『若遷之著作，采獲古今，貫穿經傳，至廣博也。』」

〔五〕黄注：「揚子法言：『多愛不忍，子長也。仲尼多愛，愛義也。子長多愛，愛奇也。』史記叙傳（事），但美其長，不愛（貶）其短，故曰愛奇。」按黄引法言見君子篇。「尤」，過失。

斠詮：「彪著史記論載於後漢書班彪傳，云：『……其論術學，則崇黄老而薄五經；序貨殖，則輕仁義而羞貧窮；道游俠，則賤守節而貴俗功。』」

〔六〕疏證：「（略論）又云：『至于采經摭傳，分散百家之事，甚多疏略，不如其本，務欲以多聞廣載爲功，論議淺而不篤。』又云：『遷序帝王則曰本紀，公侯傳國則曰世家，卿士特起則曰列傳，又進項羽、陳涉而黜淮南、衡山，細意委曲，條例不經，若遷之著作，采獲古今，貫穿經傳，至廣博也。一人之精，文重思煩，故其書刊落不盡，尚有盈辭，多不齊一。』此非所謂『愛奇反經之尤，條例踳落之失』乎？」

「再細核之，『質而不俚』，即『實録無隱』也。『辯而不華』即『博雅弘辯』也。『文質相稱』，即『實録無隱』而又兼乎『博雅弘辯』也。『采經摭傳，甚多疏略，不如其本，務欲多聞廣載』。即『愛奇反經』也。『細意委曲，條例不經』，『刊落不盡，尚有盈辭』，即『條例踳落』也。又細審（司馬遷）傳贊所云：『其文直，其事核，不虛美，不隱惡，故謂之實録』，即爲本文『實録無隱』之注脚。尤爲固采父作之確證，彪之所論，略具于此，故曰『叔皮論之詳矣』。」「踳落」，乖舛錯落。

〔七〕郭預衡文心雕龍評論作家的幾個特點：「史傳篇沿襲了班彪對史記的批評……没有正確指出史記在文學方面的思想意義和藝術價值，這顯然是受了以儒家爲正宗的思想影響的緣故。」

及班固述漢，因循前業，觀司馬遷之辭，思實過半〔一〕，其十志該富，讚序弘麗，儒雅彬彬，信有遺味〔二〕。至於宗經矩聖之典，端緒豐贍之功〔三〕，遺親攘美之罪，徵賄鬻筆之愆，公理辨之究矣〔四〕。

〔一〕黄注：「漢書叙傳：固探纂前記，綴輯所聞，以述漢書。起于高祖，終于孝平、王莽之誅，十有二世，二百三十年。綜其行事，爲春秋考紀、表、志、傳，凡百篇。」范注：「顔師古注曰：『史遷則云爲某事作某本紀、某列傳。班固謙不言然，而改言述，蓋避作者之謂聖，而取述者之謂明也。』前業，謂太初以前多本史記，太初以後，又本其父班彪後傳數十篇。」校釋：「『司馬遷』御覽作『史遷』是。」疏證：「固之所述，太初以上，取自史記，悉録原文，略易字句而已。太初以下，采取父作六十五篇，當亦尟有改易。試以司馬遷傳贊例之，劉勰已指爲叔皮之論。此外所采，亦未必盡著明。且如向、歆父子及馮商、揚雄之徒所續，亦必間有采獲。然劉勰所謂『因循前業』者，仍指采取父作一端言。又其鈔取史記，適當全書之半，故曰『觀司馬遷之辭，思實過半』。」斯波六郎：「易繫辭下：『知者觀其彖辭，則思過半矣。』」

〔二〕梅注：「十志：漢書，班固作律曆志、禮樂志、刑法志、食貨志、郊祀志、天文志、五行志、地理志、溝洫志、藝文志。」周注：「讚序：漢書的本紀、志、列傳末有贊，八表的開頭有序，又全書末有叙傳。」

疏證：「漢書十志，視史記爲博贍整齊。地理、食貨、刑法、藝文四志，尤爲創作。……范曄……嘗曰：『班氏後贊，于理近無所得，唯志可推耳，博贍不可及之。』其見重于前代者如此。史通論贊篇之稱班固曰：『孟堅辭唯温雅，理多愜當，其尤美者有典誥之風，翩翩奕奕，良可咏也。』其説與蔚宗異。蓋蔚宗盛稱自撰之贊爲文之傑思，殆無一字空設，故于班贊有貶詞焉。……今考劉勰于班氏十志，則稱爲『該富』，讚序則稱爲『弘麗』，又以『彬彬儒雅，信有遺味』兼稱十志及贊序，其推許之深，傾服之至，又加于蔚宗一等，信乎其爲傑作也。」

〔三〕後漢書班固傳論：「遷文直而事覈，固文贍而事詳，若固之序事，不激詭，不抑抗，贍而不穢，詳而有體，使讀之者亹亹而不厭。信哉，其能成名也。」「矩」，畫方形的器具，引申爲模仿、學習。

〔四〕黄注：「遺親攘美——史記必稱父談太史公。漢書多踵彪所作後傳而曾不及之。」又：「後漢書：仲長統，字公理，著論曰昌言。」四庫提要評黄注本云：「『公理』爲仲長統字，此必所著昌言中有辨班固徵賄之事，今原書已佚，遂無可考。觀劉知幾史通，亦載班固受金事，與此書同，蓋昌言唐時尚存，故知幾見之也。乃不引史通互證，而引陳壽索米事爲注，與前漢書何預乎？」

范注：「至于以下四事，當在仲長統昌言中，惜其書佚亡，不能知所以辨之之辭。案漢書叙傳，固自謂『旁貫五經，上下洽通，爲春秋考紀（謂帝紀也）、表、志、傳凡百篇』，又言『凡漢書，敘帝皇……窮人理，該萬方；緯六經，綴道綱；總百氏，贊篇章』。自負甚至，因而有人嫉忌，造作謗語。『宗經矩聖之典，端緒（猶言條理）豐贍之功』二句，當即統證明敘傳說非誇誕之語。漢書贊中數稱司徒掾班彪云云，安得誣爲遺親攘美？」

疏證：「後漢書仲長統傳：『著論名曰昌言，凡三十四篇，十余萬言。』……蓋原書久佚，而公理所辨究者，應在所亡諸篇之中也。然其所論，亦非不可參見。其一爲遺親攘美。考班固所撰漢書敘傳，敘父彪事，無一語及作史記後傳。乃曰：『史臣追述功德，私作本紀，編于百王之末，厠于秦項之列，太初以後，闕而不録。故探纂前記，綴輯所聞，以述漢書。』詳此，則太初以前，出于司馬遷，而太初以後，則固綴輯所聞，而自爲之纂述也。微後漢書班彪傳所載，則後人何從而知彪曾作史記後傳？微史通正史篇所載，又何從而知所撰至于六十五篇之多乎？所謂遺親攘美，蓋即指此。……

「其二爲『徵賄鬻筆』，案史通曲筆篇云：『亦有事每憑虚，詞多烏有。或假人之美，借爲私惠；或誣人之惡，持報己仇。若……班固受金而始書，陳壽借米而方傳，此又記言之奸賊，載筆之凶人。』審此，可爲班固『徵賄鬻筆』之證。……

「至公理所論『宗經矩聖之典，端緒豐贍之功』，雖難考見，亦可推尋。漢書敘傳之末節有：『緯六經，綴道綱，總百氏，贊篇章』之語，非所謂『宗經矩聖』乎？又有『準天地，統陰陽』，『窮人理，該萬方』，『函雅故，通古今』之語，非所謂『端緒豐贍』乎？又華嶠之評漢書曰：『固之叙事，不激詭，不抑抗，贍而不穢，詳而有體。』案：非『宗經矩聖』，何以能不激詭，不抑抗？非『端緒豐贍』，何以能『贍而不穢，詳而有體』？蓋公理所論，先闡其長，後張其短，二者兼舉，兩不相妨。『宗經矩聖，端緒豐贍』，舉其長也。『遺親攘美，徵賄鬻筆』，舉其短也。閻若璩云：『公理辨之究矣。辨之究，猶上文論之詳，非辨其誣也。』所論甚允。……」顧廣圻批注：「困學紀聞十四：『劉允濟曰：班生受金。受金事未詳。』閻若璩曰：『北史柳虯傳：班固致受金之名。』」校注：「按傅子：『班固漢書，因父得成，遂没不言彪，殊異馬遷也。』（意林五引，今本錯入楊泉物理論中，此從嚴可均全晉文卷四七傅子解題下説。）顏氏家訓文章篇：『班固盜竊父史。』並足證成仲長公理之説。」黄侃曰：「後北周柳虯亦襲其論，此子輿氏所謂好事者爲之，不足信也。」「究」，窮盡。

觀夫左氏綴事，附經間出，於文爲約，而氏族難明〔一〕。及史遷各傳，人始區詳而易覽〔二〕，述者宗焉〔三〕。

〔一〕疏證：「左傳爲釋經而作，亦爲春秋之羽翼，故『或先經以始事，或後經以終義，或依經以辨理，或錯經以合異。』然無論先經後經，爲依經錯經，其爲附經綴事，論者皆無異議。以其附經綴事，語有斷限，故曰『于文爲約』。然左傳紀事，以年爲次、日月先後，秩然可尋。若事屬于一人，則分見于各年之下，散述于諸事之中，漫無統紀，尋繹爲難。且如晉國諸臣，如司空季子，一名胥臣，一名臼季……如趙衰，一名子余，一名趙成子，一名成季，一名孟子余，一名原大夫；如懷嬴，一名嬴女，一名辰嬴；若斯之類，殊難殫舉。非覽杜注，幾無以知之。其于氏族，誠哉其難明也。」

周注：「左氏春秋與孔子春秋本分行，至晉杜預以兩者合併，作春秋左氏經傳集解，左氏才附經間出。間出，迭出。」

趙翼陔餘叢考卷二「左傳叙事人名錯雜」條：「左傳叙事，每一篇中或用名，或用字，或用謚號。蓋當時文法如此。然錯見叠出，幾使人茫然不能識别：如子越椒之亂（見左傳宣公四年），一鬭般也，忽曰鬭般，忽曰子揚；一蔿賈也，忽曰蔿賈，忽曰伯嬴。……此究是古人拙處，史遷以後則無此矣。劉勰亦謂『左氏綴事，氏族難明；及史遷各傳，人始區詳而易覽』也。」

〔二一〕疏證：「史記一書……惟列傳以紀人爲主，凡屬某一人之事，悉具于本傳。其事兼二人以上者，則互有詳略，以免重出。譬諸草木，區以别之，故曰：『史遷各傳，人始區詳而易覽。』」校釋：「『區』下有脱字，天啓本補『别』字，疑當是『分』字。」

校注：「按今本語意欠明，確有脱文。以論説篇『八名區分』、序志篇『則囿别區分』例之，

『區』下當補一『分』字。」

〔三〕周注：「述者宗焉：司馬遷史記爲人物作列傳，爲後來紀傳體的歷史家所取注。」春覺齋論文流别論七：「史傳篇曰：『觀夫左氏綴事……述者宗焉。』此專言史傳之傳。實則，『傳』之爲言『轉』也；『轉受經旨，以授于後』。章實齋文史通義曰：經禮二戴之記，各傳其説，附經而行，雖謂之傳可也。其後支分派别，至於近代，始以録人物者區爲之傳，叙事蹟者區爲之記。」

及孝惠委機，吕后攝政〔一〕，史、班立紀，違經失實〔二〕。何則？庖犧以來，未聞女帝者也〔三〕。漢運所值，難爲後法。牝雞無晨，武王首誓〔四〕；婦無與國，齊桓著盟〔五〕；宣后亂秦〔六〕，吕氏危漢〔七〕，豈唯政事難假，亦名號宜慎矣〔八〕。

〔一〕「委機」，拋棄萬機；即拋棄國家大事。訓故：「史記吕后本紀：惠帝以戚夫人事，因病歲餘，不能起，崩。太子立爲皇帝，號令一出太后。帝壯，出怨言，太后幽殺之，立常山王義爲帝，更名曰弘，不稱元年者，以太后制天下事也。文帝立，大臣以非孝惠子，誅之。」黄注：「漢外戚傳：惠帝以戚夫人事，因病歲餘，不能起，日飲爲淫樂，不聽政，七年而崩。乃立孝惠後宫子爲帝，太后臨朝稱制。」

疏證：「此段謂漢書不應爲高后立紀也。范文瀾云：『委機，謂孝惠因吕氏戮戚夫人，以憂疾不聽政而崩。』其説甚是。至云吕后攝政，非謂因孝惠委機而攝政，乃謂孝惠既崩，吕氏立後宫子爲帝，而自臨朝稱制也。」

〔二〕校證：「此二句原作『班史立紀，違經實』，梅據朱于『經』下補『失』字，徐校同。張之象本第二句作『並違經失』，王惟儉本作『史、班立紀，並違經實』，義較長，今從之。」按仍以作「違經失實」爲長。

范注：「按少帝及恒山王弘實孝惠後宫子，八年之間，帝位兩易，班氏爲整齊計，故立高后紀，以省煩擾（如立少帝紀，則文帝有篡竊之嫌）。彦和怵于後世母后臨朝外戚閹宦肆虐，故云違經失實。」

疏證：「史記于高祖本紀之下，繼以吕后本紀，附孝惠七年之事于后紀而不舉其名。至漢書乃爲孝惠立紀，繼以高后，下接孝文。」

〔三〕范注：「説文女部：『媧，古之神聖女化萬物者也。』鄭玄依春秋緯注禮記明堂位云：『女媧，三皇承伏羲者。』鄭不言其爲女身，彦和當即用鄭義也。」疏證：「『女媧氏，乃以女媧爲氏，非女身也。……依許説，則女媧氏爲古女帝。然不爲劉勰所取，故曰：『庖犧以來，未聞女帝者也。』』」

〔四〕訓故：「書牧誓：古人有言曰：牝鷄無晨，牝鷄之晨，惟家之索。」

范注：「通典六十七載晉庾翼答何充書曰：『中古以上，未有母后臨朝，女主當陽者也，乃起漢耳。』」

〔五〕黄注：「穀梁傳：葵丘之盟曰：毋使婦人與國事。」按此見僖公九年。

〔六〕訓故：「宣后，史記：秦昭襄王母，楚人，姓芈氏，號宣太后。又匈奴傳云：秦昭王時，義渠戎王與宣太后亂，有二子。」

疏證：「宣后爲秦昭王母，事見史記匈奴列傳。傳云：『……宣太后詐而殺義渠戎王于甘泉，遂起兵伐殘義渠，于是秦有隴西、北地、上郡。』審此，則宣太后轉因與戎王亂，得以開邊强國，非宣后能亂秦也。且所謂戎王與宣太后亂，乃淫亂之亂。劉勰取與『吕后危漢』對舉，非其義矣。」

牟世金文心雕龍的范注補正：「『宣后亂秦』和『吕氏危漢』的性質是相同的，都與淫亂毫不相干。史記穰侯列傳：『穰侯魏冉者，秦昭王母宣太后弟也。……昭王少，宣太后自治，任魏冉爲政。』這就是中國歷史上第一個登臺執政的女后。史記范雎列傳：『穰侯，華陽君，昭王母宣太后之弟也；而涇陽君、高陵君，皆昭王同母弟也。穰侯相，三人者更將，有封邑；以太后故，私家富重于王室。及穰侯爲秦將，且欲越韓、魏而伐齊綱壽，欲以廣其陶封。』這就是『亂秦』的部分内容了。」（社會科學戰綫一九八四年四期）

〔七〕黄注：「高后紀：太后以惠帝無子，取後宫美人子名之，以爲太子。惠帝崩，太子立爲皇帝，年幼，太后臨朝稱制。乃立兄子吕台、産、禄，台子通四人爲王，封諸吕六人爲列侯。四年夏，少帝自知非皇后子，出怨言。皇太后幽之永巷，立恒山王弘爲皇帝。太后崩，禄、産謀作亂，悉捕諸吕皆斬之。大臣相與陰謀，以爲少帝及三弟爲王者，皆非孝惠子，復共誅之，尊立文帝。」

范注：「史記吕太后本紀：『諸吕擅廢帝更立，又比殺三趙王，滅梁、趙、燕以王諸吕。』」

疏證：「黄注引漢書高后紀：『太后以惠帝無子，取後宫美人子名之以爲太子。』語有節删，致成大謬。案原文作『太后立姊魯元公主女爲皇后，無子』云云。此所云無子，謂皇后無子，非謂惠帝無子也。」

〔八〕疏證：「劉勰以爲女后立紀，不合古人『牝鷄無晨』，『婦無與國』之訓。謂之『違經』，然不得謂之『失實』。嫌其違經，而爲吕后立紀，則失實彌甚。二者蓋不可得兼，且吕后臨朝稱制，孝惠所不能違，大臣所不能廢，事實尤彰彰矣。史官秉筆爲記，欲不違經，其何可得？劉勰所論，未見其然。

「劉勰一則曰『漢運所值，難爲後法』；再則曰『豈惟政事難假，亦名號宜慎』。蓋鑒于後世母后臨朝，外戚擅權，爲禍甚烈，欲假此以爲鑒戒。吕后稱制，誠難爲法于後世。然所謂『政事難假，名號宜慎』者，乃君人者之事，亦豈史官之所能預哉！」斯波六郎：「春秋左氏傳成公二年：『仲尼聞之曰……唯器與名，不可以假人。』」

張衡司史，而惑同遷固，元平二后，欲爲立紀〔一〕，繆亦甚矣。尋子弘雖僞，要當孝惠之嗣〔二〕；孺子誠微，實繼平帝之體〔三〕；二子可紀，何有於二后哉〔四〕？

〔一〕校證：「『元平二后』，原作『元年二后』，梅從孫汝澄改爲『元帝王后』，其六次本，又改作『元平二后』，張松孫本同，今從之。鈴木亦云：『年疑平字之譌。』」

疏證：「篇中『元帝王后』一語，別本作『元平二后』，意謂『帝王』二字與『平二』近似而訛。然張衡傳明言宜爲元后本紀，自不含平后在内，别本似不可從。」

黄注：「張衡傳：衡以爲王莽本傳但應載篡事而已。至於編年月，紀災祥，宜爲元后本紀。」

疏證：「此文乃劉勰不主爲吕后立紀，並斥張衡建議之謬也。張衡于安順二帝之世，兩爲太史令，嘗疏請專事東觀，收檢遺文，畢力補綴。又條上司馬遷、班固所叙與典籍不合者十餘事，故劉勰有『張衡司史』之言。以其欲爲元后立紀，與史漢之爲吕后立紀同旨，故曰『惑同遷、固』。」

〔二〕梅注：「史記：宣平侯張敖女爲孝惠皇后時，無子，佯爲有身，取美人子名之，殺其母，立所名子爲太子。孝惠崩，太子立爲帝，吕太后幽殺之。復立孝惠後宮子恒山王義，更名曰弘。」按此見吕后本紀。「要」，總。

范注：「子弘實孝惠子，群臣立文帝，故强稱『少帝及梁、淮陽、常山王皆非真孝惠子也。吕后以計詐名他人子，殺其母養後宮，令孝惠子之，立以爲後。』彦和所云『子弘雖僞』，謂僞稱張后子，非謂其非孝惠子也。」

〔三〕梅注：「漢書：孺子嬰，宣帝玄孫，平帝崩，無嗣，王莽迎而立之。」

黄注：「（漢書）王莽傳：平帝崩，時元帝世絶，而宣帝曾孫有見王五人，莽惡其長大，曰：兄弟不得相爲後，乃選玄孫中最幼廣戚侯子嬰，年二歲，托以爲卜相最吉，立之。」

疏證：「案漢書王莽傳：居攝元年三月，立宣帝玄孫嬰爲皇太子，號曰孺子，而莽居攝，爲假皇帝。此即莽鴆平帝之翌年也。……然王莽居攝之日，孺子實未爲君，用以紀年，亦乖史實。……張衡欲爲元后立紀，以存漢統。不惟元后實未稱制，難以上比吕后。且元后崩于王莽建國五年，去莽之亡尚賖十年，將繫何氏之號，以下接更始、光武乎？衡主立紀，其論實謬，然不能以例遷固。……要之，爲高后立紀則是，爲元后立紀則非。至子弘、子嬰，皆無立紀必要。所謂『二子可紀，何有於二后』者，豈得謂之達論哉？」

〔四〕校證：「元本……馮本、汪本、張之象本、兩京本、何允中本、日本活字本、鍾本、梁本、王謨本、崇文本『二后』誤『三后』，馮校云：『三后當作二后。』」

校注：「按作『二后』是。……此乃總駁司馬遷、班固、張衡之辭，『二后』即史、漢所立吕后本紀之吕后，及張衡欲爲元后本紀之元后。」

史通序例篇：「晉齊史例皆云，坤道卑柔，中宮不可爲紀，今編同列傳，以戒牝鷄之晨。竊惟録皇后者編爲傳體，自不可加以紀名。」

趙翼陔餘叢考卷五「漢書」：「又王莽篡位，班書不列入本紀而別爲莽傳，附於卷末，固是。

但其體例，仍以本紀敘事。後漢張衡以爲莽傳但應載篡事；至於編末紀月，宜爲元后本紀（見後漢書張衡傳）。此亦創論。然元后歿後莽尚未敗，則宜何書？……愚謂是時並不必立元后紀而立孺子嬰本紀爲是。孺子嬰被更始所殺之歲，即光武建元建武之歲，年月略無空缺。（原注：「余既創此論，自以爲得作史之法；及閱文心雕龍，有云：『子弘雖僞，要當孝惠之嗣；孺子誠微，實繼平帝之體。二子可紀，何有於二后哉！』則謂王莽傳宜改爲孺子嬰紀。實有先獲我心者。」）」

以上爲第二段，論述史記、漢書之得失。

至於後漢紀傳，發源東觀〔一〕。袁、張所製，偏駁不倫。薛、謝之作，疎謬少信〔二〕。若司馬彪之詳實〔三〕，華嶠之準當，則其冠也〔四〕。

〔一〕訓故：「杜氏通典：東京圖書，悉在東觀。故使名儒碩學，入直其中，撰述國史。」

黄注：「東觀漢記一百四十三卷，起光武至靈帝。劉珍等撰。」

疏證：「史通正史篇記載纂修漢記之始末最詳。謂：『明帝始詔班固與睢陽令陳宗、長陵令尹敏，司隸從事孟異作世祖本紀，並撰功臣及新市、平林、公孫述事作列傳、載記二十八篇。……又詔史官謁者僕射劉珍及諫議大夫李尤雜作紀、表，名臣、節士、儒林、外戚諸傳，起自建武，訖乎永初。事業垂竟，而珍、尤繼卒。復命伏無忌與諫議大夫黄景作諸王、王子、功臣、恩澤侯表，南單于、西羌傳，地理志。至元嘉元年，復令太中大夫邊韶、大軍營司馬崔寔、議郎朱穆、曹壽雜作孝穆、崇二皇及順烈皇后傳，又增外戚傳……寔、壽又與議郎延篤雜作百官表、順帝功臣孫程、郭願……等傳凡百十有四篇，號曰漢記。熹平中，光禄大夫馬日磾、議郎蔡邕、揚彪、盧植著作東觀，接續紀傳之可成者。』……觀上文所述漢記之體，一踵漢書，紀、傳、志、表，無一不備。劉勰舉其多者言之，故稱曰『後漢紀傳』。後漢書之作者，既有十一家之多，而以漢記居先，且皆由帝室命撰，接續而成，爲諸家之所本。故又曰『發源東觀』也。」

〔二〕隋書經籍志：「後漢書九十五卷。」原注：「本一百卷，晉秘書監袁山松撰。」又「後漢南記四十五卷。」原注：「本五十五卷，今殘缺。晉江州從事張瑩撰。」又「後漢記六十五卷。」原注：「本一百卷，梁有，今殘缺，晉散騎常侍薛瑩撰。」又「後漢書一百三十卷。」原注：「無帝紀，吴武陵太守謝承撰。」范注：「案謝承之外，尚有晉祠部郎謝沈後漢書八十五卷。彦和所指，未知何人。」

史通雜説篇：「謝承漢書，偏黨吴越。」匡謬正俗卷五謂承書失實。洪亮吉亦云：「承書最有名，又最先出，而其紕繆非一端。」

疏證：「劉勰謂『袁、張所制，偏駁不倫』者，指袁山松後漢書、張瑩後漢南記而言也。黄奭袁書輯本，謂其文多排叠，喜志災祲，皆非史載所尚。劉勰所謂『偏駁不倫』者，殆謂是歟？劉勰又謂『薛、謝之作，疎謬少信』者，指謝承後漢書、薛瑩後漢記而言也。謝承，吴人；薛瑩，亦吴人……後入晉爲散騎常侍，故隋志稱爲晉人。姚之駰後漢書補逸嘗稱：『謝偉平之書，東漢第一良史也。』惟僅由逸文窺見厓略，未必衷於情實。之駰又論薛瑩之書曰：『讀世祖及顯宗二論，波屬雲委，灝瀚蒼鬱，洵良史乎！』然袁宏後漢紀稱及謝承，而不及薛瑩，豈以其書無可稱道之故。劉勰謂其『疏謬少信』，雖無可考，必非妄語。」

〔三〕黄注：「（晉書）司馬彪傳：彪討論衆書，綴其所聞，起於世祖，終於孝獻，編年二百，録世十二，通綜上下，旁貫庶事，爲紀、志、傳凡八十篇，號曰續漢書。」

〔四〕黄注：「（晉書）華嶠傳：『嶠以漢紀煩穢，慨然有改作之意，起于光武，終於孝獻，爲帝紀十二卷，皇后紀二卷，十典十卷，傳七十卷及三譜，序傳、目録，凡九十七卷。嶠以皇后配天作合，前史作外戚傳以繼末編，非其義也，故易爲皇后紀，以次帝紀。又改志爲典，以有堯典故也。而改名後漢書，奏之。詔朝臣會議。時中書監荀勗、令和嶠、太常張華、侍中王濟，咸以嶠文質事核，有遷、固之規，實録之風，藏之秘府。』」

史通正史篇：「華嶠删定東觀記爲漢後書……自斯已往，作者相繼，爲編年者四族，創紀傳者五家，推其所長，華氏居最。」

史通序例篇：「嶠言辭簡質，叙致温雅，味其宗旨，亦孟堅之亞歟。」

范注：「案史通正史篇論後漢書，於東觀記之下，即論司馬彪、華嶠二書，亦可以證彦和詳實準當之評必非虚也。」

及魏代三雄，記傳互出〔一〕。陽秋魏略之屬〔二〕，江表吴録之類〔三〕，或激抗難徵，或踈闊寡要〔四〕。唯陳壽三志，文質辨洽，荀張比之於遷固，非妄譽也〔五〕。

〔一〕校證：「御覽史略『互』作『並』。」

黄注：「潘岳詩：『三雄鼎足。』注：『三雄即三國之主。』」疏證：「三國史撰者甚多，隋志著録者約二十餘種。厥後陳壽薈萃以爲三國志。本文所舉僅爲四種，不過其厓略耳。黄注引潘岳詩，見文選二十四，題云爲賈謐作贈陸機。所謂注，即李善注。」

〔二〕疏證：「晉孫盛著魏氏春秋二十卷，見晉書本傳及隋志。史通模擬篇有『孫盛魏、晉二陽秋』之語。是知魏氏春秋本名魏陽秋（應爲魏陽秋本名魏氏春秋）。晉簡文帝太后名阿春，故晉人諱『春』，改春秋爲陽秋。本文所云陽秋，指魏陽秋而言也。……「隋志著録典略八十九卷，魏郎中魚豢撰。舊唐志著録典略五十卷，魏略三十八卷，皆魚豢撰。新唐志則僅著録魏略五十卷。姚振宗考證，謂隋志合典略、魏略爲一書，且多序録一卷，故爲八十九卷。其説是也。今有輯本魏略可考。」

中國中古文學史第四課：「陽秋，謂習鑿齒漢晉陽秋，非謂孔衍漢魏春秋及孫盛魏氏陽秋也。」

〔三〕黄注：「虞溥傳：『溥撰江表傳。卒後，子勃上於元帝，詔藏於秘書。』吴録三十卷，張勃撰。」疏證：「虞溥江表傳二卷，不見隋志。唐志入雜史。黄注引晉書本傳。而三國魏志少帝紀注亦云：鄱陽内史虞溥著江表傳，粗有條貫。吴録三十卷，著録隋志。史記伍子胥傳索隱：……張勃，晉人，吴鴻臚儼之子也，作吴録。」斠詮：「史通外篇正史篇：『張勃撰吴録，異文錯出，其流最多。』即指此書。」

〔四〕疏證：「三國志裴注曾謂：『孫盛著書，多用左氏，以易舊文。後之學者，將何取信？』又云：『孫盛言諸所改易，非别有異聞，自以意制，多不如舊。』史通模擬篇也謂：『孫盛魏、晉二陽秋，每書年首，必云某年春帝正月。夫年既編帝紀，而月又編帝名，以此擬春秋，所謂貌同心異也。』按此爲魏陽秋之疏失之可考見者。史通題目篇曰：『魚豢、姚察著魏、梁二史，巨細畢載，蕪累甚多，而俱榜之以略。』此又魏略之疏失之可考見者。江表傳及吴録之疏失，則不可考。劉勰『抗激難徵』之論，似指陽秋；『疏略寡要』之論，似指魏略。」牟注：「激，激切。抗，對抗，指不同於時俗的觀點。晉書孫盛傳中説：『殷浩擅名一時，與抗論者，惟盛而已。』」「難徵」，謂難於徵信。

〔五〕訓故：「晉書：陳壽，字承祚，蜀巴西人，歷官著作郎，撰魏、吴、蜀三國志。張華深善之，曰：當以晉書相付耳。無遷固之語。華嶠傳：嶠書成時，中書監荀勗等咸以嶠文直事核，有遷固風。」「洽」，協調。

校注：「華陽國志後賢志：『陳壽……吴平後，壽乃鳩合三國史，著魏、吴、蜀三書六十五篇，號三國志。……品藻典雅。中書監荀勗、令張華深愛之，以班固、史遷不足方也。』」

疏證：「案劉勰謂其『文質辨洽，荀張比之於遷固』，即本之華陽國志。……惟荀、張二氏常稱華嶠之書文質事核，有遷、固之規，不應於壽同持斯論。二者或有一誤，然必咎在常璩，而與劉勰無涉。」

斠詮：「晉書陳壽傳：『梁州大中正尚書郎范頵等上表曰：故治書侍御史陳壽作三國志，辭多勸戒，明乎得失，有益風化，雖文豔不若相如，而質直過之，願垂采録。』」

至於晉代之書，繁乎著作〔一〕。陸機肇始而未備〔二〕，王韶續末而不終〔三〕，干寶述紀，以審正得序〔四〕；孫盛陽秋，以約舉爲能〔五〕。

〔一〕疏證：「明刊本『繁』字作『繫』，校勘諸家多以『繫』爲誤字。愚謂此文有兩釋義；一謂晉代之書繫乎著作者，晉代以著作郎、著作佐郎任修史之責。……一曰諸家所修之晉史甚繁。如唐修晉書以前晉史有十八家之多……然（劉勰）所舉晉代作者，僅陸、王、干、孫四家，一如所舉撰後漢史諸家之例，然不害其爲作者之繁。由是言之，則今本『繁』字，亦未見其必爲誤也。」

黄注：「晉書：元康二年詔，著作舊屬中書令，秘書既典文籍，宜改爲秘書著作，於是改隸秘書省。著作郎一人，謂之大著作，專掌史任。」按此見職官志。

〔二〕訓故：「通志：陸機晉三祖紀四卷。」史通本紀篇云：陸機只叙其事，而不編年。所以稱其未備。

〔三〕訓故：「南史：王韶之，字休泰，琅邪人。初爲謝琰行軍參軍，私撰晉安帝陽秋。書成，時人謂宜居史職，除著作佐郎，使續後事，訖義熙九年晉安帝崩。」

補注：「隋書經籍志：晉紀四卷，陸機撰。晉紀十卷，宋吴興太守王韶之撰。史通正史篇：晉史：『洛京時，陸機始撰三祖記。晉江左史，自鄧粲、孫盛、王韶之已下，相次繼作。遠則偏記兩帝，近則唯叙八朝。』案：陸機止記宣、景、文三帝，是肇始未備也。宋書王韶之傳：『韶之私撰晉安帝陽秋成，時人謂宜居史職，即除著作佐郎，續後事訖義熙九年。』是續末而不終也。」下距晉亡尚有七年，故謂「不終」。

〔四〕黄注：「(晉書)干寶傳：寶字令升，王導薦之元帝，領國史。著晉紀，自宣帝訖於愍帝，凡二十卷。其書簡略，直而能婉，咸稱良史。」新唐書藝文志列干寶晉紀於編年類，是「審正得序」謂編年審正而有順序。

〔五〕訓故：「(晉書)孫盛傳：盛字安國，累進秘書監，著晉陽秋，詞直而理正，咸稱良史。晉簡文宣鄭太后，諱阿春，故諱云『陽秋』。」

疏證：「干、孫二氏之書，已爲當代所稱，本書才略篇亦云：『孫盛、干寶，文盛爲史，準的所擬，志乎典訓；户牖雖異，而筆彩略同。』是二氏爲劉所盛稱，可與本文互證。史通論之尤詳，二體篇曰：『干寶著書，乃盛譽丘明而深抑子長，其義曰：能以三十卷之約，括囊二百四十年之事，靡有遺也。』又載言篇曰：『干寶議撰晉史，以爲宜準丘明，其臣下委曲，仍爲譜注。於時議者，莫不宗之。』按此所論，皆以彰干寶撰史之長也。又采撰篇曰：『安國之述陽秋也，梁益舊事訪諸故老。夫以芻蕘鄙説，列爲竹帛正言，而輒欲與五經方駕。三志競爽，斯亦難矣。』又模擬篇亦論及晉陽秋。……此則又以明孫盛撰史之得失也。文選著録干氏晉紀總論，誠不愧文盛爲史之譽。詳觀劉知幾所論，則『干寶述紀，以審正得序』，允矣。至孫盛陽秋，僅有輯本。其『以約舉爲能』，則無明徵。」

按春秋經傳，舉例發凡〔一〕。自史漢以下，莫有準的〔二〕。至鄧璨晉紀，始立條例〔三〕。又擺落漢魏〔四〕，憲章殷周，雖湘川曲學〔五〕，亦有心典謨。及安國立例，乃鄧氏之規焉〔六〕。

〔一〕黄注：「春秋序：『發凡以言例。』注：『知隱公七年，凡諸侯同盟，於是稱名之類。有五十條，皆以凡字發明類例。』」疏證：「杜預所釋，以春秋有新舊二例。傳言凡者，是爲舊例，其數五十，周公之所垂法也。傳不言凡，而比於凡者，是爲新例，孔子之所補定也。無論杜釋之爲是爲非，而春秋書法本於凡例，則顯然可見。至其何者爲凡，何者爲例，則一由傳發之。

故劉勰有『春秋經傳，舉例發凡』之語。蓋春秋經傳之凡例，即爲吾國所創之史例。」

周注：「杜預春秋序：『其發凡以言例。』疏：『言發凡五十。』序又稱：『諸稱「書」「不書」「先書」「故書」「不言」「不稱」「書曰」之類，皆所起新舊，發大義，謂之變例。』五十凡是正例，此外還有變例。稱『書』的，如左傳襄二十七年『書先晉（諸侯集會，把晉寫在前），晉有信』。稱『不書』的，隱元年『春正月，不書即位，攝也（隱公攝位）』。稱『先書』的，桓二年『君子以（華）督有無君之心，故先書弑其君』。象這樣春秋的凡例，左傳加以發明。」

〔二〕范注：「班彪論史記，謂其細意委曲，條理不經。范曄謂班氏最有高名，既任情無例，不可甲乙辨（獄中與諸甥姪書）。彥和之說本此。然史漢一爲通史，一爲斷代，皆正史不祧之祖。後之撰史者，無能踰其規範，所謂莫有準的，特以比春秋經傳爲不足耳。」

疏證：「史記有自序，漢書有叙傳，而皆無凡例。三國志則並自序而無之。故曰：『自史漢以下，莫有準的。』史通序例篇云：『昔夫子修經，始發凡例。左氏立傳，顯其區域。科條一辨，彪炳可觀。降及戰國，迄乎有晉，年逾五百，史不乏才。雖其體屢變，而斯文終絶。』詳其所論，亦本於劉勰之旨以立言也。」

〔三〕校注：「『琛』，黄校云：『元作瑛，朱改。』……按當依御覽、史略、玉海四六引作『粲』，始與晉書本傳合。」

訓故：「史通：令升先覺，遠述丘明，重立凡例，勒成晉紀。鄧孫以下，遽躡其蹤，史例中興，於斯爲盛。」按此見序例篇。

黄注：「鄧粲傳：『荆州刺史桓沖請爲别駕，粲以父騫有忠信言，而世無知者，乃著元明紀十篇。』」

〔四〕校注：「『擺落』，黄校云：『一作撮略，從御覽改。』按史略亦作『擺落』。尋繹上下文意，作『擺落』是。陶淵明集飲酒詩：『擺落悠悠談。』」

中國中古文學史第四課：「彦和此篇，於晉人所撰史傳，舍推崇陳壽三志外，其屬於後漢者，則崇司馬彪、華嶠之書（司馬彪撰續漢書，起於世祖，終於孝獻，爲紀、志、傳八十篇，見晉書彪傳。華嶠作後漢書，爲帝紀十二卷，皇后紀二卷，十典十卷，傳七十卷，及三譜序傳目録，凡九十七卷，見晉書嶠傳。今惟彪書八志存），謂勝袁（宏，著後漢紀）謝（吴謝承，著後漢書百三十卷，晉謝沈，作後漢書八十五卷及外傳）薛（瑩，撰後漢紀百卷）張（張瑩，撰後漢南紀五十五卷；張璠，撰後漢紀三十卷）諸作（晉袁山松亦撰後漢書）；其屬於晉代者，惟舉陸（機，撰晉紀四卷，史通謂其直叙其事，竟不編年）干（寶，作晉紀二十卷，晉書謂其書簡略，直而能婉）鄧（粲，撰晉紀十一卷）孫（盛，撰晉陽秋三十二卷，晉書謂其詞直理正）王（宋王韶之，撰晉安紀十卷）五家……是猶論魏吴各史，深抑陽秋（習鑿齒撰漢晉陽秋四十七卷）、吴録（張勃作吴録三十卷）諸書也。」

〔五〕疏證：「晉書鄧粲傳：『著元明紀。』蓋所録者，爲東晉元、明二帝之事。隋志著録晉紀十一卷，注云：『訖明帝。』可資互證。粲，長沙人，故劉勰以『湘川曲學』呼之。」

校證：「舊本『川』皆作『州』，王惟儉本、何校本、黄本、張松孫本作『川』。」斯波六郎：「『川』疑『州』之誤。鄧粲，長沙人，故云湘州。」

校注：「隋書地理志下：『長沙郡，本注：「舊置湘州。」』則『州』字是。戰國策趙策二：『窮鄉多異，曲學多辨。』説苑説叢篇：『窮鄉多曲學。』」「曲學」指偏頗狹隘的言論，也指孤陋寡聞的人。

〔六〕疏證：「粲著晉紀，先立條例。而孫盛晉陽秋效之，故曰『安國立例，乃鄧氏之規』。考晉、宋人撰史之有例者，不止鄧、孫二氏。史通序例篇云：『唯令升先覺，遠述丘明，重立凡例，勒成晉紀。鄧、孫以下，遂躡其蹤。史例中興，於斯爲盛。』據此，則丘明而後，重立史例者，是惟干寶。故劉知幾以『史例中興』稱之。至鄧、孫二氏之史例，乃爲躡蹤干氏。劉勰之語有誤，故劉知幾特爲正之。范曄後漢書、檀道鸞續晉陽秋，皆有例，章懷注數舉範例。故序例篇又曰：『必定其臧否，徵其善惡。干寶、范曄，理切而多功；鄧粲、道鸞，詞繁而寡要。』於是鄧史之例，又得一證。謂其『詞繁寡要』，則又不能無病。無怪乎劉勰以『湘川曲學』稱之也。

「劉勰所見諸晉史，惟鄧、孫二氏有例，而鄧氏在前，故以始立條例歸之。史、漢、三國諸史皆無例，鄧氏不此之從，故曰『擺落漢魏』；上法仲尼、丘明，重立史例，故曰『憲章殷周』。」

范注：「才略篇云：『孫盛準的所擬，志乎典訓。』蓋取法鄧粲也。」

以上爲第三段，評後漢、魏、晉的史書。

原夫載籍之作也，必貫乎百氏〔一〕，被之千載，表徵盛衰，殷鑒興廢，使一代之制，共日月而長存，王霸之跡，並天地而久大〔二〕。是以在漢之初，史職爲盛，郡國文計，先集太史之府〔三〕，欲其詳悉於體國也〔四〕。閱石室，啓金匱，抽裂帛〔五〕，檢殘竹〔六〕，欲其博練於稽古也。

〔一〕斠詮：「百氏謂諸子百家也。漢書叙傳：『緯六經，綴道綱；總百氏，贊篇章。……』彦和以『百氏』作『百家』用者，於此處外，尚有二處見於諸子篇，曰：『及伯陽識禮，而仲尼訪問，爰序道德，以冠百氏。』曰：『斯則得百氏之華彩，而辭氣之大略也。』」

〔二〕疏證：「此言作史旨趣之所在也。載籍即謂史策。凡古之六經，漢魏以來之諸史，皆載籍也。史策所載，上宗六藝，旁賅諸子，無所不包。故曰『貫乎百氏』。今之所以知古，後之所以觀前，亦惟史策有此功用。故曰『被之千載』。史之所記，爲往代盛衰興廢之事，非假記載，莫由徵其盛衰。傳之後世，更可鑒其興廢。周禮以詳官制，儀禮以述節文。兼史漢以下，所立書志諸篇，皆所以詳一代之制。尚書所載，皆王者之迹。春秋所載，皆霸者之迹。秦漢以下諸史所載，治世之迹近王，亂世之迹近霸。然何以欲述一代之制及王霸之迹？蓋使之『共日月而長存，並天地而久大』耳。劉勰蓋以作史旨趣，應不外是。」

〔三〕范注：「史記太史公自序集解引如淳曰：漢儀注：太史公，武帝置，位在丞相上。天下計書，先上太史公，副上丞相。序事如古春秋。遷死後，宣帝以其官爲令，行太史公文書而已。」

疏證：「司馬遷自云：『常厠下大夫之列。』又曰：『僕之先人，非有剖符丹書之功，文史星曆，近乎卜祝之間。固主上之所戲弄，倡優畜之，流俗之所輕也。』如果談、遷官太史公位丞相上，比於三公，則不能以下大夫自稱，更不能以倡優爲喻。即如漢舊儀所説，實有太史公秩二千石之官，亦不得位於丞相之上。漢書律曆志及兒寬傳，皆稱遷爲太史令，而不稱公，即爲漢無太史公一官之反證。司馬貞索隱謂『遷尊其父故稱公』，而斥『位丞相上』之説爲謬，允矣。

「……漢承周制，以太史典藏計書，即官署簿書，可資保藏，以供修史之用者。其正本應上史官，故曰『天下計書先上太史公』。」「文計」，文書計簿。

〔四〕校證：「『也』字原無，玉海有。案各本『國』下有『必』字，屬下句讀；『必』即『也』形近之誤，今據玉海改正。『故其詳悉於體國也』，與下『欲其練於稽古也』句法正同。」

疏證：「周禮天官大冢宰有『體國經野』之語。尚書堯典亦以『曰若稽古』爲起語。注家謂『體國』爲『分國』，『稽古』爲『考古』，『體國經野』爲君相所有事。其事之炳著者，必著記於史官。是唯史官乃能詳細於體國。『曰若稽古』以造典謨，而著之竹帛，掌於史官，故史官必假於竹帛，乃能博練於稽古也。」

校釋：「『必』乃上句末『也』字之譌。『欲其詳悉於體國也』與下『欲其博練於稽古也』，句法相同。言郡國文計體國之事，太史所當詳悉者也。」周禮天官序官：「惟王建國，辨方正位，體國經野，設官分職，以爲民極。」營建國中的宮城門途，如身之有四體，謂之體國，後泛指治理國家。

〔五〕校注：「史記自序：『遷爲太史令，紬史記石室金匱之書。』作『紬』字；漢書司馬遷傳亦作『紬』。顔注：『紬，謂綴集之。』」

〔六〕疏證：「史記太史公自序更有『秦焚滅詩書，故明堂石室金匱玉版圖籍散亂』之語。索隱曰：『案石室金匱，皆國家藏書之處。』墨子天志中篇云：『書於竹帛，鏤之金石。』説文叙云：『著於竹帛謂之書。』……古籍密藏於石室金匱，須啓辟而後能閲覽。故曰：『閲石室，啓金匱。』書之最古者，其竹簡必有殘缺，其縑帛必有斷裂，故曰『抽裂帛，檢殘竹』也。」

是立義選言〔一〕，宜依經以樹則；勸戒與奪，必附聖以居宗〔二〕；然後詮評昭整，苛濫不作矣〔三〕。然紀傳爲式，編年綴事〔四〕。文非泛論，按實而書，歲遠則同異難密，事積則起訖易疎，斯固總會之爲難也〔五〕。或有同歸一事，而數人分功〔六〕，兩記則失於複重，偏舉則病於不周，此又詮配之未易也〔七〕。故張衡摘史、班之舛濫〔八〕，傅玄譏後漢之尤煩〔九〕，皆此類也。

〔一〕范注：「『是』下當有『以』字。」

〔二〕疏證：「劉勰論文，以徵聖、宗經居首。撰史之旨，亦不外是。本篇謂『宗經矩聖之典』，爲公理所辨究之一事，當爲劉勰論史所本。此所謂經，爲春秋之經。此所謂聖，爲孔子之聖。孔子曰：『其義則丘竊取之矣。』是謂立義。太史公曰：『孔子作春秋，筆則筆，削則削，子夏之徒不能贊一辭。』春秋經孔子之筆削，而後謂之爲選言。凡立義選言，皆應以春秋爲極則，故曰『宜依經以樹則』。春秋以褒貶示勸戒，即因褒貶而有所與奪。然非聖人不能得褒貶與奪之公，必取法孔子而後可，故曰『必附聖以居宗』。究而言之，依經附聖，爲劉勰素所持論。迨劉知幾出，以疑古、惑經名篇，始於春秋孔子有駁難之言。」

〔三〕黃注：「謝承曰詮，陳壽曰評。」疏證：「『謝承曰詮，陳壽曰評』二語，出史通論贊篇。……劉勰謂論史能依經附聖，然後詮評得當，否則不免於苛濫。蓋持論苛，則失之過；持論濫，則失之寬。苛而過，濫而寬，皆不得謂之詮評昭整。」「昭整」，昭晰、齊整。斠詮：「是立義選言……苛濫不作矣。」此數句標出作史之準的。

〔四〕范注：「紀以編年，傳以綴事。」疏證：「『紀傳爲式，編年綴事』二語，應爲下二段之綱。此劉知幾撰二體篇之所本也。……蓋自後漢、魏、晉以迄劉勰，作者輩出，要不逾於紀傳、編年二體。紀傳一體爲撰史之正軌，班陳以下莫不因之，故劉勰有『紀傳爲式』之言。編年一體，發生雖早，乃自有馬、班二史，降居次位。如因有兩漢書而別有漢紀，因有晉書而別有晉紀，因有宋書而別有宋略，皆其明證。然編年之史，重於紀事，而不必如列傳之多載文翰。故劉勰又有『編年綴事』之論也。下文一言『總會』，蓋論編年；一言『詮配』，蓋論紀傳。」

〔五〕疏證：「此節論編年之史之難於撰作也。編年之史，莫古於春秋。春秋循魯史記事之法，造語至簡，皆按實而書，故文非泛論。左傳於記事外，間舉凡以示例，或爲『君子曰』以發其旨，是雖有泛論，曾不失按實而書之旨。劉子玄史通煩省篇論左傳曰：『其書自宣、成以前，三紀而成一卷；至昭、襄已下，數年而占一篇。是知國阻隔者，記載不詳；年淺近者，撰録多備。』此非所謂『歲遠則同異難密』乎？又二體篇曰：『至於賢士貞女，高才俊德，事當沖要者，必盱衡而備言；迹在沈冥者，不枉道而詳説。……論其細也，則纖芥無遺；語其粗也，則丘山是棄。』此非所謂『事積則起訖易疏』者乎？劉知幾在二體篇又謂：『夫春秋者，繫日月而爲次，列時歲以相續。中國外夷，同年共事，莫不備載其是。形於目前，理盡一言，語無重出。』按此語實兼左傳而并言，亦即善於『總會』，而爲編年史之冠冕者。厥後，荀悦效左傳之體而撰漢紀，司馬光更撰通鑑。……年代愈長，總會愈難。」

斠詮：「年代久遠，史有缺文，事類繁多，傳説紛紜；二者於史家皆不易處理，故彦和特發此難。」注訂：「上文叙作史之指歸，此言從事之不易，慎其不易，則指歸易得。」

〔六〕「功」，同「工」。

〔七〕疏證：「此節論紀傳之史之難於撰作也。紀傳一體之史，莫先於史記，而以善於詮配見長。史通二體篇論史記曰：『若乃同爲一事，分在數篇，斷續相離，前後屢出。於高紀，則云語在項傳；於項傳則云事具高紀。又編次同類，不求年月，後生而擢居首帙，先輩而抑歸末章。遂使漢之賈誼，將楚屈原同列；魯之曹沫，與燕荆軻并編。』此論詮配之難，最爲昭晳。而其論旨，則本之劉勰。蓋記一事而涉數人，述一事而分見數傳，欲其無所複重。免於不週，則屬甚難，亦爲紀傳之史之所短。劉勰故特表而出之，亦舉重略輕之旨也。」春覺齋論文流別論七：「化編年爲列傳，成正史之傳體，其例實創自史遷。而劉彦和慮其『事遠則同異難密，事積則起訖易疏，斯固總會之爲難也。或有同歸一事，而數人分功，兩記則失於重複，偏舉則病於不周，此又詮配之未易也』之數語者，可謂深明史體。邵泰衢史記疑問謂功臣表漢九年吕澤已死，而留侯世家漢十一年不應又有吕澤。葉榮甫曰：『史漢並稱良史，乃其中有分一人爲二人，合二人爲一人者。如伯益、伯翳一人爾（見鄭語及後漢地志），史記於陳杞世家之末乃云：「伯翳之後分爲秦。」又云：「垂、益、夔、龍，其後不知所分。」是以翳、益爲二人也。闞止、子我一人爾（見傳哀六年杜預注及史記齊世家賈逵注），史記於田氏完世家乃云：「子我者，闞止之宗人。」又云：「田氏之徒追殺子我及闞止。」是又以一人爲二人。』諸如此類，仁和梁玉繩史記質疑中言之指不勝屈，即所謂同異難密者也。至於同歸一事，則數人分功，兩記則失於重複，偏舉則病于不周。愚按此着史公似有專長，能於複中見單，令眉目皎然，不至於淆亂。但以樊、酈、滕、灌四傳論之，四人悉從高帝，未嘗特將，爲功多同，史公頗患其溷，故於四傳中各異其書法以別之（以下舉例從略）。四人皆從高帝，雖有分功之事，而序事能各判其人，此謂因事設權者也。」

〔八〕范注：「後漢書張衡傳：『衡條上司馬遷、班固所叙與典籍不合者十餘事。』章懷注曰：『衡集其略曰：「易：宓戲氏王天下，宓戲氏没，神農氏作，神農氏没，黄帝、堯、舜氏作。史遷獨載五帝，不記三皇，今宜並録。」又一事曰：「帝系，黄帝産青陽、昌意。周書曰：『乃命少皡清。』清即青陽也。今宜實定之。」』」

疏證：「衡又以爲王莽本傳但應載篡事而已，至於編年月，紀災祥，宜爲元后本紀。……即衡所摘漢書之舛濫也。」

〔九〕范注：「晉書傅玄傳：『玄少時，避難於河内，專心誦學，後雖顯貴，而著述不廢。撰論經國九流及三史故事，評斷得失，各爲區例，名爲傅子。』嚴可均全晉文有傅子輯本，無論後漢尤煩之文。惟史通覈才篇引傅玄云：『觀孟堅漢書，實命代奇作，及與陳宗、尹敏、杜撫、馬嚴撰中興紀傳，其文曾不足觀，豈拘於時乎？不然，何不類之甚者也！是後劉珍、朱穆、盧植、楊彪之徒，又繼而成之，豈亦各拘於時而不得自盡乎！何其益陋也。』三史，謂史記、漢書、東觀漢記。其評斷惜亡佚不可考。」

疏證：「詳史通所引傅玄之語，即本傳所謂『撰論三史故事，詳論得失』。其評論東觀漢記之語，又殆所謂『譏後漢之尤煩』者也。」

以上爲第四段，提出對編寫史書的任務和要求，强調徵聖、宗經，並提出「總會」和「詮配」之難。

若夫追述遠代，代遠多僞。公羊高云：「傳聞異辭。」〔一〕荀況稱：「録遠略近。」〔二〕蓋文疑則闕，貴信史也〔三〕。然俗皆愛奇，莫顧實理。傳聞而欲偉其事，録遠而欲詳其跡，於是棄同即異〔四〕，穿鑿傍説〔五〕，舊史所無，我書則傳〔六〕，此訛濫之本源，而述遠之巨蠹也〔七〕。

〔一〕黄注：「漢藝文志：『公羊傳十一卷。』注：『公羊子，齊人。師古曰：名高。』傳曰：『所見異辭，所聞異辭，所傳聞又異辭。』」

疏證：「此言述遠之史難於徵信，應闕疑爲貴也。所見異辭三語，公羊傳凡三見：一見隱公元年『公子益師卒』下；一見桓公二年，『公會齊侯、陳侯、鄭伯於稷，以成宋亂』下；一見哀公十四年結尾數語。何氏解詁云：『所見者，謂昭、定、哀，己與父時事也。所聞者，謂文、宣、成、襄，王父時事也。所傳聞者，謂隱、桓、莊、閔、僖，高祖、曾祖時事也。』依何氏所詁，則知春秋十二公、二百四十二年之間，已分爲三期。即：第一期爲傳聞期，第二期爲所聞期，第三期爲所見期。所見期最詳最確，然猶不免異辭，況爲所聞期，或遠而爲傳聞期乎？蓋去吾愈遠，則異辭愈多，而愈難信。故劉勰有『追述遠代，代遠多僞』之言也。」

〔二一〕校注：「荀子非相篇：『傳者久則論略，近則論詳；略則舉大，詳則舉小。』舍人所稱，當即此文。然意義適與之反，且與本段亦相舛馳。豈傳寫有誤邪？史通煩省篇亦作『録遠略近』，浦二田通釋卷九已論及之矣。」

疏證：「史通煩省篇云：『昔荀卿有云：録遠略近，則知史之詳略不均，其爲患者久矣。』其文亦同文心。今浦氏通釋本改爲『遠略近詳』。且曰：『史通此文，以涉文心而誤。』理或然也。韓詩外傳(三)亦引荀子之語，文有小異，曰：『夫傳者，久則愈略，近則愈詳。略則舉大，詳則舉細。故聞者聞其大不知其細，聞其細不知其大。是以久而差。』繇此以證『録遠略近』一語，應有舛誤。細審本文，所謂『録遠略近』，似爲録遠宜略之義。下文又云：『録遠而欲詳其迹。』正爲録遠宜略之反義。否則，前後之語意不合。」斯波六郎：「『録遠略近』據上下文義，非是。恐爲『遠略近詳』之誤。」

陳書良：「『録遠略近』不誤，是記録遠古之事簡略於近世之事意。重點在録遠。如改爲『詳近略遠』，則與上文『追述遠代，代遠多僞』，及下文『蓋文疑則闕，貴信史也』不合。又劉知幾史通煩省云：『昔荀卿有云：録遠略近。』二劉所據荀子，殆别本乎？」

文心雕龍校注商兑：「按荀子非相：『傳者，久則論略，近則論詳。』彦和曰『録遠略近』，本與荀子無忤。史通煩省因以爲言：『昔荀卿有云：「録遠略近。」』浦起龍以彦和誤引荀文，作史通通釋，改曰『遠略近詳』。殊不知文心『略』字後省介詞『於』，有比之意，謂作史記録遠代之事，宜比近代的簡略。下文言俗人『愛奇』，作史竟『録遠而欲詳其迹』，恰與此相反，故非之。」

〔三〕校注：「按穀梁傳桓公五年：『春秋之義，信以傳信，疑以傳疑。』」疏證：「論語：『子曰：吾猶及史之闕文也。』集解引包曰：『古之良史，于書字有疑則闕之。』此爲篇中『文疑則闕，貴信史也』二語所本。」論語爲政：「多聞闕疑，慎言其餘，則寡尤。」

〔四〕斯波六郎：「春秋左氏傳襄公二十九年：『子太叔曰……吉也聞之，棄同即異，是謂離德。』」

〔五〕斠詮：「謂任意牽合，附會雜説也。」

〔六〕校證：「御覽、玉海『傳』作『博』。」

〔七〕范注：「彦和此論，見解高絶，史通疑古、惑經諸篇所由本也。孔子修春秋，託始乎隱，以高祖以來事尚可聞之也。尚書託始於堯舜，以堯舜爲孔子所虚懸之理想人物。……竹書紀年起於夏禹，不必可信。司馬遷撰史記，乃又遠推五帝，作五帝本紀。張衡欲記三皇，司馬貞本其意補三皇本紀。宋胡宏撰皇王大紀，又復上起盤古。愈後出之史家，其所知乃愈多於前人，牽引附會，務欲以古復有古相高，信述遠之巨蠹矣。」

疏證：「此言述遠之訛濫，由於愛奇好異，且不能闕疑之所致也。……劉勰所謂『俗皆愛奇，莫顧實理』者，非指孔子與司馬遷而言也。惟後人説古史者，實多荒誕不經之説。考劉勰以前，流傳乙部之書，如紀年、古文瑣語、穆天子傳，皆出自汲冢，尚爲古史之僅存者。又如逸周書、山海經，行世在汲冢古書之前。太史公且言及山海經，是漢代已有其書矣。至若……著録於隋、唐二志者，林林總總，不可勝數。非失之『棄同即異』，即不免『穿鑿傍説』。且其所説多不爲左傳、國語、國策、史記、漢書所載。若斯之類，正如范君所指『愈後出之史家，所知乃愈多於前人』，故曰：『舊史所無，我書則傳。』」

「尋劉勰立論之旨，凡後代人追述前代史事者，皆謂之述遠，以與下文『同時之枉』一節對舉。……史記述春秋以往之事最略，春秋戰國時事差詳，而記漢代事最詳，甚符荀子『遠略近詳』之旨。然本篇尚論諸史，於左氏則曰『氏族難明』，於史記則曰『愛奇反經』，於後漢史則曰『疏謬少信』，於三國史則曰『激抗難徵』，皆以明述古訛濫之弊。依公羊氏述高祖以上事即爲傳聞，則不免異其辭。依本篇所述，述前代事即爲録遠，録遠則難於求詳。凡『傳聞而欲偉其事，録遠而欲詳其迹』者，皆訛濫之本源也。」

至於記編同時〔一〕，時同多詭，雖定、哀微辭〔二〕，而世情利害〔三〕。勳榮之家，雖庸夫而盡飾；迍敗之士，雖令德而嗤埋〔四〕：吹霜煦露〔五〕，寒暑筆端。此又同時之枉，可爲歎息者也〔六〕。故述遠則誣矯如彼，記近則回邪如此，析理居正，唯素心乎〔七〕！

〔一〕斠詮：「『記編』乃竝列動詞，『記編同時』與上『追述遠代』相對文。」

〔二〕黄注：「史記：『孔子著春秋，隱、桓之間則章，至定、哀之際則微。謂其切當世之文而罔褒，忌諱之辭也。』」疏證：「黄注所舉史記及匈奴傳贊語。」又：「此言時近之枉，又不同於述遠也。公羊傳定公元年：『定、哀多微辭。』解詁云：『孔子畏時君，上以諱尊隆恩，下以避言容身，慎之至也。』史記用公羊家説，故曰：『定、哀之際則微。』」「詭」，欺詐。

〔三〕斠詮直解爲「乃基於世俗之常情與權衡當時之利害，不得不然也」。

〔四〕此處原作：「雖令德而常嗤，理欲吹霜煦露。」校注：「『常嗤』當依御覽、史略改作『嗤理』。『理』即『埋』之誤。上句之『常』字與此句之『欲』字，皆係妄增。」校釋：「舊校：『理欲二字衍。』按御覽作『雖令德而蚩埋』，『蚩』乃『嗤』省，『理』爲『埋』誤，『欲』則『吹』之衍而誤者。」校證：「史略作『嗤埋』。按作『嗤埋』是，今據改。舊本因『埋』誤爲『理』，文不可通，因於『嗤』上加『常』字耳。」「嗤埋」，譏笑而被埋没。「煦」，温暖。

〔五〕斠詮：「謂吹寒氣可凝成嚴霜，呵暖氣可降爲甘露也。」史通雜説上：「左氏之叙事也……談恩惠則煦如春日，紀嚴切則凜若秋霜。」

〔六〕疏證：「史通曲筆篇發揮記近多枉之義最晰，其言曰：『其有舞詞弄札，飾非文過。若王隱、虞預，毁辱相凌；子野、休文，解紛相謝。用舍由乎臆説，威福行乎筆端。斯乃作者之醜行，人倫所同疾也。亦有事每憑虚，詞多烏有。或假人之美，借爲私惠；或誣人之惡，特報己仇。……此又記言之奸賊，載筆之凶人。』又曰：『至如朝廷貴臣，必父祖有傳；考其行事，皆子孫所爲。而訪彼流俗，詢諸故老，事有不同，言多爽實。』又曰：『蓋史之爲用也，記功司過，彰善癉惡，得失一朝，榮辱千載。苟違斯法，豈曰能官。但古來唯聞以直筆見誅，不聞以曲詞獲罪。……故令史臣得愛憎由己，高下在心，進不憚於公憲，退無愧於私室，欲求實録，不亦難乎。』案劉知幾此論，實與劉勰同符。……劉勰云：『勛榮之家……雖令德而常嗤。』實爲子長而後吾國舊史學家之通病。

「陳壽謂丁儀、丁廙之子曰：『可覓千斛米見與，當爲尊公作佳傳。』魏收之撰魏書，『性憎勝己，喜念舊惡。甲門盛德，與之有怨者，莫不被以醜言，没其善事。遷怒所及，毁及高曾。又以楊遵彦爲北齊貴臣，勢傾朝野，撰其家傳甚美。由是世傳其書，號爲穢史。』夫陳壽有良史之目，魏收亦富於史才。一則以求米貽譏，一則以穢史見病。『吹霜煦露，寒暑筆端』，惟魏收一類人，足以當之。

「述古易誣，記近易枉，其趨雖異，厥失惟均。劉勰論史，慨乎言之，足以昭示準的矣。」

〔七〕「素心」，黄本改作「素臣」，注曰：「春秋序：説者以仲尼自衛反魯，修春秋，立素王，丘明爲素臣。」

紀評：「陶詩有『聞多素心人』句，所謂有心人也，似不必改作『素臣』。」

范注：「案紀説是也。素心，猶言公心耳。」

校注：「文選顔延之陶徵士誄：『長實素心。』李注：『禮記曰：「有哀素之心。」鄭玄曰：「凡物無飾曰素。」』江文通文集陶徵君田居詩：『素心正如此。』並以『素心』連文。養氣篇：『聖賢之素心。』尤爲切證。不必泥於本篇所論，而改『心』爲『臣』也。」斠詮：「心地樸素亦曰素心，如陶潛移居詩：『聞多素心人，樂與數晨夕。』文選顔延之陶徵士誄：『弱不爲養，長實素心。』注：『素，無飾也。』」

校釋：「梅子庾以杜預春秋序有『丘明爲素臣』之説，改作『素臣』，以配孔子素王，亦通。」

疏證：「如作『素臣』，則上下文義甚順。否則費解。」又：「此數語爲總結上文之辭。述遠之弊爲誣矯，記近之弊爲回邪，皆與修史之旨無當。述遠以訛濫爲巨蠹，訛濫即誣矯也。記近以同時之枉爲可嘆，同時之枉即回邪也。誣矯、回邪，俱有不可。惟有出於『析理居正』之一途。

「何謂析理？『貫乎百世，被之千載，表徵盛衰，殷鑒興廢』是也。何謂居正？使『一代之制，共日月而長存；王霸之迹，並天地而久大』是也。必如史記之實録無隱，博雅宏辨，乃得謂之析理。又如漢書之宗經矩聖，端緒豐贍，乃得謂之居正。蓋作史必能析理，而後述遠不失於誣矯；必能居正，而後記近不至於回邪。劉勰舉『析理居正』四字，所以箴述古記近之失也。

「素王、素臣之名，既見杜預春秋序，疏復爲之説曰：『……丘明自以身爲素臣，故爲素王作左氏之傳。漢魏諸儒，皆爲此説。』又曰：『素，空也，言無位而空王也。』由此説推之，素臣之義，亦爲無位而空臣。又杜預於隱公元年春王正月下注云：『凡人君即位，欲其體元以居正，故不言一年一月也。』審此，更知左丘明爲素臣，而『體元居正』，亦左氏作傳之始義。蓋劉勰以左氏爲史家之冠冕，故亟稱之以示準。」

若乃尊賢隱諱，固尼父之聖旨，蓋纖瑕不能玷瑾瑜也〔一〕；奸慝懲戒，實良史之直筆，農夫見莠，其必鋤也〔二〕；若斯之科，亦萬代一準焉〔三〕。至於尋繁領雜之術，務信棄奇之要，明白頭訖之序，品酌事例之條，曉其大綱，則衆理可貫〔四〕。

〔一〕范注：「公羊閔公元年傳：『春秋爲尊者諱，爲親者諱，爲賢者諱。』瑾瑜，謂尊者賢者。諱尊賢，懲奸慝，爲作史之準繩。」校注：「左傳宣公十五年：『瑾瑜匿瑕。』」

疏證：「尊謂君，親謂父，賢謂賢士大夫。史貴直筆，而於君親賢士大夫，例須爲之隱諱。此爲公羊家所謂春秋之法。劉勰以『尼父之聖旨』釋之。

「左傳宣公二年：『太史書曰：趙盾弑其君。以示於朝。宣子曰：不然。對曰：子爲正卿，亡不越境，反不討賊，非子而誰？宣子曰：嗚呼！我之懷矣，自貽伊戚。其我之謂矣。孔子曰：董狐，古之良史也，書法不隱。趙宣子，古之良大夫也，爲法受惡。』「本篇尚論古史，於左氏之外，兼用公羊之説。以春秋爲仲尼所筆削，而爲尊賢隱諱，亦爲尼父之聖旨。」此處「纖瑕不能玷瑾瑜」，謂瑕不掩瑜。

〔二〕校注：「左傳隱公六年：『周任有言曰：爲國家者，見惡如農夫之務去草焉；芟夷藴崇之，絶其本根，勿使能殖，則善者信矣。』」「莠」，狗尾草，是惡草。

〔三〕斠詮：「科，即科條。準，此指準繩。」疏證：「孟子滕文公篇曰：『孔子成春秋而亂臣賊子懼。』應指良史直筆，可收懲奸戒慝之效而言。劉勰喻以農夫之除莠，尚能當理。第自遷、固以下，歷代秉筆之士，其於君上，則寓以隱惡揚善之旨；其於奸慝，則寄以懲惡勸善之法。此爲仲尼以來修史準繩之所在。劉勰所以又謂『若斯之科，亦萬代一準』也。」

〔四〕范注：「史通全書，皆推闡此四句之義，孰謂彦和此篇是敷衍足數者！」疏證：「此文所舉之四事，乃劉勰所建立之修史總綱也。……『尋繁領雜之術』，即搜集史料之謂也。『務信棄奇之要』，即整理史料之謂也。『明白頭訖之序』，即輯成史著之謂也。初步徵集之史料，是爲原料；繼而整理之史料，是爲長編；最後葺成之史著，是爲定本：此爲修史必經之序，劉勰已備言之矣。

「不特此也，修史尤貴有例，以立載筆之準。劉知幾曰：『國無法則，上下靡定；史無例則，是非莫準。』春秋各國史官，皆依王室所頒之例，以爲載筆之準。唐宋以來，纂修國史，亦莫不先訂凡例。古今一揆，蓋已久矣。是則删成勒定之際，尤貴先立史例。此劉勰所以又有『品酌事例之條』之説也。

「再就上文所述，加以申明。『尋繁領雜之術』，實爲總會。『明白頭訖之序』，屬於詮配。總會之後，必知『務信棄奇之要』，乃能詮配得當。詮配之際，必依『品酌事例之條』，乃究總會之極功。四者缺一，又不可也。總上四事，定爲修史之總綱。握定總綱以修史，則萬殊歸於一本，自可有條不紊。故曰『曉其大綱，則衆理可貫』也。再案史通采撰、探賾、補注諸篇，皆以論『尋繁領雜之術』；浮辭、直筆、曲筆、模擬諸篇，皆以論『務信棄奇之要』；斷限、編次、敍事、序傳、煩省諸篇，皆以論『明白頭訖之序』；六家、二體、本紀、世家、列傳、表歷、書志、論贊、序例諸篇，皆以論『品酌事例之條』。」「品酌事例之條」謂確定評量得失的條例。

然史之爲任，乃彌綸一代，負海内之責，而贏是非之尤〔一〕。秉筆荷擔，莫此之勞〔二〕。遷固通矣，而歷詆後世。若任情失正，文其殆哉〔三〕！

〔一〕校證：「『贏』，舊本皆如此，梅本、黄本作『羸』，不可從。」范注：「『羸』，當作『贏』。贏，賈有餘利也。韓愈不敢作史，恐贏得是非之禍尤耳。」

校注：「按『贏』字是。……贏，受也（左傳襄公三十一年杜注），擔負也。」「彌綸」，包舉。「尤」，責備。

〔二〕范注：「荷擔，猶言負責。」

疏證：「此言修史之責重也。自班固斷代爲史，以撰漢書，後世仍之。故劉勰謂『修史之責，足以彌綸一代』。董狐直筆，見稱於仲尼；魏收穢史，見訾於當代：其『負海内之責，而贏是非之尤』，又爲何如？由此而知秉筆修史之士，其勞亦莫甚矣。蓋上文言曉其大綱，則衆理可貫，是修史尚非難事。此文又言修史之責重，且足以釀生是非，而其勞亦可念。以明修史仍非易事，用以警惕作者。」

〔三〕范注：「遷、固皆良史，而後世尚詆呵之；若褒貶任情，抑揚失正，則生絶胤嗣，死遭剖斵，難乎免於殃戮矣。韓愈不敢撰史，蓋深有見於其難也。」

疏證：「班彪略論謂：『司馬遷論議淺而不篤，其論學術，則崇黄老而薄五經；序貨殖，則輕仁義而羞貧窮；道游俠，則賤守節而貴俗功，此其大敝傷道，所以遇極刑之咎也。』其子固作司馬遷傳，亦用父説爲贊，其文微異。……後漢書班彪附子固傳論云：『彪、固譏遷，以爲是非頗謬於聖人。然其議論，常排死節，否正直，而不叙殺身成仁之爲美，則輕仁義，賤守節愈矣。固傷遷博物洽聞，不能以智免極刑。然亦身陷大戮，智及之而不能守之。嗚呼！古人所以致論於目睫也。』……又史通書事篇云：『傅玄之貶班固也，論國體，則飾主闕而折忠臣；叙世教，則貴取容而賤直節；述時務，則謹辭章而略事實。』……以上皆劉勰所謂歷詆遷、固之辭也。

「篇中『任情失正』四字，對上文『析理居正』而言。惟不能析理者乃任情，不能居正者乃失正。文者，斯文也。『文其殆哉』，即斯文將喪之旨也。遷、固通人，猶爲後世所歷詆。若下於此，而任情失正，則斯文有將喪之懼。以言修史，不亦遠乎！劉勰以慨嘆作結，以明修史之非易事。」

第五段論述修史在「述遠」「記近」中兩種不良傾向，並提出修史的四條大綱。

贊曰：史肇軒黄，體備周、孔。世歷斯編，善惡偕總〔一〕。騰褒裁貶，萬古魂動〔二〕。辭宗丘明，直歸南、董〔三〕。

〔一〕范注：「南齊書魚腹侯子響傳：『劉繪爲豫章王嶷乞葬蛸子響表云：積代用之爲美，歷史不以云非。』稱史爲歷史，即『世歷斯編』之義。」疏證：「或謂此即『世歷斯編』之義。按此云歷史，即歷世之史之義，與今言歷史之義不殊。」斠詮：「言歷代世事之因革變遷，均薈萃於史册，人類行爲之是非善惡，皆總括於其中也。」

〔二〕疏證：「本篇云『軒轅之世，史有倉頡』，是爲『史肇軒黄』。又云『姬公定法』，夫子『因魯史以修春秋』。周公立作史之凡，仲尼奠編年之體，是爲『體備周、孔』。本篇於史、漢以下，兼叙後漢、魏、晉諸家之作，而懲惡勸善之旨以備，是爲『世歷斯編，善惡偕總』。又云：『褒見一字，貴逾軒冕；貶在片言，誅深釜鉞。』是爲『騰褒裁貶，萬古魂動』。」

斠詮：「言因褒揚而騰聲，由貶斥而抑價，史家秉筆，消息萬古。其機如此，足令人心驚魂動也。」

〔三〕訓故：「春秋左傳：崔杼弒莊公。太史書曰：崔杼弒其君。崔子殺之，其弟嗣書，而死者二人。南史氏聞太史盡死，執簡以往，聞既書矣，乃還。春秋左傳：孔子曰：董狐，古之良史也，書法不隱。」按前者見襄公二十五年，後者見宣公二年。

疏證：「史之直筆，應以南、董爲歸；史之辭采，應以左氏爲宗。南、董之直筆，更於春秋見之。本篇曰：『立義選言，宜依經以樹則；勸戒與奪，必附聖以居宗。』此直歸南、董之注脚也。又曰：『丘明同時，實得微言。乃……記籍之冠冕。』此『辭宗丘明』之注脚也。……本文以南、董皆能直筆，故並稱之。」

諸子第十七

梅注：「漢書藝文志：鬻子二十二篇，老子道德二篇，孟子七篇，莊子五十二篇，墨子七十一篇，尹文子一篇，野老十七篇，騶子四十九篇，申子六篇，商子二十九篇，鬼谷子十三篇，尸子二十篇，青史子五十七篇，吕氏春秋二十六篇，荀卿子三十三篇，惠子一篇，列子八篇，韓非子五十五篇，公孫龍子一十四篇，魏公子牟四篇，管子八十六篇，晏子八篇，鄒奭子一十二篇，隨巢子六篇，尉繚子二十九篇，鶡冠子一篇，文子九篇，慎子四十二篇，淮南子内二十一篇、外三十三篇。」

紀評：「此亦泛述成篇，不見發明。蓋子書之文，又各自一家，在此書原爲譾入，故不能有所發揮。」

范注：「案紀氏此說亦誤。柳子厚謂『參之孟荀以暢其支，參之莊老以肆其端』（答韋中立論師道書）。彦和論文，安可不及諸子耶！」

注訂：「諸子之文，别於群經，然説理見道則一也。其先後尊遜有互異者，時與勢有不同耳。故五千言與孔論體相近也，墨、莊、孟、荀體相近也。然旨雖異趣，而其爲文章大宗，派衍無窮，誰有閒言哉！彦和繼史傳之後，有諸子，此必然耳。蓋漢志云：『合其要歸，亦六經之支與流裔也。』紀評『譾入』之説非是。」

饒宗頤文心各篇之取材述略：「諸子用葛洪尚博篇説。」

諸子者，入道見志之書〔一〕。太上立德，其次立言〔二〕。百姓之群居，苦紛雜而莫顯〔三〕；君子之處世，疾名德之不章〔四〕。唯英才特達〔五〕，則炳曜垂文〔六〕，騰其姓氏，懸諸日月焉〔七〕。

〔一〕校證：「玉海五三『入』作『述』。」校注：「按以下文『述道言治』證之，玉海所引蓋是。」

范注：「漢書藝文志曰：『今異家者，各推所長，窮知究慮，以明其指，雖有蔽短，合其要歸，亦六經之支與流裔。』」

朱邁先等筆記：「是子書者，凡發表個人意見者，皆得稱之，若論語、孝經者，必子書類也。後人尊孔過甚，乃妄入經類。」

〔二〕左傳襄公二十四年：「大上有立德，其次有立功，其次有立言。」正義：「太上，謂上聖之人也。……老、莊、荀、孟、管、晏、孫、吴之徒，制作子書……皆是立言者也。」

〔三〕論語衛靈公：「群居終日，言不及義，難矣哉。」「顯」是顯達。

〔四〕論語衛靈公：「子曰：君子疾没世而名不稱焉。」「章」，通「彰」。

〔五〕禮記聘義：「圭璋特達，德也。」「特達」，超出一般人之上。

〔六〕校注：「按『曜』當作『燿』。已詳原道篇『繇辭炳曜』條。」「炳曜垂文」，意謂光采照耀，文章流傳。

〔七〕「騰」，飛騰，此處指傳播。

昔風后、力牧、伊尹〔一〕，咸其流也。篇述者，蓋上古遺語，而戰代所記者也〔二〕。

〔一〕漢書藝文志兵、陰陽家有「風后十三篇」，自注：「圖二卷，黄帝臣依託也。」又道家有「力牧二十二篇」，自注：「六國時所作，託之力牧。力牧，黄帝相。」又道家有「伊尹五十一篇」，自

注：「湯相。」小説家有「伊尹説二十七篇」，自注：「其語淺薄似依託也。」

〔二〕校證：「『戰代』，原作『戰伐。』」校注引郝懿行云：「按『伐』疑『代』字之譌。蓋風后、力牧諸篇，皆六國人依託也。」札迻十二：「『戰伐』，元本作『戰代』（馮本、活字本並同）。紀云：『戰伐當作戰國。』案元本是也。銘箴、養氣、才略三篇，並有『戰代』之文。紀校非。」范注：「風后、力牧、伊尹諸人，非自著書，至戰國時始依託之述于篇耳。」「篇述」，篇章著述。注訂：「篇述指世所傳風后、力牧諸作，因漢志皆注云依託；惟彥和認爲雖爲戰代依託之作，但上古遺語存焉，未可偏廢也。此見甚卓。」

至鬻熊知道〔一〕，而文王諮詢，餘文遺事，録爲鬻子〔二〕。子自肇始，莫先於兹〔三〕。

〔一〕訓故：「鬻熊，高氏子略：魏相奏記，霍光曰：文王見鬻子，年九十餘。」梅注：「鬻熊，芈姓，楚之先也。」黄注：「子略：鬻子年九十見文王，王曰：老矣。鬻子曰：使臣捕獸逐麋，已老矣；使臣坐策國事，尚少也。文王師焉，著書二十二篇，名曰鬻子。」

〔二〕宋高承事物紀原卷四「集類・子」：「文心雕龍曰：鬻熊作書，題曰鬻子。蓋周初人，此名子之始也。」四庫提要曰：「考漢書藝文志道家鬻子二十二篇，又小説家鬻子説十九篇，是當時本有二書。列子引鬻子凡三條，皆黄老清静之説，與今本不類，疑即道家二十二篇之文。今本所載與賈誼新書所引六條文格略同，疑即小説家之鬻子説也。今本或唐以來好事之流，依仿賈誼所引，撰爲贋本，亦未可知。觀其標題甲乙，故爲佚脱錯亂之狀，而誼書所引，則無一條之偶合，豈非有心相避，而巧匿其文，使讀者互相檢驗，生其信心歟？且其篇名冗贅，古無此體，又每篇寥寥數言，詞旨膚淺，決非三代舊文，姑以流傳既久，存備一家耳。」

朱逷先等筆記：「彦和所見鬻子已係僞書，惟賈生所引當尚真。」

漢書藝文志道家有鬻子二十二篇。自注：「名熊，爲周師，自文王以下問焉。周封爲楚祖。」小説家又有「鬻子説十九篇」，自注：「後世所加。」

〔三〕紀評：「『自』當作『之』。」沈岩録何校本「自」改「氏」。

校注：「玉海、漢書藝文志考證六引並作『諸子肇始，莫先於斯』。按王氏所引，未必是文心之舊；然今本『自』字實誤。」

漢書藝文志考證卷六道鬻子二十二篇：「劉向别録云：『鬻子名熊，封於楚。』劉勰曰：『鬻熊知道，而文王咨謀，諸子肇始，莫先於斯。』」清周廣業意林注卷一鬻子：「案文心雕龍諸子篇云：『鬻熊知道，而文王諮詢。……子氏肇始，莫先於兹。』政言熊爲諸子之權輿也。然曰録其遺文，則固非自熊手矣。」

注訂：「今傳鬻子，據四庫提要所云：『疑即小説家之鬻子説也。』然漢志所注，是爲文王師，在子類其書最古，故彥和首舉。故曰『子自肇始』也。『子自』二字不誤，紀説及諸本皆以意爲之改訂；言自者，明其所從來也。其肇始之由，莫先於鬻子也。」

然則鬻惟文友，李實孔師〔三〕，聖賢並世，而經子異流矣〔四〕。

及伯陽識禮，而仲尼訪問〔一〕，爰序道德，以冠百氏〔二〕。

〔一〕黄注：「史記：老子者，姓李氏，名耳，字伯陽，孔子適周，問禮於老子，謂弟子曰：『老子其猶龍耶？』老子居周久之，見周之衰，遂去，至關，關令尹喜曰：『子將隱矣，彊爲我著書。』迺著書上下篇，言道德之意五千餘言，而去。」

注訂：「禮記曾子問，孔子凡三稱『吾聞諸老聃曰』，是老子識禮也。」

史記老莊申韓列傳：「老子者……姓李氏，名耳，字伯陽，謚曰聃。……孔子適周，將問禮於老子。……於是老子乃著書上下篇，言道德之意五千餘言而去，莫知其所終。」

〔二〕范注：「孔子問禮於老聃，見禮記曾子問篇，當可信。惟著道德經之老子，當即其子爲魏將者，時代遠在孔子後，不得爲孔子師。」

校注：「按吕氏春秋當染篇：『孔子學於老聃。』韓詩外傳五：『仲尼學乎老聃。』白虎通辟雍篇：『孔子師老聃。』潛夫論讚學篇：『孔子師老聃。』後漢書孔融傳：『先君孔子與君先人李老君，同德比義，而相師友。』李注：『家語（按見觀周篇）曰：「孔子謂南宫敬叔曰：『吾聞老聃博古而達今，通禮樂之源，明道德之歸，即吾之師也，今將往矣。』遂至周，問禮於老聃焉。」』據此，舍人之説，實有所本也。」

斠詮：「范注以爲道德經乃老子之子名宗者所造，今人蔣錫昌老子校詁於古代引老經最早之人考一文中，以爲老子一書必成於孔子問禮之老聃，引證確鑿可信。」

〔三〕梅注「文」下注「王」字。

〔四〕校證：「元本、傳校元本無『流』字。」按兩京本無「流」字，元刻本、弘治本均有「流」字。

范注：「彦和意謂鬻子、老聃皆賢者，故其遺文稱子，其實述老子學者亦尊五千言爲經，漢志道家所著鄰氏經傳、傅氏、徐氏經説是也。」

以上爲第一段，叙述子書的性質並追溯諸子的源起。

逮及七國力政，俊乂蠭起〔一〕。孟軻膺儒以磬折〔二〕，莊周述道以翱翔〔三〕，墨翟執儉确之教〔四〕，尹文課名實之符〔五〕，野老治國於地利〔六〕，騶子養政於天文〔七〕，申商刀鋸以制理〔八〕，鬼谷脣吻以策勳〔九〕，尸佼兼總於雜述〔一〇〕，青史曲綴以街談〔一一〕，承流而枝附者，不可勝算〔一二〕；並飛辯以馳術，饜禄而餘榮矣〔一三〕。

〔一〕校注：「漢書藝文志諸子略：『諸子十家，其可觀者九家而已。皆起於王道既微，諸侯力政，時君世主，好惡殊方。是以九家之術，蠭出並作。』」漢書游俠傳序：「陵夷至于戰國，合從連衡，力政争强。」顏師古注：「力政者，棄背禮義，專任威力也。」「俊」，賢才之稱。尚書皐陶謨：「俊乂在官。」史記項羽本紀：「楚蠭起之將。」如淳曰：「蠭起，猶言蠭舞也。」衆蠭飛起，交横若舞，言其衆也。」「蠭」，蜂的異體字。

〔一一〕黄注：「史記：孟軻，鄒人也。受業子思之門人，述唐、虞、三代之德，是以所如者不合，退而與萬章之徒序詩書，述仲尼之意，作孟子七篇。」按此見孟子荀卿列傳。孟子公孫丑上：「乃所願，則學孔子也。」

中庸：「得一善則拳拳服膺而弗失之矣。」服膺，有信守之義。范注：「禮記曲禮下：『立則磬折垂佩。』正義曰：『臣則身宜僂折如磬之背，故云磬折也。』」此處形容孟子恭謹守禮。

〔一二〕黄注：「史記：莊子，名周，其學本歸于老子之言，故著書十餘萬言，大抵率寓言也。楚威王厚幣迎之，許以爲相。周笑曰：無污我，我寧游戲污瀆之中自快，無爲有國者所羈。」

范注：「漢志道家莊子五十二篇，今郭象注本僅三十三篇。莊子内篇首列逍遥遊。文選潘安仁秋興賦注引司馬彪云：『言逍遥無爲者，能遊大道也。』翺翔，猶言逍遥。」

注訂：「莊子書首篇曰逍遥遊，即司馬遷所謂『其言洸洋自恣以適己』也，即述道翺翔之旨。」

方孝孺張彦輝文集序：「莊周爲人，有壺視天地，囊括萬物之態，故其文宏博而放肆，飄飄然若雲遊龍騫不可守。」（四部叢刊遜志齋集卷十二）「翺翔」，自由奔放，顯示莊子文章的風格特點。

〔四〕黄注：「史記：墨翟，宋之大夫，善守禦，爲節用。藝文志：墨子七十一篇。」又：「儉确——太史公自序：墨者亦尚堯舜道，言其德行，曰：堂高三尺，土階三等，茅茨不翦，采椽不刮，食土簋，啜土刑，糲粱之食，藜藿之羹，夏日葛衣，冬日鹿裘。其送死桐棺三寸，舉音不盡其哀。教喪禮必以此，萬民爲之率。使天下法若此。」「墨翟」，附見史記孟子荀卿列傳。

范注：「漢志墨家墨子七十一篇，自注：『名翟，爲宋大夫，在孔子後。』莊子天下篇論墨學曰：『其生也勤，其死也薄，其道大觳。』郭注：『觳，無潤也。』案説文……石部『确，礊石也，确或作㱿。』（礊石，謂堅也。）玉篇：『确，磽确。』」文選左思吴都賦：「同年而議豐确乎。」劉注：「确，薄也。」謂瘠薄。墨子有節用、節葬、非樂等篇，故云「執儉确之教」。

〔五〕黄注：「劉向别録：尹文子學本莊老，其書自道以至名，自名以至法，以名爲根，以法爲柄，凡二卷，僅五千言。藝文志：尹文子一篇。注：説齊宣王，先公孫龍。師古曰：劉向云：與宋鈃俱遊稷下。」

范注：「錢大昭曰：『今道藏本上下二篇（大道篇上下），蓋本魏黄初末山陽仲長氏詮次之舊，故隋志已作二卷』。」大道上云：「有形者必有名，有名者未必有形。形而不名，未必失其方圜黑白之實，名而不可不尋名，以檢其差。故亦有名以檢形，形以定名。名以定事，事以檢名。察其所以然，則形名之與事務，無所隱其理矣。」斠詮：「所謂『形以定名，名以定事，事以檢名』，三者相符，則其理無隱，是之謂『課名實之符』也。」「課」，考核。

〔六〕范注：「漢志農家野老十七篇，自注：『六國時在齊楚間。』應劭曰：『年老居田野，相民耕種，故號野老。』王應麟曰：『真隱傳：「六國時人，遊齊楚間，年老隱居，著書言農家事，因以爲號。」』」孟子滕文公上述農家許行云：「賢者與民並耕而食，饔飧而治。」

〔七〕黄注：「史記齊有三騶子。騶衍深觀陰陽消息，而作怪迂之變，終始、大聖之篇，十餘萬言。藝文志：鄒子四十九篇。注：名衍，齊人，爲燕昭王師，居稷下，號談天衍。」上引史記見孟子荀卿列傳。

范注：「史記孟荀列傳集解引别録云：騶衍之所言，五德終始，天地廣大，書言天事，故曰『談天』。」

藝文志載鄒子屬陰陽家。鄒衍通過自然界的陰陽變化來説明政治，所以説「養政于天文」。「養政」，即爲政。與上文「治國」相對成文。

〔八〕黄注：「史記（老莊申韓列傳）：申不害相韓昭侯，學本黄老，而主刑名，著書二篇，號曰申子。商君傳：魏鞅既破魏還秦，封之于商十五邑，號爲商君。藝文志商君二十九篇。」「制理」，制定治理的法令，指用嚴刑峻法。

范注：「漢志法家申子六篇。自注：『名不害，京人。相韓昭侯，終其身諸侯不敢侵韓。』……又法家商君二十九篇。四庫提要曰：『文獻通考引周氏涉筆以爲鞅書多附會後事，擬取他詞，非本所論著。然周氏特據文臆斷，未能確證其非。今考史記稱秦孝公卒，太子立，公子虔之徒告鞅欲反。惠王乃車裂鞅以徇。則孝公卒後，鞅即逃死不暇，安得著書！如爲平日所著，則必在孝公之世，又安得開卷第一篇，即稱孝公之謚！殆法家者流，掇鞅餘論，以成是編。猶管子卒于齊桓公前，而書中屢稱桓公耳。』」

郭注：「史記商君列傳：『鞅少好刑名之學。』主張變法，其法，『不告姦者腰斬』，『爲私鬬者各以輕重被刑』，『太子犯法……刑其傅公子虔，黥其師公孫賈』。故云：『刀鋸以制理。』理，吏也，法也。」

斠詮：「漢書刑法志：『中刑用刀鋸。』韋昭注：『刀割刑，鋸刖刑也。』按在此喻嚴刑峻法。」

〔九〕史記蘇秦列傳：「蘇秦者，東周雒陽人也。東事師于齊，而習之于鬼谷先生。」集解：「風俗通義曰：『鬼谷先生，六國時縱横家。』」索隱：「樂壹注鬼谷子書云：『蘇秦欲神秘其道，故假名鬼谷。』」

范注：「鬼谷子一卷。案鬼谷子，漢志不著録。隋志縱横家有鬼谷子三卷。注曰：『周世隱于鬼谷。』玉海引中興書目曰：『周時高士，無鄉里族姓名字，以其所隱，自號鬼谷先生。蘇秦、張儀事之，授以捭闔至符言等十有二篇，及轉丸、本經、持樞、中經等篇。』因隋志之説也。」

注訂：「此指縱横家以口舌辯給之道以策勳，所謂遊説之士者也。」「『勳』，謂立功。斯波六郎：『春秋左氏傳桓公二年：『凡公行，告于宗廟，反行，飲至，舍爵策勳，禮也。』』」

〔一〇〕訓故：「劉向别録：楚有尸子，疑其在蜀。今案尸子書，晉人，名佼，秦相衛鞅客。鞅誅，佼恐，逃入蜀，著書二十篇。」

范注：「漢志雜家尸子二十篇。自注：『名佼，魯人，秦相商君師之。鞅死，佼逃入蜀。』」又引汪繼培輯尸子序曰：「漢書藝文志雜家尸子二十篇。隋、唐志並同。宋時全書已亡。王應麟漢志考證云：『李淑書目存四卷。館閣書目止存二篇，合爲一卷。其本皆不傳。章懷太子注後漢書（宦者吕强傳）謂尸子書二十篇。十九篇陳道德仁義之紀，一篇言九州險阻水泉所起。劉向序荀子，謂尸子著書非先王之法，不循孔氏之術，劉勰又謂其「兼總雜術」，「術通而文鈍」。今原書散佚，未究大恉。』」「兼總雜術」謂「兼儒墨，合名法」。

〔一一〕校證：「玉海三七『以』作『於』。」按作「於」是。

訓故：「青史子——漢書藝文志注：古史官記事之書，小説家也。」玉海卷三十七：「漢志小説家青史子五十七篇。古史官記事也。」注：「風俗通義引青史子書。」范注：「大戴禮保傅篇：『青史氏之記曰：古者胎教。』隋志梁有青史子一卷。」

漢書藝文志：「小説家者流，蓋出于稗官，街談巷語，道聽途説者之所造也。……閭里小知之所及，亦使綴而不忘。」「曲綴」，詳細記録。明方以智通雅釋詁卷三「綴集青史，言汗青也」條：「文心雕龍云：『青史曲綴於街談。』……風俗通引青史子書（見祀典篇）。大戴禮保傅篇：『青史之記曰：古者胎教。』隋志有梁青史子一卷。」

范注：「案以上十家，並本漢書藝文志，每家舉出一人。惟鬼谷子不見于漢志，彥和時有其書，以爲蘇秦、張儀之師，故特舉之。」

〔三〕「枝附」謂其它子書，如枝葉依附于根幹。

〔三〕校注：「孔融薦禰衡表：『飛辯騁辭。』」唐逢行珪鬻子序：「豈如寓言迂恢，馳術飛辯者矣。」

暨於暴秦烈火，勢炎崐岡〔一〕，而煙燎之毒，不及諸子〔二〕。逮漢成留思〔三〕，子政讎校〔四〕，於是七略芬菲〔五〕，九流鱗萃〔六〕，殺青所編〔七〕，百有八十餘家矣〔八〕。迄至魏晉，作者間出〔九〕，讕言兼存〔一〇〕，瑣語必録，類聚而求，亦充箱照軫矣〔一一〕。

〔一〕尚書胤征：「火炎崐岡，玉石俱焚。」斠詮：「崐岡，本指崐崙山。……彥和採用爲歇後語，喻秦火焚書，良窳俱毀，亦即『玉石俱焚』之義。」

〔二〕范注：「史記始皇本紀：『三十四年，丞相李斯請史官非秦紀皆燒之；非博士官所職，天下敢有藏詩書百家語者，悉詣守尉雜燒之。所不去者，醫藥、卜筮、種樹之書。若欲有學法令，以吏爲師。』彥和云『煙燎之毒，不及諸子』，恐非事實。戰國諸子之學，亦有師徒相傳。珍守勿失，其書籍又非如六經之繁重，山巖屋壁，藏匿自易，故至漢代求書，諸子皆出也。論衡書解篇：『秦雖無道，不燔諸子，諸子尺書，文篇具在。』此彥和所本。（趙岐孟子章句題辭亦謂秦不焚諸子。）」

朱遏先等筆記：「王充論衡亦言之，其實非也。何者？經書多言禮制，歷史爲不可移易之物，若子書則各有是非，議論易涉縱横，爲害尤巨，既禁經書，斷無不禁子書之理，其所以不殘缺者亦有故，蓋子書爲當時人書，訓詁易解，而信奉其説者，易于記憶故也。」

〔三〕「留思」，留意，謂留意搜求古籍。

〔四〕范注：「文選魏都賦注引風俗通云：劉向別録『讎校者，一人讀書，校其上下得謬誤爲校；一人持本，一人讀書，若怨家相對爲讎。』」

〔五〕范注：「漢書藝文志總叙曰：『……戰國從衡，真僞分争，諸子之言，紛然殽亂。至秦患之，乃燔滅文章，以愚黔首。漢興，改秦之敗，大收篇籍，廣開獻書之路。迄孝武世，書缺簡脱，禮壞樂崩，聖上喟然而稱曰：朕甚閔焉。于是建藏書之策，置寫書之官，下及諸子傳説，皆充秘府。至成帝時，以書頗散亡，使謁者陳農求遺書于天下。詔光禄大夫劉向校經傳諸子詩賦，步兵校尉任宏校兵書，太史令尹咸校數術（占卜之書），侍醫李柱國校方技（醫藥之書）。每一書已，向輒條其篇目，撮其指意，録而奏之。會向卒，哀帝復使向子侍中奉車都尉歆卒父業。歆於是總群書而奏其七略。（隋志：「哀帝使歆嗣父之業，乃徙温室中書於天禄閣上，歆遂總括群書，撮其指要，著爲七略。」）故有輯略（師古曰：輯與集同，謂諸書之總要），有六藝略，有諸子略，有詩賦略，有兵書略，有術數略，有方技略。今删其要，以備篇籍。』」「芬菲」，意指百花齊放。

〔六〕校證：「『九流鱗萃』舊作『流鱗萃（日本活字本誤卒）止』，梅六次本改。黄本、張松孫本、崇文本並從之。案梅改是。才略篇亦有『鱗萃』之文。」黄注：「九流，注見正緯篇。」按諧隱篇亦有「九流」之文。玉海卷五十三頁三下：「梁劉勰云：七略派流，諸子鱗萃。」斠詮：「鱗萃，謂鱗集薈萃，有類聚之義。」

〔七〕後漢書吴祐傳：「恢（祐父）欲殺青簡以寫經書。」李賢注：「以火炙簡令汗，取其青易書，復不蠹，謂之殺青。亦謂汗簡。」一説古人著書，初稿書于青竹皮上，取其易于改抹，改定後再削去青皮，書于竹白，謂之殺青。范注：「劉向上晏子、列子奏並云：『以殺青書可繕寫。』然則其録奏者，並先殺青書簡也。御覽六百六引風俗通云，劉向别録：『殺青者，直治竹簡書之耳。新竹有汁，善朽蠹。凡作簡者，皆于火上炙乾之。陳楚間謂之汗，汗者，去其汁也。吴越曰殺，殺亦治也。向爲孝成皇帝典校書籍，二十餘年，皆先書竹，改易刊定可繕寫者，以上素也。』（以上皆漢書補注引沈欽韓説）」

〔八〕黄注：「藝文志：凡諸子百八十九家，四千三百二十四篇。」

〔九〕斠詮：「謂魏晉兩代子書之作者時時出現也。」

〔一〇〕梅注：「讕，音闌，逸也，又謾也。元作謿，朱改。」

黃注：「藝文志：讕言十篇。注：不知作者。廣韻：讕言，逸言也。」范注：「隋書經籍志子類著録魏晉人所撰書多種，在雜家小説家者尤不鮮。説文言部『讕』或作『譋』。」注訂：「漢志儒家有讕言十一篇。如淳曰：『讕音粲爛。』」斠詮：「讕言，謂遺逸之言，亦即墜聞佚事之義。」

〔一一〕黃注：「韓詩外傳（五）：成王之時，有三苗貫桑而生，同爲一秀，大幾滿車，長幾充箱。」范注：「輿中載物，形如箱篋，因謂之車箱。」

黃注：「照軫——（史記）田敬仲完世家：梁王曰：寡人國小，尚有徑寸之珠，照車前後各十二乘者，十枚。」

范注：「『照軫』，疑當作『被軫』。釋僧祐出三藏記集雜録序曰：『書序之繁，充車而被軫矣。』説文：『軫，車後横木也。』充箱被軫，猶言車不勝載。」

校注：「按『照軫』自通，無煩改字。韓詩外傳十：『魏王曰：若寡人之小國也，尚有徑寸之珠，照車前後十二乘者十枚。』」「照軫」，照車，指文彩。

然繁辭雖積〔一〕，而本體易總〔二〕，述道言治，枝條五經〔三〕。其純粹者入矩，踳駁者出規〔四〕。

〔一〕按元刻本無「辭」字，弘治本、馮舒校本、王惟儉本均有「辭」字。四庫全書考證引「積」作「賾」，幽深難見也。

〔二〕「本體」，指諸子述道言治的根本思想。「易總」，易于概括。

〔三〕序志篇：「唯文章之用，實經典枝條。」

〔四〕玉海卷五十三頁三下引踳作「踳」。「踳駁」，舛謬雜亂，駁雜。左思魏都賦：「非醇粹之方壯，謀踳駁于王義。」校注：「莊子天下篇：『其道舛駁』，文選魏都賦李注引司馬云：『踳，讀曰舛，乖也；駁，色雜不同也。』是司馬彪本『舛』作『踳』。」綴補：「踳與舛音義並同。」曹學佺批：「諸子亦當辨其純駁。」

禮記月令，取乎呂氏之紀〔一〕；三年問喪，寫乎荀子之書〔二〕：此純粹之類也〔三〕。

〔一〕禮記月令正義引鄭氏目録云：「名曰月令者，以其記十二月政之所行也。本呂氏春秋十二月紀之首章也，以禮家好事抄合之，後人因題之曰禮記，言周公所作，其中官名時事多不合周法。」趙翼陔餘叢考卷三月令：「不知此篇本呂氏原本，而禮家採入禮記中者。今呂氏春秋現在，可覆按也。……而鄭康成已謂是『不韋春秋之首章，禮家抄合爲記』（見禮記月令正義引）。劉勰亦謂：『月令一篇，取乎吕氏之紀。』」

〔二〕黄注：「荀子禮論前半，褚先生補史記禮書採入；其後半皆言喪禮，三年之喪一段，與禮記三年問同文。」

〔三〕注訂：「吕、荀之作皆子書，然月令、禮書皆爲五經枝條，輔翼正論，故歸于純粹之類也。」陳澧東塾讀書記卷十二諸子書：「韓昌黎進學解，稱孟、荀二儒『吐辭爲經』。（韓集卷十二）……文心雕龍諸子篇云：『其純粹者入矩……三年問喪，寫乎荀子之書，此純粹之類也。』昌黎讀荀子，則云『時若不醇粹』（見卷十一）。劉彦和論禮記所取諸篇，昌黎總論之，言各有當也。」

若乃湯之問棘〔一〕，云蚊睫有雷霆之聲〔二〕；惠施對梁王〔三〕，云蝸角有伏尸之戰〔四〕；列子有移山、跨海之談〔五〕，淮南有傾天、折地之説〔六〕，此踳駁之類也〔七〕。是以世疾諸子混洞虚誕〔八〕。

〔一〕注訂：「莊子逍遥遊：『湯之問棘也是已。』」「棘」，列子作「革」，革、棘古音同。

〔二〕范注：「列子湯問篇：『殷湯問于夏革曰：古初有物乎？夏革曰：古初無物，今惡得物？……江浦之間生么蟲（么，細也，亡果反），其名曰焦螟，群飛而集于蚊睫，弗相觸也；棲宿去來，蚊弗覺也；離朱、子羽方晝拭眥，揚眉而望之，弗見其形；鯱俞、師曠方夜擿耳，俛首而聽之，弗聞其聲。唯黄帝與容成子居空峒之上，同齋三月，心死形廢，徐以神視，塊然見之，若嵩山之阿，徐以氣聽，砰然聞之，若雷霆之聲。』」

〔三〕黄注：「藝文志：惠子一篇。注：名施，與莊子同時。」「梁王」，指梁惠王。

〔四〕范注：「莊子則陽篇：『惠子聞之而見戴晉人，戴晉人曰：「有所謂蝸者，君知之乎？」曰：「然。」「有國於蝸之左角者曰觸氏，有國於蝸之右角者曰蠻氏，時相與争地而戰，伏尸數萬，逐北旬有五日而後返。」』按蠻觸相争，係戴晉人對梁王語，非惠施也。」

注訂：「『惠子聞之而見戴晉人』，見猶薦也。是戴晉人之對梁王，由于惠施，故彦和云『惠施對梁王』也。」

〔五〕訓故：「列子湯問：太形、王屋二山，方七百里，高萬仞，愚公懲出入之迂也，聚室而謀移之。又：海中之山曰方丈、蓬萊、瀛洲、員嶠、岱輿，龍伯之國有大人，舉足不盈數步，而暨五山之所。」

列子湯問篇：「太形、王屋二山方七百里，高萬仞，本在冀州之南，河陽之北。北山愚公者，年且九十，面山而居，懲山北之塞，出入之迂也；聚室而謀曰：『吾與汝畢力平險，指通豫南，達於漢陽，可乎？』雜然相許，其妻獻疑曰：『以君之力，曾不能損魁父之丘，如太行、王屋何？且焉置土石？』雜曰：『投諸渤海之尾，隱土之北。』遂率子孫荷擔者三夫，叩石墾壤，箕畚運于渤海之尾。」又：「夏革曰：渤海之東，不知幾億萬里，有大壑焉，實惟無底之谷，其下無底，名曰歸墟。……其中有五山焉：一曰岱輿，二曰員嶠，三曰方壺，四曰瀛州，五曰蓬萊。……龍伯之國有大人，舉足不盈數步，而暨五山之所。」

〔六〕黄注：「漢書淮南王安爲人好書，招致賓客方術之士數千人，作爲内書二十一篇，外書甚衆，又有中篇八卷，言神仙黄白之術，亦二十餘萬言。」又：「淮南天文訓：昔者共工與顓頊争爲帝，怒而觸不周之山，天柱折，地維絶。」

〔七〕論衡談天篇：「儒書言共工與顓頊争爲天子，不勝，怒而觸不周之山，使天柱折，地維絶，女媧銷煉五色石以補蒼天，斷鼇足以立四極。天不足西北，故日月移焉；地不足東南，故百川注焉。此久遠之文，世間是之(言也)。文雅之人，怪而無以非，若非而無以奪，又恐其實然，不敢正議，以天道人事論之，殆虚言也。與人争爲天子不勝，怒觸不周之山，使天柱折，地維絶，有力如此，天下無敵，以此之力與三軍戰，則士卒，螻蟻也；兵革，毫芒也。安得不勝之恨，怒觸不周之山乎？且堅重莫如山，以萬人之力共推小山，不能動也。如不周之山，大山也。使是天柱乎，折之固難；使非柱乎，觸不周山而使天柱折，是亦復難信。顓頊與之争，舉天下之兵，悉海内之衆，不能當也。何不勝之有？且夫天者氣也體邪？如氣乎，雲煙無異，安得柱而折之？……不周爲共工所折，當此之時，天毁壞也，如審毁壞，何用舉之？斷鼇之足以立四極。……夫不周，山也；鼇，獸也。夫天本以山爲柱，共工折之，代以獸足，骨有腐朽，何能立之久？且鼇足可以柱天，體必長大不容于天地，女媧雖聖，何能殺之？如能殺之，殺之何用？足可以柱天，則皮革如鐵石，刀劍矛戟不能刺之，强弩利矢不能勝射也。察當今天去地甚高，古天與今無異，當共工缺天之時，無非墜于地也。女媧人也，人雖長無及天者。夫其補天之時，何登緣階據而得治之？豈古之天，若屋廡之形，去人不遠，故共工得敗之，女媧得補之乎？……儒書之言，殆有所見，然其言觸不周山而折天柱，絶地維，銷煉五石（以）補蒼天，斷鼇之足以立四極，猶爲虚也。何則？山雖動，共工之力不能折也，豈天地始分之時，山小而人反大乎？何以能觸而折之？以五色石補天，尚可謂五石若藥石治病之狀，至其斷鼇之足以立四極，難論言也。」論衡對作篇：「淮南書言共工與顓頊争爲天下，不勝，怒而觸不周之山，使天柱折，地維絶。堯時，十日並出，堯上射九日。魯陽戰而日暮，援戈揮日，日爲卻還。世間書傳，多若等類，浮妄虚僞，没奪正是。心漬涌，筆手擾，安能不論？」

桓譚新論：「淮南子云『共工争帝，地維絶』，亦皆爲妄作，故世人多云短書不可用。」

〔八〕校證：「『世疾諸子混洞虚誕』，原本無『子』字，何校云：『「諸」下疑脱「子」字。』讀書引有，今據補。……黄注本『洞』改『同』，謝删此七字。紀云：『「是以」句有譌脱。』……案范説脱『子』字，與讀書引暗合。下文云：『按歸藏之經……况諸子乎？』上下文正相照應。」沈岩引何校本「洞」改「同」。

范注：「『同』一作『洞』，鈴木云：諸本作『洞』。」又：「諸下脱一『子』字。『混同』，疑當作『鴻洞』。鴻洞，相連貌，謂繁辭也。漢書揚雄傳：『雄見諸子各以其知舛馳，大氐詆訾聖人，即（王念孫曰：即，猶或也）爲怪迂析辯詭辭，以撓世事，雖小辯，終破大道而或衆，使溺于所聞而不自知其非也。』」

校注：「『混洞虚誕』四字平列，而各明一義。『混』謂其雜，『洞』謂其空，『虚』謂其不實，『誕』謂其不經，皆就踳駁方面言。若作『鴻洞』，則爲聯綿詞，與『虚誕』二字不類矣。」

王金凌：「劉勰此語是針對莊子、列子、淮南子的寓言而發，寓言總是借荒唐之語表達其意，但劉勰宗經，故詆爲踳駁、虚誕。」

按歸藏之經〔一〕，大明迂怪〔二〕，乃稱羿斃十日〔三〕，嫦娥奔月〔四〕。殷易如兹〔五〕，況諸子乎？

〔一〕黄注：「帝王世紀：殷人因黄帝易曰歸藏。皇甫謐曰：歸藏易以純坤爲首，坤爲地，萬物莫不歸而藏于其中，故曰歸藏。」

范注：「周禮（春官）太卜掌三易之法。一曰連山，二曰歸藏，三曰周易。鄭注：『夏曰連山，殷曰歸藏。』歸藏爲殷代之易，『殷湯』當作『殷易』。漢志不載歸藏。御覽六百八引桓譚新論云：『歸藏四千三百言。』嚴可均全上古三代文十五輯得八百四十六字，兹録其兩條：『昔者羿善射，彈十日，果弊之（弊應作斃）。』『昔常娥以西王母不死之藥，服之，遂奔月，爲月精。』」

〔二〕斠詮：「大明，謂日月也。管子内業：『鑑於大清，視於大明。』房玄齡注：『大明，日月也。』」

〔三〕訓故：「歸藏易坤開筮云：帝堯降二女以舜妃。又羿彈十日。」梅注：「注見辨騷篇。」斠詮：「乃，猶若也。」校證：「『斃』，舊本及玉海三五皆如此作，黄本改作『弊』。案辨騷篇：『夷羿彈日』，唐寫本『彈』作『斃』，是彥和引用此事，前後正復作『斃』。不必妄意改作。」

〔四〕訓故：「歸藏易：昔常娥以西王母不死之藥服之，遂奔月爲精。」梅注：「嫦娥，羿妻。」

〔五〕校證：「『易』原作『湯』，黄叔琳云：疑作『易』。范注云云。案黄校范説是。今據改。」

至如商、韓〔一〕，六蝨〔二〕五蠹〔三〕，棄孝廢仁〔四〕；轘藥之禍〔五〕，非虛至也。

〔一〕黄注：「史記：韓非者，韓之諸公子也。喜刑名法術之學，爲人口吃而善著書，作孤憤、五蠹、内外儲、説林、説難十餘萬言。」

〔二〕梅注：「商子靳令篇：六蝨：曰禮樂，曰詩書，曰脩善，曰孝悌，曰誠信，曰貞廉，曰仁義，曰非兵，曰羞戰。國有十二者，上無使農戰，必貧至削。十二者成群，此謂君之治不勝其臣，官之治不勝其民，此謂六蝨，勝其政也。」

訓故：「商子弱民第二十：農、商、官三者，國之常食官也。農闢地，商致物，官法民。三官生蝨六：曰歲、曰食、曰美、曰好、曰志、曰行，六者有樸必削。」

范注：「俞樾諸子平議二十：『樾謹案上言六蝨，下言十二者，而中所列凡九事，于數皆不合。疑禮樂詩書孝悌當爲六事；本作曰禮，曰樂，曰詩，曰書，曰脩善，曰孝，曰悌，曰誠信，曰貞廉，曰仁義，曰非兵，曰羞戰，故總之爲十二也。然則何以稱六蝨？曰六蝨二字乃衍文也。六蝨之文見去彊篇。其文曰：「農商官三者，國之常官也。三官者生，蝨官者六：曰歲，曰食，曰玩，曰好，曰志，曰行。」此説六蝨最得。蓋歲也，食也，農之蝨也；玩也，好也，商之蝨也；志也，行也，官之蝨也。去彊篇又曰：「國有禮，有樂，有詩，有書，有善，有脩，有孝，有悌，有廉，有辯。國有十者，上無使戰，必削則亡。」然則商子之意不以此爲六蝨明矣。』」一説，「六」，虚數，言其多。

高亨商君書注譯認爲靳令原文應作：「六蝨：曰禮樂；曰詩書；曰脩善孝弟；曰誠信貞廉；曰仁義；曰非兵羞戰。」「今本衍三個『曰』字。共有六項，所以稱爲六蝨，每項又包括兩小項，所以下文稱『十二者』。」玉海卷五十三：諸子商子：「晉庾峻曰：『秦塞斯路，利出一官，雖有處士之名，而無爵列於朝者，商君謂之六蝎，韓非謂之五蠹。』原注：『文心雕龍云：「商韓之六蝨五蠹。」』」

〔三〕梅注：「韓非曰：亂國之俗，其學者則稱先王之道以藉仁義，盛容服而飾辯説，以疑當世之法，而貳人主之心；其言古（應作談）者，爲設詐稱，借于外力，以成其私，而遺社稷之利；其帶劍者，聚徒屬，立節操，以顯其名，而犯五官之禁；其患（應作串）御者，積于私門，盡貨賂，而用重人之謁，退汗馬之勞；其商工之民，脩治苦窳之器，聚弗靡之財，蓄積待時，而侔農夫之利。此五者，邦之蠹也。」按此見五蠹篇。

〔四〕五蠹中也批判儒家借仁義來欺騙人主。

〔五〕校證：「馮本、汪本、佘本、張之象本、兩京本、王惟儉本、『轘』誤『轅』。」按元刻本亦作「轅」。梅注：「秦孝公以車裂鞅曰轘，韓非飲藥而死。」黄注：「左傳杜預注：車裂曰轘。商君傳：秦孝公卒，太子立，公子虔之徒告商君欲反，秦惠王車裂商君以徇。」又：「史記：秦攻韓，韓王遣非使秦，李斯使人遺非藥，使自殺。」按此見老莊申韓列傳。

公孫之白馬、孤犢〔一〕，辭巧理拙；魏牟比之鴞鳥〔二〕，非妄貶也。

〔一〕訓故：「史記荀卿傳：趙亦有公孫龍，爲堅白同異之辨。」公孫龍子，漢書藝文志列「名家」。黄注：「列子（仲尼篇）：公孫龍誑魏王曰：白馬非馬，孤犢未嘗有母。」

〔二〕黄注：「按列子所述，魏公子牟正深悦公孫龍之辨，所謂『承其餘竅者也』（范注：樂正子輿詆公子牟之忿辭）。莊子秋水篇則異是。龍問牟：『吾自以爲至達已，今聞莊子之言，無所開吾喙，何也？』公子牟有埳井之鼃謂東海之鼈之喻。是『鴞鳥』當作『井鼃』矣。」校證：「『鴞』馮本作『梟』。黄注云云。案史記魯仲連傳正義引魯連子：『魯仲連往請田巴曰：先生之言，有似梟鳴。』彥和蓋涉彼而誤。」

莊子秋水：「公孫龍問于魏牟曰：『……吾自以爲至達已。今吾聞莊子之言……無所開吾喙，敢問其方。』公子牟……笑曰：『子獨不聞夫埳（淺）井之蛙乎？』」校注：「按『井竈』與『鴞鳥』之形音不近，恐難致誤。以其字形推之，疑『鳥』當作『鳴』，寫者偶脱其口旁耳。……魯連子：『齊辯士田巴，辯於狙丘，議於稷下，毁五帝，罪三王，訾五伯，離堅白，合同異，一日服千人。有徐劫者，其弟子曰魯仲連……往請田巴曰：「……國亡在旦夕，先生奈之何！若不能者，先生之言，有似梟鳴，出聲而人惡之。願先生勿復言！」田巴曰：「謹聞命矣。」』（史記魯仲連傳正義、御覽四六四又九二七引）彼仲連之譏田巴，擬以梟鳴，則魏牟之比公孫，或亦乃爾。蓋皆厭其詹詹多言，不切實用，而方以鴞鳴之可惡也。」

昔東平求諸子、史記，而漢朝不與；蓋以史記多兵謀，而諸子雜譎術也〔一〕。然洽聞之士〔二〕，宜撮綱要；覽華而食實〔三〕，棄邪而採正〔四〕，極睇參差〔五〕，亦學家之壯觀也。

〔一〕黄注：「漢書：東平思王宇，宣帝子，成帝時來朝上疏求諸子及太史公書。」

漢書宣元六王傳：「東平思王宇來朝，上疏求諸子及太史公書。上以問大將軍王鳳。鳳曰……諸子書或反經術，非聖人，或明鬼神，信物怪。太史公書有戰國縱横權譎之謀，漢興之初，謀臣奇策，天官災異，地形阸塞，皆不宜在諸侯王，不可予。」

〔二〕「洽聞」，見聞廣博。

〔三〕意謂觀賞其華彩，而吸取其内容。辨騷篇：「玩華而不墜其實。」

〔四〕陳澧東塾讀書記卷十二諸子書：「漢書藝文志云：『觀九家之言，捨短取長，則可以通萬方之略矣。』文心雕龍諸子篇云：『洽聞之士，宜撮綱要，覽華而食實，棄邪而採正。』……澧案隋書經籍志、唐書藝文志、梁庾仲容、沈約皆有子鈔。……皆所謂『捨短取長』者也。」注訂：「以上數語極精，群經之外，諸子亦不可廢也。讀子之法，覽華而食實，棄邪而採正，十字備之矣。」

楊明照文心雕龍研究中值得商榷的幾箇問題：「諸子篇的『然洽聞之士，宜撮綱要』，是第二段末承上啓下之詞。上文既評介了『諸子』的各個方面，故以『然洽聞之士，宜撮綱要』二句相承。即是説，『諸子』的優缺點雖紛然雜陳，但博學的人，應該抓住它的主要東西；也就是緊接着説的『覽華而食實，棄邪而採正』，可見這裏的『宜撮綱要』，是專指學習『諸子』方面而言，與寫作無甚關係。」

〔五〕「睇」，指注視。「參差」，差別。「極睇參差」，謂極力注視諸子中不同之點。

以上爲第二段，論述先秦諸子的思想内容，並將之分爲純粹與踳駁二類。

研夫孟、荀所述，理懿而辭雅〔一〕；管、晏屬篇，事覈而言練〔二〕；列御寇之書，氣偉而采奇〔三〕；鄒子之説，心奢而辭壯〔四〕；墨翟、隨巢，意顯而語質〔五〕；尸佼、尉繚，術通而文鈍〔六〕。

〔一〕范注：「孟、荀皆戰國大儒，傳孔門之學，不容軒輊於其間。荀子著書，主於明周孔之教，崇禮而勸學。其中最爲口實者，莫過於非十二子及性惡兩篇。王應麟困學紀聞據韓詩外傳所引，卿但非十子，而無子思、孟子，以今本爲其徒李斯等所增，不知子思、孟子後來論定爲大賢耳，其在當時，固亦卿之曹偶，是猶朱、陸之相非，不足訝也。……彥和稱孟荀理懿而辭雅，識力遠勝韓愈大醇小疵之論，宋儒盲攻，更不足道。」「懿」，淵深。才略篇：「荀況學宗而象物名賦，文質相稱，固巨儒之情也。」

蘇洵上歐陽内翰書：「孟子文，語約而意盡，不爲巉刻斬絶之言，而其鋒不可犯。」

方孝孺張彥輝文集序：「荀卿恭敬好禮，故其文敦厚而嚴正，如大儒老師，衣冠偉然，揖讓進退，具有法度。」（四部叢刊遜志齋集卷十二）

〔二〕訓故：「史記：晏嬰者，萊之夷維人，爲齊相，著書七篇，載其行事及諫諍之言，世號晏子春秋。」

范注：「漢志道家：筦子八十六篇（今書存七十六篇，十篇有録無書。）劉向上奏云：『凡管子書，務富國安民，道約言要，可以曉合經義。』又儒家晏子八篇，劉向上奏云：『其書六篇，皆忠諫其君，文章可觀，義理可法，皆合六經之義。又有複重文辭頗異，復列以爲一篇。又有頗不合經術，似非晏子言，疑後世辯士所爲者，故亦不敢失，復以爲一篇。凡八篇。』」「事覈而言練」，故事實在而言詞精練。

〔三〕訓故：「漢書藝文志：列子八篇。注：名禦寇，先莊子，莊子稱之。」范注：「漢志道家：列子八篇。今本出晉張湛，疑即湛所僞造也。張湛列子序云：『往往與佛經相參。』蓋湛時佛學已入中國，故得竊取其意。又云：『特與莊子相似。』蓋莊子書中多稱列御寇，故取材莊子特多。又周穆王篇非汲冢書發見後不能造，尤爲湛僞造之證（穆天子傳晉初出于汲冢）。列子放誕恢詭，故彥和云：『氣偉而采奇。』」

〔四〕周注：「鄒子夸誕，語言汪洋恣肆，所以心奢辭壯。」范注：「心奢辭壯，即史記所謂『其語閎大不經，王公大人初見其術，懼然顧化，其後不能行之者也』。論衡案書篇：『鄒衍之書，瀇洋無涯，其文少驗，多驚耳之言。案大才之人，率多侈縱，無實是之驗，華虛誇誕，無審察之實。』」時序篇：「鄒子以談天飛譽。」「心奢」，心思夸張。

〔五〕范注：「韓非子外儲説左上：『楚王謂田鳩曰：墨子者，顯學也。其體身則可，其言多不辯，何也？曰：今世之談也，皆道辯説文辭之言，人主覽其文而忘其用。墨子之説，傳先王之道，論聖人之言，以宣告人。若辯其辭，則恐人懷其文，忘其用，直以文害用也，故其言多不辯。』漢志墨家隨巢子六篇。隋、唐志並云一卷，意林同。隨巢爲墨翟弟子（班固自注），其書言鬼神災祥，闡發墨子明鬼之義，以爲鬼神賢于聖人。馬國翰玉函山房輯佚書有隨巢子一卷。」王金凌：「墨家學説宣講的對象多爲一般平民，故須文詞質樸，内容顯豁。」

〔六〕訓故：「漢書藝文志：尉繚子三十一篇。馬總云：尉姓，繚名。首篇稱『梁惠王問』蓋魏人。」

范注：「漢志，尸子二十篇，尉繚子二十九篇，並在雜家。雜家者流，蓋出于議官。兼儒墨，合名法，知國體之有此，見王治之無不貫，此其所長也。故彦和稱其術通。漢志兵形勢家有尉繚三十一篇。今所傳尉繚子五卷，二十四篇。胡應麟謂兵家之尉繚，即今所傳，而雜家之尉繚，並非此書；今雜家亡而兵家獨傳。案胡氏之説是也。（晁公武讀書志稱元豐中以六韜、孫子、吴子、司馬法、黄石公三略、尉繚子、李衛公問對頒武學，號曰七書。此兵家之尉繚所以得傳。）」「術通」，法術精通。

鶡冠緜緜，亟發深言〔一〕；鬼谷眇眇，每環奥義〔二〕。情辨以澤，文子擅其能〔三〕；辭約而精，尹文得其要〔四〕。

〔一〕列仙傳：「鶡冠子，或曰楚人，隱居，衣弊履穿，以鶡爲冠，莫測其名，因服成號。著書言道家事，馮煖常師事之。」

范注：「漢志道家：鶡冠子一篇。自注：『楚人，居深山，以鶡爲冠。』今所傳宋陸佃注本凡十九篇。其中世兵篇與賈誼鵩鳥賦文辭多同，彦和所謂亟發深言者，殆指此篇。抱經堂文集十書鶡冠子後：『鶡冠子十九篇，昌黎稱之，柳州疑之，學者多是柳。蓋其書本雜采諸家之文而成。如五至之言，則郭隗之告燕昭者也。伍長里有司之制，則管仲之告齊桓者也。世兵篇又襲魯仲連遺燕將書中語，謂其取賈誼鵩賦之文又奚疑！』」

「緜緜」，謂細語緜緜，連續不絶。「亟」，屢次。

四庫全書總目提要卷一一七鶡冠子：「劉勰文心雕龍稱『鶡冠綿綿，亟發深言』，韓愈集（見卷十一）有讀鶡冠子一首……其説雖雜刑名，而大旨本原於道德，其文亦博辨宏肆。自六朝至唐，劉勰最號知文，而韓愈最號知道，二子稱之，宗元乃以爲鄙淺（見柳集卷四），過矣。」

斠詮：「陸佃鶡冠子序：『其道踳駮，著書初本黄老，而末流通於刑名。此書雖雜黄老刑名，而要其宿時若散亂而無家者，然其奇言奥旨，亦每每而有也。』説與彦和『亟發深言』之説相合。」

〔二〕「眇眇」，范校：「鈴木云：嘉靖本、王本、岡本作渺渺。」

校證：「馮本、汪本、佘本、王惟儉本、古論大觀『奥』作『其』。」元刻本、馮舒校本、兩京本、張之象本，「奥」均作「其」。

范注：「四庫提要曰：『高似孫子略稱其一闔一闢，爲易之神；一翕一張，爲老氏之術，出于戰國諸人之表（子略卷三），誠爲過當。宋濂潛溪集詆爲蛇鼠之智；又謂其文淺近，不類戰國時人，又抑之太甚。柳宗元辨鬼谷子以爲言益奇而道益陿，差得其真。蓋其術雖不足道，其文之奇變詭偉，要非後世所能爲也。』」

論説篇：「轉丸騁其巧辭，飛鉗伏其精術。」「眇眇」，玄遠貌。柳宗元辯鬼谷子：「鬼谷子後出，而險盭峭薄……晚乃益出七篇，怪謬異甚，不可考校，其言益奇，而道益隘。」清周廣業意林注卷二鬼谷子：「按是書始見隋志，前此未録。故柳子厚（按見柳集卷四辯鬼谷子）以爲後出……文心雕龍稱其『脣吻策勳』，又言『鬼谷渺渺，每環奥義』，豈竟不審真僞，爲此虚美哉！」今傳梁陶弘景注本鬼谷子三卷。

〔三〕訓故：「晁補之云：文子姓辛，號計然，受業老子。」黄注：「藝文志：文子九篇。注：老子弟子，與孔子同時，而稱周平王問，似依託者也。」范注：「隋志：文子十二卷，即今所傳本也。其書並引老子之言而推衍之，旨意悉本老子，故云情辨以澤（澤，潤澤也）。」「情辨」，情理辨析。

〔四〕范注：「四庫提要曰：『其書本名家者流，大旨指陳治道，欲自處于虚静，而萬事萬物則一一綜核其實；故其言出入於黄、老、申、韓之間。周氏涉筆謂其自道以至名，自名以至法，蓋得其真。』」

慎到析密理之巧〔一〕，韓非著博喻之富〔二〕，吕氏鑑遠而體周〔三〕，淮南汎採而文麗〔四〕。斯則得百氏之華采〔五〕，而辭氣之大略也〔六〕。

〔一〕史記孟子荀卿列傳：「慎到，趙人。……學黄老道德之術，因發明序其指意。故慎到著十二論。」集解引徐廣曰：「今慎子，劉向所定，有四十一篇。」

漢書藝文志法家：「慎子四十二篇。」自注：「名到，先申韓，申韓稱之。」

范注：「四庫提要曰：『今考其書，大旨欲因物理之當然，各定一法而守之，不求於法之外，亦不寬於法之中。則上下相安，可以清净而治。然法所不行，勢必刑以齊之；道德之爲刑名，此其轉關，所以申韓多稱之也。』」

〔二〕范注：「漢志法家：韓子五十五篇。史記韓非傳：『喜刑名法術，而其歸本於黄老。作孤憤、五蠹、内外儲、説林、説難十餘萬言。』彦和所云博喻之富，殆指内外儲、説林等篇而言。」

情采篇：「詳覽莊韓，則見華實過乎淫侈。」

方孝孺張彦輝文集序：「韓非、李斯，峭刻酷虐，故其文繳繞深切，排搏糾纏，比辭聯類，如法吏議獄，務盡其意，使人無所措手。」

〔三〕史記十二諸侯年表序：「吕不韋者……亦上觀尚古，删拾春秋，集六國時事，以爲八覽、六論、十二紀，爲吕氏春秋。」高誘吕氏春秋序：「爲十二紀、八覽、六論……備天地萬物古今之事，名爲吕氏春秋。」

論説篇：「不韋春秋，六論昭列。」「體周」，謂結體周密。

范注：「漢志雜家：吕氏春秋二十六篇。自注：『秦相吕不韋輯智略士作。』四庫提要曰：

『今本凡十二紀、八覽、六論。紀所統子目六十一，覽所統子目六十三，論所統子目三十六，實一百六十篇，漢志蓋舉其綱也。不韋固小人，而是書較諸子之言獨爲醇正。大抵以儒爲主，而參以道家墨家，故多引孔子、曾子之言。其他如論音則引樂記，論鑄劍則引考工記，雖不著篇名，而其文可案。所引莊列之言，皆不取其放誕恣肆者，墨翟之言，不取其非儒明鬼者，而縱橫之術，刑名之説，一無及焉。其持論頗爲不苟，論者鄙其爲人，因不甚重其書，非公論也。』」斯波六郎：「桓譚新論：秦呂不韋請迎高妙，作呂氏春秋。……乃其事約豔，體具而言微（文選楊德祖答臨淄侯牋注引）。」

〔四〕訓故：「漢書：淮南王劉安招致賓客方術之士，作爲内書二十一篇，外書甚衆。」

范注：「漢志雜家：淮南内二十一篇。漢書景十三王傳謂：『淮南王安好書，所招致率多浮辯。』（河間獻王德傳）又淮南王傳：『辯博善爲文辭。』要略曰：『若劉氏之書……理萬物，應變化，通殊類，非循一迹之路，守一隅之指，拘繫牽連之物，而不與世推移也。』」高誘淮南子叙目：「其義也著，其文也富，物事之類，無所不載。」

〔五〕范注：「彦和特舉以上十八家，爲晚周百氏之冠冕（其中淮南一家雖出于漢代，然撰書之人，仍存戰國恣肆高談之風，故得列入），並指明研術諸家之徑途，循此以往，則得百氏之華采也。」

〔六〕校證：「『氣』下原有『文』字。……『文』蓋『之』字之誤衍……今據删。」

范注：「『文』疑是衍字。論語泰伯篇：『曾子曰：出辭氣，斯遠鄙倍矣。』鄭玄注曰：『出辭氣能順而説之，則無惡戾之言出于耳。』彥和謂循此則得諸子之順説，不至爲鄙倍之言所誤也。」

校注：「按無『文』字是。『文』蓋『之』之誤（章表篇「原夫章表之爲用也」，元本等誤「之」爲「文」，是其例），而原有『之』字亦復書出，遂致辭語晦澀。詔策篇『此詔策之大略也』，體性篇『才氣之大略哉』，句法與此相同，可證。」按梅本「氣」字下空二格，無「文」字。

王力主編古代漢語古漢語概論引述上面一段文字後説：「在先秦諸子的著作中，除用論辯文、説明文、記叙文以及寓言體外，還開始表現出個人的風格來。這是因爲那時盛行私人講學，私人著述，所以在語言上表現了個人的風格。」

以上爲第三段，特就風格方面論述先秦諸子的特色。

若夫陸賈新語〔一〕，賈誼新書〔二〕，揚雄法言〔三〕，劉向説苑〔四〕，王符潛夫〔五〕，崔寔政論〔六〕，仲長昌言〔七〕，杜夷幽求〔八〕，咸叙經典〔九〕，或明政術，雖標論名，歸乎諸子〔一〇〕。何者？博明萬事爲子，適辨一理爲論〔一一〕，彼皆蔓延雜説〔一二〕，故入諸子之流。

〔一〕校證：「『新』原作『典』，今據王惟儉本改。」

孫詒讓札迻十二：「『典』當作『新』。新語十二篇，今書具存。史記賈本傳及正義引七録並同，皆不云『典語』。」

黄注：「史記：高帝謂陸生曰試爲我著秦所以失天下，吾所以得之者何，及古成敗之國。陸生乃粗述存亡之徵，凡著十二篇，每奏一篇，高帝未嘗不稱善，左右呼萬歲，號其書曰新語。」按此見陸賈列傳。

范注：「漢代子書，新語最純最早，大旨皆崇王道，黜霸術，貴仁義，賤刑威，歸本於修身用人。其稱引老子者，惟思務篇引『上德不德』一語，餘皆以孔氏爲宗。所援據多詩、書、春秋、論語之文。紹孟、荀而開賈、董，卓然儒者之言，史遷目爲辯士，未足以盡之（用四庫提要及嚴可均新語叙語，嚴語見鐵橋漫稿五）。」

〔二〕范注：「漢志儒家：賈誼五十八篇。」范注引抱經堂文集十書校本賈誼新書後云：「新書，非賈生所自爲也，乃習于賈生者，萃其言以成此書耳。過秦論史遷全録其文，治安策見班固書者乃一篇，此離而爲四五，後人以此爲是賈生平日所草創（朱子語録）。豈其然歟！書中爲漢書所不載者，雖往往類説苑、新序、韓詩外傳，然如青史氏之記，具載胎教之古禮，修政語上下兩篇，多帝王之遺訓，保傅篇、容經篇，並敷陳古典，具有源本；其解詩之騶虞，易之『潛龍』、『亢龍』，亦深得經義。魏晉人決不能爲，故曰：是習于賈生者萃而爲之，其去賈生之世不大相遼絶可知也。」

〔三〕漢書揚雄傳：「雄見諸子各以其知舛馳……雖小辯，終破大道而或衆。……故人時有問雄者，常用法應之，譔以爲十三卷，象論語，號曰法言。」范注引四庫提要曰：「漢書藝文志儒家，揚雄所序三十八篇。注曰：『法言十三。』雄本傳具列其目。凡所列漢人著述，未有若是之詳者，蓋當時甚重雄書也。自程子始謂其『曼衍而無斷，優柔而不決』；蘇軾始謂其『以艱深之詞，文淺易之説』。至朱子作通鑑綱目，始書『莽大夫揚雄死』。雄之人品著作，遂皆爲儒者所輕。若北宋之前，則大抵以爲孟、荀之亞也。」

〔四〕訓故：「漢書：劉向校秘書，採古今紀傳行事之跡，正辭美義，可爲勸戒者，以類相從，爲説苑二十卷。」范注：「漢志儒家劉向所序六十七篇。自注：『新序、説苑、世説、列女傳、頌圖也。』新序十卷，説苑二十卷，兩書性質略同，彦和特舉一以概之耳。……説苑二十篇，其書皆録遺文佚事，足爲法戒之資者，其例略如韓詩外傳。古籍散佚，多賴此以存。如漢志河間獻王八篇，隋志已不著録，而此書所載四條，尚足見其議論醇正，不愧儒宗。其他亦多可採擇，雖有傳聞異詞，固不以微瑕累全璧矣（節録四庫提要語）。」

〔五〕范注引四庫提要曰：「潛夫論十卷，漢王符撰。後漢書本傳稱其『志意藴憤，乃隱居著書二十餘篇，以議當世得失，不欲章顯其名，故號曰潛夫論』。今本凡三十五篇，合叙録爲三十六篇，蓋猶舊本。范氏以符與王充、仲長統同傳，韓愈因作後漢三賢贊。今以三家之書相較，符書洞悉政體似昌言，而明切過之；辨別是非似論衡，而醇正過之。前史列之儒家，斯爲不愧。」

〔六〕校證：「『政』，汪本、佘本、張之象本、兩京本、何允中本、日本活字本、梅本、梅六次本、陳本、鍾本、梁本、王謨本、張松孫本、崇文本作『正』。何校作『政』。嚴可均鐵橋漫稿五崔氏政論叙曰：『各書引見，或作「政論」，或作「正論」，或作「本論」，止是一書。』」

訓故：「後漢書：崔寔，字子真，瑗之子也。桓帝初爲郎，明于政體，論當世便事數十條，名曰政論，指切時要，言辯而确，當世稱之。」按此見後漢書崔駰傳附崔寔傳。傳中引仲長統評政論的部分原文。崔駰傳論中又説：「寔之政論，言當世理亂，雖晁錯之徒不能過也。」又贊曰：「崔爲文宗，世禪雕龍。」

〔七〕訓故：「後漢書：仲長統，字公理，山陽高平人。參丞相曹操軍事，每論説古今及時俗行事。恒發憤嘆息，因著論名曰昌言。」按此見仲長統傳。

范注引鐵橋漫稿五昌言叙曰：「余從群書治要寫出九篇，益以本傳三篇，以意林次第之。本傳：統字公理，山陽高平人，著論三十四篇，十餘萬言。今此收輯，才萬餘言，亡者蓋十八九，而治要所載，又頗删節，斷續仳離，殆所不免，然其闓陳善道，指呵時敝，剴切之忱，踔厲震盪之氣，有不容摩滅者。繆熙伯方之董、賈、劉、揚，非過譽也。神仙家言，儒者所弗道，而昌言有其一篇，故是雜家。」

清周廣業意林注卷五：「仲長統（原注：廖無此字）昌言：廖本無『統』字者，梁避昭明太子諱。故文心雕龍叙諸子曰：『王符潛夫，崔寔政論，仲長昌言，杜夷幽求。』獨於統舉姓。」

〔八〕黄注：「晉書杜夷，字行齊，廬江人，懷帝時舉方正，著幽求子二十篇。」按此見儒林杜夷傳。范注引黄以周儆季雜箸子叙幽求子叙曰：「杜氏家學皆宗儒，至夷一變而入道。其言曰：『道以無爲爲家，清静虚寂，宏廣多包，聖人所宅。』此其宗恉也。」

〔九〕范注：「『咸』一作『或』，作『或』者是。」校注：「『咸』，黄校云：『一作或。』按當從一本作『或』，始與下句一例。訓故本正作『或』。」

〔一〇〕朱逷先等筆記：「『雖標論名，歸乎諸子』，古人云論皆成書，非如後世之單篇論説。」

〔一一〕范注：「『適』，疑當作『述』。論説篇云：『述經叙理曰論。』」斯波六郎：「案『適辨』與上句『博明』相對成文，不應妄改爲『述辨』。」郭注：「適，專主。博與適相對成文。……論語里仁：『無適也。』朱注：『適，專主也。』猶知適有專主之義。」「適辨一理」即只辨一理。余嘉錫四庫提要辨證漢魏以後諸子：「劉勰之言欲使論與子分，然漢魏子書，大抵適辨一理而已，未見其能博明萬事也。」

〔一二〕意謂這些都是牽連到各種事物的雜説。

以上爲第四段，點明兩漢雜説納入諸子的原因。

夫自六國以前，去聖未遠〔一〕，故能越世高談，自開户牖。兩漢以後，體勢漫弱〔二〕，雖明乎坦途〔三〕，而類多依採，此遠近之漸變也〔四〕。

〔一〕孟子盡心下：「去聖人之世，若此其未遠也。」

〔二〕范校「漫」字：「黄云：活字本、汪本作『浸』。」范注：「譚獻校本改『漫』作『浸』，案譚改是也。」

校注：「按譚校是。元本、弘治本……亦並作『浸』。文選陸倕石闕銘：『晉氏浸弱。』是『浸弱』連文之證。樂府篇亦有『自雅聲浸微』語。」

〔三〕校注：「黄校云：『雖』『乎』二字，元作『難』『于』，朱改。按朱改是也。莊子秋水篇：『明乎坦塗。』即此語之所自出。」范注：「坦途，謂儒學。六國以前仍指六國，非謂春秋時代。漢自董仲舒奏罷百家，學歸一尊，朝廷用人，貴乎平正，由是諸家撰述，惟有依傍儒學，採掇陳言，爲世主備鑑戒，不復敢奇行高論，自投文網，故武帝以後，董、劉、揚雄之徒，不及漢初淮南、陸賈、賈誼、晁錯諸人，東漢作者又不及西京，魏晉之世，學術更衰，所謂讕言兼存，璅語必録，幾至不能持論矣。」

郭注：「莊子秋水：『明乎坦途，故生而不説，死而不禍。』此文坦途，承上文『越世高談』説的，非指儒家也。類，大抵。」

〔四〕「依」是依傍，「采」是采取，謂拾人牙慧。「遠」指先秦，「近」指兩漢以後。

校釋：「舍人之意，大抵揚戰國而抑漢晉。戰國諸子，學有本源，文非苟作，雖各得大道之一端，而皆六經之枝條也。漢代已遜其宏深，魏晉尤難與比數。陸語則粗述存亡，賈書亦雜編奏議；揚雄規橅仲尼，劉向採摭往事，衡以著述之體，已非莊墨之儔。潛夫昌言以下，大都務切時要之作，別無新義，未饜研求。故顔之推亦謂『魏晉以來，所著諸子，理重事複，遞相模効，猶屋下架屋，床上施床耳。』洵爲確論。」

嗟夫，身與時舛，志共道申〔一〕，標心於萬古之上，而送懷於千載之下〔二〕，金石靡矣，聲其銷乎〔三〕！

〔一〕他們的志趣隨聖道得以申張。

司馬遷報任少卿書：「蓋文王拘而演周易，仲尼厄而作春秋；屈原放逐，乃賦離騷；左丘失明，厥有國語，孫子臏足，兵法脩列；不韋遷蜀，世傳呂覽；韓非囚秦，説難、孤憤；詩三百篇，大底聖賢發憤之所爲作也。此人皆意有鬱結，不得通其道，故述往事，思來者。」

〔二〕唐逢行珪鬻子序：「馳心於萬古之上，寄懷於千載之下，庶垂道見志，懸諸日月。」即本于此篇，而字句小有改易。

〔三〕范注：「金樓子自序篇：『人間之世，飄忽幾何，如鑿石見火，窺隙觀電，螢覩朝而滅，露見日而消，豈可不自序也。』」校注：「按此即序志篇『名踰金石之堅』之意。『其』，豈也。」

郭注：「靡，糜之借字。楚辭九嘆：『名靡散而不彰。』注：『靡散，猶消滅也。』漢書景十三王傳：『今欲靡爛望卿。』注：『靡，碎也。』皆以靡作糜也。」

楊明照從文心雕龍原道序志兩篇看劉勰的思想（文學遺産增刊十一輯）：「諸子篇：『太上立德……懸諸日月焉。』『嗟夫，身與時舛……聲其銷乎！』這裏表面上雖在談諸子，實際無異于自白。特别是序志篇末的『茫茫往代，既沈予聞，眇眇來世，倘塵彼觀』，與諸子篇的『標心于萬古之上，而送懷于千載之下』，寓意大體相同。」

注訂：「自『何者』以下，至『聲其銷乎』，爲此篇總論。一以辨諸子之體與論説之異；一以辨兩漢以降，子類之著作漸衰。最後『標心于萬古之上，而送懷于千載之下』，不啻彦和自道也。故紀評云『隱然自寓』也。」

第五段論述先秦、兩漢諸子的演變，並以感嘆作結。

贊曰：丈夫處世〔一〕，懷寶挺秀〔二〕；辨雕萬物〔三〕，智周宇宙〔四〕。立德何隱？含道必授〔五〕。條流殊述，若有區囿〔六〕。

〔一〕校證：「『丈』原作『大』，王惟儉本，梅六次本作『丈』。鍾本、梁本、日本刊本、張松孫本、崇文本俱從之。今據改。程器篇有『丈夫學文』語。」

校注：「按『丈』字是。程器篇亦有『丈夫』文。南齊書王秀之傳：『（苟）丕乃遺書曰：「……

丈夫處世，豈可寂漠恩榮！」』世説新語言語篇：『士元從車中謂曰：「吾聞丈夫處世，當帶金佩紫。」』並足資旁證。」

〔二〕論語陽貨：「（陽貨）曰：懷其寶而迷其邦，可謂仁乎？」朱注：「謂懷藏道德，不救國之迷亂。」斠詮：「挺秀，謂挺拔俊秀，與衆不同，有『出類拔萃』之義。」

〔三〕情采篇：「莊周云：辯雕萬物，謂藻飾也。」莊子天道篇：「故古之王天下者，知雖落天地，不自慮也；辯雖彫萬物，不自説也。」疏：「宏辯如流，彫飾萬物。」校注：「『辨』淩本作『辯』，按辯字是。」

〔四〕易繫辭上：「知周乎萬物，而道濟天下。」釋文：「知，音智。」校注：「因與上句之『萬物』相避，故作『智周宇宙』。」

〔五〕斠詮直解爲「建立德業，何須隱售？抱負道術，必然傳授」。

〔六〕范注：「李君雁晴曰：『述同術，途也。』」

此謂各種流派的表達方式不同，各有各的區域園地。

論説第十八

元王構修詞鑑衡：「言其倫而析之者，論也。别嫌疑而明之者，辨也。度其宜而揆之者，議也。正是非而著之者，説也。」

劉師培論文雜記：「九家之中，凡能推闡義理，成一家之言者，皆爲論體。儒家之中，如禮記表記、中庸各篇，皆論體也。即道家、法家、雜家、墨家之中，亦隱含論辯兩體。宣口爲説，發明經語大義亦爲説。漢志於發明經義之文即附於本經之下。又賈誼過秦論三篇，亦列於新書，而漢志雜家復有荆軻論五篇，皆論體之列於子者也。」

「説」在此爲游説，與後世所謂「論説文」之説是有區别的。

聖哲彝訓曰經〔一〕，述經叙理曰論〔二〕。論者，倫也〔三〕；倫理無爽〔四〕，則聖意不墜〔五〕。

〔一〕書酒誥：「聰明祖考之彝訓。」傳：「言子孫皆聰聽父祖之常教。」

〔二〕范注：「凡説解談議訓詁之文，皆得謂之爲論；然古惟稱經傳，不曰經論；經論並稱，似受釋藏之影響。魏晉釋老志曰：『釋迦後數百年，有羅漢菩薩，相繼著論，贊明經義，以破外道。皆傍諸藏部大義，假立外問，而以内法釋之。』隋書經籍志以佛所説經爲三部，又有菩薩及諸深解奥義，贊明佛理者，名之爲論。彦和此篇，分論爲二類：一爲述經、傳注之屬；二爲叙理、議説之屬。八名雖區，總要則二。二者之中，又側重叙理一邊，所謂『論也者，彌綸群言，而研精一理者也』。」

〔三〕范注：「釋名釋典藝：『論，倫也，有倫理也。』説文繫傳三十五：『應詰難，揭首尾，以終其事，曰論。論，倫也，同歸而殊塗。』」

玉海卷六十二：「鄭康成曰：論者綸也，可以經綸世務。」

〔四〕范注：「倫，理也；爽，差失也。」

張相古今文綜第一部第一編第一章論文體製：「論者倫也，義取倫理無爽，馳驟橫決，良乖古誼。」

〔五〕斯波六郎：「論語子張：『文武之道，未墜於地，在人。』」

以上幾句話是説寫論文要有條理，條理無誤，纔能不失聖人的原意。文選序：「論則析理精微。」就是在論文中要把道理分析得精密細微。

昔仲尼微言，門人追記，故抑其經目，稱爲論語〔一〕；蓋群論立名，始於兹矣〔二〕。自論語已前，經無「論」字〔三〕；六韜二論〔四〕，後人追題乎！

〔一〕校證：「『抑』原作『仰』，今據御覽改。（儀禮）聘禮疏引鄭玄論語序：『易、詩、書、禮、樂、春秋，皆二尺四寸（原作「一尺二寸」，據左傳序疏引鄭氏論語序改）。孝經謙，半之；論語八寸策者，三分居一，又謙焉。』鄭氏此文，正可説明論語謙，不敢稱經之故。徐校『仰』作『押』，未是。『故抑其經目稱爲論語』九字，事物紀原四引作『目爲論語』一句。」

漢書藝文志：「昔仲尼没而微言絶。」師古注：「精微要妙之言。」

范注：「漢書藝文志：『論語者，孔子應答弟子時人及弟子相與言而接聞於夫子之語也。當時弟子各有所記，夫子既卒，門人相與輯而論纂，故謂之論語。』補注引王先慎曰：『皇、邢二疏並云：「論，撰也。」群賢集定，故曰撰。鄭注周禮云：「答述曰語。」以此書所載，皆仲尼應答弟子及時人之辭，故曰語；而在論下者，必經論撰，然後載之，以示非妄語也。』……『仰其經目』，疑當作『抑其經目』，謂謙不敢稱經也。」

〔二〕劉熙載藝概文概：「劉彥和謂群論立名，始於論語，不引周官『論道經邦』一語，後世誚之，其實過矣。周官雖有論道之文，然其所論者未詳；論語之言，則原委俱在。然則論非論語奚法乎？」

春覺齋論文流別論八：「然論語一書，出言爲經，宋儒語録，即權輿於此。（或謂語録出之南宗諸僧，實則非是。）非復後人所作之論體。」

蔣祖怡文心雕龍論叢文心雕龍内容述評：「論語之『論』，是『論纂』之『論』，不是『議論』之『論』或『辯論』之『論』。其實，論説之體，並不始於論語，而且論語中大半是記言記事，不純粹是議論。劉氏因爲『尊聖宗經』，把論語作爲論説文的始祖，這種説法顯然是很勉强的。」

〔三〕晁公武郡齋讀書志别集類上：「余嘗題其後曰：世之詞人，刻意文藻，讀書多滅裂……今勰著書垂世，自謂夢執丹漆器，隨仲尼南行，其自負不淺矣；觀其論説篇稱『論語以前，經無論字，六韜三（當作二）論，後人追題』，是殊不知書有『論道經邦』之言也。」（卷四上）

楊慎批：「按書云『論道經邦』，已有論字矣。」何焯云：「楊駁之是也。後議對篇即引『議事以製』。楊説本之晁子止讀書志。」又云：「『論道經邦』唯見古文尚書，故彦和以爲經無『論』字。」日知録卷二十四司業：「梁劉勰文心雕龍謂『論語以前，經無論字』，今周官篇有『論道經邦』之語，蓋梅賾古文之書其時未行。」

補注：「紀云：『觀此，知古文尚書梁時尚不行於世，故不引「論道經邦」之文，然周禮却有「論」字。』詳案困學紀聞卷十七：『文心雕龍云：「論語以前，經無論字。」晁子止云：不知書有「論道經邦」。』閻箋：『「論道經邦」乃晚出書周官篇，本考工記「或坐而論道」來。』案文達之評據此。又紀聞何箋云：『「論道經邦」本於古文尚書，未可以詆彦和。』又云：『劉彦和或不讀古文尚書。』案此何氏爲彦和左袒。何又云：『書中議對篇即引「議事以製」。』此則何氏卓見，可以證彦和不引『論道經邦』之疎。蓋彦和本文士，於經學不甚置意，且當時並不知古文尚書爲僞也。」

范注：「紀説誤。顧廣圻謂彦和屢引東晉古文，如通變篇、議對篇、麗辭篇、事類篇皆引之。案顧説是也。……案諸家皆誤會彦和語意，遂率斷爲疏漏；其實『論語以前，經無論字』，非謂經書中不見『論』字，乃謂經書中無以論爲名者也。上文云『群論立名』，下文云『六韜二論』，皆指書名篇名言之。」

〔四〕玉海卷六十二頁二十一下：「文心雕龍：『自論語以前，經無論字，六韜二論，後人追題。』注云：『六韜霸典文論、文師武論。』」何焯批：「今之六韜，亦非本書，乃阮逸雜取古書所引僞撰而成。」黄注：「漢書藝文志：周史六弢六篇。注：惠、襄之間，或曰顯王時，或曰孔子問焉。師古曰：『即今之六韜也，蓋言取天下及軍旅之事。』按六韜有霸典文論文師武論。」范注：「後漢書何進傳章懷注曰：『太公六韜篇：第一霸典文論，第二文師武論。』今本文師在六韜爲第一篇，與章懷所舉不合，亦無文論、武論之目，蓋又非唐時之舊矣。」余嘉錫古書校讀法明體例第二：「今本只作文韜、武韜，故黄叔琳注不得其解。」

詳觀論體，條流多品〔一〕；陳政，則與議説合契〔二〕；釋經，則與傳注參體〔三〕；辨史，則與贊評齊行〔四〕；銓文，則與叙引共紀〔五〕。

〔一〕春覺齋論文流别論八：「論之爲體，包括彌廣。議政，議戰，議刑，可以抒己所見，陳其得失利病，雖名爲議，實論體也。釋經文，辨家法，争同異，雖名爲傳注之體，亦在在可出以議論。至於正史傳後，原有贊評之格，述贊非論，仍寓褒貶，既名爲評，亦正取其評論得失，仍論體也，不過名稱略異而已。且唐、宋人之贈序、送序中語，何者非論？特語稍斂抑，而文集詩集之序，雖近記事，而一涉詩文利弊，議論復因而發。歐公至於記山水廳壁之文，亦在在加以憑弔，憑弔古昔，何能無言？有言即論。故曰，論之爲體廣也。」

〔二〕范注：「説文：『論，議也。』廣雅釋詁二：『説，論也。』詳本篇及議對篇。毛公注詩，安國注書，皆稱爲傳。傳即注也。賈逵曰：『論，釋也。』漢書曰贊，後漢書曰論，三國志曰評，其實一也。」「契」，符契。「合契」，與合符同義。

〔三〕注訂：「傳注之體可互參，蓋其旨同，皆説經之義也。」

斠詮：「博物志：『上古去先師近，解釋經文皆曰傳，傳師説也；後世去師遠，或失其傳，故謂之注，注下己意也。前者如左氏、公羊、穀梁之傳春秋，後者如趙岐之注孟子、杜預之注左傳，何休之注公羊。』」

〔四〕梅注：「行音杭。」

史通論贊篇云：「春秋左氏傳每有發論，假『君子』以稱之。史記云『太史公』，既而班固漢書曰『贊』，荀悦漢書曰『論』，東觀漢紀曰『序』，謝承後漢書曰『詮』，陳壽三國志曰『評』，王隱晉史曰『議』。其名萬殊，其義一揆。」

郭注：「頌贊篇：『及遷史固書，托贊褒貶，約文以總録，頌體而論辭，又紀傳後評，亦同其名。』足贊評與論同也。」

〔五〕范注：「『銓』當作『詮』。淮南書有詮言訓，高注曰：『詮，就也。』詮言者，謂譬類人事，相解喻也。史傳多以譔爲之。序，如書序，詩序，序卦，及班固兩都賦序，皇甫謐三都賦序之屬。引，未詳。左思吴都賦注：『南音，徵引也，商角徵羽，各有引。』詩行葦箋云：『在前曰引。』

正義：『引者，率引之義。』」

校注：「按後文『序者次事』即承此而言，『叙』『序』上下不同，應改其一。定勢篇：『史論序注，則師範於覈要。』則此『叙』當改『序』、文章辨體總論、七修類藁二九引，並作『詮文則與序引共紀』。」斠詮：「本書序志：『夫銓序一文爲易，彌綸群言爲難。』用與此處同。」

明郎瑛七修類稿卷二十九詩文類各文之始：「論者，議也。昭明文選以其有二體：一曰史論……一曰設論……意恐過爲之分。善乎劉勰曰：『陳政，則與議説合契；釋經，則與傳注參體；辨史，則與贊辭齊行；論文，則與序引共紀。』信夫。」

注訂：「銓文者，權衡文章也。有所權衡，則論議興而叙引爲要，故言『銓文則序引共紀』也，『銓』字不誤，范注從詮，非。」又：「叙與序同，引者，吴都賦注『商角徵羽各有引。』爾雅釋詁：『引，陳也。』文選有典引，注：引者，伸也。」牟注：「引指引言。文體明辨序説中講『大略如序而稍爲短簡』，但認爲『唐以前文章未有名「引」者』，班固的典引，宋代謝莊的懷園引等，都和作爲文體的『序引』無關。陸雲有贈顧驃騎二首：有皇、思文，都注：『八章，有引。』兹録其一：『有皇，美祈陽也。祈陽秉文之士，駿發其聲，故能照明有吴，入顯乎晉。國人美之，故作是詩焉。』（見陸清河集卷二）這正是如序而稍簡的『引』。紀，綱目。」（文心雕龍譯注）

文體明辨序説「論」類：「按勰之説如此。而蕭統文選則分爲三：設論居首，史論次之，論又次之。較諸勰説，差爲未盡。然唯設論，則勰所未及。……詳勰之説，似亦有未盡者，愚謂析理亦與議説合契，諷（諷人）寓（寓己意）則與箴解同科，設辭則與問對一致，必此八者，庶幾盡之。故今……廣未盡之例，列爲八品：一曰理論，二曰政論，三曰經論，四曰史論（有評議、述贊二體），五曰文論，六曰諷論，七曰寓論，八曰設論。」

張相古今文綜第一部第一編第一章論之體製：「昔者彦和詮論曰：『彌綸群言，研精一理。』載繹其誼，彌綸群言，則作法也；研精一理，則體製也。文事流别，析而彌增，體製之分，代孳異説，要之彦和政、經、史、文之别，卓哉名言，弗可易矣。兹約以今名，曰論理，曰論文，曰論政，曰論史。

「（甲）論理——述經叙理，是名爲論。……大都義取闡發。子瞻刑賞（刑賞忠厚之至論），荆公禮論，抉摘經心，皆彦和所謂『釋經則與傳注參體』者與？

「（乙）論文——文心雕龍，抉微入奥，論文之著，此爲絶唱……伯仲之間，則子桓典論之論文矣。李文饒之作（李德裕文章論）爲謝靈運傳論而發，異同之致，與陸厥致隱侯書，足資參稽，下此張氏、魏氏二家之論（宋張來文論，清魏禧論文）亦可觀，斯皆彦和所謂『銓文則與叙引共紀』者也。……

「（丁）論史——古者史臣記載，乃有史論，蕭選特標此目，大抵採自史書。後世之士，讀書論世，間有造述，遂與史傳别出，彦和所謂『辨史則與贊評齊行』者也。迄乎三蘇，蔚爲大觀，駸駸乎自成一體矣。……

「(一)史傳論——子長譔述史記，限以篇終，各著一論，既而班固曰贊，劉知幾氏言之詳矣。但馬、班論列，後世專名爲贊，列入史贊類。」

故議者，宜言〔一〕；説者，説語〔二〕；傳者，轉師〔三〕；注者，主解〔四〕；贊者，明意〔五〕；評者，平理〔六〕；序者，次事〔七〕；引者，胤辭〔八〕。八名區分，一揆宗論〔九〕。

〔一〕范注：「禮記中庸：『義者，宜也。』議，從言，義聲，亦取宜意。説文：『議，語也。』段注曰：『議者，誼也；誼者，人所宜也，言得其宜之謂議。』」

〔二〕范注：「説，即悦懌之悦；悦語，謂悦懌之語。」

〔三〕范注：「釋名釋書契：『傳，轉也，轉移所在，執以爲信也。』王褒作四子講德，而云作傳，文選標爲四子講德論，是傳亦稱論之證。轉師，謂聽受師説，轉之後生也。」「傳者轉師」就是轉相師授，轉相傳授。

〔四〕范注：「儀禮鄭氏注正義曰：『注者，注義於經下，若水之注物。』禮記曲禮正義曰：『注者，即解書之名。』主解爲注，以解釋爲主。」

〔五〕范注：「贊，明也。見頌贊篇。」

〔六〕范注：「廣雅釋詁三：『評，平也。』」斠詮：「平理，謂平量情理。」

〔七〕范注：「『序』與『叙』音義同。易艮『言有序』，文言『與四時合其序』，詩『序賓以賢』，儀禮燕禮『序進』，左宣十二年傳『内官序當以夜』，皆次第之意。陳先生曰：『後漢書馮衍傳：「退而作賦，又自論曰。」自論，即自序也。』」孫梅四六叢話卷十九「序」：「嘗考文心論列諸體，獨不及序；唯論説篇有『序者次事』一語，豈以序爲議論之流乎？」

〔八〕范注：「説文肉部：『胤，子孫相承續也。』胤有繼續之義，引申爲率引之義。文選長笛賦『曲胤之繁會叢雜』，琴賦『曲引向闌』，引與胤同義，故曰『引以胤辭』。」張相古今文綜第一部第一編第五章序録之其餘各體：「引——爾雅：『引，陳也。』詩行葦箋：『在前曰引。』彥和有言：『叙引共紀。』又曰：『引者胤辭。』斯知叙引同體，由來已古。」斠詮：「爾雅釋詁：『胤，繼也。』引伸爲牽導之義。……胤辭，謂牽導篇辭。」

〔九〕范注：「八名之中，傳注爲述經之論，叙引詮解文辭，當屬此類。其餘則皆叙理之論也。」注訂：「八名雖異，皆宗於論，其理一揆也，即下文所謂『彌綸群言，而研精一理』者也。」書孔安國序：「至於夏、商、周之書，雖設教不倫，雅誥奥義，其歸一揆。」釋文：「揆……度也。」正義：「其所歸趣，與墳典一揆，明雖事異墳典，而理趣終同，故所以同入尚書，共爲事教也。」是「一揆宗論」謂根據同一準則，宗屬於論。

論也者，彌綸群言〔一〕，而研精一理者也〔二〕。是以莊周齊物，以論爲名〔三〕；不韋春秋，六論昭列〔四〕；至石渠論藝〔五〕，白虎講聚，述聖通經〔六〕，論家之正體也〔七〕。

〔一〕按御覽作「論者，彌綸群言，而研精一理也」。序志篇：「夫銓序一文爲易，彌綸群言爲難。」總術篇：「況文體多術，共相彌綸。」「彌綸」，包括統攝。易繫辭上：「易與天地準，故能彌綸天地之道。」正義：「彌，謂彌縫補合；綸，謂經綸牽引。」

〔二〕范注：「孫云：御覽無『也』字。」黄校：「精，元脱，朱補。」校注：「按御覽、玉海六二……引，並有『精』字，朱補是也。書僞孔傳序：『研精覃思。』……夏侯湛東方朔畫贊：『乃研精而究其理。』並以『研精』爲言。」文選序：「論則析理精微。」這幾句話的意思是説：作論的人要綜合各家不同的意見，經過專門研究，而提出自己的看法來。嚴格來講，這是不容易做到的，所以序志篇説：「彌綸群言爲難。」藝概文概説：「論不使辭勝於理，辭勝理則以反人爲實，以勝人爲名，弊且不可勝言也。文心雕龍論説篇解『論』字有『倫理有無』（按應作「倫理無爽」）及『彌綸群言，研精一理』之説，得之矣。」論衡超奇篇：「論説之出，猶弓矢之發也。論之應理，猶矢之中的。夫射以矢中效巧，論以文墨驗奇，奇巧發於心，其實一也。」

斠詮：「研精，猶言精究，亦即研覈精審之意。三國蜀志譙周傳：『研精六經，尤善書理。』尚書序：『於是遂研精覃思，博考經籍。』孔疏：『於是研覈精審，覃静思慮，以求其理。』」

〔三〕玉海卷六十二於本句下注云：「莊子内篇齊物論第二。」

補注：「紀云：『物論二字相連，此以爲論，似誤。』錢辛楣同年（案錢説見十駕齋養新録卷十九）引王伯厚云：『莊子齊物論非欲齊物也，蓋謂物論之難齊也。』邵子（詩）『齊物到頭爭』，恐誤。按左思魏都賦：『萬物可齊於一朝。』劉淵林注：『莊子有齊物之論。』劉琨答盧諶書：『遠慕老莊之齊物。』文心雕龍論説篇：『莊周齊物，以論爲名。』是六朝人已誤以齊物二字連讀。詳案莊子齊物論郭象注：『夫自是而非彼，美己而惡人，物莫不皆然，是非雖異，而彼我均也。』正是齊物之意。六朝自有此讀，故邵子宗之。其觀物外篇云：『莊子齊物，未免乎較量。』亦讀與詩同，非誤也。文達、少詹，似皆未得其旨。」

〔四〕玉海引於句下注云：「吕氏春秋六論三十六篇。」

黄注：「吕不韋輯吕氏春秋有開春、慎行、貴直、不苟、似順、士容六論，凡三十六篇。」「昭」，明白。

春覺齋論文流别論八：「吕氏春秋是六論，亦各有篇目，不必專爲一事。」

〔五〕玉海引於句下注云：「隋志：石渠禮論四卷，戴聖撰。」

黄注：「（漢書）翟酺傳：『孝宣論六經於石渠。』注：『宣帝詔諸儒講五經於殿中，兼評公羊穀梁同異，上親臨決焉。時更崇穀梁，故此言六經也。石渠，閣名。』」

范注：「漢書宣帝紀：『甘露三年，詔諸儒講五經同異，太子太傅蕭望之等平奏其議，上親稱制臨決焉。』補注引錢大昭曰：『時與議石渠者，可考見者凡二十三人，議奏之見於藝文志者……凡一百六十五篇。易詩二經，獨無議奏，班氏失載之耳。』漢書瑕丘江公傳、劉向傳、韋玄成傳皆載講經石渠事。三輔故事曰：『石渠閣在未央殿北，藏秘書之所。』」又正文夾注謂孫云：御覽「至」下有「於」字。

〔六〕玉海引於句下注云：「肅宗會諸儒講論五經，作白虎通德論。」

校證：「『白虎講聚，述聖通經』二句八字，原作『白虎通講聚述聖言通經』十字，王惟儉本作『白虎講聚，述聖□□通經』，今據御覽、玉海改。」

校注：「『論藝』與『講聚』相對爲文。時序篇：『然中興之後，群才稍改前轍，華實所附，斟酌經辭；蓋歷政講聚，故漸靡儒風者也。』正指章帝會諸儒白虎觀而言，其文亦作『講聚』。今本『通』字，非緣白虎通德論之名，即涉下『通』字而誤。『言』字亦涉上文而衍。御覽及玉海六二引，並無『通』『言』二字，當據删。」

訓故：「後漢書：章帝建初四年，詔諸王諸儒會白虎觀，講議五經同異。帝親臨稱制，如石渠故事，命史臣著爲白虎通德論。」

范注：「後漢書章帝紀：『建初四年冬十一月……下太常、將、大夫、博士、議郎、郎官及諸生、諸儒會白虎觀，講議五經同異，使五官中郎將魏應承制問，侍中淳于恭奏，帝親稱制臨決，如孝宣甘露石渠故事，作白虎議奏。』班固傳：『天子會諸儒，講論五經，作白虎通德論。』儒林傳：『命史臣著爲通議。』」

孫詒讓籀高述林卷四白虎通義考下：「竊嘗以『白虎通義』、『白虎通德論』、『白虎通』三名詳考之，而知『通義』爲建初之原名，『通德論』爲六朝人之題，『白虎通』爲援引之省字也。……文心雕龍論説篇云：『石渠論藝，白虎通講，述聖通經，（原注：「今本述上衍聚字，聖下衍言字，此依御覽引删。」）論家之正軌也。』可證六朝時本，已有『通德論』之題。」

〔七〕玉海卷六十二：「文心雕龍……莊周齊物，以論爲名；不韋春秋，六論昭列。石渠論藝，白虎講聚；述聖通經，論家之正體也。」

文心雕龍雜記：「案述經叙理曰論，故云正體。」

及班彪王命〔一〕，嚴尤三將〔二〕，敷述昭情〔三〕，善入史體〔四〕。

〔一〕訓故：「後漢書：隗囂據隴蜀，問班彪曰：往者周末，戰國並争，天下分裂，意者縱横之事，復起於今乎？彪乃作王命論，以明神器不可妄覬，以諷之。」范注：「後漢書班彪傳：『隗囂擁衆天水，彪乃避難從之。囂問彪曰：「往者周亡，戰國並争，天下分裂，數世然後定；意者從横之事復起於今乎？」……彪既疾囂言，又傷時方艱，乃著王命論，以爲漢德承堯，有靈命之符；王者興祚，非詐力所致；欲以感之，而囂終不寤。』漢書叙傳及文選五十二載王命論。」

〔二〕玉海卷六十二引此句，下注云：「太平御覽引：嚴尤三將論，唐内雜家一卷。（按此見新唐書藝文志丙部，「内」疑丙字之誤。）」

訓故：「通志：嚴尤三將軍論一卷。」

黄注：「王莽傳：大司馬嚴尤非莽攻伐四夷，數諫不從，著古名將樂毅、白起不用之意及言邊事凡三篇，以風諫莽。」范注：「漢書王莽傳下：『尤素有智略，非莽攻伐四夷，數諫不從，著古名將樂毅、白起不用之意及言邊事凡三篇，奏以風諫莽。』三將軍論佚。全後漢文六十一輯得兩條。」

校注：「按後漢書光武帝紀上：『伯升又破王莽納言將軍嚴尤。』李注：『桓譚新論云：「莊尤，字伯石。」此言「嚴」，避明帝諱也。』則此文之稱『嚴尤』乃沿漢避明帝諱而未改復者也。」

〔三〕斠詮直解爲「鋪敘事義，曲昭情理」。

〔四〕斠詮：「史體，史論之體也。」周注謂王命論指出漢高祖「其興也有五：一曰帝堯之苗裔，二曰體貌多奇異，三曰神武有徵應，四曰寬明而仁恕，五曰知人善任使」。文選學引黄先生（侃）曰：「楊嗣復對唐文宗以爲此文矯意以正賊亂，符讖非其所重（舊唐書百七十六），信然。蓋囂亦英傑，故徒可以天命嚇之也。文則浩浩洋洋，風骨遒上。」

魏之初霸，術兼名法〔一〕；傅嘏王粲〔二〕，校練名理〔三〕。

〔一〕范注：「三國魏志武帝紀評曰：『太祖擥申、商之法術，該韓、白之奇策。』國故論衡中論式篇曰：『當魏之末世，晉之盛德，鍾會、袁準、傅玄皆有家言，時時見他書援引，視荀悦、徐幹則勝。此其故何也？老莊刑名之學，逮魏復作，故其言不牽章句，單篇持論，亦優漢世。……上施於政事，張裴晉律之序，裴秀地域之圖，其辭往往陵轢二漢。……夫持論之難，不在出入風議，臧否人群，獨持理議禮爲劇。出入風議，臧否人群，文士所優爲也。持理議禮，非擅其學莫能至。』」

斠詮：「晉泰始元年傅玄上疏有言：『近者魏武好法術，而天下貴刑名。』」

中國中古文學史第三課：「魏武治國，頗雜刑名，文體因之漸趨清峻。」朱遏先等筆記：「隋書經籍志所列名家，皆臧否人物，與先秦名家有異。」

〔二〕黄注：「魏志傅嘏，字蘭石，常論才性同異，鍾會集而論之。」按此見傅嘏傳。范注：「世説新語文學篇：『鍾會撰四本論。』劉孝標注曰：『四本者，言才性同，才性異，才性合，才性離也。傅嘏論同，李豐論異，鍾會論合，王廣論離。』」

三國志傅嘏傳注引傅子曰：「嘏既達治好正，而有清理識要；好論才性，原本精微，尠能及之。司隸校尉鍾會年甚少，嘏以明智交會。」

世説文學篇：「傅嘏善言虚勝，荀粲談尚玄遠，每至共語，有争而不相喻。裴冀州釋二家之義，通彼我之懷，常使兩情相得，彼此俱暢。（案：劉注引荀粲别傳云：「粲到京邑，與傅嘏談，嘏善名理，粲尚玄遠。」）」中古文學史：「案嘏文載於魏志本傳者，有征吴對、難劉劭考課法各篇。（難劭考課法語語覈實，近於名法家言，是知嘏言名理，實由綜覈名實爲基。）又，藝文類聚所引有請立貴妃爲皇后表、皇初頌。其才性論不傳。」

訓故：「通志：王粲去伐論三卷。」黃注：「魏志王粲著詩賦論議，垂六十篇。」范注：「（王粲傳）注引典略曰：『粲才既高，辯論應機；鍾繇、王朗等雖各爲魏卿相，至於朝廷奏議，皆閣筆不能措手。』全後漢文九十一輯得粲所著論六篇，皆殘缺不完。」

中古文學史：「雕龍以嘏與王粲並言。藝文類聚所引粲文，有難鍾荀太平論……又，安身論……觀此二文，知粲工持論，雅似魏晉諸賢。其它所著，別有儒吏論、務本論、爵論，亦見類聚諸書所引，均於名法之言爲近。魏志粲傳引典略曰：『粲才既高，辯論應機。』豈不信哉？」

〔三〕斠詮：「校練，考校精練；名理，辨名推理，謂名家也。三國魏志鍾會傳：『及壯，有才數技藝，而博學精練名理。』」

迄至正始，務欲守文〔一〕；何晏之徒，始盛玄論〔二〕。於是聃周當路，與尼父爭途矣〔三〕。

〔一〕范注：「魏氏三祖，皆有文采。正始中，玄風始盛（正始，齊王芳年號）。高貴鄉公才慧夙成，好問尚辭，有文帝之風。蓋皆守文之主。」

「守文」，遵守成法。後漢書和帝紀：「守文之際，必有内輔，以參聽斷。」新唐書姚崇宋璟傳贊：「故唐史臣稱：崇善應變以成天下之務，璟善守文以持天下之正。」按此「守文」指遵守魏初提倡「老莊形名之學」的成法，不含貶意。中古文學史論魏晉文學之變遷云：「王弼、何晏之文……雖闡發道家之緒，實與名法家言爲近者也。此派之文，蓋成於傅嘏，而王何集其大成。」

〔二一〕時序篇：「至明帝纂戎，制詩度曲，徵篇章之士，置崇文之觀，何、劉群才，叠相照耀。」明詩篇：「及正始明道，詩雜仙心，何晏之徒，率多浮淺。」三國魏志何晏傳：「晏爲老莊言，作道德論及諸文賦著述，凡數十篇。」

中古文學史：「三國志（鍾）會傳注引何劭王弼傳曰：『弼幼而察慧，年十餘，好老氏，通辯能言。……裴徽爲吏部郎，弼未弱冠，往造焉。徽一見而異之，問弼曰：「夫無者，誠萬物之所資也。然聖人莫肯致言，而老子申之無已者何？」弼曰：「聖人體無，無又不可以訓，故不説也。老子是有者也，故恒言無，所不足。」尋亦爲傅嘏所知……其論道，附會文致，不如何晏，自然有所拔得，多晏也。……何晏以爲聖人無喜怒哀樂，其論甚精，鍾會等述之。弼與不同。』……案：晏文傳於今者，以景福殿賦（文選）、瑞頌（藝文類聚）、論語集解序爲最著。……據世説文學篇，則晏曾注老子，後見（王）弼注，改以所著爲道德二論，今已不傳。其析理之文，傳於今者，有列子仲尼篇張注所引無名論。其文曰：『……夏侯玄曰：「天地以自然運，聖人以自然用。自然者道也，道本無名，故老氏曰彊爲之名。仲尼稱堯蕩蕩無能名焉，下云巍巍成功，則彊爲之名，取世所知而稱耳，豈有名而更當云無能名焉者邪！」夫唯無名，故可得徧以天下之名名之，然豈其名也哉？……』觀晏此論，知晏之文學，已開晉宋之先，而晏玄所持之理，亦可悉其大略矣。」

中古文學史：「（三國志）曹爽傳：何晏，何進孫也。少以才秀知名，好老莊言，作道德論及諸文賦，著述凡數十篇。

「世説新語文學篇劉注引魏氏春秋曰：晏少有異才，善談易老。

「又引文章叙録曰：晏能清言，而當時權勢，天下談士，多宗尚之。

「又引文章叙録曰：自儒者論，以老子非聖人，絶禮棄學，晏説與聖人同，著論行於世也。」

〔三〕晉書范甯傳載王弼何晏論，其序云：「時以浮虚相扇，儒雅日替，甯以爲其原始於王弼、何晏，二人之罪，深於桀紂。」其論有曰：「王、何蔑棄典文，不遵禮度，游辭浮説，波蕩後生，飾華言以翳實，騁繁文以惑世，搢紳之徒，翻然改轍，洙泗之風，緬焉將墜。」

詳觀蘭石之才性〔一〕，仲宣之去伐〔二〕，叔夜之辨聲〔三〕，太初之本玄〔四〕，輔嗣之兩例〔五〕，平叔之二論〔六〕，並師心獨見〔七〕，鋒穎精密〔八〕，蓋論之英也〔九〕。

〔一〕玉海卷六十二：「文心雕龍：……蘭石之才性（傅嘏，嘏論才性同異，鍾會集而論之），仲宣之去伐（隋志王粲去伐論集三卷），叔夜之辯聲（嵇叔夜聲無哀樂論，見世説注），太初之本玄（夏侯玄著樂毅、張良及本無、肉刑論），輔嗣之兩例，平叔之二論（隋志何晏撰老子道德二卷，又見世説，以所注老子爲道德二論），並師心獨見，鋒穎精密，蓋論之英也。李康運命，陸機辨亡（並見文選），宋岱、郭象（晉宋岱周易論一卷，郭象注。選注引郭象論），夷甫、裴頠（裴頠著崇有論，王衍之徒，攻難交至，頠著崇有、貴無二論，以矯虚誕），並獨步當時，流聲後代。」

范注：「傅嘏論才性同，文佚。本傳注引傅子曰：『嘏既達治好正，而有清理識要，好論才性，原本精微，尠能及之。』」

世説文學篇云：「鍾會撰四本論，始畢，甚欲使嵇公一見。」劉注：「魏志曰：會論才性同異，傳於世。四本者，言有才性同、才性異、才性合、才性離也。尚書傅嘏論同，中書令李豐論異，侍郎鍾會論合，屯騎校尉王廣論離。」

〔二〕校證：「『去伐』原作『去代』，王惟儉本、御覽作『去伐』，今據改。」

范注：「札迻十二：案代當作伐，形近而誤。隋書經籍志儒家梁有去伐論集三卷，王粲撰，即此。去伐，言去矜伐。藝文類聚二十三引袁宏去伐論，仲宣論意，當與彼同。」

〔三〕范注：「嵇康聲無哀樂論，全文五千六百五十五字，載本集。世説新語文學篇注引其略曰：『夫殊方異俗，歌笑不同，使錯而用之，或聞哭而懽，或聽歌而戚，然哀樂之情均也。今用均同之情，發萬殊之聲，斯非聲音之無常乎！』」校釋：「大旨謂樂主和調，哀樂在人而異。」其論有云：「聲音自當以善惡爲主，則無關於哀樂；哀樂自當以情感，則無系於聲音。」

〔四〕訓故：「魏志：夏侯玄，字太初。」

范注：「札迻十二：『案本玄論張溥輯太初集已佚。考列子仲尼篇張注引夏侯玄曰：「天地以自然運，聖人以自然用，自然者道也。道本無名，故老氏曰彊爲之名，仲尼稱堯蕩蕩無能名焉，云云。」與本無之義正合。疑即本無論之文。無无玄元，傳寫貿亂，遂成歧互爾。』三國魏志夏侯玄傳：『玄字太初。』注引魏氏春秋曰：『玄嘗著樂毅、張良及本無、肉刑論，辭旨通遠，咸傳於世。』」校注：「太初之本元。按『元』當依御覽、文通及各本作『玄』。」注訂：「太初之作，應爲本無，元字筆誤。」

〔五〕黄注：「魏志：鍾會與山陽王弼並知名，弼好論儒道，辭才逸辯，注易及老子。注：弼，字輔嗣。」按此見鍾會傳。范注：「『兩例』疑當作『略例』。隋志有王弼易略例一卷，邢璹序稱其『大則總一部之指歸，小則明六爻之得失。』彦和或即指此歟？」

校注：「按李治敬齋古今黈：『王弼既注易，又作略例上下二篇。』（卷一）舍人所謂『兩例』，當指易略例上下二篇言之。惜今通行略例本，已非舊觀矣。」

姚振宗隋書經籍志考證六：「王弼兩例，即易老略例，平叔二論即道德論也。」

〔六〕訓故：「世説：何平叔注老子，未畢。見王弼自説其旨，何意多所短，遂不復注，因作道德二論。」

范注：「魏志何晏傳：『晏好老莊言，作道德論及諸文賦，著述凡數十篇。』注：『晏，字平叔。』札迻十二：『按隋書經籍志道家梁有老子道德論二卷，何晏撰。世説文學篇云：「何平叔注老子始成，詣王輔嗣，見王注精奇……因以所注爲道德二論。」是二論即道德論，顯較無疑。考晏有無爲論，見晉書王衍傳，又有無名論，見列子仲尼篇注。（天瑞篇注又引何晏道德論，並舉其總名。）無爲、無名，皆道德經語，殆即二論之細目與？』（如札迻此説，則似無嫌於輔嗣略例之爲總名。）」無名論殘，見列子仲尼篇注引。無爲論殘，見晉書王衍傳。

注訂：「兩例即易略例與老子略例也。二論爲道論、德論，與輔嗣兩例對文。」

〔七〕才略篇：「嵇康師心以遣論」。「師心」，謂心領神會，不拘泥成法。關尹子五鑒：「善弓者師弓不師羿，善舟者師舟不師奡，善心者師心不師聖。」晁無咎跋董元畫：「乃知自昔學者皆師心而不蹈迹。」

綴補：「莊子人間世篇：『夫胡可以及化，猶師心者也。』吕氏春秋制樂篇：『聖人所獨見，衆人焉知其極。』」

〔八〕郭預衡文心雕龍評論作家的幾個特點：「劉勰重視獨到的觀點，是貫徹於文心雕龍全書的。……甚至連王弼的『兩（略）例』，何晏的『二論』，也都和『仲宣之去代（伐）』，叔夜之辨聲』等相提並論，以爲『並師心獨見，鋒穎精密』，與爾後的『江左群談，惟玄是務；雖有日新，而多抽前緒』（論説）者不同。」（文學評論，一九六三年一期）「鋒穎」，謂見解鋒鋭；「精密」，謂論述精密。

〔九〕校證：「『論』原作『人倫』二字，今從御覽、玉海改。」校注：「按作『論』字是。章表篇，『並表之英也』，與此句法相同，可證。彼篇爲章表，故云『表之英』（彼段論「表」）；此篇爲論説，故云『論之英』（此段論「論」）。若作『人倫』，則非其指矣。」范注：「以上皆正始以前人，故上文云迄於正始。」

至如李康運命〔一〕，同論衡而過之〔二〕；陸機辯亡〔三〕，效過秦而不及〔四〕。然亦其美矣〔五〕。

〔一〕訓故：「魏氏春秋：李康，字蕭遠，中山人。文選康運命論。」范注：「李康運命論載文選五十三，李善注引集林曰：『李康蕭遠，中山人也。性介立，不能和俗，著遊山九吟。魏明帝異其文，遂起家爲尋陽長，政有善績，病卒。』本論大意在明『治亂，運也；窮達，命也；貴賤，時也』，文氣壯利，不可停滯，故駢詞叠調雖衆，初不覺其繁重。視論衡逢遇、累害以下十餘篇，義雖一致，文則不如蕭遠遠矣。」

〔二〕訓故：「後漢書：王充，字仲任，上虞人，著論衡，中有命録篇，又命義篇，故劉孝標辨命論云：『仲任蔽其源，子長闡其惑。』抱朴子曰：世謂王充一代英偉，所著文時有小疵，猶鄧林枯枝，滄海流芥，未易貶者。」

文選學：「運命論——此文氣壯，故駢詞疊調雖衆，初不覺其繁，正欲稍加删節，亦不可得。論其風骨，在於李斯諫逐客、賈誼過秦之間。」又：「蕭遠此篇，與（劉）孝標辨命論，皆言命有主宰，又緣飾儒言以成立其説。」又：「王充論衡言命，有曰『稟氣之命』，有曰『觸值之命』。壽氣篇……無形篇……以命即性，性即氣，人生之有壽夭，由稟氣之有厚薄也。幸偶篇……累害篇……以人之禍福視爲偶然之遭逢，非關命定。卓爾之言，賢於孔、孟遠矣。乃命義篇釋『富貴在天』，又曰『至於富貴所稟，猶性所稟之氣，得衆星之精。衆星在天，天有其象。得富貴象則富貴，得貧賤象則貧賤，故曰在天。……貴或秩有高下，富或貲有多少，皆星位尊卑小大之所授也。』此則不能抉舊説之蒙，又益之以麋惑也。彼既以禍福之至歸之幸不幸，而不知富貴貧賤亦爲偶然之遭逢，宜與禍福同科。悟之於彼而未明之於此，何哉？」

〔三〕黄注：「（晉書）陸機傳：機以祖父世爲將相，有大勳於江表，深慨孫皓舉而棄之，乃論權所以得，皓所以亡，又欲述其祖父功業，作辯亡論二篇。」范注：「陸機辯亡論上下二首，載文選五十三。李善注引孫盛曰：『陸機著辯亡論，言吴之所以亡也。』」

〔四〕范注：「此論純規過秦。過秦首責子嬰，此則致譏歸命（孫皓降晉，封歸命侯）；過秦言形勢之不足恃，此則言險阻之不能獨憑；過秦嘆子嬰之不能救敗，此則言歸命之不善守成：此用意之相擬也。『吴武烈皇帝慷慨下國』以下，筆致擬『秦孝公據殽函之固』以下；『彼二君子』以下，句法擬『此四君者』以下。過秦累叙六國人物，此亦累叙吴朝人物。過秦有『嘗以十倍之地』以下一節，此有『魏氏嘗藉戰勝之威』以下一節；過秦有『且夫天下非有小弱也』以下一節，此亦有『夫曹劉之將』以下一節；過秦有『故先王見始終之變』一節，此亦有『是故先王達經國之長規』以下一節：此句讀之相擬也。古人每於名篇，不憚因襲，屈宋以後之『九』，枚乘以後之『七』，陳腐可厭；士衡此篇，擬賈雖肖，究嫌碌碌；文又冗繁，故不復録。」文選學：「辯亡論上下上篇頌吴諸主，下篇揚其先功，其以吴亡歸咎於命，特微文見義耳。」又：「此文上下兩篇，更相表裏，亦猶過秦之聯三篇爲首尾也。」又：「過秦三篇爲論文之宗，意用筆遺辭，全規過秦，模擬之迹尤顯然明白。」又：「按過秦三篇，賈子新書題下無論字。覆燾無窮。文士著論則效最工者，有士衡辯亡，與曹冏六代論、干寶晉紀總論諸篇。辯亡命應劭曰：『賈誼書第一篇。』亦不以爲論也。吴志闞澤傳始目爲論（孫權問澤書傳篇賦何者爲美，澤欲諷以明治亂，因對賈誼過秦論最善），左太沖詠史因之，昭明文選又因之。文心諸子篇有賈誼新書，而論説篇但云『陸機辯亡，效過秦而不及』，蓋無專論過秦之詞，則彦和亦不題爲論也。」又：「辯亡機局全學過秦，而風格不類，此時代之異。」

趙西陸評范文瀾文心雕龍注：「三曰；不究本始。……如論説篇：『陸機辯亡，效過秦而不及。』范注云云。按善注引孫盛語，亦見吴志孫皓傳注。（辯當作辨）又晉書陸機傳亦載其辯亡論，且曰：『以孫氏在吴，而祖父世爲將相，有大勳於江表；深慨孫皓舉而棄之，乃論權所以得，皓所以亡。又欲述其祖父功業，遂作辯亡論二篇。』至言辯亡之規範過秦，當以陸士龍與兄平原書『辯亡則已是過秦，對事求當可得耳』爲最先見，亦彦和之所本。范注於此，惜皆失采。」

曹丕云：「余觀賈誼過秦論，發周秦之得失，通古今之制義，洽以三代之風，潤以聖人之化，斯可謂作者矣。」（御覽五九五）

吴忠匡文體小識：「昔賈生著論過秦，其卒章曰：『觀之上古，驗之當世，參之人事，察盛衰之理，審權勢之宜。』鏡往繩來，援彼證此，遂以啓後世論説之法。」

〔五〕范正文夾注：「孫云：明抄本御覽『矣』作『哉』。」按元刻本無「亦」字。

章學誠詩教上：「過秦、王命、六代、辯亡諸論，抑揚往復，詩人諷諭之旨……曠世而相感，不知悲喜之何從，文人情深於詩騷，古今一也。」

次及宋岱、郭象〔一〕，鋭思於幾神之區〔二〕；夷甫、裴頠〔三〕，交辨於有無之域〔四〕；並獨步當時，流聲後代。

〔一〕范注：「隋書經籍志易家有晉荆州刺史宋岱周易論一卷。晉書郭舒傳有荆州刺史宗岱，疑即宋岱之誤。晉書郭象傳：『郭象字子玄，少有才理，好老莊，能清言，常閒居以文論自娛。永嘉末，病卒。著碑論十二篇。』世説文學篇注引文士傳曰：『象少有才理，慕道好學，託志老莊；時人咸以爲王弼之亞。』又曰：『象作莊子注，最有清辭遒旨。』」校釋：「周易論，亡。」

〔二〕校注：「『幾』，元本、弘治本、汪本、佘本、張本、兩京本、崇文本並作『機』。按『機』字是。已詳徵聖篇『妙極機神』條。」

按徵聖篇范注：「『機』當作『幾』。易上繫辭：『唯幾也，故能成天下之務；唯神也，故不疾而速，不行而至。』韓康伯注云：『適動微之會則曰幾。』」「幾神」：幾微精妙。周注：「幾神之區：極精深的境界；幾，吉之先見，看到事務的預兆。」

范注：「彦和所謂『鋭思幾神之區』，度宋、郭二人必有專論，今不可考矣。」

〔三〕晉書王衍傳：「王衍字夷甫……魏正始中，何晏王弼等祖述老莊，立論以爲『天地萬物皆以無爲本。無也者，開物成務，無往不存者也。陰陽恃以化生，萬物恃以成形，賢者恃以成德，不肖恃以免身。故無之爲用，無爵而貴矣。』衍甚重之。惟裴頠以爲非，著論以譏之，而衍處之自若。」校釋：「王衍，難崇有論，亡。見裴頠傳。」訓故：「晉書：裴頠字逸民，河東聞喜人，善言名理，歷官侍中。」按裴頠傳：「頠，字逸民。……頠深患時俗放蕩，不尊儒術，何晏、阮籍素有高名於世，口談浮虚，不遵禮法，尸禄躭寵，仕不事事；至王衍之徒，聲譽太盛，位高勢重，不以物務自嬰。遂相放效，風教陵遲。乃著崇有之論以釋其蔽。……王衍之徒攻難交至，並莫能屈。」范注：「魏志裴潛傳裴松之注引陸機惠帝起居注曰：『頠理具淵博，贍於論難，著崇有、貴無二論，以矯虚誕之弊；文辭精富，爲世名論。』」文選學：「裴頠著崇有論（文載晉書本傳）由名家以論無不離有，正虚無論之弊。」

〔四〕世説新語文學篇：「裴成公作崇有論，時人攻難之，莫能折。唯王夷甫來，如小屈。時人即以王理難裴，理還復申。」注引晉諸公贊曰：「自魏太常夏侯玄，步兵校尉阮籍等，皆著道德論。於時侍中樂廣，吏部郎劉漠亦體道而言約，尚書令王夷甫講理而才虚，後進庾敳之徒，皆希慕簡曠。頠疾世俗尚虚無之理，故著崇有、貴無二論以折之。才博喻廣，學者不能究。後樂廣與頠清閒欲説理，而頠辭喻豐博，廣自以體虚無，笑而不復言。」晉書裴頠傳載有崇有論，貴無論亡。崇有論説：「遂闡貴無之議，而建賤有之論。賤有則必外形（外形骸，指放任），外形則必遺制，遺制則必忽防，忽防則必妄禮，禮制弗存，則無以爲政矣。」

然滯有者全繫於形用；貴無者專守於寂寥〔一〕；徒鋭偏解〔二〕，莫詣正理；動極神源〔三〕，其般若之絶境乎〔四〕？逮江左群談，惟玄是務〔五〕；雖有日新，而多抽前緒也〔六〕。

〔一〕「滯」，凝滯。「繫於形用」，謂束縛於有形而實用的事物。老子：「寂兮寥兮。」魏源老子本義第二十一章：「寂兮，無聲；寥兮，無形也。」

〔二〕「鋭」，突出。

〔三〕「神源」，神理的源泉。范注：「動極神源，謂用思至極深之地；即下云般若之絶境也。神源，猶言理源。世説文學篇：『丞相乃嘆曰：向來語，乃竟未知理源所歸。』」「動極」，探究到底。

〔四〕黄注：「晉書曇霍傳：『霍持一錫杖，令人跪曰：此是般若眼。』」「般若」，梵文prajñā的音譯，一譯「波羅若」或「波若」，意譯「智慧」。

斠詮：「絶境，與人世斷絶之境地。陶淵明桃花源記：『來此絶境，不復出焉，遂與外人間隔。』」

錢仲聯文心雕龍識小録二「般若」管窺：「觀此知劉氏欲以般若正理，破「有」「無」二種偏執……實與兩晉以來，玄言家、佛教徒關於有無（佛教稱「有」「空」，當時亦使用「有」「無」二字）之論争，及『般若』學説破其偏執之時代學風，有緊密之關係。……「姚秦時，鳩摩羅什譯摩訶般若波羅蜜經，而般若之學，大暢於中國。……羅什門下僧肇著般若無知論、不真空論，暢論萬物皆『有其所以不有，有其所以不無』。……大抵般若空宗，空（無）以破一切法，假（有）以立一切法。空有雙遣，不滯二執，假有真空，體虛如幻，此空宗之中觀，亦般若之絶境。劉勰此文，標般若之旨，以破裴、王有無之執。……特於論説之篇崇有、貴無二論發之。」

〔五〕宋書謝靈運傳論：「在晉中興，玄風獨扇，爲學窮於柱下，博物止乎七篇，馳騁文詞，義殫乎此。」南齊書文學傳論：「江左風味，盛道家之言，郭璞舉其靈變，許詢極其名理……謝混清新，得名未盛；顔、謝並世，乃各擅奇。」時序篇亦云：「自中朝貴玄，江左稱盛。因談餘氣，流成文體。」

〔六〕辨騷：「自風雅寢聲，莫或抽緒。」范注：「世説文學：舊云，王丞相過江左，止道聲無哀樂（嵇康聲無哀樂論）、養生（嵇康養生論）、言盡意（歐陽堅石言盡意論）三理而已，然宛轉關生，無所不入。」「多抽前緒」謂大多引繹前人餘緒，並無若何創發也。

至如張衡譏世，韻似俳説〔一〕；孔融孝廉，但談嘲戲〔二〕；曹植辨道〔三〕，體同書抄〔四〕；言不持正，論如其已〔五〕。

〔一〕譏世論今佚。

校注：「按『韻』字於義不屬，且與下『但談嘲戲』句不倫，疑爲『頗』之形誤。哀弔篇『卒章五言，頗似歌謡』……句法與此相類，可證。（漢書揚雄傳下『雄以爲賦者……又頗似俳優』亦可證。）」

「俳」，元刻本、弘治本均作「排」。馮舒校本亦作「排」，注云：「謝作『俳』。」斠詮：「案字當作『俳』，『徘』、『排』皆『俳』之形誤。」

〔二〕孝廉論今佚。范注：「三國吳志是儀傳注（引徐衆三國評）：『是儀本姓氏，以孔融嘲改姓是。』」

斯波六郎：「案此文與三國評之記事無關，魏文帝典論論文云：『孔融體氣高妙，有過人者，然不能持論，理不勝辭，至於雜以嘲戲。』（魏志王粲傳注引）『雜以嘲戲』，恐指孝廉等而言。」

〔三〕訓故：「曹子建集辨道論大略以左慈、郗儉方士之徒好詭欺衆，言不足信也。」范注：「曹植辨道論列舉當時道士遇怪之語，辨其虛誕，義頗近正，而文實冗庸。」辨道論，見續古文苑卷九。

〔四〕「體同書抄」，謂體制同於抄書。

詩品序：「顏延、謝莊尤爲繁密，於時化之。故大明泰始中，文章殆同書抄。」

校釋：「曹植辨道論。見本集。大旨言方士神仙之説不可信。」周注：「辨道論羅列許多事實，所以體同書抄。」

〔五〕范正文夾注（引黄校）：「汪本作『才不持論，寧如其已』。」

校注：「黄校有誤。張本、胡本作『才不持論，寧如其已』，是也，當從之。漢書嚴助傳『朔、皋不根持論』……文選典論論文『然不能持論』，並以『持論』爲言。此爲評張衡譏世，孔融孝廉、曹植辨道之辭，謂所作不能持論，寧可擱筆也。」按元刻本作「才不持論如其一」，弘治本、馮舒校本俱作「才不持論如其已」，馮校本下注云：「謝作『言不持正，論如其已』。」

以上爲第一段，説明論的意義、類別，並評論先秦到魏晉的論文。

原夫論之爲體，所以辨正然否〔一〕；窮於有數，究於無形〔二〕，迹堅求通，鉤深取極〔三〕；乃百慮之筌蹄〔四〕，萬事之權衡也〔五〕。

〔一〕校注：「論衡超奇篇：『桓君山作新論，論世間事，辨照然否。』又自紀篇：『論説辯然否。』御覽『辨』作『辯』。」

張相古今文綜論之體製：「彦和謂論所以辨正然否。標準斯誼，然則有申，而否則有駁矣。梁劉峻廣絶交論、蘇軾續歐陽子朋黨論，皆所以辨正其然者也。權德輿兩漢論、王荆公周公論，皆辨正其否（駁前人之説）者也。」「辨正然否」就是分清是非。

〔二〕校證：「『窮於有數，究於無形』二句八字，舊作『窮有數，追究無形』二句七字，謝校『窮』下添『於』字，『追』作『迫』，『追』下加『於』字。梅六次本改如今本，黄本、張松孫本，皆從之。案御覽正作『窮於有數，追於無形』，黄本注云：『兩「於」字從汪本改。』非是。」按元刻本、馮本均無兩「於」字。何本亦無二「於」字。文心雕龍新書本依黄本作「窮於有數，追於無形」，校證「追」改「究」，似不必。

注訂：「有數無形，指事與理二項而言。事以求證，理以究真，而後然否正，而論切也。故辨爲論之主旨，然否正爲辨之必然也。」有數本指具體有形可數的事物。禮記表記：「仁有數，義有長短大小。」疏：「仁有數者，行仁之道有度數多少也。……言仁有數，則義亦有數；義有長短大小，則仁亦有長短大小，互言之也。」

〔三〕黄本校：「『迹』，一作『鑽』。」校注：「按『鑽』字義長，御覽、文章辨體彙選三九二、文章緣起注引，並作『鑽』。論語子罕：『鑽之彌堅。』當爲『鑽堅』二字所本。」劉師培講漢魏六朝專家文研究（羅常培筆録）十、論各家文章與經子之關係中説：「蓋論理之文，『迹堅求通，鉤深取極』，意尚新奇，文必深刻，如剥芭蕉，層脱層現；如轉螺旋，節節逼深。不可爲膚裏脈外之言，及鋪張門面之語。」陳繹曾文説云：「論宜圓折遠深。」所以能「圓折遠深」，就是鑽探鉤取的結果。

「鑽堅求通，鉤深取極」就是説要打攻堅戰，把道理鑽通，從而鉤取出極其深刻的結論。要像轉螺旋似的，節節進逼，達到最深的一層。要能掃清論述中的一切障礙，才能豁然貫通。易繫辭上：「探賾索隱，鉤深致遠。」正義：「物在深處，能鉤取之。」

〔四〕莊子外物篇：「荃者所以在魚，得魚而忘荃；蹄者所以在兔，得兔而忘蹄。」釋文：「荃……魚笱也。」「蹄，兔綱也，又云兔弶也。繫其脚，故曰蹄也。」「荃」即筌，捕魚竹器。後來以筌蹄比喻達到目的的手段，魚兔比喻目的。

〔五〕莊子胠篋：「爲之權衡以稱之，則並與權衡而竊之。」

故其義貴圓通〔一〕，辭忌枝碎〔二〕，必使心與理合，彌縫莫見其隙〔三〕；辭共心密，敵人不知所乘〔四〕。斯其要也〔五〕。

〔一〕范文瀾中國通史簡編修訂本第二編四百二十二頁：「全書只有論説篇偶用『般若』、『圓通』二詞，是佛書中語。」劉勰滅惑論：「明知聖人之教，觸感圓通。」「圓」，無偏缺；「通」，無障礙。楞嚴經卷二十二：「阿難及諸大衆，蒙佛開示，慧覺圓通，得無疑惑。」僧祐出三藏記集卷一緣記部收録胡漢譯經音義同異記：「雖有偏解，終隔圓通。」明詩：「然詩有恒裁，思無定位，隨性適分，鮮能圓通。」封禪篇：「然骨掣靡密，辭貫圓通。」日人興膳宏謂「圓通」作「圓滿的完全性」或「理論的一貫性」解（見興膳宏文心雕龍論文集五十五頁）。

〔二〕李充翰林論：「論貴於允理，不求支離，若嵇康之論文矣。」在論文中要抓住要領，這和翰林論所説「不求支離」以及本篇所説的「辭忌枝碎」是一致的。

〔三〕斟詮：「彌縫——補合之意。左傳僖公二十六年：『彌縫其闕，而匡救其災。』」

〔四〕黄海章劉勰的創作論和批評論（本篇下引黄海章皆同此）：「論之爲體，所以辨正然否。然或然或否，不能止據片面的理由來斷定，而是要通過全面，所以説『義貴圓通』。而辨論的文辭，要能够把握重點，明確地、深入地加以發揮，才能盡其精要，如果瑣碎支離，重點便不能突出，使讀者無從領略作者的要旨，所以説『辭忌枝碎』。『心與理合』是作者的主張能符合客觀的真理，而非出於幻想。『辭共心密』是所運用的辭句，能精密的表現内在的思想。能做到這樣，敵人便無隙可乘了。」（中山大學學報，一九五八年第一期）

按論説篇所謂「彌縫莫見其隙」，「敵人不知所乘」，就是一般所謂「能立」。「能立」是能够伸張自己的主張。如果正面的論據不充分，反面的理由却很强而有力，這樣的論文便完全不能成立。

張相古今文綜第一部第一編第一章論文體製：「班叔皮之論『王命』，李蕭遠之辨『運命』（李康運命論），如雲在空，絪緼變化，劉氏（梁劉峻辯命論）楊氏（清楊繩武六朝論）之作，排比衆説，祥金在冶，所謂『辭共心密，敵人不知所乘』者也。」

〔五〕晉釋慧遠序大智論鈔曰：「論之爲體，位始無方而不可詰，觸類多變而不可窮，或開遠理以發興，或導近習以入深，或闔殊塗於一法而弗雜，或闢百慮於同相而不分，此以絶夫纍瓦之談，而無敵於天下者也。爾乃博引衆經，以贍其辭，暢發義音，以宏其美。美盡則智無不周，辭博則廣大悉備。是故登其涯而無津，挹其流而弗竭。汪汪焉莫測其量，洋洋焉莫比其盛。雖百川灌河，未足語其辯矣；雖涉海求源，未足窮其邃矣。」釋僧叡序大智度論亦云：「其爲論也，初辭擬之，必標衆異以盡美；卒成之終，則舉無執以盡善。釋所不盡，則立論以明之；論其未辯，則寄折中以定之。使靈篇無難喻之章，千載悟作者之旨，信若人之功矣。」雖闡揚佛教，以發玄旨，而作論之要領，固可與彦和之説相參。

是以論如析薪〔一〕，貴能破理〔二〕。斤利者，越理而横斷；辭辨者，反義而取通〔三〕；覽文雖巧，而檢蹟知妄〔四〕。唯君子能通天下之志，安可以曲論哉〔五〕！

〔一〕「如」，范正文夾注：「孫云：御覽作『譬』。」詩齊風南山：「析薪如之何？匪斧不克。」

〔二〕春覺齋論文流別論八：「論者，貴能破理，莊子之齊物，王充之論衡，析理微矣。……鄙意非所見之確，所藴之深，吐辭不能括衆義而歸醇，析理不能抑群言而立幹，不如不作之爲愈。」論文除去「能立」以外，還要能剖析事理，這就是「貴能破理」。黄海章云：「所以造論的人，要能够把事理分析入微，無堅不破，好像利刃劈柴一樣。」「理」本指木柴的紋理。

〔三〕黄海章云：「可是有些人馳騁文辭，不管是否合乎真理，而妄加武斷；或賣弄口辯，故意作爲翻案的文章。」文章流别論：「辯言過理，則與義相失。」

〔四〕校證：「『知』原作『如』，梅六次本、張松孫本、崇文本作『知』。徐、顧俱云：『當作知。』案御覽作『知』，今據改。」黄海章云：「這些作品，初看起來，固然精巧，但按諸實際，不過是歪曲事實的謬論而已！」

〔五〕斯波六郎：「周易同人彖：『唯君子爲能通天下之志。』正義：『唯君子之人於同（團聚）人之時，能以正道通達天下之志。』」

斠詮：「曲論，歪曲議論。」

以上是説：有人仗着自己的文辭鋒利，能説會道，像快刀一樣，不管是否合理，而妄加武斷；或者故意反着説，作翻案文章，勉强求通。這樣的論文，初看起來雖然精巧，而用實踐來檢驗，就會知道它是胡説八道。只有正人君子能够溝通天下人的思想，怎麽可以歪曲事實來狡辯呢！

從劉勰的話來看，他是注重論文要有正確的內容，而不贊成專門要筆桿子進行詭辯的。桓範世要論序作篇説：「夫著作書論者，乃欲闡弘大道，述明聖教，推演事義，盡極情類，記是貶非，以爲法式，當時可行，後世可修。……而世俗之人，不解作體，而務汎濫之言，不存有益之義，非也。故作者不尚其辭麗，而貴其存道也；不好其巧慧，而惡其傷義也。故夫小辯破道，狂簡之徒，斐然成文，皆聖人之所疾矣。」（全三國文卷三十七）陳亮龍川集書作論法：「大凡論不必作好語言，意與理勝，則文字自然超衆。故大手之文，不爲詭異之體，而自然宏富；不爲險怪之辭，而自然典麗。奇寓於純粹之中，巧藏於和易之内。不善學文者，不求高於理與意，而務求於文彩辭句之間，則亦陋矣。」陳亮提出作論文要重「意」，重「理」，這和本篇所説的「義貴圓通」、「心與理合」之意，正可互相發明。而陳亮所談的作論文要求自然，不貴詭異、險怪的主張，和文心雕龍的基本理論也是非常接近的。

若夫注釋爲詞，解散論體〔一〕，雜文雖異，總會是同〔二〕；若秦延君之注堯典，十餘萬字〔三〕；朱普之解尚書，三十萬言〔四〕：所以通人惡煩，羞學章句〔五〕。

〔一〕紀評：「訓詁依文敷義，究與論不同科，此段可删。」范注：「案紀説非是。陳先生曰：『按此據鄭君六藝論，王氏聖證論言之。』賈逵云：『論，釋也。』是彦和所本。」周注：「解散論體：注釋中的議論，分散在各條裏，形式上是分散的。」

〔二〕文心雕龍雜記：「案注釋者，依文敷義，分别訓詁，文雖散雜，然總會全注則論矣。世説新語文學篇：何平叔注老子始成，詣王輔嗣，見王注精奇，乃神伏曰：若斯可與論天人之際矣。因以所注爲道德二論。可證。又朱子語類：『漢儒解經，依經演説，晉人則不然，依經而作文。』亦可證。」郭注改「雜」爲「離」，云：「離文，謂注釋斷續出現正文之下。離雜形近致訛。聲律：『疊韻雜句而必睽。』文鏡秘府引聲律作『離句』，是離雜相近易誤之證。」校注：「按『雜』當作『離』，字之誤也。禮記學記：『一年，視離經辨志。』鄭注：『離經，斷句絶也。』正義：『離經，謂離析經理，使章句斷絶也。』此『離』字義當與彼同。『離文』，謂離析原書章句，分别作注。即下文所舉『毛公之訓詩，安國之傳書，鄭君之釋禮，王弼之解易』之類是。」王更生文心雕龍范注駁正：「此言離文者，離析文辭，而成若干片斷夾注於章句之下，雖與論辨文完整的成篇不同，但若把各條注釋統合觀之，倒與論文並無區别。正應下句『總會是同』。」

〔三〕黄注：「漢（書）儒林傳：張山拊事小夏侯建，爲博士，論石渠，授信都秦恭延君，恭增師法至百萬言。桓譚新論：秦延君但説『粤若稽古』，即三萬言。」范注：「藝文志六藝叙曰：『博學者又不思多聞闕疑之義，而務碎義逃難，便辭巧説，破壞形體，説五字之文，至於二三萬言。』顔師古注曰：『言其煩妄也。』桓譚新論（按見正經第九）云：「秦近君（近字誤，當作延）能説堯典篇目，兩字之説，至十餘萬言；但説『曰若稽古』三萬言。」（御覽學部引作二萬言。）

〔四〕黄注：「（漢書）儒林傳：尚書歐陽氏學，平當授九江朱普公文。桓榮傳：榮習歐陽尚書，事博士九江朱普。」朱普字公文。漢書儒林傳：「林尊事歐陽高爲博士，論石渠，授平陵平當。平當授九江朱普公文，普爲博士。」范注：「後漢書桓郁傳：『初，桓榮受朱普學章句四十萬言，浮辭繁長，多過其實。及榮入授顯宗，減爲二十三萬言。郁復删省定成十二萬言，由是有桓君大小太常章句。』據此傳，『三十萬』言當改作『四十萬』。」

〔五〕范注：「論衡效力篇：『王莽之時，省五經章句，皆爲二十萬，博士弟子郭路，夜定舊説，死於燭下。精思不任，絶脈氣滅也。』西漢之末，五經章句，皆極繁衍，若朱普章句僅三十萬言，則比之他經，不爲太過，范書不應獨言其浮辭繁長矣。通人謂如揚雄、班固之等。揚雄傳：『雄少而好學，不爲章句，訓詁通而已。』後漢書班固傳：『不爲章句，舉大義而已。』」校注：「羞學章句者，除范注引揚雄、班固外，尚不乏人：後漢書桓譚傳：『博學多通，偏習五經，皆詁訓大義，不爲章句。』王充傳：『好博覽而不守章句。』荀淑傳：『博學而不好章句。』盧植傳：『能通古今學，好研精而不守章句。』梁鴻傳：『博覽無不通，而不爲章句。』蓋章句之學，辭過枝離，義鮮圓通，博覽者多所不爲，故舍人云然。」朱遏先等聽文心雕龍筆記：「章句之存於今者，唯趙岐孟子章句，每章有章旨，殊無要誼，故人羞學之。」

校釋：「漢志有歐陽章句三十一卷。沈欽韓曰：『章句者，經師指括其文，敷暢其義，以相教授。左宣二年傳疏，服虔載賈逵、鄭衆、或人三説，解「叔牂曰子之馬然也」，此章句之體也。』斯體之失，往往過繁，卒爲通儒所羞。揚子雲自傳稱『不爲章句，訓詁通而已』，班孟堅傳稱其『不爲章句，舉大義而已』，桓君山傳稱其『博學多通，遍習五經，皆詁訓大義，不爲章句』，王充傳稱其『師事班彪，好博覽而不守章句』：此通儒而鄙章句者也。」

札記辨漢師章句之體：「章句之始，蓋期於明析經理而止。……弟子傳師説者，或更增益其文，務令經義敷暢。至其末流，碎義逃難，便辭巧説，破壞形體，而章句之文於是滋多，秦恭延君增師法至百萬言，説堯典篇目兩字十餘萬言，但説『曰若稽古』三萬言，此則破析經文，與章句之本義乖矣。桓榮受朱普學章句四十萬言，榮減爲二十三萬言，其子郁復删省成十二萬言，是則章句之文可以損之又損，知其多者皆浮辭也。……若其馳逐不反，以多爲貴，學者但記師説，幼童而守一藝，白首而後能言，是以通人耻之，若揚子雲自傳謂不爲章句，訓詁通而已；班固傳亦稱固不爲章句，但舉大義；論衡超奇篇目能説一經者爲儒生，博覽古今者爲通人，知章句之末流，爲人詬病甚矣。然未可因是而廢章句也。經傳章句存者，上有毛傳，次有趙岐之於孟子，王逸之於楚辭，其他東漢經師遺文猶有可參見者，蓋皆雅暢簡易，不如西漢今文諸師之煩，固知章句亦自有可法者在也。詳章句之體，毛公最爲簡潔，其於經文，但舉訓故，又義旨已具序中，自非委曲隱約者，不更敷暢其詞。」

若毛公之訓詩〔一〕，安國之傳書〔二〕，鄭君之釋禮〔三〕，王弼之解易〔四〕，要約明暢，可爲式矣〔五〕。

〔一〕范注：「鄭玄詩譜曰：『魯人大毛公，爲訓詁傳於其家，河間獻王得而獻之，以小毛公爲博士。』」大毛公名亨，六國時人；小毛公名萇，西漢趙人。

〔二〕黄注：「儒林傳：孔氏有古文尚書，孔安國以今文讀之，因以起其家，逸書得十餘篇，蓋尚書兹多於是矣。」按此見史記。范注：「彦和所見尚書孔安國傳，即梅賾僞古文尚書。梅傳實據王肅之注，而附益以舊訓。王肅好賈、馬之學，淵源有自，不得概以僞目之。（鄭康成注古文尚書又書贊『我先師棘下生子安國』云云，是孔氏傳至東漢末尚存也。王肅注更可信爲古文。）」

〔三〕訓故：「後漢書：玄注周易、尚書等凡百餘萬言。」黄注：「鄭玄傳：鄭玄好學，注儀禮、禮記，答臨孝存周禮難，凡百餘萬言。」范注：「文苑英華卷七百六十六，劉子玄引鄭康成自序云：『遭黨錮之事，逃難注禮，黨錮事解，注古文尚書、毛詩、論語，爲袁譚所逼，未至元城，乃注周易。』王鳴盛蛾術編五十八鄭氏著述篇曰：『康成坐黨錮十四年，則是注經三禮居首，閱十四年乃成，用力最深也。』」後漢書鄭玄傳：「鄭玄括囊大典，網羅衆家，删裁繁誣，刊改漏失，自是學者略知所歸。」隋書經籍志經部：周官禮十二卷，鄭玄注。儀禮十七卷，鄭玄注。禮記二十卷，鄭玄注。

〔四〕校證：「玉海無『之』字。」范注：「孔穎達周易正義序曰：『唯魏世王輔嗣之注，獨冠古今，所以江左諸儒，並傳其學。』」中古文學史：「三國志鍾會傳注引何劭王弼傳曰：『弼幼而察慧，年十餘，好老氏，通辯能言。……弼注易，潁川人荀融難弼「大衍」義，弼答其意，白書以戲之……弼注老子，爲之指略，致有理統；注道略論，注易，往往有高麗言。太原王濟好談，病老莊，嘗云：「見弼易注，所悟者多。」然弼爲人淺而不識物情。正始十年，曹爽廢，以公事免。其秋遇癘疾亡，時年二十四。……』（世説劉注引魏氏春秋亦云：「弼論道，約美不如（何）晏，自然出拔過之。」所云論道約美，即指老易諸注言。）」又：「弼文傳於世者，今鮮全篇，惟易注、易略例、老子注均爲完書。其易略例明象篇曰：……又明爻篇曰：……觀此二則，可以窺輔嗣文章之略，蓋其爲文，句各爲義，文質兼茂，非惟析理之精也。」

〔五〕「式」，法也。朱逷先等筆記：「論説以明晰事理爲貴，故文字不厭其繁，彦和務簡之説非也。」

以上爲第二段，講寫論文的規格要求，附論注釋和論體的異同。

説者，悦也；兑爲口舌〔一〕，故言資悦懌〔二〕；過悦必僞〔三〕，故舜驚讒説〔四〕。

〔一〕訓故：「易彖曰：兑，説也。」范注：「説文：『説，説釋也，從言兑聲。』説釋，即悦懌。……（説文：「兑，説也。」）易説卦：「兑……爲口舌。」正義：「取口舌爲言語之具也。」説文通訓定聲：「『説』，叚借爲『悦』。」清凌曙群書答問卷上：「問：『吕氏春秋勸學篇凡説者，兑之也，非説之也，何謂也？』曰：『易序卦：巽者，入也；入而後説之，故受之以兑。』釋名：『兑，物得備足，皆喜悦也。』（見釋天）文心雕龍：『説者，悦也。兑爲口舌，故言咨悦懌。』據此，知爲師者，必先得學者之歡心，而後其説乃可行也。故易（兑卦）象曰：『麗澤兑，君子以朋友講習。』」

〔二〕校證：「『資』原作『咨』。……案作『資』是，銘箴篇：『箴全禦過，故文資確切。』書記篇：『故謂譜者，普也；注序世統，事資周普。』又：『符者，孚也；徵召防僞，事資中孚。』語法與此俱同，今據改。」「言資悦懌」，言出所以使人高興。

〔三〕斠詮：「老子云：『美言不信。』孔子云：『巧言亂德。』彦和蓋化用此二語。」

〔四〕訓故：「書舜典：『帝曰：龍，朕堲（憎疾也）讒説殄行，震驚朕師，命汝作納言，夙夜出納朕命，惟允。』」孔傳：「言我疾讒説，絶君子之行，而動驚我衆，欲遏絶之。」

文體明辨序説「説」條：「按字書：説，解也，述也，解釋義理而以己意述之也。説之名起於説卦，漢許慎作説文，亦祖其名以命篇。而魏晉以來作者絶少，獨曹植集中有二首，而文選不載，故其體闕焉。要之傳於經義，而更出己見，縱横抑揚，以詳贍爲上而已，與論無大異也。」

説之善者，伊尹以論味隆殷〔一〕；太公以辨釣興周〔二〕；及燭武行而紓鄭〔三〕，端木出而存魯〔四〕，亦其美也。

〔一〕黄注：「吕氏春秋：伊尹説湯以至味曰：凡味之本，水最爲始，五味三材，九沸九變。火之爲紀，時疾時徐，滅腥去臊除羶，必以其勝，無失其理。調和之事，必以甘酸苦辛鹹，先後多少，其齊甚微，皆有自起。」按此見本味篇。范注：「嚴可均曰：案漢志道家有伊尹五十一篇，小説家有伊尹説二十七篇，本注：『其語淺薄，似依託也。』此疑即小説家之一篇，孟子以割烹要湯，謂此篇也。（全上古三代文卷一）」史記殷本紀：「伊尹，名阿衡。阿衡欲干湯而無由，乃爲有莘氏媵臣，負鼎俎，以滋味説湯，致於王道。」

〔二〕黄注：「吕氏春秋：吕尚坐茅以漁，文王勞而問取，尚曰：魚求於餌，乃牽其緡，人食於禄，乃服於君，以餌取魚，以禄取人，以小釣釣川而擒其魚，以中釣釣國而擒其萬國諸侯。」范注：「史記齊太公世家：『吕尚蓋嘗窮困，年老矣，以漁釣奸周西伯。』今六韜文韜文師篇載太公辨釣語。六韜詞意淺近，必出依託。彥和所見，未知即今本文師篇否？」六韜文韜文師第一：「太公曰：釣有三權：禄等以權，死等以權，官等以權。夫釣以求得也，其情深，可以觀大矣。……故以餌取魚，魚可殺；以禄取人，人可竭；以家取國，國可拔；以國取天下，天下可畢。……文王再拜曰：允哉，敢不受天之詔命乎！」

〔三〕黄注：「左傳秦晉圍鄭，鄭伯使燭之武夜縋而出，說秦伯，秦伯與鄭盟，晉亦去之。」左傳僖公三十年：「晉侯秦伯圍鄭，以其無禮於晉。……鄭伯使燭之武見秦伯曰：『秦晉圍鄭，鄭既知亡矣，若亡鄭而有益於君，敢以煩執事；越國以鄙遠，君知其難也。焉用亡鄭以陪鄰。鄰之厚，君之薄也。若舍鄭以爲東道主，行李之往來，共其乏困，君亦無所害。且君嘗爲晉君賜矣，許君焦瑕，朝濟而夕設版焉，君之所知也。夫晉，何厭之有？既東封鄭，又欲肆其西封，若不闕秦，將焉取之？闕秦以利晉，唯君圖之。』秦伯說，與鄭人盟，使杞子、逢孫、楊孫戍之，乃還。」

〔四〕訓故：「史記：田常欲作亂，而憚高、國、鮑、晏，故移其兵伐魯。子貢說曰：不如伐吴，伐吴不勝，民人外怨大臣，内定孤主，制齊者惟君也。田常曰：善。」

黄注：「仲尼弟子傳：端木賜，字子貢，至齊説田常曰：名存亡魯，實困彊齊，智者不疑也。」

范注：「史記仲尼弟子列傳：『田常欲作亂於齊，憚高、國、鮑、晏，故移其兵，欲以伐魯。孔子聞之，謂門弟子曰：「夫魯，墳墓所處，父母之國，國危如此，二三子何爲莫出？」……子貢請行，孔子許之，遂行。至齊，説田常曰……故子貢一出，存魯，亂齊，破吴，彊晉，而霸越。子貢一使，使勢相破，十年之中，五國各有變。』案此事亦見家語屈節解及越絶書内傳陳成恒篇，史公誤採戰國策士虛託之語，絶不可信。伊尹以下四事，惟燭武説秦伯可信。」注訂：「是子貢以口舌之力，不啻視諸侯如傀儡之在掌中，此説之力也。」

暨戰國争雄，辨士雲湧〔一〕；從横參謀，長短角勢〔二〕；轉丸騁其巧辭〔三〕，飛鉗伏其精術〔四〕；一人之辨，重於九鼎之寶，三寸之舌，强於百萬之師〔五〕；六印磊落以佩〔六〕，五都隱賑而封〔七〕。

〔一〕校證：「『湧』原作『踴』，何校作『湧』。紀云：『踴當作湧。』案史通言語篇，即襲此文，正作『湧』，今據改。」校注：「紀昀云：『踴當作湧。』按文選趙景真與嵇茂齊書：『憤氣雲踴。』是『踴』字自通，無煩改作。」

〔二〕范注：「郝懿行曰：『案劉向戰國策序，國策或曰短長。困學紀聞卷十：蒯通善爲長短説，主父偃學長短縱横術，邊通學短長。』」

校注：「按長短即從横也。史記六國表序：『而從横短長之説起。』田儋傳贊：『蒯通者，善爲長短説。』主父偃傳：『學長短從横之術。』張湯傳：『邊通學長短。』漢書何並傳：『持吏長短從横郡中。』淮南子要略：『故縱横脩短之説生焉。』劉向戰國策序：『中書本號……或曰短長……或曰長書，或曰脩書。……從横短長之説，左右傾側。』並其證。」漢書張湯傳注：「短長術興於六國時，長短其説隱繆用相激怒也。又蘇秦、張儀之謀，趣彼爲短，歸此爲長，戰國策名長短説也。」史記田儋傳：「太史公曰：蒯通者，善爲長短説，論戰國之權變，八十一首。」索隱：「言欲令此事長，則長説之，欲令此事短，則短説之，故戰國策亦名短長書是也。」注訂：「縱横言其策，長短論其理。」

〔三〕黄注：「鬼谷子有轉丸篇，文闕。」范注：「轉丸、飛鉗，皆鬼谷子篇名。轉丸篇文佚。」斠詮：「轉丸，形容説辭之流利，若彈丸之走盤也。」

〔四〕訓故：「鬼谷子書飛鉗篇謂語飛而鉗以待之。」困學紀聞卷十諸子「秦、儀即鬼谷子」條：「尹知章序鬼谷子曰：蘇秦、張儀往事之，受捭闔之術十有二章，復受轉丸、胠篋（轉丸、胠篋今亡）三章。然秦、儀用之，裁得温言酒食貨財之賜。秦也儀也，知道未足行，復往見，具言：所受於師，行之，少有口吻之驗耳，未有傾河填海移山之力，豈可更聞至要，使弟子深見其閫奥乎！先生曰：爲子陳言至道。齋戒擇日而往見，先生乃正席而坐，嚴顔而言，告二子以全身之道。文心雕龍（論説篇）云：『轉丸騁其巧辭，飛鉗伏其精術。』」翁注引鬼谷子飛箝篇曰：「引鉤箝之辭，飛而箝之，鉤箝之語，其説辭也。乍同乍異，或量能立勢以鉤之，或伺候見嵎而箝之。」陶宏景注：「飛，謂作聲譽以飛揚之；鉗，謂牽持緘束令不得脱也。」

斠詮：「形容辯術之精巧，若飛鉗之劫人也。」

〔五〕黄注：「（史記）平原君傳：平原君曰：毛先生一至楚，而使趙重於九鼎大吕。毛先生三寸之舌，彊於百萬之師。」

「九鼎」，傳爲夏禹所鑄，見史記封禪書。「九鼎」、「大吕」，皆傳國重器，此處極喻其辯言之珍貴。

〔六〕黄注：「（史記）蘇秦傳：秦喟然嘆曰：使我有雒陽負郭田二頃，吾豈能佩六國相印乎？」補注：「後漢書蔡邕傳：『連衡者六印磊落。』」按此見蔡邕釋誨。「磊落」，錯雜也，指印之多。

〔七〕黄注：「（史記）張儀傳：秦惠王封儀五邑。」補注：「張衡西京賦：『郊甸之内，都邑殷賑，五都貨殖，既遷既引。』案殷音隱，義同。」范注：「爾雅釋言：『賑，富也。』郭璞注曰：謂隱賑富有。字亦作『殷賑』，文選西京賦云：『鄉邑殷賑。』亦作『殷軫』，羽獵賦云：『殷殷軫軫。』」

至漢定秦楚，辨士弭節〔一〕；酈君旣斃於齊鑊〔二〕，蒯子幾入乎漢鼎〔三〕。雖復陸賈籍甚〔四〕，張釋傅會〔五〕，杜欽文辨〔六〕，樓護脣舌〔七〕，頡頏萬乘之階〔八〕，抵嘘公卿之席〔九〕；並順風以託勢，莫能逆波而泝洄矣〔一〇〕。

〔一〕范注：「弭，止也，息也。文選子虛賦：『弭節徘徊。』注：『節，所仗信節也。』」

斠詮：「弭節，停息仗節，不再出使之意。」

〔二〕史記酈食其傳:「酈生常爲説客,馳使諸侯。燕趙已定,唯齊未下,使酈生説齊王。……淮陰侯聞酈生伏軾下齊七十餘城,乃夜度兵平原襲齊,齊王田廣聞漢兵至,以爲酈生賣己,遂亨酈生。」

〔三〕黄注:「(史記)淮陰侯傳:信方斬,曰:吾悔不用蒯通之計,乃爲兒女子所詐。高祖捕通,欲烹之。通曰:秦失其鹿,天下共逐之,欲爲陛下所爲者甚衆,顧力不能耳,又可盡烹之邪?乃釋通之罪。(原文作『不烹』。)」

〔四〕漢書陸賈傳:「賈以此游漢廷公卿間,名聲籍甚。」王先謙漢書補注引周壽昌曰:「『籍甚』,史記作『藉盛』,蓋言聲名得所藉而益盛也。『甚』與『盛』意同。」

〔五〕范注:「張釋,即張釋之,去『之』字,便文耳。漢書張釋之傳『釋之既朝畢,因前言便宜事。文帝曰:卑之,毋甚高論,令今可施行也。』顔師古注:『令其議論依附時事也。』」史記張釋之列傳:「因前言便宜事。文帝曰:『卑之,毋甚高論,令今可施行也。』於是釋之言秦漢之間事,秦所以失,而漢所以興者久之,文帝稱善,乃拜釋之爲謁者僕射。」漢書爰盎傳贊:「盎雖不好學,亦善傅會。」注:「張晏曰:因宜傅著會合之。」

〔六〕漢書杜欽傳:「帝舅大將軍王鳳以外戚輔政,求賢知自助。奏請欽爲大將軍軍武庫令……後爲議郎,以病免。徵詣大將軍莫府,國家政謀,夙常與欽慮之。……京兆尹王章言鳳專權蔽主之過，欽令鳳上疏謝罪，乞骸骨，文指甚哀。鳳心慚，稱病篤，欲遂退。欽復説鳳起視事。章死詔獄。衆庶冤之，以譏朝廷。欽欲救其過，復説鳳舉直言極諫。欽之補過將美，皆此類也。」

范注：「漢書杜欽傳（附杜周傳）贊曰：『欽浮沈當世，好謀而成，以建始之初深陳女戒，終如其言，庶幾關雎之見微，非夫浮華博習之徒所能規也。』文辯之語本此贊意。」

注訂：「『深陳女戒，終如其言』，即所謂『文辨』也。」全漢文卷三十一輯杜欽説王鳳等八篇。短小精辯」。

〔七〕黄注：「漢書游俠傳：樓護，字君卿……與谷永俱爲五侯上客，長安號曰：谷子雲筆札，樓君卿脣舌。言其見信用也。」范注：「本書知音篇亦稱君卿脣舌。」漢書游俠傳謂樓護「爲人

〔八〕梅注：「頡頏，音業杭。」范注：「頡頏萬乘，謂酈、蒯、張之屬；抵噓公卿，謂陸、杜、樓諸人也。」札樸三：『揚雄解嘲：「鄒衍以頡頏而取世資。」夏侯湛東方朔畫贊：「苟出不可以直道也，故頡頏以傲世。」案「頡頏」，猶上下浮沈也。詩：「燕燕于飛，頡之頏之。」傳云：「飛而上曰頡，飛而下曰頏。」』」

斯波六郎：「案『頡頏萬乘之階，抵噓公卿之席』二句，承『雖復陸賈籍甚』以下，不及酈君、蒯子之句。依上句指陸、張，下句應指杜、樓。」

〔九〕黄注：「『抵噓』，疑作『抵戲』。杜周傳贊：『業因勢而抵陒。』注：『陒，音詭。一説陒讀與戲

同，音許宜反，險也。言擊其危險之處。鬼谷子有抵戲篇也。』」范注：「按諧隱篇『謬辭詆戲』，謂嘲戲取説也，此『抵嘘』即『抵戲』之字誤。黄注似迂。」校注：「按『嘘』當作『巇』，鬼谷子有抵巇篇，陶宏景注云：『抵，擊實也；巇，釁隙也。』今作『嘘』者，蓋誤『山』爲『口』，而又脱其『戈』耳。」注訂：「黄注未安，嘘者出也，抵者拒也。此指音聲相抗而有出入，與上文頡頏對文，疑與蜀都賦『邸頽』二字爲近，或爲一辭而字異，同音相假，古文多此類。」考異：「抵嘘者，言論吐納於公卿之席也。贊云：『呼吸阻勸』者，即爲『抵嘘』注脚。」

〔一〇〕補注：「荀子勸學篇：『順風而呼，聲非加疾也，而聞者彰。』詩秦風（蒹葭）：『遡洄從之，道阻且長。』毛傳：『逆流而上曰遡洄。』」范注：「並順風以託勢，莫能逆波而泝洄，二語精絶。漢代學術文章，皆可作如此觀。」

夫説貴撫會，弛張相隨〔一〕，不專緩頰〔二〕，亦在刀筆〔三〕。范睢之言事〔四〕，李斯之止逐客〔五〕，並煩情入機，動言中務〔六〕，雖批逆鱗〔七〕，而功成計合〔八〕，此上書之善説也。

〔一〕范注：「撫會，猶言合機。」注訂：「撫者因勢，會者適時也。」「弛張相隨」，謂時而鬆弛，時而緊張。明李光縉史記評林增補卷七十九在范睢傳「范睢乃上書」上引劉勰曰：「夫説貴施會，弛張相隨，不專緩頰，亦不在刀筆。」不知何所據。

〔二〕范注：「史記魏豹列傳：『漢王聞魏豹反，謂酈生曰：緩頰往説魏豹，能下之，吾以萬户封若。』漢書高紀注引張晏曰：『緩頰，徐言引譬喻也。』」

〔三〕後漢書劉盆子傳：「酒未行，其中一人出刀筆書謁欲賀。」注：「古者記事，書於簡策，謬誤者以刀削而除之，故曰刀筆。」范注：「不專緩頰，亦在刀筆；謂不僅口説，落於筆札者，亦得稱説。……漢書蕭何傳贊師古注曰：『刀，所以削書也。古者用簡牒，故吏皆以刀筆自隨也。』」

〔四〕訓故：「史記：范雎，魏人，字叔。從王稽入秦，以穰侯欲越韓、魏而伐齊，乃上書曰：『臣聞善厚家者取之於國，善厚國者取之於諸侯。天下有明主則諸侯不得擅厚者，何也？爲其割榮也。』卒逐穰侯，爲秦相。」

黄注：「范雎傳：王稽載雎入秦，説昭王廢王后，逐穰侯，拜爲相。」范注引上書秦昭王（戰國策秦策三又見史記范雎傳）。郭注本改作「范雎之言疑事」。云：「『疑事』，舊脱『疑』字，今校增。史記范雎傳有上秦昭王書，書云：『豈敢以疑事嘗試於王乎？』爾後説昭王廢太后逐穰侯，則所謂『疑事』也。本文『疑事』即用彼文。『言疑事』與『止逐客』相對成文。」「疑事」二字，指廢王后逐穰侯等疑難之事。

〔五〕黄注：「（史記）李斯傳：斯西説秦，秦王拜斯爲客卿。會韓人鄭國來間秦，以作注溉渠。已而覺，秦宗室大臣請一切逐客，斯上書秦王，乃除逐客之令。」

〔六〕范注：「校勘記：『煩字可疑。案煩當作順，檄移篇順誤作煩，可以互證。又封禪篇文理順序，順元誤作煩，是亦一證矣。』韓非子説難篇，精微周密，可作參考。」王金凌：「煩情入機，謂其内容自多端入手，而能切中機要。」「動言中務」謂發言切中要務。

〔七〕韓非説難：「夫龍之爲蟲也，可擾狎而騎也，然其喉下有逆鱗徑尺，人有嬰之，則必殺人。人主亦有逆鱗，説之者能無嬰人主之逆鱗，則幾矣。」

〔八〕何焯校本「合」改「就」。

至於鄒陽之説吴梁〔一〕，喻巧而理至〔二〕，故雖危而無咎矣。敬通之説鮑鄧〔三〕，事緩而文繁；所以歷騁而罕遇也〔四〕。

〔一〕范注：「漢書鄒陽傳陽與吴嚴忌、枚乘等俱仕吴，皆以文辯著名。久之，吴王以太子事怨望，稱疾不朝，陰有邪謀。陽奏書諫，爲其事尚隱，惡指斥言，故先引秦爲喻，因道胡、越、齊、趙、淮南之難，然後乃致其意。其辭曰云云。又陽傳云：『景帝少弟梁孝王貴盛，亦待士。於是鄒陽、枚乘，嚴忌知吴不可説，皆去之梁，從孝王游。陽爲人有智略，忼慨不苟合，界於羊勝、公孫詭之間。勝等疾陽，惡之孝王。孝王怒，下陽吏，將殺之。陽客遊，以讒見禽，恐死而負纍，乃從獄中上書。書奏孝王，孝王立出之，卒爲上客。』」

〔二〕獄中上梁王書也是借古人事跡喻自己忠而無報、信而見疑。「喻巧」之巧，也含有曲盡之意。「理至」，説理周至。

〔三〕黄注：「馮衍傳：衍字敬通。更始二年，遣鮑永行大將軍事，安集北方。衍因以計説永……永既素重衍，乃以衍爲立漢將軍。劉峻廣絶交論注：馮衍與鄧禹書曰：衍以爲寫神輸意，則聊成（應作城）之説，碧鷄之辯，不足難也。」

范注：「後漢書馮衍傳：『馮衍字敬通。更始二年，遣尚書僕射鮑永行大將軍事，安集北方。衍因以計説永云云。』……章懷注曰：『東觀記，衍更始時爲偏將軍，與鮑永相善。更始既敗，固守不以時下。建武初，爲揚化大將軍掾，辟鄧禹府，數奏記於禹，陳政言事。自「明君」以下，皆是諫鄧禹之詞，非勸鮑永之説，不知何據，有此乖違。』嚴可均曰（全後漢文卷二十）：『案章懷注，據東觀記謂是諫鄧禹之詞，非説鮑永。今考建武初，衍未辟鄧禹府，禹亦未至并州。至罷兵來降，見黜之後，始詣鄧禹耳。此當從范書作説鮑永爲是。』據東觀記，衍數説鄧禹，全後漢文僅輯得三條，亡佚殆盡矣。」

〔四〕按此句元刻本以下本作「所以歷聘而罕過也」，梅改「聘」作「騁」，梅本及訓故本又改「過」作「遇」。

梅注：「按後漢書：蘇竟與鄧禹書曰：今日裘與蓑孰急？見雨則裘不用，上堂則蓑不御，此更爲適者也。今敬通逢堂蓑之不御者也。」

訓故：「後漢書：初，王莽遣廉丹討伐山東，辟馮衍爲掾。衍因説曰：將軍之先，爲漢信臣。新室之興，英俊不附。今海内潰亂，人懷漢德，願明公深計而無與俗同。丹不能從。」

范注：「衍在光武時，被黜，仕不得顯，卒至西歸故郡，閉門自保，不敢復與親故通，所謂『歷騁而罕遇』也。」

郭注：「『聘』，柳改作『騁』，非。聘，問也。風骨『珪璋乃聘』，『聘』誤作『騁』。此文不誤。……依劉彦和此文，則説鮑、説鄧皆有之也。馮衍晚不得志，自廢於家，故云『歷聘而罕遇』。」

周注：「事緩：跟當前情勢不切合，迂緩。歷騁罕遇：馮衍初從廉丹，勸廉丹反王莽不成。丹死，從鮑永，擁戴劉玄，拒光武，爲光武所恨，因被黜。」

以上爲第三段，講説的含義，並評論先秦兩漢游説的作品。

凡説之樞要，必使時利而義貞；進有契於成務〔一〕，退無阻於榮身。自非譎敵，則唯忠與信〔二〕。披肝膽以獻主〔三〕，飛文敏以濟辭〔四〕，此説之本也。而陸氏直稱「説煒曄以譎誑」，何哉〔五〕？

〔一〕「貞」，正。「契」，契合。斠詮直解爲「進而有契合於事務成就」。

〔二〕春覺齋論文流别論八：「劉勰曰：『凡説之樞要……退無阻於榮身。』此爲説士言也。學人訓經釋雅，亦皆有説，皆主發明至理而言，名曰經説。近人闡明學理，亦曰學説。獨昌黎之馬説，子厚之捕蛇者説，則出以寓言，此説之變體也。」「譎敵」，對敵人使用譎詐。

〔三〕校注：「按漢書蒯通傳：『臣願披心腹，墮肝膽。』……後漢書郎顗傳：『披露肝膽，書不擇言。』並足證成舍人此説。」

〔四〕斠詮：「飛文敏，飛馳文筆機智之意。……此處藉喻秀麗之文章。梁蕭統文選序：『詞人才子，則名溢於縹囊；飛文染翰，則卷盈乎緗帙。』」直解爲「染翰飛文，竭才智以補濟口辭。」

〔五〕范注：「陸機文賦曰：『論精微而朗暢，説煒燁而譎誑。』李善注曰：『説以感動爲先，故煒燁譎誑。』士衡蓋指戰國策士而言。彥和謂言資悦懌，正即煒燁之義。惟當以忠信爲本，不可流於譎誑。紀氏稱爲樹義甚偉是也。」文論講疏：「按此須分别言之：煒燁之説，即劉勰『言資悦懌』之謂，兼遠符於時利義貞之義。而譎誑之説，劉勰獨持忠信以肝膽獻主之義，反駁陸説，不知陸氏乃述戰國縱横家游説之旨也。王闓運云：『説當回人之意，改已成之事，譎誑之使反於正，非尚詐也。』」李全佳陸機文賦義證：「『飛文敏以騁辭』，所謂『煒燁』也。『忠信』，則與『譎誑』殊科。考莊子天下篇云：『其書雖瓌瑋，而連犿無傷也。其辭雖參差，而諔詭可觀。』釋文：『瓌瑋，奇特也。』成玄英疏：『諔詭，言滑稽也。』陸氏所謂煒燁，猶莊子之瓌瑋也。所謂譎誑，猶諔詭也。説體自如此，劉氏太泥，未可從。」方竑文賦繹志：「説以感悦，亦本尚書。春秋戰國之世，排闔縱横，其用甚顯。煒燁譎誑，所以震眩人心，文心雕龍所謂

『説貴撫會，弛張相隨，不專緩頰，亦在刀筆』者也。」這説明陸機和劉勰論「説」體的時候，都是就游説來立論的，只是游説的態度不同，陸機强調「譎誑」的一面，劉勰强調「忠信」、「肝膽」的一面，因此對於游説文字的風格要求也不完全一致。

後世對於説明文的風格要求之所以不同於文心雕龍，是因爲説的作用起了變化。元人王構修詞鑑衡説：「正是非而著之者説也。」陳繹曾文説明體法：「説宜平易明白。」文章辨體序説「説解」條引盧學士云：「説……以抑揚詳贍爲上。」説的作用既從游説而改爲「正是非」的解説，當然就要求「抑揚詳贍」而且「平易明白」了。論説篇裏所提出的對説的風格要求是專就游説的文章來談的。唐宋以後説解散文的風格，和論文的風格就比較接近了。

第四段講明對「説」的基本規格要求。

贊曰：理形於言，叙理成論〔一〕。詞深人天〔二〕，致遠方寸〔三〕。陰陽莫貳〔四〕，鬼神靡遯〔五〕。説爾飛鉗，呼吸沮勸〔六〕。

〔一〕元刻本缺「叙」字。空一格。弘治本、謝恒抄本亦缺「叙」字，馮舒校云：「『言』下謝本有『叙』字，嘉靖癸卯本亦有。」

斠詮：「叙理成論，即篇首『述經叙理曰論』句之省文，故此處『叙理』實包叙經而言之。」

〔二〕沈巖臨何焯校「深」改「探」。「詞深人天」，謂文詞精深，包括人事與天道。斠詮解爲「詞義精深，人天貫穿」。

〔三〕「致遠」，至遠方也。易繫辭下：「服牛乘馬，引重致遠，以利天下。」呂氏春秋知度篇：「致遠者託於驥。」「致遠方寸」謂論説可傳至遠方，打動人們方寸之心，即上文所説「唯君子能通天下之志」。

〔四〕校證：「『貳』當作『忒』。禮記緇衣：『其儀不忒。』釋文：『忒本或作貳。』是其證。」校注：「『貳』爲『貣』之形誤。『貣』即『忒』也。……揚雄連珠：『陰陽和調，四時不忒。』漢書禮樂志（郊祀歌）：『寒暑不忒況皇章。』臣瓚曰：『忒，差也。寒暑不差，言陰陽和也。』『陰陽莫貣』，即『陰陽不忒』，喻論説之精微。」

〔五〕此謂論説之精微使鬼神也無所遁形，這是從鬼神的靈妙不測上説。

〔六〕上文言：「飛鉗伏其精術。」斯波六郎：「春秋左氏傳襄公二十七年：賞罰無章，何以沮勸？」正義：「沮，止也。」説文通訓定聲：「『沮』假借爲『阻』。」「呼吸阻勸」謂在一呼一吸之間，即可起阻止或勸進的作用。

詔策第十九

宗經篇云：「詔策章奏，則書發其源。」

文心雕龍注訂：「本篇論詔、策、制、敕四體，只稱詔策者，概言之，因四者性相近也。皆上發而下行，一命字庶總之矣。」

「詔」是帝王使用的公文，先秦時沒有固定的名稱，到秦代確定爲「詔」。漢代以後，根據用途的不同，又增加了許多新名稱。如制、誥、策、敕，此外還有諭、教、戒、令等，大同小異。

「詔」，是向臣民發布的告示、命令，所以與「令」爲同義詞。例如劉邦的求賢詔等。「制」，本來與詔爲一事。漢代皇帝下令時開頭常有「制詔」二字，可見二者沒什麽區别。後來制專用以制定和頒布制度法規。到唐代，因武則天名曌，與「詔」音近，改詔爲制。於是制再次兼有了詔的用途，遇有重大的賞罰、任命時用它。

詔策之「策」，指的是簡策，不是作爲策略講的「對策」。唐代改「策」作「册」，所以詔策篇的「策」，就是唐以後的「册書」，和詔書都屬於替皇帝代筆的下行公文。本篇以「詔策」連文是用作上告下公牘的總稱。

後漢書光武帝紀注引漢制度：「策書者，編簡也。……以命諸侯王、三公，以罪免亦賜策。」可見策與後代的制誥用途相同。例如漢武帝封齊王策、封燕王策等。從漢代起，策又指選拔人材時的試題，又名策問。好的策問本身就是一篇不錯的文章，例如漢武帝賢良策（文選題作賢良詔）、陸機爲晉武帝寫的策秀才文等。後代策字專用於策問，封贈的文書則用册字。

「敕」，又作勅、勑。漢代上級對下級，父祖對子孫都可用敕，南北朝以後才爲皇帝所專用。

皇帝御寓，其言也神〔一〕。淵嘿黼扆〔二〕，而響盈四表〔三〕，唯詔策乎〔四〕！昔軒轅唐虞，同稱爲命〔五〕。命之爲義，制性之本也〔六〕。

〔一〕「寓」，御覽及范注本作「寓」。范云：「説文『宇』，籀文從『禹』，作『寓』。文選沈約奏彈王源：『自宸歷御寓。』字亦作『寓』。『御寓』字應改作『御寓』。」「神」，神聖，指有威靈。

黄注：「（蔡邕）獨斷：『漢天子正號曰皇帝。皇帝，至尊之稱。皇者，煌也；盛德煌煌，無所不照。帝者，諦也；能行天道，事天審諦。』」

注訂：「史記始皇本紀：『二十六年……博士議曰：「上尊號，王爲泰皇。……」王曰：「去泰，著皇，采上古帝位號，號曰皇帝。」』」

〔二〕「黼」，校釋：「審文義當從御覽作『負』。負屬動詞也。」

校注：「按劉説是。儀禮覲禮：『天子衮冕負斧依。』（依與扆通）鄭注：『負，謂背之南面也。』禮記明堂位『天子負斧依，南鄉而立。』鄭注：『負之言背也。』淮南子氾論篇：『負扆而朝諸侯。』高注：『負，背也。扆，户牖之間，言南面也。』……並其證。」

范注：「漢書成帝紀贊曰：『臨朝淵嘿，尊嚴若神。』尚書顧命：『設黼扆。』僞孔傳曰：『扆，屏風，畫爲斧文，置户牖間。』禮記曲禮下：『天子當扆而立。』」

按「嘿」，同「默」。「淵嘿」，深沉静默。淮南子泰族訓：「齊（齋）明盛服，淵默而不言。」「黼扆」，亦作「黼依」、「斧扆」、「斧依」。古代帝王座後的屏風，上有斧形花紋。尚書顧命：「狄設黼扆綴衣。」周禮春官司几筵：「凡封國命諸侯，王位設黼依。」逸周書明堂解：「天子之位，負斧扆南面立。」儀禮覲禮：「天子設斧依於户牖之間。」

〔三〕「四表」，指四方極遠之處。書堯典：「光被四表，格於上下。」正義：「聖德美名，充滿被溢於四方之外。」注訂：「淵嘿二句，即『其言也神』旨。」

〔四〕御覽「唯」上有「其」字。

校注：「按有『其』字較勝。易乾文言：『知進退存亡而不失其正者，其唯聖人乎！』……語式並與此同。」

〔五〕周注：「史記五帝紀：『蚩尤作亂，不用帝命。』尚書堯典：『乃命羲、和。』又舜典：『帝（舜）曰：夔，命汝典樂。』這就是軒轅黄帝、唐堯、虞舜同稱爲命。」

宋高承事物紀原卷二集類「詔」：「又文心曰：『有熊唐虞，同稱曰命。其在三王，事兼誥誓。』」

〔六〕范注：「性，疑作姓。……古人最重得姓……蓋必立功德，始得賜姓也。……制姓，猶言賜姓命姓矣。凡命姓者，亦必授之以官。……彦和之意，以爲命之本義，由於制姓，至三代始事兼誥誓耳。」

斯波六郎：「案『性』不必改。禮記中庸：『天命之謂性。』論衡命義：『命則性也。』可能本於以上諸説。」

注訂：「性即性命之性。制性之本，猶制命之本也。天子至尊，百姓性命之所依託。」

其在三代，事兼誥誓〔一〕。誓以訓戎〔二〕，誥以敷政〔三〕，命喻自天，故授官錫胤〔四〕。易之姤象：「后以施命誥四方。」〔五〕誥命動民，若天下之有風矣〔六〕。降及七國，並稱曰命，命者〔七〕，使也。秦并天下，改命曰制〔八〕。

〔一〕校注：「穀梁傳隱公八年：『誥誓不及五帝。』故舍人云然。」

〔二〕黄注：「書甘誓、湯誓、泰誓、牧誓、費誓、秦誓是也。」注訂：「書有六體，誓其一也。誓有討叛伐罪之意，故曰戎也。」校釋：「御覽『訓』作『誡』，是。」文體明辨序説「誓」類：「按誓者，誓衆之詞也。蔡沈云：『戒也。』軍旅曰誓。古有誓師之詞，如書稱禹征有苗誓於師，以及甘誓、湯誓、泰誓、牧誓、費誓是也。又有誓告群臣之詞，如書秦誓是也。後世無秦誓之類，而誓師之詞亦不多見，豈非放失之故歟？」「誡戎」，警誡軍旅之事。説文：「誓，約束也。」釋名：「誓，制也。」要約之辭，拘制之義也。故王者或要約軍旅，或誓告群臣曰誓。

〔三〕注訂：「書有大誥、康誥、酒誥、召誥、洛誥、康王之誥是也。」校注：「文選班固典引蔡邕注：『本事曰誥，戎事曰誓。』」「敷政」，施政。辭學指南「誥」類：「誥，告也，其源起於湯誥。周官大祝六辭，三曰誥；士師五戒，二曰誥。成王封康叔、唐叔，命以康誥、唐誥。漢元狩六年立三子爲王，初作誥。」

文體明辨序説「誥」類：「按字書云：『誥者，告也，告上曰告，發下曰誥。』古者上下有誥，故下以告上，仲虺之誥是也；上以誥下，大誥、洛誥之類是也。考於書可見矣。周禮：士師以五戒先後刑罰，其二曰誥，用之於會同，以諭衆也。秦廢古法，止稱制詔。漢武帝元狩六年，始復作之，然亦不以命官。」

「誥」是對臣民訓誡勸勉的文告。隋唐以後專用於賜爵授官，與制没有什麽區别，所以主管起草這類文件的官員叫「知制誥」。

文章辨體序説「制誥」類：「按周官太祝六辭，一曰命，三曰誥，考之於書，命者以之命官，若畢命、冏命是也。誥則以之播告四方，若大誥、洛誥是也。漢承秦制，有曰策書，以封拜諸侯王公，有曰制書，用載制度之文。若命官，則各賜印綬而無命書也。」

〔四〕黄注：「書微子之命、蔡仲之命、畢命、冏命是也。」「命喻自天」，謂命乃本自上天而曉喻臣下者。

校證：「『胤』，紀本作『允』，此避清諱。」

范注：「春秋元命苞：『命者，天之命也。』萬物咸命於天，故天命單謂之命。授官，謂如唐虞三代之命官。周禮春官典命注：『謂王遷秩群臣之書。』錫胤，謂如軒轅唐虞之命姓。説文：『胤，子孫相承續也。』爾雅釋詁：『胤，繼也。』錫胤，猶言賜姓。大雅既醉：『君子萬年，永賜祚胤。』」

注訂：「命喻自天，皇帝又稱天之子，故曰『自天』也。授官錫允，授官分職，率由天子之命也。」按詩既醉篇説：「君子萬年，永錫祚胤。其胤維何？天被爾禄。」毛傳：「胤，嗣也。」朱注：「言將使爾有子孫者，先當使爾被天禄，而爲天命之所附屬。」也未必是賜姓。郭注：「錫胤，謂以所受之官傳之後嗣也。」

〔五〕訓故：「易：天下有風，姤，后以施命誥四方。」按此姤卦象辭。范注：「姤卦巽下乾上。正義曰：『風行天下，則無物不遇，故爲遇象。』（彖曰：「姤，遇也，柔遇剛也。」故爲遇之象。）后以施命誥四方者，風行草偃，天之威令，故人君法此以施教命，誥於四方也。」程子易傳：「風行地上與天下有風，皆爲周偏庶物之象。而行於地上，偏觸萬物，則爲觀，經歷觀省之象也。行於天下，周偏四方，則爲姤，施發命令之象也。稱后者，后王之所爲也。」

〔六〕注訂：「『易之姤象』以下，至『天下之有風矣』，爲命之釋義。」周注：「天下有風，草遇風倒，象人君頒布命令告戒四方，人民望風順服。」

〔七〕按此二「命」字，元刻本、弘治本、馮舒校本皆上字作「令」，下字作「命」。黄注本均作「令」。校注：「兩『令』字，宋本御覽五九三引並作『命』（喜多本同）。按作『命』與下『改命曰制』句符。梅本、凌本、合刻本、何本、崇文本亦並作『命』，不誤。」范注：「説文：『命，使也。』『令，發號也。』漢書東方朔傳：『令者，命也。』賈子禮容語下：『命者，制令也。』戴侗六書故曰：『命者，令之物也。令出於口，成而不可易之謂命。秦始皇改令曰詔，命曰制，即詔與制，可以見命令之分。』朱駿聲通訓定聲云：『按在事爲令，在言爲命，散文則通，對文則别。』」

周禮春官大祝：「作六辭以通上下親疏遠近，二曰命。」注：「項氏曰：上出之爲命，下稟之爲令。」

蔡邕獨斷：「天子命令之别名，一曰命（出君下臣名曰命），二曰令（奉而行之名曰令），三曰政（著之竹帛名曰政）。」

文體明辨序説「命」類：「按朱子云：『命猶令也。』字書：『大曰命，小曰令。』此命、令之别也。上古王言同稱爲命；或以命官，如書説命、冏命是也；或以封爵，如書微子之命、蔡仲之命是也；或以飭職，如書畢命是也；或以錫賚，如書文侯之命是也；或傳遺詔，如書顧命是也。秦并天下，改名曰制。」

〔八〕范注：「史記秦始皇本紀二十六年：『丞相綰等議上尊號，王爲泰皇，命爲制，令爲詔。』獨斷曰：『詔，猶誥也。三代無其文，秦漢有焉。』」

漢初定儀則，則命有四品〔一〕：一曰策書，二曰制書，三曰詔書，四曰戒敕〔二〕。敕戒州部，詔誥百官〔三〕，制施赦命〔四〕，策封王侯〔五〕。策者，簡也。制者，裁也。詔者，告也。敕者，正也〔六〕。

〔一〕范注：「上『則』字疑當作『法』。史記叔孫通列傳：『定宗廟儀法，及稍定漢諸儀法，皆叔孫通爲太常所論著也。』本書章表篇：『漢定禮儀，則有四品。』本篇則五字爲句。」注訂：「『則』與『法』同義，下『則』字似衍。」「儀」，法度。校注：「黄注云：『疑衍一則字，以定儀爲讀。』紀評云：『上則字作法程解，非衍文。』御覽引『則』字不重，『命』字無。按御覽所引是也。章表篇：『漢定禮儀，則有四品。』與此可互發明。紀氏故爾立異，非是。」

〔二〕蔡邕獨斷：「漢天子正號曰皇帝……其言曰制詔……其命令一曰策書，二曰制書，三曰詔書，四曰戒書。」

〔三〕獨斷：「詔書者，詔，誥也。有三品：其文曰：『告某官，官如故事。』是爲詔書。群臣有所奏請，尚書令奏之。下有『制曰：天子答之曰可』（史記始皇本紀集解引蔡邕曰：「群臣有所奏請，尚書令奏之，下有司，曰制。天子答之曰可。」），若下某官云云，亦曰詔書。群臣有所奏請，無尚書令奏『制』字，則答曰『已奏如書』。本官下所當至，亦曰詔。

「戒書，戒敕刺史太守及三邊營官，被敕文曰『有詔敕某官』，是爲戒敕也。世皆名此爲策書，失之遠矣。」

校注：「『部』，宋本、鈔本、活字本、喜多本、鮑本御覽作『郡』。倪刻御覽作『邦』；元本、弘治本……文津本同。按『郡』字是。『部』『邦』皆非也。秦立郡縣後，通稱地方爲州郡，見於史記、漢書、後漢書及隸釋中者，多至不可勝舉。本書檄移篇亦有『州郡徵吏』語。」又：「『誥』，御覽引作「告」。按以下文「詔者，告也」證之，「告」字是。胡廣漢制度：「詔書者，詔，告也。」（後漢書光武帝紀李注引）」

〔四〕獨斷：「制書，帝者制度之命也。其文曰『制詔』，三公赦令、贖令之屬是也。刺史太守相劾奏申，下上遷書，文亦如之。其徵爲九卿，若遷京師近臣則言官，具言姓名；其免若得罪，無姓。凡制書有印，使符下，遠近皆璽封；尚書令印重封；惟赦令、贖令，召三公詣朝堂受制書，司徒印封，露布下州郡。」

校注：「『命』御覽引作『令』。按獨斷上：『制書，帝者制度之命也。……三公赦令、贖令之屬是也。』則此當以作『令』爲是。」

〔五〕獨斷：「策書，策者，簡也。禮曰：『不滿百丈，不書於策。』其制長二尺，短者半之，其次一長一短。兩編，下附篆書，起年月日，稱『皇帝曰』，以命諸侯王三公。其諸侯王三公之薨於位者，亦以策書誄謚其行而賜之，如諸侯之策。三公以罪免，亦賜策，文體如上策而隸書，以尺一木兩行，唯此爲異者也。」

〔六〕范注：「説文：『策，馬箠也。』……經傳多假策爲册。書金縢：『史乃册祝。』鄭注：『册，謂簡書也。』儀禮聘禮正義：『簡者，未編之稱，策是衆簡相連之名。』左氏春秋序正義：『單執一札謂之簡；連編諸簡，乃名爲策。』……「説文：『制，裁也。從刀從未。未，物成有滋味，可裁斷。』……

「說文：『詔，告也，從言從召，召亦聲。』通訓定聲曰：『按周禮諸職，凡言詔者，皆下告上之辭。周禮職各注皆以告訓詔。』」……

「說文：『敕，戒也。』小爾雅廣言：『敕，正也。』虞書：『敕天之命。』傳：『正也。』」此彥和所本。」

玉海卷六十四：「獨斷：制者，王者之言，必爲法制也。詔猶告也，三代無其文，秦漢有也（秦稱皇帝命爲制，令爲詔）。」

釋名釋典藝：「詔，照也，人闇不見事則有所犯，以此示之，使昭然知所由也。」

本書書記篇：「制者，裁也，上行於下，如匠之制器也。」

御覽五九三：「漢制度曰：帝之下書有四：一曰策書，二曰制書，三曰詔書，四曰誡勑。策書者，編簡也，其制書二尺，短者半之。……制書者，帝者制度之命，其文曰制詔，三公皆璽封，尚書令即重封。露布州郡者，詔書也。其文曰召某官云如故事。誡敕者謂勑某官，他皆類此。」

文體明辨序說「詔」類：「按劉勰云：古者王言，若軒轅、唐、虞同稱爲命。至三代始兼詔誓而稱之，今見於書者是也。秦并天下，改命曰制，令曰詔，於是詔興焉。漢初，定命四品，其三曰詔，後世因之。夫詔者，昭也，告也。古之詔詞，皆用散文，故能深厚爾雅，感動乎人。」

詩云：「畏此簡書。」〔一〕易稱：「君子以制數度。」〔二〕禮稱：「明神之詔。」〔三〕書稱：「敕天之命。」〔四〕並本經典以立名目。遠詔近命〔五〕，習秦制也〔六〕。

〔一〕訓故：「詩出車：『豈不懷歸，畏此簡書。』」毛傳：「簡書，戒命也。」正義：「古者無紙，有事書於簡，謂之簡書。」朱注：「簡書，册命臨遣之詞也。」

〔二〕「數度」原作「度數」。校注：「『度數』，元本、弘治本、汪本、佘本、張本、兩京本、胡本、四庫本並作『數度』。按作『數度』與易節象辭合，當據乙。」

訓故：「易：澤上有水，節，君子以制數度，議德行。」按此節卦象辭。數度，謂禮數，法度。

〔三〕「神」原作「君」。范注引陳（漢章）先生曰：「明君之詔，明君當是明神之誤。周禮（秋官）司盟『北面詔明神』是也。」鄭注：「神之明察者，謂日月山川也。」

詩大雅雲漢：「敬恭明神，宜無悔怒。」

〔四〕訓故：「書：帝庸作歌曰：敕天之命，惟時惟幾。」按此見益稷篇。孔傳：「勑，正也。奉正天命以臨民，惟在順時，惟在慎微。」

趙翼陔餘叢考卷二十二敕：「詔敕爲君上之詞，本漢制。文心雕龍曰：『漢初定儀，命有四品。……三曰詔書，四曰戒敕。』蓋本尚書『敕天之命』也。又云：『戒敕爲文，實詔之切者。』然漢以後，敕字猶通用。凡官長之諭其僚屬，尊長之諭其子弟，皆曰敕。」

〔五〕范注：「遠詔，謂書於簡策者，近命，則面諭也。」

禮記祭統：「古者明君爵有德而禄有功，必賜爵禄於太廟，示不敢專也。故祭之日一獻，君降立於阼階之南，南鄉，所命北面，史由君右，執策命之。」

〔六〕文體明辨序説「詔」類：「秦并天下，改命曰制，令曰詔，於是詔興焉。」

以上爲第一段，講詔策的起源，詔敕名目的流變及其基本含義。

記稱絲綸〔一〕，所以應接群后〔二〕。虞重納言，周貴喉舌〔三〕。故兩漢詔誥，職在尚書〔四〕。王言之大〔五〕，動入史策，其出如綍，不反若汗〔六〕。

〔一〕范注：「禮記緇衣：『王言如絲，其出如綸；王言如綸，其出如綍。』注：『言言出彌大也。綍，引棺大索也。』綸粗於絲，綍又大於綸。」陳皓注：「綸，綬也。疏云：如宛轉繩。綍，引棺大索也。音弗。」

〔二〕斠詮：「應接本可作應世接物解。彥和用此一詞，另有涵義，所謂應者，下有所請示，而上指發之；接者，下有所建白，而上采納之：上下和衷，則臣屬自能獻替可否，而主上亦便於推行興革矣。」「群后」，謂諸侯。

〔三〕書舜典：「命汝作納言，夙夜出納朕命，惟允。」孔傳：「納言，喉舌之官。聽下言納於上，受上言宣於下，必以信。」詩大雅烝民：「出納王命，王之喉舌。」

〔四〕黄注：「（應劭）漢官儀：尚書，唐、虞官也。書曰：龍作納言。詩曰：惟仲山甫，王之喉舌。秦改稱尚書，漢亦尊此官，典機密也。」

范注：「續漢書百官志三：『尚書令一人。（本注曰：「承秦所置。」）尚書六人，侍郎三十六人。（本注曰：「主作文書起草。」）』劉昭注補曰：『尚書龍作納言，出入帝命。應劭曰：今尚書官，王之喉舌。』」

〔五〕書咸有一德：「萬姓咸曰：大哉王言。」

〔六〕訓故：「易渙九五：『渙汗其大號；渙王居，無咎。』」王肅注：「王者出令，不可復返，喻如汗出不還。」

馬國翰目耕帖易卷五：「漢書劉向傳引易曰：『渙汗其大號。』言號令如汗，汗出而不反者也。出善令未能踰時而反，是反汗也。北堂書鈔引王肅易注：『王者出令，不可復反，喻如身中汗出不可反也。』（見卷一百三）與劉說合。劉勰文心雕龍：『其出如綍，不反若汗。』亦用漢書義也。」

是以淮南有英才，武帝使相如視草〔一〕；隴右多文士，光武加意於書辭〔二〕；豈直取美當時，亦敬慎來葉矣〔三〕。

〔一〕范注：「漢書淮南王傳：『時武帝方好藝文，以安屬爲諸父，辨博善爲文辭，甚尊重之。每爲報書及賜，常召司馬相如等視草乃遣。』」

西京雜記卷三：「揚子雲曰：軍旅之際，戎馬之間，飛書馳檄，用枚皋；廟廊之下，朝廷之中，高文典策，用相如。」

〔二〕黃注：「隗囂傳：囂賓客、掾史多文學士。每所上事，當世士大夫皆諷誦之。故帝有所辭答，尤加意焉。」注訂：「新莽末年，囂據隴右也。」按後漢書隗囂傳：「隗囂，字季孟，天水成紀人也。」注：「成紀，縣名，故城在今秦州隴城縣西北。」下句斠詮直解爲「光武有所書答，亦特別留意修辭」。

〔三〕東觀漢記曰：「第五倫每見光武詔書，常嘆曰：此聖主也。當何由一得見，決矣。」

觀文、景以前，詔體浮雜〔一〕，武帝崇儒，選言弘奧〔二〕。策封三王，文同訓典〔三〕；勸戒淵雅，垂範後代；及制誥嚴助〔四〕，即云厭承明廬〔五〕，蓋寵才之恩也〔六〕。孝宣璽書〔七〕，責博于陳遂〔八〕，亦故舊之厚也。

〔一〕「雜」原作「新」。鈴木校勘記：「御覽『新』作『雜』，『雜』字是也。」校注：「『浮雜』，蓋謂文、景以前詔書直言事狀，不似武帝以後之以經典緣飾也。」姚鼐古文辭類纂序：「漢至文、景，意與辭俱美矣，後世無以逮之。光武以降，人主雖有善意，而辭氣何其衰薄也！」看法與劉勰不同。

〔二〕史記儒林列傳序：「及漢興……尚有干戈，平定四海，亦未暇遑庠序之事也。孝惠、呂后時，公卿皆武力有功之臣。孝文時頗徵用，然孝文帝本好刑名之言。及至孝景，不任儒者。……今上即位……武安侯田蚡爲丞相，絀黄老刑名百家之言，延文學儒者數百人。……公孫弘爲學官，悼道之郁滯，乃請曰：『……臣謹案：詔書律令下者，明天人分際，通古今之義，文章爾雅，訓辭深厚，恩施甚美。小吏淺聞，不能究宣，無以明布諭下。』……制曰可。自此以來，則公卿士大夫士吏，斌斌多文學之士矣。」「弘奥」，廣博深奥。

〔三〕梅注：「漢書武帝子齊懷王閎、燕王旦，廣陵王胥，同日立，皆賜策，各以國土風俗申戒焉。」按此見武五子傳。

黄注：「（史記）三王世家有齊王策、燕王策、廣陵王策。太史公曰：『封立三王，天子恭讓，群臣守義，文辭爛然，甚可觀也。』」

按三王世家末附褚先生曰：「蓋聞孝武帝之時，同日而俱拜三子爲王：封一子於齊，一子於廣陵，一子於燕。各因子才力智能，及土地之剛柔，人民之輕重，爲作策以申戒之。」「訓典」，指尚書中的伊訓、堯典等。

〔四〕校證：「馮舒、黄丕烈俱云：『誥當作詔。』」范注：「黄校『誥』作『詔』，是也。」校注：「按『詔』字是。漢制度：『制書者，帝者制度之命，其文曰「制詔」。』（御覽五九三引）獨斷：『制詔者，王者之言必爲法制也（今本無，此據文選潘勗册魏公九錫文李注及御覽五九三引）。』漢書嚴助傳武帝賜書本作『制詔會稽太守』云云。」

〔五〕黄注：「（漢書）嚴助傳：助以對策擢中大夫。……上問所欲，對願爲會稽太守。武帝賜書曰：『制詔會稽太守：君厭承明之廬，勞侍從之事，出爲郡吏。』注：承明廬在石渠閣外。」「厭承明廬」，不願在朝内做官的意思。「承明廬」，漢代侍臣值宿的地方。

〔六〕「寵才之恩」，指嚴助不願做朝官而要求外任，漢武帝就因愛其才而拜他爲會稽太守。范注：「漢書嚴助傳：『制詔會稽太守，君厭承明之廬，勞侍從之事。懷故土，出爲郡吏。會稽東接於海，南近諸越，北枕大江，間者闊焉，久不聞問，具以春秋對，毋以蘇秦從横。』」要嚴助引用春秋的褒貶善惡來回答，這是給他的榮譽。

〔七〕左傳襄公二十九年：「公還及方城，季武子取卞，使公冶逆，璽書追而與之。」杜注：「璽書，印封書也。」史記秦始皇本紀：「上病益甚，乃爲璽書賜公子扶蘇。」蔡邕獨斷：「璽者，印也，印者，信也。……衛宏曰：秦以前，民皆以金玉爲印……然則秦以來，天子獨以印稱璽，又獨以玉，群臣莫敢用也。」

〔八〕「責博于」，元刻本作「貴博士」，弘治本，汪本、佘本、張之象本，兩京本，俱作「責博士」。梅本改作「賜太守」。孫詒讓札迻十二：「孝宣璽書賜太守陳遂。注云：『賜太守，元作責博士，考漢書改。』……馮校云：『賜太守，元版作責博士，梅鼎祚所改也。當作責博進。』紀云：『當作償博進，改爲賜太守，似非。』案疑當作『責博于陳遂』。此陳遂負博進，璽書責其償，漢書所載甚明。元本惟『于』字譌作『士』，『責博』二字則不誤。梅黄固妄改，紀校亦誤讀漢書，皆不足爲馮也。」

范注：「漢書游俠傳：『陳遵祖父遂，字長子，宣帝微時與有故，相隨博奕，數負進。及宣帝即位，用遂，稍遷至太原太守，乃賜遂璽書曰：「制詔太原太守：官尊禄厚，可以償博進矣。妻君寧（遂之妻名）時在旁，知狀。」遂於是辭謝，因曰：「事在元平元年赦令前。」其見厚如此。』荀悦漢紀云：『杜陵陳遂，字長子。上微時與遊戲博奕，數負遂。上即位，稍見進用，至太原太守，乃賜遂璽書曰：「制詔太原太守，官尊禄重，可以償博負矣。」』」

校證：「按孫説是。此陳遂昔負帝博責，帝詔戲責其償，故曰『妻君寧在旁知狀』，遂亦知帝戲己，意圖逃債，故謝曰：『事在元平元年赦命前』也。今據改。」錢大昕云：「『進』本作『責』，指財貨。」

光武撥亂，留意斯文，而造次喜怒，時或偏濫。詔賜鄧禹，稱司徒爲堯〔一〕；敕責侯霸，稱「黄鉞一下」〔二〕。若斯之類，實乖憲章〔三〕。暨明、章崇學，雅詔間出〔四〕。和、安政弛〔五〕，禮閣鮮才〔六〕，每爲詔敕，假手外請〔七〕。

〔一〕「撥亂」，謂撥亂反正，指建立東漢。

梅注：「後漢書：光武以關中未定，鄧禹久不進兵，下敕曰：『司徒，堯也；亡賊，桀也。長安吏人遑遑無所依歸。宜以時進兵鎮慰西京，繫百姓之心。』（鄧禹時爲司徒）」按此見鄧禹傳。司徒本司籍田，負責征發徒役。西漢哀帝時丞相改稱「大司徒」，東漢時改稱「司徒」。

〔二〕訓故：「後漢書：司徒侯霸薦前梁令閻楊，楊素有譏議，帝常嫌之。既見霸奏，大怒，賜霸璽書曰：崇山、幽都何不偶！黄鉞一下無處所。欲以身試法耶？」按此見馮勤傳。李賢注：「崇山，南裔也。幽都，北裔也。偶，對也。言將殺之，不可得流徙也。尚書舜流共工於幽州，放驩兜於崇山。鉞，斧也，以黄金飾之，所以戮人。」

〔三〕注訂：「指於鄧禹不得稱堯，於侯霸不得用黄鉞也。」

〔四〕校證：「『章』原作『帝』，今從御覽改。此統明、章兩朝言之。時序篇『明章』亦誤作『明帝』，與此正同。」校注：「隋書經籍志一：『光武中興，篤好文雅；明、章繼軌，尤重經術。』可資旁證。」

范注：「明帝，如永平二年詔驃騎將三公及幸辟雍行養老禮詔；章帝，如建初四年使諸儒共正經義詔、令選高材生受古學詔，皆所謂雅詔間出者。御覽『帝』作『章』是也。」

周注：「後漢書明帝紀：永平十五年『幸孔子宅，祠仲尼及七十二弟子，親御講堂，命皇太子諸王説經』。永平三年詔：『比者水旱不節，邊人食寡，政失於上，人受其咎。有司其勉順時氣，勸督農桑，去其螟蜮，以及蝥賊。詳刑慎罰，明察單辭。夙夜匪懈，以稱朕意。』又章帝紀：建初三年在白虎觀會諸儒講經。五年詔：『朕思遲直士，側席異聞。其先至者，各以發憤吐懣。』間出，屢出，疊出。」

〔五〕訓故：「後漢和帝、安帝。」校證：「『和安』原作『安和』，今從御覽乙正。」校釋：「宋本御覽作

『和安』，是。按和帝先於安帝也。時序篇『自安、和已下』，亦應乙轉。」

〔六〕「禮閣」，即禮闈，漢尚書省之稱。

黄注：「蕭惠基傳：王儉朝宗貴望，惠基同在禮閣，非公事不私覿也。」按此見南齊書。

〔七〕斯波六郎：「案彦和所謂『禮閣鮮才』之事，非謂外戚擅權。……後漢書周榮傳：『永寧中尚書陳忠上疏薦（周）興曰：臣等既愚闇，而諸郎多文俗吏，鮮有雅才，每爲詔文，宣示内外，轉相求請。』」

建安之末，文理代興〔一〕，潘勗九錫，典雅逸群〔二〕。衛覬禪誥〔三〕，符采炳耀〔四〕，弗可加已。

〔一〕奏啓篇：「魏代名臣，文理迭興。」「文理」，指文章條理，中庸：「文理密察。」

〔二〕梅注：「韓詩外傳：諸侯之有德，天子錫之。一錫車馬，再錫衣服，三錫虎賁，四錫樂器，五錫納陛，六錫朱户，七錫弓矢，八錫鈇鉞，九錫秬鬯，謂之九錫。漢獻帝時，曹操自爲魏公，加九錫，勗爲尚書郎，作文。」

黄注：「魏志：建安十八年，使御史大夫郗慮持節策命曹操爲魏公，加九錫。」

風骨篇：「昔潘勗錫魏，思摹經典，群才韜筆，乃其骨髓峻也。」才略篇：「潘勗憑經以騁才，故絶群於錫命。」

范注：「漢書王莽傳上載張竦爲陳崇草奏，稱莽功德，列舉多條。潘勗册魏公九錫文近擬竦文，遠學尚書，自後大盜移國，莫不作九錫文，如塗附塗，而典贍雅飭，則無有及此者。文選三十五、魏志武帝紀載其文。」

圖書集成文學典第一百四十卷册書部紀事引殷洪小説：「魏國初建，潘勗字元茂，爲册命文，自漢武以來，未有此制，勗乃依商、周，憲章唐、虞，辭義温雅，與誥同風，於時朝士皆莫能措一辭。」

清譚獻評潘勗文云：「所言不夸飾，淵乎茂乎，精神肌理與典誥相通，自是子雲以後有數瑋篇。」又云：「神完氣足，樸茂淵懿，揚、班儔也。」（見于光華文選集評）

〔三〕梅注：「魏志衛覬，漢時爲侍郎，勸贊禪代之義，爲文誥之詔，册命曹丕。」

范注：「三國魏志衛覬傳云：『頃之還漢朝，勸贊禪代之義，爲文誥之詔。』案獻帝諸禪詔引見魏志文帝紀注者，皆覬所作也。」又：「隸釋十九載魏文受禪表，文有殘缺，即彦和所云禪誥也。」

〔四〕校證：「『符采』原作『符命』，徐云：『御覽作「符采」，前詮賦篇有「符采相勝」之句，原道篇有「符采複隱」之句。』按徐説是。宗經篇有『符采相濟』之句，風骨篇有『符采克炳』之句，今據改。」校注：「且『符采』指覬之辭翰言，若作『符命』，則非其旨矣。」

校釋：「御覽作『符采』是也。左思蜀都賦：『符采彪炳。』注：『符采，玉之横文也。』」按「符」

爲玉理，「采」爲玉采，兩相濟勝。「炳曜」，光彩焕發。

自魏晉誥策，職在中書〔一〕，劉放、張華〔二〕，互管斯任〔三〕，施令發號〔四〕，洋洋盈耳〔五〕。魏文帝下詔，辭義多偉，至於作威作福，其萬慮之一弊乎〔六〕！晉氏中興，唯明帝崇才〔七〕，以温嶠文清，故引入中書〔八〕。自斯以後，體憲風流矣〔九〕。

〔一〕黄注：「劉放傳：『黄初初，改秘書爲中書，以放爲監。』王獻之啓瑯琊王爲中書監表：中書職掌詔命，非輕才所能獨任。自晉建國，常命宰相參領。中興以來，益重其任。故能王言彌嬂，德音四塞者也。」

范注：「晉書職官志：『中書監及令。……魏武帝爲魏王，置秘書令，典尚書奏事。文帝黄初初，改爲中書，置監令，以秘書左丞劉放爲中書監，右丞孫資爲中書令。監令蓋自此始也。及晉因之，並置一人。』又：『中書侍郎一人，直西省，又掌詔令。』」

〔二〕三國魏志劉放傳：「劉放，字子棄。……黄初初，改秘書爲中書，以放爲監。……放善爲書檄，三祖詔命有所招喻，多放所爲。」

晉書張華傳：「華學業優博，辭藻温麗，朗贍多通。……初未知名，著鷦鷯賦以自寄。……頃之，遷長史，兼中書郎，朝議表奏，多見施用。……數歲，拜中書令。……晉史及議禮憲章，並屬於華，多所損益。當時詔誥，皆所草定。……惠帝即位……拜右光禄大夫，開府儀同三司，侍中，中書監。」

〔三〕范注：「『互管斯任』，當作『並管斯任』。魏志劉放傳評：『劉放文翰，孫資勤慎，並管喉舌。』此並管語所本。」

斯波六郎：「案劉放魏之中書監，張華晉之中書監，故言『互管』。魏志評之『並管』，與此無關。」校注：「玉海（六四）引作『互管』，不誤。」

〔四〕「令」原作「命」。校注：「命，宋本……御覽引作『令』。按『令』字是。書僞冏命：『發號施令，罔有不臧。』贊中『皇王施令』，亦可證。」

〔五〕論語泰伯：「關雎之亂，洋洋乎盈耳哉。」朱注：「洋洋，美盛意。」

〔六〕三國魏志蔣濟傳：「文帝即王位……詔征南將軍夏侯尚曰：『卿腹心重將，特當任使。恩施足死，惠愛可懷。作威作福，殺人活人。』尚以示濟。濟既至，帝問曰：『卿所聞見天下風教何如？』濟對曰：『未有他善，但見亡國之語耳。』帝忿然作色而問其故，濟具以答，因曰：『夫「作威作福」，書之明誡。「天子無戲言」，古人所慎。惟陛下察之！』於是帝意解，遣追取前詔。」

范注：「『弊』，當作『蔽』。」斠詮：「『弊』與『蔽』通。」

〔七〕黄注：「晉明帝紀：欽賢愛客，惟好文辭，當時名臣，自王導、庾亮輩，温嶠、桓彝、阮放等咸見親待。」

〔八〕范注：「明帝手詔以温嶠爲中書令云：『中書之職，酬對多方，斟酌禮宜，非唯文疏而已。非望士良才，何可妄居。卿既以令望，忠允之懷，著於周旋；且文清而旨遠，宜居機密。今欲以卿爲中書令，朝論亦咸以爲宜。』」（藝文類聚四十八引檀道鸞晉陽秋。）

〔九〕校證：「『憲』原作『慮』，梅據朱改，徐校同。按御覽正作『憲』。辨騷篇：『體憲於三代。』」斠詮：「體謂文章之體製體格，憲有取法效法之意。」

以上爲第二段：講歷代詔策的發展變化，並評論代表作家及其作品。

夫王言崇祕，大觀在上〔一〕，所以百辟其刑〔二〕，萬邦作孚〔三〕。故授官選賢，則義炳重離之輝〔四〕；優文封策，則氣含風雨之潤〔五〕；敕戒恒誥，則筆吐星漢之華〔六〕；治戎燮伐，則聲存洊雷之威〔七〕；眚災肆赦〔八〕，則文有春露之滋；明罰敕法〔九〕，則辭有秋霜之烈；此詔策之大略也〔一〇〕。

〔一〕「崇祕」，崇高神聖。易觀卦象辭：「大觀在上。」正義：「觀者，王者道德之美而可觀也。謂大爲在下所觀，唯在於上。由在上既貴，故在下大觀。」高亨周易大傳今注：「大觀，猶偏觀也。在上，在君上之位。……象君在上俯臨衆臣民，是爲『大觀在上』。」

〔二〕范注：「周頌烈文：『不顯惟德，百辟其刑之。』鄭注禮記中庸曰：『不顯，言顯也。辟，君也。言不顯乎文王之德，百君盡刑之，謂諸侯法之也。』」

〔三〕范注：「大雅文王：『儀刑文王，萬邦作孚。』箋曰：『儀法文王之事，則天下咸信而順之。』」朱注：「孚，信也。……惟取法於文王，則萬邦作而信之矣。」

〔四〕黄注：「易離卦象曰：『離，麗也，重明以麗乎正。』象曰：『明兩作離，大人以繼明照於四方。』」

易離卦象曰：「離，麗也。日月離乎天，百穀草木離乎土，重明以麗乎正，乃化成天下。」周易大傳今注卷二：「本卦是二離相重，離爲日，然則本卦卦象是日兩作，即今朝日升，明朝日又升，相繼不已，以照天下也。」

〔五〕校注：「『風』，御覽、玉海引作『雲』。按易繫辭上：『潤之以風雨。』蓋舍人所本。『雲』字非。」斯波六郎：「疑作『雲』是。詩召南殷其雷毛傳：『山出雲雨，以潤天下。』」「優文」，褒獎的文告。

〔六〕范注：「恒誥，謂可作常道之詔誥。易恒卦象辭：『聖人久於其道，而天下化成。』」周必大宋文鑑序：「典冊詔誥，則欲温厚而有體。」

「筆吐星漢之華」，意謂筆下吐露出銀河群星的光華。

注訂：「恒誥，常誥也：常用之誥，非常道之誥。」

〔七〕黄注：「易震卦象曰：『洊雷震。』程傳：洊，重襲也。上下皆震，故爲洊雷，雷重仍則威益盛。」

左傳成公十六年：「今兩國治戎。」范注：「大雅大明：『燮伐大商。』傳曰：『燮，和也。』箋曰：『協和伐殷之事。』易震卦象辭：『洊雷，震。君子以恐懼修省。』正義曰：『洊者，重也；因，仍也。雷相因仍，乃爲威震也。』」「燮伐」，指會同作戰。

斠詮：「治戎燮伐，猶言用兵聲討也。」周易大傳今注卷四：「本卦卦象是二雷相重，即雷相繼而作。」

〔八〕尚書舜典：「眚災肆赦。」孔傳：「眚，過；災，害；肆，緩……也。過而有害，當緩赦之。」正義：「春秋言肆眚者，皆謂緩縱過失之人，是肆爲緩也，眚爲過也。言小則恕之，大則宥之。」蔡傳：「肆，縱也。眚謂過誤，災謂不幸，若人有如此而入於刑，則直赦之也。」

孫梅四六叢話卷六「制敕詔册」類說：「爲此者必深明乎帝王運世之原，默契乎日昃勤民之旨；寧樸而無華，寧簡而無浮；選言於訓誥之區，探賾乎皇唐之域。授官命職，備著激揚，閔雨憂農，如傳喟息。使聞者有一見決聖之思，誦之動扶杖往觀之慕，豈不休哉！」

春覺齋論文流别論九：「大抵策命自有程式，唯詔誥一門，非鎔經鑄史，持以中正之心，出以誠摯之筆，萬不足以動天下。唐之興元、奉天，均陸宣公當制，詔書所至，雖驕將悍卒，皆爲流涕，孰謂官中文字不足以感人邪？」

以上的這些説明，大同小異，都是説詔策的風格要求典雅温潤，誠摯感人，而又有嚴峻的威風。比較起來，還是文心雕龍説得更分明一些，更形象一些。

〔九〕范注：「『明罰勑法』，易噬嗑象辭。」注訂：「易噬嗑象曰：『雷電，噬嗑，先王以明罰敕法。』明罰者，辨其罰也；勑法者，正其法也。」斠詮：「謂彰明其刑罰，以伸張王法也。」

〔一〇〕後漢書周榮傳載安帝永寧中有陳忠論詔令文云：「古者帝王有所號令，言必弘雅，辭必温麗，垂於後世，列於典經。故仲尼嘉唐、虞之文章，從周室之郁郁。」

王海卷六十四：「文心雕龍曰：『授官則義炳重離之輝，封筴則氣含雲雨之潤，勑戎則筆吐星漢之華，治戎則聲有洊雷之威，肆赦則文有春露之滋，明罰則辭有秋霜之烈，此詔策之大略也。』得於心，應於手，朝出九重，暮行萬里，風動草偃，山鳴谷應，布宣德音，涣爲大號，四海震動，沛然若雷霆之發，一字之褒如華衮，一言之感如挾纊，文章之功，侔於造化矣。」

明王褘本集文訓篇：「典謨誓誥，制册令詔，藹爲王言，涣爲大號。……封職則氣含陰雨之潤，授官則義炳重離之明，勑戒則吐星漢之華，治戎則揚洊雷之轟，肆赦則垂滋於春露，明罰則示烈於秋霜。一字之褒，沛漏泉於下地；一言之感，被挾纊於黎蒸。朝出九重，暮行萬里。」（圖書集成文學典引，見六百二十一册）

玉海卷二〇二辭學指南引西山先生（真德秀）云：「曰制，曰誥，是王言也，貴乎典雅温潤，用字不可深僻，造語不可尖新。」（按此見文章正宗）又引東萊先生曰：「詔書或用散文，或用四六，皆得。唯四六者，下語須渾全，不可如表求新奇之對，而失大體。」

文章辨體序説「詔」類引東萊吕氏云：「近代詔書，或用散文，或用四六。散文以深純温厚爲本；四六須下語渾全，不可尚新奇華巧而失大體。」陳繹曾文説：「詔宜典重温雅，謙沖惻怛之意藹然，制誥宜峻厲典重。」

以上爲第三段，講詔策的基本作法和標準風格。

戒敕爲文，實詔之切者〔一〕，周穆命郊父受敕憲〔二〕，此其事也。魏武稱作敕戒當指事而語，勿得依違〔三〕；曉治要矣。及晉武敕戒，備告百官〔四〕；敕都督以兵要，戒州牧以董司〔五〕，警郡守以恤隱〔六〕，勒牙門以禦衛〔七〕，有訓典焉〔八〕。

〔一〕注訂：「以下述戒敕，別及教命，所謂『實詔之切者』，乃説明詔策雖與戒敕異度，而實同體者也。」按「切」謂峻切，嚴切。翰林論：「誡誥施於弼違。」文選序：「戒出於弼匡。」王通中説問易篇：「子曰：人心惟危，道心惟危，言道之難進也。故君子思過而預防之，所以有誡也。切而不指，勤而不怨，曲而不諂，直而有禮，其惟誡乎？」

〔二〕梅注：「穆天子傳：天子屬官效器，乃命正公郊父受敕憲。」按此見卷一。郭璞注「屬官效器」云：「會官司閱所得寶物。」「郊父」，穆王臣。「憲」，教令。

〔三〕范注：「魏武語無考。」「依違」，反覆不定。

〔四〕范注：「晉武敕戒百官詔，存者有泰始四年責成二千石詔（晉書武帝紀）、太康初省州牧詔

（續漢郡國志三注補引）、泰始五年敕戒郡國計吏（晉書食貨志）。其敕都督、勅牙門諸詔，未見。」

〔五〕「董司」，督責主管部門。周注：「泰始四年責成二千石詔：『揚清激濁，舉善彈違，此朕所以垂拱總綱，責成於良二千石也。於戲，戒哉！』」

〔六〕國語周語上：「勤恤民隱而除其害也。」韋昭注：「恤，憂也；隱，痛也。」周注：「糾舉群吏詔：『二千石長吏不能勤恤人隱，而輕挾私故。』」

〔七〕「牙門」，立牙旗的軍門。國語齊語：「執枹鼓立於軍門。」韋昭注：「軍門立旌爲門，若今牙門矣。」文選張衡東京賦：「戈矛若林，牙旗繽紛。」薛綜注：「兵書曰：牙旗者，將軍之旌。謂古者天子出，建大牙旗，竿上以象牙飾之，故云牙旗。」此處「牙門」指牙門將。

〔八〕「有訓典」，指有訓誥典範，與上述「文同訓典」略同。

戒者，慎也，禹稱「戒之用休」〔一〕。君父至尊，在三罔極〔二〕，漢高祖之敕太子〔三〕，東方朔之戒子〔四〕，亦顧命之作也〔五〕。及馬援已下，各貽家戒〔六〕。班姬女戒，足稱母師也〔七〕。

〔一〕訓故：「書大禹謨：戒之用休，董之用威。」范注：「戒、教、命，雖皆尊長示卑下之辭，然不限之於君臣之際，故彦和於篇末附論之。『戒之用休』……孔傳曰：『休，美也。言善政之道，美以戒之。』」正義：「大雖爲善，或寡令終，故當戒敕之念用美道，使民慕美道行善。」

〔二〕校注：「『罔』，黄校云：『元作同，許改。』按許改非是。『在三同極』者，即國語晉語一欒共子謂『民生於三，事之如一』之意。宋書徐羨之傳：『（元嘉三年詔）民生於三，事之如一，愛敬同極。』……亦可證。」

牟注：「在三，指君、父、師。國語晉語一：『成（晉大夫共叔成）聞之，民生於三，事之如一。父生之，師教之，君食之。……唯其所在，則致死焉。』『在』：韋昭注：『在君父爲君父，在師爲師也。』『罔極』，没有終極。詩經小雅蓼莪：『欲報之德，昊天罔極。』」斠詮：「『在三同極者，謂君親師三者之恩，同爲至極也。』考異：『罔極者，言君、父、師三之恩，固罔極也。』」

〔三〕訓故：「古文苑載漢高帝敕太子云：吾遭亂世，當秦禁學，自喜謂讀書無益。洎踐祚以來，時方省書，乃使人知作者之意。追思昔所行，多不是。又云：汝見蕭、曹、張、陳諸公侯，吾同時人，倍年於汝者，皆拜。」按此見古文苑卷十。梅注：「漢高祖敕太子曰：吾生不學書，但讀書問字而遂知耳。以此故不大工。然亦足自辭解。今視汝書猶不如吾。汝可勤學習，每上疏宜自書，勿使人也。」上引三段，同在一敕。

〔四〕梅注：「書曰：明者處世，莫尚於中，優哉游哉，於道相從。首陽爲拙，柳惠爲工，飽食安步，以仕代農。依隱玩世，詭時不逢。是故才盡者身危，好名者得華，有群者累生，孤貴者失和，遺餘者不匱，自盡者無多。聖人之道，一龍一蛇，形見神藏，與物變化，隨時之宜，無有常家。」見藝文類聚卷二十三。

〔五〕范注：「尚書顧命僞孔傳：『臨終之命曰顧命。』」此周武王遺囑。

〔六〕後漢書馬援傳：「初，兄子嚴、敦並喜譏議，而通輕俠客。援前在交趾，還書誡之曰：『吾欲汝曹聞人過失，如聞父母之名，耳可得聞，口不可得言也。好論議人長短，妄是非正法，此吾所大惡也，寧死不願聞子孫有此行也。汝曹知吾惡之甚矣，所以復言者，施衿結褵，申父母之戒，欲使汝曹不忘之耳。……』」「貽」，遺留。

范注：「鄭玄千古大儒，後漢書本傳載其戒子益恩書一篇。鄭公出處大端，傳經偉業，仁慈之懷，齊家之道，莫不於此書見之。」

校注：「按劉向集有誡子書（御覽四五九引），時在伏波前，舍人說小誤。繼援而爲家戒者，代有其人：後漢書陳寵傳有陳咸戒子孫文，三國志魏志王昶傳有昶戒子書，晉書王祥傳有祥遺令訓子孫文，類聚二三引有王修誡子書，御覽四五九引有魏文帝戒子書、杜恕家事戒、顏延之庭誥等，是也。」

考異：「楊校舉劉向誡子書小誤者非，以馬書傳世稱著而言。」

〔七〕梅注：「班姬名昭，適曹世叔，號曰大家。作女戒七章：卑弱第一，夫婦第二，敬慎第三，婦行第四，專心第五，曲從第六，和叔妹第七。」

後漢書列女傳曹世叔妻傳：「扶風曹世叔妻者，同郡班彪之女也。名昭，字惠班，一名姬。博學高才。世叔早卒，有節行法度。兄固著漢書，其八表及天文志未及竟而卒，和帝詔昭就東觀藏書閣踵而成之。帝數召入宮，令皇后諸貴人師事焉，號曰大家。……作女誡七篇，有助内訓。其辭曰：『鄙人愚暗，受性不敏，蒙先君之餘寵，賴母師之典訓。……』」注：「母，傅母也。師，女師也。」列女母儀傳：「大夫美之，言於穆公，贈母（魯九子之寡母）尊號，曰母師。」

教者，效也，言出而民效也〔一〕。契敷五教〔二〕，故王侯稱教〔三〕。昔鄭弘之守南陽，條教爲後所述，乃事緒明也〔四〕。孔融之守北海，文教麗而罕施〔五〕，乃治體乖也〔六〕。若諸葛孔明之詳約〔七〕，庾稚恭之明斷〔八〕，並理得而辭中〔九〕，教之善也。

〔一〕校證：「『言出』范作『出言』，誤。檄移篇：『移者，易也，移風易俗，令往而民隨者也。』句法同。」

范注：「説文：『教，上所施下所效也。』白虎通三教：『教者，效也。上爲之，下效之。』」春秋元命苞：「天垂文象，人行其事，謂之教。教，傚也，言上爲而下傚也。」隋書百官志：「諸王言曰令，公侯封郡縣者言曰教。」潛確類書：「上爲下效曰教，領之使不犯曰令。」（圖書集成教令部引）

文體明辨序説「教」類：「按劉勰云：『教者，效也，言出而民效也。』李周翰云：『教，示於人也。』秦法，王侯稱教；而漢時大臣亦得用之，若京兆尹王尊出教告屬縣是也。故陳繹曾以爲大臣告衆之詞。」

〔二〕校注：「書舜典：『帝曰：「契，百姓不親，五品不遜，汝作司徒，敬敷五教，在寬。」』孔傳：『布五常之教，務在寬。』」左傳文公十八年：「舉八元，使布五教於四方：父義，母慈，兄友，弟共（恭），子孝。」

〔三〕校注：「文選三十六注引蔡邕獨斷曰：『諸侯言曰教。』（今獨斷無此語。）」文選傅亮爲宋公修張良廟教：「秦法，諸公王稱教，教者，教示於人也。」

〔四〕楊明照文心雕龍范注舉正：「漢書卷六十六鄭弘傳：『弘字穉卿，泰山剛人也。兄昌字次卿。皆明經通法律政事。次卿爲太原涿郡太守，弘爲南陽太守，皆著治迹，條教法度，爲後所述。』」「事緒明」，謂條教頭緒清楚。

〔五〕校證：「『罕施』原作『罕於理』，據御覽引改，此乃『施』誤爲『於』，辭不可通，乃加『理』以足之也。抱朴子清鑒篇云：『孔融、邊讓，文學邈俗，而並不達治務，所在敗績。』此與彦和『文教麗而罕施』意正同。」

校注：「按作『文教麗而罕施』是也。困學紀聞：『孔北海答王休教曰：「掾清身潔己，歷試諸難，謀而鮮過，惠訓不倦；余嘉乃勳，應乃懿德，用升爾於王庭，其可辭乎？」文辭温雅，有典誥之風，漢郡國之條教如此。自注云：「然應試諸難，恐不可用。」』（卷十三）實足爲此文注脚。」按此句應作「文教麗而罕施於理」。

訓故：「司馬彪九州春秋：孔融守北海，教令辭氣温雅，可玩而誦。論事考實，難可悉行。」按此見三國魏志崔琰傳注引。北海，西漢郡名，在今山東益都、壽光、昌樂、濰坊、昌邑、高密等地。東漢改爲北海國，孔融曾爲北海相，相當於北海郡太守。教令有告高密縣立鄭公鄉教等，見全後漢文卷八十三。

〔六〕上引九州春秋謂融在北海「但能張磔綱羅，其自理甚疏，租賦少稽。一朝殺五部督郵。奸民污吏，猾亂朝市，亦不能治。」可見其治體乖誤。

〔七〕黄注：「諸葛亮傳：陳壽等言：論者或怪亮文彩不艷，而過於丁寧周至。臣愚以爲咎繇大賢也，周公聖人也，考之尚書，咎繇之謨略而雅，周公之誥煩而悉。何則？咎繇與舜、禹共談，周公與群下矢誓故也。亮所與言盡衆人凡士，故其文指不得及遠也。然其聲教遺言，皆經事綜物，公誠之心，形於文墨，足以知其人之意理，而有補於當世。」按此見三國蜀志諸葛亮傳陳壽上諸葛氏集表。

范注：「彦和稱孔明詳約。詳，謂其丁寧周至；約，謂其文彩不艷。」

諸葛亮教令有答蔣琬教、教與軍師長史參軍掾屬等，見全三國文卷五十八。

〔八〕范注：「晉書庾翼傳：『翼，字稚恭，代庾亮鎮武昌，每竭志能，勞謙匪懈，戎政嚴明，經略深遠，人情翕然，稱其才幹。』御覽七百五十四引翼集與僚屬教曰：『頃聞諸君樗蒱有過差者，初爲是政事閑暇，以娛以甘，故未有言也。今知大相聚集，漸以成俗，聞之能不憮然。』又藝文類聚七十四引翼集答參軍于瓚曰：『今惟許其圍棋，餘悉斷。』翼蓋東晉有爲之士，異於清談委蛇者也。」

晉書庾翼傳：「翼字稚恭……翼報（兄冰）曰：『……荊州所統一二十郡，唯長沙最惡。惡而不黜，與殺督者復何異耶！』翼有風力格裁，發言立論都如此。」

〔九〕校證：「『中』，清謹軒鈔本作『淳』。按『中』讀爲『中失』之『中』，『中』與『得』對文則異，散文則通，作『淳』者，此淺人妄改。」郭注：「謂治理既得當而文辭又適中也。」

自教以下，則又有命。詩云：「有命自天。」明命爲重也〔一〕。周禮曰：「師氏詔王。」明詔爲輕也〔二〕。今詔重而命輕者，古今之變也〔三〕。

〔一〕校證：「『有命自天，明命爲重也』二句九字，原作『有命在天，明爲重也』。謝校『明爲重也』作『明命爲重也』。梅六次本、張松孫本作『有命自天，明命爲重』。日本刊本作『有命在天，命爲重也』。盧云：『當作「詩云：有命自天。明爲重也」。』今按『有命自天』，此詩大雅大明之什文。『有命在天』，乃書西伯戡黎記紂辛語。作『自』爲是。『明命爲重也』句，今參謝、梅、張、盧諸說訂正。」范注：「詩大雅大明：『有命自天，命此文王。』」

〔二〕「師氏詔王，明詔爲輕也」，原作「師氏詔王爲輕命」。

范注：「札迻十二：『黄注云：「案周官師氏職無此文。」案此據（周禮地官）師氏職有「掌以媺詔王」之文，明以臣詔君，爲詔輕於命，非謂周禮有「爲輕命」之文也，黄注繆。』案此句與上『詩云有命自天，明命爲重也』對文，當依梅本作『周禮曰：師氏詔王，明詔爲輕也』。」

校釋：「言臣可詔君，故詔輕於命也。」

盧文弨云：「當作『詩云：「有命自天」。明爲重也。周禮曰：「師氏詔王。」明爲輕也。』下衍一『命』字。」（抱經堂文集十四）

周禮地官司徒：「師氏掌以媺詔王。」鄭注：「告王以善道也。文王世子曰：師也者，教之以事而諭諸德者也。」正義：「媺，美也。師氏掌以前世美善之道以詔告於王，庶王行其美道也。」

〔三〕范注：「凡經典命皆爲上告下之辭，而詔爲下告上之辭。（周禮諸「詔」字，皆以下告上。）自秦以後，詔惟天子用之，而命則凡上告下之通稱，所謂古今之變也。」

注訂：「周禮『詔王』之文，是下告上之辭，自秦以後，詔制皆用之於天子，而重與命同，此乃古今之變，故云。」「師氏」，周禮地官之屬，掌管教育貴族子弟。

第四段簡論戒、教、命三體之性質及其要領，實際上是本篇的附論。

贊曰：皇王施令，寅嚴宗誥〔一〕。我有絲言〔二〕，兆民伊好〔三〕。輝音峻舉〔四〕，鴻風遠蹈〔五〕。騰義飛辭，渙其大號〔六〕。

〔一〕斠詮：「寅嚴，敬畏也。書無逸：『嚴恭寅畏，天命自度。』蔡傳：『嚴則莊重，恭則謙抑，寅則欽肅，畏則戒懼。』金履祥曰：『嚴恭，敬之齊於外也；寅畏，敬之存於内也。』」宗誥，謂宗法尚書的誥命。

〔二〕注訂：「禮記緇衣：『王言如絲。』參前『絲綸』注。後漢書楊賜傳：『天齊乎人，假我一日。』注：『我，謂君也。』」

斠詮：「絲言，謂王言，即指王之詔策。」

〔三〕「伊」原作「尹」。范注：「尹好，疑當作式好。式，語辭也。」校注：「按『尹』字於此，實不可解；然與『式』之形音俱不近，似難致誤。疑係『伊』之殘字。漢書禮樂志顔注：『伊，是也。』此亦當作『伊』，而訓爲是。圖書集成一三七引正作『伊』。」

〔四〕「輝音」，謂輝赫的聲音。「峻舉」，高起。

〔五〕「鴻風」，鴻偉的風。「蹈」，謂傳播。

〔六〕校注：「易渙九五：『渙汗其大號。』爲舍人此語所本。」注訂：「參前『不反若汗』注。」程子易傳：「當使號令洽於民心，如人身之汗，浹於四體。」説文：「渙，流散也。」朱熹易經本義：「渙，散也。」

文學典一三七卷「詔命」部引渙卦：大全：「朱子曰：渙汗其大號，號令當教如汗之出，千毛百竅中迸散出來，這箇物出不會反，却不是説那號令不當反，只是取其如汗之散出，自有不反底意思。又曰：涣汗其大號，聖人當初就人身上説出一汗字爲象，不爲無意。蓋人君之號令，當出乎人君之中心，由中而外，由近而遠，雖至幽至遠之處，無不被而及之，亦猶人身之汗出乎中而浹於四體也。」

檄移第二十

漢書高帝紀下：「吾以羽檄徵天下兵。」顔師古注：「檄者，以木簡爲書，長尺二寸，謂之檄，用徵召也。其有急事，則加鳥羽插之，示速疾也。魏武奏事云：『今邊有警，輒露檄插羽。』」檄本來是軍事文書，舉凡罪責、曉慰、軍國徵兵、公府徵吏皆用之。

校釋：「左氏成十三年傳曰：『國之大事，在祀與戎。』威讓之令，戎事之雄文也。銘勒之製，祀典之鴻著也。一以討有罪，一以報成功。皆王言之大者，次於布政垂教一等。故詔策之後，次以檄移、封禪之文。而臣工陳謝糾彈之作，儕類酬獻往復之書，又其次焉。」

斠詮：「檄移爲用，事兼文武。討逆賴檄，順命資移，意用小異，而體義大同，是以彦和二者相提並論也。」檄與移不同處是：移一般用於同級官府之間，檄一般是上對下，有命令的性質。

漢書公孫弘傳：「移病免歸。」注曰：「移書言病也。」移書也叫作移文，類似一般的通告。

震雷始於曜電，出師先乎威聲〔一〕。故觀電而懼雷壯，聽聲而懼兵威。兵先乎聲，其來已久〔二〕。昔有虞始戒於國〔三〕，夏后初誓於軍〔四〕，殷誓軍門之外〔五〕，周將交刃而誓之〔六〕。故知帝世戒兵，三王誓師，宣訓我衆，未及敵人也〔七〕。

〔一〕校注：「漢書禮樂志（安世房中歌）：『靁震震，電燿燿。』又刑法志：『刑罰威獄，以類天之震曜殺戮也。』顔注：『震，謂雷電也。』」

斠詮：「出師先乎威聲，謂師旅出征討伐之前，先有威嚴之號令也。」

〔二〕斯波六郎：「史記淮陰侯傳：廣武君對曰：『……兵故有先聲而後實者。』」謂用兵以聲威爲先。

〔三〕梅注：「虞書：『帝曰：咨！禹，惟時有苗弗率，汝徂征。禹乃會群后，誓於師曰：濟濟有衆，咸聽朕命。蠢兹有苗，昏迷不恭，侮慢自賢，反道敗德，君子在野，小人在位，民棄不保，天降之咎。肆予以爾衆士，奉辭伐罪，爾尚一乃心力，其克，有勳。』」按此見大禹謨。司馬法天子之義篇：「有虞氏戒於國中，欲民體其命也。」指爲了使百姓實現其命令而先予警誡。

〔四〕梅注：「有扈氏不服，啓伐之，大戰於甘。將戰，作甘誓，乃召六卿申之。『王曰：嗟，六事之人，予誓告女。有扈氏威侮五行，怠棄三正，天用勦絶其命。今予惟恭行天之罰。左不攻於左，女不恭命；右不攻於右，女不恭命；御非其馬之正，女不恭命。用命賞於祖，不用命戮於社。予則孥戮女。』」按此見尚書甘誓。司馬法天子之義篇：「夏后氏誓於軍中，欲民先成其慮也。」

〔五〕梅注：「夏桀爲虐，政淫荒。而諸侯昆吾氏爲亂，湯乃興師，率諸侯。伊尹從湯。湯自把鉞，以伐昆吾，遂伐桀，作湯誓。『王曰：格爾衆庶，悉聽朕言。非台小子，敢行稱亂。有夏多罪，天命殛之。今爾有衆，汝曰：我后不恤我衆，舍我穡事，而割正夏。予惟聞汝衆言，夏氏有罪，予畏上帝，不敢不正。今汝其曰：夏罪其如台。夏王率遏衆力，率割夏邑，有衆率怠弗協，曰：時日曷喪，予及汝偕亡。夏德若兹，今朕必往。爾尚輔予一人，致天之罰，予其大賚汝。爾毋不信，朕不食言。爾不從誓言，予則孥戮汝，罔有攸赦。』」按此見尚書湯誓。司馬法天子之義篇：「殷誓於軍門之外，欲民先意以待事也。」

〔六〕梅注：「『時甲子昧爽』云云，見前注。」按牧誓云：「時甲子昧爽，王朝至於商郊牧野，乃誓。王左杖黄鉞，右秉白旄以麾曰：……稱爾戈，比爾干，立爾矛，予其誓。……王曰：今予發，惟恭行天之罰，今日之事，不愆於六步、七步，乃止齊焉。夫子勗哉！不愆於四伐、五伐，六伐、七伐，乃止齊焉。勗哉夫子！尚桓桓，如虎如貔，如熊如羆。於商郊，弗迓克奔，以役西土。勗哉夫子！爾所弗勗，其於爾躬有戮。」司馬法天子之義篇：「周將交刃而誓之，以致民志也。」「交刃」，刀刃相交，謂兩軍交戰。

〔七〕校注：「尹文子：『將戰，有司讀誥誓，三令五申之；既畢，然後即敵。』（文選東京賦李注引）」

周注：「有虞屬帝世，夏、商、周是三王，當時宣布誓詞訓教自己軍隊，並不包括敵人。」

至周穆西征，祭公謀父稱「古有威讓之令，有文告之辭」〔一〕，即檄之本源也〔二〕。及春秋征伐，自諸侯出〔三〕，懼敵弗服，故兵出須名〔四〕，振此威風，暴彼昏亂〔五〕。劉獻公之所謂「告之以文辭，董之以武師」者也〔六〕。

〔一〕校證：「『有』上原有『令』字，王惟儉本、御覽無。按國語周語上正作『有威讓之令，有文告之辭』。今據改。」

〔二〕國語周語上：「穆王將征犬戎，祭公謀父諫曰：不可……讓不貢，告不王，於是乎有刑罰之辟，有攻伐之兵，有征討之備，有威讓之令，有文告之辭。」

〔二〕前蜀馮鑑續事始「檄」類：「周穆王令祭公謀父爲威讓之辭，以責狄人之情，此檄始也。」（排印本説郛卷十）范注：「司馬法仁本篇有徵師辭及軍令，録之如下：『冢宰徵師於諸侯曰：某國爲不道，征之。以某年月日，師至於某國，會天子正刑。冢宰與百官布令於軍曰：入罪人之地，無暴神祇，無行田獵，無毀土功，無燔牆屋，無伐林木，無取六畜禾黍器械，見其老幼，奉歸勿傷。雖遇壯者，不校勿敵。敵若傷之，醫藥歸之。』」

〔三〕論語季氏篇：「天下無道，則禮樂征伐自諸侯出。」

〔四〕校注：「漢書高帝紀上：『兵出無名，事故不成。』」吴林伯文心雕龍諸家校注商兑：「按當引禮記檀弓：『師必有名。』」

〔五〕「暴」，揭露。校證：「馮本、汪本、佘本、兩京本、御覽『暴』並作『曝』。」

〔六〕范注：「左傳昭公十三年：『晉人將尋盟，齊人不可，晉侯使叔向告劉獻公曰：抑齊人不盟，若之何？對曰：盟以厎信，君苟有信，諸侯不貳，何患焉！告之以文辭，董之以武師，雖齊不許，君庸多矣。』杜注：『董，督也。庸，功也。討之以辭，故功多也。』」按杜注：「獻公，王卿士劉子。」指周景王卿士。考異：「武師，猶兵衆也。」

齊桓征楚，詰苞茅之闕〔一〕；晉厲伐秦，責箕郜之焚〔二〕；管仲呂相，奉辭先路〔三〕；詳其意義，即今之檄文〔四〕。暨乎戰國，始稱爲檄〔五〕。

〔一〕校注：「『苞』，黄校云：『汪本作菁。』按御覽引作『菁』，元本、弘治本、活字本、佘本、張本、兩京本、胡本、訓故本……同。舍人此文，蓋本穀梁（僖公四年）作『菁茅』。（管子輕重丁篇、韓非子外儲説左上、史記夏本紀、新序雜事四，並有「菁茅」之文。）下云『箕郜』（二地名），此云『菁茅』（禹貢孔傳以爲二物），文本相對。若作『苞茅』（左傳本作「包」，他書多引作「苞」），與左傳雖合，於詞性則失矣。禹貢孔傳：『其所包裹而致者。』左傳杜注：『包，裹束也。』是『包』爲動詞。」「苞茅」，即包束的茅草，用以濾酒去滓。

校證：「作『菁茅』者或是別本。」

梅注：「左傳：『齊侯伐楚，楚子使與師言曰：君處北海，寡人處南海，惟是風馬牛不相及也。不虞君之涉吾地也，何故？管仲對曰：昔召康公命我先君太公曰：五侯九伯，汝實征之，以夾輔周室。賜我先君履，東至於海，西至於河，南至於穆陵，北至於無棣。爾貢苞茅不入，王祭不供，無以縮酒，寡人是徵；昭王南征而不復，寡人是問。』」按此見僖公四年。

〔二〕梅注：「左傳：『晉侯使吕相絶秦，曰：我君景公引領西望曰：庶撫我乎！君亦不惠稱盟，利我有狄難，入我河縣，焚我箕郜，芟夷我農功，虔劉我邊垂，我是以有輔氏之聚。』」按此見成公十三年。杜注：「吕相，魏錡子，蓋口宣己命。」魏錡是晉大夫。封於吕，故稱吕相。「箕」，在今山西蒲縣東北。「郜」，在今山西祁縣西。「箕」、「郜」均當時晉地。

〔三〕斠詮：「奉辭，詞本尚書大禹謨：『肆予以爾衆士，奉辭伐罪。』（下文「奉辭伐罪」語本此。）……孔疏：『故我以爾衆士奉此譴責之辭，伐彼有罪之國。』先路，猶言先導。楚辭離騷：『乘騏驥以馳騁兮，來吾道夫先路。』」

〔四〕注訂：「立辭以伐，先聲奪人，皆檄之類。名始戰國，道源春秋。故舉管仲之答楚，吕相之絶秦，以爲之範焉。」

范注：「齊桓公以私忿侵蔡，因便伐楚，本嫌理屈；而管仲對楚人舉召康公之命以夸楚，又舉先君四履以自言其盛，吕相尤多誣秦之辭，故彦和謂『詳其意義，即今之檄文』。」

玉海卷一八七檄書上：「檄，軍書也。晉侯使吕相絶秦，檄書始於此。漢以後方有題。」

春覺齋論文流別論十：「呂相之絶秦，鄭人之拒晉，本無檄文之體，而言則似檄。」

〔五〕元陶宗儀輟耕録卷十八「檄」類：「檄書何所起乎？漢陳琳草檄，曹操見之，頓愈頭風，遂謂檄起於琳。説文：『檄，二尺書。』徐鍇通釋曰：『檄，徵兵之書也。漢高祖以羽檄徵天下兵，有急，則插以羽。』爾雅：『木無枝爲檄。』注：『檄擢直上也。』文心雕龍有張儀檄楚書，隗囂檄亡新文。文選有司馬相如喻蜀檄文，則檄非自琳始也明矣。」

檄者，皦也〔一〕。宣露於外，皦然明白也〔二〕。張儀檄楚，書以尺二〔三〕。明白之文，或稱露布〔四〕。露布者，蓋露板不封，播諸視聽也〔五〕。

〔一〕校證：「明鈔本御覽此『皦』字及下文『皦』字俱作『皎』。銅活字本御覽下『皦』字作『皎』。」説文：「檄，二尺書也，從木，敫聲。」釋名釋書契：「檄，激也，下官所以激迎其上之書文也。」

〔二〕校注：「『露』，御覽引作『布』；玉海二百三引同。按『布』字是，『露』蓋涉下而誤。」范注：「文選序：『書誓符檄之品。』五臣注：『檄者，皦也，喻彼令皦然明白。』一切經音義十：『檄者，皎也。明言此彼，令皎然而識之也。』此本彦和爲説者，彦和又必有所本也。」修詞鑑衡云：「檄者，激發人心而喻之禍福也。」

〔三〕梅注：「史記：『儀相秦，爲文檄告楚相曰：「始吾從若飲，我不盜而璧，若笞我。若善守女國，我顧且盜而城。」』按此見張儀列傳。索隱：「王劭按春秋後語云：『丈二尺檄。』許慎云：『檄，二尺書。』」范注：「按『丈』是『長』之誤，二尺誤倒。許慎云『檄，二尺書也』，當作尺二書也。『爲檄』即傳檄耳。説文：『檄，二尺書。』段玉裁注曰：『各本作二尺書，小徐繫傳已佚，見韻會者，作尺二書，蓋古本也。李賢注光武紀曰：「説文以木簡爲書，長尺二寸，謂之檄，以徵召也。」與前漢書高帝紀注同。……云尺二寸，與鍇本合。』」

玉海卷二百三辭學指南「檄」類：「檄，軍書也，祭公謀父所謂威責之令，文告之辭。東萊先生曰：『晉侯使呂相絶秦，檄書始於此。』然春秋之世，鄭子家使執訊與書以告趙宣子，晉之邊吏責鄭，王使詹伯辭於晉，王子朝使告諸侯，皆未有檄之名。戰國時，張儀爲檄告楚相，其名始見。漢有羽檄，顔師古曰：『檄以木簡爲書，長尺二寸，有急加鳥羽，示速也。』急就篇注：『檄以木爲之，長二尺。』説文亦云『二尺書』。李左車曰：『奉咫尺之書。』自相如之後，檄書見史策者不可勝紀。揚雄曰：『軍旅之際，飛書馳檄，用枚皋，謂其文敏速也。』唐以前不用四六。」

〔四〕玉海卷一八九兵捷露布一：「通典：『後魏攻戰告捷，欲天下聞知，乃書帛建於漆竿上，名爲露布，自此始也。』」注：「後漢鮑昱傳：『使封胡降檄。』昱曰：當司徒露布。』注：『檄，軍書，若今之露布也。』李雲傳：『露布上書。』注：『謂不封也。』又蜀漢露布天下，告諭伐魏。魏志注：『虞松從司馬宣王征遼東，及破賊，作露布。』世説：『袁宏倚馬前作露布。』後魏彭城王勰曰：『露布者，布於四海，露之耳目。』……隋志有雜露布十二卷，雜檄文十七卷，魏武帝露布文九卷。」

玉海卷二〇三辭學指南「露布」類：「露布之名始於漢。按光武紀注：漢制度曰：『制詔三公皆璽封，尚書令印重封，露布州郡。』祭祀志注引東觀書：『有司奏孝順號露布，奏可。』又鮑昱詣尚書封胡降檄曰：『故事，通官文書不著姓，又當司徒露布。』李雲露布上書，注謂『不封也』。魏改元景初，詔曰：『司徒露布，咸使聞知。』蜀漢建興五年春伐魏詔曰：『丞相其露布天下。』此皆非將帥獻捷所用。……然文章緣起曰：『漢賈洪爲馬超伐曹操作。』而魏志注謂『虞松從司馬宣王征遼東及破賊作露布』。隋志有魏武帝露布文九卷。世説云：『桓温北征，令袁宏倚馬前作露布，手不輟筆，俄成七紙。』則魏晉已有之。」按蔡邕獨斷：「制書者，制度之命也。……惟赦令、贖令，召三公詣朝堂受制書，司徒印封，露布下州郡。」

〔五〕校證：「『露布者，蓋露板不封』句，原無。御覽、容齋四筆十、玉海、事文類聚别集七、文章辨體目録、文體明辨三〇，文通五引此文俱作『露布者，蓋露板不封，布諸視聽也』。今據補。」校注：「按今本文意不足，當以御覽等所引爲是。容齋續筆十引作『露布者，蓋露板不封，布諸觀聽也。』……又按『播』字，當依御覽諸書作『布』。」

封氏聞見記：「露布，捷書之别名也。諸軍破賊，則以帛書建諸竿上，兵部謂之露布。蓋自漢以來有其名。所以名露布者，謂不封檢而宣布，欲四方速知，亦謂之露版。」

通鑑卷二六九後梁紀四：「（晉）王命掌書記王緘草露布，緘不知故事，書之於布，遣人曳之。」胡三省注：「魏晉以來，每戰勝，則書捷狀，建之漆竿，使天下皆知之，謂之露布。露布者，暴白其事而布告天下；未嘗書之於布，而使人曳之也。文心雕龍曰：『露布者，蓋露板不封，布諸觀聽也。』」文章辨體諸儒論作文法「露布」：「文心雕龍又云：『露布者，蓋露板不封，布諸視聽。』近世帥臣奏捷，蓋本於此。」文體明辨序説「按露布者，軍中奏捷之辭也，書辭於帛，建諸漆竿之上，劉勰所謂『露板不封，布諸視聽』者，此其義也。……露布之作，始於魏晉，而杜佑以爲自元魏始，誤矣。又按劉勰檄移篇云：檄或稱露布。豈露布之初，告伐告捷，與檄通用，而後始專以奏捷歟？」

夫兵以定亂，莫敢自專〔一〕，天子親戎〔二〕，則稱恭行天罰〔三〕；諸侯御師，則云肅將王誅〔四〕。故分閫推轂〔五〕，奉辭伐罪〔六〕，非唯致果爲毅〔七〕，亦且厲辭爲武〔八〕。

〔一〕史記周本紀：「武王自稱太子發，言奉文王以伐，不敢自專。」

〔二〕「親戎」，謂親自領兵。

〔三〕校注：「『恭』，元本、弘治本、活字本、汪本、佘本、張本、兩京本、訓故本、合刻本、四庫本作『龔』。……按『恭』、『龔』同音通假。書甘誓：『今予惟恭行天之罰。』吕氏春秋先己篇高注引作『龔』。僞泰誓下：『予一人恭行天罰。』文選東都賦李注引作『龔』。並其證。」

范注：「白虎通論天子自出與使方伯之議：『王法天誅者，天子自出者，以爲王者乃天之所立，而欲謀危社稷，故自出，重天命也。犯王法，使方伯誅之。尚書（甘誓）曰：「今予惟恭行天之罰。」此言開自出伐扈也。王制曰：「賜之弓矢，乃得專伐。」謂誅犯王法者也。』」

〔四〕書甘誓：「天用剿滅其命。」正義：「天子用兵，稱恭行天罰；諸侯討有罪，稱肅將王誅：皆示有所稟承，不敢專也。」校注：「書僞泰誓上：『肅將天威。』」「將」，將命，奉命。此句謂奉帝王之意加以誅伐。

陳琳檄吴將校部曲文：「皆我王誅所當先加。」

〔五〕史記馮唐列傳：「臣聞上古王者之遣將也，跪而推轂，曰：闑以内者，寡人制之；闑以外者，將軍制之。軍功爵賞，皆決於外，歸而奏之。」集解：「韋昭曰：此郭門之闑也。」正義：「闑……謂門限也。」「分闑推轂」，牟注：「史記之前的六韜立將、淮南子兵略中，都有這類説法。」斠詮：「轂爲車輪中心之圓軸，推轂則車前進。」

〔六〕校注：「書僞大禹謨：『肆予以爾衆士，奉辭罰罪。』文選潘岳西征賦李注引作『伐罪』，與此同。」牟注：「國語鄭語載周太史史伯向鄭桓公説：『君若以成周之衆，奉辭伐罪，無不克矣。』韋昭注：『桓公甚得周衆，奉直辭，伐有罪，故必勝也。』」

〔七〕左傳宣公二年：「戎昭果毅以聽之之謂禮。殺敵爲果，致果爲毅。」正義：「兵戎之事，明此果毅以聽之之謂禮。能殺敵人，是名爲果，言能果敢以除賊；致此果敢，乃名爲毅，言能强毅以立功。」

〔八〕斠詮：「厲辭爲武，謂嚴肅號令，師旅兵衆恪實順從，莫敢違逆，是爲威武。左傳襄公三年魏絳所謂『師衆以順爲武，軍事有死無犯爲敬』是也。」

使聲如衝風所擊〔一〕，氣似欃槍所掃〔二〕，奮其武怒〔三〕，總其罪人〔四〕，徵其惡稔之時〔五〕，顯其貫盈之數〔六〕，搖奸宄之膽，訂信慎之心〔七〕，使百尺之衝，摧折於咫書〔八〕，萬雉之城，顛墜於一檄者也〔九〕。

〔一〕黄注：「（漢書）韓安國傳：『安國曰：衝風之衰，不能起毛羽。』注：『衝風，疾風之衝突者也。』」范注：「史記韓安國（長孺）列傳：『衝風之末，力不能漂鴻毛，非初不勁，末力衰也。』」郭注：「九歌河伯：『衝風起兮橫波。』注：『衝風，隧風。』」

〔二〕黄注：「史記天官書：『紫宮左三星曰天槍。』所見之國，不可舉事用兵。司馬相如賦：『攬欃槍以爲旌兮。』張揖曰：彗星爲欃槍。」范注：「爾雅釋天：『彗星爲欃槍。』郭璞注：『亦謂之孛，言其形孛孛似掃彗。』説文：『彗，掃竹也。』」校注：「後漢書崔駰傳（崔篆慰志賦）：『運欃槍以電埽兮。』李注：『欃槍，彗也。』」

〔三〕「武怒」，威怒。左傳昭公五年：「奮其武怒，以報其大耻。」

〔四〕左傳僖公七年：「（管仲）對（齊侯）曰：『君若綏之以德，加之以訓辭，而帥諸侯以討鄭，鄭將覆亡之不暇，豈敢不懼？若摠其罪人以臨之，鄭有辭矣，何懼！』」杜注：「摠，將領也。子華（鄭伯的兒子）奸父之命，即罪人。」斠詮：「摠，同總，聚束也。」此處「總其罪人」，謂率領敵人內部的反對派。

〔五〕校證：「『徵』原作『懲』，王惟儉本、御覽作『徵』，是。今據改。」校釋：「徵者，驗也。『懲』乃『徵』誤。」按其餘各本俱作「懲」，「懲」字不誤，無煩改字。

范注：「稔，熟也。文選任昉奏彈劉整：『惡積釁稔。』」

校注：「曹丕答曹洪書：『今魯罪兼苗桀，惡稔厲莽。』」左傳昭公十八年：「萇弘曰：毛得必亡，是昆吾稔之日也。」杜注：「昆吾，夏伯也。稔，熟也。侈惡積熟，以乙卯日與桀同誅。」

〔六〕范注：「韓非子說林下：『有與悍者鄰，欲賣宅而避之。人曰：「是其貫將滿矣，子姑待之。」答曰：「吾恐其以我滿貫也。」遂去之。』」「貫」，穿；「盈」，滿。「貫盈」，謂穿滿了繩索，表示累積到極點，多指罪惡而言。書泰誓上：「商罪貫盈，天命誅之。」孔疏：「紂之爲惡，如物在繩索之貫（串），一以貫之，其惡貫已滿矣。……故上天命我誅之。」「數」，氣數。校注：「僞孔傳：『紂之爲惡，一以貫之。』左傳宣六年：『使疾其民以盈其貫。』」

〔七〕校注：「書舜典：『寇賊姦宄。』孔傳：『在外曰姦，在內曰宄。』釋文：『宄，音軌。』左傳成公十七年：『長魚矯曰：亂在外爲姦，在內爲軌。』釋文：『軌，一作宄。』又：「『慎』，御覽引作『順』。……按『順』字是。」「訂」，安定。

〔八〕范注：「戰國齊策五：『千丈之城，拔之尊俎之間；百尺之衝，折之衽席之上。』詩大雅皇矣傳曰：『衝，衝車也。』陸德明釋文曰：『説文作幢。幢，陣車也。』正義曰：『衝者，從傍衝突之稱。兵書有作衝車之法。墨子有備衝之篇。』史記張儀列傳：『爲文檄告楚相。』集解引徐廣曰：『一作咫尺之檄。』『咫書』與下『一檄』對文。」「衝」，衝鋒車。「咫」，古尺八寸。

〔九〕黄注：「公羊傳：雉者何？五板而堵，五堵而雉，百雉而城。一曰城高一丈曰堵，三堵曰雉。班固西都賦：『建金城之萬雉。』」范注：「左傳隱公元年杜注：『方丈曰堵，三堵曰雉。一雉之牆，長三丈，高一丈。』正義曰：『定十二年公羊傳曰：「雉者何？五板而堵，五堵而雉。」何休以爲堵四十尺，雉二百尺。……諸説不同，賈逵、馬融、鄭玄、王肅之徒爲古學者，皆云雉長三丈，故杜依用之。』」

以上爲第一段，叙檄之來源，釋檄之名義及其作用。

觀隗囂之檄亡新，布其三逆〔一〕；文不雕飾，而辭切事明〔二〕，隴右文士〔三〕，得檄之體矣〔四〕。

〔一〕後漢書隗囂傳：「更始立，崔、廣等共推囂爲上將軍。囂既立，移檄告郡國。曰：故新都侯王莽，慢侮天地，悖道逆理。昔秦始皇毁壞謚法，以一二數欲至萬世，而莽下三萬六千歲之曆，言身當盡此度。……是其逆天之大罪也。分裂郡國，斷截地絡。……發冢河東，攻劫丘壟。此其逆地之大罪也。……攻戰之所敗，苛法之所陷，饑饉之所夭，疾疫之所及，以萬萬計。其死者則露屍不掩，生者則奔亡流散，幼孤婦女，流離係虜。此其逆人之大罪也。」全文見後漢書本傳。

北堂書鈔一〇三引東觀漢記：「隗囂故宰相府掾吏，善爲文書，每上書移檄，士大夫莫不諷誦之也。」

宋張淏雲谷雜記（見排印本説郛卷三十）「檄書露布所始」條：「文章緣起：『漢陳琳作檄曹操文。』謂檄文起於琳也。以文心雕龍考之，已有張儀檄楚書，隗囂檄亡新文矣。又如司馬相如喻蜀文，文選作喻蜀檄文。則檄不始於陳琳。」按此條又見宋許觀東齋紀事（龍威秘書第五集）。

〔二〕「辭切」，校釋：「宋本御覽作『意切』，是。」

〔三〕詔策篇：「隴右多文士，光武加意於書辭。」按後漢書隗囂傳：「隗囂，字季孟，天水成紀人也。」注：「成紀，縣名，故城在今秦州隴城縣西北。」故稱隗囂爲隴右文士。隴右，即隴西，今甘肅省隴山以西地區。

〔四〕春覺齋論文流別論十：「自東漢訖於季漢，以隗囂之檄新莽，陳琳之檄豫州爲最。囂文簡括嚴厲，數莽逆天、逆地、逆人三大罪，而所謂逆人之罪，狀莽之兇頑殘賊，讀之未有不動色者！至所謂炮烙醇醯之刑，則指燒殺陳良、終帶等二十七人，又以董忠謀叛，收忠宗族，以醇醯、白刃、毒藥、叢棘並一坎而埋之也；文中匪語不精，亦匪狀弗肖，第未知當時出自何人手筆耳。」

陳琳之檄豫州〔一〕，壯有骨鯁〔二〕，雖奸閹攜養〔三〕，章實太甚〔四〕，發丘摸金〔五〕，誣過其虐〔六〕；然抗辭書釁〔七〕，皦然露骨矣〔八〕。敢指曹公之鋒〔九〕，幸哉免袁黨之戮也〔一〇〕。

〔一〕梅注：「琳爲袁紹檄豫州曰：操父嵩，乞丐攜養，因贓假位，輿金輦璧，輸貨權門，竊盜鼎司，傾覆重器……續遇董卓，侵官暴國。於是……收羅英雄，棄瑕取用。故遂與操同諮合謀。……操遂承資跋扈，肆行凶慝，割剥元元，殘賢害善。……爵賞由心，刑戮在口，所愛光五宗，所惡滅三族。……又特置發丘中郎將，摸金校尉，所過隳突，無骸不露。……乃欲摧撓棟梁，孤弱漢室，除滅忠正，專爲梟雄。……幕府奉漢威靈，折衝宇宙，長戟百萬，胡騎千群。奮中黄育獲之士，騁良工勁弩之勢。并州越太行……而角其前；荆州下宛葉，而掎其後。……若舉炎火以焫飛蓬，覆滄海以沃熛炭，有何不滅者哉！」獻帝春秋曰：「操平鄴，謂琳曰：君昔爲本初作檄書，但罪孤而已，何乃以及父祖乎？琳曰：矢在弦上，不得不發也。」爲袁紹檄豫州見文選卷四十四。范注：「三國魏志王粲傳：『陳琳，字孔璋，避難冀州，袁紹使典文章。袁氏敗，琳歸太祖。太祖謂曰：「卿昔爲本初移書，但可罪狀孤而已，惡惡止其身，何乃上及父祖邪？」琳謝罪。太祖愛其才而不咎。軍國書檄，多琳、瑀所作也。』裴注引典略曰：『琳作諸書及檄，草成，呈太祖。太祖先苦頭風，是日疾發，臥讀琳所作，翕然而起曰：「此愈我病。」數加厚賜。』」「豫州」，指劉備。時備歸陶謙，謙表爲豫州刺史。文選爲袁紹檄豫州李善注：「魏氏春秋曰：『袁紹伐許，乃檄州郡。』魏志曰：『琳避難冀州，袁本初使典文章，作此檄以告劉備，言曹公失德，不堪依附，宜歸本初也。』」文選學義例第二四標題之誤引趙琴士讀書偶記云：「今案魏志陳琳傳並無此檄，告劉備以下數語，皆（李）善妄增。又案後漢書及魏志袁紹傳，宣此檄時，已在備奔歸紹之後。然則非獨善注妄也，即昭明標題亦不當爲爲袁紹檄豫州。宋胡三省注通鑑，知善之説非也，乃泥於昭明此題，而云蓋帝都許，許屬潁州郡，豫州部屬也，故選專以檄豫州爲言。此似但見文選之題，而未細看陳琳之文，檄首一行云：『左將軍領豫州刺史郡國相守』；左將軍領豫州刺史非劉備而誰，乃以爲指其地言耶？此檄末云：『即日幽、并、青、冀，四州並進，書到荆州，便勒見兵，與建忠將軍協同聲勢，州郡各整戎馬，羅絡境外。』則非專檄豫州可知。裴松之魏志注云：『魏氏春秋載袁紹檄州郡文。』此爲傳其實。故余謂此當題爲陳琳爲袁紹檄州郡討操。左將軍豫州刺史下，郡國相守上，當有告字；如魏檄吴將校部曲云：『尚書令彧，告江東諸將校部曲也。』操檄吴託之彧，紹檄操託之備，皆倚以爲重。二檄俱出陳琳之手，其體例同可知也。彧名而備不名者，尊帝室之冑，又或本有而傳寫遺落未可知也。」在本篇裏也説

「陳琳之檄豫州」，可見爲袁紹檄豫州這個題目又不始於昭明文選了。

〔二〕「骨鯁」，骨力。此文開合縱横，壯駭揚厲，氣勢很盛，故稱。

〔三〕黄注：「陳琳檄（豫州）：司空曹操祖父中常侍騰，與左悺、徐璜並作妖孽。父嵩乞丐攜養，因贓假位，操贅閹遺醜，本無懿德。」曹操本姓夏侯，其父夏侯嵩爲宦官曹騰養子，改姓曹。

校釋：「御覽『雖』作『惟』，是。」

〔四〕「章」謂揭露。校證：「『實』原作『密』。梅六次本、徐校本、張松孫本作『實』。按御覽正作『實』，今據改。」校注：「按『實』字較勝。左傳桓公二年：『郜鼎在廟，章孰甚焉。』語意與此同，可證。」

考異：「章，明也。章密者，猶揭其陰私也。密指其發丘摸金而言，章其不可告人之密也，故云太甚，密字是。」

〔五〕斟詮：「陳琳檄文又云：『梁孝王先帝母昆，墳陵尊顯，桑梓松柏，猶宜肅恭。而操帥將吏士，親臨發掘，破棺裸尸，掠取金寶。至今聖朝流涕，士民傷懷。操又特置發丘中郎將，摸金校尉，所過隳突，無骸不露。』」

〔六〕意謂誣陷超過了曹操實際的暴虐。

〔七〕斟詮：「抗辭書釁，謂高抗其言辭，書寫他人之瑕隙也。抗辭，高尚其言辭也。抗辭，詞出漢書揚雄傳：『今吾子迺抗辭幽說，閎意眇指。』亦見應劭風俗通義窮通：『抗辭以拒其侮。』」

釁，瑕隙也。見左傳桓八年『讎有釁，不可失也』杜注。」

〔八〕校釋：「露骨，舊校：『一作暴露。』按御覽正作『暴露』。」

〔九〕校注：「紀昀云：『指，當作攖。』……指字不誤。詩鄘風蝃蝀有『莫之敢指』語。紀氏蓋泥於孟子盡心下篇『莫之敢攖』之文而爲説耳。」

〔一〇〕春覺齋論文流别論十：「陳琳本有兩檄：一代尚書令彧檄吴將校部曲，一則代袁紹檄豫州。其文最著於時，寓嚴切於暇豫之中，疏罪案以詳審之筆，自是文人極軌。兩兩相較，囂則湍瀨奔瀉，一往無留；琳則長川大河，挹注不盡也。」

孫月峯評此文曰：「是平鋪體格，中間一曹一袁，短長錯出，以鼓其跌宕之勢。機軸運用，亦在有意無意之間。」（見于光華文選集評）譚獻云：「甚有仗義執言之風。紹勢方盛，故無恭辭。」（同上）李兆洛云：「罪狀皆實跡，故操見而駭。斡旋失策，仍多飾詞，不覺瑕釁自露矣。」（駱鴻凱文選學引）

鍾會檄蜀，徵驗甚明〔一〕；桓温檄胡，觀釁尤切〔二〕：並壯筆也〔三〕。

〔一〕梅注：「魏鍾會檄蜀文曰：今主上聖德欽明，紹隆前緒，宰輔忠肅明允，劬勞王室，布政垂惠而萬邦協和，施德百蠻而肅慎致貢。悼彼巴蜀，獨爲匪民。……是以命授六師，龔行天罰。……今邊境乂清，方内無事，蓄力待時，并兵一向，而巴蜀一州之衆，分張守備，難以禦天下之師。……比年以來，曾無寧歲，征夫勤瘁，難以當子來之民。此皆諸賢所共親見。……誠能深鑒成敗，邈然高蹈，投跡微子之蹤，措身陳平之軌，則福同古人，慶流來裔。」訓故：「魏志：鍾會，字士季，繇之少子也。景元四年伐蜀，檄曰：蜀相壯見禽於秦，公孫述授首於漢，此皆諸賢所備聞也。明者見危於無形，智者規禍於未萌，豈晏安酖毒懷祿而不變哉！」按魏志鍾會傳：「姜維……與蜀將張翼、廖化等合守劍閣拒會。會移檄蜀將吏士民云云。」

文選檄蜀文李善注：「魏志：鍾會，字士季，潁川人。少敏慧夙成，爲秘書郎。遷鎮西將軍，後爲司徒，謀反於蜀，爲衆兵所殺。」又：「魏志曰：景元四年，令鍾會伐蜀，會至漢中，蜀大將姜維等守劍閣，拒會。會移檄蜀將吏。」

方伯海曰：「按此篇只將形勢强弱，見蜀雖險不足恃，反復開示，以望其降，無一語指斥其君臣，與孔璋檄操文若檄權不同。所以然者，强國非用威，無以折敵人之氣；弱國非用文，無以悦遠人之心。蜀之立國，名義極正，加以先主、武侯治蜀，亦無事可以指斥也。文各有體，合此數篇讀之，其理自見。」（見于光華文選集評）李兆洛云：「檄豫州最壯駭，而詞慚以支；檄吴嘽緩，如不欲戰：皆中有戒心也。魏蜀强弱形見，故言之磊落，獨得文誥體。」（駱鴻凱文選學引）

譚獻云：「不事恢張，亦不加詆毀，搏捖一氣，無不盡之辭。」（見于光華文選集評）

〔一〕校證：「『温』原作『公』，據御覽、徐校本改。」校注：「按上云『鍾會』，此忽云『桓公』，似不倫類。……當以御覽所引爲是。」

訓故：「藝文類聚：『桓温北伐，檄石勒曰：「胡賊石勒，暴肆華夏，齊民塗炭……至使六合殊風，九鼎乖越。……寡人不德，忝荷戎重。……先順者護賞，後伏者蒙誅。……此之風範，想所聞也。」』」按此見卷五十八。范注：「此文缺佚，故未見『觀釁』之語。」「釁」，隙也。周注：「晉書桓温傳：『石季龍死，温欲率衆北征。』觀釁，當指看到後趙石季龍死後發生内亂。」

〔三〕春覺齋論文流别論十：「鍾司徒檄蜀，桓司馬檄胡，鍾會雅而桓激。司徒文稱武侯曰孔明，稱姜維曰伯約而不名，以蜀爲漢裔，非開罪於魏之比，魏擁立不正，故能喻蜀以禍福，不能責蜀以大義，用筆頗擅去取之能。石勒荼毒中原，天人同憤，桓温斥曰『胡賊』，非嫚駡也。勒非蜀漢之比，故行文雖激，不害於正。」

周注：「檄蜀文，鍾會有滅蜀的信心，所以話説得强勁有力。……從檄中可以看出雙方的形勢。再像桓温檄胡文：『每惟國難，不遑啓處，撫劍北顧，慨嘆盈懷。』這裏寫出奔赴國難的激越心情，顯示戰争的正義性。」

以上爲第二段，標舉檄文之代表作品。

凡檄之大體，或述此休明〔一〕，或叙彼苛虐，指天時，審人事，算彊弱，角權勢〔二〕，標蓍龜於前驗〔三〕，懸鞶鑑於已然〔四〕，雖本國信，實參兵詐〔五〕。譎詭以馳旨，煒曄以騰説〔六〕，凡此衆條，莫之或違者也〔七〕。

〔一〕斠詮：「休明，美善而清明也。左氏宣公三年傳：『定王使王孫滿勞楚子，楚子問鼎之大小輕重。對曰：德之休明，雖小，重也。』史記秦始皇本紀：『大義休明，樂於後世。』」

〔二〕「審」，審察。「角」，較量。

春覺齋論文流别論十：「蓋不斥人之罪案，不見己師之出於有名，不張己之兵威，莫望壯士之進而殺敵；且證以天時，審以人事，辨興亡之理，論强弱之勢，此檄文之要領也。」

〔三〕斠詮：「蓍所以筮，龜所以卜。……易繫辭云：『探賾索隱，鈎深致遠，以定天下之吉凶，成天下之亹亹者，莫大乎蓍龜。』」此句意謂利用以前的經驗，來標示預卜的吉凶。

〔四〕校證：「玉海『懸』作『垂』。」按「垂」字義勝。

左傳莊公二十一年：「鄭伯之享王也，王以后之鞶鑑與之。」杜注：「鞶帶而以鑑爲飾也。」此句意謂以已然之事來垂示鑑戒。

〔五〕「國信」，國家的威信。校注：「孫子軍争篇：『故兵以詐立。』」

〔六〕「譎詭以馳旨」，用詭譎的方式來馳説意旨。文賦：「説煒曄而譎誑。」「煒曄」，光盛貌。此處有夸飾之意。

范注：「御覽五百九十七引李充翰林論：『盟檄發於師旅。』又引充起居誡曰：『檄不切厲則敵心陵；言不誇壯則軍容弱。』一切經音義十：『檄書者，所以罪責當伐者也。又陳彼之惡，説此之德，曉慰百姓之書也。』」

周注：「檄文當本於呂相絶秦，所謂『述此休明』，『叙彼苛虐』，『審人事，算彊弱，角權勢』，『雖本國信，實參兵詐』，這些，在呂相絶秦裏都已具備了。那篇貶低秦國對晉國的幫助，夸大晉國對秦國的好處，强調諸侯的背離秦國，和晉國交好等都是。」

〔七〕校證：「『莫之或違者也』，原作『莫或違之者也』，今從御覽、徐校本乙正。」校注：「按御覽所引是。哀弔篇『莫之或繼也』，句法與此相同，可證。」論語子路篇：「如其善而莫之違也，不亦善乎！如不善而莫之違也，不幾乎一言而喪邦乎！」此彦和所本。

注訂：「衆條，總上列諸説：一、『述此休明』，二、『叙彼苛虐』，三、『天時』，四、『人事』，五、『强弱』，六、『權勢』，七、『標蓍龜』，八、『懸鞶鑑』；然總歸之『兵詐』二字，是檄之用，故曰『莫或違之』也。」

玉海卷二〇三引西山先生（真德秀）曰：「檄貴鋪陳利害，感動人意。」紀評：「此一段語扼要領。」

文鏡秘府論論文體六事，其四説：「魁張奇偉，闡耀威靈，縱氣凌人，揚聲駭物，宏壯之道也。……叙宏壯則詔檄振其響，詔陳王命，檄叙軍容，宏則可以及遠，壯則可以威物。……宏壯之失也誕。……制傷迂闊，辭多詭異，誕則成焉。（宏壯者，亦須準量事類，可得施言，不可漫爲迂闊，虚陳詭異也。）」這一段話雖然是用詔檄兩體來説明宏壯的風格，實際上這類風格可能對於檄更適用一些。但是檄移篇認爲檄「實參兵詐」，可以「譎詭以馳旨」，而文鏡秘府論則認爲「辭多詭異」則成荒誕，因此不贊成「虚陳詭異」，二者似乎有點分歧。其實這裏所説的「譎詭」，也有一定的限制，就是不能完全脱離事實，也就是夸飾篇所説的「夸而有節，飾而不誣」。

故其植義颺辭〔一〕，務在剛健〔二〕，插羽以示迅，不可使辭緩〔三〕；露板以宣衆，不可使義隱〔四〕，必事昭而理辨，氣盛而辭斷，此其要也〔五〕。若曲趣密巧，無所取材矣〔六〕。又州郡徵吏，亦稱爲檄〔七〕，固明舉之義也〔八〕。

〔一〕「植義」，立義，即安排内容。「颺」，傳播。

〔二〕李充起居誡：「檄不切厲則敵心陵，言不誇壯則軍容弱。」斟詮：「所謂切厲誇壯，即所以務剛健也。」

春覺齋論文流别論十：「劉勰之論檄曰：『植義颺辭，務在剛健。』愚謂本無義憤，何由能剛？不衷公道，奚得稱健？若隗囂、桓温、駱賓王（指討武曌檄）三家之文，可云近矣。人品固不足言，而文字實衷彝憲。」薛鳳昌文體論：「氣壯斯剛，理直斯健，知嫚罵無當也。」（商務版一七九頁）

〔三〕范注：「漢書高帝紀：『吾以羽檄徵天下兵。』注：『有急事，則加以鳥羽插之，示速疾也。』封氏聞見記四引魏武奏事：『有警急，輒露版插羽。』」演繁露：「魏武奏事曰：『有急，以鷄羽插木檄，謂之羽檄。』」

〔四〕封氏聞見記：「所以名露布者，謂不封檢，露而宣布，欲四方速知。」文章辨體序説「檄」類：「大抵唐以前不用四六，故辭直義顯。昔人謂檄以散文爲得體，信乎！」魏書彭城王勰傳：「勰從征沔北，高祖令勰爲露布。勰辭曰：臣聞露布者，布於四海，露之耳目。必須宣揚威略，以示天下。」其實檄文之「辭直義顯」或「辭緩」「義隱」，和用不用四六是没有關係的。

〔五〕定勢篇：「符檄書移，則楷式於明斷。」這幾句話就是「明斷」的具體説明。春覺齋論文流别論十：「檄移之文，『必事昭而理辨，氣盛而辭斷』，二語盡之矣。」冊府元龜序曰：「暴揚過惡，張皇威武，使忠義奮發，而邪謀沮壞。諭去就之理，陳逆順之狀，俾之改圖易轍，轉禍爲福。誕告士民，使知不獲已而用兵，非無名而黷武。」「事昭而理辨，氣盛而辭斷」，謂所舉事例非常明白，所講道理理由充足，語氣旺盛，措辭決斷。

〔六〕校證：「何校『才』作『材』。鈴木云：『才當作材。』案文章緣起注『才』誤『裁』。」論語公冶長：「由也好勇過我，無所取才。」斯「才」字是。「曲趣密巧」二句謂如旨趣委曲而又細密纖巧，則無所取矣。

玉海卷二〇三辭學指南「檄」類引李充起居戒云：「軍書羽檄，非儒者之事，但家奉道法，言不及殺，語不虛誕；而檄不切厲，則敵心陵；言不誇壯，則軍容弱。」又引西山先生（真德秀）曰：「露布貴奮發雄壯，少麤無害。不然則與賀勝捷表無異矣。」按真德秀所說的露布，和文心雕龍中所論的稍有區別。孫梅四六叢話卷二十四「檄・露布」類說：「夫檄與露布，六朝不甚區別，故文心合而爲一。唐宋以後，則檄文在啓行之先，露布在克敵之後，名實分矣。至於敵愾，本屬同途，故彥和以『皦然』爲先，西山謂『少麤無害』。若達心而懦，無乃失辭；即美秀而文，猶爲不稱。必其胸藏武庫，抵十萬之甲兵；律中奇音，振五聲之金石。」張相古今文綜第五部第二編第三章「露布」類說：「揆其初制，檄移之屬。彥和論檄云：『明白之文，或稱露布。』斯知用在令下，非取奏御，故魏明帝有露布天下並班告益州文也。迄乎唐制，下之通上，其制有六，三曰露布，兵部奉以奏聞，乃爲表奏之一體矣。」真德秀所說的露布，是就作爲奏的露布來立論的。

〔七〕黃注：「王遜傳：遜爲寧州刺史，未到州（按原文爲「乃以遜爲南夷校尉，寧州刺史。……遜未到州」），遥舉董聯爲秀才。建寧功曹周悦謂聯非才，不下版檄。」按此見晉書。又：「劉訏傳：本州刺史張稷辟爲主簿，主者檄召訏，乃挂檄於樹而逃。」按此見南史。

范注：「後漢書劉趙淳于等傳序：『中興，廬江毛義少節（義字少節）家貧，以孝行稱。南陽人張奉慕其名，往候之。坐定，而府檄適至，以義守令。義奉檄而入，喜動顏色。』李賢注曰：『檄，召書也。』……皆州郡徵吏亦稱爲檄之證。郝懿行曰：『漢書申屠嘉傳：「爲檄召通。」是則公府徵吏，亦稱爲檄。』」

〔八〕文體明辨序説：「又州邦徵吏，亦稱爲檄，蓋取明舉之義，而其詞不存。」「明舉」，公開薦舉。以上爲第三段，講檄文的寫作特點和規格要求。

移者，易也〔一〕。移風易俗，令往而民隨者也〔二〕。相如之難蜀老，文曉而喻博，有移檄之骨焉〔三〕。及劉歆之移太常，辭剛而義辨，文移之首也〔四〕。陸機之移百官，言約而事顯，武移之要者也〔五〕。

〔一〕范注：「説文：『移，禾相倚移也。』假借爲迻。廣雅釋詁三：『移，□也。』釋詁四：『轉也。』漢書律曆志：『壽王又移帝王録。』王先謙曰：『凡官曹平等不相臨敬，則爲移書。後漢文「移」字始見於此。』」

〔二〕斯波六郎：「禮記樂記：『移風易俗，天下皆寧。』」注訂：「廣雅釋詁三：『移，避也。』此假借爲『迻』也。漢書揚雄傳注：『以物與人曰移。』又安帝紀注：『移，書也。』韓延壽傳注：『移，猶傳也。』此文移之所由來，蓋引申而用之也。」彦和『移風易俗』之釋，因文生義，至爲周洽焉。」修詞鑑衡云：「移者，自近移遠，使之周知也。」移書的特征是決不限於給與某一人。這是移書的性質與檄相似、與普通書牘相異之點。御覽五九七引三國典略曰：「衛襄，字叔遼，河東人，修行至孝，州郡嘉之。時有白波賊衆數萬人，官兵誅伐不能平。賊曰：使叔遼要我，願散。於是襄爲移書，即平定。」「令往而民隨」這顯然是把移當作下行公文。而修詞鑑衡的解釋，似乎把移文當作一般的通告。可見移是用在官府之間，或官告民的。

〔三〕史記司馬相如列傳：「相如使蜀，蜀長老多言通西南夷之不爲用。相如欲諫，業已建之，不敢。乃著書籍以蜀父老爲辭，而己詰難之，以風天子，且因宣其使指，令百姓知天子之意。」「骨」指骨架規格。文選難蜀父老一首，列入檄類。

李充翰林論：「盟檄發於師旅，相如諭蜀父老，可謂德音矣。」

東坡志林：「司馬相如諭蜀父老云『以諷天子』。以今觀之，不獨不能諷，殆幾於勸耳。諂諛之意死而不已，獨作封禪書，相如真所謂小人也哉。」（四六叢話卷二引）

孫執升曰：「武帝雄心好大，相如以詞賦得幸，匡救處少，將順處多。諫獵書是正論，上林賦是逢君，巴蜀檄猶存諷諫，封禪文純是諛詞，此文則在進退之間。」（詳注昭明文選）

李兆洛云：「意雖欲規，實則頌也。解此措語之法，乃能氣壯情駭。」（見文選學引）

春覺齋論文流別論十：「司馬相如之難蜀父老，曉而喻博，有移檄之意。」

〔四〕此書文選標作移書讓太常博士，列入「書」類之後。其序云：「歆親近欲建立左氏春秋及毛詩、逸禮、古文尚書，皆列於學官，哀帝令歆與五經博士講論其義，諸博士或不肯置對。歆因移書太常博士，責讓之。」李善注：「劉歆，字子駿，向少子也。少通詩書，能屬文，爲黄門郎，至中壘校尉。王莽篡位，爲羲和京兆尹，卒。」

文選學義例第二三、誤析賦首或摘史辭爲序：「劉子駿移書責太常博士有序，非序也，乃史辭也。」按此見漢書劉歆傳。移太常博士是以官府書信的形式責讓五經博士的。評注昭明文選本文注：「讓，責也。太常，周之宗伯，識用廣大，謂之博士。」

孫月峯曰：「叙經術廢興，明白有條理，可與史、漢儒林序參看。」（文選集評引）「文移」之文，指政治方面的文事，不與兵革相連。

周注：「劉歆移太常博士，論證堅確。一，今文經『尚書初出於屋壁』，『泰誓後得』，都立學官；古文經得於孔子宅壁中，博士却不肯接受；二，用古文經來校今文經，今文『經或脱簡，傳或脱編』，古文可補今文之缺漏。從而指斥博士『保殘守缺，挾恐見破之私意，而無從善服義之公心，或懷妒嫉，不考情實，雷同相從，隨聲是非』，所以説『辭剛而義辨』。」

〔五〕黄注：「按成都王穎傳：穎表請誅羊玄之、皇甫嵩等；檄長沙王乂使就第；乃與王顒（顒即河間王司馬顒）將張方伐京都。以陸機爲前鋒都督。陸機至洛，與成都王牋曰『王室多故，禍難薦有，羊玄之等乘寵凶豎，專記朝政，皇甫嵩同惡相求，共爲亂階』云云，或機此時有移百官文，後代失傳耳。」

范注：「案陸機至洛與成都王牋，晉書成都王穎、陸機二傳皆不載，引見藝文類聚五十九，黄注微誤。」注訂：「牋文載藝文類聚五十九，『亂階』以下，尚有『至今天子飄颻，甚於贅瘤』云云。黄氏『後代失傳』之語，亦想當然耳。」周注：「稱爲武移，當指移書論軍事。」郭注：「武移，不惟文筆相責難，且以兵革相連者也。」

故檄移爲用，事兼文武，其在金革〔一〕，則逆黨用檄，順命資移〔二〕，所以洗濯民心〔三〕，堅同符契〔四〕，意用小異，而體義大同〔五〕，與檄參伍，故不重論也〔六〕。

〔一〕「金革」，猶言兵革。兵器與甲鎧的總稱。引申指戰爭。

〔二〕校證：「御覽『命』作『衆』，徐校同。」按「逆黨」與「順衆」對文，作「衆」爲是。

注訂：「『用檄』、『資移』二句，檄移分野，語極扼要。」

〔三〕校注：「崔寔政論：『洗濯民心，湔浣浮俗。』（意林卷三引）」

〔四〕使民心與在上者牢固一致，若合符契。

〔五〕銘箴篇：「及周之辛甲，百官箴闕，唯虞箴一篇，體義備焉。」「體義」，體制、本義。

〔六〕春覺齋論文流別論十作補充説：「膾炙人口者，則孔稚圭之北山移文爲最瑰邁奇古，巧不傷纖，謔不傷正，雖非文移之正體，而文已足傳。」

第四段論移及檄移的區別。

贊曰：三驅弛網〔一〕，九伐先話〔二〕。聲鑑吉凶，蓍龜成敗。摧壓鯨鯢〔三〕，抵落蜂蠆〔四〕。移風易俗〔五〕，草偃風邁〔六〕。

〔一〕「網」原作「剛」。紀云：「『剛』疑作『網』。」校注引郝懿行云：「按『剛』字疑『網』字之譌。」補注：「札迻（十二）云：當作弛網。網譌綱，三寫成剛，遂不可通。呂氏春秋異用篇說湯解網，令去三面，舍一面，與易比九五『三驅失前禽』之文偶合，故彥和兼用之。」易比卦：「王用三驅，失前禽。」王弼注：「夫三驅之禮，禽逆來趣己則舍之，背己而走則射之，愛於來而惡於去也；故其所施，常失前禽也。」斠詮：「弛網，謂留網一面，言寬仁也。」周注：「弛網：呂氏春秋異用：『湯見祝網者置四面，其祝曰：「從天墜者，從地出者，從四方來者，皆離（陷入）吾網。」……湯收其三面，置其一面。』失禽弛網，指王者先德教而後征伐。」

〔二〕黃注：「周禮大司馬『以九伐之法正邦國』。」范注：「周禮大司馬職掌九伐之法。左傳莊公二十九年：『凡師有鐘鼓曰伐。』杜預釋例曰：『鳴鐘鼓以聲其過曰伐。』征伐必先聲其罪，故曰先話。」注訂：「先話，即先聲奪人也。」「九伐」，制裁諸侯違犯王命行爲的九種辦法。周禮夏官大司馬：「以九伐之法正邦國：馮弱犯寡則眚（削地）之，賊賢害民則伐之，暴內陵外則壇（撤職）之，野荒民散則削之，負固不服則侵之，賊殺其親則正之，放弒其君則殘之，犯令陵正則杜之，外內亂、鳥獸行則滅之。」三國志鍾會傳：「方國家多故，未遑修九伐之征也。」校

注：「先話，即篇首『兵先乎聲』之意。」

〔三〕黄注：「左傳：『古者明王伐不敬，取其鯨鯢而封之，以爲大戮，於是乎有京觀。』杜注：鯨鯢，大魚名，以喻不義之人，吞食小國。」按此見宣公十二年。

校證：「『摧』原作『惟』。」補注：「札迻十二：案惟壓，義不可通。惟，黄校元本、馮本、汪本、活字本並作摧，是也，當據正。」斠詮：「摧壓鯨鯢，謂摧折制服不義之人也。」

〔四〕黄注：「左傳：臧文仲曰：君其無謂邾小，蜂蠆有毒，而況國乎！」按此見僖公二十二年。蠆，蝎類毒蟲。校注：「按各本皆作『抵』，與文意不合，疑當作『抵』。説文手部：『抵，側擊也。』（抵音紙。）」

〔五〕校證：「『風』原作『實』，黄注云：『一作實。』徐云：『當是「風」字，本文有「移風」之語，「移實」於義不可通。』按徐説是，今據改。」

〔六〕注訂：「論語：『君子之德風，小人之德草，草上之風必偃。』邁，進也。」按此見顔淵篇。「偃」，倒伏。校注：「書僞君陳：『爾惟風，下民惟草。』枚傳：『民從上教而變，猶草應風而偃。』」斠詮：「草偃風邁，猶言風行草偃，喻德化之易感服大衆也。」

卷五

封禪第二十一

大戴禮保傅：「封泰山而禪梁父。」

禮記禮器：「因名山升中於天。」鄭注：「孝經説曰：封乎泰山，考績燔燎；禪乎梁甫，刻石紀號也。」正義：「封乎泰山者，謂封土爲壇，在於泰山之上；考績燔燎者，謂考諸侯功績，燔柴燎牲以告天。禪乎梁甫者，禪讀爲墠，謂除地爲墠，在於梁甫，以告地也。梁甫是泰山之旁小山也。刻石紀號也者，謂刻石爲文，紀録當代號謚。」

白虎通道德論封禪云：「王者易姓而起，必升封泰山，何？報告之義也。始受命之時，改制應天，天下太平，功成封禪，以告太平。所以必於泰山，何？萬物之始，交代之處也。必於其上，何？因高告高，順其類也。故升封者，增高也。下禪梁甫之基，廣厚也。刻石紀號者，著己之功迹以自勸也。……或曰封者，廣也。言禪者，明以成功相傳也。」

玉海卷九十八郊祀封禪：「袁宏曰：夫揖遜受終，必有至德於天下，征伐革命，則有大功於萬物。是故王者初基，則有封禪之事，以其成功告於神明者也。夫東方者，萬物之所始；山嶽者，靈氣之所宅；故求之物本必於其始，取其所通必於其宅。崇其壇場則謂之封，明其代興則謂之禪。然則封禪者，王者開務之大基也。德不周洽，不得擅議斯事，功不弘濟，不得髣髴斯禮，曠代一有，其道至高。故自黄帝、堯、舜至三代各一得封禪，未有中修其禮者也。夫神道正一，其用不煩，天地易簡，其禮尚質，故藉用白茅，貴其誠素，器用陶匏，取其易從。然封禪之禮，簡易可也；若夫白函玉牒，非天地之性也。文中子曰：封禪之費非古也，徒以夸天下，其秦漢之侈心乎？」

梅注：「封者，增高也；禪者，廣厚也；皆刻石紀號，著己之功績以自効也。」

文選屬符命類。章學誠詩教下：「若夫封禪、美新、典引，皆頌也。稱符命以頌功德，而別類其體爲符命，則王子淵以聖主得賢臣而頌嘉會，亦當别其體爲主臣矣。」

范注：「漢書武帝紀元封元年注引孟康曰：『王者功成治定，告成功於天。封，崇也，助天之高也。刻石紀號，有金策石函、金泥玉檢之封焉。』服虔曰：『增天之高，歸功於天。禪，闡也，廣土地也。』張晏曰：『天高不可及，於泰山上立封，又禪而祭之，冀近神靈也。』」

文體論纂要：「符命者，謂天降瑞應，以爲帝王受命之符。如司馬相如的封禪文，揚雄的劇秦美新，班固的典引皆是。此種文章，實與設辭托諷的賦相遠，而與稱揚功德的頌相近，當歸入頌贊一類。」

注訂：「封禪之説，出於管氏之對桓公，馬遷著爲書，相如有遺奏；其事則隆於秦皇、漢武。

惟二帝惑於方士之説，私慾所鍾，故鐫文告成，明示得意，而非以教諸侯禮也。然大典之施，必有隆重之文，應備一格也。史記封禪書正義云：『泰山上築土爲壇，以祭天，報天之功，故曰封。泰山下小山上除地，報地之功，故曰禪。言禪者，神之也。』」

校釋：「封禪之説，倡自讖緯家而增飾於文士，實逢迎帝王侈心之作。由今觀之，殊無討論之價值。但古既有此體，故彦和亦所不廢。」

文心雕龍雜記：「案封禪大非禮，經典所無。管子封禪之説，乃史遷所引，羼入原書。即本有其説，亦管子設辭，以屈桓公。七十二君云云，不必有其事也。堯典曰：『允恭克讓。』僞舜典亦曰：『温恭允塞。』豈有自頌功德以告天之理？見於史策者，始自暴秦。司馬相如封禪文，古今詬病。林逋詩云：『茂陵他日求遺稿，猶喜曾無封禪書。』其貶封禪，可謂至矣。彦和文必宗經，其所以出此者，正如紀昀所云『自唐以前，不知封禪之非，故封禪爲大典禮，而封禪文爲大著作，特出一門，蓋鄭重之』耳。」

封禪文是爲奪得皇位的統治者歌功頌德，並制造理論根據的文章。這類文章數量是很有限的。

昭明文選把封禪文、劇秦美新、典引三篇文章劃歸一類，取名「符命」。所謂「符命」者，就是説天降瑞應，以爲帝王受天之命的一種符信。拍馬屁的人專門作一種文章，侈陳瑞應，鋪張統治者的功德。這樣的文章，從它的性質來講，叫作「符命」；從它運用的場合來講，就是封禪文。何焯說：「符命，諛佞之祖。」（評注昭明文選司馬相如封禪文篇引）可見就是封建時代的文人也知道封禪是一種騙局，而並不怎麽相信的。但是劉勰對於封禪却非常之重視，封禪篇說：「茲文爲用，蓋一代之典章也。」劉勰雖然對它的規格要求非常嚴格，其實封禪不能算作一種獨立的文體。把封禪文歸入頌贊一類，還是比較合適的。

夫正位北辰〔一〕，嚮明南面〔二〕，所以運天樞〔三〕，毓黎獻者〔四〕，何嘗不經道緯德，以勒皇蹟者哉〔五〕！

〔一〕范注：「爾雅釋天：『北極謂之北辰。』史記天官書：『中宮天極星，其一明者，太一常居也。』……又：『北斗七星，斗爲帝車，運於中央。』」論語爲政：「子曰：爲政以德，譬如北辰，居其所而衆星拱之。」北極星是天地正位，喻帝王居位。

〔二〕范注：「易說卦傳：『離也者，明也。萬物皆相見，南方之卦也。聖人南面而聽天下，嚮明而治，蓋取諸此也。』」正義：「以離爲象日之卦，故爲明也。日出而萬物皆相見也。又位在南方，故聖人法南面而聽天下，嚮明而治也。」「嚮明」，謂天將黎明。

〔三〕「天樞」，北斗七星之第一星；又北極亦名天樞。星經上北斗：「北斗……第一名天樞，爲土星。」後漢書崔駰傳：「重侯累將，建天樞，執斗柄。」揚雄長楊賦：「高祖奉命，順斗極，運天闢。」斠詮：「謂運轉天命之樞機也。天樞，本北極星名……此處喻國之權柄。」

〔四〕黄注：「書益稷：『萬邦黎獻，共惟帝臣。』傳：黎獻，黎民之賢者也。」范注：「説文：『育或作毓。』尚書益稷：『萬邦黎獻。』孔氏傳：『獻，賢也。』爾雅釋詁上：『黎，衆也。』」

〔五〕「蹟」，通「績」。「勒皇蹟」，謂刻石記帝王功績。

録圖曰〔一〕：「潬潬嗚嗚〔二〕，棼棼雉雉〔三〕，萬物盡化〔四〕。」言至德所被也。丹書曰：「義勝欲則從，欲勝義則凶。」〔五〕戒慎之至也。則戒慎以崇其德，至德以凝其化〔六〕，七十有二君〔七〕，所以封禪矣〔八〕。

〔一〕校注：「『録』，繹史五黄帝紀引作『緑』。何焯改作『緑』。紀昀云：『録當作緑。』正緯篇：『堯造緑圖，昌制丹書。』以『緑圖』與『丹書』對。此亦應爾。汪本、張本、訓故本並作『緑』。當據改。」

校證：「『録』，張之象本、王惟儉本作『緑』。……案『録』『緑』古通，説詳正緯篇。」

清馬驌繹史卷五黄帝紀：「文心雕龍：『緑圖曰：潬潬嗚嗚，棼棼雉雉，萬物盡化。』『與物俱化』，緑圖中文也。」顧廣圻批注：「『録圖曰：潬潬嗚嗚，棼棼雉雉，萬物盡化』四句録圖佚文。」

〔二〕校釋：「『渾渾』，當作『嘽嘽』，喜樂盛也。詩：『徒御嘽嘽。』『渾』，『嘽』之假字也。」

注訂：「渾，音善，水相薄也。司馬相如上林賦：『宛渾膠盭。』注：『宛渾，展轉也。』又通灘。嗚，音麾，口不正也，又醜。渾渾嗚嗚者，展轉綜錯也。」詩大雅崧高：「徒御嘽嘽，周邦咸喜。」毛傳：「嘽嘽，喜樂也。」箋：「嘽嘽，安舒。」斠詮：「案楚人謂作樂、高興爲『嗚』。是『渾渾嗚嗚』有安適喜樂之意。」

〔三〕注訂：「爾雅釋詁：『雉，陳也。』棼棼雉雉者，言羅列之多，狀萬物之複雜也。上八字及『萬物盡化』句，皆彥和所見緑圖中語。」書呂刑：「民興胥漸，泯泯棼棼。」正義：「棼棼，擾攘之狀。」

斠詮：「棼棼，擾亂貌。……棼，即紛，紛之叚字；雉雉，雜陳貌。則『棼棼雉雉』爲繁雜衆多之意，用與『熙熙攘攘』略同。」

〔四〕「化」，化生。易繫辭下：「萬物化生。」

〔五〕范注：「史記周本紀正義引尚書帝命驗：『季秋之月，甲子，赤雀銜丹書，止於昌户，其言曰：「敬勝怠者吉，怠勝敬者滅。義勝欲者從，欲勝義者凶。」』「丹書」，見正緯篇注。校注：「按大戴禮記武王踐阼篇：『武王踐祚三日……然後召師尚父而問焉，曰：「黄帝、顓頊之道存乎？意亦忽不可得見與？」師尚父曰：「在丹書。王欲聞之，則齊矣。」……師尚父西面道書之言曰：「敬勝怠者吉，怠勝敬者滅；義勝欲者從，欲勝義者凶。」』「從」謂順利。儀禮少牢饋食禮：「『占曰從。』鄭注：『從者，求吉得吉之言。』」

〔六〕校注：「按『則』字似不應有，蓋涉上文誤衍者。」「凝」，成也。中庸：「苟不至德，至道不凝焉。」

〔七〕訓故：「史記：管仲曰：古之封泰山、禪梁父者，七十二宗。夷吾所記者，十有二焉。」按此見封禪書。今本管子有封禪篇。尹知章云：「元篇亡，今以司馬遷封禪書所載管子言以補之。」

〔八〕雜記：「案許懋封禪議云：七十二君，夷吾所記，此中世數，裁可得二十餘主：伏羲、神農、女媧、大庭、柏皇、中央、栗陸、驪連、赫胥、尊盧、混沌、昊英、有巢、朱襄、葛天、陰康、無懷、黄帝、少昊、顓頊、高辛、堯、舜、禹、湯、文、武。中間乃有共工霸有九州，非帝之數。云何得有七十二君封禪之事？且燧人以前，至周之世，未有君臣，人心淳樸，不應金泥玉檢，升中刻石，燧人、伏羲、神農三皇，結繩而治，書契未作，未應有鐫文告成。且無懷氏伏羲後第十六主，云何得在伏羲前封太山禪云云？」

昔黄帝神靈〔一〕，克膺鴻瑞，勒功喬岳〔二〕，鑄鼎荆山〔三〕。大舜巡岳，顯乎虞典〔四〕。成康封禪，聞之樂緯〔五〕。

〔一〕校注：「大戴禮記五帝德篇：『孔子曰：黄帝，少典之子也，曰軒轅，生而神靈。』」

〔二〕「喬岳」，亦作「喬嶽」。詩周頌時邁：「懷柔百神，及河喬嶽。」毛傳：「喬，高也。高岳，岱宗也。」知音篇：「閲喬岳以形培塿。」「膺」，承受。

〔三〕史記封禪書：「齊人公孫卿曰：封禪七十二王，唯黄帝得上泰山封。其後黄帝接萬靈明廷，明廷者，甘泉也。……黄帝采首山銅鑄鼎於荆山下。鼎既成，有龍垂胡髯下迎黄帝。」「荆山」，在河南陝縣西。

〔四〕范注：「尚書舜典：『歲二月，東巡守，至於岱宗，柴。五月，南巡守，至於南岳，如岱禮。八月，西巡守，至於西岳，如初。十有一月，朔，巡守，至於北岳，如西禮。』王肅注曰：『岱宗，泰山，爲四岳所宗。燔柴祭天告至。』」

〔五〕范注：「管子封禪篇謂：『周成王封泰山，禪社首。』不記文武二王。史記封禪書云：『紂在位，文王受命，政不及泰山，武王克殷二年，天下未寧而崩。爰周德之洽，維成王，成王之封禪，則近之矣。』後漢書張純傳：『純奏上宜封禪曰：樂動聲儀曰：以雅治人，風成於頌。有周之盛，成康之間，郊配封禪，皆可見也。』彦和所云聞之樂緯，殆即動聲儀也。」注訂：「樂動聲儀即緯書之關於樂者，故曰樂緯。」斠詮：「按隋書經籍志有樂緯三卷，今其書已佚。」

及齊桓之霸，爰窺王跡〔一〕，夷吾譎陳〔二〕，距以怪物〔三〕。固知玉牒金鏤，專在帝皇也〔四〕。然則西鶼東鰈〔五〕，南茅北黍〔六〕，空談非徵，勳德而已〔七〕。是史遷八書，明述封禪者〔八〕，固禋祀之殊禮〔九〕，名號之祕祝〔一〇〕，祀天之壯觀矣〔一一〕。

〔一〕斠詮直解爲：「乃欲上窺古代聖王之封禪事迹。」指齊桓公想學帝王行封禪禮。

〔二〕校注：「『陳』，黄校云：『當作諫。』……是『諫』字誼勝。奏啓篇『谷永之諫仙』，御覽引作『陳仙』。是『諫』、『陳』易誤之例。詩大序『主文而譎諫』，即『譎諫』二字所出。史記齊太公世家：『桓公稱曰：吾欲封泰山，禪梁父。管仲固諫不聽。乃説桓公以遠方珍怪物至乃得封。桓公乃止。』足爲夷吾譎諫之證。」

〔三〕校證：「張之象本、兩京本、何允中本、日本活字本、凌本、鍾本、梁本、崇文本『距』作『拒』。」校注：「『距』與『拒』通。」

梅注：「史記封禪書：『齊桓公既霸，會諸侯於葵丘，而欲封禪。管仲曰：「古者封泰山，禪梁父者七十二家，而夷吾所記者十有二焉。……皆受命然後得封禪。」桓公曰：「寡人北伐山戎，過孤竹；西伐大夏，涉流沙，束馬懸車，上卑耳之山；南伐至召陵，登熊耳山以望江漢。兵車之會三，而乘車之會六，九合諸侯，一匡天下，諸侯莫違我。昔三代受命，亦何以異乎？」於是管仲睹桓公不可窮以辭，因設之以事，曰：「古之封禪，鄗上之黍、北里之禾，所以爲盛；江淮之間，一茅三脊，所以爲藉也。東海致比目之魚，西海致比翼之鳥，然後物有不召而自至者十有五焉。今鳳凰麒麟不來，嘉穀不生，而蓬蒿藜莠茂，鴟梟數至，而欲封禪，毋乃不可乎？」於是桓公乃止。』」

〔四〕訓故：「續漢書祭祀志：封禪檢用金鏤五周，以水銀和金以爲泥。玉璽一方寸二分，玉檢方五寸。」

按後漢書祭祀志上：「議封禪所施用。有司奏當用方石再累置壇中，皆方五尺，厚一尺，用玉牒書藏方石。牒厚五寸，長尺三寸，廣五寸，有玉檢。……檢用金縷五周，以水銀和金以爲泥。」「鏤」，黄本改「縷」，據後漢書似應作「縷」。「玉牒」，古代帝王封禪郊祀所用的文書。史記封禪書：「封泰山下東方，如郊祀太一之禮；封廣丈二尺，高九尺，其下則有玉牒書。」「牒」，書板。

應劭漢官儀：「建武三十二年，封泰山，玉牒石檢，金繩石泥。」

〔五〕范注：「爾雅釋地九府：『東方有比目魚焉，不比不行，其名謂之鰈；南方有比翼鳥焉，不比不飛，其名謂之鶼。』」

史記封禪書集解引韋昭曰：「各有一目，不比不行，其名曰鰈。」又「各有一翼，不比不飛，其名曰鶼鶼。」索隱：「鰈，音答。」

〔六〕史記封禪書：「一茅三脊。」集解引孟康曰：「所謂靈茅也。」又「鄗上之黍，北里之禾」集解：「應劭曰：『鄗上，山也，鄗音曜。』蘇林曰：『鄗上、北里皆地名。』」索隱引韋昭云：「設以不可得之物。」「北黍」即北里之黍。「南茅」即江淮間一茅三脊。三脊茅是茅本的一種，封禪時用以濾酒。

〔七〕斠詮直解爲：「皆空言虛語，羌無實證，封禪之所憑藉者，厥唯功勳德業而已。」

〔八〕司馬遷史記：禮書第一，樂書第二，律書第三，曆書第四，天官書第五，封禪書第六，河渠書第七，平準書第八。范注：「『是史遷八書』句不辭，『是』字下疑脱一『以』字。」校證：「王惟儉本『是』下有『以』字。」

〔九〕范注：「史記太史公自序：受命而王，封禪之符罕用。用則萬靈罔不禋祀，追本諸神名山大川禮，作封禪書第六。」斠詮：「禋祀，潔齋以祀天神也。左傳隱公十一年：『吾子孫其覆亡之不暇，而況能禋祀許乎？』杜注：『絜齋以享，謂之禋祀。』……周禮春官大宗伯：『以禋祀昊天上帝。』」

〔一〇〕「名」字，黄校：「元作『銘』，朱改。」范注：「紀評云：『銘字不誤。』確甚。銘號猶言刻石紀績。封禪書：『武帝封泰山，封廣丈二尺，高九尺，其下則有玉牒書，書祕。』舊唐書禮儀志三：『玄宗問：玉牒之文，前代帝王何故密之？賀知章對曰：玉牒本是通於神明之意。前代帝王所求各異，或禱年算，或思神仙，其事微密，是故莫知之。』」「銘」，刻。「號」，告。

〔一一〕斯波六郎：「此句嫌文詞不順，且上文云：『固禋祀之殊禮。』此又『祀天』，文不雅順。疑『祀』乃『祝』字之誤，本屬上句。『天』之下似脱『下』字，此句作『天下之壯觀矣』，承上『固禋祀之殊禮，銘號之秘祝』二句。司馬相如封禪文：『皇皇哉斯事，天下之壯觀，王者之丕業。』此句蓋爲彦和之所本。」

以上爲第一段，明封禪之意義及其源流。

秦皇銘岱〔一〕，文自李斯〔二〕，法家辭氣，體乏弘潤〔三〕。然疎而能壯〔四〕，亦彼時之絶采也。鋪觀兩漢隆盛，孝武禪號於肅然〔五〕，光武巡封於梁父〔六〕，誦德銘勳，乃鴻筆耳〔七〕。

〔一〕訓故：「史記：始皇上泰山，禪梁父，刻所立石，其辭曰：皇帝臨位，作制明法，臣下修飭。二十有六年，初併天下，罔不賓服云云。」按此泰山刻石文，見始皇本紀。

黃注：「秦始皇本紀：始皇東行郡縣，上鄒嶧山，立石。與魯諸生議刻石，頌秦德；議封禪，望祭山川之事。遂上泰山，禪梁父，刻所立石。」頌贊篇：「秦政刻文，爰頌其德。」

〔二〕斠詮：「秦皇銘岱，文凡六篇。曰泰山、琅邪臺、之罘、東觀、碣石、會稽刻石，皆李斯所作。王應麟困學紀聞卷十翁元圻輯注引范祖禹之說云：「封禪實自秦始，古未有也。」獨鄒嶧山刻石文，史記不載。此六篇刻石文，悉見頌贊篇。」

〔三〕史記魯仲連傳：「辭氣不悖。」「辭氣」猶語氣，即語言風格。銘箴篇：「銘兼褒讚，故體貴弘潤。」

〔四〕銘箴篇：「至於始皇勒岳，政暴而文澤，亦有疏通之美焉。」「疎」，粗略。

周注：「李斯的泰山刻石，如說：『（皇帝）親巡遠方黎民，登茲泰山，周覽東極。從臣思迹，本原事業，祇誦功德。治道運行，諸産得宜，皆有法式。大義休明，垂於後世，順承勿革。』文章質樸，雖『體乏弘潤，然踈而能壯』，是突出的封禪文。」

〔五〕訓故：「史記：武帝元封元年四月癸卯，上還登封泰山，又禪泰山下趾東北肅然山。」按此見孝武本紀。集解引服虔曰：「肅然，山名，在梁父。」范注引漢書武帝紀：「元封元年夏四月癸卯，登封泰山。詔曰：『遂登封泰山，至於梁父，然後升襢肅然。』」

〔六〕後漢書光武紀下：「中元元年春二月辛卯，柴望岱宗，登封泰山。甲午，禪於梁父。」范注：「凡封泰山，必禪梁父，此云孝武禪號，光武巡封，互文耳。（封泰山祭天，禪梁父祭地。）」

〔七〕「誦」，陳述。校注：「按論衡須頌篇：『古之帝王建鴻德者，須鴻筆之臣褒頌紀載，鴻德乃彰。』」論衡須頌篇：「無鴻筆之論，不免庸庸之名。」又：「鴻筆之奮，蓋斯時也。」「鴻筆」，大手筆，指下面所講司馬相如、張純等人的封禪文、泰山刻石文等。

觀相如封禪〔一〕，蔚爲唱首。爾其表權輿〔二〕，序皇王，炳玄符〔三〕，鏡鴻業〔四〕，驅前古於當今之下，騰休明於列聖之上〔五〕，歌之以禎瑞，讚之以介丘〔六〕，絶筆兹文，固維新之作也〔七〕。

〔一〕黄注：「（史記）司馬相如傳：武帝曰：『相如病甚，可往從悉取其書，若不然，後失之矣。』使所忠往，而相如已死。其妻曰：長卿未死時，爲一卷書曰：『有使者來求書，奏之。』其遺札書言封禪事。」

〔二〕「唱首」，即首唱。注訂：「權輿，爾雅釋詁第一：『權輿，始也。』」「爾」，若乃。斠詮：「彥和所謂表權輿，蓋指相如封禪文篇所云：『伊上古之初肇，自昊穹兮生民，歷選列辟，以迄於秦。率邇者踵武，逖聽者風聲，紛綸葳蕤，湮滅而不稱者不可勝數。繼韶夏，崇號謚，略可道者七十有二君，罔若淑而不留，疇逆失而能存？遐哉邈乎，其詳不可得聞已。』」

〔三〕校證：「『玄』，黃本、張松孫本、紀本作『元』，避清諱。」校注：「文選揚雄劇秦美新：『玄符靈契。』李注：『玄符，天符也。』」

〔四〕「鏡鴻業」，鏡照天下之大業。

〔五〕「休明」，美好清明。潘岳西征賦：「當休明之盛世。」封禪文：「德侔往初，功無與二。」此二句意謂驅使往古列於當今之下，而當今之美業可跨躍於列聖之上。

〔六〕漢書司馬相如傳載封禪文：「微夫斯之爲符也，以登介丘。不亦恧乎？」注：「服虔曰：介，大也。丘，山也。」言登泰山封禪也。

〔七〕詩大雅文王：「周雖舊邦，其命維新。」「維」，語助；「維新」即新。此言茲文雖爲相如絕筆之遺著，而實爲維新之作。

姚鼐曰：「薑塢先生云：封禪文相如創爲之，體兼賦頌。其設意措詞皆翔躡虛無，非如揚、班之徒誕妄貢諛，爲蹠實之文也。通體結構，若無畔岸，如雲興水溢，一片深茫駿遒之氣。觀揚、班之作，而後知相如文句句欲活。」（文選學引）

李兆洛云：「以允答競業立意，故極波湧雲亂之觀，而仍字字有歸宿。此意揚、班已不能窺，況其下乎？」（同上）

譚獻云：「邁往之韻，峻絶之骨，奇宕之氣，蕭疏之神，頌語不襲商周，幾欲抗手。」又云：「襲舊六爲七，此是何等志趣！海嶽瑰狀，金石奇聲，不可無一，不能有二。」（同上）

孫月峰曰：「規模亦自仲虺誥、伊訓諸篇來，第一味贊誦，中間鋪叙處，彷彿如賦，是後世頌聖之祖。然而諷諫意自寓，正於極力揄揚處微見不足意。」（見文選集評）

何義門曰：「文效書而不襲典謨誥，頌倣詩而不襲雅頌，此長卿之傑作絶思也。奈何後人又紛紛摹倣乎！」（同上）

方伯海曰：「帝王功德，何關封禪不封禪？且所稱七十二君何人？成王所據何典？不過取虞書柴望、武成祭告，而附會其説耳。究竟篇中毫無實在根據，只是子虛烏有，以艱深文其附會。後人險句僻字，貌爲古奥，按之無物，其弊已開於此。世只以作偭歸之子雲，不知子雲生平極模擬長卿，固有所受之也。」（同上）

校釋：「至其揚相如而抑李斯，知此體非法家所長。」

及光武勒碑，則文自張純〔一〕，首胤典謨，末同祝辭〔二〕，引鉤讖〔三〕，叙離合〔四〕，計武功，述文德，事覈理舉，華不足而實有餘矣〔五〕。凡此二家，並岱宗實跡也〔六〕。

〔一〕訓故：「通鑑光武中元元年：上讀河圖會昌符曰：『赤劉之九，會命岱宗。』上感此文，乃詔梁松等，按索河雒讖文，言九世當封禪者三十六事。于是張純等復奏請封禪，上乃許焉。登山以祭，親封玉牒檢。」

又：「（後漢書）祭祀志以光武封泰山刻石碑文：『是月辛卯，柴祭封泰山。甲午，禪於梁陰。以承靈瑞，以爲兆民。永兹一宇，垂於後昆。百寮從臣，郡守師尹，咸蒙祉福，永永無極。』」黄注：「後漢祭祀志上：建武三十二年二月，上至奉高，遣侍御史與蘭臺令史，將工先上山刻石。」

後漢書張純傳：「張純字伯仁，京兆杜陵人也。……建武三十年，純奏上宜封禪，曰……宜及嘉時，遵唐帝之典，繼孝武之業，以二月東巡狩，封於岱宗，明中興，勒功勳，復祖統，報天神，禪梁父，祀地祇，傳祚子孫，萬世之基也。中元元年，帝乃東巡岱宗，以純視御史大夫從，並上元封舊儀及刻石文。」紀評：「以下以符命連類及之。」

〔二〕「胤」，繼承。周注：「後漢書祭祀志張純泰山刻石文：『維建武三十有二年二月，皇帝東巡守，至於岱宗，柴，望秩於山川。』這是『首胤典謨』，文章開頭時模仿舜典。文末祝告：『永兹一宇，垂於後昆。百僚從臣郡守師尹咸蒙祉福，永永無極。』即『末同祝辭』。文中還引讖緯，敘離亂，述功德，但缺乏文彩，遠遜封禪文。」

〔三〕黄注：「按文内多引河圖赤伏符、會昌符、孝經鉤命決等書。」郭注：「刻石文中引用鉤讖六條。」注訂：「張純刻石文多引鉤讖之説，蓋光武崇緯學也。」

〔四〕校證：「『合』字原脱。梅據許延祖補『亂』字。徐校本、張之象本、王惟儉本補『分』字。梅六次本、何校本、張松孫本補『合』字。按明詩篇有『離合之發，萌於圖讖』語，今從之。」按明詩篇「離合」與此無關。梅注：「按光武東封泰山碑有云：宗廟隳壞，社稷喪亡，不得血食。十有八年，揚、徐、青三州首亂，兵革横行，延及荆州，豪傑併兼，百里屯聚，往往僭號。北夷作寇，千里無煙，無雞鳴犬吠之聲。」據此當仍以補「亂」字爲是。考異：「蓋下言武功，上言離亂，有亂必勘，自相偶屬也。」

〔五〕斯波六郎：「陸機文賦：『要辭達而理舉，故無取於冗長。』」周注：「『實有餘』指文中講王莽篡位，發生内亂外患。光武興兵誅討，使百姓『得居爾田，安爾宅』。又『建明堂，立辟雍，起靈臺，設庠序』等。寫得較具體，但缺乏辭藻，所以『華不足』。」

〔六〕斠詮：「『岱宗，泰山，爲四岳所宗。見尚書舜典『東巡狩至於岱宗』舊傳。二家，蓋指司馬相如與張純二人。』『實跡』，謂實有的刻石。」范注：「相如封禪文未聞刻石。風俗通正失篇載武帝泰山刻石文曰：『事天以禮，立身以義，事親以孝，育民以仁，四守之内，莫不爲郡縣。四夷八蠻，咸來貢職。與天無極，人民蕃息，天禄永得。』彦和或誤記。」

及揚雄劇秦〔一〕，班固典引〔二〕，事非鐫石，而體因紀禪〔三〕。觀劇秦爲文，影寫長卿，詭言遯辭，故兼包神怪〔四〕。然骨製靡密〔五〕，辭貫圓通〔六〕，自稱極思〔七〕，無遺力矣〔八〕。典引所叙，雅有懿采〔九〕，歷鑒前作，能執厥中〔一〇〕，其致義會文，斐然餘巧〔一一〕。故稱「封禪靡而不典，劇秦典而不實」〔一二〕，豈非追觀易爲明，循勢易爲力歟〔一三〕！

〔一〕黄注：「揚雄劇秦美新序：『（往時）司馬相如作封禪一篇，以彰漢氏之休。臣……敢竭肝膽，寫腹心，作劇秦美新一篇，雖未究萬分之一，亦臣之極思也。』」六臣注文選本篇李周翰注：「劇，甚也。……是時雄仕莽朝……以秦酷暴之甚，以新室爲美，將悦莽意，求免於禍。非本情也。」

〔二〕黄注：「班固典引序：伏惟相如封禪靡而不典，揚雄美新典而亡實。臣不勝區區，竊作典引一篇。」按文選卷四十八典引，蔡邕注。蔡邕曰：「典引者，篇名也。典者，常也，法也。引者，伸也，長也。」李善注：「尚書疏：堯之常法，謂之堯典。漢紹其緒伸而長之也。」李周翰注：「典者，堯典也。漢爲堯後，故班生將引堯事以述漢德，是命曰典引。」

〔三〕「體因紀禪」，謂體裁因襲紀功封禪之文。

〔四〕文中云：「天剖神符，地合靈契。……其異物殊怪……班乎天下者，四十有八章。」宋史繩祖學齋佔畢：「司馬長卿封禪文，典雅爲西京之宗。然未免託符瑞以啓武帝之侈心，君子已恥之。其後，揚雄倣之，作劇秦美新，尤爲可恥。班孟堅典引亦引符瑞以效尤。唐人作玉牒真紀以美玄宗，尤淺陋。及柳宗元貞符，謂『受命不於天，於其人；休符不於祥，於其仁。惟人之仁，匪祥於天。兹爲貞符哉，未有棄仁而久者也，未有恃祥而壽者也。』遂一洗從前作者之陋，爲可喜也。」

斠詮：「影寫，猶效法也。本書通變篇：『楚之騷文，矩式周人；漢之賦頌，影寫楚世。』揚雄之劇秦美新，蓋效法司馬相如之封禪文而作也。詳劇秦美新自序。」

〔五〕校證：「『製』原作『掣』，義不可通，今改。且疑『骨』亦『體』之壞文。」范注：「章表篇『應物掣巧』，御覽作『制』是也。此『骨掣』之『掣』，亦當作『制』。」

校釋：「『掣』，疑當作『制』。『骨制』即『體製』。本書『製』或省作『制』。」校注：「『骨掣』二字不辭，疑當作『體製』。定勢、附會兩篇並有『體制』之文。」「靡密」，謂細密。

〔六〕明詩篇：「然詩有恒裁，思無定位；隨性適分，鮮能圓通。」論説篇：「故其義貴圓通，辭忌枝碎。」日人興膳宏謂：「圓通都作『圓滿的完全性』或『理論的一貫性』解。此爲佛家語。」（見興膳宏文心雕龍論文集）

〔七〕見注〔一〕。

〔八〕文選揚子雲名下李善注：「王莽潛移龜鼎，子雲進不能辟戟丹墀，亢辭鯁議；退不能草玄虛室，頤性全真。而反露才以耽寵，詭情以懷祿，素餐所刺，何以加焉？抱朴方之仲尼，斯爲過矣。」

孫月峰曰：「全是模擬封禪，更加鋪張，兼有轉折波瀾，儘爲宏麗，第機格却顯淺，間有率處弱處，讀之不甚有深味。謂曰『極思』，尚未敢信。」（見文選集評）

孫執升曰：「封禪文於收處微寓箴規，此則全是諛詞矣。沉思苦撰，語古意新，似不肯讓相如獨步。」（同上）

方伯海曰：「揚子雲以法言擬論語，以太玄擬易，始念何嘗不以聖賢自期。迨投閣不死，莽赦其罪，因附會符命，忍恥苟活，自結於莽。至以此等惡機，流穢千秋，厥後綱目書爲『莽大夫揚雄卒』。爲法受惡，無可逭者。嗟乎，莽以符命欺天罔人，當日頌莽功德，萬有餘人。至自許爲『惟清惟默，守道之極』者，而亦爲之。噫，晚節末路之難，此固子雲遭逢之不幸，其亦守道有未極乎？」（同上）

李兆洛云：「誣善之人其詞游，失其守者其辭屈，此文之謂也。然古駿藻邁之氣則與長卿並驅矣。」（文選學引）

譚獻云：「心苦於司馬，詞慎於孟堅，衆流山立，語語金湯。」又云：「順逆集散，與長卿或合或離，紬繹之乃得文章機竅。」又云：「綴句漸有轍迹，劇秦處避重就輕，詞要心苦。」（同上）郭預衡文心雕龍評論作家的幾個特點：「這就一面指出揚雄模擬司馬相如封禪文的缺陷，一面也不完全抹煞它的功力，指出還有值得肯定的地方。顏之推卻說：『著劇秦美新，妄投於閣，周章怖懾，不達天命，童子之爲耳。』（顏氏家訓文章篇）」（文學評論一九六三年第一期）

〔九〕范注：「『雅有懿乎』，紀評云：『乎當作采。』案紀説是。本書雜文篇：『班固賓戲，含懿采之華。』亦以『懿采』評班文。時序篇亦有『鴻風懿采』之文。」校釋：「按『乎』乃『采』之形誤字。」按體性篇：「孟堅雅懿，故裁密而思靡。」

〔一〇〕書大禹謨：「惟精惟一，允執厥中。」論語堯曰：「天之歷數在爾躬，允執其中。」中庸之道，稱作事無過無不及爲「執中」。周注：「典引想吸收兩家的長處去其短處，所以能執厥中。」

〔一一〕「致義」二句意謂表達意義，結合文辭，斐然成章。

〔一二〕校證：「『靡』原作『麗』，今據典引改。」又：「『劇秦典而不實』，典引原作『揚雄美新，典而亡實』。」校注：「按『麗』當作『靡』，始與典引合。張瞻劇秦美新注：『相如封禪，靡而不典。』（北堂書鈔卷一百引）蓋襲孟堅文，亦作靡。明詩篇亦有『靡而非典』語。」按後漢書班固傳：「固又作典引篇，述敘漢德。以爲相如封禪靡而不典；揚雄美新典而不實；蓋自謂得其致焉。」顏師古注「靡而不典」云：「文雖靡麗，而體無古典。」又注「典而不實」云：「體雖典則，而其事虛僞，謂王莽事不實。」

何義門曰：「靡而無實，故爲味不長，然自一時之極思也。」見（文選集評）

孫月峰曰：「大約是兼撮馬、揚之勝，中間太模擬處亦可厭，間或錯綜其調，借勢變換，更潤以工詞，運以婉致，雖云襲，而姿態乃更橫溢，此却是摹擬三昧。」（同上）

方伯海曰：「以上三篇，皆侈談功德符瑞，大旨同歸於封禪，其間用意却有不同。漢武帝雄才大略，置五經博士，改正朔，易服色，制禮作樂，征伐四方，真有狹小前人之規，故借成王繼體，無所事事來相形。王莽粉飾周官周禮，凡事多假託六藝，以文其奸。故借秦楚書蔑典來相形。此篇以漢承堯後，德比祖宗，事同揖讓，故借夏商二代，皆崛起方隅，征誅革命來相形，文字必由立意，合之答賓、解嘲、客難諸篇讀之，當自得其解矣。」（同上）

李兆洛云：「裁密思靡，遂爲駢體科律。」又云：「語無歸宿，閱之覺茫無畔岸，此其所以不逮卿、雲。」（文選學引）

譚獻云：「琢句益工，結體益順，摹寫馬、揚處有痕。」又云：「詞意不能出馬、揚之外。」（同上）

周注：「麗指用詞藻，如講禾、麟、龜、馬，把禾稱一莖六穗，麟稱雙角一本，龜稱周朝放生的，馬稱翠黃乘龍等，就是用詞藻。不典，照班固的意思該是不合正道。因爲封禪文着重講各種符瑞，不着重講功德，所以是不典。……劇秦敘述王莽功德，像定『懿律嘉量，金科玉條』，

『正嫁娶送終』，『親九族淑賢』，建『明堂辟雍』，『北懷單于』，『經井田，免人役』，等等，仿照訓典的叙述功德，所以是『典』。但王莽用這些來粉飾太平，是假象，所以『不實』，是『詭言遁辭』。就它的文辭模仿訓典説，所以『骨制靡密，辭貫圓通』。

「班固的典引，劉勰稱爲『雅有懿采』，『斐然餘巧』。典引叙漢的功德，象『宣二祖之重光，襲四宗之緝熙。神靈日照，光被六幽。仁風翔乎海表，威靈行乎鬼區。』模仿訓典，所以稱雅；運用詞藻，所以稱采。」

〔三〕這是説追觀前人的作品，易於明辨其是非、短長，而遵循已有的體勢來進行「影寫」則易於爲力，所以典引之作才顯得效果比較好。

至於邯鄲受命〔一〕，攀響前聲，風末力寡〔二〕，輯韻成頌〔三〕；雖文理順序〔四〕，而不能奮飛〔五〕。陳思魏德〔六〕，假論客主，問答迂緩，且已千言，勞深勣寡〔七〕，飈燄缺焉〔八〕。

〔一〕訓故：「魏書：漢帝使行御史大夫張音持節奉璽綬禪於魏，邯鄲淳乃著大魏受命述，以頌丕之德。文見古文苑。」

范注：「藝文類聚十載邯鄲受命述。」

按三國魏志王粲傳：「潁川邯鄲淳……亦有文采。」注引魏略曰：「淳一名竺，字子叔，博學有才章。……時五官將博延英儒，亦宿聞淳名，因啓淳欲使在文學官屬中。……黄初初，以淳爲博士給事中。」

〔二〕范注：「『風末』當作『風昧』，即通變篇之『風昧』。」斯波六郎：「案『風末』，『風衰』之意，不應妄改。通變篇亦作『風末』者。」校注：「史記韓長孺傳：『衝風之末，力不能漂鴻毛；非初不勁，末力衰也。』按通變篇：『風末氣衰也。』」

周注：「受命述講魏國封禪：『然後乃勒功岱岳，升中上玄。』燔柴升天告成功；中，成。這文平庸而缺乏力量，所以風末力寡。」

〔三〕邯鄲淳受命述序言：「欲謂之頌，則不能雍容盛懿，列伸玄妙；欲謂之賦，又不能敷演洪烈，光揚緝熙。故思竭愚，稱受命述。」

〔四〕校注：「順，黄校云：『元作煩，一作頗。』……尋繹語意，曹學佺校作『頗』（見凌本、天啓梅本……校語）。極是。」考異：「夫順者，序當以順爲歸……宜從順序爲是。」斠詮直解爲：「雖文理通順，井然有秩。」

〔五〕校注：「按詩邶風柏舟：『静言思之，不能奮飛。』」

周注：「『風末力寡』，『不能奮飛』，就是没有風骨。它叙述曹操的功德，説：『肅清宇内，萬邦有截。師義翼漢，奉禮不越。』叙述曹丕的功德，説：『聖嗣承統，爰宣重光。陳錫裕下，民悦無疆。』所謂『文理順序』。不像封禪文、劇秦美新、典引的鋪張揚厲。但缺乏駿爽的意氣，所以風末；没有模仿訓典，文辭柔弱，所以力寡；這樣缺乏風骨，所以不能奮飛。」

〔六〕黄注：「陳思王集魏德論末曰：固將封泰山，禪梁甫，歷名川以祈福，周五方之靈宇。越八九於往素，踵帝皇之靈矩。流餘祚於黎烝，鍾元吉乎聖主。」補注：「今本陳思王集魏德論存六百餘字，俱係答辭。案北堂書鈔（一百四）引曹植魏德論：『棲筆寢牘，含光而不朗，矇竊惑焉。』此審是客問語。『矇竊惑焉』四字本張衡西京賦，『矇』，張作『蒙』，義通。」范注：「曹植魏德論殘缺不全（見藝文類聚十）。」

〔七〕文體明辨序説「符命」類：「按符命者，稱述帝王受命之符也。夫帝王之興，固有天命，而所謂天命者，實不在乎祥瑞圖讖之間。故大雹、大虹、白狼、白魚之屬，不見於經，而見於史，史其可盡信邪？後世不察其僞，一聞怪誕，遂以爲符，而封禪以答之，亦惑之甚矣。自其説昉於管仲，其事行於始皇，其文肇於相如，而千載之惑，膠固而不可破。於是揚雄美新，班固典引，邯鄲淳受命述，相繼有作，而文選遂立『符命』一類以列之。夫美新之文，遺穢萬世，淳亦次之，固不足道，而馬班所作，君子亦無取焉。唯柳氏貞符以仁立説，頗協於理，然蘇長公（軾）猶以爲非，則如斯文不作可也。今以其爲一體……而並著其説，庶俾馳騁文藝者知所懲戒，不蹈劉勰『勞深勣寡』之誚云。」

〔八〕周注：「『魏德論風力不足，光芒不够，所以飆焰缺焉。』『飆焰缺』是説缺乏雄壯的氣勢。

以上爲第二段，評論秦至曹魏之代表作家作品。

茲文爲用，蓋一代之典章也。搆位之始，宜明大體〔一〕，樹骨於訓典之區，選言於宏富之路〔二〕，使意古而不晦於深，文今而不墜於淺〔三〕，義吐光芒，辭成廉鍔〔四〕，則爲偉矣。雖復道極數殫〔五〕，終然相襲〔六〕，而日新其采者，必超前轍焉〔七〕。

〔一〕鎔裁篇：「履端於始，則設情以位體。」「搆」，通「構」。「搆位」謂構思布局。「大體」在本書中也作「大要」、「體要」，都是指的對某一文體的規格要求和風格要求。通變篇：「是以規略文統，宜宏大體。」

〔二〕辨騷篇：「觀其骨鯁所樹，肌膚所附，雖取鎔經義，亦自鑄偉辭。」風骨篇：「昔潘勖錫魏，思摹經典，群才韜筆，乃其骨髓峻也。」可見樹立文章的風骨，和摹仿經書有關。

「訓典」，指尚書中的伊訓、堯典之類。校釋：「必能揄揚盛美，誇張祥禎，而又於頌揚之中，寓以戒慎之義，方爲合作。所謂『樹骨於訓典之區，選言於宏富之路』也。」

〔三〕「意古而不晦於深」是承「樹骨於訓典之區」來說的，「文今而不墜於淺」是承「選言於宏富之路」來說的；一手抓向經典著作學習，一手抓廣泛地選用新近的文辭。

〔四〕注訂：「廉，稜；鍔，刃也。言辭不入俗陋也。」莊子說劍：「天子之劍，以燕谿、石城爲鋒，齊岱爲鍔。」司馬彪注：「鍔，劍刃；一云劍稜也。」說劍篇又云：「諸侯之劍，以知勇士爲鋒，以清廉士爲鍔。……此劍一用，如雷霆之震也，四封之内，無不賓服而聽從君命者矣。」是「辭成廉鍔」謂文辭鋒利而又有説服力。

〔五〕斯波六郎：「揚雄劇秦美新：『是以帝典闕而不補，王綱弛而未張。道極數殫，闇忽不還。』」「極」和「殫」都有盡意。文選李善注：「言天道既極，歷數又殫。」斠詮：「彦和加以引用，則指文體式微，作法已盡。」

〔六〕校注：「嵇中散集琴賦序：『其體制風流，莫不相襲』。」「終然相襲」是因爲寫作封禪文的方術已經窮盡，終於要相襲。黄叔琳云：「能如此，自無格不作。」紀評：「豈惟封禪文固可不作也。」

〔七〕校證：「『采』原作『來』，謝、徐校作『采』，梅六次本改。」校注：「改『來』爲『采』是也。雜文篇有『麟鳳其采』語。」此句意謂在文采上還能日新的必然超過前作。紀評：「數語教人以自爲文，凡文類然。」

第三段，論封禪文之規格和風格要求。

贊曰：封勒帝勣，對越天休〔一〕。逖聽高岳〔二〕，聲英克彪〔三〕。樹石九旻〔四〕，泥金八幽〔五〕。鴻律蟠采〔六〕，如龍如虬。

〔一〕「勣」，同「績」。校注：「詩周頌清廟：『對越在天。』鄭箋：『對，配；越，於也。』」尚書説命

（下）：「敢對揚天子之休命。」傳：「對，答也。答受美命而稱揚之。」爾雅釋言：「越，揚也」。「對越天休」，即對揚天休。

書湯誥：「各守爾典，以承天休。」孔傳：「守其常法，承天美德。」國語周語引湯誥語韋注：「休，慶也。」

〔二〕黄注：「（司馬相如）封禪文：『逖聽者風聲。』」「『逖』，遠也。「高岳」，高峻之山岳。

〔三〕校注：「按『聲英』二字當乙，始能與上句之『逖聽』相對。史記司馬相如傳（封禪文）：『蜚英聲。』」「『彪』，彪炳，喻高大，洪亮。

〔四〕注訂：「九旻，即九天也。孫子：『善攻者動於九天之上。』書大禹謨：『日號泣於旻天。』」校注：「『九旻』，猶九天，言其高。史記封禪書：『自太山至巔，立石頌秦始皇帝德，明其得封也。』」

〔五〕注訂：「屑金以爲書畫，謂之泥金，用泥金，尊貴之也。」斠詮：「泥金，指封禪文書玉牒，用金屑調以水銀封簽。……此謂藏泥金之玉牒，書於幽深之方石中也。」「八幽」，八方幽遠的地方。宋書樂志四：曹植聖皇篇：「九州咸賓服，威德洞八幽。」

〔六〕「律」字，范注：「黄云：活字本作『岳』。」校注：「傳録黄、顧合校本，顧廣圻於『逖聽高岳』句下方校云：『岳（活），嶽。』……非謂『鴻律』之『律』活字本作『岳』也。范氏所引有誤。」斠詮：「鴻律與蟠采相偶。」直解爲「格律弘偉，文采優游」。

章表第二十二

校釋：「敷奏之文，漢分四品，舍人衡論，則約以三類。本篇兼論章、表二品，陳謝之類也。下二篇各論一品，而以啓附奏，以對附議，至其聯誼，則以奏事之末，或云謹啓，故與奏合論，而對策之文，亦曰陳政獻説，合審宜之義也。分合之際，具見別裁。」

注訂：「章表同體，故此篇並而論之，非如檄移諸篇分言之也。章、表古式無別，自秦初定制，而漢立四品，始章是章而表是表也。然立體雖殊，而用事常混，祇可大別，未遑細判。自漢傳經，章句是講，則固屬別裁，其用漸廣矣。是知彥和立論，乃以對揚王庭者爲限耳。」

漢代的章表今已無存。魏晉南北朝把奏議統稱爲表，例如諸葛亮的出師表、曹植的求自試表、李密的陳情表等，只是有的以言政事爲主，有的以表達哀情爲主。後代的表主要用以朝賀、勸進、辭官、謝恩，有的也用於陳述政事。

夫設官分職，高卑聯事〔一〕。天子垂珠以聽〔二〕，諸侯鳴玉以朝〔三〕。敷奏以言，明試以功〔四〕。故堯咨四岳〔五〕，舜命八元〔六〕，固辭再讓之請，俞往欽哉之授〔七〕，並陳辭帝庭，匪假書翰。然則敷奏以言，則章表之義也〔八〕；明試以功，即授爵之典也〔九〕。

〔一〕周禮天官冢宰：「惟王建國，辨方正位，體國經野，設官分職，以爲民極。」又天官大宰：「以八法治官府……三曰官聯，以會官治。」注引鄭司農曰：「官聯，謂國有大事，一官不能獨共，則六官共舉之。聯，讀爲連，古書連作聯。聯，謂連事通職相佐助也。」「高卑聯事」，斠詮：「謂官位有高卑……互相佐助，聯合治理國家大事也。」斯波六郎：「案『聯事』之語，見『小宰』職，即……『以官府之六聯合邦治，一曰祭祀之聯事，二曰賓客之聯事，三曰喪荒之聯事，四曰軍旅之聯事，五曰田役之聯事，六曰斂弛之聯事。凡小事皆有聯。』」

〔二〕禮記玉藻：「天子玉藻，十有二旒，前後邃延。」鄭注：「前後邃延者，言皆出冕前後而垂也。」蔡邕獨斷：「漢明帝採尚書皋陶及周官、禮記以定冕制，皆廣七寸，長尺二寸，繫白玉珠於其端，十二旒。」「聽」，謂聽政。

〔三〕禮記玉藻：「古人君子必佩玉。……周還中規，折還中矩，進則揖之，退則揚之，然後玉鏘鳴也。」又：「朝則結佩。……天子佩白玉而玄組綬，公侯佩山玄玉而朱組綬。」范注：「君臣朝見，無不佩玉，此云諸侯鳴玉，與上天子垂珠對文耳。」

〔四〕范注：「尚書舜典：『敷奏以言，明試以功，車服以庸。』王肅注曰：『敷，陳；奏，進也。諸侯四朝，各使陳進治理之言；明試其言以要其功，功成則賜車服以表顯其能用。』」蔡沈注引程子曰：「敷奏以言者，使各陳其爲治之說，言之善者，則從而明考其功，有功則賜車服以旌異之。」

〔五〕訓故：「書：帝曰：咨，四岳，湯湯洪水方割，蕩蕩懷山襄陵。」按此見堯典。傳曰：「四岳，即羲和之四子，分掌四岳之諸侯。」蔡沈注：「四岳，官名，一人而總四岳諸侯之事也。」左傳襄公四年：「訪問於善爲咨。」

〔六〕梅注：「高辛氏有才子八人：伯奮、仲堪、叔獻、季仲、伯虎、仲熊、叔豹、季貍，忠肅恭懿，宣慈惠和，天下之民謂之八元。世濟其美，不隕其名，以至於堯，堯不能舉。舜臣堯，舉八元，使布五教於四方：父義、母慈、兄友、弟恭、子孝。内平外成。」按此見左傳文公十八年。范注：「舜命八元，似不見於二典。……據左傳此文，知八愷八元，當即舜典二十二人之數，故彥和之八元與四岳並言之。」

〔七〕訓故：「書：伯拜稽首，讓於夔、龍，帝曰：俞，往欽哉。」按此見舜典。「俞」，猶言「然」，表示應允。書堯典：「帝曰俞。」又：「帝曰：往欽哉。」蔡注：「堯於是遣之往治水，而戒以『欽哉』，蓋任大事，不可以不敬，聖人之戒，辭約而意盡也。」

校注：「書舜典：『帝曰：「俞。咨！汝平水土，惟時懋哉！」禹拜稽首，讓於稷、契暨皋陶。帝曰：「俞，汝往哉！」』孔傳：『然其所推之賢，不許其讓，故使往宅百揆。』」

〔八〕下「則」字御覽作「即」。郭注：「作『則』與上文『則』字嫌重復；作『即』與下句語調一致。」

〔九〕校注：「後漢書章帝紀：『敷奏以言，則文章可採；明試以功，則政有異迹。』」

至太甲既立，伊尹書誡〔一〕，思庸歸亳，又作書以讚〔二〕。文翰獻替〔三〕，事斯見矣。周監二代〔四〕，文理彌盛〔五〕，再拜稽首，對揚休命〔六〕，承文受册，敢當丕顯〔七〕，雖言筆未分，而陳謝可見〔八〕。降及七國，未變古式，言事於王，皆稱上書〔九〕。

〔一〕梅注：「書太甲上：維嗣王不惠於阿衡，伊尹作書曰：先王顧諟天之明命，以承上下神祇，社稷宗廟，罔不祗肅。天監厥德，用集大命，撫綏萬方。惟尹躬克左右厥辟，宅師。肆嗣王丕承基緒。惟尹躬先見於西邑夏，自周有終，相亦惟終。其後嗣王，罔克有終，相亦罔終。嗣王戒哉，祗爾厥辟。辟不辟，忝厥祖。」

范注：「尚書伊訓序：『成湯既没，太甲元年，伊尹作伊訓。』傳曰：『作訓以教導太甲。』太甲序：『太甲既立，不明，伊尹放諸桐。三年復歸於亳，思庸（念常道）。伊尹作太甲三篇。』太甲上中二篇首有『伊尹作書曰』云云。」

〔二〕梅注：「尚書：惟三祀，十有二月朔，伊尹以冕服，奉嗣王歸於亳。作書曰：『民非后，罔克胥匡以生；后非民，罔以辟四方。皇天眷佑有商，俾嗣王克終厥德，實萬世無疆之休。』」按此見太甲中。亳，商都城。在今河南商丘。校注：「『讚』，黄校云：『元作纘。』按宋本……御覽五九四引正作『讚』，張本同。」按黄氏從梅説改「讚」是。元刻本、弘治本、馮舒校本，均作「纘」。「纘」，繼也。作禮讚義或作繼承意，均可通。

〔三〕黄注：「左傳：君所謂可，而有否焉；臣獻其否，以成其可。君所謂否，而有可焉；臣獻其可，以成其否。」按此見昭公二十年。文選袁宏三國名臣序贊：「入能獻替。」吕向注：「獻，進也；替，廢也。謂事有可者進之，否者替之。」後漢書胡廣傳：「臣以獻可替否爲忠。」「文翰獻替」，用文書來獻可替否。

〔四〕論語八佾：「周監於二代，郁郁乎文哉，吾從周。」

〔五〕禮記三年問：「壹使足以成文理。」孫希旦集解：「文謂文章，理謂條理。」禮記中庸：「文理密察。」頌贊篇：「自商已下，文理允備。」

〔六〕黄注：「左傳僖公二十八年：王策命晉侯爲侯伯。晉侯三辭從命，曰：『重耳敢再拜稽首，奉揚天子之丕顯休命。』受册以出。」校注：「書僞説命下：『敢對揚天子之休命。』枚傳：『對，答也；答受美命而稱揚之。』」詩大雅江漢第七章：「釐爾圭瓚，秬鬯一卣，告於文人，錫山土田，於周受命，自召祖命。虎拜稽首，天子萬年。」鄭箋：「拜稽首者，受王命策書也。」第八章：「虎拜稽首，對揚王休。……」鄭箋：「對，答；休，美也。」

〔七〕尚書君牙：「丕顯哉，文王謨。」丕本爲語詞，後人承用爲大義；因以丕顯爲大明。左傳僖公二十八年：「奉揚天子之丕顯休命。」杜注：「丕，大；休，美也。」斠詮：「彦和所謂『受命』云者，謂晉侯重耳受周襄王之策命爲侯伯而言也。敢當，猶言不敢當，及語也。」

〔八〕范注：「召虎、重耳皆受命口謝，非如後世有謝章，而陳謝之意可見。郝懿行曰：『案左傳載晉文受策之詞（見僖公二十八年），又韓詩外傳載孔子爲魯司寇之命，及孔子答詞（見卷八）。皆所謂言筆未分者也。』」按總術篇：「顔延年以爲『筆之爲體，言之文也；經典則言而非筆，傳記則筆而非言。』……予以爲發口爲言，屬筆曰翰……經傳之體，出言入筆，筆爲言使，可强可弱。」

文體明辨序説「上書」類：「古人敷奏諫説（音税）之辭，見於尚書、春秋内外傳者詳矣。然皆矢口陳言，不立篇目，故伊訓、無逸等篇，隨意命名，莫協於一；然亦出自史臣之手，劉勰所謂『言筆未分』，此其時也。」

校注：「『言』謂口頭陳辭，『筆』謂書翰，此承上『再拜稽首、對揚休命；承文受册，敢當丕顯』而言。」

〔九〕校證：「『王』黄本作『主』，舊本皆作『王』。」斯波六郎：「作『王』者可從。蓋謂列國之王。」范注：「漢書藝文志春秋家有奏事二十篇，自注：『秦時大臣奏事及刻石名山文也。』王應麟考證曰：『七國未變古式，言事於王，皆稱上書；秦初，改書曰奏。』案王氏説本文心此篇。『主』字疑今本誤，當依改作『王』。」顔氏家訓省事篇：「『上書陳事，起自戰國，逮於兩漢，風流彌廣。原其體度，攻人主之長短，諫諍之徒也；訐群臣之得失，訟訴之類也；陳國家之利害，對策之伍也；帶私情之與奪，遊説之儔也。』」

文體明辨序說：「降及七國，未變古式，言事於王，皆稱上書。秦漢而下，雖代有更革，而古制猶存，故往往見於諸集之中。蕭統文選欲其別於臣下之書也，故自爲一類，而以『上書』稱之。」

以上爲第一段，原章表之由來，周至戰國，皆稱上書。

秦初定制，改書曰奏〔一〕。漢定禮儀〔二〕，則有四品：一曰章，二曰奏，三曰表，四曰議〔三〕。章以謝恩，奏以按劾〔四〕，表以陳請〔五〕，議以執異〔六〕。章者，明也〔七〕。詩云「爲章於天」〔八〕，謂文明也。其在文物，赤白曰章〔九〕。表者，標也〔一〇〕。禮有表記，謂德見于儀〔一一〕，其在器式，揆景曰表〔一二〕。章表之目，蓋取諸此也〔一三〕。

〔一〕范注：「秦改上書爲奏，當亦在始皇二十六年李斯與博士議改命令爲制詔時。留存事始：『漢雜事曰：秦初定制，改書爲奏。漢定禮儀，則有四品：一曰章，二曰奏，三曰表，四曰駮議。』」

〔二〕周注：「秦朝改臣子上書爲奏，如漢書藝文志春秋家有奏事二十篇，原注：『秦時大臣奏事及刻石名山文也。』」

〔二〕史記禮書：「至秦有天下，悉内六國禮儀，采擇其善。雖不合聖制，其尊君抑臣，朝廷濟濟，依古以來，至於高祖，光有四海，叔孫通頗有所增益減損，大抵皆襲秦制。」

〔三〕蔡邕獨斷：「凡群臣上書於天子者有四名：一曰章，二曰奏，三曰表，四曰駮議。章者需頭，稱『稽首上書』，謝恩、陳事、詣闕通者也。奏者亦需頭，其京師官但言『稽首』，下言『稽首以聞』，其中有所請，若罪法劾案，公府送御史臺，公卿校尉送謁者臺也。表者不需頭，上言臣某言，下言臣某誠惶誠恐，頓首頓首，死罪死罪。左方下附曰某官臣某甲上，文多用編兩行，文少以五行，詣尚書通者也。公卿校尉諸將不言姓，大夫以下有同姓官別者言姓，章曰報聞，公卿使謁者將大夫以下，至吏民，尚書左丞奏聞報可，表文報已奏如書。凡章表皆啓封，其言密事得皂囊盛。其有疑事，公卿百官會議，若臺閣有所正處，而獨執異意者曰駮議。駮議曰：某官某甲議以爲如是；下言臣愚戇議異。其非駮議，不言議異。其合於上意者，文報曰某甲某官議可。」

校證：「蔡邕獨斷、後漢書胡廣傳注引漢雜事，俱作『一曰章，二曰奏，三曰表，四曰駮議』，此彦和所本。議對篇亦作『駮議』。似以作『駮議』爲是也。然下文『議以執異』，即承此言，亦止作『議』。蓋此文雖本獨斷或漢雜事，而彦和自有所筆削，故未可以一概論也。」

御覽五九四引漢書雜事曰：「群臣奏事上書皆爲兩通：一詣后，一詣帝。凡群臣之書通於天子者四品：一曰章，二曰奏，三曰表，四曰駮議。」

〔四〕范注：「晉書劉寔傳載其崇讓論曰：『人臣初除，皆通表上聞，名之謝章，所由來尚矣。……季世所用，不賢不能讓賢，虛謝見用之恩而已。』」按「劾」，檢舉揭發別人。

文體明辨序説「奏疏」類：「然當時奏章，或上災異，則非專以謝恩。至於奏事，亦稱上疏，則非專以按劾也。又按劾之奏，别稱彈事，尤可以徵彈劾爲奏之一端也。又置八儀，密奏陰陽，皂囊封板，以防宣泄，謂之封事。而朝臣補外，天子使人受所欲言，及有事下議者，並以書對。則漢之制，豈特四品而已哉？然自秦有天下，以及漢孝惠，未聞有以書言事者。至孝文開廣言路，於是賈山言治亂之道，名曰至言，則四品之名，亦非叔孫通之所定明矣。」按劾，按察彈劾。續通考職官考：「按察使，掌一省刑名按劾之事。」

〔五〕校釋：「鮑本御覽五九四『陳請』作『陳情』，是。」

文體明辨序説「表」類：「按字書：『表者，標也，明也，標著事緒使之明白以告乎上也。』古者獻言於君，皆稱上書。漢定禮儀，乃有四品，其三曰表，然但用以陳請而矣。後世因之，其用寖廣。於是有論諫，有請勸（勸進），有陳乞（待罪同），有進（進書，如唐蕭穎士爲陳正卿進續尚書、宋竇儀進刑統之類是也）、獻（獻物），有推薦，有慶賀，有慰安，有辭（辭官）、解（解官，如晉殷仲文解尚書表是也），有陳謝（謝官、謝上、謝賜），有頌理，有彈劾（漢諸葛亮有廢李平表），所施既殊，故其詞亦異。」

〔六〕「執異」，表示不同意見。

〔七〕范注：「説文：『章，樂竟爲一章，從音，從十。會意。』假借爲彰。『彰，彣彰也。』廣雅釋詁四：『彰，明也。』經傳多以章爲之。」注訂：「禮記樂記：『文章，章之也。』注：『堯樂名也，言堯德章明也。』此假借義。」

〔八〕訓故：「詩：倬彼雲漢，爲章於天。」按此見大雅棫樸。鄭箋：「雲漢之在天，其爲文章，譬猶天子爲法度於天下。」朱注：「章，文章也。」

〔九〕黄注：「（周禮）考工記：畫繢之事，赤與白謂之章。」

〔一〇〕范注：「説文：『表，上衣也，從衣從毛，會意。古者衣裘以毛爲表。』假借爲標。管子君臣篇上：『猶揭表而令之止也。』注：『表，謂以木爲標，有所告示也。』荀子儒行篇：『效有防表。』釋名注：『表，標也。』史記留侯世家：『表商容之閭。』索隱引崔浩曰：『表者，標榜其門里。』釋書契：『下言於上曰表，思之於内，表施於外也。』」文選卷三十七表上李善注：「表者，明也，標也。如物之標表，言標著事序，使之明白，以曉主上，得盡其忠，曰表。三王已前，謂之敷奏，故尚書云『敷奏以言』是也。至秦并天下，改爲表，總有四品：一曰章，謝恩曰章；二曰表，陳事曰表；三曰奏，劾驗政事曰奏；四曰駮，推覆平論，有異事進之曰駮。六國及秦漢，兼謂之上書，行此五事，至漢魏以來，都曰表。進之天子稱表，進諸侯稱上疏，魏已前天子亦得上疏。」

玉海卷二百三辭學指南「表」類：「表，明也，標也，標著事序，使之明白。三王以前，謂之敷奏。秦改爲表。漢群臣書四品，三曰表。（注：不需頭，上言臣某言，下言誠惶誠恐，頓首頓首。左方下附曰：某官臣甲乙上。）陽嘉元年，左雄言孝廉先詣公府文吏課牋奏，又胡廣以孝廉試章奏，然則章表試士，其始此歟？」

徐炬事物原始「表」類：「堯咨四岳，舜命九官，並陳詞不假書翰，則敷奏以言，章表之義也。漢時有章表奏駮四等，蓋漢制也。蘇氏演義曰：表者白也，以情旨表白於外也。」

〔二〕校證：「舊本俱無『于』字。謝、徐、何校補『于』字，黄本補『于』字，案御覽正有『于』字；王惟儉本此句作『言德見儀』。」訓故：「禮記表記記君子之德見於儀表者。」范注：「禮記表記正義引鄭目録云：『名曰表記者，以其記君子之德，見于儀表。』」

〔三〕校注：「淮南子本經篇：『天地之大，可以矩表識也。』高注：『表，影表。』史記司馬穰苴傳：『先馳至軍，立表下漏待（莊）賈。』索隱：『立表，謂立木爲表，以視日景。』詩鄘風定之方中：『揆之以日。』毛傳：『揆，度也；度日出入，以知東西。』孔疏：『此度日出入，謂度其影也。』」

斠詮：「度量日影之長，從以計時辰之儀器曰表，即俗稱日晷。」「器式」，用作標志的器具。

〔三〕范注：「取諸此，此，指『赤白曰章，揆景曰表』二物。」

以上爲第二段，叙漢朝定上書爲章、表、奏、議四品，並釋其名義及區分。

按七略藝文〔一〕，謠詠必録〔二〕；章表奏議，經國之樞機；然闕而不纂者，乃各有故事，而布在職司也〔三〕。

〔一〕范注：「劉歆撰七略，班固本之述藝文志。」

〔二〕斟詮：「七略有詩賦略，著録各家賦及歌詩等，漢志仍之。」

〔三〕校證：「『布』字原脱。御覽『而』作『布』，謝、徐校『而』下補『布』字，今據改正。」校釋：「御覽『而』作『布』是。」

校注：「按此文之意，蓋謂書奏送尚書者，則藏於尚書；送御史者，則藏於御史；送謁者者，則藏於謁者也。」

注訂：「『各有故事，而在職司』云者，是釋上文『闕而不纂』之故，指七略、藝文所忽，是以下文即言『前漢表謝，遺篇寡存』。」

斯波六郎：「蓋彦和之意謂漢之章表奏議，從故事由其職司保管，簡直不屬劉向之校中秘書之内，亦未著録七略、藝文志之中。」

斟詮：「故事，謂歸例成規。」

陳書良文心雕龍校注辨正：「職司應指九卿中之御史大夫。前漢書百官公卿表序：御史大夫『有兩丞，秩千石。一曰中丞，在殿中蘭臺，掌圖籍秘書……受公卿奏事，舉劾按章。』是御史大夫專管章表。謡詠流傳民間，易失，故須輯録；章表藏於御史，不易失，故不須輯録。東漢亦然，故稱故事。『各』，乃就謡詠與章表言。……『而在職司』之『而』，爲轉折詞，乃言謡詠、章表『各有故事』，而章表在職司。」

前漢表謝，遺篇寡存〔一〕。及後漢察舉，必試章奏〔二〕。左雄奏議，臺閣爲式〔三〕；胡廣章奏，天下第一〔四〕；並當時之傑筆也。觀伯始謁陵之章〔五〕，足見其典文之美焉〔六〕。

〔一〕范注：「感遇謝恩，無當政要，故前漢謝表，彦和時已寡存篇。」

〔二〕後漢書順帝紀：「陽嘉元年十一月辛卯，初令郡國舉孝廉，限年四十以上，諸生通章句，文吏能牋奏，乃得應選。」

後漢書左雄傳：「陽嘉元年……雄又上言……請自今孝廉，年不滿四十不得察舉，皆先詣公府，諸生試家法，文吏課牋奏。」察舉，指令郡國舉孝廉等。牋奏，即指章奏。

〔三〕梅注：「後漢書：左雄掌納言，多所匡肅，每有章奏表議，臺閣以爲故事。」按此見左雄傳。後漢書仲長統傳：「光武皇帝……矯枉過直，政不任下，雖置三公，事歸臺閣。」李賢注：「臺閣，謂尚書也。」王先謙引王鳴盛曰：「漢世官府不見臺閣之號。所云臺閣者，猶言宫掖、中秘云爾。……以公府與臺閣並稱，所謂宫中府中也。蓋尚書令、尚書僕射與尚書，皆宦者與士人迭爲之。」

〔四〕梅注：「胡廣始察孝廉，至京師，試以章奏，安帝以廣爲天下第一。」按此見後漢書胡廣傳。范曰：「據此傳，則安帝時孝廉亦試章奏。」

〔五〕范注：「胡廣，字伯始。本傳謂其作官箴四篇。其餘所著詩、賦、銘、頌、箴、弔及諸解詁凡二十二篇，不言有章，其文亡佚無考。」

注訂：「胡廣本傳載廣著百官箴凡四十八篇，及諸解詁凡二十二篇云，謁陵之章未詳。」

〔六〕「典文」謂典章文辭。

昔晉文受册，三辭從命〔一〕，是以漢末讓表，以三爲斷〔二〕。曹公稱爲表不必三讓〔三〕，又勿得浮華〔四〕。所以魏初表章，指事造實〔五〕，求其靡麗，則未足美矣。

〔一〕訓故：「春秋左傳：晉文公城濮之役，作王宮於踐土。王命内史叔興命晉侯爲侯伯，曰：王謂叔父，敬服王命以綏四國，糾逖王慝。晉侯三辭從命，曰：重耳敢再拜稽首，奉揚天子之丕顯休命。受策以出。」按此見僖公二十八年。「册」，御覽作「策」。「三辭從命」，見前「敢當丕顯」句下引左傳文。

〔二〕范注：「北堂書鈔『設官』部引應劭漢官儀：『凡拜，天子臨軒，六百石以上悉會，直事卿贊，御史授印綬。公三讓然後乃受之。』據此可知讓表亦以三爲止。」校注：「蔡中郎集東鼎銘：『乃詔曰：「其以大鴻臚喬玄爲司空。」拜稽首以讓。帝曰：「俞。往！」三讓，然後受命。』又西鼎銘：『乃制詔曰：「其以光禄大夫玄爲太尉。」公拜稽首曰：「臣聞之，三讓莫克或從，臣不敢辟。」』並『三讓爲斷』之證。」

〔三〕校證：「馮本、汪本、佘本、梅本、王惟儉本御覽『必』作『止』。」按元刻本亦作「止」。校釋：「范文瀾注引操上書讓增封曰：『臣雖不敏，猶知讓不過三。』則以『不過』爲是，當據改。」

注訂：「『止』，别本作『必』字，誤。三揖、三讓、三禮，於古爲常，『不必』云者，是爲不辭。曹操語見藝文類聚五十一載操建安元年上書讓增封曰：『臣雖不敏，猶知讓不過三。所以仍布腹心至於四五，上欲陛下爵不失實，下爲臣身免於苟取。』所謂『至於四五』，即『不止三讓』，『爵不失實』及『免於苟取』等意也。」

〔四〕三國魏志武帝紀：「庚子，王崩於洛陽。」注引魏書謂操「雅性節儉，不好華麗，後宫衣不錦繡，侍御履不二采，帷帳屏風，壞則補納，茵蓐取温，無有緣飾」。

〔五〕郭注：「指事造實，猶今言據事直陳。」

至於文舉之薦禰衡〔一〕，氣揚采飛〔二〕；孔明之辭後主，志盡文暢〔三〕；雖華實異旨，並表之英也〔四〕。琳、瑀章表，有譽當時；孔璋稱健，則其標也〔五〕。陳思之表，獨冠群才〔六〕。觀其體贍而律調，辭清而志顯，應物製巧〔七〕，隨變生趣，執轡有餘，故能緩急應節矣〔八〕。

〔一〕訓故：「魏略：孔融薦禰衡表：竊見處士平原禰衡，淑質貞亮，英才卓躒。任座抗行，史魚厲節，殆無以過也。」

孔融薦禰衡表見文選卷三十七。李善注：「范曄後漢書曰：孔融，字文舉，魯國人也。幼有異才，性好學，舉高第，拜御史，歷官至將作大匠，遷少府。曹操既積嫌忌，奏誅之，下獄，棄市。」

後漢書文苑列傳：「禰衡，字正平。……少有才辯，而氣尚剛傲，好矯時慢物。……融亦深愛其才，衡始弱冠，而融年四十，遂與爲交左，上疏薦之曰云云。」

〔二〕典論論文：「孔融體氣高妙，有過人者，然不能持論，理不勝詞，以至乎雜以嘲戲，及其所善，揚、班儔也。」

才略篇：「孔融氣盛於爲筆，禰衡思鋭於爲文，有偏美焉。」氣揚采飛，氣勢昂揚，文采飛動。

孫月峰曰：「不甚斲削，然却有勁氣，大約才有餘，法未盡。」（見文選集評）

何義門曰：「章表多浮，此建安文敝。特其氣猶壯。建安文章，結兩漢之局，開魏晉之派者，此種是也。」（同上）

方伯海曰：「愛士憐才，前輩首推北海，讀此表，其光明磊落之概，高風足千古矣。」（同上）

中國中古文學史：「東漢之文，均尚和緩，其奮筆直書，以氣運詞，實自（禰）衡始。……融之所作，多範伯喈；惟薦衡表，則效衡體，與他篇文氣不同。」

〔三〕校釋：「御覽『文暢』作『文壯』，是。」

黄注：「（蜀志）諸葛亮傳：亮字孔明，後主建興五年，率諸軍北駐漢中，臨發上疏，表見文選。」「志盡」即意盡，謂文義曉然明白，了無隱晦。

范注：「黄式三儆居集二讀蜀志諸葛傳曰：『世傳諸葛武侯有前後出師之表。前表稱郭、費、董、向之賢，足以治宫中營中矣；而後表則追嘆趙、陽、馬、閻諸人之逝，國内乏材。前表云『不宜妄自菲薄，引喻失義』矣；而後表則援引曹操挫衄之師，以薄己責。前表云『兵甲已足，當北定中原，攘除奸凶』矣；而後表則云『不伐賊，王業亦亡，惟坐而待亡，不如伐之』。前表悲壯，後表衰颯。前表意周而辭簡，後表意窘而辭緟。豈街亭一敗，遂足以褫其魄而奪其氣乎！以是知後表之爲贋也。郭沖五事甚重諸葛之權智。裴世期引而駁之，以解謬譽。裴氏既見武侯文集原無後表之篇，所引張儼默記正郭沖五事之比，而疑以傳疑，未及辯駁。且不知後表之贋者，獨不思趙雲傳乎！雲傳曰：『建興五年，隨諸葛亮駐漢中。明年，亮出軍揚聲就斜谷道，曹真遣大衆當之。亮令雲與鄧芝往拒。七年，卒。』而後表作於六年之十一月，已言趙雲之喪，其謬著矣。藉云雲傳七年之字有譌，則傳連記五年、六年、七年之事，無由改七爲六也。武侯文集二十四篇，陳承祚所定，而不載後表；文選録武侯之表，而不題前出師表，則後表之贋，昔人固知之矣。』」

李充翰林論：「諸葛亮之表劉主……可謂德音矣。」

孫月峰曰：「真實事情，全無藻飾。」（見文選集評）

郭明龍曰：「忠義自肺腑流出，古樸真率，字字滴淚，與日月争光，不在文章蹊徑論也。然情至而文自生。」（同上）

譚獻云：「與伊訓、洛誥相表裏。」又云：「立誠而後修辭。六藝散矣，賴此類文字淵源不墜。」（同上）

〔四〕校釋：「舍人論表，以文舉薦禰，與孔明出師相比，而並許爲茲體之英製。今觀薦禰表，稱美正平之詞，有曰：『以衡準之，誠不足怪。』曰：『使衡立朝，必有可觀。』曰：『若衡等輩，不可多得。』跌蕩可喜，故曰：『氣揚采飛。』出師表首言國勢危急，使後主自知負荷之重；中間痛恨桓靈，以爲傾頽之鑒；後復喻令自謀，以警其昏庸。情真詞摯，故曰『志盡文牡』。二家之作，雖華實不同，而皆風力遒上，古意未漓，故並舉之，以爲楷式也。」

〔五〕黄注：「陳琳、阮瑀，典論（論文）：『琳、瑀之章表書記，今之雋也。』」又：「陳琳，字孔璋。魏文帝與吳質書：『孔璋章表殊健。』」

周注：「章表如諫何進召外兵：『今將軍總皇威，握兵要，龍驤虎步，高下在心。此猶鼓洪爐燎毛髮耳。夫違經合道，天人所順。而反委釋利器，更徵外助，大兵聚會，强者爲雄，所謂倒持干戈，授人以柄，功必不成，只爲亂階。』筆力甚健。」「標」，謂標舉出衆者。

〔六〕李充翰林論：「表宜以遠大爲本，不以華藻爲先。若曹子建之表，可謂成文矣。」

黄注：「陳思王植傳：『太和二年，植常自憤怨，抱利器而無所施，上疏求自試。五年，植上疏求存問親戚。』」范注：「魏志陳思王植傳載植上疏四篇，其求自試表、求通親親表二篇，採入文選。」

〔七〕校證：「『製』原作『掣』，徐校改。何校作『制』。黄注云：『一作制』。紀云：『制字是。』」校注：「按『掣』字誤，作『製』作『制』均可。」校釋：「『作『制』是也。『應物制巧』與下『隨變生趣』句例同。」

周注：「如求自試表，從求自試到感嘆魏的不能用他，中間引證許多史實，曲折變化，情辭並茂，所謂辭清志顯，應物制巧。」

又：「『志顯』所以『辭清』；『志顯辭清』所以『體贍』，這就是表文所要求的詳盡明顯，近似諸葛亮的『志盡文暢』。『志盡』有實，『應物制巧』有華，是『華實相勝』，所以稱他爲『獨冠群才』。如求通親親表說：『近且婚媾不通，兄弟永絶；吉凶之問塞，慶弔之禮廢；恩紀之違，甚於路人；隔閡之異，殊於胡越。』這是志顯辭清。又說：『臣伏以爲犬馬之誠，不能動人，譬人之誠，不能動天。崩城隕霜，臣初信之，以臣心况，徒虚語耳。』這不光是志盡文暢，兼具文彩，所以是華實相勝。」

斠詮作「製」，「應物製巧，謂順應事物情形，裁製巧妙篇章也。」

王金凌釋「體贍」云：「贍謂周備，謂其叙理周備。下文敷理舉統時，强調『必雅義以扇其風，清文以馳其麗』，並使繁約得正，華實相勝，脣吻不滯。與評陳思之表相符。」「志顯」指情意顯明。

〔八〕才略篇：「子建思捷而才儁，詩麗而表逸。」

牟注：「『執轡有餘，故能緩急應節』二句，和本書通變篇『長轡遠馭，從容按節』的用意略同。」

斟詮解爲「控馭文轡，優裕有餘，故能緩急適中，應合節度也。」「緩急應節」，是指節奏進行的快慢能配合文意。

逮晉初筆札，則張華爲儁。其三讓公封〔一〕，理周辭要，引義比事，必得其偶，世珍鷦鷯〔二〕，莫顧章表。及羊公之辭開府，有譽於前談〔三〕；庾公之讓中書，信美於往載〔四〕。序志聯類〔五〕，有文雅焉。劉琨勸進〔六〕，張駿自序〔七〕，文致耿介〔八〕，並陳事之美表也。

〔一〕陸雲與兄平原書評張華文云：「張公文無他異，正自清省，無煩長，作文正爾，自復佳。」才略篇：「張華短章，奕奕清暢。」

晉書張華傳：「華，字茂先，范陽方城人也。……華學業優博，辭藻温麗，朗贍多通。……少自修謹，造次必以禮度。……初未知名，著鷦鷯賦以自寄，其詞曰云云。陳留阮籍見之，嘆曰：『王佐之才也。』由是聲名始著。……朝議表奏多見施用。……封關内侯……進封爲廣武縣侯。……久之，論前後忠勳，進封壯武郡公。華十餘讓，中詔敦譬，乃受。」三讓公封表已佚。

〔二〕鷦鷯賦見文選卷十。李善注：「毛詩曰：『肇允彼桃蟲。』詩義疏曰：『桃蟲，今鷦鷯，微小黄雀也。』」又引臧榮緒晉書曰：「張華……少好文義，博覽墳典，爲太常博士，轉兼中書郎，雖棲處雲閣，慨然有感，作鷦鷯賦。」東坡志林：「阮籍見張華鷦鷯賦嘆曰：『此王佐才也。』觀其意，獨欲自全於禍福之間耳，何足爲王佐乎？華不從劉卞言，竟與賈氏之禍，畏八王之難，而不免倫、秀之虐。此正求全之過，失鷦鷯本意。」（四六叢話卷二引）

〔三〕黄注：「（晉書）羊祜傳：武帝時，加車騎將軍，開府如三司之儀，祜上表固讓，載文選。」李善注引臧榮緒晉書曰：「羊祜，字叔子，太山人也。能屬文，爲中書郎。陳留王立，封鉅平子。世祖受禪，加散騎常侍。後以祜都督荆州諸軍事，又爲車騎將軍，開府儀同三司。祜表讓，後以祜爲征南大將軍，開府，辟召儀同三司，薨。」御覽引翰林論：「裴公之辭侍中，羊公之讓開府，可謂德音矣。」「開府」，原指成立府署，自選僚屬。漢代僅三公、大將軍、將軍可以開府，魏晉以後開府的逐漸增多，因此有「開府儀同三司」（開府置官，援照三臺成例）的名號。晉代諸州刺史，多以將軍開府，都督軍事。周注：「晉武帝以羊祜都督諸軍事，加車騎將軍開府儀同三司。羊祜上表固讓，辭極謙恭，並推薦李熹、魯芝、李胤都可擔當這個職務，所以得到一時稱譽。」

〔四〕范注：「晉書庾亮傳：庾亮，字元規。明帝即位，以爲中書監。亮上書讓曰（文選作讓中書令表，李善注曰：「諸晉書並云讓中書監，此云令，恐誤也。」）云云。」李善注引何法盛晉書：「潁川庾録曰：亮字元規，爲中書郎，肅祖欲使爲中書監，上疏，肅祖納亮言，封永昌公。後遷司馬録尚書事，薨。」漢末曹操爲魏王，置秘書以典尚書奏事。曹丕稱帝後，改秘書爲中書，以久掌機要的幕僚劉放、孫資分任中書監及中書令，因二人資歷不相上下，故分設兩官而監在令前。

校注：「載，黄校云：『一作册。』按御覽引作『載』；張本、何本、梅本、凌本、合刻本……崇文本同。元本、弘治本、活字本、汪本、佘本、兩京本、胡本作『再』……此當以作『載』爲是。後漢書宦者傳序『無謝於往載』，亦以『往載』爲言。」考異：「載，記載也。」

校證：「『前談』、『往載』，指翰林論爲言。」

周注：「晉書庾亮傳：明帝即位，以亮爲中書監。亮上書辭讓：『臣領中書，則示天下以私矣。何者？臣於陛下，后之兄也。』認爲任用姻戚，易招禍敗，往代成鑒，可爲寒心。措辭謙恭而有遠見。」

〔五〕「聯」原作「顯」。校釋：「御覽『顯類』作『聯類』，是也。羊表歷稱李熹、魯芝、李胤未蒙選拔，自陳不敢苟進之志。庾表歷數西京七族，東京六姓，皆以姻黨榮顯致敗，自陳止足之志，畏禍之情。故曰：『序志聯類。』『聯』字義長。」

〔六〕訓故：「晉書：劉曜之亂，西都不守，元帝稱制江左，劉琨令長史温嶠奉表勸進曰：自京畿隕喪，九服崩離，宣皇之胤，唯有陛下，即欲逡巡，其若宗廟何？」

范注：「晉書劉琨傳：琨，字越石。西都不守，元帝稱制江左，琨乃令長史温嶠勸進。表文載元帝紀。文選卷三十七李善注曰：『何法盛晉書曰：劉琨連名勸進，中宗嘉之。晉紀曰：劉琨作勸進表，無所點竄，封印既畢，對使者流涕而遣之。』」

于光華：「愍帝爲劉曜所殺，瑯琊王睿在江南，時琨在并州，段匹磾在冀州，連名勸睿爲天子，琨作表無所點竄，封印既畢，對使者流涕而遣之。」（文選集評）

方伯海曰：「司馬氏手足相殘，屠滅略盡，故外寇得而乘之，東西二京相繼失陷，懷愍二帝，相繼就虜。自古國家厄運，未有不再傳如此之甚者。但中原群盜割據，四分五裂，除卻江左，無可立國，若非急正位號，更何以係中原之望？表中將位號當正，於事理形勢利害，反覆指陳，真堪一字一淚。但此表雖與匹磾同勸進，而匹磾首鼠兩端，豈是可與同事之人！琨特欲感之以義、結之以誠耳。」（同上）

才略篇：「劉琨雅壯而多風。」中古文學史：「晉代表疏，或文詞壯麗，劉琨勸進表是也。」

〔七〕黄注：「張駿傳：駿上疏曰：臣專命一方，職在斧鉞。勒、雄既死，人懷反正。謂季龍李期之命，曾不崇朝；而皆篡繼凶逆，鴟目有年，遂使桃蟲鼓翼，四夷諠譁，臣之所以宵吟荒漠，痛心長路者也。」按此摘自請討石虎李期表。范注：「晉書張駿傳載請討石虎李期表。不知即彦和所指自序否？」這是説在這篇表中有自序的部分。斠詮謂「駿遣參軍麴護上疏」，自序其討平夷亂，光復晉室之志。疏見晉書卷八十六本傳。

〔八〕辨騷篇：「頩唾可以窮文致。」「文致」，文章情致。楊明照校注拾遺補：「章表篇：『張駿自序，文致耿介。』奏啓篇：『楊秉耿介於災異，陳蕃憤懣於尺一。』皆有感憤之意。」離騷：「彼堯舜之耿介兮。」文選李善注：「耿，光；介，大。」

以上爲第三段，評論兩漢魏晉章表之代表作家作品。

原夫章表之爲用也，所以對揚王庭，昭明心曲〔一〕。既其身文〔二〕，且亦國華〔三〕。章以造闕〔四〕，風矩應明〔五〕；表以致禁〔六〕，骨采宜耀〔七〕。循名課實〔八〕，以文爲本者也〔九〕。

〔一〕校注：「易夬：『夬，揚於王庭。』」斠詮：「對揚王庭，謂對答王命，稱揚王休於朝廷之上也。對揚，詞出詩大雅江漢。」見前「對揚休命」句下注。詩秦風小戎：「亂我心曲。」鄭箋：「心曲，心之委曲也。」

〔二〕范注：「左傳僖公二十四年：『介之推曰：言，身之文也。』」謂自身之文采。

〔三〕范注：「文選顏延年贈王太常詩：『舒文廣國華。』李善注：『國語：季文子曰：吾聞以德榮爲國華。』」按此見魯語上：「且吾聞以德榮爲國華，不聞以妾與馬。」韋昭注：「爲國光華也。」後漢書方術傳上論：「至乃誚譟遠術，賤斥國華。」注：「國華，謂懷道隱逸之士也。」知音篇：「書亦國華，翫繹方美。」此應指國之菁華而言。程器篇：「豈無華身，亦有光國。」

〔四〕范注：「章以謝恩，詣闕拜上，故曰造闕。」

〔五〕「風矩」猶風範。新唐書柳仲郢傳：「元和末及進士第，爲校書郎，牛僧孺辟武昌幕府，有父風矩。僧孺嘆曰：非積習名教，安及此邪？」

〔六〕「禁」，指皇帝居住的地方，如禁中。「致禁」，即傳入宫禁。

〔七〕風骨篇：「若骨采未圓，風辭未練。」「骨采」爲具有剛性美的文章辭采。

〔八〕斯波六郎：「韓非子定法：『術者，因任而授官，循名而責實，操殺生之柄，課群臣之能者也。』」校注：「鄧析子無厚篇：『循名責實。』」「課實」謂考求實在。

〔九〕校證：「『文』字原脱，徐校據御覽補『文』字。梅六次本、日本刊本、張松孫本同。」黄本補「章」字，校云：「原脱，一作文。」校注：「按御覽引有『文』字，校增『文』字是也。此句爲總束章、表之辭，故云『以文爲本』；亦即贊末『辭令有斐』之意也。」考異：「循名課實，當以文爲本，故下有雅義、清文之言，從文是。」

是以章式炳賁〔一〕，志在典謨〔二〕；使要而非略，明而不淺。表體多包〔三〕，情僞屢遷〔四〕，必雅義以扇其風，清文以馳其麗〔五〕。然懇惻者辭爲心使〔六〕，浮侈者情爲文屈〔七〕。必使繁約得正，華實相勝〔八〕，脣吻不滯〔九〕，則中律矣。

〔一〕斠詮：「式，謂體式。炳，説文：明也。」易革卦象曰：「大人虎變，其文炳也。」易賁卦象曰：「山下有火，賁。」正義：「欲見火上照山，有光明文飾也。」全句意爲「章之模式，炳耀文采」。

〔二〕斠詮：「典謨本謂尚書堯典、舜典、大禹謨、臯陶謨；又泛指古聖賢之訓誡。尚書序：『典、謨、訓、誥、誓命之文凡百篇，所以恢宏至道，示人主以軌範也。』」直解爲：「旨在……提供人主作施政之軌範。」

〔三〕考異：「要，體要也，與略字對舉。」范注：「表以陳事，事體多方，故曰多包。」周注：「表有薦舉的，如孔融薦禰衡表；有陳情的，如李密陳情表；有謝恩的，如謝平原内史表；有讓爵勸進的如劉琨勸進表，庾亮讓中書令表等：所以稱『表體多包』。」

〔四〕御覽「僞」作「位」。「情位」即鎔裁篇所謂「情理設位」。斠詮：「情位屢遷，謂設情位理，變化多端也。」又作「情僞」，亦可通。左傳僖公二十八年：「晉侯在外十九年矣……民之情僞，盡知之矣。」易繫辭上：「聖人立象以盡意，設卦以盡情僞。」繫辭下：「情僞相感而利害生。」正義：「情謂情實。僞謂虚僞。」高亨周易大傳今注：「情僞猶誠僞也。」此處「情」指下文「懇惻者」，「僞」指下文「浮侈者」。斯波六郎：「周易繫辭上：『易之爲書也不可遠，爲道也屢遷。』又陸機文賦：『其爲物也多姿，其爲體也屢遷。』李善注：『……文非一則，故曰屢遷。』」

〔五〕春覺齋論文流別論十一：「章表，即今之奏議。古謂『章以謝恩，奏以按劾，表以陳情，議以執異。』今之體裁，唯申賀謝恩，則仍用表式；其餘奏議，通曰奏摺。古之奏議取直，今之奏議取密。直者，任氣攄忠，以所言達其所藴；凡德不聰，僉壬在側，亂萌政弊，一施匡正，一加彈劾，不能以格式拘，亦不必以忌諱避。至於密之爲言，則粉飾補救，俾無罅隙之謂；偶舉一事，上慮樞臣之斥駁，下防部議之作梗；故必再四詳慎，宜質言者，則出以吞吐，故作商量；宜實行者，則道其艱難，曲求體諒，語語加以騎牆，篇篇符乎部式：此安得有佳章表，如彦和所謂『雅義以扇其風，清文以馳其麗』者？」這是從反面的例證來説明「雅義以扇其風，清文以馳其麗」的。

定勢篇：「章表奏議，則凖的乎典雅。」

〔六〕校注：「『惻』，黄校云：『元作惬。』馮舒校『惻』。按『惻』字是，御覽引正作『惻』。後漢書樂恢傳『聖人懇惻，不虚言也』……文選任昉齊竟陵文宣王行狀『至誠懇惻』，並以『懇惻』爲言。」考異：「詩國風氓鄭箋云：『言其懇惻款誠。』舍人本此。」校證：「奏啓篇有『温嶠懇惻於費役』語，亦作懇惻。」

〔七〕黄本作「情爲文使」，注云：「一作情爲文屈。」范注：「情爲文使，似宜作情爲文屈。」校釋：「鮑本御覽『使』作『屈』是。」

周注：「『必雅義以扇其風，清文以馳其麗。』義歸雅正，辭求清麗。……這裏，作者所贊美的是『華實相勝』，懇惻者是實有餘而華不足，浮侈者是實不足而華有餘，對這兩類的作品，作者還是肯定懇惻者。像『孔明之辭後主』，是『懇惻者辭爲心使』，但還肯定它是『表之英也』。……表要求意義顯露，這是表文的特點之一，所謂『清』當與文義的明白有關。」

〔八〕校證：「『必使』二字原脱誤，從御覽補正。」

曹丕與吴質書：「孔璋章表殊健，微爲繁富。」他認爲章表的風格繁華富麗是不大好的。李充翰林論：「表宜以遠大爲本，不以華藻爲先。」許文雨文論講疏：「文心雕龍曰：『章表奏議，經國之樞機。』即此以遠大爲本之意也。雕龍又謂章表宜『繁約得正，華實相勝』，正與此不宜先華之旨相發。」

〔九〕「脣吻不滯」，指便於朗讀。

以上這一小段是説章表要有風骨，要求文辭要約明白而不簡略浮淺，情感懇惻而不浮侈，並且語調流暢，合乎音律。

文鏡秘府論論文體六事，其五云：「指事述心，斷辭趣理，微而論顯，少而斯洽，要約之旨也。……論要約則表啓擅其能（表以陳事，啓以述心，皆施之尊重，須加肅敬，故言在於要，而理歸於約）。……要約之失也闌……情不申明，事有遺漏，闌自見焉（謂論心意不能盡申，叙事理又有所闕焉也）。」空海所説的要約，實際上和章表篇所説的「要而非略」、「繁約得正」精神是一致的。

唐牛希濟表章論：「歷觀往代策文奏議及國朝元和以前名臣奏疏，詞尚簡要，質勝於文，直指是非，坦然明白，致時君易爲省覽。夫聰明睿哲之主，非能一一奥學深文、研窮古訓。……況覽之茫然，又不親近儒臣，必使傍詢左右，小人之寵，用是爲幸。倘或改易文意，以是爲非，逆鱗發怒，略不爲難。……蓋不可援引深僻，使夫不喻。……倘端明易曉，必庶幾免於深辟之弊。」（全唐文卷八四五）這些話和劉勰所說的「繁約得正，華實相勝」也稍有出入，而更注重簡要和「質勝於文」，這是爲了易於爲最高統治者所「省覽」而設想的。玉海卷二〇四辭學指南「表」類：「大抵表文以簡潔精緻爲先，用事不要深僻，造語不可尖新，鋪叙不要繁冗，此表之大綱也。」文章辨體序説「表」類：「大抵表文以簡潔精緻爲先，用事忌深僻，遣語忌纖巧，鋪叙忌繁冗。」孫梅四六叢話「表」類説：章表要「使溫恭之美，著於黼裳；篤棐之忱，形諸簡墨。以之陳謝，則句隨寸草偕春；以之請乞，則字與傾葵共轉；以之薦達，則好賢如緇衣，不啻口出；以之進奉，則宮廷繪無逸，曲牖淵衷；義等格心，功同造膝矣。……又或事有難言，情彌疾首，冀微言以覺寤，匪諧隱以爲儕。」這就把上表時的奴才相，描摹得更加淋漓盡致。

子貢云：「心以制之，言以結之。」〔一〕蓋一辭意也〔二〕。荀卿以爲「觀人美辭，麗於黼黻文章」〔三〕，亦可以喻於斯乎！

〔一〕左傳哀公十二年：「公會吳於橐臺。吳子使太宰嚭請尋盟。公不欲，使子貢對曰：『盟，所以用信也。故心以制之（杜注：制其義），玉帛以奉之，言以結之（杜注：結其信），明神以要之。』」斠詮：「彦和借其語而意略異，謂心以制範文章之事義，即中心思想；言語文辭以構結其事義，以成篇章，故云：『一辭意也。』」此處論情意與文辭如何配合。牟注：「劉勰是斷章取義，借指心以制言，言以結心。」

〔二〕牟注：「一辭意，即神思篇要求言與意『密則無際』的意思。一，統一，一致。要使辭與意結合一致。」

〔三〕校釋：「荀子非相篇曰：『觀人以言，美於黼黻文章。』王念孫曰：『觀本作勸，藝文類聚人部十五引作勸。』此論陳謝之辭，在動人聽聞，以『勸』爲長。」

荀子楊倞注：「觀人以言，謂使人觀其言。黼黻文章，皆色之美者。白與黑謂之黼，黑與青謂之黻，青與赤謂之文，赤與白謂之章。」王先謙集解引王念孫曰：「觀本作勸，勸人以言，謂以善言勸人也。故曰：美於黼黻文章。若觀人以言，則何美之有？」章表在感動人主，也可以叫「勸人」之「美辭」。

第四段提示章表之寫作要領及文體風格。

贊曰：敷表絳闕〔一〕，獻替黼扆〔二〕。言必貞明〔三〕，義必弘偉。肅恭節文〔四〕，條理首尾。君子秉文，辭令有斐〔五〕。

〔一〕黄注：「孫楚傳：楚作書遺孫皓曰：竊號之雄，稽顙絳闕。球琳重錦，充於府庫。」按此見晉書。

「敷表」，猶敷奏。「絳闕」，指皇宫前的門闕。文選顔延之赭白馬賦：「簡偉塞門，獻狀絳闕。」李善注引傅玄北都賦：「巍巍絳闕。」

〔二〕黄注：「黼扆，見詔策篇。」

校注：「『獻替』二字出國語晉語九及左昭二十年傳。」斠詮直解爲「獻替興革，面對黼扆」。

〔三〕易繫辭下：「天地之道，貞觀者也；日月之道，貞明者也。」「貞明」，正大光明。

〔四〕樂府篇：「辭繁難節。」誄碑篇：「讀誄定謚，其節文大矣。」書記：「若夫尊貴差序，則肅以節文。」鎔裁篇：「然後舒華布實，獻替節文。」附會篇：「夫能縣識湊理，然後節文自會。」

斠詮：「節文，謂禮節文飾也。禮記坊記：『禮者因人之情，而爲之節文，以爲民坊者也。』管子心術上：『禮者因人之情，像義之理，而爲節文者也。』」

〔五〕斯波六郎：「周頌清廟：『濟濟多士，秉文之德。』」

禮記大學：「瞻彼淇奧，菉竹猗猗。有斐君子，如切如磋，如琢如磨。」按此詩衛風淇奧篇文，原文作「有匪君子」。朱注：「匪、斐通，文章著見之貌也。」論語公冶長：「斐然成章。」

奏啓第二十三

斠詮：「（奏）可分二類：一曰陳事之奏，『陳政事，獻典儀，上急變』屬之；其性質與陳情之

『表』略近而有異。所謂近者，皆言事也；所謂異者，所言之事有小大之別也；表之所言，臣下之私心；奏之所述，經國之公事。其後亦謂『上疏』，謂其條疏其事以進於上也。二曰按劾之奏，乃李善所謂『劾驗政事』，章表篇所謂『奏以按劾』者也，『劾愆謬』屬之。然此體亦有對象之分；於君上則謂之諫諍，谷永之諫仙是也；於臣下同僚則謂之按劾，孔光之奏董賢等是也。後世又有『彈事』之名，以其彈劾過謬故也。至『啓』爲奏之別條，其字本爲『启』之叚體。……徐炬事物原始云：『張璠漢紀云：「董卓呼三臺尚書以下自詣啓事，然後得行。」此啓事得名之始也。始云啓，末云謹啓，晉宋以下，與表俱用，今止臣下以相往來也。』是則『奏』專用於獻上，『啓』則徧及於平行，兩者並述之於篇者，亦以其體有稍異，而義有同歸也。」

注訂：「奏進、啓開之釋，舍人一本說文，一本尚書。奏專用於獻上，啓則遍及平行，其用頗廣，於體少拘。」

周注：「章表稱『奏以按劾』，按奏事的文章不限於按劾。就本篇的選文定篇看，有報告工作的，如李斯之奏驪山；有頌功德的，如王綰之奏勳德；有陳政事的，如賈誼之務農；有進諫的，如谷永之諫仙；有議禮論學的，如蔡邕銓列朝儀；有按劾的，如孔光之奏董賢等。再說，王綰之奏勳德，是由於秦始皇滅六國後，令臣下議帝號，王綰等因奏秦功德，並議定尊號，所以這篇奏實際上是議對；至於陳政事、議禮，更是屬於議，那末奏啓跟議對的界限並不明確。……古文辭類纂把它們合爲奏議類，是比較恰當的。」

郭注：「作者的用意，以爲奏事之末，常稱謹啓，則啓自是奏的枝流；而歷代對策，本議政事，議對雖有區別，本質相同；所以把啓歸入奏中，叫做『奏啓』，把對納入議内，叫作『議對』。」

昔唐虞之臣，敷奏以言〔一〕；秦漢之輔，上書稱奏〔二〕。陳政事〔三〕，獻典儀〔四〕，上急變〔五〕，劾愆謬〔六〕，總謂之奏。奏者，進也。言敷於下，情進於上也〔七〕。

〔一〕「敷奏以言」，見前章表篇注。

〔二〕論衡對作篇：「上書奏記，陳列便宜，皆欲輔政。今作書者，猶上書奏記，説發胸臆，文成手中，其實一也。夫上書謂之奏，奏記轉易其名謂之書。……由此言之，夫作書者，上書奏記之文也，謂之造作，上書奏記是作也。」

〔三〕「陳政事」，如下文賈誼之務農。周注：「漢書賈誼傳有陳政事疏。」

〔四〕史記賈誼傳：「賈生以爲漢興至孝文二十餘年，天下和洽，而固當改正朔，易服色，法制度，定官名，興禮樂。乃悉草具其事儀法：色上黄，數用五，爲官名，悉更秦之法。」斟詮：「獻典儀，謂貢獻典制禮儀，如下所云『匡衡之定郊』是也。」

〔五〕范注：「陳（漢章）先生曰：『漢書丙吉傳：「驛騎持赤白囊，邊郡發奔命書。」此即所云上急變。』……案漢書車千秋傳云：『上急變，訟太子冤。』師古曰：『所告非常，故云急變也。』師古説是。」「上急變」謂報告緊急情況。

〔六〕注訂：「劾愆謬——如下文谷永之諫仙。」周注：「彈劾罪過，如孔光之奏董賢。」

〔七〕范注：「説文：『奏，進也。』」校證：「『言敷於下，情進於上也』，『言』字原脱，謝補御覽作『敷於下情，進乎上也。』玉海作『敷下情，進於上也』。」按玉海引文爲勝，見卷六十一藝文奏疏類。

秦始立奏〔一〕，而法家少文。觀王綰之奏勳德〔二〕，辭質而義近；李斯之奏驪山〔三〕，事略而意誣〔四〕；政無膏潤，形於篇章矣〔五〕。

〔一〕御覽五九四引漢書雜事曰：「秦初之制，改書爲奏。」

〔二〕梅注：「史記：丞相王綰等議於海上曰：古之帝者，地不過千里，諸侯各守其封域，或朝或否，相侵暴亂，殘伐不止。猶刻金石，以自爲紀。古之五帝三王，知教不同，法度不明，假威鬼神，以欺遠方，實不稱名，故不久長。其身未殁，諸侯背叛，法令不行。今皇帝并一海内，以爲郡縣，天下和平，昭明宗廟，體道行德，尊號大成，群臣相與誦皇帝功德，刻於金石，以爲表經。」

范注：「史記秦始皇本紀：『丞相（王）綰、御史大夫（馮）劫，廷尉（李）斯等皆曰：昔者五帝地方千里，其外侯服夷服諸侯或朝或否，天子不能制。今陛下興義兵，誅殘賊，平定天下，海内爲郡縣，法令由一統，自上古以來未嘗有，五帝所不及。臣等謹與博士議曰：古有天皇，有地皇，有泰皇，泰皇最貴。臣等昧死上尊號，王爲泰皇，命爲制，令爲詔，天子自稱曰朕。』」周注：「這即奏勳德，文辭質直而意義淺顯。」

〔三〕訓故：「蔡質漢儀：李斯治驪山陵上書曰：『臣所將隸徒七十餘萬人，治驪山者已深已極，鑿之不入，燒之不爇，叩之空空，如下天狀。』」按上書言治驪山陵見全秦文卷一。

〔四〕「誣」原作「逕」。校釋：「御覽五九四『逕』作『誣』。按斯治驪山陵上書曰：（略，見上注引。）辭意近於虚飾，故舍人曰：『事略而意誣。』似宜從御覽作『誣』。」校證：「案斯治驪山上書……辭意近於誣誕，故舍人稱其『事略而意誣』，『誣』之作『逕』，此顔氏家訓書證篇所謂『巫混經旁』也。」

〔五〕斠詮：「膏潤，猶膏澤，謂恩澤也。」全句意謂政治上刻薄寡恩，表現在文章上缺乏文采。

以上爲第一段，解釋奏之形成及其意義。

自漢以來，奏事或稱上疏〔一〕。儒雅繼踵，殊采可觀。若夫賈誼之務農〔二〕，鼂錯之兵術〔三〕，匡衡之定郊〔四〕，王吉之勸禮〔五〕，温舒之緩獄〔六〕，谷永之諫仙〔七〕，理既切至，辭亦通暢〔八〕，可謂識大體矣。

〔一〕范注：「漢書蘇武傳：『數疏光過失。』注：『謂條録之。』杜周傳：『疏爲令。』注：『謂分條也。』揚雄傳：『獨可抗疏。』注：『疏條其事而言之。』陳情叙事，必有條理，故奏亦稱上疏。」

疏猶條陳。

陳懋仁文章緣起注：「自漢以來，奏事或稱上疏。師古曰：疏者，疏條其事而言之。」文體明辨序説「奏疏」類：「按奏疏者，群臣論諫之名也，奏御之文，其名不一，故以奏疏括之也。……二曰疏。疏者布也。漢時諸王官屬於其君，亦得稱疏。」

〔二〕黄注：「漢食貨志（上）：文帝即位，躬修儉節，思安百姓。時民近戰國，賈誼説上曰：積貯者，天下之大命也。今毆民而歸之農，使天下各食其力，末技游食之民，轉而緣南晦，則蓄積足而人樂其所矣。」此論積貯疏。

〔三〕校證：「『術』原作『卒』，梅據孫汝澄改『事』，王惟儉本亦作『事』，徐校作『術』。案御覽正作『術』，今據改。」

黄注：「晁錯傳：『匈奴彊，數寇邊，上（按指漢文帝）發兵以禦之。錯上言兵事。』」訓故：「晁錯上言兵事曰：臣聞用兵臨戰合刃之急有三：一曰得地形，二曰卒服習，三曰器用利。」此言兵事疏，全文見漢書本傳。

〔四〕黄注：「漢郊祀志：成帝初即位，丞相匡衡等奏言，帝王之事，莫大乎承天之序；承天之序，莫重於郊祀。宜於長安定南北郊，爲萬世基，天子從之。」此奏徙南北郊，原文見漢書郊祀志下。

〔五〕鈴木虎雄校勘記：「御覽『觀』作『勸』，是也。諸本皆誤。」漢書禮樂志：「是時上（武帝）方征討四夷，鋭志武功，不暇留意禮文之事。至宣帝時，琅邪王吉爲諫大夫，又上疏言：『欲治之主不世出，公卿幸得遭遇其時，未有建萬事之長策，舉明主於三代之隆者也。其務在於簿書斷獄聽訟而已，此非太平之基也。今俗吏所以牧民者，非有禮儀科指可世世通行者也，以意穿鑿，各取一切。是以詐僞萌生，刑罰無極，質樸日消，恩愛寖薄。孔子曰：安上治民，莫善於禮。非空言也。願與大臣延及儒生，述舊禮，明王制，驅一世之民，濟之仁壽之域；則俗何以不若成康？壽何以不若高宗？』上不納其言。」此上宣帝疏言得失節文，詳載王吉本傳。

〔六〕漢書路温舒傳：「路温舒，字長君，鉅鹿東里人也。少牧羊，常編蒲寫書，稍長學律令，治春秋。昭帝時，守廷尉史。宣帝初即位，上書言宜尚德緩刑。」全文見漢書本傳。范注：「説苑貴德篇載此文，無篇首二百五十字。」此尚德緩刑書，其中主張尊德，省法制，寬刑罰，廢治獄。

〔七〕黃注：「漢郊祀志：成帝末年，頗好鬼神，亦以無繼嗣故，多上書言祭祀方術者，皆得待詔。祠祭上林苑中，谷永説上曰：臣聞明於天地之性，不可惑以神怪，盛稱奇怪鬼神，及言世有仙人，皆挾左道，懷詐僞，以欺罔世主。」此説成帝距絶祭祀方術，全文見漢書郊祀志下。論衡效力篇：「谷子雲、唐子高章奏百上，筆有餘力，極言不諱，文不折乏，非夫才知之人不能爲也。」谷子雲，谷永，多次給漢成帝上書，後任大司農。漢書游俠傳謂樓護「與谷永俱爲五侯上客，長安號曰谷子雲筆札，樓君卿脣舌」。

〔八〕樂府篇：「奇辭切至，則拊髀雀躍。」祝盟篇：「感激以立誠，切至以敷辭。」「切至」，切實得當。

文鏡秘府論論體篇：「舒陳哀憤，獻納約戒，言唯折中，情必曲盡，切至之功也。」

黄校：「『暢』一作『達』，又作『辨』。」

後漢群賢，嘉言罔伏〔一〕。楊秉耿介於災異〔二〕，陳蕃憤懑於尺一〔三〕，骨鯁得焉〔四〕；張衡指摘於史職〔五〕，蔡邕銓列於朝儀〔六〕，博雅明焉。

〔一〕校注：「書僞大禹謨：『嘉言罔攸伏。』校傳：『善言無所伏，言必用。』」

注訂：「罔伏者，無所伏隱也。」斠詮：「舍人不用傳意，而謂嘉言必發表之。」

〔二〕黄注：「楊秉傳：（桓）帝時微行，幸河南尹梁胤府舍。是日大風拔樹，晝昏。秉因諫曰：王者至尊，出入有常，況以先王法服，而私出槃游，設有非常之變，上負先帝，下悔靡及。」全文見後漢書本傳。

楊明照校注拾遺補：「章表篇：『張駿自序，文致耿介。』奏啓篇：『楊秉耿介於災異，陳蕃憤懑於尺一。』皆有感憤之意。」案耿介有正直之意。楚辭九辯：「獨耿介而不隨兮，願慕先王之遺教。」王注：「執節守度不相傾。」此疏全後漢文卷五十一題爲因風災上疏諫微行；其中有云：「瑞由德至，災應事生。傳曰：禍福無門，唯人自召。」

〔三〕范注：「後漢書陳蕃傳：『時封賞踰制，内寵猥盛。蕃乃上疏諫曰：「……夫獄以禁止姦違，官以稱才理物，若法虧於平，官失其人，則王道有缺。而今天下之論，皆謂獄由怨起，爵以賄成。夫不有臭穢，則蒼蠅不飛，陛下宜採求失得，擇從忠善。尺一選舉，委尚書三公，使褒責誅賞，各有所歸，豈不幸甚！」』章懷注曰：『尺一謂板長尺一，以寫詔書也。』」

〔四〕檄移篇：「陳琳之檄豫州，壯有骨鯁。」

〔五〕黄注：「張衡傳：衡收檢遺文，畢大補綴，條上司馬遷、班固所叙與典籍不合者十餘事。又以爲王莽本傳但應載篡事而已。至於編年月，紀災祥，宜爲元后本紀。又宜以更始之號，建於光武之初。」後漢書張衡傳：「及爲侍中，上疏請得專事東觀，及撿遺文，畢力補綴。又條上司馬遷、班固所叙與典簿不合者十餘事。」李賢注引衡表曰：「臣仰幹史職，敢徼官守，竊貪成訓，自忘頑愚，願得專於東觀，畢力於紀記，竭思於補闕，俾有漢休烈，比久長於天地，並光明於日月，炤示萬嗣，永永不朽也。」校注：「『職』，宋本、喜多本、鮑本御覽引作『識』。『識』字是。『史』，指條上司馬遷、班固所叙與典簿不合者；『識』，指上疏論圖緯虛妄，並見後漢書本傳。若作『職』，則非其指矣。」按「史職」與「朝儀」對文。且衡表有「仰幹史職」語，以「職」字爲是。考異：「『史職』指論元后立傳事。」

〔六〕黄注：「蔡邕獨斷：正月朝賀，三公奉璧上殿，向御座北面，太常贊曰：『皇帝爲君，興。』三公伏，皇帝坐，乃進璧。舊儀：三公以下月朝，後省，常以六月朔十月朔旦朝，後又以盛暑省六月朝。故今獨以爲正月、十月朔朝也。冬至陽氣起，君道長，故賀。夏至陰氣起，君道衰，故不賀。」

范注：「後漢書蔡邕傳：『邕上封事曰……夫昭事上帝，則自懷多福；宗廟致敬，則鬼神以著。國之大事，實先祀典，天子聖躬，所當恭事。……臣不勝憤懣，謹條宜所施行七事，表左。』注：『表左，謂陳之於表左也。猶今云如左如右。』案邕所陳，皆整飭朝廷儀法綱紀之事，彦和所云，當即指此。黄注引獨斷文，似非。」按邕所陳之第一事曰：「明堂月令，天子以四立及季夏之節，迎五帝於郊，所以導致神氣，祈福豐年，清廟祭祀，追往孝敬，養老辟雍，示人禮化，皆帝者之大業，祖宗所祗奉也。……竊見南郊齋戒，未嘗有廢，至於它祀，輒興異議，豈南郊卑而它祀尊哉！孝元皇帝策書曰：『禮之至敬，莫善於祭，所以竭心親奉，以致肅祗者也。』又元和故事，復申先典，前後制書，推心懇惻，而近者已來，更任太史，忘禮敬之大，任禁忌之書，拘信小故，以虧大典。……自今齋制，宜如故典，庶答風霆災妖之異。」此與朝儀有關。黄注所引獨斷亦是。

魏代名臣，文理迭興。若高堂天文〔一〕、黄觀教學〔二〕，王朗節省〔三〕，甄毅考課〔四〕，亦盡節而知治矣〔五〕。晉氏多難，災屯流移〔六〕。劉頌殷勤於時務〔七〕，温嶠懇惻於費役〔八〕，並體國之忠規矣〔九〕。

〔一〕「文理」謂文章條理。詔策篇：「建安之末，文理代興。」訓故：「魏志高堂隆傳：青龍中，大治殿舍，有星孛於大辰。隆上疏曰：今之宫室，實違禮度，乃更建立九龍，華飾過前。天彗章灼，始起於房、心，犯帝座而干紫微。此乃皇天子愛陛下，是以發教戒之象，欲必覺寤陛下，不宜有忽，以重天怒。」

〔二〕「黄」原作「王」。黄校云：「元作『黄』，從魏志改。」李詳補注：「案太平御覽九百六引魏名臣奏有郎中黄觀上書云云，『黄』字不當輒改。」校注：「御覽、玉海六一引並作『黄』。類聚八五亦引魏黄觀奏，足以證黄氏徑改爲『王』之非。」斠詮：「御覽卷九〇六：『魏名臣奏曰：時殺禁地鹿者死，郎中黄觀上疏曰：「臣深思陛下所以不早取此鹿，誠欲使亟蕃息，然後大取以爲軍國之用也，然臣竊以爲今鹿但有日耗，終無得多也。」』黄觀疏可考者唯此而已，核其内容殊少涉及教學。舍人所言，或另有他疏，待詳。」

〔三〕范注：「三國魏志王朗傳注引魏名臣奏載王朗節省奏文。」全三國文王朗奏宜節省：「夫所以極奢者，大抵多受之於秦餘。……豈夫當今隆興盛明之時，祖述堯舜之際，割奢務儉之政，除繁崇省之令，詳刑慎罰之教，所宜希羡哉！……宜因年之大豐，遂寄軍政於農事，吏士大小，並勸稼穡。」

〔四〕補注：「太平御覽二百十四（按應作五）引魏名臣奏，駙馬都尉甄毅奏曰：『漢時公卿皆奏事。選尚書郎，試，然後得爲之。其在職，自賚所發書詣天子前發省。便處當事輕重，口自決定。或天子難問，據案處正，乃見郎之割斷才技。魏則不然。今尚書郎，皆天下之選，才技鋒出，亦欲騁其能於萬乘之前，宜如故事，令郎口自奏事，自處當。』案毅奏僅見於此，未知即彦和所指否。魏志文德甄皇后傳『封兄子毅爲列侯，毅數上書陳時政』者是也。」古時按一定的標準考察官吏的功過善惡，分別等差，升降賞罰，謂之「考課」。魏明帝令劉劭作都官考課之法七十二條。

注訂：「『宜如故事，令郎口自奏事』，此關考課事，即彦和所指，甚確。」

〔五〕「盡節知治」，盡臣子應盡之節，知道治理國家。

〔六〕校證：「御覽此句作『世交屯夷』，徐校作『世交屯移』。」「流移」謂流浪移徙。後漢書東夷傳：「會稽東冶縣人有入海行，遭風流移至澶州者，所在絶遠，不可往來。」易屯卦彖曰：「屯，剛柔始交而難生。」「災屯」，即災難。斠詮：「屯，難也，見説文。……案晉代有八王之亂、五胡亂華，遷都江東，桓玄叛亂等事，故云。」

斯波六郎：「下文言『劉頌』晉初人，此有『流移』之語，不適切。此句恐應從御覽。」校注：「按作『世交屯夷』是。宋書文帝紀：『（文帝）答曰：皇運艱弊，數鍾屯夷。』又『（元嘉十九年詔）而頻遘屯夷。』南齊書高帝紀下：『（建元元年詔）末路屯夷。』文選傅亮爲宋公求加贈劉前軍表：『臣契闊屯夷。』並其證。」牟注：「屯，艱難。夷，創傷。」

〔七〕黄注：「劉頌傳：除淮南相，頌在郡上疏言封國之制，宜如古典，及六州將士之役，凡數千言。詔褒美之。」晉書劉頌傳：「除淮南相，在官嚴整，甚有政績。……在郡上疏曰：『……振理總綱，要在三條：凡政欲静，静在息役，息役在無爲；倉廩欲實，實在利農，利農在平糴；爲政欲著信，著信在簡賢，簡賢在官久。』……又上疏論律令，爲時論所美。」

〔八〕晉書温嶠傳：「時太子起西池樓觀，頗爲勞費。嶠上疏，以爲朝廷草創，巨寇未滅，宜應儉以率下；務農重兵。太子納焉。……明帝即位，拜侍中，轉中書令。」「懇惻」，謂誠懇痛切。後漢書黄瓊傳：「瓊辭疾讓封六七上，言旨懇惻，乃許之。」

〔九〕周禮天官序官：「惟王建國，辨方正位，體國經野，設官分職，以爲民極。」「體」，劃分；「國」，都城。「體國」也泛指治理國家。「規」謂規勸。

以上爲第二段，叙奏之流變，並論秦、漢、魏、晉代表作家作品。

夫奏之爲筆，固以明允篤誠爲本，辨析疏通爲首〔一〕。强志足以成務，博見足以窮理〔二〕，酌古御今，治繁總要〔三〕，此其體也〔四〕。

〔一〕校注：「左傳文公十八年：『齊聖廣淵，明允篤誠。』杜注：『允，信也；篤，厚也。』」正義：

「明，達也，曉解事務，照見幽微也；允者，信也，始終不愆，言行相副也；篤者，厚也，志性良謹，交游款密也；誠者，實也，秉心純直，布行貞實也。」陳繹曾文說：「奏宜情辭懇切，意思忠厚。」

〔二〕斠詮：「『强』本作『彊』。……國語晉語：『其壯也，彊志而用命。』韋注：『志，識也。』」史記屈原列傳：「博聞彊志，明於治亂，嫻於辭令。」「彊志」，謂强於記憶，即記憶力很强。「成務」，成就事務。易繫辭上：「夫易，開物成務。」注：「務，事也。」神思篇：「博見爲饋貧之糧。」校注：「抱朴子外篇勗學：『廣博以窮理。』」

〔三〕總術篇：「乘一總萬，舉要治繁。」

〔四〕「體」謂大體，大要。即奏書的要領。注訂：「此節至精。文賦：『奏平徹以閑雅。』就文取論，皮相之談，惟彦和『成務』、『窮理』之言，切確不易，非士衡所及也。」斠詮：「明允篤誠者，奏章之精神；辨析疏通者，文詞之要領；强志博見者，作者平日之功夫；酌古御今、治繁總要者，治事之法則。此彦和不易之確論。較乎陸機文賦所云『奏平徹以閑雅』，真不啻干將之於鉛刀矣。」

若乃按劾之奏，所以明憲清國〔一〕。昔周之太僕，繩愆糾謬〔二〕；秦之御史，職主文法〔三〕；漢置中丞，總司按劾〔四〕；故位在鷙擊〔五〕，砥礪其氣〔六〕，必使筆端振風，簡上凝霜者也〔七〕。

〔一〕章表篇：「奏以按劾。」謂按察彈劾。注訂：「明憲所以崇法，清國所以尚治，奏之主體，蓋在於是。」「明憲」，謂彰明法令。「清國」，謂澄清國政。

〔二〕范注：「尚書冏命：『穆王命伯冏爲周太僕正，作冏命。』冏命：『王若曰……惟予一人無良，實賴左右前後有位之士，匡其不及，繩愆糾謬，格其非心，俾克紹先烈。』」孔穎達疏：「木不正者，以繩正之。繩謂彈正。」蔡沈注：「繩，直；糾，正也。」周禮夏官太僕：「掌正王之服位，出入王之大命。」

〔三〕訓故：「通典：御史之名，周官有之，蓋主贊書，而授法令，非今任也。至秦漢乃爲糾察之任。」「主文法」，謂主管法令條文。漢書循吏黄霸傳：「霸爲人明察、内敏，又習文法。」

〔四〕范注：「漢書百官公卿表：『御史大夫，秦官，位上卿。……有兩丞，秩千石，一曰中丞，在殿中蘭臺，掌圖籍祕書，外督部刺史，内領侍御史員十五人，受公卿奏事，舉劾按章。』」

〔五〕范注引陳（漢章）先生曰：「後漢書安帝紀詔曰：『秋節既立，鷙鳥將用。』注云：『將欲糾其罪，同鷹鸇之鷙擊。』」注訂：「説文：『鷙，擊殺鳥也。』禮記儒行：『鷙蟲攫搏。』古字多假『摯』爲『鷙』。一切經音義八：『鷙，猛鳥也。』廣雅：『鷙，執也。』謂能執服衆鳥也。御史中丞主按劾，能使衆官懔服，故曰『位在鷙擊也』。」

校注：「春秋緯感精符：『霜者，刑罰之表也。季秋霜始降，鷹隼擊。王者順天行誅，成肅殺之威。』（白帖一引）漢書五行志上：「金，西方，萬物既成，殺氣之始也。故立秋而鷹隼擊。」又孫寶傳：「今日鷹隼始擊，當順天氣，以成肅霜之誅。」此文所云「鷙擊」，即春秋緯、漢書之「鷹隼擊」也。」

〔六〕「砥礪」，謂磨礪。「氣」，指正氣。

〔七〕范注：「案初學記十二引崔篆御史箴：『簡上霜凝，筆端風起。』此彥和所本。」

觀孔光之奏董賢，則實其奸回〔一〕；路粹之奏孔融，則誣其釁惡〔二〕。名儒之與險士，固殊心焉〔三〕。若夫傅咸勁直，而按辭堅深〔四〕；劉隗切正，而劾文闊略〔五〕：各其志也〔六〕。

〔一〕漢書佞幸傳：「董賢……爲人美麗自喜，哀帝望見，説其儀貌。……繇是始幸。……哀帝崩……賢與妻皆自殺。……莽復風大司徒光奏：『賢質性巧佞，翼姦以獲封侯。父子專朝，兄弟並寵，多受賞賜，治第宅，造冢壙，放效無極，不異王制，費以萬萬計，國爲空虛。父子驕蹇，至不爲使者禮，受賜不拜。罪惡暴著。賢自殺伏辜，死後，父恭不悔過，乃復以沙畫棺，四時之色，左蒼龍，右白虎，上著金銀日月，玉衣珠璧以棺。（師古曰：以此物棺斂也。）至尊無以加。恭等幸得免於誅，不宜在中土。臣請收没入財物縣官。諸以賢爲官者皆免。』……縣官斥賣董氏財凡四十三萬萬。」孔光，魯人，字子夏。治經學，熟習漢朝的制度法令。歷成、哀、平三朝，官至御史大夫、丞相、太師，封侯。當時王莽專權，光謹默自守，終日清談，不及政事，不爲莽所忌，得以保持禄位，漢書有傳。「實其奸回」，證實他的奸邪。

〔二〕范注：「後漢書孔融傳：『曹操既積嫌忌，而郗慮復構成其罪。遂令丞相軍謀祭酒路粹枉狀奏融曰：「少府孔融，昔在北海，見王室不静，而招合徒衆，欲規不軌，云：我大聖之後，而見滅於宋，有天下者，何必卯金刀？及與孫權使語，謗訕朝廷。又融爲九列，不遵朝儀，秃巾微行，唐突宫掖。又前與白衣禰衡跌蕩放言，云：父之於子，當有何親？論其本意，實爲情欲發耳。子之於母，亦復奚爲？譬如寄物瓶中，出則離矣。既而與衡更相贊揚。衡謂融曰仲尼不死。融答曰顔回復生。大逆不道，宜極重誅。」』」

〔三〕范注：「孔光雖名儒，性實鄙佞。彦和謂與路粹殊心，似嫌未允。」注訂：「孔光之於董賢，爲申有罪；路粹之於孔融，則爲誣賢者，居心有殊，未可同論也。」

校注：「漢書王莽傳上：『莽以大司徒孔光名儒。』此『名儒』二字所本。程器篇亦有『然子夏（孔光字）無虧於名儒』語。」

郭注：「漢書孔光傳：『字子夏，孔子十四世之孫也。』贊曰：『咸以儒宗，居宰相位，服儒衣冠，傳先王語，其醖藉可也。然皆持禄保位，被阿諛之譏。』可知其人固不足稱，此處所論未允。險士，指路粹。路粹，字文蔚，事見魏志王粲傳注。」

〔四〕梅注：「晉書：咸剛簡有大節，風格峻整，識性明悟，疾惡如仇，推賢樂善，常慕季文子、仲山甫之志。好屬文論，雖綺麗不足，而言成規鑒。庾純常嘆曰：長虞（傅咸字）之文，近乎詩人之作矣。……及惠帝即位，楊駿輔政，駿甚憚之。駿弟濟素與咸善，與咸書曰：江海之流混混，故能成其深廣也。……咸答曰……逆畏以直致禍，此由心不直正，欲以苟且爲明哲耳！自古以直致禍者，當自矯枉過直，或不忠允，欲以亢厲爲聲，故致忿耳。……居無何，駿誅。咸爲御史中丞，汝南王亮輔政專權。咸復上書切諫，奏免諸官，京都肅然，貴戚懾伏。時僕射王戎兼吏部，咸奏：戎備位台輔，兼掌選舉，不能謐靜風俗，以凝庶績。至今人心傾動，開張浮競。請免戎官。咸累自上書稱引故事，條理灼然，朝廷無以易之。吴郡顧榮嘗與親故書曰：傅長虞爲司隸，勁直忠果，劾按驚人。雖非周才，偏亮可貴也。」按此見傅咸傳。「勁直」，校注斠詮均謂應作「果勁」，後者謂「『果勁』蓋凝鍊晉書傅咸本傳史文『勁直忠果』四字而來」。議對篇：「晉代能議，則傅咸爲宗。」才略篇：「長虞筆奏，世執剛中。」周注：「傅咸按劾皆舉實證不可動摇，所以稱堅深。」

〔五〕訓故：「晉書：劉隗爲丞相司直，奏免護軍將軍戴若思，又以梁龕奏伎，奏彈周顗諸人，史贊其亮直。」「切正」，嚴切正直。

黄注：「劉隗傳：隗遷丞相司直，彈奏不畏彊禦。」

范注引劉隗奏劾祖約與奏劾周筵劉胤李匡文。「闊略」，猶言疏略。後漢書馮衍傳下：「闊略杪小之禮，蕩佚人間之事。」

周注：「晉書劉隗傳：『周嵩嫁女，門生斷道解廬，斫傷二人。建康左尉赴變，又被斫。隗劾嵩兄顗曰：「……縱肆小人，群爲凶害，公於廣都之中，白日刃尉。遠近詾嚇，百姓喧嘩。」』劾文對於罪狀叙述不具體，所以是疏詞簡略。」

〔六〕斯波六郎：「論語先進：『子曰：何傷乎，亦各言其志也。』應璩與從弟君苗君冑書：『然山父不貪天下之樂，曾參不慕晉楚之富，亦其志也。』」斠詮直解爲「亦各有其思想性格之所致也」。

以上爲第三段，論奏書的規格要求及按劾之奏的特點。

後之彈事〔一〕，迭相斟酌〔二〕，雖新日用，而舊準弗差〔三〕。然函人欲全，矢人欲傷〔四〕，術在糾惡，勢必深峭〔五〕。詩刺讒人，投畀豺虎〔六〕；禮疾無禮，方之鸚猩〔七〕；墨翟非儒，目以羊彘〔八〕；孟軻譏墨，比諸禽獸〔九〕；詩禮儒墨，既其如兹；奏劾嚴文，孰云能免！

〔一〕黄注：「六朝御史中丞劾奏曰彈事。文選有沈休文、任彦昇彈事。王准之傳：宋臺諫，除御史中丞，爲百僚所憚。自彪之至准之，四世居此職。准之嘗作五言詩，范泰嘲之：『卿惟解彈事耳。』」按此見南史。

范注：「陳先生曰：『案周書大聚解：「興彈相庸。」爲彈事命名之始。』朱駿聲通訓定聲曰：『衆經音義引仲長統昌言云：「繩墨得拼彈。」後人糾彈譏彈，亦此義也。』文選有彈事類。」

注訂：「説文：『彈，行丸也。』引申爲批彈糾彈之稱。」陳懋仁文章緣起注：「彈，按劾也，按其罪狀而劾治之也。」

文體明辨序説：「又按劾之奏，别稱彈事，尤可以徵彈劾爲奏之一端也。」

〔二〕俞樾群經平議：「白虎通禮樂篇：『周公曰酌，言周公輔成王，能斟酌文武之道而成之也。』……凡酌酒不可太過，亦不可不及，貴適其中。孔明出師表曰『斟酌損益』，以斟酌損益並言，最得古人語意。此傳所謂斟酌者，蓋合公卿以下諸人之言而可否之，取去之也。今俗語凡度量事物皆曰斟酌，乃古語之存者。」

〔三〕校證：「『雖』原作『惟』，與上下文不相銜接，按論説篇有『雖有日新』語，今據改。」斠詮直解爲「雖其使用日漸革新，而舊有之原則標準無或差異」。

〔四〕孟子公孫丑上：「孟子曰：矢人豈不仁於函人哉！矢人唯恐不傷人，函人惟恐傷人。巫匠亦然，故術不可不慎也。」「函人」，製甲之工；「矢人」，製矢之工。

〔五〕校釋：「御覽作『勢入剛峭』，是。」按「勢必深峭」義亦可通，不必改從御覽。此處「深」字即上文「按辭堅深」之深；「術」字亦用上引孟子語，指彈劾之術。

〔六〕訓故：「詩巷伯：取彼譖人，投畀豺虎。」毛傳：「投，棄也。」朱注：「言讒譖之人，物所共惡也。」「畀」，予也。

〔七〕黄注：「（禮記）曲禮（上）：鸚鵡能言，不離飛鳥；猩猩能言，不離禽獸。今人而無禮，雖能言，不亦禽獸之心乎！」

〔八〕校證：「『羊』原作『豕』，御覽作『羊』。案墨子非儒下：『貪於飲食，惰於作務，陷於饑寒，危於凍餒，無以違之。是若乞人，䶅鼠藏而羝羊視，賁彘起。』正以『羊彘』爲言，今據改。」

〔九〕范注：「孟子滕文公下：『楊氏爲我，是無君也；墨氏兼愛，是無父也。無父無君，是禽獸也。』」

是以世人爲文〔一〕，競於詆訶，吹毛取瑕〔二〕，次骨爲戾〔三〕，復似善罵，多失折衷〔四〕。若能闢禮門以懸規，標義路以植矩〔五〕，然後踰垣者折肱，捷徑者滅趾〔六〕，何必躁言醜句，詬病爲切哉〔七〕！

〔一〕「世人」，御覽作「近世」。

〔二〕校注：「韓非子大體篇：『不吹毛而求小疵。』三國志吴志步騭傳：『伏聞諸典校擿抉細微，吹毛求瑕。重案深誣，趨欲陷人。』漢書中山靖王傳：『今或無罪爲臣下所侵辱，有司吹毛求疵，笞服其臣，使證其君。』」

〔三〕校證：「『次』，御覽作『刺』。案史記酷吏傳：『外寬内深次骨。』索隱：『次，至也。李奇曰：「其用法刻至骨」。』此彦和所本。贊文亦作『次骨』。作『刺』者淺人妄改。」黄注：「漢書杜周傳：『周少言重遲，而内深次骨。』注：『其用法深刻至骨。』」「戾」，暴戾。

〔四〕校注：「史記孔子世家贊：『折衷於夫子。』索隱：『……王叔師云：「折中，正也。」』」

〔五〕孟子萬章下：「夫義，路也；禮，門也。惟君子能由是路，出入是門也。」

〔六〕校注：「『趾』，御覽引作『跡』。按『滅趾』與上句之『折肱』對，御覽所引非也。易噬嗑爻辭：『屨校滅趾。』」范注：「踰垣，猶言踰越禮法。捷徑，謂涉邪徑。」黄注：「離騷：『夫唯捷徑以窘步。』」

斯波六郎：「尚書費誓：『無敢寇攘，踰垣牆，竊馬牛，誘臣妾，汝則有常刑。』春秋左氏傳定公十三年：『三折肱知爲良醫。』」

〔七〕御覽「切」作「巧」。注訂：「自『若能』句以下，至『切哉』一節，是爲正規之言，無可易者。故紀評曰『酌中之論』也。」

校注：「禮記儒行：『常以儒相詬病。』鄭注：『詬病，猶恥辱也。』」斠詮：「切，謂切厲也。後漢書蔡衍傳：『言甚切厲，坐免官。』」

是以立範運衡〔一〕，宜明體要〔二〕。必使理有典刑〔三〕，辭有風軌〔四〕，總法家之式〔五〕，秉儒家之文〔六〕，不畏彊禦〔七〕，氣流墨中〔八〕，無縱詭隨〔九〕，聲動簡外，乃稱絶席之雄〔一〇〕，直方之舉耳〔一一〕。

〔一〕「立範運衡」，建立規範，運用權衡。

〔二〕書記篇：「或全任質素，或雜用文綺，隨事立體，貴乎精要。」荀悅漢紀後序：「於是乃作考舊，通達體要，以述漢紀。」「體要」，即大體、大要。

〔三〕詩大雅蕩：「雖無老成人，尚有典刑。」箋：「猶有常事故法，可案用也。」後因用爲模範之意，亦作典型。

斠詮：「『理有典刑』，則明其過謬，不致『吹毛取瑕，次骨爲戾』；『辭有風軌』，則不致『詆訶謾罵，失乎折中』；『總法家之式』則不苟；『秉儒家之文』則有情；『不畏彊禦』，『無縱詭隨』，此則作者之氣節也。」

〔四〕「風軌」，風範。詮賦：「無貴風軌，莫益勸戒。」袁宏三國名臣序贊：「若夫出處有道，名體不滯，風軌德音，爲世作範，不可廢也。」

〔五〕校釋：「『式』，御覽作『裁』，義較長。」校注：「史記自序：『（司馬談論六家要旨）法家不別親疏，不殊貴賤，一斷於法。』據此則作『裁』是。范甯穀梁傳集解序：『公羊辨而裁。』楊疏：『裁，謂善能裁斷。』詁此正合。」

〔六〕注訂：「『總法家之式』則不苟，『秉儒家之文』則有情。」

〔七〕范注：「詩大雅烝民：『唯仲山甫，柔亦不茹，剛亦不吐，不侮矜寡，不畏彊禦。』正義曰：『不畏懼於彊梁禦善之人。』」詩大雅蕩正義又云：「禦善者，見善事而抗禦之，是心不嚮善不從教化之人也。」

〔八〕御覽「流」作「留」。此句意謂正氣流布於筆墨之中。

〔九〕范注：「詩大雅民勞：『無縱詭隨。』傳曰：『詭隨，詭人之善，隨人之惡者。』」朱注：「詭隨，不顧是非而妄隨人也。」斠詮：「不放縱詭譎隨和之鄉愿。」

〔一〇〕黄注：（「後漢書」）王常傳：常爲横野大將軍，位次與諸將絶席。注：絶席，謂尊顯之也。漢官儀曰：御史大夫、尚書令、司隸校尉皆專席，號三獨坐。」按後漢書來歙傳：「賜歙班坐絶席。」後漢書張禹傳：「每朝見特贊，與三公絶席，在諸公之右。」注訂：「絶席者，殊座也，故稱雄。」牟注：「這裏指『總司按劾』的御史大夫而言。」

〔一一〕范注：「易坤文言：『直，其正也；方，其義也。君子敬以直内，義以方外。』」牟注：「韓非子解老：『所謂方者，内外相應也，言行相稱也……所謂直者，義必公正，心不偏黨也。』」

以上爲第四段，論彈事及其規格要求。

啓者，開也〔一〕。高宗云：「啓乃心，沃朕心。」〔二〕取其義也〔三〕。孝景諱啓，故兩漢無稱。至魏國箋記，始云啓聞。奏事之末，或云謹啓〔四〕。自晉來盛啓，用兼表奏。陳政言事，既奏之異條；讓爵謝恩，亦表之别幹〔五〕。必斂飭入規〔六〕，促其音節，辨要輕清〔七〕，文而不侈，亦啓之大略也〔八〕。

〔一〕范注：「説文：『启，開也。啓，教也。』經傳皆以『啓』爲『启』。」注訂：「段玉裁云：『按後人用啓字訓開，乃廢启不行矣。』」服虔通俗文：「官信曰啓。」文體明辨序說：「启，開也，開陳其義也。」

〔二〕高宗，商王武丁。范注：「尚書說命上：『啓乃心，沃朕心，若藥弗瞑眩，厥疾弗瘳。』傳曰：『開汝心以沃我心，如服藥必瞑眩極，其病乃除，欲其出切言以自警。』」正義：「當開汝心所有，以灌沃我心；欲令以彼所見教己未知故也。」

〔三〕校釋：「御覽『取』作『蓋』，是。」

〔四〕范注：「通典一百四載魏劉輔等論賜謚啓，是魏奏亦稱『啓』之證。釋名釋書契：『啓，亦詣也，以告語官司所至詣也。』據此，東漢已有啓矣。留存事始：『沈約書云：景帝名啓，當時俱諱。自魏國牋記末方云謹啓。』」

校注：「事物紀原集類二：『魏國牋記，始云啓，末云謹啓。』並其證。」文體明辨序說「箋」類：「古來君臣同書，至東漢始用箋記：公府奏記，郡將奏箋。……是時太子諸王大臣皆得稱箋，後世專以上皇后太子。於是天子稱表，皇后太子稱箋，而其他不得用矣。」

〔五〕范注：「御覽六百三十四載范甯斷泉公受假故事啓。又一百四十九引東京舊事會稽王道子皇太子納妃啓、晉書孝武文李太后傳道子請崇正文李太妃名號啓。」清王兆芳文體通釋「啓」：「啓者，本字作『启』，開也，詣也。開启以事，明事之所至詣，上天子與王侯大臣，奏表之變也。……劉勰曰：『晉來盛啓……亦表之别幹。』」

牟注：「晉代用『啓』之盛，除范文瀾注所舉范甯一篇，司馬道子二篇外，寫得較多的如陸雲，有國起西園第表啓宜遵節儉之制等六篇，卞嗣之有沙門應致敬啓四篇。用兼表奏：如上舉陸雲表啓宜遵節儉之制，即表啓兼用。當時其他諸啓，也和表奏無大區别。」

〔六〕校證：「『飭』，元本、馮本、汪本、佘本、張之象本、兩京本、梅六次本、張松孫本、吴校本作『徹』，王惟儉本作『轍』，何允中本、日本活字本、梅本、淩本、陳本、鍾本、梁本、徐校本、清謹軒鈔本、日本刊本作『散』，黄本改作『飭』。」按曹能始批梅六次本亦作「斂轍入規」。沈岩録何焯云：「則啓之無取乎冗長明矣。劉、柳之啓，後世之不戾於古者也。」按「轍」、「徹」義通，均指軌轍。黄本臆改爲「飭」，非是。

〔七〕牟注：「辨要：太平御覽卷五九五作『辯要』。才略篇説『典論辯要』，指論述能抓住要害。」

〔八〕范注：「此猶言簡約毋繁耳。」孫梅四六叢話卷十四「啓」類説：「若乃敬謹之忱，視表爲不足（即不到用表的程度），明慎之旨，倂書爲有餘（即書不足以表達），則啓是也。」大抵啓的句式比較短促，而且行文也比較簡約。「不侈」，不浮侈。文體明辨序説：「奏啓入規而忌侈文，彈事明憲而戒善罵，世人所作，多失折衷，此又學者所當知也。」

斠詮：「李兆洛駢體文鈔序目曰：『齊梁啓事短篇，藻麗間見，既非具體，無關效法，十而存一，概可知也。』蓋此體之作，惟尚隸事徵典，篇體短促，多者百名而已。故爾時文士，競爲纖巧，以夸雅切。故曰『斂徹入軌，促其音節，辨要輕清，文而不侈，亦啓之大略也』。」

以上爲第五段，釋啓之意義及其體用。

又表奏确切〔一〕，號爲讜言〔二〕。讜者，偏也〔三〕。王道有偏，乖乎蕩蕩〔四〕，矯正其偏〔五〕，故曰讜言也。孝成稱班伯之讜言〔六〕，言貴直也〔七〕。

〔一〕「确」音學。後漢書崔寔傳：「指切時要，言辯而确。」注：「确，堅定也。」銘箴篇：「箴全禦過，故文資确切。」「切」，謂切要。

〔二〕范注：「後漢班彪傳下注，文選典引注，皆云『讜，直言也』。書益稷正義引聲類云：『讜言，美言也。』漢書叙傳顔師古注：『讜言，善言也。』」

斠詮：「讜言，正直之言。説文新附：『讜，直言也。』」

〔三〕范注：「此言『讜者偏也』，疑有脱字，似當云：『讜者，正偏也。』書洪範：『無偏無黨，王道蕩蕩。』」

校注：「按范氏謂有脱字甚是，惟謂作『正偏』，似與下『王道有偏，乖乎蕩蕩』不相應；疑當作『無偏』。書洪範：『無偏無黨，王道蕩蕩。』……足與此文相發。」

校釋：「按讜無偏訓。讜言，美言也，直言也。此當作『讜者，正也。』下文『其偏』上闕字，當作『讜正其偏』。」

〔四〕書「無偏無黨，王道蕩蕩」句下孔傳：「偏，不平。」左傳襄公三年引此二句，杜注：「蕩蕩，平正無私。」

〔五〕校證：「何校云：『「其偏」上當有闕文。』謝、徐校『蕩蕩』下補『矯正』二字，王惟儉本空白二字。黄本於『蕩蕩』下注云：『下有脱字。』今據謝補。」

校注：「按『其』下疑脱『言無』二字，觀上下文意可見。」

〔六〕梅注：「漢書：班伯，況子也。成帝時，以侍中光禄大夫養病久之。……時乘輿幄坐張畫屏風，畫紂醉踞妲己作長夜之樂。上以伯新起，數目禮之，因顧指畫而問伯：『紂爲無道，至於是乎？』伯對曰：『書云「乃用婦人之言」，何有踞肆於朝？所謂「衆惡歸之」，「不如是之甚也」。』上曰：『苟不若此，此圖何哉？』伯曰：『「沈湎於酒」，微子所以告去也。「式號式謼」，大雅所以流連也。詩書淫亂之戒，其原皆在於酒。』上乃喟然歎曰：『吾久不見班生，今日復聞讜言！』」按此見漢書敘傳。

〔七〕校證：「『貴』上『言』字今補，蓋原作小二，誤奪之。樂府篇：『故陳思稱李延年閑於增損古辭，多者則宜減之，明貴約也。』封禪篇：『録圖曰：「潬潬嗚嗚，棼棼雉雉，萬物盡化。」言至德所被也。』句法與此同。」斠詮：「案樂府、封禪兩篇所引，皆實録陳思、録圖之言，故於斷語加『明』『言』二字以申明之，今此處所述孝成之稱出於間接叙筆，非直接辭語，句法並非一致，故斷語『貴直也』三字自通，無加『言』字必要。」

自漢置八能，密奏陰陽〔一〕；皂囊封板，故曰封事〔二〕。鼂錯受書，還上便宜〔三〕。後代便宜〔四〕，多附封事〔五〕，慎機密也。夫王臣匪躬〔六〕，必吐謇諤〔七〕，事舉人存〔八〕，故無待泛説也〔九〕。

〔一〕「能」原作「儀」。范注：「『八儀』，疑當作『八能』。後漢書禮儀志中：『正德曰：「八能士各言事。」八能士各書板言事。文曰：「臣某言，今月若干日甲乙日冬至，黄鍾之音調，君道得，孝道褒。」商臣、角民、徵事、羽物，各一板。否則召太史令各板書，封以皂囊，送西陛，跪授尚書。』」王先謙集解：「八能，謂撞鍾，擊鼓、磬，吹管、竽，鼓琴之士……以六器應八音，故曰八能。」「密奏陰陽」，後漢書禮儀志引樂叶圖徵：「八能之士常以日冬至成天文，日夏至成地理。作陰樂以成天文，作陽樂以成地理。」宋吳曾能改齋漫録卷七「封事」條：「按漢置八儀，密奏陰陽，皂囊封板，故曰封事。」可見宋本即作「儀」，不誤。注訂：「八儀，即八能。廣雅釋言：『儀，賢也。』八能、八賢、八儀一也。下文云：『密奏陰陽，皂囊封板。』皆本禮儀志中語，蓋可證也。』」

〔二〕「板」字校證本誤排爲「事」。按各本均作「板」。開明書店版范注本誤排爲「事」，校證本亦沿其誤。茲據改。

黄注：「後漢禮儀志中：日冬至，召太史令各板書，封以皂囊。獨斷：凡章表皆啓封，其言密事，得皂囊盛。」漢官儀：「密奏以皂囊封之，不使人知，故曰封事。」「皂」，黑色。圖書集成文學典一四八卷表章部雜録引鼠璞：「俗謂章奏爲囊封，本於漢。凡章奏皆啓封，至言密事不敢宣泄，則用皂囊重封以進，若州縣之紫袋。劉向懼恭顯之傾危上，乃上封章以諫，其末云：臣謹重封昧死上。漢漏泄之法極重，師丹使吏書奏，丁、傅得其草，以告廷尉，劾治策免。」

〔三〕黄注：「（史記）鼂錯傳：太常遣鼂錯受尚書伏生所，還，因上便宜事。」南齊書顧憲之傳：「愚又以便宜者，蓋便於公，宜於民也。」

〔四〕校證：「『後代便宜』，黄丕烈云：『案馮本無此四字，校增。』」按元刻本有此四字。

〔五〕范注：「漢書霍光傳：『上令吏民得奏封事，不關尚書。』」

〔六〕范注：「易蹇卦六二：『王臣蹇蹇，匪躬之故。』」正義：「盡忠於君，匪以私身之故，而不往濟君，故曰匪躬之故。」高亨周易古經今注：「蹇蹇，借爲謇謇，古本亦作謇謇。廣雅釋詁：『故，事也。』（此采王引之説）王臣蹇蹇，匪躬之故，言王臣謇謇，忠告直諫者，非其身之事，乃君國之事也。」

〔七〕黄注：「後漢書陳蕃傳：竇太后猶詔蕃曰：忠孝之美，德冠本朝；謇諤之操，華首彌固。」「謇諤」，亦作謇愕，直言也。

晉書武帝紀：「讜言謇諤，所望於左右也。」

〔八〕校證：「黄丕烈云：『舉，活字本作徙。』案禮記中庸云：『其人存，則其政舉。』此彦和所本，作『徙』者誤。」斠詮：「事舉人存，謂所言之政事獲得實行，而其人之名亦存於世也。禮記中庸：『其人存則其政舉。』彦和師其語而不用其義。」

〔九〕郭注：「無待泛説，承上文『必吐謇諤』而言。」

第六段附論「讜言」、「封事」、「便宜」。

贊曰：皁飾司直〔一〕，肅清風禁〔二〕。筆鋭干將，墨含淳酖〔三〕。雖有次骨〔四〕，無或膚浸〔五〕。獻政陳宜，事必勝任。

〔一〕校證：「『飾』原作『飭』，黄丕烈云：『活字本作飾。』今據改。皁飾乃司直之服飾。」按元刻本此字作「飭」。

校釋：「孫詒讓疑『飭』當作『袀』，以『袀』爲皁服也。然『袀』無緣譌爲『飭』，『飭』疑『飾』之誤。皁乃司直之服飾。」

注訂：「飭疑爲飾之筆誤，彦和於古之成語，多用變文，如上八儀之類，則皁飾猶皁服也。」

黄注：「（漢書）百官公卿表：武帝元狩五年，初置司直，掌佐丞相舉不法。」

斠詮：「司直，主判斷正邪曲直之人，指古之諫議大夫、御史大夫……等官而言。詩鄭風羔裘：『彼其之子，邦之司直。』毛傳：『司，主也。』」

〔二〕「風禁」，猶言風紀。

〔三〕困學紀聞卷十九評文「詩會餘蚳之文」條：「夏文莊（竦）表云：詩會餘蚳之文，簡凝含酖之墨。餘蚳，見詩貝錦箋。筆鋭干將，墨含淳酖，出文心雕龍（奏启篇贊）。」「酖」，「鴆」的異體字。「墨含淳酖」，謂按劾之文中，含有淳烈之酖毒也。

〔四〕見前「次骨爲戾」。

〔五〕校注：「論語顔淵：『子曰：浸潤之譖，膚受之愬。』集解：『鄭曰：「譖人之言，如水之浸潤，漸以成之。」馬曰：「膚受之愬，皮膚外語，非其内實。」』」

斠詮：「謂奏劾之文，言必覈實，無有膚受之愬，浸潤之譖，而劾存誣陷也。」

議對第二十四

校釋：「議對者，議政與對策之文也。名用雖殊，其必深明治體，務切時用，言無虚設，義準經訓，瞭然於一代政治之得失，坐言者可以起而行，然後文非妄作。觀彦和所舉漢魏臣工，其所獻替，無不如是。……彦和之時，文浮末勝，尤無足觀，故其此篇，雖揚搉前代作者，實鍼砭當世文風，最爲切要。」

注訂：「研其所宜則議，答其所問乃對。此通義而實一體，但主賓稍疏，而枝幹有異也。故彥和稱對即議之別體是矣。然議有專題，對以循問；固又非奏啓之類，此不可不知也。」斠詮：「夫開陳政典，上劾變愆，此奏啓之由興；而審謀事宜，應答疑難，則議對之所生也。奏啓、議對，兩者殊塗而同歸，皆所以勸善納忠，獻可替否者也。惟奏啓爲主動進言，議對乃被動獻説，此其大較，亦彥和兩文相次之故也。」

對也稱「對策」，是議之別體。它和詔策篇所論的策書不同，前者是上行公文，後者是下行公文。對策是由於漢代以策取士，而出現的文體，可以認爲是奏議的一個附類。皇帝把要問的問題寫在簡上，稱爲策問；參加選拔的文士把自己的回答寫在簡上交上去，叫作對策。這種對策，到宋朝成爲考試科目之一，所以宋朝的策論特別發達。蘇洵、蘇軾就是這方面的名家。

周爰咨謀，是謂爲議〔一〕。議之言宜，審事宜也〔二〕。易之節卦〔三〕，「君子以制度數，議德行」〔四〕。周書曰：「議事以制，政乃弗迷。」〔五〕議貴節制，經典之體也〔六〕。

〔一〕札記：「説文言部：議，語也。論，議也。謀，慮難曰謀。口部：謀事曰咨。然則議亦論事之汎稱。」「咨」，原作「諮」。校注：「按詩小雅皇皇者華：『載馳載驅，周爰咨謀。』毛傳：『忠信爲周，訪問於善爲咨。咨事之難易爲謀。』鄭箋：『爰，於也。』此舍人所本。……『諮』，俗字，（「咨」已從口，無庸再加言旁。）當依御覽作『咨』，始與詩合。以下文『堯咨四岳』，及書記篇『短牒咨謀』論之，此原作『咨』也。」按皇皇者華：「周爰咨諏。」朱注：「周，徧；爰，於也。

咨諏，訪問也。使臣自以每懷靡及，故廣詢博訪，以補其不及而盡其職也。……謀，猶諏也，變文以協韻耳。」

明朱荃宰文通卷九「議」類襲用此文云：「詩云：『周爰諮謀』，謂徧於咨議也。」

〔二〕范注：「段玉裁注說文議字曰：『議者，誼也，誼者人所宜也。言得其宜之謂議。』韻會四寘引說文『議，語也』下有『一曰謀也』。」斠詮引匡謬正俗云：「議有宜音。」

注訂：「曲禮：『公事不私議。』莊子齊物論：『六合之內，聖人論而不議。』段氏曰：『議者，誼也，誼者，人所宜也。』是本彥和，蓋古『義』『誼』互通，古今字也。從『義』之字訓宜，皆由『誼』字來也。」

〔三〕斠詮：「節卦兌下坎上，☵☱。其卦辭曰：『節，亨，苦節不可貞。』孔疏：『象曰：「節以制度。」雜卦云：「節，止也。」然則節者，制度之名，節止之義。……』」

〔四〕校注：「『度數』活字本御覽引作『數度』。按作『數度』始與易合。前詔策篇亦誤倒。」

易節卦：「象曰：澤上有水，節，君子以制數度，議德行。」「數度」謂禮數、法度。正義：「數度，謂尊卑禮命之多少；德行，謂人才堪任之優劣；君子象節以制其禮數等差，皆使有度；議人之德行，任用皆使得宜。」郭注：「察此文『制』字及下文周書『制』字，皆當作節制解釋，故下文云：『議貴節制』也。」

〔五〕尚書周官：「議事以制，政乃不迷。」孔傳：「凡制事必以古義議度終始，政乃不迷錯。」正義：「凡欲制斷當今之事，必以古之義理議論量度其終始，合於古義然後行之。則其爲之政教乃不迷錯也。」又：「論議時事，必以古之制度如此，則政教乃不迷錯矣。」范注：「弗，應據周官作不。」周官蔡注：「制，裁度也。迷，錯謬也。……蘇氏曰：鄭子産鑄刑書，晉叔向譏之曰：昔先王議事以制，不爲刑辟。其言蓋取諸此。」

文章辨體序説「議」類：「周書曰：議事以制，政乃不迷。眉山蘇氏釋之曰：先王人法並任，而任人爲多，故臨事而議，是則國之大事，合衆議而定之者，尚矣。」

文體明辨序説「議」類：「按劉勰云：『議者，宜也，周爰諮謀以審事宜也。』周書曰『議事以制，政乃不迷』，此之謂也。」

〔六〕「體」，謂體制，體例。

昔管仲稱軒轅有明臺之議〔一〕，則其來遠矣。洪水之難，堯咨四岳〔二〕，宅揆之舉，舜疇五人〔三〕。三代所興，詢及芻蕘〔四〕。春秋釋宋，魯僖預議〔五〕。及趙靈胡服，而季父爭論〔六〕；商鞅變法，而甘龍交辨〔七〕；雖憲章無算〔八〕，而同異足觀〔九〕。

〔一〕訓故：「管子桓公問：黄帝立明臺之議者，上觀於賢也。」「明臺」，傳説爲黄帝議政之所。三國志魏文帝紀延康元年令：「軒轅有明臺之議，放勛有衢室之問，皆所以廣詢於下也。」

〔二〕校注：「書堯典：『帝曰：「咨，四岳！湯湯洪水方割，蕩蕩懷山襄陵，浩浩滔天，下民其咨！

有能俾乂？」僉曰：「於！鯀哉！」』」注見前章表篇「故堯咨四岳，舜命八元」。王通中説問易篇：「文中子曰：議其盡天下之心乎？昔黄帝有合宫之聽，堯有衢室之問，舜有總章之訪，皆議之謂也。大哉乎，拜天下之謀，兼天下之智，而理得矣。我何爲哉，恭己南面而已。」

〔三〕范注：「尚書舜典：『咨，四岳！有能奮庸熙帝之載（奮，起；庸，功；載，事也。訪群臣有能起發其功，廣堯之事者），使宅百揆，亮采惠疇。』（亮，信；惠，順也。求其人使居百揆之官，信立其功順其事者誰乎？）此下命禹作司空，棄作后稷，契作司徒，皋陶作士，垂作共工，所謂五人也。」郭注：「疇即疇咨，詢問之義。魏志管寧傳：『疇咨群公，思求俊乂。』」校釋：「按舜典：舜新命六人：禹、垂、益、伯夷、夔、龍也。此作『五人』，疑誤。又舜典雖有『惠疇』、『疇若』之文，皆訓誰。此言舜疇五人，亦文不成義。『疇』乃『詶』之借字，亦作『譸』，魏元丕碑曰『譸咨群寮』，是也。」按舜典：「納于百揆。」孔傳：「揆，度也。度百事，總百官。」舜所咨疇者五臣，非必如校釋所説爲新命之六人。

校注：「宋本、鈔本、活字本、喜多本、鮑本御覽引，『宅』作『百』，『人』作『臣』……按『百』『臣』二字並是。『百揆』與上『洪水』對。論語泰伯：『舜有臣五人，而天下治。』集解引孔曰：『禹、稷、契、皋陶、伯益也。』……『疇』讀爲『籌』。荀子正論篇：『故至賢疇四海。』楊注：『或曰：疇，與籌同。謂計度也。』是『疇』字於此，亦非不可解者。劉説誤。」舜典蔡傳：「百揆者，揆度庶政之官。惟唐虞有之，猶周之冢宰也。」

〔四〕范注：「詩大雅板：『先民有言，詢於芻蕘。』」朱注：「芻蕘，採薪者。」

〔五〕校證：「『魯僖預議』原作『魯桓務議』。惠棟九曜齋筆記一引其父士奇曰：『案文當云「魯僖預議」，公羊傳僖二十一年：「釋宋公。」傳曰：「執未有言釋之者，此其言釋之何？公與爲爾也。公與爲爾奈何？公與議爾也。」今注劉勰書者，皆不知引。』案惠説是。御覽『務』正作『預』，徐校亦作『預』；『預』與『與』同，轉寫謁爲『務』耳。今據改。」按公羊傳僖公二十一年：「楚人知雖殺宋公，猶不得宋國，於是釋宋公。」春秋傳僖公二十一年：「十有二月，癸丑，公會諸侯盟於薄，釋宋公。」「宋公」，宋襄公，是年秋爲楚人所執。

〔六〕黄注：「（史記）趙世家：武靈王欲胡服。公子成曰：中國者，賢聖之所教也。今王舍此而襲遠方之服，變古之教，逆人之心。王曰：儒者一師而俗異，中國同禮而教離。今叔之所言者，俗也；吾所言者，所以制俗也。公子成曰：王將繼簡、襄之意以順先王之志，臣敢不聽乎。」「季父」，靈王之叔父公子成。史記趙世家：武靈王欲胡服，謀之於公子成，「公子成再拜稽首曰：『……臣聞中國者，蓋聰明徇智之所居也，萬物財用之所聚也，賢聖之所教也，仁義之所施也，詩、書、禮、樂之所用也，異敏技能之所試也，遠方之所觀赴也，蠻夷之所義行也。今王舍此而襲遠方之服，變古之教，易古之道，逆人之心，而佛學者，離中國，故臣願王圖之也。』」

〔七〕校證：「『辨』，御覽作『辯』，下同。」斠詮：「字雖古通，但此篇論議對，以從言者爲正。」范注：「史記商君列傳：『孝公即用衛鞅。鞅欲變法，恐天下議己。衛鞅曰：疑行無名，疑事無功。且夫有高人之行者，固見非於世，有獨知之慮者，必見敖於民。愚者闇於成事，知者見於未萌。民不可與慮始而可與樂成。論至德者不和於俗，成大功者不謀於衆。是以聖人苟可以彊國，不法其故；苟可以利民，不循其禮。孝公曰：善。甘龍曰：不然。聖人不易民而教，知者不變法而治，因民而教，不勞而成功；緣法而治者，吏習而民安之。衛鞅曰：龍之所言，世俗之言也。常人安於故俗，學者溺於所聞。以此兩者居官守法可也，非所與論於法之外也。三代不同禮而王，五伯不同法而霸。智者作法，愚者制焉；賢者更禮，不肖者拘焉。』」

〔八〕「憲章」，典章制度。「無算」，無足算，謂少。淮南子泰族訓：「日計無算，歲計有餘。」

〔九〕意謂這些議論雖然成爲典章制度的不多，但是主張的同異之點還是可見的。這是對漢代的「楷式昭備」而言。

以上爲第一段，釋「議」之名義及其淵源。

迄至有漢，始立駁議〔一〕。駁者，雜也。雜議不純，故曰駁也〔二〕。自兩漢文明，楷式昭備，藹藹多士〔三〕，發言盈庭〔四〕；若賈誼之遍代諸生，可謂捷於議也〔五〕。

〔一〕黄注：「駁議，見章表篇。」

〔二〕范注：「説文：『駁，馬色不純，從馬，爻聲。』又：『駮，獸如馬，倨牙，食虎豹，從馬，交聲。』駁、駮二字，義絶異。駁議之駁，不應混作駮。通俗文：『黄白雜，謂之駁犖。』」

〔三〕校注：「詩大雅卷阿：『藹藹王多吉士。』毛傳：『藹藹猶濟濟也。』」

〔四〕斯波六郎：「詩小雅小旻：『謀父孔多，是用不集，發言盈庭，誰敢執其咎？』」文體明辨序説議類：「蓋古者國有大事，必集群臣而廷議之，交口往復，務盡其情，若罷鹽鐵、擊匈奴之類是也。」

〔五〕梅注：「史記：文皇帝初立，以河南守吴公言賈生年少，頗通諸子百家之書。因召以爲博士。是時賈生年二十餘，最爲少。每詔令議下，諸老先生不能言，賈生盡爲之對，人人各如其意所欲出。諸生於是乃以爲能，不及也。」按此見屈原賈生列傳。范注：「諸生，即諸老先生。……史、漢多稱賈誼爲賈生，蓋尊呼之，非因其年少也。」

至如吾丘之駁挾弓〔一〕，安國之辨匈奴〔二〕，賈捐之之陳於珠崖〔三〕，劉歆之辨於祖宗〔四〕，雖質文不同，得事要矣。

〔一〕「吾丘」原作「主父」，黄校：「當作『吾丘』。」顧校作「吾丘」。校證：「按吾丘壽王駁挾弓事，見漢書本傳，黄、顧校是，今據改。」

斠詮：「兹據御覽五九五及古今圖書集成卷一五〇引訂正。」考異：「此因吾丘壽王與主父偃同傳，載漢書六十四卷中，因而致誤。」

漢書吾丘壽王傳：「丞相公孫弘奏言：『民不得挾弓弩……』上下其議。壽王對曰：『臣聞古者作五兵，非以相害，以禁暴討邪也。安居則以制猛獸而備非常，有事則以設守衛而施行陣。……且所爲禁者，爲盜賊之以攻奪也。……臣恐邪人挾之而吏不能止，良民以自備而抵法禁，是擅賊威而奪民救也。……大不便。』上以難弘，弘詘服焉。」

〔二一〕梅注：「漢書：武帝時，韓安國爲御史大夫，匈奴來請和親，上下其議。大行王恢，燕人，數爲邊吏，習胡事，議曰：漢與匈奴和親，率不過數年即背約，不如勿許，舉兵擊之。安國曰：千里而戰，即兵不獲利。今匈奴負戎馬足，懷鳥獸心，遷徙鳥集，難得而制。得其地不足爲廣，有其衆不足爲彊，自上古弗屬，漢數千里争利，則人馬罷，虜以全制其敝，勢必危殆。臣故以爲不如和親。」

黄注：「漢書韓安國傳：武帝時，匈奴請和親。大行王恢議伏兵襲擊。安國曰：匈奴，輕疾悍亟之兵也，至如猋風，去如收電，難得而制。今使邊郡久廢耕織，以支胡之常事，其勢不相權也。臣故曰勿擊便。」

史記韓長孺列傳：「（武帝）建元六年……安國爲御史大夫。匈奴來請和親，天子下議。大行王恢，燕人也，數爲邊吏，習知胡事。議曰：『漢與匈奴和親，率不過數歲即復倍約。不如勿許，興兵擊之。』安國曰：『千里而戰，兵不獲利。今匈奴負戎馬之足，懷禽獸之心，遷徙鳥舉，難得而制也。得其地不足以爲廣，有其衆不足以爲强，自上古弗屬。漢數千里争利，則人馬罷，虜以全制其敝。且彊弩之極，矢不能穿魯縞；沖風之末，力不能漂鴻毛。非初不勁，末力衰也，擊之不便，不如和親。』群臣議者多附安國，於是上許和親。」

〔三〕范引孫云：「御覽無兩『之』字。」按元刻本、弘治本、張之象本、兩京本、梅本均僅一「之」字，當據删。

校證：「『珠崖』原作『朱厓』，黄注及顧校俱作『珠崖』，按捐之之陳珠崖，見漢書本傳，黄、顧校是，今據改。」

校注：「法言孝至篇：『朱厓之絶，捐之之力也。』作朱厓。……此固不必依漢書本傳作『珠厓』也。」

梅注：「漢書：捐之，賈誼之曾孫也。元帝初即位，上疏言得失，召待詔金馬門。初，武帝征南越，元封元年立儋耳、珠厓郡，皆在南方海中洲居，廣袤可千里，合十六縣，户二萬三千餘，其民暴惡，自以阻絶數犯吏禁。至昭帝時，凡六反，罷儋耳郡并屬珠厓。宣帝時復反。元帝初元元年，又反，發兵擊之。連年不定，上與有司議大發軍，捐之建議以爲不當擊，其略曰：其人父子同川而浴，相習以鼻飲，與禽獸無異，本不足郡縣置也。顓顓獨居一海之中，霧露氣濕，多毒草蟲蛇水土之害，人未見虜，戰士自死，又非獨珠厓有珠犀瑇瑁也。棄之不足惜，不擊不損威，其民譬猶魚鼈，何足貪也！臣愚以爲非冠帶之國，禹貢所及，春秋所治，願遂棄珠厓。」按此見賈捐之傳。珠厓郡在今海南島。

〔四〕黄注：「劉歆武帝廟不宜毁議：孝武皇帝南滅百粵，北攘匈奴，至今累世賴之。天子三昭三穆，與太祖之廟而七。孝宣皇帝舉公卿之議，既以爲世宗之廟，臣愚以爲不宜毁。」札記：「文載漢書韋賢傳，班彪贊曰：考觀諸儒之議，劉歆博而篤矣。」漢書韋賢傳（附賢子玄成傳）：「光禄勳彭宣、詹事滿昌、博士左咸等五十三人皆以爲繼祖宗以下，五廟而迭毁。後雖有賢君，猶不得與祖宗並列。子孫雖欲褒大顯揚而立之，鬼神不饗也。孝武皇帝雖有功烈，親盡宜毁。太僕王舜、中壘校尉劉歆議曰：『……高帝建大業，爲太祖；孝文皇帝德至厚也，爲文太宗；孝武皇帝功至著也，爲武世宗；此孝宣帝所以發德音也。……竊觀孝武皇帝，功德皆兼而有焉，凡在於異姓，猶將特祀之，况於先祖？或説，天子五廟無見文，又説中宗高宗者，宗其道而毁其廟。名與實異，非尊德貴功之意也。……至祖宗之序，多少之數，經傳無明文，至尊至重，難以疑文虚説定也。孝宣皇帝舉公卿之議，用衆儒之謀，既以爲世宗之廟，建之萬世，宣佈天下。臣愚以爲孝武皇帝功烈如彼，孝宣皇帝崇立之如此，不宜毁。』」

若乃張敏之斷輕侮〔一〕，郭躬之議擅誅〔二〕，程曉之駁校事〔三〕，司馬芝之議貨錢〔四〕，何曾蠲出女之科〔五〕，秦秀定賈充之謚〔六〕，事實允當，可謂達議體矣。

〔一〕梅注：「後漢書：建初中，張敏爲尚書，有人侮辱人父者，而其子殺之。肅宗貰其死刑而降宥之，自後因以爲比。是時遂定其議，以爲輕侮法。敏駁議以爲死生之決，宜從上下，有生有殺。若開相容恕，著爲定法者，則是故設姦萌，生長罪隙。又云：未曉輕侮之法將以何禁？必不能使不相輕侮，而更開相殺之路。執憲之吏復容其姦枉云云。」

黄注：「張敏傳……敏駁議曰：『使執憲之吏得設巧詐，非所以導在醜不争之義。可下三公、廷尉，蠲除其敝。』議寢不省。敏復上疏，和帝從之。」「斷」，絶，指反對。

札記：「文見後漢書張敏傳。」

〔二〕梅注：「後漢書：永平中，奉車都尉竇固出擊匈奴，騎都尉秦彭爲副。彭在别屯，而輒以法斬人。固奏彭專擅，請誅之。顯宗乃引公卿朝臣平其罪科。躬以明法律，召入議，議者皆然固奏。躬獨曰：『於法，彭得斬之。』帝曰：『軍征，校尉一統於督。彭既無斧鉞，可得專殺人乎？』躬對曰：『一統於督者，謂在部曲也。今彭專軍别將，有異於此。兵事呼吸，不容先關督帥。且漢制棨戟即爲斧鉞，於法不合罪。』帝從躬議。」按此見郭躬傳。

〔三〕梅注：「魏志：曉嘉平中爲黄門侍郎。時校事放曠（應作横），曉上疏，其略曰：遠覽典志，近觀秦漢，雖官名改易，職司不同；至於崇上抑下，顯分明例，其致一也。初無校事之官干與庶政者也。昔武皇帝大業草創，衆官未備。而軍旅勤苦，民心不安，乃有小罪，不可不察，故置校事，取其一切耳。此霸世之權宜，非帝王之正典。其後漸蒙見任，莫正其本，遂令上察宫廟，下攝衆司，官無局業，職無分限，隨意任情，唯心所適。法造於筆端，不依科詔；獄成於門下，不顧覆訊。其選官屬……以刻暴爲公嚴，以循理爲怯弱。外則託天威以爲聲勢，內則聚群奸以爲腹心。大臣恥與分勢，含忍而不言；小人畏其鋒芒，鬱結而無告。至使尹模肆其奸慝，罪惡之著，行路皆知。既非周禮設官之意，又非春秋十等之義。縱令校事有益於國，以禮義言之，尚傷大臣之心，況奸回暴露，而復不罷。是衮闕不補，迷而不反也。於是隨罷校事官。」按此見程昱傳附程曉傳。

札記：「裴注引曉别傳曰：『曉大著文章，多亡失，今之存者不能十分之一。』案如此言，則本文士，故其文峻利允當若是矣。」魏吴皆有校事，爲皇帝或執政耳目，刺探臣民言行。曹操初置校事，至曹丕爲帝，權任益重，上察宫廟，下攝衆官，校事盧洪、趙達等常以憎愛擅作威福。參閱俞正燮癸巳存稿卷七校事考。

周注：「『程曉之駁校事』，並不是魏朝提出校事來商議，是程曉認爲校事官應裁撤，有意見上奏，這又説明議同於奏。」

〔四〕梅注：「魏志：芝，河内温人也。少爲書生。……性亮直，不矜廉隅，與賓客談論，有不可意，便面折其短，退無異言。居官十一年，數議科條所不便者。卒於官，家無餘財。貨錢議本傳不載。」

札記：「黄注引司馬芝傳，今傳無其文，蓋妄引也。晉書食貨志云：魏文帝黄初二年，以穀貴，始罷五銖錢，使百姓以穀帛爲市。至明帝代，錢廢穀用既久，人間巧僞漸多，競濕穀以要利，作薄絹以爲市，雖處以嚴刑，而不能禁也。司馬芝等舉朝大議，以爲用錢非徒豐國，亦所以省刑也，今若更鑄五銖，於事爲便。帝乃更立五銖錢。案芝議可見者，僅此數言而已。」

〔五〕梅注：「晉書：司馬師輔政，是時魏法，犯大逆者誅及已出之女。毋丘儉之誅，其子甸妻荀氏應坐死，其族兄顗與師姻，通表魏帝，以丐其命。詔聽離婚。荀氏所生女芝，爲潁川太守劉子元妻，亦坐死，以懷姙繫獄。荀氏辭詣司隸校尉何曾乞恩，求没爲官婢，以贖芝命。曾哀之，使主簿程咸上議曰：『臣以爲女人有三從之義，無自專之道。出適他族，還喪父母，降其服紀，所以明外成之節，異在家之恩。而父母有罪，追刑已出之女；夫黨見誅，又有隨姓之戮。一人之身，内外受辟。今女既嫁，則爲異姓之妻；如或産育，則爲他族之母……男不得罪於他族，而女獨嬰戮於二門，非所以哀矜女弱，蠲明法制之本分也。臣以爲在室之女，從父母之誅；既醮之婦，從夫家之罰。宜改舊科，以爲永制。』於是有詔改定律令。」按此見刑法志。又見三國志魏書何夔傳注引干寶晉紀。

〔六〕梅注：「晉書：秀，新興雲中人也。少敦學行，以忠直知名。咸寧中，爲博士。賈充卒，下禮官議謚，秀議曰：充無子，舍宗族弗授，而以異姓爲後，悖禮溺情，以亂大倫。昔鄫子養外孫莒公子爲後，春秋書莒人滅鄫。聖人豈不知外孫親耶！但以義推之，則無父子耳。……然則以外孫爲後，絶父祖之血食，開朝廷之禍門。謚法『昏亂紀度曰荒』，請謚荒公。」按此見秦秀傳。

漢世善駁，則應劭爲首〔一〕。晉代能議，則傅咸爲宗〔二〕。然仲瑗博古，而詮貫以敘〔三〕；長虞識治，而屬辭枝繁〔四〕。及陸機斷議，亦有鋒穎〔五〕，而腴辭弗翦〔六〕，頗累文骨〔七〕，亦各有美，風格存焉〔八〕。

〔一〕黄注：「應劭傳：劭凡爲駁議三十篇。」

札記：「後漢書劭傳載有駁韓卓募兵鮮卑議及追駁尚書陳忠活尹次、史玉議二首。」（范注：尹次、史玉二人名。）

〔二〕札記：「晉書禮志載有咸議二社表及駁成粲議太社，又本傳載咸爲司隸校尉，劾王戎，御史中丞解結以咸爲違典制，越局侵官。咸上書自辨，其辭甚繁。李充翰林論（嚴輯）曰：世以傳長虞每奏駁事，爲邦之司直矣。」

〔三〕范注：「後漢書應劭傳：『劭字仲遠。』李賢注引謝承書曰：應氏譜並云字仲遠。續漢書文士傳作『仲援』。漢官儀又作『仲瑗』，未知孰是。」

校證：「尋劉寬碑陰，有『故吏南頓應劭仲瑗』。洪适曰：『漢官儀既劭著，又此碑可據，則知「遠」、「援」皆非也。』竊疑應氏本名劭字仲遠，『劭』『邵』古通，『邵』『遠』義正相應。『瑗』則其別字，『援』即『瑗』之譌誤耳。」「博古」謂博通古事。張衡西京賦：「雅好博古，學乎舊史氏。」

校證：「『以』梅本改作『有』。」按「有」字義長。「詮貫」謂詮衡貫通。王金凌：「這就是能一、能通、能賅、能贍。」

〔四〕「長虞」，傅咸字。奏啓篇：「若夫傅咸勁直，而按辭堅深。」「識治」謂明識治道。周注：「傅咸彈劾王戎，御史中丞解結以咸劾戎違典制。咸駁道：『中丞司隸俱糾皇太子以下，則共對司内外矣。不爲中丞專司内百僚，司隸專司外百僚。自有中丞、司隸以來，更互奏内外衆官，惟所糾得無内外之限也。……司隸與中丞俱共糾皇太子以下，則從皇太子以下無所不糾也。得糾皇太子而不得糾尚書，臣之暗塞，既所未譬。……』這裏的話就是有前後複出的，所謂『屬辭枝繁』。」

〔五〕札記：「案此謂士衡議晉書限斷也。李充翰林論曰：『在朝辨政而議奏出，宜以遠大爲本。陸機議晉斷，亦名其美矣。』……陸文已闕，全晉文（九十七）録其數語。」按初學記二十一引李充翰林論：「士衡之議，可謂成文矣。」斯波六郎：「晉書賈謐傳：『先是朝廷議立晉書限斷，中書監荀勖謂……著作郎王瓚欲……於時依違未有所決。惠帝立，更始議之，謐上議請從泰始爲斷。於是事下三府，司徒王戎、司空張華、領軍將軍王衍、侍中樂廣、黄門侍郎嵇紹、國子博士謝衡，皆從謐議，騎都尉濟北侯荀畯、侍中荀藩、黄門侍郎黄混以爲……謐重執奏戎華之議，事遂施行。』陸機之議，恐亦惠帝時之作。」

周注：「全晉文陸機晉書限斷議：『三祖（指司馬懿、師、昭父子）實終爲臣，故書爲臣之事，不可不爲傳，此實録之謂也。而名同帝王，故自帝王之籍，不可以不稱紀，則追王之義。』按晉追尊司馬懿爲宣帝，師爲景帝，昭爲文帝。紀是用帝王紀年來記大事，這三人都没有稱帝，没有年號，不能紀年，所以記他們的事又像傳。」

〔六〕「腴」原作「諛」。紀評：「『諛』當作『腴』。」范注：「士衡撰文，每失繁富，下云頗累文骨，其作『腴』者是也。」

校注：「御覽引作『腴』。元本、弘治本、汪本、佘本、張本、兩京本……崇文本同。紀説是也。雜文篇『腴辭雲搆』，亦足爲當作『腴』之證。」

〔七〕校釋：「御覽五九五正作『腴』。明刻五家言本同。史稱『陸機服膺儒術，非禮弗動』，觀今存議晉書限斷，不可謂諛，蓋陸文繁富，故病其腴。詮賦篇曰『膏腴害骨』，與此文同意，故曰『頗累文骨』也。」按鎔裁篇：「至如士衡才優，而綴辭尤繁……及雲之論機，亟恨其多。」才略篇：「陸機才欲窺深，辭務索廣，故思能入巧而不制繁。」風骨篇：「若瘠義肥辭，繁雜失統，則無骨之徵也。」

〔八〕夸飾篇説：「雖詩書雅言，風格訓世，事必宜廣，文亦過焉。」本篇論到應劭、傅咸、陸機三人的作品時，概括他們三人的作品説：「亦各有美，風格存焉。」這兩處的風格，都是指風範格局而言。

世説新語德行篇：「風格峻整。」顔氏家訓文章篇：「古人之文，宏才逸氣，體度風格，去今實遠。但緝綴疏樸，未爲密緻耳。」

以上爲第二段，評論兩漢魏晉議體的代表作家作品。

夫動先擬議〔一〕，明用稽疑〔二〕，所以敬慎群務，弛張治術〔三〕。故其大體所資，必樞紐經典，採故實於前代，觀通變於當今〔四〕；理不謬摇其枝〔五〕，字不妄舒其藻。

〔一〕易繫辭上：「擬之而後言，議之而後動，擬議以成其變化。」注：「擬議以動，則盡變化之道。」正義：「擬之而後言者……聖人欲言之時，必擬度之而後言也；議之而後動者……謂欲動之時，必議論之而後動也。擬議以成其變化者，言則先擬也，動則先議也，則能成盡其變化之道也。」意思是説：凡事行動之前，必先擬度謀議。

〔二〕尚書洪範：「次七曰明用稽疑。」傳：「明用卜筮考疑之事。」朱熹書集傳：「稽疑曰明，所以辨惑也。稽，考也，有所疑，則卜筮以考之。龜曰卜，蓍曰筮。蓍龜者，大公無私，故能紹天之明。」按「明用稽疑」一語，乃尚書洪範篇箕子爲周武王所陳天地大法九類中之第七，下文演述「七、稽疑」説：「汝則大疑，謀及乃心，謀及卿士，謀及庶人，謀及卜筮。」孔傳：「將舉事，而汝則有大疑，先盡汝心以謀慮之，次及卿士衆民，然後卜筮以決之。」

〔三〕校注：「『弛』，宋本……御覽引作『施』。按『施』『弛』古通。……『弛張』二字原出禮記雜記下，然古亦有作『施張』者，古文苑孔融離合作郡姓名字詩『出行施張』……是也。御覽引作『施』，或文心古本如此。」「弛張」，比喻事業的廢興，和處事的寬嚴。韓非子解老：「萬物必有盛衰，萬事必有弛張，國家必有文武，官治必有賞罰。」禮記雜記下：「張而不弛，文、武不能也；弛而不張，文、武弗爲也。一張一弛，文、武之道也。」

〔四〕國語周語上：「賦事行刑，必問於遺訓，而咨於故實。」韋昭注：「故實，故事之是者。」「故實」指足以效法借鑑的舊事。亦可指典故史實。

「通變」，會通演變，指發展變化。文心雕龍有通變篇。

〔五〕此句意謂説理不要在枝節問題上摇擺遊移。注訂：「自『夫動』以下至『其藻』一節，爲議體主文，説明此類文章之所以不同於其餘者，至精當也。」

又郊祀必洞於禮〔一〕，戎事必練於兵〔二〕，佃穀先曉於農〔三〕，斷訟務精於律〔四〕。然後標以顯義，約以正辭，文以辨潔爲能，不以繁縟爲巧〔五〕；事以明覈爲美〔六〕，不以環隱爲奇〔七〕；此綱領之大要也。若不達政體，而舞筆弄文，支離構辭，穿鑿會巧，空騁其華，固爲事實所擯；設得其理，亦爲遊辭所埋矣〔八〕。

〔一〕校證：「『又』，元本、馮本、汪本、佘本、兩京本、謝抄本作『文』，誤，徐校作『又』；宋本御覽作『其』。」按謝恒抄本馮舒校云：「謝作『又』，『事』下有『必』字。」嘉靖癸卯亦作『又』。」

〔二〕校注：「『必』黄校云：『一作要，又作宜。』……按御覽引作『宜』。下文之『先』字『務』字，皆異辭相對；上『郊祀必洞於禮』句，已著『必』字，此不應重出，當以作『宜』爲是。」按「必」字重出亦不爲過。

〔三〕校證：「『佃』，何校本、黄本作『田』，御覽亦作『田』。」考異：「『田』、『佃』、『畋』古通。……詩齊風：『無田甫田。』注：『田，謂耕治之也。』」

〔四〕札記：「『郊祀必洞於禮』四句，論議之文，無一可以陵虚構造，必先習其故事，明其委曲，然後可以建言。虚張議論，而無當於理，此乃對策八面鋒之枝，非獨不能與於文章之數，亦言政者所憎棄也。彦和此四語真扼要之言。」

〔五〕桓寬鹽鐵論水旱篇：「大夫曰：議者，貴其辭約而指明，可於衆人之聽，不至繁文、稠辭、多言，害有司化俗之計。」御覽五九四引李充翰林論云：「駁不以華藻爲先。」

〔六〕銘箴篇：「其取事也，必覈以辨。」注訂：「『文以辨潔爲能』兩句，即再申上文『理不謬摇其枝，字不妄舒其藻』之意也。」

〔七〕校證：「『環』原作『深』，今據御覽改。『環』爲彦和習用字。」斠詮：「環隱，謂環迴隱奥也。」按各本俱作「深」，且「深隱」亦習用語，無煩改字。

〔八〕校注：「易繫辭下：『誣善之人其辭游（同遊）。』」注訂：「『爲遊辭所埋』一節，是釋明議文之不合於『綱領之大要』者之弊端，『設得其理，亦爲遊辭所埋』，則文雖典雅，庸有濟乎？語尤痛切。」以上這幾句話的意思是説要想對於國家的大政方針進行建議，必須通達政體，具有感性的直接經驗，因爲議體的文章，要以内容爲主。如果過多地堆積浮辭，文章的思想内容反爲浮辭所埋。

昔秦女嫁晉，從文衣之媵，晉人貴媵而賤女；楚珠鬻鄭，爲薰桂之櫝，鄭人買櫝而還珠〔一〕。若文浮於理，末勝其本，則秦女楚珠，復在於兹矣〔二〕。

〔一〕梅注：「韓非子楚王謂田鳩曰：『墨子者，顯學也。其身體則可，其言多而不辨何也？』曰：『昔秦伯嫁其女於晉公子，令秦爲之飾裝，從文衣之媵七十人。至晉，晉人愛其妾而賤公女，此可謂善嫁妾而未可謂善嫁女也。楚人有賣其珠於鄭者，爲木蘭之櫃，薰以桂椒，綴以珠玉，飾以玫瑰，輯以翡翠，鄭人買其櫝而還其珠。此可謂善賣櫝矣，而未可謂善鬻珠也。今世之談也，皆道辯説文辭之言，人主覽其文而忘有用。墨子之説，傳先王之道，論聖人之言以宣告人，若辯其辭，則恐人懷其文忘其直，以文害用也。此與楚人鬻珠，秦伯嫁女同類。』」按此見外儲説左上。

〔二二〕校注：「『在』宋本……御覽引作『存』。按『在』、『存』二字形近，每易淆混，此當以作『存』爲是。曹子建文集求通親親表：『則古人之所嘆，風雅之所詠，復存於聖世矣。』文選王儉褚淵碑文：『裴楷清通，王戎簡要，復存於茲。』句法並與此同，可證。」校釋：「晉、宋以後，文體漸尚藻麗，於是有不切事情而騁華辭者，故彥和以貴媵、還珠譬況之，猶今世所謂脱離實際之文也。」

以上爲第三段，提示議體之寫作要領。

又對策者，應詔而陳政也〔一〕；射策者，探事而獻説也〔二〕。言中理準，譬射侯中的〔三〕；二名雖殊，即議之别體也〔四〕。古之造士，選事考言〔五〕。漢文中年，始舉賢良〔六〕，鼂錯對策，蔚爲舉首〔七〕。及孝武益明，旁求俊乂〔八〕，對策者以第一登庸〔九〕，射策者以甲科入仕〔一〇〕，斯固選賢要術也〔一一〕。

〔一〕史記平津侯主父列傳：「太常令所徵儒士各對策。」顏氏家訓省事篇：「陳國家之利害，對策之伍也。」「對策」又略稱爲策。策就是簡策（册），因臣下把意見寫在簡策上而得名。

〔二〕玉海卷六十一引文心雕龍，於此句下注云：「漢書注：射之言授（案當作「投」）也，對策者，顯問以政事。」

黄注：「(漢書)蕭望之傳：望之以射策甲科爲郎。注：射策者，謂爲難問疑義書之於策，量其大小署爲甲乙之科，列而置之，不使彰顯。有欲射者，隨其所取得而釋之，以知優劣。射之言投射也。對策者，顯問以政事經義，令各對之，而觀其文辭，定高下也。」

策問時有兩種方式：策問内容不公開，被推選舉薦來應試的人碰到什麽問題回答什麽，稱爲「射策」，也就是抽簽答題；「對策」則題目公開，同時考問許多人，根據每人的答卷來比較優劣。

〔三〕禮記射義：「故天子之大射，謂之射侯。射侯者，射爲諸侯也。射中，則得爲諸侯；射不中，則不得爲諸侯。」

〔四〕注訂：「據此，議之别體蓋有二：一爲對策，二爲射策。然無論其爲對爲射，皆對類也。詔策篇之策，所以異於此者，以其非對也。顯有不同，是所應知。」

〔五〕禮記王制：「司徒論選士之秀者而升之學，曰俊士。升於司徒者，不征於鄉，升於學者，不征於司徒，曰造士。」鄭注：「不征，不給其繇役。造，成也。能習禮則爲成士。」

斠詮：「但在此處用非其義，應作『造就人才』解。王制又云：『樂正崇四術，立四數，順先王詩書禮樂以造士，春秋教以禮樂，冬夏教以詩書，王太子、王子、群后之太子、卿大夫元士之適子，國之俊選皆造焉。』鄭注：『順此四術，而教以成是士也，皆以四術成之。』」

周禮地官鄉大夫職曰：「三年則大比，考其德行道藝而興賢者能者。」鄭注：「賢者，有德行者；能者，有道藝者。」鄭司農云：「興賢者，謂若今舉孝廉。興能者，謂若今舉茂才。」范注：「選事猶言興能；考言猶言興賢，有德者必有言也。」注訂：「選事者，因事以選才；考言者，較言以用事也。」

斯波六郎：「『選事』者，謂以事功選之；『考言』，謂以言論考之。……此之『古之造士，選事考言』，疑與漢書成帝紀鴻嘉二年詔之『古之選賢，傅納以言，明試以功』有關。」

斠詮：「所謂『選事考言』即『考德藝興賢能』之義。又禮記文王世子：『凡語於郊者，必取賢斂才焉。或以德進，或以事舉，或以言揚。』……孔疏：『……或以事舉者，事次德者，雖無德而解世事，或吏治之屬，亦舉用之也。或以言揚者，次事也，揚亦進舉之類。互言之，雖無德無事，而能言語應對，堪爲使命，亦舉用之。』是所謂『選事考言』，亦即『以事舉以言揚』之說。」

文體明辨卷三十四「策問」類引此數語作：「按古者選士，詢事考言而已。漢文中年，始策賢良。」

〔六〕玉海卷六十一引注「中年」爲「十五年」。

文體明辨序説「策問」類：「按古者選士，詢事考言而已，未有問之以策者也。漢文中年，始策賢良，其後有司亦以策試士，蓋欲觀其博古之學，通今之才，與夫剸劇解紛之識也。」

〔七〕范注：「漢書文帝紀：『十五年九月，詔諸侯王公卿郡守舉賢良能直言極諫者，上親策之。』補注引周壽昌曰：『此漢廷策士之始，前此即位二年，詔舉賢良方正能直言極諫者，未聞舉何人。至是始以三道策士，而鼂錯以高第由太子家令遷中大夫。』」漢書鼂錯傳：「後詔有司舉賢良文學士，錯在選中。上親策之曰：『惟十有五年九月壬子，皇帝曰……錯對曰……對策者百餘人，唯錯爲高第，由是遷中大夫。』對策文在本傳。」

〔八〕「俊乂」，賢能的人。尚書皋陶謨：「俊乂在官，百僚師師，百工惟時。」傳：「才德過千人爲俊，百人爲乂。」校注：「漢書儒林傳贊：『自武帝立五經博士，開弟子員，設科射策，勸以官祿。』」書僞太甲上：「『旁求俊彥。』枚傳：『旁，非一方。』又僞説命下：『旁招俊乂。』」

〔九〕玉海卷六十一引，句下注：「公孫弘。」

黄注：「平津侯傳：公孫弘使匈奴還報，不合上意，病免歸。元光五年，詔徵文學，國人固推弘，弘至太常。太常令所徵儒士各對策，百餘人，弘第居下。策奏，天子擢弘對爲第一。」公孫弘對策見漢書平津侯傳。

校注：「尚書堯典：『疇咨，若時登庸。』孔傳：『庸，用也。』」

斠詮：「吕祖謙云：『登庸者，大用之意。』」

〔一〇〕玉海卷六十一於本句下注云：「兒寬以射策爲掌故。」

校注：「漢代射策以甲科入仕者，頗不乏人。漢書匡衡傳：『衡射策甲科，以不應令，除爲太常掌故。』馬宮傳：『以射策甲科爲郎。』翟方進傳：『以射策甲科爲郎。』何武傳：『以射策甲科爲郎。』王嘉傳：『以明經射策甲科爲郎。』」

斠詮：「漢書儒林傳：『平帝時，歲課甲科四十人爲郎中，乙科三十八人爲太子舍人，丙科四十人補文學掌故。』」

〔一一〕注訂：「此語舉出對策於議雖爲別體，其特點則專在選賢矣。」

文體明辨序説策類：「按説文云：『策者，謀也。』漢書音義曰：『作簡策推問，例置案上，在試者意投射取而答之，謂之射策。若録政化得失顯而問之，謂之對策。』劉勰云：『射策者，探事而獻説也，以甲科入仕。對策者，應詔而陳政也，以第一登庸。皆選賢之要術也。』夫策士之制，始於漢文，晁錯所對，蔚爲舉首。自是而後，天子往往臨軒策士，而有司亦以策舉人，其制迄今用之。」

觀鼂氏之對，驗古明今〔一〕，辭裁以辨，事通而贍，超升高第，信有徵矣〔二〕。仲舒之對，祖述春秋〔三〕，本陰陽之化，究列代之變，煩而不慁者〔四〕，事理明也。公孫之對，簡而未博，然總要以約文，事切而情舉〔五〕，所以太常居下〔六〕，而天子擢上也。杜欽之對〔七〕，略而指事〔八〕，辭以治宣，不爲文作〔九〕。及後漢魯丕，辭氣質素〔一〇〕，以儒雅中策，獨入高第。凡此五家，並前代之明範也。

〔一〕校證：「『驗古明今』，元本、傳校元本、馮本、汪本、佘本、張之象本、兩京本、謝鈔本、吴校本作『驗古今』，謝云：『今上當脱一字。』王惟儉本作『考驗古今』。梅、徐校本作『證驗古今』，其後諸本皆從之。玉海作『驗古明今』。案玉海是。奏啓篇云：『酌古御今。』事類篇云：『援古證今。』句法正同，今據補正。體性篇『擯古競今』，通變篇『競今疎古』，句法亦同。」

〔二〕梅注：「漢書：孝文時，太常遣錯受尚書伏生所，還因上書稱説。詔以爲太子舍人，門大夫，遷博士。又上書。上善之，於是拜錯爲太子家令。是時匈奴彊，數寇邊，上發兵以禦之。錯上言兵事。後詔有司舉賢良文學士，錯在選中。對策者百餘人，唯錯爲高第。」按此見鼂錯傳。

吴訥文章辨體序説「策」類：「按説文：策者，謀也。凡録政化得失，顯而問之，謂之對策，考之於史，實始漢之鼂錯，遇文帝恭謙好問之主，不能明目張膽以荅所問，惜哉！」

漢書鼂錯傳：「上詔有司舉賢良文學士。錯在選中。上親策詔之。……時賈誼已死，對策者百餘人，惟錯爲高第，由是遷中大夫。」范甯穀梁傳集解序：「公羊辯而裁，其失也俗。」楊疏：「辯謂説事分明；裁謂善能裁斷。」誄碑篇：「桓彝一篇，最爲辨裁矣。」鼂錯請徙民實邊，守邊備塞，援古證今，剖析利害，規劃制度，頗爲周密，所以稱之爲「事通而贍」。

〔三〕玉海卷六十一於本句下注云：「武帝即位，舉賢良文學之士，策凡三道。」梅注：「仲舒少治春秋。孝景時爲博士。武帝即位，舉賢良文學之士前後百數，而仲舒以賢良對策焉。對既畢，天子以仲舒爲江都相。」按此見漢書董仲舒傳，對策文在本傳。

文章辨體序說「策」類：「唯董仲舒學識醇正，又遇孝武初政清明，策之再三，故克罄竭所蘊，帝因是罷黜百家，專崇孔氏，以表章六經，厥功茂焉。」

范注：「漢書武帝紀：『建元元年，冬十月，詔舉賢良方正直言極諫之士。丞相綰（衛綰）奏，所舉賢良，或治申、商、韓非、蘇秦、張儀之言，亂國政，請皆罷。奏可。』董仲舒對策不知在何時。案仲舒對策，請罷斥百家，竟成舉首；故丞相衛綰希旨，奏罷賢良之治百家言者。又仲舒傳言武帝即位，仲舒以賢良對策舉首，是其對策在武帝即位之建元元年甚明。」

〔四〕「慁」，通混，混雜，紊亂。按漢書董仲舒傳載仲舒對策曰：「臣謹案春秋之中，視前世已行之事，以觀天人相與之際，甚可畏也。……及至後世，淫佚衰微……上下不和，則陰陽繆盭而妖孽生矣。此災異所緣而起也。……臣謹案春秋之文，求王道之端，得之於正。……然則王者欲有所爲，宜求其端於天。天道之大者在陰陽。陽爲德，陰爲刑；刑主殺而德主生。是故陽常居大夏，而以生育養長爲事；陰常居大冬，而積於空虛不用之處。以此見天之任德不任刑也。……」以下又徵引春秋，究論列代之治亂，武帝在制誥中也稱贊他說：「今子大夫明於陰陽之所以造化，習於先聖之道業。」董仲舒的對策很長，而且旁徵博引，牽涉的面很廣，然而條理分明，所以說「煩而不慁」。

周注：「煩而不慁：文繁而不亂。漢書董仲舒傳：『仲舒以賢良對策。』第一策說：『觀天人相與之際，甚可畏也。國家將有失道之敗，而天乃先出災害以譴告之；不知自省，又出怪異以警懼之；尚不知變而傷敗乃至：以此見天心之仁愛人君而欲止其亂也。』因此主張勉力行善，施行教化，以求天的瑞應福禄。第二策說：德教未行，由於不素養士而官吏暴虐爲奸，因此主張『興太學置明師以養天下之士』，使『諸侯吏二千石皆盡心於求賢』，『則三王之盛易爲而堯舜之名可及也』。第三策說：『人之所爲，其美惡之極乃與天地流通而往來相應。』所以要『務明教化民以成性也』。『春秋大一統者，天地之常經，古今之通誼也。今師異道，人異論，百家殊方，指意不同，是以上亡以持一統，法制數變，下不知所守。臣愚以爲諸不在六藝之科、孔子之術者，皆絶其道，勿使并進。』」

〔五〕梅注：「漢書：弘少時爲獄吏，有罪，免。家貧，牧豕海上。年四十餘，乃學春秋雜說。武帝初即位，招賢良文學士。是時弘年六十，以賢良徵爲博士。使匈奴，還報，不合意，上怒，以爲不能，弘乃移病免歸。元光五年，復徵賢良文學，菑川國復推上弘。弘謝曰：『前已嘗西，用不能罷。願更選。』國人固推弘。弘至太常。上册詔諸儒，弘對策。時對者百餘人。太常奏弘第居下。策奏，天子擢弘對爲第一。召入見，容貌甚麗，拜爲博士，待詔金馬門。」按此見公孫弘傳。

王金凌：「漢書本傳所載公孫弘對策，只在文末引堯、禹、桀、紂證成其說，其餘皆直陳治道，所以稱『簡而未博』。」

郭注：「對策言『天人之道』，『吉凶之效』，『水旱』之由，『仁義禮知四者之宜』，『天命之符』，『人事之紀』，皆極簡要，所以說『簡而未博』，又說『總要以約文，事切而情舉』。」「事切」，指内容切中事務的癥結。「情舉」，情意高舉，謂情意表達明顯。

〔六〕「太常」，官名。秦置奉常，漢景帝中六年更名太常，掌宗廟禮儀。漢代的太常兼管選試。

〔七〕梅注：「漢書：成帝時有日蝕地震之變，詔舉賢良方正能直言士。合陽侯梁放舉欽，欽上對云云。」按此見杜欽傳。

訓故：「漢書：杜欽字子夏，京兆人。元（應作成）帝時，有日蝕地震之變，詔舉直言。合陽侯舉欽。夏，又詔詣白虎殿對策。欽專攻上身與後宫，而實陰爲王氏地云。」見漢書本傳。欽有舉賢良方正對策與白虎殿對策。

〔八〕范注：「略而指事，謂不詳答上問，而篇末切指成帝好色之事。」按杜欽對策末云：「臣聞玩色無厭，必生好憎之心；好憎之心生，則愛寵偏於一人；愛寵偏於一人，則繼嗣之路不廣，而嫉妒之心興矣。如此，則匹婦之説不可勝也。唯陛下純德普施，無欲是從，此則衆庶咸説，繼嗣日廣，而海内長安。萬事之是非，何足備言！」玉海卷六十一於本句下注云：「又谷永、杜鄴直言策。」

〔九〕注訂：「欽對策中有『臣聞玩色無厭，必生好憎之心』云云，指成帝好色之病，以致寡嗣，雖屬對策，而有諷諫之雅，故彦和有『略而指事』，『不爲文作』之言也。『不爲文作』，文指對策，以諷諫之意出乎篇題以外也。」

〔一〇〕校注：「丕，黄校云：『元作平，朱改。』……按三國志吴志闞澤傳裴注引吴録曰：『以字言之，「不」「十」爲「丕」。』玉篇一部：『丕或作平。』五經文字：『丕，石經作平。』蓋原作『魯平』，後因誤『平』爲『平』耳。何本、謝鈔本作『丕』，未誤。」

梅注：「後漢書：魯恭弟丕，性沈深好學，兼通五經，以魯詩、尚書教授，爲當世名儒。肅宗詔舉賢良方正，大司農劉寬舉丕。時對策百有餘人，唯丕在高第，除爲議郎。」

黄注：「魯丕傳：丕字叔陵，兼通五經，爲當世名儒。肅宗詔舉賢良方正，劉寬舉丕，時對策者百有餘人，惟丕在高第，關東號之曰『五經復興魯叔陵』。」

札記：「袁宏後漢紀十六載丕舉賢良方正對策文，如左：

『政莫先於從民之所欲，除民之所惡，先教後刑，先近後遠。……精誠之所發，無不感浹。吏多不良，在於賤德而貴功，欲速，莫能修長久之道。古者貢士，得其人者有慶，不得其人者有讓。是以舉者務力行，選舉不實，咎在刺史二千石。書曰：天工人其代之。觀人之道，幼則觀其孝順而好學，長則觀其慈愛而能教，設難以觀其謀，煩事以觀其治，窮則觀其所守，達則觀其所施，此所以核之也。……制度明則民用足。刑罰不中，則於名不正。正名之道，所以明上下之稱，班爵號之制，定卿大夫之位也。獄訟不息，在争奪之心不絶。法者，民之儀表也，法正則民慤。吏民凋弊，所從久矣，不求其本，浸以益甚。吏政多欲速，又州官秩卑而任重，競爲小功，以求進取，生凋弊之俗。救弊莫若忠。故孔子曰：孝慈則忠。治姦詭之道，必明慎刑罰。孔子曰：導之以禮樂，而民和睦，説以犯難，民忘其死。死且忘之，况使爲禮義乎？』」從這裏可以看出它風格「儒雅」，「辭氣質素」。大概是直書所見，未加整理修飾之故。論語泰伯：「出辭氣，斯遠鄙倍矣。」史記魯仲連傳：「辭氣不悖。」「辭氣」猶語氣，指語言風格。

魏晉以來，稍務之麗，以文紀實，所失已多〔一〕，及其來選，又稱疾不會〔二〕，雖欲求文，弗可得也。是以漢飲博士，而雉集乎堂〔三〕；晉策秀才，而麏興於前〔四〕；無他怪也，選失之異耳〔五〕。

〔一〕注訂：「紀實不以事理，徒恃文飾也。故云『所失已多』。」

〔二〕訓故：「晉書：元帝時，以天下喪亂，遠方孝秀，不復策試，到即除署。既經略粗定，乃詔試經，有不中科，刺史太守免官。其後孝秀莫敢應命，有送至京師，皆以疾辭。」按此見孔愉傳附孔坦傳。

范注：「晉書孔坦傳（孔愉傳附）：『先是以兵亂之後，務存慰悦，遠方秀孝到，不策試，普皆除署。至是，帝（元帝）申明舊制，皆令試經，有不中科，刺史、太守免官，太興三年，秀孝多不敢行，其有到者，並託疾。』」

〔三〕梅注：「漢書：鴻嘉二年三月，博士行大射禮，有飛雉集於庭，歷階登堂而雊，後雉又集太常、宗正、丞相、御史大夫、大司馬、車騎將軍之府，又集未央宮承明殿屋上，時大司馬、車騎將軍王音、待詔寵等上言：天地之氣，以類相應，譴告人君，甚微而著，雉者聽察，先聞雷聲，故月令以紀氣。經載高宗雊雉之異，以明轉禍爲福之驗。今雉以博士行禮之日，大衆聚會，飛集於庭，歷階登堂，萬衆睢睢，驚怪連日。經歷三公之府，太常宗正典宗廟骨肉之官，然後入宮，其宿留告曉人，具備深切，雖人道相戒，何以過是？」按此見漢書五行志中之下。

范注：「漢書成帝紀：『鴻嘉二年春，行幸雲陽。三月，博士行飲酒禮，有雉飛集於庭，歷階升堂而雊。』」

郭注：「當時言者以爲成帝『繼嗣不立』，『失行流聞』之戒。劉彥和於此則認爲選舉不當之兆。」

〔四〕梅注：「晉書五行志：（成帝）咸和六年正月，會州郡秀孝於樂賢堂。有麏見於前，獲之。孫盛以爲吉祥。夫秀孝，天下之彥士；樂賢堂，所以樂養賢也。自喪亂之後，風教陵夷，秀孝策試，乏四科之實。麏興於前，或斯故乎？」

〔五〕周注：「這裏說因爲選舉失實，所以發生這種怪異。這是古代的迷信附會。」

郭注：「麏，似鹿非鹿。詩鹿鳴所以燕嘉賓，今麏而非鹿，故云：『無他怪也，選失之異也。』」

以上爲第四段，明對策、射策之異，並舉出對策的代表作。

夫駁議偏辨〔一〕，各執異見；對策揄揚〔二〕，大明治道。使事深於政術，理密於時務，酌三五以鎔世〔三〕，而非迂緩之高談；馭權變以拯俗，而非刻薄之僞論；風恢恢而能遠〔四〕，流洋洋而不溢〔五〕，王庭之美對也〔六〕。難矣哉，士之爲才也！或練治而寡文，或工文而疎治，對策所選，實屬通才〔七〕，志足文遠〔八〕，不其鮮歟〔九〕！

〔一〕注訂：「駁議者雜而論斷，不拘一端也；偏辯者，執一而闡發，不涉其餘也。」此謂偏於辯論。

〔二〕「揄揚」，宣揚。曹植與楊德祖書：「辭賦小道，固未足以揄揚大義，彰示來世也。」

〔三〕「三五」，指三王五霸。楚辭九章抽思：「望三五以爲象兮，指彭咸以爲儀。」王逸注：「三王五伯可修法也。」董仲舒賢良對策：「上之化下，下之從上，猶金之在鎔，惟治者所爲。」校注：「三五，謂三皇五帝。史記孔子世家：『楚令尹子西曰……今孔丘述三五之法，明周召之業。』文選班固東都賦：『事勤乎三五。』劉良注：『三五，三皇五帝也。』」按既言「酌取」，又非「迂緩之高談」，仍以指三王五霸爲宜。

〔四〕「恢恢」，寬闊廣大貌。老子七十三：「天網恢恢，疏而不失。」河上公注：「天所網羅，恢恢甚大。」柳宗元答韋中立論師道書：「吾子行厚而辭深，凡所作皆恢恢然有古人形貌。」

〔五〕「洋洋」，形容盛大，衆多。詩衛風碩人：「河水洋洋。」傳：「洋洋，盛大也。」禮記中庸：「洋洋乎如在其上，如在其左右。」「溢」，兩京遺編本作「竭」，是。

〔六〕王通中説問易篇：「叔恬曰：敢問策何謂也？子曰：其言也典，其致也博，憫而不私，勞而不倦，其惟策乎？……文中子曰：廣仁益智，莫善於問。乘事演道，莫善於對。非明君孰能廣問，非達臣孰能專對乎？」

〔七〕校注：「杜恕篤論：『校才選能，莫善於對策。』（意林五引）足與此文相發。」文體明辨序説「策」類：「夫策之體，練治爲上，工文次之。然人才不同，或練治而寡文，或工文而疏治，故入選者劉勰稱爲通才。嗚呼，可謂難也已矣。」

〔八〕黄注：「左傳：仲尼曰：志有之，言以足志，文以足言，不言誰知其志？言之無文，行而不遠。」按此見襄公二十五年載孔子稱子産語，見前徵聖篇注。此處「志足」是就「練治」而言，「文遠」是就「工文」而言。

〔九〕校注：「爾雅釋詁上：『鮮，善也。』」

這一小節是把駁議和對策合起來論述二者的風格特點的。這裏説對策要能通權達變，文章寫得洋洋洒洒，氣度恢宏而遠大，既不迂緩，又不刻薄，方爲上選。

第五段，標駁議、對策之要旨及其準則。

贊曰：議惟疇政〔一〕，名實相課〔二〕。斷理必剛〔三〕，摛辭無懦。對策王庭，同時酌和〔四〕。治體高秉，雅謨遠播〔五〕。

〔一〕「疇」，借爲「譸咨」之「譸」（見前），與籌相通。

〔二〕「課」，考核。周注：「考校名實。」

〔三〕「剛」原作「綱」。札記：「此句與下句一意相足，云摛辭無懦，則此『綱』字爲『剛』字之訛。檄移篇贊『三驅馳剛』，彼文本作『綱』，訛爲『綱』，又訛爲『剛』；此則『剛』反訛『綱』矣。」鈴木云：「『綱』疑當作『剛』。」校證：「按二氏說是，王惟儉本正作『剛』，今據改。」

〔四〕「同時」，會同時務，指上文「理密於時務」；「酌和」，指上文「酌三五以鎔世」。斠詮：「酌和，謂酌取人和也。酌有擇善而取之意。」

〔五〕「秉」，執持。「治體高秉」，謂高舉治國的要領。「雅謨」，雅正的謀議。

書記第二十五

漢書百官志：「王公及大將軍幕府，皆有記室掌章表書記。」典論論文：「書論宜理。」又與吴質書：「元瑜書記翩翩，致足樂也。」文選五臣良注：「記亦書類。翩翩，美貌。言其文雅之致，足爲樂也。」

文章辨體序說「書」類：「昔臣僚敷奏，朋舊往復，皆總曰書。近世臣僚上言，名爲表奏，惟朋舊之間，則曰書而已。蓋論議知識，人豈能同？苟不具之於書，則安得盡其委曲之意哉？」

文體明辨序說「書記」類：「按劉勰云：書記之用廣矣（文心雕龍並無此語）。考其雜名，古今多品，是故有書，有奏記，有啓，有簡，有狀，有疏，有牋，有劄，而書記則其總稱也。」

春覺齋論文流别論十二：「姚惜抱謂書之爲體，始於周公之告君奭，於是列國士大夫，或面相告語，或爲書相遺，其義一也。劉彦和分其類曰書、記，姚惜抱則分其類曰書、説。記，奏記也。漢公府用奏記，郡將用奏牋，今則牋記已屏不用，通行者但名『與書』。」

札記：「案箸之竹帛謂之書，故説文曰『箸也』（聿部）；傳其言語謂之書，故説文曰『如也』（序）。是則古代之文，一皆稱之曰書。故（周禮）外史稱『三皇五帝之書』；又小史『以書叙昭穆之俎簋』；又小行人『及其萬民之利害爲一書，其禮俗政事教治刑禁之逆順爲一書，其悖逆暴亂作慝猶（與欲同）犯令者爲一書，其札喪凶荒戹貧爲一書，其康樂和親安平爲一書』。據此諸文，知古代凡箸簡策者，皆書之類。又記者，疏也（説文言部）。疋，記也（説文疋部）。知記之名，亦緣有文字箸之竹帛，不限於告人，故書記之科，所包至廣。彦和謂『書記廣大，衣被事體，筆劄雜名，古今多品』。是真能悉文章之原者。紀氏乃欲删其繁文，是則有意狹小文辭之封域，烏足與知舍人之妙誼哉！」

張相古今文綜書牘類叙録：「彦和有言：『書者，舒也。舒布其言，陳之簡牘。』然自上而下則曰『賜書』，自下而上則曰『上書』。兹列入詔令、表奏兩類。惟上下詶答，言匪政事，體屬筆札者，文以類聚，仍隸於斯。」

注訂：「書、記一也，古無所别，秦漢以後漸分。書者，舒也，達於外者之謂；記者，己也，著於内者之謂。範疇之分，由於所用殊途耳。蓋記類專於人事，分歧較多，故不入於雜文，然以俗習用，又多不可。遂因名之殊，並入之於記中，如本篇中自『譜者』以下所舉者是。彦和所以述之如此者，亦以記爲文章駢枝，其義雖不如書之廣大，而又爲實際之所不可缺者也。紀評以爲宜删自『故云譜者』以下一節，或非的論。」

斠詮：「文心之『書記』相當於昭明文選三十九類中之『牋』與『書』，其在宋姚鉉唐文粹二十二類中則爲『書』。」

從以上各家解釋，可見「書記」主要是指私家文書而言。

大舜云：「書用識哉！」〔一〕所以記時事也。蓋聖賢言辭，總爲之書〔二〕，書之爲體，主言者也〔三〕。揚雄曰：「言，心聲也；書，心畫也。」〔四〕聲畫形，君子小人見矣。故書者，舒也〔五〕。舒布其言，陳之簡牘〔六〕，取象於夬，貴在明決而已〔七〕。

〔一〕范注：「尚書益稷：『帝曰：書用識哉。』傳曰：『書識其非。』蔡傳：『識音志。……識，誌也。録其過惡以識於册。』」

〔二〕校證：「『之』舊本作『尚』，何校本、黄本改。案御覽五九五作『尚』。」按元刻本此處缺頁。明代各本俱作「蓋聖賢言辭，總爲尚書，尚書之爲體，主言者也。」這幾句話的意思是説：書之爲體，來源於尚書，而尚書是以記言爲主的書。義本可通，無煩改字。何焯校改之後，意思反而不如以前明確了。

〔三〕此句如照御覽删去「尚」字，亦可通。但在此句中，「書」仍指尚書而言。

尚書序題孔疏：「聖賢闡教，事顯於言，言愜群心，書而示法。既書有法，因號曰『書』。且言者意之聲，書者言之記，是故存言以聲意，立書以記言，故易曰：『書不盡言，言不盡意。』是言者意之筌蹄，書言相生者也。」

文心雕龍雜記：「姚姬傳云：書之爲體，始於周公之告君奭，於是列國士大夫，或面相告語，或爲書相遺，其義一也。」

〔四〕范注：「語見揚子法言問神篇。李軌注曰：『聲發成言，畫紙成書，書有文質，言有史野。二者之來，皆由於心。』又曰：『察言觀書，斷可識也。』」

法言問神篇：「彌綸天下之事，記久明遠，著古昔之㫚㫚，傳千里之忞忞者，莫如書。故言，心聲也；書，心畫也。」

〔五〕范注：「説文：『書，箸也，從聿、者聲。』説文序曰：『箸於竹帛謂之書。』又曰：『書者，如也。』孝經援神契曰：『書，如也，舒也，紀也。』賈子道德説：『書者，箸德之理於竹帛而陳之，令人觀焉以箸所從事。』」

尚書序題孔疏：「書者，舒也。書緯璿璣鈐云：『書者，如也。』則書者寫其言，如其意，情得展舒也。」

〔六〕黃注：「杜預春秋序：大事書之於策，小事簡牘而已。」文選五臣向注：「大竹曰策，小竹曰簡，木板爲牘。」

〔七〕校注：『於』，御覽引作『乎』……按元明各本亦皆作『乎』……可見『於』字爲黃氏誤刻。」黃注：「象夬，見徵聖篇。」范注：「易繫辭：『上古結繩而治，後世聖人易之以書契，百官以治，萬民以察，蓋取諸夬。』韓康伯注：『夬，決也。書契所以決斷萬事也。』」按易夬卦：「彖曰：夬，決也。」

三代政暇，文翰頗疎〔一〕。春秋聘繁，書介彌盛〔二〕：繞朝贈士會以策〔三〕，子家與趙宣以書〔四〕，巫臣之遺子反〔五〕，子産之諫范宣〔六〕，詳觀四書，辭若對面〔七〕。又子叔敬叔，進弔書於滕君〔八〕，固知行人挈辭〔九〕，多被翰墨矣〔一〇〕。

〔一〕札記：「古者使受辭命而行，且簡牘繁累，故用書者少。其見於傳，與人書最先，實爲鄭子家。」

〔二〕范注：「左傳襄公八年：『亦不使一介行李。』杜注：『一介，獨使也。』書介，猶言書使。」考異：「書介者，以書爲紹介也。史記魯仲連傳：『勝請爲紹介。』」

〔三〕梅注：「左傳：『晉人患秦之用士會也……乃使魏壽餘僞以魏叛者，以誘士會，執其帑於晉，使夜逸。請自歸於秦，秦伯許之。履士會之足於朝，秦伯師於河西，魏人在東。壽餘曰：

「請東人之能與二三有司言者，吾與之先。」使士會。士會辭曰：「晉人，虎狼也。若背其言，臣死，妻子爲戮，無益於君，不可悔也。」秦伯曰：「若背其言，所不歸爾帑者，有如河。」乃行。繞朝贈之以策曰：「子無謂秦無人，吾謀適不用也。」既濟，魏人譟而還，秦人歸其帑。』楊用修云：觀此，則策，簡也，非鞭也，太白『臨行將贈繞朝鞭』，亦誤用耳。」按此見文公十三年。杜注：「繞朝，秦大夫。」士會，晉人。

札記：「『繞朝贈士會以策』，此用服義也。左傳文十三年正義曰：服虔云：繞朝以策書贈士會。若杜注則云：策，馬撾，臨別授之馬撾，並示己所策以示情。正義曰：杜不然者，壽餘請訖，士會即行，不暇書策爲辭；且事既密，不宜以簡贈人。傳稱以書相與，皆云與書，此獨不宜云贈之以策，知是馬撾。據此，解作馬策，正是。」

范注：「竊疑彦和此文有二誤。士會倉卒歸晉，繞朝何暇書策爲辭（此説本正義）？其誤一也。下文云：『詳觀四書，辭若對面。』案左傳既不載其文，彦和從何詳觀？其誤二也。杜預訓『策』爲馬檛，義優於服虔。」

注訂：「彦和用服虔説，蓋下文『子無謂秦無人』一針見血之言，即策書之意，固如對面，故彦和云云，范注非。」

楊慎升庵文集卷四十三「繞朝贈策」條：「左傳：『士會自秦歸晉，繞朝贈之以策云：子勿謂秦無人，吾謀適不用也。』策，如『布在方策』（按見中庸）之『策』，蓋書也。其下云云，即策文也。蓋士會將歸，繞朝諫止之而秦君不聽；及其行也，又難顯言。故贈之以策書云云，見秦之有人，使歸晉而不敢謀秦也。今以爲鞭策，非也。劉勰文心雕龍曰：『繞朝贈士會以策，子家與趙宣以書，巫臣之遺子反，子産之諫范宣，詳觀四書，辭若對面。』據此，則豈鞭策乎？李白詩：『臨行將贈繞朝鞭。』（按見送羽林陶將軍詩），詩人趁韻之誤耳。」校注：「按舍人此文用服虔，楊慎、惠棟（左傳補注卷二十）、盧文弨（鍾山札記卷一）、梁玉繩（瞥記卷十九）均有所論證。」斠詮：「彦和蓋假鞭策爲書策，所謂言著於此，而義在於彼者也。」

〔四〕梅注：「春秋文十二（案應作十七）年：諸侯會於扈。左傳：晉靈公不見鄭伯，以爲貳於楚也。鄭公子歸生（子家）使執訊而與之書，以告趙盾（執訊，通訊問之官，爲書與宣子）曰：『寡君……隨蔡侯以朝於執事……請陳侯於楚而朝諸君。……以陳蔡之密邇於楚而不敢貳焉，則敝邑之故也。雖敝邑之事君，何以不免？在位之中，一朝於襄，而再見於君，夷與孤之二三臣相及於絳，雖我小國，則蔑以過之矣。今大國曰：「爾未逞吾志。」敝邑有亡，無以加焉。古人有言曰：「畏首畏尾，身其餘幾？」又曰：「鹿死不擇音。」小國之事大國也，德，則其人也；不德，則其鹿也。鋌而走險，急何能擇？命之罔極，亦知亡矣。將悉敝賦以待於鯈。唯執事命之。……居大國之間，而從於强令，豈其罪也！大國若弗圖，無所逃命。』」春覺齋論文流別論十二：「『與書』二字，始見於此。」「趙宣」，即趙盾，謚宣子。

〔五〕斯波六郎：「宋刊本御覽（五九五）『遺』作『責』爲是，『責』與下句『諫』相對爲文。」

校注「按書中有『爾以讒慝貪惏事君，而多殺不辜』之語，作『責』較勝。」

梅注：「左傳：楚共王即位，公子嬰齊殺巫臣之族子閻、子蕩及清尹弗忌，及襄老之子黑要，而分其室。巫臣自晉遺之（指二子）書曰：『爾以讒慝貪惏事君，而多殺不辜。余必使爾罷於奔命以死。』」按此見成公七年。

黄注：「左傳：楚子重、子反以夏姬故，怨巫臣，而殺其族，巫臣自晉遺二子書。」

郭注改「遺」爲「責」云：「今依御覽校改。若作『遺』，自與左傳原文相符，疑劉彦和探遺書之意，改遺爲責，與下文『諫范宣』爲對文。」「巫臣」，姓屈，也稱屈巫，楚國貴族，仕於晉。「子反」，楚公子側。

〔六〕梅注：「左傳：晉范匄（宣子）爲政，諸侯之幣重。鄭人病之。二月，鄭簡公如晉，公孫夏相，子産寓書於公孫夏以告匄曰：『子爲晉國，四鄰諸侯不聞令德，而聞重幣，僑（子産名）也惑之。僑聞長國家者，非無賄之患，而無令名之難。夫諸侯之賄，聚於公室，則諸侯貳；若吾子賴之，則晉國貳。諸侯貳則晉國壞，晉國貳則子之家壞。何没没也，將焉用賄！夫令名，德之輿也；德，國家之基也。有基無壞，無亦是務乎！……象有齒以焚其身，賄也。』范匄悦，乃輕幣。」按此見襄公二十四年。「范宣」，士會之孫士匄，食邑於范，謚宣子。

春覺齋論文流别論十二：「春秋去古未遠，雖競尚詐術，而猶崇禮讓。吕相之絶秦，至無理矣，而聽者仍彬彬然。至於子產，則淹博中却含蒼質之氣，語語純實，此『與書』中亦上品也。」

〔七〕札記：「『辭若對面』，觀此益知書所以代言語矣。」注訂：「四書俱見左傳，惟辭之繁簡不同。蓋以深切警惕爲著，故『對面』云者，以其能聳動於人也。」古文辭類纂序「書説」類：「春秋之世，列國士大夫或面相告語，或爲書相遺，其義一也。」

〔八〕「子叔敬叔」原作「子服敬叔」。范注：「禮記檀弓下：『滕成公之喪，（魯）使子叔敬叔弔，進書，子服惠伯爲介。』鄭注：『進書，奉君弔書。』此文子服敬叔應改爲子叔敬叔，子爲男子通稱，叔是其氏，敬叔其謚也。子服惠伯是副使，非奉君弔書者。」子叔敬叔即魯大夫叔弓，謚敬子。

〔九〕校注：「『挈』，宋本、喜多本御覽引作『絜』……按穀梁傳襄公十一年：『行人者，挈國之辭也。』范注：『行人，是傳國之辭命者。』舍人語本此。作絜誤。」「挈辭」，攜帶的文辭。斠詮：「穀梁襄公十一年傳：『楚人執鄭行人良宵，行人者，挈國之辭也。』范甯注：『行人，是傳國之辭命者。』楊疏：『舊解：挈猶傳也。行人傳國使會命，故云挈國之辭也。或以挈爲舉，謂傳舉國命之辭，理亦通耳。』案行人，周禮秋官之屬，有大行人，小行人，掌朝覲聘問之事，漢大鴻臚屬官有行人，其後無聞。」

〔一〇〕謂多寫成文辭。斠詮直解爲「於傳達國君辭命時，已多用書面簡牘，而形之於筆墨矣」。

及七國獻書，詭麗輻湊〔一〕；漢來筆札，辭氣紛紜〔二〕。觀史遷之報任安〔三〕，東方朔之難公孫〔四〕，楊惲之酬會宗〔五〕，子雲之答劉歆〔六〕，志氣盤桓〔七〕，各含殊采；並杼軸乎尺素，抑揚乎寸心〔八〕。逮後漢書記，則崔瑗尤善〔九〕。

〔一〕札記：「七國獻書，今可見者，若樂毅報燕惠王書，魯連遺燕將書，荀卿與春申君書，李斯諫逐客書，張儀與楚相書皆是。」

「湊」原作「輳」。春覺齋論文流別論十二：「七雄游説之士多，詭麗輻輳，步步設爲機械，用以陷人。」

校注：「『輳』，宋本……御覽引作『湊』。……按『湊』字是。説文水部：『湊，水上人所會也。』又車部：『轂，輻所湊也。』『輳』乃俗體，當作『湊』爲正。」按體性篇：「得其環中，則輻輳相成。」事類篇：「衆美輻輳，表裏發揮。」「詭麗輻輳」與「衆美輻輳」義同，是劉勰本習慣於用「輻輳」二字，不必改「輳」爲「湊」。考異：「淮南主術訓『群臣輻輳』凡四見。高注：『若輻之湊轂，故曰輻輳。』」

〔二〕校釋：「鮑本御覽五九五『氣』作『旨』，是。」校注：「漢來筆札，原非一家，内容自爲複雜，當以作『旨』爲是。」按「辭氣」亦可通。議對篇：「辭氣質素。」

〔三〕文選司馬遷報任少卿書李善注：「漢書曰：遷既被刑之後，爲中書令，尊寵任職。故人益州刺史任安乃與書，責以進賢之義，遷報之。遷死後，其書稍出。史記曰：任安，滎陽人，爲衛將軍，後爲益州刺史。」報任安書又見漢書司馬遷傳，略有删節。

評注昭明文選引原評云：「史遷一腔抑鬱，發之史記，作史記一腔抑鬱，發之此書。識得此書，便識得一部史記。蓋一生心事，盡洩於此也。縱横排宕，真是絶代大文章。」

譚獻云：「周秦渾穆之氣盡變，兩漢精純之體若失，起落皆有千鈞之重。層層逼椮，始出本意，如神龍出没，一掉入於九淵。」（同上）

春覺齋論文流别論十二：「至於漢世，則辭氣紛紜縱恣，觀史遷之報任安，足以見矣。遷之爲史，語至深嚴；獨此書悲慨淋漓，蕩然不復防檢，極力爲李陵號冤，漫無諱忌。幸任安爲秘其書，遷死乃稍出，然讀之但生後人之悲憤，若見之當時，則又有媒孽其短者矣。」

〔四〕校注：「御覽引無『朔』字；『難』作『謁』。按御覽所引是也。此云『東方』，與上句之『史遷』相儷。」

范注：「難公孫書佚。全漢文二十五自初學記十八、御覽四百十輯得東方朔與公孫弘借車書：『蓋聞爵禄不相責以禮，同類之游，不以遠近爲叙。是以東門先生居蓬户空穴之中，而魏公子一朝以百騎尊寵之；吕望未嘗與文王同席而坐，一朝讓以天下半。大丈夫相知，何必撫塵而游，垂髪齊年，偃伏以日數哉？』李詳黄注補正云：『玩其辭氣，似與公孫弘不協，疑即此書矣。』案藝文類聚九十六載弘答東方書佚文曰：『譬猶龍之未升，與魚鼈爲伍；及其升天，鱗不可覩。』或此即弘答朔之難書歟？」

〔五〕文選楊子幼報孫會宗書李善注：「漢書：楊惲，字子幼，華陰人。以才能稱譽，爲常侍騎，與太僕戴長樂相失，坐事免爲庶人。惲見已失爵位，遂即歸家閑居，自治產業，起室，以財自娛。歲餘，友人安定太守西河孫會宗與惲書，誡諫之，言：大臣廢退，當杜門惶懼，爲可憐之意，不當治產業，通賓客，有稱譽。惲乃作此書報之。」

范注：「漢書楊惲傳：惲宰相子，少顯朝廷，一朝晻昧，語言見廢，内懷不服。報會宗書云云。」

孫月峰曰：「是憤怨語，而豪邁自肆，於譎激處見態。」（見文選集評）

春覺齋論文流別論十二：「楊子幼（惲）之報孫會宗，意似湛於農畝，然過自標舉，所謂『酒酣耳熱，仰天擊缶，而呼嗚嗚』者，皆盛氣語。凡身世不與相類者。競摹其作，適足增其枵響而已。」

〔六〕訓故：「古文苑：劉歆與揚雄書，從取方言，雄答以書。」

札記：「歆書、子雲答書並見方言卷首。……按子雲所以不與歆書者，以其書未成，且又無副本，子駿索之甚急，不得不以死自誓也。古人自視其學問如此，不似今人苟自衒價也。」

范注：「方言載劉子駿與揚雄書從取方言，及揚子雲答劉歆書。古文苑十僅載雄答劉歆書。章樵注引洪内翰邁曰：『世傳揚子雲輶軒使者絕代語釋别國方言凡十三卷，郭璞序而解之，其末又有漢成帝時劉子駿與雄書從取方言及雄答書。以予考之，殆非也。雄自序所爲文初無所謂方言，觀其答劉子駿書稱蜀人嚴君平。按君平本姓莊。漢顯宗諱莊，始改曰嚴。法言所稱「蜀莊沈冥」，「蜀莊之才之珍」，「吾珍莊也」，皆是本字，何獨至此而曰「嚴」？又子駿只從之求書，而答云「必欲脅之以威，陵之以武，則縊死以從命也」。何至是哉！既云成帝時子駿與雄書，而其中乃云孝成皇帝，反覆牴牾。又書稱「汝潁之間」，先漢人無此語也。必漢魏之際好事者爲之云。』案洪氏之誤，在未明方言子駿書前『雄爲郎一歲，作繡補靈節龍骨之銘詩三章，及天下上計孝廉，上問異語，紀十五卷，積二十七年，漢武帝時劉子駿與雄書從取方言』數語，乃後人綴補，非雄自著。漢成帝時又是王莽時之語，洪氏不達此意，反復辨説，亦見其考證之疏矣。」

〔七〕「盤」舊本作「槃」。校注：「『槃』，宋本……御覽引作『盤』……按以頌贊篇『盤桓乎數韻之辭』例之，作『盤』前後一律。」王金凌文心雕龍文論術語析論：「『志氣』指尺牘中所含的情意。」「盤桓」，曲折，徘徊。

〔八〕校注：「按詩小雅大東『杼柚其空』，釋文：『柚，本又作軸。』是舍人此從或本作也。神思篇『杼軸獻功』，亦然。」文賦：「雖杼軸於予懷，怵他人之我先。」

春覺齋論文流別論十二：「揚子雲之報劉歆，則侈述作之事，措詞簡貴高厲，頗脱法言艱深之習，亦以劉歆績學，雄之報書不敢草草，故凌紙怪發，字字生稜。」

補注：「陸機文賦：『函緜邈於尺素，吐滂沛乎寸心。』」斠詮：「杼軸，本織具，此處作『錯綜交織』解。……詩大東：『杼柚其空。』朱傳：『杼，持緯者也；柚，受經者也。』」直解爲「錯綜交織於尺素之上，起伏回旋於寸心之中」。

〔九〕札記：「『崔瑗尤善』，全後漢文四十五載其與葛元甫書佚文，餘無所考。」范注：「後漢書崔瑗傳：『瑗高於文辭，尤善爲書記箴銘。』」

魏之元瑜，號稱翩翩〔一〕；文舉屬章，半簡必録〔二〕；休璉好事，留意詞翰〔三〕：抑其次也。嵇康絶交，實志高而文偉矣〔四〕。趙至叙離，迺少年之激切也〔五〕。至如陳遵占辭，百封各意〔六〕；禰衡代書，親疎得宜〔七〕；斯又尺牘之偏才也〔八〕。

〔一〕范注：「魏志文帝紀魏文帝與吴質書：『元瑜（阮瑀字）書記翩翩，致足樂也。』説文：『翩，疾飛也。』翩翩，輕舉敏捷之意。魏志王粲傳注引典略：『太祖嘗使瑀作書與韓遂。時太祖適近出，瑀隨從，因於馬上具草，書成呈之。太祖擥筆欲有所定，而竟不能增損。』」典論論文：「琳、瑀之章表、書記，今之儁也。」

〔二〕黄注：「（後漢書）孔融傳：融字文舉，魏文帝深好融文辭，募天下上融文章者，輒賞以金帛。」

李充翰林論：「或問曰：何如斯可謂之文？答曰：孔文舉之書，陸士衡之議，斯可謂成文矣。」

〔三〕魏志王粲傳注引文章叙録：「應璩字休璉，博學好屬文，善爲書記文。明帝世，歷官散騎常侍。」

札記：「元瑜、文舉、休璉，文選並載其書牘。」按文選有孔文舉論盛孝章書，阮元瑜爲曹公作書與孫權，應休璉與滿公琰書、與侍郎曹長思書、與廣川長岑文瑜書、與從弟君苗君胄書。

斠詮：「好事，謂樂於興造事端也。魏志王粲傳注引文章叙録，謂其以詩諷曹爽，『多切時要』，又文選卷二十一休璉百一詩李善注引張方賢楚國先賢傳謂：『休璉作百一詩，譏切時事，徧以示在事者，咸皆怪愕，或以爲應焚棄之，何晏獨無怪也。』李充翰林論謂『璩作五言詩百數十篇，以風規治道，蓋有詩人之旨焉。』孫盛晉陽秋謂：『璩作五言詩百三十篇，言時事頗有補益，世多傳之。』由此記載知其作品好譏諷時事，所謂『多切時要』，『咸皆怪愕』，『風規治道』，『頗有補益』云云，皆好事之謂也。」

校注：「應璩集序：『璩博學，好屬文，善爲書記。』（書鈔一百三引）文選『書』類所選二十四篇書中，休璉之作，即有其四。嚴可均全三國文卷三十所輯休璉文，全爲牋書。舍人稱其『留意詞翰』，洵不誣也。」

隋書經籍志載：「梁有應璩書林八卷，夏赤松撰。」可能是夏赤松把應璩寫的大量書札編成八卷，取名書林。

〔四〕范注：「魏志王粲傳注引魏氏春秋曰：『山濤爲選曹郎，舉康自代。康答書拒絶，因自說不堪流俗，而非薄湯武，大將軍聞而怒焉。初，康與東平呂昭子巽及巽弟安親善。會巽淫安妻徐氏，而誣安不孝，囚之。安引康爲證。康義不負心，保明其事。安亦至烈有濟世志力。鍾會勸大將軍因此除之，遂殺安及康。康臨刑自若，援琴而鼓，既而嘆曰：雅音於是絶矣！時人莫不哀之。』文選載絶交書。」

周注：「嵇康與山巨源絶交書說明不能做官：『自惟至熟，有……甚不可者二。……又每非湯武而薄周孔，在人間不止此事會顯世教所不容，此甚不可一也。剛腸疾惡，輕肆直言，遇事便發，此甚不可二也。』康與魏宗室婚，不願助司馬氏，抗節不屈，所以稱他的書爲志高文偉。」又：「志高當指他慕伯成子高的高節，不願出仕。但他的不願出仕，由于對司馬氏篡奪曹魏政權的不滿。」

孫月峰曰：「别傳稱叔夜偉容色，不加飾麗，而龍章鳳姿，文質自然，今此文亦復似之。」又：「『絶交』字立意甚奇，彼時亦只是直吐胸臆，乃遂成一段偉迹，其文格宏闊，亦是古今一篇大文字。」（見于光華文選集評）

何義門曰：「意謂不肯仕耳。然全是憤激，並非恬淡，宜爲司馬昭所疾也。龍性難馴，與阮公作用自别。」（同上）

春覺齋論文流别論十二：「叔夜絶交，較楊子幼爲直率；蓋子幼功名中人，退而治田，尚挾怨望，嵇康山野之性，不嗜膴仕，故攄懷而出，語至儁妙。」

〔五〕校注：「『叙』，黄校云：『元作贈，王性凝改。』按御覽引作『贈』，弘治本……文津本同。『贈』字自通，不必依唐修晉書本傳改爲『叙』也。」按元刻本亦作「贈」。又：「『切』，宋本……御覽引作『昂』。按『昂』字是。」

黄注：「晉文苑傳：趙至與嵇康兄子蕃友善，及將遠適，乃與蕃書叙離，並陳其志。」按此見晉書趙至傳。

范注：「文選趙景真與嵇茂齊書李善注曰：『嵇紹集曰：趙景真與從兄茂齊書，時人誤謂吕仲悌與先君書，故具列其本末。趙至，字景真，代郡人，州辟遼東從事。從兄太子舍人蕃，字茂齊，與至同年相親。至始詣遼東時，作此書與茂齊。』干寶晉紀以爲吕安與嵇康書。二説不同，故題云景真而書曰安。」五臣注：「翰曰：干寶晉紀云：吕安，字仲悌。時太祖逐安於遠郡，在路作此書與嵇康也。嵇紹集云：趙景真與從兄茂齊書，時人誤謂吕仲悌與先君書。時紹以太祖惡安，又康與安同誅，懼時所疾，故移於景真，實安作也。此仍曰趙至，從舊本耳。」

戴明揚嵇康集校注附録與嵇茂齊書之作者以爲：「此書出於吕安，誠無可疑。」與嵇茂齊書云：「若乃顧影中原，憤氣雲踊，哀物悼世，激情風烈。龍睇大野，虎嘯六合，猛氣紛紜，雄心四據。思躡雲梯，横奮八極，披艱掃穢，蕩海夷岳。蹴昆侖使西倒，蹋太山令東覆。平滌九區，恢維宇宙，斯亦吾之鄙願也。」可見其激昂之情。

〔六〕漢書陳遵傳：「陳遵容貌甚偉，略涉傳記，贍於文辭。性善書，與人尺牘，主皆藏去以爲榮。起爲河南太守，既至官，當遣從史西，召善書吏十人於前，治私書謝京師故人。遵馮几，口占書吏，且省官事，書數百封，親疏各有意。河南大驚。」明彭大翼山堂肆考引「百封各意」作「旨意各具」。顏師古注：「占，隱度也，口隱其辭以授吏也。」「占」，口授。心中先隱度其辭而後口授他人書之。

〔七〕梅注：「後漢書：曹操送禰衡於劉表，表及荆州士大夫先服其才名，甚賓禮之。文章言議，非衡不定。後衡侮慢於表，表恥不能容，以江夏太守黄祖性急，故送衡與之，祖亦善待焉。衡爲作書記，輕重疏密，各得體宜。祖持其手曰：處士，此正得祖意，如祖腹中之所欲言也。」按此見文苑禰衡傳。

〔八〕史記匈奴列傳：「文帝遺單于書尺一牘，單于以尺二牘答。」陳懋仁續文章緣起：「尺牘，漢文帝遺匈奴尺一牘。尺牘書之沿也。體務簡達，語貴嫺孅，所用最繁。」明賀復徵文章辨體彙選卷二百五十九尺牘一：「尺牘者，約情愫於尺幅之中，亦簡略之稱也。」

詳總書體〔一〕，本在盡言，言以散鬱陶〔二〕，託風采〔三〕，故宜條暢以任氣〔四〕，優柔以懌懷〔五〕。文明從容〔六〕，亦心聲之獻酬也〔七〕。若夫尊貴差序，則肅以節文〔八〕，戰國以前，君臣同書〔九〕，秦漢立儀，始有表奏〔一〇〕，王公國內，亦稱奏書，張敞奏書於膠后〔一一〕，其義美矣〔一二〕。

〔一〕校釋：「御覽『總』作『諸』，是。」

〔二〕校注：「『言』，御覽引作『所』。按『所』字是，『言』乃涉上句而誤。」鬱陶，指積聚於心的感情。書五子之歌：「鬱陶乎予心。」傳：「言哀思也。」孟子萬章上：「鬱陶思君爾。」

〔三〕考異：「御覽『託』作『詠』。……『託』字爲長，『託』者寄意而非涵詠也。」

斠詮：「風度儀采也，賅括言論舉止或態度儀表而言。」

〔四〕校注：「『條暢』，黄校云：『御覽作「滌蕩」。』按『滌蕩』與『條暢』同，淮南子泰族篇：『拊循其所有而滌蕩之。』文子道原篇作『條暢』，是其證。」文選洞簫賦：「條暢洞達，中節操兮。」李善注：「言聲有條貫，通暢洞達，而中於節操。」

〔五〕「優柔」，閑暇自得貌。「懌懷」，使心情喜悦。

御覽「柔」作「游」。斠詮：「『優游』與『優柔』兩詞，義本相近，皆可用。……左傳序：『優而柔之，使自求之。』孔疏：『優柔俱訓爲安，寬舒之意也。』舍人於養氣篇云：『志於文也，則申寫鬱滯，故宜從容率情，優柔適會。』與此處用義同。」

考異：「滌蕩任氣，所以盡情；優游懌懷，所以適意。從御覽爲長。」

〔六〕「明」，明朗。

牟注：「文明：指上面説的『條暢』而言。從容：指『優柔』而言。」

〔七〕斠詮：「文選班固東都賦：『獻酬交錯。』六臣注銑曰：『獻酬之義，相酬也。』」

黄注：「世説：人問撫軍：『殷浩談竟何如？』答曰：『不能勝人，差可獻酬群心。』」按此見品藻篇。心聲之呈獻與酬答，即思想情感的交流。

文體明辨序説「書記」類：「書記之體，本在盡言，故宜條暢以宣意，優柔以懌情，乃心聲之獻酬也。若夫尊卑有序，親疏得宜，是又存乎節文之間，作者詳之。」

春覺齋論文流別論十二把「書記」叫作「與書」，林紓説：「大抵與書一定之體，果有所見，如先輩之析辨學問可也；至於指陳時政，抗論世局，或叙離悰，或抒積悃。所貴情摯而語馴，能駕馭控勒，不致奔逝，奮其逸足，則法程自在，會心者自能深造之也。」

札記：「『詳總書體，本在盡言』，此數語與『書之爲體主言者也』相應。條暢任氣，優柔懌懷，書之妙盡之矣。自晉而降，丘遲與陳伯之書、徐孝穆在北與楊僕射求還書，皆其選也。」

張相古今文綜第二部第一編「書牘」類第一章叙事之書（上）説：「彦和又云：書體宜條暢以任氣，優游以懌懷，標準斯言，析之爲兩：條暢任氣，屬於叙事；優游懌懷，屬於達情，徐伯魯氏所謂書有議論辭令二體者也。」他在第二章的叙事之書（中）又分出「論政」之書一類，解釋説：「盱衡世變，馳騁其辭，談兵事，核吏治，量國費，備荒政……犖犖大端，洞見癥結。或上言獻替，或私居商榷，爲隨爲激，所持各異，要之詰屈究盡，可見施行，彦和所謂『取象於夬，貴在明決』者也。」他於第四章達情之書又説：「喜怒哀樂，含生大情，敷衽陳詞，可歌可泣，彦和所云『心聲之獻酬』者也。」

注訂：「『散鬱陶』即所以任氣，『託風采』即所以懌懷，據此則文明從容可見，心聲獻酬有託也。」

〔八〕章表篇：「肅恭節文，條理首尾。」誄碑篇：「讀誄定謚，其節文大矣。」文體明辨序説書記上：「若夫尊卑有序，親疏得宜，是又存乎節文之間，作者詳之。」斠詮：「『節文，謂禮節文飾也，因人情以爲節度而存禮敬之容。禮記坊記：『禮者，因人之情，而爲之節文，以爲民坊者也。』管子心術上：『禮者，因人之情，緣義之理，而爲之節文者也。』」

〔九〕黄注：「如樂毅報燕王，燕王謝樂毅，上下無別，同稱書也。」

〔一〇〕黄注：「文章緣起：表，淮南王安諫伐閩表。奏，漢枚乘奏書諫吴王濞。」

〔一一〕梅注：「漢書：張敞爲膠東王相，王母王太后數出游獵，敞奏書諫曰：『臣聞秦王好淫聲，葉陽后爲之不聽鄭衛之樂；楚莊好田獵，樊姬爲之不食鳥獸之肉，口非惡旨甘，耳非憎絲竹也。所以抑心意，絶耆欲者，將以率二君而全宗祀也。禮，君母出門，則乘輜軿，下堂則從傅母，進退則鳴玉珮，内飾則結綢繆。此言尊貴所以自斂制，不從恣之義也。今太后資質淑美，慈愛寬仁，諸侯莫不聞，而少以田獵縱欲爲名，於以上聞，亦未宜也。唯觀覽乎往古，全行乎來今，令后姬得有所法則，下臣得有所稱誦，臣敞幸甚。』書奏，太后止不復出。」按此見張敞傳。

〔三〕校釋：「御覽『其』下有『辭』字，是。」

以上爲第一段，釋書之義用、來源，評論戰國以來各大家之書牘，並總結書之寫作要領。

迄至後漢，稍有名品，公府奏記〔一〕，而郡將奏牋〔二〕。記之言志，進己志也〔三〕。牋者表也，表識其情也〔四〕。崔寔奏記於公府，則崇讓之德音矣〔五〕；黄香奏牋於江夏〔六〕，亦肅恭之遺式矣。

〔一〕「公府」，謂三公之府。范注：「漢書丙吉傳：『昌邑王賀以行淫亂廢，霍光與車騎將軍張安世諸大臣議所立，未定。吉奏記光曰云云。光覽其議，遂尊立皇曾孫。』又杜延年奏記霍光爭侯史、吴事，鄭明奏記蕭望之，李固奏記梁商，此皆公府稱奏記之事。（論衡對作篇：「論衡之人，奏記郡守宜禁奢侈，以備困乏。」是上書郡守亦得稱奏記。）」任昉文章緣起：「奏記，漢江都相董仲舒詣公孫弘奏記。」郭注：「後漢書李固傳：『固欲令（梁）商先正風化，退辭高滿，乃奏記曰云云。』故云『公府奏記』。」

〔二〕黄注：「嚴延年傳：『延年新將。』注：新爲郡將也。謂郡守爲郡將者，以其兼領武事也。」按此見漢書酷吏傳。

范注：「説文：『箋，表識書也。』徐鍇曰：『今作牋。』張華博物志文籍考：『或云，毛公嘗爲北海郡守，玄是此郡人，故以爲敬。』案此説雖未得鄭玄箋詩之意，然可見郡民對守將稱牋有自來矣。（郡守兼領武事，故亦稱郡將。）應劭漢官儀曰：『孝廉先試箋奏。』（北堂書鈔設官部引）王隱晉書：『劉官由亭民舉秀才，刺史箋久不成。官指語箋體，然後成。』」

札記：「案箋之與記，隨事立名，義非有別。觀文選所載阮嗣宗奏記詣蔣公，誠爲公府所施，而任彦升到大司馬記室箋，則亦公府也。故知漢來二體非甚分析也。」

文體明辨序説「牋」類：「若班固之説東平，黄香之奏江夏，所謂郡將奏牋者也。是時太子諸王大臣皆得稱牋，後世專以上皇后太子，於是天子稱表，皇后太子稱牋，而其他不得用矣。」

清王兆芳文體通釋「牋」：「牋者，本字作『箋』。……表識所言之情事，上天子與王侯郡將也。劉勰曰：『郡將奏牋。』」

校注：「『奏牋』，宋本……御覽引作『奉牋』。按公府曰『奏記』，郡將曰『奉牋』，正示其名品之異。御覽所引是也。三國志魏志崔林傳：『……杖節統事州郡，莫不奉牋致敬。』宋書孔覬傳，『轉署記室，奉牋固辭。』是『郡將奉牋』，魏宋之世猶然。」

〔三〕文體通釋「奏記」：「記亦志也。進事於王侯大臣，而伸言厥志，奏書之支別也。劉勰曰：『後漢公府奏記，進己志也。』」

〔四〕校注：「『表識』，御覽引作『識表』……元本、弘治本、訓故本同。按説文：『箋，表識書也。』」

此舍人説所本（「牋」與「㦆」正俗字）。當以作『表識』爲是。」「表識」，明白揭示。

〔五〕訓故：「後漢書：崔寔辟大將軍梁冀府。」按此見崔寔傳。

札記：「崔寔奏記於公府，今無所考。公府蓋謂梁冀，寔嘗爲大將軍冀司馬也。後漢書本傳云：所箸碑、論、箴、銘、答、七言、詞、文、表、記、書凡十五篇。是子真（崔寔字）之文有記。」

斠詮：「德音，猶『令聞』也。見詩豳風狼跋『德音不瑕』朱傳。」

〔六〕黄注：「後漢文苑傳：黄香，字文彊，江夏安陸人，所著賦、㦆、奏、書、令，凡五篇。」

校注：「奏，宋本……御覽引作『奉』。按『奉』字是。」

札記：「黄香奏牋於江夏，無考。但本傳叙其所著有牋。」

公幹㦆記，麗而規益，子桓弗論，故世所共遺〔一〕，若略名取實，則有美於爲詩矣〔二〕。劉廙謝恩，喻切以至〔三〕；陸機自理，情周而巧〔四〕，㦆之爲善者也〔五〕。

〔一〕校注：「『麗』上，御覽引有『文』字。按有『文』字辭氣較勝。」

黄注：「劉楨，字公幹。按魏文帝與吴質書：『公幹五言詩，妙絶當時。』而不言其㦆記，故云弗論。文帝字子桓。」

補注：「魏志邢顒傳載楨諫曹植書云：『家丞邢顒，北土之彦，少秉高節，玄静澹泊，言少理多，真雅士也。楨誠不足同貫斯人，並列左右。而楨禮遇殊特，顒反疏簡。私懼觀者將謂君侯習近不肖，禮賢不足，采庶子之春華，忘家丞之秋實，爲上招謗，其罪不小，以此反側。』又王粲傳注引典略楨答魏文帝書云：『楨聞荆山之璞，曜元后之寶；隨侯之珠，燭衆士之好；南垠之金，登窈窕之首；貂鼲之尾，綴侍臣之幘。此四寶者，伏朽石之下，潛污泥之中，而揚光千載之上，發彩疇昔之外；亦皆未能初自接於至尊也。夫尊者所服，卑者所修也；貴者所御，賤者所先也。故夏屋初成，而大匠先立其下；嘉禾始熟，而農夫先嘗其粒。恨楨所帶，無他妙飾，若實殊異，尚可納也。』此皆彦和所謂麗而規益者。典論論文但以琳、瑀書記爲儁，而云公幹『壯而不密』，是不重楨之爲文，故言『弗論』。黄注未悉。」札記：「案全後漢文六十五尚輯有楨與曹植書又一首。」

王金凌：「劉楨答太子丕借廓落帶書中，引荆山之璞、隨侯之珠、南垠之金、貂貚之尾四寶爲喻，以譏曹丕所服乃卑者所修。辭采甚美……故稱麗。」

〔二〕注訂：「魏文帝與吴質書『公幹五言詩，妙絶當時』，爲此句所本。」明詩篇：「偏美則太沖、公幹。」

〔三〕梅注：「魏志：魏諷反，廙弟偉爲諷所引，當相坐誅。丞相操令曰：叔向不坐弟虎，古之制也。特原不問，徙署丞相倉曹屬。廙上書謝曰：臣罪應傾宗，禍應覆族。遭乾坤之靈，值時來之運，揚湯止沸，使不焦爛。起烟於寒灰之上，生華於已枯之木。物不答施於天地，子不謝生於父母，可以死效，難用筆陳。」按此見劉廙傳。札記：「按劉廙文，魏志目之爲疏。」

「至」，得當。荀子正論：「不知逆順之理，小大至不至之變者也，未可與及天下之大理者也。」楊倞注：「至不至，猶言當不當。」

〔四〕陸機謝平原内史表：「横爲故齊王冏所見枉陷，誣臣與衆人共作禪文，幽執囹圄，當爲誅始。臣……乃與弟雲……岐嶇自列，片言隻字，不關其間，事蹤筆跡，皆可推校。」札記：「黄注以謝平原内史表當之。案表文有云：『崎嶇自列，片言隻字，不關其間，事蹤筆跡，皆可推校，而一朝翻然，更以爲罪。』是士衡本先有自理之文。檢全晉文九十七載有與吴王表二條，則真自理之詞也。文如下：『臣以職在中書，詔命所出。臣本以筆札見知。』『禪文本草，見在中書，一字一蹟，自可分别。』第二條與謝表所舉崎嶇自列之辭相應。」牟注：「晉書陸機傳載：『（趙王）倫將篡位，以（陸機）爲中書郎。倫之誅也，齊王冏以機職在中書，九錫文及禪詔疑機與焉，遂收機等九人付廷尉。賴成都王穎、吴王晏並救理之。』『自理』和『救理』相對而言。陸機得釋後，在對司馬穎、司馬晏的謝吴王表、與吴王表、謝成都王箋中，都對他的被疑受誣有所申辯。表箋均見全晉文卷九十七。」

〔五〕校注：「『爲』，御覽引無，按『爲』字於此實不應有，蓋傳寫者涉下句而衍，當據删。」

原牋記之爲式，既上窺乎表，亦下睨乎書〔一〕，使敬而不懾，簡而無傲〔二〕，清美以惠其才，彪蔚以文其響，蓋牋記之分也〔三〕。

〔一〕牋記介乎書、表之間，一般用於對上，而且主要用於臣下對皇室后妃、太子、王子等表示謝意或賀忱。如吴質答魏太子牋、陳琳答東阿王牋等。

〔二〕校注：「書舜典：『剛而無虐，簡而無傲。』」正義：「簡易之失，入於傲慢，故令簡而無傲。」札記：「謂敬而不懾，所以殊於表：簡而無傲，所以殊於書。」范注：「表有誠惶誠恐，死罪死罪之語。上文云：書體在盡言，宜條暢以任氣，則有類乎傲也。」

〔三〕古今文綜第二部第一編「書牘」類第六章「箋」類説「箋」就是指的「牋記」，並解釋説：「大抵古者自敵以上，此體爲宜，後世亦遂施之儕輩矣。兹本彦和之説，約以今名，析爲兩目：一曰陳述，『敬而不懾，簡而無傲』，庶幾『上窺乎表』者也；一曰議論，『清美以惠其才，彪蔚以文其響』，庶幾『下睨乎書』者也。」按「惠」通「慧」。原道篇：「虎豹以炳蔚凝姿。」注訂：「據彦和清美之言，知牋記有純雜之判，蓋在書表之間耳。記體所涵不一，故下文收譜録諸項，文章體勢無遺類也。」王金凌：「清美與彪蔚是就辭采而言。此處謂才能在牋記中宜表達清美而彪蔚的特徵。」「響」謂聲響。

以上爲第二段，論牋、記之義用及其優秀作者，兼明牋記之寫作要領。

夫書記廣大，衣被事體〔一〕，筆劄雜名，古今多品。是以總領黎庶，則有譜、籍、簿、録；醫歷星筮，則有方、術、占、式〔二〕；申憲述兵，則有律、令、法、制；朝市徵信，則有符、契、券、疏；百官詢事，則有關、刺、解、牒；萬民達志，則有狀、列、辭、諺。並述理於心，著言於翰，雖藝文之末品，而政事之先務也〔三〕。

〔一〕范注：「彥和之意，書記有廣狹二義。自狹義言之，則已如上文所論。自廣義言之，則凡書之於簡牘，記之以表志意者，片言隻句，皆得稱爲書記。章太炎本此而更擴充之，作文學總略篇，可參閱。紀評云：『此種皆係雜文。緣第十四先列雜文，不能更標此目，故附之書記之末，以備其目。然與書記頗不倫，未免失之牽合。況所列或不盡文章，入之論文之書，亦爲不類。若删此四十五行，而以「才冠鴻筆」句直接「牋記之分」句下，較爲允協。』案紀氏不達書記有廣狹二義，故貢此論，其實置之雜文篇中，反爲不倫矣。」

注訂：「此節羅列雜體，統歸於記。六條所包，約二十四則。因俗取名，使文無遺種，事有遵依，然列之於記者，藝文之末品，故不必專篇也，如識不及此，當如紀評所云，豈其然乎？」

校釋：「紀評謂：『二十四品，與書記不倫，未免牽合。』非也。劉成國釋名曰：『書，庶也。記庶物也。亦言著簡紙，永不滅也。』揚子雲法言問神篇曰：『彌綸天下之事，記久明遠，著古昔之㬎㬎，傳千里之忞忞者，莫如書。』曰『紀庶物』，曰『彌綸天下之事』，足見書之爲義，其廣如此，故舍人曰：『書記廣大，衣被事體。』紀氏非之，未明此義。且本書原有附論之列，上篇所涉，固徧及各體之作。二十四品，既不足以設專篇，復不宜略而不論，乃附之書記之末，亦猶雜文篇附及者十六類也。」

斠詮：「事體，事物之大體，事物之體統。後漢書胡廣傳：『練達事體，明解朝章。』」「衣被」，覆蓋，包羅。

〔二〕校證：「『式』原作『試』，馮校云：『試當作式。』何校云：『試一作式。』顧校作『式』。案馮、顧校是。王惟儉本正作『式』，下文亦作『式』，今據改。」

〔三〕注訂：「雜體二十四，統於記篇，於文章爲末，而於政事爲先。苟無所述，失其體要，此作者著意處也。」「達志」，即達意。

故謂譜者，普也〔一〕。注序世統，事資周普〔二〕，鄭氏譜詩，蓋取乎此〔三〕。籍者，借也〔四〕。歲借民力〔五〕，條之於版〔六〕，春秋司籍，即其事也〔七〕。簿者，圃也〔八〕。草木區別〔九〕，文書類聚〔一〇〕，張湯、李廣，爲吏所簿，別情僞也〔一一〕。録者，領也〔一二〕。古史世本〔一三〕，編以簡策，領其名數〔一四〕，故曰録也〔一五〕。

〔一〕校證：「徐校删『故謂』二字，梅六次本剜去『故謂』二字，似可從。」

〔二〕「世統」，謂世類統緒。釋名釋典藝：「統，緒也。主緒人世類相繼如統緒也。」王兆芳文體通釋「譜」：「譜者，籍録也，布也，普也，布事籍録，令周普也。……劉勰曰：『事資周普。』」

〔三〕訓故：「後漢書鄭玄傳：『著毛詩譜。』注云：『玄於詩、禮、論語，爲之作序。此譜亦序之類。

避子夏序名，以其列諸侯世及之次，謂之爲譜。』」

梅注：「毛詩傳鄭玄箋，作詩譜十六篇。」

黄注：「漢藝文志：帝王、諸侯世譜二十卷，古來帝王年譜五卷。」梁書文苑劉杳傳：「王僧孺被敕撰譜，訪杳血脈所因，杳云：『桓譚新論云：太史三世表，旁行邪上，並效周譜。以此而推，當起周代。』」范注：「鄭玄詩譜序曰：『夷、厲以上，歲數不明，太史年表，自共和始。歷宣、幽、平王而得春秋次第，以立斯譜。欲知源流清濁之所處，則循其上下而省之；欲知風化芳臭氣澤之所及，則傍行而觀之。』觀鄭語，知詩譜即詩表。正義云：『譜者，普也。注序世數，事得周普，故史記謂之譜牒，是也。』案正義此文竊取彦和而小變者。」

〔四〕范注：「説文：『籍，簿書也。』尚書僞孔安國序：『由是文籍生焉。』正義：『籍者，借也。借此簡書以記録政事。』孟子滕文公上：『助者，藉也。』趙岐注曰：『藉者，借也，猶人相借力助之也。』此訓『借』説所本。」

按史通表歷篇云：「蓋譜之建名，起於周代，表之所作，因譜象形。故桓君山有云：『太史公三代世表，旁行斜上，並效周譜。』」

〔五〕校注：「禮記王制：『古者，公田藉而不税……用民之力，歲不過三日。』鄭注：『藉之言借也，借民力治公田。』公羊傳宣公十五年：『古者什一而藉。』何注：『什一以借民力，以什與民，自取其一爲公田。』『籍』與『藉』通。」

〔六〕范注：「釋名釋書契：『籍，籍也，所以籍疏（疏，條列也）人民户口也。』……周禮天官敘官『司書』正義：『籍，今手版。』」

〔七〕訓故：「春秋左傳：周景王謂籍談曰：『昔而高祖孫伯黶司晉之典籍，以爲大政，故曰籍氏。』」按此見昭公十五年。

〔八〕黄注：「漢食貨志：『多張空簿。』注：『簿，計簿也。』」札記：「藝文志雜家有解子簿書。」范注：「『簿』字説文無，簿訓圃，同聲爲訓。釋名釋書契：『簿，言可以簿疏物也。』」

〔九〕論語子張：「譬諸草木，區以别矣。」斠詮：「蓋謂草木之樹藝應分區各别也。」

〔一〇〕斠詮：「蓋謂文書紀事，須同類相聚也。」易繫辭上：「方以類聚，物以群分。」

〔一一〕訓故：「史記：張湯爲御史大夫，天子以湯懷詐面欺，使使八輩簿責湯。」按此見酷吏傳。又見漢書張湯傳，師古注：「以文簿次第一一責之。」訓故：「史記：李廣從大將軍擊匈奴軍，失道，大將軍使長史急責廣之幕府對簿。」漢書李廣傳作「急責廣之幕府上簿」，師古注：「簿，謂文狀也。」王金凌：「張湯爲三長史所陷，漢武帝以爲張湯懷詐面欺，使使八輩簿責湯。事見史記……張湯傳。李廣從衛青征匈奴，不從命而迷途，衛青使長史急責李廣的幕府對簿，事見史記……李廣傳。由此看來，簿是責罪或爲己罪辯解的文書。……『情』在此當指情實。」

〔一二〕范注：「説文：『録，金色也。』假借爲『録』，古刻本爲書，故曰録也。後漢書和帝紀注：『録，謂總領之也。』」

注訂：「周禮天官職幣：『掌式灋以斂官府都鄙，與凡用邦財者之幣，振掌事者之餘財，皆辨其物而奠其録，以書楬之，以詔上之。』注：『定其録籍。』」

〔一三〕黄注：「（後漢書）班彪傳：『左丘明有記録黄帝以來至春秋時帝王公侯卿大夫，號曰世本一十五篇。』馬總意林：『傅子曰：楚漢之際，有好事者作世本，上録黄帝，下逮漢末。』」章宗源隋書經籍志考證七：「周禮『小史掌邦國之志，定世繫（應作「奠繫世」），辨昭穆』，注曰：『帝繫，世本之屬。』疏曰：『天子謂之帝繫，諸侯謂之世本。』漢書司馬遷傳贊曰：『左丘明有世本，録黄帝以來至春秋時帝王公侯卿大夫祖世所出。』漢藝文志『春秋家』有世本十五篇。……史記序索隱：劉向曰：『世本，古史官明於古事者之所記也。録黄帝以來帝王諸侯及卿大夫繫謚名號，凡十五篇。』」

〔一四〕漢書高帝紀：「民前或相聚，保山澤，不書名數。今天下已定，令各歸其縣，復故爵田宅。」師古注：「名數，謂户籍也。」史記萬石君傳：「元封四年中，關東流民二百萬口，無名數者四十萬。」

〔一五〕文體通釋「録」：「録者，金所刻録節也，領也。總領事物，書於竹節，後世以紙代也。劉勰曰：『古史世本，編以簡策，領其名數。』主於定例編記，領理繁雜。」

方者，隅也〔一〕。醫藥攻病，各有所主，專精一隅，故藥術稱方。

術者，路也〔二〕。算曆極數〔三〕，見路乃明，九章積微〔四〕，故稱爲術，淮南萬畢〔五〕，皆其類也。

占者，覘也〔六〕。星辰飛伏，伺候乃見〔七〕，登觀書雲〔八〕，故曰占也。

式者，則也〔九〕。陰陽盈虛，五行消息〔一〇〕，變雖不常，而稽之有則也。

〔一〕漢書藝文志：「經方十一家。」范注：「太玄周：『周無隅。』注：『方也。』漢書藝文志：『經方者，本草石之寒温，量疾病之淺深，假藥味之滋，因氣感之宜，辨五苦六辛，致水火之齊，以通閉解結，反之於平。』方亦不盡用於醫藥。初學記二十一有韋誕墨方，齊民要術九有誕筆方，言作筆墨之法。」注訂：「方，説文：『併船也。』與旁通。引申爲方向方術之方。左昭二十九年傳：『官修其方。』注：『法術也。』又左閔二年傳：『授方。』注：『百事之宜也。』藥術稱方，皆本斯義。」

〔二〕范注：「説文：『術，邑中道也。』」

〔三〕「算曆極數」，斠詮直解爲「算學、歷法，皆數術之極致」。

〔四〕梅注：「黄帝時，隸首作筭數，筭數之術有九：一曰方田，二曰粟米，三曰差分，四曰少廣，五曰商功，六曰均輸，七曰方程，八曰赢不足，九曰旁要。」黄注：「漢藝文志：凡數術有百九十家，數術者，皆明堂、羲和、史卜之職也。」又：「（後漢書）鄭玄傳：始通京氏易、公羊春秋、三統歷、九章算術。注：三統歷，劉歆所撰。九章算術，周公作也。凡有九篇：方田一，粟米二，差分三，少廣四，均輸五，方程六，傍要七，盈不足八，鈎股九。」

范注：「九章算術九卷，四庫提要曰：『不著撰人名氏，原本久佚，今從永樂大典録出，蓋周禮保氏之遺法。漢張蒼删補校正，而後人又有所附益也。晉劉徽、唐李淳風皆爲之注。自周髀以外，此爲最古之算經。』」按現傳本九章算術分九章：（一）方田，（二）粟米，（三）衰分，（四）少廣，（五）商功，（六）均輸，（七）盈不足，（八）方程，（九）勾股。「積微」，積聚了數學的微妙。

〔五〕訓故：「隋志：淮南王鴻寶萬畢術。」

黄注：「（史記）龜策傳：臣（褚少孫）爲郎時，見萬畢石朱方，傳曰：『有神龜在江南嘉林中。』注（應作索隱）：『萬畢術中有石朱方，方中説嘉林中，故云傳曰。』淮南有萬畢術一卷。」

范注：「黄以周子叙萬畢術叙：『萬畢術舊題漢劉安撰。漢志不著録。史記龜策傳褚先生見萬畢石朱方。梁七録有淮南萬畢經、淮南變化術各一卷。或以爲此即漢志淮南外書之一種，或以爲淮南好方技，後世多依託其名以成書。如淮南九師道訓、淮南八公相鶴經亦皆襲其稱。萬畢未必是劉安外書，然褚少孫見其方，阮孝緒箸其録，其書自古矣。……』案彦和所云萬畢術，似書中多言歷算，當即七録所著之一卷也。」

〔六〕范注：「説文：『占，視兆問也。』方言十：『占，伺視也。凡相候謂之占，猶瞻也。』廣雅釋詁四：『占，譣也。』」

〔七〕黄注：「漢藝文志：『雜占十八家。』雜占者，紀百事之象，候善惡之徵。」札記：「飛伏，晉天文志：自下而上曰飛。案伏者，匿不見也。」

范注：「文獻通考經籍考：『京氏積算易傳三卷，雜占條列法一卷，晁景迂曰：「是書肇乾坤之二象，以成八卦。卦凡八變六十有四，於其往來升降之際，以觀消息盈虚於天地之元。大抵辨三易，運五行，正四時，謹二十四氣，悉七十二候，而位五星，降二十八宿。其進退以幾而爲一卦之主者，謂之世。奇耦相與，據一以超二而爲主之相者謂之應。世之所位而陰陽之肆者謂之飛，陰陽肇乎所配，而終不脱乎本，以隱賾佐神明者謂之伏。」』」

〔八〕校證：「『登』原作『精』，何、黄並云：『疑作登。』」校注：「按作『登』與左傳僖公五年合。中論歷數篇：『人君親登觀臺，以望氣而書雲物爲備者也。』亦可證。」訓故：「春秋左傳：『公既視朔，遂登觀臺以望，而書，禮也。凡分、至、啓、閉，必書雲物，爲備故也。』」按此見僖公五年。杜注：「雲物，氣色災變也。」范注：「精觀，當作登觀。」又：「觀臺，臺上構屋，可以遠觀者也。」

〔九〕范注：「漢書藝文志五行家：『羡門式二十卷。』周禮大史：『大師（大師者，大起軍師也），抱天時與大師同車。』鄭司農曰：『大出師，則大史主抱式以知天時，處吉凶。史官主知天道。

故國語曰：「吾非瞽史，焉知天道？」春秋傳曰：「楚有雲如衆赤鳥夾日以飛。楚子使問諸周大史。」大史主天道。』（國語周語、左傳哀六年）疏曰：『抱式者，據當時占文謂之式，以其見時候有法式，故謂載天文者爲式。』」

斠詮：「說文：『式，法也。』老子：『爲天下式。』注：『式，模則也。』又：『抱一爲天下式。』注：『式，猶則之也。』」

〔一〇〕「盈虛」，猶盛衰。「消息」，猶消長。斠詮：「易豐：『天地盈虛，與時消息。』舍人之造語本此。孔疏：『天之寒暑往來，地之陵谷遷貿，盈則與時而息，虛則與時而消。』文選枚乘七發：『消息陰陽。』李善注：『消，滅也。息，生也。』案惠棟易漢學：『乾盈爲息，坤虛爲消。陰陽消息，循環不已。故易有所謂消息卦。』」

律者，中也。黃鐘調起，五音以正〔一〕。法律馭民，八刑克平〔二〕，以律爲名，取中正也〔三〕。

令者，命也〔四〕。出命申禁，有若自天，管仲下命如流水〔五〕，使民從也。

法者，象也〔六〕。兵謀無方，而奇正有象〔七〕，故曰法也。

制者，裁也。上行於下，如匠之制器也〔八〕。

〔一〕范注：「說文：『律，均布也。』段注曰：『律者，所以範天下之不一而歸於一，故曰均布也。』」

爾雅釋言：『律，銓也。』（説文：「銓，衡也。」）彦和訓律爲中，蓋取平衡中正之義。漢書律曆志：『五聲之本，生於黄鍾之律。九寸爲宫，或損或益，以定商角徵羽。』」校注：「『鐘』，弘治本、汪本……崇文本作『鍾』。按『鐘』與『鍾』古本相通，然以聲律篇『失黄鍾之正響』例之，此應據改爲『鍾』，始能一律。呂氏春秋古樂篇：『昔黄帝令伶倫作爲律，伶倫自大夏之西，乃之阮隃之陰，取竹於嶰谿之谷，以生空竅厚鈞者，斷兩節間，其長三寸九分而吹之，以爲黄鍾之宫。……次制十二筒，以之阮隃之下，聽鳳凰之鳴，以别十二律。其雄鳴爲六，雌鳴亦六。以比黄鍾之宫，適合。黄鍾之宫，皆可以生之。故曰：「黄鍾之宫，律呂之本。」』」孟子離婁上：「不以六律，不能正五音。」

〔二〕周禮大司徒：「以鄉八刑糾萬民：一曰不孝之刑；二曰不睦之刑；三曰不婣之刑；四曰不弟之刑；五曰不任之刑；六曰不恤之刑；七曰造言之刑；八曰亂民之刑。」「平」，公平。

〔三〕黄注：「漢刑法志：蕭何攈摭秦法，取其宜於時者，作律九章。」

〔四〕范注：「説文：『令，發號也。』漢書東方朔傳：『令者，命也。』賈子等齊篇：『天子之言曰令甲令乙是也。』廣雅釋詁四：『令，禁也。』」

明賀復徵文章辨體彙選卷二八〇「私令」類：「劉勰曰：『令者，命也。』王祥訓子孫遺令，李暠戒諸子手令是也。」

〔五〕黄注：「管子：下令於流水之原者，令順民心也。」按此見牧民篇士經。校注：「馮舒云：

『下命當作下令。』按作令始與管子牧民篇及本段合。」綴補：「史記管仲列傳亦云：『下令如流水之原，令順民心。』」

〔六〕黄注：「周禮疏：齊景公時，大夫田穰苴作司馬法。至六國時，齊威王大夫等追論古法，又作司馬法附於穰苴。」

范注：「吕氏春秋仲春紀情欲：『故古之治身與天下者，必法天地也。』高誘注曰：『法，象也。』漢志兵家列兵法多家。班固序曰：『湯武受命，以師克亂而濟百姓，動之以仁義，行之以禮讓，司馬法是其遺事也。自春秋至於戰國，出奇設伏，變詐之兵並作。漢興，張良、韓信序次兵法。』法之本訓爲刑，因上文已有律令，故此專指兵法。」

〔七〕「兵謀無方」，謂無常規。孫子兵法勢篇：「三軍之衆，可使必受敵而無敗者，奇正是也。」又：「戰勢不過奇正，奇正之變，不可勝窮也。奇正相生，如循環之無端，孰能窮之？」「奇正」，指奇兵、正兵的戰術運用。

周注：「奇正有象：兵法以奇正變化仿效各種物象。孫子軍爭：『故其疾如風，其徐如林，侵掠如火，不動如山，難知如陰，動如雷霆。』」

〔八〕黄注：「禮記月令：『命有司修法制。』」札記：「史記封禪書索隱引劉向七録云：文帝所造書有本制、兵制、服制篇。」

范注：「説文：『制，裁也。』後漢書蔡邕傳：『制作，國之典也。』」周注：「當指皇帝制定各種制度。」

郭注：「按詔策云：『降及七國，並稱爲令。令者，使也。秦并天下，改命曰制。』彼文制令，乃詔策之異名，本篇制令，應有區别。」

斯波六郎：「淮南子主術：『是故賢主之用人也，猶巧匠之制木也。』」

符者，孚也。徵召防僞，事資中孚〔一〕。三代玉瑞〔二〕，漢世金竹〔三〕，末代從省，易以書翰矣〔四〕。

契者，結也。上古純質，結繩執契〔五〕；今羌胡徵數〔六〕，負販記緡〔七〕，其遺風歟！

券者，束也〔八〕。明白約束，以備情僞〔九〕，字形半分，故周稱判書〔一〇〕。古有鐵券，以堅信誓〔一一〕。王褒髯奴，則券之楷也〔一二〕。

疏者，布也〔一三〕。布置物類，撮題近意，故小券短書，號爲疏也〔一四〕。

〔一〕黄注：「東觀漢記：郭丹初之長安，從宛人陳兆買入關符，以入函谷關。既入，封符乞人曰：不乘使者車不出關。」

范注：「説文：『符，信也。漢制以竹，長六寸，分而相合。』史記律書：『言萬物剖符甲而出也。』是符與孚聲同而通。」

校注：「文選序：『書誓符檄之品。』張銑注：『符，孚也。徵召防僞，事資中孚。』文即襲此，亦可證。又按易雜卦傳：『中孚，信也。』」

注訂：「中孚，易卦名，孚亦信也。中孚，兑下巽上。卦象澤上有風，風行澤上，因稱恩澤下流爲中孚。」

斯波六郎：「周易雜卦：『中孚，信也。』」中孚卦正義：「中孚，卦名也，信發於中，謂之中孚。」

文體明辨序説「符」類：「按字書云：『符，信也。』古無此體，晉以後始有之。」

文體通釋「符」：「符者，信也，孚也。合竹及金玉爲信孚，後世以紙代也。」

〔二〕訓故：「書舜典：輯五瑞。又：頒瑞於群后。傳：瑞，信也。」

黄注：「周禮（春官）：典瑞掌玉瑞玉器之藏。注：瑞，符信也。五帝本紀：修五禮五玉。注：即五瑞也。」

〔三〕訓故：「史記：漢文帝二年九月初與郡國守相爲銅虎符、竹使符。」按此見文帝本紀。集解：「應劭曰：銅虎符，第一至第五，國家當發兵，遣使者至郡合符。符合，乃聽受之。竹使符者，皆以竹箭五枚，長五寸，鐫刻篆書第一至第五。張晏曰：符以代古之珪璋，從簡易也。」范注：「釋名釋書契：『符，付也。書所敕命於上，付使傳行之也。』書敕命於上，爲漸易書翰之始。」

〔四〕札記：「案南朝稱被臺符，被尚書符。其時已用紙，今則稱爲票。符之與票，非奉音轉。」「末代」，指魏晉以後。

〔五〕黄注：「周禮：小宰之職，聽取予以書契。注：書契，謂出予受入之凡要。凡簿書之最目，獄訟之要辭，皆曰契。」

范注：「契，諸書皆訓刻也。釋名釋書契：『契，刻也；刻識其數也。』易下繫辭：『上古結繩而治，後世聖人易之以書契。』李鼎祚周易集解引九家易曰：『古者無文字，其有約誓之事，事大大其繩，事小小其繩。結之多少，隨物衆寡，各執以相考，亦足以相治也。』書序正義引鄭注曰：『書之於木，刻其側爲契。』」斠詮：「説文：『契，大約也。』……契，諸書皆訓爲刻。舍人以結訓契，蓋書契所以結繩而然。」

〔六〕斠詮：「徵數，謂徵信於籌數也。所謂籌數即籌馬計數之具。……今稱賭能記數之物曰籌馬。舍人之造語本此。」

〔七〕注訂：「漢書武帝紀：『初算緡錢。』注：『緡，錢貫。』」

〔八〕范注：「説文：『券，契也。券別之書以刀判契其旁，故曰契券。』釋名釋書契：『券，綣也。相約束繾綣，以爲限也。』」

〔九〕戰國策秦策：「請謁事情。」注：「情，實也。」左傳僖公二十八年：「民之情僞，盡知之矣。」情僞，猶言真僞。王金凌：「由券的功能看來，『情僞』係偏義複詞，意重在僞，謂防備假言背信。『情』在此只有修辭的功能。」

〔一〇〕范注：「周禮小司寇：『聽稱責以傅別。』注云：『傅別，謂爲大手書於一札，中字別之，今之券書也。』秋官朝士：『凡有責（債）者，有判書以治則聽。』鄭司農云：『謂別券也。』漢書高祖紀下：『丹書鐵契。』王先謙補注曰：『通鑑胡注：以鐵爲契，以丹書之。謂以丹書盟誓之言於鐵券。』釋名釋書契：『莂，別也，大書中央，中破別之也。』莂，即契券。」

校釋：「孫詒讓周禮正義曰：『質劑、傅別、書契，同爲券書，則爲手書大字、中字而別其札，使各執其半字。書契，則書兩札，使各執一札。傅別札字半別；質劑則唯札半別，而字全具不半別；書契則書兩札，札亦不半別也。』舍人以『字形半分』釋券，實當爲傅別。曰券者，舉其大名耳。鄭康成周禮注亦謂：『古之質劑，即今之券書，又曰傅別，別或作莂。』蓋通稱則無分，專稱則有別也。」

〔一一〕黄注：「漢高帝紀：與功臣剖符作誓，丹書鐵券。」按漢書原文作「鐵契。」漢書祭遵傳作「丹書鐵券」。

文體明辨序説「鐵券文」：「史稱漢高帝定天下，大封功臣，剖符作誓，丹書鐵券，金匱石室，藏之宗廟。其誓詞曰：『使黄河爲帶，泰山若礪，國以永存，爰及苗裔。』後世因此遂有鐵券文焉。」

〔一二〕梅注：「王褒髯奴：蜀郡王子淵以事到湔，上寡婦楊惠舍。有一奴名便了，倩行酤酒。便

(了)提大杖上冢顛曰：『大夫買便了時，但約守家，不約爲他家男子酤酒。』子淵大怒曰：『奴寧欲賣邪？』惠曰：『奴大忤人，人無欲者。』子(淵)即決賣券云。奴復曰：『欲使皆上券。不上券，便了不能爲也。』子淵曰『諾』。券文曰：『神爵三年正月十五日，資中男子王子淵從成都安志里女子楊惠買夫時户下髯奴便了，決賣萬五千。奴從百役使，不得有二言。奴不得有姦，私事當關白，奴不聽教，當笞一百。』讀券文徧訖，詞窮咋索，仡仡扣頭，兩手自縛，目淚下落，鼻涕長一尺：『當如王大夫言，不如早歸黄土陌，蚯蚓鑽額；早知當爾，爲王大夫酤酒，不聽作惡。』」

明董斯張吹景集卷三：「按雕龍書記篇云：『王褒髯奴，則券之楷也。』夫『縛箒裁盂』，出子淵之僮約，『癩鬚瘦面』，録文彊(黄香字)之諧語。勰也混之，非其瑕乎？」

札記：「王褒髯奴，即僮約，見全漢文四十二。古文苑章樵注，訛字亦衆，今校定如左(全文節本已見上引)，文爲俳諧之作，非當時果有此約券也。」

范注：「古文苑十七載黄香責髯奴辭，係譏世之文，與券無涉。又載王褒僮約，蓋即責髯奴文。李善東京賦注引亦云王褒責髯奴文。」

校證：「『諧』原作『楷』，御覽作『諧』，謂王褒髯奴，爲券之諧辭也。今據改。」校注：「南齊書文學傳論：『王褒僮約，束晳發蒙，滑稽之流。』亦可作爲旁證。」

文體明辨序説「約」類：「按字書云：『約，束也。』言語要結，戒令檢束皆是也。古無此體，漢王褒始作僮約，而後世未聞有繼者，豈以其文無所施用而略之歟？」清朱亦棟群書札記卷十三髯奴：「野客叢書：『魯直次炳之玉版詩韻曰：「王侯髯若緑坡竹。」注：「王褒髯奴詞曰：離離若緑坡之竹，鬱鬱若青田之苗。」按古文苑所載髯奴詞，乃黄香所作，非王褒也。褒所著者，僮約耳。』（見卷九）考徐堅初學記：『王褒有奴號髯奴，嘗有辭責其髯曰：我觀人鬚，離離若緑波（按當作坡）之竹，鬱鬱如春田之苗。若子髯既亂且赭，枯槁禿瘁，曾不如犬羊之毛。』（按見卷十九）又王褒僮約：『王子淵從成都女子楊惠買夫時户下髯奴便了。』（原注：奴名）則鬚髯奴辭，正王褒所作，不得從古文苑作黄香而駁之也。文心雕龍：『券者，束也。王褒髯奴，則券之楷也。』此亦指僮約而言。」

〔一三〕范注：「楚辭湘夫人：『疏石蘭兮爲芳。』王注：『疏，布陳也。』」周注：「疏，分條敘述。疏有分疏分布意，撮舉題目，就切迫的用意，作短書陳述，稱爲疏。短書，短小的書，用短券。」

〔一四〕周禮地官質人：「大市以質，小市以劑。」鄭注：「大市，人民馬牛之屬，用長券；小市，兵器珍異之物，用短券。」

關者，閉也。出入由門〔一〕，關閉當審；庶務在政，通塞應詳〔二〕。韓非云：「孫亶回聖相也，而關於州部。」〔三〕蓋謂此也。

刺者，達也〔四〕。詩人諷刺〔五〕，周禮三刺〔六〕，事叙相達，若針之通結矣〔七〕。

解者，釋也。解釋結滯，徵事以對也〔八〕。

牒者，葉也。短簡編牒，如葉在枝〔九〕，温舒截蒲，即其事也〔一〇〕。議政未定〔一一〕，

故短牒咨謀。牒之尤密，謂之爲籤。籤者，纖密者也〔一二〕。

〔一〕黄注：「唐百官志：諸司相質，其制有三：一曰關，二曰刺，三曰移。」范注：「釋名釋書契：『過，所過所至關津以示之也。』疑此即所謂關。方言十二：『關，閉也。』」斯波六郎：「案上有『百官詢事，即有關刺解牒』，此『關』字，爲百官互相質詢用之公文一種甚爲明顯。范注『過所』云云非是。黄注亦引唐書百官志：『諸司相質，其制有三，一曰關，二曰刺，三曰移。』此『關』即唐志之『關』，可見『關』之遺式。」

〔二〕易節卦：「象曰：不出户庭，知通塞也。」正義：「知通塞者，識時通塞，所以不出也。」牟注：「通塞，政事的順利與險阻。詳，視聽，瞭解。」

〔三〕訓故：「韓子：徐渠問田鳩曰：『陽城義渠，名將也，而措於毛伯。公孫亶田，聖相也，而關於州部。何哉？』田鳩曰：『此無他，主有度，上有術之故也。』」按此見韓非子問田篇。陳奇猷韓非子集釋：「顧廣圻（韓非子識誤問田篇「公孫亶回」條）云：『文心雕龍引此云孫

方小官。」

亶回，無公字，省耳。』松皋圓曰：顯學篇：『宰相必起於州部，猛將必發於卒伍。』五蠹篇：『州部之吏操官兵。』楚策：『今僕之不肖，扼於州部。』奇猷案：關，措置也。州部當係指地

〔四〕范注：「釋名釋書契：『下官刺曰長刺，長書中央，一行而下之也。又曰爵里刺，書其官爵及郡縣鄉里也。』三國魏志夏侯淵傳注引夏侯湛叙夏侯榮曰：『客百餘人，人一奏刺，悉書其鄉邑名氏，世所謂爵里刺也。』」

注訂：「刺者，猶今之名刺也。」

周注：「刺，當是探事的公文，轉爲謁人的名帖，稱名刺。刺本義爲用尖鋭的物品插入他物，如『以針通結』（用針尖解開綫的疙瘩）。轉爲刺探、偵詢。」

斠詮：「刺，即名刺，俗稱名片，漢時謂之謁，漢末謂之刺。」

〔五〕毛詩大序：「上以風化下，下以風刺上。」

〔六〕黄注：「周禮（秋官）司刺：掌三刺、三宥、三赦之法，以贊司寇聽獄訟。一刺曰訊群臣，二刺曰訊群吏，三刺曰訊萬民。」鄭注：「刺，殺也。訊而有罪，則殺之。」又周禮秋官小司寇：「以三刺斷庶民獄訟之中。一曰訊群臣，二曰訊群吏，三曰訊萬民。」鄭注：「三訊罪定則殺之。」三刺是古代的審訊定罪制度。刺，指審訊及執行判決。

〔七〕斠詮：「黄帝素問靈樞經卷一『九鍼十二原』曰：『夫善用鍼者，取其疾也，猶拔刺也，猶雪污

也，猶通結也。』」

〔八〕儀禮大射儀：「司馬正命退楅解綱。」鄭注：「解，猶釋也。」三國魏志孫禮傳：「今二郡争界八年，一朝決之者，緣有解書圖畫可得尋案擿校也。」斠詮解「徵事以對」爲「徵驗於實際事例，以對答疑問」。

〔九〕黄注：「左傳：右師不敢對，受牒而退。正義：簡，牒也。牒，札也。」按此見昭公二十五年。范注：「王兆芳文體通釋曰：『札牒者，札，牒也；牒，札也。簡牘之小者，版書之屬也，主於小事通言，簡略明意。源出漢齊人公孫卿奏札書。流有薛宣與陽湛手牒，鍾離意白周樹牒，蜀蒲元與武侯牒。』……孫君蜀丞曰：『説文繫傳牒字下引云：議政未定，短牒諮謀，曰牒簡也。葉在枝也。』御覽六百六引云：『牒者，葉也，如葉在枝也。短簡爲牒，議事未定，故短牒諮謀，牒之尤密謂之籤。』」注訂：「説文：『牒，札也。』段注：『牒之言枼也，葉也，竹部𥳑義略同。』左昭二十五年：『受牒而退。』司馬貞曰：『牒，小木札也。』……史記三代世表：『余讀諜記。』索隱：『音牒，記系謚之書也。』又説文通訓定聲：『按小簡曰牒，大簡曰册，薄者曰牒，厚者曰牘。』」

〔一〇〕梅注：「路温舒，鉅鹿東皇人也，父爲里監門使，温舒牧羊。温舒取澤中蒲，截以爲牒，編用寫書。稍習善，求爲獄小吏，因學律令。」按此見漢書路温舒傳，師古注：「小簡爲牒，編聯次之。」

按宋本御覽引無此二句，上下文爲「牒者，葉也，如葉在枝也。短簡爲牒，議事未定，故短牒諮謀」，義較順。

〔一二〕「議政未定」，明陳懋仁續文章緣起引作「政議未定」。

〔一三〕校注：「『纖』，黄校云：『一作籤。』……按『籤』字非是。……詮賦篇『言務纖密』，指瑕篇『或精思以纖密』，並以『纖』『密』連文，可證。」

札記：「籤之名蓋起於魏。魏文帝爲諸王置典籤，猶中朝之有尚書爾。」

范注：「説文：『籤，驗也。』桂馥義證曰：『通俗文：「記識曰籤。」……江左有典籤之職，官府畫諾謂之籤押，亦徵驗意。』」

周注：「説文：『籤，驗也。』徐鍇注：『籤出其處爲驗也。』南史呂文顯傳：『府州部内，論事皆籤，前直叙所論之事，後云謹籤，日月下又云某官某籤，置典籤以典之。』這個籤，記事比牒細密。」

狀者，貌也〔一〕。體貌本原，取其事實〔二〕，先賢表謚，並有行狀，狀之大者也〔三〕。列者，陳也。陳列事情，昭然可見也〔四〕。辭者，舌端之文，通己於人〔五〕。子産有辭，諸侯所賴，不可已也〔六〕。

〔一〕范注：「左傳僖公二十八年：『且曰獻狀。』杜注：『責其功狀。』王兆芳文體通釋曰：『狀者，犬形也。形貌也。官民之事臧否之形狀也。解詁曰……州又狀州中吏民茂才異等。又曰：歲盡，齎所狀納京師，名奏事。……』案後漢書朱浮傳注引應劭漢官儀五經博士舉狀曰：『生事愛敬，喪没如禮，通易、尚書、孝經、論語，兼綜載籍，窮微闡奥，隱居樂道，不求聞達。身無金痍痼疾，世六屬不與妖惡交通，王侯賞賜。行應四科，經任博士，下言某官某甲保舉。』通典有督郵保舉博士狀。」

注訂：「秦策：『王后悦其狀。』注：『貌也。』又漢書東方朔傳：『妾無狀。』注：『形貌也。』」

〔二〕任昉文章緣起：「狀者，貌也。體貌本原，取其事實也。」斠詮：「體貌本謂體態與貌相……舍人此處獨用作動詞，猶言『形容』『描繪』也。……史記始皇本紀：『本原事業，祇誦功德。』」

周注：「漢趙充國有條上屯田便宜十二事狀。狀本爲形貌，轉爲叙述事件情狀。」

〔三〕黄注：「楊引傳：引母終，經十三年，哀慕不改，郡縣鄉里三百人上狀稱美。」按此見魏書。又：「文章緣起：行狀，漢丞相倉曹傅胡幹作楊元伯行狀。」

文體通釋曰：「行事而趨於正道，既死而親舊門人表其事狀，供誄謚也。初狀之於朝，後亦狀諸戚友。主於追叙行事，得其形貌，源出漢丞相倉曹傅胡幹作楊元伯行狀（文章緣起目），流有闕名裴瑜行狀（後漢史弼傳注引先賢行狀），梁任昉、沈約多行狀。」

文章辨體序説「行狀」類：「按行狀者，門生故舊狀死者行業上於史官，或求銘誌於作者之辭也。文章緣起云：始自漢丞相倉曹傅幹作楊原伯行狀，然徒有其名而亡其辭。」文體明辨序説「行狀」類：「漢丞相倉曹傅胡幹始作楊元伯行狀，後世因之。蓋具死者世系、名字、爵里、行治、壽年之詳，或牒考功太常使議謚，或牒史館請編録，或上作者乞墓誌碑表之類，皆用之。而其文多出於門生故吏親舊之手，以謂非此輩不能知也。」清江藩炳燭室雜文行狀説：「文心雕龍云：『狀者，貌也。……先賢表謚，並有行狀，狀之大者也。』蓋三代時誄而謚，於遣之日讀之。後世誄文……『巧於序悲，易入新切』而已。……至典午之時，始有行狀，綜述生平行迹，上之於朝以請謚。任彦昇齊竟陵文宣王行狀，所謂『易名之典，請遵前列』（見文選卷六十），故文心雕龍以狀爲表謚，則狀亦誄之流也。」

〔四〕郭注：「小爾雅廣言：『列，陳也。』」范注：「黄先生曰：『陸機文有自列之言（案司馬遷報任安書已有列字）。又任彦昇奏彈劉整云：輒攝整亡父舊使到臺辯問列稱云云。沈休文奏彈王源云：輒攝媒人劉嗣之到臺辯問，嗣之列稱云云。是列與辭同，即今世讞之供招也。』（按此見前中央大學黄季剛先生遺著專號，一九六二年版札記無之。）吴志孫皓傳注引邵氏家傳：『邵疇詣吏自列。』王符潛夫論有卜列、正列、相列、夢列四篇。列猶辯也。」牟注：「如夢列篇，首先列舉『夢有直、有象、有精、有想、有人、有感、有時、有反、有病、有性』等，然後再逐一加以闡述。」清張雲璈選學膠言卷十七任彦昇奏劉整列稱條：「篇中供詞，多言列稱。按文心雕龍曰：

『列，陳也。陳列事情，昭然如見也。』」文體通釋「列辭」：「列辭者……陳事於官，條叙之而使上聞也。劉勰曰：『陳列事情，昭然可見也。』」郝懿行文心雕龍輯注批注：「按任彦昇彈事有列辭（見文選卷四十奏彈劉整）。古之傳列，今之供狀也。」王金凌：「列用於辯説事實，使其昭然明白，因此『事情』可作事實解。」

〔五〕黄注：「周書：兩造具備，師聽五辭，五辭簡孚，正於五刑。」按此見尚書呂刑。此「辭」指原告、被告兩方之述詞。

〔六〕訓故：「春秋左傳：子産相鄭伯如晉，晉以我喪故，未之見也。子産使盡壞其館垣而納車馬焉。士文伯讓之。子産曰：『雖君之有魯喪，亦敝邑之憂也。若獲薦幣修垣而行，君之惠也。敢憚勤勞？』趙文子曰：『是吾罪也。』乃改築諸侯之館，叔向曰：『辭之不可已也，子産有辭，諸侯賴之。』」按此見襄公三十一年，引文其大意也。

諺者，直語也〔一〕。喪言亦不及文〔二〕，故弔亦稱諺〔三〕。廛路淺言〔四〕，有實無華。鄒穆公云：「囊漏儲中。」〔五〕皆其類也。太誓云〔六〕：「古人有言：『牝雞無晨。』」〔七〕大雅云：「人亦有言：『惟憂用老。』」〔八〕並上古遺諺，詩書可引者也〔九〕。至於陳琳諫辭，稱「掩目捕雀」〔一〇〕，潘岳哀辭，稱「掌珠伉儷」〔一一〕，並引俗説而爲文辭者也。夫文辭鄙俚，莫過於諺〔二〕，而聖賢詩書，採以爲談；況踰於此，豈可忽哉〔三〕！

〔一〕斠詮：「說文：『諺，傳言也。』尚書周書無逸傳：『俚語曰諺。』按直語無飾故曰諺。」

〔二〕訓故：「孝經：子曰：孝子之喪親也，哭不偯，禮無容，言不文。」按此見喪親章。邢注：「不爲文飾。」情采篇：「孝經垂典，喪言不文。」

〔三〕升庵文集卷六十四諺喭唁同條：「論語云：『由也諺。』諺，俗論也。或作『喭』，見文選注。又作『唁』，劉勰曰『諺』；『喭』、『唁』同一字。『諺者，直語也。廛路淺言，有質無華，喪言不文，故弔亦稱唁。』」

郝懿行批注：「按說文：『諺，傳言也。』『唁，弔生也。』彥和欲混爲一，似未爲得。經史亦無通用之例。」

札記：「案弔唁之唁，與諺語之諺異字。說文：唁，弔生也。諺，傳言也。音近相似，彥和乃合爲一矣。」

注訂：「直語無飾，故曰諺。『喪言不及文』，『淺言無華』，意旨皆同。故『諺』、『唁』可假借通用。唁、喭皆從言，音同形異，意義相假，然彥和實主後者，故詳不及唁，而獨論諺也。」

〔四〕文心雕龍雜記：「廛路淺言，猶云市井之言。」「廛」爲古代城市平民所居之地。

〔五〕訓故：「賈誼新書：鄒穆公令食鳧雁者必以粃，於是倉無粃，而求易於民，二石粟而易一石粃。吏請以粟食之。公曰：去，非而所知也。汝知小計而不知大會。周諺曰：『囊漏貯中。』而獨弗聞歟？」按此見春秋篇。鄒穆公，春秋鄒國國君。

〔六〕校證：「『云』原作『曰』，汪本、佘本、張之象本、王惟儉本闕此字，徐校補『曰』字，兩京本、吴校本是『云』字。案上下文俱作『云』，作『云』字是，今據改。」按元刻本、弘治本俱闕此字。

〔七〕范注：「牝雞語在牧誓。」

注訂：「尚書牧誓：『王曰：古人有言曰：牝雞無晨。牝雞之晨，惟家之索。』」正義：「牝雞之鳴，喻婦人知外事。故重申喻意，云雌代雄鳴，則家盡，婦奪夫政，則國亡。」

〔八〕范注：「大雅無用老語。小雅小弁：『惟憂用老。』無『人亦有言』句。」注訂：「大雅無此文，或彦和所見古今有異乎？」

斠詮：「案『人亦有言』一句，凡四見於詩經大雅……但無『惟憂用老』之語；有之惟見於小雅小弁：『假寐永歎，惟憂用老。』或舍人未檢原文，偶爾記錯。」

〔九〕范注：「『詩書可引』句，楊慎古今諺引作『詩書所引』。」

明陳懋仁續文章緣起「諺」類：「起上古，淺言樸語，出自廛陌，質而無華，有裨世務，故經傳多所引用。若大雅『人亦有言，惟憂用老』；牧誓『古人有牝雞無晨』之類，是也。」

劉師培論文雜記第四節：「蓋古人作詩，循天籟之自然，有音無字，故起源亦甚古。觀列子所載，有堯時謡，孟子之告齊王，首引夏諺，而韓非子六反篇或引古諺，或引先聖諺，足徵謡諺之作先於詩歌。」

〔一〇〕「掩目捕雀」，喻自欺也。黄注：「（後漢書）何進傳：袁紹等欲召外兵向京城以脅太后，進然之。陳琳諫曰：易稱『即鹿無虞』，諺有『掩目捕雀』。夫微物尚不可欺以得志，况國之大事，其可以詐立乎？」

〔一一〕訓故：「潘黄門集楊仲武誄序：子之姑，予之伉儷。」

札記：「掌珠不見潘文。（傅玄短歌行：昔君視我如掌中珠。蓋當世常諺矣。）」

清翟灝通俗編卷二十五服飾掌中珠：「文心雕龍書記篇：『潘岳哀辭，稱掌珠伉儷，引俗説而爲文辭者也。』杜甫寄漢中王詩：『掌中榮見一珠新。』」

〔一二〕劉師培曰：「諺字從言，彦聲。彦訓美士，説文云：『有文人之所言也。』是諺彦爲士之文言，非若後世之諺爲鄙言俗語也。鄙言俗語爲諺字引伸之義。」又：「諺訓傳言，言者直言之謂也。」（論文雜記第四節）

〔一三〕清曾廷枚古諺閒談叙：「及閱劉舍人文心雕龍，云：諺者，直語也。廛路淺言，文詞鄙俚，有實無華，莫過於諺。殆與芻蕘無以異也。然考上古之世，如鄒穆公云『囊漏儲中』，陳琳諫詞『掩目捕雀』，並屬遺諺，先民多引以爲文者，直可與經史相證明。採爲譚説，作爲箴戒，奚可忽哉！」

以上爲第三段，分述書記之筆札雜名六類二十四品之體用。

觀此衆條〔一〕，並書記所總〔二〕：或事本相通，而文意各異，或全任質素，或雜用文綺〔三〕，隨事立體〔四〕，貴乎精要，意少一字則義闕，句長一言則辭妨，並有司之實務〔五〕，而浮藻之所忽也。然才冠鴻筆，多疎尺牘〔六〕，譬九方堙之識駿足，而不知毛色牝牡也〔七〕。言既身文〔八〕，信亦邦瑞〔九〕，翰林之士，思理實焉〔一〇〕。

〔一〕「衆」原作「四」。校注：「『四』，黄校云：『疑作數。』范文瀾云：『四條，疑當作六條。』按『四』字固誤，然『數』、『六』二字之形與『四』均不近，恐難致誤。疑原作『衆』，非舊本殘其下段，即寫出偶脱，故誤爲『四』耳。檄移篇『凡此衆條』，句法與此同，可證。」校證：「案『四』乃『衆』之壞文，檄移篇『凡此衆條』，銘箴篇『詳觀衆例』，樂府篇『觀其北上衆引』，誄碑篇『周胡衆碑』，句法與此相同，俱用『衆』字，今據改。」牟注：「『四條』不誤。上文説：『筆札雜名，古今多品』，則以上六類屬『多品』，每類各四名，即『四條』。下文説：『或事本相通，而文意各異』，正指每類之内的四條而言，如『律』、『令』；『契』、『券』等，就是相通而各異的，各類之間就不存在這種情形。『四條』當是『各類四條』之省。」

〔二〕明梅鼎祚書記洞詮凡例：「譜、籍、簿、録、方、術、占、試，律、命、瀍、制、符、契、券、疏，與夫關、刺、解、牒、狀、列、辭、諺，文心雕龍以爲『並書記所總』。其實體異旨歧，自難參混。至於論啓，反别附奏，今則合載。」（卷首）

〔三〕札記：「觀此言，故知文質無常，視其體所宜耳。」

〔四〕范注：「二十四種雜文，各有一定體製，亦猶今世公文及契券等類，不得隨意增損。抱朴子吴失篇：『不識几案之所置，而處機要之職。』是公文有定式之證。」

〔五〕「有司」，謂官吏，職有專司，故曰有司。

〔六〕周注：「鴻筆：指書記外的重要文體。」王金凌：「此謂才能長於其他文類，唯獨不善尺牘。這種現象是因尺牘頗雜世情，須隨事立體，限制較多，其他文類則出以己意，限制較少。」

〔七〕訓故：「列子：秦穆公使九方皋求馬，三月而反。報曰：『已得之，在沙丘。』公曰：『何馬？』對曰：『牝而黄。』使人往取之，牡而驪。穆公弗悦。伯樂曰：『若皋之所觀，天機也。得其精而忘其粗。』馬至，果天下之良馬也。」按此見列子説符篇。原文作「九方皋」，春秋時善相馬者，爲伯樂所稱。吕氏春秋作「九方堙」。九方堙相馬，見吕氏春秋觀表篇。淮南子道應訓：「（秦穆公使九方堙求馬），三月而反報曰：『已得馬矣，在於沙丘。』穆公曰：何馬也？對曰：『牡而黄。』使人往取之，牝而驪。穆公不悦，召伯樂而問之曰：『敗矣！子之所使求者，毛物牝牡弗能知，又何馬之能知？』伯樂喟然太息曰：『……若堙之所觀者，天機也，得其精而忘其粗。』」

〔八〕章表篇：「既其身文，且亦國華。」左傳僖公二十四年：「介之推曰：言，身之文也。身將隱，焉用文之？」

〔九〕斯波六郎：「春秋左傳僖公二十五年：『信，國之寶也，民之所庇也。』又襄公九年：『信者，言之瑞也，善之主也。』」斠詮：「舍人之造語，蓋本此二者而言。案古之所謂信，多指齎書之使者而言。」

〔一〇〕意謂要考慮處理實務。

紀評：「此處仍以書記結，與中間所列無涉，文意亦不甚相屬，知是前類雜文無類可附，强入之書記篇耳。」

第四段揭出筆札二十四品之寫作要領及其重要性。

贊曰：文藻條流〔一〕，託在筆札。既馳金相，亦運木訥〔二〕。萬古聲薦，千里應拔〔三〕。庶務紛綸，因書乃察〔四〕。

〔一〕宗經篇：「條流粉糅。」

〔二〕札記：「上句謂宜文者，下句謂宜質者。」王逸楚辭章句序：「所謂金相玉質，百世無匹。」「金相」，比喻文章的形式完美。論語子路：「剛毅木訥，近仁。」「木訥」，謂質樸而不善於辭令。詩大雅棫樸：「金玉其相。」

〔三〕顏氏家訓雜藝篇：「江南諺云：尺牘書疏，千里面目。」「萬古聲薦」，謂萬古的聲名可由書札來推薦。

斠詮：「應拔，謂應酬之拔來報往也。……禮記少儀：『毋拔來，毋報往。』……今人每以『拔來報往』爲與人來往頻數之辭。舍人之造語，蓋取義於此。」直解爲「千里應酬，往來報拔」。

〔四〕校注：「易繫辭上：『上古結繩而治，後世聖人易之以書契，百官以治，萬民以察。』許慎說文解字序：『及神農氏結繩爲治，而統其事，庶業其繁，飾僞萌生。黄帝之史倉頡，見鳥獸蹏迒之迹，知分理之可相別異也，初造書契，百工以乂，萬品以察。』」

〔南朝梁〕劉勰 著
詹鍈 義證

文心雕龍義證

三

上海古籍出版社

卷六

神思第二十六

莊子達生篇：「用志不分，乃凝於神。」

論衡卜筮篇：「夫人用神思慮……一身之神，在胸中爲思慮。」

孔融薦彌衡表：「思若有神。」

曹植寶刀賦：「規圓景以定環，攄神思而造像。」

譙周云：「神思獨至之異。」（見三國蜀志杜瓊傳）

吴華覈乞赦樓玄疏：「宜得閒静，以展神思。」

韋昭鼓吹曲：「建號創皇基，聰睿協神思。」

抱朴子尚博篇：「是以偏嗜酸鹹者，莫知其真味；用思有限者，不能得其神。」

三國志陳思王植傳注引魚豢魏略武諸王傳論：「余每覽植之華采，思若有神。」

宗炳畫山水序：「夫理絶於中古之上者，可意求於千載之下，旨徵於言象之外者，可心取於書策之內。況乎身所盤桓，目所綢繆，以形寫形，以色貌色也。且夫崑崙山之大，瞳子之小，迫目以寸，則其形莫覩，迥以數里，則可圍於寸眸，誠由去之稍闊，則其見彌小。今張綃素以遠映，則崑閬之形，可圍於方寸之內。豎劃三寸，當千仞之高；橫墨數尺，體百里之迥。是以觀畫圖者，徒患類之不巧，不以制小而累其似，此自然之勢。如是，則嵩華之秀，玄牝之靈，皆可得之於一圖矣。夫以應目會心爲理者，類之成巧，則目亦同應，心亦俱會，應會感神，神超理得。雖復虛求幽巖，何以加焉！又神本無端，棲形感類，理入影迹，誠能妙寫，亦誠盡矣。於是閒居理氣，拂觴鳴琴，披圖幽對，坐究四荒。不違天勵之藂，獨應無人之野，峯岫嶢嶷，雲林森渺，聖賢映於絶代，萬趣融其神思。余復何爲哉？暢神而已。神之所暢，孰有先焉。」（全宋文卷二十注：「張彥遠歷代名畫記引宗炳別傳，又略見御覽七百五十引畫記。」）

王微敘畫：「望秋雲，神飛揚，臨春風，思浩蕩。……綠林揚風，白水激澗。嗚呼！豈獨遠諸指掌，亦以明神降之，此畫之情也。」（歷代名畫記六）

南齊書文學傳論：「屬文之道，事出神思，感召無象，變化不窮。俱五聲之音響，而出言異句；等萬物之情狀，而下筆殊形。」

王昌齡詩格：「詩有三格：一曰生思。文用精思，未契意象，力疲智竭，放安神思，心偶照境，率然而生。二曰感思。尋味前言，吟諷古制，感而生思。三曰取思。搜求於象，心入於境，神會於物，因心而得。」（唐音癸籤引作「詩思有三……」）

宋韓拙山水純全集：「凡未操筆，當凝神着思，豫在目前。所以意在筆先，然後以格法推之，所謂得之於心，應之於手也。」（畫論叢刊上卷，人民美術出版社一九六〇年版）

曹學佺文心雕龍序：「原道以心，即運思於神也。」

郭紹虞中國文學批評史一九三六年版上卷：「劉勰論神，與思並言，故多指興到神來之神，與後世之言神化妙境者不盡同。此蓋遠出莊子，而近受文賦的影響。」

綜合以上徵引的資料和解釋，可以說：「神思」一方面是指創作過程中聚精會神的構思，這個「神」是「興到神來」的神，那就是感興，類似於現代所說的靈感；另一方面也指「天馬行空」似的運思，那就是想象，類似於現代所說的形象思維。

古人云：「形在江海之上，心存魏闕之下。」神思之謂也。文之思也，其神遠矣〔一〕。故寂然凝慮，思接千載；悄焉動容，視通萬里〔二〕。吟詠之間，吐納珠玉之聲；眉睫之前，卷舒風雲之色〔三〕：其思理之致乎〔四〕！

〔一〕黄注：「莊子：『中山公子牟謂瞻子曰：身在江海之上，心居乎魏闕之下，奈何？』」按此見莊子讓王篇。呂氏春秋審爲篇略同，「瞻」作「詹」。高誘注：「身在江海之上，言志放也。魏闕，心下巨闕也。心下巨闕，言神内守也。一說：魏闕，象魏也，懸教象之法，浹日而收之，魏魏高大，故曰魏闕。言身雖在江海之上，心存王室，故在天子門闕之下也。」郭象莊子注與高注「一説」同，可見「心下巨闕」之説不足據。

范注：「彦和引之，以示人心之無遠不屆，與原文本義無關。」

注訂：「此二句專提出神思之於文章方面，蓋神思不一其類，以下所言，皆屬文之事也。」

〔二〕陸機文賦：「其始也，皆收視反聽，耽思傍訊，精騖八極，心遊萬仞。」又：「觀古今於須臾，撫四海於一瞬。」又：「恢萬里而無閡，通億載而爲津。」此謂形象構思（創造想象）不受時間與空間限制，千載以上和萬里以外的事物，都可以想象得到。

文鏡秘府論論文意：「凡屬文之人，常須作意。凝心天海之外，用思元氣之前。」

〔三〕梁簡文帝答新渝侯和詩書：「垂示三首，風雲吐於行間，珠玉生於字里。」此謂通過聽覺想象，當吟詠時能聽到和吟出各種美妙的聲音，通過視覺想象，在眼前能看到風雲變色。

〔四〕世説新語賞譽注引續晉陽秋：「康伯清和有思理。」這句話的語法結構略同於「其思理所致乎」。「思理」的意思略同於現在所謂「思路」，在這裏指的是構思。

斠詮：「言此乃思想理致之極詣，換言之，亦即思想活動之最高境界也。」亦可備一說。

故思理爲妙〔一〕，神與物遊〔二〕。神居胸臆，而志氣統其關鍵〔三〕；物沿耳目，而辭令管其樞機〔四〕。樞機方通，則物無隱貌；關鍵將塞，則神有遯心〔五〕。是以陶鈞文思〔六〕，貴在虚静〔七〕。疏瀹五藏，澡雪精神〔八〕。

〔一〕這句照唐宋散文的寫法是「思理之爲妙也」，意指「形象構思的妙處是」。

〔二〕即物我交融，也就是人的精神和外物互相滲透。

札記：「此言内心與外境相接也。内心與外境，非能一往相符會，當其窒塞，則耳目之近，神有不周；及其怡懌，則八極之外，理無不浹。然則以心求境，境足以役心；取境赴心，心難於照境。必令心境相得，見相交融，斯則成連所以移情，庖丁所以滿志也。」

賀裳鄒水軒詞筌：「稗史稱：韓幹畫馬，人入其齋，見幹身作馬形。凝思之極，理或然也，作詩文亦必如此始工。」

〔三〕文賦：「思風發於胸臆。」

體性篇：「才力居中，肇自血氣，氣以實志，志以定言。」

孟子公孫丑上：「夫志，氣之帥也；氣，體之充也。夫志至焉，氣次焉。……志壹則動氣，氣壹則動志也。」趙注：「志，心所念慮也。氣，所以充滿形體爲喜怒也。志帥氣而行。」

「志」，指思想感情。

文鏡秘府論論文意：「夫文章興作，先動氣，氣生乎心，心發乎言，聞於耳，見於目，録於紙。」

王金凌謂：「此處之『氣』指元氣。」

〔四〕斯波六郎：「案『物』即上文『神與物遊』之『物』，外物之謂，故下文云：『樞機方通，則物無隱貌。』」「物沿耳目」，是説物由耳目來接觸。易繫辭上：「言行，君子之樞機。」韓注：「樞機，制動之主。」正義：「樞，謂户樞；機，謂弩牙。」國語周語下：「夫耳目，心之樞機也。」蘇軾前赤壁賦：「惟江上之清風，與山間之明月，耳得之而爲聲，目遇之而成色。」

〔五〕雜記：「詞足以達，故無隱；志氣將閉，則神無所居。」文賦：「若夫應感之會，通塞之紀，來不可遏，去不可止；藏若景滅，行猶響起。方天機之駿利，夫何紛而不理。思風發於胸臆，言泉流於脣齒。紛威蕤以馺遝，唯毫素之所擬。文徽徽以溢目，音泠泠而盈耳。及其六情底滯，志往神留，兀若枯木，豁若涸流。」李全佳陸機文賦義證：「『樞機方通，則物無隱貌』，文賦所謂『方天機之駿利，夫何紛而不理』也。『關鍵將塞，則神有遯心』，文賦所謂『六情底滯，志往神留』也。（往猶遯也，留猶滯也。「志往」與「遯心」義同，「神留」與「神行」相反。）」沈約答陸厥書：「故知天機啓則律吕自調，六情滯則音律頓舛也。」魏慶之詩人玉屑卷十：「謝無逸問潘大臨『近曾作詩否？』潘云：『秋來日日是詩思。昨日捉筆，得「滿城風雨近重陽」之句，忽催租人至，令人意敗，輒以此一句奉寄。』」

〔六〕史記鄒陽列傳：「是以聖王制世御俗，獨化於陶鈞之上。」集解引漢書音義：「陶家名模下圓轉者爲鈞。」索隱：「張晏云：『陶，冶；鈞，範也；作器下所轉者名鈞。』」「陶鈞」，比喻創作、造就。「陶鈞文思」是説創作構思。

〔七〕荀子解蔽篇：「心何以知？曰：虚壹而静。心未嘗不臧（藏）也，然而有所謂虚；心未嘗不滿也，然而有所謂壹；心未嘗不動也，然而有所謂静。……不以所已臧害所將受，謂之虚。……不以夢劇亂知，謂之静。」楊倞注：「不蔽於想象囂煩而介於胸中以亂其知，斯爲静也。」可見「虚静」就是要排除雜念。

老子第十六章：「致虚極，守静篤。」

莊子天道篇：「萬物無足以撓心者故静也。……水静猶明，而况精神！……夫虚静恬淡，寂寞無爲者，天地之平，而道德之至……虚則静，静則動，動則得矣。」

淮南子精神訓：「使耳目精明玄達而無誘慕，氣志虚静恬愉而省嗜欲。」文賦：「收視反聽，耽思傍訊。」又：「罄澄思以凝慮。」養氣篇贊：「水停以鑒，火静而朗。」

朱子文集大全類編清邃閣論詩：「今人所以事事作得不好者，緣他不識之故。只如箇詩，舉世之人盡命去奔做，只是無一箇人做得成詩。他是不識，好底將做不好底，不好底將做好底，這箇只是心裏鬧不虚静之故。不虚不静，故不明，不明故不識，若虚静而明，便識好物事，雖百工技藝做得精者，也是他心虚理明，所以做得來精。心理鬧，如何見得？」

駱鴻凱文心雕龍物色篇札記：「蓋謂不虚不静，則如有物障塞於心，而理之在外者，無自而入，意之在内者，無自而出。關鍵不通，斯機情無由暢遂也。」

關於因虚静而攝取詞境的情景，况周頤在蕙風詞話卷一有一段經驗描寫：「人静簾垂，鐙昏香直，窗外芙蓉葉颯颯作秋聲，與砌蟲相和答。據梧冥坐，湛懷息機。每一念起，輒設理想排遣之。乃至萬緣俱寂，吾心忽瑩然開朗如滿月，肌骨清涼，不知斯世何世也。斯時若有無端哀怨棖觸，於萬不得已即而察之，一切景象全失。唯有小窗虛幌，筆床硯匣，一一在吾目前。」

張嚴文心雕龍文術論詮：「虛静之説，猶佛門『頓悟』、『漸悟』也。頓悟云者，乃忽然而會，猝然而解者也；漸悟云者，謂漸而覺也。夫行文亦然。佳句常於有意無意間得之。比如詩人覓句，有苦思竟日而不得，有積慮經年而未成，及其思也，飄然而來，忽然而會，遂忘盡日累年之苦。此非頓悟而何？」

〔八〕白虎通論五臟六腑主性情：「五臟者何也，謂肝心肺腎脾也。」又論五性六情：「内有五臟六腑，此情性之所由出入也。」莊子知北遊：「汝齊戒，疏瀹而心，澡雪而精神。」成玄英疏：「疏瀹猶灑濯也，澡雪猶清潔也。」「疏瀹」，通導；「澡雪」，洗滌（林希逸南華真經口義）。

積學以儲寶〔一〕，酌理以富才〔二〕，研閲以窮照〔三〕，馴致以繹辭〔四〕。然後使玄解之宰〔五〕，尋聲律而定墨〔六〕；獨照之匠〔七〕，闚意象而運斤〔八〕。此蓋馭文之首術，謀篇之大端〔九〕。

〔一〕文賦：「傾群言之瀝液，漱六藝之芳潤。」又：「收百世之缺文，采千載之遺韻。」通變篇：「先博覽以精閲，總綱紀而攝契。」事類篇：「經典沉深，載籍浩瀚，揚班以下，莫不取資。」杜甫奉贈韋左丞丈二十二韻：「讀書破萬卷，下筆如有神。」胡仔苕溪漁隱叢話前集卷二十九「六一居士」條：「東坡云：『頃歲，孫莘老識文忠公，乘間以文字問之，云：無他求，惟勤讀書而多爲之，自工。世人患作文字少，而懶讀書；每一篇出，即求過人，如此少有至者。』」清袁守定易齋占畢叢談：「文章之道，遭際興會，攄發性靈，生於臨文之頃者也。然須平日餐經饋史，霍然有懷，對景感物，曠然有會，嘗有欲吐之言，難遏之意。然後拈題泚筆，忽忽相遭，得之在俄頃，積之在平日，昌黎所謂有諸其中是也。捨是雖刓精竭慮，不能益其胸之所本無，猶探珠於淵，而淵本無珠；探玉於山，而山本無玉，雖竭淵夷山以求之，無益也。」

〔二〕嚴羽滄浪詩話詩辨：「詩有别材，非關書也；詩有别趣，非關理也。然非多讀書多窮理，則不能極其致。」

范注：「宜斟酌於周孔之理，辨析於毫釐之間，才富而正，始稱妙才。」

〔三〕斠詮：「前三句論平時準備工夫；謂平日總須多讀書，累積學識，以儲蓄寶藏；多體驗，斟酌情理，以豐富才力；多觀察，研精閲歷，以窮徹照鑒。此三者相需相濟，有其一貫性。」「讀萬卷書，行萬里路」正是古人增進閲歷的方法之一。遠者如司馬遷，後者如顧炎武，都從閲歷中求得對事物的透徹理解。

「研閲以窮照」也可解作對事物的透徹的觀察。宋王楙野客叢談：「曾雲巢畫草蟲，予問何所傳？笑曰：『某少時，取草蟲籠而觀之，窮晝夜不厭；又恐其神之不定也，復就草地間觀之，於是始得其天。方其落筆之際，不知我之爲草蟲，草蟲之爲我也。』」（又見宋羅大經鶴林玉露畫説）

〔四〕「繹」，梅本作「懌」，黄本從之。按元刻本、弘治本、訓故本、梅六次本均作「繹」，今從之。校注「按『繹』字是。……『繹』，理也，尋繹也；『懌』，説也。此當作『繹』，始能與上句『研窮照』句相承。」又：「易坤象辭：『履霜堅冰，陰始凝也；馴致其道，至堅冰也。』正義：『馴，猶狎順也；若鳥獸馴狎然。言順其陰柔之道，習而不已，乃至堅冰也。』」韓非子解老篇：「人希見生象也，而得死象之骨，案其圖以想其生也，故諸人之所以意想者皆謂之象也。今道雖不可得聞見，聖人執其見功以處見其形，故曰：『無狀之狀，無物（象）之象。』」

按「馴致以繹辭」也可解作順着作者的思致或情致以尋繹適當的辭令；這樣「馴致」和「研閲」才能形成對仗。

〔五〕「玄」字，清朝刻本作「元」，避清諱。莊子養生主：「古者謂是帝之縣解。」釋文：「縣音玄。」這是用養生主中「庖丁解牛」的故事。「宰」，宰夫，就是庖丁，這裏以善於用妙法「解牛」的庖丁來比喻具有高度造詣的作家。「玄解之宰」也可解作「妙悟的主宰」，指心。荀子正名篇：「心也者，道之工宰也。」又解蔽篇：「心者，形之君也。」

〔六〕禮記玉藻篇：「卜人定龜，史定墨。」此處「定墨」謂審定繩墨。鎔裁篇：「譬繩墨之審分，斧斤之斲削矣。」借指下筆。論衡亂龍：「夫畫布爲熊麋之象，名布爲侯，禮貴意象，示義取名也。」

〔七〕范注：「莊子天道：『輪扁曰：斲輪徐則甘而不固，疾則苦而不入，不徐不疾，得之於手而應於心，口不能言，有數存焉於其間。臣不能以喻臣之子，臣之子亦不能受之於臣，是以行年七十而老斲輪。』獨照之匠語本此。」淮南子俶真訓：「是故聖人，託其神於靈府……冥冥之中，獨見曉焉；寂漠之中，獨有照焉。」

〔八〕「闚」是「窺」的異體字。「意象」，謂意想中之形象。老子：「惚兮恍兮，其中有象。」韓非子解老：「人希見生象也，而得死象之骨，案其圖以想生也；故諸人之所以意想者皆謂之象也。」易繫辭上：「聖人立象以盡意。」王弼周易略例明象篇：「夫象者，出意者也；言者，明象者也。盡意莫若象，盡象莫若言。言生於象，故可尋言以觀象；象生於意，故可尋象以觀意。意以象盡，象以言著。」在西方心理學中，意象指所知覺的事物在腦中所印的影子；例如看見一匹馬，腦中就有一個馬的形象，這就是馬的意象。其所以譯爲「意象」，是因爲和王弼的解釋類似。莊子徐無鬼：「郢人堊慢其鼻端若蠅翼，使匠石斲之。匠石運斤成風，聽而斲之，盡堊而鼻不傷。」

這句是説：有獨到見地的作者，能够根據心意中的形象來抒寫。

〔九〕校注：「禮記禮器：『二者居天下之大端矣。』鄭注：『端，本也。』」

夫神思方運，萬塗競萌〔一〕。規矩虛位，刻鏤無形〔二〕。登山則情滿於山，觀海則意溢於海；我才之多少，將與風雲而並驅矣〔三〕。方其搦翰〔四〕，氣倍辭前，暨乎篇成，半折心始〔五〕。何則？意翻空而易奇，言徵實而難巧也〔六〕。

〔一〕僧皎然詩式卷二「取境」條：「有時意静神王，佳句縱横，若不可遏，宛若神助；不然蓋由先積精思，因神王而得乎？」

〔二〕「規矩」指賦予事物以一定的形態。此謂在内容還未成形，還是「虛位」「無形」的時候，也就是在内容的醞釀過程中，就需要加以「規矩」「刻鏤」。

明末方士庶天慵庵隨筆：「山川草木，造化自然，此實境也。因心造境，以手運心，此虛境也。虛而爲實，是在筆墨有無間。故古人筆墨具此山蒼樹秀，水活石潤，於天地之外別構一種靈奇。或率意揮灑，亦皆練金成液，棄滓存精，曲盡蹈虛揖影之妙。」這雖然是論繪畫，也可應用於文學。

〔三〕物色篇：「春秋代序，陰陽慘舒，物色之動，心亦摇焉。……是以獻歲發春，悦豫之情暢；滔滔孟夏，鬱陶之心凝；天高氣清，陰沉之志遠；霰雪無垠，矜肅之慮深。歲有其物，物有其容；情以物遷，辭以情發。一葉且或迎意，蟲聲有足引心。況清風與明月同夜，日月與春林共朝哉！」

王夫之夕堂永日緒論内篇：「情景名爲二而實不可離，神於詩者，妙合無垠。」又：「景以情合，情以景生，初不相離，惟意所適。」

〔四〕「搦翰」，猶本書序志篇「搦筆」；搦，執也。

〔五〕札記：「半折心始者，猶言僅乃得半耳。尋思與文不能相傳，由於思多變狀，文有定形。」

〔六〕末句黄庭堅與王觀復書引「言」作「文」，「巧」作「工」，見豫章黄先生文集卷十九。又見王應麟困學紀聞卷十七「評文」類引。原文曰：「南陽劉勰嘗論文章之難云：『意翻空而易奇，文徵實而難工。』此語亦是沈謝輩爲儒林宗主時好作奇語，故後生立論如此。」何焯注困學紀聞云：「彦和乃謂手爲心使之難，山谷錯會也。」閻若璩注：「按何屺瞻謂山谷引用劉語亦失其本旨。……此乃謂爲文者言不能足其志。」何義門批云：「此二語人皆誤用，彦和自謂詞意難於相副也。」清萬希槐困學記聞五箋集證：「按此乃是手不從心之謂，非好作奇語也。」文賦序：「每自屬文，尤見其情，恒患意不稱物，文不逮意。蓋非知之難，能之難也。」范曄獄中與諸甥姪書：「文章精進，但才少思難。每於操筆，其所成篇，殆無全稱者。」張懷瓘書斷序：「心不能授之於手，手不能受之於心。」蘇軾答謝氏師書：「求物之妙，如繫風捕影，能使是物了然於心者，蓋千萬人而不一遇也，而况能使了然於口與手乎？」

錢鍾書談藝録附説第十六：「Lessing 劇本 Emilia Gallotti 第一幕第四場有曰：『倘目成即爲圖畫，不須手繪，豈非美事！惜自眼中至腕下，自腕下至毫顛，距離甚遠，沿途走漏不少。』……此皆謂非得心之難，而應手之難也。……夫藝也者，執心物兩端而用厥中。興象意境，心之事也；所資以驅遣而抒寫興象意境者，物之事也。物各有性，順其性而恰有當於吾心，違其性而强有就吾心，其性有必不可逆，乃折吾心以應物。一藝之成，而三者具焉。自心言之，則生於心者應於手，出於手者形於物。……自物言之，則以心就手，以手合物。……夫大家之能得心應手，正先由於得手應心。」

法國一大畫家(Delacroix)嘗嘆：「設想圖畫，意匠經營修改，心目中赫然已成傑構，及夫着手點染，則消失無可把捉，不能移着幅上。」(錢鍾書管錐編第三册引)

張嚴文心雕龍文術論詮：「蓋文意隨情奔放，故曰『易奇』；文辭綴輯不易，故曰『難巧』。製作而一任情感之奔放，必致『意不稱物，文不逮意』。蓋思想之表達，須乞靈於文字，而文字之綴輯，又往往不能盡如理想。故思想發爲言語，已有一層障礙；言語迻譯而爲文字，又是一層障礙。如袁伯修曰：『口舌，代心者也；文章，又代口舌者也。展轉隔礙，已恐不如口舌矣。』故曰：『暨乎篇成，半折心始。』」

是以意授於思，言授於意〔一〕。密則無際，疏則千里〔二〕，或理在方寸，而求之域表；或義在咫尺，而思隔山河〔三〕。是以秉心養術，無務苦慮〔四〕；含章司契，不必勞情也〔五〕。

〔一〕校釋：「各本皆如此。按兩『授』字疑皆當作『受』。此言文意受之文思，文辭又受之文意。蓋有文意始有文辭，而其本皆在文思也。」

〔二〕校證：「『疏』王惟儉本作『踈』。」張懷瓘書斷：「或筆下始思，困于鈍滯」，「心不能授之于手，手不能受之于心。」而到靈感來時，則「意與靈通，筆與冥會，神將化合，變出無方」。「際」，説文：「壁會也。」段注：「兩牆相合之縫也。」范注：「『密則無際』，即上文所云『樞機方通，則物無隱貌』。『疏則千里』，即上文所云『關鍵將塞，則神有遯心』。」物色篇：「然物有恒姿，而思無定檢，或率爾造極，或精思愈疏。」詩人玉屑卷五：「昔人爲吟詩詩云：『盡日覓不得，此時還自來。』呂居仁云：『或勵精潛思，不便下筆；或遇事因感，時時舉揚：工夫一也。』」

〔三〕校注：「此云『義』，上云『理』，相互爲文。」文賦：「或求易而得難。」又：「理翳翳而愈伏，思軋軋其若抽。」陸厥與沈約書：「夫思有合離，前哲同所不免；文有開塞，即事不得無之。……率意寡尤，則事促乎一日；翳翳愈伏，而理赊於七步。」

〔四〕校注：「詩小雅小弁：『君子秉心。』鄭箋：『秉，執也。』」又詩定之方中：「秉心塞淵。」「秉」有操持的意思，此處是説節制人的精神活動。僧皎然詩式卷一「取境」條：「『不要苦思，苦思則喪自然之質。』此亦不然。夫不入虎穴，焉得虎子？取境之時，須至難至險，始見奇句；成篇之後，觀其氣貌，有似等閒，不思而得，此高手也。」

〔五〕「含章」是説美質包孕於内。易坤卦六三：「含章可貞。」王弼注：「含美而可正，故曰含章可貞也。」正義：「章，美也。含章，内含章美之道。」柳宗元唐故衡州刺史東平吕君誄：「進於禮司，奮藻含章。」

斠詮：「老子七十九章：『有德司契。』河上公注：『有德之君，司察契信而已。』所謂契信，即『科條』。章太炎檢論卷三：『有德司契，謂科條之在刻枋者也。』『科條』是『法規』，『司契』即掌管法規之意。彦和借用其詞，謂掌握行文規約也。」

文賦：「意司契而爲匠。」李善注：「取捨由意，類司契爲匠。」通變篇：「先博覽以精閲，總綱紀而攝契。」總術篇贊：「思無定契，理有恒存。」可見「司契」就是掌握要領或法則。

養氣篇：「夫耳目口鼻，生之役也；心慮言辭，神之用也。率志委和，則理融而情暢；鑽礪過分，則神疲而氣衰：此性情之數也。……且夫思有利鈍，時有通塞……神之方昏，再三愈黷。是以吐納文藝，務在節宣，清和其心，調暢其氣，煩而即捨，勿使壅滯。意得則舒懷以命筆，理伏則投筆以卷懷。逍遥以針勞，談笑以藥勸，常弄閒於才鋒，賈餘於文勇，使刃發如新，腠理無滯，雖非胎息之萬術，斯亦衛氣之一方也。」

文鏡秘府論論體：「思若不來，即須放情却寬之，令境生。然後以境照之，思便來，來即作文。如其境思不來，不可作也。」又：「然心或蔽通，思時鈍利，來不可遏，去不可留。若又情性煩勞，事由寂寞，强自催逼，徒成辛苦。不若韜翰屏筆，以須後圖。待心慮更澄，方事連緝，非止作文之至術，抑亦養生之大方耳。」

注訂：「蓋彦和本旨貴在自然。本方寸可求，咫尺可見，及求之域表，而思隔山河。此用意之過，疏密失則，工而反拙，通而反澀，皆苦慮勞情之爲患。故詞章之學，雕琢之技，於文章中不爲上乘也。」

以上第一段，爲本文主要部分。講創作構思過程，其中包括現代所謂形象思維的某些特徵。

人之稟才，遲速異分〔一〕；文之制體〔二〕，大小殊功。相如含筆而腐毫〔三〕，揚雄輟翰而驚夢，桓譚疾感於苦思〔四〕，王充氣竭於沈慮〔五〕，張衡研京以十年〔六〕，左思練都以一紀〔七〕；雖有巨文〔八〕，亦思之緩也。

〔一〕文賦：「或操觚以率爾，或含毫而邈然。」

陸厥與沈約書：「王粲初征，他文未能稱是；楊修敏捷，暑賦彌日不獻。率意寡尤，則事促乎一日；翳翳愈伏，而理賒於七步。一人之思，遲速天懸；一家之文，工拙壤隔。」易齋佔畢叢談：「夫一人載筆爲文，而有遲速工拙之不同者，何也？機爲之耳。機啓則文敏而工，機塞則文滯而拙。」

〔二〕按「制體」即體制。

〔三〕訓故：「漢書枚皋傳：『（皋）爲文疾，受詔輒成，故所賦者多。司馬相如善爲文而遲，故所作少而善於皋。』（皋賦辭中自言爲賦不如相如。）」西京雜記二：「司馬相如爲上林、子虛賦，意思蕭散，不復與外事相關，控引天地，錯綜古今，忽然如睡，煥然而興，幾百日而後成。」文賦：「或操觚以率爾，或含毫而邈然。」劉孝綽昭明太子集序：「竊以屬文之體，鮮能周備。長卿徒善，既累爲遲；少孺（枚皋字）雖疾，俳優而已。」

〔四〕桓譚新論袪蔽篇：「余少時見揚子雲之麗文高論，不自量年少新進，而猥欲逮及。嘗激一事而作小賦，用精思太劇，而立感動發病，彌日瘳。子雲亦言：成帝時，趙昭儀方大幸。每上甘泉，詔令作賦，爲之卒暴，思慮精苦，賦成遂困倦小臥，夢其五臟出在地，以手收而內之。及覺，病喘悸，大少氣，病一歲。由此言之，盡思慮，傷精神也。」才略篇：「子雲屬意，辭人最深，觀其涯度幽遠，搜選詭麗，而竭才以鑽思，故能理贍而辭堅矣。」

金樓子：「揚雄作賦有夢腸之談，曹植爲文有反胃之論，言勞神也。」（圖書集成文學典六百三十三册引）

〔五〕校證「『沈慮』原作『思慮』。」

校注：「『思』，事文類聚、群書通要、山堂肆考引作『沉』。按『沉』字較勝。上云『苦思』，此云『沉慮』，文始相對；且複字亦避，當據改。」按群書備考引也作「沈慮」。

後漢書王充傳：「充好論説……乃閉門潛思，絶慶弔之禮，户牖牆壁，各置刀筆，著論衡八十五篇，二十餘萬言。年漸七十，志力衰耗，乃造養性書十六篇，裁節嗜欲，頤神自守。」

論衡對作篇：「愁精神而憂魂魄，動胸中之静氣，賊年損壽，無益於性，禍重於顔回，違負黄老之教，非人所貪，不得已故爲論衡。」

養氣篇：「至如仲任置硯以綜述……曁暄之以歲序，又煎之以日時。」

〔六〕范注：「後漢書張衡傳：『時天下承平日久，自王侯以下莫不踰侈。衡乃擬班固兩都作二京賦，因以諷諫。精思傅會，十年乃成。』」

〔七〕范注「文選三都賦序李善注引臧榮緒晉書曰：『左思，字太沖，齊國人。少博覽文史，欲作三都賦，乃詣著作郎張載訪岷邛之事。遂構思十稔，門庭藩溷，皆著紙筆，遇得一句即疏之。賦成，張華見而咨嗟，都邑豪貴，競相傳寫。』」

太平御覽卷六百思遲類：「晉書曰：左思，字太沖，齊郡臨淄人。思少而好學，年四十未仕，潛思爲三都賦，十年而成，貴勢之家，競相傳寫。又案郭伯通、衛瓘爲思傳曰：思爲三都，改易，死乃止。」『一紀』，十二年。

才略篇：「左思奇才，業深覃思，盡銳於三都，拔萃於詠史，無遺力矣。」

〔八〕綴補：「案『有』猶『爲』也。下文『雖有短篇』，『有』亦『爲』也。」

淮南崇朝而賦騷〔一〕，枚皋應詔而成賦〔二〕，子建援牘如口誦〔三〕，仲宣舉筆似宿構〔四〕，阮瑀據案而制書〔五〕，禰衡當食而草奏〔六〕。雖有短篇，亦思之速也〔七〕。

〔一〕詩經鄘風蝃蝀：「崇朝其雨。」毛傳：「崇，終也。從旦至食時爲終朝。」

荀悦前漢紀孝武皇帝紀：「初安（淮南王劉安）朝，上使作離騷賦，旦受詔，食時畢。」

孫詒讓札迻卷十二：「按高誘淮南子序：『詔使爲離騷賦，自旦受詔，日早食已上。』即彥和所本也。漢書本傳云：武帝使爲離騷傳（班固楚辭序説同），王逸楚辭序又云『作離騷經章句』，並與淮南序不同。傳及章句非崇朝所能成，疑高説得之。」

校證：「今按辨騷篇作『昔武帝愛才，淮南作傳』，則彥和已兩歧其説。尋漢紀武帝紀云：『上使安作離騷賦，旦受詔，日食時畢。』御覽一五〇引漢書亦作『使爲離騷賦』。蓋此事自來兩傳，故彥和兼用之也。天中記三七『賦』作『注』。」

〔二〕梅注：「漢書：枚皋上書北闕，自陳枚乘之子。上得之，大喜。拜爲郎。皐從行，上有所感，輒使賦之。爲文疾，受詔輒成。」按此見枚皋傳。

西京雜記三：「枚皋文章敏疾，長卿制作淹遲，皆盡一時之譽，而長卿首尾温麗，枚皋時有累句，故知疾行無善迹矣。」

顧譚合校本文心雕龍譚復堂墨批：「遲速由於稟才，若垂之於後，則遲速一也。而遲常勝速。枚皋百賦無傳，相如賦皆在人口。」

〔三〕訓故：「楊修答臨淄侯曹子建牋：嘗親見執事握牘持筆，有所造作，若成誦在心，借書於手，曾不斯須少留思慮。」

太平御覽卷六百引魏志曰：「陳思王植……善屬文，太祖嘗視其文，謂植曰：『汝倩人邪？』植跪曰：『言出爲論，下筆成章，顧當面試，奈何倩人？』時鄴銅爵臺新成，太祖悉將諸子登臺，使各爲賦，植援筆立就，太祖異之。文帝嘗欲害植，以其無罪，令植七步爲詩，若不成，加軍法。植即應聲曰：『煮豆燃豆萁，豆在釜中泣。本是同根生，相煎何太急？』文帝善之。」

才略篇：「子建思捷而才儁。」

〔四〕訓故：「王粲傳：粲字仲宣，善屬文，舉筆便成，無所改定，時人常以爲宿搆。然正復精意殫（魏志王粲傳作覃）思，亦不能加也。」

才略篇：「仲宣溢才，捷而能密。」

〔五〕校證：「『搴』，原作『案』，梅、吴、何、顧四氏俱謂當作『搴』，王惟儉本作『搴』，今據改。」范注：「魏志王粲傳注引典略曰：『太祖嘗使瑀作書與韓遂。時太祖適近出，瑀隨從，因於馬上具草。書成呈之，太祖擥筆欲有所定，而竟不能增損。』」太平御覽卷六百引金樓子曰：「劉備叛走，曹操使阮瑀爲書與備，馬上立成。有以此爲能者，吾以爲兒戲耳。」

〔六〕范注：「後漢書禰衡傳：『劉表嘗與諸文人共草章奏，並極其才思。時衡出，還見之，開省未周，因毁以抵地。表憮然爲駭。衡乃從求筆札，須臾立成，辭義可觀。表大悦，益重之。』衡傳又曰：『黄祖長子射，時大會賓客，人有獻鸚鵡者，射舉卮於衡曰：「願先生賦之，以娱嘉賓。」禰擥筆而作，文無加點，辭采甚麗。』案草奏一事，當食作賦又一事，彦和云『當食草奏』，殆合兩事而言之。」

〔七〕明人群書備考「文學」類：「有得之於敏者：淮南崇朝而賦騷，枚臯應詔而成賦。「枚臯文章敏疾，受詔輒成，故所賦者多，然不如長卿之温麗，故人有疾行無善迹之論也。「子建如口誦，「曹植七步成章。「仲宣如宿成。

「王粲爲文每下筆立就，人謂宿構。

「阮瑀據案而制書，禰衡當食而草奏。

「王勃藁於腹。

「勃每作碑頌，先磨墨數升，引被覆面而臥。忽起一筆書，文不加點，時人謂之腹藁。

「子野成於心。

「裴子野，梁普通七年，大舉侵魏，敕子野爲移文，受詔立成。武帝目之曰：其形雖弱，其文甚壯。俄又敕爲書諭魏相。其夜受旨，子野謂可待旦方奏，未之爲也。及五鼓，敕催，令速上。子野徐起造筆，昧爽便就。帝深加焉。子野爲文典而速，不尚靡麗。或問其爲文速者，子野答曰：人皆成於手，我獨成於心。

「公權七步而三。

「柳公權從文宗至未央宮，帝駐輦曰：朕有一喜。邊戍賜衣久不時，今中秋而衣已給。公權爲數十言稱賀。帝曰：當賀我以詩。宮人迫之。公權應聲成文，婉切而麗。詔令再賦，復無停思。天子甚悦，曰：子建七步成一詩，爾乃三焉。

劉敞一揮而就。

「敞在西掖時，一日追封皇子公主九人。敞立馬却坐，一揮九制，文明典雅，各得其體。

「敬宗立馬以草詔。

「唐太宗征遼，岑文本卒於行驛，召許敬宗令草駐蹕山破賊詔。敬宗立於馬前，俄頃而就，詞甚典麗，深見嘆賞。又房玄齡在秦王府十年，常典管記，每軍需表奏，駐馬立成，文約理贍，初無草稿。

「袁宏倚馬以成文是也。

「桓温北征，唤袁宏倚馬前作露布文，手不輟筆。李白嘗曰：請日試萬言，倚馬可待。世以倚馬爲李白，非也。

「有得之於遲者：相如濡筆而腐毫。

「揚子雲曰：軍旅之際，戎馬之間，飛書馳驛，用枚皋。廟堂之中，朝廷之上，高文大册，用相如。

「揚雄輟翰而驚夢。

「揚子雲之文思苦而詞艱。

「桓譚疾感於苦思，王充氣竭於沈慮。

「充閉門二十年作論衡。抱朴子曰：充所著文時有小疵，猶鄧林枯枝，滄海流芥，未易貶者。

「張衡研京十年，左思練都一紀。

「左思欲賦三都，乃詣著作郎張載訪岷邛之事，遂搆思十年，門庭厠溷，皆著紙筆，遇成一句，即便疏之。及賦成，豪貴競寫，京師紙貴。

「李建辭制誥之任。

「唐李建知制誥，自以草詔思遲，不願當其任。

「道衡怒户外之人是也。

「隋薛道衡每搆文，必隱空齋，蹋壁而臥，聞户外有人，便怒，其沈思如此。」（以上見圖書集成文學典六百二十一册）

太平御覽卷五百八十六引宋書（謝靈運傳）曰：「顏延之與陳郡謝靈運共以詞采齊名，而遲速懸絶。文帝嘗各勑擬樂府北上篇，延之受詔便成，靈運久之乃就。延之嘗問鮑昭己與靈運優劣，昭曰：謝五言如初發芙蓉，自然可愛。君詩若鋪錦列繡，雕繢滿眼。」

若夫駿發之士，心總要術，敏在慮前，應機立斷〔一〕。覃思之人〔二〕，情饒歧路，鑒在疑後，研慮方定。機敏，故造次而成功；慮疑，故愈久而致績〔三〕。難易雖殊〔四〕，並資博練〔五〕。若學淺而空遲，才疏而徒速〔六〕，以斯成器，未之前聞。

〔一〕黄注：「劉向新序：所以尚干將、莫邪者，貴其立斷也。陳琳答東阿王牋：拂鐘無聲，應機立斷。」文鏡秘府論論體：「又文思之來，苦多紛雜，應機立斷，須定一途。」校注：「詩周頌噫嘻：『駿發爾私。』鄭箋：『駿，疾也；發，伐也。』」此處「駿發」，謂迅速得到啓發，指構思快。説文：「總，聚束也。」

〔二〕漢書董仲舒傳：「下帷覃思。」魏志王粲傳：「然正復精意覃思，亦不能加也。」雜文篇：「揚雄覃思文閣，業深綜述。」范注：「覃思，猶言静思。」才略篇：「左思奇才，業深覃思。」雜記：「覃思乃深思，非苦思。」

〔三〕「機敏」，承上文「敏在慮前，應機立斷」；「慮疑」，承上文「鑒在疑後，研慮方定」。論語里仁：「造次必於是。」注引馬曰：「造次，急劇。」疏：「鄭注云：『造次，倉卒也。』」西京雜記三：「揚子雲曰：軍旅之際，戎馬之間，飛書馳檄，用枚皋。廊廟之下，朝廷之中，高文典册，用相如。」此「造次而成功」、「愈久而致績」之徵。

文賦：「或竭情而多悔，或率意而寡尤。」李全佳陸機文賦義證：「彦和雖主張『天機』、『神思』之説，然又言『率故多尤』、『愈久致績』，是好學尤貴深思，博學尤貴慎思，初未嘗廢思考，矜神速也。世人知其一不知其二，才非駿發，而欲造次成功，幾何其不爲古人所竊笑也。士衡『或竭情而多悔，或率意而寡尤』二語，亦須活看。蓋爲文時雖確有此情形，然不過偶然，而非常然。……豈真『既竭吾才』而終無所就；率爾操觚，反斐然成章哉！」

李笠中國文學述評（一九二八年版）文思之遲速節：「往昔作者，成文遲速，相去之量，有可驚者。權而論之，非惟内質之利鈍，蓋亦有外因焉。屬於外者，復可分爲數端：文辭有順澀，文體有難易，此文藝本身之關係，不影響於思想者也。氣候有寒温，景物有昏明，此因環境之關係於作者精神，而影響於思想者也。前者可借藝術之修養以爲調劑，後者一時之遲速，非永久如此也，皆不足以表示天才。雖然，内質外因，時相混糅，純出天才，不受外之關係者，殊未易覯；則唯有視其所受外因影響之重輕，以爲才捷與否之斷耳。評文之家，互有所偏，兹分崇内與尚外二派，揚榷如次：劉勰云：『人之稟才，遲速異分。……機敏，故造次而成功；慮疑，故愈久而致績。』黄侃謂：『（張衡、左思）二文之遲，非盡由思力之緩，蓋叙述都邑，理資實事，故太沖嘗從文士問其方俗山川，是則其緩亦半由儲學所致也。』綜觀昔人文思遲逗，雖不能無外因，要足見其才性；而外因過大者，亦足滑其才性，張、左之文是也。而劉氏漫無區别，不無微失。我故以劉説爲崇内派。

「……黄侃曰：『世固有爲文常速，忽窘於數行；爲文每遲，偶利於一首。』（札記）……雖然，試以二人相較。則同遇駿發之際，而有利鈍焉；同處底滯之境，而有遲速焉；謂非天才不可也。……至張、左等之『類書式』的文章，既非性情之事，不能以常例論。然以張、左之他文考之，未始不足以定其才之遲速也；即以張與左比之，亦未始不可定其遲速也。故以根本言之，不能不舍外而論内。……古人云：『閉門覓句陳無己，對客揮毫秦少游。』（見宋長白柳亭詩話三十）尤足見文才之遲速焉。

「丹鉛總録引唐人云：『潘緯十年吟古鏡，何涓一夕賦瀟湘。』是於題易者反難成，題難者反易就，才之相去，豈不遠哉！李白上韓荆州書曰：『請日試萬言，倚馬可待。』使白言而非妄也，則才之敏者，體裁外物，舉不足以爲撓焉。丹鉛録又引畫家云：『思訓經年之力，道元一日之功。』則藝術之才俱有遲速，不獨文學也。」

〔四〕「難易」指構思的快（易）慢（難）。

〔五〕宋書王弘傳：「弘博練政體，留心庶事。」正緯篇：「四賢博練，論之精矣。」史傳篇：「必閱石室，啓金匱，抽裂帛，檢殘竹，欲其博練於稽古也。」事類篇：「綜學在博，取事貴約，校練務精，捃理須覈。」「博練」，謂博學而又精練。史傳篇：「欲其博練於稽古也。」明劉定之劉氏雜志：「韓退之自云：『口不絶吟於六藝之文，手不停披於百家之篇，貪多務得，繼晷窮年。』其勤至矣。而李翺謂退之下篇時，他人疾書之，寫誦之，不是過也。其敏亦至矣。蓋其取之也勤，故其出之也敏。後之學者，束書不觀，游談無根，乃欲刻燭畢韻，舉步成章，彷彿古人，豈不難哉！」

〔六〕「疏」是粗疏。

是以臨篇綴慮〔一〕，必有二患：理鬱者苦貧，辭溺者傷亂〔二〕。然則博見爲饋貧之糧〔三〕，貫一爲拯亂之藥〔四〕。博而能一〔五〕，亦有助乎心力矣。

〔一〕太平御覽卷五八五引「慮」作「翰」。作「翰」固可通，但風骨篇云「綴慮裁篇」，可見「慮」並非錯字。「綴慮」猶言構思。

〔二〕「溺」有貪意，禮記樂記：「姦聲以濫，溺而不止。」「理鬱」是説思路不通；「辭溺」是説詞藻貪濫，廢話太多。鎔裁篇：「若術不素定，而委心逐辭，異端叢至，駢贅必多。」

〔三〕校證：「(『見』)原作『聞』，何校本、黄注本改。案御覽正作『見』。」事類篇：「然學問膚淺，所見不博。……斯則寡聞之病也。……夫經典沈深，載籍浩瀚，實群言之奥區，而才思之神臯也。……是以將贍才力，務在博見。」可見「博見」是見聞廣博。奏啓篇：「博見足以窮理。」

〔四〕藝概文概：「文心雕龍謂『貫一爲拯亂之藥』，余謂貫一尤以泯形迹爲尚。唐僧皎然論詩，所謂『抛鍼擲綫』（見詩式「明作用」條）也。」雜記：「孔子曰：『賜也，女以予爲多學而識之者與？』對曰：『然，非與？』曰：『非也，吾道一以貫之。』蓋學問無窮，雖博猶陋，所恃者百慮一致之一理耳。然則博學聊以饋貧，舍博學別無他路。貫一爲神思之要，綱舉而衆目張矣。」

〔五〕事類篇：「綜學在博，取事貴約。」所謂「博而能一」，是説既能「博見」，又能「貫一」。以上爲第二段，講創作構思有遲速難易之不同，但總的要求是「博而能一」。

若情數詭雜〔一〕，體變遷貿〔二〕。拙辭或孕於巧義，庸事或萌於新意〔三〕。視布於麻，雖云未費〔四〕。杼軸獻功，焕然乃珍〔五〕。

〔一〕體性篇：「若總其歸塗，則數窮八體。」又：「八體雖殊，會通合數。」「數」謂家數。

又一解：章句篇：「情數運周，隨時代用矣。」「情數」猶情理。老子第五章：「多言數窮。」河上公注：「數，理數也。」

〔二〕文賦：「其爲物也多姿，其爲體也屢遷。」「體」指風格，「貿」是變易。這兩句話暗示下一篇要講體性。「遷貿」，無定。體性篇：「若夫八體屢遷，功以學成。」

〔三〕此謂未經潤色的文章，雖然有「巧義」、「新意」，却難免文辭拙劣，事例平庸。札記：「此言文貴修飾潤色。拙辭孕巧義，修飾則巧義顯；庸事萌新意，潤色則新意出。」文賦：「或言拙而喻巧，或理樸而辭輕。」

〔四〕校證：「『費』，徐、何校作『貴』，梅六次本、張松孫本作『貴』。」校注：「按織麻爲布，其質仍是麻，故云『未費』。……徐𤊹校『費』作『貴』，喻林引作『雖未足貴』，皆非。」陔餘叢考：「古時未有綿布，凡布皆麻爲之。記曰：治其麻絲，以爲布帛是也。」正緯篇：「絲麻不雜，布帛乃成。」

〔五〕「杼軸」一作「杼柚」，織具。詩經小雅大東：「杼柚其空。」朱注：「杼，持緯者也；柚，受經者也。」陳奐疏：「釋文：『柚』又作『軸』。詩小學云：織軸似車軸，故同名。」范注：「布之於麻，雖云質量相若，若既加杼軸，則煥然可珍矣。」淮南子說林訓：「黼黻之美，在於杼軸。」文賦：「雖杼軸於予懷，怵他人之我先。」書記：「並杼軸乎尺素，抑揚乎寸心。」

宋陳善捫蝨新話卷五文章傳遠貴於精工條：「世傳歐陽公平昔爲文章，每就紙上净訖，即黏挂齋壁，臥興看之，屢思屢改，至有終篇不留一字者。蓋其精如此。大抵文以精故工，以工故傳遠。三折肱始爲良醫，百步穿楊，始名善射。真可傳者，皆不苟者也。唐人多以小詩著名，然率皆旬鍛月煉，以故其人雖不甚顯，而詩皆可傳，豈非以其精故耶？然人説楊大年每遇作文，則與門人賓客飲博投壺弈碁，語笑諠譁，而不妨熟思。以小方紙細書，揮翰如飛，文不加點。每盈一幅，則命門人傳録，須臾之際，成數千言。如此似爲難及。然歐公、大年要皆是大手，歐公豈不能與人鬭捷哉！殆不欲苟作云耳。」

宋何薳春渚紀聞卷七「作文不憚屢改」條：「自昔詞人琢磨之苦，至有一字窮歲月，十年成一賦者。白樂天詩詞，疑皆沖口而成。及見今人所藏遺稿，塗竄甚多。歐陽文忠公作文既畢，貼之牆壁，坐臥觀之，改正盡善，方出以示人。薳嘗於文忠公諸孫望之處，得東坡先生數詩稿，其和歐叔弼詩云：『淵明爲小邑。』繼圈去『爲』字，改作『求』字，又連塗『小邑』二字，作『縣令』字，凡三改乃成今句。至『胡椒銖兩多，安用八百斛』，初云『胡椒亦安用，乃貯八百斛』。若如初語，未免後人疵議。又知雖大手筆，不以一時筆快爲定，而憚於屢改也。」

洪邁容齋續筆：「王荆公絶句『春風又緑江南岸』，原稿『緑』作『到』，圈去，注曰『不好』，改『通』字，復圈去，改爲『入』，旋改『滿』，凡如是十許字，始定爲『緑』字。」

群書備考「文章」類「歐陽勤於改竄」條：「歐陽公作一小柬，必改竄數四。呂氏蒙訓曰：杜詩云：『新詩改罷自長吟。』文章頻改，工夫自出。近世歐陽以文先貼於壁，臥思竄定，有終篇不留一字者。朱子曰：『六一之文，一唱三嘆。』有人見其醉翁亭記草，前有數十字，序滁州之山，忽大圈了一邊，注『環滁皆山也』一句。」（見圖書集成文學典六二一册）唐子西文録：「吾作詩甚苦，悲吟累日，僅能成篇，初未見可差處，明日取讀，疵病百出，輒復悲吟累日，反覆改正。稍稍加工，數日再讀，疵病復出。如此數日，方敢示人。」隨園詩話：「周元公云：『白香山詩，似平易，間觀所存遺稿，塗改甚多，竟有終篇不留一字者。』余讀公詩云：『舊句時時改，無妨悦性情。』然則元公之言信矣。」也有反對劉勰這種意見的。唐李德裕窮愁志文章篇：「余嘗爲文箴，今載於此，曰：文之爲物，自然靈氣，恍惚而來，不思而至。杼軸得之，淡而無味。琢刻藻繪，珍不足貴。」錢鍾書談藝録附説第十六：「畫以心不以手，立説似新。實則王子安（勃）腹稿，文與可胸有成竹之類，乃不在紙上起草，而在胸中打稿耳。……胸中所位置安排，删削增改者，亦即紙上文字筆墨，何嘗能超越跡象，廢除技巧！紙上起草，本非完全由手，胸中打稿，亦豈一切唯心哉！」

按「杼軸獻功」不僅是文字的鍛煉，而且是形象構思醖釀變换的過程。

至於思表纖旨，文外曲致；言所不追，筆固知止〔一〕。至精而後闡其妙，至變而後通其數〔二〕。伊摯不能言鼎〔三〕，輪扁不能語斤〔四〕，其微矣乎〔五〕！

〔一〕范文瀾中國通史簡編修訂版第二編：「神思篇、物色篇都説，先有外面的事物，沿着人的耳目，感動人的内心……劉勰依據這樣的認識，所以不承認有抽象的文學天才，而主張仔細觀察事物的『要害』，學習作文的法則（「術」），並且要保養體力，使精神常處於飽滿狀態。……即使講到微妙處（「言所不追」處），也並無神秘不可捉摸的感覺。」「追」，謂追及。「言所不追」，謂言語所不能宣達。注訂：「言所不追，筆固知止者，言文筆忌濫，適可而止。趣味宜永，而人尋思，方稱妙品也。」王元化釋神思篇杼軸獻功説：「作家往往在作品中對於某些應該讓讀者知道的東西略而不寫，或寫而不盡，用極節省的筆法去點一點，暗示一下，這並不是由於他們吝惜筆墨，而是爲了喚起讀者的想象活動。這種在文藝作品中經常出現的現象，就是『思表纖旨，文外曲致，言所不追，筆固知止』。」

清葉燮原詩：「要之作詩者，實寫理、事、情。可以言言，可以解解，即爲俗儒之作。惟不可名言之理，不可施見之事，不可徑達之情，則幽眇以爲理，想象以爲事，惝恍以爲情，方爲理至、事至、情至之語。」又：「可言之理，人人能言之，安在詩人之言之？可徵之事，人人能述之，又安在詩人之述之？必有不可言之理，不可述之事，遇之於默會意象之表，而理與事無不燦然於前者也。」

〔二〕斯波六郎：「周易繫辭上：是以君子將有爲也……非天下之至精，其誰能與於此？參伍以變，錯綜其數，通其變，遂成天地之文。極其數，遂定天下之象。非天下之至變，其誰能與於此？」

莊子天道篇：「輪扁曰……口不能言，有數存焉於其間。」

文賦：「因宜適變，曲有微情。」

宋許尹黃（山谷）陳（後山）詩集注序：「論畫者可以形似，而捧心難言；聞弦者可以數知，而至音難說。天下之理，涉於形名度數者，可傳也；其出於形名度數之外者，不可得而傳也。」

廣雅釋言：「數，術也。」

〔三〕校注：「孫子用間篇：『昔殷之興也，伊摯在夏。』曹操注：『伊尹也。』」史記殷本紀索隱引孫子兵書：「伊尹名摯。」

訓故：「呂氏春秋：湯得伊尹，明日設朝而見之，說湯以至味，曰：鼎中之變，精妙微纖，口弗能言，志弗能喻。」按此見本味篇。

〔四〕訓故：「莊子：輪扁謂桓公曰：以臣之事觀之，斲輪徐則甘而不固，疾則苦而不入，不徐不疾，得之於手而應於心，口不能言，有數存焉於其間。」按此見天道篇。上「至變而後通其數」，暗用輪扁說桓公的話。南齊書文學傳論：「輪扁斲輪，言之未盡。」都是說言語不能盡意，是就理論言不能完全表達寫作巧妙方面說的。

文賦序：「至於操斧伐柯，雖取則不遠；若夫隨手之變，良難以辭逮。」文賦：「是蓋輪扁所不得言，亦非華說之所能精。」

沈約答陸厥書：「韻與不韻，復有精粗，輪扁不能言，老夫也不盡辨此。」

史通敘事篇尚簡章以此二語作結，惟顛倒其位置。

歐陽修書梅聖俞詩稿後：「工之善者，必得於心，應於手，而不可述之言也。聽之善，亦未得於心而會於意，不可得而言也。……余嘗問詩於聖俞，其聲律之高下，文語之疵病，可以指而告余也；至其心之所得者，不可以言而告也。」

〔五〕三國魏志荀彧傳注引何劭荀粲傳載荀粲的話説：「蓋理之微者，非物象之所舉也。今稱立象以盡意，此非通於意外者也；系辭焉以盡言，此非言乎系表者也。斯則象外之意，系表之言，固蘊而不出矣。」所謂「思表纖旨」、「文外曲致」，也就是荀粲所説「理之微者」，劉勰認爲這些是語言不能表達的。

注訂：「文章至如不能言鼎語斤程度，所謂化工之境，妙止無常，故云『微』也。」

紀評：「及思如希夷，妙絶蹊徑，非筆墨所能摹寫一層，神思之理，乃括盡無餘。」

第三段，談文章修改，講藝術加工的必要性。最後説還有最微妙的地方，不能用語言闡明。

贊曰：神用象通，情變所孕〔一〕。物以貌求，心以理應〔二〕。刻鏤聲律，萌芽比興〔三〕。結慮司契〔四〕，垂帷制勝〔五〕。

〔一〕「用」，與也。孟子公孫丑下：「王由足用爲善。」這是説精神與物象相接觸，就會産生情感的變化。此所謂「象」，是指客觀的物象，而不是主觀的意象。文賦：「遵四時以嘆逝，瞻萬物而思紛。悲落葉於勁秋，喜柔條於芳春；心懍懍以懷霜，志眇眇而臨雲。」這就是「神與物遊」、「神用象通」之所本。

〔二〕「應」字，元刻本、弘治本、佘本、王惟儉本、兩京遺編本均作「勝」，那樣和末句「垂帷制勝」的「勝」字重複。張之象本、梅本並作「應」，今從之。這兩句說：所求於事物的是它的外部形象，而內心通過理性思維形成感應。校注、校證均謂「應」字當作「勝」，解說迂曲，今所不取。劉勰把「物以貌求」和「心以理應」結合起來，說明他已經意識到塑造形象不但不排斥理性，而且需要把寫物圖貌、喻理抒情緊密結合起來。

〔三〕關於「刻鏤聲律」的問題，文心雕龍有聲律篇。僧皎然詩式卷一「用事」條：「今且於六義之中，略論比興。取象曰比，取義曰興，義即象下之意。凡禽獸草木人物名數，萬象之中義類同者，盡入比興……」運用形象思想，不能不採比、興等手法。可見「萌芽比興」實際上已接觸到如何運用形象化的藝術手法來表達思想感情的問題。比興篇說：「詩人比興，觸物圓覽，物雖胡越，合則肝膽。」文藝創作要通過各種創造性的想象活動，如心理學上講的類比連想（約相當於「比」）、接近連想（約相當於「興」）等等，把本來不相關的東西（「物雖胡越」）聯繫溶合在一起，創作出優美的藝術形象。

〔四〕「結慮」猶之乎上文「臨篇綴慮」的「綴慮」。「司契」亦見上文。

〔五〕校注：「按『垂』，下也。『垂帷』即『下帷』。史記儒林董仲舒傳：『以治春秋，孝景時爲博士。下帷講誦，弟子以久次相受業，或莫見其面。蓋三年，董仲舒不觀於舍園。其精如此。』……漢書叙傳下董仲舒傳述：『下帷覃思，論道屬書。』束皙讀書賦：『垂帷帳以隱几，披紈素而讀書。』……『垂帷制勝』，乃重申篇中『積學』、『博見』之要，非謂將軍之運籌帷幄，決勝千里也。（「制勝」二字出孫子虛實篇。）」

體性第二十七

典論論文：「夫人善於自見，而文非一體，鮮能備善。」又：「夫文本同而末異，蓋奏議宜雅，書論宜理，銘誄尚實，詩賦欲麗，此四科不同，故能之者偏也。唯通才能備其體。文以氣爲主，氣之清濁有體，不可力强而致。」

文賦：「其爲物也多姿，其爲體也屢遷。」

宋書謝靈運傳論：「自漢至魏，四百餘年，辭人才子，文體三變，相如工爲形似之言，二班長於情理之說，子建、仲宣以氣質爲體。」

鍾嶸詩品中：「（張華詩）其源出於王粲，其體華艷，興託不奇。」又：「（陶潛詩）文體省净，殆無長語。」

蕭子顯南齊書文學傳論：「今之文章，作者雖衆，總而爲論，略有三體：一則啓心閑繹，托辭華曠，雖存巧綺，終致迂曲……此體之源，出靈運而成也。次則緝事比類，非對不發……唯覩事例，頓失清采。此則傅咸五經，應璩指事，雖不全似，可以類從。次則發唱驚挺，操調險急，雕藻淫艷，傾炫心魂。……斯鮑照之遺烈也。」

至唐李嶠評詩格把詩分形似、質氣、情理、直置、雕藻、影帶、宛轉、飛動、情切、精華十體。皎然詩式卷一辨體有一十九字把詩分爲高、逸、貞、忠、節、志、氣、情、思、德、誡、閑、達、悲、怨、意、力、静、遠，解釋説：「其一十九字，括文章德體風味盡矣。」其中多數指風格。文鏡秘府論論體：「凡制作之士，祖述多門，人心不同，文體各異。」顯然襲自文心雕龍體性篇。

以上所引各代文論中之「體」字，大致指風格而言。文心雕龍中作爲專門術語用之「體」，含有三方面之意義，其一爲體類之體，即所謂體裁；其二爲「體要」或「體貌」之體，「體要」有時又稱「大體」、「大要」，指對於某種文體之規格要求；「體貌」之體，則指對於某種文體之風格要求。詳見拙撰文心雕龍的文體風格論。而在本篇中「體性」之體，亦屬體貌一類，但指個人風格，它是與作家的個性密切相關的。「體性」之性，即指作家的個性，舊稱「性情」，劉勰認爲它包括「才、氣、學、習」四方面的因素。

札記：「體斥文章形狀，性謂人性氣有殊，緣性氣之殊而所爲之文異狀。然性由天定，亦可以人力輔助之，是故慎於所習。此篇大指在斯。」

夫情動而言形〔一〕，理發而文見〔二〕；蓋沿隱以至顯，因内而符外者也〔三〕。然才有庸儁〔四〕，氣有剛柔〔五〕，學有淺深，習有雅鄭〔六〕；並情性所鑠〔七〕，陶染所凝〔八〕。是以筆區雲譎，文苑波詭者矣〔九〕。

〔一〕詩大序：「情動於中而形於言。」明詩篇：「人稟七情，應物斯感，感物吟志，莫非自然。」詩品序：「氣之動物，物之感人，故摇蕩性情，形諸舞詠。」

〔二〕梅注：「見，音現。」校注：「禮記樂記：『理發諸外。』」情采篇：「五性發而爲辭章。」知音篇：「夫綴文者情動而辭發。」

〔三〕雜記：「案言以足志，文以足言，文之爲義，有符焉爾。斯蓋情理爲宗，不以言文爲本。」此謂文學創作活動是人的思想情感活動的外現過程。内心的思想情感活動是「隱」的，不可見的，但是表現在語言文字上，却是顯然可見的了。

〔四〕魏志王粲傳注引嵇康别傳：「孫登謂康曰：君性烈而才儁，其能免乎！」「儁」謂才智過人。注訂：「『儁』，同『俊』，又作『雋』。」

〔五〕「氣」謂氣質。抱朴子尚博篇：「清濁參差，所禀有主，朗昧不同科，强弱各殊氣。」晉書文苑傳（後記）：「史臣曰：夫賞好生於情，剛柔本於性。」禮記樂記：「是故先王本之情性……使之陽而不散，陰而不密，剛氣不怒，柔氣不懾，四暢交於中，而發作於外。」

〔六〕「習」謂習染。梅注：「雅，大、小雅。鄭，鄭風。」論語衛靈公：「鄭聲淫。」又陽貨：「惡鄭聲之亂雅樂也。」顏氏家訓文章篇：「吾家世文章，甚爲典正，不從流俗。梁孝元在藩邸時，撰西府新文史，訖無一篇見録者，亦以不偶於世，無鄭衛之音故也。」

〔七〕「鑠」，元本、弘治本、汪本、佘本、張之象本、訓故本作「爍」。梅本改「鑠」，黄注本從之。按「鑠」，説文：「銷金也。」與「爍」通，都是熔化的意思。劉劭人物志九徵篇：「蓋人物之本，出乎情性。」「情性」，即本性。顏氏家訓慕賢篇：「人在少年，神情未定。所與款狎，熏漬陶染，言笑舉動，無心於學，潛移暗化，自然似之。」又序致篇：「頗爲凡人之所陶染。」

〔八〕「陶」指陶冶，培養。嵇康明膽論：「夫元氣陶鑠，衆生稟焉；賦受多少，故才性有昏明。唯至人特鍾純美，兼周外内，無不畢備。降此已往，蓋闕如也。」「陶」、「鑠」二字用法本此。

〔九〕事類篇：「文章由學，能在天資。才自内發，學以外成；有學飽而才餒，有才富而學貧。學貧者迍邅於事義，才餒者劬勞於辭情，此内外之殊分也。」

故辭理庸儁，莫能翻其才〔一〕；風趣剛柔，寧或改其氣〔二〕；事義淺深，未聞乖其學〔三〕；體式雅鄭，鮮有反其習〔四〕。各師成心〔五〕，其異如面〔六〕。

〔一〕神思篇：「酌理以富才。」此處意謂辭與理高下是和才之高下一致的。「翻」又與下文「改」

「乖」「反」同義。

〔二〕綴補：「案『風趣』猶風格，風格之剛柔，由人之氣質而定。梅貞亮太乙舟山房文集序：『見其人而知其心，人之真者也。見其文而知其人，文之真者也。人有緩急剛柔之性，而文有陰陽動静之殊。』」傅庚生中國文學批評通論：「人之内蓄於性情毗剛毗柔者爲氣質，流露於文章或雄偉或韶秀者爲氣韻。質剛者其文雄，質柔者其文秀，故彦和云『風趣剛柔，寧或改其氣』也。」沈約與法師書：「周中書風趣高奇，志託夷遠。」

〔三〕事類篇：「舉事以類義，援古以證今。」「事義」，在這裏指具體内容。

漢書司馬相如傳贊：「易本隱以之顯。」文賦：「或本隱以之顯。」論衡超奇：「有根株於下，有榮葉於上；有實核於内，有皮殻於外。文墨辭説，士之榮葉皮殻也。實誠在胸臆，文墨著竹帛，外内表裏，自相副稱。意奮而筆縱，故文見而實露也。」

〔四〕陶弘景與梁武帝論書啓：「唯叔夜、威輦二篇，是經書體式。」「體式」，指體格法式。

〔五〕莊子齊物論：「夫隨其成心而師之，誰獨且無師乎？」郭象注：「夫心之足以制一身之用者，謂之成心。」成玄英疏：「夫域情滯著，執一家之偏見者，謂之成心。」「成心」即成見。林雲銘莊子因：「成心，謂人心之所至，便有成見在胸中，牢不可破，無知愚皆然。」

〔六〕補注：「左傳襄公三十一年：子産曰：人心之不同如其面焉。」陸德明經典釋文序：「各師成心，制作如面。」沈德潛説詩晬語卷下：「性情面目，人人各具。讀太白詩，如見其脱屣千乘；讀少陵詩，如見其憂國傷時。其世不我容，愛才若渴者，昌黎之詩也。其嬉笑怒罵，風流儒雅者，東坡之詩也。即下而賈島、李洞輩，拈其一章一句，無不有賈島、李洞者存。倘詞可餽貧，工同鞶帨，而性情面目，隱而不見，何以使尚友古人者讀其書想見其爲人乎？」徐增而菴詩話：「詩乃人之行略，人高則詩亦高，人俗則詩亦俗，一字不可掩飾，見其詩如見其人。」（見清詩話）錢鍾書談藝録：「心畫心聲，本爲成事之説，實乖先見之明。然所言之物可以飾僞，巨奸爲憂國語，熱中人作冰雪文是也。其言之格調，則往往流露本相。狷疾人之作風，不能盡變爲澄澹；豪邁人之筆性，不能盡變爲謹嚴。文如其人，在此不在彼也。」以上爲第一段，説明作品風格與作家個性之關係，而個性特徵又分才、氣、學、習四者立論。

若總其歸塗，則數窮八體〔一〕：一曰典雅，二曰遠奧，三曰精約，四曰顯附，五曰繁縟，六曰壯麗，七曰新奇，八曰輕靡。典雅者，鎔式經誥，方軌儒門者也〔二〕。遠奧者，馥采典文，經理玄宗者也〔三〕。精約者，覈字省句，剖析毫釐者也〔四〕。顯附者，辭直義暢，切理厭心者也〔五〕。繁縟者，博喻釀采，煒燁枝派者也〔六〕。壯麗者，高論宏裁，卓爍異采者也〔七〕。新奇者，擯古競今，危側趣詭者也〔八〕。輕靡者，浮文弱植，縹緲附俗者也〔九〕。

〔一〕此處「八體」指八種風格。定勢篇：「模經爲式者，自入典雅之懿。」

詔策篇：「潘勗九錫，典雅逸群。」又：「武帝崇儒，選言弘奥，策封三王，文同訓典，勸戒淵雅。」

〔二〕「鎔式」，鎔鑄，取法。「經誥」，猶言經典。「誥」，謂康誥之屬。黄庭堅與王觀復書：「惟唐、虞、三代典謨訓誥、春秋、戰國士大夫之詞令最爲古雅。」

綴補：「案『方軌』猶『併駕』。戰國策齊策：『車不得方軌。』」（又見史記淮陰侯列傳）。史記蘇秦列傳：「車不得方軌，騎不得並行。」札記：「義歸正直，辭取雅訓，皆入此類。若班固幽通賦、劉歆讓太常博士之流是也。」這不僅是學習經典的形式，而更主要的是學儒家經典的思想。

許文雨文論講疏：「大抵六代文士，以典爲雅。陳思善用史事，康樂善用經語，皆名震一時。彭澤真曠，反有田家語之誚。唐宋詩詞，則頗以真爲雅，塗轍漸殊矣。」

〔三〕范注：「『馥』，當作『複』。總術篇云：『奥者複隱。』」雜文篇云：「蔡邕釋誨，體奥而文炳。」「玄」字，元、明各本同，黄注本始改「玄」爲「元」，避清諱。校注：「江文通文集張令爲太常領國子祭酒詔：『必能闡揚玄宗。』……顔氏家訓勉學篇：『何晏、王弼，祖述玄宗。』並其證。」經理，治理也。諸子篇：「鬼谷眇眇，每環奥義。」明詩篇：「阮旨遥深。」

札記：「理致淵深，辭采微妙，皆入此類。若賈誼鵩鳥賦、李康運命論之流是也。」斠詮：「案遠奥之體，大抵旨遠辭玄，言曲事隱，以其擷采微妙，有多令人不易辨識者。」按「複采曲文」

指的是表現形式，「經理玄宗」指的是玄學思想。遠奧的作品固然不一定都具有玄學思想，可是「經理玄宗」的作品總是比較思路遥遠而深奥的。

校釋：「疑『馥』當作『複』，『典』當作『曲』，皆字形之誤。複者，隱複也；曲者，深曲也。談玄之文，必隱複而深曲，徵聖篇論易經有『四象精義以曲隱』可證。舍人每以複、隱、曲、奥等詞連用，如原道篇『繇辭炳曜』、『符采複隱』，練字篇『複文隱訓』，徵聖篇『精義曲隱』，總術篇『奥者複隱』，隱秀篇『隱以複意爲工』，又『深文隱蔚，餘味曲包』，序志篇『或有曲意密源，似近而遠』，皆可證此篇所謂『遠奥』之義。」

宗經篇云：「易惟談天，入神致用。故繫稱旨遠辭文，言中事隱，韋編三絶，固哲人之驪淵也。」

〔四〕事類篇：「綜學在博，取事貴約，校練務精，捃理須覈。」諸子篇：「辭約而精，尹文得其要。」鎔裁篇：「精論要語，極略之體。」麗辭篇：「魏晉群才，析句彌密，聯字合趣，剖毫析釐。」斠詮：「彦和言精約，即唐宋文家所謂『洗鍊』。洗鍊者，即蕩滌邪穢，清融渣滓，有去蕪存菁，披沙揀金之義。」

校注：「西京賦：『剖析毫釐，擘肌分理。』文賦：『要辭達而理舉，故無取乎冗長。』札記：『斷義務明，練辭務簡，皆入此類。若陸機文賦、范曄後漢書諸論之流是也。』」

〔五〕小爾雅廣詁：「附，近也。」孔安國尚書序：「書序，序所以爲作者之意，昭然義見，宜相附近。」文鏡秘府論論體篇中列出六種風格，其中的「切至」是和「顯附」類似的。「猒」，足也。漢書王莽傳：「克猒上帝之心」。注：「猒，滿也。」「猒心」，同饜心，心裏滿足。意謂用明白的文詞，暢所欲言地表達思想，切合於客觀事理，使讀者内心得到滿足。

斠詮：「所謂顯附之體，即措辭懇直，陳義條暢，切合事理，滿足人心之作品。」札記：「語貴丁寧，義求周洽，皆入此類，若諸葛亮出師表、曹冏六代論之流是也。」

〔六〕校證：「『醲』原作『釀』。」校釋：「按『釀』疑『醲』誤。醲，酒厚也，與博義相應。時序篇有『澹思醲采』句，是其證。」「煒燁枝派」謂分枝佈派色澤絢爛。

議對篇：「文以辨潔爲能，不以繁縟爲巧。」定勢篇：「斷辭辨約者，率乖繁縟。」札記：「辭采紛披，意義稠複，皆入此類，若枚乘七發、劉峻辨命論之類是也。」

〔七〕斠詮：「所謂『壯麗』之體，議論高超，規模宏肆，光輝卓絶，采藻瑰異之作也。」雜文篇：「陳思七啓，取美於宏壯。」此外它還包括了詩品中所説的「勁健」、「豪放」、「悲慨」，又包括了詞品（郭祥伯）中所説的「雄放」。建安詩歌，特别是曹操之作，其慷慨之氣，昂壯之辭，如龜雖壽中的「老驥伏櫪，志在千里，烈士暮年，壯心不已」，這種不能遏止的「壯心」，向往「千里」馳驅的英雄氣概，形成壯麗風格。

校注：「『卓』疑『焯』之誤。文選揚雄羽獵賦：『隋珠和氏，焯爍其陂。』李注：『焯，古灼字。』（漢書揚雄傳上顔注：「焯爍，光貌。」）左思蜀都賦：『符采彪炳，暉麗灼爍。』（劉注：「灼爍，艷色也。」）嵇康琴賦：『華容灼爍，發采揚明。』古文苑宋玉舞賦：『珠翠灼爍而照曜兮。』（章注：「灼爍，鮮明貌。」）……並其證。」札記：「陳義俊偉，措辭雄瓌，皆入此類。若揚雄河東賦、班固典引之類是也。」

〔八〕「擯古競今」謂厭舊喜新。「危側」謂險僻；「趣詭」，謂情趣詭奇。

定勢篇：「自近代辭人，率好詭巧，原其爲體，訛勢所變，厭黷舊式，故穿鑿取新，察其訛意，似難而實無他術也，反正而已。故文反正爲乏，辭反正爲奇。效奇之法，必顛倒文句，上字而抑下，中辭而出外，回互不常，則新色耳。」明詩篇：「儷采百字之偶，爭價一句之奇，情必極貌以寫物，辭必窮力而追新。從質及訛，彌近彌澹，何則？競今疏古，風味氣衰也。」風骨篇：「若夫……洞曉情變，曲昭文體，然後能孚甲新意，雕畫奇辭。昭體，故意新而不亂；曉變，故辭奇而不黷。」札記：「詞必研新，意必矜創，皆入此類，若潘岳射雉賦、顏延之曲水詩序之流是也。」李笠翁閒情偶寄云：「琢字鍊句，雖貴新奇，亦須新而安，奇而確，妥而實，總不越一『理』字。」

〔九〕明詩篇：「晉世群才，稍入輕綺，張、潘、左、陸，比肩詩衢，采縟於正始，力柔於建安。或析文以爲妙，或流靡以自妍。」

左傳襄公三十年：「陳，亡國也……其君弱植。」正義：「周禮謂草木皆植物。植爲樹立，君志弱不樹立也。」此處謂文章没有骨力，不能樹立。

札記：「辭須蒨秀，意取柔靡，皆入此類。若江淹恨賦、孔稚圭北山移文之流是也。」才略篇：「殷仲文之孤興，謝叔源之閒情，並解散賦體，縹緲浮音，雖滔滔風流，而大澆文意。」「縹緲」，謂内容不切實。「附俗」，謂隨附世俗。這類作品是輕浮而沒有根基的，專注重形式而忽略内容，既阿好世俗，又輕飄飄沒有一點分量。

文鏡秘府論論體篇：「凡製作之士，祖述多門，人心不同，文體各異。較而言之：有博雅焉，有清典焉，有綺艷焉，有宏壯焉，有要約焉，有切至焉。夫模範經誥，褒述功業，淵乎不測，詳哉有閒，博雅之裁也。敷演情志，宣昭德音，植義必明，結言爲正，清典之致也。體其淑姿，因其壯觀，文章交映，光彩傍發，綺艷之則也。魁張奇偉，闡耀威靈，縱氣凌人，揚聲駭物，宏壯之道也。指事述心，斷辭趣理，微而能顯，少而斯洽，要約之旨也。舒陳哀憤，獻納約戒，言唯折中，情必曲盡，切至之功也。……凡斯六事，文章之通義焉。苟非其宜，失之遠矣。博雅之失也緩，清典之失也輕，綺艷之失也淫，宏壯之失也誕，要約之失也闌（鈴木虎雄云：當作「闕」），切至之失也直。體大義疎，辭引聲滯，緩之致焉。（文體既大，而義不周密，故云疎；辭雖引長，而聲不通利，故云滯也。）理入於浮，言失於淺，輕之起焉。（叙事爲文，須得其理，理不甚會，則覺其浮；言須典正，涉於流俗，則覺其淺。）體貌違方，逞欲過度，淫以興焉。（文雖綺艷，猶須準其事類相當，比擬叙述，不得體物之貌而違於道，逞己之心而過於制也。）制傷迂闊，辭多詭異，誕則成焉。（宏壯者亦須準量事類，可得施言，不可漫爲迂闊，虛陳詭異也。）情不申明，事有遺漏，闕自見焉。（謂論心意不能盡申，叙事理又有所闕焉也。）體尚專直，文好指斥，直乃行焉。（謂文體不經營，專爲直置，言無比附，好相指斥也。）故詞人之作也，先看文之大體，隨而用心，（謂上所陳文章六種，是其本體也。）遵其所宜，防其所失，（博雅、清典、綺艷、宏壯、要約、切至等是所宜，緩、輕、淫、誕、直等是所失。）故能辭成煉覈，動合規矩。」郭紹虞中國文學批評史第二版：「文鏡秘府論論體篇有博雅、清典、綺艷、宏壯、要約、切至六目，就是本文心雕龍所舉八體，稍加改易而去了新奇、輕靡二體。皎然以十九字括詩之體，司空圖有二十四詩品，雖名目較多，然而沒有文心雕龍所説的扼要。」

故雅與奇反，奧與顯殊，繁與約舛〔一〕，壯與輕乖〔二〕，文辭根葉，苑囿其中矣〔三〕。

〔一〕定勢篇：「斷辭辨約者，率乖繁縟。」

〔二〕范注：「案彦和於新奇、輕靡二體，稍有貶意，大抵指當時文風而言。次節列舉十二人，每體以二人作證。獨不爲末二體舉證者，意輕之也。」

郭紹虞中國文學批評史第二版：「劉氏所説的八體，可以歸納爲四類：雅與奇爲一組，奧與顯爲一組，繁與約爲一組，壯與輕爲一組。這四組就是所由構成風格原因的四類。雅與奇指體式言，體式所以會形成這兩種不同的風格，就視其所習，所以説『體式雅鄭，鮮有反其習』。奧與顯指事義言，事義所以會形成這兩種不同的風格，又視其所學，所以説『事義淺深，未聞乖其學』。繁與約指辭理言，構成之因視其才，所以說『辭理庸儁，莫能翻其才』。壯與輕由風趣言，構成之因視其氣，所以說『風趣剛柔，寧或改其氣』。在這裏雅奇、奥顯、繁約、壯輕是兩種相等的不同的風格，雅鄭、淺深、庸俊、剛柔又是兩種相對的表示優劣的評語，兩相配合，固然不能盡當，但是雅奇與習，奥顯與學，繁約和才，壯輕和氣，却是很有關係的，所以我們還可以這樣比附。在此四類之中，再可以綜爲二綱，這即是他所說的『情性所鑠，陶染所凝』。情性出於先天，所以才和氣可以合爲一組，所謂『才有天資』。陶染出於後天，所以學和習又可合爲一組，所謂『學慎始習』。」

〔三〕對於八體的解釋，有的是從思想内容方面來説明的，有的是從表現方法方面來説明的。例如對於「典雅」、「遠奥」的解釋，就包括思想和表現方式。就是對於「壯麗」的解釋「高論宏裁」，對於「新奇」的解釋「擯古競今」，都不僅是形式問題，而且也有思想問題在内。「文辭根葉，苑囿其中矣。」兩句是説内容和形式都包括在這八體之中，因爲文學作品的思想内容是根本，而辭采則是表現於外的東西，可以用葉來比喻。

以上爲第二段，將風格分爲八種基本類型，並把這八種類型列爲四對。

若夫八體屢遷，功以學成〔一〕。才力居中，肇自血氣〔二〕。氣以實志，志以定言〔三〕，吐納英華〔四〕，莫非情性〔五〕。

〔一〕斯波六郎：「陸機文賦：『其爲物也多姿，其爲體也屢遷。』」衡量一位作家，不是某種單一的風格類型所能概括得了的。「八體屢遷，功以學成」是說：一個作家的風格並不是永遠固定不變的。這種風格上的變化是由於學習的結果。

陸游示子遹詩云：「我初學詩日，但欲工藻繪；中年始稍悟，漸若窺宏大。怪奇亦間出，如石漱湍瀨。」這說明他早年和中年不同的作風，並且自述他還有矜「奇」喜「怪」的過程。末了云：「汝果欲學詩，工夫在詩外。」這裏指出學詩者不能只在書本中討生活。「八體屢遷，功以學成」，包涵兩方面意義：一是通過後天的學習，作家的文章風格，可以逐漸變化，繁縟的可以變爲精約，新奇的可以變爲雅正。一是同在一個作家中，通過思想的修養，藝術的鍛煉，風格可以多樣化。例如庾信的作品，早歲工爲淫艷，晚歲即悲涼慷慨，杜甫戲爲六絕句：「庾信文章老更成，凌雲健筆意縱橫。」主要是生活歷程起了很大變化所造成，然而也可以説受了北人剛健風格的影響。

校釋：「舍人此篇雖標八體，非謂能此者必不能彼也。今任舉其書評文之語如下，以見其變之繁：

『相如封禪，麗而不典。』（封禪）『揚雄劇秦，典而不實。』（同上）……『相如上林，繁類以成艷。』（詮賦）『枚乘兔園，舉要以會新。』（同上）『子雲甘泉，構深偉之風。』（同上）『桂華雜曲，麗而不經。』（樂府）『赤雁群篇，靡而非典。』（同上）『張衡應間，密而兼雅。』（雜文）『蔡邕釋誨，體奧而文炳。』（同上）『仲宣靡密，發端必遒。』（詮賦）『景純綺巧，縟理有餘。』（同上）『傅毅七激，會清要之工。』（雜文）『孟堅兩都，明絢以雅贍。』（詮賦）」

〔二〕事類篇：「才自內發，學以外成。」風格變化的出發點是人的才力和氣質。而各人才力的不同，又源於不同的氣質。「血氣」，即先天的氣質。「居中」是說居於內心。朱子全書性理中解釋道：「氣一也，主於心者，則爲志氣；主於形體者，則爲血氣。」

〔三〕校注：「按左傳昭公九年：『味以行氣，氣以實志，志以定言。』杜注：『氣和，則志充；在心爲志，發口爲言。』」孟子公孫丑上：「夫志，氣之帥也；氣，體之主也。夫志至焉，氣次焉。」一個人的氣質或文章的氣勢，都是一個人的思想情感的具體反映，而一個人的言語表達方式，也是由他的思想情感所決定的。

唐順之稗編李方叔論文：「李方叔云：文章之不可無者有四：一曰體，二曰志，三曰氣，四曰韻。述之以事，本之以道，考其理之所在，辨其義之所宜，卑高巨細，包括並載而無所遺，左右上下，各在有職，而不亂者，體也。體立於此，折衷其是非，去取其可否，不徇於流俗，不謬於聖人，抑揚損益，以稱其事，彌縫貫穿，以足其言，行吾學問之力，從吾制作之用者，志也。充其體於立意之始，從其志於造語之際，生之於心，應之於言，心在和平，則温厚典雅；心在安敬，則矜莊威重，大焉可使如雷霆之奮，鼓舞萬物，小焉可使如脈絡之行，出入無間者，氣也。」（圖書集成文學典第十一卷引）（李方叔，李廌字，與黃庭堅等共爲蘇（軾）門六君

子，有師友談記）

〔四〕校注：「禮記樂記：『和順積中，而英華發外。』」神思篇：「吐納珠玉之聲。」此處「吐納」，僅有吐意。

〔五〕意謂吐露華美辭采的文學創作，無非是作者的思想情感和個性特徵的綜合表現。有什麽樣的個性，就會有什麽樣的作品風格。

李贄讀律膚說（焚書卷三）：「蓋聲色之來，發於情性，由乎自然，是可以牽合矯强而致乎？故自然發於情性，則自然止乎禮義，非情性之外復有禮義可止也。惟矯强乃失之，故以自然之爲美耳，又非於情性之外復有所謂自然而然也。……莫不有情，莫不有性，而可以一律求之哉！」

方苞望溪先生集外文卷二四進書文選表：「言者，心之聲也。古之作者，其氣格風規，莫不與其人之性質相類。」

是以賈生俊發，故文潔而體清〔一〕；長卿傲誕，故理侈而辭溢〔二〕；子雲沈寂，故志隱而味深〔三〕；子政簡易，故趣昭而事博〔四〕；孟堅雅懿，故裁密而思靡〔五〕；平子淹通，故慮周而藻密〔六〕；仲宣躁競，故穎出而才果〔七〕；公幹氣褊，故言壯而情駭〔八〕；嗣宗俶儻，故響逸而調遠〔九〕；叔夜儁俠，故興高而采烈〔一〇〕；安仁輕敏，故鋒發而韻流〔一一〕；士衡矜重，故情繁而辭隱〔一二〕。觸類以推，表裏必符〔一三〕。豈非自然之恒資〔一四〕，才氣之大略哉〔一五〕！

〔一一〕駱鴻凱文選學：「上句斥其材性，下句證以其人之文體。」這樣用以闡明「吐納英華，莫非情性」之義。下舉各例並同。范注：「神思篇『駿發之士』，此『俊』字疑當作『駿』。」這是説賈誼才高，雄姿英發，所以他的文章風格高潔而清雅。才略篇：「賈誼才穎，陵軼飛兔，議愜而賦清，豈虛至哉！」哀弔篇：「自賈誼浮湘，發憤弔屈，體周而事覈，辭清而理哀。」風骨篇：「意氣駿爽，則文風清焉。」

校注：「宋書謝靈運傳論：『縱橫俊發，過於延之。』高僧傳唱導論：『辭吐俊發。』是作『俊』亦可。」札記：「史記屈賈列傳：『廷尉乃言賈生年少，頗通諸子百家之書，文帝召以爲博士。是時賈生年二十餘，最爲少。每詔令議下，諸老先生不能言，賈生盡爲之對。』此俊發之徵。」藝概文概：「柳子厚與楊京兆憑書云：『明如賈誼。』（見柳集卷三十）一『明』字，體用俱見。若文心雕龍謂：『賈生俊發，故文潔而體清。』語雖較詳，然似將賈生作文士看矣。」

〔一二〕札記：「文選謝惠連秋懷詩注引嵇康高士傳贊曰：『長卿慢世，越禮自放。犢鼻居市，不恥其狀。託疾避官，蔑此卿相。乃賦大人，超然莫尚。』此傲誕之徵。」高傲的人總是傾向於誇誕，言過其實；司馬相如的作品就是文理虛夸，而且辭采泛濫的。詮賦篇：「相如上林，繁類以成艷。」才略篇：「相如好書，師範屈宋，洞入夸艷，致名辭宗，然覆取精意，理不勝辭。」

故揚子以爲文麗用寡者長卿，誠哉是言也。」物色篇也説：「及長卿之徒，詭勢瓌聲，模山範水，字必魚貫，所謂詩人麗則而約言，辭人麗淫而繁句也。」子虛賦和上林賦就是過度誇張，「麗淫而繁句」的代表作。

〔三〕札記：「漢書揚雄傳曰：默而好深湛之思，清静亡爲，少嗜欲。此沈寂之徵。」揚雄性格沉静，喜歡深思，所以他的作品思想情感内隱而意味深長。這類作品可以太玄爲代表。漢書揚雄傳贊：「雄著太玄，劉歆嘗觀之，謂雄曰：空自苦！今學者有禄利，然尚不能易，又如玄何？吾恐後人用覆醬瓿也。」可見太玄在當時就是很不容易懂的。才略篇：「子雲屬意，辭人最深，觀其涯度幽遠，搜選詭麗，而竭才以鑽思，故能理贍而辭堅矣。」隱秀篇：「深文隱蔚，餘味曲包。」詮賦篇：「子雲甘泉，構深偉之風。」練字篇：「揚、馬之作，趣幽旨深。」校注：「按文選班固典引：『司馬相如洿行無節，但有浮華之辭。』足爲辭溢之徵。」漢書東方朔傳「溢於文辭」，注：「言其有餘也。」

〔四〕札記：「漢書劉向傳曰：向爲人簡易，無威儀，廉靖樂道，不交接世俗。此簡易之徵。」「簡易」是不講究修飾。而且性情寬和舉止坦率。在生活上不講究修飾，轉移到文章的寫作也不講究修飾。因而形成「簡易」的風格。「趣昭」就是明白易懂，就是「顯附」。「事博」就是簡煉，就是「精約」。才略篇説：「新序該練。」可以作爲代表。

困學紀聞卷十七評文：「文心雕龍謂英華出於性情。賈生俊發，則文潔而體清；子政簡易，則趣昭而事博；子雲沈寂，則志隱而味深；平子淹通，則慮周而藻密。」全祖望云：「以簡易稱中壘，亦未確。」又云：「子雲沈寂，其如清净符命之謡何？」翁注：「此云『英華出於性情』，蓋節取其意。」

〔五〕後漢書班固傳：「及長，遂博通載籍，九流百家之言無不窮究。……性寛和容衆，不以才能高人。」故云「雅懿」。封禪篇説：「典引所叙，雅有懿乎？」似乎班固典引可作爲「雅懿」風格的代表作。詮賦篇：「孟堅兩都，明絢以雅贍。」雜文篇：「班固賓戲，含懿采之華。」後漢書班固傳論：「固文贍而事詳。若固之序事，不激詭，不抑抗，贍而不穢，詳而有體，使讀之者亹亹而不倦。」「靡」，細緻。章句篇：「章之明靡，句無玷也。」「體密」，謂體裁綿密。藝概文概：「蘇子由稱太史公疎蕩有奇氣，劉彦和稱班孟堅裁密而思靡。『疎』、『密』二字，其用不可勝窮。」

〔六〕後漢書張衡傳：「衡少善屬文，游於三輔，因入京師，觀太學，遂通五經，貫六藝。雖才高於世，而無驕尚之情，常從容淡静，不好交接俗人。……衡善機巧，尤致思於天文、陰陽、曆算。」才略篇：「張衡通贍。」世説品藻：「世目殷中軍思緯淹通，比羊叔子。」殷中軍謂殷浩，叔子，羊祜字。「淹通」是説學問淵博而能貫通。所以思慮周到而用辭細密。雜文篇：「張衡七辨，結采綿靡。」

〔七〕「競」原作「鋭」。范注：「按程器：『仲宣輕脆以躁競。』此『鋭』疑是『競』字之誤。魏志杜襲傳：『（王）粲性躁競。』此彦和所本。」校注：「按以程器篇『仲宣輕脆以躁競』驗之，『鋭』疑爲『競』之誤。三國志魏志杜襲傳：『魏國既建，爲侍中，與王粲、和洽並用。粲彊識博聞，故太祖游觀出入，多得驂乘；至其見敬，不及洽、襲。襲嘗獨見，至於夜半。粲性躁競，起坐曰：「不知公對杜襲道何等也？」洽笑答曰：「天下事豈有盡邪！卿晝侍可矣。悒悒於此，欲兼之乎？」』據此則『鋭』應作『競』必矣。」

按「躁鋭」亦可通。「鋭」，疾也。史記平原君列傳：平原君將至楚定從約，毛遂自請俱往，謂平原君曰：「譬若錐處囊中，穎脱而出，其末立見。」謂必能自顯其才也。王粲性情急躁而文思敏鋭，所以寫的文章鋒芒外露，表現出果斷的才華來。魏志王粲傳：「善屬文，舉筆便成，無所改定，時人常以爲宿構。然正復精意覃思，亦不能加也。」才略篇：「仲宣溢才，捷而能密。文多兼善，辭少瑕累，摘其詩賦，則七子之冠冕乎？」神思篇：「仲宣舉筆似宿構。」又説：「機敏故造次而成功。」都是這個意思。

〔八〕札記：「魏志王粲傳注引典略載楨平視太子夫人甄氏事。謝靈運擬鄴中集詩序曰：楨卓犖偏人。此氣褊之徵。」按謝靈運擬魏太子鄴中集劉楨詩序曰：「卓犖偏人，而文最有氣，所得頗經奇。」「氣褊」就是性子急躁而不穩定。魏志王昶傳：「東平劉公幹，博學有高才，誠節有大意。然性行不均，少所拘忌。」典論論文説：「公幹壯而不密。」才略篇：「劉楨情高以會采。」鍾嶸詩品評劉楨詩：「仗氣愛奇，動多振絶，真骨凌霜，高風跨俗，但氣過其文，彫潤恨少。」御覽三八五引文士傳曰：「劉楨辭氣鋒烈，莫有折者。」惟顏延之庭誥云：「劉楨五言流靡。」則異議耳。綴補：「駭謂激動。漢書揚雄傳上：『回猋肆其碭駭兮。』師古注：『駭，動也。』」

〔九〕「俶儻」，同「倜儻」。「俶」是「倜」的借字。魏志王粲傳：「（阮）瑀子籍，才藻艷逸而倜儻放蕩，行己寡欲，以莊周爲模則。」明詩篇：「阮旨遥深。」晉書阮籍傳：「籍容貌瓌傑，志氣宏放，傲然獨得，任性不羈，而喜怒不形於色。」「俶儻」，洒脱，不拘束。

鍾嶸詩品説：「（阮籍）詠懷之作，可以陶性靈，發幽思，言在耳目之内，情寄八荒之表，洋洋乎會於風雅，使人忘其鄙近，自致遠大，頗多感慨之詞，厥旨淵放，歸趣難求。」是「響逸而調遠」的具體説明。文選阮籍詠懷詩顏延之注：「嗣宗身仕亂朝，常恐罹謗遇禍，因兹發詠，故每有憂生之嗟。雖志在刺譏，而文多隱避，百代之下，難以情測。」可見阮籍詩之所以「響逸而調遠」，是由於他身處亂世，不敢直接面對現實進行斗爭的緣故，並不是由於他的性格倜儻不羈。

〔一〇〕魏志王粲傳：「時又有譙郡嵇康，文辭壯麗，好言老莊，而尚奇任俠。」注引嵇康別傳：「孫登謂康曰：君性烈而才儁，其能免乎？」顏延之詠嵇中散有云：「鸞翮有時鎩，龍性誰能馴？」「烈」謂猛烈有火氣。魏志王粲傳注又引嵇喜嵇康傳：「家世儒學，少有儁才，曠邁不群，高亮任性，不修名譽，寬簡有大量，學不師授，博洽多聞。長而好老莊之業，恬静無欲……超然獨達，遂放世事，縱意於塵埃之表。」校注：「世説新語品藻篇：『簡文云：何平叔巧累於理，嵇叔夜儁傷其道。』」明詩篇：「嵇志清峻。」書記篇：「嵇康絶交，實志高而文偉矣。」嵇康的作品所以旨趣高超，風采壯烈，是和他英俊的才華、豪俠的性格一致的。

〔一一〕札記：「晉書潘岳傳曰：岳性輕躁趨世利，與石崇等諂事賈謐，每候其出，輒望塵而拜。構愍懷文，岳之辭也。此輕敏之徵。」范注：「文選籍田賦注引臧榮緒晉書曰：『岳總角辯慧，摛藻清艷。』」才略篇：「潘岳敏給，辭自和暢。」按晉書潘岳傳：「岳美姿儀，辭藻艷麗，尤善爲哀誄之文。少時常挾彈出洛陽道，婦人遇之者，皆連手縈繞，投之以果。遂滿載以歸。」可見他是行爲輕薄而才思機敏的。這樣的人寫出來的作品自然辭鋒顯露（「鋒發」），音韻流暢（「韻流」）。世説新語文學篇劉注引續文章志：「岳爲文，選言簡章，清綺絶倫。」這種清新綺麗的風格也是和潘岳輕浮而機敏的性格一致的。

〔一二〕札記：「晉書陸機傳曰：『機服膺儒術，非禮不動。』此矜重之徵。」「矜重」是説矜持（拘謹）而莊重。這和輕敏的性格是一種鮮明的對照。才略篇：「陸機才欲窺深，辭務索廣，故思能入巧而不制繁。」劉熙載藝概卷二詩概：「劉彦和謂士衡矜重，而近世論陸詩者，或以累句訾之。然有累句，無輕句，便是大家品位。」又藝概文概云：「六代之文，麗才多而鍊才少。有鍊才焉，如陸士衡是也。蓋其思能入微，而才復足以籠鉅，故其所作，皆傑然自樹質幹。文心雕龍但目以『情繁詞隱』，殊未盡之。」這雖然和劉勰對於陸機的評價不同，但「情繁詞隱」

還是能够説明陸機作品的風格的。鎔裁篇：「士衡才優，而綴詞尤繁。及雲之論機，亟恨其多。」哀弔篇：「陸機之弔魏武，序巧而文繁。」世説新語文學篇引孫興公云：「潘文爛若披錦，無處不善。陸文若排沙簡金，往往見寶。」又云：「潘文淺而净，陸文深而蕪。」晉書潘岳傳：「史臣曰：機文喻海，韞蓬山而育蕪；岳藻如江，濯美錦而增絢。」潘陸二人風格的不同是和他們二人的才性有關係的。

本段説明每位作家作品的風格時，有三方面值得重視：第一，劉勰本着内容與形式相結合的原則，來評定風格，如説「文潔而體清」、「理侈而辭溢」、「志隱而味深」、「趣昭而事博」等等。第二，劉勰没有把作家創作中偶然出現的風格現象作爲定論。文心雕龍的許多篇章，對一位作家的風格定評，大抵是一致的，如對於賈誼、班固等人，可見劉勰評述作家及其作品的風格時，不是斷章取義，他對作家的作品作過精密的研究，才下結論。第三，在考慮作家的才能和性情時，劉勰相當重視作家的政治態度和情操。「賈生俊發」、「長卿傲誕」，所用詞匯就含有褒貶。本篇説「安仁輕敏」、「仲宣躁競」，程器篇説「潘岳詭禱於愍懷」，「仲宣輕脆以躁競」，對照一下，就可以看出劉勰對他們的政治態度或生活作風有所批評。

〔一三〕斯波六郎：「周易繫辭上：『引而伸之，觸類而長之。』」淮南子精神訓：「外爲表而内爲裏。」意林魏子：「君子表不隱裏，明暗同度。」李贄讀律膚説：「蓋聲色之來，發於情性，由於自然，是可以牽合矯强而致乎？……故性格清徹者，音調自然宣暢；性格舒徐者，音調自然疏緩；曠達者，自然浩蕩；雄邁者，自然壯烈；沉鬱者，自然悲酸；古怪者，自然奇絶。有是格，便有是調，皆情性自然之謂也。莫不有情，莫不有性，而可以一律求之哉！然則所謂自然者，非有意爲自然而遂以爲自然也。若有意爲自然，則與矯强何異？故自然之道，未易言也。」（焚書卷三）

明屠隆白榆集卷三王茂大修竹亭稿序：「士之寥闊者語遠，端亮者語莊，寬舒者語和，褊急者語峭，浮華者語綺，清枯者語幽，疎朗者語暢，沉着者語深，譎蕩者語荒，陰鷙者語險。讀其詩，千載而下如見其人。」

清薛雪一瓢詩話第一八一條：「鬯快人詩必瀟灑，敦厚人詩必莊重，倜儻人詩必飄逸，疏爽人詩必流麗，寒澀人詩必枯瘠，豐腴人詩必華贍，拂鬱人詩必悽怨，磊落人詩必悲壯，豪邁人詩必不羈，清修人詩必峻潔，謹勑人詩必嚴整，猥鄙人詩必萎靡；此天之所賦，氣之所稟，非學之所至也。」

王通文中子中説事君篇：「子謂文士之行可見：謝靈運小人哉；其文傲，君子則謹；沈休文小人哉！其文治，君子則典。鮑照、江淹，古之狷者也，其文急以怨；吴筠、孔珪，古之狂者也，其文怪以怒；謝莊、王融，古之纖人也，其文碎；徐陵、庾信，古之夸人也，其文誕。或問孝綽兄弟，子曰：鄙人也，其文淫。或問湘東王兄弟，子曰：貪人也，其文繁；謝朓，淺人也，其文捷；江總，詭人也，其文虛。皆古之不利人也。子謂顔延之、王儉、任昉有君子之心焉，其文約以則。」

宋吳處厚青箱雜記卷七：「白居易賦性曠遠，其詩曰：『無事日月長，不羈天地闊。』此曠達者之詞。孟郊賦性褊隘，其詩曰：『出門即有礙，誰謂天地寬？』此褊隘者之詞也。然則天地又何嘗礙郊？孟郊自礙耳！王文康公賦性質實重厚，作詩曰：『棗花至小能成實，桑葉惟柔解吐絲，堪笑牡丹如斗大，不成一事只空枝。』此亦質實重厚之詞也。」

馮時可雨航雜錄「文如其人」條：「永叔侃然，而文温穆；子固介然，而文典則。蘇長公達，而文遒暢；次公恬，而文澄蓄。介甫矯厲，而文簡勁（以上又見鄭瑗井觀瑣言）。文如其人哉，人如其文哉！」（圖書集成文學典卷一〇引）

方孝孺張彥輝文集序：「司馬相如有俠客美丈夫之容，故其文綺曼姱都，如清歌繞梁，中節可聽；賈誼少年意氣慷慨，思建事功而不得遂，故其文深篤有謀，悲壯矯訐；揚雄齪齪自信，木訥少風節，故其文拘束慤願，模擬窺竊，蹇澀不暢，用心雖勞，而去道實遠。」

屠隆抱桐集序：「襄陽蕭遠，故其聲清和；長吉好異，故其聲詭激；青蓮神情高曠，故多閎達之詞；少陵志識沉雄，故多實際之語。」（明刻本白榆集卷二）

〔一四〕吳林伯文心雕龍諸家校注商兑：「按恒資，猶養氣『斯實中人之常資』的『常資』。『資』即體性『才有天資』的『天資』，謂人的先天稟賦。在劉勰看來，這種稟賦，人各有定，不能相互交換。恰如典論論文所謂『雖在父兄，不能以移子弟。』故曰『恒資』或『常資』。」

〔一五〕紀評：「此亦約略大概言之，不必皆確。百世以下，何由得其性情，人與文絶不類者，況又不知其幾耶？」

札記：「才氣之大略，此語甚明，蓋謂因文觀人，亦但得其大端而已。」按風格和才氣的關係也只是大體一致，所以劉勰説是「才氣之大略」。

以上爲第三段，舉賈誼、司馬相如等十二位作家爲例，證明作家個性與作品風格「表裏必符」。

夫才有天資〔一〕，學愼始習。斲梓染絲〔二〕，功在初化；器成綵定，難可翻移。故童子雕琢〔三〕，必先雅製〔四〕。沿根討葉，思轉自圓〔五〕。

〔一〕綴補：「案『有』猶『由』也。班彪王命論：『是故窮達有命，吉凶由人。』有、由互文，有與由同義。鍾嶸詩品序：『觀古今勝語，多非補假，皆有直尋。』陳學士吟窗雜録本『有』作『由』，正有、由同義之證。」

〔二〕黄注：「斲梓，周書：『若作梓材，既勤樸斲。』」按此見尚書梓材。古代多用梓制器，因即以泛指木材。

「染絲」，語本墨子所染：「子墨子言，見染絲者而嘆曰：『染於蒼則蒼，染於黄則黄，所入者變，其色亦變。……故染不可不慎也。』」梓因斲而成器，絲因染而成色，一成莫變，故云「功在初化」。這裏用以比喻學愼始習。

論衡率性篇：「詩曰：『彼姝者子，何以與之？』傳言：譬如練絲，染之藍則青，染之丹則赤。十五之子，其猶絲也。其有所漸，化爲善惡，猶藍丹之染練絲，使之爲青赤也，青赤一成，眞色無異，是故楊子哭歧道，墨子哭練絲也，蓋傷離本，不可復變也。」陸德明經典釋文序云：「至於處鮑居蘭，玩所先入。染絲斲梓，功在初變；器成采定，難復改移。」似據此文而稍有改易。

〔三〕斯波六郎：「法言吾子：『或問吾子少而好賦？曰然，童子雕蟲篆刻。』」曹學佺批：「此入門之時要端正也，學者不可以不知。」

〔四〕謂開始從事寫作，就必須取法乎上。

〔五〕斯波六郎：「陸機文賦：『或因枝以振葉，或沿波而討源。』」「沿根討葉」，指從典雅的作品到其它各種風格的作品。

談藝錄：「余按彥和文心亦偶有『思轉自圓』（體性）、『骨采未圓』（風骨）等語，乃知圓者，詞意周妥，完善無缺之謂，非僅音節諧美……而已。若夫僻澀嘔啞，爲字之妖，爲文之吃，則不得與於圓也明矣。」

以上四句是說：學習具有高雅風格的經典著作，是形成健康風格的根本修養。從根本來着手，再來探討各種具體的表現手法，思路自然圓融通暢，無往不利。這種理論，劉勰在宗經篇裏表現得最分明。他説：「若稟經以製式，酌雅以富言，是仰山而鑄銅，煮海而爲鹽也。」

八體雖殊，會通合數〔一〕，得其環中〔二〕，則輻輳相成〔三〕。故宜摹體以定習〔四〕，因性以練才〔五〕。文之司南，用此道也〔六〕。

〔一〕易繫辭：「聖人有以見天下之動，而觀其會通。」正義：「觀看其物之會合變通。」此處的意思是這八種風格類型雖然各自不同，然而其間的互相會通之處，都是有規律可循的。史通叙事：「然章句之言，有顯有晦。顯也者，繁詞縟説，理盡於篇中；晦也者，省字約文，事溢於句外。然則晦之將顯，優劣不同，較可知矣。」這就説明遠奧、顯附、精約、繁縟之間可以會通。

〔二〕莊子齊物論：「彼是莫得其偶，謂之道樞。樞始得其環中，以應無窮。」郭注：「夫是非反覆相尋無窮，故謂之環。」疏：「環者假有二竅，中者其空一道，環中空矣，以明無是無非。」范注：「莊子則陽篇：『冉相氏得其環中以隨成。』郭象曰：『居空以隨物而物自成。』」唐釋湛然止觀輔行傳宏決莊子古注：「以圓環内空體無際，故曰環中。」司空圖詩品：「超以象外，得其環中。」此處「環中」謂中空之處，指車轂。

〔三〕漢書叔孫通傳：「四方輻輳。」注：「輳，聚也，言如車輻之聚於轂也。字或作『湊』。」「輻」，車輪中直木。車輻集中於軸心叫做輻輳。這兩句話的意思是以典雅風格爲核心，其它的因素就可以圍繞着典雅組成比較健康的風格，而不致流於「輕靡」，「新奇」的風格也會得到適當的控制（即定勢篇説的「執正以馭奇」），就象車輻輳合在車轂上組成完整的車輪一般。這就是説，只要抓住關鍵，則各種風格就可形成多樣化的統一。

〔四〕在開始練習寫作的時候，應該慎重地選擇學習對象，以端正寫作道路。「摹體以定習」就是摹仿一種風格來確定自己的創作方向。

〔五〕「因性以練才」就是順着自己的性情，學習和自己的個性比較接近的風格，這樣來鍛煉自己的才能。

葛洪抱朴子外篇卷四十辭義：「夫才有清濁，思有修短；雖並屬文，參差萬品：或浩瀁而不淵潭，或得事情而辭鈍，違物理而文工。蓋偏長之一致，非兼通之才也。闇於自料，强欲兼之，違才易務，故不免嗤也。」

明皇甫汸曰：「作詩須量力度才，就其近似者而模放之，久則成家矣。若性質恬曠而務求華艷，才情綺麗而强擬沈鬱，始雖效顰，終失故步，所謂『行歧路者不至，懷二心者無成』也。」（文體明辨序説文章綱領引）

駱鴻凱文選學讀選導言十五：「學古人文，宜取性之所近，斯可收事半功倍之效。若性質恬曠而務求華艷，才情綺麗而强擬沈鬱，始雖效顰，終失故步。昔蘇子瞻不好史記，方望溪不喜漢書、柳文。誠知所取捨也。今取文選諸家之文，標其絶特，聊資模楷，學者試就性近而致力焉，賢於百家旁騖無復準的者遠矣。

「喜典重厚實之文，法班固、蔡邕、陸機。

「喜俊逸流連之文，法潘岳。

「喜辭令美妙之文，法任昉。

「喜研撢名理剖析精微之文，法嵇康。

「喜句凝字鍊章法綿密之文，法陸機。

「清代文家如汪中學范、任，周濟學干寶，李兆洛學蔡，諸子皆知度材準性，就其近似者而模仿之，久乃卓然名家，真吾輩之前師矣。」

〔六〕「司南」，猶指南。韓非子有度：「故先王立司南以端朝夕。」「道」，指方法。第四段指出寫作不能完全依靠天資，還須側重學習，尤其要一開始就因性之所近，向雅正的作品學習，才能融會貫通。

贊曰：才性異區〔一〕，文體繁詭〔二〕。辭爲肌膚〔三〕，志實骨髓〔四〕。雅麗黼黻〔五〕，淫巧朱紫〔六〕。習亦凝真〔七〕，功沿漸靡〔八〕。

〔一〕世説新語文學注引魏志：「（鍾）會嘗論才性同異，傳於世。四本者，言才性同，才性異，才性合，才性離是也。」

校注：「按抱朴子外篇勗學：『才性有優劣。』」

〔二〕校證：「『體』，舊本皆作『體』，梅本、凌本、梅六次本、黃注本、張松孫本、紀本、四庫輯注本作『辭』。案『體性』對言，所以敷篇題之旨，作『辭』者誤。」

〔三〕校證：「『肌膚』原作『膚根』。范注：『膚根，根當作葉。』按當作『肌膚』。附會篇：『事義爲骨髓，辭采爲肌膚。』以『骨髓』與『肌膚』對文，與此正同，今據改。辨騷篇亦云：『骨鯁所樹，肌膚所附。』」

校注：「漢書禮樂志：『夫樂本性情，浹肌膚而藏骨髓。』淮南子原道篇：『不浸於肌膚，不浹於骨髓。』抱朴子外篇辭義：『屬筆之家，亦各有病；其淺者，則患乎妍而無據，證援不給，皮膚鮮澤，而骨鯁迴弱也。』皆用人體爲喻，以『肌膚』、『皮膚』與『骨髓』或『骨鯁』對舉，表其淺深之異。則此亦當如是。」

〔四〕按此二句與情采篇「情者文之經，辭者理之緯」義同。

法國布封論風格說：「只有意思能構成風格的內容，至於辭語的和諧，它只是風格的附件。」

（見論風格，譯文一九五七年九月）

〔五〕徵聖篇：「然則聖文之雅麗，固銜華而佩實者也。」班固離騷序：「然其文弘博雅麗，爲詞賦宗。」

斠詮：「謂作品之典雅壯麗者，猶如黼之配黻，分青別白，相得而益彰。」

叫做黻。

情采篇：「五色雜而成黼黻。」「黼黻」，古禮服上繡飾之文。白與黑相間叫做黼，黑與青相間叫做黻。

〔六〕正緯篇贊：「世歷二漢，朱紫騰沸。」論語陽貨：「惡紫之奪朱也，惡鄭聲之亂雅樂也。」朱注：「朱，正色；紫，間色。」按「朱紫」謂間色亂正色。後漢書陳元傳：「夫明者獨見不惑於朱紫。」此句意謂巧麗過分，便會造成「紫之奪朱」。

〔七〕黄注：「『凝』一作『疑』。」紀云：「『疑』字是。莊子(達生)『乃疑於神』，正作『疑』字。後人或作『凝』，或作『擬』，皆不知妄改。」范注：「案凝字似不誤。上文云『陶染所凝』，此云『習亦凝真』。真者才氣之謂，言陶染學習之功，亦可凝積而補成才氣也。」

文心雕龍諸家校注商兑：「按莊周每言天人，而『天』與『人』對，則天爲自然。自然的特點是『真』，真與僞相反。莊子漁父：『真者，精誠之至也。所以受於天也。』因此，或以『真』指代自然。『凝』如尚書皋陶謨『庶績其凝』，中庸『至道不凝』的『凝』，鄭玄皆訓爲『成』。體性『凝』字兩見，也都當訓『成』。」

〔八〕漸靡，漸染也。春秋繁露天道施：「外物之動性，若神之不守也。積習漸靡，物之微者也。」漢書淮南衡山濟北王傳贊：「亦其俗薄，臣下漸靡使然。」師古注：「靡謂相隨從。」漸漬，猶浸潤，逐漸受到感染。時序篇：「蓋歷政講聚，故漸靡儒風者也。」以上兩句是説，學之既久，習慣成自然，才可以逐步達到成功的地步。

風骨第二十八

世説賞譽篇：「殷中軍道右軍清覽貴要。」注引晉安帝紀：「（王）羲之風骨清舉也。」世説容止篇：「時人目王右軍飄如遊雲，矯若驚龍。」

晉書赫連勃勃載記論：「其器識高爽，風骨魁奇，姚興覩之而醉心，宋祖聞之而動色。」

宋書武帝紀：「身長七尺六寸，風骨奇特。家貧大志，不治廉隅。」又引桓玄語：「昨見劉裕，風骨不恒，蓋人傑也。」南史宋武帝紀：「風骨奇偉，不事廉隅小節。」

南史蔡樽傳：「風骨梗正，氣調英嶷。」

北史梁彦光傳：「少岐嶷，有至性，其父每謂所親曰：此兒有風骨，當興吾宗。」

新唐書趙彦昭傳：「少豪邁，風骨秀爽。」

高適答侯少府詩：「性靈出萬象，風骨超常倫。」

謝赫古畫品録：「六法者何？一、氣韻生動是也，二、骨法用筆是也，三、應物象形是也，四、隨類賦彩是也，五、經營位置是也，六、傳移模寫是也。」氣韻生動是其它各種要素的複合。創作能達到氣韻生動的首要條件是筆致。骨法用筆就是筆致，就是所謂骨梗有力。錢鍾書管錐篇改此段標點爲「一、氣韻，生動是也；二、骨法，用筆是也；三、應物，象形是也；四、隨類，賦彩是也；五、經營，位置是也；六、傳移，模寫是也。」（第四册）説亦可通。

古畫品録在第一品五人中，有曹不興，評語云：「不興之迹，殆莫復傳，唯秘閣之内一龍而已。觀其風骨，名豈虚哉！」

唐張彦遠歷代名畫記：「昔謝赫云：『畫有六法，自古畫人罕能兼之。』彦遠試論之曰：古之畫或遺其形似，而尚其骨氣，以形似之外求其畫，此難與俗人道也。……夫象物必在乎形似，形似須全其骨氣，骨氣形似，皆本於立意，而歸乎用筆，故工畫者必善書。……至於臺閣、樹石、車輿、器物，無生動之可擬，無氣韻之可侔，直要位置向背而已。……至於鬼神人物，有生動之可狀，須神韻而後全，若氣韻不周，空陳形似，筆力未遒，空善賦彩，謂非妙也。」

後畫録：「隋王仲舒北面孫公，風骨不逮，精熟婉順，名輩所推。」

宗白華中國美學史中重要問題的初步探索第三題中國古代的繪畫美學思想三，骨力、骨法、風骨：「筆有筆力……這種力量是藝術家内心的表現，但並非劍拔弩張，而是既有力，又秀氣。這就叫做『骨』。『骨』就是筆墨落紙有力、突出，從内部發揮一種力量，雖不講透視却可以有主體，對我們産生一種感動力量。骨力、骨氣、骨法，就成了中國美學中極重要的範疇，不但使用於繪畫理論中……而且也使用於文學批評中（如文心雕龍有風骨篇）。」（文藝論叢第六輯）

齊王僧虔能書録（説郛卷第八十七）：「王獻之，晉中書令，善隸藁，骨勢不及父，而媚趣過之。」

法書要録卷一南齊王僧虔論書：「郗超草書，亞於二王，緊媚過其父，骨力不及也。」

梁武帝書評（説郛卷第八十七）：「蔡邕書骨氣洞達，奕奕如有神力。」「蔡邕書骨氣洞達，爽爽有神。」

梁袁昂書評（説郛卷第八十六）：「王右軍書如謝家子弟，縱復不端正者，爽爽有一種風氣。……陶隱居如吴興小兒，形容雖未成長，而骨體甚駿快。」

唐李嗣真書品後（法書要録卷三）中下品七人：「宋文帝有子敬（王獻之字）風骨，超縱狼藉，翕焕爲美。」

唐張懷瓘書議（法書要録卷四）：「然智則無涯，法固不定。且以風神骨氣者居上，妍美功用者居下。」其評草書云：「然草與真有異，真則字終意亦終，草則行盡勢未盡，或烟收霧合，或電激星流，以風骨爲體，以變化爲用。有類雲霞聚散，觸遇成形；龍虎威神，飛動增勢。」

唐竇泉述書賦下（法書要録卷五）：「太宗則備集王書，聖鑒旁啓。……兼風骨，摠法禮。……開元應乾，神武聰明，風骨巨麗，碑版峥嶸。」

唐張懷瓘書斷中（法書要録卷八）：「虞則内含剛柔，歐則外露筋骨，君子藏器以虞爲優，族子纂書有叔父體則，而風骨不繼。」

魏書祖瑩傳：「瑩以文學見重，嘗語人云：『文章須自出機杼，成一家風骨，何能共人同生活也！』蓋譏世人好偷竊他文以爲己用。」

風骨泛指風格。對風骨的理解，文心雕龍的研究者意見非常分歧，以下只引證幾條較有説服力的看法。

楊炯王勃集序：「嘗以龍朔初載，文場變體，争搆纖微，競爲雕刻。糅之金玉龍鳳，亂之朱紫青黄，影帶以徇其功，假對以稱其美，骨氣都盡，剛健不聞。（勃）思革其弊，用光志業。……兄勔及勮，磊落詞韻，鏗鏘風骨，皆九變之雄律也。弟助及勖，總括前藻，網羅群思，亦一時之健筆焉。」

盧照鄰南陽公集序：「兩班叙事，得丘明之風骨；二陸裁詩，含公幹之奇偉。」

陳子昂與東方左史虬修竹篇序：「文章道弊五百年矣。漢魏風骨，晉宋莫傳。」

盧藏用陳氏别傳：「陳子昂……尤善屬文，雅有相如、子雲之風骨。」

大唐新語：「張説、徐堅同爲集賢學士。……堅謂説曰：諸公昔年皆擅一時之美，敢問孰爲先後？説曰：……許景先之文，有如豐肌膩體，雖穠華可愛，而乏風骨。」（又見舊唐書楊炯傳）

殷璠河岳英靈集序：「貞觀末標格漸高，景雲中頗通遠調，開元十五年後，聲律風骨始備矣。」又集論：「璠今所集，頗異諸家，既閑新聲，復曉古體，文質半取，風騷兩挾，言氣骨則建安爲傳，論宫商則太康不逮。」

河岳英靈集劉昚虚小序：「頃東南高唱者數人，然聲律宛態，無出其右，唯氣骨不逮諸公。」

又陶翰小序：「既多興象，復備風骨。」

又高適小序：「然適詩多胸臆語，兼有風骨，故朝野通賞其文。」

又岑參小序：「參詩語奇體峻。」

又崔顥小序：「顥年少爲詩，名陷輕薄，晚節忽變常體，風骨凜然。」

又薛據小序：「據爲人骨鯁有氣魄，其文亦爾。」

又王昌齡小序：「昌齡以還四百年內，曹、劉、陸、謝，風骨頓盡。頃有太原王昌齡，魯國儲光義頗從厥遊，且兩賢氣同體別，而王稍聲峻。」

日本近藤元粹輯評本王孟詩集詩話部分：「（朱）文公又云：王維以詩名開元間，遭祿山亂，陷賊中不能死。事平，復幸不誅，其人既不足言，詞雖清雅，亦萎弱少氣骨。」

從上引資料，可以看出「風骨」一詞在人物品評，畫論、書評以及詩文評論中都是經常出現，而且它的含義是一致的。

梅注引楊用脩云：「左氏論女色曰：美而艷。美猶骨也，艷猶風也。文章風骨兼全，如女色之美艷兩致矣。」又於本篇「文明以健」句下引楊批云：「引『文明以健』尤切，明即風也，健即骨也。詩有格有調，格猶骨也，調猶風也。」

曹學佺在風骨篇首批云：「風骨二字雖有分重，然畢竟以風爲主。風可包骨，而骨必待乎風也。故此篇以風發端，而歸重於氣，氣屬風也。」曹學佺的意思是説，氣屬於風的一個方面，而在「風骨」二者之中，風又居於主導的方面。黄叔琳在風骨篇論氣的一段加頂批説：「氣即風骨之本。」紀昀又反駁黄氏評語説：「氣即風骨，更無本末，此評未是。」這樣一來，反而把問題弄混了。

馬茂元說風骨：「風能動物，猶文章之能感動人心。從這個意義來說，風便是文學作品的感染力。」風骨的特徵「在於明朗、健康、遒勁而有力」（文匯報一九六二年七月十二日）。

寇效信論風骨：「『風』，是作家駿爽的志氣在文章中的表現，是文章感染力的根源，比擬於物，猶如風；『骨』，指文章語言端直有力，骨鯁遒勁，比擬於物，猶如骨。二者合組成詞。」（文學評論一九六二年第六期）

劉禹昌文心雕龍選譯風骨篇：「繼體性篇歸納爲八種藝術風格之後，又提出這種在他心目中認爲最理想的標準藝術風格。這種風格，劉勰簡稱之爲『雅麗』的風格。徵聖篇說：『聖文之雅麗，固銜華而佩實者也。』它具有清新、剛健、明朗、壯麗等美的特點，大致相當於後世批評家所說的『陽剛之美』的藝術風格。」（長春，一九六三年一期）

劉大杰主編中國文學批評史上册：「風骨中固然具有思想感情的内涵，而其主要所指，是一種表達思想感情的風清骨峻的藝術風格。……劉勰認爲，具有風骨的作品，必然是思想感情表現鮮明爽朗，語言精要勁健，形成剛健有力的風格。這種風格是作家『意氣駿爽』和『結言端直』的表現。」

詩總六義，風冠其首〔一〕，斯乃化感之本源〔二〕，志氣之符契也〔三〕。

〔一〕毛詩序：「風，風也，教也，風以動之，教以化之。……故詩有六義焉：一曰風，二曰賦，三曰比，四曰興，五曰雅，六曰頌。上以風化下，下以風刺上，主文而譎諫，言之者無罪，聞之者足以戒，故曰風。」孔穎達正義：「風之所吹，無物不扇，化之所被，無往不霑，故取名焉。」雜記：「風骨與六義無涉，信劉彥和所云，則雅頌皆無風骨乎？」以上兩句謂風能起感化作用而且是志、氣的一種標誌。

〔二〕曹學佺文心雕龍序：「風者，化感之本原，性情之符契。詩貴自然，自然者，風也。辭達而已，達者，風也。緯非經匹，以其深瑕；歌同賦異，流於侈靡。……豈非風振則本舉，風微則末墜乎！故風骨一篇，歸之於氣，氣屬風也。」郭紹虞主編中國歷代文論選注：「由於風是生活抒情詩，所以感染力特別强，義是就其特色而言的。本文取義於此，故下云『化感之本源』。」王運熙文心雕龍風骨箋釋（本篇下引同此）：「國風的教化感發作用與風骨的藝術感染力量……內涵並不相同。」（中華文史論叢一九八三年第二輯）

〔三〕范注：「本篇以風爲名，而篇中多言氣。廣雅釋言：『風，氣也。』莊子齊物論：『大塊噫氣，其名爲風。』詩大序：『風以動之。』蓋氣指其未動，風指其已動，國風所陳，多男女飲食之事，故曰『化感之本源，志氣之符契』。」郭紹虞主編中國歷代文論選（以下簡稱文論選）：「范文瀾云：『……蓋氣指其未動，風指其已動。』案：未動是說蘊藏在作者內心，已動是說表現於作品。兩者相一致，故云符契。」「符契」，表徵。

「風」是屬於思想感情（即志氣）一方面的。劉勰在創作論方面同意曹丕「文以氣爲主」的主張，他更進一步把氣具體化，運用文章的飛動風神把它表現出來，所以説「風」是「志氣之符契」。劉勰在談氣的時候，往往「志氣」並舉，因爲志是「氣之帥」。蔣祖怡風清骨峻：「樂府篇『志感絲篁，氣變金石』兩句，是『志氣之符契』一句的解釋。」（文心雕龍論叢）王運熙：「章表篇云：『至於文舉之薦禰衡，氣揚采飛；孔明之辭後主，志盡文暢。』這是講志氣如何表現爲文風，采飛文暢，正是氣揚志盡的符契。」

是以怊悵述情，必始乎風〔一〕；沈吟鋪辭，莫先於骨〔二〕。故辭之待骨，如體之樹骸〔三〕；情之含風，猶形之包氣〔四〕。結言端直，則文骨成焉〔五〕；意氣駿爽，則文風清焉〔六〕。

〔一〕楚辭九辯：「然怊悵而無冀。」注：「怊悵，恨貌也。」集韻：「怊悵，失意。」明詩篇：「怊悵切情。」

校注：「按此專就『怊悵』爲言，則當據情采篇『蓋風雅之興，志思蓄憤』解之。史記自序：『詩三百篇，大抵聖賢發憤之所爲作也。』漢書食貨志上：『男女有不得其所者，因相與歌詠，各言其傷。』公羊傳宣公十五年何休解詁：『男女有所怨恨，相從而歌：飢者歌其食，勞者歌其事。』並足與此相發。」

王運熙：「上文云『風冠其首』，此承上文而言，故云『述情必始乎風』。」

舒直略談劉勰的風骨論：「『怊悵述情，必始乎風』，這就是説：在描述我們情感的時候，首先必須注意到能不能感動人。這個『始』字的提示意義是很大的。」（光明日報一九五九年八月十六日）

〔二〕「沈吟」，謂進行反復思考時低聲吟咏。「莫先於骨」下楊慎批：「此分風骨之異，論文之極妙者。」

寇效信論風骨：「『辭』需待『骨』，鋪寫詞語以植文『骨』爲先決條件。（「莫先於骨」的「先」，不應作時間先後解，而是「首要」、「先決」或「第一位」的意思。）」

〔三〕葉燮原詩云：「六朝之作，大約沿襲字句，無特立大家之才。勰之言『沉吟鋪辭，莫先於骨，故辭之待骨，如體之樹骸』，斯言爲能探得本原。」

黄海章中國文學批評簡史：「『辭之待骨，如體之樹骸』，人無骸骨，則形不能自樹，文無骨幹，則辭不能自樹。骨是什麽？在内容方面説，就是充實的思想，真摯的感情，豐富的想象，有了這些才能構成文學，好象人身的骨幹一樣。在形式方面説，則爲結構嚴整，文辭精煉。……『情之含風，猶形之包氣』，有形無氣，則成爲僵死的形骸；有情無風，則乾巴巴地没有感人的力量。這裏所謂風，是指表情生動鬱勃，有如長風吹動。但如果不是一往情深，蘊結於中，非吐不可，也就没有長風吹動的氣勢。這和内容決定形式的看法，根本上還是一致的。」

〔四〕孟子公孫丑上：「氣，體之充也。」管子心術下：「氣者，身之充也。」黄海章談風骨：「這是説明風骨的重要性。人有骸骨，肉體才能樹立起來；有血氣周流全身，才不會變成僵化的尸體。辭和骨，情和風的關係，也是這樣。」張煦侯試論劉勰的語言風格：「在文心雕龍中，其（風骨）所指的基本内容，雖然不外乎『情』和『辭』。可是情能『含風』，就不是毫無生氣的情，辭則『樹骨』，就不是毫無斤量的辭。這是『力』的要素在語言運用上和文學創作上的形象化。他創用了這個具有比喻義的字做術語，使學習他的論著的人們，對『情』和『辭』這兩個詞的意義内容，在認識上就都有了深化。這是名詞比喻義的例子。」（合肥師範學院學報一九六二年三期）

〔五〕林紓春覺齋論文論文十六忌忌直率節：「劉彦和曰：『結言端直，則文骨成焉。』可見言固貴直，惟文骨成後，則結言始成端直。若直率之直，安言文骨？又安知結言？吕東萊論文十九弊，一曰直。彦和之言，東萊詎不之知？此『直』字亦正指直率之直。」按劉勰所説的「端直」是正直，不是直率。范注：「辭之端直者謂之辭，而肥辭繁雜亦謂之辭。惟前者始得文骨之稱，肥辭不與焉。」王運熙：「結言端直，謂遣詞造句正直挺拔。骨的正面意義原指人物骨骼端直。世説新語賞譽：『王右軍目陳玄伯壘塊有正骨。』有正骨，即指骨骼端直。」舒直略談劉勰的風骨論：「『結言端直』寫文章的時候，要説真實而正確的話，不要詭巧的言辭。徵聖篇説：『正言所以立辯。』宗經篇説：『義直而不回。』都是這句話的很好的注解。」

〔六〕梅注：「『清』，一作『生』。」考異：「駿爽則清，從『清』爲長。」斯波六郎：「作『生』是。『生』與上句『成』爲對。」綴補：「按作『生』義長。莊子人間世篇：『天下有道，聖人成焉；天下無道，聖人生焉。』亦以『成』、『生』對言，與此同例。」

郭紹虞、王文生文心雕龍再議：「『意氣駿爽，則文風清焉』，指的是文學作品思想感情的清新激越。『結言端直，則文骨成焉』，指的是文學作品語言結構的準確嚴密。劉勰認爲，文學的感染力，固然有待於文采修飾的外在之美，更重要的是來自上述兩個方面完滿結合所産生的内在的美。」王運熙：「氣爽風清是建安風骨的特徵。樂府篇：『魏之三祖，氣爽才麗。』……意氣駿爽，所以詩歌富有風骨。」

宗白華中國美學史中重要問題的初步探索骨力骨法風骨：「畫一隻老虎，要使人感到它有『骨』。『骨』，是生命和行動的支持點（引伸到精神方面，就是有氣節、有骨頭，站得住），是表現一種堅定的力量。……『骨』是否只是一個詞藻（鋪辭）的問題？我認爲『骨』和詞是有關係的。但詞是有概念内容的，詞清楚了，它所表現的現實形象或對於形象的思想也清楚了。『結言端直』，就是一句話要明白、正確，不是歪曲，不是詭辯。這種正確的表達，就産生了文骨。但光有『骨』還不够，還必須從邏輯性走到藝術性，才能感動人。所以『骨』之外還要有風。『風』可以動人，『風』是從情感中來的。中國古典美學理論既重視思想——表現爲

『骨』，又重視情感——表現爲『風』。一篇有風有骨的文章就是好文章，這就同歌唱藝術中講究『咬字行腔』一樣。咬字是骨，即結言端直；行腔是風，即意氣駿爽動人情感。」「辭之待骨……則文風清焉。」從這幾句話看出「風」是屬於感情方面的，作品裏有一種動人的力量，好象人的身上有氣一樣。如果作者的意志奔放爽朗，文章的風格就是清明的。「骨」是屬於思想方面的，文辭要有骨力，就好象身體要靠骸骨來支撐一樣。怎樣才能寫得有骨力呢？那就需要義正辭嚴。

若豐藻克贍，風骨不飛，則振采失鮮，負聲無力〔一〕。是以綴慮裁篇，務盈守氣〔二〕，剛健既實，輝光乃新〔三〕。其爲文用，譬征鳥之使翼也〔四〕。

〔一〕詩品上評陸機詩云：「才高詞贍，舉體華美。氣少於公幹，文劣於仲宣。」「振采」，舒發辭采。「負聲無力」，語本莊子逍遥遊：「風之積也不厚，則其負大翼也無力。」封禪篇：「至於邯鄲受命……風末力寡……雖文理順序，而不能奮飛。」范注：「『豐藻克贍』下四語，謂瘠義肥辭，其弊若此。」舊唐書楊炯傳：「許景先之文，如豐肌膩理，雖穠華可愛，而微少風骨。」（又見大唐新語）趙西陸評范文瀾文心雕龍注：「風骨篇『若豐藻克贍……負聲無力』，即文賦所云『或寄辭於瘁音，徒靡言而弗華』之意。」

〔二〕神思篇：「是以臨篇綴慮，必有二患。」左傳昭公十一年：「單子會韓宣子於戚，視下，言徐。叔向曰：『單子其將死乎？……今單子爲王官伯，而命事於會，視不登帶，言不過步，貌不道（導）容，而言不昭矣。不道不共（恭），不昭不從，無守氣矣。』」正義：「言無守身之氣，將必死。」此處是説：構思寫文章，一定要守身的志氣充足。剛强健壯的氣既充實，發出的光采才新鮮。

〔三〕這幾句話的意思是：辭藻太繁富了，而没有風骨，没有飛動之勢，不生動，那麼辭就不鮮明，聲調也萎弱無力。救治之方就是要使文章骨梗有力，神情飛動，譬征鳥之使翼。劉勰對於「風骨」和「采」的關係不是並列起來看的，而是有主有次的，他認爲「剛健既實，輝光乃新」。玉海卷二百一辭學指南：「朱文公曰：前輩有氣骨，故其文壯，今人只是於枝葉上粉澤爾。」斯波六郎：「周易大畜彖曰：『大畜，剛健篤實輝光日新其德。』黄注已引周易此文注之矣。但據周易音義所謂鄭以『日新』絶句，『其德』連下句，彦和或當從鄭説者。」

〔四〕范注：「禮記月令：『季冬之月，征鳥厲疾。』正義曰：『征鳥，謂鷹隼之屬也。時殺氣盛極，故鷹隼之屬取鳥捷疾嚴猛也。』此以征鳥氣盛爲喻。」王運熙：「『其爲』二句説文章風骨之作用，猶如猛禽展翅。猛禽羽翮勁健，故能高翔；文章風骨清峻，則有飛動之美。」

故練於骨者，析辭必精〔一〕；深乎風者，述情必顯〔二〕。捶字堅而難移〔三〕，結響剖毫析釐。」

凝而不滯〔四〕，此風骨之力也〔五〕。

〔一〕「析辭必精」，諸子篇：「辭約而精，尹文得其要。」麗辭篇：「魏晉群才，析句彌密，聯字合趣，剖毫析釐。」

〔二〕「述情必顯」，宗經篇：「子夏歎書，昭昭如日月之明，離離如星辰之行，言昭灼也。」

以上四句説明具有風骨的作品，必然文辭精練，情感顯明。

春覺齋論文應知八則風趣：「風趣者，見文字之天真，於極莊重之中，有時風趣間出。故劉彦和曰：『深乎風者，述情必顯。』譚格亦言：『文章止要有妙趣，不必責其何出。』然亦由見地高，精神完，於文字境界中綽然有餘，故能在不經意中涉筆成趣。」

〔三〕文論選注：「捶字，鍛鍊語言，即上文説的『析辭』。堅，指精鍊準確，表現力强。」舒直略談劉勰的風骨論：「『捶字堅而難移』，這就是在表達情意的時候，要選擇堅定不移的字眼，要運用適足以表達那種思想感情的辭藻。」

〔四〕札記：「結響凝而不滯者，此緣意義充足，故聲律暢調。凝者，不可轉移。聲律以凝爲貴，猶捶字以堅爲貴也。不滯者，由思理圓周，天機駿利，所以免於滯澀之病也。」「結響」，言組合成悦耳的音調。原道篇：「林籟結響，調如竽瑟。」「凝」，凝重，徐引聲曰凝。皎然詩式：「詩有四深……用律不滯，由深於聲對。」

文鏡秘府論論文體六事其一云：「博雅之失也緩，體大義疎，辭引聲滯，緩之致焉。……辭雖引長，而聲不通利，故云滯也。」馬茂元說風骨：「以氣運辭，故語言健勁挺拔，『捶字堅而難移』；以氣『負聲』，故音調頓挫低昂，『結響凝而不滯。』韓愈曾說：『氣盛則言之短長與聲之高下皆宜。』（答李翊書）正可作劉勰的話的注解。」

〔五〕王運熙：「陳子昂與東方左史虬修竹篇序論風骨有云：『漢魏風骨，晉宋莫傳。……一昨於解三處見明公詠孤桐篇，骨氣端翔，音情頓挫，光英朗練，有金石聲。……不圖正始之音，復睹於兹；可使建安作者，相視而笑。』骨氣端翔，謂風骨端直飛翔。光英朗練，謂風格鮮明爽朗。音情頓挫，有金石聲，與此處『捶字』二句息息相通。捶字堅而結響凝，故有金石之聲。陳子昂對風骨的理解，當是受到劉勰此篇影響。」

若瘠義肥辭，繁雜失統，則無骨之徵也〔一〕。思不環周，索莫乏氣〔二〕，則無風之驗也〔三〕。

〔一〕范注：「辭必與義相適。若義瘠而辭過繁，則雜亂失統，失統即無骨矣。唐文粹卷八十四杜牧答莊充書曰：凡爲文以意爲主，以氣爲輔，以辭彩章句爲之兵衛。未有主彊盛而輔不飄逸者，兵衛不華赫而莊整者。四者高下圓折步驟，隨主所指，如鳥隨鳳，魚隨龍，師衆隨湯武，騰天潛泉，橫裂天下，無不如意。苟意不先立，止以文彩辭句繞前捧後，是辭愈多而理愈亂，如入闤闠，紛紛然莫知其誰，暮散而已。」議對篇：「及陸機斷議，亦有鋒穎；而腴辭弗剪，頗累文骨。亦各有美，風格存焉。」詮賦篇：「繁華損枝，膏腴害骨。」世説新語輕詆篇：「舊目韓康伯，捋肘無風骨。」注引説林：「范啓云：韓康伯似肉鴨。」世説新語品藻篇：「蔡叔子云：韓康伯雖無骨幹，然亦膚立。」晉衛鑠筆陣圖（説郛卷八十六）：「善筆力者多骨，不善筆力者多肉。多骨微肉者謂之筋書，多肉微骨者謂之墨猪。多力豐筋者聖，無力無筋者病。」梁武帝又答陶隱居論書第二書（法書要録卷二）云：「純骨無媚，純肉無力。……自然之理也。若抑揚得所，趣舍無違，值筆廉斷，觸勢峰鬱，揚波折節，中規合矩。分間下注，穠纖有方，肥瘦相和，骨力相稱。」

〔二〕「索莫乏氣」，元刻本作「索課乏風」，弘治本作「索課乏氣」。梅氏於「莫」字下注云：「元作『課』，楊改。」於「氣」字下注云：「元作『風』，楊改。」校證：「吴云：『「索課」疑是「牽課」之誤。』按吴説可存，養氣篇有『牽課才外』語。」何焯云：「疑是『牽課』。」考異：「索莫者，蕭索寂寞也，『莫』通『寞』。『風』字連用犯重，作『氣』是。」張華勵志詩：「四氣鱗次，寒暑環周。」「環周」謂環旋周回。「思不環周」謂思路不周密圓通。「索莫」，沮喪、寂寥、無生氣貌。鮑照擬行路難之九：「今日見我顔色衰，意中索莫與先異。」

〔三〕這幾句話的意思是：如果内容很薄弱，而堆砌大量的辭藻，這堆辭藻又雜亂而不統一，就證明是没有骨力的。如果思理不圓通，不活躍，乾巴巴地缺乏生氣，那就證明是没有風神的。從以上這些比喻和説明來看，風骨是一種鮮明、生動、凝煉、雄健有力的風格。

昔潘勗錫魏，思摹經典，群才韜筆，乃其骨髓峻也〔一〕。相如賦仙，氣號凌雲〔二〕，蔚爲辭宗〔三〕，乃其風力遒也〔四〕。能鑒斯要，可以定文，兹術或違，無務繁采〔五〕。

〔一〕梅注：「魏志：漢獻帝策命曹操爲魏公，加九錫，文曰云云（原文略），操上書謝曰云云（原文略）。」

潘勗字元茂，建安十八年（公元二一三年）漢獻帝策命曹操爲魏公，加九錫，策文爲潘勗所作，載文選三十五及三國志魏志武帝紀。「韜筆」，猶言擱筆；群才擱筆，謂壓倒當時許多作者。

范注：「潘文規範典誥，辭至雅重，爲九錫文之首選。其事鄙悖而文足稱者，練於骨之功也。」

考異：「峻，説文：高也。」「骨髓峻」謂骨力高超。

太平御覽卷五九三引殷洪（應作芸）小説：「魏國初建，潘勗字元茂，爲策命文，自漢武已來，未有此制，勗乃依商周憲章，唐虞辭義，温雅與典誥同風。於時朝士，皆莫能措一字。……

及晉王爲太傅，臘日大會賓客，勗子蒲時亦在焉。宣王謂之曰：尊君作封魏君策，高妙信不可及。吾曾聞仲宣亦以爲不如。」

詔策篇：「潘勗九錫典雅逸群。」才略篇：「潘勗憑經以騁才，故絶群於錫命。」

何義門評潘勗册魏公九錫文云：「全仿尚書行文。」（于光華文選集評引）

方伯海評云：「裒輯尚書、左、國以成文，渾樸質穆。」（同上）

王金凌：「潘勗册魏公九錫文，今人多謂辭雖典雅，事不足録，但劉勰處齊梁之際，而六朝禪代，莫不如此。縱然劉勰不以爲然，亦口不能言，而稱其骨峻，是因爲鎔式經誥之故。」

〔二一〕梅注：「史記：司馬相如拜爲孝文園令。天子既美子虚之事，相如見上好仙道，因曰：上林之事，未足美也。尚有靡者。臣嘗爲大人賦，其辭曰云云。相如既奏大人之頌，天子大悦，飄飄有凌雲之氣，似遊天地之間意。西京雜記：相如將獻賦，未知所爲，夢一黄衣翁謂之曰：可爲大人賦。遂作大人賦，言神仙之事以獻之，賜錦四疋。」

「凌」，升也。

揚雄曾批評大人賦云：「往時武帝好神仙，相如上大人賦欲以風，帝反縹緲有凌雲之志，由是言之，賦勸而不止明矣。」（漢書揚雄傳）

王運熙：「大人賦述遊仙之事，漢武讀後飄飄有凌雲之氣。劉勰認爲這種强大的藝術感染力，來自作品具有飛動的風骨，因爲作品骨氣端翔，所以讀後使人氣概凌雲。」

〔三〕補注：「漢書叙傳述司馬相如『蔚爲辭宗，賦頌之首』。」顔師古注：「蔚，文采盛也。」

〔四〕裴子野雕蟲論：「曹劉偉其風力。」王運熙：「大人賦文賦接近楚辭，較爲簡練，風貌較爲清明爽朗，有飛動之致，故劉勰舉以爲作品有風力之範例。」「風力遒」，謂有巨大的感染力。

〔五〕文論選注：「『斯要』和『兹術』爲互文，都是指風骨在文章中的作用。上兩句説：掌握了這個要領，就可用以駕馭文辭；下兩句説，違反了這個方法，那也無須追求華采了。」

范注：「風骨並善，固是高文；若不能兼，寧使骨勁，慎勿肌豐；瘠義肥辭，所不取也。」

「定文」，謂寫定文章。

馬茂元説風骨：「劉勰並不反對藻采，文中把『風骨乏采』比作『鷙集翰林』，認爲也是個缺點。不過采只能是風骨的補充，附麗於風骨而爲風骨服務。離開了風骨，也就談不上采，所以説『兹術或違，無務繁采』。和情采篇所説，是相一致的。」

以上爲第一段，指出風骨的含義、特點，並從正反兩面説明鍛鍊風骨的要領。

故魏文稱「文以氣爲主，氣之清濁有體，不可力强而致」〔一〕。故其論孔融，則云「體氣高妙」〔二〕；論徐幹，則云「時有齊氣」〔三〕，論劉楨，則云「有逸氣」〔四〕。公幹亦云：「孔氏卓卓，信含異氣，筆墨之性，殆不可勝〔五〕。」並重氣之旨也〔六〕。

〔一〕「氣」是作家内在的東西，發之於外始成爲「風」。

炳宸曹丕的文學理論——釋「體」與「氣」：「體」與「氣」的含義，陳鍾凡、羅根澤、朱東潤、郭紹虞的意見就很有出入，但歸納起來，關於氣的解釋，不外才氣、個性、聲調語氣三説，「體」則只有風格一説。

按抱朴子尚博篇：「清濁參差，所稟有主，朗昧不同科，强弱各殊氣。」似乎氣之清濁有清朗、濁昧之不同，也有强弱之不同，仍屬於生理的範疇。「體」應指體質。論衡無形篇：「人以氣爲壽，形隨氣而動；氣性不均，則於體不同。」

「强」是勉强。王運熙：「曹丕認爲氣有偏清偏濁之分，各有定體，出於稟賦，非後天之力所能勉强。」

〔二〕典論論文：「孔融體氣高妙，有過人者，然不能持論，理不勝辭。」

「體氣」，由體質所形成的氣質。三國吴志王蕃傳：「蕃體氣高亮，不能承顔順旨。」王運熙：「體氣，兼指作者的氣質和作品的氣貌。章表篇云：『文舉之薦禰衡，氣揚采飛。』才略篇：『孔融氣盛於爲筆。』説明孔融意氣昂揚，文采飛動。」

〔三〕典論論文：「王粲長於辭賦，徐幹時有齊氣，然粲之匹也。」李善注：「言齊俗文體舒緩，而徐幹亦有斯累。」文選學引黄侃説：「文帝論文主於遒健，故以齊氣爲嫌。」文論選注：「論衡率性篇：『楚越之人處莊嶽（齊街里名）之間，經歷歲月，變爲舒緩，風俗移也。』故曰：齊舒緩。』此齊氣爲舒緩之鐵證。逸氣是贊美之辭，齊氣乃是不足之稱，所以本文於『時有齊氣』

一句之後，又來一轉筆，說『然粲之匹也』。」元刻本、弘治本「齊」作「濟」，誤。

〔四〕訓故：「魏志：劉楨字公幹。文帝與吴質書曰：『公幹有逸氣，但未遒耳。』」王運熙：「徐幹，北海劇縣（今山東昌樂縣西）人，故有齊氣。」體性篇：「公幹氣褊，故言壯而情駭。」元刻本、弘治本以下各種明刻本，俱作「時有逸氣」。黄注本删去「時」字。校注：「以魏文與吴質書論之，當以無『時』字爲是。諸本蓋涉上『時有齊氣』句而衍。」

顔氏家訓文章篇：「凡爲文章，猶乘騏驥，雖有逸氣，當以銜勒制之，勿使流亂軌躅，放意填坑岸也。」才略篇：「劉楨情高以會采。」

「逸氣」，奔放之氣。

文選劉楨雜詩下半：「釋此出西城，登高且遊觀。方塘含白水，中有鳧與雁。安得肅肅羽，從爾浮波瀾。」何焯云：「所謂『公幹有逸氣』，於此見之。」（見評注昭明文選）文鏡秘府論論文意：「漢魏有曹植、劉楨，皆氣高出於天縱，不傍經史，卓然爲文。」

顔氏家訓文章篇：「古人之文，宏材逸氣，體度風格，去今實遠。」

體性篇：「公幹氣褊，故言壯而情駭。」詩品上評劉楨詩：「仗氣爰奇，動多振絶，真骨凌霜，高風跨俗，但氣過其文，雕潤恨少。」謝靈運擬魏太子鄴中集劉楨詩序：「卓犖偏人，而文最有氣，所得頗經奇。」葛立方韻語陽秋卷二十：「公幹嘗有贈從弟詩云：『亭亭山上松，瑟瑟谷中風。風聲一何盛！松枝一何勁！』其寄意如此。」明胡應麟詩藪内編卷二：「公幹才偏，氣過詞；仲宣才弱，肉勝骨。」

〔五〕范注：「劉楨論孔融文佚。觀其語意，推重融文甚至。」文論選：「所謂異氣，即曹丕典論論文所説『孔融體氣高妙，有過人者』。」章表篇：「文舉之薦禰衡，氣揚采飛。」「卓卓」，高超。「筆墨」二句，斠詮直解爲「用筆佈墨所表現之才性，絶非常人所可争勝」。詩品中評宋征虜將軍王僧達云：「征虜卓卓，殆欲度驊騮前。」

郭預衡文心雕龍論一代文風：「當劉勰以氣代言風骨的時候，這『氣』就成了一個特殊的概念。它這時已經不是可清可濁，可剛可柔的『氣』，而是專指一種剛健之氣了。風骨篇説『綴慮裁篇，務盈守氣，剛健既實，輝光乃新』云云，就是指的這一種氣説的。劉勰當時以這樣的『氣』來論文，實際上也是……提倡一種剛健的文風。」（北京師大學報一九六三年第一期）

〔六〕顔氏家訓文章篇：「文章當以理致爲心腎，氣調爲筋骨，事義爲皮膚，華麗爲冠冕。」

黄海章談風骨：「孔融秉性剛强，意氣駿爽，故其文章的表現爲體氣高妙；徐幹爲人恬淡優柔，性近舒緩，故其文章的表現，具有高逸之氣。然而總括建安文學的特點是『慷慨以任氣，磊落以使才』（明詩），也就是所謂『建安風骨』。」

以上這一小段説明氣在文學創作中的重要意義。

夫翬翟備色〔一〕，而翾翥百步〔二〕，肌豐而力沉也〔三〕。鷹隼乏采，而翰飛戾天〔四〕，骨勁而氣猛也〔五〕。文章才力，有似於此。

〔一〕校注：「按爾雅釋鳥：『伊洛而南，素質，五采皆備，成章，曰翬。』」說文：「雉五采皆備曰翬。」

〔二〕翾，梅注：「音諼。」又：「翟，山雉，尾長。」說文：「翾，小飛也。」九歌東君：「翾飛兮翠曾。」說文：「翥，飛舉也。」莊子養生主：「澤雉十步一啄，百步一飲。」文心雕龍雜記：「雉飛無過百步。周禮考工記匠人：『王宮門阿之制五雉。』注：『雉長三丈，高一丈。』鄭君雖未明言雉飛止三丈，其意可得而說也。此云翾翥百步，亦言其飛不遠，下云采乏風骨可證。」

〔三〕「力沉」，力弱。雉有華麗的羽毛，但不能高飛，與下文的鷹隼恰恰相反，用以比喻文章有文采而乏風骨或有風骨而乏文采的兩種現象。

〔四〕校注：「按詩小雅小宛：『宛彼鳴鳩，翰飛戾天。』毛傳：『翰，高；戾，至也。』」陸璣毛詩草木鳥獸蟲魚疏：「隼，鷂屬也。」

〔五〕劉師培講漢魏六朝專家文研究三十：「勁氣貫中，則風骨自顯。」唐徐浩論書（法書要録卷三）：「近古蕭（蕭子雲）、永（智永）、歐（歐陽詢）、虞（虞世南），頗傳筆勢；褚（褚遂良）、薛（薛稷）已降，自鄶不譏矣。然人謂虞得其筋，褚得其肉，歐得其骨，當矣。夫鷹隼乏彩，而翰飛戾天，骨勁而氣猛也。翬翟備色，而翱翔百步，肉豐而力沉也。若藻曜而高翔，書之鳳凰矣。歐虞爲鷹隼，褚薛爲翬翟焉。……初學之際，宜先筋骨，筋骨不立，肉何所附？用筆之勢，特須藏鋒，鋒若不藏，字則有病。」

若風骨乏采，則鷙集翰林；采乏風骨，則雉竄文囿〔一〕。唯藻耀而高翔，固文章之鳴鳳也〔二〕。

〔一〕范注：「紀評曰：『風骨乏采是陪筆，開合以盡意耳。』案紀説非是。夏侯湛昆弟誥、蘇綽大誥之屬，不得謂爲無風骨，而藻采不足，故喻以鷙集翰林。采乏風骨，則齊梁文章通病也。」「鷙」，猛禽，即指上文的「鷹隼」。文選揚雄長楊賦李善注：「韋昭曰：翰，筆也。善曰：翰林，文翰之多若林也。」文賦：「鬱雲起乎翰林。」「翰林」，翰墨之林，猶言文章的領域，與下面的「文囿」爲互文。

〔二〕范注：「王應麟辭學指南引此文作：『若藻耀而高翔，固文章鳴鳳也。』」斯波六郎：「詩大雅卷阿：『鳳皇鳴矣，於彼高岡。』鄭箋：『鳳皇鳴於山脊之上者，居高視下，觀可集止，喻賢者待禮乃行，翔而後集。』」

校證：「『章』原作『筆』，御覽、玉海、記纂淵海、文通二一，作『章』。案『文章』承上『文章才力」而言，作『文章』是。今據改。」校注：「按章句篇『文筆之同致也』，亦以『文筆』爲言，則此『筆』字似不誤。文選何晏景福殿賦：『故能翔岐陽之鳴鳳。』」

梅注：「楊批：此論發自劉子，前無古人。徐季海移以評書，張彥遠移以評畫，同此理也。」清尤侗西堂雜俎三集卷三曹德峿詩序：「詩云至者，在乎道性情，性情所至，風格立焉，華采見焉，聲調出焉。無性情而矜風格，是鶩集翰苑也；無性情而炫華采，是雉竄文囿也；無性情而夸聲調，亦鴉噪詞壇而已。」

校釋：「蓋自魏文倡文氣之論，至於齊梁，澌滅已盡，文體日衰，而藻采獨盛，故舍人以『風清骨峻』矯之。觀其設喻一節，以風骨與采對言，而反覆明其相關之切：既以『翬翟備色』而『肌豐力沉』，『鷹隼乏采』而『骨勁氣猛』，以明風骨與采不可偏廢，又以『鷙集翰林』，斥風骨之乏采，『雉竄文囿』，嗤采之乏風骨，而以『藻耀而高翔』者，許爲『文章之鳴鳳』，以見其相成相濟之用，可謂深切著明，辭周理備矣。」

詩品序說：「幹之以風力，潤之以丹采，使味之者無極，聞之者動心，是詩之至也。」就是說風骨與藻彩並重才是詩之極至。詩品上評曹植詩說：「骨氣奇高，詞采華茂。……陳思之於文章也，譬人倫之有周孔，鱗羽之有龍鳳。」曹植詩之所以成爲「鱗羽」中之「龍鳳」，就是因爲「藻耀（詞彩華茂）而高翔（有風力）」的緣故。詩品上評劉楨詩說：「真骨凌霜，高風跨俗。但氣過其文，雕潤很少。」就是說劉楨詩的風骨高而文采不足。

以上爲第二大段，指出氣與風骨的關係，並主張風骨必須有文采相配合。

若夫鎔鑄經典之範〔一〕，翔集子史之術〔二〕，洞曉情變，曲昭文體〔三〕，然後能孚甲新意〔四〕，雕畫奇辭。昭體故意新而不亂，曉變故辭奇而不黷〔五〕。

〔一〕校證：「『鑄』，馮本、汪本、佘本、張之象本、兩京本，作『冶』，玉海同。」按元刻本亦作「冶」。校注：「『鑄』、『冶』於此均通。」

王運熙：「這一小段講鍛鍊風骨之法，內容與通變篇息息相通。……劉勰認爲從上古到晉宋，文學發展愈來愈趨向綺麗新奇，因而缺乏風骨。他認爲要扭轉這種文風，必須重視學習古代儒家經典質樸剛健的優點。故通變云：『矯訛翻淺，還宗經誥。斯斟酌乎質文之間，而檃括乎雅俗之際，可與言通變矣。』此處『熔鑄經典之範』也是這個意思。」

屠隆文論：「易之沖玄，詩之和婉，書之莊雅，春秋之簡嚴……無後世文人學士纖穠乖巧之態，而風骨格力高視千古。若禮檀弓、周禮考工記等篇，則又峰巒峭拔，波濤層起，而姿態橫生，信文章之大觀。」（由拳集卷二十三）

〔二〕「翔集」，論語鄉黨：「色斯舉矣，翔而後集。」朱注：「言鳥見人之顔色不善則飛去，回翔審視而後下止，人之見幾而作，審擇所處，亦當如此。」「翔集子史之術」，謂詳察而採輯，字本論語，而命意微異。

〔三〕「情變」，情感的變化。明詩篇：「故鋪觀列代，而情變之數可監。」沈約宋書謝靈運傳論：「若夫平子艷發，文以情變，絕唱高蹤，久無嗣響。」文賦：「若夫豐約之裁，俯仰之形，因宜適變，曲有微情。」曲昭，本有一偏、細事之意，引申爲詳細、詳盡之意。「曲昭」，謂詳盡明瞭。

周勛初梁代文論三派述要：「劉勰就曾提出『曲昭文體』的要求，『昭體故意新而不亂』（風骨）。本來哪一方面的題材適合於用哪種文體來表現，這是古人在長期的寫作過程中積累下了無數的經驗之後所取得的認識。借鑒於此，可以防止內容形式的失調：因有規範可循，易使文章得體。」（中華文史論叢第五輯）

〔四〕黄注：「後漢章帝詔：方春生養，萬物莩甲，宜助萌陽，以育時物。」

「莩」，梅本、黄注本作「孚」，並校云：「汪作『莩』」。校注：「按元本、弘治本、活字本、佘本、張本、兩京本……崇文本亦并作『莩』……按釋名釋天：『甲，孚甲也，萬物解孚甲而生也。』易解彖辭：『百果草木皆甲坼。』孔疏：『百果草木皆莩甲開坼。』是『孚』『莩』相通之證。『孚』之通『莩』，猶『包』之通『苞』矣。」「莩甲」，萌生。漢書律曆志：「方春生食，萬物莩甲。」後漢書章帝紀同。注：「莩，葉裹白皮也。」禮記月令：「其日甲乙。」鄭注：「萬物皆解孚甲，自抽軋而出。」又詩小雅大田箋：「孚甲始生。」疏：「米外之粟皮。」

〔五〕王運熙：「昭體二句，承上文謂如能曲昭文體，洞曉情變，就會使文章具有新穎的構思而不雜亂，具有奇麗的文辭而不淫濫。黷，濫。」定勢篇：「密會者以意新得巧，苟異者以失體成怪。」

郭預衡文心雕龍論一代文風：「當劉勰强調學習雅製的時候，常常是和創造新意聯係在一起，並非單純提倡模古。矯枉而不失正，這是難能可貴的。關於這一點，在風骨篇裏更有鮮明的論述。如：『若夫鎔鑄經典之範……曉變故辭奇而不黷。』這樣看來，劉勰反對宋齊的『詭巧』、『形似』的文風，卻不是籠統地否定新奇的作品。恰恰相反，他認爲學習經典正是爲了『孚甲新意』和『雕畫奇辭』的。只要是『意新而不亂』、『辭奇而不黷』的作品，劉勰並不反對。

「他在這裏比較明確地闡述了關於文學創作的學習與創新的看法。所謂『孚甲新意』，這在當時是相當新穎的意見。也是相當正確的意見。劉勰在這裏反對了『愛奇』，也提倡了創新。劉勰的這種主張和某些復古的論調，有本質的不同。『辭人愛奇』是當時的主要傾向，但復古的傾向也不是絕對没有。如果離開『孚甲新意』而侈談學習古人，勢必也要走向另一個極端。……劉勰關於這個問題的看法是比較正確的。劉勰在通變篇還講過『望今制奇，參古定法』的話，這也可以和風骨篇的意思互相補充。

「從風骨篇所説的『鎔鑄經典之範，翔集子史之術』看來，劉勰所提的向古代學習的主張，又非局限於儒家經典，所指的範圍還是比較廣泛的。這和通變篇所説的『先博覽以精閲』有同樣的意思。」

以上一小段，指出鍛鍊文章風骨的基本原則。

若骨采未圓，風辭未練〔一〕，而跨略舊規〔二〕，馳騖新作〔三〕，雖獲巧意，危敗亦多〔四〕。豈空結奇字〔五〕，紕繆而成經矣〔六〕！周書云：「辭尚體要，弗惟好異。」〔七〕蓋防文濫也。

〔一〕這兩句的意思是説風骨和辭彩還未達到圓熟的地步。

〔二〕「跨略」，忽視。

〔三〕「馳騖」，離騷：「忽馳騖以追逐兮。」文選揚雄解嘲：「故世亂，則聖哲馳騖而不足。」張銑注：「馳騖，謂奔走也。」

王運熙：「定勢篇云：『自近代辭人，率好詭巧，原其爲體，訛勢所變，厭黷舊式，故穿鑿取新。……故文反正爲乏，辭反正爲奇。效奇之法，必顛倒文句，上字而抑下，中辭而出外，回互不常，則新色耳。』這可以説是對『跨略舊規，馳騖新作』現象的一種具體説明。」

〔四〕范注：「藝文類聚二十五梁簡文帝誡當陽公大心書：『立身先須謹重，文章且須放蕩。』放蕩之教，彦和所譏爲『危敗亦多』者也。」

王運熙：「劉勰認爲，如果違棄相承的舊規或舊式，片面追求新奇，則文章必疵病叢生，所謂『危敗亦多』。定勢所謂『失體成怪』，『逐奇而失正』，都是指的這種危敗現象。」

以上這几句話的意思是：如果風骨和辭彩並没有達到運用圓熟的地步，而丢掉舊日的規格要求，去追逐新異的作品，這樣「雖獲巧意，危敗亦多」。

〔五〕黄注：「（漢書）揚雄傳：『劉棻嘗從雄學作奇字。』」文論選：「空結奇字，即明詩篇所説『儷采百字之偶，争價一句之奇』，當時習尚的文風。」斠詮：「奇字，指生硬之詞，冷僻之字也。」

王運熙：「空結奇字，即指片面追求新奇辭藻，逐奇失正的現象。」

〔六〕范注：「經，常也，言不可爲常道。矣字疑當作乎。」文論選：「經，常；成經，成爲一種法式。這句是慨嘆的語氣，與下文『習華隨侈，流遁忘反』相呼應。意思説：豈可使這種空結奇字的錯誤風尚，長久下去而成爲法式。」

禮記大傳：「五者，一物紕繆，民莫得其死。」鄭注：「紕繆，猶錯也。」孫希旦集解：「紕繆，乖錯而失其道也。」「繆」，亦與「謬」同。史記集解序：「固之所言，雖時有紕繆，實勒成一家。」

校注：「『經』，元本、弘治本、活字本、汪本、張甲本、何本、胡本、訓故本、梅本……作『輕』；文通、四六法海、諸子彙函同。何焯改『經』。……按『輕』字是，『經』則非也。『空結奇字，紕繆成輕』，殆即體性篇所斥『輕靡』之『輕』。『矣』字亦未誤。此文句式，與序志篇『豈取騶奭之群言雕龍也』同。『豈』猶其也（見經傳釋詞卷五）。尋繹文意，實非疑問語氣。」

考異：「據下文『蓋防文濫』，輕字是。廣韻：『輕，重之對也。』此言空結奇字，紕繆而不爲人所重也。」

〔七〕尚書畢命：「政貴有恒，辭尚體要，不惟好異。」孔傳：「辭以體實爲要，故貴尚之。若異於先王，君子所不好。」正義：「言辭尚其體實要約，當不惟好其奇異。」徵聖篇：「書云：辭尚體要，弗唯好異。故知……體要所以成辭，辭成無好異之尤……微辭婉晦，不害其體要。」綴補：「惟猶在也。物色篇：『吟詠所發，志惟深遠；體物爲妙，功在密附。』惟、在互文，惟與在同義。」

尚書畢命蔡傳：「趣完具而已之謂體，衆體所會之謂要。」王運熙：「劉勰引用周書之語，把體要作爲精要理解。……精要的反面是麗藻紛披，蕪雜煩濫。」

然文術多門，各適所好，明者弗授，學者弗師〔一〕。於是習華隨侈〔二〕，流遁忘反〔三〕。若能確乎正式〔四〕，使文明以健〔五〕，則風清骨峻，篇體光華〔六〕。能研諸慮〔七〕，何遠之有哉〔八〕！

〔一〕范注：「『明者弗授，學者弗師』，即神思篇所云：『伊摯不能言鼎，輪扁不能語斤。』」桓譚新論：「學者既多蔽晦，師道又缺然，此所以滋昏也。」

〔二〕「習華隨侈」，習於浮華，追隨淫侈。

〔三〕斯波六郎：「後漢書張衡傳：『上書陳事者曰……夫情勝其性，流遯忘反。』」校注：「文選張衡東京賦：『若乃流遁忘反，放心不覺。』」

莊子外物：「夫流遁之志，決絶之行。」成疏：「流蕩逐物，逃遯不反。」「習華隨侈」與「體要」相反，結果是跟着浮華侈靡的文風隨波逐流，墮落下去而不知道回頭。可見劉勰對當時文壇流行的「輕靡」風格有所不滿，才提出風骨論來補偏救弊的。

〔四〕易乾文言：「確乎其不可拔。」「確」，堅也。「乎」，於也。「正式」，指雅正的體式。

〔五〕校注：「按易同人彖辭：『文明以健，中正而應。』」

梅注：「楊批：引『文明以健』尤切。明，即風也。健，即骨也。詩有格有調，格猶骨也，調猶風也。」

〔六〕王運熙：「篇體，指整篇的體制風格。時序云：『正始餘風，篇體輕澹。』此處謂只有那種風格清明勁健的作品，才能光彩照人。

詩品中評袁宏詩云：「彥伯詠史，雖文體未遒，而鮮明緊健，去凡俗遠矣。」

黃海章談風骨：「英姿颯爽，魄力雄健，而又采藻繽紛，即所謂『風清骨峻，篇體光華』。這種主張，對南朝文士專從辭藻聲律方面來争奇競巧的頹風，無疑地起了一種矯正作用。」

〔七〕校注：「易繫辭下：『能説諸心，能研諸侯之慮。』王弼周易略例明爻通變篇、李鼎祚周易集解序，並引作『能研諸慮』。舍人此語，當用易繫，是所見本亦無『侯之』二字也。」文論選：

「意謂能鑽研上面所説各方面的道理，則不難達到『風清骨峻』的境界。」「諸慮」，指以上「鎔鑄經典之範」等各項考慮。

〔八〕斯波六郎：「論語子罕：『子曰：未之思也夫？何遠之有哉！』春秋左氏傳昭公二十一年：『死如可逃，何遠之有！』」

第三段，進一步從反正兩方面説明鍛鍊風骨的途徑和方法。

贊曰：情與氣偕，辭共體並〔一〕。文明以健，珪璋乃聘〔二〕。蔚彼風力〔三〕，嚴此骨鯁〔四〕。才鋒峻立，符采克炳〔五〕。

〔一〕校注：「按禮記樂記：『事與時並，名與功偕。』舍人語式步此。」按「辭共體並」之「體」，應指「曲昭文體」之「體」。王運熙：「『情與』二句意思説：在作品中，情思與意氣，文辭與體制風格，都是密切相關的。」

〔二〕校證：「『聘』原作『騁』，據馮本、汪本、佘本、王惟儉本改。顧校亦作『聘』。禮記儒行篇：『儒有席上之珍以待聘。』此彦和用字所本。」校注：「『騁』，元本、弘治本、活字本、汪本、佘本、張本、兩京本、胡本，訓故本……作聘。按禮記聘義：『以圭璋聘，重禮也。……圭璋特達，德也。』鄭注：『特達，謂以朝聘也。』孔疏：『行聘之時，唯執圭璋特得通達。』據此，則作聘者是也。又本贊上四句用勁韻，下四句用梗韻；若作『騁』，其韻雖與梗韻通用（騁在静韻），然

『並』字則羈旅無友矣。」

斯波六郎：「案『珪璋』謂珪璋特達之才。改爲『聘』非必要。」

斠詮：「此『騁』乃孔融薦禰衡表所謂『飛辯騁辭，溢氣坌涌』及吴志華覈傳所謂『飛翰騁藻，光贊時事』之『騁』，有展露使才，馳譽文壇之義。非席珍待聘，接淅歷聘而已也。且本贊全用上聲二十三梗韻，非上四句用去聲二十四敬（勁）韻，下四句用二十三梗韻。『騁』、『鯁』、『炳』三字固在梗韻，『並』之本字爲『竝』，雖在上聲二十四迥韻，而梗、迥緊相毗鄰，古本相通。若改『騁』爲『聘』，即屬二十四敬韻。如此則起聯用上聲迥韻，頷聯用去聲敬韻，腰尾兩聯復用上聲梗韻，支離破碎，大非彦和他贊用韻一貫之成例矣。故無論就文義及韻律言，仍以舊貫不改爲勝。」又：「换言之，文章之情辭朗麗而氣體雅健者，則如持有圭璋美玉具備高貴品德之君子，乃可馳譽文壇也。」

〔三〕校注：「文選陸機贈賈謐詩：『蔚彼高藻，如玉之闌。』李善注：『蔚，文貌。』」

〔四〕「鯁」，本意爲魚骨，此處指骨。骨鯁比喻義正辭嚴，故云嚴。漢書杜欽傳：「朝無骨鯁之臣。」「嚴」，嚴峻，峭拔。檄移篇説：「陳琳之檄豫州，壯有骨鯁。」誄碑篇説：「觀楊賜之碑，骨鯁似典。」奏啓篇説：「陳蕃憤懣於尺一，骨鯁得焉。」

〔五〕校注：「按文選左思蜀都賦：符采彪炳。」注訂：「符采指辭藻而言。」文論選：「文采纔能焕發出來。有諸内而形諸外，表裏相符，故云符采。」宗經篇：「符采相濟。」詮賦篇：「麗詞雅義，符采相勝。」

「才鋒峻立」，斠詮：「言作品之才華高峻，筆鋒横厲。」

牟世金文心雕龍創作論新探（下）：「符采……舊注多指『玉之横文』，劉勰雖沿舊説，但還有其具體命意。『符』，信也，本是合以取信的意思；用『符采』指玉紋，正取玉的花紋和玉合而爲一之義。文心雕龍中多次用到『符采』二字，正取此義。……『符采克炳』，正指『蔚彼風力』與『嚴此骨鯁』兩個方面的統一。劉勰認爲，能使這兩個方面高度統一、兼善並美的作者，纔是『才鋒峻立』。……這是强調：有才華的作家，就應使『風』與『骨』、情與言能『密則無際』地結合起來。」（社會科學戰綫一九八二年第二期）

通變第二十九

易繫辭上：「參伍以變，錯綜其數通其變，遂成天地之文。」又：「闔户謂之坤，闢户謂之乾，一闔一闢謂之變，往來不窮謂之通。」又：「是故形而上者謂之道，形而下者謂之器，化而裁之謂之變，推而行之謂之通。」

易繫辭下：「通其變，使民不倦，神而化之，使民宜之，易窮則變，變則通，通則久。」

公孫龍子（道藏本）有通變論。

孫子九變篇：「故將通於九變之（地）利者，知用兵矣。將不通於九變之利者，雖知地形，不能得地之利矣。」杜佑注：「九事之變，皆臨事制宜，不由常道，故言變也。」賈林注：「將帥之任機權，遇勢則變，因利則制，不拘常道，然後得其通變之利。」又九變篇題下曹操注：「變其正，得其所用九也。」王晳注：「晳謂九者數之極。用兵之法當極其變耳。逸詩云：九變復貫。」

論衡自紀篇：「充書既成，或稽合於古，不類前人。或曰：『謂之飾文偶辭，或徑或迂，或屈或舒。謂之論道，實事委璅，文給甘酸。諧於經不驗，集於傳不合；稽之子長不當，内之子雲不入。文不與前相似，安得名佳好，稱工巧？』答曰：『飾貌以强類者失形，調辭以務似者失情。百夫一子，不同父母，殊類而生，不必相似；各以所稟，自爲佳好。文必有與合，然後稱善，是則代匠斲不傷手，然後稱工巧也。文士之務，各有所從，或調辭以巧文，或辯僞以實事。必謀慮有合，文辭相襲，是則五帝不異事，三王不殊業也。美色不同面，皆佳於目；悲音不共聲，皆快於耳。酒醴異氣，飲之皆醉；百穀殊味，食之皆飽。謂文當與前合，是謂舜眉當復八采，禹目當復重瞳。』」

議對篇：「采故實於前代，觀通變於當今。」

神思篇：「至變而後通其數。」

物色篇：「古來辭人，異代接武，莫不參伍以相變，因革以爲功，物色盡而情有餘者，曉會通也。」

顔氏家訓書證篇：「所見漸廣，更知通變。」

蕭子顯南齊書文學傳論：「若無新變，不能代雄。」

皎然詩式卷五復古通變體條：「作者須知復變之道，反古曰復，不滯曰變。若惟復不變，則陷於相似之格，其狀如駑驥同廄，非造父不能辨。能知復變之手，亦詩人之造父也。……又復變二門，復忌太過，詩人呼爲膏肓之疾，安可治也？……如陳子昂復多而變少，沈、宋復少而變多，今代作者，不能盡舉。吾始知復變之道，豈惟文章乎？在儒爲權，在文爲變，在道爲方便。後輩若乏天機，强效復古，反令思擾神沮。何則？夫不工創術，而欲彈撫干將、太阿之鋏，必有傷手之患，宜其誡之哉！」

紀評：「齊梁間風氣綺靡，轉相神聖，文士所作，如出一手，故彦和以通變立論。然求新於俗尚之中，則小智師心，轉成纖仄，明之竟陵、公安，是其明徵，故挽其返而求之古。蓋當代之新聲，既無濫調，則古人之舊式，轉屬新聲，復古而名以通變，蓋以此爾。」文論選：「這話深得劉勰補偏救弊的用心，不過復古和通變並不是一回事，不能説是『復古而名以通變』。把繼承和創新結合起來，才是『通變』精意之所在。」

札記：「陸士衡曰：『收百世之闕文，采千載之遺韻。謝朝華於已披，啓夕秀於未振。』此言通變也。」

文心雕龍講疏：「易繫辭曰：『化而裁之謂之變，推而行之謂之通。』又曰：『變通者，趣時者也。』又曰：『神農氏没，黄帝、舜、堯氏作，通其變，使民不倦，神而化之，使民宜之。』『易窮則變，變則通，通則久。』彥和以通變名篇，蓋本於此。正義曰：『黃帝以上，衣鳥獸之皮，其後人多獸少，事或窮乏，故以絲蔴布帛而製衣裳，是神而變化，使民得宜也。』」

校釋：「此篇本旨，在明窮變通久之理。所謂變者，非一切舍舊，亦非一切從古之謂也，其中必有可變與不可變者焉；變其可變者，而後不可變者得通。可變者何？舍人所謂文辭氣力無方者是也。不可變者何？舍人所謂詩賦書記有常者是也。舍人但標詩賦書記者，略舉四體，以概其餘也。詩必言志，千古同符，賦以諷諭，百手如一，此不可變者也。故曰：『名理相因，有常之體。』若其志孰若，其辭何出，作者所遇之世，與夫所讀之書，皆相關焉，或質或文，或愉或戚，萬變不同，此不可不變者也。故曰：『文辭氣力，無方之數。』準上所論，舍人於常變之界，固分之甚明矣。然觀其訶斥當世文士之語，則似所謂變者，亦不過欲復古耳。不知舍人之世，作者競學宋人，簡文帝與湘東王書、裴子野雕蟲論，俱致譏詆之辭，可證。」

斯波六郎：「通變——此語蓋據繫辭上傳，但其義互異。此篇之用法，『通』者與前人之作相通，即師古之意。『變』者時代之變化，即作者之創作。從『參伍因革，通變之數也』觀之，『參伍』謂『變』，『因革』謂『通』（物色第四十六：「莫不參伍以相變，因革以爲功。」），從『望今制奇，參古定法』觀之，上句謂『變』，下句謂『通』，范氏注三謂『此篇雖旨在變新復古』云云，蓋據自黃侃札記『所謂變者，變世俗之文』語，恐非彥和之所謂『變』之意。」

馬茂元說通變：「『窮則變，變則通，通則久。』是周易的一句名言，符合於客觀事物矛盾運動的規律。然而把它具體地運用到文學理論上，則自劉勰始。」

文論選本篇説明：「通變……提出了文學發展中的繼承與革新問題，表現了劉勰的文學歷史觀點，與時序相表裏。」

斠詮：「『通變』云者，通達窮塗，變化舊體，而使之推陳出新之謂也。……彦和以爲文學在歷史發展過程中，有其源遠流長之一面，亦有其日新月異之一面。此所謂『通』與『變』，從繼承與革新觀點言，此爲對立之統一，辯證之結合。」

夫設文之體有常〔一〕，變文之數無方〔二〕，何以明其然耶？凡詩、賦、書、記〔三〕，名理相因〔四〕，此有常之體也。文辭氣力〔五〕，通變則久〔六〕，此無方之數也〔七〕。

〔一〕南齊書張融傳載其門律自序：「夫文豈有常體，但以有體爲常。政當使常有其體。」

斠詮：「體，謂體制，包括風格、題材、文藻、辭氣等項。即宗經篇所謂『體有六義』之體，亦即附會篇所謂『情志爲神明，事義爲骨鯁，辭采爲肌膚，宫商爲聲氣』之四事。」

〔二〕斠詮：「數，謂技術。廣雅釋言：『數，術也。』荀子勸學：『其數則始乎誦經。』楊注及吕覽察賢『任其數而已矣』高注並同。『變文』指文字之驅遣而言。」

禮記檀弓上：「左右就養無方。」鄭注：「方，猶常也。」

按明詩篇：「嚴、馬之徒，屬辭無方。」諧隱篇：「怨怒之情不一，歡謔之言無方。」書記篇：

「兵謀無方，而奇正有象，故曰法也。」鎔裁篇：「立本有體，意或偏長；趨時無方，辭或繁雜。」附會篇：「夫文變無方，意見浮雜。」時序篇：「於是史遷、壽王之徒，嚴終、枚皋之屬，應對固無方，篇章亦不匱。」

〔三〕校注：「按自明詩第六至書記第二十五，皆研討文體者，勢不能一一標出，故約舉首尾篇目以包其餘。舍人『論文叙筆』，原無辨騷在內，此亦一證也。」

〔四〕「名理」，名稱與實理。三國志魏志鍾會傳：「及壯，有才數技藝，而博學精練名理。」名理本指考核名實和辨名析理。劉勰用於文論，名指各種文章體裁的名稱，理指各種體裁所以然之理，即其所具有的思想藝術的特性，如「詩言志」，賦「體物寫志」，賦、頌、歌、詩的藝術風格，以「清麗」爲特徵等等。

〔五〕文論選：「氣力，猶言風格。」劉禹昌云：「氣力——即體性篇所説的『氣以實志，志以定言』的氣，風骨篇所説的『綴慮裁篇，務盈守氣』的『氣』；表現在作品裏又叫作『風』、『風力』。」（見文心雕龍選譯——通變篇，長春一九六三年九月號，本篇以下所引同）

〔六〕文論選：「謂推陳出新才有永恒的生命。」易繫辭下「通其變」，「易窮則變，變則通，通則久」，韓康伯注：「通物之變，故樂其器用，不能倦也。通變則無窮，故可久也。」

〔七〕意謂：這在創作中是變化無常，沒有一定方法的。按「設文之體」就是鎔裁篇的「設情以位體」，意思是説根據思想情感安排的文章體制是有常規的，而文章變化的方術是不固定的。

例如詩、賦、書、記等體裁各有一定的規格要求，這種體制是有常規可循的。至於文章的辭采風格，則日新月異，没有固定的方術可循。

名理有常〔一〕，體必資於故實〔二〕；通變無方〔三〕，數必酌於新聲〔四〕。故能騁無窮之路，飲不竭之源〔五〕。

〔一〕意謂「名」與「理」之間是有常軌的。

〔二〕校注：「按國語周語上：『賦事行刑，必問於遺訓而咨於故實。』韋注：『咨，謀也。故實，故事之是者。』『咨』與『資』通。文選吳質在元城與魏太子牋即作『資於故實』。」「資」，憑借，借鑒。「故實」，已有的實際和成法，指過去的創作經驗，即寫作所必須遵守的慣例。議對篇：「採故實於前代，觀通變於當今。」

〔三〕「通變無方」語出易繫辭上：「生生之謂易，成象之謂乾，效法之謂坤，極數知來之謂占，通變之謂事，陰陽不測之謂神。」「（易）範圍天地之化而不過，曲成萬物而不遺，通乎晝夜之道而知，故神無方而易無體。」

〔四〕斠詮：「新聲，新作歌曲。國語晉語：『平公說新聲。』……此處借以喻文之時新格調。」明詩篇：「仙詩緩歌，雅有新聲。」

文選陸機文賦李善注引臧榮緒晉書：「陸機，字士衡，與弟雲勤學，天才綺練，當時獨絶，新聲妙句，係踪張、蔡。」詩品上評謝靈運詩：「名章迥句，處處間起，麗典新聲，絡繹奔會。」文心雕龍講疏：「體即指詩賦書記諸體，數即指文辭氣力。詩賦不可以作論説，書記不可以作祝盟，此必資於故實，而不可變者也。文辭氣力，氣謂語氣，力謂語氣之强弱疾徐，則必隨時代而遷移，故能歷世雖久，而聲采常新。」范注：「此篇要旨在變新復古，而通變之術，要在『資故實，酌新聲』兩語，缺一則疏矣。」

〔五〕斟詮：「騁無窮之路，指其數能酌於新聲而言；飲不竭之源，指其體能資於故實而言。」前者近於創新，後者近於繼承。以上這幾句話的意思是説：各種體裁的名稱及其所以然之理，是有常規可循的，各種體裁的規格要求必須從古人的作品裏取得借鑒；而文章的變化是無窮的，所以寫作方法要參考新興的作品。這就是講繼承和創新的關係。劉禹昌：「由於劉勰没有認識到社會生活是文學創作的真正源泉，所以他錯誤地認爲古代遺産是創作的源泉，只要能豐富地繼承，那就象『飲不竭之源』一樣，新的創作就自然源源而來，這顯然是一種錯誤的認識。」

然綆短者銜渴〔一〕，足疲者輟塗〔二〕，非文理之數盡，乃通變之術疎耳〔三〕。故論文之方，譬諸草木，根幹麗土而同性，臭味晞陽而異品矣〔四〕。

〔一〕黄注：「莊子：『綆短者不可以汲深。』」按此見至樂篇。「綆」，汲水的井繩。「銜渴」，含渴，即口渴。

荀子榮辱篇：「短綆不可汲深井之泉，知不幾者不可與及聖人之言。」漢書酷吏義縱傳：「上怒曰：『縱以我爲不行此道乎？』銜之。」師古注：「銜，含也。」張立齋考異：「口含心感皆謂之銜。詩豳風：『勿士行枚。』箋云：『初無行陳銜枚之事。』」

〔二〕「輟塗」，言中途停止不前。「塗」，通途。斯波六郎：「論語雍也：『子曰：力不足者，中道而廢。』」文選顏延之陶徵士誄：「輟塗殊軌者多矣。」五臣注：向曰：「及其中塗輟止。」斠詮：「此明不能通古變今之害。」

〔三〕意謂這並不是寫作方法已經窮盡，只是不善推陳出新罷了。

〔四〕校注：「易離彖辭：『離，麗也。日月麗乎天，百穀草木麗乎土。』王注：『麗，猶著也。』詩小雅湛露：『湛湛露斯，匪陽不晞。』毛傳：『陽，日也。晞，乾也。』左傳襄公八年：『季武子曰：「誰敢哉！今譬於草木，寡君在君，君之臭味也。」』杜注：『（君之臭味）言同類。』又襄公二十二年：『公孫僑對曰：「……謂我敝邑，邇在晉國，譬諸草木，吾臭味也。」』杜注：『晉鄭同姓故。』又按『晞』，翰墨園本誤作『睎』（芸香堂本原不誤），范注本同，非是。」

周注：「同性，同屬植物。異品，構成各種品種。……同性比喻文體有一定，異品比喻通變沒有定規。」

劉禹昌：「譬諸草木三句——句式和語義本自論語子張：『譬諸草木，區以別矣。』比喻對歷代文學作品評論，應看到它們的共同性，同時也應看到它們的差別性。」

黄海章文心短論：「文章的體裁，如詩賦、書記等，後代和前代名目相同，而就中國傳統的説法，詩主『言志』，賦尚『鋪陳』。一則着重主觀情志的表現，一則着重客觀事物的描繪，後代和前代的傾向，還是一致的，然而文辭的繁簡，氣勢的剛柔，却可以有多樣的不同。同在一個藝術園地中，可以開出許多異品奇花，所謂『根幹麗土而同性，臭味晞陽而異品』。所以從『名理相因』來看，是『有常』；而從『文辭氣力』來看，又不礙其爲通變。」（學術研究一九六三年二期）

以上爲第一段，論文章寫作要既有繼承，又有所革新。

是以九代詠歌〔一〕，志合文則〔二〕。黄歌斷竹〔三〕，質之至也。唐歌在昔，則廣於黄世〔四〕；虞歌卿雲〔五〕，則文於唐時〔六〕。夏歌「雕墻」〔七〕，縟於虞代；商周篇什〔八〕，麗於夏年。至於序志述時，其揆一也〔九〕。

〔一〕范注：「楚屬于周，故云九代。」九代，指黄帝、唐、虞、夏、商、周（包括楚國）、漢、魏、晉（包括宋初）。」

〔二〕校釋：「舊校：『則原作財，許無念改。』按當作『别』，所謂變也。」郭注：「『志合』，指通，即下文所謂『序志述時，其揆一也』。『文別』，指變，即九代詠歌，各有不同也。」考異：「易有『天則』，見乾卦，書有『王則』，見無逸。則，法也，文則，文之法也。」吳林伯文心雕龍諸家校注商兑：「郭璞爾雅圖贊珪：『永觀厥祭，時維文則。』通變『文則』本此，而含義不同，猶陸機文賦云『文律』。通變下文曰：『文律運周。』曰『文則』，曰『文律』，詞異義同。」（社會科學戰綫一九八二年三期）

〔三〕章句：「二言肇於黄世，竹彈之謡是也。」

梅注：「黄歌，黄帝時歌也。其彈歌曰：斷竹續竹，飛土逐宍（宍，古「肉」字）。吳越春秋曰：越王欲謀復吳，范蠡進善射者陳音。音楚人也。越王請音而問曰：孤聞子善射，道何所生？音曰：臣聞弩生於弓，弓生於彈，彈起於古之孝子，不忍見父母爲禽獸所食，故作彈以守之，歌云云。」按此見卷五。黄注：「按所歌者本黄帝時竹彈謡。」范注：「案彦和謂此歌本於黄世，未知何據，書缺有間，不可考矣。」

明胡侍真珠船卷三斷竹歌：「按吳越春秋：『陳音曰：古者人民樸質……死則裹以白茅，投於中野。孝子不忍見父母爲禽獸所食，故作彈以守之，絶鳥獸之害。故歌曰：斷竹，續竹；飛土，逐宍。於是神農、黄帝弦木爲弧，刻木爲矢。』（見句踐陰謀外傳）蓋斷竹之歌即竹彈之謡，神農前已有之，不肇於黄帝之世。」

〔四〕札記：「案上文『黄歌斷竹』，下文『虞歌卿雲，夏歌「雕墻」』，『斷竹』、『卿雲』、『雕墻』，皆歌中字，此云『在昔』，獨無所徵，倘昔爲蜡之譌與？禮記載伊耆氏蜡辭，伊耆氏，或云堯也。」范注：「竊按蜡辭非歌，『在蜡』亦非句中語，或彦和時有此歌爾。」文論選：「『在昔』可能是傳說中唐堯時代作品。劉勰時代可能還存在，而後已失傳。『在昔』當亦是首句。廣於黄世——比黄帝時代有所發展。」

郝懿行批注：「按尚書大傳：『談然乃作大唐之歌，其樂曰：舟張辟雍，鶬鶬相從。八風回回，鳳皇喈喈。』（按見虞夏傳）此即唐歌也。黄氏注引卿雲，而不知引此，何耶？」

郭注：「『在昔』爲『載蜡』之訛。『載蜡』，即『始爲蜡』也。『載』，始也。孟子滕文公：『自葛載。』禮記郊特牲：『伊耆氏始爲蜡……祝曰：「土反其宅，水歸其壑，昆蟲毋作，草木歸其澤。」』注：『伊耆氏，古天子號也。或云即帝堯。』」「廣於黄世」，郭譯爲「比斷竹歌的二字成句是擴大了」。

〔五〕訓故：「尚書大傳：『舜將禪禹，百工相和而歌卿雲。帝歌曰：卿雲爛兮，糺縵縵兮，日月光華，旦復旦兮。八伯咸進，稽首而和歌曰：明明上天，爛然是陳，日月光華，弘予一人。』」按此見卷一。

竹書紀年載此歌，「卿」作「慶」。朱珔說文叚借義證謂「卿」爲「慶」之假借。

〔六〕比唐堯時增添了文彩。校證：「馮本、汪本、王惟儉本、玉海二九、又一〇六、詩紀別集一、六朝詩乘總録無『則』字，徐校補。」按元刻本亦無「則」字。

注訂：「文於唐時，言卿雲之歌，其文盛於蜡祭之文也。」

〔七〕校注：「『雕』，玉海一百六引作『彫』。按作『彫』與書僞五子之歌合。」五子之歌：「内作色荒，外作禽荒；甘酒嗜音，峻宇雕墻；有一於此，未或不亡。」注訂：「『縟於虞代』，言『雕墻』之歌又繁縟於卿雲之辭，世愈後文愈盛也。」

〔八〕范注：「商詩，指商頌，彦和用毛詩古文説。」注訂：「篇什指商周頌雅而言。」

〔九〕斯波六郎：「孟子離婁上：『先聖後聖，其揆一也。』」趙岐注：「揆，度也。言聖人之度量同也。」「揆」，尺度，準則。

范注：「自『斷竹』之質，至商周之麗，所謂『酌於新聲』、『通變無方』也。考其根柢，要皆序志述事，其揆則一。彦和於商周以前，不稱『後模前代』，而稱之曰『其揆一也』，明商周以前之文，皆本自然之趨向，以序志述時爲歸。至楚漢以下，則謂之矩式影寫，顧慕瞻望，而終之曰：『競今疎古，風味氣衰』，據此以觀，文章須順自然，不可過重模擬。」文論選：「其揆一也，猶言其道一也。二句意謂無論古今，文章用以序志述時，這一點是相同的。」

劉禹昌：「在通變理論中，劉勰提出『序志述時』的共同性，和各時代藝術風格的多樣性。這條理論也是比較深刻的。」

又：「歷代文質因時而變。……斷竹反映了黄帝時期狩獵生活的基本特點，表現了人民的矯健的性格，風格是質樸的；卿雲表現虞舜時代『政阜民暇』『心樂聲泰』（時序）的基本特徵，就比較文雅。但無論文或質，這些作品同樣完成了『序志述時』的任務。所以説『九代詠歌，志合文則』。九代詠歌，文質互異，所以知其有所變；但這些作品，總是符合文學叙述時事（述時），表現思想感情（序志）這一基本規律的，所以知其有所通。……其次，作家在創作的時候，還必須根據現實的要求調劑雅俗……所謂雅俗相劑，一方面見其對文學傳統的繼承而通於雅；一方面又能符合實際生活要求而變於俗。」

黄海章文心短論：「『序志』是發抒作者的情志，『述時』是反映時代的面目。時代的治亂興衰，直接影響到作者的思想感情，所以序志述時不能根本劃分爲二。時序篇説：『歌謠文理，與世推移。』『文變染乎世情，興廢繫乎時序。』明瞭這個道理，則文學的變遷是有其不變的道理存在的（時代不同，心理各異）。但就它的功用來説，還是一致的（「序志述時，其揆一也」）。」

暨楚之騷文，矩式周人〔一〕；漢之賦頌，影寫楚世〔二〕；魏之篇製，顧慕漢風〔三〕；晉之辭章，瞻望魏采〔四〕。

〔一〕范注：「楚騷，古詩之流，故曰矩式周人。」辨騷篇：「自風雅寖聲，莫或抽緒，奇文鬱起，其離騷哉！固已軒翥詩人之後，奮飛辭家之前。」即以爲楚辭取法周詩。

〔二〕時序篇：「爰自漢室，迄至成哀，雖世漸百齡，辭人九變，而大抵所歸，祖述楚辭，靈均餘影，於是乎在。」

章炳麟國故論衡辨詩篇：「言賦者多本屈原。漢世自賈生惜誓上接楚辭，鵩鳥亦多方物卜居，而相如大人賦自遠遊流變，枚乘又以大招、招魂，散爲七發。其後漢武帝悼李夫人，班婕好自悼，外及淮南、東方朔、劉向之倫，未有出屈、宋、唐、景外者也。」

〔三〕「篇」，黄本作「策」。校注：「『策』，黄校云：『元作「薦」，許無念改；一本作「篇」。』按萬曆梅本作『策』……天啓梅本作『篇』……此當以作『篇』爲是。明詩篇：『江左篇製，溺乎玄風。』語式與此同，可證。其作『薦』者，乃『篇』之形誤。」校證：「『篇』原作『薦』……王惟儉本、梅六次本改『篇』，張松孫本從之。案作『篇』是。『製』原作『制』，今改。」「篇製」猶言篇章、篇翰，泛指一般作品，跟下文「晉之辭章」是一樣的。

斟詮：「顧慕，説文：『顧，環視也。慕，習也。』二字連詞，有『嚮往』之意。」周注：「魏的五言詩，繼承漢的古詩十九首而有發展；魏的抒情小賦繼承漢末趙壹的刺世疾邪賦等小賦而有發展，所以説『顧慕漢風』。」

〔四〕斟詮：「鍾嶸詩品序云：『太康中，三張、二陸，兩潘、一左，勃爾復興，踵武前王，風流未沫，亦文章之中興也。』前王，指其前文『曹公父子，平原兄弟』而言。彥和所謂『瞻望魏采』，亦即仲偉『踵武前王』之意。」瞻望，猶仰望。

推而論之〔一〕。則黄、唐淳而質，虞、夏質而辨〔二〕，商、周麗而雅〔三〕，楚、漢侈而艷〔四〕，魏、晉淺而綺〔五〕，宋初訛而新〔六〕。從質及訛，彌近彌澹〔七〕。何則？競今疏古，風末氣衰也〔八〕。

〔一〕校證：「『搉』原作『確』，王惟儉本、黃注本及崇文本作『搉』，今從之。」校注：「『搉』，元本、弘治本、汪本……作『確』……按諸本非是，『搉』，揚搉也。」注訂：「另本作『確』，誤。漢書叙傳：『揚搉古今。』」王叔岷綴補：「搉，猶較也，謂大較也。」

〔二〕文論選：「質而辯——樸實而明確。」

〔三〕劉禹昌：「劉勰認爲象詩經的風、雅詩篇，是思想既雅正，藝術又麗則的『文質彬彬』的代表作，因此，那是最合乎標準的詩作，爲後世詩歌創作學習的典範。徵聖篇說：『聖文之雅麗，固銜華而佩實者也。』詮賦篇：『麗詞雅義，符采相勝。文雖新而有質，色雖糅而有本。』作爲辭賦創作藝術的最高標準。」

〔四〕風骨篇：「楚艷漢侈。」漢賦文辭侈靡，比楚辭有所發展。張煦侯試論劉勰的語言風格：「『楚漢侈而艷』的『艷』字易解，『侈』字難明。按本書辨騷篇，以『夸誕』和『典誥』對舉，夸飾篇又說：『宋玉景差，夸飾始盛。』這都說的楚人騷賦有些『夸誕』和『夸飾』之處。這『夸誕』和『夸飾』也就是『侈』。所謂『侈而艷』者，『侈』以理言，『艷』以辭言。體性篇說：『長卿傲誕，故理侈而辭溢。』可以作證。」（合肥師院學報一九六二年第三期）

〔五〕范注：「陸雲與兄平原書曰：『文章當貴經綺（經是輕之誤），如謂後頌（雲作登遐頌）語如漂漂，故謂如小勝耳。』輕綺，即此云『淺綺』。」校注：「『綺』，六朝詩乘總録引作『浮』。按明詩篇：『晉世群才，稍入輕綺。』則作『浮』非是。沈約宋書謝靈運傳論：『降及元康，潘、陸特秀，縟旨星稠，繁文綺合。』亦可證。」

明詩篇：「晉世群才，稍入輕綺，張、潘、左、陸，比肩詩衢，采縟於正始，力柔於建安。或析文以爲妙，或流靡以自妍。」這是「魏晉淺而綺」的具體闡釋。

中國中古文學史第四課總論：「彦和以魏晉之文爲淺者，亦以用字平易，不事艱深，即練字篇所謂『自晉以來，用字率從簡易』也。」

〔六〕范注：「孫德謙六朝麗指曰：『文心通變篇：「宋初訛而新。」謂之訛者，未有解也。及定勢篇則釋之曰：「自近代辭人，率好詭巧，原其爲體，訛勢所變。厭黷舊式，故穿鑿取新。察其訛意，似難而實無他術也，反正而已。……回互不常，則新色耳。」觀此，則訛之爲用，在取新奇也。顧彼獨言宋初者，豈自宋以後，即不然乎？非也。通變又曰：「今才穎之士，刻意學文，多略漢篇，師範宋集。」則文之反正喜尚新奇者，雖統論六朝可矣。』」

張煦侯又云：「『綺』字易明，『淺』字難識。按明詩篇說：『何晏之徒，率多浮淺。』定勢篇説：『綜意淺切者類乏醞藉。』通變篇引桓君山說：『予見新進麗文，美而無采。』可見『淺』以意言，『綺』以辭言。『乏醞藉』和『無采』，都是意不足的象徵；另一方面，所剩的僅僅是徒然的綺了。再拿『宋初訛而新』説，『新』字易識，『訛』字難知。按指瑕篇把單字中無關於情而『指以爲情』的作『情訛』，序志篇把『辭人爱奇，言貴浮詭』者稱爲『訛濫』，可見『訛』字是指的用詞造句的一種歪風。再看定勢篇説：『近代辭人，率好詭巧……反正而已。』又説：『新學之鋭，則逐奇而失正。』可見『訛』字就是用詞造句的反正或失正。」

〔七〕范注：「説文：『澹，水摇也。』又『淡，薄味也。』彌澹，應作彌淡。」斯波六郎：「案此借『澹』爲『淡』。時序第四十五『篇體輕澹』、『澹思濃彩』，亦其例。不必改字。」「澹」，指内容淡薄無味。

〔八〕校證：「『末』原作『味』，徐云：『味字誤，當作末。』梅六次本、張松孫本改作『末』。……案作『末』是，今據改。説已詳封禪篇。」

范注：「『風味』，疑當作『風昧』。『風昧』與『風清』相對。説文：『昧，闇也。』小爾雅廣詁：『昧，冥也。』孫君蜀丞曰：『按作末是也。封禪篇云：風末力寡。與此意同。』」

校釋：「『孫人和校作『末』，是也。按韓安國匈奴和親議：『衝風之末，力不能漂鴻毛，非初不勁，末力衰也。』舍人蓋用此語。封禪篇有『風末力寡』語同此。」詩品序評東晉時期的詩是「淡乎寡味」，並説它「建安風力盡矣」，可互相參證。

曹學佺批：「古今一風也，通變之術，亦主風矣。」

以上是説：從黄帝、唐堯時質樸，到宋初的訛濫，越到後來，味道越淡薄。在他看來，商周時代的經書，就文章風格來説，是「麗而雅」，最適中。

黄海章文心短論：「劉勰以爲九代詠歌，雖有不同，但『從質及訛，彌近彌澹』。换句話説，儘管是愈變而愈新，其實是愈變而愈奇詭，愈乏味。所以『矯訛翻淺，還宗經誥』。」

劉大杰主編中國文學批評史：「他認爲黄、唐、虞、夏文學的特色是質勝於文；楚、漢、魏、晉以迄宋初的文學是文勝於質；而商周則是麗而能雅，文質彬彬。這當然是就各時代文學的主要面貌和傾向而言，例如説『楚漢侈而艷』，主要是就辭賦説的，對漢代詩歌、散文就不完全適用。至於黄、唐、虞、夏時代，根本没有産生書面文學，更談不到質勝於文了。」

又：「由於從宗經立場出發，劉勰對於後代文學的發展，認識是不足的，對它們的批評也有些是不正確的，他甚至認爲商周以後的文學是每況愈下，這表現了劉勰文學思想中的消極的一面。」

今才穎之士，刻意學文，多略漢篇，師範宋集〔一〕，雖古今備閲，然近附而遠疏矣〔二〕。夫青生於藍〔三〕，絳生於蒨〔四〕，雖踰本色，不能復化〔五〕。

〔一〕范注：「南齊書武陵昭王曅傳：『曅作短句詩，學謝靈運體，以呈上。高帝報曰：見汝二十字，諸兒作中最爲優者。但康樂放蕩，作體不辨有首尾。安仁、士衡深可宗尚，顔延之抑其次也。』此略漢篇師宋集之證。」

校注：「梁書文學下伏挺傳：『好屬文，爲五言詩，善效謝康樂體。』南史王籍傳：『爲詩慕謝靈運，至其合也，殆無愧色。時人咸謂康樂之有王籍，如仲尼之有丘明，老聃之有嚴（莊）周。』……並足爲『師範宋集』之證。」

校釋：「舍人之世，作者競學宋人，簡文帝與湘東王書、裴子野雕蟲論俱致譏詆之辭，可證。……簡文但論學之不善者，裴氏則直以舍本逐末爲宋賢流弊。」

〔二〕劉禹昌：「『多略漢篇』四句——這是論述齊梁時期的作者忽視對古代豐富文學遺産的學習和繼承的不良現象。情采篇説：『遠棄風雅，近師辭賦，故體情之製日疏，逐文之篇愈盛。』指瑕篇説：『雅頌未聞，漢魏莫用。……斯實情訛之所變，文澆之致弊。』可互相參證。」「附」，接近。

〔三〕荀子勸學篇：「青取之於藍，而青於藍。」藝文類聚引作「青出於藍而青於藍」。太平御覽百卉引作「青生於藍而青於藍」。

〔四〕黄注：「爾雅『茹藘』注：『今之蒨也，可以染絳。』疏：『今染絳蒨也，一名茹藘，一名茅蒐。』詩疏廣要注：『本草，茜根，可以染絳，一名蒨。』」范注：「爾雅釋草：『茹藘，茅蒐。』郭注：『今之蒨也，可以染絳。』此言習近略遠之弊。」「蒨」，茜草。「絳」，大紅色。

〔五〕青和絳雖然超過了藍和蒨本來的顔色，但不能再有什麽變化。比喻只「師範宋集」，文章不可能有什麽創新發展。

桓君山云：「予見新進麗文，美而無采，及見劉揚言辭，常輒有得。」〔一〕此其驗也。故練青濯絳，必歸藍蒨〔二〕；矯訛翻淺，還宗經誥〔三〕。斯斟酌乎質文之間，而櫽括乎雅俗之際〔四〕，可與言通變矣。

〔一〕范注：「桓譚語當是新論佚文。劉、揚，謂子駿、子雲也。」校注：「按新論：『譚見劉向新序，陸賈新語，乃爲新論。是君山之於新序奉爲述作典範，推崇極矣。』本書諸子、體性、時序、才略四篇，亦皆以劉向與揚雄並舉。更可作爲旁證。范説恐非。」

〔二〕元刻本、弘治本「絳」作「錦」。校注：「按此爲回應上文『夫青生於藍，絳生於蒨』之辭，作『錦』非是。」急就篇注：「練者，煮縑而熟之也。」「練」、「濯」，皆有染意。「必歸藍蒨」，必須歸靠藍草和蒨草。

〔三〕劉禹昌：「言要想矯正『淺而綺』、『訛而新』的形式主義文風，必須以風雅、典誥爲學習典範。」

看來，劉勰的挽救方法只有「矯訛翻淺，還宗經誥」，這樣就又回到「宗經」的路上去。他認爲只有宗經，才能在質文之間、雅俗之間斟酌適當，算是懂得「通變」的道理了。

劉禹昌：「當他分析這種（形式主義）頹風所造成的原因時，他没有能認識到這是由於那個時期統治階級的文人的頹廢没落、逃避現實、思想腐朽、生活空虚所造成的，而只看到一些次要的，如作者的主觀愛好不正確，沒有繼承古代優良傳統等，因此，他企圖挽回頹風的辦法，『矯訛翻淺，還宗經誥』，只是治標，不能『挽狂瀾於既倒』。」

「矯訛翻淺，還宗經誥」，就是宗經篇所說的「若稟經以制式，酌雅以富言，是即山而鑄銅，煮海而爲鹽也」。

黄海章文心短論：「『矯訛翻淺，還宗經誥』，是運用儒家文學觀點，來抨擊南朝的形式主義、唯美主義，使文學都是有爲而發，都會有政治作用和教育作用。他所主張的，是貫徹『經誥』的精神，而非模仿『經誥』的形式。看似『復古』，其實含有『創新』的意義。雖然『參古定法』，同時還要『望今制奇』。他明白説出『斟酌乎質文之間，而檃括乎雅俗之際，可與言通變矣』。今古兼顧，雅俗奇正兼收，從而創造出新文學、新風格，這樣做去，是不會走回頭路的。」

〔四〕「檃」元本、弘治本作「隱」，古籍中可通用。荀子性惡篇：「故枸木必將待檃括烝矯然後直。」楊倞注：「檃括，正曲木之木也。烝，謂烝之使柔；矯，謂矯之使直也。」淮南子修務訓：「木直中繩，揉以爲輪；其曲中規，隱括之力。」鎔裁篇：「職在鎔裁，檃括情理，矯揉文采也。」

以上爲第二段，從歷代作家作品的發展情況，看歷代文風及其承前啓後的關係，强調繼承與革新並重。

夫誇張聲貌，則漢初已極〔一〕。自兹厥後，循環相因〔二〕；雖軒翥出轍〔三〕，而終入籠内〔四〕。

〔一〕范注：「此特舉一例言之耳，其實歷代皆有新創作，可資模範，不必拘泥於漢初也。」注訂：「是指馬、揚諸氏之作而言。」

詮賦篇：「漢初詞人，順流而作：陸賈扣其端，賈誼振其緒，枚、馬同其風，王、揚騁其勢；皋、朔以下，品物畢圖。」夸飾篇：「自宋玉、景差，夸飾始盛。相如憑風，詭濫愈甚。故上林之館，奔星與宛虹入軒；從禽之盛，飛廉與鷦鷯俱獲。及揚雄甘泉，酌其餘波，語瓌奇則假珍於玉樹，言峻極則顛墜於鬼神。」

〔二〕「循環相因」，史記高祖本紀：「三王之道如循環，終而復始。」「因」，沿襲。史記平準書：「太倉之粟，陳陳相同。」

〔三〕「軒翥」，楚辭遠遊：「鸞鳥軒翥而翔飛。」補注：「方言：翥，舉也。」

辨騷篇：「固已軒翥詩人之後，奮飛辭家之前。」「軒翥」，高飛貌。

〔四〕宗經篇：「所以百家騰躍，終入環內者也。」高飛離開了舊轍，可是還在籠子裏面。斠詮：「文家之立言，雖云千變萬化，而謀篇裁章，畢竟有法度可循，不容漫無歸心者，亦猶是也。」看來他雖然在贊語裏説「文律運周，日新其業」，實際上他並不贊成絶對的日新月異，他要在「宗經」的口號下對當時的形式主義文風有所匡正，而他所提出來的文學發展觀，是「循環相因」，不是直向前進的。

枚乘七發云：「通望兮東海，虹洞兮蒼天。」〔一〕相如上林云：「視之無端，察之無涯；日出東沼，月生西陂。」〔二〕馬融廣成云：「天地虹洞，固無端涯；大明出東，月生西陂。」〔三〕揚雄校獵云：「出入日月，天與地沓。」〔四〕張衡西京云：「日月於是乎出入，象扶桑於濛汜。」〔五〕此並廣寓極狀〔六〕，而五家如一。諸如此類，莫不相循〔七〕，參伍因革〔八〕，通變之數也〔九〕。

〔一〕文選枚乘七發原文是：「秉意乎南山，通望乎東海，虹洞兮蒼天，極慮兮崖涘。」李善注：「虹洞，相連貌也。」意謂一直望到東海，遠遠地與蒼天融成一片。

〔二〕「月生西陂」，校注：「按當依上林賦作『入乎西陂』。此蓋寫者涉下廣成頌『月生西陂』而誤。」文選李善注：「張揖云：日朝出苑之東池，暮入於苑西陂中。善曰：漢宮殿簿曰：長安有西陂池、東陂池。」

清孫志祖文選考異卷一「上林賦入乎西陂」：「按文心雕龍通變篇引上林賦，作『月生西陂』，然張揖注云：『日朝出苑之東池，暮入於苑西陂中。』則不當作『月生』也。與馬融廣成頌『大明出東，月生西陂』，辭旨自別。」

梁章鉅文選旁證「上林賦入乎西陂」條：「按張揖注云云，則不當作『月生』也。」

〔三〕校證：「『固』原作『因』，梅按頌文改。」

馬融字季長，後漢茂陵人，經學家兼文學家。廣成頌見後漢書卷六十馬融傳，又見全後漢文卷十八。

廣成頌原文作：「大明生東，月朔西陂。」「廣成」，漢代宮殿名。

校注：「按後漢書馬融傳作『大明生東，月朔西陂』。李注：『朔，生也。』此引『生』爲『出』、『朔』爲『生』，非緣舍人誤記，即由寫者涉上下文而誤。」

馬融傳李賢注：「虹洞，相連也。禮記（禮器）曰：『大明生於東，月生於西。』鄭注曰：『大明，日也。』言池水廣大，日月出於其中也。」王先謙集解：「錢大昕曰：『虹洞與鴻絧同。』惠棟曰：『淮南子云：水靡濫振蕩，與天地鴻洞。高誘云：鴻，大也；洞，通也。』」

〔四〕校證：「梅云：『校當作羽。』文通二一作『羽』。」校注：「按『杳』當依漢書揚雄傳上作『沓』。顔注云：『謂苑囿之大，遥望日月皆從中出入，而天地之際杳然縣遠也。説者反以杳爲沓，解云重沓；非惟乖理，蓋已失韻。』今此作『沓』，寫者蓋依文選改也。」羽獵賦見文選卷八「畋獵」類。

王先謙漢書補注：「選『杳』作『沓』。應劭曰：『沓，合也。』據應説，則所見本作『沓』。孫志祖云：楚辭天問：『天何所沓？』王逸注：『沓，合也。言天與地會合何所？』子雲蓋祖屈原之説。」

〔五〕校注：「按『於』字不可解，蓋涉上句而誤者。當依西京賦作『與』。續歷代賦話十四引作『與』，殆據賦文改也。」文選卷二西京賦李善注：「言池廣大，日月出入其中也。淮南子曰：

『日出暘谷，拂於扶桑。』楚辭曰：『出自陽谷，入於濛汜。』」扶桑，神樹名，日出處。山海經海外東經：「湯谷上有扶桑，十日所浴，在黑齒北。居水中，有大木，九日居下枝，一日居上枝。」天問：「出自湯谷，次於蒙汜。」王逸注：「汜，水涯也。言日出東方湯谷之中，暮入西極蒙水之涯也。」

〔六〕劉禹昌：「廣寓極狀——言廣闊的觀察和極力的描繪。寓，據左傳『得臣與寓目焉』，寓目即屬目，注視的意思。」周注：「廣寓，廣泛比喻。寓，寄托，托喻。極狀，極力形容。」

〔七〕紀評：「此段言前代佳篇，雖巨手不能凌越，以見漢篇之當師，非教人以因襲，宜善會之。」范注：「彥和雖舉此五家爲例，然非教人屋下架屋，摸擬取笑也。」

〔八〕易繫辭上：「參伍以變，錯綜其數，通其變，遂成天地之文。」注：「參，三也；伍，五也。略舉三五，諸數皆然也。」荀子成相：「參伍明，謹施賞罰。」文論選：「參伍因革——有因有革，繼承與創作參錯運用的意思。按上面所舉，是古今相因的例子，説明通變並不一定要盡變前人。」明詩篇：「宋初文詠，體有因革。」

按：在藝術形式方面，劉勰對辭的夸張描寫，舉出漢朝五位賦家的描繪作爲例證，説明描寫方式大都是繼承前人而又有所變化。就他所舉的對於大海和天地日月的描寫來看，變化是不大的，所以他才得出「五家如一」、「莫不相循」的結論。他也説「參伍因革，通變之數也」，就是説通變的方術是有因襲、有革新，繼承與創造交替運用，但在他舉出的「五家如一」的例子裏，並没有把創造的因素顯示出來。他指出「雖軒翥出轍，而終入籠内」，意思是説雖然想高飛遠馳越出軌轍，始終離不開固定的圈子。這種説法，實質上是抹煞了創造性。象曹操的觀滄海，雖然以同類的文辭來描寫大海和天地日月，却用來象徵他博大的胸懷，不是單純的寫景，豈不就躍出圈子了嗎！

遊國恩槁庵隨筆十二賦家蹈襲：「楚辭遠遊云：『往者余弗及兮，來者吾不聞。』東方朔七諫初放襲之云：『往者不可及兮，來者不可待。悠悠蒼天兮，莫我振理。』莊忌哀時命又襲之云：『哀時命之不及古人兮，夫何餘生之不遘時？往者不可攀援兮，來者不可與期。』展轉抄襲，了無新義。至陳子昂登幽州臺歌更總括其意曰：『前不見古人，後不見來者。念天地之悠悠，獨愴然而涕下！』意猶是也，而鑄詞獨偉，所謂『師其意不師其辭』者也。後人或不知其所本，輒驚爲奇作。不知子昂之化臭腐爲神奇也。」（國文月刊第四十期）

周振甫詩詞例話仿效和點化一節引王世貞藝苑卮言卷三：「魏武帝樂府：『東臨碣石，以觀滄海。……日月之行，若出其中；星漢燦爛，若出其裏。』其辭亦有本。相如上林云：『視之無端，察之無涯。日出東沼，月生西陂。』馬融廣成云：『天地虹洞……月生西陂。』揚雄校獵云：『出入日月，天與地沓。』然覺揚語奇，武帝語壯。又『月生西陂』語有何致，而馬融復襲之？」下面振甫説：「文學創作中的點化手法是多種多樣的，一種是比前人説得更具體，更豐富，創造出新的境界。比方司馬相如上林賦：『視之無端，察之無涯。』指上林地方廣闊無邊，這是概念的説明。下文説：『日出東沼，月生西陂』，比較具體些，還缺乏形象描寫。揚雄校獵賦作：『出入日月，天與地沓。』第二句説，在那裏境界廣闊，望出去天與地合而爲一，這樣説就有新意。曹操在觀滄海裏説成：『日月之行，若出其中，星漢燦爛，若出其裏。』把星漢的形象加進去，配上山島、秋風、洪濤的描寫，内容更豐富，境界更開闊，色彩更鮮明，構成新的意境，就比司馬相如的話更具體生動了。這就是善於點化的一例。再像馬融廣成頌作：『天地虹洞，固無端涯。』同司馬相如的話一樣，也是概念的。又説：『大明出東，月生西陂。』也講日東升月西升，只是换個字面。這樣的模仿是要不得的，它既没有加上新東西，又不能豐富原來的話，就談不上點化了。」

〔九〕斯波六郎：「周易繫辭上：『參伍之變，錯綜其數。通其變，遂成天地之文，極其數，遂定天下之象。』」

物色篇：「古來辭人，異代接武，莫不參伍以相變，因革以爲功。」實際上也是通變的過程，它是體現了通變的規律性的，所以説：「參伍因革，通變之數也。」

以上爲第三段，舉出漢代辭賦中五家作品説明在互相因襲中又有所改變。

是以規略文統，宜宏大體〔一〕。先博覽以精閲〔二〕，總綱紀而攝契〔三〕；然後拓衢路〔四〕，置關鍵〔五〕，長轡遠馭，從容按節〔六〕。憑情以會通〔七〕，負氣以適變〔八〕；采如宛虹之奮鬐〔九〕，光若長離之振翼〔一〇〕，迺穎脱之文矣〔一一〕。

〔一〕文論選：「規劃文章的綱領，應該得其大體，即掌握住根本原則的意思。」「宏」，擴大、發揚。斠詮：「統，謂統系，統紀。……大體，猶言全局規模。淮南子氾論訓：『觀小節，足以知大體。』莊子天下：『後世之學者，不幸不見天地之純，古人之大體，道術將爲天下裂。』」

〔二〕神思篇：「積學以儲寶，酌理以富才，研閱以窮照。」滄浪詩話：「詩有别材，非關書也；詩有别趣，非關理也。然非多讀書，多窮理，則不能極其致。」文心雕龍講疏：「覽必博，閱必精，然後能識取舍之義，應隨時之變。若不博不精而好變古，必有陷濘之憂矣。」

〔三〕文選陸機文賦：「意司契而爲匠。」五臣注：「司、理，契、要，匠、宗也……立意以理要爲宗。」攝契即抓住文章要點。神思篇：「含章司契，不必勞情也。」「契」，栔之假借。説文：「栔，刻也。」「攝契」，從事雕刻，喻寫作。

〔四〕劉禹昌：「衢路——四達的道路，這裏用來比喻作品的思想主題。章句篇説：每一句是『聯字以分疆』，而全章則是『總義以包體』，句與章的關係是『區畛相異，而衢路交通矣』。作品的這一句和那一句的意思是有區别的，各有它們不同的分工，但是作品的思想主題，則是貫通着全章的每一句，所以劉勰用『區畛』（田間小道）和『衢路』（大路）的關係予以説明。」

〔五〕校證：「『置』，汪本、兩京本作『直』，謝校作『置』。」「置關鍵」指安排重點而言。

黄海章文心短論：「談到關鍵的設置，也隨着路向的拓展而不同。所謂關鍵，主要指篇章的結構。如何分别主次？如何突出重點？如何聯貫首尾？如何流通氣勢等等。這在前人有一定的法度可循，但是拘囚於法度之中，不能縱横變化於法度之外，只是死文而不是活文，能做到這樣，便真正能『通變』了。」

〔六〕校注：「按文選孫楚爲石仲容與孫皓書：『長轡遠御（「御」、「馭」古今字），妙略潛授。』南齊書孔稚圭傳：『乃上表曰：「……長轡遠馭，子孫是賴。」』」

斠詮：「從容，舉動也。禮緇衣：『從容有常。』疏：『謂舉動有其常度。』中庸：『從容中道。』王念孫曰：『謂一舉一動莫不中道也。』按節，猶言安節，謂節奏安和，有按步就班之意。陸機文賦：『然後選義按部，考辭就班。』」

黄海章文心短論：「『長轡遠馭，從容按節』是告訴我們要有遠大的眼光，持久的精神，從容的態度，不要局限於小成，也不要急於求成，才能醖釀以成變化之功。」

〔七〕「會通」，易繫辭上：「聖人有以見天下之動，而觀其會通。」此處「會通」即繫辭中的「觀其會通」，指領會掌握事物發展變化中的關鍵問題（貫通之處），亦即通過借鑒古代的經籍，領會掌握古今文學的通要。

〔八〕「適變」，易繫辭下：「易之爲書也不可遠，爲道也屢遷，變動不居，周流六虚，上下無常，剛柔相易，不可爲典要，唯變所適。」謂適應文學發展變化的潮流。

范注：「竊案『憑情以會通，負氣以適變』二語，尤爲通變之要本。蓋必情真氣盛，骨力峻茂，言人不厭其言，然後故實新聲，皆爲我用。若情匱氣失，效今固不可，擬古亦取憎也。」說文：「負，恃也。」「氣」，才氣。

〔九〕范注：「文選張衡西京賦：『瞰宛虹之長鬐。』薛綜注曰：『鬐，脊也。』張銑注：『宛，謂屈曲也。鬐，虹鬣也。』」

〔一〇〕校證：「『光』原作『毛』，梅據曹學佺改。」考異：「從光是，與上采偶。」校注：「按曹改是。漢書禮樂志：『長麗前掞光耀明。』臣瓚曰：『長麗，靈鳥也。故相如賦（大人賦）曰：「前長麗（漢書作「離」）而後矞皇。」舊説云：「鸞也。」』師古曰：『麗，音離。』」黄注：「張衡思玄賦：『前長離使拂羽兮。』注：『長離，朱雀也。』」劉禹昌：「張衡思玄賦呂延濟注：『長離，南方朱鳥鳳也。』朱鳥，天上二十八宿南方七宿的總稱，古代神話把它人格化了，比做鳳凰，叫它靈鳥。」

〔一一〕黄注：「（史記）平原君傳：毛遂曰：臣今日請處囊中耳。使遂蚤得處囊中，乃脱穎而出，非特其末見而已。」沈巖臨何焯校本「穎脱」改「脱穎」。

若乃齷齪於偏解〔一〕，矜激乎一致〔二〕；此庭間之迴驟〔三〕，豈萬里之逸步哉〔四〕！

〔一〕黄注：「張衡西京賦：『獨儉嗇以齷齪。』注：『齷齪，小節也。』司馬相如難蜀父老：『委瑣齷齪。』注：『齷齪，局促也。』」文選鮑照放歌行：「小人自齷齪。」呂延濟注：「齷齪，短狹貌。」

〔二〕范注：「致，至也。一致猶言一得。」斯波六郎：「抱朴子辭義：『夫才有清濁，思有修短，雖並屬文，參差萬品，或浩瀁而不淵潭，或得事情而辭鈍，違物理而言功，蓋偏長之一致，非兼通之才也。』」文論選：「片面地强調，誇耀一得之見。」「矜激」，驕傲偏激。

〔三〕范注：「楚辭嚴忌哀時命：『騁騏驥於中庭兮，焉能極夫遠道。』王逸注曰：『言騏驥一馳千里，乃騁之中庭促狹之處，不得展足以極遠道也。』」「廻」，謂曲折回旋。「驟」，説文：「馬疾步也。」這好比在院子裏打着圈子跑馬。

〔四〕「逸」是快。意爲這哪裏是萬里長途上奔馳呢！札記：「彦和此言，爲時人而發，後世有人高談宗派，壟斷文林，據其私心以爲文章之要止此，合之則是，不合則非，雖士衡、蔚宗，不免攻擊，此亦彦和所譏也。」

第四段指出通變的基本方法和要求。

贊曰：文律運周〔一〕，日新其業〔二〕。變則堪久〔三〕，通則不乏〔四〕。趨時必果〔五〕，乘機無怯〔六〕。望今制奇〔七〕，參古定法〔八〕。

〔一〕文賦：「普辭條與文律。」「文律」，文章的規律。校注：「曹子建集朔風詩：『四氣代謝，懸景運周。』」「運周」，運轉不停。

〔二〕易繫辭上：「盛德大業至矣哉！富有之謂大業，日新之謂盛德。」

〔三〕校證：「『堪』原作『其』，梅疑作『可』，吴校作『堪』，今據改。」校注：「『其』，黄校云：『疑作可』。『其』字與上句重出固非，然與『可』之形不近，恐難致誤。改『堪』亦未必是。疑原作『甚』，非舊本闕其末筆，即寫者偶脱。」考異：「從『可』從『堪』皆通，從甚則非。」按沈巖臨何焯校本「其」改「堪」。易繫辭上韓康伯注：「通變則無窮，故可久也。」

〔四〕「逌則不乏」，語意出自易繫辭上：「是故闔户謂之坤，闢户謂之乾，一闔一闢謂之變，往來不窮謂之通。」

以上兩句意謂只要適應發展變化的要求，文學就會有永存的生命力。

〔五〕易繫辭下：「吉凶悔吝者，生乎動者也。剛柔者，立本者也。變通者，趣時者也。」

〔六〕校注：「『怯』，黄校云：『一作跲。』天啓梅本作『跲』。元本、弘治本……作『法』；何本、凌本、合刻本、梁本……崇文本作『怯』。按『法』字蓋涉末句『參古定法』而誤。以其形推之，『怯』與『法』較近，當以作『怯』爲是。」考異：「『法』字誤。跲，躓也。……怯，多畏也，義皆可通，從『怯』爲長。」

〔七〕「望今制奇」，要看準今天文學發展的動向來出奇制勝。

〔八〕范注：「抱朴子尚博篇：『俗士多云：「今山不及古山之高，今海不及古海之廣，今日不及古日之熱，今月不及古月之朗。」何肯評今之才士，不減古之枯骨！』今亦有勝於古者，豈可一概論乎！望今制奇，參古定法，彥和固不教人專事效古也。」

斠詮：「此二語蓋與漢書武帝紀元狩六年詔所謂『稽諸往古，制宜於今』二句，詞異而義同也。……『望今制奇，參古定法』，彥和固不教人專事效古也。」

周勳初梁代文論三派述要：「蕭統在文選序中也提出了類似『通變』的學說。『若夫椎輪爲大輅之始，大輅寧有椎輪之質？增冰爲積水所成，積水曾微增冰之凜。何哉？蓋踵其事而增華，變其本而加厲。物既有之，文亦宜然。隨時變改，難可詳悉。』這是說藝術形式與藝術手法是隨着時代發展的，向美的方向發展的。於此不能有保守觀點，這等於說的『文律運周，日新其業』，『變則其久』，『望今制奇』。」（中華文史論叢第五輯）

袁宏道雪濤閣集序（鍾伯敬增定本袁中郎全集卷一）：「文之不能不古而今也，時使之也。妍媸之質，不逐目而逐時。是故草木之無情也，而鞓紅鶴翎，不能不改觀於左紫溪緋。惟識時之士，爲能隄其隤而通其所必變。夫古有古之時，今有今之時，襲古人語言之迹，而冒以爲古，是處嚴冬而襲夏之葛者也。

「騷之不襲雅也，雅之體窮於怨，不騷不足以寄也。後之人有擬而爲之者，終不肖也，何也？彼直求騷於騷之中也。至蘇、李述別及十九等篇，騷之音節體致皆變矣，然不謂之真騷不可也。古之爲詩者，有泛寄之情，無直書之事；而其爲文也，有直書之事，無泛寄之情；故詩虛而文實。晉、唐以後，爲詩者有贈別、有叙事；爲文者有辨說，有論叙。架空而言，不必有其事與其人，是詩之體已不虚，而文之體已不能實矣。古人之法，顧安可概哉？夫法因於敝而成於過者也。矯六朝駢麗飣餖之習者，以流麗勝，飣餖者固流麗之因也。然其過在輕纖，盛唐諸人，以闊大矯之；已闊矣，又因闊而生莽，是故續盛唐者，以情實矯之。已實矣，又因實而生俚，是故續中唐者，以奇僻矯之。然奇則其境必狹，而僻則務爲不根以相勝，故詩之道，至晚唐而益小。有宋歐、蘇輩出，大變晚習，於物無所不收，於法無所不有，於情無所不暢，於境無所不取，滔滔莽莽，有若江河。今之人徒見宋之不唐法，而不知宋因唐而有法者也。如淡非濃，而濃實因於淡。然其弊至以文爲詩，流而爲理學，流而爲歌訣，流而爲偈誦，詩之弊又有不可勝言者矣。」

郭紹虞、王文生文心雕龍再議：「關於繼承與革新，在對待文藝傳統，處理古與今的關係上，劉勰以『通變』來表述二者的正確關係，既反對『循環相因』，又反對『近附而遠疏』；主張有所繼承，又有所革新。如果只有繼承而無革新，則文學無所發展；如果只講革新而無繼承，則文學必然流於貧乏。『變則其久』、『通則不乏』，只有二者互相補充，纔能『日新其業』，使文學創作産生出新作品，創造出新成就，繼承與革新，古與今兩個方面不能偏廢，但也不容等量齊觀。在劉勰看來，『今』是出發點，是主要的一面，所以要『望今制奇』，『參古定法』，所以要『趨時必果，乘機無怯』。總的説來，劉勰用『通變』對正確處理繼承與革新、古與今的關係，作了概括的説明，包含着辯證法的思想。」（光明日報一九七八年十月三十一日）

定勢第三十

文鏡秘府論論對屬：「然文無定勢，體有變通。」

札記：「吾嘗取劉舍人之言審思而熟察之矣。彼標其篇曰定勢，而篇中所言，則皆言勢之無定也。其開宗也，曰『因情立體，即體成勢』，明勢不自成，隨體而成也。……又曰循體成勢，因變立功，明文勢無定，不可執一也。舉桓譚以下諸子之言，明拘固者之有所謝短也。終譏近代辭人以效奇取勢，明文勢隨體變遷，苟以效奇爲能，是使體束於勢，勢雖若奇，而體因之弊，不可爲訓也。贊曰『形生勢成，始末相承』，明物不能有末而無本，末又必自本生也。凡若此者，一言蔽之曰：體勢相須而已。」下面解釋「勢」説：「『勢』當爲『埶』，『埶』者『臬』之假借。」把「勢」當成古代插在地上測日影的標杆。「以其端正有法度，則引申爲法度之稱。」又説：「言氣勢者，原於用臬之辨趨向。」「文之有勢，蓋兼二者之義而用之（即指法度和氣勢）。」

范注：「此篇與體性篇參閱，始悟定勢之旨。所謂勢者，既非故作慷慨，叫囂示雄，亦非强事低回，舒緩取姿；文各有體，即體成勢，章表奏議，不得雜以嘲弄，符冊檄移，不得空談風月，即所謂勢也。……人之才性不同，善此者不必善於彼……若夫兼解俱通，惟淵乎文者爲能，偏才之士，但能郛郭不踰。體勢相因，即文非最優，亦可以無大過矣。」又云：「勢者，標準也，審察題旨，知當用何種體制作標準。標準既定，則意有取舍，辭有簡擇，及其成文，止有體而無所謂勢也。」

似對全篇用意不甚瞭然於懷。郭紹虞中國古典文學理論批評史也把「勢」解作「標準」，但未加說明。

校釋：「統觀此篇，論勢必因體而異，勢備剛柔奇正，又須悅澤，是則所謂勢者，姿也，姿勢為聯語，或稱姿態；體勢，猶言體態也。」

郭注：「勢是作品所表現的語言姿態，即語調辭氣。本篇論述決定作品語言姿態的條件，所以叫定勢。」

周注：「按照不同的內容來確定不同的體制和風格，這就是定勢。」

王元化劉勰風格論補述：「劉勰提出體勢這一概念，正是與體性相對。體性指的是風格的主觀因素，體勢則指的是風格的客觀因素。」（見文心雕龍創作論）

施友忠文心雕龍英譯本把「勢」解釋作風格，把定勢這一題目譯為風格的選定。

王金凌定勢篇疏釋：「體勢即今之所謂風格。體勢見於才質、內容、形式、體要的融合中，並非在此四者之外，別有體勢。」又：「若嚴格地說，只有勢才是風格。但我國文字……往往為了便於誦讀，而將二個以上的字結合成詞……而結合時，這些字也語意相關，於是有偏義複詞，體勢即其一例。」（見文心雕龍文論術語析論）

寇效信釋體勢：「對自然界事物來說，『勢』指它一定的姿態；對文章來說，『勢』則含有風格的意思。但這種風格，不是作家的個人風格，而是文體風格。」又：「從劉勰的論述來看，『勢』包括文體風格，但不等於文體風格。『勢』字的本義，有趨勢的意思，作爲文學理論術語的『勢』，同樣有趨勢之意。……『勢』這一概念的内涵，應包括這樣幾點：（一）一定的文體風格；（二）形成這一風格的必然趨勢；（三）造成風格趨勢的作家的慕習。一句話，『勢』就是由作家的慕習所決定的形成文體風格的必然趨勢。」（見文心雕龍學刊第一輯）

涂光社文心雕龍「定勢論」淺説：「倘將含有風格因素的術語，如象文心中的『體』、『體勢』、『勢』統統不加區別地釋爲風格，至少是忽略了它們各自不能取代的特點，這樣做造成了概念上的混亂。」又：「『定勢』是創作過程擇『術』的一部分，『勢』與現代文論中的表現方式在概念上有某些相近之處。」（文學評論叢刊第十三輯，下同）但他又説：「各個藝術種類、各種題材内容都有一種適應自己需要的最完美的表現方式，這種表現方式就是這種藝術或題材内容的標準風格。」接着又引黑格爾美學第一卷裏的話説：「風格就是服從所用材料的各種條件的一種表現方式。」這是自相矛盾的。

涂光社又説：「釋『勢』須考慮三方面因素：其一……『勢』是靈活多變可以相機制宜的……其二，『勢』即『體』而成，創作體制各自都有特點，它們對『勢』有風格上的要求；『勢』還受作家藝術表現上傾向性的影響，受作家藝術素養和創作個性的制約。因此，『勢』含有風格的因素。其三，劉勰是將『勢』作爲一種適應『情』與『體』需要的『術』來論述的。」前兩點可以成立，第三點把「勢」作爲一種「術」來看待，就没有根據。

按程器篇說：「孫武兵經，辭如珠玉，豈以習武而不曉文也。」劉勰不僅欣賞孫子兵法的文章，而且學習孫子兵法中樸素的辯證觀點，並把它運用於文學理論。孫子十三篇中有勢篇，曹操注：「用兵任勢也。」孫子兵法對「形」、「勢」的分析是文心雕龍定勢篇的主要來源。明李夢陽駁何氏論文書：「作文如作字，歐、虞、顏、柳，字不同而同筆。筆不同，非字矣。不同者何也？肥也，瘦也，長也，短也，疏也，密也。故六者勢也，字之體也，非筆之精也。」蔡邕篆勢：「體有六篆，巧妙入神。……揚波振擊，龍躍鳥震。延頸脅翼，勢似淩雲。……若行若飛，岐岐翾翾。」又隸勢：「隨事從宜，靡有常制。……或長邪角趣，或規旋矩折。脩短相副，異體同勢。……奇姿譎誕，不可勝原。」可見書法中的筆勢有一種動態的美。

在定勢篇里，「勢」和「體」聯係起來，指的是作品的風格傾向，這種趨勢本來是變化無定的。通變篇說：「變文之數無方。」「勢」就屬於通變篇所謂「文辭氣力」這一類的。這種趨勢是順乎自然的，但又有一定的規律性，勢雖無定而有定，所以叫作「定勢」。

「定勢」是要運用「文變」之「術」的，但「勢」的本身並不是「術」。「定勢」的內容，也牽涉到風格的模仿和習染問題，勢的本身並不限於文體風格。

夫情致異區〔一〕，文變殊術，莫不因情立體〔二〕，即體成勢也〔三〕。勢者，乘利而爲制也〔四〕。

〔一〕世說新語文學篇：「其夜清風朗月，聞江渚間估客船上有詠詩聲，甚有情致。」又賞譽：「殷中軍道韓太常曰：康伯少自標置，居然是出群器，及其發言遣辭，往往有情致。」顏氏家訓文章篇：「詩云：『蕭蕭馬鳴，悠悠旆旌。』毛傳云：『言不諠譁也。』吾每嘆此解有情致。」

斟詮：「晉書孫綽傳：『高情遠致。』區……類也。論語子張：『區以別矣。』此處宜作『品類』解。……『情致異區，文變殊術』，與體性篇贊語『才性異區，文體繁詭』，辭雖小異，義實相通。」

王金凌：「人秉七情，應物斯感，而才性學習之不同，其所感所思也就千差萬別，因此說『情致異區』。至於媒介技巧的運用亦變化多端。故稱『文變殊術』。」

〔二〕一位作家在不同的場合進行創作，由於「情致異區」，就會「文變殊術」，就會表現爲不同的風格。辨騷篇說：「騷經、九章，朗麗以哀志；九歌、九辯，綺靡以傷情；遠遊、天問，瓌詭而惠巧；招魂、招隱，耀艷而深華。」以上所說的「朗麗」、「綺靡」、「瓌詭」、「耀艷」等等，就很清楚地指出了屈原不同作品的不同風格。以賦爲例：詮賦篇說：「原夫登高之旨，蓋覩物興情，情以物興，故義必明雅；物以情觀，故詞必巧麗。……文雖新而有質，色雖糅而有本。此立賦之大體也。」這就是作賦之前如何「因情立體」的。所謂「立體」，就是確立某一體裁作品的規格要求和風格要求。屬於文體論的各篇裏，對每種體裁的文章有什麼規格要求和風格要求，都有所論述。那就講的是「因情立體」。寇效信釋體勢：「『體』這一概念包括三個方面：（一）文章的不同類別；（二）成『體』的原則和方式；（三）特定的風格要求。這三點緊密結合，三位一體。」我們認爲他所説的第一方面，可以叫作「體裁」，第二方面可以叫做「體制」，也就是「大體」。

〔三〕校釋：「此篇首曰：『因情立體，即體成勢』。……舉證明之，則如離騷、九章之體，以抒怨悱之思，故文勢纏綿而往復；遠遊、九歌之體，託情神怪之事，故文勢恢麗而俶儻；變風、變雅，以序述亂離，風刺淫蕩，勢自難於雍容；兩都、二京，以原本山川，極命草木，勢自入於閎侈；又如漢魏古詩多切近人事，故明雅而切附；淵明變而寄興田園，故疎野而沖曠；靈運變而放志山水，故巉岩而蕭散；梁陳而下，宮體日興，志思淫蕩，故穠艷而綺麗，皆自然之勢也。又如詠戰伐者必激昂，叙兒女者定柔婉，寫離亂者含悲辛，記遊宴者多酣暢，此又雖一人之作，亦必因情而立體，即體而成勢者也。」

〔四〕孫子計篇：「計利以聽，乃爲之勢，以佐其外；勢者，因利而制權也。」王晳注：「勢者，乘其變者也。」張預注：「自此而後，略言權變。」鄭友賢十家注孫子遺説：「計利之外所佐者何？勢。曰：兵法之傳有常，而其用之也有變。常者，法也；變者，勢也。」孫子解釋「勢」字的這句話是説：勢就是趁着有利的條件而進行機動。

如機發矢直，澗曲湍回，自然之趣也〔一〕。圓者規體，其勢也自轉；方者矩形，其勢也自安〔二〕。文章體勢〔三〕，如斯而已。

〔一〕「機」，機弩。弓弩上所設機括（發箭的機件）。「趣」和「趨」古代是通用的，「自然之趣」就是自然的趨勢。像弩機一發，射出去是直的；曲折的山澗中形成的湍流必然有回旋，這都是自然的趨勢。下面又說：「譬激水不漪，槁木無陰，自然之勢也。」這些比喻也是從孫子兵法來的。孫子勢篇說：「激水之疾，至於漂石者，勢也；鷙鳥之疾，至於毀折者，節也。是故善戰者，其勢險，其節短。勢如彍弩，節如發機。」又虛實篇：「兵無常勢，水無常形，能因故變化而取勝者，謂之神。」講的都是一個道理。

〔二〕此處謂圓以規成體，方以矩成形。例如球體是圓的，它的重心不穩定，因此它的趨勢就是轉動。一個立方體或長方體，它的各面多呈矩形，因此它就趨於安定。這幾句話也是有來源的。孫子勢篇說：「故善戰者，求之於勢，不責於人，故能擇人而任勢。任勢者，其戰人也，如轉木石。木石之性，安則靜，危則動，方則止，圓則行。故善戰人之勢，如轉圓石於千仞之山者，勢也。」尹文子大道上：「圓者之轉，非能轉而轉，不得不轉也；方者之止，非能止而止，不得不止也。」所謂「自然」者，就是不得不然。可見定勢篇的「勢」，就是靈活機動而自然的趨勢。墨子法儀：「百工爲圓以規。」淮南子原道訓：「員者常轉，自然之勢也。」爲圓之器曰規，爲方之器曰矩。孟子離婁上：「不以規矩，不能成方圓。」

紀評：「行乎其不得不行，轉也；止乎其不得不止，安也。」

〔三〕嵇康琴賦：「若論其體勢，詳其風聲，器和故響逸，張急故聲清。」諸子篇：「兩漢以後，體勢漫弱。」文章的這種趨勢是乘着一時的「因勢利導」而自然形成的。它没有一定之規，猶之乎箭從弩機上發出去是直的，水從澗中流出是迂回的，都是自然的趨勢。圓體或立方體的趨勢是由「體」本身來決定的。文章的「體」與「勢」之關係也是如此。

定勢篇的「勢」，一般指的是趨勢或傾向，「勢」和「體」聯係起來，則指的是作品風格的傾向。

是以模經爲式者，自入典雅之懿〔一〕；效騷命篇者，必歸艷逸之華〔二〕；綜意淺切者，類乏醖藉〔三〕；斷辭辨約者，率乖繁縟〔四〕。譬激水不漪〔五〕，槁木無陰，自然之勢也。

紀評：「自篇首至『自然之勢』一段，言文各有自然之勢。」

〔一〕范注：「宗經篇：『稟經以製式。』」體性篇：「典雅者，鎔式經誥，方軌儒門者也。」風骨篇：「潘勗錫魏，思摹經典。」詔策篇：「潘勗九錫，典雅逸群。」

「懿」，美。凡是取法於儒家經典的作品，自然具有雅正之美。

〔二〕范注：「辨騷篇贊：『驚才風逸，艷溢錙毫。』」才略篇：「相如好書，師範屈、宋，洞入夸艷，致名辭宗。」

〔三〕校注：「『藉』，兩京本、何本、梅本、凌本、合刻本……崇文本作『籍』。按『醖藉』又作『温藉』、『蘊藉』或『緼藉』，其『藉』字無作『籍』者。兩京本等作『籍』，誤。漢書薛廣德傳：『廣德爲人，温雅有醖藉。』服虔曰：『寬博有餘也。』」王念孫曰：「服説及顔注義縱傳是也。（按義縱傳：「少温藉。」注：「言無所含容也。」）不必分『醖』爲醖釀，『藉』爲薦藉也。」見王先謙漢書補注。

〔四〕校注：「『斷』，黄校云：『一作斲。』徐𤊹云：『當作斲。』按『斷』字不誤。『斷辭』二字出易繫辭下。徵聖、比興兩篇亦並用之。」徵聖篇：「易稱辨物正言，斷辭則備。」比興篇：「斷辭必敢。」

斟詮：「審上下文義，此處以作『斲辭』爲勝。斲辭猶修辭。」

議對篇：「文以辨潔爲能，不以繁縟爲巧。」

〔五〕注訂：「説文無『漪』字，集韻：『音猗，水波也。』初學記：『水波如錦文曰漪。』左思吴都賦『刷盪漪瀾』，注：『漪瀾，水波也。』」

傅庚生中國文學欣賞舉隅：「意必深蓄，而以自然出之，不應矯設其意而出於勉强，是『激水不漪』之説也；辭必深練，而以至巧出之，不應平庸其辭，而出於率易，是『槁木無陰』之説也。」

劉勰提出：凡是「模經爲式者」，作品風格自然趨向於「典雅」；「效騷命篇者」，作品風格自然趨向於「艷逸」。這主要是由後天的習染造成的。

體性篇指出：「雅與奇反，奥與顯殊，繁與約舛，壯與輕乖。」本篇裏又進一步提出：「綜意淺切者」，一般説來，就不會有含蓄的風格；「斷辭辨約者」，一般説來，就不會有繁縟的風格。這也是自然的趨勢。

以上爲第一段，闡明定勢所依據的規律和基本原則，重點在説明文之有勢出於自然。

是以繪事圖色，文辭盡情；色糅而犬馬殊形，情交而雅俗異勢〔一〕。鎔範所擬，各有司匠〔二〕；雖無嚴郛，難得踰越〔三〕。

〔一〕紀評：「自『繪事圖色』以下，言勢無定格，各因其宜，當隨其自然而取之。」

校釋：「『情交』。按各本皆如此，以文義求之，『交』乃『駮』之殘字。『情駮』與上句『色糅』爲類，作『交』無義。」

綴補：「案『情交』與『色糅』自爲類，無煩改字。『交』與『殽』聲義並近，説文：『殽，相錯雜也。』交亦雜也，莊子刻意篇：『不與物交，淡之至也。』淮南子原道篇『交』作『殽』（今本『殽』誤『散』，王念孫雜志有説）。文子道原篇、自然篇並作『雜』。明『交』、『殽』並有雜義。糅亦雜也，儀禮鄉射禮：『無物，則以白羽與朱羽糅。』鄭玄注：『糅，雜也。』淮南子精神篇：『審乎無瑕，而不與物糅。』高誘注：『能審順之，故不與物相雜糅也。』並其證。」

〔二〕南齊王融永明九年策秀才文：「且有後命，事資鎔範。」善注：「應劭曰：『鎔，錢模也。』禮記：『孔子曰：然後範金合土。』鄭玄曰：『範，鑄作模器用也。』」五臣翰注：「鎔，銷；範，法也。」鎔範，此處指學習對象。「擬」，模擬。「司匠」，主司制作之匠事。有些作家是「模經爲式」，有些作家「效騷命篇」，所以説：「鎔範所擬，各有司匠」。

〔三〕黄注：「説文：『郛，郭也。』西京賦：『經城洫，營郭郛。』」斠詮：「法言吾子：『虐政虐世，然後知聖人之爲郛郭也。』注：『郛郭限内外，禦姦宄，聖人崇仁義，正愆違。』彦和用於此處有界限之意。」這裏用繪畫來比擬文章的寫作。在繪畫時，不同的顔色雜糅，形成犬馬等各種物體形象；在寫作時，不同的情感交融，形成雅俗等各種風格傾向。我們在規劃文章的體制時，總要向前人來學習，而作爲學習對象的風格流派，都是各有師承，各有特殊的精神面貌的。其間對立的風格傾向，雖然没有嚴格的界限，但總是「難得踰越」這個風格流派的界限的。

然淵乎文者，並總群勢；奇正雖反，必兼解以俱通；剛柔雖殊，必隨時而適用〔一〕。若愛典而惡華，則兼通之理偏〔二〕；似夏人争弓矢，執一不可以獨射也〔三〕。若雅鄭而共篇，則總一之勢離〔四〕；是楚人鬻矛譽楯，兩難得而俱售也〔五〕。

〔一〕札記：「『並總群勢』至『剛柔雖殊，必隨時而適用』——此明言迭用柔剛，勢必加以銓别，相其所宜，既非執一而鮮通，亦非雜用而不次。」

這是説：在寫作上有深刻修養的人，善於綜合各種的風格，無論是新奇的、雅正的，剛性的、柔性的，都能够融會貫通，隨時應用。

「淵乎文者」往往不爲一種風格流派所局限，而具有多樣化的風格，並且這些多樣化的風格又是統一於他的主導風格傾向的。就李白來説，他的主導傾向是浪漫主義的，但也有現實主義的詩篇，如丁都護歌之類。他的主導風格是豪放飄逸而具有剛性美的，但也有寫男女柔情的詩篇，如子夜吴歌之類。同樣，杜甫是現實主義詩人，有些作品富有浪漫主義氣息，如望嶽之類。他的主導風格是沉郁頓挫，可也有情調明快的詩篇，如聞官軍收河南河北之類。無論是李白或杜甫，其多樣化的風格傾向，都統一於他們本人的主導風格。尤其是杜甫的詩，可以説是集各種風格流派之大成。所以元稹在唐工部員外郎杜甫墓係銘裏説：「至於子美，蓋所謂上薄風雅，下該沈、宋，言奪蘇、李，氣吞曹、劉，掩顔、謝之孤高，雜徐、庾之流麗，盡得古今之體勢，而兼人人之所獨專矣。」

王安石説杜甫詩「悲懷窮泰，發斂抑揚，疾徐縱横，無施不可。故其詩有平淡簡易者，有綺麗精確者，有嚴重威武若三軍之帥者，有奮迅馳驟若泛駕之馬者，有淡泊閑静若山谷隱士者，有風流醖藉若貴介公子者」（見胡仔苕溪漁隱叢話前集卷六引遯齋閑覽）。胡元瑞也説：「杜詩正而能變，變而能化，化而不失本調，不失本調而兼得衆調，故絶不可及。」（見胡震亨

唐音癸籤卷六評彙二）

張戒歲寒堂詩話：「王介甫只知巧語之爲詩，不知拙語亦詩也。山谷只知奇語之爲詩，不知常語亦詩也。歐陽公詩專以快意爲主，蘇端明專以刻意爲工，李義山詩只知有金玉龍鳳，杜牧之詩只知有綺羅脂粉，李長吉詩只知有花草粉蝶。惟杜子美則不然，在山林則山林，在廊廟則廊廟，遇巧則巧，遇拙則拙，遇奇則奇，遇俗則俗，或放或收，或新或舊，一切事，一切意，一切物，無非詩者。」

朱熹朱子文集大全類編：「李太白詩，不專是豪放，亦有雍容和緩底，如首篇『大雅久不作』，多少和緩！陶淵明詩，人皆説是平淡，據某看，他自豪放，但豪放來得不覺耳。其露出本相者，是詠荆軻一篇，平淡底人，如何説得這樣言語出來？」

潘德輿養一齋詩話：「微之、少游，尊杜至極，無以復加。而其所以尊之之由，則徒以包衆家之體勢姿態而已。於其本性情，厚倫紀，達六義，紹三百者，未嘗一發明也。」

〔二〕文鏡秘府論論體：「而近代作者，好尚互舛，苟見一塗，守而不易，至令摛章綴翰，罕有兼善，豈才思之不足，抑由體制之未該也。」

〔三〕御覽三四七引胡非子：「一人曰：『吾弓良，無所用矢。』一人曰：『吾矢善，無所用弓。』羿聞之曰：『非弓，何以往矢？非矢，何以中的？』令合弓矢而教之射。」羿，夏射官，故云「夏人」。

劉勰認爲一個作家的風格不應有所偏好，如果只喜歡典雅的風格，而厭惡華麗的風格，這就偏於一方，不合乎「兼通」之理。這是說只有一種單調的風格，或者只偏愛一種單調的風格，那必然有很大的片面性，而不能成爲偉大的作家。法國自然科學家布封在論風格中就說：「一個大作家絶不能只有一顆印章，在不同的作品上都帶有同一的印章，這就暴露出天才的缺乏。」（布封文鈔，人民文學出版社一九五八年版）明屠隆與王元美先生云：「今夫天有揚沙走石，則有和風惠日；今夫地有危峰峭壁，則有平原曠野；今夫江海有濁浪崩雲，則有平波展鏡；今夫人物有戈矛叱咤，則有俎豆晏笑：斯物之固然也。借倖天一於揚沙走石，地一於危峰峭壁，江海一於濁浪崩雲，人物一於戈矛叱咤，好奇不太過乎？將習見者厭矣。文章大觀，奇正、離合、瑰麗、爾雅、險壯、温夷，何所不有？」（由拳集卷十四）

〔四〕俞元桂作家與風格：「對立的風格是不能在一篇作品裏統一起來的，作品的風格要建立在統一的、協調的基礎上。『若雅鄭而共篇，則總一之勢離。』破壞了統一和協調，風格就不存在了。但是一篇作品在統一、協調的前提下，可以兼有幾種風格，可以是典雅的，同時又是精約的，只要它不是對立的風格。」（熱風一九六二年第一期）不過在一篇文章裏，既有典雅的風格，又有輕靡的風格，就失去了統一。這就是説一位作家可以有多樣化的風格傾向，具體到一篇作品裏，卻不能兩種對立的風格傾向同時存在。「多樣化的統一」這一美學原理的提出，不能不説是文心雕龍的極大創見。

〔五〕訓故：「韓子：客曰：人有鬻矛譽楯者，譽其楯之堅，物莫能陷也。俄而又譽其矛曰：吾矛之利，於物無不陷也。有應之曰：以子之矛，陷子之楯，何如？其人弗能應也。」黄注同。

范注：「韓非子難一：『楚人有鬻楯與矛者，譽之曰：吾楯之堅，物莫能陷也。又譽其矛曰：吾矛之利，於物無不陷也。或曰：以子之矛，陷子之楯，何如？其人弗能應。』總一，猶言一體，雅體不得雜以鄭聲也。」「總一之勢」，猶言統一之勢。

校注：「按此文失倫次，當作『是楚人鬻矛楯，譽兩，難得而俱售也』，始能與上文『似夏人争弓矢，執一，不可以獨射也』相儷。舍人是語，本韓非子難一篇，原文范注已具（黄注所引見難勢篇）。若作『鬻矛譽楯』，既與韓子『兩譽矛楯』之説舛馳，復與本篇上文『雅鄭共篇，總一勢離』之意不侔，當校正。」

按原文亦可通，不必臆改。

是以括囊雜體，功在銓别〔一〕，宫商朱紫，隨勢各配〔二〕。

〔一〕校注：「『功』，黄校云：『一作切，從御覽改。』按改『功』是也。徵聖篇『功在上哲』，體性篇『功在初化』，物色篇『功在密附』，句法並與此同，可證。廣博物志卷二九引，亦作『功』。」

范注：「易坤六四：『括囊無咎無譽。』正義：『括，結也。囊，所以貯物。』功在銓别，即所謂定勢。」

斠詮：「括囊有包羅兼顧之意。後漢書鄭玄傳：『括囊大典，網羅衆家。』」

「勢」是「隨變主功」，「乘利而爲制」的。爲了發揚多樣化的風格傾向，作家可以「括囊雜體」，使不同風格的表現手法相互參合，這就是「契會相參」。但是在「括囊雜體」的時候，要進行「銓別」，不能「使雅鄭而共篇」，所以説「功在銓別」。

〔二〕札記：「宫商謂聲律，朱紫謂采藻，觀此知文質之用都無定準。」這裏是説：對於各種體裁的作品來説，隨着各體文章的規格要求，「宫商朱紫，隨勢各配」。文心雕龍講疏：「隨勢各配——聲采之用都無定準，如章表奏議，無取宫商，史論序注，非必紫朱也。」這是説各種的聲調和采色，在文章中都是順着自然之勢配合的。

章表奏議，則準的乎典雅〔一〕；賦頌歌詩，則羽儀乎清麗〔二〕；符檄書移，則楷式於明斷〔三〕；史論序注，則師範於覈要〔四〕；箴銘碑誄，則體制於弘深〔五〕；連珠七辭，則從事於巧艷〔六〕：此循體而成勢，隨變而立功者也〔七〕。

〔一〕章表篇：「章以謝恩，奏以按劾，表以陳請，議以執異。」

元刻本、弘治本「典雅」作「雅頌」。校證：「『典雅』原作『雅頌』，何校本、黄本從御覽改。案記纂淵海七五亦作『典雅』。」

「準的」，準則。章表篇：「章式炳賁，志在典謨。」又説：「表體多包，情僞屢遷，必雅義以扇其風，清文以馳其麗。」奏啓篇：「夫奏之爲筆，固以明允篤誠爲本，辨析疏通爲首。」又：「若乃按劾之奏……必使理有典刑，辭有風軌。」議對篇：「議貴節制，經典之體也。」從上所引，可見劉勰主張表章奏議，以典雅爲準則。

俞元桂劉勰對文章風格的要求：「議的應有風格是『必樞紐經典，採故實於前代，觀通變於當今，理不謬摇其枝，字不妄舒其藻……然後標以顯義，約以正辭。……』所謂『志在典謨』『樞紐經典』，『顯義』『正辭』都是典雅的意思。」（文學遺産增刊第十一輯）

〔二〕易漸上九：「鴻漸於陸，其羽可用爲儀。」孔疏：「其羽可用爲物之儀表，可貴可法也。」比喻爲表率。

〔三〕書記篇：「符者，孚也，徵召防僞，事資中孚。三代玉瑞，漢世金竹，末代從省，易以書翰矣。」札記：「案南朝稱被臺符，被尚書符。其時已用紙，今則稱爲票。符之與票，非奉音轉。」范注：「説文：『符，信也。漢制以竹，長六寸，分而相合。』……釋名釋書契：『符，付也。書所敕命於上，付使傳行之也。』書敕於上，爲漸易書翰之始。」

詮賦篇：「情以物興，故義必明雅；物以情觀，故詞必巧麗；麗辭雅義，符采相勝……此立賦之大體也。」頌贊篇：「頌惟典雅，辭必清鑠。」明詩篇：「四言正體，則雅潤爲本；五言流調，則清麗居宗。」從上所引，可見劉勰主張賦、頌、歌、詩以清麗爲表率。

〔四〕「覈要」，覈實要約。校注：「『師』，御覽五八五引作『軌』，記纂淵海七五文斷、廣博物志引同。按通變篇『師範宋集』，才略篇『師範屈宋』，皆以『師範』連文，此似以作『師』爲是。」

史傳篇：「紀傳爲式，編年綴事，文非泛論，按實而書。」又：「至於尋繁領雜之術，務信棄奇之要，明白頭訖之序，品酌事例之條。曉其大綱，則衆理可貫。」論説篇：「原夫論之爲體，所以辨正然否。……故其義貴圓通，辭忌枝碎。」序、注皆論體，論説篇：「注者主解，序者次事，一揆宗論……要約明暢，可爲式矣。」由上所引，足徵史論序注，則以覈要爲師範。

〔五〕「弘深」，弘潤精深。銘箴篇：「箴全御過，故文資確切；銘兼褒贊，故體貴弘潤；其取事也必覈以辨，其摛文也必簡而深。」誄碑篇：「碑實銘器，銘實碑文。」碑也要求「弘潤」，至於誄也大體相同，所以説箴銘碑誄，以弘深爲體制。嵇康琴賦：「體制風流，莫不相襲。」

〔六〕雜文篇：「自連珠以下……足使義明而辭净，事圓而音澤。」又：「枚乘摛艷，首製七發。」又：「自七發以下，作者繼踵。……枝附影從，十有餘家。……甘意摇骨髓，艷詞動魂識。」又：「負文餘力，飛靡弄巧。」故曰：「連珠、七辭，則從事於巧艷。」詩經小雅十月之交：「黽勉從事，不敢告勞。」

曹丕典論論文：「夫文本同而末異，蓋奏議宜雅，書論宜理，銘誄尚實，詩賦欲麗。」文賦：「詩緣情而綺靡，賦體物而瀏亮，碑披文以相質，誄纏綿而悽愴，銘博約而温潤，箴頓挫而清壯，頌優游以彬蔚，論精微而朗暢，奏平徹以閑雅，説煒曄而譎誑。」這都是説明每一體裁作品風格要求的。

文鏡秘府論論體：「至如稱博雅則頌論爲其標（頌明功業，論陳名理，體貴於弘，故事宜博；

理歸於正，故言必雅也），語清典則銘讚居其極（銘題器物，贊述功能，皆限以四言，分有定準，言不沈膇，故聲必清，體不詭雜，故辭必典也），陳綺豔則詩賦表其華（詩兼聲色，賦敘物象，故言資綺靡，而文極華豔），敘宏壯則詔檄振其響（詔陳王命，檄敘軍容，宏則可以及遠，壯則可以威物），論要約則表啓擅其能（表以陳事，啓以述心，皆施之尊重，須加肅敬，故言在於要，而理歸於約），言切至則箴誄得其實（箴陳戒約，誄述哀情，故義資感動，言重切至也）：凡斯六事，文章之通義焉。」

〔七〕校證：「『循』，御覽、記纂淵海作『脩』。『脩』『循』隸書形近之誤。」綴補：「循、隨互文，循亦隨也。淮南子原道篇：『循天者，與道遊者也（高誘注：循，隨也）。隨人者，與俗交者也。』循隨互文，與此同例。」

這句是説：文學作品的風格傾向是隨着每一體的規格要求而變化的。范注：「本書上篇列舉文章多體，而每體必敷理以舉統，即論每體應取之勢。」則是把「循體而定勢」的「體」，當作體裁來講，而誤「舉統」爲「定勢」。實則「舉統」是舉出每一體裁的作品的共同綱領，這種規格要求是有相對穩定性的，而風格傾向是隨時在變化的。這種趨勢隨着每一體裁的作品的規格要求而變化，例如章表奏議，隨着它的規格要求，它的風格自然趨向於典雅；賦頌歌詩，隨着它的規格要求，它的風格自然趨向於清麗，這就是「循體而成勢」，「勢」有時是由「體」來定的。郭注：「然而有時亦可以兼解俱通，並非執一不變，故云：『隨變而立功』也。」

一位作家的多樣化的風格，又具體地表現在各種不同體裁的作品中。歐陽修在他的詞裏，表現出一派柔情，但在他的朋黨論和與高司諫書裏，却是義正辭嚴，慷慨激昂的。不同的思想情感，有不同體裁的作品來表現，而每一種體裁的作品內部却有共同的規格要求。

雖復契會相參，節文互雜〔一〕，譬五色之錦，各以本采爲地矣〔二〕。

〔一〕「雜」字，各本俱同，唯校證徑改作「變」而未出校語，疑是筆誤。郭注：「『契會』，猶言會合。『節文』在此指節奏文采。『契會相參，節文互雜』，謂各體之勢可以融會貫通也。」「契會相參」，承「括囊雜體」言，「節文互雜」承「宮商朱紫」言。節，節奏，指宮商。文，文采，指朱紫。附會篇：「夫能懸識腠理，然後節文自會。」

〔二〕范注：「此言文辭雖貴通變，而勢之大本不得背離。」郭注：「『本采』，本來采色，如章表以典雅爲本采，賦頌以清麗爲本采是也。『地』即質地，繪畫時所用的粉本。」「勢」是「隨變立功」，「乘利而爲制」的。爲了發揚多樣化的風格傾向，作家可以「括囊雜體」，使不同風格的表現手法相互參合，這就是「契會相參」。「契」是兩方面的契合，「會」是多方面的會合，二者可以參合着運用，但在「括囊雜體」的時候，要進行「銓別」，不能「使雅鄭而共篇」，所以說「功在銓別」。在形成多樣化的風格傾向時，也可以「節文互雜」，使「宮商朱紫，隨勢各配」，但是這種百花齊放式的「五色之錦」，還是要「各以本采爲地」，意思是説任何豐富多采的風格傾向，都要以它的「本采」，也就是它的「體制」作爲基礎，這樣圍繞着「本體」來進行的聲調和辭采的配合，都要順着自然之勢，而且以主導風格爲中心，纔不致「使總一之勢離」。例如「史論序注」，可以有多樣化的風格傾向，然而它的主導傾向總是論據充實，要言不繁。在這一前提下，並不妨礙「百花齊放」。這就是「定勢」。

以上爲第二段，説明寫作過程中，定勢規律、原則的具體運用。

桓譚稱「文家各有所慕，或好浮華而不知實覈〔一〕，或美衆多而不見要約」。陳思亦云：「世之作者，或好煩文博採，深沈其旨者；或好離言辨句〔二〕，分毫析釐者。所習不同，所務各異。」言勢殊也〔三〕。

〔一〕范注：「桓譚語無考，當在新論中。」「實覈」即「覈實」。

抱朴子外篇卷四十辭義：「夫才有清濁，思有修短，雖並屬文，參差萬品；或浩瀁而不淵潭，或得事情而辭鈍，違物理而文工，蓋偏長之一致，非兼通之才也。闇於自料，强欲兼之，違才易務，故不免嗤也。」

〔二〕校證：「『句』原作『白』。案聲律篇云：『雙聲隔字而每舛，疊韻離句而必睽。』章句篇云：『離章合句。』麗辭篇云：『魏晉群才，析句彌密，聯字合趣，剖毫析釐。』皆與此『離言辨句』意相近。『句』『白』形近致誤耳。」

范注：「陳思語無考。」

潘重規讀文心雕龍札記：「按『白』疑當作『句』，形近之訛。練字篇亦引陳思言：『揚、馬之作趣幽旨深，讀者非師傳不能析其辭，非博學不能綜其理。』又麗辭篇云：『至魏晉群才，析句彌密，聯字合趣，剖毫析釐，皆與離言辨句之旨合。』」（見制言四十九期，一九三九年二月）

雜記：「案『白』字疑當作『句』，形近而誤。」

禮記學記：「一年視離經辨志。」「離經」，分經文的句逗。「離言」猶斷句。

〔三〕文賦：「誇目者尚奢，愜心者貴當。」校釋：「末言好尚一殊，體勢因異，此就習尚言也。」

劉楨云：「文之體指，虛實强弱〔一〕，使其辭已盡而勢有餘，天下一人耳，不可得也〔二〕。」公幹所談，頗亦兼氣〔三〕。然文之任勢〔四〕，勢有剛柔，不必壯言慷慨，乃稱勢也〔五〕。

〔一〕校證：「『虛』字原脱。徐引謝在杭云：當作『文之體指，虛實强弱』。按謝説是，今據補。」

札記：「文之體指實强弱句有誤，細審彥和語，疑此句當作文之體指貴强，下衍『弱』字。」

范注：「竊案抱朴子尚博篇云：『清濁參差，所稟有主，朗昧不同科，强弱各殊氣。』疑公幹語當作文之體指，實殊强弱，抱朴語或即本之公幹也。故下文云：『公幹所談，頗亦兼氣。』詩品云「魏文學劉楨，其源出於古詩，仗氣愛奇，動多振絶，真骨凌霜，高風跨俗，但氣過其文，雕潤恨少。」案此亦公幹尚氣之證。」

校釋：「按此段引劉公幹語而正之，公幹原文已佚，陸厥與沈約書有『劉楨奏書，大明體勢之致』語。『體』下疑脱一『勢』字，此句當作『文之體勢貴强』。『指』、『弱』二字衍，『實』又『貴』之誤。」

郭晉稀改作「文體之勢，實殊（依范注校增「殊」字）强弱」，注云：「作『體指』義不可通。本篇論體勢，指或勢之音訛也，故校改。陸厥與沈約書：『劉楨奏書，大明體勢之致』，可以證也。本篇下文又云：『然文之任勢，勢有剛柔，不必壯言慷慨，乃稱勢也。』亦申述此文，三用勢字，亦可爲證。」

校注：「『實』下似脱一『有』字。原文作『文之體勢，實有强弱。』」諸子篇：「兩漢以後，體勢漫弱。」

〔二〕劉楨對富於氣勢的作品特别推崇，故云：「使其辭已盡而勢有餘，天下一人耳，不可得也。」

〔三〕郭注：「風骨：『公幹亦云：孔氏卓卓，信含異氣，筆墨之性，殆不可勝。』原文亦不可考。大抵劉楨本有論氣勢之文，今已亡失耳。」

曹丕與吴質書：「公幹有逸氣。」詩品謂劉楨「仗氣愛奇」。

〔四〕孫子勢篇：「故善戰者，求之於勢，不責於人，故能擇人而任勢，其戰人也如轉木石。」「任勢」，就是運用有利的勢，首先是順應固有的自然趨勢。

〔五〕王金凌：「劉楨認爲勢既有力的含意，力總是以强爲佳，因此主張文學風格亦以陽剛爲佳。劉勰就針對這一點提出反駁，而説劉楨的意見涉及個性（氣）問題。剛的反面是柔而不是弱，文學風格亦然，柔也是力的表現，因此勢有剛有柔。」李德裕窮愁志文章篇：「鼓氣以勢壯爲美，勢不可以不息，不息則流宕而忘返。亦猶絲竹繁奏，必有希聲窈眇，聽之者悦聞；如川流迅激，必有洄洑逶迤，觀之者不厭。」

又陸雲自稱：「往日論文，先辭而後情，尚勢而不取悦澤。及張公論文，則欲宗其言。」〔一〕夫情固先辭〔二〕，勢實須澤〔三〕，可謂先迷後能從善矣〔四〕。

〔一〕訓故：「陸清河集與兄平原書：往日論文，先辭而後情，尚潔而不取悦澤。嘗憶兄道張公父子論文，實欲自得，今日便欲宗其言。」札記：「『尚勢』，今本陸士龍集作『尚潔』，蓋草書『勢』『絜』形近，初訛爲『絜』，又訛爲『潔』也。」范注：「悦澤，謂潤色。與兄平原書曰：『久不作文，多不悦澤，兄爲小潤色之，可成佳物。』」「悦澤」，謂悦目的色澤。「張公」，指張華。「宗其言」，信從他的話。漢焦延壽易林訟之師：「鳧得水没，喜笑自啄，毛羽悦澤。」

〔二〕體性篇：「情動而言形。」情采篇：「爲情而造文。」物色：「辭以情發。」

〔三〕范注：「勢實須澤，猶言文之體式雖合，而辭句之潤色，所以助成文體，安可忽乎！」陸雲自己承認「尚勢而不取悦澤」。劉勰則認爲氣勢只是「勢」之一種，具有剛性美的氣勢固然是「勢」，具有柔性美而悦人眼目的華澤也是「勢」。

〔四〕斯波六郎：「周易坤：『先迷後得。』」

王金凌：「潤澤頗不易明，大抵而言，造成潤澤須賴三方面的工夫：一爲文意委曲，以表現作者温厚之意。二爲調適駢散的句法，以使辭氣（即誦讀的旋律）婉轉。三爲字質温和，以引起讀者平和的感情，避免强烈的煽動性字眼，或庸弱而不起眼的字詞。」

又：「劉勰此段義脈是：先以桓譚、曹植的話點明風格（氣勢）有不同類别。其次藉劉楨的話表明並非只有剛强才算體勢，陰柔也是體勢的一種。最後則藉陸雲的話説明剛勢須以潤澤調濟。」

以上爲第三段，評述前人的勢論。

自近代辭人，率好詭巧〔一〕，原其爲體，訛勢所變〔二〕，厭黷舊式，故穿鑿取新，察其訛意，似難而實無他術也〔三〕，反正而已〔四〕。

〔一〕序志篇：「辭人愛奇，言貴浮詭。」

〔二〕范注：「通變篇曰：『宋初訛而新。』『齊梁承流，穿鑿益甚，如江淹恨賦：『孤臣危涕，孽子墜心。』强改『墜涕危心』爲『危涕墜心』，於辭不順，好奇之過也。」

此二句意謂他們作品的體制，是錯誤的趨勢造成的。

〔三〕徐復文心雕龍正字：「按『訛』字疑本作『譌』，『爲』字之誤。上句當在『難』字處句絶，義自通貫。」按原文可通，不必改正。

斠詮：「六朝文人拘虚於對仗聲律，因而顛倒文句，訛變語法，亦技窮途末，實非得已，所謂『似難而實無他術』，意在斯乎！」

郭注：「指瑕：『晉末篇章，依希其旨，始有賞際奇至之言，終有撫叩酬即之語，每單舉一字，指以爲情。夫賞訓錫賚，豈關心解；撫訓執握，何預情理？雅頌未聞，漢魏莫用。懸領似如可辯，課文了不成義，斯實情訛之所變，文澆之致弊。而宋來才英，未之或改，舊染成俗，非一朝也。』可與此文參看。」

〔四〕劉大杰主編中國文學批評史：「劉勰非常重視作品思想内容的『正』，這種意見廣泛地表現在文心雕龍各篇中，如：『固宜正義以總理，昭德而塞違，割析褒貶，哀而有正，則無奪倫矣。』（哀弔）『諧之言皆也，辭淺會俗，皆悦笑也。昔齊威酣樂，而淳于説甘酒，楚襄讌集，而宋玉賦好色，意在微諷，有足觀者。及優旃之諷漆城，優孟之諫葬馬，並譎辭飾説，抑止昏暴。是以子長編史，列傳滑稽，以其辭雖傾回，意歸義正也。』（諧隱）『是立義選言，宜依經以樹則，勸戒與奪，必附聖以居宗；然後詮評昭整，苛濫不作矣。……遷固通矣，而歷詆後世；若任情失正，文其殆哉！』（史傳）從上面的例證可以看出劉勰對各體文章都强調内容的『正』，所謂『正』就是儒家的所謂『正道』。劉勰認爲只有這樣，才能使文章發揮有助於教化和修身的效果。因爲重視作品内容的規正及其作用，劉勰對一些追求華美形式而缺乏這種内容的作品，往往提出批評。」

這段的意思是説：這種詭奇巧麗的風格，是從錯誤的風格傾向變來的。他們所以「穿鑿取新」，是由於内容貧乏，專以形式的彫琢取勝，這種違反正常的表現方式，看起來好象很難，實際上正説明他們没有别的辨法，只有走違反正規的道路。

故文反正爲乏〔一〕，辭反正爲奇〔二〕。效奇之法，必顛倒文句，上字而抑下，中辭而出外〔三〕，回互不常，則新色耳〔四〕。

〔一〕元刻本，弘治本「乏」作「之」。

范注：「左傳宣公十五年：『故文反正爲乏。』」孔疏引服虔云：「言人反正者，皆乏絶之道也。」

斠詮：「竹添光鴻左傳會箋：『説文正字作[illegible]，乏字作[illegible]，正字之反即爲乏字，正是常也，人反常則妖災生，萬物空竭矣，左氏假文字以見義。』」

〔二〕陸侃如、牟世金文心雕龍譯注：「劉勰所謂『奇』，在不同場合，有不同意義：有時作褒詞用，含有卓越不凡的意思；有時作貶詞用，含有怪誕反常的意思；須根據上下文的具體情況細加區别。這一段裏所説的『奇』，大都含貶意，與第二段所説『奇正雖反，必兼解以俱通』中的『奇』是有區别的。」

〔三〕校釋：「齊梁之文，於字句之潤飾務工，音律之諧和務切。於時作者，遂有顛倒文句以爲新奇者，舍人所呰爲『詭勢』也。例如江淹别賦『孤臣危涕，孽子墜心』，本危心墜涕也。又恨賦『意奪神駭，心折骨驚』，本骨折心驚也。」世説新語排調：「孫子荆少時欲隱，語王武子當枕石漱流，乃曰『漱石枕流』。王曰：『流可枕，石可漱乎？』孫曰：『所以枕流，欲洗其耳；所以漱石，欲礪其齒。』」斠詮：「孫氏之强詞奪理，亦足徵當時之文風。」

「中辭而出外」是説：一個句子裏的辭彙，本來在句中的，卻把它提到句前或句後。

〔四〕校注：「文選木華海賦：『乖蠻隔夷，廻（回或體）互萬里。』翰曰：『廻互，廻轉也。』」「回互」，回旋互變。北史王劭傳：「劭復回互其字，作詩二百八十篇奏之。」「則新色耳」，就成了新奇的彩色了。

文選學文選指瑕：「觀此則奇之爲用，在取新色。崇賢嘗於恨賦『孤臣危涕，孽子墜心』注曰：『心當云危，涕當云墜。江氏愛奇，故互文以見義。』又於别賦『心折骨驚』注曰：『亦互文也。』」諧隱：「謎也者，廻互其辭，使昏迷也。」

劉勰對新奇和雅正兩種風格傾向，主張「奇正雖反，必兼解以俱通」。但是從宋齊以來，文人總是以新奇取勝。他們「效奇之法，必顛倒文句，上字而抑下，中辭而出外」。其實這種新奇，只是色采的新奇，所以下文説：「回互不常，則新色耳。」

通變篇范注引孫德謙六朝麗指曰：「文心通變篇：『宋初訛而新。』謂之訛者，未有解也。及定勢篇則釋之曰：『自近代辭人……則新色耳。』觀此，則訛之爲用，在取新奇也。顧彼獨言宋初者，豈自宋以後，即不然乎？非也。通變又曰：『今才穎之士，刻意學文，多略漢篇，師範宋集。』則文之反正喜尚新奇者，雖統論六朝可矣。……文而專求新奇，爲識者嗤鄙，在所不免。然而論乎駢文，自當宗法六朝，一時作者並起，既以新奇制勝，則宜攷其爲此之法。吾試略言之：有詭更文體者，如韋琳之有䱇表，袁陽源之有鷄九錫文並勸進，是雖出於游戲，然亦力趨新奇，而不自覺其訛焉者也。有不用本字，其義難通，遂使人疑其上下有闕文者，如任彦昇爲范始興作求立太宰碑表：『阮略既泯，故首冒嚴科。』『故』即『固』字，自假『固』爲『故』，而文意甚明者，轉至不可解矣。此亦新奇之失，訛於一字者也。又北山移文：『道帙長殯。』此『殯』字借爲埋没意，且其文究非移檄正格，猶可説也。而江文通爲蕭拜太尉揚州牧表：『若殞若殯。』説文：『殯，屍在棺，將遷葬柩，賓遇之。』今文果從本義，則殯爲死矣。章表之體，理宜謹重，何必須此『殯』字，蓋亦惟務新奇，訛謬若此也。以上二者，皆係用字之訛，以爲苟不如此，不足見其新奇耳。他如鮑明遠石帆銘『君子彼想』，恐是想彼君子，類彥和之所謂顛倒文句者。句何以顛倒？以期其新奇也。又庾子山梁東宮行兩山銘『草緑衫同，花紅面似』，其句法本應作『衫同草緑，面似花紅』，今亦顛之倒之者，使之新奇也。或曰銘爲韻文，所以顛倒者，取其音叶，其説是也。以吾言之，律賦有官韻，無可如何而顛倒其文句；既非律賦，凡爲駢偶文字，造句之時，可放筆爲之，無容倒置。然則此銘兩句，其有意取詭者，亦好新奇之道也。其餘則『哲如仁』之類，一言蔽之，不離乎新奇者近是。雖然，記有之：『情欲信，辭欲巧。』禮家且云爾，又何病夫新奇哉？」

夫通衢夷坦，而多行捷徑者，趨近故也〔一〕。正文明白，而常務反言者，適俗故也〔二〕。然密會者以意新得巧〔三〕，苟異者以失體成怪〔四〕。

〔一〕校注：「按老子第五十三章：『大道甚夷，而民好徑。』河上公注：『夷，平易也。』離騷：『夫唯捷徑以窘步。』」

〔二〕「適俗」，迎合不正常的風氣。

〔三〕斟詮：「密會，心領神會之意。唐崔融報李少府書：『心靈密會，許子以烟霄鸞鳳之交。』崔氏殆或用彥和詞彙。」陸、牟譯注：「密會，和下句『苟異』相反，是密切結合的意思，指與『舊式』相同。」「密會」亦可作密附解。物色篇：「體物爲妙，功在密附，故巧言切狀，如印之印泥，不加雕削，而曲寫毫芥。」

〔四〕范注：「彦和非謂文不當新奇，但須不失正理耳。上文云：『章表奏議則準的乎典雅，賦頌歌詩則羽儀乎清麗。』言文章措辭勢有一定，若顛倒文句，穿鑿失正，此齊梁辭人好巧取新之病也。繹彦和之意，措辭貴在得體，貴在雅正。世之作者或捃摭古籍艱晦之字，以自飾其淺陋，或棄當世通用之語，而多雜詭怪不適之文，此蓋採訛勢而成怪體耳。」

王金凌：「這段話主要在批評晉宋文風，當時文士厭倦傳統的風格（體勢），因此要求新求變，但不得當則流於詭巧，即通變篇所説的『宋初訛而新』。劉勰並不反對求新求變……不過用這種方法時應注意『密會』，也就是貼切的表達文意，否則就成了『訛意』、『訛勢』，指瑕篇即針對訛意而發。」

舊練之才，則執正以馭奇；新學之鋭，則逐奇而失正；勢流不反，則文體遂弊〔一〕。秉兹情術，可無思耶〔二〕！

〔一〕這是説：熟練的老手，能够依照雅正之路來駕馭新奇的文風，而那些急於求新的人，卻一味追逐詭奇的文風而失去正道。這種趨勢如果發展下去不回頭，文章的體制就敗壞了。

〔二〕「情術」，即本文開始所説的「情致異區，文變殊術」。「秉兹情術」二句，意謂要掌握這些情致和方術，能不加以考慮嗎！

風格分奇正，這也是受了孫子兵法的啓發。孫子勢篇説：「三軍之衆，可使必受敵而無敗者，奇正是也。……凡戰者，以正合，以奇勝。故善出奇者，無窮如天地，不竭如江河。……聲不過五，五聲之變，不可勝聽也。色不過五，五色之變，不可勝觀也；味不過五，五味之變，不可勝嘗也；戰勢不過奇正，奇正之變，不可勝窮也。奇正相生，如循環之無端，孰能窮之？」所不同者，孫子兵法講究出奇制勝，劉勰運用到文學方面，卻主張「舊練之才，則執正以馭奇；新學之鋭，則逐奇而失正。勢流不反，則文體遂弊」。他所以這樣主張，是針對當時的形式主義文風而發。

奇和正是一對矛盾。劉勰並不是絶對地反對新奇，只是叫人們不要專門地追逐新奇而失去正道。他之所謂「正」，一是明白曉暢，本篇説：「正文明白，而常務反言者，適俗故也。」第二方面是雅正，就是詩文要有典雅的風格。體性篇裏就把「典雅」和「新奇」當作兩種對立的風格來看待，而比較推重典雅的風格。奇和正是對立面，劉勰的意圖是想把這兩種對立的風格統一起來。如欲使「奇正雖殊，必兼解以俱通」，須要抓住「雅正」作爲作品風格的主導方面，來駕馭「新奇」的作風，並不是完全排斥新奇的寫法。所以説「舊練之才，必執正以馭奇」。但是當時的風氣是片面地追求新奇，變本加厲，把雅正的傳統優點都不要了，所以説「新學之鋭，則逐奇而失正」。

劉勰對於新奇的風格傾向並不是完全反對的，他在明詩篇裏論當代的詩風説：「儷采百字之偶，爭價一句之奇，情必極貌以寫物，辭必窮力而追新。此近世之所競也。」就没有完全否定，也没有完全肯定。他在通變篇中主張「望今制奇」，但還要「參古定法」。問題的關鍵就在對於「奇」與「正」的關係如何擺法。齊梁形式主義文風所以日熾，就是「逐奇而失正」的結果。「勢」本來是隨「體」而變化的，片面地追求新奇趨勢，形成一股逆流，反過來會破壞了作品的體制。所以説「勢流不反，文體遂弊」。這股逆流，對於當時和後代文風的惡劣影響很大。糾正這種衰弊的文風，只有從内容和形式的關係上來端正認識，只有「因勢利導」，才可能「情」、「采」凝結成爲一個整體。所以定勢篇下面緊接着就是情采。在情采篇特别提出形式要服務於内容，假如「爲文而造情」的話，必然走向「淫麗而煩濫」的道路。

第四段批判違反定勢規律和原則的惡劣傾向，並提出「執正以馭奇」的要求。

贊曰：形生勢成，始末相承〔一〕。湍迴似規，矢激如繩〔二〕。因利騁節，情采自凝〔三〕。枉轡學步〔四〕，力止壽陵〔五〕。

〔一〕孫子虛實篇：「兵無常勢，水無常形。」勢篇：「治亂，數也；勇怯，勢也；强弱，形也。」孫子形篇的末句是：「勝者之戰民也，若決水於千仞之谿者，形也。」下面緊接勢篇，正預示了「形生勢成，始末相承」的道理。此處「形」指「體」，「體」是始而「勢」爲末。

涂光社：「『因情立體』爲化無形爲有形的過程，也就是『形生』的過程。整個作品的表現形式始於『情』，形於『體』，成於『勢』。『始末相承』意在强調規律的方向性和完整性。」

〔二〕校注：「按『迴』，『回』之或體。此爲回應篇首『淵曲湍回』之辭，當作『回』，前後始一致。（篇末「回互不常」亦作「回」。）」

斠詮：「言湍由於衝擊力猛，故其迴旋有似圓規；箭因爲發射力强，故其激進儼如直繩也。」

「湍迴似規，矢激如繩」這是自然的趨勢。元刻本「繩」作「澠」，誤。

〔三〕孫子計篇：「勢者，因利而制權也。」又勢篇：「鷙鳥之疾，至於毀折者，節也。是故善戰者，其勢險，其節短。勢如彍弩，節如發機。」「節」，節制，主要是控制距離，抓住時機。善於作戰的人，射箭時要抓住時機，控制距離，「節如發機」突然射出。「節」要象射箭一樣，逼近看準，然後發射。郭注：「『因利』，因勢利導。騁節，通變：『長轡遠馭，從容按節。』」説亦可通。明詩篇：「文帝、陳思，縱轡以騁節。」

〔四〕校注：「『枉』，元本、弘治本、汪本、佘本、張本、兩京本、胡本、訓故本、謝鈔本作狂；何本、萬曆梅本……崇文本作『征』。徐𤊹校『枉』；馮舒云：『狂，疑作枉。』按以諧隱篇『未免枉轡』例之，『枉』字是。『狂』、『征』皆非。晉書藝術傳論：『然而碩學通人，未宜枉轡。』亦以『枉轡』爲言。」

斠詮：「枉轡，謂駕御偏差，喻邪曲傾向。禮記曲禮：『執策分轡。』疏：『轡，御馬索也』。」

〔五〕校證：「『壽』原作『襄』，王惟儉本作『壽』。謝云：『當作壽。』徐校同。」范注：「顧校作『壽』。

作『壽陵』是。本書雜文篇：『可謂壽陵匍匐，非復邯鄲之步。』正作『壽陵』不誤。莊子秋水篇：子獨不聞夫壽陵餘子之學行於邯鄲與？未得國能，又失其故行矣，直匍匐而歸耳。」最後劉勰嘲笑了放棄自己特點而一味模仿的人，如莊子所説的壽陵餘子「邯鄲學步」那樣愚蠢。

卷七

情采第三十一

禮記表記：「子曰：情欲信，辭欲巧。」

桓寬鹽鐵論殊路：「内無其質，而外學其文，雖有賢師良友，若畫脂鏤冰，費日損巧。」

論衡超奇篇：「有根株於下，有榮葉於上；有實核於内，有皮殼於外。文墨辭説，士之榮葉皮殼也。實誠在胸臆，文墨著竹帛，外内表裏，自相副稱，意奮而筆縱，故文見而實露也。」

文賦：「詩緣情而綺靡。」又：「理扶質以立幹，文垂條而結繁。」

文章流别論：「古詩之賦，以情義爲主，以事類爲佐。」

范曄獄中與諸甥姪書：「常謂情志所託，故當以意爲主，以文傳意。以意爲主，則其旨必見；以文傳意，則其詞不流。然後抽其芬芳，振其金石耳。」

本書附會篇：「必以情志爲神明，事義爲骨髓，辭采爲肌膚，宫商爲聲氣。」定勢篇：「因利騁節，情采自凝。」徵聖篇：「志足而言文，情信而辭巧。」宗經篇：「義既挺乎性情，辭亦匠於文理。」

頌讚篇：「及三閭橘頌，情采芬芳。」鎔裁篇：「萬趣會文，不離辭情。」才略篇：「劉楨情高以會采。」序志篇：「至於剖情析采，籠圈條貫。」最後兩句意謂如能剖析情采，就能包羅無遺，貫穿一切。

南齊書文學傳論：「或全據古語，用申今情……惟睹事例，頓失情采。」

清謹軒藍格舊鈔本評：「風骨之溢，宜爲情采，故當表裏成篇。」

紀昀評：「因情以敷采，故曰情采。齊梁文勝而質亡，故彥和痛陳其弊。」

札記：「舍人處齊梁之世，其時文體方趨於縟麗，以藻飾相高，文勝質衰，是以不得無救正之術。此篇恉歸，即在挽爾日之頹風，令循其本，故所譏獨在采溢於情，而於淺露樸陋之文未遑多責，蓋揉曲木者未有不過其直者也。雖然，彥和之言文質之宜，亦甚明瞭矣。首推文章之稱緣於采繪，次論文質相待本於神理，上舉經可以證文之未嘗質，文之不棄美，其重視文采如此，曷嘗有偏畸之論乎？然自義熙以來，力變過江玄虛沖淡之習而振以文藻，其波流所蕩，下至陳、隋，言既隱於榮華，則其弊復與淺露樸陋相等，舍人所譏，重於此而輕於彼，抑有由也。綜覽南國之文，其文質相劑，情韻相兼者，蓋居泰半，而蕪辭濫體，足以召後來之謗議者，亦有三焉：一曰繁，二曰浮，三曰晦。繁者，多徵事類，意在鋪張；浮者，緣文生情，不關實義；晦者，竄易故訓，文理迂回。此雖篤好文采者不能爲諱。愛而知惡，理固宜爾也。或者因彥和之言，遂謂南國之文，大抵侈艷居多，宜從屏棄，而別求所謂古者，此亦失當之論。蓋侈艷誠不可宗，而文采則不宜去；清真固可爲範，而樸陋則不足多。若引前修以自張，背文質之定律，目質野爲淳古，以獨造爲高奇，則又墮入邊見，未爲合中。方乃標樹風聲，傳詒來葉，借令彥和生於斯際，其所譏當又在此而不在彼矣。故知文質之中，罕能不越，或失則過質，或失則過文。救質者不得不多其文，救文者不得不隆其質。」

饒宗頤論文選賦類區分情志之義答（李）直方：「以情志區別文體，蕭選已然，其賦之庚辛癸分志、哀傷、情三大類。幽通、思玄、歸田、閑居屬志，高唐、神女、登徒、洛神屬情。論語云：『隱居以求其志，行義以達其道。』此窮達之殊歸。昭明所録，賦之言志者，皆窮居求志之文也。蕭選之撰，後於文心。……昭明分體，往往斟酌於任（昉）、劉（勰）之間。『情』『志』區分之顯尤不可忽。漢賦以來，言志之作，若劉歆遂初、崔篆慰志，他如顯志、愍志以至元吴萊之尚志，俱以志爲名，并求志道志之作，此一途也。張衡之定情、蔡邕之静情、應瑒之正情、陶潛之閑情（按「閑」字即「閑邪存誠」之「閑」），言情而欲定之、静之、正之、閑之，將以抑流蕩之邪心，而歸於正，此又一途也。其所謂『情』大抵指人欲而言（董子云：「情者人之欲也。」），與『以情緯文』之情異趣。……（詩以導情，使歸於正，説亦同此。）蕭選於『哀傷』之外，别分『情』一項，仍是舊義。彥和之論『情采』，且標舉『情文』（二字本之陸雲），其所謂『情』，乃廣義之情（猶云 emotion）。蕭統文學見解，仍在正情，彥和則言攄情耳。此兩家之不同，不可不察也。」（見文心雕龍研究專號）在情采篇中，「情志」是統一的，只是「志」更偏重於思想因素而已。

聖賢書辭，總稱文章〔一〕，非采而何〔二〕？

〔一〕論語公冶長：「夫子之文章，可得而聞也。」何晏集解：「章，明也；文，彩。形質著見，可以耳目循。」

周禮考工記：「畫繢之事……青與赤謂之文，赤與白謂之章。」

〔二〕范注：「禮記樂記：『文采節奏，聲之飾也。』文采文章，皆修飾章明義。」

論衡書記篇：「或曰：士之論高，何必以文？答曰：夫人有文質乃成。物有華而不實，有實而不華者。易曰：『聖人之情見乎辭。』出口爲言，集札爲文，文辭施設，實情敷烈。」

序志篇：「古來文章，以雕縟成體。」

斠詮：「『文章』與『彣彰』有別。前者猶言文辭，後者猶言文采。章太炎文學總略：『傳曰「博學於文」，不可作「彣」。雅曰「出言有章」，不可作「彰」。古之言文章者，不專在竹帛諷詠之間。孔子稱堯舜「焕乎其有文章」，蓋君臣、朝廷、尊卑、貴賤之序，車輿、衣服、宮室、飲食、嫁娶、喪祭之分，謂之「文」；八風從律，百度得數，謂之「章」。文章者禮樂之殊稱矣。夫命其形質曰文，狀其華美曰彣；指其起止曰章，道其素絢曰彰。凡彣者必皆成文，凡成文者不皆彣。』章氏所謂文章，與彦和本篇聖賢書辭之文章，涵義廣狹不同，然章氏所稱之彣彰，即彦和所言之采也。」

黄春貴文心雕龍之創作論：「文章二字之意義，在説文解字曰：『文，錯畫也；章，樂竟也。』

聯結成詞，本泛指一切形色錯雜，聲韻諧和，具有文采之藝術事物而言，而古聖先賢既以之爲著述言論之代名，遂指作品之辭采而言。」（臺灣文史哲出版社，一九七八年版）

夫水性虛而淪漪結〔一〕，木體實而花萼振〔二〕，文附質也〔三〕。虎豹無文，則鞹同犬羊〔四〕；犀兕有皮，而色資丹漆〔五〕：質待文也〔六〕。

〔一〕文選木華海賦：「芒芒積流，含形內虛。」「漪」，元刻本、弘治本、汪本、兩京本作「猗」。詩經魏風伐檀：「河水清且淪猗。」毛傳：「淪，小風水成文，轉如輪也。」「猗」石經殘碑作「兮」。朱注：「猗與兮同，語辭也。」徐堅初學記：「水波如錦文曰漪。」范注引陳（漢章）先生曰：「淪漪，猶吳都賦云『刷蕩漪瀾』，劉淵林注：『漪瀾，水波也。』瀾即漣漪之漣。毛詩釋文亦云：猗，本亦作漪。」詩經伐檀：「河水清且漣漪。」文選左思吳都賦：「濯明月於漣漪。」五臣向注：「漣漪，細波紋。」

〔二〕校注：「『花』，元本、弘治本、活字本、汪本、佘本、張本、兩京本、胡本、何本、訓故本……崇文本作『華』。『華』字是。（孫志祖讀書脞録卷七謂古書「花」皆作「華」，魏晉間始有之。是「華」與「花」古今字也。）……詩小雅常棣：『常棣之華，鄂不韡韡。』鄭箋：『承華者曰鄂。』說文𠌶部『韡』下引詩作『萼』。」「萼」，花朵之外被，所以護花瓣者。左傳文公十六年杜注：「振，發也。」即開放。

蘇軾南行前集叙：「山川之有雲，草木之有華實，充滿勃鬱，而見於外。夫雖欲無有，其可得耶！」

郭紹虞、王文生文心雕龍再議：「關於内容與形式，他意識到二者是互相依存、互相影響的。……浮虚的水可以産生波紋，堅實的樹木才能開放花朵，説明特定的内容决定特定的形式。」

〔三〕春秋繁露玉杯：「文著於質。」類編：「著，附也。」

〔四〕論語顔淵：「子貢曰……文猶質也，質猶文也；虎豹之鞟，猶犬羊之鞟。」集解：「孔曰：皮去毛曰鞟。虎豹與犬羊别，正以毛文異耳。」「鞟」亦作「鞹」。説文：「鞹，去毛皮也。」

〔五〕范注：「左傳宣公二年：『宋城，華元爲植，巡功。城者謳曰……（華元）使其驂乘謂之曰：牛則有皮，犀兕尚多，棄甲則那？役人曰：從其有皮，丹漆若何？』」爾雅釋獸：「兕，似牛。犀，似豕。」

劉法立關於文心雕龍的注解：「牛皮塗上丹漆，不僅使甲具有色彩之美，並且使甲更加堅韌，不怕刀砍箭穿，而且甲色彩斑斕，穿戴起來，威武雄壯，在戰場上又能起到威懾敵人的精神作用。劉勰此語，形象説明了内容要通過一定的形式表現出來，完美的形式不僅能正確地表現内容，而且還有加强内容的積極作用。」（光明日報一九七八年六月三日）

荀子議兵篇：「楚人鮫革犀兕以爲甲，鞈如金石。」

論衡書解篇：「龍鱗有文，於蛇爲神；鳳羽五色，於鳥爲君。虎猛毛蚡蝓，龜知背負文。四者體不質，於物爲聖賢。且夫山無林則爲土山，地無毛則爲潟土，人無文則爲樸人。」

〔六〕禮記表記：「子曰：虞夏之質，殷周之文，至矣。虞夏之文，不勝其質；殷周之質，不勝其文。」

韓非子解老篇：「禮爲情貌者也，文爲質飾者也。夫君子取情而去貌，好質而惡飾。夫恃貌而論情者，其情惡也；須飾而論質者，其質衰也。何以論之？和氏之璧，不飾以五采，隋侯之珠，不飾以銀黄：其質至美，物不足以飾之。夫物之待飾而後行者，其質不美也。」劉勰用語雖出於此，但論點不同。

若乃綜述性靈〔一〕，敷寫器象〔二〕，鏤心鳥跡之中〔三〕，織辭魚網之上〔四〕，其爲彪炳縟采名矣〔五〕。

〔一〕「性靈」亦見本書原道篇及序志篇。

宋書顔延之傳庭誥：「含生之氓，同祖一氣，等級相傾，遂成差品。遂使業習移其天識，世服没其性靈。」顔氏家訓文章篇：「至於陶冶性靈，從容諷諫，入其滋味，亦樂事也。」是「性靈」謂性情。「綜述性靈」是説抒情。

〔二〕易繫辭：「形而上者謂之道，形而下者謂之器。」原道篇：「有形之器，其無文歟！」夸飾篇：

「形器易寫。」「器象」，器物的形象。「敷寫」，鋪叙。「敷寫器象」，是説狀物。

〔三〕說文解字序：「黄帝之史倉頡，見鳥獸蹏迒之跡，知分理之可相别異也。初造書契。」梅注：「楊用脩云：鳥跡，字也。魚網，紙也。」「鳥跡」注詳見練字篇。「鏤心」，謂刻畫心思，指深刻細緻地構思。

〔四〕梅注：「愚按東觀漢記曰：黄門蔡倫，字敬仲，典作尚方，用樹皮及敝布魚網作紙。」後漢書宦者蔡倫傳：「倫乃造意，用樹膚、麻頭及敝布、魚網以爲紙。」「織辭」，編組文辭。

〔五〕「采」，元刻本、弘治本、兩京本、張之象本、王惟儉本並作「彩」。「彪炳」，文采焕發。鍾嶸詩品：「文體相輝，彪炳可翫。」「縟采」，豐富多采。徐復文心雕龍正字：「按『名』字與句意不協，疑爲『多』字之誤。『彪炳縟采』義亦相因，八字作一句讀。」校注：「『名』，喻林引作『明』。按釋名釋言語：『名，明也，實使分明也。』徐氏引作『明』，蓋以意改。」王叔珉綴補同。

故立文之道〔一〕，其理有三：一曰形文〔二〕，五色是也。二曰聲文〔三〕，五音是也；三曰情文〔四〕，五性是也〔五〕。五色雜而成黼黻〔六〕，五音比而成韶夏〔七〕，五情發而爲辭章〔八〕，神理之數也〔九〕。

〔一〕「立文之道」，謂形成文采的方法。

〔二〕「形文」，形中之文，這是説繪畫中有文采。

〔三〕禮記樂記：「聲成文，謂之音。」「聲文」，聲中之文。這是説音樂中有文采。

〔四〕饒宗頤文心雕龍探原：「『情文』二字，出陸雲與兄札『此是情文』語。」

曹學佺批：「形、聲之文本於情。」「情文」，情中之文。

錢鍾書談藝録：「文心雕龍情采篇云：立文之道有三：曰形文，曰聲文，曰情文。人之嗜好各有所偏，好詠歌者，則論詩當如樂；好雕繪者，則論詩當如畫；好理趣者，則論詩當見道；好性靈者，則論詩當言志；好於象外得懸解者，則謂詩當如羚羊挂角，香象渡河。而及夫自運謀篇，倘成佳構，無不格調、詞藻、情意、風神，兼具各備。」

〔五〕「五性」，漢書翼奉傳：「五性不相害，六情更興廢。」注：「晉灼曰：『翼氏五性：肝性静，静行仁，甲己主之；心性躁，躁行禮，丙辛主之；脾性力，力行信，戊癸主之；肺性堅，堅行義，乙庚主之；腎性智，智行敬，丁壬主之也。」大戴禮文王官人：「民有五性：喜、怒、欲、懼、憂也。」

〔六〕周禮考工記：「白與黑謂之黼，黑與青謂之黻。」尚書益稷篇孔傳：「黼，若斧形；黻，兩己相背。」正義：「黼文如斧形，蓋半白半黑似斧刃白而身黑。黻，謂刺繡爲己字，兩己字相背也。」注訂：「引伸爲色彩爛然者，皆稱黼黻。」

〔七〕徐𤊹校：「『夏』，一作『頀』。」漢書禮樂志：「舜作招，禹作夏。」顔師古注：「招，讀韶。」周禮春官大司樂：「舞大夏以祭山川。」注：「禹治水敷土，言其德能大中國也。」詩經周頌時邁鄭箋：「樂歌大者稱夏。」韶，舜樂；夏，禹樂。此處泛指音樂。校注：「『比』，讀如史記樂書『協比聲律』、漢書食貨志上『比其音律』之『比』。（顔注：「比，謂調次之也。比音頻二反。」）」

〔八〕「五情」，王惟儉本作「五性」。馮舒校、何焯校均謂：「『情』，疑作『性』。」陶潛形影神：「身滅名亦盡，念之五情熱。」文選曹植上責躬應詔詩：「形影相弔，五情愧赧。」劉良注：「五情，喜、怒、哀、樂、怨也。」

董仲舒元光元年舉賢良對策：「性者生之質也，情者人之欲也。」陸機演連珠：「情生於性。」校注：「按此句爲承上文『三曰情文，五性是也』之辭，實應作『性』。大戴禮記文王官人篇『民有五性』，白虎通性情篇『人稟陰陽氣而生，故内懷五性六情』……並以五性爲言。……當據改。」

白虎通性情篇：「性者陽之施，情者陰之化也。人稟陰陽氣而生，故内懷五性六情。情者，靜也；性者，生也。此人所稟六氣以生者也。」又云：「六情者何謂也？喜怒哀樂愛惡，謂六情，所以扶成五性。」

〔九〕原道篇：「研神理而設教。」注訂：「神理之數者，指黼黻、韶夏、辭章由五色具采、五音成樂、五性居心，莫非自然之妙理，而假數術以得之者也。」

饒宗頤云：「案神理實具二義：一爲自然宇宙義……文心原道之『研神理而設教』，正緯之

『神教』，即此類；一爲精神義，文心下半部首論神思，易言精義入神，法言問神，以至世説之稱『神筆』皆此類。有時融會二義，神理之數是也。自魏以來，以神理入文辭者，多兼二義立訓。陳思誄父曰：『人事既關，聰鏡神理。』非通天人而何？康樂述祖德云：『拯溺由道情，龕暴資神理。』非局於人事可知。至於『事爲名教用，道以神理超』，亦人、天對比。故言神理必溯及宇宙義，不能以人滅天。……彦和論文，往往如是。自然之文，『誰其尸之，亦神理而已』。文生於自然，內情性而外形聲，五色、五音、五性，其數均五，以『事數』論，得稱爲神理之數。」（見文心雕龍聲律篇與鳩摩羅什通韻，油印本）

按「其理有三」和「神理之數」的理是一個意思，他不能解釋這種原理，故稱神理。

孝經垂典，喪言不文〔一〕；故知君子常言未嘗質也〔二〕。老子疾僞，故稱「美言不信」〔三〕；而五千精妙〔四〕，則非棄美矣。莊周云「辯雕萬物」〔五〕，謂藻飾也。韓非云「艷乎辯説」〔六〕，謂綺麗也。綺麗以艷説，藻飾以辯雕〔七〕，文辭之變，於斯極矣。

〔一〕孝經喪親章：「孝子之喪親也，哭不偯，禮無容，言不文，服美不安，聞樂不樂。」「典」，典範，典章。「垂典」，傳下法則。

〔二〕「常」，元刻本、弘治本以下均作「嘗」，梅六次本始改作「常」，訓故本同。注訂：「除喪言不文外，知君子居常之言率有文也。作『嘗』字非。」

論衡書解篇：「德彌盛者文彌縟，德彌彰者人彌明。大人德擴，其文炳；小人德熾，其文斑。官尊而文繁，德高而文積。」

〔三〕訓故：「老子：『信言不美，美言不信。』」按此見第八十一章。陸賈新語輔政：「美言似信，聽之者惑。」

〔四〕史記老莊申韓列傳：「於是老子乃著書上下篇，言道德之意五千餘言而去。」

〔五〕訓故：「莊子：『古之王天下者，知雖落天地，不自慮也；辯雖雕萬物，不自說也。』」按此見天道篇。釋文：「說音悦。」成玄英疏：「宏辯如流，雕飾萬物，而付之司牧，終不自言也。」「辯」，巧言。「辯雕萬物」就是用巧言來雕飾萬物。

〔六〕「乎」原作「采」。范注：「韓非子外儲説左上：『范且、虞慶之言，皆文辯辭勝，而反事之情。……夫不謀治强之功，而艷乎辯説文麗之聲，是卻有術之士，而任壞屋折弓也。』此云『艷采』，『采』豈『乎』字之誤與？」校證：「案范説是，今據改。」「艷乎辯説」，就是以辯説爲美。

斯波六郎：「案據今本韓非子，『豔』訓歆羡之意，應解爲『人主豔辯説文辭之聲』。然彦和引用此文疑係見『豔采』之『辯説』者。下文承此句謂『綺麗以豔説』可證。因是此『采』字不必爲『乎』之誤，寧謂所見者爲韓非子之異文也。」

〔七〕此二句句式與辯騷篇「騷經、九章，朗麗以哀志；九歌、九辯，綺靡以傷情」同。意謂用綺麗的詞句來美化說辭，用藻飾來辯雕萬物。

研味孝老〔一〕，則知文質附乎性情〔二〕；詳覽莊韓，則見華實過乎淫侈〔三〕。若擇源於涇渭之流〔四〕，按轡於邪正之路〔五〕，亦可以馭文采矣〔六〕。

〔一〕校證：「『孝』，何允中本、日本活字本、梅六次本……崇文本作『李』。彙函本作『孔』。」紀評：「『李』當作『孝』，『孝老』猶云『老易』，六朝人多此生揑字法。」補注：「詳案：此段首引孝經老子，次引莊周韓非，其下總詞則云『研味李老，詳覽莊韓』。紀以『李』當爲『孝』，是也。『李』字易譌爲『孝』。列女傳班倢伃傳『寡孝之行』譌爲『寡李』，可以取證。」按「孝」指孝經，自元刻本以來不誤，不應改「李」。

〔二〕此謂文章的華美或質樸依附於各人的性情。陸機文賦：「理附質以立幹，文垂條而結繁。」

〔三〕左傳文公五年：「且華而不實，怨之所聚也。」本書徵聖篇：「然則聖文之雅麗，固銜華而佩實者也。」韓非子解老：「有以淫侈爲俗，則國之傷也，若以利劍刺之。」「華實過乎淫侈」謂華與實的關係如流於淫侈（也就是華而不實）就會成爲過失。

〔四〕詩經邶風谷風：「涇以渭濁。」毛傳：「涇渭相入而清濁異。」舊說涇濁渭清，潘岳西征賦：「北有清渭濁涇。」此處用選擇清流和正路來比喻情采不可偏廢，采過於情就是擇濁流，趨邪路。

〔五〕序志篇：「按轡文雅之場，環絡藻繪之府。」「按」，控制。「按轡」指停住車馬不前進。文選注：「『涇渭之流』和『邪正之路』均指文風而言：情辭相符，爲正，爲清；辭過於情則淫侈，爲邪，爲濁。」

〔六〕蕭統答湘東王求文集及詩苑英華書：「夫文，典則累野，麗亦傷浮，能麗而不浮，典而不野，文質彬彬，有君子之致；吾嘗欲爲之，但恨未逮耳。」以上數語正是蕭統「麗而不浮，典而不野」之說之所本。

夫鉛黛所以飾容，而盼倩生於淑姿〔一〕，文采所以飾言，而辯麗本於情性〔二〕。故情者文之經，辭者理之緯〔三〕；經正而後緯成，理定而後辭暢〔四〕，此立文之本源也〔五〕。

〔一〕詩經衛風碩人：「巧笑倩兮，美目盼兮。」毛傳：「倩，好口輔也。盼，白黑分。」

〔二〕梅注本於本句下引楊慎批云：「予嘗戲云：美人未嘗不粉黛，粉黛未必皆美人。奇才未嘗不讀書，讀書未必皆奇才。」漢書王褒傳：「辭賦大者與古詩同義，小者辯麗可喜。」「辯麗」，詞采鮮明美麗。

〔三〕左傳昭公二十八年：「經緯天地曰文。」杜注：「經緯相錯，故織成文。」宋書謝靈運傳論：「二祖、陳王，咸蓄盛藻，甫乃以情緯文，以文被質。」

〔四〕吴林伯文心雕龍情采篇義疏（本篇下引吴氏語同此）：「增韻：『定，正也。』辟重而變。」（齊魯書社古典文學論叢第二輯）注訂：「文以足言，言以足志，而志以達情。然情忌詭邪，居心必正，心正由理真也；理真而後情足，情足而後志立，志立而後言發。此文所由成，故曰理定而後辭暢。」劉永濟校釋認爲「理定」應改作「情定」，而不知「情」字在這裏的用法，一方面包括「性」（「辯麗本於情性」就是情性連言）；一方面包括「理」，「情者文之經，辭者理之緯」是「情」「理」和「文」「辭」都互文見義，可見情采篇的「情」是包括思想因素的。

〔五〕紀評：「此一篇之大旨。」

以上爲第一段，説明情與采的密切關係。文學作品必須有文采，但文和采是由質和情決定的，文采只起修飾作用，所以説「情者文之經，辭者理之緯」。

昔詩人什篇〔一〕，爲情而造文〔二〕；辭人賦頌〔三〕，爲文而造情〔四〕。何以明其然〔五〕？蓋風雅之興，志思蓄憤〔六〕，而吟詠情性以諷其上〔七〕，此爲情而造文也。諸子之徒〔八〕，心非鬱陶〔九〕，苟馳夸飾〔一〇〕，鬻聲釣世〔一一〕，此爲文而造情也〔一二〕。

〔一〕「詩人」指詩經的作者。詩經編次，雅頌詩十篇爲什，後遂稱詩篇爲「篇什」或「什篇」。

〔二〕論衡超奇篇：「心思爲謀，集札爲文，情見於辭，意驗於言。……精誠由中，故其文語感動人深。是故魯連飛書，燕將自殺；鄒陽上書，梁孝開牢。書疏文義，奪於肝心，非徒博覽者所能造，習熟者所能爲也。」

本書體性篇：「夫情動而言形，理發而文見。」定勢篇：「情固先辭。」物色篇：「辭以情發。」知音篇：「夫綴文者，情動而辭發。」章表篇：「懇惻者辭爲心使。」

〔三〕王叔珉綴補：「案『辭人』謂宋玉以下辭賦諸子，宋玉以上則不然也。晉摯虞文章流別論：『前世爲賦者，有孫卿、屈原，尚頗有古詩之義。至宋玉，則多淫浮之病矣。……古詩之賦，以情義爲主，以事類爲佐。』」

吳林伯：「世人有時稱賦爲頌，王褒作洞簫賦，漢書王褒傳稱作洞簫頌。揚雄作羽獵賦，序文明言『賦』，而正文又作『頌』。東漢馬融作廣成賦……後漢書馬融傳又稱頌。唐李周翰文選注：『賦之言頌者，頌亦賦之通稱也。』清何焯説：『古人賦頌，通爲一名。』（文選西征賦眉批）故或曰賦，或曰頌，或合而言之曰賦頌，其義相同。」

〔四〕曹學佺批：「詩與賦別，正在情文先後。」

法言吾子篇：「詩人之賦麗以則，辭人之賦麗以淫。」

張戒歲寒堂詩話卷二：「詩序云：『情動於中而形於言，言之不足，故嗟嘆之。』子建、李、杜，皆情意有餘，洶湧而後發者也。劉勰云：因情造文，不爲文造情。若他人之詩，皆爲文造情耳。」

范注：「漢書禮樂志曰：『夫民有血氣心知之性，而無哀樂喜怒之常，應感起物而動，然後心術形焉。』食貨志上曰：『男女有不得其所者，因相與歌詠，各言其傷。』公羊宣十五年傳注曰：『男女有所怨恨，相從而歌。飢者歌其食，勞者歌其事。』可知詩人什篇，皆出於性情，蓋苟有其情，則耕夫織婦之辭，亦可觀可興。漢之樂府，後世之謠諺，皆里閭小子之作，而情文真切，有非翰墨之士所敢比擬者。即如古詩十九首，在漢代當亦謠諺之類，然擬古詩者，如陸機之流，果足與抗顔議論短長乎！彦和『詩人什篇，爲情而造文；辭人賦頌，爲文而造情』，寥寥數語，古今文章變遷之迹，盛衰之故，盡於此矣。」

〔五〕莊子胠篋篇：「何以知其然邪？」

〔六〕詩大序：「詩者志之所之也，在心爲志，發言爲詩。」司馬遷史記自序：「夫詩書隱約者，欲遂其志之思也。」又報任安書：「詩三百篇，大抵聖賢發憤之所爲作也。」時序篇：「幽、厲昏而板蕩怒，平王微而黍離哀。」

李贄雜説：「且夫世之真能文者，比其初皆非有意於爲文也。其胸中有如許無狀可怪之事，其喉間有如許欲吐而不敢吐之物，其口頭又時時有許多欲語而莫可所以告語之處，蓄極積久，勢不能遏。一旦見景生情，觸目興嘆，奪他人之酒杯，澆自己之壘塊。」（焚書卷三）

〔七〕詩大序：「國史明乎得失之迹，傷人倫之廢，哀刑政之苛，吟咏情性以風其上，達於事變，而懷其舊俗者也。」

〔八〕校注：「按上文以『詩人』、『辭人』分言，則此處之『諸子』承『辭人』，非謂九流十家。」

〔九〕僞古文尚書五子之歌：「鬱陶乎予心。」孔傳：「鬱陶，言哀思也。」正義：「鬱陶，精神憤結積聚之意。」孟子萬章上：「鬱陶思君爾。」釋文：「鬱陶，思之甚而氣不得伸也。」宋玉九辯：「豈不鬱陶而思君兮。」王逸注：「鬱陶，憤念蓄積盈胸臆也。」

〔一〇〕吴林伯：「夸飾有二義：一者本書夸飾所云，謂語言的夸張，一者此之所云，浮華。」王符潛夫論務本：「今賦頌之徒，苟爲饒辯屈蹇之辭。」本書哀弔篇：「奢體爲辭，則雖麗不哀。必使情往會悲，文來引泣，乃其貴耳。」夸飾篇提出要「夸而有節，飾而不誣」。

〔一一〕「鈞世」，作僞來騙取世人對自己的稱讚。「鬻聲鈞世」，謂賣聲名釣取世譽，猶之乎説沽名釣譽。綴補：「『鬻聲』猶賣名。莊子天地篇：『獨弦哀歌以賣名聲於天下者乎！』」

〔一二〕此段梅引楊慎批云：「屈原楚辭，有疾痛而自呻吟也。東方朔以下，擬楚辭，强呻吟而無疾痛者也。」

抱朴子應嘲篇：「非不能屬華艷以取悦，非不知抗直言之多咎，然不忍違情曲筆，錯濫真僞，欲令心口相契，顧不愧景，冀知音之在後也。」范注：「心口不契，即彦和下文所譏者。宋書王微傳載微與從弟僧綽書曰：『文詞不怨思抑揚，則流澹無味。』夫怨思發於性情，强作抑揚，非爲文造情而何？」

故爲情者要約而寫真〔一〕，爲文者淫麗而煩濫〔二〕。而後之作者，採濫忽真〔三〕，遠棄風雅，近師辭賦〔四〕，故體情之製日疎〔五〕，逐文之篇愈盛〔六〕。

〔一〕銘箴篇：「觀其約文舉要，憲章戒銘。」諸子篇：「辭約而精，尹文得其要。」論說篇：「要約明暢，可爲式矣。」議對篇：「然總要以約文，事切而情舉。」定勢篇：「或美衆多，而不見要約。」「要約」就是簡明扼要。

〔二〕文賦：「言寡情而鮮愛，辭浮漂而不歸。」范注：「陸雲與兄平原書曰：『此是情文，但本少情，而頗能作氾說耳。』」章表篇：「然懇惻者辭爲心使，浮侈者情爲文屈。」宋包恢答曾子華書：「蓋本無情而牽强以起其情，本無意而妄想以立其意，初非彼有所觸而此乘之，彼有所擊而此應之者。故言愈多而愈浮，詞愈工而愈拙，無以異於草木金石之妖聲也。況在心爲志，發言爲詩，今日多不思詩自志出者也。不反求於志，而徒外求於詩，猶表邪而求其影之正也，奚可得哉！」唐順之答茅鹿門書：「今有兩人，其一人心地超然，所謂真千古隻眼人也。即使未嘗操紙筆，呻吟學爲文章，但直據胸臆，信手寫出，如寫家書，雖或疏鹵，然絶無烟火酸餡習氣，便是宇宙間一樣絶好文字。其一人猶然塵中人也，雖其顓顓學爲文章，其於所謂繩墨布置，則盡是矣；然翻來覆去，不過是這幾句婆子舌頭語，索其所謂真精神與千古不可磨滅之見，絶無有也，則文雖工而不免爲下格。此文章本色也。即如以詩爲喻：陶彭澤未嘗較聲律，雕句文，但信手寫出，便是宇宙間第一等好詩。何則？其本色高也。自有詩以來，其較聲律，雕句文，用心最苦，而立説最嚴者，無如沈約，苦卻一生精力，使人讀其詩，祇見其綑縛齷齪，滿卷累牘，竟不曾道出一句好話。何則？其本色卑也。」（荆川集卷七）

吴林伯：「爲情造文，能用精簡的辭語，表達真實的情感，而情感的真實，乃是辭語精簡的決定因素。至若爲文造情，隨意虚造，修辭不能立誠，文采勢必淫麗煩濫。」

〔三〕黄春貴文心雕龍之創作論：「舍人認爲創作之動機有二：一則已蓄積憤悱情感而進行創作者，謂之『爲情而造文』。『爲情而造文』，乃誠中形外，心口如一，由於情感之激動而述作，其爲文必然精要簡約而抒寫真實。一則徒用華麗辭藻而奉行故事者，謂之『爲文而造情』。『爲文而造情』，則採濫忽真，欺世盜名，情采篇所謂『志深軒冕，而汎詠皐壤；心纏幾務，而虚述人外。』其所創作，口是心非，僅爲辭藻之堆砌而已。」（臺灣文史哲出版社，一九七八年版）

〔四〕宗經篇：「建言修辭，鮮克宗經。是以楚艷漢侈，流弊不還。」

〔五〕「體情」，體現情感。姚永樸文學研究法：「夫人性内涵，而外著爲情，其同焉者性也，其不同焉者情也。惟情有不同，斯感物而動。性亦不能不各有所偏，故剛柔緩急，胥於文章見之。苟不能見其性情，雖有文章，僞焉而已，奚望不朽哉！」

〔六〕李諤上隋高帝革文華書：「江左齊梁，其弊彌甚。貴賤賢愚，唯務吟詠。……競一韻之奇，争一字之巧。」

故有志深軒冕〔一〕，而汎詠皐壤〔二〕；心纏幾務〔三〕，而虚述人外〔四〕。真宰弗存〔五〕，翩其反矣〔六〕。

〔一〕校注：「按莊子繕性篇：『古之所謂得志者，非軒冕之謂也。』成疏：『軒，車也；冕，冠也。』」陸機謝平原内史表稱作官是「服冕乘軒」。古制，大夫以上官乘軒服冕，因借用軒冕以指官位爵禄。

〔二〕黄注：「莊子：山林與，皐壤與，使我欣欣然而樂與！」按此見知北遊。「汎」，浮泛。「皐壤」，澤邊地，此處指隱居。

物色篇：「山林皐壤，實文思之奥府。」

〔三〕「幾」同「機」。「機務」，機要之政務。嵇康與山巨源絶交書：「機務纏其心，世故繁其慮。」

〔四〕後漢書陳寵傳：「(尹勤)篤性好學，屏居人外。」宋書隱逸傳：「孔淳之遇沙門釋法崇，因留共止，遂停三載，法崇嘆曰：『緬想人外，三十年矣，今乃傾蓋於兹，不覺老之將至也。』」「人外」，世外。

〔五〕莊子齊物論：「必有真宰，而特不得其眹。」此處「真宰」指真心，或真情；心是身的主宰，故曰「真宰」。

借以形容爲文與作者内心相反。

〔六〕詩經小雅角弓：「騂騂角弓，翩其反矣。」毛傳：「翩然而反。」「翩其反矣」，原是形容弓的，此

范注：「劉歆作遂初賦，潘岳作秋興賦，石崇作思歸引，古來文人類此者甚衆，然不得謂其必無臯壤人外之思。蓋魚與熊掌，本所同欲，不能得兼，勢必去一，而反身緑水，固未嘗忘情也。故塵俗之縛愈急，林泉之慕彌深。彦和所譏，尚非伊人。若夫庸庸禄蠹，鄙性天成，亦復摇筆鼓舌，虚言遐往，斯則所謂『真宰弗存，翩其反矣』者也。」

吴林伯：「晉宋以來，玄學風行，荒侈的官吏、文士，公然清談老莊，僞裝恬淡……若西晉的石崇在荆州刺史任内，竟『搶劫殺人，以致巨富』（東晉王隱晉書），生活極端荒侈（世説新語汰侈），他與『趨世利』的潘岳『諂事賈謐，每候其出，輒望塵而拜』（晉書潘岳傳）。可是他因仕途傾軋失利，作思歸引，揚言『少有大志，夸邁流俗，晚節更樂放逸，篤好林藪，傲然有凌雲之操』。潘岳和石崇一樣，他作閑居賦，以老莊自飾，聲稱『覽止足之分，庶浮雲之志』，又作秋興賦，表示要『消遥乎山川之際，放曠乎人間之世』。與潘岳、石崇同時的陸機、孫吴亡後，去洛陽投靠晉室，奔競權貴之門，惟利禄是圖，可是他作贈潘尼詩，則云『遺情市朝，永志丘園』。謝靈運……仕宋，自謂才能宜參機要，被貶永嘉太守，意不自得，則大修别墅，雇用僮僕，放浪山水……飾其高蹈。或曰『心放俗外』，『投吾心於高人』（山居賦），或曰『昔余遊京華，未嘗廢丘壑』（齋中讀書），清顧炎武斥其『以文章欺人』（日知録）。」

夫桃李不言而成蹊〔一〕，有實存也〔二〕；男子樹蘭而不芳〔三〕，無其情也。夫以草木之微，依情待實；况乎文章，述志爲本〔四〕，言與志反，文豈足徵〔五〕！

〔一〕漢書李廣傳贊：「李將軍死之日，天下知與不知，皆爲流涕。……諺曰：『桃李不言，下自成蹊。』」師古注：「蹊，謂徑道也。言桃李以其華實之故，非有所召呼而人争歸趣，來往不絶，其下自然成徑，以喻人懷誠信之心，故能潛有所感也。」

〔二〕「實」，果實。文論選注：「這裏比喻有真實情感的文章，才能使人百讀不厭。」

〔三〕淮南子繆稱訓：「男子樹蘭，美而不芳。繼子得食，肥而不澤。情不與相往來也。」文論選注：「這裏用以比喻情感虚僞的文章，就不可能有强烈的感染力。」

〔四〕左傳昭公二十五年：「是故審則宜類，以制六志。」杜注：「爲禮以制好惡喜怒哀樂六志。」正義：「此六志，禮記謂之六情，在己爲情，情動爲志，情志一也。」

〔五〕論語八佾：「夏禮吾能言之，杞不足徵也；殷禮吾能言之，宋不足徵也。」徵聖篇：「然則志足而言文，情信而辭巧，乃含章之玉牒，秉文之金科矣。」札記：「若夫『言與志反』，劉氏所呵。察此過愆，非昔文所獨具。夫『志深軒冕，而汎詠皋壤，心纏幾務，而虚述人外』。此之諼詐，誠可笑嗤，還視後賢，豈無其比？博弈飲酒而高言性道，服食鍊藥而呵駡浮屠，乞丐權門而誇張介超，不窺章句而傅會六經，從政無聞而空言經濟，行才中人而力肩道統，此雖其文過於顏、謝、庾、徐百倍，猶謂之采浮華而棄忠信也，焉得謂文勝之世士有夸言，質勝之時人皆篤論哉？」錢鍾書談藝録：「夫虚説遊詞，如史通曲筆、書事兩篇所糾者，固無論矣。即志存良直，言有徵信，而措詞下筆，或輕或重之間，每事跡未訛，而隱幾微動，已滲漏走作，彌近似而大亂真。……至遺山絶句云：『心畫心聲總失真，文章寧復見爲人！高情千古閒居賦，争識安仁拜路塵？』則視此又進一解。匪特紀載之出他人手者，不足盡據。即詞章宜若自肺腑中流出，寫心言志，一本諸己，顧亦未必見真相而徵人品。吴處厚青箱雜記卷八云：『文章純古，不害爲邪；文章艷麗，不害爲正。世或見人文章鋪張仁義道德，便謂之君子，及花草月露，便謂之邪人，兹亦不盡也。』因舉宋廣平、張乖崖、韓魏公、司馬温公所作側艷詞賦爲證。魏叔子雜説卷二謂：『文章自魏晉以降，不與世運遞降。古人能事已備，有格可肖，有法可學，日夕揣摩，大奸能爲大忠之文，至拙能襲至巧之語。雖孟子知言，亦不能以文章觀人。』此二者則與遺山詩相發明。吴氏謂正人能作邪文，魏氏及遺山皆謂邪人能作正文。……固不宜因人而斥其文，亦祇可因文而惜其人，何須固執有言者必有德乎？」

又：「又無行如劉子駿，遂初賦曰：『處幽潛德，抱奇内光，守信保己，竊比老彭。』亦儼然比丘尼也。蓋自王莽之擬周公，以至揚（雄）、劉等之擬孔子，君臣一代，莫非心聲失真者。以文觀人，自古所難。……心畫心聲，本爲成事之説，實匙先見之明。然所言之物，可以飾僞，巨奸爲憂國語，熱中人作冰雪文是也。」

以上爲第二段，列舉「爲情而造文」與「爲文而造情」的利弊，批判了後世重文輕質的傾向，提出了文章應以「述志爲本」的主張。

是以聯辭結采，將欲明理〔一〕。采濫辭詭，則心理愈翳〔二〕。固知翠綸桂餌，反所以失魚〔三〕，言隱榮華〔四〕，殆謂此也。是以衣錦褧衣〔五〕，惡文太章；賁象窮白〔六〕，貴乎反本〔七〕。

〔一〕「理」字，自元刻本至訓故本、馮舒校本不誤，梅本、何允中本以下改「理」爲「經」，非是。張文潛答李推官書曰：「理勝者，文不期工而工；理愧者，巧爲粉澤而隙開百出。此猶兩人持牒而訟，直者操筆，不待累累，讀之如破竹，横斜反覆，自中節目。曲者雖使假詞於子貢，問字於揚雄，如列五味而不能調和，食之於口，無一可愜，何況使人玩味之乎？故學文之端，急於明理。夫不知爲文者，無所復道，如知文而不務理，求文之工，世未嘗有是也。」

〔二〕「心理」，内心的思想。方言：「翳，掩也。」郭璞注：「謂掩覆也。」文章流别論：「麗靡過美，則與情相悖。」

〔三〕校注：「按闞子：『魯人有好鈞者，以桂爲餌，黄金之鉤，錯以銀碧，垂翡翠之綸，其持竿處位即是，然其得魚不幾矣。故曰：「釣之務不在芳飾，事之急不在辯言。」』（御覽八三四引）」「翠綸」，用翡翠裝飾釣魚繩；「桂餌」，用肉桂作釣餌。

清袁守定佔畢叢談談文：「爲文紆朱拖紫，有何性靈？綴玉裝金，究屬尸氣。劉舍人所謂『采濫辭詭，心理愈翳，翠綸桂餌，反所以失魚』也。」這是説美麗的文采，目的在於表現内容；而淫濫過度的文辭，反而使内容模糊。議對篇：「若文浮於理，末勝其本，則秦女楚珠，復在於兹矣。」

〔四〕爾雅釋草：「木謂之華，草謂之榮。」楊慎批：「莊子云：言隱於榮華。」按此見齊物論。成玄英疏：「榮華，浮辯之詞，華美之言也。只爲滯於華辯，所以隱蔽至言。」這句是説：言語的涵義爲浮華之詞所蔽。

顔氏家訓文章篇：「齊世有辛毗者……嗤鄙文學，嘲劉逖云：君輩辭藻，譬若榮華，須臾之翫，非宏才也。」

議對篇：「若不達政體，而舞筆弄文，支離構辭，穿鑿會巧，空騁其華，固爲事實所擯；設得其理，亦爲遊詞所埋矣。」

〔五〕范注：「詩衛風碩人：『碩人其頎，衣錦褧衣。』正義曰：『錦衣所以加褧者，爲其文之大著也。故中庸云：「衣錦尚絅，惡其文之大著」是也。』」「褧」，套在外面的麻布衣。

〔六〕易序卦云：「賁者飾也。」雜卦云：「賁，無色也。」

梅注：「易云：上九，白賁無咎。」按此見賁卦。賁卦象曰：「白賁無咎，上得志也。」王弼注：「處飾之終，飾終反素，故在其質素，不勞文飾而無咎也。以白爲飾，而無患憂，得志者也。』「窮白」，謂賁的卦爻最終的上九是「白賁」。

斠詮：「窮，終也，極也。指賁卦之上九，以其居卦之終極位也。此句言賁卦之象，終極於上九一爻之白賁者，素飾也。」

校注：「按説苑反質篇：『孔子卦得賁，喟然仰而嘆息，意不平。子張進，舉手而問曰：「師聞賁者吉卦，而嘆之乎？」孔子曰：「賁非正色也，是以嘆之。吾思夫質素，白當正白，黑當正黑。夫質又何也？吾亦聞之：丹漆不文，白玉不雕，寶珠不飾。何也？質有餘者，不受飾也。」』舍人語意，殆宗於此。黃、范兩家注皆僅引易賁上九之辭，似有未盡。」

〔七〕易賁卦朱熹注：「賁極反本，復於無色，善補過失，故其象如此。」斠詮：「謂飾之窮白，盡去其華，貴乎歸反本素也。」

宗經篇：「是以楚艷漢侈，流弊不還。正末歸本，不其懿歟！」文心雕龍雜記：「反本在於宗經。」文論選注：「窮白即返本之意。這裏用以説明華麗的文辭要歸之於自然。」

杜甫虢國夫人：「却嫌脂粉涴顔色，淡掃蛾眉朝至尊。」這種打扮就是合乎「賁象窮白，貴乎反本」的原理的。

校釋：「文之有采，亦非故爲雕琢也。蓋人情物象，往往深賾幽沓，必非常言能盡其妙，故賴有敷設之功，亦如治玉者必資琢磨之益，繪畫者端在渲染之能，逕情直言，未可謂文也；雕文傷質，亦未可謂文也，必也參酌文質之間，辨别真僞之際，權衡深淺之限，商量濃淡之分，以求其適當而不易，而後始爲盡職。故文藝之事，自古有難言之妙；論文之理，從來鮮圓到之言，所重在乎救弊，而學者要能舉一反三。黄氏札記指爲矯枉過直，豈知言哉！」

夫能設模以位理〔一〕，擬地以置心〔二〕，心定而後結音〔三〕，理正而後摛藻〔四〕。使文不滅質，博不溺心〔五〕，正采耀乎朱藍，間色屏於紅紫〔六〕，乃可謂雕琢其章〔七〕，彬彬君子矣〔八〕。

〔一〕校證：「『模』原作『謨』，謝云：『當作模。』徐校同。案日本刊本、四六法海十作『模』，今據改。」校注：「按何本、别解本作『模』；文通、四六法海同。」按崇文本亦作「模」，今從之。論衡物勢篇：「今夫陶冶者，初埏埴作器，必模範爲形。以土曰型，以金曰鎔，以木曰模，以竹曰範，四者一物而材别也。」

「設模以位理」，意指設定模式以安排思路。

〔二〕范注：「地，即定勢篇『各以本采爲地』之地。」

斠詮：「此二句乃作者將抽象之行文方法，作爲具體之事物以説明。謂作家之寫作，須能首先設定篇章模式，以安排其所欲表達之情理，其次擬計辭采之質地，以佈置其所要興發之心象。……地……猶言質地。論語八佾篇：『繪事後素。』朱注：『先以粉地爲質，而後施五彩。』」

陸、牟譯注：「進行創作應該樹立一個正確的規範來安置作品的内容，擬定一個適當的基礎來表達作家的心情。」

按「擬地以置心」意指設身處地，細心體會。

〔三〕此句郭晉稀譯爲：「中心思想安排定了再來調聲協律。」斠詮：「結音，謂調協聲律，即所謂『聲文』是也。」

〔四〕「摛藻」，鋪陳辭藻。班固答賓戲：「摛藻爲春華。」斠詮：「摛藻，謂舒布辭藻，即所謂『形文』是也。」

〔五〕范注引孫蜀丞曰：「莊子繕性篇云：『知而不足以定天下，然後附之以文，益之以博，文滅質，博溺心。』郭注：『文、博者，心質之飾也。』」成玄英疏：「質是文之本，文華則隱滅於素質。博是心之末，博學則没溺於心靈。惟當絶學而棄文，方會無爲之美也。」此處「博」指辭采的繁盛。「溺」，淹没。

〔六〕范注：「『紅紫』，疑當作青紫。上文云：正采耀乎朱藍。」斯波六郎：「案朱，正采；紅，間色。上文『朱』下文『紅』不相妨。而青是正采，若改此『紅』作『青』，違反事實。禮記玉藻：『衣正色，裳間色。』正義云：『皇氏云：正謂青、赤、黄、白、黑，五方正色也。不正謂五方間色，緑、紅、碧、紫、騮黄是也。』」校證：「今按『紅紫』不誤，蕭子顯南齊書文學傳論：『亦猶五色之有紅紫，八音之有鄭衛。』

亦以『紅紫』爲間色。」

校注：「環濟要略：『正色有五，謂青、赤、黄、白、黑也。間色有五，謂紺、紅、縹、紫、流黄也。』（御覽八一四引）論語鄉黨：『紅紫不以爲褻服。』皇侃義疏：『紅紫，非正色也。……侃案：五方正色：青、赤、白、黑、黄；五方間色：緑爲青之間，紅爲赤之間，碧爲白之間，紫爲黑之間，緇爲黄之間也。故不用紅紫，言是間色也。』荀子正論篇：『衣被則服五采，雜間色。』楊注：『服五采，言備五色也。間色，紅碧之屬。』法言吾子篇：『或問蒼蠅紅紫。』段注：『謂如今粉紅、桃紅。』……又按禮記王制：『屏之四方。』鄭注：『屏，猶放去也。』」按赤白相間爲紅，赤青相間爲紫。

〔七〕詩經大雅棫樸：「追琢其章，金玉其相。」毛傳：「追，雕也。金曰彫，玉曰琢。相，質也。」説苑修文篇引棫樸此句，「追」即作「雕」。「章」，花紋。詩經原意是説：雕琢器物的花紋，金玉是器物的本質。此處只説「雕琢其章」，其實兼有「金玉其相」意，比喻文章的形式固然要美，但不能忽視思想内容。

〔八〕論語雍也：「文質彬彬，然後君子。」集解引包咸曰：「彬彬，文質相半之貌。」章表篇：「繁約得正，華實相勝，脣吻不滯，則中律矣。」

范注：「昭明太子答湘東王求文集及詩苑英華書曰：『夫文典則累野，麗亦傷浮，能麗而不浮，典而不野，文質彬彬，有君子之致。吾嘗欲爲之，但恨未逮耳。』」

注訂：「按自『夫能』句以下至末，明一篇主義在心定理正，而後無滅質溺心之病，方可謂彬彬者矣。」

札記：「蓋聞修辭立誠，大易之明訓，無文不遠，古志之嘉謨。稱情立言，因理舒藻，亦庶幾彬彬君子，孰謂中庸不可能哉？」

杜牧答莊充書：「凡爲文以意爲主，以氣爲輔，以辭采章句爲之兵衛。未有主彊盛而輔不飄逸者，兵衛不華赫而莊整者。四者高下圓折步驟，隨主所指，如鳥隨鳳，魚隨龍，師衆隨湯武，騰天潛泉，横裂天下，無不如意。苟意不先立，止以文采辭句繞前捧後，是言愈多而理愈亂，如入闤闠，紛然莫知其誰，暮散而已。是以意全勝者，辭愈樸而文愈高；意不勝者，辭愈華而文愈鄙。是意能遺辭，辭不能成意，大抵爲文之旨如此。」

劉熙載藝概卷一文概：「『聖人之情見乎辭』，爲作易言也。作者情生文，斯讀者文生情。易教之神，神以此也。使情不稱文，豈惟人之難感，在己先不誠無物矣。」

第三段明確了「采濫辭詭」的危害，要求因情敷采，文質兼備。

贊曰：言以文遠〔一〕，誠哉斯驗。心術既形〔二〕，英華乃贍〔三〕。吴錦好渝〔四〕，舜英徒艷〔五〕。繁采寡情，味之必厭〔六〕。

〔一〕左傳襄公二十五年引仲尼曰：「志有之，言以足志，文以足言。不言誰知其志？言之無文，行而不遠。」後兩句原意是語言没有文彩，就不能到遠方去當使者。此處借用，以指立言必有文采，始可流傳久遠。

〔二〕禮記樂記：「夫民有血氣心知之性，而無哀樂喜怒之常，應感起物而動，然後心術形焉。」鄭注：「術，所由也。形，猶見也。」管子有心術篇。隱秀篇：「夫心術之動遠矣。」「心術」，本謂運用心思的方法，此處指内心的活動。「形」，見也，見廣雅釋詁；指具體表現出來。

〔三〕「英華」，文章的辭藻。「贍」，豐富、充足。

〔四〕「好」，讀去聲，等于説容易。「渝」，變也。見爾雅釋言。郭注：「謂變易。」此處謂褪色。

〔五〕校注：「『舜』，元本、弘治本、汪本、佘本、張本、兩京本、胡本、訓故本作『蕣』……按詩鄭風有女同車：『顔如舜華。』説文艸部『蕣』下引作『舜』，是二字通。」毛傳：「舜，木槿也，英，猶華也。」陸璣草木蟲魚疏：「舜，一名木槿，今朝生暮落者也。」本草綱目「木槿」：「李時珍曰：此花早開暮落，故名曰蕣，猶僅榮一瞬之義。」斠詮：「言姑蘇美錦，花樣翻新，却容易褪色；木槿芙蓉，朝開暮落，徒鮮艷一時。……舜英，即木槿，日本稱木芙蓉，或簡稱芙蓉。」

〔六〕「采」，元刻本、張之象本、梅本均作「彩」。文賦：「言寡情而鮮愛，辭浮漂而不歸。」李善注：「不歸，不歸於實也。」鎔裁篇：「雖翫其采，不倍領袖。」總術篇：「視之則錦繪，聽之則絲簧，味之則甘腴，佩之則芬芳。」

鎔裁第三十二

文賦：「要辭達而理舉，故無取乎冗長。……考殿最於錙銖，定去留於毫芒，苟銓衡之所裁，固應繩其必當。」

抱朴子外篇辭義：「屬筆之家，亦各有病。其深者則患乎譬煩言冗，申誡廣喻，欲棄而惜，不覺成煩也。其淺者則患乎妍而無據，證援不給，皮膚鮮澤而骨骾迥弱也。」

札記：「作文之術，誠非一二言能盡，然挈其綱維，不外命意修詞二者而已。意立而詞從之以生，詞具而意緣之以顯。二者相倚，不可或離。意之患二：曰雜，曰竭。竭者不能自宣，雜者無復統序。辭之患二：曰枯，曰繁。枯者不能求達，繁者徒逐浮蕪。枯竭之弊，宜救之以博覽；繁雜之弊，宜納之於鎔裁。舍人此篇，專論其事。尋鎔裁之義，取譬於範金、製服。範金有齊，齊失則器不精良；製服有制，制謬而衣難被御。洵令多寡得宜，修短合度，酌中以立體，循實以敷文，斯鎔裁之要術也。然命意修詞，皆本自然以爲質，必其駢拇縣疣，誠爲形累；鳧脛鶴膝，亦由性生。意多者未必盡可訾謷，辭衆者未必盡堪删剟；惟意多而雜，詞衆而蕪，庶將施以鑪錘，加以剪截耳。又鎔裁之名，取其合法；如使意鬱結而空簡，辭枯槁而徒略，是乃以銖黍之金，鑄半兩之幣；持尺寸之帛，爲縫掖之衣，必不就矣。或者誤會鎔裁之名，專以簡短爲貴，斯又失自然之理，而趨狹隘之途者也。」

注訂：「鎔主化，化所以鍊意；裁主删，删所以修文。表裏相應，内外相成，而後章顯文達。」「鎔」是冶金，比喻對内容的提煉，就是通常所説的煉意。「裁」是裁衣，比喻剪裁浮辭，就是通常所説的煉辭。

本篇説：「規範本體謂之鎔，剪截浮詞謂之裁。」提煉作品的主要内容，使它合乎規範，即是鎔，經過這種提煉的工夫，可以使文章綱領分明。通過剪截浮詞，可以使文章不蕪雜。如果不經過「鎔」的過程，就容易產生「一意兩出」的現象，使得内容重複。如果不經過翦裁過程，就容易產生「同辭重句」，使得文章冗贅。

情理設位〔一〕，文采行乎其中。剛柔以立本，變通以趨時〔二〕。立本有體，意或偏長〔三〕；趨時無方，辭或繁雜〔四〕。蹊要所司〔五〕，職在鎔裁〔六〕。檃括情理〔七〕，矯揉文采也〔八〕。

〔一〕校注：「『設』下兩京本、胡本有『乎其』二字。按兩京本、胡本非是。易繫辭上：『天地設位，而易行乎其中矣。』舍人語式步此。」情采篇：「設模以位理。」「設位」，安排位置，即佈局。寇效信釋三準（本篇下引寇氏語同此）：「在創作中，『情理』之『位』已設定……文采就有所附麗，所以説『文采行乎其中』。……『位』是情理在文章中的位置……就是思想感情在文章中的安排。」（文心雕龍學刊第二輯）

〔二〕范注：「剛柔，指性氣言；變通，指文辭言。」

斠詮：「舍人所謂剛柔，指性氣言……性情陽剛或陰柔，決定文章風格之『雄放』或『婉約』，故體性篇曰：『氣有剛柔。』又曰：『風趣剛柔，寧或改其氣。』」郭注：「立本……本指作品的主題思想（中心思想），立本即奠定主題思想也。」

易繫辭下：「剛柔者，立本者也；變通者，趣時者也。」韓注：「立本況卦，趣時況爻。」「立本」本來是就卦說的，「趣（通趨）時」本來是就卦爻說的。在這裏是說首先確立一篇文章屬於剛性或柔性的風格，這是根本，是屬於思想感情方面的。「趨時」是追隨時勢，「變通以趨時」就是適應不同的情況而隨時變通。這是屬於文辭方面的。通變贊：「趨時必果。」定勢篇：「剛柔雖殊，必隨時而適用。」

〔三〕「立本有體」就是定勢篇所說的「因情立體」。「體」是體制，既指文章的體裁，也包括對這一體裁的規格要求和風格要求。這句話的意思是說由思想感情來樹立根本有一定的規格要求，但文意並不是處處都合乎規格要求的，它有時偏於冗長。

黄海章文心短論：「『意或偏長』即指意義過多，有如亂枝叢出，砍伐爲難，非加以隱括，必不能中乎規矩。」

斠詮：「『立體』之本，與下文『設情以位體』之體，詞異而義通，實即『規範本體謂之鎔』之『本體』。在此處指作品之情理，換言之，即作品之基本思想。」

類似於這種解釋的，如寇效信釋三準：「『體』也可以叫作『本體』，指文章的根本、主體。這個『本體』，是由『意』（情理）構成的。」

按文鏡秘府論論體：「故詞人之作也，先看文之大體，隨而用心（謂上陳文章六種，是其本〔眼心鈔作「大」〕體也）。遵其所宜，防其所失。故能辭成練覈，動成規矩。」其中所謂「文章六種」，即博雅、清典、綺艷、宏壯、要約、切至，可見「大體」或「本體」也可指體制。

〔四〕通變篇：「夫設文之體有常，變文之數無方。」「無方」就是「無常」。「趨時無方」是説隨機應變没有常軌，因爲文辭有時繁雜，不可能有固定的方法來適應情況的要求。

〔五〕斟詮：「蹊要，猶言重要途徑。資治通鑑漢紀：『獻帝建安十二年，虜亦遮守蹊要。』注：『蹊，徑路也。蹊要，徑路要處也。』三國魏志田疇傳：『虜亦遮守蹊要，運不得進。』」

〔六〕「職」，所司之事。

〔七〕「㯪括」，荀子性惡篇：「故枸木必將待㯪括烝矯然後直。」楊倞注：「㯪括，正曲木之木也。烝，謂烝之使柔；矯，謂矯之使直也。」又大略篇：「乘輿之輪，太山之木，示諸㯪括。」注：「㯪括，矯揉木之器也。」淮南子修務訓：「木直中繩，揉以爲輪；其曲中規，㯪括之力。」

〔八〕「矯揉」，就是「矯輮」。易説卦：「坎爲矯輮。」疏：「使曲者直爲矯，使直者曲爲輮。」「矯揉」有糾正意。以上兩句大意是，使文章的情理和文采都納入正規。

規範本體謂之鎔〔一〕，剪截浮詞謂之裁〔二〕。裁則蕪穢不生，鎔則綱領昭暢〔三〕，譬繩墨之審分，斧斤之斲削矣〔四〕。

〔一〕「本體」，指思想内容，即情理。「規範本體」，使思想内容納入一定的規範，即納入一定的綱領中。

〔二〕校注：「『剪』，何本、凌本……崇文本作『翦』。按正字作『前』（説文刀部：「前，齊斷也。」），經傳多假『翦』爲之，『剪』乃俗體。何本等作『翦』是也。」書僞孔傳序：「芟夷煩亂，翦截浮辭。」史通浮詞篇：「昔夫子斷唐虞以下迄於周，翦截浮詞，撮其機要。」

〔三〕范注：「文以情理爲根本，辭采爲枝葉；鎔所以治情理，使綱領清晰，裁所以治辭采，使蕪穢不生。」

〔四〕「審分」，指審定曲直，分辨曲直。又「分」音奮，界限。「審分」，也可解作畫定去取界限。斠詮：「此二句分承上文『鎔』與『裁』而言。」

駢拇枝指，由侈於性；附贅懸肬，實侈於形〔一〕。一意兩出〔二〕，義之駢枝也〔三〕，同辭重句，文之肬贅也〔四〕。

〔一〕元刻本、弘治本無「由」字。莊子駢拇：「駢拇枝指，出乎性哉，而侈於德；附贅縣疣，出乎形哉，而侈於性。」成疏：「駢，合也；拇，大指也。謂足大拇與第二指相連爲一指也。枝指者，謂大拇指旁生一指成六指也。出乎性者，謂此駢枝二指亦稟自然性命生分中有之。侈，多也。」釋文：「王云：『性者，受生之質；德者，全生之本。駢拇枝指與生俱來，故曰，出於性。附贅懸肬，形既具而德附焉，故曰出於形。』崔云：『侈，過也；德，容也。』」荀子正名：「生之所以然者謂之性。」楚辭九章惜誦：「反離群而贅肬。」洪補注：「贅肬，瘤腫也。」

〔二〕校證：「『一』原作『二』，兩京本、王惟儉本、黄丕烈校本作『一』，今據改。」校注：「按『一』字是。『一意兩出』，始爲『義之駢枝』。若作『二』，則不相應矣。」綴補：「劉琨重贈盧諶詩：『宣尼悲獲麟，西狩泣孔丘。』所謂『一意兩出』也。」

〔三〕麗辭篇：「劉琨詩言：『宣尼悲獲麟，西狩涕孔丘。』若斯重出，即對句之駢枝也。」韻語陽秋卷一：「選詩駢句甚多，如『千憂集日夜，萬感盈朝昏』；『萬古陳往還，百代勞起伏』；『多士成大業，群賢濟洪績』之類，不足爲後人法。」

文鏡秘府論文二十八種病：「第二十七，相重，謂意義重疊是也。或名枝指也。詩曰：『驅馬清渭濱，飛鑣犯夕塵。川波張遠蓋，山日下遥輪。柳葉眉行盡，桃花騎轉新。』（已上有『驅馬』、『飛鑣』，下又『桃花騎』，是相重病也。）又曰：『遊雁比翼翔，飛鴻知接翮。』第二十八，駢拇者，所謂兩句中道物無差，名曰駢拇。如庾信詩曰：『兩戍俱臨水，雙城共夾河。』此之謂也。」

〔四〕訓故本「肬」字作「疣」。沈亞之送韓静略序：「裁經綴史，補之如疣，是文之病煩久矣。」（又

見困學紀聞卷十七）

綴補：「張華雜詩：『遊雁比翼翔，歸鴻知接翮。』此『同辭重句』也。」

「同辭重句」，也不能一概否定。有時，作者爲突出某一觀點，也不厭重複。如李斯諫逐客書：「今取人則不然。不問可否，不論曲直，非秦者去，爲客者逐。」易繫辭上：「言天下之至賾而不可惡也，言天下之至動（從鄭本）而不可亂也。」

史通敍事篇：「自茲（班、馬）已降，史道陵夷，作者蕪音累句，雲蒸泉湧。其爲文也，大抵編字不隻，捶句皆雙，修短取均，奇偶相配。故應一言蔽之者，輒足爲二言；應以三句成文者，必分爲四句。彌漫重沓，不知所裁。」

以上爲第一段，解釋「鎔裁」的意義及其作用。

凡思緒初發〔一〕，辭采苦雜；心非權衡，勢必輕重〔二〕。是以草創鴻筆〔三〕，先標三準。履端於始〔四〕，則設情以位體〔五〕；舉正於中，則酌事以取類〔六〕；歸餘於終，則撮辭以舉要〔七〕。

〔一〕「思緒」，等於説思路。「緒」，端緒。

〔二〕「權衡」，就是秤。「輕重」，指或輕或重。二句意謂：不像天平秤那麽準，勢必有過輕或過重的偏差。

〔三〕論語憲問：「爲命，裨諶草創之。」「鴻筆」，各本俱作「鳴筆」，黄本「鳴」改「鴻」。紀評云：「當作『鳴』，後『鳴筆之徒』句可證。」校注：「按紀説非是。論衡須頌篇（原文已見封禪篇「乃鴻筆耳」條下）、抱朴子佚文（「雖鴻筆不可益也」，意林卷四引）並有『鴻筆』之文。封禪篇『乃鴻筆耳』，書記篇『才冠鴻筆』，亦並作『鴻筆』。」

〔四〕左傳文公元年：「先王之正時也，履端於始，舉正於中，歸餘於終。」杜預注：「步曆之始，以爲術之端首……舉中氣以正月，有餘日則歸之於終，積而爲閏。故言歸餘於終。」孔疏：「履，步也。謂推步曆之初始，以爲術曆之端首。」又曰：「日月轉運於天，猶如人之行步，故推曆謂之步曆。」又：「舉月之正半在於中氣。……歸其餘分置於終末，言於終末乃置閏也。」

困學紀聞卷六「左氏正時之義合素問言」條：「素問：立端於始，表正於中，推餘於終，而天度畢矣。」注：「謂立首氣於初節之日，示斗建於月半之辰，退餘閏於相望之後。此可以發明左氏正時（文元年）之義。」

古人制曆，以十九年爲一章，每章有七個有閏月的年，以一章爲一單元，把節候月日分配均勻。步算曆法的人，要從入章這一年的冬天開始，因爲這個冬至是一章的開始，故稱「履端於始」。從冬至到下一年的冬至，應爲三百六十五日有餘，但若以月圓月盡爲標準，每年只能有三百五十四日。這樣十二個月有了大小之分，每月所得的日子有多有少，很可能導致節氣的不準確。節氣不準，即月不正。於是只有取中氣以正月。所謂中氣，就是「節氣」的「氣」。二十四個節氣，十二爲節，在月初；十二爲氣，這個氣應居於每月之正中（月半），叫中氣。這個月的月半如果有了中氣，便算正確。因爲要取中氣以正月，故稱「舉正於中」。每月賸一日有餘，歸之於終，積成一月，置作閏月，故稱「歸餘於終」。此處「履端於始」、「舉正於中」、「歸餘於終」只是借用左傳文公元年的話，作爲首先、其次、最後的代詞。與原來的含義無關。「履」，踐，走。「履端於始」，即開始走第一步。

〔五〕范注：「此謂經營之始，心中須先歷此三層程序。首審題義何在，體應何取；次採集關於本題之材料；最後審一篇之警策應置何處。蓋篇中若無出語（陸雲與元平原書中數言出語，出語即警策語），則平淡不能動人，故云撮辭以舉要。始、中、終，非指一篇之首中尾而言，彥和蓋借左傳文公元年語以便文詞耳。」

劉永濟釋劉勰的三準論：「他所謂『三準』，乃是指從作者內心形成作品的全部過程中所必然有的三個步驟。這三個步驟都各有其適當的一定的準則，所以謂之爲『三準』……

「他所謂『位體』，是說作者內心懷抱着的某種思想感情的整個體系，首先要將它建立起來，作爲全篇的骨幹，然後『酌事』方有所依據，所以說『設情以位體』。其次，作品中所用的事或理，又必須與他的思想感情極其相類，非常切合，也就是必須與形成他的思想感情的客觀事物一致。所以説『酌事以取類』。再其次，有了與『情』相類的『事』，然後方能依據這些『事』

的内容和性質，來『屬采附聲』。而這種『屬采附聲』的工拙，是關於作者的藝術手段的高下。作者的藝術手段高，則他的作品中的『事』與『物』，就能光輝燦爛，發生搖蕩人們心靈的力量。……這樣，必然是作品中所敷設的詞句都是『事』與『物』的主要的部分，所以説『撮辭以舉要』。劉氏的『三準』論，雖然看來似乎是三者平列的，但是却是以『情』爲其餘兩者的根本。」（文學研究，一九五七年二期）

劉大杰主編中國文學批評史：「所謂『三準』，首先是指根據所要表現的情志即思想内容來確定體製，其次是善於引證事類即典故成語來表達内容，再次是運用警策語句，突出重點。」

寇效信：「『位』和『體』（本體），指思想内容在文章中的位置及其主幹（主體）。所謂『設情以位體』，就是給作者所要表達的思想感情在文章中確立一定的位置，並確定其主幹，就是説，爲了避免『意或偏長』的毛病，爲了使文章内容條科分明，首尾圓合，在構思階段就要把所要表達的思想内容的内在邏輯搞清楚，把什麽是中心思想，什麽是中心思想下的分枝都考慮到，並給他們一一地確立明確的位置。」

按「先標三準」，就是標出煉意的三項步驟。鎔裁篇開頭説「情理設位」就是寫文章首先由思想感情來奠定基礎。「設情以位體」的「體」，是體制，既指文章的體裁，也包括對這一體裁的風格要求。所謂「設情以位體」就是在思想感情的基礎上安排用什麽體裁來寫，規格要求和風格要求是什麽。以賦爲例，所謂「設情以位體」，除去説明什麽樣的思想感情要用賦的體裁表現外，還要擬定對這篇賦的規格要求和風格要求。這裏面首先决定表現的是剛性的還是柔性的情感，這就是上文所説的「剛柔以立本」。剛性的或者柔性的情感，都有它不同的風格要求，這就是上文所説的「立本有體」。「設情以位體」就是根據情感的性質對作品體制作不同的安排。

以上所舉五種解説，主要分歧在對「體」字的理解：一種認爲指思想感情的主體，一種認爲指體制。可以並存。

文鏡秘府論定位篇：「凡制於文，先布其位，猶夫行陣之有次，階梯之有依也。先看將作之文，體有大小（若作碑、誌、頌、論、賦、檄等，體法大；啓、表、銘、贊等，體法小也）；又看所爲之事，理或多少。體大而理多者，定制宜弘，體小而理少者，置辭必局。須以此義，用意準之，隨所作文，量爲定限。謂各準其文體事理，量定其篇句多少也。既已定限，次乃分位，位之所據，義别爲科（雖主一事爲文，皆須次第陳叙，就理分配，義别成科。其若夫、至如、於是、所以等皆是科之際會也），衆義相因，厥功乃就（科别所陳之義，各相準望，連接以成一文也）。故須以心揆事，以事配辭（謂人以心揆所爲之事，又以此事分配於將作之辭），總取一篇之理，析成衆科之義（謂以所爲作篇之大理，分爲科别小義）。」

〔六〕易繫辭下：「其稱名也小，其取類也大。」其次，取用正確的合適的材料，就要斟酌用典。事類篇：「事類者，蓋文章之外，據事以類義，援古以證今者也。」「酌事以取類」是斟酌選擇事例來説明問題的時候，要選取類似的和內容貼切的典故。

祖保泉事類談屑：「『事』指的是文章中所寫的事物。所謂『酌事』，即提煉題材，所謂『取類』，即……取其與文情相類，或取其能體現文情。」（油印本）

〔七〕兩句説：歸到餘下的事，就是要用精煉的言辭來突出要點。「撮」，攝取。「舉要」就是擬出要點或者列出內容提綱。

札記：「『草創鴻筆』以下八語，亦設言命意謀篇之事，有此經營。總之意定而後敷辭，體具而後取勢，則其文自有條理。舍人本意，非立一術以爲定程，謂凡文必須循此所謂始、中、終之步驟也，不可執詞以害意。舍人妙達文理，豈有自制一法，使古今之文必出於其道者哉！近世有人論文章命意謀篇之法，大旨謂：『一篇之內端緒不宜繁多。譬如萬山旁薄，必有主峰，龍袞九章，但挈一領，否則首尾衡決，陳義蕪雜。』（按此見曾國藩復陳右銘太守書）其言本於舍人，而私據以爲戒律。蔽者不察，則謂文章格局皆宜有定，譬如案譜著棋，依物寫貌，戕賊自然以爲美，而舉世莫敢非之，斯未可假借舍人以自壯也。章實齋古文十弊有一節論文無定格，其論閎通，足以藥拘攣之病，與劉論相補苴。茲録於左：

『古人文成法立，未嘗有定格也。傳人適如其人，述事適如其事，無定之中有一定焉。知其意者旦暮遇之；不知其意，襲其形貌，神弗肖也。往余撰和州志故給事成性傳，性以建言著稱，故采録其奏議。然性少遭亂離，全家被害，追悼先世，每見文辭，而猛省之篇，尤沈痛可以教孝，故於終篇全録其文。其鄉有知名士賞余文曰：「前載如許奏章，若無猛省之篇，譬如行船，鷁首重而柁樓輕矣，今此婁尾，可謂善謀篇也。」余戲詰云：「設成君本無此篇，此船終不行耶？」蓋塾師講授四書文義，謂之時文，必有法度，以合程式；而法度難以空言，則往往取譬以示蒙學；擬於房屋，則有所謂間架結構；擬於身體，則有所謂眉目筋節；擬於繪畫，則有所謂點睛添毫；擬於行家，則有所謂來龍結穴；隨時取譬，然爲初學示法，亦自不得不然，無庸責也。惟時文結習，深錮腸腑，進窺一切古書古文，皆此時文見解，動操塾師啓蒙議論，則如用象棋枰布圍棋子，必不合矣。』」

以上爲第二段，標舉「三準」闡明在構思階段如何進行鎔意。

然後舒華布實，獻替節文〔一〕。繩墨以外，美材既斲〔二〕，故能首尾圓合〔三〕，條貫統序〔四〕。若術不素定，而委心逐辭〔五〕，異端叢至，駢贅必多〔六〕。

〔一〕「舒」，舒展。「華」，指辭藻。「布」，鋪陳。「實」，指思想内容。校證：「『替』，原作『贊』，徐云：『「贊」當作「替」，後有「獻替」之句。』梅本、王惟儉本作『替』。黄注云：『疑作「質」。』」按附會篇云：「獻可替否，以裁厥中。」作「替」字是。注訂：「獻者進也，替者廢也。」

「節」，指節奏音韻；「文」，指文采。「節文」即音韻文采。定勢：「雖復契會相參，節文互雜。」又「節」亦可解作調節。考異：「獻替有興廢取舍之義，故曰節文。」

寇效信：「所謂『舒華布實，獻替節文』，就是具體的寫定工作。『舒華布實』就是在文章中具體舒寫辭采，鋪排内容，把頭腦中的構思變成文章。『獻替』，即取舍，『節文』指文章的語言辭采。『獻替節文』就是選擇或運用語言來表現思想内容，也就是『討字句』。」

〔二〕「美材」，好的木材，比喻文章所用的好材料。「斲」，砍削。大意是：美材之在繩墨以外的，也去掉了。

文心雕龍講疏：「以三準之術，經營篇章，則辭在繩外，雖美必斲。意有條貫，雖繁不亂。」

寇效信：「只有以『三準』爲内容的工作做好了，『繩墨之外』的多餘的駢贅去掉了，『美材』經過斲削，寫成的文章就能『首尾圓合，條貫統序』。」

范注：「『然後舒華布實』至『美材既斲』，謂既形之於文，仍須隨時加以修飾之功。」

〔三〕「首尾圓合」，前後圓滿吻合。

〔四〕「統」，元、明各本皆作「始」，黄本改「統」。「條貫」，有條理。「統序」，有次序，有層次。

〔五〕注訂：「三準不施，率爾操觚，即術不素定也。」

〔六〕「異端」，指繩墨以外的東西。

文鏡秘府論定位篇：「其爲用也，有四術焉：一者，分理務周（謂分配其理，科别須相準望，皆使周足得所，不得令或有偏多偏少者也）；二者，叙事以次（謂叙事理須依次第，不得應在前而入後，應入後而出前，及以理不相干，而言有雜亂者）；三者，義須相接（謂科別相連，其上科末義，必須與下科首義相接也）；四者，勢必相依（謂上科末與下科末，句字多少及聲勢高下，讀之使快，即是相依也。……）。理失周，則繁約互舛（多則義繁，少則義約，不得分理均等，是故云舛也）；事非次，則先後成亂（理相參錯，故失先後之次也）；義不相接，則文體中絶（兩科際會，義不相接，故尋之若文體中斷絶也）；勢不相依，則諷讀爲阻（兩科聲勢，自相乖舛，故讀之以致阻難也）。若斯並文章所尤忌也。」

故三準既定，次討字句〔一〕。句有可削，足見其疏；字不得減，乃知其密〔二〕。精論要語，極略之體〔三〕；游心竄句，極繁之體〔四〕。謂繁與略，隨分所好〔五〕。引而申之，則兩句敷爲一章〔六〕；約以貫之，則一章删成兩句〔七〕。

〔一〕「字」，元、明各本均作「定」，黄本改。

〔二〕史通敘事篇：「又敘事之省，其流有二焉：一曰省句，二曰省字。如左傳宋華耦來盟，稱其先人得罪於宋，魯人以爲敏。夫以鈍者稱敏，則明賢達所嗤，此爲省句也。春秋經曰：『隕石於宋五。』夫聞之隕，視之石，數之五，加以一字太詳，減其一字太略，求諸折中，簡要合理。此爲省字也。其有反於是者，若公羊（當作穀梁）稱郤克眇，季孫行父禿，孫良夫跛，齊使跛者逆跛者，禿者逆禿者，眇者逆眇者。蓋宜除『跛者』已下句，但云『各以其類逆』。必事加再述，則於文殊費，此爲煩句也。漢書張蒼傳云：『年老口中無齒。』蓋於此一句之内，去『年』及『口中』可矣。夫此六文成句，而三字妄加，此爲煩字也。然則省句爲易，省字爲難。洞識此心，始可言史矣。苟句盡餘賸，字皆重複，史之煩蕪，職由於此。」楊樹達漢文文言修詞學：「劉氏此議非也。夫齊人類逆，事本滑稽，故傳文特作煩言，以增興趣，若如劉氏所改，文詞雖省，韻味索然矣。魏伯子論文：『如劉説，簡則簡矣，於神情特不生動。』是也。」

〔三〕書記篇：「隨事之體，貴乎精要。意少一字則義闕，句長一言則辭妨。」春覺齋論文用筆八則「用省筆」條：「劉彦和曰：『精論要語，極略之體。』試問不精不要，又何能略？學者爲文欲求略，當先求精。惟蓄理足者，始有眼光；有眼光，始知棄取；知棄取，則儘我所爲，全局在握，省於此則留詳於彼，伏於前必待應於後。要之，詳處非難，省處難也。」

〔四〕「游心」，游蕩心思。「竄句」，竄改文句。莊子駢拇：「駢於辯者，纍瓦結繩，竄句游心於堅白同異之間。」釋文引司馬彪云：「竄句，謂邪説微隱，穿鑿文句也。」王先謙莊子集解：「案竄易文句游蕩心思於堅白同異之間也。」

校注：「按此謂文之繁略，各有其體。『極略之體』，則『精論要語』不見其少；『極繁之體』，則『游心竄句』未嫌其多。」

楊明照劉勰論創作過程中的煉意和煉辭：「『精論要語……極繁之體。』『極』之云者，謂能盡其能事的意思。這幾句是説：繁略各有所尚，貴於能得體。極盡略之能事的作品，則『精論要語』未見其少；極盡繁之能事的作品，則『游心竄句』不嫌其多。如水經江水注所描繪的三峽，與李白的下江陵，一繁一略，但都各盡其妙。……這説明『極略之體』與『極繁之體』在創作上都需要，未可偏廢。」（四川文學一九六二年十月號）

斠詮：「舍人所謂『游心竄句，極繁之體』，即鍾嶸詩品序所謂『意游文散，嬉成流移，文無止泊，有蕪漫之累』是也。」

范注：「文選載干寶晉紀總論與晉書元帝紀所載詳略不同，亦可以觀翦裁之法則。」

〔五〕注訂：「所謂繁略隨分所好者，隨分際之所當施，應繁則繁，應略則略也。」

「隨」，元本、弘治本以下各本皆作「適」。校證：「王惟儉本、黄本作『隨』，今據改。」

校注：「按『適』字是。明詩篇『隨性適分』，養氣篇『適分胸臆』，並以『適分』爲言，可證。」按「適分」、「隨性」義同。

張嚴文心雕龍文術論詮：「如太史公寫藺相如『完璧歸趙』、『澠池之會』，一言一動，一筆不漏，咸足示相如之性格與膽識，故專用重筆。寫廉頗三伐齊、二伐魏、一伐燕，功勞莫大，而太史公僅以三四十字表出，以爲此乃兵家常事，軍人本分，是良將所共有，不必辭費也。至廉頗爲何嫉忌藺相如，爲何負荆謝罪，與失勢得勢時之對待賓客，與晚年亡命，一飯斗米，肉十斤，被甲上馬下馬，示尚可用等情節，則又刻劃精細，使讀者知廉頗之爲人。短處是度量褊狹，長處是重義氣，識大體，此太史公之筆法也，是知『適分所好』亦言繁略並可，隨作者性之所好，固不必拘執也。」

論衡自紀篇：「充書文重。或曰：『文貴約而指通，言尚省而趨明。辯士之言要而達，文人之辭寡而章。今所作新書出萬言，繁不省，則讀者不能盡；篇非一，則傳者不能領。被躁人之名，以多爲不善。語約易言，文重難得。玉少石多，多者不爲珍；龍少魚衆，少者固爲神。』答曰：『有是言也。蓋寡言無多，而華文無寡。爲世用者，百篇無害；不爲用者，一章無補。如皆爲用，則多者爲上，少者爲下。累積千金，比於一百，孰爲富者？蓋文多勝寡，財寡愈貧。世無一卷，吾有百篇；人無一字，吾有萬言。孰者爲賢？今不曰所言非而云泰多，不曰世不好善而云不能領，斯蓋吾書所以不得省也。夫宅舍多，土地不得小；户口衆，簿籍不得少。今失實之事多，華虚之語衆，指實定宜，辯争之言，安得約徑？韓非之書，一條無異，篇以十第，文以萬數。夫形大衣不得褊，事衆文不得褊。事衆文饒，水大魚多。帝都穀多，王市肩摩，書雖文重，所論百種。按古太公望，近董仲舒，傳作書篇百有餘，吾書亦纔出百，而云泰多，蓋謂所以出者微，觀讀之者不能不譴呵也。河水沛沛，比夫衆川，孰者爲大？蟲繭重厚，稱其出絲，孰爲多者？』」

元王構修辭鑑衡卷二「繁簡」條：「文有以繁爲貴者，若檀弓『石祁子沐浴佩玉』，莊子之『大塊噫氣』用『者』字；韓子送孟東野序用『鳴』字，上宰相書『至今稱周公之德』，其下又有『不衰』二字。凡此類則以繁爲貴也。文有以簡爲貴者，若舜典『至於南岳如岱禮，西岳如初』；孟子『獻子之友五人，其三人則予忘之』；史記：事在某人傳。凡此類則又以簡爲貴也。但繁而不厭其多，簡而不遺其意，乃爲善矣。」（據叢書集成翻指海本）

〔六〕斯波六郎：「周易繫辭上：『引而伸之，觸類而長之。』」史繩祖學齋佔嗶：「前赤壁賦末尾一節，自『惟江上之清風，與山間之明月』，至『相與枕藉乎舟中，不知東方之既白』，却只是用李白『清風朗月不用一錢買，玉山自倒非人推』（襄陽歌），一聯十六字，演成七十九字，愈奇妙也。」

〔七〕論語里仁：「吾道一以貫之。」「約」，約束，壓縮。史通叙事篇：「夫叙事者，或虛益散辭，廣加閑説，必取其所要，不過一言一句耳。苟能同夫獵者漁者，既執而置釣必收，其所留者唯一筌一目而已。則庶幾駢枝盡去，而塵垢都捐，華逝而實存，滓去而瀋在矣。」學齋佔嗶：「東坡泗州僧伽塔詩：『耕田欲雨蓺欲晴，去得風順來者怨。』此乃檃括劉禹錫何卜賦中語曰：『同涉於川，其時在風；沿者之吉，泝者之凶。同蓺於野，其時在澤；伊穜之利，乃穋之厄。』坡以一聯十四字，而包盡劉禹錫四對三十二字之義也，蓋奪胎換骨之妙。」徵聖篇：「故知繁略殊形，隱顯異術；抑引隨時，變通會適。」

思贍者善敷，才覈者善删〔一〕。善删者字去而意留〔二〕，善敷者辭殊而意顯〔三〕。

字删而意闕，則短乏而非覈〔四〕；辭敷而言重，則蕪穢而非贍〔五〕。

〔一〕「覈」，謹嚴，切實。

〔二〕此段玉海卷二〇四辭學指南引作：「文心雕龍曰：思贍者善敷，才覈者善删。善删者字去而意留，善敷者辭殊而義顯。字删而意缺，則短；辭敷而言重，則蕪。」斠詮：「案善敷之例，如周書君陳：『爾惟風，下民惟草。』僅七字。而劉向説苑：『夫上之化下，猶風之靡草。東風，則草靡而西；西風，則草靡而東。在風所由，則草爲之靡。』文長三十二字，是『思贍者善敷』之徵也。善删之例，如左傳定公四年：『楚人爲食，吴人及之；奔，食而從之。』奔，言楚人奔也，奔前省二字。食而從，言吴人食楚人之食也，食前省二字。是『才覈者善删』之徵也。」

〔三〕張嚴論詮：「文章原可隨情長短，因事增減。惟行文之道，必辭達而理舉，無取乎冗長；須理宜而義著，莫尚乎簡約。昔高祖大風歌僅三句，荆卿易水歌僅兩句，馮諼彈鋏歌僅一句，而慷慨含悲、飲恨之情，已流露無遺。故簡者不必求繁，其義亦明；繁者無須求簡，其義亦顯。李調元賦話云：『論詩有摘句之圖，選賦亦有斷章之義。蓋一篇之中，玉石雜糅，棄置則菁英可惜，甄采則瑕病未除；不得不掇礫搴稂，略存去取。』此與彦和所論，可以互相發明。」史通叙事篇：「蓋作者言雖簡略，理皆要害。故能疎而不遺，儉而無闕。譬如用奇兵者，持一當百，能全克敵之功也。若才乏儁穎，思多昏滯，費詞既甚，敘事才周。亦猶售鐵錢者，以兩當一，方成貿遷之價也。」

玉海卷二〇一辭學指南：「后山攜所作謁南豐，因留款語。適欲作一文字，事多，因託后山爲之，成數百言。南豐云：『大略也好，只是冗字多。』后山請改竄。南豐取筆抹數處，每抹處連一兩行，凡削去一二百字。后山讀之，則其意尤全。因嘆服，遂以爲法。」

魏凝叔日録論文：「東房言：『作文者，善改不如善删。』此可謂學簡之法。然句中删字，篇中删句，集中删篇，所易知也。善作文者，能於將作時删意，未作時删題，便省卻多少筆墨。能删題，乃真簡矣。」

呂氏春秋貴公：「荆人有遺弓者，而不肯索，曰：『荆人遺之，荆人得之，又何索焉？』孔子聞之，曰：『去其荆而可矣。』」

史通點煩：「孔子家語曰：『魯公索氏將祭而忘其牲。孔子聞之曰：「公索氏不及二年矣。」一年而亡。門人問曰：「昔公索氏忘其祭牲，而夫子曰不及二年必亡，今果如期而亡，夫子何以知然？」』右除二十四字。」按指「昔公索氏」至「如期而亡」二十四字。

〔三〕「意」字，范注引鈴木：「玉海、嘉靖本、王本、岡本並作『義』。」

世説新語文學：「桓宣武命袁彦伯作北征賦，既成，公與時賢共看，咸嗟嘆之。時王珣在坐云：『恨少一句，得「寫」字足韻當佳。』袁即於坐攬筆益云：『感不絶於余心，泝流風而獨寫。』公謂王曰：『當今不得不以此事推袁。』」

〔四〕洪邁容齋隨筆：「歐陽公進新唐書表曰：『其事則增於前，其文則省於舊。』夫文貴於達而已，繁與省各有當也。史記衛青傳：『校尉李朔、校尉趙不虞、校尉公孫戎奴，各三從大將軍獲王。以千三百户封朔爲涉軹侯，以千三百户封不虞爲隨成侯，以千三百户封戎奴爲從平侯。』漢書但云：『校尉李朔、趙不虞、公孫戎奴，各三從大將軍。封朔爲涉軹侯，不虞爲隨成侯，戎奴爲從平侯。』比於史記，五十八字中省二十三字，然不若史記樸贍可喜。」（見「文章繁省各有當」條）李笠中國文學述評：「今案班書言『從大將軍』而不言『獲王』，則功績不明；言封王而不言户，則禄養缺如。非惟文情有損，實於史蹟多晦矣。」

陳騤文則上：「文簡而理周，斯得其簡也；讀者疑有闕焉，非簡也，疎也。春秋書曰：『隕石於宋五。』公羊傳曰：『聞其磌然，視之則石，察之則五。』公羊之義……是簡之難也。」

〔五〕魏際瑞伯子論文：「文章煩簡，非因字句多寡，篇幅長短。若庸絮懈蔓，一句亦謂之煩；切到精詳，連篇亦謂之簡。」（文學津梁本）

楊明照煉意和煉辭：「文章的繁略本由内容來決定，該繁則繁，該簡則簡。……假如只是單純地爲了删、敷而不顧及其内容，勢必導致『字删而意闕』和『辭敷而言重』的不良後果。舉例説吧，柳宗元的段太尉遺事狀當中最精采的一個片斷是：『（郭）晞一營大譟……吾戴吾頭來矣。』這是多麽緊張的場面；段秀實的英勇機智，作者描述得異常出色。『吾戴吾頭來矣』句，尤能傳出段秀實既頑强又從容的神態。就拿煉辭來要求，已經滿够『字不得減』的標準了。可是宋祁把它采入新唐書本傳，只作『吾戴頭來矣』。重文雖省，語意卻不醒豁。難怪邵博要加以指責：『去二「吾」字，便不成語……「吾戴頭來」者，果何人之頭耶？』（見聞見後録卷一四）這幾句評語，大可作爲『字删而意闕』的注脚。至於『辭敷而言重』的事例，史通言之甚詳。除叙事、煩省兩篇一再論述外，另有點煩篇舉例示範。」

范注：「裁字之義，兼增删二者言之，非專指删減也。此節極論繁略之本原，明白不可復加。」

斠詮：「此節論辭之裁法，分删與敷兩概言之，如何使其字删而意留，辭敷而言殊，此固繫於作者之才思，而揆事配辭，準體實限，亦有術存焉。」

文鏡秘府論定位篇：「故自於首句，迄於終篇，科位雖分，文體終合。理貴於圓備，言資於順序，使上下符契，先後彌縫（上科與下科，事相成合，如符契然；科之先後，皆相彌縫，以合其理也），擇言者不覺其孤（言皆符合不孤），尋理者不見其隙（隙，孔也。理相彌合，故無孔也），始其宏耳。又文之大者，藉引而申之（文體大者，須依其事理，引之使長，又申明之，便成繁富也）；文之小者，在限而合之（文體小者，亦依事理，豫定其位，促合其理，使歸約也）。申之則繁，合之則約。善申者，雖繁不得而減（言雖繁多，皆相須而成義，不得減之令少也）；善合者，雖約不得而增（言雖簡少，義並周足，不可謂之使多）。合而遺其理（謂合之傷於疏略，漏其正理也），疏穢之起，實在於茲（理不足，故體必疏。義相越，故文成穢也）。皆在於義得理通，理相稱愜故也。若使申而越其義（謂申之乃虛相依托，越於本義也），此固文人所宜用意。或有作者，情非通晤，不分先後之位，不定上下之倫，苟出胸懷，便上翰墨，假相聚合，無所附依，事空致於混淆，辭終成於隙碎。斯人之輩，吾無所裁矣。」

陳望道修辭學發凡「省略」類，舉左傳、穀梁傳、國語、禮記、史記、說苑等書所載驪姬向晉獻公譖害太子申生一件事爲例，可以見同叙一事，有詳有略，各有側重。

左傳：「姬謂太子曰：『君夢齊姜，必速祭之。』太子祭于曲沃，歸胙于公。公田，姬寘諸宮六日，公至，毒而獻之。公祭之地，地墳；與犬，犬斃；與小臣，小臣亦斃。姬泣曰：『賊由太子。』太子奔新城（曲沃），公殺其傅杜原款。或謂太子：『子辭，君必辯焉。』太子曰：『君非姬氏，居不安，食不飽；我辭，姬必有罪。君老矣，吾又不樂。』曰：『子其行乎？』太子曰：『君實不察其罪，被此名也以出，人誰納我？』」（僖公四年）

穀梁傳：「麗姬又［謂君］曰：『吾夜者夢夫人趨而來，曰「吾苦飢」；世子之宮已成，則何爲不使祠也？』故獻公謂世子曰：『其祠！』世子祠。已祠，致福於君，君田而不在。麗姬以酖爲酒，藥脯以毒。獻公田來，麗姬曰：『世子已祠，故致福於君。』君將食，麗姬跪曰：『食自外來者，不可不試也。』覆酒於地而地賁；以脯與犬，犬死。麗姬下堂而呼啼曰：『天乎天乎！國，子之國也，子何遲於爲君？』君喟然嘆曰：『吾與汝未有過切，是何與我之深也！』

使人謂世子曰：『爾其圖之！』世子之傅里克謂世子曰：『入自明！入自明則可以生！不入自明則不可以生。』世子曰：『吾君已老矣，已昏矣。吾若此而入自明，則麗姬必死，麗姬死則吾君不安。所以使吾君不安者，吾不若自死；吾寧自殺以安吾君。』（僖公十年）

國語：「驪姬以君命命申生曰：『今夕君夢齊姜，必速祠而歸福。』申生許諾。乃祭於曲沃，歸福於絳。公田，驪姬受福，乃寘鴆於酒，寘堇於肉。公至，召申生獻。公祭之地，地墳。申生恐而出。驪姬與犬肉，犬斃；飲小臣酒，亦斃。公命殺杜原款。申生奔新城。……人謂申生曰：『非子之罪，何不去乎？』申生曰：『不可。去而罪釋，必歸於君，是怨君也；章父之惡，取笑諸侯，吾誰鄉而入？內困於父母，外困於諸侯，是重困也；棄君去罪，是逃死也。吾聞之：仁不怨君，智不重困，勇不逃死。若罪不釋，去而必重，去而罪重，不智；逃死而怨君，不仁；有罪不死，無勇，去而厚怨，惡不可重，死不可避，吾將伏以俟命。』」（晉語二）

禮記：「晉獻公將殺其世子申生。公子重耳（申生異母弟）謂之曰：『子蓋（當爲盍）言子之志於公乎？』世子曰：『不可。君安驪姬，是我傷公之心也。』曰：『然則蓋行乎？』世子曰：『不可，君謂我欲弒君也。天下豈有無父之國哉；吾何行如之？』」（檀弓上）

史記：「驪姬謂太子曰：『君夢見齊姜，太子速祭曲沃，歸釐於君。』太子於是祭其母齊姜於曲沃，上其薦胙於獻公；獻公時出獵，置胙於宮中。驪姬使人置毒藥胙中。居二日，獻公從獵來還，宰人上胙獻公，獻公欲饗之。驪姬從傍止之曰：『胙所從來遠，宜試之。』祭地，地墳；與犬，犬死；與小臣，小臣死。驪姬泣曰：『太子何忍也！其父而欲弒代之，况他人乎？且君老矣，旦暮之人，曾不能待，而欲弒之！』……太子聞之，奔新城。獻公怒，乃誅其傅杜原款。或謂太子曰：『爲此藥者乃驪姬也，太子何不自辭明之？』太子曰：『吾君老矣，非驪姬，寢不安，食不甘。即辭之，君且怒之。不可。』或謂太子曰：『可奔他國。』太子曰：『被此惡名以出，人誰內我？我自殺耳！』」（晉世家）說苑：「晉驪姬譖太子申生於獻公，獻公將殺之。公子重耳謂申生曰：『爲此者非子之罪也，子胡不進辭？辭之必免於罪。』申生曰：『不可。我辭之，驪姬必有罪矣。吾君老矣，微驪姬寢不安席，食不甘味，如何使吾君以恨終哉？』重耳曰：『不辭，則不若速去矣。』申生曰：『不可，去而免於死，是惡吾君也。夫彰父之過而取笑諸侯，孰肯內之？入困於宗，出困於逃，是重吾惡也。吾聞之，忠不暴君，智不重惡，勇不逃死。如是者，吾以身當之。』」（立節篇）

日知録卷十九「文章繁簡」條：「辭主乎達，不論其繁與簡也。繁簡之論興，而文亡矣。史記之繁處，必勝於漢書之簡處。新唐書之簡也，不簡於事而簡於文，其所以病也。（錢氏曰：「文有繁有簡，繁者不可簡之使少，猶之簡者不可增之使多。左氏之繁，勝於公、穀之簡，史記、漢書互有繁簡，謂文未有繁而能工者，亦非通論也。」）

「『時子因陳子而以告孟子。』此不須重見而意已明。『齊人有一妻一妾而處室者。其良人出，則必饜酒肉而後反。其妻問所與飲食者，則盡富貴也。其妻告其妾曰：良人出，則必饜酒肉而後反。問其與飲食者，盡富貴也，而未嘗有顯者來。吾將瞯良人之所之也。』『有饋生魚於鄭子產，子產使校人畜之池。校人烹之，反命曰：始舍之，圉圉焉，少則洋洋焉，攸然而逝。子產曰：得其所哉！得其所哉！校人出，曰：孰謂子產智？予既烹而食之，曰得其所哉！得其所哉！』此必須重疊而情事乃盡。此孟子文章之妙；使入新唐書，於齊人則必曰：『其妻疑而瞯之。』於子產則必曰：『校人出而笑之。』兩言而已矣。是故辭主乎達，不主乎簡。」

以上爲第三段，從文章字句的繁略疏密論述寫作階段的翦裁問題。

昔謝艾、王濟〔一〕，西河文士〔二〕。張駿以爲艾繁而不可删〔三〕，濟略而不可益。若二子者，可謂練鎔裁而曉繁略矣〔四〕。

〔一〕黄注：「（晉書）張重華傳（張重華，東晉前涼王）：主簿謝艾，兼資文武。」注訂：「晉書王渾傳並載子濟事云：『王渾，字玄沖，太原晉陽人也。……濟字武子，少有逸才，風姿英爽，氣蓋一時。好弓馬，勇力絶人。善易及莊老，文詞俊茂，伎藝過人，有名當世。』」濟善清言，飾辭令，官至太僕，有集二卷。

〔二〕「西河」，郡名。在今山西中部。

〔三〕校證：「『駿』原作『俊』。梅云：當作駿。案王惟儉本正作『駿』，今據改。」章表篇「張駿自序」，亦作「駿」。范注：「張駿，字公庭，十歲能屬文。傳見晉書八十六。謝艾見駿子重華傳。駿語無聞。」

〔四〕「練」，熟練，這裏指擅長，會。

至如士衡才優〔一〕，而綴辭尤繁〔二〕；士龍思劣，而雅好清省〔三〕。及雲之論機，亟恨其多〔四〕，而稱「清新相接，不以爲病」〔五〕，蓋崇友于耳〔六〕。

〔一〕晉書陸機傳：「機天才秀逸，辭藻宏麗。」

〔二〕才略篇：「陸機才欲窺深，辭務索廣，故思能入巧，而不制繁。士龍朗練，以識檢亂，故能布采鮮净，敏於短篇。」

校注：「世説新語文學篇：『孫興公云：陸文若排沙簡金，往往見寶。』劉注：『文章傳曰：「機善屬文，司空張華見其文章，篇篇稱善，猶譏其作文大治，謂曰：人之作文，患於不才，至子爲文，乃患太多也。」』又：『孫興公云：「……陸文深而蕪。」』並足證成舍人此説。」

〔三〕晉書陸機傳附陸雲傳謂：「（雲）六歲能屬文，性清正，有才理，少與兄機齊名，雖文章不及機，而持論過之，號曰『二陸』。」

陸雲與兄平原書：「雲今意視文，乃好清省。」

困學紀聞卷二十雜識：「文心雕龍云：士衡才優，而綴辭尤煩；士龍思劣，而雅好清省。今觀士龍與兄書：往日論文，先辭而後情，尚絜而不取色澤（案「色」，何本作「悦」，宋板陸士龍集本作「悦」）。」

〔四〕「亟」，屢次。陸雲與兄平原書：「兄文章之高遠絶異，不可復稱言，然猶皆欲微多，但清新相接，不以此爲病耳。若復令小省，恐其妙欲不見。」又：「兄文方當日多，但文實無貴於爲多。多而如兄文者，人不饜其多也。」又：「文章實自不當多。古今之能爲新聲絶曲者，又無過兄，兄往日文雖多瑰鑠，至於文體，實不如今日。……張公文無他異，正自清省無煩長，作文正爾，自復佳。兄文章已顯一世，亦不足復多自困苦。適欲白兄可因今清静，盡定昔日文，但當鈎除，差易爲功力。」又：「二祖頌甚爲高偉……然意故復謂之微多，『民不輟嘆』一句謂可省。」又一書：「兄丞相箴小多，不如女史箴清約耳。」

〔五〕羅常培筆録劉師培漢魏六朝專家文研究九蔡邕精雅與陸機清新：「陸士龍與兄平原書每評論士衡文章之得失，就其所論推其所未論，可資隅反之處頗多。其中有云：『往日論文，先辭而後情，尚潔而不取悦澤。嘗憶兄道張公父子論文，實自欲得。今日便欲宗其言。兄文章之高遠絶異，不可復稱言。然猶皆欲微多，但清新相接，不以此爲病耳。』（全晉文卷一百二）今觀士衡文之作法，大致不出『清新相接』四字。『清』者，毫無蒙混之迹也；『新』者，惟陳言之務去也。士衡之文，用筆甚重，辭采甚濃，且多長篇。使他人爲之，稍不檢點，即不免蒙混，或人云亦云。蒙混則不清，有陳言則不新。既不清新，遂致蕪雜冗長。陸之長文皆能清新相接，絶不蒙混陳腐，故可免去此弊。他如嵇叔夜之長論所以獨步當時者，亦衹意思新穎，字句不蒙混而已。」

〔六〕尚書君陳：「惟孝友于兄弟。」補注：「詳案此謂陸雲推尊其兄，語近歇後。後漢書史弼傳：『陛下隆於友于。』曹植求通親親表：『今之否隔，友于同憂。』自後遂以友于爲常語。陶公詩亦云：『再喜見友于。』彦和又無論矣。」白居易與元九書：「凡人爲文，私於自足，不忍於割裁，或失於繁多，其間妍媸益又自惑，必待交友有公鑒無姑息者，討論而削奪之，然後繁簡當否得其中矣。」

夫美錦製衣，修短有度，雖翫其采，不倍領袖。巧猶難繁，況在乎拙！〔一〕而文賦以爲榛楛勿剪〔二〕，庸音足曲〔三〕，其識非不鑒〔四〕，乃情苦芟繁也〔五〕。

〔一〕「巧」、「拙」都指作者而言。議對篇：「文以辨潔爲能，不以繁縟爲巧。」

〔二〕「榛楛」，惡木。文賦：「石韞玉而山輝，水懷珠而川媚。彼榛楛之勿翦，亦蒙榮於集翠。綴下里於白雪，吾亦濟夫所偉。」文選李善注：「榛楛，喻庸音也。以珠玉之句既存，故榛楛之辭亦美。」又曰：「言以此庸音而偶彼嘉句，譬以下里鄙曲綴於白雪之高唱，吾雖知美惡不倫，然且以益夫所偉也。」

朱珔文選集釋：「廣雅：木叢生曰榛。荀子勸學篇注：『楛，濫惡也。』賦意若草木之叢雜濫惡，未剪除也。」許文雨文論講疏：「謂草木雖有叢雜濫惡，而一旦翠鳥來集，亦可增其美觀。喻庸拙之文，亦添榮生色於警策之句也。」

〔三〕文賦：「故踸踔於短垣，放庸音以足曲。」「足曲」，湊足樂曲。這是説平凡的辭句，配合着美妙的辭句，也顯得美妙。

〔四〕「鑒」，明察也。

〔五〕校證：「『芟』原作『忞』，梅改。按本贊正作『芟繁』。」

夫百節成體，共資榮衛〔一〕。萬趣會文〔二〕，不離辭情。若情周而不繁〔三〕，辭運而不濫〔四〕，非夫鎔裁，何以行之乎〔五〕？

〔一〕上百的關節構成一個身體，必須依靠血脈的流通。「榮（營）衛」，指血脈。黄帝内經素問熱論：「營衛不行，五藏（臟）不通。則死矣。」范注：「素問湯液醪醴論：『榮衛不可復收。』注：『榮衛者，氣之主。』」斠詮：「吕氏春秋開春：『飲食居處適，則九竅，百節，千脈，皆通利矣。』……百節，言人身之各關節也。……榮衛，素問痺論：『榮者，水穀之精氣也；衛者，水穀之悍氣也。』亦作『營衛』。靈樞營衛生會篇：『穀氣入於藏府，清者爲營，濁者爲衛，營在脈中，衛在脈外，營用不休，五十而復大會；陰陽相貫，如環無端。』據此，營即動脈血，衛即靜脈血。」

〔二〕「趣」，旨趣。「會文」，會合成文。

〔三〕「周」，周密。

〔四〕「運」，運用、運行。綴補：「周、運互文，運亦周也。周髀算經：『凡日月運行四極之道。』趙嬰注：『運，周也。』」

〔五〕論語爲政：「其何以行之哉！」

斠詮：「文章端賴情辭，所謂『情者文之經，辭者理之緯，經正而後緯成，理定而後辭暢。』惟情之患，患在雜與竭，辭之患，患在枯與繁，若欲『情周而不繁，辭運而不濫』，則宜救之以鎔裁。故曰：『非夫鎔裁，何以行之乎？』此一語歸題，可知彦和之用心矣。」

第四段，總結繁略正反兩方面的教訓，進一步强調鎔裁的重要性。

贊曰：篇章户牖，左右相瞰〔一〕。辭如川流〔二〕，溢則汎濫。權衡損益，斟酌濃淡。芟繁翦穢，弛於負擔〔三〕。

〔一〕「瞰」，觀望。文章好比門窗的配置，左右觀望而能對稱。

斠詮：「言篇章之組織嚴密，段落清楚，好比房屋之户牖通明，左右對映，空氣自然流暢也。」

〔二〕校注：「詩大雅常武：『如川之流。』蔡邕何休碑：『辭述川流。』」

〔三〕校注：「按左傳莊公二十二年：『赦其不閑於教訓，而免於罪戾，弛於負擔。』杜注：『弛，去離也。』」

聲律第三十三

釋慧皎高僧傳十三經師論云：「始有魏陳思王曹植深愛聲律，屬意經音，既通般遮之瑞響，又感漁山之神製；於是刪治瑞應本起，以爲學者之宗，傳聲則三千有餘，在契則四十有二。」

文賦：「暨音聲之迭代，若五色之相宣；雖逝止之無常，固崎錡而難便；苟達變而識次，猶開流以納泉；如失機而後會，恒操末以續顛；謬玄黄之袟叙，故淟涊而不鮮。」

沈約宋書謝靈運傳論：「夫五色相宣，八音協暢，由乎玄黄律吕，各適物宜。欲使宫羽相變，低昂互節，若前有浮聲，則後須切響；一簡之内，音韻盡殊；兩句之中，輕重悉異。妙達此旨，始可言文。」

南齊書陸厥傳：「汝南周顒善識聲韻，（沈）約等文皆用宫商，以平上去入爲四聲，以此制韻，不可增減，世呼爲永明體。」

文鏡秘府論天卷引隋陸善經四聲指歸：「宋末以來，始有四聲之目，沈（約）氏乃著其譜，論云：起自周顒。」

紀評：「即沈休文與陸厥書而暢之，後世近體，遂從此定制。齊梁文格卑靡，此學獨有千古。」

范注：「彥和於情采、鎔裁之後，首論聲律。蓋以聲律爲文學要質，又爲當時新趨勢，彥和固教人以乘機無怯者，自必暢論其理。而或者謂彥和生於齊世，適當王沈之時，又文心初成，將欲取定沈約，不得不枉道從人，以期見譽，觀南史舍人傳，言約既取談，大重之，謂深得文理，知隱侯所賞，獨在此一篇矣。」

注訂：「自魏有李登聲類之說出，則文章聲律之說乃宏；自梁沈約以後，則文章聲律之說乃精；自彥和此篇之說出，則文章聲律之說始大定。」

劉勰在原則上是支持沈約的四聲論的，所以文心雕龍中有聲律篇，專門討論這個問題。從聲律篇來看，劉勰並不完全贊成沈約所設的「八病」的人爲限制。過去有人誹謗劉勰說他巴結權貴，爲了迎合沈約的心理，纔故意寫了聲律篇，來投其所好，因而文心雕龍一書得到沈約的贊賞，這顯然是不符合事實的。

劉勰並不完全贊成沈約的聲病說。因爲沈約的四聲八病說，主要講的是人爲的音律，而聲律篇中所闡發的則偏重於自然的音律。

夫音律所始，本於人聲者也〔一〕。聲含宮商〔二〕，肇自血氣〔三〕，先王因之，以制樂歌〔四〕。故知器寫人聲〔五〕，聲非效器者也〔六〕。

〔一〕校注：「按禮記樂記：『凡音之起，由人心生也；人心之動，物使之然也。感於物而動，故形於聲。』」

斠詮：「音律，音樂之規律，如律呂、宮調等。漢書武帝紀：『協音律，作詩樂。』晉書阮咸傳：『咸妙解音律，荀勗與咸論音律，自以爲遠不及也。』」

綴補：「呂氏春秋音初篇：『凡音者，産乎人心者也。感於心，則蕩乎音。』」

〔二〕校注：「含，何本、凌本、梁本……作『合』。按『合』字非是。『聲含宮商』，猶言聲含有宮商耳，非謂其合於宮商也。白虎通論姓篇：『人含五常而生，正聲有五：宮、商、角、徵、羽。』」

考異：「上言本於人聲，故下言含。含本內發，合由外鑠，從含是。」

注訂：「漢書律曆志：『五聲之本，生於黃鍾之律。九寸爲宮，或損或益，以定商、角、徵、羽。』禮記禮運：『五聲六律十二管，還相爲宮也。』注云：『五聲：宮、商、角、徵、羽。』」

〔三〕體性篇：「才力居中，肇自血氣。」「血氣」，這裏指天賦的生理基礎。

〔四〕「先王因之，以制樂歌」，是説利用天然的言語的美，來製作樂調，寫成詩歌。

〔五〕校注：「淮南子本經篇：『雷震（霆）之聲，可以鼓鐘寫之。』高注：『寫猶放斅也。』此『寫』字亦當作放斅解。」

斠詮：「文獻通考卷一百三十：『先儒以爲依人聲而制樂，託樂器以寫音，樂本效人，人非效樂者也。』馬端臨蓋亦襲用彥和語意。」

〔六〕校證：「『效』原作『學』。梅云：『當作效。』范云：『學器當作效器。』毛詩大序：『情發於聲，聲成文謂之音。』正義曰：『原夫作樂之始，樂寫人音，人音有小大高下之殊，樂器有宮徵商羽之異，依人音而制樂，託樂器以寫人，是樂本效人，非人效樂。』……此據以改正。」校注：「『學』，黄校云：『當作效。』……按『學』字不誤。廣雅釋詁三：『學，效也。』詁此正合。物色篇：『嚶嚶學草蟲之韻。』尤爲切證。」

朱星文心雕龍聲律篇詮解（本篇以下引朱氏語同此）：「該文首段提出音律的起源問題。他以爲『音律所始』是『本於人聲』。美的人聲就發展爲樂歌，再制樂器來配合歌聲。所以樂器是寫歌聲的，不是歌聲去學樂器的。」（天津師院學報一九七九年第一期）

郭紹虞聲律説考辨（見照隅室古典文學論集下編）：「在這兒，『聲含宫商，肇自血氣』，即王融所謂『宫商與二儀並生』之意。此所謂宫商，乃指人聲的宫商，是音律之所始，所以可以歌。而顔憲子（即顔延之，見詩品序）所説的律吕音調，則正是效器的律吕音調，是想把吟的音節，去遷就歌的音節，於是只能把固定的字音分爲宫商角徵羽五類，而成爲效器的宫商了。這顯然是不合理的。因爲器寫人聲，以人聲爲主，所以歌譜既定，人聲的宫商能隨之而抑揚，而使之合於樂律。這樣的『聲效樂器』是自然的。反過來，假使以樂器爲主，而强調聲效樂器，那必然會使文字的讀音湊合樂律的宫商。從前者講，器寫人聲，是根據文字讀音的宫商，所以對於文字的讀音倒是可宫可商的。從後者講，聲效樂器，由於樂器的宫商有定，於是也要使文字的讀音同樣固定，使之膠於一字，所以這樣的『聲效樂器』是不自然的，不合理的。」

故言語者，文章神明樞機，吐納律呂，脣吻而已。

札記：「案彥和此數語之意，即云言語已具宮商。文章下當脱二字，者下一豆，神明樞機四字一豆，吐納律呂四字一豆。」范注：「案文章下疑脱『關鍵』二字，言語謂聲音，此言聲音爲文章之關鍵，又爲神明之樞機，聲音通暢，則文采鮮而精神爽矣。至於律呂之吐納，須驗之脣吻，以求諧適，下贊所云『吹律胸臆，調鍾脣吻』，即其義也。神思篇用關鍵樞機字。」校證：「案范氏説可從，今據以補正。」

校釋：「按『文章』下疑脱『管籥』二字。」

徐復文心雕龍正字：「札記曰：文章下當脱二字。按疑脱聲氣二字。附會篇云：情志爲神明，宮商爲聲氣云云，其義與此略近。」

朱星：「不單歌聲有音律，一般語言也有音律。所以説：『言語者，文章神明，樞機吐納，律呂脣吻而已。』劉勰在此對言語作了一個全面的解釋，除了文章神明（這是思想内容等）外，還有形式上的部分，就是樞機吐納（這是字句的吐屬），律呂脣吻（這是音韻問題）。不單詩歌講韻律，一般的文章語言都要講求。」

「律呂」，古正樂律之器，相傳黃帝時伶倫截竹爲筒，以筒之長短，分别聲音之清濁高下，樂器之音，即依以爲準則。分陰陽各六，陽爲律，陰爲呂，合稱十二律。即黄鍾、大蔟、姑洗、蕤賓、夷則、無射、林鍾、南呂、應鍾、大呂、夾鍾、中呂。

「樞機」，比喻事物運動的關鍵。神思篇：「物沿耳目，而辭令管其樞機。」又：「吟詠之間，吐納珠玉之聲。」

南齊書文學傳論：「文章者，蓋情性之風標，神明之律呂也。」説「文章」下脱二字，或補「關鍵」二字，或補「管籥」二字，或補「聲氣」二字，都無根據。這幾句話的意思是説：言語是文章中表達情志的關鍵，至於言語中律呂之吐露，無非靠脣吻調節而已。

古之教歌，先揆以法，使疾呼中宮，徐呼中徵〔一〕。夫徵羽響高，宮商聲下〔二〕；抗喉矯舌之差，攢脣激齒之異〔三〕，廉肉相準〔四〕，皎然可分〔五〕。

〔一〕札記：「韓非子外儲説右上曰：『夫教歌者，使先呼而詘之，其聲反（顧廣圻曰：反當作及。）清徵者乃教之。一曰：教歌者先揆以法，疾呼中宮，徐呼中徵。疾不中宮，徐不中徵，不可謂（與爲同）教。』案韓非之言，乃驗聲之術，彦和引用以爲聲音自然之準，意與韓子微異。」

顧炎武音論卷中「古人四聲一貫」條：「五方之音，有遲疾輕重之不同。……故注家多有疾言徐言之解；而劉勰文心雕龍謂『疾呼中宮，徐呼中徵』。（原注：「韓非子外儲説右上篇有此語。」）夫一字而可以疾呼徐呼，此一字兩音三音之所繇昉已。」

斠詮：「韓子之言，乃樂工驗聲之術，並非聲音自然之準。彦和引之藉以表明宮商角徵羽之各有其聲調，非可混同一氣，觀於下文『廉肉相準，皎然可分』之語可知。」

〔二〕校證：「『夫徵羽響高，宮商聲下』，原作『夫商徵響高，宮羽聲下』。」

札記：「案此二句有訛字。當云宮商響高，徵羽聲下。周語曰：『大不踰宮，細不踰羽。』禮記月令鄭注云：『凡聲尊卑，取象五行，數多者濁，數少者清。』案宮數八十一，商數七十二，角數六十四，徵數五十四，羽數四十八（詳見律曆志），是宮商爲濁，徵羽爲清，角清濁中，彦和此文爲誤無疑。」校釋：「按黄引經典及鄭注證原文有誤，是也。其所改之句，非也。當作『徵羽響高，宮商聲下』。」校證據以改訂。

〔三〕札記：「『抗喉』二句此言聲所從發，非蒙上爲言。」

范注：「抗喉矯舌，攢脣激齒，皆歌時發聲之狀。」聲母還有舉喉音，卷舌音，撮脣音，抵齒音的不同。「抗」，舉；「矯」，曲。

〔四〕札記：「樂記云：『使其曲直繁瘠，廉肉節奏，足以感動人之善心而已矣。』注曰：『曲直，歌之曲折也，繁瘠廉肉，聲之鴻殺也。節奏，闋作進止所應也。』正義曰：『曲謂聲音回曲，直謂聲音放直，繁謂繁多，瘠謂節約，廉謂廉稜，肉謂肥滿。』案從鄭注，廉肉屬樂器言，不屬人聲言。」正義又曰：「鴻謂麄大，殺謂細小。」按上文既言「抗喉矯舌之差，攢脣激齒之異」，則此處所謂「廉肉」仍應指人聲，即語音的洪細。

「準」，度也，見廣韻。後漢書律曆志：「相驗準度。」即比較。

〔五〕「皎然」，明白清楚。

朱星：「抗喉是喉音，矯舌是舌音，攢脣是脣音，激齒是齒音，這正是聲紐分五音：喉、牙、舌、齒、脣的分析。只是把牙音與齒音合並了，或者因限於四個排句，故意未提。至於『廉肉相準』，正是韻部的基本分析。廉是瘦，肉是肥，也就是寬、窄音。在語音學上說，正是韻部中元音的洪細之別。切韻的反切下一字，即分元音洪細，這個秘密到宋元等韻學家纔揭發出來，分韻部元音爲四等，即一等、二等、三等、四等。而宋元的四等的意義，又到清江永纔給解釋出來，説『一等洪大，二等次大，三四皆細，而四尤細』。這個解釋正是高元音、低元音、前元音、後元音的區別。如此，劉勰在這數句中，把字音的三方面——聲、韻、調，都作扼要的分析了。」

今操琴不調，必知改張〔一〕，摛文乖張〔二〕，而不識所調。響在彼絃，乃得克諧，聲萌我心，更失和律〔三〕，其故何哉？良由外聽易爲巧，而内聽難爲聰也〔四〕。故外聽之易，絃以手定；内聽之難，聲與心紛〔五〕；可以數求，難以辭逐〔六〕。

〔一〕黄注：「董仲舒策：『竊譬之琴瑟不調，甚者必解而更張之，乃可鼓也。』」范注：「操琴不調，必知改張，語本漢書董仲舒傳對策文。」斠詮：「改張，猶言更張，有解開弦索重新施張之意。……宋書樂志：『琴瑟殊未調，改弦當更張。』」

〔二〕校證：「『擿』原作『摘』，何允中本、日本活字本、凌本、梅六次本、鍾本、梁本、日本刊本、王謨本、張松孫本、崇文本作『擿』，今據改。」校注：「按『擿』字是。樂府、詮賦、銘箴、程器四篇，並以擿文連文之句。左思七諷：『擿文潤世。』」

〔三〕司馬貞補史記序：「其中遠近乖張，詞義舛駁。」「乖張」，猶乖戾，違反正常之意。此二句意謂語音根據内心的情思發出，反而失去和諧。

〔四〕校證：「『由』下『外聽易爲巧而』，六字原無，王惟儉本有『外聽易爲□而』六字。范云：『案□或是巧字。』案王惟儉及范校是，今據補。然余猶疑□或是『力』字，以封禪篇有『追觀易爲明，循勢易爲力』句，與此正復相似也。」按元刻本亦作「良由外聽難爲聰也」。校釋：「按王本是，當據增，『爲』下缺文或是『力』字。」校注：「黄校云：『(内)元作外，王改。』又云：『由下王本有外聽易爲□而六字。』按王本所有六字是也。下文『外聽之易』、『内聽之難』云云，即承此引申，如今本，則踸踔而行矣。弘治本、活字本、汪本、佘本、張本、兩京本、胡本、謝鈔本作『良由外聽難爲聰也』，『聽』下『難』上即脱『易爲□而内聽』六字。喻林八九引此文，作

『良由外聽易爲察，内聽難爲聰也』。正足以補訂今本之誤脱。」

綴補：「喻林八九引此作『良由外聽易爲察，内聽難爲聰也』，是也。下文『故外聽之易，絃以手定；内聽之難，聲與心紛』，緊承此言之。」

郭紹虞蜂腰鶴膝解：「外聽指樂聲言，内聽則指詩文的聲律言。樂聲之高下有定，所以錯誤易別；詩文聲律之標準無定，一向没有固定的標準，所以『内聽難爲聰』。」（照隅室古典文學論集下册）

〔五〕校釋：「舍人『内聽』之説最精。蓋言爲心聲，言之疾徐高下，一準乎心。文以代言，文之抑揚頓挫，一依乎情。然而心紛者言失其條，情浮者文乖其節。此中機杼至微，消息至密，而理未易明。故論者往往歸之天籟之自然，不知臨文之際，苟作者襟懷澄澈，神定氣寧，則情發肺腑，聲流脣吻，自如符節之相合。……作者用得其宜，則聲與情符，情以聲顯。文章感物之力，亦因而更大。然其本要在乎澄神養氣，不可外求，故曰『内聽』。」

劉勰把聽樂的聲音來進行調整，叫作「外聽」，把吟誦時聽文章或詩歌的音調叫作「内聽」。「外聽」的調弦，用手來定弦就行，所以容易。而文學作品的聲調之紛亂與心情的紛亂有關，所以不容易調整。正因爲文學作品的聲調美難以聽出來，所以要利用語音之美來制定一些原則。

王金凌：「至於『和體抑揚』係指平仄的安排，安排適當，自然和諧。……一句之中由幾個聲調組合而成，於是構成了旋律，而旋律的和諧與否，就有賴於調聲之術了。但調聲之術實在太難了，其所以爲難，有三項原因：一、變化太多。若每句五字，每字可用四聲，則其變化的可能性太多。二、聲病的限制。三、撰述詩文時，往往先義而後聲。這才是選和至難的主要原因，因爲義既定，聲若犯病，則須改聲，改聲之後新字未必能配合原來的文義。然而文學畢竟不是音樂，仍須以情志爲主，因此時常不得不犯聲病。」

〔六〕范注：一内聽之難，由于聲與心紛，故欲求聲韻之謓諧，可設律數以得之，徒騁文辭，難期切合也。『凡聲有飛沈』以下，即言和諧聲律之法則。」「數」謂數度，喻詩文之聲律。「難以辭逐」與神思篇「言所不追」意同。

斯波六郎：「莊子天道：『口不能言，有數存焉於其間。』陸機文賦：『若夫隨手之變，良難以辭逮。』」

「聲與心紛」，聲萌於心，而又與内心的思想感情有時不一致。

以上爲第一段，首先以樂律比喻文章之聲律，然後比論外聽内聽之難易。

凡聲有飛沈〔一〕，響有雙疊〔二〕。雙聲隔字而每舛，疊韻離句而必睽〔三〕；沈則響發而斷〔四〕，飛則聲颺不還，並轆轤交往，逆鱗相比〔五〕，迕其際會〔六〕，則往蹇來連〔七〕，其爲疾病，亦文家之吃也〔八〕。

〔一〕校證：「文鏡秘府論四聲論引『聲』作『音』。」

高僧傳卷十三曇智傳後云：「時有道朗、法忍、智欣、慧光，並無餘解，薄能轉讀，道朗提調小緩，法忍好存擊切，智欣善能側調，慧光喜騁飛聲。」

〔二〕校注：「『雙疊』，黄校云：『二字脱，楊云：「有字下諸本皆遺翕散二字。」謝云：「據下文，當作雙疊二字。」』按謝説……是也。劉善經四聲論篇引，正作『響有雙疊』。」校證：「『馮本、梅六次本、陳本、黄注本、王謨本作『雙疊』。何允中本、日本活字本、清謹軒鈔本……作『高下』，張之象本作『動静』。……案文鏡秘府論、玉海四五，正有『雙疊』二字，今據補。」按元刻本『雙疊』二字缺。

〔三〕校證：「『離』原作『雜』，據文鏡秘府論改。謂用疊韻字各在一句也。『而』，文鏡秘府論作『其』。」

「睽」，本作「睽」，違背。不合。

補注：「周春雙聲疊韻譜（卷七）論文心雕龍此段云：案飛者揚也，沉者陰也。雙聲隔字而每舛者，雙聲必連二字，若上下隔斷，即非真雙聲。疊韻雜句而必睽者，疊韻亦必連二字，若雜於句中，即非正疊韻。雙疊得宜，斯陰陽調合。轆轤交往，逆鱗相比者，總指不單用也。迂其際會，謂陰陽不諧，雙疊不對，乃文字之吃，便成疾病矣。」

札記：「此即隱侯所云前有浮聲，後須切響，兩句之中，輕重悉異者也。飛謂平清，沈謂仄濁。雙聲者二字同紐，疊韻者二字同韻。一句之内，如雜用兩同聲之字，或用二同韻之字，則讀時不便，所謂雙聲隔字而每舛，疊韻雜句而必暌也。一句純用仄濁，或一句純用平清，則讀時亦不便，所謂沈則響發而斷，飛則聲颺不還也。」

范注：「雙聲隔字而每舛，即八病中傍紐病也。文鏡秘府論五（西卷）引元氏云：『傍紐者，一韻之内有隔字雙聲也。』又引劉滔云：『重字之有關關，疊韻之有窈窕，雙聲之有參差，並興於風詩矣。王玄謨問謝莊何者爲雙聲？何者爲疊韻？答云：懸瓠爲雙聲，碻磝爲疊韻。時人稱其辨捷。如曹植詩云：「壯哉帝王居，佳麗殊百城。」即「居、佳」「殊、城」是雙聲之病也。凡安雙聲，唯不得隔字，若「踟蹰」、「躑躅」、「蕭瑟」、「流連」之輩，兩字一處，於理即通，不在病限。』

「疊韻雜句而必暌，即八病之小韻病也。文鏡秘府論五（西卷）引或云：『凡韻居五字内急，九字内小緩。』又引劉氏曰：『五字内犯者，曹植詩云「皇佐揚天惠」，即「皇揚」是也。十字内犯者，陸士衡擬古歌云「嘉樹生朝陽，凝霜封其條」，即「陽霜」是也。若故爲疊韻兩字一處，於理得通，如飄飖、窈窕、徘徊、周流之等，不是病限，若相隔越，即不得耳。』雜句，文鏡秘府論一引此文作離句，疑作離者是，離亦隔也，謂疊韻字在句中隔越成病也。」

考異：「『雜』字對上句『隔』字而言，隔離雜混也。……且隔字暌字，亦具離義，王校從『離』，殊非。」

〔四〕范注：「沈則響發而斷，文鏡秘府論一（天卷）引此作『如斷』，案作『如』義較優。」

〔五〕札記：「『轆轤交往』二語，言聲勢不順。黃注引詩評釋之，大謬。」范注：「案轆轤二語，文鏡秘府論引作『鹿盧交往』，逆鱗相批（『批』字恐誤，似當作『比』）。漢書雋不疑傳：『擂其劍。』顏注引晉灼曰：『古長劍首以玉作井鹿盧形。』鹿盧，亦作轆轤。韓非子説難篇：『夫龍之爲蟲也，柔可狎而騎也。然其喉下有逆鱗徑尺，若人有嬰之者，則必殺人。』彥和以井鹿盧喻聲韻之圓轉，逆鱗相比喻聲律之靡密。」

考異：「『鹿盧』即『轆轤』，見西京賦，『轆轤』乃後起字。」

注訂：「轆轤喻圓轉如意，逆鱗喻比附密切。」史記天官書：「危東六星，兩兩相比。」「相比」，謂排列緊密。

朱星：「八病中前四病：平頭、上尾、蜂腰、鶴膝，是聲調平仄問題，後四病中大韻、小韻是疊韻問題，正紐、旁紐是雙聲問題。韻文的音律，無非是把這字音的三方面作美的和諧的組織安排。要錯綜搭配，不可重複單調，要象轆轤，象逆鱗。雙聲除雙聲詞可連用，否則分開用即有損音律美。……關於雙聲的二病最不易懂，尤其是正紐。詩人玉屑、文鏡秘府論、金針詩格、唐音癸籤等都没有説清，到劉師培中古文學史纔説清。原來正紐是二句中有同聲的雙聲字，如『家、嫁』分在二句中，即犯正紐病。八病中雖分聲、韻、調三方面，但實際上雙聲二病，並不重要。齊梁『音律論』在韻文中主要是韻與調二者，尤其是調。因韻明顯，而調隱藏。」

往日撰四聲五音及其在漢魏六朝文學中之應用一文，涉及這方面的問題，摘引如下：「今按『飛沈』猶言揚抑，義指四聲，非關清濁。王士禛師友詩傳續録云：『平聲爲揚，入聲爲抑；去聲爲揚，上聲爲抑。』大意雖是，尚差一間。……按齊梁之際，吴地讀音，『飛』者揚上，當是上聲；『沈』者抑下，當是去聲。劉勰云『飛則聲颺不還』，其意乃謂一句之中，如上聲字過多，則其聲飛颺而不能回環。至其謂『沈則響發而斷』（文鏡秘府論天卷引此作「如斷」，按作「如」義較長），則又似入聲。其不言平上去入而稱『飛』『沈』者，乃係舉『飛』『沈』以概四聲，猶稱『春秋』以概四季也。彦和之意，無論平上去入，若一種聲調之字連續過多，則讀時均有蹇礙，故須『轆轤交往』，若逆鱗之相比。此即謝靈運傳論所謂『若前有浮聲，則後須切響』，南史陸厥傳所謂『兩句之内，角徵不同』也。」（見中華文史論叢第三輯）

又：「尚有待申論者，則『切響』本是斬切之響，其義當指入聲。蓋入聲附有塞聲韻尾，此韻尾後只存閉塞，其音斬絶，如刀之斷切，故曰切響。而『切響』又與『響發如斷』之『沈』聲，極爲相似。顧炎武音論卷中論『四聲之始』云：『今考江左之文，自梁天監以前，多以去、入二聲同用，以後則若有界限，絶不相通。』段玉裁六書音均表古四聲説云：『古平、上爲一類，去、入爲一類。上與平一也，去與入一也。上聲備於三百篇，去聲備於魏晉。』而陸法言切韻序亦稱『秦隴則去聲爲入』，或者是時四聲雖備，而去聲新起，與入聲尚不易區分歟？……兹所考證，以旋律之高低爲五音，以字調之升降爲四聲，以四聲之抑揚爲『飛沈』，爲『浮聲』『切響』。」

所謂「飛」「沈」，就是字調的抑揚，這是構成沈約「四聲論」的音調基礎。所謂「雙叠」，是構成沈約「八病説」的聲韻基礎。劉勰並没有像沈約那樣「碎用四聲」，而只是從原則上指出飛揚的字調和沈抑的字調，要像「轆轤交往」似地交互錯雜地使用，對於雙聲叠韻也只提出極爲粗略的禁忌。

〔六〕校證：「『迕』原作『迂』。紀云：『當作迕。』文鏡秘府論正作『迕』，今據改。」范注：「案『迂』『迕』二字均通，謂若錯失音律之際會，則往蹇來連也。」「際會」，指飛沈雙叠之適當配合。「迂」，元刻本、弘治本作「迃」。按「迃」、「迂」本一字。補注：「迂其際會，謂陰陽不諧，雙叠不對，乃文字之吃，便成疾病矣。」

文賦：「如失機而後會，恒操末以續顛，謬玄黄之袟叙，故淟涊而不鮮。」

〔七〕黄注：「『往蹇來連』，易蹇卦六四爻辭。」王弼注：「往則無應，來則乘剛；往來皆難，故曰往蹇來連。」校注：「四聲論篇引『蹇』作『謇』；『連』作『替』。按『蹇』『謇』通用，『替』字非是，舍人此語用易蹇六四爻辭。孔疏：『蹇，難也。……馬（融）云：連，亦難也。』」

〔八〕朱星：「八病的規則是死的，基本規律是平仄和諧，不和諧就成了『文吃病』，等於説不正字音，即成口吃病。」

黄注：「吃，韓非傳：『非爲人口吃不能道説，而善著書。』注：『吃，語難也。』」范注：「聲律謬誤，則喉脣糾紛，猶人之病口吃也。」説文：「吃，言蹇難也。」」

雜記：「文家之吃——吴翌亭先生云：言音韻不調，如人之吃也。蓋當時駢偶盛行，故文章家無不留意於此。迨後散體既興，自非治詞賦者，即已置之不講。不知音聲一道，其疾徐高下，抑揚抗墜之分，不獨有韻之文有之，即無韻之文亦有之。特寄之有韻之文者，其得失易見，寄之無韻之文者，其得失難知。青按：……漫叟詩話：東坡作吃語詩曰：江干高居堅關扃，耕犍躬駕角掛經。孤航繫舸菰茭隔，笳鼓過軍鷄狗驚。……」

夫吃文爲患，生於好詭，逐新趣異〔一〕，故喉脣糺紛〔二〕；將欲解結，務在剛斷〔三〕。左礙而尋右，末滯而討前〔四〕，則辭轉於吻，玲玲如振玉〔五〕；辭靡於耳〔六〕，纍纍如貫珠矣〔七〕。

〔一〕校證：「『趣』王惟儉本作『趨』。」

在劉勰看來，「吃」的毛病，生於不循自然，「好詭」，「逐新趣異」，就由於不循自然。

〔二〕「糺紛」，同糾紛。

〔三〕范注：「文鏡秘府論四（南卷）曰：『若文繫於韻，則量其韻之多少，若事不周圓，功必疏闕。與其終將致患，不若易之於初。然參會事情，推校聲律，動成病累，難悉安穩。如其理無配偶，音相犯忤，三思不得，足以改張。或有文人昧於機變，以一言可取，殷勤戀之，勞於用心，終是棄日，若是之輩，亦膠柱之義也。』此説頗可推暢彦和之意。」

朱星：「治病的辨法在『剛斷』。剛斷即不要舍不得把美詞割愛變换，不讓它『以辭害意』。這正是『聲律論』的主張。」

〔四〕札記：「『左礙而尋右』二句，此與士衡音聲迭代，五色相宣之説同恉，究其治之之術，亦用口耳而已，無他妙巧也。（鍾）記室云：清濁通流，口吻調利。蓋亦有尋討之功焉，非得之自然也。」

范注：「左礙尋右，末滯討前，即以聲律之數，求其糾紛所在也。」

文鏡秘府論論體：「然文無定方，思容通變，下可易之於上，前可迴之於後，研尋吟咏，足以安之，守而不移，則多不合矣。」

朱星：「當然劉勰並没有强調到『寧聲毋意』。實在不好變换的還有一個補救辨法，即『左礙而尋右，末滯而討前』。這正是唐宋詩人拗救一法所本。如果掌握了聲律，就可自由變化。拗救正分本句救，即一句中上下字相救；對句救，即二句中相對互救。」

文賦云：「或仰偪於先條，或俯侵於後章；或辭害而理比，或言順而義妨。離之則雙美，合之則兩傷。考殿最於錙銖，定去留於毫芒。苟銓衡之所裁，固應繩其必當。」殆爲此節命意之所本。

〔五〕校證：「『辭』，清謹軒鈔本、詩紀別集二作『聲』。」

注訂：「玲，説文：『玉聲。』振玉見原道篇『金聲玉振』注。」

〔六〕「靡」，分散也。又與摩通。莊子馬蹄：「喜則交頸相靡。」「相靡」，即相摩也。

〔七〕禮記樂記：「故歌者上如抗，下如墜，曲如折，止如槁木，倨中矩，句中鉤，纍纍乎端如貫珠。」

正義：「纍纍乎感動人心，端正其狀，如貫於珠。言聲音感動於人，令人心想形狀如此。」郭注：「劉彦和雖用樂記，然指聲律調和則字字珠圓玉潤而言，與孔穎達正義用鄭注不必相同。」

是以聲畫妍蚩〔一〕，寄在吟咏，滋味流於下句〔二〕，風力窮於和韻〔三〕。

〔一〕文賦：「或寄辭於瘁音，言徒靡而弗華。混妍蚩而成體，累良質而爲瑕。」

札記：「聲畫，即謂文。揚子法言曰：『言，心聲也；書，心畫也。』」范注：「此云聲畫，猶言文章聲韻。」

沈約答陸厥書：「若以文章聲韻，同弦管之聲曲，則美惡妍蚩，不得頓相乖反。」

郭紹虞蜂腰鶴膝解：「不講聲律，不注意調節求和的方法，便成爲『蚩』，一講聲調以求和，便成爲『妍』，妍蚩之分，即在吟咏之間。」

注訂：「『聲畫妍蚩』二句，此言文章美惡，不在初見，必加吟咏而後覺也。」

斯波六郎：「『是以聲畫妍蚩』以下，謂文章之美醜，專視吟咏的調子。」

〔二〕校證：「『滋味流於下句』原作『吟咏滋味，流於下句』，梅據商改『下』爲『字』。謝云：『吟咏二字似衍。』梅六次本删『吟咏』二字。案謝説是，文鏡秘府論正作『滋味流於下句』，今據改。」

按元刻本、弘治本俱作「下句」。梅本「寄在吟咏」下空兩格，沈巖臨何焯校本在空格中添「吟咏」二字。

校注：「『吟咏』二字原係誤衍……孫氏不審，而欲再增『字句』二字以彌縫之，非是。」

斠詮：「作『下』者，蓋誤認下句『和韻』之『和』字爲動詞，欲與對文而然，而不知『字句』與『和韻』皆平行詞，各包兩事。黄引馮本作『字』不作『下』，是乃彦和之原文，商改正是。」

詩品序：「五言居文詞之要，是衆作之有滋味者也。」顔氏家訓文章篇：「至於陶冶性靈，入其滋味，亦樂事也。」

劉大櫆論文偶記：「神氣者，文之最精處也；音節者，文之稍粗處也；字句者，文之最粗處也。余謂論文而至於字句，則文之能事盡矣。蓋音節者，神氣之迹也；字句者，音節之矩也。神氣不可見，於音節見之；音節無可準，以字句準之。」

〔三〕校證：「『風力』原作『氣力』，據文鏡秘府論改。」范注：「文鏡秘府論四聲論引此作『滋味流於下句，風力窮於和韻』。……下句，猶言安句造句。和與韻爲二事，下文分言之。范曄獄中與諸甥姪書曰：『常恥作文士文，患其事盡於形，情急於藻，義牽其旨，韻移其意，雖有能者，大較多不免此累。』又曰：『手筆差易，文不拘韻故也。』」推究至盡曰「窮」。「風力」，風神骨力，這是説作品的風力，歸終要表現在「和韻」的問題上。

朱恕之文心雕龍研究第七節自然音律説：「彦和所講的音律只是『和律』，那就是要看字句是否流暢，音調是否和諧。在吟咏誦讀之間來分辨它的『聲畫妍蚩』。所以創作文學，是應該力求語句之自然，聲調之和諧，要如同『林籟結響』之『調如竽瑟』，『泉石激韻』之『和若球鍠』，那自然就可以達到『聲轉於吻，玲玲如振玉；辭靡於耳，纍纍如貫珠』了。」

異音相從謂之和，同聲相應謂之韻〔一〕。韻氣一定，故餘聲易遺；和體抑揚，故遺響難契〔二〕。

〔一〕梅注：「楊（慎）云：『東』『董』是和，『東』『中』是韻。」楊慎丹鉛總録卷十五文用韻：「文心雕龍聲律篇云：『異音相從謂之和，同聲相應謂之韻。韻氣一定，故餘聲易遺；和體抑揚，故遺響難契。』宋詞之曲，皆於仄韻用和音以叶平聲。蓋以平聲爲一類，而上去入三聲附之。如『東』『董』是和，『東』『中』是韻也。」補注引周春雙聲叠韻譜卷七：「和者，即雙聲也，故曰異音相從。韻者即叠韻也，故曰同聲相應。雙聲故曰難契、至難，叠韻故曰易遺、甚易。」按此解大誤。

札記：「案一句之内，聲病悉袪，抑揚高下，合於脣吻，即謂之和矣。沈約云：十字之文，顛倒相配。正謂此耳。」

范注：「『異音相從謂之和』，指句内雙聲疊韻及平仄之和調；『同聲相應謂之韻』，指句末所用之韻。『韻氣一定，故（「故」，四聲論引作「則」，是）餘聲易遣』，謂擇韻既定，則餘韻從之；如用東韻，凡與同韻之字皆得選用。『和體抑揚，故遺響難契』，謂一句之中，音須調順，上下四句間，亦求和適。此調聲之術，所以不可忽略也。……陳先生曰：『彦和此文，實本左傳晏子曰：「和與同異，和如羹焉。」聲亦如味，清濁、大小、短長、疾徐、哀樂、剛柔、遲速、高下、出入周疏以相濟也。若琴瑟之專一，誰能聽之！同之不可也如是。』故彦和本之謂異音相從也。」

郭紹虞中國文學批評史第一版：「在沈約説是聲病，照劉勰説是韻和。四聲即是韻的問題，劉勰所謂『同聲相應謂之韻』也。怎樣使之同聲相應呢？此即永明體的條件所謂『以平上去入爲四聲，以此制韻，不可增減』者是。……八病即是『和』的問題，此又劉勰所謂『異音相從謂之和』者。怎樣又是異音相從呢？則又永明體的條件所謂『五字之中，音韻悉異；兩句之内，角徵不同』者是矣。……叶韻取其同聲相應，摛辭取其異音相從。能如是才盡音律之能事。」

羅根澤中國文學批評史：「『劉勰於『吃』之外，又提出所謂『和』、『韻』。後人之研究文心雕龍者，好以此與四聲八病之説相緣附。其實劉勰所謂韻，就是韻文的韻脚，所謂和就是文章的聲調。韻有規律，譬如用東韻，則任意選擇東韻之字，所以説『韻氣一定，故餘聲易遣』。和是自然的，並没有一定的規律，所以説『和體抑揚，故遺響難契』。這也足以證明劉勰的音律説是一種自然的音律説，和沈約等人的人爲的音律説，並不全同（自然也有相同的地方）。」

校釋：「和者，一句之中，平仄有相間相重之美也。韻者，各句之末同用一韻之字也。」

〔一一〕范注：「『故餘聲易遣』：鈴木云：文鏡秘府論、玉海『故』作『則』。」

校證：「古鈔本文鏡秘府論無『故』字。日刊本文鏡秘府論『故』作『則』。」又：「文鏡秘府論『契』下有『矣』字。」

校注：「『遺』，岡本作『遣』。按岡本蓋涉上而誤。『遺響』與『餘聲』對文。文選洞簫賦有『吟氣遺響』語。」

文鏡秘府論天卷引隋劉善經四聲論：「吴人劉勰著雕龍篇云：『音有飛沈……故遺響難契矣。』此論，理到優華，控引弘博，計其幽趣，無以間然。但恨連章結句，時多澀阻，所謂能言之者也，未必能行者也。」

紀評：「句末韻脚，有譜可憑。句内聲病，涉筆易犯。非精究音學者不知。故往往閲之斐然，而誦之拗格。彦和特抽出另言，以此之故。」

郭紹虞中國文學批評史第一版：「不過韻的關係，昔人猶多知之，和的問題實自此時始起，亦可知和的問題素不講究，所以選和至難。而且韻氣一定，所以雖以四聲制韻，而猶易遵循。和體抑揚，其條件至多，所以更覺得遺響難契了。沈約所謂『宫羽相變，低昂舛節，若前有浮聲，則後須切響。一簡之内，音韻盡殊，兩句之中，輕重悉異』云云，完全是指和的問題。……選和既難，所以對於八病云者，在當時已不必絶對的避忌。」

校釋：「和、韻之理，舍人謂和難而韻易。蓋和者，一句之中，平仄有相間相重之美也。韻者，各句之末，同用一韻之字也。用韻者，一韻既定，餘句從之，如首韻用東，則餘句自可用同、從、童、紅等字，雖無韻書，而口吻易調，故曰易也。至於平仄相間，變化甚多，齊梁之際，四聲始分，韻書未定，作者每苦不能分別，故曰難也。」

郭紹虞蜂腰鶴膝解：「劉氏聲律一篇，有講四聲的地方，所以説『韻氣一定』，所以説『作韻甚易』。實則劉氏此文，主恉並不在是。他通篇所述畢竟還重在求和方面。他是以『聲有飛沈』去説明八病中的前四病的；而『響有雙疊』之語，則是用來解釋八病中之後四病的。正因『聲有飛沈』，所以可説『和體抑揚』。不有飛沈之聲，那來抑揚之和？其實這正是沈約『輕重悉異』説的發揮。」（照隅室古典文學論集下編）

又：「作家所注意的只在去病，理論家所注意的則在求和。求和的方法一時雖不能逐條舉出，但只須注意抑揚兩個字，自會達到求和的目的。這就是劉勰比沈約更高一着之處。此後發明平仄的抑揚律，就是朝這條路綫進行所獲得的成就。於是，很自然地從永明體演進爲律體了。律體既規定了求和之法，也自然簡化而易於奉行了。」

王力中國古典文論中談到的語言形式美：「『同聲相應謂之韻』，韻就是韻脚，是在同一位置上同一元音的重複，這就形成聲音的迴環，産生音樂美。但是劉勰所强調的不是這一句，而是『異音相從謂之和』。所以他跟着就説：『韻氣一定，故餘聲易遣；和體抑揚，故遺響難契。屬筆易巧，選和至難；綴文難精，而作韻甚易。』這就是説，同聲相應是容易做到的，異音相從是難做到的。這和麗辭篇所論『反對爲優，正對爲劣』的道理是相通的。依一般的見解，異音相從應該是不和。現在説異音相從正是爲了和，這也和麗辭篇所説的『理殊趣合』是同一個道理，音樂上的旋律，既有同聲相應，也有異音相從。假如只有同聲相應，没有異音相從，那就變爲單調了。

「什麼是『異音相從謂之和』呢？范文瀾同志認爲是『指句内雙聲叠韻及平仄之和調』（文心雕龍注第五五九頁），這是對的。所謂『八病』，雖然舊説紛紜，莫衷一是，實際上就是避同求異，如雙聲的字不能同在一句（連綿字不在此例），句中的字不能跟韻脚的字叠韻，五言詩第五字不得與第十五字同一聲調，等等。宋書謝靈運傳論説：『夫五色相宣……始可言文。』沈約在這裏也是特别强調了『殊異』的作用。

「律詩的平仄格式是逐漸形成的，而平仄的講究主要還是求其『異音相從』。一句之中，平仄交替成爲節奏，這是異；一聯之中，出句的平仄和對句的平仄相反，這又是異。後聯和前聯相黏（第三句與第二句平仄相同，等等），似乎是爲了求同，實際上還是爲了求異，因爲失黏的結果，是前後兩聯的平仄雷同。」（文藝報一九六二年第二期）

朱星：「韻是同聲相應，和是異音相從，也就是説：『韻』是相同的和諧律，『和』是相反的和諧律。『韻』在句末，『和』在句中。『韻』即押韻，『和』即平仄。平仄要求相反對立。平仄相對，又分本句對立與二句對立。本句對立，即平平仄仄，二句對立即上句用平平仄仄，下句用仄仄平平。二字爲一節奏，所以二字同平或同仄。用韻有定，指用韻處及押韻字，所以『餘聲易遺』。至於和體是平仄抑揚，所以是難於安排得很合適。」

「遺響難契」，校釋：「平仄以相間相重爲美，苟一句之中，平聲太多，或兩句之中，平仄不協，則誦之不能諧適。此事必在四聲既定之後，古人不知也。例如古詩：『同心而離居，憂傷以終老。』同心五字皆平也。子虛賦：『岑崟參差，日月蔽虧，罷池陂陁，下屬江河。』『岑崟參差』、『罷池陂陁』八字皆平也。其平仄不協者，尤不勝枚舉。」

饒宗頤劉勰文藝思想與佛教：「至其聲律篇……揭出『和』與『韻』二大法則。實則二者之分，正爲華、梵論音不同之處。慧皎高僧傳經師論云：『東土之歌也，則結韻以成詠；西方之讚也，則作偈以和聲。』語可互證。故知彼所謂『和』，乃運用梵讚轉聲之法，以論漢土詩歌之音律。印度聲明之誦法，所謂『唄匿』（bhanaka）唱時音義悠揚曲折以取態。劉氏云『和體抑揚』，即由梵唱體會而出。設非會通華、梵，識其大體，烏能爲此論乎？」（見文心雕龍研究

專號）

按：「韻氣一定」，押韻有一定的規則，比較容易。「和體抑揚」，所以「選和至難」，如何選用飛沈的字調，使它聲音調和，要靠「内聽」，是很難的。但是到了唐朝，還是根據「轆轤交往」的原則，逐步形成音調和諧的律詩。

屬筆易巧，選和至難，綴文難精，而作韻甚易〔一〕，雖纖意曲變〔二〕，非可縷言，然振其大綱，不出兹論〔三〕。

〔一〕校注：「『選』上，兩京本、胡本有『而』字。按有『而』字，始與下『綴文難精，而作韻甚易』相儷。」

郝懿行批注：「按古音通叶處多，故曰作韻甚易。」

劉大杰主編批評史：「劉勰指出：有韻之文要比無韻之筆爲難，但押韻卻比選和容易。」

朱星：「一般説無韻之文（筆）容易做，但它也要講究平仄，所以極難。有韻之文（文）是難做的，但押韻這件事卻並不難。劉氏只提出『和』（平仄），未明提『節奏』，但在『選和』之中，已具有節奏的道理。」

劉師培文説和聲第三：「……故宣之於口，或音涉鉤輈；若繩之以文，則體乖排偶。此則彥和所謂『作韻甚易』，『選和至難』者也。」

總術篇：「今之常言，有文有筆，以爲無韻者筆也，有韻者文也。」文鏡秘府論文筆十病得失：「文者，詩賦、銘頌、箴讚、弔誄等是也；筆者，詔策、檄移、章奏、書啓等是也。」

〔二〕校證：「『意』梅六次本、張松孫本作『毫』。」紀批：「『纖意』當作『纖毫』。」校注：「按『毫』字較勝。」

〔三〕「振」，舉。郭紹虞蜂腰鶴膝解：「『凡聲有飛沈』，這一段，正是解釋八病之説。……他不過因爲『纖意曲變，非可縷言』，所以不必列舉八病之目。『然振其大綱，不出兹論』，所以又只舉『和體抑揚』之論。」

以上爲第二段，列舉聲律失調之病，然後説明調和聲律的原理和方法。

若夫宫商大和〔一〕，譬諸吹籥〔二〕；翻迴取均〔三〕，頗似調瑟〔四〕。瑟資移柱〔五〕，故有時而乖貳；籥含定管，故無往而不壹〔六〕。陳思、潘岳，吹籥之調也；陸機、左思，瑟柱之和也〔七〕。概舉而推，可以類見〔八〕。

〔一〕莊子齊物論：「泠風則小和，飄風則大和。」

斠詮：「『大和』一作『太和』，語出易乾彖辭：『各正性命，保合大和，乃利貞。』集注：『太和，陰陽會合沖和之氣也。』此處喻音律之和諧。」

〔二〕公羊傳宣公八年：「籥者何？籥舞也。」何注：「籥，所吹以節舞也。吹籥而舞，文樂之長。」爾雅釋樂：「大籥謂之産。」郭璞注：「籥如笛，三孔而短小。」詩經邶風簡兮：「左手執籥。」毛傳：「籥，六孔。」風俗通卷六：「籥之器，竹管三孔，所以和衆聲也。」郭沫若甲骨文字研究釋龢言以爲籥當爲編管樂器，即排簫，并以爲爾雅「大籥謂之産」之「産」爲「笙」字之譌。

〔三〕黄注：「取均，新唐書楊收傳：『旋宫以七聲爲均，均言韻也。』」文選卷十八成公綏嘯賦：「音均不恒，曲無定制。」李善注：「『均』，古『韻』字也。鶡冠子曰：五聲不同均，然其可喜一也。」

陸、牟注：「這幾句中的『和』、『均』是泛指，和上段所謂的『和』難『韻』易不同，所以下面又有『瑟柱之和』的説法。」

〔四〕黄注：「調瑟——揚子法言：以往聖人之法治將來，譬猶膠柱而調瑟。」此見先知篇。膠柱鼓瑟見史記趙奢傳。

校注：「按淮南子氾論訓：『譬猶師曠之施瑟柱也，所推移上下者，無尺寸之度，而靡不中音。』」

〔五〕按琴瑟繫弦之木曰「柱」。李商隱錦瑟詩：「一弦一柱思華年。」

〔六〕斠詮：「此申述宫商大和與翻迴取均所以懸殊，以明文家之用韻，雖可力强而致，惟不若自然之和諧也。……乖貳，本訓乖離攜貳。晉書羊曼傳：『王敦既與朝廷乖貳。』此處作『差錯』解。」

紀評：「此又深入一層，言宮商雖和，又有自然勉强之分。」

〔七〕范注：「此謂陳思、潘岳吐音雅正，故無往而不和。士衡語雜楚聲，須翻迴以求正韻，故有時而乖貳也。左思，齊人，後乃移家京師，或思文用韻，有雜齊人語者，故彦和云然。」

校釋：「舍人以吹籥喻陳思、潘岳之文，以調瑟譬陸機、左思之作。一則曰『宮商大和』，一則曰『翻迴取均』，於曹潘、陸左，分別極清。其釋籥瑟之異，則曰：『籥含定管，瑟資移柱。』蓋籥管有定，無往不協，瑟柱無常，時或乖調，以喻曹潘篇篇諧適，左、陸每有乖貳也。其意揚曹、潘而抑左、陸。按潘、陸齊名，當時論者，每喜並舉，無所優劣。惟孫綽謂『潘文爛若披錦，無處不善；陸文若排沙簡金，往往見寶』，論同舍人，可證吹籥調瑟之義（孫語見世説文學篇引）。潘、陸之優劣既明，曹、左之異同斯見。而舍人論文不貴繁縟之旨，亦緣此而愈顯。」

朱星：「至於陳思、潘岳比作籥，陸機、左思比作瑟，是説前兩人用的正聲，後兩人有方音。正是下文的『士衡多楚……失黄鍾之正響』。」

〔八〕札記：「『宮商大和』至『可以類見』。按此謂能自然合節與不能自然合節者之分。曹、潘能自然合節者也，陸、左不能自然合節者也。紀評未憭。」

以上爲第三段，舉例説明自然音律和人工音律的區別。

又詩人綜韻〔一〕，率多清切〔二〕，楚辭辭楚〔三〕，故訛韻實繁〔四〕。及張華論韻，謂士衡多楚〔五〕，文賦亦稱取足不易〔六〕，可謂銜靈均之聲餘〔七〕，失黄鍾之正響也〔八〕。

〔一〕札記：「此詩人對下楚辭而言，則指三百篇之詩人。」易繫辭：「錯綜其數。」疏：「綜謂綜聚。」

〔二〕文選劉楨贈徐幹詩：「拘限清切禁，中情無由限。」五臣劉良注：「清切，猶嚴切也。」「切」謂切合，「清切」，清晰準確。

〔三〕「楚辭辭楚」，是劉氏已知屈、宋之作雜陳方言，其音多楚，故讀之不協也。楊慎批：「偉長饒齊氣，士衡多楚聲。」

〔四〕「訛韻」，即不切之韻。

日知録卷五樂章：「古之詩大抵出於中原諸國，其人有先王之風，諷誦之教，其心和，其辭不侈，而音節之間，往往合於自然之律。楚辭以下，即已不必盡諧。」原注：「文心雕龍言：楚辭『訛韻實繁』。」

陳鍾凡中國韻文通論第三章詩騷之比較曾引此數語而申論之云：「此其所辨，兩者音韻之異同，非音律之差别也。」

〔五〕范注：「陸雲與兄平原書：『張公語雲云：兄文故自楚，須作文，爲思昔所識文。』觀雲諸書中論韻者，如：『李氏云雪與列韻，曹便復不用；人亦復云，曹不可用者，音自難得正。』（所云李氏，豈即李登與？曹或指陳思王也。）又如：『徹與察皆不與日韻，思惟不能得，願賜此一字。』又如：『音楚，願兄便定之。』觀此諸語，知當時無標準韻書，故得正韻頗不易也。」

〔六〕「取足」，原作「知楚」。札記：「案文賦云：『亮功多而累寡，故取足而不易。』彥和蓋引其言以明士衡多楚，不以張公之言而變。『知楚』二字乃涉上文而訛。」校證：「案黄説是。『知楚』二字即『取足』形近之訛，今據改。」李善注這兩句話説：「言其功既多爲累蓋寡，故以取足而不改易其文。」莊適注：「本文推廣其意，謂文中雖明知有楚音，而以功多累寡之故，因以取足而不易之。」

許文雨文賦講疏：「謂取足於此（指言以足志，文以足言），而不另易者，蓋申上『極無兩致，盡不可易』之旨。理極言盡，故曰『取足』。無兩致，不可益，故曰『不易』。」沈巖校本：「何云：知楚不易，今文賦無此語。」

綴補：「案今本文賦有『亮功多而累寡，故取足而不易』二句，與彥和所引不符。或記憶偶失，或今本文賦有脱文。」

〔七〕校注：「按『聲餘』當乙，始能與正響相對。上文『餘聲易遣』亦與『遺響難契』對。」

〔八〕黄鍾、大吕之音，古代認爲是正聲。

朱星：「劉勰誤會楚辭非正響，又多訛韻，只有詩經纔是正聲雅音。其實楚辭用韻與詩經用韻全同，清古音學家已證明此事。」

紀批：「此一段又言韻不可參以方音。」

日知録卷二十九方音：「荀子每言『案』，楚辭每言『羌』，皆方音。劉勰文心雕龍云：『張華論韻，謂士衡多楚，可謂銜靈均之聲餘，失黃鍾之正響也。』」

凡切韻之動〔一〕，勢若轉圜〔二〕，訛音之作，甚於枘方〔三〕，免乎枘方，則無大過矣〔四〕。

〔一〕札記：「此言文中用韻，取其諧調，若雜以方音，反成詰詘。」范注：「自陸法言撰切韻，方言雖歧，而詩文用韻，無不正矣。」

注訂：「切韻者，切合用韻之意。與陸法言切韻無關，范注誤。」

校注：「按此承上文『詩人綜韻，率多清切』二句，非謂講求反切之切韻。」文鏡秘府論論對：「若言不對，語必徒申；韻而不切，煩詞枉費。」斠詮：「切韻，謂聲韻之平仄諧調也。」

〔二〕漢書梅福傳：「昔高祖納善若不及，從諫如轉圜。」注：「轉圜，言其順也。」

鈴木云：「『圜』，玉海作『圓』。張之象本、兩京本均作『圓』。『圜』『圓』通。」

南史王弘傳附王筠傳載沈約轉述謝朓語云：「好詩圓美流轉如彈丸。」

〔三〕黃注：「宋玉九辯：『圜鑿而方枘兮，吾固知其鉏鋙而難入。』注：枘，刻木耑所以入鑿。」

「枘」，木端入孔處。

朱星：「切韻與訛音對舉，可知切韻是指正確的韻。如果運用好，則勢若轉圜，和暢無礙。

如果作出訛音，就等於納方枘於圓鑿，格格不入。」

〔四〕紀批：「言自然也。」

練才洞鑒〔一〕，剖字鑽響；疎識闊略〔二〕，隨音所遇。若長風之過籟〔三〕，南郭之吹竽耳〔四〕。

〔一〕「練」，精練。「洞鑒」，深識。

〔二〕「疎識」，一作「識疎」。校注：「『識疎』，黄校云：『汪本作疎識。』按汪本是也，『疎識』、『闊略』，詞性始能相偶。元本、弘治本、佘本、張本、梁本、四庫本亦并作『疎識』。」考異：「疎識與識疎一也。闊略所以狀疎識，無所謂相偶與對文耳。」漢書王莽傳：「闊略思慮。」師古注：「闊，寬也。略，簡也。」「寬簡」，引申爲忽略。論衡實知篇：「衆人闊略，寡所意識。」

〔三〕黄校云：「『籟』字下，王本有『流水之浮花□□□鄭人之買櫝』十三字。」校注：「按兩京本、胡本有『流水之浮花，鄭人之買櫝』十字，與訓故本略同。尋繹上下文意，實不應有。『長風』，『南郭』二句皆以音喻，『流水浮花』，『鄭人買櫝』，於此頗不倫類，疑爲淺人妄增。淮南子齊俗篇：『若風之過簫，忽然感之，各以清濁應矣。』許注：『簫，籟也。』」綴補：「宋玉高唐賦：『長風至而波起兮。』」

莊子齊物論：「夫大塊噫氣，其名爲風。是唯無作，作則萬竅怒呺。而獨不聞之翏翏乎（郭象注：長風之聲）？山林之畏佳（郭注：大風之所扇動也），大木百圍之竅穴，似鼻、似口、似耳……前者唱于而隨者唱喁。泠風則小和，飄風則大和，厲風濟則衆竅爲虛。」下文又云：「子游曰：地籟則衆竅是已，人籟則比竹是已。敢問天籟？」此處當指地籟而言。

〔四〕梅注：「『南』原作『東』，葉循父改。」韓非子内儲説上七術篇：「齊宣王使人吹竽，必三百人，南郭處士請爲王吹竽，宣王説之，廩食以數百人。宣王死，湣王立，好一一聽之，處士逃。」補注：「札迻云：『南，元本、汪本、活字本、馮本並作東。注云：元作東，葉循父改。紀云：東郭吹竽，其事未詳。若南郭吹竽，則於義無取；殆必不然。按葉循父校改南，據韓非子内儲説上七術篇改也。今檢新論審名篇云：「東郭吹竽而不知音。」袁孝政注亦以齊宣王東郭處士事爲釋，則南郭自有作東郭者，不必定依韓子也。但濫竽事終與文意不相應耳。』」札記：「彥和之意正同新論，亦云不知音而能妄成音，故與長風過籟連類而舉。章先生云：『當作「南郭之吹于」耳，正與上文相連。莊子：「前者唱于而隨者唱喁。」此本南郭子綦語，而彥和遂以爲南郭事。儷語之文，固多此類。後人不知「吹于」之義，遂誤加竹耳。』侃謹案：如師語亦得，但原文實作『東郭』，自以孫説爲長。」范注：「案晉書劉寔傳崇讓論：『南郭先生不知吹竽者也。』南郭、東郭皆可通。剖字鑽響，謂調聲有術；隨音所遇，謂偶然而調。長風過籟、南郭吹竽，皆以喻無術馭聲者。」朱星：「練才洞鑒之人，必能剖字，研究其聲韻；至於識疎闊略之人，盲目地隨音所遇，不知掌握，必然如長風過籟，發生許多雜音；東郭吹竽，不諳宮商，爲識者所笑。」

綴補：「案古詩紀、喻林引此並作東郭，與原本同。蓋韓非子舊本『南郭處士』或有作東郭者。」

古之佩玉，左宮右徵〔一〕，以節其步〔二〕，聲不失序。音以律文，其可忽哉〔三〕！

〔一〕梅注：「禮記：『古之君子必佩玉，右徵角，左宮羽，趨以采齊，行以肆夏。』采齊、肆夏皆樂名。」按此見玉藻篇。「行以肆夏」下尚有「周還中規，折還中矩，進則揖之，退則揚之，然後玉鏘鳴也」。禮記集説：「徵角宮羽，以玉聲所中言也。」「左宮右徵」，謂左面的玉器撞擊時發出宮音，右面的發出徵音。

〔二〕莊適注：「采齊，樂章名，以爲趨走之節。肆夏，同陔夏，樂章名，以爲行步之節。」

〔三〕校證：「『忽』原作『忘』，據王惟儉本改。」徐復正字：「按作『忽』字是。書記篇云『豈可忽哉』，與此同義。」

朱星：「佩玉叮當以節步趨，這説明端正的走道，還要按節奏，才能聲不失序。因此，音有律文的作用。……音的律文有二：一是正音法的，不要有訛音，這是消極的；一是諧音法的，即押韻選和，這是積極的，使音律更和諧有美感。」劉師培文説和聲第三：「昔梁元帝之論文也，謂『宮商靡曼，脣吻遒會。』（原注：見金樓子立言篇）劉彦和文心雕龍亦曰：『聲不失序，音以律文。』欲求立言之工，曷以此語爲法乎？」「其」，猶豈。左傳僖公五年：「一之爲甚，其可再乎！」

第四段，舉具體作家以示正聲與訛韻之别，説明文中用韻，須取諧調，不可雜以方音。

贊曰：標情務遠，比音則近〔一〕。吹律胸臆〔二〕，調鍾脣吻〔三〕。聲得鹽梅〔四〕，響滑榆槿〔五〕。割棄支離〔六〕，宮商難隱〔七〕。

〔一〕「情」字，明徐元太喻林文章門引作「清」（見卷八十八）。

斠詮：「言標舉情感，務求高遠；排比音韻，則力謀習近。此承篇首『音律所始本於人聲』立説。謂吟咏性情，必重音律。」按「比」謂「逆鱗相比」之「比」。「近」謂切近。

〔二〕校注：「按吹律用伶倫之崑崙斷竹制十二筒效鳳凰之鳴以别十二律事，見呂氏春秋古樂篇（原文已具書記篇「黄鍾調起，五音以正」條）。」

〔三〕校證：「『鐘』何校作『鍾』。」黄注：「（漢書）揚雄傳：師曠之調鍾，竢知音者之在後也。注：晉平公鍾，工者以爲調矣。師曠曰：『臣竊聽之，知其不調也。』至於師涓而果知鍾之不調，是師曠欲善調之鍾，爲後世之有知音。」范注：「呂氏春秋長見篇：『師曠欲善調鐘，以爲後世之知音者也。』」「鐘」，喻指律吕。「調鐘」，調和律吕。按此二句義應爲吹律管靠胸腔，調和音調靠脣吻。

〔四〕校注：「書僞説命下：『若作和羹，爾惟鹽梅。』枚傳：『鹽，鹹；梅，酸。羹須鹹醋以和之。』」「鹽梅」，調味品，喻音之調和。

〔五〕范注：「禮記内則：『堇荁枌榆，免薨滫瀡以滑之。』鄭注：『謂用調和飲食也。』此文『槿』是『堇』之假字。釋文云：『堇，菜也。』」陳澔注：「堇，菜名。荁似堇而葉大。榆之白者名枌。免，新鮮者；薨，乾陳者；言堇荁枌榆四物或用新，或用舊也。滫，説文：久泔也。瀡，滑也。滫瀡，滫之滑者也。」又：「荁音丸，免音問，薨音考，滫，思酒切；瀡音髓。」「滫瀡」，調和食物之法，浸以淅米汁，使柔滑。

斟詮：「言聲調得中，則抑揚有致，宛若鹽梅之和羹湯；音韻滑利，則詠嘆生情，不啻榆槿之調飲食。……此二句隱括篇中和聲諧韻兩層而言之。」

〔六〕斟詮：「莊子人間世：『支離疏者，頤隱於齊，肩高於頂。』釋文：『支離疏，司馬云：形體支離不全貌，疏，其名也。』又莊子德充符：『闉跂支離。』釋文：『司馬云：言脚常曲行，體不正卷縮者。』」

范注：「支離，指上文逐新趨異之流。」

〔七〕札記：「二句，言聲病既祛，宫商自正也。」

斠詮：「言文章之用韻，如能割捨拋棄支離不正之聲病，宮商大和之正響自然騰躍而出矣。」

章句第三十四

論衡正説：「夫經之有篇也，猶有章句；有章句也，猶有文字也。文字有意以立句，句有數以連章，章有體以成篇，篇則章句之大者也。謂篇有所法，是謂章句復有所法也。」

鎔裁篇：「引而申之，則兩句敷爲一章；約以貫之，則一章删成兩句。」

毛詩關雎篇末章句正義：「自古而有篇章之名，與詩禮俱興也，故那序曰『得商頌十二篇』，東山序曰『一章言其完』是也。句則古者謂之爲言，論語云：『詩三百，一言以蔽之，曰思無邪。』則以『思無邪』一句爲一言。左氏曰：『臣之業在揚之水卒章之四言。』謂第四句『不敢告人』也。及趙簡子稱『子大叔遺我以九言』，皆以一句爲一言也。秦漢以來，衆儒各爲訓詁，乃有句稱。論語注云『此我行其野』之句是也。句必聯字而言，句者局也，聯字分疆，所以局言者也。章者，明也，總義包體，所以明情者也。篇者，偏也，言出情鋪，事明而偏者也。然字之所用，或全取以制義，『關關雎鳩』之類也；或假辭以爲助，者、乎、而、只、且之類也。句者，聯字以爲言，則一字不制也。」

劉大櫆論文偶記：「積字成句，積句成章，積章成篇，合而讀之，音節見矣，歌而詠之，神氣出矣。」

札記：「結連二字以上而成句，結連二句以上而成章，凡爲文辭，未有不辨章句而成工者也。……彦和此篇，言句者『聯字以分疆』，又曰『因字而生句』，又曰『句之清英，字不妄也』，又曰『句司數字，待相接以爲用』。其於造字之術，言之晳矣。然字之所由相聯而不妄者，固宜有共循之途轍焉。前人未暇言者，則以積字成句，一字之義果明，則數字之義亦必無不明。」

又：「一、釋章句之名……説文：樂竟爲一章……言樂竟者，古但以章爲施於聲音之名，而後世則泛以施之篇籍。舍人言：『章者，明也。』此以聲爲訓，用後起之義傅麗之也。……説文曰：『句，曲也。』句之名，秦漢以來衆儒爲訓詁者乃有之，此由諷誦經文，於此小邇，正用鈎識之義。舍人曰：『句者，局也。』此亦以聲爲訓，用後起之義傅麗之也。詩疏曰：『古者謂句爲言……』案古稱一言，非必詞意完具，但令聲有所稽，即爲一言，然則稱言與稱句無别也。總之，句、讀、章、言四名，其初但以目聲勢，從其終竟稱之，則爲章；從其小有停邇言之，則爲句、爲曲、爲讀、爲言。降後乃以稱文詞意完具者爲一句，結連數句爲一章。……舍人此篇云：積章爲篇，篇之彪炳，章無疵也。又云：篇有小大。蓋猶是本古誼以爲言。今謂集數字而顯一意者，謂之一句；集數意以顯一意者，謂之一章。……或傳一人，或論一理，或述一事，皆謂之一篇而已矣。」

「章句」的章，不像現代書裏一章一節那麽長。在上古時代的演奏中，一次小停頓就是一章。像詩經裏很短的一篇詩，就可以分成好幾章。在古代的經書、子書中，一篇文章裏的較小的意義單位，也叫一章。漢朝人的章句之學，就是研究在什麼地方分章，什麼地方斷句的。這裏所講的「章」，實際上相當於後代文章中的段。章句的「句」，也不是現代語法中所説的句，而是説話時一個停頓的單位。

趙仲邑文心雕龍譯注章句篇題解：「對章句的名稱和作用解釋了以後，劉勰説明了詞、句、章、篇之間內在的聯係。顯然他對於一篇作品是看作一個有機的整體的，因而他認爲要使作品完美無缺，便得從用詞入手。其次他認爲章句和思想內容的關係千變萬化，應怎樣處理，沒有一成不變的方法，不過統一的要求還是有的，那就是要求詞句配搭得當，順理成章，使內在的思想感情爲血脈貫注，使文章的首尾連成一體。由於『因字而生句』，『積句而成章』，所以他最後還談了句中字數、換韻和使用虛字的問題。」

夫設情有宅，置言有位〔一〕，宅情曰章〔二〕，位言曰句〔三〕。故章者，明也；句者，局也。局言者，聯字以分疆；明情者，總義以包體〔四〕：區畛相異，而衢路交通矣〔五〕。

〔一〕注訂：「宅者，有範圍也。位者，有定位也。故範圍以章，定位以句。」

〔二〕范注：「説文：『宅，所寄也。』國語魯語上：『宅，章之次也。』謂章明情志，必有所寄而次序顯晰也。」周注謂國語魯語原意爲「住宅是有章服（禮服，指官員）的人的住宿處。這裏借用這話給章和宅以新的意義」。

〔三〕劉師培左庵外集國文雜記：「文心雕龍云『置言有位』『位言曰句』。所謂位言者，即綴字有次序之謂也。」

〔四〕范注：「鄭注堯典『平章百姓』曰『明也』。説文：『句，曲也。』局亦曲也。毛詩關雎正義：『句必聯字而言，句者，局也；聯字分疆，所以局言者也。章者，明也；總義包體，所以明情者也。』即本彦和爲説。」

校釋：「舍人釋章爲『明』，釋句爲『局』，雖非章句之本義（樂竟爲一章。句者，曲也），然最足明章句之用。蓋情思之發，必有其曲折次序，而章以宅情，必隨其曲折次序而分布之，貴能昭晰。故詩文章數無定，其施設之變亦至夥。例如芣苢三章，初言往采，故曰『采之』、『有之』，次言采事，故曰『掇之』、『捋之』，末言采獲已多將歸之事，故曰『袺之』、『襭之』。三章不可減爲二，不必增爲四，而春原采苢之事如見矣。其他一意而數章者，非複也，所謂一唱三歎，言之不足，故重言之，所以盡其致也。至句之訓局，其義亦精。一句之字，短或二三，長不過八九，意行其中，彌見局促。故造句貴無冗字，而前後句相承之間，尤貴有次。如『隕石於宋五』、『六鷁退飛過宋都』，則幾乎一字不可易，此春秋所以謹嚴也。孔穎達釋關雎章句，即采劉義。其言曰：『句必聯字而言……所以明情者也。篇者，徧也，言出情鋪，事明而徧者也。』其下復取詩中分章制句之式以爲例，亦可與舍人此篇相發，正可參看。」「包體」是把各句的内容匯成一個整體。「章」是安排思想感情，即安排内容的單位，「句」是安排語言的單位。把語言劃成小的格局，就需要把某些字聯合起來，和另外的一些字分清疆界，這就是斷句。爲了使思想感情更加明晰，把同一内容的句子總合在一起，這就是一章。

文鏡秘府論定位：「凡製於文，先布其位，猶夫行陣之有次，階梯之有依也。先看將作之文，體有大小（若作碑、誌、頌、論、賦、檄等，體法大；啓、表、銘、贊等，體法小也）；又看所爲之事，理或多少（叙人事、物類等事，理有多者，有少者）：體大而理多者，定製宜弘；體小而理少者，置辭必局。須以此義，用意準之，隨所作文，量爲定限（謂各準其文體事理，量定其篇句多少也）。既已定限，次乃分位，位之所據，義别爲科（雖主一事爲文，皆須次第陳叙，就理分配，義别成科，其若夫、至如、於是、所以等，皆是科之際會也），衆義相因，厥功乃就（科别所陳之義，各相準望連接，以成一文也）。故須以心揆事，以事配辭（謂人以心揆所爲之事，又以此事分配於將作之辭）。總取一篇之理，折成衆科之義（謂以所爲作篇之大理，分爲科别小義）。」

史通叙事篇：「夫飾言者爲文，編文者爲句，句積而章立，章積而篇成。篇目既分，而一家之言備矣。古者行人出境，以詞令爲宗；大夫應對，以言文爲主。况乎列以章句，刊之竹帛，安可不勵精雕飾，傳諸諷誦者哉！」

〔五〕黄注：「蜀都賦：『瓜疇芋區。』注：區，界畔也。周禮：十夫有溝，溝上有畛。畛，田界。」

「區」，區域。「畛」，界也。「衢路」，四通八達之道路。説文：「四達謂之衢。」荀子勸學篇：「行衢道者不至。」楊倞注：「孫炎云：衢，交通四出也。」郭注：「『區畛相異』，指句與章區域不同；『衢路交通』，指章句之間互相溝通。」

夫人之立言，因字而生句，積句而成章〔一〕，積章而成篇〔二〕。篇之彪炳，章無疵也〔三〕；章之明靡〔四〕，句無玷也；句之清英〔五〕，字不妄也〔六〕；振本而末從，知一而萬畢矣〔七〕。

〔一〕校注：「『成章』，元本、弘治本、汪本、佘本、張本、兩京本、胡本、訓故本、文津本作『爲章』。翰苑新書序、唐音癸籤四引同。按作『爲章』，與下句之『成篇』始不重出，是也。論衡正説篇：『文字有意以立句，句有數以連章，章有體以成篇。』」考異：「曰生曰爲曰成，含義各殊。」

〔二〕札記：「若乃篇章之分，一著簡册之實，一著聲音之節，以一篇所載多章皆同一意，由是謂文義首尾相應爲一篇，而後世或即以章爲篇，則又違其本義。案詩三百篇，有一篇但一章者，有一篇累十六章者，此則篇章不容相混也。其他文籍，如易二篇不可謂之二章，孟子七篇不可謂之七章，老子著書上下篇，不可謂之二章。自雜文猥盛，而後篇章之名相亂。」

斠詮引左培文式曰：「章法非篇法也，篇法乃一篇之提、反、虚、實、挑、繳、結也。所謂章者，片段之謂。就一篇中，股股貫串，句句接續，乃成章片。」

〔三〕黄春貴文心雕龍之創作論（本篇下引黄氏語同此）：「是以裁章爲謀篇之基幹，欲謀求彪炳可玩之篇，必先裁製完美無疵之章，猶人身之有四支百骸，必先求各部發育正常，而後始有十全十美之體軀也。」「彪炳」，文采焕發。左思蜀都賦：「符采彪炳，暉麗灼爍。」

〔四〕注訂：「相如上林賦：『靡曼美色。』張揖注：『靡，細也。』」

〔五〕校注：「『凊』，何本、凌本……王本並作『青』。按『青』非是。時序篇『結藻清英』，程器篇『昔庾元規才華清英』，亦並作『清英』。文選西都賦：『鮮顥氣之清英。』『清英』二字即出於此。」考異：「釋名：『清，青也。』義可通而字異，從『清』是。」

〔六〕范注：「字不妄用，論詳練字篇，此篇專論章句。」這是説寫文章的時候，必須先寫出字句，然後才形成篇章。但構思的時候，要先從全局着想，先命意謀篇，分開段落，然後選詞造句。整篇文章立意光彩焕發，分段才能没有毛病；每段的意思都很明細，造句才能不出差錯；句子造得干净利落，遣字才能不落虚妄。

〔七〕説文：「振，舉救也。……一曰奮也。」「振」又謂振動。校注：「按莊子天地篇：『記曰：通於一而萬事畢。』」成疏：「一，道也。夫事從理生，理必包事，本能攝末，故知一萬事畢。」劉師培漢魏六朝專家文研究四論謀篇之術：「劉彦和云：『夫人之立言……字不妄也。』此謂立言次第須先字句而後篇章；而臨文構思，則宜先篇章而後字句。蓋文章構成，須歷命意、謀篇、用筆、選詞、鍊句五級。必先樹意以定篇，始可安章而宅句。若術不素定，而委心逐辭，異端叢至，駢贅必多。故無論研究何家之文，首當探其謀篇之術。……均須就命意、謀篇、用筆、選詞、鍊句五項，依次求之，謀篇既定，段落即分。大抵文之有反正者，即以反正爲段落；無反正者，即以次序爲段落。（如論說之類有反正兩面，碑銘即無反正，頌不獨無反正，且無比喻，匡衡、劉向之文以正面太少，故用比喻甚多。）模擬古人之文，能研究其結構、段落、用筆者，始可得其氣味；能了解其轉折之妙者，文氣自異凡庸。若徒致力於造句鍊字之微，多見其捨本逐末而已矣。」

馬建忠馬氏文通序：「劉氏文心雕龍云：『夫人之立言……知一而萬畢矣。』顧振本知一之故，劉氏亦未有發明。」

朱星文心雕龍的修辭論（油印本，本篇下引朱氏語同此）説這一小段「提出章、句、字相生相依的關係」。又説：「從形式上是積字成句，積句成章，積章成篇，但從構思寫作上，正是相反；先考慮全篇中心思想即主題以及有關的論點或事例，然後考慮分多少章；分章確定後，再造句用字。章、句、字三者，互相連繫影響是對的。而字（詞）是句的基礎，句是章的基礎，章是篇的基礎。一個字（詞）用壞了，就影響一句，一句用壞了就影響一章；一章壞了就影響整篇。這也是正確的。這種整體觀點正是針砭當時不顧篇章，只顧在字句上用工夫，只求一句一字之新奇，甚至只追求一字，而忘了一句，更忘了一章一篇。」

以上爲第一段，釋章句之義並説明篇、章、句、字之間的關係。

夫裁文匠筆〔一〕，篇有小大；離章合句，調有緩急；隨變適會，莫見定準〔二〕。句司數字，待相接以爲用〔三〕；章總一義，須意窮而成體〔四〕。

〔一〕斠詮：「匠，謂計畫製作也。小爾雅廣詁：『匠，治也。』」

〔二〕注訂：「小大指巨細長短言，緩急指情采聲律言。蓋思本多方，義有廣狹，隨分所定，假以辭章，筆無餘瀋，意竟所懷，則篇成矣。故大小隨施之所宜，而緩急由於興之所運，故云『隨變適會，莫見定準』者此也。」「離章」，即分章。

黄春貴：「此言章句之安排，必須隨從事物之變遷，適應情理之際會，因時制宜，未有一定之準式。」

張嚴文心雕龍文術論詮：「調有緩急，謂句度也。蓋句長者調緩，句短者調促，如：『毋巧使人疑夫不以情居瘠者乎哉！』『孰有執親之喪而沐浴佩玉者乎？』此句長而調緩之例也。『華而睆，立孫，畏，厭，溺』此句短而調促之例也。又句長者婉柔，句短者明健，如檀弓句潔而多變化，孔子家語改檀弓語，句多差忒。文則曰：『春秋文句，長者踰三十餘字，短者止於一言。』此一則以三十餘不謂多，一則以一言而不謂少，隨變適會者也。」

〔三〕范注：「關雎正義曰：『句者聯字以爲言，則一字不制也。以詩者申志，一字則言蹇而不會，故詩之見句，少不減二，即祈父、肇禋之類也。』案此説亦通於一切文筆，凡一字不得成爲句，句必集數字而後成。」

斯波六郎：「周易繫辭下：『易之爲書也……爲道也屢遷，變動不居，周流六虚，上下無常，剛柔相易，不可爲典要（韓注：不可立定準也），唯變所適。（韓注：變動貴於適時，趣舍存乎其會也）。』」

〔四〕黄春貴：「所謂章者，用在顯現情理，每章總束一義，必須情理完具，乃能成就其體段。故在一篇文章之中，應擇取同屬一義者合成一章，凡與章旨無關，内容空洞，或文句晦澀，章旨不明者，不可牽入。……歸有光項脊軒志曰：『項脊生曰：蜀清守丹穴，利甲天下，其後秦皇帝築女懷清臺。劉玄德與曹操争天下，諸葛孔明起隴中，方二人之昧昧於一隅也，世何足以知之！余區區處敗屋中，方揚眉瞬目，謂有奇景，人知之者，其謂與埳井之蛙何異？』此一章中，文句頗多晦澀，稱謂雜亂，弊端叢生。故蔣祖怡文章學纂要中責其全篇缺乏凝聚性，援例薄弱，章旨欠清。」

斠詮：「體即體段，謂大體段落，猶言體要。書畢命：『辭尚體要。』蔡傳：『趣完具而已之謂體，衆體所會之謂要。』集説……引王氏樵曰：『趣謂辭之合趣，趣不完具則未能達意，而理未明，趣完具而已，則爲枝衍説，皆不可謂之體。人身上有領，下有要，乃體之關會處。事理之有要，亦猶是也。』」「體」，這裏指章。

日人齋藤拙堂文話：「一篇之中，有數行齊整處，數行不齊整處，齊整中不齊整，不齊整中齊整，或緩或急，或顯或晦，間用之，此李性學之説，所謂章法也。猶四支百體，或圓或方，或長或短，或大或小，其形各異，而各得其所也。然頭領自爲頭領，手足自爲手足，不相接續則亦不能成體矣。」（見黄春貴文心雕龍之創作論引）

紀評：「此一段論章法。」

其控引情理，送迎際會〔一〕，譬舞容迴環，而有綴兆之位〔二〕，歌聲靡曼，而有抗墜之節也〔三〕。

〔一〕斟詮：「此段論章句之安排，必須照顧全局，於題材中動境之遇合，既已過往則控制情理以遣送之，尚未來臨則牽引情理以迎接之：務使上下有所呼應，首尾得以圓合，譬如舞容之迴轉旋環，歌聲之輕細柔和，進退抗墜，皆有一定之樂位節奏也。」

對此二句之解釋，譯注本中衆説紛紜，不再一一徵引。按上引文鏡秘府論定位篇云：「體大而理多者，定製宜弘；體小而理少者，置辭必局，須以此義，用意準之，量爲定限（謂各準其文之文體事理，量定其篇句多少也）。」「送迎際會」乃就上文「句司數字，待相接以爲用」而言，上引定位篇云：「位之所據，義別爲科（雖主一事爲文，皆須次第陳叙，就理分配，義別成科，其「若夫」、「至如」、「於是」、「所以」等，皆是科之際會也）。」又云：「又文之大者，藉引而申之（文體大者，須依其事理，引之使長，又申明之，便成繁富也）；文之小者，在限而合之（文體小者，亦依事理，豫定其位，促合其理，使歸約也）。申之則繁，合之則約。」劉勰所説「控引情理」，控謂控制，即促合其理，使歸於約；引謂引申，即引之使長，成爲繁富。

文鏡秘府論又云：「其爲用也，有四術焉：一者，分理務周；二者，叙事以次；三者，義須相接（謂科別相連，其上科末義，必須與下科首義相接也）；四者，勢必相依。理失周，則繁約互舛；事非次，則先後成亂；義不相接，則文體中絶（兩科際會，義不相接，故尋之若文體中斷絶也）。」「際會」，即交接會合。「迎」謂迎接上文，「送」謂瀉送下文。「送迎際會」乃是利用「若夫」、「至如」、「於是」、「所以」等，使上下文義相接。

〔二〕禮記樂記：「行其綴兆，要其節奏，行列得正焉。」鄭注：「綴，表也，所以表行列也。……兆，域也，舞者進退所至也。」

范注：「禮記樂記：『屈伸俯仰，綴兆舒疾，樂之文也。』正義曰：『綴，舞者行列相連綴也；兆，位外之營兆也。』」郭注：「綴兆之位，謂樂舞者進退之位。」

〔三〕范注：「禮樂記：歌者上如抗，下如隊，曲如折，止如槁木。」

吕氏春秋本生篇：「靡曼皓齒，鄭衛之音，務以自樂。」列子周穆王：「簡鄭衛之處子娥媌靡曼者，施芳澤，正蛾眉，設笄珥……以滿之。」張湛注：「靡曼，柔弱也。」

尋詩人擬喻，雖斷章取義〔一〕，然章句在篇，如繭之抽緒〔二〕，原始要終〔三〕，體必鱗次〔四〕。啓行之辭，逆萌中篇之意〔五〕；絶筆之言，追媵前句之旨〔六〕。故能外文綺交，内義脈注〔七〕，跗萼相銜〔八〕，首尾一體〔九〕。

〔一〕斯波六郎：「春秋左氏傳襄公二十八年：『賦詩斷章，取所求焉。』」

杜注：「言如賦詩者取其一章而已焉。」此處「詩人」指詩經的作者。

郭注：「本文云：『尋詩人擬喻，則斷章取義』，則指作詩之人，擬譬事物，引用史實，義取一端也。兩不相同。」

牟注：「喻，曉喻，説明。斷章取義，這是對作詩而言，和説詩者割裂原意的『斷章取義』不同，指詩經分章，各寫一相對獨立的内容。」

〔二〕校注：「按文選張衡南都賦：『白鶴飛兮繭曳緒。』李周翰注：『猶蠶繭曳絲緒而相連。』」

〔三〕易繫辭：「易之爲書也，原始要終，以爲質也。」正義：「言易之爲書，原窮其事之初始……又要會其事之終末。」此處舉詩經爲例，説明一篇文章中的「章」、「句」等大小構成單位必須首尾呼應。

〔四〕「體必鱗次」，謂在體制上一定象鱗片那樣緊密聯接。

黄春貴：「所謂『體必鱗次』，即章節之宜先宜後，應作妥善之布置，若『事乖其次，則飄寓而不安』。唐彪作文譜曰：『文章當先當後，苟得其宜，雖命意措詞，不甚過人，而大概已佳。若位置失宜，當先反後，雖詞采絢爛，思路新奇，亦紊亂不成文矣，故先後位置，治文者不可不細心斟酌也。』蓋順序之可貴，關係於命意措詞者如是。譬如國策范雎説秦王首二章曰：「范雎至，秦王庭迎范雎，敬執賓主之禮，范雎辭讓。是日見范雎，見者無不變色易容者。秦王屏左右，宮中虛無人，秦王跪而進曰：『先生何以幸教寡人？』范雎曰：『唯唯。』有間，秦王復請，范雎曰：『唯唯。』若是者三。秦王跽曰：『先生不幸教寡人乎？』范雎謝曰：『非敢然也。臣聞昔者呂尚之遇文王也，身爲漁父，而釣於渭陽之濱耳。若是者，交疏也已。一説而立爲太師，載與俱歸者，其言深也。故文王果收功於呂尚，卒擅天下，而立身爲帝王。向使文王疏呂望，而弗與深言，是周無天子之德，而文武無與成其王也。今臣羈旅之臣也，交疏於王，而所願陳者，皆匡君臣之事。處人骨肉之間，願以陳臣之陋忠，而未知王心也，所以王三問而不對者是也。』

「上文首章，先言秦王接見范雎，繼言秦王跪而請教，再言秦王長跪請問是否不肯教，次章范雎先答非敢不教，繼引述文王、呂尚之事跡，再言已疏於王，因未知王心，故不對也。凡此所述，皆按情理之自然發展，一步緊挨一步，井井有條，前後一貫。若秩序凌亂，不照常軌，則不易明其所指。……於此，知『内義脈注』、『體必鱗次』，實乃安排章節之途徑。蓋義不脈注，則血氣呆滯，文之情理難於通暢。體不鱗次，則關節脱離，文之機神無從顯現。雖飣餖幫湊，勉强成篇，終必支離破碎，辭不達意，尚何貴乎章法之有哉！」

〔五〕黄注：「詩小雅：『元戎十乘，以先啓行。』啓行，喻始也。」按此見六月。朱注：「啓，開；行，道也。猶言發程也。」其弊者，則如文賦云：「或仰逼於先條，或俯侵於後章。」

〔六〕范寧春秋穀梁傳序：「因事備而終篇，故絶筆於斯年。」此處取「終篇」之義。「追媵」，承接。釋名釋親屬：「侄娣曰媵。媵，承也，承事嫡也。」校證：「『媵』原作『勝』，梅據謝改，徐校同。案謝、徐改是。王惟儉本正作『媵』。附會篇云：『若首唱榮華，而媵句憔悴。』理可互參。」

〔七〕以上是説：章句在篇裏，象蠶繭抽絲一樣，從頭到尾，要順着次序一層挨一層地排列。開頭的話，就要把篇中的内容事先暗示出來。末尾的結束語，又要回應前面的内容。這樣儘管表面上辭采交錯，而内中的義脈還是貫注的。注訂：「綺交，相綜錯也。脈注，相貫串也。」文鏡秘府論論體：「故將發思之時，先須惟諸事物合於此者。既得所求，然後定其體分，必使一篇之内，文義得成（篇，謂從始至末使有文義，可得連接而成也）；一章之間，事理可結（章者，若文章皆有科别，叙義可得連接而成事，以爲一章，使有事理，可結成義）。通人用思，方得爲之。大略而論：建其首，則思下辭而可成；陳其末，則尋上義不相犯；舉其中，則先後須相附依：此其大指也。」

校釋：「此篇於分章造句之法，但挈其大綱，所謂言之有序也。大而一篇之中各章之後先，小而一句之中各字之次第，皆有天然之秩序。賦情則情之曲折，記事則事之本末，論理則理之層次，皆天然之秩序也。作者苟當情懷澄澈，事理通明之會，則安章宅句，自成條理。至於其間變化波瀾之妙，正側穿插之奇，短長高下之度，輕重隱顯之限，回互激射之勢，則非法所能拘，亦非言所能盡。大抵天才開朗者，杼柚寸心，自然靈妙。屈、宋之辭賦，則抒情之正則也。子長之史記，則記事之極軌也。莊、孟之文辯，則論理之崇規也。此四子者，言不失其友紀，而又變化無端，可謂『外文綺交，内義脈注』者矣。」

黄春貴：「所謂内義脈注，即各章之間，内在義理，彼此貫注。否則各章獨立，不相綴屬，東鱗西爪，徒見支離破碎。……試以杜工部九日藍田崔氏莊詩爲例：『老去悲秋强自寬，興來今日盡君歡。羞將短髮還吹帽，笑倩旁人爲正冠。藍水遠從千澗落，玉山高並兩峯寒。明年此會知誰健，醉把茱萸仔細看。』此詩中以『老去悲秋强自寬，興來今日盡君歡』二句爲啓行之辭，逆萌中篇『羞將短髮還吹帽，笑倩旁人爲正冠』之意。『羞將短髮還吹帽』暗寫一『悲』字，笑倩旁人爲正冠』暗寫一『歡』字。『藍水遠從千澗落，玉山高並兩峰寒』，明爲寫當時當地之景物，暗中則藉水流山兀，亘天地以永生，以反襯人壽幾何，寄朝露無常之深慨，乃引出『明年此會知誰健，醉把茱萸仔細看』之束筆。持茱萸而看仔細者，老人悲明歲之未必能重把茱萸，乃不忍遽捨，而還原脈注於『老去悲秋强自寬，興來今日盡君歡』之主旨矣。」

〔八〕黄注：「詩小雅（常棣）『鄂不韡韡』，箋：『承華者曰鄂。不，當作柎；柎，鄂足也。』疏：『鄭以爲華下有鄂，鄂下有柎，由華以覆鄂，鄂以承華，華鄂相覆而光明，猶兄弟相順而榮顯。』」范注：「『柎』、『不』聲同，『柎』字亦作『跗』。」注訂：「説文無『蕚』，詩傳皆作『鄂』，文選江文通雜體詩『青松挺秀蕚』，注：『鄂與蕚同。』」斠詮：「蕚，爲花之最外部，亦曰外花被，多呈緑色。……花承於蕚，蕚托於跗。」

管子地員篇：「朱跗黄實。」尹知章注：「跗，花足也。」

黄春貴：「蓋章句在篇，不啻蠶繭之抽取絲頭，由始至終，排比緊湊，層次井然。起筆宜暗示跡象，埋伏線索，爲中篇預留後步；結筆應約制轠轡，檢閲過脈，爲前文收拾場面；然後篇首與篇尾，乃能渾然一體。……故知章節之安排，首宜内義脈注，次則體必鱗次，二者之外，别無坦途。」

〔九〕紀評：「與鎔裁篇一段參看。」

朱恕之文心雕龍研究創作論第三節論字句篇章：「章雖然是一篇的一部分，實際就等於一篇的縮小；其寫作並不比一篇容易。所以彦和説：『改章難於造篇。』那麽要想做到『章之明靡』，應該怎樣呢？章句篇説：『然章句在篇……首尾一體。』因爲是『章總一義』，所以在寫一段文章的時候，必須前後照應，『首尾一體』。不但形式上要有適當的聯絡；並且意義上要能够貫串；是所謂『外文綺交，内義脈注』了。文章是『積章而成篇』的。裁章要是順序無疵，那當然就能做到『篇之彪炳』了。」

若辭失其朋，則羈旅而無友〔一〕；事乖其次，則飄寓而不安〔二〕。是以搜句忌於顛倒〔三〕，裁章貴於順序〔四〕，斯固情趣之指歸，文筆之同致也〔五〕。

〔一〕左傳莊公二十二年：「羈旅之臣。」杜注：「羈，寄也。旅，客也。」

校證：「『朋』原作『明』。謝云：『玩贊語，「明」當作「朋」。』梅、徐改『朋』，王惟儉本亦作『朋』。」考異：「下句『羈旅而無友』，及『飄寓而不安』，皆承『朋』字而來，從『朋』是。」

校注：「按楚辭九辯：『廓落兮，羈旅而無友生。』（舊校云：『一無生字。』）文選張衡思玄賦：『顝羈旅而無友兮。』」

〔二〕黄春貴：「若果辭句之綴屬，失其比附，則如旅客之寄跡外鄉，孤寂而無友朋；事理之叙述，背其順序，則似寓人之飄流異國，杌隉而不安定。」

〔三〕説文：「搜，求也。」

札記約論古書文句異例舉「倒句」之例云：「左傳閔公二年：『爲吴太伯不亦可乎！猶有令名，與其及也。』（順言當云：與其及也，猶有令名。）禮記檀弓篇：『蓋殯也，問於郰曼父之母。』（順言當云：問於郰曼父之母，蓋殯也。）」

〔四〕黄春貴：「章旨既明，則章節之安排，應隨情理之發展，循序漸進，原始要終，首尾一貫。……故知裁章之妙，貴在變化曲折，波瀾起伏。但一篇中之各章，一章中之各句，其先後次第，皆應有天然之秩序。是以章節之安排，自有條理步驟可循。大抵章節之安排，要在前後貫串，一氣呵成。……唐彪讀書作文譜曰：『葛屺瞻曰：文有一字不貫，則爲死字；一句不貫，則爲死句；一段不貫，則爲死局。至於關鍵緊要處有一絲不貫，則通篇文字皆死。縱使摛辭華藻，不過如對木偶人耳，豈能動人心目乎！』可知裁章之術，貫串重於美辭。唐氏作文譜又曰：『文章不貫串之弊有二：如一篇中有數句，先後倒置，或數句辭意稍礙，即不貫矣。承接處字句或虛實失宜，或正反不合，氣即不貫矣。二者之弊，雖名文亦多有之，讀文者不當以名人之文，恕於審察，必細心研究，辨析其毫釐之差。』此雖云全篇文章不能貫串之弊，裁章之際，亦多有此弊端發生。」

文鏡秘府論文二十八種病：「第二十四，雜亂。凡詩發首誠難，落句不易。或有制者，應作詩頭，勒爲詩尾；應可施後，翻使居前，故曰雜亂。假作憶友詩曰：『思君不可見，徒令年鬢秋。獨驚積寒暑，迢遰阻風牛。粵余慕樵隱，蕭然重一丘。』釋曰：『粵余』一對，合在句端；『思君』一對，合居篇末。然則篇章之內，義別爲科，先後無差，文理俱暢；混而不別，故名雜亂。」

〔五〕斠詮：「指歸，語出郭璞爾雅序：『夫爾雅者，所以通訓詁之指歸。』疏：『言書所以通暢古今之言，訓道物之貌，使人知其指意歸趣也。』」牟注：「同致：趨向相同。和上句『指歸』二字義近。」

附會篇：「若統緒失宗，辭味必亂；義脈不流，則偏枯文體。……是以駟牡異力，而六轡如琴；並駕齊驅，而一轂統輻；馭文之法，有似於此。去留隨心，修短在手，齊其步驟，總轡而已。」

范注：「彦和論文，最惡詭詭，此語尤極明通。蓋文之善者，情高理密，辭氣聲調，言而有物，斯爲可貴。……或者不察，以爲艱澀可以文鄙淺，綺語可以市寵悦，舍本逐末，務尚怪奇，是猶德行卑下，而服上古冠服以衒鬻也。」

札記：「六、論安章之總術。舍人此篇，當與鎔裁附會二篇合觀，又證以文賦所言，則於安章之術灼然無疑矣。此篇云：『句司數字，待相接以爲用……文筆之同致也。』案此文所言安章之法，要於句必比敘，義必關聯。句必比敘，則浮辭無所容；義必關聯，則雜意不能羼。章者，合句而成，凡句必須成辭，集數字以成辭，字與字必相比敘也，集數句以成章，則句與句亦必相比敘也；字與字比敘，而一句之義明，句與句比敘，而一章之義明；知安章之理無殊乎造句，則章法無紊亂之慮矣。文心云：引而伸之，則兩句敷爲一章，約以貫之，則一章删成兩句。夫句可展爲章，章可删爲句，知章句之理本無二致矣。一章所論，必爲一意，一意非一句所能盡，故必累句以明之，而此諸句所言，皆趣以明彼之一意，或以啓下文、後句之意，或以足上旨，使去其一句，則義因之以晦，横增一句，則義因之不安，蓋句中一字之增損，足以累句，章中一句之增損，亦足以累章，若知義必關聯，則二意兩出、同辭重句之弊可以袪矣。然臨文安章，每苦杌隉，操末續顛，勢所不免，是故鎔裁篇説安章要在定準，準則既定，奉以周旋，則首尾圓合，條貫統序，文成之後，與意合符，此則先定章法，後即獻替節文，亦安章之簡術也。凡篇章立意，雖有專主，而枝分條別，賴衆理以成文，操毫時既有牽綴之功，脱稾後復有補苴之事，文不加點，自古所稀，易句改章，文士常習，是以舍人復有附會之篇，以明修潤之術，究其要義，亦曰總綱領，求統緒，識腠理，會節文而已。大抵文既成篇，更有增省，必須俯仰審視，細意彌縫，否則删者有斷鶴之憂，補者有贅肬之誚，尺接寸附，爲功至煩。故曰：『改章難於造篇，易字艱於代句，此已然之驗也。』文賦曰：『或仰逼於先條，或俯侵於後章，或辭害而理比，或言順而義妨，離之則雙美，合之則兩傷，考殿最於錙銖，定去留於毫芒，苟銓衡之所裁，固應繩其必當。』此文所言安章之術雖簡，實足包括舍人三篇之言。至言銓衡所裁，應繩必當。注云：言銓衡所裁，苟有輕重，雖應繩墨，須必除之，則章法謹嚴極矣。總之，安章之術，以句必比叙，義必關聯爲歸，命意於筆先，所以立其準；删修於成後，所以期其完。首尾周密，表裏一體，蓋安章之上選乎。」

以上爲第二段，論章句組織之法。

若夫章句無常〔一〕，而字有條數〔二〕，四字密而不促，六字格而非緩〔三〕，或變之以三五，蓋應機之權節也〔四〕。

〔一〕「章」，原作「筆」。校證改作「篇」：「『篇』原作『筆』，蓋偏旁相涉而誤。上文『啓行之辭，逆萌中篇之意』，絶筆之言，追媵前句之旨』即以篇句爲言，此文承之。」

校釋：「筆句，各本皆如此。『筆』乃『章』誤，審文可知。紀氏因誤文妄譏，殊可哂。」又：「紀評此書，頗多淺語。即如此篇，乃有二誤。次段本兼包章句，紀評以爲先論章法，而指『筆句無常』以下爲論句法。謂『論句法但考字數，無所發明』。不知『筆句無常』以下爲另一段。『筆句』實『章句』之譌，一誤也。末段三節，一論字數，二論轉韻，三論發聲助語之詞，皆於分章造句，所關至切，紀評乃指爲『類及』，無甚高論，二誤也。」

斠詮謂應作「章句」，云：「此實承上文『搜句』『裁章』二句之以章句爲言也。」

補注：「『章句無常』四句——詳案：錢少詹十駕齋養新録（卷十六）據此云：駢儷之文，宋人謂之四六，梁時文筆，已多用四字六字矣。」

〔二〕校證：「『條』何允中本、日本活字本、凌本作『常』。」范校：「『條』，鈴木云：閔本作『常』。」考異：「『常』字犯重，從『條』是。」

斠詮校改此句爲「字數有條」，云：「『字數有條』原倒作『字有條數』，不辭費解。……玆徵『章句無常』對文，並依文義移正。上句承上『離章合句，莫見定準』而言；下句爲下『四字，六字，變以三五』云云而發。且『有條』成語，見書盤庚『若網在綱，有條而不紊』。『有條』與『無常』之相偶，平仄諧和，亦明轉天然。」注云：「條，猶理也。見廣雅釋詁。孟子萬章：『金聲也者，始條理也；玉振之也者，終條理也。』戴震孟子字義疏證：『在物之質曰肌理，曰文理，得其分則有條而不紊，謂之條理。』彥和下文所云：『四字密而不促，六字裕而非緩』云云，即無韻之文，句中字數可稽之條理也。」

〔三〕范注：「說文：『格，木長貌。』是格有寬長之義。」校注：「按『格』字於此費解，殆『裕』之形誤。說文：『裕，衣物饒也。』廣雅釋詁三：『裕，寬也。』是裕有饒、寬二誼，上云四字密而不促，此云六字裕而非緩，斯其旨矣。」

四六叢話凡例云：「四六之名，何自昉乎？古人有韻謂之文，無韻謂之筆。梁時沈詩任筆，劉氏三筆六詩是也。駢儷肇自魏晉，厥後有齊梁體，宮體，徐庾體，工綺遞增，猶未以四六名也。唐重文選學，宋目爲詞學，而章奏之學，則令狐楚以授義山，別爲專門。今考樊南甲乙始以四六名集，而柳州乞巧文云『駢四儷六，錦心繡口』，又在其前。辭學指南云：制用四六，以便宣讀，大約始於制誥，沿及表啓也。」

〔四〕錢大昕十駕齋養新録四六：「駢儷之文，宋人或謂之四六。謝伋四六談麈、王銍四六話是也。考文心雕龍章句篇有云：『筆句無常，而字有常數；四字密而不促，六字格而非緩；或變之以三五，蓋應機之權節也。』則梁時文筆，已多用四字六字矣。」

斠詮：「權節，謂權宜節適。國語齊語：『察其四時，權節其用。』管子小匡：『權節具備，其械器用。』楊注：『權，計輕重所宜也；節，爲之節適也。』」

最爲適中。變以三五，乃因時際會，而有權宜節適耳。」「權節」，變通的法度。

黄春貴：「夫造句用字，或長或短，未有定數，取其適於聲氣而已。就大體而言，則四字六字

文鏡秘府論定位篇：「篇既聯位而合，位亦累句而成。然句無定方，或長或短，長有逾於十，如陸機文賦云：『沈辭怫悦，若游魚銜鈎而出重淵之深；浮藻聯翩，猶翔鳥纓繳而墜層雲之峻。』（下句皆十一字也。）短有極於二，如王褒聖主得賢臣頌云：『翼乎，若鴻毛之順風；沛乎，若巨鱗之縱壑。』（上句皆兩字也。）在於其内，固無待稱矣（謂十字已下，三字已上，文之常體，故不待稱也）；然句既有異，聲亦互舛，句長聲彌緩，句短聲彌促，施於文筆，須參用焉（雜文筆等皆句字或長或短，須參用也。其若詩、贊、頌、銘，句字有限者，非也）。就而品之，七言已去，傷於大緩，三言已還，失於至促；惟可以間其文勢，時時有之。至於四言，最爲平正，詞章之内，在用宜多，凡所結言，必據之爲述。至若隨之於文，合帶而以相參，則五言、六言，又其次也。至如欲其安穩，須憑諷讀，事歸臨斷，難用辭窮（言欲安施字句，須讀而驗之，在臨時斷定，不可預言者也）。然大略而論，忌在於頻繁，務遵於變化（若置四言、五言、六言等體，不得頻繁，須變而參用也）。假令一對之語，四句而成（筆皆四句合成一對），使用四言，以居其半，其餘二句，雜用五言、六言等（謂一對語内，二句用四言，餘二句或用五言、六言、七言是也），或經一對、兩對已後，乃須全用四言（若一對四句，并全用四言也），既用四言，又更施其雜體（還謂上下對内，四言與五言等參用也），循環反復，務歸通利。然『之』、

『於』、『而』、『以』，間句常頻，對有之，讀則非便，能相迴避，則文勢調矣（謂「而」、「以」、「之」、「於」等間成句者，不可頻，對體同）。其七言、三言等，須看體之將變，勢之相宜，隨而安之，令其抑揚得所。然施諸文體，互有不同：文之大者，得容於句長（若碑、誌、論、檄、賦、誄等，文體大者，得容六言已上者多），文之小者，寧取於句促（若表、啓等，文體法小，寧使四言已上者多也）。何則？附體立辭，勢宜然也。細而推之，開發端緒，寫送文勢，則六言、七言之功也；泛叙事由，平調聲律，四言、五言之能也；體物寫狀，抑揚情理，三言之要也。雖文或變通，不可專據（謂有任人意改變，不必盡依此等狀），叙其大抵，實在於兹。其八言九言二言等，時有所值，可得施之，其在用至少，不復委載也。」

黃春貴：「遍照金剛論句中字數，據自彦和，惟分析更臻細緻耳。」

札記：「七論句中字數。此篇言句中字數，兼文筆二者言之。無韻之文，句中字數，蓋無一定，彦和言『四字密而不促，六字格（案「格」爲「裕」之誤）而非緩，或變之以三五，蓋應機之權節也』。此謂無韻之文，以四字六字爲適中（密而不促，裕而非緩，即謂得緩急之中，變以三五，但爲權節，則四字六字爲合中明矣……）。蓋猶拘於當時文體，其實句中字數，長短無恒，特古人文章即是言語，若遇句中字多，無害中加稽止，觀前所引詩大雅、左傳文而可明也。至後世之文，則造句不宜過長……自四六體成，反之者變爲古文，有意參差其句法，於是句度之長，有古所未有者，此又不足以譏四六也。……夫文之句讀，隨乎語言，或長或短，取其適於聲氣，拘執四六者固非，有意爲長句者亦未足範也。」王易修辭學本論第一章第九節口調：「如但照章句法，由修飾方面觀之，必有不滿，即所謂口調不順是也。欲救斯弊，或變更意義上之句讀，或在同一句讀内增加語音之數，是即句讀法也。如六朝通行四六文，即句讀法之一種。故文心雕龍云：『四字密而不促，六字格（裕）而非緩』，即所以説明修辭法應用音調之原理也。「句讀法乃應用形式美之兩面，即適應於統一及變化，均整之音數，或使其長短參差。文心雕龍又云：『或變之以三五，蓋應機之權節也。』」朱星：「以四字六字爲正，三字五字爲變，實是指當時流行的駢體文，正是四字六字爲主，以三字句五字句的散聯作穿插。四字六字都是成雙字的句，適合對偶。三言五言是不成雙字的句。……駢文取其雙，詩歌取其單。五言七言後起而轉盛，原因是五七言乃從四六言發展而來，具有雙單兼有之妙。」

至於詩頌大體，以四言爲正〔一〕，唯「祈父」「肇禋」，以二言爲句〔二〕。尋二言肇於黄世，竹彈之謡是也〔三〕；三言興於虞時，元首之詩是也〔四〕；四言廣於夏年，洛汭之歌是也〔五〕；五言見於周代，行露之章是也〔六〕。六言七言，雜出詩騷〔七〕，兩體之篇〔八〕，成於西漢〔九〕。情數運周，隨時代用矣〔一〇〕。

〔一〕明詩篇：「若夫四言正體，則雅潤爲本。」文章流别論：「夫詩雖以情志爲本，而以成聲爲節；然則雅音之韻，四言爲正，其餘雖備曲折之體，而非音之正也。」札記：「此彦和説所本。詩疏則云：句者聯字以爲言，則一字不制也，以詩者申志，一字則言蹇而不會，故詩之成句，少不減二，即「祈父」、「肇禋」之類。三字者，『綏萬邦』、『屢豐年』之類。四字者，『關關雎鳩』之類。五字者，『誰謂雀無角』之類。六字者，『昔者先王受命』、『有如召公之臣』之類。七字者，『如彼築室於道謀』之類。八字者，『十月蟋蟀入我牀下』之類。其外更不見九字十字者。據沖遠之言，則詩無九字，蓋自楚辭有之。漢人賦句有十餘字者，以不歌而誦，故無嫌也。」

〔二〕梅注：「小雅云：『祈父，予王之爪牙。』周頌云：『肇禋，迄用有成，維周之禎。』」按祈父毛傳：「祈父，司馬也，職掌封圻之兵甲。」周頌維清鄭箋：「文王受命始祭天。」祈父凡三章，每章第一句，皆「祈父」二字爲句。「禋音因。肇，始；禋，祀；迄，至也。此亦祭文王之詩。」

〔三〕通變篇：「黄歌『斷竹』，質之至也。」困學紀聞卷五樂：「文心雕龍云：『二言肇於黄世，竹彈之謡是也。』原注：『竹彈歌，見吴越春秋（句踐陰謀外傳）。』」

〔四〕梅注：「虞書：帝庸作歌曰：『敕天之命，惟時惟幾。』乃歌曰：『股肱喜哉，元首起哉，百工熙哉。』臯陶拜手稽首，颺言曰：『念哉，率作興事，慎乃憲，欽哉。』……乃賡載歌曰：『元首明哉，股肱良哉，庶事康哉。』又歌曰：『元首叢脞哉，股肱惰哉，萬事墮哉。』」黄注：「按『哉』爲語助，以喜、起、熙、明、良、康爲韻，是三言也。」按此見尚書益稷篇。原道篇：「元首載歌。」

〔五〕梅注：「洛汭之歌，注見明詩篇。」黄注：「洛汭，五子之歌也。」明詩篇：「太康敗德，五子咸怨。」范注「史記夏本紀：『帝啓崩，子帝太康立。帝太康失國，昆弟五人，須於洛汭，作五子之歌。』」

〔六〕梅注：「行露之章，注見明詩篇。」明詩篇：「按召南行露，始肇半章。」范注：「詩召南行露篇（『雖速我獄』、『雖速我訟』四句皆四言，故曰半章）：誰謂雀無角，何以穿我屋？誰謂女無家，何以速我獄？雖速我獄，室家不足。誰謂鼠無牙，何以穿我墉？誰謂女無家，何以速我訟？雖速我訟，亦不女從。」

文鏡秘府論論文意：「或曰：夫詩有三四五六七言之别，今可略而叙之。三言始於虞典元首之歌，四言本出南風，流於夏世，傳至韋孟，其文始具。六言散在騷雅。七言萌於漢。五言之作，召南行露已有濫觴，漢武帝時，屢見全什，非本李少卿也（已上略同古人）。」按此係用皎然詩議之論。

〔七〕文章流别論：「古之詩有三言四言五言六言七言九言。古詩率以四言爲體，而時有一句二句雜在四言之間，後世演之，遂以成篇。古詩之三言者，『振振鷺，鷺于飛』之屬是也。漢郊廟歌多用之。五言者，『誰謂雀無角，何以穿我屋』之屬是也，於俳諧倡樂多用之。六言者，『我姑酌彼金罍』之屬是也，樂府亦用之。七言者，『交交黃鳥止於桑』之屬是也，於俳諧倡樂多用之。古詩之九言者，『泂酌彼行潦挹彼注茲』之屬是也，不入歌謡之章，故世希爲之。」范注：「此文本於摯虞流别論，彼論有九言，而彥和不説者，顔延年庭誥所謂詩體本無九言者，將由聲度闡緩，不協金石之故也（顔説引見關睢正義）。」

范注：「蓋六言七言雜出詩騷，未有全篇用之者。趙翼陔餘叢考二十三曰：『任昉云「六言始於谷永」（見文章緣起），然劉勰云：「六言七言，雜出詩騷。」今按毛詩「謂爾遷於王都」，「曰予未有室家」等句，已開其端，則不始於谷永矣。或谷永本此體創爲全篇，遂自成一家。然永六言詩今不傳。後漢書孔融傳：「融所著詩、頌、碑文、六言、策文、表、檄。」其曰六言者，蓋即六言詩也，今亦不傳（古文苑載融六言詩，僞作不可信）。古六言詩間有可見者：文選注引董仲舒琴歌二句；邊孝先解嘲「寐與周公通夢，静與孔子同意」；三國志注曹丕答群臣勸進書自述所作詩曰：「喪亂悠悠過紀，白骨縱横萬里，哀哀下民靡恃，吾將佐時整理，復子明辟致仕。」據此，是六言詩成於漢代也。』（曹丕雖爲魏主，亦得屬之於漢。）「至七言詩則吴檢齋先生絸齋筆記曰：『後漢書東平王蒼、杜篤、崔琦、崔瑗、崔寔等傳，並云著七言若干篇，班固傳則有六言若干篇。由是推之，知漢人稱詩，皆以四言爲限，其六言七言八言者，或本爲琴歌，或質稱六言七言八言，皆不與之詩名也。漢人七言之詞，今世已不數見，唯文選李注所引數事而已。西京賦注引劉向七言曰「博學多識與凡殊」，王仲宣贈士孫文始詩注引劉歆七略（是劉向七言之譌）曰「宴處從容觀詩書」，嵇叔夜贈秀才入軍詩注引劉向七言曰「山鳥群鳴動我懷」，張景陽雜詩注引劉向七言曰「朅來歸耕永自疏」。案李引七言四句，其三句以「殊」、「書」、「疏」爲韻，明其同出一篇。吴越春秋所載窮劫等曲，通首皆七言，此書出趙長君手，後漢人也。又史游急就章以七言成句，蓋今時里閭歌訣之類，亦可以證漢世民間七言之行用，彦和所指成於兩漢者，其即六言七言二體乎！」明詩篇：「至於三六雜言，則出自篇什。」

陔餘叢考卷二十三七言：「金玉詩話謂七言起於柏梁。然劉勰謂出自詩騷。孔穎達舉『如彼築室於道謀』（見小雅小旻）爲七言之始。……顧寧人謂『楚辭招魂、大招，去其「些」、「只」，即是七言』。（見日知録卷二十一）……至柏梁則通體皆七言，故後世以爲七言始耳。」郭注：「離騷中各句去『兮』字，多六言。七言如『紛吾既有此内美』，『恐年歲之不吾與』，皆是。」牟注：「詩經，如豳風七月中的『五月斯螽動股，六月莎鷄振羽』等爲六字句；『二之日鑿冰沖沖，三之日納於凌陰』等爲七字句。」

〔八〕校證：「『兩』原作『而』，謝、梅俱云：『疑有脱字。』梅六次本改『而』爲『兩』，王惟儉本、馮本『而』下空一格。今從梅六次本。范謂：『「而體之篇」疑當作「二體之篇」。「二體」指上六言、七言。』其言與梅氏暗合。任昉稱『六言始於谷永』，而文選注數引劉向七言，則梅、范所定爲可從矣。今據改。」訓故本作「而體之□篇」。沈巖録何焯朱筆校語云：「馮校『兩』作『而』，『而』下闕一字。」又有墨筆校語云：「而全體之篇成於兩漢。」校釋：「梅子庚曰：『而下疑有脱字。』按當是『雜』字，雜體者，一篇之中，言之長短不一。漢魏樂府多有之。」考異：「篇中述二言曰肇，三言曰興，四言曰廣，五言曰見，六言七言曰雜出詩騷，至而□體之篇曰成。成，總也，全也，至兩漢而諸體備，故曰成也。然脱字應作『五』，不應爲『二』，不然應爲『諸』或『衆』字，於義可通。則梅本范注皆不可從，王校從梅、范據改亦誤。」

〔九〕校證：「『西』原作『兩』，今從梅六次本、徐校本改。」范校：「『兩』，鈴木云：梅本作『西』。」周注：「兩體之篇，六言詩，如漢武帝西極天馬歌：『天馬徠兮從西極，經萬里兮歸有德，承靈威兮障外國，涉流沙兮四夷服。』七言詩，如淮南王劉安八公操：『煌煌上天照下土兮，知我好道公來下兮，公將與予生毛羽兮，超騰青雲蹈梁甫兮。……』」

〔一〇〕後漢書班超傳上疏：「臣前與官屬三十六人奉使絶域……於今五載，胡夷情數，臣頗識之。」「情數」即情況。又一解，斠詮：「數，理也。老子：『多言數窮。』」牟注：「運周，運轉不停，和通變篇中『文律運周』的『運周』二字意同。」張嚴論詮：「情數，實涵時文之變，句度之變，句中字數，及詩之句數（行數）等意義。彥和言

『情數運周，隨時代用』，此知詩無新舊，而體有古今也。蓋詩之爲體，是語言之精鍊，假手文字以具現，故有韻者爲詩，無韻者亦得稱詩。其準的在乎意境，所謂别才、别趣是也。」

黃春貴：「劉彦和所謂『情數運周，隨時代用』，繁簡各隨其理之自然，未可一概而論。……魏冰叔日録雜説曰：『上古純龐之氣，因時遞開，其自簡而之繁，質而之文，正而之變者，至兩漢而極。』此言爲文繁簡，隨時代趨勢而然。其謂至兩漢而極，實則自兩漢以後，亦是如此。劉師培論文雜記曰：『西漢之書，言辭簡直，故句法貴短，以二字成一語，而形容事物，不爽錙銖。東漢之文，句法較長，由簡趨繁，昭然不爽。』」

以上爲第三段，論句的字數。

若乃改韻從調〔一〕，所以節文辭氣〔二〕。賈誼、枚乘，兩韻輒易；劉歆、桓譚，百句不遷〔三〕：亦各有其志也〔四〕。昔魏武論賦〔五〕，嫌於積韻，而善於貿代〔六〕。陸雲亦稱「四言轉句，以四句爲佳」〔七〕。觀彼制韻，志同枚、賈，然兩韻輒易，則聲韻微躁〔八〕；百句不遷，則脣吻告勞〔九〕；妙才激揚〔一〇〕，雖觸思利貞〔一一〕，曷若折之中和，庶保無咎〔一二〕。

〔一〕校證：「何允中本、日本活字本『若』作『而』。」

范校：「鈴木云：案『從』疑作『徙』。」校注：「按鈴木説是。文選嵇康琴賦『改韻易調』，晉書文苑袁宏傳『移韻徙事』，可資旁證。」考異：「按下文『兩韻輒易』，則鈴木疑作『徙』可從。」

〔二〕樂府篇：「聲來被辭，辭繁難節。」斠詮：「節，謂節度，節制，有調節之意。禮記曲禮：『不踰節。』疏：『不踰越節度。』禮記仲尼燕居：『樂也者，節也。』疏：『節，制也。言樂者使萬物得其節制也。』論語泰伯篇：『出辭氣，斯遠鄙倍矣。』朱注：『辭，言語。氣，聲氣也。』」校釋：「舍人論文家用韻，主魏武『資代』之説，而參以『折中』之論，可謂圓到無餘蘊矣。惟節文辭氣之義，則尚藴而未發，蓋此事自有天機人力之分；任天機者，靈變無常，而其失也雜；用人力者，整飭有法，而其失也滯，惟極人力之工而仍不傷其天機，運天機之巧，而能輔之以人力，庶幾近美。推原其本，要不離乎情思，而修辭之功次之。情思流行，辭氣稱之者，天機利也；辭氣焕發，而修辭從之者，人力臻也。參以前篇所論，斯理自明。」朱星文心雕龍聲律篇詮解：「劉勰以爲改韻從調，今説换韻轉韻，包括同平仄聲的韻部和變平仄聲的韻部二法，作用是可以節文辭氣，免於單調。」注訂：「『辭』字或係衍文，不然或是『調』字之誤。」

〔三〕札記：「觀賈生弔屈原及鵩賦，誠哉兩韻輒易，惜誓（惜誓僞託賈誼，不可信）及枚乘七發乃不盡然。彦和又謂劉歆、桓譚百韻不遷，子駿賦完篇存者惟遂初賦，固亦四句一轉也。」

〔四〕隨園詩話卷六：「顧寧人言：『三百篇無不轉韻者，唐詩亦然。惟韓昌黎七古，始一韻到底。』（按見日知録卷二十一）余按文心雕龍云：『賈誼、枚乘，兩韻輒易；劉歆、桓譚，百韻不遷，亦各從其志也。』則不轉韻詩，漢魏已然矣。」

〔五〕校證：「馮、何並云：賦，玉海二〇四作『詩』。」校注：「按魏武論賦語不可考；何焯疑爲魏文，亦未言所出。」

〔六〕閻若璩尚書古文疏證第七十四：「又按顧氏音學五書言『文人言韻，莫先於陸機文賦』。余謂文心雕龍：『昔魏武論賦，嫌於積韻，而善於資代。』晉書律曆志：『魏武時，河南杜夔精識音韻，爲雅樂郎中令。』二書雖一撰於梁，一撰於唐，要及魏武杜夔之事，俱有韻字。知此學之興，蓋於漢建安中。不待張華論韻，何況士衡？故止可曰古無韻字，不得如顧氏云起晉宋以下也。」（卷五下）「積韻」，重複同韻。

校證：「『貿』原作『資』，馮校云：『玉海作貿。』何、吴校亦作『貿』，今據改正。神思篇有『遷貿』語。」

校注：「按金石例九、文斷引亦作『詩』、『貿』，當據改。」

斠詮：「貿者，變易也。梁昭明太子答晉王書：『炎涼始貿，觸興自高。』」

〔七〕札記：「八、論句末用韻。彦和引魏武之言，今無所見。士龍説見與兄平原書。書云：『四言轉句，以四句爲佳。』彦和謂其志同枚、賈。其云『折之中和，庶保無咎』者，蓋以四句一轉則太驟，百句不遷則太繁，因宜適變，隨時遷移，使口吻調利，聲調均停，斯則至精之論也。

若夫聲有宮商，句中雖不盡調，至於轉韻，宜令平仄相間，則聲音參錯，易於入耳。魏武『嫌於積韻，善於資代』，所謂善於資代，即工於換韻耳。」陸雲與兄平原書：「文中有『於是』、『爾乃』，於轉句誠佳，然得不用之益快，有故不如無。又於文句中自可不用之，便少亦常。云四言轉句，以四句爲佳。……喜霽『俯順習坎，仰熾重離』，此下重得如此語爲佳，思不得其韻，願兄爲益之。」范注：「詳士龍此文，所論者乃賦也。玉海、詞學指南引魏武論賦作『論詩』，詩賦亦得通稱。『資代』作『貿代』，是。『貿』，遷也。南齊書樂志永明二年尚書殿中曹奏定朝樂歌詩云：『尋漢世歌篇，多少無定，皆稱事立文，並多八句，然後轉韻。時有兩三韻而轉，其例甚寡。張華、夏侯湛亦同前式，傅玄改韻頗數，更傷簡節之美。近世王韶之、顏延之並四韻乃轉，得賒促之中。顏延之、謝莊作三廟歌，皆各三章，章八句，此於序述功業詳略爲宜，今宜從之。』觀此文知彥和所謂折之中和者，是四韻乃轉也。」注訂：「『資代』從玉海作『貿代』亦通，資用貿遷也。」考異：「資，取也，亦通。」

〔八〕「躁」，急迫。

〔九〕章表篇：「脣吻不滯。」校證：「『告』，何允中本，日本活字本、凌本、鍾本、梁本、日本刊本、王謨本作『言』。」

〔一〇〕周注：「激揚，激濁揚清，指韻有抑揚。」牟注：「激揚，指作者的才情高昂。」

〔一一〕郭注：「易乾文言：『利者義之和也，貞者事之幹也。』『利物足以和義，貞固足以幹事。』……

譯『利貞』爲和平中正。」

牟注：「觸思利貞，構思順利、貞正。」周注：「利貞，無咎：都是易經中語。這是説，雖然文思暢達而正確，何如用韻適中，庶幾保證没有差錯。折中，即要轉韻，但不要轉得太急。」

紀評：「此因句法而類及押韻及語助，論押韻特精，論語助亦無高論。」

〔一二〕中庸：「喜怒哀樂之未發謂之中，發而皆中節謂之和。」

用韻和轉韻也跟情韻有關，兩韻一轉，顯得急促，百韻不變，使人厭倦。因此，劉勰主張折中：要轉韻，不要轉得太急。

注訂：「彦和改韻轉句，主折中之言，以四句爲佳，此蓋當時所尚，流爲隋唐近體之制，乃成定制矣。……『四韻乃轉，得賒促之中。』與彦和旨同，足證當時時論之所歸焉。」

朱星云：「劉氏同意可以轉韻，這也是避免單調，又可免於脣吻告勞。……一首長的詩，幾十個韻不轉，讀起來總是這一口腔姿式，的確會感到疲勞厭倦。但轉韻又不可太多太急，兩韻就轉必然顯得用韻零亂，給人不完整之感。因兩韻剛剛上口就轉别的韻，真是麻煩，也會生厭煩之感。又兩韻即轉，這兩韻又顯得太孤單。當然兩韻即可獨立成一韻組，其中一個起韻，一個押韻，但『韻力』太單薄……兩韻就轉，除非全詩都是如此兩韻就轉，這就從多數孤立中抵消其孤立之感了。因此轉韻的規律，不可一韻到底，百句不還，實際上也不會都有這許多合適的同韻字，必然要夾些僻韻險韻，這就不好了。也不可二韻就轉，最好是中和的四韻才轉。」

以上爲第四段，論詩賦用韻。

又詩人以兮字入於句限〔一〕，楚辭用之，字出於句外〔二〕。尋兮字成句〔三〕，乃語助餘聲。舜詠南風，用之久矣〔四〕，而魏武弗好〔五〕，豈不以無益文義耶！

〔一〕校注：「按『詩人』，謂詩三百篇作者。『句限』猶言句內。」如詩蓼莪「父兮生我」，兮字即用在句內。

清黃生字詁：「『兮』，歌之曳聲也，凡風雅興多曳聲於句末，如『葛之覃兮』之類。楚辭多曳聲於句中，如『吉日兮辰良』……之類。句末則其聲必嘽緩而悠揚，句中則其聲必趨數而噍殺。此今樂古樂之別。又『兮』字惟用之詩騷，則文無取於此，然老子云：『豫兮若冬涉川，猶兮若畏四鄰』云云，已開後世文士之習。」

〔二〕校證：「『字出於句外』原作『字出句外』。謝云：『當作出於句外。』今定從張之象本及徐校本。謂以兮字成句，無預於六言七言之數。所謂『語助餘聲』而已。」

考異：「補『於』字殊贅，王校非。」

「句外」，如楚辭橘頌：「深固難徙，廓其無求兮。蘇世獨立，橫而不流兮。」韻脚是「求」和「流」，「兮」字在韻脚後，所以說句外。詩品序：「夏歌曰：『鬱陶乎予心。』楚謠曰：『名余曰正則。」雖詩體未全，然是五言之濫觴也。」離騷原文係「名余曰正則兮」，鍾嶸謂爲五言者，即由此故。

〔三〕校注：「『成』，元本、弘治本、汪本、佘本、張本、兩京本、胡本、訓故本、文津本作『承』。按『承』字是。」

考異：「『承』字固通，凡語句餘聲，用『兮』承句，而指歸有未竟，氣韻有未結，不得言成也。從承爲是。」郭注：「承謂承上啓下。」此言詩人造句，常於句中加入助辭「兮」字，以補辭語之餘聲。

〔四〕禮記樂記：「昔者舜作五弦之琴以歌南風。」明詩篇：「舜造南風之詩。」黃注：「家語：舜彈五弦之琴，造南風之詩，其詩曰：『南風之薰兮，可以解吾民之慍兮；南風之時兮，可以阜吾民之財兮。』」按此見辨樂解。

〔五〕何焯校云：「『武』疑作『文』。」魏武詩不用兮字。

至於夫惟蓋故者，發端之首唱〔一〕；之而於以者，乃劄句之舊體〔二〕；乎哉矣也者〔三〕，亦送末之常科〔四〕。

〔一〕文鏡秘府論句端：「屬事比辭，皆有次第，每事至科分之別，必立言以間之，然後義勢可得相承，文體因而倫貫也。」

〔二〕牟注：「『劄』，同『扎』，剌入。」周注：「劄句，在句中。」「之」、「而」、「於」、「以」是作連接詞的。吴訥文章辨體引諸儒總論作文法「詩文助辭」條云：「文有助辭，猶禮之有儐，樂之有相也。禮無儐則不行，樂無相則不諧，文無助則不順。檀弓曰：『勿之有悔焉耳矣。』孟子曰：『寡人盡心焉耳矣。』檀弓曰：『我弔也與哉。』左氏傳曰：『獨吾君也乎哉。』凡此一句而三字連助，不嫌其多也。左氏傳曰：『其有以知之矣。』又曰：『其無乃是也乎。』此二句六字成句，而四字爲助，亦不嫌其多也。檀弓曰：『南宫縚之妻之姑之喪。』樂記曰：『不知手之舞之足之蹈之也。』凡此不嫌用『之』字爲多。禮記曰：『言則大矣美矣盛矣。』此不嫌用『矣』字爲多。檀弓曰：『美哉輪焉。』論語曰：『富哉言乎。』凡此四字成句，而助辭半之，不如是文不健也。左氏傳曰：『美哉泱泱乎大風也哉，表東海者其太公乎，國未可量也。』此又每句終用助，讀之殊無齟齬艱辛之感。詩人用助辭，多用韻在其上，有用『也』辭，若『何其處也，必有與也』；有用『而』辭，若『俟我於著乎而，充耳以素乎而』；有用『矣』辭，若『陟彼砠矣，我馬瘏矣』；有用『忌』辭，若『抑磬控忌，抑縱送忌』；有用『兮』辭，若『其實七兮』，『迨其吉兮』；有用『之』辭，如『知子之順之，雜佩以問之』；有用『止』辭，如『既曰庸止，曷又從止』；有用『且』辭，如『椒聊且，遠條且』。又禮記散文亦有韻協，如曰：『禮行於郊，而百神受職焉；禮行於社，而百貨可極焉；禮行於祖廟，而孝慈服焉；禮行於五祀，而正法則焉。』」

〔三〕校證：「『矣』，凌本作『已』。案史通浮詞篇：『是以伊惟夫蓋，發語之端也；焉哉矣兮，斷句之助也。』即本此文，亦作『矣』，凌本未可從。」又：「『者』字原缺，徐校補。案以上文句法求之，當有『者』字，今據補。」考異：「儷句之作，率如此，補『者』字非。」

〔四〕郭注：「科，條也；常科，即通例。」

史通浮詞篇：「夫人樞機之發，亹亹不窮，必有徐音足句爲其始末，是以『伊』、『惟』、『夫』、『蓋』，發語之端也；『焉』、『哉』、『矣』、『兮』，斷句之助也；去之則言語不足，加之則章句獲全。」

玉篇：「也，所以窮上成文也。」顏氏家訓書證篇：「也，語已及助句之辭，有結上文者，若論語『亦不可行也』之屬是也。有起下文者，若『夫子之至於是邦也』之屬是也。」

明盧亦緯助語辭：「發語之端，用一『蓋』字，即是大凡之意。欲作語之時，將通理一平普看，卻議論此事，文中有『大抵』爲起句者者亦同。」又：「聲隨語發，意不加重，且不訓本字義，此等字多有之。」

清王鳴昌辯字訣：「蓋一句中，必用虛字以爲襯貼，或用於句首，或用於句中，皆曰襯語，先輩所謂助語是也。」

清袁仁林虛字說：「語辭何以無義，緣其字本爲語中襯貼之聲，離語則不能自立。」

清張文炳虛字注釋：「『夫』亦發端字，與『蓋』相似，但『夫』字是爲將指此事此物此理而發，與『蓋』字作推原者不同，『夫人幼而學之』是也。」

清劉淇助字辨略：「禮記曲禮：『故君子式黄髮。』鄭注云：『發句言故，明此衆篇雜辭也。』愚案此句文義與上不屬，故知是發語之辭，與承上起下者別也。」容齋隨筆「孟子書百里奚」條：「柳子厚復杜温夫書云：『生用助字，不當律令。』所謂『乎』、『歟』、『耶』、『哉』、『夫』、『也』者，疑辭也。『矣』、『耳』、『焉』、『也』者，決辭也。今生則一之，宜考前聞人所使用與吾言類且異，精思之，則益也。予讀孟子『百里奚』一章，曰：『曾不知以食牛于秦繆公之爲汙也，可謂智乎？不可諫而不諫，可謂不智乎？知虞公之將亡，而先去之，不可謂不智也。時舉於秦，知繆公之可與有行也，而相之，可謂不智乎？』味其所用助字，開闔變化，使人之意飛動。此難以爲温夫輩言也。」馬氏文通自序據此言曰：「虚字所助，蓋不外此三端。」楊樹達高等國文法中，亦據此而將虚字分爲語首助辭、語中助辭、語末助辭三種。

朱星：「這一小段確實很多發明。……首先，他分出這些字，確是真正的虚字，但到明清後一批研究虚字的書把範圍擴大了，也把虚字的性質混淆了，把一些代詞、形容詞、動詞、副詞也混進去了。所以對虚字有廣狹義之分。廣義的指具體的詞爲實字，抽象的詞爲虚字，如此必然具體的字少，抽象的字多。狹義的指無概念之字爲虚字，反之是實字，如此，必然虚字少而實字多。……爲求科學分類的嚴格性，當取狹義。……不可説我國歷來對虚字没有一個正確的認識與界限，好像到了馬氏文通……才開始明確了虚字的性質，劃清了界限。」

清人陳仲魚簡莊集有對策一篇，發明虛字之條例，堪稱詳備，全文已見范注引。

據事似閑，在用實切〔一〕。巧者迴運，彌縫文體〔二〕，將令數句之外，得一字之助矣〔三〕。外字難謬，況章句歟〔四〕！

〔一〕校證：「『閑』，張之象本作『閒』。」牟注：「據事，稱引事理。閑，空，指没有實際意義。」周注：「虛詞不像實詞那樣有實在意義，在句中像閑散的字，可是在表達各種語氣和語意轉折等方面，有切實作用。」

〔二〕文鏡秘府論定位：「故自於首句，迄於終篇，科位雖分，文體終合。理貴於圓備，言資於順序，使上下符契，先後彌縫（上科與下科，事相成合，如符契然；科之先後，皆相彌縫，以合其理也），擇言者不覺其孤（言皆符合不孤），尋理者不見其隙（隙，孔也，理相彌合，故無孔也），始其宏耳。」

朱星：「劉氏明確了這些字的性質爲『助』爲『外』，且創『外字』一名。語助一詞，漢末已有，如尚書微子：『予顛隮若之何其。』鄭注：『其，語助也。』禮記檀弓：『何居，我未之前聞也』。鄭注：『居讀如姬姓之姬，齊魯之間語助也。』至於外字，乃由於『數句之外，得一字之助』而得名。在章句篇還説：『又詩人以兮字入於句限，楚辭用之，字出句外。』他把字分爲内外，内爲主，外爲輔爲助，並非都列在句外（指句頭句尾），當然多數都列在句頭句尾。把内外解爲主助，是可以成立的，真是『據事似閑，在用實切』，二語説透了虛字的作用。……可惜『外字』一名没有被大家注意而行開。

「又次，他把虛字分爲三類；一是發端的，二是送末的，三是中間劄句的。三分類雖簡單而極概括，後來講虛字分類的有劉淇助字辨略，分助字爲三十類……分的雜亂不堪，不如劉勰所分三大類爲簡要。

「最後……劉氏對『兮』字的看法是『尋兮字成句……豈不以無益文義耶？』（章句）以爲『兮』是無益文義，所以『魏武弗好』，這就講不通了。『兮』在詩經、楚辭中都用了很多，魏武不用是體裁有變化，不是無益文義就不用。當然它與『乎』、『哉』、『矣』、『也』等有區別，是純粹表聲虛字，缺少它也不會影響句中的意義與表情，但還有其他無益文義的虛字，不能因此就不用。」

〔三〕劉淇助字辨略：「一字之失，一句爲之蹉跎；一句之誤，通篇爲之梗塞。」

以上數句的意思是説有巧思的人迴環運用虛字，可以把文句的本體彌縫連繫起來。善於運用虛字，將使數句之外用上一個虛字就會得到助益。在駢四儷六的文章中，提出如何運用虛字，這是劉勰的卓見。孫德謙六朝麗指論虛字：「作駢文而全用排偶，文氣易致窒塞。即對句之中，亦當少加虛字，使之動宕。六朝文如傅季友爲宋公求加贈劉前軍表：『俾忠貞之烈，不泯於身後，大賚所及，永及於後人。』任彥昇宣德皇后令：『客游梁朝，則聲華藉甚，薦名宰府，則延譽自高。』邱希範永嘉郡教：『才異相如，而四壁徒立，高慚仲蔚，而三徑没人。』或用『於』字，或用『則』字，或用『而』字，其句法乃栩栩欲活。至庾子山謝滕王集序啓：『譬其毫翰，則風雨争飛；論其文采，則魚龍百變。』更覺躍然紙上矣。然如去此虚字，將『譬其』『論其』易爲藻麗之字，則平板而不能如此流利矣。於是知文章貴有虚字旋轉其間，不可落入滯相也。」以上所舉皆所謂「得一字之助也」。

范注又引陸以湉冷廬雜識云：「作文固無取冗長，然用字有增益而愈佳者。如歐陽公作晝錦堂記云：『仕宦至將相，富貴歸故鄉，此人情之所榮，今昔之所同也。』後增二字，『仕宦而至將相，富貴而歸故鄉』，乃覺更勝。又作史炤山亭記云『元凱銘功於二石，一置兹山，一投漢水』，章子厚謂宜改作『一置兹山之上，一投漢水之淵』，方爲中節，公喜而用之。黄山谷題仁宗飛白書跋末云『譽天地之高厚，贊日月之光華，臣知其不能也』，集中作『臣自知其不能也』，增『自』字語意乃足。於此知作文之法，不得概以簡削爲高。」范注：「審是則文家雖立意求簡，遇字句中有宜增者，仍依文益之，斯正所以善用其簡者歟？」

張煦侯試論劉勰的語言風格：「他（劉勰）在章句篇中曾給虚字以正確的評價，那就是『據事似閑……得一字之助矣』。那就是説，善用虚字是『巧者』的事。所謂『彌縫文體』，就是説：對於需要聯貫的地方一定要把它很熨貼地聯貫起來，文章如果專用排偶，也就是專用實字砌成整句，並且句句獨立，中間没有關聯詞語，這樣，前人所謂『潛氣内轉』那樣駢文的佳境，就永遠達不到。」

錢鍾書談藝録：「按詩用虚字，劉彦和文心雕龍第三十四章句篇結語已略論之。蓋周秦之詩騷，漢魏已來之雜體歌行，如楊惲拊缶歌、魏武帝諸樂府、蔡文姬悲憤詩、孔雀東南飛、沈隱侯八景詠，或四言，或五言記事長篇，或七言，或長短句，皆往往使語助以添迤邐之概，而極其觀於射洪之幽州臺歌，太白之蜀道難，戰城南。宋人雜言一體，專仿此而不能望項背也。五言則唐以前斯體不多。如十九首：『同心而離居』，『故人心尚爾』。……其他用『之』字、『哉』字、『而』字句，多不勝舉。六代則徐幹一作，仿製者尤多。入唐則李杜以前，陳子昂、張九齡使助詞較夥，然亦人不數篇，篇不數句，多摇曳以添姿致，非頓勒以增氣力。唐以前惟淵明通文於詩，稍引厥緒，朴茂流暢，别開風格。如『結廬在人境，而無車馬喧。』……」（八三——八六頁）

注訂：「『况章句歟』以上一節，唯論助字。助字之用，爲句首句中句末之所必須，亦假之以爲轉换語氣，或結束語氣之用。」

〔四〕牟注：「外字，外加的字，即虚字。難謬，患其謬誤。難，釋名釋語言：『憚也，人所忌憚也。』」

第五段論虚詞及其用法。

贊曰：斷章有檢，積句不恒〔一〕，理資配主〔二〕，辭忌失朋〔三〕。環情草調〔四〕，宛轉相騰〔五〕。離合同異〔六〕，以盡厥能〔七〕。

〔一〕斟詮：「言裁斷章節有一定之檢式，而累積詞句則無不變之恒例。檢，即檢式，有法度之意。荀子儒效：『禮者所以爲群臣尺寸尋文檢式也。』」牟注：「斷章，分章。……積句不恒，即前面所說的『筆句無章』。」周注：「積句不恒……即積句成章没有一定，只要上下銜接，而多少不定。」

〔二〕黄注：「易豐：初九，遇其配主。」言情理之陳述用以配合主題。

〔三〕梅注：「『失』，元作『告』，謝改。」考異：「篇中有『辭失其朋，則羈旅而無友』，即贊語所本，從『失』是。」

〔四〕校注：「『草』，黄校引孫注云：『當作節。』按孫說於文意雖通，於致誤之由則失，未可從也。疑原是『革』字，『革』『草』其形誤。『革』，改也（易革卦鄭注），更也（詩大雅皇矣毛傳）。『革調』，即篇中『改韻從調』之意也。」校證：「『草』，梅引孫汝澄云：『當作節。』徐校『草』作『革』。案『草』讀如詔策篇『視草』，神思篇『草奏』，練字篇『草律』，附會篇『草表』、『更草』之『草』，自通，不煩改字。」郭注解爲需圍繞文情變革聲律。

吕氏春秋愛士篇：「晉人已環繆公之車矣。」高注：「環，圍也，謂周旋圍繞之也。」

〔五〕牟注：「宛轉，委婉曲折。明詩篇所說『宛轉附物』，物色篇所說『隨物之宛轉』，都指情與物象的密切結合。這裏承上句之意，指情與音韻的密切結合。騰，奔馳，飛騰，比喻得到很好的表達。」

郭注：「謂如此能使文情宛轉、文辭騰躍。」

〔六〕校注：「『合同』，黄校云：『王本作同合。』元本、弘治本、活字本、汪本、佘本、張本、兩京本、崇文本亦並作『同合』。按『合同』『同合』，其義固無異也。」

斠詮：「此處『離同合異』句即上文『離章合句』句之改寫，詞雖異而義實同。且此句型與上文『環情革調』相對成文，若『同合』互倒，則不相倫矣。」

〔七〕斠詮：「言分離相同之意趣而爲章，聯合相異之詞字而成句，必也句既清英，而章又明靡，乃可相得益彰，克盡其分章造句之功能焉。」

麗辭第三十五

説文：「麗，旅行也。鹿之性，見食急必旅行，從鹿丽。禮：『麗皮納聘。』蓋鹿皮也。」段注：「此麗之本義。其字本作丽，旅行之象也。後乃加鹿耳。……見食急而猶必旅行者，義也。……聘禮曰：『上介奉幣儷皮。』……『儷』即『麗』之俗。鄭注：『儷皮，兩鹿皮也。』鄭意麗爲兩，許意麗爲鹿，其意實相通。」斠詮：「按：旅行，謂結侶而行也，亦即『駢行』之意。蓋麗古文但作丽，象兩兩相比之形。此云『麗辭』，猶言駢儷之辭，爲修辭中對偶之一法。案駢爲二馬並駕之義。二馬並駕，須兩兩相儷，齊一步驟，故對偶之文稱駢文儷辭也。」

史通通釋覈才篇於「盧思道雅好麗詞」句釋云：「文心雕龍有麗詞篇，論駢儷體。」

劉申叔先生遺書文説耀采篇第四：「由古迄今，文不一體。然循名責實，則經史諸子，體與文殊，惟偶語韻詞，體與文合。……觀於文字之古義，可以識文章之正宗矣。况易以六位而成章，書爲四言之嚆矢，太師采詩，咸屬韻語，宣尼贊易，首肇文言，遐稽六藝之書，半屬偶文之體。……惟對待之法未嚴，平側之音未判，乃偶寓於奇，非奇别於偶。……故訓辭爾雅，抽句匪單，或運用疊詞，或整列排語，三代文體，即此可窺。……東周以降，文體日工。……韓非著書，隱肇連珠之體；荀卿成相，實爲對偶之文。……西漢文人，追蹤三古，而終軍有奇木白麟之對，兒寬擴奉觴上壽之辭，胎息微萌，儷形已具。迨及東漢，文益整贍，蓋踵事而增，自然之勢也。故敬通、平子之倫，孟堅、伯喈之輩，揆厥所作，咸屬偶文。……或掇麗字以成章，或用駢音以叶韻。……若夫當塗受籙，太始開基……才思雖弱於西京，音律實開夫典午。六朝以來，風格相承。……故文選勒於昭明，屏除奇體；文心論於劉氏，備列偶詞。體制謹嚴，斯其證矣。」

札記：「文之有駢儷，因於自然，不以一時一人之言而遂廢。然奇偶之用，變化無方，文質之宜，所施各别。或鑒於對偶之末流，遂謂駢文爲下格；或懲於俗流之恣肆，遂謂非駢體不得名文；斯皆拘滯於一隅，非閎通之論也。惟彦和此篇所言，最合中道。」

范注：「説文：『麗，旅行也。』古文作『丽』，象兩兩相比之形。此云麗辭，猶言駢儷之辭耳。

原麗辭之起，出於人心之能聯想。既思雲從龍，類及風從虎。此正對也。既想西伯幽而演易，類及周旦顯而制禮，此反對也。正反雖殊，其由於聯想一也。古人傳學，多憑口耳，事理同異，取類相從，記憶匪艱，諷誦易熟，此經典之文所以多用麗語也。凡欲明意，必舉事證，一證未足，再舉而成；且少既嫌孤，繁亦苦贅，二句相扶，數折其中。昔孔子傳易，特製文、繫，語皆駢偶，意殆在斯。又人之發言，好趨均平，短長懸殊，不便脣舌；故求字句之齊整，非必待於耦對，而耦對之成，常足以齊整字句。魏晉以前篇章，駢句儷語，輻輳不絕者，此也。」

許文雨文論講疏：「說文鹿部云：『麗，旅行也。』段玉裁曰：『此麗之本義，其字本作「丽」，旅行之象也。後乃加鹿耳。周禮：「麗馬一圉，八麗一師。」注曰：「麗，耦也。」禮之「儷皮」，左傳之「伉儷」，說文之「驪駕」，皆其義也。兩相附則爲麗。易曰：「離，麗也。日月麗乎天，百穀草木麗乎土。」是其義也。麗則有耦可觀。㸚部曰：「麗爾，猶靡麗也。」是其義也。兩而介其間，亦曰麗，離卦之一陰麗二陽是也。』此解『麗』有耦義、兩義。故麗辭即世所謂駢體文也。彥和此篇題雖宗駢，而亦兼斥駢文之弊，終主之以駢散兼用之說。至於駢文成立原理，彥和固已昭揭篇端，尤徵偉識。」

饒宗頤文心雕龍探原：「梁世朱澹遠有語對十卷，語麗十卷，見隋志（又見金樓子聚書篇）。」

校釋：「文學之用對偶，實由文字之質性使然。我國文字單體單音，故可偶合。」

王力中國古典文論中談到的語言形式美：「中國古典文論中談到的語言形式美，主要是兩件事：第一是對偶，第二是聲律。……所謂麗辭，就是對偶。「惟有以單音節爲主（即使是雙音詞，而詞素也是單音節）的語言，纔能形成整齊的對偶。在西洋語言中，即使有意地排成平行的句子，也很難做到音節相同。那樣只是排比，不是對偶。」（文藝報，一九六二年第二期）

宗白華中國美學史中重要問題的初步探索易經的美學（二）麗卦：「麗者并也。麗加人旁，成儷，即并偶的意思，即兩個鹿并排在山中跑。這是美的景象。在藝術中，如六朝駢儷文，如園林建築中的對聯，如京劇舞臺上的形象的對比，色采的對稱等，都是并儷之美。這説的麗卦又包含有對偶、對稱、對比等對立因素，可以引起美感的思想。」（文藝論叢第六輯）

程兆熊文心雕龍講義：「中國語言文字上之對偶性，構成中國語言文學上特有之對稱與對比之美。」

造化賦形〔一〕，支體必雙〔二〕，神理爲用〔三〕，事不孤立〔四〕。夫心生文辭〔五〕，運裁百慮〔六〕，高下相須，自然成對〔七〕。

〔一〕注訂：「自然演變而有所成就者，謂之造化，亦即天地之謂。淮南原道篇：『與造化者俱。』注曰：『天地，一曰道也。』」

〔二〕校注：「按左傳昭公三十二年：『（史墨）對曰：「物生有兩……體有左右。」』杜注：『謂有兩。』」

詩經鄘風相鼠：「相鼠有體。」毛傳：「體，支體。」孟子公孫丑「則具體而微」句劉熙注：「體，四肢股肱也。」呂氏春秋孝行：「能全支體以守宗廟，可謂孝矣。」

〔三〕原道篇：「研神理而設教。」又：「誰其尸之，亦神理而已。」情采：「五色雜而成黼黻……神理之數也。」按此處「造化」與「神理」對文，義亦相近。「神理」即天理。

〔四〕文鏡秘府論論對屬：「凡爲文章，皆須對屬；誠以事不孤立，必有配疋而成。」文論講疏：「至於世間萬事，禍福倚伏，正反對立，是非橫生，美丑善惡，胥相對待。語及彝倫，上下如君臣，平峙如夫婦，義歸攸叙，勢難缺一。吾人辨析事理，造文記述，有舉此見彼之科，著因同求異之律。此又劉勰所云『神理爲用，事不孤立』者也。」李兆洛駢體文鈔序：「天地之道，陰陽而已，奇偶也，方圓也，皆是也。陰陽相並俱生，故奇偶不能相離，方圓必相爲用，道奇而物偶，氣奇而形偶，神奇而識偶。孔子曰：『道有變動故曰爻。爻有等故曰物。物相雜故曰文。』又曰：『分陰分陽，故易六位而成章，相雜而迭用。』文章之用，其盡於此乎！」蓋即發明彦和此義。

〔五〕原道：「心生而言立，言立而文明，自然之道也。」「心生文辭」即創作文辭。

〔六〕「運裁百慮」，各種思慮都加以運用裁度。

〔七〕詩經小雅谷風：「習習谷風，維風及雨。」毛傳：「風雨相感，朋友相須。」「相須」，謂相配合。

札記：「一曰高下相須，自然成對。明對偶之文依於天理，非由人力矯揉而成也。」按「高下」猶言天地，天須地，地亦須天，故云「高下相須」，言雖天高地卑，而彼此互相依賴，「自然成對」。

注訂：「自然成對，與下文『率然對爾』同旨。老子：『故有無相生，難易相成，高下相傾，音聲相和，前後相隨。』即自然成對之理。人之口語往還，皆本自然，其一字一語相對，猶老氏之所謂『高下相傾，音聲相和』之理也。」

王忠林文心雕龍所述辭格析論：「劉氏以爲天地化生萬物，肢體自然成雙作對，天地間許多事物也都是偶立不孤的。而文辭的對偶，也是依於這種自然的道理，絕不是人力矯揉而成的。」（見王更生編文心雕龍研究論文選粹）

唐虞之世，辭未極文〔一〕，而皐陶贊云：「罪疑惟輕，功疑惟重。」〔二〕益陳謨云：「滿招損，謙受益。」〔三〕豈營麗辭，率然對爾〔四〕。

〔一〕「辭未極文」謂文辭尚未極盡采藻。

〔二〕校證：「『云』舊作『文』，黃注本改。」按元刻本作「文」。黃注：「見虞書大禹謨。」孔傳：「刑疑從輕，賞疑從重。」正義：「罪有疑者，雖重從輕罪之；功有疑者，雖輕從重賞之。」

〔三〕大禹謨：「益贊於禹曰：惟德動天，無遠弗屆，滿招損，謙受益，時乃天道。」孔傳：「自滿者人損之，自謙者人益之，是天之常道。」

〔四〕校證：「『爾』汪本、佘本、張之象本、王惟儉本、馮本、詩紀別集二作『耳』。」按元刻本、弘治本作「耳」。

札記：「次曰『豈營麗辭，率然對爾』。明上右簡質，文不飾琱，而出語必雙，非由刻意也。」

注訂：「語出自然，應答天成，則麗句之形，原非造做。」

易之文、繫，聖人之妙思也〔一〕。序乾四德，則句句相銜〔二〕；龍虎類感，則字字相儷〔三〕；乾坤易簡，則宛轉相承〔四〕；日月往來，則隔行懸合〔五〕：雖句字或殊，而偶意一也〔六〕。

〔一〕文繫，指乾坤之文言與繫辭上、下。

〔二〕梅注：「易文言曰：元者，善之長也；亨者，嘉之會也；利者，義之和也；貞者，事之幹也。君子體仁足以長人，嘉會足以合禮，利物足以和義，貞固足以幹事，君子行此四德者，故曰，『乾，元亨利貞』。」易乾卦：「乾，元亨利貞。」元亨利貞即「四德」。「序」，同「叙」。「相銜」，相銜貫。

校證：「馮本、汪本、張之象本、王惟儉本、詩紀『句』作『八』，徐校作『句』。」按元刻本「句句」作「八句」。易乾文言序四德正是八句。故「八」亦可通。

〔三〕梅注：「易：『九五曰：飛龍在天利見大人。何謂也？子曰：同聲相應，同氣相求，水流濕，火就燥。雲從龍，風從虎，聖人作而萬物覩。本乎天者親上，本乎地者親下，則各從其類也。』」按此見乾文言。「類感」，同類事物相互感應。

文鏡秘府論論對：「文詞妍麗，良由對屬之能；筆札雄通，實（疑脱「賴」字）安施之巧。若言不對，語必徒申；韻而不切，煩詞枉費。元氏云：『易曰：「水流濕，火就燥。雲從龍，風從虎。」書曰：「滿招損，謙受益。」』此皆聖作切對之例也。」

〔四〕梅注：「繫辭：乾道成男，坤道成女，乾知大始，坤作成物。乾以易知，坤以簡能，易則易知，簡則易從；易知則有親，易從則有功；有親則可久，有功則可大；可久則賢人之德，可大則賢人之業。易簡而天下之理得矣。天下之理得，而成位乎其中矣。」按此見易繫辭上。韓注：「天地之道不爲而善始，不勞而善成，故曰易簡。」以上這段繫辭，不僅每兩句成一對偶，而且前後文意婉轉相承。

〔五〕梅注：「日往則月來，月往則日來，日月相推而明生焉。寒往則暑來，暑往則寒來，寒暑相推而歲成焉。」按此見易繫辭下。「懸合」，指日月與寒暑隔行相對。這一小段繫辭，前四小句同後四小句，兩兩相對。

文鏡秘府論論對屬：「在於文筆，變化無恒。或上下相承，據文便合，若云『圓清著象，方濁成形』，『七曜上臨，五嶽下鎮』（「方」、「圓」，「清」、「濁」，「象」、「形」，「七」、「五」，「上」、「下」，是其對）；或前後懸絶，隔句始應，若云『軒轅握圖，丹鳳巢閣；唐堯秉歷，玄龜躍淵』（「軒轅」、「唐堯」，「握圖」、「秉歷」，「丹鳳」、「玄龜」，「巢閣」、「躍淵」是也）；或反義并陳，異體而屬，若云『乾坤位定，君臣道生。或質或文，且昇且降』（「乾坤」、「君臣」、「質文」、「昇降」並反義，而同句陳之，「乾坤」與「君臣」對，「質文」與「昇降」對，是異體屬也）；或同類連用，別事方成，若云『芝英蓂莢，吐秀階庭；紫玉黄銀，揚光岩谷』（「芝英蓂莢」與「紫玉黄銀」，「階庭」與「岩谷」，同類連對，而別事相成）：此是四途，偶對之常也。比事屬辭，不可違異。故言於上，必會於下；居於後，須應於前。使句字恰同，事義殷合（若上有四言，下還須四言；上有五字，下還須五字。上句第一字用「青」，下句第一字即用「白」、「黑」、「朱」、「黄」等字，上句第三字用「風」，下句第三字即用「雲」、「烟」、「氣」、「露」等。上有雙聲、叠韻，下還即須用對之）。猶夫影響之相逐，輔車之相須也。」

清程杲四六叢話識語：「雕龍所引孔子繫易，四德句句相銜，龍虎字字相儷；乾坤易簡，宛轉相承；日月往來，隔行懸合。凡後世駢體對法，莫不悉肇於斯。」

〔六〕札記：「三曰句字或殊，偶意一也。明對偶之文，但取配儷，不必比其句度，使語律齊同也。」

斠詮：「意能相耦，亦謂麗辭也。」

至於詩人偶章〔一〕，大夫聯辭〔二〕，奇偶適變，不勞經營〔三〕。

〔一〕范注：「『詩人偶章』指詩三百篇。『大夫聯辭』，指左傳、國語所記列國大夫朝聘應對之辭。」周注：「詩人偶章……如召南行露：『誰謂雀無角？何以穿我屋？誰謂女無家，何以速我獄？雖速我獄，室家不足！誰謂鼠無牙，何以穿我墉？誰謂女無家，何以速我訟？雖速我訟，亦不女從！』以上爲第二章、第三章，這兩章相對。」

〔二〕斯波六郎：「案上句『詩人偶章』，指詩三百篇而言，此句應指楚辭。大夫即三閭大夫，謂屈原也，或亦宜解爲含宋玉在内。」斠詮：「惟核與下文『奇偶適變』之承句，此『大夫』仍以汎稱爲勝，實指則近泥矣。」

牟世金范注補正：「『大夫聯辭』中的麗辭如：『不有外患，必有内憂』（國語晉語六），『臣聞國君服寵以爲美，安民以爲樂，聽德以爲聰，致遠以爲明』（國語楚語上）。」才略篇云：「及乎春秋大夫，則修辭聘會，磊落如琅玕之圃，焜耀似縟錦之肆。」本文「大夫聯辭」似指此而言。

〔三〕札記：「四曰奇偶適變，不勞經營。明用奇用偶，初無成律，應偶者不得不偶，猶應奇者不得不奇也。」文論講疏：「此論駢散之各有所宜也。」

郭注：「如左氏宣公三年，楚子問鼎，王孫滿對辭中有云：『商紂暴虐，鼎遷於周。德之休明，雖小重也；其奸回昏亂，雖大輕也。天祚明德，有所底止。成王定鼎於郟鄏，卜世三十，卜年七百，天所命也。周德雖衰，天命未改，鼎之輕重，未可知也。』便是駢散兼行。」

斠詮：「言其辭句或散行或駢儷，隨機應變，不須刻意經營也。此二句承上詩與左、國而言，只證秦漢以上偶言，並出自然也。彥和言外之意，示人不必揚偶抑奇。此節所以舉揚、馬、張、蔡者，以見辭意並偶之漸也。蓋文之用奇用偶，初無定則，可奇者不能不奇，可偶者不能不偶，固無事乎勉强，任其自然可耳。」

自揚、馬、張、蔡，崇盛麗辭，如宋畫吴冶〔一〕，刻形鏤法〔二〕，麗句與深采並流，偶意共逸韻俱發〔三〕。

〔一〕校證：「『宋畫吴冶』原作『宋盡吴冶』，朱云：『宋畫吴冶，語出淮南子（修務篇）。』梅據朱改。吴校作『宋爐吴沼』，非是。」校注：「按何本、謝鈔本作『宋畫吴冶』，未誤。」范注：「揚雄、司馬相如、張衡、蔡邕，兩漢文人之首。莊子田子方篇：『宋元君將畫圖，衆史皆至，受揖而立，舐筆和墨，在外者半。有一史後至者，儃儃然不趨，受揖不立，因之舍。公使人視之，則解衣般礴臝。君曰，可矣，是真畫者也。』吴越春秋闔閭内傳：『干將作劍，采五山之鐵精，六合之金英，候天伺地，陰陽同光，百神臨觀，天氣下降。而金鐵之精不銷。……干將妻乃斷髮剪爪，投入爐中，使童女童男三百人鼓橐裝炭，金鐵乃濡，遂以成劍。』淮南子修務訓：『夫宋畫吴冶，刻刑鏤法，亂修曲出。其爲微妙，堯、舜之聖不能及。』高誘注：『宋人之畫，吴人之冶，刻鏤刑法，亂理之文，修飾之巧，曲出於不意也。』

〔二〕「刻形鏤法」，刻畫形貌，雕鏤法式、圖樣。這裏用畫圖和煉冶的加意修飾提煉來比寫作。

〔三〕文鏡秘府論論文意：「或云：今人所以不及古者，病於儷詞。予云：不然。（先正時人，兼非劉氏。）六經時有儷詞，揚、馬、張、蔡之徒始盛。『雲從龍，風從虎』，非儷耶？但古人後於語（「古」字原缺，據皎然詩議補），先於意，因意成語，語不使意，偶對則對，偶散則散。若力爲之，則見斤斧之跡，故有對不失渾成，縱散不關造作，此古手也。」

至魏晉群才，析句彌密〔一〕，聯字合趣，剖毫析釐〔二〕。然契機者入巧，浮假者無功〔三〕。

〔一〕劉師培論文雜記九：「東京以降，論辯諸作，往往以單行運排偶之詞（載於後漢書之文，莫不如是，即專家之文集，亦莫不然），而奇偶相生，致文體迥殊於西漢（東漢之儒，凡能自成一家言者，如論衡、潛夫論、申鑒、中論之類，亦能取法於諸子，不雜排偶之詞。論衡語意尤淺，其文在兩漢中殆別成一體者）。建安之世，七子繼興，偶有撰著，悉以排偶易單行（如加魏公九錫文之類，其最著者也）；即非有韻之文（如書啓之類是也），亦用偶文之體，而華靡之作，遂開四六之先，而文體復殊於東漢。其變遷者一也。西漢之書，言詞簡直，故句法貴短，或以二字成一言（如史記各列傳中是也），而形容事物，不爽錙銖（且能用俗語方言以形容其實事）。東漢之文，句法較長，即研鍊之詞，亦以四字成一語（未有用兩字即成一句者）。魏代之文，則合二語成一意（或上句用四字，下句用六字，或上句用六字，下句用四字，或上句下句皆用四字，而上聯咸與下聯成對偶，誠以非此不能盡其意也，已開四六之體）。由簡趣繁（此文章進化之公例也），昭然不爽，其變遷者二也。西漢之時，雖屬韻文（如騷賦之類），而對偶之法未嚴（西漢之文，或此段與彼段互爲對偶之詞，以成排比之體，或一句之中，以上半句對下半句，皆得謂之偶文，非拘於用同一之句法也，亦非拘拘於用一定之聲律也）。東漢之文，漸尚對偶（所謂字句之間互相對偶也）。若魏代之體，則又以聲色相矜，以藻繪相飾，靡曼纖冶，致失本真（魏晉之文，雖多華靡，然尚有清氣。至六朝以降，則又偏重詞華矣）。其變遷者三也。」

斠詮：「彦和略舉『魏晉群才』，所以鍼時俗也。蓋駢儷之風，始於子建，盛於晉初，而靡於六朝。子建雖尚工整，猶不失東京典型。至晉太康，漸趨繁縟矣。」

〔二〕校注：「『剖』，黄校云：『一作割。』元本、弘治本、汪本、佘本、張本、兩京本……崇文本，亦並作『割』。文選西京賦『剖析毫釐』，即此語之所自出，不作『割』。體性篇『剖析毫釐』，亦可證。黄氏依何校改『剖』，是也。」

「合趣」，謂配合情趣。文論講疏：「蓋文章略内容而重外形，故惟以鋪張爲事，麗辭爲主。如司馬相如、揚雄輩好羅列事物，而用偶句；其後張衡、蔡邕輩，專以華富爲旨，四六對偶之調漸多。柳宗元謂文章至東漢而衰，所謂八代之衰，始於此矣。曹植以曠世之逸才，專攻偶儷之文；鄴下七子奮而和之，競尚綺麗之辭；陸機、潘岳倣之，終現四六橫流之世。南渡以後，文氣日趨卑弱，溯其所自，則漢賦開之也。」「自揚、馬、張、蔡」至「剖毫析釐」，文論講疏：「此段論屬對由自然而趨巧密。」

〔三〕這是説運用巧思，自然合機才好，虛浮假冒，勉强拼湊是没有功效的。謝榛四溟詩話：「詩曰：『覯閔既多，受侮不少。』初無意於對也。十九首云：『胡馬依北風，越鳥巢南枝。』屬對雖切，亦自古老。六朝惟淵明得之，若『芳草何茫茫，白楊亦蕭蕭』是也。」史通敘事篇：「其爲文也，大抵編字不隻，捶句皆雙，修短取均，奇偶相配，故應一言蔽之者，輒足爲二言，應以三句成文者，必分爲四句。」此即此所謂「浮假」。

注訂：「自『詩人偶章』至『浮假者無功』一段，就中『不勞經營』申明上文『自然成對』及『率然對偶』之旨。『深采並流』二句，述麗句偶意，極文章妙趣之旨。『魏晉群才』，申麗體文章演變之迹至魏晉爲極，沿至六朝，稍靡浮假，又正其失。」

斠詮：「契，合也。機，指思理。華嚴經疏：『契理合機。』浮，虛妄也。」

以上爲第一段，論麗辭的形成原因及其源流梗概。

故麗辭之體，凡有四對：言對爲易，事對爲難〔一〕，反對爲優，正對爲劣〔二〕。言對者，雙比空辭者也；事對者，並舉人驗者也；反對者，理殊趣合者也〔三〕，正對者，事異義同者也〔四〕。

〔一〕程杲四六叢話識語：「四六主對，對不可以不工，雕龍所論言對、事對、反對、正對，盡之矣。至謂言對易，事對難，反對優，正對劣，其所謂難者，若古『二十四考中書，三十六年宰輔』（見唐詩紀事卷五十四「温庭筠」條），『秦塞重關一百二，漢室離宮三十六』（見駱賓王文集卷九帝京篇）之類，比事皆成絶對，故難也。近時繙類書，舉故事，往往一意衍至數十句，不惟難者不見其難，亦且劣者彌形其劣。……

「四六中以言對者，惟宋人采用經傳子史成句爲最上乘，即元明諸名公表啓，亦多尚此體，非胸有卷軸，不能取之左右逢源也。以事對者，尚典切，忌冗雜，尚清新，忌陳腐。否則陳陳相因，移此儷彼，但記數十篇通套文字，便可取用不窮。況每類皆有熟爛故事，俗筆伸紙，便爾撏撦，令人對之欲嘔。然又非必捨康莊而求僻遠也，要在運筆有法，或融其字面，或易其稱名，或巧其屬對，則舊者新之，頓覺別開壁壘，莊子所謂臭腐化爲神奇也。

「……偶對上下句一事相承，或有各用故事者，必須意義聯貫，不得艮限貽誤。」

〔二〕何焯云：「補之論詩，必取反對，讀彦和此論，益歎老友根柢堅牢，必不可易。」（沈巖録）

校釋：「正者，雙舉同物以明一義，詞逕而意重，故曰劣。反者，並列異類，以見一理，語曲而義豐，故曰優。然作者行文亦隨宜遣筆，初無絀正崇反之見，未可因舍人此論，而拘於一格也。」

文鏡秘府論論對屬：「至若上與下，尊與貴，有與無，同與異，去與來，虛與實，出與入，是與非，賢與愚，悲與樂，明與暗，濁與清，存與亡，進與退，如此等狀，名爲反對者也（事義各相反，故以名焉）。除此以外，並須以類對之：一二三四，數之類也；東南西北，方之類也；青赤玄黃，色之類也；風雲霜露，氣之類也；鳥獸草木，物之類也；耳目手足，形之類也；道德仁義，行之類也；唐、虞、夏、商，世之類也；王侯公卿，位之類也。及於偶語重言，雙聲疊韻，事類甚衆，不可備叙。」

秋耘一得詩話：「劉勰提出過『反對爲優，正對爲劣』的主張，因爲『反對』是用意義相反或不同的詞來相對，上下兩句從不同的角度來表達同一的意境，内容一定比較豐富；『正對』是用意義大致相同的詞來相對，上下兩句的涵義不免重複，内容一定比較單調。前者如『那堪玄鬢影，來對白頭吟』（駱賓王），後者如『冠蓋非新里，章華即舊臺』（杜審言）。孰優孰劣，一讀就可以分辨出來。」（詩刊一九六三年第二期）

周振甫詩詞例話對偶：「正對是並列的事物相對。反對是相反的事物互相映襯。在詩中正對很多，反對很少。所以用正反來分優劣的話在律詩中並不適用。像杜甫詠懷古迹的『支離』、『飄泊』、『三峽』、『五溪』都是正對。反對的例子如書大禹謨『滿招損，謙受益』，陸游秋夜讀書『白髮無情侵老境，青燈有味似兒時』。律詩中絶大多數是正對，古人並不認爲『正對爲劣』，因爲用詩來抒情達意，不可能要求對偶的句子都是意義相反的。」

王力中國古典文論中談到的語言形式美：「拿今天的話來説，言對就是不用典故，事對就是用典故，反對就是反義詞或意義不同的詞相對，正對就是同義詞或意義相近的詞相對。劉勰輕視言對，這是跟駢體文的體裁有關的。從藝術觀點説，這個作用不大。杜甫、王維等許多大詩人許多著名的對句，如『感時花濺淚，恨别鳥驚心』，『明月松間照，清泉石上流』，也都是言對，不是事對。」

〔三〕何焯義門讀書記卷三「文選沈約應王中丞思遠詠月『高樓切思婦，西園游上才』」：「劉彦和曰：『言對爲易，事對爲難，反對爲優，正對爲劣。』思婦，上才，一憂一樂，『理殊趣合』者也。」

〔四〕「事對」要舉出人的兩種事例作爲驗證，就是用典故，所以比較難；而「言對」只是舉兩句不用典故的話在字面上成對，所以比較容易，但不見得就不好。「理殊趣合」是説用兩種不同的事理，從不同的角度來合成一種意趣，它字面上相反，實際上相成，反襯比較有力，所以説「反對爲優」。「事異義同」是説舉的事例不同，但是意義相同，意思重複，如劉勰所舉的例子：「漢祖想枌榆，光武思白水。」漢高祖、漢光武都是帝王，「想枌榆」「思白水」都是思念他們的家鄉，像這樣内容單調，當然差一點；如果是意義相近，那種正對還是很好的。而且後代的律詩中有很多有名的對句是正對。這四種對偶是兩兩交錯的，言對、事對裏有正對、反對，正對、反對裏也有言對、事對。

斠詮：「唐初上官儀因之而創爲六對、八對之説；去其重，則得的名（一曰正名）、同類、異類、雙聲、叠韻、聯緜(一曰連珠)、雙擬、回文、隔句九種。詩法詳論更擴爲二十七種，文鏡秘府論三論對擴爲二十九種，殊覺繁碎。」茲摘引其重要者如下：

文鏡秘府論二十九種對：「第一，的名對(又名正名對，又名正對，又名切對)。的名對者，正也。凡作文章，正正相對。上句安『天』，下句安『地』；上句安『山』，下句安『谷』；上句安『東』，下句安『西』；上句安『南』，下句安『北』；上句安『正』，下句安『斜』；上句安『遠』，下句安『近』；上句安『傾』，下句安『正』。如此之類，名爲的名對。……詩曰：『東圃青梅發，西園緑草開；砌下花徐去，階前絮緩來。』釋曰：上二句中：『東』『西』是其對，『園』『圃』是其對，『青』『緑』是其對，『梅』『草』是其對，『開』『發』是其對。下二句中『階』『砌』是其對，『前』『下』是其對，『花』『絮』是其對，『徐』『緩』是其對，『來』『去』是其對。如此之類，名曰的名對。……又曰：『送酒東南去，迎琴西北來。』釋曰：『迎』『送』詞翻，『去』『來』義背，下言『西北』，上説『東南』，故曰正名也。……又曰：『日月光天德，山河壯帝居。』有虚名實名，上對實名也。……元兢曰：正對者，若『堯年』、『舜日』。堯、舜皆古之聖君，名相敵，此爲正對。若上句用聖君，下句用賢臣；上句用『鳳』，下句還用『鸞』；皆爲正對也。如上句用『松桂』，下句用『蓬蒿』；松桂是善木，蓬蒿是惡草，此非正對也。

「第二，隔句對。隔句對者，第一句與第三句對，第二句與第四句對。如此之類，名爲隔句對。詩曰：『昨夜越溪難，含悲赴上蘭；今朝逾嶺易，抱笑入長安。』釋曰：『第一句「昨夜」

與第三句「今朝」對，「越溪」與「逾嶺」是對；第二句「含悲」與第四句「抱笑」是對，「上蘭」與「長安」對；并是事對，不是字對：如此之類，名爲隔句對。……」

「第五，互成對。互成對者，『天』與『地』對，『日』與『月』對，『麟』與『鳳』對，『金』與『銀』對，『臺』與『殿』對，『樓』與『榭』對。兩字若上下句安之，名的名對；若兩字一處用之，是名互成對，言互相成也。詩曰：『天地心間静，日月眼中明；麟鳳千年貴，金銀一代榮。』釋曰：第一句之中『天地』一處，第二句之中『日月』一處，第三句之中『麟鳳』一處，第四句之中『金銀』一處，不在兩處用之，名互成對。……

「第六，異類對。異類對者，上句安『天』，下句安『山』；上句安『雲』，下句安『微』；上句安『鳥』，下句安『花』；上句安『風』，下句安『樹』；如此之類，名爲異類對。非是的名對，異同比類，故言異類對。……詩曰：『天清白雲外，山峻紫微中；鳥飛隨去影，花落逐摇風。』釋曰：上句安『天』，下句安『山』，『天』『山』非敵體，『白雲』『紫微』亦非敵體；第三句安『鳥』，第四句安『花』，『鳥』『花』非敵體，『去影』『摇風』亦非敵體：如此之類，名爲異類對。……又如以『早朝』偶『敵人』，非類是也。元氏曰：『異對者，若來禽、去獸，殘月、初霞。』此『來』與『去』，『初』與『殘』，其名不同，名爲異對。異對勝於同對。……

「第十一，意對。詩曰：『歲暮臨空房，涼風起坐隅；寢興日已寒，白露生庭蕪。』又曰：『上堂拜嘉慶，入室問何之，日暮行采歸，物色桑榆時。』釋曰：『歲暮』『涼風』非是屬對，『寢興』

『白露』罕得相酬，事意相因，文理無爽，故曰意對耳。……「第十四，同對。同對者，若大谷、廣陵；薄雲、輕霧，此『大』與『廣』，『薄』與『輕』，其類相同，故謂之同對。同類對者，雲、霧，星、月，花、葉，風、烟，霜、雪，酒、觴，東、西，南、北，青、黄，赤、白，丹、素，朱、紫，宵、夜，朝、旦，山、岳，江、河，臺、殿，宫、堂，車、馬，途、路。」

長卿上林賦云〔一〕：「修容乎禮園〔二〕，翱翔乎書圃〔三〕。」此言對之類也。宋玉神女賦云：「毛嬙鄣袂，不足程式；西施掩面，比之無色。」〔四〕此事對之類也。仲宣登樓賦云〔五〕：「鍾儀幽而楚奏，莊舄顯而越吟。」〔六〕此反對之類也。孟陽七哀云〔七〕：「漢祖想枌榆〔八〕，光武思白水〔九〕。」此正對之類也〔一〇〕。

〔一〕校證：「『賦』字原脱，梅補。案梅補是。吟窗雜録二七引正有『賦』字。」校注：「『賦』，黄校云：『元脱，補。』按本書引賦頗多，其字出兩字外者，皆未著賦字，此不應補。通變、事類兩篇並有『相如上林云』之句，尤爲切證。梅氏補一『賦』字。蓋求與下『宋玉神女賦云』句相配耳。其實此『賦』乃淺人所增，匪特與本書選文稱名之例不符，且與下『仲宣登樓』、『孟陽七哀』二句亦不相偶也。」

〔二〕文選李善注引郭璞曰：「禮所以整威儀，自修飾也。」「修容」，修飾容儀。

〔三〕文選李善注引郭璞曰：「尚書所以疏通知遠者，故遊涉之。」這兩句説的是學習禮儀和講究學問的事。

〔四〕校證：「『郭』，吟窗雜録作『反』。按文選載玉原文作『郭』，不作『反』。」李善注：「慎子曰：毛嬙、先施，天下之姣也，衣之以皮倛，則見者皆走；易之以玄錫，則行者皆止。先施、西施，一也。嬙，音墻。」「程式」，法式。

斠詮：「言古之絶世佳麗，若毛嬙見神女則以袖遮身，羞與較量其裝束式樣；西施見神女，亦以手掩面，相形之下，頓覺失卻顔色也。……莊子齊物論：『毛嬙、麗姬，人之所美也。』釋文：『毛嬙，古美人，一曰越王美姬也。』掩袂，謂以袖遮蔽也。程式，謂較量式樣。」

〔五〕范校：「鈴木云：閔本、岡本有『賦』字。」校證：「『賦』字原無，據吟窗雜録，何允中本、日本活字本、凌本、鍾本、梁本、日本刊本、王謨本、崇文本補。」

〔六〕黄注：「左氏傳：晉侯觀於軍府，見鍾儀，問之曰：南冠而縶者誰也？有司對曰：鄭人所獻楚囚也。使税之。問其族，對曰：伶人也。使與之琴，操南音。范文子曰：樂操土風，不忘舊也。」按此見成公九年。

訓故：「（史記）陳軫傳：軫曰：越人莊舄仕楚執珪，有頃而病。楚王曰：舄故越之鄙細人也，今仕楚執珪，富貴矣，亦思越不？中謝對曰：凡人之思故，在其病也，彼思越則越聲，不思越則楚聲。使人往聽之，猶尚越聲也。」何焯評：「鍾儀二句亦事對而又有反正者也。」鍾儀被幽囚做俘虜，莊舄貴顯爲别國大夫，兩人所處境遇恰好相反，但兩人不忘本的情操是一致的。所以是「理殊趣合」。

補注：「仲宣登樓四句——庾信哀江南賦：『班超生而望反，温序死而思歸。』亦祖仲宣，而詞並美麗。」

蔡義江對屬分類例釋（油印本，唐詩討論會論文）：「言對、事對都有需要，也各有所長，難以强分優劣，所以只論難易；其實，難易也並不完全是絶對的。反對、正對，殊異者爲反對，雷同者爲正對。這涉及到内容效果問題，所以有優劣之分。……

「但是應該看到：劉勰的所謂『反對』、『正對』，含義還比較狹隘，還不足以用來説明後來更富於變化的種種對偶形式。比如。……登樓賦中的例子，不論是鍾儀楚奏，還是莊舄越吟，説的仍都是身居異地者不能忘懷故國的事，而且兩者操土音、作鄉聲也是相仿的；所不同的只是一則在幽囚之中，一則居顯達之位。……儘管『幽』與『顯』相反，但彼此『志』還是同的。這樣的『反對』，實在是末異而本同，它與所謂『事異義同』的『正對』差别還是比較小的。這樣的分類，反映了齊梁人的對偶，一般的説來，比之於唐人的對偶較爲拘板這一事實。」

〔七〕黄注：「張載，字孟陽，本集有七哀詩二首。」范注：「張載七哀詩二首載文選二十三，無此二句，蓋别有一首用水字韻，昭明不採，故亡逸也。」

〔八〕黄注：「漢郊祀志：高祖詔御史令豐治枌榆社。」

斠詮：「漢書郊祀志：『高祖禱豐枌榆社。』注：『鄭氏曰：枌榆，鄉名也，社在枌榆。』按豐爲漢高祖故邑，江蘇沛縣之西，位桑家河南岸。」

〔九〕訓故：「（文選）東京賦：『龍飛白水，鳳翔參墟。』注：白水，謂南陽白水縣，世祖所起之處也。」世祖，即漢光武。

〔一〇〕校釋：「舍人本謂言、事二對，皆有反正，篇中但舉事對反正之例，未及言對，今補舉於此。陸機演連珠曰：『萬邦凱樂，非説鍾鼓之娱；天下歸仁，非感玉帛之惠。』此言凱樂不因鐘鼓之娱，歸仁不待玉帛之惠者，以見感化流行之用，有賢於鐘鼓玉帛也。『事異義同』，言對之正也。又曰：『虚己應物，必究千變之容；挾情適事，不觀萬殊之妙。』此言中虚者明，懷塞則暗，『理殊趣合』，言對之反也。」

王力中國古典文論中談到的語言形式美：「反對爲優，正對爲劣，這倒是一條寶貴的藝術經驗。……『鍾儀幽……莊舄顯……』（「幽」和「顯」是反義詞），二者的優劣是顯而易見的。……『理殊趣合』，這是用不同的道理來達到同一的意趣，表面上是相反，實際上是相成。這樣的對偶是内容豐富的對偶。……『事異義同』，因爲兩個句子從字面上看來雖然不同，實際上只表示了同一的意思。這樣的對偶是内容貧乏的。

「正因爲這個意見是對的，所以後人常常拿它來衡量詩的優劣。王籍入若耶溪：『蟬噪林逾静，鳥鳴山更幽。』這是被人傳誦的名句。但是蔡寬夫詩話説：『晉宋間詩人造語雖秀拔，然大抵上下句多出一意。』他舉了王籍這兩句詩批評説：『非不工也，終不免此病。』

「正對走到了極端，自然是詩家之所大忌。所以詩論家有『合掌』的戒律。所謂『合掌』，也就是同義詞相對。

「因此關於對偶，我們不要單看見古人求同的方面（字數相等是同，詞性相等也是同），同時還要看見古人求異的方面。後者比前者更加重要。古人在對偶中特別强調相反，强調對立，强調不同。……

「總起來説，古典文論中談到的語言形式美，不管是在對偶方面，或者是在聲律方面，都是從多樣中求整齊，從不同中求協調，讓矛盾統一，形成了和諧的形式美。」

朱星文心雕龍的修辭論：「言對、事對又與正對、反對相交錯。如果是事對，又是反對，如『鍾儀幽而楚奏，莊舃顯而越吟』最好。事對用正對，則反不如言對用反對。言對用正對，則更平淡，有重複之感。但所謂難易優劣，也不是絶對的。如陸贄奏議幾乎都是言對，卻很好。言對宜乎説理寫景，事對宜乎抒情叙事，正對宜乎迴環反覆，而要不覺重複，反對宜乎對照比喻，而要避免參差。這兩種缺點，劉氏都指出來了。」

按「言對」與「事對」的區分，是根據形式的外在的標準。「正對」與「反對」是有關内容意義方面的分類，根據的是内容的、内在的標準。主要意思的方向相同的是「正對」，方向相反的是「反對」。

凡偶辭胸臆，言對所以爲易也〔一〕；徵人之學〔二〕，事對所以爲難也；幽顯同志〔三〕，反對所以爲優也；並貴共心〔四〕，正對所以爲劣也〔五〕。又言對事對，各有反正〔六〕，指類而求，萬條自昭然矣〔七〕。

〔一〕「偶辭胸臆」，對偶發自内心，不需典故。

〔二〕校證：「『徵』原作『微』，梅云：『當作『擬』。』徐校作『徵』。唐云：『當作徵。蓋用事則人之學可見矣。』梅六次本改作『徵』，日本刊本、張松孫本、崇文本皆從之。」校注：「按晉宋以降，隸事之風日盛，舍人曾列事類一篇論之；上文亦明言『事對爲難』。由弘治本、汪本等作『微』推之，必原是『徵』字。元本、活字本、謝鈔本正作『徵』，未誤。」王更生文心雕龍范注駁正：「按『之』爲『資』之音誤，應依文義改。神思篇：『難易雖殊，並資博練，若學淺而空遲，才疏而徒速，以斯成器，未之前聞。』事類篇：『才爲盟主，學爲輔佐……表裏相資，古今一也。』又曰：『夫經典沈深，載籍浩瀚，實群言之奧區，而才思之神皐也。揚、班以下，莫不取資。』凡斯所論，皆足以説明欲贍文才，必資博學，以此推之，此處『之』必爲『資』之音誤無疑。」斠詮也同意這種校改。但此僅可備一説，因無論古今，「之」、「資」二字俱不同音。而「徵人之學」意謂事對作爲一種徵舉人驗的學問，義亦可通，無煩改字。

馬叙倫修辭九論云：「事對之義，藉昔事以彰今情，始作者不期而遇，繼體者徵人之學，腹之儉富，無與辭原。惟用之宜，誠助情采。若陳之茂寧德皇后哀疏曰：『十年罹難，終弗返於蒼梧；萬國銜冤，徒盡簪於白柰。』朱弁出使久拘表曰：『節上之旄盡落，口中之舌徒存。歎馬角之未生，魂飛雪窖；攀龍髯而莫逮，淚灑冰天。』斯雖援徵故實，不異吐露胸懷。外琢之功，似擲於虛牝；內誠之暴，頗賴於華辭。獨難喻於流俗，非有傷於雅篇。至若悲內兄而云感口澤，傷弱子而曰心如疑。北面事親，別舅摛渭陽之詠；堂上養老，送兄賦柏山之悲。用事若斯，何貴舉驗。劉勰、顏推，所以並著以爲戒也。」（見許文雨文論講疏麗辭篇注引。）

〔三〕斠詮：「謂鍾儀幽晉，莊舄仕楚也，此異事也；一楚奏，一越吟，此同志也。」

〔四〕（沈巖録）何焯云：「並貴謂高祖、光武。」紀評：「『貴』當作『肩』。」校注：「按上文之『幽顯同志』云云，是就所舉登樓賦例言；此處之『並貴共心』云云，則指所舉七哀詩例言。高祖、光武俱爲帝王，故云『並貴』；想枌榆、思白水，同是念鄉，故云『共心』。紀説誤。」校證：「『並貴共心』廣博物志二九作『並對苦心』。」

〔五〕「反對」指事物的反襯關係，這樣取得相反相成、加深意趣、豐富內容的積極作用，所以説「反對爲優」。「正對」指事物的並列關係，事物並列有時意義重複，所以説「正對爲劣」。劉勰這種提法也是相對而言，並非説正對一定就不好。事實上很多有名的對偶句都是正對，例如王勃的「落霞與孤鶩齊飛，秋水共長天一色」，杜甫的「兩個黃鸝鳴翠柳，一行白鷺上青天」，李商隱的「春蠶到死絲方盡，蠟炬成灰淚始乾」等。

〔六〕校證：「『又言對事對』，原作『又以事對』，今從紀説改正。又紀謂『又言對事對』二句當在

『指類而求』二句之下，於文義乃順。今所不從。」

校釋：「『又以事對，各有反正』，按疑當作『又言事二對，各有反正』，或『言對事對，各有反正』。」

〔七〕紀評：「『又以』四句，當云『指類而求，萬條自昭然矣。又言對事對，各有反正』，於文義乃順。」范注：「按『萬』字衍，『自』爲『目』之誤，當作『指類而求，條目昭然』，即上所云四對也。」校注：「按『萬條』，喻其多。如它篇之言『衆條』『衆例』然。『萬』字非衍文，『自』字亦未誤。『指類而求，萬條自昭然矣』，即觸類自能旁通之意。原謂由已論列者類推，並非複述上之『四對』，范説誤。」

以上爲第二段，論述對偶之類型，逐一舉例説明，並比較其難易優劣。

張華詩稱「遊雁比翼翔，歸鴻知接翮」〔一〕，劉琨詩言〔二〕「宣尼悲獲麟，西狩泣孔丘」〔三〕，若斯之類，即對句之駢枝也〔四〕。

〔一〕范注：「張華雜詩見玉臺新詠。」張華有雜詩三首，此二句見第三首。

雜記：「案文選陸倕石闕銘：『懸書有附，委篋知歸。』李善云：『懸書，則懸法也。委篋，則藏書也。重用之，故變文耳。』亦同此例。」

〔二〕校證：「『言』字原在『詩』字上，梅、徐乙正。按王惟儉本、詩紀亦作『詩言』。」

〔三〕校注：「『泣』，元本、弘治本、活字本、汪本、佘本、張本、兩京本、何本、合刻本、崇文本作『涕』。按晉書琨傳作『泣』；文選作『涕』。舍人原作何字雖不可知，然其義固無害也。」范注：「劉琨重贈盧諶詩見文選，亦載晉書本傳。」李善注：「公羊傳曰：哀公十四年春，西狩獲麟。何以書？記異也。孔子曰：孰謂來哉，孰謂來哉！反袂拭面，涕泣沾袍。」

漢書平帝紀：「追謚孔子曰褒城宣尼公。」王先謙補注引錢大昭曰：「宣尼之號，始見於此。」

〔四〕文選旁證云：「謝惠連秋懷詩：『雖好相如達，不同長卿慢。』相如、長卿一人兩用。古人詩文多有之。易林隨之履曰：『申公顛倒，巫臣亂國。』臨之晉曰：『平國不君，靈公殞命。』後漢書馮衍傳顯志賦：『款子高於中野兮，遇伯成而定慮。』范冉傳：『甑中生塵范史雲，釜中生魚范萊蕪。』宋書恩倖傳序：『胡廣累世農夫，伯始致位卿相，黄憲牛醫之子，叔度名動京師。』及本書劉琨贈盧諶『宣尼』云云，皆同此體也。」駱鴻凱曰：「按顔延年車駕幸京口侍遊蒜山作：『周南悲昔老，留滯感遺民。』一事而分用，句法與『宣尼』二語同，此類兼舉名字分嵌二句中，雖有本，不可爲式。」

傳庚生文學欣賞舉隅對偶與用事：「詩文之對偶，一應求其工，再應避其複。兩句對仗雖工穩，而意涉複疊者，謂爲合掌，云若兩手之雖分左右，乃同具五指也。文心雕龍麗辭篇云：『張華詩稱……即對句之駢枝也。』蔡寬夫詩話云：『晉宋間詩人，造語雖秀拔，然大抵上下句多出一意，如「魚戲新荷動，鳥散餘花落」，「蟬噪林愈静，鳥鳴山更幽」之類，非不工矣，終不免此病。其甚乃有一人名而分用之者，如劉越石「宣尼悲獲麟，西狩泣孔丘」，謝惠連「雖好相如達，不同長卿慢」等語，若非前後相映帶，殆不可讀，然要非全美也。唐初餘風猶未殄，陶冶至杜子美殆浄盡矣。』然而杜工部客至云：『花徑不曾緣客掃，蓬門今始爲君開。盤飧市遠無兼味，樽酒家貧只舊醅。』領領兩聯，意亦涉於合掌也。」

紀評：「『張華』一段，申反對、正對，『是以』以下，申言對、事對，『若氣無』以下，就四對推入一層，言對偶雖合法，而無骨采亦不可。」

斯波六郎：「按紀氏改上文『又以』以下四句之順序關係，解『張華』以下之文句如右所引，但既已如前條所述，不必要改『又以』四句之順序，此處『張華』以下之文句，應作論對偶之弊病解。」

是以言對爲美，貴在精巧；事對所先，務在允當〔一〕。若兩事相配，而優劣不均〔二〕，是驥在左驂，駑爲右服也〔三〕。若夫事或孤立，莫與相偶〔四〕，是夔之一足〔五〕，跉踔而行也〔六〕。

〔一〕校證：「吟窗雜録『在』作『於』。」

〔二〕「兩事相配」，宋晏殊類要卷三十二譬諭語引作「兩字相犯」。校注：「紀昀云：『事當作言。』按紀説非是。下文『若夫事或孤立，莫與相偶』，蓋言事奇無匹，故承云：『是夔之一足，跉踔而行也。』此云事對不均，故承云：『是驥在左驂，駑爲右服也。』」校證：「吟窗雜録『配』作『對』。」

［三］校證：「『驥』，吟窗雜録作『驪』。『爲』，吟窗雜録作『居』。」

斠詮：「驂，三馬也。見説文。謂一車駕三馬名驂也。鄭風大叔于田『兩驂如舞』，鄭箋：『在旁曰驂。』服，駕也，乘也。易繫辭：『服牛乘馬。』又詩鄭風大叔于田『兩服上襄』，鄭箋：『兩服，中央夾轅者。』」

魏禧日録論文：「文之工者，美必兼兩，每下一筆，其可見之妙在此，却又有不可見之妙在彼。譬如作屋，左砂高聳，右砂低卸，必須培高右砂方稱。拙者輿土填石，人一見知爲補石砂之闕，巧者只栽竹樹，令高與左齊，人一見只賞嘆林木幽茂之妙，而不知其意實補右砂低卸也。」

黄春貴文心雕龍之創作論：「對偶之造句用字，如不細加斟酌裁定，易犯『不均』，形同怨耦。所謂驥驂駑服，豈公平哉！如宋人陳巖肖庚溪詩話所引宋景文詩曰：『捫虱須逢英俊士，釣鰲豈在牛蹄灣？』又引東坡一聯曰：『聞説騎鯨遊汗漫，亦嘗捫虱話悲辛。』對句雖工穩，然以小物對大物，終嫌不均。」

［四］校證：「『若夫事或孤立』，吟窗雜録作『若美事孤立』。『相』，吟窗雜録作『爲』。」

文鏡秘府論論文意：「夫語對者，不可以虛無對實象。若用『草』與『色』爲對，即虛無之類是也。」又：「凡文章不得不對，上句若安重字、雙聲、疊韻，下句亦然。若上句偏安，下句不安，即名爲離皮；若上句用事，下句不用事，名爲缺偶。故梁朝湘東王評詩云：『作詩不對，本是吼文，不名爲詩。』」

文鏡秘府論論對屬：「若其上昇下降，若云『寒雲山際起，悲風動林外』（「山際」在上句第三、第四言，是昇；「林外」在下句第四、第五字，是降），前複後單，若云『日月揚光，慶雲爛色』（「日月」兩事是複，「慶雲」一物是單），語既非倫，事便不可。然文無定勢，體有變通，若又專對不移，便復大成拘執。可於義之際會，時時散之。

「夫屬對者，皆并見以致辭（謂并見事類以成辭，假令云：「嬋娟翠竹，聲韻金風；的歷紅荷，光垂玉露。」「翠竹」與「紅荷」，「金風」與「玉露」，是異事并見也。凡爲對者，無不悉然也）；不對者，必相因以成義（謂下句必因上句，止憑一事以成義也。假令敘家世云：「自茲以降，世有異人。」敘先代云：「布在方策，可得言焉。」敘任官云：「我之居此，物無異議。」敘能官云：「望之於君，固有慚色。」敘瑞物云：「委之三府，不可勝記。」敘帝德云：「魏魏蕩蕩，難得名焉。」皆下句接上句以成義也）。何則？偶辭在於參事（凡爲對屬，皆偶其辭，事若不變，辭便有闕，故須參用，始得成之也），孤義不可別言故也（若不取對，即須就一義相因以置言，故不可用別也）。

「在於文章，皆須對屬，其不對者，止得一處二處有之。若以不對爲常，則非復文章（若常不對，則與俗之言無異）。就如對屬之間，甚須消息。遠近比次，若叙瑞云『軒轅之世，鳳鳴阮隃；漢武之時，麟遊雍畤』（持「軒轅」對「漢武」，世懸隔也）；大小必均，若叙物云『鮒離東海，得水而游；鵬翥南溟，因風而舉』（將「鮒」擬「鵬」，狀殊絶也）；美醜當分，若叙婦人云『等毛嬙之美容，類嫫母之至行』（「毛嬙」、「嫫母」，貌相妨也）；强弱須異，若叙平賊云『摧鯨鯢如折朽，除螻蟻若拾遺』（「鯨鯢」、「螻蟻」，力全校也）。苟失其類，文即不安。以意推之，皆可知也。而有以『日』對『景』，將『風』偶『吹』，持『素』擬『白』，取『鳥』合『禽』，雖復異名，終是同體。若斯之輩，特須避之。故援筆措辭，必先知對，比物各從其類，擬人必於其倫。此之不明，未可以論文矣。」

〔五〕范注：「韓非子外儲説左下：『魯哀公問於孔子曰：「吾聞古者有夔一足，其果信有一足乎？」』」

〔六〕黄注：「莊子（秋水）：『夔謂蚿曰：吾以一足，跉踔而行，予無如矣。』陸德明釋文：『夔，一足獸也。』成疏：『跳躑快樂而行天下，簡易無如我者。』」校注：「『跉』譚獻校作『踸』，元本、弘治本、汪本、佘本、張本、兩京本、胡本、訓故本、謝鈔本、四庫本作『踸』。……按『跉』字説文所無，新附有『踸』字。楚辭東方朔七諫：『馬蘭踸踔而日加。』文賦：『故踸踔於短垣。』江文通文集鏡論語『寧踸踔於馬蘭』，是古人率用『踸』字。又按舍人此文本莊子秋水篇，黄氏所注是也。」

校證：「『跉』，馮本、汪本、佘本、張之象本、王惟儉本、吟窗雜録、天中記三七、詩紀、六朝詩乘總録作『踸』。案『跉』與『踸』古通，莊子秋水篇：『夔謂蚿曰：「吾以一足跉踔而行。」』宋本道藏、成疏本、文選文賦注，『跉』並作『踸』。」成疏：「跉踔，跳躑也。」

文鏡秘府論二十九種對：「或曰：夫爲文章詩賦，皆須屬對，不得令有跛、眇者。跛者，謂前句雙聲，後句直語，或復空談，如此之例，名爲跛。眇者，謂前句物色，後句人名，或前句語風空，後句山水：如此之例，名眇。何者？風與空則無形而不見，山與水則有蹤而可尋，以有形對無色：如此之例，名爲眇。或云：景風心色等，可以對虚，亦可以對實。今江東文人作詩，頭尾多有不對。」

山海經大荒東經：「東海中有流波山，入海七千里。其上有獸，狀如牛，蒼身而無角，一足，出入水則必風雨，其光如日月，其聲如雷，其名曰夔。」斠詮：「踸踔，行無常貌，或行不進貌。踔一作卓。王念孫曰：『跉卓與跂踔同，一作踸踔，跛者行一前一却，不定之義。』」

若氣無奇類，文乏異采〔一〕，碌碌麗辭，則昏睡耳目〔二〕。

〔一〕紀評：「『若氣無』以下，就四對推入一層，言對偶雖合法，而無骨采亦不可。」

牟世金范注補正：「周易乾文言：『同聲相應，同氣相求……本乎天者親上，本乎地者親下，則各從其類也。』孔疏：『各從其類者，言天地之間共相感應，各從其氣類。』全三國文卷二十五鍾會與蔣斌書：『巴蜀賢智文武之士多矣，至於足下、諸葛思遠，譬諸草木，吾氣類也。』氣類，同類也，彥和借指對偶。『氣無奇類』即『無奇特之氣類』，所謂『碌碌麗辭』是也。」

〔二〕馬叙倫云：「遠誦王勃、楊炯之體，近摘吴綺、章藻功之作，皆彥和所謂碌碌者也。此藻麗之病也。」（文論講疏引）

注訂：「『兩事』疑不誤，此指反對爲優，正對爲劣而言也。下文『若夫』云云，是指或反或正，其相偶必相稱，不然便如跉踔而行也。若『氣無』云云以下，是指修辭立言，宜求精巧有異采，不可碌碌乏味也。」

劉大杰批評史：「『若氣無奇類……則昏睡耳目』，是針對堆砌辭藻，缺乏風骨的作品而發。」

斠詮：「此四句總論言事二對庸冗之病。蓋彥和就四對推進一層，以爲對偶雖稱合度，若無骨采，亦不謂之工。」

又：「無論言對或事對，若辭氣既無瑰奇事類相與配偶，文句又乏特殊丹采可資點染，而一味飣餖，幫湊，勉强駢麗其辭，則讀之者必感耳昏目眩，沈沈欲睡矣。此蓋犯『庸冗』之弊，有以致之。」

必使理圓事密，聯璧其章〔一〕。迭用奇偶，節以雜佩〔二〕，乃其貴耳〔三〕。類此而思，理自見也〔四〕。

〔一〕校注：「按『其』疑『共』之誤。」按「聯璧其章」謂其章采如聯璧，「其」字不誤。

斠詮：「詩文對偶，貴華麗，尤貴事理，表裏相依庶幾得之。……若爲求對偶，而忘事理，則無可取焉。王直方詩話曰：『東坡有言：世間事，忍笑爲易，惟讀王祈大夫詩，不笑爲難。祈嘗謂東坡云，有竹詩兩句，最爲得意，因誦曰：「葉垂千口劍，幹聳萬條槍。」坡曰：「好則極好，則是十條竹竿，一個葉兒也。」』蓋以云幹已萬而葉止千者，求其字對之工，乃忘其理之忤也。遯齋閑覽曰：『李廷彦獻百韻詩於一達官，其間有句云：「舍弟江南殁，家兄塞北亡。」達官惻然傷之曰：「不意君家凶禍，重併如此。」廷彦遽起自解云：「實無此事，但圖對屬親切。」』此雖不過過甚其辭以佐笑噱者，然拗花者莫脱其蕚，學者允宜三思。」

〔二〕札記：「終曰『迭用奇偶，節以雜佩』，明綴文之士，於用奇用偶，勿師成心，或捨偶用奇，或專崇儷對，皆非爲文之正軌也。」

校注：「按詩鄭風女曰鷄鳴：『雜佩以贈之。』毛傳：『雜佩者，珩、璜、琚、瑀、衝牙之類。』朱傳：「雜佩，左右佩玉也。上横曰珩，下繫三組，貫以蠙珠：中組之半，貫一大珠曰瑀；末懸一玉，兩端皆鋭曰衝牙；兩旁組半，各懸一玉，長博而方，曰琚；其末各懸一玉，如半璧而内向，曰璜。又以兩組貫珠上繫珩兩端，下交貫於瑀，而下繫於兩璜，行則衝牙觸璜而有聲也。」

張嚴論詮：「大抵文章氣勢，繫乎句法。而句之奇偶，影響氣勢極鉅。奇句比較流美，偶句比較凝重，奇所以振其氣，偶所以植其骨。故散文不得獨奇，駢體未許獨偶也，二者必奇偶兼用，三五其變，始成統一諧和之致。觀彦和文心五十篇，莫不奇偶迭用。譬如以情采篇爲例：『聖賢書辭，總稱文章，非采而何？』（奇句）『夫水性虚而淪漪結，木體實而華萼振，文附質也。』（奇句）『虎豹無文，則鞹同犬羊，犀兕有皮，而色資丹漆：質待文也。』（奇句）『若乃綜述性靈，敷寫器象；鏤心鳥跡之中，織辭魚網之上：其爲彪炳縟采名矣。』（奇句）由此可知，奇句之用，在乎引發下文，或結束上文，其功用不惟辭氣矣。惟奇句力弱，偶句氣王，偏於偶者板滯，偏於奇者緩散。奇偶互用，可以成雄奇變化之文。故曰『迭用奇偶，節以雜佩，乃其貴耳』。」

程兆熊文心雕龍講義：「『理圓事密』，則有其文辭上調和與統一之美。『迭用奇偶』，則有其文辭上之平衡與變化之美。」可見能運用得當，是可以發揮美的效用的。

〔三〕文心雕龍講疏：「文之有麗辭，實本乎自然，經傳諸子之文，駢句偶意，不可勝舉，彼非有意爲之，故彦和曰：『高下相須，自然成對。』又曰：『豈營麗辭，率然對爾。』又曰：『奇偶適變，不勞經營。』又曰：『迭用奇偶，節以雜佩，乃其貴耳。』凡此諸語，皆明奇偶無定，唯取其適。而自魏晉以來，競爲纖巧。亦猶聲韻本出自然，而沈約以來，益深靡麗之病。夫文形文聲貴得自然之美，强以人爲之規矩擬之，必不可得矣。」

包世臣藝舟雙楫文譜：「討論體勢，奇偶爲先：凝重多出於偶，流美多出於奇。體雖駢，必有奇以振其氣勢；雖散，必有偶以植其骨，儀厥錯綜，致爲微妙。尚書『欽明文思』一字爲偶。『安安』叠字爲偶。『允恭克讓』二字爲偶，偶勢變而生三，奇意行而若一。『光被四表，格於上下』，語奇也，而意偶。『克明峻德』四字一句奇。『以親九族』十六字四句偶，『協和萬邦』十字三句奇，而『萬邦』與『九族』『百姓』語偶，『時雍』與『黎民於變』意偶，是奇也而偶寓焉。『乃命羲和』節奇，『若天』『授時』隔名爲偶，中六字綱目爲偶。『分命』『申命』四節，體全偶而詞悉奇。『帝曰咨』節奇，『期三百』十七字參差爲偶。『允釐』八字顛倒爲偶，而意皆奇。故雙意必偶，『欽明』『允恭』等句是也；單意可奇可偶，『光被』『允釐』等句是也。雖文字之始基，實奇偶之極軌，批根爲説，而其類從。」（文論講疏引）

朱星文心雕龍的修辭論：「『迭用奇偶，節以雜佩，乃其貴耳』，也基本上是承認奇偶可混用，但話很含糊。從表面看，他似乎提倡駢散混合體，不贊成純散文或純駢文，但實際上他是提倡駢文而夾用散文句，他自己寫的文心雕龍就是如此。他反對純散文，但也不會同意散文中夾些駢句，因此並不是提倡駢散混合體，他實在是主張駢文中夾些散句。」

〔四〕校注：「『自』，黄校云：『汪本作斯。』按元本、弘治本、活字本、佘本、張本、兩京本、胡本……亦並作『斯』，是也。章表篇『事斯見矣』，語意與此同，可資旁證。」

第三段列舉構成麗辭應該避免的四種毛病：一、重出，二、不均，三、孤立，四、庸碌。最後提出要求：「理圓事密」，在對偶中要有奇句調節。

贊曰：體植必兩，辭動有配〔一〕。左提右挈〔二〕，精味兼載〔三〕。炳爍聯華，鏡靜含態〔四〕。玉潤雙流，如彼珩珮〔五〕。

〔一〕周注：「體植：四體（肢）成立。」「體植必兩」即「造化賦形，支體必雙」之意。「動」，輒，每。

文論講疏：「劉勰云：『造化賦形，支體必雙。』是則宇宙現象，凡屬動植，草木鳥獸昆蟲，舉莫能例外，矧夫人類哉！其或畸狀異類，支離其體，肬贅其形，則悉成自後天，無非病態，吾人造寫物色，著之文辭，反映表現，有似投影，烏有形影而互歧，與真實之頓乖者乎？故劉勰又云：『體植必兩，辭動有配。』明乎斯旨，已至於世間萬事，禍福倚伏，正反對立，是非横生，美醜善惡，皆相對待。語及彝倫，上下如君臣，平峙如夫婦，義歸攸叙，勢難缺一。吾人辨析事理，造文記述，有舉此見彼之科，著因同求異之律。此又劉勰所云『神理爲用，事不孤立』者也。」

斠詮：「次句謂『心生文辭，運裁百慮，高下相須，自然成對』也。」

〔二〕補注：「四字出史記張耳陳餘傳。」按漢書張耳陳餘傳：「夫以一趙尚易燕，况以兩賢王左提右挈，而責殺王，滅燕易矣。」注：「提挈，言相扶持也。」

〔三〕校釋：「嘉靖本『味』作『未』，按當作『末』，精末，猶言精粗也。因『末』誤『未』，『未』又誤作『味』也。」

校證：「『味』，張之象本作『未』。按『精味』之『味』猶辨騷篇所謂『諷味』，附會篇所謂『辭味』、『道味』，總術篇所謂『義味』之『味』，作『未』誤。」

斠詮：「四句（「精末兼載」）謂『雙比空辭，並舉人驗』也。」

〔四〕斠詮：「五、六句謂言對精巧，事對允當，則『理圓事密，聯璧其章』矣。案炳爍聯華，言上下聯詞華明麗，如並蒂蓮花，光明灼耀，彼此輝映也。江淹蓮華賦：『晝臺殿兮雲霞，圖縑緗兮炳爍。』炳，說文：『明也。』玉篇：『明著也。』易革：『大人虎變，其文炳也。』爍，音碩，說文新附：『灼爍，光乜。』蔡邕彈棊詩：『光爍如電。』鏡靜含態，言對鏡靚妝，揚眉瞬目，一顰一笑，其人之容態，莫不畢現於鏡中也。此喻上下聯應配合均匀，始可珠聯璧合，相得益彰。」周注：「炳爍聯華：並開的花光彩照耀。鏡靜含態：鏡清明含容物態。物照鏡成雙，與聯華並指對偶。」陸機演連珠：「鏡無畜影，故觸形則照。」

〔五〕校注：「按禮記聘義：『昔者，君子比德於玉焉：溫潤而澤，仁也……叩之，其聲清越以長。』淮南子說山篇：『夫玉潤而澤有光，其聲舒揚。』『雙流』，謂其光澤與聲，以喻麗辭之須講求藻飾及聲律也。」

「玉潤雙流」指上文「麗句與深采並流」。斠詮：「七、八句謂麗辭之體，必『迭用奇偶，節以雜佩，乃其貴耳』。」周注：「珩珮：成雙的玉佩。國語晉語：『白玉之珩六雙。』」「珩」，雜佩的一種。禮記玉藻：「古之君子必佩玉，右徵角，左宮羽，趨以采齊，行以肆夏。

卷八

比興第三十六

周禮春官大師：「教六詩：曰風，曰賦，曰比，曰興，曰雅，曰頌。」鄭玄注：「賦之言鋪，直鋪陳今之政教善惡。比，見今之失，不敢斥言，取比類以言之。興，見今之美，嫌於媚諛，取善事以喻勸之。……鄭司農（衆）云：『……比者，比方於物也；興者，託事於物。』」

周禮春官大司樂：「以樂語教國子：興、道、諷、誦、言、語。」鄭玄注：「興者以善物喻善事。」

何晏論語集解在陽貨篇「詩可以興」句下引孔安國説：「興，引譬連類。」

文章流別論：「比者，喻類之言也。興者，有感之辭也。」

鍾嶸詩品序：「故詩有三義焉：一曰興，二曰比，三曰賦。文已盡而意有餘，興也；因物喻志，比也；直書其事，寓言寫物，賦也。宏斯三義，酌而用之。干之以風力，潤之以丹采，使味之者無極，聞之者動心，是詩之至也。若專用比興，患在意深，意深則詞躓。若但用賦體，患在意浮，意浮則文散，嬉成流移，文無止泊，有蕪漫之累矣。」

毛詩正義：「比云見今之失，取比類以言之，謂刺詩之比也。興云見今之美，取善事以勸之，謂美詩之興也。其實美刺俱有比興者也。」（卷一）

史通叙事：「昔文章既作，比興由生，鳥獸以媲賢愚，草木以方男女，詩人騷客，言之備矣。」

皎然詩式卷一「用事」條：「今且於六義之中，略論比興。取象曰比，取義曰興。義即象下之意。凡禽魚草木人物名數，萬象之中，義類同者，盡入比興。關雎即其義也。」

吕與叔詩説拾遺引程頤語曰：「興有興喻之意，比則直比之而已，『蛾眉』、『瓠犀』是也。」

胡寅與李叔易書（斐然集卷十八）引李仲蒙之言曰：「叙物以言情，謂之賦，情盡物者也；索物以託情，謂之比，情附物者也；觸物以起情，謂之興，物動情者也。」（又見困學紀聞卷三）

詩人玉屑卷十三引黄徹説：「賦者，鋪陳其事；比者，引物連類；興者，因事感發。」

朱熹：「興者，先言他物以引起所詠之辭也。」（關雎集傳）又：「比者，以彼物比此物也。」（螽斯集傳）又：「賦者，敷陳其事，而直言之者也。」（葛覃集傳）

朱熹詩傳綱要：「興者，托物興辭，初不取義。」

朱熹楚辭集注：「賦則直陳其事，比則取物爲比，興則托物興詞。」

明李東陽懷麓堂詩話：「詩有三義，賦止居一，而比興居二。所謂比興者，皆托物寓情而爲之者也。蓋正言直述則易於窮盡而難於感發。惟有所寄託，形容摹寫，反覆諷詠，以俟人之自得，言有盡而意無窮，則神爽飛動，手舞足蹈而不自覺，此詩之所以貴情思而輕事實也。」

藝概卷二詩概：「興與比有闊狹之分，蓋比有正而無反，興兼反正故也。」

札記：「題云比興，實側注論比，蓋以興義罕用，故難得而繁稱。原夫興之爲用，觸物以起情，節取以託意，故有物同而感異者，亦有事異而情同者，循省六詩，可榷舉也。」

又：「案後鄭以善惡分比興，不如先鄭注誼之確。且牆茨之言，毛傳亦目爲興，焉見以惡類惡，即爲比乎？至鍾記室云：文已盡而意有餘，興也；因物喻志，比也。其解比興，又與詁訓乖殊。」

羅根澤中國文學批評史第二篇第一章第三節：「賦、比、興的說法，大概起於漢初的經師。漢初有三家詩，齊詩亡於魏，魯詩亡於晉，只有韓詩尚存其半。韓詩采用賦比興的說法的。解爲興者，如芣苢，韓詩序云：『傷夫有惡疾也。』……解爲比者，如鷄鳴，韓詩序云：『讒人也。』……毛詩與韓詩顯然不同，如芣苢，韓詩認爲是興，毛認爲是賦；鷄鳴，韓詩認爲是比，毛也認爲是賦；伐檀，韓認爲是賦，毛卻認爲是興。」又第三篇第九章第五節：「漢代經學家所謂比興，含有美刺的意義，六朝文論家所謂比興則是一種文學方法。」

朱自清詩言志辨比興說：「毛傳『興也』的『興』有兩個意義，一是發端，一是譬喻：這兩個意義合在一塊兒才是『興』。」

程俊英詩經的比興：「第一，興多在發端，所以也稱爲起興。第二，比的運用，總是以好比好，以不好比不好。但興含比義時，有時也可起反襯作用，如以好反襯不好等。第三，興是詩人先見一種景物，觸動了他心中潛伏的本事和思想感情而發出的歌唱。興是觸物起情，所以興句多在詩的開頭，而比句則在章中。第四，比僅聯繫局部……興則不然，詩的開頭兩句，往往貫串全章，甚至全篇。例如關雎的作者，看見雎鳩水鳥關關的叫……『關關雎鳩，在河之洲』的興句，便標示了本詩的主要內容，就是『君子』追求『淑女』的主題。」（文學評論叢刊第一輯）

黄春貴文心雕龍之創作論：「比者，爲一種類似之聯想，亦即類似之譬喻，以丙譬喻甲，甲與丙之間，必有一類似之乙。英人李查兹修辭學原理（I. A. Richards: Philosophy of Rhetoric, 1936, London）曰：『極大之距離，可以譬喻合一，憑藉本意與媒介物，直接兩物之類似，而此本意與媒介物，則由於共同之情狀，使吾人將其合而爲一。』其形式可簡寫如：

甲→（乙）→丙譬喻

甲與丙代表二種不同之事物，乙爲其類似之點。試以宋玉登徒子好色賦爲例：『眉如翠羽，肌如白雪。』句中眉與肌各爲甲，爲正義。羽與雪各爲丙，爲譬喻。翠與白各爲乙，爲甲與丙之類似點。再以白居易秦中吟爲例：『繒帛如山積，絲絮似雲屯。』句中繒帛與絲絮各爲甲，爲正義。山與雲各爲丙，爲譬喻。積與屯各爲乙，爲甲與丙之類似點。此種形式，爲比之正例。」

又：「興者，爲一種繼起之聯想，即由甲聯想至丙，甲與丙之間不必類似，甚至相對者，無不可據以表述。……蓋繼起之聯想，重在前後衍生之關係，一因一果，不求形似，隨興所之。其形式可簡寫如下：

甲→(乙)→丙聯想

其中甲與丙代表二種不同之事物，乙爲其類似之點。由甲聯想至丙，其類似點乙不必存在。……此種純興之體，嚴粲詩緝舉例甚多。如周南葛覃：『葛之覃兮，施於中谷，維葉萋萋。黄鳥于飛，集於灌木，其鳴喈喈。』嚴粲注云：『興之不兼比者也。述后妃之意若曰：葛生覃延，而施移於谷中，其葉萋萋然茂盛。當是時，有黄鳥集於灌生之木，聞其鳴聲之和喈喈然，我女工之事將興矣。』……凡此皆見景生情，偶然感發，無迹可尋。」

詩文弘奥〔一〕，包韞六義〔二〕，毛公述傳〔三〕，獨標興體〔四〕，豈不以風通而賦同〔五〕，比顯而興隱哉〔六〕！

〔一〕「詩文」，指詩經的文字。

校證：「張松孫本、紀本，『弘』作『宏』，避清諱。」爾雅釋詁：「弘，大也。」正義：「弘者，含容之大也。」易坤卦：「含弘光大。」「弘奥」，深廣。

〔二〕詩大序：「故詩有六義焉：一曰風，二曰賦，三曰比，四曰興，五曰雅，六曰頌。」正義：「然則風、雅、頌者，詩篇之異體；賦、比、興者，詩文之異辭耳。大小不同而得並爲六義者，賦、比、興是詩之所用，風、雅、頌是詩之成形。用彼三事，成此三事，是故同稱爲義，非别有篇卷也。」

〔三〕黃注：「漢藝文志：毛詩故訓傳三十卷，毛公之學，自謂子夏所傳。」漢書儒林傳：「毛公，趙人也，爲河間獻王博士。」後漢書儒林傳：「趙人毛萇傳詩，是爲毛詩。」鄭玄詩譜：「魯人大毛公爲訓詁，傳於其家，河間獻王得而獻之，以小毛公爲博士。」陸璣毛詩草木蟲魚疏：「荀卿授魯國毛亨，毛亨作訓詁傳以授趙國毛萇，時人謂亨爲大毛公，萇爲小毛公。」總術篇：「述經曰傳。」

〔四〕清惠周惕詩説卷一：「毛公傳詩，獨言興不言比、賦，以興兼比、賦也。人之心思，必觸於物而後興，即所興以爲比而賦之，故言興而比、賦在其中，毛公之意，未始不然也。文心雕龍曰：『毛公述傳，獨標興體。』以『比顯而興隱』。」困學紀聞卷三賦比興諸説條：「鶴林吳氏（全謝山云：名泳）論詩曰：『興之體足以感發人之善心。毛氏自關雎而下，總百十六篇，首繫之興，風七十，小雅四十，大雅四，頌二，注曰：「興也。」而比賦不稱焉。蓋謂賦直而興微，比顯而興隱也。』朱氏又於其間增補十九篇，而摘其不合於興者四十八條，且曰：『關雎，興詩也，而兼於比；緑衣，比詩也，而兼於興。頍弁一詩，而比興賦兼之。』則析義愈精矣。」原注：「文心雕龍曰：毛公述傳，獨標興體，以比顯而興隱。鶴林之言本於此。」王元化再釋比興篇「擬容取心」説：「由於劉勰仍保持着漢人體法相兼的觀點，既把比興當作藝術方法看待，又把比興當作由藝術方法所塑造的藝術形象看待，所以篇中才有『比體』、『興體』之稱。」

〔五〕校證：「梅六次本、張松孫本『通』改『異』。」紀云：「『異』字是。」札記：「風通，『通』字是也。詩疏曰：『賦者，鋪陳今之善惡，其言通正變，兼美刺也。』」范注：「詩大序正義曰：『風之所吹，無物不扇，化之所被，無往不霑，故取名焉。』五行大義引翼奉說：『風通六情。』」校注：「按『通』，謂通於美刺；『同』，謂同爲鋪陳。天啓梅本改『通』爲『異』，非是。」斠詮：「隋蕭吉撰五行大義引漢翼奉齊詩說：『風通六情。』此即彦和『風通』之所本。詩大序孔疏：『風之所吹，無物不扇，化之所被，無往不霑，故取名焉。』亦可爲『風通』一詞之注脚。孔疏又曰：『賦者，鋪陳今之政教善惡，其言通正變，兼美刺也。』蓋即所謂『賦同』之意義所在。」因風通六情，容易識別，故曰「風通」。

郭紹虞六義説考辨最後的總結其十四：「自來注家，對於比顯興隱之説論説頗多，但對風通賦同之説則都没有提。案『風通賦同』很難理解，各家均云『通一作異』假使説『風異賦同』，那麽風指各國之風，當然可説是『異』，賦則介於體用之間，當然可説是『同』。假使照『通』字來講，只能説『風』通於賦、比、興三體，但對『賦同』之説又多少有些牽强了。但是我們對於劉勰把風賦比興連起來講，卻認爲是一個值得注意的問題。」其十九説：「如果專從文學的觀點來看，那麽風可以説是一切詩歌的總名，而賦與頌，則是詩體的散文化，比興二者可以看作是詩體，也可以看作是詩法。……在劉勰的論點裏，約略可以看出以上這個意思。或者再從另一個角度來看，那麽風是抒寫主觀情緒的詩，賦是描繪客觀現實的詩，所以風賦可以連稱。這在劉勰論點中，也可説是比較明顯的。」

郭紹虞文論札記三則第一則六義説與六詩説云：「劉勰文心雕龍於賦頌則分篇立論，對比興則合篇剖析，而在比興篇中又特標『風通賦同，比顯興隱』之語，完全合於六詩次序，這是他的通達卓識之處。」（以上均見照隅室古典文學論集下編）

郭注：「『風通』，風爲詩之體裁，其創作方法包括賦比興三者，故毛公作傳，無需標出。」

牟世金范注補正：「毛詩序正義：『六義次第如此者，以詩之「四始」以風爲先，故曰風。風之所用，以賦、比、興爲之辭，故於風之下即次賦、比、興，然後次以雅、頌。雅、頌亦以賦、比、興爲之，既見賦、比、興於風之下，明雅、頌亦同之。』據此可知，『風通』指風（包括雅、頌）通用賦、比、興之法；而賦又『通正變，兼美刺』，具有一般詩的共同性。」

〔六〕詩大序正義：「比之與興，雖同是附託外物，比顯而興隱，當先顯後隱，故比居興先也。毛詩特言興也，爲其理隱故也。」陳奐詩毛氏傳疏引吳毓汾説：「蓋好惡動於中，而適觸於物，假以明志，謂之興，而以言於物則比矣，而以言乎事則賦矣；要迹其志之所自發，情之不能已者，皆出於興。……傳言興凡百十六篇，而賦比不及之，乃賦、比易識耳。」劉師培論文雜記第二十一：「興之爲體，興會所至，非即非離，詞微旨遠，假象於物，而或美或刺，皆見於興中。比之爲體，一正一喻，兩相譬况，詞決旨顯，體物寫志，而或美或刺，皆見於比中。故比興二體，皆構造虛詞，特興隱而比顯，興婉而比直耳。」

清陳啓源毛詩稽古編卷二十五：「毛公獨標興體，朱子兼明比賦；然朱子所判爲比者，多是興耳。比興雖皆託喻，但興隱而比顯，興婉而比直，興廣而比狹。……興比皆喻而體不同：興者興會所至，非即非離；言在此，意在彼；其詞微，其旨遠。比者，一正一喻，兩相譬況；其詞決，其旨顯；且與賦交錯而成文，不若興語之用以發端，多在首章也。」

劉熙載藝概詩概：「詩序正義云：比與興雖同是附託外物，比顯而興隱，當先顯而後隱，故比居先也。毛傳特言興也，爲其理隱故也。案文心雕龍比興篇云：毛公述傳，獨標興體，豈不以風異而賦同，比顯而興隱哉！正義蓋本於此。」又：「『取象曰比，取義曰興』，語出皎然詩式，即劉彥和所謂比顯興隱之意。」

校釋：「舍人此篇以比顯興隱立說，義界最精。蓋二者同以事物況譬，特有隱顯之別，而無善惡之分。『比』者，作者先有此情，亟思傾洩，或嫌於逕直，乃索物比方言之。『興』者，作者雖先有此情，但蘊而未發，偶觸於事物，與本情相符，因而興起本情。前者屬有意，後者出無心；有意者比附分明故顯，無心者無端流露故隱。」

故比者，附也；興者，起也〔一〕。附理者，切類以指事〔二〕；起情者，依微以擬議〔三〕。起情，故興體以立〔四〕；附理，故比例以生〔五〕。比則蓄憤以斥言〔六〕，興則環譬以寄諷〔七〕。蓋隨時之義不一，故詩人之志有二也〔八〕。

〔一〕毛詩正義卷一孔疏：「比者，比方於物，諸言『如』者，皆比辭也。」又：「興者，託事於物，則興者，起也。取譬引類，起發己心。詩文諸舉草木鳥獸以見意者，皆興辭也。」斠詮：「比附，謂以近似者相比也。晉書索靖傳：『枝條順氣，轉相比附。』」又：「興者，起也。此所謂起，外物興起其感情也。」

〔二〕斠詮：「蓋詩人於操觚之前，已先自有情，當其表出之時又嫌於率直，於是假物託情，比方以出之，故曰『附理者，切類以指事』。案：切類，謂切取類似。……指事，謂指明事實。」要把一種事理説清楚，用類似的例子作比附，舉的比喻必須與要説的事理密切相關，這就叫「切類以指事」。

文鏡秘府論六志：「二曰比附志。比附志者，謂論體寫狀，寄物方形，意託斯間，流言彼處。即假作贈別詩曰：『離情弦上急，別曲雁邊嘶。低雲百種鬱，垂露千行啼。』釋曰：無方叙意，寄急狀於弦中；有意論情，附嘶聲於雁側。上見低雲之鬱，託愁氣以合詞；下屬垂露懸珠，寄啼行而奮筆。意在妝頰，喻説鮮花；欲述眉形，假論低月。傳形在去，類體在來，意涉斯言，方稱比附。」林東海解釋説：「想表現容貌漂亮，用漂亮的鮮花作比；想表現眉毛的彎曲，用彎曲的新月作比。容顔漂亮，是妝頰和鮮花的相似點；形狀彎曲，是眉毛和新月的相似點。有了相似點，即文心雕龍比興所説的『切象』，這樣才成爲貼切的比喻。」（詩法舉隅）

〔三〕斠詮：「蓋詩人雖有此情，但藴而未發，偶爲客觀事物所觸動，因有此感情之湧現。如杜甫詩：『東閣官梅動詩興。』故曰：『起情者依微以擬議。』案：依微，謂依託微物。微物，小物也。文選禰衡鸚鵡賦：『知禽鳥之微物。』擬議，謂擬度議論。易繫辭：『擬議以成其變化。』孔疏：『聖人欲言之時，擬度之而後言；欲動之時，必議言之而後動，則能成盡其變化之道也。』」

詩大雅大明「惟予侯興」毛傳：「興，起也。」爾雅、說文都訓「興」爲「起」。「起」和「啓」也是同音通假字，就是啓發的意思。由微小的事物引起情感的觸動而進行構思，這就叫「起情者依微以擬議」，這也就是下面說的「稱名也小，取類也大」。

〔四〕王季思說比興第六段：「詩人的感情，偶然觸物而發，這便是興。文心雕龍……以附理與起情區別比興，可說語簡而意該。第一，興者，起也。它是詩人情感的最先觸發，所以在未有詩意象之先。比者，附也，必定先有了意象，再拿別的事物來附託他。這在創作程序上實有先後之不同。如關雎一詩，是詩人先有感於雎鳩之和鳴，因而起了求淑女以配君子的意象，這便是興。如柏舟詩：『我心匪石，不可轉也；我心匪席，不可卷也。』是詩人先有了我心不可轉和不可卷的意象，才拿石和席來反比的。再如伯兮詩：『其雨其雨，杲杲出日。願言思伯，甘心首疾。』是先有了屢思伯而伯不來的意象，才拿『其雨其雨，杲杲出日』來相比，這便是比。……第二，興以起情，比以附理。這情理的不同，更是比興的最大區別。李仲蒙說：『索物以託情謂之比，觸物以起情謂之興。』因爲比是經過詩人的思索的，所以取比之物和所比之事，二者之間不但理類上必有相合之處，而且要愈切合愈足以表現詩人的思力。所以説『附理者，切類以指事』。」（國文月刊第三十四期）

〔五〕斠詮：「案比例本謂相比擬之例式也。東觀漢紀鮑昱傳：『比例輕重，非其事類，錯雜難知。』此處猶言『比體』，作比之例式解。」「例」，體例。

郭紹虞、王文生論比興：「在劉勰看來，比不是簡單的比喻，而是一種比附事理的方法。……他把興説成是『激發感情』，但不是簡單的『託事於物』，而是『觸物以起情，節取以託意』（黄侃札記），既通過接觸事物來激發感情，又選取事物某一方面作突出描寫來寄託思想。劉勰認爲比興關係到内容與形式兩個方面，它是貫穿藝術創作過程的思維方法，也是一種表現方法。劉勰對比興的闡述主要是繼承鄭衆的傳統，但又有着明顯的巨大的發展。」（文學評論一九七八年第四期）

〔六〕「蓄」本作「畜」。校注：「按『畜』當作『蓄』，音之誤也。説文艸部：『蓄，積也。』又田部：『畜，田畜也。』是二字意義各别。情采篇：『蓋風雅之興，志思蓄憤。』尤爲切證。何本、梁本、别解本、岡本、尚古本、王本、鄭藏鈔本、崇文本作『蓄』，不誤。……當據改。」

考異：「通志六書略：『蓄，通作畜。畜有數音，昌六反音觸，喜郁反音緒。』後人取緒音常作蓄。」「斥言」，指斥而言。後漢書蔡邕傳贊：「斥言金商，南徂北徙。」注：「謂對事於金商門，指斥而言無隱諱也。」

黄海章續文心短論：「可貴的，是指出『比則蓄憤以斥言』和鄭玄『見今之失，不敢斥言，取比類以言之』的説法，恰好成一個鮮明的對比。鄭玄的態度是軟弱的，没有什麽反抗性的，而劉勰一則説『蓄憤』，再則説『斥言』。作者胸中所蓄積的無窮的悲憤，到了不能遏止的時候，才借詩歌盡情傾注出來，敢於對統治者大聲斥責。如碩鼠是人民群衆憤怒的呼聲。何草不黄是征人憤怒的呼聲，這種『蓄憤斥言』的詩歌，發展到杜甫、白居易，便達到了高度。而這種理論，發展到李贄，更達到了高峰。」（中山大學學報一九六三年第四期）

情采篇：「風雅之興，志思蓄憤，而吟咏情性以諷其上。此爲情而造文也。」如曹植贈白馬王彪詩：「鴟梟鳴衡軛，豺狼當路衢。」借鴟梟豺狼，來比喻離間他們兄弟的小人，加以嚴厲的咒詛，就是「比則蓄憤以斥言」的一種顯例。

李贄雜説：「且夫世之真能文者，比其初皆非有意於爲文也。其胸中有如許無狀可怪之事，其喉間有如許欲吐而不敢吐之物，其口頭又時時有許多欲語而莫可所以告語之處，蓄極積久，勢不能遏。一旦見景生情，觸目興嘆；奪他人之酒杯，澆自己之壘塊；訴心中之不平，感數奇於千載。」（李氏焚書卷三）這是説明爲什麽要「蓄憤斥言」。

〔七〕校證：「『寄』原作『記』，王惟儉本、徐校本、梅六次本、張松孫本作『託』，張之象本作『寄』。案作『寄』是，『寄』以音近譌爲『記』，『記』又以形近改爲『託』耳。」校注：「按『記諷』不辭，『寄』字亦誤。當作『託』爲是。此云『託諷』，下云『託喻』，其意一也。漢書叙傳下司馬相如傳述：『寓言淫麗，託風（顔注：「風讀曰諷。」）終始。』文選顔延之五君詠：『寓辭類託諷。』並以託諷連文。（史通序傳篇亦有「或託諷以見其情」語）訓故本作『託』，未誤，當據改。「環譬」，迴環譬喻，而不直言。

詩大序孔疏：「賦云鋪陳今之政教善惡，其言通正變，兼美刺也。……其實美刺俱有比興者也。」（毛詩正義卷一）郭紹虞、王文生論比興：「孔穎達的意思是説，在文學創作中，往往是賦、比、興三法同時並用，並不象鄭玄所説只有刺詩用比，頌詩用興。鄭玄的機械分類，顯然不符合文藝創作的實際。」

沈巖録何焯旁批：「二語亦兼採康成之意，然不以美刺分，便圓活不滯。」

何焯鈍吟雜録評：「千古區分比興二字，莫善於文心雕龍。比興篇云：『比者，附也；興者，起也。……比則蓄憤以斥言，興則環譬以託諷。』較之康成，尤圓通不滯。」（卷四）

黄海章續文心短論：「『興則環譬以託諷』，即委婉譬喻，以寄其諷刺之思。和『蓄憤斥言』的表現手法有所不同。他以『比顯而興隱』，所以諷刺之意就要隱約以求，如黄鳥之詩，是對三良的哀悼，也是對秦穆公用賢人來殉葬的諷刺。劉勰指出興的諷刺作用，來反對南朝風雲月露之詞，是有着進步意義的。」

王運熙談中國古代文論中的比興説：「劉勰又云：『比則畜憤以斥言，興則環譬以托諷。』把比興同詩的内容聯繫起來，似乎同鄭玄之説相近，實則不然。劉勰這兩句話不是在爲比興意義下解説，而是在講了意義後進一步指出比興可以發生的作用。『畜憤斥言』，可以是比發生的作用，但詩中的比不一定都是『畜憤斥言』，比興篇中所舉比的例子，如詩經中的『金錫以喻明德，珪璋以譬秀民』，就不是什麽『畜憤斥言』，至於所舉辭賦中的一些例子，就更是純屬表現技巧的範圍了。所以……劉勰對比興意義的解釋屬於鄭衆、孔穎達、朱熹這一派。」（文藝論叢第四輯）

按：當内心蓄積了憤激之情的時候，用比喻直斥統治者，如「碩鼠碩鼠，勿食我黍」就是。下面説：「興之託喻，婉而成章。」可見劉勰認爲興可以起譬喻的作用，不過這種譬喻是利用委婉迴環的方式，來寄託諷刺之情。象焦仲卿妻就是利用「孔雀東南飛」來寄托對婚姻悲劇的諷刺的。可惜劉勰在比興篇所舉起興的例子没能説明問題。

朱星文心雕龍的修辭論：「劉氏分析很好，但用詞上有些地方容易引人誤會。如興之託喻環譬，好似與比無别。其實興也有些比義，但主要不在比上，所以當説二者都是雙綫條的，有主有從：比則被喻者是主，而喻是從；興則被興者是主，興是從。」

又：「比興所不同者，比則主從不同物而同德性，興則主從不同物又不同德性。比則主從關係密，興則主從關係疏；比則主從對面相照，興則主從前後相隨，從作前導；比明顯容易懂，興隱不易爲人注意。其實比興界限很清楚。如『關關雎鳩』引起男女相戀，雎鳩也有一些比義。『蒹葭蒼蒼』，引起懷念伊人，蒹葭則毫無比義。這是興。……劉氏對興未加分析

（其實也可分爲二種：一種是純粹的，如「蒹葭蒼蒼」，一種是興而兼比的，如「關關雎鳩」）。」

〔八〕斯波六郎：「周易隨象：『隨時之義大矣哉。』」詩人根據周易的凡事隨時變化並非一律的教義，修辭有着運用比興的兩種不同的主觀要求，有時用比，有時用興，完全根據具體需要，由詩人主觀上及時作出決定。

黎錦熙修辭學比興篇：（本篇下引黎氏語皆同此）：「以上定比興的界説。」

札記：「彦和辨比興之分，最爲明晰。一曰起情與附理，二曰斥言與環譬，介畫憭然，妙得先鄭之意矣。」范注：「謹案師説固得，然彦和解比興，實亦兼用後鄭説。」

以上爲第一段，論比興的意義、特點和作用。

觀夫興之託諭〔一〕，婉而成章〔二〕；稱名也小，取類也大〔三〕。「關雎」有别，故后妃方德〔四〕；尸鳩貞一，故夫人象義〔五〕。義取其貞，無從於夷禽〔六〕；德貴其别，不嫌於鷙鳥〔七〕。明而未融〔八〕，故發注而後見也〔九〕。

〔一〕「諭」字，圖書集成本作「喻」，是。「託喻」謂託物喻意。

文鏡秘府論六義：「四曰興。皎曰：『興者，立象於前，後以人事諭之，關雎之類是也。』」王云：『興者，指物及（文筆眼心抄作「反」）比其身説之爲興，蓋託諭謂之興也。』」

〔二〕左傳成公十四年：「春秋之稱，微而顯，志而晦，婉而成章，盡而不汙，懲惡而勸善。」杜注：

「婉，曲也。謂曲屈其辭，有所辟諱，以示大順，而成篇章。」

斠詮：「蓋興體不從正意描寫，往往就他物之與正義相符者，曲譬妙喻，以託諷者也。故曰『婉而成章』。」

羅大經鶴林玉露：「詩莫高乎興，聖人言語亦有專是興者，如『逝者如斯夫，不捨晝夜』，『山梁雌雉，時哉時哉』，無非興也。特不曾隱括叶韻爾。蓋興者因物感觸，言在於此，而意寄於彼，體會乃識，非若比賦之直言其事。故興多兼比賦，而比賦不兼興，古詩皆然。」

〔三〕校注：「按易繫辭下：『其稱名也小，其取類也大。』韓注：『託象以明義，因小以喻大。』」

孔疏：「『其稱名也小』者，言易辭所稱物名多細小，若見豕負塗噬臘肉之屬，是其辭碎小也。『其取類也大』者，言雖是小物，而比喻大事，是所取義類而廣大也。」

王元化釋比興篇「擬容取心」說（附釋二）：「首先把繫辭下這句話運用於文學領域的是司馬遷，他評述離騷說：『其稱文小而其旨極大，舉類邇而見義遠。』（按此屈原列傳文）這一說法當也給與劉勰一定影響。」（文心雕龍創作論）

楊明照文心雕龍研究中值得商榷的幾個問題：「『稱名也小，取類也大』，劉勰是借用周易繫辭下的語句來説明『興』的表現手法的。它的確切注脚，即下文所説的『關雎有别……夫人象義』。『稱名也小』，指『關雎有别』、『尸鳩貞一』二句；『取類也大』，指『故后妃方德』、『故夫人象義』二句。這幾句的意思，只是説詩人使用『興』的手法是因小以喻大。」（文史第

五輯）

「名」，名物。「稱」，舉也。「稱名也小，取類也大」，就是説，可以通過對少量事物的描繪，概括較爲深廣的内容。

〔四〕黄注：「詩小序：關雎，后妃之德也。」「后妃方德」，謂比方后妃之德。

毛傳：「興也。關關，和聲也，雎鳩，王雎也，鳥摯而有别。水中可居者曰洲。后妃説樂君子之德，無不和諧，又不淫其色，慎固幽深，若關雎之有别焉，然後可以風化天下。夫婦有别，則父子親；父子親則君臣敬；君臣敬則朝廷正；朝廷正則王化成。」

鄭箋：「摯之言至也；謂王雎之鳥雌雄情意至，然而有别。」

朱熹詩集傳關雎篇説：「周之文王，生有聖德，又得聖女姒氏以爲之配，宫中之人於其始至，見其有幽閒貞静之德，故作是詩。言彼關關然之雎鳩，則相與和鳴於河洲之上矣；此窈窕之淑女，則豈非君子之善匹乎？言其相與和樂而恭敬，亦若雎鳩之情摯而有别也。後凡言『興』者，其文意皆放此。」

鄭樵六經奥論：「『關關雎鳩』……是作詩者一時之興，所見在是，不謀而感於心也。凡興者，所見在此，所得在彼，不可以事類推，不可以義理求也。『興』在鴛鴦，則『鴛鴦在梁』，可以美后妃也；『興』在鳲鳩，則『鳲鳩在桑』，可以美后妃也。『興』在黄鳥，在桑扈，則『緜蠻黄鳥』，『交交桑扈』可以美后妃也。如必曰關雎，然後可以美后妃，他無預焉，不可以語詩也。」

黎錦熙：「毛傳既標作『興也』，而所下的解釋實是説比。興和比是向來没有明確的界限的，而且全部毛傳有興無比，似乎六義之比就包含在興之中。劉勰對於『毛公述傳，獨標興體』這件事没有辦法，只好説『比顯而興隱』，若問究竟怎樣纔叫做隱呢？説來説去……歸根一句話：『興之託諭』是要『發注而後見』的。……總之，『比』『興』兩義，不是全不相干，只是着重在興；興中不妨有比。大抵觸景生情，其情必有與景相關之點；感物興懷，其物必有與懷相印之端：此相關之點與相印之端，大半由於類似，所以興中有比，有時非比不興，性所比者或偏畸而不全，或朦朧而難晰；劉勰所謂『起情者依微以擬議』，又曰『明而未融』，用釋『興隱』之義，亦非全無道理。即如洲上雎鳩共處，加以關關的鳴聲，至少可以比配偶的相得而和樂。詩人偶見，遂興此感；或覩愛人，憶以爲喻。」

〔五〕黄注：「詩小序：『鵲巢，夫人之德也。國君積行累功以致爵位，夫人起家而居有之，德如鳲鳩，乃可以配焉。』」

鄭箋：「鵲之作巢，冬至架之，至春乃成，猶國君積行累功，故以興焉。興者，鳲鳩因鵲成巢而居有之，而有均壹之德，猶國君夫人來嫁，居君子之室，德亦然。」

札記：「召南毛傳云：『鳩，鳲鳩，秸鞠也。鳲鳩不自爲巢，居鵲之成巢。』曹風傳云：『鳲鳩之養其子，朝從上下，暮從下上，平均如一。』爾雅注云：今布穀也，江東呼穫穀。」「夫人象義」，謂象徵夫人之義。

校注：「按詩曹風鳲鳩：『鳲鳩在桑，其子七兮，淑人君子，其儀一兮。』如訓故本，是舍人此文所指，爲曹風之鳲鳩矣（王氏注即引曹風鳲鳩）。然元明各本皆作『夫人象義』，則所指乃召南之鵲巢。上云『后妃方德』，此云『夫人象義』，正相匹對。王本作『淑人』嫌泛，非也。」

〔六〕「夷」字，圖書集成本作「彝」。札記：「『從』當爲『疑』字之誤。」

講疏：「案國策秦策注曰：『從，合也。』義取其貞，無從於夷禽，猶言僅取貞義，非謂與夷禽（夷禽，常禽也，謂鳲鳩）合德也。」

綴補：「案『從』讀爲『縱』，說文：『縱，一曰捨也。』『無從』猶言『無捨』，似無煩改字。」

校注：「按『從』，讀曰『縱』。說文糸部：『縱，緩也；一曰捨也。』（後漢書譙玄傳注：『縱，捨也。』）夷，常也。『無從於夷禽』，言常禽如鳲鳩亦可歌詠，而不捨棄也。」

〔七〕范注：「家語好生篇：『孔子曰：小辯害義，小言破道。關雎興於鳥而君子美之，取其雌雄之有別；鹿鳴興於獸而君子大之，取其得食而相呼。若以鳥獸之名嫌之，固不可行也。』……但有一端之相似，即可取以爲興，雖鳥獸之名無嫌也。釋皎然詩式曰：『取象曰比，取義曰興。』」

札記：「釋文：『摯本亦作鷙。』陸璣疏云：『雎鳩，大小如鴟，深目，目上骨露，幽州人謂之鷲。』而揚雄、許慎皆曰：『白鷹似鷹，尾上白。』」「鷙鳥」，凶猛的鳥。邵晉涵爾雅正義：「雎鳩，魚鷹也。」

〔八〕斯波六郎：「春秋左氏傳昭公五年：『明夷之謙，明而未融，其當旦乎。』杜注：『融，朗也。』」孔疏：「融是大明，故爲朗也。」

〔九〕斠詮：「蓋興體之表出，僅以二三言爲發端，而目的則在烘託正義，非加訓釋，不易曉識也。故曰『明而未融，故發注而後見也』。」

札記：「夫柏舟命篇，邶、鄘兩見。然邶詩以喻仁人之不用，鄘詩以譬女子之有常。杕杜之目，風雅兼存，而小雅以譬得時，唐風以哀孤立，此物同而感異也。『九罭』『鱒魴』，『鴻飛遵渚』，二事絕殊，而皆以喻文公之失所。『牂羊墳首』，『三星在罶』，兩言不類，而皆以傷周道之陵夷。此事異而情同也。夫其取義差在毫釐，會情在乎幽隱，自非受之師說，焉得以意推尋。彦和謂明而未融，發注後見；沖遠謂毛公特言，爲其理隱：誠諦論也。」

劉師培論文雜記第二十一：「毛氏釋獨標興體，則以興體難知，非解不明，若比賦二體，讀詩者皆可知之，無俟贅述也。若朱傳則兼標三體，且誤以興爲比。」

黎錦熙：「以上論詩人之興。」又：「若用純文學的眼光看來，所謂興義有三：一曰興兼比；取象粗似，並『不求肖』，或緣『聯想』，『偏畸不全』，上舉例解，皆屬此義。二曰『興不兼比』，專『求辭洽』，遂『如襲來』（興起只是「襲來」一個冒頭，「洽」着幾隻韻脚而已）。南飛孔雀，寧涉惡姑？（顧頡剛寫歌雜記云：「如『孔雀東南飛，五里一徘徊』，原與下邊的『十四能織素……』一點没關係。……詩人原只要說『窈窕淑女，君子好逑』，但嫌太平調了，所以先說一句『關關雎鳩，在河之洲』，它的重要的意義，只在洲、逑的協韻。」）三曰『興却兼賦』：舟在河中，杕生道左，若不發注，安知非賦？日照九州，興即賦耳（歌謡云：「太陽一出照九州，幾多歡樂幾多愁？幾家夫婦同羅帳，幾家飄零在外頭？」自是晨起即景興感耳）。……已上三義，究屬何義，惟彼作者，乃能自知。所謂『理隱』，即不可知。不可知者，何必『緣飾』？必『緣飾』者，正爲説經，『經則有義，乃增緣飾』，前已言之。今論修辭，當知興者，只是『興起』，『以意逆志』，三義皆通，各憑主觀，自由説解，去泰去甚，期通情理，不須執著，亦毋庸非難也（毛傳只言「興」而不言「比」，其理極易知，因爲興可包比……）。」

且何謂爲比？蓋寫物以附意〔一〕，颺言以切事者也〔二〕。故金錫以喻明德〔三〕，珪璋以譬秀民〔四〕，螟蛉以類教誨〔五〕，蜩螗以寫號呼〔六〕，澣衣以擬心憂〔七〕，卷席以方志固〔八〕，凡斯切象，皆比義也〔九〕。

〔一〕范注：「『意』，鈴木云：疑當作『理』。」明郭子章喻林序：「詩有六義，其三曰比。言之貴喻，上矣。……靡不託物以附意，颺言以切事。」（卷首）

考異：「意指理之所歸。切事附意而後理得，故上文言附理，此言附意也。鈴校非。」

〔二〕尚書益稷：「皋陶拜手稽首颺言。」傳：「大言而疾曰颺。」正義：「颺聲大言。」

左傳昭公二十八年：「子少不颺。」杜注：「顔貌不揚顯。」時序篇：「颺言讚時。」「颺言」，明顯之言，本篇「颺言」義同，承上文「比顯」說。「切事」，切合事理，下文言比「以切至爲貴」。郭紹虞、王文生論比興：「『寫物以附意，颺言以切事』，也就是通過描寫事物的形象來顯示意義，用夸張的語言來突出事理。」

〔三〕梅注：「淇奧詩：有斐君子，如金如錫。」范注：「詩衛風淇奧：『瞻彼淇奥，綠竹如簀，有匪君子，如金如錫，如圭如璧。』毛傳曰：『金錫練而精，圭璧性有質。』」黎錦熙：「毛傳云云，說得欠明瞭。朱集傳把句子改了一改，就很有意思：『金錫言其鍛煉之精純，圭璧言其性質之溫潤。』文心雕龍云：『金錫以喻明德。』（後來錫賤了，又易鎔化，現在不可再拿來比君子之德。）究竟詩人本意是否比『德』，却還可疑；也許是比他身分的尊貴和隆重，看本詩下四句（寬兮綽兮，猗重較兮，善戲謔兮，不爲虐兮）便可證明。」斯波六郎：「周易晉象：『君子以自昭明德。』」大學：「大學之道，在明明德。」正義謂「明德」爲「光明之德」，即美德。

〔四〕梅注：「詩大雅卷阿序曰：『卷阿，召康公戒成王也，言求賢用吉士也。』其第十一章曰：『顒顒卬卬，如圭如璋，令聞令望，豈弟君子，四方爲綱。』箋云：『王有賢臣，與之以禮義相切磋，體貌則顒顒然敬順，志氣卬卬然高朗，如玉之圭璋也。』」黎錦熙：「圭（珪）是王者拿來封諸侯的瑞玉，瑞即信的意思（猶今委任狀），其制有上圓下方的，有上銳下方的（取法於天圓地方之意）；璋就是半圭。毛傳：『顒顒，溫貌；卬卬，盛貌。』君子的儀容，溫溫和和的而又昂昂然，這只有古代貴族們雙手捧着的這種尊貴的瑞玉好作比喻了。鄭箋云云，橫加『切磋』之義，已覺有些蛇足。至於魏徐幹中論引此詩而解説云：『舉圭璋以喻其德，貴不變也。』朱集傳：『顒顒、卬卬，尊嚴也；如圭如璋，純潔也。』這都是離開『顒顒卬卬』來解釋這個比喻的，就不能不各隨己意在圭璋上找出『不變』和『純潔』等屬性來。文心雕龍云『圭璋以譬秀民』，『秀民』字見斟酌，因而爾雅説：『顒顒卬卬，君之德也。』但小序説這篇詩是『召康公戒成王也，言求賢用吉士也』。劉氏的『秀民』，大約是根據『賢』和『吉士』説的。」

斠詮：「秀民，民之秀出者也，見國語齊語『其秀民之能爲士者必是賴也』句韋注。」

〔五〕梅注：「小宛詩：『螟蛉有子，蜾蠃負之，教誨爾子，式穀似之。』箋曰：『蒲盧取桑蟲之子，負持而去，煦嫗養之以成其子，喻有萬民不能治，則能治者將得之。』」

黎錦熙：「毛傳：『螟蛉，桑蟲也。』（爾雅同。陸璣云：「桑上小青蟲。」）蜾蠃，蒲盧也。（爾雅同，説文引作「蝠蠃」云：「細腰蜂也。」）……依鄭箋：『式，用；穀，善也。』朱集傳：『螟蛉有子，則用善而似之可也。』方玉潤説爲『反跌下文』云：『螟蛉之子，尚且相類；況爾親生，獨不能相肖乎！』都不近情理。至於鄭箋説是『喻有萬民不能治，則能治者將得之。……今有教誨女之萬民用善道者，亦似蒲盧言將得而子也。』是拘泥小序而生出來的曲解。文心雕龍云：『螟蛉以類教誨。』現在『螟蛉』即用爲『養子』的稱呼，成隱喻的常語。」

釋文：「螟蛉，俗謂之桑螟，一名戎女，即細腰蜂。」

黄注：「揚子法言：『螟蛉之子，殪而逢蜾蠃，祝之曰：類我，類我，久則肖之矣。』」（按此見學行篇）

〔六〕札記：「大雅蕩傳云：『蜩，蟬；螗，蝘也。』箋云：『飲酒號呼之聲，如蜩螗之鳴。』」大雅蕩：「靡明靡晦，式號式呼，俾晝作夜。文王曰：咨！咨爾殷商，如蜩如螗，如沸如羹。」陳奐云：「螗，蟬之大者，析言之也。」黎錦熙：「鄭箋承上章説，蜩螗沸羹，是比鬧酒。方玉潤解釋説：『沈湎於酒，縱淫無度。……以故朝政無大無小，悉近喪亡。則夫人情怨亂，咨嗟嘆息，不啻如蟬之鳴，如羹之沸，無時能静，無地能清也。』大抵這兩句詩的比喻，是就上下文所賦而渾舉之，統指當時政象和社會情狀，所謂『亂七八糟，一塌糊塗』而已。現在普通文言中，已把『蜩螗沸羹』作了這樣的隱喻。」馬瑞辰毛詩傳箋通釋：「謂時人悲嘆之聲，如蜩螗之鳴。」

〔七〕梅注：「邶風柏舟詩：『心之憂矣，如匪澣衣。』」傳曰：「如衣之不澣矣。」箋云：「衣之不澣，則潰辱無照察。」黎錦熙：「匪澣衣是身上没有洗濯的骯髒衣服，拿來比喻發愁時説不出來的心象。文心雕龍『澣衣以寫心憂』，未免辭害意。」劉勰爲求文句對仗，「澣衣」省去「匪」字。

〔八〕校證：「『卷席』原作『席卷』。」校注：「『席卷』……按元本、弘治本、活字本、佘本、張本、兩京本、胡本、四庫本亦並作『卷席』……是也。上云『澣衣』，此云『卷席』，文始相儷。」梅注：「邶風柏舟……又云：『我心匪席，不可卷也。』」范注：「詩邶風柏舟：『我心匪石，不可轉也，我心匪席，不可卷也。』箋云：『言己心志堅平，過於石席。』」黎錦熙：「且爲比者，非必正言。語屬否決，意實比喻，則無比辭，實同於有。柏舟云云，毛傳：『石雖堅，尚可轉；席雖平，尚可卷。』文心雕龍『席卷以方志固』，這句法是屬於第（三）條（先言通則，結以比例）的。」陳啓源毛詩稽古編總詁舉要六義：「毛公獨標興體，朱子兼明比賦，然朱子所列爲比者，多是興耳。比興雖皆託喻，但興隱而比顯，興婉而比直，興廣而比狹。劉舍人論比體，以『金錫』、『圭璋』、『澣衣』、『席卷』之類當之。然則比者以彼况此，猶文之譬喻，與興絶不相似也。」

〔九〕黎錦熙：「謂所比是抽象的情德。」「切象」猶上文「取類」「切類」，即取譬之意。莊適注：「案上文所舉諸例，皆取物寓意者也。」

至如「麻衣如雪」〔一〕，「兩驂如舞」〔二〕：若斯之類，皆比類者也〔三〕。

〔一〕范注：「詩曹風蜉蝣：『蜉蝣掘閲，麻衣如雪。』傳曰：『如雪，言鮮絜。』」黎錦熙：「胡承珙曰：『古者布衣皆謂之麻衣……如雪者，見其功之至精。』依普通的眼光看來，雪比麻衣，自只重在牠的屬性『白』，但因這篇詩依小序説是『刺奢也』，毛傳謂蜉蝣早生夕死，猶有羽翼，以自修飾，以見曹國雖貧，而衣服還講究漂亮，故比白倒不在乎，而『鮮潔』和『精緻』的意思，卻不能不在『雪』的屬性裏特提出來，作這比喻的解釋，以符序意。」

〔二〕范注：「詩鄭風大叔于田：『大叔于田，乘乘馬，執轡如組，兩驂如舞。』正義曰：『兩驂之馬，與兩服馬和諧，如人舞者之中於樂也。』」黎錦熙：「四匹馬中央駕轅的叫兩服；在旁的叫兩驂。四馬一齊往前跑，兩驂更起勁，象和着音樂的跳舞似的。」

〔三〕范注：「此所舉兩例，皆取事物以比形狀，與上所云比義者略殊。」

林東海說興象：「所說的『比類』和『比義』，就是明喻和隱喻，指的是修辭手法，即陳望道修辭學發凡中所說的『積極修辭』。這種修辭借助事物的具體形象，逭用富於感性因素的語言，來表達思想感情。」（文學評論叢刊第一輯）

黎錦熙：「以上論詩人之比（分爲「意義」與「事類」兩大宗）。」

黃春貴文心雕龍之創作論：「所謂比義者，取外物以比義理，有說明之作用。所謂比類者，取外物以比狀態，有形容之作用。

「夫義理之難知者不能說，即以易知者說明之；義理之抽象者不能說，則以具體者說明之。墨子小取篇曰：『譬也者，舉他物而以明之也。』王符潛夫論釋難篇曰：『夫譬喻也者，生於直告之不明，故假物之然否以彰之。』凡此皆指比有說明之作用。……

「比既有說明之作用，故用於論說，極易得人首肯，用於辯難，更易使人心服矣。試觀戰國策中游說之士，孰不以設喻見長？即孟子書中辯論之語，亦皆以譬喻勝人，如五十步與百步之喻，舉一隅與見輿薪之喻，折枝與挾太山之喻，兩兩相比，義理自顯。」

按：用具體形象來比抽象的品德，叫作「比義」，如「金錫以喻明德」就是；也可以把具體的事物只取其類似的某一點來相比，叫作「比類」，象「麻衣如雪」就是。這種類比的手法，可以應用於多方面：「或喻於聲，或方於貌，或擬於心，或譬於事。」

楚襄信讒〔一〕，而三閭忠烈〔二〕，依詩製騷，諷兼比興〔三〕。炎漢雖盛，而辭人夸毗〔四〕，諷刺道喪〔五〕，故興義銷亡〔六〕。於是賦頌先鳴〔七〕，故比體雲構〔八〕；紛紜雜遝〔九〕，信舊章矣〔一〇〕。

〔一〕校證：「『楚襄』原作『襄楚』，梅六次本，張松孫本改作『哀楚』。馮校云：『襄楚當作楚襄。』何校本、黃注本作『楚襄』，今從之。班固離騷贊序：『至於襄王，復用讒言，逐屈原在野。又作九章賦以風諫。』此彥和所本。」

考異：「哀楚對下炎漢，從哀是。」

〔二〕「三閭」，屈原爲三閭大夫，主管昭、屈、景三家貴族的事。

〔三〕札記：「王逸楚辭章句離騷序云：『離騷之文，依詩取興，引類譬喻，故善鳥香草以配忠貞，惡禽臭物以比讒佞，靈修美人以配於君，宓妃佚女以譬賢臣，虬龍鸞鳳以託君子，飄風雲霓以喻小人。』案離騷諸言草木，比物託事，二者兼而有之。故曰『諷兼比興』也。」范注：「辨騷篇曰：『虬龍以喻君子，雲蜺以譬讒邪，比興之義也。』諷兼比興，『諷』當作『風』。楚騷，楚風也。」

楊明照文心雕龍范注舉正：「『諷』字不誤。漢書藝文志詩賦略：『楚臣屈原，離騷愛國，作賦以風（顏注：「風讀曰諷。」），有惻隱古詩之義。』（王逸楚辭章句離騷序：「離騷之文，依詩取興，引類譬喻。」又後序：「屈原履忠被譖，憂悲愁思，獨依詩人之義，而作離騷，上以諷諫，下以自慰。」即其義也。）下文『炎漢雖盛，而辭人夸毗，詩刺道喪，故興義銷亡』，正承此而言，若改作『風』，則不諧矣。」

斯波六郎：「今更以彥和自身之言求之，以補足楊氏之説。辨騷第五云：『譏桀、紂之猖披，傷羿、澆之顛隕，規諷之旨也。』明詩第六云『逮楚國諷怨，離騷爲刺』皆足證此文『諷』字之正解。」

胡念貽論賦比興：「屈原詩中的這種比喻，不是通過章首起興的句式來表現，按説不應該和興相混。後世稱之爲比興，是從文心雕龍而來。……比興篇比和興是分述的，這裏却合而言之。既然楚辭是『諷兼比興』，把它的比喻稱爲『比興』，似乎就有了根據了。然而它和詩經中的『興兼比』完全不同。劉勰爲什麼説它『諷兼比興』呢？是根據王逸楚辭章句。這裏（王逸）所説的『依詩取興』，是來自漢代經師講詩經『興義』的穿鑿附會之説。」（文學評論叢刊第一輯）

〔四〕范注：「詩大雅板傳曰：『夸毗，體柔人也。』正義引李巡曰：『屈己卑身求得於人曰體柔。』」

爾雅釋訓：「夸毗，體柔也。」郭注：「夸毗，屈己卑身，以柔順人也。」此類辭人，當以枚臯、王褒爲代表。漢書枚臯傳稱臯「詼笑類俳倡，爲賦頌，好嫚戲，以故得媟黷貴幸」。武帝出遊，臯便從行，每受詔作賦，「曲隨其事」，皆得帝意。漢書王褒傳稱：「宣帝時修武帝故事……上數從褒等放獵，所幸宫館，輒爲歌頌……議者多以爲淫麗不急。……後太子體不安，詔使褒等皆之太子宫，朝夕誦讀奇文及所自造作……太子喜褒所爲甘泉及洞簫頌，令後宫貴人左右皆誦讀之。」

〔五〕校證：「『諷』原作『詩』，曹學佺曰：『詩，當作諷，興起乎風，比近乎賦，興義銷亡，故風氣愈下。』按曹説是。王惟儉本正作『諷』，譚校亦作『諷』，今據改。」范注：「詩刺，當作諷刺。」斯波六郎：「案『詩刺』謂詩人之諷刺，不必改爲『諷刺』。依上文言『依詩製騷』，下文言『倍舊章矣』可知。……又關於詩刺字之用例，見奏啓第二十三之『詩刺讒人』。」考異：「『詩』字承上依詩句而言。疑當作『諷刺』者，誤以與『興義銷亡』句相偶也。然此文宜四句一氣讀，均兩用『故』字，上言『詩刺』，下言『比體』，所以説明炎漢雖盛，而辭人夸毗也。范注非。」

〔六〕校注：「按漢書藝文志：『楚臣屈原，離讒憂國，皆作賦以風，咸有惻隱古詩之義，其後宋玉、唐勒，漢興，枚乘、司馬相如下及揚子雲，競爲侈麗閎衍之詞，没其風諭之義。』足與舍人此文相發。」莊適注：「漢時詩中偶有興體，賦頌則無之。」

王季思説比興：「詩中用興，在漢魏樂府，還時常可以見到。齊梁以下，便少見了。倒是民間歌謡裏，直到現在，還很普遍地運用着。文心雕龍比興篇以爲『炎漢雖盛，而辭人夸毗，詩刺道喪，故興義銷亡』。范文瀾文心雕龍注（按應作講疏）以爲『興之爲義，觸物起感，寄託無端，不特使讀者莫測吾意之所在，即作文之人，境遷事過，自讀恐亦不能全憭，至於比之爲用，可明難言之意，可寫難狀之形，故後世作者多用比而罕用興也。』雖似言之成理，但我以後人詩中所以少見興義，實由下述三個原因：後人作詩，往往先有主題，再事思索，所以出於用心苦吟者多，得之自然觸發者少，此其一。齊梁以後，聲律之説漸行，繩墨之來愈嚴，自然之趣愈少，此其二。還有一點，是齊梁以後人論詩，每喜摘一二句來批評；作者也往往有了中間或末尾的句子，再湊成全篇的。……即使初成之句，實係觸興而得，而因爲不在篇首，讀者自然也不把它當作興了。如謝靈運的『池塘生春草，園柳變鳴禽』，杜甫的『無邊落木蕭蕭下，不盡長江滚滚來』，便是篇中之興。李白的『相思黄葉落，白露點蒼苔』，李長吉的『昨日菖蒲花，今朝楓樹老』，便是篇末之興。」（國文月刊第三十四期）

白居易與元九書：「噫，風雪花草之初，三百篇豈捨之乎？顧所用何如耳。設如『北風其涼』，假風以刺威虐也；『雨雪霏霏』，因雪以愍徵役也。……皆興發於此，而義歸於彼，反是者可乎哉？然則『餘霞散成綺，澄江静如練』，『歸花先委露，别葉驟辭風』之什，麗則麗矣，吾不知其所諷焉。故僕所謂『嘲風月，弄花草』而已。」

黄叔琳評：「非特興義銷亡，即比體亦與三百篇中之比差別。大體是賦中之比，循聲逐影，擬諸形容，如鶴鳴之陳誨，鴟鴞之諷諭也。」

朱星文心雕龍的修辭論：「詩騷是賦比興都有，到漢賦只有賦比，而興逐漸銷亡了。但在五言詩中興還是被廣泛運用，並未銷亡。如古詩十九首『青青陵上柏，磊磊澗中石，人生天地間，忽如遠行客』，首二句是興，第四句是比，第三句是賦。又如『冉冉孤生竹，結根太山阿；與君爲新婚，兔絲附女蘿』，首二句是興，第四句是比，第三句是賦。把賦比興連在一起，可説是修辭的一種新發展。」

斟詮：「良由漢賦鋪陳夸飾，直比事類，雖間有興義之句，但隱於『紛紜雜遝』之辭，漸至『日用乎比，月忘乎興，習小而棄大，所以文謝於周人也』。」

〔七〕斯波六郎：「春秋左氏傳襄公二十一年：『然臣不敏，平陰之役，先二子鳴。』杜注：『十八年晉伐齊及平陰，州綽獲殖綽、郭最，故自比於鷄鬭勝而先鳴也。』離騷：『恐鵜鴂之先鳴。』此處喻辭賦儘先出現。

〔八〕范注：「『故比體雲構』，『故』字疑衍。」「雲」喻盛。「構」，製作。「雲構」謂風起雲涌。

〔九〕「雜遝」，雜亂衆多。

〔一〇〕范注：「『信』當作倍，倍即背也。」校證：「案舊章謂漢以來賦頌，『信舊章矣』猶言『由來久矣』。詮賦篇：『信興楚而盛漢矣。』雜文篇『信獨拔而偉麗矣』，議對篇『信有徵矣』，句法與此同，范説未可從。」

詩大雅嘉樂：「不愆不忘，率由舊章。」此處「舊章」指舊有章法。

斠詮：「舊章乃指屈原依詩而製之騷體，而漢人賦頌，比體雲構，興義銷亡，故云倍舊章。觀於下文『辭賦用比忘興，習小棄大，所以文謝於周人』云云，正蒙此『倍舊章』之語而言。細審上下文意，顯而易見。若如王説，解『信舊章矣』爲由來久矣，文頗難通。」

牟注：「文心雕龍全書無『背』字，正緯篇説：『經正緯奇，倍擿千里。』『倍』即用背意。」

考異：「范注疑作倍者，因上有『炎漢雖盛，而辭人夸毗』，又興義銷亡，比體遝雜，是反乎舊章也。故疑作『倍』，義自可通。但王校云云，指舊章爲漢以來賦頌之體，誤一。『信舊章』之『信』，解作誠然是舊章之是從，則與上諸句不協，誤二。再引詮賦篇『信』字句與此句法相同，則自『炎漢雖盛』，至『舊章矣』，概不可通，誤三。」

文心雕龍講疏：「彦和以『興』名篇，而文中所言，側重於比。至於比之爲用，可明難言之意，可寫難狀之形，故後世作者多用比而罕用興也。」又曰：「漢代辭人，專志賦頌……藻采多而情感薄，故罕見興義。」

以上爲第二段，從詩經中舉例説明比興之並用，楚辭也繼承這個傳統，但漢以後，興亡而比盛。

夫比之爲義，取類不常：或喻於聲，或方於貌，或擬於心，或譬於事〔一〕。宋玉高唐云：「纖條悲鳴，聲似竽籟〔二〕。」此比聲之類也〔三〕。枚乘菟園云〔四〕：「焱焱紛紛〔五〕，若塵埃之間白雲。」此則比貌之類也〔六〕。賈生鵩鳥云：「禍之與福，何異糾纆？」〔七〕此以物比理者也。王褒洞簫云：「優柔温潤，如慈父之畜子也。」〔八〕此以聲比心者也。

〔一〕黄春貴文心雕龍之創作論：「劉勰嘗分比體爲四類，唯因交相爲用，輾轉相比，可至於無窮。……由於前述四類交遞爲用，遂衍生爲後述之六類焉。杜牧樊川文集李賀詩集序曰：『元和中，韓吏部亦頗道其歌詩：「雲煙綿聯，不足爲其態也；水之迢迢，不足爲其情也；春之盎盎，不足爲其和也；秋之明潔，不足爲其格也；風檣陣馬，不足爲其勇也；瓦棺篆鼎，不足爲其古也；時花美女，不足爲其色也；荒國陊殿，梗莽丘隴，不足爲其怨恨悲愁也；鯨呿鼇擲，牛鬼蛇神，不足爲其虚荒誕幻也。」』據此則更可將比體分爲九類矣。」黄春貴：「至若狀態之難以説明者，則取類似之外物巧爲形容之。魏慶之詩人玉屑卷六引梅堯臣之言曰：『必能狀難寫之景，如在目前。』此種寫景功夫，即形容之作用也。……由於此輩名家，繪述山川風土，描寫雲霞景物，極盡形容之能事，後世文人，推波助瀾，其流益廣。……

「不僅寫景者如此，凡無可説明而不得不以形容出之者，亦每以譬喻以極其窮。如聲音不易説明，則用譬喻以形容之。白居易琵琶行曰：『大弦嘈嘈如急雨，小弦切切如私語。嘈嘈切切錯雜彈，大珠小珠落玉盤。間關鶯語花底滑，幽咽流泉水下灘。』此即彦和所謂『比聲之類』。再如人之丰神體態不易説明，亦多用譬喻以形容之。如曹植洛神賦曰：『其形也，翩若驚鴻，婉若游龍，榮曜秋菊，華茂春松。髣髴兮若輕雲之蔽月，飄颻兮若流風之迴雪。遠而望之，皎若太陽升朝霞；迫而察之，灼若芙蕖出緑波。穠纖得衷，修短合度。肩若削成，腰如約素。延頸秀項，皓質呈露。芳澤無加，鉛華弗御。』此即比興篇所謂『比貌之類』。凡此種種，皆藉譬喻以見形容之妙也。」

〔二〕「纖條」，細枝也。文選高唐賦：「纖條悲鳴，聲似竽籟，清濁相和，五變四會。」五臣向注：「纖，細也，風吹細條，似竽籟之聲。竽，笙屬；籟，簫也。」

〔三〕黎錦熙：「拿樂器的聲音比風動樹林枝條的聲音，物雖不同類，還同是聲音，不算上乘。」

〔四〕詮賦篇：「枚乘菟園，舉要以會新。」

〔五〕枚乘梁王菟園賦：「西望西山：山鵲野鳩……被塘臨谷；翺翔群熙，交頷接翼……往來霞水，離散而没合，疾疾紛紛，若塵埃之間白雲也。」黎錦熙據古文苑及藝文類聚改「焱焱」爲「疾疾」。焱，矣歛切。焱焱，光彩也。梅注：「音標。」

李詳補注：「札迻云：案枚賦見古文苑，『焱焱』作『疾疾』，誤，當據此正之。」

校注：「按從三『火』之『焱』與從三『犬』之『猋』音義俱别。枚乘此段寫鳥，合是『猋』字。『猋猋紛紛』，蓋形容衆鳥『往來霞水，離散没合』之變化多端，不可名狀。」校證徑作「猋猋」。

〔六〕校證：「以上下文例求之，(「則」字)不當有，今删。」

〔七〕校證：「『鳥』原作『賦』，顧云當作『鳥』。案以上下文例求之，顧校是，今據改。」

校注：「此段所引高唐、菟園、洞簫、長笛、南都諸賦，皆未著『賦』字，此亦應爾。詮賦篇亦引菟園、洞簫、鵩鳥諸賦，而鵩鳥正不作鵩賦。」黎錦熙：「鵩鳥賦：『禍兮福所倚，福兮禍所伏。憂喜聚門兮，吉凶同域。……夫禍之與福兮，何異糾纆。』鵩鳥賦只是談理，卻善用比。」文選李善注：「字林曰：『糾，兩合繩；纆，三合繩。』應劭曰：『禍福相與爲表裏，如糾纆繩索相附會也。』臣瓚曰：『糾，絞也；纆，索也。』鶡冠子曰：『禍與福如糾纆也。』」五臣向注：「糾纆，繩索也。兩股相纏，言禍福相糾纏亦如之。」

〔八〕校證：「『畜』原作『愛』，梅云：『本賦作「畜」字。』黄本據改。」校注：「『畜』，元本、弘治本、活字本、汪本、佘本……崇文本作『愛』……何焯改『畜』……按梅本有校語云：『本賦作畜字。』是黄氏據文選洞簫賦改爲『畜』也。意舍人所見本有作『愛』者，不然，『愛』『畜』二字之形不近，何由致誤？」

綴補：「案明嘉靖本『畜』作『愛』，古詩紀引同。」

黄注：「〔王褒洞簫賦：〕聽其巨音，則周流氾濫，並包吐含，若慈父之畜子也。〔又云：〕優柔温潤，又似君子。」五臣向注：「聞其大音，周流氾濫而廣遠，並包衆聲，吐含和樂，乃如慈父之於子也，包含仁愛以養之。……畜，養也。」黎錦熙謂：「（劉勰）引此賦句誤；且宜云『以心比聲』（即依原句，亦當作「以聲比於心」講）。這段除雷霆外，都是與聲不相干的事物，乃比喻法的上乘。」「畜」，撫養。

馬融長笛云：「繁縟絡繹，范蔡之説也。」〔一〕此以響比辯者也〔二〕。張衡南都云：「起鄭舞，蠒曳緒。」〔三〕此以容比物者也〔四〕。若斯之類，辭賦所先〔五〕；日用乎比，月忘乎興〔六〕；習小而棄大，所以文謝於周人也〔七〕。

〔一〕文選「絡繹」作「駱驛」。李善注：「辭旨繁縟，又相連續也。説文曰：『縟，彩飾也。』范雎、蔡澤，並辯士也。」五臣銑注：「范，范雎也，説秦而爲秦相；蔡，蔡澤也，説范雎而代其相位，皆辯士也。笛聲繁多相連不絶，如范雎、蔡澤之説辭也。」

〔二〕黎錦熙：「此隱喻法。」

〔三〕校證：「『蠒曳』原作『蠒抽』，梅案本賦改。」張衡南都賦：「坐南歌兮起鄭儛，白鶴飛兮蠒曳緒。」李善注：「楚辭曰：『二八齊容起鄭舞。』王逸曰：『鄭國儛也。』白鶴飛兮蠒曳緒，皆舞人之容。」「蠒曳緒」，猶蠶曳絲緒而相連。

〔四〕范注：「此云以容比物，似當作以物比容也。」

斯波六郎：「案從上文『此以聲比心者也』、『此以響比辯者也』之例推之，原文『以容比物』爲佳。『起鄭舞』謂『容』，『蠒曳緒』謂物。上文之『此以物比理者也』疑或不應作『此以理比物者也』耶？」

〔五〕「辭賦所先」即「辭賦所重」。

〔六〕札記：「自漢以來，詞人鮮用興義，固緣詩道下衰，亦由文詞之作，趣以喻人，苟覽者恍惚難明，則感動之功不顯。用比忘興，勢使之然，雖相如、子雲，未如之何也。然自昔名篇，亦或兼存比興，及時世遷貿，而解者祗益紛紜，一卷之詩，不勝異説。九原不作，烟墨無言。是以解嗣宗之詩，則首首致譏禪代；箋杜陵之作，則篇篇繫念朝廷。雖當時未必不託物以發端，而後世則不能離言而求象。由此以觀，用比者歷久而不傷晦昧，用興者説絶而立致辨爭。當其覽古，知興義之難明，及其自爲，亦遂疎興義而希用，此興之所以浸微浸滅也。」

講疏：「案屈原製騷，義同風雅，自漢代辭人，專志賦頌，乏諷刺之義，故曰用乎比，月忘乎興，蓋藻多而情感薄，故罕見興義也。」此處雖然詳比略興。但是劉勰蓋兼重比興，所以指斥辭人的用比忘興。

校釋：「考興之爲義，雖精於比；而其爲用，則狹於比。其故有二：一者興之託物，但節取與情相發之一義以發端，不易敷爲全篇。國風之詠關雎，九歌之賦秋蘭是也。比則依情託義，可以曲折相附。詩之螽斯，賦之窮鳥是也。二者興者物來感情，出於無心，遑論後人難以意逆，即作者當時，亦或流露於不自覺。而賦體本以敷布爲用。敷布云者，蓋有經營結構之功，與無心而發者異趣。是以唐詩宋詞，託興尚多；而漢魏辭賦，興義轉亡，體實限之也。舍人此篇辭意，雖惜興義之銷亡，而薄比體之代用，然於比興二體盛衰之故，已能窺見本源。」

〔七〕注訂：「周人之作指三百篇。『謝』猶『遜』也。」黎錦熙：「以上論賦家之比，並分類。」王元化釋比興篇「擬容取心」說：「由於他堅持比興必須綜合在一起，因此肯定了『諷兼比興』的離騷，而批評了『用比忘興』的辭賦。他側重論比的原因，正針對了漢季以來『興義銷忘』的現象而發的。這不但不是對興義的忽略，相反倒是對興義的重視。比興篇說：『炎漢雖盛……信舊章矣。』分明含有貶責的意思。至於下文説到魏晉以來的辭賦『日用乎比……所以文謝於周人也』，就可作爲這一點的明證。照劉勰看來，如果不能通過現實表象去揭示現實意義，而僅僅把藝術形象作爲可描寫外在現象的單純手法，那麽，這就變成一種『習小而棄大』的雕蟲小技了。『用比忘興』也就是徒知切象，不知示義，徒知擬容，不知取心的意思。」

至於揚、班之倫，曹、劉以下，圖狀山川，影寫雲物，莫不織綜比義〔一〕，以敷其華，驚聽回視〔二〕，資此效績〔三〕。

〔一〕校證：「『織』原作『纖』，何、黄並云：『疑作織。』案作『織』是，正緯篇亦有『織綜』語，今據改。」

札記：「『纖』當爲『織』字之誤。」「織綜」，錯綜交織。

〔二〕校注：「漢書揚雄傳上（甘泉賦）：『目駭耳回。』顔注：『言驚視聽也。』文選李注：『蒼頡篇曰：駭，驚也。回，謂回皇也。』」「回皇」，眩惑。

〔三〕左傳文公八年：「效節於府人而出。」杜注：「效猶致也。」「致績」，獲得成績。

斠詮：「興之爲體，可謂至矣妙矣，託象以明義，因小以見大……惟其『依微以擬義』，隱而不顯，又『明而未融』，必待先賢之『發注而後見』，淺學無由覘其奥府，遂使後世文人避難趣易，重比忘興……而辭賦之作，趣以喻人，苟取義差在毫氂，會情寄在幽隱，則感人之功不顯，動人之情晦澀矣。故曹、劉以下，莫不織綜比義，亦無怪其然也。」

又安仁螢賦云：「流金在沙。」〔一〕季鷹雜詩云：「青條若總翠。」〔二〕皆其義者也〔三〕。故比類雖繁，以切至爲貴〔四〕；若刻鵠類鶩〔五〕，則無所取焉〔六〕。

〔一〕訓故：「潘岳螢火賦：『飄飄熲熲，若流金之在沙。』岳字安仁。」「熲」，同「炯」。楚辭九思哀歲：「神光兮熲熲。」

〔二〕校注：「『雜』，元本、弘治本、活字本、汪本、佘本、兩京本、胡本、訓故本、文津本作『春』。……按文選卷二九題作雜詩，覆按其詞，實寫暮春（篇首即箸『暮春』二字）景象，似以作『春』爲是。」校證：「徐校作『雜』，案季鷹雜詩，文選入雜詩内，詩中正有『青條若總翠』語。作『春』者誤。」

考異：「從春者，以其詩爲詠春草也。然目爲雜詩者，雜體中有寫春之句也，從『雜』是。」

范注：「張翰雜詩：『青條若總翠，黄華如散金。』詩載文選。」黎錦熙：「翠，翡翠，緑玉；又青羽鳥，羽可爲飾。」又：「這黄華是指三月間開的菜花，田園林野，到處都有，所以像散金。」

李白金陵送張十一再遊東吴：「張翰黄花句，風流五百年。」即指此。

〔三〕斯波六郎：「『義』疑『美』之誤。蓋與論説第十八『然亦其美矣』同一句法。」

〔四〕「切至」，貼切。祝盟篇：「感激以立誠，切至以敷辭。」劉勰主張比要恰如其分地説明事物，使物、辭、意三者貼切。

郭紹虞、王文生論比興：「文心雕龍早就提出：『比類雖繁，以切至爲貴。』詩品序也説過：『古今勝語，多非補假，皆由直尋。』『切至』就是準確，即是切；『直尋』就是直接源自生活，即是『類』。明清作者發揚這一思想，一再强調比法的這一特點，所以……説：『貼切此人此事，絲毫不容假借，方是題目佳境。』（隨園詩話卷一）」

紀評：「亦有太切轉成滯相者。」札記：「切至之説，第一不宜沿襲，第二不許蒙籠，紀評謂太切轉成滯相，按此乃措語不工，非體物太切也。」注訂：「體物太切者，詞必滯塞，蓋切不切以詞爲歸。黄氏所謂不工，紀氏所謂轉滯，皆指修詞而言，故太切則詞必滯，此不易之論，黄氏之説非。」

〔五〕梅注：「『鵠』元作『鶴』，謝改。」黄注：「馬援與兄子書：『效伯高不得，猶爲謹敕之士，所謂刻鵠不成尚類鶩者也。』」按此即誡兄子嚴敦書。「鵠」是天鵝，「鶩」是野鴨。史通叙事：「洎乎中代，其體稍殊，或擬人必以其倫，或述事多比於古。……而今之所作，有異於事。其立言也，或虚加練飾，輕事雕彩。或體兼賦頌，詞類俳優，文非文，史非史。譬夫烏孫造室，雜以漢儀，而刻鵠不成，反類於鶩者也。」

〔六〕黎錦熙：「以上比之雜例，並批評。」

第三段舉例説明比的類別及其運用變化，總的要求是「以切至爲貴」。

贊曰：詩人比興〔一〕，觸物圓覽〔二〕。物雖胡越，合則肝膽〔三〕。擬容取心〔四〕，斷辭必敢〔五〕。攢雜詠歌〔六〕，如川之渙〔七〕。

〔一〕王元化釋比興篇「擬容取心」説：「根據劉勰的説法，比興含有二義。分别言之，比訓爲『附』，所謂『附理者，切類以指事』。興訓爲『起』，所謂『起情者，依微以擬議』。這是比興的一種意義。還有一種意義，則是把比興二字連綴成詞，作爲一個整體概念來看。比興篇的篇名以及贊中所謂『詩人比興』，都是包含了更廣泛的内容的。在這裏，『比興』一詞可以解釋作一種藝術性的特徵，近於我們今天所説的『藝術形象』一語。」

日人坂田新文心雕龍比興篇疏：「比興一詞與詩人諷諫之意關係密切，再考慮到後代對『興託』『興寄』這些近義詞的發揮……文心雕龍中比興一詞的意義……是指受萬象觸發而産生的、成爲文學産生契機的感興。」（中華文史論叢一九八五年第二輯）

〔二〕「圓」，精密。我國古代學者，每以圓象事物。周易繫辭：「圓而神。」淮南子主術訓：「智圓。」佛家翻譯佛書，尤慣用圓，若楞嚴經「圓妙」，「圓音」，「圓通」，「圓融」，圓覺經「圓悟」，「圓覽」，「圓照」。劉勰通佛理，作本書亦多言「圓」。麗辭：「理圓事密。」風骨：「骨采未圓。」論説：「故其義貴圓通。」體性：「思轉自圓。」明詩：「思無定位，鮮能圓通。」知音：「故圓照之象，務先博觀。」總術：「自非圓鑒區域，大判條理。」指瑕：「慮動難圓。」雜文：「事圓而音澤。」本篇曰「圓覽」，言精密觀察。

〔三〕校注：「按淮南子俶真篇：『是故自其異者視之，肝膽胡越。』（莊子德充符篇作「楚越」）高注：『肝膽，喻近；胡越，喻遠。』舍人語意本此。黄注引莊子外，復引孔叢子以釋胡越，不啻畫蛇添足矣。附會篇：『善附者，異旨如肝膽；拙會者，同音如胡越。』語意與此亦同。」文學上的高手，通過類似聯想（約相當於比）和接近聯想（約相當於興），能把毫不相關的東西來相比，這就是「物雖胡越，合則肝膽」。這樣就創造出更優美的形象來。

〔四〕「擬容」出於易繫辭上：「聖人有以見天下之賾，而擬諸其形容，象其物宜，是故謂之象。」詮賦篇：「觸興致情，因變取會，擬諸形容，則言務纖密；象其物宜，則理貴側附。」

王元化釋比興篇「擬容取心」説：「『擬容取心』合起來的意思：塑造藝術形象，不僅要摹擬現實的表象，而且還要攝取現實的意義，通過現實表象的描繪，以達到現實意義的揭示。」又：「他認爲比屬於描繪現實表象的範疇，亦即擬容切象之義。興屬於揭示現實意義的範疇，亦即取心示理。」

鍾子翱、黄安禎劉勰論寫作之道：「此指比興兼用。擬容，比擬形貌；比多如此。取心，攝取事物的内在意義；興多如此。」

張少康中國古代文學創作論：「『擬容』是對物象的描繪，而對物象的描繪並不只限於它的外表形態，也包括它的内在精神。而『取心』則主要是取作者寓於所擬之『容』的『心』。當然作者之『心』是借物象之含義而體現出來的，物象中所包含的現實意義雖有它的客觀性，但在文學藝術中，它是作爲作者意圖的體現者而出現的。」

〔五〕黄注：「史記李斯傳：趙高曰：顧小而忘大，後必有害；狐疑猶豫，後必有悔。斷而敢行，鬼神避之，後必有功。」

斟詮：「決斷文辭，必須果敢。」「『斷辭』亦可解作措辭。

〔六〕「攢雜」，聚集，指將比興交織在詩賦中。

〔七〕札記：「『涣』字失韻，當作『澹』，字形相近而誤。澹淡，水貌也。」

牟注：「涣，水盛貌。詩經鄭風溱洧：『溱與洧，方涣涣兮。』毛傳：『春水盛貌。』」

夸飾第三十七

范注：「案比興篇云：『夫比之爲義，取類不常，或喻於聲，或方於貌，或擬於心，或譬於事。』蓋比者，以此事比彼事，以彼物比此物，其同異之質，大小多寡之量，差距不遠，殆若相等。至飾之爲義，則所喻之辭，其質量無妨過實，正如王仲任(充)所云：『譽人不增其美，則聞者不快其意；毁人不益其惡，則聽者不愜於心。聞一增以爲十，見百益以爲千。』莊子亦云：『兩喜必多溢美之言，兩惡必多溢惡之言。』夸飾之文，意在動人耳目，本不必盡合論理學，亦不必盡符於事實，讀書者不以文害辭，不以辭害意，斯爲得之。説文：『夸，奢也。從大，于聲。』艸部：『芋，大葉，實根駭人，故謂之芋也。』今從大、于會意，有大過驚人之義。彦和所謂『驗理則理無可驗，窮飾則飾猶未窮』者也。」

注訂：「夸，説文：『奢也。』吕氏春秋下賢篇：『富有天下而不騁夸。』注：『夸，詫而自大也。』又周書謚法：『華言無實曰夸。』又與『誇』同。經典中多用『誇』。誇，詞誕也，亦見説文。則『夸』『誇』字通。『飾』，與『拭』通，説文：『刷也。』刷治潔清之也。凡踵事增華，皆謂之飾，則引伸之義，大戴勸學：『遠而有光者飾也。』據此所謂夸飾者，壯其辭以爲之飾，使覽之者加意焉，此夸飾之的也。」

至於夸飾之作用，札記謂：「總而言之，文有飾詞，可以傳難言之意；文有飾詞，可以省不急之文，文有飾詞，可以摹難傳之狀；文有飾詞，可以得言外之情。」

傅庚生中國文學批評通論（本篇所引傅氏語同此）：「左思三都賦序云：『且夫玉巵無當，雖寶非用；侈言無驗，雖麗非經。而論者莫不詆訐其研精，作者大氏舉爲憲章，積習生常，有自來矣。余既思摹二京，而賦三都，其山川城邑，則稽之地圖；其鳥獸草木，則驗之方志；風謡歌舞，各附其俗；魁梧長者，莫非其舊。何則？發言爲詩者，詠其所志也；升高能賦者，頌其所見也。美物者貴依其本，讚事者宜本其實。匪本匪實，覽者奚信？』則以科學之態度臨文，不諳夸飾之旨，不但翦揚、馬之甚泰，且廢班、張之潤色，非知文之論已。皇甫謐三都賦序云：『古人稱不歌而誦謂之賦，然則賦也者所以因物造端，敷弘體理，欲人不能加也。引而申之，故文必盡美；觸類而長之，故辭必盡麗。』……『因物造端』，極美盡麗，契於飾矣；『觸類而長』，『人不能加』，幾於夸矣。而一歸之『美麗之文』，說勝太沖多許。」

黄春貴文心雕龍之創作論（斠詮略同）：「夸飾之方式無窮，要而言之，不外放大或縮小兩大類，各依時間、動作、性質、數量，又可分爲四種：

（甲）放大之夸飾：所謂放大，乃推廣範疇，極言其大之描述。指時間，極言其快；指動作，極言其速；指性質，極言其壯；指數量，極言其多。正如銀幕上之放大鏡頭，在重要時刻，將劇情予以一種放大之影像也。

（一）指時間之快者——莊子知北遊：『人生天地間，若白駒之過隙，忽然而已。』

（二）指動作之速者——六韜軍勢：『巧者一決而不猶豫，是以疾雷不及掩耳。』

（三）指性質之壯者——駱賓王爲徐敬業討武曌檄：『班聲動而北風起，劍氣沖而南斗平。喑噁則山嶽崩頽，叱咤則風雲變色。』

（四）指數量之多者——戰國策齊策：『臨淄之途，車轂擊，人肩摩，連衽成帷，舉袂成幕，揮汗成雨。』

（乙）縮小之夸飾：所謂縮小，乃放大之反，極言其小之措述。指時間，極言其慢；指動作，極言其緩；指性質，極言其弱；指數量，極言其少。髣髴銀幕上之遠縮鏡頭，將各方之事物集中於一微細之焦點也。

（一）指時間之慢者——詩經王風葛屨：『一日不見，如三秋兮。』

（二）指動作之緩者——水經江水注：『朝發黃牛，暮宿黃牛，三朝三暮，黃牛如故。』

（三）指性質之弱者——陳琳檄吴將校部曲文：『孫權小子，未辨菽麥，要領不足以膏齊斧，名字不足以洿簡墨。』

（四）指數量之少者——司馬遷報任安書：『假令僕伏法受誅，若九牛亡一毛，與螻蟻何以異？』

「至於放大與縮小夸飾，對比映襯，交替用者，亦在在有之。如司馬遷報任安書：『人固有一死，或重於泰山，或輕於鴻毛，用之所趨異也。』一言其重，一言其輕，以見人死之聲價懸殊。……

北史文苑傳序：『及明皇御曆，文雅大盛。學者如牛毛，成者如麟角。』一言極多，一言極少，以見學成之不易也。」

按：夸飾含有夸張和修飾兩方面的意義，也可以説是夸張性的修飾。

夫形而上者謂之道，形而下者謂之器〔一〕。神道難摹〔二〕，精言不能追其極〔三〕；形器易寫〔四〕，壯辭可得喻其真〔五〕。才非短長，理自難易耳〔六〕。

〔一〕易繫辭上：「是故形而上者謂之道，形而下者謂之器。」正義：「道是無體之名，形是有質之稱。凡有以無而生，形由道而立。是先道而後形。是道在形之上，形在道之下，故自形外已上者謂之道也；自形内而下者謂之器也。形雖處道器兩畔之際，形在器不在道也。既有形質，可爲器用，故云形而下者謂之器也。」

〔二〕易觀卦彖辭：「觀天之神道，而四時不忒，聖人以神道設教，而天下服矣。」正義：「神道者，微妙無方，理不可知，目不可見，不知所以然而然，謂之神道。」正緯：「夫神道闡幽，天命微顯。」

〔三〕斠詮：「精言，猶微言。呂覽精諭：『有事於此，而精言之而不知。』高注：『精，微。』漢書藝文志：『昔仲尼没而微言絶。』顏師古注：『精微要妙之言。』」神思篇：「言所不追，筆固知止。」「追其極」謂盡情表達出來。

〔四〕斠詮：「形器，謂有定形之器也。」易繫辭上：「形乃謂之器。」韓注：「成形曰器。」文選袁宏三國名臣序贊：「形器不存，方寸海納。」

〔五〕此句意謂夸大的文詞可能表達事物的真象。雜文篇：「高談宮館，壯語畋獵。」「壯詞可得喻其真」是說藝術的夸張爲了更美更善地體現生活的真實。例如：

杜甫古柏行：「霜皮溜雨四十圍，黛色參天二千尺。」沈括夢溪筆談卷二十三譏謔門：「四十圍乃是徑七尺，無乃太細長乎？……此亦文章之病也。」宋范鎮東齋紀事卷四：「杜工部云『黛色參天二千尺』，其言蓋過，今才十丈。古之詩人，好大其事，率如此也。」（又見胡仔苕溪漁隱叢話卷八引王直方詩話。）宋黄朝英爲杜甫辯護說：「存中性機警，善九章算術，獨於此爲誤何也？古制以圍三徑一，四十圍即百二十尺。圍有百二十尺，即徑四十尺矣，安得云七尺也？若以人兩手大指相合爲一圍，則是一小尺，即徑一丈三尺三寸，又安得云七尺也？武侯廟柏，當從古制爲定。則徑四十尺，其長二千尺宜矣；豈得以細長譏之乎？」（漁隱叢話前集卷八引靖康緗素雜記，今本湘素雜記無此條）

陳望道修辭學發凡說：「那便犯了照字直解的錯誤。」

宋王觀國學林卷八：「子美潼關吏詩曰：『大城鐵不如，小城萬丈餘。』世豈有萬丈餘城耶？姑言其高耳，『四十圍』，『二千尺』者，姑言大且高也。詩人之言當如此，而存中乃拘拘然以

尺寸校之，則過矣。」（又見漁隱叢話前集卷八）

宋范温詩眼：「余遊武侯廟，然後知古柏詩所謂『柯如青銅根如石』信然，決不可以改，此乃形似之語；『霜皮溜雨四十圍，黛色參天二千尺』，『雲來氣接巫峽長，月出寒通雪山白』，此激昂之語。不如此則不見柏之大也。」（見漁隱叢話前集卷八）

別林斯基一八四二年二月的俄國文學：「一個人在偉大畫家所畫肖像中，甚至比他在銀板照片上的影像還更像自己，因爲偉大的畫家用突出的綫條把隱藏在這個人内心中的一切東西，也許是構成這個人的秘密的一切東西，全都鈎勒出來了。」（別林斯基論文學，譯文據馬克斯列寧主義美學原理）

〔六〕二句謂並非作家之才有長短、高下，而是道理本身有難易之别。

故自天地以降，豫入聲貌〔一〕，文辭所被，夸飾恒存〔二〕。雖詩書雅言〔三〕，風格訓世〔四〕，事必宜廣，文亦過焉〔五〕。

〔一〕范注：「禮記曲禮：『定猶與也。』釋文：『本作豫。』」郭注：「先事曰豫。禮記樂記：『禁於未發之謂豫。』」

注訂：「豫入聲貌者，言聲貌皆天地自然之所素定也。禮記中庸：『凡事豫則立。』注：『素定也。』」

〔二〕「被」，被及。二句意謂凡是用文辭寫出來的作品，夸飾總是經常存在的。

〔三〕論語述而：「子所雅言，詩書執禮，皆雅言也。」

〔四〕徐復文心雕龍正字：「按『格』字疑當作『俗』。議對篇云：『風格存焉。』宋本御覽誤作『風俗』。但此『風格』似係『風俗』之誤。」校證：「顧校本、黄丕烈引馮本，『格』作『俗』。」范注：「詩大序：『風，教也。』緇衣：『言有物而行有格。』注曰：『格，舊法也。』」「訓世」，起到教育作用。

斯波六郎：「『格』蓋『俗』之誤。『風俗』謂風化俗，與『訓世』相對爲句。」

考異：「風格承詩書雅言，風俗則失其指歸，從『俗』非。」

校注：「『格』，謝（恒）鈔本作『俗』。顧廣圻校作『俗』。按『風格訓世』，不可通，作『俗』是也。『風』讀爲『諷』。『風俗訓世』即詩大序『風，諷也，教也；風以動之，教以化之』之意。慧皎高僧傳序：『明詩、書、禮、樂，以成風俗之訓。』語意與此同，尤爲切證。」

吴林伯文心雕龍諸家校注商兑：「『風格』是説辭采的法規，猶文心章表曰『風矩』，奏啓曰『風軌』，劉氏從其論文『宗經』的觀點出發，指出經典中的詩書都是雅正的語言，它以辭采的法規訓示世間作者，而『夸飾』即是其中之一。因此下文在論述詩的夸飾以後，接言這些夸飾的詩篇是『大聖所録，以垂憲章』，與上文『風格訓世』一貫。」

〔五〕「事必宜廣」謂事態需要擴大，「過」謂夸大超過原形。斠詮：「彦和以爲夸飾乃創作之勢所必然，雖雅正如詩書，亦多夸飾之筆，況以有限之文辭，欲達無窮之情意，豈可拘循表態，墨守成規。故曰：『事必宜廣，文亦過焉。』」

是以言峻則嵩高極天〔一〕，論狹則河不容舠〔二〕，說多則子孫千億〔三〕，稱少則民靡孑遺〔四〕；襄陵舉滔天之目〔五〕，倒戈立漂杵之論〔六〕，辭雖已甚〔七〕，其義無害也。

〔一〕梅注：「大雅：『嵩高維嶽，峻極於天。』」

范注：「詩大雅崧高：『崧高維嶽，駿極於天。』傳曰：『崧，高貌，山大而高曰崧。嶽，四嶽也。駿，大；極，至也。』釋文：『駿，音峻。』」

斠詮：「『嵩』與『崧』同。『峻』、『駿』正叚字。」

汪中釋三九中：「禮記雜記：『晏平仲祀其先人，豚肩不揜豆。』豚實於俎，不實於豆。豆徑尺，併豚兩肩，無容不揜。此言乎其儉也。樂記：『武王克商，未及下車，而封黃帝、堯、舜之後。』大封必於廟，因祭策命，不可於車上行之。此言乎以是爲先務也。詩：『嵩高維岳，峻極於天。』此言乎其高也。此辭之形容者也。……辭不過其意則不鬯，是以有形容焉。」（述學）

〔二〕梅注：「衛風：『誰謂河廣？曾不容舠。』」

札迻：「案詩衛風河廣：『曾不容刀。』釋文云：『刀，字書作舠。』（廣雅釋器及釋名釋舟並作「艒」，同。）彦和依字書作『舠』（説文舟部云：「舠，船行不安也，從舟，刖省聲，讀若兀。」與詩「容刀」字音義俱别）。」

范注：「衛風河廣：『誰謂河廣，曾不容刀。』箋曰：『不容刀亦喻狹，小船曰刀。』釋文：『刀如字，字書作舠。説文作䑧，並音刀。』」

〔三〕梅注：「詩假樂篇。」范注：「大雅假樂：『干禄百福，子孫千億；穆穆皇皇，宜君宜王。』箋曰：『干，求也。十萬曰億。天子穆穆，諸侯皇皇，成王行顯顯之令德，求禄得百福，其子孫亦勤行而求之，得禄千億。』」

論衡藝增云：「尚書『協和萬國』……猶詩言『子孫千億』矣。美周宣王之德，能慎天地，天地祚之，子孫衆多，至於千億。言子孫衆多可也，言千億增之也。夫子孫雖衆，不能千億。詩人頌美，增益其實。按后稷始受邰封，訖於宣王，宣王以至外族内屬，血脈所連，不能千億。夫千與萬，數之大名也。萬言衆多，故尚書言『萬國』，詩言『千億』。」又儒增篇云：「百與千，數之大者也。實欲言十，則言百，百則言千也。詩曰：子孫千億。」

〔四〕梅注：「詩雲漢篇。」范注：「大雅雲漢：『周餘黎民，靡有孑遺。』箋曰：『黎，衆也。周之衆民多有死亡者矣。今其餘無有孑遺者，言又飢病也。』正義：『孑然，孤獨之貌。言靡有孑遺，謂無有孑然得遺漏。』朱注：『孑，無右臂貌；遺，餘也。言大亂之後，周之餘民無復有半身之遺者。』」

陳奂詩毛氏傳疏：「靡有孑遺，是無遺民之義。民因饑饉，餓死無存，此是極盡之詞耳。」說文：「孑，單也。」

孟子萬章上：「雲漢之詩曰：『周餘黎民，靡有孑遺。』信斯言也，是周無遺民也。」

論衡藝增篇：「詩曰：『維周黎民，靡有孑遺。』是謂周宣王之時，遭大旱之災也。詩人傷旱之甚，民被其害，言無有孑遺一人不愁苦者。夫旱甚則有之矣，言無孑遺一人，增之也。夫周之民，猶今之民也。使今之民也，遭大旱之災，貧羸無蓄積，扣心思雨。……天之旱也……富貴之人必有遺脱者矣。而言靡有孑遺，增益其文，欲言旱甚也。」

〔五〕梅注：「書堯典：『湯湯洪水方割，蕩蕩懷山襄陵，浩浩滔天。』」孔傳：「湯湯，流貌。洪，大；割，害也。」又：「懷，包；襄，上也。包山上陵，浩浩盛大若漫天。」

「目」，言也。穀梁傳閔公元年：「其不目，而曰仲孫，疏之也。」注：「不目，謂不言公子慶父。」

〔六〕梅注：「書武成：前徒倒戈，攻於後，以北，血流漂杵。」范注：「尚書僞武成：『罔有敵于我師。前徒倒戈，攻于後，以北，血流漂杵。』正義：『孟子云：「盡信書，不如無書，吾於武成取二三策而已。仁者無敵於天下，以至仁伐不仁，如何其血流漂杵也？」是言不實也。』」閻若璩尚書古文疏證卷八第一百十九：「余謂諸説皆可，獨『漂杵』之論不然。所以孟子特爲武王辨白，正以有害於義。」

沒有妨害。

〔七〕孟子離婁下：「仲尼不爲已甚者。」「已甚」，太過。此謂用辭雖然有過火的地方，但在意義上沒有妨害。

孫德謙六朝麗指：「文心雕龍夸飾篇：『言高則峻極於天，言小則河不容舠。』嘗引詩以明夸飾之義。吾謂夸飾者，即是形容也。詩經而外，見於古人文字者，不可殫述。……尚書武成篇：『罔有敵于我師，前徒倒戈，攻于後以北，血流漂杵。』此史臣鋪張形容之辭，孟子則謂『盡信書則不如無書，以至仁伐不仁，而何其血之流杵』。夫書爲孔子所删定，孟子豈欲人之不必盡信哉！特以書言血流漂杵，當知此爲形容語，不可遽信其真也。遽信其真，不察其形容之失實，而拘泥文辭，因穿鑿附會以解之，斯真不善讀書矣。故通乎形容之説，可以讀一切書，而六朝之文，亦非苟馳夸飾，乃真善於形容者也。」

楊樹達漢文文言修辭學第十章誇張〔三〕：「論衡語增篇云：『察武成之篇，牧野之戰，血流浮杵，赤地千里。』……論衡藝增篇云：『夫武成之篇，言武王伐紂，血流浮杵，助戰者多，故至血流如此。皆欲紂之亡也，土崩瓦解，安肯戰乎？言血浮杵，亦太過焉。死者血流，安能浮杵？案武王伐紂於牧之野，河北地高壤，靡不干燥，兵頓血流，輒燥入土，安得杵浮？且周殷士卒，皆賫盛糧，無杵臼之事，安得杵而浮之？』文心雕龍夸飾篇云：『襄陵舉滔天之目……辭雖已甚，其義無害也。』樹達按：劉氏以爲夸飾者得之，孟子似誤以爲實事矣。」

且夫鴞音之醜，豈有泮林而變好〔一〕？荼味之苦，寧以周原而成飴〔二〕？並意深褒贊，故義成矯飾〔三〕。

〔一〕梅注：「魯頌：『翩彼飛鴞，集於泮林，食我桑黮，懷我好音。』」札記：「詩毛傳云：『鴞，惡音之鳥也。』」「鴞」，貓頭鷹。鄭箋：「懷，歸也。言鴞恒惡鳴，今來止於泮水之木上，食其桑黮，爲此之故，故改其鳴，歸就我以善音，喻人感於恩則化也。」朱注：「泮水，泮宮之水也。」斠詮：「泮林，泮宮之林木也。說文：『泮，諸侯鄉射之宮，西南爲水，東北爲墻。』文獻通考學校考：『朱子曰：王制論學，天子曰辟雍，諸侯曰泮宮。』」

〔二〕范注：「詩大雅綿：『周原膴膴，堇荼如飴。』箋云：『廣平曰原，周之原地，在岐山之南，膴膴然肥美，其所生菜，雖有性苦者，甘如飴也。』」朱注：「飴，餳也。」朱駿聲曰：「古以芽米熬之成液，今或用大麥爲之，再和之以糱，則成餳。」即今麥芽糖。

〔三〕荀子性惡篇：「古者聖王以人之性惡，以爲偏險而不正，悖亂而不治，是以爲之起禮義，制法度，以矯飾人之情性而正之。」

斠詮：「矯飾，謂作僞文飾也。後漢書章帝紀：『俗吏矯飾外貌，似是而非。』案：矯，詐也。見玉篇。此處用之，作過份夸飾解。」

顧隨先生夸飾篇後記上：「把劉勰的夸飾同王充的藝增比較一下，顯而易見有兩點不同：一、對於夸飾，王充取否定的態度，劉勰卻是肯定的。二、王充就讀者的效果而言，他說：『譽人不增其美，則聞者不快其意，毀人不益其惡，則聽者不愜於心。』劉勰就夸張的動機而言，他說：『並意深褒贊，故義成矯飾。』……關於第二，劉勰和王充似乎相反，實則相成；有了前者的動機，才有後者所說的效果。說得再清楚一點，就是：正是爲了譽人增美，使聞者快意，毁人增惡，使聽者愜心，才能够『並意深褒贊，故義成矯飾（存心要把一個人説得更好一點，所以就用藝術夸張的手法）』。倘使作者的情感和感覺不真實，不深刻，縱使譽人增其美，聞者也不會快其意；縱使毁人益其惡，聽者也不會愜於心了。這不盡是語言技巧的問題。」（河北日報，一九五九年六月七日）

又夸飾篇後記中：「劉知幾的『望表而知裏』。——史通的第二十一篇是浮詞，它的内容有關於藝術夸張。劉知幾在這一篇裏說：『至於本事之外，時寄抑揚（時時帶着褒貶），此乃得失稾於片言，是非由於一句。』這樣論史，就很近於夸飾篇的論文：『並意深褒贊，故義成矯飾。』而劉知幾説得更完全些，因爲劉勰只提到了褒，而忘記了貶。

「劉知幾在作上面那一結論以前，曾舉出了史書上的幾個例子。其中一個是史記酷吏傳寫郅都說：匈奴人都怕郅都，紮個草人，說是郅都，用箭來射，也射不中。劉知幾認爲這是史記的夸張地方。但是他認爲史家可以這樣寫。他不象王充那樣死板地求真。」

大聖所録，以垂憲章〔一〕。孟軻所云〔二〕，「説詩者不以文害辭，不以辭害意」也〔三〕。

〔一〕「憲章」，謂法制。晉書張華傳：「晉史及儀禮憲章並屬於華。」

〔二〕校證：「何允中本、日本活字本、梅本、凌本、梅六次本、鍾本、梁本、日本刊本、王謨本、張松孫本，無『所』字。馮本、汪本、佘本、張之象本、兩京本、四庫本無『云』字。王惟儉本『云』作『謂』。」按元刻本無「云」字。何義門校於「云」字上加「所」字。

宋范温詩眼：「激昂之言，孟子所謂『不以文害意，不以辭害志』，初不可形迹考，然如此，乃見一時之意。」（見胡仔苕溪漁隱叢話前集卷八）激昂之言即夸飾之詞。

〔三〕孟子萬章上：「故説詩者，不以文害辭，不以辭害志，以意逆志，是爲得之。」趙岐注：「文，詩之文章，所引以興事也；辭，詩人所歌詠之辭；志，詩人志所欲之事；意，學者之心意也。」焦循正義：「辭謂篇章也。」又以爲：「詩之文章，即辭之文采也。」二句意謂解説詩經的人不要因爲表面的文采修飾而妨害對整個辭句的理解，也不要因爲某些辭句而妨害對作者用意的理解。

以上爲第一段，從事理本身以及詩書運用夸飾的傳統經驗説明夸飾在文學創作中的必要性。

自宋玉、景差，夸飾始盛〔一〕。相如憑風〔二〕，詭濫愈甚〔三〕。故上林之館，奔星與宛虹入軒〔四〕；從禽之盛，飛廉與焦明俱獲〔五〕。

〔一〕黄注：「（文選）風賦：『楚襄王遊於蘭臺之宫，宋玉、景差侍。』注：『宋玉、景差，楚大夫。』」景差作品大都亡佚。

范注：「揚雄法言吾子篇：『或問：「景差、唐勒、宋玉、枚乘之賦也益乎？」曰：「必也淫。」「淫則奈何？」曰：「詩人之賦麗以則，辭人之賦麗以淫。」』屈原，詩人之賦也，尚存比興之義；宋玉以下，辭人之賦也，則夸飾彌盛矣。」

史記屈原列傳：「屈原既死之後，楚有宋玉、唐勒、景差之徒者，皆好辭而以賦見稱；然皆祖屈原之從容辭令，終莫敢直諫。」校注：「文選皇甫謐三都賦序：宋玉之徒，淫文放發，言過於實，誇競之興，體失之漸，風雅之則，於是乎乖。」

按宋玉登徒子好色賦：「天下之佳人，莫若楚國。楚國之麗者，莫若臣里。臣里之美者，莫若臣東家之子。東家之子增之一分則太長，減之一分則太短，著粉則太白，施朱則太赤，眉如翠羽，肌如白雪，腰如束素，齒如含貝。嫣然一笑，惑陽城，迷下蔡。然此女登墻窺臣三年，至今未許也。登徒子則不然。其妻蓬頭攣耳，齞（音硯）脣歷齒，旁行踽僂，又疥且痔。登徒子悦之，使有五子。王熟察之，孰爲好色者矣。」傅庚生中國文學欣賞舉隅：「此言美醜皆似太夸，然愈夸乃愈見其文筆之可喜也。」

黄春貴：「此言夸飾文學之盛行，始於宋玉、景差之徒，彼二人者，上承屈原之流沫，下啓漢賦之先鞭，張皇鋪陳，崇尚淫麗，漸失詩人比興之義。」

〔二〕「憑」，憑借，依據。

斯波六郎：「范注：『漢書司馬相如傳：相如既奏大人賦，天子大悦，飄飄有陵雲氣游天地之間意。』案『憑風』乘其風勢之意，承上句之『……夸飾始盛』，且應下文之『……酌其餘波』。范注引相如文無任何關係。辨騷第五之『是以枚賈追風』，論説第十八之『並順風以託勢』，與『風』有類似之意。」

斠詮：「言司馬相如依憑宋玉景差之夸飾風氣也。……此風字承上句『夸飾始盛』而言。」

〔三〕體性篇：「長卿傲誕，故理侈而辭溢。」校注：「按史記司馬相如傳：『無是公言天子上林，廣大山谷水泉萬物，及子虚言楚雲夢所有甚衆，侈靡過其實。』梁玉繩史記志疑卷三十四「無是公言天子上林廣大……侈靡過其實」條附案：「左思三都賦序、文心雕龍夸飾篇並稱相如之賦詭濫不實。余謂上林地本廣大，且天子以天下爲家，故所叙山谷水泉，統形勝而言之。至其羅陳萬物，亦惟麟鳳蛟龍一二語爲增飾。觀西京雜記、三輔黄圖，則奇禽異木，貢自遠方，似不全妄。况相如明著其指，曰子虚、烏有、亡是，特主文譎諫之義爾。不必從地望所奠，土毛所産，而較有無也。程氏雍録（卷九）曾辨之。」」

〔四〕范注：「文選上林賦：『於是乎離宫别館，彌山跨谷。……奔星更於閨闥，宛虹拖於楯軒。』李善注：『奔，流星也。行疾，故曰奔。』如淳曰：『宛虹，屈曲之虹也。』應劭曰：『楯，欄檻也。』司馬彪曰：『軒，楯下版也。』」

〔五〕校證：「『焦明』原作『鷦鷯』，梅云：『案本賦作焦明。』王惟儉本作『焦明』。案此淺人習見『鷦鷯』，鮮見『焦明』，致誤，今據改正。」

范注：「又（上林賦）：『於是乎背秋涉冬，天子校獵。……椎蜚廉，弄獬豸……捷鵕鸃，揜焦明。』郭璞曰：『飛廉，龍雀也，鳥身鹿頭。』李善曰：『揜，取也。樂汁圖曰：焦明狀似鳳凰。』案鷦鷯應依本賦作焦明。」

斠詮：「『從』，縱也。『從禽』，謂天子出獵，侍者驅逐禽鳥，使隨從天子，供其射獵。

斠詮：「從禽，謂追逐禽獸。易屯：『即鹿無虞，以禽從也，君子舍之。』從，逐也，見詩齊風還『並驅從兩肩兮』毛傳。」廣雅釋鳥：「焦明，鳳凰屬也。」

及揚雄甘泉〔一〕，酌其餘波〔二〕；語瓌奇則假珍於玉樹〔三〕，言峻極則顛墜於鬼神〔四〕。

〔一〕「甘泉」，漢宮名，本因秦離宮，原來即奢侈，而武帝復增修之。揚雄作甘泉賦以諷。

〔二〕斠詮：「酌其餘波，謂參取司馬相如之流風餘韻也。酌，參酌擇取之意。……餘波……此處指水之末流言，引申有『流風餘韻』之意。」

〔三〕「瓌」，即瑰；「瓌奇」，珍貴奇異。

黄注：「揚雄甘泉賦：『翠玉樹之青葱兮。』注：『漢武帝故事曰：上起神屋，前庭植玉樹，珊瑚爲枝，碧玉爲葉。』」

斠詮：「假珍，見左思三都賦序：『假稱珍怪，以爲潤色。』」

〔四〕黄注：「甘泉賦：鬼魅不能自逮兮，半長途而下顛。注：言鬼魅至此亦不能上，至半途而顛墜也。」范注引李善注曰：「逮，及也。爾雅曰：顛，隕也。」

至東都之比目〔一〕，西京之海若〔二〕，驗理則理無可驗〔三〕，窮飾則飾猶未窮矣〔四〕。

〔一〕范注：「文選班固西都賦曰：『揄文竿，出比目。』李善注曰：『説文曰：揄，引也。音頭。』『爾雅曰：東方有比目魚焉，不比不行，其名謂之鰈。』此云東都，蓋誤記也。」

〔二〕范注：「文選張衡西京賦：『海若游於玄渚。』薛綜注曰：『海若，海神。』」又：「顧千里曰：『左太沖三都賦序云：然相如賦上林而引盧橘夏熟，揚雄賦甘泉而陳玉樹青葱。班固賦西都而嘆以出比目，張衡賦西京而述以游海若。』」

〔三〕校證：「『可』原作『不』，紀云：『不驗當作可驗。』案紀説是，今據改。」徐復正字：「不驗疑當作以驗，『不』『以』形近。」

〔四〕「未窮」，是説尚未極盡夸張之能事。

斯波六郎：「案此一節應本於三都賦序之『然相如賦上林而引盧橘夏熟……於義則虚而無徵』。就中之『假珍於玉樹』及『驗理則理無可驗』，直據彼之『假稱珍怪』及『於義則虚而無徵』，殆不容疑。」「王觀國學林『三都賦序』條爲司馬相如諸人辯護，謂『盧橘夏熟』云云，正所以見上林之富麗，四海之嘉木珍果，莫不移植其中；玉樹亦非指天產，本不限於地域；『以出比目』所以極言感格之所致，雖魚鳥之飛潛，亦有不召而致者；『以遊海若』蓋言武帝好神仙，治太液池，有蓬萊、方丈、瀛洲、壺梁，象海中神仙之宅，黿魚之屬以俟神人。是則左思所列舉以爲疵病者，固未必盡當。」（郭紹虞著中國文學批評史引）

又子雲羽獵〔一〕，鞭宓妃以饟屈原〔二〕；張衡羽獵，困玄冥於朔野〔三〕。孌彼洛神〔四〕，既非魑魅〔五〕；惟此水師〔六〕，亦非魍魎〔七〕。而虛用濫形，不其疎乎〔八〕！此欲夸飾其威，而忘其事義睽剌也〔九〕。

〔一〕校注：「『羽』，黃校云：『一作校。』元本、弘治本、活字本、汪本、佘本、張本、兩京本、崇文本亦並作『校』。……以通變篇引『出入日月，天與地沓』二句而標爲『校獵』證之，此當依諸本作『校』，前後始能一律。黃氏從梅校徑改爲『羽』，非是。」徐復正字：「按通變篇云『揚雄校獵』云云，則彥和固作『校』字矣。又作校與下文羽獵字不複。校獵者，以木相貫穿，總爲闌校，遮止禽獸，而獵取之。」考異：「『校獵』見司馬長卿上林賦：『天子校獵。』又揚子雲羽獵賦序：『故聊因校獵，賦以風之。』此『校獵』二字所本。且以『羽獵』兩見，故此用『校』也，所以別下句張衡羽獵也。非如揚校所云，更與『出入日月』二句無關。」

〔二〕黄注：「揚雄羽獵賦：鞭洛水之宓妃，餉屈原與彭、胥。漢書音義：宓妃，宓羲氏之女，溺死洛水爲神。」文選李善注：「鄭玄曰：『彭，彭咸也。』晉灼曰：『胥，伍子胥也。』『饟』，漢書、文選皆作『餉』。『饟』爲『餉』之或字，饋食也，有款待意。離騷：『求宓妃之所在。』」駱鴻凱文選指瑕引黄侃云：「二句各爲一事，不得聯説其誼。此彦和之疏。」評注昭明文選：「二句寓遠色好德意。」

〔三〕校證：「黄注本、王謨本、張松孫本、紀本、四庫輯注本，『玄』作『元』，避清諱。」黄注：「左傳：『昧爲玄冥師。』注：『玄冥，水官，昧爲水官之長。』又：『共工氏以水紀，故爲水師而水名。』按張衡羽獵賦文不全，無『困元冥於朔野』之語。」范注：「嚴可均輯全後漢文有張衡羽獵賦殘文，無『困玄冥於朔野』語。」

羽獵賦五臣向注：「羽，箭也，言使士卒負箭而獵也。」

左傳昭公十八年：「禳火於玄冥回禄。」杜注：「玄冥，水神。」禮記月令：「孟冬之月……其神玄冥。」鄭注：「玄冥，少皞氏之子曰脩曰熙，爲水官。」張衡思玄賦：「前長離使拂羽兮，後委水衡乎玄冥。」文選李善注：「家語：『季康子曰：吾聞玄冥爲水正。』」

〔四〕校證：「馮本、汪本、佘本、張之象本，『變』作『欒』，徐校作『變』。」按元刻本亦作「欒」。

斯波六郎：「『孌彼洛神』據詩邶風泉水之『孌彼諸姬』而來者。」毛傳：「孌，好貌。」

〔五〕校證：「『魑魅』，舊本皆如是，梅六次本改作『罔兩』，而黄注本、王謨本、張松孫本、紀本等從之，誤矣。」

黄注：「左傳：『魑魅罔兩，莫能逢之。』注：『魑，山神，獸形；魅，怪物。罔兩，水神。』」按此見宣公三年。

〔六〕校注：「『師』，元本、弘治本、活字本、汪本、佘本、張本、兩京本、崇文本、作『恠』。……國語魯語下：『木石之怪，曰夔蝄蜽；水之怪，曰龍罔象。』左傳宣公三年：『魑魅罔兩。』杜注：『魅，怪物。』是怪字未誤。黄本作『師』，蓋據天啓梅本改也。」

按此處「水師」承上文「玄冥」而言，下句又云「亦非魍魎」，可見不應作「水怪」。斠詮：「水師，古之水官。左傳昭十七年：『共工氏以水紀，故爲水師而水名。』」

〔七〕校證：「『魍魎』原作『魑魅』，今從謝、徐校改。王惟儉本、文通二三正作『魍魎』。」

〔八〕「不其疎乎」，史通雜説下：「且雄哂子長愛奇多雜，又曰不依仲尼之筆，非書也，自序又云不讀非聖之書。然其撰甘泉賦（當云羽獵賦）則云『鞭宓妃』云云，劉勰文心已譏之矣。」趙西陸評范文瀾文心雕龍注：「彦和聯説其誼，實其疏舛，其後劉知幾史通雜説篇復據以析揚子法言，亦爲失考。」

〔九〕校證：「『此欲夸飾其威，而忘其事義暌刺也』，原作『此欲夸其威而飾（原脱，梅補）其（何、黄並云「下有闕字」)事睽剌也』，今改。」校注：「黄校云：『(飾)，元脱，(其)下有闕字。』按何本、謝鈔本有『飾』字，梅補是也。『事』下加豆，文義自通，非有闕脱也。」校釋：「按此句當作『此欲夸飾其威，而忘其事義睽剌也』。」潘重規文心雕龍札記：「按：『此欲夸其威而其事義睽剌也』，正承上『鞭宓妃』『困玄冥』而言，不增飾字，文義本明。」徐復文心雕龍正字：「按此句不脱，疑而字當在下句義上，正讀爲『此欲夸其威，飾其事而義睽剌也』，語自通順。」「睽」，乖也；「剌」，戾也。事類篇：「事類者，蓋文章之外，據事以類義，援古以證今者也。」

至如氣貌山海，體勢宮殿〔一〕；嵯峨揭業〔二〕，熠耀焜煌之狀〔三〕，光采煒煒而欲然〔四〕，聲貌岌岌其將動矣〔五〕。莫不因夸以成狀，沿飾而得奇也〔六〕。

〔一〕范注：「謂如孫興公遊天台山賦、木玄虛海賦、郭景純江賦、王文考魯靈光殿賦、何平叔景福殿賦之類，並見文選。」

〔二〕黄注：「西京賦：『嵯峨崨嶪。』上林賦：『嵯峨嶕嶫。』」按「嵯峨」亦作「嵳峩」、「⿸厂差⿸厂我」、「厜㕞」，峻險突兀之貌。文選魯靈光殿賦：「嵯峨嶵(崔)嵬。……飛陛揭孽。」李善注：「揭孽，高貌。」

〔三〕「熠燿」，光明貌。文選潘岳笙賦：「爓熠爚以放豔。」又何晏景福殿賦：「光明熠爚。」李善注：「說文：熠，盛光也。爚，火光也。」說文：「焜，煌也。」急就篇：「靳靷䩙鞊色焜煌。」注：「色焜煌者，言其光采盛也。」傅毅舞賦：「鋪首炳以焜煌。」

〔四〕魯靈光殿賦：「煒煒煌煌。」李善注：「彩色衆多，眩曜不定也。」「然」，同「燃」。

〔五〕孟子萬章下：「天下殆哉，岌岌乎。」趙注：「岌岌乎，不安貌也。」漢書韋賢傳：「岌岌其國。」顔注：「岌岌，危動貌。」

〔六〕校注：「按『狀』疑當作『壯』，與下句之『奇』對。篇首亦言『壯辭』也。」

劉綬松文心雕龍初探：「夸飾不僅可以加强文章描摹現實的力量，而且還可以增添文章瑰奇的風貌。『因夸以成狀，沿飾而得奇』，的確是文學描寫現實的一種不可缺少的有效方法。」（文學研究一九五七年第二期）

劉勰肯定夸飾手法的必要性。像描寫山海的氣貌，宮殿的體勢時，要寫出樓臺的壯觀，寫出光采欲燃，岌岌可危的形勢。「莫不因夸以成狀，沿飾而得奇」，都是依靠「夸飾」才能把千奇百怪的形狀具現出來。

以上爲第二段，論夸飾在兩漢辭賦中的發展情況及其運用之得失。

於是後進之才，獎氣挾聲〔一〕；軒翥而欲奮飛〔二〕，騰擲而羞跼步〔三〕。辭入煒燁，春藻不能程其豔〔四〕；言在萎絶，寒谷未足成其凋〔五〕。談歡則字與笑並〔六〕，論感則聲共泣偕〔七〕。信可以發藴而飛滯〔八〕，披瞽而駭聾矣〔九〕。

〔一〕斟詮：「左氏僖二十八年傳：『皆獎王室，無相害也。』杜注：『獎，助也。』……此處作助長解。……孟子萬章篇：『不挾長，不挾貴。』集注：『挾者，兼有而恃之之稱。』此處作『依恃』或『憑藉』解。」「獎氣挾聲」謂助長這種風氣，憑藉這種聲勢。

〔二〕楚辭遠游：「鸞鳥軒翥而翔飛。」洪興祖補注：「方言：『翥，舉也。楚謂之翥。』」「軒翥」，飛舉貌。文選班固典引：「三足軒翥於茂樹。」詩經邶風柏舟：「靜言思之，不能奮飛。」「奮飛」謂高飛。

〔三〕校注：「『擲』，元本、弘治本、汪本、佘本、張本、兩京本……崇文本作『躑』。……按『躑』爲『蹢』之後起字，『擲』又『躑』之俗體，當據改爲『躑』。」「蹢」，跳躑也。考異：「說文無『躑』字，始見於荀子禮論篇。釋文『蹢』又作『躑』。『擲』、『躑』古通，非俗體，楊氏說誤。」「跼步」，踟蹰不前的步子。「跼」，同「局」，曲也。跼躅，行不進也。梁元帝與劉知藏書：「帝釋於馬，經丘園而跼步。」

〔四〕斟詮：「煒燁，一作煒曄，盛明貌。郭璞山海經圖丹木贊：『丹木煒燁，沸沸玉膏。』」廣雅釋詁：「程，示也。」

此類作品，如庾信春賦：「宜春苑中春已歸，披香殿裏作春衣。新年鳥聲千種囀，二月楊花滿路飛。河陽一縣併是花，金谷從來滿園樹。一叢香草足礙人，數尺遊絲即橫路。開上林而競入，擁河橋而争渡。出華麗之金屋，下飛燕之蘭宫。釵朵多而訝重，髻鬟高而畏風。眉將柳而争緑，面共桃而競紅。影來池裏，花落衫中。苔始緑而藏魚，麥纔青而覆雉。吹簫弄玉之臺，鳴佩凌波之水。移戚里而家富，入新豐而酒美。石榴聊汎，蒲桃醱醅。芙蓉玉碗，蓮子金杯。新芽竹筍，細核楊梅。緑珠捧琴至，文君送酒來。」

〔五〕劉向别録：「鄒衍在燕。燕有谷，地美而寒，不生五穀。鄒子居之，吹律而温氣至，而生黍。」（見文選廣絶交論注引，又見全漢文卷三八）離騷：「雖萎絶其亦何傷兮，哀衆芳之蕪穢。」王注：「萎，病也；絶，落也。」

劉峻廣絶交論：「叙温郁則寒谷成暄，論嚴苦則春叢零葉。」此類作品如：鮑照蕪城賦：「澤葵依井，荒葛罥塗，壇羅虺蜮，階鬭麏鼯，木魅山鬼，野鼠城狐，風嗥雨嘯，昏見晨趨，饑鷹厲吻，寒鴟嚇雛。伏虣藏虎，乳血飡膚。崩榛塞路，峥嶸古馗。白楊早落，塞草前衰。稜稜霜氣，蔌蔌風威，孤蓬自振，驚砂坐飛，灌莽杳而無際，叢薄紛其相依。通池既已夷，峻隅又已頽。直視千里外，唯見起黄埃。凝思寂聽，心傷已摧。」

〔六〕校證：「字與笑並，徐校『字』作『容』。」

校注：「文賦：『思涉樂其必笑，方言哀而已歎。』抱朴子外篇嘉遁：『言歡則木梗怡顔如巧笑，語戚則偶象嚬嘁而滂沱。』並足與此文相發。」

〔七〕夏承燾關於陸機文賦的三個問題：「文賦：『信情貌之不差，故每變而在顔。思涉樂其必笑，方言哀而已歎。』……就是後來夸飾篇裏所説的『談歡則字與笑並，論感則聲共泣偕』，都是説作者的『情』與『貌』是一致的，即詩序所謂『情動於中而形於言』，誠中形外，必定表裏如一。陸、劉兩家都是引申、老話，基本上是正確的。」（文藝報一九六二年第七期）

此言夸飾可以使蘊藏在內心的意志迸發出來，滯塞在內心裏的感情奔放出來。

〔八〕「信」字，元刻本、弘治本均作「言」，「信」字義長。

〔九〕「披瞽」，打開瞎子的眼睛；「駭聾」，震驚聾子的耳鼓。「披」，開也。

枚乘七發：「當是之時，雖有淹病滯疾，猶將伸傴起躄，發瞽披聾而觀望之也。」

傅庚生：「此自作者爲喚起他人之同情，必倚夸飾，然後果而言之也。警愚駭者必倍其辭，矯枉曲者必過其正，夸飾固行文之妙諦矣。」

劉勰認爲夸飾具有巨大的感染力量，他説：「辭入煒燁，春藻不能程其豔；言在萎絶，寒谷未足成其凋。」寫到光輝燦爛處，春草都不能和它比豔；寫到枯萎衰竭處，寒谷也没有那樣荒涼。甚至寫到歡樂處，字字含笑；寫到悲戚處，帶着哭聲。只有這樣，才可以震驚讀者，激動人心。這是説不僅描寫景物可以採用夸飾；即表現主觀的感情，也可以採用。

注訂：「自『於是』至『披瞽而駭聾矣』，言夸飾固情理爲文之一脈，有不可廢者。」

明何三畏何氏類鎔卷十五文苑類文章襲用此文作：「論感則聲共泣偕，談歡則字與笑並，亦可以發幽而起滯，披瞽而駭聾矣。」

以上爲第三段，論兩漢以後作家運用夸飾的藝術力量。

然飾窮其要，則心聲鋒起〔一〕；夸過其理，則名實兩乖〔二〕。若能酌詩、書之曠旨〔三〕，翦揚、馬之甚泰〔四〕，使夸而有節，飾而不誣〔五〕，亦可謂之懿也〔六〕。

〔一〕「窮」，窮究。「要」，要領，要旨。法言問神：「言，心聲也；書，心畫也。」李軌注：「聲發成言，畫紙成書。書有文質，言有史實。二者之來，皆由於心。」此處以「心聲」代文辭。荀子王制篇：「嘗試之說鋒起。」楊注：「鋒起，謂如鋒刃齊起，言銳而難拒也。」後漢書光武帝紀：「莽末，天下連歲災蝗，寇賊鋒起。」注：「字或作『蜂』，言多也。」

〔二〕「理」，即上文「驗理則理無可驗」之理，亦即常理。容齋隨筆「文士矜夸過實」條：「文士之文，有矜夸過實，雖韓文公不能免，如石鼓歌極道宣王之事偉矣，至云：『孔子西行不到秦，掎摭星宿遺羲、娥。陋儒編詩不收拾，二雅褊迫無委蛇。』是謂三百篇皆如星宿，獨此詩如日月也。二雅褊迫之語，尤非所宜言。今世所傳，石鼓之詞尚在，豈能出吉日、車攻之右！安知非經聖人所刪乎？」

〔三〕「曠」，廣雅釋詁：「遠也。」「曠旨」，指夸張所表現的深廣的意旨。

〔四〕校注：「按老子第二十九章：『是以聖人去甚、去奢、去泰。』」韓非子楊權：「故去甚去泰，身乃無害。」「泰」，過甚。

紀評：「文質相扶，點染在所不免，若字字摭實，有同史筆，實有難於措筆之時。彥和不廢夸飾，但欲去泰去甚，持平之論也。」

中國文學欣賞舉隅：「文學既以竦動人之視聽，以喚起其同情心爲目的，增其辭以明之，不足爲病也。世人賞鑑文學，尋行數墨，以求其所描述之事蹟，非同實歷其境，耳聞目見之也。心中固先懷一虛構之成見，作者不以『夸飾』彌其陷，宜讀者之把卷索然矣。豈好夸哉？不得已也。然此猶有意爲文之謂。而吴雨僧詩學總論云：『柳宗元詩：「一身去國六千里，萬死投荒十二年。」又陳其年（清陳維崧）詩：「百年骨肉分三地，萬死悲哀併九秋。」夫二人之艱難困苦，雖至其極，然尚未死，即人死亦只一次，乃曰萬死，是切摯之筆也。……切摯有二法：或加增其數量，故改其事理。所謂改易其事理者，即詩人感情深摯激切之時，所言實與真理實象不合，與世中常情相悖，而寫來又但覺其逼真，而顛撲不破是也。』則夸飾乃出於作者情性之本真，其感人固有其宜也。故夸飾亦必有節，若不恤情性之原，增之靡足誕而不經，逾其限度，往往令人失笑。過猶不及，允執厥中。」

郎加納斯論崇高第三十八節，在談到夸張時説：「知道極限在何處是必要的；由於一經跨過極限，夸張的效果就會破壞無餘，因爲在這種場合，它一方面會因過於牽强而瓦解，另一方面亦會産生與希望相反的效果。」

〔五〕「誣」，歪曲，妄誕。

傅庚生：「（夸飾）仍宜以『有節』『不誣』爲準繩。猶云『子孫千億』，雖侈泰之甚，不以爲爽；若謂『天有二日』，不過增一而已，必詫其不倫也。」

「夸而有節，飾而不誣」，是説夸飾必須建立在客觀真實的基礎上，運用夸飾須有一定的限度，如果作家毫無根據，或毫無節制地亂夸一通，那就不僅不能增加作品的感染力量，而且會給人以妄誕不經的感覺。

文章流别論：「夫假象過大，則與類相遠，逸辭過壯，則與事相違；辯言過理，則與義相失；麗靡過美，則與情相悖。」

詩人玉屑卷十一「竹詩」條引王直方詩話記東坡嘲王祈大夫竹詩「葉垂千口劍，幹聳萬條槍」曰：「好則極好，則是十條竹竿，一個葉兒也。」又「鷺鷥詩」條引荆湖近事：「張仲達詠鷺鷥詩云：『滄海最深處，鱸魚銜得歸。』張文寶曰：『佳則佳矣，争奈鷺鷥嘴脚太長也。』」

嚴有翼藝苑雌黄：「吟詩喜作豪句，須不畔於理方善。……余觀李太白北風行云『燕山雪花大如席』，秋浦歌云『白髮三千丈』，其句可謂豪矣，奈無此理何！」（見詩人玉屑卷三）

謝榛四溟詩話卷一：「太白曰：『燕山雪花大如席，片片吹落軒轅臺。』景虚而有味。」

魯迅漫談「漫畫」：「漫畫要使人一目了然，所以那最普通的方法是『誇張』，但又不是胡鬧。……所以漫畫雖然有誇張，却還是要誠實。『燕山雪花大如席』，是誇張，但燕山究竟有雪花，就含着一點誠實在裏面，使我們立刻知道原來有這麽冷。如果説廣州雪花大如席，那

可就變成笑話了。」(且介亭雜文二集)

〔六〕札記：「古文有飾，擬議形容，所以求簡，非以求繁，降及後世，誇張之文，連篇積卷，非以求簡，衹以增繁，仲任所譏，彥和所誚，固宜在此而不在彼也。」

校釋：「六朝文人承兩漢賦體大行之後，各體文章，多以敷布之法爲之，故誇飾之用爲最盛。誇飾逾量，則真采匿而浮僞成。舍人論文，抑浮僞而崇真采，故斥相如爲『詭濫』，病子雲、平子爲『虛用濫形』。末段『酌詩書之曠旨，翦揚馬之甚泰』，論旨甚正。蓋自比興以下四篇，皆論文家修辭之法也。夫文字之功用有限，文人之情意無窮，修辭之法，所以運有限之文字，成無限之妙用，亦即所以達無窮之情意也。故文意待辭修而益明，而修辭以能使意明爲限度，過此限度，亦足損意，舍人舉例，已足證明。」

又：「賦家之文，固以侈陳爲用，不廢誇飾，然敷設太甚，真意轉漓。是以相如賦仙，原以諷帝，而武帝讀之，反若凌雲；子雲美新，原非頌莽，而後世覽者，轉譏失節。蓋君子立言，亦不朽之業，貴能準情而發，未可徒務馳騁筆墨之工，而甘蹈諂誣之失也。此篇所謂『夸而有節，飾而不誣』，與太沖『侈言無驗，雖麗非經』之語，實相沆瀣，亦古賢文德之論也。」

第四段論運用夸飾的基本原則。

贊曰：夸飾在用，文豈循檢〔一〕？言必鵬運〔二〕，氣靡鴻漸〔三〕。倒海探珠，傾崑取琰〔四〕。曠而不溢，奢而無玷〔五〕。

〔一〕典論論文：「譬諸音樂，曲度雖均，節奏同檢。」注：「蒼頡篇曰：『檢，法度也。』」

斠詮：「言夸張增飾之應用，自有其必要，文章寫作豈可循一定之法式？」

〔二〕黄注：「莊子：北冥有魚，其名爲鯤，化而爲鳥，其名爲鵬，海運則將徙於南冥。」玉篇：「運，行也。」莊子逍遥遊：「鵬之背，不知其幾千里也……是鳥也，海運則將徙於南冥。」此言作品之言詞，必求如大鵬之運行。

〔三〕黄注：「鴻漸，易漸卦爻。」

校注：「漢書公孫弘傳贊：『公孫弘、卜式、兒寬皆以鴻漸之翼，困於燕爵。』顔注引李奇曰：『漸，進也。鴻一舉而進千百者，羽翼之材也。』説文非部：『靡，柀（今字用披）靡也。』」此處「靡」有勝過之義。易漸卦初六：「鴻漸于干。」王注：「鴻，水鳥也，漸進之義，始於下而升者也。」「氣靡鴻漸」謂氣勢勝過鴻雁之漸進飛翔。

〔四〕「琰」，美玉。

尚書胤征：「火炎崐岡，玉石俱焚。」孔傳：「崑山出玉。」吕氏春秋重己：「人不愛崑山之玉，江漢之珠，而愛己之一蒼璧小璣。」

史記趙世家：「崑山之玉不出。」「傾崑取琰」，謂把崑山翻個個兒盡取其美玉。

〔五〕「曠」字，即上文「酌詩書之曠旨」之「曠」，含有深廣之意。所謂廣即上文「事必宜廣」之廣。

莊子人間世：「夫兩喜必多溢美之言，兩怒必多溢惡之言。」郭象注：「溢，過也。」

詩經大雅抑：「白圭之玷，尚可磨也；斯言之玷，不可爲也。」「玷」本謂玉的斑點，引伸爲缺點。「溢」指泛濫，過份。末句謂夸張而無流弊。

事類第三十八

後漢書陳寵傳：「時司徒辭訟，久者數十年，事類溷錯。……寵爲司徒鮑昱撰辭訟比七卷，決事科條，皆以事類相從。」

後漢袁康越絶書越絶篇叙外傳記：「因事類以曉後世。」

論衡別通篇：「人不博覽者，不聞古今，不見事類，不知然否。」

風俗通正失：「推事類，似不及太宗之事。」

魏文帝答卞蘭教：「賦者，言事類之所附也。」（見魏志卞后傳注引魏略）

文章流別論：「古詩之賦以情義爲主，以事類爲佐。今之賦，以事形爲本，以義正爲助。情義爲本，則言省而文有例矣。事形爲本，則言富而辭無常矣。文之繁省，辭之險易，蓋由於此。夫假象過大，則與類相遠；逸辭過壯，則與事相違；辯言過理，則與義相失；麗靡過美，則與情相悖。此四過者，所以背大體而害政教，是以司馬遷割相如之浮説，揚雄疾詞人之賦麗以淫也。」

詩品序：「夫屬詞比事，乃爲通談。若乃經國文符，應資博古，撰德駁奏，宜窮往烈。至乎吟詠情性，亦何貴於用事？『思君如流水』，既是即目；『高臺多悲風』，亦唯所見；『清晨登隴首』，羌無故實；『明月照積雪』，詎出經史！觀古今勝語，多非補假，皆由直尋。顔延、謝莊，尤爲繁密，於時化之。故大明、泰始中，文章殆同書鈔。近任昉、王元長等，詞不貴奇，競須新事，爾來作者，寖以成俗。遂乃句無虚語，語無虚字，拘攣補衲，蠹文已甚。但自然英旨，罕值其人。詞既失高，則宜加事義，雖謝天才，且表學問，亦一理乎！」

南齊書文學傳論：「今之文章，作者雖衆，總而爲論，略有三體。……次則緝事比類，非對不發，博物可嘉，職成拘制，或全借古語，用申今情，崎嶇牽引，直爲偶説，唯覩事例，頓失精采，此則傅咸五經，應璩指事，雖不全似，可以類從。」

札記：「道古語以剴今，道之屬也。取古事以託喻，興之屬也。意皆相類，不必語出於我；事苟可信，不必義起乎今，引事引言，凡以達吾之思而已，若夫文之以喻人也，徵於舊則易爲信，舉彼所知，則易爲從。故帝舜觀古象，太甲稱先民，盤庚念古后之聞，箕子本在昔之誼，周公告商而陳册典，穆王詳刑而求古訓，此則徵事徵言，已存於左、史之文。凡若此者，皆所以爲信也。尚攷經傳之文，引成事述故言者，不一而足。……降及百家，其風彌盛。詞人有作，援古尤多。夫滄浪之歌，一見於孟子，『素餐』之詠，遠本於詩人。彦和以爲屈、宋莫取舊辭，斯以未爲誠論也。逮及漢魏以下，文士撰述，必本舊言，始則資於訓詁，繼而引録成言（漢代之文幾無一篇不采録成語者，觀二漢書可見），終則綜輯故事。爰自齊梁，而後聲律對偶之文大興，用事采言，尤關能事。其甚者，捃拾細事，争疏僻典，以一事不知爲恥，以字有來歷爲高，文勝而質漸以漓，學富而才爲之累；此則末流之弊，故宜去甚去泰，以節止之者也。然質文之變，華實之疏，事有相因，非由人力，故前人之引言用事，以達意切情爲宗，後有繼作，則轉以去故就新爲主。陸士衡云：『雖杼軸於余懷，怵他人之我先，苟傷廉而愆義，故雖愛而必捐。』豈惟命意謀篇，有所懷想，即引言用事，亦如斯矣。是以後世之文，轉視古人增其繁縟，非必文士之失，實乃本於自然。今之訾謷用事之文者，殆未之思也。……嘗謂文章之切，莫切於事類，學舊文者不致力於此，則不能逃孤陋之譏，自爲文者不致力於此，則不能免空虛之誚。試觀顏氏家訓勉學、文章二篇所述，可以知其術矣。」

校釋：「文學用典，亦修辭之一法，用典之要，不出以少字明多意。其大别有二：一用古事，二用成辭。用古事者，援古事以證今情也；用成辭者，引彼語以明此義也。」

注訂：「彦和以事類樹篇，蓋戒用事之必取諸經籍，取辭不違乎典誥，依情達理，循其成俗，事用乎古，辭取乎常，庶文章之道，精求本末，不事駭俗，斯真得之耳。」

斠詮：「『事類』一詞，原謂隸事以類相從也。……彦和用之，蓋論文章之徵引古事成辭，以類推事理，所謂『據事以類義，援古以證今』，亦修辭之一法，即常言『用典』（或曰「引用」）是也。用典其所以必證之於史實先例，或訴之於權威輿論者，乃利用世人對史實先例之尊重，及對權威輿論之崇奉心理，以加强自己言論之説服力耳。而其要在能以片言數字，闡明比較繁複或隱微之寓意，用典與比興不同，後者純係作者創意聯想，自行取事作譬；而前者則是借用現成之古事成辭，以引證或比喻當前之實況，如此，自可增益文章之典贍氣氛。」

事類篇裏所講的，相當於現代修辭學裏的引用。所謂事類：指類似的事實或言辭。這比通常所説「典故」的範圍要大得多。

祖保泉事類談屑：「在駢文中以典故、成辭爲裝點，已成爲一個不可忽視的因素。但是在文章中用典故、引成辭有它的兩面性；運用得當，借古事以申今情，則『不啻自其口出』；運用不當，則紕繆叢生。劉勰注意到了這個創作上的實際問題，試圖加以解決，撰事類篇。六朝人對用典故、引成辭這種修辭現象，稱謂不一：稱爲『事類』的有之；稱爲『事義』的有之；稱爲『用事』的也有之。」（油印本）

事類者，蓋文章之外，據事以類義，援古以證今者也〔一〕。昔文王繇易〔二〕，剖判爻位〔三〕，既濟九三，遠引高宗之伐〔四〕，明夷六五，近書箕子之貞〔五〕：斯略舉人事，以徵義者也〔六〕。

〔一〕這句是説在文章的主體以外，又根據類似的事例，來説明意義，引用古典來以古證今。校注：「按『事類』非自己出，故曰『外』。」

張煦侯試論劉勰的語言風格：「他所下的定義是『事類者，蓋文章之外，據事以類義，援古以證今者也』。這樣，『用事』的動機是在於求證，而不在於炫博，是『立言』的事，而不僅僅是詞章的事。不難看出，他對於故事或成説，都是把它當作推理過程中的材料看待，並且力避繁瑣，總求其能够解決問題的。……他是從『辨正然否』出發，來教人怎樣占有有用的事類的。」（合肥師範學院學報，一九六二年第三期）

〔二〕「繇」，卜兆的占詞。左傳閔公二年：「成風聞成季之繇。」服虔注：「繇，抽也，抽出吉凶也。」漢書文帝紀：「占曰：大横庚庚。」顏師古注：「李奇曰：庚庚，其繇文也；占，謂其繇也。」斠詮：「繇易，謂推演易理也。」

〔三〕辨析每卦六爻的位置。

〔四〕既濟䷾，共六劃，稱六爻，六爻中陽爻的符號是⚊，以九稱之；陰爻的符號是⚋，以六稱之。九三，即倒數第三爻爲陽爻，其爻辭是：「高宗伐鬼方（北方國名），三年克之。」斠詮：「既濟，卦名，離下坎上，定也。見易雜卦。案卦象爲水在火上，水火相交爲用，事無不濟，即無不安定也。爻辭：『九三，高宗伐鬼方，三年克之。』正義：『高宗者，殷王武丁之號也。九三處既濟之時，居文明之終，履得其位，是居衰末而能濟者也。高宗伐鬼方，以中興殷道，事同此爻，故取譬焉。』」武丁距文王時代頗遠，故云「遠引」。

〔五〕黄注：「易明夷：六五，箕子之明夷，利貞。」范注：「正義曰：『六五取比闇君，似箕子之近殷紂，故曰箕子之明夷也。』孔穎達論文辭誰作曰：『武王觀兵之後，箕子始被囚奴，文王不宜豫言箕子之明夷。』據此，彦和用事亦小誤也。」注訂：「此條范注據孔説，認爲彦和小誤者，非。蓋近者似也，非絶對之辭。況孔説居後，據後人之説以糾前人，非注書例也，范注非。」按箕子與文王同時，故云「近書」。「近」對「遠」而言，並非近似。

明夷䷣，共六爻。六五，即倒數第五劃是陰爻，其爻辭是：「箕子之明夷（傷），利貞（正）。」周注：「明夷，明而被傷，指商紂王無道，箕子諫不聽，裝瘋爲奴僕。利貞，有利於守正。」

斠詮：「明夷，卦名，離下坤上。夷者，傷也。見易序卦。此卦日入地中，其象於人事，爲闇主在上，明臣在下，不敢顯其明智。爻辭：『六五，箕子之明夷，利貞。』正義：『六五，取比闇君，似箕子之近殷紂，故曰箕子之明夷也。利貞者，箕子執志不回，闇不能没，明不可息，正不憂危，故曰利貞。』」

明夷六五象辭：「箕子之貞，明不可息也。」正義：「息，滅也。象稱明不可息者，明箕子能保全其貞，卒以全身爲武王師也。」

〔六〕「舉人事」就是舉以前的故事。這是爲説明某種意義，略舉古人的事迹來作徵驗。「舉事徵義」，就是引用事例來證明所要表達的意義，以證其説。

朱星文心雕龍的修辭論：「劉氏所説易經箕子、高宗之事，以及書經上引述古語，實在都算不得典故，只是典故由此發展而成。因爲典故的典是語出經典，即成辭；故是故事、故實，即人事。但與引叙古語引叙故事爲證的不同，主要是在組織上語氣上，成爲典故必須是壓縮的一個詞或短語或一句或在四六二句中，用一種代言體的口氣説出。……而典故又以『故』爲中心，所以當初稱『事類』或『用事』（詩品稱用事）。」

至若胤征羲和〔一〕，陳政典之訓〔二〕；盤庚誥民，叙遲任之言〔三〕：此全引成辭，以明理者也〔四〕。

〔一〕梅注：「書：惟仲康肇位四海，胤侯命掌六師。羲和廢厥職，酒荒于厥邑。胤侯承王命徂征，告于衆曰：嗟予有衆，聖有謨訓，明徵定保，先王克謹天戒，臣人克有常憲。百官修輔，厥后惟明明。每歲孟春，遒人以木鐸徇于路。官師相規，工執藝事以諫。其或不恭，邦有常刑。惟時羲和，顛覆厥德，沉亂於酒，畔官離次，俶擾天紀，遐棄厥司。乃季秋月朔，辰弗集于房。瞽奏鼓，嗇夫馳，庶人走。羲和尸厥官，罔聞知。昏迷于天象，以干先王之誅。政典曰：先時者殺無赦，不及時者殺無赦。今予以爾有衆，奉將天罰，爾衆士同力王室，尚弼予，欽承天子威命。火炎崐岡，玉石俱焚。……」

「胤」，國名。上所引見尚書夏書胤征。書序：「羲和湎淫，廢時亂日，胤往征之，作胤征。」傳：「羲氏、和氏，世掌天地四時之官，自唐、虞至三代，世職不絶，承太康之後，沈湎於酒，過差非度，廢天時，亂甲乙，胤國之君，受王命往征之。奉辭罰罪曰征。」

〔二〕校證：「『政』，馮本、汪本、佘本、張之象本、兩京本、何允中本、日本活字本、王惟儉本、清謹軒鈔本、日本刊本、王謨本、顧校本作『正』，按胤征本文是『政』字，作『正』者非。」按元刻本亦作「正」。范注：「僞孔傳曰：『政典，夏后爲政之典籍，若周官六卿之治典。』」這是引政典的話來告誡兵衆。

〔三〕梅注：「書盤庚：……汝曷弗告朕，而胥動以浮言，恐沈于衆，若火之燎于原，不可嚮邇，其猶可撲滅，則惟汝衆。自作弗靖，非予有咎。遲任有言曰：人惟求舊，器非求舊，惟新。……自今至于後日，各恭爾事，齊乃位，度乃口，罰及爾身，弗可悔。」按此見盤庚上。盤庚，尚書商書篇名。書序：「盤庚五遷，將治亳，殷民咨胥怨，作盤庚三篇。」傳：「盤庚，殷王名。……遲任，古賢人。言人貴舊，器貴新，汝不徙，是不貴舊。」這是用來勸説人民遵舊法，聽從遷都。

〔四〕「全引成辭以明理者」，就是爲表明某種事理，完全引用別人現成的話來作證據。這是爲了給自己的觀點提供論據，或者使自己的文章寫得生動有力，需要引用典故、成語、格言來作支持。這些典故中的事例都是古人成功的經驗或失敗的教訓，這些成語、格言，古人的著作或者聖哲的語録，都是從長期的經驗中歸納出來的，而且具有「衆所週知」的特點，可以增加文章的説服力，而且「明理引乎成辭，徵義舉乎人事」這種寫作法則本身也是「經籍之通矩」，就是從經書中總結出來的通用的規矩準繩。

然則明理引乎成辭，徵義舉乎人事，迺聖賢之鴻謨〔一〕，經籍之通矩也〔二〕。大畜之象〔三〕：「君子以多識前言往行。」〔四〕亦有包於文矣〔五〕。

〔一〕校注：「按『鴻謨』、『通矩』，謂『舉人事』與『引成辭』二者，則『謨』當作『模』。情采篇『夫能設謨以位理』，其誤『模』爲『謨』與此同。」

〔二〕「通矩」，通用的規矩法則。

〔三〕范注：「周易大畜：『象曰：君子以多識前言往行，以畜其德。』正義曰：『君子則此大畜，物既大畜，德亦大畜，故多記識前代之言，往賢之行，使多聞多見以畜積己德。』」大畜，易卦名，乾下艮上。

〔四〕這句話本來是説「君子」爲提高自己的道德修養，要多多地記住古人的美言善行作準則。考異：「梅本旁注『行』字下有『以畜其德此』五字，凌本、黄本俱無。按當從梅本補，王失校。」

〔五〕「亦有包於文矣」，謂寫文章也包括在内，就是説積累資料也要「多識前言往行」，以備寫文章時引用。劉大杰主編中國文學批評史：「説文章要運用古事成辭以説明道理，是『聖賢之鴻謨，經籍之通矩』，都是對駢體詩文的某些修辭手段强調過當，不但意見偏頗，且與事實不合。……麗辭篇、事類篇强調文章運用對偶和古事成辭的必要性，並引用經典之文來作證明；事實上運用對偶和古事成辭，只是經文的少數的並不常見的現象。在這個問題上，事實上並不是經文確以對偶、用典的重要修辭手段，使劉勰得以此作標準來加以提倡；而是劉勰首先確認作文必須對偶和用典，然後援引經文的少數例子來證成自己的論點。這種論證是主觀片面而不是實事求是的。劉勰爲了糾正當時不健康的文風，企圖以經文爲依據，建立一個思想藝術標準，因而不適當地解釋並誇大了經文的語言特色。」

以上爲第一段，釋事類在文章中的作用，並舉經書爲例。

觀夫屈宋屬篇，號依詩人〔一〕，雖引古事，而莫取舊辭〔二〕。唯賈誼鵩賦，始用鶡冠之説〔三〕，相如上林，撮引李斯之書〔四〕，此萬分之一會也〔五〕。

〔一〕辨騷篇：「離騷之文，依經立義。」王逸楚辭章句序：「屈原履忠被譖，憂愁悲思，獨依詩人之義，而作離騷。」

〔二〕辨騷篇：「固知楚辭者……雖取鎔經意，亦自鑄偉辭。」

朱星：「劉氏説屈宋賦只引古事，還沒引舊辭，到賈誼鵩賦才引述鶡冠子之説，其實屈宋賦中所引古事都還不算後來的典故，而賈誼引述鶡冠子的話也非後來的用典。用典與引典引語不同；用典必須把古人成言壓縮成爲一個詞，一個短語，或一句作爲代言體，即化爲如自己的話説出，也就是不得加引號。……

「一般説用事産生後於用典，漢初賈誼鵩鳥賦：『彼吴强大兮，夫差以敗。……傅説胥靡兮，迺相武丁。』這是引事，不是用事。宋玉神女賦：『毛嬙鄣袂，不足程式；西施掩面，比之無色。』這是引喻，也不是用事。司馬相如上林賦：『奏陶唐氏之舞，聽葛天氏之歌。千人唱，萬人和。』這也是引喻。……總之，這些也可説是廣義的用事，這當然起源很早，至於狹義的正式的用事，即用故事來代自己説話，是魏晉後的事。劉氏所説是廣義的用事，他是主張用事的。」

〔三〕黄注：「漢藝文志：鶡冠子一篇。注：楚人，居深山，以鶡爲冠。按賈誼鵩鳥賦中多用鶡冠子語。」范注：「賈誼鵩賦語多與鶡冠子世兵篇同。」諸子篇：「鶡冠緜緜，亟發深言。」范注：「漢志道家鶡冠子一篇，自注：『楚人，居深山，以鶡爲冠。』今所傳宋陸佃注本凡十九篇，其中世兵篇與賈誼鵩鳥賦文辭多同，彦和所謂亟發深言者，殆指此篇。抱經堂文集十書鶡冠子後：『鶡冠子十九篇，昌黎稱之，柳州疑之，學者多是柳。蓋其書本雜采諸家之文而成。如五至之言，則郭隗之告燕昭者也，伍長里有司之制，則管仲之告齊桓者也。世兵篇又襲魯仲連燕將書中語，謂其取賈誼鵩賦之文又奚疑！』」校注：「按『賦』當作『鳥』，已詳比興篇『賈生鵩賦』條。」

鵩鳥賦中用鶡冠子的甚多。如「憂喜聚門兮，吉凶同域……越棲會稽兮，勾踐霸世」，鶡冠子世兵篇作「禍乎福之所依，福乎禍之所伏。……憂喜聚門，吉凶同域。……越棲會稽，勾踐霸世」。此外尚有。

雜記：「案枚乘上吴王書，『夫以一縷之任，繫千鈞之重』，『難以復出』，凡七十餘字，亦全用孔叢子語，但鶡冠、孔叢子，後人皆疑僞託，不知誰爲先後也。」

〔四〕訓故：「李斯諫逐客書：『建翠鳳之旗，樹靈鼉之鼓。』司馬相如上林賦：『建翠華之旗，樹靈鼉之鼓。』」

補注：「詳案相如大人，影寫遠遊，枚叔七發，擥摭呂覽，亦所謂『取舊辭』也。」

〔五〕綴補：「戰國策韓策三：『萬分之一也。』史記張釋之列傳：『有如萬分之一。』」「萬分之一會」謂偶然的會合。

及揚雄百官箴〔一〕，頗酌於詩書，劉歆遂初賦，歷叙於紀傳〔二〕，漸漸綜採矣〔三〕。

〔一〕元刻本「揚」作「楊」。

校證：「『百』原作『六』，梅改。王惟儉本作『百』。」

范注：「揚雄作十二州二十五官箴，不得云『揚雄百官箴』（百官箴之名，起自胡廣），『百』疑是『州』之誤。録一首以示例：兗州箴：『悠悠濟河，兗州之寓；九河既導，雷夏攸處；草繇木條，漆絲絺紵；濟漯既通，降丘宅土（以上並見禹貢）。成湯五徙，卒都於亳；盤庚北渡，牧野是宅。丁感雊雉，祖己伊忠；爰正厥事，遂緒高宗。厥後陵遲，顛覆湯緒；西伯戡黎，祖伊奔走。致天威命，不恐不震（以上事俱見商書各篇）；婦言是用，牝鷄司晨（見牧誓）；三仁既知，武果戎殷。牧野之禽，豈復能耽；甲子之朝，豈復能笑。有國雖久，必畏天咎；有民雖長，必懼人殃。箕子歔欷，厥居爲墟（箕子作麥秀之歌）。牧臣司兖，敢告執書。』」

考異：「揚雄百官箴爲未竟之作，故只有二十五箴，胡廣補之。作『百』者用其成數。曰六者，指六官之制而言也。范注謂百官箴起自胡廣者非。」

校釋：「按胡廣補揚、崔官箴，合稱百官箴，舍人或用後起之名也。」

牟世金文心雕龍范注補正：「案范説非是。彦和在銘箴篇曾説：『至揚雄稽古，始範虞箴，作卿尹、州牧二十五篇。及崔、胡補綴，總稱百官。』可證他認爲百官箴是崔、胡等人補充揚雄之作而成。史實正是如此。後漢書胡廣傳云：『初，揚雄依虞箴作十二州二十五官箴，其九箴亡闕。後涿郡崔駰及子瑗，又臨邑侯劉騊駼增補十六篇，廣復繼作四篇，文甚典美。乃悉撰次首目，爲之解釋，名曰百官箴，凡四十八篇。』這説明『百官』之稱，本非實數，而四十八篇中又以揚雄之作最多。所以古文苑卷十五，就以揚雄的光禄勛箴等，總名爲百官箴。則原文揚雄百官箴未必有誤。」

〔二〕黄注：「劉歆集有遂初賦，按賦中感往寓意，皆紀傳中事。」范注：「古文苑載劉歆遂初賦，其序略曰：歆以論議見排擯，志意不得，之官（歆出爲五原太守）經歷故晉之域，感今思古，遂作斯賦，以嘆往事而寄己意。」

牟注：「紀傳：泛指史書。本書諧隱篇説的『隱語之用，被於紀傳』，與此同意。遂初賦中講到周、晉史事甚多。」

周注：「劉歆遂初賦：哀衰周之失權兮，數辱而莫扶。執孫蒯於屯留兮，救王師於余吾。

（左傳襄公十七年：「衛石買、孫蒯伐曹，取重丘。曹人訴於晉。」十八年：「晉人執衛行人〔外交官〕石買於長子，執孫蒯於純〔屯〕留，爲曹故也。」又成公元年：「晉侯使瑕嘉平戎於王〔使周王與戎和好〕。……劉康公徼戎〔趁戎不設備加以襲擊〕……敗績〔大敗〕於徐吾氏〔戎名〕。」）過下虒而嘆息兮，悲平公之作臺。（左傳昭公八年：「今宮室崇侈，民力雕盡。……於是晉侯方築虒祁之宮。」）背宗周而不恤（憂）兮，苟偷樂而惰怠。（左傳襄公二十九年：「晉平公，杞出也〔母杞國人〕，故治杞〔給杞國築城〕。……子大叔曰：『……晉國不恤周宗〔周的宗族姬姓國〕之闕，而夏肄〔餘〕是屏〔城，給夏代之餘的杞國築城〕，其棄諸姬，亦可知也已。』」）遂初賦的叙述，根據春秋左傳（即紀傳）。」

〔三〕「綜採」，綜合採用各書。

此處論文章運用典故始於揚、劉。才略篇：「卿、淵以前，多役才而不課學，雄、向以後，頗引書以助文，此取予之大際，其分不可亂者也。」

至於崔班張蔡〔一〕，遂捃摭經史〔二〕，華實布濩〔三〕，因書立功〔四〕，皆後人之範式也。

〔一〕范注：「後漢書崔駰傳：『駰字亭伯，少游太學，與班固傅毅同時齊名。』後漢崔氏文學甚盛，此崔與班同稱，則崔駰也。班謂班固，張謂張衡，蔡謂蔡邕。」

〔二〕黄注：「漢藝文志『捃摭遺逸』注：捃摭，謂拾取之。」范注：「説文：『攈，拾也。』字亦作『攟』作『捃』。又：『拓，拾也。』字或作『摭』。漢書刑法志：『蕭何攈摭秦法，取其宜於時者，作律九章。』」

〔三〕范注：「文選張衡東京賦：『聲教布濩。』薛綜注曰：『布濩，猶散被也。』」校注：「『濩』，元本、弘治本、汪本、佘本、張本、兩京本、胡本、訓故本作『護』。按『護』、『濩』同音通假。文選司馬相如封禪文『我氾布護之』作『護』；上林賦『布濩閎澤』、揚雄劇秦美新『布濩流衍』作『濩』，是其相通之證。『布濩』之作『布護』，猶『大濩』之作『大護』然也。郭璞上林賦注：『布濩，猶布露也。』」校證：「『濩』，汪本、佘本、張之象本、兩京本、王惟儉本誤『護』。」

「華實」，華采與事實。明詩篇：「華實異用，唯才所安。」

考異：「布濩，流衍之意，作『護』者誤。周禮春官『大司樂』賈疏作大濩，『護』與『濩』音同而不相通，通者皆俗譌也。楊注非。」

〔四〕「因書立功」，謂因引書見功效。

以上爲第二段，列舉兩漢文人引用古書之例。

夫薑桂因地，辛在本性〔一〕，文章由學，能在天資〔二〕。才自内發〔三〕，學以外成，有學飽而才餒〔四〕，有才富而學貧〔五〕。學貧者，迍邅於事義〔六〕；才餒者，劬勞於辭情〔七〕：此内外之殊分也〔八〕。

〔一〕校證：「『因』原作『同』，御覽五八五作『因』，『因』與下文『由』對言。韓詩外傳七：『薑桂因地而生，不因地而辛。』……此彦和所本，今據改。」韓詩外傳七：「宋玉因其友見楚襄王，襄王待之無以異，乃讓其友。友曰，夫薑桂因地而生，不因地而辛。」亦見新序。校注：「按『因』字是，『同』，其形誤也。宋玉集序：『宋玉事楚懷王，友人言之宋玉，玉以爲小臣。王議友人，友曰：「薑桂因地而生，不因地而辛。」』（書鈔三三引）」

〔二〕「天資」，范正文夾注：「孫云：明抄本御覽作『才資』。」校注：「『資』，御覽引作『才』。……何焯改『才』。按『才』字是。下文屢以『才』『學』對言，即承此引申。若作『資』，則上下不應矣。」校證：「御覽、記纂淵海七五『由』作『沿』。」

〔三〕范注：「鈴木云：御覽『才』上有『故』字。」校注：「按有『故』字，於義爲長。」體性篇：「才力居中。」

〔四〕元刻本、弘治本「學飽」作「飽學」。校證：「張之象本『餒』下有『者』字，涉下文『學貧者』句而誤衍。」

〔五〕校證：「張之象本『貧』下有『者』字，涉下文『學貧者』句而誤衍。」

〔六〕易屯卦：「迍如邅如。」「迍邅」，難行不進貌。體性：「事義淺深，未聞乖其學。」

元刻本、弘治本無「學貧」二字。

「迍邅」，猶困難。這句是説在用典時就會發生困難。

〔七〕詩經邶風凱風：「母氏劬勞。」毛傳：「劬勞，病苦也。」斠詮：「爾雅釋詁郝懿行義疏：『劬勞者，力乏之病也。』」

范注：「南齊書文學傳論云：『緝事比類，非對不發，博物可嘉，職成拘制，或全借古語，用申今情，崎嶇牽引，直爲偶説，唯覩事例，頓失精彩。』此即所云學飽才餒之人。郎廷槐師友詩傳録……述張歷友之説曰：『嚴滄浪有云：詩有別才，非關書也。詩有別趣，非關理也。此得於先天者，才性也。讀書破萬卷，下筆如有神；貫穿百萬衆，出入由咫尺。此得力於後天者，學力也。非才無以廣學，非學無以運才，兩者均不可廢。有才而無學，是絶代佳人唱蓮花落也；有學而無才，是長安乞兒著宮錦袍也。』」

〔八〕「分」字，范注：「御覽作『方』，顧校作『方』，孫云：明抄本御覽作『貧』。鈴木云：案御覽作『分』不作『方』。」校注：「『分』，黄校云：『御覽作方。』按宋本……御覽作『分』……文斷引同，是也。莊子逍遥遊『定乎内外之分』，亦可爲此當作『分』之證。」校證：「鮑本御覽『分』作『方』，顧校作『方』。案『分』字不誤，莊子逍遥遊：『定乎内外之分。』此彦和所本。」考異：「因才自内發，學以外成，故内外殊分也。」才略篇：「此取與之大際，其分不可亂者也。」

顏氏家訓文章篇：「學問有利鈍，文章有巧拙。鈍學累功，不妨精熟；拙文研思，終歸蚩鄙。但成學士，自足爲人；必乏天才，勿强操筆。吾見世人，至於無才思，自謂清華，流布醜拙，亦以衆矣。」

是以屬意立文〔一〕，心與筆謀，才爲盟主，學爲輔佐，主佐合德，文采必霸〔二〕；才學褊狹，雖美少功〔三〕。

〔一〕「立」，范校：「孫云：御覽作『於』。」

考異：「禮冠義：『而後禮義立。』立，成也。屬意成文，較『於』字爲長。又『文』與『言』同。左傳襄二十四年：『穆叔曰：其次立言。』立文，猶立言也，從立是。」

〔二〕范正文夾注：「孫云：御覽無『主佐』二字，『德』作『得』。明抄本御覽亦無『主佐』二字，『德』作『縷』。」

「霸」，謂稱雄一時。

校注：「『德』，倪本、活字本、鮑本御覽引作『得』。按『合德』二字出易乾文言。漢書律曆志上『衡權合德』，鶡冠子天則篇『與天地合德』，隸釋桐柏淮源廟碑『五嶽四瀆，與天合德』，並以『合德』爲言，則作『得』非也。」

考異：「『德』『得』古通。合德，言主與佐合也。」

斠詮：「謂天才與學養配合相得也。……郎廷槐師友詩傳録述漁洋之説曰：『司空表聖云：不著一字，盡得風流。此性情之説也。揚子雲云：讀千賦則能賦。此學問之説也。二者相輔而行，不可偏廢。若無性情而侈言學問，則昔人有譏點鬼録，獺祭魚者矣。學力深，始見性情，此一語是造微破的之論。』」

〔三〕紀評：「此一段言學欲博。」

雜記：「諸葛亮云：才須學也，學須才也。非才無以成學，非學無以養才。」

滄浪詩話：「夫詩有別材，非關書也；詩有別趣，非關理也；而古人未嘗不讀書不窮理，所謂不涉理路，不落言筌者上也。……近代諸公，作奇特解會，以文字爲詩，以議論爲詩，以才學爲詩，以是爲詩，夫豈不工，終非古人之詩也。」

明李維楨大泌山房集卷十一：「夫詩人雖小道，其才必豐於天，而其學必極於人。就其才之所近而輔之以學，師匠高而取精多，專習凝領之久，神與境同，手與心謀，非可襲而致也。」

夫以子雲之才，而自奏不學，及觀書石室，乃成鴻采〔一〕。表裏相資，古今一也〔二〕。故魏武稱張子之文爲拙〔三〕，然學問膚淺〔四〕，所見不博，專拾掇崔、杜小文〔五〕，所作不可悉難，難便不知所出〔六〕，斯則寡聞之病也〔七〕。

〔一〕訓故：「揚雄答劉歆書：雄爲郎之歲，自奏少不得學，而心好沈博絶麗之文，願不受三歲之奉，且休脱直事之繇，得肆心廣意以自克就。有詔可，不奪奉，令尚書賜筆墨錢六萬，得觀書於石渠（按古文苑本「渠」作「室」）。」下文云：「如是後一歲，作繡補、靈節、龍骨之銘詩三章。成帝好之，遂得盡意。」

「石室」，即石渠閣，漢代皇家的藏書室，用石頭建成。

補注：「詳案左思魏都賦劉逵注引作『得觀書於石室』。北堂書鈔九十七、一百三引並同。戴氏震方言疏證、錢氏繹方言箋疏，於揚答劉書，咸據選注及雕龍此篇改爲石室，且左賦所用石室，與日、色、革爲韻，必無誤理。黄注不究室之與渠所由致誤，亦其疏也。」

〔二〕「表裏」指學與才，猶上文言「内外」。

黄叔琳批：「才稟天授，非人力所能爲，故以下專論博學。」

〔三〕趙仲邑注：「張子……現據三國志邴原傳裴松之注引邴原别傳，定爲張範。」

校注：「按『張子』未審爲張範否？邴原别傳：『河内張範，名公之子也。其志行有與（邴）原符，甚相親近。（曹操）令曰：「邴原名高德大，清規邈世，魁然而峙，不爲孤用。聞張子頗欲學之。吾恐造之者富，隨之者貧也。」』（三國志魏志邴原傳裴注引）」

〔四〕范注：「『然』字疑衍。」校注：「按『然』猶『乃』也（見經傳釋詞卷七），非衍文。」

〔五〕注訂：「崔、杜似指崔駰、杜篤而言。」校注：「按崔駰父子及杜篤皆有雜文，見嚴可均全後漢文卷二八又卷四四至卷四七。」崔駰見銘箴篇，杜篤見誄碑篇。

〔六〕范注：「魏武語止『難便不知所出』句。」雜記：「案『難』去聲。楊慎云：宋人所謂用則不差，問則不知。」「難」，問難，指追究。

所見不廣，專門摘取崔、杜兩人的短篇來寫作，寫出的東西經不起一一去考問，一考問便不知道出處，這是淺見寡聞的毛病。

〔七〕紀評：「此一段言學欲博。」

夫經典沈深，載籍浩瀚〔一〕，實群言之奧區，而才思之神皋也〔二〕。揚班以下，莫不取資，任力耕耨，縱意漁獵〔三〕，操刀能割〔四〕，必列膏腴〔五〕；是以將贍才力，務在博見〔六〕，狐腋非一皮能温〔七〕，鷄蹠必數千而飽矣〔八〕。

〔一〕校注：「『瀚』，元本、弘治本、活字本、汪本、佘本、張本、兩京本、胡本、訓故本、謝鈔本作『汗』。……按『汗』、『瀚』音同得通。」

考異：「司馬相如上林賦：『采色浩汗。』字又作『瀚』，見淮南俶真篇『浩浩瀚瀚』，是『汗』『瀚』古通也。」「浩瀚」，本形容水之廣大，亦比擬言論之衆多。

〔二〕范注：「文選張衡西京賦：『爾乃廣衍沃野，厥田上上，實惟地之奥區神皋。』李善注：『廣雅曰：「皋，局也。」謂神明之界局也。』」五臣銑注：「神者，美言也。澤畔曰皋。」是「神皋」謂神明之皋壤。

宗經篇贊：「文章奧府。」

黄春貴文心雕龍之創作論：「此言古聖先哲垂訓之經典，諸子百家立論之書籍，皆吾人充實見聞之寶庫，倘能流覽多讀，期之歲月，則前言往行，耳熟能詳，行文用典何憂貧窶！」

〔三〕校注：「按抱朴子外篇鈞世：『然古書雖多，未必盡美，要當以爲學者之山淵，使屬筆者得采伐漁獵其中。』」

〔四〕校注：「按左傳襄公三十一年：『猶未能操刀而使割也。』（六韜文韜守土篇：『操刀必割。』）」

牟注：「賈誼陳政事疏引黄帝曰：『操刀必割。』漢書賈誼傳注引太公曰：『操刀不割，失利之期。』言當及時也。」

〔五〕校注：「『列』，黄校云：『汪作裂。』按元本、弘治本、活字本、佘本、張本、兩京本、何本、胡本、崇文本亦並作『裂』。按説文刀部：『列，分解也。』又衣部：『裂，繒餘也。』是『分裂』字本應作『列』，然古多通用不別。」

考異：「史記項羽本紀『分列天下』，盧綰傳『故得列地』，漢書作『咸得裂地』。『列』、『裂』古通。」

〔六〕神思篇：「博見爲饋貧之糧。」

札記：「且夫文章之事，才學相資，才固爲學之主，而學亦能使才增益。故彦和云：『將贍才力，務在博見。』然則學之爲益，何止爲才裨屬而已哉。然淺見者臨文而躊躇，博聞者裕之於平素，天資不充，益以彊記，彊記不足，助以鈔撮，自吕覽淮南之書，虞初百家之説，要皆探取往書，以資博識。……惟論文用事，非可取辦登時，觀天下書必徧而後爲文，則皓首亦無操觚之事。故凡爲文用事，貴於能用其所嘗研討之書，用一事必求之根據，觀一書必得其績效，期之歲月，瀏覽益多，下筆爲文，何憂貧窶？若乃假助類書，乞靈雜纂，縱復取充篇幅，終恐見笑大方。蓋博見之難，古今所共，俗學所由多謬，淺夫視爲畏途，皆職此之由矣。」

黄春貴：「爲文用典，必須平日餐經饋史，霍然有懷，然後振翰操紙，自可信手拈來，左右逢源。舍是雖殫思苦慮，不能益其胸之所本無，猶探珠於淵而淵本無珠，掐玉於山而山本無玉，雖竭淵夷山以求之，無益也。……故用典之法，首在廣博涉獵，以充實見聞。神思篇曰：『積學以儲寶。』又曰：『難易雖殊，並資博練。若學淺而空遲，才疎而徒速，以斯成器，未之前聞。』……可知先天之才力固然重要，而後天之學養，更不可缺，唯有兩者相輔相成，庶幾乎才富學博，乃成鴻采。故雜文篇贊曰：『偉矣前修，學堅才飽，負文餘力，飛靡弄巧。』杜甫所謂『讀書破萬卷，下筆如有神』，亦即此意。」

〔七〕慎子知忠：「粹白之裘，蓋非一狐之皮也。」「粹」一作「狐」，「皮」一作「腋」。意林二引慎子作：「狐白之裘，非一狐之掖。」

〔八〕范注：「淮南子説山訓：『天下無粹白狐，而有粹白之裘，掇之衆白也。善學者，若齊王之食鷄，必食其蹠，數十而後足。』高誘注曰：『蹠，鷄足踵也，喻學取道衆多然後優。』彦和語即本淮南文。淮南又本吕氏春秋用衆篇。『數千』似當作『數十』，數千不將太多乎！」

校注：「按古人爲文，恒多夸飾之詞，舍人於前篇言之備矣。如鷄蹠數千，即爲太多，則所謂周游七十二君者，其國安在？白髮三千丈者，其長誰施耶？吕氏春秋用衆篇：『善學者，若齊王之食鷄也，必食其跖（與蹠同）數千而後足。』是舍人此文，本吕子也。且本篇立論，務在博見，故謂『狐腋非一皮能温，鷄蹠必數千而飽』；皆喻學者取道衆多，然後優也。」

是以綜學在博〔一〕，取事貴約〔二〕，校練務精，捃理須覈〔三〕，衆美輻輳〔四〕，表裏發揮〔五〕。劉劭趙都賦云〔六〕：「公子之客，叱勁楚令歃盟〔七〕；管庫隸臣，呵强秦使鼓缶〔八〕。」用事如斯，可稱理得而義要矣〔九〕。

〔一〕吟窗雜録卷三十七：「詩有四貴，綜學貴博，取事貴要，校練貴精，捃理貴覈。」黄叔琳批：「徒博而校練不精，其取事捃理不能約覈，無當也。」

〔二〕校注：「『約』，吟窗雜録三七作『要』。按『要』字非是。孟子離婁下：『孟子曰：博學而詳説之，將以反説約也。』袁準正書：『學莫大於博，行莫過於約。』（御覽六一二引）並以『博』與『約』對舉。」

雜記：「吴翌亭云：文之至者，問學不可不勤，見聞不可不廣。而至於字裏行間，却不專以繁徵博引爲此中之長技。自古能文之士，固有力破萬卷，博及群書，而下筆之時，乃不見有一字，此乃融化痕迹，而納之於神味之中，爲文家之上乘。蓋作文之道，與數典異。數典之長，惟恐其不詳盡，苟一有不及，即不免譾陋之譏。行文者惟有所棄，而後能有所取。所取愈廣，則其所棄亦愈多。故精華既集，則糟粕自除，臭腐能蠲，則神奇益顯。若論諸體之中，惟有考據一門，不得不以援引舊聞爲事。然其一篇佳處，亦全在斷制數語。古人所謂讀書得間者，此類是也。」

〔三〕考異：「綜學、取事、校練、捃理，四句一貫，故下言衆美，指此四事也，從『理』是。」

斠詮：「校練，考校簡選也。三國志魏志鍾會傳注：『弼與鍾會善，會論議以校練爲家。』」

祖保泉事類談屑解這四句說：「博學是前提；所見不博，則沒有多少典故可出之於筆下。在文中用典要簡約；堆垛典故，則文章必然流於滯澀。選擇要精確，要完全符合表情達意的要求，否則必然産生乖謬。由典故所表明的道理，應該經過核實是合用的，否則將無益於『據事以類義，援古以證今』。」

黄海章劉勰的創作論和批評論：「所謂『約』、『精』、『覈』，即是去其糟粕，取其精華。如果多叙細事，多用僻典，『以一事不知爲恥，以字字有來歷爲高』，則文章變成『事類統編』，毫無生意。」用典，光是個書簍子還不行，還要善於選取事例典故。「是以綜學在博，取事貴約，校練務精，捃理須覈」，就是説積累學問要博，但用典時貴在少而精，選取的事理須經過考核，要精練。

〔四〕校注：「『輳』，元本、弘治本、汪本、張本、兩京本、訓故本、四庫本作『湊』。按『湊』字是，已詳書記篇『詭麗輻輳』條。」「輻湊」，聚集。

〔五〕校證：「『揮』，汪本、佘本、張之象本、何允中本、日本活字本、梅本、凌本、梅六次本、鍾本、梁本、四庫本、王謨本、張松孫本作『輝』。徐校作『揮』。」元刻本「揮」作「輝」。何焯校「輝」改「揮」。按「輝」字義長。

黄春貴：「吾人於充實見聞，多識前言往行之餘，固應知所抉擇，衡情酌理，適得其要，則用典之際，不致繆訛矣。……故爲文用典，當以情義爲主，擇事類之宜者佐之，斯爲美善。」

〔六〕元刻本、弘治本「劭」作「邵」，「云」上有「客」字。校證：「何允中本、日本活字本、凌本，『賦』上有『客』字，崇文本『賦』上有『無』字；汪本、佘本、張之象本、兩京本、梅本、鍾本、梁本……四庫本『賦』下有『客』字，王謨本『賦』下有『有』字。梅六次本剜去『客』字，馮校云：『「客云」，「客」字疑衍。』而黄注本、張松孫本從之，是也。」訓故：「魏志：劉劭，字孔才，嘗作趙都賦，明帝美之。」按此見劉劭傳。范注：「嚴可均全三國文三十二輯趙都賦佚文漏輯此條。」

〔七〕范注：「公子之客，謂平原君之客毛遂迫楚王定盟。」梅注：「史記：平原君與楚合從，言其利害，日出而言之，日中不決。毛遂按劍歷階而上，謂平原君曰：『從之利害，兩言而決耳。今日出而言從，日中不決，何也？』楚王謂平原君曰：『客何爲者也？』平原君曰：『是勝之舍人也。』楚王叱曰：『胡不下！吾乃與而君言，汝何爲者也？』毛遂按劍而前曰：『王之所以叱遂者，以楚國之衆也，今十步之内，王不得恃楚國之衆也。合從者爲楚，非爲趙也。吾君在前，叱者何也？』謂楚王之左右曰：『取鷄狗馬之血來！』毛遂奉銅盤而跪，進之楚王曰：『王當歃血而定從，次者吾君，次者遂。』遂定從於殿上。」「歃血」，訂盟者飲牲口之血以示誠意。

〔八〕梅注：「史記：秦王使使者告趙王，欲與王爲好會於西河外澠池。趙王遂行。藺相如從，遂與秦王會澠池。秦王飲酒酣曰：『寡人竊聞趙王好音，請奏瑟。』趙王鼓瑟。秦御史前書曰：『某年月日，秦王與趙王會飲，令趙王鼓瑟。』藺相如前曰：『趙王竊聞秦王善爲秦聲，請奉盆缶秦王，以相娛樂。』秦王怒不許。於是相如前進缶，因跪請秦王，秦王不肯擊缶。相如曰：『五步之内，相如請得頸血濺大王矣！』左右欲刃相如，相如張目叱之，左右皆靡。於是秦王不懌，爲一擊缶。相如顧召趙御史書曰：『某年月日，秦王爲趙王擊缶。』」按此見藺相如列傳。

禮記檀弓下：「（趙）文子……所舉於晉國管庫之士七十有餘家。」鄭注：「管庫之士，府史以下，官長所置也。舉之於君，以爲大夫士也。」

黄注：「左傳：『輿臣隸，隸臣僚。』注：『隸，謂隸屬於吏也。』」按此見昭公七年。

訓故：「按相如本宦者繆賢舍人，故云管庫隸臣。」

〔九〕滄浪詩話詩法六：「不必太着題，不必多使事。」陶明濬詩説雜記論使事云：「不欲多使事者，因事不易使，如將兵者多多益善，非有淮陰之才，萬不能勝任。要須以情義爲主，以事類爲佐，乃能操縱在我，進退自如。詠物之作，非專用典也，必求其婉言而諷，小中見大，因此及彼，生人妙語，乃爲上乘也。詠古之作，非專使事也。必了然古今之成敗興衰之所由，發潛德之幽光，誅奸佞於已死，垂爲鑒戒，昭示無窮也。」紀評：「此一段言擇欲精。」

故事得其要，雖小成績，譬寸轄制輪，尺樞運關也〔一〕。或微言美事，置於閑散〔二〕，是綴金翠於足脛，靚粉黛於胸臆也〔三〕。

〔一〕黄注：「文子：『五寸之關，能制開闔，所居要也。』」范注引孫蜀丞曰：「黄以周輯子思子卷六云：『終年爲車，無一尺之軫，則不可以馳。』黄以周云：『淮南子繆稱訓云：「終年爲車，無三寸之鎋，不可以驅馳；匠人斲户，無一尺之楗，不可以閉藏。」即取子思子之文而少變之。』『三寸』，當作『一寸』，文心雕龍事類篇『寸轄制輪，尺樞運關』，即其義也。」宋晏殊類要卷三十二譬喻語引作：「故爲文用事，雖小成績。譬寸轄制輪，尺樞運閞。」斠詮：「淮南繆稱所云寸轄尺楗，即彦和此二語所本。轄，軸端鍵也。」

「樞」，門上的轉軸。樞軸爲機關運轉的中軸，所以説「尺樞運關」。「楗」是門閂，與此處不合。

〔二〕校證：「張之象本『閑』作『閒』。馮本、汪本、佘本、張之象本、兩京本脱『散』字。王惟儉本作『閒□』。」按元刻本即脱「散」字。

劉歆移書讓太常博士：「及夫子没而微言絶，七十子卒而大義乖。」「微言」，精微之言。

〔三〕楊慎丹鉛續録卷六雜識「翠足粉胸」條：「劉勰云：『綴金翠於足跗，靚粉澤於胸臆。』以喻失其所施也。」「靚」，玉篇：「妝飾也。」

校注：「史記相如傳（上林賦）：『靚莊刻飭。』集解引郭璞曰：『靚莊，粉白黛黑也。』」

以上爲第三段，説明才與學的關係，强調才與學必須「表裏相資」，並進而論述博見、博學的必要性。

凡用舊合機，不啻自其口出〔一〕；引事乖謬，雖千載而爲瑕〔二〕。陳思，群才之英也〔三〕。報孔璋書云〔四〕：「葛天氏之樂，千人唱，萬人和〔五〕，聽者因以蔑韶夏矣。」〔六〕此引事之實謬也〔七〕。

〔一〕斯波六郎：「尚書秦誓：『人之彦聖，其心好之，不啻如自其口出。』」

顔氏家訓文章篇：「沈隱侯曰：文章當從三易：易見事，一也；易識字，二也；易讀誦，三也。邢子才常曰：沈侯文章用事，不使人覺，若胸臆語也，深以此服之。祖孝徵亦嘗謂吾曰：沈詩云『崖傾護石髓』，此豈似用事耶？」

宋周輝清波雜志「爲文當從三易」條：「沈隱侯曰：古儒士爲文，當從三易：易見事，一也；易識字，二也；易誦讀，三也。邢子才曰：沈隱侯文章用事不使人覺，若胸臆語，深以此服之。杜工部作詩，類多故實，不似用事者。是皆得作者之奥。樊宗師爲文奥澀不可讀，亦自名家。才不逮宗師者，固不可效其體。劉勰文心雕龍論之至矣。」

斠詮：「文心情采篇：『虎豹無文，則鞹同犬羊；犀兕有皮，而色資丹漆。』前二句隱括論語顔淵『文猶質也，質猶文也。虎豹之鞹，猶犬羊之鞹』句。後二句隱括左傳宣二年『使其驂乘謂之曰：牛則有皮，犀兕尚多，棄甲則那？役人曰：從其有皮，丹漆若何』句。彦和據此，重新綴輯，使與『質待文也』句相融會，而用舊合機，不啻自其口出也。」

黄春貴：「大約用典之佳者，貴能推陳出新，無異於出自一己之創作，譬如水中著鹽，運化無迹，不使人覺。文章乃日新之物，若食古不化，拾人牙慧，一派陳腔濫調，豈不令人生厭！故原本古事成辭，用典時卻須重加鑄造，别出心裁。否則邯鄲學步，未得古人之旨，亦忘自我之能矣。……夫善紉者無隙縫，工繪者無漬痕，用典若斯，緊著題意，融化而不澀，用事而不爲事使，則面目精神，方能一新。史記用古人語，漢書用史記文，而其面目精神，則史記也，漢書也，非古人也。」

〔二〕「引事」二句：一旦引用錯了，千百年後也洗刷不掉。

朱星：「劉氏又提出要用的合機，正是貴約、得要、合機三原則。合機即不失真。……當時還須用的妥貼自然，不勉强，不晦僻。有時爲了求對，往往勉强湊數，這在大作家也有時不免。如庾信小園賦中『心則歷陵枯木，髮則睢陽亂絲』，按宋書五行志、應劭漢官儀均記豫章郡有樟樹久枯而忽更榮茂，又呂氏春秋記墨子見染素絲而嘆，『亂絲』當作『素絲』，以喻白髮，又不説墨子而説睢陽，因睢陽故屬宋國，而墨子是宋人，如此轉折用典，實嫌隱晦。又歷陵枯木乃枯而復生，今只取其枯木，則不如另换一事以喻心如枯木。這是用事不妥貼之處。因此用事的要求還須合適，即不牽强；須通曉，不晦僻。不晦僻，實分不晦不僻，不僻即用平常經史上事，不用稗史雜書上的事；不晦是雖可含蓄寫，但不可太過份，搞成晦塞不可通。如魏伯子論文上記載一人喜用典，把請人指正一語改『指正』爲『斧正』，繼思『斧正』易解，於是改爲『郢正』，因莊子上有郢人善運斧。如此求隱，故作拐彎，就使人不解了。……到齊梁極弊之際，爲文者下筆即是駢儷雙數，不敢用隻字單句，同時又是對對用事，不用事好象帶了孝太素了似的，甚至不管寫的什麽，都要用事，這决非劉氏的意思。」

顔氏家訓文章篇：「自古宏才博學，用事誤者有矣。百家雜説，或有不同，書儻湮没，後人不見，故未敢輕議之；今指知决紕繆者，略舉一兩端以爲誡。詩云：『有鷕雉鳴。』又曰：『雉鳴求其牡。』毛傳亦曰：『鷕，雌雉聲。』又云：『雉之朝雊，尚求其雌。』鄭玄注月令亦云：『雊，雄雉鳴。』潘岳賦曰：『雉鷕鷕以朝雊。』是則混雜其雄雌矣。詩云：『孔懷兄弟。』孔，甚也；懷，思也：言甚可思也。陸機與長沙顧母書述從祖弟士璜死，乃言『痛心拔腦，有如孔懷』。心既痛矣，即爲甚思，何故言『有如』也？觀其此意，當謂親兄弟爲『孔懷』。詩云『父母孔邇』，而呼二親爲『孔邇』，於義通乎？異物志云：『擁劍狀如蟹，但一螯偏大爾。』何遜詩云『躍魚如擁劍』，是不分魚蟹也。漢書：『御史府中列柏樹，常有野鳥數千棲宿其上，晨去暮來，號朝夕鳥。』而文士往往誤作烏鳶用之。抱朴子說項曼都詐稱得仙，自云『仙人以流霞一杯與我飲之，輒不飢渴』。

「而簡文詩云『霞流抱朴椀』，亦猶郭象以惠施之辨爲莊周言也。後漢書：『因司徒崔烈以鋃鐺鏁。』鋃鐺，大鏁也，世間多誤作金銀字。武烈太子亦是數千卷學士，嘗作詩云：『銀鏁三公脚，刀撞僕射頭。』爲俗所誤。」

〔三〕指瑕篇：「陳思之文，群才之俊也。」

〔四〕范注：「陳思報孔璋書佚。」

〔五〕梁玉繩史記志疑卷三十四「司馬相如傳聽葛天氏之歌，千人唱，萬人和」條附案：「文心雕龍事類篇曰：『陳思報孔璋書云……致斯繆也。』余謂千唱萬和，此賦乃總承上文，非專言葛天，謬在陳思，不在相如。」

〔六〕韶，舜樂；夏，禹樂。

〔七〕匡謬正俗卷七："「西征賦：丞屬號而守闕，人百身以納贖。趙廣漢傳：廣漢下廷尉獄，吏民守闕號泣者數萬人，或言：『臣生無益於縣官，願代趙京兆死，得收養小民。』延壽傳無此語，安仁論延壽之死，所舉廣漢之請代，則用事之不審焉。」駱鴻凱文選學："「汪師韓文選理學權輿有選注訂誤一卷，凡選文用事之誤，李注曾加糾舉者，悉爲摘出。」

按葛天之歌，唱和三人而已〔一〕。相如上林云："「奏陶唐之舞，聽葛天之歌，千人唱，萬人和。」〔二〕唱和千萬人，乃相如推之〔三〕，然而濫侈葛天，推三成萬者，信賦妄書，致斯謬也〔四〕。

〔一〕范注："「吕氏春秋古樂篇：『昔葛天氏之樂，三人操牛尾，投足以歌八闋。』」

〔二〕范注："「文選司馬相如上林賦：『奏陶唐氏之舞，聽葛天氏之歌，千人唱，萬人和，山陵爲之震動，川谷爲之蕩波。』」陶唐氏即堯。校釋："「『陶唐』乃『陰康』之誤。史記相如傳同。師古注曰：『陶唐當爲陰康，傳寫字誤耳。』梁玉繩史記志疑卷三十四曰：『人表有陰康氏。』吕氏春秋：『陰康作舞。』按梁説是也。今文選亦誤作『陶唐』。」按史記、文選既作「陶唐」，則彦和所見亦同，不必據顔師古注改作「陰康」。

〔三〕校證："「『推之』原作『接人』，梅云：『當作「推之」二字。』崇文本作『推之』，今據改。」

考異：「梅本疑作『推之』者，據下文『推三成萬』而言也。紀評疑作『增入』者，據上文『唱和千萬人』而言也。俱可以通，姑兩存之。」

紀評：「千人萬人，自指漢時之歌舞者，不過借陶唐葛天點綴其事，非即指上二事也。子建固誤，彥和亦未詳考也。」這是說，司馬相如的意思，是講後世宮廷奏歌，有千萬人唱和，並不是指原來的葛天氏歌的體制。

補注：「篇中『接人』乃『接入』之譌。古人引書，據前人引申之説，并爲本書，此例多有。紀云：千人萬人自指漢時之歌、舞者，誠爲不錯（觀相如賦聽葛天氏之歌下一『聽』字，則『千人唱萬人和』必非原文明矣）。而陳思亦非爲巨謬也。」

〔四〕梁章鉅文選旁證「千人倡萬人和」條：「六臣本及尤本『倡』作『唱』。……按此賦千倡萬和，乃總承上文，非專屬葛天。當由陳思誤用，不得以此譏相如矣。」（卷十一）

牟注：「這裏，劉勰不論上林賦之誤，而評曹植之論，當與文學描寫與論述文不同有關。曹植的『信賦妄書』，正是忽略了這種區別。」

陸機園葵詩云：「庇足同一智，生理合異端。」〔一〕夫葵能衛足，事譏鮑莊〔二〕；葛藟庇根，辭自樂豫〔三〕。若譬葛爲葵，則引事爲謬〔四〕；若謂庇勝衛，則改事失真〔五〕。斯又不精之患。

〔一〕范注：「陸機園葵詩二首，文選載其一首，彦和所引詩本集載之，作『庇足同一智，生理各萬端』，『合異』當是『各萬』之誤。」「生理」，生存之理。詩之下兩句云：「不若聞道易，但傷知命難。」

〔二〕左傳成公十七年：「秋七月壬寅，（齊靈公）刖鮑牽而逐高無咎。……仲尼曰：『鮑莊子之智不如葵，葵猶能衛其足。』」杜注：「葵傾葉向日，以蔽其根，言鮑牽居亂，不能危行言孫。」「鮑莊」，名牽，謚莊子，齊大夫。

〔三〕梅注：「左傳：宋昭公將去群公子。樂豫曰：『不可。公族，公室之枝葉也，若去之，則本根無所庇廕矣。葛藟猶能庇其本根，故君子以爲比，况國君乎！此諺所謂庇焉而縱尋斧焉者也，必不可，君其圖之。』」按此見文公七年。杜注：「葛之能藟蔓繁滋者，以本枝蔭庥之多。」「樂豫」，宋國司馬。「葛藟」，葛藤類植物。

〔四〕「引事爲謬」，梅本「爲」字旁墨注一「實」字。

牟注：「引事爲謬，指園葵詩是詠葵，不應誤用葛的典故。」

〔五〕郭注：「陸機園葵詩本以詠葵，則當用『衛足』，今用『庇足』，則詠葛藟矣。所以説『斯又不精之患』。」

黄春貴：「自古博學宏才，用典誤者多矣。情不相類，則枉情以就事；義不符辭，則害義以徇辭，於是削足適履，張冠李戴之弊，相因而生。……考其弊端，乃用典而不抉擇有以致之。」

祖保泉事類談屑：「第一例錯在把『昔葛天氏之樂，三人操牛尾，投足以歌八闋』，改爲『千人唱，萬人和』，這是『改事失真』。第二例把『衛足』錯成『庇足』；而『衛足』、『庇足』兩個典故皆出自左傳，一個是孔子用『葵猶能衛其足』爲比喻來嘲譏鮑牽，一個是樂豫用『葛藟猶能庇其本根』爲比喻來反對宋昭公將去群公子的主張。『園葵』不説『衛足』，而云『庇足』。也是『改事失真』。」

紀評：「此一段以曹、陸爲鑒，言用事宜審。」

夫以子建明練，士衡沈密〔一〕，而不免於謬。曹洪之謬高唐〔二〕，又曷足以嘲哉！夫山木爲良匠所度〔三〕，經書爲文士所擇，木美而定於斧斤，事美而制於刀筆〔四〕，研思之士，無慚匠石矣〔五〕。

〔一〕「明練」，精明熟練。「沈密」，深沈細密。

〔二〕「曹洪」原作「曹仁」。二人皆曹操從弟。范注：「文選有陳琳爲曹洪與魏文帝書。『曹仁』當是『曹洪』之誤。書云：『蓋聞過高唐者，效王豹之謳。』李善注引孟子淳于髡曰：『昔王豹處淇，而河西善謳；綿駒處高唐，而齊右善歌。』彦和譏曹洪之謬高唐，謂綿駒誤作王豹也。文帝答洪書佚（李善注爲曹洪與文帝書引兩條）。其中當有嘲辭。」校證：「案范説是，今改。」

淳于髡語見告子下。

郭注：「是與魏文帝書以『綿駒』誤作『王豹』；不然，則以『河西』誤作『高唐』，兩者必居其一。」

按此文當作過高唐者效緜駒之歌，但文人用之誤。

校釋：「范文瀾注……謂『仁』當作『洪』，然實陳代曹作，彦和未加分别。」駱鴻凱文選學：「今按此文本孔璋爲曹洪作，故彦和即以爲曹洪耳。」

校注：「按上文明言『夫以子建明練，士衡沈密，而不免於謬』，故此承之曰：『曹仁（當作洪）之謬高唐，又曷足以嘲哉！』意即曹洪非子建、士衡之比，其謬綿駒爲王豹，固無足嘲也。似與曹丕答洪書之是否有嘲辭無關。」

〔三〕訓故：「左傳：『山有木，工則度之。』」案此見隱公十一年。「度」，度量。

〔四〕二句説：木材的美好取定於斧斤的砍削，事例的美受刀筆的制約。古以刀刻字，故稱刀筆。斠詮：「後漢書劉盆子傳：『臘日大會，酒未行，其中一人出刀筆書謁欲賀。』注：『古者記事於簡册，謬誤者，以刀削而除之，故云刀筆。』此處喻生花妙筆。案刀所以削誤，筆所以記事，刀筆爲二物，非命刀爲刀筆也。」這是説經籍中有豐富的資料，可供文人引用，但是如何才能運用得宜，推陳出新，這就在於研思之士的「刀筆」了。

〔五〕黄注：「莊子：匠石之齊，見櫟社樹，匠石不顧，曰：此不材之木也。嵇康琴賦：匠石奮斤。」莊子徐無鬼篇：「郢人堊熳其鼻端，若蠅翼，使匠石斲之，匠石運斤成風，聽而斲之，盡堊而鼻不傷，郢人立不失容。」「石」，匠人名。

第四段舉前人用典之誤，要求用事引文必須準確。

贊曰：經籍深富，辭理遐亘〔一〕。皜如江海〔二〕，鬱若崑鄧〔三〕。文梓共採，瓊珠交贈〔四〕。用人若己〔五〕，古來無懵〔六〕。

〔一〕「亘」，綿亘，連綿不斷。「遐亘」，源遠流長，謂永遠流傳。

斠詮：「言古聖先賢之經傳，諸子百家之典籍，義理深遠，文辭富美，不僅傳播遥遠，抑且影響綿久也。」

〔二〕孟子滕文公上：「江海以濯之，秋陽以暴之，皜皜乎不可尚已。」焦循正義：「皜皜，謂孔子盛德，如天之元氣皓旰。」

斠詮：「言如長江大海之流澤浩汗，若崑崗、鄧林之蘊藏豐盛也。『皜』與『皓』（説文作「晧」）同。……又『皜』與『浩』通。史記河渠書：『瓠子決兮將奈何？皓皓旰旰兮閭殫爲河。』漢書溝洫志作『瓠子決兮將奈何？浩浩洋洋慮殫爲河』。文選木華海賦『襄陵廣舃，漻漷浩汗』，注：『翰曰：漻漷浩汗，廣大貌。』晉書孫楚傳：『三江五湖，浩汗無涯。』」

〔三〕校注：「按文選張衡西京賦『珍物羅生，焕若崑崙』，李注：『山海經（海内西經）云：崑崙之墟，有珠樹、文玉樹。』又『嘉卉灌叢，蔚若鄧林』，李注：『山海經（海外北經）曰：夸父與日競走，渴飲河渭，不足；北飲大澤，未至，道渴死。棄其杖，化爲鄧林。』」斠詮：「崑鄧，謂崑岡與鄧林。崑岡，崑崙山別名。……鄧林，夸父杖化生之林。一説即桃林，在楚之北境。」

〔四〕校證：「『採』顧本作『采』。」

黄注：「吴越春秋：越王使木工伐木，天生神木一雙，陽爲文梓，陰爲楩枏。」墨子公輸篇：「荆有長松、文梓、楩枏、豫章。」「文梓」，梓樹，文理明顯細密，所以叫文梓。按古以梓爲木王，梓最耐朽，故用以制器。

斯波六郎：「晉書載記赫連勃勃傳：『刻石都南頌其功德曰……搜文梓於鄧林，採繡石於恒嶽。』」

〔五〕斯波六郎：「尚書仲虺之誥：『用人惟己。』（傳：用人之言，若自己出。）」用典還要用得自然，「凡用舊合機，不啻自其口出」，也就是「用人若己」，引用别人的故事或成語要用得合適，和自己嘴裏説的話没有什麽兩樣。這樣不露生湊痕迹，才算用得活。

李曰剛文心雕龍講疏：「前言往行，載籍紛紛，必須充實見聞，知所抉擇，始可『用人若己』，而『事得其要』。」再曰：「又博學之後，貴能融會貫通，匠心獨運，始可『推陳出新』，而『自其口出』。」（黄春貴引）

斠詮：「顔氏家訓論文章曰：『邢子才嘗曰：「沈侯文章用事，不使人覺，若胸臆語也。」深以此服之。』文選載沈休文新安江水至清淺深見底貽京邑遊好一首云：『願以潺湲水，沾君纓上塵。』此用『滄浪之水清兮，可以濯我纓』，了無痕迹可見。又別范安成詩云：『夢中不識路，何以慰相識？』乃用韓非子：『六國時，張敏與高惠二人爲友，每相思不能得見，敏於夢中往尋，但行至半途，即迷不知路，遂回，如此者三。』而讀之真若出其胸臆焉。凡此用典之佳者，率皆知所抉擇，故得事理精切，用人若己。」

〔六〕「懵」，無知貌。「懵」同「懜」，説文：「懜，不明也。」按才略篇：「然子建思捷而才儁，詩麗而表逸，子桓慮詳而力緩，故不競於先鳴，而樂府清越，典論辯要，迭用短長，亦無懵焉。」斠詮：「言引用他人之成言故事，果若出自一己之手筆，而非圇圇吞棗，斷章取義，則於古來著述，亦無懵懵不明之虞矣。」説文：「瞢，目不明也。」

練字第三十九

札記：「舍人言練字者，謂委悉精熟於衆字之義，而能簡擇之也。其篇之亂者曰：依義棄奇。此又著文之家所宜奉以周旋者也。」又：「今欲明於練字之術，以馭文質諸體，上之宜明正名之學，下亦宜略知説文、爾雅之書，然後從古從今，略無蔽固，依人自撰，皆有權衡，釐正文體，不致陷於鹵莽，傳譯外籍，不致失其本來，由此可知練字之功，在文家爲首要，非若鍛句煉字之徒，苟以矜奇炫博爲能也。」

「練字」的「練」是選擇，「練字」就是選用適當的字； 和唐宋以後詩話文評中所講的煉字不盡相同，但也有關係。

范注：「章句篇以下，麗辭、比興、夸飾、事類四篇所論，皆屬於句之事。而四篇之中，事類屬於麗辭，以麗辭所重在於事對也。夸飾屬於比興，以比之語味加重，則成夸飾也。練字篇與上四篇不相連接，當直屬於章句篇。章句篇云：『積字而成句。』又云：『句之清英，字不妄也。』練訓簡，訓選，訓擇，用字而出於簡擇精切，則句自清英矣。詞學指南引宋景文云：『人之屬文，有穩當字，第初思之未至也。』即此義矣。本篇首段教人貫練雅頌，總閱音義，此探本之論也。又恐作者好怪，若樊宗師、宋子京之流，用字艱僻，義背隨時，則告之曰：『趣舍之間，不可不察。』『義訓古今，興廢殊用。』太史公撰史，凡用尚書之文，必以訓詁字代之，誠千古文章之準繩矣。」

情采篇：「立文之道，其理有三：一曰形文，五色是也。二曰聲文，五音是也。……」范注：「形文，如練字篇所論；聲文，如聲律篇所論。」日人户田浩曉注解練字篇也説：「聲律是就聽覺的立場，去討論文學的音樂性，練字篇則就視覺的立場，去討論文學美術的問題。」

參考：户田浩曉文心雕龍練字篇之現代意義，斯文二四卷十一期（昭和十七年）； 又文心雕龍練字篇之修辭學的考察，大東文化大學漢學會誌一（昭和三十三年）。

徐麗霞文心雕龍練字篇之修辭學考察：「練字篇所討論的重點，即是這文字形象於文章修辭裏所造成的視覺美感效果。……雖然有人認爲練字的意義，應該看得更廣泛些，不當僅僅拘囿於字體的外形，我則斟酌劉勰的著作本意，不敢苟同。也有人認爲修辭學中有關字眼、詩眼的鍛鍊發端於練字篇，因此考察練字的修辭觀，闡釋必涉及此一問題。其實，字眼詩眼的鍛鍊是練字後的一種必然趨向結果……但我們只能説原始的討論中可以包孕此趨向結果的隱含基因，卻不能肯定此趨向結果早已被劉勰明顯地附諸公開的叙述。」（見王更生編文心雕龍研究論文選粹）

夫文象列而結繩移〔一〕，鳥跡明而書契作〔二〕，斯乃言語之體貌，而文章之宅宇也〔三〕。蒼頡造之，鬼哭粟飛〔四〕；黄帝用之，官治民察〔五〕。

〔一〕「文象」，校釋：「按各本皆如此，疑當作『爻象』。易繫辭下曰：『八卦成列，象在其中矣；因而重之，爻在其中矣。』此言聖人因八卦象可治民事，故以易結繩。下句始及造文字之事，疑『文』乃『爻』字形誤。」按全文均與爻象無關，且「爻」字亦於板本無據，不當改。「文象」，文字形象，即最初之象形文字。

范注：「易繫辭下：『上古結繩而治，後世聖人易之以書契，百官以治，萬民以察，蓋取諸夬。』」

尚書序：「古者伏羲氏之王天下也，始畫八卦，造書契，以代結繩之政，由是文籍生焉。」釋文：「書者，文字；契者，刻木而書其側，故曰書契也。」

〔二〕范注：「呂氏春秋君守篇：『蒼頡作書。』高誘注：『蒼頡生而知書，寫仿鳥跡以造文章。』許慎説文解字叙：『黄帝之史倉頡見鳥獸蹏迒之迹，知分理之可相别異也，初造書契。』」

〔三〕范注：「言語之體貌，猶曰言語之符號。文章之宅宇，謂文章寄託於字體。」注訂：「體貌即語言之形成，宅宇即文章之寄寓，皆字句之功用也，故語言文章全託於字。」

〔四〕訓故：「淮南子：昔者蒼頡作書，而天雨粟，鬼夜哭。」按此見本經訓。高誘注：「蒼頡始視鳥跡之文造書契，則詐僞萌生。詐僞萌生，則去本趨末，棄耕作之業，而務錐刀之利。天知其將餓，故爲雨粟。鬼恐爲書文所劾，故夜哭也。」

〔五〕梅注：「字源云：太昊時始有文字，黄帝變爲古文。又云：庖犧氏作龍書，炎帝作穗書，倉頡變古，寫鳥迹，作鳥迹篆，少昊作鳳書，高陽作科斗書。」

黄注：「官治民察，見徵聖篇『象夬』注。」上引易繫辭下：「百官以治，萬民以察。」

先王聲教，書必同文〔一〕；輶軒之使，紀言殊俗〔二〕，所以一字體，總異音〔三〕。

〔一〕「先王聲教」四字已見徵聖篇（唐寫本）。尚書禹貢：「朔南暨聲教，訖於四海。」正義解聲教爲「聲威文教」。

范注：「禮記中庸：『非天子不議禮，不制度，不考文。今天下車同軌，書同文，行同倫。』周禮秋官大行人：『七歲屬象胥，論言語，協辭命。九歲屬瞽史，諭書名，聽聲音。』即天子考文之事。」

〔二〕訓故：「風俗通：周秦常以歲八月，遣輶軒之使，採異代方言，藏之秘府。」按此見風俗通義序。「輶軒」，輕車。古代帝王的使臣多乘輶車，後因稱使臣爲「輶軒使」。

范注：「方言劉歆與揚雄書：『三代周秦軒車使者遒人使者以歲八月巡路，求代語僮謡歌戲。』説文：『辺，古之遒人，以木鐸記詩言。』説文序曰：『分爲七國，言語異聲（桂馥義證曰：如鄭注三禮齊、秦、楚人語），文字異形。』（桂氏曰：「今所傳乃布文不合古籀者，皆列國之異形。」）」「紀言殊俗」即紀言於殊俗。

〔三〕綴補：「管子君臣上篇：『書同名，車同軌……此先王之所以一民心也。』名猶文也。亦即字也。」

説文解字叙：「分爲七國……言語異聲，文字異形。秦始皇帝初兼天下，丞相李斯乃奏同之，罷其不與秦文合者。」「總異音」，總匯各地的不同方言。

周禮保氏〔一〕，掌教六書〔二〕。秦滅舊章，以吏爲師〔三〕，及李斯删籀而秦篆興〔四〕，程邈造隸而古文廢〔五〕。

〔一〕校釋：「按諸本作『保章氏』，誤。保章氏世守天文之變，與保氏異職，其誤無疑。」

校注：「黄校云：『保下，張本有章字。』按元本、弘治本、活字本、汪本、佘本、兩京本、崇文本亦並有『章』字……皆非也。『教以六書』見地官保氏，非保章氏也。」

校證：「舊本『保』下俱有『章』字，黄注本删。案掌教六書，此地官保氏職，黄本删是。」

〔二〕范注：「周禮地官保氏：『養國子以道，乃教之六藝。……五曰六書。』鄭衆注：『六書：象形、會意、轉注、處事、假借、諧聲。』」

說文叙：「周禮八歲入學，保氏教國子，先以六書：一曰指事……二曰象形……三曰形聲……四曰會意……五曰轉注……六曰假借。」

〔三〕范注：「史記秦始皇本紀三十四年：『李斯請史官非秦記皆燒之。非博士官所職，天下敢有藏詩、書、百家語者，悉詣守、尉雜燒之……若欲有學法令，以吏爲師。』」「舊章」，即舊有典籍。

〔四〕校證：「『及』，紀本誤『乃』。」梅氏音義：「籀音冑，周太史名。」

〔五〕梅注：「漢書（藝文志）：蒼頡七章者，秦丞相李斯所作也。爰歷六章者，車府令趙高所作也。博學七章者，太史令胡毋敬所作也。文字多取史籀篇，而篆體復頗異，所謂秦篆者也。是時始造隸書矣。起於官獄多事，苟趨省易，施之於徒隸也。」范注：「説文序曰：『秦始皇帝初兼天下，丞相李斯乃奏同之，罷其不與秦文合者。斯作倉頡篇，中車府令趙高作爰歷篇，太史令胡毋敬作博學篇，皆取史籀大篆，或頗省改，所謂小篆者也。』又曰：『四曰左書，即秦隸書。秦始皇帝使下杜人程邈所作也。』」

説文叙：「是時秦燒滅經書，滌除舊典，廢史卒，興戍役，官獄職務繁，初有隸書。」「程邈」，秦始皇時御史。原爲獄吏，因事下獄，在獄中將民間習用的字體整理成隸書。

漢初草律，明著厥法，太史學童，教試六體〔一〕；又吏民上書，字謬輒劾；是以馬字缺畫，而石建懼死，雖云性慎，亦時重文也〔二〕。

〔一〕校注：「『草』，元本、弘治本、活字本、汪本、佘本、張本、兩京本……崇文本作『章』。……按『章』字非是。漢書藝文志：『漢興，蕭何草律（顔注：草，創造之），亦著其法。』舍人此文所本也。」校證：「『草』，舊本俱作『章』，黄注本改。」訓故：「漢藝文志：漢興，蕭何草律，亦著其法，曰：『太史試學童，能諷書九千字以上，乃得爲史。又以六體試之，課最者以爲尚書、御史、史書令史（尚書令史、御史令史、史書令史）。吏民上書，字或不正，輒舉劾。』六體者，古文、奇字、篆書、隸書、繆篆、蟲書。注：『篆書謂小篆，蓋秦始皇使程邈所作也，隸書亦程邈所獻。』」王更生文心雕龍范注駁正：「按『教試』應移在『學童』之前，於文法始合，徵漢書藝文志小學家序，當乙正。又『六體』爲『八體』，乃淺人據今本漢志之誤字而改，據王先謙漢書補注引李賡芸徵説文叙應訂正。」李曰剛斠詮亦稱：「『教試』原倒在『學童』下，於文法不合，徵漢書藝文志小學家序乙正。又『八體』原作『六體』，乃淺人據今本漢志之誤字而改，據王先謙漢書補注引李賡芸徵説文叙訂正。補注：『李賡芸曰：「説文叙云：『學僮十七以上始試，諷籀書九千字，乃得爲吏，又以八體試之。』此『六』乃『八』之誤。據説文叙言：王莽時甄豐改定古文有六體。蕭何時止有八體，無六體也。」先謙曰：六當爲八，李説是也。上文（指漢志小學家書目「八體六技」）明言八體，是班氏非不知有八體者，且此數語與説文序吻合，不應事實歧異，淺人見下「六體」字（此釋亡新所定六體，上所云六伎也）而妄改也。』剛按王引李説甚精，應從之。」又：「説文叙：『自爾秦書有八體，一曰大篆，二曰小篆，三曰刻符，四曰蟲書，五曰摹印，六曰署書，七曰殳書，八曰隸書。漢興有草書。尉律：學僮十七已上始試，諷籀書九千字，乃得爲史（各本作「吏」，今依江式傳改正），又以八體試之，郡移太史並課，最者以爲尚書史，書或不正，輒舉劾之。』」漢太史掌天文、曆法，修史書。

〔二〕漢書石奮傳：「（長子）建爲郎中令，奏事下（史記萬石君傳作書奏事，事下），建讀之，驚恐曰：『書馬者與尾而五，今乃四，不足一，獲譴，死矣。』其爲謹慎，雖他皆如是。」校注：「『慎』，漢書藝文志考證四引作『謹』，按王氏避宋孝宗諱改『慎』爲『謹』，非所見本有異也。」

王應麟漢書藝文志考證卷四小學：「字或不正，輒舉劾。原注：『劉勰云：馬字缺畫，而石建懼死。雖云性謹，亦時重文也。』」

至孝武之世，則相如譔篇〔一〕。及宣成二帝〔二〕，徵集小學〔三〕，張敞以正讀傳業〔四〕，揚雄以奇字纂訓〔五〕，並貫練雅頌〔六〕，總閱音義〔七〕，鴻筆之徒〔八〕，莫不洞曉。

〔一〕訓故：「漢藝文志：武帝時，司馬相如作凡將篇，無複字。」「譔」，撰的異體字，述也。凡將篇，字書名，七字一句。

〔二〕范注：「漢書揚雄傳贊：『劉棻嘗從雄學作奇字。』據藝文志及説文序張敞正讀在孝宣時，揚雄纂訓在孝平時。此云宣成二帝，疑『成』是『平』之誤。」校釋以爲范注「疑『成』是『平』之誤」是也」。注訂：「范注謂『成』是『平』之誤，非是。此言徵集小學始自宣成，非指某人某時言也。」

考異：「漢自孝宣至孝平，頗重小學，張敞、揚雄諸作皆在此時。歷孝宣、元、成、平諸帝，作輟不一。漢志所載，未必爲全。而本文所指，概言其略，故曰宣、成。」

〔三〕校證：「何允中本、日本活字本、凌本、鍾本、梁本、清謹軒鈔本、日本刊本、王謨本、崇文本，『集』作『習』。」

〔四〕訓故：「漢藝文志：倉頡多古字，俗師失其讀。宣帝時徵齊人能正讀者，張敞從受之，傳至外孫之子杜林，爲訓故。漢書杜鄴傳：鄴少孤，其母張敞女。鄴壯，從敞子吉學問。得其家書。吉子竦又幼孤，從鄴學問。亦著於世，尤長小學。鄴子林，清静好古，亦有雅材……其正文字過於鄴、竦，故世言小學者由杜公。」

范注：「説文序曰：『孝宣時，召通倉頡讀者，張敞從受之。涼州刺史杜業，沛人爰禮，講學大夫秦近亦能言之。孝平時，徵禮等百餘人，令説文字未央廷中，以禮爲小學元士，黄門侍郎揚雄采以作訓纂篇。』」

〔五〕梅注：「漢書（藝文志）：『至元始中，徵天下通小學者以百數，各令記字於庭中。揚雄取其有用者以作訓纂篇，順續蒼頡，又易蒼頡中重複之字，凡八十九章。』」「奇字」，王莽時六書之一，大抵根據戰國時通行於六國的文字，加以改變而成。説文所引，有「倉」之奇字「仺」等。

〔六〕范注：「『並貫練雅頌』，『頌』是『頡』字之誤。下文云：『雅以淵源詁訓，頡以苑囿奇文。』」校釋：「『范注『頌』乃『頡』誤。是。即後文之爾雅、蒼頡。」注訂：「雅頌爲三百篇略詞，貫練雅頌者，猶言熟習而上本雅頌。且雅頌爲通辭，范注云：『頌』是『頡』之誤。以下文『雅以』『頡以』爲説，是誤解下文也。『雅以』者，指爾雅而言，『頡以』者，指蒼頡一篇而言，與此無涉。」「貫練」，謂貫通熟練。

〔七〕「總閲音義」，謂全面考察讀音與義訓。

〔八〕校證：「『鴻』原作『鳴』，梅據朱改作『鴻』。」考異：「鳴筆，言文之善者也。假筆墨以出之故曰鳴筆。韓退之曾本之爲文，是徵鳴字之用較鴻爲長，朱改非是。」

且多賦京苑〔一〕，假借形聲〔二〕；是以前漢小學，率多瑋字〔三〕，非獨制異，乃共曉難也〔四〕。

〔一〕注訂：「如兩都、兩京、南都、三都諸賦。」

綴補：「案『京苑』疑本作『宫苑』，此就前漢言之，前漢辭賦家如司馬相如、揚雄之徒，多賦宫、賦苑，無賦京者。」

〔二〕周注：「假借形聲：用通假字來描繪形象聲音。」

〔三〕注訂：「瑋，瑰瑋不通俗也，即上文所謂奇字。」

〔四〕范注：「劉申叔先生論文雜記曰：『西漢文人，若揚、馬之流，咸能洞明字學，故選詞遣字，亦能古訓是式，非淺學所能窺。（所用古文奇字甚多，非明六書假借之用者，不能通其詞也。）東漢文人，既與儒林分列（案如班固、張衡之倫，仍有西漢風軌，不可一概論），故文詞古奥，遠遜西京（此由學士未必工作文，而文人亦非真識字）。魏代之文，則又語意易明，無俟後儒之解釋。』」校注：「按『異』謂異體；『難』謂難字。」牟注：「制異：制造奇異。共曉難：指揚雄、司馬相如等都通曉難字。」譯爲「這並非他們特意要標新立異，而是當時的作家都通曉難字」。斠詮：「言不獨制作奇異，而詞字訓義古奥，非淺學之士所易共曉也。」按釋「難」爲「難字」，似類「添字解經」。練字篇首先從文字源流講起，説明西漢文人精通文字學，他們的作品裏往往有古文奇字，非常難認。劉勰不贊成用難字，觀全文可知。

暨乎後漢，小學轉疎〔一〕，複文隱訓，臧否大半〔二〕。

〔一〕范注：「後漢書馬援傳注引東觀記曰：『援上書：「臣所假伏波將軍印，書伏字，犬外嚮。城皋令印，皋字爲白下羊，丞印四下羊，尉印白下人，人下羊。即一縣長吏，印文不同，恐天下不正者多。符印所以爲信也，所宜齊同。」薦曉古文字者，事下大司空正郡國印章。奏可。』説文序曰：『今雖有尉律不課，小學不修，莫達其説久矣。』（莫達六書之説也。）此皆小學轉疏之證。」

〔二〕元刻本無「否」字，「大」作「太」。

黄注：「東京賦注：凡數三分有二爲大半。」

范注：「『複文』，謂如有長字斗字而重作馬頭人之長，人持十之斗。『隱訓』，謂詭僻之訓，如『屈中爲蟲』，『苛之字止句也』之類。『臧否大半』，『大』疑是『亦』字之誤，謂後漢之文，有深於小學者，有疎於小學者，臧否各半也。」

斯波六郎：「案『複文隱訓』要爲難解之文字。所謂『複』，所謂『隱』，分用『複隱』之語。如區別『複文』與『隱訓』，則前者謂字形複雜難懂者之意，後者則字形簡單，而使其意義難懂者之意。范氏解『複文』爲異體文字，解『隱訓』爲詭僻之字義，其説難從。其舉『馬頭人之長』以下之四例於説文解字叙，據俗字任何方面而言，皆是標示無稽之字義説例，與此之『複文隱訓』無關。『臧否大半』，後漢人之文字用法，其大半皆用爲非難之意。」

綴補：「案複、隱同義，原道篇『符采複隱』，總術篇『奥者複隱』，並同例。『複文』謂字體不明；『隱訓』謂訓釋不明。」

周注：「臧否大半：大半是不通小學的。臧否，好壞，這裏當是偏義複詞，指壞。」

及魏代綴藻，則字有常檢〔一〕，追觀漢作，翻成阻奧。故陳思稱〔二〕：「揚馬之作，趣幽旨深，讀者非師傳不能析其辭〔三〕，非博學不能綜其理〔四〕。」豈直才懸〔五〕，抑亦字隱。

〔一〕朱星文心雕龍的修辭論：「到了漢末魏晉，反切法發明盛行了，音義書也產生了，如孫炎爾雅音義。進一步編出了韻書，有反切，有釋義，這比秦漢蒼頡篇、急就篇、凡將篇等明確了，因此古代的字體字義的規範化逐漸形成。」

〔二〕范注：「陳思語無考。」

〔三〕校注：「『傳』，凌本、祕書本、張松孫本、崇文本作『傅』。（梅本作「傅」。）按作『傅』非是。三國志魏志國淵傳：『二京賦，博物之書也。世人忽略，少有其師，可求能讀者從受之。』足與此相發。」

〔四〕校證：「馮本、汪本、佘本，『綜』誤『縹』，徐校作『綜』。」

〔五〕校證：「鍾本、梁本、清謹軒鈔本、崇文本，『直』誤『真』。」

校注：「按『真』字誤。詔策篇：『豈直取善當時，亦敬慎來葉矣。』亦以『豈直』連文。」

「直」，僅。

斠詮：「才懸，謂才學懸殊。字隱，謂用字隱僻。」

自晉來用字，率從簡易，時並習易，人誰取難〔一〕？今一字詭異，則群句震驚〔二〕，三人弗識，則將成字妖矣〔三〕。後世所同曉者〔四〕，雖難斯易；時所共廢，雖易斯難〔五〕：趣舍之間，不可不察〔六〕。

〔一〕斠詮：「言並時之人，皆習慣於平易，有誰取重於艱深乎！」

〔二〕牟注：「群句震驚：很多句子都受其影響。」

〔三〕顔氏家訓文章篇：「沈隱侯曰：文章當從三易：易見事，一也；易識字，二也；易讀誦，三也。」范注：「沈約謂文章當從三易，其二爲易識字，蓋恐一字詭異，震驚群句也。」

〔三〕注訂：「簡易爲難免，字隱則弊重。隱之極，則高深莫測，便成妖矣。」

范注：「袁守定佔畢叢談曰：『庾持善字書，每屬辭，好爲奇字，世以爲譏。夫字體數萬，人所常用，不過三千，若摭拾古僻不可識者以炫奇，此劉舍人所謂字妖也。然則奇字遂不可用乎？可用也。史遷「更遺長者扶義而西」，不曰「仗義」而曰「扶義」，有扶持之意也；范史「鄧彪仁厚委隨，不能有所匡正」，不曰「委靡」而曰「委隨」，有隨從之意也；又左雄疏「或因罪咎引高求名」，不曰「務高」而曰「引高」，有借飾之意也；南史沈約云「此公護前，不讓則羞死」，不曰「護過」而曰「護前」，「前」字所包更廣也。必用此字，其義乃安，其義乃盡耳。然即此便是奇字，非以不可識者爲奇也。」」

〔四〕斯波六郎：「鈴木先生校勘記曰：『後字可疑。』謹案：『後』疑『然』字之誤。蓋與指瑕第四十一『然世遠者太輕，時同者爲尤矣』句法同。」

〔五〕綴補：「按兩『斯』字並與『實』同義。」

〔六〕顔氏家訓書證篇曰：「吾昔初看説文，蚩薄世字，從正則懼人不識，隨俗則意嫌其非，略是不得下筆也。所見漸廣，更知通變，救前之執，將欲半焉。若文章著述，猶擇微相影響者行之；官曹文書，世間尺牘，幸不違俗也。」案此與彦和趣舍之語相發明。

黄叔琳批：「六經之文，有三尺童子胥知者，有師儒宿老所未習者，豈有一定之難易哉？緣於世所共曉與共廢耳。」

此段意謂大家習慣於用簡易的字，這是人之常情，誰還喜歡用難字呢？至於難易的標準，劉勰説：只要是通用的字，就容易認；不通用的字，就難認。寫文章的時候，在字的取舍之間，要以「世所同曉」者爲準，「時所共廢」的不用。這種見解有很大的進步性。

朱星文心雕龍的修辭論：「『晉末用字，率從簡易』，正是一種客觀趨勢，是一種好現象。文學語言之美不在用些奇古艱深之字，而正要竭力避免此等字。因此劉氏提出當時衆人所共曉這一標準，『時並習易』這一現象，當被肯定。這『易』當包字形與字義二者，如『義訓古今，興廢殊用』，可知義也當取今義，字音可推知也要用今音，如果有易字常用字今字以及今義今音而不用，而偏偏去找些生僻字難字古字以及古義古音來代替，這正是不老實的態度。」以上爲第一段，論文字的起源與流變，而歸接到用字難易的取舍問題。

夫爾雅者，孔徒之所纂，而詩書之襟帶也〔一〕；倉頡者〔二〕，李斯之所輯，而鳥籀之遺體也〔三〕；雅以淵源詁訓，頡以苑囿奇文〔四〕，異體相資，如左右肩股〔五〕，該舊而知新，亦可以屬文〔六〕。

〔一〕梅注：「揚雄答郭威書曰：爾雅，孔門游、夏之儔所記，以解釋六藝也。記言：史佚教其子以爾雅，爾雅者，小學也。文言：孔子教魯哀公學爾雅。爾雅之出遠矣。學者皆云周公所記也。『張仲孝友』之類，後人所增耳。」校證：「『纂』原作『慕』，梅據許改。徐校同，王惟儉本作『纂』。」

黃注：「西京雜記卷三：郭威以爾雅周公所制……余嘗以問揚子雲，子雲曰：『孔子門徒游、夏之儔所記，以解釋六藝者也。』」范注：「鄭玄駁五經異義曰：『玄之聞也，爾雅者，孔子門人所作，以釋六藝之旨，蓋不誤也。』」

論衡是應：「爾雅之書，五經之訓詁。」「襟帶」指必備的輔助物，猶衣之有襟帶。

斠詮：「魏張揖進廣雅表云：『昔者周公纘述唐虞，宗翼文武，克定四海，勤相成王，六年制禮，以導天下，著爾雅一書，以釋其義。今俗所傳三篇爾雅（按即漢志所著録云三卷）或言仲尼所增，或言子夏所益，或言叔孫通所補，或言沛郡梁文所考。皆解家所説，先師口傳，既無正驗聖人所言，是故疑不足能明也。』案：依近世諸家考證，大致以周公作釋詁造其端，七十子又爲解釋六經而增加釋言、釋訓等篇，秦漢間經師更遞相補益而成書。……郭璞序其要用云：『夫爾雅者，所以通詁訓之指歸，叙詩人之興詠，總絶代之離詞，辨同實而殊號者也。誠九流之津涉，六藝之鈐鍵，學覽者之潭奥，摛翰者之華苑也。若乃可以博物不惑，多識於鳥獸草木之名者，莫近於爾雅。』」

〔二〕校注：「『倉』，元本、弘治本、汪本、佘本、張本、兩京本……崇文本作『蒼』。『倉』與『蒼』音同得通。然此與篇首『蒼頡造之』及贊中『蒼雅品訓』前後不一律，應改其一。」

〔三〕梅注：「鳥跡籀文。」范注：「『鳥籀』當作『史籀』。藝文志云：『蒼頡七篇者，秦丞相李斯所作也。……文字多取史籀篇。』説文序亦云：『斯作倉頡篇，取史籀大篆。』倉頡所載皆小篆，而鳥蟲書别爲一體，以書幡信，與小篆不同。」

校注：「按『鳥』字不誤。『籀』，即史籀簡稱，『鳥』蓋指蒼頡初作之書言（説文序云：「黄帝之史倉頡，見鳥獸蹏迒之跡……初造書契。」吕氏春秋君守篇：「蒼頡作書。」高注：「蒼頡生而知書，寫倣鳥跡，以造文章。」）。舍人謂之『鳥籀』，正如許君之云『古籀』（説文序云：「今叙篆文，合以古籀。」）然也。情采篇『鏤心鳥跡之中』，亦以『鳥跡』代替文字。且此文與上相儷，上云『詩書襟帶』，此云『鳥籀遺體』，詞性相同；若作『史籀』，則奇觚矣。説文序云：『及宣王太史籀著大篆十五篇，與古文或同（或同二字，據繫傳本增）或異。……斯作倉頡篇……皆取史籀大篆，或頗省改。』或之云者，不盡然之詞，是大篆中存有古文之體，而蒼頡篇亦必有因仍之者。漢志云：『文字多取史籀篇。』則蒼頡所載，不盡爲小篆，又可知矣。故舍人槩之曰：『鳥籀之遺體也。』鳥蟲書自別爲一體，許君列爲亡新時六書之一，雖未著其緣起，然厠於佐書之後（見説文序），其爲後起無疑；舍人豈不是審，而置於史籀之上哉！」

注訂：「范注云：『鳥籀當作史籀。』非是。彦和辭旨在述李斯輯作，遵所沿習，鳥篆與籀書，皆古之遺文也。『多取』與『取』之爲言，略述其所本也。且斯之所作，統小篆言之，其中秦六體之書皆所包括，故此並言『鳥籀』爲是。」

〔四〕校證：「『詁』舊本作『誥』，馮校云：『誥當作詁。』何校本、黄注本改。」按元刻本作「雅以淵淵誥訓」。弘治本「詁」作「誥」。

斠詮：「言爾雅爲訓詁之淵源；倉頡爲奇文之苑囿也。『以』，猶『爲』也。左傳定十年：『封疆社稷是以。』」「奇文」，即奇字。

〔五〕斠詮：「承上文而綜合言之，謂訓詁字義之爾雅與彙總字形之倉頡篇，兩者體制不同，而彼此需濟，相互爲用，一若左右肩股相輔相成，學者必須兼籌並顧，始可恢弘其效用也。」

〔六〕論語爲政：「子曰：温故而知新，可以爲師矣。」

斠詮：「言學者既淹貫往古字形異體之變遷，又通曉近今義訓殊用之廢興，而明其本末，知所趣舍，則操觚綴文，自能得心應手，而運用裕如矣。」「該」，兼備。

若夫義訓古今，興廢殊用〔一〕，字形單複，妍媸異體〔二〕，心既託聲於言，言亦寄形於字〔三〕，諷誦則績在宮商〔四〕，臨文則能歸字形矣〔五〕。

〔一〕黄春貴文心雕龍之創作論：「練字篇曰：『義訓古今，興廢殊用。』此至當之論也。例如：記軍旅之事，在左傳曰某師，在史記曰某軍；在左傳曰某帥師，在史記曰某將兵；在左傳曰伐，在史記曰擊；在左傳曰圍，在史記曰攻；在左傳曰致師，在史記曰挑戰。而文人用字，每喜勦取古人字義，以相矜耀，殊爲不稱。」

〔二〕校注：「『媸』，元本、弘治本、汪本、佘本、張本、訓故本、梅本……作『蚩』。按作『蚩』是。已詳聲律篇『是以聲畫妍蚩』條。」

〔三〕斯波六郎：「法言問神：『言，心聲也；書，心畫也。』」

〔四〕校證：「『績』舊本作『續』，徐校作『績』，梅六次本、黄注本、張松孫本、崇文本改『績』。」按元刻本、弘治本「績」作「續」，沈巖臨何焯校本「續」改「績」。

〔五〕校釋：「古人謂爲文首在識字，蓋文字以代言語，有是語必有是字，而文章者，言語之最精者也，精語必得美字以達之。西漢以來，辭賦繁興，寫象山海，摹略萬物，尤貴有文字以供敷設，故賦家如相如、子雲，號稱博識，相如有凡將篇，子雲有訓纂、方言，皆字學之書也。今檢其所爲文，凡名狀之詞，爲類尤富。又文字自秦篆解散以後，形體日趨簡易，詭更任情，變體彌夥。漢世已感識字不易，故在上則有熹平石經之刻，在下則有叔重説解之書。降及魏晉，行楷又盛，點畫偏旁，更異漢隸，重以書法爲時所尚，於是結構但取美觀，筆畫無嫌移易，而識字更難，此舍人所以有諟正文字之論也。而同時沈休文亦有『爲文當從三易』之説。北朝顔氏之推尚論文章，亦及文字。知此事之在當時，久爲識者所重視矣。」

斠詮：「言諷誦之功績，在求脣吻之間，吐納律吕，而可辨别夫聲韻之飛沉强弱；臨文之能事，欲使胸臆之際，卷舒風雲，則必歸依於字形之難易妍媸。」「能」謂功能，與上句「績」字相對。

日人興膳宏在介紹出三藏記集中胡漢譯經音義同異記時云：「此文作者在論述之初先對言辭和文字所起的作用下了定義：『夫神理無聲，因言辭以寫意；言辭無迹，緣文字以圖音。故字爲言蹄，言爲理筌，音義合符，不可偏失。是以文字應用，彌綸宇宙，雖迹係翰墨，而理契乎神。』這是一種正統觀念，本諸易繫辭傳『書（文字）不盡言，言不盡意』所表達的『意——言——文字』這一公式。而文心雕龍練字篇『心既託聲於言，言亦寄形於字。諷誦則績在宫商，臨文則能歸字形矣』，也是與這一理論呼應的。」（見興膳宏文心雕龍論文集）

以上爲第二段，論作家在文字學方面的修養，認爲作家要善於練字，必須兼通字體古今興廢之變。

是以綴字屬篇，必須揀擇〔一〕：一避詭異，二省聯邊〔二〕，三權重出〔三〕，四調單複。詭異者，字體瓌怪者也〔四〕。曹攄詩稱〔五〕：「豈不願斯遊，褊心惡呬呶〔六〕。」兩字詭異，大疵美篇；況乃過此，其可觀乎〔七〕！

〔一〕校證：「『揀』原作『練』，徐云：『練當作揀。』案廣博物志二九正作『揀』，今據改。」綴補：「案『練擇』複語，『練』借爲『柬』，爾雅釋詁：『柬，擇也。』字亦作揀，廣雅釋詁：『揀，擇也。』」校注：「按埤蒼：『練，擇也。』（文選七發李注引）是『練』字未誤。」考異：「練字不誤。前漢禮樂志：『練時日。』練者選也。王校非。」

〔二〕今所見「聯邊」二字以宋玉高唐賦爲最早，然尚不若漢賦之多。

〔三〕校注：「出，黄校云：『元作幽，欽愚公改。』兩京本、何本……作出……按欽改是。」校證：「『出』原作『幽』，謝云：『一作出。』梅據欽叔陽改『出』，徐校同。案王惟儉本、吟窗雜録正作『出』。」按元刻本、弘治本作「幽」，誤。

清王芑孫讀賦卮言造句：「練字曰：『三權重出。』古賦惟大篇不禁重出，若千言以内，初無累牘風雲，連篇月露之事；況於律賦，即虛字鬭接，大宜檢點。」

〔四〕「詭異」，指希奇古怪的字。

〔五〕校證：「『攄』，紀本誤作『據』。才略篇謂：『曹攄清靡於長篇。』即其人也。」梅注：「曹攄，字顔遠。」范注：「曹攄詩無考。」

校注：「三國志魏志曹休傳裴注引文士傳曰：『（曹）肇孫攄與齊人左思俱爲記室督從中郎。』（唐修晉書良吏攄傳略同）詩品中：『季倫（石崇字）、顔遠，並有英篇。』其詩丁福保全晉詩（卷四）據文選及文館詞林輯得七首，惜漏此二句。」

〔六〕「讻呶」，喧譁聲。注訂：「讻音閧，又音匈，衆言也。荀子解蔽篇：『以爲讻讻。』又作哅哅。」「呶」，梅注：「呶，音鐃，讙聲也。詩小雅：『載號載呶。』」按此見賓之初筵。「褊心」，心地狹窄。詩魏風葛屨：「維是褊心，是以爲刺。」鄭箋：「魏俗所以然者，是君心褊急，無德教使之耳。」

斠詮：「言豈不願參與此次遊樂乎？只爲褊急之心厭惡喧擾讙嚣而已。『讻』或作『訩』，與『哅』同。荀子解蔽：『掩耳而聽者，聽漠漠而以爲哅哅。』注：『哅哅，喧聲也。』」

〔七〕如唐詩怪澀派，除了參用散文句法、辭賦手法，便以好使奇字怪句擅場。即如韓愈，他的詩句也是滿布奇字生詞，如陸渾山火的「虎熊麋豬逮猴猿，水龍鼉龜魚與黿，鴉鴟雕鷹雉鵠鶤，燖炰煨爊孰飛奔」等句，搜奇抉怪，極盡詭異之能事。

聯邊者，半字同文者也〔一〕。狀貌山川，古今咸用，施於常文，則齟齬爲瑕〔二〕，如不獲免，可至三接〔三〕，三接之外，其字林乎〔四〕！

〔一〕劉向別録「戰國策書録」條云：「本字多脱誤爲半字。以趙爲肖，以齊爲立。」

清袁守定佔畢叢談卷五談文：「劉舍人論文……有忌聯邊之説，聯邊者，半字同文，如『江』、『淮』、『河』、『漢』是也。」

王利器文心雕龍新書序録：「梁僧祐梵漢譯經音義同異記（見釋藏卷一）説：『梵書製文，有半字滿字：所以名半字者，義未具足，故字體半偏，猶漢文「月」字，虧其傍也。所以名滿字者，理既究竟，故字體圓滿，猶漢文「日」字，盈其形也。故半字惡義，以譬煩惱；滿字善意，以譬常往。又半字爲體，如漢文「言」字；滿字爲體，如漢文「諸」字，以「者」配「言」，方成「諸」字。「諸」字兩合，即滿之例也。「言」字單立，即半之類也。』」

饒宗頤劉勰文藝思想與佛教：「如練字篇之言『省聯邊』。『聯邊』者，劉氏釋爲『半字同文者也』。此亦當時梵文之術語，僧祐曾作梵文譯經音義同異記，謂『梵文有半字滿字之分。半字者，義未具足；滿字者，理乃究竟』。『半字』一辭，言悉曇者常用之。劉氏習於佛理，故無意中借梵言以著論。」

唐音癸籤卷四法微三：「用字一避詭異，二省聯邊（原注：謂半字同文，如偏旁從山從水之類。不獲免，可至三接；三接外，同字林矣）。」

興膳宏云：「劉勰認爲在文字使用方面必須具備四種心得，其二即『省聯邊』。『聯邊者，半字同文者也。』即把兩個以上字體半邊偏旁相同者連在一起，稱爲『聯邊』。下邊又説：『狀貌山川，古今咸用。』就是説辭賦等在描寫山川等自然景色時，往往采用把若干有『山』字偏旁或『氵』字偏旁的連用的技巧。如司馬相如上林賦中的『深林巨大，嶄岩嵾嵯』和形容激流時的『洶涌滂潰，滭浡滵汩』等都是有『山』偏旁或『氵』偏旁的『半字同文』之例。這樣自然地使用『半字』一語，雖不另加考索，倒也毫無從佛教用語轉來的不協調感。而且前漢末劉向别録中『戰國策書録』條云：『本字多脱誤爲半字。以「趙」爲「肖」，以「齊」爲「立」。』可見此語的來歷直可追溯到佛教傳入中國之前。儘管如此，推敲之餘，認爲練字篇中的『半字』與同異記中『半字』爲同根所出，大概還是和事實相去不遠的。」

〔二〕校注：「『齟齬』，黄校云：『元作鉏鋙，朱改。』何焯『鋙』改『語』。黄丕烈所校元本作『鉏語』。……按『鋙』乃『鋙』之殘誤。楚辭九辯：『圓鑿而方枘兮，吾固知其鉏鋙而難入。』廣韻八語『齬』下云：『齟齬，不相當也；或作鉏鋙。』是『鉏鋙』即『齟齬』也。」校證：「『齟齬』原作『鉏鋙』，梅據朱改，徐校同。」注訂：「説文：『齒不相值曰齟齬。』音咀語。」喻不協調。

〔三〕黄注：「按三接者，如張景陽雜詩『洪潦浩方割』，沈休文和謝宣城詩『别羽汎清源』之類。三接之外，則曹子建雜詩『綺縞何繽紛』，陸士衡日出東南隅行『璚珮結瑶璠』，五字而聯邊者四，宜有字林之譏也。若賦則更有十接二十接不止者矣。」

斠詮：「半字同文者，約有五類，以張平子西京賦爲例：
一、左同文者：木則樅栝椶柟，梓棫楩楓。
二、右同文者：鳥則鷫鷞鴰鴇，鴐鵝鴻鶤。
三、上同文者：草則葴莎菅蒯，薇蕨荔苀。
四、下同文者：其中則有黿鼉巨鼈。
五、周同文者：表嶢闕於閶闔。
喜用聯邊者，無非以字形之重叠炫人，掉弄玄虛，於義則無所取，故宜避忌，如不獲免，可至三接而已。」

〔四〕斠詮：「案六朝文士，好用同形聯邊字，往往一句之中，字字同形聯邊者，如西京賦『鱣鯉鱮鮦，鮪鯢鱨魦』句，海賦『涒湠瀲灩，浮天無岸；沖瀜沆瀁，渺瀰泼漫，波如連山』句，任意堆垛，類同兒戲，故彥和有此呼籲也。」

重出者，同字相犯者也〔一〕。詩騷適會〔二〕，而近世忌同，若兩字俱要，則寧在相犯〔三〕。故善爲文者，富於萬篇，貧於一字〔四〕。一字非少，相避爲難也〔五〕。

〔一〕校證：「『字』，吟窗雜録作『事』。」對偶句裏要權衡輕重，盡量避免重複字。楊樹達漢文文言修辭學第四章變化：「古人綴文，最忌複沓。劉勰之論練字也，戒同字相犯，是其事也。欲逃斯病，恒務變文。左氏傳於同一篇中稱舉同一人者，名字號謚，錯雜不恒，幾乎令人迷惑，斯爲極變化之能事者矣。」

重出之病所造成的修辭缺陷，一是破壞精簡原則，二是破壞聲律美感。

黄春貴：「鎔裁篇亦曰：『同辭重句，文之肬贅也。』蓋文章用字本已無多，重出則更見其少，其弊不啻叠床架屋，鮮有不單薄寡味者，故古人多所避忌。列子湯問篇曰：『瓠巴鼓琴，而鳥舞魚躍。』荀子勸學篇曰：『昔者瓠巴鼓瑟，而流魚出聽；伯牙鼓琴，而六馬仰秣。』梁玉繩瞥記曰：『列子瓠巴鼓琴，荀子作鼓瑟，蓋因下有伯牙鼓琴，改爲瑟也。』」

〔二〕雜記：「案詩之變風變雅及離騷，皆煩寃勃鬱，故文字不嫌其重沓。物色篇云：『詩人感物，連類不窮。』又云：『離騷代興，觸類而長，物貌難盡，故重沓殊狀。』林畏盧云：楚辭如九章惜誦之『莫之白』『莫察……無路』『莫吾聞』積沓而下，不外一意，胡以讀之不覺其沓？由積愫莫伸，悲憤中沸，口不擇言而發，惟其無可伸愬，故沓。惟沓，乃愈見其衷情之真，若無病而呻，便不是矣。」「適會」，適應際會，指根據情況而適當運用重複的字。徵聖篇：「抑引隨時，變通適會。」章句篇：「隨變適會，莫見定準。」

校注：「按三百篇中同字相犯者，不一而足；離騷如『非世俗之所服』，『退將復修吾初服』，『判獨離而不服』，即重出三『服』字。」

〔三〕紀評：「複字病小，累句病大，故寧相犯。」范注：「曹子建棄婦篇二十四語中，重二庭韻，二靈韻，二鳴韻，二成韻。潘岳秋興賦用二省字。唐人詩亦多有重押韻者，殆所謂『兩字俱要，則寧相犯』也。」

校注：「按如鄭白渠歌『池陽谷口』與『億萬之口』，二『口』字相犯；孤兒行『命獨當苦』與『不敢自言苦』，二『苦』字相犯之類是（顧炎武日知録卷二一有「古人不忌重韻」條）。」

斠詮：「言詩經、騷辭之行文，適應當時情境，用字不嫌重出，而魏、晉、南北朝尚駢儷，則忌同犯。但若兩字俱屬必要，寧可聽其相犯，毋庸勉强避免也。俞樾諸子平議於荀子樂論云：『古人用韻不避重複。如采薇（詩小雅），首章連用二『玁狁之故』句，正月（小雅）一章連用二『自口』字，十月之交（小雅）首章連用二『有聲』字，召旻（大雅）卒章連用二『百里』字，並其例也。」

〔四〕范注：「陸雲與兄平原書云：『未能補所欲去，「徹」與「察」皆不與「日」韻，思惟不能得，願賜此一字。』此雖因拘韻之故，亦貧於一字之例也。」

困學記聞卷十八評詩：「韓文公云：『六字常語一字難。』（按見昌黎集卷七記夢詩）文心雕龍謂：『善爲文者，富於萬篇，貧於一字。』」

隨園詩話卷二第十五條：「改詩難於作詩，何也？作詩，興會所至，容易成篇；改詩，則興已過，大局已定，有一二字於心不安，千力萬氣，求易不得，竟有隔一兩月，於無意中得之者。劉彦和所謂『富於萬篇，窘於一字』，真甘苦之言。」

朱星文心雕龍的修辭論：「他明説這是詩賦的戒律，不是文的，因此『善爲文者』這『文』指『文筆』之『文』。『雖文不必有』、『施於常文』的『文』是指一般的文，『半字同文者也』的『文』是指字。『肥字積文』的『文』又指篇。當加區別。前三條都是禁例，第四條實在也是禁在一句中用純單或純複字。這四條既都是消極的，而且都是屬於字形的事。」

〔五〕斠詮：「彦和所謂『權重出』，欲人避免重出，但非反對重出，遇有不得不重出則重出之，良以『一字非少，相避爲難』耳。……宋俞文豹吹劍録云：『大江東去詞，三「江」、三「入」、二「國」、二「生」、二「故」、二「如」、二「千」字，以東坡則可，他人固不可。然語意到處，他字不可代，雖重無害也。今人看人文字，未論其大體如何，先且指點重字。』」

單複者，字形肥瘠者也〔一〕。瘠字累句，則纖疎而行劣〔二〕；肥字積文，則黯黕而篇闇〔三〕；善酌字者，參伍單複，磊落如珠矣〔四〕。凡此四條〔五〕，雖文不必有，而體例不無〔六〕。若值而莫悟，則非精解〔七〕。

〔一〕「單複」，是説字形有肥有瘦。

〔二〕「纖疎」，稀疎。郭注：「『纖疎而行劣』，謂字字簡單，則全行不美觀。『黯黕而篇闇』，謂字字繁複，則篇章暗淡。」

〔三〕校證：「『黕』，原作『默』，梅據朱改。」注訂：「嘉靖本作『黯默』，誤。范注從朱改作『黕』，亦非。黄本作『黮』，是，宜從。劉向九嘆：『望舊邦之黯黮兮。』注：『黯黮，暗也。』」考異：「從『黯』是。參注訂。又按『黮』與『黕』，皆音膽，義同，字可互通。」斠詮：「言黑氣黕黕，而篇闇淡無光矣。」

〔四〕斠詮：「言單體瘠字與複體肥字錯雜組句，則如珠之有大小，磊磊落落調配有致也。參伍，猶錯雜也。……易繫辭：『參伍以變，錯綜其數。』……後漢書蔡邕傳：『連衡者六印磊落。』」「磊落」，謂多而錯雜。雜文篇：「磊磊自轉，可稱珠耳。」「磊落如珠」，喻字行疏密有致，相互連貫。

黄春貴：「一輕一重，虚盈太過，皆無可觀。善用字者，則能參伍錯綜，使單體之瘠字，與複體之肥字，調協和諧，交互爲用，如珠之有大有小，磊磊落落，貫串有致也。」

〔五〕曹景元完善的藝術形式與藝術形式美：「練字篇，這裏講的四條都是不關字的意義而只關係文字的形體的。劉勰很懂得藝術意識（「心」或「情」）的物質體現手段（「言」、「字」）的外在形式自身的審美意義，他爲它尋找規律。就文字説，避免『字體瓌怪』，少用『半字同文』，權衡『同字相犯』，調劑『字形肥瘠』，其目的顯然是爲了文字自身的視覺形象的美。如果用通常稱爲『形式法則』的用語來説，這無非是追求一篇文字的形體的整齊、均衡而又富有變化而已。……古典文學講究的『練字』，不只是説要選擇錘煉出最能充分表達内容的詞句來，而且包括尋求文字本身形式美的意義在内。」（光明日報一九六二年五月三十一日）

〔六〕范注：「『而體例不無』，似當作『而體非不無』。」注訂：「『不無』者言可存其一例也，范注非。」王更生文心雕龍范注駁正：「按『例』字不誤……所謂『體例不無』者，即綜言上列四條，綴字屬篇，必須練擇之意。若改作『非』，則下承之『若值而莫悟，則非精解』，便失去根據，故知范校不可從。」

〔七〕校證：「玉海四五，『莫』作『不』。」考異：「范意以『非』字偶上『不』字，而不知上句『必有』，而下句『不有』，『有』字犯重，而音節不勁。上言『不有』，下對『不無』，句法協律。范注殊非。」斠詮：「言屬文時若遇上列四忌，而不悟改正，則非真知練字之道者也。」「值」，遇也。校釋：「至此篇所舉『四忌』，雖似無關大體，然在詩家亦爲要務。特其所論乃在形體之間，初無關於意義，當合章句、麗辭、指瑕、物色等篇觀之，而後文家字句之精蘊始得也。」

以上爲第三段，叙述有關練字法的心得，提出四條應注意的事項。

至於經典隱曖，方册紛綸〔一〕，簡蠹帛裂，三寫易字〔二〕，或以音訛，或以文變。子思弟子，「於穆不似」〔三〕，音訛之異也。晉之史記，「三豕渡河」，文變之謬也〔四〕。

〔一〕中庸：「文武之政，布在方册。」正義：「在布列於方牘簡册。」

程大昌演繁露卷七：「方册云者，書之於版，亦或書之竹簡也；通版爲方，聯簡爲册。」

〔二〕抱朴子遐覽篇：「故諺曰：書三寫，『魚』成『魯』，『虚』成『虎』。」

〔三〕「似」，原作「祀」。孫詒讓札迻十二：「『祀』當作『似』。詩周頌『於穆不已』，毛傳引孟仲子説，正義引鄭譜云：『孟仲子者，子思弟子。』又云：『子思論詩「於穆不已」，孟仲子曰「於穆不似」。』此彦和所本。」范注：「案弘明集劉勰滅惑論云：『是以「於穆不祀」，謬師資於周頌。』周頌維天之命正義曰：『此傳雖引仲子之言，而文無不似之義，蓋取其所説，而不從其讀，故王肅述毛，亦爲「不已」，與鄭同也。』殆彦和所見毛傳引孟仲子説作『不祀』歟！」校注：「『祀』，孫詒讓札迻云當作『似』。按孫説是也。玉海四五、困學紀聞三、漢書藝文志攷證二引並作似。」校證：「『似』原作『祀』。孫詒讓曰：『……此彦和所本也。今所傳歐陽修輯本鄭譜箋殘闕，無此二文。』案孫説是。玉海正作『似』，今據改。弘明集載彦和滅惑論云：『是以於穆不祀，謬師資於周頌。』亦當據此作『似』。『似』之誤『祀』，此又音訛之異也。又舊本『音』上有『者』字，玉海無，以下『三豕渡河』句例之，亦當無，此蓋涉『音』字形近而誤衍，今據删。」「於穆」，贊嘆之辭。詩周頌清廟「於穆清廟」，毛傳：「於，嘆辭也；穆，美。」朱注：「天命，即天道也；不已，言無窮也。」劉勰滅惑論：「漢明之世，佛經始過，故漢譯言，音字未正。『浮』音似『佛』，『桑』音似『沙』，聲之誤也。以『圖』爲『啚』，字之誤也。羅什語通華戎，識兼音義，改正三豕，固其宜矣。五經世典，學不因譯，而馬、鄭注説，音字互改。是以『於穆不祀』，謬師資於周頌；允塞安安，乖聖德於堯典。」

〔四〕訓故：「家語：子夏見讀史志者云：『晉師伐秦，三豕渡河。』子夏曰：『非也，己亥耳。』讀者問諸晉史，果曰『己亥』。」按此見七十二弟子解。

范注：「吕氏春秋察傳篇：『子夏之晉，過衛，有讀史記者，曰：「晉師三豕涉河（意林作「渡河」）。」子夏曰：「非也，是己亥也。夫己與三相近，豕與亥相似。」至於晉而問之，則曰「晉師己亥渡河」也。辭多類非而是，多類是而非，是非之經，不可不分。』」

綴補：「風俗通義正失篇：『晉師己亥渡河，有「三豕」之文。』劉子審名篇：『三豕渡河，云彘行水上。』『渡』字並與此同。」

梁書裴子野傳范縝表：「且（子野）章句洽悉，訓故可傳，脱置之膠庠，以弘獎後世，庶一夔之辯可尋，三豕之疑無謬也。」

興膳宏謂本段述及「古典文章的晦澀起因於其原文的混亂」。「文變」，就是「字訛」。

尚書大傳有「别風淮雨」〔一〕，帝王世紀云「列風淫雨」〔二〕。「别」「列」「淮」「淫」，字似潛移〔三〕。「淫」、「列」義當而不奇，「淮」、「别」理乖而新異〔四〕。傅毅制誄，已用

「淮雨」；元長作序，亦用「别風」〔五〕；固知愛奇之心，古今一也〔六〕。

〔一〕盧文弨鍾山札記卷一：「尚書大傳：『越裳以三象重九譯而獻白雉，其使請曰：吾受命吾國之黄耇曰：久矣天之無别風淮雨，意者中國有聖人乎！』鄭康成注：『淮，暴雨之名也。』自後諸書所引皆作『烈風淫雨』。若説苑辨物篇、書舜典正義、詩蓼蕭臣工及周頌譜正義所引，皆無有作『别風淮雨』者。劉彦和雕龍練字篇有云：『尚書大傳有别風淮雨，帝王世紀云列風淫雨。别、列，淮、淫，字似潛移。淫、列義當而不奇，淮、别理乖而新異。傅毅製誄，已用淮雨；元長作序，亦有别風。』(今本脱此二句，宋本有之。)案古文苑載傅毅靖王興誄云：『白日幽光，淮雨杳冥。』但其文不全。今雕龍誄碑篇所載，爲後人易以『氛霧杳冥』矣。蔡中郎集中有太尉楊賜碑云：『烈風淮雨，不易其趣。』今俗間本『淮雨』改作『雖變』，余所見者宋本。安知『烈風』不亦出後人所改乎！元長序無考。惟陸士龍九愍有『思振袂於别風』(按見士龍集卷七)之語，於彦和所舉之外，又得此一證。困學紀聞：『周書王會「東越海蝨」，或誤爲「侮食」，而王元長曲水詩序用之，其「别風淮雨」之類乎！』」按此見困學紀聞卷十九評文「海蝨誤侮食」條。

綴補：「案『有』、『云』互文，『有』猶『云』也。廣雅釋詁一：『云，有也。』文選陸士衡答賈長淵詩：『公之云感，詒此音翰。』李善注引應劭漢書注曰：『云，有也。』並有、云同義之證。」

斠詮：「尚書大傳，舊題伏勝撰，鄭玄注。據玄序文乃勝之遺説，而其徒張生等録之也。梁章鉅退庵隨筆曰：『其文或説尚書或不説尚書，大抵如易乾鑿度、春秋繁露，與尚書經義在離合之間，而古訓舊注，往往而在。』其書久已殘闕，清人輯本以陳恭甫壽祺定本八卷最爲完備。」尚書大傳周傳：「久矣天之無別風淮雨，意者中國有聖人乎！」

〔二〕斠詮：「帝王世紀，書名，一卷，晉皇甫謐撰。『列風』，即『烈風』。論語鄉黨：『迅雷風烈必變。』『淫雨』，亦作『霪雨』，過量之雨也。」

〔三〕「潛移」，顔氏家訓慕賢篇：「潛移暗化，自然似之。」

〔四〕馬國翰目耕帖卷十書四：「書序，微子之命下有歸禾、嘉禾二篇，俱佚。尚書大傳有『嘉禾』，當是佚篇之文。中記越裳氏使請曰：『吾國之黄耇曰：久矣天之無別風淮雨。』帝王世紀作『烈風淫雨』。劉勰文心雕龍：『烈、淫義當而不奇，別、淮理違而新異。』則知玄晏所見本當不誤也。」

〔五〕斠詮：「傅毅，字武仲，東漢茂陵人，博學能文，章帝以爲蘭臺令史，拜郎中，與班固、賈逵共典校書，文雅顯於朝廷。元長，乃王融（西元四六七—四九三）字，瑯邪臨沂人，王僧達之孫……博涉有文材，爲太子舍人。永明九年，三月三日武帝幸芳林園，禊宴朝臣，使融爲曲水詩序，文藻富麗，當世稱之，有文集十卷。」

校釋：「盧文弨文心雕龍輯注書後曰：『此下有「元長作序，亦用別風」八字。』按盧氏係據吴仲伊校本。書後謂吴仲伊本出錢惟善，其字句異同勝盧氏自有本者，録出爲書後，但不知盧氏所有爲何本。……又按李慈銘日記曰：『別者，烈字形近之誤；淮者，淫字音近之借也。』又曰：『文心雕龍謂淮、別字新異，引傅毅用淮雨，王融用別風爲證。』是李所見本亦有『元長作序，亦用別風』八字，參誄碑篇。」（誄碑篇「雰霧杳冥」下校釋云：「盧文弨文心雕龍輯注書後曰：『傅毅作北海靖王興誄云：「白日幽光，淮雨杳冥。」古文苑所載，其文不全。今見此書誄碑篇者，又爲後人改去「淮雨」，易以「氛霧」二字矣。鄭康成注大傳云：「淮雨，急雨之名。」是不以爲字誤，而詩正義引大傳，竟改作「列風淫雨」，蓋義僻則人多不曉也。』按鄭注『暴雨之名』，盧又誤作『急雨』。又按練字篇，彥和已引傅誄而斥爲愛奇，則亦不從鄭說也。」）

校證：「『元長作序，亦用別風』二句八字原無。何校云：『「淮雨」下當闕王元長曲水詩序用「別風」字。』吳校云：『淮雨下當缺王元長曲水詩序作別風事。』盧文弨文心雕龍輯注書後所據吳校本作『元長作序，亦用別風』。而盧氏鍾山札記一『別風淮雨』條引宋本，亦有此二句，顧校亦補此二句，今據補。」

牟注：「亦用別風：查文選、王甯朔集（漢魏六朝百三家集）和全齊文卷十三所載王融的曲水詩序，均無『別風』二字。『元長作序，亦用別風』八字，文心雕龍明清諸本均無。范文瀾注，劉永濟、王利器校，均以盧文弨說爲主（盧以爲宋本文心雕龍有此二句），或注或補。按此處文意似應有此二句始全，但可疑有三：一、盧文弨所見是何宋本？二、今存王融的序文，並無『別風』二字；三、劉勰所論作家，止於晉末宋初，宋以後作者，他認爲『世近易明，無勞甄序』（才略），王融（公元四六八—四九四年）是比劉勰生年略晚的同時人，恐難論及。」按元刻本亦無此二句。東漢末年名士韓融，亦字元長。後漢書卷六十二韓韶傳：「子融字元長。少能辨理而不爲章句。聲名甚盛，五府並辟。獻帝初，至太僕。年七十卒。」但全後漢文不見著録。不知是其人否。

〔六〕傳以愛奇而沿用謬文，謬文亦遂藉文人之保護而存在。

史之闕文〔一〕，聖人所慎〔二〕，若依義棄奇，則可與正文字矣〔三〕。

〔一〕斯波六郎：「論語衛靈公：『子曰：吾猶及史之闕文也，有馬者借人乘之，今亡矣夫！』漢書藝文志：『古制書必同文，不知則闕，問諸古老。至於衰世，是非無正，人用其私，故孔子曰：「吾猶及史之闕文也，今亡矣夫！」蓋傷其寖不正。』」校注：「按論語衛靈公篇：『子曰：吾猶及史之闕文也，今亡矣夫！』集解引包咸曰：『古之良史，於書字有疑，則闕之，以待知者。』……又按春秋經桓公十四年『夏五』，杜注：『不書月，闕文。』又莊公二十四年『郭公』，杜注：『無傳，蓋經闕誤也。』並足爲此文注脚。」

〔二〕論語爲政：「多聞闕疑，慎言其餘，則寡尤。」按上引呂氏春秋察傳云：「辭多類非而是，多類是而非，是非之經，不可不分，此聖人之所慎也。」

〔三〕紀評：「胸富卷軸，觸手紛綸。自然瑰麗，方爲巨作。若尋檢而成，格格然著於句中，狀同鑲嵌，則不如竟用易字。文之工拙，原不在字之奇否，沈休文三易之説，未可非也。若才本膚淺，而務於炫博以文拙，則風更下矣。」范注：「紀説甚是。用字以達意曉人爲主，彥和云『依義棄奇』，誠取舍之權衡也。」

李漁窺詞管見：「琢句鍊字，雖貴新奇，亦須新而妥，奇而確。妥與確，總不越一理字。欲望句之驚人，先求理之服衆。」

斠詮：「言屬文用事，以達意曉人爲主，不必矜奇立異。能如此，則可與正文字矣。」「依義棄奇」二句謂依據文義安排用字而擯棄愛奇之病，即可參與訂正文字了。

第四段論後世在寫作中沿訛習奇之弊，提出用字要「依義棄奇」。

贊曰：篆隸相鎔〔一〕，蒼雅品訓〔二〕，古今殊跡，妍媸異分〔三〕。字靡異流，文阻難運〔四〕，聲畫昭精，墨采騰奮〔五〕。

〔一〕斠詮：「篆隸相鎔，謂我國文字，自蒼頡初造之鳥篆，進而爲史籀之大篆，再進而爲李斯之小篆，復進而爲程邈之隸書，皆由前者之鎔化，而成後者之鑄造，彼此相因不斷演變，而始有今日完型之楷書也。彥和曰：『李斯刪籀而秦篆興，程邈造隸而古文廢。』説文序所謂『或頗省改，以趣約易』是也。……廣韻：『鎔，鎔鑄。』……是鎔有『鎔化鑄造』之義。……彥和用於此處，寓有演進之意。」

〔二〕「品」，品量。斠詮：「謂蒼頡品字形，爾雅訓字義，前文所謂『雅以淵源詁訓，頡以苑囿奇文，異體相資，如左右肩股』是也。」

〔三〕校注：「按此『媸』字，亦當從元本、弘治本、活字本、汪本、佘本、張本、兩京本、訓故本、梅本、謝鈔本等改作『蚩』。」「古今殊跡」，古今字體不同。「妍媸異分」，承前文「字形單複，妍媸異體」而來。

〔四〕札記：「『異』當作『易』。」考異：「從『易』是，據下『難』字爲偶，於義亦通。」斠詮：「此二句承前文『自晉以來，率從簡易，時並習易，人誰取難』而言。靡，有順俗之意。荀子儒效：『積靡使然也。』楊注：『靡，順也。』」牟注：「靡，順，指順時。……阻指違時。這兩句是對前面所論『世所共曉』和『時所共廢』等意的總結。運，運行，和上句『流』字意近。」

〔五〕斠詮：「此二句承前文『並貫練雅頡，總閱音義，鴻筆之徒，莫不洞曉』及『諷誦則績在宮商，臨文則能歸字形矣』而言。聲謂聲律，指音節宮商之諧叶；畫，謂筆畫，指字形單複之調度也。」按「聲」謂字音，「畫」謂字形。「昭精」，昭明精當。「墨采」，墨迹文采。「騰奮」，生氣蓬勃，富有活力。禮記曲禮上：「行，前朱鳥而後玄武，左青龍而右白虎。」正義引何胤云：「如鳥之翔，如蛇之毒，龍騰虎奮，無能敵此四物。」

隱秀第四十

顏延之右光祿大夫西平靖侯顏府君家傳銘：「誰其來遷，時聞遠祖，青州隱秀，爰始貞居。」

史通敘事篇：「然章句之言，有顯有晦。顯也者，繁詞縟說，理盡於篇中；晦也者，省字約文，事溢於句外。……夫能略小存大，舉重明輕，一言而巨細咸該，片語而洪纖靡漏，此皆用晦之道也。……丘明受經，師範尼父。夫經以數字包義，而傳以一句成言，雖繁約有殊，而隱晦無異。故其綱紀而言邦俗也，則有士會爲政，晉國之盜奔秦；邢遷如歸，衛國忘亡。其款曲而言人事也，則有犀革裹之，比及宋，手足皆見；三軍之士，皆如挾纊：斯皆言近而旨遠，辭淺而義深，雖發語已殫，而含意未盡，使夫讀者望表而知裏，捫毛而辯骨，覩一事於句中，反三隅於字外。晦之時義不亦大哉！」紀昀史通削繁卷二評：「顯晦云云，即彥和隱秀之旨。」

皎然詩式卷二「池塘生春草」「明月照積雪」評曰：「客有問予：謝公二句優劣奚若？予因引梁征遠將軍評爲隱秀之語。且鍾生既非詩人，安可輒議？徒欲聾瞽後來耳目。且如『池塘生春草』，情在言外，『明月照積雪』，旨冥句中，風力雖齊，取興各別。古今詩中，或一句見意，或多句顯情。王昌齡云：『「日出而作，日入而息」，謂一句見意爲上。』事殊不爾。……其有二義，一情一事。事者，如劉越石詩曰云云是也。情者，康樂公『池塘生春草』是也。抑由情在言外，故其辭似淡而無味，常手覽之，何異文侯聽古樂哉！謝氏傳曰：『吾嘗在永嘉西堂作詩，夢見惠連，因得「池塘生春草」。』豈非神助乎！」

歐陽修六一詩話：「聖俞嘗語余曰：『詩家雖率意，而造語亦難，若意新語工，得前人所未道者，斯爲善也。必能狀難寫之景，如在目前，含不盡之意，見於言外，然後爲至矣。……』余曰：『……狀難寫之景，含不盡之意，何詩爲然？』聖俞曰：『作者得於心，覽者會以意，殆難指陳以言也。雖然，亦可略道其髣髴。若嚴維「柳塘春水漫，花塢夕陽遲」，則天容時態，融和駘蕩，豈不如在目前乎？又若温庭筠「鷄聲茅店月，人跡板橋霜」，賈島「怪禽啼曠野，落日恐行人」，則道路辛苦，羈愁旅思，豈不見於言外乎？』」

宋張戒歲寒堂詩話卷上：「沈約云：『相如工爲形似之言，二班長於情理之説。』劉勰云：『情在詞外曰隱，狀溢目前曰秀。』梅聖俞云：『含不盡之意見於言外，狀難寫之景如在目前。』三人之論，其實一也。」

清馮班鈍吟雜録卷五：「詩有活句，隱秀之詞也。直敘事理，或有詞無意，死句也。隱者，興在象外，言盡而意不盡者也；秀者，章中迫出之詞，意象生動者也。」

郝懿行批注：「按神思篇云：『思表纖旨，文外曲致。』其隱之謂乎？陸士衡云：『苕發穎豎，離衆絶致。』（按見文賦）其秀之謂乎？」

劉熙載藝概詞曲概：「詞以鍊章法爲隱，鍊字句爲秀。秀而不隱，是猶百琲明珠，而無一綫穿也。」

羅根澤中國文學批評史：「風骨是文字以內的風格，至文字以外，或者説是溢於文字的風格，劉勰特別提倡隱秀。特設隱秀篇，云：『夫心術之動遠矣……篇中之獨拔者也。』又云：『夫隱之爲體……川瀆之韞珠玉也。』由此知隱秀，尤其是隱，是基於文字而卻溢於文字的一種風格。」（一九五八年版）

周汝昌文心雕龍隱秀篇舊疑新議：「總術之前一篇，名曰附會，其中有兩句：『扶陽而出條，順陰而藏迹。』此所説即一篇之中的文術上的隱秀　秀與隱兼之理。」（河北大學學報一九八三年二期）

按「隱」是指「隱篇」，就是内容含蓄的作品。從「隱篇」和「秀句」的關係來看：「秀句」可以説是「隱篇」的眼睛和窗户，通過「秀句」打開「隱篇」的内容。

夫心術之動遠矣〔一〕，文情之變深矣〔二〕。源奧而派生〔三〕，根盛而穎峻〔四〕。是以文之英蕤〔五〕，有秀有隱〔六〕。隱也者，文外之重旨者也〔七〕；秀也者，篇中之獨拔者也〔八〕。隱以複意爲工，秀以卓絶爲巧〔九〕，斯乃舊章之懿績，才情之嘉會也〔一〇〕。

〔一〕斟詮：「禮記樂記：『應感起物而動，然後心術形焉。』彥和語意本此。神思篇：『文之思也，其神遠矣。』意與此同。」莊子天道：「此五末者，須精神之運，心術之動，然後從之者也。」成疏：「術，能也；心之所能，謂之心術也。」是「心術」謂心計，或運思的方法。情采篇：「心術既形，英華乃贍。」

〔二〕斠詮：「樂記：『是故情深而文明，氣盛而化神，和順積中，而英華外發。』孔疏：『志起於内，内慮深遠，是情深也。言之於外，情由言顯，是文明也。』」

〔三〕斠詮：「派，即流別之意。説文：『派，水之衺流別也。』注：『流別者，水歧分之謂。』」

〔四〕斠詮：「宗經篇云：『根柢盤深，枝葉峻茂。』意與此同。穎，末也，見説文。詩大雅生民：『實穎實栗。』疏：『言其穗重而穎垂也。』案禾本科植物之花下具有二苞曰穎，稱其花曰穎花，而其果實特稱穎果。故此處之穎兼包華實兩者而言。」「穎」，稻麥的穗。史記魯周公世家：「唐叔得禾，異母同穎。」集解引徐廣曰：「穎即穗也。」

〔五〕校證：「吟窗雜録三七，『英』作『精』。」

斠詮：「英蕤，本謂美異之花，文選嵇康琴賦：『鬱紛紜以獨茂兮，飛英蕤於昊蒼。』李善注：『説文曰：蕤，草木花（垂）貌。』故此處『英蕤』之用法與『英華』略同，謂精采之表現於外者……指文之精義與辭華兩者而言。」文賦：「播芳蕤之馥馥。」

〔六〕校證：「吟窗雜録『有秀有隱』作『有隱有秀』。」

〔七〕范注：「重旨者，辭約而義富，含味無窮。陸士衡云『文外曲致』，此隱之謂也。」斠詮：「『隱以複意爲工』，仍指辭之情理内蘊，餘韻無窮，是爲含蓄之體。」

「重旨」就是「複意」，就是説文章要有曲折重複的意旨。所謂重複的意旨，就是除去表面的一層意思之外，還有言外之意，所以是「文外之重旨」。校證：「吟窗雜録無（後一）『者』字。藝苑卮言此句作『文之重旨』。」

〔八〕范注：「獨拔者，即士衡所云『一篇之警策』也。所謂出語，即秀句也。」黄叔琳評：「陸平原云『一篇之警策』，其秀之謂乎？」劉師培在論文章有生死之别的講題中說：「有警策而文采傑出，即隱秀篇之所謂『秀』。」（見羅常培記録漢魏六朝專家文研究）他又說：「剛者以風格勁氣爲上，柔以隱秀爲勝。凡偏於剛而無勁氣風格，偏於柔而不能隱秀者皆死也。」（同上）劉師培在這裏所說的「勁氣風格」，就是「風骨」。「風骨」和「隱秀」是對立的兩種風格，一偏於剛，一偏於柔。黄侃補隱秀篇對「秀」的意義作了許多解釋，其實他説來説去，都是從文賦「立片言而居要，乃一篇之警策」二句敷演出來的，和黄叔琳評没有出入。

用「獨拔」來解釋「秀」字，是從秀穗的意思引申出來的。爾雅釋草：「木謂之華，草謂之榮，不榮而實者謂之秀，榮而不實者謂之英。」秀字的原義就是秀穗，所以隱秀篇在形容「秀」這種風格時，説它「譬卉木之耀英華」。從秀字的本義，隱秀篇又引申出兩層意思。一層是秀出，就是「獨拔」，也就是「卓絶」，是説它超出於其它部分之上；另一層意思是秀麗，所以才「譬卉木之耀英華」，或者説是「英華曜樹」。雜文篇説：「觀枚氏首唱，信獨拔而偉麗矣。」把「獨拔」與「偉麗」連文，都是和「秀」的意思接近的。校證：「吟窗雜録無（後一）『者』字。藝苑卮言此句作『文之獨拔』。」

〔九〕黄侃補文心雕龍隱秀篇：「然則隱以複意爲工，而纖旨存乎文外；秀以卓絶爲巧，而精語峙乎篇中。」

傅庚生文學賞鑒論叢論文學的隱與秀：「『心術之動』指的是作者思想感情的萌動，『文情之變』指的是因思想感情的萌動而氤氲以出的想象。『源奥而派生』的自然以『複意爲工』，『根盛而穎峻』的自然以『卓絶爲巧』；要緊的是『秀』本有『根』，『隱』亦有『源』。抛卻了思想感情的根本，便成了無源之水，無根之木。」

漢魏六朝專家文研究七論文章有生死之别：「凡文章有勁氣，能貫串，有警策而文采傑出（即文心雕龍隱秀篇之所謂「秀」）者，乃能生動。」又：「任（昉）文能於極淡處傳神，故有生氣。猶之遠眺山景，可望而不可及，實即劉彦和之所謂秀也（每篇有特出之處謂之秀，有含蓄不發者謂之隱）。學任之淡秀可有生氣，學蔡（邕）、陸（機）之風格勁氣，亦可有生氣。此殆文章剛柔之異耳。陸、蔡近剛，彦昇近柔。」

〔一〇〕張嚴文心雕龍文術論詮：「文章情辭並重，辭餘於情，雖工亦拙；情餘於辭，雖淺亦深。善爲文章者，必辭約而指博，以字攝句，以句攝篇，説出者少，不説出者多。亦古人所謂『用意十分，下語三分』也。彦和言『隱以複意爲工』，即謂『用意十分』也；言『秀以卓絶爲巧』，即謂『下語三分』也。故文章不可説盡，辭以含蓄爲貴。」

以上爲第一段，釋「隱秀」之意義。

夫隱之爲體，義生文外〔一〕，秘響傍通〔二〕，伏采潛發〔三〕。譬爻象之變互體〔四〕，川瀆之韞珠玉也〔五〕。

〔一〕校證：「『生』原作『主』，汪本、佘本、張之象本、兩京本、王惟儉本、何校本作『生』。紀云『生字是』，今據改。」神思篇：「文外曲致。」

考異：「文内以義爲主，闡發引申，則屬之文外，則義見，故從『生』也。」

皎然詩式重意詩例：「兩重意已上，皆文外之旨。若遇高手如康樂公，覽而察之，但見情性，不覩文字，蓋詩（一作詣）道之極也。」

司馬光迂叟詩話：「古人爲詩，貴於意在言外，使人思而得之。近世詩人惟杜子美最得詩人之體，如春望：『國破山河在，城春草木深。感時花濺淚，恨別鳥驚心。』『山河在』，明無餘物矣。『草木深』，明無人矣。花鳥，平時可娱之物，見之而泣，聞之而恐，則時可知矣。他皆類此，不可遍舉。」

〔二〕校注：「按『傍』當作『旁』，原道篇『旁通而無滯』，其明徵也。」（剡山石城寺石像碑有「妙應旁通」語。）

考異：「『祕』，正字通：『俗從禾作秘，譌。』又按『傍』字見詩小雅：『王事傍傍。』集韻並通旁，亦近也，宜作旁。易乾卦『旁通情也』，爲舍人所本。」

斠詮：「祕響，謂祕而不宣之心聲。旁通，語出易經乾文言：『六爻發揮，旁通情也。』孔疏：『言六爻發越揮散，旁通萬物之情也。』周易虞氏義：『當爻交錯，謂之發揮；全卦對易，謂之旁通。』如比☷☵，卦辭集解引虞氏曰：『與大有旁通。』大有☰☲，卦辭集解引虞氏曰：『與比旁通。』虞氏以爲凡卦除以其本卦之含義解釋外，尚可以其旁通之含義解釋之。朱子本義：『旁通，猶言曲盡。』胡炳文曰：『曲盡其義者，在六爻而備全其德。』又法言問明：『或問行，曰：旁通厥德。』注：『動静不能由一塗，由一塗不可以應萬變，應萬變而不失其正者，惟旁通乎！』彦和取作比喻，以爲根據文意相關之義理，可推斷出作祕而不宣之心聲。」

譚獻復堂詞録叙：「又其爲體，固不必與莊語（牟注：正論）也，而後側出其言，旁通其情，觸類以發，充類以盡；甚且作者之心未必然，而讀者之用心何必不然。」

〔三〕原道篇：「文王患憂，繇辭炳曜，符采複隱，精義艱深。」宗經篇：「故繫稱旨遠辭文，言中事隱。」

劉綬松古典文學理論中的風格問題：「文章必須耐人咀嚼、尋味，然後才能給讀者留下深刻的印象，並能深深地打動讀者的心靈，所以文章又最好是有『文外之重旨』。隱秀篇説：『隱之爲體，義主文外，秘響傍通，伏采潛發。』這就是説，文章須有弦外之音，言外之意，『使味之者無極，聞之者動心』（詩品），如果文章淺露，不耐思索，它的藝術力量，就顯得微薄了。」（紅

旗一九六二年第三期）

袁行霈魏晉玄學中的言意之辨與中國古代文藝理論：「這裏所説的重旨、複意、秘響、伏采，都是指言辭之外不盡的意味，劉勰用一個『隱』字加以概括。『隱』，不是不欲人知，而是不欲明言，讓讀者通過自己的藝術聯想和想象領會其中的深意，這正是中國詩歌藝術的妙諦。」（見古代文學理論研究第一輯）

不僅詩歌如此，明唐志契繪事微言「丘壑藏露」條説：「善露者未始不藏，善藏者未始不露。……若主露而不藏，便淺而薄。景愈藏，境界愈大；景愈露，境界愈小。」山静居論畫：「石翁（王石谷）風雨歸舟圖，筆法蒼率，作迎風堤柳數條，遠沙一抹，孤舟簑笠，宛在中流。或指曰：『雨在何處？』僕曰：『雨在畫處，在無畫處。』」

〔四〕校證：「『互』原作『玄』，馮校云：『玄疑作互。』梅據王改。」

考異：「『玄』『互』形近易譌，作『互』是。下文贊曰：『辭生互體，有似變爻。』足證。」

漢儒説易，以易卦上下兩體相交可以互取象者，謂之互體，亦曰互卦。左傳莊公二十二年：「陳侯使筮之，遇觀☴☷之否☰☷。」注：「坤下巽上觀，坤下乾上否。觀六四爻變而爲否。……易之爲書，六爻皆有變象，又有互體，聖人隨其義而論之。」疏：「易之爲書，揲蓍求爻，重爻爲卦。爻有七、八、九、六，其七、八者，六爻並皆不變。……其九、六者，當爻有變，每爻别爲其辭名之曰象。……每爻各有象辭，是六爻皆有變象。二至四、三至五兩體交互各成一卦，先儒謂之互體。聖人取其義而論之，或取互體，言其取義爲（無）常也。」按觀䷓自二至四爻爲坤☷，自三至五爻爲艮☶，故云兩體交互各成一卦。或以易卦上下分象亦爲互體，如鄭注既濟䷾九五爻云「互體爲坎」，旅䷷初六爻云「互體爲艮☶」是也。牟注：「原卦爻辭對所占卜之事難以說通，便取『互體』。劉勰即以其『取義無常』，來比喻『文外之重旨』可以『祕響旁通』。」周注：「觀卦中含有坤卦、艮卦稱互體。這裏指一卦的爻象含有別卦，比喻含蓄的意思。」

〔五〕斠詮：「荀子勸學篇：『玉在山而草木潤，淵生珠而崖不枯。』……陸機文賦：『石韞玉而山輝，水懷珠而川媚。』」

故互體變爻〔一〕，而化成四象〔二〕；珠玉潛水，而瀾表方圓〔三〕。

〔一〕說文：「爻，交也。」徐灝曰：「爻者交錯之義。」易繫辭上：「爻者，言乎變者也。」繫辭下：「爻也者，效天下之動者也。」蓋交錯則變動矣。

〔二〕易繫辭上：「易有四象，所以示也。」正義引莊氏曰：「四象謂六十四卦之中，有實象，有假象，有義象，有用象，爲四象也。」

徵聖篇：「四象精義以曲隱。」四象指用六十四卦來表示各種現象。卦是符號，從符號上看不出各種現象來，所以它的意義是曲折隱晦的。

周注：「上引遇觀䷓之否䷋，裏面有互體，有變爻。觀卦倒數第四爻⚋變爲否卦的⚊，成爲兩個卦，其中☷是坤，『坤，土也』；☴是巽，『巽，風也』；☰是乾，『乾，天也』。觀卦的風☴變爲否卦的天☰，居於土☷上，『山也』。『有山之材，而照之以天光，於是乎居土上。』故曰：『觀國之光，利用賓于王。』這裏☴是風，☷是土，☰是天，是實象；『風爲天於土上，山也』，是假設的象；『有山之材而照之以天光』，是義象；『觀國之光利用賓于王』，是用象。根據變爻就產生四象。四象見徵聖注。」

〔三〕范注：「藝文類聚八引尸子：『凡水，其方折者有玉，其圓折者有珠。』淮南子地形訓：「水圓折者有珠，方折者有玉。」黃侃補文心雕龍隱秀篇贊曰：「川含珠玉，瀾顯圓方。」論衡自紀篇：「或曰……玉隱石間，珠匿魚腹，非玉工珠師，莫能採得。寶物以隱閉不見，實語亦宜深沈難測。……答曰：玉隱石間，珠匿魚腹，故爲深覆，及玉色剖於石心，珠光出於魚腹，其猶隱乎？吾文未集於簡札之上，藏於胸臆之中，猶玉隱珠匿也。及其抶露，猶玉剖珠出乎？」」傅庚生文學賞鑑論叢論文學的隱與秀：「什麼叫做『隱』？就是深蔚含蓄。『言有盡而意無窮』是它的特質，『此時無聲勝有聲』是它的奇致。試一讀姜堯章過吳淞時所作的點絳脣：『燕雁無心，太湖西畔隨雲去。數峰清苦，商略黃昏雨。第四橋邊，擬共天隨住。今何許？憑欄懷古，殘柳參差舞。』……這裏是情與景的交融，這裏是深曲之筆表達出深曲的情懷。『瀾表方圓』，由於有『珠玉潛水』。——這便是『隱』。」

周注：「這裏指寫得含蓄的，在文辭上會有種種表現。」劉勰把「隱」比作「珠玉潛水，而瀾表方圓」。這個「瀾」就是「波起辭間，是謂之秀」，所以我們可以「觀瀾而索源」。知音篇說：「沿波討源，雖幽必顯。」就是這個意思。

始正而末奇，内明而外潤〔一〕，使玩之者無窮〔二〕，味之者不厭矣〔三〕。

〔一〕牟注：「始正末奇：對『隱』的特點而言。始讀之覺其正常，最後才感到奇特。」「明」，指明朗而不淺露。

〔二〕「玩之者無窮」，意謂玩之者感覺其意無窮。既然「隱」並不等於晦澀，那就要掌握一定的尺度，要做到「内明而外潤，使玩之者無窮，味之者不厭」。

〔三〕詩品序：「幹之以風力，潤之以丹彩，使味之者無極，聞之者動心，是詩之至也。」明陸時雍詩鏡總論：「工部七律，蘊藉最深，有餘地，有餘情，情中有景，景外含情，一咏三嘆，味之不盡。」

彼波起詞間，是謂之秀〔一〕。□乎□音〔二〕，宛乎逸態〔三〕。若遠山之浮烟靄〔四〕，孌女之靚容華〔五〕。然烟靄天成，不勞於粧點；容華格定〔六〕，無待於鎔裁〔七〕。深淺而各奇〔八〕，穠纖而俱妙〔九〕。若揮之則有餘〔一〇〕，而攬之則不足矣。

〔一〕「詞」，黄注本作「辭」。

周注：「波起：指突出。所以是秀。」

〔二〕此句徐𤊹校本和曹批梅六次本俱作「□乎□音」。馮舒校本作「□手□音」。何義門校本「乎」改「手」，頂批：「一有『纖麗』二字，馮校本闕。」黄注本作「纖手麗音」，下注：「纖麗字缺。」

〔三〕「逸」，超乎流俗者。「逸態」，高超的姿態。

〔四〕曹批梅六次本「浮」字缺。馮、徐二校本有「浮」字。

姚鼐與魯絜非書：「自諸子而降，其爲文無弗有偏者。其得於陽與剛之美者，則其文如霆，如電，如長風之出谷，如崇山峻崖，如決大川，如奔騏驥，其光也如杲日，如火，如金鏐鐵；其於人也，如馮高視遠，如君而朝萬衆，如鼓萬勇士而戰之。其得於陰與柔之美者，則其文如升初日，如清風，如雲，如霞，如烟，如幽林曲澗，如淪如漾，如珠玉之輝，如鴻鵠之鳴而入寥廓。其於人也，謬乎其如嘆，邈乎其如有思，暝乎其如喜，愀乎其如悲。……夫文之多變，亦若是已。糅而偏勝可也。偏勝之極，一有一絶無，與夫剛不足爲剛，柔不足爲柔者，皆不可以言文。」（惜抱軒文集卷六）以姚鼐的話來看，偏於柔性美的文章也不是毫無剛氣。「彼波起辭間，是謂之秀」，這正和姚鼐所説的「如淪如漾」類似；「若遠山之浮烟靄」，「譬諸裁雲製霞」，這正和姚鼐所説的陰柔之美「如雲，如霞，如烟」類似。

〔五〕詩齊風甫田：「婉兮孌兮。」「靚」，用脂粉來妝飾。斠詮：「孌女之靚容華，謂若美女之妝飾華麗容色也。孌，美好貌。廣雅釋詁：『孌，好也。』詩小雅車舝：『思孌季女逝兮。』毛傳：『孌，美貌。』靚，妝飾也，見玉篇及廣韻。文選左思蜀都賦：『袨服靚妝。』劉曰『靚謂粉白黛黑也』。」曹植美女篇：「容華耀朝日，誰不希令顔。」又雜詩：「南國有佳人，容華若桃李。」

〔六〕「格」，格式，格度。牟注：「這裏指樣式。」

〔七〕「鎔裁」，馮舒校本作「裁鎔」，徐校本和曹批梅六次本作「鎔裁」。比喻對容貌的修飾。

〔八〕本篇末段云「朱緑染繒，深而繁鮮；英華曜樹，淺而煒燁」，就是「深淺而各奇」。

〔九〕徐校本和曹批梅六次本作「穠」。馮校本作「嬈」。范注：「字典無『嬈』字，應是『穠』字之誤。」曹植洛神賦：「穠纖得中，修短合度。」五臣翰注：「穠，肥；纖，細也。」斠詮：「言美人之豐腴或纖弱各有其美妙也。穠，穠麗，指豐腴而言；纖，纖弱，指清瘦而言：此喻文辭之繁儉。」

〔一〇〕「揮」，散也。看起來，「秀」似乎偏於柔性美，所以説這種秀美「若揮之則有餘，而攬之則不足矣」。因爲它没有骨力。這種秀美，用花的顔色來比，是「深淺而各奇」，用少女的姿容來比，是「穠纖而俱妙」。

以上爲第二段，多方設喻，説明隱秀的風格特點。

夫立意之士，務欲造奇，每馳心於玄默之表〔一〕；工詞之人，必欲臻美，恒溺思於佳麗之鄉〔二〕。嘔心吐膽，不足語窮〔三〕；煅歲煉年，奚能喻苦〔四〕！

以下言如何到達隱秀的境地。「隱」指意言，「秀」指詞言。

〔一〕「玄默」，沈静寡言。漢書刑法志：「孝文即位，躬脩玄默。」「表」謂儀表。這可見「隱篇」之所以形成，是由立意的深遠來的。

斠詮：「玄默，沈静寡言也。……漢書古今人表注：『老子玄默，孔子所師。』淮南子主術訓：『天道玄默，無容無則。』」

〔二〕黄注本「詞」作「辭」。徐校本「思」作「心」，曹批梅六次本「恒」字缺筆作「恒」。

謝朓入朝曲：「江南佳麗地，金陵帝王州。」

饒宗頤劉勰文藝思想與佛教：「隱秀篇區隱爲複意，而秀爲美辭，亦復一神一形，内外相資。尚形之文，徒具外美，而内則枵然無物；故『工辭之人，必欲臻美，恒溺思於佳麗之鄉』，職是故也。劉氏蓋針對六朝文人之通病，有秀而無隱，换言之，即有形而無神是矣。」

〔三〕「語」字，徐校本和曹批梅六次本俱闕。桓譚新論袪蔽篇：「余少時……嘗激一事而作小賦，用精思太劇，而立感動發病。彌日瘳。（揚）子雲亦言成帝時，趙昭儀方大幸，每上甘泉，詔令作賦，爲之卒暴，思慮精苦，賦成遂困倦小臥，夢見其五臟出在地，以手收而納之。及覺，病喘悸，大少氣。病一歲。由此言之，盡思慮，傷精神也。」

李商隱李賀小傳：「母使婢探囊中，見所書多，即怒曰：是兒要嘔出心肝乃已耳。」

〔四〕校證：「『奚』，（毛子晉刻本）作『莫』。」馮校：「『喻』，錢本注云『一作愈』。」神思篇：「張衡研京以十年，左思練都以一紀。」周注：「創作的所謂自然，並不是可以隨便寫成，還需要苦心經營。」「煅煉」，同「鍛鍊」。杜甫奉贈太常張卿垍二十韻：「顧深慙鍛鍊，才小辱提攜。」

故能藏穎詞間，昏迷乎庸目〔一〕；露鋒文外，驚絶乎妙心〔二〕。使醖藉者畜隱而意愉〔三〕，英鋭者抱秀而心悦〔四〕。譬諸裁霞製雲〔五〕，不讓乎天工〔六〕；斲卉刻葩〔七〕，有同乎神匠矣〔八〕。

〔一〕馮舒校本「乎」作「于」。徐校本和曹批梅六次本作「乎」。這句是説深隱的餘味，不是毫無欣賞能力的人所能體會的。

〔二〕校證：「『妙』毛作『遐』。」此句論秀。「妙心」，善於理解的讀者。

〔三〕「畜」字，黄注本作「蓄」，按「畜」、「蓄」在此可通。「醖藉」，同「藴藉」。後漢書桓榮傳：「榮被服儒衣，温恭有藴藉。」李賢注：「藴藉，猶言寬博有餘也。」此處指有含蓄。知音篇説：「醖藉者見密而高蹈，浮慧者觀綺而躍心。」又説：「夫惟深識鑒奥，必歡然内懌。」

〔四〕所謂秀出之句，也就是一篇裏面形象特别鮮明、秀美、突出的句子，正因爲它「狀溢目前」，有如「英華曜樹」，所以才能「露鋒文外，驚絶乎妙心，使……英鋭者抱秀而心悦」，也就是能「動心驚耳」。

〔五〕馮校本作「裁雲製霞」，徐校本、曹批梅六次本作「裁霞製雲」。據校證毛本亦作「裁霞製雲」。

〔六〕馮本原抄作「天上」，注云：「上當作工。」

〔七〕「卉」，草的總稱。「葩」，花。周注：「斲卉刻葩，本於列子説符：『宋人有爲其君以玉爲楮葉者，三年而成，鋒殺莖柯，毫芒繁澤，亂之楮葉中而不可别也。』」

〔八〕「神匠」，神工巧匠。

故篇中乏隱〔一〕，若宿儒之無學〔二〕，或一叩而語窮〔三〕；句間鮮秀，如鉅室之少珍〔四〕，若百詰而色沮〔五〕。斯並不足於才思，而亦有愧於文詞矣〔六〕。

〔一〕馮校本「故」字作「若」。徐校本和曹批梅六次本均作「故」。何義門校「故」改「若」。

〔二〕「若」，何義門改「等」。黄注本從之。校證：「毛作『若』。」

〔三〕説「故篇中乏隱，若宿儒之無學，或一叩而語窮」，又説「不足於才思」，可見「隱」以立意爲主。「隱秀」這種風格，指的是情意深隱，不把全部内容和盤托出，而用極精煉的語言暗示出來，這就是宗經篇所謂「根柢槃深，枝葉峻茂，辭約而旨豐，事近而喻遠」。因爲「若篇中乏隱，等宿儒之無學，或一叩而語窮」，就變得内容淺薄，經不起玩味了。

〔四〕「鉅」，馮校本作「巨」。「巨室」謂世家大族。孟子離婁上：「爲政不難，不得罪於巨室。」

〔五〕馮本、徐本、曹批梅六次本「詰」字俱闕。沈巖臨何焯校本注明：「『百』下一有『詰』字。」何云：『少珍』，馮本有，『詰』字闕。」句意謂：倘使多問問就神色沮喪。校證：「毛補（詰字）。」

〔六〕「有」字，馮本作「無」，注云：「『無』當作『有』。」「詞」字，黄注本作「辭」。「愧」字，曹批梅六次本、黄注本作「媿」，馮、徐作「愧」。

以上爲第三段，論如何形成隱秀以及缺乏隱秀對文辭的影響。

將欲徵隱，聊可指篇：古詩之「離別」〔一〕，樂府之長城〔二〕，調遠旨深〔三〕，而復兼乎比興〔四〕。陳思之黄雀〔五〕，公幹之青松〔六〕，格剛才勁〔七〕，而並長於諷諭〔八〕。叔夜之□□，嗣宗之詠懷〔九〕，境玄思淡〔一〇〕，而獨得乎優閒〔一一〕。士衡之□□，彭澤之□□〔一二〕，心密語澄〔一三〕，而俱適乎□□〔一四〕。

〔一〕「古詩之離別」，指的是古詩十九首中的「行行重行行，與君生别離」一首。這首詩不直説離別之苦，人都瘦了；却説「衣帶日已緩」；不説自己的幽怨，却説「棄捐勿復道，努力加餐飯」。情調是微婉隱曲的。但是通過「胡馬依北風，越鳥巢南枝」兩句比喻的話，就把主人公的心情完全烘托出來。

〔二〕黄注：「樂府古辭有飲馬長城窟行。長城，蒙恬所築也，言征客之至長城而飲其馬，婦思之，故爲長城窟行。」

梁啓超中國韻文裏頭所表現的情感談到含蓄蘊藉的表情法時説：「有一種起興是和下文有情調上的聯係，大多是觸景生情，就眼前所見所聞的景物，引起情感的波動。例如飲馬長城窟行：『青青河畔草，綿綿思遠道。遠道不可思，夙昔夢見之。』看到了河畔的春草綿綿不斷，延向遠方，引起她對遠方愛人的相思。」

這首詩所表現的情意也是很微婉曲折的，然而通過「枯桑知天風，海水知天寒」兩句，運用比興的手法，就把懷望遠人歸來的孤悽心情透露出來了。

余冠英：「其中『枯桑』兩句是説：枯桑雖然没有葉，仍然感到風吹，海水雖然不結冰，仍然感到天冷。比喻那遠方的人縱然感情淡薄，也應該知道我的孤悽，我的想念。」（樂府詩選）

〔三〕「調遠旨深」，此據徐校本和曹批梅六次本。馮舒校本作「詞怨旨深」。按「調遠旨深」意長。

〔四〕周注：「『行行重行行』詩中『胡馬依北風，越鳥巢南枝』，是興，含有希望游子不忘故鄉的意思。『浮雲蔽白日』，是比喻。李善注：『以喻邪佞之毁忠良。』樂府詩飲馬長城窟行的『青青河畔草』興起『綿綿思遠道』。又『枯桑知天風，海水知天寒』，比喻游子的感受風寒。」

〔五〕「陳思之黄雀」，指的是野田黄雀行。這首詩是曹植看到好友丁儀、丁廙兄弟被曹丕所殺，自已無力營救，爲抒發内心的憤恨而寫的。他不敢直書其事，用了許多曲筆。但是通過「高樹多悲風，海水揚其波」兩句形象的比喻，就把環境的險惡暗示出來。

〔六〕「公幹之青松」，指的是劉楨贈從弟三首中的第二首。這首詩的頭兩句「亭亭山上松，瑟瑟谷中風」，用形象的對比，就把作者不畏强暴的性格鮮明地表現出來。

〔七〕「格剛才勁」，從贈從弟詩中表現得比較突出。全詩説：「亭亭山上松，瑟瑟谷中風。風聲一何盛，松枝一何勁。冰霜正慘悽，終歲常端正。豈不罹凝寒，松柏有本性。」可見深隱的作品並不一定都是柔性的。

姚鼐海愚詩鈔序説：「苟有得乎陰陽剛柔之精，皆可以爲文章之美。陰陽剛柔，並行而不容偏廢。有其一端而絶亡其一，剛者至於僨强而拂戾，柔者至於頽廢而闇幽，則必無與於文者矣。」（惜抱軒文集卷四）

〔八〕野田黄雀行説：「利劍不在掌，結交何須多？不見籬間雀，見鷂自投羅？」從這裏可以看出諷諭之意。

周注：「曹植野田黄雀行：『不見籬間雀，見鷂自投羅。羅家得雀喜，少年見雀悲。拔劍捎羅網，黄雀得飛飛。』用少年救雀來比喻救人患難，是諷諭。劉楨贈從弟：『亭亭山上松……松柏有本性。』比喻有節操，也是諷諭。」

〔九〕「詠懷」二字，馮校本缺，此據徐校本和曹批梅六次本。

校證謂此二句毛本作「叔夜之疎，嗣宗之放」。

〔一〇〕「淡」，徐校本作「澹」，按「淡」謂淡泊，亦作澹泊。「境玄思淡」，境界玄遠，思想淡泊。

〔一一〕徐校本「優」作「幽」。何義門校本「閒」改「閑」，黄注本從之。體性篇：「嗣宗俶儻，故響逸而調遠。」文選阮籍詠懷詩顔延之注：「嗣宗身仕亂朝，常恐罹謗遇禍，因兹發詠，故每有憂生之嗟，雖志在刺譏，而文多隱避，百代之下，難以情測。」可見阮籍的「優閒」只是表面現象。他的本志是在進行諷刺，但是又怕「罹謗遇禍」，所以運用比興，而「文多隱避」。只是他這種「隱」，使「百代之下，難以情測」，就有點近於晦澀了。

〔一二〕事類篇説：「士衡沈密。」體性篇説：「士衡矜重，故情繁而辭隱。」何焯云：「四句（錢）功甫本闕八字，一本增入『疎放豪逸』四字。『適乎』下闕二字，一本有『壯采』二字。」（見過録沈巖校本）校證：「姚範曰：『案此葢舉嵇、阮、陸、陶之傳篇耳。錢功甫，名允治，長洲人，無子，遺書散逸。』方東樹曰：『允治父穀，字叔寶，以善畫名家，博雅好學，取宋人鄭虎臣吴都文粹，增益百卷，以備吴中故實，故功甫藏書最富，見有學集。』」黄注：「陶潛傳：潛字淵明，或云字元亮，爲鎮軍建威參軍，後爲彭澤令。」校證謂毛本作「士衡之豪，彭澤之逸」。

〔一三〕「心密語澄」，心思細密，語言清澄。

〔一四〕黄注：「一本有『壯采』二字。」校證謂毛本有「壯采」二字。

如欲辨秀，亦惟摘句〔一〕。「常恐秋節至，涼飈奪炎熱。」意悽而詞婉，此匹婦之無聊也〔二〕。「臨河濯長纓，念子悵悠悠」，志高而言壯，此丈夫之不遂也〔三〕。「東西安所之？徘徊以傍徨。」心孤而情懼，此閨房之悲極也〔四〕。「朔風動秋草，邊馬有歸心。」氣寒而事傷，此羈旅之怨曲也〔五〕。

〔一〕文鏡秘府論南卷引唐元兢古今詩人秀句序：「似秀句者，抑有其例。皇朝學士褚亮，貞觀中，奉勅與諸學士撰古文章巧言語，以爲一卷，至如王粲『灞岸』，陸機尸鄉，潘岳悼亡，徐幹室思，並有巧句，互稱奇作，咸所不録。他皆效此。諸如此類，難以勝言。……常與諸學士覽小謝詩，見和宋記室省中，詮其秀句，諸人咸以謝『行樹澄遠陰，雲霞成異色』，誠爲得矣，抑絶唱也。夫夕望者莫不鎔想烟霞……有一於此，罔或孑遺。」

〔二〕「常恐」二句，見舊傳爲班婕妤所作怨歌行。詩中通過團扇的唯恐秋風送爽而被棄捐，來象徵棄婦的愁怨，所以使人一看到這兩句，就辨别出它是「意悽而詞婉，此匹婦之無聊也」。鍾嶸詩品上：「團扇短章，詞旨清捷，怨深文綺，得匹婦之致。」「婕妤」，宫中女官名。「無聊」，哀傷。楚辭王逸九思逢尤：「心煩憒兮意無聊。」

〔三〕「悵」字，馮校本作「長」，誤。此二句見舊傳爲李陵與蘇武詩的「嘉會難再遇」一首，它通過「臨河濯長纓」的鮮明形象，顯示出主人公的壯志未遂。「悠悠」，憂思貌。鍾嶸詩品上説李陵詩「文多悽愴，怨者之流。陵，名家子，生命不諧，聲頹身傷」。此處所謂秀，並不純粹是柔性美，象這兩句，就是「志高而言壯」的。「纓」，結在頷下的帽帶。

〔四〕「東西」二句見樂府古辭傷歌行。通過這兩句的刻劃，顯示出主人公徘徊徬徨，夜不能寐，無所適從的形象。從這個形象也就象徵出一位思婦「心孤而情懼」的極度悲愁的胸懷。「悲極」，徐校本作「極悲」。

或謂：「明詩篇說：『至成帝品録，三百餘篇，朝章國采，亦云周備。而辭人遺翰，莫見五言。所以李陵、班婕妤見疑於後代也。』這是劉勰對相傳爲李陵、班婕妤的五言詩爲僞所下的論斷。……而補文中的『「常恐秋節至，涼飆奪炎熱」，意淒而詞婉，此匹婦之無聊也。「臨河濯長纓，念子悵悠悠」，志高而言壯，此丈夫之不遂也』……舉這樣的例證，豈不是與明詩篇的論斷相矛盾？不稱班婕妤而稱匹婦，前後也不一致。」按顏延年庭誥論詩：「逮李陵衆作，總雜不類，元是假託，非盡陵制。」顔延年説「非盡陵制」，可見他並没有全部否定李陵詩，而且認爲其中的「善篇」，有其可悲之處。裴子野的雕蟲論也説：「其五言爲家，則蘇、李自出。」明詩篇的話是説：漢書藝文志中不見文人有五言，所以李陵、班婕妤的五言詩被後人懷疑。劉勰對這個問題只是存疑，並没有直接表示自己的意見。「嘉會」一首，縱然不是李陵作的，在劉勰以前早已存在，而且不失爲「善篇」。引來作爲例證，説明「丈夫之不遂」的心意，也没有肯定是李陵作的，所以和明詩篇的論點並没有什麽矛盾。至於所謂班婕妤怨歌行，文選李善注於本題下引歌録曰：「怨歌行，古詞，然言古者有此曲，而班婕妤擬之。」按漢書班婕妤傳引了她寫的賦，並沒有提到她寫怨歌行或擬怨歌行古詞。怨歌行中寫的主人公是一個一般的女性，和班婕妤的身份不相稱。近代人的研究，多認爲這首詩就是無名氏的怨歌行古辭。劉勰稱她爲「匹婦」，沒有什麽不可以，既不是抄襲鍾嶸詩品，和明詩篇的論點也沒有什麽矛盾。

〔五〕「朔風」二句見晉人王讚雜詩。詩一開頭就造成了一種陰寒而感傷的氣氛，邊地的馬既然都起歸鄉之念，當然人更思歸，所以知道全詩是「羈旅之怨曲」。「羈旅」，就是作客他鄉。左傳莊公二十二年「羈旅之臣」，杜注：「羈，寄也；旅，客也。」宋書謝靈運傳論：「至於先士茂製，諷高歷賞。……子荆『零雨』之章，正長（王讚字）『朔風』之句，並直舉胸情，非傍詩史。」也是説明「朔風」兩句所表露的感情是很鮮明的。

校證：「『朔風』，馮本、汪本、兩京本、王惟儉本無『朔』字；張之象本作『涼風』，何允中本、日本活字本、梅本、凌本、梅六次本、鍾本、梁本、文通二一、日本刊本作『涼飆』。詩紀四作『朔風』，黄注本改『朔風』。」按元刻本無「朔」字。

綴補：「詩品中評晉著作王讚詩：『正長「朔風」之後。』即指此。」

以上爲第四段，舉出具體作家作品來説明隱篇秀句。

凡文集勝篇，不盈十一；篇章秀句，裁可百二〔一〕。並思合而自逢，非研慮之所求也〔二〕。或有晦塞爲深，雖奥非隱〔三〕；雕削取巧，雖美非秀矣〔四〕。

〔一〕「裁」，通「才」，僅。説文通訓定聲：「『裁』，假借爲『才』，與用『纔』、『財』同。」漢書功臣表：「裁什二三。」顔師古注：「『裁』與『纔』通。十分之内，纔有二三也。」

〔二〕校注：「求，黄校云：『元作果，謝改。』……按『果』與『求』之形音俱不近，恐難致誤。疑原是『課』字，偶脱其言旁耳。」校證改作「課」：「『課』原作『果』，梅從謝改『求』。徐校同，胡本作『得』。今按『果』是『課』之壞文。諸子篇『課名實之符』，章表篇『循名課實』，議對篇『名實相課』，指瑕篇『課文了不成義』，才略篇『多役才而不課學』，即其義。陸機文賦：『課虚無以責有，叩寂寞而求音。』則『課』亦有責求意，今據改。」綴補：「案謝改『果』爲『求』，是也。『求』，隸書作『求』，與『果』形近，因致誤耳。」考異：「楊校、王校皆非，從謝改作『求』是。」按馮校本、徐校本、曹批梅六次本俱作「求」，不誤。

這裏劉勰所説的是「篇章秀句」，「思合而自逢，非研慮之所求」，並不是説一切具有含蓄風格的作品都是妙手天成的。

傅庚生文學賞鑑論叢論文學的隱與秀：「什麽叫做『秀』？就是韶美英露，『思合而自逢，非研慮之所求』的。試一讀謝康樂在永嘉登池上樓詩：『……徇禄及窮海，臥痾對空林，衾枕昧節候，褰開暫窺臨。……初景革緒風，新陽改故陰；池塘生春草，園柳變鳴禽。……』這新鮮的意趣，兜地上心來，在意識上偶然畫了一條印痕，吟哦伸紙時，虧它又鬆鬆地奔赴腕下，這樣才凝聚成『池塘生春草』絶唱千古——詩人甚至於説它是有『神助』——的名句。——這便是『秀』。」

趙仲邑注：「從神思、體性、事類各篇中，可以知道劉勰對於學習修養是重視的，對於他在這裏説的『思合而自逢』，應理解爲學習修養的結果。」

〔三〕「晦塞爲深，雖奥非隱」，只見於馮校本和曹批梅六次本，徐校本未補此二句。其它各種元明刊本均無此二句，當是從宋本補入。紀昀在這兩句上方批曰：「精微之論。」

考異：「此八字爲傳抄誤脱，上二句應『隱以複意爲工』而發，下二句係應『秀以卓絶爲巧』而發，非淺筆僞增，宜補入。」

何景明與李空同論詩書：「若閑緩寂寞以爲柔澹，重濁剜切以爲沉著，艱詰晦塞以爲含蓄，野俚輳積以爲典厚，豈惟繆於諸義，亦併其俊語亮節，悉失之矣。」

劉熙載藝概卷一：「文心雕龍以『隱秀』二字論文，推闡甚精。其云晦塞非隱，雕削非秀，更爲善防流弊。」

神思篇：「覃思之人，情饒歧路，鑒在疑後，研慮方定。」

劉綬松古典文學理論中的風格問題：「含蓄與晦澀有别，而明朗也並不是淺露。如果文章本無深意，而僅以僻字拗句文其淺露，則又是值得反對的不良傾向了。所以在貴含蓄而抑淺露的同時……又重明朗而輕晦澀：『晦塞爲深，雖奥非隱。』」

「隱秀」之「隱」和體性篇所説的「遠奥」並不相同。練字篇説：「及魏代綴藻，則字有常檢。追觀漢作，翻成阻奥。故陳思稱揚、馬之作趣幽旨深，讀者非師傳不能析其辭，非博學不能綜其理。豈直才懸，抑亦字隱。」這種「字隱」，是由用古奥的字所造成的，所以這種深奥是晦澀的，這並不是真正的深隱的風格。

既然「隱」並不等於晦澀，那就要掌握一定的尺度，要做到「内明而外潤，使翫之者無窮，味之者不厭」的地步。詩裏不明白説出的意思，别人看了自然明白，是「隱」；别人看不懂，要費很大的勁去猜還猜不透，是晦澀，使人不能領會其中的奥妙。然而含蓄得不够，又會流於淺露，使人讀了覺得缺乏餘味。

周汝昌文心雕龍隱秀篇舊疑新議：「總術（篇）中又特爲提醒説：『辯者昭晰，而淺者亦露。奥者複隱，而詭者亦曲。』這就是毫釐千里，求秀而流爲淺陋，務隱而失之詭曲，則似是而非，流弊滋生了。」

〔四〕物色篇：「不加雕削，而曲寫毫芥。」

黄侃補隱秀篇：「若故作才語，弄其筆端，以纖巧爲能，以刻飾爲務，非所云秀也。」文心雜記：「錢基博云：隱者文外之重旨，秀者篇中之獨拔，而要歸於自然會妙。或有晦塞爲深，雖奥非隱；雕削取巧，雖美非秀矣。道生自然，彦和論文之宗旨。晦塞爲深者，孫樵、劉蜕是也，至樊宗師而極。雕削取巧者，徐陵、庾信是也，至王、楊、盧、駱而甚。」

傅庚生文學欣賞舉隅：「隱之工者，含蓄而幽遠，耐人玩味，而弊在或失之奥塞；秀之工者，俊逸而疏快，妙比天成，而弊在或失之奇突。沈伯時云：『夢窗深得清真之妙，但用事下語太晦處，人不易知，白石清勁知音，亦未免有生硬處。』所議爲允也。……

「文學之極詣，必有其辭足以載其意，其意足以貫其辭。嘔心以爲秀者，必取其辭能爲輔；溺思以爲隱者，必希其意可以暢；悖此則或流於汗漫迷所歸，或嫌其堆砌鄰于晦矣。」

又：「意境，主也；辭句，賓也。意高而辭不足以起之，則主慢賓客矣，失之奇突矣；辭煉而意不足以帥之，則喧賓奪主矣，失之奥塞矣。辭意之中倚，實隱秀之得失也。」

黄海章劉勰的創作論和批評論：「譬如揚雄的文章，假艱深以文淺陋，不能說他是『隱』；顏延之的詩篇，錯采鏤金，不能說他是『秀』。這種界綫是要劃清的。」

故自然會妙，譬卉木之耀英華〔一〕；潤色取美，譬繒帛之染朱緑〔二〕。朱緑染繒，深而繁鮮；英華曜樹，淺而煒燁〔三〕。隱篇所以照文苑，秀句所以侈翰林〔四〕，蓋以此也。

〔一〕原道篇：「傍及萬品，動植皆文：龍鳳以藻繪呈瑞，虎豹以炳蔚凝姿；雲霞雕色，有踰畫工之妙；草木賁華，無待錦匠之奇：夫豈外飾，蓋自然耳。」

郭注：「『自然會妙』，蘇東坡云：『文章本天成，妙手偶得之。』即此意。」

〔二〕「繒」，帛之總名。

文學賞鑑論叢論文學的隱與秀：「這篇的主旨，不外兩層意思：第一，是論文學的風格有隱與秀的不同；第二，是説隱可以『潤色取美』，秀却要『自然會妙』。」

傅庚生中國文學批評通論：「司空圖詩品品『自然』之格云：『俯拾即是，不取諸鄰，俱道適往，着手成春。如逢花開，如瞻歲新，真予不奪，强得易貧。幽人空山，過水采蘋，薄言情晤，悠悠天鈞。』詩之挺秀者也。品『委曲』之格云：『登彼太行，翠遶羊腸，杳靄流玉，悠悠花香。力之於時，聲之於羌，似往已迴，如幽匪藏。水理漩洑，鵬鳳翱翔，道不自器，與之圓方。』詩之蓄隱者也。大抵文學之造深著痛快之境者，其觸發文思也慓疾，『俯拾即是』，妙奪天工，秀之美者也。文學之擅委曲含蓄之場者，其細繹文思也紆徐，『如幽匪藏』，曲盡人意，隱之美者也。」

〔三〕皮朝綱從文心雕龍隱秀篇看劉勰的美學觀：「英華曜樹之美和朱緑染繒之美——謝榛四溟詩話：『作詩雖貴古淡，而富麗不可見。譬如松篁之於桃李，布帛之於錦綉也。』周紫芝竹坡詩話引東坡語：『大凡爲文，當使氣象峥嶸，五色絢爛，漸老漸熟，乃造平淡。』韻語陽秋：『大抵欲造平淡，當自組麗中來，落其華芬，然後可造平淡之境。』『平淡而有思致』，『平淡而到天然處，則善矣。』劉勰所主張的『自然會妙』，就是這種絢爛之後歸於『平淡』的境界。説詩晬話：『經營而反於自然。』劉勰所要求達到的『自然會妙』，正是這種點化後的自然。」（四

川師院學報一九七九年四期）

這幾句話的意思是自然美和人工美並重。「自然會妙」的，象樹上的花朵，「淺而煒燁」，就是說色淺顯而光采照人。「潤色取美」的，則象綢子上染的紅緑色一樣「深而繁鮮」。只有「雕削取巧」的過分修飾，才是「雖美非秀」的。夸飾篇裏提出：「使夸而有節，飾而不誣，亦可謂之懿也。」只有在内容空乏或在毫無内容的情况下，文章才過分地强求雕飾，這就是「雕削取巧」，它和「潤色取美」是不同的。「自然會妙，譬卉木之耀英華」，是說如何形成「秀句」；「潤色取美，譬繒帛之染朱緑」，是說如何形成「隱篇」。「朱緑染繒，深而繁鮮」，是說的「隱」；「英華曜樹，淺而煒燁」，是說的「秀」。這就是「辭淺而義深」，「隱」與「秀」相反而實相成的道理。

黄侃既没有看清「潤色」和「雕削取巧」的區别，又没有看出「潤色」和「隱」的關係，他所作的補隱秀篇說：「故知妙合自然，則隱秀之美易致；假於潤色，則隱秀之實已乖。故今古篇章，充盈篋笥，求其隱秀，希若鳳麟。」（文心雕龍札記）又說：「隱秀之篇，可以自然求，難以人力致。」（同上）這樣把「隱篇」和「秀句」混爲一談，而完全否定了潤色的作用。

〔四〕「侈」，多也。管子侈靡：「善而末事起不侈。」注：「侈謂饒多也。」

「隱篇」二句是據曹批梅六次本，其它各本都把這兩句話錯簡成一句「秀句所以照文苑」，就使人難以索解。紀批：「此『秀句』乃泛稱佳篇，非本題之『秀』字。」這簡直是望文生義，無法自圓其説。

斠詮把「秀句」臆改爲「隱秀」，仍然是「夔之一足」，不能自圓其説。

「文苑」、「翰林」就是文壇。這三句話的意思是説：文壇上所以有這許多「隱篇」、「秀句」光彩照人，是「自然會妙」和「潤色取美」的結果。

第五段説明隱與晦澀、秀與雕琢的區别，以及「自然會妙」與「潤色取美」的關係。

贊曰：深文隱蔚〔一〕，餘味曲包〔二〕。辭生互體，有似變爻〔三〕。言之秀矣，萬慮一交〔四〕。動心驚耳〔五〕，逸響笙匏〔六〕。

〔一〕「蔚」，指文采而言。此句謂深刻的文辭含蓄而多彩。斠詮與王更生文心雕龍范注駁正臆改此句爲「文隱深蔚」，與下句「餘味曲包」失去對偶，不足信。

〔二〕「曲」，指曲折、隱僻。黄侃補隱秀篇：「夫文以致曲爲貴，故一義可以包餘。」司空圖與李生論詩書：「文之難，而詩之難尤難。古今之喻多矣，而愚以爲辨於味，而後可以言詩也。……詩貫六義，則諷諭、抑揚、渟蓄、温雅，皆在其間矣。……王右丞、韋蘇州澄澹精緻，格在其中，豈妨於遒舉哉！賈浪仙誠有警句，視其全篇，意思殊餒，大抵附於蹇澀，方可致才，亦爲體之不備也，矧其下者哉！噫！近而不浮，遠而不盡，然後可以言韻外之致耳。」所謂「韻外之致」、「味外之旨」，所謂味在「鹹酸之外」，就是「深文隱蔚，餘味曲包」。

姜夔白石道人詩説：「語貴含蓄。東坡云：『言有盡而意無窮者，天下之至言也。』山谷尤謹於此，清廟之瑟，一唱三嘆，遠矣哉！後之學詩者可不務乎？若句中無餘字，篇中無長語，非善之善者也。句中有餘味，篇中有餘意，善之善者也。」

文學賞鑑論叢論文學的隱與秀：「二十四詩品論含蓄一則：『不著一字，盡得風流。語不涉己，若不堪憂。是有真宰，與之沉浮。如渌滿酒，花時返秋。悠悠空塵，忽忽海漚。淺深聚散，萬取一收。』就是象徵『深文隱蔚，餘味曲包』的妙境。『是有真宰，與之沉浮』，含蓄的主宰仍然在作者内蓄的思想感情，浮者自浮，沉者自沉。……

「隱美就要含蓄不盡，秀美則是不恤説盡的；前者説盡了就是『續鳧』，後者偏不説盡就是『截鶴』。韶秀的作品，我們雖不相信是『神助』，卻需要真地由作者『觸著』，寫出來便能『狀溢目前』。……含蓄的作品，要作者通過生活的感受，在思想感情上真地有所蓄積，虔誠地寫出。有時並不是故意要掉筆花，卻自然而然地象神龍見首不見尾的一般，『情在詞外』，特別耐人咀嚼。若只是假意地半推半就，含糊其詞，就難免要模糊晦澀，令人如在霧裏看花了。……

「這種文學藝術的風格，好像光瑩温潤的美玉，它映射出光瑩的特質，便是秀美；包韞着温潤的特質，便是隱美。極詣的作品，會炫惑了我們的眼睛，摘不出哪一句是秀，也辨析不出它是在怎樣地孕度着隱。……嚴滄浪所説的：『盛唐諸人，惟在興趣……言有盡而意無窮。』説的便是天人合，隱秀參的境界；只可惜把話説得有些虚玄，未免也『不可湊泊』了。」錢鍾書談藝録：「滄浪不云乎？言有盡而意無窮，其意若曰：短詩未必好，而好詩必短。意境悠然而長，則篇幅相形見短矣。古人論文，有曰『含不盡之意，見於言外』；有曰『讀之惟恐易盡』。……篇終語了，令人惘惘依依。少陵排律所謂『篇終接混茫』者是也。」又「意境有餘則篇幅見短」。「按此意在吾國首發於文心雕龍隱秀篇，所謂『情在詞外曰隱，狀溢目前曰秀』，又謂『餘味曲包』。少陵寄高適岑參三十韻有云：『意愜關飛動，篇終接混茫。』終而曰『接』，即八哀詩張九齡之『詩罷地有餘』，正即滄浪謂『有盡無窮』之旨。」

〔三〕斠詮：「言辭之内在本情與外在纖旨，互爲體用，其寓意託興，有似卦象之兩體，互爲爻變。」牟注：「『辭生互體』二句：指意義深富而含蓄的文辭，也像周易卦爻的變化一樣，可以産生『取義無常』的作用。」

〔四〕深隱的内容，不是在篇中平均分佈的，而是要把極度繁複的思想感情，通過一個着力點透露出來，就是所謂「言之秀矣，萬慮一交」，這樣才顯得言有盡而意無窮。

〔五〕斯波六郎：「枚乘七發：『涌觸並起，動心驚耳。』」

〔六〕校注：「按文選古詩『今日良宴會』首：『彈箏奮逸響。』」斠詮：「言此種契合天機之音聲，足以驚心動聽，宛若具有十三管之笙匏之吹奏，不同凡響也。……笙匏，樂器名，古以匏爲之，共十三管，列置匏中，施簧管底，吹之發聲。」應劭風俗通義聲音：「音者，土曰塤，匏曰笙。」按秀出之句，是説它超出於其它部分之上，而特別能震人心弦，所以形容它説「動心驚耳，逸響笙匏」。

本篇補文的真僞問題：

古今圖書集成考證考隱秀篇云：「案此篇『瀾表方圓』以下缺一葉，永樂大典所收舊本亦無之，今坊本乃何焯校補。」

四庫全書總目提要卷一百九十五文心雕龍提要：「是書自至正乙未刻於嘉禾，至明弘治、嘉靖、萬曆間，凡經五刻，其隱秀一篇皆有闕文。明末，常熟錢允治稱得阮華山槧本，抄補四百餘字，然其書晚出，別無顯證，其詞亦頗不類。」

紀昀評：「癸巳（一七七三）三月，以永樂大典所收舊本校勘，凡阮本所補悉無之，然後知其真出僞撰。」又云：「此一頁詞殊不類，究屬可疑。『嘔心吐膽』，似摭玉溪李賀小傳『嘔出心肝』語，『煅歲鍊年』，似摭六一詩話周樸『月煅季鍊』語，稱淵明爲彭澤，乃唐人語，六朝但有徵士之稱，不稱其官也。稱班姬爲匹婦，亦摭鍾嶸詩品語。此書成於齊代，不應述梁代之説也。且隱秀三段，皆論詩而不論文，亦非此書之體，似乎明人僞託，不如從元本缺之。」

黄侃札記：「詳此補亡之文，出辭膚淺，無所甄明。且原文明云『思合自逢，非由研慮』；即補亡者，亦知不勞妝點，無待裁鎔；乃中篇忽羼入『馳心』、『溺思』、『嘔心』、『鍛歲』諸語，此之矛盾，令人笑詫，豈以彥和而至於斯？至如用字之庸雜，舉證之闊疏，又不足誚也。」

按文心雕龍神思篇說：「揚雄輟翰而驚夢」，這是根據桓譚新論來的。新論袪蔽篇說：「余少時……嘗激一事而作小賦，用精思太劇，而立感動發病。彌日瘳。（揚）子雲亦言成帝時，趙昭儀方大幸，每上甘泉，詔令作賦，爲之卒暴，思慮精苦，賦成遂困倦小臥，夢見其五臟出在地，以手收而內之。及覺，病喘悸，大少氣。病一歲。由此言之，盡思慮傷精神也。」才略篇也說：「子雲屬意，辭人最深。……而竭才以鑽思。」這些都和隱秀篇補文中所說的「嘔心吐膽，不足語窮」的狀態是一致的，不見得劉勰「嘔心吐膽」這句話就出於李商隱李賀小傳中所說的「嘔出心肝」。又按神思篇說：「張衡研京以十年，左思練都以一紀。」這是說：張衡寫二京賦，「精思博會，十年乃成」（據後漢書張衡傳）。左思作三都賦，「遂構思十稔，門庭藩溷，皆著紙筆，遇得一句，即疏之」。這和隱秀篇補文「煅歲煉年，奚能喻苦」，正可以互相印證。歐陽修六一詩話論周樸詩說，當時人稱周樸寫詩「月煅季鍊」，那比劉勰說的「煅歲煉年，奚能喻苦」分量要輕得多，不見得隱秀補文的「煅歲煉年」一句話是從歐陽修來的。見到隱秀篇和鍾嶸詩品卷上都曾稱班婕妤爲「匹婦」，就說隱秀篇補文是抄的詩品，尤其不成理由。至於紀批說：「稱淵明爲彭澤，乃唐人語，六朝但有徵士之稱，不稱其官也。」這尤其荒唐。鮑照鮑氏集卷四有效陶彭澤體詩一首，怎麽能説「六朝但有徵士之稱」呢？紀評所說「且隱秀三段，皆論詩而不論文，亦非此書之體」，這也是很武斷的。實際上具備「隱秀」這兩種風格特點的作品，主要是詩歌，那麽在這補文裏舉的隱秀的例子，都是詩篇和詩句，又有什麽與全書體例不合之處呢！

周汝昌文心雕龍隱秀篇舊疑新議（以下簡稱「新議」）：「他（紀昀）説『嘔心吐膽』這種話像是從李商隱所作的李賀小傳中『嘔出心肝』來的。又説『煅歲煉年』像是從歐陽修六一詩話中『歲煅季煉』而來的，等等。然而這僅僅是他的『疑』，而不曾另有良證確據。……難道不可以『疑』成相反的可能：李商隱所寫的那種怎見得就是『首創』……又安知不是從彦和之語化生而來的呢？……劉彦和説了很多『鏤心』（情采），『鐫思』（才略），『疏瀹五藏（臟）』（神思），『雕琢情性』（原道）的話，爲什麽紀氏不疑『詞殊不類』？爲什麽一到『嘔心』，便非説這是從李義山偷來的不可呢？……『左思練都以一紀』（神思），不是也和『煉年』相近嗎？爲什麽非説它是從歐陽修詩話偷來的不可呢？……

「紀氏的另一個疑點是：『且隱秀三段皆論詩而不論文，亦非此書之體。』這實在也不成爲很堅强的論據。比如比興篇，如何又去論傳記？聲律篇，怎麽又去繩經史？比興篇雖兼論詩賦，慨嘆賦不及詩，實以詩爲主眼。聲律自然也可包括銘贊之類，但主要精神仍然是説詩篇的事。……依此而言，『四百字』之内，又要立論，又要舉大量經史子集之種種例，那非得『宋本』原『脱兩板』才對了！紀氏的邏輯性都不嚴密，一先假定『匹婦』一語是偷自鍾嶸的，對不對他不管了，緊跟着就又判決：劉勰『成書於齊代』，怎麽會采及梁代鍾某之語？你看，這也成爲一條證嗎？

「最近的疑僞論證新提出的一條理由是，補文中的主張嘔心煅歲的刻意而求，與彥和『自然會妙』相違反，可見其僞。……這樣議論……可能太執一端了。試看，彥和本篇的結束就是『兩扇』并舉的，一是『自然會妙』，有如卉木耀英華；一是『潤色取美』，好比繒帛染朱綠。對這兩種隱秀，彥和並未軒輊，只説一個『淺而煒燁』，一個『深而繁鮮』，同是『照文苑』而『侈翰林』的。事實明明白白，天工人巧，常須湊泊，誰説彥和是主張一味『自然』的呢？

「其實，只要平心静氣地讀讀補文，可以看出他是説，隱秀應爲立意之士、工辭之人所刻苦以求之事，而此人工，可侔天巧。這正是彥和的理論主張的一貫性。」

按皎然詩式卷一取境條説：「『不要苦思，苦思則傷自然之質。』此亦不然。夫不入虎穴，焉得虎子？取境之時，須至難至險，始見奇句。成篇之後，觀其氣貌，有似等閑，不思而得，此高手也。」文鏡秘府論論文意：「或曰：詩不要苦思，苦思則傷於天真。此甚不然。固須繹慮於險中，采奇於象外，狀飛動之句，寫冥奥之思。夫希世之珠，必出驪龍之頷，况通幽含變之文哉！但貴成章以後有其易貌，若不思而得也。『行行重行行，與君生別離』，此似易而難到之例也。」（按此條係引皎然詩議）宋何薳春渚紀聞卷七也説：「自昔詞人琢磨之苦，至有一字窮歲月，十年成一賦者。白樂天詩詞，疑皆沖口而成。及見今人所藏遺稿，塗竄甚多。」這都説明貌似自然的作品有些是鍛煉而來的。或謂：「鍛煉一詞，唐以前多用於給人製造罪名講。」恐也未必。論衡率性篇説：「冶工鍛煉，成爲銛利。」就不是給人製造罪名。劉勰對論衡是很熟悉的。爲什麽就不可以沿着這個路子，而用爲詩文的鍛煉呢？文學作品的鍛煉，主要指的是文字的修改加工。方干鄭明府詩：「文章鍛煉猶相似，年齒參差不較多。」就是指文句的加工。在詩文修改過程中，苦心鍛煉是不足爲奇的，何況是比較深隱的作品呢？

周注又謂：「劉勰在原道裏提出『自然之道』，在文體論、創作論裏多次提到『自然』，這是他論文的宗旨之一。因此『嘔心吐膽』，『鍛歲煉年』是違反他主張自然的論文宗旨的，不是他的意思。」

周汝昌新議：「文心一書，上半部是『文體』，下半部是『文術』。其中一篇，就叫總術，試聽其言：『凡精慮造文，各競新麗，多欲練辭，莫肯研術。』『才之能通，必資曉術。』『是以執術馭篇，似善弈之窮數；棄術任心，如博塞之邀遇。』……所以他的主張是：必須像弈者，『術有恒數，按部整伍，以待情會』。……可見他從來不曾倡導『純任自然』。就算是『自然會妙』吧，那也必須是精於文術的作家，作够了『按部整伍』的工夫之後，才能有『以待情會』的結果。……所以，在彦和看來，文學創作都是『精慮』而『造』，哪有真正不『慮』而成『文』的人和事呢？

「明白了這一點，那麽再看補文，就不應認爲它與彦和的『創作思想』『文藝理論』有什麽抵觸難通。補文中所顯示的層次是：

「（一）先比作烟靄、容華；（二）隨即指出烟靄容華是天然的，而文學並不是靠天然；（三）所以才要刻意於隱秀之方，研練之術；（四）這種『人巧』的文，也與『自然』同爲至美，所以説『不讓乎天工』，『有同乎神匠』了。

「在此，我們還應回顧彥和在剛一開卷就説的——『雲霞雕色，有踰畫工之妙；草木賁華，無待錦匠之奇』。而隱秀正謂『譬諸裁雲製霞，不讓乎天工；斲卉刻葩，有同乎神匠矣』。這一點也不是什麽『矛盾』『衝突』，正是相反相成，一事兩説。彥和意謂：天然的美，象是人間的良工巧匠畫出織成的那樣綺麗，而人間的文，也正像天工神匠的創作品一般美妙了。我覺得，這正是常山之蛇，首尾相應，雖是互喻，却當然是以『人巧』的『文』爲主來講話的：連那『無識之物』都『鬱然有彩』，我們這『有心之器』反能『無文』嗎？這種語意，不煩多講而自明，但是却仍然有人誤會，以爲彥和是反對『畫工』『錦匠』者，只取一味『自然』。而因此之故隱秀補文乃爲大相逕庭云云。這就去事實太遠了吧。」

本篇補文的來源，已在文心雕龍板本叙録介紹徐𤊹校本、馮舒校本、曹批梅六次本和沈巖臨何焯批校本時作了説明。詳見拙撰文心雕龍的風格學中文心雕龍的隱秀論的第一部分文心雕龍隱秀篇補文的真僞問題。我們所以説本篇補文是根據宋本翻刻，主要是根據曹批梅六次校定本在本篇末尾所附朱謀㙔（鬱儀）的跋語。跋云：

「朱鬱儀曰：隱秀中脱數百字，旁求不得，梅子庾既以注而梓之。萬曆乙卯（一六一五年）夏海虞許子洽於錢功甫萬卷樓檢得宋刻，適存此篇，喜而録之，來過南州，出以示余，遂成完璧，因寫寄子庾補梓焉。子洽，名重熙，博奥士也，原本尚缺十三字，世必再有別本可續補者。」

從補刻的朱謀㙔隱秀篇跋語看來，錢功甫家藏書有「萬卷樓」之稱，錢功甫於萬曆甲寅（一六一四年）從阮華山買到宋刻本文心雕龍珍藏後，第二年（萬曆乙卯）許重熙就從他家裏過録，帶給朱謀㙔。錢謙益列朝詩集小傳閏集宗室十人：「寧藩中尉貞静先生謀㙔……明興以來……諸王子孫，好學修行，比西京之劉向者……未有如鬱儀者也。著書百有十二種，皆手自繕寫，稿至數易，未嘗假手小胥。」而且朱謀㙔從弱冠以來，「手抄雕龍，諷味不舍晝夜」。在一五九三年寫文心雕龍跋時，就説已下了三十多年的功夫，到一六一五年看到抄補的隱秀篇時，就已對文心雕龍這部書下了五十多年的功夫了。補的這四百多字如果是假的，豈能瞞得過朱謀㙔的眼力！

值得注意的是增補的隱秀下半篇兩板，字的刻法和原板有區别，其中「凡」字刻作「几」，「盈」字刻作「盁」，「緑」字刻作「緣」，「煒」字刻作「熗」，都和其它各篇的這些字的筆畫不同。最特别的是「恒溺思於佳麗之鄉」的「恒」字缺筆作「恒」，這顯然是避宋真宗的諱。可見抄補隱秀篇時，就照着宋刻的原樣模寫，而梅子庾補刻這兩板時，也照着宋本的原樣補刻。

明朝中晚期還没有根據缺筆鑒定板本的風氣，假如阮華山作僞，怎麼會僞造得那麼周到呢？明朝人的確有僞造古書和亂改古書的事，但這多半是私家刻書坊幹的。像隱秀篇的補文，在萬曆年間迭經許多學者、藏書家和畢生校勘文心雕龍的專家鑒定校訂過，而且補文當中還有避宋諱缺筆的字，顯然是根據宋本傳抄翻刻的。而且假如明人僞造這段補文，儘可以完全補起來，爲什麼故弄玄虚，還要闕十三個字呢？如果硬説補文是明人僞造的，那麼朱謀㙔這段跋語也必然是僞造的。爲什麼這段跋語交代補文的來源這麼清楚，而且人證物證俱在。何况朱謀㙔是朱明王朝的宗室，這樣高貴的王孫，有誰敢僞造他的跋語呢？

楊明照謂宋本文心雕龍「不僅明清公私書目未見著録，其它文獻……也無一語提及」。其實不然。本篇上引補文的校語，字句頗有出入，根據不像出於一本。如何焯義門先生集卷九跋云：「隱秀篇自『始正而末奇』，至『朔風動秋草』『朔』字，元至正乙未刻於嘉禾者，即缺此一葉，此後諸刻仍之。胡孝轅、朱鬱儀皆不見完書，錢功甫得阮華山宋槧本鈔補，後歸虞山，而傳録於外甚少。康熙庚辰心友（名煜）弟從吴興賈人得一舊本，適有鈔補隱秀篇全文。」這個「舊本」，可能就是從宋本系統來的。

清吴騫拜經樓藏書題跋記卷四：「胡夏客曰：『隱秀篇書脱四百餘字，余家藏宋本獨完。』……夏客字宣子，海鹽人孝轅先生子也。然據所録補四百餘言，尚不無魯魚。爰復爲校訂，録於簡端。」楊明照根據何焯説胡夏客的父親胡震亨没有看見宋本文心雕龍，就斷定胡夏客家藏宋本文心雕龍也是假的。其實胡震亨没見過的本子，胡夏客完全可能入藏。朱謀㙔到了晚年才看到宋本文心雕龍，也説得很明確。至於説錢允治、朱謀㙔等爲什麼對宋本文心雕龍的其它篇章没有進行校勘，我們用馮舒的跋語來作答覆，那就是「别篇頗同此本」，用不着一一列舉了。

清盧文弨鍾山札記卷一：「劉彦和雕龍練字篇有云：『……傅毅製誄，已用淮雨；元長作序，亦有别風。』（今本脱此二句，宋本有之）」可見盧文弨也見過宋本。怎麽能説所有文獻「無一語提及」呢！

周汝昌新議：「若論此事，也不能孤立簡單地對待。今世所存『宋本』，作作統計，是否每部書都是前有來龍，後有去脈，著録分明，略未湮埋迷藏過的？有無忽得一宋本，未詳何自，而且非贋鼎可比的？因爲錢功甫第一次發現是『得阮華山宋本』，宋本者，應指刊本，而非影寫和抄寫本……抄本當可竄入明人僞託之文詞。若是刊本，是否有明仿宋板之書？或某書真有過全部基本宋板而個别篇頁抽换或楔入僞品之例？此在專家，考論若能加詳，説服自然較力，否則只執着於該書之『宋本』未詳來去之迹，即認爲『可疑』——進而斷其爲僞，恐怕從論證方法上説，是稍嫌粗略孟浪的。

「又如，有人説：『今所見元本，每半葉十行，行二十字，其款式當出宋本，則所脱一葉當爲四百字；今明人抄補者乃爲四百十一字，即此亦足以知其爲僞撰矣』云云。……斷讞者的依據是差了『十一字』，比四百字的涵量要『超溢』，而朱（謀㙔）氏清楚記明了許自錢處得宋刻原本實缺『十三字』。那麽，所謂缺十三字，不知是否都是『占了格子』的？如果缺文就是指文詞缺漏不具，那個所缺的『十三字』與所『溢』的『十一字』，豈不正説明問題？十一與十三之差只是兩個格子的事情，則可否是空格或墨釘的『占位』？……如果有可能是如所擬的情形，則『四百十一字』在那一板面上又是完全『容納』得下的了。」

札記：「案此紙亡於元時，則宋時尚得見之，惜少徵引者，惟張戒歲寒堂詩話引劉勰云：『情在詞外曰隱，狀溢目前曰秀。』此真隱秀篇之文。今本既云出於宋槧，何以遺此二言？然則贋跡至斯愈顯，不待考索文理而亦知之矣。」

周汝昌新議：「張戒在其詩話中，一共有兩次引及了彥和的文心，在卷上，有一處說：『劉勰云：因情造文，不爲文造情。』……劉彥和在什麼時候說過了『因情造文，不爲文造情』這樣的九個字的原文呢？——那麼……又是什麼理由使黄氏等人一眼認定並一口咬定那『隱秀逸文』十二個大字就是『宋本文心雕龍原文』，並且如此鐵案，不可動摇的呢？……

「張戒所謂的『情在詞外曰隱，狀溢目前曰秀』十二個字，不是原文，也可以從隱秀始終未逸之文來審辨。蓋彥和在文章開始，已經爲隱爲秀下了『界說』。即：『隱也者，文外之重旨者也。秀也者，篇中之獨拔者也。』以後又說：『夫隱之爲體，義生文外……』『「彼波起辭間，是謂之秀……」』（補逸文）那麼，劉彥和還要在『原文』中另一處第三次地爲隱秀下定義嗎？……張戒……所謂『情在詞外』，其實就是指原文的『義生文外』的話。……至於所謂『狀溢目前』則字面現象上是傳本文心此篇中所無的，可是已經補逸的文字中，則確乎有『遠山烟靄』『孌女容華』的比喻，又說：『揮之則有餘。』這不正就是『狀溢目前』的意思嗎？假令彥和原文實在只有『獨拔』和『卓絶』是說『秀』的話，那麼張戒這位宋人當然是留不下『狀溢目前』的印象了。」

又：「但是我並不是即此認爲鈔補之文毫無問題了。這問題主要表現爲缺字太多。……這些『空字』處，今存的補文都不高明，肯定是後來妄人爲『求全』而以意填入的。這些壞字，當然增加了紀昀等人的『詞殊不類』的感覺。……將所感覺到的疑點，統統歸結到一個『明人僞託』上去，實在是一個過於簡單化的、容易造成是非顛倒的思想方法。」

文心雕龍義證

四

〔南朝梁〕劉勰 著
詹鍈 義證

上海古籍出版社

卷九

指瑕第四十一

顏氏家訓文章篇：「自子游、子夏、荀況、孟軻、枚乘、賈誼、蘇武、張衡、左思之儔，有盛名而免過患者，時復聞之，但其損敗居多耳。每嘗思之，原其所積，文章之體，標舉興會，發引性靈，使人矜伐，故忽於持操，果於進取。今世文士，此患彌切，一事愜當，一句清巧，神厲九霄，志凌千載，自吟自賞，不覺更有傍人。」

又：「吴均集有破鏡賦。昔者邑號朝歌，顏淵不舍；里名勝母，曾參斂襟：蓋忌夫惡名之傷實也。破鏡乃凶逆之獸，事見漢書，爲文幸避此名也。……梁世費旭詩云：『不知是耶非。』殷澐詩云：『飄颻雲母舟。』簡文曰：『旭既不識其父，澐又飄颻其母。』此雖悉古事，不可用也。世人或有文章引詩『伐鼓淵淵』者，宋書已有『屢遊』之誚，如此流比，幸須避之。北面事親，别舅摛渭陽之詠，堂上養老，送兄賦桓山之悲，皆大失也。舉此一隅，觸塗宜慎。……凡代人爲文，皆作彼語，理宜然矣。至于哀傷凶禍之辭，不可輒代。蔡邕爲胡金盈作母靈表頌曰：『悲母氏之不永，然委我而夙喪。』又爲胡顥作其父銘曰：『葬我考議郎君。』袁三公頌曰：『猗歟我祖，出自有嬀。』王粲爲潘文則思親詩云：『躬此勞悴，鞠予小人，庶我顯妣，克保遐年。』而並載乎邕、粲之集，此例甚衆。……陳思王武帝誄，遂深『永蟄』之思；潘岳悼亡賦，乃愴手澤之遺：是方父於蟲，匹婦於考也。蔡邕楊秉碑云：『統大麓之重。』潘尼贈盧景宣詩云：『九五思龍飛。』……今爲此言，則朝廷之罪人也。王粲贈楊德祖詩云：『我君餞之，其樂洩洩。』不可妄施人子，况儲君乎？」

紀評：「文字之瑕，殊不勝指。此標舉數篇以示戒，毋以挂漏爲疑。」

札記：「此篇所指之瑕，凡爲六類：一、文義失當之瑕；二、比擬不類之瑕；三、字義依稀之瑕；四、語音犯忌之瑕；五、掠人美辭之瑕；六、注解謬誤之瑕。雖舉證稀闊，正宜引申以求。觀顏氏家訓、匡謬正俗諸書，知文士屬辭，實多瑕纇。古人往矣，誠宜爲之掩藏，然覆車之軌，無或重跡，別白書之，亦所以示鑒也。竊謂文章之瑕，大分五族，而注謬之瑕不與焉。一曰體瑕；二曰事瑕；三曰語瑕；四曰字瑕；五曰勦襲之瑕。體瑕者，王朗雜箴，乃置巾履；陳思文誄，旨言自陳是也。事瑕者，相如述葛天之歌，千唱萬和；曹洪謬高唐之事，不記綿駒是也。語瑕者，陳思之聖體浮輕，潘岳之將反如疑是也。字瑕者，詭異則若哅呶，依稀則若賞撫是也（以上舉例，皆本原書）。勦襲之瑕，蘇綽擬周書而作大誥，揚雄擬易而作太玄是也（此本顏君説）。總之，古人之瑕，不可不知，己文之瑕，亦不可不檢。元遺山詩曰：『撼樹蚍蜉自覺狂，書生技癢愛論量，老來留得詩千首，卻被何人較短長。』今之人欲指斥前瑕者，豈可不知斯旨哉！」

范注：「吾人屬文，志在行遠，而文字之疵瑕，與夫意義之疏誤，誰能自免？正賴同好之士，礱諸錯諸，以求完密。顔氏家訓文章篇云：『江南文制，欲人彈射；知有病累，隨即改之。』此其雅量，誠非山東鄙俗所能夢想者矣。竊謂評時人之文，不可稍雜意氣；評古人之文，不可略存成心；持商量之誠意，發和悦之德音；獻替臧否，孰不喜納？所謂雖古人復生，亦不得罪其誹謗者也。」

駱鴻凱文選學餘論二指瑕：「夏后之璜，不能無纇，隨侯之璧，不能無瑕。自古在昔，先民有作，時或神思失照，檢括未周，豈無病累之句，以害錦繡之篇？知音君子爲之詆訶其非，不更文飾其過，斯固作者之諍友，後生之炯鑒也。昔陳思定敬禮之文，任昉削仲寶之牘，張融賦海，恨不道鹽，彦伯序征，益韻寫送，此得之並世，聞義則徙者也。顔監匡謬，掎摭及於末微；知幾點煩，丹黄爛其盈幅。此遇諸異代，摭實而談者也。彦和論文，亦嘗舉昔人之疵以誡後學，其言散見，諍難非一。復著指瑕專篇詳之。」案此引文「隋侯之璧」一語，即有用事之失，也是一「瑕」。

又：「吾觀文心一書，指摘創痏，歷詆前文，嘗舉王朗雜箴，『乃置巾履』（銘箴）；陳思文誄，『旨言自陳』（誄碑）；『聖體浮輕』，『浮輕有似於蝴蝶』；『尊靈永蟄』，『永蟄可擬於昆蟲』（指瑕），又金樓子立言篇亦有此語）。凡若此類，爲病非淺，而昭明概從裁汰，不入選樓。黄門初仕南朝，俗好擊難，家有詆訶，亦嘗著其説於家訓文章篇。……諸所彈射，言皆覈實。而是衆作，文選并刊削弗載。」

校釋：「觀舍人此篇所論，知文章漢魏以來，作家彌盛，篇章乃繁。疵累既生，糾彈遂出，此固事勢所必然，亦評文家之天責也。篇中所舉陳思、安仁之瑕，亦見金樓子及顔氏家訓，此序志篇所謂不以同爲病也。家訓文章篇尚有數條：吴均賦破鏡，則『擇題不慎』之瑕也；『是耶』『雲母』之句，則『聲音嫌疑』之瑕也；『伐鼓淵淵』之語，則『引詩不當』之瑕也；『渭陽桓山』之辭，則『用事訛濫』之瑕也；其譏蔡王之文，則『代言未允』之瑕也；斥『大麓』『九五』等語，則措詞失體之瑕也。凡此諸條，本篇雖未論及，亦在所當戒。蓋文章瑕疵，更僕難數，略陳梗概，所以示秉筆爲文，不宜疏略耳。」

斠詮：「文之瑕病亦多矣，彦和所指陳乃至顔訓所補述，特不過魏晉名家無意鑄成之過錯，或近世文士有心掉弄之玄虚，皆其犖犖大者而已，若就修辭細節而言，世人所易蹈故襲常之缺失，檢閲故籍，不一而足。」以下引傅隸樸中文修辭學第十四章疵累，「凡舉鋒犯、傷盡、背禮、繁蕪、簡失、雅謬、重複、矛盾、標異、語意未完等十一目，各先之以叙説，繼之以若干示例。」此外，章學誠古文十弊亦可互參。

管仲有言：「無翼而飛者聲也；無根而固者情也。」〔一〕然則聲不假翼，其飛甚易；情不待根，其固匪難〔二〕；以之垂文〔三〕，可不慎歟！

〔一〕札記：「案管子戒篇文曰：『管仲復于桓公曰：無翼而飛者聲也（注：出言門庭，千里必應，故曰無翼而飛），無根而固者情也（注：同舟而濟，胡越不患異心，故曰無根而固），無方而富者生也。公亦固情謹聲，以嚴尊生，此謂道之榮。』案彥和引此，斷章取義，蓋以無翼而飛，無根而固，喻文之傳於久遠，易爲人所記識，即後文『文章歲久而彌光，若能櫽栝一朝，可以無慙千載』之意。亦即贊『斯言一玷，千載弗化』意。」

〔一〕校注：「『匪』，兩京本、胡本、文津本作『非』。按作『非』與金樓子立言下篇合。」斠詮：「『匪』『非』古通。説文通訓定聲：『匪，假借爲非。』廣雅釋詁四：『匪，非也。』」

〔二〕校注：「『垂』，兩京本、胡本作『綴』。按此爲申述上文之辭，作『綴』嫌泛。原道、諸子、程器三篇，並有『垂文』語。金樓子亦作『垂』。」郭注：「『之』，指聲與情。聲音有當與不當，即下文所説的『比語求蚩，反音取瑕』。情感有合禮與不合禮，如潘岳『悲內心』『傷弱子』。所以説：『以之垂文，可不慎歟？』」

古來文才〔一〕，異世爭驅〔二〕；或逸才以爽迅，或精思以纖密〔三〕，而慮動難圓〔四〕，鮮無瑕病〔五〕。

〔一〕「才」，金樓子立言下篇作「士」。按「才」字與下第二句複，當以作「士」爲長。

〔二〕校證：「兩京本『異』作『畢』。」

〔三〕二句意謂有的才華卓越，爽朗迅捷；有的思慮精純，用心細密。

〔四〕校注：「『圓』，金樓子作『固』。按本書屢用『圓』字，『固』字蓋涉上文而誤。」校證：「『圓』，金樓子立言下作『固』，『固』疑『周』譌。」考異：「『圓』即『周』，諸本作『圓』，不誤。」札記：「『慮動』二句，本陳思。」又：「金樓子立言篇下有『管仲有言』，至『施之尊極，不其嗤乎』云云，與此篇校，但少『或逸才以爽迅』二句耳。」

〔五〕「慮動難圓，鮮無瑕病」，儘管有的人用思很精細，但思想活動總是難以面面俱到，所以很少没有毛病的。

以上爲第一段，論古來文學寫作，瑕疵爲常見現象，應當謹慎避免。

陳思之文，群才之俊也〔一〕，而武帝誄云「尊靈永蟄」，明帝頌云「聖體浮輕」〔二〕。浮輕有似於胡蝶〔三〕，永蟄頗疑於昆蟲〔四〕，施之尊極〔五〕，豈其當乎〔六〕！

〔一〕校證：「『俊』，金樓子作『雋』，御覽五九六作『儁』。」校注：「『儁』與『俊』同（見玉篇人部）；『雋』，『儁』之省。」

〔二〕訓故：「陳思王集武帝誄：『幽闥一扃，尊靈永蟄。』冬至獻襪頌：『翱翔萬域，聖體浮輕。』」聖體指魏明帝。校證：「案『聖體浮輕』，語出子建冬至獻襪頌，董斯張吹景集卷三『子建未可輕詆』原注已言之，劉氏誤引。」説文段注：「凡蟲伏爲蟄。」

〔三〕校注：「『浮輕』，御覽五九六引作『輕浮』；事文類聚别集五引同。按此『浮輕』與下文『永蟄』，皆承接上文，不應彼此差池。金樓子亦作『浮輕』。」校證：「『胡』，馮本、汪本、佘本、何允中本、日本活字本、梅本、凌本、梅六次本，鍾本、梁本……四庫本、王謨本、張松孫本、崇文本作『蝴』，御覽、事文類聚同。」按元刻本亦作「蝴」。明董斯張吹影集卷三「子建未可輕詆」條：「劉彥和文心雕龍，摘陳思瑕語，謂其誄武帝云『聖體浮輕』，誄明帝云『尊靈永蟄』（楊明照：按「聖體」「尊靈」二句當互易；「誄明帝」之「誄」當作「頌」），至以蝴蜞昆蟲譏之。案廣雅曰：『二氣相接，輕清爲天。』（楊注：按見釋天，「二」當作「三」）宣夜曰：『天無質，日月衆星自然浮生虛空之中。』（楊注：見書鈔卷一四九、御覽卷二等引抱朴子）以天擬父，蒼蒼者亦韓憑所化乎？繫辭云：『龍蛇之蟄，以存身也。』蟄龍不可以喻死君，則飛龍獨可以喻生君乎？文人相輕，直是不度德，不量力。今栩然其腹，而侈東莞之譏彈者，亦榆枋之笑也。」

〔四〕校注：「『疑』，金樓子作『擬』，御覽、事文類聚引同。按漢書何武王嘉師丹傳贊：『董賢之愛，疑於親戚。』顏注：『疑，讀曰擬；擬，比也。』意舍人此文，原是『疑』字。金樓子等作『擬』，蓋改引也。」潘重規云：「『擬於』與『有似』義近。彥和此文但謂『浮輕』一詞有似描寫胡蝶，『永蟄』一詞有似叙述昆蟲。」（見斠詮引）顏氏家訓文章篇：「陳思王武帝誄，遂深永蟄之思；潘岳悼亡賦，乃愴手澤之遺：是方父於蟲，匹婦於考也。」趙注：「岳集所載悼亡賦無此句。」郝懿行顏氏家訓斠記文章篇「陳思王武帝誄遂深永蟄之思潘岳悼亡賦乃愴手澤之遺」條：「案文心雕龍指瑕篇云：『永蟄頗疑於昆蟲。』又云：『潘岳悲内兄，則云感口澤。』此云悼亡賦愴手澤，今檢潘集，都未見此二語，何也？」文鏡秘府論十四例：「輕重錯謬之例：陳王之誄武帝，遂稱『尊靈永蟄』；孫楚哀人臣，乃云『奄忽登遐』（子荆王驃騎誄。此錯謬一例也，見顏氏傳）。」

〔五〕斠詮：「尊極，指父與君言。禮記喪服小記：『養尊者必易服。』鄭注：『尊謂父兄。』君位曰極，如登極，取至高無上之意。」綴補：「事文類聚引『之』作『於』，義同。」

〔六〕「豈其當乎」，校注：「金樓子作『不其嗤乎』。按御覽、事文類聚引並作『不其蚩（與嗤通）乎』，與金樓子合。」考異：「蚩、當皆通……兩存爲是。」校證：「顧校『其』作『有』。」

左思七諷〔一〕，説孝而不從〔二〕，反道若斯〔三〕，餘不足觀矣〔四〕。潘岳爲才，善於哀文〔五〕，然悲内兄，則云感口澤〔六〕，傷弱子，則云心如疑〔七〕。禮文在尊極〔八〕，而施之下流〔九〕，辭雖足哀，義斯替矣〔一〇〕。

〔一〕札記：「左思七諷，今無考，然六朝人實有太不避忌者。」范注：「左思七諷文已殘佚，説孝語無可考見。」

〔二〕「說孝而不從」，文心雕龍注訂：「此語即論語『子曰無違』旨。」

〔三〕校注：「『道』，文通二五引作『古』。按雜文篇：『自桓麟七說以下，左思七諷以上……或文麗而義暌，或理粹而辭駁……唯七厲叙賢，歸以儒道。』則七諷之『說孝不從』，當是違反『儒道』。原道篇贊『炳燿仁孝』，諸子篇『至如商韓，六蝨五蠹，棄孝廢仁』，程器篇『黄香之淳孝』，足見舍人爲重視『孝』者，故以『反道』評之。若作『古』，則非其指矣。」

〔四〕論語泰伯：「子曰：如有周公之才之美，使驕且吝，其餘不足觀也矣。」

〔五〕校注：「按王隱晉書：『潘岳善屬文，哀誄之妙，古今莫比，一時所推。』（書鈔一百二引）」晉書潘岳傳説潘岳「尤善爲哀誄之文」。哀弔篇説潘岳的哀辭「義直而文婉，體舊而趣新，金鹿、澤蘭，莫之或繼也」。

〔六〕訓故：「禮玉藻：父没而不能讀父之書，手澤存焉爾。母没而杯圈不能飲焉，口澤之氣存焉爾。」范注：「案潘岳悲内兄文，今已無考。」李笠中國文學述評：「惟潘集悼亡賦無『手澤』云云，劉謂悲内兄或近是。」

〔七〕訓故：「檀弓：孔子觀送葬者曰：善哉爲喪乎……其往也如慕，其反也如疑。潘岳金鹿哀辭：『將反如疑，回首長顧。』金鹿，岳幼子也。」校注：「曹植於其首女金瓠之殤所作哀辭，有『悲弱子之無愆』（曹集九）語，是『弱子』爲嬰孩通稱。」

斠詮：「如疑，語本禮記檀弓：『孔子在衛，有送葬者，而夫子觀之曰：「善哉爲喪乎，足以爲德矣，小子識之。」子貢曰：「夫子何善爾也？」曰：「其往也如慕，其反也如疑。」』鄭注：『慕，謂小兒隨父母啼呼；疑者，哀親之在彼，如不欲還然。』孔疏：『疑者，謂凡人意有所疑，則徬徨不進，今孝則哀親在外，不知神之來否，如不欲還然，故如疑。問喪云：「其反也如疑。」鄭注云：「疑者，不知神之來否。」與此相兼乃是。』」按潘文或指將反時，如疑心金鹿還没有死，未必是用禮記典故。

〔八〕牟注：「禮，指禮記。尊極，這裏指父母。詔策篇曾説：『君父至尊，在三罔極。』本篇所用兩個『尊極』，都和『至尊』義同，可用以指君，也可用以指父母。」

〔九〕楊樹達漢文文言修辭學附録文病若干事：「按金鹿乃岳幼子，故劉云施之下流。」

〔一〇〕斠詮：「替，廢滅之義。書大誥：『不敢替帝命。』舊傳：『不敢廢天命。』國語周語：『令德替。』韋注：『替，滅也。』」

若夫君子擬人，必於其倫〔一〕，而崔瑗之誄李公〔二〕，比行於黄虞〔三〕，向秀之賦嵇生，方罪於李斯〔四〕；與其失也，雖寧僭無濫〔五〕，然高厚之詩，不類甚矣〔六〕。

〔一〕校注：「禮記曲禮下：『儗人必于其倫。』鄭注：『儗猶比也。』是『擬』當作『儗』，始與曲禮合。歷代賦話續集（十四）引作『儗』，蓋意改也。」

〔二〕札記：「文無考。然漢文多有此類，不足爲嫌。」范注：「後漢書謝夷吾傳載班固薦表，崔文當亦此類。」按頌讚篇：「又崔瑗文學……雖致美於序，而簡約乎篇。」誄碑篇：「孝山、崔瑗，辨絜相參。觀其序事如傳，辭靡律調，固誄之才也。」書記篇：「逮後漢書記，則崔瑗尤善。」

校注：「按子玉誄文已佚。以其時考之，『李公』未審爲李固否？固曾爲太尉，且有盛名（見後漢書郎顗傳及固本傳），對瑗亦極推崇（見後漢書瑗本傳）。見訣後，瑗爲之作誄，誼合情理。」

後漢書崔瑗傳：「時李固爲太山太守，美瑗文雅，奉書禮致殷勤。」周注：「李公當指李固，爲後漢大臣，以正論忤梁冀被害。用他來比黃帝、虞舜，實非其倫。」

牟注：「與崔瑗（公元七八——一四三年）同時的『李公』（姓李而爲三公者），有三：李修、李郃、李固。李固卒於一四七年，李修爲太尉在公元一一一至一一四年，略早；李郃在公元一一七至一二六年兩度爲司空、司徒，所以指李郃的可能性較大。」

〔三〕校注：「『黃、虞』，謂黃帝、虞舜。漢書王莽傳贊：『而莽晏然，自以黃、虞復出也。』文選揚雄劇秦美新：『著黃、虞之裔。』陶淵明集贈羊長史詩：『慨然念黃、虞。』」

〔四〕訓故：「向秀傳：嵇康被誅，秀作思舊賦云：昔李斯之受罪兮，嘆黃犬而長吟。悼嵇生之永辭兮，顧日影而彈琴。」

文選思舊賦李善注：「史記曰：『趙高治斯，榜掠千餘，不勝痛，自誣服。……乃具斯五刑，論要斬咸陽。斯出獄與其中子三川守由俱執，顧謂其中子曰：「吾欲與若復取黄犬出上蔡東門逐狡兔，豈可得乎？」遂父子相哭，夷三族。』文士傳云：『嵇康臨死，顏色不變，謂兄曰：「向以琴來不？」兄曰：「已來。」康取調之，爲太平引。曲成，嘆息曰：「太平引絶於今日邪？」』」

文選學餘論二指瑕：「按思舊賦云：『昔李斯之受罪兮，嘆黄犬而長吟。悼嵇生之永辭兮，顧日影而彈琴。』此以李相之臨死張皇，反形叔夜之從容就戮。正言叔夜勝於李相，非以嘆黄犬媲顧影彈琴也。彥和説誤。」

〔五〕校證：「『僭』原作『降』，梅據孫汝澄改。」梅注：「左傳：蔡聲子曰：歸生聞之，善爲國者，賞不僭而刑不濫。賞僭則懼及淫人，刑濫則懼及善人。若不幸而過，寧僭無濫。與其失善，寧其利淫。」按此見襄公二十六年。

范注：「寧僭，謂崔瑗之誄李公；無濫，謂向秀之賦嵇生。左傳哀五年杜注：『僭，差也。濫，溢也。』」

〔六〕校證：「『厚』原作『原』，馮校云：『原當作厚。』黄注本改。」校注：「按黄氏改『原』爲『厚』是。高厚之詩不類，見左傳襄公十六年。」黄注：「左傳：晉侯與諸侯宴于温，使諸大夫舞，曰：歌詩必類。齊高厚之詩不類。」左傳襄公十六年：「晉侯與諸侯宴於温，使諸大夫舞，曰：

『詩歌必類。』齊高厚之詩不類。荀偃怒且曰：『諸侯有異志矣。』使諸大夫盟高厚，高厚逃歸。」杜注：「齊有二心故。」孔疏：「歌古詩，各從其恩好之義類，高厚所歌之詩，獨不取恩好之義類，故杜云齊有二心。劉炫云：『歌詩不類，知有二心者，不服晉，故違其令。違其令，是有二心也。』」

雜記：「左傳襄十六年：『齊高厚之詩不類。』彥和引此，乃結束上文擬不於倫之意。」

牟注：「這裏是借用高厚故事，用『不類甚矣』表示雖不得已時，可以『寧僭無濫』，但所比不能過分不倫不類。」

凡巧言易標，拙辭難隱，斯言之玷，實深白圭〔一〕，繁例難載，故略舉四條〔二〕。

〔一〕校注：「按詩大雅抑：『白圭之玷，尚可磨也；斯言之玷，不可爲也。』毛傳：『玷，缺也。』」斯波六郎：「春秋左氏傳僖公九年：『君子曰，詩所謂白圭之玷，尚可磨也；斯言之玷，不可爲也。』杜注：『言此言之缺難治，甚於白圭。』」

〔二〕范注：「陳思比尊于微，一也；左思反道，二也；潘岳稱卑如尊，三也；崔、向僭濫，四也。」

以上爲第二段，舉魏晉文人的作品爲例指出四條毛病：一是用詞不當，二是論孝反道，三是尊卑不分，四是比擬不倫。

若夫立文之道〔一〕，惟字與義。字以訓正，義以理宣〔二〕，而晉末篇章，依希其旨〔三〕，始有賞際奇至之言〔四〕，終有撫叩酬即之語〔五〕，每單舉一字，指以爲情〔六〕。夫賞訓錫賚，豈關心解〔七〕？撫訓執握，何預情理〔八〕？雅頌未聞〔九〕，漢魏莫用，懸領似如可辯，課文了不成義〔一〇〕，斯實情訛之所變，文澆之致弊〔一一〕。而宋來才英，未之或改，舊染成俗，非一朝也〔一二〕。

〔一〕「道」指門徑、方法。左傳定公五年：「吾未知吴道。」注：「道猶法術也。」

〔二〕注訂：「字得訓解而後確，義必循理而後揚也。」斠詮：「言用字以順訓得其正解，命義以合理獲所宣達也。」

〔三〕校證：「兩京本『希』作『稀』。」元刻本作「俙」。注訂：「『希』通『稀』。」范文瀾云：「依希其旨，即語意模糊不清。」（中國通史簡編三編二册）

〔四〕校證：「『始』，何允中本，日本活字本，鍾本，梁本誤『斯』。文通『賞』作『實』。案文選沈休文宋書謝靈運傳論『諷高歷賞』（此事黄侃所舉），任彦昇王文憲集序『綴賞無地』，謝靈運擬魏太子鄴中集詩序『賞心樂事』，如此之等，上非故訓，下異方言，相沿習用，不以爲異；而當時驟讀，頗費摸索，故彦和謂之情澆文訛也。文通作『實』，誤。」

札記：「『賞際奇至』『撫叩酬即』二語，今不知所出。」范注：「此節……聊引世説新語數事説之。賞際奇至（『至』疑當作『致』）或即如文學篇：『謝公因子弟集聚，問毛詩何句最佳。遏稱曰：「昔我往矣，楊柳依依，今我來思，雨雪霏霏。」公曰：「訏謨定命，遠猷辰告。」謂此句偏有雅人深致。』詩三百篇似不得單指一二句以爲最佳，然各以己之所喜，謂有深致，似尚無大過。又如劉注引郭璞别傳曰：『璞奇博多通，文藻粲麗，才學賞豫，足參上流。』又：『孫興公作庾公誄。袁羊曰：見此張緩。於時以爲名賞。』晉書文苑顧愷之傳：『嘗爲箏賦成，謂人曰：吾賦之比嵇康琴，不賞者必以後出相遺；深識者亦當以高奇見賞。』六朝人好言賞，然如上例，似不應致譏。……或其甚者，竟舉一字以爲賞。李諤上書謂『争一字之巧』，殆指此歟！」注訂：「賞際奇至此言文成當賞鑑之際，而有驚奇高至之感，至猶致也。」

斠詮：「賞際奇至，猶言『賞會奇致』，亦即『欣賞領會奇異情致』之意也。際，説文：『壁會也。』段注：『兩墻相合之縫也。』廣雅釋詁四：『際，會也。』賞際，猶言賞會，宋書謝弘微傳：『唯與族子靈運、瞻、曜、弘微，並以文義賞會。』『至』，與『致』通。莊子外物：『然則厠足而墊之致黄泉。』釋文：『致，至也，本亦作至。』禮記禮器：『禮也者，物之致也。』鄭注：『致之言至也。奇致，猶言奇趣。』字彙：『致，趣也。』南史蕭範傳：『招集文士，率意題章，亦時有奇致。』謝朓敬亭山詩：『要欲追奇趣，即此陵丹梯。』」

〔五〕校證：「『有』原作『無』，鈴木云：『當作有。』案作『有』義長，今據改。」又：「『即』，謝云：『當作酢。』文通作『酢』。案文選謝靈運南樓望所遲客云『即事怨睽攜』，沈休文鍾山詩應西陽王教云『即事既多美』，謝玄暉敬亭山詩云『即此陵丹梯』，當即彦和所指，不當作『酢』。日本刊本『即』移『酬』上。」

范注：「札記曰：『無當作有。』謝校曰：『即當作酢。』……撫叩酬酢，或即如（世説）言語篇：『顧司空未知名，詣王丞相。丞相小極，對之疲睡。顧思所以叩會之，因謂同坐曰：「昔每聞元公（顧榮）道公協贊中宗，保全江表，體小不安，令人喘息。」丞相因覺，謂顧曰：「此子珪璋特達，機警有鋒。」』」

斠詮作「終有撫叩即酬之語」，校云：「『即酬』原倒作『酬即』，據鈴木引岡本乙正。」「撫叩即酬，猶言隨機叩問，即口酬答也。撫，讀如『撫今思昔』之撫。説文：『撫，一曰揗也。』説文『揗』字段注：『廣雅釋詁曰：「循，順也。」今人撫循字，古蓋作揗。』説文通訓定聲：『揗，叚借爲循。』揗、順皆隨義。酬即酬酢，有應對之義。蒼頡篇：『主答客曰酬，客酬主人曰酢。』易繫辭上：『是故與酬酢。』注：『酬酢，猶應對也。』沈約與范述曾詩：『仰酬睿旨。』……謝靈運應暘詩：『調笑輒酬答，嘲謔無慚沮。』」

〔六〕范注：「單舉一字，指以爲情，或即如（世説（排調篇：『庾園客詣孫監，值行，見齊莊在外，尚幼而有神意。庾試之曰：「孫安國何在？」即答曰：「庾稺恭家。」庾大笑曰：「諸孫大盛，有兒如此。」又答曰：「未若諸庾之翼翼。」還語人曰：「我故勝，得重喚奴父名。」』注引孫放別傳曰：『放應機制勝，時人仰焉。』」

郭注：「『單舉一字』，即不言『賞際』，單説『賞』；不言『撫叩』，單説『撫』。『指以爲情』，謂用一字表達二字之義。」

斠詮直解爲：「主客問對之時，往往但對片言單字，指事類情，以相嘲謔也。」

〔七〕范注：「説文：『賞，賜有功也。』廣雅釋詁三：『撫，持也。』」札記：「夫賞訓錫賚四句用賞者，如沈休文宋書謝靈運傳論之『諷高歷賞』；用撫者，如傅季友爲宋公修張良廟教之『撫事彌深』。」

雜記：「案屈原懷沙有『撫情效志』語。」

爾雅釋詁：「錫，賜也。」「賚，予也。」「賚」，説文亦訓賜。

牟注：「心解，内心領會。禮記學記：『雖終業，其去之必速。』鄭注：『學不心解，則亡之易。』」

校注：「文選謝靈運遊南亭詩『賞心唯良知』，又鄴中集詩序『賞心樂事』，謝朓之宣城出新林浦向板橋詩『賞心於此遇』，沈約游沈道士館詩『寄言賞心客』，任昉王文憲集序『綴賞無地』，並用賞字關心解之例。又按漢書酷吏尹賞傳：『尹賞，字子心。』古人立字，展名取同義。是賞關心解，漢人已用矣。」

〔八〕校注：「文選傅亮爲宋公修張良廟教『微管之歎，撫事彌深』，又『撫事懷人』，謝靈運從游京口北固應詔詩『撫志慚場苗』，顔延之宋文皇帝元皇后哀策文『撫存悼亡』，並用『撫』字預情理之例。」

斠詮：「撫，廣雅釋詁訓持。而執，持也，見詩簡兮『左手執籥』句鄭箋。廣雅釋詁亦訓持。漢書食貨志：『輕微易藏，在乎把握。』是撫之本訓爲執持掌握也。」又：「情理，謂情趣理會，此處二字上名下動，非平行複合詞，與上文『心解』一詞相對。後漢書廉范傳：『情理之樞，亦有開塞之感焉。』」

郭注：「撫訓執揗，本訓也；撫訓撫問、垂詢，引申義也；故云：『撫訓執握，何預情理。』」

〔九〕校釋：「『始有賞際奇至之言』二句，頗難索解。覩下文獨標『賞』『撫』二字，用相詆訶，則晉人文中，或有『賞際奇至』『撫叩酬酢』等詞，舍人病其用字詭義，致意義依希。然以錫賚作心解之意，用執握指情理爲言，乃文家引申本義而用之之法，初不必爲瑕累。蓋一字初本一義，及文家轉相引申，而後數義一字。如都本先王宗廟所在地，而詩有『洵美且都』，則以爲都閑矣；史記有『姣冶嫻都』，則以爲都雅矣。蓋都城爲人物萃薈之地，才質閑美者衆，異於他方，故引申爲閑雅之義。……以此論彼，事同一例，不得曰『雅頌未聞』也。」

向長清文心雕龍淺釋譯此數語云：「開始時有『賞』、『際』、『奇』、『至』這樣的字眼，後來又有『撫』、『叩』、『酬』、『酢』這樣的語言。每單單舉一字，就認爲它能表示一種情理。例如『賞』字，世説新語有『于時以爲名賞』；又如『撫』字，傅季友爲宋公修張良廟教中便有『撫事彌深』。『賞』字本來訓爲『錫』和『賚』，『撫』則訓爲『執』和『握』，這和他們所謂的心解和情理又有什麽關係？沈約宋書謝靈運傳論中的『諷高歷賞』，郭璞别傳的『才學賞豫』，傅季友爲宋公修張良廟教的『撫事彌深』，其中的『賞』字和『撫』字，指的都不是賞賜與持握，簡直不知所云。以上所舉的『賞』、『際』、『奇』、『至』與『撫』、『叩』、『酬』、『酢』的含義，都是雅頌中所無，漢魏時代的文士所未嘗用過的。」

校注：「此段專就文字訓詁言，『頌』，疑當作『頡』。『雅』，謂爾雅；『頡』，謂倉頡篇也。」

〔一〇〕郭注：「懸領，猶言憑空領會。課，責也，引申有推求之義。課文，推敲文字。」

〔一一〕斠詮：「情訛，猶言情僞。詩小雅正月：『民之訛言，亦孔之將。』鄭箋：『訛，僞也。』澆，猶言文薄。文選李康運命論：『文薄之弊，漸於靈景。』翰注：『文德之澆薄。』」

札記：「案晉來用字有三弊：一曰造語依稀，如『賞』『撫』二字之外，戒嚴曰『纂嚴』，送別曰『瞻送』，解識曰『領悟』，契合曰『會心』。至如品藻稱譽之詞，尤爲模略，如嵇紹劭長，高坐淵箸，王微邁上，卞壼峯距，王恭亭亭直上，王忱羅羅清疎，叩其實義，殊欠分明，而世俗相傳，初不撢究。二曰用字重複，容貌姿美，見於魏書，文豔博富，亦載國志，此皆三字稠疊；兩字複語，尤難悉數。三曰用典飾濫，呼徵質曰『周鄭』，謂霍光爲『博陸』，言食則『糊口』，道錢則『孔方』，稱兄則『孔懷』，論婚則『宴爾』，求莫而用爲『求瘼』，計偕而以爲『計階』，轉相祖述，安施失所，比喻乖方，斯亦彥和所云文澆之致弊也。」

駱鴻凱文選學餘論二指瑕：「按用『賞』者，文選如沈休文宋書謝靈運論傳之『飆高歷賞』，任彥昇王文憲集序之『綴賞無地』（謝靈運擬魏太子鄴中集詩序亦有「賞心」之語）。用『撫』

者，如傅季友爲宋公修張良廟教之『撫事懷人』，爲宋公求加贈劉前將軍表之『撫事永念』。用『即』者，如謝靈運南樓中望所遲客之『即事怨睽攜』，沈休文遊鍾山詩之『即事既多美』，謝玄暉敬亭山詩之『即此陵丹梯』。此類上非故訓，下異方言，後人沿習，不以爲異。而當時驟讀，頗費摸索。謂之『情訛』『文澆』，非過語也。」

注訂：「此節專論『單舉一字，指以爲情』之非。特舉『賞』『撫』二字爲例，所謂『情訛』『文澆』者是也。」

曹學佺批：「此段駁得不是。」

〔三〕斯波六郎：「尚書胤征：『舊染汙俗，咸與惟新。』」

近代辭人，率多猜忌，至乃比語求蚩〔一〕，反音取瑕〔二〕，雖不屑於古，而有擇於今焉〔三〕。

〔一〕校證：「何允中本、日本活字本、鍾本、梁本、日本刊本『蚩』作『媸』。」

牟注：「比語：和字音相同或相近的字並列。蚩：缺點。」

〔二〕札記：「金樓子雜記篇上云：『宋玉戲太宰屢游之談，流連反語，遂有鮑照伐鼓、孝綽布武、韋粲浮柱之作。』（案『伐』『布』『浮』皆雙聲，惟『布』今屬于幫紐，清濁小異，然則三語一也。）顏氏家訓文章篇云：『世人或有文章引詩「伐鼓淵淵」者，宋玉已有屢游之誚（案此事今無考)。如此流比,幸須避之。』此云『比語』『反音』者,如吴志『成子閣』反『石子岡』,晉書『清暑』反『楚聲』,宋書『袁愍孫』反『殞門』,齊書『東田』反『癲童』,『舊宫』反『窮廐』,梁書『鹿子開』反『來子哭』,南史『叔寶』反『少福』,此所謂求蚩取瑕也。(此所謂比語求蚩,只在比語反音,而唐宋以來,並忌字音,如宋人笑「德邁九皇」爲「賣韭黄」,明太祖疑「爲世作則」爲「爲世作賊」。)然則彦和云『不屑於古,有擇於今』者,豈虚也哉!」

札記注:「高厚之詩不類」云:「六朝人常好引此事以譏人。金樓子雜記篇上:『何僧智者,嘗于任昉坐賦詩而言其詩。任云:「卿詩可謂高厚。」何大怒曰:「遂以我爲狗號!」(高厚切狗,厚高切號)任逐後解説,遂不相領。』」

校釋:「比語:按諸本皆作『比』,疑切字之誤,下言反音,詞異義同,皆指其時反切之學也。」又:「切語求蚩,反音取瑕,實當時之習尚。蓋音韻之學初興,文人多習反切之語,至用相戲謔,有因而生隙者,故舍人舉以爲戒。觀金樓子所記數事可知也。」

范注:「反音取瑕,如『高厚』、『伐鼓』之類是。比語求蚩,如『是耶非』、『雲母舟』之類是。金樓子捷對篇云:『羊戎好爲雙聲,江夏王設齋使戎鋪坐。戎曰:「官教前床,可開八尺。」王曰:「開床小狹。」戎復曰:「官家恨狹,更廣八分。」又對文帝曰:「金溝清泚,銅池摇漾,既佳光景,當得劇基。」』洛陽伽藍記載郭氏婢對人曰:『郭冠軍家。』其人曰:『此婢雙聲。』婢曰:『儜奴慢駡。』此即周顒體語之類。亦與反語同爲言語聲變之法;而六朝南北皆有此風習矣。」

顔氏家訓文章篇：「梁世費旭詩云：『不知是耶非？』殷澐詩云：『颻颺雲母舟。』簡文曰：『旭既不識其父，澐又飄颺其母。』此雖悉古事，不可用也。世人或有文章引詩『伐鼓淵淵』者，宋書（一本作「宋玉」，當誤）已有屢游之誚；如此流比，幸須避之。」王利器集解：「『是耶』之『耶』爲父，『雲母』之『母』爲母，即比語求蚩之證；下文『伐鼓』又反音取瑕之證也，此皆所謂『諱避精詳』者也。」

雜記：「顧炎武云：南北朝人作反語，多是雙反，韻家謂之正紐倒紐。史之所載，如晉孝武帝作清暑殿，有識者以清暑反爲楚聲。楚聲爲清，聲楚爲暑也。宋明帝多忌，袁粲舊名袁愍，爲隕門。」

〔三〕范注：「彦和云：『不屑於古，有擇於今。』謂此雖不雅，然習俗爲是，作者亦不可不留意，以免世之猜忌也。」

注訂：「率多猜忌——率用比辭反音，施之於文，情近諧謔，猜忌易生也。故云：『不屑於古，有擇於今焉。』有擇者，戒濫用也。文鏡秘府論西卷：『翻語病者，正言是佳詞，反語則深累是也。如鮑明遠詩云：「鷄鳴關吏起，伐鼓早通晨。」「伐鼓」正言是佳詞，反語則不祥，是其病也。崔氏云：「伐鼓反語腐骨，是其病。」』」

斯波六郎：「案范氏釋『不屑於古』爲不雅，此寧謂與『不顧於古』意略同，謂『比語、反音之例可知。」

事，不顧古之問題』之意。『不屑』與『不顧』相近，從序志第五十『同之與異，不屑古今』之用

劉勰指摘他那個時代的文人「率多猜忌」，利用反切音的方法來諷刺別人，係這種輕薄的作風，他認爲是古人不屑爲的。

牟注：「上舉諸忌，古代是没有的，如漢武帝李夫人歌中曾説『是耶非耶』；詩經小雅采芑中的『伐鼓淵淵』等。」

又製同他文，理宜删革，若排人美辭〔一〕，以爲己力〔二〕，寶玉大弓，終非其有〔三〕。全寫則揭篋，傍采則探囊〔四〕，然世遠者太輕，時同者爲尤矣〔五〕。

〔一〕「删革」，删節改變。校注：「『排』，黄校云：『王本作掠。』何焯云：『排，疑作採。』按説文手部：『排，擠也。』廣雅釋詁三：『排，推也。』其訓與此均不愜，當以作『掠』爲是。左傳昭公十四年：『己惡而掠美爲昏。』杜注：『掠，取也。』詁此正合。若作『排』，則與下幾句文不屬矣。」校證：「『排』王惟儉本作『掠』。吴云：疑作『採』。」斯波六郎：「作『掠』者應從。」

〔二〕校注：「按左傳僖公二十四年：『竊人之財，猶謂之盗；况貪天之功，以爲己力乎？』」

〔三〕黄注：「春秋：『盗竊寶玉大弓。』左傳杜氏注：『盗謂陽虎也。寶玉，夏后氏之璜；大弓，封父之繁弱。』」校注：「按黄、范兩家注均止引春秋經定公八年『盗竊寶玉大弓』以注，於義未

備。當再引九年『得寶玉大弓』句,『終非其有』之意始明。」

春秋經定公八年:「盜竊寶玉大弓。」杜注:「盜謂陽虎也。……寶玉,夏后氏之璜;大弓,封父之繁弱(弓名)。」左傳定公八年:「陽虎劫公與武叔,以伐孟氏。……陽氏敗。陽虎脱甲,如公宫,取寶玉大弓以出。」九年:「夏,陽虎歸寶玉大弓。」杜注:「無益近用,而只爲名,故歸之。」左傳會箋:「陽虎取本國之重器,將以賂外國以求容,徐思其不義之甚,故歸之。」

陔餘叢考卷四十「竊人著述」條:「顧寧人謂:昔人著述,往往自藏其名而托之於古人,如張霸『百二尚書』之類(見日知録卷十八)。今人則好竊人詩文以爲己作,此誠風尚之愈變愈下也。然昔人亦有竊人著作者,蔡邕疏云:『今待詔之士,或竊成文,虚冒姓氏。』(見後漢書蔡邕傳)是漢末已有此風。世説:『向秀注莊子未竟而卒,郭象遂竊爲己注。』(文學篇)劉勰亦云:『排人美詞,以爲己力,寶玉大弓,終非己有。』」

〔四〕訓故:「莊子:將爲胠篋、探囊、發匱之盜而爲守備,則必攝緘縢,固扃鐍,此世俗之所謂知也。」范注:「莊子胠篋篇:『將爲胠篋、探囊、發匱之盜而爲守備……然而巨盜至,則負匱揭篋擔囊而趨。』造文之士,能杼軸己懷,不相剽賊,斯免瑕累矣。」莊子集釋引釋文:「揭,三蒼云:舉也,擔也,負也。」「揭篋」,是把箱子扛走,比喻全文剽竊。

〔五〕范注:「世遠者太輕,時用者爲尤,謂竊取古辭,是輕薄無行;掠取時説,將自招咎尤。」指瑕篇對于剽竊别人的辭句也是極端反對的。别人的文章無論多麽好,抄來終歸不是自己的，無論是全抄或者「旁采」，都是盜竊行爲。

清袁守定時文蠡測第三十四則「言不可襲人之詞」：「曲禮曰：『毋勦説。』言不可擥取他人之言以爲己有也。劉舍人曰：『全寫則揭篋，傍采則探囊。』襲人之詞，古人至比之爲盜，可不戒哉！」

注訂：「此言掠人美詞，以爲己力之非，剽竊古人者嫌輕浮，剽竊時人者類盜賊，其過爲尤甚焉。」

校釋：「蹈襲依倣之風，東漢以後爲最盛（仲長統昌言已有「竊他人之記以成己説，爲學士三姦之一」之論）。能者爲之，是爲與古人争勝，劣者則不免於剽竊之譏矣。此舍人所以有『揭篋』『探囊』之論也。」

斯波六郎：「案范氏『輕』釋爲輕薄，『尤』釋爲咎尤，但『輕』與『尤』應解爲比較竊取罪之輕重之意。如此『然』字亦有着落。」

黄叔琳評：「嘗疑韓昌黎云：『惟古於詞必己出，降而不能乃剽賊，後皆指前公相襲。』所謂必己出者，將如何？非比杜撰之比也。然不杜撰，恐又入於相襲矣。昌黎謂樊紹述『文從字順』，果可信乎？」

以上爲第三段，舉出宋齊以來文章方面的毛病，一是字義依稀，二是語音犯忌，三是掠人美辭。

若夫注解爲書，所以明正事理；然謬於研求，或率意而斷〔一〕。西京賦稱中黄育、獲之儔〔二〕，而薛綜謬注，謂之閹尹〔三〕，是不聞執雕虎之人也〔四〕。

〔一〕范注：「紀評曰：『此條無與文章，殊爲汗漫。』案論説篇云：『若夫注釋爲詞，解散論體，離文雖異，總會是同。』據此，注解爲文，所以明正事理，尤不可疏忽從事，貽誤後學。何晏見王弼老子注，乃以所注作道德二論，郭象注莊子，亦即以意闡發，無異單篇之論，注與論本可通也。彦和於本篇特爲指説，殊存微意，紀氏譏之，未見其可。」

注訂：「注解爲書，當即文章之類，若專就辭章而言，亦不可廢。……故紀説當再詳也。」

〔二〕校證：「『儔』原作『疇』，日本刊本作『儔』，案文選西京賦：『迺使中黄之士，育、獲之儔。』字正作『儔』，今據改正。」

〔三〕訓故：「李善文選注：『尸子曰：中黄伯曰：余左執太行之獶而右搏雕虎。』戰國策：范雎説秦王曰：烏獲之力焉而死，夏育之勇焉而死。』」按此見秦策三。梅注：「中黄，國名，多出勇力之士。」札記：「按今本西京賦薛綜注，删去閹尹之説。」范注：「張衡西京賦『迺使中黄之士，育、獲之儔。』李善注：『尸子曰……而死。』案薛綜未見此説，當爲李善所删去。」薛綜，字敬文，三國吴人。西京賦李注：「舊注是者因而留之，並於篇首題其姓名。其有乖謬者，臣乃具釋，並稱臣善以别之。他皆類此。」今文選薛注無「閹尹」句，此善因注有未是，從而去之也。校注：「張雲璈選學膠言（卷二西京賦薛綜注條）、梁章鉅文選旁證（卷三西京賦「中黄之士」條）並謂今文選薛注無閹尹之説，蓋爲李善删去。」

斠詮：「薛綜之注『中黄之士』爲『閹尹』，蓋涉中黄門而誤。漢書百官公卿表：『諸僕射署長，中黄門皆屬焉。』注：『中黄門，奄人，居禁中，在黄門之内給事者也。』而不知中黄爲人名，中黄門爲少府之屬官，一字之差，謬以千里焉。……閹尹，亦作奄尹，主領宦豎之官。吕氏春秋仲冬紀：『命閹尹。』注：『閹，宫官。尹，正也。』」

〔四〕校釋：「注解之文，亦論説之一體。舍人論説篇言之甚明，故比篇申論瑕疵，舉謬解之例。紀評詆其『無與文章』，乃後世文士辨體未精之見也。漢儒通經識字，訓解古書，多本師説，精確者固多，固陋墨守之失，亦在所不免。他若諸子之解詁，辭賦之注釋，事出文士，匪由經師，則其失尤多。舍人此篇，亦但舉一隅以示例耳。」

又周禮井賦，舊有疋馬〔一〕；而應劭釋疋，或量首數蹄〔二〕，斯豈辯物之要哉〔三〕！

〔一〕范注：「周禮地官小司徒：『乃經土地，而井牧其田野。九夫爲井，四井爲邑，四邑爲丘，四丘爲甸，四甸爲縣，四縣爲都，以任地事，而令貢賦。凡税歛之事。』鄭注引司馬法曰：『六尺爲步，步百爲畮，畮百爲夫，夫三爲屋，屋三爲井，井十爲通，通爲匹馬。』正義曰：『三十家使出馬一匹，故曰通爲匹馬。』」

〔二〕校證：「『劭』，馮本、汪本、佘本作『邵』。」按「邵」字當是從元刻本而誤。范注：「今存風俗通無釋匹之文。藝文類聚九十三引風俗通云：『馬一匹，俗説相馬比君子，與人相匹。或曰：馬夜行，目明照前四丈，故曰一匹。或説度馬縱橫，適得一匹。或説馬死賣得一匹帛。或云，春秋左氏説，諸侯相贈乘馬束帛，束帛爲匹，與馬相匹耳。』（惠棟九曜齋筆記卷一引「匹」作「疋」，此處作「諸侯相贈，乘馬束帛；帛爲疋，與馬之相疋耳」。又曰：「今風俗通無此語，非全書也。」）按此皆與量首數蹄説未合。説文：『匹，四丈也。』漢書食貨志：『布廣二尺二寸爲幅，長四丈爲匹。』」

〔三〕「辯」字校證作「辨」。「辯」、「辨」通。

原夫古之正名，車兩而馬疋〔一〕，疋兩稱目〔二〕，以並耦爲用〔三〕。

〔一〕范注：「尚書牧誓：『戎車三百兩。』傳：『車稱兩。』風俗通：『車有兩輪，故稱爲兩；猶履有兩隻，亦稱爲兩。』段玉裁注説文匹字云：『凡言匹敵匹耦者，皆於二端或兩取意（二丈爲一端，二端爲兩，每兩爲一匹）。凡言匹夫匹婦者，於一兩成匹取意。兩而成匹，判合之理也，雖其半亦得云匹也。馬稱匹者，亦以一牝一牡離之而云匹，猶人言匹夫也。』案本篇『疋』字皆當作『匹』。孟子告子：『力不能勝一匹雛。』孫奭音義云：『匹，丁公著作疋。』是也。『疋』即『匹』字之譌，蓋漢隸『匹』有變『儿』爲『小』而作『[illegible]』者，見武榮、馮緄等碑，故俗又譌爲『疋』。且以『匹』爲『匹偶』之『匹』，『疋』爲『丈疋』之『疋』，則尤譌也。」

斠詮：「正名，謂辯定事物之名稱。論語子路：『必也正名乎。』注：『正百事之名。』」

〔二〕校注：「『疋』，黃校云：『元脱，楊補。』……按張本、何本、謝鈔本正有『疋』字，未脱。」按元刻本、弘治本無第二「疋」字。郭注：「『目』作動詞用。『匹兩稱目』，謂馬以匹稱之，車以輛目之也。」是「稱目」猶稱謂。

〔三〕斠詮：「『並』，正字作『竝』，説文：『竝，併也，從二立。』耦，兩人也。考工記匠人『二耜爲耦』疏：『兩人枓爲耦。』案凡二人皆爲耦。左氏襄公二十九年傳：『射者三耦。』杜注：『二人爲耦。』」牟注：「風俗通義：『車一兩，謂兩兩相與爲體也。原其所以言「兩」者，箱轅及輪，兩兩而耦，故稱「兩」耳。』（藝文類聚卷七十一）」

蓋車貳佐乘〔一〕，馬儷驂服〔二〕，服乘不隻，故名號必雙，名號一正，則雖單爲疋矣〔三〕。疋夫疋婦〔四〕，亦配義矣〔五〕。

〔一〕范注：「禮記少儀：『乘貳車則貳，佐車則否。貳車者，諸侯七乘，上大夫五乘，下大夫三乘。』鄭注：『貳車佐車，皆副車也。朝祀之副曰貳，戎獵之副曰佐。』」梅：「乘，去聲。」校注：「此文淆次，當乙作『車乘貳佐』，始能與下句『馬儷驂服』相對。『車乘貳佐』者，謂車乘有貳車、佐車也。」

〔二〕詩經鄭風大叔于田：「叔于田，乘乘黃，兩服上襄，兩驂雁行。」鄭箋：「兩服，中央夾轅者。

襄，駕也。」正義曰：「小戎云：『騏騮是中，騧驪是驂。』驂中對文，則驂在外；外者爲驂，則知内者爲服。」

斠詮：「『儷』，字本作『麗』，謂併馬也。……案『儷』與『駢』，古多連用。説文：『駢，駕二馬也。』段注：『併馬謂之儷駕，亦謂之驂。』『馬儷驂服』謂駕車用的成對的馬有驂馬有服馬。」

〔三〕校證：「凌本謂『元脱楊補』者爲此『疋』字，誤。」黄注：「左傳：『匹夫無罪。』……正義曰：『士大夫以上則有妾媵，庶人惟夫婦相匹。其名既定，雖單亦通。故書傳通謂之匹夫匹婦也。』按易中孚象曰：『馬匹亡。』謂四與初絶，如馬之亡其匹也。可證訓匹之義，正與匹夫匹婦一例。」

宋程大昌演繁露卷十四「馬匹」：「馬以匹爲數，自古言匹馬，皆一匹也。文侯之命有『馬四匹』，不知當時何指？韓詩外傳謂：『馬夜行，目光所及，與匹練等；或曰匹，言價與匹帛等。』不知孰是？因讀劉勰文心雕龍，其説爲長。」

清周廣業意林注卷四：「文心雕龍云：『古名車以『兩』，馬以『匹』者，車貳佐乘，馬匹驂服……匹夫匹婦，猶此義也。』案古者士以上皆有妾媵，惟庶人無之。夫婦合而成家，古舉匹爲名。因之呼單丁隻妻亦云匹。」

注訂：「楚辭懷沙：『獨無匹兮。』注：『雙也。』故雙又曰匹，隻亦曰匹。孟子：『以先于匹夫者。』注：『一夫也。』」

斠詮：「左氏桓公十年傳：『匹夫無罪。』……説文通訓定聲：『匹者先分而後合。故雙曰匹，隻亦曰匹，猶獨曰特，配亦曰特也。曰：上古質樸，衣服短狹，二人衣裳，惟共用匹，故曰匹夫匹婦也。』」

〔四〕注訂：「説苑：『湯武失其民，則爲匹夫。』或曰：『上古質樸，衣服短狹，二人衣裳惟共一匹，故曰匹夫匹婦也。』段氏釋匹之説本此。」

〔五〕黄注：「爾雅釋詁：『匹，合也。』疏：『匹者，配合也。』」范注：「白虎通：『匹，偶也，與其妻爲偶，陰陽相成之義也。』」注訂：「配義者，有配合之義也，故雖單而言匹。」校證：「兩京本、王惟儉本、顧校本『矣』作『也』。演繁露十四引此句作『如匹夫匹婦之稱匹是也』，字亦作『也』。何校『矣』改『也』。」

校注：「『矣』，元本、弘治本、活字本、汪本、佘本、張本、兩京本、訓故本、四庫本作『也』。馮舒校『矣』作『也』(何焯校同)。按『也』字是。既與上『則雖單爲疋矣』句避複，語氣亦較勝。」

夫車馬小義，而歷代莫悟〔一〕；辭賦近事，而千里致差〔二〕；况鑽灼經典〔三〕，能不謬哉！

〔一〕郭注：「兩句指應劭釋『兩』釋『匹』。」

〔二〕校注：「禮記經解：『易曰：「君子慎始，差若毫釐，繆以千里。」』史記自序：『易曰：「失之毫釐，差以千里。」』集解引徐廣曰：『今易無此語，易緯有之。』（按見易乾鑿度）」郭注：「兩句指薛綜注西京賦。」

〔三〕「鑽灼」，古卜法。鑽龜裏甲使薄，然後燃荆焞以灼所鑽處，使兆坼見於表面，憑之以定吉凶。儀禮士喪禮：「楚焞置於燋，在龜東。」鄭注：「楚，荆也。荆焞所以鑽灼龜者。」後人混鑽灼爲一事，引申而爲鑽研之義。

夫辯疋而數首蹄〔一〕，選勇而驅闒尹〔二〕，失理太甚，故舉以爲戒。丹青初炳而後渝〔三〕，文章歲久而彌光，若能隱栝於一朝〔四〕，可以無慚於千載也〔五〕。

〔一〕校證：「『疋』原作『言』，徐校作『疋』，梅六次本改『疋』。今從之。『首』字，馮本、汪本、佘本、王惟儉本脱，徐補『首』字。他本作『筌』字。鍾本、梁本、梅六次本、日本刊本作『首』字，今從之。」

范注：「夫辯言而數筌蹄，應依一作『辯匹而數首蹄。』」校注：「萬曆梅本作『夫辯言而數筌蹄』，校云：『（筌）一作首。』天啓梅本作『夫辯疋而數首蹄』，校云：『（首）元作筌。』何本、凌本、梁本、秘書本、謝鈔本、岡本、尚古本、崇文本作『夫辯言而數首蹄』。弘治本、活字本、汪本、佘本、兩京本、胡本、訓故本……脱一『首』字。（徐𤊹校補「首」字）按大戴禮記小辯篇：『爾雅以觀於古，足以辯言矣。』上文有『量首數蹄』語，則作『夫辯言而數首蹄』爲是。」按元刻本作「夫辨言而數蹄」。辨、辯通。

〔二〕斠詮：「指薛綜注張衡西京賦『中黄育、獲』之誤。」

〔三〕校注：「法言君子篇：『或問聖人之言炳若丹青，有諸？曰：「吁，是何言與！丹青初則炳，久則渝。」』李注：『丹青初則炳然，久則渝變；聖人之書，久而益明。』」

〔四〕校訂：「『檃』『栝』二字，説文互訓。荀子法行篇：『檃栝之側多枉木。』大略篇：『示諸檃栝。』注云：『檃栝，矯揉木之器也。』『栝』又作『括』。又尚書大傳：『子贛曰：檃括之旁多由木，良醫之門多疾人，砥礪之旁多頑鈍。』」

斠詮：「檃栝，原爲矯制邪曲之器，引申而爲糾正之義。」

〔五〕校證：「何允中本、日本活字本、凌本、鍾本、梁本、王謨本、岡本、崇文本『慚』作『愧』。」按元刻本作「慙」。

贊曰：羿氏舛射〔一〕，東野敗駕〔二〕。雖有儁才〔三〕，謬則多謝〔四〕。斯言一玷，千載弗化〔五〕。令章靡疚，亦善之亞〔六〕。

〔一〕御覽八十二引帝王世紀：「羿有窮氏，未聞其姓，其先帝嚳以世掌射……羿與吴賀北遊，（賀）使羿射雀左目，羿引弓射之，誤中左（右）目，羿俯首而媿，終身不忘。」

校注：「符子：『夏王使羿射於方矢之皮，徑寸之的。乃命羿曰：「子射之中，則賞子以萬金之費；不中，則削子以十邑之地。」羿容無定色，氣戰於胸中，乃援弓而射之，不中；更射之，又不中。』（御覽七四五引）與帝王世紀所載者不同。」

〔二〕梅注（訓故同）：「莊子：東野稷以御見莊公，進退中繩，左右旋中規；莊公以爲文弗過也，使之鉤百而反。顏闔遇之，入見曰：稷之馬將敗。公密而不應。少焉，果敗而反。公曰：子何以知之？曰：其馬力竭矣，而猶求焉，故曰敗。」按此見達生篇。

〔三〕校證：「馮本、汪本、佘本、兩京本『儁』作『雋』。」按元刻本正作「雋」。

〔四〕牟注：「謝，慚愧。文選顏延年贈王太常：『屬美謝繁翰。』李善注：『謝，猶愧也。』上文説沒有瑕病的文章，『可以無愧於千載』，這裏反過來説，有了謬誤，就是『千載弗化』的慚愧。」

〔五〕斠詮：「言著述立言，一有瑕疵，雖千載而後，亦不能改變其缺失也。化，變化也。荀子正名：『狀變而實無別，而爲異者，謂之化。』」

〔六〕札記：「此言文章但求無病。顏氏家訓文章篇曰：『學爲文章，先謀親友，得其評論者，然後出手，慎勿師心自任，取笑傍人也。自古執筆爲文者，何可勝言？至于宏麗精華，不過數十篇耳。但使不失體裁，辭意可觀，遂稱才士。要須動俗蓋世，亦俟河之清乎！』」「靡」，無也。「疚」，病也。

斠詮：「言寫作美好文章而無病憾，亦可謂善之次也。……蓋古有所謂三不朽，立言乃其次也。左氏襄公二十四年傳：『太上有立德，其次有立功，其次有立言。雖久不廢，此之謂不朽。』」牟注：「善……即練字篇説的『善爲文者』。」總之，指瑕篇舉的若干事例都比較零散，没有規納成規律。文中指出的這些毛病，也大都屬于修辭學的范疇。大體可以説是消極修辭，通過具體事例，告訴人們不要如何如何做而已。

養氣第四十二

管子内業篇：「氣道（導）乃生，生乃思，思乃知，知乃止矣。」又：「是故此氣也，不可止以力，而可安以德……敬守勿失，是謂成德，德成而智出，萬物果得。」這種認爲可以通過「敬守勿失」的養氣功夫來促進人的思維和觀察能力的見解正是劉勰養氣説的濫觴。

嵇康琴賦：「可以導養神氣，宣和情志。」

札記：「養氣謂愛精自保，與風骨篇所云諸『氣』字不同。此篇之作，所以補神思篇之未備，而求文思常利之術也。神思篇曰：『樞機方通，則物無隱貌，關鍵將塞，則神有遯心。是以陶鈞文思，貴在虚静，疏瀹五藏，澡雪精神。』又云：『秉心養術，無務苦慮，含章司契，不必勞情也。』文賦亦曰：『應感之會，通塞之紀，來不可遏，去不可止，或竭情而多悔，或率意而寡尤，雖兹物之在我，非餘力之所勠。』以二君之言觀之，則文思利鈍，至無定準，雖有上材，不能自操張馳之術。但心神澄泰，易於會理；精氣疲竭，難於用思。爲文者欲令文思常贏，惟有弭節安懷，優遊自適，虚心静氣，則應物無煩，所謂明鏡不疲於屢照也。然心念既澄，亦有轉不能構思者，士衡云：『理翳翳而愈伏，思乙乙其若抽。』雖使閉聰塞明，一念若興，仍復未静以前之狀，故彦和云：『意得則舒懷命筆，理伏則投筆卷懷。』亦惟聽其自然，不復强思以自困。若云心虚静者，即能無滯於爲文，則亦不定之説也，大凡爲學爲文，皆有弛張之數，故學記云：『君子之於學也，藏焉，修焉，息焉，遊焉。』注云：『藏，謂懷抱之；修，習也；息，謂作勞休止之謂息；遊，謂閒暇無事之謂遊。』然則息遊亦爲學者所不可缺，豈必終夜以思，對案不食，若董生下幃，王劭思書，然後爲貴哉？至於爲文傷命，益有其徵，若夫相如含筆而腐毫，揚雄輟翰于驚夢，桓譚疾感于苦思，王充氣竭于思慮，彦和既舉之矣。後世若杜甫之性耽佳句，李賀之嘔出心肝，又有吟成一字，撚斷數髭，二句三年，一吟淚流，此皆銷鑠精膽，蹙迫和氣，雖有妙文，亦自困之至也。又人才有高下，不可强爲，故顔氏家訓云：『鈍學累功，不妨精熟；拙義研思，終歸蚩鄙。但成學士，自足爲人，必乏天才，勿强操筆。』此言才氣庸下，雖使瀝辭鐫思，終然無益也，大抵年少精力有餘，而照理不深，雖用苦思，而文章未即工妙；年齒稍長，略諳文術，操觚之際，又患精力不能赴之。此所以文鮮名篇，而思理兩致之匪易也。恒人或用養氣之説，盡日遊宕，無所用心，其于文章之術未嘗研鍊，甘苦疾徐未嘗親驗，苟以養氣爲言，雖使頤神胎息，至于百齡，一旦臨篇，還成岨峿。彦和養氣之説，正爲刻厲之士言，不爲逸遊者立論也。」

校釋：「本篇申神思未竟之旨，以明文非可强作而能也。神思篇云：『神居胸臆，而志氣統其關鍵。』又云：『方其搦翰，氣倍辭前。』又云：『秉心養術，無務苦慮，含章司契，不必勞情。』彼篇以虛静爲主，務令慮明氣静，自然神王而思敏。本篇『率志委和』，『優柔適會』，及『清和其心，調暢其氣』，亦即求令虛静之旨，然細繹篇中示戒之語，如曰『鑽礪過分』，曰『争光鬻采』，曰『慚鳧企鶴，瀝辭鐫思』，言外蓋以箴其時文士，苦思求工，以鬻聲譽之失也。」

郭紹虞中國文學批評史：「養氣篇所説的『氣』，其義與『神』相近，指的是神氣。所以説：『率志委和，則理融而情暢；鑽礪過分，則神疲而氣衰。』神和氣是相提並論的。這些話就是神思篇所説的『陶鈞文思，貴在虛静』。所以説：『是以吐納文藝，務在節宣。清和其心，調暢其氣。』這樣，在人講，是氣旺神酣之時；就文講，成機神洋溢之境。……」（一九六一年版）

郭注：「作者認爲：生理的血氣與心理的志氣是相關連的，血氣剛健，則志氣清明；心理的志氣，又是與作品的文氣相關連的，志氣清明，則文氣流暢。所以寫了養氣這篇論文。」

斠詮：「養氣者，『保愛精神』之謂也。此由彦和開篇『昔王充著述，制養氣之篇』一語，可得其旨意。……孟子……養氣之法，純取之於内心，不假旁求，與彦和論文之取法於未來之『守静』、『致虛』、『節宣』、『適會』者異趣。觀彦和所言養氣，重在使精神勿過於多用，多用則氣衰，至精神疲乏時，應即捨去，使精神充沛，心意舒暢，至臨文之際，自能游刃有餘矣。與王充所言，皆偏重乎外。而後世文家言文氣之培養，仍頗多本孟子之意以發揮之者，因此養氣而亦有内外之分。」

張少康中國古代文學創作論論「感興」云：「劉勰在神思篇中説：『是以秉心養術，無務苦慮；含章司契，不必勞情。』已經涉及到了感興培養問題。他在養氣篇中認爲神思高潮時的感興現象乃是人的神氣旺盛，精力充沛時才可能有的；如果精神過于疲勞，情緒低落，氣衰力竭，就不可能出現感興現象。爲此，劉勰提出要使藝術構思進入感興狀態，就必須養氣保神。……人的氣是神的具體體現，神旺神疲怎麽才能看出來呢？它就反映在氣盛氣衰上，所以養氣也即是保神。」

王鍾陵中國古代文論中兩種不同的「養氣」説：「劉勰的『養氣』論是在古代哲學『精氣』説的基礎上産生的。文心雕龍養氣篇開篇即云：『昔王充著述，制養氣之篇，驗己而作，豈虛造哉！』……而王充的『精氣』説及其建立在『精氣』説基礎上的『養氣』説……又是來源于先秦宋鈃、尹文學派的。……

「論衡中對『元氣』運動特點的表述，也同宋、尹的論述有其一脈相承之處。管子内業篇説：『氣道（通）乃生，生乃思。』這是説氣是流通的。『勿煩勿亂，和乃自成』（内業）一語，則是説氣要『和』，王充説：『是故氣不通者，彊壯之人死，榮華之物枯。』（論衡别通）『血脈不調，人生疾病；風氣不和，歲生災異。』（論衡譴告）。也是抓住『通』與『和』這兩點來説的，這種論述對劉勰養氣篇有着明顯的影響。

「根據宋、尹的説法，謹守精氣就能『昭知天下，通于四極』（管子心術下）。而要養氣……辦法就是虛其欲而静其心。……虛静以持守精氣，持守精氣，乃能使耳目聰明，筋骨强壯，乃能産生很大的智慧，以至『遍知天下，窮于四極』。這就是爲什麽虚静對于思維活動來説被看作是『首術』『大端』的原因，這便是虚静、養氣、神思三者統一的理論基礎。……

「如果説劉勰的『養氣』説是建立在宋、尹、王充『精氣』説的基礎上的，那末以韓愈爲代表的古文家的『養氣』説則是建立在孟子『知言養氣』説的基礎上的。劉勰的『養氣』説側重在文與思的結合上，與養生論密切相關。古文家的『養氣』説則側重在文詞的結合上，與道德修養説相互交融。」（文學評論叢刊第十八輯）

昔王充著述，制「養氣」之篇〔一〕，驗己而作〔二〕，豈虚造哉〔三〕！

〔一〕范注：「論衡自紀篇：『章和二年，罷州家居，年漸七十，時可懸輿。……髮白齒落，日月逾邁，儔倫彌索，鮮所恃賴，貧無供養，志不娱快。歷數冉冉，庚辛域際，雖懼終徂，愚猶沛沛。乃作養性之書凡十六篇。養氣自守，適時則酒，閉明塞聰，愛精自保。適輔服藥引導，庶冀性命可延，斯須不老。』」

論衡自紀篇上言「養性」，下言「養氣」，乃以兩者爲同義語。本篇也就直稱充「制『養氣』之篇」，非謂充的著述，于養性書外，别有養氣篇。

〔二〕「驗己而作」，經過自身檢驗而作。

傅庚生文論主氣説發凡：「王充云著養性之書，養氣自守。彦和謂爲驗己之作，以弁養氣之

篇；然仲任意在『愛精自保』，不關文事也。」（國文月刊第三十五期）

〔三〕論衡對作篇：「夫論説者閔世憂俗，與衛驂乘者同一心矣。愁精神而幽魂魄，動胸中之靜氣，賊年損壽，無益於性。禍重於顔回，違負黄、老之教，非人所貪，不得已，故爲論衡。」

夫耳目鼻口，生之役也〔一〕；心慮言辭，神之用也〔二〕。率志委和〔三〕，則理融而情暢〔四〕；鑽礪過分，則神疲而氣衰〔五〕。此性情之數也〔六〕。

〔一〕校注：「按吕氏春秋貴生篇：『夫耳目鼻口，生之役也。』高注：『役，事也。』」意謂耳目鼻口是生命所役使的。

〔二〕心思言辭要費精神的。范注：「史記自序司馬談論六家要旨云：『凡人所生者，神也；所託者，形也。神大用則竭，形大勞則敝，形神離則死。』」

〔三〕斠詮：「率，依循也。中庸：『天命之謂性，率性之謂道。』疏：『言依循性之所感而行，不令違越。』率志，猶言率意。晉書阮籍傳：『籍率意獨駕，不由徑路，車跡所窮，慟哭而反。』委和，見莊子知北遊篇：『（身非汝有，）是天地之委形也。生非汝有，是天地之委和也。性命非汝有，是天地之委順也。』俞樾平議：『司馬云：「委，積也。」於義未合。國策齊策：「願委之於子。」高注：「委，付也。」成二年左傳：「王使委於三吏。」杜注曰：「委，屬也。」天地之委形，謂天地所付屬之形也。』莊子所謂『委和』，原爲『付屬和順之氣』之意，彦和借用其詞，而稍變其義，可作『放任自然』解。」

〔四〕「理融」，謂思理融和。

〔五〕范注：「抱朴子至理篇：『身勞則神散，氣竭則命終。』彦和論文以循自然爲原則，本篇大意，即基於此。蓋精神寓於形體之中，用思過劇，則心神昏迷。故必逍遥針勞，談笑藥勸，使形與神常有餘閑，始能用之不竭，發之常新，所謂遊刃有餘者是也。」

斠詮：「鑽礪過分，謂鑽研磨礪，超過才分也。……晉書王敦傳：『任不過分，役其所長。』分謂才分，亦即才量。」按「過分」亦可作過度解。

王金凌文心雕龍文論術語析論認爲養氣之氣指元氣。他解釋此一小段云：「耳目口鼻是感覺器官，器官收納萬物，進而思考。若思考過度，則元氣耗弱，體能不繼，於是思考轉爲遲鈍。因此需要調養深息，恢復元氣。元氣可以説是體能，氣息盛衰即體能强弱的關鍵。劉勰在行文中常將氣息和元氣互用。」論衡言毒篇：「萬物之生，皆稟元氣。」又無形篇：「人以氣爲壽，形隨氣而動，氣性不均，則于體不同。」

〔六〕牟注：「數，自然之數。明詩篇的『情變之數』、情采篇的『神理之數』，和這裏『性情之數』的『數』字義同。」

張少康中國古代文學創作論：「提倡『率志委和』，反對『鑽礪過分』，這就是神思篇所説的『無務苦慮』，『不必勞神』之意。其中心是强調要順乎自然，不要勉强而作。率志，是隨着自己的心志；委和，是附合天地之和，亦即自然之意。……要使創作順乎自然，理融情暢，自然就有興會標舉之妙。」

斠詮：「仲任所謂『髮白齒落』者，血氣衰老之象徵；『不娛』『懼徂』者，志氣蕭索之表現；其所以著養性之書，欲『閉明塞聰』『服藥引導』者，無非爲『愛精自保，性命可延』耳。彥和即基此認識，以爲生理之血氣與心理之志氣相關聯，血氣健旺則志氣清明；而心理之志氣又與作品之文氣相關聯，志氣清明則文氣流暢。是則欲求志氣清明、文氣流暢者，首須保愛精神，一己之血氣健旺，此則養氣篇之所爲作也。故曰：『率志委和，則理融而情暢；鑽礪過分，則神疲而氣衰：此性情之數也。』」

夫三皇辭質〔一〕，心絶於道華〔二〕；帝世始文〔三〕，言貴於敷奏〔四〕；三代春秋，雖沿世彌縟〔五〕，並適分胸臆〔六〕，非牽課才外也〔七〕。戰代枝詐〔八〕，攻奇飾説〔九〕；漢世迄今，辭務日新，争光鬻采〔一〇〕，慮亦竭矣〔一一〕。

〔一〕校注：「『皇』，兩京本、胡本作『王』。按『王』字非是。孝經緯援神契：『三皇無文。』（周禮地官保氏賈疏引）是其證。」「三皇」之説不一，最常見者，史記補三皇本紀以伏羲、女媧、神農爲三皇，僞孔安國尚書序及皇甫謐帝王世紀以伏羲、神農、黄帝爲三皇。

〔二〕老子第三十八章：「夫禮者，忠信之薄而亂之首。前識者，道之華而愚之始。是以大丈夫處其厚，不居其薄，處其實，不居其華。」王注：「前識者，前人而識也。」禮記曲禮正義引老子云：「禮者忠信之薄，道德之華，争愚之始。」

綴補：「莊子知北遊篇：『禮者，道之華。』」斠詮：「心絶於道華，心胸斷無紛華盛麗之意念也。……史記禮書：『自子夏，門人之高弟也，猶云：「出見紛華盛麗而説，入聞夫子之道而樂，二者心戰，未能自決。」而況中庸以下，漸漬於失教，被服於成俗乎？』岡白駒曰：『悦華麗與樂道義，二者戰於胸中。』此處『道』與『華』字雖並舉，而義則偏取。」

〔三〕牟注：「帝世：指堯舜時期。檄移篇：『帝世戎兵，三王誓師。』和這裏的『帝世』所指略同。……始文：原道篇：『唐虞文章，則焕乎始盛。』與『帝世始文』完全一致。」

「帝世」，五帝之世，指少昊、顓頊、高辛、堯、舜（據尚書序及帝王世紀）。

〔四〕「敷奏」，鋪陳而言之也。尚書舜典：「五載一巡守，群后四朝，敷奏以言。」孔傳：「敷，陳；奏，進也。諸侯四朝，各使陳進治理之言。」奏啓篇：「昔唐虞之臣，敷奏以言。」

〔五〕「沿世」，隨着時世。「彌縟」，日益華麗。

〔六〕明詩篇：「隨性適分。」「分」，即下文「器分」，謂才分。文賦：「思風發於胸臆。」「適分胸臆」，言文思發自心中時適合自己的器分。恰好與下文「牽課才外」相反。

〔七〕興膳宏文心雕龍與出三藏記集：「出三藏記集序：『牽課羸志。』」又：「六朝人用『牽課』之例可舉二例如下：韻府謝莊與江夏王義恭箋有云：『牽課尪瘵，以綜所忝。』及徐陵答族人梁東海太守長孺書云：『牽課疲朽，不無辭制。』」「牽課」，牽强，課求；意即强求。「才外」，才力以外。

〔八〕校注：「『枝』，兩京本、胡本、訓故本、岡本作『技』。徐㶿校『枝』作『譎』。按『枝』與『技』於此均費解，與『譎』之形亦不近，恐非舍人之舊。疑當作『權』。權，俗作权。蓋初由權作权，後遂譌爲枝（或技）耳。」

斠詮：「謂戰國時代縱横游談，競尚妍巧詭詐也。技，説文：『巧也。』……技詐，猶言巧詐。韓非子説林上：『故曰巧詐不如拙誠。』」

〔九〕論語爲政：「攻乎異端。」「攻」謂攻求。「攻奇飾説」謂攻求新奇，文飾説辭。

〔一〇〕「鬻」，誇耀，賣弄。注訂：「彦和旨重自然，雖文采之道，不必返於上古之辭質，亦不可鬻采，所謂『攻奇飾説』，『辭務日新』。即『牽課才外』之弊也。」

〔一一〕黄春貴文心雕龍之創作論：「此言春秋上世，皆適從才分，以直抒一己胸臆之心意，非借助外力以牽强修飾也。明詩篇曰：『隨性適分。』鎔裁篇曰：『隨分所好。』其著書立説，既順循意志，所以優裕有餘。戰國以下，則竭盡思慮，鋪采爭豔，巧爲修飾説辭，適反本性，所以疲累不堪。」

故淳言以比澆辭，文質懸乎千載〔一〕；率志以方竭情〔二〕，勞逸差於萬里；古人所以餘裕，後進所以莫遑也〔三〕。

〔一〕牟注：「淮南子齊俗訓：『澆天下之淳。』高誘注：『澆，薄也；淳，厚也。』秦漢以上之文，均甚樸質，如擊壤歌，是自然的天籟，作者一點不費力。揚雄甘泉賦與之比較，真是「淳言以比澆辭，文質懸乎千載」。

〔二〕句意謂：隨意寫作，和竭力苦思、神志衰頹相對比。斯波六郎：「陸機文賦：『是以或竭情而多悔，或率意而寡尤。』」斠詮：「方，比較之意。論語憲問：『子貢方人。』孔云：『比方人也。』禮檀弓：『服勤至死，方喪三年。』孔疏：『方，謂比方也。』」

〔三〕孟子公孫丑：「豈不綽綽然有餘裕哉！」「莫遑」，無閑暇。范注：「時移世遷，質不勝文，彥和非欲人復返三代以前也。其意亦猶神思篇所云『秉心養術，無務苦慮，含章司契，不必勞情』云爾。」

以上爲第一段，論述養氣對于創作的重要性，並舉例説明古今作者勞逸不同，因而作品殊異。

凡童少鑒淺而志盛，長艾識堅而氣衰〔一〕，志盛者思鋭以勝勞〔二〕，氣衰者慮密以傷神。斯實中人之常資〔三〕，歲時之大較也〔四〕。

〔一〕古以三十歲以前爲「少」，即青年。黄注：「曲禮：五十曰艾。」孔疏：「髮蒼白色如艾也。」校注：「吕氏春秋去宥篇：『人之老也，形益衰而智益盛。』高注：『老者見事多，所聞廣，故智益盛。』」方言：「東齊、魯、衛之間，凡尊老謂之艾。」王金凌：「此處旨在説明思考時老少體能的差異，氣與精氣都指元氣。」

〔二〕「勝勞」，勝任疲勞。

〔三〕論語雍也：「中人以上，可以語上也；中人以下，不可以語上也。」「常資」，一般的天資。

〔四〕「歲時」，年齡。史記貨殖列傳序：「此其大較也。」索隱：「大較，猶大略也。」

若夫器分有限〔一〕，智用無涯〔二〕；或慚鳧企鶴〔三〕，瀝辭鐫思〔四〕。於是精氣内銷〔五〕，有似尾閭之波〔六〕；神志外傷，同乎牛山之木〔七〕。怛惕之盛疾〔八〕，亦可推矣〔九〕。

〔一〕校證：「『器』，何允中本、日本活字本、凌本作『氣』，涉下文『精氣』而誤。」世説新語賢媛：「王江州夫人語謝遏曰：汝何以都不復進，爲是塵務經心，天分有限。」北史趙㬫趙芬等列傳論曰：「故知人之分器，各有量限；大小云異，不可相踰。」魏書蕭寶寅傳：「器分定於下，爵位懸於上。」斠詮：「器分，指器量才分。」

〔二〕補注：「莊子養生主篇：吾生也有涯，而知也無涯。以有涯隨無涯，殆已。」郭注：「生也有涯，所稟之分各有涯也。……若以有限之性，尋無極之知，安得而不困哉？」

〔三〕范注：「莊子駢拇：『是故鳧脛雖短，續之則憂；鶴脛雖長，斷之則悲。故性長非所斷，性短非所續，無所去憂也。』」

注訂：「此喻違乎性情之數，背乎自然之道。」

斠詮：「謂慚媿鳧之足短，而企望鶴之足長，以喻人之悔恨自己之才能薄弱而羡慕他人之智慧高强也。」

〔四〕斠詮：「瀝，説文：『漉也。一曰水下滴瀝也。』瀝有過濾之義，故可作洗練解。」「鐫」，刻劃。

〔五〕論衡論死：「人之所以生者，精氣也。」漢書藝文志經方類：「及失其宜者，以熱益熱，以寒增寒，精氣内傷，不見于外，是所獨失也。」

〔六〕校注：「『波』，兩京本、胡本作『洩』。按『洩』字蓋出後人妄改，不如『波』字義長。」

黄注：「莊子：『北海若曰：天下之水莫大于海。萬川歸之，不知何時止而不盈，尾閭泄之，不知何時已而不虚。』注：尾閭，海東川名。」按此見莊子秋水篇。文選嵇康養生論「而泄之以尾閭」，李注：「司馬彪曰：『尾閭，水之往海外出者也。』一名沃燋，在東大海之中。尾者，在百川之下，故稱尾；閭者聚也，水聚族之處，故稱閭也。」

〔七〕校證：「『木』，兩京本作『伐』。文通無『乎』字。」校注：「木，兩京本、胡本作伐。按伐字亦出後人妄改。」考異：「上言波，下言木，實字相偶，從木是。」范注：「孟子告子上：『牛山之木嘗美矣，以其郊於大國也，斧斤伐之……牛羊又從而牧之，是以若彼濯濯也。』趙岐注：……「牛山，齊之東南山也。……濯濯，無草木之貌。」

〔八〕校證：「張之象本『怛』誤『恒』。『盛』，梅六次本改『成』，『成』、『盛』古通。」范注：「説文：『怛，憯也。』毛詩匪風：『中心怛兮。』傳云：『怛，傷也。』文選嵇康幽憤詩：『怛若創痏。』説文：『惕，驚也。』一切經音義七：『惕，怵惕，悚懼也。』怛惕有迫促傷害之義，『盛』一作『成』，是。」注訂：「怛惕者傷害心性，違養氣之道，以致有盛疾之累，『盛』作『成』亦通。怛音達。」校注：「按『恒』字誤。史記文帝紀：『（後二年）憂苦萬民，爲之怛惕不安。』是『怛惕』連文之證。『盛』讀平聲，在器中曰盛。史記文帝紀集解引應劭注『怛惕盛疾』，猶言疾在怛惕之中，即憂能傷人之意也。」斠詮改爲「怛惕之成疾」，釋云：「謂憂傷勞瘁而成疾病也。」

〔九〕王金凌：「劉勰批評『智用無涯』者之焦思苦慮，説他們『精氣内銷，有似尾閭之波；神志外傷，同乎牛山之木。』這種説法明顯地繼承了宋、尹以至王充『愛精自保』的觀點。劉勰不僅在養氣篇中，一再地反對『銷鑠精膽，蹙迫和氣』；而且在神思篇中，也提出了『秉心養術，無務苦慮』的要求。」

黄春貴文心雕龍之創作論：「大抵言之，童年少壯氣力有餘，而照理不深，雖用苦思，文章未即工妙。長老耆艾識見精確，然年齒已大，操觚之際，又患氣力衰頹。故知鑒淺志盛，識堅氣衰，過猶不及，謂之兩失，惟長艾者守静致虚以養氣，童少者刻苦自厲以向學乃可。」

至如仲任置硯以綜述〔一〕，叔通懷筆以專業〔二〕，既暄之以歲序〔三〕，又煎之以日時〔四〕，是以曹公懼爲文之傷命〔五〕，陸雲歎用思之困神〔六〕，非虚談也。

〔一〕梅注：「謝承後漢書曰：王充於宅内門户墻柱，各置筆硯簡牘，見事而作，著論衡八十五篇。」

補注：「北堂書鈔著述篇引謝承後漢書：『王充貧無書，往市中省所賣書，一見便憶，門墻屋柱，皆施筆硯，而著論衡。』」

「綜述」，綜合論述。

〔二〕訓故：「後漢書曹褒傳：褒字叔通，博雅疏通，常憾朝廷制度未備，慕叔孫通爲漢禮儀，晝夜研精，沉吟專思，寢則懷抱筆札，行則誦習文書，當其念至，忘所之適。」「專業」，即指研精專思。校證：「『叔』原作『敬』，梅據孫汝澄改。案王惟儉本正作『叔』不誤。」

考異：「梅本注云：『叔元作敬，孫無撓改。』敬通，馮衍字；叔通，曹褒字。因褒傳有沈吟專思之語，從孫是。」

〔三〕斠詮改「暄」作「晅」，注云：「晅，集韻：『許元切，日氣也。』易説卦傳：『日以烜之。』……釋文：『烜，乾也。』而乾有乾燥、乾涸、乾耗、乾竭諸義，此處可作『銷耗』解。左傳僖十五年：『外彊中乾。』注：『外雖有彊形，而内實乾竭。』」

離騷：「春與秋其代序。」故稱年曰「歲序」，謂每年四季按次序交替。

〔四〕牟注：「煎：熬。喻苦思的折磨。抱朴子内篇道意：『若乃精靈困於煩憂，榮衛消於役用，煎熬形氣，刻削天和。』」

〔五〕范注：「曹公語未詳。金樓子立言上：『顔回希舜，所以早亡；賈誼好學，遂令速殞；揚雄作賦，有夢腸之談；曹植爲文，有反胃之論。生也有涯，智也無涯。以有涯之生，逐無涯之智，余將養性養神，獲麟於金樓之制也。』」

校注：「按曹公，檄移、章表兩篇及此凡三見，它篇則稱魏武，當是曹操。魏略：『陳思王精意著作，食飲損減，得反胃病也。』（御覽三七六引）抱朴子佚文：『揚雄作賦，有夢腸之談；曹植爲文，有反胃之論。言勞神也。』（海録碎事十八引）」

〔六〕訓故：「陸雲與兄平原書：『兄文章已自行天下，多少無所在，且用思困人，亦不事復及。』」見全晉文卷一〇一，下句云：「以此自勞役。」

李笠中國文學述評迷溺之境：「揚子雲作甘泉賦，病至一歲；桓譚作小賦，亦成病。金樓子曰：『曹植爲文，有反胃之論。』（立言篇）劉彦和云：『曹公懼爲文之傷命，陸雲嘆用思之困神。』（養氣篇）蓋所受命意修詞上之工力困苦，其害尚淺；所受哀情刺激之精神痛苦，其影響於身體甚大也。否則，偶作小賦，有何工力之足病乎？」

以上爲第二段，説明不善養氣，導致神傷氣衰之害。

夫學業在勤，〔功庸弗怠〔一〕，〕故有錐股自厲〔二〕，〔和熊以苦之人〔三〕。〕志於文也，則有申寫鬱滯〔四〕，故宜從容率情〔五〕，優柔適會〔六〕。

〔一〕黄叔琳批：「學宜苦而行文須樂。」校證：「兩京本、何允中本、日本活字本、凌雲本、梅六次本、鍾本、梁本、日本刊本、王謨本、黄注本、張松孫本、崇文本，『故有錐股自厲』句上，有『功庸弗怠』一句四字，句下有『和熊以苦之人』一句六字。盧云：『按下六字，吴本無。當本脱四字，不學者妄增成之，而忘其年代之不合也。』案盧説是，傳校元本、汪本、佘本、張之象本、梅本、馮校本等，正無此二句，今據删。」校注：「『功庸弗怠』『和熊以苦之人』二句，元本、弘治本、活字本、汪本、佘本、張本……無。何焯云：『和熊，唐人事。此後人謬增。』按兩京本、何本、胡本、訓故本、天啓梅本有此二句（以後各本從之）。尋繹文意，實不必有，確出後人謬增。」

〔二〕訓故：「戰國策：蘇秦乃發書，陳篋數十，得太公陰符，伏而誦之，讀書欲睡，引錐自刺其股。」綴補：「御覽三七二引史記：『蘇秦握錐自厲。』」斠詮：「戰國策秦策：『説秦王，書十上，而説不行。歸至家，妻不下紝，嫂不爲炊，父母不與言。蘇秦乃夜發書，陳篋數十，得太公陰符之謀，伏而誦之，簡鍊以爲揣摩。讀書欲睡，引錐自刺其股，血流至足。』……説文通訓定聲：『厲，叚借爲勵。』後漢書杜詩傳：『將帥自厲。』注：『厲，勉也。』」「厲」，鞭策。

〔三〕沈巖批：「何本無『和熊』六字。」范注：「盧文弨抱經堂文集十四文心雕龍集注書後：『養氣篇故有錐股自厲，和熊以苦之人，案下六字，吴本無。……年代之不合也。』新唐書柳仲郢傳：『母韓善訓子，故仲郢幼嗜學，嘗和熊膽丸使夜咀嚥以助勤。』」考異：「『功庸』四字似原脱。六朝文體及四六，率雙起雙收，無『功庸』句則不免夔足之譏。下面『和熊』句以原缺，後人妄加，典引失時。」

〔四〕校注：「何焯云：『志疑作至。』（紀昀説同）兩京本、胡本也下有『舍氣無依』四字；滯下有『玄解頓釋之輩』六字。何紀説是。訓故本正作『至』。樂府篇『精之至也』，唐寫本誤『至』爲『志』；史傳篇『子長繼志』，元本等又誤『志』爲『至』。是『至』『志』二字易淆誤之證。兩京本、胡本多出二句，亦爲後人妄增。」

〔五〕莊子山木：「情莫若率……率則不勞。」林希逸注：「率，循其自然之意。」斟詮：「『從容率情』與首節『率志委和』詞異義同。」太平御覽卷六「思遲」類：「李翰，天寶中寓居陽翟，爲文精密，用思苦澀，常從陽翟令皇甫曾求音樂，每思涸則奏樂，神逸則著文。」

〔六〕杜預春秋左氏傳序：「優而柔之。」孔疏：「優、柔俱訓爲安，寬舒之意也。」神思篇：「秉心養術，無務苦慮；含章司契，不必勞情也。」斟詮：「『適會』亦見章句篇：『隨變適會，莫見定準。』會……此處宜作際會解。所謂際會，即指心神與物境遇合時所産生之感應與興象也。章句篇云：『控引情理，送迎際會』用與此同。」徵聖篇：「抑引隨時，變通適會。」張少康中國古代文學創作論論「感興」：「怎樣才能使創作順乎自然，『率志委和』呢？劉勰認爲關鍵是要使神志清醒，具有虚静的狀態，而不要被許多雜事雜念所干擾。……藝術創作是一種艱苦的勞動，但它又不同于孜孜不倦地研究學問，而有自己的特殊規律。它不需要『錐股自厲』，而要求『從容率情，優柔適會』，必需在心平氣和、神情舒暢的狀態下，方能從容自若，文思泉湧；如果『銷鑠精膽』，『蹙迫和氣』，違反了自然之性，那麼就會喪失感興，靈感不來，也就無法寫好作品。」文鏡秘府論論文意：「夫作文章，但多立意。令左穿右穴，苦心竭智，必須忘身，不可拘束。思若不來，即須放情却寬之，令境生。然後以境照之，思則便來，來即作文。如其境思不來，不可作也。」

若銷鑠精膽〔一〕，蹙迫和氣〔二〕，秉牘以驅齡，灑翰以伐性〔三〕，豈聖賢之素心，會文之直理哉〔四〕！

〔一〕「鑠」，通「爍」，熔化。「銷鑠」猶消耗。文選枚乘七發：「雖有金石之堅，猶將銷鑠而挺解也。」李善注引賈逵國語注：「鑠，銷也。」

〔二〕斠詮：「禮記祭義：『有和氣者必有愉色。』荀子正名：『性之和所生。』注：『和，陰陽衝和之氣也。』」「蹙迫」，逼迫。

〔三〕斠詮：「謂操持簡牘以疾促年壽，揮灑翰墨以摧殘生命也。驅齡，猶言馳年，謂疾促年壽也。……伐性，見呂氏春秋本生篇：『靡曼皓齒，鄭衛之音，務以自樂，命之曰伐性之斧。』亦見韓詩外傳：『徼幸者，伐性之斧也。……』案：性即生命。左傳昭八年：『莫保其性。』注：『性，命也。民不敢自保其性命。』」

范注：「論衡效力篇：『賢者有雲雨之知，故其吐文萬牒以上，可謂多力矣。世稱力者，常褒烏獲。然則董仲舒、揚子雲，文之烏獲也。秦武王與孟説舉鼎不任，絶脈而死。少文之人，與董仲舒等湧胸中之思，必將不任，有脈絶之變。王莽之時，省五經章句皆爲二十萬，博士弟子郭路，夜定舊説，死於燭下，精思不任，絶脈氣滅也。』」

紀評：「此非惟養氣，實亦涵養文機，神思篇虛静之説，可以參觀。彼疲困紛擾之餘，烏有清思逸致哉！」

〔四〕陶潛歸園田居：「素心正如此，開徑望三益。」又移居：「聞多素心人，樂與數晨夕。」「素心」，純樸的心境。「會文」，會合文辭，即寫作。「直理」，正道。

傅庚生文論主氣説發凡：「養氣篇云：『夫耳目鼻口……亦衛氣之一方也。』此篇亦係闡説養衛靈感而善乘之以爲文之理。允宜既閎于中，乃肆于外，未可『慚凫企鶴，瀝辭鐫思』。充其氣而衛以宜，乃謂善養浩然也。靈感之來去，既不受意識之支配，故『銷鑠精膽，蹙迫和氣』，非『會文之直理』，靈感成熟，既仍倚學驗之沾溉，故『錐股自厲，和熊以苦』，劉氏以入養氣之篇也。云『學業在勤，功庸弗怠』，雖以反襯吐納文藝之宜調暢清和，亦兼示養氣之藉重學功也。又云『從容率情，優柔適會』，猶謂創作之輒憑靈感也。然則養氣云者，質言之，即充實意識界之經驗，以濬其源，而善乘靈感之湧現以存其迹也。」

且夫思有利鈍〔一〕，時有通塞〔二〕，沐則心覆〔三〕，且或反常〔四〕；神之方昏，再三愈黷〔五〕。

〔一〕陸雲與兄平原書（陸士龍集卷八）：「方當積思，思有利鈍。」

〔二〕文賦：「若夫應感之會，通塞之紀，來不可遏，去不可止。」神思篇：「樞機方通，則物無隱貌；關鍵將塞，則神有遯心。」時機有通有塞。「通塞」，泛謂人事的順逆。

〔三〕訓故：「左傳：晉文公之豎頭須求見，公辭焉以沐。謂僕人曰：『沐則心覆，心覆則圖反，宜吾不得見也。』僕人以告，公遽見之。」按此見僖公二十四年。孔疏引韋昭云：「沐則低頭，故心反覆也。」

〔四〕「且或反常」，甚至會違反常情去考慮問題。

〔五〕校注：「按易蒙：『初筮告，再三瀆。』釋文：『瀆，亂也。』『瀆』、『黷』古今字。」斯波六郎：「説文『黷』字下引易曰：『再三黷。』」

王金凌：「利鈍通塞，互相交織，便形成了構思過程中文思開塞的種種情況：有時似若不思，妙手偶得；有時偶一觸發，天機駿通；又有時再三苦思，經久方通；還有的時候，愈思愈昏，體、智俱傷，所思乃成『反常』。」

是以吐納文藝〔一〕，務在節宣〔二〕，清和其心，調暢其氣〔三〕，煩而即捨，勿使壅滯〔四〕，意得則舒懷以命筆，理伏則投筆以卷懷〔五〕，逍遥以針勞，談笑以藥勌〔六〕，常弄閑於才鋒〔七〕，賈餘於文勇〔八〕，使刃發如新〔九〕，腠理無滯〔一〇〕，雖非胎息之邁術〔一一〕，斯亦衛氣之一方也〔一二〕。

〔一〕神思篇：「吟詠之間，吐納珠玉之聲。」「文藝」，文章技巧。「吐納文藝」指寫作。

〔二〕斠詮：「節宣謂既有節制而又能宣散也。」校注：「按申鑒俗嫌篇：『或問曰：「養有性乎？」曰：「養性秉中和，守之以生而已。……故君子節宣其氣，勿使有所壅閉滯底。」』」左傳昭公元年：「君子有四時，朝以聽政，晝以訪問，夕以脩令，夜以安身，於是乎節宣其氣。勿使有所壅閉湫底。」杜注：「宣，散也。」竹添光鴻左傳會箋：「宣，通也，與壅閉湫底對。節者，爲之節通也。」斯波六郎：「尚有抱朴子内篇釋滯第八『任情肆意，又損年命，唯有得其節宣之和，可以不損』等足資參考。蓋此語爲當時道家之常用語。」

〔三〕校證：「『調』，何允中本、日本活字本、凌本、日本刊本、王謨本作『條』。案書記篇有『條暢』語。」

校注：「『調』，何本、凌本、别解本、岡本、尚古本、王本、鄭藏鈔本、崇文本作『條』。按以書記篇『故宜條暢以任氣』例之，作『條』是。文選王褒四子講德論：『進者樂其條暢。』古文苑劉歆遂初賦：『玩琴書以條暢兮。』並以『條暢』爲言。」

王金凌：「『清和其心』即神思篇所説『虚静』的方法，若要虚静，必得體先安適。體要安適，必得氣息調暢。氣息不暢，則體不安適，體不安適，心則分想而不能虚静，文思自然壅滯不通。此處精膽、和氣、氣都指元氣。調氣則指氣息。」

張少康中國古代文學創作論論「感興」：「劉勰在這裏着重從精神修養的角度來講靈感的培養，『清和其心，調暢其氣』，只有當藝術家處于一種最佳的精神狀態時，才能够促使靈感的爆發，興會的到來。……一個藝術家雖然有豐富的生活經驗，如果不能『清和其心，調暢其氣』，也是决不可能産生靈感的。」

〔四〕補注：「左傳昭公元年：『先王之樂，所以節百事也，故有五節，遲速本末以相及。中聲以降，五降之後，不容彈矣。於是有煩手淫聲，慆堙心耳，乃忘平和，君子弗聽也。物亦如之，至於煩乃舍也已，無以生疾。』又曰：『勿使有所壅閉湫底，以露其體。』杜注：『湫，集也；底，滯也；露，羸也。』」

文鏡秘府論論文意：「意欲作文，乘興便作，若似煩即止，無令心倦，常如此運之，即與無休歇，神終不疲。」

〔五〕校證：「『意得』兩京本作『理鎔』，馮本墨釘。」校注：「按『理鎔』與下句『理伏』重出一字，非是。」又：「文賦：『理翳翳而愈伏。』」論語衛靈公：「邦無道則可卷而懷之。」晉書王沈傳：「王沈鬱鬱不得志，乃作釋時論，其辭曰：『先卷而後舒。』」卷舒相對成文。「卷」，收斂；「舒」，開展。

文鏡秘府論論體：「心或蔽通，思時鈍利，來不可遏，去不可留。又情性煩勞，事由寂寞，强自催逼，徒成辛苦。不若韜翰屏筆，以須後圖。待心慮更澄，方事連緝。非止作文之至術，抑亦養生之大方耳。」

文鏡秘府論論文意：「凡神不安，令人不暢無興。無興即任睡，睡大養神。常須夜停燈任自覺，不須强起。强起即惛迷，所覽無益。紙筆墨常須隨身，興來即録。若無筆紙，羈旅之間，意多草草。舟行之後，即須安眠。眠足之後，固多清景，江山滿懷，合而生興，須屏絶事務，專任情興。因此，若有製作，皆奇逸。看興稍歇，且如詩未成，待後有興成，却必不得强傷神。」

范文瀾中國通史簡編修訂版第二編：「劉勰……主張仔細觀察事物的『要害』，學習作文的『法則』（「術」），並且要保養體力，使精神常處于飽滿狀態。養氣篇説人的精神，依附于身體，養神首先在養身，感到勞倦，必須休息。」

許可讀文心雕龍筆記：「作家在進行創作構思時，如果真是阻礙太大，甚至弄得糊里糊塗的，簡直是無法繼續下去了，這時又該怎麽辦？劉勰以爲這時最重要的是要使頭腦冷靜下來，清醒下來，『是以陶鈞文思，貴在虚静，疏瀹五臟，澡雪精神』（神思），『是以吐納文藝，務在節宣，清和其心，調暢其氣』（養氣）。這時也可以暫時把創作工作丢下來，『煩而即捨，勿使壅滯』（養氣），必須要等到你的思維已經清晰了，而且要感覺得有一種不得不寫的内心要求時，然後再提起你的筆，所以説『意得則抒懷以命筆』。當思想源泉已經枯竭了的時候，如果還是『鑽礪過分，則神疲而氣衰』。這反而會戕殺創作的靈感的。」

〔六〕「勌」，「倦」的異體字。莊子讓王：「逍遥于天地之間而心意自得。」明李日華紫桃軒又綴卷三：「劉舍人勰論作文云：『清和其心，調暢其氣……逍遥以針勞，談笑以藥倦。』此用暇持滿之法也。天下事皆然，寧指文哉！」

〔七〕斠詮：「謂掉弄閒情之際顯露才華鋒鋩也。」

〔八〕黄注：「左傳：齊高固曰：欲勇者賈余餘勇。」左傳成公二年：「齊高固入晉師，桀石以投人，禽之，而乘其車，繫桑本焉，以徇齊壘。曰：『欲勇者賈余餘勇。』」杜注：「賈，賣也。言己勇有餘，欲賣之。」楊伯峻注：「賈，買也。……杜注謂『賣也』非。」此處謂行文時有餘勇可賈。

〔九〕補注：「莊子養生主篇：『庖丁曰：臣之刀十九年矣，所解數千牛矣，而刀刃若新發於硎。』釋文：『硎音刑，磨石也。』」

〔一〇〕校證：「『腠』原作『湊』。據兩京本、王惟儉本改。」呂氏春秋先己篇：「用其新，棄其陳，腠理遂通。」高誘注：「腠理，肌脈。」史記倉公扁鵲列傳：「君有疾在腠理。」亦作「湊理」。素問生氣通天論：「氣血以流，湊理以密。」一説爲肌肉的文理。素問舉痛論：「寒則腠理閉。」張志聰集注：「腠理者，肌肉之文理，寒氣容之，則腠理閉而氣不通。」儀禮鄉射禮：「進腠。」鄭注：「腠，膚理也。」此處「腠理」指文之條理。

〔一一〕校注：「『邁』，元本、弘治本、汪本、張本、兩京本、胡本、訓故本作『萬』。廣博物志二九引同。按『萬術』與下句『一方』對，是也。」斯波六郎：「『邁』恐『萬』字之誤。『萬術』蓋萬全之術之意，對下句『一方』。」斠詮：「謂内功之萬應秘術也。」

黄注：「漢武内傳：王真習閉氣而吞之，名曰胎息。行之斷穀一百餘年，肉色光美，力並敵人。……宋史藝文志有臥龍隱者胎息歌一卷。」補注：「後漢書方術傳：『王真能行胎息胎食之方。』章懷注：漢武内傳曰：王真字叔經，上黨人，習閉氣而吞之，名曰胎息。」「胎息」是煉氣的一種内功，即氣功。

抱朴子内篇釋滯：「得胎息者，能不以鼻口噓吸，如在胞胎之中，則道成矣。」

〔一二〕王元化文心雕龍創作論：「他在養氣篇中還硬把道家方士的『胎息』、『吐納』、『衛氣』之類長生久視之術，應用到文學創作活動方面，從而使一些精華部分交織在糟粕之中。」

黄春貴文心雕龍之創作論：「綜觀舍人所言養氣，旨在使精神勿過於多用，多用則氣衰。至精神疲憊時，應即捨去，使氣力旺盛，心意舒暢，臨文之際，自然綽綽有餘。……大凡爲學爲文，皆有張弛之數，惟有聽任自然，不可强思以自困。」

第三段根據文學創作的特點講養氣的方法。

贊曰：紛哉萬象，勞矣千想〔一〕。玄神宜寶〔二〕，素氣資養〔三〕。水停以鑒〔四〕，火靜而朗〔五〕。無擾文慮，鬱此精爽〔六〕。

〔一〕二句意謂：天地間萬象紛紜，令人千思萬想爲勞。

〔二〕校證：「『玄』，黄注本作『元』，避清諱。」向長清注：「玄神，清静的神態。漢書揚雄傳：『人君以玄默爲神，澹泊爲德。』」

〔三〕「素氣」，即元氣。

〔四〕校注：「莊子德充符：『人莫鑑於流水，而鑑於止水。』成疏：『鑒，照也。夫止水所以留鑒者，爲其澄清故也。』又：『平者，水停之盛也。』成疏：『停，止也。』」

〔五〕句意謂：火在不摇晃的時候才明朗。

〔六〕左傳昭公二十五年：「心之精爽，是謂魂魄。魂魄去之，何以能久？」注訂：「鬱字有積精存養之義。」「鬱」，茂，旺盛。

校注：「左傳昭公七年：『用物精多，則魂魄强。是以有精爽。』」杜注：「爽，明也。」正義：「精，亦神也；爽，亦明也。精是神之未著，爽是明之未昭，言權勢重，用物多，養此精爽，至于神明也。」

王元化神思篇虛靜説柬釋：「『水停以鑒，火靜而朗』，正可作爲他的虛靜説的自注。所謂水之停、火之靜都是以達到明鑒的積極目的爲出發點的。這正和前人所謂『明鏡不疲于屢照』的道理一樣。因此，老莊的虛靜説和劉勰的虛靜説恰恰形成了鮮明的對照。老莊把虛靜視爲返樸歸真的最終歸宿，作爲一個終點；而劉勰却把虛靜視爲唤起想象的事前準備，作爲一個起點。老莊提倡虛靜的目的是爲了達到無知無欲、混混噩噩的虛無之境；而劉勰提倡虛靜的目的却是爲了通過虛靜達到與虛靜相反的思想活躍、感情焕發之境。一個消極，一個積極，兩者的區別是顯而易見的。」（中華文史論叢第三輯）

附會第四十三

史記袁盎鼂錯列傳太史公曰：「袁盎雖不好學，亦善傅會。仁心爲質，引義忼慨。」索隱述贊：「袁絲公直，亦多附會。」漢書袁盎傳贊同。注引張晏曰：「因宜附著合會之。」清翟灝通俗編卷十七言笑傅會：「漢書袁盎傳：『雖不好學，亦善傅會。』……傅亦作附。……文心雕龍有附會篇。」

漢書酈陸朱劉叔孫傳贊稱陸賈「從容平、勃之間，附會將相以强社稷」。此「附會」指融和協調。陸機漢高祖功臣頌亦謂陸賈「附會平、勃，夷凶剪亂」。

文選賈誼鵩鳥賦：「夫禍之與福，何異糾纆？」李善注引應劭曰：「禍福相與爲表裏，如糾纆索相附會也。」

後漢書賈逵傳論：「賈逵能附會文致，最差貴顯。」注：「賈逵附會文致，謂引左氏明漢爲堯後也。」

三國志魏書鍾會傳注引何劭王弼傳：「其論道傳會文辭，不如何晏。」

紀評：「附會者，首尾一貫，使通篇相附，而會於一，即後來所謂章法也。」

札記：「晉書文苑左思傳載劉逵三都賦序曰：『傅辭會義，抑多精致。』彦和此篇，亦有『附辭會義』之言（「傅」「附」同類通用字），正本淵林，然則附會之説舊矣。循玩斯文，與鎔裁、章句二篇所説相備。然鎔裁篇但言定術，至於術定以後，用何道以聯屬衆辭，則未暇晰言也。章句篇致意安章，至於章安以還，用何理以斟量乖順，亦未申説也。二篇各有『首尾圓合』，『首尾一體』之言，又有『綱領昭暢』，『内義脈注』之論，而總文理定首尾之術，必宜更有專篇以備言之，此附會篇所以作也。附會者，總命意修辭爲一貫而兼草創討論修飾潤色之功績也。」

范注：「後漢書張衡傳：『時天下承平日久，自王侯以下莫不踰侈，衡乃擬班固兩都作二京賦，因以諷諫，精思傅會，十年乃成。』」

又：「鎔裁篇云：『草創鴻筆，先標三準。……然後舒華布實，獻替節文；繩墨以外，美材即斲，故能首尾圓合，條貫統序。若術不素定，而委心逐辭，異端叢至，駢贅必多。』案附會篇即補成彼篇之義，討論如何而能『首尾圓合，條貫統序』，如何而能異端不至，駢贅盡去之術也。附與會二者，其用不同。彦和云：『附辭會義，務總綱領。』是『附』對辭言，『會』對義言，『群言雖多，而無棼絲之亂』，善附之謂也；『衆理雖繁，而無倒置之乖』，善會之謂也。」

王元化文心雕龍創作論：「所謂附會也就是指作文的謀篇命意，布局結構之法。」

斠詮：「所謂『附會』，附即附辭，會即會義，所以論述作家應如何附麗辭采與會合事義，以求群言有所聯屬，衆理得以融和，寫作之形式與内容前後一致。……案即今之謀篇是也。……下筆之初，審題之始，即應聚來題材之義理，統貫篇章之首尾，確定何者應保留，何者應删去，聯接上下文之辭氣段落，綜合全篇之形式内容，雖其言辭滋多，思理繁富，而可使之錦綺交錯，脈落貫注，不致踰越主題之範疇。苟爲文而不知謀篇，則雖千言萬語，盈篇累牘，而散漫無紀，曷足貴哉！」

又：「蓋彦和論文從内容決定形式出發，乃其一貫主張，『附辭』與『會義』雖相提並論，實質會義是目的，附辭是手段，辭爲義而附，義非爲辭而會，必也千言萬語，抱定主題，始屬當行之作。」

按鎔裁篇主要是講文意如何鍛煉，文辭如何剪裁的問題。至於在一篇文章中，内容如何安排，以及怎樣圍繞內容組織成結構完整的篇章，劉勰則在附會篇裏進行了專門的論述。

「附會」就是「附辭會義」的簡稱。「會義」是把文意會合成一個整體，「附辭」是使文辭密切結合內容來安排。

何謂附會？謂總文理〔一〕，統首尾，定與奪，合涯際，彌綸一篇〔二〕，使雜而不越者也〔三〕。若築室之須基構〔四〕，裁衣之待縫緝矣〔五〕。

〔一〕禮記三年問：「壹使足以成文理，則釋之矣。」孔疏：「使足以成文章義理。」孫希旦集解：「文，謂文章；理，謂條理。」顏延之庭誥：「文理精出。」「總文理」就是把文章義理綜合在一起，來確定主題。

〔二〕易繫辭上：「故能彌綸天地之道。」孔疏：「彌，謂彌縫補合，綸謂經綸牽引。」序志：「彌綸群言爲難。」「彌綸」猶綜合。

「統首尾」是使整篇文章從頭到尾保持統一；「定與奪」是決定哪些應該保留，哪些應該去掉；「合涯際」是使文意上下相承接的地方密合無間；「彌綸一篇」是把全篇綜合組織起來。「雜而不越」就是內容雖多，文辭雖雜，都不要越出主題之外。

郭紹虞、王文生文心雕龍再議：「這就是說，附會的目的在於整理作品的內容形式，聯接文章的篇章結構，決定取捨增删，融合各個部分，使之成爲完整的整體。」

〔三〕斯波六郎：「周易繫辭下：『其稱名也，雜而不越。』韓注：『備物極變，故其名雜也。各得其序，不相踰越，況爻繇之辭也。』」郭注：「『雜而不越』即下文所謂『衆理雖繁，而無倒置之乖；群言雖多，而無棼絲之亂』。」

文心雕龍創作論釋附會篇「雜而不越」説：「韓康伯注：『備物極變，故其名雜也。各得其序，不相逾越。』焦循易章句説：『雜』謂『物相雜』，『不越』謂『不逾其度』。韓氏、焦氏的注疏都認爲這句話是在説明易象萬物變化之理，一方面萬物萬事變動不居，另一方面萬物萬事的變化又都不能超出天尊地卑的限度。劉勰把這句話用於文學領域以説明藝術結構問題，顯然已舍去了繫辭下的本義。根據附會篇來看，『雜』是指藝術作品的部分而言，『不越』是指不超出藝術作品的整體一致性而言。『雜而不越』的意思就是説藝術作品的各部分、各細節在表面上千差萬别，彼此不同，可是實際上，它們都應該滲透着共同的目的性，爲表現共同的内容主旨自然而然地結合爲一個整體，使表面不一致的各部分、各細節，顯示了目的方面和主旨方面的一致性。……

「在藝術結構問題中，『雜而不越』這個命題首先在於説明藝術作品是單一（劉勰又稱之爲「約」）和雜多（劉勰又稱之爲「博」）的統一。從單一方面來説，藝術作品必須首尾一貫，表裏一致。在這一點上，藝術和理論有某種相似之處。理論要求邏輯推理的一貫性，使所有的論點聯結爲一條不能拆開的鏈鎖，一環扣一環地向前發展，以説明某個基本思想原則。藝術也同樣要求形象細節的一貫性，使所有的描寫圍繞着共同的主旨，奔赴同一個目標，而不允許越出題外的駢拇枝指存在。劉勰説『一物攜二，莫不解體』，『繩墨以外，美材既斲』，就是把藝術作品的單一性作爲作家的取捨標準看待的。……「從雜多方面來説，藝術作品又必須具有複雜性和變化性，通過豐富多采的形式去表現豐富多采的意藴。……劉勰用『雜』這個字來表明藝術作品的雜多性，還可以舉詮賦篇爲證。詮賦篇説：『文雖雜而有質，色雖糅而有本。』在這裏『雜』『糅』二字同義，都是代表雜多的意思。顯然，劉勰是把『雜』作爲肯定意義提出來的，以與單調、貧乏、枯窘相對立。」

〔四〕「基構」，謂基礎結構。王驥德曲律章法：「作曲，猶造宫室者然。工師之作室也，必先定規式，自前門而廳、而堂、而樓，或三進，或五進，或七進，又自兩厢而及軒寮，以至廩、庾、庖、湢、藩垣、苑榭之類，前後、左右、高低、遠近，尺寸無不了然胸中，而後可施斤斲。作曲者亦必先分段數，以何意起，以何意接，何意作中段敷衍，何意作後段收煞。整整在目，而後可施結撰。」（中國古典戲曲論著集成第四册）李漁閑情偶寄結構第一：「至於結構二字，則在引商刻羽之先，拈韻抽毫之始，如造物之賦形，當其精血初凝，胞胎未就，先爲製定全形，使點血而具五官百骸之勢。倘先無成局，而由頂及踵，逐段滋生，則人之一身，當有無數繼續之痕，而血氣爲之中阻矣。工師之建宅亦然，基址初平，間架未立，先籌何處建廳，何方開户，棟需何木，梁用何材，必俟成竹了然，始可揮斤運斧。倘造成一架，而後再籌一架，則便於前者不便於後，勢必改而就之，未成先毁，猶之築舍道旁，兼數宅之匠資，不足供一廳一堂之用矣。」

〔五〕閑情偶寄密針綫：「編戲有如縫衣，其初則以完全者剪碎，其後又以剪碎者湊成。剪碎易，湊成難。湊成之工，全在針線緊密；一節偶疏，全篇之破綻出矣。」

夫才童學文〔一〕，宜正體製〔二〕，必以情志爲神明〔三〕，事義爲骨髓〔四〕，辭采爲肌膚，宫商爲聲氣〔五〕；然後品藻玄黄〔六〕，摛振金玉〔七〕，獻可替否〔八〕，以裁厥中〔九〕。斯綴思之恒數也〔一〇〕。

〔一〕校證：「『才童』原作『才量』，今據御覽五八五引改。體性篇『童子雕琢，必先雅製』，文意正與此相同。辨騷篇『童蒙拾其香草』，養氣篇『童少鑒淺而志盛』，亦謂童子學文之事耳。」范注：「『才量學文』，『量』疑當作『優』，或係傳寫之誤。殆由學優則仕意化成此語。」趙西陸評范文瀾文心雕龍注：「案太平御覽五百八十五引作『才童』，知『量』蓋『童』之譌。體性篇云：『童子雕琢，必先雅製。』與此可互證。推彦和之意，不過謂學愼始習耳；與學優則仕意何與耶？」校注：「御覽引『量』作『童』，極是，『量』其形誤也。」

〔二〕「體製」也作「體制」，包括體裁及其在情志、事義、辭采、宫商等方面的規格要求，也包括風格。

〔三〕莊子齊物論：「勞神明爲一，而不知其同也。」林希逸謂「神明猶精神」（南華真經口義）。黄帝内經靈蘭秘典論：「心者，君主之官也，神明出焉。」荀子解蔽：「心者，形之君也，而神明之主也。」文章流别論：「夫詩雖以情志爲本，而以成聲爲節。」

〔四〕范注：「顔氏家訓文章篇云：『文章當以理致爲心腎，氣調爲筋骨，事義爲皮膚，華麗爲冠冕。』與彦和此文略同。」

趙西陸評范文瀾文心雕龍注：「范注引鈴木校云：『髓』，御覽作『鯁』。案：『髓』當作『鯁』。本書辨騷篇云：『骨鯁所樹，肌膚所附。』亦以骨鯁與肌膚對舉，是其證。景宋本御覽五百八十五引正作『鯁』。」

校證：「『骨髓』宋本御覽作『骨骾』。『骨骾』『骨髓』俱彦和習用語。辨騷篇『觀其骨鯁所樹，肌膚所附』，以『骨鯁』與『肌膚』對文，則從宋本御覽作『骨骾』亦通。（『鯁』當依説文作『骾』，宋本御覽不誤。）」校注：「按『骨髓』『骨鯁』，其義無甚出入；然以辨騷篇『骨鯁所樹，肌膚所附』例之，當以御覽所引爲是。」

考異：「文心屢用『骨鯁』，義含梗介。此用『骨髓』者，骨外指事，髓内指義，精義内含，均可曰髓，與他文所指有殊。楊校取例失旨，非是。從『髓』是。」斠詮：「體性篇贊語有『辭爲肌膚，志實骨髓』之對語，以不改爲勝。」

鍾嶸詩品序：「詞既失高，則宜加事義；雖謝天才，且表學問，亦一理乎！」梁書文學傳：

「詞采妍富，事義畢舉。」

王元化文心雕龍創作論：「我們可以把『情志』解釋爲作家的思想感情，『事義』解釋爲作家對於事物意義的理解和揭示。『情志』和『事義』結合起來，就産生了藝術作品的内容主旨。在藝術作品中内容主旨統攝了各部分、各細節，正如人的有機體中，内在生命統攝了所有的肢體和所有的器官一樣。」

〔五〕白居易與元九書：「感人心者，莫先乎情，莫始乎言，莫切乎聲，莫深乎義。詩者：根情，苗言，華聲，實義。」

斠詮：「章句篇云：『若乃改韻從調，所以節文辭氣。』故曰：『以宫商爲聲氣。』」劉勰首先肯定思想感情是文章中最根本的東西，猶之乎人的神經中樞，事義是用事例、用典故類比説明作品的含義的，這就是具體内容或題材，猶之乎人身上的骨髓，是支撑人的身體的。辭采相當於人的肌肉和皮膚，是表面的，附着在人身的骨幹上的。「宫商」是説文章的聲調，它類似人的聲音和氣息。

〔六〕校證：「『玄』，黄注本作『元』，避清諱。」校注：「原道篇『夫玄黄色雜』，詮賦篇『畫繪之著玄黄』，皆以『玄黄』連文。」

漢書揚雄傳下：「爰及名將尊卑之條，稱述品藻。」顔師古注：「品藻者，定其差品及文質。」

顔氏家訓涉務：「吾見世中文學之士，品藻古今，若指諸掌。」此處「品藻」謂品評藻飾。

〔七〕孟子萬章：「集大成也者，金聲而玉振之也。」趙岐注：「振，揚也。」原道篇：「必金聲而玉振。」「摛」，傳播。「金」，鐘屬；「玉」，磬。劉勰取鎔孟子之文，而義不同。此謂講求聲律，要象鐘磬播揚的聲音那樣鏗鏘。

〔八〕校注：「按國語晉語九：『夫事君者，諫過而賞善，薦可而替否，獻能而進賢。』韋注：『替，去也。』」左傳昭公二十年：「君所謂可，而有否焉，臣獻其否，以成其可；君所謂否，而有可焉，臣獻其可，以去其否。」文選袁宏三國名臣序贊：「入能獻替。」呂向注：「獻，進也；替，廢也；謂事有可者進之，否者替之。」

〔九〕斯波六郎：「尚書大禹謨：『惟精惟一，允執厥中。』」蔡傳：「自無過不及之差，而信能執其中矣。」」「裁」，謂裁奪。

〔一〇〕校證：「『恒』，舊本作『常』，黄注本改『恒』。案御覽作『恒』。」校注：「按御覽引作『恒』；訓故本、謝鈔本同。（何焯校作「恒」。）『恒』『常』古多通用。」范文瀾文心雕龍講疏：「將造文章，必先有情志；情志既動，始求事義；事義既明，表而出之，是謂辭采；協於口吻，是謂宫商，此四者文章之要素也。有此要素而後標準定，可者取之，否者替之，以裁厥中，定標準之謂也。是爲綴思之初所宜知者。」

凡大體文章〔一〕，類多枝派，整派者依源，理枝者循幹〔二〕。是以附辭會義，務總綱領〔三〕，驅萬塗於同歸，貞百慮於一致〔四〕；使衆理雖繁，而無倒置之乖；群言雖多，而無棼絲之亂〔五〕。

〔一〕斠詮：「淮南子汜論訓：『夫牛蹏之涔不能生鱣鮪，而蜂房不容鵠卵，小形不足以包大體也。』此處『大體』一詞，有『體大思精』之意，猶言鴻篇鉅製，作體制宏偉解。」文鏡秘府論定位：「先看將作之文，體有大小……體大而理多者，定制宜宏；體小而理少者，置辭必局。」

〔二〕注訂：「整派者依源，理枝者循幹，即『彌綸一篇，使雜而不越』之旨。」文賦：「或因枝以振葉，或沿波而討源。」文章的章節好比樹的枝幹，水的流派。想克服雜亂的缺點，要「整派者依源，理枝者循幹」，順着源頭去整理各個支流派別，順着樹幹去整理樹枝。「源」和「幹」指的是作品所要表現的主題思想，要使文章的各個部分都爲表達主題思想服務。

〔三〕「務總綱領」，務必要抓住全篇綱領。文心雕龍再議：「究竟根據什麼原則來組織安排呢？劉勰提出『務總綱領』，也就是『以情志爲神明，事義爲骨髓，辭采爲肌膚，宫商爲聲氣』，把突出作家的思想感情作爲統帥全篇的主體。」

〔四〕范注：「貞，正也。」釋名釋言語：「貞，定也。」説文通訓定聲：「『貞』，叚借爲『正』，爲『定』。」校注：「按易繫辭下：『天下同歸而殊塗，一致而百慮。』」劉綬松文心雕龍初探：「材料的排比和篇章的安頓，是一定要取決於文章的内容和體裁的。

這樣，才不致於涣漫無章，顛倒失序。附會篇所説的『附辭會義，務總綱領』，也是同樣的意思。附會篇説：『凡大體文章……此附會之術也。』『整派者依源，理枝者循幹』，説的還是文章的篇章結構須取決於文章的内容。『源』和『幹』不是别的什麽，而是作品所要表現的基本思想；『整派』『理枝』是不能不依據『源』和『幹』的需要的。把構成作品總體的各個部分擺在適宜的位置上，讓他們在各個不同的崗位上來爲表達作品的基本思想服務，這就是『驅萬塗於同歸，貞百慮於一致』，也是作品的結構的總的目的。」周注：「萬塗同歸，百慮一致：指各段的段落大意都不離開全篇的主旨。」文心雕龍創作論：「他（劉勰）以爲藝術構思的任務就在於把單一和雜多兩個看來似乎矛盾的方面統一在一起，以做到『雜而不越』，從單一中現出複雜，從雜多中現出和諧，從而迫使各種不一致的成份趨於一致的目標。這就是『驅萬塗於同歸，貞百慮於一致』。「音樂中的五聲，繪畫中的五色，文學作品中的參差細節，全都要依靠作家的這種本領而會聚一堂，表現和諧之美。總術篇所謂『乘一總萬，舉要治繁』，『譬三十之輻，共成一轂』。亦闡發此旨。」

〔五〕「而無倒置之乖」，此善會之謂。

左傳隱公四年：「臣聞以德和民，不聞以亂，以亂，猶治絲而棼之也。」釋文：「棼，亂也。」此謂各種思想雖然很複雜，但不要有顛倒的毛病；話雖然説得多，但不要寫得亂糟糟的。

札記：「王輔嗣之説易也，曰：衆之所以得咸存者，主必致一也。……彦和此篇，言整派者依源，理枝者循幹，驅萬塗於同歸，貞百慮於一致，使衆理雖繁，而無倒置之乖，群言雖多，而無棼絲之累，自非明致一之義，烏能言之如此簡易哉！雖然，文之所詮，必爲一而不能有兩出矣，而所以詮則無定，假令所詮易了，雖一言可明，所詮繁細，則必集衆多所詮以成一所詮，此彦和所云大體文章，類多枝派者也。」

扶陽而出條，順陰而藏跡〔一〕，首尾周密，表裏一體〔二〕：此附會之術也。

〔一〕梅注：「楊批：二語雖出吕氏春秋，移以論文，殆可以哭鬼舞神矣。」

王利器文心雕龍校證序録：「今按楊批二語云云，乃是爲下數第三句的『夫畫者謹髮而易貌，射者儀毫而失墻』而發。吕氏春秋處方篇原文作『今夫射者儀毫而失墻，畫者儀髮而易貌』。緣楊眉批跨在當行『扶陽而出條』云云，與次行『夫畫者謹髮而易貌』云云之間，梅氏便認爲『扶陽而出條』二句是吕氏春秋，試問這是什麽樣子的吕氏春秋呢？」

范注：「扶陽出條，謂辭義之宜見於文者；順陰藏跡，謂辭義之不必見於文者。」

校注：「按後漢書崔駰傳（達旨）：『故能扶陽以出，順陰而入。』莊子漁父篇：『人有畏影惡迹而去之走者，舉足愈數而迹愈多，走愈疾而影不離身；自以爲尚遲，疾走不休，絶力而死。不知處陰以休影，處静以息迹。』」

吴林伯商兑：「扶陽二句，實本達旨，而辭義略異。是説作者傅會辭義，扣緊主題，好比樹木緣着春夏的陽氣生枝條，順着秋冬的陰氣收藏形迹，就這樣地遵循自然的秩序，使辭義『首尾周密，表裏一體』而不顛倒、錯亂。」按「扶陽而出條」即秀出之意；「順陰而藏跡」即隱蓄之意。此謂文意雖有顯有晦，然須「首尾周密，表裏一體」。

〔二〕文心雕龍再議：「至於『附會』的美的標準，則是『首尾周密，表裏一體』，即首尾銜接，前後一致，渾然一體。」

斠詮：「首尾周密，即鎔裁篇所謂『首尾圓合，條貫統序』；表裏一體，即章句篇所謂『外文綺交，内義脈注』。黄季剛先生札記云：『循玩斯文，與鎔裁、章句二篇所説皆備。』良然。」

夫畫者謹髮而易貌，射者儀毫而失墻〔一〕，鋭精細巧，必疏體統〔二〕。故宜詘寸以信尺，枉尺以直尋〔三〕，棄偏善之巧，學具美之績〔四〕，此命篇之經略也〔五〕。

〔一〕訓故：「吕氏春秋處方篇：『今夫射者儀毫而失墻，畫者儀髮而易貌，言審本也。』」范注：「(高誘)注：『儀，望也。』淮南子説林訓：『畫者謹毛而失貌，射者儀小而遺大。』注：『謹悉微毛，留意於小，則失其大貌，儀望小處而射之，故能中，事各有宜。』此謂謀篇之始，宜規畫大體，明立骨幹。體幹既立，然後整理枝派，獻替可否，以裁厥中。若僅知鋭精細巧，則體幹必有倒置棼亂之失。『易貌』，疑當作『遺貌』。遺貌，即失貌也。」注訂：「易者，輕忽也，范注非是。」

校注：「按『易』字未誤。『易，輕也』（左傳襄公十五年杜注）；『輕，易也』（禮記樂記鄭注）；詁此並無不合。『謹髮易貌』，即重小輕大之意。不必準吕氏春秋處方篇、淮南子説林篇之『失貌』，而改『易』爲『遺』也。」

斠詮：「吕氏春秋處方篇云云，高注：『儀，望也。睎望毫毛之微，而不視堵牆之大，故能中也。畫者，睎毫髮，寫人貌，儀之於象，不失其形，故曰易貌也。射必能中，畫必象人，故曰審本。』孫鏘鳴曰：『注未明。文心雕龍附會篇引此二語下言「鋭精細巧，必疏體統」，似謹於小而忽於大之意。』許維遹集釋：『孫説是。説文：「儀，度也。」「度」有慎義。「易」爲「傷」之借字。説文：「傷，輕也。」此謂畫者謹慎其髮，而輕易其貌。淮南説林篇襲此文作「畫者謹毛而失貌，射者儀小而遺大」，語尤明。』」

〔一二〕校證：「『鋭精細巧』，兩京本作『或鋭精細』；汪本、佘本『巧』作『乃』，徐校作『巧』。」按元本、弘治本「巧」作「乃」，誤。

校釋：「所謂『細巧』，即百義衆辭也；所謂『體統』，即全篇一意也。」

清孫鏘鳴吕氏春秋高注補正「處方篇今夫射者儀毫而失牆畫者儀髮而易貌」條：「按文心雕龍附會篇引此二語，下言『鋭精細巧，必疏體統』，似謹於小而忽於大之意。」（國故月刊第三册）此謂在細微末節上太下功夫，必然忽略了整個的體系。

〔三〕梅注：「詘音屈，信讀作申。」黃注：「文子：老子曰，屈寸而伸尺，小枉而大直，聖人爲之。」斯波六郎：「淮南子氾論：『詘寸而伸尺，聖人爲之，小枉而大直，君子行之。』」校注：「『信』讀爲伸。尸子：『孔子曰：詘寸而信尺，小枉而大直，吾爲之也。』（御覽八百三十引）淮南子氾論篇：『詘寸而伸尺，聖人爲之；小枉而大直，君子行之。』高注：『寸，小；尺，大。枉，曲也。』孟子滕文公下：『且志曰：「枉尺而直尋。」宜若可爲也。』」按此語朱熹集注云：「枉，屈也；直，伸也。八尺曰尋。枉尺直尋……所屈者小，所伸者大也。」下文孟子又説：「且夫枉尺而直尋者，以利言也。」

〔四〕此處「具」同「俱」。「具美」，整體完美。

〔五〕斟詮：「左傳昭七年：『天子經略。』杜注：『經營天下，略有四海，故曰經略。』此處作『經營要略』解。」

黃春貴文心雕龍之創作論：「蓋畫工之寫人像，但謹毛髮之細節，每輕容貌之大體；射手之瞄鵠的，祇重毫釐之微準，而失堵牆之輪廓。爲文謀篇，有類於此。若徒聚精會神以鑽研字句之纖巧，必然疏忽全篇文章之體統。職是之故，即宜遺小就大，取長捨短，拋棄一偏小善之技巧，熟習整體完美之佳績。學者爲文，不可不三復斯言也。」

以上爲第一段，解釋附會的意義並説明附會在寫作中的重要性及其基本原則。

夫文變無方〔一〕，意見浮雜〔二〕，約則義孤，博則辭叛〔三〕，率故多尤〔四〕，需爲事賊〔五〕。

〔一〕校證：「『無』原作『多』，馮本、汪本、佘本、兩京本、何允中本、日本活字本、王惟儉本、鍾本、梁本、日本刊本、王謨本、崇文本作『無』，御覽亦作『無』，今據改。明詩篇云：『屬辭無方。』諧讔篇云：『歡謔之言無方。』書記篇云：『兵謀無方。』通變篇云：『變文之數無方。』文與此正同。」

校注：「『多』，黃注云：『汪作無。』按御覽引作『無』；元本、弘治本……崇文本同。通變篇『變文之數無方』，與此意同，當以作『無』爲是。」考異：「『無方』與『多方』旨同，從『多』從『無』皆通。」

〔二〕斠詮：「『文變無方，意見浮雜』，此二句乃偶語，相對成文：前者對附辭言，後者對會義言。其造句語法，與神思篇『情數詭雜，體變遷貿』、體性篇『才性異區，文體繁詭』、通變篇『設文之體有常，變文之術無方』等語句，固始終一貫。……此『意見』一詞與上句『文變』相對，謂意思見解也。浮雜，猶言過雜，書泰誓中：『惟受罪浮於桀。』傳：『浮，過也。』『浮』與『無』對，乃副詞，不作浮泛解。」

〔三〕校注：「『叛』，弘治本、汪本、佘本作『判』。徐𤊹校『判』爲『叛』。按易繫辭下：『將叛者，其辭慚。』此『辭叛』二字所本。作『判』誤。」按元刻本作「叛」，不誤。

郭注：「謂用事太簡約，則義不顯，用事太多則辭相矛盾也。文賦：『或仰偪於先條，或俯侵於後章，或辭害而理比，或言順而義妨。』亦『博則辭叛』之事也。」文心雕龍創作論：「照劉勰看來，作家如果只注意單一性，就會形成『約則義孤』的缺陷；如果只注意雜多性，又會産生『博則辭叛』的弊病。」

〔四〕校注：「『卒』，御覽引作『變』。按文賦：『或卒意而寡尤。』舍人反其意而用之，與下『需爲事賊』句各明一義。作『變』非是。」

〔五〕校證：「御覽『需』誤『而』，『賊』誤『賤』。」范注：「左傳哀公十四年：『需，事之賊。』」釋文：『需，疑也。』謂卒爾操觚，事不經思，固多尤悔；若意見浮雜，遲疑失斷，亦文之賊也。」注訂：「此指『文變多方，意見浮雜』而言，況過約則近陋，故曰義孤；過博則近浮，故云辭叛。斟酌不協，取捨未當，故多尤而爲事之賊也。此附會至艱之境耳。」

且才分不同，思緒各異，或製首以通尾〔一〕，或尺接以寸附〔二〕，然通製者蓋寡，接附者甚衆〔三〕。若統緒失宗，辭味必亂，義脈不流，則偏枯文體〔四〕。

〔一〕「製」，製作，「製首以通尾」，從篇前到篇尾作通盤打算。

〔二〕校證：「『尺』，舊本作『片』，黄注本改『尺』。案御覽正作『尺』。」范注：「尺接寸附，由於體統之疏，苟能總挈綱領，顛末合序，則無此累矣。章句篇云：『搜句忌於顛倒，裁章貴於順序。』亦此義也。」

〔三〕「通製」即「製首以通尾」，「接附」即「尺接以寸附」。這是説在章節的安排上也有個别差異：有少數人從頭到尾作通盤打算；多數人卻是想一段寫一段，想一句寫一句，尺接寸附。

〔四〕「統緒」，體統和端緒。「宗」，主也，本篇謂主題，即重心。

這是説：象後者那樣，文章失去重心，辭采的韻味必然混亂，脈絡也不貫通，造成文章「偏枯」的毛病。郭注：「列子楊朱：『大禹不以一身自利，一體偏枯。』偏枯，即半身不遂。」牟注：「黄帝内經素問風論：『風之傷人也，或爲寒熱……或爲偏枯。』」

文心雕龍創作論：「『義脈不流，則偏枯文體』，這句話不僅把藝術作品作爲有機體看待，要求各個部分都要顯示整體統一性，而且還指出了藝術作品中必須要有一種主導力量，象脈管裏循環着的血液似的賦予各部分以生氣，使它們活起來。照劉勰看來，如果把藝術作品比之於人的有機體，就『必以情志爲神明，事義爲骨髓，辭采爲肌膚，宫商爲生氣』。這裏所説的『情志』和『事義』就是上面説的『義脈』。……作爲整體統一性的内容主旨，是藝術作品的内在方面，而一切部分，一切細節則是藝術作品的外在方面。劉勰按照他一貫主張的『因内而符外』的觀點，把『義脈』作爲主導力量，毫無例外地滲透着目的一致性。這樣，作家對於自然形態的各個細節，就不能漫無選擇，兼收並蓄，而應該捨去其中瑣碎部分，提煉其中能够突出内容主旨的特徵部分，從而熔鑄成表裏一致的藝術形象。附會篇説：『畫者謹髮而易貌，射者儀髮而失牆……故宜詘寸以信尺，枉尺以直尋。』就是根據這個原則提出來的。

……從内容主旨出發，根據内容主旨的要求去處理所有部分，安排所有細節，毫不愛惜地拋棄一切多餘的裝飾，無用的贅疣，那怕它們是作者感到最得意的精心結撰也在所不顧，這就是劉勰關於藝術構思的根本觀點。他在附會篇所説的『附辭會義，務總綱領』和鎔裁篇所説『繩墨以外，美材即斲，故能首尾圓合，條貫統序』，亦皆闡發此旨。作者掌握了這個原則，就可以去留隨心，修短在手，使藝術作品的所有部分、所有細節雜而不越，和諧一致，向着共同的目標奔馳前進。」

夫能懸識腠理〔一〕，然後節文自會〔二〕，如膠之粘木，石之合玉矣〔三〕。

〔一〕校證：「『腠』原作『湊』，據兩京本、王惟儉本、日本刊本改。」校注：「按『腠』字是。『懸識腠理』，用扁鵲見蔡桓公（史記扁鵲傳、新序雜事二作齊桓侯）事，見韓非子喻老篇。」黄注：「史記扁鵲傳：扁鵲過齊，桓侯客之，入朝見曰：君有病在腠理，不治將深。」范注：「鄭注儀禮鄉射禮：『腠，膚理也。』」郭注改「懸」爲「玄」，云：「『玄』元作『懸』，聲之誤也。『玄』、『弦』、『懸』常通用，如玄圃、弦圃、懸圃，一也。『玄』，妙也。」後漢書郭玉傳：「腠理至微。」注：「腠理，皮膚之間也。」斠詮：「此處喻文章組織條理。」

〔二〕校注：「節文，黄校云：『一作文節。』元本、弘治本、活字本、汪本等作『文節』，按誄碑、章表、定勢、鎔裁、章句五篇，並有『節文』之詞；御覽亦引作『節文』。『文節』非是。」校證：「『節文』原作『文節』，黃注本乙。案御覽正作『節文』。」斠詮：「節文，本謂『品節文章』，見孟子離婁上：『禮之實，節文斯二者是也。』……彥和之所謂節文，實指文之聲調色采，與夫情志義理，包外形與內容二者而言之也。」校釋：「夫辭附義會，文成統緒者，司契在心，故文識尚焉。識以明理，理得則文無舛節，故曰：『懸識腠理，節文自會。』」

〔三〕梅注：「合音罨。」「石之合玉」，原作「豆之合黃」。范正文夾注：「孫云：『御覽五八五豆作石，黃作玉。』」又：「（鈴木）校勘記：『石之合玉，謂玉石之聲，其調和合也。』」趙西陸評范文瀾文心雕龍注：「案『豆』疑當作『白』（蘄春黃氏說）。本書頌贊篇：『徒張虛論，有如黃白之僞說。』黃注引呂氏春秋（別類篇）曰：『相劍者曰：白所以爲堅也，黃所以爲牣也。黃白雜，則堅且牣，良劍也。』是其義。」潘重規讀文心雕龍札記：「先師黃君曰：『豆疑當作白。』……白謂錫，黃謂金，金錫合冶以爲劍。考工記：『金錫之齊。』是其義也。又頌讚篇：『徒張虛論，有如黃白之僞說。』則本書固已黃白連用矣。」校注第一版：「『豆之合黃矣』，御覽五八五引作『石之合玉矣』。按兩文皆通，蓋喻附會之確切也。」校證：「『石之合玉』原作『豆之合黃』。黃侃曰：『豆疑當作白。』黃氏蓋以呂氏春秋別類篇『相劍者曰：白所以爲堅也，黃所以爲牣也，黃白雜則堅且牣，良劍也』之事說之。然頌讚篇已斥黄白之説爲僞，彥和當不至自相牴牾如此。今從謝本、御覽改正。『石之合玉』，謂石之韞玉，混沌元包，故附合無間也。」

徐復文心雕龍刊誤：「『豆之合黄』四字，宋本御覽文部一引作『石之合玉』，較爲近之。惟『合』疑『含』字之誤。此正承上『懸識湊理』句言之。明詩篇云『叔夜含其潤』，宋本御覽文部一引『含』譌作『合』，其誤正同。又班固賓戲曰：『和氏之璧，韞於荆石。』『韞』正訓『含』，可以移釋此句。」

斠詮：「言玉産於石中，爲石之結晶體，與石合而爲一者也。説文：『玉，石之美者。』……文賦：『石韞玉而山暉。』皆石玉相合之證。」

孟二冬讀文心雕龍隨筆一則：「劉勰在此節中，是要説明只有妙解文章條理的人，才能聲調、色彩與文情緊密結合，而這兩個比喻也正是互文見義的。校勘記謂：『石之含玉，謂玉石之聲，其調和合也。』這樣解釋誠然義通，但就字面而言，與上文的『膠之粘木』相聯綴則甚不恰當。若順其上文『如膠粘住木頭那樣緊密』，而下文就應是『象石包含玉那樣相連』。這樣説是否有根據呢？……玉在石中者曰璞。孟子梁惠王即有『今有璞玉於此』。最著名的要數『和氏璧』。韓非子和氏謂『王乃使人理其璞，而得寶焉』。這都説明玉與石從來都是互相生存，聯係十分密切的，人們也常常拿來相提並論。就劉勰在文心雕龍中以此爲喻，也並非絶無僅有的。總術篇：『落落之玉，或亂乎石；碌碌之石，時似乎玉。』這豈不是對『石之

合玉』最恰當的解釋嗎？」（文學遺産一九八一年一期）

是以駟牡異力，而六轡如琴〔一〕；〔並駕齊驅，而一轂統輻〔二〕：〕馭文之法，有似於此。去留隨心，修短在手〔三〕，齊其步驟，總轡而已〔四〕。

〔一〕校注：「『駟』御覽引作『四』。何本、凌本、梁本、秘書本、岡本、尚古本、王本、鄭藏鈔本、崇文本亦並作『四』。按作『四』是也。詩小雅車舝：『四牡騑騑，六轡如琴。』（毛詩中句有「四牡」者，凡二十七見，皆不作「駟」。）」鄭箋：「如御四馬騑騑然，持其教令，使之調均，亦如六轡，緩急有和也。」孔疏：「如善御者之使四牡之馬，騑騑行而不息，進止有度，執其六轡，緩急調和，如琴瑟之相應也。」陳奐疏：「如琴，言調和也。六轡以御四馬，喻御衆之有禮法。」

〔二〕校證：「『六轡如琴』句下，梅六次本、黄注本、張松孫本有『並駕齊驅，而一轂統輻』二句九字，舊本俱無，御覽亦無，今據删。」

校注：「御覽引無此句。活字本、汪本、佘本、張本、何本……崇文本亦並無之。按尋繹文意，此二句實不可少。元本、弘治本、兩京本、胡本、訓故本、謝鈔本、四庫本未脱。天啓梅本與上『駟牡』二句夾行刻。」按元本、弘治本均無此二句，楊氏校勘有誤。老子第十一章：「三十輻共一轂。」所以説「一轂統輻」。

校釋：「按此二句嘉靖本、五家言本均無，御覽五八五引亦無，似後人所加。」

考異：「下二句宜存，蓋四句統演馭文之馭字義，王校删非。」

〔三〕二句意謂：文字或去或留、文章或長或短，都在於作者的得心應手。下句亦可解作轡繩長短都在御者手中。

〔四〕黄注：「家語：善御馬者，正身以總轡。」按此見執轡篇。荀子禮論：「故君子上致其隆，下盡其殺，而中處其中，步驟馳騁厲騖不外是矣。」郭注：「孝經鈎命訣：『三皇步，五帝驟，三王馳。』故後世以步驟連文。」

以上爲第二段，論附會的方法，説明謀篇命意的通病，要求有全局觀點，注意文章的整體性。

故善附者異旨如肝膽〔一〕，拙會者同音如胡越〔二〕。改章難於造篇，易字艱於代句〔三〕。此已然驗也〔四〕。

〔一〕莊子德充符：「自其異者視之，肝膽楚越也。」成玄英疏：「……肝膽生本同一體也，楚越迢遞相去數千。」

〔二〕黄注：「賈誼傳：胡粤之人，生而同聲，及其長而成俗，累數譯不能相通，行有雖死而不相爲者，則教習然也。」按此見漢書。比興篇：「物雖胡越，合則肝膽。」斠詮：「同音如胡越，語襲荀子勸學篇：『干越、夷、貉之子，生而同聲，長而異俗，教使之然也。』自前『夫文變無方』至此『已然之驗也』止，是爲行文時言。總言謀篇布局之旨。」

〔三〕文心雕龍講疏：「練字篇云：故善爲文者，富於萬篇，貧於一字，一字非少，相避爲難也。」隨園詩話卷八：「北史文苑傳稱庾自直爲隋煬帝改詩，許其詆呵；帝必削改至於再三，俟其稱善而後已。……第『改章難於造篇，易字艱於代句』，劉勰所言，深知甘苦矣。」「改章難於造篇」，指修改某些意義不明確，游離於主題之外，與上下文義不銜接的章節，這必須善於附會，所以比另寫一篇要難。「易字艱於代句」，指更換一個精當的字，使句子通暢，意義明確，更富於表現力，這必須善於煉辭，所以比另造一句要困難。

〔四〕賈誼論時政疏：「故疏者必危，親者必辭，已然之效也。」

昔張湯擬奏而再却〔一〕，虞松草表而屢譴〔二〕，並理事之不明〔三〕，而詞旨之失調也〔四〕。及倪寬更草〔五〕，鍾會易字，而漢武歎奇，晉景稱善者，乃理得而事明，心敏而辭當也〔六〕。以此而觀，則知附會巧拙，相去遠哉！

〔一〕校注：「『擬』，宋本、鈔本御覽引作『疑』；廣博物志二九、文通引同。元本、弘治本、活字本、汪本、佘本、張本、兩京本、何本、胡本、訓故本、梅本……崇文本亦並作『疑』。馮舒、何焯校『疑』爲『擬』，黃氏從之。按應作『擬』。『擬』爲動詞，『擬奏』始能與下句之『草表』相儷。各本作『疑』，蓋狃於漢書兒寬傳『有疑奏已再見却矣』句而改耳。殊不知彼文之『疑奏』，乃指所草之奏言；此處之『擬奏』，則就草擬其奏之事言。所指固不同也。」

訓故：「漢書兒寬傳：張湯爲廷尉，有疑奏，已再見却矣。掾史莫知所爲，寬爲言其意，掾史因使寬爲奏。奏成，即時得可。異日湯見，上問曰：前奏非俗吏所及，誰爲之者？湯言兒寬。上曰：吾固聞之久矣。」

漢書兒寬傳：「（兒寬）善屬文……張湯爲廷尉。廷尉府盡用文史法律之吏，而寬以儒生在其間，見謂不習事，不署曹，除爲從史，之北地視畜數年。還至府，上畜簿，會廷尉時有疑奏，已再見却矣。掾史莫知所爲。寬爲言其意，掾吏因使寬爲奏。奏成，讀之皆服。以白廷尉湯，湯大驚，召寬與語，乃奇其材，以爲掾。上寬所作奏，即時得可。異日湯見上，問曰：『前奏非俗吏所及，誰爲之者？』湯言兒寬。上曰：『吾固聞之久矣。』湯由是鄉學，以寬爲奏讞掾。」

〔二〕梅注：「世語曰：司馬師命中書令虞松作表，再呈輒不可意，命松更定，經時，松思（竭）不能改。心存之，形於顏色。鍾會察其有憂，問松。松以實答。會取視，爲定五字，松悦服，以呈師。師曰：不當爾耶！」又：「晉景，司馬師。」按此見三國魏志鍾會傳注引。范注：「舉此兩事，蓋以證善附善會之義。」

〔三〕校注：「『理事』，御覽引作『事理』。按銘箴篇『何事理之能閑哉』，雜文篇『致辨於事理』，議對篇『事理明也』，指瑕篇『所以明正事理』，並作『事理』。則此當以御覽所引爲是（論衡宣漢篇有「核事理之情」語）。」

〔四〕校證：「『詞』，兩京本、王惟儉本、鍾本、梁本、崇文本作『辭』，御覽、廣博物志同。」按元刻本作「辭」。

〔五〕校注：「『倪』，元本、弘治本、汪本、佘本、張本、兩京本、胡本、訓故本作『兒』……馮舒校『倪』作『兒』。按以時序篇『嘆兒寬之擬奏』驗之，此必原作『兒』也。漢書（卷五八有傳）作『兒』，『亻』旁後加。」

〔六〕「心敏」，文思敏銳。

以上爲第三段，舉例説明附會的作用。

若夫絶筆斷章，譬乘舟之振楫〔一〕；〔會詞切理，如引轡以揮鞭〔二〕。〕克終底績〔三〕，寄在寫以遠送〔四〕。

〔一〕紀評：「此言收束亦不可苟。詩家以結句爲難，即是此意。」斠詮：「斷章，語出左氏襄公二十八年傳：『賦詩斷章。』杜注：『譬如賦詩，取其一章而已。』此處但借用其詞，有『分斷章節』之義。振楫，謂收整槳楫也。中庸：『振河海而不洩。』鄭注：『振猶收也。』詩小雅采芑：『振旅闐闐。』鄭箋：『振，猶止也。』」直解爲「譬若駕駛舟船之收整槳楫，必須聚精凝神一氣貫注」。一説「振楫」即揮動船槳，一定要用力。

〔二〕校證：「『譬乘舟之振楫』句下，梅六次本、黄注本、王謨本、張松孫本、崇文本皆有『會詞切理，如引轡以揮鞭』二句十字，舊本俱無，今從舊本。」

校注：「弘治本、活字本、汪本、佘本、張本、何本、萬曆梅本、合刻本……無此二句。按此二句亦不可少。元本、兩京本、胡本、訓故本、四庫本、崇文本未脱（天啓梅本此二句夾行刻）。」

按元刻本無此二句，楊氏校勘有誤。

校釋：「按嘉靖本、五家言本無此二句，下作『克終厎績，寄在遠以寫送』，與絶筆二句爲偶。詳審文義，此段乃論文家結尾之法，故曰『絶筆斷章』，曰『克終厎績』，不應復有會詞切理之言。惟『寄在』句或有訛誤，『寫送』乃六朝文人常語，猶今言收束有餘韻也。本書詮賦篇有『寫送文勢』之言，此言致終篇之功，在收筆有不盡之勢也。」

〔三〕「厎」，原作「底」。校注：「按『底』當作『厎』。已詳詮賦篇『厎績於流制』條。（鄭藏鈔本作「厎」，未誤。）」斠詮：「厎績，謂致功也。書禹貢：『覃懷厎績，至於衡漳。』此處有獲致創作功效之意。」

尚書舜典：「乃言厎可績。」孔傳：「厎，致。」釋文：「厎音之履反。王云：致也。馬云：定也。」

〔四〕校證：「『寄在寫以遠送』梅六次本改作『寄深寫遠』，而黃注本等從之。舊本『寫』下無『以』字，梅據沈天啓補。案『克終厎績，寄在寫以遠送』，與上『絶筆』二句爲偶，詮賦篇亦有『寫送文勢』之語，惟『寄在』句仍疑有訛誤耳。哀弔贊曰：『寓言以送。』『送』字義同。」

校注：「元本、活字本作『寄在寫遠』，喻林八八引同。弘治本、汪本、佘本作『寄在寫遠送』；張本、何本、萬曆梅本、凌本、合刻本、梁本、秘書本、謝鈔本、岡本、尚本作『寄在寫以遠送』。按諸本皆誤。疑當作『寄在寫送』。『寫送』六朝常語。已詳詮賦篇『迭致文契』條。」徐復文心雕龍正字：「寄深寫遠——按詮賦篇云：亂以理篇，迭致文契。宋本御覽引下句作『寫送文勢』，與此意略同。疑此『寫遠』亦爲『寫送』之誤，皆指文勢矣。」斠詮改作「寄深寫送」。

郭注：「寄深寫送，謂寄深情以瀉送也。」

文鏡秘府論定位：「開發端緒，寫送文勢，則六言、七言之功也。」王利器校注：「文心雕龍附會篇云：『寄深寫送。』則『寫送』爲六朝、唐人習用語。器按：詩經小雅蓼蕭：『既見君子，我心寫兮。』毛傳：『輸寫其心也。』鄭箋：『我心寫者，輸其情意無留恨也。』漢書趙廣漢傳：『輸寫心腹。』……寫送與輸寫義同。」世説新語文學篇「桓宣武命袁彦伯作北征賦」條注引晉陽秋：「(袁)宏嘗與王珣、伏韜同侍温坐，温令韜讀其賦，至『致傷於天下』，於此改韻。云：『此韻所詠，慨深千載。今於「天下」之後便移韻，於寫送之致，如爲未盡。』」

若首唱榮華，而媵句憔悴〔一〕，則遺勢鬱湮，餘風不暢〔二〕。此周易所謂「臀無膚，其行次且」也〔三〕。惟首尾相援，則附會之體，固亦無以加於此矣〔四〕。

〔一〕文選班固答賓戲：「朝爲榮華，夕爲憔悴。」

斠詮：「榮華，本謂草木之發花。禮王制：『草木榮華。』爾雅釋草：『木謂之華，草謂之榮。』此處有蓬勃生動之義。」

牟注：「淮南子説林訓：『有榮華者，必有憔悴。』」「膢」，送也。「膢句」即結句。

〔二〕校證：「兩京本、王惟儉本『餘』上有『而』字。」

注訂：「『膢句憔悴』、『餘風不暢』皆謂結筆總章，不可率意。」

校注：「左傳昭公二十九年：『鬱湮不育。』杜注：『鬱，滯也；湮，塞也。』釋文：『湮，音因。』」鍾嶸詩品中評謝朓詩：「善自發詩端，而末篇多躓，此意鋭而才弱也。」

〔三〕范注：「易夬卦九四爻辭：『臀無膚，其行次且。』」

校注：「『且』，弘治本、汪本、張本作『睢』。徐𤊹云：『睢當作且。』何焯改『且』。按廣雅釋訓：『⿺辶次睢，難行也。』玉篇隹部：『睢，次睢，行難也。』是『睢』字自可，不必依易夬卦爻辭改爲『且』也。」按元刻本作「睢」。

斠詮：「次且，行不進也。……字亦作趑趄，文選張載劍閣銘：『一人荷戟，萬夫趑趄。』李善注：『趑趄，難行也。』」

〔四〕校證：「鍾本、梁本、日本刊本、崇文本『體』下有『也』字。」

章句篇：「然章句在篇，如繭之抽緒。原始要終，體必鱗次。啓行之辭，逆萌中篇之意；絶筆之言，追勝前句之旨；故能外文綺交，内義脈注，跗萼相銜，首尾一體。」文鏡秘府論論體：「大略而論，建其首，則思下辭而可承；陳其末，則尋上義不相犯；舉其中，則先後須相附依，此其大指也。」宋陳善捫蝨新話卷二「作文貴首尾相應」條：「桓温見八陣圖曰：此常山蛇勢也，擊其首則尾應，擊其尾則首應，擊其中則首尾俱應。予謂此非特兵法，亦文章法也。文章亦要宛轉回復，首尾相應，乃爲盡善。山谷論詩文亦云：每作一篇，先立大意，長篇須曲折三致意，乃成篇耳。此亦常山蛇勢也。」

把各個部分的順序組織好，「使首尾相援」，像古人所説的「常山蛇」似的「擊其首則尾應，擊其尾則首應，擊其中則首尾俱應」（孫子九地篇原文「應」作「至」），這樣就算達到無以復加的地步了。

如柳宗元送薛存義序，開頭一段是「河東薛存義將行，柳子載肉於俎，糴酒於觴，追而送之江之滸，飲食之。」結尾云：「吾賤且辱，不得與考績幽明之説；於其往也，故賞以酒肉而重之以辭。」全文首尾，以設宴送別相呼應，使整篇貫穿一氣，即是「首尾相援」。第四段説明要寫好結尾，使能「首尾相援」。

贊曰：篇統間關，情數稠疊〔一〕。原始要終〔二〕，疏條布葉〔三〕。道味相附〔四〕，懸緒自接〔五〕。如樂之和，心聲克協〔六〕。

〔一〕郭注：「詩小雅車舝：『間關車之舝兮。』傳：『間關，設舝也。』陳奂疏：『以舝設車軸間曰間關。』此處以間關指車舝，即車轂。篇章統一於中心思想猶車輻統一於車轂也。兩句本當作『情數稠叠，篇統間關』，今作『篇統間關，情數稠叠』者，倒句就韻也。」

神思篇：「若情數詭雜，體變遷貿。」

校注：「按此與下句『情數稠叠』相對，而各明一義。『篇統間關』，喻結構之曲折；『情數稠叠』，喻内容之繁富。則『間關』二字，與詩小雅車舝之『間關』異趣。漢書王莽傳下：『間關至漸臺。』顔注：『間關，猶言崎嶇展轉也。』後漢書鄧騭傳：『騭等辭讓不獲，遂逃避使者，間關詣闕。』李注：『間關，猶崎嶇也。』又荀彧傳論：『荀君乃越河冀，間關以從曹氏。』李注：『間關，猶展轉也。』解此並合。」

〔二〕易繫辭：「原始要終，以爲質也。」考慮到開頭結尾，即上文所謂「制首以通尾」。

〔三〕「疏」，分佈也。

〔四〕「道」謂文理，内容。「味」，滋味，韻味。本篇：「統緒失宗，辭味必亂。」

〔五〕「懸緒自接」，懸浮的思緒自會銜接。斠詮：「言文之情理與神韻能互相依附，則紛亂支離之思緒將自然銜接矣。」

〔六〕黄注：「左傳：如樂之和，無所不諧。」按此見襄公十一年。法言問神篇：「言，心聲也。」「心聲克協」，就是説作品的文辭能够諧協。亦可解作作者的心思與聲律可以諧調無間。

下面援引西方文論中類似附會的關於文章整體性的論述以資比較：

亞里斯多德詩學第七章：「所謂『完整』，指事之有頭、有身、有尾。所謂『頭』，指事之不必然上承他事，但自然引起他事發生者；所謂『尾』恰與此相反，指事之按照必然律或常規自然的上承某事者，但無他事繼其後；所謂『身』，指事之承前啓後者。所以結構完美的佈局不能隨便起訖，而必須遵照此處所説的方式。」

又第八章：「在詩裏，正如在別的摹仿藝術裏一樣，一件作品只摹仿一個對象；情節既然是行動的摹仿，它所摹仿的就只限於一個完整的行動，裏面的事情要有緊密的組織，任何部分一經挪動或删削，就會使整體鬆動脱節。要是某一部分可有可無，並不引起顯著的差異，那就不是整體中的有機部分。」

賀拉斯詩藝：「如果畫家作了一幅畫像：上面是個美女的頭，長在馬頸上，四肢是由各種動物的肢體拼湊起來的，四肢上又覆蓋着各色羽毛，下面長着一條又黑又醜的魚尾巴……如果你們看見這幅圖畫，能不捧腹大笑嗎？……有的書就像這種畫，書中的形象就是病人的夢魘，是胡亂構成的，頭和腳可以屬於不同的族類。……總之，不論作什麽，至少要作到統一、一致。」朱光潛説：「賀拉斯還把和諧整體的要求推廣到風格方面。他反對爲着炫耀，在作品中插進一些色彩特别鮮艷的與上下文不協調的詞藻。他把這種賣弄詞采的段落取了一個有名的諢號——『大紅補釘』。」（西方美學史）

郎吉弩斯論崇高第四十章：「文章要靠佈局才能達到高度的雄偉，正如人體要靠四肢五官的配合才能顯得美。整體中任何一部分如果割裂開來孤立地看，是沒有什麼引人注意的，但是把所有各部分綜合在一起，就形成一個完美的整體。」朱光潛説：「從此可見……他認爲完滿一致的整體就是和諧，也就是美。」（西方美學史）

總術第四十四

神思篇：「心總要術。」

札記：「此篇乃總會神思以至附會之旨，而丁寧鄭重以言之，非別有所謂總術也。篇末曰：『文體多術，共相彌綸，一物攜貳，莫不解體，所以列在一篇，備總情變。』然則彦和之撰斯文，意在提挈綱維，指陳樞要明矣。……今當取全文而爲之銷解，庶覽者毋惑焉。若夫練術之功，資於平素，明術之效，呈於斯須。割情析采，籠圈條貫，摛神性，圖風勢，苞會通，閲聲字，其事至多，其例至密，其利害是非之辨至紛紜。必先之以博觀，繼之以勤習，然後覽先士之盛藻，可以得其用心，每自屬文，亦能自喻得失。真積力久，而文術稠適，無所滯疑，縱復難得善文，亦可退求無疚，雖開塞之數靡定，而利病之理有常。顔之推云：『但使不失體裁，辭意可觀，遂成才士。』言成就之難也。是以練術而後爲文者，如輪扁之引斧，棄術而任心者，如南郭之吹竽。繩墨之外，非無美材，以不中程而去之無吝；天籟所激，非無殊響，以不合度而聽之者告勞。是知術之於文，等於規矩之於工師，節奏之於矇瞍，豈不先曉解而可率爾操觚者哉？若夫曉術之後，用之臨文，遲則研京以十年，速則奏賦於食頃，始自用思，終於定稿，同此必然之條例，初無歧出之衢途。蓋思理有恒，文體有定，取勢有必由之準臬，謀篇有難畔之綱維，用字造句，合術者工而不合術者拙，取事屬對，有術者易而無術者難。聲律待術而後安，采飾待術而後美，果其辨之有明通之識，斯爲之無憒惑之虞。雖文意細若秋毫，而識照朗於鏡鐩。故曰『乘一總萬，舉要治繁』也。」

校釋：「術之本義，説文曰：『邑中道也。』引申之，凡可由之以行者曰術。禮記樂記：『然後心術形焉。』注：『術，所由也。』是其證矣。此以具體之物，名抽象之義也。術之訓道，訓法，皆此類。由法再引申之，又訓藝。……總括言之，術有二義：一爲道理，一指技藝。本篇之術屬前一義，猶今言文學之原理也。……舍人論文，每以文與心對舉，而側重在心。本篇所謂總者，即以心術總攝文術而言也。……紀氏既以文章技藝視此術字，又於所謂總者，未能致思，故謂辨明疑似一段，與上下文不相屬。」

范文瀾中國通史簡編（修訂本）第二編：「劉勰……不承認有抽象的文學的天才，而主張仔細觀察事物的『要害』，學習作文的法則（『術』）……文心雕龍的根本宗旨，在於講明作文的法則，使讀者覺得處處切實，可以由學習而掌握文術，即使講到微妙處（『言所不追』處），也並無神秘不可捉摸的感覺。」

陸、牟注：「劉勰稱藝術構思爲『馭文之首術』（神思），稱繼承與革新爲『通變之術』（通變），甚至論『風骨』也説『兹術或違，無務繁采』（風骨）。所以，這裏的『術』概括了劉勰所論各種創作原理、方法和技巧。」

文心雕龍注訂：「總術者，總論行文之術也。篇中云：文體多術。又云：備總情變者，即命題之旨。術者，運筆措辭之法式也。……故知能控引制勝，全在於術，而術又全賴於學耳。」

斠詮：「總論文術之當講求也。……術者，謀篇、安章、運筆、措辭之法式也。」

郭注：「本篇題解，各家注釋，頗有分歧。……今以爲：總就是總持，也就是駕馭，術就是道術，也就是方法。本篇論述駕馭全篇的重要性，所以標名總術。但是駕馭什麽，本篇未曾暢論。實質上他説要駕馭的，就是徵聖所説的繁、略、顯、隱四項，宗經所説的：風、情、事、義、體、文六義；也就是上篇所論的各體的體要，下篇所論的剖情析采各項。從駕馭體要和安排情采來談寫作手法。

「作者認爲總持全篇比注意某一方面爲重要，所以説『陸氏文賦，號爲曲盡，然汎論纖悉，而實體未該』。由於此，必然認爲研術比練辭爲重要，所以他反對『多欲練辭，莫肯研術』。他進一步指出創作有客觀規律，全文有發展邏輯，一個作家如果抛棄創作的客觀規律，主觀片面，隨心所欲，必然要失敗的。所以他再三强調『執術馭篇』，反對『棄術任心』。」

劉勰對於寫作原則和寫作方法是非常重視的。從神思到附會，講了許多文學理論、寫作方法和修辭手段之後，專門寫了一篇總術，從總的方面論述了寫作法則的重要性。所謂「總術」是總文心諸篇所言之「術」合而論之，不是在講寫作的具體技巧，是針對當時文人「多欲練辭，莫肯研術」，只注意細節，而忽視整體來講的。

今之常言〔一〕，有文有筆；以爲無韻者筆也，有韻者文也〔二〕。夫文以足言〔三〕，理兼詩書〔四〕；别目兩名，自近代耳〔五〕。

〔一〕范注：「宋翔鳳過庭録云：『所謂今之常言者，蓋謂當時功令有此别目也。元刻作「令」，俗刻改爲今。』案宋説迂，『令』自是『今』字之誤。」

校注：「『今』，黄校云：『元作令，商改。』徐𤊹『令』改『今』。按『今』字是，元本、覆刻汪本、張本、兩京本、何本、胡本、訓故本、謝鈔本、四庫本並作『今』，不誤。」按弘治本亦作「今」。

〔二〕趙翼陔餘叢考卷二十二詩筆：「陸游筆記：『六朝人謂文爲筆。』（見老學庵筆記卷九）……不知六朝人之稱文與筆，又自有别。文心雕龍曰：『今俗常言：無韻者，筆也；有韻者，文也。』是六朝人以韻語爲文，散行爲筆耳。按南史沈約傳：『謝玄暉善爲詩，任彦昇工於筆，約兼而有之。』……則六朝所謂文筆，當以劉勰言爲據也。」

阮元揅經室集續集卷三文韻説：「福問曰：『文心雕龍云：今之常言，有文有筆，以爲無韻者，筆也；有韻者，文也。據此，則梁時恒言，有韻者，乃可謂之文。而昭明文選所選之文，不押韻腳者甚多，何也？』曰：『梁時恒言，所謂韻者，固指押韻腳，亦兼謂章句中之音韻，即古人所言之宫羽，今人所言之平仄也。』」

札記：「『今之常言』八句，此一節爲一意，論文筆之分。案彦和云：文筆别目兩名自近代；而其區叙衆體，亦從俗而分文筆，故自明詩以至諧讔，皆文之屬；自史傳以至書記，皆筆之屬。雜文篇末曰：漢來雜文，名號多品；書記篇末曰：筆劄雜名，古今多品。詳雜文名目猥繁，而彦和分屬二篇，且一曰雜文，一曰筆札，是其論文叙筆，囿别區分，疆畛昭然，非率爲判析也（諧讔篇曰：文辭之有諧讔，譬九流之有小説。是彦和之意，以諧讔爲文，故列史傳前）。書中多以文筆對言，惟事類篇曰『事美而制於刀筆』，爲通目文翰之辭。鎔裁篇『草創鴻筆，先標三準』，爲兼言文筆之辭。頌讚篇『相如屬筆，始讚荆軻』，爲以筆目文之辭。蓋散言有别，通言則文可兼筆，筆亦可兼文（劉先生云『筆不該文』，未諦），審彼三文，棄局就通爾。」

文心雕龍校證序録：「總術篇説：『今之常言，有文有筆；以爲無韻者筆也，有韻者文也。』他以爲這是『今之常言』，顯然這是當時一般文人對文學的認識反映在對各種文體的態度。不過他只籠統的説這是有韻和無韻之分而已，他並没有告訴我們具體的内容怎樣。……空海（七七四——八三五）文鏡秘府論西册文筆十病得失引文筆式道：『製作之道，唯筆與文：文者，詩賦銘頌箴讚弔誄等是也；筆者，詔策移檄章奏書啓等是也。即而言之，韻者爲文，非韻者爲筆。』日本國見在書目有文筆式二卷，不詳撰人，當即此書。這就是當文筆之説盛行的時代應運而生的小册子。又日本沙門了尊悉曇輪略圖鈔七引□遊（源爲憲云）：『詩賦銘頌箴讚弔（原誤「序」）誄謂之文，詔（原誤「紹」）策檄移章奏書啓謂之筆。』又日本二中曆十二書體曆文筆：『文：詩，賦，銘，頌，箴，讚，弔，誄。筆：詔，策，移，檄，章，奏，書，啓。今按有韻爲文，無韻爲筆。』了尊自序，紀年爲『弘安滿數之歲』（一二八六），二中曆於元德二年（一三三〇）稱『今上』，則爲後醍醐朝作品，他們所出的文筆之分，與空海所引的全然相同；再拿去和文心雕龍的編目比較，並無一差二錯，由是可知劉彥和是把文筆之分搞得一清二楚，以便教人『務先大體，鑑必窮源』了。」

郭紹虞文筆説前後期的一貫性説：「劉勰所謂『有韻爲文，無韻爲筆』是指的押脚韻，而對於調和句子中的聲律則稱爲『和』。」（見照隅室古典文學論集下册文筆説考辨）

朱恕之文心雕龍研究關於文筆一節：「在文心中提到文筆的地方，有的是可以看做泛論文章的文學術語用的。如風骨篇『群才韜筆』，鎔裁篇『草創鴻筆』，章句篇『裁文匠筆』，又『若夫筆句無常』，風骨篇『唯藻耀而高翔，固文筆之鳴鳳也』，凡此之屬，對於文筆，看來只是泛泛的稱用，並沒有什麼界限。有的也可以看做隨俗而區分的。文筆的區分，在當時本來是倡行之事；所以彥和在立文的時候，也就不免流露出這樣的品評。如檄移篇『鍾會檄蜀……桓公檄胡……並壯筆也』，章表篇『左雄奏議……蓋當時之傑筆也』，奏啓篇『奏之爲筆』，書記篇『漢來筆札，辭氣紛紜』，時序篇『庾以筆才逾親』，才略篇『孔融氣盛於爲筆，禰衡思鋭於爲文』，又『長虞筆奏』，凡此之屬，看來都是從俗來評論的。」

〔三〕校注：「按左傳襄公二十五年：『仲尼曰：「志有之，言以足志，文以足言。」』『詩』，謂有韻之文；『書』，謂無韻之文。」

〔四〕楊明照文心雕龍研究中值得商榷的幾個問題：「這一篇本是綜述從神思到附會所論文術的重要性的，爲什麼又涉及文體的問題呢？劉勰的意思大概這樣，文術是由文體而來，在强調研術之前，應該從過去有關文體的區分説起。明詩到書記之所以放在上篇論叙，從這裏也就可以看出用意所在。……『夫文以足言，理兼詩書』是所持的理由；『詩』『書』是韻文和散文的代詞，『詩』就有韻之文言，『書』就無韻之文言，並非專指詩經和書經。『別目兩名』的『兩名』，是指的『文』和『筆』。」（文史第五輯）

〔五〕「目」是稱。

郭紹虞文筆説考辨文筆區分與駢文發展的關係：「駢文發展了，和韻文的區別更明顯了，和其他散文如『言』和『語』之類也有區別了，於是只能把這一種駢體文稱之爲『筆』，以示區別，使它不同於韻文，也不同於一般的『言』和『語』。所以文筆之分最初是有韻無韻之分。」又：「劉勰説得很清楚：……他在文心雕龍中所謂近代，往往是指南朝劉宋以後的。」又文筆説的前期與後期：「劉勰以爲『文以足言，理兼詩書』，詩指有韻之文，書指無韻之文，何必多此一舉？所以説『別目兩名，自近代耳』。」

札記：「文筆以有韻無韻爲分，蓋始於聲律論既興之後，濫觴於范曄、謝莊。」又：「聲律論既興，濫觴於范曄、謝莊，而王融、謝朓、沈約揚其波，以公家之言不須安排聲韻，而當時通謂公家之言爲筆，而立無韻爲筆之説，其實『筆』之名非自無韻得也。然則屬辭爲筆，自漢以來之通言；無韻爲筆，劉宋以後之新説。要之，聲律之説不起，文筆之別不明。故梁元帝謂『古之文筆，今之文筆，其源又異』。」

斠詮：「彦和本不主張有文筆之分，故云：『別目兩名，自近代耳。』惟當時風氣使然，故彦和序志篇亦有『若乃論文叙筆，則囿別區分』之語，於二、三、四、五卷之論文體，分爲有韻文十篇，無韻文十篇，且曰：『上篇以上，綱領明矣。』」

論衡超奇篇：「文軌不尊，筆疏不續也。豈無憂上之吏哉？乃其中文筆不足類也。」其中雖然用了「文筆」二字，但不是並列關係。

周注説明：「總術是創作論的總論，因爲全書的序言放在末了，所以創作論的總論也放在創作論的末了。在文體論裏，是按照文和筆分類的，所以創作論的總論也從文和筆談起。」

顔延年以爲：「筆之爲體，言之文也〔一〕；經典則言而非筆，傳記則筆而非言〔二〕。」請奪彼矛，還攻其盾矣〔三〕。何者？易之文言，豈非言文！若筆果言文〔四〕，不得云經典非筆矣。將以立論，未見其論立也〔五〕。

〔一〕校注：「按『文』謂文采，猶云言之文飾者也。」郭紹虞文筆説考辨文筆説的前期與後期：「由於文學語言之日趨駢化，即序事傳記之文也少散文單行之體，那麽同樣是無韻，而中間有『筆』和『語』的區别……所以顔延年説：『筆之爲體，言之文也。』」又經典的兩重性：「詩三百篇全屬韻文，而易之文言『偶句凡四十有八，韻語凡三十有五』（研經堂集書梁昭明太子文選序後），也不能説是『言』。所以劉勰非之。」

饒宗頤文心雕龍探源四劉勰思想與宗炳顔延之之關係文筆之辨，以「史傳」入筆：「顔氏『精於論文』（詩品），其論文筆之語，不見於現存之庭誥，惟文心、總術篇云：『夫文以足言……傳記則筆而非言。』略窺梗概，測其意似顔氏區爲言、筆、文三等，而以史傳歸入『筆』之範圍，筆亦言之有文者也。彦和以史傳、諸子納於筆中，未始非基於顔氏之説，總術篇對顔氏多加非難，論者以爲未當。（見逯欽立説文筆，歷史語言研究所集刊第十六本）考其重視諸子，乃受葛洪之影響，其采及史傳，則又根據延之傳記屬於筆之説，彰彰明甚。」

陸、牟注：「顔延之認爲經書（如尚書）文采很少，所以屬於言，傳記（如左傳）文采稍多，所以屬於筆。」

〔二〕范注：「顔延年謂『經典則言而非筆，傳記則筆而非言』，此『言』字與『筆』字對舉，意謂直言事理，不加彩飾者爲『言』，如尚書之類是；言之有文飾者爲『筆』，如左傳、禮記之類是；其有文飾而又有韻者爲『文』。顔氏分爲三類，未始不善，惟約舉經典傳記，則似嫌籠統。蓋文言經典也，而實有文飾，是經典不必皆『言』矣；况詩三百篇又爲韻文之祖耶！」

〔三〕校注：「按韓非子難一篇：『楚人有鬻楯與矛者，譽之曰：「吾楯之堅，物莫能陷也。」又譽其矛曰：「吾矛之利，於物無不陷也。」或曰：「以子之矛陷子之楯，何如？」其人弗能應也。』」按又見韓非子難勢篇。

〔四〕校證：「『果』原作『不』。黄侃云：『「不」字爲「爲」字之誤。』今案『不』字乃『果』字草書形近之誤，此承顔説而爲言也。故改爲『果』字。序志贊『文果載心』，句法同。」校釋：「按黄説是也，而所改之『爲』字，猶未的。『不』乃『果』之壞字，承顔説而言果也。」斠詮：「潘重規氏云：『規案「不」似「乃」字形近之誤。韓子内儲説下：「因請立齊爲東帝而不能成也。」顧廣圻曰：「不當作乃。」亦「乃」誤爲「不」也。』潘説然，兹據改。」

〔五〕文心雕龍注訂：「未見其論立，駁顔氏之説，蓋未許文筆之强分也。」札記：「顔延年之説，今不知所出，宜在所著之庭誥中。蓋顔氏嘗多論文之辭，而頗多疏失，如詩品下引王融之言曰：『宫商與二儀俱生，自古詞人不知之，唯顔憲子（即延之之謚）乃云律吕音調，其實大謬。』延之論音律而見誚於元長，亦猶論言筆而見誚於彦和矣。顔氏之分言筆，蓋與文筆不同，故云『筆之爲體，言之文也』，此文謂有文采，經典質實，故云非筆，傳記廣博，故云非言，然易明有文言，是經典亦可稱筆，彦和以此駁之，殊爲明快。」

予以爲發口爲言，屬筆曰翰〔一〕，常道曰經，述經曰傳〔二〕。經傳之體，出言入筆〔三〕，筆爲言使，可强可弱〔四〕。六經以典奧爲不刊〔五〕，非以言筆爲優劣也〔六〕。

〔一〕校注：「論衡書解篇：『出口爲言，集札爲文。』又：『出口爲言，著文爲篇。』又按以下文『出言入筆，筆爲言使』及『非以言筆爲優劣也』驗之，『屬筆曰翰』，當乙作『屬翰曰筆』。」王更生范注文心駁正：「『翰筆』二字互倒。案上文：『筆之爲體，言之文也。』『經典則言而非筆，傳記則筆而非言。』皆以筆與言對文，此處上句爲『發口爲言』，自亦應以『言』對『筆』；下文『出言入筆，筆爲言使』，及『非以言筆爲優劣也』，皆承此『言』『筆』對文而言，作『翰』者乃淺人所妄易，應依文理、辭例改。」

梁元帝金樓子立言篇下：「古人之學者有二，今人之學者有四。夫子門徒，轉相師受，通聖人之經者，謂之儒。屈原、宋玉、枚乘、長卿之徒，止於辭賦，則謂之文。今之儒，博窮子史，但能識其事，不能通其理者，謂之學。至如不便爲詩如閻纂，善爲章奏如伯松，若此之流，汎謂之筆。吟詠風謠，流連哀思者，謂之文。筆退則非謂成篇，進則不云取義，神其巧慧，筆端而已。至如文者，惟須綺縠紛披，宮徵靡曼，脣吻遒會，情靈摇蕩，而古之文筆，今之文筆，其源又異。」

札記：「案文筆之别，以此條爲最詳明。其於聲律以外，又增情采二者，合而定之，則曰有情采韻者爲文，無情采韻者爲筆。」但這是文筆之分的新發展，並不能代表劉勰的主張。

札記：「『顔延之以爲筆之爲體』至『非以言筆爲優劣也』，此一節爲一意，先序顔延之言筆之分，中舉證以駁之，終述己意以折顔。」斠詮：「顔延之贈王太常詩：『屬美謝繁翰。』注：『屬，綴。』……漢書揚雄傳（長楊賦）：『故藉翰林以爲主人。』注：『翰，筆也。』」郭注：「此承上文言、筆、經、傳四者而分別釋之，此句釋筆耳。」「翰」，詞翰，即文札書信之類。

〔二〕校注：「論衡書解篇：『聖人作其經，賢者造其傳，述作者之意，採聖人之志　故經須傳也。』博物志四：『聖人制作曰經，賢者著述曰傳。』」

〔三〕郭注：「『出言入筆』謂出之於口，筆之於書。」

〔四〕范注：「强弱，猶言質文。」此謂筆是言所驅使，可以使它文采多些少些。

〔五〕校證：「『六』原作『分』。黄注云：『疑有脱誤。』黄侃云：『分當作六。』案黄説是，今改。」劉歆答揚雄書：「是縣諸日月，不刊之書也。」范注：「文心書中，屢以文筆分類，此處蓋專指顔氏分經傳爲言、筆論之。」校釋：「范注……不從黄校，恐非。」

〔六〕札記：「予以爲以下數語，言屬翰（原作「筆」，依本文校改）皆稱爲筆，而經傳又筆中之細名。同出於言，同入於筆，經傳之優劣在理，而不以言筆爲優劣也。信如此言，則上一節所云文筆之分，何不可以是難之。以此而觀，知彦和不堅守文筆之辨明矣。」

昔陸氏文賦，號爲曲盡〔一〕；然汎論纖悉〔二〕，而實體未該〔三〕。故知九變之貫匪窮，知言之選難備矣〔四〕。

〔一〕文賦序：「故作文賦，以述先士之盛藻，因論作文之利害所由，他日殆可謂曲盡其妙。」李善注：「委曲盡文之妙理。」

〔二〕斠詮：「汎論纖悉，謂博説作法之利害頗爲詳細也。……論語學而：『汎愛衆而親仁。』劉寶楠正義：『廣雅釋言：汎，博也。』……纖悉，亦作孅悉。漢書食貨志：『古之治天下，至孅至悉也。』注：『孅，細也。悉，盡其事也。』」

〔三〕札記：「此一節言陸氏文賦所舉文體未盡，而自言圓鑒區域大判條例之超絶於陸氏。案文賦以辭賦之故，舉體未能詳備，彦和拓之，所載文體，幾於網羅無遺。然經傳子史，筆劄雜文，難於羅縷，視其經略，誠恢廓於平原，至其詆陸氏非知言之選，則亦尚待商兑也。」郭紹虞文筆説考辨經典則言而非筆的問題：「劉勰只看到偏重形式技巧的弱點，想挽救這種形式主義傾向的文風，才强調内容，强調情志，所以他的有韻無韻之説也就只能成爲文章中的文筆之分。他把當時的文筆之説放在總術中談，所以説『筆爲言使，可强可弱』。下文他再接着説：『昔陸氏文賦……實體未該。』可能他即因文賦没有講到内容實質的問題，也即没有講到宗經徵聖的問題，所以是『實體未該』。他没有理解到『實體』與宗經問題没有多大關係。」

斠詮：「實體未該，實辨文體之異同則未該備也。……楚辭招魂：『招具該備。』注：『該，亦總術而言。」

『文體』，猶或可通，謂『實體』爲『文體』，則難爲説也。今以爲『實體』猶今言要點、實質也，指二、此言『實體』，非言『文體』，亦非單獨言『體』，黄氏舍去『實』字，專釋『體』字，謂『體』爲郭注：「今案黄氏以『體』爲『文體』恐非。一、此篇論總術，而涉及文體，似不關切要；備也。』」

〔四〕校證：「『貫』原作『實』，梅據楊改云：『漢書（武帝紀）引逸詩：「九變復貫，知言之選。」』案王惟儉本正作『貫』。『窮』原作『躬』，梅據孫汝澄改，王惟儉本作『躬』。」

訓故：「漢書武帝元朔元年春三月詔：詩云：九變復貫，知言之選。」按此見武帝本紀。范注：「應劭曰：逸詩也。……師古曰：『貫，事也。選，擇也。』」校釋：「貫字之義，孟康訓爲道，師古訓爲事，皆非也。荀子天論，有『不知貫不能應變』之文，楊倞注曰：『貫，條貫也。』條貫即一貫，一貫者，不變之常理，與九變對文，意甚分明。舍人所謂九變之貫，即指文學原理而言。蓋辭有質文，因時而異，理無二致，不以代殊，故曰『九變之貫』，猶言萬變之宗也。逸詩『九變復貫』，貫亦一也，猶言九變而復於一也。數極於九，至九則復歸於一，故曰『復貫』也。」「匪窮」，無窮。全句意謂事物的變化是無窮的。文體的變化既然無窮，懂得這種變化的人可算是難得了。

郭注：「『九變』，承上文『汎論纖悉』而言，指各種文情變化。『貫』，即論語『吾道一以貫之』

的『貫』，唯此處作名詞用，承上文指『實體』，即謂總術。……兩句蓋謂陸機雖『汎論纖悉』而不談總術，所以非『知言之選』也。」

凡精慮造文，各競新麗，多欲練辭，莫肯研術〔一〕。落落之玉，或亂乎石；碌碌之石，時似乎玉〔二〕。精者要約，匱者亦尠；博者該贍，蕪者亦繁〔三〕；辯者昭晳〔四〕，淺者亦露；奧者複隱，詭者亦曲〔五〕。或義華而聲悴，或理拙而文澤〔六〕。

〔一〕即風骨篇所謂「文術多門，明者弗授，學者弗師，習華隨侈，流連忘反」也。郭注：「此齊梁通病，故鄭重言之。」

這是他批評當時的文風，一般文人在用心思作文的時候，只在詞句的選擇上下功夫，追求新奇華麗，而不肯鑽研寫作法則。這個「術」是包括了寫作的根本原則和具體方法在内的。由於「莫肯研術」，結果是玉石不分。

校釋：「此二句斥但講枝末，而忽視本原者之辭也。講枝末者，但求敷藻設色之法，諧聲協律之功，若今傳四聲八病之説，繁苛枝碎，殆其遺矣。」

〔二〕黄注：「老子法本：不欲琭琭如玉，落落如石。」注訂：「老子第三十九章：『不欲琭琭如玉，落落如石。』河上公注：『琭琭喻少，落落喻多。』此言多少易混，而玉石難分也。下文『調鐘』至『何必窮初終之韻』，皆演此義。」

校證：「案老子三十九章：『不欲碌碌若玉，落落若石。』此彦和所本。晏子春秋内篇下亦云：『堅哉石乎！落落，視之則堅，無以爲久，是以速亡也。』此文『碌碌』『落落』，疑當互易。」校注：「後漢書馮衍傳下：『又自論曰：馮子以爲夫人之德，不碌碌如玉，落落如石。』李注：『老子德經之詞也。言可貴可賤，皆非道真。玉貌碌碌，爲人所貴；石形落落，爲人所賤。』疑此處『玉』『石』二字淆次。」

朱謙之老子校釋：「『琭琭』或作『碌碌』，或作『淥淥』，又作『禄禄』，又作『鹿鹿』。『落落』，或作『珞珞』，或作『硌硌』，蓋皆一聲之轉與傳寫之異，古人通用。」張松如老子校讀：「琭琭、碌碌，玉美貌；珞珞、落落，石惡貌。」

斠詮改作「碌碌之玉，或亂乎石；落落之石，時似乎玉」。謂：「碌碌然温潤之玉，間或外形與石相混，落落然堅緻之石，有時表現與玉無殊，比喻無術者外表雖與有術者無甚區别，而有術者之素養則與無術者大相逕庭也。……落落，王弼注：『石堅貌。』碌碌，廣韻：『石緑色。』」

〔三〕校證：「『蕪』原作『無』，梅據朱改。徐校同；案王惟儉本正作『蕪』。」鎔裁篇：「辭敷而言重，則蕪穢而非贍。」

〔四〕校注：「『晳』，元本、弘治本、汪本、佘本、張本、兩京本作『哲』。按『晳』字是。已詳徵聖篇『文章昭晣以象離』條。」明詩篇：「驅辭逐貌，唯取昭晣之能。」

〔五〕校證：「『曲』原作『典』，誤，今改。『匱尠』，『蕪繁』，『淺露』，『詭曲』，皆聯字爲義，若作『詭典』，則文不成義也。宗經篇、頌讚篇俱有『纖曲』語，曲字義與此同。明詩篇『清典可味』，今本『典』皆作『曲』，此本書『典』『曲』二字互誤之證。」校釋：「按此『典』字亦應作『曲』字，詳體性篇『馥采典文』校語。」

〔六〕注訂：「精、匱，博、蕪，辯、淺，奧、詭八項，論玉石相混之弊，故有『義華聲悴，理拙文澤』之言也。」

文賦：「或辭害而理比，或言順而義妨。」神思篇：「拙辭或孕於巧義，庸事或萌於新意。」雜文篇：「陳思客問，辭高而理疏；庾敳客咨，意榮而文悴。」

劉勰提出的四種壞典型「匱」（貧乏）、「蕪」（蕪雜）、「淺」（淺薄）、「詭」（詭奇），表面上卻和四種好典型「精」（精密）、「博」（淵博）、「辯」（雄辯）、「奧」（深奧）有相似的地方：精練的人，文章簡單扼要；可是文思貧乏的人，字數也寫得少。淵博的人，文章材料豐富完備，可是文筆蕪雜的人，寫起來也很繁多。雄辯的人，文章明白清楚；淺薄的人，辭句也很顯露。深奧的人，寫的比較複雜含蓄；故作詭奇的人，文章也曲折難懂。有的文章内容豐富而聲調不響亮；有的文章思理拙劣而文采豐潤。

知夫調鐘未易〔一〕，張琴實難〔二〕。伶人告和〔三〕，不必盡窕槬之中〔四〕；動用揮扇〔五〕，何必窮初終之韻〔六〕？魏文比篇章於音樂〔七〕，蓋有徵矣〔八〕。

〔一〕綴補：「呂氏春秋長見篇：『晉平公鑄爲大鐘，使工聽之，皆以爲調矣。師曠曰：「不調，請更鑄之。」平公曰：「工皆以爲調矣。」師曠曰：「後世有知音者，將知鐘之不調也。臣竊爲君耻之。」至於師涓，而果知鐘之不調也。』（又見淮南子脩務篇）」

〔二〕漢書禮樂志：「辟（譬）之琴瑟不調，甚者必解而更張之，乃可鼓也。」「張琴」，在琴上張弦定音。

〔三〕斯波六郎：「國語周語下：『二十四年鐘成，伶人告和，王謂伶州鳩曰：鐘果和矣。對曰：未可知也。』」

〔四〕訓故：「左傳：周景王將鑄無射，伶州鳩曰：夫音，樂之輿也，而鐘，樂之器也。窕則不咸，槬則不容，今鐘槬矣。」

校證：「『槬』，汪本、佘本作『瓜』，『瓜』下有『桍』字，此一字誤爲二字也。梅本『槬』下有『桍』字，注云：『窕槬二字見國語（當云見左傳昭公二十一年）。「桍」字衍。』梅六次本剜去『桍』字。馮本、張之象本、兩京本、何允中本、日本活字本、王惟儉本、凌本、鍾本、梁本、日本刊本，王謨本、張松孫本、崇文本俱無『桍』，今從之。」

范注：「左傳昭公二十一年：『天王將鑄無射。泠州鳩曰：王其以心疾死乎？……小者不窕，大者不槬，則和於物。物和則嘉成。』杜注：『窕，細不滿；槬，橫大不入。』『桍』字衍，當刪。」校注：「『桍』，黃校云：『字衍。』元本、弘治本、活字本、張本、兩京本、何本、胡本、訓故本……並無『桍』字。按『桍』當據刪。蓋寫者誤重『槬』字未竣時，知其爲衍，故未全書，傳寫者不察，亦復書出，遂致文不成義。」「中」，適中。

注訂：「窕，細小不充，槬，横大不入，此言雖伶人告和，其中音節巨細，或不盡相容也。槬，音化。」

斠詮謂：「『槬』應作『摦』。」洪亮吉春秋左傳詁：「徐鉉新附有『摦』字，五經文字本收『摦』字，云『户化反，見春秋傳』，則此字不應從木旁。」左傳會箋：「小大以聲言。窕，輕薄細小也。……玉篇：『瓠，胡化切，寬也。』廣韻云：『寬也，大也。』」（見斠詮引）

〔五〕范注：「『動用揮扇』二句，未詳其義。」

綴補：「此承上文『張琴實難』而言。『動、用、揮、扇』四字疊義。（古書四字疊義之例甚多，詳拙著史記伯夷列傳斠證「此其尤大彰、明、較、著者也」條。）易繫辭下：『變動不居。』虞注：『動，行也。』方言六：『用，行也。』動、用並可訓行，則用亦猶動矣。廣雅釋詁一：『揮，動也。』集韻：『扇，一曰動也。』用、揮、扇並有動義，故與動字疊用。上文言『張琴實難』，則動、用、揮、扇琴之時，不必窮初終之韻也。」

楊明照文心雕龍研究中值得商榷的幾個問題：「『知夫調鐘未易……何必窮初終之韻』，都是以音樂的演奏鐘和琴相喻。從結構層次上分析，『伶人告和，不必盡窕槬之中』是承『調鐘』句；『動用揮扇，何必窮初終之韻』，則承『張琴』句。從文字含義上考索，『伶人告和』見國語周語下，『窕槬』見左傳昭公二十一年，都屬於周景王鑄無射鐘的故實，這裏用來比方寫作的技巧；那麼主張『辭動有配』（麗辭篇贊）的劉勰，於『動用揮扇，何必窮初終之韻』兩句，可能也是用了典故的。桓譚新論琴道篇：『雍門周以琴見孟嘗君……雍門周引琴而鼓之：徐動宮、徵，揮角、羽；初終，而成曲。孟嘗君遂歔欷而就之。』（文選豪士賦序李善注、説苑善説篇文略同，惟「初」誤作「切」。）只因今本文心雕龍誤『角』爲『用』，誤『羽』爲『扇』，致面目全非，幾不易於索解。」

注訂：「按『扇』疑爲『羽』字，蓋形近而譌，大禹謨：『舞干羽於兩階。』傳：『羽，翳也，舞者所執。』據下文『初終之韻』及『比篇章於音樂』句，知『揮扇』應作『揮羽』，則得其解矣。蓋此節言文得體要爲貴，於辭筆大小纖巨之間，有不必盡、不必窮者，必有通才，方可制勝也。」

潘重規講壇一得：「余謂『扇』或爲『羽』之誤，然觀察文義脈絡，『伶人告和』承『調鐘未易』，『動用揮扇』承『張琴實難』，故此語必就張琴立言，方合文理。許生學仁對曰：『江淹別賦「琴羽張兮鍾鼓陳」，「動用揮羽」蓋謂揮琴之羽聲也。』余謂此解可通，『動用』當爲『動角』，許生即檢文選別賦李善注云：『琴羽，琴之羽聲。説苑曰：「雍門周以琴見孟嘗君，微揮角羽。」』張晏甘泉賦注曰：『聲細不過羽。』』又檢説苑本書善説篇曰：『雍門子周引琴而鼓之，徐動宮徵，微揮羽角，切終而成曲。孟嘗君涕浪汗增欷而就之。』又引蔡邕琴賦云：『爾乃清聲發兮五音舉，韻宮商兮動角羽，曲引與兮繁弦撫。』彥和此文『動角揮羽』，即用説苑善説及

蔡邕琴賦之成文，辭義碻然，因明白矣。」（見一九七八年四月四日中國文化學院創新週刊第二一三期）

校注一九八二年增訂版主張改「用」爲「角」，改「扇」爲「羽」，並引説苑善説篇爲證，但校改説苑「切終」（見上引）之「切」字爲「初」，注云：「原誤作『切』，據桓譚新論改。」斠詮改「動用揮扇」爲「田連揮羽」，云：「『田連』原誤倒作『動用』，『揮羽』原誤改爲『揮扇』，此句殆本嵇康琴賦『田連操張』一語而來。兹審文義並衡與上文『伶人告和』（此語相當於嵇賦之「伶倫比律」）偶句訂正。案『田』先形誤爲『用』，傳寫者以『用連』不辭，又改『連』爲『動』而乙之。語雖勉通，而不知與上文『伶人』不相對應矣。又『揮羽』謂操琴之羽聲也，有『操張』之意，語出説苑善説篇，淺人不習見，乃改爲『揮扇』以就之，則不得其解矣。……『動用揮扇』一語，校訂爲『動角揮羽』，就字之形誤而論，僅更正『用』『扇』二字，甚合情理。惟『動角』『揮羽』二詞皆平列對稱，與上文『伶人』、『告和』二詞一縱一横之性格有異，非麗辭常態，故兹校但擇從其下『揮羽』，而割愛其上『動角』，而乙改原文爲『田連』耳。」按李曰剛如此校改，既無板本根據，解釋亦過於迂曲，不足信。「窮初終之韻」，從始至終都符合音律。

〔六〕斠詮「何必窮初終之韻，嵇康琴賦：『及其初調，則角羽俱起，宫徵相證。……洋洋習習，聲烈遐布。含顯媚以送終，飄餘響乎泰素。』又曰：『於是器泠弦調，心閑手敏。……初涉淥水，中奏清徵，雅昶唐堯，終詠微子。』又曰：『既豐贍而多姿，又善始而令終。』」

〔七〕訓故：「魏文帝典論論文：『文以氣爲主，氣之清濁有體，不可力强而致。譬之音樂，曲度雖均，節奏同檢，至於引氣不齊，巧拙有素，雖在父兄，不能移其子弟。』」

〔八〕札記：「此一節言作文須術，而無術者之外貌，有時與有術者外貌相同。譬諸調鐘張琴，其事匪易，而庸工奏樂，亦時有可取，究之不盡其術，則適然之美不足聽也。」

夫不截盤根，無以驗利器〔一〕；不剖文奥〔二〕，無以辨通才〔三〕。才之能通，必資曉術〔四〕。自非圓鑒區域，大判條例〔五〕，豈能控引情源〔六〕，制勝文苑哉〔七〕！

〔一〕黄注：「虞詡傳：『不遇槃根錯節，何以别利器乎？』」按此見後漢書。「盤」，謂盤曲。

〔二〕范注：「陳先生曰：『不判文奥』，『文』字當是『窔』之誤。班孟堅答賓戲：『守窔奥之熒燭，未仰天庭而覩白日也。』『窔』與『文』字形近故誤。杜詩『文章開窔奥』，又本此文。」

郭注：「窔，室之東南隅；奥，室之西南隅；皆指隱蔽之處。」

注訂：「文奥亦即文妙。『窔』與『文』，筆劃疏密大别，陳説非。」

〔三〕典論論文：「唯通才能備其體。」

〔四〕此二句意謂要想作一個通才，必然有賴於通曉寫作法則。

〔五〕范注：「圓鑒區域，謂審定體勢，上篇所論是也。大判條例，謂舉要治繁，下篇所論是也。」

饒宗頤劉勰文藝思想與佛教：「按圓覺經云：『證大圓覺妙莊嚴域。』即所謂『圓鑒區域』矣。」

熊公哲劉勰評傳：「圓鑒區域，謂審定體式。圓者，周也，概也；上篇謂概論，故謂之綱。大判條例，析明馭文要術。判者，剖也，析也；下篇爲析論，故爲目。」

斠詮：「『圓鑒區域』，謂圓滿鑒識文之各種體制也。本書上編二、三、四、五卷文體論二十篇之『論文叙筆、囿别區分』是也。『大判條例』，謂全盤瞭解文之一切作法也。本書下編六、七、八、九卷文術論二十篇之『剖情析采，籠圈條貫』是也。」

〔六〕校注：「『情』，黄校云：『元作清。』梅本作『清』，校云：『當作情。』按梅校是。『情源』與下句之『文苑』對。訓故本、梁本、謝鈔本正作『情』，未誤。章句篇『控引情理』，亦其旁證。」

校證：「『情』，原作『清』。梅云：『當作情。』王惟儉本、黄注本作『情』。案作『情』是。章句篇：『控引情理。』」

斠詮：「謂掌握情理源泉，而可得心應手也。」郭注：「控引即駕馭，即總術之總。」

〔七〕札記：「自篇首至『知言之選』句，乃言文體衆多。自此以下，則明文體雖多，皆宜研術，即以證『圓鑒區域，大判條例』之不可輕。紀氏於前段則云『汗漫』，於次節則云與前後二段不相屬，愚誠未喻紀氏之意也。」

以上爲第二段先批評陸機文賦研術未精，進而申論總術之重要性。

是以執術馭篇，似善弈之窮數〔一〕；棄術任心〔二〕，如博塞之邀遇〔三〕。故博塞之文，借巧儻來〔四〕，雖前驅有功，而後援難繼〔五〕；少既無以相接，多亦不知所删，乃多少之並惑〔六〕，何妍媸之能制乎〔七〕！

〔一〕孟子告子上：「今夫弈之爲數，小數也。不專心致志，則不得也。」趙岐注：「弈，博也，或曰圍棊。論語曰：『不有博弈者乎？』數，技也。」「窮」，謂窮究。

詩品序：「至若詩之爲技，較爾可知。以類推之，殆均（一作同）博弈。」

〔二〕校注：「棄，黄校云：『元作築。』按元本、弘治本、活字本、汪本、佘本、張本、兩京本、胡本……作『無』……以梅校『元作築』推之，改棄是也。陸士衡文集五等諸侯論『棄道任術』，句法與此相同，亦可證。」校證：「『棄』，原作『築』，梅改。徐校同。案馮本、汪本、佘本、張之象本、兩京本、王惟儉本、四庫本作『無』。」「任心」，猶任意。

注訂：「『棄術任心』者，理本乎自然；文則精於法式，故任心雖是，而棄術則非。棄術任心，蓋失之於野，而不文矣。自此句以下，至『何妍蚩之能制乎』，皆闡此弊。」

〔三〕黄注：「許慎説文：博，局戲也。六箸十二棋也。又行棋相塞曰博塞。」校證：「兩京本『遨遇』作『遨遊』。」范注：「説文竹部：『簙，局戲也；六箸，十二棊也。古者烏曹作簙。』玉裁曰：『古戲今不得其實。箸，韓非所謂博箭，招魂注云：「箟簬作箸。」故其字從竹。』」

注訂：「『遨遇』即下文『借巧儻來』之旨，心存倖致也。」

校注：「按『遨』，求也（文選廣絶交論李注引賈逵國語注）。『遇』，偶也（爾雅釋言），得也

（孟子離婁下趙注）。『博塞邀遇』，喻『棄術任心』以從事撰述，如博徒之希求偶得然。下文『故博塞之文，借巧儻來』云云，即承此而言。文選西京賦『不邀自遇』（薛注：「不須邀遂，往自得之。」）似爲『邀遇』二字之所自出。兩京本、胡本作『遨遊』，蓋據莊子駢拇篇『則博塞以遊』句臆改，而昧其與上下文之不愜也。」莊子駢拇：「問穀奚事，則博塞以遊。」釋文：「塞，博之類也。」林希逸云：「投瓊曰『博』，不投瓊曰『塞』。瓊猶今骰子也。」

〔四〕黄注：「莊子：軒冕在身，非性命也。物之儻來，寄也。」按此見繕性篇。成疏：「儻者，意外忽來者耳。」新方言釋言：「吴楚皆謂不意得之者爲儻來。」

錢大昕恒言録卷二「常語」類「儻來」：「今人以不期而至者曰儻來。莊子：『軒冕在身，非性命也。物之儻來，寄也。』文心雕龍：『博塞之文，借巧儻來。』」

〔五〕楊明照文心雕龍研究中值得商榷的幾個問題：「（這）兩句是指不『研術』而從事寫作所産生的一種毛病，『前驅』和『後援』都是以行軍喻行文。兩句的意思是説，前部分雖然寫得很成功，後面一差了就配不上，難乎爲繼。」

〔六〕校注：「『並』，黄校云：『元作非，許改。』按許改是也。何本、謝鈔本正作『並』。老子第二十二章：『少則得，多則惑。』舍人語似本此。」

綴補：「『非』蓋『并』之誤。韓非子二柄篇：『故劫殺擁蔽之主，非失刑德，而使臣用之。』『非』亦『并』之誤，與此同例。」

〔七〕校證：「『媸』原作『蚩』，據何允中本、日本活字本、日本刊本改。」校注：「按『蚩』字未誤，無煩改作。已詳聲律篇『是以聲畫妍蚩』條。又按『制』字與上下文意不符，疑爲『別』之誤。抱朴子外篇自序：『夫才未必爲增也，直所覽差廣，而覺妍蚩之別。』可資旁證。」考異：「蚩、媸互通。」斠詮：「『蚩』、『媸』正俗字。雷浚說文外篇十五、俗字廣韻七之『媸』字下云：『說文無媸字。』後漢書趙壹傳：『榮納由於閃揄，孰知辨其蚩妍。』陸士衡文賦序：『妍蚩好惡，可得而言。』……蚩即媸。」

若夫善弈之文，則術有恒數〔一〕；按部整伍〔二〕，以待情會〔三〕；因時順機，動不失正〔四〕。數逢其極，機入其巧，則義味騰躍而生〔五〕，辭氣叢雜而至〔六〕。視之則錦繪，聽之則絲簧，味之則甘腴，佩之則芬芳〔七〕。斷章之功，於斯盛矣〔八〕。

〔一〕斠詮：「術，指運思、謀篇、安章、遣辭等文術。」「恒數」，指一定的規律。

〔二〕斠詮：「按照部署，整飭行列也。……張衡西京賦：『整行伍。』」文賦：「選義按部，考辭就班。」「按部整伍」，按照部類，整頓行伍。意指按部就班地作好準備。

〔三〕「情會」，謂情理之會合。

〔四〕斯波六郎：「後漢書班彪傳論：『行不踰方，言不失正。』」

文賦：「方天機之駿利，夫何紛而不理。思風發於胸臆，言泉流於脣齒。紛葳蕤以馺遝，唯毫素之所擬。文徽徽以溢目，音泠泠以盈耳。」

〔五〕莊子逍遥遊：「我騰躍而上。」注訂：「自『若夫』以下，説明研術之效。」又：「『動不失正』，指心言。『機入其巧』，以術論。文心立意，八字盡之矣。」

「數逢其極，機入其巧」，便是情感來臨的徵象。作家憑藉創作的靈感，敏鋭地洞悉事物的本質特徵及真趣所在，頓時筆底妙趣横生，意味盎然。

〔六〕札記：「此言曉術之後，未必所撰皆工，初求令章靡疚，所謂『數逢其極，機入其巧』，則義味騰躍而生，辭氣叢雜而至』也。然不知『恒數』者，亦必無望於『機入其巧』矣。」「叢雜」，猶紛紛。范注：「此節（「是以執術馭篇……叢雜而至。」）極言造文必先明術之故。本篇以總術爲名，蓋總括神思以下諸篇之義，總謂之術，使『思有定契，理有恒存』者也。或者疑彦和論文純主自然，何以此篇亟稱『執術』，譏切『任心』，豈非矛盾乎？謹答之曰：彦和所謂術者，乃用心造文之正軌，必循此始爲有規則之自然；否則狂奔駭突而已。棄術任心者，有時亦或可觀，然博塞之文，借巧儻來，前驅有功，後援未必能繼，不足與言恒數也。若拘滯於間架格律，則又彦和之所訶矣。」

〔七〕黄叔琳評：「四者兼之爲難，可視可聽而不可味，尤不堪嗅者，品之下也。」札記：「『視之則錦繪』四句，此頌文之至工者，猶文賦末段所云『被金石』、『流管弦』耳。黃氏評四者兼之爲難，直是囈語。」

范注：「『視之則錦繪』，辭采也；『聽之則絲簧』，宮商也；『味之則甘腴』，事義也；『佩之則芬芳』，情志也。」

〔八〕「斷章」，謂分章布局也。章句篇：「尋詩人擬喻，雖斷章取義，然章句在篇，如繭之抽緒，原始要終，體必鱗次。」此處「斷章」，泛指寫作方法。

注訂：「曰錦繪，曰絲簧，曰甘腴，曰芬芳。觀、聽、味、佩，四者兼備，文章極品，亦若是而已矣。」

以上是說文章高手，根據正常的方術，按部就班，等待情思的來臨，然後順應時機，做得恰到好處，這樣在感興觸發時寫出來的文章，「視之則錦繪……佩之則芬芳」，在內容形式各方面，都做到盡善盡美的地步。

以上爲第三段，以博弈爲喻申論總術之功效。

夫驥足雖駿，纆牽忌長〔一〕，以萬分一累〔二〕，且廢千里。

〔一〕范注：「戰國策韓三：『段干越人謂新城君曰：王良之弟子駕，云取千里馬，遇造父之弟子。造父之弟子曰：「馬不千里。」王良弟子曰：「馬，千里之馬也；服，千里之服也。而不能取千里，何也？」曰：「子纆牽長。」故纆牽於事，萬分之一也，而難千里之行。』」高注：「纆牽，謂轡也。」

校注：「『纆』，黄校云：『元作纏，許改。』按張本、何本、謝鈔本作『纆』，許改是也。」

綴補：「張華勵志詩：『纆牽之長，實累千里。』」

文選李善注：「纆，索也，以御馬也。千里之馬，繫以長索，則爲累矣。」

〔二〕范注：「萬分一累，謂如指瑕篇所論，練字篇所指四條，若值而不悟，亦萬分一累也。」

況文體多術，共相彌綸〔一〕，一物攜貳〔二〕，莫不解體。所以列在一篇，備總情變〔三〕，譬三十之輻，共成一轂〔四〕，雖未足觀，亦鄙夫之見也〔五〕。

〔一〕范注：「文之精神，曰情志，曰事義；文之聲貌，曰辭采，曰宫商。此四要素者，皆有一定之軌途，神思篇以下論之詳矣。故曰：『文體多術，共相彌綸。』言不可缺一也。」易繫辭上：「故能彌綸天地之道。」疏：「彌謂彌縫補合，綸爲經綸牽引也。」

〔二〕斠詮：「攜貳，謂離異不相親附也。『攜』爲『儶』之叚字，見説文通訓定聲。説文：『儶，有二心也。』段注：『古多叚「攜」爲之。』廣雅釋詁：『儶，離也。』左傳閔公元年：『間攜貳，覆昏亂，霸王之器也。』注：『離而相疑者，則當因而間之也。』文公七年：『親之以德，皆股肱也。誰敢攜貳？』」「攜貳」，在此指作品中某一部分不協調，如練字篇：「今一字詭異，則群句震驚。」

〔三〕校注：「按謂神思以下各篇也。」

楊明照文心雕龍研究中值得商榷的幾個問題：「篇末的最後幾句是劉勰對他的創作論所作的簡介：『文體多術，共相彌綸』，是説創作的原理原則衆多，而又互有關聯；『一物攜貳，莫不解體』是説缺少任何一方面（或部分）的研討，理論的系統就不完整；『所以列在一篇，備總情變』，是説分別寫成一些專篇，來詳論創作上的各種原理原則及其變化；『譬三十之輻，共成一轂』，是比方他的全部創作理論，係由各個專篇組成的統一體；『雖未足觀』是謙辭；『亦鄙夫之見也』，則寓有自負之意。這些都可以從本篇在下半部中所擺的位置和文意看得出來的。」

蔣祖怡多欲練辭莫肯研術：「『列在一篇』的『一篇』，應該就指這總術篇，而不是……『寫成一些專篇來詳論創作上的各種原理與變化』。因爲下邊『譬三十之輻，共成一轂』兩語可證。此兩語係用老子十一章：『三十輻共一轂，當其無，有車之用。』……黄侃以爲總術『乃總會神思以至附會之旨，而叮嚀鄭重言之，非別有所謂「總術」也』，所以是『無』；但又總括神思以至附會之旨，所以又『有車之用』。如果以『車』爲喻，則神思、通變、附會等『術』，都是『車輻』，而總術篇則是『車轂』，轂中虚，但有車之用。」（文心雕龍論叢）按蔣説是。「備總情變」謂全面總結文情的變化。

〔四〕范注：「老子十一章：『三十輻共一轂，當其無，有車之用。』」

〔五〕校注：「按曹子建集與楊德祖書：『今往僕少小所著辭賦一通，相與夫街談巷説，必有可采，擊轅之歌，有應風雅。匹夫之思，未易輕棄也。』舍人此語，蓋其自謙，猶子建云『匹夫之思』然也。」

第四段説明在各篇之外另作總術篇的用意。

贊曰：文場筆苑，有術有門〔一〕。務先大體，鑑必窮源〔二〕。乘一總萬，舉要治繁〔三〕。思無定契，理有恒存〔四〕。

〔一〕「門」，謂法門。

〔二〕校證：「『源』汪本、佘本作『深』。」校注：「按『深』字失韻，非是。」王若虚文辯：「定體則無，大體須有。」

斟詮：「言作家務先樹立中心思想，爲全文之骨幹，而圓鑒文之各種體勢，窮引情理源泉也。大體，語出孟子告子：『從其大體爲大人，從其小體爲小人。』趙注：『大體，心思禮義；小體，縱恣情欲。』朱注：『大體，心也。小體，耳目之類。』亦以喻重要之義理。……此處指文之命意主題而言，亦即今語所謂中心思想之謂也。」

序志篇：「振葉以尋根，觀瀾而索源。」

〔三〕校釋：「本篇所謂總者，即以心術總攝文術而言也。夫心識洞理者，取舍從違，咸皆得當，是爲『通才』之鑒，理具於心者，義味辭氣，悉入機巧，是爲『善弈之文』。然則文體雖衆，文術雖廣，一理足以貫通，故曰『乘一總萬，舉要治繁』也。」

斯波六郎：「乘一總萬，疑與謝靈運山居賦之『乘此心之一豪，濟彼生之萬里』句有關。」

物色篇：「以少總多，情貌無遺。」

斠詮：「言然後駕馭此中心思想以總聚千頭萬緒之情理，標舉綱要，釐治紛繁也。蓋『情數詭雜』，可以一理推，『體變遷貿』，可以一術訂。推一理以制群篇，乘一術以馭衆變。所謂『乘一總萬，舉要治繁』也。」這裏是强調文章的整體性。

〔四〕明詩篇：「然詩有恒裁，思無定位。」物色篇：「然物有恒姿，而思無定檢。」斠詮：「言人類思想本無固定之型式……宇宙事理則有永恒之存在，因而文之創作亦有永恒之條例也。」

「契」，模子，模式。

札記：「八字最要。不知思無定契，則謂文有定格，不知理有恒存，則謂文可妄爲，救此二流，咨惟舍人矣。」

時序第四十五

序志篇：「崇替於時序。」曹學佺批：「時序者，風之遞降也。觀風可以知時，如薰風主夏，朔風主冬之類。」黃叔琳評：「文運昇降，總萃此篇。」

校釋：「本篇總論十代文運昇降之故，文皆順序，區段分明。然贊有『辭采九變』之言，詳審篇旨，蓋除宋齊不論外，自上古至兩晉，文章風氣，約有九變也。」

斠詮：「時序一詞，凡有三解：一謂時年之先後。史記蘇秦傳論：『列其行事，次其時序。』一謂時節之更迭，陸機贈尚書郎顧彥先詩：『淒風迕時序，苦雨隨成霖。』一謂時世之變遷，意與時運同。此處即用其第三義。本篇所以論述『時運交移』與『質文代變』之關係；質言之，亦即說明時代對於文學之影響，故以時序名之耳。彥和以爲時代之貿遷，政治之嬗變，勢必影響作家之情感與文學之盛衰，故曰：『歌謠文理，與世推移，風動於上，而波震於下者也。』又曰：『文變染乎世情，興廢繫乎時序，原始以要終，雖百世可知也。』是以唐虞歌頌，『心樂而聲泰』；建安篇什，『梗概而多氣』；東晉『辭意夷泰，詩必柱下之旨歸，賦乃漆園之義疏』。匪特此也，又以爲文學之發展，與前代作家之產品不可分割，如謂屈宋騷辭之艷說奇意，出乎縱横之詭俗；漢賦九變，而大抵所歸，祖述楚辭。此二端之論列……涉及文學發展規律之兩重要因素，則爲碻切不移之事實。夫文學既爲反映時代之產品，則時代有其氣運風潮，文學自亦不能不隨之而演變。」

本篇是專門論述文學與時代的關係的。文藝與時代的關係，在周、秦、兩漢的著作裏已經見到了。孟子萬章下：「誦其詩，讀其書，不知其人可乎？是以論其世也。」禮記樂記：「凡音者，生人心者也。情動於中，故形於聲。聲成文謂之音。是故治世之音安以樂，其政和；亂世之音怨以怒，其政乖；亡國之音哀以思，其民困。聲音之道與政通矣。」這是講音樂的情調與政治的關係。詩大序：「情發於聲，聲成文謂之音。治世之音安以樂，其政和；亂世之音怨以怒，其政乖；亡國之音哀以思，其民困。……上以風化下，下以風刺上，主文而譎諫，言之者無罪，聞之者足以戒，故曰風。至於王道衰，禮義廢，政教失，國異政，家殊俗，而變風變雅作矣。」這是用來説明一代的詩風。本文按照時代順序，從原始社會一直到南齊，把每一朝代的文學特點與當代的政治和社會生活聯繫起來，並對於歷代文學的史的發展作了系統的闡述。其中主要從政治環境來説明文學演變的情況，但也注意到學術思想、社會風氣與文學的關係。這樣把文學與政治、社會的關係，緊密地結合起來。

時運交移〔一〕，質文代變〔二〕，古今情理，如可言乎〔三〕！

〔一〕斠詮：「時運，猶言氣運，謂時世運會。班彪北征賦：『諒時運之所爲兮，永伊鬱其誰想。』」

〔二〕由于時代風氣的不同，有的朝代文章尚「質」（就是比較樸素），有的時代尚「文」（就是講究修飾）。史記平準書：「物盛而衰，時極則返，一質一文，終始之變也。」

史通言語篇：「夫天地久長，風俗無恒，後之視今，亦猶今之視昔，而作者皆怯書今語，勇效昔言，不其惑乎？苟記事則約附五經，載語則依憑二史，是春秋之俗、戰國之風，亙兩儀而並存，經千載而如一，奚以今來古往，質文之屢變者哉！」這是根據劉勰「時運交移，質文代變」

的論點，與歷代文學的實際情況而得出來的結論。

〔三〕二句意謂：古今文學變化的情理，似乎可以談論了。「如」，或者，不敢確定的口氣。

昔在陶唐〔一〕，德盛化鈞〔二〕，野老吐「何力」之談〔三〕，郊童含「不識」之歌〔四〕。有虞繼作，政阜民暇〔五〕。「薰風」詩於元后〔六〕，「爛雲」歌於列臣〔七〕。盡其美者〔八〕，何乃心樂而聲泰也〔九〕。

〔一〕說文「陶」字下云：「陶丘有堯城，堯嘗所居，故堯號陶唐氏。」

〔二〕校注：「按漢書馮野王傳：『野王、立相代爲太守，歌之曰……政如魯衛德化鈞。』」「鈞」通「均」，同等也，此處意爲普及。

斠詮：「漢書馮野王傳：『吏民嘉美野王、立相代爲太守，歌之曰：大馮君，小馮君，兄弟繼踵相因循。聰明賢智惠吏民，政如魯衛德化鈞，周公康叔猶二君。』案尚書堯典：『克明俊德，以親九族；九族既睦，平章百姓；百姓昭明，協和萬邦；黎民於變時雍。』論語泰伯：『子曰：大哉堯之爲君也，巍巍乎！唯天爲大，唯堯則之。蕩蕩乎民無能名焉，巍巍乎其有成功也，煥乎其有文章。』彦和所謂『德勝化鈞』，蓋指此而言。」

〔三〕梅注：「帝王世紀：帝堯之世，天下太和，百姓無事，有老人擊壤而歌曰：日出而作，日入而息，鑿井而飲，耕田而食，帝力何有於我哉！」

范注：「文選謝靈運初去郡注：『周處風土記曰：「擊壤者以木作之，前廣後鋭，長四尺三寸，其形如履，將戲，先側一壤於地，遥於三四十步以手中壤擊之，中者爲上。」論衡曰：「堯時百姓無事，有五十之民，擊壤於塗。觀者曰：大哉堯之德也！擊壤者曰：吾日出而作，日入而息，鑿井而飲，耕田而食，堯何力於我也？」』帝王世紀擊壤歌蓋據此而附會成之。」按論衡藝增：「傳曰：有年五十擊壤于路者，觀者曰：大哉堯德乎。擊壤者曰：吾日出而作，日入而息，鑿井而飲，耕田而食，堯何等力？」

〔四〕梅注：「列子：堯治天下五十年，不知天下治與不治，乃微服遊於康衢，聞童謡云：立我蒸民，莫匪爾極，不識不知，順帝之則。」訓故同。按此見列子仲尼篇。郭注：「『含』與『吟』通，史記淮陰侯列傳『吟而不言』，謂『含而不言』也。此處則吟不識之歌也。」

〔五〕校證：「『暇』疑作『殷』。法言孝至篇『殷民阜財』，文選張衡西京賦『百物殷阜』，皆以『殷』『阜』對文。」

考異：「政阜民暇，孟子有『今國家閒暇』，堯有『擊壤之歌』，爲民暇之所本，似無可疑。王校據法言改定，非是。」

綴補：「古詩紀別集一引『暇』作『安』，『薰』作『南』。」

〔六〕孔子家語辯樂解：「舜彈五弦之琴，造南風之詩，其詩曰：『南風之薰兮，可以解吾民之愠兮；南風之時兮，可以阜吾民之財兮。』」「元后」，元首，指舜。范注：「詩於元后，疑當作詠於元后。」注訂：「『詩於元后』之『詩』字，與下文『歌』字用同，皆動字也。范注疑作『詠』，非。」文論選：「尸子云：『舜作五弦之琴，以歌南風。』」明詩篇：「至堯有大唐之歌，舜造南風之詩，觀其二文，辭達而已。」

校注：「按『詩』字自通。史記樂書：『高祖過沛，詩三侯之章。』又司馬相如傳（封禪文）：『詩大澤之博。』其『詩』字正作動詞用也。」

書大禹謨：「汝終陟元后。」孔傳：「元，大也。大君，天子。」

〔七〕斠詮：「爛雲，指卿雲歌。尚書大傳虞夏傳：『維十有五祀，卿雲聚，俊乂集，百工相和而歌卿雲，帝乃倡之曰：卿雲爛兮，糺縵縵兮，日月光華，旦復旦兮。』」通變篇：「虞歌卿雲，則文於唐時。」

詩品序：「昔南風之詞，卿雲之頌，厥義敻矣。」

劉綬松文心雕龍初探：「不同歷史時代的社會生活……在某種程度内影響和形成了文學作品的不同的藝術風格。所以野老的『何力之談』（擊壤歌）和郊童的『不識之歌』（康衢謠），只能產生在『德盛化鈞』的陶唐時代；薰風和爛雲那樣充滿了和樂聲音的歌詩，只能出現在『政阜民暇』的有虞時代。（……這些歌的本身都不大可靠，但我們認爲，即使是僞託的，作僞者也是根據了他所瞭解和想像的上古時代的生活特點把它們擬造出來的。所以劉勰據它們立論並不是全無根據的。）」（文學研究一九五七年二期）

〔八〕斯波六郎：「論語八佾：『子謂韶，盡美矣，又盡善也。』」

〔九〕校注：「按范注以『何』字屬上句讀，非是。史記李將軍列傳：『尉曰：「今將軍尚不得夜行，何乃故也？」』晉書明帝紀：『元帝異之，明日宴群僚，又問之。對曰：「日近。」元帝失色曰：「何乃異間者之言？」』南史張融傳：『上（齊高帝）曰：「何乃遲爲！」』又沈昭略傳：『逢王景文子約，張目視之曰：「汝是王約耶？何乃肥而癡！」約曰：「汝沈昭略耶？何乃瘦而狂！」』……並『何乃』連文之證。」

「心樂而聲泰」，是説太平盛世，人們心裏快樂，唱出的歌謡，聲音和泰。禮記樂記：「樂者，音之所由生也，其本在人心之感於物也。是故……其樂心感者，其聲嘽以緩。」又：「凡音者，生人心者也。情動於中，故形於聲，聲成文謂之音。是故治世之音安以樂，其政和。」

校釋：「陶唐世質，民謡樸野，及虞廷賡歌，有雍容之美，乃心樂聲泰之文，此一變也。」

至大禹敷土，「九序」詠功〔一〕，成湯聖敬，「猗歟」作頌〔二〕。逮姬文之德盛，周南勤而不怨〔三〕；大王之化淳，邠風樂而不淫〔四〕。幽厲昏而板蕩怒〔五〕，平王微而黍離哀〔六〕。故知歌謡文理〔七〕，與世推移〔八〕，風動於上，而波震於下者也〔九〕。

〔一〕書禹貢：「禹敷土，隨山刊木，奠高山大川。」馬注：「敷，分也。」蔡傳：「分土别地，以爲九州也。」「九序詠功」，見原道篇。「敷」是分布治理。明詩篇：「及大禹成功，九序惟歌。」「九功惟叙，九叙惟歌」，語見僞古文尚書大禹謨。「九功」指水、火、金、木、土、穀、正德、利用、厚生。

〔二〕黄注：「鄭康成詩譜：湯受命定天下，後世有中宗、高宗者，此三主有受命中興之功，時有作詩頌之者。商德之壞，武王伐紂，封紂兄微子啓爲宋公，七世至戴公時，大夫正考父校商之名頌十二篇於周太師，以那爲首，其首章曰：『猗歟那歟！』」

范注：「詩商頌長發：『湯降不遲，聖敬日躋。』箋曰：『湯之下士尊賢甚疾，其聖敬之德日進。』商頌那篇首句曰：『猗與那與！』傳曰：『猗，嘆辭；那，多也。』」

〔三〕訓故：「詩小序：關雎、麟趾之化，王者之風，故繫之周南，言化自北而南也。」范注：「勤而不怨，謂周南汝墳之詩。汝墳序曰：『汝墳，道化行也。文王之化行乎汝墳之國，婦人能閔其君子，猶勉之以正也。』」孔疏：「臣奉君命，不敢憚勞，雖則勤苦，無所逃避，是臣之正道，故曰勉之以正也。」

斯波六郎：「春秋左氏傳襄公二十九年：『吴公子札來聘……請觀於周樂，使工爲之歌周南、召南，曰：「美哉！始基之矣，猶未也。然勤而不怨矣。」』杜注：『周南、召南，王化之基。猶有商紂，未盡善也。未能安樂，然其音不怨怒。』」杜奉符燕學記言：「論語記載言關雎樂而不淫，關雎爲周南首篇，而與季子稱邠風之言相同。又季子稱周南曰：始基之矣，猶未也。夫云始基，當遠溯至公劉、太王二君之時，以農事教天下，致王業，邠風七月之詩是也。『勤而不怨』，最適宜于稱邠風；『始基之矣』，亦宜公劉、太王之世。又左傳載歌樂次第，唯豳風秦風與相傳詩經之次不合，其他皆恰合無間。豈『樂而不淫』之豳風，非今見之邠風乎？勤而不怨之周南、召南，非今傳之周南、召南乎？或者季子、孔子之言皆稱嘆于詩歌之聲，未可就詩義以求之也。」注訂：「勤而不怨，謂葛覃、卷耳、芣苢、汝墳諸詩，范注謂汝墳一章者非。」

〔四〕「大王」元刻本、弘治本均作「太王」。黄注：「詩譜：豳者，后稷之曾孫曰公劉者，自邰而出，所徙戎狄之地名。至商之末世，太王又避戎狄之難，而入處於岐陽。成王之時，周公避流言之難，出居東都，思公劉、太王居豳之職，憂念民事至苦之功，以比序己志。後成王迎而反之。太史述其志，主於豳公之事，故別其詩以爲豳國變風焉。」按此見詩豳譜。范注：「樂而不淫，謂東山四章樂男女之得及時也。」

斯波六郎：「左傳襄公二十九年：『爲之歌豳曰：美哉，蕩乎，樂而不淫，其周公之東乎？』」

案東山第四章寫男女婚姻事。

注訂：「豳風樂而不淫者，謂七月、東山之詩，七月述農田之樂而不及於私，東山述遠征之歸，有室家之好，而情止乎禮，皆樂而不淫意也。」

〔五〕訓故：「詩小序：板，凡伯刺厲王也。蕩，召穆公傷周室大壞也，厲王無道，天下蕩蕩，無綱紀文章，故作是詩也。」范注：「板、蕩皆厲王時詩，此云幽、厲，蓋連類言之。」鄭玄詩譜序：「自是而下，厲也，幽也，政教尤衰，周室大壞。十月之交、民勞、板、蕩，勃爾俱作，衆國紛然，刺怨相尋。」

〔六〕訓故：「詩黍離傳：周既東遷，大夫行役至於宗周，過故宗廟宫室，盡爲禾黍，閔周室之顛覆，彷徨不忍去，故賦其所見。」范注：「王風黍離序曰：黍離，閔宗周也。周大夫行役，至於宗廟，過故宗廟宫室，盡爲禾黍，閔周室之顛覆，彷徨不忍去而作是詩也。」

〔七〕附會篇：「總文理，統首尾。」「文理」，謂文章理路。

〔八〕斠詮：「楚辭漁父『聖人不凝滯於物而能與世推移』。」案淮南子『倏忽變化，與物推移』，高注：『推移，轉易也。』有演變之意。」

〔九〕校證：「『也』字原無。范云：『者下當有也字。』案范説是，今據補。」校注：「郝懿行云：『按「者」下疑有「也」字。』按郝説是。當據增。」

范文瀾文心雕龍講疏：「歷代文學之興衰，與政治有密切關係。故彦和云：『歌謡文理，與世推移；風動於上，而波震於下。』案此篇所舉，自春秋以前，皆屬歌謡之類。蓋詩歌本以言志，古人風俗素樸，心有所感，動輒形諸吟詠，初未有如後世之長篇累牘，下筆千百言者。況彼時竹簡繁重，刀削爲勞；言志寫情，尤以詩歌爲利便；故論上古文學，詩實足以代表之。」劉綬松古典文學理論中的風格問題：「文學風格與時代的關係，劉勰大致認爲表現在兩個方面。第一，文章的風格與世道的治亂有關。……由于周初的政治『德盛』『化淳』，所以便出現了『勤而不怨』、『樂而不淫』的詩風；到了平王東遷前後，民生彫敝、宗國殘破的現實，又使得當時的詩歌有了憤怒和哀怨的情調。我們今天雖然不完全同意劉勰對某些詩的分析，但他從文學與時代的關係上來探討作家作品的風格，却是應該肯定的。」（紅旗一九六二年六期）

由于厲王、幽王的昏憒，引起詩經中板、蕩等詩篇那樣激怒的風格；由于平王東遷，國勢衰微，引起黍離詩那樣哀傷的風格。于是作者得出初步結論說：「故知歌謠文理，與世推移」，意思是説歌謡的寫作思路，是隨着時代的推移而變化的。但底下緊接着說：「風動於上而波震於下者」，這就顯示出儒家的自上而下的「風化論」：上面有什麼樣的政治，下面就有什麼樣的波動。

校釋：「三代之文，由詠功頌德，變而爲刺淫譏過，此二變也。」

春秋以後，角戰英雄〔一〕，六經泥蟠〔二〕，百家飆駭〔三〕。方是時也，韓魏力政〔四〕，燕趙任權，五蠹六蝨〔五〕，嚴於秦令〔六〕，唯齊楚兩國，頗有文學。

〔一〕「角戰」，猶角逐。「角」，競争較量。

〔二〕黄注：「班固答賓戲：泥蟠而天飛者，應龍之神也。」校注：「按法言問神篇：『龍蟠于泥，蚖其肆矣。』」李軌注：「龍蟠未昇。」言六經不用，如龍之蟠屈于泥塗。

〔三〕「飆駭」，言如風起雲湧。喻百家争鳴。

〔四〕郭注：「力政，即力征，謂强力征伐。……禮記王制、漢書五行志作『力政』。國語吳語作『力征』。」諸子篇：「逮及七國力政，俊乂蠭起。」

〔五〕諸子篇：「至如商韓，六蝨五蠹，棄孝廢仁，轘藥之禍，非虚至也。」注見諸子篇義證。

〔六〕校證：「汪本、佘本、兩京本、王惟儉本『秦』作『奏』，詩紀別集一同。」按元刻本、弘治本均作「嚴于奏令」。何批秦改奏。按「秦」字是。秦尚法制，用商鞅、韓非，所以説嚴于秦令。奏啓篇説：「秦始立奏，而法家少文，觀王綰之奏勳德，辭質而義近；李斯之奏驪山，事略而意逕；政無膏潤，形於篇章矣。」

齊開莊衢之第〔一〕，楚廣蘭臺之宮〔二〕，孟軻賓館〔三〕，荀卿宰邑〔四〕，故稷下扇其清風〔五〕，蘭陵鬱其茂俗〔六〕，鄒子以談天飛譽，騶奭以雕龍馳響〔七〕，屈平聯藻於日月〔八〕，宋玉交彩於風雲〔九〕。觀其艷説，則籠罩雅頌〔一〇〕。故知煒燁之奇意〔一一〕，出乎縱横之詭俗也〔一二〕。

〔一〕史記孟子荀卿列傳：「騶奭者，齊諸騶子，亦頗采騶衍之術以紀文。於是，齊王嘉之，自如淳于髡以下皆命曰列大夫，爲開第康莊之衢，高門大屋尊寵之。」正義：「開第康莊之衢，言爲諸子起第於要路也。」

〔二〕訓故：「蘭臺，見夸飾篇『景差』注。」范注：「文選風賦：『楚襄王遊于蘭臺之宮，宋玉、景差侍。』」「廣」，擴充。「蘭臺」，在湖北鍾祥縣東。

〔三〕諸子篇：「孟軻膺儒以磬折。」孟子公孫丑下：「孟子將朝王，王使人來曰：寡人如就見者也。」趙岐注：「孟子雖仕齊處師賓之位，以道見敬。……王欲見之，先朝，使人往謂孟子云，『寡人如就見』者，若言就孟子之館相見也。」「賓館」，賓於館，指作客於齊。

〔四〕梅注：「史記：荀卿，趙人，年五十始來遊學于齊。齊襄王時，而荀卿最爲老師。齊人或讒荀卿，荀卿乃適楚，而春申君以爲蘭陵令，因家蘭陵。于是推儒墨道德之行事興壞，序列著數萬言而卒。因葬蘭陵。」蘭陵在今山東棗莊市東南舊嶧縣。

〔五〕訓故：「史記孟子傳：自騶衍與齊之稷下先生，如淳于髡、慎到、環淵、接子、田駢、騶奭之徒，各著書言治亂之事，以干世主，豈可勝道哉！索隱曰：稷，齊之城門也，謂齊之學士集于稷門之下也。」

梅注：「史記：齊王開第康莊之衢，高門大屋。覽天下諸侯賓客，言齊能致天下賢士。自騶衍與齊之稷下先生，如淳于髡、慎到、環淵、接子、田駢、騶奭之徒，各著書言治亂之事。」

斠詮：「史記田敬仲世家：『宣王喜文學，遊説之士，自如鄒衍、淳于髡、田駢、接子、慎到、環淵之徒七十六人，皆賜列第，爲上大夫，不治而議論，是以齊稷下學士大盛，且數百人。』於此可見稷下諸子講學風氣之盛矣。」

〔六〕范注：「劉向荀子叙：『蘭陵多善爲學，蓋以孫卿也。長老至今稱之。曰，蘭陵人喜字爲卿，蓋以法孫卿也。』」「鬱」，積累。「茂」，美。此謂蘭陵受了荀卿的感化而蔚成美俗。諸子篇「三年問喪，寫乎荀子之書，此純粹之類也。」又：「研夫孟、荀所述，理懿而辭雅。」才略篇：「荀况學宗，而象物名賦，文質相稱，固巨儒之情也。」

〔七〕注訂：「漢書藝文志：『鄒子四十九篇。』注：名衍，齊人，爲燕昭王師，居稷下，號談天衍。」諸子篇：「鄒子養政於天文。」訓故：「談天、雕龍，見諸子篇。」史記孟子荀卿列傳：「鄒衍之術迂大而閎辯；奭也文具難施。……故齊人頌曰：談天衍，雕龍奭。」集解：「劉向別録曰：鄒衍之所言，五德終始，天地廣大，書言天事，故曰談天衍。騶奭修衍之文飾，若雕鏤龍文，故曰雕龍奭。」序志篇：「豈取騶奭之群言雕龍也。」

〔八〕范注：「史記屈原列傳：『推此志也，雖與日月争光可也。』」「藻」，辭藻。此句亦可解爲屈原賦在描寫時往往言及日月。如離騷有「日忽忽其將暮。吾令羲和弭節兮」，「折若木以拂日兮」，「前望舒使先驅兮」。羲和，日御。望舒，月御。

〔九〕范注：「文選有宋玉風賦、高唐賦（高唐賦「朝雲」）。」才略篇：「屈、宋以楚辭發采。」斠詮：「宋玉有風賦賦大王雄風與庶人雌風之懸殊，又有高唐賦賦雲氣之變化無窮。」

〔一〇〕斠詮：「籠罩，覆蓋之意。文選夏侯湛東方朔畫贊：『謿哂豪傑，籠罩靡前。』銑曰：『朔皆籠罩在於心胸也。』」

〔一一〕「煒燁」，光彩燦爛。文選陸機文賦：「説煒爗而譎誑。」「煒」，一作暐。「爗」，一作曄。

〔一二〕校釋：「『故知煒燁之奇意，出乎縱横之詭俗』二句，深得屈、宋文體流變之故，與實齋章氏論戰國文體出於行人辭命之説，可謂曠世同調。屈子亦近縱横家也。」劉勰認爲文學風格不僅受政治的影響，也受社會風氣的影響。戰國時期，由于縱横家的詭辯之風，影響到文學方面，則形成詼詭離奇講求藻采的風格。所以説：「故知暐燁（光彩焕發）之奇意，出乎縱横之詭俗也。」

文心雕龍講疏引劉申叔曰：「漢志所載，詩賦首列屈原，而唐勒、宋玉次之。其學皆源于古詩，雖體格與三百篇漸異，然屈原諸人，皆長于辭令，有行人應對之才。西漢詩賦，其見于漢志者，如陸賈、嚴助之流，並以辯論見稱，受命出使，是詩賦雖别爲一略，然實縱横家之派别矣。」

斠詮：「章學誠校讎通義云：『古之賦家者流，原本詩、騷，以出入戰國諸子。假説問對，莊、列寓言之遺也；恢廓聲勢，蘇、張縱横之體也；排比諧隱，韓非、儲説之屬也；徵材聚事，吕覽叙輯之義也。』」

以上爲第一段，指出文學和時代的關係，並論述從堯舜到戰國的文學發展。

爰至有漢，運接燔書〔一〕，高祖尚武，戲儒簡學〔二〕。雖禮律草創〔三〕，詩、書未遑〔四〕，然大風、鴻鵠之歌，亦天縱之英作也〔五〕。

〔一〕諸子篇：「暨於暴秦烈火，勢延崑岡。」訓故：「秦始皇本紀：李斯奏請史官，非秦記皆燒之，非博士官所職，天下敢有藏詩書百家語者，悉詣守尉雜燒之。令下三十日不燒，黥爲城旦。制曰可。」

〔二〕訓故：「史記酈食其傳：騎士曰：沛公不喜儒，諸客冠儒冠來者，沛公輒解其冠，溺其中。」「簡」，傲慢忽略。

〔三〕黄注：「漢禮樂志：漢興，撥亂反正，日不暇給，猶命叔孫通制禮儀，以正君臣之位。未盡備而通終。律曆志：漢興，方綱紀大基，庶事草創，襲秦正朔，以北平侯張蒼言，用顓頊曆比于六曆。」范注：「藝文志：『漢興，蕭何草律。』刑法志：『蕭何捃摭秦法，取其宜于時者作律九章。』」

〔四〕校注：「按史記陸賈傳：『陸生時時前説稱詩書。高帝罵之曰：「迺公居馬上而得之，安事詩書？」』論衡佚文篇：『高祖始令陸賈造書，未興五經。』並足爲『詩書未遑』之證。」

〔五〕樂府篇：「觀高祖之詠大風，孝武之嘆來遲，歌童被聲，莫敢不協。」范注：「（史記）高祖本紀：『高祖擊筑，自爲歌詩曰：「大風起兮雲飛揚，威加海内兮歸故鄉，安得猛士兮守四方。」』」大風歌，漢高祖還歸過沛時作。「鴻鵠之歌」，梅注：「史記：『漢高帝欲易太子，吕后劫留侯爲畫計。留侯曰：「此難以口舌争也。」令太子卑辭安車，因使辯士固請商山四皓來，以爲客。及上燕置酒，太子侍，四人從太子。上怪之，問曰：「彼何爲者？」四人前對，各言名姓，爲壽已畢，趨去。上召戚夫人，指示四人者曰：「我欲易之，彼四人輔之，羽翼已成，難動矣。呂后真而主矣。」戚夫人泣，上曰：「爲我楚舞，吾爲若楚歌。」歌曰：「鴻鵠高飛，一舉千里。羽翮已就，横絶四海。横絶四海，當可奈何？雖有矰繳，尚安所施！」』」案此見留侯世家。論語子罕篇：「固天縱之將聖。」「天縱」，上天所賦予的。

施及孝惠〔一〕，迄於文景，經術頗興〔二〕，而辭人勿用〔三〕。賈誼抑而鄒枚沈〔四〕，亦可知已〔五〕。

〔一〕斟詮：「施及，猶言『延及』。莊子在宥：『夫施及三王。』釋文：『施，延也。』」

〔二〕范注：「孝文時，論語、孝經、孟子、爾雅皆置博士（趙岐題辭），又立韓生詩及申公詩（史記儒林傳。後漢書翟酺傳：置一經博士），景帝又置齊轅固生詩及春秋，胡毋生、董仲舒公羊博士，故云『經術頗興』。漢書惠帝紀：『四年除挾書律。』」注訂：「趙岐孟子注題辭：『孝文皇帝欲廣遊學之路，論語、孝經、孟子、爾雅皆置博士，後罷傳記博士，獨立五經而已。』」

〔三〕校注：「按漢書司馬相如傳：『會景帝不好辭賦。』足爲舍人此説之證。」

〔四〕黄注：「賈誼傳：天子議以誼任公卿之位，絳、灌、東陽侯、馮敬之屬盡害之，乃毀誼曰：雒陽之人，年少初學，專欲擅權，紛亂諸事。於是天子後亦疏之，不用其議，以誼爲長沙王太傅。」又：「枚乘傳景帝召拜乘爲弘農都尉，乘久爲大國上賓，與英俊並遊，得其所好，不樂郡吏，以病免官。」按以上均見漢書。范注：「（漢書）鄒陽傳：鄒陽者，齊人也。遊於梁，與故吴人莊忌夫子、淮陰枚生之徒交……介於羊勝、公孫詭之間，勝等疾鄒陽，惡之梁孝王。孝王怒，下之吏，將欲殺之。鄒陽客遊以讒見禽，惡死而負累，乃從獄中上書，書奏梁孝王，孝王使人出之，卒爲上客。」注訂：「按賈誼抑而鄒枚沈，抑沈指賈誼被疏而陽下獄、乘免官也。」

〔五〕校釋：「漢初人士多習縱横長短之説，而賦家如賈誼、司馬相如、枚乘、嚴忌、鄒陽之徒，皆有戰代馳説之習，但高祖已厭縱横，文景務崇清凈，故賈誼抑而鄒枚沉，於是縱横之士，無所用之，乃折入辭賦；及武帝之世，此風已成，而賦人亦漸爲帝王所重，其間因緣，固甚明白。舍人二語，已足窺見本源。……惟漢初縱横馳説之士，雖不容於王朝，而其時諸侯，如吴、梁、淮南，皆承戰國養士之風，士之習長短、善辭賦者，遂乃遊食藩封，以資貴顯。故武帝以前，王朝雖辭人勿用，藩國則文彩足觀。本篇於此，付之闕如，似不免于疏闊。」

逮孝武崇儒，潤色鴻業〔一〕，禮樂争輝，辭藻競騖〔二〕：柏梁展朝讌之詩〔三〕，金堤製恤民之詠〔四〕，徵枚乘以蒲輪〔五〕，申主父以鼎食〔六〕，擢公孫之對策〔七〕，歎倪寬之擬奏〔八〕，買臣負薪而衣錦〔九〕，相如滌器而被繡〔一〇〕。

〔一〕黄注：「漢武帝紀贊：孝武初立，表章六經，興太學，號令文章，焕焉可述。後嗣得遵洪業，而有三代之風。」校注：「按班固兩都賦序：『至於武、宣之世，乃崇禮官，考文章，内設金馬、石渠之署，外興樂府協律之事，以興廢繼絶，潤色鴻業。』」李善注：「言能發起遺文，以光讚大業也。」

〔二〕「鶩」，奔馳。范注：「（漢書）嚴助傳：『公孫弘起徒步，數年至丞相，開東閣，延賢人，與謀議，朝覲奏事，因言國家便宜。上令助等與大臣辯論，中外相應以義理之文，大臣數詘。』」

〔三〕校證：「玉海九『讌』作『燕』。」柏梁詩相傳爲漢武帝元封三年與臣僚在柏梁臺飲宴時所作的聯句。詳見明詩篇義證。

〔四〕訓故：「漢溝洫志：武帝既封禪，發卒數萬人塞瓠子決河，上悼功之不成，乃作歌。卒塞瓠子，築宫其上。『金堤』是黄河在瓠子決口時所築的堤，瓠子在今河北濮陽（按：今屬河南省）。名曰宣防。（漢書）王尊傳：河水盛溢，泛浸瓠子金堤。」梅注：「漢書：孝文時，河決酸棗，東潰金堤。於是東郡大興卒塞之。其後三十六歲，孝武元光中，河決于瓠子。自河決瓠子後二十餘歲，歲因以數不登。上乃使汲仁、郭昌發卒數萬人塞瓠子決河。於是上以用事萬里沙，則還自臨決河，湛白馬玉璧，令群臣從官，自將軍以下，皆負薪塞決河。是時東郡燒草，以故薪柴少，而下淇園之竹，以爲揵。上暨臨河決，悼功之不成，乃作歌曰：『瓠子決兮將奈何？浩浩洋洋，慮殫爲河。殫爲河兮地不得寧，功無已時兮吾山平。吾山平兮鉅野溢，魚弗鬱兮柏冬日。正道弛兮離常流，蛟龍騁兮放遠遊。歸舊川兮神哉沛，不封禪兮安知外！皇謂河公兮何不仁，泛濫不止兮愁吾人。齧桑浮兮淮泗滿，久不反兮水維緩。』一曰：『河湯湯兮激潺湲，北渡回兮迅流難。搴長茭兮湛美玉，河公許兮薪不屬，薪不屬兮衛人罪，燒蕭條兮噫乎何以御水！隤林竹兮揵石菑，宣防塞兮萬福來。』於是卒塞瓠子，築宮其上，名曰宣防。」按此見溝洫志。漢書司馬相如傳：「嫛姍勃窣上金堤。」注：「言水之隄塘堅如金也。」

〔五〕梅注：「漢書（枚乘傳）：武帝自爲太子，聞乘名，及即位，乘年老，乃以安車蒲輪徵乘。」按漢書顔師古注：「蒲輪，以蒲裹輪。」

〔六〕訓故：「史記主父偃傳：尊立衛皇后，及發燕王定國陰事，偃有功焉。大臣皆畏其口，賂遺累千金，人或説偃曰：太横矣。主父曰：『丈夫生不五鼎食，死即五鼎烹耳。』」「申」通伸。此處有提升意。孟子梁惠王下：「前以三鼎而後以五鼎與？」趙注：「禮，士祭三鼎，大夫祭五鼎也。」四書逸箋云：「五鼎皆用羊豕，而魚腊配之。」梅注：「漢書：主父偃，齊國臨淄人也。學長短縱横術，晚迺學易、春秋、百家之言。遊齊諸子間，諸儒生相與排儐，不容于齊。家貧，假貸無所得，北遊燕、趙、中山。皆莫能厚客，甚困。以諸侯莫足遊者。元光元年，迺西入關，見衛將軍。衛將軍數言上，上不省。資用乏，留久，諸侯賓客多厭之。迺上書闕下，朝奏，暮召入見。是時徐樂、嚴安亦俱上書，言世務。書奏，上召見三人，謂曰：『公皆安在？何相見之晚也！』迺拜偃、樂、安皆爲郎中，偃數上疏言事，遷謁者中郎，中大夫。歲中四遷。偃説上，上輒從其計。大臣皆畏其口。賂遺累千金，或説偃曰大橫。偃曰：『臣結髮遊學四十餘年，身不得遂。親不以爲子，昆弟不收。賓客棄我。我阸日久矣。丈夫生不五鼎食，死則五鼎烹耳。吾日暮，故倒行逆施之。』」按此見主父偃傳。

〔七〕文論選：「指漢武帝以公孫弘關于『禁民不得挾弓弩』的奏命臣下討論的事情。詳見漢書吾丘壽王傳。」按議對篇：「公孫之對，簡而未博，然總要以約文，事切而情舉，所以太常居下，而天子擢上也。」黄注：「史記平津侯傳：公孫弘使匈奴還報，不合上意……病免歸。元光五年，詔徵文學，國人固推弘，弘至太常。太常令所徵儒士各對策百餘人，弘第居下。策奏，天子擢弘對爲第一。」范注：「公孫弘對策，見議對篇注。」

〔八〕校證「『倪』原作『兒』，何允中本、日本活字本、梅本、凌本、梅六次本、陳本、日本刊本、王謨本、張松孫本、崇文本、詩紀作『倪』，附會篇亦作『倪』，今改。」

校注：「『擬』，元本、活字本、汪本、佘本、張本、兩京本、胡本、文津本作『凝』；詩紀別集一、漢魏詩乘總録、湯氏續文選二七同。訓故本、謝鈔本作『疑』。馮舒校作『擬』。鈴木云：『（擬）當作疑。』按『凝』、『疑』並誤。此云『擬奏』，明指寬所爲奏，其非『已再見却』之『疑奏』

可知。不然，漢武何爲稱嘆耶？且『擬奏』始能與上句之『對策』相對。」附會篇「昔張湯擬奏而再却……及倪寬更草……而漢武歎奇。」訓故：「漢書兒寬傳：張湯爲廷尉，有疑奏，已再見却矣。掾史莫知所爲，寬爲言其意，掾史因使寬爲奏。奏成，即時得可。異日湯見，上問曰：『前奏非俗吏所及，誰爲之者？』湯言兒寬。上曰：『吾固聞之久矣。』」

〔九〕訓故引漢書朱買臣傳。按漢書朱買臣傳：「家貧……常艾薪樵賣以給食，擔束薪行且誦書。……上拜會稽太守。上謂買臣曰：『富貴不歸故鄉，如衣繡夜行。今子何如？』」

〔一〇〕訓故：「漢書司馬相如傳：相如與文君俱之臨邛，盡賣車騎，買酒舍，乃令文君當壚。相如身自著犢鼻褌，與庸保雜作，滌器于市中。後爲中郎將，至蜀，太守以下郊迎，縣令負弩矢先驅，蜀人以爲寵。」斠詮：「漢書百官公卿表：『侍御史有繡衣直指，出討奸猾，治大獄，武帝所制，不常置。』注：『師古曰：衣以繡者，尊繡之也。』按此云被繡，蓋指相如奉使建節責唐蒙，諭巴蜀，略定西南夷而言。」

於是史遷、壽王之徒〔一一〕，嚴、終、枚皋之屬〔一二〕，應對固無方〔一三〕，篇章亦不匱，遺風餘采，莫與比盛。

〔一〕漢書司馬遷傳：「遷爲太史令。……遷既刑之後，爲中書令，尊寵任職。」訓故：「史記吾丘壽王傳：年少以善格五，召待詔，後爲光禄大夫侍中。」「格五」，古代博戲名。

〔二〕訓故：「漢書嚴安傳：安，臨菑人，以故丞相史上書，爲騎馬令。」牟注：「嚴，指嚴助。……按漢書嚴助傳，嚴助與朱買臣、吾丘壽王、司馬相如、嚴安、枚臯、終軍等同時，『並在左右』（都在漢武帝身邊）……但劉勰這裏所講到的，是一些『篇章亦不匱』的文人，嚴助傳説他曾『作賦頌數十篇』，嚴安則無。」訓故引漢書終軍傳。按漢書終軍傳：「終軍，字子雲，濟南人也。少好學，以辯博能屬文，聞於郡中。……至長安，上書言事，武帝異其文，拜軍爲謁者給事中。」黄注：「枚臯傳：臯不通經術，詼笑類俳倡，爲賦頌好嫚戲，以故得媟黷貴幸，比東方朔、郭舍人等，而不得比嚴助等得尊官。」

〔三〕明詩篇：「嚴、馬之徒，屬辭無方。」

越昭及宣，實繼武績〔一〕，馳騁石渠〔二〕，暇豫文會〔三〕，集雕篆之軼材〔四〕，發綺縠之高喻〔五〕；於是王褒之倫，底禄待詔〔六〕。

〔一〕徐復文心雕龍正字：「按『績』疑當作『蹟』，繼蹟猶繼踵矣。」郭注：「漢書王褒傳：『宣帝時，修武帝故事，講論六藝群書，博盡奇異之好。』故云『實繼武績』。」

〔二〕黄注：「石渠見論説篇。」按論説篇：「至石渠論藝，白虎講聚，述聖通經，論家之正體也。」

「石渠」，閣名，漢宮中藏書之處。

范注：「昭帝年少，在位日淺，至宣帝時，始立大小夏侯尚書、大小戴禮，施、孟、梁丘易，穀梁春秋。」

斠詮：「（漢書）宣帝紀甘露三年詔，補注引錢大昭曰：『時與議石渠者，可考見者凡二十三人，議奏之見於藝文志者凡一百六十五篇。……』漢書瑕丘江公傳、劉向傳、韋玄成傳皆載講經石渠事。案：馳騁，即宣帝紀所謂『上親稱制臨決』之意。石渠，閣名。三輔黄圖：『石渠閣，蕭何造，其下礱石爲渠，以導水，若今御溝，因爲閣名。所藏入關所得秦之圖籍。至於成帝，又於此藏秘書焉。』後漢書楊終傳：『宣帝博徵群儒，論定五經於石渠閣。』」後漢書方術傳：「光武尤信讖言，士之赴趣時宜者，皆馳騁穿鑿争談之也。」是「馳騁石渠」者乃當時文士。

〔三〕斠詮：「暇豫，閒暇豫樂也。國語晉語：『主孟啗我，我教兹暇豫事君。』韋昭注：『暇，閒也；豫，樂也。』文會，有關於學問文章之集會也。論語顔淵：『君子以文會友，以友輔仁。』」

郭注：「漢書王褒傳：『神爵、五鳳之間，天下殷富，數有嘉應，上頗作歌詩，欲興協律之事。』蓋所謂暇豫文會。」

〔四〕文論選：「雕篆，即雕蟲篆。軼材，有非凡之材的人。法言吾子篇：『或問：「吾子少而好賦？」曰：「然，童子雕蟲篆刻。」』蟲，蟲書；刻，刻符。蟲書、刻符都是學童所習，所以説童子雕蟲篆刻，以喻作賦乃是襞積奇字以成篇，也是少年人的玩意兒。」校注：「漢書王褒傳：『褒既爲刺史作頌，又作其傳，益州刺史因奏褒有軼材。上（宣帝）迺徵褒。』」

〔五〕梅注：「揚子法言：『或問：「吾子少而好賦？」曰：「然，童子雕蟲篆刻。」俄而曰：「壯夫不爲也。」或曰：「賦可以諷乎？」曰：「諷則已，不已，吾恐不免於勸也。」或曰：「霧縠之組麗。」曰：「女工之蠹矣。」』漢書：『宣帝時脩武帝故事，講論六藝群書，博盡奇異之好，徵能爲楚辭九江被公，召見誦讀，益召高材劉向、張子僑、華龍、柳褒等，待詔金馬門。上頗作歌詩，欲興協律之事。丞相魏相奏言知音善鼓雅琴者渤海趙定、梁國龔德，皆召見待詔。於是益州刺史王襄欲宣風化於衆庶，聞王褒有俊材，請與相見，使褒作中和、樂職、宣布詩，選好事者，令依鹿鳴之聲習而歌之。褒既爲刺史作頌，又作其傳。益州刺史因奏褒有軼材。上迺徵褒。既至，詔褒爲聖主得賢臣頌。上令褒與張子僑等並待詔，數從褒等放獵。所幸宫館，輒爲歌頌。第其高下，以差賜帛。議者多以爲淫靡不急，上曰：「『不有博弈者乎？爲之猶賢乎已。』辭賦大者與古詩同義，小者辯麗可喜。辟如女工有綺縠，音樂有鄭衛，今世俗猶皆以此虞説耳目，辭賦比之，尚有仁義、風諭、鳥獸草木多聞之觀，賢於倡優博弈遠矣。」』」按此見王褒傳。

〔六〕訓故：「左傳：叔向曰：厎禄以德。」按此見昭公元年，杜注：「厎，致也。厎音旨。」校注：「是『底』當作『厎』。」

自元暨成〔一〕，降意圖籍〔二〕，美「玉屑」之譚〔三〕，清金馬之路〔四〕，子雲鋭思於千首〔五〕，子政讎校於六藝〔六〕，亦已美矣。

〔一〕黄注：「漢元帝紀：孝元皇帝，宣帝太子也。宣帝微時生民間，宣帝即位，立爲太子。壯大，柔仁好儒。宣帝崩，太子即皇帝位。漢成帝紀：孝成皇帝，元帝太子也。元帝崩，即皇帝位。」

〔二〕斠詮：「降意，猶言降心、悉心、傾心，亦即『留意』之意。後漢書賈逵傳：『肅帝降意儒術，特好古文尚書、左氏傳。』」由於是説皇帝，所以用「降意」。范注：「漢書元帝紀贊：『元帝多材藝，善史書，少而好儒，及即位，徵用儒生，委之以政。貢、薛、韋、匡（貢禹、薛廣德、韋賢、匡衡），迭爲宰相。』成帝紀：『成帝好經書。』又贊曰：『博覽今古。』」

〔三〕「美玉屑之譚」，元刻本以下俱作「笑玉屑之諫」。梅本于「笑」字下注云：「當作美。」「諫」字下注云：「當作談。」黄叔琳據改。范注：「周禮天官玉府注：『王齊，當食玉屑。』論衡書解篇：『玉屑滿篋，不成爲寶。』」

文論選：「世說新語賞譽：『胡毋彥國吐佳言如屑，後世領袖。』譚，即談。這裏指關於文學的談論。」

斠詮：「美玉屑之談，指詔劉向校定諸子詩賦而言。玉屑，喻百家之珍說，出典論衡書解篇：『或曰：古今作者非一，各穿鑿失經之實傳，違聖人質，故謂之蕞殘，比之玉屑。故曰：蕞殘滿車，不成爲道；玉屑滿篋，不成爲寶。……答曰：聖人作其經，賢者造其傳。……書亦爲本，經亦爲末；末失事實，本得道質。折累二者，孰爲玉屑？』案所引謂世以述作書記，每多穿鑿附會，比之蕞殘玉屑，而不知諸子尺書采聖志以立言，文義與經相薄，未嘗違離道真，安可謂爲不成道寶乎？又以此一詞喻詩賦之佳句，晉王澄與人書：『彥國吐嘉言如玉屑。』」

〔四〕范注：「史記褚先生補滑稽列傳：『東方朔歌曰：「陸沈於俗，避世金馬門。」』金馬門者，官署門也。門傍有銅馬，故謂之金馬門。」注訂：「按金馬門，武帝時列士待詔之所。」這句指對文人的重視。

〔五〕詮賦篇：「繁積於宣時，校閱於成世，進御之賦，千有餘首。」藝文類聚引桓子新論：「余素好文，見子雲工爲賦，欲從之學。子雲曰：能讀千賦則善爲之矣。」按此見道賦篇。西京雜記卷二：「或問揚雄爲賦。雄曰：『讀千首賦，乃能爲之。』」

〔六〕黃注：「漢藝文志劉歆七略有六藝略。詳諸子篇。」按諸子篇：「逮漢成留思，子政讎校，於是七略芬菲，九流鱗萃。」漢書藝文志：「至成帝時，以書頗散亡，使謁者陳農求遺書於天下，詔光禄大夫劉向校經傳諸子詩賦。……會向卒，哀帝復使向子侍中奉車都尉歆卒父業。歆於是總群書而奏其七略，故有輯略，有六藝略，有諸子略，有詩賦略，有兵書略，有術數略，有方技略。」「六藝」，指六經。才略篇：「舊説以爲……歆學精向，然……新序該練，璿璧産於崐崗，亦難得而踰本矣。」

爰自漢室，迄至成哀〔一〕，雖世漸百齡〔二〕，辭人九變〔三〕，而大抵所歸，祖述楚辭〔四〕，靈均餘影，於是乎在〔五〕。

〔一〕黄注：「漢哀帝紀：孝哀皇帝，元帝庶孫，定陶恭王子也。成帝無子，立爲皇太子，成帝崩，即皇帝位。」

〔二〕斠詮：「西漢自……漢王即皇帝位起，至孝哀帝……崩，傳世凡有二百零二年之久，其曰『漸百齡』者，蓋漸有累積之意，漸百齡即累百年也。」

〔三〕范注：「漢書武帝紀元朔元年詔，臣瓚注『九變』曰：『九，數之多也。』」校釋：「九變，如以高、惠迄成九代釋之，義殊未安。蓋文變不可以代論，且按文義求之，亦與『九』數不符也。是則此『九變』之『九』乃虛數，與『九變之貫』意同。……不可與贊中『九變』之『辭』混同。」

〔四〕范注：「藝文志屈原賦類凡二十家，三百六十一篇，視陸賈、孫卿、客主三類爲特多。」郝懿行批注：「按『九變』詳總術篇注。楚、漢侈艷，大抵同歸，故云祖述者也。」校注：「按宋書謝靈運傳論：『自漢至魏……是以一世之士，各相慕習，源其飇流所始，莫不同祖風騷。』文選李注引續晉陽秋曰：『自司馬相如、王褒、揚雄諸賢，代尚詩賦，皆體則風騷。』並足與此相發。」注訂：「文體導源六經，戰國以降，其變有二：一爲離騷之詭麗，二爲緯書之恢奇。是以此云辭人九變，而皆祖述靈均也。」

〔五〕校釋：「戰國諸子朋興，齊、楚稱盛，齊尚雄辯，楚富麗辭，皆出縱横之詭俗；西漢文變雖多，不外屈、宋餘響，此三變也。」

以上爲第二段，論述西漢文學的情況。

自哀平陵替〔一〕，光武中興〔二〕，深懷圖讖〔三〕，頗略文華。然杜篤獻誄以免刑〔四〕，班彪參奏以補令〔五〕；雖非旁求，亦不遐棄〔六〕。

〔一〕黄注：「漢平帝紀：孝平皇帝，元帝庶孫，中山孝王子也，哀帝崩，即皇帝位。」左傳昭公十八年：「于是乎下陵上替，能無亂乎？」疏：「在下者陵侮其上，在上者替廢其位，上下失分，能無亂乎？」按「陵替」猶陵夷，下陵上替，言上下皆頽廢不思振作。

〔二〕黄注：「後漢光武帝紀：光武皇帝諱秀，長沙定王之後，誅王莽，復漢。」

〔三〕後漢書方術傳：「光武尤信讖言。」後漢書光武帝紀：「宛人李通等以圖讖説光武。」李賢注：「圖，河圖也。讖，符命之書。讖，驗也，言爲王者受命之徵驗也。」正緯篇：「光武之世，篤信斯（讖緯）術，風化所靡，學者比肩。沛獻集緯以通經，曹襃選讖以定禮，乖道謬典，亦已甚矣。」

〔四〕梅注：「後漢書：篤少博學，不修小節，不爲鄉人所禮。居美陽，與美陽令遊。數從請託，不諧，頗相恨，令怒，收篤，送京師。會大司馬吴漢薨，光武詔諸儒誄之，篤於獄中爲誄，辭最高，帝美之，賜帛免刑。」按此見後漢書文苑杜篤傳。訓故引東觀漢記略同。誄碑篇：「杜篤之誄，有譽前代。」注訂：「吴漢誄見藝文類聚。」

〔五〕元刻本「奏」作「表」。校證「『奏』原作『表』，梅據張振豪改。」梅注：「後漢書：班彪避地河西，大將軍竇融以爲從事，深敬待之，接以師友之道。彪乃爲融畫策事漢，總西河以拒隗囂。及融徵還京師，光武問曰：『所上章奏，誰與參之？』融對曰：『皆從事班彪所爲。』帝雅聞彪材，因召入，舉司隸茂才，拜爲令。」按此見班彪傳。「補令」，授職爲縣令。

〔六〕斯波六郎：「尚書太甲：『旁求俊彦。』」又：「詩周南汝墳：『既見君子，不我遐棄。』」按太甲上篇孔傳：「旁，多方。」「遐」，遠也。

及明章叠耀〔一〕，崇愛儒術，肄禮璧堂〔二〕，講文虎觀〔三〕，孟堅珥筆於國史〔四〕，賈逵給札於瑞頌〔五〕；東平擅其懿文〔六〕，沛王振其通論〔七〕；帝則藩儀，輝光相照矣〔八〕。

〔一〕黄注：「後漢明帝紀：孝明皇帝諱莊，光武第四子也。」校證：「『章』原作『帝』。范云：『講文虎觀……此是章帝事。疑「明帝叠耀」，當作「明章叠耀」，「帝」與「章」形近而譌。』按范説是。詔策篇：『明章崇學』，今本『章』亦誤爲『帝』，與此正同。今據改。」注訂：「范注據『講文虎觀』爲章帝事，疑『明帝叠耀』，當作『明章叠耀』，『帝』與『章』形近而譌，固是。惟叠耀指承光武崇儒而言，下則連類及之，固亦通也。」校注：「按既云『叠耀』，則非一帝。范説是也。……論衡佚文篇：『孝明世好文人，並徵蘭臺之官，文雄會聚；今上（章帝）即令（當作命），語求亡失，購募以金，安得不有好文之聲？』」

〔二〕訓故：「璧堂，璧雍、明堂也。」黄注：「通鑑：明帝永平二年，上帥群臣躬養三老五更於辟雍，禮畢……上自爲下説，諸儒執經問難於前，冠帶縉紳之士，圜橋門而觀聽者，蓋億萬計。」范注：「後漢書桓榮傳：『永平二年三雍初成，拜榮爲五更。每大射養老禮畢，帝輒引榮及弟子升堂，執經，自爲下説。』章懷注曰：『三雍，宫也。謂明堂、靈臺、辟雍。』」

〔三〕訓故：「見論説篇。」按論説篇：「至石渠論藝，白虎講聚，述聖通經，論家之正體也。」黄注：

「後漢書章帝紀：建初四年……詔……諸生諸儒會白虎觀，講議五經同異，帝親稱制臨決，如孝宣甘露石渠故事，作白虎議奏。」『白虎觀』，討論經學之所。

〔四〕黄注：「國史，見史傳篇『述漢』注。」按史傳篇：「及班固述漢，因循前業。」黄注：「漢書叙傳：固探纂前記，綴輯所聞，以述漢書。起於高祖，終於孝平王莽之誅，十有二世，一百三十年，綜其行事，爲春秋考紀表志傳，凡百篇。」後漢書班固傳：「除蘭臺令史。……成世祖本紀。遷爲郎，典校秘書，固又撰功臣、平林、新市、公孫述事，作列傳載記二十八篇奏之。帝乃復使終成前所著書……故探撰前記，綴集所聞，以爲漢書。」

校注：「崔駰奏記竇憲：『珥筆持牘。』文選曹植求通親親表：『執鞭珥筆。』李注：『珥筆，戴筆也。』劉良注：『珥，插也。』」斠詮：「古史官入朝，常插筆於冠側，以便記録，謂之珥筆。」

〔五〕校證：「『札』原作『禮』，『瑞』原作『端』，梅據張振豪改。案王惟儉本正作『瑞』。」梅注：「後漢書：賈逵，性愷悌，多智思。俶儻有大節，尤明左氏傳、國語，爲之解詁五十一篇。永平中，上疏獻之。顯宗重其書，寫藏密館。時有神雀，集宮殿官府，冠羽有五彩色。帝異之，以問臨邑侯劉復，不能對。薦逵博物多識，帝乃召見逵，問之。對曰：『昔武王纘父之業，鸑鷟集在岐，宣帝威懷戎狄，神雀仍集，此胡降之徵也。』帝敕蘭臺給筆札，使作神雀頌，拜爲郎。」按此見賈逵傳。「瑞頌」，指神雀頌。

〔六〕訓故：「後漢東平憲王傳：蒼少好經書，雅有智思，上光武受命中興頌，帝甚善之。」

後漢書東平憲王蒼傳：「蒼少好經書，雅有智思。……是時中興三十餘年，四方無虞，蒼以天下化平，宜修禮樂；乃與公卿共議定南北郊冠冕車服制度及光武廟登歌、八佾舞數。……薨，詔告中傅封上蒼自建武以來章奏及所作書記賦頌七言別字歌詩，並集覽焉。」此句意指劉蒼擅長深美之文。

〔七〕訓故：「沛王，見正緯篇。」按正緯篇：「沛獻集緯以通經。」後漢書沛獻王輔傳：「好經書，好説京氏易、孝經、論語傳及圖讖，作五經論，時號之曰沛王通論。」

〔八〕注訂：「帝則藩儀者，帝京之法則，藩署之儀禮也。」郭注：「『帝則』，帝王典則，指上文『肄禮璧堂，講文虎觀』。『藩儀』，藩王儀型，指東平、沛獻二王而言。」

自和安已下〔一〕，迄至順桓〔二〕，則有班傅三崔，王馬張蔡〔三〕，磊落鴻儒〔四〕，才不時乏，而文章之選，存而不論〔五〕。

〔一〕校證：「『和安』原作『安和』，今乙正。」校注：「按『安和』二字當乙，始合時序。詔策篇『安和政弛』句，誤與此同。」

〔二〕黄注：「後漢帝紀：孝和皇帝諱肇，肅宗第四子也。孝安皇帝諱祜，肅宗孫也。孝順皇帝諱保，安帝之子也。孝桓皇帝諱志，肅宗曾孫也。」

〔三〕黄注：「班（固）、傅（毅）、三崔（駰、瑗、寔）、王（延壽）、馬（融）、張（衡）、蔡（邕）。俱見前。」

後漢書崔駰傳：「駰字亭伯……年十三，能通詩、易、春秋，博學有偉才，盡通古今訓詁百家之言。善屬文，少遊太學，與班固、傅毅同時齊名。……中子瑗……字子玉，鋭志好學，盡能傳其父業。……明天官、曆數、京房易傳、六日七分。諸儒宗之。與馬融、張衡特相友好。瑗子寔。寔，字子真……少沈静，好典籍。……明於政體，吏才有餘，論當世便事數十條，名曰政論。」范曄論曰：「崔氏世有美才，兼以沈淪典籍，遂爲儒家文林。」范注：「黄注謂王爲王延壽，延壽附見文苑王逸傳，似不得列馬、張、蔡之前。此王疑指王充。充傳曰：『師事扶風班彪，好博覽而不守章句。家貧無書，常遊洛陽市肆，閲所賣書，一見輒能誦憶，遂博通衆流百家之言。』章懷注引謝承書曰：『謝夷吾薦充曰：充之天才，非學所加，雖前世孟軻、荀卿，近漢揚雄、劉向、司馬遷不能過也。』馬融傳：『融才高博洽，爲世通儒，教養諸生，常有千數。涿郡盧植、北海鄭玄，皆其徒也。』張衡傳：『衡少善屬文，遊於三輔，因入京師，觀太學，遂通五經，貫六藝，雖才高於世，而無驕尚之情。』蔡邕傳：『少博學，師事太傅胡廣，好辭章、數術、天文，妙操音律。』」

文論選謂「王」指王逸。

校注：「才略篇：『二班兩劉，奕葉繼采……傅毅、崔駰，光彩比肩，瑗、寔踵武，能世厥風者矣。……馬融鴻儒，思洽識高。……王逸博識有功，而絢彩無力。延壽繼志，瓌穎獨標，其善圖物寫貌，豈枚乘之遺術歟！張衡通贍，蔡邕精雅，文史彬彬，隔世相望。』所叙東漢作家，即有王延壽在内（並無王充）；名次先後，亦復與此略同。則『王』爲『王延壽』，當無疑義。詮賦篇曾稱『延壽靈光』，爲『辭賦英傑』之一，是舍人之於延壽，推崇已極。且仲任原非文士，而本篇又專論文運升降；諸子篇尚未叙及其論衡，則此處之非王充，更可知矣。范説誤。」

〔四〕牟注：「磊落，衆多的樣子。論説：『六印磊落以佩。』」「磊落」亦可形容儀態俊偉。此處又引申而指其學問之高明瑰偉。郭注：「論衡超奇：『故夫能説一經者爲儒生；博覽古今者爲通人；采掇傳書，以上書奏記者爲文人，能精思著文，連接篇章者爲鴻儒。故儒生過俗人，通人勝儒生，文人踰通人，鴻儒超文人。』本文『鴻儒』即論衡中之『鴻儒』，本文『文章之選』即論衡中之『文人』也。『選』，善也。」

〔五〕斯波六郎：「莊子齊物論：『六合之外，聖人存而不論。』此處『存而不論』，是説當時並不注意文章，所以把文章放在一邊，置之不論。」

然中興之後，群才稍改前轍，華實所附，斟酌經辭〔一〕，蓋歷政講聚〔二〕，故漸靡儒風者也〔三〕。

〔一〕范注：「事類篇曰：『至於崔、班、張、蔡，遂捃摭經史，華實布濩，因書立功，皆後人之範式也。』」牟注：「華，文章的藻飾。實，作品的内容。附，依附，根據。史傳：『立義選言，宜依經以樹則；勸戒與奪，必附聖以居宗。』斟酌，考慮取捨。」

〔二〕「歷政講聚」，謂歷朝聚集儒生講學。郭注：「『歷政講聚』指『肄禮璧堂，講文虎觀』而言。」

〔三〕體性篇贊：「習亦凝真，功沿漸靡。」郭注：「『漸靡』謂漸染感化也。」

由于漢光武迷信讖緯，不重視文學，加上明帝「崇愛儒術」，于是「中興之後，群賢稍改前轍」，這時文學沾染了儒學的風氣，以經書作爲寫文章的範本，自然風格質樸，不那麼講究華彩了。劉勰提倡「徵聖」、「宗經」，對東漢文風反而是比較推崇的。

校釋：「東漢中興以後，順、桓以前，稍改西京之風，漸靡經生之習，由麗辭而爲儒文，此四變也。」

降及靈帝，時好辭製，造羲皇之書〔一〕，開鴻都之賦〔二〕，而樂松之徒，招集淺陋，故楊賜號爲驩兜，蔡邕比之俳優〔三〕，其餘風遺文，蓋蔑如也〔四〕。

〔一〕訓故：「後漢靈帝紀：孝靈皇帝諱宏，肅宗玄孫也。蔡邕傳：初，帝好學，自選皇羲篇五十章……」

文論選：「『羲皇』疑爲『皇羲』。後漢書蔡邕傳：『初，（靈）帝好學，自造皇羲篇五十章。因引諸生能爲文賦者，本頗以經學相招，後諸爲尺牘及工書鳥篆者，皆加引召，遂至數十人。侍中祭酒樂松、賈護多引無行趨勢之徒，並待制鴻都門（藏書和講學之所）下，憙陳方俗閭里小事，帝甚悦之，待以不次之位。……邕上封事曰：「……夫書畫辭賦，才之小者。匡國理政，未有其能。……而諸生競利，作者鼎沸，其高者頗引經訓風諭之言，下則連偶俗語，有類俳優，或竊成文，虛冒名氏。」」後漢書楊賜傳：『光和元年，有虹蜺畫降於嘉德殿前。……（賜）乃書對曰……鴻都門下，招會群小，造作賦説，以蟲篆小技見寵於時，如驩兜、共工（皆舜時凶臣）更相薦説。』」

〔二〕校注：「後漢書靈帝紀：『（光和元年）始置鴻都門學生。』李注：『鴻都，門名也，於内置學。』後漢紀靈帝紀中：『（光和元年）初置鴻都門生，本頗以經學相招，後諸能爲尺牘詞賦及工書鳥篆者，至數千（應作十）人。或出典州郡，入爲尚書侍中，封賜侯爵。』」斠詮：「鴻都與辟雍同，蓋設學而兼藏書之府。」

〔三〕「驩兜」，唐堯時人，與共工、三苗、鯀稱四凶。書舜典：「流共工于幽州，放驩兜于崇山。」

〔四〕補注：「漢書東方朔傳贊：『其流風遺書，蔑如也。』師古注曰：『言辭義淺薄不足稱。』」校注：「法言淵騫篇：『世稱東方生之盛也，言不純師，行不純表，其流風遺書，蔑如也。』」范注：「按東漢辭質，建安文華，鴻都門下諸生其轉易風氣之關鍵歟？」何焯批：「建安詞人後魄兆於此矣。」校釋：「靈帝以後，學貴墨守，文亦散緩，其時作者，類多淺陋，比之俳優；文章風氣，由盛而衰，此五變也。」

自獻帝播遷〔一〕，文學蓬轉〔二〕，建安之末，區宇方輯〔三〕。魏武以相王之尊，雅愛詩章〔四〕；文帝以副君之重，妙善辭賦〔五〕；陳思以公子之豪，下筆琳瑯〔六〕；並體貌英逸〔七〕，故俊才雲蒸〔八〕。

〔一〕黄注：「後漢獻帝紀：孝獻皇帝諱協，靈帝中子也，初封陳留王，董卓立之。建安二十五年，禪於魏。贊曰：獻生不辰，身播國屯。」注訂：「獻帝播遷者，指爲董卓所挾，遷都西京，卓死又爲李傕、郭汜所争持，迨入許就曹始安，而漢運亦終矣。」斠詮：「播遷，流離遷徙也。盧諶贈劉琨書：『王室喪師，私門播遷。』」

〔二〕黄注：「西征賦：飄萍浮而蓬轉。」范注：「文學蓬轉，猶言文學之士流離失所。」注訂：「文學蓬轉者，天下大亂，文學一類亦隨之凋零，而勢之所趨，如轉蓬莫定，兵禍相仍，文理道喪。范注稱文學之士流離失所者非。之士二字妄代古人增益尤謬，正緯篇有『學者比肩』，此不言學者而曰文學，知非指士子言也。」斠詮：「蓬轉，喻流徙無常，若秋蓬之隨風飄轉，無所止託也。」

〔三〕「區宇方輯」，是説天下纔安定。「區宇」猶言天下四方。「輯」，安靖。注訂：「曹操晉魏王，呂布、二袁皆除，中原乂安，故云『區宇方輯』也。」

〔四〕范注：「三國魏志文帝紀評注引典論自序曰：『上雅好詩書文籍，雖在軍旅，手不釋卷。』金樓子興王篇：『魏武帝御軍三十餘年，手不捨書，晝則講軍策，夜則思經傳，登高必賦，被之管絃，皆成樂章。』」「雅」意猶「很」；又素常，向來。

趙西陸評范文瀾文心雕龍注：「案魏志武帝紀裴注引魏書曰：『太祖御軍三十餘年，手不捨書。晝則講武策，夜則思經傳。登高必賦，及造新詩，被之管絃，皆成樂章。』」

〔五〕漢書疏廣傳：「太子國儲副君。」曹丕于二一七年立爲魏王太子。

校證：「『詩章』兩京本作『篇翰』。馮本脱此二字。」按元刻本「詩章」二字缺。

范注：「文帝紀：『帝好文學，以著述爲務，自所勒成垂百篇。』陳壽評曰：『文帝天資文藻，下筆成章，博聞彊識，才藝兼該。』」

典論自叙：「余少誦詩論，及長而備歷五經四部，史、漢、諸子百家之言，靡不畢覽，所著書論詩賦凡六十篇。」

〔六〕校注：「『瑯』，元本、弘治本、汪本、佘本、張本、兩京本、何本、梅本、凌本，合刻本……崇文本作『琅』。按『瑯』，『琅』之俗體，當以作『琅』爲正。才略篇『磊落如琅玕之圃』，亦作『琅』。」

斠詮：「琳琅，珠玉之類。尚書禹貢：『厥貢惟球琳琅玕。』傳：『球琳皆玉名；琅玕，石而似玉。』」

指瑕篇：「陳思之文，群才之俊也。」黄注：「陳思王植，字子建。善屬文，鄴銅爵臺新成，太祖悉將諸子登臺，使各爲賦，植援筆立成，可觀。太祖甚異之。」范注：「陳思王植傳評注引魚豢曰：『余每覽植之華采，思若有神。』」

〔七〕戰國策齊策三：「孟嘗君令人體貌而親郊迎之。」鮑彪注：「體貌，有禮容也。」黄注：「〈漢書〉賈誼傳：『體貌大臣。』注：『體貌，謂加禮容而敬之。』」

〔八〕郭注：「『雲蒸』猶言雲起。」注訂：「雲蒸，盛也。」

范注：「陳思王傳注引植與楊修書曰：『昔仲宣獨步於漢南，孔璋鷹揚於河朔，偉長擅名於青土，公幹振藻於海隅，德璉發迹於大魏，足下高視於上京。當此之時，人人自謂握靈蛇之珠，家家自謂抱荆山之玉也。吾王於是設天網以該之，頓八紘以掩之，今盡集兹國矣。』」宋書謝靈運傳論：「至於建安，曹氏基命。二祖陳王，咸蓄盛藻。」以上是説由于曹氏父子提倡文學，尊重有英才的作家，所以傑出的大才都雲集他們的門下，使建安文學達到了鼎盛時代。

仲宣委質於漢南〔一〕，孔璋歸命於河北〔二〕，偉長從宦於青土〔三〕，公幹徇質於海隅〔四〕，德璉綜其斐然之思〔五〕，元瑜展其翩翩之樂〔六〕。

〔一〕三國志魏書王粲傳：「粲字仲宣。……以西京擾亂……乃之荆州依劉表。表以粲貌寢而體弱通侻，不甚重也。表卒，粲勸表子琮令歸太祖，太祖辟爲丞相掾，賜爵關内侯。」文論選：「漢南：荆州在漢水之南。這句指王粲曾依荆州劉表後歸順曹氏。」「委質」，向君主獻禮，表示獻身。國語晉語九：「臣聞之，委質爲臣，無有二心。」韋昭注：「言委贄于君，書名于册，示必死也。」舊亦用爲歸順之意。三國志蜀書黄忠傳：「先主南定諸郡，忠遂委質，隨從入蜀。」

校注：「左傳僖公二十三年：『策名委質。』孔疏：『策，簡策也。質，形體也。古之仕者，於所臣之人，書己命於策，以明繫屬之也。拜則屈膝而委身體於地，以明敬奉之也。』」

斠詮：「委質，猶言『委贄』，有『託仕』之意。（國語）晉語（九）：『……臣委質於翟之鼓，未委質於晉之鼓也。臣聞之，委質爲臣，無有二心。』韋注：『質，贄也。士贄以雉，委質而退。』左傳僖公二十三年：『策名委質，貳乃辟也。』杜注：『名書於所臣之策，屈膝而君事之，則不可以貳也。……』孔疏：『質，形體也。拜别屈膝，而委身體於地，以明敬奉之也。』竹添光鴻會箋：『史記（仲尼弟子列傳：「子路後儒服委質，因門人請爲弟子。」）索隱引服注云：「古者始仕，必先書其名於策，委死之質於君，然後爲臣，示必死節於其君也。」始仕必是爲士，士之贄以雉，雉必用死。……此正服氏所謂「委死之質於君，示必死節」之義。……所謂委質者，委贄於庭，不敢送君前也。故謂仕爲委質。一讀質如字，解爲形體，即形質之質，謂委致其身也。……然非古義。杜謂屈膝爲委質，未是也。』」

〔一一〕「歸命」，身命歸投。三國志魏書王粲傳：「廣陵陳琳，字孔璋……琳避難冀州，袁紹使典文章。袁氏敗，琳歸太祖。」文論選：「河北：指冀州。這句指陳琳曾依冀州袁紹，後歸順曹氏。」

斠詮：「歸命，謂歸順也。三國吴志孫亮傳評：『既蒙不死之詔，復加歸命之寵。』文選陸機辨亡論：『降及歸命之初，典刑未滅，故老猶存。』李善注：『吴志曰：孫皓降晉，賜號歸命侯。』」

〔三〕三國志魏書王粲傳：「北海徐幹，字偉長……幹爲司空軍謀祭酒掾屬，五官將文學。」斠詮：「青土，青州……北海郡，古青州之地。曹植與楊德祖書：『偉長擅名於青土。』善注：『徐偉長居北海郡，禹貢之青州也，故云青土。』」

〔四〕三國志魏書王粲傳：「東平劉楨，字公幹……楨以不敬被刑，刑竟署吏。」注訂：「劉楨東平人，地近海，故云徇質于海隅也。」

綴補：「『徇質』疑本作『徇身』，涉上文『委質』字而誤。」斠詮：「徇者從死之謂；質者體也。徇質聯詞，殆即『獻身』『致身』之意。」

〔五〕三國志魏書王粲傳：「汝南應瑒，字德璉。」又曹丕與吴質書：「德璉常斐然有述作意，其才學足以著書，美志不遂，良可痛惜。」才略篇：「應瑒學優以得文。」

〔六〕三國志魏書王粲傳：「陳留阮瑀，字元瑜……瑀少受學於蔡邕。建安中，都護曹洪欲使掌書記，瑀終不爲屈。太祖並以琳、瑀爲司空軍謀祭酒，管記室，軍國書檄多琳、瑀所作也。」曹丕與吴質書：「元瑜書記翩翩，致足樂也。」

文選與吴質書劉良注：「翩翩，美貌。」「書記」，指書札奏記。書記篇：「魏之元瑜，號稱翩翩。」

文蔚休伯之儔〔一〕，子叔德祖之侣〔二〕，傲雅觴豆之前〔三〕，雍容衽席之上〔四〕，灑筆以成酣歌〔五〕，和墨以藉談笑〔六〕。

〔一〕訓故：「典略：路粹，字文蔚，與陳琳等俱爲太祖典記室。繁欽字休伯，以文才機辯，少得名於汝潁，爲丞相主簿。楊修字德祖，太尉彪之子也，爲丞相倉曹屬主簿。」按此據三國志魏書王粲傳裴松之注引。

〔二〕校證：「『子叔』原作『子俶』，梅改『于叔』。按宋本三國志王粲傳注：淳字『子叔』，今據改。」校釋：「按『于叔』乃『子淑』之誤。邯鄲淳字子淑，黄初中爲博士給事中，舊作『子俶』，『俶』亦『淑』誤。」校注：「『于叔』，黄校云：『元作子俶。』元本、活字本作『子叔』。」按元刻本作「子俶」，楊氏校勘有誤。惟邯鄲淳字仍應據宋本三國志魏書王粲傳裴注引魏略作「子叔」。才略篇：「丁儀、邯鄲，亦含論述之美，有足算焉。」又：「路粹、楊修，頗懷筆記之工。」

〔三〕校證：「『傲』，何允中本、日本活字本、清謹軒鈔本、日本刊本作『俊』。徐云：『「雅」亦杯類。疑「雅」字或「岸」字。』」文論選：「傲，狂放。雅，風雅。傲雅連文，猶言放誕風流。」

「觴豆」，酒器、食器。國語吴語：「觴酒豆肉。」

校注：「按『傲雅』、『俊雅』均不辭，徐㶿疑『雅』爲『岸』字，是也。序志篇贊『傲岸泉石』，正以『傲岸』連文，且與下句之『咀嚼』相對。則此亦當作『傲岸』，始能與『雍容』對也（「傲岸」雙聲，「雍容」叠韻）。晉書郭璞傳（客傲）：『傲岸榮悴之際，頡頏龍魚之間。』語式與此同，可證。……今本『雅』字，蓋涉次行『雅好慷慨』句而誤。」按「傲雅」謂傲岸而風雅，不必改字。

〔四〕「雍容」，形容態度温和大方，從容不迫。牟注：「史記司馬相如傳：『從車騎，雍容閒雅，甚都。』衽，床席，這裏『衽席』連用，指坐席。曹丕與吴質書回憶與徐幹、陳琳、應瑒、劉楨等共處的情形：『昔日遊處，行則同輿，止則接席，何嘗須臾相失！每至觴酌流行，絲竹並奏，酒酣耳熱，仰而賦詩，當此之時，留然不自知樂也。』『傲雅』二句，就是指這種生活。」

〔五〕「酣歌」，適興高歌。

〔六〕斯波六郎：「莊子田子方：『宋元君將畫圖，衆使皆至，受揖而立，舐筆和墨在外者半。』」「藉」，助也。孟子滕文公上：「助者藉也。」趙岐注：「猶人相借力助之也。」

觀其時文，雅好慷慨〔一〕，良由世積亂離，風衰俗怨，并志深而筆長〔二〕，故梗概而多氣也〔三〕。

〔一〕范注：「藝文類聚五十五陳思王前録序曰：『余少而好賦，其所尚也，雅好慷慨，所著繁多，雖觸類而作，然蕪穢者衆。』」

〔二〕「志深」，情志深遠。「筆長」，長於用筆。

〔三〕「梗概」，黄注：「劉楨魯都賦云：『貴交尚信，輕命重氣，義激毫毛，怨成梗概。』是直作感概用也。」范注：「梗概、慷慨，聲同通用，袁宏詠史詩『周昌梗概臣』，亦慷慨之意。」斠詮：「梗概，謂意氣激昂也。」徐復文心雕龍正字：「按梗概與忼慨聲近，故本書多假用。詮賦篇云：『彦伯梗概，情韻不匱』，亦同。」

明詩篇：「暨建安之初，五言騰踊：文帝、陳思，縱轡以騁節；王、徐、應、劉，望路而争驅。并憐風月，狎池苑，述恩榮，叙酣宴；慷慨以任氣，磊落以使才。造懷指事，不求纖密之巧；驅辭逐貌，唯取昭晰之能。此其所同也。」

劉師培中國中古文學史第三課論漢魏之際文學變遷：「建安文學，革易前型，遷蜕之由，可得而説：兩漢之世，户習七經，雖及子家，必緣經術。魏武治國，頗雜刑名，文體因之，漸趨清峻。一也。建武以還，士民秉禮。迨及建安，漸尚通侻：侻則侈陳哀樂，通則漸藻玄思。二也。獻帝之初，諸方棋峙，乘時之士，頗慕縱横，騁詞之風，肇端于此。三也。又漢之靈帝，頗好俳詞，下習其風，益尚華靡，雖迄魏初，其風未革。四也。」

又：「文心雕龍諸書，或以魏代文學與漢不異。不知文學變遷，因自然之勢。魏文與漢不同者，蓋有四焉：書檄之文，騁詞以張勢，一也；論説之文，漸事校練名理，二也；奏書之文，質直而屏華，三也；詩賦之文，益事華靡，多慷慨之音，四也。」

劉師培講漢魏六朝專家文研究六論文章之音節：「劉彥和云：洎夫建安，『雅好慷慨』，以其文多悲壯也（例如陳琳爲袁紹檄豫州文，壯有骨鯁，克舉其詞）。大凡文氣盛者，音節自然悲壯；文氣淵懿靜穆者，音節自然和雅；此蓋相輔而行，不期然而然者。」

郭紹虞中國文學批評史第一版：「在劉氏之先，謝靈運擬魏太子鄴中集詩序，其品評文人即重在際遇方面，其評王粲云：『家本秦川貴公子孫，遭亂流寓，自傷情多。』評陳琳云：『袁本初書記之士，故述變亂事多。』評徐幹云：『少無宦情，有箕潁之心，故仕世多素辭。』評劉楨云：『卓犖偏人，而文最有氣，所得頗經奇。』評應瑒云：『汝潁之士，流離世故，頗有飄薄之嘆。』評阮瑀云：『管書記之任，故有優渥之言。』評曹植云：『公子不及世事，但美遨遊，然頗有憂生之嗟。』此雖並不重在説明其歷史的關係，然已很能着眼於文學與環境的影響。故知劉氏所言，不過據此以推到論世的方面耳。」

劉綬松古典文學理論中的風格問題：「『志深而筆長』，『梗概而多氣』，是説詩人寄慨遥深，詞氣高亢，曹操的步出夏門行、短歌行、苦寒行等詩，以及當時其他詩人的一些作品，的確具有這樣的風格，而這正是『世積亂離，風衰俗怨』的時代在文學創作上的反映。」這種時代風格就是後人所説的「建安風骨」或「建安風力」。它的特點是激昂慷慨。這是由于漢魏之際是一個封建集團割據、戰禍深重的時代，許多作家處于世風衰弊、人民怨恨的長期離亂生活之中，在思想感情上對這種社會現實體會得比較深刻，而又長于表達技巧，所以寫來感慨萬端而富于氣勢。這幾句話確實對于建安文學的時代風格抓得很準。這一類的作品除上引曹操的詩篇外，還有例如曹丕的燕歌行，曹植的白馬篇、贈徐幹、送應氏，王粲七哀、登樓賦，劉楨贈從弟、雜詩，陳琳遊覽二首之二，阮瑀怨詩等等。

校釋：「漢末大亂，民怨沸騰。魏武雄興，志存戡定；文帝纂業，雅好詞華，影響所及，文風亦慷慨而多氣，此六變也。」

至明帝纂戎〔一〕，制詩度曲〔二〕；徵篇章之士，置崇文之觀〔三〕；何劉群才〔四〕，迭相照耀。

〔一〕文論選：「明帝曹叡，在位十三年，自公元二二七年至公元二三九年。纂，與『纘』通，繼承。戎，大。詩大雅烝民：『纘戎祖考。』大雅韓奕句同。謂繼承光大祖考的事業。鄭玄解戎爲汝，意謂繼承汝祖考的事業。本文『纂戎』是歇後語，即作繼承祖業解。」

校注：「左傳襄公十四年：『纂乃祖考。』杜注：『纂，繼也。』……文選陸機答賈謐詩『誕育洪胄，纂戎於魯』……李善並引烝民詩句以注，尤爲切證。此云『纂戎』，與下云『纂業』意同。」

〔二〕黃注：「漢書：元帝吹洞簫，自度曲。注：自隱度作新曲。」按此見元帝紀。據舊譜自制新曲，叫「自度曲」。

〔三〕黄注：「魏志：明帝（青龍）四年，置崇文觀，徵善屬文者以充之。」按此見三國志魏書明帝紀。

〔四〕范注：「御覽五八七引文士傳：『青龍元年詔何楨曰：『揚州別駕何楨，有文章才，試使作許都賦。成上不封，得令人見。』此可見明帝褒揚文士之切。魏志曹爽傳：『何晏，何進孫也。少以才秀知名，好老莊言，作道德論及諸文賦著述凡數十篇。』又劉卲傳：『卲嘗作趙都賦，明帝美之。詔卲作許都、洛都賦。時外興軍旅，内營宫室，卲作二賦，皆諷諫焉。』凡所撰述，法論、人物志之類百餘篇。」才略篇：「劉卲趙都，能攀于前修。」論説篇：「何晏之徒，始盛玄論。於是聃周當路，與尼父争塗矣。」

少主相仍〔一〕，唯高貴英雅〔二〕，顧盼合章〔三〕，動言成論〔四〕。於時正始餘風〔五〕，篇體輕澹〔六〕，而嵇阮應繆，並馳文路矣〔七〕。

〔一〕注訂：「少主相仍，指廢帝芳、高貴鄉公髦、及常道鄉公奂，諸帝以年少，立廢迭起，皆出之權臣也。」「仍」，繼。

〔二〕校證：「何允中本、日本活字本、凌本、鍾本、梁本、清謹軒鈔本、日本刊本、王謨本、崇文本，

『貴』下衍『鄉』字。王謨本『鄉』下更有『公』字，則又由旁記誤入者也。詩紀『雅』誤『雄』。」黄注：「魏志：高貴鄉公諱髦，東海定王之子也，齊王芳廢，大臣立之，爲成濟所弒。」范注：「魏志高貴鄉公紀評：『高貴（鄉）公才慧夙成，好問尚辭，蓋亦文帝之風流也。』」

〔三〕校注：「按『盼』當作『眄』，已詳辨騷篇『則顧盼可以驅辭力』條。」范注：「鈴木云：『合』，岡本作『含』。」又：「金樓子雜記篇下：『高貴鄉公賦詩，給事中甄歆、陶成嗣各不能著詩，受罰酒。』宴會賦詩，是顧盼含章也，『合章』應據岡本作『含章』。」校證：「日本刊本『合』作『含』。按原道篇、徵聖篇、神思篇有『含章』語，下文亦云：『文帝以貳離含章』，疑作『含』是。」易坤卦爻辭「含章可貞」。注：「含美而可正者也。」「含章」，謂含有文彩。

〔四〕范注：「動言成論，謂如論帝王優劣之差，幸太學問諸儒經義等事。」文論選：「見三國志魏志三少帝紀及注引魏氏春秋。」諧隱篇：「高貴鄉公，博舉品物，雖有小巧，用乖遠大。」注訂：「『顧盼』『動言』形容才敏。『合章』者，擅於辭；『成論』者，備於理，皆言文理之富也。」

〔五〕黄注：「世説：『王丞相與殷中軍共談，嘆曰：正始之音，正當爾耳。』又：『王敦見衛玠曰：不意永嘉之中，復聞正始之音。』」按前段見文學篇，後段見賞譽篇。

〔六〕明詩篇：「正始明道，詩雜仙心，何晏之徒，率多浮淺。唯嵇志清峻，阮旨遥深，故能標焉。」注訂：「魏王芳改元正始，時何晏、王弼輩，尚老莊，即明詩篇所謂『率多浮淺』，『詩雜仙心』。

下開兩晉清談之風，故此云『篇體輕澹』，蓋概括言之耳。」「澹」，謂恬淡。日知録卷十三：「正始時，名士風流，盛於雒下。乃其棄經典而尚老莊，蔑孔法而崇放達，視其主之顛危，若路人然，即此諸賢之倡也。自此以後，競相祖述。」

〔七〕三國志王粲傳：「（阮）瑀子籍，才藻艷逸，而倜儻放蕩，行己寡欲，以莊周爲模則，官至步兵校尉。時又有譙郡嵇康，文辭壯麗，好言老莊，而尚奇任俠。至景元中，坐事誅。應瑒弟璩，璩子貞，咸以文章顯。」裴注引文章叙録曰：「璩字休璉，博學好屬文，善爲書記文。貞，字吉甫，少以才聞，能談論。正始中，夏侯玄盛有名勢，貞常在玄坐作五言詩，玄嘉玩之。」又劉劭傳：「劭同時東海繆襲，亦有才學，多所述叙。官至尚書光禄勳。」

劉師培中古文學史：「按彦和此論，蓋兼王弼、何晏諸家之文言，故言『篇體輕澹』。其兼及嵇、阮者，以嵇、阮同爲當時文士，非以輕澹目嵇、阮之文也。即以詩言，嵇詩可以輕澹相目，豈可移以目阮詩哉！」

注訂：「范注引劉申叔之言，謂彦和此論，非以輕澹目嵇、阮之文也。此論或不盡然，蓋嵇、阮皆尚老、莊，雖阮詩之辭濃意鬱，而超然之旨，隱然可稽，所謂輕者脱俗，澹者遠務，非屬微詞，謂其爲文體性，自屬正始之風耳。」

校釋：「魏明以後，玄言漸盛，慷慨之氣，至此稍衰，『篇體輕澹』，此七變也。」

以上爲第四段，論述三國時代文學的情況。

逮晉宣始基〔一〕，景文克構〔二〕；并跡沈儒雅〔三〕，而務深方術〔四〕。至武帝惟新〔五〕，承平受命〔六〕；而膠序篇章〔七〕，弗簡皇慮〔八〕。降及懷愍，綴旒而已〔九〕。

〔一〕校注：「國語周語下：『自后稷之始基靖民。』」

〔二〕訓故：「晉宣、景、文、武、懷、愍，晉書：司馬懿，字仲達，仕魏爲太尉。武帝即位，追謚宣皇帝。懿長子師，字子元，仕魏爲大將軍，追謚景皇帝。師弟昭，字子上，仕魏封晉王，追謚文皇帝。昭子炎，字安世，受魏禪，謚武皇帝。懷皇帝諱熾，武帝第二十五子也。惠帝無嗣，立爲皇太弟，在位六年，爲劉曜執歸，弑之。孝愍皇帝諱鄴，吴孝王晏之子也。初封秦王，懷帝遇害，大臣立之，在位四年，爲劉曜執歸弑之。」斠詮：「書大誥：『厥子乃弗肯堂，矧肯構？』傳：『以作室喻治政也。父已致法，子乃不肯爲堂基，況肯構立屋乎？』後以謂父創子繼能成功業者曰『肯堂肯構』。此以『克構』與上句『始基』對言，乃謂晉宣始創立國基，景、文能擴大帝業耳。」

〔三〕「跡沈儒雅」，謂形跡雖深藏於儒雅之中。

〔四〕郭注：「務深方術，謂專爲權術志在篡奪也。」范注：「晉宣帝司馬懿、景帝師、文帝昭，皆志深篡竊，不暇文事。」

〔五〕文論選：「惟新，詩大雅文王：『周雖舊邦，其命維新。』指司馬炎代魏建立晉王朝。」

〔六〕「承平」，謂治平相繼。漢書食貨志：「王莽因漢承平之業。」

〔七〕禮記王制：「夏后氏養國老於東序，養庶老於西序。……周人養國老於東膠。」鄭注：「皆學名也。……東序、東膠亦大學。」孟子梁惠王：「謹庠序之教。」趙注：「庠序，教化之宫也。殷曰序，周曰庠。」

〔八〕郭注：「論語堯曰：『簡在帝心。』『弗簡皇慮』謂不繫于帝王之思慮也。」

〔九〕黄注：「公羊傳：『君若贅旒然。』言爲下所執持東西耳。『贅』亦作『綴』。」校注：「公羊傳襄公十六年：『君若贅旒然。』何注：『旒，旂旒。贅，繫屬之辭。……以旂旒喻者，爲下所執持東西。』釋文：『贅，本又作綴。』」范注：「懷帝熾、愍帝鄴，並爲匈奴劉聰所虜。」後漢書張衡傳：「君若綴旒，人無所麗。」比喻君主爲大臣挾制，實權旁落。詩品序：「爾後陵遲衰微，迄於有晉。」蓋正始明道，詩學微矣。

注訂：「綴旒者，謂懷、愍八王亂後虚擁帝位而已。」

然晉雖不文，人才實盛〔一〕：茂先搖筆而散珠〔二〕，太沖動墨而横錦〔三〕，岳湛曜聯璧之華〔四〕，機雲標二俊之采〔五〕；應傅三張之徒〔六〕，孫摯成公之屬〔七〕，并結藻清英，流韻綺靡〔八〕。前史以爲運涉季世〔九〕，人未盡才〔一〇〕；誠哉斯談，可爲嘆息〔一一〕！

〔一〕「人才」元刻本、弘治本俱作「文才」。校證：「『人』，兩京本、詩紀、六朝詩乘總録作『文』。」「不文」，不講究文學。

詩品序：「晉太康，三張二陸，兩潘一左，勃爾復興，踵武前王，風流未沫，亦文章之中興也。」

〔二〕范注：「晉書張華傳：張華，字茂先。陸機兄弟志氣高爽，自以吳之名家，初入洛，不推中國人士，見華一面爲舊，欽華德範如師資之禮焉。華在晉初聲譽最盛，名輩亦高，故彥和首稱之。」明詩篇：「茂先凝其清。」章表篇：「逮晉初筆札，則張華爲儁。其三讓公封，理周辭要，引義比事，必得其偶，世珍鷦鷯，莫顧章表。」才略篇：「張華短章，奕奕清暢，其鷦鷯寓意，即韓非之説難也。」

注訂：「張華在晉初領袖群倫，陸氏弟兄及左太沖輩皆出其下。」

詩品中評張華詩云：「其體華艷，興託不奇，巧用文字，務爲妍冶。」此云「搖筆而散珠」亦言文字之妍冶也。詩源辨體云：「茂先如『朱火清無光，蘭膏坐自凝』，『佳人處遐遠，蘭室無容光』，『巢居知風寒，穴處識陰雨，不曾遠別離，安知慕儔侶』等句，其情甚麗。」

〔三〕范注：「左思，字太沖，見晉書文苑傳。」明詩篇：「張、潘、左、陸，比肩詩衢，采縟於正始，力柔於建安，或析文以爲妙，或流靡以自妍，此其大略也。」又：「偏美則太沖、公幹。」

〔四〕訓故：「晉書夏侯湛傳：『湛幼有盛才，文章宏富，善構新詞，而美容觀，與潘岳友善，每行止同輿接茵，京都謂之連璧。』」才略篇：「夏侯孝若，具體而皆微。」

翰林論：「潘安仁爲文也，猶翔禽之羽毛，衣被之綃縠。」

〔五〕訓故：「(晉書)陸機傳：太康末，與弟雲俱入洛，造張華，華素重其名，如舊相識，曰：伐吳之役，利獲二俊。」才略篇：「陸機才欲窺深，辭務索廣，故思能入巧，而不制繁。士龍朗練，以識檢亂，故能布采鮮净，敏於短篇。」

〔六〕黄注：「晉文苑傳：應貞，字吉甫，璩之子也。善談論，以才學稱。帝於華林園宴射，貞賦詩最美。」按此見晉書應貞傳。范注：「史臣論曰：『應貞宴射之文，極形言之美，華林群藻，罕或疇之。』晉書傅玄傳：『玄字休奕，少孤貧，博學善屬文，後雖貴顯，而著述不廢，撰傅子百四十首，數十萬言，並文集百餘卷，行於世。玄子咸，字長虞。好屬文論，雖綺麗不足，而言成規鑒。庾純常嘆曰：長虞之文，近乎詩人之作矣。』張載及其弟協，協弟亢，並稱三張。張載，字孟陽。張協，字景陽。張亢，字季陽。」

才略篇：「吉甫文理，則臨丹成其彩。」又：「傅玄篇章，義多規鏡。」明詩篇：「景陽振其麗。」才略篇：「孟陽、景陽，才綺而相埒。」詩品上評張協詩：「詞彩葱蒨，音韻鏗鏘。」

〔七〕范注：「（晉書）孫楚傳：『楚，字子荆。』本傳載王濟銓楚品狀云：『天才英博，亮拔不群。』摯虞傳：『虞，字仲洽，少事皇甫謐，才學通博，著述不倦。』成公綏，字子安，見文苑傳。文選嘯賦注引臧榮緒晉書曰：『綏少有俊才，辭賦壯麗。』」詮賦篇：「士衡、子安，底績於流制。」才略篇：「成公子安，選賦而時美。」頌讚篇：「摯虞品藻，頗爲精覈。」

〔八〕「結藻清英」，謂文詞精萃。「流韻綺靡」，謂情韻柔美。蕭統文選序：「略其蕪穢，集其清英。」鍾嶸詩品：「詩緣情而綺靡。」宋書謝靈運傳論：「降及元康，潘、陸特秀，律異班、賈，體變曹、王，縟旨星稠，繁文綺合。」

〔九〕范注：「晉史作者多家，彥和稱『前史』之論，未知本於何家也。」牟注：「前史，指前人所著晉史。」「季世」，末世。

〔一〇〕注訂：「人未盡才者，上文所舉，晉知名之士，以世亂浮沉，多不能善終，如張、潘、二陸皆以誅死，惜長才之未盡，故結語有嘆息之言也。」

周注：「『人未盡才』：指生當八王之亂，文士有被害的。如張華拒絶參與趙王倫篡位，被殺。潘岳被孫秀誣爲謀反，被殺。陸機爲成都王穎將兵與長沙王乂戰，兵敗，被誣謀反，與弟雲俱被殺。」

牟注：「西晉作家中，左思、張載、張協都鬱鬱不得志，而退歸鄉里。張華、陸機、陸雲、潘岳、劉琨等都被殺，摯虞則在荒亂中餓死。」

〔一一〕這一小段是説，晉朝有很多人才，且寫出不少文采焕然、風格柔美的詩文，只是因爲世運已變，人不能盡其才。

校釋：「西晉承流，文家苦其清淡，乃有『結藻清英，流韻綺麗』之文，此八變也。」

元皇中興，披文建學〔一〕，劉、刁禮吏而寵榮〔二〕，景純文敏而優擢〔三〕。

〔一〕訓故：「晉元帝紀：元皇帝諱睿，字景文，琅琊恭王覲之子也。愍帝崩，即皇帝位。」

晉書元帝紀：「建武之年……置史官，立太學。……四年，置周禮、易、儀禮、公羊博士。」「披文建學」，謂覽文籍，建立學校。

牟注：「晉書孔愉（附坦）傳：『先是，以兵亂之後，務存慰悦，遠方秀孝到，不策試，普皆除署。至是，帝（元帝）申明舊制，皆令試經，有不中科，刺史、太守免官。』」

〔二〕訓故：「劉隗傳：隗字大連，雅習文史，善求人主意，元帝深器遇之。」又：「刁協傳：協字玄亮，久在中朝，諳練舊事，朝廷凡所制度，皆稟于協焉。」

何焯云：「禮吏二字未詳，似謂刁協諳悉舊章，劉隗精於吏事。」

范注：「隗、協皆剛嚴不阿，排抑豪彊，諸刻碎之政，皆云二人所建。此云禮吏，猶云重禮法之吏。」「禮吏」，秉禮執法之吏。晉書謂隗「遷丞相司直，委以刑憲」。奏啓篇：「劉隗切正，而劾文闊略，各其志也。」

〔三〕范注：「（晉書）郭璞傳：『璞字景純。……璞好經術，博學有高才，而訥於言論，詞賦爲中興之冠。……璞著江賦，其辭甚偉，爲世所稱。後復作南郊賦，帝見而嘉之，以爲著作佐郎。』」明詩篇：「所以景純仙篇，挺拔而爲俊矣。」才略篇：「景純艷逸，足冠中興，郊賦既穆穆以大觀，仙詩亦飄飄而凌雲矣。」

逮明帝秉哲〔一〕，雅好文會〔二〕，升儲御極〔三〕，孳孳講藝〔四〕，練情於誥策，振采於辭賦〔五〕，庾以筆才逾親〔六〕，温以文思益厚〔七〕，揄揚風流〔八〕，亦彼時之漢武也。

〔一〕曹批：「『秉哲』，一作『東哲』，亦通。與『升儲』一句覺有照應。」校注：「秉哲，黄校云：『元作東哲。』徐𤊹校作『秉哲』。按作『秉哲』是。書酒誥：『經德秉哲。』（孔傳：「能常德持智也。」）『秉哲』二字，當出於此。……覆刻汪本、張乙本、何本、訓故本、謝鈔本、續文選作『秉哲』，未誤。」按元刻本作「東哲」。「秉哲」，謂天賦聰明。范注：「世説新語夙惠篇載：明帝數歲，對長安與日遠近，睿知天成，故云秉哲。」

〔二〕晉書明帝紀：「幼而聰哲。……性至孝，有文武才略。欽賢愛客。雅好文辭。當時名臣自王導、庾亮、温嶠、桓彝、阮放等，咸見親侍。嘗論聖人真假之意，導等不能屈。」

〔三〕「升儲」，登太子位。「御極」，登帝位。

〔四〕「孳孳」，不倦，指經常關懷。

牟注：「司馬紹在復徵任旭虞喜爲博士詔中説：『……喪亂以來，儒雅陵夷，每覽子衿之詩，未嘗不慨然。』」

〔五〕范注：「手詔以温嶠爲中書令，是練情於誥策也。（見詔策篇）藝文類聚九七載蟬賦殘文，是振采於辭賦也。大寧中，復徵任旭、虞喜爲博士（晉書虞喜傳），是孳孳講藝也。」按詔策篇：「晉氏中興，唯明帝崇才，以温嶠文清，故引入中書，自斯以後，體憲風流矣。」

牟注：「晉明帝手詔以温嶠爲中書令：『中書之職，酬對多方，斟酌禮宜，非唯文疏而已；非望士良才，何可妄居？卿既以令望，忠允之懷，著於周旋；且文清而旨遠，宜居機密。』……

從明帝對『中書之職』的重視，説明他是練於詔策的。」

〔六〕訓故：「庾亮傳：亮，明穆皇后之兄也。與温嶠俱爲太子布衣之好，明帝即位，拜中書監。」才略篇：「庾元規之表奏……亦筆端之良工也。」范注：「章表篇曰：『庾公之讓中書，信美於往載。』逾親，當作愈親。」斯波六郎：「案『逾』，益也，與『愈』通。不必要改爲『愈』。」

〔七〕訓故：「温嶠傳：嶠字太真。明帝即位，拜侍中，機密大謀，皆所參綜。」注訂：「益厚者，與上文愈親二字爲對文，以機密詔令，温皆參與，故言益厚。」

〔八〕文選班固西都賦：「雍容揄揚。」李善注：「揄，引也。揚，舉也。」『揄揚風流』，指明帝提拔風流名士。

及成康促齡，穆哀短祚〔一〕，簡文勃興〔二〕，淵乎清峻〔三〕，微言精理，函滿玄席〔四〕，澹思濃采，時灑文囿〔五〕。

〔一〕訓故：「晉書：成皇帝諱衍，字世根，明帝長子也，在位十七年。康皇帝諱岳，字世同，成帝同母弟也，在位二年。穆皇帝諱聃，字彭子，康帝子也，在位十七年。哀皇帝諱丕，字千齡，成帝長子也，在位三年。」郭注：「成帝在位八年（應爲十七年），二十二歲死；康帝在位二年，二十三歲死；穆帝在位十七年，十九歲死；哀帝在位四年，二十五歲死；本當云『成穆促齡，康哀短祚』，此以時序，故云『成康促齡，穆哀短祚』也。」

〔二〕訓故：「晉書簡文帝紀：簡文皇帝諱昱，字道萬，元帝之少子也。帝少有風儀，善容止，留心典籍，不以居處爲意，凝塵滿席，湛如也。」「勃」，興起或奮發的樣子。

〔三〕明詩篇：「嵇志清峻。」晉書簡文帝紀：「清虚寡欲，尤善玄言。」斠詮：「案清峻即清高之意。三國魏志常林傳：『以林節操清峻，致之公輔。』」

〔四〕校證：「馮本、汪本、佘本、兩京本、何允中本、王惟儉本『函』作『亟』，詩紀同。黄注本『玄』作『元』，避清諱。下同。」斯波六郎：「豹軒先生校勘記曰：『亟字是也。』竊案『亟』與下文之『時』字對。」按元刻本函作「函」。綴補：「函函正俗字。」函有包容意。何批「函」改「亟」。校注：「按何（焯）改『亟』是。……『亟』，讀爲器。數也，屢也。『微言精理，亟滿玄席』二語，即晉書簡文帝紀所謂『尤善玄言……不以居處爲意，凝塵滿席，湛如也』之意。此云『亟滿玄席』，下云『時灑文囿』，文正相對。猶諸子篇『鶡冠緜緜，亟發深言；鬼谷眇眇，每環奥義』之『亟』與『每』對然也。」

〔五〕校注：「『濃』，元本、活字本、汪本、佘本、張本、兩京本、胡本、訓故本作『醲』。……按『醲』字是。説文酉部：『醲，厚酒也。』詁此正合。」綴補：「『醲』、『濃』古通。」「澹思」，周注：「指玄談。」

至孝武不嗣，安恭已矣〔一〕。其文史則有袁殷之曹〔二〕，孫干之輩〔三〕，雖才或淺深，珪璋足用〔四〕。

〔一〕訓故：「晉書孝武帝諱曜，字昌明，簡文第三子也，在位二十四年。安帝諱德宗，孝武帝長子也，在位二十年。恭帝諱德文，安帝同母弟也，劉裕廢安帝立之，在位二年，禪於宋。」范注：「晉書孝武帝紀：『孝武皇帝諱曜，字昌明，簡文帝第三子也。初，簡文帝見讖曰：「晉祚盡昌明。」及帝之在孕也，李太后夢神人謂之曰：「汝生男，以昌明爲字。」及產，東方始明，因以爲名焉。簡文帝後悟，乃流涕。』晉祚至孝武始移，故云至孝武不嗣。晉書安帝紀：『帝不惠，自少及長，口不能言，雖寒暑之變，無以辨也。凡所動止，皆非己出。初讖云：「昌明之後有二帝。」劉裕將爲禪代，故密使王韶之縊帝而立恭帝，以應二帝云。』恭帝立二年爲劉裕所篡弒，故云安恭已矣。」

〔二〕范注：「晉書文苑袁宏傳：『袁宏，字彥伯。宏有逸才，文章絕美。曾爲詠史詩，是其風情所寄，撰後漢紀三十卷及竹林名士傳三卷，詩賦誄表等雜文凡三百首，傳于世。』」詮賦篇：「彥伯梗概，情韻不匱。」才略篇：「袁宏發軫以高驤，故卓出而多偏。」訓故：「殷仲文傳：仲文少有才藻，桓玄將爲亂，使總領詔命，以爲侍中，領左衛將軍。玄九錫，仲文之辭也。」范注：「殷仲文傳：『……仲文善屬文，爲世所重。謝靈運嘗云：「若殷仲文讀書半袁豹，則文才不減班固。」言其文多而見書少也。』」

〔三〕范注：「孫盛傳：『盛字安國。盛篤學不倦，自少至老，手不釋卷。著魏氏春秋、晉陽秋，並造詩賦論難復數十篇。晉陽秋詞直而理正，咸稱良史焉。』干寶傳：『干寶，字令升……寶少勤學，博覽書記。寶撰搜神記凡三十卷，又爲春秋左氏義外傳，注周易、周官凡數十篇。及雜文集皆行於世。』」才略篇：「孫盛、干寶，文勝爲史，準的所擬，志乎典訓，户牖雖異，而筆彩略同。」史傳篇：「干寶述紀，以審正得序；孫盛陽秋，以約舉爲能。」

〔四〕文心雜記：「風骨篇贊云：『珪璋乃騁。』物色篇：『珪璋挺其惠心。』案：詩『如圭如璋，令聞令望』，即彦和所本。」按所引詩見大雅卷阿。「珪璋」比喻才能，此處言文才足用。

自中朝貴玄，江左稱盛〔一〕，因談餘氣，流成文體〔二〕。是以世極迍邅〔三〕，而辭意夷泰〔四〕，詩必柱下之旨歸〔五〕，賦乃漆園之義疏〔六〕。

〔一〕「中朝」，斠詮：「晉書裴嶷傳：『裴長史名重中朝，而降屈在此。』彦和用之，舊指西晉而言。」校證：「馮本、兩京本、詩紀、六朝詩乘『稱』作『彌』。馮校云：『稱當作彌。』」校注：「『稱』，弘治本、兩京本、胡本、訓故本作『彌』；詩紀別集引同。馮舒云：『稱當作彌。』何焯云：『稱，意改彌。』按『稱』俗作『称』，『彌』又作『弥』，二字形近易誤。此當以作『彌』爲是。説苑修文篇：『德彌盛者，文彌縟。』即『彌盛』二字之所自出。章表、書記兩篇，並有『彌盛』之文。」按元刻本正作「彌盛」。

〔二〕「談」，謂清談。注訂：「流成文體者，指許詢、孫綽輩，上承正始餘風，盡變詩、騷之體，故下有柱下、漆園之説也。」

〔三〕「迍邅」，難行貌，謂困難而不能前進。這裏指亂世的多災多難。

〔四〕「夷泰」，平夷通泰。這是説玄言作品没有反映出喪亂時代的面貌。

〔五〕史記張蒼傳索隱：「周秦皆有柱下史，謂御史也。所掌及侍立恒在殿柱之下，故老聃爲周柱下史。」「旨歸」，宗旨。校注：「漢書東方朔傳贊：『柱下爲工。』應劭曰：『老子爲周柱下史。』……文選王康琚反招隱詩：『老聃伏柱史。』李注引列仙傳曰：『李耳爲周柱下史。』」

〔六〕黄注：「史記：莊子者，蒙人也，名周，嘗爲蒙漆園吏。」明詩篇：「江左篇制，溺乎玄風，嗤笑徇務之志，崇盛忘機之談。袁、孫以下，雖各有雕采，而辭趣一揆，莫能争雄，所以景純仙篇，挺拔而爲雋矣。」

世説新語文學篇注引續晉陽秋：「正始中，王弼、何晏好莊老玄勝之談，而世遂貴焉。至過江，佛理尤盛，故郭璞五言，始會合道家之言而韻之。（許）詢及太原孫綽，轉相祖尚，又加以三世之辭，而詩、騷之體盡矣。詢、綽並爲一時文宗，自此作者悉體之。至義熙中，謝混始改。」

以上是説：隨着清談風氣的傳播、流變而形成一種文風。結果是在艱難的歲月裏，作品的内容和辭氣都十分安閑。劉勰對于這種文風是持否定態度的。

沈約宋書謝靈運傳論：「有晉中興，玄風獨振，爲學窮於柱下，博物止乎七篇。……自建武暨於義熙，歷載將百，雖綴響聯辭，波屬雲委，莫不建言上德，托意玄珠，遒麗之辭，無聞焉爾。」

詩品序：「永嘉時，貴黃老，稍尚虛談，於時篇什，理過其辭，淡乎寡味。爰及江表，微波尚傳，孫綽、許詢、桓、庾諸公詩，皆平典似道德論，建安風力盡矣。」

南齊書文學傳論：「江左風味，盛道家之言，郭璞舉其靈變，許詢極其名理。仲文玄氣，猶不盡除；謝混清新，得名未盛。顏、謝並起，乃各擅奇，休、鮑後出，咸亦標世。」

宋書何尚之傳：「尚之爲丹陽尹，立宅南郭外，置玄學，聚生徒。東海徐秀，廬江何曇、黃回，穎川荀子華，太原孫宗昌、王延秀，魯郡孔惠宣，並慕道來遊，謂之南學。」劉師培南北文學不同論：「江左詩文，溺於玄風，辭謝雕采，旨寄玄虛，以平淡之詞，寓精微之理，故孫、許、二王，語皆平典。由嵇、阮而上溯莊周，此南文之別一派也。」

黃海章論劉勰的文學主張：「這是說東晉文士清談老莊的風氣，係承襲正始及西晉而來。他們在時代極度紛亂中，找不到正當的出路，在統治者高壓之下，不敢對政治有所批評，因而逃避現實，以莊老自娛。在他們輕淡玄遠的制作中，看不出時代的色彩。這並非時代和文學絕緣，而是時代極度的紛亂和政治上采取高壓手段的結果。」

校釋：「元帝南渡，君臣晏安，士氣頽廢，加以玄風大扇，故『世極迍邅，而辭意夷泰』，此九變也。」

故知文變染乎世情，興廢繫乎時序〔一〕，原始以要終〔二〕，雖百世可知也〔三〕。

〔一〕校證：「『知』，汪本、佘本、張之象本、兩京本、梅本、謝鈔本、詩紀作『治』。梅云：『治衍。』徐校作『知』。……凌本、梅六次本以下諸本皆作『知』。」此謂文學風格的變化，主要是受社會風俗的感染，而文壇的盛衰是和時代的遞嬗有關的。

〔二〕易繫辭下：「易之爲書也，原始要終，以爲質也。」史傳篇：「乃原始要終，創爲傳體。」杜預春秋左傳序：「其文緩，其旨遠，將令學者原始要終，尋其枝葉，究其所窮。」章句篇：「原始要終，體必鱗次。」附會篇：「原始要終，疎條布葉。」春秋左傳序正義：「將令學者本原其事之始，要截其事之終，尋其枝葉，盡其根本。」孔疏：「原窮其事之初始……又要會其事之終末。」此謂探究事物發展的起源和結果。

〔三〕論語爲政：「其或繼周者，雖百世可知也。」注訂：「『故知』以下，至『可知也』一段，總上所論，説明文體演變興廢之原因，其經緯蓋有二端，世情與時序而已。是皆係乎趨勢之自然，人爲之好惡，故云『原始要終，百世可知』也。」

以上爲第六段論述東晉文學的情況，及其與時代的關係。

自宋武愛文〔一〕，文帝彬雅〔二〕，秉文之德〔三〕，孝武多才，英采雲構〔四〕。自明帝以下，文理替矣〔五〕。

〔一〕訓故：「宋書：武皇帝劉氏諱裕，彭城人，受晉恭帝禪。文皇帝諱義隆，武帝第三子也。檀道濟廢營陽王立之。孝武帝諱駿，文帝第三子也，初封武陵王，起兵誅元凶劭即位。明皇帝諱彧，文帝第十一子也，初封湘東王，廢帝被弒，大臣迎立之。」

范注：「宋書武帝紀下：永初二年，車駕幸延賢堂，策試諸州郡秀才孝廉。三年，詔建國學。齊書王儉傳謂宋武帝好文章，天下悉以文采相尚。」斯波六郎：「此句之下，疑脱一句。」宋書武帝紀：永初三年詔：「便宜博延胄子，陶獎童蒙，選備儒官，弘振國學，主者考詳舊典，以時施行。」

〔二〕南史宋文帝本紀：「（元嘉十五年）立儒學館於北郊，命雷次宗居之。」「（十六年）上好儒雅，又命丹陽尹何尚之立玄學，著作佐郎何承天立史學，司徒參軍謝元立文學。各聚門徒，多就業者。江左風俗，於斯爲美，後言政化，稱元嘉焉。」南史臨川王義慶傳：「上（文帝）好爲文章，自謂人莫能及。」「彬」，形容文雅，如彬彬有禮。

〔三〕斯波六郎：「詩周頌清廟：『濟濟多士，秉文之德。』」毛傳：「執文德之人也。」鄭注：「秉文之德，謂繼承文帝德業也。」

〔四〕校注：「『搆』，元本、弘治本、汪本、佘本、張本、兩京本、祕書本、謝鈔本作『構』。按作『構』是。已詳雜文篇『腴辭云搆』條。」考異：「焦循孟子正義：『構與搆通。』雷復説文外篇：『搆爲南宋人避諱字。』説文有構無搆，搆爲後起字，從構是。」范注：「南史孝武紀：『帝少機穎，神明爽發，讀書七行俱下，才藻甚美。』」詩品下：「孝武詩彫文織綵，過爲精密。」斠詮：

「晉書庾懌傳：『侍中劉劭曰：柏梁雲構，大匠先居其下。……』彥和用之，蓋喻辭采之繁盛。」

〔五〕校證：「（自明帝以下）『帝』字原脱，梅補；王維儉本有。」校注：「何本、謝鈔本並有『帝』字。」范注：「南史明帝紀：『帝好讀書，愛文義。在藩時，撰江左以來文章志，又續衛瓘所注論語二卷。及即大位，舊臣才學之士，多蒙引進。泰始六年，立總明觀，徵學士以充之，置東觀祭酒、訪舉各一人，舉士二十人。分爲儒、道、文、史、陰陽五部學。』明帝以下，謂歷後廢帝、順帝而宋亡矣。」「文理」，文章義理。「替」，衰廢。

中古文學史第五課：「宋代文學之盛，實由在上者之提倡。南史臨川王義慶傳謂：『文帝好文章，自謂人莫能及。』南史孝武紀謂：『帝少讀書，七行俱下，才藻甚美。』齊書王儉傳亦謂：『宋武帝好文章，天下悉以文采相尚。』又宋書明帝紀亦謂：『帝愛文義，撰江左以來文章志。』均其證也。」

爾其縉紳之林〔一〕，霞蔚而飈起〔二〕；王袁聯宗以龍章〔三〕，顏謝重葉以鳳采〔四〕，何范張沈之徒〔五〕，亦不可勝也〔六〕。蓋聞之於世，故略舉大較〔七〕。

〔一〕斠詮：「助字辨略卷一：『爾其，賦更端語也。』文選張衡南都賦：『爾其地勢，則武闕關其西，桐柏揭其東。』」

〔二〕「蔚」，雲氣彌漫貌。又文彩華美。

〔三〕訓故：「宋書：王僧達，少好學，善屬文，爲始興王濬參軍，歷任中書令。王微，少好學，無不通覽，善屬文，年十六舉秀才，除南平王鑠右軍諮議參軍。素無宦情，稱疾不就。」又：「宋書：袁淑博涉多通，好屬文，辭采遒艷，縱橫有才辯，彭城王起爲祭酒。後遷至左衛率，元凶將爲弑逆，淑諫見害。淑兄湛，湛兄子顗，顗從弟粲，並有名。」

范注：「王袁二姓，文士多人，故曰聯宗。」「聯宗」，謂聯合不同宗之兩姓而並稱之。

黄注：「世説：顧彦先八音之琴瑟，五色之龍章。」「龍章」，比喻文才之盛，如龍之多文鱗。

〔四〕黄注：「水經注：廬山上有三石梁，吴猛將弟子登山過此梁，見一翁坐桂樹下，山川明净，風澤清曠，嘉遁之士，繼響窟巖，龍潛鳳采之賢，往者忘歸矣。」

斠詮：「顔延之赭白馬賦：『維宋二十有二載，盛烈光乎重葉。』注：『沈約宋書曰：文帝諱義隆，武帝第三子也。烈，業也，自武至文，故曰重葉。毛萇詩傳曰：葉，世也。』鳳彩……比喻文辭之美，如鳳之多采羽也。」

〔五〕文論選：「何，指何尚之，字彦德，『愛尚文義，老而不休，與太常顔延之論議往反』，宋書卷六十六有傳。何承天，有『所纂文及文集並傳於世』，宋書卷六十四有傳。何長瑜，宋書謝靈運傳稱其才亞（謝）惠連。范，指范泰、范曄父子。泰字伯倫，『博覽篇籍，好爲文章……撰古今善言二十四篇及文集傳于世』，宋書卷六十有傳。曄，字蔚宗，『博涉經史，善爲文章』，宋書卷六十九有傳。張，指張永、張敷。永，字景雲，『涉獵書史，能爲文章』，宋書卷五十三有傳。敷，字景胤，『好讀玄書，兼屬文論』，宋書卷六十二有傳。沈，指沈懷文，字思明，『少好玄理，善爲文章』，『撰南越志及懷文文集並傳于世』，宋書卷三十四有傳。」

中古文學史第五課論宋代文學云：「至於宋代，其詩文尤爲當時所重者，則爲顏延之、謝靈運。顏、謝而外，文人輩出，以傅亮、范曄、袁淑、謝瞻、謝惠連、謝莊、鮑照爲尤工。若陸展、何長瑜、何承天、何尚之、沈懷文、王誕、王僧達、王微、張敷、王韶之、王淮之、殷淳、殷沖、殷淡、江智深、顏竣、顏測、釋慧琳，亦其次也。又案：宋代臣僚，若謝晦、蔡興宗、張永、江湛、孔琳之、蕭惠開、袁粲、劉勔，亦有文學。自是而外，別有鮑令暉、荀伯子、孔寧之、謝恂、荀雍、羊璿之、蘇寶、王曇生、顧願、江邃之、袁炳、卞鑠、吳邁遠、王素諸人。此可證宋代文學之盛矣。」

斠詮：「是知彥和所謂『王、袁聯宗』者，王指王誕、王僧達、王微、王韶之、王淮之、王曇生、王素等，袁指袁淑、袁粲、袁敳、袁炳等；『顏、謝重葉』者，顏指顏延年及其二子顏竣、顏測，謝指謝靈運、謝瞻、謝惠連、謝莊、謝晦、謝恂等；所謂『何、范、張、沈』者，何指何長瑜、何承天、何尚之等，范指范泰、范曄父子，張指張敷、張永等，沈指沈達文、沈達遠兄弟。」

〔六〕校證：「范云：『勝字下疑脱「數」字。』王惟儉本『勝』下有『□』。案文心他篇，如程器、序志，雖俱有『不可勝數』之文；然此文作『勝』亦通，言何、范、張、沈之徒，亦不可度越也。風骨篇亦云：『筆墨之性，殆不可勝。』」

注訂：「自篇首，皆列舉漢晉以來帝王之尚文倡雅，兼及衰微之世，至此舉『縉紳之林』，言南朝文士之盛也，故曰『不可勝也』。范注謂勝字下疑脱『數』字，未明何所指。」

〔七〕「大較」，大略，梗概。

詩品序：「元嘉中，有謝靈運，才高詞盛，富艷難蹤，固已含跨劉、郭，凌轢潘、左。」又：「謝客爲元嘉之雄，顔延年爲輔。」

南齊書文學傳論：「顔謝並起，乃各擅奇。」北齊邢邵蕭仁祖集序：「昔潘陸齊軌，不襲建安之風；顔謝同聲，遂革太元之氣。」（又見御覽五八六引三國典略）

暨皇齊馭寶〔一〕，運集休明〔二〕。太祖以聖武膺籙〔三〕，高祖以睿文纂業〔四〕，文帝以貳離含章〔五〕，中宗以上哲興運〔六〕：并文明自天，緝熙景祚〔七〕。

〔一〕訓故：「南齊高帝紀：高皇帝諱道成，字紹伯，姓蕭氏，仕宋封齊王，受宋禪。南史齊高帝蕭道成，廟號太祖，武帝蕭賾，廟號世祖，文惠太子蕭長懋，追尊爲文帝，廟號世宗。明帝蕭鸞，廟號高宗，並無中宗高祖。」「馭寶」即登帝位。

〔二〕斠詮：「左傳宣公三年：『……德之休明，雖小，重也；其姦回昏亂，雖大，輕也。』案德之休明，謂德美而明也。」

〔三〕「籙」，圖籙，天神所與之册命，君主有天下曰膺圖受籙。斠詮：「文選張衡東京賦：『高祖膺籙受圖，順行天誅。』……膺，受也。……籙，符命之書。」

〔四〕郝懿行云：「按『高』疑『世』字之譌。」范注：「武帝廟號世祖，此云高祖，高是世之誤。」「睿」，明智，智慧，封建時代專作頌揚帝王的用語。

爾雅釋詁：「纂，繼也。」「纂業」，謂繼承前人基業。

〔五〕「貳離」，黄注：「易離卦象曰『亘明以麗乎正』。象曰『明兩作離』。」范注：「易離卦象曰：『明兩作離，大人以繼明照于四方。』」

注訂「貳離含章，言承統重明以繼文運也。」易坤六三：「含章可貞。」王弼注：「含美而可正。」孔疏：「章，美也。」所以凡内含美德就叫「含章」。

文論選：「貳離，次於日月的意思，太子代稱，指太子地位次于天子。語本易離卦象曰云云。離爲日，日爲明。離卦䷝上下二體都是離，故云『明兩作離』。」

牟世金文心雕龍范注補正：「案文惠以早年立儲，武帝多委以重任。文惠太子傳云：太子『既正位東儲，善立名尚，禮接文士，畜養武人，皆親近左右，布在省闥。……（永明）五年冬，太子臨國學，親臨策試諸生。……太子以年長臨學，亦前代未有也』；以至『尚書曹事亦分送太子省視』。正以文惠太子的這種特殊地位，永明六年，武帝下詔曰：『獄訟之重，政化所先。太子立年作貳，宜時詳覽，此訊事委以親決。』此所謂『作貳』，即任太子。范注所引象辭，王注：『繼謂不絕也；明照，相繼不絕曠也。』孔疏：『明兩作離者，離爲日，日爲明，今存上下二體，故云明兩作離也。』由是可知，彥和乃借『貳離』以指太子，與本篇『文帝以副君之重』中的『副君』略同。貳，副也；離，日也，明也。」

斟詮：「『貳離』二字在此，有嗣續前代徽光之意。」

〔六〕郝懿行云：「『中』疑『高』字之譌。」四庫提要謂黄注本「時序篇中論齊無太祖、中宗……皆不附和本書」。范注：「中宗不知何帝。按明帝號高宗，豈『中』爲『高』之誤歟？齊書鬱林王紀：『皇太后令曰：太祖以神武創業，草昧區夏；武皇以英明提極，經緯天人；文帝以上哲之資，體元良之重。』此彥和所本。」注訂：「范注引齊書稱此爲彥和所本，彼時齊書未出，彥和何從本之，疏甚。」又：「彥和生于齊世，其所稱高宗、中宗不無所本，與史書二者之間必有一略。惟明帝以下，廢和二帝，祚皆不永，無可稱號。」

〔七〕校證：「『熙』原作『遐』，梅云：『疑作熙。』案梅説是。詩周頌清廟之什維清：『維清緝熙，文王之典，肇禋，迄用有成，維周之禎。』又昊天有成命：『昊天有成命，二后受之，成王不敢康，夙夜基命宥密。於緝熙，單厥心，肆其靖之。』此即彥和所本，今據改。」校釋：「按元作『緝熙』不誤。此用『維清緝熙』也。」毛傳：「緝熙，光明也。」「景祚」，洪福。

今聖歷方興〔一〕，文思光被〔二〕；海岳降神，才英秀發〔三〕；馭飛龍於天衢，駕騏驥於萬里〔四〕。經典禮章，跨周轢漢〔五〕；唐虞之文，其鼎盛乎〔六〕！鴻風懿采，短筆敢陳〔七〕？颺言讚時〔八〕，請寄明哲〔九〕。

〔一〕校證：「『歷』，梅本、凌本、梅六次本、日本刊本作『曆』。」「今聖歷」謂今上聖皇歷數也。指東昏侯或齊和帝。

劉汝霖東晉南北朝學術編年：「按文心雕龍時序篇序齊代之後，有『今聖歷方興』之語，知爲梁開國時之言。且觀其干沈約之情形，亦似無位者。梁書本傳稱其於天監初起家奉朝請，則爲文心雕龍當在天監最初之時，故誌其事於此（天監元年）。」

郝懿行批注：「劉氏此書，蓋成于蕭齊之季，東昏之年。故其論文，盛夸當代，而不與詮評。著述之體，自其宜也。」

清劉毓崧通誼堂集書文心雕龍後：「觀於時序篇云：『暨皇齊馭寶，運集休明……今聖歷方興，文思光被』云云。此篇所述，自唐虞以至劉宋，皆但舉其代名，而特於齊上加一皇字，其證一也。魏晉之主，稱謚號而不稱廟號，至齊之四主，惟文帝以身後追尊，止稱爲帝，餘並稱祖稱宗，其證二也。歷朝君臣之文有褒有貶，獨於齊則竭力頌美，絕無規過之詞，其證三也。東昏上高宗之廟號，係永泰元年八月事，據高宗興運之語，則成書必在是月以後。梁武受和帝之禪位，係中興二年四月事，據皇齊馭寶之語，則成書必在是月以前。其間首尾相距，將及四載，所謂『今聖歷方興』者，雖未嘗明有所指，然以史傳核之，當是指和帝而非指東昏也。」

〔二〕校證：「『光』原作『充』，黄注本據梅引一本改。」書堯典：「欽明文思安安，允恭克讓，光被四表。」孔傳：「光，充。」郭注：「光被，廣被也。」釋文引馬云：「經緯天地謂之文，道德純備謂之思。」

校注：「書堯典：『欽明文思安安，允恭克讓，光被四表。』孔傳：『光，充也。』『光被』原非僻詞，諸本又皆作『充被』，疑舍人原從傳文作『充』。」

〔三〕周注：「海岳，偏義複詞，即岳。」校注：「『岳』兩京本作『嶽』。按詩大雅崧高：『維嶽降神，生甫及申。』毛傳：『嶽，四嶽也：東嶽，岱；南嶽，衡；西嶽，華；北嶽，恒。……嶽降神靈和氣，以申甫之大功。』鄭箋：『降，下也。』釋文：『嶽，字亦作岳。』」又：「文選左思蜀都賦：『王褒韡曄而秀發。』」

〔四〕「馭飛龍於天衢」，周注：「易乾文言：『時乘六龍以御天也。』喻登位。」

〔五〕「轢」，超越也。

〔六〕注訂：「自『今聖』以下，至『鼎盛乎』，皆稱頌之詞，泛無所指，證文心之作在齊季也。」周注：「論語泰伯：『子曰：大哉，堯之爲君也！……焕乎其有文章。』」校注：「『其』元本、兩京本、胡本作『甚』。按『甚』字非是。漢書賈誼傳：『天子春秋鼎盛。』注引應劭曰：『鼎，方也。』」

〔七〕紀評：「闕當代不言，非唯未經論定，實亦有所避於恩怨之間。」注訂：「末四句總結上文，言『敢陳』屬自歉，言『請寄』爲問道也。」

〔八〕「颺」同「揚」。書益稷：「臯陶拜手稽首颺言。」傳：「大言而疾曰颺。」疏：「颺聲大言。」

〔九〕「寄」謂「寄望于」。校釋：「宋齊世近，作者尚多生存，又皆顯貴，舍人存而不論，非但是非難定，且亦有所避忌也。故列代雖十，而衡論文變，止及晉世。」

第七段論述宋齊文學的情況。

贊曰：蔚映十代〔一〕，辭采九變〔二〕。樞中所動，環流無倦〔三〕。質文沿時，崇替在選〔四〕。終古雖遠，曖焉如面〔五〕。

〔一〕范注：「郝懿行曰：『蔚映十代，並數蕭齊而言也。才略篇及於劉宋而止，故云九代而已。』」「蔚映」，文彩照映。「十代」指唐、虞、夏、商、周、漢、魏、晉、劉宋、蕭齊。

〔二〕文論選：「據劉永濟的解釋：唐、虞爲一變，三代爲二變，戰國、西漢爲三變，東漢爲四變，靈帝以後爲五變，建安爲六變，正始爲七變，西晉爲八變，東晉爲九變。與上文『辭人九變』之『九』指虛數者不同。」

〔三〕黄注：「鶡冠子：物極則反，命曰環流。」按莊子齊物論：「彼是莫得其偶，謂之道樞。樞始得其環中，以應無窮。」莊周認爲取消一切是非、彼此的差別，不使其對立（偶）起來，這就是所謂「道」的關鍵（道樞）。掌握了這個關鍵，就象處于一個圓環的中心，可以周轉貫通，應付無窮。

文論選：「莊子齊物論：『樞始得其環中，以應無窮。』樞，門樞。中，空。環是門上下兩橫檻的洞，圓空如環，以承受樞的旋轉。樞得環中，便旋轉自如，而應無窮。這裏比喻文學在各個時代的發展變化。無倦，無已。」

李笠中國文學述評：「絜其要點，約有四端：一曰『心樂而聲泰』，薰風、爛雲之詩是也。二曰『暐曄之奇意，出乎縱橫之詭俗』，春秋以後，『百家飇駭』之文是也。三曰『志深而筆長，梗概而多氣』，建安之末，『世積亂離，風衰俗怨』，曹王諸子之文是也。四曰『運涉季世，人未盡才』，茂先、太沖、岳、湛、機、雲之屬，『結藻清英，流韻綺麗』之文是也。……由劉氏之說，文學變遷，不外政教、學術與世故三者有以構成之。析而論之，則三代以前，學術未盛，文學受政教之影響者少；三代以下，思想日以發達，文學受學術之影響者多。」

斠詮：「言朝廷有所策動於其上，士臣從而效行於其下，周流如環，無復滯倦也。樞中，猶言『中樞』。……此處用作朝廷之稱。管子樞言注：『樞者居中以運外，動而不窮。』環流，圍繞而流也。説苑雜言：『環流九十里。』又鶡冠子：『物極則反，命曰環流。』注：『其周流如環。』」

〔四〕斠詮：「言詩文之樸質或華麗，順緣時代而推移，故文風之興盛或衰微，亦由此而可推算也。選，説文通訓定聲：『選，假借爲算。』集韻：『算，説文：數也。或作選。』書盤庚上：『世選爾勞。』舊傳：『選，數也。』」

〔五〕范注：「校勘記：『按曖當作僾，此用祭義「僾然必有見乎其位」文。』」校證：「『曖』原作『曠』，今據馮本、汪本、佘本、張之象本、兩京本、王惟儉本改。誄碑篇：『曖乎若可覿。』與此辭意同。」文心雕龍正字：「按作『曖』字是。誄碑篇云：『論其人也，曖乎若可覿。』可覿與如面義近。」潘重規文心雕龍札記：「作『曖』爲是。説文無『曖』字，有『僾』，云：『仿佛也。』」注訂：「『曠』又作『曖』，二字義皆可通，承上文『終古雖遠』而來。『如面』者言雖綿遠，而思慮所及，有如覿面耳。范注『曖當作僾』非。按『曖』、『㬈』、『薆』、『僾』義皆互通。曖焉如面者，彷佛若面也，無煩改從。」

斠詮：「言上古去今雖已遥遠，而其詩文風尚，仍隱約恍如面見也。」

校注：「『曠』，黄校云：『汪作曖。』元本、弘治本、活字本、兩京本、胡本、訓故本作『曖』。……按『曠』字未誤。説文日部：『曠，明也。』詁此並無不合。曹子建集與吴質書：『申詠反覆，曠若復面。』可資旁證。才略篇贊：『無曰紛雜，皎然可品。』彼云『皎然』，此云『曠焉』，意相若也。」

考異：「『曖』字見廣韻，隱也。又見楚辭，王注：暗也。説文：曠，明也。曖、曠義皆可通。從『曠』爲長。」

卷十

物色第四十六

顏延年秋胡：「日暮行采歸，物色桑榆時。」

任昉奉和登景陽山：「物色感神遊，升高悵有閲。」九日侍宴樂遊苑：「物色動宸眷，民豫降皇情。」

蕭統答玄圃園講頌啓令：「銀草金雲，殊得物色之美。」

水經注巨馬水注：「川石浩然，望同積雪，故以物色受名。」

文選賦有「物色」類。李善注曰：「四時所觀之物色之賦。」又云：「有物有文曰色，風雖無正色，然亦有聲。」

文鏡秘府論論文意：「猶如水中見日月，文章是景，物色是本，照之須了見其象也。」

困學紀聞卷十九評文「俗語皆有所本」條：「物色出淮南子。」閻若璩云：「何不云出月令？淮南時則訓：『仲秋之月，察物色，課比類。』月令：『仲秋之月，察物色，必比類。』」

范注：「本篇當移在附會篇之下，總術篇之上。蓋物色猶言聲色，即聲律篇以下諸篇之總名，與附會篇相對而統於總術篇，今在十卷之首，疑有誤也。」校證：「案范氏獻疑是。序志篇云：『崇替於時序，褒貶於才略，怊悵於知音，耿介於程器，長懷序志，以馭群篇。』彥和自道其篇次如此；物色正不在時序、才略間，惟此篇由何處錯入，則不敢決言之耳。」

按文選賦的物色類中收風賦、秋興賦、雪賦、月賦四篇，可見「物色」所指的是風、花、雪、月，春、夏、秋、冬之類。范氏謂「物色」即聲律篇以下諸篇之總名，亦不盡然。

校釋：「此篇宜在練字篇後，皆論修辭之事也。今本乃淺人改編，蓋誤認『時序』爲時令，故以物色相次。」

按劉永濟在下邊對本篇的解説，也不限於「論修辭之事」，似與上引這段按語矛盾。

考異：「序志篇載，自『崇替於時序』以下，言才略、言知音、言程器、言序志，共五篇，每卷五篇，而物色篇不在內。而時序在九卷五篇中，是物色篇之位，當移出十卷以外，而時序當移入十卷之中也，故時序篇依彥和自序次第當無可疑。惟據總術篇云『多少之非惑，何妍媸之能制』，及『按部整伍，以待情會』四句，意既秉總術之旨，還須物色之也。是物色之必繼總術以發之也。故物色篇當在總術篇之下爲宜。且以兩篇次序緊接，易致顛倒，若遠移於總術之上或非也。范氏之疑則是，而位置似不可從。」

王達津劉勰論如何描寫自然景物：「這一篇專論是他論作品思想內容與形式統一的觀點和

反對當時形式主義文風一個重要組成部分，同時它也在描寫自然景物方面提出了前人所未發的見解。……劉勰認爲描寫自然絶不是單純地描寫自然，這還是爲了抒詩人之情志……是和體性篇所説的『氣以實志，志以定言，吐納英華，莫非情性』相一致的，所以他也就反對形式主義地理解對自然的描寫。」

又：「黄宗羲景州詩集序説：『詩人萃天地之清氣，以月露風雲花鳥爲其性情，其景與意不可分也。月露風雲花鳥之在天地間俄頃滅没，而詩人能結之不散，常人未嘗不有月露風雲花鳥之咏，非其性情，極雕繪而不能親也。』這一段話確實可以説是劉勰的見解最明晰的詮釋和發展。」（光明日報一九六一年八月二十日）

春秋代序〔一〕，陰陽慘舒〔二〕；物色之動，心亦摇焉〔三〕。蓋陽氣萌而玄駒步〔四〕，陰律凝而丹鳥羞〔五〕；微蟲猶或入感，四時之動物深矣〔六〕。

〔一〕離騷：「日月忽其不淹兮，春與秋其代序。」王注：「代，更也；序，次也。春往秋來，以次相代。」

詩品序：「若乃春風春鳥，秋月秋蟬，夏雲暑雨，冬月祁寒，斯四候之感諸詩者也。」

〔二〕校注：「按文選張衡西京賦：『夫人在陽時則舒，在陰時則慘。』薛綜注：『陽，謂春夏；陰，謂秋冬。』張銑注：『舒，逸也；慘，戚也。』」注訂：「慘，方言：『慘，殺也。』舒，張也。此言慘舒，陰陽卷舒變化之意。」梁劉孝標廣絶交論：「陽舒陰慘。」元稹叙詩寄樂天書：「日月遷逝，光景慘舒。」

周注：「陸機文賦『悲落葉於勁秋』是陰慘，『喜柔條於芳春』是陽舒。」

〔三〕左傳昭公二十四年：「諸侯之師，乃心摇焉。」禮記樂記：「凡音之起，由人心生也。人心之動，物使之然也。感於物而動，故形於聲。……樂者，音之所由生也，其本在人心之感於物也。……凡音者，生人心者也。情動於中，故形於聲，聲成文謂之音。……夫民有血氣心知之性，而無哀樂喜怒之常，應感起物而動，然後心術形焉。」詩品序：「氣之動物，物之感人，故摇蕩性情，形諸舞詠。」

〔四〕黄注：「大戴禮夏小正：十有二月，『玄駒賁。玄駒也者，螘也。賁者何也？走於地中也』。法言：『吾見玄駒之步。』」按此見先知篇。「步」，行、走。

斠詮：「古今注問答釋義：『牛亨問曰：蟻名玄駒者何也？曰：河内人並河而見人馬數千萬，皆如黍米遊動往來，從旦至暮，家人以火燒之，人皆是蚊蚋，馬皆是大蟻，今人呼蚊蚋曰黍民，名蟻曰玄駒也。』」案：「螘」，即蟻。

〔五〕大戴禮記夏小正：「八月……丹鳥羞白鳥。丹鳥也者，謂丹良也。白鳥也者，謂蚊蚋也。其謂之鳥何也？重其養者也。有翼者爲鳥。羞也者，進也，不盡食也。」孔疏：「丹鳥以白鳥爲珍羞，故云丹鳥羞白鳥。……丹良是蟲，乃謂之鳥，是重其所養之物，不盡食之，雖蟲而謂之鳥也。但未知丹良是何物，皇氏以爲丹良是螢火。今案：爾雅釋蟲郭氏等諸釋，皆不云螢火是丹良，未聞皇氏何所依據。」

吴林伯文心雕龍物色義疏（本篇所引吴氏語皆同此）：「崔豹古今注：『螢蟲，一名丹良，一名丹鳥。』夏小正：『丹鳥羞白鳥，羞也者，進也，不盡食也。』謂藏之備冬月之養。故本篇羞與上文步相對爲文，引伸爲藏，謂潛伏。」（油印本）

「陰律」，陰氣。古代用音律辨别氣候，所以也可以用「陰律」代替「陰氣」。

注訂：「漢書律曆志：『律有十二，陽六爲律，陰六爲吕。』律爲通稱，故此言陰律不言陰吕也。」

周注：「漢書律曆志：『南吕（陰律之一），南，任也，言陰氣旅（衆）助夷則（陽律之一）任成萬物也。位於西，在八月。』即八月陰律凝聚。」

范注：「按『丹良』即『螳蜋』之轉音，丹良即螳蜋也。八月螢食蚊蚋，恐無是理。」

〔六〕漢崔駰上四巡頌表：「臣聞陽氣發而鶬鶊鳴，秋風厲而蟋蟀吟，氣之動也。」

若夫珪璋挺其惠心〔一〕，英華秀其清氣〔二〕；物色相召，人誰獲安〔三〕？

〔一〕文選劉峻辨命論：「臣觀管輅，天才英偉，珪璋特秀。」

「珪璋」，一作「圭璋」，比喻高貴的人品，用來美化士大夫。後漢書劉儒傳：「郭林宗常謂儒口訥心辨，有圭璋之質。」吴林伯：「晉書陸雲傳：『觀夫陸機、陸雲……挺珪璋於秀實。』」「珪璋」喻才華的超越。……廣雅：「挺，出也。」言突露。范注：「『惠』與『慧』通。」斯波六郎：「按『惠心』見陸機日出東南隅行：『淑貌耀皎日，惠心清且閑。』如此『惠心』即『蕙心』。『蕙心』見鮑照蕪城賦：『東都妙姬，南國麗人，蕙心紈質，玉貌絳脣。』」説亦可通。

〔一二〕吴林伯：「英華，花，喻佳麗的辭采。論語子罕：『子曰：苗而不秀者有矣夫。』朱注：『吐華曰秀。』本篇喻傾吐。」以上二句亦可解作「挺珪璋之惠心，秀英華之清氣」。

〔一三〕校注：「按國語晉語四：『姜曰……日月不處，人誰獲安？』」

是以獻歲發春〔一〕，悦豫之情暢〔二〕；滔滔孟夏〔三〕，鬱陶之心凝〔四〕；天高氣清，陰沈之志遠〔五〕；霰雪無垠〔六〕，矜肅之慮深〔七〕。

〔一〕范注：「楚辭招魂亂辭：『獻歲發春兮，汨吾南征。』王注：『獻，進。言歲始來進，春氣奮揚，萬物皆感氣而生，自傷放逐，獨南行也。』」

〔二〕「豫」，「愉」之假借。「悦豫」就是愉悦。

〔三〕范注：「九章懷沙：『滔滔孟夏兮，草木莽莽。』王注：『滔滔，盛陽貌也。史記作陶陶。』」

〔四〕尚書五子之歌：「鬱陶乎予心。」傳：「鬱陶，憂思也。」疏：「憤結積聚之意。」按楚辭九辨：

「豈不鬱陶以思君兮，君之門以九重。」

吴林伯：「本篇謂人當初夏，心情困悶。」

〔五〕黄注：「宋玉九辨：『泬寥兮天高而氣清。』王注：『秋天高朗體清明也。』」

〔六〕黄注：「楚辭九章：『霰雪紛其無垠兮。』」按此見涉江篇。王注：「霰，雨雪雜。垠，畔岸也。」

〔七〕「矜肅」，端莊嚴肅，此處謂引起詩人對國事深重的思慮。

歲有其物，物有其容〔一〕；情以物遷，辭以情發〔二〕。一葉且或迎意〔三〕，蟲聲有足引心。況清風與明月同夜，白日與春林共朝哉〔四〕！

〔一〕校注：「按左傳昭公九年：『事有其物，物有其容。』杜注：『物，類也；容，貌也。』」

〔二〕劉綬松文心雕龍初探：「『情以物遷，辭以情發』這兩句很扼要地闡釋了自然環境與文學的密切關係。只有真正地對自然環境有了深刻的感受，而這種感受迫使人們不得不用藝術語言（辭）將它表現出來，這樣産生出來的作品，才能够具有感人的力量。」

劉大杰批評史：「『情以物遷，辭以情發』兩句，扼要地説明了人們的感情隨着自然景物的變化而變化，而文辭則又是由於感情的激動而産生的。」

明詩篇：「人稟七情，應物斯感。感物吟志，莫非自然。」

知音篇：「夫綴文者情動而辭發。」體性篇：「情動而言形，理發而文見。」

〔三〕范注：「淮南子説山訓：『見一葉落而知歲之將暮。』」「迎」，猶引也，謂引起情意。

〔四〕駱鴻凱物色篇札記（本篇所引駱氏語皆同此）：「『春秋代序，陰陽慘舒』至『白日與春林共朝哉』此言寫景文之所由發生也。……陸機文賦曰：『悲落葉於勁秋，喜柔條於芳春。』鍾嶸詩品序曰：『氣之動物，物之感人，摇蕩性靈，形諸舞詠。』又曰：『若乃春風春鳥，秋月秋蟬，夏雲暑雨，冬月祁寒，斯四候之感諸詩者也。』昭明答湘東王求文集及詩苑英華書曰：『或日因春陽，其物韶麗，樹花發，鶯鳴和，春泉生，暄風至，陶嘉月而嬉游，藉芳草而眺矚；或朱炎受謝，白藏紀時，玉露夕流，金風時扇，悟秋山之心，登高而遠託；或夏條可結，倦於色而屬詞；冬雪千里，覩紛霏而興詠。』簡文帝答張纘謝示集書曰：『至如春庭落景，轉蕙承風，秋雨且晴，簷梧初下，浮雲生野，明月入樓，時命親賓，乍動嚴駕……是以沈吟短翰，補綴庸音，寓目寫心，因事而作。』蕭子顯自序曰：『若乃登高極目，臨水送歸，風動春朝，月明秋夜，早雁初鸎，開花落葉，有來斯應，每不能已也。』陳後主與詹事江總書曰：『每清風朗月，美景良辰，對群山之參差，望巨波之滉瀁，或翫新花，時觀落葉，既聽春鳥，又聆秋雁，未嘗不促膝舉觴，連情發藻。』此諸家之言，皆謂四序之中緣景生情，發爲吟咏，與劉氏之意正同。」（黄侃札記附録）

以上爲第一段，論述自然景色與文學的關係，説明季節變化打動作者的心，使他産生創作顧望。

是以詩人感物，聯類不窮〔一〕；流連萬象之際〔二〕，沈吟視聽之區〔三〕。寫氣圖貌〔四〕，既隨物以宛轉〔五〕；屬采附聲〔六〕，亦與心而徘徊〔七〕。

〔一〕「聯類」，聯想類比之意。駱鴻凱：「詩人感物，連類不窮者，明三百篇寫景之辭所以廣也。賦體之直狀景物者姑置無論，即比興之作，亦莫不假於物。事難顯陳，理難言罄，輒託物連類以形之，此比之義也。外境當前，適與官接，而吾情鬱陶，借物抒之，此興之義也。比有憑而興無端，故興之爲用，尤廣於比。……夫其託物在乎有意無意之間，而取義僅求一節之合，興之在詩，所以爲用無窮也。」

〔二〕孟子梁惠王：「從流下而忘反，謂之流；從流上而忘反，謂之連。」

〔三〕「沈吟」，低聲吟咏。

〔四〕駱鴻凱：「氣謂物之神氣。」蔣祖怡物色篇試釋：「『寫氣』指神似，『圖貌』指形似。」按「氣」謂氣氛。詮賦：「寫物圖貌，蔚似雕畫。」

〔五〕校注：「按莊子天下篇：『與物宛轉。』成疏：『宛轉，變化也。』」

〔六〕駱鴻凱：「采謂物之色采也。『既隨物以宛轉』，『亦與心而徘徊』，二語互文足義，猶云寫氣圖貌，屬采附聲，既隨物以宛轉，亦與心而徘徊也。夫氣貌聲采，庶彙各殊，伴色揣稱，夫豈易事？……自非入乎其内，令神與物冥，亦安能傳其真狀哉？王夫之云：『池塘生春草、明月照積雪、蝴蝶飛南園，皆心中目中與相融洽，一出語時即得珠圓玉潤。』又云：『會景而生心，體物而得神，則自有靈通之句，參化工之妙，若但於句求巧，則性情先爲外蕩，生意索然矣。』觀此，知心物未融，則寫景未能臻工妙者也。」

郭注：「『寫氣圖貌』承上文『流連萬象』而言，『屬采附聲』承上文『沉吟視聽』而言，『聲采』，非文章之聲采，乃風物之聲采也。」

〔七〕紀評：「隨物宛轉，與心徘徊八字，極盡流連之趣，會此，方無死句。」

校釋：「本篇申論神思篇第二段論心境交融之理。神思舉其大綱，本篇乃其條目。蓋神物交融，亦有分別，有物來動情者焉，有情往感物者焉：物來動情者，情隨物遷，彼物象之慘舒，即吾心之憂虞也，故曰『隨物宛轉』；情往感物者，物因情變，以内心之悲樂，爲外境之懽戚也，故曰『與心徘徊』。前者文家謂之無我之境，或曰寫境；後者文家謂之有我之境，或曰造境。前者我爲被動，後者我爲主動。被動者，一心澄然，因物而動，故但寫物之妙境，而吾心閑静之趣，亦在其中，雖曰無我，實亦有我。主動者，萬物自如，緣情而異，故雖抒人之幽情，而外物聲采之美，亦由以見，雖曰造境，實同寫境。是以純境固不足以謂文，純情亦不足以稱美，善爲文者，必在情境交融，物我雙會之際矣。」劉永濟釋三準：「劉氏是主張『情』屬於『物』的。作者的思想感情（「情」）是從觀察『物』的『萬象』而興起的（覩物興情）。而且作者的思想感情，與他所處的時代及環境是分不開的。所以他的作品中的『氣』與『貌』，就不能不依着他『視聽』所感受的『物』而『宛轉』，而他的作品中的『采』與『聲』不能不隨着他內心所興起的『情』而『徘徊』。這就與唯物主義的『反映論』有着相似的意義了。」

黃海章續文心短論：「『詩人感物，聯類不窮。……沈吟視聽之區』，這些話是告訴詩人們，就視聽所及的範圍，要不斷地觀察，同時又要不斷地沉思，才能把物和情融在一起。『寫氣圖貌……亦與心而徘徊。』初看起來，好象作者運用心思，把客觀事物的精神、狀貌、色采、聲音，描繪得惟妙惟肖，便完成了任務，在景物當中，不必滲透着作者的情感，實在並不是這樣。一是景物無窮，首先須經過作者的選擇；二是如何描繪，也須經過作者的匠心經營。」（中山大學學報一九六三年第四期）

斠詮：「謂三百篇之作者，欣賞千變萬化之景物，耽樂忘返，吟咏耳聞目見之聲色，沈思入迷。描寫神氣，圖摩狀貌，既依隨風物之變遷，以委曲盡妙；敷繪色采，比附聲響，亦配合內心之感應，以斟酌至當。是知寫景欲臻於工妙，必須心物交融而後可。」

按這一小段的意思是：詩人受到外物的感染時，會引起無窮的類似聯想。當他在各種自然現象之間流連徘徊的時候，他是隨着景物的變化而委曲宛轉地寫出它們的神態象貌的。當他在耳聞目見的聲色之中沈吟的時候，他所運用的藻采和音調，是和他的心情動蕩一致的。

這是説一方面要恰切地描繪出景物的感性形象，一方面也要表達出作者對景物的感受。

故灼灼狀桃花之鮮〔一〕，依依盡楊柳之貌〔二〕，杲杲爲出日之容〔三〕，瀌瀌擬雨雪之狀〔四〕，喈喈逐黃鳥之聲〔五〕，喓喓學草蟲之韻〔六〕。

〔一〕范注：「毛詩周南桃夭：『桃之夭夭，灼灼其華。』傳曰：『灼灼，華之盛也。』」陳奐詩毛氏傳疏：「小箋云：『灼灼』，即『焯焯』之假借。焯，明也。因之凡色之光華明盛者皆謂之焯，亦謂之灼矣。廣雅：灼灼，明也。玉篇：灼灼，華盛貌。『盛』與『明』同義。」

〔二〕范注：「小雅采薇：『昔我往矣，楊柳依依。』」「依依」，柔弱貌。世説新語文學篇：「謝公因子弟集聚，問毛詩何句最佳？謝玄曰：『昔我往矣，楊柳依依。今我來思，雨雪霏霏。』」王夫之薑齋詩話：以爲此詩妙在「以樂境寫哀，以哀景寫樂，一倍增其哀樂」。

〔三〕范注：「衛風伯兮：『其雨其雨，杲杲出日。』傳曰：『杲杲然日復出矣。』」説文：「杲，明也。」

〔四〕校證：「『瀌瀌』，鈴木云：『當作麃麃。』案小雅魚藻之什角弓作『瀌瀌』，漢書劉向傳作『麃麃』，則作『瀌瀌』者古文詩，作『麃麃』者今文詩也。不必改字。」范注：「小雅角弓：『雨雪瀌瀌。』箋曰：『雨雪之盛瀌瀌然。』」「瀌瀌」，雨雪交加貌。

校注：「按今小雅角弓作『瀌瀌』。陳奐詩毛氏傳疏卷二二云：『瀌瀌，疑詩本作麃麃，後人加水旁耳。韓詩外傳四、荀子非相篇、漢書劉向傳作麃麃。』鈴木氏蓋本陳氏爲説也。又按角弓釋文『雨音於付反』。是原讀去聲，屬動詞。若讀上聲，則與上句『出日』之『出』詞性不合矣。」

〔五〕范注：「周南葛覃：『黄鳥于飛，集於灌木，其鳴喈喈。』傳曰：『喈喈，和聲之遠聞也。』」「黄鳥」，黄鸝。「喈喈」，衆鳥和鳴聲。「逐」，追逐。

〔六〕范注：「召南草蟲：『喓喓草蟲，趯趯阜螽。』傳曰：『喓喓，蟲聲也。』」「學」，仿效。「韻」，聲韻。

斠詮：「如『灼灼』、『依依』、『杲杲』、『瀌瀌』、『喈喈』、『喓喓』等，皆爲複詞疊語，前四者所以狀物，後二者所以形聲。『參差』雙聲，以寫荇菜之錯落；『沃若』叠韻，以寫桑葉之豐潤：皆爲連語形容詞。所以使聲采瞻麗，音節和諧。」

楊慎丹鉛雜録「詩文須有來歷」條：「先輩言杜詩韓文無一字無來歷，余謂自古名家皆然，不獨杜、韓兩公耳。劉勰云：灼灼狀桃花之鮮，依依盡楊柳之貌，喈喈逐黄鳥之聲，嗷嗷學鴻雁之響。雖復思經千載，將何易奪？信哉其言！試以灼灼舍桃而移之他花，依依去楊柳而著之别樹，則不通矣。」

黄海章續文心短論：「至於表現手法，劉勰以爲要能高度概括集中，即用最精煉的詞句，來顯示豐美的内容。如用『灼灼』來形容桃花的鮮艷，用『依依』來形容楊柳的當風，用『喈喈』

來形容黃鳥的鳴聲，用『喓喓』來形容草蟲的清韻，僅僅兩個字，而能繪色繪聲，所謂『以少總多，情貌無遺』。描頭畫角，看起來似乎精細，其實是毫無生氣的。」

皎日嘒星，一言窮理〔一〕；參差沃若〔二〕，兩字連形〔三〕。並以少總多，情貌無遺矣〔四〕。雖復思經千載，將何易奪〔五〕？

〔一〕范注：「王風大車：『謂予不信，有如皦日。』傳曰：『皦，白也。』召南小星：『嘒彼小星，維參與昴。』傳曰：『嘒，微貌；小星，衆無名者。』一言即一字也。」釋文：「『皦』，又本作『皎』。」玉篇：「理，文也。」

〔二〕范注：「周南關雎：『參差荇菜，左右流之。』正義曰：『后妃言此參差然不齊之荇菜，須嬪妾左右佐助而求之。』衛風氓：『桑之未落，其葉沃若。』傳曰：『沃若，猶沃沃然。』」東城題跋卷三評詩人寫物：「詩人有寫物之功。『桑之未落，其葉沃若』，他木殆不可當此。林逋梅花詩云『疏影橫斜水清淺，暗香浮動月黃昏』，決非桃李詩。皮日休白蓮花詩云『無情有恨何人見，月曉風清欲墮時』，決非紅梅詩。此乃寫物之功。」薑齋詩話：「蘇子瞻謂『桑之未落，其葉沃若』，體物之工，非沃若不足以言桑，非桑不足以當『沃若』，固也。然得物態，未得物理。『桃之夭夭，其葉蓁蓁』、『灼灼其華』、『有蕡其實』，乃窮物理。『夭夭』者，桃至拱把以上，則液流蠹結，花不榮，葉不盛，實不蕃，小樹弱枝，婀娜妍茂，爲有加耳。」

〔三〕「連形」，元刻本、弘治本以下各本皆如此，惟黄注本作「窮形」。校注：「何焯『連』改『窮』。按『連』字是，『參差』、『沃若』皆連語形容詞（「參差」雙聲連語，「沃若」叠韻連語），故云。上云『窮理』，此云『窮形』，殊嫌重出。黄氏從何校改『連』爲『窮』非是。」考異：「『連』、『窮』並通。『窮』字從下句情貌無遺句來，從『窮』爲長。」綴補：「作『窮』，蓋涉上文『一言窮理』而誤。」郭注：「『兩字連形』，謂用『參差』兩字形容荇菜，『沃若』兩字形容桑葉也。」

〔四〕吴林伯：「情貌，即下文『窺情風景之上，鑽貌草木之中』的『情貌』，謂自然景象的情況和形貌。」

楊明照文心雕龍研究中值得商榷的幾個問題：「『一言窮理』，原是緊承上句『皎日嘒星』説的；『兩字窮形』，也是緊承上句『參差沃若』説的。……『以少總多，情貌無遺』二句是對上一節所下的總評。意在説明詩三百篇的作者善於使用『灼灼』、『依依』、『杲杲』、『瀌瀌』、『喈喈』、『喓喓』、『皎』、『嘒』、『參差』、『沃若』等形容詞來描繪自然景物。儘管每處只有一兩個字，卻能使形象鮮明，維妙維肖。劉勰明明是説的『情貌無遺』。」

王達津劉勰論如何描寫自然景物：「這些引用詩三百篇的例證，大都是情兼比興，物盡形神之似的。『以少總多』是説用詞的簡潔，而情貌無遺，正是後人所説不但要形似，還要神似，者的思想感情給添加了生氣的。」

而這描寫的所以能够『神似』，却是由於自然景物與作者的思想感情息息相通，並且是由作

徐季子「乘一總萬」與「以少總多」：「劉勰十分推崇詩中『兩字窮形』、『一言窮理』，洗鍊的藝術手法。一言就把道理講清，兩字能將形貌描透，多少有點夸張，但他從中總結出一條『以少總多，情貌無遺』和總術篇的『乘一總萬，舉要治繁』，這四句話聯繫起來看，説劉勰早在一千多年前就提出了典型化的藝術方法，也不算過分吧。客觀事物是無窮的，景色變化是無常的，要把無窮的事物，無常的景物在一首詩中全部反映出來勢不可能，也没有必要。因此要『以少總多』『舉要治繁』，把自然界紛然雜陳，繁複衆多的景象，用麗而約的藝術語言描繪出來，而且要描繪得『情貌無遺』。……少而能總多，就是要求具體和概括的統一。『乘一總萬』可以從一聯想到萬，『以少總多』可以從少中見到多，詩人所描繪的藝術形象既是『情貌無遺』形象鮮明，又能『總多』『總萬』，具有一定的廣度和深度。」（社會科學輯刊一九八〇年第二期）

郭紹虞、王文生：文心雕龍再議：「關於文學與現實，劉勰的貢獻在於用變化發展的觀點進一步闡述了二者的關係。他認爲季節的更迭，自然的變化，通過作用於人的思想感情而影響文學創作。……他根據這種認識，作出了『歲有其物，物有其容；情以物遷，詞以情發……』的結論。

「他認爲事物的形貌，不可能盡加描繪，『物貌難盡』，僅僅憑着一系列辭藻去模山範水是畫也畫不完，寫也寫不盡的。即便是對細節作詳盡的刻劃，也可能損害整體的神情，『畫者謹髮而易貌，射者儀毫而失牆。』（附會）因此，他反對『近代以來，文貴形似』那種追求表面真實的作法，而提倡『以少總多，情貌無遺』，也就是要用概括的方法來反映現實。」

〔五〕范注：「古人形狀之詞，確有心會神領，百思而無得移易者，朱謀㙔駢雅網羅甚富，可資採獲。」

及離騷代興〔一〕，觸類而長〔二〕，物貌難盡，故重沓舒狀〔三〕，於是嵯峨之類聚〔四〕，葳蕤之群積矣〔五〕。及長卿之徒，詭勢瓌聲〔六〕，模山範水，字必魚貫〔七〕，所謂詩人麗則而約言，辭人麗淫而繁句也〔八〕。

〔一〕駱鴻凱：「此云離騷，包楚辭而言。」

〔二〕嵇康琴賦：「其餘觸類而長，所致非一，同歸殊途，或文或質。」陸、牟譯爲「所寫事物觸類旁通而有所發展」。范注：「詮賦篇云：『及靈均唱騷，始廣聲貌。』」

〔三〕周注：「重沓，指多用複詞。舒狀，叙述形狀。爾雅釋詁：『舒，叙也。』」斠詮：「顏氏家訓書證：『俗間又有「黯黯」（音沓）語，蓋無所不施，無所不容之意也。』重沓，是多饒積厚之意。」

〔四〕綴補：「案喻林引於作如，義同。」「嵯峨」，峻險突兀之貌。楚辭招隱士：「山氣巃嵸兮石嵯峨。」

王逸注：「嵯峨……峻蔽日也。」五臣注：「嵯峨，高貌。」

〔五〕楚辭七諫初放：「上葳蕤而防露兮。」王注：「葳蕤，盛貌。」補注：「葳蕤，草木垂貌。」

校注：「楚辭離騷：『余既滋蘭之九畹兮，又樹蕙之百畮；畦留夷與揭車兮，雜杜衡與芳芷。』又九歌山鬼：『辛夷車兮結桂旗，被石蘭兮帶杜衡；折芳馨兮遺所思，余處幽篁兮終不見天。』並『葳蕤群積』之證。」

駱鴻凱：「『嵯峨之類聚，葳蕤之群積』云者，謂寫山水草木之詞漸趨繁富也。茲舉例如次：

「山峻高以蔽日兮，下幽晦以多雨，霰雪紛其無垠兮，雲霏霏而承宇。（涉江）

「上高巖之峭岸兮，處雌蜺之標顛，據青冥而攄虹兮，遂儵忽而捫天。（悲回風）

「右寫山。

「朝騁鶩兮江皋，夕弭節兮北渚。鳥次兮屋上，水周兮堂下。（湘君）

「馮崑崙以瞰霧兮，隱岷山以清江，憚涌湍之礚礚兮，聽波聲之洶洶。（悲回風）

「右寫水。

「嫋嫋兮秋風，洞庭波兮木葉下。（湘夫人）

「雷填填兮雨冥冥，猿啾啾兮狖夜鳴，風颯颯兮木蕭蕭。（山鬼）

「右寫風雲。

「秋蘭兮麋蕪，羅生兮堂下，緑葉兮素莖，芳菲菲兮襲予。（少司命）

「秋蘭兮青青，緑葉兮紫莖。（同上）

「右寫草木。」

〔六〕「詭勢瓌聲」，謂追求詭奇的聲勢。

〔七〕黄注：「易剥卦：六五，貫魚以宫人寵，無不利。」三國魏志鄧艾傳：「將士皆攀木緣崖，魚貫而進。」晉書范汪傳：「玄冬之月，沔、漢干涸，皆當魚貫而行，推排而進。」謂如魚游之先後相續也。

駱鴻凱：「字必魚貫者，謂好用連語雙聲疊韻諸聯綿字也。此蓋因揚、馬之流，精通小學，故能撮字書之單詞，綴爲儷語，或本形聲假借之法，自鑄新詞。劉氏所謂揚、馬之作，旨趣幽深，讀者非師傳不能析其辭，非博學不能綜其理也。」

范注：「司馬相如上林賦：『蕩蕩乎八川分流，相背而異態。……汨乎混流，順阿而下，赴隘陿之口，觸穹石，激堆埼。沸乎暴怒，洶涌澎湃，滭弗宓汩，偪側泌瀄……於是乎崇山矗矗，巃嵸崔巍，深林巨木，嶄巖參嵳。九嵕巀嶭，南山峨峨……』狀貌山川，皆連接數十百字，漢賦此類極多，所謂字必魚貫也。」

練字篇：「聯邊者，半字同文者也。狀貌山川，古今咸用，施於常文，則齟齬爲瑕，如不獲免，可至三接。三接之外，其字林乎？」

〔八〕范注：「法言吾子篇：『詩人之賦麗以則，辭人之賦麗以淫。』」「麗以則」指美麗典雅，「麗以淫」指侈麗放蕩。

漢書藝文志：「大儒孫卿及楚臣屈原，離讒憂國，皆作賦以諷，咸有惻隱古詩之義。其後，宋玉、唐勒，漢興，司馬相如，下及揚子雲，競爲侈麗閎衍之詞，没其諷諭之義。是以揚雄悔之曰：『詩人之賦麗以則，辭人之賦麗以淫。』」

黄海章續文心短論：「『物貌難盡』，有時用幾個簡單的字來形容，還不够，所以發展到離騷，『嵯峨』、『葳蕤』一類重疊的字眼，就大量出現了。但主要的目標，還在曲盡事物的情態，用以寄托作者的心情。等到司馬長卿一般辭賦家出來，便一味鋪張揚厲，對事物作夸大的描寫，而無真實的情感存乎其間，就不免『淫麗而繁濫』了。」

王達津劉勰論如何描寫自然景物：「物色篇中批判了長卿之徒模山範水的無意義，指出詩人麗則而約言，辭人麗淫而繁句的巨大差别，這也正是『要約寫真』和『淫麗煩濫』（情采）兩條道路的分歧。」

至如雅詠棠華，或黄或白〔一〕，騷述秋蘭，緑葉紫莖〔二〕；凡摛表五色〔三〕，貴在時見〔四〕，若青黄屢出，則繁而不珍〔五〕。

〔一〕范注：「小雅裳裳者華：『裳裳者華，或黃或白。』箋曰：『華或有黃者，或有白者，興明王之德，時有駮而不純。』」

校注：「詩小雅裳裳者華：『裳裳者華，或黃或白。』毛傳：『興也。裳裳，猶堂堂也。』……是『裳裳』爲形容詞。……『華』亦泛稱。……據此，則『棠華』之『棠』，非緣舍人誤記，即由寫者臆改。」斠詮：「彥和『裳』作『棠』，亦同音假借字。」吳林伯：「說文：『裳，或作常。』廣雅：『常常，盛也。』『常』又通『棠』，小雅常棣，御覽引作『棠棣』。本篇『棠華』，爲『裳裳者華』的省略。」陳奐引說文：「裳裳，盛貌。」又引廣雅：「常常，盛也。」

〔二〕訓故：「楚辭九歌少司命：『秋蘭兮青青，緑葉兮紫莖。』」

〔三〕吳林伯：「說文：『摛，舒也。』舒，發布，本篇與『表』連文，謂描繪。」

〔四〕周禮春官大宗伯：「時見曰會。」注：「時見者，言無常期。」范注：「此言五色之字不可屢見。時見猶言偶見。」

斠詮：「時見，謂適時而見也。論語憲問：『夫子時然後言。』邢疏：『但中（去聲）時然後言。』中時，即適時也。」

吳林伯：「論語先進鄭玄注：『諸侯時見曰會。』『時見』出此。『時』，論語憲問『時然後言』，又鄉黨『不時不食』的『時』，應時。『見』同『現』。『時見』，應時出現。」

〔五〕詩品序：「學謝朓，劣得『黃鳥度青枝』，徒自棄於高明，無涉於文流矣。」按「黃鳥度青枝」見齊虞炎玉階怨。

范注：「此言五色之字不可屢見，『黃鳥度青枝』所以見譏於記室也。」

駱鴻凱：「此言寫景文不宜多用五色之詞也。昔人誚爲詩好用珠玉等字者爲七寶粧。」

文鏡秘府論文二十八種病：「第二十三，落節。凡詩詠春，即取春之物色；詠秋，即須序秋之事情。或詠今人，或賦古帝，至於雜篇詠，皆須得其深趣，不可失義意。假令黃花未吐，已詠芬芳；青葉莫抽，逆言蓊鬱；或專心詠月，翻寄琴聲；或□意論秋，雜陳春事。或無酒而言有酒，無音而道有音；並是落節。……又詠春詩曰：『何處覓消愁，春園可暫遊。菊黃堪泛酒，梅紅可插頭。』釋曰：菊黃泛酒，宜在九月，不合春日陳之。或在清朝，翻言朗夜，并是落節。」

黃海章續文心短論：「『摛表五色……則繁而不珍』，告訴作家貴白描，不貴粧點。不在乎多用青黃赤白一類采色的字面，而在於無采色中顯示出采色來。」紀評：「此病易犯，近體尤忌之。」

以上爲第二段，舉出古代作品中描寫自然景色的範例，强調學習詩經中「以少總多」的寫作方法，反對辭賦家堆砌辭藻的傾向。

自近代以來，文貴形似〔一〕。窺情風景之上，鑽貌草木之中〔二〕；吟詠所發，志惟深遠〔三〕；體物爲妙〔四〕，功在密附〔五〕。故巧言切狀〔六〕，如印之印泥〔七〕；不加雕削，而曲寫毫芥〔八〕。故能瞻言而見貌，即字而知時也〔九〕。

〔一〕「形」字，元刻本、弘治本、汪本、佘本、兩京本作「則」。梅本以下作「形」。校注：「按『則』字非是。宋書謝靈運傳論：『相如工爲形似之言。』詩品上：『晉黄門侍郎張協，巧構形似之言。』顔氏家訓文章篇：『何遜詩實爲清巧，多形似之言。』並其證。宋趙次公蘇軾書鄢陵王主簿所畫折枝詩『論畫以形似』句注引作『形似』，是所見本未誤。」

詩品中評鮑照云：「善製形狀寫物之詞。」

文鏡秘府論論體中所列有十體，其中「形似體」云：「形似體者，謂貌其形而得其似，可以妙求，難以粗測者是。詩曰：『風花無定影，露竹有餘清。』又云：『映浦樹疑浮，入雲峰似滅。』如此即形似之體也。」

中興間氣集評于良史詩「工於形似」。王昌齡說：「了然境象，故得形似。」（唐音癸籤卷二）「古人形似之語，如鏡取形，燈取影也。」（范温潛溪詩眼，見苕溪漁隱叢話卷八）蘇軾書鄢陵王主簿所畫折枝：「論畫以形似，見與兒童鄰，賦詩必此詩，定知非詩人。詩畫本一律，天工與清新。」（蘇東坡集前集卷十六）又說：「得其精神而略其形似。」（見陶明濬詩説雜記卷八）張彦遠在論畫六法中，即反對「氣韻不周，空陳形似」。歷代名畫記卷一：「今之畫，縱得形似而氣韻不生，以氣韻求其畫，則形在其間矣。」

綴補：「宋胡仔苕溪漁隱叢話前集八：『詩眼云：形似之意，蓋出於詩人之賦，「蕭蕭馬鳴，悠悠旆旌」是也。古人形似之語，如鏡取形，燈取影也。』鍾嶸詩品上評謝靈運詩，詩品中評顔延之詩及鮑照詩，並云『尚巧似』。似即形似也。」

〔二〕這兩句是説山水詩人專門在觀察和描繪上用功夫。紀評：「此刻畫之病，六朝多有。」

〔三〕這兩句是説這些人作詩用心思很深。

張嚴論詮：「彦和言『近代以來，文貴形似』，實指謝靈運輩所作而言。蓋謝等偏好自然，亦肇端於憤世嫉俗。而當時文士多與僧徒交往，深山幽谷，遊踪所至，美景所觸，心之所感，皆一一發而爲詩文，此所謂『志惟深遠』者也，乃謝等所作過於雕琢，且雜糅易、老莊及佛理等，玄虛特甚，文字鮮有真趣。故彦和謂『窺情風景之上，鑽貌草木之中』，此其言刻畫之病也。」

〔四〕詮賦：「鋪采摛文，體物寫志也。」「體物」，即描寫外物。

〔五〕駱鴻凱：「『體物爲妙，功在密附』數語，劉氏雖以此評當時，實亦凡寫景者所當奉爲準則也。蓋物態萬殊，時序屢變，摛辭之士所貴憑其精密之心，以寫當前之境，庶閲者於字句間悠然心領，若深入其境焉。如此則藻不徒抒，而景以文顯矣；不則狀甲方之景，可移乙地；摹春日之色，或似秋容。勦襲雷同，徒增厭苦，雖爛若縟繡亦何用哉？

「峴傭説詩云：『寫景須曲肖此景。「渡頭餘落日，墟裏上孤烟。」確是晚村光景。「兩邊山木合，終日子規啼。」確是深山光景；「黄雲斷春色，畫角起邊愁。」確是窮邊光景。「野徑雲俱黑，江船火獨明。」確是暮江光景。』觀此，則山水文章之貴於密附，益可見矣。

「詩塵云：『寫景之句，以雕琢工致爲妙品，真境淒泊爲神品，平淡率真爲逸品。如「芳草平仲緑，清夜子規啼」（沈佺期），「明月松間照，清泉石上流」（王維），「雨中山果落，燈下草蟲鳴」（王維），「緑樹村邊合，青山郭外斜」（孟浩然），「松生青石上，泉落白雲間」（賈島），「泉聲入秋寺，月色偏寒山」（于武陵），皆逸品也。如「日落江湖白，湖來天地青」（王維），「四更山吐月，殘夜水明樓」（杜甫），「柳塘春水漫，花塢夕陽遲」（嚴維），「雞聲茅店月，人跡板橋霜」（温庭筠），皆神品也。其他登妙品者，則不可枚舉也。』按此所謂逸品，所謂神品，皆指其『功在密附』言之。」

〔六〕詩品序：「五言居文詞之要，是衆作之有滋味者也，故云會於流俗，豈不以指事造形，窮情寫物，最爲詳切者耶？」

〔七〕校注：「『如印之印泥』，按呂氏春秋適威篇：『若璽之於塗也，抑之以方則方，抑之以圓則圓。』」

斯波六郎：「淮南子齊俗：『凡將舉事，心先平意清神，神清意平，物乃可正，若璽之抑埴（高注：璽，印也；埴，泥也）。正與之正，傾與之傾。』（説文解字抑字段注：「璽之抑埴，即今俗云，以印印泥也。此抑之本義也。」）」

范注：「明詩篇云：『宋初文詠，體有因革，莊、老告退，而山水方滋。……情必極貌以寫物，辭必窮力而追新，此近世之所競也。』續漢書祭祀志上：『以水銀合金以爲泥，玉璽一方，寸二分。』」

〔八〕「不加雕削」，指純粹的客觀的描寫。「曲寫毫芥」，委曲詳盡，描摹入微。「毫」，兔毛。「芥」，芥子。

〔九〕校證：「『即』原作『印』，何校、黄注云：『疑作即。』按黄説是，今據改。下文『即勢會奇』，宗經篇『即山而鑄銅』，史傳篇『棄同即異』，用法同。」

考異：「印字從上文印泥而來，此練句法也。見徵聖篇『辭成無好異之尤』句法，作『即』可通，但『印』字或不爲誤。」

辨騷篇：「論山水，則循聲而得貌；言節候，則披文而見時。」

黄春貴文心雕龍之創作論：「物色篇曰：『自近代以來，文貴形似……故能瞻言而見貌，即字而知時也。』舍人雖以此評當時之山水文章，務求描繪逼真，體貼入微，趨向形式主義，流爲總術篇所謂『理拙而文澤』之弊病，實亦寫景文者所當奉爲圭臬也。」

駱鴻凱：「此節與明詩所論，皆明劉宋以後詩賦寫景之異於前代也。」

郭注：「『吟咏所發』以下，至『即字而知時也』，以爲描摩原則，在於以情志爲本，然後以密附爲功，非承上文『文貴形似』而言，上文爲批判宋代文詠『文貴形似』而發也。」這幾句話的意思是他們描寫的景物很貼切，猶如印泥印出來的一般，非常細致，點點滴滴都寫到。使讀者一看就知道這是什麽景色，什麽季節。

然物有恒姿，而思無定檢〔一〕，或率爾造極，或精思愈疏〔二〕。且詩騷所標，並據要害〔三〕，故後進鋭筆，怯於爭鋒〔四〕。莫不因方以借巧，即勢以會奇〔五〕，善於適要〔六〕，則雖舊彌新矣〔七〕。

〔一〕注訂：「明詩篇云：『詩有恒裁，思無定位。』句法同旨。」

荀子儒效篇：「禮者所以爲群臣寸尺尋丈檢式也。」

文選陸機演連珠：「動循定檢。」李善注引蒼頡篇：「檢，法度也。」

〔二〕文賦：「或操觚以率爾，或含毫而邈然。」

這幾句是説：景物有固定的姿態，思緒卻没有固定的規則。有的好像滿不在乎，就寫到登峰造極的地步；有的用盡心思，反而差得很遠。

桓譚新論袪蔽篇：「賞激一事而作小賦，用精思太劇，而立感動發病，彌日瘳。」張衡與崔瑗書：「竭己精思，以揆其意。」

湯顯祖集卷三十二合奇序：「予謂文章之妙，不在步趨形似之間。自然靈氣，恍惚而來，不思而至。……米家山水人物，不用多意，略施數筆，形像宛然，正使有意爲之，亦復不佳。故夫筆墨小技，可以入神而證聖。」

宋葉夢得石林詩話：「『池塘生春草，園柳變鳴禽』，世多不解此語爲工，蓋欲以奇求之耳。

此語之工，正在無所用意，猝然與景相遇，借以成章，不假繩削，故非常情所能到。」

隨園詩話（卷四）：「蕭子顯自稱：『凡有著作，特寡思功，須其自來，不以力構。』此即陸放翁之『文章本天成，妙手偶得之』也。薛道衡登榻構思，聞人聲則怒；陳後山作詩，家人爲之逐去貓犬，嬰兒都到別家，此即杜少陵所謂『語不驚人死不休』也。二者不可偏廢。蓋詩有從天籟來者，有從人巧得者，不可執一而求。」

駱鴻凱：「『物有恒姿』，至『或精思愈疏』：謂物之姿態有恒，而人之運思多變，或率爾操觚，竟能密合，或鏤心洒翰，能益浮詞也。尋心物之感，其機至微，其時至速。故有卒然遇之，不勞而獲者，亦有交臂失之，回顧已遠者，此中張弛通滯之數，雖有上材，恒不能自喻其故，文家常言，以爲天機駿利，易於燭物，六情壅塞，難於用思，通塞之宜，文之工拙分焉，斯誠不刊之論矣。」

陸機文賦有云：「夫應感之會，通塞之紀……或竭情而多悔，或率意而寡尤。……吾未識夫開塞之所由也。」郭注：「陸機認爲『竭情多悔，率意寡尤』，在於思考有通塞，至於通塞之由，則無法解釋。劉彥和亦認爲『率爾造極，精思愈疏』，在於『物有恒姿，思無定檢』；如果『志惟深遠』，加以『密附之功』又能『入興貴閑，析辭尚簡』，問題便可解決。所以在理論上，劉氏對於『思有通塞』之由，已能進一步探討，較陸機有所發展。」

〔三〕「標」，元刻本、兩京本、張之象本、梅本、凌本、張松孫本等均作「摽」。此處「摽」謂摽幟，義與

「標識」通。後漢書皇甫嵩傳：「（張）角等知事已露，晨夜馳勑，諸方一時俱起，皆著黄巾爲標幟。」校證、校注於此均失校。

斠詮：「要害，關係重要之處也。漢書西南夷傳：『大司農豫調穀積要害處。』注：『要害者，在我爲要，於敵爲害也。』此處喻風物之特點。」張嚴論詮：「要害，詩指『一言窮理，兩字窮形』而言，騷指『觸類而長，物貌難盡』而言，蓋詩騷並能攝物象之精微，窺造化之靈秘也。」

〔四〕「鋭筆」，指精於寫作之人。

斠詮：「争鋒，猶言争勝。漢書張良傳：『楚人剽急，願上慎毋與楚争鋒。』史記絳侯周勃列傳：『難與争鋒。』」

〔五〕定勢篇：「舊練之才，則執正以馭奇；新學之鋭，則逐奇而失正。」郭注：「『因方』謂依據詩騷描摹風景的方法。」周注：「即勢以會奇——順着文勢而寫出新奇的景象。」

駱鴻凱：「文章變化之法，古人有不易其意而别造新語，或規摹其意而形容之者，有翻意者，有點化成句者，有用意造語不嫌雷同者，而且文詩賦詞得相通變，學者措意於此，其於劉氏所謂『因方借巧，即勢會奇』，可以知所從事矣。」

〔六〕這句的意思是善於體會要領，就可以推陳出新。黄叔琳評：「化臭腐爲神奇，秘妙在此。」

斠詮：「適要，謂適得竅要，即俗語『恰到好處』之意。」文賦：「因宜適變，曲有微情。」牟注：「適要，抓住要點，和上文説的『據要害』意思相同。」

王達津劉勰論如何描寫自然景物：「『詩騷所標，並據要害……則雖舊彌新矣。』這是他主張描寫自然要抓到自然最主要的特點，但後進之士根據前代詩人的方法筆勢加以變化，也還是可以被允許的，這正像王維詩『漠漠水田飛白鷺，陰陰夏木囀黄鸝』（積雨輞川莊作），是根據别人的詩，加上了『漠漠』、『陰陰』二詞，但卻描寫出了悠悠長夏的情貌一樣。」隨園詩話卷一：「自古文章所以流傳至今者，皆即情即景，如化工肖物，着手成春，故能取不盡而用不竭。不然，一切語古人都已説盡，何以唐、宋、元、明才子輩出，能各自成家而光景常新耶？」

〔七〕駱鴻凱：「『詩騷所標並據要害』，至『善於適要，雖舊彌新』此言寫景變化之法也。夫文貴自出心裁，獨標新穎，謝朝華之已披，啓夕秀於未振，焉取規模仿效，致來因襲之譏？然寫花鳥，繪烟嵐，則誠有不盡爾者。蓋物色古今所同，遠視黄山，氣成葱翠，適當秋日，草盡萎黄，古有此景，今亦無以異也。是故古人之作，雖已泄宇宙之秘，窮化工之妙，清辭麗句，膾炙文林，然後賢有作，倘能即勢會奇，因方借巧，妙得規摹變化之訣，自成化腐爲新之功。又況意之爲用，其出不窮，同叙一景而以悲愉各異，則後者初非襲前，如『落日照大旗，馬鳴風蕭蕭』（杜甫後出塞）與『蕭蕭馬鳴，悠悠旆旌』（詩大雅角弓篇），一叙愁慘之象，一狀整暇之容，語同而意别，特作者臨文偶然湊合，非相襲也。同賦一物而比興不同，則諸作各擅其勝，如同一詠蟬，虞世南『居高聲自遠，端不藉秋風』，是清華人語；駱賓王『露重飛難進，風多響易沉』，是患難人語；李商隱『本以高難飽，徒勞恨費聲』，是牢騷人語。此因比興之不同而各據勝境也。由此觀之，雨滴空階，月照積雪，亭皋葉下，池塘草生，凡諸美景，雖至不可紀極之世，言之亦無害爲佳構，李文饒所謂文章譬諸日月，雖終古常見而光景常新，不其然哉！」

是以四序紛迴〔一〕，而入興貴閑〔二〕；物色雖繁，而析辭尚簡〔三〕；使味飄飄而輕舉，情曄曄而更新〔四〕。

〔一〕「四序」，謂四時也。魏書律曆志：「四序遷流，五行變易。」

校注：「潘岳秋興賦：『四時忽其代序兮，萬物紛以迴薄。』」「紛迴」，紛去沓來之意。

〔二〕校釋：「舍人論文家體物之理，皆至精粹，而『入興貴閑』，『析辭尚簡』二語尤要。閑者，神思篇所謂虛静也，虛静之極，自生明妙。故能撮物象之精微，窺造化之靈祕，及其出諸心而形於文也，亦自然要約而不繁，尚何如印印泥之不加抉擇乎？」四時景色很繁，又總是不斷循環來往，但感物起興却要極虛静，這樣才可以在有意無意之間，抓住最感人的意興。

駱鴻凱：「然欲令機恒通而鮮塞，亦自有術。劉氏神思篇云：陶鈞文思，貴在虛静。……此雖爲一切文言，而寫景尤要。是故綴文之士，苟能虛心静氣以涵養其天機，則景物當前，自能與之默契，抽毫命筆，不假苦思，自造精微，所謂信手拈來，悉成妙諦也。不則以心逐物，物足以擾心，取物赴心，心難於照物，思慮雖苦，終如繫影捕風矣。」

養氣篇：「是以吐納文藝，務在節宣，清和其心，調暢其氣，煩而即舍，勿使壅滯，意得則舒懷以命筆，理伏則投筆以卷懷。逍遥以針勞，談笑以葯勸。常弄閑於才鋒，賈餘於文勇。」皆本篇「貴閑」之意。

〔三〕「析」字，元刻本、弘治本、兩京本、張之象本等均作「折」，梅本於「折」改作「枏」，張松孫本從之。凌本、黄本折並作「析」。「枏」與「析」同，「折」則爲誤字。校證、校注於此均失校。

曹學佺批「是以四序」四句：「此風雅也。」

張嚴論詮：「彦和之言『四序紛迴，而入興貴閑，物色雖繁，而析辭尚簡』，紀昀以爲『四語尤見精妙』。蓋文家惟『入興貴閑』者，始能『瞻言而見貌』，惟『析辭尚簡』者，方得『即字而知時』。此舍『會通』而外，曷克有此？」

蔣祖怡：「『析辭尚簡』針對『青黄屢出，繁而不珍』。」郭注：「『析辭尚簡』，即上文所謂『一言窮理』，『兩字連形』，反對『字必魚貫』，『青黄屢出』。」

〔四〕「曄曄」，光采貌。校證：「『更新』，吟窗雜録三七作『恒鮮』。」校注：「晉書文苑左思傳：『張華見而嘆曰：「班、張之流也，使讀之者盡而有餘，久而更新。」』」

這幾句話的意思就是用簡練的辭句描寫繁富的景色，使得詩味飄飄如微風吹拂，情趣盎然而又格外清新。

駱鴻凱：「『四序紛迴，而入興貴閑』至『情曄曄而更新』數語尤精。四序紛迴，入興貴閑者，蓋以四序之中，萬象森羅，觸於耳而寓於目者，所在皆是，苟非置其心於翛然閒曠之域，誠恐當前好景，容易失之也。陶詩：『采菊東籬下，悠然見南山。山氣日夕佳，飛鳥相與還。此中有真意，欲辯已忘言。』因采菊而見山，一與自然相接，便見真意，而至於欲辯忘言，使非淵明擺落世紛，寄心閒遠，曷至此乎？物色雖繁，析辭尚簡者，蓋以一時之内，一地之間，物態皆極繽紛，表之於文，惟須約其詞旨，務令略加點綴，即已真境顯然；陶詩『曖曖遠人村，依依墟裏烟。狗吠深巷中，雞鳴高（桑）樹顛（歸園田居）』四語，著墨不多，而村墟景象，如溢目前，若事鋪陳，誠恐累牘連篇有所不盡也。『味飄飄而輕舉，情曄曄而日新』者，味即文味，情即文情也。夫既以閒曠之興領略自然之美，則觀察真矣；復以簡至之辭攝取物象之神，則技術巧矣。寫景如是，而文之情味有不引人入勝者哉？」

王達津劉勰論如何描寫自然景物：「『四序紛迴，而入興貴閑（自然）……情曄曄而更新。』要表達景物的形神兼似，和詩人的真實思想感情傾向，由於感召無端，興來的很自然，所以描寫自然就必須要極其自然，使它能達到情景交融，境界完整，神貌兼備，天衣無縫的地步。像王維詩『竹喧歸浣女，蓮動下漁舟』（山居秋暝）就令人頗有此感。」

古來辭人，異代接武〔一〕，莫不參伍以相變〔二〕，因革以爲功〔三〕，物色盡而情有餘者〔四〕，曉會通也〔五〕。

〔一〕郭注：「通變舉枚乘、司馬相如等五家爲例之後，云：『此並廣寓極狀，五家如一，諸如此類，莫不相循，參伍因革，通變之數也。』此文所云正與彼文同意。」

〔二〕易繫辭上：「參伍以變，錯綜其數。」荀子成相：「參伍明，謹施賞刑。」注：「參伍猶錯雜也。」

禮記曲禮：「堂上接武。」鄭注：「武，迹也。」

〔三〕「因革」，或因循舊式，或變革。「因」，沿襲。通變篇：「望今制奇，參古定法。」

〔四〕蔣祖怡物色篇試釋：「『物色盡』的『盡』和上文的『物貌難盡，故重沓舒狀』的『盡』字，都是『詳盡』的意思。」（文心雕龍論叢）「情有餘」是說富於情趣，能傳神。

〔五〕易繫辭：「聖人有以觀其會通。」疏：「觀看其物之會合變通。」此處「會通」指對傳統精神的融會貫通。

郭注：「『會通』，即附會與通變。」蔣祖怡物色篇試釋：「温庭筠商山早行詩：『雞聲茅店月，人迹板橋霜。』歐陽修效之云：『鳥聲梅店雨，野色柳橋春。』歐詩不如温作。因爲就這兩詩的關係而論，是屬於『通變之術』的，而歐詩之病，則在乎此十字没有内在緊密的聯繫，則又屬於『附會之術』的範圍，物色篇以『會』、『通』並提，是有道理的，而宋人詩『渡船滿板霜如雪，印我青鞋第一痕』，則師温詩之意，不師温詩之辭與格調，此詩中『早』的意境宛然在目，自較歐詩爲優。」

若乃山林皋壤〔一〕，實文思之奧府〔二〕；略語則闕，詳説則繁〔三〕。然屈平所以能洞監風騷之情者〔四〕，抑亦江山之助乎〔五〕？

〔一〕莊子知北游：「山林與？皋壤與？使我欣欣然而樂與？」離騷王逸注：「澤曲曰皋。」「皋壤」，澤畔。江總棲霞寺碑：「步林壑，陟皋壤。」

〔二〕注訂：「『山林皋壤，實文思之奥府』，言文章之成，概取諸物色而已，一篇重點，全繫此句。」

〔三〕因爲「山林皋壤」是文思奥府，所以作家不能略而不語；如果象司馬相如之徒，「模山範水，字必魚貫」，那就詳説則繁了。

〔四〕校證：「能改齋漫録七、海録碎事十八，無『能』字；『監』字，詩紀『監』作『鑒』。」斠詮：「『洞監風騷之情』，在此乃謂體察詩人情感而創作騷辭，不應順字而解釋。」

〔五〕校證：「兩京本『乎』作『也』。」能改齋漫録卷七：「劉勰文心雕龍物色篇云：『若乃山林皋壤，實文思之奥府……然屈平所以洞風騷之情者，抑亦江山之助乎？』故唐張説至岳陽，詩益淒惋，人以爲得江山之助。」何焯批：「唐人謂燕公岳州以後，詩思淒婉，得江山之助，蓋出於此。岳州在江南，屈子所放之地也。」校注：「海録碎事卷十八有此文，亦無『能』字『監』字。以聲律篇『練才洞監』例之，『監』字似不可少。又按新唐書張説傳：『既謫岳州，而詩益悽婉，人謂得江山之助云。』王勃鄭縣兜率寺浮屠碑：『野曠川明，風景挾江山之助。』（王子安集卷十五）楊億許洞歸吴中詩：『騷人已得江山助。』（西崑酬唱集卷下）宋祁江山宴集序：『江山之助，出楚人之多才。』（景文集卷九七）並本此爲説。」

駱鴻凱：「『若乃山林皋壤』至『抑亦江山之助乎』，此言物色之有助於文思也。彼靈均之賦，隱深意於山河，寄遥情於木末，烟雨致其綿渺，風雲託其幽遐，所謂得助江山，誠如劉說。他若靈運山水，開詩家之新境，柳州八記，稱記體之擅場，並皆得自窮幽攬勝之功，假於風物湖山之助。林巒多態，任才士之品題，川岳無私，呈寶藏於文苑。所謂取不盡而用不竭者，其此之謂乎？」楚於山則有九疑、南嶽之高，於水則有江、漢、沅、湘之大，於湖瀦則有雲夢、洞庭之巨浸，其間崖谷洲渚，森林魚鳥之勝，詩人謳歌之天國在焉。故湘君一篇，言地理者十九，雖作者或有意鋪陳，然使其不遇此等境地以爲文學之資，將亦束手而無所憑藉矣。王夫之楚辭通釋序例：「楚澤國也，其南沅、湘之交，抑山國也。叠波曠宇，以蕩遥情，而迫之以崟嶔戌削之幽菀，故推宕無涯，而天采矗發，江山光怪之氣莫能掩抑。」

郭注：「作者著物色，以爲文章有借於江山風物之助；然反對『文貴形似，窺情風景之上，鑽貌草木之中』。於此不能不辯也。」

第三段，評論晉宋以來作家「文貴形似」的偏向，强調抓住物色的要點，繼承前人的描寫方法而加以革新，做到「物色盡而情有餘」。

贊曰：山沓水匝，樹雜雲合〔一〕。目既往還，心亦吐納〔二〕。春日遲遲〔三〕，秋風颯颯〔四〕；情往似贈，興來如答〔五〕。

〔一〕斠詮：「言高山重疊，而流水縈洄；緑樹雜生，而白雲飄合也。……廣韻：『沓，重也。』集韻：『沓，重複也。』匝，周也，有環繞之意。」

〔二〕神思：「吟詠之間，吐納珠玉之聲。」

斠詮：「言眼目瀏覽美麗景色，既然睠顧不捨；內心感受旖旎風光，亦以吐洩爲快也。往還，謂睠顧不捨，有易林『目不得闔』之義。吐納，正反複詞，在此但取吐義。」

〔三〕詩豳風七月：「春日遲遲。」傳：「遲遲，舒緩也。」

孔疏：「遲遲者，日長而暄之意，故爲舒緩。計春秋漏刻，多少正等。而秋言淒淒，春言遲遲者，陰陽之氣感人不同。張衡西京賦云：『人在陽則舒，在陰則慘。』然則人遇春暄，則四體舒泰，春覺晝景之稍長，謂日行遲緩，故以遲遲言之。」

〔四〕楚辭九歌山鬼：「風颯颯兮木蕭蕭。」校注：「説文風部：『颯，風聲也。』（此依段注本）」

〔五〕斠詮：「言吟詠客多愁善感，對風物嚮往情深，好似贈言寄意。大自然毓秀鍾靈，爲詩人借來興會，恍如酬答知音。」

郭注：「『情往似贈』，謂景物移人情感之深。『興來如答』，指景物引人感發興起之快。」

何義門批：「贊詞之美，莫過於此。」

駱鴻凱：「『贊曰山沓水匝』至『興來如答』，此與本篇首節意同。紀昀曰：諸贊之中，此爲第一。正因題目佳耳。」

王達津劉勰論如何描寫自然景物：「雖然最先是由於景物的美的感召，但必須有與之相適應的感情動蕩于心，相互起着作用，所以他在贊語中說：『情往似贈，興來如答。』那也就是必須把自己之情融入客觀大自然的景物中，又從對充滿了自己激情的大自然景色的欣賞與描繪中更深一步寄托自己的情懷。……這也就是說：真正描寫大自然的美，主客觀是不可能分離的。」又說：「（物色的）感召只是『情以物遷』、『情往似贈』之開始，『辭以情發』、『興來如答』則是進入創作過程。」

錢鍾書管錐編第三册：「『心亦吐納』、『情往似贈』，劉勰此八字已包賅西方美學所稱『移情作用』（Law of imputation）。」

才略第四十七

後漢書胡廣傳載史敞等薦廣書：「廣才略深茂，堪能撥煩。」

魏劉邵人物志：「膽力絶衆，才略過人，是謂驍勇。」

晉書明帝紀：「太子性至孝，有文武才略，欽賢愛客，雅好文辭。」

序志篇：「崇替於時序，褒貶於才略。」

紀評：「時序篇總論其勢，才略篇各論其人。」

校釋：「本篇與時序篇相輔。時序所論，屬文學風尚之高下流變，論世之事也。本篇所重，在比較作品之長短，作家之同異，知人之事也。」又：「本篇以才略標目，而篇首乃揭『辭令華采』四字，其義亦可得而言也。才略者，才能識略之謂也，屬之人。發而爲辭令，蔚而成華采，則屬之文。而辭令華采之中，又含筆與文二類。故篇中涉及文體，至爲廣泛。上自詩賦，下及書記，皆在揚搉之列，與本書上篇所品論，旨趣無二。又辭令華采之發，固源於才略，而才略所資，則以性情爲土壤，以學術爲膏澤，二者得而後可以滋長，此以本末言之則然也。至篇中評隲之語，或稱『才穎』，或稱『學精』，或稱『識博』，或稱『理贍』，或稱『思銳』，或稱『慮詳』，或稱『氣盛』，或稱『力緩』，或稱『情高』，或稱『文美』，或稱『辭堅』，或稱『體疎』，或稱『采密』，或稱『意浮』，用字甚雜，似無分於本末，然細繹之，要不出性情學術，才能識略，辭令華采諸端。蓋衡文者操術有四：一論其性情，二考其學術，三研其才略，四賞其辭采。本篇隨文立言，蓋亦互文見義之例也。」

郭紹虞關於文心雕龍的評價問題及其它：「才略篇中一方面講到才和時有關係，而另一方面更多地講到才性和文章體制風格的關係。」（文學遺産選集第三輯）

沈謙文心雕龍批評論發微（本篇以下所引沈氏語皆同此）：「才略者，才能謀略之謂也。……批評作品，首則論作家之文才。彦和才略篇檢論歷代作家文才之概略。自二帝三王，迄於劉宋，述其最者，統於一篇，評洽體要，以見楷模。紀評云：『上下百家，體大思精，真文囿之巨觀。』信然偉矣！彦和論虞、夏有皋陶、夔、益、五子四家，商、周有仲虺、伊尹、吉甫三家，春秋有薳敖、隨會、趙衰、公孫僑、子太叔、公孫揮六家，戰代有屈原、宋玉、樂毅、范雎、蘇秦、荀况、李斯

七家，兩漢有陸賈等三十三家，魏、晉則有曹丕等四十四家，總共九十八家。」（第四章批評實例第二節才略）

斠詮：「才略……本指才能謀略而言。彥和本篇其所以以才略標目者，乃檢論歷代作家『文才之概略』耳。……原時序所論，屬文學風尚之高下流變，論世之事也；才略所論，在比較作品之長短，作家之同異，知人之事也。必參稽互察，文章之面目、精神及其價值，始可顯現衡定。此亦孟子萬章篇所謂『頌其詩，讀其書，不知其人可乎？是以論其世也』之義。」

才略篇是專門評論作家的才思的。「才略」就是才思和識略。

九代之文〔一〕，富矣盛矣；其辭令華采，可略而詳也〔二〕。虞、夏文章，則有皋陶六德〔三〕，夔序八音〔四〕，益則有贊〔五〕，五子作歌〔六〕，辭義溫雅，萬代之儀表也〔七〕。

〔一〕通變篇「是以九代詠歌」，郭注：「九代指唐、虞、夏、商、周、漢、魏、晉、宋而言，與時序中稱十代對勘可知。」

郝懿行批注：「按時序篇贊稱『蔚映十代』，並數蕭齊而言也。茲篇及於劉宋而止，故云九代而已。」

注訂：「九代者，篇中首稱虞、夏，繼述商、周，春秋屬周，秦列戰代，漢、晉、魏而下，迄於劉宋，共九代也。」

〔二〕校釋：「『詳』疑『言』誤。」斠詮：「案此『詳』非與『略』反，乃『審議』之謂也。不煩改字。說文：『詳，審議也。』」「辭令華采」指藝術表現形式。

〔三〕訓故：「書皋陶謨：日嚴祗敬六德，亮采有邦。」尚書虞書皋陶謨：「皋陶曰：「寬而栗，柔而立，愿而恭，亂而敬，擾而毅，直而温，簡而廉，剛而塞，彊而義，彰厥有常，吉哉！日宣三德，夙夜浚明有家。日嚴祗敬六德，亮采有邦。」孔傳：「性寬弘而能莊栗；和柔而能立事；慤愿而能恭恪；亂，治也，有治而能謹敬；擾，順也，致果爲毅；行正直而氣温和；性簡大而有廉隅；剛斷而實塞；無所屈撓，動必合義。……有國諸侯，日日嚴敬其身，敬行六德，以信治政事，則可以爲諸侯。」孫星衍尚書今古文注疏：「此六德，鄭（玄）意以爲『亂而敬』至『彊而毅』之文。」注訂：「六德者，九德之中有其六也。」

〔四〕訓故：「舜典：『帝曰：「夔，命汝典樂，教胄子，八音克諧，無相奪倫。」』」夔，虞舜時樂官。尚書舜典：「四海遏密八音。」孔傳：「八音：金、石、絲、竹、匏、土、革、木。」釋文：「八音謂金鐘也，石磬也，絲琴瑟也，竹篪笛也，匏笙也，土塤也，革鼓也，木柷敔也。」校注：「書僞益稷：『夔曰：「戛擊鳴球，搏拊琴瑟以詠，祖考來格。虞賓在位，群后德讓。下管鼗鼓，合止柷敔，笙鏞以間，鳥獸蹌蹌，簫韶九成，鳳皇來儀。」夔曰：「於！予擊石拊石，百獸率舞，庶尹允諧。」』此並『夔序八音』之辭。」

〔五〕尚書大禹謨：「益贊于禹曰：『惟德動天，無遠弗届。滿招損，謙受益，時乃天道。帝初于歷山，往于田，日號泣于旻天，于父母。負罪引慝，祗載見瞽瞍，夔夔齋慄，瞽亦允若。至誠感神，矧茲有苗？』」「益」，舜臣。

〔六〕明詩篇范注：「史記夏本紀：『帝啓崩，子帝太康立。帝太康失國，昆弟五人，須于洛汭，作五子之歌。』……僞古文尚書載五子之歌。」

〔七〕管子形勢解：「儀者，萬物之程式也；法度者，萬民之儀表也。」「儀表」，典範。

商周之世，則仲虺垂誥〔一〕，伊尹敷訓〔二〕，吉甫之徒，並述詩頌〔三〕，義固爲經，文亦師矣〔四〕。

〔一〕黄注：「書序：湯歸自夏，至于大坰，仲虺作誥。」按此見仲虺之誥。孔傳：「仲虺，臣名，爲湯左相奚仲之後，以諸侯相天子。會同曰誥。」

〔二〕黄注：「書序：成湯既殁，太甲元年，伊尹作伊訓。」按此見伊訓。孔疏：「伊尹以太甲承湯之後，恐其不能纂修祖業，作書以戒之。史叙其事作伊訓。」

〔三〕訓故：「詩大雅嵩高、烝民，皆尹吉甫作也。詩烝民：『吉甫作誦，穆如清風。』又嵩高：『吉甫作誦，其詩孔碩。』」范注：「詩大雅崧高、烝民、韓奕、江漢皆尹吉甫美宣王而作。」「誦」，詩也，謂可誦者也。尹吉甫，周房陵人，宣王修文武大業，玁狁進迫京邑，吉甫奉命北伐，逐之太原而歸。

校注：「按舍人明言吉甫之徒，並述詩頌，則所指當非尹吉甫一人之作。黃、范兩家止引詩大雅崧高、烝民、韓奕、江漢四篇以注，似有未盡。據毛詩序：公劉、泂酌、卷阿皆召康公戒成王而作；雲漢爲仍叔美宣王而作；常武爲召穆公美宣王而作；駉爲史克頌魯僖公而作。如益以刺詩，作者則更多也。」

〔四〕范注：「『文亦師矣』句有缺字，疑『師』字上脱一『足』字。」注訂：「『文亦師矣』，言上述諸作，既爲文章之楷模，亦足以爲後人之師法也。范注非。」斠詮：「范説是。『文亦足師』與『義固爲經』相對，因句末有矣字，淺人以爲上下句字不相偶，而妄删『足』字耳。」牟注：「按徵聖篇所説：『徵之周孔，則文有師矣。』『足師』似太重，『亦師』稍輕。」

及乎春秋大夫，則修辭聘會，磊落如琅玕之圃〔一〕，焜燿似縟錦之肆〔二〕，薳敖擇楚國之令典〔三〕，隨會講晉國之禮法〔四〕，趙衰以文勝從饗〔五〕，國僑以修辭扞鄭〔六〕，子太叔美秀而文〔七〕，公孫揮善於辭令〔八〕，皆文名之標者也〔九〕。

〔一〕斠詮：「聘會，謂聘問與會同也。」「磊落」，衆多雜沓貌。後漢書蔡邕傳：「連衡者六印磊落。」「琅玕」，美石。書禹貢：「厥貢惟球、琳、琅玕。」孔傳：「琅玕，石而似玉。」説文：「琅，琅玕，似珠者。」「圃」，圖書集成本引作「囿」。

〔二〕「焜」，光明貌。「焜燿（燿的異體字）」，猶言輝煌。「縟」，繁密的采飾。「肆」，商店。斠詮：

「焜燿，光輝照燿也。左氏昭三年傳：『不腆先君之適，以備内官，焜燿寡人之望。』疏：『服虔云：燿，照也；焜，明也。』」

〔三〕校證：「『敖』原作『教』，梅據曹改。徐校同，王惟儉本作『敖』不誤。」校注：「按何本、訓故本、謝鈔本正作『敖』，曹改徐校是也。」「蒍」，姓，春秋時楚有蒍敖，亦作「薳」。梅注：「蒍敖，即孫叔敖，元作教，曹改。」訓故：「左傳：『隨武子曰：蒍敖爲宰，擇楚國之令典，百官象物而動，軍政不戒而備，能用典矣。』蒍敖，即蒍艾獵，孫叔敖也。」按此見宣公十二年。

孔疏：「釋詁云：令，善也。」斠詮引左傳會箋：「此寓軍政於常職者，即楚國之令典，而蒍敖之所酌古以施於今，故曰擇。」「擇」，謂選用。

〔四〕梅注：「隨會，士會。」「隨」，姓，周隨侯之後；春秋時國滅，子孫以國爲氏。一説晉士會食采於隨，其後以爲氏。訓故：「左傳晉士會平王室，王享之殽烝，武子私問其故。王曰：王享有體薦，宴有折俎。公當享，卿當宴，王室之禮也。武子歸而講求典禮，以修晉國之法。」此見宣公十六年。「王曰」，原文作「王聞之，召武子曰」。士會執晉政，卒謚武子。

〔五〕校證：「『衰』原作『襄』，梅據曹改，徐校同。王惟儉本作『衰』，不誤。」校注：「按曹改徐校是。何本、訓故本、謝鈔本正作『衰』。」梅注：「左傳（僖公二十三年）：『秦穆公饗晉公子重耳。子犯曰：「偃不如衰之文也，請使衰從。」公子賦河水，公賦六月。趙衰曰：「重耳拜賜。」公子降拜，稽首；公降一級而辭焉。衰曰：「君稱所以佐天子者命重耳，重耳敢不拜？」』」

〔六〕「國僑」，春秋鄭大夫公孫僑，字子產。博洽多聞，爲政寬猛相濟。時當晉楚争霸，鄭處兩大之間，子產内以禮法馭强宗，外以口舌折强國，鄭得不被兵革者數十年。徵聖篇：「鄭伯入陳，以文辭爲功。」黄注：「左傳：鄭子產獻捷于晉，晉人問陳之罪，子產對之。仲尼曰：『志有之，言以足志，文以足言。』晉爲伯，鄭入陳，非文辭不爲功。慎辭哉！」按此見襄公二十五年。這是説鄭國攻入陳國，晉國來責問，子產作了正確的回答。

校注：「按陸士龍文集晉故散騎常侍陸府君誄：『國僑殞鄭，邦無竽笙。』亦稱子產爲國僑。」

〔七〕訓故：「左傳：子產之爲政也，擇能而使之，馮簡子能斷大事，子太叔美秀而文，公孫揮能知四國之爲，而辨其大夫之族姓、班位、貴賤、能否，而又善爲辭令。」按此見襄公三十一年，「又」作「尤」。梅注：「子太叔，游吉。」「美秀」，左傳杜注：「其貌美，其才秀。知諸侯所欲爲。」

〔八〕校證：「『揮』，舊本作『翬』，馮舒云：『翬當作揮。』黄注本改『揮』。案左襄二十四年、三十年、三十一年傳，皆以公孫揮與子羽錯舉，作『揮』者是。」何焯改「揮」。「公孫揮」，字子羽，事鄭簡公爲行人。校注：「按公孫揮字子羽（左傳襄公二十四年），則本是翬字（古人立字，展名取同義。子羽名翬，猶羽父之名翬也）。黄本依馮、何校作『揮』，蓋據左傳襄公三十一年

（原文黄、范兩家注已具）文耳。」梅本作暈，注云「子羽」。論語憲問：「爲命，裨諶草創之，世叔討論之，行人子羽脩飾之，東里子産潤色之。」

〔九〕「標」，出色。何焯批云：「『標』字下，疑脱一『著』字。」

戰代任武，而文士不絶：諸子以道術取資〔一〕，屈宋以楚辭發采〔二〕，樂毅報書辨而義〔三〕，范雎上疏密而至〔四〕，蘇秦歷説壯而中〔五〕，李斯自奏麗而動〔六〕，若在文世，則揚班儔矣〔七〕。荀况學宗，而象物名賦〔八〕，文質相稱，固巨儒之情也〔九〕。

〔一〕「資」，地位，聲望。

〔二〕時序篇：「屈平聯藻於日月，宋玉交彩於風雲。」

〔三〕校證：「『而』原作『以』，徐云：『當作而。』案以下文句法求之，徐説是。今據改。」按元刻本、弘治本「辨」作「辯」。訓故：「樂毅傳：毅爲燕昭王破齊，獨莒即墨未服。昭王死，惠王即位，齊之田單聞之，乃縱反間於燕曰：齊兩城不下者，聞樂毅與燕新王有隙，欲連兵且留齊。惠王乃使騎劫代將，而召樂毅。樂毅畏誅，遂西降趙。惠王使人讓之，毅報以書。」按此見史記，其書有云：「夫免身立功，以明先王之迹，臣之上計也；離毁辱之誹謗，墮先王之名，臣之所大恐也；臨不測之罪，以幸爲利，義之所不敢出也。臣聞古之君子，交絶不出惡聲，忠臣去國，不絜其名。臣雖不佞，數奉教於君子矣。恐侍御者之親左右之説，不察疏遠之行，故敢獻書以聞。」

范注：「燕策二：『昌國君樂毅爲燕昭王合五國之兵而攻齊，下七十餘城，盡郡縣之以屬燕。三城未下，而燕昭王死，惠王即位，用齊人反間，疑樂毅而使騎劫代之將，樂毅奔趙；趙封以爲望諸君。……燕王悔……乃使人讓樂毅，且謝之。……望諸君乃使人獻書報燕王曰云云。』」「辨」，明辨。

〔四〕論説篇：「范雎之言事，李斯之止逐客，並煩情入機，動言中務，雖批逆鱗，而功成計合，此上書之善説也。」按范雎上秦昭王書見戰國策秦策三，又見史記范雎傳。

斠詮：「茲節録其書中之末尾數語，以見其言事之纖密而至要矣。其言曰：『語之至者，臣不敢載之於書，其淺者又不足聽也。意者臣愚而不概於王心邪？亡其言臣者賤而不可用乎？自非然者，臣願得少賜遊觀之閒，望見顔色。一語無效，請伏斧質。』」

牟注：「史記范雎列傳：『穰侯、華陽君，昭王母宣太后之弟也；而涇陽君、高陵君，皆昭王同母弟也。穰侯相，三人者更將，有封邑。以太后故，私家富重於王室。……范雎乃上書曰：臣聞明主立政，有功者不得不賞，有能者不得不官，勞大者其禄厚，功多者其爵尊，能治衆者其官大。故無能者不敢當職焉。……』這説明范雎上書正『以太后故』而發，史傳篇説的『宣后亂秦』即指此事。但范雎在獻書昭王中，既未講太后專政，又未説穰侯等無功受禄，却觸及當時秦國存在問題的實質。這就是所謂『密而至』。」

〔五〕范注：「蘇秦説辭見史記本傳及戰國策。」斠詮：「蘇秦歷説六國，辭皆壯偉，而能切中事情。」「壯而中」，雄壯而中肯。

〔六〕文選李斯上書秦始皇（即諫逐客書），李注：「史記曰：李斯者，楚上蔡人也。西説秦，秦拜斯爲客卿，會韓使鄭國來閒秦，以作溉渠，已而覺。秦室大臣皆言秦王曰：諸侯人來秦者，祇爲其主遊閒秦耳，請一切逐客。李斯議亦在逐中，斯乃上書秦王，乃除逐客之令，復李斯官。」斠詮：「李斯諫逐客書引見論説篇『李斯之止逐客』注。麗而動，言其文辭華麗而動人也。」

〔七〕校注：「按文選典論論文：『及其所善，揚班儔也。』」斠詮：「諸子之書説皆有可觀，其在偏重武功之七國，皆不以能文見稱，若在崇尚文治之盛世，則亦揚雄、班固之儔匹也。」

〔八〕黄注：「史記索隱：荀卿名况。卿者，時人相尊而號爲卿也。有雲、蠶、箴等賦，見荀子。」詮賦篇：「於是荀况禮、智，宋玉風、釣，爰錫名號，與詩畫境，六義附庸，蔚成大國。述客主以首引，極聲貌以窮文，斯蓋别詩之原始，命賦之厥初也。」諸子篇：「研夫孟、荀所述，理懿而辭雅。」斠詮：「言荀况爲一代學術宗師，而其象形事物之韻語，名之曰賦也。」「象物」，描寫物象。

〔九〕校證：「謝云：『情』疑當作『精』。」按「情」自可通。以上爲第一段，評先秦作家。

漢室陸賈，首發奇采，賦孟春而選典誥，其辯之富矣〔一〕。賈誼才穎，陵軼飛兔〔二〕，議愜而賦清〔三〕，豈虚至哉〔四〕！

〔一〕補注：「札迻云：案『賦孟春』蓋漢藝文志陸賈賦三篇之一，『選典誥』當作『進典語』。諸子篇云：『陸賈典語』，竝誤以新語爲『典語』也。（史記陸賈傳：凡著十二篇，每奏一篇，高帝未嘗不稱善，號其書以新語。「進」即謂奏進也。）『進』、『選』，『語』、『誥』，皆形近而誤。」范注：「漢志陸賈賦三篇，當有篇名孟春者，彦和時尚存，今則無可考矣。札迻十二云云，據孫説當作進新語。」沈巖臨何焯校：「『辯』下或無『之』字。」「辯」謂巧言。校釋：「按『語』誤作『誥』，是也；『選』乃『撰』字，二字古通。司馬相如封禪書：『歷選列辟。』史記作『撰』，徐廣曰：『撰一作選。』是其證。不必據漢書改作『進』也。」

詮賦篇：「漢初詞人，循流而作，陸賈扣其端，賈誼振其緒，枚、馬播其風，王、揚騁其勢。」注訂：「『選典誥』者，意爲選辭成章類典誥體也，如韓退之平淮西碑之類。新語一書梁以前或有别名，彦和不得兩誤云。」校注：「按此文本無誤字，孫説未可從。漢書藝文志詩賦略列賦爲四家，陸賈賦其一也。詮賦篇亦云：『秦世不文，頗有雜賦。漢初詞人，順流而作，陸賈扣其端。』是此處之『首發奇采』，當專指陸賈之賦而言，未包其新語在内。因諸子戰國已臻極盛，新語乃屬於『體勢浸弱』、『類多依採』之流，舍人於諸子篇曾明言之，豈能又以『首發奇采』相許？則『典誥』非新語之誤，更可知矣。『賦孟春而選典誥』，蓋止論賈之孟春賦，本爲一事，非謂其既賦孟春，又撰新語也。史傳篇：『是立義選言，宜依經以樹則。』……封禪篇：『樹骨於訓典之區，選言於弘富之路。』然則『賦孟春而選典誥』，殆謂賈之孟春賦，選言於典誥乎？」

牟世金文心雕龍的范注補正：「才略與詮賦之別，是評論作家總的才華或據其詩賦，或據其散文，往往取其主要成就而言，故既論陸賦，又兼新語，是完全可能的。改字爲『新語』並無確證，不必以臆測强改。彥和於詩文之名，每多活用，聯繫諸子篇之『陸賈典語』考察，亦非誤字，乃合於典誥之新語也。此處之『進典語』義同。辨騷有云：『故其陳堯舜之耿介，稱湯武之祇敬，典誥之體也。』新語中稱道堯、舜、湯、武、周、孔者正多；現存新語十二篇，差不多篇篇如是。四庫全書總目卷九十一新語條説，其書『大旨皆崇王道，黜霸術，歸本於修身用人……所援據多春秋、論語之文，漢儒自董仲舒外，未有如是之醇正也。』這正是彥和稱新語爲典語或以其合於『典誥之體』的原因。」

沈謙：「陸賈首發奇采……其辯之富矣。』言炎漢興起，陸賈開古賦之先河，奇葩異采，一枝獨秀，賦著孟春，奏進新語，騁辭諷説，其辯閎博而富麗矣。」

〔二〕「陵」，通「凌」，超越。「軼」，超過。

黄注：「吕氏春秋：飛兔騕褭，古之駿馬也。」范注：「漢書賈誼傳：『文帝召誼爲博士，是時誼年二十餘，最爲少，每詔令議下，諸老先生未能言，誼盡爲之對，人人各如其意所出，諸生於是以爲能。』呂氏春秋離俗覽：『飛兔騕褭，古之駿馬也。』」高注：「日行萬里，馳若兔之飛，因以爲名也。」議對篇：「賈誼之遍代諸生，可謂捷於議也。」

〔三〕校證：「『愜』原作『揠』，徐云：『揠，一作美。』黄注本改作『愜』。」沈巖臨何焯校本：「揠，一本闕疑，他本或改愜字。」「愜」，愜當，恰當。體性篇：「是以賈生俊發，故文潔而體清。」哀弔篇：「自賈誼浮湘，發憤弔屈，體同而事覈，辭清而理哀，蓋首出之作也。」奏啓篇：「若夫賈誼之務農……理既切至，辭亦通暢，可謂識大體矣。」

漢書賈誼傳贊：「劉向稱賈誼言三代與秦治亂之意，其論甚美，通達國體，雖古之伊、管，未能遠過也。」明屠隆文論：「賈、馬之文，疏朗豪宕，雄健雋古。其蒼雅也，如公孤大臣，龐眉華美，峨冠大帶，鵠立殿庭之上，而非若山夫野老之翛然清枯也；其葩艷也，如王公后妃，珠冠繡服，華軒翠羽，光彩射人，而非若妖姬艷倡之翩翩輕妙也。」（由拳集卷二十三）

論賈誼的話是説賈誼的才華出衆，表現在構思敏捷上，他的構思比「飛兔」跑得還快，可是他在漢文帝宫廷上作的議對很愜當，「人人各如其意所欲出」（史記賈誼傳），他寫的賦也清而不雜。這就顯示了他的非凡的才思。

〔四〕沈謙：「言賈誼才思敏鋭，超越駿馬之捷足；策議愜當而賦辭清峻，豈無真性實學而能至哉！」

枚乘之七發〔一〕，鄒陽之上書〔二〕，膏潤於筆，氣形於言矣〔三〕。仲舒專儒，子長純史，而麗縟成文，亦詩人之告哀焉〔四〕。

〔一〕雜文篇：「及枚乘摛艷，首製七發，腴辭雲搆，夸麗風駭。蓋七竅所發，發乎嗜欲，始邪末正，所以戒膏粱之子也。」又：「自七發以下，作者繼踵。觀枚氏首唱，信獨拔而偉麗矣。」

〔二〕論説篇：「至於鄒陽之説吳、梁，喻巧而理至，故雖危而無咎矣。」

范注：「鄒陽見時序篇注。」時序篇「賈誼抑而鄒枚沈」，范注：「史記鄒陽傳：鄒陽者，齊人也，遊於梁，與故吳人莊忌夫子、淮陰枚生之徒交。上書而介於羊勝、公孫詭之間。勝等疾鄒陽，惡之梁孝王。孝王怒，下之吏，將欲殺之。鄒陽客遊以讒見禽，恐死而負累，乃從獄中上書，書奏梁孝王，孝王使人出之，卒爲上客。」鄒陽上書吳王一首，於獄中上書自明一首，均見漢書本傳並文選第三十九卷。

〔三〕沈謙：「枚乘作七發以啓迪楚太子，鄒陽獄中上書以感悟梁孝王，筆鋒犀利若膏油之潤澤，言泉充沛似雲氣之流利矣。」

〔四〕范注：「藝文類聚三十有董仲舒士不遇賦，司馬遷悲士不遇賦。詩小雅四月：『君子作歌，維以告哀。』箋云：『告哀，言勞病而愬之。』」

牟世金文心雕龍創作論新探（下）：「作爲『專儒』的董仲舒和『純史』的司馬遷，却能以士不遇賦、悲士不遇賦等，抒發他們懷才不遇的哀情。董仲舒、司馬遷和桓譚、王逸的不同，就在于他們能運用『麗縟』的文辭來抒寫其悲哀之情。」（社會科學戰綫一九八二年第二期）

沈謙：「董仲舒乃專門儒者，司馬遷爲純粹史家，而各有士不遇賦，以抒寫一己之悲慨，麗辭縟采，蔚成文章。」

相如好書〔一〕，師範屈宋〔二〕，洞入夸艷〔三〕，致名辭宗〔四〕。然覈取精意〔五〕，理不勝辭〔六〕，故揚子以爲「文麗用寡者長卿」〔七〕，誠哉是言也！

〔一〕范注：「漢書司馬相如傳：『（相如）少時好讀書。』」

〔二〕樂府篇：「朱、馬以騷體製歌。」

〔三〕詮賦篇：「相如上林，繁類以成艷。」體性篇：「長卿傲誕，故理侈而辭溢。」夸飾篇：「相如憑風，詭濫愈甚。故上林之館，奔星與宛虹入軒；從禽之盛，飛廉與鷦鷯俱獲。」定勢篇：「是以模經爲式者，自入典雅之懿；效騷命篇者，必歸艷逸之華。」

〔四〕斠詮：「漢書叙傳：『文艷用寡，子虛烏有，寓言淫麗，託諷終始，多識博物，有可觀采，蔚爲辭宗，賦頌之首。述司馬相如傳第二十七。』」

〔五〕校證：「『覈』原作『覆』，兩京本作『復』，徐校作『覈』，清謹軒鈔本作『覈』，范云：『覆疑當作覈。』按作覈是。今據改。」校釋認爲「覈取」二字應作「覆蔽」，云：「按此言相如之文夸艷，致精意覆蔽也。『取』乃『蔽』誤。」考異：「周禮冬官考工記注：『詳察曰覆。』集韻：『覆，審也。』王校從范注據改，非。」校注：「『覈』字是。……銘箴篇『其取事也必覈以辨』，元本、弘治本、活字本、汪本等亦誤『覈』爲『覆』，與此同。」

沈謙：「言司馬相如……夸飾淫艷，致有一代辭宗之名。然而審察其精思妙意，則情理不能勝過文辭。」

斠詮：「覆訓審，見爾雅釋詁，謂詳察之也。以校斟學立場言，凡原文訓故可通，改作形似聲近之字而其義又未勝者，仍以不改爲是。」又：「覆取精意，謂審察擇取其精思妙意也。」

〔六〕校注：「按典論論文：『然不能持論，理不勝詞。』」

〔七〕范注：「法言君子篇：『文麗用寡，長卿也。』」封禪篇：「故稱封禪麗而不典。」麗辭篇：「自揚、馬、張、蔡，崇盛麗辭，如宋畫吳冶，刻形鏤法，麗句與深采並流，偶意共逸韻俱發。」程器篇：「彼揚、馬之徒，有文無質，所以終乎下位也。」物色篇：「及長卿之徒，詭勢瓌聲，模山範水，字必魚貫，所謂詩人麗則而約言，辭人麗淫而繁句也。」斠詮：「班固司馬相如傳敘亦有『文麗用寡』之語。」

王褒構采，以密巧爲致〔一〕，附聲測貌〔二〕，泠然可觀〔三〕。子雲屬意，辭義最深〔四〕，觀其涯度幽遠〔五〕，搜選詭麗，而竭才以鑽思〔六〕，故能理贍而辭堅矣〔七〕。

〔一〕范注：「駢麗之文，始於王褒聖主得賢臣頌，故云以密巧爲致。」「密巧」，細密工巧。此句也可能是「以密致爲巧」，但不可輕改。

〔二〕詮賦篇：「子淵洞簫，窮變於聲貌。」他的描繪音樂的方法，是善用比附，所以叫作「附聲」。「測貌」，揣量形貌。比興篇：「王褒洞簫云：優柔温潤，如慈父之畜子也。」

〔三〕范注：「莊子逍遥遊：『夫列子御風而行，泠然善也。』郭注：『泠然，輕妙之貌。』」沈謙：「言王褒構彩，以嚴密工巧爲極致，附合聲響，測擬形貌，輕妙可觀。」這是説王褒在寫作時，重視描寫的細密和精巧，他在繪聲繪形方面，非常輕妙。

〔四〕校證：「『義』原作『人』，梅云：『疑誤。』范云：『人當作義，俗寫致訛。』案范説是。下文『理贍辭堅』，即承此言。今據改。」

校注：「按范説是。漢書揚雄傳贊：『今揚子之書，文義至深。』可證此文『人』字確爲『義』之誤。『辭義最深』即『文義至深』也。」

注訂：「辭人最深者，辭人中之最爲深湛者，故下有『涯度幽遠』之言，范注非。」校釋：「按『人』乃『采』之誤。」

牟世金范注補正：「竊疑『人』字不誤。『辭人』爲彦和習用詞。如『近代辭人』、『辭人賦頌』、『辭人愛奇』等，全書共有十四次。范注所引揚雄傳語，適足以證揚雄乃『辭人（之）最深』者。倘依范説，謂『義深』猶可，謂『辭深』則不可。案原意首論全人：『辭人最深。』次分論内容，形式：『涯度幽遠，搜選詭麗。』豈非正合全書通例？改『人』爲『義』，雖亦有可説，惜梅、范皆疑而無徵。後之從者，亦無補證。」

〔五〕斟詮：「涯度幽遠：謂造詣深遠也，指其立義言。……涯度猶言津涯或涯限。」周注：「涯度，内容的廣度和深度。」

〔六〕范注：「漢書揚雄傳：『雄少而好學……默而好深湛之思。』子雲多知奇字，亦所謂搜選詭麗也。搜選詭麗，辭深也；涯度幽遠，義深也。」桓譚新論：「揚子雲才智聞達，卓絶於衆，漢興已來，未有此也。」詮賦篇：「子雲甘泉，構深瑋之風。」哀弔篇：「揚雄弔屈，思積功寡，意深文略，故辭韻沈膇。」雜文篇：「揚雄覃思文閣，業深綜述。」封禪篇：「觀劇秦爲文，影寫長卿，詭言遯辭，故兼包神怪。然骨掣靡密，辭貫圓通，自稱極思，無遺力矣。」練字篇：「揚雄以奇字纂訓，並貫練雅頌，總閱音義。……故陳思稱揚、馬之作，趣幽旨深，非博學不能綜其理。豈直才懸，抑亦字隱。」體性篇：「子雲沈寂，故志隱而味深。」時序篇：「子雲銳思於千首……亦已美矣。」知音篇：「揚雄自稱心好沈博絶麗之文，其事浮淺，亦可知矣。」劉孝綽昭明太子集序：「子淵淫靡，若女工之蠹；子雲侈靡，異詩人之則。」

〔七〕沈謙：「揚雄綴屬意思，於辭人最爲深湛，觀其造意幽遠，砌辭詭麗，而竭盡才情以鑽研苦思，故能義理富贍而文辭堅實也。」

論揚雄的話是説揚雄盡自己的才力去鑽研思考，用意最深，所以能够做到文理豐富，而文辭堅實。

桓譚著論，富號猗頓〔一〕，宋弘稱薦，爰比相如〔二〕，而集靈諸賦，偏淺無才〔三〕，故知長於諷諭，不及麗文也〔四〕。

〔一〕校證：「兩京本『論』作『號』，『號』作『侔』。」黃注：「論衡：『挾君山之書，富於積猗頓之財。』」按此見論衡佚文篇。

校注：「按淮南子氾論篇高注：『猗頓，魯之富人。』孔叢子陳士義篇：『猗頓，魯之窮士也。耕則常飢，桑則常寒。聞陶朱公富，往而問術焉。朱公告之曰：「子欲速富，當畜五牸。」於是乃適西河，大畜牛羊於猗氏之南。十年之間，其滋息不可計。貲擬王公，馳名天下。以興富於猗氏，故曰猗頓。』（文選過秦論「陶朱、猗頓之富」，李注亦引孔叢子此文。黃注引水經注非是。）」按此又見史記貨殖列傳。斠詮：「後漢書桓譚傳：『譚著書言當世行事二十九篇，號曰新論。』」

〔二〕訓故：「後漢書：宋弘字仲子，京兆人，歷官大司空。光武嘗問弘通博之士，弘薦沛國桓譚，才學洽聞，幾及揚雄、劉向。」范注：「後漢書宋弘傳：『帝嘗問弘通博之士，弘薦沛國桓譚，才學洽聞，幾能及揚雄、劉向父子。』此云『爰比相如』，恐誤。」郭注本改作「爰比揚雄」，斠詮改作「爰比揚、劉」，皆不足據。

〔三〕黃注：「藝文類聚有桓譚集靈宮賦。」藝文類聚七十八載譚賦曰：「余少時爲中郎，從孝成帝出祠甘泉、河東，見部先置華陰集靈宮。宮在華山下，武帝所造，欲以懷集仙者王喬、赤松子，故名殿爲存仙。端門南向山，署曰望仙門。竊有樂高眇之志，即書壁爲小賦以頌美曰云云。」集靈宮賦又名仙賦。周注：「寫修仙、得道、遊行、不死，内容偏淺，又無才華。」

〔四〕范注于「論」字下引鈴木云：「疑當作『諭』。」校證：「『論』原作『諭』，徐云：『論當作諭。』鈴木説同。案作『諭』是，今據改。」校注：「按『論』字不誤。『諷』指其諷諫之疏（見後漢書本傳）言，『論』則指新論。此以君山之『諷、論』並舉，正如後文評徐幹之以『賦、論』連言然也。上疏與新論皆屬於筆類，與辭賦異，故云『長於諷論，不及麗文』。」這幾句話的意思是説：桓譚，雖然有人把他和司馬相如相比，而他寫的賦「偏淺無才」，可見他長于諷諭議論，而不善于寫華麗的文章。

敬通雅好辭説，而坎壈盛世〔一〕，顯志自序〔二〕，亦蚌病成珠矣〔三〕。

〔一〕梅注：「敬通，馮衍字。」「壈」，同廩。「坎壈」，困頓，不得志。楚辭九辯：「坎廩兮貧士失職而志不平。」牟注：「其現存作品以説辭最多，如説廉丹、計説鮑永、説鄧禹書等，見全後漢文卷二十。」

〔二〕訓故：「後漢書：馮敬通以與新陽侯交結，得罪，不得志，乃作賦自厲，命其篇曰顯志。顯志者，言光明風化之情，昭章玄妙之思也。」按後漢書馮衍傳：「後衛尉陰興、新陽侯陰就以外戚貴顯，深敬重衍，衍遂與之交結。……衍由此得罪……西歸故郡，閉門自保，不敢復與親故通。建武末，上疏自陳曰：『臣伏念……惶恐自陳，以救罪尤。』書奏，猶以前過不用。衍不得志，退而作賦，又自論曰：『馮子以爲夫人之德，不碌碌如玉，落落如石。……眇然有思凌雲之意。乃作賦自厲，命其篇曰顯志，顯志者，言光明風化之情，昭章玄妙之思也。其辭曰云云。』衍娶北地任氏〔女〕爲妻，悍忌，不得畜媵妾，兒女常自操井臼，老竟逐之，遂埳壈於時。然有大志，不戚戚於賤貧。居常慷慨嘆曰：『衍少事名賢，經歷顯位，懷金垂紫，揭節奉使，不求苟得，常有凌雲之志。三公之貴，千金之富，不得其願，不概於懷。貧而不衰，賤而不恨，年雖疲曳，猶庶幾名賢之風。修道德於幽冥之路，以終身名，爲後世法。』」賦文載本傳。

〔三〕淮南子説林訓：「明月之珠，蛖之病而我之利也。」高注：「蛖，大蛤，中有珠。」「蛖」即「蚌」字。

錢鍾書詩可以怨：「文心雕龍才略講到馮衍：『敬通雅好辭説……顯志自序，亦蚌病成珠矣。』就是説他那兩篇文章是『鬱結』『發憤』的結果。劉勰淡淡帶過，語氣不像司馬遷那樣强烈。……『病』是苦痛或煩惱的泛指，不限於司馬遷所説『左丘失明』那種肉體上的害病，也兼及『坎壈』之類精神上的受罪。北朝有個姓劉的人也認爲困苦能够激發才華，一口氣用了四個比喻，其中一個恰好和南朝這個姓劉人所用的相同。劉晝劉子激通：『梗柟鬱蹙以成縟錦之瘤，蚌蛤結痾而銜明月之珠，鳥激則能翔青雲之際，矢驚則能踰白雪之嶺，斯皆仍瘁以成明文之珍，因激以致高遠之勢。』」（文學評論一九八一年一期）

牟世金文心雕龍范注補正：「案蚌病之說，見藝文類聚卷九十七鱗介部下蚌：『淮南子曰：明月之珠，螺蚌之病，而我之利也。』」論說篇：「敬通之說鮑、鄧，事緩而文繁，所以歷騁而罕遇也。」牟世金文心雕龍創作論新探（下）：「這位雅好辭說、『歷騁而罕遇』的馮衍，在文學創作上還有所成就，正由于他坎壈于盛世的不幸，而在顯志賦中表達了這種不幸之情。所以劉勰用『蚌病成珠』來喻其文學成就。馮衍以能寫其不幸而『成珠』，這就有力地說明，所謂文學才華，主要是指作者抒寫情志的才能。」

清袁守定佔畢叢談卷五談文：「柳子厚永州之役，著作始工；坡公海南文字，筆力益勁；昌黎陽山後諸作，醇乎其醇；楊用修編錮雲南，著作之富，甲於一代。古人文章，窮而愈進，劉舍人所謂『蚌病成珠』，是也。」

二班兩劉〔一〕，奕葉繼采〔二〕，舊說以爲固文優彪，歆學精向〔三〕，然王命清辯〔四〕，新序該練〔五〕，璿璧產於崐岡〔六〕，亦難得而踰本矣〔七〕。

〔一〕梅注：「二班：彪、固；兩劉：向、歆。」

〔二〕「奕葉」，猶言奕世，一代接一代。文選潘岳楊仲武誄：「伊子之先，奕葉熙隆。」

〔三〕校注：「按傅子：『或問劉歆、劉向孰賢？傅子曰：向才學俗而志忠，歆才學通而行邪。』（書鈔九五、御覽卷五九九引）即此可見舊說之一斑。」宋書謝靈運傳論：「班固長於情理之說。」

〔四〕論説篇：「及班彪王命……敷述昭情，善入史體。」范注：「王命論，見論説篇注。」論説篇范注：「後漢書班彪傳：『隗囂擁衆天水，彪乃避難從之。囂問彪曰：「往者周亡，戰國並争，天下分裂，數世然後定。意者從横之事，復起於今乎？」彪既疾囂言，又傷時方艱，乃著王命論，以爲漢德承堯，有靈命之符；王者興祚，非詐力所致。欲以感之，而囂終不寤。』漢書叙傳及文選五十二載王命論。」「清辯」，清晰明辯。

〔五〕黄注：「漢書劉向傳：向采傳記行事，著新序、説苑凡五十篇。」諸子篇范注〔四十二〕：「新序十卷，説苑二十卷，兩書性質略同。……崇文總目云：『新序所載，皆戰國、秦、漢間事。』以今考之，春秋時事尤多，漢事不過數條，大抵採百家傳記以類相從。……在諸子中猶不失爲儒者之言也。」

李申耆駢體文鈔稱許劉向：「文氣厚重，後人無能及者。」「該練」，完備而精練。

〔六〕「璿」，梅注：「音旋。」「璇」的異體字，美玉。「琨岡」，崐山，産美玉。元刻本「崐岡」作「昆岡」。

〔七〕沈謙：「彪之王命論，思清理辯；向之新序，事該辭練。璿玉瑞璧，非崐崙山脊不能産生；固文、歆學，淵源有自，亦難得踰越其本根也。」

傅毅、崔駰，光采比肩，瑗、寔踵武〔一〕，能世厥風者矣〔二〕。杜篤、賈逵，亦有聲於文〔三〕，跡其爲才也〔四〕，崔、傅之末流也〔五〕。

〔一〕黄注：「後漢書：崔駰，博學有偉才，善屬文，少游太學，與班固、傅毅同時齊名。子瑗，鋭志好學，盡能傳其父業。瑗子寔，少沈静，好典籍。」梅注：「後漢書崔駰傳贊云：崔爲文宗，世禪雕龍。」時序篇：「自安、和已下，迄至順、桓，則有班、傅、三崔，王、馬、張、蔡，磊落鴻儒，才不時乏。」時序篇范注：「後漢書崔駰傳：『駰字亭伯，年十三，能通詩、易、春秋，博學有偉才，盡通古今訓詁百家之言，善屬文。少游太學，與班固、傅毅同時齊名。駰子瑗。瑗，字子玉，鋭志好學，盡能傳其父業。……瑗子寔。寔，字子真，少沈静，好典籍。明於政體，吏才有餘，論當世便事數十條，名曰政論。』范曄論曰：『崔氏世有美才，兼以沈淪典籍，遂爲儒家文林。』又贊曰：『崔爲文宗，世禪雕龍。』」

〔二〕校證：「『能』原作『龍』，王惟儉本作『能』，徐校作『能』，黄注本、王謨本、崇文本俱改作『能』。」考異：「『能』『龍』並通，可兩存。」

〔三〕范注：「後漢書賈逵傳：『逵所著經傳義詁及論難百餘萬言。又作詩、頌、誄、書、連珠、酒令，凡九篇，學者宗之，後世稱爲通儒。』又文苑杜篤傳：『篤所著賦、誄、弔、書、讚、七言、女誡及雜文，凡十八篇。又著明世論十五篇。』本傳載其論都賦一篇。」賈逵著有神雀頌，今不存。

〔四〕校證：「黄注本删『也』字，今據舊本補。」考異：「『也』字衍。此句與下句義屬一貫，王校非。」「跡」，考也。

〔五〕誄碑篇：「杜篤之誄，有譽前代。吴誄雖工，而他篇頗疎，豈以見稱光武，而改盼千金哉！」雜文篇：「自連珠以下，擬者間出，杜篤、賈逵之曹……欲穿明珠，多貫魚目。可謂壽陵匍匐，非復邯鄲之步；里醜捧心，不關西施之嚬矣。」

李尤賦銘〔一〕，志慕鴻裁〔二〕，而才力沈膇〔三〕，垂翼不飛〔四〕。馬融鴻儒〔五〕，思洽識高〔六〕，吐納經範，華實相扶〔七〕。

〔一〕梅注：「『尤』原作『充』，王改。」訓故：「後漢書獨行傳：李充字大遜，陳留人，不言著述。又晉中興書：李充，字弘度，江夏人，著學箴。然此在賈逵之後，馬融之前，則李尤也。尤在和帝時拜蘭臺令，有幽谷諸賦，并車（四庫全書考證：『有幽谷諸賦，孟津諸銘。』刊本脱『孟津』二字，據李蘭臺集增）諸銘，而賈逵仕明帝時，馬融仕順、桓時，以序觀之，乃李尤無疑。」

〔二〕牟世金范注補正：「查李尤之賦，今殘存函谷關賦等五篇，縱有巨制，但其尚存銘文八十餘篇，多是四句十六字的短篇，最長的刻漏銘也不足百字，豈能『鴻裁』僅指賦而排除銘？詮賦篇未論及李尤；銘箴篇則云：『李尤積篇，義儉辭碎。蓍龜神物，而居博弈之中；衡斛嘉量，而在臼杵之末；曾名品之未暇，何事理之能閑哉！』既不閑事理，其於『神物』『嘉量』之類銘文，自然處理不當。故『志慕鴻裁』當指其欲寫意義重大之作。詮賦篇有『鴻裁之寰域』，辨騷篇有『才藻者菀其鴻裁』（范注謂取熔屈、宋制作之大義），此篇之『志慕鴻裁』，異於詮賦而近於辨騷，不可混爲一談。」

〔三〕黄注：「左傳成公六年：『獻子曰：民愁則墊隘，於是乎有沈溺重膇之疾。』杜注：『沈溺，濕疾；重膇，足腫。』」梅注：「膇，音墜。」

〔四〕黄注：「易明夷卦初九：『明夷于飛，垂其翼。』」范注引「翼」作「羽」。銘箴篇黄注：「文章流别論：『尤自山河都邑至刀筆竿契，無不有銘，而文多穢病。』」銘箴篇：「李尤積篇，義儉辭碎。」

牟注：「這裏喻才力低下。『才力沈膇，垂翼不飛』，和風骨篇的『翾翥百步，肌豐而力沈也』意近。」

沈謙：「漢和帝時，李尤作函谷賦與并車銘，其心仰慕鴻大體製，而才力沈滯板重，如鳥之患風濕足腫者，羽翼低垂，不克奮飛。」

〔五〕范注：「後漢書馬融傳：『融才高博洽，爲世通儒。所著賦、頌、碑、誄、書、記、表、奏、七言、琴歌、對策、遺令凡二十一篇。』」

〔六〕校證：「『識』原作『登』，梅六次本改。」校注：「按元本、弘治本、活字本、汪本、佘本、張本、兩京本、何本、胡本……崇文本並作『登』，原非誤字；黄氏從梅、何校作『識』，非是。『思洽登高』，蓋謂其善於辭賦也。（『登高能賦』，見詩鄘風定之方中毛傳及漢志。）范書本傳所叙季長撰述，即以賦爲稱首；今存者尚有琴賦、長笛賦、圍棊賦、樗蒲賦、龍虎賦等篇（見嚴輯全後漢文卷十八）。而長笛一賦，且登選樓。是季長所作，以賦爲優，故云『思洽登高』。本篇評論作者，皆就其最擅長者言。若作『識高』，則空無所指矣。何況『登』與『識』之形音俱不近，焉能致誤？出三藏記集齊竟陵王世子撫軍巴陵王法集序：『雅好辭賦，允登高之才。』南齊書文學傳論：『卿、雲巨麗，升堂冠冕；張、左恢廓，登高不繼。』亦並以『登高』二字指賦。（詮賦篇亦有「原夫登高之旨」語。）」

綴補：「漢書藝文志：『傳曰：登高能賦，可以爲大夫。』（今詩鄘風定之方中毛傳「登」作「昇」，義同。）此云『思洽登高』，謂馬融能賦也。作『識』，蓋後人不得其義而妄改；或涉下文『博識有功』而誤。」「洽」，廣博。「思洽」，思路博洽。按「識高」亦可通。

〔七〕牟注：「經範，儒家經典的規範。……相扶，互相支持，指形式和內容配合很好。」

郭注：「『吐納經範』，謂選辭用意皆以經書爲典範。」

沈謙：「言馬融爲當代鴻儒，才思浹洽，能登高作賦，屬文辭皆以經典爲規範，辭采華麗而義理典實，左提右挈，相得益彰。」

王逸博識有功〔一〕，而絢采無力〔二〕。延壽繼志〔三〕，瓌穎獨標〔四〕，其善圖物寫貌，豈枚乘之遺術歟〔五〕？

〔一〕范注：「後漢書文苑王逸傳：『王逸，字叔師，南郡宜城人也。著楚辭章句行於世。其賦、誄、書、論及雜文凡二十一篇。又作漢詩百二十三篇。子延壽，字文考，有儁才，少遊魯國，作靈光殿賦。後蔡邕亦造此賦，未成；及見延壽所爲，甚奇之。遂輟翰而已。曾有異夢，意惡之，乃作夢賦以自厲，後溺水死，時年二十餘。」斠詮：「王逸楚辭章句自序：『淮南王安及班固、賈逵各作離騷章句，其餘十五卷闕而不說，又義多乖異，事不要括。今臣復以所識所知，稽之舊章，合之經傳，作十六卷章句，雖未能究其微妙，然大指之趣略可見矣。』舍人所謂『博識有功』指此。」牟注：「楚辭章句九思序：『逸，南陽人，博雅多覽。』」

〔二〕校證：「『采』，舊本皆作『綵』，黄注本作『采』。」儀禮聘禮「絢組」注：「彩成文曰絢。」「絢采」謂絢爛的辭采。舒直劉勰文學理論的中心問題：「劉勰在序志篇說：『褒貶於才略。』他褒貶的標準是什麽呢？仍然是他的基本主張：是否文質并茂。他贊美荀卿的賦是『文質相稱』，稱許揚雄的賦是『理贍而辭堅』，推崇馬融的辭章是『華實相扶』，欽仰張衡的文辭是『文史彬彬』。至如司馬相如的賦，雖然『洞入夸艷，致名辭宗』，但是『理不勝辭，文麗用寡』；王逸的文章，雖然是『博識有功』，但是『絢采無力』。」

〔三〕斯波六郎：「博物志：『王延壽，逸之子也。魯作靈光殿初成，逸語其子曰：「汝寫狀歸，吾欲爲賦。」文考遂以韻寫簡，其父曰：「此即好賦，吾固不及矣。」』（御覽五八七引）」

〔四〕郭注：「瓌穎獨標，謂鋒芒特出也。」

〔五〕郭注：「因七發亦長于『寫物圖貌』，故靈光殿賦得『枚乘之遺術』。」詮賦篇：「延壽靈光，含飛動之勢。」

張衡通贍，蔡邕精雅〔一〕，文史彬彬〔二〕，隔世相望〔三〕。是則竹柏異心而同貞〔四〕，金玉殊質而皆寶也。

〔一〕范注：「後漢書張衡傳：『衡所著詩、賦、銘、七言，靈憲、應間、七辯、巡誥、懸圖，凡三十二篇。及爲侍中，上書請得專事東觀，收檢遺文，畢力補綴。書數上，竟不聽。及後之著述，多不詳典，時人追恨之。』范曄論曰：『崔瑗之稱平子曰：「數術窮天地，制作侔造化。」（章懷注：瑗撰平子碑文也。）』又蔡邕傳：『邕所著詩、賦、碑、誄、銘、讚、連珠、箴、弔、論議，獨斷、勸學、釋誨、叙樂、女訓、篆勢、祝文、章表、書記，凡百四篇，傳於世。』又曰：『邕前在東觀，與盧植、韓説等撰補後漢記，會遭事流離，不及得成，因上書自陳，奏其所著十意。』范曄贊曰：『邕實慕静，心精辭綺。』」論衡超奇：「博覽古今者爲通人。」「通贍」，指才學廣博豐富。劉師培漢魏六朝專家文研究九蔡邕精雅與陸機清新：「至於蔡中郎之文，亦絶無繁冗之弊。文心雕龍才略篇云『蔡邕精雅』，實爲定評。精者，謂其文律純粹而細緻也；雅者，謂其音節調適而和緩也。今觀其文，將普通漢碑中過於常用之句，不確切之詞，及辭采不稱，或音節不諧者，無不刮垢磨光，使之潔净。故雖氣味相同，而文律音節有別。凡欲研究蔡文者，應觀其奏章若者較常人爲細；其碑頌若者較常人爲潔；音節若者較常人爲和：則於彦和所稱『精雅』當可體味得之。」

〔二〕論語雍也：「質勝文則野，文勝質則史，文質彬彬，然後君子。」牟注：「文史彬彬，指張衡、蔡邕都文史雙全。後漢書張衡傳：『永初中，謁者僕射劉珍、校書郎劉騊駼等著作東觀，搜集漢記，因定漢家禮儀。上言請衡參論其事，會並卒。而衡常嘆息，欲終成之。及爲侍中，上疏請得專事東觀，收檢遺文，畢力補綴。』又蔡邕傳：『邕前在東觀，與盧植、韓説等撰補後漢記，會遭事流離，不及得成，因上書自陳，奏其所著十意（即十志）。』」

〔三〕何焯批：「世傳蔡是張之後身，故云隔世相望。」清姚振宗隋書經籍志考證别集類後漢中郎將蔡邕集十二卷引此語，原注：「裴頠語林曰：『（張）衡之初死，蔡邕母始孕。此二人才貌相類，時人云：邕是衡之後身。』（御覽卷三百六十又三百九十六引）故劉勰有是言。」斠詮解「隔世相望」爲「隔桓帝之世，而前後輝映」。牟世金范注補正：「案李解可備一説，語林語既不可靠（張衡一三九年卒，蔡邕一三三年生），亦無關係。世，三十年也。張衡爲侍中，請專事東觀，在順帝陽嘉年間（一三二——一三五）；蔡邕校書東觀，在靈帝熹平初（一七三年左右），正好相隔一世。」

按詮賦篇：「張衡二京，迅發以宏富。」奏啓篇：「張衡指摘於史職，蔡邕銓列於朝儀，博雅明焉。」明詩篇：「至於張衡怨篇，清典可味。仙詩緩歌，雅有新聲。」又：「故平子得其雅。」事類篇：「至于崔、班、張、蔡，遂捃摭經史，華實布濩，因書立功。」體性篇：「平子淹通，故慮周而藻密。」

誄碑篇：「自後漢以來，碑碣雲起。才鋒所斷，莫高蔡邕。觀楊賜之碑，骨鯁訓典；陳、郭二文，詞無擇言；周、胡衆碑，莫非清允。其叙事也該而要，其綴采也雅而澤。清詞轉而不窮，巧義出而卓立。察其爲才，自然而至。」頌讚篇：「蔡邕樊渠，并致美於序，而簡約乎篇。」

〔四〕校注：「按楚辭東方朔七諫初放：『若竹柏之異心。』」沈謙：「張衡才通學贍，蔡邕思精辭雅，無論文章史傳，均彬彬得體，隔桓帝之世而前後輝映。是則猶如翠竹之與蒼柏，雖心性有異而堅貞則同。」

劉向之奏議，旨切而調緩〔一〕；趙壹之辭賦，意繁而體疏〔二〕；孔融氣盛於爲筆〔三〕，禰衡思鋭於爲文，有偏美焉〔四〕。潘勗憑經以騁才，故絶群於錫命〔五〕；王朗發憤以託志，亦致美於序銘〔六〕。

〔一〕訓故：「此段叙東漢不宜有劉向，且向前已見，此『向』字恐誤。」何焯批：「『向』字疑誤。」

范注：「漢書劉向傳：『向自見得信於上，故常顯訟宗室，譏刺王氏及在位大臣；其言多痛切，發於至誠。』『旨切調緩』，向文確評。」「緩」，寬舒。

牟注：「劉向的奏議，多爲當時外戚專政、漢室危急的情況而發，但或以災異凶吉論時政，如條災異封事等；或以大量歷史事實諫用外戚，如極諫用外戚封事等（均見漢書劉向傳）。」

〔二〕梅注：「趙壹，字元叔。」黄注：「後漢文苑傳：壹恃才倨傲，爲鄉黨所擯，乃作解擯。後屢抵罪，友人救得免，乃爲窮鳥賦以謝恩。又作刺世疾邪賦，以舒其怨憤。」范注：「後漢書文苑趙壹傳載其窮鳥賦一篇；賦末繫詩二首，其一曰：『河清不可俟，人命不可延。順風激靡草，富貴者稱賢。文籍雖滿腹，不如一囊錢。伊優北堂上，抗髒倚門邊。』其二曰：『埶家多所宜，欬唾自成珠；被褐懷金玉，蘭蕙化爲芻。賢者雖獨悟，所困在群愚。且各守爾分，勿復空馳驅。哀哉復哀哉，此是命矣夫！』所謂體疏，殆此類也。」

「體疏」，謂體裁粗疏。斠詮：「傳載其窮鳥賦一篇，意已嫌繁，又賦末繫詩二首，體不密緻，益見空疏。」

〔三〕范注：「文選採録孔融書表，是氣盛於爲筆之證。」按章表篇：「至於文舉之薦禰衡，氣揚采飛。」典論論文：「孔融體氣高妙，有過人者。」風骨篇：「公幹亦云：孔氏卓卓，信含異氣；筆墨之性，殆不可勝。」

斠詮：「魏文論孔融曰：『體氣高妙，有過人者，然不能持論，理不勝辭，以至雜以嘲戲。』故曰：『孔融氣盛於爲筆。』又後漢書孔融傳所載爲劉表郊祀隱不班示疏，馬日磾不宜加禮議，肉刑議，及文選所載薦禰衡表、與曹操論盛孝章書、報曹操書，皆氣盛於筆之作。范蔚宗謂『融負其高氣，志在靖難，而才疏意廣，迄無成功』，又謂其『發辭偏宕，多致乖忤』。」牟注：「張溥孔少府集題辭：『東漢詞章拘密，獨少府（孔融官至少府）詩文，豪氣直上。』」

〔四〕范注：「禰衡作鸚鵡賦，文無加點，辭采甚麗，是思鋭於爲文也。」按神思篇：「禰衡當食而草奏。」書記篇：「禰衡代書，親疎得宜。斯又尺牘之偏才也。」「有偏美」，謂各有偏長。後漢書禰衡傳：「（劉）表嘗與諸文人共草章奏，并極其才思。時衡出，還見之，開省未周，因毁以抵地。表憮然爲駭。衡乃從求筆札，須臾立成，辭義可觀。」

〔五〕詔策篇：「潘勖九錫，典雅逸群。」風骨篇：「昔潘勖錫魏，思摹經典，群才韜筆，乃其骨髓峻也。」

〔六〕魏志王朗傳：「朗著易、春秋、孝經、周官傳，奏、議、論、記，咸傳于世。」奏啓篇：「王朗節省，甄毅考課，亦盡節而知治矣。」校注：「按銘箴篇：『至于王朗雜箴，乃置巾履，得其戒慎，而失其所施。觀其約文舉要，憲章武銘，而水火井竈，繁辭不已，志有偏也。』此云『致美於序銘』，蓋指其『憲章武銘』諸作而言。」

然自卿、淵已前，多役才而不課學〔一〕；雄、向已後，頗引書以助文〔二〕。此取與之大際〔三〕，其分不可亂者也。

〔一〕校證：「『役』原作『俊』，今從史通雜説下引改。」校注：「按『俊』字於義不屬，當是『役』之形誤。左傳成公二年：『以役王命。』杜注：『役，事也。』此當作『役』，而訓爲事。史通雜説下篇：『昔劉勰有云：「自卿、淵已前，多役才而不課學；向、雄已後，頗引書以助文。」』是所見本未誤。『課』，考驗。」

〔二〕校證：「『雄向』史通作『向雄』。」

事類篇：「觀夫屈宋屬篇，號依詩人，雖引古事，而莫取舊辭。唯賈誼鵩賦，始用鶡冠之説；相如上林，撮引李斯之書，此萬分之一會也。及揚雄百官箴，頗酌於詩書；劉歆遂初賦，歷叙於紀傳，漸漸綜採矣。至於崔、班、張、蔡，遂捃摭經史，華實布濩，因書立功，皆後人之範式也。……夫以子雲之才，而自奏不學，及觀書石室，乃成鴻采。……夫經典沉深，載籍浩瀚，實群言之奥區，而才思之神皋也。揚、班以下，莫不取資。」按此數語論文章運用典故始於揚劉。

趙西陸評范文瀾文心雕龍注：「言文章用典之所始也。史通雜説篇引此『雄向』作『向雄』，且申其義云：『近史所載，亦多如是。故雖有王平所識，僅通十字；霍光無學，不知一經。而述其言語，必稱典誥。良由才乏天然，故事資虚飾者矣。』」這幾句話總論兩漢作家的傾向説：司馬相如、王褒以前的作品，多憑役使才情，而不講求學問；從揚雄劉向以後的作品，就講究引用古書來助長文采了。可見才華和學問是兩回事，漢朝前期和後期的作家是各有偏向的。

〔三〕事類篇：「學貧者迍邅於事義，才餒者劬勞於辭情，此内外之殊分也。」郭注：「『取與之大際』，謂創作傾向的大限。」

以上爲第二段，評論兩漢作家。

魏文之才，洋洋清綺〔一〕，舊談抑之，謂去植千里。然子建思捷而才儁〔二〕，詩麗而表逸〔三〕。子桓慮詳而力緩，故不競於先鳴〔四〕；而樂府清越〔五〕，典論辯要〔六〕，迭用短長，亦無懵焉〔七〕。但俗情抑揚，雷同一響〔八〕，遂令文帝以位尊減才，思王以勢窘益價，未爲篤論也〔九〕。

〔一〕尚書伊訓：「聖謨洋洋，嘉言孔彰。」傳：「洋洋，美善。」「清綺」，清暢綺麗。

〔二〕「儁」，「俊」的異體字。淮南子泰族訓：「故智過萬人者謂之英，千人者謂之俊。」文選曹植與楊德祖書題下李注引典略曰：「臨淄侯以才捷愛幸。」

魏志陳思王植傳評：「陳思文才富艷，足以自通後葉。」魚豢魏略武諸王傳論曰：「植之華采，思若有神。」（魏志任城王等傳注引）神思篇：「子建援牘如口誦。」詩品上：「陳思之於文章也，譬人倫之有周、孔，鱗羽之有龍鳳。……故孔氏之門如用詩，則公幹昇堂，思王入室。」

三國魏志陳思王植傳：「太祖嘗視其文，謂植曰：『汝倩人耶？』植跪曰：『言出爲論，下筆成章，顧當面試，奈何倩人？』時鄴銅爵臺新成，太祖悉將諸子登臺，使各爲賦。植援筆立成，可觀，太祖甚異之。」

〔三〕章表篇：「陳思之表，獨冠群才。」

〔四〕梅注：「子桓，曹丕字。」斯波六郎：「春秋左氏傳襄公二十一年：『然臣不敏，平陰之役，先二子鳴。』杜注：『十八年晉伐齊，及平陰，州綽獲殖綽郭最，故自比於鷄鬭勝而先鳴也。』」

魏志文帝紀評：「文帝天資文藻，下筆成章，博聞彊識，才藝兼該。」詩品中評魏文帝：「所計百許篇，率皆鄙質如偶語。」

王世貞藝苑卮言卷三：「曹公莽莽，古直悲涼。子桓小藻，自是樂府本色。子建天才流麗，雖譽冠千古，而實遜父兄。何以故？材太高，辭太華。」

王夫之薑齋詩話夕堂永日緒論第三十條：「建立門庭，自建安始。曹子建鋪排整飾，立階級以賺人升堂，用此致諸趨赴之客，容易成名。伸紙揮毫，雷同一律。子桓精思逸韻，以絶人攀躋，故人不樂從，反爲所掩。子建以是壓倒阿兄，奪其名譽。實則子桓天才駿發，豈子建所能壓倒耶？故嗣是而興者，如郭景純、阮嗣宗、謝客、陶公，乃至左太沖、張景陽，皆不屑染指建安之羹鼎，視子建蔑如矣。」又第三十二條：「曹子建於子桓，有仙凡之隔。而人稱子建，不知有子桓，俗論大抵如此。」夕堂永日緒論外編：「試取曹子桓典論論文……讀之，古人作文字，研慮以悦心，精嚴如此。」

〔五〕校注：「按禮記聘義：『叩之，其聲清越以長。』鄭注：『越，猶揚也。』」「清越」，清新激越。樂府篇：「至於魏之三祖，氣爽才麗，宰割辭調，音靡節平。觀其北上衆引，秋風列篇，或述酣宴，或傷羈戍，志不出於淫蕩，辭不離於哀思，雖三調之正聲，實韶夏之鄭曲也。」

〔六〕序志篇：「典論密而不周。」馮舒校本「辯」作「辨」。典論，新唐書藝文志列儒家，五卷，今佚，其中只有論文一篇獨完。此處主要指典論論文。「辯要」：辯析扼要。

〔七〕「慒」，慒然無知。蕭子顯南齊書文學傳論：「建安一體，典論短長互出。」典論論文批評建安七子，能從短長兩方面着眼。其論應瑒則曰「和而不壯」；論劉楨則曰「壯而不密」；論孔融則曰「體氣高妙，有過人者，然不能持論，理不勝辭」；論王粲則曰「長於辭賦……然於他文未能稱是」。「無慒」，謂能識別清楚。

〔八〕禮記曲禮：「毋雷同。」注：「雷之發聲，物無不同時應者。」

〔九〕綴補：「漢書董仲舒傳：『至向曾孫龔，篤論君子也。』」「篤論」，確當的評論。范注：「鍾嶸列思王於上品，文帝於中品。明詩篇曰：『兼善則子建、仲宣。』是彥和之意，亦以子建詩優於文帝也。而樂府清越，典論辯要，則亦特有所長，不得一概抑之。彥和此說，誠是篤論。」校釋：「今試舉二曹之長短，以驗舍人之言。鍾嶸詩品，列子建於上品，謂：『其源出於國風，骨氣奇高，詞采華茂，情兼雅怨，體被文質，粲溢今古，卓爾不群。』又曰：『陳思之於文章，譬人倫之有周、孔。』其推許之至如此。其論子桓，則列之中品，謂：『其源出於李陵，頗有仲宣之體，則所計百許篇，率皆鄙直如偶語，惟「西北有浮雲」十餘首，殊美贍可翫，始見其工。不然，何以詮衡群彥，對揚厥弟？』此論與舍人不同，殆即本篇所指『俗情抑揚』乎？由今觀之，文帝才麗而思放，思王藻深而情鬱；藻麗乃當世之同風，放、鬱則二家之殊致。然放者易流，鬱者難盡；放者通侻近誕，鬱者善感彌真，此陳思之所以能得人之同情也。本篇『位尊減才，勢窘益價』二語，最足說明此故。而鍾評抑子桓太甚，故舍人獨持異議。察舍人之意，謂二子亦互有短長，所異者，子建『思捷而才儁』，子桓『慮詳而力緩』，以捷儁較詳緩，得名自易。初魏武甚愛子建，幾有奪嫡之事，殆即以此。魏志任城陳蕭王傳評注引魚豢典略武諸王傳論曰：『余覽植之華彩，思若有神。以此推之，太祖之動心，良有以也。』而子桓之所以終得繼體，或亦其處慮詳密所致歟？此蓋從二人才性而概論之也。至其論文帝，則以辯要許其典論，以清越贊其樂府；論思王，則以詩篇兼善，比於仲宣，以章表體贍，冠於群才。所謂『迭用短長』，語尤斟酌。」

仲宣溢才，捷而能密〔一〕，文多兼善〔二〕，辭少瑕累〔三〕，摘其詩賦，則七子之冠冕乎〔四〕！

〔一〕校證：「徐云：『溢字誤，疑作清。』又云：『疑「異」才。』」考異：「『溢才猶才溢也。』溢字不誤。」魏文帝與吳質書：「仲宣獨自善於辭賦，惜其體弱，不足起其文。至於所善，古人無以遠過。」魏志粲傳引典略曰：「粲才既高，辯論應機。」范注：「文選曹植王仲宣誄曰：『强記洽聞，幽讚微言；文若春華，思若湧泉；發言可詠，下筆成篇。』」神思篇：「仲宣舉筆似宿構。」體性篇：「仲宣躁競，故穎出而才果。」論説篇：「仲宣之去伐……並師心獨見，鋒穎精密，益論之英也。」

魏志王粲傳：「初粲與人共行，讀道邊碑。人問曰：『卿能闇誦乎？』曰：『能。』因使背而誦之，不失一字。觀人圍棊，局壞，粲爲覆之；棊者不信，以帊蓋局，使更以他局爲之，用相比校，不誤一道，其彊記默識如此。性善算，作算術，略盡其理。善屬文，舉筆便成，無所改定，時人常以爲宿構。然正復精意覃思，亦不能加也。著詩、賦、論、議垂六十篇。」

〔二〕明詩篇：「兼善則子建、仲宣。」

〔三〕論説篇：「傅嘏、王粲，校練名理。」

〔四〕黄注：「魏文帝典論：今之文人，魯國孔融文舉，廣陵陳琳孔璋，山陽王粲仲宣，北海徐幹偉長，陳留阮瑀元瑜，汝南應瑒德璉，東平劉楨公幹，斯七子者，於學無所遺，於辭無所假，咸以自騁驥騄於千里，仰齊足而並馳。」「摘」，選取。范注：「詩品云：『陳思以下，楨稱獨步。』又云：『公幹昇堂，思王入室。』而稱仲宣爲『在曹、劉間，別構一體，方陳思不足，比魏文有餘』。仲偉與彥和小有出入。」

琳瑀以符檄擅聲〔一〕；徐幹以賦論標美〔二〕；劉楨情高以會采〔三〕；應瑒學優以得文〔四〕；路粹、楊修，頗懷筆記之工〔五〕；丁儀、邯鄲，亦含論述之美〔六〕：有足算焉〔七〕。

〔一〕檄移篇：「陳琳之檄豫州，壯有骨鯁，雖奸閹攜養，章實太甚，發丘摸金，誣過其虐，然抗辭書釁，皦然露骨矣。敢指曹公之鋒，幸哉免袁黨之戮也。」章表篇：「琳瑀章表，有譽當時；孔璋稱健，則其標也。」

書記篇：「符者，孚也。徵召防僞，事資中孚。三代玉瑞，漢世金竹，末代從省，易以書翰矣。」陳琳有爲曹洪與魏文帝書，文選載琳檄豫州、檄吴將校部曲。

書記篇：「魏之元瑜，號稱翩翩。」神思篇：「阮瑀據案而制書。」時序篇：「元瑜展其翩翩之樂。」

典論論文：「琳、瑀之章表書記，今之雋也。」又與吴質書：「孔璋章表殊健。」

魏志王粲傳：「太祖並以琳、瑀爲司空軍謀祭酒，管記室，軍國書檄，多琳、瑀所作也。」

〔二〕詮賦篇：「偉長博通，時逢壯采。」明詩篇：「王、徐、應、劉，望路而爭驅。」曹丕與吴質書：「偉長獨懷文抱質，恬淡寡欲，有箕山之志，可謂彬彬君子矣。著中論二十餘篇，成一家之言，辭義典雅，足傳於後。」范注：「全三國文五十五中論序曰：『君之性常欲損世之有餘，益俗之不足，見辭人美麗之文，並時而作，曾無闡弘大義，敷散道教，上求聖人之中，下救流俗之昏者。故廢詩賦頌銘贊之文，著中論之書二十二篇。』」典論論文：「幹之玄猿、漏卮、圓扇、橘賦，雖張、蔡不過也。」

〔三〕范注：「文選謝靈運擬魏太子鄴中集詩序：『劉楨卓犖偏人，而文最有氣，所得頗經奇。』」按書記篇：「公幹牋記，麗而規益，子桓弗論，故世所共遺。若略名取實，則有美於爲詩矣。」明詩篇：「偏美則太沖、公幹。」體性篇：「公幹氣褊，故言壯而情駭。」典論論文：「劉楨壯而不密。」曹丕與吳質書：「公幹有逸氣，但未遒耳。」沈謙：「劉楨才情高妙而能會合辭采。」斠詮：「所謂壯、逸、卓犖、有氣、真骨、高風，皆情高之表現。」牟注：「皎然詩式鄴中集：『鄴中七子，陳王最高。劉楨辭氣，偏正得其中。不拘屬對，偶或有之。語與興驅，勢逐情起，不由作意，氣格自高，與十九首其流一也。』因不爲文作，而是『勢逐情起』，就能『以情會文』，『氣格自高』。此論與劉勰足相發明。」

〔四〕范注：「文選文帝與吳質書：『德璉常斐然有述作之意，其才學足以著書。』」按時序篇：「德璉綜其斐然之思。」序志篇：「應論華而疏略。」沈謙：「應瑒學識優越而得豐贍文理。」牟注：「應瑒和陳琳、徐幹等，都同時死於建安二十二年（二一七）的一次大疫，所以著書未成。仍『得文』不少。應瑒現存十多篇賦和幾篇書論，詩六首。」

〔五〕范注：「魏志王粲傳注：『粹後爲軍謀祭酒，與陳琳、阮瑀等典記室，誣奏孔融而殺之（見奏啓篇）。融誅之後，人覩粹所作，無不嘉其才而畏其筆也。』又陳思王植傳注引典略曰：『楊脩，字德祖，建安中舉孝廉，除郎中；丞相請署倉曹屬主簿。是時軍國多事，脩總知内外，事皆稱意。』」

按時序篇：「文蔚（路粹字文蔚）、休伯之儔，子叔（邯鄲淳字子叔）、德祖之侣，傲雅觴豆之前，雍容衽席之上，灑筆以成酣歌，和墨以藉談笑。」曹植與楊德祖書：「昔仲宣獨步於漢南，孔璋鷹揚於河朔，偉長擅名於青土，公幹振藻於海隅，德璉發跡於此魏，足下高視於上京。當此之時，人人自謂握靈蛇之珠，家家自謂抱荆山之玉。……然此數子，猶復不能飛軒絶跡，一舉千里。」路粹有爲曹公與孔融書等。楊脩有答臨淄侯箋等。

〔六〕訓故：「魏略：丁儀，字正禮，沛郡人，與臨淄侯善，數稱其才。太祖既有意立植，而儀又贊之，幾奪嫡者數矣。文帝立，誅之。」范注：「魏志陳思王植傳注引魏略曰：『丁儀字正禮……太祖辟儀爲掾，到與論議，嘉其才朗。』藝文類聚五十四載儀刑禮論一篇。王粲傳注引魏略曰：『邯鄲淳，字子叔，博學有才章。』藝文類聚十載淳受命述。」黄注：「魏志：自潁川邯鄲淳、繁欽，陳留路粹，沛國丁儀、丁廙，弘農楊修，河内荀緯等，亦有文采，而不在此七人之列。」

中國中古文學史引丁儀刑禮論後，加案語云：「東漢論文，如延篤仁孝之屬，均詳引經義以論斷，其有直抒己見者，自此論始。魏代名理之文，其先聲也。」

〔七〕斯波六郎：「論語子路：『斗筲之人，何足算也？』」

劉劭趙都，能攀於前修〔一〕；何晏景福，克光於後進〔二〕；休璉風情，則百壹標其志〔三〕；吉甫文理，則臨丹成其采〔四〕。

〔一〕校證：「『劭』，馮本、汪本作『邵』。」事類篇：「劉劭趙都賦云：『公子之客，叱勁楚令歃盟；管庫隸臣，呵强秦使鼓缶。』用事如斯，可稱理得而義要矣。」范注：「三國魏志劉劭傳：劭字孔才。劭嘗作趙都賦，明帝美之。嚴可均全三國文三十二輯趙都賦佚文，漏輯此條。」時序篇：「何、劉群才，迭相照耀。」魏志王粲等傳評：「劉劭該覽學籍，文質周洽。」

〔二〕黃注：「晏字平叔，有景福殿賦。文選注：魏明帝將東巡，恐夏熱，故於許昌作殿，名曰景福。既成，命賦之，平叔遂有此作。」范注：「文選何平叔景福殿賦注引典略曰：『魏明帝將東巡……命人賦之，平叔遂有此作。』」明詩篇：「正始明道，詩雜仙心。何晏之徒，率多浮淺。」論説篇：「平叔之二論，並師心獨見，鋒穎精密，蓋人倫之英也。」沈謙：「何晏之景福殿賦，亦堪光昭後進之文士。」

〔三〕黃注：「應璩傳：璩字休璉。曹爽秉政，多違法度。璩爲詩以諷焉。子貞，字吉甫。少以才聞，能談論。楚國先賢傳：應休璉作百一詩譏切時事，編以示在位者，咸皆怪愕，以爲應焚棄之，何晏獨無怪也。樂府廣題：百者數之終，一者數之始，士有百行，終始如一，故云百一。」按明詩篇：「若乃應璩百一，獨立不懼，辭譎義貞，亦魏之遺直也。」文選李善注：「據百一詩序云：『時謂曹爽曰：公今聞周公巍巍之稱，安知百慮有一失乎？』百一之名，蓋興於此也。」書記篇：「休璉好事，留意詞翰。」牟注：「風情，作者的懷抱、意趣。晉書袁宏傳：『曾爲咏史詩，是其風情所寄。』」

〔四〕補注：「詳案藝文類聚卷八有晉應貞臨丹賦云：陟緜岡之迢遞，臨窈谷之濬遐，覽丹源之洌泉，眷懸流之清派云云。貞，字吉甫。」「臨丹」，在出丹砂的水上。

沈謙：「應休璉富於風雅情趣，以譏切時事之百壹詩標明其志節；應吉甫深於文章義理，則以臨丹賦蔚成其辭采。」

嵇康師心以遺論〔一〕，阮籍使氣以命詩〔二〕。殊聲而合響，異翮而同飛〔三〕。

〔一〕梅注：「『遺』，疑作『造』。」校注：「按『遺』字自通，無煩它改。」黄注：「晉書嵇康傳：康以爲神仙稟之自然，非積學所得。至於導養得理，則安期、彭祖之倫可及，乃著養生論。」范注：「嵇康養生論見文選。本集有答向子期難養生論、聲無哀樂論、釋私論、管蔡論、明膽論、難張遼叔自然好學論、難張遼叔宅無吉凶攝生論。魏晉群才，叔夜作論爲最富矣。」「師心」，自出心裁，謂心領神會，不拘泥成法。論說篇：「叔夜之辨聲……並師心獨見，鋒穎精密，蓋人倫之英也。」書記篇：「嵇康絶交，實志高而文偉矣。」體性篇：「叔夜儁俠，故興高而采烈。」

斠詮：「師心，謂依循心靈之妙用，神明而變化之，不拘泥於成法也。……關尹子五鑑：『善弓者師弓不師羿，善舟者師舟不師奡，善心者師心不師聖。』太玄經窮：『師在心也。』注：『師，循也。』」體性篇：「各師成心，其異如面。」

〔二〕黄注：「阮籍傳：『籍作詠懷詩八十餘篇，爲世所重。』顔延年曰：説者謂阮籍在晉文代，常慮禍患，故發此詠耳。」范注：「晉書阮籍傳：『籍容貌瓌傑，志氣宏放，傲然獨得，任性不羈，而喜怒不形於色，能屬文，初不留思。作詠懷詩八十餘首，爲世所重。』文選採録十七首。」魯迅魏晉風度及文章與藥及酒之關係：「劉勰説：『嵇康師心以遣論，阮籍使氣以命詩。』這『師心』和『使氣』便是魏末晉初的文章的特色。正始名士和竹林名士的精神滅後，敢於師心使氣的作家也没有了。」（而已集，魯迅全集卷三）「使氣」，任其志氣。史記魏其武安侯列傳：「灌夫爲人，剛直使氣。」劉禹錫效阮公體：「昔賢多使氣，憂國不謀身。」明詩篇：「唯嵇志清峻，阮旨遥深，故能標焉。」體性篇：「嗣宗俶儻，故響逸而調遠。」

〔三〕「翮」，本指羽毛的硬管，引申爲鳥翅。時序篇：「而嵇、阮、應、繆，並馳文路矣。」劉申叔曰：「此節以論推嵇，以詩推阮，實則嵇亦工詩，阮亦工論，彦和特互言見異耳。」又云：「嵇、阮之文，艷逸壯麗，大抵相同。若施以區别，則嵇文近漢孔融，析理綿密，阮所不逮。阮文近漢禰衡，託體高健，嵇所不及，此其相異之點也。」（中國中古文學史）

王世貞藝苑卮言：「嵇叔夜土木形骸，不事雕飾。想於文亦爾。如養生論、絶交書，類信筆成者。或遂重犯，或不相續，然獨造之語，自是奇麗超逸，覽之躍然而醒。詩少涉矜持，更不如嗣宗。吾每想其人，兩腋習習風舉。」元好問論詩三十首評阮籍詩云：「縱横詩筆見高情，何物能澆塊磊平。老阮不狂誰會得？出門一笑大江横。」

魏晉風度及文章與藥及酒之關係：「竹林的代表是嵇康和阮籍。……他們七人中差不多都是反抗禮教的。」「嵇、阮二人的脾氣都很大，阮籍老年時改得很好，嵇康就始終都是極壞的。」「嵇康的論文比阮籍更好，思想新穎，往往與古時舊説反對。」（魯迅全集卷三）

張華短章〔一〕，奕奕清暢〔二〕，其鷦鷯寓意〔三〕，即韓非之説難也〔四〕。

〔一〕范注：「陸雲與兄平原書：『張公文無他異，正自情省無煩長；作文正爾自復佳。』」牟注：「張華今存永懷賦、歸田賦等，都較短。」

〔二〕斠詮：「奕奕，閑雅姣美之貌。詩商頌那：『萬舞有奕。』傳：『奕奕然閑也。』又詩魯頌閟宮：『新廟奕奕，奚斯所作。』箋：『奕奕，姣美也。』」明詩篇：「茂先凝其清。」時序篇：「茂先摇筆而散珠。」

〔三〕范注：「文選鷦鷯賦注引臧榮緒晉書曰：『張華少好文義，博覽墳典。爲太常博士，轉兼中書郎。雖棲處雲閣，慨然有感，作鷦鷯賦。』」其序語云：「鷦鷯，小鳥也……色淺體陋，不爲人用；形微處卑，物莫之害。……彼鷲鶚鵾鴻，孔雀翡翠……翰舉足以沖天，觜距足以自衛，然皆負矰嬰繳，羽毛入貢，何者？有用於人也。夫言有淺而可以託深，類有微而可以喻大，故賦之云爾。」

〔四〕陳奇猷韓非子集釋説難篇引舊注：「夫説者有逆順之機，順之招福，逆而制禍，失之毫釐，差之千里，以此説之所以難也。」

按章表篇：「逮晉初筆札，則張華爲儁。其三讓公封，理周辭要，引義比事，必得其偶，世珍鷦鷯，莫顧章表。」

牟注：「二者都有全身避害的寓意。」

左思奇才〔一〕，業深覃思〔二〕，盡鋭於三都〔三〕，拔萃於詠史〔四〕，無遺力矣。潘岳敏給，辭自和暢〔五〕，鍾美於西征〔六〕，賈餘於哀誄〔七〕，非自外也〔八〕。

〔一〕「奇」，元刻本、弘治本、馮校本作「立」。校證：「馮本、汪本、佘本、兩京本、王惟儉本、詩記別集四、六朝詩乘總録『奇』作『立』，即『奇』之壞文。徐校作『奇』。」

世説文學篇「左太沖作三都賦初成」，注引思別傳：「博覽名文，遍閲百家。……思爲人無吏幹而有文才。」

〔二〕雜文篇：「揚雄覃思文閣，業深綜述。」

〔三〕校證：「何允中本、日本活字本、凌本、日本刊本、王謨本，『鋭』作『粹』，誤。」詮賦篇：「太沖、安仁，策勳於鴻軌。」神思篇：「左思練都以一紀。」時序篇：「太沖動墨而横錦。」

晉書文苑左思傳：「左思字太沖，齊國臨淄人也。貌寢口訥，而辭藻壯麗，不好交遊，惟以閑居爲事。造齊都賦一年乃成。復欲賦三都……乃詣著作郎張載訪岷邛之事，遂構思十年，門庭藩溷皆著筆紙，遇得一句，即便疏之。」

文選三都賦注引臧榮緒晉書：「左思，字太沖，齊人也。少博覽文史，欲作三都賦，乃詣著作郎張載，訪岷邛之事，遂構思十稔，門庭藩溷，皆著紙筆，遇得一句，即疏之。徵爲秘書，賦成，張華見而咨嗟，都邑豪貴，競相傳寫。三都者，劉備都益州號蜀，孫權都建業號吴，曹操都鄴號魏。思作賦時，吴、蜀已平，見前賢文之是非，故作斯賦，以辨衆惑。」

〔四〕范注：「文選左思詠史八首。」明詩篇：「偏美則太沖、公幹。」詩品上：「謝康樂嘗言：左太沖詩、潘安仁詩，古今難比。」

沈謙：「詠史八首亦見文選。皆託古諷今，藉古人古事以抒寫一己之懷抱與不平之作。詩品評云：『文典以怨，頗爲精切，得諷諭之致。』」

〔五〕何焯批：「『自』疑作『旨』。」黄校從之。綴補：「『旨』，俗書作『亯』，與『自』形近，又涉下文『自外』字而誤。」考異：「上稱敏給，承『自』字亦是，不煩改從。」

「敏給」，猶言敏捷。史記夏本紀：「禹爲人敏給克勤。」體性篇：「安仁輕敏，故鋒發而韻流。」

莊子徐無鬼：「有一狙焉，委蛇攫搔，見巧乎王。王射之，敏給搏捷矢。」成疏：「敏給，猶速也。……箭往雖速，狙皆接之，其敏捷也如此。」

文選潘岳籍田賦注引臧榮緒晉書：「潘岳字安仁，滎陽中牟人，總角辯慧，摛藻清艷，鄉邑稱爲奇童。」

世説新語文學篇注引晉陽秋曰：「岳夙以才穎發名，善屬文，清綺絶世，蔡邕未能過也。」又引續文章志曰：「岳爲文，選言簡章，清綺絶倫。」

晉書潘岳傳史臣曰：「機文喻海，韞蓬山而育蕪；岳藻如江，濯美錦而增絢。」

〔六〕斯波六郎：「春秋左氏傳昭公二十八年：『子貉早死無後，而天鍾美於是。』」「鍾」，聚集。

黄注：「晉書潘岳傳：岳爲長安令，作西征賦，述所經人物山水，文清旨詣。」范注：「文選潘安仁西征賦注引臧榮緒晉書：『岳爲長安令，作西征賦述行，歷論所經人物山水也。』李善注：『岳，滎陽中牟人。晉惠元康二年，岳爲長安令，因行役之感，而作此賦。岳家在鞏縣東，故曰西征。』」

〔七〕斯波六郎：「春秋左氏傳成公二年：『欲勇者，賈余餘勇。』」養氣篇：「賈餘於文勇。」此處則謂行有餘力則從事於哀誄。祝盟篇：「潘岳之祭庾婦，奠祭之恭哀矣。」誄碑篇：「潘岳構意，專師孝山，巧於序悲，易入新切。所以隔代相望，能徽厥聲者也。」哀弔篇：「及潘岳繼作，實踵其美。觀其慮贍辭變，情洞悲苦，叙事如傳，結言摹詩，促節四言，鮮有緩句；故能義直而文婉，體舊而趣新，金鹿、澤蘭，莫之或繼也。」書記篇：「潘岳哀辭，稱掌珠伉儷，並引俗説而爲文辭者也。」指瑕篇：「潘岳爲才，善於哀文。」

〔八〕牟注：「非自外：指潘岳擅於寫哀誄，是由其內心的情感決定的。」陳祚明采菽堂古詩選：晉書夏侯湛潘岳張載等傳論：「安仁思緒雲騫，詞鋒景焕。……潘著哀詞，貫人靈之情性。」『安仁情深之子，每一涉筆，淋漓傾注，宛轉側折，旁寫曲訴，剌剌不能自休。夫詩以道情，未有情深而語不佳者。』（卷十一）」

陸機才欲窺深，辭務索廣〔一〕，故思能入巧，而不制繁〔二〕。士龍朗練〔三〕，以識檢亂〔四〕，故能布采鮮净，敏於短篇〔五〕。

〔一〕黄注：「世説（文學篇）：『孫興公云：潘文淺而净，陸文深而蕪。』」校注：「文賦：『言恢之而彌廣，思按之而逾深。』此『深』『廣』二字所本。」

〔二〕范注：「世説新語文學篇注引文章傳：『機善屬文，司空張華見其文章，篇篇稱善。猶譏其作文大治，謂曰：人之作文，患於不才；至子爲文，乃患太多也。』」哀弔篇：「陸機之弔魏武，序巧而文繁。」雜文篇：「自連珠以下，擬者間出。……唯士衡運思，理新文敏，而裁章置句，廣於舊篇。」史傳篇：「至於晉代之書，繁乎著作。陸機肇始而未備。」議對篇：「及陸機斷議，亦有鋒穎，而腴辭弗剪，頗累文骨。」書記篇：「陸機自理，情周而巧。」體性篇：「士衡矜重，故情繁而辭隱。」鎔裁篇：「至如士衡才優，而綴辭尤繁。士龍思劣，而雅好清省。及雲之論機，亟恨其多，而稱『清新相接』，不以爲病，蓋崇友于耳。夫美錦製衣，脩短有度，雖翫其采，不倍領袖。巧猶難繁，況在乎拙！而文賦以爲『榛楛勿剪，庸音足曲』，其識非不鑒，乃情苦芟繁也。」序志篇：「陸賦巧而碎亂。」

世説新語文學篇引孫興公云：「潘文爛若披錦，無處不善；陸文若排沙簡金，往往見寶。」

詩品上評潘岳云：「翰林歎其翩翩然如翔禽之有羽毛，衣服之有綃縠，猶淺於陸機。謝混云：『潘詩爛若舒錦，無處不佳；陸文如披沙簡金，往往見寶。』嶸謂益壽輕華，故以潘爲勝。翰林篤論，故歎陸爲深。余常言：陸才如海，潘才如江。」

詩品上評陸機詩：「尚規矩，不貴綺錯，有傷直致之奇，然咀嚼英華，厭飫膏澤，文章之淵泉也。」

文選文賦李注引臧榮緒晉書曰：「陸機，字士衡，與弟雲勤學，天才綺練，當時獨絶，新聲妙句，係蹤張、蔡。」

宋書謝靈運傳論：「降及元康，潘、陸特秀，律異班、賈，體變曹、王，縟旨星稠，繁文綺合。」

〔三〕校證：「『練』元作『陳』，梅據王嘉弼改，徐校同。按王、徐改是。事類篇有『明練』語。」校

注：「按『練』字是。何本作『練』，文通引同。事類篇『子建明練』，『明練』與『朗練』同。」沈謙：「意境爽朗，文辭洗練。」

〔四〕校證：「『亂』，王惟儉本作『辭』。」「『檢』，謂檢束制約。

〔五〕牟注：「敏：這裏指慧。短篇：與兄平原書中說自己『才不便作大文……大文難作』。」這幾句話通過對陸機、陸雲兄弟的比較，顯示了才思的畸輕畸重。陸機要求窺探深奧的妙理，而務求從多方面搜選辭藻，所以他用思很精巧，而不能克制繁縟的毛病。陸雲寫的文章明朗精練，他的才識足以檢束雜亂的因素，所以他的文章風格鮮明清净，以短篇見長。可見不同的才思會形成不同的風格。

張溥漢魏六朝一百三家集陸清河集題詞：「集中大文雖少，而江、漢同名。劉彦和謂其『布采鮮净，敏於短篇』，殆質論歟？」

孫楚綴思，每直置以疎通〔一〕；摯虞述懷，必循規以温雅〔二〕；其品藻流别，有條理焉〔三〕。

〔一〕范注：「晉書孫楚傳：『楚才藻卓絶，爽邁不群，多所陵傲，缺鄉曲之譽。晉文帝遣符邵、孫郁使吴，將軍石苞令楚作書遺孫皓。』本傳及文選均載楚書。觀其指陳利害，深切著明，措辭率直，無所隱避，殆所謂直置疎通也。直置不可解，『置』或『指』之誤歟？」按時序篇：「孫、以指意也。」

摯、成公之屬，並結藻清英，流韻綺靡。」程器篇：「孫楚狠愎而訟府。」注訂：「直置者，直言

校注：「按范説誤。此二句當是指其詩言，非謂所作遺孫皓書也。『子荆零雨之章』（楚詩首句爲「晨風飄岐路，零雨被秋草」），沈約（宋書謝靈運傳論）曾稱之；鍾嶸（詩品中）亦特爲標舉；蕭統且以入選。『直置疎通』，蓋即休文所謂『直舉胸情，非傍詩史』也。文鏡秘府論地卷十體篇：『直置體者，謂直書其事，置之於句者是。』是『置』字未誤。宋書劉穆之傳：『穆之曰：「……而公（指劉裕）功高勳重，不可直置。」』又謝方明傳：『（劉穆之）白高祖曰：「謝方明可謂名家駒，直置便自是台鼎人。」』梁書文學下伏挺傳：『挺致書（徐勉）以觀其意曰：「……懷抱不可直置。」』江文通集雜體詩殷東陽首：『直置忘所宰。』亦並以『直置』連文。評文論事皆用此二字，足見爲當時常語。」

吴林伯文心雕龍校注商兑：「按書品宗炳：『放逸屈攝，頗效康許，量其直置孤梗，是靈運之流。』江淹詩云：『直置忘所宰。』『直置』本爲成詞，不煩改字。廣雅：『直，正也。』知音『置辭』，廣韻：『置，設也。』直置，謂正直設辭。晉書孫楚傳稱楚『爽邁不群，多所陵傲』，常意不自得。觀其征西官屬送于陟陽候作詩，沿莊周齊物之論，泯離合、死生、吉凶、大小之知，以此消遣人間煩惱。沈約宋書謝靈運傳論曰：『子荆零雨之章』能『直舉胸臆』。其井賦表示『絶彼淫俗，安此樸真，俗尚其華，我篤其信』。爲石苞與孫皓書勸皓降晉，指陳利害，深切著

明。這些都是『直置疏通』之證。」「疏通」，謂疏通事理。

牟注：「直舉、直尋、直置諸説，都大致意近。疏通：通暢。奏啓：『辨析疏通爲首。』」

〔二〕范注：「晉書摯虞傳載虞思遊賦，其序曰：『虞嘗以死生有命，富貴在天。天之所祐者，義也；人之所助者，信也。履信思順，所以延福；違此而行，所以速禍。然道長世短，禍福舛錯。怵迫之徒，不知所守，蕩而積憤，或迷或放。故借之以身，假之以事，先陳處世不遇之難，遂棄彝倫，輕舉遠遊，以極常人罔惑之情；而後引之以正，反之以義。推神明之應於視聽之表，崇否泰之運於智力之外，以明天任命之不可違，故作思遊賦。』循規温雅，即指思遊賦也。」

牟注：「述懷：晉書摯虞傳載他的思遊賦，末二句是：『樂自然兮識窮達，澹無思兮心恒娱。』正是其述懷之作。循規以温雅：指遵循天命而辭義温和雅正。」

〔三〕頌讚篇：「摯虞品藻，頗爲精覈。至云雜以風雅，而不變旨趣，徒張虚論，有似黄白之僞説矣。」序志篇：「流别精而少巧。」序志篇范注（十三）：「晉書摯虞傳：『虞撰文章志四卷，又撰古文章，類聚區分爲三十卷，名曰流别集，各爲之論。辭理愜當，爲世所重。』文鏡秘府論云：『摯虞之文章志，區别優劣，編輯勝辭。』」詩品序：「摯虞文志，詳而博贍，頗曰知言。」斟詮：「品藻者，定其差品及文質也。」又：「至仲洽論文，特重各體作品之流别，頗切實用，而觀念亦極準確。」

牟注：「流別：流派，指不同文體的源流演變。」

傅玄篇章，義多規鏡；長虞筆奏〔一〕，世執剛中〔二〕；並楨幹之實才〔三〕，非群華之韡萼也〔四〕。

〔一〕范注：「晉書傅玄傳：『玄性剛勁亮直，不能容人之短。司空王沈與玄書曰：省足下所著書，言富理濟，經綸政體，存重儒教，足以塞楊、墨之流遁，齊孫、孟於往代，每開卷，未嘗不嘆息也。玄子咸，字長虞，剛簡有大節，風格峻整，識性明悟，疾惡如讎，推賢樂善，嘗慕季文子、仲山甫之志，好屬文論，雖綺麗不足，而言成規鑒。』」

斠詮：「規鏡，言其規箴可爲鑒戒也。與『規鑒』同。」

〔二〕黄注：「世執：咸，玄子也。易蒙卦彖：『以剛中也。』師卦彖：『剛中而應。』」注訂：「『世執』言傅玄兩代繼世，文有剛中之德。」

斠詮：「世執剛中，言玄、咸父子兩代繼世，執持剛中之德。易蒙卦彖辭：『初筮告，以剛中也。』」牟注：「世代堅持剛强正直。」「剛中」，剛毅中正。

程器篇：「傅玄剛隘而詈臺。」奏啓篇：「若夫傅咸勁直，而按辭堅深……各其志也。」議對篇：「晉代能議，則傅咸爲宗。……長虞識治，而屬辭枝繁。」

〔三〕校證：「『楨』，馮本、汪本、兩京本、王惟儉本、詩紀、六朝詩乘作『杶』。」校注：「『楨』，黄校云：『汪作杶。』元本、弘治本、活字本、張本、兩京本、胡本、訓故本、四庫本亦並作杶……皆非也。程器篇贊：『貞幹誰則？』『貞』爲『楨』之借字，可證。」書費誓：「峙乃楨榦。」「榦」亦作「幹」。「楨幹」，支柱，骨幹。亦作貞幹。論衡語增：「夫三公鼎足之臣，王者之貞幹也。」沈謙：「傅玄個性剛勁耿直，其文義多所規箴，可爲鑒戒。傅咸之筆札奏章，承襲父風，累世主持剛正，同爲國家之骨幹人才。」晉書傅玄傳：「玄少時避難於河内，專心誦學，後雖顯貴，而著述不廢，撰論經國九流及三史故事，評斷得失，各爲區例，名爲傅子……並文集百餘卷行於世。……史臣曰：『……傅玄體彊直之姿，懷匪躬之操，抗辭正色，補闕弼違，諤諤當朝，不忝其職者矣。及乎位居三獨，彈擊是司，遂能使臺閣生風，貴戚斂手。雖前代鮑、葛，何以加之？』」

〔四〕斠詮：「韡蕚，明盛之花蕚，以喻文辭之藻美也。韡，音偉，説文：『韡，盛也。』詩小雅常棣：『常棣之華，鄂不韡韡。』傳：『韡韡，光明也。』」

成公子安選賦而時美〔一〕，夏侯孝若具體而皆微〔二〕，曹攄清靡於長篇〔三〕，季鷹辨切於短韻〔四〕，各其善也〔五〕。

〔一〕校證：「『選』，鈴木云：『當作撰。』按『撰』、『選』古通。史記司馬相如傳：『歷撰列辟。』集解：『徐廣曰：撰，一作選。』正緯篇：『曹褒撰讖。』唐寫本『撰』作『選』，是其證。又日本刊本『時』作『辭』。」

校注：「按『選』讀爲『撰』。嚴可均全晉文卷五九所輯子安文，以賦爲最多；其嘯賦，曾選入文選。」其他有天地賦、雲賦等二十餘篇。

范注：「晉書文苑成公綏傳：『綏少有俊才，詞賦甚麗。』」詮賦篇：「士衡、子安，底績於流制。」時序篇：「孫、摯、成公之屬，並結藻清英，流韻綺靡。」文選嘯賦注引臧榮緒晉書：「綏少有俊才，辭賦壯麗。」

〔二〕斯波六郎：「孟子公孫丑上：『子貢曰……昔者竊聞之，子夏、子游、子張，皆有聖人之一體，冉牛、閔子、顔淵，則具體而微。』」趙岐注：「體者，四枝股肱也。……具體者，四枝皆具。……體以喻德也。」此處「具體而皆微」，謂内容大體具備而規模都較小。

黄注：「按湛作周詩、昆弟誥，正如謝公評揚都賦所云：事事擬學，而不免儉狹者也。」范注：「世説新語文學篇注：『文士傳曰：「夏侯湛，字孝若，有盛才，文章巧思，善補雅辭，名亞潘岳。」』湛集載其叙曰：『周詩者，南陔、白華、華黍、由庚、崇丘、由儀六篇，有其義而亡其辭，湛續其亡，故曰周詩也。』其詩曰：『既殷斯虔，仰説洪恩；夕定晨省，奉朝侍昏；宵中告退，鷄鳴在門；孳孳恭誨，夙夜是敦。』晉書夏侯湛傳載其昆弟誥一篇，純模尚書。本傳謂湛著論三十餘篇，別爲一家之言。」按時序篇：「岳、湛曜聯璧之華。」晉書夏侯湛潘岳張載等傳論：「孝若掞蔚春華，時標麗藻。」

〔三〕范注：「曹攄，字顔遠。晉書在良吏傳。文選載其五言思友人詩、感舊詩各一首。文館詞林載贈韓德真、贈石崇、贈王弘遠、贈歐陽建、答趙景猷五首，並四言長篇，殆即彦和所指。」按練字篇：「曹攄詩稱：『豈不願斯遊，褊心惡哅呶。』兩字詭異，大疵美篇。況乃過此，其可觀乎！」

〔四〕校證：「『季鷹』，馮本、汪本、佘本、謝鈔本、詩紀誤作『李膺』。」范注：「文選張季鷹雜詩注引王儉七志曰：『翰，字季鷹，文藻新麗。』」按比興篇：「季鷹雜詩云『青條若總翠』，皆其義者也。」

「季鷹」，元刻本作「李膺」。

校注：「世説新語識鑒篇劉注引文士傳：『張翰，字季鷹。有清才美望，博學善屬文，造次立成，辭義清新。』足與此説相印證。」

牟注：「辨切，辨明切實。……文選卷二十八録其雜詩一首。鍾嶸詩品稱許：『季鷹「黄華」之唱……得虬龍片甲，鳳皇一毛。』即指雜詩中的『黄華如散金』句。」

〔五〕沈謙：「成公綏撰作辭賦，時有優美之佳構；夏侯湛具備各體，但無廣大之特色；曹攄之長篇四言，詞句清新而流靡；張翰之短篇韻文，明辨而切當。以上四家，均各具優點。」

孟陽、景陽，才綺而相埒〔一〕，可謂魯衛之政，兄弟之文也〔二〕。劉琨雅壯而多風〔三〕，盧諶情發而理昭〔四〕，亦遇之於時勢也〔五〕。

〔一〕校注：「『景陽』，元本、弘治本、活字本、汪本、佘本、張本、兩京本、何本、胡本、梅本、凌本、合刻本、祕書本、謝鈔本、彙編本、清謹軒本作『景福』，文通引同。梅慶生於『景福』下注『殿賦』二字。馮舒云：『福當作陽。』按史傳未言張載撰有景福殿賦，梅注誤。舍人一則曰『才綺而相埒』，再則曰『可謂魯衛之政，兄弟之文也』，則當以作『景陽』爲是。」

詩品上：「晉黄門郎張協，其源出於王粲，文體華凈，少病累。又巧構形似之言。雄於潘岳，靡於太沖，風流調達，實曠代之高手。詞采葱蒨，音韻鏗鏘，使人味之，亹亹不倦。」

明詩篇：「張、潘、左、陸，比肩詩衢，采縟於正始，力柔於建安，或析文以爲妙，或流靡以自妍，此其大略也。」

黄注：「詩品序：『晉太康中，三張、二陸、兩潘、一左，勃爾復興，踵武前王，風流未沫，亦文章之中興也。』按三張：載字孟陽，協字景陽，亢字季陽。」時序篇：「應、傅、三張之徒，並結藻清英，流韻綺靡。」銘箴篇：「唯張載劍閣，其才清采。」明詩篇：「景陽振其麗。」

〔二〕斯波六郎：「論語子路：『子曰：魯衛之政，兄弟也。』」

牟注：「鍾嶸詩品列張協爲上品，張載爲下品，是僅就二人的五言詩而論。張溥張孟陽景陽集題辭：『景陽文稍讓兄，而詩獨勁出。蓋二張齊驅，詩人之間互有短長。若論才家庭，則伯難爲兄，仲難爲弟矣。』」

詩品下：「晉中書張載，乃遠慚厥弟。」古直箋：「按三張並稱，惟亢遠遜。孟陽七哀，亦何慚於厥弟耶？」

〔三〕校證：「『風』，王惟儉本作『諷』。」陳騤文則：「考工記之文……雄健而雅。」可知壯、雄、健等字，並不傷雅。范注：「晉書劉琨傳：『琨爲匹磾所拘，自知必死，神色怡如也。爲五言詩，贈其別駕盧諶。琨詩託意非常，攄暢幽憤，遠想張、陳（張良、陳平），感鴻門、白登之事，用以激諶。諶素無奇略，以常詞酬和，殊乖琨心。重以詩贈之，乃謂琨曰：『前篇帝王大志，非人臣所言矣。』文選載琨答盧諶四言詩一首，又重贈盧諶五言一首。重贈詩載琨本傳，即諶所謂『帝王大志非人臣所言』者也。」按祝盟篇：「劉琨鐵誓，精貫霏霜，而無補於晉漢，反爲仇讎。」章表篇：「劉琨勸進……文致耿介，並陳事之美表也。」沈謙釋「多風」爲「富有風操」。

詩品序：「先是郭景純用儁上之才，變創其體；劉越石仗清剛之氣，贊成厥美，然彼衆我寡，未能動俗。」

元好問論詩三十首評劉琨云：「曹劉坐嘯虎生風，四海無人角兩雄。可惜并州劉越石，不教橫槊建安中。」

寇效信論風骨：「劉越石遭永嘉之亂，國破家亡，心懷鬱結，欲匡世濟俗而不可得。這種憤世濟俗的情志，發而爲詩歌，必然慷慨悲歌，淒越動人，『雅壯而多風』。」（文學評論一九六二年六期）

〔四〕范注：「（晉書）盧諶傳：『諶，字子諒，清敏有理思。好老莊，善屬文。』彥和稱盧諶『情發而理昭』，蓋指其上表理劉琨，本傳所謂『文旨甚切』者也。表文載劉琨傳。」黄注：「盧諶傳：劉琨敗喪，諶抗表理琨，文旨甚切。……諶才高行潔，爲一時所推。值中原喪亂……淪陷非所。」

詩品中評劉琨、盧諶詩云：「其源出於王粲，善爲悽戾之詞，自有清拔之氣。」劉熙載藝概詩概：「劉公幹、左太沖詩壯而不悲，王仲宣、潘安仁悲而不壯，兼悲壯者，其惟劉越石乎？」中古文學史：「盧諶，字子諒。文選覽古詩注引徐廣晉紀：諶有才理。」

〔五〕牟注：「『遇之於時勢』：指劉琨、盧諶均遭西晉末年的動亂。劉琨答盧諶書說：『昔在少壯，未嘗檢括，遠慕老莊之齊物，近嘉阮生（籍）之放曠……自頃輈張，困於逆亂，國破家亡，親友凋殘。負杖行吟，則百憂俱至；怏然獨坐，則哀憤兩集。』（文選卷二十五）」

景純艷逸，足冠中興〔一〕。郊賦既穆穆以大觀〔二〕，仙詩亦飄飄而凌雲矣〔三〕。

〔一〕訓故：「晉書：郭璞博學有高才，詞賦爲中興之冠。嘗作南郊賦，帝嘉之，以爲著作佐郎。」

按此見郭璞傳。

范注：「世説新語文學篇注引璞别傳：『文藻粲麗，詩賦誄頌，並傳於世。』」詮賦篇：「景純綺巧，縟理有餘。」雜文篇：「景純客傲，情見而采蔚。」時序篇：「景純文敏而優擢。」

校注：「太平廣記卷十三郭璞條引李弘範翰林明道論：『景純善於遥寄，綴文之士，皆同宗之。』詩品中：『晉弘農太守郭璞，憲章潘岳，文體相輝，彪炳可翫，始變永嘉平淡之體，故稱中興第一。』並足與舍人此説相發。」

〔二〕郊賦即南郊賦，見全晉文，已殘缺。禮記曲禮下「天子穆穆」，孔疏：「云天子穆穆者，威儀多貌也。天子尊重，故行止威儀多也。」斠詮：「穆穆，有雍容華美之貌。」

〔三〕校注：「『凌』，元本、活字本、兩京本、胡本作『陵』。按『飄飄凌雲』，用司馬相如奏大人賦事，史記相如傳作『凌』，漢書作『陵』。『凌』、『陵』古通。以風骨篇『相如賦仙，氣號凌雲』例之，作『凌』前後一律。」

斯波六郎：「史記司馬相如傳：『相如既奏大人之頌，天子大説，飄飄有凌雲之氣，似游天地之間意。』」

沈謙：「郭璞文辭艷麗秀逸，足稱東晉中興之冠。其南郊賦既雍容肅穆而蔚爲大觀，遊仙詩亦高遠出塵，有凌駕雲霄之概。」

明詩篇：「所以景純仙篇，挺拔而爲俊矣。」詩品中：「晉弘農太守郭璞詩……翰林以爲詩首。但遊仙之作，辭多慷慨，乖遠玄宗，而云『奈何虎豹姿』，又云『戢翼棲榛梗』，乃是坎壈詠懷，非列仙之趣也。」范注：「文選郭景純遊仙詩七首，李善注曰：『凡遊仙之篇，皆所以滓穢塵網，錙銖纓紱，飡霞倒景，餌玉玄都。而璞之制，文多自叙，雖志狹中區，而辭無俗累，見非前識，良有以哉！』」例如「赤松臨上游，駕鴻乘紫烟」即所謂飄飄凌雲。

世説新語文學篇注引檀道鸞續晉陽秋曰：「至過江，佛理尤盛，故郭璞五言，始會合道家之言而韻之。」札記：「據檀道鸞之説，是東晉玄言之詩，景純實爲之前導，特其才氣奇肆，遭逢險艱，故能假玄語以寫中情，非夫鈔録文句者所可擬況。」詩品序：「郭景純用儁上之才，變創其體。」

許文雨文論講疏：「按永嘉以還，爲詩理過其辭。江表諸公詩，皆平典似道德論，故潘岳、郭璞起而變革其體，中興之功不可没也。」

庾元規之表奏，靡密以閑暢〔一〕；温太真之筆記，循理而清通〔二〕：亦筆端之良工也〔三〕。

〔一〕時序篇：「庾以筆才逾親。」程器篇：「昔庾元規才華清英，勳庸有聲，故文藝不稱，若非台岳，則正以文才也。」章表篇：「庾公之讓中書，信美於往載。」章表篇范注〔一二〕：「晉書庾亮傳：庾亮，字元規，明帝即位，以爲中書監，亮上書讓曰云云。（文選作讓中書令表，李善注曰：「諸晉書並云讓中書監。此云令，恐誤也。」）」沈謙釋「靡密以閑暢」爲「輕麗縝密而閑適舒暢」。

〔二〕時序篇：「温以文思益厚。」詔策篇：「晉氏中興，唯明帝崇才，以温嶠文清，故引入中書。」奏啓篇：「温嶠懇惻於費役，並體國之忠規矣。」温嶠爲中書令，明帝詔曰：「中書之職，酬對多方，斟酌禮宜，非唯文疏而已，非望士良才，何可妄居？」「卿既以令望，忠允之懷，著於周旋，且文清而旨遠，宜居深密。今欲以卿爲中書令，朝論亦咸以爲宜。」（藝文類聚四十八引檀道鸞晉陽秋。）「循理」，遵循道理。

〔三〕斯波六郎：「韓詩外傳卷七：『是以君子避三端：避文士之筆端，避武士之鋒端，避辯士之舌端。』」

孫盛干寶，文勝爲史〔一〕，準的所擬〔二〕，志乎典訓〔三〕，户牖雖異〔四〕，而筆彩略同。

〔一〕「干寶」，元刻本、弘治本作「子實」，馮校本作「于寶」。校證：「『干寶』原作『子實』，梅改，徐校同。王惟儉本亦作『干寶』。」時序篇：「其文史則有……孫、干之輩，雖才或淺深，珪璋足用。」史傳篇范注〔三五〕：「隋志：『晉陽秋三十二卷（訖哀帝，孫盛撰）。』考證云：『晉書孫盛傳：盛字安國，著晉陽秋，詞直而理正，咸稱良史。』」又〔三四〕：「隋志：『晉紀二十三卷（干寶撰，訖愍帝）。』考證云：『晉書干寶傳：寶，字令升，著晉紀，自宣帝訖於愍帝，五十三年，凡二十卷，其書簡略，直而能婉，咸稱良史。』史通……載言篇曰：『干寶議撰晉史，以爲宜準丘明。』……序例篇曰：『惟令升先覺，遠述丘明，重立凡例，勒成晉紀。鄧、孫以下，遂躡其蹤。』」此謂孫盛、干寶以文才見長而爲史官，與論語雍也篇「質勝文則野，文勝質則史」取義不同。

〔二〕牟注：「準的，標準。擬，仿效，學習。」

〔三〕牟注：「典訓：指尚書中的堯典、伊訓之類。」

郭注：「史通序例：『令升先覺，遠述丘明。』故云：『準的所擬，志乎典訓。』」則以「典訓」泛指經典，亦可通。

〔四〕史傳篇：「干寶述紀，以審正得序；孫盛陽秋，以約舉爲能。按春秋經傳，舉例發凡。自史、漢以下，莫有準的。至鄧璨晉紀，始立條例。又擺落漢魏，憲章殷周，雖湘川曲學，亦有心典謨。及安國立例，乃鄧氏之規焉。」「户牖」，喻指流派。

袁宏發軫以高驤，故卓出而多偏〔一〕；孫綽規旋以矩步，故倫序而寡狀〔二〕；殷仲文之孤興〔三〕，謝叔源之閑情〔四〕，並解散辭體，縹渺浮音〔五〕。雖滔滔風流，而大澆文意〔六〕。

〔一〕袁宏見晉書九十二文苑傳。

明詩篇：「袁、孫已下，雖各有雕采，而辭趣一揆，莫與争雄。」時序篇：「其文史則有袁、殷之曹……雖才或淺深，珪璋足用。」詮賦篇：「彥伯梗概，情韻不匱。」世説新語文學篇注引晉陽秋：「袁宏少有逸才，文章絶麗。曾爲詠史詩，是其風情所寄。」鍾嶸詩品：「彥伯詠史，雖文體未遒，而鮮明緊健，去凡俗遠矣。」

斠詮：「發軫猶言發軔。……文選曹植王仲宣誄：『發軫北魏，遠迄南淮。』向注：『軫，車也。』高驤猶言高舉，文選嵇康琴賦：『參辰極而高驤。』向注：『驤，舉也。』」直解爲「開篇如駕輕就熟，昂首騰驤，故其氣勢拔卓特出，但多偏宕激越之處」。

〔二一〕校注：「按『狀』疑當作『壯』。舍人謂其『倫序寡壯』，蓋如鍾嶸詩品序之評爲『平典似道德論』然也。興公詩由文館詞林所載四首及江淹所擬者觀之，確係『規旋矩步，倫序寡壯』。」

札記：「續晉陽秋（宋永嘉太守檀道鸞撰，書已佚，此見困學紀聞及文選注引）曰：『許詢及太原孫綽，轉相祖尚，又加以三世之辭，而風騷之體盡矣。詢、綽並爲一時文宗，自此學者悉化之。』據檀道鸞之説……若孫、許之詩，但陳要眇，情既離乎比興，體有近於伽陀，徒以風會所趨，仿效日衆，覽蘭亭集詩，諸篇共恉，所謂琴瑟專一，誰能聽之？達志抒情，將復焉賴？謂之風騷道盡，誠不誣也。」

「規旋矩步」，循規蹈矩，比喻墨守成規。晉書張載傳：「今士循常習故，規行矩步，積階級，累閥閲，碌碌然以取世資。」

「倫序」，猶言倫次、秩序。范注：「孫興公遊天台山賦多用佛老之語，不甚狀貌山水，與漢賦窮形盡貌者頗異。」牟注：「寡狀，缺乏形象描繪。」

誄碑篇：「及孫綽爲文，志在碑誄，温、王、郗、庾，辭多枝雜，桓彝一篇，最爲辨裁矣。」晉書孫綽傳：「綽，字興公，少以文才垂稱，於時文士，綽爲其冠，温、王、郗、庾諸公之薨，必須綽爲碑文。」藝文類聚四十五有綽所撰丞相王導碑、太宰郗鑒碑，四十七有太尉庾亮碑，皆殘闕，桓彝碑全佚。

〔三〕范注：「世説新語文學篇：『殷仲文天才弘贍。』注引續晉陽秋：『仲文雅有才藻，著文數十篇。』」校證：「『孤』，何校、黄注云：『疑作秋。』……顧校作『狀』。案仲文南州桓公九井作詩有『獨有清秋日，能使高興盡』之句。」

校注：「『孤』，黄校云：『疑作秋。』（此襲何焯説）按文選載仲文南州桓公九井作詩，有『獨有清秋日，能使高興盡』句，何氏蓋據此爲言。然由江淹雜體詩殷東陽首標目爲『興矚』，及所擬全詩觀之，『孤』字似未誤。（『孤興』二字出文賦）」考異：「上有『獨有』一辭，『孤』字不誤。」牟注：「孤興，即謂孤高之興。」

〔四〕校證：「佘本、王惟儉本、陳本、清謹軒鈔本、日本刊本『閑』作『閒』。」校注：「按謝混之『閑情』，除文選所載游西池詩足以取證外，江淹雜體詩謝僕射首專以『遊覽』標目，亦可得其仿佛。」

訓故：「宋書：謝混，字叔源，小字益壽，安之孫也。風華爲江左第一，歷官尚書左僕射。」世説新語文學篇注引檀道鸞續晉陽秋曰：「（許）詢、（孫）綽並爲一時文宗，自此學者悉化之。至義熙中，謝混始改。」詩品序：「逮義熙中，謝益壽斐然繼作。」詩品序：「逮義熙中以謝益壽、殷仲文爲華綺之冠。」

詩品中評謝瞻、謝混、袁淑、王微、王僧達詩：「其源出於張華，才力苦弱，故務其清淺，殊得風流媚趣。」

諸家多以殷、謝並舉，如宋書謝靈運傳論云：「仲文始革孫、許之風，叔源大變太元（孝武年號）之氣。」南齊書文學傳論云：「仲文玄氣，猶不盡除，謝混情新，得名未盛。」文選游西池詩注引臧榮緒晉書：「混善屬文。」

中國中古文學史：「（以上）彥和所舉，舍庾亮、温嶠兼擅事功，孫盛、干寶尤長史才外，均以文學著名。」

〔五〕沈謙：「謝混之西池詩，有『美人愆歲月，遲暮獨如何』之句，抒閒情。皆打破辭賦俳偶之體裁，恍惚有無，辭語浮華，不切實際；雖輕靡放逸，流爲風尚，而其文義大爲澆薄矣。」

斠詮：「縹渺浮音，辭氣浮華虛無恍惚，不著實際者也。縹渺，恍惚有無之意。……體性篇：『輕靡者，浮文弱植，縹渺附俗者也。』彥和以爲殷、謝二家之文，殆即輕靡之體，故有此語。」

〔六〕斠詮：「滔滔風流，謂輕靡放逸，泛濫無歸也。滔滔，泛濫之意。論語微子：『滔滔者天下皆是也。』集解：『孔曰：滔滔，風流之貌。』」

以上爲第四段，評論兩晉作家。

宋代逸才，辭翰鱗萃〔一〕，世近易明，無勞甄序〔二〕。觀夫後漢才林，可參西京〔三〕；晉世文苑，足儷鄴都〔四〕；然而魏時話言，必以元封爲稱首〔五〕；宋來美談，亦以建安爲口實〔六〕。何也？豈非崇文之盛世〔七〕，招才之嘉會哉〔八〕！嗟夫，此古人所以貴乎時也〔九〕！

〔一〕「鱗萃」，猶鱗集。張衡西京賦：「瓌貨方至，鳥集鱗萃。」

〔二〕「甄序」，按次第甄別。范注：「此亦猶時序篇不論當代之意。」

〔三〕黄注：「光武都洛陽，長安在西，故曰西京。而文人遂以前漢爲西京。」

〔四〕黄注：「文選：魏曹操都鄴，相州是也。」

〔五〕黄注：「漢書漢武帝紀：上還，登封泰山，降坐明堂。……以十月爲元封元年。」斠詮：「稱首，第一傑出之意。文選司馬相如封禪文：『前聖之所以永保鴻名而常爲稱首者，用此。』」

校注：「詩大雅抑：『告之話言。』毛傳：『話言，古之善言也。』史記司馬相如傳：『（封禪文）宜爲稱首者，用此。』」

綴補：「左文六年傳：『著之話言。』杜注：『話，善也。作爲善言遺戒。』『話言』猶『善言』，故與『美談』對文。」

〔六〕校注：「公羊傳閔公二年：『魯人至今以爲美談。』書僞仲虺之誥：『予恐來世以台爲口實。』孔傳：『恐來世論道我放天子常不去口。』」按此「口實」指話柄，與本篇意不合。

〔七〕斠詮：「盛世……此處指西漢武帝元封之時代而言。」

〔八〕斠詮：「嘉會，難得之運會。……此處指建安之運會而言。」郭注：「『豈非崇文之盛世，招才之嘉會哉！』論述了文學興盛與當時政治上帝王的提倡，是分不開的。」

〔九〕范注：「論衡案書篇：『夫俗好珍古不貴今，謂今之文不如古書。夫古今一也。才有高下，言有是非，不論善惡，而徒貴古，是謂古人賢今人也。……才有淺深，無有古今；文有僞真，無有故新。』彥和之意同此。」校注：「淮南子原道篇：『聖人不貴尺之璧，而重寸之陰，時難得而易失也。』」按此二解均與上文意不聯貫。斠詮：「是則彥和於詮評文才之外，又特重文章之時會，無其時會，雖有儁才，亦未由馳騁。孟子有言：『雖有知慧，不如乘勢；雖有鎡基，不如待時。』」按此見公孫丑上。校釋：「本篇行文……於鋪叙之中，有義例三焉。一曰單論，二曰合論，三曰附論。……合論之義，或因父子，或以兄弟，或係同時而名聲相埒，或屬朋友而微尚相同；又或緣比較優劣而合論，或欲辨明異同而合論。附論者，大都附庸時流之士。單論者，類能獨標一體，或則瑜不掩瑕，又或特出一時風會之外者也。然則此篇事本衡文，而義同史傳，故能……具見九代人才之高下，苟非卓裁，曷克臻此！」

又：「舍人論文家長短異同之處，每具卓識。……篇中論二班兩劉，不同舊説；論子桓、子建，亦異俗情。以遺論、命詩，分屬嵇阮；以深廣、朗練，區判機、雲。論張、蔡、孫、干，則由異以見同；評建安群彥，則各標其所美；謂仲宣弁冕七子，稱景純足冠中興，皆特識所存，足資後學研味者也。」

第五段，説明爲什麼對宋代作家略而不論，並作小結，説明文才與時代的關係。

贊曰：才難然乎〔一〕，性各異稟〔二〕。一朝綜文，千年凝錦〔三〕。餘采徘徊，遺風籍甚〔四〕。無曰紛雜，皎然可品〔五〕。

〔一〕論語泰伯：「才難，不其然乎？」注：「人才難得，豈不然乎？」

〔二〕斠詮：「性包才氣二者而言。體性篇云：『才有庸儁，氣有剛柔，故辭理庸儁，莫能翻其才，風趣剛柔，寧或改其氣。……各師成心，其異如面。』故文之庸儁剛柔，莫不決定於作家才性氣稟之差異。」

〔三〕斠詮：「言一旦綜述文理，千載凝成錦繡也。所謂『凝錦』，亦即『合組列錦之義。西京雜記：『司馬相如友人盛覽嘗問以作賦，相如曰：「合纂組以成文，列錦繡以爲質。」覽乃作合組歌、列錦賦。』」

周注：「綜文：組織文辭。凝錦：集成錦繡。指文辭可以傳後。」

〔四〕校注：「『籍』，張本作『藉』。按史記陸賈傳：『陸生遊漢廷公卿間，名聲藉盛。』漢書作『籍甚』。是『藉』『籍』本通。然以論説篇『雖復陸賈籍甚』證之，則此亦當作『籍』，前後始能一律。」漢書補注引周壽昌曰：「籍甚，史記作藉盛，蓋言聲名得所藉而益盛也。」

牟注：「徘徊，反復回旋，指作品長期流傳。」

〔五〕斠詮：「言莫謂歷代篇章紛綸繁雜，而作品之徒具外觀，羌無實義，所謂『色厲内荏』，亦即所謂『金玉其外，敗絮其中』者，不乏其數，而文才之優劣高下，自有其品第，固彰彰明也。」

贊語的意思是説：寫文章的高才是的確難得的，因爲人的稟性不同。由於稟性不同，才思不同，在歷代文壇上，表現出種種紛雜的作家和作品。但是不要説它紛雜迷亂，還是可以清清楚楚地進行品評的。

知音第四十八

禮記樂記：「凡音者，生於人心者也；樂者，通於倫理者也。是故知聲而不知音者，禽獸是也；知音而不知樂者，衆庶是也；唯君子爲能知樂。是故審聲以知音，審音以知樂，審樂以知政，而治道備矣。是故不知聲者，不可與言音；不知音者，不可與言樂，知樂則幾於禮矣。」

呂氏春秋本味篇：「伯牙鼓琴，鍾子期聽之。方鼓琴而志在泰山，鍾子期曰：『善哉乎鼓琴，巍巍乎若泰山。』少選之間，而志在流水，鍾子期又曰：『善哉乎鼓琴，湯湯乎若流水。』鍾子期死，伯牙破琴絶絃，終身不復鼓琴。」

列子湯問篇：「伯牙善鼓琴，鍾子期善聽。伯牙鼓琴，志在登高山。鍾子期曰：『善哉！峩峩兮若泰山。』志在流水，鍾子期曰：『善哉！洋洋兮若江河！』伯牙所念，鍾子期必得之。子期死，伯牙絶弦，以無知音者。」

劉向雅琴賦：「末世鎖才兮知音寡。」

古詩十九首（「西北有高樓」）：「不惜歌者苦，但傷知音稀。」

曹丕與吴質書：「昔伯牙絶絃於鍾期，仲尼覆醢於子路，痛知音之難遇，傷門人之莫逮。」

抱朴子尚博篇：「援琴者至衆，而夔、襄專知音之難。」

序志篇：「怊悵於知音。」

南齊書文學傳論：「藴思含毫，遊心内運，放言落紙，氣韻天成，莫不稟以生靈，遷乎愛嗜，機見殊門，賞悟紛雜。若子桓之品藻人才，仲治之區判文體，陸機辨於文賦，李充論於翰林，張眎摘句褒貶，顔延圖寫情興，各任懷抱，共爲權衡。」

知音篇是專門講文學鑑賞和批評的。劉勰把對樂曲的欣賞和鑑别作爲比喻，一開始就感嘆：「知音其難哉！音實難知，知實難逢。」所以篇名叫作知音。在知音篇裏一方面講文學藝術之難以理解和鑑别，另一方面分析知音人難得的原因。

知音其難哉！音實難知，知實難逢〔一〕，逢其知音，千載其一乎〔二〕！

〔一〕紀評：「『難』字一篇之骨。」

史通鑒識篇：「若乃老經撰於周日，莊子成於楚年，遭文、景而始傳，值嵇、阮而方貴。若斯流者，可勝紀哉！故曰：廢興，時也；窮達，命也。適使時無識寶，世缺知音，若論衡之未遇伯喈，太玄之不逢平子，勢將烟燼火滅，泥沈雨絶，安有殁而不朽，揚名於後世者乎？」

吴氏林下偶談「知文難」條：「柳子厚云：『夫爲文之難，知之愈難耳。』是知文之難甚於爲文之難也。蓋世有能爲文者，其識見猶倚於一偏，况不能爲文者乎！昌黎毛穎傳，楊誨之猶大笑以爲怪。誨之蓋與柳子厚交游，號稍有才者也。東坡謂南豐，太白集如贈懷素草書歌並笑矣乎等篇，非太白詩，而濫竽集中。東萊編文鑑，晦庵未以爲然。以諸有識者，所見尚不同如此，則俗人之論易爲紛紛，宜無足怪也。故韓文公則爲時人笑且排，下筆稱意，則人必怪之，歐公作尹師魯墓銘，則或以爲疵繆。……」（圖書集成六二二册文學典）

〔二〕斠詮：「王褒聖主得賢臣頌：『上下俱欲，懽然交欣，千載一會，論説無疑。』」斯波六郎：「袁宏三國名臣序讚：『夫萬歲一期，有生之通塗；千載一遇，賢智之嘉會。』」綴補：「邯鄲淳答贈詩：『聖主受命，千載一遇。』」杜甫南征詩：「百年歌自苦，未見有知音。」

夫古來知音，多賤同而思古〔一〕，所謂「日進前而不御，遥聞聲而相思」也〔二〕。昔儲説始出〔三〕，子虛初成〔四〕，秦皇、漢武，恨不同時〔五〕；既同時矣，則韓囚而馬輕〔六〕。豈不明鑒同時之賤哉〔七〕！

〔一〕「同」，同時代。綴補：「淮南子脩務篇：『世俗之人，尊古而賤今。』論衡超奇篇：「俗好高古而稱所聞。前人之業，菜果甘甜；後人新造，蜜酪辛苦。」白居易與元九書：「夫貴耳賤目，榮古陋今，人之大情也。僕不能遠徵古舊，如近歲韋蘇州歌行，才麗之外，頗近興諷；其五言詩又高雅閑淡，自成一家之體。今之秉筆者誰能及之？然當蘇州在時，人亦未甚愛重，必待身後，人始貴之。」

〔二〕斠詮：「鬼谷子内揵篇：『君臣上下之事，有遠而親，近而疏，就之不用，去之反求，日進前而不御，遥聞聲而相思。……日進前而不御者，施不合也；遥聞聲而相思者，合於事也。』陶弘景注：『分違則日進前而不御，理契則遥聞聲而相思。』……楚辭九章涉江：『腥臊並御。』王注：『御，用也。』荀子禮論：『時舉而代御。』楊注：『御，進用也。』」禮記曲禮下：「婦人不當御。」注：「御，接見也。」

桓譚新論閔友篇：「玄經，數百年其書必傳。世咸尊古卑今，貴所聞，賤所見也，故輕易之。」柳宗元與友人論爲文書：「嗟乎！道之顯晦，幸不幸繫焉；談之辯訥，升降繫焉；鑒之頗正，好惡繫焉；交之廣狹，屈伸繫焉。則彼卓然自得以奮其間者，合乎否乎，是未可知也。而又榮古陋今者比肩疊跡，大抵生則不遇，死而垂聲者衆焉。」

〔三〕史記老莊申韓列傳：「（韓非）故作孤憤、五蠹、内外儲、説林、説難十餘萬言。……人或傳其書至秦。秦王見孤憤、五蠹之書，曰：『嗟乎！寡人得見此人與之游，死不恨矣。』」

〔四〕漢書司馬相如傳：「蜀人楊得意爲狗監，侍上。上讀子虛賦而善之，曰：『朕獨不得與此人同時哉？』得意曰：『臣邑人司馬相如自言爲此賦。』上驚，乃召問相如。相如曰：『有之。然此乃諸侯之事，未足觀，請爲天子游獵之賦。』……賦奏，天子以爲郎。」

〔五〕論衡佚文篇：「韓非之書，傳在秦庭，始皇歎曰：『獨不得與此人同時！』」

〔六〕史記老莊申韓列傳：「韓王……乃遣非使秦。秦王悦之，未信用。李斯、姚賈害之，毁之，秦王以爲然，下吏治非。李斯使人遺非藥，使自殺。」

抱朴子廣譬篇：「貴遠而賤近者，常人之用情也；信耳而疑目者，古今之所患也。是以秦王歎息於韓非之書，而想其爲人。漢武慷慨於相如之文，而恨不同世。及既得之，終不能拔，或納讒而誅之，或放之乎冗散。」「馬輕」，謂司馬相如未爲漢武帝所重用。

〔七〕漢書揚雄傳下：「時大司空王邑，納言嚴尤，聞雄死，謂桓譚曰：『子常稱揚雄書，豈能傳於後世乎？』譚曰：『必傳，顧君與譚不及見也。凡人賤近而貴遠，親見揚子雲禄位容貌不能動人，故輕其書。』」

論衡齊世篇：「述事者好高古而下今，貴所聞而賤所見，辨士則談其久者，文人則著其遠者。畫工好畫上代之人，秦漢之士，功行譎奇，不肯圖今世之士者，尊古卑今也。貴鵠賤雞，鵠遠而鷄近也。使當今説道深於孔、墨，名不得與之同；立行崇於曾、顔，聲不得與之鈞：何則？世俗之性，賤所見，貴所聞也。有人於此，立義建節，實核其操，古無以過，爲文書者肯載於篇籍，表以爲行事乎？作奇論，造新文，不損於前人，好事者肯舍久遠之書，而垂意觀讀之乎？揚子雲作太玄，造法言，張伯松不肯一觀，與之併肩，故賤其言。使子雲在伯松前，伯松以爲金匱矣。」

又須頌篇：「俗儒好長古而短今……信久遠之僞，忽近今之實。」又案書篇：「夫俗好珍古不貴今，謂今之文不如古書。夫古今一也，才有高下，言有是非，不論善惡，而徒貴古，是謂古人賢今人也。……蓋才有淺深，無有古今；文有僞真，無有故新。」

典論論文：「常人貴遠賤今，向聲背實。」

抱朴子尚博篇：「世俗率神貴古昔，而黷賤同時……雖有益世之書，猶謂之不及前代之遺文也。是以仲尼不見重於當時，太玄見蚩薄於比肩也。俗士多云今山不及古山之高，今海不及古海之廣，今日不及古日之熱，今月不及古月之朗；何肯許今之才士不減古之枯骨？重所聞，輕所見，非一世之所患也。昔之破琴剿弦者，諒有以而然乎。」又鈞世篇：「其於古人所作爲神，今世所著爲淺，貴遠賤近，有自來矣。故新劍以詐刻加價，弊方以僞題見寶也。是以古書雖質樸，而俗儒謂之墮於天也；今文雖金玉，而常人同之於瓦礫也。」江淹雜體詩序（全梁文十八）：「又貴遠賤近，人之常情；重耳輕目，俗之恒蔽。是以邯鄲託曲於李奇，士季假論於嗣宗，此其效也。」柳宗元與楊京兆憑書：「凡人可以言古，不可以言今。桓譚亦云：親見揚子雲，容貌不能動人，安肯傳其書？誠使博如莊周，哀如屈原，奥如孟軻，壯如李斯，峻如馬遷，富如相如，明如賈誼，專如揚雄，猶爲今之人，則世之高者至少矣。由此觀之，古之人未始不薄於當世，而榮於後世也。」

至於班固、傅毅〔一〕，文在伯仲，而固嗤毅云「下筆不能自休」〔二〕。及陳思論才，亦深排孔璋，敬禮請潤色，嘆以爲美談，季緒好詆訶，方之於田巴〔三〕，意亦見矣。故魏文稱「文人相輕」，非虚談也〔四〕。

〔一〕傅毅，字武仲，東漢詩賦家，章帝時爲蘭臺令史，與班固、賈逵共典校書。後爲車騎將軍竇憲主記室。竇憲遷大將軍，以之爲司馬，班固爲中護軍。

〔二〕典論論文：「文人相輕，自古而然。傅毅之於班固，伯仲之間耳，而固小之，與弟超書曰：『武仲以能屬文爲蘭臺令史，下筆不能自休。』」「休」，謂休止。元李治敬齋古今黈：「『下筆不能自休』者，正斥其文字汗漫無統耳。」文選集評於本句下注云：「是譏其冗散。」

〔三〕曹植與楊德祖書：「以孔璋（陳琳）之才，不閑（習）於辭賦，而多自謂能與司馬長卿同風，譬畫虎不成，反爲狗者也。……昔丁敬禮嘗作小文，使僕潤色之，僕自以才不過若人，辭不爲也。敬禮謂僕：『卿何所疑難？文之佳惡，吾自得之。後世誰相知定吾文者耶？』吾常歎此達言，以爲美談。……劉季緒才不能逮於作者，而好詆訶文章，掎摭利病。昔田巴毁五帝，罪三王，呰（毁）五霸於稷下，一旦而服千人。魯連一説，使終身杜口。劉生之辯，未若田氏；今之仲連，求之不難，可無歎息乎！」

訓故：「魏略：丁廙，字敬禮，儀之弟。」

劉季緒，名脩。文選李善注：「摯虞文章志曰：劉表子，官至樂安太守，著詩賦頌六篇。」

又：「魯連子曰：齊之辯者曰田巴，辯於狙丘，而議於稷下。」魯連即魯仲連。

奏啓篇：「是以世人爲文，競於詆訶……多失折衷。」

〔四〕明張雲璈選學膠言：「此習由來已久，厥後北史魏收傳：收與邢邵俱以才名，互相訾毁。邵云：『江南任昉，文體本疏，魏收非直模擬，亦大偷竊。』收聞之云：『伊常於沈約集中作賊，何竟道我偷任！』邢邵傳：袁翻以文章位望稱先達，嘗有貴人初授官，大宴客，翻與邵俱在座，翻意主人必託己爲讓表，主人竟命邵作之，翻甚不悦，每謂人云：『邢家小兒常客作章表，自買黄紙寫而送之。』皆此類也。」

清人趙翼陔餘叢考卷四十文人相輕條，也舉了類似的事例，又歷舉文人尊古卑今的陋習，可參閲。

至如君卿脣舌〔一〕，而謬欲論文，乃稱「史遷著書，諮東方朔」〔二〕，於是桓譚之徒，相顧嗤笑。彼實博徒〔三〕，輕言負誚，況乎文士，可妄談哉！

〔一〕論説篇：「樓護脣舌。」樓護，字君卿，漢書游俠傳謂護：「齊人。……爲人短小精辯，論議常依名節，聽之者皆竦。與谷永俱爲五侯上客。長安號曰：『谷子雲筆札，樓君卿脣舌。』」「脣舌」，謂口才。

〔二〕補注：「詳案此事無考。史記太史公自序索隱：『桓譚云：遷所著書成，以示東方朔，朔皆署曰太史公。』此史遷著書諮東方朔之證。惟彦和指此爲君卿所稱而譚嗤之。不識譚此言上下仍有詆君卿之説否？姑識於此，以俟達者論之。」范注：「孝武紀索隱亦引此説，據彦和此文，則是桓譚笑樓護之説，索隱誤記。」

注訂：「此桓譚引樓説以爲嗤笑，非索隱誤記也。范注非。」

〔三〕史記袁盎傳：「劇孟博徒。」集解引如淳曰：「博蕩之徒，或曰博戲之徒。」

故鑒照洞明〔一〕，而貴古賤今者，二主是也〔二〕；才實鴻懿〔三〕，而崇己抑人者，班曹是也〔四〕；學不逮文〔五〕，而信僞迷真者〔六〕，樓護是也。醬瓿之議，豈多歎哉〔七〕！

〔一〕斠詮：「謂鑒識照察洞徹分明也。」

〔二〕范注：「二主謂秦皇、漢武。」

〔三〕斠詮：「鴻懿，鴻大深美也。論衡超奇：『連結篇章，必大智鴻懿之俊也。』」

〔四〕范注：「班曹謂班固、曹植。」元刻本無「者」字。

〔五〕斠詮：「學不逮文，謂所學不與於文，亦即不及學文也。樓護以醫術見稱，文學非其所長，故云然。」

〔六〕「信僞迷真」，不僅限於文學，也見於美術。清董棨養素居畫學鉤沈：「作畫不多，識見不廣，師傳不真，必執一己之見，妄爲評論。每以虛靈爲纖弱，著眼爲疏忽，沉厚爲滯鈍；反是則滯鈍也而以爲沉著，纖弱也而以爲虛靈，疏忽也而以爲蕭散，見笑大方，不勝枚舉，誠莊子所謂『夏蟲不可語冰』者歟！」（畫論叢刊下卷）

〔七〕斠詮：「漢書揚雄傳贊：『而鉅鹿侯芭，嘗從雄居，受其太玄法言焉。劉歆亦嘗觀之，謂雄曰：「空自苦，今學者有禄利，然尚不能明易，又如玄何？吾恐後人用覆醬瓿也。」雄笑而不答。』案：醬瓿，即醬罌。顔氏家訓文章篇之論揚雄曰：『著劇秦美新，妄投於閣，周章怖慴，不達天命，童子之爲耳。桓譚以爲勝老子，葛洪以爲方仲尼。使人歎息！此人直以曉算術，解陰陽，故著太玄經。……且太玄今竟何用乎？不啻覆醬瓿而已。』」

以上爲第一段，論知音難逢。關於知音難逢的問題，作者首先從歷史上舉出事例，説明了三個方面的原因：第一，是「貴古賤今」；第二是「崇己抑人」，即「文人相輕」；第三是「信僞迷真」，那就是學識淺薄，誤信訛傳而不明真相。由於這三方面的障礙，文學作品很難得到知音人。

夫麟鳳與麏雉懸絶〔一〕，珠玉與礫石超殊〔二〕，白日垂其照〔三〕，青眸寫其形〔四〕。然魯臣以麟爲麏〔五〕，楚人以雉爲鳳〔六〕，魏民以夜光爲怪石〔七〕，宋客以燕礫爲寶珠〔八〕。形器易徵〔九〕，謬乃若是；文情難鑒，誰曰易分〔一〇〕！

〔一〕公羊傳哀公十四年：「麟者，仁獸也。」何休注：「狀如麕，一角。」詩召南野有死麕釋文：「『麕』，本亦作『麏』。……」草木疏云：「麏，麞也。」「麏」，鹿類，似鹿而較小。

〔二〕説文：「礫，小石也。」桓寬鹽鐵論刺議：「玉石相似而異類。」

〔三〕校注：「按徐幹中論治學篇：『譬如寶在於玄室，有所求而不見。白日照焉，則群物斯辨矣。』」

〔四〕「青眸」，黑眼珠。劉楨魯都賦：「蛾眉青眸，顔若霞雪。」史記扁鵲傳：「越人之爲方也，不待切脈、望色、聽聲、寫形。」「寫形」，謂仔細觀察形貌。

〔五〕春秋經哀公十四年：「春，西狩獲麟。」左傳：「春西狩於大野，叔孫氏之車子鉏商獲麟，以爲不祥，以賜虞人。仲尼觀之，曰：『麟也。』然後取之。」公羊傳：「有以告者曰：『有麕而角者。』孔子曰：『孰爲來哉！孰爲來哉！』」孔叢子記問：「叔孫氏之車子曰鉏商，樵於野而獲獸焉。衆莫之識，以爲不祥，棄之五父之衢。冉有告孔子曰：『麕身而肉角，豈天之妖乎？』夫子曰：『今何在？吾將觀焉。』遂往，謂其御高柴曰：『若求（冉有名求）之言，其必麟乎！』到視之，果信。」冉有爲季氏宰，故云「魯臣」。

〔六〕梅注：「尹文子曰：楚人擔山雉者，路人問：『何鳥也？』擔雉者欺之曰：『鳳皇也。』路人曰：『我聞有鳳皇，今始見之。汝販之乎？』請買千金，弗與，請加倍，乃與之。將欲獻楚王。經宿而鳥死。路人不遑惜其金，惟恨不得以獻楚王。……王聞之，感其欲獻於己，召而厚賜之，過買鳥之金十倍。」按此見尹文子大道上。

〔七〕校證：「『民』原作『氏』，據凌本、梅六次本改。」校注：「按以上下文例之，『民』字是。尹文子大道下篇所謂魏之田父者也。」鄒陽獄中上書自明：「夜光之璧。」梅注：「尹文子曰：魏田父有耕於野者，得寶玉徑尺，弗知其玉也，以告鄰人。鄰人陰欲圖之，謂之曰：怪石也。畜之弗利其家。田父雖疑，猶豫以歸。置於廡下，其夜玉明光照一室。田父大怖……遽而棄之於遠野。鄰人盜之以獻魏王。魏王召玉工相之，玉工望之，再拜賀曰：大王得天下之寶，臣未嘗見。王問其價，玉工曰：此玉無價以當之。五城之都，僅可一觀。魏王賜獻玉者千金，長食上大夫之禄。」按此亦見大道上。

〔八〕梅注：「闞子曰：宋之愚人得燕石於梧臺之東，歸而藏之以爲寶。周客聞而觀焉。主人齋七日，端冕玄服以發寶，革匱十重，緹巾十襲。客見之掩口而笑曰：此特燕石也，其與瓦甓不殊。」按水經淄水注謂古梧宮之臺東，即闞子所謂宋愚人得燕石處。玉函山房輯佚書據以輯入闞子，謂太平御覽卷五十一誤作「闞子」。然文選應璩百一詩注及藝文類聚卷六石部引均作闞子，當以「闞子」爲是。

綴補：「景宋本白帖一引荀子：『宋之愚人，得燕石於梧桐臺之東（桐字疑衍）』云云（又見御覽四九九、事文類聚前集十四）。」（文與上引闞子略同）

〔九〕易繫辭上：「形而下者謂之器。」「徵」，證驗也。紀評：「此似是而非之見，雖相賞識，亦非知音。」

〔一〇〕抱朴子尚博篇：「德行爲有事，優劣易見；文章微妙，其體難識。」史通鑒識篇：「物有恒準，而鑒無定識，欲求銓核得中，其唯千載一遇乎？」

夫篇章雜沓〔一〕，質文交加〔二〕，知多偏好〔三〕，人莫圓該〔四〕。慷慨者逆聲而擊節〔五〕，醞藉者見密而高蹈〔六〕，浮慧者觀綺而躍心，愛奇者聞詭而驚聽〔七〕。會己則嗟諷，異我則沮棄〔八〕，各執一隅之解，欲擬萬端之變〔九〕。所謂「東向而望，不見西牆」也〔一〇〕。

〔一〕紀云：「又進一層。」斠詮：「『雜沓』，衆多貌。揚雄甘泉賦：『駢羅列布，鱗以雜沓兮。』」

〔二〕「質文交加」是説有的以樸素見長，有的以華麗見長。

〔三〕曹植與楊德祖書：「人各有好尚。蘭茝蓀蕙之芳，衆人所好，而海畔有逐臭之夫；咸池、六莖之發，衆人所共樂，而墨翟有非之之論，豈可同哉！」

李翺答朱載言書：「天下之語文章，有六説焉。其尚異者，則曰文章辭句奇險而已；其好理者，則曰文章叙意苟通而已；其溺於時者，則曰文章必當時；其病於時者，則曰文章不當時；其愛難者，則曰文章宜深不當易；其愛易者，則曰文章宜通不當難。此皆情有所偏，滯而不流，未識文章之所主也。」（李文公集卷六）

魏慶之詩人玉屑引臨漢隱居詩話：「沈括存中，吕惠卿吉甫，王存正仲，李常公擇，治平中同在館下談詩。存中曰：『韓退之詩乃押韻之文耳，雖健美富贍，而格不近詩。』吉甫曰：『詩正當如是，我謂詩人以來，未有如退之者。』正仲是存中，公擇是吉甫，四人交相詰難，久而不決。公擇忽正色謂正仲曰：『君子群而不黨，公何黨存中也？』正仲勃然曰：『我所見如是，顧豈黨耶？以我偶同存中，遂謂之黨；然則君非吉甫之黨乎！』一座大笑。」

蔡寬夫詩話：「文章大概亦如女色，好惡只係於人。」

〔四〕「圓該」，圓通該備，即面面俱到。抱朴子辭義篇：「五味舛而並甘，衆色乖而皆麗。近人之情，愛同憎異。貴乎合己，賤乎殊途。夫文章之體，尤難詳賞。苟以入耳爲佳，適心爲快，尟知忘味之九成，雅頌之風流也。所謂考鹽梅之鹹酸，不知大羹之不致，明飄飄之細巧，蔽於沈深之弘邃也。」斯波六郎：「此文特表現『會己則嗟諷，異我則沮棄』，與彼文之『貴乎合己，賤於殊途』甚近。」

〔五〕此謂激昂慷慨的人聽了昂揚悲壯的樂聲而擊節歎賞。

〔六〕校證：「『藉』，紀本誤『籍』。」考異：「藉、籍古通。」文賦：「故夫夸目者尚奢，愜心者貴當，言窮者無隘，論達者唯曠。」隱秀篇：「使醞藉者蓄隱而意愉。」「密」指沈密幽隱的作品。「高蹈」是說高興得舉足頓地，猶之乎說手舞足蹈。

〔七〕「浮慧」，浮華巧慧。「綺」，比喻詞藻華美的作品。「詭」，謂詭奇的作品。

〔八〕顏氏家訓文章篇：「邢子才、魏收俱有重名，時俗準的，以爲師匠。邢賞服沈約而輕任昉，魏愛慕任昉而毀沈約，每於談讌，辭色以之，鄴下紛紜，各有朋黨。祖孝徵嘗謂吾曰：『任、沈之是非，乃邢、魏之優劣也。』」清薛雪一瓢詩話：「從來偏嗜，最爲小見。如喜清幽者，則絀痛快淋漓之作爲憤激，爲叫囂；喜蒼勁者，必惡宛轉悠揚之音爲纖巧，爲卑靡。殊不知天地賦物，飛潛動植，各有一性。——何莫非兩間生氣以成此？理有固然，無容執一。」（見清詩話）吳調公文心雕龍知音篇探微：「元好問素以慷慨蒼涼見長。對于以清剛風格著名的六朝詩人劉琨確是五體投地，而對于擅長刻苦錘鍊，形成寒瘦奇警風格的唐詩人孟郊，却極盡挖苦之能事。他的論詩絕句云：『東野窮愁死不休，高天厚地一詩囚。』這就不能不說是『會己則嗟諷，異我則沮棄』了。」（古代文學理論研究第三輯）

〔九〕「擬」，是度量、衡量。這是說去衡量千變萬化不同風格的作品。

〔一〇〕黃注：「淮南子：東面而望，不見西墻；南面而視，不覩北方。」按此見淮南子氾論訓。校注：「呂氏春秋去宥篇：『東面望者，不見西墻。』」

抱朴子廣譬篇：「觀聽殊好，愛憎難同。飛鳥覩西施而驚逝，魚鼈聞九韶而深沉。故衮藻之粲焕，不能悦裸鄉之目；采菱之清音，不能快楚隸之耳；古公之仁，不能喻欲地之狄；端木之辯，不能釋繫馬之庸。」

定勢篇：「桓譚稱文家各有所慕，或好浮華而不知實覈，或美衆多而不見要約。陳思亦云：世之作者，或好煩文博彩，深沉其旨者；或好離言辨白，分毫析釐者。」

按「音實難知」有兩方面的原因：一方面是作品本身不容易鑒別，劉勰舉了古代的例子說明就是有形的器物也難以辨別，而「文情難鑒，誰曰易分」，文學作品裏的思想感情是很難鑒別的，那就更不容易分清高下。另一方面是「知多偏好」，人們由於性格和愛好的不同而主觀片面，往往是「會己則嗟諷，異我則沮棄」，合乎自己口味的作品，讀起來擊節歎賞；不合自己口味的作品，就見了討厭，丢在一邊。結果是「東向而望，不見西墻」，各執成見，難以全面。

以上爲第二段，分析「音實難知」的原因。

凡操千曲而後曉聲〔一〕，觀千劍而後識器〔二〕；故圓照之象〔三〕，務先博觀〔四〕。

〔一〕校注：「按桓譚新論：『成少伯工吹竽，見安昌侯張子夏鼓瑟，謂曰：「音不通千曲以上，不足以爲知音。」』（御覽卷五八一引，嚴可均全後漢文卷十佚此條）」

〔二〕范注：「意林引新論曰：『揚子雲工於賦，王君大習兵器。予欲從二子學。子雲曰：能讀千賦則善賦。君大曰：能觀千劍則曉劍。諺曰：伏習象神，巧者不過習者之門。』」按此見道賦篇。

曹植與楊德祖書：「蓋有南威之容，乃可以論於淑媛；有龍淵之利，乃可以議於斷割。」

〔三〕「圓照」，謂靈覺圓融澈照。「圓」指圓滿無缺；「照」指洞照内外，瑩澈無隔。圓覺經：「一切如來本起因地，皆依圓照清净覺相，永斷無明，方成佛道。」「圓照之象」，謂文字是圓明寂照中所現形象。

劉勰梁建安王造剡山石城寺石像碑：「况種智圓照，等覺偏知，揚萬化於大千，摛億形於法界。……月喻論其跡隱，鏡譬辨其常照。」神思篇：「研閱以窮照。」世説新語假譎篇劉孝標注：「種智有是，而能圓照。」興膳宏文心雕龍與出三藏記集：「僧祐弘明集序有云：『夫覺海無涯，慧境圓照。』其後唐代佛陀多羅譯圓覺經（大正藏十七）亦云：『生死涅槃，同於起滅，妙覺圓照，離於華翳。』……知音篇中以『鏡』與『照』配合使用，構成『照辭如鏡』之句。是故能顯一切事物現象的智慧，稱爲『大圓鏡智』或『大圓照智』。」（興膳宏文心雕龍論文集）

〔四〕郭紹虞、王文生文心雕龍再議：「劉勰對文學批評論的另一重要貢獻是注重批評者的修養。在知音篇裏，他指出文學批評上『賤同思古』、『貴古賤近』的錯誤傾向，以及『各執一隅之解，欲擬萬端之變』的主觀主義分析方法的缺點，認爲必須提高批評者的修養。而修養中需要首先强調的就是『博觀』。『凡操千曲……務先博觀』，這段話十分清楚，『博觀』也就是廣泛地學習、觀察、分析、鑒別。他認爲這種鍛鍊，是培養全面分析作品才能的基礎，事實上也就是强調實踐的重要性。」

閲喬岳以形培塿〔一〕，酌滄波以喻畎澮〔二〕，無私於輕重〔三〕，不偏於憎愛，然後能平理若衡，照辭如鏡矣〔四〕。

〔一〕詩周頌時邁：「懷柔百神，及河喬岳。」傳：「喬，高也，高岳，岱宗也。」後因稱高山曰「喬岳」。「培（音瓿）塿」，小阜也。本作「附婁」或「部婁」，左傳襄公二十四年：「部婁無松柏。」魏都賦注引作「培塿」。說文：「附婁，小土山也。」

〔二〕校注：「『澮』，元本、弘治本、活字本、汪本、佘本、張本、兩京本、胡本作『壇』。按『壇』，字書所無，當以作『澮』爲是。爾雅釋水：『注溝曰澮。』釋名釋水：『注溝曰澮；澮，會也，小溝之所聚會也。』滄波以大言，畎澮以小言。書益稷：『濬畎澮巨川。』亦以畎澮連文。」「滄波」，指滄海之波。「畎澮」，田間小溝。書益稷：「濬畎澮距川。」孔傳：「一畝之間，廣尺深尺曰畎。」按史記夏本紀作「浚澮畎致之川」，集解引鄭注云：「畎澮，田間溝也。」「酌」謂酌取。這兩句話强調了比較和分析的重要性。

〔三〕楚辭嚴忌哀時命：「執權衡而無私兮，稱輕重而不差。」「輕重」，指對作品評價的高低，像權衡一樣，有客觀的標準，不根據私心偏見。

〔四〕斠詮：「批評家應保持客觀公正之胸衿，捨去一己之偏嗜，就作品整體而評鑑，始能平理若衡，照辭如鏡。若心存成見，以有色眼鏡觀察作品，則必南轅北轍，背道而馳矣。」知音篇裏提出來的解決辦法，首先是「博觀」。經多見廣，自然成爲鑑别的内行，不致於「信僞迷真」，而且要「無私於輕重，不偏於憎愛」，克服了「偏好」的缺點，克服了畸輕畸重的私心，「然後能平理若衡，照辭如鏡矣」，那就是評論文理象秤那樣公平，剖析文辭象鏡子那樣分明。

是以將閱文情〔一〕，先標六觀〔二〕：一觀位體〔三〕，二觀置辭〔四〕，三觀通變〔五〕，四觀奇正〔六〕，五觀事義〔七〕，六觀宮商〔八〕。斯術既形〔九〕，則優劣見矣〔一〇〕。

〔一〕雜文篇：「苑囿文情，故曰新殊致。」「文情」，指作品的文辭與情思。

〔二〕「觀」，作名詞用。先從六方面去觀察。饒宗頤文心雕龍探原：「六觀之術，按劉邵人物志有八觀篇，此參其說。」

〔三〕鎔裁篇：「情理設位，文采行乎其中。」又云：「履端於始，則設情以位體。」「位體」，指根據作者所要表達的思想感情確定文體。

「觀位體」就是觀察「設情以位體」做得怎樣，看是不是根據思想情感來安排文章的體制，是不是根據體裁明確了規格要求。劉勰以封禪文爲例，提出：「搆位之始，宜明大體，樹骨於訓典之區，選言於宏富之路，使意古而不晦於深，文今而不墜於淺。」（封禪篇）此即「位體」之義。

〔四〕詳見麗辭、鎔裁、章句、練字、指瑕等篇。

〔五〕「觀通變」，是觀察在繼承與革新方面做得怎樣，是不是能夠推陳出新。這個問題主要見於通變篇。

〔六〕「奇正」有兩種含義：一種是奇異和正常，一種是新奇和雅正。前者的「奇」是對離騷型的浪漫主義說的，劉勰主張以正爲主，以奇爲副，要「酌奇而不失其貞（正）」（辨騷），「執正以馭奇」（定勢）；後者的「奇」，是針對南朝的形式主義、追逐新奇説的，他反對「逐奇而失正」（定勢）。奇與正是一對矛盾，要觀察在奇與正的關係上處理得怎樣，是否能够「執正以馭奇」，不致「逐奇而失正」。

〔七〕觀「事義」，是觀察在文章寫作中能否像在事類篇説的「舉事以類義，援古以證今」，就是舉出和要説明的論點類似的事例作爲論據，或者運用典故來「以古證今」。具體事例，主要取材於與主題有關的現實生活；但在南朝用典風氣盛行的時候，取材於古代經史的典故就成了很重要的來源。鍾嶸詩品序説：「詞既失高，則宜加事義，雖謝天才，且表學問。」

〔八〕觀「宮商」，是觀察宮商角徵羽五音在詩賦等韻文裏是否調配得適當，這裏指的是作品的音律，就是在詩賦和駢文中，詞句的聲、韻、調要按既定格律作適當的安排，其中主要的是四聲問題。詳見聲律篇。

〔九〕校證：「廣博物志二九『形』作『行』。」校注：「『行』字誤。情采篇贊『心術既形』，句法與此同，可證。」「斯術」，即是指上面所説的六觀。這句是説六種觀察方術既已形成。

〔一〇〕文心雕龍再議：「有的同志認爲，劉勰的『六觀』，多注意形式方面的問題，這是他的缺點。其實不然。先標六觀是爲了進一步窺閲文情。『六觀』的缺點並不在此，而在於它没有把根據社會生活評價作品思想内容這樣重要的一點概括到他的批評論中去，儘管他在分析文學現象時已經這樣實踐。」

以上爲第三段，針對以上所存在的問題，提出來的解決辦法，首先是「博觀」，經多見廣，自然成爲鑑别的内行，而且對作品要作全面的觀察，克服成見和私心，接着提出觀察作品的六項具體方術。這「六觀」雖然多半注意藝術形式方面的問題，其實「先標六觀」，還是爲了正確理解和評價作品的思想内容。自然，這裏所提出來的「六觀」，由於時代的推移，已不適合於當前廣大讀者和批評家的實際要求，但有規律可尋還是古今一致的。

夫綴文者情動而辭發〔一〕，觀文者披文以入情〔二〕，沿波討源〔三〕，雖幽必顯〔四〕。世遠莫見其面，覘文輒見其心〔五〕。豈成篇之足深〔六〕，患識照之自淺耳〔七〕。

〔一〕毛詩序：「情動於中而形於言。」體性篇：「夫情動而言形，理發而文見。」物色篇：「情以物遷，辭以情發。」

〔二〕校證：「『文』兩京本作『尋』。辨騷篇、時序篇俱有『披文』語。文選陸士衡文賦：『碑披文以相質。』此彦和所本。兩京本不可從，王惟儉本『文』又作『辭』，亦不可從。」辨騷篇：「言節候則披文而見時。」

校注：「『披文』，元本、活字本、胡本作『披尋』；訓故本作『披辭』。按訓故本是也。上句既言『綴文者情動而辭發』；則此當作『觀文者披辭以入情』，始能相應。」「披」謂披閱。這是説讀者通過披閱作品的文辭深入領會作者的思想感情。

〔三〕文賦：「或因枝以振葉，或沿波而討源。」「波」，指外在的文辭形式；「源」，指内在的思想感情。

〔四〕意謂即使隱微也一定會使它顯露。

〔五〕「覘」，觀察，有鑽研之意。論衡佚文篇：「賢聖定意於筆，筆集成文，文具情顯，後人觀之，以見正邪，安宜妄記！足蹈於地，跡有好醜；文集於札，志有善惡。故夫占跡以睹足，觀文以知情。」抱朴子鈞世篇：「蓋往古之士，匪鬼匪神。其形器雖冶鑠於疇曩，然其精神布在乎方策。情見乎辭，指歸可得。」陸游上辛給事書：「某聞前輩以文知人。……必有是實，乃有是文。夫心之所養，發而爲言，言之所發，比而成文，人之邪正，至觀其文則盡矣決矣，不可復隱矣。」（渭南文集）

〔六〕郭注：「論語公冶長：『巧言、令色、足恭，左丘明恥之，丘亦恥之。』此文足深與彼文足恭，兩足字義同，過也。」按「足深」亦可解作足够深刻。抱朴子鈞世篇：「且古書之多隱，未必昔人故欲難曉，或世易語變，或方言不同，經荒歷亂，埋藏積久，簡編朽絶，亡失者多。或雜續殘缺，或脱去章句，是以難知，似若至深耳。」

〔七〕「識照」，猶言鑑別力。按此處元刻本、兩京本、黄本均作「自淺」，弘治本「自」作「目」，張之象本、梅本、凌本從之。何焯「自」作「目」。雖可兩通，但仍以從元本作「自」爲勝。校證、校注均失校。

以上是説，儘管「音實難知」，但是看文章的人，通過披閲文章深入作者的内心。這樣猶之乎沿着餘波去探討水源，雖然作者有幽深的含意也可以顯露出來。深入理解了作者的含意，自然就可以作出正確的批評了。

夫志在山水，琴表其情〔一〕，况形之筆端，理將焉匿？故心之照理〔二〕，譬目之照形，目瞭則形無不分〔三〕，心敏則理無不達。

〔一〕吕氏春秋本味篇，見題下注。

〔二〕「心」是就讀者方面説；「理」是就作品方面説。這兩個「理」字指思路。

〔三〕孟子離婁上：「胸中正，則眸子瞭焉；胸中不正，則眸子眊焉。」注：「瞭，明也。」

然而俗鑒之迷者〔一〕，深廢淺售〔二〕，此莊周所以笑折楊〔三〕，宋玉所以傷白雪也〔四〕！

〔一〕校證：「鑒，原作『監』，鈴木云：『宜作鑒。』案鈴木説是。王惟儉本正作『鑒』。本贊『妙鑒迺訂』語，即承此爲言，亦作『鑒』。今據改。」考異：「監，察也，領也，攝也。韻會通作鑑、鑒。禮王制：『天子使其大夫爲之監，監於方伯之國。』上『監』讀去，下『監』讀平。又書酒誥：『人無於水監，當於民監。』鈴木説非。」

〔二〕作品含意深刻的不爲人理解而遭廢棄，意思浮淺的容易受人賞識。

〔三〕梅注：「莊子曰：大聲不入於里耳，折楊、皇荂，則嗑然而笑。是故高言不止於衆人之心，至言不出，俗言勝也。」按此見天地篇。「荂」，古華字。成疏：「折楊、皇華蓋古之俗中小曲也，玩狎鄙野，故嗑然動容，同聲大笑也。」大聲，咸池、六英之樂。嗑，笑聲。

〔四〕文選宋玉對楚王問：「客有歌於郢中者，其始曰下里、巴人，國中屬而和者數千人；其爲陽阿、薤露，國中屬而和者數百人；其爲陽春、白雪，國中屬而和者數十人。引商刻羽，雜以流徵，國中屬而和者，不過數人而已。是其曲彌高，其和彌寡。」屬和，跟着別人唱。

「白雪」，古琴曲。郭茂倩樂府詩集卷五十七：「謝希逸琴論曰：『劉涓子善鼓琴，制陽春、白雪曲。』琴集曰：『白雪，師曠所作商調曲也。』唐書樂志曰：『白雪，周曲也。』張華博物志曰：『白雪者，太帝使素女鼓五十弦瑟曲名也。』」諸説不同，要皆指高雅之音。

梁簡文帝與湘東王書：「玉徽金銑，反爲拙目所嗤；巴人、下里，更合郢中之聽。陽春高而不和，妙聲絶而不尋，竟不精討錙銖，覈量文質，有異巧心，終媿妍手。是以握瑜懷玉之士，瞻鄭邦而知退；章甫翠履之人，望閩鄉而嘆息。」

宋陳善捫蝨新話「文章由人所見」條：「文章似無定論，殆是由人所見爲高下耳。只如楊大年、歐陽永叔皆不喜杜詩，二公豈不知文者？而好惡如此。晏元獻公嘗喜誦梅聖俞『寒直猶著底，白鷺已飛前』之句，聖俞以爲此非我之極致者，豈公偶自得意於其間乎？歐公亦云：

『吾平生作文，惟尹師魯一見展卷疾讀，五行俱下，便曉人深意處。』然則於餘人當有所不曉者多矣。所謂文章如精金美玉，自有定價，不可以口舌增損者，殆虚語耶？雖然，陽春、白雪，而和者數人，折楊、黄華，則啞然而笑。自古然矣。」

昔屈平有言：「文質疎内，衆不知余之異采。」〔一〕見異唯知音耳〔二〕。揚雄自稱「心好沈博絶麗之文」〔三〕，其事浮淺〔四〕，亦可知矣。

〔一〕黄注：「屈平九章：『文質疏内兮，衆不知余之異采。』」按此見懷沙篇。王逸注：「采，文采也。言己能文能質，内以疏達，衆人不知我有異藝之文采也。」洪興祖補注：「内，舊音訥。疏，通也。訥，木訥也。」蔣驥山帶閣注楚辭：「文質，文之不豔者。」這是説文采不華豔，顯得迂闊而不善表達。屈原本來是講的德行，這裏引來指文章。

〔二〕校釋：「按兩『異』字應作『奥』，後人據誤本楚辭改此文耳。觀下文『深識鑒奥』可知。」文論選注：「史記屈原列傳：『文質疎内兮，衆不知余之異采。』集解引徐廣曰：『異一作奥。』」此「異」「奥」形近易誤之證。

斠詮：「按不改字自通。異采者，殊異之文采也。」另外，文心雕龍中還兩用「異采」字。體性篇：「壯麗者，高論鴻裁，卓爍異采者也。」麗辭篇：「若氣無奇類，文乏異采，碌碌麗辭，則昏睡耳目。」

吴調公文心雕龍知音篇探微：「這裏的所謂見異，決不僅僅指才能出衆，還包括能識别作家和作品之所以出衆的個性特色。」（古代文學理論研究第三輯）

徐中玉文心雕龍「見異唯知音耳」説：「『異采』不僅指文采，也應包括通過作品所表現出來的品格與才能。……但『見異』還有另外一些重要内容：劉勰見出了各家作品之『異』處，承認其中有些『異』處實際正是其出衆不凡處。」（油印本）

〔三〕校注：「按古文苑揚雄答劉歆書：『雄爲郎之歲，自奏少不得學，而心好沈博絶麗之文。』」按此語已見事類篇黄注引。

〔四〕「其事浮淺」，范注：「疑當作『不事浮淺』。」校釋：「按『其』疑『匪』誤，此言雄好深奥之文，匪從事於浮淺可知。故下曰『深識鑒奥，歡然内懌』也。」校注：「『其』下，訓故本有一白匡。按今本上下文意不相應。『其』下疑脱一『不』字。」校證：「今按疑當作『共事浮淺』，意謂揚雄自稱心好沈博絶麗之文，則世俗之共事浮淺，亦可知矣。王維儉本『其』下有□。」斠詮：「『共事浮淺』，承上文『俗監之迷者，深廢淺售』而言，亦與上文屈平所謂『衆不知余之異采』之意相偶。若如范楊二氏之校，則語意直致，上下文不相貫串矣。」吴林伯商兑：「『其事浮淺』，乃就上文引雄語論斷，『其』下省略『不』字，實爲『其不事浮淺』，正與下文『深識鑒奥』一貫。論説：『曹植論道體同書抄，言不持正，論如其已。』『如其已』，猶春秋左傳昭三十一年『不如其已』。古人爲行文之便，自有省『不』之例。」

綴補：「案『事』猶『於』也。『其於浮淺亦可知』，意謂揚雄決不好浮淺之文也。」

夫唯深識鑒奥〔一〕，必歡然内懌〔二〕，譬春臺之熙衆人〔三〕，樂餌之止過客〔四〕。蓋聞蘭爲國香，服媚彌芬〔五〕；書亦國華〔六〕，翫繹方美〔七〕。知音君子，其垂意焉。

〔一〕校證：「『深識』疑當作『識深』。」徐復文心雕龍正字：「按『深識』疑當作『識深』，與『鑒奥』二字詞性均同。」校注：「按『鑒奥』疑當乙作『奥鑒』，與『深識』對。此云『深識奥鑒』，與聲律篇之『練才洞鑒』，句法正相似也。」按「奥鑒」二字過於生硬。

〔二〕「内懌」，内心喜悦。論衡佚文篇：「誠見其美，懽氣發於内也。」

〔三〕「熙」，校證本誤印作「照」。老子二十章：「衆人熙熙，如享太牢，如登春臺。」「如登春臺」亦作「如春登臺」。「熙熙」，和樂聲，見左傳襄公二十九年「廣哉熙熙乎」杜注。

范注：「俞樾諸子平議（平議老子）曰：『如春登臺與十五章若冬涉川一律。河上公本作如登春臺，非是。然其注曰：「春陰陽交通，萬物感動，登臺觀之，意志淫淫然。」是亦未嘗以春臺連文。其所據本亦必作春登臺，今傳寫誤倒耳。文選閒居賦注引此已誤。』案如俞説，則彦和時已誤矣。釋藏卷八釋道安十二門經論序：『世人遊此，猶春登臺。』是晉代尚不誤也。」

牟注：「總術篇『落落之玉』也是取河上公本，可見劉勰這裏説『春臺』是據河上公本老子。」

〔四〕梅注：「老子曰：樂與餌，過客止。」按此見第三十五章，王弼注：「樂與餌則能令過客止。」此謂音樂與食物，可使過客止步。

何焯批：「『餌』或作『肆』。」謝恒抄本「樂」作「藥」，馮校：「『藥』當作『樂』。」

斠詮：「此言觀審文章，若能深入文情，沿波以討源，縱使文義深奥，亦必顯然易見。人心之察照事理，敏慧者無不通達，亦唯見識深遠，鑒察隱微，始於詩文欣欣然内心悦愛，譬若衆人之登臨春日亭臺，喜樂無邊，路客之經過美音香餌，留連不已也。」

〔五〕左傳宣公三年：「鄭文公有賤妾曰燕姞（其乙反），夢天使與己蘭曰：『余爲伯鯈。余，而祖也。以是爲而子（注：以「蘭」爲汝子名），以蘭有國香，人服媚之如是。』」注：「媚，愛也，欲令人愛之如蘭。」「服」，佩也。「國香」，香甲於一國者。

〔六〕斠詮：「國華，國之榮華。此處可作『國寶』解。國語魯語上：『季文子曰：吾聞以德榮爲國華。』晉書衛瓘張華傳論：『忠爲令德，學乃國華。』」魯語韋昭注：「國華，爲國光華也。」

〔七〕校證：「『繹』原作『澤』，據王惟儉本改。」校注：「按訓故本作『繹』，是。繹，尋繹也。」謂引其端緒而尋究之。以上是説：欣賞它，分析它，纔顯得美。正像蘭花要佩戴它，愛護它，纔更覺得香一樣。

考異：「『澤』與上『媚』字爲對文……作繹非。」此亦可備一説。

第四段指出做好鑒賞和批評工作，要「沿波討源」，深入到作品的内部；要提高藝術趣味，

「識深鑒奥」，並經過細致的體會和玩賞，才能成爲知音。

贊曰：洪鍾萬鈞〔一〕，夔、曠所定〔二〕。良書盈篋，妙鑒迺訂〔三〕。流鄭淫人〔四〕，無或失聽〔五〕，獨有此律〔六〕，不謬蹊徑〔七〕。

〔一〕校注：「『鍾』，何本、訓故本、凌本、謝鈔本、别解本、岡本、尚古本……作『鐘』。按『鍾』與『鐘』通。文選張衡西京賦：『洪鍾萬鈞。』薛注：『三十斤曰鈞。』」宗經篇：「譬萬鈞之洪鍾，無錚錚之細響矣。」

〔二〕書舜典：「帝曰：夔，命汝典樂。……夔曰：於，予擊石拊石，百獸率舞。」此夔善樂爲樂官之證。

孟子離婁上：「師曠之聰。」趙注：「師曠，晉平公之樂太師也。」

以上二句言萬鈞之洪鐘，乃識音之夔、曠所定。

斯波六郎：「吕氏春秋察傳：『孔子曰：昔者舜欲以樂傳教於天下，乃令重黎舉夔於草莽之中而進之，舜以爲樂正，夔於是正六律，和五聲，以通八風，而天下大服。』又長見：『晉平公鑄爲大鐘，使工聽之，皆以爲調矣。師曠曰：不調。請更鑄之。平公曰：工皆以爲調矣。師曠曰：後世有知音者，將知鐘之不調也，臣竊爲君恥之。』」

揚雄解難：「師曠之調鐘，俟知音者之在後也。」（漢書揚雄傳）抱朴子尚博篇：「援琴者至衆，而夔、襄專知音之難。」

〔三〕這句是說有美妙的識鑒才能評定高下。

〔四〕論語衛靈公：「放鄭聲，遠佞人。鄭聲淫，佞人殆。」禮記樂記：「鄭聲好濫淫志。」文選魏文帝善哉行：「流鄭激楚。」「流鄭」，流蕩的鄭聲。「淫人」，使人意志淫濫。

〔五〕曹植與楊德祖書：「鍾期不失聽，於今稱之。」「失聽」，言聽錯，在此比喻對作品的理解錯誤。

〔六〕「此律」指批評鑒賞的規律。主要指「六觀」。

〔七〕「蹊徑」，門徑。「不謬蹊徑」，謂不致發生方向錯誤。

程器第四十九

漢書東方朔傳：「武帝既招英俊，程其器能，用之如不及。」顏師古注：「程謂量計之也。」

論衡程材篇：「世名材爲名器，器大者盈物多。然則儒生所懷，可謂多矣。」

紀評：「此一篇彦和亦憤而著書者。觀時序篇，此書蓋成於齊末，彦和入梁乃仕，故鬱鬱乃爾耶？」

雜記：「兹篇爲本書之終篇，四十八篇以上，文之體用具矣。殿以程器者，體用華也，程器實也。無器何有於用？孔門四科，首德行而末文學。故孔子曰：『文莫吾猶人也，躬行君子，則吾未之有得。』又曰：『行有餘力，則以學文。』蓋德行爲文之本，有德有文，相得益彰；無德有文，徒爲文過濟惡之資。宇宙間何貴有此文哉！然則以上四十八篇，與茲篇等量齊讀可也。即先讀茲篇，而後讀四十八篇亦可也。又『形而上謂之道，形而下謂之器』，器者所以求道。彥和首原道而終程器，示我周行矣。又顔氏家訓文章篇云：『文章之體，標舉興會，發引性靈，使人矜伐，故忽於持操，果於進取。今世文士，此患彌切，一事愜當，一句清巧，神厲九霄，志凌千載，自吟自賞，不覺更有傍人。加以砂礫所傷，慘於矛戟，諷刺之禍，速乎風塵。』亦與此篇相發。」

校釋：「紀評謂舍人『此篇亦有激之談，不爲典要』，真所謂俗監之迷者也。今細繹其文，可得二義：一者，歎息於無所憑藉者之易招譏謗；二者，譏諷位高任重者怠其職責，而以文采邀譽。於前義可見爾時之人，其文名籍甚者，多出於華宗貴胄，布衣之士不易見重於世。蓋自魏文時創爲九品中正之法，日久弊生……宋齊以來，循之未改。……至隋文開皇中，始議罷之，是六代甄拔人才，終不出此制，於是士流咸重門第，而寒族無進身之階，此舍人所以興歎也。於後義可見爾時顯貴，但以辭賦爲勳績，致國事廢弛。蓋道文既離，浮華無實，乃舍人之所深憂，亦文心之所由作也。」

王元化劉勰身世與士庶區別問題：「劉勰在這篇文章中論述了文人的德行和器用，借以闡明學文本以達政之旨。其中寄慨遥深，不僅頗多激昂憤懣之詞，而且也比較直接正面地吐露了自己的人生觀和道德理想。紀昀評程器篇云云，這個説法雖然也看出一些問題，可是由於他拘於傳統偏見，不僅沒有進一步去發掘其中意蘊，究明劉勰的憤懣針對哪些社會現象，反而只是籠統地斥之爲『有激之談，不爲典要』就一筆帶過了。……劉永濟……顯然把劉勰的憤懣歸結到士庶區別問題上面。」（中華文史論叢一九七九年第一輯）

注訂：「文心一書首篇原道，論文人必守之則，此篇程器論文人當勉之行，兩作相應，爲本書之要，首尾應，用心遠，立意深，不可不察也。至於篇末云：『雕而不器，貞幹誰則？』蓋若有深慨焉。」

斠詮：「程器者，量計器用材能之謂也。……案『程』本爲度量之總名，荀子致仕：『程者，物之準也。』禮記月令：『按度程。』注：『程爲器所容者。』又度也，見呂氏春秋慎行篇『後世以爲法程』句注。……本篇旨在論文行並重。文心首篇原道言……『有心之器其無文歟？』宗經篇云：『夫文以行立，行以文傳，四教所先，符采相濟。』是德行爲器之用，文爲器之采。必也言則成章，動則成德，積德內充而辭章外發，方不愧爲文行兼備之彬彬君子。……文心論文，始於原道，終於程器，前者陳文人必守之極則，後者示文人當勉之實行。首尾應合，用意可謂深遠矣。」

按「器」是材器，這個材器和現在一般所說的文學創作才能不是一個意思，它指的是具有道德人品和識見的「棟樑之材」。「程器」就是衡量一個作家有沒有這種包括道德品質、政治識見在內的全面的修養。

周書論士，方之梓材〔一〕，蓋貴器用而兼文采也〔二〕。是以樸斲成而丹雘施〔三〕，垣墉立而雕杇附〔四〕。

〔一〕斠詮：「梓材，尚書周書篇名，原意謂木工之治作器材也。書序：『成王既伐管叔、蔡叔，以殷餘民封康叔，作康誥、酒誥、梓材。』傳：『告康叔以爲政之道，亦如梓人治材。』孫星衍注：『史遷説：周公旦懼康叔齒少，爲梓材，示康叔可法則。』疏：『梓者，梓人。史記正義曰：「若梓人爲材，君子觀爲法則也。梓，匠人也。」』案梓人即孟子滕文公篇之『梓匠』。趙注：『梓匠，木工也。』」

〔二〕斠詮：「器，所以爲用者。論語：『君子不器。』集解：『器，各周其用。』左氏隱五年傳：『其材不足以備器用。』注：『器用，軍國之器也。』王褒聖主得賢臣頌：『夫賢者，國家之器用也。』是則彥和所題『程器』云者，涵有『程度器用』之義。以爲所貴乎士者，自當深其程度，備其器用，有文藻身，有行勵德，『文質彬彬，然後君子』者也。……良以士之所貴者器用材能，不徒以雕章琢句、咬文嚼字爲能事。」

他根據周書論「士」的標準，提出要「貴器用而兼文采」，就是首先要能成大器，在政治上有大用，再兼有寫文章的才華。

〔三〕范注：「尚書梓材：『若作室家，既勤垣墉，惟其塗塈茨。若作梓材，既勤樸斲，惟其塗丹雘。』傳曰：『爲政之術，如梓人治材爲器，已勞力樸治斲削，惟其當塗以漆丹以朱而後成，以言教化亦須禮義然後治。』」

孫星衍注：「治木器曰梓。樸，未成器也。雘，青丹也。」孫疏：「說文云：『樸，木素也。斲，斫也。』……喻政事修舉乃有成。如作梓材，既勤力治其素質，當思加以采也。」斯波六郎：「案孔傳梓材此文，喻『爲政之術』，但彥和此之用法，必與孔傳不一致。彥和之用法，已見徐幹中論：『器不飾則無以爲美觀，人不學則無以有懿德，有懿德，故可以經人倫，爲美觀，故可以供神明。故書曰：若作梓材，既勤樸斲，惟其塗丹雘。』（治學第一）」

〔四〕范注：「五子之歌：『峻宇雕墻。』說文：『杇，所以塗也。秦謂之杇，關東謂之槾。』」校注：「『杇』，弘治本、汪本、佘本、張甲本、萬曆梅本、謝鈔本作『朽』，張乙本作『巧』；何本、凌本、合刻本……崇文本作『墁』。按元本、活字本、訓故本作『杇』；喻林八八引作『圬』。是『朽』爲『杇』之誤，『巧』爲『圬』之誤。『圬』，『杇』之或體。當以作『杇』爲正。論語公冶長篇：『子曰：朽木不可雕也，糞土之牆不可杇也。』（集解引王肅曰：「杇，鏝也。」史記仲尼弟子傳「杇」作「圬」，「鏝」作「墁」）即此『雕杇』二字之所自出。何本等作『墁』，其義雖通，恐非舍人之舊。」

而近代辭人〔一〕，務華棄實。故魏文以爲「古今文人，類不護細行」〔二〕。韋誕所評，又歷詆群才〔三〕。後人雷同〔四〕，混之一貫〔五〕。吁，可悲矣〔六〕！

〔一〕校證：「『辭』，王惟儉本作『詞』。」

〔二〕校證：「『人』下原有『之』字，梅、徐、馮並云：『之字衍。』王惟儉本、文通二五無『之』字。按魏文與吴質書本無『之』字，今據刪。」馮舒校云：「『文人』下衍『之』字。」補注：「魏文帝與吴質書：古今文人類不護細行，鮮能以名節自立。」「細行」，謂小節。南史顔延之傳：「文人不護細行，古今之所同焉。由夫聲采所加，故取忤於人者也。觀夫顔、謝之於宋朝，非不名高一代，靈運既以取斃，延之亦躓當年。向之所貴，翻成害己者矣。」

〔三〕訓故：「文章叙録：韋誕，字仲將，太僕端之子，魚豢嘗舉三、阮諸人以問誕，誕對曰：『仲宣傷於肥戇，休伯都無格檢，元瑜病於體弱，孔璋實自麤疏，文蔚性頗忿鷙。』」范注：「三國魏志王粲傳注引魚豢曰：『尋省往者魯連、鄒陽之徒，援譬引類以解締結，誠彼時文辯之儁也。今覽王、繁、阮、陳、路諸人前後文旨，亦何昔不若哉！其所以不論者，時世異耳。余又竊怪其不甚見用，以問大鴻臚卿韋仲將，仲將云：「仲宣傷於肥戇，休伯都無格檢，元瑜病於體弱，孔璋實自麤疏，文蔚性頗忿鷙。」……然君子不責備於一人，譬之朱漆，雖無楨幹，其爲光澤，亦壯觀也。』」

〔四〕「雷同」，人云亦云。禮記曲禮上：「毋雷同。」鄭玄注：「雷之發聲，物無不同時應者，人之言當各由己，不當然也。」

〔五〕「一貫」，一樣。韓非子顯學：「磐不生粟……今商官技藝之士亦不墾而食，是地不墾，與磐石一貫也。」

校注：「按呂氏春秋過理篇：『亡國之主一貫。』高注：『貫，同也。』」

綴補：「『混之一貫』，按『之』猶『爲』也。莊子德充符篇：『以可不可爲一貫。』此文之『之』，彼文之『爲』，其義一也。論衡氣壽篇：『何以知不滿百爲夭者，百歲之壽也。』劉子隨時篇：『非橡、綆之貴，而珠、玉之賤。』『之』亦並與『爲』同義。」

〔六〕「古今文人類不護細行」，就是説文人大都不注意品行方面的細節，後人也附和這種論調，把文人看作是「無行」的，劉勰認爲這是一種「可悲」的現象。

以上爲第一段，總論文人應注意品德修養。

略觀文士之疵：相如竊妻而受金〔一〕，揚雄嗜酒而少算〔二〕，敬通之不循廉隅〔三〕，杜篤之請求無厭〔四〕，班固諂竇以作威〔五〕，馬融黨梁而黷貨〔六〕，文舉傲誕以速誅〔七〕，正平狂憨以致戮〔八〕，仲宣輕脆以躁競〔九〕，孔璋傯恫以麤疎〔一〇〕，丁儀貪婪以乞貨〔一一〕，路粹餔啜而無恥〔一二〕，潘岳詭禱於愍懷〔一三〕，陸機傾仄於賈郭〔一四〕，傅玄剛隘而詈臺〔一五〕，孫楚狠愎而訟府〔一六〕。諸有此類，並文士之瑕累〔一七〕。

〔一〕史記司馬相如傳：「卓王孫有女文君，新寡，好音，故相如……以琴心挑之……文君竊從户窺之，心悦而好之，恐不得當也……夜亡奔相如，相如乃與馳歸成都。」又：「其後，人有上書言相如使蜀時受金，失官。」顏氏家訓文章篇：「司馬長卿竊貲無操。」

〔二〕漢書揚雄傳：「雄家素貧，嗜酒，人希至其門。時有好事者，載酒肴，從游學。」范注：「漢書揚雄傳：『……家産不過十金，乏無儋石之儲，晏如也。』彦和謂其少算，豈指是與？」顔氏家訓云：『揚雄德敗美新。』」按此見文章篇。校注：「按桓譚新論：『揚子雲爲郎，居長安，素貧。比歲亡其兩男，哀痛之，皆持歸葬於蜀，以此困乏。子雲察達聖道，明於死生，不下季札；然而慕戀死子，不能以義割恩，自令多費而致困貧。（御覽五五六引）舍人所謂少算，蓋指此也。」

牟注：「少算，文選劇秦美新注引李充翰林論：『揚子論秦之劇，稱新之美，此乃計其勝負，比其優劣之義。』少算即諷其美新之失。李善注評揚雄説：『王莽潛移龜鼎，子雲進不能辟戟丹墀，亢辭鯁議；退不能草玄虚室，頤性全真，而反露才以耽寵，詭情以懷禄，「素餐」所刺，何以加焉！』」

〔三〕校注：「按『循』當作『修』，『修』與『脩』通，『循』蓋『脩』之誤（古籍中多有此例）。漢書揚雄傳：『不修廉隅。』又元后傳：『（王）禁有大志，不修廉隅。』並其證也。」

考異：「循，説文：『行順也。』爾雅釋詁：『率，循也。』史記循吏列傳：『奉職循理，亦可爲治。』廣雅：『循，述也。』與修字義近而用同。且『循』『修』二字有輕重深淺程度之略別，『循』字不誤，楊校非。」

黄注：「馮衍傳：衍字敬通。顯宗即位，人多短衍文過其實，遂廢於家。衍與婦弟書，數婦之惡，有云：以室家之故，捐棄衣冠，心專耕耘，以求衣食。」范注：「後漢書馮衍傳：『衍娶北地任氏女爲妻，悍忌不得畜媵妾，兒女常自操井臼，老竟逐之，遂埳壈於時。』章懷注引衍集與婦弟任武達書醜詆其婦，詞極慘苦。注又引衍與宣孟書，似又出其後妻，其人之鄙薄可知。宋書王微傳：『光武以馮衍才浮其實，故棄而不齒。』」顏氏家訓文章篇：「馮敬通浮華擯壓。」按「廉隅」指品行方正，有節操。禮記儒行：「近文章，砥礪廉隅。」

〔四〕訓故：「東觀漢記：杜篤與美陽令交遊，數從請託，不諧，頗相恨。令怒，收篤送京師。」「請求」，指向人請託。「厭」，滿足。

後漢書文苑傳：「杜篤字季雅，京兆杜陵人，博學不修小節，不爲鄉人所禮。居美陽，與美陽令游，數從請託不諧，頗相恨。令怒，收篤送京師。會大司馬吴漢薨，光武詔諸儒誄之，篤於獄中爲誄，辭最高，帝美之，賜帛免刑。」

〔五〕黄注：「（後漢書）班固傳下大將軍竇憲出征匈奴，以固爲中護軍，與參議，及竇憲敗，固先坐免官。固不教學諸子，諸子多不遵法度，吏人苦之。」范注：「顏氏家訓曰：班固盜竊父史。」郝懿行文心雕龍輯注批注：「按燕然山銘，固所作也。諂竇之實，注不及之，何也？困學紀聞卷二：『漢董賢册文（見漢書佞幸董賢傳）言「允執其中」，蕭咸謂：「此堯禪舜之文，非三公故事。」（亦見董賢傳）班固筆之於史矣，而固紀憲之功（按指封燕然山銘）曰「納於大麓」（見書舜典），「維清緝熙」（見周頌維清），其諛甚於董賢之册。此固所以文姦言而無忌憚也。』」

斯波六郎：「按范氏所引不適切。彦和所云，指何事實，今不得詳，本傳有載『初洛陽令种兢嘗行，固奴干其車騎，吏椎呼之，奴醉罵，兢大怒，畏憲不敢發，心銜之』之事，以説明『作威』之一面也。尚書泰誓下：『獨夫受，洪惟作威。』又洪範：『惟辟作福，惟辟作威，惟辟玉食。』」

〔六〕訓故：「後漢書：馬融奏廣成頌，忤鄧氏，又因自劾，太后怒，禁錮之。融懲前事，遂爲梁冀草奏奏李固。又作大將軍西第頌，爲正直所羞。」黄注：「馬融傳……論曰：馬融奢樂恣性，黨附成譏，固知識能匡欲者鮮矣。」補注：「黄注引融傳不及黷貨，今當添入。融傳：『先是融有事忤大將軍梁冀旨，冀諷有司奏融在郡貪濁免官。』惠棟後漢書訓纂引三輔決録云：融爲南郡太守，二府以融在郡貪濁，受主記掾岐肅錢四十萬，融子又强受吏白向錢六十萬，布三百疋，以肅爲孝廉，向爲主簿。」

校注：「按左傳昭公十三年：『晉有羊舌鮒者，瀆貨無厭。』杜注：『瀆，數也。』『瀆』、『黷』，古今字。」「貨」是財物，「黷貨」謂貪污財貨。

注訂：「顔氏家訓曰：『馬季長佞媚獲誚。』」

〔七〕訓故：「張璠漢記：『時天下草創，曹、袁之權未分。孔融建明，不識時務。又天性豪爽，頗推平生之意。狎侮太祖，太祖外雖寬容，而内不能平，卒誅之。』」

後漢書孔融傳：「融字文舉……負其高氣，志在靖難，而才疎意廣，迄無成功。」「時年飢兵興，操表制酒禁，融頻書爭之，多侮慢之辭。既見操雄詐漸著，數不能堪，故發辭偏宕，多致乖忤。」「曹操既積嫌忌，而郗慮復構成其罪，遂令丞相軍謀祭酒路粹枉狀奏融曰：『少府孔融……又前與白衣禰衡跌蕩放言云：「父之於子，當有何親？論其本意，實爲情欲發耳。子之於母，亦復奚爲？譬如寄物缻中，出則離矣。」大逆不道，宜極重誅。』書奏下獄，棄市，時年五十六。」

范注：「意林引傅玄傅子：『漢末有管秋陽者，與弟及伴一人避亂俱行。天雨雪，糧絶，謂其弟曰：今不食伴，則三人俱死。乃與弟共殺之。得糧達舍，後遇赦無罪，此人可謂善士乎？孔文舉曰：「管秋陽愛先人遺體，食伴無嫌也。」荀侍中難曰：「秋陽貪生殺生，豈不罪耶？」文舉曰：「此伴非會友也，若管仲啖鮑叔，貢禹食王陽，此則不可。向所殺者猶鳥獸而能言耳。今有犬齧一狸，狸齧一鸚鵡，何足怪也？」』觀文舉此論，可見其誕之甚。宋書王微傳：『諸葛孔明曰：來敏亂郡，過於孔文舉。』金樓子立言篇亦載文舉食人語，文小異。」

校注：「按袁淑弔古文：『文舉疏誕以殃速。』（類聚四十引）『速，召也。』（詩召南行露毛傳）」

〔八〕黄注：「後漢文苑傳：禰衡，字正平，少有才辯，而氣尚剛傲……後爲黄祖所殺。」范注：「禰衡傲誕事，詳後漢書本傳，後竟爲黄祖所殺。」

後漢書文苑傳：「禰衡，字正平……少有才辯而氣尚高傲……好矯時慢物。唯善魯國孔融及弘農楊修，常稱曰：大兒孔文舉，小兒楊德祖，餘子碌碌，莫足數也。……融既愛衡才，數稱述於曹操，操欲見之，而衡素相輕疾，自稱狂病，不肯往，而數有恣言。操懷忿，而以其有才名，不欲殺之。於是遣人送之劉表，劉表及荆州士大夫先服其有才名，甚賓禮之。……後復侮慢於表，表恥不能容，以江夏太守黄祖性急，故送衡與之。……後黄祖在蒙衝船上大會賓客，而衡言不遜順，祖慙，乃訶之。……令五百將出，欲加箠，衡方大罵，祖恚，遂令殺之。」

顔氏家訓文章篇：「孔融、禰衡，誕傲致殞。」

〔九〕體性篇：「仲宣躁競。」

三國志魏志杜襲傳：「魏國既建，爲侍中，與王粲、和洽並用。粲强識博聞，故太祖遊觀出入，多得驂乘；至其見敬，不及洽、襲。襲嘗獨見，至於夜半。粲性躁競，起坐曰：『不知公對杜襲道何等也？』洽笑答曰：『天下事豈有盡邪！卿晝侍可矣。悒悒於此，欲兼之乎？』」校注：「范文瀾云：『王粲「輕脆躁競」，未知其事。韋誕謂其「肥戇」，疑「脆」「肥」皆「鋭」之譌也。』……三國志魏志王粲傳：『（劉）表以粲貌寢而體弱通侻（裴注：通侻者，簡易也），不甚重也。』侻與脱通（韋誕謂其「肥戇」之「肥」字，亦「脱」之誤）。疑此處『脆』字爲『脱』之形誤。後漢書列女曹世叔妻傳：『（女誡：）若夫動静輕脱。』……顔氏家訓風操篇：『不可陷於輕脱。』並以『輕脱』爲言。舍人稱『仲宣輕脱』與劉表之以爲『通侻』同，皆謂其爲人簡易也。』「通脱」，放蕩不拘小節。校證：「『輕脆』疑作『輕侻』。」

綴補：「廣雅釋詁一：『脆，弱也。』『輕脆』猶『輕弱』也。魏文帝與吴質書：『仲宣獨自善於辭賦，惜其體弱，不足起其文。』三國志魏志王粲傳：『（劉）表以粲貌寢而體弱通侻，不甚重也。』兩『弱』字並與此『脆』字同義。」

斠詮：「顔氏家訓文章篇云：『王粲率躁見嫌。』『率』即輕脱，『躁』即躁競。躁競，謂躁急競勝也。」

〔一〇〕黄注：「廣韻：惚恫，不得志也。」

校注：「按『惚恫』當與『謥詷』同。三國志魏志程昱傳附孫曉傳：『其選官屬，以謹慎爲粗疏，以謥詷爲賢能。』又臧霸傳：『從事謥詷不法。』玉篇言部：『謥，謥詷，言急也。』魏略：『（韋）仲將云：……孔璋實自麤疏。』（三國志魏志王粲傳裴注引）後漢書皇后紀上：『輕薄謥詷。』注：『言忽遽也。』與玉篇釋同。顧廣圻校：『顔氏家訓：『陳琳實號麤疏。』（按見文章篇）』

斠詮：「惚恫，猶言奔競。抱朴子交際：『惚恫官府之間。』」

〔一一〕校注：「按『貨』字與上『黷貨』重出，疑爲『貸』之形誤。史記孔子世家：『遊説乞貸，不可以爲國。』又王翦傳：『將軍之乞貸，亦已甚矣。』又韓王信傳：『旦暮乞貸蠻夷。』梁書任昉傳：

『世或譏其多乞貸。』鹽鐵論疾貪篇：『乞貸長吏。』並以『乞』『貸』連文。」

斠詮：「魏志陳思王植傳裴注引魏略曰：『丁儀字正禮，沛郡人也。父沖宿與太祖親善，時隨乘輿。……聞儀爲令士，雖未見，欲以愛女妻之。以問五官將，五官將曰：「女人觀貌，而正禮目不便，誠恐愛女未必悦也。以爲不如與伏波子楙。」太祖從之。尋辟儀爲掾。到與論議，嘉其才朗，曰：「丁掾，好士也，即使兩目盲，尚當與女，何況但眇？是吾兒誤我！」時儀亦恨不得尚公主，而與臨菑侯親善，數稱其奇才，太祖既有意欲立植，而儀又共贊之。及太子立，欲治儀罪……欲儀自裁，而儀不能，乃對中領軍夏侯尚叩頭求哀，尚爲涕泣而不能救。後遂因職事收付獄殺之。』案貪婪，謂貪愛財貨也。……乞貸，謂乞求貸免一死也。……後漢書順帝紀：『其餘務從寬貸。』此言儀之貪婪，殆指其恨不得尚魏公主；乞貸殆指其叩頭乞求貸免於夏侯尚歟？」

〔二三〕斯波六郎：「孟子離婁上：『孟子謂樂正子曰：子之從於子敖來，徒餔啜也。我不意子學古之道，而以餔啜也。』趙注：『樂正子本學古聖人之道，而今隨從貴人，無所匡正，故言不意子但餔啜也。』路粹就學蔡邕，後從曹操，無所匡正，承其文旨，指作枉孔融罪狀之奏文等事（魏志王粲傳注引典略）。」

注訂：「後漢書孔融傳：『曹操既積嫌忌，而郗慮復構成其罪，遂令丞相軍謀祭酒路粹枉狀奏融曰：「……大逆不道，宜極重誅。」書奏，下獄棄市。』注：『典略曰：粹字文蔚，陳留人，少學於蔡邕。』路粹貪位弄文而誣賢達，故云無恥也。又顏氏家訓曰：『路粹隘狹已甚。』亦指此事而言。」斠詮：「粹之承指奏融罪，亦徒求飲食耳，恥何與焉！」

校注：「按奏啓篇：『觀孔光之奏董賢，則實其奸回；路粹之奏孔融，則誣其釁惡。名儒之與險士，固殊心焉。』斥粹爲『險士』，書中尚無類似評騭，是於其行徑，鄙之極矣。疑此句所指，仍爲『枉狀奏融』事。……典略：『及孔融有過，太祖使粹爲奏，承旨數致融罪。融誅之後，人覩粹所作，無不嘉其才而畏其筆也。』（三國志魏志王粲傳裴注引）粹之『承旨數致融罪』，『誣其釁惡』，非『餔啜無恥』者，豈甘爲之耶？」

〔一三〕校證本作「潘岳詭譸於懷愍」：「『譸』，舊本作『禱』，黄注本改『譸』。又『懷愍』，原作『愍懷』，今乙正。」校注：「『譸』，元本、弘治本、活字本、汪本、佘本、張本、兩京本……崇文本作『禱』。……按『禱』字是。『詭禱』，即晉書愍懷太子傳所謂『使潘岳作書草，若禱神之文』者也。」

黄注：「晉書愍懷太子傳：賈后將廢太子，詐稱上不和。召太子置別室，逼飲醉之。使潘岳作書草若禱神之文，有如太子素意，因醉而書之。令小婢以紙筆及書草使太子依而寫之，後以呈帝，廢太子。」校證改「愍懷」爲「懷愍」，誤。

考異：「此指潘岳草禱神之文。受賈后之旨，以害愍懷太子也。詭禱本此，『禱』字不誤。又譸，音誅，見説文。書無逸：『譸張爲患。』又與『籌』通，玉篇：『譸，張誑也。』黄本作『譸』，非。」「詭」，欺詐也。

〔一四〕黄注：「（晉書）陸機傳：機好遊權門，與賈謐親善，以進趣獲譏。」（晉書）郭彰傳：「彰，賈后從舅也，與賈充素相親遇，賈后專朝，彰與參權勢，賓客盈門，世人稱爲賈、郭。」范注引顏氏家訓曰：「陸機犯順履險。」

斠詮：「傾仄，謂傾倒邪側也。……漢書蕭望之傳：『傾仄見詘。』師古注：『言其不能持正，故議論大事，見詘於天子也。仄，古側字。』」

〔一五〕晉書傅玄傳：「玄天性峻急，不能有所容。轉司隸校尉，謁者以宏訓宮爲殿内，制玄位在卿下。玄恚怒，厲聲色而責謁者。謁者妄稱尚書所處。玄對百僚而罵尚書以下，御史中丞庾純奏玄不敬，玄又自表不以實，坐免官。」

〔一六〕校證：「『狠』，馮本、汪本、兩京本、作『佷』，王惟儉本作『恨』，日本刊本作『悢』。」

校注：「『狠』，黄校云：『汪作佷。』馮舒校作『佷』。按『佷』字是。元本、弘治本、活字本、張本、兩京本、胡本亦並作『佷』。……逸周書謚法篇：『愎佷（與「佷愎」同）遂過曰刺』，易林恒之噬嗑『狼戾復（與「愎」通）佷』，並其證也。」綴補：「案『狠愎』字正作『很』，『佷』、『狠』並俗。」（晉書）孫楚傳：「楚參石苞驃騎軍事，楚既負其材氣，頗侮易於苞。初至，長揖曰：『天子命我參卿軍事。』因此而嫌隙遂構。苞奏楚與吴人孫世山共訕毁時政，楚亦抗表自理，紛紜經年。」「訟府」，與軍府互控。

〔一七〕斯波六郎：「『有』疑當作『如』。」綴補：「有，猶如也（有、如同義，吳昌瑩經詞衍釋三有說）。」梁書文學傳後贊引姚察曰：「魏文稱古今之文人鮮能以名節自全，何哉？夫文者妙發性靈，獨拔懷抱，易邈等夷，必興矜露，大則凌慢侯王，小則傲蔑朋黨，速忌離訧，啓自此作。若夫屈、賈之流斥，桓、馮之擯放，豈獨一世哉！蓋恃才之患也。」顏氏家訓文章篇：「然而自古文人，多陷輕薄：屈原露才揚己，顯暴君過；宋玉體貌容冶，見遇俳優；東方曼倩滑稽不雅；司馬長卿竊貲無操；王褒過章僮約；揚雄德敗美新；李陵降辱夷虜；劉歆反覆莽世；傅毅黨附權門；班固盜竊父史；趙元叔抗竦過度；馮敬通浮華擯壓；馬季長佞媚獲誚；蔡伯喈同惡受誅；吳質詆忤鄉里；曹植悖慢犯法；杜篤乞假無厭；路粹隘狹已甚；陳琳實號麤疎；繁欽性無檢格；劉楨屈强輸作；王粲率躁見嫌；孔融、禰衡誕傲致殞；楊修、丁廙扇動取斃；阮籍無禮敗俗；嵇康凌物凶終；傅玄忿鬬免官；孫楚矜誇凌上；陸機犯順履險；潘岳乾没取危；顏延年負氣摧黜；謝靈運空疎亂紀；王元長凶賊自貽；謝玄暉侮慢見及。凡此諸人，皆其翹秀者，不能悉紀，大較如此。」

文既有之，武亦宜然。古之將相，疵咎實多：至如管仲之盜竊〔一〕，吳起之貪淫〔二〕，陳平之污點〔三〕，絳灌之讒嫉〔四〕。沿茲以下，不可勝數。

〔一〕訓故：「呂氏春秋：管仲與鮑叔同賈南陽，及分財利，仲嘗欺鮑叔，多自取。」

范注：「説苑尊賢篇：『鄒子説梁王曰：管仲，故成陰之狗盜也，天下之庸夫也。齊桓公得之以爲仲父。』」郝懿行批注：「按禮雜記下篇，但言『管仲遇盜，取二人』，而説苑鄒子遂有管仲盜竊之説，恐亦好事者爲之爾。」

〔二〕黄注：「吳起傳：起聞魏文侯賢，欲事之，文侯問李克曰：吳起，何如人哉？李克曰：起貪而好色，然用兵，司馬穰苴不能過也。」按此見史記。

〔三〕史記陳丞相世家：「絳侯灌嬰等咸讒陳平曰：臣聞平家居時，盜其嫂。事魏不容，亡歸楚；歸楚不中，又亡歸漢。今日大王尊官之，令護軍。臣聞平受諸將金，金多者得善處，金少者得惡處。平，反覆亂臣也。」「污點」，猶言污染。

〔四〕史記賈誼傳：「天子議以賈生任公卿之位，絳、灌、東陽侯、馮敬之屬盡害之。」正義：「絳、灌，周勃、灌嬰也。」

孔光負衡據鼎，而仄媚董賢〔一〕；況班、馬之賤職，潘岳之下位哉〔二〕！王戎開國上秩，而鬻官囂俗〔三〕，況馬、杜之磬懸〔四〕，丁、路之貧薄哉〔五〕！然子夏無虧於名儒〔六〕，濬沖不塵乎竹林者〔七〕，名崇而譏減也〔八〕。

〔一〕詩商頌長發：「實唯阿衡，實左右商王。」傳：「阿衡，伊尹也。」箋：「衡，平也。伊尹，湯所依倚而取平。」斠詮：「負衡據鼎，言位居相國之尊也。古稱宰相曰衡宰……又稱三公大臣曰鼎輔或鼎臣。……仄媚，卑側求媚也，仄，同側。書冏命：『無以巧言令色便辟側媚。』疏：『側媚者，爲僻側之事，以求媚於君。媚，愛也。』」

漢書佞幸傳：「董賢……父恭，爲御史，任賢爲太子舍人。……爲人美麗自喜。哀帝望見，説其儀貌……拜爲黄門郎，由是始幸……寵愛日甚。爲駙馬都尉侍中……常與上臥起。嘗晝寢，偏藉上褏，上欲起，賢未覺，不欲動賢，乃斷褏而起，其愛至此。賢亦性柔和便辟，善爲媚以自固。……初，丞相孔光爲御史大夫，時賢父恭爲御史，事光。及賢爲大司馬，與光並爲三公，上故令賢私過光，光雅恭謹，知上欲尊寵賢，及聞賢當來也，光警戒衣冠出門待，望見賢車乃却入。賢至中門，光入閤，既下車，乃出拜謁，送迎甚謹，不敢以賓客鈞敵之禮，賢歸，上聞之喜。」

〔二〕牟注：「班固爲蘭臺令史，位終竇憲的中護軍，被殺。馬融官至武都太守，拜議郎。比之陳平、孔光等，官位都很低微。潘岳雖熱中名位，官至太傅主簿，即被殺。」

〔三〕訓故：「晉書：王戎，字濬沖，與嵇、阮諸人爲竹林之遊，戎嘗後至，阮籍曰：俗物復來敗人意。戎笑曰：卿輩意亦復可敗耶！……後以平吴功，封安豐侯。戎爲吏部，南郡太守劉肇賂戎筒中細布五十端，爲司隸所糾。帝雖不問，然爲清慎者所鄙。」范注：「（晉書）本傳：『戎以晉室方亂，慕蘧伯玉之爲人，與時舒卷，無蹇諤之節，自經典選，未嘗進寒素，退虚名，但與時浮沈，户調門選而已。』」

斠詮：「開國上秩，謂封號開國，官居上爵也。」

「囂俗」謂囂謗於世俗，即遭謗於世俗。

〔四〕范注：「馬、杜謂司馬相如、杜篤。」

國語魯語上：「室如懸磬，野無青草，何恃而不恐？」韋昭注：「懸磬，言魯府藏空虛，但有榱梁，如懸磬也。」

牟注：「漢書司馬相如傳：『文君夜亡奔相如，相如與馳歸成都，家徒四壁立。』」

〔五〕斠詮：「言丁儀、路粹皆家道貧薄也。（後漢書瞿實傳）〔南史宋文元袁皇后傳〕：『袁氏貧薄，每就上求錢，皇后贍之。』」

〔六〕漢書孔光傳：「孔光字子夏，孔子十四世之孫也。」漢書王莽傳：「莽以光爲舊相名儒，天下所信。」

〔七〕校證：「馮本、汪本、佘本、兩京本『濬』誤『璿』，徐校『濬』。」按元刻本作「璿」。

「竹林」是嵇康、阮籍、王戎等七人遊息之所，世稱「竹林七賢」。「塵」謂污染。

晉書王戎傳：「（王戎）嘗經黃公酒壚下過，顧謂後車客曰：『吾昔與嵇叔夜、阮嗣宗酣暢於此，竹林之遊，亦預其末。自嵇、阮云亡，吾便爲時之所羈紲。今日視之，雖近，邈若山河。』」

〔八〕王元化劉勰身世與士庶區別問題：「『古之將相……丁、路之貧薄哉！』——這裏列舉的前人，僅西晉王戎時間最近，且出身勢豪（晉書王戎傳說他「好興利，廣收八方園田，水碓周遍天下，積實聚錢，不知紀極」)，其餘管仲以下諸人，已經年代綿邈，似乎與士庶區別問題無關。細審其旨，我們可以看出，劉勰在這裏含有借古諷今的深意，表面似在指摘古代將相，實際卻是箴砭當時顯貴。奏啓篇以『不畏强禦，氣流墨中，無縱詭隨，聲動簡外』的强項敢言作風爲楷式。諧隱篇用『心險如山，口壅若川，怨怒之情不一，歡謔之言無方』來解釋民間嘲謳産生的原因，也都是從這種精神出發的。」

若夫屈賈之忠貞，鄒枚之機覺〔一〕，黄香之淳孝〔二〕，徐幹之沈默〔三〕，豈曰文士，必其玷歟〔四〕？

〔一〕訓故：「漢書：鄒陽、枚乘俱上書諫吴王濞，不聽，去遊梁，後濞竟以謀逆誅滅。」漢書鄒陽傳：「吴王濞……陰有邪謀，陽奏書諫……吴王不内其言。……於是鄒陽、枚乘、嚴忌知吴不可説，皆去之梁。」「機覺」，機敏、警覺。

〔二〕後漢書文苑傳：「黄香……年九歲失母，思慕憔悴，殆不免喪。事父至孝。香家貧，内無僕妾，躬執苦勤，盡心奉養。年十二，太守劉護聞而召之，署門下孝子，甚見愛敬。遂博學經典，究精道術，能文章，京師號曰：天下無雙，江夏黄童。肅宗詔香詣東觀，讀所未嘗見書。和帝時，官至尚書令，祗勤物務，憂公如家。在位多所薦達，遷魏郡太守，坐事免。」

〔三〕黄注：「魏志：徐幹字偉長。魏文帝書：『偉長懷文抱質，恬淡寡欲，有箕山之志，可謂彬彬君子矣。著中論二十餘篇，成一家之言，辭義典雅，足傳於後。』」范注：「魏志王粲傳注引先賢行狀：『幹清玄體道，六行修備，聰識洽聞，操翰成章，輕官忽祿，不耽世榮。』」斯波六郎：「案黃注引曹丕又與吳質書，范氏別引先賢行狀，或補黃注之意，果如此，則寧引王昶戒子姪書所云：『北海徐偉長，不洽名高，不求苟得，澹然自守，惟道是務，其有所是非，則託古人以見其意，當時無所褒貶。吾敬之重之，願兒子效之。』（魏志王昶傳）『沈默』之注，較爲適切。」

〔四〕「玷」，玉的缺點，引申爲人的過失。注訂：「句本魏文與吳質書『類不護細行』語。」

以上爲第二段，列舉歷代文人在品德上的缺點，繼論將相在品德上亦有缺失，但又舉屈原等完善之文人作爲對照，以見未必文人皆無行。

蓋人稟五材，修短殊用〔一〕；自非上哲，難以求備。然將相以位隆特達〔二〕，文士以職卑多誚；此江、河所以騰涌，涓流所以寸折者也〔三〕。名之抑揚〔四〕，既其然矣；位之通塞，亦有以焉〔五〕。

〔一〕「五材」，有二解：（一）指五行。左傳襄公二十七年：「天生五材，民並用之，廢一不可。」杜注：「金、木、水、火、土也。」（二）六韜龍韜論將：「將有五材十遇。所謂五材者，勇、智、仁、信、忠也。」序志：「夫人肖貌天地，稟性五才。」「五材」，即五才。

〔二〕斠詮：「特達，謂特殊通達也。……後引用爲特出之義。世説新語：『王丞相謂顧和曰：此子珪璋特達，機警有鋒。』」按此見言語篇。

牟注：「特達：超出儕輩之上。這裏和下句『多誚』對舉，指受到特別原諒。王褒四子講德論：『夫特達而相知者，千載之一遇也。』這是指文人受朝廷的特殊知遇。從這個意義看，劉勰的『將相以位隆特達』，更有深刻的諷意。」

〔三〕校注：「『湧』，顧廣圻校作『涌』。按『湧』爲『涌』之或體，顧校是。」

范注：「陳先生曰：『江、河所以騰涌，涓流所以寸折。』語意本荀子王霸篇：『小巨分流者，亦一若彼，一若此也。』」「騰涌」，指水勢奔騰。「涓流」，謂涓涓細流。

牟注：「寸折：喻職卑的文士在發展道路上困難曲折極多。」

〔四〕「抑揚」，校證本誤作「揚抑」。

〔五〕牟注：「這個原因，既包括上述『將相以位隆特達』的一面，也指下述文人是否達於政事的一面，反映了劉勰既不滿於現實，而又存有一定幻想的思想。」

王元化劉勰身世與士庶區別問題：「這一段話最早爲魯迅所重視，他曾經在摩羅詩力説中加以援引並指出説：『東方惡習盡此數語。』從這段話裏，我們可以清楚看到劉勰對於當時等級森嚴的門閥制度所產生的種種惡習感到了憤懣和不平。正如校釋所説，他一方面慨歎於布衣寒族無所憑藉而易招譏謗，另一方面不滿於貴胄士流位高任重而常邀虛譽。史傳篇：『勳榮之家，雖庸夫而盡飾；迍敗之士，雖令德而常嗤。吹霜煦露，寒暑筆端，此又同時之枉，可爲嘆息者也！』劉勰推崇『良史直筆』，而指摘某些史臣文士專以門閥高低作爲褒貶的標準，亦同申此旨。」

摩羅詩力説四：「顧窘戮天才，殆人群恒狀，滔滔皆是，寧止英倫（按指裴倫 Byron 事）。中國漢晉以來，凡負文名者，多受謗毁，劉彦和爲之辯曰：『人稟五材，修短殊用，自非上哲，難以求備。然將相以位隆特達，文士以職卑多誚，此江、河所以騰涌，涓流所以寸折者。』東方惡習，盡此數言。」

郭注：「本段實感慨於身世之言。」

劉勰對「文人無行」問題進行辯護説：人往往有偏材，「自非上哲，難以求備」。作了將相的那般達官貴人，他們的品行不一定比文人好，然而他們的政治地位高，有權有勢，名位高了，就減少了人家對他們的諷刺。而文人的職位，一般是低下的、卑賤的，稍有不慎，就往往受到别人的譏誚。劉勰對於這一點是憤懣不平的。但是由於時代的局限，劉勰没有看到這是由士族和寒門之間的階級差異造成的惡習，反而引起他從事政治活動的願望。所以才説：「安有丈夫學文而不達於政事哉！」

蓋士之登庸〔一〕，以成務爲用〔二〕。魯之敬姜，婦人之聰明耳；然推其機綜，以方治國〔三〕。安有丈夫學文〔四〕，而不達於政事哉〔五〕！

〔一〕斠詮：「登庸，謂升而用之也。書堯典：『疇咨若時登庸。』孔疏：『堯任羲和，衆功已廣，復求賢人，欲任用之。』呂祖謙曰：『登庸者，大用之意也。』」

〔二〕斠詮：「成務，謂成就事業也。」易繫辭上：「夫易，開物成務，冒天下之道，如斯而已者也。」疏：「言易能開通萬物之志，成就天下之務。」

〔三〕訓故：「國語：敬姜，公父文伯之母也。方績，文伯曰：『以歜之家，而主猶績，懼忓季孫之怒也。』歎曰：『……昔聖王之處民也，擇瘠土而處之，勞其民而用之。男女效績，愆則有辟，古之制也。』」按此見魯語下。

梅注：「國語曰：公父文伯退朝，其母方績。文伯曰：『以歜之家，而主猶績，懼忓季孫之怒也，其以歜爲不能事主乎！』其母嘆曰：『魯其亡乎！……昔聖王之處民也，擇瘠土而處之，勞其民而用之，故長王天下。夫民勞則思，思則善心生；逸則淫，淫則忘善，忘善則惡心生。沃土之民不材，逸也；瘠土之民莫不嚮義，勞也。……自庶人以下，明而動，晦而休，無日以怠。王后親織玄紞，公侯之夫人加以紘綖，卿之內子爲大帶，命婦成祭服，列士之妻加之以朝服。自庶士以下，皆衣其夫。……男女効績，愆則有辟，古之制也。』」

顧廣圻校：「列女傳：文伯相魯，敬姜謂之曰：吾語汝：治國之要，盡在經矣。夫幅者所以正曲枉也，不可不彊，故幅可以爲將。畫者所以均不均，服不服也（按見母儀魯季敬姜傳）。」

范注引李雁晴此下復有「故畫可以爲正。推而往引而來者，綜也；綜可以爲開内之師」數句，始與正文「推其機綜，以方治國」相應。斠詮：「機綜，機杼之綜縷也。黄庭堅題王仲弓兄弟巽亭詩：『溪毛亂錦纈，候蟲響機綜。』用語本諸彦和。」

〔四〕校注：「『丈』，汪本、佘本、張本、兩京本、胡本並作『大』。按此文爲反應上文『魯之敬姜，婦人之聰明耳』之詞；『大』字非是。諸子篇贊『丈夫處世』，元本、活字本等亦誤『丈』爲『大』也。」按元刻本、弘治本亦作「大」。

〔五〕王元化劉勰身世與士庶區別問題：「這裏以婦人聰明來説明學文以達政之旨，寓有箴貶時弊之意。當時士族多不問政事，流風所扇，雖所謂英君哲相亦不能免，甚至武人亦沿其流。朝士曠職，多見寬容。齊書褚淵傳稱：『貴仕素資，皆由門庭，平流進取，坐至公卿。』則知殉國之感無因，保家之念宜切。』梁書何敬容傳載姚察之論曰：『宋世王敬弘，身居端右，未嘗省牒。風流相尚，亦流遂遠。望白署空，是稱清貴，恪勤匪懈，終滯鄙俗。是使朝經廢於上，職事墮於下。』陳書後主紀論曰：『自魏正始、晉中朝以來，貴臣雖有識治者，皆以文學相處，罕關庶務，朝章大典，方參議焉。文案簿領，咸委小吏，浸以成俗。迄至於陳，後主因循，未遑改革。』這類情況，史不絶書，幾乎隨處可見。士流不問政事是由於尚於玄虚，貴爲放誕。事實上，玄談在當時已成了登仕之階。世説新語曾記張憑因清談得到劉真長賞識而被舉爲太常博士。任彦昇在爲蕭揚州作薦士表中更直截了當地提出『勢門上品猶當格以清談』。這些都説明了屬言玄遠方能入仕。劉勰在明詩篇中也批評了江左玄風『嗤笑徇務之志，崇盛亡機之談』的不良傾向。議對篇則以貴媵還珠之喻斥責了『不達政體』的浮華文風。這種批評和程器篇『學文達政』的主張是聲氣相通，原則同貫的。」

彼揚、馬之徒，有文無質，所以終乎下位也〔一〕。昔庾元規才華清英〔二〕，勳庸有聲〔三〕，故文藝不稱〔四〕；若非台岳〔五〕，則正以文才也〔六〕。

〔一〕校注：「文選班固典引序：『司馬相如洿行無節，但有浮華之辭，不周於用。』」

〔二〕文選庾亮讓中書令表注：「何法盛晉書：潁川庾録曰：亮，字元規，爲中書郎。肅祖欲使爲中書監，上疏，肅祖納亮言，封永昌公，後還司馬録尚書事，薨。」章表篇范注：「晉書庾亮傳：庾亮，字元規，明帝即位，以爲中書監，亮上書讓曰云云。」晉書庾亮傳：「亮美姿容，善談論，性好莊老，風格峻整。……元帝爲鎮東時，聞其名，辟西曹掾。及引見，風情都雅，過於所望，甚器重之。」

〔三〕斠詮：「勳庸，猶勳功、勳勞。……周禮天官司勳：『民功曰庸。』詩王風兔爰：『我生之初尚無庸。』鄭箋：『庸，勞也。』」

〔四〕大戴禮文王官人：「有隱於知理者，有隱於文藝者。」「文藝」，指文章之學。

〔五〕斠詮：「台岳，三公宰相之位。……案台岳指三台四岳。三台，本爲天之三台星，以應國之三公：太尉，司徒，司空。……書堯典：『帝曰：咨四岳。』傳：『四岳……分掌四岳之諸侯，故稱焉。』」

〔六〕牟注：「文才：房玄齡等『史臣』認爲，庾亮的文才比他的治才更高，所以説：『然其筆敷華藻，吻縱濤波，方駕搢紳，足爲翹楚。而智小謀大，昧經邦之遠圖；才高識寡，闕安國之長算。』（晉書庾亮傳論）劉勰則多稱其『筆』才，『庾以筆才逾親』（時序）；『庾元規之表奏，靡密以閑暢』（才略）；『庾公之讓中書，信美於往載』（章表）等。」

文武之術，左右惟宜〔一〕。郤縠敦書，故舉爲元帥〔二〕，豈以好文而不練武哉〔三〕！孫武兵經〔四〕，辭如珠玉，豈以習武而不曉文也！

〔一〕吴林伯文心雕龍諸家校注商兑：「司馬法：『文與武，左右也。』」

牟注：「左右惟宜，指文武兼備。」

向德方文心雕龍諸家校注質疑：「易泰：『以左右民。』或詩長發：『實左右商王。』因爲程器的本意不是説文臣武將，而是指文材武略，應該互相輔助。……上引易詩的『左右』，就是輔助之意。」（社會科學戰綫一九八三年第二期）

〔二〕校證：「汪本、佘本、兩京本，『敦』誤『郭』。」

黄注：「左傳：晉侯蒐於被廬，作三軍，謀元帥。趙衰曰：郤縠可。臣亟聞其言矣，説禮樂而敦詩書。」按此見僖公二十七年。疏：「説，謂愛樂之；敦，謂厚重之。心説禮樂，志重詩書。」

〔三〕王元化劉勰身世與士庶區別問題：「劉勰爲什麽以文人習武作爲衡量梓材之士的標準呢？此説人多以爲異。但是，我們如果參照一下當時的時代背景，也就不難發現劉勰倡立此説的由來。史稱『齊梁之際，内難九興，外寇三作』，劉勰撰文心雕龍正在此時。當時中原淪喪已久，北魏遷都洛陽，出兵南侵，蕭齊皇朝不僅毫無禦侮決心，反而不斷演出了自相殘殺的醜劇。南渡後，士族偏安江左，過着糜爛腐朽的生活，耽好聲色，體羸氣弱。這一點，可引顔氏家訓勉學篇的一段文字來説明：『梁朝全盛之時，貴游子弟，多無學術，至於諺云：「上車不落則著作，體中何如則秘書。」無不熏衣剃面，傅粉施朱，架長檐車，跟高齒屐，坐棋子方褥，憑斑絲隱囊，列器玩於左右，從容出入，望若神仙。夫射御書數，古人並習，未有柔靡脆弱如齊梁子弟者。士習至此，國事尚可問哉？』劉勰就是在這種情況下提出文事武備並重之論的。」按劉勰傳「父尚，越騎校尉」，是個武官。

校釋：「此以文事武備並重，初覲之甚異，實亦深中時弊之論也。顔之推家訓有論梁世士大夫文弱之弊二節，證以舍人之言，知蕭梁以前，士習已然矣。家訓涉務篇曰：『梁世士大夫，皆尚褒衣博帶，大冠高履，出則車輿，入則扶侍。郊郭之内，無乘馬者。』又曰：『及侯景之亂，膚脆骨柔，不堪行步，體羸氣弱，不耐寒暑，坐死倉卒者，往往而然。建康令王復，性既儒雅，未嘗乘騎，見馬嘶歕陸梁，莫不震懾，乃謂人曰：「正是虎，何故名爲馬乎？」其風俗如此。』又勉學篇曰：『梁朝全盛之時……國事尚可問哉？』（見上引）然則舍人此論，不特有斯文將喪之懼，實懷神州陸沉之憂矣。」

饒宗頤文心雕龍探原劉勰文學見解之淵源：「二曰：文與武。詩云：『允文允武。』禮云：『故可以爲文，可以爲武。』左傳：『有文事者，必有武備。』文武本自異途，彥和則合一之，既主華實相勝，且力倡文武兼資。故譏『揚、馬之徒，有文無質，所以終乎下位』，而言『文武之術，左右爲宜』。郤縠、孫武可爲楷式，是以『摛文必在緯軍國』，此雖本周書梓材之説，貴器用而兼文采，實亦取乎詩『允文允武』之意，與晉宋文人見解迥殊，要亦依經以立論者也。」

〔四〕范注：「史記孫子傳：『孫武以兵法見於吳王闔廬。闔廬曰：子之十三篇，吾盡觀之矣，可以小試勒兵乎？對曰：可。』正義引七録云：孫子兵法三卷。案十三篇爲上卷，又有中下二卷。」呂氏蒙訓「孫子文章妙處」條：「孫子十三篇，論戰守次第，與山川險易、長短、小大之狀，皆曲盡其妙。摧高發隱，使物無遁情，此尤文章妙處。」

孫星衍孫子兵法序：「其書通三才五行，本之仁義，佐以權謀，其説甚正，古之名將用之則勝，違之則敗，稱爲兵經。比於六藝，良不媿也。」

以上爲第三段，提出文人不但應注意道德品質，還要通曉軍政大事，做到能文能武。

是以君子藏器，待時而動〔一〕，發揮事業〔二〕；固宜蓄素以弸中〔三〕，散采以彪外〔四〕，楩柟其質，豫章其幹〔五〕。

〔一〕校注：「易繫辭下：『君子藏器於身，待時而動。』」疏：「猶若君子藏善道於身，待可動之時而興動。」

〔二〕斯波六郎：「周易坤文言：『君子黄中通理，正位居體，美在其中，而暢於四支，發於事業，美之至也。』此『發揮事業』之下，疑文辭脱一句。原道第一有『發揮事業，彪炳辭義』。事業與辭義相對。」

〔三〕校注：「『弸』，元本、弘治本、汪本、張本、兩京本、胡本作『剛』；何本、梅本、凌本、合刻本、梁本……岡本、尚古本作『綳』。……佘本、訓故本……崇文本並作『弸』。按『剛』、『綳』字皆誤。法言君子篇：『或問：「君子言則成文，動則成德，何以也？」曰：「以其弸中而彪外也。」』李注：『弸，滿也。』即舍人『弸中』二字所本（下句亦用『彪外』二字）。」校證：「『弸』，陳本、鍾本、梁本、梅本、梅六次本、日本刊本、張松孫本作『綳』。馮本、汪本、兩京本、馮校本作『剛』。案揚子法言君子篇：『弸中而彪外。』此彦和所本。司隸校尉魯峻碑：『弸中獨斷，以效其節。』亦作『弸中』。説文：『弸，弓彊貌。』引伸爲凡彊之稱，作『綳』作『剛』皆誤。」「素」，指人的才德。注訂：「弸音崩，又讀上聲。……廣雅：『滿也。』」

〔四〕校證：「『采』原作『悉』，梅據龔方中改，徐校同。案王惟儉本作『采』，不誤。」揚子法言君子篇李注：「彪，文也。積行内滿，文辭外發。」

考異：「上言蓄素，此言散采，從梅本是。」

〔五〕黄注：「陸賈新語：『楩枏豫章，天下之名木，立則爲大山衆木之宗，仆則爲世之用。』」范注：「漢書司馬相如傳：『其北則有陰林巨樹，楩枏豫章。』服虔曰：『豫章，大木也。』顔注：『楩，音便，即今黄楩木也。枏音南，今所謂楠木。』史記司馬相如傳正義：『按温活人云：豫，今之枕木；章，今之樟木也。二木生至七年，枕樟乃可分别。』」「質」，指木質，

摛文必在緯軍國，負重必在任棟梁〔一〕；窮則獨善以垂文，達則奉時以騁績〔二〕。若此文人，應梓材之士矣〔三〕。

〔一〕校證：「『負』原作『賢』，梅據龔改。案馮本、兩京本、王惟儉本作『負』，今據改。」校注：「元本、弘治本、活字本、汪本、佘本、張本、兩京本……並作『負』。按龔改是也。」這兩句説寫文章的目的在於經邦緯國，肩負重任則是爲了作棟梁之材。

〔二〕斯波六郎：「孟子盡心上：『窮則獨善其身，達則兼善天下。』」論語述而：「用之則行，捨之則藏。」顔氏家訓文章篇：「朝廷憲章，軍旅誓誥，敷顯仁義，發明功德，牧民建國，施用多途。」

〔三〕黄評：「此篇於文外補修行立功，制作之體乃更完密。」

校釋：「末段總論此篇要旨作結，全篇文意，特爲激昂，知舍人寄慨遥深，所謂發憤而作者也。」

王元化劉勰身世與士庶區別問題：「此説出於儒家。孔子：『用之則行，捨之則藏。』孟子：『得志，澤加於民；不得志，修身見於世。窮則獨善其身，達則兼善天下。』是其所本。這種人生觀決定了劉勰的憤懣和不平，不會超越『在邦無怨，在家無怨』的儒家思想界綫。紀昀説他由於鬱鬱不得志而發憤著書，這個論斷，大體不差。諸子篇『身與時舛，志共道申』的感歎，也同樣説明了『窮則獨善以垂文』的道理。

「根據上面的引文和説明來看，程器篇在許多場合都對士庶區別這一社會現象提出了批評，而這種批評是正符合於一個貧寒庶族的身份的。」

第四段提出理想的「君子」要有文有質，寫文章的目的在於經邦緯國，作棟樑之材。

贊曰：瞻彼前修，有懿文德〔一〕。聲昭楚南，采動梁北〔二〕。雕而不器〔三〕，貞幹誰則〔四〕？豈無華身，亦有光國〔五〕。

〔一〕斠詮：「言瞻望古之先賢，有美文亦有美德也。」校注：「按易小畜象辭：『君子以懿文德。』」抱朴子尚博篇：「或曰：德行者，本也；文章者，末也。故四科之序，文不居上。抱朴子答曰：且文章之與德行，猶十尺之與一丈，謂之餘事，未之前聞。……且夫本不必皆珍，末不必悉薄，譬若飾繡之因素地，珠玉之居蜯石，雲雨生於膚寸，江河始於咫尺，爾則文章雖爲德行之弟，未可呼爲餘事也。」

〔二〕范注：「聲昭楚南，謂屈、賈；采動梁北，謂鄒、枚。」

〔三〕校注：「按法言寡見篇：『或曰：「良玉不彫，美言不文，何謂也？」曰：「玉不彫，璵璠不作器。」』『雕』與『彫』通。」「雕而不器」，只修飾文采而不提高才德。

〔四〕郭注：「『貞幹』，即『貞榦』，亦即『楨榦』。尚書費誓：『峙乃楨榦。』」按論衡語增：「夫三公鼎足之臣，王者之貞幹也。」築牆所用的木柱，豎在兩頭的叫楨，豎在兩旁的叫幹。引申爲支持、骨幹。

三國志吴志陸凱傳：「皆社稷之貞幹，國家之良輔。」斠詮：「易乾文言：『貞者事之榦也。』程傳：『貞者榦事之用也。』本義：『榦木之身，而枝葉所依以立者也。』莊子列御寇：『以仲尼爲貞幹，國其有瘳乎？』成疏：『言仲尼有忠貞幹濟之德。』以上兩句，「言士之文才雖美，而德行未修者，猶如玉之雖經雕琢而不作器，誰可爲忠貞幹濟之準則乎？」才略篇：「並楨幹之實才，非群華之韡蕚也。」

〔五〕斠詮：「言欲治國必先修身，豈有未華美身行而可光寵國家乎？……光國，猶華國。陸雲張二侯頌：『文敏足以華國。威略足以振衆。』」按此二句之意：文人注重品德，不僅有增本身的華采，而且能爲國争光。

序志第五十

孔安國尚書序：「書序，序所以爲作者之意。」

本篇云：「長懷序志，以馭群篇。」

陳懋仁文章緣起注：「序者，所以序作者之意，謂其言次第有序，故曰序也。」

紀評：「此全書之總序。古人之序皆在後，史記、漢書、法言、潛夫論之類，古本尚斑斑可考。」如吕氏春秋之敘意篇，史記之太史公自序，論衡之對作篇與自紀篇，抱朴子之外篇自叙均在後。至蕭統編文選，鍾嶸作詩品，乃將序提至書前。

本篇就是全書的自序。篇名所以叫「序志」，是作者通過這篇書序來表達自己的志願。本篇説明寫這部書的意義、動機和目的，也介紹了全書的主要内容和組織結構，以及作者寫書的態度。

夫文心者，言爲文之用心也〔一〕。昔涓子琴心，王孫巧心〔二〕，心哉美矣，故用之焉〔三〕。古來文章，以雕縟成體〔四〕，豈取騶奭之群言「雕龍」也〔五〕！

〔一〕校注：「按文賦：『余每觀才士之所作，竊有以得其用心。』」章學誠云：「古人論文，惟論文辭而已。自劉勰氏出，本陸機之説，而昌論『文心』。」（文史通義文德）

〔二〕梅注：「楊用脩云：涓子琴心見列仙傳。」黄注：「文選注：涓子，齊人，好餌術，隱於宕山，著琴心三篇。」札記：「涓子，蓋即史記孟子荀卿列傳之環淵。環淵，楚人，爲齊稷下先生（此列仙傳所以稱爲齊人），言黄老道德之術，著書上下篇（琴心蓋即此書之名，猶王孫子一名巧心也）。『環』，一作『蠉』，一作『蜎』，聲類並同。」范注：「漢書藝文志道家：『蜎子十三篇。』自注：『名淵，楚人，老子弟子。』又儒家：『王孫子一篇。』自注：『一曰巧心。』清人嚴可均、黄以周、馬國翰都有輯本。嚴曰：『王孫是姓，不知其名。』」

文選王儉褚淵碑文：「間以琴心。」李善注引列仙傳：「涓子作琴心三篇。」嵇康琴賦李善注亦引列仙傳：「涓子者，齊人……其琴心三篇有條理焉。」胡應麟少室山房筆叢卷三甲部經籍會通：「王孫子一篇，見漢志儒家。注：『一名巧心。』劉勰雕龍末所稱『王孫巧心』即此。」

〔三〕梅注：「『焉』字元脱，按廣文選補。」校證：「馮本、汪本、佘本、兩京本、王惟儉本、梁書本傳『故』上有『夫』字。」

校注：「黄校云：『一本（故）上有「夫」字；（焉）元脱，按廣文選補。』梁書劉勰傳、佘本、訓故本、謝鈔本並有『夫』字『焉』字……元本、弘治本、活字本、汪本、張本、兩京本、胡本並有『夫』字。按尋繹語氣，『夫』字當有，屬上句讀。論語子罕：『子曰：苗而不秀者，有矣夫！秀而不實者，有矣夫！』即『矣夫』連文之證。」

綴補：「案明馮琦經濟類篇五四引作『心哉美矣，夫故用之焉』。梁書劉勰傳同。『夫故』複語，夫猶故也。莊子應帝王篇：『而以道與世亢，必信。夫故使人得而相汝。』（又見列子黄帝篇）論衡死僞篇：『先君必欲一見群臣百姓也，夫故使欒水見之於是也。』亦並以『夫故』連文，與此同例。黄本無夫字，非也。明嘉靖本作『心哉美矣，夫故用之』，脱『焉』字。」斠詮：「夫故，複語，『夫』亦『故』也，説見裴學海古書虚字集釋卷十『夫』字條。」按裴氏集釋專釋先秦兩漢之書，未必適用於齊梁。

「心哉美矣」可能有兩方面的含義：一以爲心是美的，一以爲「心」這個詞是美的。注訂：「琴心、巧心云者，明『心』字所本，『雕龍』二字亦本史記『雕龍奭』而不盡同其義，故曰豈取云云。」

〔四〕情采篇：「聖賢書辭，總稱文章，非采而何？」范注：「釋名釋言語：『文者，會集衆綵以成錦繡，會集衆字以成辭義，如文繡然也。』」札記：「此與後章『文繡鞶帨』離本彌甚之説，似有差違，實則彦和之意，以爲文章本貴修飾，特去甚去泰耳。全書皆此旨。」

〔五〕校證：「『豈』讀爲『冀』，文選曹子建朔風詩：『豈云其誠。』李注引蒼頡云：『豈，冀也。』禮記檀弓下釋文：『「庶覬」音冀，本又作「幾」，音同。』」又：「『取』，兩京本作『效』，讀書引十二同。徐校亦同。」按元刻本、弘治本以下，「取」均作「效」。

校注：「按梁書、活字本、佘本、訓故本、四庫本並作『取』……原道篇『取象乎河洛』，奏啓篇

『取其義也』，書記篇『取象於夬』，又『蓋取乎此』，其『取』字義並與此同，則作『效』非是。又按蔡中郎文集故太尉喬公廟碑：『文繁雕龍。』以『雕龍』一典喻文，當以此爲首見。」按元刻本、訓故本「騶」作「鄒」。「之」字，佘本、訓故本、廣文選四二引並無。

考異：「言豈取者，是用雕龍一辭，而非效法雕龍之體，從取爲長。」

史記孟子荀卿列傳：「騶奭者，齊諸騶子，亦頗采騶衍之術以紀文。……騶衍之術，迂大而閎辯，奭也文具難施……故齊人頌曰：談天衍，雕龍奭。」集解：「劉向別録曰：騶衍之所言五德終始，天地廣大。盡言天事，故曰『談天』。騶奭修衍之文，飾若雕鏤龍文，故曰『雕龍』。」漢書藝文志：「鄒奭子十二篇。」原注：「齊人，號曰雕龍奭。」後漢書崔駰傳贊：「崔爲文宗，世禪雕龍。」章懷注引劉向別録曰：「言騶奭脩飾之文，若雕龍文也。」文選卷三十六任昉宣德皇后令：「文擅雕龍。」李善注：「七略曰：鄒奭子，齊人。齊爲之語曰『雕龍赫赫』，言鄒奭之術，文飾之若雕鏤龍文。」五臣注：「良曰：言專擅於文，若雕鏤之彩飾成也。」時序篇：「騶奭以雕龍馳響。」劉向新序雜事（五）葉公好龍：「屋室雕文以寫龍。」

凌廷堪校禮堂文集祀古辭人劉舍人勰云：「雕龍兮命篇，匪談天兮好奇。」

斠詮：「劉向別録云：『騶奭修衍之文，飾若雕鏤龍文，故曰雕龍。』而此雕龍與史記鄒奭『頗樂騶衍之術，文具難施』而得『雕龍奭』渾號，其文無異，其義則不盡相同，故曰：『豈取騶奭之群言雕龍也！』然則文心乃就才情而論文，雕龍乃就技巧而論文，如易今題，則宜曰『論文章之原理與技巧』，亦即論文章之義法也。」

又：「豈，反詰詞，與此句末『也』字語氣相應，古『也』字讀如『邪』。王利器讀『豈』爲『冀』，殆以『也』字爲決斷詞而然，非其義。」李慶甲文心雕龍書名發微：「『豈』字除用作否定副詞外，還可用作推度副詞，在陳述句中表示『大概』、『也許』的意思，在反問句中則可解釋爲『難道不是』的意思。」他譯這句話爲：「難道不是由於前人曾用以稱贊過修飾語言有如雕刻龍文的騶奭，因而也采用了它嗎？」（油印本）説亦可通。

按這幾句話的意思是説：他的書所以取名「雕龍」，是因爲自古以來的好文章都是經雕飾而成的，像龍文一樣雅麗。但這種雕飾是順乎自然的，哪裏像騶奭那樣寫文章，像雕鏤龍文一樣費勁，致使群衆稱他爲「雕龍奭」呢！這説明劉勰主張寫文章要用心思表現出自然之美，而不要雕琢過分。這是針對當時的文風而發的。文鏡秘府論序：「不尋千里，蛇珠自得；不煩旁搜，雕龍可期。」合於劉勰本旨。

夫宇宙綿邈〔一〕，黎獻紛雜〔二〕，拔萃出類〔三〕，智術而已。歲月飄忽，性靈不居〔四〕，騰聲飛實〔五〕，制作而已〔六〕。夫肖貌天地〔七〕，稟性五才〔八〕，擬耳目於日月〔九〕，方聲氣乎風雷〔一〇〕，其超出萬物，亦已靈矣〔一一〕。形同草木之脆〔一二〕，名踰金石之堅，是以君子處世，樹德建言〔一三〕，豈好辯哉？不得已也〔一四〕！

〔一〕校證：「『綿』，兩京本作『寥』。」抱朴子暢玄：「緜邈乎其遠也。」

〔二〕校證：「『黎』，兩京本誤『文』。尚書益稷：『萬邦黎獻。』僞孔傳：『獻，賢也。』此彦和所本。大誥：『民獻有十夫。』封禪篇亦有『黎獻』語。」校注：「『黎』，兩京本、胡本作『文』。按『文』字與下文不應，非是。書益稷：『萬邦黎獻。』此『黎獻』二字所自出。封禪篇曾用之。諸子篇：『百姓之群居，苦紛雜而莫顯。』語意與此略同，亦可證。」范注：「黎獻謂衆賢。」注訂：「黎獻，黎民之賢者也，見書蔡注。」

〔三〕「類」字，元刻本、弘治本作「穎」。校證：「『類』，汪本、兩京本誤『穎』。孟子公孫丑篇：『出乎其類，拔乎其萃。』此彦和所本。」

〔四〕校證：「廣文選原校云：『「性」或作「聖」。』『居』，兩京本作『遏』，誤。李詳云：『孔融論盛孝章書：「歲月不居。」』此彦和所本。」

校注：「陸機嘆逝賦：『時飄忽其不再。』」

斠詮：「性靈，即精氣。陶弘景答趙英才書：『任性靈而直往。』不居，謂不停息。禮記月令：『師興不居。』注：『不居謂衆風行不休止也。』」

蔣祖貽序志篇疏證（本篇以下引蔣氏語皆同此）：「性靈，作『生命』解。王充論衡自紀篇『著養性之書十六篇』，會稽典録作養生之書可證。按文心原道篇：『惟人參之，性靈所鍾，是謂三才。』又文心情采篇：『綜述性靈，敷寫器象。』此兩處均應解爲『靈慧之性』，即人類所獨具的智慧與才能。『性靈不居』也可以解釋爲一個人的生命和智慧不能長存於宇宙之間，只有著書立説纔能流傳於後世。……本篇贊内『生也有涯，無涯惟智』等語亦有此意。」（見文心雕龍論叢）

〔五〕黄注：「封禪文：『蜚英聲，騰茂實。』」

宋書謝靈運傳論：「爰逮宋氏，顔、謝騰聲。」「實」，指成果。

〔六〕清袁守定佔畢叢談卷五談文：「蘇文忠曰：『生前富貴，死後文章。』（見集注分類東坡詩卷十三薄薄酒首）劉舍人曰：『歲月飄忽，性靈不居，騰聲飛實，制作而已。』……若既無補於國家，又無與於斯道……與蜉蝣之朝生暮死何異？」葉長青文心雕龍雜記：「此即諸子篇所謂入道見志之書。太上立德，其次立言，百姓之群居，苦紛雜而莫顯；君子之處世，疾名德之不章。唯英才特達，則炳耀垂文，騰其姓氏，懸諸日月。彦和蓋隱然自寓。」

〔七〕元刻本、弘治本「夫」下有「有」字。

校證：「『夫』下汪本、張之象本、兩京本、梅本、黄注本、讀書引有『有』字，謝云：『「有」宜作「其」。』梅云：『衍。』梅六次本，據曹改『有』爲『自』，日本刊本從之。佘本、王惟儉本、天中記三七、廣文選、梁書並無『有』字或『自』字，今據删。」

補注：「詳案漢書刑法志：『夫人宵天地之額，懷五常之性。』彦和語本此。顔注：『宵義與肖同。額，古貌字。』」札記：「此『有』字當作『人』字。」校釋：「此文『有』字一作『自』，皆『肖』

字之誤而衍者。」

綴補：「天中記三七、經濟類編、喻林八六引此並無『有』字，梁書同。『有』蓋肖字之誤而衍者。」

〔八〕「五才」元刻本、弘治本以下均作「五行」，黄注本改。校證：「案作『才』是，程器篇：『人稟五材。』梁書亦作『才』。」徐復文心雕龍正字：「按作『行』字是。原道篇云：『爲五行之秀，實天地之心。』語與此同。性程器篇有『人稟五材』句，則作『才』亦通。」按「五才」就是「五行」：金、木、水、火、土。後漢書馬融傳：「五才之用，無或可廢。」

〔九〕校注：「『擬』，兩京本作『娱』。按『娱』字非是。靈樞經邪客篇：『天有日月，人有兩目。』……論衡祀義篇：『日月猶人之有目。』並足爲此文當作『擬』之證。」

范注：「淮南子精神訓：『是故耳目者日月也；血氣者風雨也。』孫君蜀丞曰：『春秋繁露人副天數篇：「耳目戾戾，象日月也；鼻口呼吸，象風氣也。」』」

注訂：「擬耳目於日月者，極其明也；方聲氣於風雷者，大其志也。」

〔一〇〕元刻本、弘治本、兩京本「乎」作「於」。

郭注：「『擬耳目於日月，方聲氣乎風雷』，即肖貌天地也。」校注：「按靈樞經邪客篇：『天有風雨，人有喜怒；天有雷電，人有音聲。』論衡祀善篇：『風猶人之有吹煦也，雨猶人之有精液也，雷猶人之有腹鳴也。』」

王金淩：「董仲舒春秋繁露人副天數篇説云云（見上引）。劉勰稍變其文，以聲象雷，以氣象風，則『氣』在此指氣息，屬元氣一類。」

〔一一〕雜記：「此即原道篇所謂『兩儀既生，惟人參之。性靈所鍾，是謂三才，爲五行之秀，實天地之心』。」

〔一二〕校證：「佘本、王惟儉本、天中記、廣文選、梁書『同』作『甚』。」

校注：「『同』，梅校云：『梁書作甚。』（馮舒校同）徐𤊹校作甚。……下句云：『名踰金石之堅。』疑『甚』字是。」

斠詮：「形甚草木之脆，名踰金石之堅。古詩十九首：『盛衰各有時，立身苦不早；人生非金石，豈能長壽考？奄忽隨物化，榮名以爲寶。』彦和蓋化用此義。」

〔一三〕諸子篇：「君子之處世，疾名德之不章。」斯波六郎：「尚書泰誓下：『樹德務滋，除惡務本。』」

左傳襄公二十四年：「太上有立德，其次有立功，其次有立言。雖久不廢，此之謂不朽。」

〔一四〕校注：「『辯』，元本、弘治本、汪本、張甲本、兩京本、何本、胡本……崇文本作『辨』。……按『辨』字非是。孟子滕文公下：『孟子曰：「予豈好辯哉？予不得已也！」』即此文所本，原是『辯』字。梁書、元本、活字本、佘本、張乙本、梅本、凌本……四庫本、張松孫本，亦並作『辯』，未誤。」此處楊氏校語於元本兩歧。按元刻本此字稍嫌模糊，但仍可確定爲「辨」字。

注訂：「此節言人雖爲萬物之靈，然其易朽如草木之脆弱，必樹德建言以垂美名於後世，則人之精神可永，此爲文心作者之主旨。上段是釋此書命名之所由來，此段述一己志向之所歸趨。」

「歲月飄忽……不得已也」，典論論文：「蓋文章，經國之大業，不朽之盛事。年壽有時而盡，榮樂止乎其身，二者必至之常期，未若文章之無窮。是以古之作者，寄身於翰墨，見意於篇籍。」

以上爲第一段，説明書名之由來和自己著書立説的志向。

予生七齡〔一〕，乃夢彩雲若錦，則攀而採之。齒在踰立〔二〕，則嘗夜夢〔三〕執丹漆之禮器〔四〕，隨仲尼而南行；旦而寤，迺怡然而喜〔五〕。大哉聖人之難見也〔六〕，乃小子之垂夢歟〔七〕！自生人以來，未有如夫子者也〔八〕。

〔一〕梅注：「梁書無『生七齡』以下十四字。」校證：「宗本、廣文選、梁書無『予生七齡』以下十四字。」

〔二〕論語爲政：「三十而立。」

〔三〕元本、弘治本、汪本、張之象本、兩京本無「夜」字，「夢」字以下缺三百二十二字，下接「（觀瀾而）索源」。校證：「徐云：『「夢」字下脱落三百餘字，楊用脩補。』」

綴補：「梁書、南史劉勰傳並無『則』字，蓋涉上文『則攀而採之』而衍。」

〔四〕校注：「按史記儒林傳序：『陳涉之王也，而魯諸儒持孔氏之禮器，往歸陳王。』」史記孔子世家贊：「車服禮器。」札記：「丹漆之禮器，蓋籩豆也。」注訂：「禮器不僅籩豆之類，此是夢境，無指實也。」

〔五〕校證：「王惟儉本無『迺』字。」

綴補：「案御覽六百一引梁書、南史並作『寤而喜曰』。」

〔六〕校證：「紀本『也』誤『哉』。御覽六〇一引梁書，此句上有『曰』字。」

校注：「按南史勰傳亦有『曰』字。尋繹文氣，當以有『曰』字爲勝。」又：「按芸香堂本、翰墨園本『也』誤作『哉』，非是。」

〔七〕校證：「廣文選、讀書引、梁書『乃』作『迺』。王惟儉本『歟』作『與』。」

「小子之垂夢」，猶云垂夢與小子。

雜記：「此孔子『文不在兹』，及夢見周公之意，不必膠柱鍥舟也。」

〔八〕校注：「『人』，南史作『靈』。按『靈』字非是。『人』當作『民』，蓋唐避太宗諱而未校復者也。孟子公孫丑上：『子貢曰……自生民以來，未有夫子也。』即此文之所自出。原道篇『曉生民之耳目矣』，亦作生民。」

敷讚聖旨〔一〕，莫若注經，而馬、鄭諸儒〔二〕，弘之已精〔三〕，就有深解，未足立家〔四〕。唯文章之用，實經典枝條〔五〕，五禮資之以成〔六〕，六典因之致用〔七〕。君臣所以炳焕〔八〕，軍國所以昭明〔九〕，詳其本源，莫非經典〔一〇〕。

〔一〕斠詮：「敷讚聖旨，謂敷陳讚述聖人之微言大義也。」

〔二〕馬、鄭，指馬融、鄭玄。馬融注孝經、論語、尚書、詩、易、三禮，著有三傳易同説。鄭玄是馬融弟子，注有論語、孝經、尚書、三禮和毛詩箋等。

〔三〕校證：「張松孫本、紀本、讀書引『弘』作『宏』，避清諱。」斠詮：「弘謂廓而大之也。論語衛靈公：『人能弘道，非道弘人。』廣雅釋詁：『弘，大也。』」此處謂發揚光大。

〔四〕范注：「鈴木云：御覽無此二句。」「就」，即使。抱朴子外篇自叙：「乃計作細碎小文……未若立一家之言。」注訂：「『未足立家』云者，此文心成書寄意所在，蓋馬、鄭前修已精，於建言事業，別不見途徑也。故云。」

〔五〕校證：「御覽引梁書，『枝條』作『之條枝』。」校注：「按今梁書、南史勰傳並同今本，御覽所引非是。諸子篇：『述道言治，枝條五經。』尤爲切證。」注訂：「云經典枝條者，言文章之用，輔翼群經，亦學體要之不可忽者，其爲效至宏，故下云五禮六典，君臣軍國，皆從用字上發揮。」顏氏家訓文章篇：「夫文章者，原出五經。」

〔六〕校證：「御覽引梁書，『成』下有『文』字。」禮記祭統：「凡治人之道，莫急於禮；禮有五經，莫重於祭。」鄭玄注：「禮有五經，謂吉禮、凶禮、賓禮、軍禮、嘉禮也。」

〔七〕校證：「御覽引梁書『之』下有『以』字。」周禮天官冢宰：「太宰之職，掌建邦之六典，以佐王治邦國。一曰治典，以經邦國，以治官府，以紀萬民；二曰教典，以安邦國，以教官府，以擾萬民；三曰禮典，以和邦國，以統百官，以諧萬民；四曰政典，以平邦國，以正百官，以均萬民；五曰刑典，以詰邦國，以刑百官，以糾萬民；六曰事典，以富邦國，以任百官，以生萬民。」

校注：「按御覽所引非是。論語八佾：『子語魯太師樂曰：「樂其可知也：始作，翕如也；從之，純如也，皦如也，繹如也，以成。」』易繫辭上：『備物致用。』是『以成』、『致用』皆有所本也。」

〔八〕范注：「論語泰伯：『子曰，大哉，堯之爲君也！……焕乎其有文章。』集解：『焕，明也。其立文垂制又著明。』」

〔九〕兩句意指君臣關係和軍國大事都更上軌道。

〔一〇〕黄注：「非，一作外。」校注：「按以宗經篇『莫非寶也』，誄碑篇『莫非清允』，體性篇『莫非情性』例之，『外』字非是。」范文瀾中國通史簡編：「序志篇説，本來想注儒經，但馬融、鄭玄已經注得很精當，自己即使有些獨到的見解，也難得自成一家，因爲文章是經典的枝條，追溯本源，莫非經典，所以改注經爲論文。這裏説明劉勰對文學的看法，就是文學的形式，可以而且必須有新變（通變篇），文章的内容卻不可離開聖人的大道（原道篇、徵聖篇、宗經篇），文心雕龍確是本着這個宗旨寫成的。」（修訂版第二編）

而去聖久遠，文體解散〔一〕，辭人愛奇，言貴浮詭〔二〕，飾羽尚畫〔三〕，文繡鞶帨〔四〕，離本彌甚，將遂訛濫〔五〕。

〔一〕才略篇：「殷仲文之孤興，謝叔源之閑情，並解散詞體，縹渺浮音。」「文體解散」，謂文章的體制散亂。

〔二〕定勢篇：「自近代辭人，率好詭巧，原其爲體，訛勢所變。厭黷舊式，故穿鑿取新。察其訛意，似難而實無他術也，反正而已。故文反正爲乏，辭反正爲奇。」

〔三〕斠詮：「喻徒尚文飾，有失本真，辭華而情僞也。莊子列御寇：『哀公問於顏闔曰：「吾以仲尼爲貞幹，國其有瘳乎？」曰：「殆乎圾乎！仲尼方且飾羽而畫，從事華辭，以支爲旨，夫何足以上民？」』宣穎曰：『羽有自然文采，飾而畫之則務人巧。』成疏：『修飾羽儀，喪其真性也。』」

徵聖篇：「顔闔以爲仲尼飾羽而畫。」

〔四〕斯波六郎：「法言寡見篇：『今之學也，非獨爲之華藻也，又從而繡其鞶帨。』李注：『鞶，大帶也；帨，佩巾也。』」按李注下文又云：「衣有華藻文繡，書有經傳訓解也。」後漢書儒林傳論引寡見篇此文，注云：「喻學者文繁碎也。」

〔五〕范注：「通變、定勢二篇已論之。」「本」，指經典。「訛濫」，訛謬氾濫。

南齊書文學傳論：「今之文章，作者雖衆，總而爲論，略有三體：一則啓心閑繹，託辭華曠，雖存巧綺，終致迂迴，宜登公宴，本非準的，而疎慢闡緩，膏肓之病，典正可采，酷不入情。其體之源，出靈運而成也。次則緝事比類，非對不發，博物可嘉，職成拘制。或全借古語，用申今情，崎嶇牽引，直爲偶説，唯覩事例，頓失清采。此則傅咸五經，應璩指事，雖不全似，可以類從。次則發唱驚挺，操調險急，雕藻淫豔，傾炫心魂，亦猶五色之有紅紫，八音之有鄭、衛，斯鮑照之遺烈也。」

李諤上隋高帝革文華書：「江左齊梁，其弊彌甚，貴賤賢愚，唯務吟詠。遂復遺理存異，尋虛逐微，競一韻之奇，爭一字之巧。連篇累牘，不出月露之形；積案盈箱，唯是風雲之狀。」

明詩篇：「儷采百字之偶，爭價一句之奇；情必極貌以寫物，辭必窮力而追新。此近世之所競也。」

情采篇：「而後之作者，採濫忽真，遠棄風雅，近師辭賦，故體情之製日疎，逐文之篇愈盛。」

風骨篇：「於是習華隨侈，流遁忘反。」斠詮：「夸飾篇：『自宋玉、景差，夸飾始盛；相如憑風，詭濫愈甚。……然飾窮其要，則心聲鋒起；夸過其理，則名實兩乖。』此所謂『濫』也。則濫之爲用，在尚浮誇也。」紀評：「全書針對此數語立言。」注訂：「自『文體解散』以下，至『將遂訛濫』，言於文章上欲作整理工夫，全書概旨，咸本於此。」

蓋周書論辭，貴乎體要〔一〕；尼父陳訓，惡乎異端〔二〕。辭訓之異，宜體於要〔三〕。於是搦筆和墨，乃始論文〔四〕。

〔一〕尚書畢命：「政貴有恒，辭尚體要，不惟好異。」孔傳：「辭以體實爲要，故貴尚之。若異於先王，君子所不好。」蔡沈書集傳：「趣完具而已之謂體，衆體所會之謂要。」集説引夏氏僎曰：「體則具於理而無不足，要則簡於辭而亦不至於有餘，謂辭理足而簡約也。」又引王氏樵曰：「趣謂辭之旨趣，趣不完具則未能達意，而理未明，趣完具而不已，則爲枝辭衍説，皆不可謂之體。人身上有領，下有要，乃體之關會處，事理之有要，亦猶是也。」徵聖篇：「書云：『辭尚體要，弗惟好異。』故知正言所以立辯，體要所以成辭。」吴林伯文心雕龍序志義疏（本篇以下引吴氏語皆同此）：「體要，即本篇下文『體於要』，體，本也，言辭以要約爲本，因與『浮詭』

相反。」（遼寧社會科學輯刊一九八一年六期）「體要」，猶精要，具體而概括，此又一解。

〔二〕左傳哀公十六年稱孔子死，魯哀公悼之曰：「嗚呼哀哉，尼父。」

論語爲政：「子曰：攻乎異端，斯害也已！」「異端」，謂不合正道者。

斠詮：「此處異端，指其時辭人言務浮詭，文遂訛濫而言。」

〔三〕校釋：「『異』疑『奥』誤。史記屈原列傳：『文質疏内兮，衆不知予之異采。』集解引徐廣曰：『異一作奥。』此異、奥形近易誤之證。辭訓二句，即總上『周書論辭，尼父陳訓』四句之義而言之也。……惡異端，即不好異，故此總説奥義，惟舉體要耳。」按詮賦篇：「雖讀千賦，愈惑體要。」書記篇：「隨事立體，貴乎精要。」雜文篇：「此立體之大要也。」

林紓春覺齋論文述旨第六節：「文心雕龍徵聖第二有曰：『正言所以立辯，體要所以成辭。』是言一本於易，一本於書，推而言之，則知此者，作文乃無死句，論文亦得神解。何謂正言？本聖人之言，所以抗萬辯也。何謂體要？衷聖人之言，所以鑄偉辭也。」

牟世金范注補正：「『周書論辭』之『辭』，『尼父陳訓』之『訓』，各不相同，一是『辭尚體要』，一是『攻乎異端』，這就是所謂『辭訓之異』。聖人和經書所説雖異，但都應領會其主要精神：『宜體於要』，此之謂也。」按「異」字可通，非「奥」之誤。

〔四〕綴補：「案御覽引梁書『於是』作『由是』。」

校注：「『筆』，何本、凌本、合刻本、梁本、岡本、尚古本、王本、鄭藏鈔本、崇文本作『管』；讀書引、莒州志同。按『筆』、『管』於此並通，然梁書、南史作『筆』，則『管』字或出後人臆改。」斠詮：「和墨，即調墨。」

斯波六郎：「莊子田子方：『宋元君將畫圖，衆史皆至，受揖而立，舐筆和墨，在外者半。』」斠詮：「和墨，即調墨。」

以上爲第二段，説明寫這部書的目的是爲了闡發儒家經典來糾正當時浮詭訛濫的文風。

詳觀近代之論文者多矣：至於魏文述典〔一〕，陳思序書〔二〕，應瑒文論〔三〕，陸機文賦，仲治流别〔四〕，弘範翰林〔五〕，各照隅隙〔六〕，鮮觀衢路。或臧否當時之才〔七〕，或銓品前修之文〔八〕，或汎舉雅俗之旨〔九〕，或撮題篇章之意。

〔一〕校證：「『於』，佘本、王惟儉本、廣文選、梁書作『如』。」綴補：「案經濟類編引『於』作『如』，梁書同。『如』猶『於』也。」「述典」，指典論論文。典論全書已佚，只存論文、自序兩篇。論文見於文選卷五十二，亦非全文。

〔二〕指陳思王曹植與楊德祖書，見文選卷四十二。

〔三〕指應瑒文質論，見藝文類聚卷二十二，輯入全後漢文卷四十二。

札記：「案此文汎論文質之宜，似非文論。以黄注指爲此篇，故録之。」吴林伯：「劉勰所謂『文』，包括自然、典制、文學、藝術等，故本篇直以文質論爲文論。」

〔四〕指摯虞文章流别論。校注：「『治』，文津本作『洽』。芸香堂本、翰墨園本、思賢講舍本、崇文本同。按『洽』字誤，已詳頌讚篇『而仲治流别』條。」晉書摯虞傳：「虞撰文章志四卷……又撰古文章類聚區分爲三十卷，名曰流别集，各爲之論，辭理愜當，爲世所重。」全書已佚，輯文見全晉文卷七十七。（張溥、嚴可均、張鵬一等人均有輯本。）玉海卷五十四：「隋志：『總集者，以建安之後，辭賦轉繁，衆家之集，日以滋廣。晉代摯虞，苦覽者之勞倦，於是採擿孔翠，芟翦繁蕪，自詩賦下，各爲條貫，合而編之，謂爲流别。』『摯虞文章流别集四十一卷（梁六十卷。志二卷，論二卷）。』」

〔五〕校證：「張松孫本、紀本、讀書引『弘』作『宏』，避清諱。」

李充翰林論，全書已佚，全晉文卷五十三輯得八條。范注又從文選中輯得兩條。

訓故：「隋經籍志：『翰林論三卷，晉著作郎李充撰。』晉書：『李充，字弘度，江夏人。歷官大著作郎，注尚書及周易旨六論、釋莊論二篇，詩賦雜文二百四十首行於世。』傳中不言有翰林論，而玉海引翰林論，亦云弘範。」

札記：「李充，晉書字弘度，此云宏範，或其字兩行。文僅存數條……觀其所取，蓋以沈思翰藻爲貴者，故極推孔、陸，而立名曰翰林。」

吴林伯：「晉書李充傳稱充字弘度。世説新語言語劉孝標注引晉何法盛晉中興書，文選任彦升王文憲集序李善注引王隱晉書，陸公佑新刻漏銘李善注引臧榮緒晉書，亦均以充字弘度。惟明鈔本太平廣記云李弘範翰林明道論，則弘度、弘範本爲二人，弘範之論乃明道之作，與弘度之論文者不同。劉勰以弘度爲弘範，是記憶之誤，玉海因之，亦曰弘範。或以晉書李充傳不言充作翰林論，遂疑翰林論非充作，非也。」

〔六〕校注：「淮南子說山篇：『受光於隙照一隅。』」

〔七〕晉書阮籍傳：「籍雖不拘禮教，然發言玄遠，口不臧否人物。」「臧否當時之才」，如典論論文，曹植與楊德祖書。

〔八〕南齊書文學傳論：「若子桓之品藻人才，仲治之區判文體，陸機辨於文賦，李充論於翰林，張眎摘句褒貶，顏延圖寫情興，各任懷抱，共爲權衡。」劉師培中古文學史第四課：「晉人論文之作，以陸機之賦爲最先。觀其所舉文體，惟舉賦、詩、碑、誄、銘、箴、頌、論、奏、說，不及傳狀之屬，是即文筆之分也。又陸雲答兄平原書多論文之作，于文章得失，詮及細微，其于前哲，則伯喈、仲宣之作，多所詮評，其于時賢，則張華、成公綏、崔君苗之文，並多評覈。二陸工文，于斯可驗。自是以外。其論及文體正變及各體源流者，晉人撰作，亦多可採。如傅玄七謨序、連珠序，推論二體之起源，旁及漢魏作者之得失（均見藝文類聚引）。皇甫謐三都賦序（文選）、左思三都賦序（文選）、衛權三都賦略解序、劉逵蜀都吴都賦注序（並見晉書左思傳），推論賦體之起源，與漢儒『鋪陳』之訓，宛爲符合（又郭象文碑銘論，今不傳）。其著爲一書者，則有摯虞文章流别論二卷，今群書所引尚十餘則（見嚴輯全晉文），于詩、賦、箴、銘、哀詞、頌、七、雜文之屬，溯其起源，考其正變，以明古今各體之異同，于諸家撰作之得失，亦多評品，集古今論文之大成。又李充翰林論五十四卷，今群書所引，亦僅七則（見全晉文），大抵于各體之文，均舉佳篇爲式。彥和論文，多所依據，亦評論文學之專書，彙而觀之，足知晉代名賢，于文章各體，研覈至精，固非後世所能及也。」

〔九〕曹植與楊德祖書：「夫街談巷説，必有可采；擊轅之歌，有應風雅；匹夫之思，未易輕棄也。」

魏典密而不周〔一〕，陳書辯而無當〔二〕。應論華而疏略〔三〕，陸賦巧而碎亂〔四〕。流别精而少功〔五〕，翰林淺而寡要〔六〕。

〔一〕傅庚生批評通論：「論文不過典論中之一篇，備一格者，自不同於論文之專著。『不周』不足爲其瑕纇。且創論成篇，能兼及文體、理論與品評諸目，而識多精確，意極平直。文氣之論，實祭先河，致足多也。」文論選：「典論論文分析作家作品不同的氣，各種文體不同的特徵，比較細密，但仍然只是引了端緒，未能就這些問題作全面周到的闡發，故云『密而不周』。」陳鍾凡中國文學批評史：「以典論論文評人僅及七家，論文止於四體故也。」

〔二〕傅庚生批評通論：「陳思王與楊德祖書：『昔仲宣獨步於漢南，孔璋鷹揚於河朔，偉長擅名於青土，公幹振藻於海隅，德璉發跡於此魏，足下高視於上京。』贊揚而已，無與於品藻。又云：『辭賦小道，固未足以揄揚大義，彰示來世也。昔揚子雲，先朝執戟之臣耳，猶稱「壯夫不爲」也。吾雖德薄，位爲藩侯，猶庶幾勠力上國，流惠下民，建永世之業，留金石之功，豈徒以翰墨爲勳績，辭賦爲君子哉？』亦似未知重視文學本身之價值。故楊脩復牋以駁之云：『今之賦頌，古詩之流，不更孔公，風雅無別耳。脩家子雲，老不曉事，彊著一書，悔其少作，若此，仲山周旦之徒，則皆有諐乎！君侯忘聖賢之顯迹，述鄙宗之過言，竊以爲未之思也。若乃不忘經國之大美，流千載之英聲，銘功景鍾，書名竹帛，此自雅量素所蓄也，豈與文章相妨害哉！』子建蓋長於創作，而絀於批評者。『辯而無當』，所評甚允。」

陳鍾凡中國文學批評史：「陳思王與楊德祖書中列序當時文士曰：『今世作者，可略而言……』所舉僅六子，視子桓去阮瑀、孔融而增楊脩，對於諸家文學茫無定評。其下又曰：『僕嘗好人譏彈其文，有不善者，應時改定。』是亦重視批評學者。然又曰：『有南威之容，乃可以論於淑媛；有龍泉之利，乃可以議於斷割。劉季緒才不逮於作者，而好詆訶文章，掎摭利病。昔田巴毁五帝，罪三王，呰五霸於稷下，一旦而服千人；魯連一説，使終身杜口。劉生之辯，未若田氏；今之仲連，求之不難，可無嘆息乎！』不知批評文學與文學之區別也。至言『辭賦小道，未足揄揚大義，彰示來世也。昔揚子雲先朝執戟之臣，猶稱壯夫不爲』，則不知文學之價值，故謂其『辯而無當』。」文論選：「曹植與楊德祖書譏嘲陳琳不長辭賦，劉季緒才不能逮於作者，論好尚不同，不以辭賦爲君子等，其言皆閎辯，但破多於立，故彥和認爲無當。」

〔三〕陳鍾凡中國文學批評史：「應瑒文質論云：『丕泰易趨，道無攸一；二政代序，有文有質。』蓋言文質之宜，非論文也。不識彦和所謂『疏略』者，果指此否？」批評通論：「應瑒文質論，汎論文質之宜，似非文論，今即之以求衡文之準，自感其『華而疏略』矣。」饒宗頤文心雕龍探原劉勰文學見解之淵源：「自應瑒著文質論（其文多用韻），以爲『二政代序，有文有質』，而歸結於『言辨國典，辭定皇居，然後知質者不足，而文者有餘』。此説可與魏文『文章經國之大業』相表裏，而所重則在『文』也。若彦和之論，則云『古來文章以雕縟成體』（序志篇），而『篇章雜沓，質文交加』（知音篇），『然懇惻者辭爲心使，浮侈者情爲文使，繁約得正，華實相勝，脣吻不滯，則中律矣』（章表篇）。是則舒文載實之説，所重乃在乎『質』矣。故彦和責應氏之論爲『華而疏略』，職是故也。」吴林伯：「應瑒文質論辭采光華，然以『文』爲『泰』，以『質』爲『否』，通篇抑『質』揚『文』，與孔子『文質彬彬』，與劉勰『文附質』、『質待文』之旨相背，故曰疏略。」

〔四〕總術篇：「昔陸氏文賦號爲曲盡，然汎論纖悉，而實體未該。」斠詮：「所謂『纖悉』、『未該』，即『巧而碎亂』之意。」札記：「碎亂者，蓋謂其不能具條貫。然陸本賦體，勢不能如散文之叙録有綱，此與總術篇所云，皆疑少過。」傅庚生批評通論：「（陸賦）獨以用賦體申明，條貫難明，陸雲所指『文適多體，便欲不清』，殆亦謂此。重以自陳甘苦，有輪扁難言之累，故彦和謂其『巧而碎亂』也。」

〔五〕校證：「『功』原作『巧』，王惟儉本、廣文選、梁書作『功』，今據改。」

校注：「巧，黄校云：『梁書作功。』紀昀云：『功字是。』按史記自序（司馬談論六家要指）：『儒者博而寡要，勞而少功。』此『少功』二字所本。（下「翰林」句用「寡要」二字。）當以作『功』爲是。張乙本、訓故本、謝鈔本正作『功』；廣文選、經濟類編、廣文選删、漢魏六朝正史文選同，當據改。」

考異：「巧、功並通。惟史記『勞而少功』，不足據改，蓋勞可言功，而精可論巧，故從巧爲長。」

顔延年庭誥：「摯虞文論，足稱優洽。」文鏡秘府論：「李充之製翰林，褒貶古今，斟酌利病，乃作者之師表。摯虞之文章志，區别優劣，編緝勝辭，亦才人之苑囿。」

〔六〕郭紹虞曰：「玉海六十二引作『博而寡要』，竊以爲劉氏所下評語，於魏文、陳思諸家均是優劣互見，當以博爲近是。」

校注：「『淺』，玉海六二引作『博』。按詩品序：『李充翰林，疎而不切。』所評與舍人略同。玉海所引，或伯厚意改之也。」郭紹虞批評史上卷：「今就嚴可均全晉文所輯諸條考之，大都是於每體中擇其尤佳者，略加評論，以爲標準。……此外如鍾嶸詩品『潘岳』條稱：『翰林嘆其翩翩然如翔禽之有羽毛，衣服之有綃縠。』王楙野客叢談『百一詩』條亦引有『應休璉作五言詩百數十篇，有詩人之旨』。則又就一人之作而加以評論者，惟均嫌瑣屑，此劉勰所以譏其寡要歟？」

鍾嶸詩品序：「陸機文賦，通而無貶；李充翰林，疎而不切；王微鴻寶，密而無裁；顔延論文，精而難曉；摯虞文志，詳而博贍，頗曰知言。觀斯數家，皆就談文體，而不顯優劣。」斠詮：「詩品論『翰林疏而不切』，所謂『疏』乃廣泛之意，與彦和之所謂『博』，詞異而義同。『不切』即『寡要』也。且『博而寡要』語出史記太史公自序傳：『儒者博而寡要，勞而少功。』此彦和所本，與上句『精而少功』對文。楊以爲『或伯厚意改』，臆度無據，未可從。審文鏡秘府論謂『李充之製翰林，褒貶古今，斟酌利病』，則其涉論之廣博，可想而知；又黄季剛先生札記謂『翰林論所取，蓋以沈思翰藻爲貴』者，則其非『淺』明矣。斟酌再四，仍以順從各句筆序義例，依玉海訂正爲勝。」

又君山公幹之徒〔一〕，吉甫士龍之輩〔二〕，汎議文意，往往間出〔三〕，並未能振葉以尋根，觀瀾而索源〔四〕。不述先哲之誥〔五〕，無益後生之慮。

〔一〕全後漢文所輯桓譚新論佚文中，有三數條涉及文論。但其中求輔篇、道賦篇雖有論文之説，無關宏旨。

論衡定賢篇：「世間爲文者衆矣，是非不分，然否不定，桓君山論之，可謂得實矣。論文以察實，則君山漢之賢人也。」案書篇：「論説世疑，桓君山其上也。」

論衡超奇篇推崇桓譚：「又作新論，論世間事，辯照然否，虛妄之言，僞飾之辭，莫不證定。彼子雲、子長之徒，君山爲甲。」文心中存君山論文三條：哀弔篇：「相如之弔二世，全爲賦體，桓譚以爲其言惻愴，讀者歎息。」通變篇：「桓君山云：予見新進麗文，美而無采，及見劉揚言辭，常輒有得。」定勢篇：「桓譚稱文家各有所慕，或好浮華而不知實覈，或美衆多而不見要約。」

〔二〕應貞，字吉甫，爲應璩之子，西晉學者。隋書經籍志録應貞集一卷，佚。三國志王粲傳稱應貞「以文章顯」，裴注引文章叙録稱應貞「能談論」。其論文語無考。蔣祖貽：「吉甫論文語恐指其百一詩注。」札記：「士龍與兄平原書牘，大抵商量文事。」陸雲與兄平原書凡數十通，大率討論文事，但過涉瑣碎，無關宏旨。

〔三〕校注：「史記自序：『詩書往往間出矣。』」在這裏是説桓、劉諸人偶有論文的話，但屬於一般議論。

〔四〕校注：「孟子盡心上：『觀水有術，必觀其瀾。』趙注：『瀾，水中大波也。』」斯波六郎：「陸機文賦：『或因枝以振葉，或沿波而討源。』」

〔五〕校證：「兩京本『誥』作『謨』。」「誥」，教訓。注訂：「先哲之誥，指周、孔諸經。」王運熙文心雕龍序志「先哲之誥」解謂此處：「所謂根源，係指儒家經典，而葉、瀾比喻後代的文章。序志上文云：『唯文章之用，實經典枝條……詳其本源，莫非經典。』比喻上下呼應，意思更爲明顯。……按先哲指古代聖人。徵聖云：『夫作者曰聖，述者曰明，陶鑄性情，功在上哲。』也以上哲稱聖人。」（油印本）

以上爲第三段，評論魏晉以來的文論著作，認爲其不足之處是「不述先哲之誥，無益後生之慮」。

蓋文心之作也，本乎道〔一〕，師乎聖〔二〕，體乎經〔三〕，酌乎緯〔四〕，變乎騷〔五〕，文之樞紐，亦云極矣〔六〕。若乃論文叙筆〔七〕，則囿別區分〔八〕，原始以表末〔九〕，釋名以章義〔一〇〕，選文以定篇〔一一〕，敷理以舉統〔一二〕，上篇以上，綱領明矣〔一三〕。

〔一〕「本乎道」是以道爲本原，於是乎有原道篇。

〔二〕「師乎聖」是以儒家的聖人爲師，於是乎有徵聖篇。徵聖篇云：「徵之周、孔，則文有師矣。」所以說「師乎聖」。

〔三〕「體乎經」是以經書爲主來定體制。宗經篇：「故文能宗經，體有六義。」

〔四〕「酌乎緯」是對於緯書要斟酌去取，就是對於其中「無益經典」（正緯）的部分要去掉，對於其中「有助文章」（正緯）的部分要酌量吸收，於是乎有正緯篇。

〔五〕「變乎騷」說明楚辭是風雅的變體。於是乎有辨騷篇。

宋胡寅題酒邊詞：「詩出於離騷、楚辭，而離騷者，變風、變雅之怨而迫、哀而傷者也；其發乎情則同，而止乎禮義則異。」（宋六十名家詞）朱熹謂楚辭中「凡其寓情草木，託意男女，以極遊觀之適者，變風之流也。叙事陳情，感今懷昔，不忘君臣之義者，變雅之類也」（楚辭集注）。文體明辨序說：「按楚辭，詩之變也。……風雅既亡，乃有楚狂鳳兮、孺子滄浪之歌，發乎情，止乎禮義，與詩人六義不甚相遠，但其辭稍變詩之本體，而以兮字爲讀，則楚聲固已萌蘗於此矣。」古文辭類纂序：「辭賦類者，風雅之變體也。」

〔六〕校證：「汪本、張之象本、兩京本、日本刊本、讀書引『亦云』作『云亦』，誤。明詩篇：『亦云周備。』亦作『亦云』。」「極」，盡也。劉勰認爲文章的關鍵莫過於這五篇了。

〔七〕元刻本、弘治本、張之象本、兩京本無「乃」字。

札記：「六朝人分文筆，大概有二途：其一以有韻者爲文，無韻者爲筆；其一以有文采者爲文，無文采者爲筆。謂宜兼二說而用之。」范注：「論文叙筆，謂自明詩至哀弔皆論有韻之文，雜文、諧讔二篇，或韻或不韻，故置於中；史傳以下，則論無韻之筆。」

〔八〕校證：「『囿』，汪本作『品』，兩京本作『派』。馮本墨釘。」「囿別區分」是說分門別類，就是劃分成小類。

斠詮：「囿別區分，謂畫定封域，以別白大類；排比品目，以分見各體也。囿，封域之意。說文：『囿，苑有垣也。』段注：『凡分別區域曰囿。』……論語子張篇：『區以別矣。』朱注：『區，猶類也。』」

〔九〕「原始以表末」是論述每一體文章的起源和流變。「末」謂末流。

校注：「『末』，訓故本作『時』，注云：『一作來。』按『來』蓋由『末』致誤。元本、弘治本、汪本、張甲本、兩京本、胡本作『時』，是也。文心上篇自明詩至書記，於每種文體皆明其緣起，故曰：『原始以表時。』若作『末』，則多所窒礙。因文體之次要者，舍人往往僅一溯源而已，並未詳其流變也。」

〔一〇〕「釋名以章義」，是解釋各種文體名稱的含義，就是從每一體文章的命名上來表明這類文章的性質。

〔一一〕「選文以定篇」，是選出各種文體的代表作品來加以評定，就是評論每一體文章的代表作家和代表作品。

〔一二〕「敷理以舉統」，是敷陳事理來舉出文章的體統，就是說明每一體文章的規格要求，或標準風格。

札記：「『原始以表末』四句，謂明詩篇以下至書記篇，每篇敘述之次第。茲舉頌讚篇以示例：自『昔帝嚳之世』起，至『相繼於時矣』止，此『原始以表末』也。『頌者容也』二句，『釋名以章義』也。『若夫子雲之表充國』以下，此『選文以定篇』也。『原夫頌惟典雅』以下，此『敷理以舉統』也。」

雜記：「茲舉明詩篇以示例：自『大舜云』起，至『莫非自然』，此釋名以章義也。『昔葛天氏樂辭云』起至『其來久矣』，原始以表末也。『自商及周』起，至『而綱領之要可明矣』，選文以定篇也。以下敷理以舉統。」

〔一三〕「上篇」猶今之言「上編」。「上篇」之「上」，元刻本、弘治本、張之象本、兩京本作「一」，誤。

至於割情析采〔一〕，籠圈條貫〔二〕，摛神性〔三〕，圖風勢〔四〕，苞會通〔五〕，閱聲字〔六〕，崇替於時序〔七〕，褒貶於才略，怊悵於知音〔八〕，耿介於程器〔九〕，長懷序志，以馭群篇〔一〇〕，下篇以下，毛目顯矣〔一一〕。

〔一〕校證：「『割』，張之象本、兩京本、王惟儉本作『剖』。」校注：「按元本、弘治本、汪本、張甲本、兩京本、胡本、訓故本、四庫本作『剖情析采』，是也。『割』字亦當據改。」

校證：「佘本、廣文選、梁書『采』作『表』。」按文心雕龍有情采篇，「剖情析采」就是剖析情采。

范注：「剖情析采，情指神思以下諸篇，采則指聲律以下也。」

〔二〕校證：「馮本、汪本、張之象本、兩京本、日本刊本『籠』上有『必』字。」

蔣祖貽：「『籠圈』即『概括』之意，夸飾篇『雖軒翥出轍，而終入籠內』可證。『條貫』即『條理』之意。史記屈原傳：『治亂之條貫，靡不畢見。』東方朔答客難：『以管窺天，以蠡測海，以筳撞鍾，豈能通其條貫，考其文理，發其聲音哉！』文心鎔裁篇亦有『故能首尾圓合，條貫統序』之語。其中的『條貫』，均爲『條理』之意。『籠圈條貫』蓋即『概括文章的條理』。」

斠詮：「謂籠罩表裏，以圈守規範；條舉理障，以貫通變化也。籠圈，本指管制禽獸之籠檻圈牢……此處作動詞用。籠，正字通云：『總括也。』……圈，閑束之意。……枚乘上重諫吴王書：『積聚玩好，圈守禽獸。』……彦和以情采二字，包舉作文之内外要求。如自第六卷神思以至第九卷總術二十目，皆所以示學者以規矩準繩與理論體系。就其範類籠而圈之，故云籠圈；因其統序條而貫之，故云條貫。彦和於列論創作規範二十目外，又於第十卷提出批評理障，如時序、才略、知音、程器四目，以會通歷代文章之變化，亦條貫之謂也。」

〔三〕校證：「馮本、汪本、兩京本、凌本、鍾本、梁本、日本刊本、崇文本『性』誤『往』。」「摛」，發，布。「神性」，指神思、體性兩篇。

〔四〕「圖」，繪寫。「風勢」，指風骨、定勢兩篇。

〔五〕校證：「馮本、汪本、兩京本『苞』作『包』，『包』上有『幽遠』二字；張之象本『苞』作『包』，『包』上有『以』字。凌本、鍾本、梁本、日本刊本、崇文本、讀書引『苞』上有『幽遠』二字。王惟儉本『苞』作『包』。」考異：「『苞』『包』古通。郭忠恕佩觿集云：『草名之苞，當通厥包之包。』從包是。」「苞」，苞舉。「會、通」，指附會、通變兩篇。

〔六〕「閱」，覽，察。「聲字」，指聲律、練字兩篇。

〔七〕校注：「『替』，梁書、廣文選、經濟類編、廣文選刪、漢魏六朝正史文選作『贊』。張乙本、訓故本同。佘本作『瞀』。按説文竝部：『暜，廢也；一曰偏下也，替，或从兟从曰。』則『贊』、『瞀』均爲『替』之誤（「替」爲「瞀」之俗體）。時序篇贊『崇替在選』，尤其明證。國語楚語下：『藍尹亹曰：「吾聞君子唯獨居思念前世之崇替者。」』即『崇替』二字所本也。」校證：「時序篇、祝盟篇俱有『崇替』語。」「崇替」，興廢，盛衰。時序篇叙歷代文運之升降。

〔八〕「怊悵」，元刻本、弘治本以下諸明刻本並作「怡暢」。校證：「梅據王嘉丞改。王惟儉本正作『怊悵』。按作『怊悵』是，梁書正作『怊悵』，明詩篇、風骨篇亦有『怊悵』語。」「怊悵」，惆悵。楚辭七諫謬諫：「然怊悵而自悲。」

校注：「按梁書正作『怊悵』；廣文選、經濟類編、廣文選刪、漢魏六朝正史文選、佘本、張乙本、何本、訓故本、別解本、謝鈔本、岡本、尚古本同。王改是也。舍人於知音篇中所露怊悵之情，極爲顯明。若作『怡暢』，則非其指矣。」

〔九〕離騷：「彼堯舜之耿介兮。」「耿介」，光明正大。

校注：「按程器一篇，舍人抑鬱不平之氣，溢於辭表。則此『耿介』二字含義，與離騷或九辯之『耿介』異趣。章表篇：『張駿自序，文致耿介。』奏啓篇：『楊秉耿介於災異，陳蕃憤懣於尺一。』皆有感憤之意。文選潘岳秋興賦：『宵耿介而不寐兮，獨展轉於華省。』謝惠連秋懷詩：『耿介繁慮積，展轉長宵半。』陸機猛虎行：『眷我耿介懷，俯仰愧古今。』劉鑠擬青青河邊草詩：『良人久徭役，耿介終昏旦。』應璩與滿公琰書：『追惟耿介，迄於明發。』與舍人所用『耿介』意，正相合也。」

〔一〇〕牟注：「『長懷』，申述作者的情懷。『長』，引長。」

〔一一〕注訂：「『毛目』者，細目也。」校注：「抱朴子外篇君道：『操綱領以整毛目。』南齊書顧憲之傳：『舉其綱領，略其毛目。』又高逸顧歡傳：『綱領既理，毛目自張。』弘明集柳憕答梁武帝敕：『振領持綱，舒張毛目。』並以綱領與毛目對言。」

蔣祖詒：「『毛目』，細目。漢書刑法志：『毛舉細故。』晉書天文志：『枉矢如流星，蒼黑蛇行，望之若有毛目，長數匹著天。』黄注引子華子以爲『毛舉其目』云云，恐非是。」

位理定名〔一〕，彰乎大易之數〔二〕，其爲文用，四十九篇而已〔三〕。

〔一〕蔣祖詒：「文心情采篇：『設模以位理。』『位理』，指安排各篇先後之『理』。『定名』，指每篇題目之推敲。文心每篇先後及每篇題名，都是經過作者的慎重考慮的。」

〔二〕范注：「易上繫：『大衍之數五十，其用四十有九。』……『大易』，疑當作『大衍』。」校注：「按范説是。凌廷堪祀古辭人九歌：『探大衍兮取數。』（校禮堂集卷六）已疑『易』字爲誤矣。」

「衍」，推演也。孔疏引京房云：「五十者，謂十日、十二辰、二十八宿也。」

斯波六郎：「按彦和據繫辭之文，故意改『大衍』爲『大易』。以『大易』稱易之例，見正緯第四，又見抱朴子喻蔽篇。」

斠詮：「易上繫：『大衍之數，五十，其用四十有九。』王弼曰：『演天地之數，所賴者五十也，貫用四十有九，則其一不用也。不用而用以之通，非數而數以之成，斯易之太極也。四十有九，數之極也。』孔疏：『馬季長云：「易有太極，謂北辰也。太極生兩儀，兩儀生日月，日月生四時，四時生五行，五行生十二月，十二月生二十四氣。北辰居位不動，其餘四十九轉運而用也。」是以太極之一，兩儀之二，日月之二，四時之四，五行之五，十二月之十二，二十四氣之二十四，合計之爲五十。太極不動，除一則爲四十九耳。』」清焦循易通釋：「大衍猶言大道。」

〔三〕「四十九篇」不包括序志，一説不包括原道。按仍以前説爲妥。

以上爲第四段，介紹全書基本内容及寫作體例。

夫銓序一文爲易〔一〕，彌綸群言爲難〔二〕。雖復輕采毛髮〔三〕，深極骨髓〔四〕，或有曲意密源，似近而遠，辭所不載，亦不勝數矣〔五〕。

〔一〕校證：「梁書『序』作『叙』。」何義門批：「序一作叙。」

郭注：「銓序，謂衡量論述。銓序一文者，如李充翰林論：『陸機議晉斷，亦其美矣。』『相如喻蜀父老，可謂德音矣。』又如鍾嶸詩品序：『陳思贈弟，仲宣七哀，公幹思友，阮籍詠懷，子卿雙鳧，叔夜雙鸞……是皆五言之警策者也。』」

〔二〕易繫辭上：「易與天地準，故能彌綸天地之道。」正義：「彌謂彌縫補合，綸謂經綸牽引，能補合牽引天地之道，用此易道也。」中庸朱注：「綸者，比其類而合之也。」原道篇：「彌綸彝憲。」附會篇：「彌綸一篇。」「彌綸」兩字連用有綜合組織、整理闡明之意。郭注：「彌綸群言，謂綜合作家而論創作，如文心雕龍是也。」曹學佺批：「彥和雖是子類，然會其大全，要之中正，所以爲難。」

〔三〕校注：「『復』，黄校云：『一作或。』徐𤊹云：『梁書作「雖復」』；伯元改爲「或」，又重下「或」字。』何焯改『或』。按元本、弘治本、活字本、汪本、張甲本、兩京本、何本、胡本、訓故本、梅本、謝鈔本、四庫本作『復』，與梁書同。論説、封禪、定勢三篇，並有『雖復』之文，則作『復』是。」

校證：「廣文選『復』作『或』，謝校作『或』。汪本、張之象本、兩京本、讀書引『采』作『採』。」

「毛髮」比喻寫作中的枝節問題。

〔四〕「骨髓」比喻寫作中的根本問題。

〔五〕校證：「汪本、張之象本、兩京本、王惟儉本『不』下有『可』字。謝、徐校俱删『可』字。」

校注：「馮舒於『不』下沾『可』字。按元本、弘治本、汪本、張甲本、兩京本、胡本、訓故本並有『可』字。以程器篇『不可勝數』例之，馮沾『可』字是也。」

校證：「汪本、張之象本、兩京本無『矣』字。」「或有曲意密源……不可勝數矣」，神思篇：「思表纖旨，文外曲致，言所不追，筆固知止。……伊摯不能言鼎，輪扁不能語斤，其微矣乎？」意極相似。

及其品列成文〔一〕，有同乎舊談者，非雷同也〔二〕，勢自不可異也。有異乎前論者，非苟異也，理自不可同也〔三〕。同之與異，不屑古今〔四〕，擘肌分理〔五〕，唯務折衷〔六〕。按轡文雅之場〔七〕，環絡藻繪之府〔八〕，亦幾乎備矣〔九〕。

〔一〕校證：「宗本、廣文選、梁書『列』作『評』，馮本墨釘。黄注云：『一作許。』『許』當作『評』。王惟儉本『品列』作『評品』。」

校注：「『列』，黄校云：『一作許。』徐𤊹校『評』。何焯校同。按梁書、廣文選……作『評』；宗本、張乙本、訓故本同。徐、何校是也。黄氏校語『許』字，當爲『評』之誤。」

〔二〕禮記曲禮：「毋雷同。」鄭玄注：「雷之發聲，物無不同時應者；人之言當各由己，不當然也。」宋玉九辨：「世雷同而炫耀兮。」劉歆移書讓太常博士斥世之學者「不考情實，雷同相從，隨聲是非」。

〔三〕札記：「『及其品列成文』七句——此義最要。同異是非，稱心而論，本無成見，自少紛紜。故文心多襲前人之論，而不嫌其鈔襲，未若世之君子必以己言爲貴也。即如頌讚篇大意本之文章流別，哀弔篇亦有取於摯君，信乎通人之識，自有殊於流俗矣。」

注訂：「勢自不可異者，指古人論定之作；理自不可同者，就一己創見之言。苟無創見，則不必輕於反古。既爲論定，則不必慳於服膺。同異之間，皆忠恕之旨，偉哉彥和此論也。」

〔四〕斠詮：「屑，顧也。後漢書馬廖傳：『盡心納忠，不屑毀譽。』」

〔五〕「擘肌分理」，喻剖判之精密也。文選張衡西京賦：「剖析毫釐，擘肌分理。」注：「雖毫釐肌理之間，亦能分擘。」牟注：「這裏是比喻對文學理論的分析。」

〔六〕補注：「史記孔子世家贊：『言六藝者，折中於夫子。』索隱：『離騷：「明五帝以折中。」王叔師云：「折中，正也。」宋均云：「折，斷也。中，當也。言欲折斷其物而用之，與度相中當也。」』案小司馬所引離騷在今九章中惜誦篇，王注殊不瞭悉，故置彼引此。中與衷通。」周勳初梁代文論三派述評：「劉勰曾經介紹過自己的論文要旨：『擘肌分理，唯務折衷。』所謂折衷，就是分析同一事物矛盾着的兩端，較其得失，然後取其所長，棄其所短，融合成爲一種較全面平穩的理論。這種做法雖有時不免流於調和，但若處理得當，則其中確可包含若干辯證法的因素。」（中華文史論叢第五輯）

〔七〕斠詮：「『按轡文雅之場』，謂折衝於文雅之場屋，即能控引思理之韁轡，左右逢源，應付裕如也。『按轡』，按抑韁轡，使馬徐行。史記周勃傳（當爲絳侯周勃世家）：『亞夫軍細柳，上自勞軍，之細柳軍壁門，士吏謂從屬軍騎曰：「將軍約，軍中不得驅馳。」於是天子按轡徐行。』」

〔八〕校證：「佘本、何允中本、日本活字本、梅本、淩本、梅六次本、鍾本、梁本、謝鈔本、日本刊本、王謨本、張松孫本、讀書引『環』上有『而』字。兩京本『繪』誤『膾』。原道篇有『藻繪』語。情采篇：『藻飾以辯雕。』『藻飾』、『藻繪』義同。」

「按轡」、「環絡」，指巡視。斠詮：「謂涉獵於藻繪之府庫，亦可掌握辭采之籠頭，得心應手，優遊不迫也。『環絡』，收繞籠頭，使馬駐足。」

〔九〕校釋：「舍人『幾乎備矣』之言，即陸士衡『蓋所能言者具於此云』之意。」

但言不盡意〔一〕，聖人所難〔二〕；識在鉼管〔三〕，何能矩矱〔四〕？茫茫往代，既沈予聞〔五〕；眇眇來世〔六〕，倘塵彼觀也〔七〕。

〔一〕斯波六郎：「周易繫辭上：『子曰：「書不盡言，言不盡意。」』孔疏：『意有深邃委曲，非言可寫，是言不盡意也。』」文賦：「至如操斧伐柯，雖取則不遠，若夫隨手之變，良難以辭逮。」蓋文章之事，神思爲貴。大匠能與人以規矩，不能使人巧也。

〔二〕校證：「馮本、汪本、張之象本、兩京本、何允中本、日本活字本、王惟儉本、日本刊本、王謨本、讀書引『聖人』作『前聖』。」

〔三〕校證：「馮本、汪本、張之象本、兩京本、王惟儉本『鉼』作『瓶』。黄丕烈引活字本、廣文選作『鉼』。」考異：「『瓶』、『鉼』同，『鉼』俗字，見正字通。」

左傳昭公七年：「雖有挈瓶之知，守不假器。」注：「挈缾，汲水，喻小知。」謂雖僅有挈瓶汲水之小知。莊子秋水篇：「是直用管窺天，用錐指地也，不亦小乎？」「缾管」，形容見識微小。

〔四〕校證：「『矩矱』原脱『矱』字，梅據許補。案梁書正作『矩矱』。馮本、汪本作『規矩』。張之象本、兩京本作『規短』，『短』即『矩』誤。」

校注：「元本作『規矩』。按『矩矱（音獲）』一作『榘矱』。離騷：『求榘矱之所同。』楚辭哀時命：『上同鑿枘於伏戲兮，下合矩矱於虞唐。』王注：『矩，法也；矱，度也。』」

〔五〕校證：「『沈』，佘本、唐文選、梁書作『洗』。盧云：『「沈」似當作「況」，「況」與「貺」古通用。』紀云：『「洗」字是。』器按戰國策趙策上『武靈王平晝閒居』章：『常民溺於習俗，學者沈於所聞。』即彦和所本，盧、紀説俱未是。」

校注：「商子更法篇：『夫常人安於故俗，學者溺於所聞。』漢書揚雄傳下（解嘲）：『使溺於所聞，而不自知其非也。』『溺聞』，亦『沈聞』也。其作『洗』者，乃『沈』之形誤。」

斯波六郎：「鈴木先生校勘記云：梁書作『洗』是也。『洗』字與『塵』字相對。」

綴補：「案經濟類編引『沈』作『洗』，梁書同。『洗』蓋『沈』之誤；或淺人所改。『沈』猶『溺』也。此彦和自謙之辭。戰國策趙策：『學者沈於所聞。』商君書更法篇、史記商君傳、新序善謀篇並云：『學者溺於所聞。』『沈』、『溺』同義，此其驗矣。」

斠詮引潘重規讀文心雕龍札記：「參詳辭義，此文似應作『洗』字。彦和著書，博採前修，自抒卓見，故曰：『不述先哲之誥，無益後生之慮。』其書初成，未爲時流所稱，乃至負書干沈約於車下，其徬徨求索，寄懷來者，懼遂湮滅，没世無聞，衷情蓋可想見。夫先哲洗我之蒙蔽，而我不能貽後生以讜言，斯志士之大痛也。『茫茫往哲，既洗予聞。』此彦和受知於前哲者也。『眇眇來世，倘塵彼觀。』則己之著述，能入來世之目與否未可知也。倘者冀望之辭，亦未可必之辭也。前聞沃我，故曰『洗』；人觀己作，故謙言『塵』。塵洗文義，正相鋒對。故知作洗爲長。若沈閰溺聞，則是爲見聞所蔽，非彦和此文之意旨矣。」斠詮：「洗有推陳出新，承先啓後之意，若作『沈聞』，固然有高自傲視，目空往古之嫌，與下句不相貫串；即作『況聞』，亦未免傍人門户，耳食陳言之疚，與上文無以圓説。權衡輕重，皆不若洗字爲得。」

〔六〕校證：「馮本、汪本、張之象本、兩京本、何允中本、日本活字本、王惟儉本、鍾本、梁本、日本刊本、王謨本、讀書引『眇眇』作『渺渺』。」斠詮：「渺眇，音同義通。文賦：『志眇眇而臨雲。』注：『眇眇，高遠貌。』」

〔七〕校證：「『倘』，佘本、廣文選、梁書作『儻』；馮本、汪本、張之象本、兩京本、何允中本、日本活字本、梅本、王惟儉本、凌本、梅六次本、陳本、鍾本、梁本、日本刊本、四庫本、王謨本、吴本、張松孫本、崇文本、讀書引作『諒』。」綴補：「案『倘』猶『或』也，『塵』猶『汙』也。此亦彦和謙辭。程器篇：『瀋沖不塵乎竹林者，名崇而譏減也。』『塵』亦『汙』也，與此同例。」

校證：「廣文選、梁書無『也』字。謝云『一本無也字』。」

范注：「諸子篇曰：『嗟夫！身與時舛，志共道申，標心於萬古之上，而送懷於千載之下，金石靡矣，聲其銷乎！』」

第五段闡述評論作家作品和對待文學理論的態度和方法。

贊曰：生也有涯，無涯惟智〔一〕。逐物實難，憑性良易〔二〕。傲岸泉石〔三〕，咀嚼文義〔四〕。文果載心，余心有寄〔五〕。

〔一〕校注：「按莊子養生主篇：『吾生也有涯，而知也無涯。』釋文：『（知）音智。』」

〔二〕郭注：「兩句承上文而言，逐物實難，亦即承養生主下文：『以有涯隨無涯，殆已。』憑性良易，又用養生主『依乎天理，因其固然』也。」

斟詮：「謂以短促之壽命，追逐無涯之知識，實在困難，但憑天賦之才情，抒寫自發之靈感，畢竟容易也。」

蔣祖怡：「『逐物』即『隨物』。楚辭河伯：『乘白黿兮逐文魚。』『逐』與『隨』同義。『逐物實難』句係指『窮盡物理爲難』之意。而『憑性良易』句則指『性情之所好』，即下文的『傲岸泉石，咀嚼文義』，亦即隱居而論文是比較容易做到的。這是解釋自己何以不從事注經以求立名，而要從事於論文以傳後的原因。」

吴林伯：「逐物一般指俗士追逐名利，以滿足私欲。嵇康贈秀才入軍詩：『流俗難悟，逐物不還。』又答難養生論：『欲以逐物害性。』本篇『逐物』指汲汲求仕。」結合劉勰在寫文心雕龍時尚未入仕的背景，這樣解也可通。「憑性」，指憑性之所好，指下文的「傲岸泉石」。

〔三〕「傲岸」，謂高傲之性，與世異也。校注：「晉書郭璞傳（客傲）：『傲岸榮悴之際，頡頏龍魚之間。』」札記：「鮑照代輓歌：『傲岸平生中，不爲物所裁。』」

〔四〕文論選：「『傲岸泉石』二句——意思是自己不願富貴，而要傲岸在山水之間，探索、鑽研寫作的方法。」

〔五〕校注：「按文選皇甫謐三都賦序：『是以孫卿、屈原之屬，遺文炳然，辭義可觀。存其所感，咸有古詩之意。皆因文以寄其心，託理以全其制。』」文論選：「意謂假使文能載道，那麼我的心就寄在文心雕龍一書了。」

主要引用書目

周易正義　魏王弼、晉韓康伯注，唐孔穎達正義　中華書局影印十三經注疏本

周易略例　魏王弼撰　四部叢刊本

尚書正義　漢孔安國傳，孔穎達正義　中華書局影印本

書集傳　宋蔡沈傳　世界書局影印宋元人注四書五經本

尚書大傳　漢伏勝撰，鄭玄注　四部叢刊本

毛詩正義　漢毛亨傳，鄭玄箋　中華書局影印本

詩集傳　宋朱熹注　世界書局影印四書五經本

詩毛氏傳疏　清陳奐撰　商務印書館國學基本叢書本

韓詩外傳集釋　漢韓嬰撰，許維遹校釋　中華書局本

周禮注疏　漢鄭玄注，唐賈公彦疏　中華書局影印本

儀禮注疏　漢鄭玄注，唐賈公彦疏　中華書局影印本
禮記正義　漢鄭玄注，唐孔穎達正義　中華書局影印本
大戴禮記　漢戴德撰，北朝周盧辯注　四部叢刊本
春秋左傳正義　晉杜預注，唐孔穎達正義　中華書局影印本
春秋公羊傳注疏　漢何休注，唐徐彦疏　中華書局影印本
春秋繁露　漢董仲舒撰，清凌曙注　中華書局本
春秋穀梁傳注疏　晉范寧注，唐楊士勛疏　中華書局影印本
論語注疏　魏何晏集解，宋邢昺疏　中華書局影印本
孝經注疏　唐玄宗注，宋邢昺疏　中華書局影印本
爾雅注疏　晉郭璞注，宋邢昺疏　中華書局影印本
孟子注疏　漢趙岐注，宋孫奭疏　中華書局影印本
四書章句集注　宋朱熹撰　中華書局新編諸子集成本
經典釋文　唐陸德明撰　中華書局影印黄焯斷句本
説文解字注　漢許慎著，清段玉裁注　上海古籍出版社影印本
説文通訓定聲　清朱駿聲撰　中華書局影印斷句本
方言　漢揚雄著，晉郭璞注　四部叢刊本

釋名　漢劉熙撰　四部叢刊本
廣雅疏證　魏張揖撰，清王念孫疏　中華書局影印校點本
史記　漢司馬遷撰，唐司馬貞索隱，張守節正義　中華書局標點二十四史本
漢書　漢班固撰，唐顏師古注　中華書局標點本
漢書補注　清王先謙補注　商務印書館本
後漢書　宋范曄撰，唐李賢注　中華書局標點本
三國志　晉陳壽撰，南朝宋裴松之注　中華書局標點本
晉書　唐房玄齡等撰　中華書局標點本
宋書　梁沈約撰　中華書局標點本
南齊書　梁蕭子顯撰　中華書局標點本
梁書　唐姚思廉撰　中華書局標點本
南史　唐李延壽撰　中華書局標點本
隋書　唐魏徵撰　中華書局標點本
舊唐書　五代晉劉昫撰　中華書局標點本
新唐書　宋歐陽修撰　中華書局標點本
國語　三國吳韋昭注　商務印書館本

戰國策　漢高誘注　上海古籍出版社標點本
列女傳　漢劉向撰　四部叢刊本
華陽國志　晉常璩撰　商務印書館國學基本叢書本
通典　唐杜佑撰　中華書局重印商務本
史通通釋　唐劉知幾撰，清浦起龍釋　商務印書館國學基本叢書本
文史通義　清章學誠著　中華書局標點本
中國通史簡編（修訂本）　范文瀾著　人民出版社版
荀子集解　周荀况撰，唐楊倞注，清王先謙集解　中華書局諸子集成本
老子校釋　朱謙之撰　中華書局新編諸子集成本
莊子集釋　清郭慶藩編　中華書局新編諸子集成本
列子集釋　楊伯峻撰　中華書局新編諸子集成本
管子集校　郭沫若、聞一多、許維遹撰　科學出版社版
商君書注譯　高亨撰　中華書局版
韓非子集釋　陳奇猷撰　上海人民出版社版
墨子閒詁　清孫詒讓撰　中華書局重印商務本
十一家注孫子　曹操等注，郭化若譯　中華書局上海編輯所版

呂氏春秋集釋　許維遹撰　文學古籍刊行社版

淮南鴻烈集解　漢劉安撰，高誘注，劉文典集解　商務印書館版

新序　漢劉向撰　四部叢刊本

説苑　漢劉向撰　四部叢刊本

法言　漢揚雄撰，晉李軌注　四部叢刊本

論衡集解　後漢王充著，劉盼遂集解　中華書局版

白虎通　漢班固撰　四部叢刊本

風俗通義校注　漢應劭撰，王利器注　中華書局版

人物志　魏劉劭撰，北魏劉昞注　文學古籍刊行社版

西京雜記　舊題漢劉歆撰，疑爲梁吴均撰　四部叢刊本

抱朴子内外篇　晉葛洪撰　中華書局諸子集成本

抱朴子内篇校釋　王明撰　中華書局版

金樓子　梁蕭繹撰　四部叢刊本

劉子集校　相傳北齊劉晝撰，林其錟、陳鳳金集校，考辨作者爲劉勰　上海古籍出版社版

顔氏家訓集解　北齊顔之推撰，王利器集解　上海古籍出版社版

焚書　明李贄著　中華書局版

容齋隨筆五集　宋洪邁撰　商務印書館版
能改齋漫録　宋吴曾撰　上海古籍出版社版
困學紀聞　宋王應麟撰，清翁元圻注　商務印書館版
日知録集釋　明顧炎武撰，清黄汝能箋　掃葉山房刻本
陔餘叢考　清趙翼撰　中華書局版
藝文類聚　唐歐陽詢等撰　上海古籍出版社版
初學記　唐徐堅撰　中華書局版
太平御覽　宋李昉等編　四部叢刊三編本
太平廣記　宋李昉等編　中華書局版
玉海附辭學指南　宋王應麟編　清嘉慶康基田校本
説郛　明陶宗儀編　清順治刊一百二十卷本
世説新語箋疏　宋劉義慶撰，梁劉孝標注，余嘉錫箋　中華書局版
古畫品録　南齊謝赫撰，王柏敏注譯　人民美術出版社版
歷代名畫記　唐張彦遠撰　人民美術出版社畫論叢刊本
法書要録　唐張彦遠撰　津逮秘書本
古今圖書集成　清陳夢雷等撰　中華書局影印本

四庫全書總目提要　清永瑢等纂　中華書局影印斷句本
增訂四庫簡明目録標注　清邵懿辰撰，邵章續録　上海古籍出版社版
楚辭補注　漢王逸章句，宋洪興祖補注　中華書局版
楚辭集注　宋朱熹注　上海古籍出版社版
楚辭通釋　清王夫之撰　中華書局上海編輯所版
文選　梁蕭統編，唐李善注　中華書局影印宋淳熙本
文選六臣注　四部叢刊本
文選集評　清于光華撰　掃葉山房石印本題名評注昭明文選
玉臺新詠箋注　陳徐陵編，清吴兆宜注　中華書局校點本
樂府詩集　宋郭茂倩編　中華書局校點本
古文苑　宋章樵注　四部叢刊本
全上古三代秦漢三國六朝文　清嚴可均輯　中華書局影印本
先秦漢魏晉南北朝詩　逯欽立輯校　中華書局版
蔡中郎集　漢蔡邕撰　四部備要本
曹操集　中華書局編
魏武帝魏文帝詩注　黄節注　人民文學出版社版

曹植集校注　趙幼文校注　人民文學出版社版

嵇康集校注　戴明揚校注　人民文學出版社版

阮步兵詠懷詩注　魏阮籍著，黄節注　人民文學出版社版

陸機集　中華書局校點本

陸士龍集　晉陸雲撰　四部備要本

謝康樂詩注　南朝宋謝靈運著，黄節注　人民文學出版社版

鮑參軍集注　南朝宋鮑照著，錢仲聯校注　中華書局上海編輯所版

弘明集　梁僧祐撰　四部叢刊本

柳宗元集　中華書局版

豫章黄先生文集　宋黄庭堅著　四部叢刊本

三曹資料彙編　河北師範學院古典文學教研組編　中華書局版

魏晉南北朝文學史參考資料　北京大學中國文學史教研室選注　中華書局版

詩品注　梁鍾嶸著，陳延傑注　人民文學出版社版

文鏡秘府論校注　日僧空海撰，王利器校注　中國社會科學出版社版

六一詩話　宋歐陽修著；白石詩説　宋姜夔著；滹南詩話　金王若虚著　人民文學出版社版

苕溪漁隱叢話　宋胡仔編　人民文學出版社版

詩人玉屑　宋魏慶之編　中華書局上海編輯所版
文則　宋陳騤著；文章精義　宋李塗著　人民文學出版社版
詩藪　明胡應麟撰　上海古籍出版社版
歷代詩話　清何文焕輯　中華書局版
歷代詩話續編　清丁福保輯　中華書局版
文章緣起　舊題梁任昉撰，明陳懋仁注；修詞鑑衡　元王構撰；文說　元陳繹曾撰；日録論文　清魏禧撰　均見文學津梁　民國周鍾游編　有正印刷所印
文章辨體序説　明吴訥撰；文體明辨序説　明徐師曾撰　人民文學出版社版
漢魏六朝百三家題辭注　明張溥撰，殷孟倫注　人民文學出版社版
四溟詩話　明謝榛撰；薑齋詩話　清王夫之撰　人民文學出版社版
原詩　清葉燮撰；一瓢詩話　清薛雪撰；説詩晬語　清沈德潛撰　人民文學出版社版
隨園詩話　清袁枚撰　人民文學出版社版
昭昧詹言　清方東樹撰　人民文學出版社版
藝概　清劉熙載撰　上海古籍出版社版
四六叢話　清孫梅撰　商務印書館版
春覺齋論文　林紓撰　人民文學出版社版

中國中古文學史論文雜記　劉師培撰　人民文學出版社版

漢魏六朝專家文研究　劉師培講，羅常培筆録　獨立出版社版

文學研究法　姚永樸撰　京華印書局版

古漢語修辭學資料匯編　鄭奠譚全基編　商務印書館版

修辭學比興篇　黎錦熙撰　商務印書館版

談藝録（補訂本）　錢鍾書撰　中華書局版

文選學　駱鴻凱撰　中華書局大學用書本

中國文學欣賞舉隅　傅庚生撰　陝西人民出版社版

文學賞鑑論叢　傅庚生撰　陝西人民出版社版

文論講疏　許文雨撰　臺北正中書局版

魯迅全集　人民文學出版社版

照隅室古典文學論集　郭紹虞撰　上海古籍出版社版

文藝心理學　朱光潛撰　朱光潛美學文集第一卷　上海文藝出版社版

文學風格論　歌德等著，王元化譯　上海譯文出版社版

中國文學批評史　陳鍾凡著　中華書局版

中國文學批評史　郭紹虞著　商務印書館大學叢書三卷本

又一部　郭紹虞著　上海古籍出版社版
中國古典文學理論批評史上册　郭紹虞著　人民文學出版社版
中國文學批評通論　傅庚生著　商務印書館版
中國文學批評史　羅根澤著　中華書局上海編輯所版
中國文學批評史　劉大杰主編　上海古籍出版社版
中國文學批評簡史　黄海章著　廣東人民出版社版
中國文學理論批評史　敏澤著　人民文學出版社版
中國文學批評論文集　王焕鑣編著　臺北正中書局版
中國歷代文論選（增訂本）　郭紹虞主編　上海古籍出版社版
雕龍集　牟世金著　中國社會科學出版社版
中國古代文學創作論　張少康著　北京大學出版社版
文心雕龍札記　黄侃著　中華書局上海編輯所版
文心雕龍講疏　范文瀾著　一九二五年天津新懋印書館印本
文心雕龍補注　清黄叔琳注，紀昀評，李詳補注　一九二六年中原書局本
文心雕龍注　范文瀾著　開明書店本，人民文學出版社本
文心雕龍雜記　葉長青撰　一九三三年葉氏自印本

文心雕龍　莊適選注　商務印書館版

文心雕龍研究　朱恕之撰　一九四四年南鄭縣立民生工廠印

文心雕龍校釋　劉永濟著　中華書局上海編輯所版　劉氏另有文心雕龍徵引文録油印講義本，未見刊行

劉子文心雕龍校讀　日人橋川時雄用漢文寫成　油印本　只見前五篇

文心雕龍新書　王利器編　巴黎大學漢學研究所出版

文心雕龍新書通檢　未注明編者　巴黎大學漢學研究所出版

文心雕龍校證　據文心雕龍新書增訂而成　上海古籍出版社版

文心雕龍校注　增訂本名文心雕龍校注拾遺　楊明照撰　上海古籍出版社版

文心雕龍譯注　就文心雕龍選譯增訂而成　陸侃如、牟世金著　山東人民出版社版

文心雕龍選譯　周振甫撰　中華書局版

文心雕龍注釋　周振甫撰　人民文學出版社版

文心雕龍注譯　就文心雕龍譯注十八篇增訂而成　郭晉稀撰　甘肅人民出版社版

文心雕龍譯注　趙仲邑撰　漓江出版社版

劉勰論創作　陸侃如、牟世金著　安徽人民出版社版

劉勰和文心雕龍　陸侃如、牟世金著　上海古籍出版社版

劉勰與文心雕龍　詹鍈著　中華書局版
文心雕龍詮釋　張長青、張會恩撰　湖南人民出版社版
文心雕龍淺釋　向長清釋　吉林人民出版社版
劉勰論寫作之道　鍾子翔、黄安禎撰　長征出版社版
文心雕龍簡論　張文勳、杜東枝著　人民文學出版社版
文心雕龍文學理論研究和譯釋　杜黎均撰　北京出版社版
文心雕龍創作論　王元化著　上海古籍出版社版
文心雕龍的風格學　詹鍈著　人民文學出版社版
文心雕龍散論　馬宏山撰　新疆人民出版社版
日本研究文心雕龍論文集　王元化選編　齊魯書社版
劉勰的文學史論　張文勳撰　人民文學出版社版
文心雕龍繹旨　姜書閣撰　齊魯書社版
興膳宏文心雕龍論文集　彭恩華編譯　齊魯書社版
文心雕龍論叢　蔣祖怡著　上海古籍出版社版
文心雕龍學刊第一輯，第二輯　齊魯書社版
中日學者文心雕龍學術討論會論文選輯　中華文史論叢一九八五年第二輯　上海古籍出版

社版

臺港有關文心雕龍研究書目

英譯本文心雕龍（The Literary Mind and the Carving of Dragons）　施友忠譯　美國哥倫比亞大學出版社第一版，一九五九　臺北中華書局中英對照本，一九七〇　香港中文大學出版社增訂本，一九八三

文心雕龍注訂　張立齋撰　臺北正中書局，一九六七

文心雕龍講義　程兆熊撰　香港鵝湖學社出版，一九六三

文心雕龍研究專號　饒宗頤主編　香港龍門書店出版，一九六五

大學文選第九、十期合刊——文心雕龍專號　易蘇民編　臺北昌言出版社，一九六七

文心雕龍評解　李景濚撰　臺南翰林出版社，一九六七

文心雕龍新解　李景榮撰　臺南翰林出版社，一九六八

文心雕龍批評論（碩士論文）　李宗慬撰　臺灣師範大學國文研究所集刊第十號，一九六六

文心雕龍通識　張嚴撰　臺北商務印書館，一九六九

劉勰明詩篇探究　劉振國撰　私立文化書院碩士論文，一九六九

文心雕龍選注　周康燮編　香港龍門書店雜採翻印大陸注釋，一九七〇
唐寫文心雕龍殘本合校　潘重規校　香港新亞研究所出版，一九七〇
文心雕龍論文集　鄭薤撰　臺北光啓出版社，一九七二
文心雕龍與佛教道義疏證　石壘撰　香港雲在書屋，一九七一
文心雕龍析論　李中成撰　臺北大聖書局，一九七二
劉勰、鍾嶸論詩歧見析論　陳端端撰　臺灣輔仁大學碩士論文
文心雕龍文術論詮　張嚴撰　臺北商務印書館，一九七三
劉勰年譜　王金凌編　臺灣文津出版社，一九七三；臺北嘉新水泥文化基金會印行，一九七六
文心雕龍考異　張立齋撰　臺北正中書局，一九七四
文心雕龍綴補　王叔珉撰　臺北藝文印書館，一九七五
文心雕龍研究論文集　黃錦鋐等撰　臺北鶩聲文物供應公司印，一九七五
文心雕龍的樞紐論與區分論　藍若天撰　臺北商務印書館，一九七五
譯注文心雕龍選（文學津梁叢書）　陳弘治等譯　臺北文津出版社，一九七四
文心雕龍論文集第一册　陳新雄、于大成主編　臺北木鐸出版社，一九七六，内收一九四九年以前之論文
文心雕龍釋義　彭慶環撰　臺北華星出版社，一九七六

語譯詳注文心雕龍　黄錦鋐指導，王久烈等譯注　臺北弘道文化事業有限公司，一九七六
文心雕龍術語研究（碩士論文）　陳兆秀撰　臺灣私立中國文化學院，一九七六
文心雕龍批評論發微　沈謙撰　臺北聯經出版社，一九七七
文心雕龍導讀　王更生撰　臺北華正書局，一九七七
文心雕龍與儒道思想的關係　韓玉彝撰　臺灣輔仁大學碩士論文，一九七七
重修增訂文心雕龍研究　王更生撰　臺北文史哲出版社，一九七九
六朝文論　廖蔚卿撰　臺北聯經出版社，一九七八
文心雕龍之創作論　黄春貴撰　臺北文史哲出版社，一九七八
文心雕龍研究論文選粹　王更生編　臺北育民出版社，一九八〇
文心雕龍范注駁正　王更生撰　臺北華正書局，一九七九
文心雕龍之文學理論與批評　沈謙撰　臺北華正書局，一九八一
魏晉南北朝文學思想史論　張仁青撰　臺北文史哲出版社，一九七九
文心雕龍文論術語析論　王金凌撰　臺北華正書局，一九八一
文心雕龍講疏（總論）　唐亦男著　内收序志、原道、徵聖、宗經、正緯、辨騷六篇　臺北蘭臺書局，一九七四
文心雕龍分析研究　高風撰　晨光出版社，一九八〇

文心雕龍與詩品研究　莊嚴出版社編輯部編　内收建國後大陸論文十一篇　臺北莊嚴出版社，一九七八

文心雕龍與詩品之詩論比較　馮吉權撰　臺北文史哲出版社，一九八一

文心雕龍論文集　内收有斯波六郎文心雕龍范注補正漢文譯本　黄錦鋐編譯　臺北學海出版社，一九七九

文心雕龍研究　龔菱撰　臺北文津出版社，一九八二

增補五版中國文學論集　徐復觀著，其中半數爲研究文心雕龍之論文　臺灣學生書局，一九八二

劉勰文學理論的比較研究　紀秋郎撰　臺灣大學外文研究所博士論文

文心雕龍斠詮　李曰剛撰　臺北「國立」編譯館中華叢書編審委員會，一九八二

文選索引　斯波六郎編　臺北正中書局，一九七一

日本書目

文心雕龍索引　岡村繁編　廣島文理科大學漢文研究室出版，一九五〇；采華書林改訂版，一九八二

文心雕龍　興膳宏譯　筑摩書房世界古典文學全集（第二十五卷），一九六八

文心雕龍　目加田誠譯　東京平凡社中國古典文學大系（第五十四卷），一九七四

文心雕龍　户田浩曉譯　東京明治書院新釋漢文大系第六十三卷，一九七四；第六十四卷，一九七八

匈牙利英文書目

中國三至六世紀的文體論（Genre Theory in China in the 3rd－6th Centuries—Liu Hsich's Thesry of Poetic Genres）Ferenc Tõkei 著　布達佩斯（Akademiai Kiado，Budapest）出版，一九七一

茗柯文編	[清]張惠言著　黄立新校點
瓶水齋詩集	[清]舒位著　曹光甫點校
龔自珍全集	[清]龔自珍著　王佩諍校點
龔自珍詩集編年校注	[清]龔自珍著　劉逸生、周錫韔校注
水雲樓詩詞箋注	[清]蔣春霖著　劉勇剛箋注
人境廬詩草箋注	[清]黄遵憲著　錢仲聯箋注
嶺雲海日樓詩鈔	[清]丘逢甲著　丘鑄昌標點

顧亭林詩集彙注	[清]顧炎武著　王蘧常輯注 吴丕績標校
安雅堂全集	[清]宋琬著　馬祖熙標校
龔鼎孳詞校注	[清]龔鼎孳著　孫克强、鄧妙慈校注
吴嘉紀詩箋校	[清]吴嘉紀著　楊積慶箋校
陳維崧集	[清]陳維崧著　陳振鵬標點 李學穎校補
屈大均詩詞編年校箋	[清]屈大均著　陳永正等校箋
屈大均詞箋注	[清]屈大均著　陳永正箋注
秋笳集	[清]吴兆騫撰　麻守中校點
漁洋精華録集釋	[清]王士禛著 李毓芙、牟通、李茂肅整理
聊齋志異會校會注會評本	[清]蒲松齡著　張友鶴輯校
敬業堂詩集	[清]查慎行著　周劭標點
納蘭詞箋注	[清]納蘭性德著　張草紉箋注
方苞集	[清]方苞著　劉季高校點
樊榭山房集	[清]厲鶚著　[清]董兆熊注 陳九思標校
劉大櫆集	[清]劉大櫆著　吴孟復標點
儒林外史彙校彙評(增訂版)	[清]吴敬梓著　李漢秋輯校
小倉山房詩文集	[清]袁枚著　周本淳標校
忠雅堂集校箋	[清]蔣士銓著　邵海清校 李夢生箋
甌北集	[清]趙翼著　李學穎、曹光甫校點
惜抱軒詩文集	[清]姚鼐著　劉季高標校
兩當軒集	[清]黄景仁著　李國章校點
惲敬集	[清]惲敬著　萬陸、謝珊珊、林振岳標校　林振岳集評

沈璟集	［明］沈璟著　徐朔方輯校
湯顯祖詩文集	［明］湯顯祖著　徐朔方箋校
湯顯祖戲曲集	［明］湯顯祖著　錢南揚校點
白蘇齋類集	［明］袁宗道著　錢伯城校點
袁宏道集箋校	［明］袁宏道著　錢伯城箋校
珂雪齋集	［明］袁中道著　錢伯城點校
喻世明言會校本	［明］馮夢龍編著　李金泉點校
警世通言會校本	［明］馮夢龍編著　李金泉點校
醒世恒言會校本	［明］馮夢龍編著　李金泉點校
隱秀軒集	［明］鍾惺著　李先耕、崔重慶標校
譚元春集	［明］譚元春著　陳杏珍標校
張岱詩文集（增訂本）	［明］張岱著　夏咸淳輯校
陳子龍詩集	［明］陳子龍著 施蟄存、馬祖熙標校
夏完淳集箋校（修訂本）	［明］夏完淳著　白堅箋校
牧齋初學集	［清］錢謙益著　［清］錢曾箋注 錢仲聯標校
牧齋有學集	［清］錢謙益著　［清］錢曾箋注 錢仲聯標校
牧齋雜著	［清］錢謙益著　［清］錢曾箋注 錢仲聯標校
牧齋初學集詩注彙校	［清］錢謙益著　［清］錢曾箋注 卿朝暉輯校
李玉戲曲集	［清］李玉著 陳古虞、陳多、馬聖貴點校
吴梅村全集	［清］吴偉業著　李學穎集評標校
歸莊集	［清］歸莊著

朱淑真集校注	[宋]朱淑真著　[宋]鄭元佐注 任德魁校注
劍南詩稿校注	[宋]陸游著　錢仲聯校注
放翁詞編年箋注(增訂本)	[宋]陸游著　夏承燾、吴熊和箋注 陶然訂補
渭南文集箋校	[宋]陸游著　朱迎平箋校
范石湖集	[宋]范成大撰　富壽蓀標校
范成大集校箋	[宋]范成大撰　吴企明校箋
于湖居士文集	[宋]張孝祥著　徐鵬校點
稼軒詞編年箋注(定本)	[宋]辛棄疾撰　鄧廣銘箋注
辛棄疾詞校箋	[宋]辛棄疾著　吴企明校箋
姜白石詞編年箋校	[宋]姜夔著　夏承燾箋校
後村詞箋注	[宋]劉克莊著　錢仲聯箋注
劉辰翁詞校注	[宋]劉辰翁著　吴企明校注
瀛奎律髓彙評	[元]方回選評　李慶甲集評校點
雁門集	[元]薩都拉著 殷孟倫、朱廣祁校點
揭傒斯全集	[元]揭傒斯著　李夢生標校
高青丘集	[明]高啓著　[清]金檀注 徐澄宇、沈北宗校點
唐寅集	[明]唐寅著　周道振、張月尊輯校
文徵明集(增訂本)	[明]文徵明著　周道振輯校
震川先生集	[明]歸有光著　周本淳校點
海浮山堂詞稿	[明]馮惟敏著 凌景埏、謝伯陽標校
滄溟先生集	[明]李攀龍著　包敬第標校
梁辰魚集	[明]梁辰魚著　吴書蔭編集校點

歐陽修詞校注	[宋]歐陽修著　胡可先、徐邁校注
蘇舜欽集	[宋]蘇舜欽著　沈文倬校點
嘉祐集箋注	[宋]蘇洵著　曾棗莊、金成禮箋注
王荆文公詩箋注(修訂版)	[宋]王安石著　[宋]李壁箋注　高克勤點校
王令集	[宋]王令著　沈文倬校點
蘇軾詩集合注	[宋]蘇軾著　[清]馮應榴注　黄任軻、朱懷春校點
東坡樂府箋	[宋]蘇軾著　[清]朱孝臧編年　龍榆生校箋
東坡詞傅幹注校證	[宋]蘇軾著　[宋]傅幹注　劉尚榮校證
欒城集	[宋]蘇轍著　曾棗莊、馬德富校點
山谷詩集注	[宋]黄庭堅著　[宋]任淵、史容、史季温注　黄寶華點校
山谷詩注續補	[宋]黄庭堅著　陳永正、何澤棠注
山谷詞校注	[宋]黄庭堅著　馬興榮、祝振玉校注
淮海集箋注(修訂本)	[宋]秦觀撰　徐培均箋注
淮海居士長短句箋注	[宋]秦觀著　徐培均箋注
賀鑄詞集校注	[宋]賀鑄著　鍾振振校注
清真集箋注	[宋]周邦彦著　羅忼烈箋注
石門文字禪校注	[宋]釋惠洪撰　周裕鍇校注
石林詞箋注	[宋]葉夢得著　蔣哲倫箋注
樵歌校注	[宋]朱敦儒著　鄧子勉校注
李清照集箋注(修訂本)	[宋]李清照著　徐培均箋注
吕本中詩集箋注	[宋]吕本中著　祝尚書箋注
陳與義集校箋(附年譜)	[宋]陳與義著　白敦仁校箋
蘆川詞箋注(修訂本)	[宋]張元幹著　曹濟平箋注

韓昌黎文集校注	[唐]韓愈著　馬其昶校注 馬茂元整理
劉禹錫集箋證	[唐]劉禹錫著　瞿蜕園箋證
白居易集箋校	[唐]白居易著　朱金城箋校
柳宗元詩箋釋	[唐]柳宗元著　王國安箋釋
柳河東集	[唐]柳宗元著　[宋]廖瑩中輯注
元稹集校注	[唐]元稹著　周相録校注
長江集新校	[唐]賈島著　李嘉言新校
張祜詩集校注	[唐]張祜著　尹占華校注
三家評注李長吉歌詩	[唐]李賀著　[清]王琦等評注 蔣凡校點
樊川文集	[唐]杜牧著　陳允吉校點
樊川詩集注	[唐]杜牧著　[清]馮集梧注
温飛卿詩集箋注	[唐]温庭筠著　[清]曾益等箋注
玉谿生詩集箋注	[唐]李商隱著　[清]馮浩箋注 蔣凡校點
樊南文集	[唐]李商隱著　[清]馮浩詳注 錢振倫、錢振常箋注
皮子文藪	[唐]皮日休著　蕭滌非、鄭慶篤整理
鄭谷詩集箋注	[唐]鄭谷著 嚴壽澂、黄明、趙昌平箋注
韋莊集箋注	[五代]韋莊著　聶安福箋注
李璟李煜詞校注	[南唐]李璟、李煜著　詹安泰校注
張先集編年校注	[宋]張先著　吴熊和、沈松勤校注
二晏詞箋注	[宋]晏殊、晏幾道著　張草紉箋注
樂章集校箋	[宋]柳永著　陶然、姚逸超校箋
梅堯臣集編年校注	[宋]梅堯臣著　朱東潤編年校注
歐陽修詩文集校箋	[宋]歐陽修著　洪本健校箋

蕭繹集校注	[南朝梁]蕭繹著　陳志平、熊清元校注
玉臺新咏彙校	吴冠文、談蓓芳、章培恒彙校
王績集會校	[唐]王績著　韓理洲校點
王梵志詩校注(增訂本)	[唐]王梵志著　項楚校注
盧照鄰集箋注	[唐]盧照鄰著　祝尚書箋注
駱臨海集箋注	[唐]駱賓王著　[清]陳熙晉箋注
王子安集注	[唐]王勃著　[清]蔣清翊注
陳子昂集(修訂本)	[唐]陳子昂撰　徐鵬校點
孟浩然詩集箋注(增訂本)	[唐]孟浩然著　佟培基箋注
王右丞集箋注	[唐]王維著　[清]趙殿成箋注
李白集校注	[唐]李白著　瞿蜕園、朱金城校注
高適集校注(修訂本)	[唐]高適著　孫欽善校注
杜詩趙次公先後解輯校	[唐]杜甫著　[宋]趙次公注　林繼中輯校
新刊校定集注杜詩	[唐]杜甫著　[宋]郭知達輯注　聶巧平點校
新定杜工部草堂詩箋斠證	[唐]杜甫著　[宋]魯訔編　[宋]蔡夢弼會箋　曾祥波新定斠證
杜詩鏡銓	[唐]杜甫著　[清]楊倫箋注
錢注杜詩	[唐]杜甫著　[清]錢謙益箋注
杜甫集校注	[唐]杜甫著　謝思煒校注
岑參集校注	[唐]岑參著　陳鐵民、侯忠義校注
戴叔倫詩集校注	[唐]戴叔倫著　蔣寅校注
韋應物集校注(增訂本)	[唐]韋應物著　陶敏、王友勝校注
權德輿詩文集	[唐]權德輿撰　郭廣偉校點
王建詩集校注	[唐]王建著　尹占華校注
韓昌黎詩繫年集釋	[唐]韓愈著　錢仲聯集釋

《中國古典文學叢書》已出書目

詩經今注	高亨注
楚辭集注	[宋]朱熹撰　黄靈庚點校
楚辭今注	湯炳正、李大明、李誠、熊良智注
司馬相如集校注	[漢]司馬相如著　金國永校注
揚雄集校注	[漢]揚雄著　張震澤校注
張衡詩文集校注	[漢]張衡著　張震澤校注
阮籍集	[魏]阮籍著　李志鈞等校點
陸機集校箋	[晉]陸機著　楊明校箋
陶淵明集校箋(修訂本)	[晉]陶潛著　龔斌校箋
世説新語箋疏(修訂本)	[南朝宋]劉義慶撰　余嘉錫箋疏　周祖謨等整理
世説新語校釋(增訂本)	[南朝宋]劉義慶撰　[南朝梁]劉孝標注　龔斌校釋
鮑參軍集注	[南朝宋]鮑照著　錢仲聯增補集説校
謝宣城集校注	[南朝齊]謝朓著　曹融南校注集説
江文通集校注	[南朝梁]江淹著　丁福林、楊勝朋校注
文心雕龍義證	[南朝梁]劉勰著　詹鍈義證
詩品集注(增訂本)	[梁]鍾嶸著　曹旭集注
文選	[梁]蕭統編　[唐]李善注

贵州文库编辑出版委员会

贵州文库

孙应鳌全集

第三册

〔明〕孙应鳌 撰

赵广升 编校

贵州人民出版社

贵州出版集团

貴州文庫

庄义要删

〔明〕孙应鳌　编校
赵广升　点校

点校前言

《庄义要删》一书，肇始于万历三年（一五七五），国子监祭酒孙应鳌将所藏校褚伯秀《南华真经义海纂微》交给通政司右通政王篆，王篆升南京右佥都御史提督操江，携入留都，交周光镐、方扬、方沆厘音义，正句读，删补诸家注义。四年（一五七六）十月孙应鳌告归，五年（一五七七）王篆升都察院左佥都御史后，太史余同麓又校讫二篇。六年（一五七八），刘维任云南巡按御史，王篆命刘维董其事，刘维又请孙应鳌校序。八年（一五八〇），云南左布政使陶幼学及属僚共四十一人捐俸充梓，时王篆已升任吏部右侍郎，故题"礼部右侍郎掌国子监祭酒事清平孙应鳌编校，吏部右侍郎夷陵王篆校录，巡按云南监察御史江陵刘维校正"，此即万历八年陶幼学刊本，又称"云南官刊本"。

《庄义要删》是明代第一部集注性质的庄学巨著。它主要据褚伯秀《南华真经义海纂微》节删而成，摭采郭象、吕惠卿、林疑独、王雱等二十一家注《庄》名著，其中也包括当时的首辅张居正和次辅张四维二家评注之作。万历十六年（一五八八），又出现了焦竑编校的《庄子翼》，该书虽将《庄义要删》列为摭采书目之一，但将编校者换成了方扬、方沆，实则"改头换面的伎俩"，抄袭了《庄义要删》的大部分，增易注庄数家，删去《少师张先生批评庄子义》内容，以避时讳。《四库全书提要》称其“得庄子之意者为多”，又称其“为例不纯，殆随手编纂，未及删并”。从体例上讲，后出之焦竑《庄子翼》，较之孙应鳌《庄义要删》，实难相胜也。

《庄义要删》先后影印收入《四库未收书辑刊》和《子藏·道家部·庄子卷》，未有点校本。此次点校，以《庄义要删》万历八年陶幼学刊本为底本，参校本则有郭象注《南华真经》（《古逸丛书三编》影印南宋刻本，校记简称《庄子注》）、褚伯秀《南华真经义海纂微》（文渊阁四库全书本，校记简称《义海》）、林希逸《庄子口义》（文渊阁四库全书本，校记简称《口义》）、朱得之《庄子通义》（嘉靖三十九年浩然斋刊本，校记简称《通义》）、张居正《少师张先生批评庄子义》（万历八年刘维刊本，校记简称《评庄》）、张四维《庄子鬳斋口义补注》（万历二年敬义堂刊本，校记简称《补注》）。

校点凡例如下：

一、标点和章节。《庄义要删》对经文的断句和分章，与现代通行的点校本有少许不同，今一律依据《庄义要删》断句和分章。

二、音义。《庄义要删》对经文中的疑难字词的音读，一律随文夹注于字词之下，或用直音，或用反切，或标注二音，或仅标注声调以区别字义。有的标注以明通假、分化字，如说悦、说脱。有的标注异文。对于地名、人名、词语的解释，一律附于经文之后。今一按原书。

三、圈点。原书《在宥》以上十一篇经文相关文字右侧有圈点符号,后二十二篇无圈点符号。今依照横排样式,将圈点符号移于相关文字底下。

四、评注。经文中有少许评注类文字,多是有关用字、句式、结构、章指的评价,以行间注的形式出现。今一律改作夹注,移于相应语句之后。

五、通假字和异体字。经文中的通假字一律保留,不作改动。异体字作灵活处理,原书已标注正体,则不作改动;其他在不影响原意的情况下,则改为通行的正体字。

六、校记。对于经文及释文中的讹脱衍倒,出校记。

点校者

目　录

庄义要删内篇　卷之二

庄义要删内篇　卷之三

庄义要删外篇　卷之三

庄义要删外篇　卷之四

庄义要删外篇　卷之五

庄义要删外篇　卷之六

庄义要删外篇　卷之七

庄义要删杂篇　卷之八

庄义要删杂篇　卷之九

庄义要删杂篇　卷之十

《庄义要删》序

昔陈景元踞郭象、成玄英、文如海各注疏正义作《庄子解义》，褚伯秀踞郭象、吕惠卿、林疑独、陈详道、王雱、刘概、吴俦、赵以夫、林希逸、李士表、王旦、范无隐各注论发题讲语作《庄子义海纂微》，而景元《解义》亦入其中。余随仕辄置笥箧，时镜览，乃万历乙亥晤少方王公于京邸，少方嗜《庄》笃，每惜注《庄》不多见，余出《义海》，少方缮写之，少方即挈往南都使院以别。无何，余赐告归，乃云南按台刘九泽氏属《庄义要删》余校，则少方至南，以《义海》付周潮阳氏、方新安氏、方莆田氏正音句，剔补诸家芜杂断落，乃周潮阳诸氏益以苏子瞻《广成解》、少傅蒲州凤磐张公《补注》及靖江朱得之《通义》，少方更益以少师荆州太岳张公《批评》，总名为《要删》，而九泽氏将少方远意复属余序。余谢不敏，不可，因翻阅细绎之，于是叹《庄》之条贯灿然具陈，可谓大备，蔑以加尚矣。

大都古今读《庄》，多以己意附会缘饰，遂上下出入其议论，孰若即持《庄》所自言解《庄》藏《庄》之精微，曷不可者？庄自言曰："寂漠无形，变化无常，死与？生与？天地并与？神明往与？芒乎？忽乎？万物毕罗，古之道术有在于是，庄周闻风而悦之。”[①]见庄之道，本无物，无无物；无一，无不一；无生，无死，与造化同体；同运动，无辙迹，冥乎宁极，是名玄妙。此其宗也。又曰：“天下沉浊，不可庄语，以卮言为曼衍，酌天之理，调和人心。饮言有味如此者，日出不穷。以重言为真，借古人名号，自重其说，如神农、黄帝、孔子之类，如此者十而九。以寓言为广，假口他人，自明己意，如啮缺、王倪、庚桑楚之类，如此者十而七。”一书不离此三语，此其辞也。又曰：“独与天地精神往来，不敖倪万物，不谴是非，与世俗处，上与造化游，下与外死生、无终始为友。见能穷神知化，方不愧禀灵为人。”此其著述六万六千言之功绪也。故论其书，真趣洋溢，世所不能无，则曰充实不可以已；论其闿达于初始之朴，则曰于本也弘大而辟，深闳而肆，调适而上遂；论其应化解物，则曰理不竭，来不蜕；论其胸次实得，非谈话可罄，则曰“芒乎昧乎，未之尽者”。盖自《杂篇》，《易》道阴阳，《书》道政事，《诗》道性情，《春秋》道名分，《礼》《乐》道和序，外自有此一家奇特惊世瑰玮不常之撰，以震耀人耳目心志，非与六经乖反，抑且成济六经。故齐桓轮扁之喻，老聃迹履之喻，正示人当自信自证，勿徒附会缘饰于是书也。故泥六经以读《庄》，则《庄》无稽；执六经以读《庄》，则《庄》无用，外六经以读《庄》，则《庄》无据，融六经以读《庄》，则《庄》无忤。心有识有主，知其所异于圣人如何？所同于圣人如何？所同而异、异而同如何？斯其实睹矣。邵尧夫曰：“庄

①“芒乎”至“庄周闻风而悦之”数句有省略，《庄子·杂篇·天下第三十三》：“芒乎何之？忽乎何适？万物毕罗，莫足以归。古之道术，有在于是者，庄周闻其风而悦之。”

周雄辨，数千年一人。《庖丁》《吕梁》，皆至理之言。”又曰：“濠上儵游，是谓尽己性、尽物性；尸祝不代庖人，为思不出位。”又曰：“《盗跖》《渔父》言至圣不能处人之所无奈何，不能处事之所莫可强；顺理则无为，强理则有为。”程伯淳曰：“庄生形容道体最佳。”朱元晦曰：“天运地处，日月争所，意有机缄，运转不得自止。见到此，方说到此。”又曰：“庄周古今大问学事都理会，但不肯作。”又曰：“庄却将如许道理掀翻说，不拘绳墨。”又曰：“恢乎游刃，理之得名以此。各有仪则之谓性，乃有物有则，耆欲深，天机浅。语甚谛当。”夫岂不义而诸大儒咸称之？要以诸大儒精思密考，酝藉于《庄》，所涵泳寔多已。今《要删》各注释皆与诸大儒语合，是又在后之人自信自证，契《庄》宗，晤《庄》辞，循《庄》著述功绪，获《庄》初始之朴，以应化解物，爰成济六经之用，是善读《庄》与善读《庄》义之《要删》云尔。

万历庚辰十二月朔，淮海山人孙应鳌书

刻《庄义要删》序

《庄义要删》者，取古今注《庄》家所著《庄》义，删其要者存之，以便来学之观也。其书始为太史淮海孙先生藏校，间出以语今吏部贰卿少方王公。公任操江时携入留都，以示二三博雅君子校正之，颇有附益。将发刻，以佥院诏入，事中寝。无何，太史同麓余先生还朝，见其书，谓犹有要义之当删者，慨然以为己任，校讫二篇，而纂修务殷，未遑就绪。王公恐是书久不就刻，或致散逸，函其书以示维。维具辞谋于淮海先生曰："读古书，获见注解，譬诸适国都者有程籍，渡江海者得舟筏，将坦然游之而无阻已。若《庄子》，理邃文奇，艰于解悟，注义尤读者所须，顾典籍泛滥，得一二家注玩之，可以为难矣。矧王公合古今之注，删以成帙。余先生又因其所删者手裁焉，则删而复删，斯要而愈要，诚义林之粹集也。然不知所以为是书之刻者，何先？"先生曰："二篇增损檃括，极其精要，有功于《庄子》大矣。而所裁弗完，未可遽刻，盍先刻原删？俾读《庄》者有所考据，以通全文。俟他日新裁者脱稿，重加镌梓，自可以并行不悖也。"维受命，请先生校序。先生谢事戒期，心目周遍全帙，更易讹谬者千馀处，自为说列其大凡。复书以来，增入少师太岳张先生《评庄》，而《补注》则少傅凤磐张先生所著，业已收集久矣，遂筮日刻之。滇藩藩伯陶幼学、庄国祯、宪伯魏体明暨诸执事于是举甚有所敬慕也，各捐俸充梓有差，以故甫三月而刻完。董正覆校而句读之者，宪学荆光裕暨安宁迁客方沆也，荆君贯穿经传，棕核惟严，而沆昔官留部，尝阅是集，今任滇，再遇其事，奇遘也，因属之卒业。姚安守李载贽解任寓滇，心闲而无事，亦与有读正之劳也，并及之云。

时万历庚辰岁季冬吉旦，巡按云南监察御史江陵后学刘维谨撰

《南华真经》序

河南郭象子玄撰

夫庄子者，可谓知本矣。故未始藏其狂言，言虽无会而独应者也。夫应而非会，则虽当无用；言非物事，则虽高不行；与夫寂然不动，不得已而后起者，固有间矣，斯可谓知无心者也。夫心无为，则随感而应，应随其时，言唯谨尔。故与化为体，流万代而冥物，岂曾设对独遘而游谈乎方外哉？此其所以不经而为百家之冠也。然庄生虽未体之，言则至矣。通天地之统，序万物之性，达死生之变，而明内圣外王之道，上知造物无物，下知有物之自造也。其言宏绰，其旨玄妙。至至之道，融微旨雅；泰然遣放，放而不敖。故曰不知义之所适，猖狂妄行而蹈其大方；含哺而熙乎澹泊，鼓腹而游乎混茫。至仁极乎无亲，孝慈终于兼忘，礼乐复乎已能，忠信发乎天光。用其光则其朴自成，是以神器独化于玄冥之境而源深流长也。故其长波之所荡，高风之所扇，畅乎物宜，适乎民愿。弘其鄙，解其悬，洒落之功未加，而矜夸所以散。故观其书，超然自以为已当，经昆仑，涉太虚，而游恍惚之庭矣。虽复贪婪之人，进躁之士，暂而揽其馀芳，味其溢流，仿佛其音影，犹足旷然有忘形自得之怀，况探其远情而玩永年者乎！遂绵邈清遐，去离尘埃而返冥极者也。

《南华真经疏》序

唐西华法师成玄英撰

夫《庄子》者，所以申道德之深根，述重玄之妙旨，畅无为之恬淡，明独化之窅冥，钳揵九流，括囊百氏，谅区中之至教，实象外之微言者也。其人姓庄名周，字子休，生宋国睢阳蒙县，师长桑公子，受号南华仙人。当战国之初，降衰周之末，叹苍生之业薄，伤道德之陵夷[①]，乃慷慨发愤，爰著斯论。其言大而博，其旨深而远，非下士之所闻，岂浅识之能究？所言子者，是有德之嘉号，古人称师曰子。亦言子是书名，非但三篇之总名，亦是百家之通题。所言《内篇》者，内以待外立名，篇以编简为义。古者杀青为简，以韦为编，编简成篇，犹今连纸成卷也。故元恺云："大事书之于策，小事简牍而已。"内则谈于理本，外则语其事迹。事虽彰著，非理不通；理既幽微，非事莫显。欲先明妙理，故前标《内篇》。《内篇》理深，故每于文外别立篇目，郭象仍于题下即注解之，《逍遥》《齐物》之类是也。自《外篇》以去，则取篇首二字为其题目，《骈拇》《马蹄》之类是也。所言《逍遥游》者，古今解释不同。今泛举纮纲，略为三释。所

①陵夷，原作"夷陵"，倒，据郭庆藩《庄子集释》中华书局新编诸子集成本乙正。

言三者：第一，顾桐柏云："逍者，销也；遥者，远也。销尽有为累，远见无为理，以斯而游，故曰逍遥。"第二，支道林云："物物而不物于物，故逍然不我待；玄感不疾而速，故遥然靡所不为。以斯而游天下，故曰逍遥游。"第三，穆夜云："逍遥者，盖是放狂自得之名也。至德内充，无时不适，忘怀应物，何往不通。以斯而游天下，故曰逍遥游。"《内篇》明于理本，《外篇》语其事迹，《杂篇》杂明于理事。《内篇》虽明理本，不无事迹；《外篇》虽明事迹，甚有妙理；但立教分篇，据多论耳。所以《逍遥》建初者，言达道之士，智德明敏，所造皆适，遇物逍遥，故以逍遥命物。夫无待圣人，照机若镜，既明权实之二智，故能大齐于万境，故以《齐物》次之。既指马蹄天地，混同庶物，心灵凝澹，可以摄卫养生，故以《养生主》次之。既善恶两忘，境智俱妙，随变任化，可以处涉人间，故以《人间世》次之。内德圆满，故能支离其德，外以接物，既而随物升降，内外冥契，故以《德充符》次之。止水流鉴，接物无心，忘德忘形，契外会内之极，可以匠成庶品，故以《大宗师》次之。古之真圣，知天知人，与造化同功，即寂即应，既而驱驭群品，故以《应帝王》次之。《骈拇》以下，皆以篇名二字为题，既无别义，今不复次篇也。而自古高士，晋汉逸人，皆莫不耽玩，为之义训，虽注述无可间然，并有美辞，咸能索隐。玄英不揆庸昧，少而习焉，研精覃思三十年矣。依子玄所注三十三篇，辄为疏解，总三十卷。虽复词情疏拙，亦颇有心迹指归，不敢贻厥后人，聊自记其遗忘耳。

《南华真经章句音义》叙

碧虚子造

太史公曰："庄子尝为蒙漆园吏，著书十馀万言。"《汉书·艺文志》："《庄子》五十二篇。"《隋书·经籍志》："向秀注，二十卷；郭象注，三十三卷。又，梁旷有《南华论》二十五卷。"陶隐居《真诰序录》曰："庄子受长桑公微言，撰《内篇》七卷，以三言为题者，当是法璇玑之环转，三景之焕明，故造真诰，篇为七目，亦用三字为标。"隐居著述盖有所宗焉。唐天宝中，诏册《庄子》，宜依旧号，曰《南华真经》，是知南华之义所来尚矣。仆自总角好诵是经，非事趣时，破卷而已，斯乃道家之业，务在长生久视，毁誉两忘，而自信于道矣，岂与有待者同日而论哉？今述章句，复成七卷，谓离章辩句，委曲枝派也。以《逍遥游》《齐物论》《养生主》《人间世》《德充符》《大宗师》《应帝王》七篇为内，实漆园命名之篇也。其次止以篇首两字或三字为题，故有《外篇》十五，《杂篇》十一。或谓外、杂篇为郭象所删修。又按，陶隐居曰"庄子作内外篇"，而不言其《杂篇》。复览前辈注解，例多越略，殊难稽考。今辄于二十六篇之内，取两字标目而一段成篇者，得《骈拇》《马蹄》《胠箧》《刻意》《缮性》《说剑》《渔父》七篇以配内，立名而曰《外篇》。其次《让王》《盗跖》《在宥》《天地》《天道》《天运》《秋水》

《至乐》《达生》《山木》《田子方》《知北游》《庚桑楚》《徐无鬼》《则阳》《外物》《寓言》《列御寇》《天下》十有九篇，比乎内外之目，则奇偶交贯，取其人物之名，则条例自异，考其理，则符阴阳之数，究其义，则契言默之微，故曰《杂篇》。今于三十三篇之内，分作二百五十五章，随指命题，号曰章句。逐章之下，音字解义，释说事类，标为章义。书成，尝数其正经，得六万五千九百二十三言，合马迁之所记，十亡其四矣。复将中太一宫宝文统录，内有庄子数本，及笈中手钞，诸家同异，校得国子监景德四年印本不同，共三百四十九字，仍按所出别疏阙误一卷，以辩疑谬。《公孙龙》三篇，以备讨寻。乌乎！后之学者不幸，不见漆园简策之完，篇章之大体妙指浸为诸家裂。

元丰甲子岁上元日叙

《南华真经循本》释题

罗勉道[1]

庄子为书，虽恢恑谲怪，佚宕于六经外，譬犹天地日月，固有常经常运，而风云开阖，神鬼变幻，要自不可阙。古今文士每每奇之，顾其句法字面，自是周末时语，有非后世所能悉晓。然尚有可征者，如正获之问于监市履狶，乃大射有司正司获，见《仪礼》。解之以牛之白颡者，与豚之亢鼻者，与人有痔病者，不可以适河，乃古天子春有解祠，见《汉郊祀志》。唐子，乃掌堂涂之子，犹周王族之適子称门子。义台，乃仪台，郑司农云“故书‘仪’但为‘义’”。其脰肩肩，乃见《考工记·梓人》“为磬虡，数目顧脰”，肩即顧字。如此类不一，而士无古学，不足以知之。诸家解者，或敷演清谈，或牵联禅语，或强附儒家正理，多非本文指义。漫曰此文字奇处绝妙，又恶识所谓奇妙？寥寥千八百载间，作者之意郁而未伸，剽窃之用转而多误，岂非群书中一欠事？勉道幸以蚤遂退闲，托志清虚，因得时以鄙见梳剔一二，爰笔其说，不觉成帙，自谓庶几循其本指，题曰《庄子循本》云。

①罗勉道，原无，据《南华真经循本》续修四库全书本补。

《南华真经义海纂微》序

始余读《庄子》，颇疑齐物之论，荒怪汗漫，若与物情戾。偶缘病卧，梦中有以木鸡之说告者。因复取其书而绎焉，始悟其立言本指，最切于救时，而人或未之识。盖自周德下衰，礼乐征伐不自天子出，战国诸侯，蛮触并斗，以糜烂其生民，其祸实起于不知分。庄子于是时，思有以觉其迷而砭其疾，故于《逍遥游》篇首寓微言。其曰鸠鷃之不敢自拟于大鹏，物之知分者也。其曰许由不敢受尧之天下，人之知分者也。夫使天下而皆知分，则贱不慕贵，小不图大，强不凌弱，众不暴寡，君君而臣臣，父父而子子，举一世莫不各安其天分之当然，而无僭逾争夺夭阏之患，则夫物之不齐者，非必物物而齐之，而物无不齐矣。且庄子与孟子同时，使其言而悖道，无补于世教，则孟子固亦距之矣。读者泥其辞而不求其意，往往例以不经，目之如郭象所云者，是岂真知庄子哉？一日，中都道士褚伯秀持所集《庄子解》且附以己见，示余。余喜其会稡之勤，去取之精，而所见之多有超诣也，因举余言告之。矍然谢曰："以'分'一字断齐物之说，此非我所及也。愿得以为序，锓诸木，可乎？"余曰："此臆说也，世岂无深于是书者？子其博访而求印可焉，他日以复于我，相与订之未晚也。若夫为序，则不敢。”

咸淳元年夏四月，东北人刘震孙书于姑苏寓舍木鸡窠

《南华真经义海纂微》序[①]

道一而已,形于言即为二。故曰:道无问,问无应。又曰:知道易,勿言难。知者不言,言者不知。善者不辩,辩者不善。然则忘言可乎?言可忘,则《南华经》不作矣;言不可忘,是以有《南华经》。既有《南华经》,是以有诸家解。虽然,《南华经》十万馀言,未尝不言而亦未尝言。何者?其言皆寓言也,后之人求其所已言,而不求其所未言。寻行数墨,分章析句,言愈支而道愈离矣。雪巘羽衣褚伯秀,身近尺五之天,而神游乎漆园濮水之上,辑诸家解,断以己见,笔之书以为未足,且刻之梓以传不朽,其用心亦勤矣。呜呼!道以言而传,昭氏之鼓琴也。道不可以言传,昭氏之不鼓琴也。大音希声,鼓不鼓琴,与音固无恙也。抑得鱼忘筌,得兔忘蹄可也。筌蹄岂鱼兔哉?道也,言也,一而二,二而一者也。噫!南华之经,诸家之解,褚之管见,予之臆说,是又寓言中之寓言耳矣。

咸淳元年夏五月五日,本心翁文及翁书于道山堂

①文题原无,此序在前序下,据前题补。下同。

《南华真经义海纂微》序

古诸子之书，若孟氏之正，蒙庄之奇，皆立言之极至，后世虽有作者，无以加之矣。而《庄子》尤难读，大聪明如东坡翁，自谓于《庄子》有得，今观其文间有说《庄》者，往往犹未契本旨，况雩、惠卿流，毒螫满怀，而可与于帝之县解乎？近时释《庄》者益众，其说亦有超于昔人，然未免翼以吾圣人言，挟以禅门关键，似则似矣，是则未是。余谓不若直以《庄子》解《庄子》，上绝攀援，下无拖带，庶几调适上遂之宗，可以见其端涯也。武林褚君伯秀，道家者流，非儒非墨，故其读此书也，用志不分，无多歧亡羊之失，特欲索祖意于千载之上，会稡众说，附以己见，采获所安，不以人废，白首成书，志亦勤矣。余视其目端而明，气夷而靖，斯学之力也。余旧喜读庄，时有欣然会心处，然未尝笔之于册。今老病目昏，嘉褚君之志有成，而已不暇一二勘其得失矣。君既竭力以板行其言，且属余序其篇首。余笑曰："彼刻雕之工未竟与，则释椎凿而上者能为君序之矣。"

咸淳乙丑岁八月甲申，鄱阳汤汉书

《南华真经》解题

褚伯秀①

张湛《列子释文》载：庄子，宋之蒙城人，为梁漆园吏。著书五十二篇，郭象合为三十三篇，注之。一云向秀先注《庄子》二十八篇而卒，郭象得其书，足成之，以行于世。后向氏别本出，故向、郭二注文义一同。碧虚子陈景元注卷首叙云：庄子师长桑公，受其微旨，著书十万馀言，目曰《南华论》，内篇三字标题者是其旧，外、杂篇则为郭象所删修。今通计正文，止存六万五千九百馀字。唐开元十九年，侍中裴光庭请册四子。天宝元年，诏册《庄子》宜依旧号曰《南华真经》，义取离明英华，发挥道妙也。窃详"南华"之号，其来久矣，似是上天职任所司，犹东华南极之类，不可以人间义理臆度，故诸解无闻焉。谨表出以备解题一难，俟博识考订之。

①篇名、作者名原无，系整理者据褚伯秀《南华真经义海纂微原序》文义补。

庄子传[1]

司马迁

庄子者，蒙人也，名周。周尝为蒙漆园吏，与梁惠王、齐宣王同时。其学无所不窥，然其要本归于老子之言。故其著书十馀万言，大抵率寓言也。作《渔父》《盗跖》《胠箧》，以诋訾孔子之徒，以明老子之术。《畏累虚》《亢桑子》之属，皆空语无事实。然善属书离辞，指事类情，用剽剥儒墨，虽当世宿学不能自解免也。其言洸洋自恣以适己，故自王公大人不能器之。

楚威王闻庄周贤，使使厚币迎之，许以为相。庄周笑谓楚使者曰："千金，重利；卿相，尊位也。子独不见郊祭之牺牛乎？养食之数岁，衣以文绣，以入太庙。当是之时，虽欲为孤豚，岂可得乎？子亟去，无污我。我宁游戏污渎之中自快，无为有国者所羁，终身不仕，以快吾志焉。"按，褚氏载《庄子小传》云："庄子，宋人也。名周，字子休。生睢阳蒙县。"其下与列传同，大都采摭其语而增损之，故馀不载，而止载太史公列传焉。传后又云："唐封南华真人书为《南华真经》。"今存之。

---

①此篇原题"太史公列传"，摘自《史记·老子韩非列传》，篇名系整理者加。

《庄义要删》摭采书目

陈碧虚《解义》卷末载览过庄子注

景德三年国子监刊行本

江南古藏本　徐铉、葛湍校

天台山方瀛宫本　徐灵府校

郭象注中太一宫本　张君房校

成玄英疏中太一宫本　张君房校

文如海正义中太一宫　成文并唐道士

江南李氏书库本　张潜夫补注

散人刘得一本　大中祥符时人

今所纂诸家注义姓名

郭象注　吴门官本

吕惠卿注　川本

林疑独注　旧麻沙本

陈详道注　藏本

陈景元注　字太初,号碧虚子,建昌人。熙宁间主中太一宫。召对,进《道德》《南华》二经解,颁行入藏。

王雱注　内篇

刘概注　外、杂篇,继雱之后。

吴俦注　已上五家并见《道藏》,崇观间人。

虚斋赵以夫注　内篇福本

竹溪林希逸《口义》　福本

李士表《庄子十论》

王旦《庄子发题》

无隐范先生《讲语》　名元应,字善甫,蜀之顺夫人。

续增入诸家名氏

眉州苏子瞻《广成解》

荆州少师张先生《评庄》　先生名居正,字端甫,号太岳。诸凡本文旁加评语圈点,皆先生读中秘书时笔。

蒲州少傅张先生《补注》　先生名四维,字子维,号凤磐。

靖江朱得之《通义》

按,《隋书·经籍志》载:注《庄子》,仅郭、向二氏。马端临所考则有王、吕诸家。为之疏者,惟唐玄英、如海二羽衣而已。褚伯秀所辑《义海纂微》,乃汇十数家。要之,惟象洞玄冥解,希逸训释通明,象尤其上乘也。王元泽以下,类多剩语。荆门王中丞先生阅而病之,授不佞镐,偕二方中郎新安扬、莆田沆厘音义,正句读,剔诸家芜谬,补二氏之断落者。已而益以苏子瞻《广成解》、清州张少傅《补注》,即朱得之《通义》亦稍采拾焉。间或缀数语于褚氏之后,则镐与二君受先生口义而窃取之,大较方氏杨之解处居多,镐则犹有蓬之心也夫。稿成,题之曰《庄义要删》云。

岭南后学周光镐志

淮海孙先生校《庄》凡例

发来《庄子要删》八本，中间不明字义者甚多，俱不厌烦琐，一一勘雠过，应改正者俱用浮帖于上，庶备财择。大都字义不明，有以俗字为正字者，有以省手写为正字者，有以相沿别项字为正字者，有不明于点画偏旁而妄意附于正字者，则皆不考韵书之故也。其以俗字为正者，如囊误为曩，漆误为渿，類误为頪，㾓寐误为㝲寐，私误为厶，規误为䂓，逆误为逆，友误为犮，易误为昜，垂误为埀，致误为致，旅误为㫛，丈误为丈，杖误为杖，謝误为谦，矜误为矜，染误为染，健误为健，衷误为衷，寝误为寑，卮误为危之类是也。有以省手写为正者，如機误为机，隐误为隠，數误为数，猶误为犹、为犹，變误为变，職误为耺，齊误为斉，涵误为涵，歷误为歴，得误为淂，纔误为纔，讒误为譨，體误为体，愛误为爱，憂误为忧，繼误为継，懼误为惧，勢误为势，遷误为迁，饑误为飢，聲误为声，覺误为覚，學误为斈，過误为过，獨误为独，淵误为渊，鑒误为鉴，覽误为覧，質误为貭，遭误为遭，齒误为歯，幾误为几，繡误为綉，簫误为箫，儻误为傥，龜误为亀，顯误为顕，顧误为頋，戀误为恋，竈误为竃，樓误为楼，螻误为蝼，亂误为乱，僂误为偻，髏误为髅，夢误为梦，虧误为虧，斷误为断之类是也。有相沿别项字为正字者，如須音需，湏音会，乃須字即写湏字。豐音风，豊音禮，乃豐字即写豊字。競音敬，兢音京，乃競字即写兢字。穹音芎，窮音邛，乃窮字即写穹字。聽音汀，听音鄞，乃聽字即写听字是也。有不明于点画偏旁而妄意附于正字者，如義误为豙，菌误为茵，螊误为蠊，究误为宂，御误为御，飾误为餙，命误为肏，膽误为胆，稱误为称，鬚误为鬚，裸误为裸，賜误为賜，瓊误为瓊，禦误为禦，牖误为牖，涿误为涿，鼎误为鼎之类是也。此类甚多，不及细陈，皆《庄义要删》内誊录谬讹，已据愚见点窜之矣。至于所圈《庄子》本文，亦多忽略。如“若果是也则是之”为句，“若果然也则然之”为句，“自喻适志与不知周也”为句，“为之四顾为之踟蹰”为句，“其言虽教”为句，“积伐而美者以犯之”为句，“其脰肩肩瓮盎大瘿”为句，“虽然有患虽然”为句，“孟孙氏特觉”为句，“甚矣哉无愧而不知耻也甚矣”为句，“外韄者不可繁而捉”为句，“内韄者不可缪而捉”为句，“终日视而目不瞚偏”为句，“吾相马”为句，“未始异于声而音之君已”为句，“圣人之心非曰静也”为句，“推于天地”为句，“是非次之”为句，“赏罚次之”为句，“顺流而东行”为句，“人卒九州”为句，“若乃夫没人”为句，“虽然有一焉”为句，“见大木枝叶盛茂”为句，“得其强梁”为句，“非持其钓”为句，“伏尸数百万逐北”为句，“任公子得若鱼”为句，“柴出乎守”为句，“弦歌鼓琴”为句，“自沉庐水”为句，此则当圈而未圈者也。“蓬蓬然起于北海，蓬蓬然入于南海”，“蓬蓬”不为句；“见大木枝叶盛茂伐”不为句；“官事果乎众宜”，“官”字不为句；“自沉于庐”不为句，此则不必圈而圈者也。凡此又皆据仆平日所读及玩上下文而注其首矣。至于注中文义颠倒不联属、晦昧不明白者，又据管见抹搽之矣。要以不负门下远托及少方公昔日深知，故遂竭其愚而僭妄若此，深愧挂一漏万，乞门下包容，而又裨补其阙，幸甚。

《庄义要删》校刊姓氏

云南布政司左布政使陶幼学
右布政使庄国祯
按察司按察使魏体明
副　使马颐泽
胡心得
荆光裕
胡　文
陈　诏
陈颐正
贺幼殊
佥　事　顾养谦
胡　僖
罗良祯校阅
云南府知府洪邦光
姚安府知府李载贽
武定府知府辛存仁
临安府知府甘一骥
大理府知府丁应宾
曲靖府知府李蒙亨

寻甸府知府蔡民望
澂江府知府林焜章
楚雄府同知吴应卯
丽江府同知何守拙
云南府通判李　翘
　　　　　范　昕
元江府通判曾　仕
顺宁府通判熊梦祥
云南府推官赵　楷
临安府推官陈　辅
大理府推官周于用
楚雄府推官邹国卿
永昌府推官王朝僯
曲靖府推官何　钰
安宁州知州姚继先
昆阳州知州萧　芾
建水州知州艾　鳌
赵　州知州沈奎灿
保山县知县杨文举
蒙自县知县欧阳辉
太和县知县孔宗海
楚雄县知县顾　闵率刊
安宁提举司提举方　沆校刊
按察司照磨所照磨张　绅督刊
昆明县知县刘之龙
云南府儒学教授宋邦俊

训导赵　谦

王国治

姚安府儒学生员郭万民

通海县儒学生员高尚志对读

庄义要删内篇　卷之一

明礼部右侍郎掌国子监祭酒事　清平孙应鳌　编校

吏部右侍郎　夷陵王　篆　校录

巡按云南监察御史　江陵刘　维　校正

逍遥游第一

夫小大虽殊，而放于自得之场，则物任其性，事称其能，各当其分，逍遥一也。

北冥有鱼，其名为鲲。一头。鲲之大，不知其几纪千里也。化而为鸟，其名为鹏。鹏之背，不知其几千里也。怒而飞，怒字奇特。其翼若垂天之云。是鸟也，海运则将徙于南冥。南冥者，天池也。齐谐者，志怪者也。突起引证，是一节。谐之言曰："鹏之徙于南冥也，水击三千里，抟扶摇而上者九万里，去以六月息者也。"野马也，尘埃也，生物之以息相吹也。天之苍苍，其正色邪？其远而无所至极邪？其视下也，亦若是则已矣！"冥，海也。嵇[1]康云："取其溟溟无涯也。"东方朔《十洲记》云："水黑色谓之冥。"垂天之云，垂犹边也。其大如天一面云也。齐谐，司马及崔并云人姓名，简文云书名。上行风谓之扶摇。《尔雅》云："扶摇谓之飙。"野马，天地间气如野马驰也。尘埃，气蓊郁似尘埃扬也。

郭注 鲲鹏之实，吾所未详。庄子大意，在乎逍遥游放，无为而自得。故极小大之致，以明性分之适。达观之

①嵇，原作"稽"，误，据《庄子集释》改。

士，宜要其会归，而遗其所寄也。鲲之化鹏，非冥海不足以运其身，非九万里不足以负其翼。此岂好奇哉？直以大物必生于大处，大处必生此大物，理固然者。翼大则难举，故抟扶摇而后能上九万里，一去半岁至天池而息也。野马者，游气也。野马尘埃，皆鹏之所凭以飞者。夫天之苍苍，竟未知便是天之正色邪？天之为远而无极邪？鹏之自上以视地，亦犹人之自地观天。则止而图南矣，言鹏不知道里之远近，趣足以自胜而逝也。吕注 野马尘埃，皆生物之以息相吹。息者，气之所为，充塞天地而无间。人于其间，自下视天，见其苍苍，果正色邪？远而无所至极邪？不可知也。唯不可知，故未尝以所居为下，则鹏之自上视下，亦岂知所以为高哉？口义 鲲鹏变化之论，只是形容胸中广大之乐。盖谓世人见小，故有纷纷之争。若知天地有如许世界，则自视其身，不啻太仓一粒耳。鲲鹏亦寓言，不必拘阴阳之说。鸟之飞也必以气，下一"怒"字，便自奇特。海运者，海动也。今海濒俚歌犹有"六月海动"之语。海动必有大风，其水涌沸，自海底而起，声闻数里。言必有此大风，而后可以南徙也。《齐谐》所志述，皆怪异非常之事，如今《山海经》之类。三千、九万，只形容其高远。去以六月息者，一举必歇半年也。野马三句，本要形容下句，却先安顿于此，谓人之仰视乎天，见其苍苍然，岂其正色？特吾目力既穷，其上无所极止故，但见濛濛然尔。鹏之飞也，既至于天上，则其下视人间，不知相去几千万里。其野马、尘埃相吹之息，亦必如此濛濛然，犹人之在下视天上也。此数句，只是形容鹏飞之高如此。义海 当化者不得不化，当飞者不得不飞，皆天机所运，受化者不自知也。怒而飞者，不得已而后动之义。怒犹勇也。凡物之潜久者必奋，屈久者必伸，岂厌常乐变而为此哉？盖囿形大化中，则随二气而运，盈虚消长，理不可逃。《齐物论》"万窍怒号"，《外物篇》"草木怒生"，亦此意。《道德经》所谓"万物并作"是也。于此以观其复，则六月息之义可知。世人见其怒而不见其息，知其作而不知其复，故背夫逍遥之乡，日趋有为之域，以至事物胶葛，患累纠缠，薾然疲役，不知所归，可不哀邪？【评庄】天之苍苍数句，言以上视下，犹以下视上，只是形容鹏飞之高，文字多少奇特！

且夫水之积也不厚，则负大舟也无力。覆杯水于坳於交反堂之上，则芥为之舟，置杯焉则胶，教。水浅而舟大也。风之积也不厚，则其负大翼也无力。故九万里则风斯在下矣，而后乃今培风；背负青天而莫之夭阏遏者，而后乃今将图南。蜩条与学一作鸴鸠笑之曰："我决血起而飞，抢榆枋，时则不至，而控于地而已矣，奚以之九万里而南为？"适莽苍者，三餐而反，腹犹果然；适百里者，宿舂粮；适千里者，三月聚粮。之二虫又何知！小知不及大知，主下一段。小年不及大年。奚以知其然也？朝菌窘不知晦朔，蟪蛄不知春秋，此小年也。楚之南有冥灵者，以五百岁为春，五百岁为秋。上古有大椿者，以八千岁为春，八千岁为秋。而彭祖乃今以久特闻，众人匹之，不亦悲乎！崔云：堂道谓之坳。支遁云：谓有坳垤形也。胶，著地也。蜩，司马云：蝉。鸴鸠，小鸠也。决，疾貌。抢，突也。榆枋，皆木名。控，投也。莽苍，近郊之色也。果，饱貌。朝菌，大芝，天阴生粪上，见日则死。蟪蛄，寒蝉也，春生夏死，夏生秋死。彭祖，姓篯名铿，尧封于彭城，至商年七百岁。

郭注 水之积也不厚六句，皆明鹏之所以高飞者，翼大故耳。夫质小者，所资不待大；则质大者，所用不得小矣。故理有至分，物有定极，各足称事，其济一也。若乃失乎忘生之主，不解。而营生于至当之外，事不任力，动不称情，则虽垂天之翼，不能无穷，决起之飞，不能无困矣。夫所以乃今将图南者，非其好高而慕远也。见解别。风不积，则夭阏不通故耳。三餐三句，所适弥远，则聚粮弥多，故其翼弥大，则积气弥厚也。二虫，谓鹏蜩也。似未的。对大于小，所以均异趣也。夫趣之所以异，岂知异而异哉？皆不知所以然而自然耳。此逍遥之大意。夫年知不相及若此之悬也，比于众人之所悲，亦可悲矣。而众人未尝悲此者，以其性各有极也。苟知其极，则毫[①]分不可相跂，天下又何所悲乎哉？盖悲生于累，累绝则悲去，悲去而性命不安者，未之有也。自此已下至于列子，历举年、知之大小，各信其一方，未有足以相倾者。然后统以无待之人，遗彼忘我，冥此群异，异方同得，而我无功名。是故统小大者，无小无大者也。苟有乎小大，则虽大鹏之与斥鷃，宰官之与御风，同为累物耳。齐死生者，无死无生者也。苟有乎死生，则虽大椿之与蟪蛄，彭祖之与朝菌，均于短折耳。故游于无小无大者，无穷者也。冥乎不死不生者，无极者也。若夫逍遥而系于有方，则虽放之使游，而有所穷矣，未能无行也。

口义 水之积也不厚，为下句风之喻也。鹏在天上，去地下九万里，风自溪谷而起，而后蓬蓬然周遍四海，鹏既在上，

---

①毫，原作“豪”，误，据《庄子注》卷一改。

则此风在下，培厚也。九万里之风，乃可谓之厚风。如此厚风，方能负载鹏翼。背负青天，言飞之高也。莫之夭阏，无障碍者也。图南，自北海而谋南徙也。决起者，奋起而飞也。言我所飞不过如此，且有不能，彼乃欲藉九万里之风，而南徙于天池。奚以，奚用也。此意谓浅见之人，局量狭小，不知世界之大也。果，实也，食未尽消也。三餐三句，又为鹏与蜩鸠之喻也。二虫者，蜩鸠也。言彼何足以知此，故曰又何知。小知大知，结上鹏鸠。小年大年，生下一段譬喻，又是文之一体。朝菌但知有朝暮而已，安知有晦朔也？蟪蛄不见四时之全，故曰小年。冥灵大椿，皆木名。此亦寓言，不必求其实。言冥灵之生，一千年方当一岁；大椿之生，一万六千年方当一岁；彭祖仅年八百，至今乃以高寿特闻于世，众人皆欲慕之而不及，亦是见小而不知大也，匹慕而求似之也。评庄 适莽苍者数句，言行有远近，犹见有大小，又为鹏与鸠之喻也。小知不及大知，小年不及大年，"大""小"二字是眼目。补注 物有小大，年有修短，一禀乎自然之分，随分自得，无适非逍遥也。若以小羡大，短羡修，此乃众人以情欲累性，所以可悲。

汤之问棘也是已。又突起引证，是一节。穷发之北，有冥海者，天池也。有鱼焉，其广数千里，未有知其修者，其名为鲲。有鸟焉，其名为鹏，背若太山，翼若垂天之云，抟扶摇羊角而上者九万里，绝云气，负青天，然后图南，且适南冥也。斥鴳笑之曰："彼且奚适也？我腾跃而上，不过数仞而下，翱翔蓬蒿之间，此亦飞之至也，而彼且奚适也！"此小大之辨也。故夫知效一官，行比一乡，德合一君，而征一国者，其自视也亦若此矣。而宋荣子犹然笑之。且举世而誉余之而不加劝，举世而非之而不加沮，定乎内外之分，辨乎荣辱之境，斯已矣。彼其于世，未数数朔然也。虽然，犹有未树也。夫列子御风而行，泠然善也，旬有五日而后反。彼于致福者，未数数然也。此虽免乎行，犹有所待者也。若夫乘天地之正，而御六气之辨，以游无穷者，彼且恶乌乎待哉！故曰：至人无己纪，神人无功，圣人无名。棘子，汤时贤人。按《列子》作"殷汤问夏革"，革、棘声相近。穷发，发犹毛也。北方无毛地也。羊角，风曲上行，若羊角然。斥，小泽也。犹然，笑貌，一云犹以为笑也。数数，犹汲汲也。列子，郑人，名御寇。

郭注 汤之问棘，亦云物各有极，任之则条畅，故庄子以所问为是也。向言二虫殊翼，故所至不同，或翱翔天池，或毕志榆枋，直各称体而足，不知所以然也。今言小大之辨，各有自然之素，既非跂慕之所及，亦各安其天性，不悲所以异，故再出之。其自视亦若此者，亦犹鸟之自得于一方也。宋荣子犹然笑之者，未能齐，故有笑也。举世毁誉之而不加劝沮者，审自得也。定乎内外之分者，内我而外物。辨乎荣辱之境者，荣己而辱人。斯已矣者，亦不能复过此也。于世未数数者，足于身，故间于世也。犹未树者，言唯能自是耳，未能无所不可也。泠然，轻妙之貌。旬有五日而反，言有待者虽御风而行，不能以一时而周也。然其行亦自然耳，非数数然求之也。非风则不得行，斯必有待也。唯无所不乘者，无待耳。天地者，万物之总名也。天地以万物为体，而万物必以自然为正。故大鹏之能高，斥鴳之能下，椿木之能长，朝菌之能短，凡此皆自然之所能，非为之所能也。不为而自能，所以为正也。故乘天地之正者，即是顺万物之性也。御六气之辨者，即是游变化之途也。如斯以往，则何往而有穷哉？所遇斯乘，又将恶乎待哉？此乃至德之人玄同彼我者之逍遥也。苟有待焉，则虽列子之轻妙，犹不能以无风而行，故必得其所待，然后逍遥耳，而况大鹏乎？夫唯与物冥而循大变者，为能无待而常通，岂自通而已哉！又顺有待者，使不失其所待，所待不失，则同于大通矣。故有待无待，吾所不能齐也。至于各安其性，天机自张，受而不知，则吾所不能殊也。夫无待犹不足以殊有待，况有待者之巨细乎？无己，故顺物，顺物而至矣。理至，则迹灭矣。今顺而不助，与至理为一，故无功。圣人者，物得性之名耳，未足以名其所以得也。口义

此段只是前段又翻说一个证据。言向来汤曾问棘，即此事也。绝云气者，言九万里之上更无云气也。斥泽之鷃，小鸟也。飞之至者，言我翱翔蓬蒿之间，其飞如此，亦至乐矣，又何必他往哉！知效一官，智能可以办一职之事也。行比一乡，德行可以比合一乡而使人归向也。德合一君，而可以号召于一国，主一国之事也。此三等人，各以其所能为自足，亦如斥鷃之类。宋荣子则举世毁誉之而不加劝阻，视彼三士，但见可笑。盖其知本心为内，凡物为外也。在外者则有荣辱，在内者则无荣辱。定内外之分，则能辨荣辱之境。斯已矣者，言道理只如此也。彼既知内外轻重，则岂肯汲汲然以世俗为事？虽然，宋荣子之能固如此，亦未有大树立作家处。若列子者御风行空，半月而后反，泠然而善，其视修身求福者，又不足言矣。列子御风，虽免乎行，而非风则不可，故曰犹有所待。若夫乘天地之正理，

御阴阳风雨晦明之六气，以游于无物之始，而无所穷止，若此，则无所待矣。此有迹无迹之分也。至于无迹，则谓之至人矣，谓之神人矣，谓之圣人矣。无己、无功、无名，皆言无迹也。特下三句赞美之。通义 汤之问棘也一句，或以为上篇结句，或以为下篇起句。愚按后篇即前篇之结，自穷发至辩也一百十七字，庄子意其鲲鹏之论，非臆说，非怪诞，故引《列子》之文以证之，所谓重言也。评庄 问棘一段，只是前段又翻说一个证据。扶摇风势，羊角亦风之屈曲势也。知效一官三等人，各以其所能为自足，其自视亦若斥鴳之类。此篇乃直述体。"大""小"二字，是其眼目。鲲鹏大者，蜩鸠斥鴳小者。文字一头，二证，一结，奇崛不伦。补注 褚氏云："功成必见忌，名下难久居，非功名之过，病在于有我。信能忘己，则避功逃名，隐迹全道，无往而不逍遥矣。"故以无己先之。

尧让天下于许由，曰："日月出矣，而爝爵火不息，其于光也，不亦难乎？时雨降矣，而犹浸灌，其于泽也，不亦劳乎？夫子立而天下治，而我犹尸之，吾自视缺然。请致天下。"许由曰："子治天下，天下既已治也，而我犹代子，吾将为名乎？名者，实之宾也。吾将为宾乎？鹪焦鹩辽巢于深林，不过一枝。偃鼠饮河，不过满腹。归休乎君，予无所用天下为！庖人虽不治庖，尸祝不越樽俎而代之矣。"许由，颍川阳城人，字仲武，隐于箕山。爝，炬火也。鹪鹩，小鸟也。偃鼠，鼢鼠也。《说文》："鼢鼠，一曰偃鼠。"

郭注 夫能令天下治，不治天下者也。故尧以不治治之，非治之而治者也。今许由方明既治，则无所代之，而治实由尧，故有子治之言。夫治之由于不治，为之出乎无为也。取于尧而足，岂借之许由哉！若谓拱默山林而称无为者，此老庄之谈，所以见弃于当途。当途者必于有为之域而不反也。夫自任者对物，顺物者与物无对。尧无对于天下，许由与稷、契为匹矣。何以言其然耶？夫与物冥者，群物之所不能离也。是以无心玄应，唯感之从。泛乎若不系之舟，东西之非己也。故无行而不与百姓共者，亦无往而不为天下君矣。以此为君，若天之高，实君之德也。若独亢然立乎高山之顶，守一家之偏尚，此故俗中之一物，而为尧之外臣耳。若以外臣代乎内主，斯有为君之名而无任君之实也。鹪鹩一枝，偃鼠满腹，言性各有极，苟足其极，则馀天下之财也。"归休"二句，均之无用，而尧独有之明。夫怀豁者无方，故天下乐推而不厌也。庖人尸祝，各安其所司；鸟兽万物，各足于所受；帝尧、许由，各静其所遇；此乃天下之至实也。各得其实，又何所为乎哉？自得而已矣！故尧、许天地虽异，其于逍遥一也。吕注 自尧言之，由虽无为而未尝不可以有为，故请致天下而不疑。自由言之，尧虽有为而未尝不出于无为，故以天下既治，而不肯受。夫以无事取天下而天下治，此无为之实也。天下既治，而吾犹代之，则是取天下而为之，将见其不得也，是取其无为之名而已。名者，实之宾，吾肯为之乎？是故方其有为也，四海九州，乐推而不为有馀；及其无为也，一枝满腹，归休而不为不足。此所以无用天下为，而尧、许之所以逍遥也。王旦 天出于无为，人出于有为。无为者以有为为累,有为者以无为为宗。方其有为也,尧为天子,富有天下,不为有馀;及其无为也,由为匹夫,隐于箕山,不为不足。以由喻天之所为,日月时雨是也。以尧喻人之所为,爝火浸灌是也。夫尧以由能治天下,而不敢尸;由以尧能治天下,而不肯代。然则天下将谁治之?曰:治于尧,则有为而无为者也;治于由,则无为而有为者也。盖道之在圣人,出则尧也,隐则由也,庸何择乎?口义 日月既明,何用把火?时雨既降,何用抱瓮?尧谓许由立,则天下自治,而必使我主此,我[①]自见其不足,故以爝火浸灌自喻也。尸者,主也。致天下者,言以天下归之汝也。鹪鹩偃鼠,许由自喻也,言其有以自足也。归休乎君,言君且归休,不必来访我也。庖与尸祝,其业不同,言我不能舍我之所乐以代汝,各守其所守,亦犹尸祝,不肯违去其樽俎而代庖人烹割也。义海 尧以爝灌比功,其谦虚至矣,岂以黄屋为心哉?由以鹪鼠喻量,其素分足矣,岂侥幸富贵者哉!惟有神尧在位,斯有许由在野,气类感召,理有由然。盖圣人不以出处分重轻,而以义理为去就。此有系乎道之卷舒,时之当否耳!补注 尧兼善,由独善,迹则异矣,而逍遥一也。

肩吾问于连叔曰:"吾闻言于接舆,大而无当,往而不返,吾惊怖其言,犹河汉而无极也,大有径庭听,不近人情焉。"连叔曰:"其言谓何哉?"曰:"藐邈、眇二音姑射夜之山,有神人居焉。肌肤若冰雪,淖绰约若处子。不食五谷,吸

①我,原作"此我",衍,据《口义》卷一删。

风饮露。乘云气，御飞龙，而游乎四海之外。其神凝，使物不疵疠而年谷熟。吾以是狂诳而不信也。”连叔曰：“然。瞽者无以与预，下同乎文章之观，聋者无以与乎钟鼓之声。岂唯形骸有聋盲哉？夫知亦有之。是其言也，犹时女汝也。之人也，之德也，将旁礴薄万物以为一世蕲祈乎乱，孰弊弊焉以天下为事！之人也，物莫之伤，大浸稽启天而不溺，大旱金石流，土山焦，而不热。是其尘垢秕比糠康，将犹陶铸尧舜者也。孰肯以物为事！吾儒云尧舜事业，如浮云过太虚。意同。”宋人资章甫而适诸越，越人断短发文身，无所用之。尧治天下之民，平海内之政，往见四子藐姑射之山，汾焚水之阳，窅杳然丧其天下焉。接舆，楚人，姓陆，名通。径庭，激过也。淖约，柔弱貌。狂，李云：犹痴也。时女，司马云犹处女也。弊弊，经营貌。稽，至也。尘垢，犹污染。秕糠，犹烦碎。资，货也。章甫，殷冠。四子，司马、李并云：王倪、啮缺、被衣、许由。

郭注 此皆寄言耳。神人，即圣人也。夫圣人虽在庙堂之上，然其心无异于山林之中，世岂识之哉？徒见其戴黄屋，佩玉玺，便谓足以缨绂其心矣；见其历山川，同民事，便谓足以憔悴其神矣，岂知至至者之不亏哉！今言王德之人，而寄之此山，将明世无由识，故乃托之于绝垠之外，而推之于视听之表耳。处子者，不以外伤内也。不食五谷，吸风饮露者，明神人非五谷所为，而特禀自然之妙气也。夫体神居灵而穷理极妙者，虽静默闲堂之里而玄同四海之表，故乘两仪而御六气，同人群而驱万物。苟无物而不顺，则浮云斯乘矣；无形而不载，则飞龙斯御矣。遗身而自得，故行若曳枯木，止若聚死灰，是以云其神凝也。其神凝，则不凝者自得矣。世皆齐其所见而断之，岂尝信此哉？不知至言之极妙，而以为狂而不信，此智之聋盲也。是其言，犹时女者，谓此接舆之所言者，自然为物所求，但智之聋盲者，谓无此理也。夫圣人之心，极两仪之至会，穷万物之妙数，故能体化合变，无往不可，旁礴万物，无物不然。世以乱，故求我，我无心也。我苟无心，亦何为不应世哉！其所以会通万物之性而陶铸天下，以成尧舜之治者，常以不为为之耳，孰弊弊焉劳神苦思，以事为事，然后能乎？物莫之伤者，言安于所伤，则伤不能伤，而物亦不伤之也。无往而不安，则所在皆适，死生无变于己，况溺热之间哉！故至人之不婴乎祸难，非避之也，推理直前而自然与吉会也。尧舜者，世事之名耳。为名者，非名也。必有神人之实焉。今所称尧舜者，徒名其尘垢秕糠耳。夫尧之无用天下为，亦犹越人之无所用章甫也。然遗天下者，固天下之所宗。天下虽宗尧，而尧未尝有天下也，故窅然丧之，而常游心于绝冥之境，虽寄坐万物之上而未始不逍遥也。四子者，盖寄言以明尧之不一于尧耳。夫尧实冥矣，其迹则尧也。世徒见尧之为尧，岂识其冥哉！故将求四子于海外，而据尧于所见，因谓与物同波者，失其所以逍遥。是未知至远之所顺者更近，而至高之所会者反下也。若乃厉然以独高为至，而不夷乎俗者，斯山谷之士，非无待者也，奚足以语至极而游无穷哉！口义 肩吾、连叔，皆未必实有此人，不必就名字上求义理。往而不返者，谓其大言只说前去而不回顾也。河汉，天河也。河汉无极，谓天河在天，不知其首尾之所极。径庭，遥远也。物莫之伤者，言外物不能动其本心也。水不溺，火不热，言其无入而不自得也。尘垢秕糠，绪馀也，谓此人推其绪馀，可以做成尧舜事业，岂肯以事物为意？物者，事物也。四子既无名，或以为许由、啮缺、王倪、被衣，[①]或曰一本、二迹、三非本非迹、四非非本迹也。如此推寻，转见迂诞。其实皆寓言耳。大抵谓人各局于所见，而不自知其迷，必有大见识，方能照破也。义海 其神凝，使物不疵疠而年谷熟，则养神之极者，非唯自全而已，又足以赞天地之化育，辅万物之自然。此言推己以及物之效，所以合神不测，契道无方也。或者为名相所移，求是山于绝垠之外，则所谓神人者益远矣。又尘垢秕糠陶铸尧舜之语，若轻尧舜然，及考经旨所归，实尊之至也。谓世人所称尧舜，推尊之为圣人者，徒名其尘垢秕糠耳，尧舜之实，恶可得而名言耶？补注 朱得之云：犹时女，与"孔子时其亡"之"时"同，言就汝所可及而语汝也。

惠子谓庄子曰："魏王贻异我大瓠护之种，踵。我树之成而实五石，以盛成水浆，其坚不能自举也。剖之以为瓢，则瓠落无所容。非不呺嚣然大也，吾为其无用而掊剖之。"庄子曰："夫子故拙于用大矣。宋人有善为不龟均手之药者，世世以洴屏澼僻絖旷为事。客闻之，请买其方百金。聚族而谋曰：'我世世为洴澼絖，不过数金。今一朝而鬻技百金，请与之。'客得之，以说税吴王。越有难，吴王使之将。冬与越人水战，大败越人，裂地而封之。能不龟手一也，或以封，或不免于洴澼絖，则所用之异也。今子有五石之瓠，何不虑虑即思以为大樽而浮乎江湖，而忧其瓠落无所容，则夫子犹有蓬之心也夫！"惠子谓庄子曰："吾有大树，人谓之

①许由、啮缺、王倪、被衣，原作"许由、啮缺、被衣、许由"，据《口义》卷一改。

樗，枢。其大本拥肿而不中绳墨，其小枝卷拳曲而不中规矩，立之途，匠者不顾。今子之言，大而无用，众所同去也。”庄子曰：“子独不见狸狌生、星二音乎？卑身而伏，以候敖遨者；东西跳条梁，不避高下；中于机辟，闢。死于网罟。今夫斄来、离二音牛，其大若垂天之云，此能为大矣，而不能执鼠。今子有大树，患其无用，何不树之于无何有之乡，广莫之野，彷徨乎无为其侧，逍遥乎寝卧其下？不夭斤斧，物无害者，无所可用，安所困苦哉！”惠子，姓惠，名施，为梁相。实五石，司马云：实中容五石。瓠落，犹廓落也。呺然，虚大貌。絮细者谓之絖。樽，如酒器，缚之身，浮于江湖，可以自渡。虑，犹结缀也。候敖，谓伺遨翔之物而食之。无何、广莫，谓寂绝无用之地也。

郭注 其药能令手不拘坼，故常漂絮于水中。蓬非直达者也。盖言小大之物，若失其极，则利害之理均；用得其所，则物皆逍遥也。吕注 道之为言一也。不善用之，不足以周四体，则世世洴澼絖不过数金之谓也。善用之，非特周吾身而已，虽天下沦溺，犹将拯之，则用之水战裂地而封之谓也。夫注焉不满，酌焉不竭，此亦人之江湖也。今子有大器，不能浮之于大处，而患其无所容，则谓之有蓬之心也宜矣。物以有用为用，用之小；以无用为用，用之大。狸狌跳梁，死于网罟，不能无为，而以知巧杀身之譬也。斄牛至大，不能执鼠，逍遥无为，全其形生之譬也。圣人之于道，体之以深根固蒂，则其为树也大矣。欲树之者，莫若反求吾心。心之为物，莫知其乡，得其莫知之处而安之，是树之于无何有之乡也。充之而弥广六虚，静之而万物莫挠。逍遥其侧，寝卧其下，未始须臾离也，则所谓大而无用者，安所困苦？而子患之乎！口义 瓠，可为瓢者也。实，瓠之子也。一瓠之大，其子五石，则亦可盛五石之水矣。坚，重也。瓠落，浅而大之貌也。掊，击碎之也。洴澼，打洗也。樽，浮水之壶也。故曰："中流失船，一壶千金。"庄子既以不龟手之事，喻其不知所用，乃曰有此大瓠，何不思之以为浮江之壶？蓬心，茅塞其心也。大樗拥肿，惠子又戏以喻庄子之大言无用也。狸狌，狐之类也。机辟，犹言机械也。斄牛，牦牛也。盖喻世间之物有大有小，各自不同，不可以大者皆为无用也。无何有之乡，广莫之野，言造化自然，至道之中，自有可乐之地。虽无用于世，而祸害亦可幸免矣。

义海总论 循至理者，以道通乎万事；全正性者，与物同乎一天。理性得而不逍遥者，未之有也。夫赤子之心，本无知识，识随形长，物接乎前，得失存怀，冰炭交作，舍彼役此，无休歇期。倘非烛理洞明，道义战胜，虽居至贵至富，亦有所不免焉。故学道之要，先须求圣贤乐处，切身体究，方为得力。《易》云："乐天知命。"颜氏箪瓢自乐，孟子养浩而充塞天地，原宪行歌而声出金石，此皆超外物之累，全自己之天，出处动静，无适非乐，斯可以论逍遥游矣。北冥之鲲[1]，化而为鹏，抟风击水，徙于南冥。盖谓学者见闻狭陋，趋向细微，罔知性海之渊澄，并与命珠而沦失，遂举此大物，生于大处，以明己之所自来，涵养既久，体神合变，出阴入阳，其用莫测。俾夫知效一官，行比一乡，德合一君而征一国者，悟外物之可轻，己天之当重，将见培风绝云，与化无极，何世累之能及哉！故必至于乘天地，御六气，以游无穷，然后为逍遥极至。所谓至神圣者，亦混融俱化而

①鲲，原作"鹍"，误，据《义海》卷一改。

已，功名皆外物矣。《尧让许由》章，所以证成前义，启廉逊之风，警省后人，绝务外之慕，裨益治道为多。及肩吾闻言于接舆，发挥神人之秘，以喻身中至灵，务操存涵养以致之，初不在乎远求也。尘垢秕糠，陶铸尧舜，言神人之德，与天同运，推其绪馀，犹足以成唐虞之治，而其真，则非世人所知也。尧往见四子藐姑射之山，中存妙理，难以臆度，必须亲造姑射四子，当不言而喻，学者勉之。是篇首论鲲鹏蜩鸠、灵椿朝菌，知年小大，皆穷理之谈。末举大瓠以虚中自全，大樗以深根自固，喻尽性以至于命，学道之大成而入乎神者也。不疾而速，不行而至，何往而非逍遥游哉！

补注 逍遥游乃庄子著书立言之本旨，全部中无非此意，而末段借惠子之难，明白说破。

《庄义要删》卷之一《逍遥游》终

庄义要删内篇　卷之一

齐物论第二

夫自是而非彼，美己而恶人，物莫不皆然。

然是非虽异，而彼我均也。

南郭子綦其隐去声，下同几而坐，仰天而嘘，嗒榻焉似丧其耦。颜成子游立侍乎前，曰："何居姬乎？形固可使如槁木，而心固可使如死灰乎？今之隐几者，非昔之隐几者也。"子綦曰："偃，不亦善乎而问之也！今者吾丧我，汝知之乎？汝闻人籁而未闻地籁，汝闻地籁而未闻天籁夫！"子游曰："敢问其方。"子綦曰："夫大块噫隘气，其名为风。是唯无作，作则万窍怒呺。号。而独不闻之翏翏流乎？山林之畏伟佳崔，上声，大木百围之窍穴，以下木窍。似鼻，似口，似耳，似枅稽，似圈，似臼，似洼者，似污者；以下风声。激者，谪孝者，叱者，吸者，叫者，譹豪者，宎夭、杳二音者，咬坳者，前者唱于，而随者唱喁。愚。泠泠风则小和，飘风则大和，厉风济则众窍为虚。而独不见之调调之刁刁乎？"子游曰："地籁则众窍是已，人籁则比竹是已。敢问天籁。"子綦曰："夫吹万不同，而使其自已也，咸其自取，怒者其谁邪！"隐，凭也。嘘，息也。嗒焉，解体貌。偶，匹也，一云身也，身与神为耦。居，犹故也。大块，或以为无，或以为元气，或以为混成，或以为天。畏崔，山阜貌。枅，欂栌也。宎，深也。咬，哀切声。于喁，声相和也。冷风，小风也。回风为飘，疾风也。

郭注 同天人，均彼我，故外无与为欢而嗒然解体，若失其配匹也。槁木死灰，言其寂寞无情耳。自然而忘是非者，其中独任天真而已，又何所有哉？故止若枯木，行若游尘，动止之容，吾所不能一也。其于无心自得，吾所不能二也。吾丧我，我自忘矣。夫我自丧矣，天下何物足识哉？故都忘外内，然后超然俱得也。籁，箫也。箫管参差，宫商异律，故有短长高下万殊之声而所禀之度一也，然则优劣无所错其间矣。况之风物，异音同是，而咸自取焉，天地之籁见矣。大块者，无物也。夫噫气，岂有物哉？块然而自噫耳气。物之生也，莫不块然而自生，则块然之体大矣，故遂以大块为名。翏翏，长风之声。畏佳，大风之所扇动也。“鼻口”以下，略举众窍之所似。“激謞”以下，略举众窍之殊声。于喁云者，言声之宫商虽千变万化，唱和大小，莫不称其所受而各当其分也。济，止也。烈风作则众窍实，及其止则众窍虚，虚实虽异，其于各得则同也。调调刁刁，动摇貌。言物声虽异，形之动摇亦又不同，动虽不同，其得齐一耳。岂调调独是而刁刁独非乎？吹万不同，而使其自己，此天籁也。天籁者，岂复别有物哉？即众窍比竹之属，接乎有生之类，会而共成一天耳。无既无矣，则不能生有。有之未生，又不能为生。然则生生者谁哉？块然而自生耳，非我生也。我既不能生物，物亦不能生我，则我自然矣。自己而然谓之天然，岂苍苍之谓哉！而或者谓天籁役物使从己也。夫天且不能自有，况能有物哉！物各自得，谁主怒之使然？盖重明天籁也。吕注 人之所以有其形心者，以其有我而已。苟为无我，则如死灰槁木，不足异也。苟知我之所自起，则存与丧，未始不在我也。比竹之为物，人皆闻之，知其空虚无有也。我之所以为我者，亦然。曰独不闻独不见者，言地籁之作止，汝之所尝闻见而心之起灭，汝之所未尝闻见也。以其所尝闻见而究其所未尝闻见，则天籁可知矣。疑独 风出空虚，寻求无迹，起于静而复于静，生于无而归于无。惟窍之所受不同，在人之所闻亦异，比于万物禀受亦然。众窍为风所鸣，万形为化所役。风不能鸣，则万窍虚。化不能役，则万物息。若夫无声无窍者，非风所能入。列子所谓，疑独是也。详道 日晷有常度，忧喜者视之，有长短之异。月行有常溯，往来者视之，则东西俱驰。风之吹万不同，而咸其自取，岂异是哉！此所以为天籁也。风以虚而善入，窍以虚而善容，籁者出于虚而已。即虚以观物，物无不齐。即实以观物，物无不异也。赵注 声出众窍，谁实怒之？盖有声声者存乎其中，不可得而闻见，此地籁中之天籁也。人籁亦犹是，而非比竹所能尽，故后章喻以知言梦觉，喜怒哀乐，日夜相代，不知所萌。萌者，生之始。旦暮得此，所由以生，即籁之天也。所谓真宰真君，亦此意。口义 嗒然，无心貌。丧耦者，人皆以物我对立，此忘之也。丧我，无我也。畏崔，摇动貌。百围，大木也。于喁，轻重相和也。比竹，笙簧之类。吹万，万物之有声者也。义海 心虽无声而有声。声者存乎其中，如钟鼓在悬，不待扣而后知。昧者泥夫形相之起灭，是以声闻有间断耳。真宰真君，实声声闻闻之主。后文言非吹也，言者有言是矣。百姓日用不知，与接为构，而病物之不齐，是犹抱薪而止火也。学者傥能内揆诸身，外观诸物，始终各契于本源，小大皆均于一致，安有不齐者哉？

评庄 此篇长体，本以《齐物论》为主，却借风起，后始入题，四大柱入结，中多颠倒纡散之语。人籁地籁，有动有寂。天籁自然，超乎动寂，而有真宰真君，实声声闻闻之主。似鼻似口一段，便合是非淆乱意。"人籁则比竹是已"，前说地籁，后说天籁，却把人籁只一句断送了。怒者其谁，造化所使耳。

大知闲闲，小知间间。大言炎炎，小言詹詹。其寐也魂交，其觉教也形开。与接为构，日以心斗。缦者，窖教者，密者。小恐惴惴，大恐缦缦。其发若机栝，其司是非之谓也；其留如诅宁盟，其守胜之谓也。其杀如秋冬，以言其日消也；其溺之所为之，不可使复之也；其厌压也如缄，以言其老洫也；近死之心，莫使复阳也。喜怒哀乐，洛。虑叹变慹，聂。姚佚启态；乐出虚，蒸成菌。窘。日夜相代乎前，而莫知其所萌。已乎！已乎！旦暮得此，其所由以生乎？非彼无我，非我无所取。是亦近矣，而莫知其所为使。若有真宰，而特不得其眹。可行已信，而不见其形，有情而无形。百骸，九窍，六藏，赅该而存焉，吾谁与为亲？莫错认主人翁。汝皆说悦之乎？其有私焉？如是皆有为臣妾乎？其臣妾不足以相治乎？其递相为君臣乎？其有真君存焉？如求得其情与不得，无益损乎其真。一受其成形，不亡以待尽，与物相刃相靡，其行尽如驰，而莫之能止，不亦悲乎？

终身役役，而不见其成功，薾涅然疲役，而不知其所归，可不哀邪！人谓之不死，奚益？其形化，其心与之然，可不谓大哀乎？闲闲，广博貌。间间，有别也。炎炎，美盛貌。詹詹，小褊貌。缦，宽心也。窖，深心也。惴惴，小心也。缦缦，齐死生貌。慹，不动貌。朕，兆也。贱，备也。

郭注 闲闲、间间，知之不同也。炎炎、詹詹，言语之异也。魂交、形开，寤寐之异也。缦、窖、密，交接之异也。惴惴、缦缦，恐悸之异也。司是非、守胜，动止之异也。日消，衰杀也。不可使复，溺而遂往也。厌缄，厌没于欲。老洫，老而愈洫也。近死，利患轻祸也。莫使复阳，阴结遂志也。“喜怒”以下，性情之异也。乐出虚，蒸成菌，事变之异也。自此以上，略举天籁之无方；以下，明无方之自然也。物各自然，不知所以然而然，则形虽弥异，自然弥同也。日夜相代，代故以新也。天地万物，变化日新，与时俱往，何物萌之哉？自然而然耳。所由以生，言其自生也。彼，自然也。自然生我，我自然生。故自然者，即我之自然，岂远之哉。不知所为使者，凡物自然，非相为使也，故任之而理自至矣。万物万情，趣舍不同，有若真宰使然。起索真宰之朕迹，亦终不得，则明物皆自然，无使物然也。行者，信己可行。情当其物，形不别见，则百骸九窍，付之自然而莫不贱存。悦之，则有所私，有私则不能贱而存。志过其分，上下相冒，而莫为臣妾矣。夫君臣之分，若天高地卑，措于自当。真君，则任其自尔，而非伪也。凡得真性，用其自为者，知与不知，皆自若也。然知者守知以待终，愚者抱愚以至死。逆顺相交，各信偏见，恣其所行，莫能自反，此比众人所悲者，亦可悲矣。而未尝以此为悲，性然故也。物各性然，又何足悲哉！然则终身役役，薾然疲困，虽生而实与死同。此又哀之大，而人未尝以为哀，则凡所哀者，不足哀也。吕注“闲闲”“间间”以下，皆吹万不同，而使其自已也。如乐之出虚，蒸之成菌，日夜相代，莫知所萌，乃天籁无为之为也。由此观之，则我之为我者，安在？形安有不如槁木？心安有不如死灰者乎？夫天籁之难知，真君之难见，唯嗒然丧我，以心契之，斯可得也。于形骸之内求其所为使者不可得，则有真君存焉可知矣。人莫不有真君，不为求得其情而加益，不得其情而加损。何则？彼非无心之所得近，非有心之所得远故也。疑独自上文“炎炎”“闲闲”至“姚佚启态”，皆论不当见独者，为阴阳所役，有此情态万殊。乐出虚，则声出于无声。蒸成菌，则形生于无形。日夜相代乎前，而莫知所生之始，旦暮得此以生而不知所以然也。夫物在造化中，其变无极而真君固不亡。世人有我，而不知有不亡者，与物相刃相靡，形与心化，则亦已矣，可不大哀乎？赵注知言寐觉，接斗窖密，酬酢万变，犹风作籁鸣，吹万不同也。丰者杀，长者消，已之渐也。入而不出，闭而不开，至于涸竭归尽，已之终也。厉风济，则众窍为虚，此所谓使其自已也。喜怒至启态十二者，发乎情，见乎声音颜色，是孰使之然邪？乐由虚出，菌由蒸成，所以明十二者之咸其自取也。旦暮得此，所由以生，即籁之天也。口义大知之人，从容自得；小知之人，计星算两。“大言炎炎”，有光辉也。“小言詹詹”，瞻前顾后。百家之说，市井之谈也。此四句总说世间有两种人，有理会事功者，有理会学术议论者。与接为构，日以心斗，言人夜则安寝，平旦遇合之间便有应接，内役其心，如战斗然也。缦者，缓缦不切。窖者，语存机阱。密者，思前算后。此言世之应物用心者，皆忧苦畏惧，不得自在也。小恐，事之小者；大恐，事之大者。忧深思远，若失若疑，故曰缦缦。议论主于是非，如射之谋中的。好胜之心自守不化，若与人有诅盟。然用心忧劳，日消月铄，意有所溺，一往无回。此等人，身虽暂生而心已，不可复活也。已上形容世俗之用心。"喜怒"等十二字，又形容其状貌变态，如乐之出虚，气之蒸菌，是为吹万不同也。"日夜相代"言造物往来而莫见所起之处，旦暮之间，不过得此而生。此论之若近而可睹，而所以见使于造物者，人实不知之。不得其朕，即是莫知其所萌。造物之所行，信乎有之，但不见其形，故莫知所为使。有情，言有实，即已信也。自"日夜相代"以下，言造物之所为，虽在面前而人不可见，欲人于此着意点检也。百骸、九窍、六藏，人皆备，此吾何所独亲而私喜乎？如头痒手搔，则手为头之役；目望足行，则足为目之役。役者，臣妾也。不足以相治，手足耳目鼻口互相为用。以受役者为臣，役之者为君。百体之君臣，既不可定名，则心者一身之主，宜以为君。心又不能自主，而主之者造物，则造物为真君矣。如此寻求，欲见到实处。然见得与见不得，所谓真君者，初何加损乎？其形化者，从衰得白，从白得老也。形衰而心亦疲，是其心与之然也。【义海】虑则预度未来，叹则咨嗟既往，变则轻躁而作为，慹则畏惧而不动，姚则悦美，佚则纵乐，启则情开，态则骄矜。言人之徇物忘己者，一体之中有此异状，计得虑失，焦火凝冰，是以形化心俱，日消而近死也。【评庄】"大知闲闲"至"蒸成菌"，是详吹万不同。"其发若机栝"至"莫使复阳也",此皆形容世俗之用心。"喜怒"以下十字,又形容其状貌。"蒸成菌"以下,是明其自己也。"日夜相代"至"有情而无形",皆言造化之所为,虽在面前而人不可见,若有真宰而特不得其朕,指出造化。

补注 不知其所为使,即前"吹万不同而使其自己也"使字。盖自"大知闲闲"以下至"蒸成菌",是详吹万不同;"日夜相代乎前"以下,是明使其自己。按,"已乎已乎"已字,即"使其自己"己字。上云使者自己,怒者其谁;此云所由以生,非我无取;前后自相照应。《口义》作是,了未安。

人之生也,固若是芒乎?其我独芒,而人亦有不芒者乎?夫随其成心而师之,谁独且无师乎?奚必知代而心自取者有之?愚者与有焉。未成乎心而有是非,是今日适越而昔至也。是以无有为有。无有为有,虽有神禹且不能知,吾独且奈何哉!夫言非吹也。言者有言,其所言者,特未定也。果有言邪?其未尝有言邪?其以为异于鷇却、寇二音音,亦有辩乎?其无辩乎?道恶乎隐而有真伪?言恶乎隐而有是非?道恶乎往而不存?言恶乎存而不可?道隐于小成,言隐于荣华。故有儒墨之是非,以是其所非,而非其所是。欲是其所非而非其所是,则莫若以明。物无非彼,物无非是。自彼则不见,自知则知之。故曰彼出于是,是亦因彼,彼是方生之说也。虽然,方生方死,方死方生;方可方不可,方不可方可;因是因非,因非因是。是以圣人不由,而照之于天,亦因是也。是亦彼也,彼亦是也。彼亦一是非,此亦一是非。果且有彼是乎哉?果且无彼是乎哉?彼是莫得其偶,谓之道枢。枢始得其环中，以应无穷。是亦一无穷，非亦一无穷也。故曰莫若以明。芒，芒昧也，一云同也。昔，夕也。吹，犹籁也。鷇，鸟子欲出者也。枢，要也。

郭注 今夫知者，不知所以知而自知；生者，不知所以生而自生。万物虽异，至于生不由知，未有不同者也，故曰天下莫不芒也。人心之足以制一身之用者，谓之成心。自师其成心，则各自有师，故付之自当也。夫以成代不成，非知也，心自得耳。故愚者亦师其成心，未肯用其所谓短而舍其所谓长者也。今日适越，昔何由至？未成乎心，是非何由生？明夫是非者，群品所不能无，故至人两顺之。理无是非，而惑者以为有，此以无有为有也。惑心已成，虽圣人不能解，故付之自若而不强知也。言者各有所说，故异于吹。我是彼非，彼是我非，故未定也。未定者，由彼我之情偏耳。以为有言，然未有所定。以为无言，则据此已有言矣。言与鷇音，其致一也。有辩无辩，诚未可定。天下之情不必同，而所言不能异，故是非纷纭，莫知所定也。夫道焉不在，言何隐蔽而有真伪是非之名纷然而起？小成荣华，自隐于道，而道不可隐，则真伪是非者，行于荣华而止于适当，见于小成而灭于大全也。儒墨更相是非，各私所见。今欲是儒墨之所非，非儒墨之所是，不若以儒墨反覆相明，则知其所是者非是，所非者非非。物皆自是，故无非是。物皆相彼，故无非彼。无彼无是，所以玄同也。物皆不知彼之所见，而自知其所知，自以为是，则以彼为非。譬之生者方自以生为生，而死者方自谓生为死。故儒墨之辩，吾所不能同；至于各冥其分，吾所不能异；因天下之是非，而是非无不当也。是亦彼也，则我为彼所彼。彼亦是也，则彼自以为是。彼是、有无，未果定也，偶对也。彼是相对，而圣人两顺之，故无心者与物冥而未尝有对于天下也。此居其枢要，会其玄极，以应夫无方也。是非相寻，反覆无穷，故谓之环。环，中空者也。今以是非为环而得其中空，则无是无非，故能应乎是非，是非无穷，故应亦无穷也。天下莫不自是而相非，故一是一非，两行无穷。唯涉空得中者旷然无怀，乘之以游也。吕注 道无不在，则言莫非道，道恶乎隐而有真伪？物无非道，则言亦道也，言恶乎隐而有是非？知道无不在，则何往而不存？知言莫非道，则何存而不可？然有不存不可者，以道隐于小成而不知大全，言隐于荣华而不知本实。明者，复命知常之验也。今儒墨之是非，不离乎智识而未尝以明，故不足为是非之正。若释知[①]回光，以明观之，则物所谓彼是者果无定体，无定体则无非彼，无非是矣。自道观之，物之方生也，生自何来；其方死也，死自何去。知死生之一体，则方生乃所以为方死，方死乃所以为方生。此皆吾心之所造，尽心穷神，复乎无我，则其体未尝有异也。疑独 庄子欲明其无彼是而不定其所以然，故托以果且有无之语，既忘彼是，又忘其所以彼是，彼是不得与我为偶，此谓道枢。枢之体圆而动，妙有也。环之体圆而静，真空也。妙有真空相资为用，所以应无穷也。非天下之至明，孰能与于此？碧虚 夫不师道法古，而自执己见，谓之成心。若随成心师之，谁独无师？心未成而有是非，越未适而云先至，理本无而强谓之有，因

①知，原作“之”，误，据《义海》卷二改。

是有而有有莫穷，虽至德神人，亦不能知其所以矣。口义 芒，芒然无见识貌。代，谓变化，言其知变化之理也。自取，言其有所见也。吹万不同，皆声而已。声成文谓之言，则非吹比。“言者有言”，各宣其意，此四字便是是非之论所由生。彀音未有所知，亦由是也。道本无真伪，因何隐晦而有此真伪？言本无是非，因何隐晦而有此是非。道则小大精粗皆存，言则是是非非皆可。小成谓小识偏见。荣华者，自夸诩而求名也。偏见之言胜，则至言隐矣。自此而有儒墨相非之论。物我对立，而后有是非，“故曰彼出于是，是亦因彼”，亦犹生必有死，死必有生，二者不可相离，不若因其所是而是之。圣人所以不任一偏之见，而照之以天理，混彼我而一之，为得道之枢要。始如环中之空而应物无穷，是非各无穷，亦照之以天理而已。义海 未成心，则真性混融，太虚同量。成心，则已离乎性，有善有恶矣。人处世间，应酬之际，有不免乎成心，即当师而求之于未成之前，则善恶不萌，是非无朕，何所不齐哉！夫人之止念非难，不续为难，能自初成心，即师而求之于未成心之前，则念不续而性可复矣。是故对物则心生，忘物则性现。心同太虚，则无所丽矣。且心丽物而为善，犹不若无心无为，况丽物而为恶乎？知代而心自取者，正指师心之人以知代用，自取于道，以为成心者也。评庄 此篇本为《齐物论》是非而作。前既发为三籁之论，谓天地间凡有声者皆出于造物，却又演说人身皆为造物所使，紬绎发越至成心处而后住。自此以下却说是非之论。其所言者特未定，谓汝虽有此言，其出于汝，即其出于造物耶？补注 成心是有见而不虚之谓。人各执其偏见而尊奉之,无分愚智,此乃彼我是非之所由生,物论所以不齐也。未成乎心,是所见未定。以为我为定见,则以兼爱为非;以兼爱为定见,则以为我为非;皆成乎心而有是非也。若所见未定,安得有是非?故犹今日适越而昔至也。《口义》以天理浑备释成心。既是人人本来具足,则下面未成乎心说不去矣。物无非彼,言物皆彼也。盖我以彼为彼,彼又以我为彼,则物皆可为彼矣。物无非是,言物皆是也。盖我以我为是,彼亦以彼为是,则物皆可为是矣。

以指喻指之非指,不若以非指喻指之非指也;以马喻马之非马,不若以非马喻马之非马也。天地一指也,万物一马也。可乎可,不可乎不可。道行之而成,物谓之而然。恶乎然?然于然。恶乎不然?不然于不然。物固有所然,物固有所可。无物不然,无物不可。故为是举莛庭与楹,厉与西施,恢恑诡憰决怪,道通为一。其分也,成也;其成也,毁也。凡物无成与毁,复通为一。唯达者知通为一,为是不用而寓诸庸。庸也者,用也;用也者,通也;通也者,得也;适得而几矣。因是已,已而不知其然,谓之道。劳神明为一而不知其同也,谓之朝三。何谓朝三?曰:"狙公赋芧序曰:'朝三而暮四。'众狙皆怒。曰:'然则朝四而暮三。'众狙皆悦。"名实未亏,而喜怒为用,亦因是也。是以圣人和之以是非,而休乎天钧,是之谓两行。莛,梁也。楹,柱也。厉,恶也,一云癞病也。恢,大。恑,戾。憰,乖。怪,异也。狙公,养猿狙者也。芧,橡子也。朝三暮四,朝三升,暮四升也。

郭注 自是而非彼,天下之常情。以我指喻彼指,则彼指于我指为非指矣，此以指喻指之非指也。若覆以彼指喻我指，则我指于彼指复为非指矣，此以非指喻指之非指也。将明无是无非，莫若反覆相喻。则彼我同于自是，又同于相非。均于相非，则天下无是。同于相是，则天下无非。何也？是若果是，则天下无复有非之者。非若果非，则天下无复有是之者。是非无主，纷然淆乱，明此区区者，各信其偏见而同于一致耳。仰观俯察，莫不皆然。是以至人知天地一指也，万物一马也。故浩然大宁，各当其分，同于自得，而无复是非也。可于己者即谓之可，不可于己即谓之不可。道无不成，物无不然，各然其所然，各可其所可。譬夫莛横楹纵，厉丑而西施好。所谓齐者，岂必齐形状、同规矩哉？故纵横、好丑、恢恑憰怪，形虽万殊而性同得，故曰道通为一也。夫物，或此以为散，而彼以为成；我所谓成，而彼谓之毁者；皆生于自见而不见彼也。唯达者无滞于一方，忽然自忘而寄当于自用。自用者，莫不条畅而自得也。几，尽也。至理尽于自得也。达者因而不作，故曰因是。然岂知因为善而因之哉？不知所以因而自因耳，故谓之道也。道即一也。达者之于一，岂劳神哉？若劳神明于为一，不足赖也，与彼不一者无异矣，亦同众狙因所好而自是也。是以圣人莫之偏任，付之自均而止。两行者，任天下之是非也。【吕注】以指喻指之非指，虽有名实[①]小大之辩，不出于同体，曷足为非指乎？以马喻马之非马，虽有毛色驽良之辩，不离于同类，曷足为非马乎？唯能不由是非而照之于天，则出乎同体，离乎同类，然后足以定天下之真是

①实，原作“食”，误，据《义海》卷三改。

非。故天地虽大，无异一指，以其与我并生而同体也。万物虽众，无异一马，以其与我为一而同类也。则物之可不可，其孰自哉？道行之而成，非无为而成也。物谓之而然，非本有而然也。其所然所可，乃不然不可之所自起，而求其为之者不可得，则知其本无有，此物之所以齐也。胡为趋舍于其间哉？小大美恶，固常相反。今以道通而一之，则其分也，乃所以成；其成也，乃所以毁。唯达者知通为一，故我则不用，寄万物之自用，寄物则通，通则无入而不自得矣。若不知其然，劳神明而为之，乃所以为不一也。

疑独 成毁者，物之独见也。分木以为器，器成而木毁，固在造化间耳。达者废独见而冥至理，为是不用而寓诸庸。盖寄之常用，则无往而不通，斯近道矣。道本无通无得，为物不通不得，所以有通得之名，因是而复归于无则已矣。既已而不知其然，强名之曰道也。

王雱 举指马以喻非指非马，据此已有指有马矣。故必至于未始有物而后为得也。天地异体，万物异用。有体，故虽大而均于有在；有用，故虽众而均于有穷。若无不该无不遍者，岂一指一马之谓乎？万物之变，固自有可不可然不然者，但当冥夫至理，不系于心而已。道无不成，物无不然，则可不可然不然，皆为至理。合乎至理，则物之纵横美恶皆为一矣。成毁者，物之妄见，冥于理，则无成与毁，道通为一也。虽不废万物之成毁，但寄之常用而不自有耳。故无往而不通，通则得，得则近矣。若劳神明而为一，岂知其同哉！故继以狙公之喻，朝暮虽异而芧无增减，事变虽殊而心无得失，任世情而不核至理，未有不同乎众狙者。圣人则和是非之有无而听其两行也。赵注 指马,有形者也;非指非马,无形者也。以有形喻形之非形,不若以无形喻形之非形也,则知天地之运,万物之生,皆别有主宰之者,求之于天地万物之外可也。可不可,然不然,纵横美恶,恢恑憰怪,是非成毁,复通为一,则无是非,虽是亦不用也。庸,常也。常者,无用之用,所以为通。通则得,得则近于道矣。因是已,已则不特非者息,是者亦息也。口义 指,手指也。以我指为是指,则以人指为非指。彼非指之人,又以我指为非指。物我对立,是非不可得而定也。马,博塞筹。《礼记·投壶篇下》:马有多寡,博者之相是非亦然。缘有彼我,故有是非。此言物论之不可不齐也。道行而成,皆自然也。物谓而然,说底便是。亦何所然,何所不然,言物物分上本来有所然,有所可;既无物不然,无物不可,横直者各当其分,美恶者各全其质;皆通而一之,归诸造物也。凡物无毁则无成,无成则无毁,如伐木以作室,室成而木毁。知此理,则去其是者不用而寓诸庸,常以为用,随用皆通,通则得,得则尽矣。名实未变,喜怒随之,喻是非之名虽异,而实理则同,但能因是,则世自无争而任是非之两行也。

古之人,其知有所至矣。恶乎至?有以为未始有物者,至矣,尽矣,不可以加矣。其次以为有物矣,而未始有封也。其次以为有封焉,而未始有是非也。是非之彰也,道之所以亏也。道之所以亏,爱之所以成。果且有成与亏乎哉?果且无成与亏乎哉?有成与亏,故昭氏之鼓琴也;无成与亏,故昭氏之不鼓琴也。昭文之鼓琴也,师旷之枝策也，惠子之据梧也，三子之知几乎，皆其盛者也，故载之末年。唯其好之也，以异于彼，其好之也，欲以明之。彼非所明而明之，故以坚白之昧终。而其子又以文之纶终，终身无成。若是而可谓成乎？虽我亦成也。若是而不可谓成乎？物与我无成也。是故滑汩疑之耀，圣人之所图也。为是不用而寓诸庸，此之谓以明。昭文，古善琴者。枝，柱也。策，杖也。举杖以击节。梧，琴也。载之末年，崔云书之于今也。坚白，坚石白马之辩也。纶，琴瑟弦也。滑，乱也。

郭注 知夫未始有物者，此忘天地，遗万物，外不察乎宇宙，内不觉其一身，故旷然无累，与物俱往，而无所不应也。未始有封者，虽未都忘，犹能忘其彼此也。未始有是非者，虽未忘彼此，犹能忘彼此之是非也。是非彰而道亏，无是非，乃全也。道亏，则情有所偏而爱有所成，未能忘爱释私，玄同彼我也。夫声不可胜举也，故吹管操弦虽有繁手，遗声多矣，而执籥鸣弦者，欲以彰声也。彰声而声遗，不彰声而声全。故欲成而亏者，昭文之鼓琴；不成而无亏者，昭文不鼓琴也。几，尽也。夫三子者，皆欲辩非己所明而明之，故知尽形劳，或枝策假寐，或据梧而瞑①也。盛，载之末年者，赖其盛，故能久；不尔，早困也。三子自以殊于众人，欲使同己所好，而彼竟不明，故己之道术终于昧然也。文之子又终文之绪，亦卒不成。若三子而可谓成，则我之不成亦成也。若是而不可谓成，物与我无成也，圣人各冥其所能，故曲成而不遗也。今三子欲以己之所好明示于彼，不亦妄乎？圣人，无我者也。滑疑之耀，则图而域

①瞑，原作“暝”，误，据《义海》卷三改。

之。恢恑憰怪，则通而一之。使群异各安所安，众人不失所是，则已不用而万物之用用矣。放荡之变，倔奇之异，曲而从之，寄之自用，则用虽万殊，历然自明也。吕注 道无不在，则物无非道；物无非道，则道外无物。此古之人所以为未始有物，能即物而为道者也。知止于此，则至矣。其次以为有物而未有封域，未能即物为道，而能以道通物。其次以为有封而未有是非，未能以道通物，而能遗物以合道。二者所知虽未尽善于道，犹未亏也。至于是非之彰，道所以亏；道亏而情生，爱之所以成也。然自达者观之，未始有物，果且有无成亏乎哉？昭氏之鼓琴，师旷之枝策，惠子之据梧，明有无成亏之意，亦几矣。若是而可谓成，则无成者亦成也；若是而不可谓成，则物与我卒无成也。奈何役心于有无成亏之间，而欲以为成哉！口义 此一段固是。自天地之初说来，然会此理者，眼前便是。且如一念未起，是未始有物；此念既起，便是有物。因此念而有物有我，便是有封。因物我而有好恶喜怒，便有是非。未能回思一念未起之时，但见胸次胶扰，便是道亏而爱成。及此念一过，依然无事，便见得何尝有成亏。若能如此体认，皆是切身受用。先说成亏之理，却以鼓琴喻之，继以师旷、惠子，三子之技皆有盛名于世，以终其身。三子之好，自以为异于天下，故夸说以明之，而听者不能晓，故终身无成。滑乱而可疑，似明不明也，言圣人之心所主未尝着迹，故所见若有若无。所以去其是不用而寓诸寻常之中，此之谓以明。义海 古之人贵真知而遣妄知，去滞有而存妙有，所以保性命之真，全自然之道也。“果且有无成亏”，重提唱以警省人心,俾悟夫齐物之本旨也。夫成亏者,物之粗迹,信能复乎无物,何成亏之有?枝策,谓以杖击乐。据梧者,隐几谈论。明前三子成于技而亏于道,固自以为成。文之子既亏于技,又亏于道,亦自以为是,言彼是之各偏,成亏之无定也。滑疑之耀,谓三子之技滑乱于世而疑眩耳目。故圣人之所图,是谓善用其光而不耀者也。

今且有言于此,不知其与是类乎?其与是不类乎?类与不类,相与为类,则与彼无以异矣。虽然,请尝言之:有始也者,有未始有始也者,有未始有夫未始有始也者。有有也者,有无也者,有未始有无也者,有未始有夫未始有无也者。俄而有无矣,而未知有无之果孰有孰无也。今我则已有谓矣,而未知吾所谓之,其果有谓乎?其果无谓乎?天下莫大于秋豪之末,而大泰山为小;莫寿乎殇子,而彭祖为夭。殀。天地与我并生,而万物与我为一。既已为一矣,且得有言乎?既已谓之一矣,且得无言乎?一与言为二,二与一为三。自此以往,巧历不能得,而况其凡乎!故自无适有,以至于三,而况自有适有乎?无适焉,因是已。豪,应作毫。毛至秋而软细,以喻小也。

郭注 今言无是非,不知其与言有者,类乎?不类乎?谓之类,则我以无为是,彼以无为非,斯不类矣。此虽是非不同,亦未免于有是非,则与彼类矣。故类与不类,相与为类,与彼无异也。将大不类,莫若无心。既遣是非,又遣其遣,遣之又遣,以至于无,然后是非去矣。请尝言之者,至理无言,言则与类,故试寄言之也。有始,言必有终也。未始有始,谓无终始而一死生也。未始有夫未始有始,言一之者未若不一而自齐，斯又忘其一也。有有，则美恶是非具也。有无，则未知无无，是非好恶犹未离怀也。未始有无，知无无矣，而犹未能无知也。未始有夫未始有无，俄而有无。未知有无之孰有孰无，此都忘其知，俄然始了无耳。了无，则天地万物，彼我是非，豁然确斯也。我已有谓者，谓无是非，即复有谓也。不知谓之果有果无，乃荡然无纤芥于胸中也。夫以形相对，则太山大于秋毫也。若各据性分，物冥其极，则形大未为有馀，形小不为不足。苟足于其性，则秋毫不独小其小，太山不独大其大矣。若以性足为大，则天下之足未有过于秋毫。若其性足非大，则虽太山亦可称小矣。太山为小，则天下无大。秋毫为大，则天下无小也。无小大，无寿夭，是以蟪蛄不羡大椿而欣然自得，斥鷃不贵天池而荣愿已足也。苟足于天然，安其性分，故虽天地未足为寿而与我并生，万物未足为异而与我同得也。万物万形，自得则一，已自一矣，理无所言。物或不能自明其一，而以此逐彼，故谓一以正之。既谓之一，即是有言矣。夫以言言一，而一非言也，则一与言为二矣。一既一矣，言又二[①]之，有一有二，得不谓之三乎？以一言言一，犹乃成三，况寻其枝流！凡物殊称，何可胜纪！故一之者，与彼未殊；而忘一者，无言而自一也。因是者，各止于其所能，乃最是也。吕注 夫人所以不能遗彼我，忘是非，以至于未始有物者，以不知彼我是非之心所自始也。欲达此理，必于其始观之，故曰有始也者。始本无，自有此始，则有自矣。又曰未始有始也者，所以遣其所自也。遣之而所

①二，原作“一”，误，据《庄子注》卷一改。

遣者不去，亦不免为有所自而已。又曰未始有夫未始有始也者，所以遣其所遣也。既无所自，又无所遣，则我心之所自起，豁然得之。知今之所有者，举出于无也。唯能知此，则存亡在我，我欲无之，不起而已。夫求其所始者不可得，又求其所无者亦不可得，则其悟在俯仰之间，吻然自合。故曰俄而有无矣，未知有无之果孰有孰无也。使学者忘言而以心契之。虽然，吾今所言亦未始有物也，则有谓无谓，吾安得而知之？又使学者知夫言之未尝有言也。夫唯知吾心之所自起，则毫末、太山、殇子、彭祖以至天地万物，莫不起于此也，则小大久近，岂有常体哉？有我则有天地，故天地与我并生。无我则无万物，故万物与我为一也。

赵注 有始，有有，皆有也。等而上之，至于无始无有。既以为无而有我者存，则不得谓之无。然则所谓有无，何从而知之乎？才说一，即涉有言。有言，即有数。自无适有，不可胜穷。唯无所适，则所谓因是者，亦无之矣，况于非乎！口义 既曰秋毫，才大些，便不可以秋毫名之矣。若以太山为大，天地更大，故太山谓之小亦可。殇子为名，则是极殇子之数矣，更多些，则不名殇子矣。彭祖虽曰至寿，比之天地，彭祖为夭矣。若人会如此看，则天地虽大，与我并生于太虚之间，而万物虽草木禽虫亦与我相类，故曰天地与我并生，万物与我为一。评庄 此段又从"为是不用"一句中"是"字生来。

夫道未始有封，言未始有常，为是而有畛也。请言其畛：有左有右，有伦有义，有分有辩，有竞有争，此之谓八德。六合之外，圣人存而不论；六合之内，圣人论而不议；《春秋》经世，先王之志，圣人议而不辩。故分也者，有不分也；辩也者，有不辩也。曰：何也？圣人怀之，众人辩之，以相示也。故曰辩也者，有不见也。夫大道不称，大辩不言，大仁不仁，大廉不嗛。谦。大勇不忮。道昭而不道，言辩而不及，仁常而不成，廉清而不信，勇忮而不成。五者园圆而几向方矣。故知止其所不知，至矣。孰知不言之辩，不道之道？若有能知，此之谓天府。注焉而不满，酌焉而不竭，而不知其所由来，此之谓葆光。故昔者尧问于舜曰："我欲伐宗、脍、胥敖，南面而不释然。其故何也？"舜曰："夫三子者，犹存乎蓬艾之间。若不释然何哉？昔者十日并出，万物皆照，而况德之进乎日者乎！"有伦有义，崔本作"有论有议"。忮，害也，一云健也。园，圆也。宗、脍、胥敖，三国名，宗一，脍二，胥敖三也。

郭注 道未始有封，冥然无不在也。言未始有常，彼此是非无定主也。为是而有畛者，道无封，故万物得恣其分域也。左右者，各异便也。伦义者，物物有理，事事有宜也。分辩者，群分而类别也。并逐曰竞，对辩曰争。略而判之，有此八德。六合之外，谓万物性分之表耳。夫物之性表，虽有理存焉，而非性分之内，则未尝以感圣人也，故未尝论之。若论，则引物使学其所不能矣。故不论其外，而后八畛同于自得也。论而不议，陈其性而安之也。议而不辩者，顺其成迹，拟乎至当之极，不执其所是以非众人也。分不分，辩不辩者，物物自分，事事自别，而欲由己以分别之，则不见彼之自别也。怀之者，以不辩为怀耳，圣人无怀也。辩有不见者，不见彼之自辩，故辩己所知以示之也。不称者，付之自称，无所称谓也。不言者，已自别也。不仁者，无爱而自存也。不嗛者，至足者，物之去来，非我也，故无所容其嗛盈。不忮者，无往不顺，故能无险不往也。道昭而不道者，以此明彼，彼此俱失也。言辩不及，不能及其自分也。仁常不成者，物无常爱，常爱则不周也。廉清不信者，激然廉清，贪名者耳，非真廉也。勇忮不成者，忮逆之勇，天下疾之，无敢举足之地也。此五者，皆以有为伤当者也。不能止乎本性，而外求无已，犹以圆学方，以鱼羡鸟耳。此愈近，彼愈远，学弥得而性弥失，故齐物而偏尚之累去矣。所不知者，皆性分之外，故止于不知之内而至也。天府者，浩然都任之也。不满不竭者，至人之心若镜，应而不藏，故旷然无盈虚之变也。不知所由来者，至理之来，自然无迹也。葆光者，任其自明而光不弊[①]也。欲伐三国而不释然者，未弘安任之道，故听朝而不怡也。将寄明齐一之理于大圣，故发自怪之问以起对也。物之所安无陋也，则蓬艾乃三子之妙处。若不释然，何哉？夫重明登天，六合俱照，无有蓬艾而不光被也。夫日月虽无私于照，犹有所不及，德则无不得也。而今欲夺蓬艾之愿而伐使从己，于至道岂弘哉！故不释然神解耳。若物畅其性，各安所安，远近幽深，付之自若，皆得其极，则彼无不当，而我无不怡也。吕注 道无往而不存，未始有封也。言恶存而不可，未始有常也。由其自无适有，于是有畛域矣。夫惟有畛，故有左右，以至于有竞争，言其不能不德，遂至于此。是以或存而不论，或论而不议，或议而不辩。观六经

①弊，原作“蔽”，误，据《庄子注》卷一改。

之言，则圣人之所以论不论、议不议、辩不辩者可知矣。若欲事事物物分而辩之，卒至于有竞有争而已。赵注 存而不论，无言也。论而不议，有言也。事至于议，辩论纷起矣。《春秋》，圣人笔削之书，寓是非于褒贬，盖出于不得已，而诸传又未必得圣人之心，故曰有不见也。知止乎其所不知，则无能名焉，道之至也。若人能知此，则其中虚，故曰天府，言物之所自出也。至于注不满，酌不竭，则是无所底止，不知其所由来，并与知去之矣。葆光，言自晦其明也。口义 有封，即彼我。有常，有所主也。至道至言，本无彼此，因人心之私有个是字，生出许多畛域。八德，只是物我对立之意。才彼此对立，说理说事，便各有所主，分辩无已。故六合之外，存而不论。六合之内，有许多道理，圣人何尝不说？但不详议以强天下之知。见于史册者，皆先王经世之意，圣人岂容不议？然亦何尝争竞是非？凡天下之理，忘言为至，才到分辩，则是胸中无见，故有不分、有不辩也。大辩不言，乃至言也。大仁不仁，无仁之迹。不忮者，不见其用勇之迹。已上五者，皆是圆物，本自混成。若稍有迹，则近于方物，有圭角也。真知无知，便可以见天理之所会矣。故欲益不能，欲损不可，而不知其所由来。藏其光而不露，是曰葆光。宗、脍、胥敖，事无经见，亦寓言耳。蓬艾之间，喻物欲障蔽，谓彼三子物欲自蔽，不能向化，我才有不悦之心，则物我对立矣。日于万物无所不照，况德进于日而不能容此三子乎？物我是非，圣人所以冥之不辩者，照之于天也。十日之说，即莫若以明之喻。义海 六合内外、先王之志、曰论曰议曰辩三条，皆欲攻而去之，所以离言辩之是非,复道德之玄默。而尧犹未能自胜,以问于舜。舜答以三子者犹存蓬艾之间,谓皆已存而不论,莫若听其自处于无人之境,则在我不以介怀,在彼无所碍累,何不释然之有?盖以寓言夫论议辩不生,则是非自息,此齐物之大旨也。评庄 天下之理,惟其不言,则为至言。才到分辩处,便是尔胸中自见得不透彻矣。补注 庄子所谓物论,盖指百家众技而言。百家众技各有所见而不能相通,是非彼此,殊途百虑,不可究诘[1]。譬则山林之遇风而声则殊,肢骸之具体而用各异,所谓吹万不同,使其自己,而非物论之能自为异同也。任其自然,不与分辩,则物论齐矣。至于天地间自有一种正经道理,议论不可少者,又不可与百家众技同论,故又着此二段。自"六合之外"至"葆光",以明神圣之教与诸家不同,此是其胸中大有分晓,但不明说破耳。"尧问于舜"一段,引证文义绝不相蒙,恐有脱误,诸家解亦牵强难通。

啮臬缺问乎王倪曰:"子知物之所同是乎?"曰:"吾恶乎知之!""子知子之所不知邪?"曰:"吾恶乎知之!""然则物无知邪?"曰:"吾恶乎知之!虽然,尝试言之。庸讵知吾所谓知之非不知邪?庸讵知吾所谓不知之非知邪?且吾尝试问乎女:汝。民溼湿寝则腰疾偏死,鳅秋然乎哉?木处则惴栗恂惧,猿猴然乎哉?三者孰知正处?民食刍豢,麋鹿食荐,蝍且疽甘带,鸱鸦耆一作嗜鼠,四者孰知正味?猿猵偏狚旦以为雌妻,麋与鹿交,鳅与鱼游。毛嫱墙丽姬,人之所

①诘,原作"诰",误,据《补注》卷一改。

美也，鱼见之深入，鸟见之高飞，麋鹿见之决骤，四者孰知天下之正色哉？自我观之，仁义之端，是非之途，樊然淆乱，吾恶能知其辩！”啮缺曰：“子不知利害，则至人固不知利害乎？”王倪曰：“至人神矣！大泽焚而不能热，河汉沍而不能寒，疾雷破山、风振海而不能惊。若然者，乘云气，骑日月，而游乎四海之外，死生无变于己，而况利害之端乎！”

荐，美草也。蝍且，蜈公也。且，一作蛆。带，蛇。猵狙，一名獦牂，似猿，狗头，其雄喜与猿雌为牝牡。沍，冻也，涸也。

郭注 所同未必是，所异不独非，而彼我莫能相正，故无所用其知。若自知其所不知即为有知，有知则不能任群才之自当也。都不知，乃旷然无不任矣。尝试言之者，以其不知，故未敢正言，试言之耳。鱼泳于水，水物所同，咸谓之知。自鸟观之，则向所谓知者，复为不知矣。故举民鳅猿三者，以明万物之异便。次举民鹿蛆鸦四者，以明美恶之无主。又举猿猵麋鹿鳅鱼毛丽，以明天下所好之不同也。不同者而非之，则无以知所同之必是矣。仁义是非淆乱恶辩，言利于彼者，或害于此，而天下之彼[①]我无穷，则是非之境无常，故唯莫之辩而任其自是，然后荡然俱得也。啮缺未能妙其不知，故犹嫌[②]至人当知之，斯悬之未解也。至人神矣，无心而无不顺也。神全形具，体与物冥，虽涉至变而未始非我，故荡然无虿介于胸中也。乘云气者，寄物而行，非我动也。骑日月者，有昼夜无死生也。游四海之外者，无知而任天下之自为，故驰万物而不穷也。吕注 道

①彼，原脱，据《庄子注》卷一补。

②嫌，原作“疑”，误，据《庄子注》卷一改。

不可知，知之所以不知，不知所以知之，则道之为体可见矣。今夫民，以体知安佚为正处，口知刍豢为正味，目知好色为正色，至[①]于鳅猿之所安，蛆鸦之所甘，鱼鸟麋鹿之相与为偶者如彼，是各以其知为知之正，则民与万物之所知，岂有正处正味正色哉！诚不得正处正味正色而知之，则其有知者非正可知矣。故自我观之，仁义是非，樊然淆乱，吾安能知其辩，所以四问四不知也。至人神矣，神则妙万物而为言，万物莫非我，而我则无矣，孰能寒热而惊惧之哉！

疑独 天下之正处，无处是也；天下之正味，无味是也；天下之正色，无色是也。虽然，以无为是者，见无而已，故但言有处有味有色之殊，而不言无之为正。自我观之，是非仁义，樊然淆乱，孰从而正之？故不知其辩，乃所以辩也。

口义 啮缺同是之问，王倪不知之对，即是知止其所不知，盖谓不知即真知也。次论正处正味正色，皆是非物我之喻。结以仁义是非，纷然淆乱，亦犹处味色之不同，又安可得而辩哉？王倪即至人。神矣，妙万物而无迹也。不热不寒不惊，即游心于无物之始也。义海 人物之所同者性，所异者情。性流为情，物各自是，彼此偏见，指马相非，其患实始于“知”之一字，妄生分别。故王倪三答吾恶乎知之，欲啮缺反求其所不知，得其同然之性，而冥夫大通之理，则近道[②]矣。又恐未能心会，继以人鸟兽之异宜，处味色之非正。然则，所谓知者，岂其真知？所谓不知者，岂真不知哉？

①至，原作“正”，误，据《义海》卷四改。

②道，原脱，据《义海》卷四补。

瞿鹊子问乎长梧子曰："吾闻诸夫子，圣人不从事于务，不就利，不违害，不喜求，不缘道，无谓有谓，有谓无谓，而游乎尘垢之外。夫子以为孟浪之言，而我以为妙道之行也，吾子以为奚若？"长梧子曰："是黄帝之所听荧也，而丘也何足以知之！且汝亦大早计，见卵而求时夜，见弹而求鸮[1]炙。予尝为汝妄言之，汝以妄听之奚？旁去声日月，挟宇宙，为其吻合，置其滑汨涽昏，以隶相尊。众人役役，圣人愚芚，屯。参万岁而一成纯。万物尽然，而以是相蕴。予恶乎知说悦生之非惑邪？予恶乎知恶死之非弱丧而不知归者邪？丽之姬，艾封人之子也。晋国之始得之也，涕泣沾襟，及其至于王所，与王同筐床，食刍豢，而后悔其泣也。予恶乎知夫死者不悔其始之蕲生乎？梦饮酒者，旦而哭泣；梦哭泣者，旦而田猎。方其梦也，不知其梦也。梦之中又占其梦焉，觉教，同下而后知其梦也。且有大觉而后知此其大梦也，而愚者自以为觉，窃窃然知之。君乎？牧乎？固哉！丘也与女汝，下同皆梦也，予谓女梦亦梦也。是其言也，其名为吊的诡。万世之后而一遇大圣知其解蟹者，是旦暮遇之也。"长梧封人，名丘。孟浪，向音漫澜，无所趣舍之谓。听荧，疑惑也。崔云："小明，不大了也。"时夜，司夜鸡也。鸮，大如斑鸠，绿色，肉甚美。滑涽，未定之谓。筐，一作匡。匡床，安床也，一云正床。窃窃，犹察察也。吊，至诡异也。

郭注 不从事于务者，务来理自应耳，非从而事之也。不就利违害者，任而直前，无所避就也。不喜求者，求之不喜，直取不怒也。不缘道，独至者也。无谓有谓者，无彼有

[1]鸮，原作"鹗"，误，据《庄子注》卷一改。下同。

谓,有此无谓也。有谓无谓者,凡有称谓,非吾所谓也,彼自谓耳。凡非真性,皆尘垢也。物有自然,理有至极。循而直往,则冥然自合,非所言也。故言之者孟浪,而闻之者听荧,故圣人付当于尘垢之外,玄合乎视听之表。今瞿鹊方闻孟浪之言,便以为妙道之行,无异见卵而责司晨之功,见弹而求鸮炙之实也。言之孟浪,故试妄言之。正听妄言,复为早计,故试妄听之。以死生为昼夜,旁日月也。以万物为一体,挟宇宙也。以有所贱,故尊卑生。滑涽纷乱,莫之能正。故为吻然自合之道,不若置之勿言,委之自尔也。吻然,无波际之谓。役役,驰骛于是非之境也。愚芚,芚然无知而直往之貌。举万世而参其变,可谓杂矣。唯大圣无执,故芚然直往而与化为一,常游于独。虽参糅万变,而无物不然,无时不成,斯可谓纯也。蕴,积也。积是于万岁,万岁一是也。积然于万物,万物尽然也。故不知死生先后之所在,彼我胜负之所如也。丽姬之喻,言一生之内,情变若此。当此之日,则不知彼,况死生之异,恶能相知哉?观寤寐之间事变情异,则死生之愿不得同矣。故生时乐生,死时乐死,死生虽异,其于各得所愿,一也,则何系哉?梦而不知其梦,则方死亦不知其死,而自适其志也。必有大觉而后知其大梦,大觉者,圣人也。愚者梦中自以为寤,故窃窃然以所好为君上,所恶为牧圉,欣然信一家之偏见,可谓固陋矣。此非常之谈,非常人之所知,故谓之吊当卓诡。旦暮遇之,言能蜕然无系而玄同生死者,至希也。

吕注 圣人不知利害,故无就违。无不足,故不喜求。无非道,故不缘道。有谓乃所以无谓,无谓乃所以有谓,唯无心者足以与此。瞿鹊子尝闻夫子言之,以为孟浪而已,则以为妙道，然二者皆非。夫道，非言默所载，故黄帝之所听荧。时夜生于卵，而卵非时夜；鸮炙得于弹，而弹非鸮炙；妙道因于所闻，而所闻非妙道也。今之闻道者，自以为悟，而不知日损以至于无为，皆瞿鹊之徒也。道不可以言传耳听，予言之而汝听之，皆妄而已，欲其忘言而以心契之也。为其吻合，此所以为妙道之行，非特闻之而已。滑涽而以隶相尊者，固置而不取矣。众人役役，不见成功。圣人愚芚，虽万世之久，参而一之，则成纯矣。王雱 儒者之所以知孔子，不出乎形器之间，故于道未全。然所谓不知，乃真知也。凡有言有听，不足以尽其真，故皆曰妄。旁日月，挟宇宙，此盖识者所了，不可为众人道。如吻之合者，为之置世之滑涽，使各尽其极，而不以萦怀。若臣隶于君，仆隶于臣，自然之势，本无高下。众人役于滑涽，圣人冥于无物。万岁之间，万物之化，淆杂多矣。参合其变，俱为纯粹。此可以心了，不可以言受也。次论悦生恶死，证以丽姬之喻，义甚切当。盖谓齐物论者，始于齐彼是，终于一死生，死生既一，物安有不齐者乎？夫大[1]觉者本自无觉，对未悟而言，强立觉名，即是不觉之觉。觉与不觉，俱不可着。愚者之窃窃者，自以为觉亦梦也，直为其有是梦，故吾不得不为之言梦。然大觉者，知觉与梦本无异也，古之人不得已而有言。盖为发明此处也。赵注 万世之后一遇大圣，言举世未有知之者。能知其解，是旦暮遇之，言悟此理在顷刻间耳。口义 孟浪，不着实。太早计，谓汝之所言方如此，

①大，原作“人”，误，据《义海》卷四改。

而早以为妙道之行，见少而自多之意。旁附日月，挟怀宇宙。吻合，至理混而为一。世人滑涽，以隶相尊者，皆置之而不言，臣仆皆隶也，而自为尊卑。众人役役，圣人则浑然无知。合万岁而观，止此一理，更无间杂。丽姬悔泣，以破悦生恶死之惑。饮酒哭泣，觉梦之间，变幻若此。梦中占梦之说，皆曲尽人情。大觉，即大悟。君牧，贵贱之分。吊诡，至怪也。我为此言，可谓至怪，而中存妙理。万世之后，有大圣人出，知此等见解，与我犹旦暮之遇也。通义缘道，以道为美，循而行之。由于闻见，不白于衷，犹曰行仁义也。补注奚，岂必也。属下句读。置其滑涽二句，言但与至理吻合，而世人之汩昧相尊，皆舍之勿论也。

既使我与若辩矣，若胜我，我不若胜，若果是也？我果非也邪？我胜若，若不吾胜，我果是也？而果非也邪？其或是也？其或非也邪？其俱是也？其俱非也邪？我与若不能相知也。则人固受其黮啖暗，吾谁使正之？使同乎若者正之，既与若同矣，恶能正之？使同乎我者正之，既同乎我矣，恶能正之？使异乎我与若者正之，既异乎我与若矣，恶能正之？使同乎我与若者正之，既同乎我与若矣，恶能正之？然则我与若与人俱不能相知也，而待彼也邪？何谓和之以天倪？曰：是不是，然不然。是若果是也，则是之异乎不是也亦无辩；然若果然也，则然之异乎不然也亦无辩。化声之相待，若其不相待，和之以天倪，因之以曼万衍，去声，所以穷年也。忘年忘义，振于无竟，故寓诸无竟。黮暗，不明貌。倪，分也，际也。班固曰天研。曼衍，无极也。竟,如字,极也。崔本作“境”。

郭注 不知而后推,不见而后辩。辩之而不足以自信,以其与物对也。辩对终日,黮暗至竟,莫能正之,故当付之自正耳。同故是之,异故非之,皆未足信。是若果是,则不复有非之者;非若果非,则无复有是之者。故是非生乎好辩而休乎天均,付之两行而息乎自正也。待彼不足以正此,则天下莫能相正也,故付之自正而至矣。天倪者,自然之分也。是非然否,彼我无辩。故和之以自然之分,不待彼以正此也。是非之辩为化声。化声之相待,俱不足以相正,故若不相待也。和以自然之分,任其无极之化,则是非之境自泯,性命之致自穷也。忘年,故玄同死生;忘义,故弥贯是非。是非死生,荡而为一,斯至理也。至理畅于无极,故寄之者不得有穷也。吕注 天下之所谓是非者,不过我是若非、若是我非、或是或非、俱是俱非四者,皆出于我与若。而我与若俱不能相知,则所谓是非者卒不明矣。其待彼也邪? 言不相待也。唯圣人知其然,故虽化声之相待,若其不相待,则彼是莫得其耦而休乎天均矣。何则言之? 是非非有实也,声之出于化而已。我之与人,相待与不相待,又出于识心之妄计也。我则和之以天倪而不为之分辩,则万物不累乎心矣。穷年则忘年,无是非则忘义。始起于无竟,故终亦寓于无竟也。疑独 凡言是未必是,言然未必然,故其异同亦皆无辩。然之与是,复自相对,又均于辩[1]也。有化者,有化化者,有声者,有声声者。化者之

①辩,原作“变”,误,据《义海》卷四改。

化非声则不显，声者之声非化则不彰，此化声之相待也。然而声出乎化，非化之所能知；化统乎声，非声之所能识。此又若其不相待也。夫相待生于两物，若合万化为一，则相待之迹无由而生。夫声者常声，不待物而后声，闻者自因物而生听耳。化者常化，不待声而后化，见者自因声而生识耳。此其所以相待而若不相待也。义海死生觉梦之分，出于化者也。彼我是非之辩，出于声者也。觉梦依乎形，是非生乎情，有若相待也。然而化者自化，不知其所以化；声者自声，不知其所以声，又若不相待也。要夫物理之至极，莫逃造化之自然，此万化之所出入，万物之所以齐也。通义无竟者，毕竟于无，所谓无无也。若曰无物之境，则物之外尚有无在，非所谓天倪尘垢之外也。评庄化声之相待二句，声言也。与其以言语相对而求以化服人，何若因其所是而不相敌邪？补注"彼"字似是"谁"字，意谓物我与人既皆不能正，又将谁待？如梦中解梦，转展迷惑，不如任其自然，玄同彼己，置是非于不辩也，故下文云然。"化声"句疑，诸家解各异，《义海》之说似优，未知果庄子本意否？

罔两问景影曰："曩子行，今子止；曩子坐，今子起。何其无特操与？"景曰："吾有待而然者邪？吾所待又有待而然者邪？吾待蛇蚹敷蜩条翼邪？恶识所以然？恶识所以不然？"昔者庄周梦为蝴蝶，栩栩许然蝴蝶也，自喻适志与！不知周也。俄然觉，教。则蘧蘧渠然周也。不知周之梦为蝴蝶与？蝴蝶之梦为周与？周与蝴蝶则必有分去声矣，此之谓物化。罔两，景之景也。崔作"罔浪"。无特，无常也。蚹，蛇腹下龃龉可以行者。栩栩，喜貌。蘧蘧，有形貌，崔作"据据"，引《大宗师》云："据然觉也。"

郭注 罔两，景外微阴也。有待者[①]，言天机自尔。坐起无待，无待而独得者，孰知其故而责其所以哉？若责其所待而寻其所由，则寻责无极，卒于无待，而独化之理明矣。待如蛇蚹蜩翼，则无特操之所由，未为难识也。今所以不识，正由不待斯类而独化耳。或谓罔两待景，景待形，形待造物者。请问造物有邪？无邪？无则胡能造物？有则不足以物众形。明众形之自物自造而无所待焉，此天地之正也。故彼我相因，形景相生，虽复玄合而非待也。罔两之因景，犹云俱生而非待。故罔两非景之所制，景非形之所使，形非无之所化。则化不化，然不然，从人之与由己，莫不自尔，吾恶识其所以哉！自喻适志，自快得意，悦豫而行也。方其梦为蝶而不知周，则与殊死不异也。俄然觉，则蘧蘧然周也，自周而言，故称觉耳，未必非梦也。今之不知蝴蝶，无异梦之不知周耳。各适一时之志，则无以明蝴蝶之不梦为周矣。世有假寐而梦经百年者，则无以明今之百年非假寐之梦也。觉梦之分，无异死生之辩。今所以自喻适志，由其分定，非由无分也。夫时不暂停，今不遂存，昨日之梦，于今化矣。死生之变，岂异于此，而劳心于其间哉！此不知彼，蝴蝶是也。今不知后，丽姬是也。而愚者窃窃然，乐生苦死，未闻物化之谓

①"有待者"后原衍"形"，经文"吾有待而然者邪"无"形"，《庄子注》卷一亦无"形"，据删。

耳。吕注罔两之于景，同类也，而不知景之无待于形。犹我与若与人，亦同类也，而不知其无待于彼。盖景之行止坐起，唯形是随，则无特操者也。然本无情，岂知有待？若谓景待于形，形又何待而然邪？景之待形，非若蛇之待蚹而行，蜩之待翼而飞也，恶识所以然不然哉？方其为蝶也，栩栩然不知有周；及其为周也，蘧蘧然不知有蝶。一身之变，犹不自知，则物之化而异形，其能相知乎？物物不相知，则各归其根。物物不相待，则莫得其偶。其有不齐者邪？碧虚夫物之相因，无如形景。今尚言其不相待，明外物不可必，万类皆自尔。唯因待都忘，卓然独化，方可超生死而反混冥，是谓帝之悬解也。能知此，则造化在己而不迁于物，是谓生物者不生，化物者不化。既已为物，恶有不化者哉？赵注蛇藉蚹以行，蜩藉翼以飞，而所以行飞者，非蚹翼也。人物之一动一静，皆有待而然。景待形，而形之所待者，非形也。形且不知其所以然，何责于景哉？是以庄周蝴蝶，物我俱化，栩栩蘧蘧，觉梦如一也。口义栩栩，蝶飞貌。蘧蘧，僵直貌。此形容既觉在床之时也。景言吾之运动，待形而形，又待造物。形之为形，犹蛇蚹蜩翼而已，恶知所以然不然？此即是非待彼之喻也。觉梦须有分别，到此似结不结，却不说破，正要人于此参究。此之谓物化，言万物变化之理，不过如是。义海周与蝴蝶则必有分，分即物之天。物虽各有天，固同一天也。或读分如字，则分别无已，天下物论何由而齐？学者又当究夫性命之精微，以通物理之一致。与物同化，而有不化者存，以死生为觉梦，视古今如朝昏，将无物之可齐，容有论乎？

义海总论 首设二子问答，详论人籁地籁之不齐，明天籁之自然，非惟理不待齐，亦非齐之所及。故于其间旁证侧引而不止[①]言天籁，欲人心契而自得之。夫生物纠纷，荣谢万变，自形自色，自消自息，卒归天籁而止。天籁者，无形无声，而形声之所自出，神化之所发见也。傥能究夫人籁地籁之所由作，则天籁可知。故《郭注》云："岂复别有物哉！即众窍比竹，接乎有生之类，会而共成一天耳。"至论知言、觉梦、成心、言吹、可否、是非、方生、方死，无异乎万窍怒号，及乎得其环中，以应无穷，则虚以待物，物亦无碍，此忘而彼自化，风济窍虚之谓也。天地一指，万物一马，则以不齐齐之。恢恑憰怪，道通为一，有不待齐而自齐矣。若夫狙公赋芧，喜怒所由生；昭文鼓琴，成亏所以著；言有心有为不足以化物，何望于齐哉？至于天地与我并生，万物与我为一，可以言齐矣。又虑或者以一与言为二，二与一为三，此又散而不齐之兆也。唯造乎未始有物，注酌无穷，以大觉而知大梦，参万岁而一成纯，所以概天下之物而齐之之道也。罔两问景，不知即异而同。南华梦蝶，孰究非同非异？盖极论物我、生死、觉梦之不齐，而终归于物化。南华之所谓化，即《大易》所谓神潜于恍惚，见于日用，而不可以知知识识。由是悟万物一形也，万形一化也，万化一神也。神而明之，变而通之，孰为物？孰为我？夫是之谓大齐。补注《庄子》前篇为《逍遥游》，而结以惠子诮己之言，明己之能逍遥游也。次篇为《齐物论》，而结以

---

①止，原作"指"，误，据《义海》卷四改。

梦蝶之自喻，明己之能齐物论也。物论之齐[①]，本乎忘己，忘己则彼我不立，是非两行而物论自齐矣。南郭之丧耦，庄周之物化，皆忘己也。此其首尾相照处。

《庄义要删》卷之一《齐物论》终

①齐，原作“应”，误，据《补注》卷一改。

庄义要删内篇　卷之二

养生主第三

夫生以养存，则养生者，理之极也。若乃养过其极，以养伤生，非养生之主也。

吾生也有涯，而知也无涯。以有涯随无涯，殆已；已而为知者，殆而已矣。为善无近名，为恶无近刑。为善为恶，"为"字去声。此三句，正养生之学。缘督以为经，可以保身，可以全生，可以养亲，可以尽年。殆已，向云："疲困之谓。"缘，顺也。督，中也。经，常也。郭、崔同。

郭注 生也有涯，所禀之分，各有极也。夫举重携轻，而神气自若，此力之所限也。而尚名好胜者，虽绝膂，未足以慊其愿，此知之无涯也。故知之为名，生于失当而灭于冥极。冥极者，任其至[①]分而无毫铢之加。虽负万钧，忽然不觉重之在身；虽应万务，泯然不觉事之在己；此养生之主也。若以有限之生，寻无极之知，安得而不困哉！已困于知而不知止，又为知以救之，斯养而伤之者，真大殆也。必须忘善恶而居中，任万物之自为，闷然与至当为一，故刑名

①至，原作"志"，误，据《庄子注》卷二改。

远已，而全理在身。盖能顺中以为常，则事事无不可也。可以养亲者，养亲以适也。夫养生，非求过分，全理尽年而已矣。吕注 生随形而有尽，知逐物而无穷。以生随知，则有殆而已，已而继之以知，卒于殆而已矣。“天下皆知美之为美，斯恶已；皆知善之为善，斯不善已。”善恶皆生于知，其相去何若？唯上不为仁义之操以近名，下不为淫僻之行以近刑，善恶两遗，而缘于不得已以为常，是乃刳心去知而止乎不知之道也。保身全生养亲尽年，何以加此！碧虚 生理之主，要在善养，而乃贪名逐利，不知休息，重增其伪以益其生，卒至于危殆而已。夫自全之善，理无近名，谓守朴少变，汉阴丈人之徒是也。自损之恶，理无近刑，谓沉溺嗜好，公孙朝穆之徒是也。无为善，无为恶，由正以为常者，圣人之中道，可以保身全生养亲尽年，此所生之主也。赵注 人从少至壮，从壮至老，从老至死，此生之有涯。经纬万事，亘古今而常存，此知之无涯。人惟昧于真知，而终身役役以为知，危矣。生有尽，而知亦尽，其形化，其心与之然，可不谓大哀乎！人处世间，为善则有无穷之誉，为恶则有无穷之毁。伯夷死名，盗跖死利，虽所死不同，残生伤性均也。恶固不可为，善亦不必为，为则有心矣，但当缘督以为经。督，中也。喜怒哀乐之未发，其感于物也，一出乎性之自然，形诸外者，即此中也。率性之谓道，缘督为经之义也。奇经八脉，中脉为督。口义 人之生也各有涯际，言有尽处也。知，思也。以有尽之身，随无尽之思，纷纷扰扰，何时而止？殆已者，言其危可畏也。已，语助也。于其危殆之中，又用心思算，自以为知，终于危殆而已矣。为善无近名数句，正是养生之学，庄子所自受用者。若以为善，又无近名之事可称；若以为恶，又无近刑之事可指；此即《骈拇》篇上不敢为仁义之操，下不敢为淫僻之行也。督者，迫也。游心斯世，无善恶可名之迹[1]，但顺天理自然，迫而后应，应以无心，以此为常，则可以保身全生养亲尽年，即孟子所谓“寿夭不贰，修身以俟之”也。义海 为善无近名二句，或引善不积不足以成名，恶不积不足以灭身为证，则是为而近名刑也。或引上不敢为仁义之操，下不敢为淫僻之行，则是不为而不近名刑也。夫为善恶而近名刑，不为善恶而无名刑，皆理之当然。今则为之而不近名刑者，世人视之以为善恶，而圣贤之心常顺乎中道，合天理之自然而已。故利害不能及，而道之所归也。督字训中，乃喜怒哀乐之未发，非特善恶两间之中也。苟于七情未发之时，循之以为常道，则虚彻灵通，有无莫系，吾与太极同一混成，又恶知身之可保、生之可全、亲之可养、年之可尽哉！评庄 此篇用意精深，下语锻炼，乃庄子极得意文，亦其透悟自描画处，非浅浅可窥。

庖丁为文惠君解牛，手之所触，肩之所倚，足之所履，膝之所踦，纪。砉翕然向然，奏刀騞画然，莫不中音，合于《桑林》之舞，乃中《经首》之会。文惠君曰：“嘻，熙。善哉！技盖至此乎？”庖丁释刀对曰：“臣之所好者道也，进乎技矣。始臣之解牛之时，所见无非牛者。三年之后，未尝见全牛也。方今之时，臣以神遇而不以目视，官知止而神欲行。

①迹，后衍“一”字，据《口义》卷二删。

依乎天理，批别大郤，隙。导大窾，款。因其固然。技经肯綮启、顷二音之未尝，而况大軱孤乎？良庖岁更刀，割也；族庖月更刀，折也。今臣之刀十九年矣，所解数千牛矣，而刀刃若新发于硎。彼节者有间，而刀刃者无厚；以无厚入有间，恢恢乎其于游刃必有馀地矣。是以十九年而刀刃若新发于硎。虽然，每至于族，吾见其难为，怵然为戒，视为止，行为迟，动刀甚微，謋获然已解，蟹。如土委地。提刀而立，为之四顾，为之踌躇音俦厨满志，善刀而藏之。"文惠君曰："善哉！吾闻庖丁之言，得养生焉。"庖人，丁其名也。砉然，皮骨相离声。騞然，声大于砉也。《经首》，《咸池》乐章也。郤，李云：间也。窾，司马云：空也。肯，著骨肉也。綮，犹结处也。軱，戾大骨也。硎，砥石也。善刀，善犹拭也。

郭注 自"手之所触"至"经首之会"，言其因便施巧，无不闲解，既适牛理，又合音节，直寄道于技，所好者非技也。所见无非牛，未见其理间也。未尝见全牛，但见其理间也。以神遇，不以目视，暗与理会也。官知止，神欲行，司察之官废，纵心而顺理也。依天理者，不横截也。批大郤者，有际之处，批之令离也。导大窾者，节解窾空，就导令殊也。因其固然，刀不妄加也。游刃于空，未尝经概于微碍，技之妙也，故十九年而刃若新发硎。每至交错聚结之处，视止行迟，动刀甚微，謋然已解，理解而无刀迹，若聚土也。逸豫自得，拭刀而弢之，以刀可养，知生亦可养矣。

疑独 牛喻性命之理，刀乃生之譬也。顺性命之理而无为，则生不伤；顺牛体之理而不用力，则刀不亏。故手触足履、疾徐动止之间，因其自然，顺其常理，是以中于五音，合于乐舞。《桑林》，汤乐。《经首》，尧乐。会者，合音与舞而言之。庖丁自谓寄道之微妙于技之粗末,所好非技也。始见无非牛,以目视也。久则无全牛,以神遇也。今一于神遇而不目视,则筋骨之内、皮肤之间,固已冥会矣。依乎自然之理,大郤则批而离之,大窾则导而通之,凡此皆因其固然,岂复强为私巧哉。若然,则肯綮微碍之处,未尝或经,而况軱戾大骨乎。良庖之与族庖,虽岁月有远近,更刀有迟速,其于伤刀一也。族言其众,良言其寡,则庖丁者言其独,斯为神庖也欤!视止行迟,喻性命之精微,养之为尤难。提刀四顾,踌躇满志,解牛至此,无复解矣。善刀而藏,则知至人以应为不得已,而复退藏于密也。【详道】目视者,见物不见理,所见无非牛也。神遇者,见理不见物,未尝见全牛也。所见无非理,故以无厚入有间,而游刃有馀地矣。养生之道,岂异此哉!处心以虚,而不以实;应物以顺,而不以逆。于其易也,遇之以适,无异砉然而中音;于其难也,处之以慎,无异怵然而为戒。其成也,视履考祥,无异提刀而四顾;其终也,全而归之,无异善刀而藏也。善解牛者,所解虽多而刀不剉;善应物者,所遇虽烦而生不伤也。【口义】手之所触,触动也。肩之所倚,以手用力则肩有斜势也。足之所履,亦其用力之时自有步武也。膝之所踦,踦,微曲也,以身就牛则膝微曲也。砉然、向然、騞然,皆其用刀之声。却以"奏刀"两字安在中间,文法也。进用其刀曰奏。莫不中音者,言其砉向騞之音皆合律吕也。未见全牛者,言牛之一身,其可解处全不容力,可一目而见也。神遇,犹言心会也。官,耳目口鼻也。官知止者,言凝然而立之时,耳目皆无所见闻也。耳目之所知者皆止,而不言之神自行，谓自然而然也。天理，牛身天然之腠理也。骨肉之交际，骨节之空窾，皆固然者。我但因而解之，其用刀也，未尝经涉肯綮之间，而况大軱乎？彼节者有间，言牛之骨节自有间缝处。我之刀又甚薄，以甚薄之刀随其间缝而解之，可以游刃于其间。恢恢有馀地者，言其无滞碍也。喻世事难易，皆有自然之理，但顺而行之，无所撄拂，其心泰然，故物不能伤其生也。怵然，变动之意。戒者，加儆戒也。视为止者，言以目视之，未免少停止，而后迟迟焉行其刀。此但言加子细之意也。我既加意子细为之，则其动刀甚微，言轻轻然亦不敢甚著力也。謋，忽然之意。踌躇，从容也。满志，如意也，非曰其志自满也。"虽然"一转，甚有意味。盖言人之处世，岂得皆为顺境？亦有逆境当前之时，又当委曲，顺以处之，不动其心，事过而化，一似全无事时，始为养生得力也。为善无近名以下，正说养生之方。"庖丁"一段，乃其譬喻。末后结以"得养生焉"四字，便是文势操纵省力处。评庄"手之所解[①]"四句，画出一宰牛底人，先形容起，何等深而不俗。《桑林》《经首》，皆乐名。所见无非牛者，未见其理间。未尝见全牛，但见其理间也。肯綮，骨肉相聚处。大軱，大骨也。

公文轩见右师而惊曰："是何人也？恶乌乎介也？天与？余，下同。其人与？"曰："天也，非人也。天之生是使独也，人之貌有与如字也。以是知其天也，非人也。"泽雉十步一啄，百步一饮，不蕲祈畜乎樊中。神虽王，旺。不善也。姓

①解，一作"触"。

公文氏,名轩,宋人也。

郭注 介者,偏刖之名。知之所无奈何,天也。犯其所知,人也。偏刖曰独。夫师一家之知而不能两全其足,则是知之所无奈何。若以右师之知而必求两全,则心神内困,形骸外弊矣,岂直偏刖而已哉!两足共行曰有与。有与之貌,未有疑其非命也。以有与为命,故知独者亦非我也。是以达生之情者,不务生之所无;达命之情者,不务命之所无;全其自然而已。蕲,求也。樊,所以笼鸟也。夫俯仰乎天地之间,逍遥乎自得之场,固养生之妙处也,又何求于入笼而服养哉?心神长王,志气盈豫,而自放于清旷之地,忽然不觉善之善也。疑独 天生斯人,使之独足,而人之貌则有与也,言养生不在形骸,要在神王而已。故泽雉自适,虽饮啄至少,而神不亏。樊中稻粱充足,适所以累身而已。夫养神在于适性,故古人一亩之宫,箪[1]食瓢饮,以为至乐,正明此理。口义 右师,已刖之人,为右师之官。介,独也,刖而存一足也。天与人与者,言天生之始已如此耶?人刖之邪?刖足,分明是人,却曰天也,非人也。天之生是使独者,言天生他时,只要他独有一足也。何以知之?凡人之形貌皆两足相并而行,此则独异,便是天使非人也。盖谓世间有馀不足,虽是人做得底也,是造物为之,欲人处患难之中,亦当顺受之也。泽中之雉,十步方得一啄,百步方得一饮,言其饮啄之难,若受养笼中,则饮啄皆足,而为雉者不愿如此。盖笼中之饮啄虽饱,雉之精神虽若畅旺,

①箪,原作"箪",误,据《义海》卷五改。

而终不乐，故曰“神虽王”，不善也。前说患难顺受之意，便是庖丁“每至其族，吾见其难为”意思，却于此数句借泽雉而喻，乃言人生处世，逆境常多，能自爱其身，不入世俗汩没之中，更自好也。义海 介，一音兀，断足也。有与，同类也。右师之介虽异于人，亦其天分使之独足，而其貌则与人同类耳。况禀形最灵，复有以充其内，岂可以外亏一足而自弃其全美哉！是故以安于命而归之天，知所当全者在乎德性。德者与生俱生，性[1]则为生之主，不离于斯二者，是谓得其养矣。形之残兀，何加损焉！欲人安于患难而顺其性命之情，则吾有尊足者存，所养非形骸也。

老聃死，秦失吊之，三号平声而出。弟子曰：“非夫子之友邪？”曰：“然。”“然则吊焉若此，可乎？”曰：“然。始也吾以为其人也，而今非也。向吾入而吊焉，有老者哭之，如哭其子；少者哭之，如哭其母。彼其所以会之，必有不蕲言而言，不蕲哭而哭者。是遁天倍情，忘其所受，古者谓之遁天之刑。适来，夫子时也；适去，夫子顺也。安时而处顺，哀乐不能入也，古者谓是帝之县玄解。”指穷于为薪，火传也，不知其尽也。秦失，宋本又作佚。

郭注 秦失见人吊亦吊，人号亦号。弟子怪其不倚户观化，乃至三号。然至人无情，与众号耳，故若斯可也。年老者如哭子，少者如哭母，嫌其先物施惠，不在理上住，一作往。故致此甚爱也。夫天性所受，各有本分，不可逃，亦不可加。感物太深，不止于当，遁天者也。将驰骛于忧乐之境，虽楚

①性，原脱，据《义海》卷五补。

戮未加[①],而性情已困,庸非刑哉!适来,时自生也;适去,理当死也。夫哀乐,生于失得也。今玄通合变之士,无时而不安,无顺而不处,冥然与造化为一,则无往而非我矣,将何得何失,孰生孰死哉!故任其所受,而哀乐无所错其间矣。以有系者为县,则无系者县解也。县解而性命之情得矣,此养生之要也。穷,尽也。为薪,犹前薪也。前薪以指,指尽前薪之理,故火传不灭;心得纳养之中,故命续不绝。明夫养生乃生之所以生也。夫时不再来,今不一停。人之生也,一息一得耳。向息非今息,故纳养而命续;前火非后火,故为薪而火传,火传命续,由夫养得其极也,世岂知其尽而更生哉!吕注 吊之为礼,哭死而吊生。三号则哭死为不哀,无言而出则吊生为不足,此弟子所以疑其为非友也。始吾以为其人,意从老聃者,皆得聃之道。今见其老者少者爱慕而哭泣之,不能安时处顺,所以知非其人也。盖必有不蕲言而言,不蕲哭而哭者,内外相成,此所以会之也。人之所受于天,其性命之情未始有物,而为之哀乐,是遁天倍情,忘其所受。无适非天,而欲遁之,不免于刑而已矣。知其适来而安之,适去而顺之。古者谓是帝之县解,以其未尝有死也。火之所托者薪,而火非薪,其为薪也,虽穷于指,而火传不知其尽。何则?火之在此薪,犹彼薪也,其传岂有尽哉?火以喻生,薪以喻形,达此则知生之所以为生者,未尝有死[②]也,何哀乐之能入哉。口义 秦失,老子之友也。三号而出,言不用情也。弟子之问,谓老子于秦失本朋友也,何其哭之如此

①加,原作“知”,误,据《庄子注》卷二改。

②死,原作“始”,误,据《义海》卷六改。

不用情乎！夫子，指秦失也。失谓始吾以老子为非常人，今见其弟子之哭，无老无少，如此其悲哀，必老子未能去其形迹，而有以感会其心，故其哭哀且慕者，有不期然而然也。天之所受，本无物也，犹以有情相感，则是忘其始者之所受，而遁逃天理，背弃情实，此皆得罪于天者，故曰遁天之刑。人之生也，适然而来；其死也，亦适然而去；但当随其时而顺之。既知其来去之适然，则来亦不足为乐，去亦不足为哀。不能入者，言不能动其心也。县者，心有系著也。帝者，天也。知天理之自然，则天亦不能以死生系著我矣，故曰帝之县解。"为薪火传"，生死之喻也。以薪炽火，指其薪而观之，则薪有穷尽之时，而世间之火，自古及今传而不绝，未尝见其尽也。上面既说了"秦失"一段，就此却发明尽死生之理，以结一篇。盖欲人知其自然而然者，于死生无所动其心，而后可以养生也。义海 夫一家之薪有尽，而天下之火无尽，善为薪者有以传之。一人之身有尽，而身中之神无尽，善养生者有以存之。火之在彼薪，犹此薪也，而焰焰不同。神之托后身，犹今身也，而息息各异。焰不同，所以有然有灭；息各异，所以有死有生。然而天下之火未尝尽，神未尝灭者，有人以主之耳。至若鉴日击石，钻木戛竹，皆可以得火。火[1]性遍天地间，非人无以致之。神之运化也亦然。去是薪，火何丽？亡是形，神何托？由是知传火在乎得薪，托神在乎得形，所以成至人之妙用，相天地之全功。南华举以结《养生主》一篇之义，深有旨哉！评庄 夫子，指老聃，即后二夫子。训秦失者，非是。指"穷于为薪"三句，正

①火，原作"夫"，误，据《义海》卷六改。

是生有涯而知无涯。补注 生有尽而生生者未尝亡，犹薪可穷而火之传无尽也。生生者，生之主也。养生之主，则形骸不足为累，死生不足为患。忧乐不入，应物无碍，而生得其养矣。

义海总论 达养形之理者勿伤，得养神之道者无为。形者生之所托，神则为生之主。虚无之道，是所以养其神者也。世人徒知养生，而不知养其生之主，养愈至而生愈失。故真人诲以无以有涯随无涯，庶乎养生之旨矣。夫以道存怀者，无心于善恶；以虚待物者，何有乎刑名①？顺中而不失其常，保身尽年之理有在于是。解牛喻应物，刀以喻生。十九年而刃若新发硎，则剸繁治剧不知其几，而吾之精明者愈久而不弊，是为生之主。人当善养者，唯善于平日，所以得济于斯时，以不用而成大用也。至于善刀而藏，则应物馀暇，敛知韬光，物遂其适，事尽其理，而吾之利用未尝或亏。古之大隐，居廛接物，而常应常静，得此道故也。是以学道之要，虚静为先。非虚，无以全神；非静，无以复命。性全命复，养生之能事毕矣。如镜当台，有鉴无迹，事物于我何加焉！凡人逐物丧真，撄事拂理，得失交患，生能无损乎？所以泽雉不愿畜樊，见于后喻。老聃大圣，南华所师，犹云死者，示人安时处顺，守常得终，而遁形飞化之妙，非世所测。圣人之死，曰神是也。秦失吊之而三号，已为方外剩法，然弟子犹不能无疑，遂告以去来适然，安之勿拒，是谓帝之县解，造物不得以系之矣。尽为薪之理者，火传无穷；尽养形之理者，神全不丧。有形终于有

①刑名，《义海》卷六作"名刑"。

尽，在我不得不养，是以卒贵乎全而归之形，得全归则神。无谬适，出有入无，何往而非正？伏羲得之而袭气母，黄帝得之而登云天，傅说得之骑箕尾而比列星，太上云："死而不亡者寿。"

《庄义要删》卷之二《养生主》终

庄义要删内篇　卷之二

人间世第四

与人群者，不得离人。然人间之变故世世异宜，唯无心而不自用者，为能随变所适①而不荷其累也。

颜回见仲尼，请行。曰："奚之？"曰："将之卫。"曰："奚为焉？"曰："回闻卫君，其年壮，其行独。轻用其国，而不见其过；轻用民死，死者以国量乎泽若蕉，民其无如矣。回尝闻之夫子曰：'治国去之，乱国就之，医门多疾。'愿以所闻思其则，庶几其国有瘳乎？"仲尼曰："嘻！若殆往而刑耳！夫道不欲杂，杂则多，多则扰，扰则忧，忧而不救。古之至人，先存诸已而后存诸人。所存于己者未定，何暇至于暴人之所行？且若亦知夫德之所荡，而知之所为出乎哉？德荡乎名，知出乎争。名也者，相轧握也；知也者，争之器也。二者凶器，非所以尽行也。且德厚信矼，扛。未达人气；名闻不争，未达人心。而强以仁义绳墨之言术暴人之前者，是以人恶有其美也，命之曰灾人。灾人者，人必反灾之。若殆为人灾夫！且苟为悦贤而恶不肖，恶乌用而求

①所适，原脱，据《庄子注》卷二补。

有以异？若唯无诏，王公必将乘人而斗其捷。而目将荧之，而色将平之，口将营之，容将形之，心且成之。工句是以火救火，以水救水，名之曰益多。顺始无穷，若殆以不信厚言，必死于暴人之前矣！且昔者桀杀关龙逄，纣杀王子比干，是皆修其身以下伛拊抚人之民，以下拂其上者也。一证“刑”字。故其君因其修以挤之，是好名者也。昔者尧攻丛枝、胥敖，禹攻有扈，国为虚厉，身为刑戮。二证刑字。其用兵不止，其求实无已，是皆求名实者也。而独不闻之乎？名实者，圣人之所不能胜升也，而况若乎？虽然，转下来。若必有以也，尝以语我来！”

颜回曰：“端而虚，勉而一，则可乎？”曰：“恶！恶乌可！夫以阳为充孔扬，采色不定，常人之所不违，因案人之所感，以求容与其心。名之曰日渐之德不成，而况大德乎？将执而不化，外合而内不訾，紫。其庸讵可乎？”“然则我内直而外曲，成而上比。内直者，与天为徒。与天为徒者，知天子之与己皆天之所子，而独以己言蕲乎而人善之，蕲乎而人不善之邪？若然者，人谓之童子，是之谓与天为徒。外曲者，与人之为徒也。擎跽启曲拳，人臣之礼也。人皆为之，吾敢不为邪？为人之所为者，人亦无疵焉，是之谓与人为徒。成而上比者，与古为徒。其言虽教，谪之实也。古之有也，非吾有也。若然者，虽直不为病，是之谓与古为徒。若是则可乎？”仲尼曰：“恶！恶可！太多政法而不谍，牒。虽固亦无罪。虽然，止是耳矣，夫胡可以及化！犹师心者也。”卫君，司马云卫庄公蒯聩。按，庄公入国时，颜回已死，当是出公辄也。蕉，向云：草芥也；崔云：其泽如见芟夷，言野无青草也。有扈，国名，在今京兆鄠县。居宅无人曰虚，死而无后为厉。

郭注 行独，不与民同欲也。轻用其国，夫君人者，动必乘人，一怒则伏尸流血，一喜则轩冕塞路。故君人者之用国，不可轻也。不见其过，莫敢谏也。轻用民死，轻用之于死也。死者以国量三句，举国而输之死地，不可称数，视之若草芥。民无所依归，故颜回欲往救之，仲尼言回之道不足以救彼患。盖道宜正得其人，若夫不得其人，则虽百医守病，适足致疑而不能一愈也。古之至人，有其具，然后可以接物。彼不虚心以应物，而役思以犯难，故知其所存于己者未定也。夫唯外其知以养真，寄妙当于群才，功名归物而患虑远身，然后可以至于暴人之所行也。且夫德之所以流荡者，矜名故也。知之所以横出者，争善故也。虽复桀、跖，其所矜惜，无非名善也。夫名知者，世之所用也。而名起则相轧，知用则争兴，故遗名知而后行可尽也。夫投人夜光，鲜不按剑者，未达故耳。今回之德信与其不争之名，彼所未达，而强以仁义准绳于彼，彼将谓回欲毁人以自成也。是故至人不役志以经世，而虚心以应物，诚信著于天地，不争畅于万物，然后万物归怀，天地不逆。故德音发而天下响会，景行彰而六合俱应，始可以经寒暑，涉治乱，而不与逆鳞迕也。灾人者，人必反灾之，适不信受，则谓与己争名而反害之也。夫苟能悦贤恶愚，闻义而服，便为明君。君明则不苦无贤臣，汝往亦不足复奇。知其不尔，往必受害，故以有心而往，无往而可；无心而应，其应自来，则无往而不可也。汝唯有寂然不言耳，言则王公必乘人以君人之势，而角其捷辩，以距谏饰非。而目将荧之，使人眼眩；色将平之，不能复自异于彼；口将营之，自救解不暇;容形心成,乃且释[1]己以从彼;是以火救火,水救水,非唯不能救,更足以成彼之盛也。顺始无穷,寻常守故,未肯变也。不信厚言二句,未信而谏,虽厚为害也。龙逢、比干居下而任上之忧,非其事也,故其君挤之,不欲令臣有胜君之名也。夫暴君若丛枝、胥敖、有扈,非徒求恣其欲,乃复求名,但所求者非其道耳。惜名贪欲之君,虽复尧、禹,不能胜化也,故与众攻之。而汝乃欲空手而往,化之以道哉!端而虚,正其形而虚其心也。勉而一,言逊而不二也。"恶!恶可"者,言未可也。卫君亢阳之性,充张于内而甚扬于外,采色不定,喜怒无常,常人莫之敢逆。夫顽强之甚,人以快事感己,己陵藉而乃抑挫之,以求从容自放而遂其侈心。虽小德且不能成,将故守其本意,执而不化,即汝之端虚而勉一,外合而内不訾,此未足以化之也。下颜回更说三条:内直者与天为徒云云,言物无贵贱,得生一也,故善与不善,付之公当耳,一无所求于人,依乎天理,推己性命,若婴儿之直往也。外曲者与人为徒云云,言外形委曲,随人事之所当为也。成而上比者与古为徒云云,言成于今而比于古。虽是常教,有讽责之旨,然寄直于古,故无以病我也。仲尼犹以为未可,意谓当理无二,而张三条以政之,与事不冥耳。虽未弘大,亦且不见咎责。然于化,则未以其挟三术以适彼,非无心而付之天下者也。吕注 颜回欲出己伸道,夫子不许,恶杂多之为扰而不救也。先存诸己而后存诸人,则无适不可。今回存诸己者未定,何暇至于暴人之所行?德荡知出,争之器也。且德厚信矼,足

①释,原作"绎",误,据《庄子注》卷二改。

以达人气，而使不至于鄙倍；名分不争，足以达人心，而使不至于忌疑；而后可与有言也。今回未及此，而强以仁义绳墨之言开导于暴人之前者，有其美而人恶之也。彼好名而已，轧之以名；彼好知而已，出之以知；使之由乎凶器，是灾之也。观其所出，知其所反，则回之往殆为灾耳。苟人君悦贤恶不肖，则与汝同矣，汝恶用求异哉！汝与之言，徒唯诺而无诏告，彼必乘人而斗其捷辩，气色拂厉而目荧心成，求解免顺从之不暇，是犹以水救水，以火救火，则顺始无穷矣。彼不以信厚期我，而与之言，必死于暴人之前矣。昔龙逢、比干修身拊民，疑于敛恩，故其君挤之，亦好名而已。尧禹之于蕃国，犹不能化，必至于灭之，是名实者圣人不能胜，而况若乎？端而虚，非至虚也；勉而一，非至一也。骄满于中，发见于外；抑人所感，未快其心；小德犹不成，况大德乎？以之格其君，不过外合内不訾而已，又何足以化彼？夫以己之言而蕲人之善不善，以己贱而人贵故也。自道观之，天子之与己皆天之所子，何分别于其间？与天与人与古为徒，回谓以三者趋变，庶乎其可。然以此应物，非得一而无心，此所以为太多也。外则寓直于古，则是政人以法，不以人，而易其所知，是不谍也。谍者密觇人意而得之，则固矣。虽亦无罪，恶可以及化？以其师心而未能无心故也。口义 其年壮，其行独者，言少年自用，不恤众议也。轻用其国，而不自知其过失。轻民之生而戕贼之，量其国中前后见杀者，若泽中之蕉然，谓轻民如草芥也。《荀子·富国篇》有曰“以泽量”，与此意同。圣人云：“邦有道则见，邦无道则隐。”庄子反其说，曰：“治国去之，乱国就之。”谓如人能医，必其门多疾之时，方可行其术，若是已治之国，又何用我？欲以所闻于夫子者告卫君，使之思其法则而知改悔，庶乎其国可安也。道不欲杂者，言此心不杂，则纯一虚明。苟有所容心，谓彼既如何，我又如何，救之，则在我已杂矣。杂则多者，言多端也。扰者，乱也。忧者，自苦也。言汝且自苦，何能救人？何暇至于暴人之所行者，言彼之所行虽为暴恶，我方自苦，自无暇及他也。才有求名之心，则自然之德已荡失矣。才有用知之私，则争竞所由起矣。故曰德荡乎名，知出乎争。曰名曰知，皆天下之凶事。此事不可以尽行，言行之必有祸也。矼，厚也。德厚，即实德也。信厚，实有可信之行也。我虽有德有信，而未达彼人之性气；我虽令名令闻，而未达彼人之心。谓我如何，而强以仁义法度之言，陈述于暴恶人之前，人必恶汝，谓汝矜夸自有其美也。术与述同。灾人者，凶人也。必名汝曰凶人，则灾反及汝。汝今此去，殆且为人所灾而已，岂能化卫君而救其国乎？彼若悦贤恶不肖，则何用我？更别有所求，故曰恶用而求有以异。彼惟其不知贤不肖，所以如此所为，则安知汝为贤者而信汝之言乎？而，汝也。而色将平之者，言方为颜色以求平于彼也。口将营之者，言自将营救解说也。容将形之者，言容貌之间必见恐惧擎跽之形也。心且成之者，言用心以成顺之也。他本凶暴，人又得胜汝，一胜其气愈旺[①]，则是水救水，火救火也。益多者，言增多其恶也。顺此而往，则其为恶愈无穷极，所为暴戾益甚矣。厚言，犹深言也。汝未有以信于人，而深言于暴人之前，必为其所杀也。伛拊，爱养之意也。桀纣不

①旺，原作“王”，误，据《口义》卷二改。

爱民，龙逄、比干乃爱桀纣之民，是下拂其上也，所以见杀。此皆好名之过也。修，善也。丛枝、胥敖、有扈，皆是寓言。其所以取祸至此者，皆用兵不止以求名实也。实，利也。求名自利之人，虽尧禹且不能堪，至于灭其国，而况汝乎！又设一转，言汝之欲往也，必有所以以[①]用也。端而虚者，端正其身，虚豁其心也。勉而一者，黾勉而谨终如始也。阳为充孔扬者，言暴恶肆志之人阳气方充满，其貌甚扬扬自得也。采色不定者，言其骄矜之色不常也。常人之所不违者，畏之也。彼见人人皆畏己，而汝欲以言语感动之，彼将求欲案服汝心以快其意，故曰求容与其心。日渐，小德也。言此等人名之曰小德，且不能成，况能成大德乎？执而不化者，固执而不能回也。如此，则汝外将以端虚而求合于人，内则守其勉而一者，谓我在内无所訾病，伎俩止于如此，讵能自以为可乎？内直者，内以此理自守其直实也。自天子之贵，下而与我，皆天之所生，则皆出于自然，岂敢以己言自私？欲人善其是者，不善其非者。若无此自私之心，则其浑浑若童子。然与天合矣，故曰与天为徒。外曲者，外尽擎跽曲拳之礼。人人皆为之，则我亦为之。人于我亦无疵病，则与人合，故曰与人为徒。成者，自己之成说也。比，合也。言引古人以为证也。虽借古人教诲之言，乃是当面陈说是非，而皆有谴谪之实。盖谓我之所言非出于我，古人已有之言也。如此，则虽讦直以暴其所行，而人亦不以为罪。与古为徒者，言其说与古人合也。政，事也。法，方法也。谍，安也。言此三者，固亦无罪，然亦止于自

①以，疑衍。

免而已,安可以化人?盖汝三者之说,皆是师其有为之心。才容心,便有迹,非自然之道也。补注 医门多疾,犹谚云"善医之门多病人"。若唯无诏,诸本训诏为告语,言汝德信名闻既未为彼所达,是唯无言则已,言则王公必且乘势矜辩以相折服也。

颜回曰:"吾无以进矣,敢问其方。"仲尼曰:"斋,吾将语若。有而为之,其易异邪?易之者,皞天不宜。"颜回曰:"回之家贫,唯不饮酒不茹荤者数月矣,若此,则可以为斋乎?"曰:"是祭祀之斋,非心斋也。"回曰:"敢问心斋。"仲尼曰:"若一志,无听之以耳而听之以心,无听之以心而听之以气。听止于耳,心止于符。气也者,虚而待物者也。唯道集虚。虚者,心斋也。"颜回曰:"回之未始得使,实自回也;得使之也,未始有回也;可谓虚乎?"夫子曰:"尽矣!吾语若:若能入游其樊而无感其名,应前二证好名处。入则鸣,不入则止。无门无毒,一宅而寓于不得已,则几矣。绝迹易,无行地难。为人使易以伪,为天使难以伪。闻以有翼飞者矣,未闻以无翼飞者也;闻以有知智知者矣,未闻以无知智知者也。瞻彼阕缺者,虚室生白,吉祥止止。夫且不止,是之谓坐驰。夫徇耳目内通而外于心知,鬼神将来舍,而况人乎?是万物之化也,禹舜之所纽也,伏戏羲几蘧之所行终,而况散焉者乎?"向云:皞天,自然也。崔云:德不及圣王为散。

郭注 有心而为之者,诚未易也。以有为为易,未见其宜也。若一志者,谓去异端而任独也。遗耳目,去心意,而符气性之自得,此虚以待物者也。唯道集虚者,虚其心,则至道集于怀也。未始得使,实自回者,未始心斋,故有其身也。得使，未始有回者，既得心斋之使，则无其身也。入游其樊而无感其名者，放心自得之场，当于实而止也。譬之宫商，应而无心，故曰鸣也。夫无心而应者，任彼耳，不强应也。使物自若，无门者也；付天下之自安，无毒者也。毒，治也。不得已者，理之必然者也。体至一之宅，会必然之符也。则几者，理尽于斯也。不行则易，欲行而不践地不可能也；无为则易，欲为而不伤性不可得也。视听之所得者粗，故易欺也；至于自然之报细，故难伪也。则失真少者，不全亦少；失真多者，不全亦多；失得之报，未有不当其分者也。而欲违天为伪，不亦难乎！有翼有知之喻，言必有其具，乃能其事，今无至虚之宅，无由有化物之实也。夫视有若无，虚室者也，室虚而纯白生矣。吉祥之所集者，至虚至静也。若夫不止于当，不会于极，此为以应坐之日而驰骛不息也。故外敌未至而内已困矣，岂能化物哉！夫使耳目闭而自然得者，心知之用外矣。故将任性直通，无往不冥，尚无幽昧之责，而况人间之累乎！"万物之化"四句，言物无贵贱，未有不由心知耳目以自通者也。故世之所谓知者，岂欲知而知哉？所谓见者，岂欲见而见哉？若夫知见可以欲为而得者，则欲贤可以得贤，为圣可以得圣乎？固不可矣。而世不知知之自知，因欲为知以知之；不见见之自见，因欲为见以见之；不知生之自生，又将为生以生之。故见目而求离娄之明，见耳而责师旷之聪，心神奔驰于内，耳目竭丧于外，身处不适则与物不冥矣，而能合乎人间之变，应乎世世之节者，未之有也。〔详道〕文子曰："上学以神听，中学以心听，下学以耳听。"听止于耳，则极于耳之所闻；心止于符，则极于心之所合而已；听之以气，则无乎不在，广大流通。所以用形而非用于形，所以待物而非待于物；虚而无碍，应而不藏。故一志所以全气，全气所以致虚，致虚所以集道，此心斋之义也。口义 有而为之，其易邪？言汝道有此伎俩，要为之，甚易邪？才萌此轻易之心，则天意亦不乐矣，故曰易之者，皞天不宜。祭祀之斋在外，心斋在内。一志者，一其心而不杂也。听之以耳，则听犹在外。听之以心，则听犹在我。听之以气，则无物矣。听以耳，则止于耳而不入于心。听以心，则外物必有与我相符合者，便是物我对立也。气者顺自然而待物以虚，虚即为道矣，故曰唯道集虚。只此虚字，便是心斋也。得使，言得教诲也。谓未得教诲之时，犹自有我；既得教诲之后，未始有我。忘我则虚也。入游其樊以下，是教人处世之法，人世如在樊笼中，汝能入游其中而不为虚名所感动。入则鸣，是可与之言而与之言也。不入则止，是不可与之言而不与之言也。无方所则无门，无臭味则无毒。此皆无心无迹之喻。毒，药味也。以混然之一为吾宅，而寓此心于不得已之中，则人间世之道尽矣。迹，足迹也。止而不行则绝无足迹，此为易事，然人岂能不行哉？必行于地而无行地之迹则为难。盖谓人若事事不为，此却易事，然谓之人生何者非事，安得不为？唯无为而无所不为，则为难也。为人使易以伪者，言为人欲所役，则易至于欺伪；唯冥心而听造物之所使，则无所容伪矣。人使即人欲也，天使即天理之日用者也。"闻以有翼飞"二句，乃喻下句。盖以有知为知人之常也。唯知其所不知，则为无知之知，斯造道之妙矣。视彼室中才有空缺处，必有光入来，是光自空中出也。以彼之阕，喻我之虚，则见虚中自然生明也。即此虚明之地，便是吉祥[1]之所由萃。吉祥，福也。下“止”字，是虚处也。止则虚，虚则明。若我才容心而不能自止，则身坐而心驰矣，又安能坐忘乎？耳目之闻见皆内通于心，我若无所容心，则虽闻其所闻，见其所见，而无心于闻见也，故曰外于心知。如此，则此心之虚与鬼神通，何况于人而不能感化乎？上既说了，却结以一句，言此乃造化之理，万物之所由出也。舜、禹之所见其大枢纽止如此，伏羲、几蘧以此行而终其身，何况其下者乎？几蘧，或谓古帝王名，然无所考，毕竟寓言也。散者，寻常之人也。义海 听之以耳，止于闻道而未能尽行；听之以心，止于契道而未能尽忘；至于听之以气，则无所不闻，无所不契，彷徨周浃，混合太虚。太虚何处无之？故待物尽善，而物亦不能逃，孟子所谓“浩然充塞”者也。观夫“注焉不满，酌焉不竭，与人而愈有，常应而常静”者，则亦何待不待之有哉？唯虚与气，非即非离，互显体用，是以无往而不通。道则非虚非气，能虚能气，所以化天下之刚，御天下之实，待物于无待，善应而不穷者也。心斋之妙，亦虚而已。故能静镇百为，明烛万有，如镜开匣，如衡在悬，天下之重轻妍丑莫逃，而无恩怨予夺之累，以是而处人间世，特游戏耳！颜子豁然而悟曰：“未得心斋之用，实自有回；既得心斋之用，未始有回”，则受化之速可知矣。

叶涉公子高将使试于齐，问仲尼曰：“王使诸梁也甚重，齐之待使者，盖将甚敬而不急。匹夫犹未可动也，而况诸

①吉祥，《口义》卷二作“万物”。

侯乎？吾甚栗之。子尝语诸梁也曰：‘凡事若小若大，寡不道以欢成。事若不成，则必有人道之患；事若成，则必有阴阳之患。若成若不成而后无患者，唯有德者能之。’吾食也执粗而不臧，爨无欲清之人。今吾朝受命而夕饮冰，我其内热与？余。吾未至乎事之情，而既有阴阳之患矣；事若不成，必有人道之患；是两也。为人臣者不足以任之，子其有以语我来！”仲尼曰：“天下有大戒二，其一命也，其一义也。子之爱亲，命也，不可解于心；臣之事君，义也，无适而非君也，无所逃于天地之间。是之谓大戒。是以夫事其亲者，不择地而安之，孝之至也；夫事其君者，不择事而安之，忠之盛也；自事其心者，哀乐洛不易施乎前，知其不可奈何而安之若命，德之至也。为人臣子者，固有所不得已。行事之情而忘其身，何暇至于悦生而恶死？夫子其行可矣！丘请复以所闻：凡交近则必相靡以信，远则必忠之以言，言必或传之。夫传两喜两怒之言，天下之难者也。夫两喜必多溢美之言，两怒必多溢恶之言。凡溢之类也妄，妄则其信之也莫，莫则传言者殃。故法言曰：‘传其常情，无传其溢言，则几乎全。’”

郭注 王使诸梁甚重者，重其使，欲有所求也。甚敬而不急者，恐直空报其敬，而不肯急应其求也。事无小大，少有不言以成为欢者。此仲尼之所曾告诸梁也。事不成则有人道之患者，以成为欢，不成则怒，此楚王之所不能免也。事成，则有阴阳之患者，言人患虽去，然喜惧战于胸中，固已结冰炭于五脏矣。成败任之于彼而莫足以患心者，唯有德者能之。爨无欲清之人者，对火而不思凉，明其所馔俭薄也。所馔俭薄而内热饮冰者，诚忧事之难，非美食之为也。

事未成，则唯恐不成耳；若果不成，则恐惧结于内而刑网罹于外，故曰是两也。不可解于心者，自然固结，不可解也。无所逃于天地之间者，千人聚不以一人为主，不乱则散。故多贤不可以多君，无贤不可以无君。此天人之道，必至之宜也。若君可逃而亲可解，则不足戒也，故曰是之谓大戒。知不可奈何者，命也。而安之，则无哀无乐，何易施之有哉！故冥然以所遇为命，而不施心于其间，泯然与至当为一，而无休戚于其中。虽事凡人，犹无往而不适，而况君亲乎？"为人臣子者"二句，言事有必至，理固常通，故任之则事济。事济而身不存[1]者，未之有也，又何用心于有身哉？"何暇至于悦生"二句，言理无不通，故当任所遇而直前耳。若乃信道不笃，而悦恶存怀，不能与至当俱往，而谋生虑死，未见能成其事者也。交近则必相靡以信者，近者得接，故以其信验亲相靡服也。远则必忠之以言者，遥以言传意也。"夫传两喜两怒之言"二句，喜怒之言若过其实，传之者宜使两不失中，故未易也。凡溢之类也妄，言嫌非彼言，以传者妄作也。莫者，莫然疑之也。莫则传言者殃，言就传过言，似于诞妄，受者有疑，则传言者横以轻重为罪也。"传其常情"三句，言虽闻临时之过言而勿传，必称其常情而要其诚致，则近于全也。口义不道，不言也。事无大小，鲜不言，以欢洽方得事成也。为国谋事，若不成，必有刑责，故曰人道之患。若劳心计较，虽得成事，而多以忧思致疾，故曰有阴阳之患。"自有德者能之"以上，皆孔子之言。情者，实也。我方受命，未曾实理会事，已成此病；万一不成，则又有刑责，是两受患

①存，原作"有"，误，据《庄子注》卷二改。

也。大戒者,大法也。命,得于天者。子之事亲,与生俱生,此心岂得一日去?故曰不可解。义,则人世之当为者也。臣之事君,世间第一件当为之事。无适而非君者,"率土之滨,莫非王臣",故曰无所逃于天地之间。事亲而尽其孝,则东西南北唯父母之命,岂择地之安而后为之?此心才主于忠,则哀乐之境虽施于前而不能变易。盖事有难易,或有祸福。既出君命,则是自家合做底事。此便是天命,又可奈何?安之而已。为人臣子,亦看所遇如何,不幸而遇其难,亦所不得已,但行其事之实。犹云朴实头做前去也,岂复顾其身哉!夫子其行可矣者,言汝只得去也。此下又一转,说尽人世情状。信,有物以为信验也,如符节之类是也。忠,尽情也,谓以言语尽其情也。然其言何自而达?必有人传道之。然传言之间,其两喜两怒者最难。盖喜怒之言多有过当,故曰溢美溢恶。才是一等过当,说话必是不实,故曰凡溢之类也妄。既不实,则其听之者必皆莫然而疑,未能尽信也。才至致疑,则两边之恶皆归于传言之人,必加之罪,故曰莫则传言者殃。因其奉使,故以此为戒。《法言》,盖古有此书。谓传言之人但传其平常朴实说话,其言语过当处则不可传,庶几可以自全也。补注 寡不道,道字训言,郭、向同,但不若训理为优[①]。盖言事必合理,乃可乐成也。美食费,烹饪则火巨人众,灶人不禁热,常欲清也。执粗而不臧,言但粗食,不求精美,故灶屋不热,无有欲清之人耳。食美则味厚而作热,今既粗食而饮冰,明其为忧虑所致也。

①优,原作"忧",误,据《补注》卷二改。

“且以巧斗力者，始乎阳，常卒乎阴，泰至则多奇巧；以礼饮酒者，始乎治，常卒乎乱，泰至则多奇乐。凡事亦然。始乎谅，常卒乎鄙。其作始也简，其将毕也必巨。言者，风波也；行者，实丧也。夫风波易以动，实丧易以危。故忿设无由，巧言偏辞。兽死不择音，茵。气息茀然，于是并生心厉。克核太至，则必有不肖之心应之，而不知其然也。苟为不知其然也，孰知其所终？故《法言》曰：‘无迁令，无劝成，过度益也。’迁令劝成殆事，美成在久，恶成不及改，可不慎与？余。且夫乘物以游心，托不得已以养中，至矣。何作为报也！莫若为致命，此其难者。”茀，李音佛，崔音勃。疑独云：克者，责人太切；核者，迫人太甚。恶成不及改，恶字，乌路反。

郭注“以巧斗力”三句，本共好戏，欲胜情至，潜兴害彼而不复循理也。“以礼饮酒”三句，尊卑有别，旅酬有次，湛湎淫液而无所不至也。“始乎谅”四句，夫烦生于简，事起于微，此必至之势也。言者，风波也，故行之则实丧；遗风波而不行，则事得其实，危可安而荡可定也。夫忿怒之作，无他由也，常由巧言过实，偏辞失当。譬之野兽，蹴之穷地，意急情尽，则和声不至而气息不理，茀然暴怒，但生疵疵以对之也。夫宽以容物，物必归焉；克核太精，则鄙吝心生而不自觉也。苟不自觉，安能知祸福之所诣邪？故大人荡然放物于自得之场，不苦人之能，不竭人之欢，故四海之交可全也。无迁令者，传彼实也。无劝成者，任其自成也。过度益者，则非任实矣。迁令劝成，此事之危殆。美成者，任其时化，譬之种植，不可一朝成也。若彼之所恶而劝强成之，则悔败寻至，故曰恶成不及改。“且夫乘物以游心”四句，言寄物以为意，任理之必然者，中庸之符全矣，斯接物之至也。当任齐所报之实，何为为齐作意于其间哉！“莫若为致命”二句，言直为致命，最易；而以喜怒施心，故难也。口义 以巧斗力，今之戏相搏者。阳，喜也。阴，恶也。其始只是戏剧，其终常至于实实争打。盖其戏太甚，则多有过当用巧处。奇，异也。招饮皆以礼，治初筵秩秩时也；乱，载号载呶时也。盖饮酒过当，故乐多异常，或成争竞也。谅，信也。鄙，诈也。人世相与，涉言语则风波之所由起。才说个行字，便有名有迹，有名则丧实矣。风波易以动者，言其易至于纷纷而不已也。实丧易以危者，言实不副名，或成患害也。兽死不择音，言兽死之时，其声音又何所择。譬喻忿设巧言之人，才至于争竞，则言语皆不暇简择也。气息茀然者，怒也。怒气既起，则狼戾之心并生。我既如此，则其应我者以我之克核太至，必生不肖之心，或时至于相戕相贼，亦皆为怒所使而不知其然矣，又何暇计其终？自此以上，皆言世情或因好成恶，故牵引说至此尔。下引《法言》，就奉使事上结之。令，君命也。无迁令，即所谓传其常情也。无劝成者，事之成不成亦听其自然，不可强欲其成也。益，求多也。过度即过常也。迁令劝成皆是过度之念，则其谋事也必危，故曰殆事。人之相好，初非一日可成，必须悠久而后定，故曰美成在久。一言不相投，一事不相顺，有不转步而便成恶者，故曰恶成不及改。此意盖谓要相恶甚易，相好甚难，所以尤当慎也。我若乘事物之自然而游其心于自然，托不得已而应之。意以养其中心则此为极至矣，又何必有所作为而后归报耶？

报，反命也。致命者，言以真实而致君命于卫[1]，不必过虑事之成否，即此便是难能之事也。义海 美成恶成，对待立义。诸解以恶音去声，今拟从本音。解云：美善之成至难，必积久以化之；过恶之成至易，虽欲改而不及矣。上句戒其无迁易国家之号令，下句戒其无劝成齐侯之骄志也。补注 简巨，止是小大字。庄文好奇，故下字多异耳。《口义》云“苟简”，非也。为使之道，在于以信致命而已，事之成否非所必也。尽其道而听其自至，则何阴阳之患之有？子高之意，盖欲必事之成，必事之成则迁令劝成，必且殆事。风波实丧，求美反恶皆将自此起，原其心，由于谋身畏祸。故首以义命告而曰“夫子其行可矣”，令忘身以恪事也，而下乃以奉使之道详语之。

颜阖将傅卫灵公太子，而问于蘧伯玉曰：“有人于此，其德天杀。与之为无方，则危吾国；与之为有方，则危吾身。其知智适足以知人之过，而不知其所以过。若然者，吾奈之何？”蘧伯玉曰：“善哉问乎！戒之慎之，正汝身哉！形莫若就，心莫若和。虽然，一转。之二者有患。就不欲入，和不欲出。形就而入，且为颠，为灭，为崩，为蹶。心和而出，且为声，为名，为妖，为孽。彼且为婴儿，亦与之为婴儿；彼且为无町挺畦，奚。亦与之为无町畦；彼且为无崖，亦与之为无崖。达之入于无疵。汝不知夫螳螂乎？一譬。怒其臂以当车辙，此喻和而出者之患。不知其不胜升任也，是其才之美者也。戒之慎之，积伐而美者以犯之，几矣！汝不知

①卫，原作“齐”，误，据《口义》卷二改。

夫养虎者乎？二譬。不敢以生物与之，此言形莫若就。为其杀之之怒也；不敢以全物与之，为其决之之怒也；时其饥饱，达其怒心。虎之与人异类，而媚养己者，顺也；故其杀者，逆也。夫爱马者，三譬。以筐盛成矢，以蜄矧盛溺。乃吊切。适有蚊虻盲仆缘，而拊之不时，此就而入者之患。则缺衔，毁首，碎胸。意有所至，而爱有所亡，可不慎邪？婴儿，李云：喻无意也。崔云：喻骄游也。町畦，李云：畔埒也。无畔埒，无威仪也。无崖，司马云：不顾法也。

郭注 夫小人之性，引之轨制则憎己，纵其无度则乱邦，不知民过之由己，故罪责于民而不自改，此所以无奈之何也。正女身者，反覆与会，俱所以为正身也。“形莫若就”二句，形不乖迕，和而不同也。就不欲入，就者形顺，入者还与同也。和不欲出，和者义济，出者自显伐也。若遂与同，则是颠危而不扶持，与彼俱亡矣。故当模格天地，但不立小异耳。自显和之，且有含垢之声，济彼之名。彼将恶其胜己，妄生妖孽，故当闷然若晦，玄同光尘，然后不可得而亲，不可得而疏，不可得而利，不可得而害也。“彼且为婴儿”七句，言不小立圭角以逆其鳞也。夫螳螂之怒臂，非不美也，以当车辙，顾非敌耳。今知之所无奈何，而欲强当其任，即螳螂之怒臂也。“积伐而美”两句，言积汝之才，伐汝之美，以犯此人，危殆之道也。为其杀之之怒者，恐其因有杀心而遂怒也。为其决之之怒者，方使虎自啮分之，则因用力而怒矣。“时其饥饱”二句，知其所以怒而顺之。顺理则异类生爱，逆节则至亲交兵，此虎之所以媚于养己也。矢溺至贱，而以宝器盛之，爱马之至也。“拊之不时”三句，言虽救其患，而备马之不意，故惊而至此也。“意有所至”三句，言意至除患，率然拊之，以致毁碎，失其所以爱矣。故当世接物，逆顺之际，不可不慎也。吕注就之失在入，入则与之同；和之失在出，出则与之异。故为颠灭崩蹶、为声名妖孽者，以其与之同而不知所以扶持，与之异而不知所以将顺故也。与之为婴儿以至于与之为无崖，则虽与之无方，不至于危国；虽与之有方，不至于危身。盖因其性之所有而达之，如宣王好勇好货，而孟子导之以王道是也。后文螳螂、爱马皆引喻之言。口义其德天杀，犹陨霜杀草之杀，言其德性为造物所销铄也。无方，无法度也。言纵彼败度，则将来必危吾国，若救正之，则祸必先及我。正女身者，言且就自家身上理会起。就，随顺也。和，调和也。外为恭敬随顺之形，而内则尽调和诱导之心也。随顺而与之为一，是就而入也，则和。自家都放倒了，故曰为颠为灭为崩为蹶。有诱导之心而圭角稍露，是和而出也，则彼必忌我声名，反成殃祸，故曰为声为名为妖为孽。婴儿、无町畦、无崖，是形容无知妄为之人。彼方如此无知，如此妄为，我且顺之，到其有可觉悟处，就加点化，使之跃然醒悟，或可以入无疵之地。无疵，无过也。螳螂怒臂，喻小才自矜，以当大事，鲜不败者。筐，竹器也。蜄，灰泥之器也。缺衔、毁首、碎胸者，决去衔勒，毁碎其身首上辔络月题之类。仆缘者，仆仆然缘聚也。评庄“彼且为婴儿”六句，应形就而不欲入；达之入于无疵，应心和而不欲出。爱马者数语，此即美成在久，恶成不及改之意。人之相与，有终身从游，而一语至于为仇者，此言处世之难也。此段三譬，各自为意，故不觉重复。文字莫难于譬，而譬莫难于重，此庄子千古绝技。补注“彼且为婴儿”一段,即普门品应以比丘身,而得度者即现比丘身而为说法;应以女人身,而得度者即现女人身而为说法。意仆缘,仆当作扑,或古字通,或传录讹也。拊之不时,是言爱马之甚。见蚊虻即卒然搏之,出马不意,故致惊怒也。虎至暴而顺之,则驯马易驯,而惊之则暴,故与恶人处,不可不慎也。若不审几,不量力,徒欲以有方救其无方,则螳螂之怒臂当辙耳。

匠石之齐,至乎曲辕,见栎历社树。其大蔽牛,絜之百围;其高临山,十仞而后有枝,其可以为舟者旁十数。观者如市,匠石不顾,遂行不辍。弟子厌观之,走及匠石,曰:“自吾执斧斤以随夫子,未尝见材如此其美也。先生不肯视,行不辍,何邪?”曰:“已矣,勿言之矣!散上声,下同木也,以为舟则沉,以为棺椁则速腐,以为器则速毁,以为门户则液樠,蔓。以为柱则蠹,是不材之木也。无所可用,故能若是之寿。”匠石归,栎社见现梦曰:“汝将恶乌乎比予哉?若将比予于文木邪?夫柤查梨橘柚果蓏力果切之属,实熟则剥,剥则辱;大枝折,小枝泄,此以其能苦其生者也。故不终其天年,而中道夭,自掊剖击于世俗者也。物莫不若是。且予求无所可用久矣,几机死,乃今得之,为予大用。使予也而有用,且得有此大也邪!且也若与予也皆物也,奈何哉其相物也?而几死之散人,又恶知散木?”匠石觉教而诊其梦。弟子曰:“趣取无用,则为社何邪?”曰:“密!若无言!彼亦直寄焉,以为不知己者诟构厉也。不为社者,且几有翦乎?且也彼其所保与众异,而以义誉余之,不亦远乎?”司马云:液,津液也。樠,谓暗出樠樠然也。向云:诊,占梦也。

郭注 不在可用之数曰散木,可用之木为文木。物莫不若是者,物皆以用自伤也。“几死”二句,言数有睥睨己者,唯今匠石明之耳。“为予大用”三句,言积无用乃为济生之大用,若有用,久见伐矣。“几死之散人”二句,以戏匠石也。弟子犹嫌其以为社自荣,不趣取于无用而已。匠石谓社自来寄耳,非此木求之为社也。“以为不知己者诟厉”三句,言此木乃以社为不知己而见辱病也,岂荣之哉?本自以无用为用,虽不为社,亦终不近于剪伐之害也。所保与众异者,彼以无保为保,而众以有保为保也。“而以义誉之”二句,利人长物,禁民为非,社之义也。夫无用者,泊然不为而群才自适,用者各得其叙而不与焉,此无用之所以全也。汝以社誉之,无缘近也。口义 曲辕,山名也。栎,木名也。社之中有此栎木也。挈,以手量之也。两手合而围之为一围。枝可为舟,则其身可知矣。厌观者,言观至于厌足而后已也。柤梨橘柚果蓏[1],皆文木之可食者。匠石虽人,栎虽社树,皆天地间一物,何独以物相讥?故曰“若与予也皆物也,奈何哉其相物也”。密者,犹云汝闭口勿言也。彼,指栎也。其所以为社者,亦直寄寓而已,岂料今日又为汝不知己之人以为社而诟厉之也?“几有翦乎”,“几”字与“殆”字同意。义海 几死之散人,谓汝以能自役,亦几死矣。予安于无用,岂汝所知哉?弟子又谓栎之本趣,既取无用,则何以社为?匠石令其不必言,彼社直来寄耳,非求为社也。正以社为不知己而加诟厉,且既安无用,纵不为杜,亦何得有剪伐乎?

①蓏,原作“窳”,误,据《口义》卷二改。

盖彼所保者不材，故与众异，而汝以社义誉之，相去远矣。喻淳朴之人自全于世，不愿人之吹嘘奖借，或得誉于乡党，亦寄焉耳，岂以为荣哉？唯其不可得而利，所以不可得而害也。

南伯子綦游乎商之丘，见大木焉，有异，结驷千乘，盛。隐将芘庇其所藾。赖。子綦曰："此何木也哉？此必有异材夫！"仰而视其细枝，则拳曲而不可以为栋梁；俯而视其大根，则轴解而不可以为棺椁；咶矢其叶，则口烂而为伤；嗅之，则使人狂酲呈三日而不已。子綦曰："此果不材之木也，以至于此其大也！嗟乎，神人以此不材！"宋有荆氏者，宜楸柏桑，其拱把而上赏者，求狙猴之杙弋者斩之；三围四围，求高名之丽礼者斩之；七围八围，贵人富商之家求椫膳傍者斩之；故未终其天年，而中道夭于斧斤，此材之患也。故解之以牛之白颡者，与豚之亢鼻者，与人有痔病者，不可以适河。此皆巫祝以知之矣，所以为不祥也。此乃神人之所以为大祥也。轴解，谓木纹旋散也。病酒曰酲。杙，所以栖戏狙猴者。司马云：棺之全一边者谓之椫傍。疑独云：解，祭祀解赛也。适河，司马云：谓沉人于河，祭也。《通义》云：痔病不可以祭河，不用痔病者，为尸也。

郭注 隐将庇其所藾者，其枝所荫，可以隐庇千乘也。天王不材于百官，故百官御其事，而明者为之视，聪者为之听，知者为之谋，勇者为之捍，夫何为哉？玄默而已。而群材不失其当，则不材乃材之所至赖也。故天下乐推而不厌，乘万物而无害也。"故未终其天年"三句，言有材者未能无惜也。"故解之以牛之白颡"五句，言巫祝解除，弃此三者，必妙选骍具，然后敢用。巫祝于此，亦知不材者全也。夫全生者，天下之所谓祥也。巫祝以不材为不祥而弗用，彼乃以不祥全生，乃大祥也。神人者，无心而顺物者也，故天下之所谓大祥，神人不逆也。吕注 前论大木，以不材终天年；次论荆氏楸柏，夭于斧斤，以材为之患。是以圣人神人之于用，致之为尤深，藏之为尤密。故无用而用之以道，不材而材为之使，则游人世间而吉凶与民同患者，尤不可不知此。口义 见大木焉有异者，言其大有异于寻常也。轴解，不实也。以舌咶之则烂人之口，以鼻嗅之则著人如醉，言其臭也。此木惟其不材，所以能全其生，至于如此其大。古之神人所以全其生者，亦以此不材而已，故曰神人以此不材。荆氏，地名。楸柏桑三者，可用之木也。宜者，地气所宜也。杙，椿也。丽，屋栋也。高名，大家也。《解》，古巫祝者书名。适者，以之往祭于河也。《解》之中有曰牛白颡者，豚额折而鼻高者，皆不可以祭河。古者或以人祭河，如西门豹之事，故添"痔病"一句。此三者之不可用，巫祝之人皆以为不祥，而不知惟其不祥，所以免杀身之祸。其在神人观之，则此不祥乃大祥也。

支离疏者，颐隐于齐，肩高于顶，会哙撮子括切指天，五管在上，两髀陛为胁。挫针治繲，戒。足以糊口；鼓筴策播精，足以食嗣十人。上征武士，则支离攘臂于其间；上有大役，则支离以有常疾不受功；上与病者粟，则受三钟与十束薪。夫支离其形者，犹足以养其身，终其天年，又况支离其德者乎！颐下而至脐，其身曲也。会撮，髻也。古者髻在项中，脊曲头低，故髻指天也。五脏之管皆属于背，背曲则管向上也。两髀，腿两边也。背曲身下，则髀似其胁也。

郭注 征武士，则攘臂于其间者，恃其无用，故不自窜匿也。有大役，则不受功者，不任作役故也。“上与病者粟”三句，役则不与，赐则受之也。神人无用于物，而物各得自用，归功名于群才，与物冥而无迹，故免人间之害，处常美之实，此支离其德也。口义 支离，身体无收拾之貌。疏，其名也。自颐隐于齐至两髀为胁，只形容一废疾之人尔。挫针，缝衣也。治繲，浣衣也。鼓筴，以箕簸米也。播去其粗而得精米，故曰播精。足以食十人，言其速也。攘臂于其间，言选择不及己也。不受功，不以此事责之也。战役之事，既皆得免，而又以病得粟与薪，此亦以不才自全之意。至人之德，亦如此支离者，以无用为大用也。

孔子适楚，楚狂接舆游其门曰：“凤兮凤兮！何如德之衰也！来世不可待，往世不可追也！天下有道，圣人成焉；天下无道，圣人生焉。方今之时，仅免刑焉。福轻乎羽，莫之知载；祸重乎地，莫之知避。已乎已乎！临人以德；殆乎殆乎！画地而趋。迷阳迷阳，无伤吾行。吾行郤隙曲，无伤吾足！”山木自寇也，膏火自煎也。桂可食，故伐之；漆可用，故割之。人皆知有用之用，而莫知无用之用也。

郭注“凤兮凤兮”二句，言当顺时直前，尽乎会通之宜。世之盛衰，蔑然不足觉，故曰何如。“来世不可待”二句，言趣当尽临时之宜耳。“天下有道”四句，言付之自尔，而理自生成，生成非我也，岂为治乱易节哉？治自求成，故遗成而不败；乱自求生，故忘生而不死也。“方今之时”二句，言不瞻前顾后，而尽当今之会，冥然与时世为一，而后妙当可全,刑名可免也。福轻乎羽,莫之知载者,足能行而放之,手能执而任之,听耳之所闻,视目之所见,知止其所不知,能止其所不能,用其自用,为其自为,恣其性内而无纤芥于分外,此无为之至易也。无为而性命不全者,未之有也;性命全而非福者,理未闻也。故夫福者,即向之所谓全耳,非假物也,岂有寄鸿毛之重哉?率性而动,动不过分,天下之至易也。举其自举,载其自载,天下之至轻也。然知以无涯伤性,心以欲恶荡真,乃释此无为之至易,而知彼有为之至难;弃夫自举之至轻,而取夫载彼之至重,此世之常患也。祸重乎地,莫之知避者,举其性内,则虽负万,为而不觉其重也。外物寄之,虽重不盈锱铢,有不胜任者矣。为内福也,故福至轻;为外祸也,故祸至重。祸重而莫之知避,此世之大迷也。"已乎已乎"四句,夫画地而使人循之,其迹不可掩矣。有其己而临物,与物不冥矣。故大人不明我以耀彼,而任彼之自明;不德[①]我以临人,而付人之自得,故能弥贯万物而玄同彼我,泯然与天下为一而内外同福也。迷阳,犹亡阳也。亡阳任独,不荡于外,则吾行全矣。天下皆全其吾,则凡称吾者,莫不皆全也。吾行郤曲,无伤吾足者,曲成其行,各自足矣。有用,则与彼为功;无用,则自全其生。夫割肌肤以为天下者,天下之所知也;使百姓不失其自全而彼我俱适者,俛然不觉妙之在身也。

口义 "来世不可待"二句,谓生斯世而为斯人,时既不可为,则当自晦而已。于此而强怀救世之意,非知时者也,故曰德衰。天下有道,则圣人可以成其功;天下无道,则圣人

①德,原作"得",误,据《庄子注》卷二改。

全其生而已。方今之时，乱世也，但以苟免于刑为幸耳，又何敢他求乎？处乱世而仅免刑以全其生，此特一羽之福，而汝不知载而有之。乱世之祸常至杀身，是重于地也，而汝亦不知避之。临人以德，取祸之道，不若已之。画地而趋，言其拘束自苦，诚危殆也。迷阳者，性本光明，汝迷而失之，则必至行于世而有伤。郤曲者，不能任真直道而行，如此回护避就，则必至于伤吾足，言其不可行也。木火桂漆之见伐，此皆不能自隐，求名于世以招祸患者之譬也。故曰人知有用之用，不知无用之用。

义海总论 夫处人间世者，君臣之分为大，不可不尽焉。然当度可否之宜，谨出处之节，视古今而无愧，超悔吝而独全，斯为善美矣。是以颜子将之卫，而夫子备言事君之多患，名知之相轧，心气未达，誉终毁至，弓旌在前而刀锯在后者有之。况以不违如愚之臣，遽欲往化年壮行独之君，焉保其无悔？所以力救止之。使卫君知贤者不苟进，益坚尊道之心，固将自化，奚必轻往以恣[1]骄志、撄暴行邪？颜子又陈端虚、勉一、内直外曲，或可自全。夫子谓仅免患耳，胡可及化！化者，不言而信，使人意消，岂在政法繁多，以启物敌乎！颜子至此无以进，请问其方，则是所念既空而天真虚受之时也。夫子乘其开悟之机，告之以齐[2]。使虚心受教，无听以耳而以心，无听以心而以气，遂于言下悟其未始有回，心虚而形亦忘，则化物也无难矣。子高将使齐，诲以行事情而忘其身，察风波而戒实丧。颜阖将傅卫，诲以就不入而和

①恣，原作“资”，误，据《义海》卷十改。

②齐，《义海》卷十作“斋”。

不出，达虎怒而通马情。皆所以明世患之多端，外物之难必，在高识之士，洞烛几微，进退以义，可也。至于曲辕栎社以无保为保，商丘异材见不神而神，又申言材之为累，而世人弗悟，往往恃材求用，而不揆分度宜，名显而妒害生，利钟而祸患至，虽欲臃肿自全，不可得矣。故是篇大意，在乎外应世而内全真，道不离而物自化。古之圣贤，不得已而有世俗之偿，罔不密由斯道，遂寓孔颜问答以发明之。篇末又引接舆之歌，以祛圣贤经世有为之迹，以杜众人逐物无厌之心。结以山木膏火桂漆之患，警世尤切。唯其知涉世之难，可以处世而无难矣。太上云："圣人犹难之，故终无难。"

通义 处人间世者，安分尽心，斯得矣。《传》曰"君子素其位而行，不愿乎其外"是也。列庄言意，要不出此。大抵有心则有迹，有迹则可寻，寻迹则非率性矣。褚氏度宜谨节，无愧独全等语，尚落思议，非所以语庄文也。补注 此篇首以孔、颜问答，继以子高、颜阖之喻，其论守身行义，应物审几，以处人间世之道备矣。而复继以栎社、商丘、支离之说者，庄周大意，见当时祸乱毕竟不可措手，纵使做得好，不如不做为高耳，故末又以接舆之歌结之。

《庄义要删》卷之二《人间世》终

庄义要删内篇　卷之二

德充符第五

德充于内，应物于外，外内玄合，信若符命，而遗其形骸也。《补注》："德充符者，言德充于内，自然征验于外，非形所能为损益，非知所能为隐显。观篇中所述，足可知矣。"《口义》云"随应而应"，非也。

鲁有兀者王骀，台。从之游者与仲尼相若。常季问于仲尼曰："王骀，兀者也，从之游者与夫子中分鲁。立不教，坐不议，虚而往，实而归。固有不言之教，无形而心成者邪？是何人也？"仲尼曰："夫子，圣人也，丘也直后而未往耳。丘将以为师，而况不若丘者乎？奚假鲁国？丘将引天下而与从之。"常季曰："彼兀者也，而王旺先生，其与庸亦远矣。若然者，其用心也独若之何？"仲尼曰："死生亦大矣，而不得与之变，虽天地覆坠，亦将不与之遗。审乎无假，而不与物迁；命物之化，而守其宗也。"常季曰："何谓也？"仲尼曰："自其异者视之，肝胆楚越也；自其同者视之，万物皆一也。夫若然者，且不知耳目之所宜，而游心乎德之和。物视其所一而不见其所丧，视丧其足犹遗土也。"常季曰："彼为己，以其知，得其心；以其心，得其常心。物何为最之哉?”仲尼曰:“人莫鉴于流水而鉴于止水,唯止能止众止。受命于地,唯松柏独也,在冬夏青青;受命于天,唯舜独也正,幸能正生,以正众生。夫保始之征,不惧之实。勇士一人,雄入于九军。将求名而能自要腰者而犹若是,而况官天地,府万物,直寓六骸,象耳目,一知智之所知,而心未尝死者乎！彼且择日而登假,人则从是也。彼且何肯以物为事乎?”九军,崔、李云:天子六军,诸侯三军,通为九军也。

郭注 虚往实归,各自得而足也。无形而心成者,怪其形残而心乃充足也。夫心之全也,遗身形,忘五藏,忽然独往,而天下莫能离也。“奚假鲁国”二句,言神全心具①,则体与物冥。与物冥者,天下之所不能远,奚但一国而已哉!“死生亦大矣”四句,死生之变,变之大也。彼与变俱,故生死不变于彼。虽天地覆坠,斯顺之也。审乎无假者,明性命之固当也。不与物迁者,任物之自迁也。命物之化者,以化为命,而无乖迕也。守其宗者,不离至当之极也。“自其异者”二句,恬苦之性殊,则美恶之情背也。“自其同者”二句,虽所美不同,而同有所美。各美其所美,则万物一美也;各是其所是,则天下一是也。夫因其所异而异之,则天下莫不异,而浩然大观者,官天地,府万物,知异之不足异。故因其所同而同之,则天下莫不皆同。又知同之不足有,故因其所无而无之,则是非美恶莫不皆无矣。夫是我而非彼,美己而恶人,自中知以下,至于昆虫,莫不皆然,然此明乎我而不明乎彼者尔。若夫玄通泯合之士,因天下

①具,原作“冥”,误,据《庄子注》卷二改。

以明天下，天下无曰我[1]非也，即明天下之无非；无曰彼是也，即明天下之无是。无是无非，混而为一，故能乘变任化，迕物而不慑也。不知耳目之所宜者，宜生于不宜者也。无美无恶，则无不宜，故忘[2]其宜也。游心乎德之和者，都忘宜，故无不任也。都任之而不得者，未之有也。无不得而不和者，亦未闻也。故放心于天地之间，荡然无不当，而旷然无不适也。“物视其所一”四句，言体夫极数之妙心，故能无物而不同。无物而不同，则死生变化，无往而非我矣。故生为我时，死为我顺。时为我聚，顺为我散，聚散虽异，而我皆我之，则生故我耳，未始有得；死亦我也，未始有丧。夫死生之变犹以为一，既观其一，则说然无系，玄同彼我，以死生为寤寐，以形骸为逆旅，去生如脱屣，断足如遗土，吾未见足以缨茀其心也。彼为己以其知者，嫌王骀未能忘知而自存也。得其心以其心者，嫌未能遗心而自得也。得其常心，物何为最之者，夫得其常心，平往者也。嫌其不能平往而与物过常，故使物就之也。“人莫鉴于流水”二句，夫止水之致鉴者，非为止以求鉴也。故王骀之聚众，众自归之，岂引物使从己哉！唯止能止众止者，动而为之，则不能居众物之止也。“受命于地”至“唯舜独也正”，言特受自然之正气者至希也。下首则唯为松柏，上首则唯有圣人，故凡不正者皆来求正耳。若物皆有青全，则无贵于松柏。人各自正，则无美于大圣而趣之也。幸能正生，以正众生者，幸自能正耳，非为正以正之也。将求名而能自

①我，原作“莫”，误，据《庄子注》卷二改。

②忘，原作“亡”，误，据《庄子注》卷二改。下文“都忘宜”之“忘”亦误作“忘”。

要者,非能遗名而无不任也。官天地,府万物者,冥然无不体也。直寓六骸者,所谓逆旅也。象耳目者,人用耳目,亦用耳目,非须耳目也。知与变化俱,则无往而不冥,此知之一者也。心与死生顺,则无时而非生,此心之未尝死也。“彼且择日”二句,以不失会为择耳。斯人无择也,任其天行而时动者也。故假借之人,由此而最之耳。其恬漠,故全也。故曰彼且何肯以物为事。[吕注]学道者,学其所不能学,行其所不能行,故寓言于王骀。从仲尼游者,知从其所能行,而不知从其所不能行,则虽全鲁归之,与王骀犹中分也。从其能行者,则立有教,坐有议,其教不得无言,其成不得无形也。从其不能行者,则立不教,坐不议,虚而往,实而归。仲尼、王骀相为表里而已。不以其所能而当君师之任,则无用之用与庸亦远矣。孰为死生而与之变?孰为覆坠而与之遗乎?审乎无假,知其所得者真,不与物迁,则死生覆坠而不变,命物化而已。不化,守其宗本不离也。人唯不能自其同者视之,则耳目不内通;能自其同者视之,则耳目不知其所宜。故物视其所同,不见其所丧也。常季谓骀怀内圣之道,则为己而已,以其知得其心,以其心得其常心,物何为最之而推为君师邪?唯止能止众止,此人所以从之求鉴也。夫木莫不受命于地,唯松柏独全。人莫不受命于天,唯舜也独正,则舜岂不以正生为幸而正众生哉?今夫士之以勇自名者,犹能雄入九军,而况官天地、府万物、死生不得与之变者,非求名自要之比也。彼且择日而登,假其去来,容与如此,人安得不从而最之![口义]常季,孔子弟子也。中分鲁者,言鲁人之从夫子者半,而从骀者半也。立不教，与弟子立而无所教。坐不议，与弟子坐而无所言。而往从之者，皆空虚未有所见。一见而归，即充然而有得矣。无形，无所见也。心成，心感之而自能成也。丘也直后而未往者，言我欲往见之，特尚迟耳。奚假？岂特也！“彼兀者也而王先生”是一句。王，胜也。言其如此，犹胜于先生，则与常人亦远矣。先生，指孔子也。“死生亦大矣”五字乃《庄子》中一大条贯。审者，见之尽也。无假者，实也。不与物迁，即不得与之变“不与”之遗也。命物之化者，言万物之变化，皆受命于我也。宗者，万物之始也。庄子之书，如“宗”字只训“始”字。求其意，则不止曰始而已。守其宗者，全体也。下文“游其和”者，大用也。常人不知万物之同出于一初，虽其肝胆亦自分楚越；知其同出于一初，则万物皆与我为一也。耳于听，目于视，宜也。彼能如此，则不独以耳听，不独以目视也。故曰不知耳目之所宜。物视其所一而不见所丧，言其观于万物，无有欠剩。遗土，犹言如土之自遗坠而不知也。为己，修身也。以其知，言人有此识知，则能修此身。得其心以其心者，言有此知觉之心，则能得其本然之心。本然之心与知觉之心非二物也，特如此下语耳。盖谓人皆有知，人皆有心，苟能尽之，则可以为己，可以得心，亦是常事耳，故曰得其常心。最者，尊之也。流水止水，皆以喻心。流者，不能止者也，能止其心，所以独贤于人。众人以欲止之心，就其求止，故曰“惟止能止众止”。以松柏比舜，以舜比王骀，但言其得于天者独异于众人，故能正其所生，以正众人之所生。生即性也。保始之征者，保守其始初之一语而必有证验，只是一“信”字。自要，自信也。荆轲、聂政之徒求名而自信者，且能不变于死生，而况有道者乎！官天地、府万物，即天地与我并生，万物与我为一之意。寓六骸者，言六骸者吾所寄也。象耳目，目象目而不止于视，耳象耳而不止于听，与"不知耳目之所宜"意同。一知之所知，上音[①]智，下如字。智者，得之于性。知者，智之用也。以其得于天者而无所不知，故曰一知之所知。心无所见曰死。登，升也。假，至也。言彼岂择日而升至于道乎？盖无时而不在道也。人之所以从学于王骀者，从是而已。何肯以物为事者，言人自求学于彼，彼何尝求以教人也。〔义海〕立不教之教而天下化之，坐不议之议而天下信之，非德充于内，物符于外者，不足以与此。此王骀所止而有以来鉴之道也。彼且择日而登假，吕氏以假音遐绝句，谓得此道者，去留无碍而升于玄远之域也。《列子·周穆王篇》"登假"字读同"遐"，可证。〔通义〕彼为己，言其学非为人，而人乃尊之，何也？"以其知得其心"者，言其反观而得见其天君也。"以其心得其常心"者，言其初以天德良知得见此心时，如游子归家，到家既久，乃知是固有之业也。此二句只言其为己，何与于人，而人乃尊之如此。于此亦见常季之所造矣。不惧之实，犹云真无畏惧者。不恃众力，只一人可以入万军中，斩将搴旗，正保始之征也。〔补注〕"彼为己"一段，诸说各异，唯《通义》似优。

申徒嘉，兀者也，而与郑子产同师于伯昏无人。子产

①音，原作"者"，误，据《口义》卷二改。

谓申徒嘉曰:“我先出则子止,子先出则我止。”其明日,又与合堂同席而坐。子产谓申徒嘉曰:“我先出则子止,子先出则我止。今我将出,子可以止乎?其未邪?且子见执政而不违,子齐执政乎?”申徒嘉曰:“先生之门,固有执政焉如此哉?子而说悦子之执政而后人者也。闻之曰:‘鉴明则尘垢不止,止则不明也。久与贤人处则无过。’今子之所取大者,先生也,而犹出言若是,不亦过乎?”子产曰:“子既若是矣,犹与尧争善。计子之德,不足以自反邪?”申徒嘉曰:“自状其过,以不当亡者众;不状其过,以不当存者寡。知不可奈何而安之若命,唯有德者能之。游于羿之彀抅中,中央者,中众地也;然而不中众者,命也。人以其全足笑吾不全足者,众矣,我怫拂然而怒,而适先生之所,则废然而反。不知先生之洗我以善邪?吾与夫子游十九年矣,而未尝知吾兀者也。今子与我游于形骸之内,而子索色我于形骸之外,不亦过乎?”子产蹴子六切然改容更庚貌曰:“子无乃称!”

郭注 我出子止,羞与刖者并行。其明日,又质而问之,欲使必不并己也。子齐执政者,常以执政自多,故直云子齐执政,便谓足以明其不逊也。“先生之门”二句,言此论德之处,非计位也。而说子之执政而后人者,笑其矜说在位,欲处物先也。“鉴明则尘垢不止”一段,言其事明师而鄙吝之心犹未去,乃真过也。“子既若是”一段,言其若是形残,不自顾省,而欲轻蔑在位,与有德者并,计子之德,故不足以补形残之过也。“自状其过”二句,多自陈其过状,以己为不当亡者,众也。“不状其过”二句,默然知过,自以为应死者,少也。羿,古之善射者。弓矢所及为彀中。

夫利害相攻，则天下皆羿也。自不遗身忘知与物同波者，皆游于羿之彀中耳。虽张毅之出，单豹之处，犹未免于中地。则中与不中，唯在命耳。而区区者，各有其所遇，而不知命之自尔。故免乎弓矢之害者，自以为巧，欣然多己；及至不免，则自恨其谬，而志伤神辱；斯未能达命之情者也。夫我之生也，非我之所生也，则一生之内，百年之中，其坐起行止，动静趣舍，性情知能，凡所有所无所为所遇，皆非我也，理自尔耳。而横生休戚乎其中，斯又逆自然而失者也。人以其全足笑吾不全足者，皆不知命而有斯笑也。怫然而怒者，见其不知命而怒，斯又未知命也。废然而反者，见至人之知命遗形，故废向者之怒而复常也。不知先生之洗我以善者，言不知先生洗我以善道故耶？我为能自反耶？斯自忘形而遣累也。十九年而未尝知吾兀者，忘形故也。形骸外矣，其德内也。今子与我德游耳，非与我形交，而索我外好，岂不过哉！子无乃称者，已悟则厌其多言也。

口义 不违，犹不避也。齐者，同也。执政，子产自谓也。取大者，言子学于先生，将求以广其见识，乃浅狭如此乎！"与尧争善"四字亦奇，言子既兀矣，纵能为善，得如尧乎？自述其过以为足"不当亡者众"，不述其过以为足"不当存者寡"。"唯有德者"知事事有命，岂人之所能奈何哉！此三句是三等人。若命，顺命也。彀中者，张弓而射，箭端所直之地也。善射莫如羿，彀中乃其必中之地，喻世之危如此。幸而不中者，命也。"洗"字甚佳。言以善道告我，如洗涤我而不自知也。

义海 申徒安命而忘兀，德充于内者，无戚于外也。子产矜位而鄙兀，心徇乎外者，不明乎内也。

不当亡者众,不当存者寡。此盖申徒论足之存亡,言人之处兀,知己过而安之者少。然有幸不幸,一归之于命耳,则知申徒之兀出于非罪者也。游羿彀中,莫非中地,设有不中,幸免耳。人处世间,莫非忧患,苟得免患,亦幸耳。而人因以其幸笑吾之不幸,我犹有怒,未忘己也;废然而反,己亦忘矣。不知先生洗我以善邪?吾之自悟邪?则彼己俱忘,物我交化,何喜怒之可动?何形骸之可索哉?补注 子无乃称,称即是称说,犹云我已知过,子不必更言。意不作能言解。

鲁有兀者叔山无趾,踵见现仲尼。仲尼曰:“子不谨前,既犯患若是矣。虽今来,何及矣!”无趾曰:“吾唯不知务而轻用吾身,吾是以亡足。今吾来也,犹有尊足者存,吾是以务全之也。夫天无不覆,地无不载,吾以夫子为天地,安知夫子之犹若是也!”孔子曰:“丘则陋矣!夫子胡不入乎?请讲以所闻。”无趾出。孔子曰:“弟子勉之!夫无趾,兀者也,犹务学以复补前行之恶,而况全德之人乎!”无趾语老聃曰:“孔丘之于至人,其未邪?彼何宾宾以学子为?彼且蕲以諔尺叔切诡幻怪之名闻,不知至人之以是为己桎梏邪?”老聃曰:“胡不直使彼以死生为一条,以可不可为一贯者?解其桎梏,其可乎?”无趾曰:“天刑之,安可解!”

郭注 踵,频也。“吾唯不知务而轻用吾身”二句,夫人之生也,理自生矣。直莫之为而任其自生,斯重其身而知务者也。若乃忘其自生,谨而矜之,斯轻用其身而不知务也。故五藏相攻于内而手足残伤于外也。犹有尊足者存,言刖一足未足以亏其德，明夫形骸者，逆旅也。去其矜谨，任其自生，所以务全也。“天无不覆”二句，天不为覆，故能常覆；地不为载，故能常载。使天地而为覆载，则有时而息矣。使舟能沉而为人浮，则有时而没矣。故物为焉，则未足以终其生也。“吾以夫子为天地”二句，责其不谨，不及天地也。无趾出者，闻所闻而出，全其无为也。全德者，生便忘生也。彼何宾宾以学子为者，怪其方复学于老聃也。夫无心者，人学亦学。然古之学者为己，今之学者为人，其弊也遂至乎为人之所为矣。夫师人以自得者，率其常然者也。舍己效人而逐物于外者，求乎非常之名者也。夫非常之名，乃常之所生也。故学者非为幻怪也，幻怪之生必由于学。礼者非为华薄也，而华薄之兴必由于礼。斯必然之理，至人之所无奈何，故以为己之桎梏也。“胡不直使彼以死生为一条”三句，欲以直理冥之，冀其无迹也。天刑之，安可解者，仲尼非不冥也，顾自然之理，行则影从，言则向随。夫顺物则名迹斯立，而顺物者非为名也。非为名则至矣，而终不免乎名，则孰能解之哉。故名者，影向也；影向者，形声之桎梏也。明斯理也，则名迹可遗，而性命可全矣。疑独 尊足，谓道也。无趾务全道而忘身，外身而身存也。以夫子之德配天地，犹责其不谨不及，此以迹言。若以心言，则孔子辞以陋，请入而讲所闻者是也。无趾默然而喻，故夫子勉弟子识之。又见老聃，疑夫子宾宾以学，蕲以諔诡名闻，而不知至人之以是为桎梏，胡不思所以解之。盖夫子学老聃，亦世事当为，非有所觊也。老子以无趾未明其心，故使解其桎梏。无趾以为天命使然，不可解也。口义 踵见，继见也。不知务，犹云不晓事。尊足，性也，二字下得奇。宾宾，恭谨貌。諔诡幻怪，只言好名而已。为己桎梏者，言名为己之累也。天刑，犹天罚之也。庄子借孔子以为言，或抑或扬，皆寓言也。“死生为一条，可不可为一贯”，即《齐物篇》“可乎可，不可乎不可”之意。

鲁哀公问于仲尼曰：“卫有恶人焉，曰哀骀它。沱。丈夫与之处者，思而不能去也；妇人见之，请于父母曰‘与人为妻，宁为夫子妾’者，十数而未止也。未尝有闻其唱者也，常和而已矣。无君人之位以济乎人之死，无聚禄以望人之腹；又以恶骇天下，和而不唱，知不出乎四域，且而雌雄合乎前。是必有异乎人者也。寡人召而观之，果以恶骇天下。与寡人处，不至以月数，而寡人有意乎其为人也；不至乎期年，而寡人信之。国无宰，而寡人传国焉。闷门然而后应，氾泛而若辞。寡人丑乎，卒授之国。无几纪何也，去寡人而行。寡人恤焉，若有亡也，若无与乐洛是国也。是何人者也？”仲尼曰：“丘也尝使于楚矣，适见㹠豚子食嗣于其死母者，少焉眴舜若，皆弃之而走。不见己焉尔，不得类焉尔。所爱其母者，非爱其形也，爱使其形者也。战而死者，其人之葬也不以翣色洽切资；刖者之屦，无为爱之。皆无其本矣。为天子之诸御，不爪剪，不穿耳；取妻者止于外，不得复使。形全犹足以为尔，而况全德之人乎？今哀骀它未言而信，无功而亲，使人授己国，唯恐其不受也，是必才全而德不形者也。”哀公曰：“何谓才全？”仲尼曰：“死生存亡、穷达贫富、贤与不肖毁誉、余。饥渴寒暑，是事之变，命之行也；日夜相代乎前，而知不能规乎其始者也。故不足以滑骨和，不可入于灵府。使之和豫，通而不失于兑。

使日夜无郤隙而与物为春，是接而生时于心者也。是之谓才全。”“何谓德不形？”曰：“平者，水停之盛也。其可以为法也，内保之而外不荡也。德者，成和之修也。德不形者，物不能离利也。”哀公异日以告闵子曰：“始也吾以南面而君天下，执民之纪而忧其死，吾自以为至通矣。今吾闻至人之言，恐吾无其实，轻用吾身而亡吾国。吾与孔丘非君臣也，德友而已矣。”李云：哀骀，丑貌。它，其名。

郭注 恶，丑也。“无君人之位以济乎人之死”者，明物不由权势而往也。“无聚禄以[1]望人之腹”者，明非求食而往也。“又以恶骇天下”者，明不以形美，故往也。“和而不唱”者，非招而致之也。“知不出乎四域”者，不役思于分外也。“且而雌雄合乎前”者，夫才全者与物无害，故入兽不乱群，入鸟不乱行，而为万物之灵也。哀公与处不经月，已觉其有远趣；不至期年，委之以国政。“闷然而应”者，宠辱不惊也。“泛而若辞”者，人辞亦辞也。“适见㹠子食于其死母者”四句，食，乳也。夫生者以才德为类，死而才德去矣，故生者以失类而走也。故含德之厚，比于赤子，无往而不为之。赤子也，则天下莫之害，斯得类而明己故也。情苟类焉，则虽形不与同而物无害心；情类苟亡，则虽形同母子，而不足以固其志矣。使其形者，才德是也。翣者，武所资也。战死则无武，翣将安施！所爱屦者，为足故耳。刖者之屦，何为爱之？无其本者，翣屦以足武为本也。不剪不穿，全其形也。不得复使，恐伤其形也。“形全犹足以为尔”二句，采择嫔御，及燕尔新婚，本以形好为意者也。

[1]以，原脱，据经文补。

故形之全也，无以降至尊之情，回贞女之操也。德全而物爱之，宜矣。死生存亡以至饥渴寒暑，其理固当，不可逃也。故人之生也，非误生也；生之所有，非妄有也。天地虽大，万物虽多，然吾之所遇适在于是，则虽天地神明，国家圣贤，绝力至知而弗能违也，故付之而自当矣。命行事变，不舍昼夜，推之不去，留之不停。故才全者，随所遇而任之也。夫始非知之所规，故非情之所留。知命之必行，事之必变者，岂于终规始，在新恋故哉？虽有至知而不能规也。逝者之往，吾奈之何哉！苟知性命之固当，则虽死生穷达，千变万化，淡然自若，而和理在身矣，故曰不足滑和。灵府者，精神之宅也。至足者，不以忧患惊神，故曰不可入于灵府。和性不滑，灵府间豫，则虽涉乎至变，不失其兑然也，故曰"和豫，通而不失于兑"。日夜无郤者，泯然常任之也。与物为春者，群生之所赖也。接而生时于心者，顺四时而俱化也。天下之平，莫盛于停水。无情至平，故天下取正焉。故曰"平者，水停之盛也"。其可以为法也，内保之而外不荡者，内保其明，外无情为，玄鉴洞照，与物无私，故能全其平而行其法也。事得以成，物得以和，谓之德也。无事不成，无物不和，此德之不形也。是以天下乐推而不厌也。哀公告闵子一段，闻德元之风者[1]，虽复哀公，犹欲遗形骸，忘贵贱也。疑独 豘子之于母，生为己类，死则不类矣，喻君子以才德为类，而不以形骸为爱。形为六骸耳目，使其形者，道德性命之理也。战死而无用翣，刖者之无用屦，喻形以才德为本，非其本则形无用也。嫔御不翦爪穿

①闻德元之风者，《庄子注》卷二作"闻德无形之风者"。

耳，娶妻者以形伤不使。盖择形全者为用，况全德之人乎！死生存亡，饥渴寒暑，事变命行，日夜相代，虽有至知，不能度其所始[①]。唯才全者无得无丧，任之而已，故不足以滑和。不失于兑悦，日夜无郤，忘变之至。与物无春，有以生之也。停水均平，天下取法。德不形者，亦若是也。口义

不唱常和，言其无所作为也。望人之腹者，饱也。知不出乎四域，言其所知不出于世外。雌雄合其前，与物狎也，即鸥[②]鸟不惊之意。寡人丑乎？丑者，愧也。恤焉若有亡，即汉王如失左右手之意。豘子之喻，谓人之爱恶不在于形骸之美恶也。眴若，惊貌。战死不用翣，刖者之不爱屦，此亦形容有德在内不在外之意。天子之御，不剪爪，不穿耳，不事修饰，贵全其形。新娶者免役，《礼记》有之。不得复使，言官中不得役之也。此借全形以形容全德之义。死生穷达此等事之变，天命之行，日夜相更迭于目前，虽知者亦不能求其始，不过曰自然而然尔。不足以滑和者，言不能滑乱其胸中之和也。不入于灵府者，不动其心也。心既不动，则使之自然和顺豫悦，流通而不失其兑。兑亦悦也。“和”“豫”“通”三字一意，犹云周遍咸也。日夜无郤，言日新而不已也。与物为春者，随所遇而皆为乐也。接，犹感也。随事之所感而应之不偏不滞，故曰生时于心。才者，质也，即孟子“天之降才”意。成者，全也，全此性中之和，是其德之修也。德不形，随事物而见，言其无所往而非德，

①始，原作“使”，误。按，此句释经文“日夜相代乎前，而知不能规乎其始者也”，故应为“始”。又，《义海》卷十二亦作“始”。据改。

②鸥，原作“沤”，误，据《义海》卷十二改。

非一端所可名，故曰德不形者，物不能离也。“执民之纪”四字佳，即是执国之柄。忧其死者，言能爱民也。哀公安得南面而君天下？此皆庄子寓言耳。义海 雌雄之义，所解不一[①]。或以为禽兽者，本于《列子》“雌雄在前，孳尾成群”之说。窃考经意，丈夫与之处，思而不能去，妇人愿为妾之语，则雌雄合乎前，言丈夫妇人归之者众也。翣者，饰武之具，形似方扇，以木为之，衣以白布，画以云气，夹车两边，所以自卫也。资，用也，李云“送也”。考《礼记·檀弓篇》：“周人置翣。”《明堂位》云：“周之壁翣。”郑氏注：“天子八翣，皆戴璧垂羽；诸侯六翣，皆戴圭；大夫四翣，士二翣，皆戴绥。”儒虽切[②]，冠缨。据此，则古者丧礼通用翣，非特为饰武设。窃原《南华》本意，谓先圣制礼，使人养生送死而无憾，周以棺衾，饰以柳翣，贵贱隆杀，各当其宜，所以慎终也。若战而死，则非正命，又失用师之道，故其葬也，不以翣，形且不得全归，何望仪物之备哉？亦犹刖者之不爱其屦也。此章从上文㹠子食于死母起喻，至此又叠喻以结之，不过形容德充于内者无假于外，德馁于中者外饰无益也。评庄“死生存亡、穷达贫富”以下一段，即前“死生亦大矣”至“而守其宗者也”一段意同，但前以用心言，此于万全之全，说得透彻，总是“死生为一条，可不可为一贯”意。接，感也。随所感而应之，不偏不滞，即佛经所谓“无所住而生其心”也。补注 㹠子死母之喻，言玄德同物，不在于形，情类苟存，则万灵皆向往；情类苟亡，则母子不能固矣。其言所

①所解不一，原脱，据《义海》卷十二补。
②儒虽切，“虽”上原衍“系”，据文义删。

爱其母者，谓狆子耳，非言人也。以名教律之，固矣。

闉因跂企支离无脤蜃说税卫灵公，灵公悦之，而视全人，其脰豆肩肩。瓮瓷盎大瘿隐说税齐桓公，桓公悦之，而视全人，其脰肩肩。故德有所长而形有所忘。人不忘其所忘而忘其所不忘，此谓诚忘。故圣人有所游，而知智为孽，约为胶，德为接，工为商。圣人不谋，恶乌，下同用知？不斫，恶用胶？无丧，恶用德？不货，恶用商？四者，天鬻育也。天鬻也者，天食飼也。既受食于天，又恶乌用人？有人之形，无人之情。有人之形，故群于人；无人之情，故是非不得于身。眇乎小哉，所以属于人也。謷敖乎大哉，独成其天。惠子谓庄子曰："人故无情乎？"庄子曰："然。"惠子曰："人而无情，何以谓之人？"庄子曰："道与之貌，天与之形，恶乌，下同得不谓之人？"惠子曰："既谓之人，恶得无情？"庄子曰："是非吾所谓情也。吾所谓无情者，言人之不以好恶内伤其身，常因自然而不益生也。"惠子曰："不益生，何以有其身？"庄子曰："道与之貌，天与之形，无以好恶内伤其身。今子外乎子之神，劳乎子之精，倚树而吟，据槁梧而瞑。眠。天选子之形，子以坚白鸣！"闉跂，曲背也。支离，伛之貌也。无脤，无唇也。肩肩，细长貌。瓮瓷大瘿，项瘤者也。

郭注 "闉跂支离无脤"两段，言偏情一往，则丑者更好，而好者更丑也。"德有所长而形有所忘"者，其德长于顺物，忘其丑；长于逆物，忘其好也。生则爱之，死则弃之，故德者，世之所不忘也。形者，理之所不存也。故夫忘形者，非忘也；不忘形而忘德者，乃诚忘也。圣人游于自得之场，放之而无不至者，才德全也。"知为孽"四者，自然相生，其理已具，故圣人无所用其己也。“天鬻也者，天食也”，言自然而禀之也。既禀之自然，皆天地之会，至理之趣。故祸难之来，或思而免之，或思而不免，或不思而免之，或不思而不免。凡此皆非我也，又奚为哉？任之而自至也。故曰“既受食于天，又恶用人”。“有人之形”者，视其形貌若人也。“无人之情”者，掘若槁木之枝也。“群于人”者，类聚群分，自然之道也。“是非不得于身”者，无情，故付之于物也。无情，故浩然无不任。无不任者，有情之所未能也，故謷乎其大而独成天也。“道与之貌”二句，庄子意谓：人之生也，非情之所生也；生之所知，岂情之所知哉？故有情于为离、旷而弗能也，然离、旷以无情而聪明矣；有情于为贤圣而弗能也，然贤圣以无情而贤圣矣。岂直贤圣绝远而离、旷难慕哉？虽下愚聋瞽及鸡鸣犬吠苟有情于为之，亦终不能也。不问远之与近，虽去己一分，孔颜之际，终莫之得也。是以观之万物，反取诸身，耳目不能以易任成功，手足不能以代司致业。故婴儿之始生也，不以目求乳，不以耳向明，不以足操物，不以手求行，岂百骸无定司，形貌无素主，而专由情以制之哉！“既谓之人，恶得无情”者，未解形貌之非情也。“是非吾所谓情”者，以是非为情，则无是无非无好无恶者，虽有形貌，直是人耳，情将安寄也！“吾所谓无情”二句，任当而直前者，非情也。“常因自然而不益生”者，止于当也。“不益生，何以有其身”者，未明生之自生，理之自足也。庄子又谓生理已自足于形貌之中，但任之则身存。好恶之情，非所以益生，只足以伤身，以其生之有分也。夫神不休于性分之内，则外矣；精不止于自生之极，则劳矣。故行则倚树而吟，坐则据梧而睡，言有情者之自困也。“天选子之形”二句，言凡子所为，外神劳精，倚树据梧，且吟且睡，此世之所谓情也。而云天选，明夫情者非情之所生，而况他哉！故虽万物万形，云为趣舍，皆在无情中来，又何用情于其间哉！疑独 圣人形与人同，故群于人；情与人异，故是非不得于身。形小，所以属乎人；情大，所以成其天也。惠子知其情，而不知所以情。庄子谓不以好恶内伤其身，合性命之情而言，所以成乎天者也。好恶之情，应物而已，身无与焉。不益生，则能尽其生理而无所措其情。道貌天形，不伤于好恶，斯足以有其身矣。今子外神劳精，倚树据梧，此皆有情之所累也。天选子之形容与物独异，子又益生惑众。若公孙龙坚白之论，能胜人之口而不能服人之心，此不知性命之情而受役于造化者也。碧虚 圣人游于忘形忘德之外，虽日用知[1]德而不自矜，故胶孽等事无由萌兆。不谋利害，何用知？不斫情性，何用胶？无丧于物，何用德？不殖货财，何用商？已上四事，皆天然而养者也。蛣蜣转丸，蜘蛛结网，不谋之知也。云龙风虎，松柏女萝，不斫之胶也。禽兽林薮，鱼鳖江湖，无丧之德也。物物自利，各各营生，不货之商也。此乃天之所养，故曰天食。有形无情，望之似木鸡矣。一尺之面，容貌不同者，道与之也。六尺之体，空窾无殊者，天与之也。皆非情之所有，天任子之形者，岂有情哉！喑醷而自生耳。今子有人之形，与众无别，而强以坚白同异之辨鸣噪于众人之前，而自谓贤者，犹跃冶之金，何得不怪哉！口义 "闉跂"两段，皆喻人之好恶不在于形骸之外。伛瘤之人得意于君，视

①知，原脱，据《义海》卷十三补。

全人反不如之。故曰德有所长,形有所忘。所可忘者,形也。所不可忘者,德也。诚忘者,真忘也。知有形而不知有德者,真忘也。圣人有所游,所谓心有天游是也。约,以礼自检束。工,艺能也。孽,灾孽也。胶,固也。接,接于外而忘其内也。商,贾也。犹云卖声名于天下也。心有天游,则知此四者皆吾之累矣。圣人无所谋于世,则不用智矣。不斫削而自合于理,则不用约矣。守其内而无事乎外,则不用德矣。不货者,不求售也,则不用艺能矣。四者不谋不斫,无丧不货也。天鬻,天食,犹言天爵也。"有人之形"以下,乃庄子寻常有此语,惠子因而问之。天与之形,有物也。道与之貌,物必有则也。不以好恶内伤其身,常因自然而不益生者,有益则有损。益生者,有馀之病也。好恶出于自然而无所著,则无所损益矣。惠子曰:"不益生,何以有其身?"是以益生为资生,非庄子之意也。选,授也。言天授子之形,而子乃自苦如此,何也?坚白,辩之名也。补注 德充于内者,不言而物化,此自然符也。夫苟不能无情任天,徇于好恶,德内亏矣,虽竭其精神,极其言辩,如惠子五车多方,不过为游谈之雄,以坚白鸣耳,求以动物,难矣!以见德充之符,非勉强可致。

义海总论 物得以生之谓德,乃天赋粹美[①],所以成形尊生,由是而充之,性与天道可得而闻也。夫德本乎天而充之在人,可不自爱重乎!物之符契,特应感小节,以印德充之验;其成功大业,则有相天地、赞化育者焉。故王骀足以起敬于夫子,将欲引天下而从之,则其修为必有大过人

①美,原作"矣",误,据《义海》卷十三改。

者。且不教不议而学者虚往实归，自非以心契心而死生无变，命物守宗而化由己出，其能至是乎！视所一，遗所丧，以见得道者忘形。唯止能止众止，明夫以虚而来鉴。凡此皆所以充之之道也。德充而为物所归，犹松柏之于众木，尧舜之于百姓，岂特以正生为幸？幸在能正众生，而一己之死生祸福非所芥蒂，故择日登假，去留在我，何肯以物为事哉！申徒无取兀之过而招兀，视兀犹全也。子产以执政之贵而傲兀，虽贵犹贱也。无趾而尊足，所存有重于足者。天刑之不可解，则一安之命而与全人无异矣。哀骀它之雌雄合乎前，使哀公忘其恶而愿授国，此非爱其形，爱使其形者也。故泰和内运，疵疠外消，德与日新，道通神化，事成而不以功自处，无往而不为物所归矣。哀公以仲尼为德友，德尊而位可忘也；灵公视无脤为全人，德尊而形可忘也。圣人所游，与物无际，謷乎大哉，独成其天，是能忘人之所不忘，而粹美所归有不得而辞者。惠子厚于才而薄于德，遂问好恶之情，答以性命之情，所以深救其失。使道貌天形，不伤于好恶，有形无情，常因乎自然，至是则德充物符，彼己两尽，是非好恶化于忘言，何在乎外神劳精而以坚白鸣哉！取残兀厉恶之人以标论本，盖所以为尚形骸外德性者之戒云。【通义】三兀造道有等，哀骀它则全德之极者，故以孔子之言为准。闉跂瓮瓷，言不但貌恶者无妨于德，虽形不全者德自若也。末论有形无情，立言之旨昭然矣。程子曰："圣人情顺万事，而无情者尽之。"

《庄义要删》卷之二《德充符》终

庄义要删内篇　卷之三

大宗师第六

虽天地之大，万物之富，其所宗而师者，无心也。

知天之所为，知人之所为者，至矣。直叙下“天”“人”二字，是一篇眼目。知天之所为者，天而生也；知人之所为者，以其知之所知，以养其知之所不知，终其天年而不中道夭者，是知之盛也。虽然，有患。夫知有所待而后当，其所待者特未定也。庸讵知吾所谓天之非人乎？所谓人之非天乎？且有真人而后有真知。提头。何谓真人？古之真人，不逆寡，不雄成，不谟士。若然者，过而弗悔，当而不自得也。若然者，登高不栗，入水不濡，入火不热。是知之能登假格于道也若此。

郭注 知天人之所为者，皆自然也，则内放其身而外冥于物，与众玄同，任之而无不至也。天者，自然之谓也。夫为者不能为，而为自为耳；知者不能知，而知自知耳。为出于不为，故以不为为主；知出于不知，故以不知为宗。是故真人遗知而知，不为而为，自然而生，坐忘而得，故知称绝而为名去也。人之生也，一物不具，则生者无由生；一理不至，则天年无缘终。然身之所有者，知或不知也；理之所存者,为或不为也。故知之所知者寡而身之所有者众,为之所为者少而理之所存者博。人之所知不必同而所为不敢异,异则伪成而真丧矣。若夫知之盛者,知人之所为有分,故任而不强;知人之所知有极,故用而不荡。一体之中,知与不知,暗相与会而俱全矣,斯以其所知养其所不知也。有患者,言知虽盛,未若遗知任天之无患也。夫知者,未能无可无不可,故必有待也。若乃任天而生,则遇物而当矣。所待未定,言有待则无定也。吾生有涯,天也。必欲益之,人也。物莫非天也,人皆自然,则治乱成败,非人为也,皆自然耳。有真人,而后天下之知[1]皆得其真而不可乱也。不逆寡,则所顺者众。不雄成,则不恃其成而处物先。不谟士,则纵心直前而群士自合,非谋谟以致之。直自全当而无过耳,非以得失经心也。"登高不栗"以下,言理固自全,非畏死也。故真人陆行非避濡,远火非逃热,无过而非措当。故虽不以死为死而未尝丧生。夫生者,岂生之而生哉!任之而无不至,非概意于所遇也。此言知之登至于道,若此之远也。吕注 知天之所为,则知吾之所自生者天也,知之所不能知也。以其所知,养其所不知,言以知[2]养生,非以生随知,所以能尽年而不中夭也。知之盛者,无过于此,然不免有患。盖所谓知天知人,必待知而后当。知非道之真而待以为当,所待固未定也,则安知吾向之所谓天者非人乎?所谓人者非天乎?唯真人有真知,则以不知知之而无所待也。知固非道,而真人真知能登假于道也若

①之知,原作"知之",倒,据《义海》卷十四乙正。
②知,原脱,据《义海》卷十四补。

此。详道 知天之所为，命也；知人之所为，义也。以其所知养其所不知，则其生也自然而已。人之所为，必资所养而后致。夫知非道也，资之以入道，必有待而后当也。知天之所为所待者天也，虽当乎天不知有人；知人之所为所待者人也，虽当乎人不知有天。是所待者特未定，所知不能无偏，非真知也。王注 凡有知者，必用知以伤生。唯学道者，知不出乎道。知不出乎道，此养其所不知，而能登假于道者也。口义 知在我，所待在外。或不求而得，或必求而得，皆不可得而定。若谓出于天，又必求而后得；若谓出于人，又有求而不得者。讵知天之非人？人之非天乎？必有真人而后有真知，此言有道者也。寡，不足也。当不足之时，即听顺之功，虽成，亦不以为雄夸也。士同事。《东山》诗："勿士行枚，无心而为。"故曰不谟事。不以失为悔，不以成为喜，皆委之自然也。不栗不濡不热，即无入而不自得之义。登假，犹云深造也。义海 天人混融，乃真知也。应酬接物之间，过于事情，盖适然耳，何悔之有？当于事情，亦适然耳，何自得之有？譬夫飘瓦虚舟，无心于迕物，故物亦不忌之。因知而升至于道犹若此，况忘知而顿悟者乎？通义 天人所为义广。如牝牡，天所为也；合牝牡，则人所为也。知以人而从天，不恣淫颠，其道尽矣。[①] 盖天机惟生其体而寓其用，人道以其觉性而用其体。惟循天机本然，不起知识，以此终身，是人而不失其天也。补注 知有所待而后当者，人也，而所待者未定，则有不由

①"不恣淫颠，其道尽矣"，《通义》卷三作"不恣滥颠狂，牝牡之道尽矣"。

人处，是亦天耳，故下文云然。逆寡、雄成、谟士，皆人之所为也，真人既不同于人，故得失不婴其情，而其天全矣，是以登高不栗，水不濡，火不热也。

古之真人，其寝不梦，其觉教无忧，其食不甘，其息深深。真人之息以踵，众人之息以喉。屈服者，其嗌厄言若哇。其嗜欲深者，其天机浅。古之真人，不知悦生，不知恶死。其出不䜣，欣。其入不距[①]。翛萧然而往，翛然而来而已矣。不忘其所始，不求其所终。受而喜之，忘而复之，是之谓不以心捐道，不以人助天，是之谓真人。结句。

郭注 寝不梦，无意想也。觉无忧，遇即安也。食不甘，理当食耳。真人之息以踵，乃在根本中来。嗌言若哇，气不平畅也。深根宁极，然后反一无欲，故嗜欲深者，天机浅也。不知悦生恶死者，与化为体。不䜣不距者，泰然任之也。翛然往来者，寄之至理，故往来而不难也。终始变化，皆忘之矣，岂直逆忘其生，犹复探求死意邪？受而喜者，不问所受者何物，遇之无不适也。忘而复者，复之不由于识，乃至也。夫物之感人无穷，人之逐物无节，则天理灭矣。真人知用心则背道，助天则伤生，故不为也。吕注 无思虑，无嗜欲，然后其息深深而以踵矣。踵者，气之元，息之所自起。身以足为踵，息以所自起为踵，皆以其至下言之。深之又深，则至于无息矣。众人失守而屈服者，其嗌言若哇，求息以踵，可得乎？其天机浅，物触则发也。其息以踵，则去物远矣。生悦死恶，出䜣入距，以弃其翛然者，

①距，原作“讵”，误，据《义海》卷十四改。下文《郭注》《吕注》俱作“讵”，俱改。

则是以心捐道也，以人助天也。详道 累于物者，忘其始；趋于利者，求其终。其受有所不适，其复有待乎思。唯真人不忘所始而归其根，不求所终而至于命，故受而喜之，忘而复之。无思也，不以心捐道。无为也，不以人助天。是之谓真人。赵注 无寝无觉无食无息，此真人也。息自喉出，众人皆然。至于寐熟，喉中咯咯，所谓嗌言若哇也。悦生恶死，出䜣入距，所谓欲深机浅也。真人无是，则往来自由矣。故能不昧本然之天，与物相为无穷也。受而喜之，不累于生。忘而复之，反其本也。不以心捐道，则心与道一。不以人助天，则人与天一也。真人之于天道，安乎自然而已。口义 其息深深，道家修养之论，实原于此。神定则息深，自踵而上至于口鼻。神无所养，则出入之息止于喉间而已。静躁不同体，于身者见之。若内无真，见言语只在口头，所以易屈服于人。不以心捐道，即心是道也。不以人助天，寿夭有命，人力无所加也。补注 此推真人所以有真知之根本。嗜欲，人也。不知悦生以下，是申知之盛意。

若然者，其心志，忘，误。其容寂，其颡頯，去轨反。凄然似秋，煖暄然似春；喜怒通四时，与物有宜而莫知其极。故圣人之用兵也，亡国而不失人心；利泽施乎万世，不为爱人。故乐洛通物，非圣人也；有亲，非仁也；天时，非贤也；利害不通，非君子也；行名失己，非士也；亡身不真，非役人也。若狐不偕、务光、伯夷、叔齐、箕子、胥馀、纪他、沱。申徒狄，是役人之役，适人之适，而不自适其适者也。

郭注 所居而安为志。寂者，虽行而无伤于静也。頯，大朴之貌。似秋，杀物，非为威也。似春，生物，非为仁也。通四时，言体道合变者，与寒暑同其温严，而未尝有心也。与物宜者，言无心于物，故不夺物宜，无物不宜，故莫知其极也。其亡国也，人心欲亡而亡之，故不失人心也。夫白日登天，六合俱照，非爱人而照之也。故圣人之在天下，暖若阳春，蒙泽者不谢；凄若秋霜，凋落者不怨。夫圣人无乐也，直莫之塞而物自通耳。无亲也，任理而物自存耳。天时者，未若忘时而自合之贤也。不能一是非之徒而就利违害，则伤德累当矣。善为士者，遗名而自得，故名当其实，福应其身。自失其性而矫以从物，受役多矣，安能役人！若狐不偕、务光之徒，皆舍己殉人，殉彼伤我者也。吕注 自圣人、仁贤以至役人，虽尊卑贵贱之不同，要皆有所谓真，然后足以充其名。若狐不偕、务光之徒，皆役人役而不自适其适者也。唯无所为而为之，乃所以自适其适也。口义 凄然，怒也；煖然，喜也。无心喜怒，犹四时之春秋。随事而处，各得其宜，而无一定所止之地，即所谓接而生时于心也。用兵，毒天下。施泽，爱天下。皆以无心行之，则亡国亦不怨，被其德者亦曰“帝力于我何有”。自“乐通物”已下一段，皆讥诮圣贤，以明真人之道不可及也。义海 志字，赵氏正为忘字，与容寂义协，其论甚当。自古之真人形容至此，言其不以死生利害动于中，故外貌能若此。喜怒通四时，则与天合道。与物有宜，则与人合德。又恶知其穷尽哉？圣人尽己之性而通物之性，盖出乎自然，非用心而乐通之也。通义 用兵，言不用兵也。意在宁失国而不忍失人心，太公去邠，从者如归是也。“天时，非贤”者，事之得失，一委天时，而无敬修之功，将何以为贤也？补注 志作忘，疑是。“圣人之用兵”以下，见圣人德业与天之所为一般。“乐通物”以下一段，是人之所为意。

古之真人，其状义而不朋，若不足而不承；与乎其觚而不坚也，看他下字。张乎其虚而不华也；邴邴丙乎其似喜乎，崔乎其不得已乎，滀乎进我色也，与乎止我德也，厉乎其似世乎，謷敖乎其未可制也；连乎其似好闭也，悗免乎忘其言也。以刑为体，以礼为翼，以知为时，以德为循。以刑为体者，绰乎其杀也；以礼为翼者，所以行于世也；以知为时者，不得已于事也；以德为循者，言其与有足者至于丘也；而人真以为勤行者也。

郭注 义而不朋，与物同宜而非朋党也。冲虚无馀，下之而无不上，若不足而不承也。觚而不坚，常游于独而非固守也。虚而不华，旷然无怀，乃至于实也。邴邴似喜，至人无喜，畅然和适，故似喜也。崔乎不得已者，动静行止，常居必然之极也。滀乎进者，不以物伤己也。与乎止者，无所趋也。厉乎似世者，至人无厉，与世同行，故若厉也。謷乎未可制者，高放而自得也。连乎似好闭者，绵邈深远，莫见其门也。悗乎忘言者，不识不知，天机自发也。刑者，治之体，而非我为。礼者，世之自行，而非我制。知者，时之动，而非我唱。德者，彼所循，而非我作。以刑为体者，任治之自杀，虽杀而宽也。以礼为翼者，顺世之所行，故无不行也。夫高下相受，不可逆之流也；小大相群，不得已之势也;旷然无情,群知之府也。承百流之会,居师人之极者,奚为哉?任时世之知,委必然之事,付之天下而已。丘者,所以本也;以性言之,则性之本也。物各足于本。付群德之自循,斯与有足者至于本也,本至而理尽矣。此皆自彼而成,成不在己,则虽处万机之极,而常闲暇自适,忽然不觉事之经身,言之在口,而人之大迷,真谓至人之为勤行者也。吕注 此皆言其似而不可以状求也。仁者于杀则矜之,以其爱之也;不仁者于杀则快之,以其恶之也。真人无所爱恶,则其杀也,岂不绰乎哉?此则见其所体矣。详道 滀乎进我色,畜精于内,发神于外也。与乎止我德,利用于外,不荡于内也。厉乎謷乎连乎三者,至为去为也。悗乎者,至言去言也。真人之道,至于去为去言者,以刑礼知德为本而已矣。经中多以山喻道,丘喻德,藐姑射之山,隐弅粉之丘,具茨之山,昆仑之丘是也。真人之道,用之不勤,而人真以为勤行者,是睹万物之众而疑天地雕斫之劳也。赵注 以德为循,言与有足者至于丘。丘,山也。有足,人也。与之者,无足也。特寓形骸,象耳目,人见其不行而自至,真以为有足也。口义 张乎,舒畅貌。虚者,有若无也。不华,实也。崔,下也。滀乎,充悦貌。其生色也睟然见于面,故曰进我色。与乎,自得之貌。止我德,吉祥止止也。謷乎未可制,不屈于世也。连乎,密也。好闭,不欲开口。方其未言,似不欲言;及其既言,亦若不言,故悗乎其忘言也。义海 厉乎,崔本作广乎。言德量广,无不包,足以容斯世也。礼刑知德,皆先王治之具,行乎自然,与民宜之,德则循之,而皆可至于高。循谓安而行之,非必勤劳而可得也。补注 此一段是天之所为意。

故其好之也一，其弗好之也一。其一也一，其不一也一。其一，与天为徒；其不一，与人为徒。天与人不相胜也，是之谓真人。小结句。死生，命也，其有夜旦之常，天也。人之有所不得与，皆物之情也。彼特以天为父，而身犹爱之，而况其卓乎？人特以有君为愈乎己，而身犹死之，而况其真乎！泉涸，鱼相与处于陆，相呴吁以湿，相濡儒以沫，不如相忘于江湖。与其誉余尧而非桀也，不如两忘而化其道。

郭注 常无心而顺彼，故好恶善恶，与彼无二也。夫真人同天人，均彼我，不以其一异乎不一。无有不一者，天也。彼彼而我我，人也。真人同天人，齐万致。万致不相非，天人不相胜，故旷然无不一，冥然无不任，而玄同彼我也。知死生者，命之极，非妄然也。若夜旦耳，奚所系哉！真人在昼得昼，在夜得夜，以死生为昼夜，岂有所不得乎？人之有所不得而忧虞在怀，皆物情耳，非理也。卓者，独化之谓也。人之所因者天，天之所生者独化。人以天为父，昼夜寒暑，犹安之而不敢恶，况卓尔独化于玄冥之境，又安得不任之哉！真者，不假于物而自然也。夫自然之不可违，岂直君命而已哉！故证以涸鱼之喻，与其不足而相爱，岂若有馀而相忘。夫非誉皆生于不足，至足者忘善恶，遗死生，与变化为一，旷然无不适矣，又安知尧桀之所在邪？

吕注 夫物视其所一而不见其所异，则好与不好一也。一，犹水之湛然者；其不一，犹水之波流；亦水而已。知此，则非独止而后止也。吾何为哀乐于其间哉！以天为吾之所自生，身犹爱之，况生之所自生，其为父也卓矣，独不爱之乎？苟惟知其卓者而爱之，则生无足忻，明矣。人特以有君为愈乎己，身犹死之，而况其真乎？苟知其真者而听之，则死无足距，明矣。盖悦生恶死者情，无死无生者道。誉尧非桀，亦情而已。知两忘非誉而化其道，则所以忘死生者，未始不同也。详道 一者，无迹于天下，卓然独立，块然独处，天得之以清，地得之以宁，侯王得之以为天下正。是以古之得道者，始于致一，中于抱一，终于反一。此真人所以无适而非一也。万物本一而不一者，物之私意；冥夫一者，则知物之私意亦一而已。故入而一，则与天为徒；出而不一，则与人为徒。与天为徒而不失人，与人为徒而不废天，则一与不一复为一矣。口义 一，自然也，造化也。好恶之异同，皆不出乎造化之外。故一与不一，皆一也。真人无好恶异同，无分乎天人，但循自然而已。涸鱼之相濡沫，喻人处世有为；相忘于江湖，喻体道无为也。“誉尧非桀”一句，是其独见自得处。无桀亦无尧，无誉亦无毁，两忘而付之自然，是化之以道也。义海 此论真人好恶，出于至公，亦犹无好恶也。以道观之，一与不一，亦一而已。盖恐世人泥夫迹之不一，而失其理之大同，故又喻以人之生死，犹天之有夜旦。人能反求其卓然至真者，则知吾之生死，乃一念之起灭，一气之往来耳。通义 与人为徒，自有不能一者，而在我者未尝不一。盖不一，乃一之所出也。一与不一，末之万殊也，亦一而已，本之所在也。补注 此言真人能合天人。分义所在，臣为君死，赴蹈不畏。况自然之变，夜旦之常，既非人之所能与，可不任之乎？以下收归大宗师去。所谓大宗师者，自然而已，即上文所称“天之所为”是也。

夫大块载我以形，劳我以生，佚我以老，息我以死。故善吾生者，乃所以善吾死也。夫藏舟于壑，藏山于泽，谓之固矣。然而夜半有力者负之而走，昧者不知也。藏小大有宜，犹有所遁。若夫藏天下于天下而不得所遁，是恒物之大情也。特犯人之形而犹喜之。若人之形者，万化而未始有极也，其为乐洛可胜升计邪？故圣人将游于物之所不得遁而皆存。善夭善老，善始善终，人犹效之，又况万物之所系，而一化之所待乎？

郭注 夫形生老死，皆我也。故形为我载，生为我劳，老为我佚，死为我息，四者虽变，未始非我，我奚惜哉！死生，皆命也。无善则已，有善则生，不独善也。故若以吾生为善乎，则吾死亦善也。将言死生变化之不可逃，故先举无逃之极，然后明以必变之符，将任化而无系也。夫无力之力，莫大于变化也；揭天地以趋新，负山岳以舍故。故不暂停，忽已涉新，则天地万物无时不移。世皆新矣，而自以为故；舟山日易，而视之若前；交一臂而失之，皆在冥冥中去矣。故向者之我，非复今我；我与今俱往，岂常守故哉！而世莫之觉，谓今之所遇可系而在，岂不昧哉！不知与化为体，而思藏之使不化，则虽至深至固，各得所宜，无以禁其日变也。夫惟无藏而任化者，变不能变矣。无所藏而都任之，则与物无不冥，与化无不一。故无内外，无死生，体天地，合变化，索所遁而不得矣。此乃常物之大情，非一曲之小意也。人形乃是万化之一遇耳。无极之中，所遇者皆若人,岂特人形可喜而馀物无乐耶?圣人游于变化之途,放于日新之流;万物万化,亦与之万化;化者无极,亦与之无极,谁得遁之哉?夫于生为亡,于死为存,于死为存则何时而非存哉?夫自均于百年之内,不善少而否老,未能体变化,齐死生也。然其平粹,犹足以师于人,况玄同万物,与化为体,其为天下所宗也,不亦宜乎?吕注 大块之于我,固无情也,苟为善吾生,则善吾死必矣,吾何悦恶哉?物无大小,心存则存,心亡则亡,苟为非道,未有存而不去者。夫藏小大有宜,而犹有所遁,以有涯之生,藏无穷之宇宙,而欲其无遁,岂常物之情哉!天下者万物之所一,得所一而藏于所一,则彼有力者虽欲负之而走,将安之哉?非真知不足以与此。疑独 夫形随化迁,物岂守故?俯仰之间,已涉万变。世人操必化之器,托不停之运,为化所迁,不自知也。故庄子有舟山壑泽之喻。唯物物而不物于物者,造化所不能移也。若夫藏天下于天下,则无所藏而都任之,索所遁而不得,此常物之大情,合于性命之理而与化为一也。善夭善老,善始善终,虽未忘生死,亦能尽性,故可为人师法。而况至命而能物物,万物之所系,一化之所待者乎?详道 道之善吾生,乃所以善吾死,其生若浮,其死若休。夫藏舟于壑,藏小也;藏山于泽,藏大也。夜半,非可见也。有力,非可御也。舟之于山,小大动止虽殊,而为有力者所负趋则一。然则人之于化,将为静以藏之与?将为动以藏之与?化非动静所能免,孰若藏天下于天下,旷然与化为一邪?圣人游于物之所不得遁,故不系于物,而物之所系,不待于化而化之所待也。赵注 生为行人,死为归人。生必有死，行必有归。造物之所以善吾生、善吾死者在此，安乎自然而已。运于无形[①]而能形此形者，乃万物所系，一化所待，善之善者也。物有万而化则一，一者此也。口义 大块，天地也。藏天下于天下，则付之自然，无所遁矣。万物之真实处常如此。圣人游心自然，无得无丧，故曰"游于物之所不得遁而皆存"。义海 生吾者造物，而善吾者我也，其生其死，有何异哉！凡天下之物，有藏必有遁，遁则不存矣。唯其无所藏，故物不得遁而皆存。得是而游焉，旷然达观，无往不存，此藏天下于天下之道也。然则欲超遁化，将有道乎？曰无藏无执，心与天游，欲求见在犹不可得，又恶知所谓遁化哉！评庄 藏舟于壑，藏山于泽，犹有二也，是犹誉尧而非桀也。藏天下于天下，则无二也，是两忘而化其道也。补注 庄子意以变化多端、死生往复，不可定著，人形乃万化中之一耳。今受人形而喜，则凡形之所受，若鸡若弹，若虫臂，若鼠肝，将无不喜者，故以乐可胜计为言。《口义》乃云"万物皆备为乐"，似以吾儒正理解之，非庄旨也。

夫道有情有信，无为无形；可传而不可受，可得而不可见；自本自根，未有天地，自古以固存；神鬼神帝，生天生地；在太极之先而不为高，在六极之下而不为深；先天地生而不为久，长于上古而不为老。狶韦氏得之，以挈天地；伏戏氏得之，以袭气母；维斗得之，终古不忒；日月得之，

①形，原字坏，据《义海》卷十六补。

终古不息；堪坏坯得之，以袭昆仑；冯凭夷得之，以游大川；肩吾得之，以处大山；黄帝得之，以登云天；颛顼得之，以处玄宫；禺强得之，立乎北极；西王母得之，坐乎少广，莫知其始，莫知其终；彭祖得之，上及有虞，下及五伯；傅说悦得之，以相武丁，奄有天下，乘东维，骑箕尾，而比于列星。司马云：袭，入也。气母，元气之母也。终古，犹言常也。堪坏，神名。冯夷，河伯也。肩吾，山神。禺强，北海神也。

郭注 有无情之情，故无为也；有常无[①]之信，故无形也。古今传而宅之，莫能受而有之。咸得自容，莫见其状。未有天地，自古固存，明无者不待[②]有而无也。无者，岂能生神哉？不神鬼帝而鬼帝自神，不生天地而天地自生，斯乃不神之神，不生之生也。故知神之果不足以神，而不神则神矣，功何足有，事何足恃哉！夫道在高无高，在深无深，在久不久，在老无老，无所不在而所在皆无也。上下无不格，不可以高卑称；内外无不至，不可以表里名；与化推移，不得言久；终始常无，不得谓老也。自“狶韦氏得之”至“比列星”，言得之于道，乃所以明其自得耳，道不能使之得也。然则，凡得之者，外不资于道，内不由于己，掘然自得而独化也。夫生之难也，犹独化而自得矣，既得其生，又何患生之不得而为之哉！为之，则伤真生矣。吕注 耳目得之而视听，手足得之而运动，岂不有情乎？寒暑得之而往来，万物得之而生育，岂不有信乎？然求其为之者不可得，是无形也。或不言而喻，或目击而存，是可传也。而莫得

①常无，疑倒。按，例之上句“有无情之情”，则下句当为“有无常之信”。
②待，原作“得”，误，据《庄子注》卷三改。

而有之，不可受也。以心契之，吻然而合，是可得也。而莫得其朕，不可见也。万物之生，未尝无本根，而此则自本自根。万物因天地而后有，此则未有天地，自古固存。高深，言其形。久老，言其时。我则无形无时，所以无名也。古之圣人未有不得道而为圣者，非特狶韦至于傅[①]说而已。自天而下未有不得道而立者，非特维斗日月而已。此其所以为大宗师欤？疑独 传无所传，故不可受；得无所得，故不可见。轮扁之子不能受之于父也。象罔求珠，可得而不可见也。太易者，未见气。太初者，气之始。未见气为父，则气者母也。斗为天之纲维。口义 前段不说道字，到此方提起道字，说大宗师也。情信，皆实也。无为，无下手处。无形，无方体也。可传不可受，可得不可见，唯造道者知之。义海 自篇首叙真人之道，死生之理，至此则又论道之体及上古得道之人以证之。鬼帝，即阴阳也。信能知夫生天生地者，则我身之所自来，不期知而知矣；既知所自来，则其去也有昧然者乎？通义 有情，活泼泼地也。有信，确乎不拔也。妙万物而无我，何为何形也？悟而不化，受则成障，故曰不可受。有触有觉，得也。无形无所，无可见也。若有可见，即住法矣。仁见谓仁，知见谓知，此之谓也。补注 已上三节，反复推明自然之妙，至此方将正经题目拈出。"狶韦"以下，乃极言之，以见其为大宗师也。

南伯子葵问乎女偊曰："子之年长矣，而色若孺子，

①傅，原作"传"，误。按，经文"傅说得之"，即殷商时辅佐高宗武丁的相国傅说。褚伯秀《义海》卷三吕注亦作"傅说"。据改。

何也?”曰:“吾闻道矣。”南伯子葵曰:“道可得学邪?”曰:“恶!恶可!子非其人也。夫卜梁倚有圣人之才,而无圣人之道,我有圣人之道,而无圣人之才。吾欲以教之,庶几其果为圣人乎?不然,以圣人之道告圣人之才,亦易矣。吾犹守而告之,参三日而后能外天下;已外天下矣,吾又守之,七日而后能外物;已外物矣,吾又守之,九日而后能外生;已外生矣,而后能朝彻;朝彻而后能见独,见独而后能无古今;无古今,而后能入于不死不生。杀生者不死,生生者不生。其为物无不将也,无不迎也,无不毁也,无不成也。其名为撄宁。撄宁也者,撄而后成者也。”撄扰汩乱之中而尝自宁定,故谓之曰撄宁。南伯子葵曰:“子独恶乎闻之?”结奇甚。曰:“闻诸副墨之子,副墨之子闻诸洛诵之孙,洛诵之孙闻之瞻明,瞻明闻之聂许,聂许闻之需役,需役闻之於乌讴,於讴闻之玄冥,玄冥闻之参寥,参寥闻之疑始。”杀生,李云:忘生。崔云:除其营生也,故不死。生生,李云:矜生。崔云:常营其生也,故不生。副墨以下皆寓言耳。副墨,副,贰。玄,墨也。洛诵,苞洛无不通也。瞻明,神明洞彻也。聂许,摄保之,无施予也。参,高貌。寥,旷不可名也。

郭注 闻道则任其自生,故气色全也。外,犹遗也。物者,朝夕所须,切己难忘。外生,则都遗之也。遗生则不恶死,所遇即安,豁然无滞,见几而作,斯朝彻也。当所遇而安之,忘先后之所接,斯见独者也。无古今,与独俱往也。系生故有死,恶死故有生。无系无恶,则无死无生矣。任其将迎,故无不将迎。任其毁成,故无不毁成。夫与物冥者,物萦亦萦,未始不宁也。物萦而独不萦,则败矣。故萦而任之,则莫不曲成也。玄冥者,所以名无而非无也。夫阶名以至无者,必得无于名表。故虽玄冥,犹未极,而又推寄于参寥，玄之又玄也。自然之理，有积习而成者。盖阶近以至远，研粗以至精，故七重而后及无之名，九重而后疑无是始也。吕注 人闻道则忧患不能入，所以年长而色稚。有圣人之道者，得其大本大宗。有圣人之才者，以是道推之天下国家也。卜梁倚有其才而无其道，故守而告之，由粗以至精也。见独者，彼是莫得其偶。无古无今，参万岁而一成纯也。道以体之为正，则文墨所论者乃其副也。洛诵，谓绵络贯穿而诵之。子孙者，言道之所生在乎此也。自副墨至瞻明，学而有所见；自摄许至於讴，行而至于乐；然皆未足以为道之体。玄冥，则无见无知。参寥，则无亦不立。疑其为始而莫知其为始，乃其所以始也。疑独 天下与物，忘之犹易；生者，人所难忘。外生则不生而能生生，是为道之极致。夜气存而朝亦彻之，然后能见独。独者，离阴阳而无偶，见非目之所及也。无古无今，非世变所推。不死不生，则至于命矣。命物而不命于物，能杀生者也。物物而不物于物，能生生者也。其为物也亦强名，故任物之将迎成毁也。详道 物者，身之累，故外物而后能外生。生者，道之累，故外生而后能朝彻。盖夜气不忘，故朝而能彻；道无与偶，故所见者独。合古今为一时，通死生为一贯，则无将无迎，无成无毁。纯气不亏于内，万物莫撄其外，而色若孺子，不足怪也。赵注 外天下、外物、外生，三者同一外，但由粗而精耳。既能外生，罔不洞照，所谓朝彻也。朝彻则所见者卓，所见者卓则古今常存，古今常存，尚何生死之有？副墨，书也。洛诵，言也。瞻明，视也。聂许，听也。需役，行也。於讴，歌也。玄冥，默会。参寥，求之于远也。疑始，意其有初。皆寓言也。口义 朝彻者，胸中朗然，如平旦澄清之气。见独者，自见而人不见也。无古今，则无死生矣。无将迎成毁，即是自然而然也。虽撄扰汩乱之中而其定者常在，是撄而后成也。因言而后书之简策，则墨之副也。苞络而读诵之，依文而读，背文而诵，犹子生孙也。玄冥，有气之始。参寥，无名之始。疑始，又是无始之始。盖言道虽得之于文字，实吾性天之所自有者也。补注 不死不生之人，将迎成败，虽交于前而此中湛寂无扰，所以无不将迎，无不成毁也，故其名为撄宁。撄，扰也。盖人处世间，日与物接，罕有不扰拂其心者。众人则扰之而乱，圣人则扰之而宁。此常应常静，道之所以成也。

子祀、子舆、子犁、子来四人相与语曰："孰能以无为首，以生为脊，以死为尻，苦羔反。孰知死生存亡之一体者，吾与之友矣。"起案。四人相视而笑，莫逆于心，遂相与为友。俄而子舆有病，子祀往问之。曰："伟哉！以下二事，皆明死生一体。夫造物者将以予为此拘拘也！"曲偻缕发背，上有五管，颐隐于齐，肩高于顶，句勾赘指天；阴阳之气有沴，丽。其心间闲而无事，跰玭䟢鲜而鉴于井，曰："嗟乎！夫造物者又将以予为此拘拘也！"子祀曰："女汝恶之乎？"曰："亡，无。予何恶！浸假而化予之左臂以为鸡，予因以求时夜；浸假而化予之右臂以为弹，但。予因以求鸮炙；浸假而化予之尻以为轮，以神为马，予因而乘之，岂更庚驾哉！且夫得者，时也；失者，顺也；安时而处顺，哀乐洛不能入也。此古之所谓县玄解蟹也，而不能自解者，物有结之。且夫物不胜天久矣，吾又何恶焉！”“伟哉”至“鉴于井”，皆子祀自说病状也。句赘，项，推其形似赘，言其向上也。其心，崔读属上句。跰𨇤，病不能行也。“嗟乎”以下，此子舆词。

郭注 沴，陵乱也。夫任自然之变者，无差也，与物嗟耳。浸，渐也。体化合变，则无往而不因，无因而不可。当所遇之时，世谓之得。时不暂停，顺往而去，世谓之失。安时处顺，谓之悬解。一不能自解，则众物共结之。能解则无所不解也。天不能无昼夜，我安能[①]无死生而恶之哉！吕注 浸假而化者凡三，而予之所体者则一，此所谓万化而未始有极也。以无为首，以生为脊，以死为尻，神则转之者也。故以尻为轮，以神为马，予因而乘之，岂更驾哉。生之来不能却，则得者时也；其去不能御，则失者顺也。安时处顺，哀乐不能入，则无所悬，此所以为解也。来不能却，去不可御，则知物不胜天矣，吾何恶之哉。疑独 四人皆知道之士，能以无有生死为一体，遂与为友。得非我得，系乎时而已；失非我失，顺乎理而已，此所谓悬[②]解也。口义 首脊尻，只是首尾始终。人自无而有，既有有而后有生死也。使我为此拘拘者，造物也。浸假，言假使造物渐渐化予之身以为他物，吾将因而用之。此即顺造化而无好恶之意。是虽寓言，亦自有理。通义 凡物始于无，终于无，其生其死，一物之往来耳。苟入于不死不生，其所存岂在七尺之躯哉！跰𨇤鉴井，其贫可见。评庄 此篇短体而文奇甚。

---

①能，原作“得”，误，据《庄子注》卷三改。

②悬，原作“玄”，误，据经文“此古之所谓县（古文悬）解’改。

俄而子来有病，喘喘一作惴然将死，其妻子环而泣之。犁往问之，曰：“叱！避！无怛化！”倚其户与之语曰：“伟哉造化！又将奚以汝为？将奚以汝适？以汝为鼠肝乎？以汝为虫臂乎？”子来曰：“父母于子，东西南北，唯命之从。阴阳于人，不翅试于父母；彼近吾死，而我不听，我则悍一作捍矣，彼何罪焉！夫大块载我以形，劳我以生，佚我以老，息我以死。故善吾生者，乃所以善吾死也。今大冶铸金，金踊跃曰：‘我且必为镆铘！’大冶必以为不祥之金。今一犯人之形而曰：‘人耳！人耳！’夫造化者必以为不祥之人。今一以天地为大炉，以造化为大冶，恶乎往而不可哉！”成然寐，蘧然觉。教。以六字结，甚奇。

郭注 死生，犹寤寐耳。于理当寐，不愿人惊，将化而叱，无为怛之也。自古或有能违父母之命者，未有能违阴阳之变者也。死生犹昼夜，未足为远。时当死，非所禁，而横有不听之心，适为悍逆以速其死耳，非死之罪也。彼谓死耳，善吾生，善吾死，理常俱也。人耳，人耳，唯愿为人也。金之踊跃，世之不祥，生非故为，时自生耳。矜而有之，不亦妄乎？人皆知金之有系为不祥，故明己之无异于金，则所系之情可解，可解则无不可也。寤寐自若，不以死生累心也。吕注 鼠虫，人之所甚贱，而气形之散为肝与臂，又其所恶者也。于斯时也，问所贱所恶，盖以考子来之所安。知阴阳之于人不翅父母而听之，知大块之息我以死而善之，则安用问其奚以汝为、奚以汝适邪？成然寐，蘧然觉，言死生之际若寤寐之从容，不为之变也。口义 鼠肝虫臂，言物之至小者，便是赵州云“火烧过后，成一株茅苇”之论。唯命之从，不听则捍，即前段“物不胜天”之意。铸金之喻，亦奇绝。贾谊“阴阳为炭，万物为铜”，皆自此中出。成然寐，蘧然觉，以生为寐，以死为觉也。义海 人处世间，万物之一而所谓人者，不知其几亿万计，则何以汝为？此又释其滞念而开其旷怀也。古人之所以自处者若此。以死为觉，则何时而非觉哉！

子桑户、孟子反、子琴张三人相与友。曰：“孰能相与于无相与，相为于无相为？孰能登天游雾，挠扰挑兆无极，相忘以生，无所终穷？”三人相视而笑，莫逆于心，遂相与友。莫然有间，而子桑户死，未葬。孔子闻之，使子贡往待事焉。或编曲，或鼓琴，相和而歌曰：“嗟来桑户乎！嗟来桑户乎！而已反其真，而我犹为人猗！”子贡趋而进曰：“敢问临尸而歌，礼乎？”二人相视而笑曰：“是恶知礼意！”子贡反，以告孔子，曰：“彼何人者邪？修行无有，而外其形骸，临尸而歌，颜色不变，无以命之。彼何人者邪？”孔子曰：“彼，游方之外者也；而丘，游方之内者也。外内不相及。而丘使女汝往吊之，丘则陋矣。彼方且与造物者为人，而游乎天地之一气。彼以生为附赘县玄疣，尤。以死为决疣换溃痈。夫若然者，又恶知死生先后之所在？假于异物，托于同体；忘其肝胆，遗其耳目；反覆终始，不知端倪；芒然彷徨乎尘垢之外，逍遥乎无为之业。彼又恶能愦愦匮然为世俗之礼，以观众人之耳目哉！”子贡曰：“然则，夫子何方之依？”曰：“丘，天之戮民也。虽然，吾与汝共之。”子贡曰：“敢问其方。”孔子曰：“鱼相造七到反乎水，人相造乎道。相造乎水者，穿池而养给；相造乎道者，无事而生定。故曰：鱼相忘乎江湖，人相忘乎道术。”子贡曰：“敢问畸箕人。”曰：“畸人者，畸于人而侔于天。故曰：天之小人，人之君子；天之君子，天之小人也。”

郭注 体天地、冥变化者，虽手足五藏未尝相与而百节同和，相与于无相与也；未尝相为而表里俱济，相为于无相为也。若乃役心志以恤手足，运股肱以营五藏，则相为愈笃而内外愈困矣。故以天下为一体者，无爱为于其间也。挠挑无极，无所不任也。忘其生，则无不忘，故能随变任化，无所穷竟。相视而笑，莫逆于心，明至亲而无爱念之情也。人哭，俗内之迹。临尸而歌，方外之至。夫知礼意者，必游外以经内，守母以存子。若乃矜乎名声，牵乎形制，则孝不任诚，慈不任实，父子兄弟，怀情相欺，岂礼之大意哉！夫理有至极，内外相冥，未有极游外之致而不冥于内者也。吊者，方内之事，施于方外，则陋矣。一气者，冥之，故无二也。以生为附赘悬疣，气之时聚，非所乐也。以死为决疣溃痈，气之自散，非所惜也。死生代谢，未始有极，与之俱往，则无往不可，故不知胜负之所在。假，因也。聚散变化，皆异物也。所假虽异，共成一体。故忘肝胆，遗耳目，任理而冥往，五藏犹忘，何物足识哉！未始有识，故能放身于变化之途，玄同于反覆之波，而不知终始之所极[①]也。无为之业，非拱默也；尘垢之外，非山林也。其所以观示众人者，皆其尘垢耳，非方外之冥物也。夫游外者依内，离人者合俗，故有天下者无以天下为也。是以遗物而后能入群，

①极，原作“及”，误，据《庄子注》卷三改。

坐忘而后能应务，虽为世桎梏，但为与汝共之，明己常自在外也[①]。人之与鱼所造虽异，其于由无事以得事，自方外以共内，然后养给而生定，莫不皆然也。各自足而相忘也，能游外以冥内，任万物之自然，使天性各足而帝王道成，乃畸于人而侔于天也。以自然言之，则人无小大；以人理言之，则侔于天者，可谓君子矣。吕注 相与于无相与，相为于无相为，归根复命之处也。游方之外，则与天为徒，故以死为乐而不足哀；游方之内，则与人为徒，故以死为哀而无敢乐。若三人者，与之为徒而乐其死，则倍死忘生者众矣；无三人者，则绸缪于死生之间，而不能解，亦至人之所哀也。内外之志不同，此所以不相及。畸人侔天，所以外而不内也。疑独 异物者，生死变化。同体者，六骸耳目。异物既为假，同体岂其真哉？遗内忘外，莫知终始，言其与化为一也。详道 子祀顺形，子来顺命，二者虽殊，其于以无为首，以生为脊，以死为尻，一也。然而顺形未能忘形，顺命未能忘命。若子桑三友，登天游雾，挠挑无极，此忘形也。临尸而歌，颜色不变，此忘命也。碧虚 无相与者，自与。无相为者，自为。此所以为相忘。友编次歌曲，鼓琴相和，非为桑户也。哭泣擗踊[②]，礼之文。安生顺死，礼之意。达人以自依为务，而以依圣迹为戮辱，故虽圣贤趣异而应物不别也。口义 往待事，犹助原壤沐椁之类。编曲，织箔也。

①桎梏，原作"梏桎"，倒，据《庄子注》卷三乙正；"明己"下"常"，《庄子注》作"但"。

②踊，原作"诵"，误，据《义海》卷十八改。

《礼记》载原壤《狸首》之歌，则知自古以来有此离世绝俗之人，不待学道而后有也。赘疣疣痈，喻此身为天地间长物，必决之溃之而后快，即劳生息死之意。假于异物，托于同体，即地水火风假合为身之论。畸人，独异之人，故合于天。天以为君子，则人以为小人；人以为君子，则天以为小人矣。庄子之所谓君子，有讥侮圣贤之意。盖谓礼乐法度皆非出于自然，必剖斗折衡，使民不争，而后为天之君子也，亦愤世疾邪而有此过高之论。

颜回问仲尼曰："孟孙才，其母死，哭泣无涕，中心不戚，居丧不哀。无是三者，以善丧。盖鲁国固有无其实而得其名者乎？回一怪之。"仲尼曰："夫孟孙氏尽之矣，进于知矣。唯简之而不得，夫已有所简矣。孟孙氏不知所以生，不知所以死；不知就先，不知就后；若化为物，以待其所不知之化已乎！且方将化，恶知不化哉？方将不化，恶知已化哉？吾特与汝，其梦未始觉教者邪？且彼有骇形而无损心，有旦神宅而无情死。孟孙氏特觉，人哭亦哭，是自其所以乃。且也相与'吾之'耳矣，庸讵知吾所谓'吾之'乎？且汝梦为鸟而厉乎天，梦为鱼而没于渊。不识今之言者，其觉教者乎？其梦者乎？造适不及笑，献笑不及排，安排而去化，乃入于寥天一。"

郭注 鲁观其礼，回察其心。尽死生之理，应内外之宜者，动而以天行，非知之匹也。故曰进于知。简择死生而不得其异，若春秋冬夏四时行耳。已简而不得，故无不安；无不安，故不以死生概意而付之自化也。死生宛转，与化为一，犹忘所知于当今，岂待所未知而预忧哉！已化而生，焉知未生之时！方化而死，焉知已死之后！故无所避就，而与化俱生也。今在梦中，自以为觉，则无以明觉之非梦，生之非死也。死生觉梦，不知所在，当其所遇，无不自得，何为在此而忧彼邪！以变化为形之骇动，不以损累其心。以形变为旦宅之日新，其情不以为死。夫常觉者，无往而有逆，故人哭亦哭，自是其所宜也。死生变化，吾皆吾之。未始失吾，吾何忧哉！玄同内外，与化日新，岂知吾之所在？梦为鸟，梦为鱼，言无往而不自得也。觉梦之化，无往而不可，则死生之变亦无时而足惜也。所造皆适，则忘适矣，故不及笑。排者，推移之谓。礼哭必哀，献笑必乐，哀乐存怀，则不能与适推移矣。今孟孙常适，故哭而不哀，与化俱往也。安于推排，与化俱往，故乃入于寂寥而与天为一也。自此以上至于子祀，其致一也。所执之丧异，故歌哭不同耳。【吕注】居丧哭泣与人同，而不为哀戚所累则与人异，明至人者不离乎世俗之同。生犹是，死犹是，哭泣犹是，虽欲简之而不得。彼有人之形，故有骇形而心不动，故无损心。死生犹夜旦，故有旦宅。无人之情，故无情死。此孟孙氏所以特觉也。夫唯知此，故人哭亦哭，无涕不哀，是自其所以乃，而不足怪也。为鸟为鱼，不知其梦，以明孟孙氏则忘吾而特觉者也。【赵注】孟孙尽死生之理，然不得不居丧，不得不泣哭，所谓简之而不得也。不戚不哀，则已有所简矣。化者形也，不化者非形，其化不化，恶能相知哉？有骇形而无损心，有旦宅而无情死，所谓有人之形，无人之情也。吾所谓吾者，亘古今而常存，梦为鱼鸟不知梦也。造适者，无入而不自得，故不及笑。献笑者，触机而喜，故不及排。安于造物之推排，而离于生生化化之域，乃造于高远而与天为徒也。口义 进于知者，进而知道也。简之而不得，谓居丧之礼，哭泣之事，犹欲简去而不得。虽欲简不得，而所为已甚简矣。彼知道而我怪之，是我之梦未觉也。形有老少之变，虽可骇异，心闲无事，故无损心。死生，犹夜旦。知生之所居者暂，则死非实死，故无情死。特觉，人哭亦哭，言随众耳。此是欲简而不得处。是自其所以乃，言其自得之妙，欲简而不得，乃随众以哭也。且今之相与，既以我而怪之，又安知我之所谓我，果何如邪？所适有时而不及笑者，适之甚也。因物而笑，是物献笑于我，出于自然，何待安排？世间万事，穷达得丧，皆已排定，我但安其所排，随化而去，乃可入于寥天一。寥天一，只是造化。义海 蜩蝉蜻蝶之化，其理可推。将化未化，凝然寂然，罔知彼我之分殊，潜候天地之气应。方其化也，或误为他物所触，则心变于内，形移于外，盖有以感召之。夫化虽由于造物，亦有以见物之自造也。物之穷通，系于造化之推排。人之哀乐，系于推排之所遇。能安于推排，顺于去化，乃入于寥远，合乎自然。通义 有骇形，无损心，言其形虽有老少之变，而不失其赤子之心也。特觉、人哭亦哭者，言其随人礼文，是其以为吾且如此，然亦不知吾今所谓吾者，何自而有此谓也。此其忘形之极，视习于世尚者，岂非梦而未觉者哉！补注 庄子大意，谓死生常理，人当安时[①]处顺，听其自然，付之无心。自子祀章以下至此，皆一意。其倜傥辩博，陈说道理，极其精透。但谓明于变化之故，不悦生而恶死，若子舆、子来之自安，子反、琴张之待友，则可矣。乃至亲丧，而亦欲委之大化，又借孔、颜言之，此则真名教罪人耳。按，旦宅"旦"字，诸本俱作"旦暮"解，惟《正韵》读作"神"字，或有据也。今存之。

意而子见许由，许由曰："尧何以资汝？"意而子曰："尧谓我：汝必躬服仁义而明言是非。"许由曰："而奚来为轵？咫。夫尧既已黥汝以仁义，而劓刈汝以是非矣，汝将何以游夫遥荡恣睢灰转徙之途乎？"意而子曰："虽然，吾愿游于其藩。"许由曰："不然。夫盲者无以与乎眉目颜色之好，瞽者无以与乎青黄黼黻之观。"意而子曰："夫无庄之失其美，据梁之失其力，黄帝之亡其知，皆在炉捶一作锤之间耳。庸讵知夫造物者之不息我黥而补我劓，使我乘成以随先生邪？"许由曰："噫！未可知也！我为汝其言大略：吾师乎！吾师乎！整赍万物而不为义，泽及万世而不为仁，长于上古而不为老，覆载天地、刻雕众形而不为巧。此所游已！"毁道德以为仁义，似黥；破玄同以为是非，似劓。恣睢，自得貌。藩，崖也，域也。轵，语词。整，碎也。

郭注 资者，济给之谓。黥以仁义，劓以是非，言其以形教自亏，不能游自得之场也。愿游其藩，言不敢求涉中道也。天下之物，未必皆自成，亦有须冶煅而为器者。故无庄、据梁、黄帝皆闻道而后亡其所务也。此寄言，以遣云

①时，《补注》卷三作"常"。

为之累。夫率性直往者，自然也。往而伤性，性伤而能改，亦自然也。庸讵知我之自然，当不息黥补劓，而乘可成之道，以随夫子耶？ 整泽，万物皆自尔耳，亦无爱恶于其间，安所寄其仁义哉！ 不老，日新也。非巧，自然也。游于无为，师于无师而已矣。吕注 无庄自美而累于美，据梁恃力而累于力，黄帝尝斋心服形以复乎无知，则其始不能无用知也。炉所以镕铸，锤所以煅炼，言三人之亡其累，非天性无之，亦在于镕铸煅炼之间，则安知造物者之不息黥补劓，使乘其成心以随先生之无为邪？ 夫整泽万物，长于上古，刻雕众形，此吾之所游而以为师者也。子欲息黥而补劓，亦以是为师而已。疑独 物皆自造，我与物俱不可知，冥之而已。吾师乎，指道而言。口义 遥荡，放荡也。恣睢，纵横也。转徙，变动也。"吾师乎"已下，方说出本篇大宗师。盖无为而为，自然而然，我无容心，故不得以仁义名之也。"长于上古"等三句，皆形容自然之道。游心于自然，则见天地与我并生，万物与我为一，吾之所游者，如此而已矣。义海 夫学道者，所以求复其初，保其全而勿伤也。既黥既劓，而望造物之息补，不亦难乎？ 信能明夫物之自造，则所谓鲸劓者亦在乎自息自补，造物何与焉！ 游谓徜徉自得于其间，无适而非逍遥也。评庄 "师"字重看，篇名《大宗师》以此。再言吾师，以道言。言道之本体初无仁义与是非者，此尧之言，所以为黥劓人也。

颜回曰："回益矣。"仲尼曰："何谓也？"曰："回忘仁义矣。"曰："可矣，犹未也。"它日复见，曰："回益矣。"曰："何谓也?”曰:“回忘礼乐矣。”曰:“可矣,犹未也。”它日复见,曰:“回益矣。”曰:“何谓也?”曰:“回坐忘矣。”仲尼蹴然曰:“何谓坐忘?”颜回曰:“堕_隳枝体,黜聪明,离形去知,同于大通,此谓坐忘。”仲尼曰:“同则无好也。化则无常也。而果其贤乎!丘也请从而后也。”

郭注 益矣者,以损之为益也。仁者,兼爱之迹;义者,成物之功。爱之非仁,仁迹行焉;成之非义,义功见焉。存夫仁义,不足以知爱利之由无心,故忘之可也。但忘功迹,犹未玄达。礼者,形体之用;乐者,乐生之具。忘其具,未若忘其所以具也。坐忘者,既忘其迹,又忘其所以迹;内不觉其一身,外不知有天地;然后旷然与化为体而无不通也。无物不同,则未尝不适,故无好恶。同于化者,唯化所适,故无常也。详道 枝海以为百川,则见川不见海;合百川以归海,则见海不见川。道,海也。仁义礼乐,百川也。回得道而忘仁义礼乐,是睹海而忘百川,然犹未忘道也;至于离形而忘物,去知而忘心,宴然无所系累,则道果何在哉?与我兼忘而已,此回之所以贤也。盖回之忘,有所不忘;而其益,有所谓损。不忘其所忘,以归于诚忘;损之又损之,以至于无损。非造坐忘之妙,何足以与此?碧虚 堕肢体,谓即应而忘;黜聪明,谓即照而忘。即应而忘,离形去知也;即照而忘,同乎大通也。体同太空,则无好恶;心同造化,则无断常矣。口义 坐忘之说,乃庄子借颜子之名,以形容造道之妙。益矣,言有所得也。先忘仁义而后忘礼乐,犹外天下而后外万物。至于坐忘,则有无俱遣，四肢耳目皆不自知，而同于大通之道也。与道为一则化，化则无所住而生其心矣。义海“同则无好”二句，乃印证坐忘公案，欲人求同于异，安化为常，冥形于忘，合道于虚，则至矣尽矣。通义忘仁义，不落欢虞也。忘礼乐，自脱桎梏也。坐忘者，不特忘形骸，并其知亦忘之矣，犹曰吾丧我也。大通，太虚无碍也。无好者，情顺万事而无情也。无常者，感应推移，如行云流水也。

子舆与子桑友。而霖雨十日。子舆曰：“子桑殆病矣！”裹饭而往食之。至子桑之门，则若歌若哭，鼓琴，曰：“父邪！母邪！天乎！人乎！”有不任壬其声而趋促举其诗焉。子舆入，曰：“子之歌诗，何故若是？”曰：“吾思夫使我至此极者而弗得也！父母岂欲吾贫哉？天无私覆，地无私载，天地岂私贫我哉？求其为之者而不得也。然而至此极者，命也夫！”

郭注此二人相为于无相为者也。今裹饭而往食之，亦天理自尔，非相为而后往也。何故若是者？嫌其有情而趋出远理也。命也夫，言物皆自然，无为之者也。吕注庄子论大宗师而卒之以孟孙才、颜回，以为体性抱神以游世俗而后为至也。然恐学者以子桑之徒为不及孟孙氏，子舆之徒为不及子桑，于是复合而论之。其言则皆至于命而安之之辞。诸子之迹虽不同，以道为大宗师而至于命，则一也。疑独子桑忘形遗生，故当其病也，不以病为病，一归之命而已。不任其声，以病而力微，故举诗如此，其趣也。

父母，至亲；天地，至公。岂私贫我哉？求其为之者而不得，则亦命焉耳！万化咸归于一命，此道之极也。口义 不任其声，无力而声微也。趣举其诗，情隘而辞蹙也。求其为之者，不得而归之命。盖谓自然之理在天地之上，是所谓大宗师也。

义海总论 宗师，学者所主而尊之之称。冠之以大，犹云众父父也。首论知天、知人、明义命以立其本。继以真人、真知、寝不梦而觉无忧。夫人之爱其父、忠其君而身犹死之，况其卓然至真者乎？真之可贵，有尊于君父之命，而世俗罔知，徒从事乎呴濡湿沫，不若相忘江湖之为愈也。大块载形，佚老息死，此造物之善吾形也，而人多贪生畏死，故设藏舟藏山之喻，以破其惑。凡有形有生，理无不遁，虽壑泽深固，犹不免乎变迁，以有限之躯，藏无穷之宇宙，恶保其不遁哉！唯能藏天下于天下，斯无遁矣。是乃圣人所游，一化所待。生天生地，万化而未始有极者，何特遇人之形而窃喜之乎？长上古而不为老，登云天而处玄宫，皆真人之妙用。大宗师体之以为本，民物学徒倚之以为命者也。女偊之无古无今，则死生不得系之矣。祀来之莫逆相友，则物我不得间之矣。故左鸡右弹，神马尻轮，听造物之化，随所遇而安，古之所谓悬解也。曾何虫臂鼠肝之足较，而妄启跃冶之疑邪？子反、琴张弦歌而吊桑户，以涉世为劳，反真为幸，此游方之外，异乎世俗者。方且与造物为人，则寿夭穷通不足尽其变，天地寒暑不得拘其体矣。孟孙氏有骇形而无损心，犹梦为鱼鸟而厉天没渊，安于一时之化，岂以形间而异情哉？颜子堕体黜聪，坐忘造极，传心理窟，继统圣门，实为师者善化之力也。至于子桑鼓琴，若歌若哭，求其为之者不得，卒归之于命。真人已得道，则超乎命，世累不得系之。所谓真知，则究极天人，畅达性命而无疑者也。穷理尽性以至于命，则以处己而言；命物之化而守其宗，则以宰物而言。处己之命，子桑是也。宰物之命，其唯大宗师乎？

《庄义要删》卷之三《大宗师》终

庄义要删内篇　卷之三

应帝王第七

夫无心而任乎自化者，应为帝王者也。

啮缺问于王倪，四问而四不知。啮缺因跃而大喜，行以告蒲衣子。蒲衣子曰："而乃今知之乎？有虞氏不及泰氏。有虞氏其犹藏仁以要人，亦得人矣，而未始出于非人。泰氏其卧徐徐，其觉教于于。一以己为马，一以己为牛。其知情信，其德甚真，而未始入于非人。"藏仁，怀仁心以结人也。一作臧，善也。徐徐，安稳貌。于于，无知貌。简文云：皆寐之状也。

郭注 有虞、泰氏，皆世事之迹，非所以迹也。所以迹者，无迹也。世孰名之哉！故乘群变，履万世，世有夷险，迹有不及也。夫以所好为是人，所恶为非人者，以是非为域也。能出于非人之域，必入于无非人之境。故无得无失，无可无不可，岂直藏仁而要人邪？以己为马牛，则奚是人？人非人之有，任其自知，故情信；任其自得，故无为。不入乎是非之域，所以绝有虞之世也。吕注 有虞亦训忧虞，泰氏亦泰定之义。谓有知而有虞，不若无知而泰定。有虞氏之迹，犹臧仁以要人，而人从之，固得人矣。然以仁为臧而是之，不免以不仁为否而非之，是未始出于非人。

有人有非人，樊然殽乱矣。泰氏其卧徐徐，其觉于于，以己为马牛，莫之恶也。故其知信而不疑，其德[1]真而不伪，恶知其不仁之为否而入于非人乎！不及者，言其迹。泰氏则有虞氏之所以迹也，欲得其所以迹者，解心释神，深造乎王倪之所不知而已。碧虚 圣人行不言之教，则四问四不知者，乃《应帝王》之纲纽也。藏仁以要人，有善恶也。一以己为马，一以己为牛，无物我也。口义 四问而四不答，即《维摩经》以不言为不二法门之意。怀仁以结人心，亦可以得人，不出于如天而已。非人，即天也，故曰未始出于非人。以己为马，以己为牛，皆置之不问，听人谁何也。其所知皆实理，其德在己，皆天真也。到此处，天亦不足以名之，任其自然而然，又出于造化之上，故曰未始入于非人。义海 真知无知，是以能无不知。帝王之道，尤宜忘知以任物，使聪者为之听，明者为之视，知者为之谋，勇者为之捍，吾则端拱而致无为之治，岂不伟欤？道合乎天而人归之。此《应帝王》之第一义也。通义 四问四不知者，洗问者之心也。问者退省而去其有问之心，即得其本性矣。按，"非人"二字，众说不同，郭注近是。言有是，则有非；有我，则有人。要人得人，是犹有是非人我之心呼。以牛马，应以牛马，则人不知有我，我亦不知有人，人我俱忘，是非不立，去有虞者远矣。

肩吾见狂接舆，狂接舆曰："日中音仲，一如字始何以语汝？"肩吾曰："告我：君人者以己出经，式义度人，孰敢不听而化诸？"狂接舆曰："是欺德也！其于治天下也，犹涉海凿

①德，原作"得"，误，据《义海》卷二十改。

河而使蚊文负山也。夫圣人之治也，治外乎？正而后行，确乎能其事者而已矣。且鸟高飞以避矰弋之害，鼷兮鼠深穴乎神丘之下，以避熏凿之患，而曾层二虫之无知！”出经绝句，出典法也。度人绝句，用仁义以法度人也。日中始，人姓名，贤者也。

郭注 夫寄当于万物，则无事而自成；以一身制天下，则功莫就而任不胜也。故圣人之治也，全其分内，各正性命而已，不为其所不能也。且禽兽犹各有以自存，是以帝王任之而不为，使万物自成也。汝曾不如此二虫之各存而不待教乎？ 吕注 夫神器不可为，而以己出经式义度人，则治外而已。正而后行，确乎能事，则非治外之谓也。凡吾之所为者，皆出于玄同，则天下之真情伪得矣。不能无己而使彼有以窥之，则二虫之不若也。 疑独 用己出法度以治天下，终不能成功。圣人治天下，使民各安居，物皆遂性，何弊于法度以治外哉？顺民物之性，于事确乎有能之者，因而任之，止于分内耳。夫鸟鼠避患，不待教而然；民有常性，使之尽分而已，何必作为经式义度以拂乱其常性哉！ 口义 度人，化人也。欺德，言非实德也。治外者，言化之以心则无迹，化之以身则有迹也。正而后行，顺性命之理而行也。能其事者，尽此自然之事也。确乎者，言其为治断断乎如此也。鸟鼠之避患，言有迹者必自累，今不能无为而至于有迹，是其知曾不若二虫也。

天根游于殷阳，至蓼了水之上，适遭无名人而问焉，曰：“请问为天下。”无名人曰：“去！汝鄙人也，何问之不豫也！予方将与造物者为人，厌，则又乘夫莽眇之鸟，以出六极之外，而游无何有之乡，以处圹埌朗之野。汝又何帠诣以治天下感予之心为？”又复问。无名人曰：“汝游心于淡，合气于漠，顺物自然而无容私焉，而天下治矣。”不豫，嫌不渐预，太仓卒也。莽渺，轻虚状。圹埌，犹旷荡也。帠，法也。

郭注 问为天下，则非超于太初、止于玄冥者也。与造化者为人，则任人之自为。莽眇，群碎貌。乘群碎，驰万物，故能出处常通，放乎自得之场，不治而自治也。游心于淡，任性而无所饰也。合气于漠，静于性而止也。顺物无私而天下治，言任性自生，公也。心欲益之，私也。容私，果不足以生生，而顺公乃全也。吕注 无名人，则体道者也。体道者无所忻厌，此云忻厌，与人同也。忻则与造物者为人，厌则乘莽眇之鸟，出六极之外。何则？彼其为人，存亡在已，出入无迹，孰肯以天下为事？游心于淡，至无容私焉，是乃无事而取天下之道也。疑独 不豫，谓不见于其先而乃发问也。此言圣人之道，无乎不在而实无为，斯足以应帝王矣。口义 与造物者为人，言处世而顺自然也。厌，足也。言游世已足，将游乎造物之外。莽眇，虚无之气也。何有、圹埌，太虚无极也。何帠，犹何故也。言何故以治天下感触予之心也。淡漠，无形之地也。气，犹性也。顺造物而无容心，则天下自治，何必为天下乎？有心，则私矣。无名人，即子虚、乌有之类。补注 豫预同，言非有夙昔之素偶，然相值即问为天下，以是为太仓卒，故嫌其不豫耳。

阳子居见老聃曰：“有人于此，向向、享二音疾强梁，物彻疏明，学道不勧，倦。如是者，可比明王乎？”老聃曰：“是于圣人也，胥易技系，劳形怵心者也。且也虎豹之文来田，猿狙之便，执斄狸之狗来藉。如是者，可比明王乎？”阳子居蹴然曰：“敢问明王之治。”老聃曰：“明王之治，功盖天下而似不自己；化贷万物而民弗恃；有莫举名，使物自喜；立乎不测，而游于无有者也。”向疾，如向应声之疾，强梁之貌也。田，猎也。藉，绳也，系也。

郭注 胥易技系，劳形怵心，言此功夫，容身不得，不足以比圣王也。虎豹猿狙，皆以文章技能系累其身，非涉虚以御乎无方也。天下无明王，则莫能自得，今[①]之自得，实明王之功也。然功在无为而还任天下，天下皆得自任，故似非明王之功。夫明王皆就足物性，故人人皆云我自尔，而民莫知恃赖。虽有盖天下之功，而不举以为己名，物皆自以为得而喜也。居变化之途，日新而无方，与万物为体，则所游者虚也。不能冥物，则迕物不暇，何暇游虚哉！吕注 向疾者，趋事速也。强梁，则非以柔胜。物而彻之，非能无知也。学道不倦，则未能日损以为道者也。虎豹猿狗之来田藉，皆有以取之。则夫劳形怵心而为天下用者，亦强梁疏明之所自取也。口义 胥，刑徒也。易，更也。犹云卒更也。技系者，以工巧而系累也。此二等人，胥易则劳其形，技系则怵其心。言如此为学，身心俱劳，犹虎豹以文而招田猎，猿狗以便而招绳藉也。斄合作狸。狗能执。“狸”字又见《天地篇》。已上数段，皆说其命篇《应帝王》

①今，原作“令”，误，据《庄子注》卷三改。

之意。义海 学道贵于无为，而乃以不倦为功，犹以技能相易相系，不免于劳形怵心，言所求者非其道也。

郑有神巫曰季咸，此三换体而文字简严中有奇锋。知人之死生、存亡、祸福、寿夭，期以岁月旬日若神。郑人见之，皆弃而走。列子见之而心醉。归，以告壶子曰："始吾以夫子之道为至矣，则又有至焉者矣。"壶子曰："吾与汝既其文，未既其实。而固得道与？众雌而无雄，而又奚卵焉！而以道与世亢，必信夫，故使人得而相汝。尝试与来，以予示之。"明日列子与之见壶子，出而谓列子曰："嘻！子之先生死矣！弗活矣！不以旬数矣！吾见怪焉，见湿灰焉。"列子入，泣涕沾襟，以告壶子。壶子曰："乡一作曏，向同音吾示之以地文，萌乎不震不正，是殆见吾杜德机也。尝又与来。"明日又与之见壶子。出而谓列子曰："幸矣子之先生遇我也。有瘳矣！全然有生矣！吾见其杜权矣。"列子入，以告壶子。壶子曰："乡吾示之以天壤，名实不入，而机发于踵。是殆见吾善者机也。尝又与来。"明日又与之见壶子。出而谓列子曰："子之先生不齐，斋，下同。吾无得而相焉。试齐，且复相之。"列子入，以告壶子。壶子曰："吾乡示以太冲莫胜，是殆见吾衡气机也。鲵桓之审为渊，止水之审为渊，流水之审为渊。渊有九名，此处三焉。尝又与来。"明日又与之见壶子。立未定，自失佚，又如字而走。壶子曰："追之！"列子追之不及，反以报壶子曰："已灭矣，已失矣。吾弗及已。"壶子曰："乡吾示之以未始出吾宗。吾与之虚而委为蛇移，不知其谁何，因以为弟颓靡，因以为波流，故逃也。"然后列子自以为未始学而归。三年不出，为其妻爨，食豕如食人，于事无与亲。雕琢复朴，块然独以其形立。

纷而封哉，一以是终。众雌无雄，又奚卵者，言汝受训未熟，故未成，若众雌无雄，则无卵也。地文，与上同也。不震不正，一作不谅不止，言如动不动也。鲵，鱼也。桓，盘桓也。审，处也。一作番，回流所钟之域也。司马云：当作蟠，聚也。封，一作戎，散乱也。

郭注 弃而走，不喜自闻死日也。无雄奚卵，言列子之未怀道也。未怀道，则有心，而亢其一方，以必信于世，故可得而相。萌然不动，亦不自正，与湿灰同其寂魄，此至人无感之时也。夫至人其动也天，其静也地，其行也水流，其止也渊默，虽动静流止之不同，其无为而自尔，一也。今季咸见其尸居坐忘，即谓将死；睹其神动天随，即谓有生。诚能应不以心而理自玄符，与化升降而以世为量，然后足为物主而顺时无极，故非相者所测耳。此《应帝王》之大意也。德机不发曰杜。权，亦机也。今乃自觉昨日之所见，见其杜权，故谓之将死也。天壤之中，覆载之功见矣。比之地文，不犹外乎？此感应之容也。任自然而覆载，则天机玄应，利名之饰皆为弃物。机发于踵，常在极上起也。发而善于彼，彼乃见之。居太冲之极，浩然泊心而玄同万方，故胜负莫得措其间也。无往不平，混然一之。似管窥天者，莫见其涯，故似不齐也。渊者，静默之谓耳。夫水常无心，委顺外物，虽流之与止，鲵桓之与龙跃，常渊然自若，未始失其静默也。至人用舍虽异，玄默一焉。故略举三异以明之。虽波流九变，治乱纷如，居其极者常淡然自得，泊乎忘为也。未始出吾宗者，变化无常，深根宁极也。委蛇者，无心而随物化也。不知谁何，泛然无所系也。变化颓靡，世事波流，无往而不因也。夫至人一耳，然应事变而时动，故相者无所措其目。食豕如食人，忘贵贱也。于事无与亲,唯所遇耳。雕琢复朴,去华取实也。块然形立,外饰去也。纷而封,虽动而真不散也。一以是终,使物各自终也。吕注 实者,不识不知之处是也。地与阴同德,则莫得而见,示以地文,使得而见也。不震则不动,不正即不止。机者,动之微也。初见湿灰以为死,不知其杜也。及其有生,然后知向之所见为杜权而非正也。天则与阳同波,莫得而见,示以天壤,使得而见也。名实不入,则无为。机发于踵,所以示之也。壤者,物所自生。踵者,息所自起。是以知其有生而为善者,机也。地文则阴胜阳,天壤则阳胜阴,太冲则莫之胜而不一,是以疑其不齐。莫胜则平,故谓衡,气机也。三渊之义,以喻心善渊,虽流止之与鲵桓,盖未尝不渊也。太冲莫胜,亦若是而已矣。及乎未始出吾宗,则藏于天而示以无所示,彼莫得而见,故自失而走。盖季咸以其心相人之心,我无心,则彼所以相者亦不能独立。口义 文喻外,实喻内。汝未尽见其实,固以为得道乎?无雄奚卵,言无心亦无迹也。此句喻其心未化,故可以形见。自以其道高于世,而欲人必信之,便是有迹,使人得而相汝也。湿灰,言其生气欲灭。地文,禅家修观名。萌乎,若生之意。不正者,不可以指定言,与"必有事焉而勿正"同。德机,生意也。闭其机而不动,有生意欲灭之状,遂以为弗活矣。于杜闭之中而动机已露,故以为有生。天壤,亦是观名。天田者,自然之壤,犹今修养家以舌间为天津之类。名实不入,有无俱遣也。机发于踵,言其气自下而上。善者机,犹言性之动处。太冲,即太虚。莫胜,不可捉摸也。衡者,平也。气机之动至于平地而止,则是半动半静,所以为不齐也。鲵桓、止水、流水,释氏皆以为观名。审,信也。

壶子到此方说出向之所以示季咸者，皆此渊也。颓靡，拉扱。波流，莽荡。言其相我不出，但见拉扱莽荡，故自失而走也。“为其妻爨”已下，堕体黜聪之意。所终，言其终身常如此也。李士表 季咸者，以我之心感人之心，以我之见感人之见，故祸福寿夭之妄名起矣。名既已妄，又妄言之，世之滞于相而不能冥妄者，又妄受之，直以是为真，故弃而走也。彼至人者，践形无形，超数无数，又恶得而相哉？故始示以地文而疑其死。殊不知形之生死，心之起灭也；心之起灭，见之有无也。万法一致，本无高下，彼见不一，谓不齐耳。三者皆谓之机，以其动之微可得而见也。及其未始出吾宗，则示以无所示。彼之起心，役见有尽；此之离人，入天无尽，所以自失而走也。壶子谓见吾三机，则犹立。我与之虚而委蛇，不知其谁何，则我亦忘矣。示之者谁邪？见之者谁邪？庄子论应帝王而言此者。夫帝王之应世，唯寂然不动，故感而遂通；唯退藏于密，故吉凶同患。一将出其宗，弊弊焉以天下为事，则人得而相之矣。古之帝王所以荡荡乎，民无能名焉者以此。王旦 古者帝王之治天下，必有不测之用，故使人不可得而相。孔子曰：君子有三变，望之俨然；及其即之，又变而为温；然听其言也，又变而为厉矣。是岂可执一而相哉！夫尧一而已，就之如日，望之如云；其仁如天，其知如神，若此之多变。然则圣人出而治天下，使人不可得而相者，固所以取天下而用之之道也欤！义海 天壤，谓自然之地，生物之本也。名实不入，心不动也。动静不齐，无得而相，则至人之妙用，有出于术数之表者矣。太冲者，虚之至，故莫窥其朕兆也。衡以平而善应，气以虚而善入，皆无心于物，故不待感而自应。季咸既灭既失，壶子亦无有。然则，列子将奚为哉？因悟向所学者皆其土苴，而今始识其真。纷而封哉，一以是终，聩然而道尽之谓也。弟靡，依《列》文，茅靡为正。协下文波流之义。通义 吾与汝非但已与列也，盖言我辈众人，赤子之朴，以琢而散，雕琢复朴，言习熟成性，须痛加克治，乃可还其故也。“块然”二句，形容复朴之意。“纷而封哉”，又形容独以形立也。补注 篇中入“季咸相壶丘”一段，郭氏谓明应帝王者之无方也。

无为名尸，无为谋府，无为事任，无为知主。体尽无穷而游无朕，尽其所受乎天而无见得，亦虚而已。至人之用心若镜，不将不迎，应而不藏，故能胜物而不伤。

郭注 无为名尸，因物，则物各自当其名也。无为谋府，使物各自谋也。无为事任，付物，使各自任也。无为知主，无心，则物各自主其知也。体尽无穷，因天下之自为，故驰万物而无穷也。尽其所受乎天，足则止也。无见得，见得，则不知止也。亦虚而已，不虚，则不能任群实也。若镜者，鉴物而无情也。不将不迎不藏，来即应，去即止也。物来即鉴，鉴不以心，故虽天下之广，而无劳神之累也。吕注 无名而天下莫能名，不谋而天下为之谋，无为而任事者责，无虑而天下为之虑。若然者，尽其所受于天而无见得，所谓常因自然而不益生也。所谓虚者，岂虚之而后虚哉？吾心本虚故也。其心若镜，不将则既往无所存，不迎则未来不可见。应而不藏，则方今不可得，尽其受于天者如此，是以胜物而不伤也。详道 自“无为名尸”至“而无见得”，以心之虚而致道也。自“至人之心”至“应而不藏”，以道之虚而致用也。口义 此又说无为而为之事。尸，主也。府，聚也。无朕，即无始也。镜之于物，妍蚩去来，照者自照，何尝将之迎之？照形见形，谓之应。镜中无留，故曰不藏。至人之心如此，所以于物无忤也。

南海之帝为儵，叔。北海之帝为忽，中央之帝为混沌。俱上声。儵与忽时相与遇于浑沌之地，浑沌待之甚善。儵与忽谋报浑沌之德，曰：“人皆有七窍以视听食息。此独无有，尝试凿之。”日凿一窍，七日而浑沌死。儵喻有象，忽喻无形，混沌清浊未分，喻自然也。简文云：儵忽，取神速，譬有为也。混沌，合和貌，譬无为也。

郭注 为者败之。赵注 言人恃其耳目之聪明而强其所不知，则其真始离矣。此知者所以行其所无事而恶夫凿也。口义 此段只言聪明能为身累，故以此形容。隳肢体、黜聪明，则为浑沌矣。人身皆有七窍，如赤子之初，耳目鼻口虽具，而未有知识，是浑沌之全也。知识稍萌，则有喜怒好恶，其窍凿矣。《孟子》云“大人不失赤子之心”，便是浑沌不凿也。

义海总论 古之应帝王者，无为而万物化，无欲而天下足，渊静而百姓定，故《南华》以啮缺问王倪为是篇之首。有虞喻多虑，泰氏喻无为，无为足以配天，此帝王所应也。若夫以己出经式义度人，欲以化天下之民，无异缯弋熏掘而致鸟鼠，是速其高飞深穴之逃。盖有为则有心，有心则知谋所由出，奸诈所自生，虽父子之天有所不能固，其于君民之际，求如标枝野鹿之相忘可得乎？是以天根问为天下，答以心澹气漠，顺物无私；子居问明王之治，答以忘功善贷，使物自喜；皆所以应帝王之道，以无为为之者也。郑有神巫知人生死，喻知谋之士审观时政，足以料国之兴衰。知谋数术不越乎人为之伪，所以用之有穷，而无为之主，则岂知谋可度，术数可窥哉？结以南北二帝，遇于中央，言道散为物，离无入有，今会而一之，非不善也。有一则有散，所以启儵忽之凿。不若彼此无心，相忘而交化也。

内篇义海总论 窃惟《南华》一经，肆言浑浩，湍激籁号，跌宕乎诸子之表，若不可以绳墨求。而《内篇》之奥，穷神极化，道贯天人，隐然法度森严，与《易》《老》相上下。始于《逍遥游》，终以《应帝王》者，学道之要在反求诸己，无适非乐；然后外观万物，理无不齐，物齐而已，可忘已忘，而养生之主得矣。养生所以善已，应世所以善物，皆在德以充之，充则万物符契。宗之为师，《大宗师》之本立矣。措诸治道也何难？内则为圣为神，外则应帝应王，斯道之所以敛之一身不为有馀，散之天下不为不足也。夫真人之所造诣，即七篇而不泥，离七篇而吻合，所以外混光尘，内存慧照。善学者于《内篇》求之，思过半矣。评庄 文字最看归结处。《内篇》有七，篇篇结得别：《逍遥游》之本树，《齐物论》之梦蝶物化，《养生主》之火传也，《人间世》之有用无用，《德充符》之以坚白鸣，《大宗师》之命也夫，此篇撰出一个儵忽混沌，结之曰七日而混沌死。看他如此机轴，讵不奇特？

《庄义要删》卷之三《应帝王》终

庄义要删外篇　卷之三

骈拇第八

骈拇母枝指，出乎性哉，而侈于德；附赘县玄疣，尤。出乎形哉，而侈于性。一篇主宰。多方乎仁义而用之者，列于五藏哉，而非道德之正也。是故骈于足者，连无用之肉也；枝于手者，树无用之指也；多方骈枝于五藏之情者，淫僻于仁义之行，而多方于聪明之用也。骈拇，母指连第二指也。枝指，手有六指。一音岐，言指有岐也。赘，疣也。一云瘤结也。骈枝赘疣，虽非性之正，亦出于形，不可去也。五藏之情，虽非道德之正，亦列于性，不可治也。今设仁义之教，以佐五藏之情，犹削骈枝赘疣也，既伤自然之理，更益其疾矣。

郭注 夫长者不为有馀，短者不为不足，此骈枝皆出于形性，非假物也。骈与不骈，其性各足，而此独骈枝，则于性为多，故云侈耳。而惑者或云非性，欲割弃之，是道有所不存，德有所不载，人有弃材，物有弃用也，岂至治之意哉！物有小大，能有少多，所大即骈，所多即赘，骈赘之分，物皆有之，若莫之任，是都弃万物之性也。夫与物冥者，无多也。故多方于仁义者，虽列于五藏，然自一家之正耳，未能与物无方，各正性命，故曰非道德之正也。方之少多，未尝有限，然少多之差，各有定分，毫芒之降，即不可以相跂。

故各守其方，则少多无不自得。或者闻多之不足以正少，因欲弃多而任少，是举天下而弃之，不亦妄乎？骈枝之于手足，直自性命不得不然，非以有用故然也。五藏之情自多方耳，而少者横复尚之，以至淫僻而失至当于体中也。聪明之用，各有本分，故多方不为有馀，少方不为不足。然情欲之所荡，未尝不贱少而贵多也。见夫可贵而矫以尚之，则自多于本用而困其自然之性矣。若忘其所贵，保其素分，则于性无多而异方俱全矣！疑独 夫仁义道德未尝不相为用，而仁义之迹所以见恶于道德者，犹疣赘见恶于形也。若能忘仁义之迹，则冥于性命之理，与道德为一矣。忘形骸之累，则骈枝亦出于形性，与四肢同矣。口义 与生俱生曰性，人所同[①]得曰德。骈枝本出于自然，比人所同得者，则为侈矣。骈枝赘疣皆病也。骈枝生而有之，赘疣生于有形之后，故曰出于形而侈于性。侈，剩也。多方，犹多端也。列于五藏哉，言非出于内也。以仁义为淫僻，而与聪明并言，皆以为非务内之学，故但见其多事也。义海 凡在德性之外，皆为骈枝赘疣，所谓多方乎仁义聪明而非道德之正。夫骈枝赘疣，气之暂聚，任之而勿嫌可也。或者恶其累形而欲决龁之，其为害愈甚。学者心冥体会，即伪明真，则天命之至理可全。道物一致，天人浑融，回视骈枝赘疣，何足为吾形累？而所谓聪明仁义者，皆自吾德性中来，是亦道之徼也，何淫僻之有哉！

①同，原作“独”，误，据《口义》卷三改。

是故骈于明者，乱五色，淫文章，青黄黼黻之煌煌，非乎？而离朱是已。多于聪者，乱五声，淫六律，金石丝竹黄钟大吕之声，非乎？而师旷是已。枝于仁者，擢德塞入声性，以收名声，使天下簧鼓，以奉不及之法，非乎？而曾、史是已。骈于辩者，累上声瓦结绳，窜句游心于坚白同异之间，而敝一作蹩跬葵，上声，又音屑誉无用之言，非乎？而杨、墨是已。故此皆多骈旁枝之道，非天地之至正也。彼正正者，不失其性命之情。故合者不为骈，而枝者不为跂，音岐。长者不为有馀，短者不为不足。是故凫胫音幸虽短，续之则忧；鹤胫虽长，断音短之则悲。故性长非所断，性短非所续，无所去忧也。离朱，黄帝时人，《孟子》作离娄。曾、史，曾参、史鳝也。累瓦结绳，言聚无用之语，如瓦之累，如绳之结也。窜句，穿凿文句也。敝跬，分外用力之貌。

郭注 夫有耳目者，未尝以慕聋盲自困也，所困常在于希离慕旷，则离、旷聪明，乃乱耳目之主也。曾、史性长于仁耳，而性短者横复慕之，慕之而仁，仁已伪矣。天下未尝慕桀、跖，而必慕曾、史，则曾、史之簧鼓天下，使失其真性甚于桀、跖也。骋其音辩，致其危辞者，未尝容思于梼杌之口，而必竞辩于杨、墨之间，则杨、墨乃乱群言之主也。此数子皆师其天性，直自多骈旁枝，各自是一家之正耳。然以一正万，则万不正矣。故至正者，不以己正天下，使天下各得其正而已。物各任性，乃正正也。自此以下观之，至正可见矣。以枝正合，乃谓合为骈。以合正枝，乃谓枝为跂。以短正长，乃谓长为有馀。以长正短，乃谓短为不足。各自有正，不可以此正彼而损益之。知其性分非可断续而任之，则无所去忧而忧自去矣。吕注 道在不言，则辩非道也。瓦贵鳞比而累之，绳贵条直而结之，以喻无用之言，如累瓦结绳然者，此杨、墨之所以骈于辩也。凡此皆非天下之至正。彼至正者，不失其性命之情，则无为自然而无所加损矣。口义 五色、文章，古者以养目，而庄子以为乱淫，即《老子》"五色令人目盲"之意。德性本静，而强于为仁，是擢德塞性，使天下簧惑鼓动以奉难行之法也。多言而无味者，比之累瓦结绳。窜改言句以为辩，游心于坚白同异之间也。敝，劳。跬，跂也。其言无用而称誉自喜，徒自劳苦也。多骈旁枝，言皆馀剩之事，非至正也。正正，犹云自然而然，不失性命之实理。故合不为骈，枝不为跂，长不为有馀，短不为不足。凫鹤短长，出于本然之性。性之所安，无忧可去也。义海 人各有正性，性各有良能，能各有分量，一毫不可强[①]跂。故慕离朱者丧其明，希师旷者损其聪，习曾、史者过于仁，学杨、墨者僻于辩，此皆以不足企有馀，等而上之，攀援无极，非天下之至正也。彼至正者，尽性命之情而无所企羡，人安其分，物得其宜，而无有馀不足之累，世间忧患，不待去而自去矣。补注 非乎，言是也。盖为反诘之词，与是已相应，乃文法也。

意仁义其非人情乎！彼仁人何其多忧也。且夫骈于拇者，决之则泣；枝于手者，龁核之则啼。二者或有馀于数，或不足于数，其于忧一也。今世之仁人，蒿目而忧世之患；此言仁义之多忧。不仁之人，决性命之情而饕叨富贵。故

①强，原作"骈"，误，据《义海》卷二十三改。

意仁义其非人情乎。自三代以下者，天下何其嚣嚣也。且夫待钩绳规矩而正者，是削其性也；待绳约胶漆而固者，是侵其德者也；屈折礼乐，呴吁俞仁义，以慰天下之心者，此失其常然也。天下有常然。常然以下数语，与前合者：不为骈枝者、不为跂以下意同。常然者，曲者不以钩，直者不以绳，圆者不以规，方者不以矩，附离丽同不以胶漆，约束不以纆墨索。故天下诱然皆生，而不知其所以生；同焉皆得而不知其所以得。故古今不二，不可亏也。则仁义又奚连连如胶漆、纆索而游乎道德之间为哉？使天下惑也。夫小惑易方，大惑易性。何以知其然邪？自虞氏招乔仁义以挠闹，平声天下也，天下莫不奔命于仁义。是非以仁义易其性与？蒿，乱也。贪财曰饕。嚣嚣，声也。一云忧世之貌。屈折肢体以为礼乐，呴俞颜色以为仁义。纆，索也。挠，乱也。

郭注 仁义自是人之情性，俱当任之耳。恐仁义非人情而忧之者，真可谓多忧也。骈于拇者，谓之不足，故泣而决之；枝于手者，谓之有馀，故啼而龁之。如是则群品万殊，无释忧之地矣。惟各安其天性，不决骈而龁枝，则曲成而无伤，又何忧哉！兼爱之迹可尚，天下之目乱矣。以可尚之迹，蒿令有患而遂忧之，此为陷人于难而后拯之也。然今世正以此为仁耳。夫富贵所以可饕，由有蒿之者也。若无可尚之迹，则人安其分，将量力受任，岂有决己效彼以饕窃非望哉！夫仁义，自是人情也，而三代以下横共嚣嚣，弃情逐迹，如将不及，不亦多忧乎？夫物有常然，任而不助，则泯然自得而不自觉也。同物，故与物无二而常全。任道自得，则抱朴独往，连连假物，无为其间也。仁义连连，只足以惑物，使丧其真耳。东西易方，于体未亏；矜仁尚义，失其常然，以之死地，乃大惑也。夫与物无伤者，非为仁也，而仁迹行焉；万理皆当者，非为义也，而义功见焉。当而无伤者，非仁义之招也。而天下奔驰，弃我徇彼，所以失其常然。故乱心不由于丑，而常在美色；挠世不由于恶，而常在仁义。则仁义者，挠天下之具也。虽虞氏无易之之情，而天下之性固已易矣。吕注 大仁至义，奚为而非人情乎？惟其为之太过而不由道德之正，是以意其非人情。仁人蒿目而忧世，则有馀于数之类；决性命而饕富贵，则不足于数之类。然莫知其非性命之情而守之，则决龁之类也。不知所以生，不知所以得，古而不弊，今而不新，此所谓常然而道德之正也。易方则以东为西，易性则以无为有，人生而静，招仁义以挠之，是以仁义易其性也。口义 骈枝虽为手足之病，而不可强去，强去则为忧苦矣。蒿目者，半闭其目，目睫茸茸然，有独坐忧愁之意。忧世自劳，贪饕富贵，此皆自苦，故并言之。嚣嚣，嘈杂也。自三代而下，此说盛行，何其嘈杂耶！夫性德出于自然，非人力所为，若必待修为而后正，则是自戕贼矣。钩绳、绳约、胶漆，皆修为之譬。故屈折呴俞，以慰天下，皆失其常然；而曲直方圆，不用人力，则为正理。诱与莠同。莠然而生者，孰生之？物之所同者，孰与之？不知其所生，不知其所得，故古今若一，无加损也。连连，不已貌。胶漆，自固。纆索，自拘也。离性以为仁义，为之不已，则固泥拘束[①]，何以游于道德之门[②]？徒以惑天下也。立仁义之名以挠天下，天下为其所使而奔趋之，知仁义而不知道德，是以外物易其

①固泥拘束，原作"沉执固束"，误，据《口义》卷三改。

②门，原作"间"，误，据《口义》卷三改。

性也。补注 意，如字，不作“噫”解。下“故意仁义”句，重举上文而申言之也。若作“噫”解，则添“故”字不得。按，招，举也，揭也，言揭仁义以为治。使人趋，使人忧，是乃所以乱天下也。

故尝试论之：自三代以下者，天下莫不以物易其性矣。小人则以身殉利，士则以身殉名，大夫则以身殉家，圣人则以身殉天下。故此数子者，事业不同，名声异号，其于伤性以身为殉，一也。臧与谷，二人相与牧羊，喻最佳。而俱亡其羊。问臧奚事，则挟筴策读书；问谷奚事，则博塞赛同以游。二人者，事业不同，其于亡羊，均也。伯夷死名于首阳之下，盗跖死利于东陵之上，二人者，所死不同，其于残生伤性，均也。奚必伯夷之是而盗跖之非乎！天下尽殉也。彼其所[1]殉仁义也，则俗谓之君子；其所殉货财也，则俗谓之小人。其殉一也，则有君子焉，有小人焉。若其残生损性，则盗跖亦伯夷已，又恶取君子小人于其间哉？杀身从之曰殉。塞，博之类也。

郭注 三代以上，实有无为之迹。无为之迹，亦有为者所尚也，尚之则失其自然之素。故虽圣人有不得已，或以瘢痍之事易垂拱之性，而况悠悠者哉！夫鹑居而觳食，鸟行而无章者，何往而不殉哉？故与世常冥，唯变所适，其迹则殉世之迹也；所遇者或时有瘢痍秃胫之变，其迹则伤性之迹也。然挥斥八极而神气不变，手足瘢痍而居形不扰，则奚殉哉？无殉也。故不殉其所殉，而迹则与世同殉也。天下所惜者，生也，今殉之太甚，俱残其生，则所殉是非，不

①所，原脱，据《庄子注》卷四补。

足复论。夫生奚为残？性奚为易？皆由尚无为之迹也。若知迹之由无为而成，则绝尚去甚，反冥我极。尧、桀均于自得，君子小人，奚辨哉！吕注 伯夷死名，则挟策而亡羊之譬；盗跖死利，则博塞而亡羊之譬。所死不同，残生伤性均也。此为道者所以贵乎两忘而化其道。口义 挟策，执卷也。投琼曰博，不投曰塞。琼，犹今骰子也。

且夫属烛，下同其性乎仁义者，虽通如曾、史，非吾所谓臧也；属其性于五味，虽通如俞儿，非吾所谓臧也；属其性乎五声，虽通如师旷，非吾所谓聪也；属其性乎五色，虽通如离朱，非吾所谓明也。吾所谓臧，非仁义之谓也，臧于其德而已矣；吾所谓臧者，非所谓仁义之谓也，任其性命之情而已矣；吾所谓聪者，非谓其闻彼也，自闻而已矣；吾所谓明者，非谓其见彼也，自见而已矣。夫不自见而见彼，不自得而得彼者，是得人之得而不自得其得者也，适人之适而不自适其适者也。韩昌黎《原道》篇“道其所道”等句法祖此。夫适人之适，而不自适其适，虽盗跖与伯夷，是同为淫僻也。余愧乎道德，是以上不敢为仁义之操，而下不敢为淫僻之行也。俞儿，古善识味人也。一云黄帝时人，一云齐人。

郭注 以此系彼为属。属性于仁，徇仁者耳，故不善也。率性通味乃善。不付之我而属于彼，虽通如彼，我已丧矣。故各任其耳目之用，而不系于离、旷，乃聪明也。故善于自得者，忘仁而仁。谓仁义为善，则损身以徇之，此于性命，还自不仁也。身且不仁，其如人何？故任其性命乃能及人，及人而不累于己，彼我同于自得，斯可谓善也。夫绝离弃旷，自任闻见，则万方之聪明莫不皆全。不自见，不自得，此舍己效人者也。虽效之若人，而己已亡矣。苟以失性为淫僻，则虽所失之途异，其于失之一也。愧道德之不为，谢冥复之无迹，故绝操行，忘名利，从容炊累，遗我忘彼，若斯而已矣。吕注 性者，物之所属，非属于物者也。而曾、史属于仁，俞儿属于味，师旷、离朱属于声色，非吾所谓臧也。臧于其德，乃臧之体。谓仁义则已有谓，其所臧者特未定也；任性命之情，则无谓而不可名，真所谓臧也。不闻彼而自闻，不见彼而自见，是谓见见闻闻者也。苟其见闻在彼而不在我，是得人之得，适人之适，则盗跖、伯夷岂有间哉？上不为仁义，下不为淫僻，则两忘矣。口义 任其性命之情，即是顺自然。自闻自见之论，是其独到不可及处。自得自适，即是自见自悟。大抵欲分别本心与外物，不得其本心而驰骛于外者，皆为淫僻也。上不敢为仁义之操，下不敢为淫僻之行，为善无近名，为恶无近刑也。道德即自然，近名近刑则非自然矣。按，上不为仁义，下不为淫僻，《郭注》得之，《口义》似于言句上寻讨，失其旨矣。大抵庄生之论，以冥合绝迹为主，不落言诠，不着思议，直造先天，冥然独往。才有仁义，便有淫僻，此是彼非，物论乌齐？虽不敢为，尚有二在此，庄生之所以愧也。谓之余愧者，非指当身，实为吾徒慨论耳。

义海总论《内篇》命题，本于漆园，各有深意。《外》《杂篇》则为郭象所删修，但摘篇首字名之，而大义亦存焉。《内篇》既详述道德性命之理，故于《外篇》首论德性所不当有者，犹骈枝赘疣之于形也。窃谓此篇本意，原于《道德经》之馀食赘行，以明自见自矜者之远于道也。夫人之德性，粹然如玉在璞，其所渐被木润山辉，及为聪明所凿，仁义所分，但知求善于物，在己之真淳丧矣！故举曾、史、离、旷、杨、墨得性之偏，沿习之僻，是为多骈旁枝之道，而天下犹奔慕之，举失其性命之情，离其道德之正，所以乱天下也。唯能忘其异而一之，如凫鹤之无容断续而各不失其自然，斯为近道矣。然天下皆惑，吾将奈何？遂设臧谷亡羊以喻，伯夷、盗跖各以所徇为君子小人之分，而其残生伤性一也。信能去迹绝尚，性无所属，反本冥极，游乎物初，则骈枝赘疣与形俱忘；君子小人均于自得，故终以顺性命之情为至而本然之聪明不废也。

《庄义要删》卷之三《骈拇》终

庄义要删外篇　卷之三

马蹄第九

马，蹄可以践霜雪，毛可以御风寒。龁纥草饮水，翘乔足而陆，此马之真性也。虽有义一作羲台路寝，无所用之。及至伯乐洛，下同曰："我善治马。"烧之，剔之，刻之，雒之，连之以羁馽，的絷二音。编之以皂栈，马之死者十二三矣。饥之，渴之，驰之，骤之，整之，齐之，前有橛饰之患，后有鞭策之威，而马之死者已过半矣。陶者曰："我善治埴。"圆者中规，方者中矩。匠人曰："我善治木。"曲者中钩，直者应绳。夫埴木之性，岂欲中规矩钩绳哉！然且世世称之曰："伯乐善治马，而陶匠善治埴木。"此亦治天下者之过也。陆，陆跳也。义台，犹灵台也。路寝，正室也。烧，烧铁以烁之。剔，剪其毛。刻，削其甲。雒，羁络其额也。羁，勒也。馽，绊前两足也。橛，衔也，镳也。

郭注 驽骥各适性而足。马之真性，非辞鞍而恶乘，但无羡于荣华耳。有意治之，则不治矣。治之为善，斯不善已。夫善御者，将以尽其能也。尽能在于自任，而乃走作骤步，求其过能之用，故有不堪而多死焉。若任驽骥之力，适迟疾之分，虽足迹接乎八荒之表，而众马之性全矣。

或者闻任马之性，乃谓放而不乘，闻无为之风，遂云行不如卧，何其往[1]而不返哉！斯失庄生之旨远矣。世以任自然而不加巧者为不善治也，揉曲为直，厉驽习骥，能为规矩以矫拂其性，使死而后已，乃谓之善治也，不亦过乎？**详道** 土有形而无生，木有生而无知，马有知而无义，三者虽殊，而善治之者莫不因其性而不违其自然，循其理而不示其或使，故马尽其能，而埴木尽其用。然则，善治天下者，岂异是哉！**口义** 此言外物能为身累之意。翘足而陆，凡马立时，其蹄必有跂起者也。义台路寝，王者之居。连，列也。饰，镳缨也。马制于人而不能自适，所以死者愈多。陶匠以土木为器，无异马之被烧剔刻雒也，而人皆以伯乐陶匠为能，犹泰氏而下以治天下为能也。**义海** 物有常性，民有常德。其德不离，民性得矣，何在乎过求过养以损德伤性哉？舍道德而专刑政，无异乎伯乐之治马，其失在我。"善治"之一语，矜己能而有心以为治，何以复民性而全常德哉？故曰治天下者之过也。**评庄** 此篇直叙体，中分三节。

吾意善治天下者不然。彼民有常性，织而衣，耕而食，是谓同德。一而不党，命曰天放。故至德之世，其行填填，田。其视颠颠。当是时也，山无蹊兮隧，遂。泽无舟梁。万物群生，连属其乡。禽兽成群，草木遂长。是故禽兽可系羁而游，乌鹊之巢可攀援而窥。夫至德之世，同与

①往，原作"狂"，误，据《庄子注》卷四改。

禽兽居，族与万物并，恶乎知君子小人哉！同乎无知，其德不离；同乎无欲，是谓素朴；素朴而民性得矣。及至圣人，蹩别躠薛为仁，踶题跂支为义，而天下始疑矣。澶但漫为乐，摘僻为礼，而天下始分矣。故纯朴不残，孰为牺羲、莎二音樽！白玉不毁，孰为珪璋！道德不废，安取仁义！性情不离，安用礼乐！五色不乱，孰为文采！五声不乱，孰应六律！夫残朴以为器，工匠之罪也；毁道德以为仁义，圣人之过也。填填，迟重也。颠颠，专一也。蹩躠、踶跂，皆用心为仁义之貌。澶漫，淫衍也。摘僻，多节也。牺樽，画牛象以饰尊，一云刻为牛头，一云画凤凰羽饰尊。

郭注 以不治治之，乃善治也。夫民之德，小异而大同。性之不可去者，衣食也；事之不可废者，耕织也；此天下之所同而为本者也。守斯道者，无为之至。放之而自一，非党也，故谓之天放。填填颠颠，自足而无求于外之貌。不求非望之利，故止于一家而足。混芒同得，与一世澹漠焉，岂国异而家殊哉！足性而止，无吞夷之欲，故物全；与物无害，故物驯也。知则离道以差，欲则离性以饰。素朴者，无烦乎知欲也。圣人者，民得性之迹耳，非所以迹也。此云"及至圣人"，犹云及至其迹也。圣迹既彰，则仁义不真，礼乐离性，徒得形表而已。有圣人则有斯弊，吾若之何哉？残朴为器，毁玉为璋以下，皆变朴为华，弃本崇末，其于天素有残废矣！世虽贵之，非其贵也。工匠则有规矩之制，圣人则有可尚之迹也。疑独 天放者，出乎自然而非人为也。兽可系，巢可窥，以明人无机心，则物无所惮也。同乎无知，非无良知也；同乎无欲，非无可欲也。始于其德，不离于终[①]，是谓素朴，民之常性得矣。澶漫，乐之散。摘僻，礼之偏。由仁义而有礼乐，有礼乐而性情离，此天下所以分也。上古世质民淳，仁义与道德为一，礼乐与性情不离。后世废道德以言仁义，离性情而议礼乐，是庄子所不取也。**详道**至德之世，视人如己，视己如物，物我兼忘，内外无间，所以入兽不乱群，入鸟不乱行也。圣人之治天下，虚其有知者，实其无知者，故能使民同乎无知；弱其有欲者，强其无欲者，故能使民同乎无欲。**口义**同德，谓其得于天者，故曰常性。前篇所谓常然也。纯一而无偏党，肆乐于自然之中。填填，满足。颠颠，直视。皆形容其拙朴无心之状。山无蹊隧，路未通也。泽无舟梁，津未通也。羁兽而游，攀巢而窥，人与物相忘也。道德，自然也。庄子以仁义为外，故曰道德不废，安取仁义？性情，固有也。庄子以礼乐为强世，故曰性情不离，安用礼乐？文采乱五色，六律乱五声，皆是用人力非自然之喻。**义海**庄子以毁玉为工匠之罪，废道用仁为圣人之过。然而朴玉不毁，何以为器？仁义不立，何以卫道？曰天下之朴散久矣，无患乎乏器也；圣人之道散久矣，一变而为仁义，再变而为礼乐，三变而仁义礼乐徒存其名，是使后人而复哀后人也。

夫马陆居则食草饮水，喜则交颈相靡，怒则分背相踶，第。马知已此矣。夫[②]加之以衡扼，齐之以月题，而马知介戛倪、诣。闉因扼、鸷至曼、诡衔、窃辔。故马之知而能至盗

①于终，原作“终于”，倒。按，“始于其德”与“不离于终”正对，据改。

②夫，原脱，据《庄子注》卷四补。

者，伯乐之罪也。夫赫胥氏之时，民居不知所为，行不知所之，含哺而熙，鼓腹而游，民能已此矣。及至圣人，屈折礼乐以匡天下之形，县玄跂仁义以慰天下之心，而民乃始踶跂好知，争归于利，不可止也。此亦圣人之过也。靡，摩也。小蹋谓踶。月题，马额上当颅如月形者。介倪，犹睥睨也。闉，曲也。鸷，抵也。曼，突也。诡衔，吐出衔也。窃辔，啮辔也。

郭注 御其真知，乘其自然，则万里之路可至，而群马之性不失。马性不同而齐求其用，故有力竭而态作者。含哺鼓腹，民之真能。及至圣人屈折以礼乐，悬跂以仁义，而民始好知，其过皆由乎迹之可尚也。吕注 鸷则马之狠，曼则马之谩。知夫衡扼衔辔介倪闉扼之所在，而施其鸷曼以诡衔窃辔，此马之知所以至盗也。然欲马知不至于盗，人心不至于好知者，无他，反其真性而已矣。疑独 介犹宾介之介，两旁助马者。倪同耄倪之倪，牧马者也。言马因人制，遂知有介倪，而诡诈生矣。赫胥氏，上古帝王之号。口义 交颈分背字，便见喜怒之状。月题，今所谓额镜。介，独也。独立而睥睨，怒之状也。闉扼鸷曼，言其抵拒不受羁络之状。是伯乐使之也。若无衡扼衔辔之事，则岂见其介倪闉扼之态哉？民之好知争利，无异马之诡衔窃辔也。评庄 此段又将前许多话翻做数行，中间添得几句，愈是奇特。交颈相靡，分背相踶，分明是一个画马图。

义海总论 是篇一意，语分四节。首叙题意，以御马明治民，与《尚书》御马喻临民义同，而此篇首尾形容马之性情喜怒，曲尽其态。次借陶埴立论，言有心有为于治而撄拂天下之性情，不若无为而任物之自化也。又举至德之世，无知无欲，后王立法，天下始疑，无异伯乐之从事乎烧剔刻雒以求追风之步也。末引上古民淳俗厚，熙熙自乐，以证皇王无为之效，后世求治太过而至于不可治矣。

通义 此篇意不多而词费，其疑庄之作乎！大意只是立法而弊生，见至德之治非以明民，将以愚之也。

《庄义要删》卷之三《马蹄》终

庄义要删外篇　卷之三

胠箧第十

将为胠祛箧探平声囊发匮之盗而为守备，则必摄缄縢、固扃均鐍，决。此世俗之所谓知也。然而巨盗至，则负匮揭箧担囊而趋，唯恐缄縢扃鐍之不固也。然则乡向之所谓知者，不乃为大盗积者也？故尝试论之：世俗之[1]所谓知者，有不为大盗积者乎？所谓圣者，有不为大盗守者乎？何以知其然邪？推开缓而接下急坡，公得庄子，此处最多。昔者齐国，邻邑相望，鸡狗之音相闻；罔罟之所布，耒耨之所刺，方二千馀里；阖四竟境之内，所以立宗庙社稷、治邑屋州闾乡曲者，曷尝不法圣人哉？然而田成子一旦杀弑齐君而盗其国，所盗者岂独其国邪？并与其圣知之法而盗之。故田成子有乎盗贼之名，而身处尧舜之安，小国不敢非，大国不敢诛，十二世有齐国。则是不乃窃齐国，并与其圣知之法，以守其盗贼之身乎？从旁开为胠，一云发也。摄，结也，收也。扃，关也。鐍，纽也，一云环舌也。十二世有齐国，自田敬仲至齐威王，凡十二世也。

郭注　为大盗积，为大盗守，知之不足恃也如此。法圣

---

①之，原脱，据《庄子注》卷四补。

人者，法其迹耳。夫迹者，已去之物，非应变之具也，奚足尚而执之哉！执成迹以御乎无方，无方至而迹滞矣，所以守国而为人守之也。为大盗者不盗其圣法，则无以取其国。言圣法唯人所用，未足为全当之具也。吕注 言世俗所谓圣知者如此，真圣知者固不然也。口义 此篇便见愤世之雄处。世俗之知，本为鼠窃之备；大盗至，则并挈而去矣。田氏篡齐，以私量贷，公量入，看《左传》所言便见，借圣人之法以济其盗贼之谋，战国时大抵如此。故庄子以此喻之。义海 夫窃国者，非并其圣知之法而窃之，虽得，无以自立。则圣知者，天下之利器，在人用之如何耳！彼既窃国为君，而又禁民为盗，亦知仁义之不可废也，得非以圣知之法守其盗贼之身乎？漆园慨立是论，所以诛千古奸雄之心也。评庄 此篇直叙，中间排比体，皆言好知之过，大约以盗形容圣人，而末言去知所以去盗，论甚不经。然文气雄浑陶泻，可法。

尝试论之：世俗之所谓至知者，有不为大盗积者乎？所谓至圣者，有不为大盗守者乎？何以知其然邪？昔者龙逢斩，比干剖，苌弘胣，耻。子胥靡，縻同。故四子之贤，而身不免乎戮。故跖之徒问于跖曰："盗亦有道乎？"跖曰："何适而无有道邪？夫妄意室中之藏，圣也；入先，勇也；出后，义也；知可否，知也；分均，仁也。五者不备而能成大盗者，天下未之有也。"最奇特。由是观之，善人不得圣人之道不立，跖不得圣人之道不行。天下之善人少而不善人多，愈精绝。则圣人之利天下也少，而害天下也多。故曰：唇竭则齿寒，鲁酒薄而邯寒郸丹围，圣人生而大盗起。掊剖击圣人，纵舍盗贼，而天下始治矣。夫川竭而谷虚，丘夷而渊实。圣人已死，则大盗不起，天下平而无故矣。一转更妙。圣人不死，大盗不止。虽重圣人而治天下，则是重利盗跖也。为之斗斛以量之，则并与斗斛而窃之；为之权衡以称之，则并与权衡而窃之；为之符玺以信之，则并与符玺而窃之；为之仁义以矫之，则并与仁义而窃之。何以知其然邪？彼窃钩者诛，窃国者为诸侯，诸侯之门而仁义存焉，则是非窃仁义圣知邪？故逐于大盗，揭诸侯，窃仁义，并斗斛权衡符玺之利者，虽有轩冕之赏弗能劝，斧钺之威弗能禁。此重利盗跖而使不可禁者，是乃圣人之过也。故曰："鱼不可脱于渊，国之利器不可以示人。"彼圣人者，天下之利器也，非所以明天下也。胣，裂也。靡，烂之江中也。圣人已死，大盗不起者，圣人事业日新，新者为生，故者为死，乘天地之正，御日新之变，得实而损其名，归真而妄其途，则大盗息矣。不死者，言守故而不日新，牵名而不造实也。大盗不止，不亦宜乎？

郭注 言暴主得据人君之威以戮贤臣，而莫之敢抗者，皆圣法之由也。向无圣法，则桀纣焉得守斯位而放其毒，使天下侧目哉！圣勇义知仁五者，所以禁盗，而反为盗资也。圣人利天下少，害天下多，斯言虽信，而犹不可亡圣者。天下之知未能都亡，故须圣道以镇之也。群知不亡而独亡圣知，则天下之害又多于有圣矣。有圣之害虽多，犹愈于亡圣之无治也，虽愈于亡圣，未若都亡之无害也。甚矣，天下莫不求利，而不能一亡其知，何其迷而失致哉！夫唇竭，非以寒齿而齿寒；鲁酒薄，非以围邯郸而邯郸围；圣人生，非以起大盗而大盗起；皆自然相生，必至之势也。夫圣人不立，尚于物而不能使物不尚。人无贵贱，事无真伪，苟尚圣法，则天下吞声而暗服之，此乃桀、跖所至赖以成其大盗者也。若乃绝尚守朴，弃其禁令而代以寡欲，所以掊击圣人而我朴自全，纵舍盗贼而彼奸自息矣。古人有言"闲邪存诚，不在善察；息淫去华，不在严刑"，此之谓也。竭川非以虚谷而谷虚，夷丘非以实渊而渊实，绝圣非以止盗而盗止。故止盗在去欲，不在彰圣知。将重圣人以治天下，而桀、跖之徒亦资其法；所资者重，故所利不得轻也。小盗之所因，乃大盗之所资而利也。轩冕斧钺，赏罚之重者，所以禁盗也。然大盗又逐而窃之，则反为彼用矣，所用者重，乃所以成其大盗也。大盗必行以仁义，平以权衡，信以符玺，劝以轩冕，威以斧钺，盗此公器，然后诸侯可得而揭也。是故仁义赏罚适足以诛窃钩者耳。夫跖之不可禁，由所盗之利重；利之所以重，由圣人之不轻也。故绝盗在贱货，不在重圣也。鱼失渊则为人禽，利器明则为盗资，故不可以示人。夫圣人者，诚能绝圣弃知而反冥物极，物极各冥，则其迹利物之迹也。器犹迹耳。若示利器于天下，所以资盗贼也。吕注 世俗所谓知，所谓圣者，皆以法为之。故四子者不能全其身，而跖之徒反资以为盗，则世俗之所谓圣知者，不免为大盗积守耳。至知在于不知，至圣在于无名，而世俗之圣知反所以资盗，则利天下少，害天下多，非虚言也。所谓死者，不生其心是已。贼心生而大盗起，虽重圣人以治天下，是重利盗也。虽轩冕斧钺，有所不能禁劝。凡此皆离真为圣之过，而犹以圣法明天下，是示人以利器，故大盗得以夺之也。口义 说到不善人多，善人少;利天下少,害天下多处,亦是精绝。楚方伐鲁,以酒薄也;而梁乃伐赵,以楚不得而援也。唇齿川谷之喻,明圣人不为盗设,反为大盗之资。圣人不生,大盗不起,言无圣人,亦无盗贼,而天下自治也。重圣人而治,言圣人复出而制法,奸人得之,益以欺世。钩,腰带环也。窃钩者诛,窃国者为诸侯,既为侯立国,则亦以爱民利物为事,是并窃仁义圣知也。评庄 此言贤者不足自恃,而窃圣道之名者,或以自利。窃国为诸侯,又缴转田成盗齐国意。

故绝圣弃知,大盗乃止;擿玉毁珠,小盗不起;焚符破玺,而民朴鄙;掊斗折衡,而民不争。殚丹殘天下之圣法,而民始可与论议。擢乱六律,铄绝竽瑟,塞瞽旷之耳,而天下始人含其聪矣;灭文章,散五采,胶离朱之目,而天下始人含其明矣。毁绝钩绳而弃规矩,攦厉、列二音工倕之指,而天下始人有其巧矣。故曰:大巧若拙。削曾、史之行,钳杨、墨之口,攘弃仁义,而天下之德始玄同矣。彼人含其明,则天下不铄矣;人含其聪,则天下不累矣;人含其知,则天下不惑矣;人含其德,则天下不僻矣。彼曾、史、杨、墨、师旷、工倕、离朱者,皆外立其德而以爚药乱天下者也,法之所无用也。擿,与掷同,投弃之也。攦,撕之也。爚,火光消也,散也。

郭注 去其所资,则不施禁而自止;贱其所宝,则不加刑而自息;除矫诈之所赖,则无以行其奸巧。小平者,乃大不平之所用也。外无所矫,则内全我朴,而无自失之言[①]矣。夫声色,离、旷有耳目者之所贵也。受生有分,而以所

①言,原作“害”,误,据《庄子注》卷四改。

贵引之，则性命丧矣。若乃毁其所贵，弃彼任我，则聪明各全，人含其真也。夫以蜘蛛蛣蜣之陋，而布网转丸，不求之于工匠，则万物各有能也，所能虽不同，而所习不敢异，则若巧而拙矣。故善用人者，使能方者为方，能圆者为圆，各任其所能，人安其性，不责万民以工倕之巧，故众技以不相能似拙，而天下自能则大巧矣。用其自能，是以规矩可弃，而妙匠之指可攦也。去其乱群之率，则天下各复其朴而同于玄德也。彼曾、史、杨、墨、离、旷、工倕者，所禀多方，故使天下跃而效之，效则失我，我失由彼，则彼为乱主矣。若夫法之所用，视不过于所见，故众目无不明；听不过于所闻，故众耳无不聪；事不过于所能，故众技无不巧；知不过于所知，故群性无不适；德不过于所得，故群德无不当；安用立所不逮于性分之表，使天下奔驰而不能自反邪？吕注 庄子所谓绝圣弃知者，非灭典籍弃政教也，不以生于心而已。擿玉毁珠者，非出府库弃诸山也，不以贵于[①]心而已。焚符破玺，非烧而碎之也，以信信之，则民朴鄙，而符玺非所恃也；掊斗折衡，非果掊折之也，以平平之，则民不争，而斗衡非所恃也。然后民复其性命之情，而始可与论议矣。塞师旷耳，欲反听也，我反听，则天下含其聪。胶离朱目，欲内视也，我内视，则天下含其明。攦工倕之指，天下始有其巧。削曾、史之行，钳杨、墨之口，天下之德始玄同。则在我弃知绝巧，不见可欲而已。彼外立其德而爚乱天下者，则非含其聪明知德而反于性命之情者，法之所无用也。疑独 大盗盗法，小盗盗物。盗物者，禁之以法；盗

①于，原作“之”，误，据《义海》卷二十九改。

法者，化之以道。符玺，本以行信。斗衡，本以致平。及其弊也，行信者反为大不信，致平者反为大不平。此庄子所以欲焚破掊折之，使人目不入色，耳不入声，心不入触，种种色相隔越于外，而以性命为主，收视反听，不慕离、旷而得其性之固有，是谓大巧若拙也。口义 擿玉毁珠以至掊斗折衡，皆是激说，以结绝圣弃知之意，非实论也。与《老子》“不贵难得之货，使民不为盗”义亦相类，但说得过当耳！擢乱，抽紊之。铄绝，焚弃之。外立其德，重外物而失本心。爚乱，熏灼而挠乱之也。以正法言之，此等人皆无所用，言当去也，故曰法之所无用也。

子独不知至德之世乎？昔者容成氏、大庭氏、伯皇氏、中央氏、栗陆氏、骊犁畜氏、轩辕氏、赫胥氏、尊卢氏、祝融氏、伏戏羲氏、神农氏，当是时也，民结绳而用之，甘其食，美其服，乐洛其俗，安其居，邻国相望，鸡狗之音相闻，民至老死而不相往来。若此之时，则至治已。今遂至使民延颈举踵，曰“某所有贤者”，嬴盈粮而趣之，则内弃其亲，而外去其主之事，足迹接乎诸侯之境，车轨结乎千里之外。则是上好知之过也。上诚好知而无道，则天下大乱矣。何以知其然邪？夫弓弩毕弋机变之知多，则鸟乱于上矣；钩饵罔罟罾曾笱苟之知多，则鱼乱于水矣；削峭格罗络罝嗟罘浮之知多，则兽乱于泽矣；知诈渐尖毒，颉絜滑坚白、解垢同异之变多，则俗惑于辩矣。故天下每每大乱，罪在于好知。故天下皆知求其所不知，而莫知求其所已知者，皆知非其所不善，而莫知非其所已善者，是以大乱。故上悖日月之明，下烁山川之精，中堕隳四时之施；惴耎软之虫，肖消翘乔之物，莫不失其性。甚矣，夫好知之乱天下也！自三代以下者是已。舍夫种种踵之民，而悦夫役役之佞；释夫恬淡无为，而悦夫哼哼谆之意。哼哼已乱天下矣！羸，裹也，负也。兔网曰毕，削格，所以施罗网也。鸟罟为罗，兔罟为罝。罘，亦作罦，翻车也。颉滑，不正之语。解垢，诡曲之辞。惴，亦作喘。喘耎，无足虫也。肖翘，翾飞之属。种种，淳厚也。役役，有为人也。

郭注 民结绳而用之，足以纪要而已。适故常甘，当故常美。若思夫侈靡，则无时慊矣。不相往来，无求之至也。赢粮趋贤而弃亲去主，至治之迹，犹致斯弊也。上谓好知之君，知而好之，则有斯过矣。夫攻之愈密[1]，避之愈巧，则虽禽兽犹不可图之以知，而况于人哉！故治天下者，惟不任知，任知无妙也。上之所多者，下不能安其少也。性少而以逐多，则迷矣。不求所知而求所不知，此乃舍己效人，不止其分也。善其所善，争尚之所由生也。吉凶悔吝生乎动也，而知之所动，诚能摇荡天地，运御群生，君人者，胡可不忘其知哉！哼哼，以己诲人也。吕注 民不往来而自为族，是谓种种之民。某所有贤，赢粮而趋，则役役之佞也。其教我也似父，其谏我也似子，则哼哼之意。此皆尚贤好知之过。由有知而后有圣人，有圣人而后有大盗，圣人大盗，皆知之所自出。故是篇始终以去知为言。详道《传》曰："多事，生之仇；多言，德之贼。"役役，多事者也。哼哼，多言者也。天下恶得而不乱哉！口义 十二氏，只伏羲、神农、轩辕见于经，馀无闻。或得于上古所传，或庄子撰出

①愈，原作"逾"，误，据《庄子注》卷四改。

也。毕，有柄网也。削格，犹储胥，今之木栅也。捕兔鹿者有之。罝罘，亦网也。颉滑、坚白、解垢、同异，皆当时辩者之名。求其不知者，务外以求异。求其已知者，晓然易见，自然之理也。所不善，在人者也。所已善，在我者也。即《齐物论》所谓“是其所是而非其所非”，言但知他人之非而不知己之所是者亦非也。大而日月山川，微而喘耎肖翘，皆失自然之理，故曰莫不失其性也。喘耎，蜗蜒之类。肖，小也；翘，轻也；蜂蝶之类。哼哼，嗫嗫也。

义海总论 是篇以胠箧命题。考《监韵》：“胠，胁也。”则胠箧者，从箧之胁旁开而取物，此窃盗之行也。为治者不能弘道德以公天下之情，然后奸雄得窃其权以为私利，天下有被其害者矣。南华务在绝圣弃知，掊斗折衡，思复上古无为之治。然其还淳反朴之要，在明乎真知，以正其所趋；复乎真善，以全其所受而已。使任治道之君子，皆如漆园之用心，何患乎世道之不兴、淳风之不复哉！通义 田恒弑君，孔子请讨，在鲁哀公之世。周见鲁哀，谓其少儒。此言恒享齐国十二世。又楚伐鲁事，在鲁哀以后。今举以并唇齿之喻，是指以为往昔故事矣。篇末又谓三代以下，则西汉之言矣。故予直谓此非庄子之文。补注《骈拇》《马蹄》《胠箧》，乃辞家文字，秦汉间人语，《吕览》《淮南》者流拟庄之作也。

《庄义要删》卷之三《胠箧》终

庄义要删外篇　卷之四

在宥第十一

闻在宥天下，不闻治天下也。在之也者，恐天下之淫其性也。宥之也者，恐天下之迁其德也。天下不淫其性，不迁其德，有治天下者哉？昔尧之治天下也，使天下欣欣焉，人乐洛其性，是不恬也；桀之治天下也，使天下瘁瘁焉，人苦其性，是不愉也。夫不恬不愉，非德也。非德也，而可长久者，天下无之。人大喜邪？应不恬。毗于阳，大怒邪？应不愉。毗于阴，阴阳并毗，四时不至，寒暑之和不成，其反伤人之形乎？使人喜怒失位，居处无常，思虑不自得，中道不成章，于是乎天下始乔矫诘卓鸷，至。而后有盗跖、曾、史之行。故举天下以赏其善者不足，举天下以罚其恶者不给。故天下之大，不足以赏罚。自三代以下者，匈匈焉终以赏罚为事，彼何暇安其性命之情哉！宥，宽也。瘁瘁，病也。毗，并也，助也。乔诘，意不平也。卓鸷，行不平也。

郭注 宥使自在则治，治之则乱也。人之生也，直莫之荡，则性命不过，欲恶不爽。在上者不能无为，民皆赴之，故有诱慕好恶，而民性淫矣。所贵圣者，非贵其能治也，贵其无为而任物之自为也。无治乃不迁淫。尧虽在宥天下，其迹则治也。治乱虽殊，其于失后世之恬愉，使物争尚畏鄙而不自得，则同耳。故誉尧而非桀，不如两忘也。恬愉自得，乃可长久。喜怒失位，居处无常，此皆尧、桀之流使物喜怒太过，以致斯患也。人在天地之中，最能以灵知喜怒扰乱群生而振荡阴阳，故得失之间，喜怒集乎百姓之怀，则寒暑之和败，四时之节差，百度昏亡，万事失[1]落也。慕赏乃善，故赏不能供。畏罚乃止，故罚不能胜。忘赏罚而自善，性命乃大足耳！夫赏罚者，圣王所以当功过，非所以著劝畏也。故理至则遗之，然后至一可反也。而三代以下，遂寻其事迹，故匈匈然与迹竞逐，以所寄为事，何暇安其性命之情哉！吕注 天下者，万物之所一，其常性常德，即我之性德是也。在宥天下，在宥我而已。在者，存之而不亡。宥者，放之而不纵也。不淫不迁，无为而已。无为则无我，无我则治天下者谁哉？故两忘尧、桀之是非也。人生而静，何有乐苦？使之乐苦，是淫其性，淫其性，未有不迁其德者也。万物负阴抱阳，冲气为和。尧使民乐其性，至太喜而毗于阳，桀使民苦其性，至太怒而毗于阴，故伤其冲[2]气，而堕四时之施，寒暑之和不成，反伤人形矣。乔则尚高，诘则穷尽，卓则难及，鸷则不群，皆非平易中正。此赏罚所以不给，性命之情所以不得而安也。疑独 恬有安静意，愉有欢悦意。喜则气散而心动，故不恬；怒则气逆而心郁，故不愉。人心未尝不虚，而至于悲喜者，有物触之也。尧、桀之治天下，虽善恶不同，其触人心而至于害性则

①失，原作“天”，误，据《庄子注》卷四改。
②冲，原作“中”，误，据《义海》卷三十改。

一，非先王自得之理也。天下因尧之迹而有曾、史，因桀之迹而有盗跖。既誉尧非桀，善恶交纷，竭天下之物不足以为赏罚，况其它乎？口义 天下之人，性皆不乱，德皆不移，又何用治之哉？恬，静也。愉，乐也。喜属阳，怒属阴。毗，益也，医书所谓有馀之病。致中和则天地位，失其中和则四时不至而人亦病矣。乔者，好高而过当。诘者，议论相诘责。卓者，孤立。鸷者，猛厉。皆形容不和之意。曾、史、盗跖只代贤不肖字。用心不和，则贤不肖皆非矣。今赏贤而罚不肖，则贤非真贤。赏之而不足，言此等人多也。人皆慕赏避罚，以伪相与，则岂能安其性命自然之理哉！通义 在者，此念知有天下而已，不以身心役役于事，身贵于天下也。宥者，宽以待天下，不以知力屑屑于人，爱天下如身也。在则神常存，宥则事不滞。不滞即化也。神则不淫，化则不迁。乔，不平也。诘，不顺也。卓，特异也。鸷，残忍也。乔、卓指曾、史，诘、鸷指桀、跖。评庄 首二句，乃一篇冒头。在者，优游自在之意。宥者，宽容自得之意。以不恬比不愉，便无重轻。盖以桀抑尧，使人指尧、桀，即两使天下云云也。慕赏乃善，故赏不能供。畏罚乃止，故罚不能胜。

而且说悦，下同明邪，是淫于色也；说聪邪，是淫于声也；说仁邪，是乱于德也；说义邪，是悖于理也；说礼邪，是相于技也；说乐邪，是相于淫也；说圣邪，是相于艺也；说知邪，是相于疵慈也。天下将安其性命之情，之八者，存可也，亡可也。天下将不安其性命之情，之八者，乃始脔辇卷上声怆仓、森二音囊儜，又如字而乱天下也，而天下乃始尊之惜之。甚矣，天下之惑也！岂直过也，而去之邪！乃齊斋戒以言之，跪危坐以进之，鼓歌以舞之。吾若是何哉？故君子不得已而临莅天下，莫若无为。无为也，而后安其性命之情。故贵以身于为天下，则可以托天下；爱以身于为天下，则可以寄天下。故君子苟能无解其五藏，无擢其聪明，尸居而龙见，渊默而雷声，理到而文奇。神动而天随；从匆容无为，而万物炊去声累焉。吾又何暇治天下哉？脔，一作栾。脔卷，不申舒之状。伧囊，犹抢攘也。炊，或作吹。炊累，犹动升也。向云：如尘埃自动也。

郭注 当理无悦，悦之则致淫悖之患矣。相，助也。存亡无所在，任其所受之分，则性命安矣。必存此八者，则不能纵任自然，故为脔卷怆囊也。不能遗之，已为误矣，乃复尊之以为贵，岂不甚惑哉！非直由寄而过去也，乃珍贵之如此。无为者，非拱默之谓，直各任其自为，则性命安矣。不得已者，非迫于威刑也，直抱道怀朴，任乎必然之极，而天下自安也。若轻身以赴利[①]，弃我而殉物，则身且不能安，其如天下何？解擢则伤矣。出处语默，常无其心而付之自然，然后神顺物而动，天随理而行。若游尘之自动，任其自然而已矣。吕注 贵则不轻其身，爱则不危其身。托如托身，寄如寄物。无解五藏，则不散而淫乎仁义。无擢聪明，则不引而属乎声色。炊累，即万物之以息相吹，累则炊之积也。万物归之，如尘自集，又何暇治天下哉？疑独 圣人入而同乎天，则无贵无爱；及出而之乎人，则有贵有

①利，原作“刑”，误，据《庄子注》卷四改。

爱。无贵无爱冥乎神，有贵有爱存乎身。身者，神之所寄托，天下又寄托于吾身，吾身寄托于天地，天地寄托于虚空。以是考之，凡有形者皆不免有所寄托也。口义 脔卷，局束。伧囊，多事。岂直过也而去之，言不特涉猎一过随即休止也。斋戒跪坐，言郑重致恭。鼓歌以舞，不知手舞足蹈也。盖讥一时学者。"不得已"而下，说无为自然之治，此三字便见有天下而不与之意。以其身之可贵，犹贵于为天下，而后可以天下托之；以其身之可爱，犹爱于为天下，而后可以天下寄之。龙，喻文采，威仪可则也。神动天随，言动容周旋无非天理也。义海 聪明仁义礼乐圣知八者，虽出于人为，各具自然之理，行其所无事而已。若心有所悦，则滞迹成弊，害有甚焉。行其无事，则安其性命之情；滞迹成弊，则脔卷伧囊而乱天下也。然善处者以时而出，其出必神；善寂者以时而鸣，其鸣必大。皆由己涵养之功，以符至神之运，天且弗违，而况于人乎！从容无为，我自得也。万物炊累，物自得也。物我俱得而天下治矣，又何暇治天下哉？通义 贵身如贵天下，爱天下如爱身，此二句只形容无我之义。能无我，虽有为，亦无为也。解五藏，神散而气血不联属也。擢聪明，外物淆乱而耳目无管摄也。尸居，无为而纯阳之体常自见。渊默，无言而一阳之复常自闻。如此者，其动不以形，惟神而已。是以念念惟天，天自不违也。炊，蒸也，犹相感也。累，生生之多也。言万物囿于无为之德，自相熏蒸繁阜也。评庄 炊，动也。累，微细而累多也。言若游尘之自动，而我无容心耳。补注 "吾若是何哉"，即"吾莫如之何也已"之意。

崔瞿问于老聃曰:“不治天下,安臧人心?”老聃曰:“女汝慎无撄人心。人心排下而进上,上下囚杀;淖绰约柔乎刚强,廉刿贵雕琢;其热焦火,其寒凝冰;其疾俯仰之间而再抚四海之外。其居也渊而静,其动也县玄而天。偾骄而不可系者,其唯人心乎?昔者黄帝始以仁义撄人之心,尧、舜于是乎股无胈拔,胫无毛,以养天下之形。愁其五藏以为仁义,矜其血气以规法度。然犹有不胜也。尧于是放讙兜于崇山,投三苗于三峗危,流共工于幽都,此不胜天下也。夫施异及三王而天下大骇矣。下有桀、跖,上有曾、史,而儒墨毕起。于是乎喜怒相疑,愚知相欺,善否相非,诞信相讥,而天下衰矣。大德不同,而性命烂漫矣;天下好知,而百姓求竭矣。于是乎釿斤锯据制焉,绳墨杀焉,椎垂凿决焉。天下脊脊籍大乱,罪在撄人心。故贤者伏处大山嵁嵌、谦二音岩严之下,而万乘之君忧栗乎庙堂之上。今世殊死者相枕去声也,桁杭杨者相推吐雷反也,刑戮者相望也,而儒墨乃始离跂攘臂乎桎梏之间。意!噫。甚矣哉!其无愧而不知耻也甚矣。吾未知圣知之不为桁[1]杨椄接槢习也,仁义之不为桎梏凿枘芮也。焉知曾、史之不为桀、跖嚆蒿矢也?故曰‘绝圣弃知而天下大治’。”撄,引也。刿,伤也。县而天,希高慕远也。施,延也。绳墨杀,弹正杀之也。脊脊,相践籍也。桁杨,长械锢颈及胫者。椄槢,梁也。嚆矢,矢之鸣者。

郭注 撄之则伤其自善。排之则下,进之则上,言其易摇荡也。无所排进,乃安全耳。能淖约,则刚强者柔。焦火之热,凝冰之寒,皆喜怒并积之所生。若乃不雕不琢,各

---

①桁,原作“杭”,误,据上文“桁杨者相推也“改。

全其朴,则何冰炭之有哉? 俯仰再抚四海,风俗之所动也。静之可使如渊,动之则系天而踊跃。人心之变,靡所不为,顺而放之,则静而自通;治而系之,则跂而偾骄。偾骄者,不可禁之势也。夫黄帝,非为仁义也,直与物冥,则仁义之迹自见;迹见则世必徇之,是黄帝之迹使物撄也。夫尧舜之名皆迹耳,我寄斯迹而迹非我也,故骇者自世。世弥骇,其迹愈粗。粗之与妙,犹途之夷险耳,游者岂尝改其足哉! 故圣人一也,而有尧、舜、汤、武之异,所异者时世之名,未足以名圣人之实也。故夫尧舜者,岂直尧舜而已哉? 是以虽有仁义之迹,矜愁之貌,而所以迹者故全也。自喜怒相疑,至诞信相讥,莫能齐于自得也。大德不同者,立小异而不止于分也。知无涯而好之,故无以供其求。于是有斩锯椎凿,雕琢性命,遂至于此。若任自然而居当,则贤愚袭情,贵贱履位,君臣上下,莫匪尔极,而天下无患矣。斯迹也,撄天下之心,使奔驰而不可止。故中知以下,莫不外饰其性,以眩惑众人,恶直丑正,蕃徒相引。任真者失其据,而崇伪者窃其柄,于是主忧于上,民困于下矣。由腐儒守迹,故致斯祸。不思捐迹反一,方复攘臂,是用迹以治迹,可谓无愧而不知耻之甚也。桁杨以椄槢为管,桎梏以凿枘为用。圣知仁义者,远罪之迹。迹远罪,则民思尚之。尚之则矫诈生,矫诈生而御奸之器不具者,未之有也。故弃所尚,则矫诈不作,桁杨桎梏废矣,何凿枘椄槢之为哉? 嚆矢,矢之猛者,言曾、史为桀、跖之利用也。绝圣弃知,去其所以撄也。吕注 在宥而不治,所以不撄人心;治而感之,则是撄之。排之则下,进之则上,莫知其乡也。上下囚杀,至其寒凝冰,则非所宜撄者也。俯仰之间,再抚四海,则出入无时也。居也渊静，动也悬天。偾骄而不可系，所谓操存而舍亡者也。圣知不去，不能无。以仁义撄人心，以我有心故也。有心则有迹，不免以身徇天下也。疑独斩锯喻仁义，绳墨喻礼法，椎凿喻刑辟，皆撄人心之具也。儒墨犹徇仁义之迹，离跂攘臂于其间，欲有以救之，以迹治迹，犹以火救火，其能有功乎？椄槢，校梁也。《淮南子》云："大者为柱梁，小者为椄槢。"凿枘者，凿头厕木如柱头枘也。桁杨因椄槢而后成桎梏，因凿枘而后立圣知仁义者，欲民远罪之迹也。详道夫人心，排而下之，则拘以囚；进而上之，则怒而杀；廉而刿之，使伤而不全；雕而琢之，使文而不质；则阴阳之气沴矣。其僵也偾，其起也骄，执而系之，使闭而不舒，则不肖之心应矣。仁义，内也，故愁五藏。法度，外也，故矜血气。然仁义行而奸伪生，法度彰而暴乱作，故尧之至治不免四凶之诛，况三代以下乎？殊者，绝也。戮者，辱也。口义排下者，不得志之时，心趋向下；得志，则好进不已，心愈向上。上下皆为囚杀，自累自苦也。一俯仰间，其心中往来如再临四海之外，言疾急如此。渊静，喻不动。念一起时如悬系于天也。偾同愤。偾骄，亢厉之状。系，犹制也。股无胈，髀肉不生也。胫无毛，劳其足也。规为仁义法度，劳苦如此，犹无如天下何，故有流放之刑。延及三王，下而小人，则为桀、跖之行；上而君子，则慕曾、史之名。起儒墨之争而相疑相讥，性命之情到此都狼藉了。百姓求竭，言无以应之也。儒墨于此时犹高自标致，支离翘跂于众罪人之中，可谓不知耻也甚矣！绳，束缚者也。墨，黥以淄也。椄槢，枷中横木楔也。通义上下，抑扬起伏也。囚杀者，形容排进为累之状。或以淖约降伏刚强，或以圭角入乎雕琢，皆勉强顺从，是以胸中冰炭，瞬息之间，神驰无际，一念起伏，居若渊静，动若悬天，愤激亢戾而不能自制，此人心之不可撄也。评庄 人失志时，愈见颓搨；得志时，则好进不已。故曰排下进上，上下囚杀。淖约柔乎刚强，如项羽泣涕于虞姬是也。少年得志之人，多少圭角，更涉忧患，世故皆消磨了，故曰廉刿雕琢。

黄帝立为天子十九年，令行天下。闻广成子在于空同之上，故往见之，曰："我闻吾子达于至道，敢问至道之精。吾欲取天地之精，以佐五谷，以养民人。吾又欲官阴阳以遂群生。为之奈何？"广成子曰："而所欲问者，物之质也；而所欲官者，物之残也。自而治天下，云气不待族而雨，草木不待黄而落，日月之光益以荒矣，而佞人之心翦翦者，又奚足以语至道！"黄帝退，捐天下，筑特室，席白茅，间闲居三月，复往邀之。广成子南首而卧，黄帝顺下风膝行而进，再拜稽首而问曰："闻吾子达于至道，敢问治身，奈何而可以长久？"广成子蹶厥然而起，曰："善哉问乎！来！吾语女汝，下同至道：至道之精，窈窈冥冥；至道之极，昏昏默默。无视无听，抱神以静，形将自正；必静必清，无劳女形，无摇女精，乃可以长生。目无所见，耳无所闻，心无所知，汝神将守形，形乃长生。慎汝内，闭汝外，多知为败。我为汝遂于大明之上矣，至彼至阳之原也；为女入于窈冥之门矣，至彼至阴之原也。天地有官，阴阳有藏，慎守女身，物将自壮。我守其一，以处其和。故我修身千二百岁矣，吾形未尝衰。"黄帝再拜稽首曰："广成子之谓天矣！"广成子曰：

"来！余语女：彼其物无穷，而人皆以为有[①]终；彼其物无测，而人皆以为有极。四句即'以有涯随无涯'意。得吾道者，上为皇，而下为王；失吾道者，上见光，而下为土。今夫百昌皆生于土，而反于土，故余将去女，入无穷之门，以游无极之野。吾与日月参光，吾与天地为常。当我缗泯乎？远我昏乎？人其尽死，而我独存乎？"广成子，或云即老子也。质，正也。族，聚也。未聚而雨，言泽少也。未黄而落，言杀气多也。翦翦，佞貌。蹶，惊起也。物将自壮，不治天下，则物皆自任而壮也。百昌，司马云：百物也。缗，泯合也，缗、昏，并无心之谓也。

郭注 问至道之精，可谓质也。不任其自尔而欲官之，故残也。人皆自修而不治天下，则天下治矣，故善之也。窈冥昏默，皆了无也。老庄之所以屡称无者，何哉？明生物者无物，而物自生耳。非为生也，又何有为于已生乎？忘视而自见，忘听而自闻，则神不扰而形不邪也。任其自动，故闲静而不夭。率性而动，故长生也。慎内，全其真也；闭外，守其分也。知无涯，故败也。夫极阴阳之原，乃遂于大明之上，入于窈冥之门也。有官有藏，言但当任之耳。尽性命之极，极长生之致，身不夭，乃能及物也。无穷无测，而人以为终极，徒见其一，变也。皇王之称，随世之上下耳，其于得通变之道，以应无穷，一也。失无穷之道，则自信于一变[②]而不得均同上下，故俯仰异心。土，无心者也。生于无心，故当反守无心而独往也。入无穷，游无极，与化俱也。日月参光，天地为常，都任之也。缗昏者，物之

①有，原脱，据《庄子注》卷四补。下文"而人皆以为有极"亦脱"有"字。
②变，原作"偏"，误，据《庄子注》卷四改。

去来皆不觉也。独存者,以死生为一体,则无往而非存也。

吕注 人未知道,则域于阴阳而未尝至其原。无见无闻无知,则遂于大明之上,入于窈冥之门。得是而穷之,则知天地有官,其官也以此;阴阳有藏,其藏也在此。慎守汝身,物将自壮,则奚为而外求哉?所谓无见闻,知道之体而已。至其用,则无见闻乃其所自见闻,无知乃其所自知也。

苏注 按《山经》,广成子治《太易》屯、蒙二卦,运行日月。盖古之真人,黄帝师也。物之质,物之残,言其情在于欲已长生,而外托于养民人、遂群生也。夫长生不死,岂非物之实?而所谓养民人、遂群生者,岂非道之馀乎?云不待族而雨,草木不待黄而落者,天地之精不能供此,有心之耗也。故荒亡之符,先见于日月,以身占之,则耳目先病矣。真人佞人,犹谷之与稗也。所种者谷,虽瘠土,不生稗;所种者稗,虽良田,不生谷。今欲学道而问己不惰,佞伪之种矣,道何从生?间居三月,则先物后己之心无所复施,故其问如此。窈冥昏默,致道之方而非道也。学道者患其散且伪,故窈窈冥冥者,所以致一也;昏昏默默者,所以全真也。"无视无听"以下十五句,皆真实语。无视无听,抱神以静,则无为也。心无所知,则无思也。必静必清,无劳形摇精,则无欲也。三者具而形神一,形神一而长生矣。内不慎,外不闭,而形神离矣。至彼至阳至阴之原二者,如日月水火之用,所以修炼变化,坚气而凝物者也。以窈冥昏默立长生之本,以无思无为无欲去长生之害,又以至阴至阳坚凝之,吾事足矣。天地有官为我治之,阴阳有藏为我畜之,为之在我,成之在彼也。可见可言可去可取者,人也,非我也。不可见不可言不可去取者，是真我也。近是则明，远是则愚，得是则得道矣。故人其尽死而我独存者，此之谓也。疑独 无劳汝形，《老子》曰“载营魄”是也。无摇汝精，《老子》曰“抱一”是也。学道者，当廓其志，勿累于形，使神常载魄而不载于魄，则可抱一而体神矣。目无见，则内视；耳无闻，则反听；心无知，则无思。故尘自外隔，根自内固，而形可长生也。慎内，则真不散；闭外，则尘不入。此为道日损之意。口义 物之本然曰质，即前言至道也。物之残，谓害物之事。天地阴阳，皆自然之理。五谷群生，亦自生自遂，有心以官之，反为物害矣。荒，废也。日月薄蚀，废其光也。翦翦，犹残残也。窈冥昏默，微不可见。无视无听，耳目俱忘。静而无为，神必清静，形不劳役，气无动摇，则可长生。慎内，不动其心；闭外，不使物得以动吾心者。不识不知而后德全，多知则败事矣。大明即太虚，窈冥即无极，言人身自有天地阴阳，各安其所，则此身可以慎守，物物皆自坚固。物谓我身所有之物，所守者一而不杂，所处者无不和顺，所以千二百岁而形不衰也。物安有穷而人必求其所终？物岂可测而人必求其所极？以有涯随无涯也。去汝者，离去人间。无穷之门、无极之野，言天地之外也。缗同冥。昏，暗也。当我迎我而来，远我背我而去，物之去来，我皆泯然而不知也。补注 有形必有尽，而形形者未尝亡，故修身保形至千二百岁极矣。若夫形形者，则固无穷无极，与天地日月同其长久，所谓火传而不知其尽者也。第人狃于所见，谓为终极耳。

云将东游，过扶摇之枝，而适遭鸿蒙。方将拊甫脾一作髀雀一作爵，下同跃而游。云将见之，倘傥然止，贽然立，曰：“叟何人邪？叟何为此？”鸿蒙拊髀雀跃不辍，对云将曰：“游！”云将曰：“朕愿有问也。”鸿蒙仰而视云将曰：“吁！”云将曰：“天气不和，地气郁结，六气不调，四时不节。今我愿合六气之精以育群生，为之奈何？”鸿蒙拊髀雀跃掉头曰：“吾弗知！吾弗知！”云将不得问。又三年，东游，过有宋之野，而适遭鸿蒙。云将大喜，行趋而进曰：“天忘朕邪？天忘朕邪？”再拜稽首，愿闻于鸿蒙。鸿蒙曰：“浮游不知所求，猖狂不知所往，游者鞅掌，以观无妄。朕又何知？”云将曰：“朕也自以为猖狂，而民随予所往；朕也不得已于民，今则民之放仿也。愿闻一言。”鸿蒙曰：“乱天之经，逆物之情，玄天弗成；解兽之群，而鸟皆夜鸣；灾及草木，祸及止一作昆虫。意！噫，下同。治人之过也！”云将曰：“然则吾奈何？”鸿蒙曰：“意！毒哉！仙仙乎归矣！”云将曰：“吾遇天难，愿闻一言。”鸿蒙曰：“意！心养！汝徒处无为，而物自化。堕隳尔形体，吐尔聪明，伦与物忘，大同乎涬幸溟泯。解心释神，莫然无魂，万物云云，各复其根。各复其根而不知。浑浑上声沌沌，徒本切。终身不离。若彼知之，乃是离之。无问其名，无窥其情，物故自生。”云将曰：“天降朕以德，示朕以默，躬身求之，乃今也得。”再拜稽首，起辞而行。扶摇，东海神木也。鸿蒙，自然元气也。倘然，自失貌。贽然，不动貌。鞅掌，自得而正也。涬溟，自然气也。

郭注 不知所求而自得所求，不得所往而自得所往，夫内足者举目皆自正也。朕又何知？以斯而已。夫乘物非为迹而迹自彰，倡狂非招民而民自往，是以为民所仿效而不得已也。

若夫顺物性而不治，则情不逆而经不乱，玄默成而自然得也。解兽群而鸟夜鸣，离其所以静也。草木昆虫，坐而受害矣。盖有治之迹，乱之所由生也。意！毒哉！言治人之过深也。仙仙，坐起貌。嫌不能隤然通放，故遣使归。夫心以用伤，则养心者，其唯不用心乎？理与物皆不以存怀，而暗付自然，则无为自化矣。同乎涬溟，与物无际也。莫然无魂，坐忘任独也。不知而复，乃为真复。浑沌无知，而任其自复，乃能终身不离其本也。知而复，与复乖矣。有问有窥，则失其自生也。知而不默，常自失也。吕注 吾弗知，是真知也。人莫不有求有往，我则不知所求，不知所往，凡以无知而已。鞅掌，拘系貌。虽游者若有所拘系，而吾观天下之真，不过此物而已。天则无为，物则无知，有知有为，则乱天经，逆物情，而玄天弗成矣。岁有玄天，冬至是也；月有玄天，晦日是也；日有玄天，夜半是也；而人亦有玄天。夫唯玄天所以弗成而灾及鸟兽昆虫者，凡以不知无为而治之之过也。人莫不有心，在乎自养而已。自养则无所事为，而物自化。我与物忘而同乎涬溟，则心解神释而莫然无魂，此所以处无为之道也。方其无知，不知其无知也。而曰：此名无知邪？则是问其名。此果无知邪？则是窥其情。犹物之方生，剔其根而视之，未有能生者也。天之所以造物，亦若是而已矣。疑独 曰心养者，万法由心起，养之以理，镇之以静，物来则应，物去则忘，然后能无为而无不为，离形去知，同乎大通，人伦物理混而为一。故解心释神，莫然无魂，此人道之极，由之而合乎天者也。万[①]物云云，指幻化。各归其根，言空性。幻化有灭，空性无坏，故至于命者。浑

①万，原作"夫"，误，据经文"万物云云"改。

浑沌沌，终身不离也。碧虚心非我有，性原本空，动静不知，同乎涬溟，光景俱灭，归于窈冥，浑沌不离，知则离矣。无名无情，何问窥哉？起辞而行，即是妙用也。口义扶摇之枝，扶桑日出之地。鞅掌，纷汨也。无妄，真也。纷汨之中而自观其真也。不得已于民，言欲谢绝之而不可也。天经物情，皆自然，以有心为之，则乱；逆其自然，故玄天弗成。玄，虚也，犹云先天。不能辅物之自然，而使失其性，则草木昆虫皆被祸矣。此有心以治人之过，故叹曰毒哉！心养者，言止汝，此心自养得便是也。涬溟，无形无气之始。解去有心之心，释去有知之神。无魂，犹无知也。浑浑沌沌，无知无觉，则终身不离乎道。才有知觉，则与道为二，故曰乃是离之。凡有分别之谓名，有好恶之谓情。无问无窥，则无分别好恶，此即无为自然，故物各遂其生矣。义海心者，神之舍。养以无为，则神全。神全，斯足以化物。自堕尔形体至莫然无魂，乃心养之诀。至极则养亦忘矣。万物云云，各归其根，动极必静，自然之理，何容知识于其间！知识一萌，则离道矣。问名窥情，皆属乎知，倘能绝此，则任物自化，何在乎合六气以育群生哉！通义倘然，或一止也。贽然，特一出也。"意毒哉"，意其中心烦苦不宁也。意者，惟在心自养耳。心养之方，只是无为。不曰养心，而曰心养，则不落骑驴觅驴，将心捉心之弊。此篇三"意"字，皆不决之辞。盖深疑有知有为之弊，而重赞无知无为之得也。

世俗之人，皆喜人之同乎己，而恶人之异于己也。同于己而欲之，异于己而不欲者，以出乎众为心也。夫以出乎众为心者，曷常出乎众哉？因众以宁，所闻不如众技众矣。而欲为人之国者，此揽览乎三王之利，而不见其患者也。此以人之国侥幸也。几何侥幸而不丧人之国乎？其存人之国也，无万分之一；而丧人之国也，一不成而万有馀丧矣。悲夫，有土者之不知也！夫有土者，有大物也。有大物者，不可以物物，而不物，故能物物。明乎[1]物物者之非物也，岂独治天下而已哉！出入六合，游乎九州，独往独来，是谓独有。独有之人，是之谓至贵。大人之教，若形之于影，声之于向。响。有问而应之，尽其所怀，为天下配。处乎无向，行乎无方。挈汝适，复之挠挠，扰。以游无端；出入无旁，与日无始；颂论形躯，合乎大同，大同而无己。无己，恶乎得有有？睹有者，昔之君子；睹无者，天地之友。

郭注 心欲出群，为众携也。众皆以出众为心，所以为众人也。若我亦欲出众，则与众无异，而不能相出矣。众皆以相出为心，而我独无往而不同，乃大殊于众，而为众主也。吾一人之所闻，不如众技多，故因众则宁。若不因众，则众之千万皆我敌也。夫欲为人之国者，不因众之自为，而以己为之，此徒求三王主物之利而不见己为之患也。三王之所以利，岂为之哉？因天下之自为而任耳。吾与天下相因而成者也。今以一己专制天下，天下塞矣，己岂通哉？故一身既不成，而万方有馀丧矣。不能用物而为物用，即是物耳，岂能物物哉？不能物物，则不足以有大物矣。夫用物者，不为物用也。不为物用，斯不物矣。不物，故物天

①乎，原作“夫”，误，据《庄子注》卷四改。

下之物，使各自得也。用天下自为，故驰万物而不穷也。人皆自异，而己独群游，是乃独往独来者也。独有斯独，可谓独有矣。夫与众玄同，非求贵于众，而众人不得不贵，斯至贵也。若信其偏见，而以独异为心，则虽同于一致，是俗中之一物耳，非独有者也。众岂归之也哉？故非至贵也。百姓之心，形声也；大人之教，影响也。大人之于天下，何心哉？犹影响之随形声耳。使物之所怀，各得自尽。问者为主，应故为配。无响，寂以待物也。无方，随物转化也。挠挠，自动也。挈提万物，使复归自动之性，即无为之至也。与化俱，故无端。玄同，故无表。与日俱新，故无始也。形躯合大同者，形容与天地无异也。有己，则不能大同矣。天下之难无者，己也。己既无矣，则群有不足复有之。睹有者，能美其名者耳。睹无，则任其独生也。吕注 道之无为自然，非特人君体之，而以道佐人主者，亦当因众以宁，无事于为人之国也。一人所闻，不如众技之众，而欲自任以为人之国，则其不丧者侥幸而已。吾所体者道，道外无物，是以谓之独有。夫大人之教，若形声之于影响，而不为天下先，此所以为之配也。处乎无响，则寂然不动；行乎无方，则未始有封。往复之挠挠，是谓万物并作，吾以观其复也。颂论，言也，言则出于不言。形躯，形也，形则象[①]于无形。如是，则大同而无己矣。无己，乌得有有哉？熏然慈仁，谓之君子。圣人所以与人同也，则睹有者特可谓之君子而已。至于睹无，则天地之友，与人同者，不足以名之也。疑独 有生者，虽至久，不能生生；有物者，虽至大，

①象，原作“众”，误，据《义海》卷三十二改。

不能物物。唯不生者能生生，不物者能物物。故有大物者，不可以物物；而不物，故能物物也。独者，离阴阳而无对；独往，无所因而往；独来，无所从而来。独有，无所有而有也。[详道]凡有貌像声色者，皆物也，物与物何以相远？故明乎物物者之非物，则吾心非物也；心非物，故能物物。乘云御龙，出入六合，而独往独来矣，孰有出众之心哉？不出乎众，是出乎众也。心不出乎众，是不有其有而其实归于独有，不贵其贵而其名归于至贵也。[口义]欲人同己而不欲异己，是以我出乎众人之上也。若谓之独见，必众皆不知而后可。既欲人人同我，则我不如众人之技多矣。如此，而欲为人之国，是揽取三王之利，而不知其必为患害也。以此谋人之国，是以侥幸为心，但见有丧，安得有成？有国者，未知其人而为其所惑也，此分明讥当时历聘游说之士。无为，则无所不为，故曰不物，故能物物。操纵阖辟于造化之间，而与天为一，非人可得而二之，故曰独往独来，是谓独有。如此，则至贵矣。大人，即独有之人。形必有影，声必有响，自然之理。有问于我，则尽此怀而应之。以此对乎天下，是以一身而当天下之大也。无响，无声无臭也。无方，无迹也。挠挠，群动不已貌。挈举世之人，往归于挠挠之中，言虽出世而不外世间，是出世、世间非二法也。无端无旁，皆无极也。[义海]众同己而喜之，则己与众无异矣，曷尝出乎众哉？若此而欲为人之国，是揽已往之利而不见方来之患，几何侥幸而不丧人之国也！有土，大物也，有而不与焉，斯可以物天下之物，若执而有之，为物役矣。为天下配，则不敢为主而为客。应出乎感，非求应也。未能忘物,故所睹无非有,犹庖丁始解牛,所见无非牛也。睹无,则绝学而至于道,犹庖丁三年之后目无全牛矣。

贱而不可不任者,物也;卑而不可不因者,民也;匿而不可不为者,事也;粗而不可不陈者,法也;远而不可不居者,义也;亲而不可不广者,仁也;节而不可不积者,礼也;中而不可不高者,德也;一而不可不易者,道也;神而不可不为者,天也。故圣人观于天而不助,成于德而不累上声,出于道而不谋,会于仁而不恃,薄博于义而不积,应于礼而不讳,接于事而不辞,齐于法而不乱,恃于民而不轻,因于物而不去。物者莫足为也,而不可不为。不明于天者,不纯于德;不通于道者,无自而可;不明于道者,悲夫!何谓道?有天道,有人道。无为而尊者,天道也;有为而累者,人道也。主者,天道也;臣者,人道也。天道之与人道也,相去远矣,不可不察也。

郭注 因其性而任之则治,反其性而凌之则乱。夫民物之所以卑贱者,不能因任故也。是以任贱者贵,因卑者尊,此必然之符也。事藏于彼,故匿。彼各自为,故不可不为,但当因任耳。法者,妙事之迹也,安可以迹粗而不陈妙事哉!当乃居之,所以为远。亲则苦偏,故广乃仁耳。夫礼节者,患于系一,故物物体之,则积而周。以事之下者,虽中非德。事之难者,虽一非道,况不一哉!执意不为,虽神非天,况不神哉!观天不助,顺自为而已。成德不累,自然与高会也。出道不谋,不谋而一,所以为易也。会仁不恃,恃则不广也。率性居远,非积也。自然应礼,非由忌讳也。事以理接,能否自任,应动而动,无所辞让也。御粗以妙，故不乱也。恃民自为，不轻用也。因物而就任之，不去其本也。夫为者，岂以足为故为哉？自体此为，故不可得而止也。不明自然则有为，有为而德不纯矣。不能虚己以待物，则事事失会。此不明于道者之可悲也。天道者，在上而任万物之自为也。人道者，以有为为累，不能率其自得也。主者天道，同乎天之任物，则自然居物上也。臣者人道，各当所任也。君任无为而委百官，百官有所司而君不与焉。二者俱以不为而自得，则君道逸，臣道劳，劳逸之际，不可同日而语也。不察则君臣之位乱矣。吕注 通变之谓事，非睹未然，则不能知匿也。仁近而义远，然非义则仁不能独行，虽远而不可不居。无为者使物，有为者使于物，天道则无为而尊者也。有为者贵人，无为者贵于人，人道则有为而累者也。庄子非深乎涉世者，而谆谆若此，盖观之天地之理、古今之效，知其得失尝在此而已矣！口义 观此一段，有精粗不相离之意。观于天而不助，谓不容力。成于德而不累，积以为高，言其无容心也。不谋，不计度也。不恃，不自以为恩也。薄，迫近也。积，不化也；不积，则化矣。不讳，不拘忌也。不让，无所退缩也。不乱，有简直之意。民虽可恃而不轻，我以倚重之物虽可因，而不去本以就之。不明于天者，不纯于德，言世间事虽不可不为，必知自然之理则可。若不明天理自然，则在我之德不纯一矣。不通于道，即不明于天也。无自而可者，言无往而不窒碍也。“臣”“主”字论身中君臣，《齐物论》“递相为君臣，其有真君存焉”是矣。此段自“贱而不可不任”至篇终，乃《庄子》中大纲领，与《天下篇》同。东坡云：“庄子未尝讥孔子，于《天下篇》得之。”余谓庄子未尝不知精粗本末为一之理，于此篇得之。通义 此段或东汉以后拟庄者，意以庄生[1]鄙事法而薄仁义，若为之补过耳。文词平易，与时文不远。谓天道人道相远者，见于劳逸耳。诚以无为为心，虽有为，即无为矣。况君用臣，臣成君，天君泰然，百体从令，何远之有？纵扭[2]于势分，亦止劳心劳力之异。劳心似逸而非逸，劳力非逸而得逸。盖君无更代，臣有分司，心无止息，事有终始。例以《大宗师》首篇之旨，知其为拟庄作也。评庄 观此一段，庄子依旧是理会事的人，非止谈说虚无而已。“不明于天者”以下，前两转既说有为者不可不为，又恐人把有为无为作一例看，故又曰天道与人道相去远矣，不可不察也。

义海总论 君子不得已而临莅天下，莫若无为。故以存民宥众为怀，未尝有心乎治之也。是以天下之民，性不淫而德不迁；为民上者，喜怒平而赏罚中。盖因天下之自治而无为治之劳，故民易从而法不挠也。后世君天下者，失其辅世长民之要，而专以赏罚为事，上有儒、墨、曾、史之是非，下有桁杨桎梏之拘制，然后为治者不胜其劳，而民无所措手足矣。犹且以仁义圣知为足以得天下之情，尊之惜之，家传国效，而弗悟其为挠民之具，此所以愿绝弃之也。信如所言，则天下之所寄托，渊雷之所发见者，有在于是。国政不至于伧囊，人心不至于蠹坏，从容无为，又何暇治天下哉？次设崔瞿之问，以发老聃之旨，明乎为治者罪在撄

①庄生，《通义》作“庄文”。

②扭，原作“纽”，误，据《通义》卷四改。

人心，此桁杨桎梏之所自来，而桀、跖之所以为利者也。故黄帝问道于空同，告以抱神正形、清静长生之要。身为本，家国次之，未有身治而国乱者也。今之君天下者，能力行广成之言，则三代之治不难复。取天地，官阴阳，皆在吾无为中，此所以为在宥之道。鸿蒙告云将以堕体黜聪，守根不离，所以为治身之道也。其篇末历叙君臣礼法，殆无遗论，及天道人道之分，在有为无为之别，相去虽若不侔，发于其心，见于事业，一也。补注 此篇文杂，中有数段似作关老语，末数段又似作荀杨语，非尽庄子笔也。中间文势模拟处，不免有婢学夫人态，具眼者自得之。

《庄义要删》卷之四《在宥》终

庄义要删外篇　卷之四

天地第十二

天地虽大,其化均也;万物虽多,其治一也;人卒虽众,其主君也。君原于德而成于天,故曰玄。古之君天下,无为也,天德而已矣。以道观言,而天下之君正;以道观分,而君臣之义明;以道观能,而天下之官治;以道泛观,而万物之应备。故通于天地者,德也;行于万物者,道也;上治人者,事也;能有所艺者,技其绮反也。技兼于事,兼者,合而为一之意。事兼于义,义兼于德,德兼于道,道兼于天。故曰:古之畜天下者,无欲而天下足,无为而万物化,渊静而百姓定。《记》曰:"通于一而万事毕,无心得而鬼神服。"原,原本也。《记》,云老子所作。

郭注 天地均于不为而自化,万物一以自得为治。天下异心,无心者主也。以德为原,无物不得。得者自得,故得而不谢,所以成天。无为,则任自然之运动,自然而为君,非邪邪,似嗟反,本又作为也。各当其分,则无为位上,有为位下。官各当其所能,则治矣。上无为,则天下各以无为应之。通于天地者德,言万物莫不皆得,则天地通。行于万物者道,言道不塞其所由,则万物自得其行矣。上治人者，使人人自得其事。而技者，万物之末用也。夫本末相兼，犹手臂之相包，一身和则百节皆适，天道顺则本末俱畅。故一无为，群理都举矣。吕注 天地之大，万化而未始有极，虽化而非其所以化。均则无大小美恶长短之辨，乃其所以化也。道生一而至于万，何从而治哉？一则各复其根而不知，乃其所以治也。人卒虽众，其主君原于德，则其化通于天地之均；成于天，则其治反乎万物之一。此之谓玄。古之君天下者，无为也，天德而已。以道观言，则未尝有言，言而无言，天下之君其有不正者乎？以道观分，则无为为君，有为为臣，君臣之义其有不明者乎？以道观能，则无能无不能，天下之官其有不治者乎？以道泛观，则物无非道，万物之应其有不备者乎？天地之所以为天地者，得是而已。人而得是，则德与天地通，而万物莫非我。道之为物如此其大，在上者用之以治人，则事而已。能有所艺，则技而已。技兼于事，事兼于义，义兼于德，德兼于道，道兼于天，兼于天，则所以畜天下者，岂有于技能事为之间哉？故其天下足、天下化、百姓定者，凡以通于一而所得者，无心故也。疑独 其化均者，若《易》曰"范围天地之化而不过"。其治一者，若天下之动正夫一。其主君者寡者，众之所宗是也。君主人物，以德为本，而终成于天。玄者，数之所起，扬雄以一玄生三方。古之君，谓三皇以上。无为，乃所以合天德也。夫道有本末，本所以立体，末所以明用。通贯天地谓之德，周行万物谓之道。上顺理而治人者，变通之事；能有所艺者，技而已矣。技者，事之末，故兼于事。事者，义之末，故兼于义。至于德兼于道，道兼于天，皆本末相因。故古之养天下者，下达于技，上达于天。天下百姓万物至繁且广，而使之自足自定自化者，本于天道无为而已。按，注中谓"事之末""义之末""本末相因"数句，改"兼"字，非本旨，当以林希逸为是。碧虚"无欲而天下足"三句，即《道德经》"无欲而民自朴，无为而民自化，好静而民自正"。混兹三者，通乎一真，则事无不毕，神无不服矣。口义其化均者，言皆是元气也。治，主也。万物虽多，主之者一造化而已。人卒虽众，主之者君而已。天之与我者为德，我能推原其德之初皆自天而成之，则人力无所加矣。为人君者能知乎此，则无为而顺自然，便是天德。玄，远也。言，声也。天地之间有气，则有声，有声而后有名。名之为君，则天下之分定矣。既有此分，则自有君臣之义，便是"卑高已陈，贵贱位矣"之意。天下事，非一人之所能，随其能而尽其职，所以能者亦天与之耳，故曰"以道观能而天下之官治"。万物未尝无对，上下前后左右各各相应，皆出乎自然，故曰"以道泛观而万物之应备"。天能覆能生，地能载能成，同此德也。通，同也。万物各具自然之理，即所谓道。上之所以治者，如礼乐刑政，皆治之事也。事事之中，各有艺业。随其所能者，人之技也。道德，精者也。事艺，粗者也。精粗皆出于自然，则技即事，事即艺，艺即德，德即道，道即天。兼者，合二为一之意。义合作艺。义海天地至大，人物至众，其化其治，不知其几，而主之者君，则夫君之应世，岂偶然哉？原于德，成于天，是以古之君天下者，无为而德合自然。以道观言，而言合乎道，则君无不正；以道观分，而分合乎道，则义无不明；以道观能，而能合乎道，则官无不治；以道泛观，而物合乎道，则应无不备。由是知天下事物，苟离乎道，未有能自立者。通于天地者德，以德与天地合也；行于万物者道，以道適乎物也。通于一，万事毕，此老君西升告尹喜之言。无心得而鬼神服，即《易》所谓“天且弗违，而况于人乎？况于鬼神乎”？通义 此篇论君道也。玄者，造极之名。义即艺，就事曰艺，就心曰义。补注 君原于德，犹所谓天子“惟有德者可以为之”之意。成于天，天，自然也，犹所谓“天生民而立之君”，乃自然少不得者。

夫子曰：“夫道，覆载万物者也，洋洋乎大哉！君子不可以不刳心焉。无为为之之谓天，无为言之之谓德，爱人利物之谓仁，不同同之之谓大，行不崖异之谓宽，有万不同之谓富。故执德之谓纪，德成之谓立，循于道之谓备，不以物挫志之谓完。君子明于此十者，则韬乎其事心之大也，沛乎其为万物逝也。若然者，藏金于山，藏珠于渊；不利货财，不近贵富；不乐寿，不哀夭；不荣通，不丑穷。不拘一世之利以为已私分，不以王去声天下为已处显。显则明，万物一府，死生同状。”夫子，司马云：庄子也。一云老子。万物逝，崔本作“启”，云：开也。

郭注 有心则累其自然，故当刳而去之。不为此为，而此为自为，乃天道。不为此言，而此言自言，乃真德。爱人利物者，任其性命之情也。万物万形，各止其分，不引彼以同我，乃成大耳。行不崖异，则玄同彼我，万物自容，故有馀。有万不同之谓富，言我无不同，故能独有斯万。德者，人之纲要。非德而成者，不可谓立。循于道之谓备者，言夫道非偏物也。不以物挫志，则内自得。心大，则事无不容。德泽滂沛，任万物之自往也。不贵难得之物，乃能忘我，况货财乎？不近富贵，言自来寄耳，心常远之。寿夭兼忘，所谓悬解。既忘寿夭，况穷通之间哉！不私世利，皆委之万物也。不以王天下而处显者，忽然不觉荣之在身也。显则明，不显则默而已。一府同状，蜕然无所在也。吕注 夫道如此其大，心不刳不足以体之。君子所以刳心，在此十者而已。其心之大，事无不容，则已刳之效。沛乎为万物逝，周行而不殆也。显则明，明以德，而非以位。处上则帝王天子之德，处下则玄圣素王之道也。万物备于我，则一府。方生方死，方死方生，则同状。疑独 刳心，去其欲而使之虚也。为者，人也。无为者，天也。日月星辰运于上，飞走动植交于下，其化也不知所以化，其功也不知所以功，此无为而为也。言者，圣人不得已，此无为而言也。天，则言其自然。德者，自得而已。爱利，所以为仁。能同，所以为大。宽者，能容不可畜之物。富，则所同者广也。执德不回，则能立纪。一而能大，则能立德。循道而行，乃能事事，谓之备。不以物挫志，则无所丧矣。明此十者，则心无所不包，沛然与物往。所乐在内，货财富贵何足以动之？寿夭穷通亦馀事耳。故不以世利为有，不以天下为泰。若以为显，则明矣。不显，则暗然而日章也。万物一府，死生同状，则与造化玄合。非体道者不能与于此。

详道 万物皆备于我，能有之而勿失，则富矣。纪散则众[1]自乱，德失则众行乖。故循于道之谓备，不以物挫志之谓完也。韬乎其事心之大，则执大象之谓。沛乎其为万物逝，则天下往之谓也。古之以道莅天下者，示之不以迹，诏之不以言，使人自得之。上之化下也，无药饵之可悦；下之乐上也，非慕膻而来求。藏金珠于山渊，不以物累身也。不计寿夭穷通，不以身捐道也。一世之利厚矣，而不以为己私。天下之权重矣，而不以为己显。至于万物不得与之殊，死生不得与之变，非无心者能然乎？ 碧虚 首称"夫子曰"者，庄子受长桑公微言也。夫道，汪洋充塞，唯灵府虚者方能容纳焉。自然而为，合乎天然；守中而言，远离沮丧；度生接物，心不退转；人之所恶，我无嫌猜；和光同尘，不立圭角；万类滋茂，共丰区宇；持至德而为纪，循至理而善建，顺真常而不偏，离外景以全内。明此以炼心，则事无不蕴，理无不容，恩无不沛，物无不遂者矣。 口义 刳心，去其知觉之心也。为以自然，谓之天。得于己者，谓之德。无为言者，谓无所容言也。异者亦同，故曰不同同之。崖异，有迹也。物物不同而我皆有之之谓富。所执之德各有条理之谓纪。卓乎如有所立，德之成也。循道而行，无所不备。外物不足以动其心，则在我者全矣，故曰"不以物挫志"。明于此十者，包括万事，皆归我心，则此心之大无外，故曰"韬乎其事心之大也"。逝，往也。万物往来不穷，而吾与之为无穷，故沛乎其为万物逝也。藏金珠于山渊，藏

①众，原作"来"，误，据《义海》卷三十四改。

富于天下也。胸中之明照乎天地,以此为显,故不以王天下为显也。聚万物而归一,故曰一府。死生无变于己,故曰同状也。义海天地非能覆载,所以覆载者,道也。圣人非能为言,所以为言者,道也。洋洋乎大哉,谓道无不在,然非刳心使虚,则无以容道。天道无为自然,人能以无为而为,则合乎天道。以无为而言,则为己之得。施之于外,则爱利之谓仁。物不同而视若一,则所有者大。行不异物,非宽而何?万物不齐,吾悉有之,可谓富矣。执德犹有所持,德成则不待乎持。顺于道而大备,物孰能挫其志哉?信明斯理,则此心足以韬藏万事。事物无极,吾与之无极,是谓与化为人矣。不以世利为己私,忘利也。不以王天下为己显,忘名也。然所显者,在明乎万物一府,死生同状耳。万物一府,则无彼我之分;死生同状,则无去来之累。此为刳心之极致欤!郭氏从"显则明"为句,后来诸解多因之,似与下文不贯。无隐范先生连下文为句,义长,今从之。补注篇内有夫子问老聃章,此夫子亦似指孔子。

夫子曰:"夫道,渊乎其居也,漻劳乎其清也,金石不得无以鸣。故金石有声,不考不鸣。万物孰能定之?夫王德之人,素逝而耻通于事,立之本原而知智通于神,故其德广。其心之出,有物采之。故形非道不生,生非德不明。存形穷生,立德明道,非王德者邪?荡荡乎,忽然出,勃然动,而万物从之乎?此谓王德之人。视乎冥冥,听乎无声。冥冥之中,独见晓焉;无声之中,独闻和焉。故深之又深,而能物焉;神之又神,而能精焉。故其与万物接也,至无而供其求，时骋而要其宿，大小，长短，修远。”漻，清貌。供，一本作恭。

郭注 声由寂彰，以喻体道者物感而后应也。万物孰能定，言感应无方。王德之人，任素而往耳，非好通于事也。立之本原而知通于神，言本立而知不逆，然后任素通神，其德弥广。心由物采而出，非先物而唱也。忽、勃，皆无心而应之貌。动出无心，故万物从之，斯荡荡矣。故能存形穷生，立德明道，而成王德也。冥冥无声而见晓闻和，若夫视听而不寄之于寂，则暗昧而不和矣。深之又深，故穷其源而后能物物也。神之又神，故极至顺而后能尽妙也。我确斯而都任彼，则彼求自供。恣而任之，会其所极而已矣。吕注 渊乎其居，言湛而不动。漻乎其清，言通而不浊。夫道，若是而已矣。以为无邪，金石不得无以鸣；以为有邪，金石不考则不鸣。万物孰能定之，素则无所与杂，逝则无乎不在。本原者，道。事，其末也。立之本原，则韬乎其事而事自通。心非物采，寂然而已。不将不迎，应而不藏也。夫耳闻目见口言心思，无非道也，则形非道不生。日用不知，非得之在我，不能明也，则生非德不明。惟能存形穷生，立德明道，则在我得之而执古御今矣。道之为物，虽不可见，乃见之所自见；虽不可闻，乃闻之所自闻。深而能物，其中有物是也。神而能精，其中有精是也。至无而供其求，时骋而要其宿，则其分未尝不足，《易》所谓“各正性命，保合太和”者是也。疑独 渊乎其居，漻乎其清，此托渊水以明道。素逝，则抱朴而往也。形不自生，所以生者道。生不自明，所以明者德。存形以明道，所以践形也。

穷生以立德，所以尽性也。故其出动也，万物莫不从之，此谓王德之人。［详道］道以清静[1]而有神，非感则不应。金石以清静而有声，非考则不鸣。其应也，万化相推而无方；其鸣也，五音相变而无穷。孰能定之哉？圣人因于物而不乐通，接于物而不敢辞，故能定能应也。譬夫木有火，不钻则不发；土有水，不凿则不达；而水火之用常周于天下者，以其能应而已。夫存形穷生，非忘形生也，而忘形生者，始于存与穷。立德明道，非忘道德也，而忘道德，在乎立与明。冥冥见晓，视不以目而以神也。无声闻和，听不以耳而以气也。深之又深，入而与物辨矣，而能物焉，不以物忘己也，与《易》"精义入神以致用"同。神之又神，出而与物通矣，而能精焉，不以物累己也，与《易》"利用安身以崇德"同。［碧虚］至无而供其求，无为无不为也。时骋而要其宿，动极归乎静也。［口义］金石不得无以鸣，言鸣底便是道也。人之考击，亦是天机也，犹前所谓"庸讵知吾所谓天者，非人乎？人者，非天乎"，故曰"万物孰能定之"。王德者，言有王天下之德也。素逝，《易》所谓"素履"，往也。耻通于事，言无不为无不能，而不以此为名。本原，即物之初也。心出，谓应物。采之，犹感也。凡有形生，皆同此道。然非自得于己，则此道不明，言不知也。存我之形，以究始生之理；立我之德，以明自然之道。此非圣人不能也。忽然出，"首出庶物"之出也。勃然动，不得已而起之意也。万物从之，犹云"圣人作而万物睹"也。见晓闻和，亦自见自闻而

①静，原作"净"，误，据《义海》卷三十五改。下文"金石以清静"之"静"亦改。

已。深之又深而能应乎物，言其能精能粗也。存于我者虚，而其应物也无已，是以至无而供万物之求也。时出而用，要其归宿，不可以一定言也。或大或小，或长或短，或近或远，便是时中之意。修远，合作“近远”，其意方足。义海 道之渊乎漻乎，天也。金石有声，亦天也。感之而动，人也。考之而鸣，亦人也。天人相因，寓物而见，以喻王德之人，素朴而往，心[①]通于事，非不能也，待扣而应耳。心因[②]物采而出，即感而遂通之义。盖能存守此形，斯能尽其生之理，能立已德，斯能明道之自。然善充养其在我者，则其出动也，物安得不从之乎？深而能物，则物不远道；神而能精，则精不离神。至无而供其求，虚而不屈，动而愈出也。时骋而要其宿，逝曰远，远曰反之义。按，“素”“逝”二字，诸解不同。素者，湛然纯一也。逝者，流通不滞也。即“沛乎其为万物逝”之逝。

黄帝游乎赤水之北，登乎昆仑之丘而南望。还旋归，遗其玄珠。使知智索之而不得，使离朱索之而不得，使喫口懈反诟口豆反索之而不得也。乃使象罔，象罔得之。黄帝曰：“异哉！象罔乃可以得之乎？”珠，司马云：道真也。喫诟，多力也。

郭注 此寄明得真之所由，言用知不足以得真也。聪明喫诟，失真愈远矣。象罔得之，明得真者非用心也。象罔即真也。吕注 赤水之北，喻玄之极处。昆仑之丘，形

①心，原作“耻”，误，据《义海》卷三十五改。
②因，原作“犹”，误，据《义海》卷三十五改。

中最高也。南望，则向明而观之。珠之为物，不可以知知识识言求，故皆索之而不得。象则非无，罔则非有，非有非无，不皦不昧，此玄珠之所以得也。碧虚 象罔，恍惚也。人无心而合道，道无心而合人，亦强云得之耳。黄帝叹曰："乃可以得之乎?"言实无所得也。口义 玄珠，道也。知，知觉也。离朱，明也。喫诟，言辩[①]也。象罔，无心也。义海 世之求道者，往往以知识、聪明、言辩为务，而丧失其本真，弗悟有所谓无知之知、无见之见、不言之言，乃所以无不知、无不见、无不言也。三者索之不得，皆以有心。若夫象罔，则形亦无矣，心何有哉？通义《山海经》所纪："赤水，极南。昆仑，四海之中最高。"今曰其北，犹在八埏之内也。曰登丘，则趋高矣。又曰南望还归，则趋高好明，不知止之喻。玄者，幽深莫测、不可色象之名。珠者，体圆而光，转动不滞，深藏渊海之宝。释氏谓黍米，以拟此性灵也。知、明言皆曰索之，而象罔不以索赘。谨严哉！庄文也！

尧之师曰许由，许由之师曰啮缺，啮缺之师曰王倪，王倪之师曰被衣。尧问许由曰："啮缺可以配天乎[②]？吾藉王倪以要之。"许由曰："殆哉，圾岌乎天下！啮缺之为人也，聪明睿知，给数朔以敏，其性过人，而又乃以人受天。彼审乎禁过，而不知过之所由生。与之配天乎？彼且乘人而无

①辩，原作"辨"，误，据《义海》卷三十五改。

②配天乎，原作"配乎天"，倒，据《庄子注》卷五乙正。

天。方且本身而异形，方且尊知而火驰，方且为绪使，方且为物絯公才反，方且四顾而物应，方且应众宜，方且与物化，而未始有恒。夫何足以配天乎？虽然，有族有祖，可以为众父，而不可以为众父父。治，乱之率也，北面之祸也，南面之贼也。”岋，李云：危也。方且者，言方将有所为也。絯，束也。

郭注 配天，谓为天子。聪敏过人，则使人跂之，屡伤于人也。以人受天，是又用知以求复其自然。夫过生于聪知，而又役知以禁之，其过弥甚矣。故曰无过在去知，不在于强禁。乘人而无天，言若与之天下，且使后世任知而失真矣。夫以万物为本，则群变可一，异形可同。斯迹也，将遂使后世由己以制物，则万物乖矣。尊知而火驰者，言贤者当位于前，则知见尊于后，奔竞而火驰也。绪使者，将兴后世事役之端。物絯，则使后世拘牵而制物。四顾而物应，则将遂使后世指麾动物，令应工[①]务。应众[②]宜者，将遂使后世不能忘善，而利仁[③]以应众宜也。与物化，言与物相逐而不自得于内也。未始有恒，此皆尽当时之宜也，然今日受其德，明日承其弊矣。未始有常，何足以配天乎？有族有祖，言其事类可得而祖效。众父父，所以迹也。若与之天下，非但治主，乃为乱率。夫桀、纣非能杀贤臣，乃赖圣知之迹而祸之。田恒非能篡齐国，乃资仁义以贼之。故曰“北面之祸，南面之贼也”。吕注 以人受天，则非全

①工，《庄子注》卷五作“上”。

②众，原作“物”，误，据经文“方且应众宜”改。

③仁，原作“人”，《义海》亦作“人”，据《庄子注》卷五改。

于天也。禁过而不知过之所由，乃在禁之之处。与之配天，其能不以人废天乎？本身而异形，则不能无我；尊知而火驰，则不能去知。是以为天下所役，物有结之而不能自解也。四顾而物应，非尸居而使民不知所如往。方且应众宜，非立之本原而知通于神者。故与物化而未始有常，夫何足以配天乎？详道[①]其政察察，其民缺缺。啙缺，啙物而缺之也。族，其所归。祖，其所始。乾为万物之父，众父也。太始为乾之父，众父父也。众父，治天下者也。众父父，在宥天下者也。在宥，则无治无乱。治之则乱生焉，故曰"治，乱之率也"。口义配天，谓王天下也，犹《书》云"殷礼陟配天"。聪明睿知，给数敏健，此其过人处。修人事以应天理，故曰以人受天。禁过，犹持心而未化，知过之所由生，则不待禁止矣。乘人而无天，言尽其有为而不知无为也。以我对物曰本身而异形。尊其知而急用之，有若火驰也。为末事所役而不知其本曰绪使。物絯，为事物所拘碍也。物来必应，各度其宜，为物所汩而失其自然之常，非能定而应也。虽然，未可以配天，亦有可尊处。一族之众，必尊其祖，故曰有族有祖。众父者，出于众人而可以为父也。众父之父，天也，自然者也，则高而又高矣。率，谓将帅也，言此之人用于世，可以致治，亦可以致乱，以此为君为臣，皆有患害也。义海以人受天，谓尚有为而求合于无为，是审乎禁过而不知过之所

①详道，原作"碧虚"，误，据《义海》卷三十五改。

生也。若与之天下,彼且乘有为之迹以临民,使天下失其自然之性矣。本身而异形,肝胆楚越也。尊知而火驰,机谋急速也。为绪使,则役于事。为物絯,则碍于物。四顾而物应,物未能忘我也。方且应众宜,我未能忘物也。与物化,则逐物而迁。未始有常,则失其本然之我。夫何足以配天乎?虽然,有族有祖,谓啮缺之学亦有宗有君。概尝闻道者也,可为众父,特不可为众父父耳。众父父,则玄之又玄之谓。补注 此章明君道,贵无为。但有心应物,即未免为迹所牵,虽亦可致治,要非道之极致,后世必且徇迹而受其害也,盖暗指尧而借啮缺言之。按,可以为众父,不可为众父父,众父,君也;众父父,天也。乘人而无天,乃用知以治天下者,不能合天,何以配天?诸家注互有异同。

尧观乎华。华封人曰:"嘻!圣人。请祝圣人,使圣人寿。"尧曰:"辞。""使圣人富。"尧曰:"辞。""使圣人多男子。"尧曰:"辞。"封人曰:"寿、富、多男子,人之所欲也。汝独不欲,何邪?"尧曰:"多男子则多惧,富则多事,寿则多辱。是三者,非所以养德也,故辞。"封人曰:"始也我以汝为圣人邪,今然君子也。天生万民,必授之职。多男子而授之职,则何惧之有?富而使人分之,则何事之有?夫圣人鹑淳居而鷇食,鸟行而无影,天下有道,则与物皆昌;天下无道,则修德就间,闲。千岁厌世,去而上仙,乘彼白云,至于帝乡;三患莫至,身常无殃。则何辱之有?"封人去之,尧随之,曰:"请问。"封人曰:"退已!"华,地名。封人,守封疆人也。鹑居,犹言野处。鷇食,言仰物而足也。

郭注 多男子而授之职，则物皆得所而志定；分富而寄之天下，故无事也。鹑居，则无意求安；鷇食，则仰物而足，率性而动，非常迹也。与物皆昌，则猖狂妄行而自蹈大方也。修德就间，则虽汤武之事，应天顺人，未为不间也。夫至人极寿命之长，任穷通[①]之变，其生天行，其死物化，厌世上仙，乘云帝乡，一气之散，无不之也。吕注 圣人尽天道，故体合变化而物莫能累。君子尽人道，故吉凶与民同患。而寿富多男，虽人所欲，不得不以多事多惧多辱为辞也。尧非不尽天道，所以与人同者，尽人道而已。鹑居，则不知所处；鷇食，不知所由来。鸟行而无章，其迹莫睹也。神仙之说，有求之于服食吐纳之间，世儒以为狂而不信，皆非也。盖生而抱神，其殁也亦必抱神而不忘；生而全天，其殁也亦必全天而不陨。《诗》《书》皆有在天之说，则去而上仙，奚为而不信？碧虚 与物皆昌，乘时立事。修德就间，雅[②]静自守也。脱去尘秽，蹑景乘虚。白云，喻道气。帝乡，真境也。封人所祝，世俗所贵，尧不惑而辞之，随而再问，封人曰退已，则有忘身之深旨乎？按，吕惠卿与碧虚注"退已"二字，凿甚。口义 天生万民，必授之职，言人生堕地，便有衣食。分剂，富而使人分之，各付诸人也。鹑居，无定所。鷇食非自求，鸟飞而无迹，皆言其无心也。与诸物皆昌，物我各得其生。修德就间，无道则隐也。厌世上仙，解脱之意。白云帝乡，虚无之上也。三患谓少、壮、老，即《楞严经》恒

①通，《庄子注》卷五作"理"。
②雅，原作"雌"，误，据《义海》卷三十六改。

河水之喻。尧犹欲问,而封人不答,但曰退已。接舆趋而辟,荷蓧丈人至则行矣,亦此意。

尧治天下,伯成子高立为诸侯。尧授舜,舜授禹,伯成子高辞为诸侯而耕。禹往见之,则耕在野。禹趋就下风,立而问焉,曰:“昔尧治天下,吾子立为诸侯。尧授舜,舜授予,吾子辞为诸侯而耕,敢问其故何也?”子高曰:“昔尧治天下,不赏而民劝,不罚而民畏。今子赏罚而民且不仁,德自此衰,刑自此立,后世之乱自此始矣。夫子阖行邪,无落吾事!”俋邑俋乎耕而不顾。伯成子高,《通变经》云:“老子从天地开辟以来,吾身一千三百变。后世得道,伯成子高是也。”

郭注 禹时三圣相承,治成德备,功美渐去,故史[①]籍无所载。仲尼不能间,是以虽有天下而不与焉,斯乃有而无之也。故考其时,而禹为最优,计其人,则虽三圣固一尧耳。时无圣人,故天下之心俄然归启。夫至公而居当者,付天下于百姓,取与之非己也。故失之不求,得之不辞,忽然而往,侗然而来。是以受非毁于廉节之士而名列于三王,未足怪也。庄子因斯以明弊起于尧而衅成于禹,况后世之无圣乎!寄远迹于子高,使弃而不治,将以绝圣而反一,遗知而宁极耳,其实则未闻也。庄子之言,不可以一途诘,或以黄帝之迹秃尧舜之胫,岂独贵尧而贱禹哉?故当遗其所寄,而录其绝圣弃知之意焉。吕注 古之称禹者以为神禹,德至于神,则其于尧舜宜无间然,则不赏而民劝,不罚而民畏,与赏罚而民且不仁,亦时而已矣。而言此者,

①史,原作“使”,误,据《庄子注》卷五改。

明君天下以德，其于赏罚固非得已也。详道 玄古之民，实而不知其为忠，当而不知其为信，为善无近名而不知有所劝，为恶无近刑而不知所有畏。尧虽不赏不罚而民劝畏，不知所劝畏者固已薄矣，又况赏之而使劝，罚之而使畏哉！此所以德衰而刑立也。华封以圣人责尧，子高以尧责禹，禹之视尧，可谓玄矣，尧视圣人，玄之又玄者也。口义 此言世变愈下，在禹时便不如尧舜矣。无落吾事，言无废吾耕事也。俋俋，低首而耕之状。

泰初有无，无有无名；一之所起，有一而未形。物得以生谓之德，未形者有分，且然无间谓之命；留一作流动而生物，物成生理谓之形；形体保神，各有仪则谓之性。性修反德，德至同于初。同乃虚，虚乃大，合喙丁豆反鸣，喙鸣合，与天地为合。其合缗缗，咸巾反。若愚若昏，是谓玄德，同乎大顺。泰初，《易说》云："气之始也。"

郭注 无有，故无所名。一者，有之初，至妙者也。至妙，故未有物理之形耳。夫一之所起，起[①]于至一，非起于无也。然庄子所以屡称无于初者，何哉？以其未生而得生，得生之难，而犹上不资于无，下不待于知，突然而自得此生矣，又何营生于已生，以失其自生哉！夫无不能生物，而云物得以生，所以明物生之自得，任其自得，斯可谓德也。德形性命，因变立名，其于自尔，一也。性修反德，恒以不为而自得之。不同于初而中道有为，则其怀中故为有

①起，原脱，据《庄子注》卷五补。

物也,有物而容养之德小矣。无心于言而自言者,合于喙鸣。喙鸣合,与天地为合,天地亦无心而自动也。其合缗缗,坐忘而自合耳,非照察以合之。是谓玄德,德玄而所顺者大矣。吕注 无则一亦不可得,无名则一之所起,而未形,天地之始是也。既已谓之一,且得无名乎?此物得以生而谓之德,是为万物之母也。未成者有分,且然而已,谓之命,命则无间乎未形之初[①]也。至流动[②]而生物,物成生理[③]而后谓之形。形体保神而未尝失,各有仪则而未尝妄,谓之性,性则不失乎已形之后者也。凡此无他,万物均之,得一以生。命则有分而无间,性则保神而不失,神则妙万物而充塞乎天地之间者也。故性修反德,则合乎一之未形;德至同于初,则无亦不可得矣。同乃虚,其虚至于未始有物;虚乃大,其大至于不同同之。若是,则以无为言之而合喙鸣,喙鸣合,则同于天地合矣。其合缗缗,非蕲合而合,非有所知见而合也,是谓玄德,则原于德而成于天。同乎大顺,则无所与逆之谓也。疑独 太初者,气之始,以其未见形,故曰有无。物有则名随之,此既无有,名将安寄?一者,道之所以名,物之所以命,起于至妙,未有形也。物得以生,言其受命,故谓之德,得其在我者也。未形,造化之始,然已有辨制之分,是分不在物成形之后,虽有分而且然无间,此物之命也。且者,不可以为无常之义。物有生则有形,生出于命,形出于生。留动者,阴静阳动而生物,

①初,原作"物",误,据《义海》卷三十六改。
②动,原作"通",误,据《义海》卷三十六改。
③理,原作"命",误,据《义海》卷三十六改。

物之成就，则自然生理。故命之在我谓之性，性之在物谓之理。形者，道之象也。形体赖神而存，能保其神，各有仪则谓之性。命出于生之前，性显于神之后也。性修而至于无所复修，则反于德，反于德则冥于极而同于初。初者，未始有物，无物则虚，而后有无穷之体，故曰大。大者，有为而未尝为，故合喙鸣。喙鸣者，无心于言为之间也。与天地为合，无心而自合耳。是谓玄妙之德，无往而不顺，圣人之道极矣。详道 自"泰初"以至于"无名"，推而上之也。自"一之所起"至"谓之性"，推而下之也。杂乎芒芴之间，大易也。变而有气，太初也。气变而有形，太始也。形变而有生，太素也。且者，方来而未知其所始；无间，则方生方死、方死方生也。留者阴，动者阳，物以阴阳留动而后生，理以物成而后具。形体所以运神而保之，神所以统形体而使之。万物备于我，莫不有仪象法则存焉，此所以谓之性。有德而后有性，故始以物得以生，继以各有仪则。人之修也，由性而后至德，故性修而后德至。德至同于初，同乃虚，虚乃大，则复归于婴儿，大人之事也。合喙鸣，喙鸣合，而至于与天地为合，则复归于朴，圣人之事也。其合缗缗，若愚若昏，则复归于无极，神人之事也。至于神而无加矣！按，此便有等级非庄子本意，姑留之。碧虚 合喙，犹吻合。吻合自然，其鸣无心，所谓"终日言，未尝言"也。口义 太初，造化之始。所有者，无而已。未有此有字，安有此名字？此乃一之所由起也。此一字，便是无字，故曰"有一而未形"。物得以生，则有有矣。各有其有，皆德也。未形者，言一所起之时。若有分矣，而又分他不得，故曰"且然无间”。无间，便是浑然者；有分，便是灿然者。此“命”字，即“天命谓性”之命。留动而生物，元气运动，生而为物，则是动者留于此。动，阳也；留动，静也，静为阴。此句有阳生阴成之意。物得之而生，既成物矣，则生生之理皆具。以元气之动者，而为我之生者，此之谓形也。形体保神，各有仪则，谓之性，便是《诗》“有物有则”，《左传》谓“民受天地之中以生”，有动作威仪之则也。形体，气也；气中有神，所谓仪则；皆此神为之，便是性中自有仁义礼智之意。性修反德者，言修性以复其自然之德，至则与无物之初同矣。反德，犹言复礼也。同于初，则虚，则大；既虚而大，则有不言之言。合喙者，不言也。鸣者，言也。“喙鸣合”之合，又与上“合”字不同。言此[①]喙之鸣既以不言而言，则与自然者合矣，以此自然之合，则与天地合矣，故曰“喙鸣合”。缗缗，犹泯泯然。若愚若昏，形容此合字也。此乃玄妙之德，与大顺同矣。大顺，即太初自然之理也。

义海 一气未兆，无亦[②]无称。及称太初，有无而已。不可得而名，言是为未形之一而一之所自起也。一立，则有名矣。万物得一以生，各具自然之德，虽形状未睹，而气之清浊所钟已有分际，人得之而为人，物得之而为物是也。且然，犹龃龉不齐。万物群生，种类不齐，而元气流行，殊无间隙，此之谓天所命而物受之以为命者也。凡此，皆造化密运，莫窥其迹，唯圣人通化，能以理测之。至于留动而生物，物成生理谓之形，然后人物动植昭然可睹。物物各有

①此，原字磨灭，据林希逸《口义》卷四补。

②亦，原作“一”，误，据《义海》卷三十六改。

生理，惟神主之，能保其神，仪则自备。盖有是物，必有是则，皆己性[①]之所发见，有生之所以立也。性本不假乎修，今谓修者，不失其仪则，全天之所与而复乎向之得以生之德。德至则同乎太初，是又反流归源，以人合天者也。喙鸣，即鷇音之义。鸟喙之鸣出于无心，无心之言合于喙鸣，则喙鸣亦与合，天地之无心善应亦若是而已矣。缗缗若昏，犹子母气应，啐喙同时，不知所以然而然。此德至同于太初之良验也。若是，则其德玄同，无天人物我之间，天下至顺，莫大于此。通义 形体保神，天能之必具也。性修反德，人道之当然也。造化之始，冥冥漠漠，无也。何所有乎？何所名乎？一虽起而未露，正万物所得以生之本也。此无虽未形露，而其机则灿然之分，已具于中而有不得已者，活泼无情，无勉强，无怠慢，无一息之停，是天所付物所受之命。其运动不已，适然一留，则成物之生理也。慎独曰修，外归曰反，性得其修而复其未形之德，造于极致，则与太初本来之无浑然不二。其虚其大，无尘可栖，无物不容。如此而有言，皆天机之自然，合于鸟鸣之机矣。其声既合于鸟音，则与天地合德矣。缗缗，如水之流，如丝之绩，不息不骤。自"有一而未形"至"各有仪则谓之性"，言一起于无而成万故；自"性修反德"至"大顺"，言万法归于一无也。此惟全赤子之心者知之。补注 合喙鸣，是说人能修德反初，同于太虚，则其为言也，言乎其不得不言，合乎鸟鸣之无心，虽有言，犹无言也，故可与天地合。

①性，原作"往"，误，据《义海》卷三十六改。

夫子问于老聃曰："有人治道若相放，仿。可，不可；然，不然。辩者有言曰：'离坚白，若县玄寓。宇。'若是，则可谓圣人乎？"老聃曰："是胥易技系，劳形怵心者也。执留之狗成思，猿狙之便，自山林来。丘，予告若而所不能闻，与而所不能言：凡有首有趾、无心无耳者众，有形者与无形无状而皆存者，尽无。其动止也，其死生也，其废起也。此又非其所以也。有治在人，忘乎物，忘乎天，其名为忘己。忘己之人，是之谓入于天。"县宇，司马云：辨明白若县室在人前也。留，一本作狸。一云：执留之狗，谓有能，故留。系，成愁思也。便，言便捷见捕。

郭注 若相放效，强以不可为可，不然为然，斯矫其情性矣。县宇，言其高显易见。执狸之狗，猿狌之便，此皆失其常然者也。首趾，犹终始也。无心无耳，言其自化。有形者善变，不能与无形无状者并存。故善治道者，不以故自持也，将顺日新之化而已。其动止死生，盛衰废兴，未始有常，皆自然而然，非其所用而然，故放之而自得也。有治在人，不在乎主自用也。天物皆忘，非独忘己，复何所有哉！人之所不能忘者，己也，己犹忘之，又奚识哉？斯乃不识不知而冥于自然，是之谓入于天。疑独 有人治道，若相放效，制物以己。可乎不可，然乎不然，不知以道自信，徒以坚白自鸣，言我能离坚白之说，若县宇高显，可比圣人乎？答以此不过以是非相易，用此技艺系累其心，劳形怵心，如狗之系颈而猎，猿狙自山林来，皆失其常性者也。有形者，身。无形无状者，心也。人皆以为有，而我以其所有者尽无之，则其死生动止废起皆阴阳消息之理不知所以然也。有治道者，皆在人耳，我既忘物忘天，何暇于治人乎？天物俱忘，名为忘己，如是，则冥于自然之理，又何必张县宇之辨哉！口义 治道若相放，帝王同条共贯之意。以我之可，明彼之不可；以我之然，明彼之不然。虽坚白同异之多端，我能分辨之，若悬于天宇之间。成思者，为人系缚而愁思。自山林来，为人缚而来也。所不能闻，所不能言，即“性与天道，不可得闻”之意。有首有趾，言人之顶踵同也；无心无耳，言其无知无见也。无形无状，自然而然者，于形而下者见形而上者，即有形者与无形无状而皆存也。尽无者，言世无此人也。凡动止死生穷达之间，皆有自然而然者，人不知之耳。因人事而治之，我无容心，故曰有治在人。天物俱忘，是谓忘己；忘己者，无我也。入于天者，入于自然也。上曰忘乎天，此曰入乎天，入则与天为一矣。义海 此章盖讥当时尚杨、墨以为治而自比圣人者。老聃曰：是犹胥徒在圄，以能[1]相易，以技相系，而劳形怵心，无异猎犬猿狙，皆以能召患，此喻鄙[2]之之极也。告若所不能闻所不能言，直指道之微妙难名处。有首有趾，谓凡顶天立地之人。无心无耳，谓不能思道不能闻道者，往往皆是也。有形者，人。无形无状而皆存者，道也。尽无则至于俱忘，前所谓不能思不能闻者可见矣。此章与《应帝王》阳子居见老聃问答相类。

蒋闾葂免见季彻曰：“鲁君谓葂也曰：‘请受教。’辞不获命。既已告矣，未知中去声否，请尝荐之。吾谓鲁君曰：‘必服恭俭，拔出公忠之属，而无阿私，民孰敢不辑？’”季

①能，原脱，据《义海》卷三十七补。
②鄙，原作“乱”，误，据《义海》卷三十七改。

彻局局然笑曰："若夫子之言，于帝王之德，犹螳螂之怒臂以当车辙，则必不胜升任矣。且若是，则其自为处，危其观去声台，多物将往，投迹者众。"蒋闾葂觑觑赫然惊，曰："葂也汒若于夫子之所言矣。虽然，愿先生之言其风也。"季彻曰："大圣之治天下也，摇荡民心，使之成教易俗，举灭其贼心，而皆进其独志，若性之自为，而民不知其所由然。若然者，岂兄尧舜之教民，溟涬然弟之哉？欲同乎德而心居矣。"将，一本作蒋。葂，一本作莬。鲁君，或云定公。辑，《尔雅》曰："和也。"局局，大笑貌。觑觑，惊惧貌。

郭注 必服恭俭，非忘俭而俭也；拔出公忠，非忘忠而忠也。故虽无阿私而不足以胜矫诈之任。此皆自处高显，若台观之可睹。将使物不止于性分，而矫跂自多以附之。亢足投迹，不安其本步也。夫志各有趣，不可相效也。故因其自摇而摇之，则虽摇而非为；因其自荡而荡之，则虽荡而非动。故贼心自灭，独志自进，教成俗易，闷然无迹。复性自为而不知所由，皆云我自然矣。溟涬，自贵之谓。不肯多谢尧舜而推之为兄也。心居者，不逐于外也，心不居则德不同也。疑独 蒋闾葂以必服恭俭、拔出公忠为辑民之要，季彻以其未能安于无为自然，故局局然而笑。圣人之治天下，因民心之自然，如风雨摇荡万物，而使之成教易俗也。外物入害其良心曰贼心，贼心既灭，则独志进矣。独，言其无偶而不累于物，若性之自为而不知其所由然，百姓日用而不知，此神人之治也。详道 必服恭俭，非无为也。拔出公忠，是尚贤也。帝王之德，为无为，则天下无疲薾之患；不尚贤，则天下无夸跂之争。如此，则因其自摇而摇之，因其自荡而荡之，故其贼心随灭，独知日进，若性之自为而民不知其所由然。今也葹必服恭俭、拔公忠为事，则是开人之天而导其贼心，阏天之天而捐其独志，其于帝王之德不亦远乎！夫药饵以可悦而过者止，利于暂而不可以常；湿沫以不足而不相忘[①]，利于寡而不该乎众，此所以神人恶众至，而执大象天下往也。若夫鼓螳螂之怒臂，设台观之危形，使人奔合而投迹，岂非药饵湿沫之论与？昔舜以卷娄累其圣，列子以馈浆惊其诚，南郭子以知而鬻之为忧，庚桑楚以社而稷之为患，要在处阴以休影，处静以息迹，然后为至也。口义 荐，陈也。螳螂怒臂以当车辙，言力小不足任大也。其自为处者，言其自为所处之地如此，则似危其台观以示人。人往归之，投足者众矣，言以名声自累也。风者，遗风之风，犹曰言其略也。摇荡，犹转移。贼心，有为之心。独志，独得之志。民既成教易俗，灭去私心而进于道，但如生知之性而不知为上之化，故曰"不知其所由然"。以尧舜为高而我次之，故曰兄尧舜之教民而弟之。溟涬，有低头甘心之意。同乎自然之德，则其心安矣。欲者，圣人欲其民如此也。义海 有为而化物者，其用劳。无为而自化者，其济博。拔公忠，危台观，此有为而化者。灭贼心，进独志，无为而化也。摇荡，犹鼓舞。鼓舞民心，使之成教易俗，顺导之而勿撄，此化之始也。若性之自为，而民不知其所由然，化之终也。尧舜之治民，不过此耳，奚必尊之为兄？溟涬，无分别貌。如此，则是欲同乎尧舜之德而心有所著矣。凡此皆所以祛有为之治，扫尧舜之迹，

①"相忘"上原衍一"足"字，据《义海》卷三十七删。

而归乎绝圣弃知之意云。评庄“其自为处”四句,名愈盛,趋者愈众,则自累矣。岂兄尧舜而弟之,谓不在尧舜下也。按,溟涬,乃言鸿蒙之世,无为之治,即《云将篇》“大同乎涬溟”也。其治在尧舜之上,至尧舜之教则有为矣,故云:“岂兄尧舜之教,溟涬然弟之哉!”文奇而意亦阐。诸家注乃有云自贵者,有云低头甘心者,有云无分别者,似失之。

子贡南游于楚,反于晋,过汉阴,见一丈人方将为圃畦,凿隧而入井,抱瓮而出灌,搰搰若骨反然用力甚多而见功寡。子贡曰:“有械于此,一日浸百畦,用力甚寡而见功多,夫子不欲乎?”为圃者仰而视之曰:“奈何?”曰:“凿木为机,后重前轻,挈水若抽,数如泆溢汤,其名为槔。皋。”为圃者忿然作色而笑曰:“吾闻之吾师,有机械者,必有机事,有机事者,必有机心。精语。机心存于胸中,则纯白不备。纯白不备,则神生不定。神生不定者,道之所不载也。吾非不知,羞而不为也!”子贡瞒然惭,俯而不对。有间,为圃者曰:“子奚为者邪?”曰:“孔丘之徒也。”为圃者曰:“子非夫博学以拟圣,於于以盖众,独弦哀歌以卖名声于天下者乎?汝方将忘汝神气,堕汝形骸,而庶几乎?而身之不能治,而何暇于治天下乎?子往矣,无乏吾事。”子贡卑陬失色,顼顼一作旭旭然不自得,行三十里而后愈。其弟子曰:“向之人为何者邪?夫子见之,何故变容失色,终日不自反耶?”曰:“始吾以为天下一人耳,不知复有夫人也!吾闻之夫子:‘事求可,功求成,用力少,而见功多者,圣人之道。’今徒不然。执道者德全,德全者形全,形全者神全。神全者,圣人之道也。托生与民并行,而不知其所之,汒乎淳备哉!功利机巧,必忘夫人之心。若夫人者，非其志不之，非其心不为。虽以天下誉之，得其所谓，謷五羔反然不顾；以天下非之，失其所谓，傥然不受。天下之非誉，无益损焉，是谓全德之人哉！我之谓风波之民。”反于鲁，以告孔子。孔子曰：“彼假修浑沌氏之术者也。识其一，不知其二；治其内，而不治其外。夫明白入素，无为复朴，体性抱神，以游世俗之间者。汝将固惊邪？且浑沌氏之术，予与汝何足以识之哉！”泆汤，司马本作“佚荡”，言其往来疾速。槔，桔槔也。师，谓老子。瞒，惭貌。於于，或作“於吁”，司马云：“夸诞貌。”一云行仁恩之意。顼顼，自失貌。

郭注 用时之所用者，乃淳备也。斯人欲修淳备而抱一守古，失其旨矣。不忘不堕，则无庶几之道。一人，谓孔子也。乏，废也。圣人之道，即用百姓之心耳。夫神全乃圣王之道，非夫人也。子贡闻其假修之说而服之，未知纯白者之同于世也。此宋荣子之徒，未足以为全德。子贡之迷没于此人，若列子心醉于季咸也。孔子以其背今向古，羞[1]为世事，故知其非真浑沌，徒知修古抱灌之朴，而不因时应物之易也。夫真浑沌者，都不治也，岂以外内为异而偏有所治哉？“明白入素”至“以游世俗”者，真浑沌也。故与世同波而泯然无迹，岂必使汝惊哉？浑沌玄同，孰能识之？世俗所识，特[2]识其迹耳。吕注 执古以御今，则凡日用无非浑沌之术，岂必天地之初哉？彼以有机械者有机事机心，而不知机心之所自生者，未始有物，则是“识其一，不知其二”也。知忘神气黜形骸以蕲道德之全，不知行于

①羞，原作“脩”，误，据《庄子注》卷五改。

②特，《庄子注》卷五作“常”。

万物者无非道，则是“治其内，不治其外”也。“明白入素”至“以游世俗”，所谓废心而用形者是也。彼闻子贡之言，始忿然，而后乃笑，宜以机械为累而不肯为，则不识不知乃所以为浑沌也。此篇方论天德无为，恐或者谓必无为如汉阴丈人然者，则不可与经世矣。故论真浑沌之术，乃游乎世俗之间而不为累也矣。疑独 搰搰，用力貌。机者，动之妙处。机事，外也；机心，内也。凡有诸外，本于内。心主中，贵虚。物不可离，色不可染，故曰纯白。若机动于中，则物得以杂，色得以染，故纯白不备，则精乱而神生不定。神者，所以载道也，若夫不定，则为物之所载矣。忘神气则无心，隳形骸则忘我，乃庶几于道矣。汝未能如此，则身犹不治，何暇治天下哉？不知圣人之于事也，无可无不可；于功也，无成无不成；或用力寡，而见功多；或用力多，而见功少；未尝滞于一隅。及其应物，则亦随时而已。子贡未闻夫子性与天道之说，故以彼为全德之人，而自为风波之民。不知自夫子视之，彼固蹈乎一偏之弊者也。详道 机械在物而不在心，机事在时而不在械，旷然与世偃仰，莫知所以然而然，则虽子贡之时，使浑沌复作，其能逆天违天而不为机械乎？机械之作，特通其变，使民不倦而已。机械由于机心，机心必亏纯白，是识一而不知二，治内而不治外，此假修浑沌者，不免夫惊世之患也。碧虚 浑沌自然，修之则非真，故云假也。一谓体，二谓用。口义 机械，器也。用之，则为机事。而所以用之者，心也。有机心，则不能纯一虚明。神生不定，不能抱静主一，所以不能载道也。拟圣，慕圣人。於于，自大貌。独弦哀歌，言人不己知而自诵自说，或比之击磬于卫，则非矣。忘神气，犹黜聪明。隳形体，即忘己也。汝能如此，犹且庶几，不然，身且不治，何能治人？卑陬，惭恧。顼顼，自失貌。托生于世，虽所行与人同，而自不知其所往，此人心中必无功利机巧之心也。誉且不顾，况于毁乎？所言行于世，曰得其所谓；不行于世，曰失其所谓。风波，言为世故所役而不定。假，大也。浑沌，即天地之初。识其一，所守纯一也。不知其二，心不分也。内，心也；外，物也。明白，则可入于素；无为，则复归自然之朴。体性，全其性。抱神，与神为一。言汝未知此道，宜乎惊也。义海 舍劳就逸，人之常情；声名功利，亦人所欲。而世有弃至易而从至难，甘藜藿而安陆沉者，岂土木其身心而至是邪？盖见道笃，而自知明，立志坚凝，有以胜之，久则安，安则化矣。此汉阴丈人所以耻机械而甘抱瓮也。通义 不自得，若失己也。不自反，不复常也。风波，摇荡于世故而不定也。浑沌之道，明白入素，无为复朴，体性抱神，不离世俗而已。若此人者，离世绝俗，汝乃为之，实惊骇耶。且浑沌之世，用浑沌之道，今非其时矣，何用理会其术哉！评庄 首尾叙事，有似列传。补注 忘神气，是精神昏散意。堕形骸，是四体不勤意。

谆芒将东之大壑，适遇苑风于东海之滨。苑风曰："子将奚之？"曰："将之大壑。"曰："奚为焉？"曰："夫大壑之为物也，注焉而不满，酌焉而不竭，吾将游焉。"苑风曰："夫子无意于横目之民乎？愿闻圣治。"谆芒曰："圣治乎？官施而不失其宜，拔举而不失其能，毕见其情事而行其所为，行言自为而天下化。手挠顾指，四方之民莫不俱至，此之谓圣治。”“愿闻德人。”曰：“德人者，居无思，行无虑，不藏是非美恶。四海之内共利之之为悦，共给之之为安。怊超乎若婴儿之失其母也，傥乎若行而失其道也。财用有馀而不知其所自来，饮食取足而不知其所从[①]，此谓德人之容。”“愿闻神人。”曰：“上神乘光，与形灭亡，此谓照旷。致命尽情，天地乐而万事销亡，万物复情，此之谓混冥。”

郭注 行其所为，因而任之。行言自为而天下化，使物为之，则不化矣。四方之民莫不俱至者，言其指挥顾盼而民各至其性，任其自为故也。德人则无思无虑，率自然耳。无是非于胸中而任之天下，共利共给而无自私之怀也。德者，神人之迹，故曰容。乘光者，乃无光，故与形灭亡。无我而任物，虚空无所怀者，非暗塞也。情尽命至，天地乐矣。事不妨乐，斯无事矣。情复而混冥，无迹也。吕注 官施拔举，不失其宜，则非无意于尚贤使能也。毕见情事，行其所为，非使人匿情而投迹者也。行言自为而天下化，手挠顾指而民俱至，则非以赏劝罚沮也。此圣人见于治而非所以为德也。德人者，无思无虑，不藏是非美恶，其心未尝不虚也。四海共利共给之之为悦，则天下乐推而不厌也。若婴儿失母，则不知所依[②]。若行而失道，则不知所往。财用有馀，则四海共利之而已。饮食取足，则四海共给之而已。此德人之容，而非所以为神也。泰宇发光，所以照也，

①“从”上原衍一“自”字，据《庄子注》卷五删。
②依，原作“以”，误，据《义海》卷三十八改。

神则乘之;以照而非光,与形灭亡而已,所以虽照而旷也。致[①]命,则去故而复常。尽情,则离伪而居实。万事消亡,致虚之极;万物复情,芸芸归根。混则合而为一,冥则照亦忘矣。疑独 首论圣治,即充实而有光辉之谓大;次论德人,即大而化之之谓圣;末论神人,即圣而不可知之谓神。圣治言其业,德人言其德,神人言其道,其实皆圣人之事也。口义 游于大壑者,言世间不足观,将观于海也。官施得宜,拔举得贤,尽见事事可为之实;顺而行之,所行所言皆是自为,不为人而为也,天下自然化之矣。举手随所顾指之,民莫不应,圣人之治天下如此。居行,静动也。静动无心,故不藏是非美恶,即是佛家不思善不思恶也。共给共利,与人同乐之意。怊乎,怅然之貌。若婴儿失母,行而失道,言其无意于人世,有不得已之意。财用饮食皆置之不问,言无心也。上神,言其神上腾。出乎天地之外,日月之光反在其下,故曰乘光。与形灭亡,言虽有身,似无身矣。照旷,大昭[②]晰也。致命,致极乎天命也。尽情者,尽其性中之情也。以天地之道自乐而万事无累于我,故曰天地乐而万事销亡。复情,复于实理,则万物与我为一矣。混冥,即浑沌之义。义海 谆芒将之大壑,盖厌世隘陋,慕而欲游焉。苑风疑其无意于民,遂问圣治。行者、言者,皆出于自为,而无矫揉之弊,是以诚格物,天下恶有不化者哉! 手挠顾指,远民皆至,则近者可知。此圣人之治效也。若婴儿失母,行而失道,皆视民如伤之意。上神乘光,所谓

①致,原作"至",误,据经文"致命尽情"改。

②昭,原作"照",据《义海》卷三十八改。

遂于大明之上是已。与形灭亡，所谓入于窈冥之门是已。上神，神之至极。乘光，凌虚蹑景之义。盖非辉[①]则不能发光，非旷则不能容照也。万事销亡，本于无为而已。按，四海之民，莫不俱至，惟《郭注》《吕注》得。《义海》云"远民皆至，则近者可知"，浅。婴儿失母，行而失道，惟肤斋注得。若谓视民如伤，则圣治矣。穷性命之致，尽生化之情，故逍遥天地，达观万物，是以万事销亡也。通义 谆芒、苑风、大壑，皆庄子拟名拟景，以发胸中之蕴者。横目，惟人之目横生于面。造名如此，亦其察庶物之密也。圣治乎，即一"乎"字，见其有不足之意。圣治，修政也。德人，修德也。神人，率性忘修也。天地乐，言胸次与天地为一，其乐即天地之乐也。是以事泯其迹，物复其情，此之谓混冥。不曰神人，而曰混冥，混冥即神也，谓不可以形骸观也。

门无鬼与赤张满稽观于武王之师。赤张满稽曰："不及有虞氏乎？故离一作罹此患也！"门无鬼曰："天下均治而有虞氏治之邪？其[②]乱而后治之与？"赤张满稽曰："天下均治之为愿，而何计以有虞氏为？有虞氏之药疡羊也，秃而施髢剃，病而求医。孝子操药以脩慈父，其色燋然，圣人羞之。至德之世，不尚贤，不使能；上如标枝，民如野鹿；端正而不知以为义，相爱而不知以为仁，实而不知以为忠，当而不知以为信，蠢动而相使，不以为赐。是故行而无迹，事而无传。"髢，司马云：髲也。《郭》：音毛，李云：髦发也。标枝，言树标之

①辉，《义海》卷三十八作"虚"。
②"其"后原衍一"所"字，据《庄子注》卷五删。

枝，无心在上也。

郭注 二圣俱以乱，故治之。则揖让之与用师，直时异耳，未有胜负于其间也。均治则愿各足，复何为计有虞氏之德而推以为君哉？许无鬼之言是也。且天下皆患创乱，故求虞氏之药。操药脩父，其色燋然，明治天下者非以为荣也。夫至德之世，贤当其位，非尚之也；能者自为，非使之也。上如标枝，出物上而不自高；下如野鹿，放之而自得也。其仁义忠信，率性自然，非由于知也。蠢动相使，用其自动，故动而不谢也。王能任其自行，故行无迹；事各止其分，故不传教于彼也。吕注 有虞氏以乱而后治之，则武王亦以乱而后治之，孰不以天下为事而有不及哉！故有虞氏之药疡也，秃而施髢，病而求医，则是乱而后治也，亦岂得已而谓过于武王哉？自其迹观之，虽伏羲、燧人犹不得为至德之世；自其心观之，则虞氏、武王之妙处，乃所谓至德之世也。以其无为，故无名；无名，故行无迹而事无传，孰得拟议于其间哉？口义 满稽以征伐不及揖逊，因无鬼之问，又并与有虞氏非之。言天下皆愿治，因有虞氏治之而反以为累。无疡，何用药？不秃，何用髢？不病，何用医？孝子为父操药，其色燋然，不若父之无病也。脩慈父，与羞同。后[①]羞之，耻也。至德之世，举世淳一，未有贤能之名，故不尚不使。标枝，枯枝。与野鹿皆无情无欲之喻。端正而下四不知，言当时未有仁义忠信之名也。义海 唯其天下不治，然后有治之之名；唯其尧子不肖，然后有禅舜之

①后，疑衍。《口义》卷四作“脩，进也。与羞同，古字通用。羞之，羞耻也”。

举。盖有揖逊于其前，必有征伐于其后者，亦犹有疡而后有药，有秃而后施髢，有病而后求医也。夫孝子脩药，此分内事，而圣人羞之者，谓不若父无病之为愈也。况以征伐而求治者乎？故引至德之世，以明末俗之浇薄。标枝，树杪之枝，居高而不知其为尊也。四不知，乃所以同归于道，俱化为兼忘之域。仁义忠信，特时人分别之迹耳。蠢动，指淳朴之民，相使而不以为赐，友助而无责望之心也。行而无迹，即鸟行无章。事而无传，则所过者化。此其所以至德之世欤？按，自“端正”以下数句，乃形容至德之世，民心闷闷醇醇，初无名利尔我之意，不知其为仁义忠信也。

孝子不谀其亲，忠臣不谄其君，臣子之盛也。亲之所言而然，所行而善，则世俗谓之不肖子；君之所言而然，所行而善，则世俗谓之不肖臣。而未知此其必然邪？世俗之所谓然而然之，所谓善而善之，则不谓之道谀之人也。然则俗故严于亲而尊于君邪？谓己道人，则勃然作色；谓己谀人，则怫然作色。而终身道人也，终身谀人也。合譬饰辞聚众也，是终始本末不相坐。垂衣裳，设采色，动容貌，以媚一世，而不自谓道谀；与夫人之为徒，通是非，而不自谓众人，愚之至也。知其愚者，非大愚也。知其惑者，非大惑也。大惑者，终身不解。大愚者，终身不灵。三人行而一人惑，所适者犹可致也，惑者少也。二人惑则劳而不至，惑者胜也。而今也以天下惑，予虽有祈向，不可得也。不亦悲乎！大声不入里耳，《折杨》《皇[1]华》，则嗑然而笑。

①皇，原作“黄”，误，据《诗经·小雅》中《皇华》篇名改。

是故高言不止于众人之心，至言不出，俗言胜也。以二缶钟惑，而所适不得矣。而今也以天下惑，予虽有祈向，其庸可得邪？知其不可得也而强之，又一惑也。故莫若释之而不推。不推，谁其比忧！道作导。谀人，本多作“众人”。司马云：凡人也。《折杨》《皇华》，李云：古歌曲也。二缶钟，一作“垂踵”。

郭注 以君亲所言而然，所行而善，此直违俗而从君亲，故俗谓其不肖耳。未知至当正在何许。俗不为尊严于君亲而从俗，不谓之谄。明尊严不足以服物，则服物者在于从俗也。是以圣人未尝独异于世，必与时消息，故在皇为皇，在王为王，岂有背俗而用我哉？世俗遂以多同为正，故谓之导谀，则作色不受。而终身导谀，亦不问道理，期于相善耳。夫合譬饰辞，应受导谀之罪，而世复以此得人，以此聚众，亦为从俗者，恒不见罪坐也。与夫人之为徒，通是非，而不自谓众人，言世皆至愚，乃更不可不从也。夫圣人道同而帝王殊迹者，诚世俗之惑不可解，故随而任之。天下都惑，虽我有求向至道之情，而终不可得。故尧舜汤武随时而已。故大声非委巷所尚，俗人得啧曲，则同声动笑。此天下所以未尝用圣，而尝自用也。以二缶钟惑，而所适不得者，言各自信据，故不知所之，莫若即而同之也。释之而不推，不推谁其比忧，言趣令得当时之适，不强推之令解，则相与无忧于一世矣。吕注 臣子然君亲之所然，而善其所善，则世俗以其谄谀而谓之不肖，不知其然而善之为非者果必然邪？至于然世俗之然而善，则不谓之谄谀，所以严于君而尊于亲果安在邪？谓己导谀，则必作色，恶其名之恶也，而终身导谀。合譬饰辞聚众，不免为其实，则终始本末不相当也。夫合譬饰辞聚众，耻为导谀，且不可则。

夫垂衣设采动容貌，以媚一世，而不自谓导谀；与夫人为徒，通是非，而不自谓众人，乃愚之至也。知其愚者，非大愚，则所谓病者能言其病，其病犹可为也。至于终身不解不灵，则病而不能言其病，是无可为者也。三人行而一人惑，所适犹可致，譬得道者多，失道者少。二人惑则劳而不至，喻失道者多而得道者少。今天下惑，予虽有祈向，不可得也，则世道交丧，无可与明此者。民之迷也，其日已久，则虽祈其向，此亦莫之从，此乃至人之所深悲也。大言不入于里耳，至俗言胜也，以惠子之聪明，犹谓庄子之言为无用，则世可知矣。二垂踵惑，则惑者一人之足，小惑易方也。今天下惑，则所谓大惑易性也。予虽有祈向，可得乎？我非爱其道而不以明天下也，知其不可而强之，则我亦一惑而已。故莫若释之而不推，与之相忘而已。不推，则谁其比忧邪？疑独 世之所谓孝子者，能顺亲之意；所谓忠臣者，能得君之心。亲之所行，未必皆合于义，而子一切顺之，则入乎谀；君之所为，未必皆合于义，而臣一切从之，则入乎谄。孝则不谀，忠则不谄，臣子之盛也。为臣子者，以顺君为事，而不能以道义绳之，则世俗指为不肖。然亦未知其果不肖邪？此言从君亲而违世俗，皆未必是；而违君亲，顺世俗，则不谓之导谀。夫世俗果能严于亲、尊于君乎？导者取其意而引之，谀者因其好而入之，世俗知恶其名而不知羞其实，犹恶醉而强酒也。合譬则善为言，饰辞则善为文。始是而终非，本善而末弊，出于乡愿之学，世俗多从之。及其终弊，亦不罪坐，此所以为之而不息也。世所谓君子者，垂衣裳以为文，设采色以为饰，动容貌以为礼，以取世人之爱，此真导谀之人，而自不谓之导谀。与斯人为徒，是非相通而不自谓众人，愚之至也。愚而自知其愚，小愚也；惑而自知其惑，小惑也。三人行而一人迷，所适之方犹可至，惑者少也；二人迷则劳而不至，惑者胜也。当时天下皆惑，而庄子一人求向至道，终不可得也。大声淡而无味，犹《咸池》《大韶》也。《折扬》《皇华》，俗之小曲。高言，极高明；至言，至于道。至言所以不出者，以俗言多而胜之也。缶与钟皆圆，击之有声，以二缶钟齐击，则听者无所适而惑矣。况今天下皆惑，一人虽有向道之心，讵可得邪？知其惑不可解而强解之，又一惑也。莫若释之而不推，不推，谁其比忧哉？[详道]义可以从，则孝子从义，不从父。故《易·蛊》之三“干父之蛊，小有悔，无大咎”，则亲之所言而然，所行而善，世俗谓之不肖子矣。道可以从，则忠臣从道，不从君。故《临》之二“咸临，吉无不利”，则君之所言而然，所行而善，世俗谓之不肖臣矣。然世俗之所谓然而然之，所谓善而善之，则不谓之导谀，岂俗故严于亲而尊于君邪？以无不尽惑也。导则逢人之过，谀则长人之恶。人皆有导谀之实，而恶导谀之名，岂特如此哉？又至于合譬以明之，饰辞以文之，聚众以传之，是终始本末不相坐而终莫不以受其过，可谓愚矣。[口义]不谀不谄，能谏其父君也。随其所言以为然，随其所行以为善，不知谏者也。在君亲则以谏为是，不谏为非，而我之于世，随其所善者而为之，随其所以为是者而是之，则世俗反严于君亲乎？盖言今人之所谓道，皆世俗所同是者，非独得于己而与造物为徒者也；我之所谓道，即与世俗同，则我之所为亦导谀世俗而已。恶导谀之名，而终身不免导谀，言其不能异于世俗也。合譬饰辞，聚天下之学者而归己。观其初心，要高于一世，而终不能离当世之人，是其终始本末不相照应矣。垂衣设采动容，言儒者之衣冠容貌。循循然以诱诲学者，故以为媚一世。此皆讥吾圣人之意。学于我者皆流俗庸人，我之是非与彼通同，则亦流俗之人耳。既与庸人为徒，而不自谓为庸人，是至愚而无见者也。终身不解不灵，言其不自知所趋向也。天下皆惑于其说，我虽独有所趋向，何以回世哉？《折杨》《皇华》，里巷曲名，以比俗言。《大声》，古乐也，喻至高之论。俗言胜，则至言隐矣。垂踵，垂足而坐，不肯行也。二垂踵惑，即前言二人惑也。或作缶钟，义不可解。知其不可得而强之，又一惑也。不推，不必推说。比，近也，付之不言，不近于忧，此自解之言。通义 悲者，悲至德之世不可复，道谀之风不可息也。缶钟，诸解皆谓垂踵之误，应上文二人惑。余谓不应重出。盖以瓦缶之声为钟声，其惑甚矣。况以二缶而乱一钟，何适而可得哉？正俗言胜至言之喻。补注 俗之所谓然，所谓善，未必然，未必善也。人多惑于众口，而不稽其实[①]，从而然之善之，则固道谀之类耳。媚一世，犹孟子言"乡愿媚世"意，谓以此耸动世人耳目，求其悦爱，似不以循循善诱言。与夫人为徒，《口义》后解得之。前学于我云云，亦赘。缶钟，不可解。垂踵，亦未必然；阙疑可也。

厉之人夜半生其子，遽取火而视之，汲汲然惟恐其似己也。

---

①实，《补注》卷五作"真"。

郭注 天下皆不愿为恶,其为恶,或迫于苛役,或迷而失性耳。然迷者自思复,厉者自思善,故我无为而天下化。

口义 厉人恐子似己,是自知其恶,而世之惑者,皆不自知,则不如厉人矣。

百年之木,破为牺羲樽,青黄而文之,其断在沟中。比牺樽于沟中之断,则美恶有间矣;此与臧、谷亡羊意同。其于失性,一也。跖与曾、史,行义有间矣,然其失性,均也。且夫失性有五:一曰五色乱目,使目不明;二曰五声乱耳,使耳不聪;三曰五臭薰鼻,困惾俊中颡;四曰五味浊口,使口厉爽;五曰趣舍滑心,使性飞扬。此五者,皆生之害也。而杨、墨乃始离跂自以为得,非吾所谓得也。夫得者困,可以为得乎?则鸠鸮之在于笼也,亦可以为得矣。且夫趣舍声色,以柴其内;皮弁鹬述冠,搢笏绅修,以约其外。内支盈于柴栅,策。外重纆缴,灼。睆玩睆然在纆缴之中,而自以为得,则是罪人交臂历指,而虎豹在于槛囊,亦可以为得矣。困,或作悃。困惾,犹刻贼不通也。鹬,鸟名,取其羽毛以饰冠。睆睆,李云:穷视貌。交臂,反缚也。

疑独 以青黄之樽比沟中之断,美恶虽不同,然其本一也,而为物皆失其性矣。盗跖、曾、史,行义不同,而同于离本失性,亦犹牺樽与沟中之断耳。五色乱目,五声乱耳,鼻之于臭,口之于味,亦然。困惾,拥塞。爽,违。厉,病也。趣利舍害,滑乱其心,心乱而性亦散矣。此五者皆生之害,而杨、墨离跂于性命之外,以此为得,不能无困。以困为得,鸠鸮在樊笼之中亦可以为得矣。以趣舍声色满于内府，方之柴栅，缙绅约束于外形，譬之缧缴，以况困弊也。而自以为得者，何异罪人反缚交臂历指，虎豹在囊槛，亦可以为得乎？详道《老子》曰："五色令人目盲，五音令人耳聋，五味令人口爽。"盖人之生也，性静而莫之动，德厚而莫之迁。妄境在前，灵源遂滑，以至忘不赀之良贵，趣无穷之秽腐者，岂不惑哉？此君子所以贵乎啬也。口义 其断在沟中，破为牺樽之馀者也。虽荣辱不同而[1]同为枯木耳，此与臧、谷亡羊意同。声色臭味皆足以[2]乱性，以四者与趣舍并言，所以抑之也。困惾，冲逆人也。中颡，自鼻而通于颡也。浊口，污其口也。厉爽，乖失也。趣舍，是非好恶也。以趣舍滑乱其心，则自然之性失矣。杨、墨之学，趣舍滑心者也。彼以其说自困，而乃曰自得，以此为自得，则鸠鸮在笼亦可以为得矣，贬之之甚也。以其取舍是非梗碍胸次，故曰柴其内。冠弁缙绅，儒者之服，以礼强自拘束，故曰约其外。内则支塞充盈，如柴栅然；外为礼文所拘，如罪人被缚。睆睆，目视貌。人见其自苦，如在束缚之中，而彼自以为得，则罪囚之人、囊槛之虎，亦可以为得矣。盖极口以诋杨、墨也。

义海总论 是篇首论天地大化，人物众多，在君天下者泛观以道，直行以德，无为无欲，官治分明。盖以不同同之，物莫得而异也。大莫大于天地，尊莫尊于道德。圣人道兼覆载，故得而并称焉。南华以天地明君德，此所以统天地、御万物而君天下之道也。人见其应物多方，疑其圣

①而，原脱，据《义海》卷三十九补。
②以，原脱，据《义海》卷三十九补。

知聪明绝人远甚,而不知刳心无为之所致也。是以有君天下之德者,立本原以正其在我,则天地不期合而合,人物不期化而化,视乎无形,听乎无声,玄感奇应,有不止乎此者。故黄帝遗玄珠而象罔得之,帝尧要啮缺而许由危之,谓道不可以有心求,不可以聪明得也。华封请三祝圣人,使之分富授职,千岁上仙,则何累之有?子高辞诸侯而耕于野,以见德衰刑立,贤人退藏,法密于前,患钟于后,乱自此始矣。故举泰初有无,毕究物生之本,性命之所自来,德同于初,物将自化。彼可不可,然不然,服恭俭,拔公忠者,抑又外用其心矣。汉阴之耻用机械,武王之帅师拯民,一则抱朴守真,一则以权济义,出处动静,时有不同,皆不离乎道而已。若夫厉人之恐子似己,大惑者终身不灵,残朴为樽,滑心伤性,德不足以存生,如天下何?凡此皆以困为得者,若杨、墨之苦觳难为者也。至比之鸠鸮虎豹,则非唯薄之,而恶之亦甚矣!

《庄义要删》卷之四《天地》终

庄义要删外篇　卷之五

天道第十三

《音义》曰："以义名篇。"

天道运而无所积，故万物成；帝道运而无所积，故天下归；圣道运而无所积，故海内服。明于天，通于圣，六通四辟于帝王之德者，其自为也，昧然无不静者矣。圣人之静也，非曰静也善，故静也；万物无足以铙闹心者，故静也。水静则明，烛须眉，平中准，大匠取法焉。水静犹明，而况精神？圣人之心静乎，天地之鉴也，万物之镜也。夫虚静恬淡，寂漠无为者，天地之平而道德之至，故帝王圣人休焉。休则虚，虚则实，实者伦矣。虚则静，静则动，动则得矣。静则无为，无为也，则任事者责矣。无为则俞俞，俞俞者，忧患不能处，年寿长矣。夫虚静恬淡，寂漠无为者，万物之本也。明此以南向，尧之为君也；明此以北面，舜之为臣也。以此处上，帝王天子之德也；以此处下，玄圣素王之道也。以此退居而闲游，江海山林之士服；以此进为而抚世，则功大名显，而天下一也。积，谓积滞不通。六通，谓六气阴、阳、风、雨、晦、明。四辟，谓四方开也。大匠，或云天子也。俞俞，《广雅》云：喜也。

郭注 天道、帝道、圣道，三者皆任物之性而无所牵滞，故虽六通四辟，而无伤于静。善之乃静，则有时而动矣。万物无足以挠心，斯自得也。水静犹明，而况圣人之心静乎？盖有其具而任其自为，故所照无不洞明。天地之平，道德之至，凡不平不至者，生于有为也。休，则未尝动。动，则得者不失其所以为动矣。任事者责，言夫无为也，则群材万品，各任其事，而自当其责。故舜禹有天下而不与焉，此之谓也。俞俞，从容自得貌。寻万物之本，皆在不为中来。明此以南面北面，以此而处上处下，皆无为之至也。有其道为天下所归而无其爵者，所谓素王自贵也。以此退居闲游，则巢、由之流；进为抚世，则伊、吕之列。无为之体大矣，天下何所不为哉！主上不为冢宰之任，则伊、吕静而司尹矣；冢宰不为百官之所执，则百官静而御事矣。百官不为万民之所务，则万民静而安其业矣；万民不易彼我之所能，则天下之彼我静而自得矣。自天子至于庶人，下及昆虫，孰能有为而成哉？弥无为而弥尊也。吕注 天道[①]运转无穷，而未始有物，故万物成，而非雕而刻之也。帝道一日万几，而未始有物，故天下归，非悦而求之也。圣道无乎不在，而未始有物，故天下服，非以力服之也。明于天，通于圣，知其皆运而无所积，则六通四辟于帝王之德也。运则转变无穷，无积则介然之有不留乎胸中也。虽吾之自为，犹将昧乎无不静者，以为而未尝为故也。况人各为其

①天道，原作“天地”，误。按，此句释经文“天道运而无所积”，又《义海》卷四十亦作“天道”。据改。

为，而有不静者乎？圣人之静也，非曰静也，善故静也，若以静为善而后静，非本静也。万物无足以挠心，则其本自静，非静之而后静也。水静犹明，而况精神？上际下蟠，无所不极而藏之。圣人之心，则其静也，非特水之静，烛须眉，平中准而已。盖天地于此乎观，则是其鉴；万物于此乎形，则是其镜也。此六者，虚静恬淡寂寞，圣人之所以无为也。天地之平，道德之至，此帝王圣人之所休也。盖应万机之变，供万物之求而无此焉，则无所于休而其神惫于事为之众矣，其能虚乎？致虚而至于静，则万物不足以铙心而无为，无为则任事者责而我不劳矣。俞俞则无往而不然，忧患于何而处？年寿所以长也。疑独 道无不在，故在天为天道，在帝为帝道，在圣为圣道。天以道而运，寒暑代谢，日月迭行，未尝有积，故万物莫不以之成。帝道圣道之运亦然。古之帝王，虽六通四辟，而其所以为德者，任其自然而已。故其心昧乎无不静。圣人之静不为动对，非世所谓静也。水静则明，明则平，大匠取法。水静犹能如此，况人心乎？心者，精神之宅，静之，则精一而神全；挠之，则精竭而神疲。精一神全，则其心圆明，何所不照？此天地之鉴，万物之镜也。心虚而后能静，静而后能安，安而后能至于无为。无为者，天地之平，道德之至，帝王圣人之所休息也。口义 帝道圣道，本难分别。经意盖以帝为三皇，圣为五帝。运而无积，即是纯亦不已。此段主意在"静"字上。至静之中，运而无积，何尝是枯木死灰！六通四辟，犹云四方上下，无所障碍。"圣人之静也，非曰静也善，故静也"，此句最精神。万物不足以挠心，故不求静而自静也。以水镜喻静,义甚精切。“虚静恬淡寂寞无为”八字,演一“静”字,此乃天地一定之理,道德至极之事,帝王圣人之心休止于此。休则虚,即“惟道集虚”。虚则实,即禅家云“真空而后实有”。实理之中,自具伦理,便是浑然之中有灿然者。虚则静,静则动,便是一静一动,互为其根。动无不当曰得,各当其事而任其责,是无为而无不为也。忧患不能处,处犹入也,便是“仁者不忧”。年寿长,即是“仁者寿”。又提起八字,断之以万物之本,言此理出于万物之初也。按,《口义》是矣。但谓帝为三皇,圣为五帝,欠明。盖帝是有天下者,圣则如孔子、夷、惠、伊、周,不论有位无位,均有至静之德,故又言圣以该之,与末段相应,非剩语也。义海 言天则地在其中,言圣则人在其中。帝则兼三才而运化,故六通四辟而德行乎内,所以治人化物,上为皇而下为王者是也。凡人之静,必静之而乃静。圣人之静,岂以静为善而静哉?物无足以挠心故耳。言其本静,非使然也。水静,则明则平,大匠取法,亦言其自然明平,可鉴可准,以况人之精神静极而明,天地万物莫逃其鉴,一身之贵何以加此!而昧者,役不知止,惫不知息,以致渐尽而莫救,可不哀邪?夫欲求所以养精神之道,不越乎虚静恬淡寂寞无为,而天地之平,道德之至,亦岂外乎此哉?任事者责,则我无为,得其本而操之故也。若是,则为君为臣,无不合道,进为退处,皆得其宜。此圣道法天,运而无积之效也。评庄 此篇排比体。德则主静,治则无为,是一篇主意,分为两段,所以不觉碎。读此篇,看他排比转换,文法不同,便知他笔下不穷。按,此节本言圣人之静,曰运而不积,犹言至诚无息也。曰水静犹明,而况精神云者,乃圣心之所以运而不积者,见其静而能动,非一于静也。休焉者,帝王圣人息于此而无他事之意。休则虚，虚则实，实则伦，所谓至虚之实，实而不固者也。虚则静，静则动，动则得者，所谓至静之动，动而不穷者也。不固则化，不穷则神。

静而圣，动而王，无为也而尊，此以下说德主静。朴素而天下莫能与之争美。夫明白于天地之德者，此之谓大本大宗，与天和者也。所以均调天下，与人和者也。与人和者，谓之人乐；与天和者，谓之天乐。庄子曰：吾师乎？吾师乎？齑支万物而不为[①]戾，泽及万世而不为仁，长于上古而不为寿，覆载天地，雕刻众形而不为巧，此之谓天乐。故曰：知天乐者，其生也天行，其死也物化。静而与阴同德，动而与阳同波。故知天乐者，无天怨，无人非，无物累，无鬼责。故曰：其动也天，其静也地，一心定而王天下；其鬼不祟，其魂不疲，一心定而万物服。言以虚静推于天地，通于万物，此之谓天乐。天乐者，圣人之心以畜天下也。齑，暴也。祟，祸也。

郭注 时行则行，时止则止，自然为物所尊。故美配天者，唯朴素也。与天和者，天地以无为为德，故明其宗本，则与天地无逆也。与人和者，顺天所以应人，故天和至而人和尽也。天乐适，则人乐足矣。物变而相杂曰齑，自齑耳，非吾师之暴戾。仁者，兼爱之名耳；无爱，故无所称仁。寿者，期之远耳；无期，故无所称寿。巧者，为之妙耳；皆自尔，故无所称巧。此之谓天乐，忘乐而乐足也。故静与阴同德，动与阳同波，动静虽殊，无心一也。常无心，故王天下而不疲病。我心静而万物之心通，通则服，不通则叛。

---

①为，原脱，据《庄子注》卷五补。

圣人之心所以畜天下者,奚为哉?天乐而已。详道 朴者,器之本。器于天下,或用或舍,朴则不期于用,舍而常尊。素者,色之本。色之于天下,或美或恶,素则不期于好恶而常贵。故朴素而莫与争美。政和则人和,人和则天地和,天地和则万物遂,万物遂则鬼神宁,鬼神宁则幽有所归,明不为厉。《老子》云“以道治天下,其鬼不神”,《列子》云“物无疵厉,鬼无灵响”是也。口义 静而圣,动而王,即是“内圣外王”四字。其道朴素无文,而天下之美莫过于此。若晓然知此天地之德,则可与天为徒。和,犹合也。大本大宗,赞美自然之德,与自本自根意同。均调天下,则与人合,亦犹尧曰“子,天之合也;我,人之合也”。“吾师乎”至“不为巧”数句,先见《大宗师》篇,为许由之言,此则上加“庄子曰”,显见是寓言,不可作实话看。天行,行乎天理之自然。物化,随物而化也。静为阴,动为阳。波,流也。圣门只曰“不怨天,不尤人”,此又添“无物累,无鬼责”两句。鬼见曰祟,魂倦曰疲。曰鬼曰魂,即精神是也。心定则精神自定,万物自服。以虚静之理行于天地万物之间,此之谓天乐。以畜天下,即以善养人者服天下也。通义 道之在人,静则为圣,动则为王,皆以无为而尊,朴素而美。犹天地之德,何尝有为?何尝文采?而阴阳四时无不为,日月山川无非文。明乎此理,则天下之大本大宗立矣。所谓本宗,即内圣外王之道,与天和者也。用以均调天下,则与人和。人乐,天乐,皆出于和,其名虽殊,所以为乐则一。生为天行,自然运动,死为物化,动必有极。如是,则动静合乎天道。无天怨人非,无物累鬼责,又明其所以乐也。

其动也天，其静也地，即同德同波之意。一心定而无为，天下之所归往。行无愧乎幽显，物何为而不服？此无他，以虚极静笃之理，推于天地，通于万物而已。圣人之心所以养天下者，亦岂外乎此哉？

夫帝王之德，以天地为宗，以道德为主，以无为为常。无为也，则用天下而有馀；有为也，则为天下用而不足。故古之人贵夫无为也。上无为也，下亦无为也，是下与上同德，下与上同德则不臣；下有为也，上亦有为也，是上与下同道，上与下同道则不主。上必无为而用天下，下必有为为天下用，此不易之道也。故古之王天下者，知虽落天地，不自虑也；辩虽雕万物，不自说也；能虽穷海内，不自为也。天不产而万物化，地不长而万物育，帝王无为而天下功。故曰：莫神于天，莫富于地，莫大于帝王。故曰帝王之德配天地。此乘天地，驰万物，而用人群之道也。

郭注 用天下而有馀，闲暇之谓也。若汲汲然求为物用，故可得而臣也；及其为臣，亦有馀也。夫工人无为于刻木，而有为于用斧；主上无为于亲事，而有为于用臣。臣能亲事，主能用臣；斧能刻木，工能用斧。各当其能，则天理自然，非有为也。若乃主代臣事，则非主矣；臣秉主用，则非臣矣。各司其任，则上下咸得，而无为之理至矣。用天下者，亦有为耳。然自得此为，率性而动，故谓之无为也。为天下用者，亦自得耳，但居下者亲事，故虽舜禹为臣，犹称有为。故对上下，则君静而臣动；比古今，则尧舜无为而汤武有事。然各用其性，而天机互发，则古今上下，谁无为？谁有为也？夫在上者，患于不能无为，而代臣人之所司，使咎繇不得行其明断，后稷不得施其播植，则群才失其任，而主上困于役矣。故冕旒垂目而付之天下，天下皆得其自为，斯乃无为而无不为也。故上下皆无为矣，但上之无为，则用下；下之无为，则自用也。天地万物之化育，所谓自尔。帝王无为而天下功，功自彼成，同乎天地之无为也。吕注 无为也，则以一人用天下，而天下为之用，故有馀。有为也，则以天下用一人，而一人为之用，故不足。不明乎天者，不纯乎德，德则无为而已。故上无为，下亦无为，而与上同，则称德。道则有天有人，无为而尊者天道，有为而累者人道也。故下有为，上亦有为，而与下同，则言道。上必无为，而用天下，下必有为，为天下用，此不易之道也。故古之王天下者，知不自虑，而天下为之虑；辩不自说，而天下为之说；能不自为，而天下为之为。天不产而万物化，地不长而万物育，帝王无为而天下功，此天之所神，地之所富，帝王之所以大也。无为也者，是乃道之所以乘天地、驰万物而用人群者也。口义 天地道德，皆无为之理而已。此段又将无为与有为对说，以无为为君之道，以有为为臣之道。下与上同德，则不臣者，言臣当劳也。上与下同道，则不主者，言君当佚也。用天下，君也。为天下用，臣也。如此说臣主，又是一意。不可与《在宥》篇天道人道同说。落天地，言笼络也，“络”与“落”同。雕万物者，言其巧也。万物自生，非天生之；万物自长，非地长之。故曰天不生，地不长。帝王以无为而成天下之功，亦与天地同也。乘天地者，犹曰乘六龙以御天也。驰万物者，役使群动也。此段只是赞说君道无为。

本在于上，末在于下；此以下说治无为。要在于主，详在于臣。三军五兵之运，德之末也；赏罚利害，五刑之辟，教之末也；礼法度数，刑名比详，治之末也；钟鼓之音，羽旄之容，乐之末也；哭泣衰绖，降杀之服，哀之末也。此五末者，须精神之运，心术之动，然后从之者也。末学者，古人有之，而非所以先也。君先而臣从，父先而子从，兄先而弟从，长先而少从，男先而女从，夫先而妇从。夫尊卑先后，天地之行也，故圣人取象焉。天尊地卑，神明之位也；春夏先，秋冬后，四时之序也。万物化作，萌区有状，盛衰之杀去声，变化之流也。夫天地至神，而有尊卑先后之序，而况人道乎！宗庙尚亲，朝廷尚尊，乡党尚齿，行事尚贤，大道之序也。语道而非其序者，非其[1]道也；语道而非其道者，安取道？

郭注 精神心术者，五末之本。任其自然运动，则五事不振而自举。所以先者，本也。君臣父子之先后，虽是人事，皆在至理中来，非圣人所作也。明夫尊卑先后之序，固有物之所不能无也。大道之序，言非但人伦所尚也。所以取道，为其有序也。吕注 知五末者须精神心术之运而后从之，则向所谓虚无恬淡寂漠无为者，又所以保精神、明心术而养其本之道也。养其本，则末从之矣。末学者，古人有之而非所以先也。君先而臣从，夫先而妇从，此人道尊

①其，原脱，据《庄子注》卷五补。

卑之序也。至于天以神而位乎上，地以明而处乎下，春夏以生而先，秋冬以成而后，以至万物始化而萌，既作而区，从微至著，莫不有状，则盛衰变化，皆有成理而不可易。天地至神不测而有尊卑先后之序，则凡人道之本末上下岂可易乎？非特君臣父子夫妇兄弟之先后为出于天地之理也，而宗庙朝廷乡党行事一时之所在，犹各有尚而不可乱，皆大道之序而已。则语道而非其序者，安取道哉？ 口义 自此以下，又说有为。盖以无为为本，而以有为为末。要在主，君道无为也；详在臣，臣道有为也。威武，文德之辅助，故曰三军五兵之运，德之末也。五兵，弓殳矛戈戟也。明刑以弼教，故曰赏罚利害，五刑之辟，教之末也。度数，等差也。刑名，名物也。比，类例也。详，纤悉也。礼法度数，钟鼓羽旄，皆非礼乐之本，犹曰"玉帛钟鼓云乎哉"。意哀之末也，即"与其易也，宁戚"之意。精神之运，心术之动，然后从之。盖言皆由内心以生，非由外铄我也。"末学者，古人有之，而非所以先"，此一句尤好，看得庄子何尝欲全不用兵刑礼乐。当先者先，当后者后，皆天地自然之理也，故圣人取而法之。故曰尊卑先后，天地之行也，圣人取象焉。天地四时，亦喻说也。化作，化生也，《诗》言"薇亦作止"是也。萌，萌芽也。区，区别也。言物生而其状不同也。随时变化，先盛后衰，亦是譬喻先后之序。杀，等也。盛者非一时而盛，衰者非一时而衰，皆有次第，故曰盛衰之杀。因先后而及尊卑，尊卑亦先后也。行事尚贤，言任职事以贤为先也。齿爵尊贤，亦天下自然之理，故曰大道之序。安取道者，言既不知其序，又安得有道也？宗庙尚亲，昭穆世次也。义海 本要末详，自然之理。自三军五兵至隆杀之服，虽五事之末，而必由于精神心术之运，则古人所不废也，但非所先耳。若夫君臣父子夫妇之先后，犹天尊地卑之不可易，而圣人取象焉。神明之位，上下不紊，四时之序，先后有伦。万物化作，萌区有状，而物之盛衰变化见矣。此天地之序，而人所取法者也。宗庙朝廷乡党行事，莫不有序，而道在其中。语道而非序，何取于道哉！

是故古之明大道者，先明天，而道德次之；道德已明，而仁义次之；仁义已明，而分去声守次之；分守已明，而形名次之；形名已明，而因任次之；因任已明，而原省次之；原省已明，而是非次之；是非已明，而赏罚次之；赏罚已明，而愚知处宜，贵贱履位，仁贤不肖袭情。必分其能，必由其名。以此事上，以此畜下，以此治物，以此修身，知谋不用，必归其天，此之谓大平，治之至也。故《书》曰："有形，有名。"形名者，古人有之，而非所以先也。古之语大道者，五变而形名可举，九变而赏罚可言也。骤而语形名，不知其本也；骤而语赏罚，不知其始也。倒道而言，迕悟道而说者，人之所治也，安能治人？骤而语形名赏罚，此有知治之具，非知治之道；可用于天下，不足以用天下，此之谓辩士，一曲之人也。礼法数度，形名比详，古人有之，此下之所以事上，非上之所以畜下也。迕，司马云：横也。

郭注 自天者，自然也。自然既明，则物得其道。物得其道而和理自适，理适而不失其分；得分而物物之名各当其形，形名已明而无所复改。物各自任，则罪责除。各以得性为是，失性为非。赏罚者，失得之报也。夫至治之道，本在于天，而末极于斯。履位者，言各当其才也。袭情者，言各行其所能之情也。必分其能，无相易业。必由其名，名当其实，故由名而实不滥也。自明天至形名而五，至赏罚而九，皆自然先后之序。治人者必顺序。先明天，不为弃赏罚也，但当不失先后之序耳。夫用天下者，必通顺序之道。寄此事于群才，斯乃上之所以畜下也。

吕注 天者，性命之极。欲明道而不明乎天，则所谓道者非道，所谓德者非德。唯真道真德，则仁义之所自出也。仁左义右，则有分有守，而形可见，名可言。有形名而不乱，则因任而不失其才能。内原其心，外省其迹，则是非得其真，赏罚得于理，愚知处宜而不敢违，贵贱履位而不敢易，仁贤不肖袭情而不敢伪也。必分其能，则官能其事。必由其名，则名当其实。凡事上畜下，治物修身，莫不以此，而知谋不用，必归其天。此文王所以不识不知，顺帝之则；而周之多士亦皆秉文之德，对越在天，所以为太平而比隆于唐虞也。骤语形名赏罚，不知其本始也，则天与道德其为本始欤？倒则不正，以末为本；迕则不顺，当后而先。言道而无本末先后之序，则是自乱，自乱则人之所治也。口义 此段自言为治之序，凡有九等。以天为第一，道德为第二，仁义为第三，分守为第四，刑名为第五，因任为第六，原省为第七，是非为第八，赏罚为第九。分守，职守也。刑名，名称也。形与刑同。因任，是因其所职而任之也。原，免也。省，减也。不任其事则免之，省则省去之矣。是非，旌别淑慝也。庄子其言为治之序如此。不知天讨有罪，天命有德，赏罚何尝非天，岂九变而后及之？如此议论，便去圣贤远甚。愚知处宜，言当其任也。履位，亦犹当位也。袭，安也。安其情实，则君子小人各有所处也。必由其名，循名责实也。知谋不用，必归其天，言事事虽各有处而无容其心，皆归于自然而已。此太平之世也。补注《在宥》篇“贱而不可不任者，物也；卑而不可不因者，民也”，此“因”“任”字，当是从彼来。按，“愚不肖袭情”，“袭”字，有解为饰其说者，有解为安其情者，俱未妥。《疏》云“袭，用也。贤愚咸用本情，终不舍己效人，矜夸炫物”意是。

昔者舜问于尧曰：“天王之用心何如？”尧曰：“吾不敖无告，不废穷民，苦死者，嘉孺子而哀妇人，此吾所以用心已。”舜曰：“美则美矣，而未大也。”尧曰：“然则何如？”舜曰：“天德而出宁，日月照而四时行，若昼夜之有经，云行而雨施矣。”尧曰：“然则胶胶扰扰乎！子，天之合也；我，人之合也。”夫天地者，古之所大也，而黄帝、尧、舜之所共美也。故古之王天下者，奚为哉？天地而已矣。

郭注无告者，所谓穷民。不废者，常加恩也。与天合德，则虽出而静。日月云雨，四时昼夜，皆不为而自然也。胶胶扰扰乎，则自嫌有事。故曰“古之王天下，奚为哉？天地而已矣”。疑独不敖无告至哀妇人，即是不敢侮鳏寡之意。美则美矣，未能泽及万世而不为仁，此所以未大。天德者，自然之道。得于己，故出而有为，未尝不静，若日月四时，云行雨施，岂有心于天下之物哉！胶胶扰扰，逐于人为而昧于天德，故以舜为天合，己为人合。夫天合者，与天同;人合者,与人同。天地覆载万物,德无不被,为帝王者,莫不体之。虽黄帝、尧、舜亦莫大于德合天地而为美也。详道 尧、舜一道也。尧行天道而所言者人,舜行人道而所言者天。天行而合乎人,故其德止于充实之美;人行而合乎天,故其功归于光辉之大。口义 天德者,自然之德。出宁者,首出庶物,万国咸宁。日月照至云行雨施,皆形容无为而为之意。尧谓我之所为,未免自为扰乱,合于人而已,未合于天也。"然则"下三句是尧自叹之辞。天地,自然之理,古今莫大于此。共美者,共好之也。王下者无他,但法天地,则可矣。义海 天德者,无为之化。出宁者,无为而为[①]。日月照,四时行,皆自然运动无为之者,故昼夜有常而无差忒,云行雨施,品物流形。君天下者所以体之以立德,而民莫不归;弘之以化物,而物莫不从也。补注 出宁,是虽应于外而中不扰,犹云动亦定也。

孔子西藏书于周室。子路谋曰:"由闻周之征藏史有老聃者,免而归居。夫子欲藏书,则试往因焉。"孔子曰:"善。"往见老聃,而老聃不许。于是翻十二经以说。老聃中其说,曰:"大泰谩,愿闻其要。"孔子曰:"要在仁义。"老聃曰:"请问仁义,人之性邪?"孔子曰:"然。君子不仁则不成,不义则不生。仁义,真人之性也,又将奚为矣?"老聃曰:"请问何谓仁义?"孔子曰:"中心物一作勿恺,兼爱无私,此仁义之情也。"老聃曰:"意!噫。几机乎后言!夫兼爱不

①无为而为,《义海》卷四十二作"为而无为"。

亦迂乎？无私焉，乃私也。夫子若欲使天下无失其牧乎？则天地固有常矣，日月固有明矣，星辰固有列矣，禽兽固有群矣，树木固有立矣。夫子亦放德而行，循道而趋，已至矣。又何偈偈居谒反乎揭仁义，若击鼓而求亡子焉？意！夫子乱人之性也！”征藏，司马云：藏，名也。十二经者，云《诗》《书》《礼》《乐》《易》《春秋》六经，又加六纬，合为十二也；一说《易》上下经，并十翼为十二；又一云《春秋》十二公经也。意，不平声。牧，养也。

郭注 此常人所谓仁义也，故寄孔、老以正之。夫至仁者，无爱而直前。世所谓无私者，释己而爱人。夫爱人者，欲人之爱己。此乃甚私，非忘公而公也。自“天地固有常”至“树木固有立”，皆已自足，不待于兼爱也。事至而爱，当义而止，斯忘仁义者也。常念之，则乱真矣。吕注 孔子不用于时[1]，欲藏其言，以待后之君子。十二经谓《春秋》，孔子所以经世者在于此。孔子以人道教天下，则十二经之所以经世者，不过仁义而已。老氏绝学反朴而示之以真，则仁义在所攘弃，宜其以为非人之性也。自人道观之，仁非特成己，又所以成物；义非特立物，又所以立我。君子之生成在于仁义，故以为真人之性也。自道之真观之，中心物恺，非外铄我也，无物而不乐，上仁为之而无以为者也。凡名生于不足，则无私焉，乃私也。欲使天下无失其牧，辅万物之自然而已。“天地有常”至“树木有立”，此谓物之自然也。疑独 兼爱未免乎有系，不若无爱之至也；无私未免乎有私，不若不知其私之为私也。夫子所以兼爱无私者，

[1]时，原作“世”，误，据《义海》卷四十二改。

欲使天下不失其养也，莫若任其自然，使之相亲而不知以为仁，相友而不知以为义。自“天地有常”至“树木有立”，皆无为自然，各极其性而已矣。放德不知德之为德，循道则不知道之为道，又何必偈偈然用力揭仁义于天下，以求复其性，无异击鼓而求亡子也。【详道】老聃之教，以道德为宗。孔子之经，以仁义为本。放德循道，则天下无为而得性。居仁由义，则天下有为而倍情。此庄子所以记孔子之迹以明之也。中心物恺，物物而悦之。兼爱，仁也。无私，义也。兼爱，则有不爱，非所谓至仁，至仁则无亲。无私，乃成其私，非所谓至义，至义则不物。君子所以贵忘仁义而求其至也。孔子尝语老聃：“丘治《诗》《书》《礼》《乐》《易》《春秋》，自以为久矣。”此言十二经者，翻六经为十二也。【口义】西藏书于周室，言西至周而欲观其藏书也。翻，反覆言之。中其说者，言方及半，而老子以为太汗漫。物恺，以物为乐。后言，浅近之言。物之不齐，何由兼爱？此迂曲难行之说也。才有无私之名，胸中便有个私字，欲使天下无失其养，则物物皆有自然造化，何可容力？但当仿自然之德，循自然之道，如此而已。击鼓而求逃亡之子，言惊动世俗也。【义海】孔子为见世衰道微，欲以所述之书藏于周之藏室，以俟后世圣人。盖不得已而托空言以垂世立教，其志亦切矣。老聃不许者，谓道既不行于当世[1]，徒存糟粕，其能有济乎？以其无私，故成其私。若欲使天下无失其养，则天地日星禽兽草木莫不各遂其性，各当其宜。

①世，原作“时”，误，据《义海》卷四十二改。

人之放德循道，亦若是而已矣。又何必用力于仁义？若击鼓以求亡子，终无可得之理也。按，击鼓而求亡子，亡子，逃亡之人也。击鼓而求之，是速其亡也。犹之揭仁义而治天下，是逗其乱也。诸家注欠明。

士成绮见老子而问曰："吾闻夫子圣人也，吾固不辞远道而来愿见，百舍重趼古显反而不敢息。今吾观子非圣人也。鼠壤有馀蔬，而弃妹，不仁也。生熟不尽于前，而积敛无崖。"老子漠然不应。士成绮明日复见，曰："昔者吾有刺于子，今吾心正郤矣，何故也？"老子曰："夫巧知智神圣之人，吾自以为脱焉。昔日子呼我牛也，而谓之牛；呼我马也，而谓之马。苟有其实，人与之名而弗受，再受其殃。吾服也恒服，吾非以服有服。"士成绮雁行避影，履行遂进而问："修身若何？"老子曰："而容崖然，而目冲然，而颡頯去轨反然，而口阚讨览反然，而状义然，似系马而止也；动而持，发也机，察而审，知巧而睹于泰，凡以为不信。边竟境有人焉，其名为窃。"百舍，司马云：百日止宿也。趼，胝也。馀蔬，读曰糈。糈，粒也。妹，《释名》云："妹，未也。"谓未学之徒须慈诱之，弃之不仁也。

郭注 鼠壤有馀蔬，言不惜[1]物。弃妹不仁，言无近恩。生熟不尽于前，至足，故常有馀。万物归怀，来者受之，不小立界畔也。士成绮复见，则自怪讥刺之心，所以坏也。脱，过去也。呼牛呼马，随物所名。有实，故不以毁誉经心也。若受之于心，则名实俱累，斯所以再受其殃也。服者，容行之谓也。不以毁誉自殃，故能不变其容；以有为为之，

①惜，原作"借"，误，据《义海》卷四十二改。

则不能常服矣。崖然，进趋不安之貌。冲，出也。颓然，高露发美之貌。阚然，虓火交反豁之貌。义然，踶跂自持之貌。似系马而止者，言其志在奔驰，不自舒放也。发也机，趋舍速也。察而审，明是非也。泰者，多于本性之谓。巧于见泰，则拙于抱朴。凡此皆以为不信性命而荡夫毁誉，皆非修身之道也。边境有人，亦知汝所行非正人也。

吕注 老子绝学反朴，示人以真，而士成绮求之于仁义，则漠然不应，乃所以使其意消而心却也。知巧神圣自以为脱焉，则绝学反朴，未始有物也。而子以某事为不仁，某事为不义，则是呼我牛而谓之牛，呼我马而谓之马也。苟有其实，人与之名而不受，自遗其殃者也。吾服也常服，则其心未始不在道，吾非以服有服，而人真以为勤行者也。士成绮知而不足以得至人之心者，以其在己者不足故[①]也。边境，非游于道之中。窃，则非其有而取之也。疑独 夫巧知神圣，未免有迹。老子尝欲绝弃之，故自以为脱焉。呼牛呼马，随其所名，至人混同万物，岂有牛马之异？有实斯有名，苟有其实，人与之名而不受，则名实俱累，所以再受其殃。若忘名实，无物我，毁誉是非，任其自尔，何殃之有哉？恒，久也。服，谓服其心，使之不动。老聃谓吾心任至理，服之久矣，非有所服而服之，所以毁誉不能入。动则为物所持，发则疾如机括。明察，审乎是非。巧知，逐于多事。凡此，皆以其不能信道而有诸己，无异边境有人，其名为窃盗者也。详道 鼠壤馀蔬，非俭也。弃妹，非仁也。积敛无

①故，原作“固”，误，据《义海》卷四十二改。

崖,非至足也。非俭则于物无所爱,非仁则于亲无所厚,非至足则于心无所歉,观其外以及其内,察其粗以及其微,则知老子为非圣人矣。然而大俭不啬,大仁不仁,大慊[①]不慊,固非成绮之所能知,此老子所以漠然不应也。夫巧知神圣,吾自以为脱去矣,而子谓我有圣之名,非圣之实,岂知我者哉?《经》曰真人其容寂,其颡頯,其状义而不朋,则崖然、頯然、义然,非郭氏所谓进趋、高露、踶跂者也。《老子》曰:"安平泰。"《经》曰:"宇泰定,则睹于泰。"非郭氏所谓"多于本性者"也。动而持,与"妄行而蹈大方"意同。知巧而睹于泰,与"鞅掌以观无妄"意同。口义 百舍重趼而不敢息,言其劳也。食蔬之馀弃于鼠壤暗昧之地,是不爱物,故以为不仁。生熟不尽于前,言积蓄有馀也。向有所讥,今其心退然无有,谓既见之后,忽然有觉。知巧神圣,有为之学。脱然,出离乎其上也。我既无心,呼马呼牛,听汝而已。我若实有此事,人以讥我而我拒之,是两重过也,即是耻过作非之意。吾之所行常常如此,非以为当行而行之,即非曰静也善故静之意。履行遂进,蹑足渐进也。崖然,崖异状。冲然,突视状。阚然,口呿状。义然,坚固状。系马而止,即坐驰之意也。举动矜持,发若机栝,明察精审,自恃知巧而骄[②]泰之意见于外。凡此皆不诚所致。边境之间,若有此等人,必指以为贼。谓其机心太[③]重,不修乎自然,处世必招祸患也。义海 弃妹,颇难释,诸

①慊,原作"廉",误,据《义海》卷四十二改。

②骄,原作"矫",误,据《义海》卷四十二改。

③太,原作"大"。《义海》卷四十二作"太"。按,大,古同"太"。

解多音“昧”。按，陆氏《音义》旧注音“末”，言其弃薄末学也。今从其音而别为之说。成绮见鼠壤馀蔬，而疑老子非圣，盖谓圣人于物无弃，取蔬之本而弃其末，是不惜物，近于不仁。下文云生熟不尽于前，言食物狼戾也。郤，音隙，训虚。悟昔讥刺之非也。老子谓知巧神圣，吾已脱去，呼马呼牛，听之而已，汝先以圣期我，已非知我者，况又以非圣责我，何异牛马妄名？吾服也，尝服此，即拳拳服膺之服，言其能择能守也。谓吾服膺圣道，常常如是，非以择守为事而有所服也。动而持，非自然而静。发也机，非自然而动。持之发之，则有心有迹矣。察而审知，以察为明也。巧而睹泰，机心见于骄色也。补注 封守有定，而好诈之人每伺人之隙，乘其便以自为功，故敌国以盗窃目之。若此不信之徒，厚自矜饰，欲以扬己掩物，是亦盗窃而已。如孟子所谓穿窬之类。

老子曰：“夫道于大不终，于小不遗，故万物备。广乎其无不容也，渊乎其不可测也。形德仁义，神之末也，非至人孰能定之？夫至人有世，不亦大乎？而不足以为之累。天下奋棅柄而不与之偕；审乎无假而不与利迁。极物之真，能守其本。故外天地，遗万物，而神未尝有所困也。通乎道，合乎德，退仁义，宾礼乐，至人之心有所定矣。”棅，司马云：威权也。

郭注 夫至人用世，故不患其大。不与之偕者，静而顺之。不与利迁者，任真而直往也。退仁义者，进道德也。宾礼乐者，以情性为主也。至人之心定矣，定于无为也。

疑独 夫道无不通，大而天地，小而毫芒，无乎不在，此万物所以备，广大而无不容，渊深不可测也。形未离乎有数[①]。德者，道之在己。仁义，又道之散。是皆所以为神之末也。非至人，孰能定其本末精粗哉？夫至人之心，与造化为一，故有天下而不足为之累。虽举天下奋其权谋，至人之心未尝与之并逐也。审乎真性，不为利所迁，极物之真而常守其本，故通之则为道，合之则为德。道德之所进，仁义之所退也。礼乐，性情之散。至人不役于物，则以性情为主，礼乐为宾。明其进退而辨其宾主，至人之心有所定矣。详道 大小不离乎有体，而无体者不离于大小，以大小而论道，亦筌蹄而已矣。夫神之所应者外，忘外则神全。心之所存者内，忘内则心静。口义 夫子，老子也。大而无极曰大不终，细而无馀曰小不遗，即语大莫能载，语小莫能破也。万物不能外此道，故曰备。广，大。渊，深。形而为德为仁为义，皆其妙用之馀，非至人，孰能定其本末哉？有天下之不足累其心，虽奋而执天下之棅，此心亦不与之偕往，言心不动也。不计利害，究极真理，故能守本然之静。外天地，遗万物，其心不动，神又何所困哉？通乎道德，即合乎自然，以仁义为后而非所先，所主者情性而礼乐为宾，此至人之心所以静定也。

世之所贵道者，书也。书不过语，语有贵也。语之所贵者，意也，意有所随。意之所随者，不可以言传也，而世

①数，原脱，据《义海》卷四十二补。

因贵言传书。世虽贵之哉，犹不足贵也，为于伪反其贵非其贵也。故视而可见者，形与色也；听而可闻者，名与声也。悲夫，世人以形色名声为足以得彼之情！夫形色名声果不足以得彼之情，则知智者不言，言者不知，而世岂识之哉！桓公读书于堂上。轮扁斫轮于堂下，释椎凿而上，问桓公曰："敢问公之所读者何言邪？"此篇暗藏不尽说。公曰："圣人之言也。"曰："圣人在乎？"公曰："已死矣。"曰："然则君之所读者，古人之糟粕已夫！"桓公曰："寡人读书，轮人安得议乎？有说则可，无说则死。"轮扁曰："臣也以臣之事观之。斫轮徐，则甘而不固；疾，则苦而不入。不徐不疾，得之于手而应于心，口不能言，有数术也存焉于其间。臣不能以喻臣之子，臣之子亦不能受之于臣，是以行年七十而老斫轮。古之人与其不可传也死矣，然则君之所读者，古人之糟粕已夫！"桓公，齐桓公也。轮扁，斫轮人名扁。糟烂为魄，一作粕。甘者，缓也。苦者，急也。

郭注 贵非其贵者，言其贵常在言意之表也。得彼之情，唯忘言遗书者耳，此绝学去尚之意也。轮扁之不能喻子，言物各有性，教学之无益也。当古之事，已灭于古矣，虽或传之，岂能使古在今哉？古不在今，今事已变，故绝学任性，与时变化而后至焉。吕注 庄子言此，欲学者遗言忘书，而不求于形色名声之间也。夫斫轮，事之粗者，然疾徐甘苦得于手而应于心者，虽父子犹不能喻而受之，则夫道之为物，其传之难于斫轮甚矣。诚不能求之于心，而唯书之读，则糟粕之喻非虚言也。疑独《易》曰："书不尽言，言不尽意。"则所谓书者，不过陈迹而已。世以为书足以尽道，不知道者也。言者莫不贵意，意者随道而无穷，言不足传，则所谓书者何足贵哉？道本出性命之自然，必也会之以无形，因之以至理，闻于寂寂，见于冥冥可也。而世之人舍自然之常性，求先王之陈迹，愈求而愈失矣。夫耳目所闻见，不过乎形色名声，世人迷真失性，谓形色名声为能得彼之情，此可悲也。轮扁以桓公惑于先王之陈迹，而不知大道之本，故以斫轮之事喻之。详道 书言之于意，犹形色名声之于情。情不可得之于形色名声，意不可传之于书言，必矣。故善《易》者，得意而忘象，得象而忘言；善《诗》者，得志而忘辞，得辞而忘文。岂非所谓祠祀毕，刍狗捐，醇精流，糟粕弃者哉？桓公所以因轮扁而悟读书之非，王寿所以因徐冯而起焚书之舞也。口义 书能载道，所以贵之，贵在道，不在书也。以道为言，故其言可贵，然所贵在意而不在言。意之所向，言不得而传，则言书皆不足贵矣。形色则可见，名声则可闻，道不可见闻，而世人欲以形色名声得其实，可悲也夫！此段发明前意，谓道不可以言传，而设喻精妙若此。书载古人之言，其人不存，则其不可传者何从得之？糟粕之铺，岂知酒味者哉！义海 迹者，履之所从出，而迹非履也。书者，道之所寓，而书非道也。悟者因书以明道，迷者舍道而求书，故桓公溺于陈言，轮扁得以进说。以粗喻精，即事明理，无适而非道也。夫斫轮者，运斤之妙，得心应手，虽父子不能相传，则方圆长短之数，疾徐甘苦之节，一得之于自然，有不容以言尽者矣。况神鬼神帝，生天生地之道，其可以书尽乎？扁之老于斫轮，岂搰搰于椎凿之间而劳[1]筋苦骨为哉？盖因道进技，以天合天，得其所以为轮，故终身由之而弗舍也。此条大意，与《庖丁解牛》章相类，但末后欠桓公领悟语耳。留此一语以惠后人，必有承当者。按，此节之意，谓读书而不得其意，非善读书者。故以斫轮之说譬之，欲学者得意忘言，非真谓书不足贵也。不达者谓书不足以传意，犹形色名声不足以尽情，非矣。

义海总论 是篇以天道命名，特标其首。次以帝道圣道玄圣素王之事业，以道德为主，无为之常，此乘天地，驰万物，而用人群之道也。中叙德教，礼乐仁义分守形名赏罚，治世之具，无不毕备。然皆不离乎人道之常，何也？盖善论天道者，必本乎人；能尽人道者，可配乎天。天人交通，本末一致，广无不容，渊不可测，又安知天之非人，人之非天乎？至论五变而形名可举，九变而赏罚可言，此万世不易之理，所以立人极赞天道者也。若夫天德而出宁，日月照而四时行，若昼夜之有经，云行而雨施矣，则天自己出，炳灵独化，地道人道其有不从者乎？夫修治具以明治道，古今之通论。然有用之而治，或用之而乱者，以不知本末先后之序、君臣详要之宜故也。世谓南华立言多尚无为而略治具，观是篇所陈礼乐政教，究极精微，有非诸子所可及者，要皆出于天理之自然，假人以行之耳。信明乎自然之理，则可以由治具而通治道，使君臣父子鸟兽草木皆得其宜，天下击壤讴歌，不知帝力，谓之无为可也。至若孔子欲藏书而翻经以说，成绮问修身而其容崖然，是皆徇人而忘天，所以老聃弗许也。唯至人知仁义为道之末，礼乐为

[1]劳，原作“苦”，误，据《义海》卷四十三改。

道之宾，能天能地，极真守本，而神未尝有所困，故虽有世而不足为之累也。终以遗书得意，糟粕陈言，而寓之于轮扁。盖恐学者徇迹遗心，舍本趋末，则去道愈远，但当究其圣人有不忘者存，则学者当自绝学而入，传者当得无传之传，而天地圣人之心见矣，何以古人之糟粕为哉！

《庄义要删》卷之五《天道》终

庄义要删外篇　卷之五

天运第十四

《音义》曰："以义名篇。"天运，司马贞作"天员"。

天其运乎？地其处乎？日月其争于所乎？止数句，而峰峦奇崛若万状，非此老不能。孰主张是？孰纲维是？孰居无事推而行是？意者其有机缄而不得已耶？意者其运转而不能自止耶？云者为雨乎？雨者为云乎？孰隆施弛是？孰居无事淫乐而劝是？风起北方，一西一东，有上彷徨，孰嘘吸是？孰居无事而披拂是？敢问何故？巫咸祒超曰："来！吾语女。汝。天有六极五常，帝王顺之则治，逆之则凶。答意只一顺字，便见造化都不可测。九洛之事，治成德备，监照下土，天下戴之，此谓上皇。"彷徨，司马本作"旁皇"，飙风也。巫咸，殷相，祒名。六极，司马云：四方上下也。

郭注 天不运而自行，地不处而自止，日月不争所而自代谢。孰主张纲维之者？皆自尔也。无则无所能推，有则各自有事，然则无事而推行是者谁乎？各自行耳。自尔，故不可知也。云雨，二者俱不能相为，亦各自尔。敢问何故？设问所以自尔之故也。夫事物之近，或知其故，然寻其原以至乎极，亦无故而自尔。但当顺之。顺则治而逆则凶者,假学可变而天性不可逆也。天下载之,此谓上皇者,顺其自尔故也。吕注 天运地处,吾不知其真运真处也;日月争所,吾不知其真争所也。求其主张纲维与推而行是者,皆不可得。水之升而为云,云之解而为雨,求其隆施与淫乐而劝是者不可得。风起西东,彷徨无定,求其嘘吸披拂者不可得。此乃道之不测而为神者也。知神之所为,则主张纲维隆施披拂是者,皆以此而已。五常即五福。向用五福,威用六极,顺之而吉也,反之则逆而凶。九洛,即《洛书·九畴》。《九畴》之用至于福极,则治成德备,监照下土而天下载[①]之,此所以为上皇。上皇则挈天地,驰日月,隆施云雨,嘘吸风气,而常居无事之地者是也。疑独 六极,四方上下。五常,五行也。此皆自然而有,莫知其故。帝王顺其理则为治,逆其理则为凶。九洛,九州聚落也。言帝德广被,远民安居,若日月之照临下土,天下莫不载[②]之,乐其治,安其生,民性复朴,如上皇之世也。口义 天行一日一周,天之自运乎?地有四游上下,岂一定而处乎?日往月来,如人相追夺,故曰争。其所主张纲维,皆着力之意。不得已,不自止,言亦不由他也。天气下降,地气上升,所以为云为雨,但不知云为雨乎?雨为云乎?隆,起也。施,止也。与张弛同。东西上下,彷徨往来。披拂,摇荡[③]也。发问不言人,又是变其笔法。六极,六气。五常,五行也。此皆是自然之理。九洛,九州聚落也。洛与落,

①载,《义海》卷四十四作"戴"。

②载,《义海》卷四十四作"戴"。

③摇荡,原作"淫荡",误,据《口义》卷五改。

古文通用。帝王顺自然之理，以治九州，功成德备，照临天下而人皆戴之，此乃三皇以上人也。义海 天运地处，日往月来，人所共知也。然其所以运处往来，人所莫知也。盖谓天地亦物也，物之运动，必有使然者，第人居两间而不自知，犹磨蚁之俱旋而弗觉也。云为雨而兴耶？雨为云而作耶？与夫风气之东西上下，孰隆施而嘘吸之耶？已上皆发问之辞。六极五常，解者不一，以《洪范》六极、五福释之为当。顺之则治，逆之则凶，即彝伦斁叙之分也。"有"上，碧虚照张氏校本作"在上"，陈详道注亦然。

商太宰荡问仁于庄子。庄子曰："虎狼，仁也。"曰："何谓也？"庄子曰："父子相亲，何为不仁？"曰："请问至仁。"庄子曰："至仁无亲。"太宰曰："荡闻之，无亲则不爱，不爱则不孝。谓至仁不孝，可乎？"庄子曰："不然。夫至仁尚矣，孝固不足以言之。此非过孝之言也，不及孝之言也。夫南行者，至于郢，北面而不见冥山，是何也？则去之远也。故曰：以敬孝易，异，下同。以爱孝难；以爱孝易，而忘亲难；忘亲易，使亲忘我难；使亲忘我易，兼忘天下难；兼忘天下易，使天下兼忘我难。夫德遗尧舜而不为也，利泽施于万世，天下莫知也，岂直太息而言仁孝乎哉？夫孝悌仁义，忠信贞廉，此皆自勉以役其德者也，不足多也。故曰：至贵，国爵并屏，下同焉；并者，屏弃之谓。至富，国财并焉；至显，名誉并焉。是以道不渝。"太宰，官名。荡，字也。一本荡作盈。郢，楚都也。冥，司马云：北海山名。

郭注 无亲，非薄恶之谓也。夫人之一体，非有亲也。首自在上，足自在下，藏府居内，皮毛处外，内外上下，尊卑贵贱，于其体中各任其极，而未有亲爱于其间也，然至仁足矣。故五亲六族，贤愚远近，不失分于天下者，理自然也。又奚取于有亲哉？孝不足言，必言之于忘仁忘孝之地，然后至矣。凡名生于不及者，故过仁孝之名而涉乎无名之境，然后至焉。夫冥山在乎北极，而南行以观之；至仁在乎无亲，而仁爱以言之。故郢虽见而愈远冥山，仁孝虽彰而愈非至理也。夫至仁者，百节皆适，则终日不自识也。圣人在上，非有为也，恣之使各自得而已耳。自得其为，则众务自适，群生自足，天下安得不各自忘我哉？各自忘矣，主其安在乎？斯所谓兼忘也。夫德遗尧舜，然后尧舜之德全耳。若系之在心，则非自得也。天下莫知，泯然常适也。太息而言仁孝者，失于江湖，乃思濡沫也。并者，弃除之谓也。夫贵在身，身犹忘之，况国爵乎？斯贵之至也。至富者，自足而已，故除天下之财也。至愿者，适也。得适而仁孝之名都去矣。是以道不渝，去华而取实故也。【吕注】世俗皆以爱为仁，则虎狼之父子相亲，何为而不可言仁哉？若夫至仁，则天地圣人之仁是也。与道合体而无为，岂容心于其间哉？此至仁所以无亲也。南行者不见冥山，去之远也。至仁则孝不足言，亦去之远也。敬者，礼也。爱者，情也。忘亲，忘之在己者也。使亲忘我，忘之在人者也。兼忘天下，我能外天下而已。天下兼忘我，则天下往而相忘也。为仁而至于此，则德遗尧舜而不为，利泽万世而莫知，是谓与道合体而无为也，岂直太息而言仁孝乎哉？道不渝，言其道无所往而不在也。【疑独】有仁则有迹，故有所亲爱。以亲爱为仁，则虎狼亦有亲爱，何为不仁？至仁无亲，虽亲而不知其为亲也。敬在于貌，爱出于心，忘亲者，忘其所爱而无所不爱矣。虽忘亲，而亲未能忘我，则我之孝未免有迹也。天下兼忘，各任其性命之自然，亲而不知其为亲，爱而不知其为爱也。为道而至于德遗尧舜，则无为矣。故利泽万世而天下莫知，岂直嗟叹而言仁孝乎哉？盖谓仁孝不足言也。夫孝悌仁义八者，皆人勉而为之以役其德，非德之自然。此道之所以散也。详道 天地以万物为刍狗，而万物自育；圣人以百姓为刍狗，而百姓自遂。苟以濡沫相给，药饵相悦，则周此而失彼，利一而废百，泥仁爱之迹，而不知圣人不仁所以为至仁也。仁生于孝，孝生于爱，由爱而至于至孝，则爱不足言，由孝而至于至仁，则孝不足言。冥山极北，而南行以观，虽至郢而冥山愈远，喻至仁无亲而孝爱，以言孝爱成而至仁远矣。至仁者，非特忘亲也，而使亲忘我。以至德遗尧舜而不为，利泽万世而不知，则仁常周于有馀，而爱不生于不足，岂直太息而言仁孝乎？太息，生于不足者也。口义 虎狼仁也，与“盗亦有道”意同。至仁无亲者，亲而不知其为亲，乃为仁之至。孝不足言者，非不孝也。盖至于至仁，则孝不足言矣。至仁至孝之上，是为过孝。若太宰所问，乃不及孝之言也。言汝未能尽仁，则于孝为不及；我能尽仁，则过之矣。敬孝犹有迹，爱孝则相忘，以至忘亲忘天下，天下忘我，皆谓有迹不若无迹，有心不若无心也。遗，弃也，蔑视之意，蔑视尧舜不足以为德。利泽万世不足以为仁，又岂以仁孝自夸美哉？孝悌至廉贞，世以为美德，实相勉以自苦而已，不足多也。我之至贵何取于国爵，我之至富何取于国财，我之至愿何取于名誉，故皆屏去之。是以道不渝，即所谓常然也。八者皆以有为以自役，而我常无为也。补注 南行而不见冥山，喻亲爱之远于人也。

北门成问于黄帝曰："帝张《咸池》之乐于洞庭之野，吾始闻之惧，一作懼。复闻之怠，卒闻之惑，荡荡默默，乃不自得。"帝曰："女汝殆其然哉！吾奏之以人，徽一作征之以天，行之以礼义，建之以太清。夫至乐者，先应之以人事，顺之以天理，行之以五德，应之以自然，然后调理四时，太和万物。四时迭一作递起，万物循生；四字句妙。一盛一衰，文武伦经；一清一浊，阴阳调和，流光其声；蛰执虫始作，吾惊之以雷霆；其卒无尾，其始无首；一死一生，一偾一起；所常无穷，而一不可待。汝故惧也。吾又奏之以阴阳之和，烛之以日月之明。其声能短能长，能柔能刚，变化齐一，不主故常。在谷满谷，在坑满坑。涂郤隙守神，以物为量。亮。其声挥绰，其名高明。是故鬼神守其幽，日月星辰行其纪。吾止之于有穷，流之于无止。予欲虑之而不能知也，望之而不能见也，逐之而不能及也。傥敞然立于四虚之道，倚于槁梧而吟：'目知穷乎所欲见，力屈乎所欲逐，吾既不及已！'夫形充空虚，乃至委蛇。萎移。女委蛇，故怠。吾又奏之以无怠之声，调之以自然之命。故若混逐丛生，林乐而无形，分明有意为文。布挥而不曳，幽昏而无声。动于无方，居于窈冥；或谓之死，或谓之生；或谓之实，或谓之荣。行流散徙，不主常声。世疑之，稽于圣人。圣也者，达于情而遂于命也。天机不张而五官皆备，此之谓天乐，无言而心说。悦。故有焱标氏为之颂曰：'听之不闻其声，视之不见其形，充满天地，苞裹六极。’汝欲听之而无接焉，而故惑也。乐也者，始于惧，惧故祟，岁。吾又次之以怠，怠故遁；卒之于惑，惑故愚；愚故道，道可载而与之俱也。”蛰，《尔雅》云：“静也。”霆，电也。偾，司马云：“仆也。”坑，《尔雅》云：“虚也。”

郭注 不自得者，坐忘之谓也。夫至乐者，非音声之谓也，必先顺乎天，应乎人，得于心而适于性，然后发之以声，奏之以曲耳。故《咸池》之乐，必待黄帝之化而后成焉。自然律吕满天地间，但顺而不夺，则至乐全矣。故因其自作而用其所以动，无首无尾，运转无极，而以变化为常，则所常者无穷也。初闻无穷之变，不能待之以一，故惧然悚听。奏以阴阳，烛以日月，所谓用天之道也。齐一于变化，而不主故常。满谷满坑，至乐之道无不周也。涂郤守神，塞其兑也。以物为量，大制不割也。其声挥绰，所谓阐谐。名当其实，则高明也。故鬼神不离其所，日星不失其度。止于有穷，常在极上住也。流于无止，随变而往也。虑之不知，逐之不及，故暗然恣使化去。傥然立于四虚者，弘敞无边之谓。吟于槁梧，无所复为也。物之知力，各有所齐限。形充空虚，无身也。无身，故能委蛇，委蛇任性，而悚惧之情怠也。意既怠矣，乃复无怠。此其至也。命之所有，皆自然耳。混然无系，随丛而生。至乐者，适而已。适在体中，故无别形。布挥不曳，自布耳。幽昏无声，所谓至乐也。动于无方，居于窈冥，所谓宁极也。死生实荣，行流散徙，不主常声，随物变也。世疑之，稽于圣者，明圣人应世非唱也。达情遂命，言有情有命者，莫不资焉。忘乐而乐足，非张而后备。心悦在适，不在言也。有焱氏之颂，乃无乐之乐，乐之至也。惧然悚听，故是祟耳，未大和也。次怠故遁，迹稍灭矣。惑故愚，愚故道，以无知为愚，愚乃至也。

吕注 乐即道也。奏之虽人，以天理而美。乐出虚也，行以礼义，由太清而建。乐居太始也，四时万物，莫非乐也。盛衰文武经纶之不可乱，清浊阴阳调和之未尝戾。其声流光乎天地之间，然不惑[①]即不发也。求之本末，无首无尾，死生偾起，所常无穷而一不可待，故惧。此无它，我以人示之，彼以人入之而已。以人入天，则万变不同，所谓一者岂可待？宜其惧也。又奏以阴阳，烛以日月，则天而已矣。其短长不常，满谷满坑，涂郤守神，以物为量，乃其所以为声也。挥绰则不制于宇宙，高明则所以为天。鬼神守幽，日星行纪，止之有穷，流之无止，唯所示而已。欲虑之而不知，逐之不及，目穷力屈，委蛇故怠。此无它，我以天示之，彼以天受之而已。吾又奏以无怠，调以自然，混逐丛生，万物芸芸也。林乐无形，各归其根也。布挥不曳，动无方也。幽昏无声，居窈冥也。死生实荣，散徙无常，则不制于一矣。此举世之所疑，而圣人体之于起居造次之间，未尝离也。所谓圣者无它，达于情，遂于命，耳听目视，莫非是也，则其天机而已。此所以为天乐，无言而心悦也。故举有焱氏之颂《咸池》之妙，若此汝欲听之，宜其无接而故惑也。此无它，忘乎人，忘乎天而已。始惧故祟，次怠故遁，卒惑故愚。身之所以不能载道者，以其智识昭昭也。唯其去知而愚，所以俱载道而与之俱也。疑独 古之论至乐者，岂钟鼓管弦度数之末而已哉？其理盖极于天地之表，其情盖流于阴阳之妙，无形可视，无声可听，《礼》所谓“乐居太始”，

①惑，《义海》卷四十五作“感”。

老子谓“大音希声”者也。无怠者，神也。神则役阴阳，统日月，兼礼[1]义，《易》所谓“阴阳不测”者是矣。口义 奏，作也。徽，犹琴徽也。人，人事也。天，天理也。礼义，声有条理也。太清，合造化也。谓始作之声，平正如此。自“四时迭起”以下，言其乐变化惊动，可喜可愕，且作且止，而未见归宿之地也。发生，文也。肃杀，武也。四时生杀，万物循序而生长，既盛复衰，犹乐声之有文武伦序也。流光，流畅光华也。调其阴阳清浊之声，如此流畅光华。若蛰虫将奋而雷发声之时。迎之不见其首，随之不见其终。死生偾起，所常无穷，言或作或止，既常且变，故其常者无穷也，求其归一之地而不可得。初闻之，所以惧也。阴阳日月，亦是和畅光华之意。变化不主故常，言愈出愈奇也。满坑满谷，言塞乎天地之间也。涂郤，塞其聪明。郤言七窍也，塞其聪明而守之以神，随物而为剂量。鬼神守幽，日星行纪，皆言其不用知巧而循自然。止于有穷至逐之不及，形容似有物而非有物之意，故欲见而不可穷，欲逐而不可及。形虽充满而忘身若虚，至委蛇放弛，所以怠也。无殆，不已也。自然之命，即自然之理也。混逐丛生者，如万物丛生而混同相逐也。林然而乐，言林林总总无非乐也，而不见其形。布散挥动而不容力以牵曳，幽昏而不可闻，变动而无方所，故死生实荣散徙无常。达于情者，达于实理也。遂于命者，极于自然也。身之五官皆备而天机不动，谓耳目手足虽具而见闻动作皆不自知。此则得其自然之乐，是曰天乐。汝于此时虽欲听之而无所接，所以惑也。

①礼，原作“理”，误，据《义海》卷四十五改。

"焱氏颂"四句,即是前意。言惧怠惑,未见其意,到归结处方说。愚而可以入道,言人须经历如此境界,方有进步。处惑故愚,是意识俱忘,六用不行之时也。义海 化物之速,无过于道,感人之切,无过于乐,然求至音于旷寂之中,非乐道者不能也。凡人闻道之初,胸中交战,则始惧也;少焉战胜,则似怠矣;及乎情识渐泯,惧怠俱释[1],然后造乎和乐,复乎无知,此入道之序也。奏之以人,行以礼义,始乎有作也;徽之以天,建以太清,渐近自然也;四时迭运,万物循生,阴阳调和,流光其声,而不离乎文武经纶盛衰清浊之间,此乐之初奏,合乎人籁也。次奏以阴阳之和,烛以日月之明,其声能短能长,能柔能刚,满谷满坑,以物为量,即所谓地籁也。终奏以无怠之声,调以自然之命,充满宇宙,苞裹六极,法天之行健而自然无间矣,至是则达情遂命,而视听不以耳目,非形非声而有形形声声者,存此天籁之妙也。末举有焱氏之颂,明至道至音有非视听所能接。惑故愚,此犹颜子不可及之愚,见闻知识,一时都泯,故道可载而与之俱也。通义 乐由人心生者,人和而后天地之和应,此乐之本也。惺愓如晓曰惧,非恐怖也。心形坦荡曰怠,非惰慢也。恍惚无稽曰惑,非疑二也。惧怠惑,非一时所感。盖进德之阶归宿于愚,其曰"愚故道",所以示道不在知识也。不自得,忘其心知也。殆其然哉,喜而讶之之辞,犹曰汝乃能如此听哉。评庄 此直问答体,三节分明。但四字为句,文奇意玄,另是一格。庄子其犹龙乎?

①释,原作"什",误,据《义海》卷四十五改。

孔子西游于卫。颜渊问师金曰:“以夫子之行为奚如?”师金曰:“惜乎,而夫子其穷哉!”颜渊曰:“何也?”师金曰:“夫刍狗之未陈也,盛成,下同以箧衍,巾以文绣,尸祝斋戒以将之。及其已陈也,行者践其首脊,苏者取而爨之而已。将复取而盛以箧衍,巾以文绣,游居寝卧其下,彼不得梦,必且数朔眯米焉。今而夫子亦取先王已陈刍狗,取弟子游居寝卧其下。故伐树于宋,削迹于卫,穷于商周,是非其梦耶?围于陈蔡之间,七日不火食,死生相与邻,是非其眯耶?夫水行莫如用舟,而陆行莫如用车。以舟之可行于水也,而求推之于陆,则没世不行寻常。古今非水陆与?周鲁非舟车与?今蕲祈行周于鲁,是犹推舟于陆也,劳而无功,身必有殃。彼未知夫无方之传,应物而不穷者也。且子独不见夫桔结槔羔者乎?引之则俯,舍之则仰。彼,人之所引,非引人也,故俯仰而不得罪于人。故夫三皇五帝之礼义法度,不矜于同而矜于治。故譬三皇五帝之礼义法度,其犹柤查梨橘柚耶?其味相反而皆可于口。故礼义法度者,应时而变者也。今取猿狙而衣以周公之服,彼必龁核啮臬挽裂,尽去而后慊。观古今之异,犹猿狙之异乎周公也。故西施病心而矉颦其里,其里之丑人见之而美之,归亦捧心而矉其里。其里之富人见之,坚闭门而不出;贫人见之,挈妻子而去之走。彼知美矉而不知矉之所以美,惜乎,而夫子其穷哉!”师金,鲁太师,名金。刍狗,结刍为狗,巫祝用之。衍,李云:笥也。苏,取草也。眯,物入眼为病也。司马云:厌也。蹙额曰矉。

郭注 凡废弃之物,于时无用,则更致它妖也。梦眯云者,皆绝圣去智之意耳,无所稍嫌也。先王典礼,所以适时用也,时过而不弃,即为民妖,所以兴矫效之端也。故时移世异,礼亦宜变。故因物而无所系焉,斯不劳而有功也。三皇五帝之礼义法度,期于合时宜,应治体而已。彼以为美者,此或以为恶。故当应时而变,然后皆适也。然则,礼义当其时而用,则西施矣;过时而不弃,则丑人矣。详道 齐楚燕魏之歌异啭而皆乐,九夷八蛮之哭殊声而皆悲。是以圣人之治天下,乘时以制宜,因民以立法;果可以利其国,不一其用;果可以便其事,不同其礼。故伏羲神农教而不诛,黄帝尧舜诛而不怒,夏质而不文,周文而不质,古之法其可行于今?今之法其可胶于古乎?孔子推古以御今,非胶之也,欲缘迹以复于所以迹而已。师金恐天下之人溺于缘迹之弊,所以始况以刍狗舟车,次况以桔槔橘柚,终况以猿狙好丑,犹古今周鲁之不可一也。口义 师金亦荷蓧丈人、楚狂接舆之类。刍狗以解厌,祭时所用,过则弃之。盖谓儒者所学皆古昔陈言,不足用于今世也。川陆舟车之喻,言时不同也。无方之传,不执一之道也。自古所传,自有随时不执一之道,所以应世而无穷,俯仰随人而无所容心,即无方应物之喻。柤梨橘柚,味各不同,以譬三王不同礼,五帝不同乐之意。以古之礼乐强今人行之,是强猿狙而衣周公之服。以今人而学古,犹里妇而学西施之矉也。此段凡六喻,节节皆奇。义海 刍狗,所以致敬也,祭已而存之,则妖兴。法度,所以适时也,时过而执迹,则弊至。《易》曰"穷则变,变则通",其师金之谓欤?取弟子,是聚弟子。眯,物入眼为病,说之欠通。司马云:厌也。成疏直作"魇,梦中怪也",其论为当。评庄 此篇攻击体。一篇中六喻,而浑纯无痕迹,无起伏,且喻中常事而文语精奇不伦，真造化妙手。

孔子行年五十有一而不闻道，乃南之沛见老聃。老聃曰：“子来乎？吾闻子北方之贤者也，子亦得道乎？”孔子曰：“未得也。”老子曰：“子恶乎求之哉？”曰：“吾求之于度数，五年而未得也。”老子曰：“子又恶乎求之哉？”曰：“吾求之于阴阳，十有二年而未得。”老子曰：“然。使道而可献，则人莫不献之于其君；使道而可进，则人莫不进之于其亲；使道而可以告人，则人莫不告其兄弟；使道而可以与人，则人莫不与其子孙。然而不可者，无他也，中无主而不止，外无正而不行。由中出者，不受于外，圣人不出；由外入者，无主于中，圣人不隐。名，公器也，不可多取。仁义，先王之蘧渠庐也，止可以一宿而不可久处。覯遘而多责。古之至人，假道于仁，托宿于义，以游逍遥之虚，一作墟。食于苟简之田，立于不贷之圃。逍遥，无为也；苟简，易异养也；不贷，无出也。古者谓是采真之游。以富为是者，不能让禄；以显为是者，不能让名；亲权者，不能与人柄。操平声之则栗，舍之则悲，而一无所鉴，以窥其所不休者，是天之戮民也。怨恩取与谏教生杀八者，正之器也，惟循大变无所湮因者为能用之。故曰：正者，正也。其心以为不然者，天门弗开矣。”“名，公器”名者，毁誉之名也。蘧，犹传舍也。贷，司马云：施惠也。湮，塞也。天门，一云人心也。一云大道。

郭注 此皆寄孔、老以明绝学之义也。中无主而不止者，中心无受道之质，则虽闻道而过去也。外无正而不行者，中无主，则外物亦无正己者，故未尝通也。由中出者，圣人之道也，外有能受者乃出耳。由外入者，假学以成性者也。虽由假学成,要当内有其质,若无主于中,则无以藏圣道也。名者,天下之所共用。矫饰过实,多取者也,多取而天下乱矣。蘧庐,犹传舍也。仁义,人之性也。人性有变,古今不同。故游寄而过去则冥,若无滞而系于一方则见。见则伪生,伪生而责多矣。假道托宿,随时而变,无常迹也。逍遥无为,有为则非仁义矣。从其简,故易养。不贷者,不损已以为物也。游而任之,则真采也。采真则色不伪矣。天下未有以所非自累,而各没命于所是。所是而以没其命者,非立乎不贷之圃也。舍之而悲者,操之不能不栗。言其知进而不知止,则性命丧矣,所以为戮。天门弗开,言守故不变,则失正矣。吕注 道之在己,有其固有而已,莫之有而有之,是中无主而不止。射之有正,所以受之也。道之于人,与其所受而已,莫之受而强之,是外无正而不行。圣人不出,以其无主也。圣人不隐,以其无正也。道非可求之于度数阴阳,求诸己而已。名者,不可多取,多取则德之荡也。仁义,不可久处,久处则觏而多责。逍遥,则无所不适;苟简,则其求易赡;不贷,则不与物交。如是,则凡所采者,莫非真也。不能让禄,知有富而已;不能让名,知有显而已;不能与人柄,知有势而已。而亲权者,操舍之累,害性尤甚。一无所鉴,则天刑之不可解。"怨恩"至"生杀"八者,正之器,非正之道。唯循大变而无所湮,乃所以用其器之道也。疑独 天道,妙在阴阳之外,其粗在度数之间。于此求之而未得,必无思无求然后得之于阴阳之外也。中无主,言其不能思。外无正,言其不能学。由外入者学,中无主以思之,则外入者不止于心。由中出者思,外无学以正之，则中出者不行于人。由中出者，所以致广大；由外入者，所以尽精微。此道之所以全也。采真之游，即天游也。嗜富好权之人，心灵愚昧，不可鉴见玄理以窥其所不休息者，是天之戮民也。“怨恩”至“生杀”八者，唯大人用之，然后为正之器。天门者，精神往来，一阖一辟，万物出入于此，其变无穷者也。详道 庄子以孔子寓言明道之不易闻也。口义 度数，礼乐也。阴阳，万物之理也。五年、十二年，初无别意，但言精粗，求之久而未得耳。中无主而不止者，非自见自悟也。言学道者虽有所闻于外而其中无主，非所自得，留之不住也。外无正者，无所质正也。我无所得，则何以印证于人？此二句虽分中外，其实只要自得也。由中出者，此谓教人。我言自中出，而汝不能受，则圣人不告汝矣。由外入者，此言受教。至言自外而入，汝未有见而中无主，虽闻亦无所得，非圣人有所隐也。道不可传，病在此四句而已。名不可多取，此讥儒者好名。仁义不可久处，言有迹者不可久也。觏，见也。才有声迹可见，则祸患之所由生。假道托宿，过则化之意。苟简、不贷、易养、无出，是谓采取真实之理也。富显权三者，即是贪夫殉财、烈士殉名、夸者死权之意。操之而患失则栗，舍之而迷恋则悲。无所鉴者，略无所见也。所不休，迷而不知反也。心无见而不能反视其迷，此天夺其魄之人，言天罚之以此苦也。君臣之间曰谏，师友之间曰教。有此人世，则有此八者之用，用所当用曰正，必无湮之人为能用之。盖喜怒哀乐，圣人亦不能无，在乎中节耳。无所湮，则心正矣。己正而后器正，器正可以正物，故曰正者，正也。天门，喻心之虚明。苟其心以为不然则湮，湮则其心已不正。补注 无主于中，是其心虚，无有执着，乃可与言者，是以圣人不隐耳。不贷是不假借意。

孔子见老聃而语仁义。老聃曰："夫播糠眯目，则天地四方易位矣；蚊虻噆匝肤，则通昔夕不寐矣。夫仁义憯然，乃愦吾心，乱莫大焉。吾子使天下无失其朴，吾子亦放风而动，总德而立矣，又奚杰然若负建鼓而求亡子者耶？夫鹄不日浴而白，乌不日黔琴、箝二音而黑。黑白之朴，不足以为辨；名誉之观，不足以为广。泉涸，鱼相与处于陆，相呴吁以湿，相濡以沫，末。不若相忘于江湖。"孔子见老聃归，三日不谈。弟子问曰："夫子见老聃，亦将何规哉？"孔子曰："吾乃今于是乎见龙！龙合而成体，散而成章，乘乎云气而养乎阴阳。予口张而不能嗋，胁。予又何规老聃哉？"噆，啮也。放风而动，司马云：放，依也。依无为之风而动也。

郭注 外物加之虽小，而伤性已大。仁义憯然，是尚之以加其性，故乱也。无失其朴，质全而仁义著矣。风自动而依之，德自立而秉之，斯易持易行之道也。若揭仁义以趋道德之乡，其犹击鼓而求逃者，无由得也。夫鹄白乌黑，自然各足，俱自然耳，无所偏尚。故至足者忘名誉，乃广耳。泉涸而鱼相呴濡，言仁义之誉，皆生于不足，若相忘于江湖，斯乃忘仁而仁者也。见龙，言老聃能变化。乘云气，养阴阳，言因御无方，自然已足也。疑独 朴者，道之全。仁义，道之散。风者，道之化物。德者，道之在人。使天下无失其道之全，但当任其自在，依风而动，据德而立，奚必揭仁义以求道德,若建鼓以求亡子耶?鱼处陆而湿沫相濡,虽顷刻相亲而性命之理已失,不若相忘于江湖也。薄俗相亲以仁义,特一时之爱,而性命之理已失,不若相忘于道术也。古者民至老死不相往来,盖以此。口义 噆肤眯目,偏说逆心之喻也。昔,犹夕也。憯,毒,言自苦也。愦,逆也。放风,顺化也。总,犹执也。若使天下不失其本然之朴,则皆顺化而行,执德而立,何待教乎?招呼天下之人而教之,犹负大鼓而求亡子也。杰然,自高之貌。夫鹄白乌黑,不待浴黔,自然之质,不足致辨。以名誉观示天下,便有是非,此心便不广大矣。黑白,是非之喻也。鱼之呴濡,共能几何?若处江河,则相忘于水。喻至道之世,各循自然,无所是非,则上下亦相忘矣。规,谏也。合而成体,浑然者也。散而成章,灿然者也。龙在天地之间,可见而不可见。噜,合也。义海 聃以播糠眯目、蚊虻噆肤喻仁义之愦心,盖借是以针世人之膏肓,使天下各得其浑然之真,则化物也,动之以风;治身也,立不失德。奚必杰然自标仁义之名以为道之极致?若建鼓求亡子,无由得之也。

子贡曰:"然则人固有尸居而龙见,雷声而渊默,发动如天地者乎?赐亦可得而观乎?"遂以孔子声见老聃。老聃方将倨堂而应,微曰:"予年运而往矣,子将何以戒我乎?"子贡曰:"夫三王五帝之治天下不同,其系声名一也。而先生独以为非圣人,如何哉?"老聃曰:"小子少进!子何以谓不同?"对曰:"尧授舜,舜授禹,禹用力而汤用兵,文王顺纣而不敢逆,武王逆纣而不肯顺,故曰不同。"老聃曰:

“小子少进！余语女汝三王五帝之治天下。黄帝之治天下，使民心一。民有其亲死不哭，而民不非也。尧之治天下，使民心亲。民有为其亲杀所戒反，下同其杀，而民不非也。舜之治天下，使民心竞。民孕妇十月生子，子生五月而能言，不至乎孩而始谁，则人始有夭矣。禹之治天下，使民心变。人有心而兵有顺，杀盗非杀，人自为种踵而天下耳，是以天下大骇，儒墨皆起。其作始有伦，而今乎妇女。何言哉？余语女：三王一作皇五帝之治天下，名曰治之，而乱莫甚焉。三王皇之知，上悖日月之明，下睽山川之精，中堕四时之施。其知智憯惨于蛎厉虿敕迈反之尾、鲜规之兽，莫得安其性命之情者，而犹自以为圣人！不可耻乎？其无耻也！”子贡蹴蹴立不安。首三王，依注是也。馀皆作三皇。李云：鲜规，明貌。一云小兽也。

郭注 亲死不哭而民不非者，非之，则强哭也。杀，降也。杀其杀，言亲服有降杀也。子生五月而能言，谓教之速也。谁者，别人之意也。未孩已择人，谓其竞教速成也。不能同彼我，则心竞于亲疏，故不终其天年也。兵有顺，言天下已有不顺故也。盗自应死，杀之顺也，故非杀。不能大齐万物而人人自别，斯人自为种也。承百代之流，而会乎当今之变，其弊至于斯者，非禹也。故曰天下耳。言圣知之迹非乱天下，而天下必有斯乱也。儒墨皆起，此乃百代之弊。今之以女为妇而上下悖逆者，非作始之无理。但至理之弊，遂至于此，复何言哉？虽三王五帝之治天下，亦不免乎弊也。子贡本谓老子独绝三王，故欲同三王于五帝，今又见老子通毁五帝，上及三皇，则失其所以为谈矣。

吕注 老子以仁义愤心比播糠眯目、蚊虻噆肤，则以五帝三王为非圣,宜矣。子贡又求之于让争顺逆之间,则其迹之尤粗者。自迹言之,则使民心变,固不若亲,亲不若一,然均不免于治天下而使民有心而已。名曰治之,而乱天下者自此始。苟为用知,岂特五帝三王而已,虽三皇之知,亦将上悖日月,下睽山川,其知憯于蛎虿之尾矣。兽之伏于山林,夜行昼居,虽饥渴隐约,犹且胥疏于江湖之上,则鲜规之甚也。疑独 三王五帝,圣人之名。治天下者,圣人之迹。名迹不同而有所系,故老聃非之。若圣人之心,则无不同矣。禹治水,故用力;汤伐桀,故用兵;文王事殷,武王伐纣;故曰不同。黄帝之时,民不独亲其亲,子其子,故有亲死而不哭者,世不以为非,纯任天道以治天下也。及乎法成于尧,则降天而入人,民心已相亲矣。然礼法未详备,故有杀其亲丧而民不非之。至舜,则以人道治天下,民非独有亲而竞心起。孕妇十月而生子,教之太速,故子生五月而能言,未至于孩提,已能分别谁何,赤子之心易失如此。降及于禹,民心有竞而淳朴变矣。然用兵征伐,未尝不顺人心,所杀者盗,将以止杀,《书》曰"刑期于无刑"是也。帝王治迹既弊,则儒墨是非皆起,非作始无伦也,积久而成弊,何可言哉! 口义 以孔子之声见老聃,称夫子门人而修谒也。倨堂,有傲意。应微,问答之声甚微也。黄帝之治,顺乎自然。此后一节下一节,使民心变,谓变于古也。人有心,谓各存私心也。兵有顺,以用兵为顺事也。为盗者可杀则杀,法禁详矣。当此时也,人皆自分种类,各亲各子,特共此天下而居耳。前此多尊三皇,至此又并抑之,谓其知亦能拂天地造化之理也。义海 三王五帝之治不同，皆系名声于天下。自使民心一以至使民心竞心变，则知世道愈降，人心日亏矣。十月生子，五月能言，则受化速而民始夭。有心有[①]顺，人自为种，而天下骇矣。原其作始，未尝无伦，而卒未尝有伦，以其求治太过，不度物情，是乃乱之招也，复何言哉！夫三王之知，离性未远，然犹悖日月，堕山川，而憯于蛎虿之尾，则斯民可知，况后世任情识而资知巧者乎？通义 作始有伦，而今乎妇女，言其立法之初，亦自有条理，但法久弊生，相煽成俗，至于今则皆以顺为正，莫非妾妇之道矣。或训"妇其女，禽兽之行"，此岂圣贤所忍言哉！

孔子谓老聃曰："丘治《诗》《书》《礼》《乐》《易》《春秋》六经，自以为久矣，孰知其故矣；以奸干者七十二君，论先王之道，而明周召邵之迹，一君无所钩用。甚矣夫人之难说税也！道之难明耶！"老子曰："幸矣[②]，子之不遇治世之君也！夫六经，先王之陈迹也，岂其所以迹哉！今子之所言，犹迹也。夫迹，履之所出，而迹岂履哉！夫白鹍之相视，此段尤奇特。眸子不运而风化；虫雄鸣于上风，雌应于下风而一本而下有"风"字化。类自为雌雄，故风化。性不可易，命不可变，时不可止，道不可壅。苟得于道，无自而不可。失焉者，无自而可。"孔子不出三月，复见曰："丘得之矣。乌鹊孺，鱼傅附沫。末。细要者化，有弟而兄啼。久矣！夫丘不与化为人。不与化为人，安得化人？"老子曰："可。丘

①有，原作"欲"，误，据《义海》卷四十七改。

②矣，原作"也"，误，据《庄子注》卷五改。

得之矣！”钩，取也。鸮，《三苍》云：鸲鸮也。风化，司马云：相传风气而化生也。类自为雌雄，或说云：方之物类，犹草木异种而同类也。傅沫者，以沫相育也。细要者，蜂之属也。

郭注 所以迹者，真性也。夫任物之真性，其迹则六经也。况今之人事，则以自然为履，六经为迹。鶂以眸子相视，虫以鸣声相应，俱不待合而生子，故曰风化。夫同类之雌雄，各自有以相感。相感之异，不可胜极。苟得其类，其化不难，故乃有遥感而风化者。性命时道，至人皆顺而通之。得道，无不可，虽化者无方而皆可也。失者，无可，言所在皆不可也。乌孺鱼沫细要者化，言物之自然，各有性也。有弟而兄啼者，言人之性舍长亲幼，故啼也。不与化为人者，任其自化者也。若翻六经以说，则疏矣。吕注 六经者，先王之法，明在度数而见于书，非其所以化也。其所以化者，神明而已。迹者，履之所出，而迹岂履哉？以是而化，天下宜其不用也。白鶂之相视相感者，神而不以声。虫，雄鸣上风，雌应下风，相感以声而不以形，类自为雌雄，故风化。岂可以言议意测？则知所以化天下者，不在陈迹之间，求其道而已矣。有弟而兄啼，情使之然。化，则均可以生；情，则虽兄弟不能均得。欲人之化也，难矣！久矣！夫丘不与化为人，则为道而不至于与造物者为人也，又安能化人哉？疑独 用六经陈迹以治天下，而不求其道德性命之意，犹人认迹而不知其出于履也。白鶂与虫皆以风化，不待合而子自生，同类之雌雄各有以相感得类，则其化不难，此皆造物自然之理。性命之不可变，时道之不可壅者，但当任之，不可强以先王陈迹乱其自然之性也。口义人有履则有迹，得其迹而不得其履，亦犹糟粕之喻。凡物皆风气所生，故曰风化。类自为雌雄，在万物之中，自为一类，故能如此风化也。性命时道，皆言自然之理不可违。孺，交尾也。沫，相濡化生也。兄弟同母，必乳绝而后生，兄不得乳，故啼。不与化为人，言不与造化为一也。通义“乌鹊孺”至“有弟而兄啼”四句，乍读难通，熟究其义，化理甚博。盖胎卵湿化，备见其中，而人弗察耳。夫天地盈虚之理，造化消长之机，虽然运于无形，悉由四生发见。四生之中，人为之主；亿兆之中，圣人为主。圣人者，与化为人，知化则知天矣。故是篇终于论化。自非官天地、府万物而独运乎亭毒之表，安能化人哉？太上云：“我无为，而民自化。”观夫鶂虫之风化，乌鹊之孚乳，鱼之傅沫，蜂之祝子，皆出乎自然之性成，故谓之化。人为最灵，其化又有妙于此者，亦不越乎自然之理耳。按，是章寄言以明自然之义耳，非实有是问答也。“乌鹊孺”四句，言人物之自化，非有为之化者也。汝我亦人之自化耳，吾无所与于其间也。吾自信吾，物自信物，而化者自化矣，安用化人？或吾不能化人，而人自化。其去祖六经以循治迹者，远矣，故曰得之。

义海总论本篇以天运地处启论端，设问日月风云流行之故，答以六极五常，三皇之治，体天运而行德教，故无为而化，民乐自然。次论至仁无亲，至贵屏爵，行其无事，亦法天运之义也。至于论洞庭之张乐，明天道之渊微，奏以阴阳，行以礼义，天人相因，立极之本也；调理四时，太和万物，寒暑协序，生化之原也。动无方而居窈冥，天机停而五官备，则随物潜藏，触处发见，不可以形拘声，尽而天游，所到无非至和，希声所存，无非至乐也。若夫治道比已陈之刍狗，法度犹相反之柤梨，猿狙裂周公之衣，丑妇效西施之美，此明夫政治贵乎适宜。为人上者，信能体道法天，与化同运，节以鼓舞，时其濡泽，长养而熟成之，恶有不化者哉？仲尼见老子，叹其犹龙，则以人合天，未至于俱化。洎闻渊雷之妙，遂弃六经陈迹而究其所以迹，不出三月，与化为人，则迹同乎人而体合乎天矣。《易》曰“天行健”，此其所以为运；“精气为物，游魂为变”，此其所以为化也欤？

《庄义要删》卷之五《天运》终

庄义要删外篇　卷之五

刻意第十五

《音义》曰:"以义名篇。"

刻意尚行,离世异俗,高论怨诽,为亢而已矣。此山谷之士,非世之人,枯槁赴渊者之所好也。语仁义忠信,恭俭推吐雷反让,为修而已矣。此平世之士,教诲之人,游居学者之所好也。语大功,立大名,礼君臣,正上下,为治而已矣。此朝廷之士,尊主强国之人,致功并併兼者之所好也。就薮泽,处间闲,下同旷,钓鱼间处,无为而已矣。此江海之士,避世之人,间暇者之所好也。吹呴呼吸,吐故纳新,熊经鸟申,为寿而已矣。此道导引之士,养形之人,彭祖寿考者之所好也。若夫不刻意而高,无仁义而修,无功名而治,无江海而间,不道引而寿,无不忘也,无不有也,澹淡然无极而众美从之。此天地之道,圣人之德也。故曰:夫恬惔淡寂寞,虚无无为,此天地之平而道德之质也。刻意,司马云:刻,削也。峻其意也。怨诽,非世无道,怨己不遇也。熊经,若熊之攀树而引气。鸟申,如鸟之嚬呻也。道引,道气令和,引体令柔。

郭注 此数子者,所好不同。恣其所好,各之其方,亦所以为逍遥也。然此仅各自得,焉能靡所不树哉?若夫使万物各得其分而不自失者,故当付之,无所执为也。不刻意云者,所谓自然也。无不忘,无不有者。忘,故能有;若有之,则不能救其忘矣。故有者,非有之而有,忘而有之也。若历己以为之,则不能无极而众恶生矣。不为万物而万物自生者,天地也;不为百行而百行去声自成者,圣人也。此天地之平,道德之质,非夫寂漠无为,则危其平而丧其质矣。口义 刻苦用意,以行为尚。高论怨诽,愤世疾邪也。枯槁,寂寞。投赴渊静,即入林恐不密,入山恐不深之意。为修,好修洁也。教诲之人,为师于世也。致功并兼,庄子当时目击之事。避世闲隐,超出是非之外,与为亢非世者不同。无不忘,无不有,即无为无不为也。众美从之,备万善也。圣人得天地自然之道,故如此。道之质,言其本然者也。褚氏管见 此篇首论古昔圣贤趣尚不同。"若夫不刻意而高"至"不道引而寿",可忘可有,澹然莫量,此天地之全美,圣人之至德,非若各滞偏见,自以为得之比。譬夫夷清惠和,而夫子独称圣之时,是为集大成者也。唯其无不忘,斯能无不有,若执而有之,何由造乎忘哉?吁"一陶能作万器,无有一器能作万陶"者,以其非形,然后能形形;以其非物,然后能物物。天地圣人之德,亦若是而已矣。按,《纂微》中无此注,今本云:"《管见》或别有所载也,备之。"又"吁"字以下数语,有缀在上篇总论末,非是。评庄 此篇只一片文字,中用许多"故曰"字,末用一譬喻,却以"野语有"为结,须仔细看他笔势波澜。

故曰:圣人休休焉,则平易异,下同矣。平易则恬惔矣。

平易恬惔，则忧患不能入，邪气不能袭，故其德全而神不亏。故曰：圣人之生也天行，其死也物化。静而与阴同德，动而与阳同波。不为福先，不为祸始。感而后应，迫而后动，不得已而后起。去知与故，循天之理。故无天灾，无物累，无人非，无鬼责。其生若浮，其死若休。不思虑，不豫谋。光矣而不耀，信矣而不期。其寝不梦，其觉教无忧。其神纯粹，其魂不罢。皮。虚无恬惔，乃合天德。故曰：悲乐洛，下同者，德之邪；喜怒者，道之过；好恶者，德之失。故心不忧乐，德之至也；一而不变，静之至也；无所于忤，悟。虚之至也；不与物交，淡之至也；无所于逆，粹之至也。

郭注 休乎恬惔寂寞，息乎虚无无为，则虽历乎险阻之变，常平夷而无难。患难生于有为，有为亦生于患难，故平易恬惔交相成也。忧患不能入，邪气不能袭者，泯然与正理俱往也，故其德全而神不亏。若夫不平不淡者，岂惟伤其形哉？神德并丧于内也。天行，任自然而运动也。物化，蜕然无所系也。动静无心，而付之阴阳。感而后应，无所唱也。迫而后动，会至乃动也。不得已而起，任理而起，吾不得已也。天理自然，知故无为乎其间。故灾生于违天，累生于逆物。与人同者，众必是焉。同于自得，故无鬼责。生浮死休，泛然无所惜也。付之天理，理至而应。用天下之自光，非吾耀也。用天下之自信，非吾期也。一无所欲，故魂不疲，乃与天地合其恬惔之德。至德常适，故情无所概。静而一者，不可变也。其心豁然确尽，乃无纤芥之违，虚之至也。夫物自来耳，至淡者无交物之情。若杂乎浊欲，则有所不顺矣。吕注 圣人休休焉，不役心于取舍之间，所谓寂寞无为者，亦若是而已。夫忧患，邪气所以得入而袭之者，以知与物交而隙生故也。生也天行，则未尝生，故出不忻。死也物化，则未尝死，故入不拒。静与阴同德，不知其为静也。动与阳同波，不知其为动也。为福先祸始，非感而应，迫而动，不得已而起，则是用知与故，人之所为也。循天理之自然，天不能灾，物不能累，则无人非鬼责也，宜矣！不梦无忧，寤寐同也。夫人之心，终日万虑而未尝止，则恶能顷刻而静哉！圣人不忧不乐，至于一而不变，无所忤逆，而不与物交，是为静虚淡粹之至也。口义 平易恬惔，即是无为之意。神不亏，即是德全。天行，顺天理而行。物化，视身犹蜕也。随感而应，我无容心，迫而后动，不得已而后起，皆无心应物之意。智，私智也。故，事迹也。去其私智，离其事迹，则循乎自然。若浮若休，泛然无著，何思虑之有？光而不耀，自晦也。信而不期，不取必于物也。神全故纯粹，魂静故不劳。凡有悲喜好恶则非自然，忧乐不系于心，方为至德。主一无适而顺自然，虽与物接，不为物所累也。曰静虚，曰淡粹，即是一个自然之德。忤与逆同，但忤深而逆差浅耳。义海 休休，和乐貌。故平易恬惔，忧邪莫干，以其德全而神不亏故也。天行，言一气之运；物化，言一气之散。寝不梦，则觉无忧。神纯粹，则魂何劳？是谓虚无恬惔，乃合自然之德。按，“忤”与“逆”二字，何所分别而两言之？玩“虚”与“粹”二字可见。盖顺事应物，无所乖拂，自非虚豁之至，何以能之？中心至粹无杂，则自然包含万象，容畜万物，无所逆矣。

故曰：形劳而不休则弊，精用而不已则劳，劳则竭。水之性，不杂则清，莫动则平；郁闭而不流，亦不能清；天德之象也。故曰：纯粹而不杂，静一而不变，淡而无为，动而以天行，此养神之道也。夫有干越之剑者，柙而藏之，不敢用也，宝之至也。精神四达并流，无所不极，上际于天，下蟠盘于地，化育万物，不可为象，其名为同帝。纯素之道，唯神是守。守而勿失，与神为一。一之精通，合于天伦。野语有之曰："众人重利，廉士重名，贤士尚志，圣人贵精。"故素也者，谓其无所与杂也；纯也者，谓其不亏其神也。能体纯素，谓之真人。司马云：干，吴也。干溪、越山出名剑。案，吴有溪名干溪。

郭注 不休则弊，不已则劳，劳则竭者，物皆有当，不可失也。水之性，象天德者，无心而偕会也。纯粹而不杂，无非至当之事也。静一而不变，常在当上住。淡而无为，与会俱而已矣。动而天行，若夫逐物[①]而动，是人行也。爱剑者犹柙而藏之，况敢轻用其神乎？精神四达，上际下蟠，夫体天地之极，应万物之数，以为精神者，固若是矣。若是而有落天地之功者，任天行耳，非轻用也。化育万物，其名为同帝，言所育无方，同天帝之不为也。纯素勿失，与神为一，常以纯素守乎至寂而不荡于外，则冥也。精者，物之真也。与神为一，非守神也。不远其精，非贵精也，然其迹则贵守之也。苟以不亏为纯，则虽百行同举，万变参备，乃至纯也。苟以不杂为素，则虽龙章凤姿，倩乎有非常之观，乃至素也。若不能保其自然之质而杂乎外饰，则虽犬羊之鞹，庸得谓之纯素哉！ 吕注 观圣人之心，虚无恬惔，如向所言，则虽终日从事而精神不劳。今也属耳目乎声色，而

①物，《庄子注》卷六作"欲"。

役心乎取舍，形劳而不休，精[1]用而不已，以至于弊且竭，宜矣！剑之柙藏，以其用之利也。精神际天蟠地，其用之利，岂止干越之剑哉！其名为同帝，则其贵岂直剑之可宝哉！乃不知砺之以纯粹，柙之以静一，藏之以无为，将之以天行，是不明乎贵贱之分也。惟神是守，守之以纯素而已。方其守也，则有所谓守之者，守而勿失，则守之与所守者合而为一也。伦即理也。人而合乎天理，则亦天而已矣。此圣人所以贵精也。疑独 纯粹不杂，所以穷理。静一不变，所以尽性。惔而无为，所以立本。动而天行，所以趋时。养神之道尽矣。夫名剑出于干越，莫不以为神，柙藏而不敢用，至于身，则不知所以宝，岂爱身不若剑哉？亦弗思耳！其名为同帝，帝强名耳。守其神者，将以至于神；至于神，则与神为一，神素不足以名之。一之精通，则合乎自然之理矣。圣人贵精，精则入于神，所体者纯素，而其用则精神而已。是之谓真人。口义 天行一日一周，非无为中有为乎？养神即是养生，提起"神"字便亲切了。爱剑者犹柙而藏之，况精神乎？四通旁达，上蟠下际，言精神之用如此也。化育万物，亦此神也，然而无迹可见，故其功与天帝同也。为纯素之学者，始则唯神是守，久则与神为一，此大而化之谓也，未化则与道为二矣。圣人贵精，精即神也。纯粹，即《乾》之纯粹精也。真人，至人也。前曰圣人之德，此又曰真人，即如"内篇"所谓"至人无己，神人无名"，皆只是圣人，非曰真人至人又高于圣人也。义海 养神之道，贵

[1]"精"下原衍一"运"字，据《义海》卷四十八删。

在无为。故喻水之清平，寂而常照。及其动也，法天之行健而蟠际乎两间，实本于不杂不变无为而已，此照而常寂也。精用则劳竭，所以贵乎静；郁闭不能清，所以贵乎动。然于非静非动，不即不离之间，而妙道存焉。其为贵也，岂但干越之可宝而已哉？同帝，则与天为一。天即神也。[①]故其精通合乎天理，至此又不可以天道人道分矣。

义海总论 是篇以刻意命题，谓刻砺其意，违世矫俗，苦节独任，为天下所不能为，而觊人之从己，无异乎穿牛络马，失其自然，知长德消，民始难治矣！故南华历叙古人立志各异，若夷、齐之为亢，孔、孟之为修，伊、傅之为治，巢、许之为闲，老、彭之为寿。以迹观之，似亦不能无偏，然而不失为圣为贤者，以其有为而不累于有，无为而不溺于无，因时之可否，为身之利用而已。是以贵夫虚无无为，平易恬惔，天行物化，同德同波，知故不留，动合天理，则灾累非责何从而至，死生谋虑何由而滑哉？夫如是，故静虚淡粹，与物无忤，卒归于养神之功。而申以柙藏干越之喻，剑之于身，轻重为何如，其去取灼然可见，而世人犹昏迷若此。故其立论，始于非刻意尚行之习，而终于能体纯素，谓之真人，则知刻尚者之为假也明矣。盖养生以纯素为本，纯素以守神为先，至于与神为一，则道之大本既立，又何必区区于其末而以刻意尚行为哉！

《庄义要删》卷之五《刻意》终

①"同帝，则与天为一，天即神也"一句，"为一"上下原各脱一"天"字，据《义海》卷四十八补。

庄义要删外篇　卷之五

缮性第十六

《音义》曰:“以义名篇。”

缮性于俗,俗学以求复其初;滑骨欲于俗,思以求致其明;谓之蔽蒙之民。古之治道者,以恬养知。生而无以知为也,谓之以知养恬。知与恬交相养,而和理出其性。夫德,和也;道,理也。德无不容,仁也;道无不理,义也;义明而物亲,忠也;中纯实而反乎情,乐也;信行容体而顺乎文,礼也。礼乐徧遍行,则天下乱矣。彼正而蒙己德,德则不冒,冒则物必失其性也。

郭注 已治性于俗矣,而欲以俗学复性命之本,所以求者愈非其道也。已乱其心于俗,复役思以求明,思之愈精,失之愈远。若夫发蒙者,必离俗去欲而后几焉。恬静而后知不荡,知不荡而性不失也。无以知为而任其自知,虽知周万物而恬然自得也。知而非为,则无害于恬。恬而自为,则无伤于知。二者交相养,则和理之分,岂出他哉?和,故无不得;道,故无不理。无不容者,非为仁也,而仁迹行焉。无不理者,非为义也,而义功著焉。若夫义明而不由忠,则物愈疏。仁义发中,而还任本怀,则志得矣,志得则乐。信行容体而顺乎自然之节文者，其迹则礼也。以一体之所履，一志之所乐，行之天下，则一方得而万方失矣。各正性命而自蒙己德，则不以此冒彼也。若以此冒彼，安得不失其性哉？吕注 缮性于俗，其患常在益生而失其初，而又俗学以求复之，则滋远矣。滑欲于俗，其患常在趣舍以杂其明，而又思以求致之，则滋昏矣。恬者，安之而不知其然，以是而养知，非思以求致其明也。生而无以知，为而不用，则异乎安之而不知其然，以是而养恬，非俗学以求复其初也。《易》之神明，老氏之恍惚，《庄子》之恬知，其实一也。古之治道者，未有不以是交相养而能至者也。二者交相养而和理出其性，非自外至也。通于天地者德，德则和也。行于万物者道，道则理也。德之体和而其用无不容，则为仁；道之体理而其用无不理，则为义。义明而物不得不亲，忠也。中纯实而非伪，乐之所由生。信，则有诸中形诸外，而为文礼也。礼者，忠信之薄而乱之首也。夫万物各正性命，则自蒙己德矣。所谓德，奚以冒彼为哉？礼乐偏行，则道德滋远，而不能无冒。冒则物必失其性，天下所以乱也。疑独 古之真人，不治性于俗而抱朴，所以能复初；不滑欲于俗，所以能致明。讵有蒙蔽者乎？夫惟缮性于俗，则所逐者精，而又用思以求致其明，终不可得矣。恬则安，安则静，静则知，知则动，动静交相济。故知恬交相养，而和理出其性也。口义 缮性以俗学，讥当时儒墨之言性者。初，自然之理性也。滑，汩没也。以俗学治性而求复理性之初，滑于利欲而思欲致虚明之地，此至愚无知者也。恬，静定也。定能生慧，故曰以恬养知。知吾有生之初本来无物，何以知为？如此而后能静定，故曰以知养恬。二者交相养，而后得其自然之性。和理，犹云和顺。静定而得本然和顺之性，故曰和理出其性也。无不容，即无不受。无不理，即各得其宜也。义明而后与物亲，便是尽己之谓忠。以中心真纯见于外，以其发见者求之中心，即是乐则生，生则恶可已也？信其容体之所行而有自然之节文，即是周旋中礼也。外求礼乐而不知其本，故曰偏[①]行，言只见得一半。蒙，犹晦也。德积于己而不眩露，而彼自正，故曰彼正而蒙己德。不冒者，言我非以德加诸人也，冒则物必失其性矣。以善服天下，不若以善养天下，亦此意。

义海 张君房校本“学”上无“俗”字，其义简明。言性本自然，不假修学。今之学者，贵乎日益，以要世誉，是治性于俗也，而犹刻苦进学，以求复性初，博而无要，真愈失矣。贪著爱憎，沉迷不反，是滑欲于俗也，而犹深思曲虑，以求致其清明，知竭精劳，清明愈远矣。道以恬淡为贵，俗以华竞为先。唯绝学无思，乃可复性初而致清明也。恬主静，知主动，静生润，动生炎，炎润得中而和理出焉。和者，德之粹。理者，事之宜。二者皆吾性中物，非由外铄也。世人知恬不能交养，动静所以或偏，利害相摩，而真性亏矣。唯治道者，动静不越乎道，应而不藏；存恬以养知，知生而不用，又所以养恬；性极乎和，事尽其理，而天地之和应矣。此修身以及天下之明验也。“忠”字，详《郭注》《成疏》，皆当是“中”。治道至于尚礼乐，则愈下矣，所以乱继之。若能由礼乐而跻乎仁义，由仁义以归乎道德，斯为弭祸乱而

①偏，原作“徧”，为“偏”的异体字。《口义》卷五亦作“偏”。

致隆平之术也欤！评庄 此篇亦是一片文字，最要看他结上生下，起下接上意。

古之人，在混芒之中，与一世而得澹漠焉。当是时也，阴阳和静，鬼神不扰，四时得节，万物不伤，群生不夭，人虽有知，无所用之，此之谓至一。当是时也，莫之为而常自然。逮德下衰，及燧人、伏戏羲始为天下，是故顺而不一。德又下衰，及神农、黄帝始为天下，是故安而不顺。德又下衰，及唐、虞始为天下，兴治化之流，澆浇淳散朴，离道以善，险德以行，然后去性而从于心。心与心识向本作"职"知而不足以定天下，然后附之以文，益之以博。文灭质，博溺心，然后民始惑乱，无以反其性情而复其初。

郭注 有知，无所用之，任其自然而已。物皆自然，故至一也。夫德所以下衰者，由圣人不继世，在上者不能无为而羡无为之迹，故致斯弊也。顺而不一，言世已失一，惑不可解，故释而不推，顺之而已。安而不顺，安之于其所安而已。圣人无心，任世之自成。成之淳薄，皆非圣也。圣能任世之自得耳，岂能使世得圣哉？故皇王之迹，与世俱迁，而圣人之道未始不全也。善者，过于适之称，故有善而道不全。行者，违性而行之，故行立而德不夷。以心自役，则性去也。彼我之心，竞为先识，则无复任性也。知而不足以定天下，忘知任性，斯乃定也。文博者，心质之饰。初者，性命之本也。吕注 所谓处混芒而得澹漠者，即燧人、羲、黄至一之妙处，而诸圣人者，混芒澹漠之粗迹也。自其妙处观之，以道莅天下而使民无知无欲，谓之至一，亦其宜也。自其粗迹观之，均于为天下而其德不免于下衰，而不出于至一也。故为道者常绝圣弃知，复归于无物。而世之学圣人之言与其迹者，不知吾身有所谓鼓万物而不与圣人同忧之处，则闻此言而惊疑笑讶，不足怪也。夫道无不善，有所谓善，则不合矣。德无所行，有所谓行，则不夷矣。仁，则善之长。义，所以行之也。道德，性而已。仁义，则性之发乎心也。离道险德，是去性而从心矣。化而欲作，吾将镇之以无名之朴。今以心定天下之心，则心与心识，知而不足以定天下，故附以文而灭质，益以博而溺心。文则礼乐，博则学，质则性也。礼乐行而天下乱，求所以复初致明，何可得哉？【详道】一则全于道而无所顺，顺则顺于物而无所安，安则无乱矣。一之失，然后顺；顺之失，然后安；安之失，然后乱。自古之人三降而至于唐、虞，民始惑乱而不安。无以反其性情，不顺也；无以复其初，不一也。善为道者，存心以养性；不善为道者，去性而从心。则揽是非，撄利害，其去道也远矣！彼间间之知，恶足以定天下哉？以知为不足以定天下，然后附之文而适以灭质，益之博而适以灭心，是扬堁止尘，纵风止焰，天下几何而不惑乱乎？【口义】混芒，即晦藏不自露。澹漠，则上下不相求。举世纯全，于道无欠，曰至一。知有理之可顺，则其纯一者离矣，故曰顺而不一。人各以理为安，则知有己而离于道矣，故曰安而不顺。有善之名，则道益远矣。有行可见，则德不平易自然矣。去其自然之性而从其有为之心，故曰去性而从于心。我以有心为，彼以有心应，是心与心相识察也。用知不足，又益之以礼乐，故曰知而不足以定天下，附之以文，益之以博。用心于此，则陷溺矣。义海 至一，言上古君德真淳，民心无二也。逮德下衰，有逆之者，故以顺天下为心，则离乎至一矣。有挠之者，故以安天下为心，则忤其真性矣。下至唐虞，兴治化以散淳朴，离道德而为善行，则去性愈远。以心识心，附以文博，是犹抱薪而止火也。己之性情犹不能自得，其如天下何？

由是观之，世丧道矣，道丧世矣，世与道交相丧也。道之人何由兴乎世，世亦何由兴乎道哉！道无以兴乎世，世无以兴乎道，虽圣人不在山林之中，其德隐矣。隐，故不自隐。古之所谓隐士者，非伏其身而弗见也，非闭其言而不出也，非藏其知而不发也，时命大谬也。当时命而大行乎天下，则返一无迹；不当时命而大穷乎天下，则深根宁极而待；此存身之道也。

郭注 道以不贵，故能存世。然世存则贵之，贵之，道斯丧矣。道不能使世不贵，世不能不贵于道，故交相丧。若不贵，乃交相兴也。今所以不隐，由其有情以兴也。何由而兴？由无贵也。隐故不自隐者，自隐而用物，则世道交相兴矣，何隐之有哉？莫知反一以息迹，而逐迹以求一，愈得迹，愈失一，斯大谬矣。虽复起身以明之，开言以出之，显知以发之，何由而交兴哉？只所以交丧也。时命大行，此澹漠之时也。反一无迹，谓反任物性而物性自一，故无迹。时命大穷，此不能淡漠之时也。虽有事之世，圣人未尝不澹漠。深根宁极，而待其自为，道之所以不丧也，未有身存而世不兴者也。吕注 世与道交相兴，则圣人作而万物睹;世与道交相丧,则圣人游乎世俗而莫之知。固已隐矣,奚以自隐于山林间为哉?反一无迹,华胥之梦,姑射之游是也。深根宁极,确乎其不可拔者是也。龙蛇之蛰以存身,亦若此而已矣。观庄子之言,似亦慨然于时命之不遭,盖世道交丧,宜在所哀也。疑独 有斯世,然后可以行斯道,不然,则世与道交相丧而已。时与命俱相戾,虽圣人不在山林之中,其德隐矣。隐者,隐其德。自隐,隐其形。长沮、桀溺之徒,形隐者也。古之隐士,非避地避言括囊其知也,时命太谬,安之而已。当其时命,而其道大行于天下,圣人未尝自以为达,反归于一而不以迹示人也。不当其时命,而其道大穷于天下,圣人未尝自以为穷,深固其根而安其极也。孟子所谓"大行不加,穷居不损"是矣。口义 道与世交相丧,则有道之人何能作兴世俗之闻见?世俗之人又何由而知道哉?世皆不知道,则圣人虽在目前,众亦不识。非圣人自隐也,人不知之,不求隐而自隐矣。夫隐士非欲伏身闭言藏知,知时不可也。藏知,邦无道则愚是也。时命大谬,言与时命大相谬也。反一无迹,功成不有也。道虽可行而付物于无心,在我者一而已矣。根极,即自本自根也。极,止也。深根,犹退藏于密。宁极,犹曰安汝止,存身以待时而已。义海 古之隐士,知时命之谬而安之,故德隐身不隐,虽处乱世而和光同尘,害莫能及。今之隐士,窜身避地,名随迹彰,不安所安,固有行怪而召衅者矣。反一无迹,深根宁极,所谓随时隐显,能龙能蛇,则此身何往而不存,此道何存而不可哉?文中子天隐人隐之说,盖原于此。

古之存或作行身者，不以辨饰知，去声，下同。不以知穷天下，不以知穷德，危然处其所而反其性，已又何为哉？道固不小行，德固不小识。小识伤德，小行伤道。故曰正己而已矣。乐洛，下同全之谓得志。古之所谓得志者，非轩冕之谓也，谓其无以益其乐而已矣。今之所谓得志者，轩冕之谓也。轩冕在身，非性命也，物之傥来，寄也。寄之，其来不可圉，一作御。其去不可止。故不为轩冕肆志，不为穷约趋俗，其乐彼与此同，故无忧而已矣。今寄去则不乐。由是观之，虽乐，未尝不荒也。故曰：丧己于物，失性于俗者，谓之倒置之民。傥，崔本作党，云众也。倒置之民，崔云：逆其性命而不顺也。

郭注 不以辨饰知，任其真知而已。不以知穷天下，此澹泊之情也。不以知穷德，守其自得而已。危然，独正之貌。道不小行，游于坦途。德不小识，块然大通。自得其志，独夷其心，而无哀乐之情，斯乐之全者也。无以益其乐者，全其内而足也。去来在物外，得失非我也。淡然自若，不觉寄之在身。旷然自得，不知穷之在己。彼此，谓轩冕与穷约也。无忧而已，言亦无忻欢之喜也。寄去则不乐者，寄来则荒矣，斯以外易内也。盈外而亏内，其置倒矣。吕注 存身，则静而已。行身，非徒静，必应变而不害乎静可也。忘言而知无不知，去知而德无不备，危然处其所，则不待避世离物，而世物无足以累之，此行身之道也。道不小行，德不小识，则不少损以趋世。不少损以趋世，正己之谓也。乐全者，无以益其乐。志于道而求得之，此所谓得志也。道则性命；轩冕，物之寄耳。今以其寄去而易其无以益之之乐，则丧己失性，是为倒置者也。疑独 夫忧乐出于性命，天下不能损益之者，忧乐之全也。舜以不得父母为忧，虽天下之富贵不能损；颜子以箪食瓢饮为乐，虽天下之富贵不能益。过此，皆忧乐之外也。乐苟不全，不足谓之得志，有物夺之，志又失矣。夫人在天地间，寄也。轩冕在身，又寄于所寄，非吾性命所有也。故君子不荣通，不丑穷，此所以无忧也。若以所寄轩冕为乐，其去为忧，则向之得者，其乐未必不荒，丧己失性，谓之倒置也宜矣。详道 以知穷天下，小行也；以知穷德，小识也。人生莫不全性命道德之理，而心之所之者不外乎此，则所得志者无他，乐全而已。失性之人，忘其不赀之身而逐夫傥来之荣，以轩冕为性命之根，以形骸为哀乐之府，不知其所得者尘垢臭腐，而所失乃吾之所以为我也，何异乎以隋侯之珠弹千仞之雀哉？口义 因存身字又说个行身。存言不用之时，行言用之时也。不以辨饰知，言有知见而不饰以文辞也。不以知穷天下，知有馀而不敢尽用也。不以知穷德，虽用知而不失其自然之性也。无为者，道之大；有为则为小行，小行则害道矣。不识不知，德之大；有识，则为小识，小识则丧德矣。足乎内者无求于外，故曰无以益其乐，即反身而诚，乐莫大焉。性命，天爵。轩冕，外物也。知其去来不可必，故达不肆，穷不屈。乐在我，则无时而能忧；乐在物，则物去乐亦去矣。乐有去来，则非真乐，故虽乐，未尝不荒也。己与性，本也；物与俗，末也。重末而失本，故曰倒置之民。义海 辨知者，伐身之具，故存身者不取焉。天下之德，归于玄默，无知而已。巍然，言独立不群。处其所，谓静定于此，足以反其自然之性，何必他求哉？小行小识，形容所见者小，故为道德之累。大人者正己而物正，则至乐全而本志得。唯其性命足重于内，是以轩冕可轻于外。傥来暂去，付之无心。若寄去而忧者，寄来则乐，乐必荒矣。“行身”当是“存身”，上文可照。“危”当是“巍”。

义海总论 是篇主意，谓人无超逸绝尘之见，而苟徇世缘，渐失其本，皆缮性滑欲于俗者也。虽未为显恶，而妨道为尤甚。况又益之以外学，乱之以妄思，而欲复初致明，是犹适郢而北其辕也。真人又虑学者惮其空无渺莽，无所致力，设为恬知交养之论，使人易入焉。夫人处世间，酬机应变，不能忘知。知用则害恬，要在审酌其宜，处之以道。事来则知见，事去则恬存。久久调熟者俱化，精神魂魄融为至和，符性命于希夷，归道德之根本，由是而充之，与一世之人处，混芒而得澹漠，虽有知而无所用，则其为化也博矣。奈何政失淳和，俗趋浮薄，离道险德，灭质溺心，至于世道交丧而不可复也？然后有山林之圣人，深根宁极，以期旦暮之遇。存身，所以存道也。寄之去来，无容休戚于其间，尚何以知辨为？而其乐全志得，有超乎轩冕之荣者，人患不知求耳。此圣贤处晦以自全之道也。口义《刻意》言善神而有天行物化之论，《缮性》言存身而有时命行谬之说，以养神、存身分作两篇，此其分别学问功夫处，读者当细参之。

《庄义要删》卷之五《缮性》终

庄义要删外篇　卷之六

秋水第十七

秋水时至,百川灌河,泾流之大,两涘渚涯之间,不辨牛马。于是焉河伯欣然自喜,以天下之美为尽在己。顺流而东行,至于北海,东面而视,不见水端。于是焉河伯始旋其面目,望洋向若而叹曰:"野语有之曰'闻道百,以为莫己若'者,我之谓也。且夫我尝闻少仲尼之闻而轻伯夷之义者,始吾弗信;今我睹子之难穷也,吾非至于子之门则殆矣,吾长见笑于大方之家。"北海若曰:"井蛙不可以语于海者,拘于虚一作墟也;夏虫不可以语于冰者,笃于时也;曲士不可以语于道者,束于教也。今尔出于涯涘,观于大海,乃知尔丑,尔将可与语大理矣。天下之水,莫大于海,万川归之,不知何时止而不盈;尾闾泄之,不知何时已而不虚;春秋不变,水旱不知。此其过江河之流,不可为量数。而吾未尝以此自多者,自以比形于天地,而受气于阴阳,吾在天地之间,犹小石小木之在大山也。方存乎见少,又奚以自多!计四海之在天地之间也,不似礨空之在大泽乎?精透。计中国之在海内,不似稊米之在太仓乎?号物之数谓之万,人处一焉;人卒九州,谷食之所生,舟车之所通,人处一焉;此其比万物也,不似毫末之在于马体乎?五帝之所连一作运,三王之所争,仁人之所忧,任士之所劳,尽此矣。伯夷辞之以为名,仲尼语之以为博,此其自多也,不似尔向之自多于水乎?”句工。

郭注 不辨牛马,言其广也。闻道百以下,言知其小而不能自大,则理分有素,跂尚之情无为乎其间也。自井蛙至曲士,言物之所生而安者,趣各有极也。可与语大理者,以其知分,故可与言理也。穷百川之量悬于河,河悬于海,海悬于天地,则各有量也。此发辞气者,有似乎观大可以明小,寻其意则不然。夫世之所患者,不夷也。故体大者快然,谓小者为无馀;质小者块然,谓大者为至足。是以上下夸跂,俯仰自失,此生民之所惑也。惑者求正,欲正之者莫若先极其差,而因其所谓大者至足也。故秋毫无以累乎天地。所谓小者,无馀也,故天地无以过乎秋毫。然后惑者有由而反,各知其极。物安其分,逍遥者用其本步而游乎自得之场矣。此庄子所以发德音也。若观大而不安其小,视小而自以为多,将奔驰于胜负之境而助天民之矜夸,岂达乎庄之旨哉。小大之辨,不可相跂。故五帝三王、仁人任士之所为,不出乎一域。物有定域,虽至知不能出焉。故起小大之差,将以申明至理之无辨也。吕注 出涯涘而观大海,则脱其拘限而与于无方之观,故可以语大理也。万川归之不盈,则益之不加益;尾闾泄之不虚,则损之不加损;非久近所专,非小大所限,此水之几于道也。计四海在天地间,中国在海内,人卒在万物,如此其微,而五帝三王、仁人任士之所忧劳,不过于此。而或辞之以为名,语之以为博，自大道无方观之，轻其义而少其闻，岂虚语哉！疑独 吾形在天地间，若小木小石之在太山也。礨空蚁穴，稊米稗子，皆至小者，而置于山泽之间，亦如北海之在天地也。人，是万物中一物；中国，九州人众所聚；何异一毫之在马体耶？五帝之联续揖让，三王之征伐争国，仁人之忧民，任士之勤职，虽事业不同，俱尽于毫末而已。伯夷辞国以为名，仲尼修经以为博，而夸大于当世，亦犹河伯之自多于水也。详道 老子多以水喻道。道在乎有本，水贵乎有源，庄子所以以北海喻圣人之道，秋河喻百家之术。当是时也，大道裂于百家，天真沉于俗习，而一曲之士方且欣然，以天下之美为尽在己，犹拘墟之蛙不可以语海[①]，笃时之虫不可以语冰。及其悟也，然后仰天庭而卑天下之居，登太岳而知众山之小，此《秋水》之篇所以作也。以小大相视，则有馀不足之累生；以小大相忘，则俯夸仰叹之情泯。庄子不期于相忘而期于相视，将以驱小道归宿于大方而已矣。口义 泾，浊也，非泾渭之泾也。洋，海中也。若，海神名。拘墟、笃时、蟪蛄，不知春秋之类。尾闾，沃焦也，见《山海经》。礨空，小穴也。人处万物之中，只为一物之数。此合太虚之间，凡有名可名者论之也。其在九州之内，又[②]只是一件。此合草木鸟兽论之也。二句发得极妙。言世界之小如此，五帝三王所知所能皆不出其内也。任士，任事之人也。义海 观于海者难为水，游于圣人之门者难为

①海，原作“河”，误，据《义海》卷五十一改。

②又，原作“人”，误，据《口义》卷六改。

言。故秋水至而河伯欣然，东至海则望洋而叹，无怪乎海若引井蛙夏虫之喻。继又形容北海之大不可量数，与鲲鹏蜩鸠之谕相类，文体机轴变换愈奇。评庄 此问答体，一节深一节。《庄子》一部，唯此深言之，禅书万卷，曾不出此。其平生命脉，细究便见。至于文字奇特渊玄，尤须此老之笔。补注 “两涘渚涯之间”，作一句读。

河伯曰："然则吾大天地而小毫末，可乎？"北海若曰："否。夫物，量无穷，时无止，分无常，终始无故。是故大知观于远近，故小而不寡，大而不多，知量无穷；证曏向今故，故遥而不闷，掇而不跂，知时无止；察乎盈虚，故得而不喜，失而不忧，知分之无常也；明乎坦途，故生而不说，死而不祸，知终始之不可故也。计人之所知，不若其所不知；其生之时，佛宗。不若未生之时；以其至小，求穷其至大之域，是故迷乱而不能自得也。由此观之，又何以知毫末之足以定至细之倪？又何以知天地之足以穷至大之域？"

郭注 物量无穷，言物物各有量。时无止，言死生皆时行。分无常，言得失皆分也。终始无故，日新也。不寡不多，言各自足而无馀也。知量无穷者，揽而观之，则知远近大小之物各有量也。曏，明也。今故，犹古今也。遥，长也。掇，犹短也。知时无止者，证明古今，知变化之不止于死生，故不以长而挹闷，短故为跂也。察其一盈一虚，则知分之不常于得也，故能忘其忧喜矣。明乎坦途，言死生者，日新之正道。明终始之日新，则知故之不可执而留矣。是以涉新而不愕，舍故而不惊，死生之化若一也。所知各有限，生时各有年，莫若安于所受之分而已。以小求大，理终不得，各安其分，则小大俱足矣。若秋毫不求天地之功，则周身之馀，皆为弃物，天地不见大于秋毫，则顾其形象，才自足耳，将何以知细之定细，大之定大耶？吕注 道非大小，岂有定体？今夫天地，吾以为至大，极吾知之所知而莫得其尽，则吾所谓大者，岂真大？所谓小者，岂真小耶？小不为寡，大不为多，以知量之无穷也。我以曏为曏，今为今，未及言而今已为曏，则所谓曏与今者，岂有止哉？证夫曏今之皆故，则遥而不闷，掇而不跂，以知时之无止也。日中则昃，月满则亏，察乎盈虚[1]，则得而不喜，失而不忧，知分之无常也。有始必有终，有终必有始，原始要终而明乎坦途，故生而不悦，死而不祸，以知终始之不可故也。则物之所谓时分终始，岂真知也哉？知而非真知，则所知固不若其所不知也。生而有知，未生则无知，则其生之时固不若其未生之时也。知至小也，无穷至大也，以至小而求至大之域，是以迷乱而不自得也。疑独 以形观，物有小大；以道观，物无小大。量者，物之取平。时者，物之变化。分者，物之辨制。始终者，物之死生。以大知观之，是皆不足以为物之远近小大也。察乎盈虚，故得失无心，知分之无常也。世人之忧，皆系乎得失，唯大知者知得失非己，任其自然而无忧喜于其间。明乎坦途，故死生不足以动其心，则日新而无故也。夫人有知则为知所役，劳形惕心，逐物忘己，不若无知，冥然自得矣。人生之后，为生所役，胶扰

①盈虚，原作"虚盈"，倒，据《义海》卷五十一乙正。

不息,不若未生之时寂然至虚而已。详道知物量无穷,则小大不足为多寡。知时无止,则今故不足为厌跂。知分无常,则得失不足以忧喜。知终始无故,则死生不足为祸悦。人之所以观是者,以其所知也;所以有知者,以其有生也。能冥其所以知而复乎未生之时,则孰知大者不为至细,细者不为至大耶?口义前言其大,于此又言无小无大,即所谓莫大于秋毫之末而太山为小也。物量无穷,言不可量度也。时无止,言寒暑昼夜相寻无已也。分无常,言有无得失。终始,新故。大知之人,然后有下面四知也。明今古为一,故迎而未至者,虽远而不忧;掇而可取者,虽易而不跂。待之而后知,时之无定止也。由乎正道,而生死听之,明乎此,则知终犹始,不可以终为故也。人之所知者,人;所不知者,天。既生之后,我则知之,未生之前,我何由知?以我之至小欲穷至大之天,宜乎迷乱而不自得也!按,此节惟"证曏今故"三句,诸解不一,俱欠明。窃意远而不可见者,遥也;近而可取者,掇也。天时之运本无止息,故前乎千万世之既往,非古也;后乎千万世之方来,非今也。达人证明今古之故,故凡吾之所不见,虽遥而不闷。闷者,忧也。凡吾之所及见,虽可掇而不跂。跂者,觊其得也。何也?知时之无止也。知时之无止,则古亦今也,遥亦掇也,而何忧?今亦古也,掇亦遥也,而何觊?庄子之意或如此。义海不闷,无厌其所生也。不跂,无求益其生也。修短定分,安之而已。人固不能无生,不能无知,而经云不若无知,不若未生者,盖为世人不务真知而求妄知,不务全生而求益生,以有限而追无穷,忘素分而希分外,在己之利害不能自明,何以定物理细大之倪域哉?然既生既知矣,将何以自免?曰:能以无生为生,不知为知,则于生何累,于知何有哉!按,河伯曰:"然则吾大天地而小毫末,可乎?"疏中解云：若以自足为大，吾可大于两仪；若以无馀为小，吾可小于毫末。此河伯既已领悟，故物我均齐，所以述己解心，询其可不可也。

河伯曰：“世之议者皆曰：‘至精无形，至大不可围。’是信情乎？”北海若曰：“夫自细视大者不尽，自大视细者不明。夫精，小之微也；埒，孚。大之殷也，故异便。此势之有也。夫精粗者，期于有形者也；无形者，数之所不能分也；不可围者，数之所不能穷也。可以言论者，物之粗也；可以意致者，物之精也；言之所不能论，意之所不能察致者，不期精粗焉。是故大人之行，不出乎害人，不多仁恩；动不为利，不贱门隶；货财弗争，不多辞让；事焉不借人，不多食乎力，不贱贪污；行殊乎俗，不多辟异；为在从众，不贱佞谄；世之爵禄不足以为劝，戮耻不足以为辱；知是非之不可为分，细大之不可为倪。闻曰：‘道人不闻，至德不得，大人无已。纪。’约分之至也。”

郭注 目之所见有常极，不能无穷也，故于大有所不尽，于细有所不明，直是目之所不逮耳。精与大皆非无也，庸讵知无形而不可围者哉？大小异，故所便不得同。若无形而不可围[1]者，则无此异便之势也。有精粗矣，故不得无形。惟无而已，则何精粗之有？夫言意者，有也；而所言所意者，无也。故求之言意之表，而入乎无言无意之域，而后至焉。大人者，无意而任天行，举足而投吉地，岂出害人之途哉？无害人而不自多其恩。动不为利者，应理而动，而理自无害。不贱门隶者，任物所能而位当于斯，非由贱之

①围，原作“为”，误，据经文“不可围者”改。

故措之斯职也。货财弗争，各使分定也。不多辞让，适中而已。事不借人，各使自任也。不多食力，足而已。不贱贪污，理自无欲也。行殊乎俗，己无可无不可，所以与俗殊也。不多辟异，任理而自殊也。为在从众，不贱佞谄，言从众之所为而自然正直也。不足荣辱，言外事不接于心也。知是非细大之不可分，故玄同也。任物而物性自通，则功名归物，故不闻。得者，生于失者也。物各无失，则得名去。大人无己，任物而已。约分之至者，约之以至其分，故冥也。夫唯极乎无形而不可围者为然。吕注 自细视大者，目力所不及，直不尽耳，非不可围也。自大视细者，蟭螟栖蚊睫，视之而不见，直不明耳，非无形也。夫精粗者，期[①]于有形；无形者，数不能分；不可围者，数不能穷。可以言论者，物之粗；可以意致者，物之精。道则超乎言意，不期精粗焉。故大人之行，不出乎害人，性自然也；不多仁恩，非有为也。凡此皆出于自然。世之爵禄刑罚不足以为惩劝矣，夫岂知是非之为分，细大之为倪哉？人能约分之至，至于无所分，此道人所以不闻，至德所以不得，而大人所以无己也。疑独 经云："天之苍苍，其正色耶？其远而无所至极耶？"故自细视大者不尽，自大视细者不明。世之议者因其目力之所视，遂以为得，其愚甚矣。且天地者，空中之小物，自我观之，其大无极，非天地之大，特吾身之小耳。秋毫者，形中之细数，自远观之，则不可见，非秋毫无物，吾去之远也。遗其目力，以神会之，则至大者[②]亦可围，

①期，原作"形"，误，据经文改。

②者，原脱，据《义海》卷五十一补。

至小者亦有形，此海若所以善议道而以理推之也。盖至小为微，精则又小。埒者，穅也。自大观之，犹为细物，自精视之，已为大之盛也。物之精粗，可以意致言论者，极物而已，岂足以尽道？唯不言之言，耳所不能闻，意所不能察，有心者所不能得也，其可以精粗尽哉？详道 大人之于天下，忘物以心，忘心以道；不出乎害人，疑多仁恩也，而不多仁恩；货财不争，疑当辞让也，而不多辞让；事焉不借人，疑多食乎力也，而不多食乎力；行殊乎俗，疑多辟异也，而不多辟异；不贱门隶以自贵，不贱贪污以自洁，不贱佞谄以自直。如是，则爵禄戮耻无所撄其内，是非大细无足辨乎外，则凡精粗之在夫言论意致者，亦奚容心哉？故闻非闻彼，得无所得，至于无己，则吾丧矣，尚安有物哉？非约之以分而至其至者，不足以与此。口义 信情者，谓信乎此语之实耶。自细视大者不尽，管中窥天之类。自大视细者不明，鹏鸟下视尘埃之类也。小之微曰精，大之盛曰埒。异便，异宜也。无形之小，不可以数分，曰毛曰芴，亦不可也；不可围之大，不可以数尽，曰秭曰兆，亦不可也。精粗局于形，故可以言论，可以意推；若小大皆无形，则非言意所极[①]，不可以精粗论矣。故曰不期精粗焉。察致者，察其极至也。虽不害物，亦不爱物，故曰不出乎害人，不多仁恩。门隶，贱役求利者。我不求利，亦不以求利者为非。才有贱役贵己之念，则有迹矣。我不争货财，亦不以辞让为能，自多则近名矣。事皆自为，无所资于人，然不尽用其力以

①则非言意所极，原作“则言非意所极”，倒，据《义海》卷五十二乙正。

自食。贪污之人亦不鄙贱之，尔为尔，我为我也。其行无[1]异乎人，而不自崖异。为在从众，和光同尘也。不贱佞谄，由由然与之处，焉能浼我之意？若此等人无分是非，混同细大，此则道人也。至德也，大人也。不闻，无名也。不得，无得无丧也。约分者，会至理于至约而尽己分之事。约分，即尽己也。义海 精者，细之极。垺者，大之盛。小大虽殊，皆有形有数，故有成坏。精至于无形，大至于不可围，则非形可定，非数可分，故无成坏也。夫物之粗者可以言论，精者可以意致，超乎精粗，则言意所不能及也。言意不能及，形数不能分者，其唯道乎？"大人"以下，皆述大人之行异乎世俗，以至佞谄亦不贱之，则君子小人听其两行，是非小大不足为辨，又何爵位戮耻之足为劝惩哉？

河伯曰："若物之外，若物之内，恶至而倪贵贱？恶至而倪小大？"北海若曰："以道观之，物无贵贱；以物观之，自贵而相贱；以俗观之，贵贱不在己。此禅宗空假中三观入微处，词理两绝。以差观之，因其所大而大之，则万物莫不大；因其所小而小之，则万物莫不小。知天地之为稊米也，知毫末之为丘山也，则差数睹矣。以功观之，因其所有而有之，则万物莫不有；因其所无而无之，则万物莫不无；知东西之相反而不可以相无，则功分定矣。以趣观之，因其所然而然之，则万物莫不然；因其所非而非之，则万物莫不非；知尧桀之自然而相非，则趣操睹矣。昔者尧舜让而帝，之哙让而绝，汤武争而王，白公争而灭。由此观之，争让之礼，尧桀之

[1]无，《口义》卷六作"实"。

行，贵贱有时，未可以为常也。白公，楚平王孙。

郭注 物无贵贱，各自足也。自贵相贱，此区区者，乃道之所错综而齐之者也。贵贱不在己，斯所谓倒置也。所大者，足也。所小者，无馀也。故因其性足以名大，则毫末丘山不得异其名；因其无馀以称小，则天地稊米无以殊其称。若夫观差而不由斯道，则差数相加，几微相倾，不可胜察也。天下莫不相为彼我，而彼我皆欲自为，斯东西之相反也。然犹唇齿，未尝相为，而唇亡则齿寒。故彼之自为，济我之功弘矣。斯相反而不可相无者也。故因其自为而无其功，则天下之功莫不皆无矣。因其不可相无而有其功，则天下之功莫不皆有矣。若乃忘其自为之功而思夫相为之患，患之愈勤而伪薄滋甚，天下失业而情性烂漫矣，故其功分无时可定也。物皆自然，故无不然。物皆相非，故无不非。无不非，则无然矣。无不然，则无非矣。无然无非者，尧也。有然有非者，桀也。然此二君，各受天素，不能相为。故因尧、桀以观天下之趣操，不能相为可见矣。应天顺人而受天下者，其迹则争让之迹也。寻其迹者，失其所以迹矣。吕注 以道观物，安有贵贱？以物观之，自贵而相贱，而道非物也。以俗观之，贵贱不在己，而道非俗也。道非物与俗，则非贵贱也。因其所大而大之，因其所小而小之，知天地差于太虚而至于为稊米，毫末差于无形而至于为丘山，则所谓差者，其数睹矣。而道非差，则非小大也。因其所有而有，若东必有西。因其所无而无，无东则无西。知东西之相反而不可相无，则所谓功者，其分定矣，而道非功，则非有无也。因其所然而然，所非而非，知尧、桀之出于自是而交相非，则所谓趣者，其操睹矣，而道非趣，则非是非也。若然，则为道者两忘而休乎天均，恶用而倪贵贱小大哉？以尧、舜之让为是，则之哙以绝；以汤、武之争为是，则白公以灭。争让之礼，尧桀[①]之行，贵贱有时，未可以为常也。疑独 若物内外，言性分之内外也。无贵无贱，自然之理；有贵有贱，强为之别。观之以道，则无彼我是非，孰为贵贱？观之以物，则各贵我而贱彼。夫物之贵贱非出乎性，因习而成，故以俗观之，贵贱不在己。物之小大，理不可易，而形则有差。因其所大而自足，则毫末可以等丘山；因其所小而无馀，则丘山可以等毫末。万物差数无穷，所观者如此而已。举天下动植之物，生育长养，莫不有功于其间，此可谓之有也。然而功之所有[②]，属乎造化，自然而已，此可谓之无也。涉有则不见无，冥无则不见有，其相反若东西而实不可相无，则功分自然而定矣。万物之理，有是有非，彼我相非，尧桀所以辨也。因其自然而相非，则趣操可睹矣。详道 天下之理，异而同，同而异，其变不一，而不可以为常。以差与功趣观之，异而同也。或逊而帝，或逊而绝，或争而王，或争而灭，同而异也。异而同者，不在物而在道。同而异者，不在迹而在时。口义 自贵而相贱，鸡壅豕苓时为帝也。贵贱不在己，即轩冕傥来寄之意也。以天地比稊米，毫末比太山，则等差之数不足言矣。各任一职以为功，曰功分。农商工贾，随分以致其力，世间少一不得，犹东西之相反而不可相无也。趣操者，

①桀，原作“舜”，误，据经文改。

②有，原作“之”，误，据《义海》卷五十二改。

趋向志操也。以尧为是，以桀为非，固趣操之当然，以不有废者君何以兴观之，则趣操之不可定见矣。因其小大、有无、然非，即《齐物论》因是之意。补注 谓之哙而概以昔日，此是战国后人语。

梁丽可以冲城，而不可以窒穴，言殊器也；骐骥骅骝，一日而驰千里，捕鼠不如狸狌，言殊技也；鸱鸺夜撮蚤，察毫末，昼出瞋[①]目而不见丘山，言殊性也。故曰："盖师是而无非，师治而无乱乎？是未明天地之理，万物之情者也。是犹师天而无地，师阴而无阳，其不可行明矣。然且语而不舍，非愚则诬也。帝王殊禅，三代殊继。差其时、逆其俗者，谓之篡夫；当其时、顺其俗者，谓之义之徒。默默乎河伯，女汝恶乌知贵贱之门，小大之家？"司马云：梁丽，小船也。崔云：屋栋。窒，塞也。蚤，《说文》云：跳虫。司马本作"蚤"。师是，或云师顺也。

郭注 若就其殊而任之，则万物莫不当也。夫天地之理，万物之情，以得我为是，失我为非；适性为治，失性为乱；殊性异便，是非无主。故以道观者，于是非无当也。能付之天均，恣之两行，则殊方异类同焉皆得也。天地阴阳，对生也；是非治乱，互有也。将奚去哉？俗之所贵，有时而贱；物之所大，世或小之。故顺物之迹，不得不殊，斯五帝三王之所以不同也。吕注 梁丽不可窒穴，骐骥不能捕鼠，鸱鸺不能昼视，三者不同而欲齐之，是未明乎天理物情也。

①瞋，原作"瞑"，误，据《庄子注》卷六改。

篡夫，言其独。义徒，言其众。详道用有殊器，能有殊技，生有殊性，贵此则彼贱，大彼则此小，贵贱小大恶可以倪之哉？由是知是非治乱天地阴阳常相为用，而不可以贵贱小大论也。口义丽，屋栋也。鸱鸺，枭也。夜则眼明，见日则暗。是非治乱，不能相无。故以殊器殊技殊性者喻之。天地阴阳，亦喻其不可相无也。篡夫义徒，即尧桀之论。义海殊器之异用，殊技之异能，殊性之异便，不可以概论也。若师治而无乱，师阴而无阳，非明乎天地万物之理者也。禅继顺逆，各因其时而已。汝不必多言也，纵使言之，仅论其迹耳。又恶知贵贱小大之所从出哉？欲知贵贱小大之所从出者，当于未始有物求之。

河伯曰："然则我何为乎？何不为乎？吾辞受趣舍，吾终奈何？"北海若曰："以道观之，何贵何贱，是谓反衍；此段须用韵，又是四字句，又奇特。无拘而志，与道大蹇。何少何多，是谓谢施；无一而行，与道参差。严乎若国之有君，其无私德；繇繇乎若祭之有社，其无私福；泛泛乎其若四方之无穷，其无所畛域。兼怀万物，其孰承翼？是谓无方。万物一齐，孰短孰长？道无终始，物有死生，不恃其成；一虚一满，不位乎其形。年不可举，时不可止；消息盈虚，终则有始。是所以语大义之方，论万物之理也。物之生也，若骤若驰，无动而不变，无时而不移。何为乎？何不为乎？夫固将自化。"司马云：谢，代也。施，用也。崔云：不代其德，是为谢施。

郭注反衍者，贵贱之道，反覆相寻也。自拘执，则不夷于道。随其分，故所施无常。与道参差者，不能随变，则不齐于道。无私德者，公当而已。无私福者，天下之所同求也。无畛域者，泛泛然无所在也。兼怀万物，其孰承翼者，言奄御群生，反之分内而平往者也，岂扶疏而承翼哉。唯其无方，故能以万物为方，而长短皆足。生死者，无穷之变耳，非终始[①]也。不恃其成，成无常处也。不位乎形者，不以形为位而守之不变也。年不可举者，欲举之令去而不能也。时不可止者，欲止之使停，又不可也。盈虚终始者，变化日新，未尝守故也。若骤若驰，但当就用。无不变移，不可执而守也。若有为不为于其间，则败其自化矣。吕注 学者平日系于有物，一闻道无贵贱，则于为不为辞受趣舍之际，莫知所从，固其宜也。所谓贵贱者，是物之反衍而已，非道也。反则有往，衍则有耗，则当放志而无拘，拘而志则与道大蹇而不通矣。所谓少多者，物之谢施而已。谢则有荣，施则有敛。当两行而无一，一而行，则与道参差而不当矣。无私德，则于所君之人无所独赖。无私福，则于所祭之人无所独与。无所畛域，与道通而不大蹇也。其孰承翼，是谓无方，万物一齐，与道当而不参差也。恃其成，则不知终始之不可。故位乎形，则不察乎盈虚而不知分之无常也。年不可举，故遥而不闷。时不可止，故掇而不跂。消息盈虚，终则有始，则天行而已。是所以语大道之方，论万物之理也，奈何系心于辞受趣舍之际哉？若骤若驰，言变化密移，何系心于为不为之间哉？疑独 万物之理，冥于自然，非为也，非不为也，又何措意于辞受趣舍之间哉？贵贱少多，出于强生分别，非

①终始，原作"始终"，倒，据《庄子注》卷六乙正。

道之真。以道观之，贵不为加，贱不为损，多非有馀，少非不足，又何有贵贱少多之别哉？详道 衍者，广平之地。反之，则平复为陂。平陂之分，未始有常，贵贱往反，岂异是哉？多少之数，岂足计哉？反衍，则忘贵贱而不累于名。谢施，则忘少多而不累于利。若是而不反其真者，未之有也。碧虚 贵贱无主而反覆流行，常也。大道甚夷而放心自得，通也。禀分有数而少谢多施，宜也。世道参差而行止适变，理也。德私，则不严毅。福私，则不久长。有畛域，则不溥泛。有方所，则有承接扶翼之，而兼怀之德丧矣。忘我，则无短长。忘心，则无生死。忘位，则无盈虚。忘年，则任化。忘时，则任迁。忘消息盈虚，则孰为之终始？夫物无时不生，无时不化，其变如骤，其移如驰，阴阳尔，四时尔，固将自化，何容心于为不为之间哉？口义 以道观之而无贵贱，反而求之吾身，绰绰然宽衍也。若以贵贱是非自束，则与道相违矣。施则有多有少，谢去其施，则无多无少。若执一而行，拘于多少之施，则与道参差矣。国之有君，祭之有社，谕此心以道为主，而无所用其私。此心广大，无所穷极，则无町畦矣。万物皆备于我，是兼怀也，无所私爱，其孰承翼？承翼，拱扶之也。无方，即无心；无心，即物无短长，无生死。不恃其成，即不雄成也。盈虚随时，不可一定，故曰不位乎其形。无古今，则年不可举。无去来，则时不可止。大义，即道也。物之生也，若骤若驰，即所谓逝者如斯夫。变动转移，无时不然，何者为？何者不为？皆听造化，自然而已。故曰夫固将自化。义海 世间所谓贵贱少多，是其一反一衍、一谢一施耳。若拘志而一行，与道参差[①]矣。若君之于民，德无不被；社之于人，福无所私；明道之无方而兼怀万物也。夫物生若驰[②]，其机不息，任其自化，无容为不为于其间，况辞受趣舍乎！此言应物贵乎无心，则死生不足为累也。

河伯曰："然则何贵于道耶？"北海若曰："知道者必达于理，达于[③]理者必明于权，明于权者不以物害己。至德者，火弗能热，水弗能溺，寒暑弗能害，禽兽弗能贼。非谓其薄之也，言察乎安危，宁于祸福，谨于去就，莫之能害也。故曰：'天在内，人在外，德在乎天。'知天一作夫人之行，本乎天，位乎得；一作德。蹢躅而屈伸，反要而语极。"曰："何谓天？何谓人？"北海若曰："牛马四足，是谓天；落马首，穿牛鼻，是谓人。故曰：'无以人灭天，无以故灭命，无以得徇名。谨守而勿失，是谓反其真。'"

郭注 何贵于道，以其自化也。知道者，知其无能也。无能，则何能生我？我自生耳。四肢百体精神，己不为而自成矣，又何有意乎生成之后哉？达斯理者，必能遣过分之知，遗益生之情，而乘变应权。故不以外伤内[④]，不以物害己，而常全也。故心之所安，则危不能危；意无不适，则苦不能苦也。非谓其薄之者，言虽心所安，亦不使犯之也。知其不可逃，安乎命之所遇，审去就之非己，不以害为害，

①参差，原作"差蹇"，误，据《义海》卷五十三改。经文亦作"参差"。

②驰，原作"骤"，误，据《义海》卷五十三改。

③于，原脱，据《庄子注》卷六补。

④以外伤内，原作"以内伤外"，倒，据《庄子注》卷六乙正。

故莫之能害也。天在内，人在外者，言天在内，而天然之所顺者在外。故《大宗师》曰："知天人之所为者，至矣。"明内外之分皆非为也。德在乎天，恣人任智，则流荡失素也。天然之知，自行而不出于分者也。故虽行于外，而常本乎天，位乎得矣。蹢躅而屈伸，言与机会相应，有斯变也。反要而语极者，知虽落天地，事虽接万物，而常不失其要极，故天人之道全也。牛马不辞穿络者，天命之固当也。苟当乎天命，则虽寄之人事，而本在乎天也。若乃走作过分，驱驰失节，则天理灭矣。不因其自为而故为之者，命其安在乎？所得有常分，殉名则过也。反其真者，真在性分之内也。吕注 任物自化，即道也。河伯不悟，乃谓何贵于道。海若告以达理明权，不以物害己。皆知道者之事，而非体道[①]极致。至于水火不害，寒暑不侵，则体道者固如此也。非谓其薄之，言察乎安危，谨乎去就，莫之能害，则知道、达理、明权而已。宁于祸福，则天在内矣；察于去就，则人在外矣。以是而入德，虽未能天而不人，而德在乎天矣。知天人之行，本乎天，位乎得，则出天而之人。蹢躅而屈伸，反要而语极，则由人而之天也。自"无以人灭天"至"是谓反其真"，则其于道也，岂特知之而已哉？详道 知道者必达理，达理者必明权。权者，以无心应物而不失其平，庸讵以外伤内，以物害己哉？为道而至此，则能以天应人。蹢躅而屈伸，以人复天。反要而语极，北海若之论。始于齐小大，同贵贱；中于察安危，谨去就；而终于明天人，反要极。盖能齐物，则能全己；全己，则能复道；而至于要极，则

①道，原作"安"，误，据《义海》卷五十三改。

反其真而已矣。口义 此问既听造化之所为，则人亦不必学道矣。朱文公问答书中，廖德明亦有此问。文公不曾答，想难言也。故庄子于此说个"权"字，又以"不以物害己"一句明之。道，总言也。理，事物各有之理。权，用之在我者。有道之全体，然后有此大用。明于权，知轻重也。薄，谓迫近之。至德之人，故知事事有数，岂物所能害？然亦不恃此以薄之，犹知命者不立乎岩墙之下。察安危，谨去就，何尝皆说听之自然。天内人外，即前篇"主者，天道；臣者，人道"也。德在乎天，言自然之德。位，居之安也。蹢躅，进退也。道之至要，理之至极也，故曰反要而语极。牛马四足，得于自然，不络不穿，将无所用。至以人灭天，以故灭命，贪得徇名，则人心到此流于危矣。三言无以，乃禁止之辞，既知天知人，既能谨守而勿失，则天理全矣。是谓反其真。故，人事也。命，天理也。义海 自篇首至此，凡六问答，如风驱远浪，渐近渐激，至是而雪涛[1]喷薄，使人应接不暇；须臾澄静，则波光万顷，一碧涵天。人之息伪还真，中扃虚湛者，有类于[2]此。夫至德之士，由人以明天，因权以达理，察安危，谨去就，物孰能害之？然亦未尝恃此而傲物也。天在内，所以立体；人在外，所以应用。德在乎天，则合乎神而无方不测者也。体天居德，则屈伸从世。反要语极，则勿失其真。若然，则处己处人之道尽矣。故河伯心冥体会而无所复问焉。按，位乎得，犹言位乎天德之意，言造乎天德而安之也。凡所得于天而受乎己者，若固有之，故曰位乎得。

①涛，原作"浪"，误，据《义海》卷五十三改。
②于，原作"如"，误，据《义海》卷五十三改。

夔怜蚿，玄、贤二音。蚿怜蛇，蛇怜风，风怜目，目怜心。夔谓蚿曰："吾以一足趻踔上初禀反，下敕角反而行，予无如矣。今子之使万足，独奈何？"蚿曰："不然。子不见夫唾者乎？喷，则大者如珠，小者如雾，杂而下者不可胜升数也。今予动吾天机，而不知其所以然。"蚿谓蛇曰："吾以众足行，而不及子之无足，何也？"蛇曰："夫天机之所动，何可易耶？吾安用足哉？"蛇谓风曰："予动吾脊胁而行，则有似也。今子蓬蓬然起于北海，蓬蓬然入于南海，而似无有，何也？"风曰："然。予蓬蓬然起于北海而入于南海也，然而指我则胜我，鰌秋我亦胜我。虽然，夫折大木，蜚飞大屋者，唯我能也。"故以众小不胜为大胜也。为大胜者，唯圣人能之。司马云：夔一足，蚿多足，蛇无足，风无形。目形缀于此，明流于彼。心则质幽，为神游外。鰌，一作蹭。

郭注 物之生也，非知生而生也，则生之行也，岂知行而行哉？故足不知所以行，目不知所以见，心不知所以知，俛然而自得矣。迟速之节，聪明之鉴，或能或否，皆非我也。而或者欲有其身，矜其能，所以逆天机，伤神器。至人知天机之不可易也，故捐[①]聪明，弃知虑，魄然无为而任其自动，故无动而不逍遥也。恣其天机，无所与争，斯小不胜也。然乘万物，御群才，使才各自得，物各自为，则天下莫不逍遥矣。此乃圣人所以为大胜也。吕注 夔以一足怜蚿之多足，蚿以多足怜蛇之无足，蛇以动其脊胁而怜风之[②]蓬蓬然起于北海而入于南海也，则目之系此见彼，而怜心之

①捐，原作"损"，误，据《庄子注》卷六改。

②之，原脱，据《义海》卷五十四补。

无所见而无往不至，可知也。夔以一足为易，怜蚿多足之难；蚿以多足为易，怜蛇无足之难；天机所动，莫知其然，则其难易岂在于多少有无之间哉？由是知风目与心莫非出于自然，若河伯之区区计夫贵贱少多，何足以与此？夫风以小不胜为大胜，而人之目与心之用，其神于风也远矣，乃不能得，所谓无见无知而能见见知知者，以制万物之大胜，岂真知也哉！［详道］以足为用，则一足不如万足之多，故夔怜蚿。以足为累，则万足不如无足之愈，故蚿怜蛇。蛇有有矣，睹无有为不足，故怜风。风蓬蓬矣，以有方为不适，故怜目。目之为用，司视而已。心则无所不司，故怜心也。［口义］自一足说到无足，皆天机自然之动，可谓奇文。中间又以人唾喻蚿之多足，其末归之于风，而心与目却不说，此文字变换奇之又奇者也。趻踔，一足行之貌也。何可易耶，不可变易也。指我，以手指风。䲡我，以足践风也。就风上又说个小不胜为大胜，则万物孰能出于造化之外哉？［义海］风有体而不碍，指䲡无体而能成大胜，有用则动化万物，无用则蓬蓬入海。盖造化嘘吸，复归于造化而已。喻圣人屈伸从世，体用兼资，出处两全，终不失道，岂有心于胜物哉？天机所动，自然而然，视彼河伯、海若贵贱少多大小精粗之论，亦如异类之以妄情相怜，而不悟物物皆具自然之理也。夫形数之少多，行止之迟速，各安其自然，则莫不足乎道。此圣人处世所以无往而不适也。

孔子游于匡，宋人围之数匝，而弦歌不辍。子路入见，曰："何夫子之娱也？"孔子曰："来！吾语汝。我讳穷久矣，而不免，命也；求通久矣，而不得，时也。当尧舜而天下无穷人，非知得也；当桀纣而天下无通人，非知失也；时势适然。夫水行不避蛟龙者，渔父之勇也；陆行不避兕虎者，猎夫之勇也；白刃交于前，视死若生者，烈士之勇也；知穷之有命，知通之有时，临大难而不惧者，圣人之勇也。由！处矣！吾命有所制矣！"无几何，将甲者进，辞曰："以为阳虎也，故围之。今非也，请辞而退。"司马云：宋当作卫。匡，卫邑也。

郭注 将明时命之固当，故寄之求讳也。时势适然者，言无为劳心于穷通之间也。渔父、猎夫、烈士之勇，情各有所安，圣人则无所不安也。知命非己制，故无所用其心也。安于命者，无往而非逍遥矣。故虽匡陈羑里，无异于紫极闲堂也。碧虚 孔子游匡，宋人围之，所谓指蹭皆胜我也。及其知非，请辞而退，所谓大胜者也。口义 此段言时命自然，非人力所与，知道者又何惧焉。中间以渔父、猎夫、烈士比圣人，亦自有理。"由，处矣"，令其止息，不必言也。

公孙龙问于魏牟曰："龙少学先王之道，长而明仁义之行；合同异，离坚白；然不然，可不可；困百家之知，穷众口之辩；吾自以为至达已。今吾闻庄子之言，汒芒焉异之。不知论之不及与？知之弗若与？今吾无所开吾喙，敢问其方。"公子牟隐去声机几大息，仰天而笑曰："子独不闻夫埳坎井之蛙乎？谓东海之鳖曰：'吾乐洛与！吾跳条梁乎井干之上，入休乎缺甃侧救反之崖；赴水，则接腋持颐；蹶泥，则没足灭跗;扶。还旋虷寒蟹与科斗,莫吾能若也。且夫擅一壑之水,而跨跱埳井之乐,此亦至矣。夫子奚不时来入观乎?'东海之鳖,左足未入,而右膝已縶矣。于是逡巡而却,告之海曰:'夫千里之远,不足以举其大;千仞之高,不足以极其深。禹之时,十年九潦,而水弗为加益;汤之时,八年七旱,而崖不为加损。夫不为顷久推移,不以多少进退者,此亦东海之大乐也。'于是坎井之蛙闻之,适适然惊,规规然自失也。且夫知不知是非之竟,而犹欲观于庄子之言,是犹使蚊负山,商蚷渠驰河也,必不胜任矣。且夫知不知论极妙之言,而自适一时之利者,是非坎井之蛙与?且彼方跐此黄泉而登大皇,无南无北,奭然四解,沦于不测;无东无西,始于玄冥,反于大通。子乃规规然而求之以察,索色之以辩,是直用管窥天,用锥指地也,不亦小乎?子往矣!且子独不闻夫寿陵馀子之学行于邯郸与?未得国能,又失其故行矣,直匍蒲匐服而归耳。今子不去,将忘子之故,失子之业。"公孙龙口呿祛而不合,舌举而不下,乃逸而走。虷,赤虫也。顷久,司马云:犹早晚也。商蚷,虫名。

郭注 擅一壑之水,而跨跱坎井之乐,犹小鸟之自足于蓬蒿也。左足未入,右膝已縶,明大之不游于小,非乐然也。以小羡大,故自失。物各有分,不可强相希效也。始于玄冥,反于大通,言其无不至也。夫游无穷者,非辩察所得,非其任者,去之可也。以此效彼,两失之矣。吕注 是非之竟,言其所自起得于是非之所自起,是以视尧桀为一而知不知,此观之汒然,无所容其喙也。无南无北,奭然四解,沦于不测,忘乎幽明,无方而入于神也。无东无西,始于玄冥,反乎大通,则会乎冲和,出神而遂于明也。要而言之,所谓六通四辟,形充空虚是已。此意之所不能尽,言之所不能论也,而规规然求之以察,索之以辩,是用管窥天,锥画地之类也。疑独 夫其知不能知是非之境,论极妙之言,无异于井蛙耳。寿陵,燕邑。邯郸,赵郡。馀子,弱龄之子。闻赵郡其俗善行,遂不远千里,舍己能而强学之,不得赵国之能而反失故步。此鄙公孙龙不自量而学庄子,非唯不得庄子之道,终必失其旧业矣。口义 公孙龙,当时之辩者也。指其名而言之,所以辟之也。虷,井中赤虫也。坎井之地,虷蟹科斗皆周旋其中,故曰还虷蟹与科斗。九年之水,七年之旱,信然,人类尽矣!庄子添作十年九潦,八年七旱,便自别。适适,犹虩虩也。商蚷,小虫也。跐,蹈也。大皇,天也。下蹈黄泉,上登于天,言其见趣高远也。奭然,释然也。四解,四达也。沦于不测,所入者深也。始于玄冥,言在无极之先也。反于大通,归于至道也。以察察之小明,而欲穷之以言辩,不亦小乎?邯郸失行之喻尤佳。国能,邯郸国中所能之步也。义海 公孙龙,赵之辩士,能合同异,离坚白,困百家,穷众口,及闻庄子之言而汇然失措,盖逐外学而忘本真者,其患常若此。馀子,犹云孺子也。

庄子钓于濮水。楚王使大夫二人往先焉,曰:“愿以竟境内累矣!”庄子持竿不顾曰:“吾闻楚有神龟,死已三千岁矣。王巾笥肆而藏之庙堂之上。此龟者,宁其死为留骨而贵乎?宁其生而曳尾于涂中乎?”二大夫曰:“宁生而曳尾涂中。”庄子曰：“往矣！吾将曳尾于涂中。”濮，陈地水也。先焉，谓先宣其言也。

郭注 神龟之喻，言性各有所安也。吕注 庄子，不知有死者也。而云此者，以救时之趋利而忘生。唯二大夫之知足以与此。口义 死留骨、生曳尾之喻，真是奇特。义海 庄子辞召，以神龟为喻，义甚真切。昔陶隐居画二犍牛以答诏，一拘窘于鞭绳，一优游于水草，亦此意。

惠子相梁，庄子往见之。或谓惠子曰：“庄子来欲代子相。”于是惠子恐，搜于国中三日三夜。庄子往见之，曰：“南方有鸟，其名鹓雏，子知之乎？夫鹓雏发于南海，而飞于北海，非梧桐不止，非练实不食，非醴泉不饮。于是鸱得腐鼠，鹓雏过之，仰而视之曰：‘吓！’今子欲以子之梁国而吓我耶？”

郭注 搜于国中，扬兵整旅也。鹓雏之喻，言所好不同，愿各有极也。口义 吓，恐夺其食而为此声也。庄子、惠子最相厚善，此事未必有之，戏以相讥耳。练实，竹实也。义海 搜，应作蒐，《郭注》可证。《成疏》谓“搜索国中，寻访庄子”，疑独因之。义颇浅近。

庄子与惠子游于濠梁之上。庄子曰：“儵条、由二音鱼出游从葱容，是鱼之乐洛也。”惠子曰：“子非鱼，安知鱼之乐？”庄子曰：“子非我，安知我不知鱼之乐？”惠子曰：“我非子，固不知子矣；子固非鱼也，子之不知鱼之乐，全矣。”庄子曰：“请循其本。子曰‘女安知鱼乐’云者，既已知吾知之而问我,我知之濠上也。”

郭注 庄子谓子非我,尚可以知我之非鱼,则我非鱼,亦可以知鱼之乐也。惠子舍其本言而给辩以难。庄子寻惠子之本言,云非鱼则无缘相知耳。今子非我也,而云汝安知鱼乐者,是知我之非鱼也。苟知我之非鱼,则凡相知者,果可以此知彼,不待是鱼然后知鱼也。故循汝安知之云,已知吾之所知矣。而方复问我,我正知之于濠上耳,岂待入水哉?夫物之所生而安者,天地不能易其处,阴阳不能回其业。故以陆生之所安,知水生之所乐,未足称妙耳。吕注 我知之濠上,言不待为鱼而后知也。疑独 人生于陆而安于陆,鱼生于水而安于水,尽己之性而后能尽物之性,此所以知鱼之乐。惠子昧此而强辩,是非所以分也。我知之濠上,言以我在濠上之乐推之,则知鱼之乐矣。详道 以迹观之,万物与我无同形;以理观之,万物与我无异性。惠子以形观形,故云子非鱼,安知鱼之乐。庄子以性观性,故己非鱼而知鱼之情。盖齐小大,遗贵贱,则天地为久矣;而与我并生,万物为众矣;而与我为一,是以处此足以知在彼之趣,居显足以知潜者之乐也。口义 循本者,反其初也。言汝初问我非鱼安知鱼之乐,是汝知我,方有此问。汝既如此知我,我于濠上亦如此知鱼也。此篇河伯、海若问,好与《传灯录》忠国师“无情说法,无心成佛”问答同看。李士表 物莫不具乎道,则于我也何择?性莫不足乎天,则于我也何有?此庄子所以知鱼乐于濠上也。夫出而扬,游而泳,无网罟之患,无濡沫之思,从容乎一水之间也,将以是为鱼乐乎?以是为鱼乐,又奚待南华而后知?盖鱼之所乐在道而不在水，南华所知在乐而不在鱼。鱼忘于水，故其乐[1]全。人忘于鱼，故其知一。庄子于此盖将无言，惠子亦将无问，而复有是论者，非问则至言无所托，非言则道妙无以见，直将祛天下后世离物于我为两者之蔽耳！眼如耳，耳如鼻，鼻如口，在我者盖如是也。视生如死，视己如鱼，视豕如人，视人如豕，在物者盖如是也。若然，则在在皆至游而无非妙处，物物皆真乐而无非天和，奚独濠梁之上儵鱼之乐哉？

义海总论 是篇以秋水命题，设河伯、海若问答，喻细大精粗之理，明道物功趣之观，各本自然，无贵无贱，成败得失，时适然耳。翻覆辩难，卒归于无以人灭天，无以故灭命，则求之性分之内而足，是谓反其真，有非言论意察所可及也。次论夔蚿蛇风之相怜，喻人以才知短长为愧衒，而弗悟天机之不可易，小不胜之为大胜也。信明此理，则物各足其分，何所怜哉？无所怜，则无所慕，故企羡之情息，分别之意消，斯为要极也欤！孔子游匡而临难不惧，知命由造物，非匡人所得制也。若为横逆沮屈，何以见圣人之勇？井蛙海鳖，即前河伯海若之义，而归于达理明权，物莫能害，谓世俗沉浊，所见隘陋，虽知有圣贤在前，强欲企羡，犹馀子学行，反失故步。盖以所短而希所长，越分而求，非徒无益也。至于神龟宁曳尾于涂中，鹓雏岂留情于腐鼠，皆叹时之浇薄，伤道之不行也。终以庄、惠濠梁之论，言物我之性本同，以形间而不相知耳。会之以性，则其乐彼与此同，即人之所安而知鱼之乐，固无足怪，而竞言辩之末，

①乐，原作"忘"，误，据李士表《庄子九论·濠梁》改。

昧性命之本者，斯为可怪矣！此语非独针惠子之膏肓，亦所以惊世之学一先生之言而媛姝自悦者，无异河伯之自多于水也。故以结当篇之旨云。

《庄义要删》卷之六《秋水》终

庄义要删外篇　卷之六

至乐第十八

天下有至乐洛，下同无有哉？有可以活身者无有哉？今奚为？奚据？奚避？奚处？奚就？奚去？奚乐？奚恶？夫天下之所尊者，富贵寿善也；所乐者，身安厚味美服好色音声也；所下者，贫贱夭恶也；所苦者，身不得安逸，口不得厚味，形不得美服，目不得好色，耳不得音声。若不得者，则大忧以惧，其为形也亦愚哉！夫富者，苦身疾作，多积财而不得尽用，其为形也亦外矣。夫贵者，夜以继日，思虑善否，其为形也亦疏矣。人之生也，与忧俱生，寿者惛惛，久忧不死，何之苦也！其为形也亦远矣。烈士为天下见善矣，未足以活身。吾未知善之诚善邪？诚不善邪？若以为善矣，不足活身；以为不善矣，足以活人。故曰：忠谏不听，蹲存循勿争。故夫子胥争之，以残其形，不争，名亦不成。诚有善无有哉？今俗之所为与其所乐，吾又未知乐之果乐邪？果不乐邪？吾观夫俗之所乐，举群趣者，誙誙阬然如将不得已，而皆曰乐者，吾未之乐也，亦未之不乐也。果有乐无有哉？吾以无为诚乐矣，又俗之所大苦也。故曰：至乐无乐，至誉无誉。天下是非果未可定也。虽然，无为可以定是非。至乐活身，唯无为几存。请尝试言之：天无为以之清，地无为以之宁，故两无为相合，万物皆化。芒恍乎芴忽乎，而无从出乎！芴乎芒乎，而无有象乎！万物职职，皆从无为殖。故曰：天地无为也而无不为也。人也孰能得无为哉？誙誙，李云：趣死貌。职职，司马云：犹祝祝也。李云：繁殖貌。

郭注 忘欢而后乐足，乐足而后身存。将以为有乐邪？而至乐无欢；将以为无乐邪？而身以存而无忧。择此为据避处等八者，莫足以活身。唯无择而任其所遇，乃全耳。凡厚味声色，失之无伤于形，得之有损于性。今反以不得为忧，故愚也。内其形者，知足而已。亲其形者，自得于身中而已。夫遗生然后能忘忧，忘忧而后生可乐，生可乐而后形是我有，富是我物，贵是我荣也。列士见善矣，未足以活身，善则过当，故不周济。蹲循勿争，唯中庸之德为然。有善无善，当缘督以为经也。举群趣其所乐，乃不避死也。吾未之乐，亦未之不乐者，无怀而恣物耳。夫无为之乐，无忧而已。俗以铿跄为乐，美善为誉。天下是非果未定也，我无为而任天下之是非。是非者，各自任则定矣。至乐活身，惟无为几存者，百姓足则吾身近乎存也。天地自清宁，非为之所得。不为而自合，故物皆化，若有意乎为之，则有时乎滞也。无从出者，皆自出耳，未有为而出之也。无有象者，无有为之象，皆自殖耳。人得无为，则无乐而乐至矣。疑独 无乐则不忧，无身则不死，求其至乐而不忧，活身而不死者，无有也。然则，何为何据？何避何处？何就何去？何乐何恶？亦奚为奚不为，奚据奚不据？但因时顺理，无心于其间者至矣。夫天下所尊者，富贵寿善；所下者，贫贱夭恶；又以身安厚味美服声色为乐。求而不得，则为苦而忧惧，以此养形亦愚矣。富者累于财，贵者累于位，身愈寿而忧愈长，益远于性命之理矣。列士忘身而徇名，若以为不善，又足以活人，必活人而不失身，斯为尽善。故古之人忠谏而不听，蹲循而勿争。若子胥好争，反害其身。然不争，名亦不成。是诚有善邪？无有邪？今世俗之所为非正为，所乐非真乐。正为无为，所以能有为；真乐无乐，所以能尽乐。吾未知世俗之所乐果乐邪？果不乐邪？世俗乐于有为，圣人乐于无为，无为诚乐矣，而世俗以为大苦而不能行也。故至乐者无乐，至誉者无誉。夫是非起于有为，唯无为则是非自定，无是无非，心何适而非乐？身何往而不存哉？清宁者，天地之德，而天地非恃于清宁。故两无为相合，万物皆化。道出而为物，物入而为象。无从出，不知从何出。无有象，不可得而见也。职职，言各有所主。皆出入于无为，无为而无不为者，天地之道。人位天地之中，岂得无为哉？口义 "奚为奚据"以下四句，言若何而可也，与屈原《卜居》文势一[①]同。次叙富贵寿善，四段本同意，皆以物害己者。说前三段了，后以烈士一段如此发明，变换语势，此文法也。蹲循、逡巡，同。争则残其形，不争名不成，此两句说破世故。为名而至于残形，不得谓之善矣。"今俗之所为"以下，结前四段也。举群趣者，举世群而趋之也。諲諲然，必取之意。我以无为为乐，而俗反以为大苦，则乐誉是非果未定也，唯无为可以定之耳。"请尝试言之"以下，乃是收结前语。殖，生也。万物皆从自然中

①一，原作"亦"，误，据《口义》卷六改。

生，故曰“皆从无为殖”。义海 人处幻境中，难遂者乐，难保者生。故是篇首叹至乐活身之不可必得而兼有，使人安其素分，无所为据去就于其间，则亦“奚乐奚恶”哉！天下所乐者，富贵寿善厚味声色也，而美善不可常有；所下所苦者，贫贱夭恶，所求不得也。苟游乎物初，则己犹可忘，何外累之能及？今观夫富者之苦身疾作，贵者之思虑善否，寿者之久忧不死，皆疏外其形，去道远矣。列士之不足活身，亦犹是也。故忠谏勿争，若夫子胥因争以残形，亦因以成名，诚有善邪？无有邪。观俗之所乐，果乐邪？不乐邪。吾以无为诚乐矣，而世俗以为大苦，则其向背可知。故必知至乐之无乐，至誉之无誉者，然后安于无为，始可以定天下是非矣。通义 此章大意，言世俗安其危，利其灾，乐其所以亡者，故曰吾以无为为真乐，又世俗之所大苦。末证以天地无为，而结以无不为也，则其所谓无为者，可识矣。评庄 自篇首至此，只是一片文字，起伏抑扬，最好玩味。

庄子妻死，惠子吊之，庄子则[①]方箕踞鼓盆而歌。惠子曰：“与人居，长子，老身，死不哭亦足矣，又鼓盆而歌，不亦甚乎！”庄子曰：“不然。是其始死也，我独何能无概！然察其始而本无生，非徒无生也，而本无形；非徒无形也，而本无气。杂乎芒芴之间，变而有气，气变而有形，形变而有生。今又变而之死，是相与为春秋冬夏[②]四时行也。人且偃然寝于巨室，而我嗷嗷叫然随而哭之，自以为不通乎命，

①则，原脱，据《庄子注》卷六补。

②春秋冬夏，原作“春夏秋冬”，倒，据《庄子注》卷六、《义海》卷五十六乙正。

故止也。"

郭注 未明而概,司马云:感也。既达而止,斯所以诲有情者,将令推至理以遣累也。吕注 庄子之所贵,则孔子、孟孙才、颜氏,而其制行则若子桑、子反、子张之徒,何也?盖人道之弊,天下沉于哀乐之邪,故救之之道若此。疑独 芒未有象,阳之始也。芴未有数,阴之始也。阴阳之中,各有冲气,气变而有形,形变而有生,有生则有死,死生相随,如环无端。盖自无气无形无生以观之,则万物者真空而已。自有形有气有生以观之,则无变而有,有变而无,犹四时之运,相为无穷也。口义 形变而有生,言先有形而后有此动转者。释氏云"动转归风",便是此"生"字。四时行者,有生有死之喻也。鼓盆之事,亦寓言耳,如原壤登木而歌,岂亲死之际全无人心乎?圣门之学,所以尽其孝慕者,岂不知生死之理?原壤、庄子之徒,欲指破人心之迷,故为此过当之举。李汉老因哭子而问大慧,以为不能忘情,恐不近道。大慧答云:"子死不哭,是豺狼也。"此语极有见识。义海 "庄子妻死"章,以世情观之,人所难忘者,而处泰然,何也?盖究其形气之始,悉本于无。杂乎芒芴,有气有形,形生而情识,爱乐无所不有,至若亲姻情好,假合须臾耳。惑者认以为实,缘情生爱,因爱生贪,滋长业缘,生死缠缚,害形损性,一何愚哉!

支离叔与滑骨介叔观于冥伯之丘,昆仑之虚,黄帝之所休。俄而柳生其左肘,其意蹶蹶然恶之。支离叔曰:"子恶之乎?"滑介叔曰:"亡,予何恶?生者,假借也;假之而生生者,尘垢也。死生为昼夜。且吾与子观化,而化及我,我又何恶焉!”李云:支离,忘形。滑介,忘智。言二子乃识化也。

郭注 斯皆先示有情,然后寻至理以遣之。若云我本无情,故能无忧,则夫有情者,遂自绝于远旷之域,而迷困于忧乐之境矣。吕注 黄帝之所休,则心死形废如土壤而不觉柳之生其肘也。以滑介为事,则其初不免惊而恶之,终知其生之为假借尘垢,又何恶哉?古之所谓观化者,其道盖如此。口义 黄帝之所休,谓尝休息于此。柳,疡也。今人谓生疖也,想古时有此名字。假借者,言此身乃外物假合而成也。尘垢,言至微也。释氏所谓四大假合,今者妄身,当在何处是也。观物之变化而化及我,言我随造物而变化也。前言蹶蹶然恶之,亦人情也。思死生之理而知其本原,便是道心为主,又何恶焉?

庄子之楚,见空髑髅,独楼。髐嘐然有形,撽苦吊反以马捶,因而问之,曰:“夫子贪生失理而为此乎?将子有亡国之事,斧钺之诛,而为此乎?将子有不善之行,愧遗父母妻子之丑,而为此乎?将子有冻馁之患,而为此乎?将子之春秋故及此乎?”于是语卒,援髑髅,枕而卧。夜半,髑髅见梦曰:“子之谈者似辩士。诸子所言,皆生人之累也,死则无此矣。子欲闻死之说乎?”庄子曰:“然。”髑髅曰:“死,无君于上,无臣于下;亦无四时之事,从纵然以天地为春秋,虽南面王乐,不能过也。”庄子不信,曰:“吾使司命复生子形,为子骨肉肌肤,反子父母妻子闾里知识,子欲之乎?”髑髅深矉频蹙额曰:“吾安能弃南面王乐而复为人间之劳乎！”

郭注 旧说云庄子乐死恶生，斯说谬矣。若然，何谓齐乎？所谓齐者，生时安生，死时安死，生死之情既齐，则无为当生而忧死耳，此《庄子》之旨也。吕注 原始要终，故知死生之说，以其一体而已，则世之贪生恶死者，固非是乐死而恶生者，亦岂所以为一体邪？而庄子言此者，以世人所病尤在于贪生恶死，则南面王乐之说，岂无为而言之乎？碧虚 好生者以世事为乐，趣死者以人间为劳，唯超死生者可以论其大概矣。口义 髐然，虚而坚固。从然，从容自得。诸子，凡子所言也。此段说生死之理，撰出髑髅一段说，也是奇特。读者当求其意，莫作实话看。义海 南华致髑髅五问，可谓灼见世情忧患之端。据髑髅所答，则虽有世患，何由及哉！观者往往于此反疑其乐死恶生，误矣。盖见世人贪生恶死，营营不息，丧失本来之我，则此形虽存，与死何异？故立是论以矫之，庶警悟其万一。陈碧虚名此章为两谬，所以破二见之惑。其论得之。

颜渊东之齐，孔子有忧色。子贡下席而问曰：“小子敢问，回东之齐，夫子有忧色，何邪？”孔子曰：“善哉女汝，下同问！昔者管子有言，丘甚善之，曰：‘褚小者不可以怀大，绠梗短者不可以汲深。’夫若是者，以为命有所成而形有所适也，夫不可损益。吾恐回与齐侯言尧、舜、黄帝之道，而重以燧人、神农之言。彼将内求于己而不得，不得则惑，人惑则死。且女独不闻邪？昔者海鸟止于鲁郊，鲁侯御迓而觞之于庙，奏《九韶》以为乐，具太牢以为膳。鸟乃眩视忧悲，不敢食一脔，卢转反。不敢饮一杯，三日而死。此以己养养鸟也，非以鸟养养鸟也。夫以鸟养养鸟者，宜栖之深林，游之坛陆，浮之江湖，食之鳝鲦秋由，随行列而止，委蛇萎移而处。彼唯人言之恶闻，奚以夫譊譊恼为乎！《咸池》《九韶》之乐，张之洞庭之野，鸟闻之而飞，兽闻之而走，鱼闻之而下入，人卒猝闻之，相与还患而观之。鱼处水而生，人处水而死，彼必相与异，其好恶故异也。故先圣不一其能，不同其事，名止于实，义设于适，是之谓条达而福持。”坛，司马本作澶。水沙澶也，音但。

郭注 夫不可损益，故当任之而已。内求不得，将求于外，舍内求外，非惑如何？不一其能，不同其事者，言各随其情而已。实而适，故条达。性常得，故福持。吕注 海鸟之说，欲学者深思而慎出也。冲城窒穴之殊器，千里捕鼠之殊技，夜明昼暗之殊性，此先圣之所以不一其能，不同其事也。名止于实，则无过实之名。义设于适，则无过施之义。条达，则随其条之短长而不求通，求通则不达矣。福持，则因其分之小大而不过与，过与则不持矣。疑独 颜回适齐，欲以三皇五帝之道教齐侯，不知齐侯禀性有定，欲强教之则必有辱，此夫子所以忧，子贡所以有问也。小不可怀大，短不可汲深，以其禀于天命，不可得损益，任其自然而已。彼将内求不得，必求诸外，而惑生于心，虽欲全生，岂可得乎？古之人有以直谏杀身者以此。犹以九韶、太牢觞海鸟于庙，而不知好恶之有异也。是以圣人任万物之性，故不一其能。万物各尽其能，故不同其事。圣人无名，因实而后有名。圣人无义，因适变而有义。则名不为浮名，义不为非义。条达，则无往而不适。福持，则无入而不自得也。口义 命与形得于天，各有一定之分，不可损益。以古人之道与齐侯言，未能感动以化之，则将有罪我之意。此借颜子以讥当世游说之士，犹以人食养鸟，失其性矣。此意只是不可与言，而与之言失言，庄子衍出一段澒洞说话。人才不同，人事各异，随其实之所有而得其名，随其意之所适而得其理也。条达者，直截不费力。福持者，福常保持也。

列子行食于道从，见百岁髑髅，搴牵蓬而指之曰："唯予与女知而未尝死、未尝生也。若果养乎？予果欢乎？"种有几，得水则为㡭，继。得水土之际则为鼃蛙蠙之衣，生于陵屯则为陵舄，昔。陵舄得郁栖则为乌足。乌足之根为蛴齐螬，曹。其叶为胡蝶。胡蝶胥也化而为虫，生于灶下，其状若脱，其名为鸲渠掇。都括反。鸲掇千日为鸟，其名为乾干馀骨。乾馀骨之沫为斯弥，斯弥为食醯。希。颐辂生乎食醯，黄軦况生乎九猷，瞀茂芮汭生乎腐蠸。欢。羊奚比乎不箰，笋。久竹生青宁，青宁生程，程生马，马生人，人又反入于机。万物皆出于机，皆入于机。道从，司马云：道旁也。

郭注 未尝死，未尝生者，各以所遇为乐。果养乎？果欢乎？欢养之实，未有定在也。种有几，言变化种数，不可胜计。自"得水则为㡭"至"皆入于机"，言一气而万形，有变化而无死生也。吕注 游魂为变，无所不之，而精气之为物，则其种果有几邪？故㡭与蠙衣、陵舄，一种也，或得水土之际，或得陵屯，而其生各不同。乌足、蛴螬、胡蝶与陵屯，亦一种也，或得郁栖，或以根以叶，而其变各不同。鸲掇、乾馀骨、斯弥、食醯、颐辂与胥，亦一种也，或以灶下，或以日久，或以其沫，而其生各不同。黄軦之于九猷，瞀芮之于腐蠸，羊奚之于不箰，则不知其种之所自生也。久竹也，青宁也，程也，亦一种也。而马与人有自而生也，则物或以无情相生，或以有情相生，或以无情生有情，或以有情生无情，皆游魂精气之所为也。疑独 列子在生而安生，髑髅在死而安死，各以所遇为安，是知未尝生未尝死，养者未必实养，欢者未必实欢也。得水则为㡭，万物生化之始也。次述蛙蠙之衣以至程、马、人，皆生化之物。或一形数变，或因形移易，或死而更生，或生而反死，生此死彼，相因无穷，而形生之主未尝暂无。是以圣人知生不长存，死不永灭。一气之变，所适万形，万形万化而有不化者存，归于不化，故谓之机。机者，动静之主，出无入有，散有反无，靡不由之也。口义 从见者，因而见也。攓蓬者，攓其蓬草而指之也。生而饮食曰养，死而寂灭曰欢。却如此倒说，此是弄奇处。种有几者，言世间之物生者，种各不同。姑以至微者论之，大者亦无异于此。㡭者，水初生苔而未成。蛙蠙之衣，则已成苔附土著岸者。陵屯，田野高处。陵舄，车前草。郁栖，粪壤。乌足之根为蛴螬，其叶又化为胡蝶。胥者，胡蝶之别名。此下说化生之虫。自鸲掇、乾馀骨至瞀芮、腐蠸，皆虫名，谓万物变化，生生不穷也。末后却把至怪底结杀，此是其惊世骇俗处。羊奚，草名。草似竹而不生箰者，曰不箰。久竹、青宁，虫名。程，亦虫也。马，亦草名，如马齿、马兰之类。人，亦草名，如人参、人面子。分明用许多草名，却把马与人故为此诡怪名字。万物之变，如雀化为蛤，鹰化为鸠，腐草化为萤，鼠化为蝙蝠，何所不有？出机入机，即是出生入死，便是火传不知其尽也。义海 夫动植生化之理，耳目不可遍及，非格物[1]君子不能尽知。盖极论物类变化之不常，以明人世生死去来之不足怪，但知有不化者存，足矣。按，经文所载，虽未悉通，姑以文义考之，当从二“醯”字为句。次九猷腐蠸，次羊奚至青宁为一句，参诸《音义》亦然。《山海经》：“南山多貘豹。”郭璞注：“豹之白者曰貘。”程是貘之别名，貘又豹之别名也。评庄 此言一气万形，有变化而无死生。文字之妙，绝出千古。整齐中不整齐，不整齐中整齐，如看飞云断雁，如看孤峰断坂，愈读愈好。

义海总论 是篇名以至乐，而首论有生为累，忧苦多端，以至避处去就，罔知所择，而莫得其所以活身之计，何邪？意谓人能于忧苦中，心生厌离，勇猛思复，则其乐将至矣。故凡俗之所谓乐者，未知其诚乐否邪？盖天下之事，盛则有衰，极则必变。孤臣孽子，操心也危，虑患也深，故达。由是知贫贱忧戚，玉女于成。则祸福之机，常相倚伏，所以举世陷于哀乐之域而不能自出，其能安于性命之情乎？故卒之于无乐无誉，是为至誉至乐也已。次载鼓盆而歌，髑髅之答，皆以人所不乐为己之乐，则其乐也，岂世俗所可共语哉？中叙观化而化及者，肘变而无

①格物，原作“物格”，倒，据《义海》卷五十七乙正。

恶，求己而不得者，闻乐而惊忧，此言顺化则其乐皆同，拂情则虽养非乐也。终论人卉虫兽生化之不常，而断之曰皆出于机，皆入于机。大哉机乎！孰弛张是！凡涉形器，罔不由斯，生死变化，循环无极，若悦生而恶死，或乐死而厌生，皆滞于一偏，而非乐之至。必也无乐无不乐，无生无不生，然后不为化所役，不为机所运，造夫大衍虚一不用之妙，泯然无际，湛兮若存，斯为至乐也欤！

《庄义要删》卷之六《至乐》终

庄义要删外篇　卷之六

达生第十九

达生之情者，不务生之所无以为；达命之情者，不务知之所无奈何。养形必先之以物，物有馀而形不养者有之矣。有生必先无离形，形不离而生亡者有之矣。生之来不能却，其去不能止。悲夫！世之人以为养形足以存生，而养形果不足以存生，则世奚足为哉！虽不足为而不可不为者，其为不免矣。夫欲免为形者，莫如弃世。弃世则无累，无累则正平，正平则与彼更生，更生则几矣。事奚足弃而生奚足遗？弃事则形不劳，遗生则精不亏。夫形全精复，与天为一。天地者，万物之父母也，合则成体，散则成始。形精不亏，是谓能移。精而又精，反以相天。

郭注 生之所无以为者分，外物也。知之所无奈何者命，表事也。知止其分，物称其生，生斯足矣，有馀则伤也。守形太甚，故生亡。知非我所制，则无为有怀于其间。故弥养之而弥失之。养之弥厚，死地弥至，莫若放而任之。性分各自为者，皆在至理中来，故不可免也。是以善养生者，从而任之。更生者，日新之谓也。付之日新，则性命尽矣。弃事则形不劳，遗生则精不亏，所以遗弃之。形全精复，与天为一，俱不为也。天地为万物之父母，以其无所偏为，故能子万物。合成体，散成始，所在皆成，无常处也。能移者，与化俱也。反以相天，还辅其自然也。吕注 生之所无以为，非所待而生也。知之所无奈何[①]，知所不能知也。凡形不养者，以其生生之厚，不皆在物之不足。凡生亡者，以其动之死地，不皆在形之离生。由是知养形果不足以存生，则世奚足为？然不可不为者，人安能免于为形邪？欲免为形者，有世而无累，无累则正平，正平则不以为形为事而与彼更生，得所谓更生者，则几存矣。事本不足弃，不弃则累于事而形劳。生本不足遗，不遗则役于生而精亏。形全精复，则德同于初矣。万物者，禀精于天，成形于地。其合则吾之所以成体，天地絪缊，万物化醇是也。其散则物之所以成始，男女媾精，万物化生是也。疑独 养形在乎物，逐物无已，必为形累。为生在乎形，守形不离生，亡者有之，谓形虽存而生理已亡也。来不可却，去不可止，人以为养形足以存生，而果不足以存生，然则世奚足为哉！虽不足为而其为不免，欲免为形，莫若弃世。世者，人与我同生而不可去也，大觉者以此为大梦。大者既亡，何物足累？无累则用心正平，故能与彼更生，生生不穷则至于命矣。夫事奚足弃，生奚足遗哉？然其始亦莫不在乎弃与遗也，故形不劳而精不亏。若然者，与天为一，与化为友，天地交而万物生，体则有形，始则有气，合则为有，散则为无，形全则明，精全则神，精而又精，乃天下之至神。故

①知之所无奈何，原作"知之无所奈何"，倒，据《义海》卷五一八乙正。

能以己之天相万物之天也。刘概 生者我之有，命者天所制。达生之至者，足以知天。达命之至者，未尝忘人。生之所无以为而已之，则凡可已者，皆不为也。知之所无奈何而安之，则凡可安者，无求于外也。不求不为，与道合矣。然人之形于世，世之有夫累，常相缠而不相离也。且形非道也，世非我也，而累在乎物耳。以理观之，于斯三者，累易遣也。累可去，则世于我也何有？世可弃，则我于形也何羡？不有于世，不羡于形，则达生达命也至矣。口义 生之所无以为者，言身外之物。知之所无奈何者，言人力所不及也。养形必以物，有生必全其形。然物常有馀而形岂长[①]存，形虽能全而生者有尽，虽不足为而不可不为，即前云物莫足为而不可不为也。为与不为，皆不免于自累。欲免于累，非弃世不可。弃世，非避世也。处世无心，感而后应，迫而后动，不得已而后起，则我自我，而世自世矣。正平者，心无高下决择也。更生者，与之为无穷也。彼者，造物也。与造物俱化，日新又新，故曰与彼更生。至于此则尽矣。几，尽也。能知此意，则身外之事与其生者，不待遗弃而自遗弃矣。精复者，精神不散于外也。合则成体，言四大假合成体，散则复初。初者，无物之始也。形神不亏，则能变化，是谓能移也。体道至此，则精而又精，可以赞造化矣。义海 许由高隐而辞禅，知生之所无以为也。夫子厄陈而弦歌，知知之所无奈何也。傥不安其生而益之，物有馀而形不养矣。不安其知而役之，形不离而生亡

①长，原作“常”，误，据《口义》卷六改。

矣。生之来不能却,善养以致之也;其去不可止,过养以伤之也。世之人以为养形足以存生,是知养之为养,而养形果不足以存生,盖不明其所以养,而养非其养也。生不足为,以其因养而亡,然有不可不为者,若饥食渴饮之类,其为也不免,以有世存焉耳。故欲免为形,莫如弃世。有世而遗之,何累之有?正平,谓视物如一。事固不足弃,生固不足遗。然而形全精复,则本于弃事遗生,由粗以至精也。与天为一,斯其极致欤?精而又精,谓纯亦不已。反以相天,则归乎受气之初,万物所不能役,此由达生以造乎忘生之妙也。补注世莫足为而有不可不为者,盖指有形所需日用不可缺者,故曰其为不免矣。欲免为形者,犹言无以小害大,不以饥渴为心害意,言形在所当养,但不可为所累耳。

子列子问关尹曰:“至人潜行不窒,蹈火不热,行乎万物之上而不栗。请问何以至于此?”关尹曰:“是纯气之守也,非知巧果敢之列。居,予语女!汝。凡有貌象声色者,皆物也。物与物何以相远?夫奚足以至乎先?是色而已。则物之造乎不形而止乎无所化,夫得是而穷之者,物焉烟得而止焉!彼将处乎不淫之度,而藏乎无端之纪,游乎万物之所终始,一其性,养其气,合其德,以通乎物之所造。夫若是者,其天守全,其神无郤,隙。物奚自入焉?夫醉者之坠车,虽疾不死。骨节与人同,而犯害与人异,其神全也。乘亦不知也,坠亦不知也,死生惊惧不入乎其胸中,是故遻悟物而不慴。折。彼得全于酒而犹若是,而况得全于天乎?圣人藏于天,故莫之能伤也。复仇者不折镆莫干,虽有忮置心者，不怨飘瓦，是以天下平均。故无攻战之乱，无杀戮之刑者，由此道也。不开人之天，而开天之天，开天者德生，开人者贼生。不厌其天，不忽于人，民几机乎以其真！”

郭注 其心虚，故能御群实。至适，故无不可耳，非物往可之。物与物何以相远？唯无心者独远耳。同是形色之物，未足以相先。常游于极，非物所制也。处乎不淫之度，止于所受之分也。藏乎无端之纪，冥然与造化日新也。游乎万物之所终始者，物之极也。一其性，饰则二矣。养其气，不以心使之。合其德，不以物离之。万物皆造于自尔。若醉者之坠车，失其所知，非自然无心也。圣人藏于天，则不窥性分之外，故曰藏。干将镆铘，与仇为用，然报仇者不事折之，以其无心。飘落之瓦，虽复中人，人莫之怨者，由其无情。是以天下平均，凡不平者，由有情也。无情之道大矣。不虑而知，开天也；知而后感，开人也。开天者，性之动；开人者，知之用也。性动者，遇物而当，足则忘馀，斯德生也。知用者，从感而求，劝而不已，斯贼生也。任天性而动，则人理自全。民之所患，伪之所生，常在于知用，不在于性动也。吕注 天地之运，万物之变，孰非气耶？诚能守乎纯气，则不窒不热不危，无足异也。凡以至虚而已，岂知巧果敢可得与哉？譬龙之为物，合而成体，则上极下蟠而无不至；散而成章，则入于无有而不可见，亦以气而已。凡有貌象声色，皆物也。物与物何以相远？则奚足至乎先？均是色而已，先则未有物之初，色则物之已有。奚足以语纯气之守，至虚之游乎？物之造乎不形，则非象貌声色，故止乎无所化而不去矣。夫得是而穷之者，将处乎不淫之度，则不皦不昧，适与之当而不过也。藏乎无端之纪，则始终相反乎此，不可得而穷也。游乎万物之所终始，则所谓造乎不形而止乎无所化也。一性，则不二。养气，则不耗。合其德，以通乎物之所造，则性修反德，而与造物者同之乎不形。若是者，守全而无郤，物奚自入焉？夫全于酒者，死生惊惧不入其胸中，则藏于天而全之者，宜其物莫能伤也。疑独 纯者不杂，守者致一。不杂则静，致一则专。气静而有守，所谓专气致柔是也。凡物之所造，有形乃自于无形，有化乃自于无化。言神明之德，动静皆存，得是而穷其妙理，以极于无形无化，物焉得而止焉。礼度有法，故不淫；道纪有本，故无端。唯无终始，然后能终始万物。故一其性而不二，养其气而不害，合其德而不散也。若然，则通物所造而不争，守其自然而不亏，物之自外来者安能入于我哉？此下又设三譬，醉者坠车得全于酒，而不能伤也；镆干飘瓦，以其无心而人不怨也。人之天，有为中之自然；天之天，无为中之自然。老子云"地法天"，人之天也；"道法自然"，天之天也。德生者，不以知治国；贼生者，以知治国。不厌其天，不以人灭天也；不忽于人，不以天废人也。碧虚 以其密行，故能冥通。不遇虎兕，不避甲兵者，持守不杂，心无机巧也。物皆形色，孰为先后？有形则有所化，得是不形不化之道，故无有穷尽，物各自正矣。一性、养气、合德，三者混一，与化同矣。其天守全，其神无郤，室热惴栗，何事入焉？醉者之物莫能伤，亦犹是也。口义 纯气之守，守元气而不杂也。貌象声色，谓有形迹也。万物之物皆拘于形，我若有迹，与物同耳，何以至乎未有物之先？人之局于一身，不能见乎万物之终始者，皆以迹自累，故曰是色而已。色，即迹也。前叙四字，后只举“色”字，文法也。造物无形而止于无所化，言其无所变易也。得是而穷之者，得此造化之理而穷尽其妙，则去乎有物之物远矣。故曰物焉得而止焉。淫，乱也。不淫之度，一定之法度也。纪，即理也。无端之纪，无物之初也。万物之所终始，造化是也。一性合德，与造物为一，故曰通乎物之所造。曰天曰神，即此理之在我者。内既全而无间，外物奚自入焉？醉者坠车之喻，极为精密，即是无心之喻。天下平均者，言行于天下无好恶也。争则有攻战杀戮之事，我无心矣，无所争矣，安有是事哉？人之天，犹有心；天之天，无心也。开，明之也。德生者，自然之德也。开人之天，则心犹未化，六根皆为六贼，况外物乎？不厌其天，言不弃其天理也。不忽于人者，言人事之有为者未尝忽之而不为，但无容心耳。

义海 列子得风仙之道，故其问若此。答以纯气之守，一语尽之。盖人兽草木虚空金石，有情无情，不离乎气。人则得气之纯。仙则能守此纯气而抱神以静，故其动也，物莫能窒，火莫能热，危莫能栗也。夫貌象声色，物无相远，又奚足以相先？举不离乎形色而已。然则所谓先者，物之不形，乃物之所自形；物之无化，乃物之所自化；则万物之终始可见矣。得是理而穷之，物焉得而制焉？故将处乎所受之分，藏乎日新之纪，而游乎物之至极，一性养气，与天合德，通乎物之所造，则超乎形色之表矣。其形可忘，其神无间，物奚自入其舍哉？次论醉者全于酒，圣人藏乎天，故莫之能伤也。镆干飘瓦喻无心无情，虽触人而人不怨。人能若是，则天下均平，战争杀戮何自而有？

通义 造乎不形，无始也。止乎无所化，无终也。物焉得而止，言过化存神者外物不滞其太虚之体也。按，德生，谓天德出宁。贼生，谓六贼相攘。故天可常也，不可厌也。人可慎也，不可忽也。

仲尼适楚，出于林中，见痀居偻屡者承蜩，条。犹掇之也。仲尼曰："子巧乎！有道邪？"曰："我有道也。五六月累上声丸二而不坠，则失者锱铢；累三而不坠，则失者十一；累五而不坠，犹掇之也。吾处身也，若厥阙，一作橛株拘；渠。吾执臂也，若槁木之枝。虽天地之大，万物之多，而唯蜩翼之知。吾不反不侧，不以万物易蜩之翼，何为而不得？"孔子顾谓弟子曰："用志不分，乃凝古本作疑于神，其痀偻丈人之谓乎？"厥株拘，李云：竖也。竖若株拘然。

郭注 累二丸于竿头，用手之停审也。故其承蜩，所失者锱铢之间。累三而不坠，所失愈少。累五而不坠，停审之至，乃无所复失。处身若橛株拘，执臂若槁木之枝，不动之至也。何为而不得者，言遗彼故得此也。吕注 知承蜩之道，则所谓纯气之守者，其用志不分亦若是而已。口义 不反不侧，只是凝定。其心一主于蜩而不知有他物，纯一之至也。此借以论纯气之守，而世间实有是事，但以为技而不知有道寓焉。

颜渊问仲尼曰："吾尝济乎觞深之渊，津人操舟若神。吾问焉曰：'操舟可学耶？'曰：'可。善游者数朔能。若乃夫没人，则未尝见舟而便操之也。'吾问焉而不吾告，敢问何谓也？"仲尼曰："善游者数能，忘水也。若乃夫没人之未尝见舟而便操之也，彼视渊若陵，视舟之覆犹其车却也。覆却万方陈乎前而不得入其舍，恶往而不暇？以瓦注者巧，以钩注者惮，以黄金注者殙。昏。其巧一也，而有所矜，则重外也，凡外重者内拙。"

郭注 物虽有性，亦须数[①]习而后能。习以成性，遂若自然。视渊若陵，故视舟之覆于渊，犹车之却退于坂。覆却虽多而不以经怀，以其性便故，所遇皆闲暇也。若所要愈重，则其心愈矜。欲养生全内者，其唯无所矜重乎？吕注 观操舟、金注之说，则形全精复者，非弃世遗生至于其神无却，不足以与此。疑独 此寓言达生者，率性任真，心无系累，无往而不自得。善游者，率性操舟，犹有未至。若乃善没水之人，未尝见舟而便操之也。覆却陈乎前，而不入其胸中，恶往而不暇哉？碧虚 操舟若神，善游者，不惧溺也。鹜没于水者，则不待舟即便操之。言忘水者犹存舟，未尝见舟，兼忘之也。忧患不入于胸次，内有馀裕故也。口义 善没之人，视水如平地，则不学而能操舟矣。不入其舍，心者，神明之舍也。射而赌物曰注。射者之巧本一，有所顾惜，则所重在外而内惑，惑则虽巧者有时而拙矣！

①数，原作"教"，误，据《庄子注》卷七改。

田开之见周威公。威公曰："吾闻祝肾赈学生，吾子与祝肾游，亦何闻焉？"田开之曰："开之操拔篲，遂。以侍门庭，亦何闻于夫子！"威公曰："田子无让，寡人愿闻之。"开之曰："闻之夫子曰：'善养生者，若牧羊然，视其后者而鞭之。'"威公曰："何谓也？"田开之曰："鲁有单善豹者，岩居而水饮，不与民共利，行年七十而犹有婴儿之色，不幸遇饿虎，饿虎杀而食之。有张毅者，高门县玄薄，无不走也，行年四十，而有内热之病以死。豹养其内而虎食其外，毅养其外而病攻其内，此二子者，皆不鞭其后者也。"仲尼曰："无入而藏，无出而阳，柴立其中央。三者若得，其名必极。夫畏途者，十杀一人，则父子兄弟相戒也，必盛卒徒而后敢出焉，不亦知乎？人之所取畏者，衽席之上，饮食之间，而不知为之戒者，过也。"

郭注 学生者，务中适。守一方之事，至于过理者，皆不及于会通之适也。鞭后者，去其不及也。藏既内矣，而又入之，过于入也；阳既外矣，而又出之，过于出也。若槁木之无心，而中适是立也。三者若得，其名必极，名极而实当者也。夫途中十杀一人，便大畏之，至于色欲之害，动之死地而莫不冒之，斯过之甚也。吕注 单豹，则所谓形不离而生亡者也。张毅，则所谓物有馀而形不养者也。豹则入而藏，毅则出而阳，皆有心而为之。柴立，则无心，中央，则非其后者也。口义 拔篲，扫帚，共洒扫之役也。牧羊，本听其自然，有在后者而鞭之，此意便谓循天理而行，亦必尽人事也。单豹、张毅，皆在人事有未尽者，不可全委之于天也。此段于学者己分上最为亲切，推此则知《庄子》前后说天道人道之意。无入而藏，不专于静；无出而阳，不一于动也。柴立中央，无心而立之貌，其形若槁木也。动静无常，不倚一偏，故曰立其中央。尽此三句，可名为至人矣。以畏涂衽席即蛾眉伐性之斧，示人窒欲之戒也。范无隐云：拔，读同拂。通义 鞭后，勉其所不足也。入而藏，有心晦也，豹似之。出而阳，有心显也，毅似之。柴立，木偶也。中央，随时显晦，不以显晦成迹也。此畏途之喻，日用之谨也。下牢彘之喻，名利之谨也。夫是之谓达生。

祝宗人玄端以临牢筴，策。说税彘曰："汝奚恶死？吾将三月豢患汝，十日戒，三日斋，藉白茅，加汝肩尻苦羔反乎雕俎之上，则汝为之乎？"为彘谋曰，不如食以糠糟而错措之牢筴之中，自为谋，则苟生有轩冕之尊，死得于豚直转反楯之上，聚偻缕之中，则为之。为彘谋则去之，自为谋则取之，所异彘者何也？豚，犹篆也。楯，犹案也。聚偻，器名，一云棺椁也。

郭注 欲赡则身亡，理常俱耳，不间人兽也。吕注 为彘谋则去之，自为谋则取之，岂爱身不若彘哉！以世为之累也，故唯弃世遗生可以无累。疑独 为龟谋则愿曳尾于涂中，不愿留骨而为贵；为彘谋则愿食糟糠而措牢筴，不愿加肩尻乎雕俎之上。意谓逆性命之理以居富贵，不若顺性命之理而乐贫贱。庄子自喻以龟，而喻世人以彘，其意可知。碧虚 解牛皮为鼓，正三军之众，为牛计者，不若服轭。狐白之裘，天子被之而坐庙堂，为狐计者，不若走泽。此牢彘所以不愿加肩尻乎雕俎之上，达生达命之旨者也。口义 玄端，冠也。豢，刍养之也。楯，机也。曲而可以聚物曰聚偻。畚，笞之类也。《左·宣公二年》“宰夫胹熊蹯，不熟，杀之，置畚”，即此义。生有轩冕之贵，或以刑死，置身铁锧之上，畚薄之中，亦甘心焉。为彘谋如彼，而自为谋如此，何邪？义海 四章大意相类。痀偻承蜩，用志不分，似亦发明前章纯气之守。渊人操舟若神，即精义入神之谓也。牧羊鞭后，则示养生之规。祝宗说彘，则警轩冕之惑。是皆所以破世人之昏迷，归达生之妙旨。经旨坦明，不复赘释。按，滕楯，陆氏《音义》云：字当作篆辅。画辅车所以载柩。聚，当作丛，才官切。偻，当作蒌，力九切。谓殡于丛涂翣蒌之中也。而旧传经文用字若此。续考《礼记·檀弓》篇：“天子之殡，丛涂，龙辅以椁。”又云：“设蒌翣。”蒌同柳。丛，聚也。聚木盖棺而涂之。龙辅，则篆画龙文也。经意盖谓取富贵者之死以易彘之生，彘犹不为之，岂有人而不如彘乎？

桓公田于泽，管仲御，见鬼焉。公抚管仲之手曰：“仲父何见？”对曰：“臣无所见。”公反，诶爱、哀二音诒太、怡二音为病，数日不出。齐士有皇子告敖者曰：“公则自伤，鬼恶能伤公？夫忿滀畜之气，散而不反，则为不足；上而不下，则使人善怒；下而不上，则使人善忘；不上不下，中身当心，则为病。”桓公曰：“然则有鬼乎？”曰：“有。沈有履，灶有髻。户内之烦壤，雷霆处之；东北方之下者，倍裴阿鲑蛙蠪龙跃之；西北方之下者，则泆逸阳处之。水有罔象，丘有峷，一作莘。山有夔，野有方皇，一作彷徨。泽有委蛇。”公曰：“请问委蛇之状何如？”皇子曰：“委蛇其大如毂，其长如辕，紫衣而朱冠。其为物也，恶闻雷车之声，则捧其首而立。见之者殆乎霸。”桓公辴丑忍反然而笑曰：“此寡人之所见者也。”于是正衣冠与之坐，不终日，而不知病之去也。

郭注 此章言忧来而累生者，不明也；患去而性得者，达理也。吕注 此言忧疑则鬼虽无能伤而自伤，疑释则病虽在己而自去，然则全于天而物无自入者，宜其莫之伤也。疑独 此数鬼名，古人所传，庄子引之，理寓其中，凡学未至天道者，皆不可以议其有无。孔子曰："未能事人，焉能事鬼。"盖亦存而不论也。桓公泽中所见，皇子告敖因其疑而解之，故告以委蛇之状，见之者殆乎霸，其言中桓公之心，其疑遂释而不知病之去也。今人病而问卜，求医用巫而获愈者，亦此理，昧者不知耳。碧虚 管仲无心，故不见鬼。桓公有心，故见鬼成疾。阳气上发而阴凝则善怒，阴气下发而阳伏则善忘，不上不下，中身当心，则为病矣。及问鬼之有无，答以有鬼之状委蛇，则正公之所见也。是知欲无小大，得之则喜，疑无巨细，释之则散。临机贵于启悟，此至人所以未能忘言也。口义 诶诒，气逆之病。沈，沟泥之中也。桓公所见者在泽中，故独问委蛇之状。始疑为妖，故惧而为病；及云见之者霸，故喜而病去矣。义海 桓公因疑而致疾，告敖以妄而止妄，则知鬼之有无，由心之起灭，而心有好恶，又人之妄情也，明矣。妄情去，则好恶得其真，本心明，则起灭不由彼。今人之逐妄丧真，皆见鬼而成疾者也。告敖之言曰："公则自伤，鬼恶能伤公？"斯为治病之良剂欤！盖戏瓦出而心痛除，弓影去而疑病愈之类也。据所载鬼名，似涉怪诞，然《孔子家语》亦有夔罔象之说，《左传》"新鬼大，故鬼小"，《史记》滈池君献璧之事，则鬼不为无有也，但阴阳各得其所，两不相伤足矣。经云："天下有道，其鬼不神。”

纪渻省，一作消子为王养斗鸡。十日而问：“鸡已乎？”曰：“未也，方虚憍骄而恃气。”十日又问，曰：“未也。犹应向享景。影。”十日又问，曰：“未也。犹疾视而盛气。”十日又问，曰：“几矣。鸡虽有鸣者，已无变矣。望之似木鸡矣，其德全矣，异鸡无敢应者，反走矣。”

郭注 此章言养之以至于全，犹无敌于外，况自全乎！吕注 人之所养能如木鸡，不为物感而变，则亦莫之敌。疑独 此以养鸡喻养生，而所养有渐。望之似木鸡，异鸡无敢应，则知德全者，非但己无心，乃能使物不生心，此养之至也。口义 闻响而应，见影而动，则心犹为物所动也。疾视而盛气，言神气已旺而形不动。首云虚憍而恃气，则气在外；此言[①]疾视而盛气，则气在内；至于望之似木鸡，则神气俱全矣。此言守气之学，借鸡为喻。

孔子观于吕梁，县玄水三十仞，流沫四十里，鼋鼍鱼鳖之所不能游也。见一丈夫游之，以为有苦而欲死也，使弟子并傍流而拯之。数百步而出，被皮寄反发行歌而游于塘下。孔子从而问焉，曰：“吾以子为鬼，察子则人也。请问，蹈水有道乎？”曰：“亡，吾无道。吾始乎故，长乎性，成乎命。与齐俱入，与汩骨偕出，从水之道而不为私焉。此吾所以蹈之也。”孔子曰：“何谓始乎故，长乎性，成乎命？”

①言，原脱，据《口义》卷六补。

曰:“吾生于陵而安于陵,故也;长于水而安于水,性也;不知吾所以然而然,命也。”

郭注磨翁而旋入者,齐也。回伏而涌出者,汩也。人有偏能,得其所能而任之,则天下无难矣。用夫无难以涉乎生生之道,何往而不通哉!**吕注**由乎性命之理,与齐俱入,与汩皆出,从水之道而不为私,犹可蹈也。至于鼋鼍之所不能游,则合其德以通乎物之所造,宜其无所蹈而不适也。生于陵而安于陵为故,故则非出于性而人之所为也。长于水而安于水为性,性则其所偏能也。苟无其性而习之,则虽能之,不至人所不能及也。**口义**此段与前操舟意同。故,本然也。《孟子》曰“言性者,故而已”,谓性命自然之理。从水之道而不为私,顺而不逆之意。安陵、安水,皆随其自然而不知其所以然也。故“性命”二字,初无分别,但如此作文耳。**义海**吕梁丈人之蹈水行歌,其妙在乎从水之道而不为私,所以水不能害也。人之处世,能从人之道而不为私,人亦无害之者矣。推是理以交物,安往而不全哉?始乎故,则因习而成;长乎性,习久成自然也;成乎命,则与水相忘,不知所以然而然,是谓得全于天者也。按,此章即与物无迕者,处物而不伤之意,斯言也,其为涉世之标准欤?

梓庆削木为鐻,据。鐻成,见者惊犹鬼神。鲁侯见而问焉,曰:“子何术以为焉?”对曰:“臣工人,何术之有!虽然,有一焉。臣将为鐻,未尝敢以耗气也,必齐斋,下同以静心。齐三日,而不敢怀庆赏爵禄;玄妙。齐五日,不敢怀非誉余巧拙；齐七日，辄然忘吾有四肢形体也。当是时也，无公朝，潮。其巧专而外滑骨消；然后入山林，观天性形躯至矣，然后成；见鐻然后加手焉；不然则已。则以天合天，器之所以疑神者，其是与？”

郭注 视公朝若无，跂慕之心绝矣。必取其材中者，不离其自然也。尽因物之妙，故疑是鬼神所作耳。吕注 器之所以疑神者犹如此，则外滑未消而欲游乎物之所造者，不可得至矣。疑独 梓人，名庆。鐻，止乐之器，一名敔，象伏虎形，背有二十七鉏铻。未尝耗气，虚一而静也。不怀庆赏爵禄，忘利也。不怀非誉巧拙，忘名也。忘吾有四肢形体，则神全而与天为一，故能视公朝若无，而外事之滑心者消，然后入山林，观木形与鐻合者，然后加手，而不强求之，推己之天以合物之天，此器之所以疑于神也。口义 鐻，钟鼓之柎[1]，乃笋簴之类，所以悬钟鼓，刻木为兽形者也。不怀爵禄非誉，忘其肢体，谓纯气自守，外物不入也。观木之天性形躯若见成者，然后取而用之，以我之自然合物之自然而已。

东野稷以御见庄公，进退中绳，左右旋中规。庄公以为文弗过也，使之钩百而反。颜阖遇之，入见曰：“稷之马将败。”公密而不应。少焉，果败而反。公曰：“子何以知之？”曰：“其马力竭矣，而犹求焉，故曰败。”

郭注 马力竭而犹求焉，故败，明至当之不可过也。

①柎，原作“拊”，误，据《说文解字》改。

吕注 稷之御至善矣，而不能无败于马力既竭之后，则为道而务乎生之所无以为，知之所无奈何者，亦无自而成矣。疑独 稷之御，中规绳，庄公以为有文者不能过也，使之回旋如钩，百度而反，马力已竭而犹求焉，故知其必败。此明性之理，顺其至当而已，不可过求也。碧虚 御中规绳，如组织文绣；使之回还如钩，百往百反，皆复故迹也。韩婴曰："舜工于使人，造父工于使马。"不穷其民，故无逸民；不穷其马，故无逸马。马之蹶败，由策御之过分；民之知竭，由政教之苛察。故达命者，不务知之所无奈何也。口义 御之巧如织组然，故曰文弗过。钩，御马而打围也。百反，言百转也。马力竭而驰之不已，御虽巧而必败。人之自用，岂可过劳其神乎？义海 "执辔如组，两骖如舞"，可以证文弗过之义。

工倕旋而盖规矩，指与物化而不以心稽，故其灵台一而不桎。

郭注 虽工倕之巧，犹任规矩，此言因物之易也。吕注 工倕旋而盖规矩，言任指之旋而盖乎规矩，盖则其画与之合而不露也，指物之相得，若化之自然，不待心之稽考而后合乎方圆也。夫唯如此，则其灵台一而不桎。疑独 工倕能旋疾，以用规矩，得于手而心应之，未尝有所稽留，故其灵台虚一而不为利欲所桎梏也。碧虚 工倕之应物无滞而性不杂者，指与物化也。心无稽留，故其灵台一而不桎也。口义 工倕以手旋转，其圆便如盖然，自中规矩。如吴道子画佛像圆光,一笔而就。指与物化,犹山谷论书法云:“手不知笔,笔不知手,手笔两忘,而略不留心。”即所谓“官知止而神欲行”也,故其灵台纯一而不拘碍。义海 工倕旋而盖规矩,诸解中吕说明当,所论“盖”字尤[1]有理。鬳斋于“盖”字颇费辞,而后论精到。合二家之长,斯为尽善也。经意不过谓达生之人,心通物理而物与之合,非区区求合于物,故其巧妙,其功深,徜徉于世而未尝不适,是为[2]忘适之适。

忘足,屦之适也;忘要,平声。带之适也;知忘是非,心之适也;不内变,不外从事,会之适也。始乎适而未尝不适者,忘适之适也。

郭注 百体皆适,则都忘其身也。是非生于不适耳。所遇而安,故无所变从。是知识适者,犹未适也。疑独 忘足则屦无不适,忘腰则带无不适,忘是非则心无不适。内不好变,外不好从,遇其事,观其会,以行其典礼,则事会无不适,是为忘适之适也。碧虚 忘足忘腰,末也。心忘是非,则本亦忘矣,况于末乎?内外在我,所遇皆然,自适而常适,乃无适之适。工倕之妙亦犹是也。口义 适,安也。会,犹造也。造道而至于适,则内境纯一而无所变,虽与物接,亦不知所从事者矣。始乎适而未尝不适者,久则并与适亦忘之也。

有孙休者,踵门而诧子扁庆子曰:“休居乡不见谓不

①尤,原作“犹”,误,据《义海》卷五十九改。
②为,原作“谓”,误,据《义海》卷五十九改。

修，临难不见谓不勇；然而田原不遇岁，事君不遇世，宾摈于乡里，逐于州部，则胡罪乎天哉？休恶乌遇此命也？”扁子曰：“子独不闻夫至人之自行邪？忘其肝胆，遗其耳目，芒然彷徨乎尘垢之外，逍遥乎无事之业，是谓‘为而不恃，长而不宰’。今汝饰知以惊愚，修身以明污，昭昭乎若揭日月而行也。汝得全而形躯，具而九窍，无中道夭于聋盲跛蹇，而比于人数，亦幸矣，又何暇乎天之怨哉？子往矣！”孙子出。扁子入，坐有间，仰天而叹。弟子问曰：“先生何为叹乎？”扁子曰：“向者休来，吾告之[①]以至人之德，吾恐其惊而遂至于惑也。”弟子曰：“不然。孙子之所言是邪，先生之所言非邪，非固不能惑是。孙子所言非邪，先生所言是邪，彼固惑而来矣，又奚罪焉？”扁子曰：“不然。昔者有鸟止于鲁郊，鲁君说悦之，为具太牢以飨之，奏《九韶》以乐洛之，鸟乃始忧悲眩视，不敢饮食。此之谓以己养养鸟也。若夫以鸟养养鸟者，宜栖之深林，浮之江湖，食之以委蛇，则平陆而已矣。今休，款启寡闻之民也，吾告以至人之德，譬之若载鼷兮以车马，乐鴳晏以钟鼓也。彼又恶能无惊乎哉！”

郭注 忘肝胆，遗耳目，暗付自然也。凡非真性，皆尘垢也。凡自为者，皆无事之业也。率性自为，非恃而为之。任其自长，非宰而长之。以鸟养鸟，各有所便也。此章言养生者，各任性命[②]之适而至矣。委蛇，司马云：泥鳝也。吕注 此篇之旨在乎存生，以至神全精复，与天为一。若孙休之所为，则

①之，原脱，据《庄子注》卷七补。

②性命，《庄子注》卷七作“性分”。

反之者也。其闻斯言也,不能无忧惊,眩视而不敢饮食,故终之以[①]海鸟之说云。口义 宾,读同擯,弃也。明污、惊愚,言其自异。款启,小孔窍,喻其所见者小。语之太高,彼安得不惊邪?此讥当时学者浅见而未知大道也。食以委蛇,使之自得而食也。鸟养之喻,已见前篇。义海 乐天知命,故不忧。穷理尽性,夫何疑?若孙休之所云,其于天命理性之说大有径庭矣。故扁子告以至人之行,忘肝胆则内虚,遗耳目则外静,然后彷徨乎尘垢之外。凡人世有为事迹,皆尘垢也。能离乎此,则行住坐卧,莫非无事之业,所谓身出世间[②]矣,何为可恃,何长可宰邪?今汝饰知修身,昭若日月,以揽世间之祸患,得全形无夭,亦幸矣,何暇乎天之怨哉!此所以深警其迷,而使之知复也。海鸟之喻,文意显明。

义海总论 是篇首论生者人之所重,或过养[③]而伤生;命在天而莫违,或以故而灭命。傥达于斯二者,则能保其生而安乎命,是为深根固柢,长生久视之道也。故凡生之所无以为者,己之命之所无奈何者,远之知其非所当务,而吾有纯全之天不可须臾离也。请观醉者之视车,仇者之于镆干,则亦何所容心哉?承蜩操舟,以明积习而造妙;牧羊畏途,在乎鞭后而戒危。说彘喻贪爵者不如,见鬼显不能冥妄者多惑。此后设喻不一,皆所以申达生之旨,可谓谆且切矣!夫人生所养,自有分定,不为求之而得,弗求而失也。人之患难,有出非虞,不为幸而可逃智而可免也,在乎修人事以顺天理,求其无愧而已。寿夭

①以,原脱,据《义海》卷五十九补。

②身出世间,原作“出世世间”,误,据《义海》卷五十九改。

③养,原作“义”,误,据《义海》卷五十九改。

祸福,非所汲汲也。至若岩谷清修,庙堂事业,内而养生,外而治人,亦不过美人伦,兴教化,同归乎道德之理而已。然的知生为可重,而能警乎衽席饮食之间者,几何人哉?必也望之而似木鸡,御而不竭其力,斯达乎生理而庶几乎至人之行矣。结以鲁郊之鸟闻钟鼓而忧悲,盖外失其养,则内伤其性,苟知所以养之,则知所以全之,要在达己之生,推以利物之生,与物同适,忘适而无不适矣。

《庄义要删》卷之六《达生》终

庄义要删外篇　卷之七

山木第二十

庄子行于山中，见大木枝叶盛茂，伐木者止其旁而不取也。问其故，曰："无所可用。"庄子曰："此木以不材得终其天年。"夫子出于山，舍于故人之家。故人喜，命竖子杀雁而烹之。竖子请曰："其一能鸣，其一不能鸣，请奚杀？"主人曰："杀不能鸣者。"明日，弟子问于庄子曰："昨日山中之木，以不材得终其天年；今主人之雁，以不材死。先生将何处？"庄子笑曰："周将处乎材与不材之间。材与不材之间，似之而非也，故未免乎累。若夫乘道德而浮游则不然。无誉余无訾紫，一龙一蛇，与时俱化，而无肯专为。一上一下，以和为量。浮游乎万物之祖。物物而不物于物，则胡可得而累邪！此神农、黄帝之法则也。若夫万物之情、人伦之传，则不然。合则离，成则毁，廉则挫，尊则议，有为则亏，贤则谋，不肖则欺，胡可得而必乎哉？悲夫！弟子志之，其唯道德之乡乎！"訾，毁也。传，司马云：事愿可传行也。乡，褚氏拟作向。

郭注　设将处此耳，以未免乎累，竟不处。若夫乘道德而浮游者，庄子亦处焉。胡可得而必乎哉，言不可必，故待之不可以一方也。唯与时俱化者，能涉变而常通耳。吕注 圣贤之不容于世，其累常在材，故庄子数数言之，深戒乎材之为累也。若夫愚不肖以不能鸣见杀亦多矣，岂以不材必可免邪？则山中之木，主人之雁，其失均耳，故将择夫材与不材之间而处之。然犹似道而非道也。以道之为体，不涉两端，亦非中央，则材不材之间犹未免乎累。若夫乘道德而浮游，则无誉无訾，不可得而贵贱；一龙一蛇，不可得而圣。凡消息盈虚，与时俱化，或升或潜，和而不乖，岂系乎材不材之间！凡以浮游乎万物之祖而已。万物之祖，犹云众父父也。若是，则物物而不物于物，胡可得而累邪？夫万物之情，人伦之传，有合必离，有成必毁，廉则见挫，尊则见议。然则材不材之间欲免乎累何可必得？欲无累者，其唯道德之乡乎！疑独 天下之理，其发如机，可乘而不可制。天下之时，其过如矢，可因而不可执。是以圣人因时乘理，与物俱流而不凝滞于物，与世俱化而不拘系于世。一龙一蛇，其变无常。不得而誉，不得而訾，与时俱化，以和为量。浮游乎万物之祖，物物而不物于物，以应无穷之变。此先王所贵之法则也。若夫万物之情，人伦之传，则不免乎离合成毁，胡可必哉？碧虚 道德之乡，在乎不必而无迹也。口义 材与不材，犹有形迹，故未免乎自累。必至于善恶俱泯，无得而名，斯为全其天也。乘道德者，顺自然也。一龙一蛇，喻用舍随时。我无容心，故无誉无訾。专为，则有心矣。上下，进退也。和，顺也。量，则也，度也。以顺自然为度，则或上或下皆可。祖，即始也。万物之情，私情也。人伦之传，人类之传习也。此下数句，曲尽人情。处世不由人，胡可自必？悲叹世俗之不美，人事之无常，危机之可畏也，故嘱其弟子识之。唯顺乎自然则可以自免也。义海 为圣贤者，无不因学而成。学圣贤[①]者，往往徇迹成弊。唯得心遗迹，斯无弊矣。木以不材而生，雁以不材而死，此可见之迹也。然其所以生所以死，岂专在乎材与不材？亦有系乎所遇焉。故真人[②]将处乎材与不材之间，犹以为未免乎累，而欲脱去之，特未知所遇者何如耳。能否系乎材，所遇系乎命。或谓材属人而命属天，则截然二途矣。盖材亦出于天而成之在人，命全之在人而有系乎天，所遇则天人相因之迹，而美恶之所以著也。故材不材之间，贤者之事。超三者而无累，则入乎圣矣。是以必至于游乎万物之祖，物物而不物于物，然后材之所不能役，命之所不能拘也。故圣人不贵材，罕言命。

市南宜僚见鲁侯，鲁侯有忧色。市南子曰："君有忧色，何也？"鲁侯曰："吾学先王之道，修先君之业。吾敬鬼尊贤，亲而行之，无须臾离。居然不免于患，吾是以忧。"市南子曰："君之除患之术浅矣！夫丰狐文豹，栖于山林，伏于岩穴，静也；夜行昼居，戒也；虽饥渴隐约，犹且胥疏于江河之上而求食焉，定也。然且不免于网罗机辟阘之患，是何罪之有哉？其皮为之灾也。今鲁国独非君之皮邪？吾愿君刳枯形去皮，洒洗心去欲，而游于无人之野。南越有邑焉，名为建德之国。即佛氏西天之说。其民愚而朴，少私而寡

①贤，原脱，据《义海》卷六十补。

②真人，原作"其人"，误，据《义海》卷六十改。

欲;知作而不知藏,与而不求其报;不知义之所适,不知礼之所将;猖狂妄行,乃蹈乎大方;其生可乐,洛。其死可葬。吾愿君去国捐俗,与道相辅而行。”君曰:“彼其道远而险,又有江山,我无舟车,奈何?”市南子曰:“君无形倨,无留居,以为君车。”君曰:“彼其道幽远而无人,吾谁与为邻?我无粮,我无食,安得而至焉?”市南子曰:“少君之费,寡君之欲,虽无粮而乃足。君其涉于江而浮于海,望之而不见其崖,愈往而不知其所穷。送君者皆自崖而反,君自此远矣!远语玄思。故有人者累,见有于人者忧。故尧非有人,非见有于人也。吾愿去君之累,除君之忧,而独与道游于大莫之国。方舟而济于河,有虚船来触舟,虽有惼编心之人不怒;有一人在其上,则呼去声,下同张歙翕之;一呼而不闻,再呼而不闻,于是三呼邪,则必以恶声随之。向也不怒而今也怒,向也虚而今也实。人能虚己以游世,其孰能害之?”结得奇。《左传》云:“市南有熊宜僚,楚人也。”“无须臾离”绝句。大莫,莫,无也。惼,《尔雅》云:“急也。”

郭注 有其身而矜其国,虽忧怀万端,尊贤尚行,而患虑愈深矣。欲[①]令无其身,忘其国,而任其自化。寄之南越,取其去鲁之远也。若各恣其本步,而人人自蹈其方,则万方得矣,不亦大乎?去国捐俗,谓荡除其胸中,君乃谓真欲使之南越也。形倨,踬碍之谓。留居,滞守之谓。形与物夷,心与物化,斯寄物以自载也。君能少费寡欲,则无所不足。涉江浮海,不见其崖,喻绝情欲之远。君无欲,则各反守其分。自此远矣,超然独立于万物之上也。有人者,

①欲,原作“故”,误,据《庄子注》卷七改。

有之以为己私。见有于人，为人所役用也。尧有天下而寄之百官，非有人也；因民任物而不役己，非见有于人也。游于大莫之国者，欲令荡然无有国之怀，则世虽变，其于虚己以免害，一也。吕注 大莫、建德，即前章所谓万物之祖，道德之乡是也。次论虚船触舟而不怒，向之乘道德而浮游者，其于世也亦若此而已矣。疑独 刳形去心，游于无人之野，使之神德行入而同乎天也。去国捐俗，与道相辅而行之于建德之国，使之显道出而同乎人也。碧虚 大莫之国，谓造化也。虚船触舟，喻无心而遇物。向也不怒，非有人也。而今也怒，见有于人也。人不怒虚舟，则物不害虚己可知矣。口义 以皮自累，言有名有位于世皆能召祸也。居然，安然也。隐约，静处也。疏，远也。胥，相也。退之，所谓俯而啄，仰而四顾，深居而简出者也。前言无人之野，即无物之始。此又云建德之国。看此一段，今人礼净土，其源出于此。战国时，南越未通中土，借以立言，初无他义。耕作自食而无私畜，未有礼义之名，故无所适，无所将，猖狂从心而行，皆合乎大道也。以慕道之心自相勉励，而欲至于此国。无形倨，不有其身。无留居，不有其国。如是，则可以往矣。涉江浮海，至不知所穷，只是"游无穷"三字。送君者皆自崖而反，君自此远矣，言学道之人既悟之后，向之所资以自悟者，如人饯送，登舟至于海崖，皆以反归矣。譬见舞剑而善草书，始因剑而悟，既悟，则剑为送者矣。读书亦资送者也。有人者，以我而役物也。见有于人者，我为物所役也。大莫之国，即无人之野、建德之国也。方舟，并舟也。虚船触舟而不怒，此喻最佳。义海 狐豹栖伏隐约，犹不免于患，皮为之灾也。今鲁国君位，无异文皮之贾祸。信能刳形，则外皮自去；洒心，则内欲自除；超然远俗，是游无人之野也。到此恐鲁侯渺茫无据，又设建德之国以诱之。大莫之国，即《逍遥游》所谓“无何有之乡”是也。

北宫奢为卫灵公赋敛以为钟，为坛乎郭门之外，三月而成上下之县。玄。王子庆忌见而问焉，曰：“子何术之设？”奢曰：“一之间，无敢设也。奢闻之：‘既雕既琢，复归于朴。’侗乎其无识，傥乎其怠疑，萃乎芒乎，其送往而迎来；来者勿禁，往者勿止；从其强梁，随其曲傅附，因其自穷，故朝夕赋敛而毫毛不挫，而况有大途者乎？”北宫奢，卫大夫也。司马云：“八音备为县，而声高下。”强梁，多力也。曲傅，司马云：“谓曲附已者随之也。”

郭注 泊然守一，非敢假设以益事。还用其本性，任其纯朴而已。无所趣，无所悦，而任彼往来。从其强梁，顺乎众也。随其曲傅，无所系也。因其自穷，而用其不得不尔。赋敛无挫，当故无损也。泰然无执，用天下之自为，斯大通之途矣。故曰“经之营之，不日成之”。吕注 有术设其间，则非所谓一也。雕琢复朴，去华务实也。侗乎无识，不知谁何。傥乎怠疑，不敢欲速也。送往迎来，勿禁勿止。强梁无所抑，曲傅无所遏，而出于彼之不得已，故朝夕赋敛而毫毛不挫，以其无所设于一之间而已。况天下之理有大途者乎？庖丁所以游刃于其间而有馀地也。疑独 钟者，虚中而善应，以喻人心。赋敛以为钟，喻啬养精神，以治心也。为坛祭钟而后用，喻成心之体，然后成心之用也。三月，天道小成。上下之悬，体用备也。王子庆忌问何术之设，答以抱一以为用，无敢设也。复朴，喻复性。无识怠疑，何思何虑也。往来勿禁，各任所适。从其强梁，柔刚也。随其曲傅，不强柔也。因其自穷，所以不穷，故赋敛而毫毛不挫，此皆不出乎性分之内，是以无损而自足也。按，林疑独此注，尽非庄氏正意，姑存之，以备一异。口义 敛民之财以铸钟，先祭而后铸，故曰为坛。架有两层，故曰上下县。此言编钟也。何术之设，言用何术而成，若此之速也。一，纯一也。循自然之理，纯一而无杂，故曰一之间无敢设。雕琢复朴，去圭角而归自然。侗乎，无识之貌。若怠若疑，无容心之状。勿禁勿止，无将迎也。强梁，不顺。曲傅，顺也，皆随而听之。自穷，自至。言或顺或逆，终皆不求而自至，故无毫毛之伤。大途，谓可坦然而行。无容心以处之也。义海 此言以道处物者，无往而不从容；执物而障道者，无往而不系累。夫赋敛以成事，后世为国者所不免，有道存乎其间，则事成而民不害也。所谓有道者何？守一复朴而已矣。

孔子围于陈蔡之间，七日不火食。太公任往吊之，曰：“子几死乎？”曰：“然。”“子恶死乎？”曰：“然。”任曰：“予尝言不死之道。东海有鸟焉，其名曰意怠。其为鸟也，翂翂纷䎘䎘，秩。而似无能；引援而飞，迫胁而栖；进不敢为前，退不敢为后；食不敢先尝，必取其绪。故其行杭列不斥，而外人卒不得害，是以免于患。直木先伐，甘井先竭。

子其意者饰知以惊愚，修身以明污，昭昭乎如揭日月而行，故不免也。昔吾闻之大成之人曰：“自伐者无功，功成者隳，名成者亏。”孰能去功与名而还与众人！道流而不明居，得行而不名处；纯纯常常，乃比于狂；削迹捐势，不为功名。是故无责于人，人亦无责焉。至人不闻，子何喜哉！”孔子曰：“善哉！”辞其交游，去其弟子，逃于大泽，衣裘褐，食杼序栗，入兽不乱群，入鸟不乱行。杭。鸟兽不恶，而况人乎？翂翂翐翐，司马舒迟貌。迫胁而栖，李云：迫胁，在众鸟中才得容身而宿，辟害之至也。

郭注 圣人无好恶，既弘大舒缓，又心无常系。不敢为前为后者，常从容处中。食必取其绪，其于随物而已。行列不斥，与群俱也。患害生于役知以奔竞。木伐井竭，才之害也。夫察焉小异，则与众鸟迕矣；混然大同，则无独异于世矣。故昭昭者，乃冥冥之迹也。将寄言以遗迹，因陈蔡以托意[①]。恃功名以为已成者，未之尝全。功自众成，故还之。道昧然而自行，彼皆居然自得此行耳，非由名而后处之。纯常，乃比于狂，无心而动故也。自彼成，故势不在我而名迹皆去。恣情任彼，故彼各自当其责也。寂泊无怀，乃至人也。辞交游，去弟子，取其弃人间之好。若草木之无心，故为鸟兽所不畏。盖寄言以极推至诚之信，任乎物而无受害之地也。吕注 翂翂翐翐，则虽纷而不乱，似无能而非无能。引援而飞，迫胁而栖，则踌躇不得已于动止之间也。道流而不明，居则人莫见其功，得行而不名，处则人莫闻其名。得，则德也。纯常比狂，猖狂妄行也。不为

①意，《庄子注》卷七作“患”。

功名,还与众人也。此所谓有道者能以有馀奉天下也。疑独 大成之人,指老子。去功与[1]名,还与众人,此所以不隳不亏也。道流于天下而不见其迹,德行于天下而不闻其名,不杂不变,无心若狂,故不责于人而人亦无责,此至人之道也。至人不欲名闻于人,子何喜于名也!夫子于是辞交游,去弟子,逃于大泽,衣褐食杼,尽弃人间之好,而求物外之理,鸟兽为之柔驯,况于人乎? 碧虚 鸟名意怠,取其无骞翥之心。引援而飞,食取其绪,言避害之深也。今孔饰知以删《诗》《书》,修身以定礼乐,昭如日月,众人师仰。有如直木甘井,先遭伐竭;伐功矜名,必无全者。故神人无功,其功归民;圣人无名,其名归臣;道气流布,何尝彰显!至人所居,得行其道,而民不见其迹也。口义 意怠,燕也。迫胁而栖,言近人为巢。各依人家,故外人不得害之。顺道而行,黯然自晦,故曰道流而不明。所居得行其志,不以声名自高,故曰居得行而不名处。不处,不有之也。纯纯常常,一也。比于狂,若无心也。削迹捐势,不以功名为意,谓无迹而化也。至人欲无闻于世,子何以名为喜乎?末后数语,与《列子》"食豕如食人"意同。义海 "道流而不明居,得行而不名处"二句,停匀分读,义自显然。郭氏乃于"明"字下著注,故后来解者不越此论,唯吕氏、疑独二家从"居"从"处"为句,盖"得"当是"德","名"应是"明",庶与上文义协。

①与,原作"为",误,据《义海》卷六十一改。

孔子问子桑雽户曰："吾再逐于鲁，伐树于宋，削迹于卫，穷于商周，围于陈蔡之间。吾犯此数患，亲交益疏，徒友益散，何与？"子桑雽曰："子独不闻假人之亡与？林回弃千金之璧，负赤子而趋。或曰：'为其布与？赤子之布寡矣；为其累与？赤子之累多矣；弃千金之璧，负赤子而趋，何也？'林回曰：'彼以利合，此以天属也。'夫以利合者，迫穷祸患害相弃也；以天属者，迫穷祸患害相收也。夫相收之与相弃亦远矣。且君子之交淡若水，小人之交甘若醴。君子淡以亲，小人甘以绝。说尽人情世状。彼无故以合者，则无故以离。"孔子曰："敬闻命矣！"徐行翔佯而归，绝学捐书，弟子无挹揖于前，其爱益加进。异日，桑雽又曰："舜之将死，真泠泠禹曰：'汝戒之哉！形莫若缘，情莫若率。'缘则不离，率则不劳；不离不劳，则不求文以待形。不求文以待形，固不待物。"李云：桑，姓；雽，其名。隐人也。假，国名。林回，司马云：殷之逃民之姓名。布，谓货财也。挹，李云：无所执持也。

郭注 君子之交，无利故淡，道合故亲。小人之交，饰利故甘，利不可常，故有时而绝也。无故而自合者，天属也；合不由故，则故不足以离之。有故而合，必有故而离矣。其爱益加进，去饰任素也。因形率情，故不矫之以利。形不假，故常全；情不矫，故常逸。不求文以待形，任朴而直前也。固不待物，朴素而足也。吕注 形莫若缘，缘则不离而合矣。情莫若率，率则不劳而逸矣。不离不劳，则任其质之自然而性分已足，奚用求文以待形哉？不求文以待形，则不待物宜矣。疑独 以势交者，势穷则离；以利合者，利穷则散。唯父母兄弟，天属也，其相亲之道，尤见于穷祸患害之时。故假人之亡国，林回不以千金之璧为利而以赤子为爱，出乎天性之自然。盖其始无所因而合，今亦无所因而离也。孔子犯患之后，交徒益散者，其始有故而合，亦有故而离也。舜之将死，以其真道命令禹曰“形莫若缘”，不以心使形也；“情莫若率”，不以物忤情也。形缘则不离，情率则不劳。故无文而反质，无物而自足矣。口义 泠，晓也，以真道告之。缘，谓因其自然之意。率，谓循其自然之意。不离，与道为一也。形，指我。文，指身外之物。不以身外之物待我，待犹宴客曰待。不以身外为文，华则不待于物。此不待，不用之也。三个“待”字，两义。义海 天属相收，出乎自然，无故而合也。利合相亲，出乎使然，有故而合也。以夫子之交徒比林回之赤子，则有故无故可见。淡亲甘绝，又为世道泛言之，此相收相弃之所以分也。弟子无揖逊之礼而相忘于前，其爱益加进，则去饰任真，皆天属也。形缘而不离，则己常存。性率而不劳，则性常逸。所谓我者得矣，又何待乎礼文？何资乎外物哉？按，“真泠”二字，强解欠通，疑“其令”字。补注“待”字无二义。《义海》云：“形缘而不离，则己常存。情率而不劳，则性常逸。所谓[①]我者得矣，又何待乎礼文？何资乎外物哉？”此较优。

庄子衣大布而补之，正縻絜系履而过戈魏王。魏王曰：“何先生之惫败邪？”庄子曰：“贫也，非惫也。士有道德不

①谓，原作“为”，误，据《义海》“所谓我者得矣”改。

能行，惫也；衣弊履穿，贫也，非惫也，此所谓非遭时也。王独不见夫腾猿乎？其得楠梓豫章也，揽蔓其枝，而王长其间，虽羿、逢蒙不能睥睨也。及其得柘棘枳枸矩之间也，危行侧视，振动悼栗，此筋骨非有加急而不柔也，处势不便，未足以逞其能也。今处昏上乱相之间，而欲无惫，奚可得邪？此比干之见剖心，征也夫！”

郭注 遭时得地，则申其长枝，虽古之善射，莫之能害；势不便而强为之，则受戮矣。吕注 虽放言若此而不见害者，虚己以游世之证也。疑独 庄子以腾猿自喻，得楠梓豫章，犹君子之得时，处柘棘枳枸之间，谓遭昏主乱相，虽欲不惫不可得也。如欲强以直言行道，比干之见剖心，征验昭然也。口义 大布，粗布也。縻，带也。系履，履弊而以索穿之也。惫，病也。揽，把也。蔓，缠绕也。王长，言其志盛意得也。“不柔”上著“加急”字，其状猿尤精。

孔子穷于陈蔡之间，七日不火食，左据槁木，右击槁枝，而歌猋标氏之风。有其具而无其数，有其声而无宫角。木声与人声，犁然有当于人之心。颜回端拱还旋目而窥之。仲尼恐其广己而造大也，爱己而造哀也，曰：“回，无受天损易异，无受人益难。无始而非卒也，人与天一也。夫今之歌者其谁乎？”回曰：“敢问无受天损易。”仲尼曰：“饥渴寒暑，穷桎不行，天地之行也，运物之泄也，言与之偕逝之谓也。为人臣者，不敢去之。执臣之道犹若是，而况乎所以待天乎！”“何谓无受人益难？”仲尼曰：“始用四达，爵禄并至而不穷。物之所利，乃非己也，吾命有在外者也。

君子不为盗，贤人不为窃。吾若取之何哉？故曰：鸟莫知于鷾鸸，意而。目之所不宜处不给视，虽落其实，弃之而走。其畏人也，而袭诸人间。社稷存焉尔。”“何谓无始而非卒？”仲尼曰：“化万物而不知其禅善之者，焉烟，下同知其所终？焉知其所始？正以待之而已耳。”“何谓人与天一邪？”仲尼曰：“有人，天也；有天，亦天也。人之不能有天，性也。圣人晏然体逝而终矣！”焱氏，古之无为帝王也。犁然，司马云：犹栗然。造，适也。运，动也。泄，发也。鷾鸸，燕也。目之所不宜处，言不可止处，目已罗络知之，故弃之也。禅，司马云：授也。

郭注 天损之来，唯安之，故易。而物之傥来，不可禁御。于今为始者，于昨为卒，则所谓始者即是卒矣，言变化之无穷。人与天一，皆自然也。任其自尔，则歌者非我也。天地之行，不可逃。偕逝，则不识不知，顺帝之则。所在皆安，不以损为损，斯待天而不受其损也。感应旁通为四达，故可以御高大。物之利己，非求而取之。吾命有在外者，言夫人之生，必外有接物之命，非如瓦石，止于形质而已。盗窃者，私取之；君子之致爵禄，非私取也，受之而已。若鷾鸸之畏人而入于人间，此所以称知。况之至人，则玄同天下，故天下乐推而不厌，相与社而稷之，此无受人益所以为难也。日夜相代，未始有极。正以待之，无所为怀也。凡所谓天者，皆明其不为而自然，人安能有此自然也哉？故曰性。是以圣人晏然无矜，而体与变俱也。

吕注 焱氏之风，犹焱氏之颂。己自无己而广之，则是造大，爱之，则是造哀也。无受天损易，无受人益难，今则天损而已，安用广己以造大邪？无始非卒，正以待之，人与天一，晏然体逝而已，安用爱己以造哀邪？知今之歌者，则知所以为始，卒为天人者，莫不在此矣。天地之行，非人所得止；运物之泄，非人所能闭。无受天损，则与之偕逝，不敢以为损而去之也。执臣之道，犹不敢去，而况所以待天乎？此无受天损所以易也。爵禄并至，命之在外者，苟受物所利以为益，与盗窃何异哉？君子于四达并至之际，以为物之所利非己也。吾命有在外者，以是不敢受而取之，如鷾鸸之畏人而袭人间，则天下相与社稷之不可去，此无受人益所以难也。化万物而不知其禅之者，即不化者也，又恶知其终始哉？有人有天，皆天而已。人之不能有天，性也。此有人之所以为天，知其为天，则晏然体逝而终矣。疑独 歌猋氏之风，心乐乎道也。无始非卒，言变易无穷也，合天人以言之。今之歌者谁乎？不知所以然而然也。天地之行，运物之泄，皆本于阴阳。阴阳于人，不啻父母，是以与之偕逝也。夫臣受命于君，犹不敢去，况受命于天乎？吾之命有在外者，谓人益自外至，以至公而受人益，非窃盗以取之。凡不能充其类者，皆窃盗也，吾若取之何哉？鷾鸸袭人间，人爱而狎之，故得免害，喻圣人和光同尘，天下乐推而不厌也。化万物者，化也。禅之者，变也。变化代兴，莫之终始，正以待之而已。有人中之天，有天中之人。人而不能有天，性而无命也。天而不能有人，命而无性也。性命之理，犹阴阳之不可相无。体逝而终，顺性命之理而合天人之变也。口义 槁木，几也。槁枝，策也。《齐物篇》所谓"策枝"是也。无其数，无节奏也。无宫商，不合五音也。广己，尊我也。以尊我之意而求之，则所造无畔岸。以爱我之意而思之，则必至于哀伤。人与天一，言在我者皆天理，今之歌者亦非我也。无受天损，贫而乐也。无受人益，富不淫也。谓天损之时，不容不安，故易。人益之来，欲辞不能，故难。穷桎，穷塞也。不行，推之不去。运物之泄，气数往来，皆天也。吾亦与之俱行，亦与之俱泄，故曰偕逝，即所谓与时偕行，与时偕极也。君命且不得违，天命其可违乎？此无受天损易也。始用，谓此意才萌。四达，谓意之所向无所窒碍。事随而集，爵禄外至，亦时命使然，故曰吾命其在外者也。无功而禄，君子耻之，视如盗窃。然有推不去者，此无受人益难也。鷾鸸，即意怠，畏人而与人相近而居。社稷，祭祀之地，人自敬而存留之，如燕在人家，人自爱而容之。言处富贵之人，能如鷾鸸之无益无害，于人则亦无讥恶之者。既富贵矣，安得无益无害？此所以为难。无始而非卒，言不知其始终，但居造化之中待之而已。人者，天所生，故曰有人，天也。天亦造化为之，故曰有天，亦天也。性者，天命之性。此性与生字同。人性，生而有者，皆得之于天，岂人所得而与哉？故圣人处之安然，尽吾身而已。义海歌焱氏风，伤今思古也。广己而造大，犹云张皇其事。爱己而造哀，钟情忧戚也。夫天损之来，安之则易，人益之至，辞去则难。若颜子箪瓢自乐，无受天损易也；王子搜登车仰呼，无受人益难也。夫物受天地运化，不啻人臣之从君命，唯抱道在躬者不受其损也。四达并至，命在外者，得之有道，非窃取也，则人益之来，君子亦有时乎受之矣。鷾鸸畏人而袭人间，喻处世全身之知。其顾窠巢而不去，犹人守社稷而不可离也。天地之化物，不觉其变，人当以天合天，安时任化，爵禄穷桎非所介怀。人而不能有天，曾鷾鸸之不若也。运物，碧虚照江南古藏本作“运化”，于义为优。“桎”当是“窒”，本经多通用。补注“虽落其实”至“社稷存焉尔”五句，义疑不可解，诸注疏皆牵强难通。

庄周游乎雕陵之樊，睹一异鹊自南方来者，翼广七尺，目大运寸，感周之颡，而集于栗林。庄周曰：“此何鸟哉？翼殷不逝，目大不睹！”蹇裳躩步，执弹而留之。睹一蝉，方得美荫而忘其身；螳螂执翳而搏之，见得而忘其形；异鹊从而利之，见利而忘其真。庄周怵然曰：“噫！物固相累，二类相召也！”捐弹而反走，虞人逐而谇一作讯之。庄周反入，三月不庭。蔺且疽从而问之：“夫子何为顷间甚不庭乎？”庄周曰：“吾守形而忘身，观于浊水而迷于清渊。且吾闻诸夫子曰：‘入其俗，从其俗。’今吾游于雕陵而忘吾身，异鹊感吾颡，游于栗林而忘真。栗林虞人以吾为戮，吾所以不庭也。”司马云：“雕陵，陵名。”樊，藩也。运寸，可回一寸也。殷，大也。曲折曰逝。李云：“翼大逝难，目大睹希，故不见人。”留，司马云：“伺其便也。”

郭注执木叶以自翳于蝉，而忘其形之见乎异鹊也。目能睹，翼能逝，此鸟之真性也。今见利，故忘之。夫相为利者，恒相为累。二类相召者，言有欲于物，物亦有欲之。谇，问之也。身在人间，世有夷险，若推夷易之形于此世而不度此世之所宜，斯守形而忘身者也。观于浊水而迷于清渊者，言见彼而不明，即因彼以自见，几忘反鉴之道也。入俗从俗，不违其禁令也。以见问为戮，夫庄子推平于天下，故每寄言以出意，乃毁仲尼，贱老聃，上掊击乎三皇，下痛病其一身也。吕注 观异鹊之利而从耳目之好，是守形也。不知有虞人之谇足以为辱，是忘身也。动与物交即浊水，静而玄览即清渊。夫至人之于清渊，未尝顷刻迷也。而庄子言此者，明虚以游世，如与魏王言者，虽足以无害，而畏人之所畏，又不可不然也。疑独 蔺且，庄门弟子。疑而问之，答以吾守形而忘身，观蝉鹊所利而已亦忘其身，观浊水而迷清渊，以其见彼而反照以此也。碧虚 夫物相为累而忘其所不忘者，由彼此之感召，故庄子捐弹反走而虞人疑其盗栗也。三月不庭，因虞人辱问，故守形追悔。今乃忘身，悟夫向者览外境之尘而失内照之明也。夫子，指长桑公，庄子之师。入俗知禁，则远祸。践境违令，则招咎。喻孔子涉人世而不免戮辱，皆幸脱烹伐者也。口义 翼大而不能往，目大而不能睹，逐物而自迷之状。螳螂与鹊，异类而相召，皆忘形忘真相累者也。守形，养生者也。言我为养生之学，忽因逐鹊而忘其身，是以欲而汩其理也。浊水喻人欲，清渊喻天理也。夫子，老子也。入国问俗问禁，误入他人栗园，是违禁也。此言物无小大，有所逐者，皆有所迷也。义海 樊，旧说同藩篱之藩，音训俱远，兼气象隘陋，非所宜游。今依字以山樊释之。《则阳篇》"夏则休乎山樊"，谓山林茂密之地。三月不庭，《音义》注："一本作三日。"详下文"顷间"之语，则三日为当，传写小差耳。

阳子之宋，宿于逆旅。逆旅人有妾二人，其一人美，其一人恶，恶者贵而美者贱。阳子问其故，逆旅小子对曰："其美者自美，吾不知其美也；其恶者自恶，吾不知其恶也。”阳子曰：“弟子记之！行贤而去自贤之行，安往而不爱哉！”阳子，司马云：阳朱也。

郭注 言自贤之道，无时而可也。疑独 夫骄盈矜伐，人神之所不与。虚己修理，天下之所乐推。以此而往，孰能距之？碧虚 妍美者自骄，故为人所贱。丑恶者自卑，故为人所贵。阳子使弟子记其事，欲后世行贤之人去自贤之行也。且美恶二妾，有以见材与不材之间，似之而非矣。口义 美者自美，自矜夸也；恶者自恶，慊然自以为不足也。有贤者之德而无自矜之行，则随所往而人皆爱乐之。此一节亦是学者受用亲切处。义海 存自贤之行，则美者人犹恶之，况于恶乎？去自贤之行，则恶者人犹爱之，况于美乎？美恶由乎形，爱恶由乎心，贵贱由乎命。形一定而不易，命有时而穷通，心则随物而变。故其爱恶也无常，至于彼自美恶而吾不知其美恶，则心与物忘，同乎溟涬，然后可以化物矣。彼能去贤，此能忘贤，是为不尚贤，所以使民不争，归于自化。无为而治，莫大于斯，故用以结《山木》之论。

义海总论 是篇以山木命题，即大樗、栎社之义，皆以不材得终天年。又以雁不能鸣而见杀相对立论，则南华之于世谛观之亦熟矣。夫木以拥肿全生，理固然也。而物之寿夭穷通，各系乎命分，所遇不可谓例，以不材而幸免也。材与不材，俱为著迹，中间一路犹涉殽讹，以其似之而非，故未免乎累。必欲离三者而独立，秉道德以浮游，与物同波，与时俱化，超物祖而无累，去文皮而无灾，则建德、大莫之国不在远，求而自至矣。若虚船之触舟不怒，赋敛而毫毛不挫，皆以无心待物，物亦以无心应之。至论陈蔡之厄，不若鹩鸸之知，螳螂蝉鹊，不知挟弹乘之，此皆处材而未尽善，故不免乎累也。林回弃璧，甘负赤子而趋；帝舜命禹，贵形缘而情率，则知尊天属而不待外物矣。衣大布而过魏王，击槁枝而歌焱氏，明处贫而非惫，知天损之易安，则人益之来，处之必有道矣。结以行贤而去自贤之行，是超乎材与不材之间而真似者也，故真人不惮谆复，期学者更进竿头一步云。

《庄义要删》卷之七《山木》终

庄义要删外篇　卷之七

田子方第二十一

田子方侍坐于魏文侯，数朔，下同称溪工。文侯曰："溪工子之师邪？"子方曰："非也，无择之里人也。称道数当，故无择称之。"文侯曰："然则子无师邪？"子方曰："有。"曰："子之师谁邪？"子方曰："东郭顺子。"文侯曰："然则夫子何故未尝称之？"子方曰："其为人也真，人貌而天，虚缘而葆真，清而容物。物无道，正容以悟之，使人之意也消。无择何足以称之？"子方出，文侯傥然终日不言，召前立臣而语之曰："远矣，全德之君子！始吾以圣知之言、仁义之行为至矣，吾闻子方之师，吾形解而不欲动，口钳而不欲言。吾所学者真土梗耳！夫魏真为我累耳！"傥然，失志貌。土梗，土人也。

郭注 言东郭顺子貌与人同，而独任自然，虚而顺物，故真不失。夫清者患于大洁，今清而容物，则与天同也。清虚正己，而物邪自消。不欲动，不欲言者，自觉其近也。土梗者，非真物也。知至贵者，以人爵为累也。吕注 其为人也真，则固人貌而天矣。凡人之心，未始须臾不缘物。

真人则虚缘而葆真。凡人之清,则患于太察。真人则清而容物。物无道,正容以悟之,则所告者不在谆谆之间。使人意消,则所改者不在事为之际。圣知仁义,则言与行而已。如子方之师,则所谓道德也。求诸行而不得,故形解而不欲动。求诸言而不得,故口钳而不欲言。则非学之所及,故视其所学为土梗耳。疑独 凡虚而顺物者,多失于无所守。清而拒物者,多失于无所容。世有无道之物,正容以悟之,使人取正于我,而邪意自消。《孟子》云"正己而物正"是也。文侯始未悟道,则以圣知之言,仁义之行为至,及闻子方之师道德若此,遂悟理而忘形忘言,然后知向所学者真土梗耳。土梗,犹土苴。知道者一身尚以为累,况魏国乎? 口义 人貌而天,言貌虽人,而具自然之天德也。虚心而顺物,未尝动其心,曰葆真。清则易离物,而能容之,言其大也。人有非道,动容貌而使之自悟,消其不肖之心。形解口钳,言其自失也。土梗者,得其粗而不得其精也。以有国为累,故未得深究无为自然之道也。义海 名所以彰德,外学也,内学则以为累德。故凡学道之人为世所称者,皆未能无迹,非德之全。若东郭顺子,其徒犹未尝称之,世人又安能窥其万一?特因文侯之问,遂言大略。文侯闻而悟,至于形解口钳,亦可谓速化者矣。悟所学为土梗,则知绝学为全真。悟魏国为身累,则知无位之可久。此使人意消之良验也,又况于亲炙规诲者乎?

温伯雪子适齐,舍于鲁。鲁人有请见之者,温伯雪子曰:"不可。吾闻中国之君子,明乎礼义而陋于知人心,吾不欲见也。”至于齐，反舍于鲁，是人也又请见。温伯雪子曰：“往也蕲祈，下同见我，今也又蕲见我，是必有以振我也。”出而见客，入而叹。明日见客，又入而叹。其仆曰：“每见之客也，必入而叹，何邪？”曰：“吾固告子矣，中国之民，明乎礼义而陋乎知人心。昔之见我者，进退一成规，一成矩；从聪容一若龙，一若虎。其谏我也似子，其道我也似父，是以叹也。”仲尼见之而不言。子路曰：“吾子欲见温伯雪子久矣，见之而不言，何邪？”仲尼曰：“若夫人者，目击而道存矣，亦不可以容声矣。”目击而道存，司马云：“见其目动而神实已著也。”

郭注 进退成规矩，从容若龙虎，盘辟其步，委蛇其迹也。谏我似子，道我似父，礼义之弊，有斯饰也。见之而不言，已知其心矣。不可以容声者，目裁往，意已达，无所容其德音也。吕注 进退成规成矩，则威仪详于折旋之间；从容若龙若虎，则机变出于燕闲之际。谏我似子，道我似父，则非得我于眉睫之间，此所谓明于礼义而陋于知人心者也。礼义[①]之弊如是，鲁人则尤甚者。夫东郭顺子正容以悟物，温伯雪子目击而道存，则古之圣贤所以相与者，如是其微邪！疑独 礼义出于人心，知礼义之迹而不知其本，故陋于知人心，但见其进退威仪之间耳。仲尼见之，则目击道存而不容声，由是知见于言语威仪之间皆其粗者也。口义 振，振德也。规矩，有法度。龙虎，成文章。谏我似子，道我似父，交浅言深也。目击道存，即正容悟物之意。

---

①义，原作“学”，误，据《义海》卷六十三改。经文亦作“礼义”。

义海 言所以达意[1]，得意而言可忘。礼所以接诚，诚至而礼可薄。故先圣教人，务修其实而文非所尚也。则夫进退从容，谏我道我者，形谍成光，去道愈远，谓之陋乎知人心也宜矣。昔韦鼎请见文中子，子三见而三不言，恭恭若不足。鼎出，谓门人曰："夫子得志于朝廷，有不言之教，不杀之严矣！"是亦庶乎目击道存之义云。

颜渊问于仲尼曰："夫子步亦步，夫子趋亦趋，夫子驰亦驰，夫子奔逸绝尘，而回瞠撑若乎后矣！"夫子曰："回，何谓邪？"曰："夫子步亦步也，夫子言亦言也，夫子趋亦趋也，夫子辩亦辩也，夫子驰亦驰也，夫子言道，回亦言道也；及奔逸绝尘而回瞠若乎后者，夫子不言而信，不比而周，无器而民滔叨乎前，而不知所以然而已矣。"仲尼曰："恶！可不察与？夫哀莫大于心死，而人死亦次之。日出东方，而入于西极，万物莫不比方。有目有趾者，待是而后成功，是出则存，是入则亡。万物亦然，有待也而死，有待也而生。吾一受其成形，而不化以待尽；效物而动，日夜无隙，而不知其所终；薰然其成形，知命不能规乎其前，丘以是日徂。吾终身与汝交一臂而失之，可不哀与？汝殆著乎吾所以著也。彼已尽矣，而汝求之以为有，是求马于唐肆也。吾服汝也甚忘，汝服吾也亦甚忘。虽然，汝奚患焉？虽忘乎故吾，吾有不忘者存。"瞠，林云："直视貌。"滔乎前，谓无人君之器而滔聚其前也。殆著乎吾所以著者，司马云："吾之所以著者，外化也，汝特庶乎此耳，吾一不化者，则非汝所及也。"

[1]达意，原作"在意"，误，据《义海》卷六十二改。

郭注 心以死为死，乃更速其死，其死之速，由哀以自丧也。无哀则已，有哀则心死者，乃哀之大也。万物莫不比方，皆可见也。目成见功，足成行功。直以不见为亡耳，竟不亡。待隐谓之死，待显谓之生，竟无死生也。夫有不得变而为无，故一受成形，则化尽无期也。效物而动，动自无心也。日夜无隙，其化常新。不知所终，不以死为死也。薰然成形，谓薰然自成，又奚为哉？知命不系于前，而与变俱往，故日徂。夫变化不可执而留也，虽执臂相守，而不能令停。若哀死者，则此亦可哀也，而人未尝以此为哀，奚独哀死邪？唐肆，非停马处，言求向者之有不可复得也。人之生，若马之过肆耳，无驻须臾，新故相续，不舍昼夜。汝殆见吾所以见者耳。吾所以见者，日新也，故已尽矣，汝安得有之？服者，思存之谓。甚忘，谓过去之速也。言汝去忽然，思之恒欲不及。汝服吾也亦甚忘，俱尔耳，不问贤之与圣，未有得停者。不忘者存，谓继之以日新。虽忘故吾，而新吾已至，未始非吾，吾何患焉？故能离俗绝尘而与物无不冥也。吕注 步也，趋也，驰也，可追而及也。至于不言而信，不比而周，无器而民滔乎前，则不知所以然而已。心未尝死者，不知有死也，则心死而后人死次之，此哀莫大者也。日之出东入西，物莫不比方，而独有目有趾者待是而成功，是出则存，是入则亡，而日未尝有存亡也。物有待而死生，而所待者未尝有死生也，则吾之所以不言而信，不比而周，无器而民滔乎前者，终以是而已。使吾一受其成形，不化以待尽，效物而动，日夜无隙，则与万物皆有待而生，其能体所待以至于不知其然邪？以是日徂，则非不化以待尽,可不哀与?则哀莫大也。汝求吾所以奔逸绝尘之处而莫得,是殆著乎吾所以著而不见乎吾所以不著也。人心操存舍亡,执有所以著而可著乎,是彼已尽矣,而汝求之以为有,与求马于唐肆何异?吾服汝也甚忘,则所谓吾者无有,汝服吾也亦甚忘,则所谓汝者何有?然汝奚以甚忘为患哉!虽忘乎故吾,吾有不忘者存,则所渭奔逸绝尘者可见矣。疑独 夫子奔逸绝尘而回瞠若乎后,所谓"瞻之在前,忽然在后"也。不言而信,诚所化也。不比而周,非亲人而人自忠爱之。无治民之具而民自滔乎前,不知所以然而然也。夫至于命者,知乎昼夜之道,达乎死生之理,故有形死而心不死者。哀莫大于心死,人死者,形化而心不化也。日之出东入西,万物莫不附丽,凡具形体者皆待阴阳而后成功。出为阳,故存;入为阴,故亡。万物皆有待而死生,举不逃乎此也。唯无所死生,则无所待矣。日夜无郤,合阴阳为一体。效物而动,无心以顺物。不知其所终,不以死为死。薰然而成形,不以生为生也。日徂,言与化俱往。著,明也。所以见者日新也。若夫故者已尽矣,安得有之?吾服汝也甚忘,使汝忘吾。汝服吾也亦甚忘,使吾忘汝。碧虚 超逸绝尘,喻妙理卓绝,应变无穷。心死者,执著自丧之谓。蘧伯玉行年六十而知五十九非者,其心活耳。日之出没不已,比物之生化不停。效物而动,物撄亦撄。日夜无郤,心无间断而不知所终。有终,则间断也。阴阳之气,薰然成形。若规度前事,则悖于天理,是以圣人常保日新,期至则往。且吾汝相与交臂之顷,已成陈迹,有志之士宁不慨然!吾所以显著外化也,汝殆庶几于此而彼此尽矣，奚足论哉？吾之一不化者，则非汝所及，故瞠若乎后矣。日新之妙，百姓日用而不知，以其无迹也。而汝求之以为有，是求马于唐肆，唐肆岂停马之所哉？口义 不比而周，言不待周比而其情自然周美也。无器者，不可以迹名也。"滔"作"蹈"。民蹈乎前，言人自来归也。恶可不察者，言更当于此精察也。心死，喻无所见。生而无所见尤甚于死，故哀莫大焉。比方，可数也。日出日入，言自朝至暮。有目有趾，群动之物。必待日而后事可为，人事之存亡系日之出入，即日出而作，日入而息也。万物有待于道，犹人事之待乎日也。人受形，则此道在身，无所迁变，以待其终。效物而动，无所容心。无郤，无间断也。言浑然此身无非和顺之理，故曰薰然而成形。薰，和也。虽知事物之无非命，而不以命为规度也。日徂者，日日如是，与之俱往，纯亦不已也。交一臂，并立也。吾终身与汝周旋，而汝未得此道。汝但见吾所可见，而不知有不可见者。道必至于无而后尽，汝以有求之，所以见不到尽处。唐，无壁屋。唐肆，今之过路亭。货马者，来去不常。求马于唐肆，刻舟求剑之意。极其不可知曰甚忘。服，行也。吾与汝之所行必极其不可知，谓此事我与汝说不得，必至于忘言而后尽。汝既知有奔逸绝尘，则是知有此一解未尽矣。汝能忘其故吾之时，虽与今所见不同，而已之不忘者仍在，谓见到无处方尽，依旧只是有时道理也。义海 日有出入，以喻物有死生。有目，当是有首。《天地篇》："有首有趾，无心无耳者众。"有首有趾，谓凡戴天履地之人，是指造化。物之存亡系于造化之出入，所谓有待者也。日徂，则与化俱往。吾与汝共处，一生之中，若交臂而过，顷刻失之，可不哀与！汝殆见乎吾所以见，特窥其迹，陈迹已化，而汝求之以为有，是求马于唐肆也。窃观此章问答，极于出生入死造化推迁之理。先儒所未发明，群弟子所不可得闻者也。唯颜子优入圣域，故夫子以此告之。通义 薰然其成形，言大虚[①]之灵薰蒸和煦，充满宇宙，生生化化，莫非此所成，此所谓命也。补注 知命而不能规乎前，是顺其理之自然，无心任之，而不计其祸福也。按，步趋驰奔，皆著也，故也，可尽也。有而非有，亡而非亡，故莫若两忘。两忘则吾以神授，子以神受，而存者不亡矣。

孔子见老聃，老聃新沐，方将被发而乾干。慹聂然似非人。孔子便而待之，少焉见，曰："丘也眩与？其信然与？向者先生形体掘若槁木，似遗物离人，而立于独也。"老聃曰："吾游心于物之初。"孔子曰："何谓邪？"曰："心困焉而不能知，口辟璧焉而不能言。尝为汝议乎其将：至阴肃肃，至阳赫赫；肃肃出乎天，赫赫发乎地。两者交通成和，而物生焉。或为之纪，而莫见其形。消息满虚，一晦一明，日改月化，日有所为，而莫见其功。生有所乎萌，死有所乎归，始终相反乎无端，而莫知其所穷。非是也，且孰为之宗？"孔子曰："请问游是。"老聃曰："夫得是至美至乐洛，下同也，得至美而游乎至乐，谓之至人。"孔子曰："愿闻其方。"曰："草食之兽，不疾易薮；水生之虫，不疾易水。行小变而不失其大常也，喜怒哀乐不入于胸次。夫天下者，万物之所一也。得其所一而同焉，则四肢百体将为尘垢，而死生终

①大虚，《通义》卷七作"太虚"。

始将为昼夜，而莫之能滑，骨。而况得丧祸福之所介乎？弃隶者若弃泥涂，知身贵于隶也。贵在于我而不失于变。且万化而未始有极也，夫孰足以患心？已为道者解蟹乎此。”孔子曰：“夫子德配天地，而犹假一作偃至言以修心，古之君子，孰能脱焉？”老聃曰：“不然。夫水之于汋酌也，无为而才自然矣。至人之于德也，不修而物不能离焉。若天之自高，地之自厚，日月之自明，夫何修焉！”孔子出，以告颜回曰：“丘之于道也，其犹醯鸡与？微夫子之发吾覆也，吾不知天地之大全也。”慹，司马云：“不动貌。”《说文》云：“怖也。”口辟，卷不开也。

郭注 慹然似非人，寂泊之至也。遗物离人而立于独，无其心身而后外物去也。初者，未有而歘训弗反有。游于物初，然后明物之不为而自有也。心困口辟，欲令仲尼求之于言意之表也。议乎其将者，试议阴阳，以拟向之无形耳，未之敢必。出天发地，言其交也。莫见为纪之形，明其自尔。日改月化，未尝守故。而莫见其功者，自尔故无功也。生萌于未聚，死归于散，所谓迎不见首，随不见后。至美无美，至乐无乐也。死生亦小变，知小变而不失大常，故喜怒哀乐不入于胸次。知身贵于隶，故弃若遗土。苟知死生之变所在皆我，则所贵者我，而我与变俱，故无失也。已为道者解乎此，所为悬解也。老聃谓天地日月皆不修不为而自得也。醯鸡者，瓮中之蠛蠓。孔子谓比吾全于老聃，犹瓮中之与天地矣。吕注 未始有物，则起居语默孰非游于物之初？心困焉，则非知所能知。口辟焉，则非言所能言。议乎其将，非其至也。夫阴阳交通成和而物生焉，远之为岁，近之为日，外而万物，内而一身，莫不有是也。或为之纪，莫见其形，消息改化以是而已。生萌死归，始终无端，亦以是而已。则向所谓物之初者，殆[1]是也。天下之所美所乐，非美乐之至，得此而后为至美至乐也。兽之易薮，鱼之易水，此其小变而不失薮水之大常，得是而游之者，天下莫不一而同焉。则死生莫之能滑，况得丧祸福之所介乎？知身贵于隶，则贵在我，虽有小变，岂以所贱而失吾所贵哉？万化[2]无极，亦奚足以累吾心？已为道者解乎此故也。疑独 物之初，谓未有气质之前。试议其将，难以尽言也。肃肃，北方之气。赫赫，南方之气。大吕，阴声，生于巳，是出乎阳也。黄钟，阳声，生于亥，是出乎阴也。阴阳之中，各有冲气，以为和而物生焉。物得以生，不知其纪，而莫见阴阳之形。消息盈虚至日有所为，总言阴阳变化之理。生出于不生，此其所萌也。死入于不死，此其所归也。非是阴阳也，孰为之主哉？天下之至美无美，至乐无乐，得在己之至美，而游乎物之至乐，可谓至人矣。死生，小变。道，大常也。兽易薮，鱼易水，犹人处大道之中，随变任化，未始非我也。以死生为小变，则喜怒哀乐何足介怀？天下者，万物所同，得其所同，则死生莫能滑，况得丧祸福乎？圣人以道为贵，其次贵身。人皆知身贵于隶，而不知身为大患。知道贵于身，则贵常在我，而死生不得与之变，天地之间，万化无极，何足以累乎心？唯有道者能解乎此。碧虚 槁木遗物，谓其藏精蕴神。离人立独，谓其丧耦入寥。游于

①殆，原作“始”，误，据《义海》卷六十四改。
②万化，原作“万物”，误，据《义海》卷六十四改。

物初，未始出其宗也。二仪通和，万物妙化，谓其有纲纪也，而不睹其形兆。消息有数，晦明有常，谓其有造为也，而不睹其功用。生则萌于恍惚，死则归于窅冥。无端则莫知其始，无穷则莫知其终。若非此道，何物为之宗主邪？天下者，旁礴万物而为一。自其同者视之，则己之百体，犹臭腐也，此之死生，犹寤寐也，况其他乎？故视执御与轩冕，犹易水易薮耳，所谓外化而内不化者也。口义

被发而干，即《离骚》所谓晞发也。慹然，凝立之貌。非人，犹木偶人也。掘，兀兀然也。立于独，言超乎世表。物之初，无物之始也。“阴阳发乎天地”四句，只是一阴一阳之谓道。交通成和，即独阴不生，独阳不成。似有物主之而不可见，故曰或为之纪而莫见其形。为之纪者，造化也。消息晦明，日有所为而莫见其功，言日日如是，而造化之功孰得而名言之？相反，不同也。始终虽不同而其端不可寻，譬如雀化为蛤，谓蛤之终，则雀实始焉；谓蛤之始，则雀实终焉；故曰相反无端而莫知乎其所穷。至美至乐，赞道之妙。鱼兽虽易水易薮，而水草不失，犹人同此天下，岂能自异？知其一出于天而莫不同，则死生且不能滑，况祸福乎？介，芥蒂也。仆隶去来，弃如泥涂，以我贵而彼贱也。若知道之可贵实在于我，则外物之变，岂能失我之至美至乐哉？天地之间变化相寻，得丧祸福无非自然，又何足为心累。但世俗之人不能解此，唯身与道合者方晓乎此。己，身也。至言，指以上许多言语也。谓老子犹不能离言语以修心，他[1]人孰能免此？说与脱同。汋

①他，原作“化”，误，据《口义》卷七改。

与酌同。答以江河之水汋之而不竭者，以其本质无为而自然也。才，质也。至人之德与天地日月亦自然而已，又何容力乎？故曰“夫何修焉”。义海 物初者，无名天地之始，即太极也。肃肃出天，赫赫出地，即太极动而生阳，动极而静，静而生阴，静极复动，循环无端。似有物为之纪而莫见其形，即所谓上知造物无物，下[①]知有物之自造也。得是至美而游乎至乐，斯为人道之至也。夫物之生死，有萌有归，人之生死，可不深究？小变谓生死。达斯理者，涉变而通。知常曰明。其存也如月在水，其化也如风行空，何易水易薮之足虑哉？天下者，万物之所同，则四肢百体，岂吾独有？知隶贱可弃，而身贵常存，则何得丧祸福之能滑？夫水之于清，性自然也，喻至人之德无假修为，而物自归之。此章要旨在生萌死归，而先圣于此多不明言，欲人反而求之，充其真，见之实，然后不为死生转移。夫欲知其所归，必当究其所萌，南华亦尝有云：“察其始也本无生，非徒无生，而又无形无气，杂乎芒芴之间；变而有气，气变而有形有生，生又变而之死，是相与为四时也。”又云：“善吾生者，所以善吾死。”则先圣不言之秘，真人已详言之，人患不求耳。

庄子见鲁哀公。哀公曰：“鲁多儒士，少为先生方者。”庄子曰：“鲁少儒。”哀公曰：“举鲁国而儒服，何谓少乎？”庄子曰：“周闻之：儒者冠圜圆冠者知天时，履句矩屦者知地形，缓佩玦者事至而断。丁玩反。君子有其道者，未必为其

①下，原作“不”，误，据《义海》卷六十四改。

服也；为其服者，未必知其道也。公固以为不然，何不号于国中曰：‘无此道而为此服者，其罪死。’”于是哀公号之五日，而鲁国无敢儒服者，独有一丈夫儒服而立乎公门。公即召而问以国事，千转万变而不穷。庄子曰：“以鲁国而儒者一人耳，可谓多乎？”句，一作方。缓，司马本作绶。号，号令也。

郭注 德充于内者，不修饰于外。吕注 庄子数假孔子问学于老聃之徒，以明所谓圣知者非至道之尽也。此言不发，则学者无以知尊孔子之实。疑独 杨子曰：“通天地人曰儒。”斯真儒也。内有其道，质也。外有其服，文也。有一不具，皆非儒也。唯圣人践形然后能称其服，学不至于圣人而服儒衣冠，此俗儒也。举鲁国儒服而真儒一人，则尊孔子之至也。口义 方，术也，言鲁之儒者学术与先生不同也。缓佩玦者，言其行详缓而佩玦玉也。此段盖言儒服者多而皆不知道也。义海 或谓庄子多讥孔子，徒观其言而不究其意耳。是章结以举鲁国儒服而儒者一人，余谓尊孔子者莫南华若也。请观东坡《庄子祠堂记》，庶表余言之不妄云。

百里奚爵禄不入于心，故饭牛而牛肥，使秦穆公忘其贱，与之政也。有虞氏死生不入于心，故足以动人。

郭注 内自得者，外事全亡[1]。吕注 小则百里奚之得政，大则有虞氏之动人，以外物入其心而能至是者，未之有也。口义 方其饭牛，岂有求爵禄之心？唯其不求，所以见

①外事全亡，《庄子注》卷七作“外事全也”。

用。动人者，言感动而化之也。死生不入于心者，心无所动也。

宋元君将画图，众史皆至，受揖而立，舐士笔和墨，在外者半。有一史后至者，儃儃但然不趋，受揖不立，因之舍。公使人视之，则解衣般礴臝。君曰："可矣，是真画者也！"儃儃，舒开之貌。般，一作槃。

郭注 内足者，神闲而意定。疑独 夫内矜则外庄，内足则外闲。内矜则神散，欲进而有不受之嫌。外闲则神定，虽为而有无为之意。元君择画史而得其真，由此道也。口义 儃儃，犹澶漫也，舒迟自得之意。般礴，箕踞之状。臝，即裸也。此言无心于求知，乃真画也。

文王观于臧，见一丈夫一作人钓，而其钓莫钓。非持其钓，有钓者也，常钓也。文王欲举而授之政，而恐大臣父兄之弗安也；欲终而释之，而不忍百姓之无天也。于是旦而属烛之夫夫曰："昔者寡人梦见良人，黑色而頿，髯。乘驳马而偏朱蹄，号曰：'寓而政于臧丈人，庶几乎民有瘳乎？'"诸大夫蹵然曰："先君王也。"文王曰："然则卜之。"诸大夫曰："先君之命，王其无他，又何卜焉？"遂迎臧丈人而授之政。典法无更庚，偏令无出。三年，文王观于国，则列士坏植散群，长官者不成德，斔庾斛不敢入于四境。列士坏植散群，则尚同也；长官者不成德，则同务也；斔斛不敢入于四境，则诸侯无二心也。文王于是焉以为太师，北面而问曰："政可以及天下乎？"臧丈人昧然而不应，泛然而辞，朝令而夜遁,终身无闻。颜渊问于仲尼曰:“文王其犹未邪?又何以梦为乎?”仲尼曰:“默,女无言!夫文王尽之也,而又何论刺[①]焉?彼直以循斯须也。”偏朱蹄,李云:一蹄偏赤也。植,行列也。散群,言不养。徒,众也。不成德,司马云:不利功名也。六斛四斗曰鍾。

郭注 其钓莫钓者,聊以卒岁,竟无所求,不以得失经意,其于假钓而已。尚同者,所谓“和其光,同其尘”也。不成德,则同务者,言洁然自成,则与众务异也。鍾斛不入者,言天下相信,故能同律度量衡也。为功者非己,故功成而身不得不退,事遂而名不得不去。名去身退,乃可以及天下矣。文王尽之,言文王任诸大夫而不自任,斯尽之也。斯须者,百姓之情,当悟未悟之顷。故文王循而发之,以合其大情也。吕注 知臧丈人之足与为政,得之于其钓莫钓之间,属之以梦,期之以卜而不卜者,上恐大臣父兄之不安,下恐百姓之无天也。典法无更,六典八法受于天子者,此其为一国之道也。偏令无出,则可以公之诸侯而后出,此所以可及于天下也。坏植,则坏其所树之党。疑独 此一节寓言文王用太公之事。托梦以求之,亦圣人顺人情之道。天下尚同之时,列士之操无用,故坏;列士之群无施,故散。尚同则天下无异务,故长官者不成德,鍾斛不入于四境。功成如此,故文王北面事之。碧虚 其钓莫钓,谓直钩也。托钓待时,隐于钓以为常耳。列士坏植散群,谓国治则忠臣隐,谏垣废也。长官不成德,谓民淳政简。鍾斛

①刺,原作“剌”,误,据文义改。

不入境，时和岁丰也。尚同则君臣一心，同务则四民著业。刘概 三代直道而行，知臧丈人之有道，则授之政可也，奚必托梦以信诸大夫哉？盖知道者必达于理，明于权。道，天也，自信可也。权，人也，岂可废哉！仲尼与文王尽之，而颜子有所未及也。然则高宗之梦有类是矣。口义 常钓者，钓常在手而无意于钓，故曰非持其钓，有钓者也。坏植散群，言不立朋党也。不成德，不自有其成功，犹《易》曰“或从王事无成也”。同务，与众同事功而不自异也。外国之觖斛，小大不同，皆不敢入其境内，则诸侯莫不知归也，故曰无二心。朝令者，闻文王有及天下之问，故逃去。古本“属之夫夫”，上“夫”字读同“大”。太山刻石始皇文曰：“御史夫夫。”盖篆字“夫”与“大”同，见《文鉴》。义海 无隐范先生云：“植者，边疆植木以为界，如榆关柳塞之类。坏植散群，则撤戍罢兵，邻封混一，此尚同之俗也。”续考《乐毅上燕王书》云：“蓟丘之植，植于汶篁。”徐广注谓：“燕之疆界移于齐之汶水。篁，植以为界之物也。”

列御寇为伯昏无人射，引之盈贯，措杯水其肘上，发之；适的矢复覆沓；方矢复寓。当是时，犹象人也。伯昏无人曰：“是射之射，非不射之射也。尝与汝登高山，履危石，临百仞之渊，若能射乎？”于是无人遂登高山，履危石，临百仞之渊，背逡巡，足二分垂在外，揖御寇而进之。御寇伏地，汗流至踵。伯昏无人曰：“夫至人者，上窥青天，下潜黄泉，挥斥八极，神气不变。今汝怵然有恂蓟目之志，尔于中也殆矣夫！”贯，司马云：镝也。恂，《尔雅》云：“恂，栗也。”目之志恂谓眩也。欲以眩悦人之目，故怵也。

郭注 盈贯，谓溢镝也。左手如柜矩，右手如附枝，右手放发而左手不知，故可措之杯水也。适矢复沓者，矢适去，复歃沓也。方矢复寓者，言前矢去未至的，已复寄杯水于肘上，言其敏捷之妙也。象人，谓不动之至。挥斥，犹纵放也。夫德充于内则神满于外，无远近幽深，所在皆明，故审安危之机而泊然自得也。不能明至分，故有惧。有惧而所丧多矣，岂惟射乎！吕注 引之盈贯，持满之至。肘措杯水，平直之至。则矢适发而复沓，方矢复寓而在弦，言其前后相续而不绝。象人，谓其用知不分，此射之射也。不射之射，则所谓纯气之守，非知巧果敢之列，故登山临渊而不动其心，发无不中。推是以往，则挥斥八极，神气不变，固其宜也。口义 发之矢方去，而矢又在弦上；沓于弦上者才去，方来之矢已寓于弦，言一箭接一箭，如此之神速也。背逡巡者，面山背渊退而未已之意。三分其足，一分在岸，二分垂于虚处，可谓危之至。而伯昏无人能之者，所谓纯气之守也。怵然而恂其目，则是未知至人之学，以是而求中的之精，亦难矣，故曰殆矣夫。义海 此章明精艺而神耗者易穷，以道而通艺者不栗。当发矢沓寓而如象人，可谓尽射之艺矣。及登山临渊，则悚汗而不能立，况欲射乎？此伯昏所以示不射之射，特寓道于射，非以是为极致也。习养神之道者，请观诸此。范无隐讲宗吕注，兼证郭氏小失，云方矢犹方舟之义，并也，谓并执之矢已寓于弦，非寓杯水于肘上也。其论为当。

肩吾问于孙叔敖曰："子三为令尹而不荣华，三去之而无忧色。吾始也疑子，今视子之鼻间栩栩许然，子之用心独奈何？"孙叔敖曰："吾何以过人哉！吾以其来不可却也，其去不可止也，吾以为得失之非我也，而无忧色而已矣。我何以过人哉！且不知其在彼乎？其在我乎？其在彼邪？亡乎我；在我邪？亡乎彼。方将踌躇，方将四顾，何暇至乎人贵人贱哉！"仲尼闻之曰："古之真人，知者不得说，美人不得滥，盗人不得刦，劫。伏戏、羲。黄帝不得友。死生亦大矣，而无变乎己，况爵禄乎！若然者，其神经乎大泰山而无介，入乎渊泉而不濡，处卑细而不惫，充满天地。既以与人，己愈有。"

郭注 旷然无系，玄同彼我，则在彼非独亡，在我非独存也。踌躇四顾，谓无可无不可。伏戏、黄帝者，功号耳，非所以功也。故况功号于所以功，相去远矣，故其名不足以友其人也。夫割肌肤以为天下者，彼我俱失也。使人人自得而已[①]者，与人而不损于己也。其神明充满天地，故所在皆可；所在皆可，故不损己为物，而放于自得之地也。吕注 鼻间栩栩然，则其息以踵而深深之意。以其得失之非我，知命而安之也。不知其在彼在我，以道而忘之也。踌躇四顾，则自省之不假，何暇至乎人贵人贱哉？古之真人，所以不得说，不得滥，不得劫，不得友者，审乎无假而不与物迁故也。若然者，其神可以经山入渊，充满天地。与人愈有，言道之无穷也。疑独 栩栩然，气微动貌。轩冕之

①使人人自得而已，下衍"使人人自得"五字，据《庄子注》卷七删。

来不可却，则顺受之；其去不可止，则任之而已。得失非在我，又何忧喜乎？忘乎彼我，归于大同，得丧所以自泯。天且不能贵贱之，况于人乎？真人与化为友，故知者不可得而说，美人不可得而滥，盗人不可得而劫，羲、黄不可得而友。唯其如此，故经山不介，入渊不濡，居困而不失，其亨充满天地，与人而愈有也。碧虚 有生是妄，逆旅诚虚，轩冕去来，何异蚊虻之过目也。故踌躇弗进，存神道德之乡，顾盼四方，御气窅冥之域，彼之贵贱，何暇及哉！是知心无碍者，生死不能变，形[1]无累者，爵禄弗能萦。若然者，其神无方，故贯至坚而无画；其气无体，故没至柔而不濡[2]。推功与物，物足而己有馀也。口义 鼻间栩栩然，息不在外而在内，有自养之意也。令尹之贵若在于令尹，则与我无预；我之可贵若在于我，则与令尹无预；故曰"其在彼邪亡乎我，其在我邪亡乎彼"。踌躇四顾，谓高视遐想于天地之间，安知人之所谓贵者贱者。知者不得说，非言可穷。美人不得滥，非色可淫。盗人不得劫，非威可屈。羲黄不得友，遁世而轻天下也。介，间也。道在己而充塞天地，推以化人，用之无尽。故曰推以与人，己愈有。

楚王与凡君坐。少焉，楚王左右曰凡亡者三。凡君曰："凡之亡也，不足以丧吾存。夫凡之亡，不足以丧吾存，则楚之存，不足以存存。由是观之，则凡未始亡，而楚未始存也。"凡，国名。按，《左传》："凡，周公之后也。"

---

①形，原脱，据《义海》卷六十五补。

②濡，原脱，据《义海》卷六十五补。

郭注 言凡有三亡征也。不足以丧吾存，遗凡故也。遗之者，不以亡为亡，则存亦不足以为存矣。旷然无矜，乃常存也。夫存亡在于心之所措耳，天下竟无存亡。吕注 天下有常存，不死不生者是也。得其常存而存之，则存其存矣。凡、楚曷足以当存亡哉！疑独 国之存者，物存也；吾之存者，命存也。至于命者，国虽亡而已有不亡者存；系于物者，国虽不亡而己之所存者已丧矣。楚王利人之国，左右曰凡有三亡征，欲有其国也。凡君不系于国，故曰凡之亡也不足以丧吾存。此以道观之，故无存亡也。口义 此即刖者丧足而尊足者存之意，谓道之在己，不问有国与无国也。凡不为亡，楚不为存，则世之得丧祸福皆外物耳。然其意尤在楚"不足以存存"一句，失者既不足以自歉，则得者亦不足以自矜。此语诚有味。补注 凡亡不足以丧存，应篇首魏为己累意。此篇大意，谓得道者死生不足变，而况乎位之得失，国之存亡，又其身外物哉！

义海总论 是篇立论，始于子方之师人貌而天，隐德潜耀，有不容称者，遂足以使文侯悟所学之非真知，魏国之为累，可谓善扬师德，一言悟主者矣，何患乎己之不立，道之不行邪？仲尼见温伯雪子目击道存，则启迪之机，不在乎谆谆训诂之间。颜子叹超逸绝尘，瞠若乎后，则大化密移，盍求诸交臂易失之际？老聃游乎物初，而孔子识其离人立独[1]，具眼相逢，造妙若此而犹有问，不几于赘乎？然非因机阐理，则无以惠后学，故详及于阴阳成和生物之奥，由其

①立独，原倒，据《义海》卷六十五乙正。

萌以究其归，使人人知天地之大全而忘形骸之小变，是亦圣人弘道济物之盛心也。哀公谓鲁多儒士，则以衣冠取人，庄子稽其行实，故得以少之。及其号于国而独存仲尼，有以见真道之不磨，伪学之易泯，衡鉴昭昭，其可欺邪？文王举臧丈人，政成而夜遁，则知有心为治者，任贤惟急，应物无心者，功成弗居，君臣之道，至是极矣，所以示万世[①]之标准也。至若伯昏以射观列御冠，叔敖三已而无忧色，此又论至命之士，离人入天，与化为一，挥斥八极，死生无变者也。学道必至此地，方为极，不然，皆外殉而中殆者耳。终以楚王、凡君身国存亡之喻，明物我内外之分，可谓知轻重矣。

《庄义要删》卷之七《田子方》终

①世，原作"物"，误，据《义海》卷六十五改。

庄义要删外篇　卷之七

知北游第二十二

知北游于玄水之上，登隐弅坟之丘，而适遭无为谓焉。知谓无为谓曰："予欲有问乎若：何思何虑则知道？何处何服则安道？何从何道则得道？"三问而无为谓不答也，非不答，不知答也。知不得问，反于白水之南，登狐阕缺之上，而睹狂屈掘焉。知以之言也问乎狂屈。狂屈曰："唉！骇、僾二音。予知之，将语若。"中欲言，而忘其所欲言。知不得问，反于帝宫，见黄帝而问焉。黄帝曰："无思无虑始知道，无处无服始安道，无从无道始得道。"知问黄帝曰："我与若知之，彼与彼不知也，其孰是邪？"黄帝曰："彼无为谓真是也，狂屈似之，我与汝终不近也。夫知者不言，言者不知，故圣人行不言之教。道不可致，德不可至。仁可为也，义可亏也，礼相伪也。故曰：'失道而后德，失德而后仁，失仁而后义，失义而后礼。礼者，道之华而乱之首也。'故曰：'为道者日损，损之又损之，以至于无为，无为而无不为也。'今已为物也，欲复归根，不亦难乎？其易也，其唯大人乎？生也死之徒，死也生之始。孰知其纪？人之生，气之聚也，聚则为生，散则为死。若生死为徒，吾又何患？故万物一也，是其所美者为神奇，其所恶者为臭腐；臭腐复化为神奇，神奇复化为臭腐。故曰：'通天下一气耳。'圣人故贵一。"知谓黄帝曰："吾问无为谓，无为谓不应我，非不我应，不知应我也。吾问狂屈，狂屈中欲告我而不我告，非不我告，中欲告而忘之也。今予问乎若，若知之，奚故不近？"黄帝曰："彼其真是也，以其不知也；此其似之也，以其忘之也；予与若终不近也，以其知之也。"狂屈闻之，以黄帝为知言。

郭注 任其自行，斯不言之教也，道在自然，非可言致。不失德，故称德，称德而不至矣。礼有常则，矫效之所由生。日损，损华伪也。华去朴全，虽为而非为矣。物失其所，故有为物。归根之易，惟大人耳，大人体合变化，故化物无难也。知变化之道者，不以生死为异，更相为始，未知孰死孰生，俱聚俱散，吾何患焉？患生于异也，各以所美为神奇，所恶为臭腐。然彼之所美，我以为恶；我之所美，彼或恶之。故通共神奇，通共臭腐，死生彼我岂殊哉？以不知为真是，知之为不近，明夫自然者非言知所得，故当昧乎无言之地。是以先举不言之标，而后寄明于黄帝，则自然之冥物概可见也。吕注 道无方，故不可致。德在我，故不可至。德无为而仁可为也，仁所厚而义可亏也，礼则相伪而已，所以为乱之首也。故为道者日损，以至于无为，则仁义礼乐不得不绝灭之。及无为而无不为，则仁义礼乐孰非道耶？今已为物，则已有知，欲归其根而不知，不亦难乎？生死始终，无端无纪，气聚则生，气散则死。知其气之聚散为徒，又何患乎？故万物一也。特其所美者为神奇，所恶者为臭腐，二者交相化而已。以是知通天下一气，圣人所以贵一。疑独 日损犹有为，损之又损则至于无为，无为则万法皆空，唯变所适也。《易》曰："精气为物，气之聚也；游魂为变，气之散也。"圣人贵一，所以明夫自然之道，非言知之所得，当冥乎无言之理而至矣。碧虚 收视反听，诸有皆空，以知为是，不知为非者，重增过耳。不言之教，即妙有也。且真是与真知皆为道障，尤难除者也。当先损其知，后损不知以至于无知，无损而后无为，无为而无不为也。无为则无我，其唯大人乎！唯忘生，故死莫能系；唯忘死，故复生之原。以死生为一条，恶往而不暇哉？口义 前后人名皆是寓言。知，有思惟心者也。无为谓，自然者也。狂，猖狂也。屈，掘然如槁木之枝也。篇首一段，分"真是""似之""不近"三节，主意归于知者不言，言者不知。继以道不可以言致，德不可以迹求，仁义礼皆有迹，则道隳矣，而礼为尤甚。堕体黜聪，此为道日损也。损之又损，则忘其故吾之时。至于无为，则循天理之自然，无所不可为矣。求道而有迹，则已犹与物同，欲见本根之地，难矣。归根，言返于无物之初。唯大人无为，则易也。万物生死一理，而人自分好恶美恶。如花卉方盛则为神奇，凋落则为臭腐，不知叶落粪根，生者又自是而始，是臭腐复化为神奇。古今往来，只此一气而已。圣人知此，故不以死生祸福为分别。一者，无分别也。义海 夫道降而为德仁义礼，犹人生而知，知而能，能而役，役则为物所物，欲复归根也难矣！唯大人则能物物，所以易也。

天地有大美而不言，四时有明法而不议，万物有成理而不说。圣人者，原天地之美，而达万物之理，是故至人无为，大圣不作，观于天地之谓也。今彼神明至精，与彼百化，物已死生方圆，莫知其根也。扁然而万物，自古以固存。六合为巨，未离其内；秋毫为小，待之成体。天下莫不沉浮，终身不故，阴阳四时运行，各得其序。惛然若亡而存，油然不形而神，万物畜而不知。此之谓本根，可以观于天矣。

郭注 无为者，任其自为。不作者，唯因任也。观于天地者，观其形容，象其物宜，与天地不异也。与彼百化者，百化自化，而神明不夺也。死者已自死，生者已自生，圆者已自圆，方者已自方。未有为其根者，故莫知也。自古以固存，言不待为之而后存也。六合未离其内者，计六合在无极之中则陋也。秋毫待之成体者，秋毫虽小，非无亦无以容其质也。不故，日新也。运行各得其序[1]，不待为之也。昭然若存，则亡矣，故惛然。絜然有形，则不神矣，故油然畜之。而不得其本性之根，故不知其所以畜也。可以观于天者，与天同观也。吕注 圣人原美达理，知其不为而自然者，观于天地而已矣。今神明至精，与彼百化，则以物观之，物已死生方圆矣，何自而知其根哉？虽然，扁然而万物，物莫非彼也，自古以固存，彼未常去也。阴阳四时，各得其序，非彼而谁为哉？若亡而存，不形而神，则不可求之于有无之间也。万物以是相蕴，而不知其然，此之谓本根。口义 大美，即《易》云"以美利利天下"也。明法，谓寒暑往来一定之法也。成理，谓小大长短之所以，如何说得？

①序，原作"叙"，误，据经文"阴阳四时运行，各得其序"改。

无为不作，皆自然也。圣人所以顺自然者，得诸天地而已。神明至精，言妙理也。物之死生方圆，皆神明至精为之，孰能究其根极？扁然，即翩然也，言物化无停，而造化常存。浮沉，往来也。不故，常新也。惛然，不可见也。油然，生意也。义海 圣人体天地而育万物，岂直块然无为如木偶哉？盖为出于无为，若天时之运行，地利之发育，不越乎自然而已。合天地之神明至精，与物百化，荣枯形状昭昭可睹，而莫知其为之者，此所谓根也。万物莫不生育于斯，而所谓根者，亦岂他求哉？反诸吾身，得其所以生我者是已。知其根而守之不离，是谓归根。归根曰静，静曰复命，故曰可以观于天矣。

啮缺问道乎被披衣，被衣曰："若正汝形，一汝视，天和将至；摄汝知，一汝度，神将来舍。德将为汝美，道将为汝居，汝瞳冲焉如新生之犊，而无求其故！"言未卒，啮缺睡寐，被衣大说，行歌而去之，曰："形若槁骸，心若死灰，真其实知，不以故自持。媒媒昧晦晦，无心而不可与谋。彼何人哉？"李云：瞳，未有知貌。

郭注 不以故自持，与变俱也。无心不可与谋，独化者也。吕注 德美，则充而同于初。道归，则止而集乎虚。言未卒而假寐，则闻其言而隳也。被衣行歌而去之，悦其安之易也。真其实知，以其无知也。不以故自持，则其生之遗也。疑独 形正则不佚，视一则不淫，故和理出焉。摄知将以去知，一度将以忘度，故心虚而神来舍也。唯其至和，故德将为汝美；唯其至虚，故道将为汝居。瞳然如新生之犊，言其神全。无求其故，日新也。碧虚 耳闻至道，神入妙门，言下悬解，凝寂若寐。形若槁骸，心若死灰，正形一视也。真其实知，不以故自持，摄知一度也。此皆歌颂啮缺之德容，而假寐妙旨，难以言尽[①]也。口义 正形一视，忘其形体耳目也。摄知一度，去其思虑意识也。如是，则元气全而神来舍矣。瞳然，无知而直视貌。初生之犊，视而无心，赤子亦然。言未卒而寐，语意相契，不容言也。实见此理之真，事物不入于心矣。媒晦，芒忽貌。彼既无心，我有不容言者，彼何人哉，深美之也。义海 善诲者立条必简，善学者受化必速。正形一视，所以检外也；摄知一度，所以肃内也；可谓条简矣。言未卒而睡寐，则尤可谓速化者也。"瞳然[②]如新生之犊"一句，形容德美道居，无心无为，粹然与物相忘之状最佳，观此可以知入道之方矣。通义 师言未竟，弟子忘机，言者听者同此洗心之功也。彼忘听，此忘言，疑其人而非人也，故曰彼何人哉。按，"无求其故"与"不以故自持"，二"故"字同对"新"字，言与物俱化，日新又新，今昔相推，便为陈迹，安可求而持之耶？

舜问乎丞曰："道可得而有乎？"曰："汝身非汝有也，汝何得有夫道？"舜曰："吾身非吾有也，孰有之哉？"曰："是天地之委形也。生非汝有，是天地之委和也；性命非汝有，是天地之委顺也；孙子非汝有，是天地之委蜕退也。故行不知所往，处不知所持，食不知所味。天地之强阳气也，

①言尽，原作"尽言"，倒，据《义海》卷六十七乙正。
②然，经文作"焉"。

又胡可得而有邪?”丞,李云:舜师。一云官名。

郭注 身非汝有,块然自有耳。身非汝有,而况无哉?若身是汝有,则美恶死生当制之由汝。今气聚而生,汝不能禁也,气散而死,汝不能止也,明其委结而自成,非汝有也。至于子孙,亦气自委结而蝉蜕耳。行处饮食,皆在自然中来,故不知也。强阳,犹运动耳。明斯道者,庶可以遗身而忘生也。口义 委,聚也。四大假合,曰委形。阴阳成和而物生,曰委和。性命在我,即造物之理,曰委顺。人世相代,如蝉蜕然,曰委蜕。强阳,即生气。人之行处饮食,皆此气之动为之,而非我有也。《圆觉经》云:“今者妄身,当在何处?”便是此意。不知所持,无执著也。义海 夫道本无形,因物而见。身非我有,以神而灵。天地委形,有成必毁,所谓吾者,暂寄焉耳。曰生曰性亦然,则子孙之为委蜕,又可知矣。故其行处饮食,一当任之自然也。盖明天地造化无私,以破世人执有之惑,殆可以入道矣!

孔子问于老聃曰:“今日晏间闲,敢问至道。”老聃曰:“汝斋戒,疏瀹而心,澡雪而精神,掊剖击而知。夫道窅然难言哉!将为汝言其崖略:夫昭昭生于冥冥,有伦生于无形,精神生于道,形本生于精,而万物以形相生。故九窍者胎生,八窍者卵生。其来无迹,其往无崖,无门无房,四达之皇皇也。邀于此者,四枝强,思虑恂达,耳目聪明。其用心不劳,其应物无方。天不得不高,地不得不广,日月不得不行,万物不得不昌,此其道与?且夫博之不必知,辨之不必慧,圣人以断之矣。若夫益之而不加益,损之而不加损者，圣人之所保也。渊渊乎其若海，魏魏危乎其终则复始也，运量万物而不匮。则君子之道，彼其外与？万物皆往资焉而不匮，此其道与？中国有人焉，非阴非阳，处于天地之间，直且为人，将反于宗。自本观之，生者，喑荫醷意物也。虽有寿夭，相去几何？须臾之说也，奚足以为尧桀之是非？果蓏力果反有理，人伦虽难，所以相齿。圣人遭之而不违，过之而不守。调而应之，德也；偶而应之，道也。帝之所兴，王之所起也。人生天地之间，若白驹之过郤，隙。忽然而已。注然勃然，莫不出焉；油然漻流然，莫不入焉。已化而生，又化而死，生物哀之，人类悲之。解其天弢，叨。隳堕其天帙，秩。纷乎宛乎，魂魄将往，乃身从之，乃大归乎？不形之形，形之不形，是人之所同知也，非将至之所务也，此众人之所同论也。彼至则不论，论则不至。明见无值，辩不若默。道不可闻，闻不若塞。入声。此之谓大得。”

郭注 曰冥冥，曰无形，曰道，皆明其独生而无所资借。形本生于精者，由精以至粗也。万物虽以形相生，亦皆自然，故胎卵不能易种而生，明神气之不可为也。夫率自然之性，游无迹之途者，放形骸于天地，寄精神于物表。是以无门无房，四达皇皇，逍遥六合，与化偕行也。人生而遇此道，则天性全而精神定。天地万物皆不得不然而自然耳，非道能使然也。是以圣人断弃知慧，付之自然，使各保正分而已，无用知慧为也。若海者，容汷无量也。终则复始者，与化俱也。用物而不役己，故不匮。此明道之赡物在于不赡，不赡而物自得。故曰此其道与，言无功乃足称道也。非阴非阳，无所偏名。直且为人者，敖然自放，所遇而安，了无功名也。反于宗者，不逐末也。喑醷物者，直聚气也。死生犹未足殊，况寿夭之间哉？果蓏有理，言物无不理，但当顺之。人伦有知慧之变，故难也。然其知慧自相齿耳，但当从而任之。遭而不违，顺所遇也。过而不守，宜过而过也。调偶，和合之谓也。帝王所兴，如此而已。隙驹忽然，乃不足惜。出入者，变化之谓耳，言未有不变也。已生又死，俱是化也。死物不哀，死类不悲。解弢堕帙，言独脱也。纷宛者，变化氤氲也。大归者，无为用心于其间也。不形，形乃成；若形之，则败其形矣。务则不至，俛然不觉乃至也。明见无值，暗至乃值。默而塞之，则无所奔逐，故大得也。吕注 精神于道，犹为昭昭；至道之极，则冥冥。物成生理，则有伦；其精甚真，则无形也。而万物以形相生，来往无迹，四达皇皇也。人[1]而邀于此，则休乎万物之奥，体强思达，其用无方。天地万物之生成，莫非是也。夫博非知而辩非慧，圣人已断之。益非益而损非损，圣人之所保也。不违不守，不去不取之谓。帝王之所兴起，不过由此道耳。人生如驹过隙，莫可留止，物哀人悲，不明其未尝生未尝死故也。明见于道则无值，故辩不若默。真闻[2]于道则无闻，故闻不若塞。言者无言，听者无闻，此之谓大得也。疑独 万物相生以形，而所以相生者，此所谓精也。故胎生卵生，各正性命，而至精之妙，出乎自然，以不来为来，不往为往也。知此道者，四肢耳目会于真理，所以用心不劳，应物无方。天地万物之运行生化，亦莫不由乎此。与化俱化而无穷，供物之求而不乏，物往资焉而不匮，

①人，原作“入”，误，据《义海》卷六十七改。

②闻，原脱，据《义海》卷六十七补。

此皆道之功用也。夫人处世间，忽然而已，出生入死，如昼有夜，而逐境昧理从而悲哀之，此皆束缚于亲爱，唯独脱者则能堕解之。非将至之务，谓生死之理，众人亦能言之；彼至命者，则不论，论则不至也。故辩不若默，闻不若塞，是得无所得，得之大也。碧虚 出则遍满，于何为门？入则充盈，于何为房？无阙无剩，弥罗皇皇也。遇此冲[①]妙之道者，与天为一，应物无穷。直且为人，道貌天形也。将反其宗，入于寥天一也。校寿夭，争是非，皆妄情耳。人生世间，交臂易失，唯湛寂者无出入，不化者无死生。不形之形，不化者能化化；形之不形，化物者不化也。在形属粗，人皆知之，得道者，粗妙皆忘矣。言论则徒语其糟粕而无所值，故听止于耳，而以不得为得也。口义 有伦，可别万物也。无形，造化也。精神，在人者也。万物以形相生，人禽皆在其中矣。人虽贵于物，其生则同。无门无房，不可寻求，岂知所出入邪？邀索而见此道，则体安思达，应物无方。自"天地"至"万物"四句，形容彻上彻下，无非此道。不以益为益，不以损为损，所保在我，外物不得而加焉。物往资焉而不匮，则无心无迹矣。非阴非阳，不可以物名也。有人之形，而心游物初，直寓形天地间耳。宗，即物之初也。喑醷，气不顺也。自其本初而观有形，适足为累。尧桀是非，言人世是非之论，因有此身而后有之。百年之间，以天地比之，须臾而已。果蓏微物，生有时，萌有种，自然之理也。人伦有上下之相制，强弱之相凌，然同处世间，相为齿列。不违则顺之，不守则化也。调和偶合，道德之自

①冲，原作"充"，误，据《义海》卷十七改。

然。帝王兴起,不越此理而已。物自无而生,死又归于无,本同一理,而人物自为之悲哀,此其所以包裹而不明,如在弢帙之中;能自知觉,则解弢堕帙矣。弢,弓衣也。帙,囊也。纷宛,言其变化。大归,返其真宅。义海 天地万物,莫不由斯,则道之为用大矣。世人徒以区区博辩为知慧,而欲求合乎大道,圣人已断弃之。此章首所以先令掊击知虑,而后告之也。人生乃一气之结聚,虽寿夭不同,等须臾耳,奚足以分尧桀之是非?观夫果蓏虽微,种类滋荣,各有条理,人伦之贵贱高下相齿亦然。是以圣人遇则顺之,不忤物性,过则忘之,不介己怀。曰调曰偶,皆应物之妙用,而不离乎道德之间,此帝王之所兴起,人民之所依赖者也。理至则忘言,可言则未至,故辩不若默,闻不若塞。此谓大得,则辩之与闻,失可知矣。补注 物以两相值,道一而已。见道明则入于一矣,故无值。按,此从大宗说来,道生精,精生形,形又生形。形有人物,人物有伦理。有伦理,便有感应。有感应,便有法治刑名。帝王由此兴起,尧桀由此递作。世人以一时之耳目寓于无穷之中,欲以区区之生为千万年之计,殆未尝达观此理耳。诚一达观帝王之代兴,如果蓏之生息,忽然而已,生寄死归,何足以动主人翁之悲喜乎!

东郭子问于庄子曰:“所谓道,恶乎在?”庄子曰:“无所不在。”东郭子曰:“期而后可。”庄子曰:“在蝼蚁。”曰:“何其下邪?”曰:“在稊梯稗。败。”曰:“何其愈下邪?”曰:“在瓦甓。辟。”曰:“何其愈甚邪?”曰:“在屎矢溺。乃吊反。”东郭子不应。庄子曰:“夫子之问也,固不及质。正获之问于监平声市履狶喜也,每下愈况。汝唯莫必,无乎逃物。至道若是,大言亦然。周、遍、咸三者异名同实,其指一也。

尝相与游乎无何有之宫，同合而论，无所终穷乎？尝相与无为乎？澹淡而静乎？漠而清乎？调而间闲乎？寥已吾志，无往焉而不知其所至，去而来，而不知其所止，吾已往来焉而不知其所终；彷旁徨乎冯频闳，宏。大知入焉而不知其所穷。物物者与物无际，而物有际者，所谓物际者也。不际之际，际之不际者也。谓盈虚衰杀，晒，下同。彼为盈虚非盈虚，彼为衰杀非衰杀，彼为本末非本末，彼为积散非积散也。”正，亭卒也，获其名也。监市，市魁也。

郭注 期而后可，欲令指名所在也。质，标质也，言无所不在，而方复怪此，斯不及质也。狶，大豕也。夫监市之履豕以知肥瘦者，愈履其难肥之处，愈知豕肥之要。今问道之所在，而每况之下贱，则明道之不逃于物也必矣。若必谓无之逃物，则道不周，道而不周，则未足以为道。大言亦然，明道不逃物也。若游乎有，则不能周遍咸也。故同合而论之，然后知道之无不在。知道之无不在，斯能旷然无怀而游彼无穷也。澹静漠清调间，此皆无为故也。寥已吾志，谓寥然空虚。志苟寥然，则无所往矣。无往，故不知其所至。有往，则理未动而志已惊矣。去来不知所止，斯顺之也。往来不知所终，言但往来不由于知耳，不为不往来也。往来者，自然之常理也，其有终乎？冯闳者，虚廓之谓也。大知游乎寥廓，恣变化之所如，故不知也。物物者，无物而物自物，故冥也。物有际，故每相与不能冥然，真所谓际者也。不际者，虽有物物之名，真[1]明物之自物耳。物物者，竟无物也，际其安在乎？既明物物者无物，又明物之

①直，原作“真”，误，据《庄子注》卷七改。

不明自物，则为之者谁乎？皆忽然而自尔也。吕注 蝼蚁有知而至微，稊稗无知而有生，瓦甓无生而有形，屎溺有形而臭腐者也，若是而为道，则道无不在可知。故前四者虽不同，而无不具道之体，犹言之有周遍咸，其指一也。游乎无何有之宫而得其同合者，则焉有四者而非道邪？万物虽并作，而尝相与于无为，则澹漠调间者，莫不复归其根，寥然而已。吾志不逐物，则无往焉而不知其所至，去而来亦不知其所止，往来而又不知其所终，此则道之未尝有物，而物之无非道也。故彷徨冯闳，大知入焉，而不知所穷。由是知物物者，与物无际，小大不得而倪之。物有际者，所谓物际，则非物物者。盈虚，物也。为盈虚者，道也。彼为衰杀本末积散，亦犹是也。然则为稊稗蝼蚁，为瓦甓屎溺者，谁欤？疑独 世人常忽其下贱者，而不知求道为最近。禅家所谓佛在粪堆头，与此意合。不知其所至，自至也；不知其所止，自止也；吾已往来而不知其所终，此自然之理也。彷徨冯闳乎虚旷之野，大知入焉而不知其所穷，此能物物者也。能物物者，与物一体而无际矣。际者，岸畔。物有际者，所谓物之际也。不际之际，物物者能之。碧虚 固不及质，言所问失其宗本，故引监市履狶以喻之。道体虚无，何处无之？道则净秽无间，言亦粗妙俱通，犹希、夷、微之不可致诘，混而为一也。不际者无际，故能容一切之际，若有际，不能容无际之物矣。口义 期而后可者，言指定其所而后可质本也。汝问不及其本，故吾所言愈下也。汝无固必之心，则物之至理皆无所逃，又岂疑于吾言？“周遍咸”三字，以喻物无精粗，其理一也。同合而论，无有精粗，安有终穷哉？澹静、漠清、调间，皆形容无为之妙。既无往矣，安有所至？虽有去来而无所止，我既往来而又不知其所终，但见其彷徨入于大知之中，而不知其穷极。大知，即道也。与物无际，则与俱化，所谓不物者乃能物物也。与物未化，则有际有穷，所谓物际者也。【义海】圣人见道不见物，凡人见物不见道，盖因物以障之，非道有存亡也。游于无何有之乡，安有所穷极耶？所谓澹静、漠清、调间者，终归于寂寥而已。吾志无往焉，而不知其所至，不知所止，不知终穷，皆形容此道用之无尽。物物者，道也。物有际者，谓物各有限量，是所谓际也。道何有际哉？若悟夫为盈虚者非盈虚，为积散者非积散，则安知使然之极，不归于自然者乎？【通义】道无往而不在，惟无固必拣择之心，何往而非至道？若无固必而游乎太虚，则无迹无为，一惟澹漠清静调适于其间而已。如此，则寂寥无感，无所往，无所至，湛然常在。万物之来去无穷，而吾之应不留，逍遥天壤，通明无际矣。试观天象盈虚衰杀本末积散，迹也，有际者也，而所以盈虚衰杀本末积散者，则道也，岂有际乎？此亦申上章之意也。【补注】周遍咸是言异理一之喻。按，"寥已"当读，言能无为而淡漠，调乎则至矣。寥已者，赞其至寂之词也。有际则知其所穷，无际则不知其所穷。不知其所穷者，物物者也。物物者，彼也。惟彼为能盈盈虚虚衰衰杀杀而非盈虚衰杀也，所谓不际之际也。

妸阿荷甘与神农同学于老龙吉。神农隐去声，下同几阖户昼瞑，妸荷甘日中奓奢户而入，曰："老龙死矣！"神农隐几拥杖而起，嚗剥然放杖而笑，曰："天知予僻陋慢訑，但。故弃予而死。已矣！夫子无所发予之狂言而死矣夫！"弇奄堈刚吊闻之，曰：“夫体道者，天下之君子所系焉。今于道秋毫之端万分未得处一焉，而犹知藏其狂言而死，又况夫体道者乎？视之无形，听之无声，于人之论者，谓之冥冥，所以论道而非道也。”于是泰清问乎无穷曰：“子知道乎？”无穷曰：“吾不知。”又问乎无为。无为曰：“吾知道。”曰：“子之知道亦有数乎？”曰：“有。”曰：“其数若何？”无为曰：“吾知道之可以贵，可以贱，可以约，可以散，此吾所以知道之数也。”泰清以之言也问乎无始，曰：“若是，则无穷之弗知，与无为之知，孰是而孰非乎？”无始曰：“不知深矣，知之浅矣；弗知内矣，知之外矣。”于是泰清中一作仰而叹曰：“弗知乃知乎！知乃不知乎！孰知不知之知！”无始曰：“道不可闻，闻而非也；道不可见，见而非也；道不可言，言而非也。知形形之不形乎！道不当名。”无始曰：“有问道而应之者，不知道也；虽问道者，亦未闻道。道无问，问无应。无问问之，是问穷也；无应应之，是无内也。以无内待问穷，若是者，外不观乎宇宙，内不知乎大泰，下同初。是以不过乎昆仑，不游乎大虚。”奓，开也。嚗然，放杖声。

郭注 起而悟夫死之不足惊，故还放杖而笑也。自“肩吾”以下，皆以至言为狂而不信也。故非老龙、连叔之徒，莫足与言矣。君子所系，言体道者，人之宗主也。秋毫之端细矣，又未得其万分之一。藏其狂言以死，明夫至道非言之所得也，唯在乎自得耳。冥冥犹复非道，明道之无名也。凡得之不由于知，乃冥。故默成乎不闻不见之域，而后至焉。知形形之不形，言形自形耳，形形者竟无物也。有道名而竟无物，故名之不能当也。不知故问，问之而应，则非道也。不应则非问所得，故虽问之，亦终不闻也。无问无应，是绝学去教，归于自然之意。问穷，谓责空也。实无而假有以应者，外矣。若夫娄落天地，游虚涉远，以入乎冥冥者，不应而已矣。吕注 夫体道者，天下君子之所系，则圣生王成，莫不系于此。道之为物，非视听所及。人之论者，谓之冥冥，而非言可论，所以论道而非道也。泰清闻论道而非道，以为足以求之于无穷，而无穷不知也；无为非本无为，知其无足为而无为，是以知之也，不然，则玄同矣。知道之可贵可贱，可约可散，则不免乎数也。无始则极乎始之所自，是以知不知为深，知之为浅；不知为内，知之为外也。道不可闻见言，则闻闻见见言言者谁邪？有形而后有名，知形形者不形，此道所以不当名也。则闻闻者不闻，见见者不见，言言者不言可知。道无问，以问者不可得也。问无应，以应者不可得也。凡以其未始有物而已。口义 天，呼老龙吉也。有体道之人，则天下君子皆归宗之。今神农于道未有所见，亦知老龙之死为藏其狂言，况体道而与老龙同者乎？狂，犹大也。盖谓道不在言，藏其言者所以为道。夫道无形声，不可视听，若论说于人，以冥冥名道，亦非道也，即言者不知之意。形声，有也。冥冥，无也。知有之为无，不若并与无而无之。盖谓神农此言亦未为知道也。贵贱合散，皆道之可以历数者。不知之知，乃不可名言之妙。形形之不形，即不物乃能物物。道本无问，问而答之，我已离道，彼之问者亦非道矣。问穷者，所见至于问而穷，谓泥言语求知见也。无内者，中心未得此道，得此道，则不应之矣。义海 此章明道至大，不可以问答尽。圣贤于此，没身而已。人处万物之中，不啻毫末之在马体，其于道也亦然。故老龙死而神农兴叹，弇堈吊所谓体道者，正指老龙耳。世人以视听莫及为合道之冥冥，非知道也。特见道之无，而未能无无也。道无问而强问，是因问而穷道。无应而强应，是无主于内，又安足以知至大至先至高至广者哉！通义 道不可言，不得已而有言，言即狂也。“天”字读犹今人忽闻异事讶之而呼天也。

光曜问乎无有曰：“夫子有乎？其无有乎？”光曜不得问，而孰视其状貌，窅杳然空然，终日视之而不见，听之而不闻，搏博之而不得也。光曜曰：“至矣！其孰能至此乎？予能有无矣，而未能无无也；及为无有矣，何从至此哉！”

郭注 此皆绝学之意也。于道绝之，则夫学者乃在根本中来矣。故学之善者，其唯不学乎！吕注 窅然空然，视听搏之所不及，此所以为无有也。唯其有无，所以为光曜，不能无无，是以未能无有也。及其无有，何从至此哉！碧虚 论无议有，曼衍无穷，绝有断无，妙从何悟。微乎哉！光曜之问，《知北游》之大旨也。口义 予能有无，未能无无，此语至妙。未能无无，言我犹在无字中，为无字所有，何从至于窅然空然乎？按，无有，谓一无所有；有无，则尚有一无字，便是有了。故无有即能无无，所以叹其无由至也。《口义》欠明。补注 无为、泰清等是寓言，王倪、被衣等是重言。《口义》取无为而抑王倪，非也。

大马之捶垂，上声钩者，年八十矣，而不失毫芒。大马曰:“子巧与？有道与?”曰:“臣有守也。臣之年二十而好捶钩,于物无视也,非钩无察也。”是用之者假不用者也,以长得其用。而况乎无不用者乎？物孰不资焉！江东三魏之间谓锻为捶,郭失之。

郭注 玷捶钩之轻重,而无毫芒之差。都无怀,则物来皆应也。疑独 大马,大司马也。有工人,善捶锻带钩,老而艺精,故司马疑其巧而有道。答以非有道也,内守固则外物不能乱,自少而好此艺,于外物无视,非带钩无察,此其所以精也。盖用心于此,则不用于彼,故此愈精。是用之者假不用,所以长得其用也。知之精犹若此,况道之精乎？口义 非钩无察,即前所谓唯蜩翼之知。用者,巧也;不用者,道之自然。无不用者,道之无为而无不为者也。言我以不用之妙而用之于巧,且长得其用,况道之无为无不为者,天下孰不赖焉。义海 天下之物生于有,有生于无,故物孰不资焉。无之为物,窅然空然,最难形状,而道妙所立,至神之运,实资于此。信能静而求之,忘而契之,万有俱空,一真独[①]露,始知用假不用而长得其用非虚言也。按,长得其用,即所谓“无之以为用”也。“有守”二字,即纯气之守也。

冉求问于仲尼曰:“未有天地可知邪?”仲尼曰:“可。古犹今也。”冉求失问而退,明日复见,曰:“昔者吾问未有天地可知乎？夫子曰:‘可。古犹今也。’昔日吾昭然,今日吾昧然,敢问何谓也?”仲尼曰:“昔之昭然也,神者先受之;

①独,《义海》卷六十九作“不”。

今之昧然也，且又为不神者求耶？无古无今，无始无终。未有子孙而有子孙，可乎？”冉求未对。仲尼曰：“已矣，未应矣！不以生生死，不以死死生。死生有待邪？皆有所一体。有先天地生者物邪？物物者非物。物出不得先物也，犹其有物也。犹其有物也无已，圣人之爱人也终无已者，亦乃取于是者也。”

郭注 仲尼言天地常存，乃无未有之时。虚心待命，斯神受也。思求，则便[1]致不了。非唯无不得化而为有，有亦不得化而为无。是以有之为物，虽千变万化，而不得一为无。故自古无未有之时而常存也。子孙，言世世无极。夫死者独化而死耳，非生者生此死也；生者亦独化而生。死生无待，独化而足，各自成体，谁得先物者乎？吾以阴阳为先物，而阴阳即所谓物，谁又先阴阳者乎？吾以自然为先物，自然即物之自尔。吾以至道为先物，道乃至无，既无矣，又奚为先？然则先物者谁乎？而犹有物无已，明物之自然，非有使然也。圣人爱人无已者，亦取于自尔，故恩流百代而不废也。吕注 天地孰名之？知所以名天地者，则知所以生天地者；知所以生天地者，则未有天地，犹今而已。神者先受之，不思而得也。古今终始，相待而有，无待则皆无矣。傥明此，则知所谓未有天地矣。未有天地而可知，则未有子孙而有子孙也。使之勿应，欲其不以有心求之。盖心有所谓生而后能生其死，心有所谓死而后能死其生，此以有心求之之过也。死生有待邪？体本无待也，知死生为一体，则安有先天地生者物邪？先天地生，则物物

①便，《庄子注》卷七作“更”。

者也。物物者非物，则物出不得先物也。所谓“有物混成，先天地生”者，犹其有物，无而已矣，言其未始有物也。圣人之爱人，终无已者，亦乃取于是也。疑独 未有天地之前果可知乎？以有天地之后推之，则可知矣。《荀子》云：“百王之道，后王是也；千载之前，今日是也。”冉求始则虚心以问，虚则神生，故昭然；终则闻言未悟，中心有物以碍之，故昧然。无古无今，无始无终，以神言也。碧虚 有子故有孙，是相因之道，明古今之有自也。不以有此生而生其死，不以因此死而死其生，明生者自生，死者自死，非因生而死，非因死而生，言其本无待也。物与天地皆有所一体，虽同是物而物物自生，前物非后物，亦犹子子孙孙各不同也。故物各有太极。口义 神者，在我之知觉；不神者，知觉之灵为气所昏也。昔之昭然，虚灵知觉者在，故能受之；今之昧然，虚灵知觉者不在，故又有所求也。无古今终始，言造[1]化之理，生生不穷，如人之有子孙，不待其有而后知之也。末应，谓不必更言。物物者非物，非物者必生于天地之先，不可以物名之；既名为物，不得为在天地之先矣。如此便是有物，故曰物出不得先物也。犹其有物也，此是一句。义海 冉求此问，有疾雷破山之势，夫子等闲一答，使之失问而退。圣贤之分量可知。夫人之一身，法天象地，未有天地之先，吾身之本来是也。知吾身之本来，则知天地之先。知天地之先，亦以有天地之后推之耳。不以生生死，不以死死生，谓其独化，非有所待也。按，未有天地，往者

①造，原作“道”，误，据《口义》卷七改。

也。未有子孙,来者也。往来生死,自然而然;未出非先,已出非后;当体为是,何生何灭?此物之所以生生无已也。圣人取之,因物付物,亦无已也。万物资焉而不匮,以此而已。使天地非自然,则有时不生;圣人非自然,则有时不爱,岂能亘古如斯哉!

颜渊问乎仲尼曰:"回尝闻诸夫子曰:'无有所将,无有所迎。'回敢问其游。"仲尼曰:"古之人,外化而内不化;今之人,内化而外不化。与物化者,一不化者也。安化安不化,安与之相靡?必与之莫多。狶韦氏之囿,黄帝之圃,有虞氏之宫,汤、武之室。君子之人若儒墨者师,故以是非相齑赍也,而况今之人乎!圣人处物不伤物。不伤物者,物亦不能伤也。唯无所伤者,为能与人相将迎。山林与?皋壤与?使我欣欣然而乐洛,下同与?乐未毕也,哀又继之。哀乐之来,吾不能御,其去弗能止。悲夫,世人直谓物逆旅耳。夫知遇而不知所不遇,知能能而不能所不能。无知无能者,固人之所不免也。夫务免乎人之所不免者,岂不亦悲哉!至言去言,至为去为,齐知之所知则浅矣。"

郭注 以心顺形,而形自化。以心使形,故外不化。常无心,故一不化;一不化,乃能与物化。化与不化,皆任彼耳,斯无心也。无心而恣其自化,非将迎而靡顺之。必与之莫多,言不将不迎,则足而止也。囿圃宫室,言夫无心而任化,乃群圣之所游处也。齑,和也。儒墨之师,天下之难和者,而无心者犹能和之,况其凡乎?处物不伤,至顺也。物不能伤,在我而已。无心故至顺,至顺故能无将迎而义冠于将迎也。山林皋壤,未善于我,而我便乐之,此为无故而乐。无故而乐,亦无故而哀,则所乐不足乐,所哀不足哀也。世人不能坐忘自得，而为哀乐所寄，如逆旅耳。知之所遇者即知之，知之所不遇者即不知也。所不能者，不能强能也。由此观之，知与不知，能与不能，制不由我，当付之自然耳。无知无能，人所不免，言受生各有分也。至言至为，皆自得也。由知而后得者，假学者耳，故浅也。吕注 古之人，外化则与之偕逝，内不化则有不忘者存。今之人，内化则其心与之然，外不化则规乎前而不日徂也。与物化者，一不化，则安有化不化？有化有不化，则非所以为不化。曰囿曰圃曰宫曰室，言世益衰而游之者益少，其居益狭矣。君子若儒墨者师，犹以是非相齑，齑则伤之甚，况今之人不与之相靡也难矣。圣人处物不伤物，则是非两行，而休乎天均，物其能伤乎？故虽与人相将迎，而独游于无所将迎也。世人为外物所役，哀乐得以入。其舍山林皋壤，使我欣欣乐，未毕也，哀又继之，二者相为往来而未尝息也。其来莫御，其去莫止，则其身直为物所寄，如逆旅耳。遇则偶物[1]，不遇则离物也。能则为物役，不能则役物也。无知无能，人所不免，言其固有，皆可求之，而反务免乎人之所不免，则失性甚矣，岂不悲哉！疑独 与物化者，形化而心不化，故曰一不化。夫物之化与不化，听而任之，安然与之相靡顺，必使之各足于性分，无欠剩也。儒墨之说，是此非彼，最难和之归一。齑者，和而一之也。凡人之情，乐新厌故，天下之物，未有新而不故者，以必故之物待易厌之情，天下之无乐也宜矣。富贵者之乐势利，幽闲者之乐山林，不过待外物以为乐，安有新而不故，故而不厌者

①物，原作"然"，误，据《义海》卷六十九改。

哉？及故而厌，则哀继之矣。哀乐之寄于吾身，犹逆旅耳。唯学而至于道者，不居富贵而有宰制役使之资，不隐山林而足以阅万物之变，资之存不匮，变之出无穷，则所乐日新而无故，何有厌而哀者邪？碧虚 化与不化，任之而已，非独委顺而又简易也。夫纯白涉世者，如圣人之游行居寝于囿圃宫室，又何将迎哉？儒墨君子，尚不能无心而分别是非，况其下者乎？唯无所伤者，为能与人相将迎，然无心而不将迎者易，将迎而不迕物者为难也。是以圣人贵乎无知无能，而世人乃强知强能，与物相伤，是为大病。傥能去其妄言妄知而知所以知者，则深远矣。口义 以我之内不化而外应乎物，所过者化而无将迎，则化亦不知，不化亦不知。一不化者，无心之心也。安，犹岂也。靡，磨也。岂与之相磨而必欲与之相胜哉？豨韦、黄帝、有虞、汤、武、儒墨之师，皆未尽内不化之道，故至于以是非相齑。齑，谓五味相夺也。囿圃宫室，谓其以此为窠臼。不伤物，即与物化；与物化，故能与人相将迎也。凡人游于山林，其心必乐；乐则有感，感必哀矣。因物而乐，因物而哀，去来于我，皆不自由，则我知此心是哀乐之旅舍耳。举世之人皆有不自知不自能者，唯其知人不知天，故欲免其所不可免者，岂不悲哉！义海 人莫不以物之去来为哀乐，不悟吾身亦暂寄耳。况所遇所能，又吾身之暂寄者哉？唯无知乃真知，无能乃真能，是人所固有而不免者。今弃其固有，而反务乎多知多能，苦心劳形，役役以至于毙，此真人之所哀也。凡人固不能无言无为，但无心于言为之间，则言为之累自去，斯为至言至为也。补注 人之知虑所及，谓之遇，然所遇有限也。力量所及，谓之能，然所能有限也。故不免有不知不能者矣。人苟不安性命之情，而妄意于分受之外，求以无不知无不能，则虽敝精弹力，而其不知不能者益众矣，故可悲也不以天人言。

义海总论 是篇以知立题。知者，有为有言之所自也。北游，则趋其本方，有还源之意。玄水，至妙而存泽物之功，有心于为道之譬。无为、无谓，则冥于道矣。故三问而不知答，不知乃真知也。黄帝答之愈明，其如道愈不近何？是故圣人离形去知，堕体黜聪，无为而万物成，不言而天下化，知道不可得而私，物之有生于无，通天下一气耳。神奇臭腐之交化，阴阳喑醷而自生，勃然出，漻然入，众人所同也。与物化，一不化，圣人之所独也。死生任化，弢帙自堕，则居化而任化，无化无不化，忘化而化化，安化安不化哉？每下愈况，故道在瓦甓。用假不用，故工乎捶钩。以今日而知天地之先，不居则不去也。无将迎，而通内外之化，处物而不伤也。由是知不因境而静者，无所不静；不因物而乐者，无所不乐。非化所能运，非累所能侵，可以一日为百年，可以百年为一日，则安知今日之所寓，非壶中之天地哉？静观世人之为物逆旅，往往以所遇所能而残生伤性，无异沉檀就炉，腾馥须臾而形已烬矣，莫若不遇不能之全其真也。太上云："不言之教，无为之益，天下希及之。"故南华以至言去言，至为去为，终外篇之旨云。

《庄义要删》卷之七《知北游》终

庄义要删杂篇　卷之八

庚桑楚第二十三

老聃之役，有庚桑楚者偏得老聃之道，以北居畏垒之山。其臣之画然知者去之，其妾之挈然仁者远之。拥肿之与居，鞅掌之为使。居三年，畏垒大壤。一作穰。畏垒之民相与言曰："庚桑子之始来，吾洒铣然异之。今吾日计之而不足，岁计之而有馀。庶几其圣人乎！子胡不相与尸而祝之，社而稷之乎？"庚桑子闻之，南面而不释然。弟子异之。庚桑子曰："弟子何[1]异于予？夫春气发而百草生，正得秋而万宝成。夫春与秋，岂无得而然哉？大一作天道已行矣。吾闻至人尸居环堵之室，而百姓猖狂，不知所如往。今以畏垒之细民，而窃窃焉欲俎豆予于贤人之间，我其杓的、瓢二音之人邪？吾是以不释于老聃之言。"司马云：役，学徒也。庚桑，姓。一作亢仓。拥肿、鞅掌，皆丑貌。杓，《广雅》云：树木也。

郭注 画然饰知，挈然矜仁。拥肿，朴也。鞅掌，自得也。异之，异其弃知而任愚也。夫与四时俱者，无近功也。春秋生成，皆得自然之道，故不为也。至人尸居而百姓自

①"何"后原衍"以"，据《庄子注》卷八、《义海》卷七十删。

往,非由知也,故不欲为人[1]标杓。《老子》云:"功成事遂,百姓皆谓我自然。"今畏垒反此,故不释然。[吕注]老聃之道,绝仁弃知而不尚贤,非以明民而愚之,故其臣妾之仁知者皆去而远之,唯拥肿鞅掌是与!画然挈然,仁知之小者。拥肿鞅掌,则非任知与仁者也。畏垒之民化楚之道,无所事知而致力于衣食之间,所以大穰。楚之所为,足以新人耳目,故洒然异之。其道无为而成,故日计不足,岁计有馀也。尸祝社稷,皆为君宗者所从事,言民欲推尊之意。夫春秋皆天之所为,万物莫知也。圣人所以尸居而百姓不知所如往,今畏垒细民欲俎豆予于贤人之间,所谓不能使人无保也。[疑独]聃非有私于楚,而楚独得聃之道者,能充其性分之实故也。畏垒,《禹贡》之羽山。杓,小器,便于众用而已。[碧虚]偏得老聃之道,言其悟理最深,故智略仁义皆所不取。不释然者,尚嫌有迹。春秋,皆自然之道,不言而自行,于我何哉?[刘概]功成事遂,百姓皆谓我自然,而畏垒之民乃欲尸祝庚桑,则楚之于道,其犹未耶?又闻苟有其实,人与之名而弗受,反受其殃,今闻之南面而不释然,则楚之于顺物,其犹未耶?又闻尧非有人,非见有于人,存乎千世之后,特其迹耳。然则,庚桑之道造乎无为,而未能无不为也。[口义]役,徒也。拥肿,钝朴。鞅掌,支离也。岁计有馀,久而有益也。尸祝社稷,敬祀之意。不释然,不乐貌。岂无得然,言天实为之。大道已行,自然无心之喻。不知所如往,言与世相忘。必我小浅易见,故人得而知之。

①人,《庄子注》卷八作"物"。

义海 庚桑，诸子中之一家也。庚桑子居羽山之颠。畏垒，指其形之拙朴。画然挈然，皆显示貌。为仁知而不晦藏，则不仁不知者疾之而患至掇也。宁与椎钝者居，彼此无心，风淳俗阜，久而民乐其化，愿推尊之。庚桑以为不知己，恐民归附而为己累也。夫春生秋成，天道自运，圣世之民，何知帝力？今乃陈列予于贤人之间，我虽不自贤而犹为彼所尚，是立杓于此，以召矢石也，吾肯为此乎？补注 洒然，惊异貌，犹爽然也。

弟子曰："不然。夫寻常之沟，巨鱼无所还旋其体，而鲵倪鳟秋为之制；步仞之丘陵，巨兽无所隐其躯，而孽狐为之祥。且夫尊贤授能，先善与利，自古尧舜以然，而况畏垒之民乎！夫子亦听矣。"庚桑子曰："小子来！夫函车之兽，介而离山，则不免于网罟之患；吞舟之鱼，砀荡而失水，则蚁能苦之。故鸟兽不厌高，鱼鳖不厌深。夫全其形生之人，藏其身也，不厌深眇而已矣。且夫二子者，又何足以称扬哉！是其于辩也，将妄凿垣墙而殖蓬蒿也。简发而栉，侧瑟反。数上声米而炊，窃窃乎又何足以济世哉！举贤则民相轧握，任知则民相盗。之数物者，不足以厚民。民之于利甚勤，子有杀弑，下同父，臣有杀君，正昼为盗，日中穴阫。裴。吾语汝：大乱之本，必生于尧舜之间，其末存乎千世之后；千世之后，其必有人与人相食者也！"为之制，王云：谓擅之也。祥，怪也。

郭注 弟子谓大人必有丰禄，而勉夫子听之，答以去利[1]远害乃全。若撄身利禄,则粗而浅,曾鱼鳖藏身之不若也。二子,谓尧、舜。何足称扬哉,将令后世妄行穿凿而殖[2]秽乱。简发数米,理锥刀之末也。混然一之,无所作为,乃克济耳。若拂戾其性,以待其所尚,真不足而以知继之,则伪矣。伪以求生,非盗而何?民于利甚勤,则无所复顾。由于尧、舜遗其迹,饰伪播其后,而致斯弊也。吕注 老聃以本为精,以物为粗,以有积为不足,淡然独与神明居。楚得聃之道,故藏身不厌深眇,德[3]遗尧舜而不为也。夫以未始有物之间而分辨,尧舜何异凿垣植蒿?既非宜,而又无用,唯能辅物自然而不敢为,则简易而有功。不然,则犹简发数米,曷足以济世哉?疑独 尧舜者,真人出而应世之迹,是其尘垢秕糠耳,何足以称扬哉?简发数米,言其小计。尧舜虽德之盛,渐离天而入人,庄子所以非其迹而防其流也。口义 鳝狐虽小,可以主沟丘,言地无小大[4],皆有所尊也。先善与利,名出则利入也。言人有贤,人必尊敬之。今畏垒细民乐于尊能敬贤,夫子当听之而已。兽离山,鱼失水,喻名见于世,则能害身。函,亦吞也。砀、荡,同。简发数米,屑屑容心之意。阫,墙也。穴阫,即穿窬之盗。义海 夫尧舜继统作君,功成治备,莫非由仁义而行,若无可疵者。《南华》主于老氏绝仁弃义之说,凡欲扬道德而抑仁义,必指尧舜为首,意在

①利,原作"则",误,据《庄子注》卷八改。
②殖,原作"植",误,据《庄子注》卷八改。
③德,原作"得",误,据《义海》卷七十改。
④小大,原作"大小",倒,据《义海》卷七十乙正。

拔本塞源，不得不尔。观者当求其主意，无惑于绪言[①]可也。补注 凿墙垣，言不由正道，妄开穴窦。殖蓬蒿，言树秽冗也。按，介，犹“介然用之而成路”之“介”，言忽尔也。于利甚勤，言不惮勤劳以为利也。

南荣趎畴蹴然正坐曰：“若趎之年者已长矣，将恶乎托业以及此言耶？”庚桑子曰：“全汝形，抱汝生，无使汝思虑营营。若此三年，则可以及此言也。”南荣趎曰：“目之与形，吾不知其异也，而盲者不能自见；耳之与形，吾不知其异也，而聋者不能自闻；心之与形，吾不知其异也，而狂者不能自得。形之与形亦辟闢矣，而物或间之邪？欲相求而不能相得。今谓趎曰：‘全汝形，抱汝生，勿使汝思虑营营。’趎勉闻道达耳矣！”庚桑子曰：“辞尽矣。曰‘奔蜂不能化藿蠋，蜀。越鸡不能伏鹄卵’，鲁鸡固能矣。鸡之与鸡，其德非不同也，有能与不能者，其才固有巨小也。今吾才小，不足以化子。子胡不南见老子？”

郭注 全形，守其分也。抱生，无揽乎生之外也。目与目，耳与耳，心与心，其形相似而所能不同。苟有不同，则不可强相效也。辟，未有闭之也。两形开，而不能相得，将有间之者。达耳，谓早闻形隔，故难化也。吕注 德遗尧舜而不为，其无迹[②]也至矣。然则恶乎托业而可以及此言耶？答以人之形常保，神得以生者，一也，岂以有物为患哉？及

①言，原脱，据《义海》卷七十补。
②迹，《义海》卷七十作“积”。

其耳目属乎声色，鼻口属乎臭味，心为物之所役，则形亏而不全，生离而不抱，思虑营营而不止，是以不能无物也。唯其全形抱生而无思虑，则常心得矣，安有所谓圣知仁义得存其间哉？夫耳目不别声色，心知不辨是非，世所谓聋瞽与狂也。为道者，则以不自见为盲，不自闻为聋，不自得为狂。我[①]形之与彼形，所以相求而不能相得，有物间之而已。趎虽云未闻道，其所知已异乎常人，但未能以楚之言契之于心也。[碧虚]肤受者达耳，神悟则彻心。牛涔安有鲲鹏之化？蜂房安有雕鹗之雏？理固然也。庚桑所以谢趎之问者，欲藏其狂言以自全，而推至理于老聃耳。[口义]人之心与耳目皆开也，而狂者不能自得，犹聋盲者之无所见闻。我形与人形本开辟而无蔽，今乃为物欲所间，以心求心，不能相得。夫子教我勿使思虑营营，若于此勉以闻道，亦庶几其能达乎！趎为此言，未有脱离处。庚桑子更欲点化之，而未能，故曰辞尽矣。奔蜂，小蜂也。藿蠋，豆中大虫也。[义海]尊贤先善，皆劳思而为之，损形离生之本也。形辟，即觉也。我形彼形，俱开而应物，本无所蔽，及物入而为主，所谓我者反为客矣，故相求而不能相得。相求而相得，则子知我，而我知鱼矣。今虽承师训，勉闻达耳，未能心悟也。[通义]思虑者，心也。又欲使之无营营，将心捉心，此正求而不得之故。楚以趎执心不一不虚，若与指破，益增其障，故使之往见老子也。

---

①我，原脱，据《义海》卷七十补。

南荣趎赢盈粮，七日七夜，至老子之所。老子曰："子自楚之所来乎？"南荣趎曰："唯。"老子曰："子何与人偕来之众也？"南荣趎惧遽然顾其后。老子曰："子不知吾所谓乎？"南荣趎俯而惭，仰而叹曰："今者吾忘吾答，因失吾问。"老子曰："何谓也？"南荣趎曰："不知乎？人谓我朱愚。知乎？反愁我躯。不仁则害人，仁则反愁我身；不义则伤彼，义则反愁我己。我安逃此而可？此三言者，趎之所患也，愿因楚而问之。"老子曰："向吾见若眉睫接之间，吾因以得汝矣；今汝又言而信之。若规规然若丧父母，揭竿而求诸海也。汝亡人哉！惘惘乎！汝欲反汝[①]情性而无由入，可怜哉！"规规，李云：失神貌。

郭注 与人偕来之众，挟三言而来故也。吕注 趎欲为道，其心不能致一而挟三言，则谓与人偕来之众亦宜矣。以道与世亢，其心莫得而藏，此老子所以得之于眉睫之间也。道者，物之所生，唯致一能得之。今趎规规然以趣舍不一之心，索之于无穷之间，若丧父母而揭竿求之于海，罔罔然哉！欲反其性情而无由入，此至人之所怜也。疑独 赢、籯同，裹粮器。陈三条以求决，盖为未明仁义知之本，故有此疑。老子告以学不至者不免于妄耳。趎失道之真，犹童稚失所亲而欲揭竿测海以求，断不可得。汝亡人哉，言失为人之道也。碧虚 与人偕来之众，谓采色不定，意不一也。惧然顾后，怀疑失容。吾所谓者，非言非貌。惊故忘答，惭故失问。夫仁知义三者，彼我皆为患，既目击道存

①汝，原脱，据《庄子注》卷八补。

矣,又况有言乎?海非藏亲之地,竿非探渊之策,丧本无归,罔然失措,欲反性情而无由,此所以可怜也。口义 与众偕来,释氏所谓汝心中正闹也。朱,专也。朱愚,犹颛蒙仁知义三语,谓无心又不可,有心又不可,疑而未决也。规规,蹇浅貌。揭竿求海,言求无于有。亡人,失其本心之人。惘惘,忧愁不自得也。欲见自然之道而不可得,亦可悯也。义海 揭竿求海,言真性汝之至亲,不能保全而致丧失,乃欲为仁义以索之于无涯世事之中,愈求愈远,身虽存,与亡无异矣。惘惘,无归貌。欲反性情而无由入,则是迷能思复。圣人不弃,所以怜而进之。信能超三言而无累,斯为反性情之道也。通义 道远日久,此意渐觉,故老子一勘,忘答失问也。忘答失问者,多者死而一者生,有知者死而无知者生,欲答欲问者死,而觉失觉忘者生也。知仁义失已失人之忧,皆功利识情也。

南荣趎请入就舍,召其所好,去其所恶,十日自愁,复见老子。老子曰:"汝自洒濯,孰哉郁郁乎!然而其中津津乎犹有恶也。夫外韄霍者,不可繁而捉,将内揵;蹇。内韄者,不可缪牟而捉,将外揵。外内韄者,道德不能持,而况放道而行者乎!"南荣趎曰:"里人有病,里人问之,病者能言其病,然其病病者犹未病也。若趎之闻大[①]道,譬犹饮药以加病也。趎愿闻卫生之经而已矣。"老子曰:"卫生之经,能抱一乎?能勿失乎?能无卜筮而知吉凶乎?能止乎?

①大,原作"夫",误,据《庄子注》卷八改。

能已乎？能舍诸人而求诸己乎？能翛萧然乎？能侗然乎？能儿子乎？儿子终日嗥号，平声而嗌益不嗄，于迈反。和之至也；终日握而手不掜，艺。共其德也；终日视而目不瞚，舜。偏不在外也。行不知所之，居不知所为，与物委萎蛇，移。而同其波。是卫生之经已。”

郭注 揵，关揵也。耳目，外也。心术，内也。全形抱生，莫若忘其心术，遗其耳目。若乃声色韄于外，则心术塞于内；欲恶韄于内，则耳目丧[①]于外。故必无得无失而后为通。偏韄尚不可，况内外韄乎？耳目眩惑于外，心术流荡于内，虽繁手以执之，绸缪以持之，弗能止也。抱一，不离其性也。勿失，还自得也。当则吉，过则凶，无所卜也。止，谓止于分。已，谓无追故迹。舍人求己，全我而不效彼也。翛然，无停迹也。侗然，无节碍也。嗌不嗄，任声之自出，不由喜怒也。握不掜，任手之自握，非独得也。视不瞚，任目之自见，非系于色也。行不知所之，信足自行，无所趣也。居不知所为，纵体自任也。与物委蛇，斯顺之也。而同其波，物波亦波也。吕注 知趣舍滑心而恶之，欲洗濯而复于虚静，是为召好去恶也。然犹未之能行，所以自愁也。所谓闻道者，知其未始有物，而无所事为也。卫生，以无为为经。一者，道之所自生，吉祥所止，何事卜筮哉？此皆能止其思为而求诸己故也。翛然无系，侗然无碍，则如儿子矣。使其嗥出于哀怒而不和，其能不嗄乎？握而不知其为握，视而不知其为视，其行止一出于无心，与物宛转，

①丧，原作“塞”，误，据《庄子注》卷八改。

同其波流，此卫生之经也。疑独 心存好恶，所以自愁，洗去其恶，亦孰矣。然而郁郁津津，犹有发见于外者。足于己，无待于外，故翛然侗然，不失其赤子之心，是以入鸟兽而不乱，逢虎兕而不伤，与物同波而不离乎道也。口义 召好，欲求其是。去恶，欲离其非。未忘好恶，所以自愁。孰，谓用功之久。郁郁，意未宁。一有恶，则有着，故津津可见。韄，以皮束物也。揵，闭门之牝[①]也。皆检束之喻。应物于外，欲自检柅，则繁多而不可执捉，将反而求之于内，故曰内揵；中心扰扰，欲自检柅，则绸缪而不可执捉，又将求之于外，故曰外揵。言学道不得其要，内外皆无下手处也。趎陈愚惑之甚，欲闻大道而自不知其受病之处，虽承教而愈惑，故曰犹饮药以加病。抱一，全其纯一也。勿失，得于天者无所丧也。无卜筮知吉凶，至诚可以前知也。能止，能定也。已，大休歇也。舍人求己，不务外而务内也。儿子嗁而声不干，无容心而不伤其和也。掜者，屈而不可伸，小儿久握而无窒碍。共其德，犹云同其性，言人皆如此。目不瞬者，视而无视，未知外物也。知有外物，则偏矣。同波，与物偕往之意。义海 召好去恶，则不能忘情于善恶之间，不知所好之果善，所恶之果不善耶？孰，古同熟。郁郁乎，勇进于学，充乎颜貌。然其中津津，形见于外，犹有未除之恶，此又勉进向上一步而成其自新之志也。内韄，即六根之盘固；外韄，即六尘之染著。二韄，人之通患。在中有主者，善持之则情不流而性可复，心不挠而道

①牝，《口义》卷七作"牡"。

可进矣。能儿子乎？此诚切喻，使人皆可以求诸己而复乎本来[①]之天，其嗥握视之所以异于成人者，内韫冲和而无心于外故也。卫生之经何以加此！通义 韄，皮㡖也。外障于事，本以才能自居，若以繁多而拘之，其病必将尽闭其天德，故曰将内揵。内障于理，本以见识自安，若更以绸缪而缚之，其病必将尽弃其事而枯寂，故曰将外揵。饮药加病，趎自悟多闻为病，而复问以益其所闻，是因闻生见也。

南荣趎曰："然则是至人之德已乎？"曰："非也。是乃所谓冰解冻释者。夫至人者，相与交食乎地，而交乐乎天，不以人物利害相撄，不相与为怪，不相与为谋，不相与为事；翛然而往，侗然而来；是谓卫生之经已。"曰："然则是至乎？"曰："未也。吾固告汝曰：能儿子乎？儿子动不知所为，行不知所之，身若槁木之枝而心若死灰。若是者，祸亦不至，福亦不来。祸福无有，恶有人灾也？"

郭注 趎谓若能自改而用此言，便可谓至人之德耶？冰解冻释者，能乎？明非自尔也。交食交乐，自无其心，皆与物共也。然则是至者，趎谓己便可得此言而至耶？答云非谓此言为不至，但能闻而学者，非自至耳。苟不自至，则虽闻至言，适可以为经，胡可得至哉？故学者不至，至者不学也。祸福生于得失，人灾由于爱恶。今槁木死灰，无情之至，忧患得失，何自而来？吕注 人心湛然如水，知识结碍而不能虚，犹水冻而为冰。知卫生之经，冰解而冻释矣。

①来，原作"末"，误，据《义海》卷七十一改。

至人心常如水,故德不修而物不能离,交食交乐而不以利害相撄也。不与为怪,故世俗所不能异。不与为谋,故世俗所不能同。无系无碍,又何抱一勿失,翛然侗然之足问乎?此至人所以为卫生之常,而非其至。所谓至者,亦止于所不知耳。儿子之不知所之所为,而若槁木死灰者是也。祸福生于身心,人能身槁心灰,安得而累之哉?口义 趎问卫生之经,求其次者。闻老子所言高妙,又有至人之德之问。老子曰非也,恐其住著于此,故示以冰解冻释,脱洒自悟之意。交食乎地,与人同也。交乐乎天,与天同也。不与物相撄为怪而无谋度事事之迹,是卫生之经也。上言夫至人者,此曰卫生之经,即至人事。以此见得"非也"二字不是实语。趎又问:然则是至乎?老子曰未也,则当别有话头,却又再举前文,盖不欲与之尽言,使之自悟耳。义海 夫真性如水,虚明澄湛,非有非无,及为物欲蔽结,如水冻而成冰。水至清而结冰不清,神至灵而结形不灵。闻道悟理,则冰解冻释,清灵何损焉?人患弗反求耳。交食乎地,耕凿共给也。交食乎天,均陶大和也。若然,则人物利害何由及,怪行谋为何所用,往来安得而不适,生经安得而不卫。学道造此,固已至矣。通义 "至人之德"一问,是将住于所闻矣。非也者,扫其成心也。水凝于寒为冰,物困于寒为冻。今也少煦春和,解汝住见之冰,释汝受见所缚之冻而已。再问至乎,又将住也,故扫之。曰未也,前后告之无异词,知其扫尘也。按,冰解冻释,《口义》谓脱洒自悟,似是而非。夫冰解不为冰而为水,冻释不为冻而为和。是冰此水,解亦此水;冻此气,释亦此气,喻至人非异于人,虽忘故吾而有不亡。交乐交食,与物游于无何有之乡而已。离即非即,色相俱空,才有所住,前尘卽起。再言也,正欲其反求赤子之初，不堕声闻耳。

宇泰定者，发乎天光。发乎天光者，人见其人。人有修者，乃今有恒；有恒者，人舍之，天助之。人之所舍，谓之天民；天之所助，谓之天子。学者，学其所不能学也；行者，行其所不能行也；辩者，辩其所不能辩也。知止乎其所不能知，至矣；若有不即是者，天钧败之。

郭注 德宇泰然而定，则所发者天光，非人耀也。故人见其人，物见其物。物各自见而不见彼，所以泰然而定也。人而修人，则自得矣，所以常泰。常泰，故能反居我宅，自然获助也。出则天子，处则天民，二者俱以泰然而自得之，非为而得之也。故凡所能者，虽行非为，虽习非学，虽言非辩。所不能知，不可强知，故止斯至也。意虽欲为，为者必败，理终不能也。吕注 身者，人之宇，不否不乱，则发天光。天光者，不识不知，明白洞达。人见其人，而莫知其天，是人貌而天者也。人有修者，乃今有恒，为道必至于天而后可久也。人舍，谓群于人。天助，独成其天也。天下之物可以知知，则学之所能学，行之所能行，辩之所能辩。唯道不可以知知，故学所不能学，行所不能行，辩所不能辩。或反此而不免有为，则败而已矣。疑独 宇者，气之宅。阴阳交为泰。宇泰定则冲气生于中，自然之光发于外。人之所舍，非人之民，是天民也。天之所助，非人之子，是天子也。口义 自此以下，庄子泛言至理也。宇，胸中也。泰然而定，则天光发见，即诚而明也。天光既发，则人见其为人而已，自同于天矣。修真至此，有恒者也，即是至诚悠久。如此则天助之，人归之。舍，止也，归也。天民，言非常民。天子，天爱之如子也。人之学行辩三者，皆有迹；所不能学、不能行、不能辩，自然者也。人之知至于所不能知而止，则为所造之极，反此则失造物自然之理矣。天钧，即造化也。

备物以将形，藏不虞以生心，敬中以达彼。若是而万恶至者，皆天也，而非人也。不足以滑骨成，不可内于灵台。灵台者有持，而不知其所持，而不可持者也。不见其诚己而发，每发而不当；业入而不舍，每更庚为失。为不善乎显明之中者，人得而诛之；为不善乎幽闲之中者，鬼得而诛之。明乎人，明乎鬼者，然后能独行。券内者，行乎无名；券外者，志乎期费。行乎无名者，惟庸有光；志乎期费者，唯贾古人也。人见其跂，犹之魁然。与物穷者，物入焉；与物且者，其身之不能容，焉烟能容人？不能容人者无亲，无亲者尽人。兵莫憯惨于志，镆莫铘耶为下；寇莫大于阴阳，无所逃于天地之间。非阴阳贼之，心则使之也。许慎云：灵台，人心以上，气所往来也。

郭注 因其自备，顺其成形。心自生耳，非虞度而出之。理自达彼，非慢中而敬外。若是而万恶至者，天理自有穷通也；有为而致恶者，乃是人耳。安之若命，故其成不滑。灵台者，心也。清畅，故忧患不能入。有持，谓不动于物耳，其实非持。若知其所持而持之，则失也。发不由己诚，何由而当。事不居分内，所以为失。幽显无愧于心，则独行而不惧。券，分也。游分内者，行不由于名。游分外者，有益无益，期损己以为物也。行无名者，本有斯光，因而用之。志期费者，虽已所无，犹借彼而贩卖也。夫期费者，人已见其跂矣，而犹自以为安。穷，谓终始。且，谓券外而跂者。跂者不立，焉能自容？不能自容，则虽己非己，况能有亲乎？故尽是他人。志之所撄，焦火凝冰，故其为兵甚于剑戟。盖心使气则阴阳征结于五脏。所在皆阴阳，故不可逃也。吕注 万物与我为一，备物也。物来而心出，非生于虞也。敬中以达彼，非有持于外也。有诸己而行之，为券内，诚己而独行也。无诸己而行之，为券外，不见其诚己而幽显不能一也。无名者道，故信矣。而不期与焉，而不费券外者，期而后能信，费而后能与也。人见其不足而跂慕，犹魁然自大也。疑独 万物备于我，性命之理具矣。退藏于密而不虞度，物来则应之而已。敬义立而德不孤，若是而万恶至者，天命存焉，非人为也。至人之学已至于命，虽事之可恶者不足以滑乱其成心。诚则无不当，若不诚而妄发，业入于中而不舍，则向所谓得者更为失矣。故为恶于显，则欺人，为恶于幽，则欺鬼，于心有愧，其敢独行乎？止乎券内，不越分也。无待于外，所以行乎无名。出于券外，好为人也。逐物无穷，所以志乎期费。口义 万物皆备于我，将顺其生之自然，退藏于不思虑之地，而心之应物随时而生也。敬存于中，自达于彼，至此而不如意事，是天实为之，何足以滑我胸中混成之德？持，谓有所主，虽主而不知其所主也。不可持，言有持守则未化矣。一句三"持"字，语甚精微。人未能诚己而有所妄发，发而不中，虽知之而不能舍，此耻过作非也。每有所改更，转见差失，人诛鬼责，必不可逃。知幽明之可畏，则当谨独，故能独行。

券内，不越己分也。券外，求在人者也。惟庸有光，光常在也。舍己外求，志在得利，商贾之用心也。人见其跂高自立，魁然可尊，而不知没入于利欲，穷尽而后已。且，谓逐物。苟得趋祸不悔者，身不自容于人，何有亲戚？人道绝矣。志者，心有着也。心有所著，皆能自伤，憯于兵器。阴阳之气，皆能伤人，犹寇也。心和平，则不能为害，故曰心则使之。所谓其热焦火，其寒凝冰是也。【义海】灵台，喻心之虚敞高明。持，谓主宰之者。知其不可持，故以不持持之。业，谓世间有为之事。不趋乎善，必趋乎恶，为善者常少，为恶者常多，是以莫逃人鬼之诛。惟通乎幽显之情者，乃可独行天地，俯仰而无愧也。凡人务内者，贵实，故行乎无名；务外者，贵华，故志乎求用。贾人求售，则非深藏若虚者，此言无常之人，重外轻内，人见其跂立不安，而自谓魁然硕大也。志异而矛戟生，不啻阴阳之寇，原其所由，心为之贼也。苟不得其持之之要，则物欲撼之，流于不诚不当矣，是以君子谨所出。【通义】券内者求合乎天则，券外者求合乎多闻。合天则，暗然而日章。合多闻，必如货殖而后可闻见日多，良心日丧，至于无亲，是其忍心甚于镆铘，盗气甚于阴阳，以其分别多也。【补注】期费是博取广求之意，犹所谓贪多务得，细大不捐也。故以贾人斥之，言犹货殖也。

道通其分也，其成也，毁也。所恶乎分者，其分也以备。所以恶乎备者，其有以备。故出而不反见其鬼，出而得是谓得死。灭而有实，鬼之一也。以有形者象无形者，而定矣。出无本，入无窍。有实而无乎处，有长而无乎本剽。有所出而无窍者有实。有实而无乎处者，宇也。有长而无本剽一作标者，宙也。有乎生，有乎死，有乎出，有乎入，入出而无见其形，是谓天门。天门者，无有也。万物出乎无有。有不能以有为有，必出乎无有，而无有一无有，圣人藏乎是。

郭注 成毁无常分，而道皆通。不守其分而求备，所以恶分也；本分不备而求备，所以恶备也。若本分素备，岂恶之哉？不反守其分内，则其死不久。不出而无得，乃得生也。已灭其性矣，虽有斯生，何异于鬼？有形而能旷然无怀，则生全而形定也。欻然自生，非有本，欻然自死，非有根，言出者自有实耳，其所出者无根窍以出之。宇有四方上下，而四方上下无穷。宙有古今之长，而古今之长无极。死生出入，皆欻然自尔，而无所由，故无见其形。天门者，万物之都名也，犹云众妙之门。物有聚散隐显，故有出入之名，而竟无出入，门其安在？以无为门，则无门也。夫有之未生，以何为生？必自有耳，岂有之所能有乎？明有不能为有而自有，非谓无能为有。若无能为有，何谓无乎？一无有则遂无矣，无者遂无，则有自欻生明矣。是以圣人任其自生，而不生生也。吕注 物皆具道，故无成毁。道无死生，而有生，必反乎所未尝生，则生全矣。出而不知反，虽生而见其鬼。出而有得生，有为故也，其得死宜矣。灭而有实，不能反乎无物也。惟能以有形象无形者而定矣，定则不为死生所乱也。物之有实者必有处，而出无本者有实而无处。物之有长者必有本剽，而入无窍者有长而无本剽。宇有四方上下，则有实矣。我以上为上，居我上之上者，则以我上为下，以至下与四方亦然，是岂有乎处哉？宙者，古往今来，固有长矣，今以古为古，后以今为古，亦岂有本剽[①]哉？悟此则宇宙所不能制，六通四辟无乎不在也。虽有死生出入，而莫见其形，是谓之天门。天门者，无有也，有不能为有，必出于无有。天下之物生于有，有生于无，是也。有所谓无有则非无有，而无有一皆无之，乃所谓无有也。口义 世人分成毁为二，以道观之，一而已。是通其分也。心分彼我，则于私必求备。凡有皆归于无而私求备者，但求其有，故有道者恶之。应物而能反，则为德而能神；逐物而不反，则沦于鬼趣矣。与物无是无非，则此心常生。执是非而不化，则此心为死。实者，天地间实理。若以私灭之而贪著诸有以为实，则其人与鬼无二。唯能以有形象无形，则见理定矣。物必有所始而不可知，物必有终而不见所入之处，实理虽有而无方所可求，古今如是而不见其终始[②]。物之生死出入皆有所自而无形可见，此造化之妙。天门，即造化自然也，因物出入于斯，故曰门。凡有出于无有，而此无有者又一无有也。圣人之心藏于无有，亦藏于密之意。义海 世人毁灭其真性，认物以为实，形虽存而与死无二，所谓行尸是也。唯能以有形象无形，则身心俱空，物何能动？出非无本也，而人莫知其所萌；入非无穷也，而人莫知其所归。信能身心俱空，则虚而灵，寂而照，物来必鉴，一毫莫欺，况己之所萌所归乎？实谓真性，

①本剽，原作"剽本"，倒，据经文及《义海》卷七十二乙正。
②终始，原作"始终"，倒，据《义海》卷七十三乙正。

真性随处发见而无定所，在眼曰见，在耳曰闻是也。万物生死出入，必有主张纲维之者，而莫见其形，是之谓天门。以物所出入，强名曰门，而实无有也。若执于无有，犹不免乎有，并无有一无之，乃造真空之妙，而万物万理具焉。圣人藏乎无有，故能无所不有也。剽同标，末也。通义 有实而无乎处，神无方也，无方，故同于宇。有长而无本剽，易无体也，无体，故同于宙。上下四方之无际，古往今来之无尽，此吾之性也。天门，惟无而已。虽曰无而亦无所谓无者，此圣人安身立命之所也。补注 反观于内则有得，出无得也，情识既驰，不过沉沦幽途已耳，故曰是谓得死。盖即申明上句之意。有长以下，文有脱落。若曰出无本，入无窍，入而无窍者有实，有所出而无本者有长，有实而无乎处，有长而无乎本剽。有实而无乎处者，宇也。有长而无乎本剽者，宙也。则不烦解说而意自明矣。因下语重复，故传录脱误耳。按，此段深明有之不可着而归之于无，无且无之，而况有乎？有而非有，无而非无，同出异名，相通为一，此道之所以妙而圣之所由藏也。夫物生而有分，分至而求备，一切诸有皆从此生。贪生执有，往而不反，有得死之地焉。事往迹灭，而犹执有以为实，沉沦鬼趣，何有反期？故曰鬼之一也。以有象无，则有无俱遣，向之诸趣定，一切定，有何于分与备哉！物出必有本，本无其本；物入必有窍，窍无其窍。死生出入，皆有为之而莫知其为，是谓天门。天门者，恍恍惚惚，其中有物；绵绵若存，用之不勤者也。孰知其所处始终哉？此宇宙之所以为至妙也。

古之人，其知有所至矣。恶乎至？有以为未始有物者，至矣，尽矣，弗可以加矣。其次以为有物矣，将以生为丧也，以死为反也，是以分已。其次曰始无有，既而有生，生俄而死。以无有为首,以生为体,以死为尻。苦羔反。孰知有无死生之一守者,吾与之为友。是三者虽异,公族也。昭景也,著戴也,甲氏也,著封也,非一也。有生黬暗也,披然曰“移是”。尝言“移是”,非所言也。虽然,不可知者也。腊者之有膍皮胲,该。可散而不可散也。观室者,周于寝庙。又适其偃焉,为是举“移是”。请尝言“移是”。是以生为本,以知为师,因以乘是非。果有名实,因以己为质,使人以为己节,因以死偿节。若然者,以用为知,以不用为愚,以彻为名,以穷为辱。移是,今之人也,是蜩与鸴鸠同于同也。黬,林云:釜底黑也。膍,司马云:牛百叶也。胲,足大指也。

郭注 生为丧,丧其散而归乎聚也。死为反,死则还融液也。虽欲均之,然已分矣。故或有而无之,或有而一之,或分而齐之,三者虽有尽与不尽,俱能无是非于胸中,故谓之公族。昭景、著戴、甲氏、著封四者虽公族,然已非一,则向之三者,已复差之。黬,直聚气也。既披然有分,各是所是。是无常在,故曰移。所是之移,已著于言前矣。不言其移,则其移不可知,故试言也。腊者之膍胲,喻物各有用。偃,谓屏厕。寝庙则以燕享,屏厕则以偃溲。当其偃溲,则寝庙之是移于屏厕矣。是非之移,一彼一此,谁能常之?故至人因而乘之则均矣。物之变化,无时非生,生则所在皆本也。以知为师,所知虽异,而各师其知也。乘是非者,无是非也。果有名实者,物之名实,果各自有也。质,主也。物各谓己是,足以为是非之主。人皆谓己是,故莫通。当其所守,非真脱也。知愚名辱者,不能随所遇而安之也。玄古之人,无是无非,何移之有?故曰移是今之人。同共是其所同，亦与蜩鸠无异也。吕注 夫“移是”之说，始于有生，是以生为本。生出于有知，是以知为师。因以相乘而是非滋多。是非移，则果有名实丙因以己为正。至其弊也，以己所是为己节而守之，至于以死偿节，不知所谓己者亦未始有物。用舍穷通，皆非我也，而妄有知愚名辱之分，此今人移是之弊，犹鸴鸠之同于同，又安知有天池之大耶！口义 无物之始，生死始终不分也。次则有生死之名。以生为丧，寓形宇内。以死为反，归其真宅。才有生死，便是有物，是以分已。上焉无物，太极之初也。次焉有物，阴阳既分也。其次有生，则有我，虽有我，犹以死生[①]为一。三者虽有次第，皆未离于道。譬公族分三，其姓则一，昭氏、景氏以职任著，甲氏以封邑而著。著戴，即任职也。昭、景、甲虽非一氏，皆楚公族。上言三者虽异，同一公族。黬，釜底黑，亦疵病。言元气凝聚成人，亦元气之病。人生同此气，而强自分别，各私其是。非所言者，谓人各有一是，所是者未定，故不可知也。腊祭之备膍胲，牲之一体也，祭时牲体分列诸俎谓之散，所祭之牲本是一物不可散，喻人之所是移而不定也。五脏只举百叶，百体只举足趾，文法也。犹一室之中有寝有庙，有偃息之所，在在不同，而同乎一室，犹移是之不可定。以腊祭与室而观，则所谓是者皆可移而不定，故曰举移是。义海 夫有物皆幻也，心存则存，心亡则亡。我心不萌，寂寥独立，谓之未始有物可也。傥造乎此，则虽有生死亦寄焉耳，古之得道者能之。

①死生，原作“生死”，倒，据《口义》卷七乙正。

次则有物而有死生之分，然能以生为丧，以死为反，则与常人处生死流者异矣。又次曰无有生死之分，首体尻焉三者虽异而同出乎道，犹楚之公族则一而有昭屈景三姓之别。黬者，釜底结墨，似形非形而生于形者也。人寄形而有生，亦犹黬耳。俄而披散，则所谓我者又移而之他。不可定言其有无，故试言之。人之自是，以其有生，生则有知，知为之师，二者相乘而不已。果执以为名实，因以为己质，则不可变矣。谓不能照破幻尘而认虚为实，至于以名实为己节而以死偿之，皆由自是其是以致此弊。举世循习，莫悟其非，无异蜩鸠之同于榆枋之适而不知有鹏程九万里也。

蹍女展反市人之足，则辞以放骜；敖。兄则以妪；遇。大亲则已矣。故曰：至礼有不人，至义不物，至知不谋，至仁无亲，至信辟屏金。彻志之勃，解心之谬，去德之累，达道之塞。贵富显严名利六者，勃志也。容动色理气意六者，谬心也。恶欲喜怒哀乐六者，累德也。去就取与知能六者，塞道也。此四六者，不荡胸中则正，正则静，静则明，明则虚，虚则无为而无不为也。道者，德之钦也；生者，德之光也；性者，生之质也。性之动，谓之为；为之伪，谓之失。知者，接也；知者，谟也；知者之所不知，犹睨诣也。动以不得已之谓德，动无非我之谓治。名相反而实相顺也。

郭注 蹍市人，则称己脱误以谢之。兄，则言妪诩之，无所辞谢。大亲则已矣，明恕素足也。不人者，视人若己，不相辞谢，乃礼之至也。不物，谓各得其宜，则物皆我也。谋而后知，非自然也，故至知不谋。譬之五藏，未尝相亲，而仁已至，故至仁无亲。金玉，小信之质，大信则除矣。故至信辟金。荡，动也。以性自动，故称为耳。此乃真为，非有为也。目非知视而能视，心非知知而能知，所以为自然。若知而后为，则知伪也。得已而动，则为强动，故失也。动而效彼则乱。有彼我之名，故反。名得其实，则顺也。

吕注 礼义仁知之至者，皆无所待于外。苟至于道，则五者无不至矣。养志贵弱，以富贵等为志，非弱也，悖而已矣，故不可不彻养。心贵虚，以容动等为心，非虚也，谬而已矣，故不可不解。德以同于初为至，则欲恶等为德之累，不可不达也。凡此诸累，不荡于胸中，则道集矣。不生无以见德，故生者，德之光。谋而后用知，则知者谟也。故动以不得已，则性之为非为之伪，是以谓之道也。动无非我，则物与我一，何得以动乱之？诚能如是，则天下彼我是非虽名或相反，而实未尝不相顺者，以道无非我故也。口义 礼义知仁信之至者，皆不待于外物，蹍足之喻是也。踏市人之足，则必以放敖，自责而谢之，恐其怒也。若兄则妪诩之而已，父母则并妪诩亦无之矣。四六不荡于胸中，此教人下手处。生者，德之发见。性，在我者。质，本然也。性而有为，为而流伪，则为失矣。知者以其所不知而为知，犹婴儿之睨而无所视，即知者行所无事之意。凡所动用，以不得已而为之，谓之德。即忘我也，于忘我之中，又无非我也。物不得以乱之，曰治，曰不得已，曰无非我，名若相反而实未尝不相顺也。义海 彻志解心，去累达塞，则由乎人为，又下一等。由正而静，所以应天下之动。自明而虚，所以容天下之实。则与前所谓至礼至义者，同归乎道矣。

通义 以妪言，陪笑而已，无心率真，乃为至德。婴儿之视，出于无意曰睨。应感而谋生,是知者之所知也。其谋之所自生,与应之所以出,则非知者所知矣,正犹婴儿视而不知视之所出也。故凡动以应物出于不得已而能知其由于我,则德之无知,治之有觉,实非二也。按,有道而后有生,有生而后有性,有性而后有动,有动而后有为,有为而后有伪,有伪而后失,则殆矣。故从而反之,与物接而知生,知而知谋之,此知之所知者也。反之,而至于所不知,则无必矣。动而不得已,则动而无动,动无非我,则外而未尝外也。此皆由有生而复于无有,所谓反之者也。名虽反,而实则顺矣。

羿工乎中微,而拙乎使人无已誉。余。圣人工乎天,而拙乎人。夫工乎天而俍良乎人者,唯全人能之。唯虫能虫,唯虫能天。全人恶天,恶人之天,而况吾天乎?人乎?一雀适羿,羿必得之,威也。以天下为之笼,则雀无所逃。是故汤以胞一作庖人笼伊尹,秦穆公以五羊皮笼百里奚。是故非以其所好而笼之而可得者无有也。介者拸侈画,外非誉也。胥靡登高而不惧,遗死生也。夫复謵习不馈一作愧而忘人,忘人,因以为天人矣。故敬之而不喜,侮之而不怒者,惟同乎天和者为然。出怒不怒,则怒出于不怒矣;出为无为,则为出于无为矣。欲静则平气,欲神则顺心。有为也欲当,则缘于不得已。不得已之类,圣人之道。

郭注 善中则善取誉,理常俱也。任其自然,天也;有心为之,人也。工于天,即俍于人矣。全人,即圣人也。虫能守虫①,即是能天。都不知而任之,斯谓工乎天。威以取物,物必逃之。天下之物各有所好,所好各得,逃将

①虫能守虫,《庄子注》卷八作"能还守虫"。

安在？画所以饰貌，刖者貌已亏残，不复以好丑存怀，故拸而弃之。胥靡无赖于生，故不畏死。复谓不馈而忘人，不识人之所惜，无人之情，自然为天人矣。彼胥靡形残而犹同乎天和，况天和之自然乎？出怒不怒，出为无[1]为，此是无不能生有，有不能为生之意。平气则静，理足顺心则神功至，缘于不得已则所为皆当，圣人以斯为道，岂求无为于恍惚之外哉！【吕注】圣人者，逃变化，虽工乎天而拙乎人。全人则又出其上，故工乎天又佷乎人也。彼跂行喙息，群分类聚者，虫能虫也。不知其所以然而然，虫能天也。全人之所恶，恶人之天也。人之天，则知其不知。天之天，则忘其不知。夫知其不知，犹且恶之，况天乎人乎而拟议之耶？雀适羿必得之，威也，彼不适者，则非威所得。以天下为笼，则万物毕罗而无所逃，况于雀乎？唯深之又深而能通天下之志者，斯能以天下为笼，是故有若伊尹、百里奚者，皆莫逃焉，以其所好笼之也。介者，以外非誉，犹能拸画而弗循。胥靡以遗死生，犹能登高而不惧，况夫能忘人者哉？夫怒常出于不怒，为常出于无为。不怒无为，则未始有物，而物所自出也。气者，虚而待物，人不能平而暴之，故不静。心于人则神也，人不能顺而滑之，故不神。踌躇以兴事，豫若冬涉川，皆不得已之意。【口义】羿不能使人无已誉，犹圣人不能逃天下之名。能尽天道，又能晦迹人中，此全德之人也。佷，良也。禽虫之飞走鸣跃，各遂其性，能虫能天也。全人则不以天自名。羿善射，故雀畏之。以天下为笼，则雀不待射。伊尹、百

[1]无，原作“不”，误，据经文“出为无为”及《义海》卷七十四改。

里奚亦因所好为人所笼，若无所好，则超然物外，谁得而笼之？介，兀者也。拸去华饰，其心忘毁誉矣。胥靡，城旦舂之人。不爱其身，故登高不惧，即心无爱则无所著之喻。复，反复也。謵，同习。馈，予人也。言此道在己，不是卖货，但知为己，则是忘人，忘人则入乎天矣。同乎天和，与造物为一也。怒虽出而不怒，则其怒者本自不怒而出，非有心之怒也。至人出而有为，于世无所容心，虽为亦无为也，即是无为而无不为。缘于不得已，不得已而后起之意，言应物而无心，则为圣人之道也。义海 羿不工乎射，人安得而誉之？圣人不工乎治，百姓安得而归之？然则物归则己累，彼工则此拙，此必至之理。全人恶天，恶人之分别以为天，非恶自然之天也。况肯自分天乎人乎？一雀适羿，羿以威得之，威之得物，未若无心得物之众。若以天下为笼，所得岂止乎雀？唯有所好，然后可笼，淡然无欲，彼恶得而笼哉？圣人非绝无喜怒，绝无作为也，特一志养气，以乘事物之机，怒所当怒，为所当为，一以百姓之心为心，亦犹不怒不为也。气平而静，心顺而神，感而后应，迫而后动，其有不当者乎？按，全人恶天，非恶天也，恶人之天也。人之天开而贼生矣。人之天，犹恶之，而况吾之天乎？人乎？有相胜而不定者乎？惟虫能天，所谓天之天者也。忘人则与虫同天矣。全人、天人与圣人同，文势有鼓舞耳。故结之曰不得已之类圣人之道。吕氏以全人为圣人上一等，与郭氏注异，更详。

义海总论 庚桑之于老子，具体而微，然其未至者犹有所立卓尔。居畏垒而民称其德，乃圣贤利物之常。至于众心欣感，欲推而尊之，则爱利之迹著，物交而情生，是以南荣所见，亦犹畏垒也。庚桑恐己德不足以化，遂使往见其师，将有以转移其心而警发之，是为换手。接人入门，一勘棒喝，不施问答，俱丧是为，撒手悬崖，命根断处，几何而一遇耶！惜乎南荣不能直下承当，而曼衍支离，铺陈长语。老子揣其病源而痛针之，乃退舍自愁，洒濯复见，亦可谓善受教而能自新矣。故其再接也乘机直指，尽去其津津之恶，徐有以发药之。趎自揆受道器浅，但愿闻卫生之经，即道之方充广在人耳。老子诲以抱一，求己还婴顺物，卫生之经概见乎此。问诘至极，又复归结于能儿子乎，言有宗有君也。次论泰宇发乎天光，灵台不知所持，谓室[①]虚而白生，不必以有心有为汲汲求也。券外券内之说，志懵镆铘之喻，又使学者知轻重而加决择焉。无有生死，先后一体，寝庙偃厕，贵贱有宜。盖欲悟有生之本无，破移是之妄见。至叙贵富欲恶之勃志缪心，则知志欲一而心欲虚。凡涉物累而障虚明者，不可不弃而远之。腊具膍胲而可散不常，羿工中微而拙乎藏誉，此皆解执滞之凡见，廓虚玄之化权，混天人工拙而超乎物我是非，忘毁誉敬侮而造乎不为不怒。静则平气，神则顺心，如是，则澹然独然与神明居，定于一而应无方矣。补注 此篇亦多战国后人语，学老氏者所为，非全庄语也。观前寻常之沟、函车之兽与后勃志谬[②]心、汤以庖人笼伊尹等处可见。

《庄义要删》卷之八《庚桑楚》终

①室，原作“空”，误，据《义海》卷七十四改。

②谬，原作“缪”，误，据《补注》改。

庄义要删杂篇　卷之八

徐无鬼第二十四

徐无鬼因女商见魏武侯。武侯劳之曰："先生病矣！苦于山林之劳，故乃肯见于寡人。"徐无鬼曰："我则劳于君，君有何劳于我？君将盈嗜欲，长好恶，则性命之情病矣；君将黜嗜欲，掔牵好恶，则耳目病矣。我将劳君，君有何劳于我！"武侯超然不对。少焉，徐无鬼曰："尝语君吾相狗也：下之质，执饱而止，是狸德也；中之质，若视日；上之质，若亡其一。吾相狗又不若吾相马也。吾相马，直者中绳，曲者中钩，勾。方者中矩，圆者中规，是国马也，而未若天下马也。天下马有成材，若卹恤若失，佚。若丧其一。若是者，超轶逸绝尘，不知其所。"武侯大说而笑。徐无鬼出，女商曰："先生独何以说税吾君乎？吾所以说吾君者，横说之，则以《诗》《书》《礼》《乐》；从宗说之，则以《金板》《六弢叨》；奉事而大有功者，不可为数，而吾君未尝启齿。今先生何以说吾君，使吾君说若此乎？"徐无鬼曰："吾直告之吾相狗马耳。"女商曰："若是乎？"曰："子不闻夫越之流人乎？去国数日，见其所知而喜；去国旬月，见所尝见于国中者喜；及期年也，见似人者而喜矣。不亦去人滋久，思人滋深乎？夫逃虚空者，藜藋柱乎鼪生鼬由之径，踉良位其空，闻人足音跫胸然而喜矣，又况乎昆弟亲戚之謦磬欬慨其侧者乎？久矣夫，莫以真人之言謦欬吾君之侧乎！”超然，司马云：犹怅然也。掔，《尔雅》：固也。一，身也。精神不动，若亡其身也。直谓马齿。曲谓背。方谓头。圆谓目。失，司马本作“佚”。卹佚，惊竦若飞也。

郭注 嗜欲好恶，内外无可，故云病矣。超然不对，不悦其言也。夫真人之言何逊哉？唯物之所好可也。从横说之，而君未尝启齿，是乐鹦以钟鼓，故愁也。闻相狗马而喜，犹人去国而见其所知，各思其本性所好也。得其所好，则无思。无思则忘其所以喜。真人之言所以得吾君，性也。始得之而喜，久得之则忘矣。吕注 狗之下质执饱而止，犹人饥则为用而有求者。中质若视日，犹人所视高远，未能忘己者。一犹忘之，则忘己可知。马之中规矩钩绳，是国马也，况以国士之游乎方内者。天下马有成材，不习而自然，若恤则无与乐，若失则无与匹。若丧其一，则丧我之至，超轶绝尘，不知其所以，况天下之士游乎方外而不可知者也。夫言，以道接者也。言不当道，虽《诗》《书》《礼》《乐》不足以动。言而当道，虽相狗马，犹足以悦。夫人失其性命之情而耽于人伪，犹去其乡党亲戚而流于远方，与逃虚空以群鼪鼬之间者也。所谓真者，则其性之固有，犹其乡党亲戚之旧也，非至狂惑，其有闻真人之謦[①]欬而不悦者乎？疑独 无鬼，魏之隐士。女商，魏之宰臣。武侯，文侯之子也。逃难而入虚空[②]之境，野草柱塞鼪鼬之径，人迹

①謦，原作“誊”，误，据经文及《义海》卷七十五改。

②虚空，原作“空虚”，倒，据经文及《义海》卷七十五乙正。

人位率皆空虚，当此之时，非必见人，但闻人足音，跫然亦喜矣，又况昆弟亲戚言笑于其侧，喜可知也。久无善言謦欬吾君之侧，故闻此浅技而悦也。碧虚 盈嗜欲则性命之情病，黜嗜欲则耳目之情病，即前所谓内外韄也。吴俦 无鬼盖神人也，因时乘势而不容心于其间，所以言者亦默寓其意，是以循道之归而不逆其理，顺彼之好而不忤其情。故虽武侯之刚暴，亦悦而笑，喻之有道故也。口义 狸德，资质如狸，狗之下者。视日，凝然上视而目不瞬。一者，生之性。虽生若死，犹望之似木鸡也，此狗之上品也。中规矩钩绳，言其件件合法度。成材，谓自然天成。若卹若失，闷然之意。丧一，即亡一。故超轶绝尘，不知其所至。此皆借喻之言。武侯悟其无心自然之意，故大悦而笑。《六韬》，太公兵法。《金版》，犹云藏于金柜。从横，反覆铺说之意。奏事有功，言见之行事，皆有效验也。踉，欲行貌。位，止也。謦欬，喉中之声也。义海“天下马有成材”一语，超轶绝尘之姿，可想像而得矣。视日，忘一，犹可形容。至于卹失丧一，又善述其难写之状，非若国马之可以规矩钩绳喻也。一者，物始萌兆。若亡若丧，犹云恍惚有无之间，不可指定其形质。唯其启之有道，所以得武侯之心，其效速于《诗》《书》《韬》《略》也。通义 使武侯知凝一之为上，是劳君之道也。武侯悦之，则自处与用人皆有省矣。宁静为上，躁率为下，此真人之言意也。告君以事功，则君之神驰越而无家，告君以守一，则君之心欲净而得一[1]。此

①得一，《通义》卷八作“得佚”。

无鬼之所自许，武侯之乍闻而喜也。按，多欲则神伤，绝欲则神妨。惟至人为能行于欲而不流，乃所以为善养神也。行于欲而不流者，惟外生者能之。若亡其一，若丧其一，此外生之喻也。而吕氏以为喻人臣之忘势，浅矣。

徐无鬼见武侯，武侯曰："先生居山林，食芧栗，厌葱韭，以宾寡人久矣！夫今老邪？其欲干酒肉之味邪？其寡人亦有社稷之福邪？"徐无鬼曰："无鬼生于贫贱，未尝敢饮食君之酒肉，将来劳君也。"君曰："何哉，奚劳寡人？"曰："劳君之神与形。"武侯曰："何谓邪？"无鬼曰："天地之养也一，登高不可以为长，居下不可以为短。君独为万乘之主，以苦一国之民，以养耳目鼻口，夫神者不自许也。夫神者，好和而恶奸；夫奸，病也，故劳之。唯君所病之何也？"武侯曰："欲见先生久矣！吾欲爱民而为义偃兵，其可乎？"无鬼曰："不可。爱民，害民之始也。为义偃兵，造兵之本也。君自此为之，则殆不成。凡成美，恶器也。君虽为仁义，几且伪哉！形固造形，成固有伐，变固外战。君亦必无盛鹤列于丽谯之间，无徒骥于锱坛之宫，无藏逆于得，无以巧胜人，无以谋胜人，无以战胜人。夫杀人之士民，兼人之土地，以养吾私与吾神者，其战不知孰善，胜之恶乎在？君若勿已矣！修胸中之诚，以应天地之情而勿撄。夫民死已脱矣，君将恶乎用夫偃兵哉！"

郭注 天地均养，不以为君而恣之无极。若苦民以养其耳目鼻口，是违天地之平也。神者不自许，物与之耳。与物共者，和也。私自许者，奸也。爱民之迹，为民所尚，尚之为爱，爱己伪矣。为义则名彰而竞兴，丧其真矣。父子君臣怀情相欺,欲偃兵可得乎?从无为为之乃成耳。美成于前,则伪生于后,故成美者,恶器也。君为仁义,民将以伪继之,未肯为真也。仁义有形,故伪;形必作成,则显也。故有伐变,谓失其常然。鹤列,陈兵也。丽谯,高楼也。步兵曰徒。但不当为义爱民耳,亦无为盛兵走马。得中,有逆则失矣。无以巧胜人,谓守其朴而朴,各有所能,则平也。无以谋胜人,谓率真知而知,各有所长,则均也。无以战胜人,谓以道应物,物服而无胜名也。不知以何为善,则虽克,非己胜。若未能已,则莫若修己之诚,便甲兵无所陈,而非偃也。吕注 以知治国,国之贼。不以知治国,国之福。则爱民固害民之始,偃兵者固造兵之本,以知而不以道故也。天下皆知美之为美,斯恶已,则成美固恶器也。器则已远乎道,虽有爱民之仁,偃兵之义,亦伪而已。爱民之形,成固有伐,则害民之始。偃兵之形,变固外战,则造兵之本。惟无形则无所造矣。疑独 得于己则逆于人,此藏逆于得也。巧者,机心内萌,虽胜人而不利己。谋者,疑惧而未决。战者,杀人以求胜。是皆害其所养,不可为也。以此养其私,不能成其私;以此养其神,不能全其神。其战虽胜,非善胜之道,唯能修诚以应天地而勿撄,则民无夭伤,何必为义偃兵哉!碧虚 武侯久湛欲而忘本,故无鬼直言劳君之形与神。夫天地之养人,君民无二,今则损不足以奉有馀,逆理也。爱尚则不均而害多,义立则必亏而争兴,皆由为者败之,故危殆及而成功寡也。道失而后有仁,德失而后有义。仁义崇而民性迁,则伪生矣。口义 宾与摈同,弃也。养,生也。天地生物本同,无高下贵贱之别。和，谓同物。奸，自私也。我神本与万物为一，情欲自私以昏之，是所恶也。君病此而不自知，我故劳君也。有意爱民乃害之，有意偃兵乃造之。以有为之心为有迹之事，曰形造形。成，定也。心执定而不化，则伤其内。为外物所变乱曰外战。鹤列，兵阵名。丽谯，楼名。锱坛，祭祀之地。盖谓人心若与物斗，则一室之内皆若步兵骑卒陈列于前，无非争夺之境也。人情以得为顺，失为逆，无得则无失，故曰无藏逆于得。巧，谓机心。智谋，自机巧出。战争，又自知谋出。以此求胜，以快耳目之私，是若胜矣，然而胸中为物所战挠，外虽胜而神者劳矣，故曰：胜之恶乎在？但修吾本然之诚，以应天地自然之实，与物无所迕，不争而战胜，则民死已脱矣，何偃兵之求哉？【补注】成美，谓标著其美。有可见之迹，必开矫诈之端，故曰恶器。君若勿已矣，语意如《孟子》“无已则有一焉”之谓，言不必求偃兵。若未能已，但当修诚以应，自然而不撄亍物，则民自不争，而兵不试矣，安用偃也？

黄帝将见大隗魏乎具茨慈之山，方明为御，昌宇骖乘，张若、謵朋前马，昆阍、滑稽后车。至于襄城之野，七圣皆迷，无所问途。适遇牧马童子，问途焉，曰：“若知具茨之山乎？”曰：“然。”“若知大隗之所存乎？”曰：“然。”黄帝曰：“异哉小童！非徒知具茨之山，又知大隗之所存。请问为天下。”小童曰：“夫为天下者，亦若此而已矣，又奚事焉？予少而自游于六合之内，予适有瞀茂病，有长者教予曰：‘若乘日之车而游于襄城之野。’今予病少痊，予又且复游于六合之外。夫为天下亦若此而已。予又奚事焉?”黄帝曰:“夫为天下者,则诚非吾子之事。虽然,请问为天下。”小童辞。黄帝又问。小童曰:“夫为天下者,亦奚以异乎牧马者哉!亦去其害马者而已矣!”黄帝再拜稽首,称天师而退。

郭注 圣者,名也。名生而物迷,虽欲之乎大隗,其可得乎?为天下者若此,言各自若则无事矣,无事乃可以为天下也。乘日之车,出作入息也。为天下,莫过自放任。自放任矣,物亦奚撄焉?故我无为而民自化也。夫事由民作,令民自得,必有道也。马以过分为害,师天然而去过分,则大隗至矣。吕注 欲见大隗而七圣与偕,所以皆迷,亦犹七窍凿而浑沌死也。人心具神,神则无方。而游不出乎六合之内,非有瞀病不若是也。欲已之,则莫若以明。虽然少痊而已,以其犹乘日之车也。弗乘而游乎六合之外,其犹有患乎!为天下者犹养心,去其为害者而已。碧虚 童子以牧马喻治国,有旨哉!马之真性,龁草饮水自足。民之真性,耕食织衣自足,更无他事。再问不答,示以不言之教也。今之牧马者不知鞭策之为害,字民者昧乎法令之生奸,乃谓马难调而民难治,两失之矣。口义 六臣名,皆寓言。以大隗为大道,亦凿说也。瞀,目眩也。乘日之车,与日俱往,犹云日新也。言六合之内,未离于物,则有目昏之病;能离此病,游于自然,则为六合之外。为天下者亦然,无累于有物之内而已。牧马者能顺其性而无所害,则牧马之道尽矣。亦牧羊而鞭其后之意。天师者,无人可为我师也。按,为天下者亦若此而已,此是玄语。言为天下者,岂必他求,亦不外乎天下而已矣。子固无事于此,而女亦何求于彼也?再言以见意,而又固问,则尽矣。故但以牧马言之,言为天下者,但求之天下,犹牧马者但求之马,无相易也,无相为也,物物各适其适而已矣。

知士无思虑之变,则不乐;洛,下同。辩士无谈说之序,则不乐;察士无凌谇信之事,则不乐:皆囿于物者也。招世之士兴朝,潮。中民之士荣官,筋力之士矜难,勇敢之士奋患,兵革之士乐战,枯槁之士宿名,法律之士广治,礼乐之士敬容,仁义之士贵际。农夫无草莱之事则不比,商贾无市井之事则不比,庶人有旦暮之业则劝,百工有器械之巧则壮。钱财不积则贪者忧,权势不尤则夸者悲。势物之徒乐变,遭时有所用,不能无为也。此皆顺比于岁,不物于易者也。驰其形性,潜之万物,终身不反。悲夫!

郭注 不能自得于内而乐物于外,故各以所乐囿之,则万物不召而自来矣,非强之也。"招世之士"以下,言士之不同若此,故当之者不可易其方也。能同则事同,所以相比。业得其志,故劝。事非其巧,则惰。物得所嗜而乐。权势生于事变。凡此诸士用,用各有时,时用则不能自已也。苟不遭时,虽欲自用,可得乎?故贵贱无常。士之所能,各有其极,若四时之不可易也。当其时物,顺其伦次,则各有用矣。是以顺岁则时序,易性则不物,物而不物,非毁而何?不守一家之能,而之夫万方以要时利,故有匍匐而归者,所以悲也。吕注 自"招世之士"至[①]"势物之徒",虽趋向不同,而遭时有用,不能无为,则一以不知真君所在也。夫时有所用而为之,非性命也。时有今昔,犹岁有寒

①至,原脱,据《义海》卷七十六补。

暑，今一遭之，遂守而不舍，不能无为，此皆顺比于岁，寒而不知有暑，暑而不知有寒，以所遭为常而不物于易者也。人莫不有真君存焉，而乃驰其形性，逐物而不知反，此至人之所悲。碧虚 黜计虑则知士穷，废合纵则辩士困，崇简易则察士闲，能内养而不乐外驰，则不可得而役也。时有患难，则勇士矜夸；佳美干戈，则不亲耒耜；枯槁之士不事王侯，宿于名而已；法令兴则冗惰劝，礼仪盛则矫饰；修行仁义者，以际会为得志。若士不学，农不积，工不巧，商不货，群庶失业，由于自惰也。贪者贵财过于身，夸者重势甚于命，以势役物，乐于变动，如耳目鼻口当有用之时，莫能自遏也。才知各任则事业成，四时失序则岁功废。顺比于岁，为物所迁，其心化，其形与之然，是之不反，诚可哀也。口义 思虑百变，谈说有条，凌轹问讯，争分争毫，三者各以所能为喜，一日无之则不乐，皆囿于物者也。招世者耀名，欲兴起而立朝。中民则庸人，故以爵禄为荣。筋力者以济难自矜，勇敢者见患难而喜。枯槁隐士，留意名声。法家者流，多求治事。敬容，矜持容貌也。贵际，以交际为重也。草莱，谓耕种也。市井，商贩之事也。比，和乐也。旦暮之业，谓日积其赢也。工艺之人，以其能自壮，即自夸也。有所恃曰势，有所积曰物。小人依附豪贵，多从臾主家，有所作为而后可以得志。遭时有用，欲无为不可得也。反，犹回光自照也。通义 囿于物者三[1]，身居世外用智者也。顺比于时者十又五，身居世内用力者也。不物于易，

①三，原作“二”，误，据《通义》卷八改。

不为物之能变者也。物而能易，则形虽物而能神矣。前之诸艺情状，皆如物之有方有所，不为能变易之物也。补注 乐变，言势物所在，即从而奔趋之，希风逐响，不主故常，犹俗云炎凉也。“顺比于岁”二句，总结上言，性各有长，用各有时，犹寒暑循代，而松筠花卉凋荣互异，乃物性自然，不可变易。人苟形性外驰，不安分量，思以有限之智力，该无穷之技艺，则将劳苦终身，陷溺而不悟矣，故可悲也。

庄子曰：“射者非前期而中，谓之善射，天下皆羿也，可乎？”惠子曰：“可。”庄子曰：“天下非有公是也，而各是[①]其所是，天下皆尧也，可乎？”惠子曰：“可。”庄子曰：“然则儒、墨、杨、秉四，与夫子为五，果孰是邪？或者若鲁遽渠者邪？其弟子曰：‘我得夫子之道矣，吾能冬爨鼎而夏造冰矣。’鲁遽曰：‘是直以阳召阳，以阴召阴，非吾所谓道也。吾示子乎吾道。’于是乎为之调瑟。废一于堂，废一于室；鼓宫宫动，鼓角角动，音律同矣。夫或改调一弦，于五音无当也。鼓之，二十五弦皆动，未始异于声，而音之君已！且若是者邪？”惠子曰：“今夫儒、墨、杨、秉，且方与我以辩，相拂以辞，相镇以声，而未始吾非也。则奚若矣？”庄子曰：“齐人蹢直子于宋者，其命阍也不以完，其求钘刑钟也以束缚，其求唐子也而未始出域：有遗类矣！夫楚人寄而蹢阍者，夜半于无人之时而与舟人斗，未始离于岑，而足以造于怨也。”

郭注 不期而误中，非善射也。若以谬中为善射，则天下皆谓之羿，可乎？言不可也。若谓谬中皆羿，则私自是

①是，原作“得”，误，据《庄子注》卷八改。

者亦可谓尧矣。庄子以此明妄中者非羿，自是者非尧。若皆尧也，则五子何为复相非乎？犹鲁遽之自言鼓瑟，俱亦以阳召阳，而横自以为是。或改调一弦，五音随改。无声则无以相动，有声则非同不应。今改此一弦而二十五弦皆改，其以急缓为调也。遽以此夸其弟子，然亦以同应同，未为独能其事也。五子各私所见而是其所是，无异于鲁遽而未能相出也。未始吾非，言各自是也。惠子便欲以此为至。庄子遂举齐人蹢子于异国，使阍者守之，不保其全，此齐人之不慈也。然亦自以为是，故为之，而反以爱钟器为是。束缚恐其破伤。唐，失也。失亡其子而不能远索，遗其气类，而亦未始自非也。又引楚人寄而蹢阍者，言俱寄止而不能自投于高地。岑，岸也。夜半独上人船，未离岸已共人斗。齐楚二人所行若此，未尝自以为非。今五子自是，岂异斯哉？吕注 此所谓以反人为实，以胜人为名者也。虽然，五子不皆是，则皆尧之说不立矣。不然，则若鲁遽之调瑟，不免以声律相召而已。施自谓贤于四子，而实无以异。欲以成皆尧之说，庄子故以微言感动之也。疑独 鲁遽之弟子能于冬日取千[1]年灰拥木，须臾出火，可以爨鼎；夏日瓦瓶贮水，汤中煮沸，置井中而成冰；以此为得遽之道。遽谓是直以类相召，非吾所谓道。于是为之调瑟，堂室各一而宫角皆应，或改调堂中一弦，而室中五音皆无当也。鲁遽以此自夸，然亦以同应同。五子各私所是，无异遽之夸其弟子。求钘钟以束缚，求失子不出境，言爱异物胜于同类，而不自以为非。惠子自是亦犹是也。蹢

①千，原作“十”，误，据《义海》卷七十七改。

阍，谓有罪而守门者。夜半独上人船，未离岸已与舟人斗。既忘其恩，便造此怨，所为如是，亦不知非，与惠子之徒无异也。口义 前期，指的也。杨，杨朱也。秉，公孙龙也。五子学既不同，孰为真是？冬日不以火而爨鼎，夏日能以水而为冰，实若难矣。冬至阳生，夏至阴生，以阳召阳，则冬不寒；以阴召阴，则夏不热；虽违时而有可召之理。非吾所谓道，言其术未高也。请各置一瑟于堂室，鼓此而彼动，宫角皆相应，以其音同，犹曰易也。若只调一弦，而于五音中不定一音，鼓宫亦得，鼓徵亦得，故曰无当。鼓一于此，而彼二十五弦皆动也，比之宫应宫，角应角，为又难矣。以理推之，五音皆以音为音，故曰音之君。举不离于弦上之声，故曰未始异于声。如此，与阴召阴，阳召阳，何异？遽乃自以为胜，亦各是其是，非真是也。拂，犹抗。镇，屈服也。蹢，住足也。爱物而不爱子，亦自以为是，犹亡子于外而求之乡域之内，是惑也。楚人有病足而为阍者，此别是一句。大意皆讥惠子之自是，以惠好辩，故特为诡谲之辞，有不可遽晓者，以困之。通义 此发好智者之蔽而觉之也。废，或发字之误。五音无当，改调而声乱也。二十五弦皆动，声响杂然，而宫商之所主则无可见，故曰音之君已。声成文，谓之音也。此应“天下非有公是”句。评庄 作意为奇，此庄子与惠子隐语。“齐人蹢子”以下，皆言错者自以为是之譬。补注 遗类，犹言失伦。言上三事皆不失其宜耳，譬意在言外。

庄子送葬，过惠子之墓，顾谓从者曰：“郢人垩污漫一作慢，音蛮其鼻端若蝇翼，使匠石斫之。匠石运斤成风，听而斫之，尽垩而鼻不伤，郢人立不失容。宋元君闻之，召匠石曰：'尝试为寡人为之。'匠石曰：'臣则尝能斫之。虽然，臣之质死久矣。'自夫子之死也，吾无以为质矣！吾无与言之矣！"

郭注 运斤成风，瞑目恣手也。非夫不动之质，忘言之对，则虽至言妙斫亦无所用之。疑独 有惠子之问，然后有庄子之对。惠子既没，庄子叹其无知言者，故引匠石自喻。郢人以白土污[1]其鼻端，使匠石运斤斫之。匠石虽工斫，须有郢人不动之质，然后能成其妙。臣之质死久矣，质，指郢人。吾无以为质，无与言之矣，即伯牙绝弦之意。口义 运斤成风，言其急捷。尽垩而鼻不伤，斫者固难矣，立者为尤难。质者，用巧之地。言有惠子之辩，然后我得以穷之。惠子既死，无可与言者矣。通义 正意只结二句，言有尽而意无穷，文哉！质，犹本也，地也。

管仲有病，桓公问之，曰："仲父之病病矣，可不谓云。至于大病，则寡人恶乎属烛国而可？"管仲曰："公谁欲与？"公曰："鲍叔牙。"曰："不可。其为人洁廉，善士也；其于不己若者不比之，又一闻人之过终身不忘。使之治国，上且钩俱乎君，下且逆乎民。其得罪于君也，将弗久矣！"公曰："然则孰可？"对曰："勿已，则隰习朋可。其为人也，上忘而下畔，愧不若黄帝，而哀不己若者。以德分人谓之圣，以财

①污，原作"圬"，误，据《义海》卷七十七改。

分人谓之贤。以贤临人,未有得人者也;以贤下人,未有不得人者也。其于国有不闻也,其于家有不见也。勿已,则隰朋可。”

郭注 上忘而下畔,谓高而不亢。哀不己若,故无弃人。若皆闻见,则事钟于己而群下无所措手足,故遗之可也。未能尽遗,故仅可也。疑独 洁廉可为善士,未可大有为。不己若者不比之,则失人心而寡助。闻人过而不忘,则人多怨。若使之治国,上则钩制其君,下则逆其民心,得罪将不久矣。有不闻,有不见,言其反听内视,所以无不闻,无不见也。口义 不比,不比数之也。钩,要束之也。逆,强之以礼义也。上忘,忘其势。下畔,离远而无求于上也。以德分人,犹云德乃降,黎民怀也。以财分人,不自私也。以贤临人,擅名而自矜也。有不闻有不见,言其不察察也。此事不见于他书,只见《列子》,亦是寓言。义海 于国有不闻,于家有不见,言其为政宽恕,不衒己聪明以为苛察也,善下而能得人,知其可以属国。盖与其以知治国,作法害民,宁若宽厚得众而相安于无事也。补注 谓,宜作讳,盖传写之误。按,上忘其为上,是上不知有己。下畔而远之,是人亦不知有己。人己俱忘,标枝野鹿,不但君为黄帝,而民亦各游其天,此之谓不自圣不自贤,所以为圣贤也。不闻不见,又并闻见而忘之,所谓遗其耳目也。管仲、桓公,皆重言耳。

吴王浮于江,登乎狙[1]之山。众狙见之,恂荀然弃而

①狙,原作“徂”,误,据《庄子注》卷八改。下同。

走，逃于深蓁。有一狙焉，委为蛇移攫角抓爪，见现巧乎王。王射之，敏给搏捷矢。王命相者趋促射之，狙执死。王顾谓其友颜不疑曰："之狙也，伐其巧，恃其便，以敖予，以至此殛也！戒之哉！嗟乎[①]，无以汝色骄人哉！"颜不疑归而师董梧，以助一作锄其色，去乐辞显，三年而国人称之。执死，司马云：见执而死也。

郭注 敏，疾也。给，续括也。捷，速也。矢往虽速，狙犹能搏也。国人称之，称其忘巧遗色而任夫素朴也。口义 敏给，言射去速，而狙能搏接其矢亦甚速。相者，左右之人。齐射之，狙虽巧捷，力不能敌，见执而死矣。此为矜能掇祸者之戒。义海 攫抓见巧，是其速死之征，故不免乎射而犹能搏接捷矢，可谓敏给也。已执树而死也，亦宜。王于此悟夫傲物之速祸，因戒其友无以色骄人。不疑归而锄色辞显，非勇于进善，畴克尔耶？

南伯子綦隐几而坐，仰天而嘘。颜成子入见，曰："夫子，物之尤也，形固可使若槁骸，心固可使若死灰乎？"曰："吾尝居山穴之中矣。当是时也，田禾一睹我，而齐国之众三贺之。我必先之，彼故知之；我必卖之，彼故鬻育之。若我而不有之，彼恶得而知之？若我而不卖之，彼恶得而鬻之？嗟乎！我悲人之自丧者，吾又悲夫[②]悲人者，吾又悲夫悲人之悲者，其后而日远矣。"

郭注 齐国三贺，以得见子綦为荣。子綦知为之不足

①嗟乎，原脱，据《庄子注》卷八补。

②夫，原作"乎"，误，据《庄子注》卷八改。

以救彼，适足以丧我，故以不悲悲之，则其悲稍去，泊然无心，枯槁其形，所以为日远矣。吕注 田禾一睹，齐国三贺。为我先而卖之，彼故知而鬻之，心未尽于内而有迹于外，故为人所知也。夫天道未始有物也，有介然之知存于心，则为自丧。丧，谓失其本心。子綦以人之自丧者在此而悲之，欲其复也。然知其丧而悲之，犹为丧而未复。吾又悲夫悲人之悲，则其为丧与夫悲之者，皆莫知其所矣。此所以日远而不为物所累，则形其有不槁，心其有不灰者乎？疑独 凡哀莫大于心死，人皆丧其良心，故我悲之。我悲之又可悲矣！以此遣累，犹为未至。吾又悲夫悲人之悲者，则遣之又遣，而世累日远矣。口义 物之尤，言人物之最大也。曰先曰卖，言我有迹可见，故彼得而知，此所为自丧。悲人之自丧而不能自觉其身，其悲人者，又可悲也。山穴之中，地名也，言我当时唯以悲人之悲自觉，所以道日高远，遂至今日形槁心灰也。义海 尤谓物之最灵。今乃灰槁若此，子綦引往事以对，我有则彼知，我卖故彼鬻，言不能自晦而招来声名。名至则身累，责重者患生，非自丧而何？是为可悲也。吾悲自丧者，迹近而易见。吾又悲夫悲人者，则渐深而归于自悲。夫悲夫悲人之悲者，是以不悲悲之。然后世间之忧累日远，故能形槁心灰若此也。按，名存者，实丧。自丧，故人得称之，是可悲也。悲夫悲人，则不复悲人；悲夫悲人之悲，则不复自悲。不复悲人者，反己也。不复自悲者，不知有己也。夫己且不知有己，而况于人乎！名实俱忘，人己俱遣，故曰日远，而人始无有知我者矣。形为槁形，故真我形；心为灰心，故真心生。然则非无形无心也，所谓玄同者是已。

仲尼之楚，楚王[1]觞之。孙叔敖执爵而立，市南宜僚受酒而祭，曰："古之人乎？于此言已！"曰："丘也闻不言之言矣，未之尝言，于此乎言之：市南宜僚弄丸，而两家之难解，孙叔敖甘酣寝秉羽，而郢人投兵。丘愿有喙讳三尺。"彼之谓不道之道，此之谓不言之辩。故德总乎道之所一，而言休乎知之所不知，至矣。道之所一者，德不能同也；知之所不能知者，辩不能举也。名若儒墨而凶矣。故海不辞东流，大之至也。圣人并包天地，泽及天下，而不知其谁氏。是故生无爵，死无谥，实不聚，名不立，此之谓大人。狗不以善吠为良，人不以善言为贤；而况为大乎？夫为大不足以为大，而况为德乎？夫大备矣，莫若天地。然奚求焉？而大备矣。知大备者，无求，无失，无弃，不以物易已也。反己而不穷，循古而不摩，大人之诚。叔敖相楚庄王，孔子未生。孔子卒后，白公为乱，然宜僚未尝仕楚。宣公十二年，楚有熊相宜僚，与叔敖同时，去孔子远。盖寄言也。

郭注 古之言者，必于会同。圣人无言，所言者，百姓之言，故曰不言之言。苟以言为不言，则虽言出于口，故为[2]未之尝言。于此言之，言于无言也。宜僚、叔敖息讼以默，澹泊自若，而兵难自解。苟所言非已，则虽终身言，故谓未尝言耳。是以有喙三尺，未足称长。凡人闭口，未是不言。彼，谓二子。此，谓仲尼也。道之所容，虽无方矣，然大归莫过于自得，故一也。言止其分，非至而何？各自得耳，非相同也，而道一也。知非其分，故辩不能举。儒墨

①王，原作"人"，误，据《庄子注》卷八改。

②故为，原作"固谓"，误，据《庄子注》卷八改。下同。

欲同所不能同，举所不能举，故凶也。海受物，无所辞，故成其大。圣人泛然都任。生无爵，有而无之。谥所以名功，功不在己，虽谥而非己有。令物各知足，故实不聚。功非己为，故名不立。若为而有之，则小矣。贤出于性，非言所为。夫大愈不可为而得，惟自然乃得[1]耳。天地大备，非求之也。知其自备者，不舍己而求物，故无求。无失，无弃也。反守我理，我理自通。顺常性而自至，非摩拭也。不为而自得，故曰诚。【吕注】三人不同时，亦是寓言。所谓不言之言，非无喙也。诚如二子所为，则虽有喙三尺，犹为不言。彼二子所为，是谓不道之道。此仲尼之不言，是谓不言之辩，世岂知之哉？德所不能同，辩所不能举者，固无名也。止乎无名则吉，否则凶矣。道之在天下，犹百川之于海，圣人并包泽物亦如之。此圣人无名，所以为大也。圣人不为大，为则不足以大，而况为德乎？天地所以大备者，无求也。人亦有大备者，诚而已矣。诚则无求，无求故无失无弃，以其足于己，不以物易之也。【疑独】楚白公胜将作乱，杀令尹子西，二人皆遣使召宜僚，宜僚正弄丸而戏，不顾二使者，二人皆不得宜僚，各解兵而归。叔敖闲燕高枕，执羽扇而自得，使敌国不敢侵，折冲千里之外。仲尼引此二人无为而息难，以证不言之意。此言出于不言，犹有喙三尺，亦不害于不言也。天地无心，万物自盈，此所以为大备。欲知大备，须知无求，无求则无失，无失则无弃，然后不以物易己也。【口义】弄丸，戏事也。秉羽扇而甘寝，无作

①得，《庄子注》卷八作“德”。

为之意也。夫子谓二人皆能无为，何待我说。愿有喙三尺，言我无如此长喙也。道之所一，即自然也。德者，得于己也，出于人为，不能同自然之道。名若儒、墨，便非不言之辩。不知谁氏，无得而名。实不聚，言有善不归之身也。大备，大成也。唯其无求，所以无失无弃。不以物易己，则己贵于物，在反求而已。循古道而行，无所容力也。【义海】道之所一，乃万物之祖。知所不知，乃道之真。故德不能同，辩不能举也。儒墨虽以善辩著名，至是亦无所施其辩矣。圣人海量并包，泽及天下而不有其功，故爵谥不立，名实俱忘，是以能如天地之大备而不在乎有言有为也。不摩，一作不磨。【通义】此章言大、言一、言诚。一者，诚之不贰。大者，诚之无外。“反己”“循古”二句，见大人之所以备。结句言大言诚，一在其中。【补注】老庄原谓失道而后德，《口义》谓此章“德”字不同，非也。

子綦有八子，陈诸前，召九方歅因曰：“为我相吾子，孰为祥？”九方歅曰：“梱昆，上声也为祥。”子綦瞿句然喜曰：“奚若？”曰：“梱也将与国君同食以终其身。”子綦索然出涕曰：“吾子何为以至于是极也？”九方歅曰：“夫与国君同食，泽及三族，而况于父母乎？今夫子闻之而泣，是御福也。子则祥矣，父则不祥。”子綦曰：“歅，汝何足以识之！而梱祥邪？尽于酒肉，入于鼻口矣，而何足以知其所自来？吾未尝为牧而牂臧生于奥；未尝好田而鹑纯生于宎。窈。若勿怪，何邪？吾所与吾子游者，游于天地；吾与之邀乐于天，吾与之邀食于地。吾不与之为事，不与之为谋，不与之为怪。吾与之乘天地之诚，而不以物与之相撄；吾与之一委蛇，而不与之为事所宜。今也然有世俗之偿焉？凡有怪征者，必有怪行。殆乎！非我与吾子之罪，几天与之也！吾是以泣也。”无几何，而使梱之于燕，盗得之于道，全而鬻之则难，不若刖之则易，于是刖而鬻之于齐。适当渠公之街，然身食肉而终。牂，《尔雅》云：牝羊也。九方歅、善相马人，《淮南子》作九方皋。奥，西南隅。窔，东南隅。渠公，齐富室，为衙正，买梱自代。

郭注 夫所以怪，出于不意故也。吾所游者，不有所为，随所遇于天地耳。邀，遇也。怪，异也。循常任性，脱然自尔，斯不为也。顺而无择，有功于物，物乃报之，吾不为功，而偿之何也？无怪行而有怪征，故知其天命也。为而然者，勿为则已。不为而自至，则无可奈何，故泣之。后使梱于燕，为盗所得，全恐其逃，刖之则易售也。吕注 言此者，明九方以相知之，不若子綦以道揆之。子綦与其子游于天地者也，皆至人卫生之经，而有怪征焉。知其天与？非有以取之也。口义 未尝牧，未尝田，而羊鹑生于室，异事也。喻我与吾子无求于世，安得有与国君同食之事？吾顺天自乐，适地自养，无事无谋，不与为异而一循乎自然，不敢应乎事，恶知宜不宜？我方乐于无为，而彼所云若此，是有此世俗之债未偿，诚怪征也。吾子不应得之，将来必有怪行。渠公之街，临街之门，为阍者也。

啮缺遇许由，曰：“子将奚之？”曰：“将逃尧。”曰：“奚谓邪？”曰：“夫尧畜畜然仁，吾恐其为天下笑。后世其人与人相食与？夫民不难聚也，爱之则亲，利之则至，誉之则劝,致其所恶则散。爱利出乎仁义,捐仁义者寡,利仁义者众。夫仁义之行,唯且无诚,且假夫禽贪者器。是以一人之断制利天下,譬之犹一觋蒲结切也。夫尧知贤人之利天下也,而不知其贼天下也。夫唯外乎贤者知之矣。"有暖喧姝枢者,有濡如需者,有卷权娄缕者。所谓暖姝者,学一先生之言,则暖暖姝姝而私自说悦也,自以为足矣,而未知未始有物也,奇意奇句。是以谓暖姝者也。濡需者,豕虱瑟是也,择疏鬣,劣。自以为[①]广宫大囿;奎蹄曲隈,乳间股脚,自以为暖一作安室利处。不知屠者之一旦鼓臂布草操烟火,而已与豕俱焦也。此以域进,此以域退,此其所谓濡需者也。卷娄者,舜也。羊肉不慕蚁,蚁慕羊肉,羊肉膻扇,平声也。舜有膻行,百姓悦之。故三徙成都,至邓之虚,一作墟。而十有万家。尧闻舜之贤,举之童土之地,曰:"冀得其来之泽。"舜举乎童土之地,年齿长矣,聪明衰矣,而不得休归,所谓卷娄者也。是以神人恶众至。众至则不比,不比则不利也。故无所甚亲,无所甚疏,抱德炀羊和,以顺天下,此谓真人。于蚁弃知,以下一步深一步,不独在聚民上。于鱼得计,于羊弃意。以目视目,以耳听耳,以心复心。若然者,其平也绳,其变也循。暖暖,柔貌。姝姝,妖貌。濡需,谓偷安须臾之顷。卷娄,犹拘挛也。童土,无草木地。炀,炙也,为和气所炙。一云融也。

郭注 仁者,争尚之原,故祸后世。仁义既行,将伪以为之。其迹可见,则夫贪者将假斯器以获其志。若仁义各出其情,则其断制不止乎一人。觋,割也。万物万形,而以一剂割之,则伤也。唯外贤则贤不伪矣。暖姝者,意尽形

①为,原脱,据《庄子注》卷八补。

教,岂知我之独化于玄冥之境哉?非夫通变藐世之才,而偷安一时之利者,皆豕虱也。圣人之形不异凡人,故耳目之用衰而精神常全。若少而未成,及长而衰,则圣人之圣,曾不崇朝,可乎?众自至耳,非好而致之,明舜之所以有天下,盖出于不得已,岂比而利之?于民则蒙泽,于舜则形劳。蚁鱼羊三者,未能无其耳目心意。故未能去绳而自平,绝迹而玄会也。吕注 谓之仁义,不免于有知。有知则非天下所同,是以一人之断制利天下,犹一觋而已,非辅物之自然,曲成而不遗者也。由夫学一先生之言,而不知未始有物,故为利则濡需,为害则卷娄。众至而归之,虽如尧舜,乃神人之所恶。此真人所以无甚亲疏,抱德炀和,以顺天下而已。蚁以知而多事,鱼以深而全生,羊以意而多很。去知与意,则藏身于深渺之间,而得所谓见见闻闻知知者,则无往而不平,辅物自然而无为矣。此所以复其真之道也。疑独 爱以亲之,则民聚。利以和之,则民至。誉以崇之,则民劝。致其所不欲,则民散。于是世之弃仁义者少,利仁义者众,以其殉名逐迹,离性入伪。欲行仁义而不出于诚,世之贪如禽兽者,将假斯器以为穿窬之资,本欲利之而不知其害天下也。童土,无草木之地。三者皆非道之真,故神人恶众至,无亲无疏,抱德炀和以顺天下,此所谓真也。蚁之知小,鱼之计深,羊之意很,圣人去其小知,得其深计,弃其很意。目视目,欲其自见。耳听耳,欲其自闻。心复心,欲其自知也。碧虚 功成则众至而亲誉之,亲誉久则不比,至于畏之侮之,则不利矣。唯能无所亲疏而外乎贤者,则民不归慕,于蚁弃知也;相忘江湖,于鱼得计也；恬淡无为，民知有君而无慕膻之聚，于羊弃意也。口义 暖姝，浅见[1]自喜，以讥学者不知未始有物之妙。濡滞而有所待，贪著名利之人。奎蹄曲隈，群虱居之，自以为安，不知其不足恃也。域，谓囿心于富贵也。卷娄，伛娄自苦貌。言修德之人自以为名，人皆归之，反以为苦，终身不得休息。借此以讽有为之君。童土，犹童山，不毛之地也。抱德炀和，养其德而不露。蚁至微而未能尽无知，羊至愚而未能尽无意，真人则无知无意矣。鱼之在水自得，真人为计亦然。水喻造物，鱼喻其身。真人之心耳目皆与人同，但无心而用之，故目视目，耳听耳，心复心也。绳，则自然之平。变而循之，顺其动也。义海 凡治天下，当无为而自化，傥孜孜焉欲有以爱利之，力有不及，不免继之以伪，伪出而患害横生矣。为人上者，信能以百姓之心为心，虽不行仁义而与之暗合。不然，则譬夫禽贪之人而假之矰弋网罗之器，其害物也滋甚。是以一人之断制欲以利天下，徒知尚贤之为利，不知其为后世害也。唯外乎贤者，知之必超出一头也[2]，然后能识破也。以目视目而不眩于色，以耳听耳而不惑于声，以心复心而不役于知。故其平如绳，为天下法；其应事变，一循理之自然，何忧乎天下之不自化而有心为治以治之耶！通义 由之逃，所以洗尧之迹，而成其无名之德也。一觌，尽斩也。暖姝、濡需、卷娄，总言德不可以有迹，名不可居也。蚁至微，羊至柔，而未能无知无意。真人取其微且柔者以自居，而弃其知与意，一如鱼之

①见，原作“说”，误，据《口义》卷八改。
②也，原作“地”，误，据《义海》卷八十改。

忘水而已。评庄 此篇直叙中兼攻击体，自分三截。文奇伟，深潜可玩。按，大道之世，人见其人，物见其物，无以我治人，无以人从我，无利也而无不利，此所谓大利也。今也率天下之人以从己，是以一人之断制利天下，其利有穷，其伤多矣。故曰犹一觋也，言齐一之耳。天下林林总总，安可齐耶？是贤人之利天下者，乃所以害天下也。神人恶众至，言众自至耳，非神人好其至也。好其至而至之，则彼我皆有心矣，故众至而未尝比之。未尝比之，则亦未尝利之也。是以无亲无疏，顺物自来而我无心焉。此乃所谓真人。真人者，神人也。

古之真人，以天待之，不以人入天。古之真人，得之也生，失之也死。得之也死，失之也生。药也：其实堇谨也，桔梗也，鸡廱雍也，豕零也，是时为帝者也，何可胜言！句勾践也以甲楯三千，栖于会稽。唯种也能知亡之所以存，唯种也不知其身之所以愁。故曰：鸱目有所适，鹤胫有所节，解之也悲。故曰：风之过河也有损焉，日之过河也有损焉。请只风与日相与守河，而河以为未始其撄也，恃源而往一作注者也。故水之守土也审，影之守人也审，物之守物也审。故目之于明也殆，耳之于聪也殆，心之于殉也殆。凡能于其府也殆，殆之成也不给改，祸之长也兹萃；一作萃。其反也缘功，其果也待久。而人以为己宝，不亦悲乎！故有亡国戮民无已，不知问是也。堇，司马云：乌头也。鸡廱，芡也。豕零，猪苓也。

郭注 居无事以待事，事斯得。以有事求无事，事愈荒。死生得失，各随其所居耳。于生为得，于死或以为失。故当所需则无贱，非其时则无贵。贵贱有时，谁能常也？各适一时之用，不能靡所不可，则有时而失，有时而悲矣。

解，去也。夫有形者，自然相与为累。唯外乎形者，磨之而不磷。犹风日过河，实已损而不自觉。所以不觉，非不损也，恃源以往也。无意则止乎分，所以为审。有意则无涯，故殆。所以贵其无能而任其天然也。萃，聚也。苟不能忘知，则祸长多端矣。反守其性，则其功不为而成矣。欲速则不果。己宝，谓有其知能。故亡戮之祸，皆有身之过。不知问祸之所由，由乎有心，而修心以救祸也。吕注 以天待之，则无为而应感。不以人入天，虽为而未尝为。真人不知有死生，得失死生，犹药之或甘或毒，时为帝而不常也。大夫种知亡越之可以存，而不知身之所以愁。犹鸱目能夜不能昼，所适不可移；鹤胫能长不能短，有节不可解也；风日之过河，非不损而河以为未始瀴，恃源而不竭也。通道者，与物无不适，亦有源而已。疑独 无得失死生，所以谓之玄。乌喙芡苓，皆药之至贱者也，时能疗病，递为君臣。得失穷通，无异于此。世人贱彼贵我，岂知用舍在时。夫阴阳有气，万物有形，气摩其形，形必有损。风日过河，河水必损而不自觉者，有源可恃也，喻人处阴阳之中，日有所损，恃有命存焉。水之于土，影之于形，物之于物，皆无心而守之，故其守也审。凡能出于府藏，则为所役，必至危殆既成，而欲速改，不暇给矣，是以祸生滋甚。口义 不以有心预自然之理，曰不以人入天。生死得失，一听自然。生而曰得亦可，死而曰得亦可。生而曰失亦可，死而曰失亦可。如医用药，主者为帝，其馀为臣，药虽同而用有轻重。犹人在世，得时则贵，失时则贱，在我者初无二也。大夫种为越报吴，能于亡中求存，可谓知矣，而不知反以杀身。水土相入，形影相依，物之守物，自然之理耳。目心之徇物，皆非自然。凡知出于胸府，自以为能，皆危殆也。给，犹及也。兹与滋同。反，覆也。缘，因也。因谋功之心，必致败覆。有待久之谋，其心固必而不化。此皆为身之害，而人人以此为宝。古今亡国戮民无已者，不知于此致问，故也。【义海】凡事物之来，能不纳于灵府，则吾源壮矣。事物之起伏，不啻蚊虻之过前，又何所撄拂哉？亡国戮民，祸之大者，其端实起于耳目心之所徇，贵在谨遏其源耳。【通义】“守物”承上二句，言理定于一，无容私智，而耳目心之殆者，以能自用也。【补注】“风之过河”数句，言有本者不受损于物。事有万变，因应为用，动静久速，顺自然而已。有急功之心者，则不能宁耐而反复躁动；为迂久之谋者，则固执成心而不能变通；各以偏见自用，不知为害之大也，所以可悲，盖所谓徇于耳目，心知而成殆，以萃祸者也。

故足之于地也践，虽践，恃其所不蹍尼展切而后善博也；人之知也少，虽少，恃其所不知而后知天之所谓也。知大一，知大阴，知大目，知大均，知大方，知大信，知大定，至矣。大一通之，大阴解蟹之，大目视之，大均缘之，大方体之，大信稽之，大定持之。尽有天，循有照，冥有枢，始有彼。则其解之也，似不解之者；其知之也，似不知之也。不知而后知之。其问之也，不可以有崖，而不可以无崖。颉絜滑猾有实，古今不代，而不可以亏。则可不谓有大扬搉角乎？阖不亦问是已？奚惑然为？以不惑解惑，复于不惑，是尚大不惑。结太奇。颉滑，向云：错乱也。

郭注 忘天地，遗万物，然后蜩翼可得而知也，况欲知天之所谓而可以不无其心哉？大一，道也。大阴解之，用其分内，则万事无滞也。用万物之自见，亦大目也。因其本性，令各自得，则大均也。体之使各得其分，则万方俱得，所以为大方也。命之所期，无令越逸，斯大信也。真不挠则自定，故持以大定，斯不持也。物未有无自然者，循之则明，无所作也。至理有极，但当冥之，则得其枢要也。始有之者，彼也，故我述而不作。解任彼，则彼自解。解之无功，故似不解。用彼之知，故似不知；我不知，则彼知自用。彼知自用，则天下莫不皆知也。不可有崖，应物宜而无方也。不可无崖，各以其分也。万物虽颉滑不同，而物物各自有实也。各自有，故不可相代。不可以亏，宜各尽分也。摧而扬之，有大限也。若问其大摧，则物有至分，故忘己任物之理，可得而知，奚为而惑若此也？夫惑不可解，故尚大不惑，愚之至也。圣人从而任之，所以皇王殊迹，随世为名也。吕注 为道者主之以大一，则无不通。入窈冥之门，则能解。不视以目，则无不见。是非任其两行，缘以大均也。无南北东西，体以大方也。其精甚真，其中有信，稽以大信也。泽焚不热，河冱不寒，雷破山，风震海而不惊，持以大定也。其解似不解，言本无系，故不解而后解。其知似不知，以其本无知，故不知而后知。此至人所以游乎世俗之间，若愚若拙也。碧虚 道不可以有崖求，又不可以无崖求，万形参差，实理则一。颉滑，参差也。古今不二，生死自殊，理不可亏，生死自具，是有大发扬商摧存乎中，其何不问诸此道？知道，则此理不惑矣。口义 人之践地少，所不践者多，喻人所知无几，其所不知者皆天也。不恃所知而恃所不知，可以知天矣。大一，造化之运者。大阴，至静也。大目，所见者广也。大均，大分剂也。大方，大虚也。大信，真实之理也。大定，总持万物者也。无物之始，必有物以始之，《齐物论》云“非彼无我”，即此“彼”字，谓造化也。曰天曰照曰枢曰彼，虽可解之知之，亦以不解不知者，不敢以为可知可解，是谓不知为知，乃真知也。问者，问造物之理，以为有崖无崖皆不可。颉滑，旋转。言造物不可捉摸，若无物而实有。古今只此造化，用之不穷。此事岂不为大？发扬而摧论之，世人乃不知问此理，又何疑乎？以此不疑之理，解天下之疑，复归不疑之地，庶几大不疑矣！

义海 尽有天则极物之自然，循有照则顺理而自明。冥中有枢，寂而常运，始由乎彼，和而不唱也。扬，举也。摧，引也。举而引之，陈其趣也。世人胡不问是而持其妄知之博，昧夫自己之天，又安足以知乾元之所谓哉？惑者，妄情之伪。不惑者，本来之真。 通义 大一，造化未分也。通之，流行不穷也。大阴，极静也。解，不染尘也。大目，天聪明也。大均，大分也。人物各有定分，不外形而为神，是缘之也。大方，天地形体也。浑然一体，故曰体之。大信，真实之理，无疑可决也。此一定之理，总持万物而无外者。道在天下，无方无体无臭无声，不可执持，而又不可谓之无者。诚能以此解其所惑，亦庶乎从来不惑者矣。

义海总论 武侯虽强悍难入，而无鬼说之有道。首言良骏以启其心，兼明君之于臣下可不具眼乎，遂能始忤终合。盖人之良心善性无蔑尽之理，犹去国者见似人而喜也。及其再见，然后纳忠逆耳，以警其失；好和而恶奸，尽修身之要；修诚应天地，尽为国之道；何在乎为义以宜民，偃兵而求治哉？黄帝见大隗而七圣皆迷，喻人之六识既昏，则心君不能独朗，明君欲见大道，当绝圣弃知，求诸守心之神而去其为吾害者，则大隗不求而自至矣。唯其后世诸士趋向之不同，潜形性而之万物，无复望其归根，则与道日远矣。若儒、墨、杨、秉、惠者，各执一偏，自以为道尽于是，然其言论机锋所触，亦有赖以发明道妙者，犹郢人听斫足以成匠石之功也。又喻有隰朋之才，然后足以致管仲之举。狙以傲人而速毙，人以锄色而致称，此所以警世俗之骄慢也。又岂若灰心槁形者之累日远，弄丸秉羽者难可解乎？九方歅知梱祥而不言其刖，许由畏尧仁欲逃而去之，此皆睹微而知彰，外贤而获利者也。堇、梗、廱、苓，时为帝，以喻人之移化。风日河水之相撄，以喻化之移人。物之守物，固审矣，终不免于移，移则殆矣。唯知足恃不践，心恃不知者，则尽己天以烛物之天，以不惑而解天下之惑矣。

《应义要删》卷之八《徐无鬼》终

庄义要删杂篇　卷之九

则阳第二十五

则阳游于楚，夷节言之于王，王未之见，夷节归。彭阳见王果，曰："夫子何不谭谈我于王？"王果曰："我不若公阅休。"彭阳曰："公阅休奚为者邪？"曰："冬则擉测角切鳖于江，夏则休乎山樊。有过而问者，曰：'此予宅也。'夫夷节已不能，而况我乎？吾又不若夷节。夫夷节之为人也，无德而有知，不自许以之神，其交固颠冥乎富贵之地。非相助以德，相助消也。夫冻者假衣于春，暍谒者反冬乎冷风。夫楚王之为人也，形尊而严，其于罪也，无赦如虎。非夫佞人正德，其孰能挠焉！故圣人其穷也，使家人忘其贫；其达也，使王公忘爵禄而化卑；其于物也，与之为娱矣；其于人也，乐物之通而保己焉。故或不言而饮人以和，与人并立而使人化，父子之宜，彼其记乎归居，而一间闲其所施。其于人心者，若是其远也。故曰待公阅休。"

郭注 王果言公阅休之为人，以抑彭阳之进趋也。言己不若夷节之好富贵，能交结，意尽形名，任知以干上也。苟进，故德薄而名消。"假衣"二句，言己顺四时之施，不能赴彭阳之意也。圣人淡然无欲，乐足于所遇，不以侈靡为贵，而以道德为荣，故其家人不识贫之可苦。轻爵禄而重道德，超然坐忘，不觉荣之在身，故使王公失其所以为高。与之为娱，不以为物自苦也。乐物保己，通彼而不丧我也。人各自得，斯饮和矣，岂待言哉？并立而化，望风而靡。使彼父父子子各归其所。施同天地之德，故间静而不二也。待公阅休，欲其释楚王而从阅休，将以静泰之风镇其动心也。吕注 公阅休无求如此，宜其为王所信。相助以消，言其德不长而日消。楚王严暴，非佞人正德，莫之能挠。欲我言之，非所能也，唯佞人能挠君之正，正德能挠君之邪。佞人，夷节。正德，阅休也。我乐而忘贫，则家人亦忘贫，道尊德贵，爵禄不足以为高，则王公化卑矣。饮人以和，其德足以沃人心，无所事于言矣。并立使人化，无所事于势矣。父子归居，不废人伦也。疑独 彭阳，字则阳，鲁人。夷节，楚人。王果，楚大夫。公阅休，隐者也。夷节无天德而有俗知，颠冥于富贵之地，固足以消子之德，非助子也。况楚王为人，威严如虎，若不入之以佞，则必化之以正也。使人人父子各宜于归居，守一而无事，道自施于人，故与世俗相远矣，不若释楚王而从阅休也。碧虚 则阳求见王，为利禄之计，王果引隐士，抑贪竞之心。无德而有知，尚文去质也。救冻暍者，人事；待春冬者，天时。王果任天时而不从人事，所以救则阳之失也。不言之教，暖然似春，镇以无名之朴[1]，而使人自化。德化有序，人安其居，而趋进者弊

①朴，原作“扑”，马王堆汉墓帛书《老子》甲乙本释文俱作“朴”，据改。

弊焉以干禄为事，与有道者之心相远去矣。口义 吾又不若夷节，鄙薄之意。无德而有智，不知有天理而纯用私智也。神，乃我之自然。颠迷富贵，不知有自然之神，故曰不自许以之神也。此相率而自损之道，故曰消也。冻者得衣，则暖如春。暍者得风，则冷如冬。人之相与，必以有馀济不足。彭阳好进，是其不足，告之以隐退，如执热而濯，当寒授衣，将有补也。王公忘爵而下士，化尊为卑也。穷理自娱，与物无碍，自保其真。不言而悟，如以至和饮之也。并立而人化，使人意消也。彼其，犹《诗》云"彼其之子"，意谓彼其之子，若归而居乎，则尊卑长幼各得其宜。所施闲暇，殊不容力，言在家在乡各得其和。阅休之德与彭阳相远若是也。义海 夫神者，好和而恶奸。人性本善，无有不可，至于神者，有得于己而信之笃，然后能自许。今夷节贪竞若此，是不自许以之神也。况楚王严暴，非夫奸佞之人及德之正者，不足以挠动之。盖行之善恶不越此二途，子何不舍恶趋善，从阅休以进，庶乎可久也。补注 谭谈通，李云"说也"。按，冻者必假衣，衣虽厚，不若春和而冻解也。暍者必愿风，风虽冷，不若冬至而暍消也。慕用者必假资于权门，权门虽利，不若恬退者之自贵也。以楚王之势，奚啻冻之寒，暍之热？而颠冥者，彼且厌之，岂能得志哉！故曰待公阅休。盖规之也。

圣人达绸稠缪，牟。周尽一体矣，而不知其然，性也。复命摇作，而以天为师，人则从而命之也。忧乎知，而所行恒无几，时其有止也，若之何！生而美者，人与之鉴，不告，则不知其美于人也。若知之，若不知之，若闻之，若不闻之，其可喜也终无已；人之好之亦无已，性也。圣人之爱人也，人与之名，不告，则不知其爱人也。若知之，若不知之，若闻之，若不闻之，其爱人也终无已，人之安之亦无已，性也。绸缪，犹缠绵也。一体，天也。命，名也。

郭注 达绸缪，所谓玄通也。周尽一体，无内外而皆洞照也。不知其然而然，非性而何？摇者自摇，作者自作，莫不复命而师其天然也。此非赴名而高其迹，率性而动，其迹自高，故人不能下其名也。任知而行，则忧患相继。鉴，镜也。鉴物无私，故人美之。夫鉴者，岂知鉴而鉴耶？生而可鉴，则人谓之鉴耳。若人不相告，则莫知美于人。譬之圣人，人与之名也。鉴之可喜，由于无情，不问知与不知，闻与不闻，来即鉴之，故终无已。若鉴由闻知，则有时而废也。性所不好，岂能久照？圣人无爱若镜耳，然事济于物，故人与之名，若人不相告，则莫知其爱人也。荡然以百姓为刍狗，而道合于爱人，故能无已。若爱人由乎闻知，则有时而衰。性之所安，故能久也。吕注 人心绸缪于事物，不知有一体者，唯圣人能达之。故内不见我，外不见物，其所体固周尽矣，而不知其然者止于性。虽静而复命，不害乎摇作，是以终日言未尝言，终日为未尝为。凡以天为师而已，天则知之所不知也。无知则无忧，众人忧乎知而所行如驰也。口义 绸缪，谓阴阳往来，相因不已。圣人达阴阳造化之理，穷精粗合一之妙，循乎自然而不知所以然，故曰性也。任其动用作为，皆复归于天命，而以自然为主，故曰以天为师。忧乎知者，人之私知忧虑万端，能有几件计较得行？故曰所行恒无几。我将有为有行而尼之于命，亦如之何[①]，故曰时其有止也，若之何。时，犹命也。原其所患，皆自知始。若知其所不知，则无忧矣。夫妍生于丑，若不告之以丑，则亦不知其妍。美恶分别，忧端所自，故曰不知不闻，其喜终无已。我忘美恶，与物无心，则人之好亦无已。此自然之理，故曰性也。义海绸缪，谓世累纠缠，不得自在，皆始于有我与物为敌故也。唯圣人能以道通之，使周尽物理，归于一体，而不知其然。盖以性会之，而不以物我存心，何所不同哉！故于静默之际而有动作者存，则知动作之中不离复命之道。此皆以自然为师，非出有心而自有主之者。人则从而命之以为圣，非圣人自圣也。

旧国旧都，望之畅然。虽使丘陵草木之缗，泯、昏二音。入之者十九，犹之畅然，况见见闻闻者也？以十仞之台，县玄众间者也。冉相氏得其环中以随成，与物无终无始，无几无时。日与物化者，一不化者也。阖尝舍之！夫师天而不得师天，与物皆殉。其以为事也，若之何？夫圣人未始有天，未始有人，未始有始，未始有物，与世偕行而不替，所行之备而不洫，况域切。其合之也，若之何？汤得其司御，门尹登恒为之傅之。从师而不囿，得其随成。为之司其名，之名赢法，得其两见。仲尼之尽虑，为之傅之。容成氏曰："除日无岁，无内无外。"畅然，喜悦貌。间，元嘉本作"闲"。洫，滥也。一云坏败也。门尹，官名。登恒，人名。容成，老子师。

---

①亦如之何，原作"亦无如之何"，衍"无"字。按，《口义》卷九作"人亦如之何"，《义海》卷八十二作"亦如之何"，据删。

郭注 得旧犹畅然，况得性乎？缗，合也。见所尝见，闻所尝闻，而犹畅然，况体其体用其性也。众之所习，虽危犹闲，况圣人无危乎。冉相氏，古之圣王也。居空以随物而物自成。与物无终无始，忽然俱往。日与物化，故常无我。常无我，故常不化也。夫为者，何不试舍其所为乎？唯无所师，乃得师天。师天犹未免于殉，奚足事哉？师天犹不足称事，况又下斯耶？必至于天人始物都无，乃冥合也。故汤委之百官而不与焉。任其自聚，非围之也，纵其自散，非解之也。司御之属，亦能随物之自成，而汤得之，所以名寄于物而功不在己。名法者，已过之迹，非适足也，故曰嬴然。无心者，寄治于群司，则其名迹并见于彼。仲尼曰："天下何思何虑，虑已尽矣。"若有纤芥之虑，岂得寂然不动，应感[①]无穷，以辅万物之自然耶？今所以有岁而存日者，为有死生故也。若无死无生，则岁日之计除矣。无彼我，则无内外也。吕注 望旧而畅然，人之情也。虽陵木缗合，犹之畅然，亦不忘其本而已。况吾之所以见闻者，而见之闻之，犹以十仞之台县众间，则无所不睹，其畅然可胜道哉？众间，谓无人之处。环中，运转无已，而未始有物。随成而无所为，是以无终始无几时也。与物化者一不化，则胡为而不舍之？夫欲师天而不得，则与物皆殉。圣人者，未始有天人始物也。真师天者，所以合之也。疑独 言见性之乐，犹见旧国都之乐也。与物化者一不化，一不化者能化化也。世之有为者，何不舍其有为而复于自然，真

①应感，原作"感应"，《义海》卷八十三亦作"感应"，倒，据《庄子注》卷八乙正。

性可得矣。然有心于师天，则不得，况与物殉而反者乎？未始有天有人，而天人[①]自存。未始有始有物，而始物自我。司御，门尹官号。登恒，制名，言登恒道者，可为人师也。圣人从师不为师所囿，但任其自然，彼且为婴儿与之为婴儿是也。口义 久旅而归旧国，必畅然有感。纵使入其中，人物已变，草木荒秽缗合，比昔十失其九，犹且畅然。况求道忽悟，得见其所自见，闻其所自闻，皆吾固有之物，能不喜乎？台，最高处。县，张乐也。众，多也。间去声，犹云笙镛间作。处最高之地，听交奏之乐，可以耸动世俗耳目，况圣人以虚无自然之理，随[②]万物而乐之，其自处之高为如何？环中，至虚之喻。无终始[③]，如一也。几者，时之变。日与物化，言与物日新，即我之所得，一个不化者也。世人何不舍去故习而归至道耶？以自然为法，而无法自然之名，不过与物相顺而已。若有心于为事，则末如之何。人，有为也。天，无为也。非唯无事为之迹，并与无为者无之，故曰未始有天，未始有人。有物，迹也。无物之始，无迹也。非唯无有物之迹，并与无迹者无之，故曰未始有始，未始有物。行世与人同，无废替之事。万行俱备，不著于一。溘，泥著也。与道为一，不求而合，求合则不可得而合矣。昔汤以伊尹为师，不为其所笼囿，得万物之成理而随之，自处无为之地，使尹主其名。汤无为而尹有为，汤无名而尹有名也。此名之在世，是为剩法。两见，身与名为二，

①人，原脱，据《义海》卷八十三补。

②随，上原衍"一"，据《口义》卷八删。

③终始，原作"始终"，倒，据经文"与物无终无始"及《口义》卷八乙正。

不得其混然之一也。伊尹之任，自未为奇。孔子又慕之，尽虑以辅相斯世，亦欲为伊尹之事。此语讥之也。容成氏，古圣人。合三百六旬而为岁，逐日除之，但谓之日，不可谓之岁。老子云数车无车之意。外名因内而生，无内则无外矣。举此以证自然之义。义海 见所自见，闻所自闻，出于性之本然，如高台县众人之中，无所不睹也。昔冉相氏得虚通之道，其为治也，随物而成，其性与之无终始，只今见在又何执著！日与物化者，前焰非后焰。一不化者，今吾即故吾，何尝舍离哉？夫欲师自然而有心殉物，则不自然矣。其为事也，若之何而可济耶？圣人忘天忘人，所以能天能人，忘始忘物，所以能始能物。与世偕行而不替，顺物而已，无亏也。所行之备而不洫，周物而无过举也。补注 舍与"不舍昼夜"之"舍"同，言此一不化者，亘古今而常存也。佛家远离为幻，亦是名法两见之意。积日成岁，非日之外别有岁也，故曰除日无岁。无内无外，明乎道之自然，则万理归一，有无俱遣，内外两忘矣。到此地位，岂有两见？岂有身与名哉？佛氏谓觉时更无人我众生寿者相，即此说也。按，十仞之台县众间，当从吕注，言众人之于性有明有暗，犹草木之缗合者也。圣人之于性，见见闻闻适得本体，犹十仞之台高起群物之中，此岂草木所能缗合者哉？以县为张乐，以间为笙镛以间者，牵强，不成句矣。且高台之上，钟鼓并奏，于情境俱欠安。"几"字训事，犹《书》言"惟时惟几"也。未有天人始物之名，所以为圣。若有心于求合，有心于师天，则已落第二义矣。汤、孔皆寓言，不必考其事之有无，大意只欲明其道之自然而已。言汤得人而无为，而人与之名；孔自得而无思，而人与之名；而二圣人无心于名也。无日无岁，无内无外，此圣人无天人始物之喻。

魏莹一作营与田侯牟约，田侯牟背之。魏莹怒，将使人刺之。犀首闻而耻之，曰："君为万乘之君也[①]，而以匹夫从仇！衍请受甲二十万，为君攻之，虏其人民，系其牛马，使其君内热发于背，然后拔其国，忌也出走，然后抶尺其背，折其脊。"季子闻而耻之，曰："筑十仞之城，城者既十仞矣，则又坏之，此胥靡之所苦也。今兵不起七年矣，此王之基也。衍乱人，不可听也。"华子闻而丑之，曰："善言伐齐者，乱人也；善言勿伐者，亦乱人也；谓伐与不伐乱人也者，又乱人也。"君曰："然则若何？"曰："君求其道而已矣！"惠子闻之，而见戴晋人。戴晋人曰："有所谓蜗爪者，君知之乎？"曰："然。""有国于蜗之左角者曰触氏，有国于蜗之右角者曰蛮氏，设怪语。时相与争地而战，伏尸数万，逐北旬有五日而后反。"君曰："噫！其虚言与？"曰："臣请为君实之。君以意在四方上下有穷乎？"玄言玄解，二比自发。君[②]曰："无穷。"曰："知游心于无穷，而反在通达之国，若存若亡乎？"以太空视一国若无。君[③]曰："然。"曰："通达之中有魏，于魏中有梁，于梁中有王。王与蛮氏有辩乎？"以一国视王若蛮。君曰："无辩。"客出，而君惝敞然若有亡也。客出，惠子见。君曰："客，大人也，圣人不足以当之。"惠子曰："夫吹筦管也，犹有嗃霍也；吹剑首者，吷血而已矣。尧舜，人之所誉也，道尧舜于戴晋人之前，譬犹一吷也！"结语奇甚。犀首，官名。公孙衍，为此官。忌也出走，忌畏而走也。抶，击也。惝，惘也。嗃，管声。剑首，剑环头小孔也。吷吷然，如风过也。

郭注 蜗至微而有两角，诚知所争者若此之细，则天下

①也，原脱，据《庄子注》卷八补。

②君，原缺，据《庄子注》卷八补。

③君，原缺，据《庄子注》卷八补。

无争乎。人迹所及为通达,谓四海之内也。今以四海为大,然计在无穷之中,若有若无也。王与蛮氏俱有限之物,有限则不问大小,不得与无穷者计也。虽天地共在无穷之中,皆蔑如也,况魏中之梁,梁中之王而足争哉?惝然若亡,自悼所争者细也。辟犹一吷,言曾不足闻也。吕注 罪莫大于可欲,善言伐齐则见利之可欲,固乱人也。善言勿伐,则见善之可欲,亦乱人也。谓伐与不伐乱人也者,不免于有见,又乱人也。唯求其道,则不滞一偏之见,乱之所由息也。人能游心于无穷,则四方上下相通达之国,若魏若梁,皆我心之所自起,非唯王与触蛮无辩,通达之国魏梁触蛮亦无辩也。王悟夫争之所自起者,本无有也,是以惝然若亡。吹管者嗃,有所受也。吹剑者吷,无所受也。口义 着一伐字,则皆未免容心,故皆为乱人。知道,则并与兵不言矣。蜗角之喻本虚,下面说得成实。无穷,太虚之间。通达,即中国。以太虚观中国,甚微;以中国观魏,又小;于魏国观梁都,又小;于都中求王之身,愈微愈小。以太虚而下观王身,与蜗角触蛮何异?惝然若有亡,茫然自失,悟所争之不足争也。管有窍,吹之有声,吹剑首则无声,谓有道者之前欲说仁义,皆无所容声也。义海 君求其道,谓前犀首所言非其道。季子欲止之而无其道,若谓二者皆非,未有以处之之道,举不免为乱人而已。惠子请见戴晋人,是求之有道也。评庄 此叙事体,奇难[1]奇答,玄言玄解,真最上乘。补注 忌也出走,言彼畏忌而走也。

①难,《评庄》作"杂"。

孔子之楚，舍于蚁丘之浆。其邻有夫妻臣妾登极者，子路曰："是稯稯揔何为者邪？"仲尼曰："是圣人仆一作朴也。是自埋于民，自藏于畔。其声销，其志无穷；其口虽言，其心未尝言；方且与世违，而心不屑与之俱：是陆沉者也。是其市南宜僚邪？"子路请往召之。孔子曰："已矣！彼知丘之著于己也，知丘之适楚也，以丘为必使楚王召己也，彼且以丘为佞人也。夫若然者，其于佞人也，羞闻其言，而况亲见其身乎？而何以为存？"子路往视之，其室虚矣。蚁，丘山名。浆，卖浆家也。极，屋栋也。稯稯，聚貌。圣人仆，怀圣德而隐仆隶也。陆沉，当显而隐，如无水而沉也。

郭注 埋于民，与民同也。藏畔，谓进不荣华，退不枯槁也。声消，谓损名也。其志无穷，规长生[①]也。所言者世言，而心与世异。陆沉，谓人中隐者，譬无水而沉也。著，明也。何以为存，谓不如舍之，以从其志。其室虚，果逃去也。吕注 见孔子来而登极者，示不与之接也。圣人仆，圣德而仆者。埋于民，则不为可见之行。声消，志无穷，退藏于密，而游方之外。口虽言而未尝言，欲无言而不能无言。与世违而不屑与俱，将欲遁世而去也。以圣德游人间，而人莫知，犹处陆而沉者。口义 仆，徒也。稯稯，纷纷也。埋，隐。畔，邻也。声消，逃名也。在陆而沉，喻隐于廛市也。著，知也。佞，多言也。何以为存，言必去而不留也。恐夫子言之楚王而召之，故逃也。

①长生，《庄子注》卷八作"是生"。

长梧封人问子牢曰："君为政焉勿卤鲁莽，治民焉勿灭裂。昔予为禾，耕而卤莽之，则其实亦卤莽而报予；芸而灭裂之，其实亦灭裂而报予。予来年变齐，深其耕而熟耰忧之，其禾繁以滋，予终年厌飧孙。"庄子闻之，曰："今人之治其形，理其心，多有似封人之所谓。遁其天，离其性，灭其情，亡其神，以众为。故卤莽其性者，欲恶之孽，为性萑丸苇伟，蒹兼葭加始萌，以扶吾形，寻擢吾性。并溃会漏发，不择所出，漂一作瘭疽疥痈，内热溲膏是也。"卤莽，犹粗疏也。灭裂，犹短草也。变齐，变更其法也。苇葭，芦也。并溃漏发，谓精气散泄，上溃下漏，不择所出也。

郭注 卤莽灭裂，谓轻脱末略，不尽其分也。变齐，功尽其分，无所不至也。夫遁离灭亡，以众为之所致。若各致其极，则何患也。萑苇害黍稷，欲恶伤正性。形扶疏，则神气伤。以欲恶引性，不止于当。并溃以下，此卤莽之报也。故治性者，安可以不齐其至分。吕注 为道日损，以至无为，是所以治形理心者也，乃遁天离性，灭神亡情，以众为而不知止，则卤莽之甚矣。其安易持，未兆易谋，内之欲恶为萑苇，外之蒹[①]葭。扶吾形，寻擢吾性，天理灭矣。于是时而欲治之，可得乎？并溃漏发已下，皆欲恶为孽，夺其真之所为也。口义 封人因耕喻政，庄子又以喻学。变齐，易其耕法。好恶之性，犹萑苇，即茅塞其心之义。性蔽塞，则欲日长，如蒹葭始萌。充满其身，言通身是人欲。以人欲扶其形，则动失自然之理，拔去[②]真性而天理灭矣。性

①蒹，原作"兼"，误，据经文及《义海》卷八十四改。

②去，原作"其"，误，据《义海》卷八十四改。

失，气亦病，有并溃者，有漏发者，不择所出，触则成病。此段戒人纵欲者必杀身也。评庄 此与苏子《稼说》并看。

柏矩学于老聃曰："请之天下游。"老聃曰："已矣！天下犹是也。"又请之，老聃曰："汝将何始？"曰："始于齐。"至齐，见辜人焉，推而强之，解朝服而幕之，号天而哭之，曰："子乎！子乎！天下有大菑灾，子独先离之！曰：'莫为盗，莫为杀人。'荣辱立，然后睹所病；货财聚，然后睹所争。今立人之所病，聚人之所争，穷困人之身，使无休时，欲无至此得乎？古之君人者，以得为在民，以失为在己；以正为在民，以枉为在己。故一形有失其形者，退而自责。今则不然，匿为物而愚不识，大为难而罪不敢，重为任而罚不胜，远其途而诛不至。民知力竭，则以伪继之。日出多伪，士民安取不伪！夫力不足则伪，知不足则欺，财不足则盗。盗窃之行，于谁责而可乎？"辜，罪也。幕，覆也。离，著也。

郭注 杀人大灾，谓自此以下事。大灾既有，则虽戒以莫为，其可得乎？各自得，则无荣辱。得失纷纭，故荣辱立。荣辱立，则夸其所谓辱而跂其所谓荣矣。奔驰乎夸跂之间，非病而何？若以知足为富，将何争乎？上有所好，则下不能安其本分。君莫之失，则民自得；君莫之枉，则民自正。夫物之形性，何为而失？皆由人君挠之，以至斯患耳，故自责也。反其性，匿也。用其性，显也。为物所显则皆识，为物所易则皆敢，轻其所任则皆胜，适其足力则皆至。民知力竭，则以伪继，将以避诛罚也。主日兴伪，士于何许得其真乎？谁责，言当责上也。吕注 矩，盖尝有位者。解朝服而幕之，致其哀矜之意。明至此者，已固尝有罪焉。在上者，不能忘荣辱，则民睹所病，不能轻货财，则民睹所争。今立人所病而使之病，聚人所争而使之争，欲其不为盗杀，不抵于死，岂可得也？汤、武以万方有罪在予一人，以得为在民，失为在己也。伊尹以一夫不获，曰时予之辜，一形有失其形，退而自责也。今则愚不识，罪不敢，罚不胜，诛不至，异乎先王之宥不识、量人力而矜不能者矣！民知力竭，不得不以伪继之。上出多伪，而欲下不伪，不可得也。疑独 大道日散，诈伪日起，生民受灾，自此始矣。汝何罪而先罹此？莫为盗乎？莫为杀人乎？上古之时，不竞荣辱，故人不知所病，不畜货财，故人不知所争。今之人君立乎荣辱之上，处乎货财之中，是召人所病之端，聚人所争之本，又重敛以困穷之，徭役不得息，虽欲无死不可得已。口义 莫为者，得非为盗为杀人乎？荣辱，名也。货财，利也。病患，害也。匿其物而不言，反以不知者为愚。大为难行之事，而以不敢者为罪。重为任，不量人之力。远其途，不计人之程。强其力所不能，必以伪应之。强其知所不及，必以欺应之。过取无厌，必为盗以输之。是上使之为伪为欺为盗也，又谁责乎？义海 性命惨伤莫大于戮死，汝独何为先罹之？莫为盗乎？莫为杀人乎？何为而至此极也！又得非荣辱货财之召病启争而至是乎？立人所病，聚人所争，其来久矣，祸其可免乎？此语有讥及时政之意，言之者无罪，闻之足以戒也。按，推而强之者，推问而强承之也。解朝服而幕之者，褫其衣冠而赭之也。号天而哭之者，柏矩怜而哭之也。《吕注》以为矩尝有位者，故解朝服而幕之。夫学于老聃者，游于方之外人也，何朝服之荣？况适齐之时，宜鹑衣鷃冠者也，所见罪人，与众弃之于市者，又安可以朝服幕之也？碧虚以朝服幕罪人为古礼，益可哂矣。今删之。

蘧伯玉行年六十而六十化，未尝不始于是之，而卒诎屈之以非也。未知今之所谓是之非五十九非也。万物有乎生而莫见其根，有乎出而莫见其门。人皆尊其知之所知，而莫知恃其知之所不知而后知，可不谓大疑乎？已乎！已乎！且无所逃。此则所谓然与？然乎！诎，曲也。然乎，言未然也。

郭注 化谓顺世而不系于彼我。顺物而畅，物情之变然也。物情之变，未始有极。无根无门，忽尔自然，故莫见。唯无其生无其出者，为能睹其门而测其根也。我所不知，物有知之者矣。故用物之知，则无所不知；独任我知，其知寡矣。今不恃物以知而自尊其知，则物不告我，非大疑而何？不能用彼，则寄身无地。自谓然者，天下未之然也。吕注 夫物生而莫见其根，出而莫见其门，则知之所不知者，乃万物之所由生出也。而人皆尊其知之所知，至其知之所不知，则常恐其虚而莫之恃，其为疑也，岂不大哉！虽今所言为然，未知其果然耶？使人忘言以契之。疑独 物生之根，即天地根。物出之门，即玄牝门。其源一也。已乎已乎，言不如止其取舍之心。万物于造化无可逃之理，我以为然，彼或不然，是非之所以起，各任其然，则当矣。碧虚 世之求是者，非求道也，求侔于我者也。世之去非者，非去邪也，去忤于心者也。侔我者未必真是，忤心者未必真非，故有始是卒非之叹。五十九固今之是，今若悟非，乃知昔之未是。知其是之未是，惟莫之是者无非，故至是无非，至非无是。人之所知出乎不知，因其不知而后知也。不明此者，岂不大疑乎？若以己所知而谓之然，则众谓之不然者亦多矣。口义 年六十而六十化，一年之见胜一年也，又安知六十岁之是便为是耶？物生必有根，其出必有门，但人不见耳，此是其不可知者。凡人知其所知而不知其所不知，以为至矣，此大惑也。无所逃，谓自然而然，不知之知，通古今，彻上下，何处无此理？如何逃得？与、乎，皆疑辞。按，六十化者，谓忘是非也，如谓一年之见胜一年，则见解愈多，而真我障矣。《郭注》得之。义海 人阅人而成世，事更事而成化。若蚊虻野马之过前，不知其几，而吾之至灵真常者，固未尝变也。人而知此，死生不足以动其心矣。物之生死出入，有根有门，信能知其所不知，则万物之根门可睹矣。其生死出入，理之常然，则亦何惑之有？盖人生所知所能，特其不知不能中万分之一耳。圣人亦不能尽，夫知能又岂能逃乎物化哉？虽然，吾今所言以为是者，亦未知其信然否也。

仲尼问于太史大弢、叨。伯常骞、狶韦曰："夫卫灵公饮酒湛耽乐，不听国家之政，田猎毕弋，不应诸侯之际，其所以为灵公者，何邪？"大弢曰："是因是也。"伯常骞曰："夫灵公有妻三人，同滥而浴。史鳅秋奉御而进所，搏币而扶翼。其慢若彼之甚也，见贤人若此其肃也，是其所以为灵公也。"狶韦曰："夫灵公也死，卜葬于故墓，不吉，卜葬于沙丘而吉。掘之数仞，得石椁焉，洗而视之，有铭焉，曰：'不冯凭其子，灵公夺而里一作埋之。'夫灵公之为灵也久矣。之二人何足以识之！"滥，浴器也。史鳅，史鱼也。里，居处也。不冯其子,言子孙不足凭,故使公得此处为冢也。

郭注 灵,即无道之谥。男女同浴,此无礼也。以鳍为贤而奉御之劳,故搏币而扶翼之,使不得终礼,此所谓肃贤也。币者,奉御之物。欲以肃贤补其私慢。灵有二义,亦可谓善,故仲尼问焉。子谓蒯聩,言不凭其子,灵公将夺汝处也。夫物皆先有其命,故来事可知。是以凡所为者,不得不为;所不为者,不可得为;而愚者以为为之在己,不亦妄乎?徒识已然之见事耳,未知已然之出于自然也。吕注 大弢、伯常骞则以人论之,狶韦则以天论之。以天论,则虽名谥固非人之所能为也。疑独 灵公饮酒湛乐,亡也。田猎毕弋,荒也。得谥为灵,何耶?大弢曰是因是也,言灵即无道之谥。《谥法》:"乱而不损曰灵。"伯常骞曰公与三妻同浴,史鳍奉御而进,使之搏币[①]扶翼而出,以其能敬贤,所以谥灵也。碧虚《谥法》:"乱而不损曰灵,又德之精明曰灵。"口义 卫君所为如此,谥之为灵,何耶?言未足以当其恶也。奉御,犹今言召对。公使人扶翼之,言有礼也。石椁先有灵公之名,则生前已定,人何力焉?不凭其子,子孙不可托,此地为灵公所得也。按,同浴是一事,奉御又是一事,不必同时也。然皆寓言,大意从人事而归天意,去使然而宗自然。特如此设喻,文亦奇矣。里,一作埋,详铭语,皆有韵,子、里韵正相叶。古称窀穸为蒿里,则作埋者恐非。

少知问于大公调曰:"何谓丘里之言?"大公调曰:"丘里

①币,原作"弊",误,据经文"搏幣(币)而扶翼"改。

者，合十姓百名而以为风俗也。合异以为同，散同以为异。今指马之百体而不得马，而马系于前者，立其百体而谓之马也。是故丘山积卑而为高，江河合水一作流而为大，大人合并而为公。是以自外入者，有主而不执；由中出者，有正而不距。四时殊气，天不赐，故岁成；五官殊职，君不私，故国治；文武大人不赐，故德备；万物殊理，道不私，故无名。无名故无为，无为而无不为。时有终始，世有变化。祸福淳淳，至有所拂者，而有所宜；自殉殊面，有所正者，有所差。比于大泽，一作宅。百材皆度；观乎大山，木石同坛。此之谓丘里之言。"少知曰："然则谓之道足乎？"大公调曰："不然。今计物之数，不止于万，而期曰万物者，以数之多者号而读之也。是故天地者，形之大者也；阴阳者，气之大者也；道者为之公。因其大以号而读之则可也。已有之矣，乃将得比哉！则若以斯辩，譬犹狗马，其不及远矣。"赐，与也。拂，戾也。面，向也。谓心各不同，是非殊致，故有所正，亦有所差也。度，居也。虽别区异所，而同以大泽为居；虽木石异端，而同以大山为坛，此可以当丘里之言也。

郭注 大人无私于天下，则天下之风一也。自外入者，大人之化。由中出者，民物之性。性各得正，故民无违心；化必至公，故主无所执。所以能合丘里，并天下，一万物，夷群异也。殊气自有，故能常有，若本无而由天赐，则有时而废矣。殊职自有其才，故任之耳，非私而与之。文者自文，武者自武，非大人所赐。若由赐而能，有时而阙矣。岂惟文武，凡性皆然。名止于实，故无为；实各自为，故无不为。时世有变，无心者斯顺。祸福淳淳，流行反覆也。于此为戾，于彼或宜。各自信其所是，不能离也。正于此者，或差于彼。比于大泽，无弃材也。观乎大山，合异以为同也。言丘里，则天下可知。有数之物，不止于万，况无数之数，谓道而足耶？物得以通，通物无私，强字之曰道，所谓道可道也。名已有矣，乃将无可得而比耶？今名之辩无，不及远矣。故谓道犹未足也，必在乎无名无言之域而后至焉。虽有名，故莫之比也。吕注 合姓名为丘里，异为同也。散丘里为姓名，同为异也。自物观之，万物莫不备于我，则自外入者，有主于中而不执有万，而无不容也。自我观之，泛乎其为万物逝，则由中出者有正而不距，周行而无不遍也。天之于四时，不因其固有而赐与之，则功有所不备而岁不成矣。君之于五官，不付之众为而我有之，则知有所不周而国不治矣。文武殊才，万物殊理，其为不赐不私，亦若是而已。无私故无我，则莫有名之者。无名故无为，无为则无不为矣。时变无停，祸福无常，有拂有宜，善或为妖也。物情各殉，殊面[1]不一，有正有差，正或为奇也。物理不齐如此，道者所以公之。道本强名，则谓之道不可以为足也。本无名而以名称之，则已有矣，乃将得与无名者比哉？口义 聚井为丘，聚丘为里。里中十姓百名，人物虽异，风俗则同，合异为同之喻。丘里之言者，公一里之言也。合异以为同，万物同一理也。散同以为异，万物各一理也。合并以为公，合万物之异以为同也。有而不执，执则非自然矣。正者，万物之理也。出乎胸中，其理与物不距，则无同异矣。不赐，不以为功也。万物殊理，大道合之以为公，故无得而名也。淳淳，流行自然也。吉凶祸福，倚伏无常，或有所拂而反为宜，塞翁失马之意。人有自殉之心，如面之不同，有所正则拘执，而或失之

①面，原作“而”，误，据经文“自殉殊面”及《义海》卷八十五改。

矣。譬大山大泽木石之材，皆中度可用，合异以为同也。称物数而为万，总形气为天地阴阳。道者为之公，皆以其大者言之耳。义海 天下之大，起于丘里，道之大贯于事物。言之则有合散，冥之则归混同，理有至极，不可容声矣。丘山积卑，江河合水，大人合公，亦不外乎此理。盖能合丘里而得宜，则合天下之物情亦犹是也，在乎公之一字而已。譬大泽之百材合而为匠石之用，异而同也。大山之木石散而为天下用，同而异也。若冥理而归于道，复何同异之辨哉？夫形之大者，天地统之；气之大者，阴阳统之；道又以统天地阴阳，其大距可量耶？然既有道之名，则不可与无名者比，所以至人之道，行乎无名，故天下莫得而名也。制名寓意谓至公而能和天下，则少知者所当请问也。通义 少与大对，知与公对。调者，调燮于其间，不可有知，不能无知，惟复其本觉之性，而不参以思虑之营营，是则所谓公而[①]调也。通篇只是阐明此义，以见人之于世本不必知，亦有不能知者。如赤子熙熙，视而无意于视，闻而无意于闻，悲喜而无意于悲喜，而视听喜怒之良能，孰能知其所自来乎？自外入者，有主而不执，凡人天性不迷，则内有主矣，故闻见自外而入者，可否有辨，自无执一之偏。天性不迷，则中心正矣，故其思虑由中而出，合于人情，自无拒拂。犹四时殊气，不自知功云云也，已有之矣，乃将得比哉？言本无名，今已名之曰大道，丘里之言，岂足以尽之？评庄 此篇问答体，而阖辟变化，色象熹渊，盖深言之者。补注 有主有正，与《天运》篇

①而，原作“可”，误，据《通义》卷八改。

"主正"字同。有定见而不执滞，则闻见由外入者，可合异以为同；质之物理而不相迕，则识虑由中出者，可散同以为异矣。乃将得比，是言丘里之言未足谓之道也。

少知曰："四方之内，六合之里，万物之所生恶起？"大公调曰："阴阳相照相盖相治，四时相代相生相杀。欲恶去就，于是桥矫起。雌雄片合，于是庸有。安危相易，祸福相生，缓急相摩，聚散以成。此名实之可纪，精之可志也。随序之相理，桥运之相使，穷则反，终则始，此物之所有。言之所尽，知之所至，极物而已。睹道之人，不随其所废，不原其所起，此议之所止。"少知曰："季真之莫为，接子之或使，二家之议，孰正于其情？孰偏于其理？"大公调曰："鸡鸣狗吠，是人之所知。虽有大知，不能以言读其所自化，又不能以意其所将为。斯而析之，精至于无伦，大至于不可围。或之使，莫之为，未免于物，而终以为过。或使则实，莫为则虚。正破，语奇。有名有实，是物之居；无名无实，在物之虚。可言可意，言而愈疏。未生不可忌，已死不可徂。一作阻。死生非远也，理不可睹。或之使，莫之为，疑之所假。吾观之本，其往无穷；吾求之末，其来无止。无穷无止，言之无也，与物同理。或使莫为，言之本也，与物终始。道不可有，有不可无。道之为名，所假而行。或使莫为，在物一曲，夫胡为于大方！言而足，则终日言而尽道；言而不足，则终日言而尽物。道，物之极，言默不足以载。非言非默，议其有极。"桥起，言所起之劲疾也。随序变化，相随有次序也。桥运，谓相桥代。顿，至也。

郭注 问物之所起，或谓道能生之也。阴阳四时，皆其自尔，非无所生。凡此事故云为趣舍，近起于阴阳之相照，四时之相代。过此以往，至于自然。自然之故，谁知所以？其相理相使，皆物之所有，自然而然耳，非无能有之也。物表无所复有，故言知不过极物也。废起皆自尔，无所原随也。此议之所止，谓极于自尔，故无议也。或谓道莫为，或谓道或使。或使者，有使物之功也。物有自然，非为之所能也。由斯而观，季真之言当也。至精至大，皆不为而自尔。物有相使，亦自尔也。故莫之为者，未为非物。凡物云云，皆由莫为而过去。或使则实，实自使之。莫为则虚，无使之也。居，指名实之所在。物之所在，其实至虚。意言愈疏，故求之于言意之表而后至焉。突然自生，吾不能禁。忽然自死，吾不能违。近在身中，犹莫见其自尔而欲忧之。此或使、莫为者，世所至疑也。物理无穷，故其言无穷，然后与物同理也。与物终始者，常不为而自然也。道不能使有，而有者常自然也，故曰道不可有，有不可无。物所由而行，故假名曰道。胡为大方者，举一隅便可知也。求道于言意之表，则足。不能忘言而存意，则不足。道物之极，常莫为而自尔，不在言与不言。极于自尔，非言默所议也。吕注 物生天地间，随阴阳四时而运，是以欲恶去就，乘之以行，雄雌片合，动静有常，故有安危祸福聚散等事，此名实之可纪而精之可志，非不可致诘者也。先后相随之谓序，相理而未尝乱也。桥则乘之以行，运则因之以济。相使而未尝定也。穷则反，终则始。阴阳尔，四时尔，是物之所有，非道之无也。言知之所止极此而已，此则万物之所生起，非所以生而起也。若夫睹道之人，未尝无物，故不随所废；未尝有物，故不原所起。泊然无名，出乎六合之外，岂言知之所及哉？季真莫为，随所废也。接子或使，原所起也。鸡狗之鸣吠，其所化，所已为也；其所以鸣吠，所自化，所将为也。精至无伦，则无内；大不可围，则无外。或使、莫为，果安在耶？此所以未免于物，以其不丽于实，则丽于虚故也。以有名实为物之居，不知其未尝有；以无名实为物之虚，不知其未尝无。所以言而愈疏也。或使、莫为，则可言可意，不免与物终始而已，恶睹所谓无止无穷哉！道不可有，以其无有也；有不可无，以其自无，非我无之也。言而尽道，希自然也。言而尽物，多言数穷也。道物之极，言默不足以载。终身言，未尝言，则非言也。终身不言，未尝不言，则非默也。议至于此，然后为极。疑独 阴阳则相照以日月，相合以天地，相治以风雨。四时则相代以寒暑，相生以春夏，相杀以秋冬。为有阴阳四时欲恶雌雄[1]，于是桥起安危祸福悉由之矣。至于相理相使与夫穷反终始者，皆物之所有，言知所能至极物而已。睹道之人，则见于形气之表，岂复留意于物而推废起之由哉？此议之所止也。莫为则自然，天也。或使则使然，人也。鸡鸣狗吠，人所共知，其所以鸣吠与所将为，虽大知不能以言意求矣。由是而推至于极大极细，皆非人力所能为也。莫为，则知天不知人。或使，则知人不知天。吾观夫复命之本，其往也无穷；出生之末，其来也无止。言道之无则与物同理，言道之有则与物终始。非有非无，出于强名，则或使莫为，皆在物一曲，而未至于大方，况欲语道之无方乎？口义 相照，相应也。相盖，相合也。相治，相消长也。春

①雌雄，原作“雄雌”，倒，据经文“雌雄片合”及《义海》卷八十六乙正。

生秋杀，随时代谢，然后有欲恶去就安危祸福等事，皆同中之异者。桥，拱起也。片，判也。自欲恶已下，其名实精微可见可书也。随序之相理，即阴阳相治。桥起而运，相为消长，故曰相使。穷通终始，物之必然。言知之极，尽物而已。唯知道之人于所以废起者，皆归之自然，故言议至此而止。莫为，言事皆偶然。或使，言有主之者。虽有大知，不能尽其言意。所自化，所将为，若以此理分析，语大语小，不可穷也。皆累于物，终以为过。谓有物司之，是实也；谓本无所主，是虚也。有实，则有名为累，谓无则名实俱泯。然所谓无者终在，亦累于物。曰有曰无，皆可以言传意度，去道远矣。未生，不容不生。当死，岂可违阻？此理近在目前而不可睹。以为或使，又以为莫为，世之疑情假此而起。即本始未动之时观之，见其往者无穷；即既动而止之时[1]观之，见方来者无止。但泯于无言，方可合万物而同一体。或使莫为，皆未离于物，与之终始，不免于有，何可得而无之？若以真实而观，道之一字，亦是假名。二者之论，泥于一偏，安得合乎大道？我有真见，终日言亦无妨；若无真见，虽多言而不离于形似。道，精也。物，粗也。若要其极，言默皆不足以尽。非言非默之中，自有至极之议也。义海 天有阴阳四时，人有欲恶去就，物有雌雄判合。桥起，凭虚而起。事或无因，或有因，皆出于天。于是，随次序以相理，而君臣父子之义明；凭虚运以相使，而穷反终始之机著。故其言知所至，极物而止。若夫方外睹道之士，则不随物所废，不原物所起，首尾既忘，中亦不立，

①之时，原脱，据《口义》卷八补。

然则何所容其拟议哉？季真、接子，当时有此二家之论，各执一偏，犹杨、墨之为我、兼爱。以此理析之，凡至小极大，或使莫为，皆不离于物，但为于无为，使于无使耳。道处有无之间而不著于有无，假有无以行，无所往而非道。若季真、接子者，各殉一曲，岂可达乎大方？言而足者，得道之精。言而不足者，得道之粗。若究其极物之虚，即道也，言默皆不足以载。惟超乎言默之表，斯为道之极议也欤。

补注 桥，驾虚之象，即悬空而起也。按，庄子之学，大都以无为本，以自然为宗，而又未尝以无自命，以言自尽。故云"道不可有"，有者自有也；"有不可无"，无者自无也。自有自无，道行其中，而实则非有无可指，故又曰"非言非默，议其有极也"。要之，实实虚虚，非实非虚，而又不离实虚，才涉言诠，便落第二义矣。此老立许多言议，而每篇之中却又尽扫言议之迹，所以纵横变化，深得老子之渊微者。

义海总论 是篇自则阳、王果起论，以镇市朝奔竞之风。至人达物绸缪，使之归乎恬畅，是谓饮人以和而使人化者，裨益治道多矣！世人往往殉物失己，日远旧都，望之畅然，则未至蔑尽，犹思所以求复而能见所自见，闻所自闻，其忻悦当何如？人之治身，犹治国也。心君正而五官理，国君正而群辅贤，若四时之成岁功，又何内天外人之辨哉！次因齐、魏败盟而举兵，遂引触、蛮为喻，以眇当时好战之君，明所习之隘陋，所争之不足争也。孔子舍蚁丘，讥[①]有迹之可嫌。封人论为禾，忌欲恶之为孽。此皆示应世理身之要。至于柏矩叹辜人，以失为在己，正己以正物也。蘧瑗随年化，恃知所不知，用物之知也。此又论治民

①讥，原作"议"，误，据《义海》卷八十六改。

化物之方。灵公之为灵，定葬于未然，则凡所为者不得不为。若夫丘里之言，合散同异，马非百体得名，大人合并为公，万物殊而道备，不越乎形气之分化，而至理尽矣。结以季真、接子虚实皆为执滞，未免与物循环，则知可道可名之非真常，而非言非默之可载道也明矣。

《应义要删》卷之九《则阳》终

庄义要删杂篇　卷之九

外物第二十六

外物不可必，故龙逢诛，比干戮，箕子狂，恶来死，桀纣亡。人主莫不欲其臣之忠，而忠未必信，故伍员云流于江，苌弘死于蜀，藏其血，三年而化为碧。人亲莫不欲其子之孝，而孝未必爱，故孝己忧而曾参悲。木与木相摩则然，金与火相守则流。阴阳错行，则天地大絯该，于是乎有雷有霆，水中有火，乃焚大槐。有甚忧两陷而无所逃。螴陈蜳惇不得成，心若县玄于天地之间，慰暋敏沉屯，利害相摩，生火甚多，众人焚和。月固不胜火，于是乎有僓颓然而道尽。王云：忘怀于我者，固无对于天下，然后外物无所用必焉。螴蜳读曰冲融，言怖畏之气冲融，两液不安也。慰，鬱。暋，闷。沉，深。屯，难也。僓，顺也。

郭注 善恶所致，俱不可必。藏血化碧，精诚之至也。忠未必信，孝未必爱，是以至人无心应物，唯变所适。雷霆、水火、焚槐，所谓错行也。苟不能忘形，则随形所遭，陷于忧乐，左右无宜也。矜之愈重，则所在为难，莫知所守，故不得成。县于天地之间，所希跂者高而阔也。慰暋沉屯，则非清夷平畅也。生火，内热也。遗利则和，若利害存怀，其和焚矣。月不胜火者，大而黯则多累，小而明则知分也。唯儃然无矜，遗形自得，道乃尽也。吕注 凡非性命之情，皆外物也，故不可必。龙逢、比干以仁为可恃而必之，恶来、桀、纣以不仁为可恃而必之，皆至于不免。夫外物非独不可必于人，亦不可必于己。君亲莫不欲臣子之忠孝，而忠未必信，孝未必爱。欲臣子之忠孝在己者也，盖道未至儃然而尽，虽在己所欲，犹为外物而不可必，况在人者乎？伍员、苌弘诸人，必其在人者，是以至于死亡忧悲，血化为碧，忠诚之至而犹不能必于欲忠之人，岂不哀哉！木相摩则然，同类不能无相害。金守火则流，异类不能无相害。盖大患有身，安能无忧？或系于所同，或系于所异，是为两陷，螴蜳不得成其所欲为。心若县于天地之间，慰暋沉屯而不得解。犹阴阳错行，天地大絯，利害相摩，生火甚多。犹有雷有霆，水火焚槐，虽清明之性如月，不足以胜焚和之火。此皆出于有心，儃然则无心，而道尽矣。疑独 在己有义，在物有命，义有可修之道，命无可必之理。外物不可必，主于命而言。臣子之忠孝，在己者也，以忠孝求知于君亲，在物者也。阴阳顺则天地通而风雨时，唯其该而不通，则雷霆奋击，水火焚槐。圣人至于命，则不为阴阳所寇，无忧乐于胸中。世人必于外物，五行所以为之贼，阴阳所以为之寇，为忧乐所陷而不能逃也。螴蜳疑惑，不能成事，遂意则慰，乖意则暋，遇境则沉，触物则屯，利害交于胸中，则生火焚和而信不全矣。阴阳之寇，惟人所召，能儃然忘形于利害之外，斯道尽矣。碧虚 道安乎内，事涉于外，在我犹不可必，况外物乎？以仁义为可必，则夷、齐不饿死。以知为可必，则比干不剖心。以忠为可必，则伍员、苌弘不遭戮矣。伍员、苌弘知事君尽忠，而不知逆君之致祸。孝己、曾参知事亲尽孝，而不知亲嫌而致忧。皆未明外物不可必之理也。恶来顺纣，同孽相济而不免，犹木之相摩。龙逢逆纣，善恶异性而遭诛，犹金火相守也。忠而谏诤，则忧及其臣；佞而谄谀，则忧及其君；皆陷有为之祸，是以忧怵而志不得成。世道交丧，忠佞相摩，人和焚弃矣。唯僓然无心而至顺者，忠孝之道尽矣。口义 桀、纣之时，贤不肖均于被祸，是不可必也。苌弘被放归蜀，刳肠而死，蜀人以匮藏其血，三年而化为碧玉。晋元帝托运粮不至而杀其臣，其血逆柱而上齐。以明月之谶杀斛律光，其血在地，去之不灭。亦此类。孝己，殷高宗子，见逐于后母；曾参芸瓜，大杖则走；皆以孝而害身，是外物不可必也。木本无火，相摩而生；金本至坚，见火而流；皆言其不可必。大雷雨之时，或焚树木，故曰水中有火，乃焚大槐。此皆阴阳错行而为灾之事，亦言其不可必也。两陷，谓人道、阴阳。螴蜳，怵惕不安貌。心若县，言系缚自苦。郁闷陷溺，利害交战，内热生火，焚荡胸中之和气也。人之天性如月，但为物欲薰灼，其为月者不能胜之。僓然，放弛貌。道尽，言天理尽灭也。义海 外重者内轻，物得则己失。凡世间利名、毁誉、成败、得失，非性命所有者，皆外物也。而世俗认以为真，殉而忘反，以至杀身而弗悟。人身由阴阳而生，抱冲和而立，喜怒并毗，阴阳交胜，所以生火内攻，冲和焚烬而患生焉。月不胜火，人欲盛而天理灭之譬也。僓然而道尽，己忘而物化之谓也。己忘物化，又安有生火焚和之患哉？

按，此篇主意在外物不可必上。圣人以必不必，故无兵，儹然道尽之谓也。众人必之，故多兵，生火焚和之谓也。以义命言者，恐非庄子本意。

庄周家贫，故往贷粟于监平声河侯。监河侯曰："诺。我将得邑金，将贷子三百金，可乎？"庄周忿然作色曰："周昨来，有中道而呼者。周顾视车辙中有鲋附鱼焉。周问之曰：'鲋鱼来！子何为者耶？'对曰：'我东海之波臣也。君岂有斗升之水而活我哉？'周曰：'诺。我且南游吴越之王，激西江之水而迎子，可乎？'鲋鱼忿然作色曰：'吾失我常与，我无所处。吾得斗升之水然活耳，君乃言此，曾不如早索色我于枯鱼之肆！'"鲋，《广雅》云：鲭也。枯鱼，干鱼也。

郭注 言当理，无小；苟其不当，虽大何益？ 吕注 庄子贷粟，明养生者止于活身而不务有馀。 碧虚 常与，谓相亲者。鱼水常相亲，今失之矣，故无所安处。 口义 邑金，采邑之租金。波臣，犹水官。常与，常时相与者。 义海 监河侯，《说苑》作魏文侯。大意谓人处道中，如鱼在水，不可须臾离。苟失道于身而欲假之于外，类望监河侯之邑金，何足以济目前之急？按，《通义》疑此章非庄子所为，此寓言耳，何足害哉？彼将以生为丧，以死为反，鼠肝虫臂，何所不适？而岂惜一鲋鱼之枯哉！两"忿然作色"，正其文法鼓舞处。

任公子为大钩钩，一作钓巨缁，五十犗界以为饵，二。蹲存乎会稽，投竿东海，旦旦而钓，期年不得鱼。已而大鱼食之，牵巨钩，錎陷没而下，骛扬而奋鬐，奇。白波若山，海水震荡，声侔鬼神，惮赫千里。任公子得若鱼，离而腊昔之。自制浙同河以东，苍梧以北，莫不厌若鱼者。已而后世辁荃才讽说之徒，皆惊而相告也。夫揭竿累，力追切。趣灌渎，守鲵倪鲋，其于得大鱼难矣。饰小说以干县悬令，其于大达亦远矣。是以未尝闻任氏之风，俗其不可与经于世亦远矣！巨缁，大黑纶也。辁才，辁量人也。累，纶也。

郭注 言志趣不同，故经世之宜，小大各有所适也。吕注 任氏钓鱼，明经世者志于大成而不期近效。疑独 犗，犍牛也。大鱼食之，至惮赫千里，言存心远大者，所得虽迟而惊动天下，天下均被其泽也。后世惊而相告，言得志于天下，传名于后世，古伊尹、太公之徒是矣。碧虚 任公子为巨钩大缁而得大鱼于期年之后，世之辁量人材讽说事务者，闻此风俗特异，惊而相告，盖喻浅学之徒不可与论经世大业也。竿累，所谓荆篠之竿，茧丝之纶是矣。口义 辁才，揣量。讽说，途说。累，小绳。县令，悬揭号令，犹赏格也。言饰小说以干上，求合其所示之令，所得几何？“俗”字属下句，言世俗之士也。义海 大钩巨缁，喻所操者大，则其得必丰。累，当作“缧”，纶也。风下“俗”字为冗。此言人之守道久而见功不可责以朝夕之效，及乎涵养成就，见之设施，泽及万物，岂止浙河东、苍梧北而已哉？

儒以《诗》《礼》发家。一作冢。大儒胪庐传曰：“东方作矣，事之何若？”小儒曰：“未解裙襦，儒。口中有珠。《诗》固有之曰：‘青青之麦，生于陵陂。卑。生不布施，死何含珠为！’接其鬓，压一作擪，音叶其顪，诲。儒以金椎垂控其颐，徐别其颊，劫。无伤口中珠。”从下上语曰胪。青青之麦，逸诗，刺死人也。擪，一指按也。顪，颐下毛也。

郭注《诗》《礼》，先王之陈迹也。苟非其人，道不虚行，故儒者乃有用之以为奸，则迹不足恃也。疑独先王之世已远，儒者有资其迹以为盗，犹举逸诗以讽亡者，兼证口中有珠，宜取之也。夫仁义之迹大，故田恒资之以窃国；《诗》《书》之迹小，故儒者资之以发冢。由《诗》《礼》之迹充之以至于仁义，由发冢之心充之以至于窃国，不可不谨也。口义此喻当时游说之士，借圣贤之言以文其奸者。胪传者，大儒为首而告其下也。“青青之麦”二句赋墓田也，下二句讥富者也。“接其鬓”以下，大儒教小儒之语。接，撮也。擪，以手按之也。顪，颐下毛也。控，别开也。歌此诗以教其徒取口珠而无损也。义海《诗》《礼》之于天下，所以正治道而防其流，与法并行，使人有所兴立也。奈何季世薄俗有资其迹以为奸者！而犹举诗语以讽世故，欲诛其心而正其教，使之为《诗》《礼》所当为，尽儒行所当尽。又将以示时俗厚葬之戒，起后世淳朴之风，于治道岂小补哉？补注以《诗》《书①》发冢，谓借圣人之绪馀以取富贵，犹发冢以盗死者之珠也。下文小儒之言与诵诗之意，盖以含珠者为非，盗珠者为是，正借圣贤之说以自文者也。故大儒以无伤珠语之，欲其无叛古训也。

老莱子之弟子出薪，遇仲尼，反以告曰：“有人于彼，修上而趋促下，末偻而后耳，视若营四海。不知其谁氏之子。”老莱子曰：“是丘也。召而来。”仲尼至。曰：“丘！去

①书，原作“礼”，误，据《补注》改。

汝躬矜，与汝容知，斯为君子矣。”仲尼揖而退，蹙促然改容而问曰：“业可得进乎？”老莱子曰：“夫不忍一世之伤，而骜傲万世之患，抑固窭巨邪？亡无其略弗及邪？惠以欢为骜，终身之丑，中民之行进焉耳。相引以名，相结以隐。与其誉尧而非桀，不如两忘而闭其所誉余。反无非伤也，动无非邪也。圣人踌畴躇厨以兴事，以每成功。奈何哉其载焉终矜尔！”老莱子，楚人。末，谓头，或曰背也。业可得进，问可行仁义于世乎。隐，病患也。踌躇，从容也。从容兴事，虽有成功，犹致弊迹，毒百世，况动矜善行而载之不已乎！

郭注 长上促下，耳却后而上偻，视之偏然，似营他人事者，谓仲尼能遗形去知，故以为君子。揖而退，受其教也。业可得进者，设问，令老莱明其不可进也。一世为之，则其迹万世为患，故不可轻也。抑固窭，亡其略弗及者，直任之，则民性不窭而皆自有，略无不及之事也。惠之而欢者，无惠则丑矣。惠不可长，故一惠终身丑也。中民之行进者，言其易进，则不可妄惠之也。隐，括，进之谓也。闭者，闭塞。反伤动邪者，顺之则全，静之则王也。事不远本，故其功每成。矜不可载，故遗而弗有也。吕注 世之学孔子者，泥迹而不得其心，故庄子有是论。自修上促下至谁氏之子，以貌求圣人者也。躬矜，躬行而矜之。容知，则非盛德若愚者。夫大乱生于尧舜之间，今不忍一世之伤而有为以救之，是骜[1]万世之患也。相引以名，相结以隐者，此中民之行进焉耳。况体道君子，其可若是乎？盖不能绝弃圣知，两忘善恶，皆骜万世之患者也。道无不为，而反

①骜，原作“鹜”，误，据经文改。下同。

焉,则无非伤;无为,而动焉,则无非邪。安有可贵而誉之哉?豫若冬涉川,犹若畏四邻,踌躇之谓也。奈何载而有之,以为非矜不可得也?疑独躬矜容知,谓未能无世之迹。业可得进,进于道也。夫仁义圣知者,圣人不忍一世受害,故为之以救当时,而后世殉其迹以为害。患者,小人所怀,故君子不取。相引,谓趋名。相结,谓乐隐。二者皆有所偏,所以为中民。相忘而闭所誉,无是亦无非矣。人之性,反则伤,顺之则全,动则邪,静之则正。踌躇,不遽,故[1]顺性命之理而每成功,欲速则不达也。口义末,微也,言背微曲。视若营四海,即蒿目以忧世之意。躬矜,汝身矜持之行也。容,外饰也。知,思虑也。骜同傲。以名而相汲引,以隐蔽之计相交结,皆庸人所为。尧、桀两忘,则无毁誉矣。反,谓背自然之理。动而弗静,无非邪僻。圣人不得已而后应,所以每每成功,汝奈何以矜持之志自负耶?义海老莱弟子形容夫子状貌,见于三语,末句似得圣人之心。骜,一作骛,言不忍一时之患,为仁义以救之,后世殉迹成弊,驰骛而不止也。抑固穷窭轻于用世耶?或无谋而虑弗及此耶?何欢于为患之心形见于外而不可掩耶?进则相引以名,退则相结以隐,誉尧非桀由此而生,若两忘非誉,尧桀奚辨哉!是以圣人待时而动,徐以兴事,每有成功。奈何自负其能,终不免于矜也。通义末偻后耳,身恭而不露耳也。患以欢为骜,谓以患及人,必得人之欢以自足,此中民可丑之行,知进而不知退者,不过相推引以虚

①故,下原衍"理"字,据《义海》卷八十八删。

誉,相结纳以隐秘之计而已。补注“抑固窭耶”二句,言夫子所为,足以致穷困,乃安之而不改,岂命固当窭耶?毋乃其智略不及虑此耶?

宋元君夜半而梦人被发窥阿门,曰:“予自宰路之渊,予为清江使河伯之所,渔者余且豫疽得予。”元君觉,教。使人占之,曰:“此神龟也。”君曰:“渔者有余且乎?”左右曰:“有。”君曰:“令平声余且会朝。潮。”明日,余且朝。君曰:“渔何得?”对曰:“且之网得白龟焉,其圆五尺。”君曰:“献若之龟。”龟至,君再欲杀之,再欲活之,心疑。卜之,曰:“杀龟以卜,吉。”乃刳枯龟,七十二鑽[①],簪。而无遗筴。策。仲尼曰:“神龟能见梦于元君,而不能避余且之网;知能七十二钻而无遗筴,不能避刳肠之患。如是则知有所困,神有所不及也。虽有至知,万人谋之。鱼不畏网而畏鹈啼鹕胡。去小知而大知明,去善而自善矣。婴儿生无石师而能言,与能言者处也。”鹈鹕,一名淘河,水鸟也。石师,一作硕师。

郭注神知之不足恃也如此,唯静然居其所能而不营于外者为全。不用其知而用众谋,犹网无情,故得鱼也。小知自私,大知任物。去善则善无所慕,善无所慕,则善者不矫而自善也。泛然无习而自能者,非跂而学彼也。

吕注龟有知而不得免患,有神而不能避网,是为有所困,有所不及,为道者所以绝圣弃知也。虽有至知,万人谋之,寡不胜众,其情得矣。鱼不畏网而畏鹈鹕,鹈鹕有知,网无

①鑽,今简化字为“钻”,因兼顾原著校注而保留原貌。以下径改为“钻”。

知也。故去小知而大知明,去善而自善,明治国者何以知为哉?婴儿无石师而能言,苟以知而与天下之民处,其能使之不知乎?疑独 夫圣人者,聚众人之善,并天下之知,所以为至知也。凡无情于物,然后能得物,故鱼不畏网而畏鹈鹕。去小知,则知周万物,去小善,则善出天性。婴儿无师而能言,渐染而不觉,岂用知以求之哉?碧虚 蟾蜍辟兵,而不免仲夏之杀,鸡鸣将旦,而莫逃鼎俎之难,灵于彼必昧于此,是谓知有所困,神有所不及也。众忌多知,鱼畏有心。能去知人之知,而养自知之明,去离道之善,而保自全之善,则近道矣。口义 阿门,曲侧之门。宰路,渊名。七十二钻,言用而占之数也。名之以知,则有穷时。人有至知者,岂能胜万人之谋?鹈鹕饮涸其水,而后尽鱼,此有心害鱼,非网比也。我有心,彼亦有心应之。能去其小知,而付之自然,则大知明矣。去吾为善自名之意,则善自归之。石同硕,硕大之师,能教人者。婴儿不待教而能言,自然之喻也。通义 此章知有所困,神有所不及,是正论,言有用必自苦,去所长则无不善矣。能,不能,皆天也。患,非有心之可避。能,非有心之可逞也。去一事之知,则心体虚明,而天光不为物蔽矣。

惠子谓庄子曰:"子言无用。"庄子曰:"知无用,而始可与言用矣。夫地非不广且大也,人之所用容足耳。然则厕侧足而垫玷之致黄泉,人尚有用乎?"惠子曰:"无用。"庄子曰:"然则无用之为用也亦明矣。"垫,下也,掘也。致,至也。本义作至。

郭注 圣应其内，当事而发；己言其外，以畅事情。情畅则事通，外明则内用，相须之理然也。吕注 世情以有知有能者为有用，无知无能者为无用，而不知无用者，乃有用之所自出也。自道观之，则世所谓知能有用者，其小曷啻容足之于地耶？疑独 庄子论道，其言浩博，故惠子疑其无用。告以知其无用而始可与言用，譬行地虽至广，人之所用容足耳，足外若无馀地，恐垫溺而不敢行，然则无用之为用明矣。《逍遥游》论大樗大瓠，皆此意。碧虚 人以践蹈之外为无用之地，若掘之，垫下至于黄泉，独存容足地，则不能跬步矣。譬之种植，必多空地，斯能蕃茂，则无用之为用明矣。口义 垫，掘也。若容足之外皆深渊，不可行矣，故曰无用之用。

庄子曰："人有能游，且得不游乎？人而不能游，且得游乎？夫流遁之志，决绝之行，噫！其非至知厚德之任与？覆坠而不反，火驰而不顾。虽相与为君臣时也，易世而无以相贱。故曰至人不留行焉。夫尊古而卑今，学者之流也。且以狶喜韦氏之流，观今之世，夫孰能不波？唯至人乃能游于世而不僻，顺人而不失己。彼教不学，承意不彼。波，高下貌。

郭注 性之所能，不得不为；性所不能，不可强为。唯莫之制，则同焉皆得，而不知所以得也。德非至厚，则莫能任其志行而信其殊能也。人之所好，不避是非，死生以之。易世无以相贱，所以为大齐同。唯所遇而因之，故能与化俱。古无所尊，今无所卑，而学者尊古卑今，失其原矣。随时因物，乃平泯也。当时应务，所在为正。本无我，我何失焉？教因彼性，故非学也。彼意自然，承而用之，则万物各全其我矣。吕注 列子云：“至游者不知所适，至观者不知所视。物物皆游，物物皆观。此我之所谓游，我之所谓观也。”庄子之游，亦若是而已。得道者物无非道，则物物皆游。人而不得道，虽欲游之，不可得也。流遁之志，因俗而为卑，决绝之行，离世而为高，皆非至知厚德之任。盖蔽于一曲，以至覆坠，火驰而不顾，则虽相与为君臣，亦时而已。其不当于道，则一也。有至知厚德者，卑不为流遁，高不为决绝，唯道之从而已。故至人不流行，无辙迹也。若尊古而卑今，则以豨韦氏观今世，孰能平而不波乎？唯至人乃能游世而不为异，顺人而不失己。因于彼而教之，非教以所无也。达其意而承之，何彼之有？此至人之所游也。疑独 游者，有行有止而自在者也。人皆有自在之性，有能有不能者，在学与不学。学而反本，则能游矣。虽不务外观，亦无不自在。不学而为物所蔽，虽日务外观，亦不能自在矣。至人唯变所适，不留行焉。随世而游，出于天性，故能顺物而不失己。彼来则教之，承彼之意而不以彼为彼也。口义 游者，自乐之意。有能有不能，喻有达有不达。流遁，逐物。决绝，自异。任，为也。至知厚德，循自然之人，则无流遁决绝之失矣。覆坠，溺世故也。火驰，逐利名也。此皆不能自反者。虽时间有君臣贵贱之分，身没何有？唯至人所行与世无留恋，以古今为一。学者尊古卑今，不知世变，若以上古观今日，则皆为波荡失性者矣。游世而不僻，则不以古今为是非。顺人不失己，外混世而内有所存。彼之所教，自以为是，我固不学之，亦顺承其意而无彼我之分，此即《齐物论》“因是”之意。按，能游者，溺而不止；不能游者，往而不反。此“游”字是游世之游，非逍遥之游也。故一则为流遁，一则为决绝。覆坠而不反，此决绝之弊；火驰而不顾，此流遁之弊也。二人相与为君臣，言各贵己而贱人也。易世而论定，则均之，非至知厚德之任矣。故至人善游，不易乎世，不失乎己。而无古今彼我之分，何也？古未必可尊，今未必可卑也。以皇视帝，则帝为卑矣；以帝视王，则王又为卑矣。一古一今，递高递下，孰能不波乎？此至人所以游于世而不僻也。

目彻为明，耳彻为聪，鼻彻为颤，膻。口彻为甘，心彻为知，知彻为德。凡道不欲壅，壅则哽，哽而不止则跈，女展切。跈则众害生。物之有知者恃息，其不殷，非天之罪。天之穿之，日夜无降，人则顾塞其窦。豆。胞抛有重阆，浪。心有天游。室无空虚，则妇姑勃溪；兮。心无天游，则六凿相攘。大林丘山之善于人也，亦神者不胜。德溢乎名，名溢乎暴，谋稽乎誸，贤。知出乎争，柴生乎守，官事果乎众宜。春雨日时，草木怒生，铫挑鎒耨于是乎始修，草木之到植者过半，而不知其然。跈，或作蹍，履也。胞，腹中胎也。勃，争。溪，空也。司马云：反戾也。

郭注 当通而塞，则理有不泄而相腾践也。生，起也。凡根生者无知，亦作恃息也。殷，当也。息不由知，由知然后失当，失当而后不通。故知恃息，息不恃知。然知欲之用，制之由人，非不得已之符也。天穿无降者，通理有常运也。人塞其窦，无情任天，窦乃开也。阆，空旷也。天游，游不系也。勃溪，争处也。攘，逆也。大林丘山之善者，自然之理，有寄物而通也。德溢乎名者，名高则利深，故修德者过其当也。名溢乎暴者，禁暴则名美于德也。誸，急也。

谋稽乎誸者，急而后考其谋也。知出乎争者，平往则无用知也。柴，塞也。官事果乎众宜者，众之所宜者不一[①]，故官事立也。草木生而铫鎒修者，事物之生皆有由也。到植不知其然者，事由理发，故不觉也。吕注 耳目鼻口，不为声色臭味所壅，则为聪明为颤甘为知德壅，则哽而不通。不通则相蹍践，得失交战于胸中，此阴阳之患所以作，众害之所以生也。凡物息存则生，息去则死。息之出入，与元气交通，日夜均平，未始有降，人顾以声色臭味塞其窦而不使之通，所以降而不殷也。人能恬淡虚无，则真气从之。是以胞有重阆，邪秽不能侵，心有天游，事物不能挠。六凿，即耳目鼻口心知也。人诚知所谓天游，则虽游乎人间，万物无足挠心，其神足以胜之矣，奚以大林丘山为善哉？上德不德，故无名。有名，则德之溢。暴之而不藏，又名之溢也。则谋不得不稽乎誸，知不得不出乎争，柴不得不生乎守，此所以成实乎众宜，声色臭味柴其外，思虑知谋柴其内，而不能相通也。夫为道者之治心，治之于未乱，无若草木怒生而铫鎒始修也。疑独 彻者，通而无累。六者皆彻，则无入不自得，此之谓反本。然后六根解脱，众尘不染，所以入道。六者不彻，则为物所壅，相陵践[②]而害众生矣。夫生物之有知者，以息为主。息者，冲气之往来，本由于心。自然之理，通穿万物，昼夜不息，而人自以六物反塞其窦耳。室者，妇姑共处，中不虚，则尊卑竞争。心者，众好所攻，中不虚，则六凿攘夺，所以害生。若其心虚，则死生惊

①一，原作“二”，误，据《义海》卷八十九改。

②践，《义海》卷八十九作“贱”。

惧不入于中，无往而非适也。口义 得自然之理而大通彻，则耳目之所视听为真聪明，鼻口之所臭尝为真颤甘，心所知为真知，德为至德矣。哽，谓不通。跈者，足所践也。人见道有碍，则累于形迹而众害生矣。天理之在人身，日夜发见，人以物欲自塞其心窍耳。胞，脬膜也。重阆，空旷也。心君主之，以天理自适，谓之天游。室窄而妇姑争斗，喻心蔽塞则六根相攘矣。大林丘山，人见[①]而善者，平日耳目隘窄，不能存自然之神以胜物欲故也。求名利则德性荡溢，性暴急则名亦荡溢，言并与名失之。急而后稽于知谋，有争竞而后知谋所由出，守执不化而后有柴哽不乐之意。求众事之宜者，有固执不通之弊。铫鎒，田器。春雨时至，草木奋生，人修田器以锄拔之，岂有心于戕草木哉？为耕种计，不得不然。盖生者自生，拔者自拔，草木去而所种之物又生，便是其成也毁也，其毁也成也。由是而观，得丧生死，皆当听其自然。自德溢之下，皆容心之矣。能无容心，则有天游矣。义海 耳目鼻口心，能通而无系者，皆由知彻为德所致。苟无德以贯之，则五者俱壅，为害多矣。夫生物之有息，所以通一身之气，交天地之和。作为以壅阏之，则非与天地元气流通之道。元气贯穿万物，无时休歇，其有衰杀者，人自以六物反塞其窦耳。动物恃乎息，植物恃乎根，皆其所倚以为命者也。大林丘山之善于人，以平日所见隘陋，忽睹虚旷高明之境，心必喜之，此乃神不胜物反为所胜。山林皋壤，使我欣欣乐未毕也，哀又继之。然则物之善人也，岂真善？人之乐物也，岂真乐哉？盖外有慕

①人见，原作“见人”，倒，据《义海》卷八十九乙正。

则内亏,重于彼则轻此矣。夫名,公器,不可多取,故名之出为德之失。有名而暴之,又名之失也。二者俱失,急思所以为谋,则知出而争兴,此众害生之验。及有能守者,又病在柴塞而无变矣。后言草木虽拔,得雨再生,时使之然,人莫知也。人之命在息,而使之降而不殷,则所以扶卫而补续之者,岂无其道哉?要在知其时而已。补注 息以生解,难通。诸家多以气息言。按,人恃息而生,息恃虚而王。虚者,道之所集也。故虚则六根为我用,不虚则六根为我贼,用则神藏,贼则神亡。凡亡于中者,未有不取足于外者也。故德溢乎名,名溢乎暴。谋生乎躁,知生乎争,柴生乎守,官事生乎众宜,此皆以物胜其神,以贼袭其虚者也。春雨日时,犹言雨旸时若也。物之恃息者,时至则生,铫鎒不能遏,何者?其天遂也,天遂则倒者可植。以比天游,则穿者无降,故善养物者守根,善养生者守息,此至人所以贵天游也。

静然可以补病,眦赀媙血可以休老,宁可以止遽。虽然,若是劳者之务也,非佚者之所未尝过而问焉。圣人之所以駴骇天下,神人未尝过而问焉;贤人所以駴世,圣人未尝过而问焉;君子所以駴国,贤人未尝过而问焉;小人所以合时,君子未尝过而问焉。眦媙,一作揃搣。駴,谓改百姓之视听也。

郭注 补病、休老、止遽,非不病不老不遽也。若是犹有劳,故佚者超然不顾。神人,即圣人也。神人言其内,圣人言其外。趋舍各有分,高下各有等,故不相问也。吕注 静然至止遽,古之道术有在于是。虽然,动而后有静,繁而后有揃,炽而后有灭,扰而后有宁,为劳者言之所以息其劳,佚者则未尝动,安用静?未尝繁,安用揃?未尝炽,安用灭?未尝扰,安用宁?此所以不问也。唯有德而后佚。佚者，神圣之所兼也。神人圣人不同者迹，贤人君子不同者才，君子小人则有义利之分矣。疑独 然，当是默字之误。静然补病，非不病也。休老止遽，皆出人为，而非自然，是劳者之务，故佚者未尝问焉。圣人者，神人之绪馀。贤人者，圣人之德业。君子者，贤人之名迹。小人，则君子之反也。故皆未尝过而问焉。碧虚 静然补病，未可以完神。眦媙休老，未可以还婴。宁以止遽，未可以灰心。虽然，劳者之务，故佚者超然不顾。圣人，则有名。神人，则无迹。贤人，尚行义。君子，贵循理。小人，事苟且也。口义 心能安静，则向之失者可以补全。剪灭物欲，可以优游至于老。宁其身心，可止遽急。此皆言失而后复，先病后瘳，故曰劳者之务。若安逸之人，胸中本静，则不问及此。所，犹"所其无逸"之所，言非佚者之事也。圣人以仁义治天下，是骇之也。神人则无此。贤者以盛德骇世，君子以声名骇国，小人营营求合一时。但高一著，则无此矣。

演践门有亲死者，以善毁爵为官师，其党人毁而死者半。尧与许由天下，许由逃之；汤与务光，务光怒之。纪他沱闻之，帅弟子而踆存于窾款水，诸侯吊之。三年，申徒狄因以踣赴河。演门，宋城门名。踣，僵也，顿也。

郭注 慕赏而孝，去真远矣，斯尚贤之过也。其波荡伤性，遂至于踣河。吕注 官师之劝，其党至于毁死。许由之逃，其徒至于踣河。殉迹之弊至此。疑独 演门有亲死而善毁者，宋君嘉其孝，爵之为官师。乡人慕之，强哭诈毁，至于灭性而死者半，殉迹之弊也。圣人虽有治天下之迹，本出于无为，无为而无不为也。许由、务光，古之无为者，逃尧、汤而去之，未能无不为。纪他、申徒狄则尤甚者也。

口义 乡人慕之，毁死者半，此言好名之累。许由、务光以隐得名，纪他慕之，蹲于窾水，亦欲诸侯以国让之，而诸侯但以其苦吊之而已，此已可笑。三年后申徒狄又慕隐名，踣河而死，此极言好名之过也。

荃铨者所以在鱼，得鱼而忘荃；蹄者所以在兔，得兔而忘蹄；言者所以在意，得意而忘言。吾安得夫忘言之人而与之言哉！荃，香草，可以饵鱼。一云鱼笱也。蹄，兔罝也，系其脚，故云蹄。

郭注 至于两圣无意，乃都无所言也。吕注 庄子恐后世得其言而昧其所以言，故卒之以筌蹄之喻，俾学者忘言以究其意也。碧虚 获鱼兔，则筌蹄可忘。悟道妙，则言教顿舍。渔猎之夫尚不虚饰其笱罝，探微之士奚用巧事于谈说乎？口义 既说尽了，却以筌蹄之语结末，与前篇言而足、言而不足体格一同。

义海总论 是篇首论内外之轻重，以明物我之亲疏。在外者系乎物，故不可必。在内者由乎我，求则得之。而世人多务外求，求而不得，怨尤至矣。故建言以破其惑。夫忠孝，立身之善行，犹不能必君亲之知，以在内求其外故也，况以外求外者乎？由是知性命之内，无非道，悟之则全；性命之外，无非物，必之者失。唯僓然无为，暗与道合，斯可逃乎两陷也。庄子贷粟而申辙鱼之喻，则惠物在及时。任公垂钓而鄙小说之非，则明道当存。大儒者，征《诗》习《礼》，乃或发冢取珠，其初学未必不正，及为物欲所迁，则冒禁伤化，有所不恤，反不若下愚不学者之犹有忌惮而安乎定分也。是皆原乎上之人以圣知治民之过，久则奸民之雄者并圣知而窃之矣。复寓言于老莱、仲尼，以两忘非誉，世患自息，即我无为而民自化之意。白龟能见梦而不能逃网，则神不自神而不知有不神之神，盖喻恃知以脱患，不若忘知之无患也。次以知无用而始可以言用，其意互相发明。至谓人有能游谓游心于淡，游在内也。前皆寓言，此称庄子曰，正当篇本旨，使学者超外物之累，进虚通之域，神融意适，无所不之，则道几矣。世习愈下，往往游所不当，游至于火驰覆坠而不顾，虽圣人复出，末如之何。间有乐于游者，不过以江海为闲，山林为善而放荡终身焉，此游世而僻者，不免务外而已。继又诲以身贵六彻则道不欲壅，有知恃息则人当贵虚。室虚白生，无往而非天游，故劳者之务，佚者不问，犹君子贤圣之有差等也。至于演门因毁而致爵，申徒逃汤而踣河，皆由上贵卓绝之行，是以下立洁修之名，本欲砺世兴教而不知伤生害俗也。故举以为后世鉴。夫以行观言，亦外物也。然而非指无以见月，故立言君子不惮于谆谆，在学者善求其要而已矣。

《应义要删》卷之九《外物》终

庄义要删杂篇　卷之九

寓言第二十七

寓言十九，重言十七，卮言日出，和以天倪诣。寓言十九，藉外论之。亲父不为其子媒。亲父誉馀之，不若非其父者也。非吾罪也，人之罪也。与己同则应，不与己同则反；同于己为是之，异于己为非之。重言十七，所以已言也，是为耆艾。年先矣，而无经纬本末以期年耆者，是非先也。人而无以先人，无人道也；人而无人道，是之谓陈人。卮言日出，和以天倪，因以曼衍，彦。所以穷年。不言则齐，齐与言不齐，言与齐不齐也，故曰无言。言无言，终身言，未尝言；终身不言，未尝不言。有自也而可，有自也而不可；有自也而然，有自也而不然。恶乎然？然于然。恶乎不然？不然于不然。恶乎可？可于可。恶乎不可？不可于不可。物固有所然，物固有所可，无物不然，无物不可。非卮言日出，和以天倪，孰得其久！万物皆种也，以不同形相禅，善。始卒若环，莫得其伦，是谓天均。天均者，天倪也。卮，圆酒器也。藉，因也。

郭注 寄之他人，十言而九见信。世之所重，十言而七见信。卮满则倾,空则仰,非持故者也。况之于言,因物随变,唯彼之从,故曰日出。日出,犹日新也。日新则尽自然之分,尽则和也。言出于己,俗多不受,故借外耳。肩吾、连叔之类是也。父之誉子,人多不信,时有信者,辄以常嫌见疑,故借外论之。己虽信,而怀常疑者犹不受,寄之他人则信之,人之听有斯累。同应否反,互相非也。三异同处,而二异讼其所取,是必于不讼者俱异耳,而独信其所是,非借外而何?重言,以其耆艾,故俗共重之。虽使不借外,犹十信其七。年在物先,而其馀本末,无以待人,则非所以先也。期,待也。直是陈久之人耳,而俗便共信之。此俗之所以安,故习常也。夫自然有分而是非无主,则曼衍矣,谁能定之?故旷然无怀,因而任之,所以各终其天年也。付之于物,就用其言,则彼此是非居然自齐。若不能因彼而立言以齐之,则我与物复不齐矣。言彼所言,故虽有言而我竟不言也。自,由也。由彼我之情偏,故有可不可,而物各自然自可。统而言之,则无可无不可而至也。唯言随物制而任其天然之分者,能无夭落。虽变化相代,其气则一。于今为始,于昨为卒。理自尔,故莫得其伦。夫均齐者,岂妄哉?皆天然之分也。吕注 寓言十九,则非寓而言者十一;重言十七,则非重而言者十三而已。卮言日出,和以天倪,则寓与不寓,重与不重,皆卮言也。何谓寓言十九?夫道近在吾心,以吾心论之,彼而疑则不信,犹父不为子媒必藉外论之,非吾不欲直言,人不可与直言故也。何谓重言十七?同己则应而为是,异己则反而为非,吾所以言于人者,欲其应不欲其反也,故因其心之所重而言之。凡书中称引古昔,皆以耆艾为重,所闻先于我,非以年也。有经纬本末足以先人,则人从之。人而无以先人,是谓陈久之人,曷足重哉?言出未始有言,则其日出,犹卮而已。卮之为物,酌于樽罍而时出之,中虚而无积也。天倪,则无为之至,圣人所休。唯无我而不言则齐,有言则有我有物,安得而齐?故齐与言、言与齐未始齐也。惟言无言而后大齐,卮言是也。故终身言,未尝言;终身不言,未尝不言。万物之种,其出未始不同,知其同则知始卒若环,是谓天均。天均者,是非于此而和,万物所齐,无为之至,故曰天倪也。疑独 圣人之言,应物当理,往而不留,故曰日出。唯能和以天倪,所以曼衍穷年也。卮言出于不言,不言则万理自齐,言则不齐矣。故莫若无言,虽无言而未尝不言。言出于无言,则虽终日言,所以应物也,何意于言哉?虽终日不言,无妨应世也,何尝不言哉?此庄子卮言之意。天均天倪,皆自然之论。刘概 水之在卮,犹言之在德,不满则不发也。自外来者,益之而不可增;由中出者,虽多而未尝亏,故曰卮言日出。物之有际,必有端倪,自然之倪始卒若环,故曰和以天倪。如草蔓水衍,以譬自然之绪,道全而物不伤,故可以尽年也。终身言,未尝言;终身不言,未尝不言,则六经不为支离,《老子》不为简约矣。口义 庄子自言一书中有此三种说话。啮缺、王倪,寓言也。黄帝、孔子,重言也。卮,酒卮也。人皆可饮,饮之有味,故曰卮言。和以天倪,以天理而调和众口也。父为子媒,人必不信,故藉外论之。已言,所以止其争也。借重于耆艾,则闻者不敢非,古先帝王皆耆艾也。经纬本末,知常变始终。期年,期颐之年。曼衍,自得也。穷年,以此送日月也。以无言为言，则归于一理。若以一而形诸言，或以言而论此一，皆为容心，不齐一矣。唯无言则齐，无心之言是也，故终身言而未尝言。不言之中，使人悟理，则非不言也。故终身不言，未尝不言。凡人所谓可与不可，然与不然，皆各有所是，我何从而然可之？唯随其然者可者而然之可之，则无不然不可矣。非以自然之言调和众口，岂能千古不磨哉？万物之种同出于造化，往来始终相代于天地之间，其伦理之妙，莫得而穷之。天均者，天理之同然也。义海 卮之注水，喻言之载道。道固非言所能尽，水亦非卮所能量。遽谓道不属言，水不属卮，不可也，故其言日出而不穷，人亦听之而不厌。盖能和以自然之分，则可以合天下之心，而我无心，何同异是非之辩哉？同异在言，而应反见诸迹，不若无言之混成而人莫我异。无言之混成，又不若无心之言能化物而无迹也。齐与言，犹无与有，粗妙异理，恶得而齐？唯超有无而冥粗妙者，斯大齐也，故曰无言。万物同出乎机，而禀形有异，相代无穷。犹言之同出乎心而立论有异，辩诤无极。圣人因而不自唱，应彼而言，非我言也。故若环无端，莫究其极。是亦遣言之意云。通义 寓言，少知、大公调之类是也。重言，羲、黄、孔、颜之事是也。卮言，投所好以破其固蔽，然后尽所规以要于中正，如相狗马、说剑之类是也。不言则齐，谓不形诸言，则事物各安其所，理无不齐。故道贵无言，苟其所言皆指无言之体，则言不言无所异矣。盖天下之物，其异同各有所本，不可以我而是非之也。是以卮言顺物，不起乖戾，以伤其天机[1]之微。末又原万物并

---

①机，原作“几”，误，据《通义》卷九改。

育，无始无终，亦莫知其故，乃天运之自然，天机之不容测者，虽欲言之，恶得而言之？

庄子谓惠子曰："孔子行年六十而六十化。始时所是，卒而非之。未知今之所谓是之非五十九非也。"惠子曰："孔子勤志服知也。"庄子曰："孔子谢之矣，而其未之尝言。孔子云：'夫受才乎大本，复灵以生。鸣而当律，言而当法，利义陈乎前，而好恶是非直服人之口而已矣。使人乃以心服，而不敢蘁悟立，定天下之定。'已乎！已乎！吾且不得及彼乎！"

郭注 随年随化，与时俱也。时变则俗情亦变，乘物以游心者，岂异于俗哉？变者不停，是不可常。谓孔子勤志服膺而后知，非能任其自化，此明惠子不及圣人之韵远矣。孔子谢变化之自尔，非知力之所为，故随时任物而不造言也。若役其材知而不复本灵，则生亡矣。鸣者，律之所生。言者，法之所出。法律，皆众人所为，圣人就用之，故无不当，而未之尝言，未之尝为也。服，用也。我无言也，我之所言，直用人之口耳。好恶是非义利之陈，未始出吾口也。口所以宣心，故用众人之口，则众人之心用矣。我顺众心，则众心信，谁敢逆立哉？因天下之自定而定之，又何为乎？因而乘之，故无不及也。吕注 谢，谓绝去之。鸣而当律，无事于声音之调。言而当法，无事于义理之释。直服人之口，以其所待未定，非无为而自化者。若夫使人心服而不敢蘁立，然后定天下之定，是乃使之自化，非直服人之口而已。疑独 孔子六十而耳顺，则无是非矣。惠子未知，以为勤志服知而得也。大本,造化也。人才皆受于造化,能反本复灵,生理得矣。若役于外物,本失灵丧,何生之能存?律者,还阴阳之气。法者,顺天地之德。圣人与阴阳合气,故鸣而当律;与天地合德,故言而当法。义利交陈于前,以起好恶是非而出于己之私见。直服人之口,不服人之心,欲人心服者,顺而任之,不敢逆立,因天下之定而定之,所以为顺也。口义 勤心从事于知见,谓博学也。孔子谢去博学之事而进于道,但未尝与人言耳。才,犹性也。大本,谓造物。灵者,知觉之性也。反归本来知觉之性,而后可以尽人生之道,故曰复灵以生。鸣,即言。律,即法。义利在前,而有所是非好恶,则人与我对,可以服其口,未能服其心。必舍义利是非,乃可使人心服,无敢对立为忤者,而后可以定天下之定理矣。"已乎,已乎,吾且不得及彼乎",即此见非不知圣人者。通义 孔子云者,犹曰孔子之所以为孔子也。"受才"以下,正指孔子之所谢者,言外见孔子无言而服人心,举世莫敢并天下不易之道,至孔子而定也。蘁,逆也,迎而立也。已乎已乎者,不敢望也。按,六十化者,忘是非也。忘是非则无知,无知则定。已者,定也。定然后无人无我,无人无我然后无所蘁立,此所以虽言而当法,而实未尝言也。吾且不得及彼者,言大本已立,不将不迎,吾且丧吾,安知有彼?吾彼不立,各因其然,夫何相及之有哉?此皆极言入化之妙,郭注得之。

曾子再仕而心再化。曰:"吾及亲仕三釜而心乐,后仕三千钟而不洎,既。吾心悲。"弟子问于仲尼曰:"若参者,可谓无所县玄其罪乎?"曰:"既已县矣。夫无所县者,可以有哀乎?彼视三釜三千钟,如观一作鹳雀蚊虻萌相过乎前也。”再化，谓心化于禄所存者亲，虽系禄而无系于罪也。鹳蚊，取大小以喻三釜三千钟之多少。

郭注 洎，及也。县，系也。谓参仕以为亲，无系禄之罪。既以县矣，谓系于禄以养也。养亲以适，不问其具。若能无系，则不以贵贱经怀，而平和恬畅，尽色养之宜矣。彼无系者，视荣禄若蚊虻鸟雀之在前而过去耳，岂哀乐于其间哉？ 吕注 安时处顺，哀乐不能入，古者谓是帝之县解，则无所县者固不可以有哀也。死生亦大矣，而哀乐不能入，则视三釜三千钟如观雀蚊虻过乎前，其小大多少不足较也明矣！ 疑独 曾子为贫而仕，禄始及亲，虽三釜而心乐。后仕三千钟，亲亡，禄不及而心悲。此所以心再化也。门人以曾子能爱亲而不以禄为系累，故问仲尼。仲尼谓参之孝，爱孝也，未能忘亲，则有哀乐于胸中，岂得无系累？唯无系者可以无哀，故视钟釜如彼其轻也。言曾子未能至此。 口义 弟子问曾子此言有系累之罪否？疑其前后两变，有悲喜也。既已县矣，言只此悲喜便是有系，若无系，则外物过前，犹蚊虻而已，岂足悲喜乎！ 通义 学以无累为善，有累，道之罪也。无所县其罪，谓岂可以是许之乎？疑而问也。孔子言既见禄，又见亲，不可谓无累矣。若无累者，知亲死之还大化，哀亦忘矣，况禄乎？ 补注 不洎，言不得与亲共享也。

颜成子游谓东郭子綦其曰：“自吾闻子之言，一年而野，二年而从，三年而通，四年而物，五年而来，六年而鬼入，七年而天成，八年而不知死、不知生，九年而大妙。生有为，死也。劝公以其死也，有自也；而生阳也，无自也。而果然乎？恶乎其所适？恶乎其所不适？天有历数，地有人据，吾恶乎求之？莫知其所终，若之何其无命也？莫知其所始，若之何其有命也？有以相应也，若之何其无鬼邪？无以相应也，若之何其有鬼耶？”

郭注 野，谓外权利。从，谓不自专。通，谓通彼我。物，与物同也。来，自得也。鬼入，外形骸也。天成，无所复为也。不知死生，所遇皆适而安也。妙，善也。大妙，则善恶同，故无往而不冥。此言久闻道，知天籁之自然，将忽然自忘，则秽累日去，以至于尽耳。生而有为，则丧其生。自，由也。由有为，故死。由私其生，故有为。今所以劝公者，以其死之由私耳。夫生之阳，遂以其绝迹无为而忽然独尔，非由有也。然而果然，故无适无不适而后皆适，皆适而至也。天地，皆已自足。理必自终，不由于知，非命如何？不知其所以然而然谓之命，似若有意也，故又遣命之名以明其自尔，而后命理全也。理必有应，若有神灵。理自相应，不由于故，则虽相应而无灵也。吕注 道未始有物也，既已为物，而欲复于无物，则其致虚守静非一朝之积也。野，谓忘仁义、宾礼乐。从，言心之莫逆。通，言心之彻物，即物物皆观矣。来，则道集之。谓鬼入，则鬼神来舍。不知死，不知生，则知止乎其所不知。大妙，则神矣。妙万物而为言，然后能体神也。生而无为，则不知有生，不知有死。生而有为，而后有死。原始要终，故知死生之说。始卒若环，则生阳而已，安有所自？以有为为自，亦以物情言之。其果然乎？故体道穷神者，不知有死生，恶有所适所不适？欲求之历数、人据，未始同也。又恶乎求之祸福、人事之间哉！以为无命耶？终若有所制也。以其有命耶？求其始不可得也。以为无鬼邪？而有以相应。以为有鬼耶？而无以相应。是以止于所不知而无所容心，斯得之矣。疑独 此学者入道之序。知死生与阴阳为一，则无自矣。知此理，则生不足乐，死不足哀，又于何而适不适也？始终，以天道言相应，以人道言天人交通，阴阳性命之理备矣。寄之于有无之间而疑之，是深于知道者也。口义 野，反朴也。从，顺从也。通，大彻也。物，如槁木死灰。来，谓寂寞之中，有不灭者。鬼入，纳造化于胸中。天成，与天为一也。不知死生，即无入而不自得。大妙，极玄也。自一至九，借为节次，此事非可以岁月计也。"生有为"数句，言无生无死之理。有死生之见，自私者也。若以至公之理劝之，欲其知世间无不死之物，故曰劝公以其死也。谓之死，则有所自；而求生之始，本无所自。既始无生，安得有死？以死生之理如此言之，不知其果然否也。适不适，犹云然不然。要其尽而观，然不然未可定也。历数，历书。度，数也。人据，人迹所至有可据者，犹图经也。二者果可尽天地之理乎？世间万事万变，必有造物主之，安得谓之无命？芒芒之初，本来无物，安得谓之有命？朝暮寒暑，时至气应，安得谓无鬼神？谦未必福，仁未必寿，安得谓有鬼神？此言造物不可知之意。通义 野从通，在应感上见。物来鬼入，在存主处见。天成，不知死生，则合内外。大妙，则忘内外矣。生有为以下，皆言大妙之意，疑而不决之词，以见不能思议也。"生有为，死也。劝公以其死也"十一字，中间有脱误。生有为，死，死果有自乎？生本于阳，适聚为有，岂真有自乎？虽如此言，果能尽其蕴乎？今观气之在太虚，何所适与不适？天有历数，地有人据，其不测无端者不可尽也。吾于何求之？始终不可知，似无命也，而又有命也。福祸相应，亦未尽然，有鬼神矣，又若无鬼神。此道之所以为大妙，而我之所得者如此。补注“生有为，死也”以下八句，有脱误，不可强解。按，“生有为”以下，皆推明死生有无之一贯，以见不知死生者之所以造于大妙也。“劝公”二字阙之，言人之生必有死。而或者以为死者有自，自于生也；生者无自，自于无也。其说果可以为然乎？果不可以为然乎？夫生者既不知其所来，死者亦不知其所往，虫臂鼠肝，何适而又何不适也？且天有历数，地有人据，犹不可以为然，而况人生乎？故不知其然而然者，命也。谓之不知矣，且得有命乎？天人感应，无或爽者，鬼也。谓之鬼矣，且得执之以为有乎？生死一条，有无俱遣，此之谓不知死生，此之谓大妙也与。

众罔两问于景影曰：“若向也俯，而今也仰；向也括，而今也被发；向也坐，而今也起；向也行，而今也止。何也？”景曰：“搜搜萧，一作叟也，奚稍问也！予有而不知其所以。予蜩条甲也，蛇蜕退也，似之而非也。火与日，吾屯豚也；阴与夜，吾代也。彼，吾所以有待耶，而况乎以有待者乎！彼来，则我与之来；彼往，则我与之往；彼强阳，则我与之强阳。强阳者，又何以有问乎？”蜩甲，蝉蜕皮也。屯，聚也。搜搜，动貌。

郭注运动自尔，无所稍问。自尔，故不知所以。影似形而非形，推而极之，则今之所谓有待者，卒至于无待，而独化之理彰矣。直自强阳运动，相随往来耳。无竟[①]，故不可问也。吕注 罔两生于影，影外微阴非一，故曰叟叟。影之俯仰行止，随人而已，岂知所以哉！形之有影，犹蜩之甲，蛇之蜕，而非蜩甲蛇蜕也。影得日火则屯而显，遇阴夜则代而隐。此乃影之所待而为影，然而无情，岂知有待耶？影之所待者，日火阴夜，而不可谓之有待，况以有待者乎？以有待者，影之所自出，即形是也。以罔两无待，知影之无待；以影无待，知影之所出者亦无待，则不为形所累矣。彼来往则我与之来往，彼强阳则我与之强阳，皆非我也，又何以有问乎？疑独 叟叟，指众罔两。奚稍问，何必问也。凡属造物者，皆有所待而不知所以然。甲似蜩，蜕似蛇，影似形，而非蜩蛇与形也。火日有光，影之所聚；阴夜无光，影之所藏。此吾所以有待也，而况形又有所待乎？言待造化也。碧虚 当其未蜕，止有蛇蜩；及其已蜕，甲皮固自有焉。则影也，形也，其不相因明矣。蜩也，蛇也，亦何尝顾蜕哉？世谓形生影，影生微阴，然影之生也，聚于日火，代于阴夜，于形何有？来往运动，虽由乎彼，应之无心则在乎此，又安所致诘哉？口义 叟叟，若隐若显貌。稍，略也，言何率然有此问也。予之所有，本不知其所以然者。蜩已化而甲在，蛇已化而蜕在，盖以形之动者比蜩蛇，以影比蜕甲，亦似之而非也。屯，聚也。物遇日火则影聚，阴夜则影代去矣。彼，指形也。吾，影自谓也。言吾所待者，彼耶。然形之动，又有所待，故曰而况乎以有待者乎。形待强阳之气而

---

①无竟，《义海》卷九十二作“无意”。

动，我亦从之。其为强阳者，本非形之所知，汝又何问我乎？义海 影外微阴曰罔两。因影之蒙昧，而依附彷彿于其间，其阴参差叠出，故云众罔两。此论物理相生，有若因待而或有或无。非因非待，以譬形生之始，思虑之端亦犹是也。夫影生于形，非日火则莫见，有若相因也。日火虽光，非形则无影，本于独化也。《齐物论》云“若有真宰而不得其朕”，正明此义。傥知独化之主，则真我长存，彼之聚散无足问也，况景外微阴乎？通义 此承上章生死出于阳气而不测，故复寓言以明之。予虽有而不自知，意者其犹蜩甲蛇蜕耶？甲蜕有质，景不可执，故曰似之而非也。屯而为有，代而为无，此景之待明暗而又待于形者。形之生又待于造化，而其动静亦待造化而然也。强阳，健而无息之称。万物虽曰待之而有无，而亦适然不可知，又何问哉？

阳子居南之沛，老聃西游于秦，邀于郊，至于梁而遇老子。老子中道仰天而叹曰：“始以汝为可教，今不可也。”阳子居不答。至舍，进盥管漱所又切巾栉，侧瑟切。脱屦户外，膝行而前，曰：“向者弟子欲请夫子，夫子行不间，闲。是以不敢。今间矣，请问其故。”老子曰：“而睢睢灰盱盱，吁。而谁与居？大白若辱，盛德若不足。”阳子居蹴子六切然变容，曰：“敬闻命矣！”其往也，舍者迎将其家，公执席，妻执巾栉，舍者避席，炀漾者避灶。其反也，舍者与之争席矣。阳姓，名戎，字子居。《广雅》云：“睢睢盱盱，元气也。”炀，炊也。“其家”句绝。

郭注 睢睢盱盱，跋扈之貌。人将畏难而疏远也。尊形自异，故愕而避之。去其矜夸，故与之争席。吕注睢盱自异，则舍者迎将之召也。老子所以叹子居形谍成光，则户外屦满之召也。伯昏所以去御寇，其趣一也。疑独其往也，舍者迎将，有礼。避席让灶，言其外矜，故人致敬。及闻道而去外矜之色，故反也，舍者与之争席。不示人以迹，不知所以敬之也。口义睢盱，矜持貌。谁与居，言物我未尝忘，若与人同居也。家公，旅邸之主也。炀者，炊者也。义海睢盱自异，人谁肯与汝居耶？夫行洁白者，人将污之，故韬晦而若辱；德盛大者，人将亏之，故涵养若不足。此全身之道也。公执席，妻执巾栉，言室家通敬之。避席避灶，则众皆骇异。及其反也，舍者争席，则矫饰[1]去而真实存，使人忘外敬之粗迹也。古之人所以入兽不乱群，入鸟不乱行者，以此。按，睢，仰目也。盱，张目也。皆视上于面而近傲者。郭氏以为跋扈，得之。《口义》谓矜持不自在，失之矣。《广雅》之说，亦恐未然。

义海总论是篇以寓言标题，南华老仙渡水不湿脚之意自揆。立言既多，恐后人殉迹成弊，故随步随扫其迹。其寓言、重言，皆不得已而藉外论之。卮言，如水在卮，有防而不失，则其出也由中，故日出而不厌。同异是非，各当其分，言出于无言，亦犹不言也。其然其可，则物情之去取耳，恶知其为固然固可耶？是以必至于不言则齐也。吁世衰道微，人莫己信，不得行志当世，犹觊垂训方来，又虑无

①饰，原作“节”，误，据《义海》卷九十二改。

以必后人之知，故寓于所重以取信焉。使人由寓以究[①]其真，从徼而跻乎妙，其成功一也。至论夫子之迹，随年化始是卒非，当身之是不可常也如此，况欲必信于后世乎？曾子之再仕再化，心不免乎有系而哀乐形焉，无问乎为亲为禄也。若夫闻言而悟，有若子游一年而野，至于大妙，则心日虚而道日集矣。次论命、鬼之有无，形、影之因待，皆明造化不可致诘之妙。人能充其造化所与，而莫之夭阏，则吾身之天地不可测之灵物亦犹是也。结以睢盱矜傲，人谁与居，闻命而反，舍者争席，则耳聆心悟，在片言之顷，孰谓载道而示后世无得鱼忘筌者哉？

《应义要删》卷之九《寓言》终

①究，原作“完”，误，据《义海》卷九十二改。

庄义要删杂篇　卷之九

让王第二十八

尧以天下让许由，许由不受。又让于子州支父甫，子州支父曰："以我为天子，犹之可也。虽然，我适有幽忧之病，方且治平声之，未暇治天下也。"夫天下至重也，而不以害其生，又况他物乎！唯无以天下为者，可以托天下也。舜让天下于子州支伯，子州支伯曰："予适有幽忧之病，方且治之，未暇治天下也。"故天下，大器也，而不以易生。此有道者之所以异乎俗者也。舜以天下让善卷，善卷曰："余立于宇宙之中，冬日衣皮毛，夏日衣葛絺。春耕种，形足以劳动；秋收敛，身足以休食。日出而作，日入而息，逍遥于天地之间，而心意自得。吾何以天下为哉！悲夫子之不知余也！"遂不受。于是去而入深山，莫知其处。舜以天下让其友石户之农，石户之农曰："捲捲权乎后之为人，葆力之士也！"以舜之德为未至也。于是夫负妻戴，携子以入于海，终身不反也。大王亶但父甫居邠，狄人攻之。事之以皮帛而不受，事之以犬马而不受，事之以珠玉而不受。狄人之所求者，土地也。大王亶父曰："与人之兄居而杀其弟，与人之父居而杀其子，吾不忍也。子皆勉居矣！为吾臣与为狄人臣，奚以异？且吾闻之：'不以所用养害所养。'"因杖筴策而去之。民相连辇而从之，遂成国于岐山之下。夫大王亶父可谓能尊生矣。能尊生者，虽贵富不以养伤身，虽贫贱不以利累形。今世之人居高官尊爵者，皆重失之。见利轻亡其身，岂不惑哉！越人三世弑其君，王子搜患之，逃乎丹穴。而越国无君，求王子搜不得，从之丹穴。王子搜不肯出，越人薰之以艾，乘以王舆。王子搜援绥登车，仰天而呼曰："君乎！君乎！独不可以舍我乎！"王子搜非恶为君也，恶为君之患也。若王子搜者，可谓不以国伤生矣。此固越人之所以欲得为君也。幽忧，谓其病深固也。捲捲，用力貌。所用养，地也；所养，人也。富贵有养而不昧，贫贱无利而不求。南藏日为丹穴。

吕注 三代之季，父子兄弟争有天下，更相残害，所谓士者危身轻生以干泽，此《让王》之篇所以作也。许由、支父之徒，皆不以天下易其生者，扬雄以为先哲尧禅舜之重，则不轻于由也。所谓重者，得不以其历试而后授之以天下乎？殊不知尧之所以得舜者，不在于历试。历试者与人同而已，所谓暴之于人是也。使由无避尧之意，安知其试之不如舜乎？疑独 忧藏乎心，谓之幽忧。善卷，喻怀道之深也。有身不能无养，有生不能无累。富贵者乐于养，养过则伤身。贫贱者迫于利，利失则累形。能免二患，乃为尊生也。圣人之真，忘生而生无不全，忘养而养无不至，虽为天下国家之所寄托，时适然耳，又何伤乎？碧虚 天地大德曰生，至人之所宝贵，故不以天下易之。毳褐饘粥以自足，孰肯以物为事而丧其天真哉？地所用养，养物也；物之所养，养民也。今争所养之物而害所养之民，圣人不忍为也。口义[①]幽忧之病，犹云暗疾。夫无以天下为者，可以托天下，有天下而不与也。捲捲，自劳貌。葆力，勤苦用力也。用以为养，谓土地。所养，百姓也。义海天生圣人，所以续道统，明人伦，赞天地，育万物也。虽居万乘之尊，四海之富，而土阶茅茨，恶衣菲食，不知其势之重、位之极也。盖由得之非心，所以处之非荣，故其辞让易如脱屣。夫物莫大于天下，能以天下让，无物足争矣。其胸中所存，讵可量耶？幽忧之病，高诱注云：幽隐也。《诗》云"如有隐忧"是已。谓方忧身之未治，何暇治天下为？此所以异乎俗也。补注以舜之德为未至，是言石户之农不以舜为至德，故逃之耳。《口义》作非自然之德，不成文理。

韩、魏相与争侵地。子华子见昭僖侯，昭僖侯有忧色。子华子曰："今使天下书铭于君之前，书之言曰：'左手攫俱缚切之则右手废，右手攫之则左手废，然而攫之者必有天下。'君能攫之乎？"昭僖侯曰："寡人不攫也。"子华子曰："甚善！自是观之，两臂重于天下也，身亦重于两臂。韩之轻于天下亦远矣。今之所争者其轻于韩又远。君固愁身伤生以忧戚不得也！"僖侯曰："善哉！教寡人者众矣，未尝得闻此言也。"子华子可谓知轻重矣。子华子，魏人。攫，取也。一云援书铭。废，弃也。一云斩手。

吕注昭僖侯能用子华之言而轻其所争，则于不以天

①口义，原脱，据《口义》卷九补。

下易生者，又其次也。碧虚 名与身，孰亲？身与货，孰多？疆场废地，何苦争为？《鸿烈》解曰："杀戎马而求狐狸，援两鳖而失灵龟，断右臂而争一毫，折镆铘而竞刀锥，可谓不知轻重者也。"口义 攫，拿取之也。铭，契约也。废，断而去之也。攫其铭可以有天下，爱身者且不为之，况韩国比天下尤轻，今乃以不得为忧戚，而至于愁身以伤生，又重于一臂矣。义海 韩侯与魏争边境所侵之地，盖无几而忧形于色，可谓于所轻者重，而所重者轻矣。魏之诸臣谏者莫听，华子入见，谏之有道焉。侯闻谏亟悟，明轻重之当然。吁，韩侯亦贤矣哉！华子亦知矣哉！

鲁君闻颜阖得道之人也，使人以币先焉。颜阖守陋闾，苴疽布之衣，而自饭牛。鲁君之使者至，颜阖自对之。使者曰："此颜阖之家与？"颜阖对曰："此阖之家也。"使者致币。颜阖曰："恐听者谬而遗使者罪，不若审之。"使者还反，审之。复来，求之，则不得已。故若颜阖者，真恶富贵也。故曰：道之真以治身，其绪馀以为国家，其土苴鲊以治天下。由此观之，帝王之功，圣人之馀事也，非所以完身养生也。今世俗之君子，多危身弃生以殉物，岂不悲哉！凡圣人之动作也，必察其所以之与其所以为。今且有人于此，以随侯之珠弹千仞之雀，世必笑之。是何也？则其所用者重而所要者轻也。夫生者，岂特随侯之重一作珠哉！鲁君，一作鲁侯。苴，有子麻也。土苴，粪草。一云糟魄。所以之，谓德所加之方。所为，谓所以待物也。

疑独 夫得道之真者，不可以生死言，故朝闻道而夕死。及其贵爱以身为天下，则圣人之迹也。丝绪之馀，土草之贱，微末不足道。圣人为天下之迹，出于天下之寄托，而听之而已，故曰馀事。所以之、所以为，言有所动作，必察其当，然后应之。隋珠弹雀，喻世人以生易富贵，弃重而就轻也。口义 苴布，粗布也。帝王治国家天下之功，在圣人之道，皆馀事耳。知道之人，不以外物累心，有天下而不与，方可以尽无为之治，但其言抑扬太过耳。绪馀土苴，只就馀事上生，犹云尘垢秕糠也。近世荆公之学，直把做两截看了，以此施用。多举绪馀土苴之语，所以朱文公深辩之。所以之，所以往也。此一段文似内篇。义海 难进易退，君子之常。养愈久而植愈深，阖不容议矣。天下功业，莫大帝王，此犹以为馀事，则所谓圣人之真者，岂常流可测邪！所以之、所以为，即《语》云"所由""所安"也。凡圣人之动作，"圣"字为冗。隋侯之重，"重"当作"珠"。全见《吕览》。

子列子穷，容貌有饥色。客有言之于郑子阳者，曰："列御寇，盖有道旧误作好之士也，居君之国而穷，君无乃为不好士乎?"郑子阳即令官遗之粟。子列子见使者，再拜而辞。使者去，子列子入，其妻望之而拊抚心曰："妾闻为有道者之妻子，皆得佚乐。洛。今有饥色，君过而遗先生食，先生不受，岂不命邪?"子列子笑谓之曰："君非自知我也。以人之言而遗我粟，至其罪我也，又且以人之言。此吾所以不受也。"其卒，民果作难而杀子阳。子阳严酷，罪者无赦。舍人折弓，畏子阳怒责，因国人猘狗而杀子阳。

疑独 士以正行而见知，人以察实而求我，则彼之所审者确，我之见知亦无愧矣。子阳为郑国相，未尝与列子接，忽因人言而遗之粟。夫因人言而知之，必因人言而罪之，此其所以不受也。口义 子阳，郑国相。列子，郑人也。以人言而遗粟，非真知己也。誉而可信，毁亦信之矣。此段与《列子》同。义海 此君子睹微而知著，见往而知来也。其妻拊心有言，乃世俗鄙见，孰谓有道者之妻子而为此哉？夫至人之所为，虽其妻子犹不能尽识，况他人乎？此言被褐怀玉之士未易知，知之又当致之有道也。通义 末句非庄文，亦非列意，乃计效也。

楚昭王失国，屠羊说悦，下同走而从于昭王。昭王反国，将赏从者，及屠羊说。屠羊说曰："大王失国，说失屠羊；大王反国，说亦反屠羊。臣之爵禄已复矣，又何赏之言？"王曰："强上声之！"屠羊说曰："大王失国，非臣之罪，故不敢伏其诛；大王反国，非臣之功，故不敢当其赏。"王曰："见之！"屠羊说曰："楚国之法，必有重赏大功而后得见，今臣之知不足以存国，而勇不足以死寇。吴军入郢，说旧误作越畏难而避寇，非故随大王也。今大王欲废法毁约而见说，此非臣之所以闻于天下也。"王谓司马子綦曰："屠羊说居处卑贱，而陈义甚高，子其为我延之以三旌之位。"屠羊说曰："夫三旌之位，吾知其贵于屠羊之肆也；万钟之禄，吾知其富于屠羊之利也。然岂可以贪爵禄而使吾君有妄施之名乎？说不敢当，愿复反吾屠羊之肆。"遂不受也。三旌，三公位也。司马本作三珪，云诸侯之三卿皆执珪者。

碧虚 诵《诗》《书》而发冢，居屠肆而守义者，何代无之？夫窃势以为己功，市权而要重赏者，此亦当知愧矣。

口义 大王反国，说反屠羊，各得其本分。三旌，三公也。车服各有旌别，故曰三旌。此段亦佳。

原宪居鲁，环堵睹之室，茨慈以生草，蓬户不完，桑以为枢，尺朱切。而瓮牖酉二室，褐以为塞，入声。上漏下湿，匡坐而弦。子贡乘大马，中绀干而表素，轩车不容巷，往见原宪。原宪华冠縰徙履，杖藜而应门。子贡曰："嘻！先生何病？"原宪应之曰："宪闻之：'无财谓之贫，学而不能行谓之病。'今宪贫也，非病也。"子贡逡七伦切巡而有愧色。原宪笑曰："夫希世而行，比周而友；学以为人，教以为己；仁义之慝，舆马之饰，宪不忍为也。"曾子居卫，缊袍无表，颜色肿哙，手足胼骈胝；支。三日不举火，十年不制衣；正冠而缨绝，捉衿而肘见，纳屦而踵决。曳縰而歌商颂，声满天地，若出金石。天子不得臣，诸侯不得友。故养志者忘形，养形者忘利，致道者忘心矣。孔子谓颜回曰："回，来！家贫居卑，胡不仕乎？"颜回对曰："不愿仕。回有郭外之田五十亩，足以给饘旃粥；郭内之田十亩，足以为丝麻；鼓瑟足以自娱，所学夫子之道者，足以自乐也。回不愿仕。"孔子愀悄然变容曰："善哉回之意！丘闻之：知足者，不以利自累也；审自得者，失之而不惧；行修于内者，无位而不怍。丘诵之久矣，今于回而后见之，是丘之得也。"匡，正也。縰履，履无跟也。应门，自对门也。希世，顾世誉也。肿哙，剥错也。一云盈虚不常貌。

疑独 原宪，贫而无怨者也。曾子，贫而能自遣也。颜子，贫而乐道者也。碧虚 子贡相卫，结驷连骑入穷闾，过原宪而叹其何病，宪答以是贫非病，子贡愧其言之失也。夫迁趋世态，希望功名，亲比周旋，交构朋党，学不治身，教藉资给，生仁义之慝，盛舆马之饰，学道者岂忍为哉？原宪，则学道而能行，守义而不屈者也。曾子，忘养，故不仕；忘利，故寡合；忘心，故契道也。知足不辱，知止不殆。不辱者行修于内，不殆者无位不怍。此仲尼之所诵，今于颜子见之。口义 茨，苫也，以草盖屋也。夫妻二室，皆以瓮为牖，故衣塞之抵风雨也。华冠，华皮为冠。纵履，曳履也。假仁义以文奸曰慝。缊袍，絮衣也。无表，外破而絮见也。肿哙，浮虚也。《商颂》，所歌之曲也。若出金石，言其有节奏也。致道者忘心，无心故近道也。郭外，田也。郭内，园也。学道足以自乐。二程先生每教人求颜子乐处，不可草草看过。审，信也。诵之久矣，旨闻其语，今见其人也。丘之得，言真得友也。义海 原宪安贫弦诵，学而能行，仁义礼乐不离其身故也。曾子养志忘形，歌若金石，浩然之气充塞天地。颜子知足乐道，无位不怍，得夫子之心，而一无所作为，岂纡朱怀金可比哉？三子皆圣门高弟，亲受圣传，所造有精粗，故所乐有深浅也。

中山公子牟谓瞻子曰："身在江海之上，心居乎魏阙之下，奈何？"瞻子曰："重生。重生则利轻。"中山公子牟曰："虽知之，未能自胜升，下同也。"瞻子曰："不能自胜则从，神无恶乎！不能自胜而强不从者，此之谓重伤。重伤之人，无寿类矣。”魏牟，万乘之公子也，其隐岩穴也，难为于布衣之士，虽未至乎道，可谓有其意矣。心居魏阙，言心存荣贵也。重生，重存生之道也。

疑独 魏公子牟，封于中山。瞻子，魏之贤人。夫公子之贵其心最为难胜，故虽身在江海，而心居魏阙，自言其未能无心于富贵也。重生则利轻，利轻则不思魏阙矣。牟虽知生可重物可轻，然其心不能自胜，所以有私。牟为万乘之公子，一旦隐居岩穴，欲如布衣之士，实为难能，然有其意，则可期之以至也。口义 知吾生之可重，则外物轻矣。理未能胜欲，则且顺之而勿强抑，强抑则内伤其神，神恶之矣。不能自胜，一伤也；强而抑之，是二伤也。故曰重伤。此非自养之道，不入寿者之类。可谓有其意，即勉而行之者也。义海 象魏、观阙，国君之门。许慎注：“天子之两观也。”不能自胜则从，谓从顺性情，不强抑阏也。夫学道者，当损情去欲，使人任情纵乐以为道，有类管夷吾所谓“养生之道，肆之而勿阏”者也。原其本意，盖为公子牟生于富贵，而欲隐岩穴，实为难能，若过阏其情，恐伤其性，故宽以诱之进，进不已，成功一也。通义 上言素贫贱之自得，此言素富贵者，有超乎富贵之志，依稀乎颜阖矣。

孔子穷于陈蔡之间，七日不火食，藜羹不糁，素感切。颜色甚惫，败。而弦歌于室。颜回择菜，子路、子贡相与言曰：“夫子再逐于鲁，削迹于卫，伐树于宋，穷于商周，围于陈蔡。杀夫子者无罪，藉夫子者无禁。弦歌鼓琴，未尝绝音，君子之无耻也若此乎？”颜回无以应，入告孔子。孔子推吐雷切琴，喟然而叹曰：“由与赐，细人也！召而来，吾语之！”子路、子贡入。子路曰：“如此者，可谓穷矣！”孔子曰：“是何言也！君子通于道之谓通，穷于道之谓穷。今丘抱仁义之道，以遭乱世之患，其何穷之为！故内省而不穷于道，临难而不失其德。天寒既至，霜雪既降，吾是以知松柏之茂也。陈蔡之隘，厄。于丘其幸乎！”孔子削然反琴而弦歌，子路扢然执干而舞。子贡曰：“吾不知天之高也，地之下也。古之得道者，穷亦乐，洛。通亦乐。所乐非穷通也。道德于此，则穷通为寒暑风雨之序矣。故许由虞一作娱于颍阳，而共恭伯得乎共一作丘首。”孔子之宋，与弟子习礼大树下，桓魋欲杀孔子，伐其树，孔子遂行。藉，毁也。一云陵藉也。削然，反琴声。扢然，奋舞貌。共伯，即共和。共首，共丘，山也。

吕注 自颜阖、御寇至孔子，皆不妄受人之爵禄施予，以至贫贱冻馁而不改其乐者也。其次公子牟虽未至乎道而有其意者也。世俗之人湛于人伪者，闻许由、善卷之风，狂而不信，故历叙圣贤莫不乐道以忘生。忘生为难，犹且为之，则不以天下国家伤其生为易可知矣。疑独 夫子之道，充塞两间，何穷通之能累？方其厄于陈蔡而无上下之交，七日不火食，夫子不以为忧而弦歌不辍，当时知夫子者独颜回耳。子路、子贡不免有无耻之讥，遂召二子而与之言穷通在道而不在物，今予抱仁义之道，何穷之为！此临难而不失其德也。道德在己，非临难无以见，犹天寒而后知松柏。故夫子以为幸也，遂反琴而弦歌。二子释然而悟，执干而舞。不知天高地下，喻夫子之道不可得而形容。由是知古之得道者，穷通皆乐，而所乐非穷通也。口义 不糁，有菜无米也。藉，陵轹之也。无禁，不以为罪也。天寒松柏，即后凋之义。因陈、蔡之厄而后圣人固穷之节见，可为法于后世，故曰幸也。削然，潇洒之意。扢然，跃然也。“子贡曰”数句，述自悟之意。共伯，未必为共和，寓言也。商周，谓周之都有商之旧地旧民也。义海 子路、子贡所言者，夫子之迹。颜子知夫子之心，所以忘言也。穷通在道，则世间得失无所益损焉，又何患难之能移？岁寒而知松柏，临难乃见圣人，此所以为幸。夫子复琴而弦歌，一安于命而不损其乐。子路执干而奋舞，悟理而心悦，不知手舞足蹈也。子贡赞夫子之道大难穷。许由、共伯之自乐其乐，亦以得此道故也。通义 危亡之难，人生不可试习以自考，今得遇此厄，则常言死生无变于己者，我得身亲见之，其卓然与大化为徒者，不成空言矣。贫贱忧戚，玉汝于成，非幸乎？补注 幸者，盖动心忍性，增益不能之意。《通义》所云，亦是一说。《口义》似浅。

舜以天下让其友北人无择，北人无择曰：“异哉后之为人也，居于畎亩之中，而游尧之门。不若是而已，又欲以其辱行漫我。吾羞见之。”因自投清泠之渊。汤将伐桀，因卞随而谋，卞随曰：“非吾事也。”汤曰：“孰可？”曰：“吾不知也。”汤又因瞀务光而谋，瞀光曰：“非吾事也。”汤曰：“孰可？”曰：“吾不知也。”汤曰：“伊尹何如？”曰：“强力忍垢，吾不知其他也。”汤遂与伊尹谋伐桀。克之。以让卞随，卞随辞曰：“后之伐桀也谋乎我，必以我为贼也；胜桀而让我，必以我为贪也。吾生乎乱世，而无道之人再来漫我以其辱行，吾不忍数闻也。”乃自投椆水而死。汤又让瞀光曰：“知者谋之，武者遂之，仁者居之，古之道也。吾子胡不立乎?”瞀光辞曰：“废上，非义也；杀民，非仁也；人犯其难，我享其利，非廉也。吾闻之曰：‘非其义者，不受其禄；无道之世，不践其土。’况尊我乎？吾不忍久见也。”乃负石而自沉于庐一作卢水。陇上曰亩，陇中曰畎。徂兵须强力，弑君须忍垢。椆水，一作桐水。

郭注 孔子曰：“士志于仁者，有杀身以成仁，无求生以害仁。”夫志尚清遐，高风邈世，与贪利没命者固有天地之降也。旧说曰：如卞随、务光者，其视天下也，若六合外，人所不能察也。斯则谬矣。夫轻天下者，不得有所重也。苟无所重，则无死地矣。以天下为六合之外，固当付之尧、舜、禹、汤耳。淡然无系，故泛然从众，得失无概于怀，何自投之为哉？若二子者，可为殉名慕高矣，未可谓外天下也。疑独 舜让北人无择，见其复命之深。又言汤伐桀得天下，以让卞随、务光，示汤无心于天下，所以伐之者，为民非为己也。伊尹相汤伐桀之事，具载于《书》，而汤让天下，未尝经见，庄子制名以寄让王之意耳。口义 舜让其友，他无经见，亦是寓言。强力，有作为。忍垢，耐污辱。武者遂之，言战伐者成功也。卞随、务光，古之隐者，自沉之事亦不可考，或亦寓言。通义 此与前子州支父、支伯、善卷、大王亶父、王子搜之逃位，子华子论隋珠弹雀章大意相同。彼言爱生，此言避辱。爱生者，所欲有甚于生。避辱者，所恶有甚于死也。

昔周之兴，有士二人处于孤竹，曰伯夷、叔齐。二人相谓曰："吾闻西方有人，似有道者，试往观焉。"至于岐阳。武王闻之，使叔旦往见之。与之盟曰："加富二等，就官一列。"血牲而埋之。二人相视而笑曰："嘻！异哉！此非吾所谓道也。昔者神农之有天下也，时祀尽敬而不祈喜；其于人也，忠信尽治而无求焉。乐洛，下同与政为政，乐与治为治。不以人之坏自成也，不以人之卑自高也，不以遭时自利也。今周见殷之乱而遽为政，上谋而下行货，阻兵而保威，割牲而盟以为信，扬行以说悦众，杀伐以要利，是推乱以易暴也。吾闻古之士，遭治世不避其任，遇乱世不为苟存。今天下暗，周德衰，其并乎周以涂吾身也，不如避之，以洁吾行。"二子北至于首阳之山，遂饿而死焉。若伯夷、叔齐者，其于富贵也，苟可得已，则必不赖。高节戾行，独乐其志，不事于世，此二士之节也。孤竹国，在辽西令支县界。血牲，一本作杀牲。

郭注《论语》云伯夷、叔齐饿于首阳之下，不言其死也。此云死者，亦欲明其守饿以终，不必饿死也。吕注若无择、随、光、夷、齐者，非特不受人之天下与其爵禄，又以闻其言处其世为污辱，至于溺饿而死，此其于乐道以忘生者益为难，世俗之情所不信也。数子皆圣贤，则于死生之义固达矣。夫死有重于泰山，有轻于鸿毛，而舜、禹之让，其流为之哙；殷、武之事，其末为聩、辄，闻无择、随、光、夷、齐之风者，于天下后世岂小补哉？则死非所爱也。盖许由、支父、支伯不以天下易其生，使后世尊生而轻利也。无择、随、光、夷、齐之徒，则弃生以砺[1]天下，使后世忘生而重义也。其为仁，则一而已矣。庄子方论至道，以遗名利，则夷、齐、随、光皆在所斥；及论让王，以悟危身殉物之俗，则皆在所贵。观者知此，则言忘而意得矣。疑独 孔、孟称夷、齐为圣人，以信于后世。《庄子》所载者，史臣之言，盖欲矫世俗殉物之弊，所言不能无过。口义 祈喜，犹祈福。无求，犹无名。与政为政，与治为治，虽有为而无容心也。行货，谓以利禄招天下之士也。阻兵，行险也。保威，立武也。扬行，扬其名也。其并乎周，言我与周同乎斯世，是涂辱吾身也。不赖，不以为资也。言二子非欲高节厉行以为亢，使富贵有可受之理，则亦受之；唯其于义不可，所以如此。天下暗，商乱也。周德衰，谓周方兴而所为又如此，恶其以知谋取天下也。义海 与政为政，无私于己。与治为治，不扰乱之。不坏人以自成，不卑人以自高，不以遭时自利，则视人犹己，物得其平。今周见殷之乱而急于修政，幸彼之危而图之。行货、保威、悦众、要利，无异推乱以易暴也。时暗德衰，与之并世，恐污吾身，不若避之，北至首阳而甘饿死焉。夫饿死之及，身患也。节行之亏，心患也。心患推之，至于冒刑犯义，流毒无穷。身患终于一己，而有足以障颓波、兴教化者。故民到于今称之，而孔子许之以仁。二子亦求仁得仁而无怨也。

郭氏总注 此篇大意，以起高让远退之风，故被其风者，虽贪冒之人，乘天衢入紫庭，时犹慨然，中路而叹，况其

---

①砺，原作“利”，误，据《义海》卷九十四改。

凡乎？故夷、许之徒，足以当稷、契，对伊、吕矣。夫居山谷而弘天下者，虽不俱为圣佐，不犹高于蒙埃尘者乎？其事虽难为，然其风少弊，故可贵[①]也。曰夷、许之弊安在？曰许由之弊，使人饰让以求进，遂至乎之哙也；伯夷之弊，使暴虐之君得肆其毒而莫之敢抗也。伊、吕之弊，使天下贪冒之雄，敢行篡逆。唯圣人无迹，故无弊也。若以伊、吕为圣人之迹，则夷、齐亦圣人之迹也。若以夷、齐非圣人之迹，则伊、吕之事亦非圣矣。圣人因物之自行，故无迹。然则所谓圣者，我本无迹，故物得其迹，迹得而强名圣，则圣者，无迹之名也。陆德明 或谓《让王》之篇，其章多重生，而卞随、务光二三子自投于水，何也？曰庄书[②]之兴，存乎反本，反本之由，先于去荣。是以明让王之高风，标傲世之逸志，在不降以砺俗，无厚身以求生，虽时有重生之辞，亦终归弃荣之意，所以深祛尘务之弊也。其次者，被褐啜粥，保身而已。其全道高尚，超俗自逸，宁投身于清泠，终不屈于世累也。刘概 于不得已而已者，无所不拒；于得已而不已者，无所不取。无所不拒近狷，无所不取近狂。圣人得中道而与之，则二者皆在裁之之域矣。夫狷狂者，固中道之弊，而后世狂者非特进取也，至于贪生爱利颠冥于嗜欲之地；狷者非独有所不为，至于洗耳投渊以恶尧、舜之名；此又狂狷之弊也。庄子谓让之为名，处夫授受之间，而宜不失者也。王者，域中之大，于王而能让，事物何有哉！故圣人不得已而临莅天下，如王子搜者，盖可见矣。圣人至

①贵，原作"遗"，误，据《义海》卷九十四改。
②庄书，《义海》卷九十四作"庄子"。

于外无物，则孰弊弊焉以天下为事？至于内无我，则为天下所归，亦安得而辞？如此，则尧、舜之禅，汤、武之伐，伊尹之相汤，伯夷之避纣，或足履尧门，与夫身居畎亩者，无殊致矣。口义 此篇不全似庄子之笔，但隋珠、两臂、屠羊数段犹佳，终不及他篇矣。

义海总论 本篇载让王高节，自尧、舜、许由、善卷至于王子搜，皆重道尊生，不以富贵累其心，视天下如敝屣者也。子华、颜阖、曾、颜、公子牟之徒，葆真守约，不以利禄易其操，视富贵如浮云者也。其间魏牟较[①]诸圣贤若不足，然以国之公子能舍王位之尊，就岩穴之隐，亦良难矣，故其长风馀波之所被，实启有国有位者重道尊生之心也。世之忘己殉物者，小临利害，一毫必争，在王位而能让，可谓天下之盛举矣！夫怀道抱德而为人之所寄托者，或不愿有国，去而入山海有之，何无择、随光之徒遽至自沉而丧不赀之躯耶？盖士不得中道，而狷介特立者不能无弊，是以贪甚者求之无厌，必至于篡逆，让甚者避之无所，必至自沉而后已。此亦慕名之过。唯圣人中庸无弊，让受合宜，隐显随时，从容中道，尧、舜之事是也。伯夷、叔齐让国而逃于首阳，食薇蕨而终，则非故为矫亢要名后世者。若夫为君而让，则其迹显。未为君而避，则其迹隐。退让之志本同，惟其时而已矣。

《应义要删》卷之九《让王》终

①较，原作“校”，误，据《义海》卷九十四改。

庄义要删杂篇　卷之十

盗跖第二十九

孔子与柳下季为友，柳下季之弟名曰盗跖只。盗跖从卒九千人，横行天下，侵暴诸侯。穴室枢户，驱人牛马，取人妇女。贪得忘亲，不顾父母兄弟，不祭先祖。所过之邑，大国守城，小国入保，万民苦之。孔子谓柳下季曰："夫为人父者，必能诏其子；为人兄者，必能教其弟。若父不能诏其子，兄不能教其弟，则无贵父子兄弟之亲矣。今先生世之才士也，弟为盗跖，为天下害，而弗能教也，丘窃为先生羞之。丘请为先生往说税之。"柳下季曰："先生言为人父者必能诏其子，为人兄者必能教其弟，若子不听父之诏，弟不受兄之教，虽今先生之辩，将奈之何哉？且跖之为人也，心如涌泉，意如飘风，强足以拒敌，辩足以饰非。顺其心则喜，逆其心则怒，易异辱人以言。先生必无往。"孔子不听，颜回为驭，子贡为右，往见盗跖。盗跖乃方休卒徒太山之阳，脍人肝而铺逋之。孔子下车而前，见谒者曰："鲁人孔丘，闻将军高义，敬再拜谒者。"谒者入通，盗跖闻之大怒，目如明星，发上指冠，曰："此夫鲁国之巧伪人孔丘非耶？为我告之：'尔作言造语，妄称文武，冠枝木之冠，带死牛之胁，多辞缪谬说，不耕而食，不织而衣，摇唇鼓舌，擅生是非，以迷天下之主，使天下学士不反其本，妄作孝悌，而徼骄幸于封侯富贵者也。子之罪大极重，疾走归！不然，我将以子肝益昼馎之膳！'"孔子复通曰："丘得幸于季，愿望履幕下。"谒者复通，盗跖曰："使来前！"孔子趋而进，避席反走，再拜盗跖。盗跖大怒，两展其足，案剑瞋[①]目，声如乳孺虎，曰："丘来前！若所言顺吾意则生，逆吾心则死。"孔子曰："丘闻之，凡天下有三德：生而长大，美好无双，少长贵贱，见而皆说悦之，此上德也。知维天地，能辩诸物，此中德也。勇悍果敢，聚众率兵，此下德也。凡人有此一德者，足以南面称孤矣。今将军兼此三者，身长八尺二寸，面目有光，唇如激丹，齿如齐贝，音中黄钟，而名曰盗跖，丘窃为将军耻不取焉。将军有意听臣，臣请南使吴越，北使齐鲁，东使宋卫，西使晋楚，使为将军造大城数百里，立数十万户之邑，尊将军为诸侯，与天下更始，罢兵休卒，收养昆弟，共祭先祖。此圣人才士之行，而天下之愿也。"盗跖大怒曰："丘来前！夫可规以利而可谏以言者，皆愚陋恒民之谓耳。今长大美好，人见而说之者，此吾父母之遗德也。丘虽不吾誉，吾独不自知耶？且吾闻之，好面誉余人者，亦好背而毁之。今告我以大城众民，是规我以利而恒民畜我也，安可长久也！城之大者，莫大乎天下矣。尧舜有天下，子孙无置锥之地；汤武立为天子，而后世绝灭；非以其利大故耶？且吾闻之，古者禽兽多而人民少，于是人皆巢居以

①瞋，原作"嗔"，误，据《庄子注》卷九改。

避之。昼拾橡栗，暮栖木上，故命之曰有巢氏之民。古者民不知衣服，夏多积薪，冬则炀漾之，故命之曰知生之民。神农之世，卧则居居，起则于于，民知其母，不知其父，与麋鹿共处，耕而食，织而衣，无有相害之心，此至德之隆也。然而黄帝不能致德，与蚩尤战于涿鹿之野，流血百里。尧舜作，立群臣，汤放其主，武王杀试纣。自是之后，以强凌弱，以众暴寡。汤武以来，皆乱人之徒也。今子修文武之道，掌天下之辩，以教后世。缝衣浅带，矫言伪行，以迷惑天下之主，而欲求富贵焉。盗莫大于子，天下何故不谓子为盗丘，而乃谓我为盗跖？子以甘辞说税子路而使从之[①]，使子路去其危冠，解其长剑，而受教于子，天下皆曰孔丘能止暴禁非。其卒之也，子路欲杀试卫君而事不成，身菹于卫东门之上，是子教之不至也。子自谓才士圣人邪？则再逐于鲁，削迹于卫，穷于齐，围于陈蔡，不容身于天下。子教子路菹此患，上无以为身，下无以为人，子之道岂足贵邪？世之所高，莫若黄帝，黄帝尚不能全德，而战涿鹿之野，流血百里。尧不慈，舜不孝，禹偏枯，汤放其主，武王伐纣，文王拘羑里。此六子者，世之所高也。孰论之，皆以利惑其真而强上声反其情性，其行乃甚可羞也。世之所谓贤士，伯夷、叔齐辞孤竹之君，而饿死于首阳之山，骨肉不葬。鲍焦饰行非世，抱木而死。申徒狄谏而不听，负石自投于河，为鱼鳖所食。介子推至忠也，自割其股以食文公，文公后背之，子推怒而去，抱木而燔死。尾生与女子期于梁下，女子不来，水至不去，抱梁

①使从之，原作“使之从”，倒，据《庄子注》卷九乙正。

柱而死。此四者，无异于磔仄犬流豕、操瓢而乞者，皆离名轻死，不念本养寿命者也。世所谓忠臣者，莫若王子比干、伍子胥。子胥沉江，比干剖心，此二子者，世谓忠臣也，然卒为天下笑。自上观之，至于子胥、比干，皆不足贵也。丘之所以说我者，若告我以鬼事，则我不能知也；若告我[①]以人事者，不过此矣，皆吾所闻知也。今吾告子以人之情：目欲视色，耳欲听声，口欲察味，志气欲盈。人上寿百岁，中寿八十，下寿六十，除病瘦死丧忧患，其中开口而笑者，一月之中不过四五日而已矣。天与地无穷，人死者有时。操平声有时之具，而托于无穷之间，忽然无异骐骥之驰过隙也。不能说其志意、养其寿命者，皆非通道者也。丘之所言，皆吾之所弃也，亟去走归，无复言之！子之道，狂狂汲汲，诈巧虚伪事也，非可以全真也，奚足论哉！"孔子再拜趋走，出门上车，执辔三失，目芒然无见，色若死灰，据轼低头，不能出气。归到鲁东门外，适遇柳下季。柳下季曰："今者阙然数日不见，车马有行色，得微往见跖邪？"孔子仰天而叹曰："然。"柳下季曰："跖得无逆汝意若前乎？"孔子曰："然。丘所谓无病而自灸也。疾走料虎头，编虎须，几不免虎口哉！"展禽，鲁僖公时人，至孔子生八十馀年，若至子路之死百五六十岁，不得为友，是寄言也。枢户，破人户枢而取物也。枝木冠，冠多华饰，如枝繁也。带牛胁，以牛皮为带也。

郭注 此篇寄明因众所欲亡而亡之，虽王纣可去也；不因众而独用之，虽盗跖不可御也。吕注 凡治其心者，苟不能绝弃圣知而行仁义，亦不免为巧利之对而已。是以至人

①我，原脱，据《庄子注》卷九补。

知善之与恶相去何若，故不誉尧非桀，两忘而化其道，以复乎未始有物，此人心之尽而道之体也。今不直言，寓之孔、跖者，直言则人所难喻，故反覆辩难，以见其情之实。疑独 庄子寓言于孔、跖，以非圣人之迹。禹、汤、文、武，已因尧、舜之迹矣。至于夷、齐、鲍焦、申徒、子推、比干、子胥之徒，皆学圣人而得其偏。迹愈彰而害愈甚，此庄子所深病也。《庄子》之寓言，犹《易》之立象以明意。善学者求其矫弊之意，毋认言而泥迹也。碧虚 世俗之人，轻生就死，何异犬豕流磔，怨愤投窜，有如操瓢转移，皆利身后之名而丧素养之命者也。口义 涌泉，喻气王[①]。飘风，轻飏也。枝木，削木皮以为冠也。牛胁，胁之皮也。望履幕下，言一见于幕下而望其履也。盖再通谒之词。卒之，要其终也。禹偏枯，言其胼胝。孰论，详论也。磔犬流豕，喻其以身就杀，若犬豕然。离，丽也，言泥著于名也。不念本，失其本真之性也。车马有行色，言其似有所往而方归也。微，无也。义海 枢户，义当是抠[②]，苦钩切。枝木之冠，取嫩木皮以为冠。缝衣，缝掖之衣，大袂禅衣也。张其尸曰磔。流，烹也。通义 谓武为后世绝灭，决非先秦之文。“执辔三失”等语，绝不类庄子口气，亦不知孔子之为孔子也。补注 此篇的系拟庄者妄撰非圣之语，且文义粗漫，殊不类庄。即封侯宰相，皆非秦以前语，而又避汉文讳，以田恒为田常，则非南华手笔，尤属明甚。按，南面称孤及尊将军为诸

①王，《口义》卷九作“旺”。

②抠，原作“枢”，误，据《义海》卷九十五改。

侯，与天下更始等语，俱不类春秋时词事。且子路之死，在哀公十五年，其明年夫子卒，去颜子死后十年所矣，乃云颜回为御，而中述子路之菹，岂非小人无忌惮者之为乎？

子张问于满苟得曰："盍不为行？无行则不信，不信则不任，不任则不利。故观之名，计之利，而义真是也。若弃名利，反之于心，则夫士之为行，不可一日不为乎！"满苟得曰："无耻者富，多信者显。夫名利之大者，几在无耻而信。故观之名，计之利，而信真是也。若弃名利，反之于心，则夫士之为行，抱其天乎！"子张曰："昔者桀纣贵为天子，富有天下，今谓臧聚曰：汝行如桀纣，则有怍色，有不服之心者，小人所贱也。仲尼、墨翟，穷为匹夫，今谓宰相曰：子行如仲尼、墨翟，则变容易色，称不足者，士诚贵也。故势为天子，未必贵也；穷为匹夫，未必贱也。贵贱之分，在行之美恶。"满苟得曰："小盗者拘，大盗者为诸侯。诸侯之门，义士存焉。昔者桓公小白杀兄入嫂，而管仲为臣；田成子常弑君窃国，而孔子受币。论则贱之，行则下之，则是言行之情悖战于胸中也，不亦拂乎！故《书》曰：'孰恶孰美，成者为首，不成者为尾。'"子张曰："子不为行，即将疏戚无伦，贵贱无义，长幼无序。五纪六位，将何以为别乎？"满苟得曰："尧杀长子，舜流母弟，疏戚有伦乎？汤放桀，武王杀纣，贵贱有义乎？王季为適，嫡。周公杀兄，长幼有序乎？儒者伪辞，墨者兼爱，五纪六位，将有别乎？且子正为名，我正为利。名利之实，不顺于理，不监于道。吾日与子讼于无约曰：'小人殉财，君子殉名。其所以变其情，易其性，则异矣；乃至于弃其所为而殉其所不为，则一也。'故曰：无为小人，反殉而天；无为君子，从天之理。若枉若直，相而天极；面观四方，与时消息。若是若非，执而圆机；独成而意，与道徘徊。无转而行，无成而义，将失而所为。无赴而富，无徇而成，将弃而天。比干挖心，子胥抉决眼，忠之祸也；直躬证父，尾生溺死，信之患也；鲍子立乾，干。胜一作申子不自理，廉之害也；孔子不见母，匡子不见父，义之失也。此上世之所传，下世之所语，以为士者，正其言，必其行，故服其殃，离其患也。”臧聚，臧获窃聚之人也。鲍子，名焦，周末人，污时君，不仕。子贡谏之，遂弃其蔬而饿死。申子，或云申徒，抱瓮之河，或云申生也。

郭注 此章言尚行则行矫，贵士则士伪，故蔑[①]行贱士以全其内，然后行高而士贵耳。吕注 子张以干禄为学，则知有名，苟得则知有利，无约体道而信者也。夫为恶与利，世谓之小人，为善与名，世谓之君子。此以人道言也。以天道言，则人之君子，天之小人。若徇天而从其理，则君子小人不可得而分矣。是非皆一无穷，执圆机而无不应。独成而意，与道徘徊，则踌[②]躇兴事，以每成功。凡若此者，所以之天也。忠信廉义，世所谓名与善也，而皆不免乎患，世人但知利恶之为累，而不悟名与善亦非道也。是以无约之论重及之。疑独 子张之论主乎义，故观名计利，义真是也。若舍名利，反本以观，则士之为行，不可一日无也。苟得则谓无耻者富，多信者显。无耻则临财苟得，多信则饰言求进。若弃名利，反之于心，则士之为行徒抱其天而不知人也。世之躁进名利之人，其言如此。为名为利，皆不

①蔑，原作“篾”，误，据《庄子注》卷九、《义海》卷九十五改。
②踌，原作“畴”，误，据《义海》卷九十五改。

顺于道，各执一端，日与子讼而不决。君子小人虽有名利之分，其于弃本逐末则一也。无为小人至将弃而天，无约所以释前意而教戒之。转行成义，言徇名之失。赴富徇成，言徇利之失。唯无所徇而合乎自然，乃至也。口义 多信者，多为可信之言以求荣显。苟得，谓今之求名利者，诈而已。言行之情悖战于中，谓其不相顾。戌毁首尾，即得时为义徒，失时为篡夫也。子正为名，谓以仁义之名求得，我则但为利而已，不假矫伪之名也。名利皆非真实道理，故曰不顺不监。无约，喻自然。能循自然，则无君子小人曲直之分，相而视之，皆自然至极之理。四方应四时，往来皆一气也。执圆机，则无是非，信意[①]独行，而从容中道矣。转行，背道。成义，以义成功也。无与毋同。服，被。离，丽也。若正言必行而求合于忠信廉义，必遭殃害也，意谓饰诈以求利达，不如直情之为愈也。义海 二子之论不决，故苟得曾与讼于无约。小人徇财至章末，并无约之辞，谓二子皆徇一偏，未为合道，莫若心忘善恶，一无所徇，听其自然，无君子小人之分，各得其性情之正，亦何有枉直中外是非之辩哉？此独成而不资于物，所以与道徘徊而不失也。若转移自然之行，求成为义之名，及趋于富利以望有成，皆弃灭其天理而陷溺于物欲者也。通义 此亦上章之意，而以无约折衷之也。满苟得，言满其苟得之心，他不恤也。无约，以至无至约为指的也。"小人殉财"以下，拟为无约之言，以匡子不见父，为上世所传，决非孟子同时矣。

---

①意，原作"义"，误，据《口义》卷九、《义海》卷九十五改。

按，子张为名，故主于有为；苟得为利，故主于无忌惮。言修义可以得名，故人之于行，不可不为，尽人事也。诈信可以得利，故人之于行，不可以为，侥天幸也。抱天，即恣其利欲之心，以侥幸者，非下之殉天从天者也。

无足问于知和曰："人卒未有不兴名就利者。彼富则人归之，归则下之，下则贵之。夫见下贵者，所以长生安体乐意之道也。今子独无意焉，知不足耶？意知而力不能行耶？故推正不忘耶？"知和曰："今夫此人以为与己同时而生，同乡而处者，以为夫绝俗过世之士焉；是专无主正，所以览古今之时、是非之分也。与俗化世，去至重，弃至尊，以为其所为也。此其所以论长生安体乐意之道，不亦远乎？惨怛之疾，恬愉之安，不监于体；怵惕之恐，欣欢之喜，不监于心；知为为而不知所以为。是以贵为天子，富有天下，而不免于患也。"无足曰："夫富之于人，无所不利。穷美究势，至人之所不得逮，圣人之所不能及。侠协人之勇力而以为威强，秉人之知谋以为明察，因人之德以为贤良，非享国而严若君父。且夫声色滋味权势之于人，心不待学而乐洛之，体不待象而安之。夫欲恶避就，固不待师，此人之性也。天下虽非我，孰能辞之？"知和曰："知者之为，故动以百姓，不违其度，是以足而不争。无以为，故不求。不足，故求之，争四处而不自以为贪；有馀，故辞之，弃天下而不自以为廉。廉贪之实，非以迫外也，反监之度。势为天子，而不以贵骄人；富有天下，而不以财戏人。计其患，虑其反，以为害于性，故辞而不受也，非以要名誉也。尧舜为帝而雍，非仁天下也，不以美害生也；善卷、许由得帝而不受，非以虚辞让也，不以事害己。此皆就其利，辞其害，而天下称贤焉，则可以有之，彼非以兴名誉也。"无足曰："必持其名，苦体绝甘，约养以持生，则亦久病长厄而不死者也。”知和曰：“平为福，有馀为害者，物莫不然，而财其甚者也。今富人，耳营钟鼓筦管籥之声，口嗛于刍豢醪醴之味，以感其意，遗忘其业，可谓乱矣；侅碍溺于冯偾，下同气，若负重行而上也，可谓苦矣；贪财而取慰，贪权而取竭，静居则溺，体泽则冯，可谓疾矣；为欲富就利，故满若堵耳而不知避，且冯凭而不舍，可谓辱矣；财积而无用，服膺而不舍，满心戚醮，焦。求益而不止，可谓忧矣；内则疑刦劫请之贼，外则畏寇盗之害，内周楼疏，外不敢独行，可谓畏矣。此六者，天下之至害也，皆遗忘而不知察。及其患至求尽，性竭财单，丹。以反一日之无故而不可得也。故观之名则不见，求之利则不得。缭了意绝体而争，此不亦惑乎？”知不足云者，言为知力不足，故不用耶？抑但推寻正道不忘，故不用耶？冯气，言偾畜不通之气也。内周楼疏者，言重楼内匝，疏轩外通，谓设守备也。

郭注 此章言知足者常足。吕注 无足以富为见下贵，是为安体乐意之道。知和以为富者同生同乡而世辄下贵之，则其中无主可知。是以俗化于世，弃其至重至尊者，以为世俗之所谓，失其性命之情，谓之安体乐意，亦疏矣！惨怛恬愉不监于体，怵惕欣欢不监于心，则知为为而不知所以为，向所谓以隋侯之珠弹千仞之雀是也。虽至贵至富[①]者，犹不免于患，况足于财者乎？侅溺于冯气，言冯恃多资，其气骄满。体泽则冯，谓形体润泽，则恃而不知卫生，极言富之为害。如此其终也，观之名则不见，求之利则不得，人乃缭意绝体而争之，此则向所谓知为为而不知所以

①至贵至富，原作“至富至贵”，倒，据《义海》卷九十六乙正。

为也。苟得取直于无约，无足见屈于知和，则知善恶名利不足以相胜，唯道德足以胜之也。碧虚 物莫重乎身，身莫重乎生，今乃同俗化世，去重弃尊以为其所为，而论安体乐意之道，何缘近之？处贫贱则惕怵，居富贵则忻愉，是昧本而矜迹也。舍其自为而欲兴就者，知其不免矣。夫罍空之蚁，唯聚膻臭；蒙袂之士，耻近嗟来。鱼相忘于江湖，人相忘于道术，又何藉乎因挟哉？动以百姓，非为己也。不违其度，少私寡欲也。贪饕之人，以恬淡为病，寂寞为厄，而不知平易为福，有馀为害，唯财速祸，惨于他物，而世俗弗悟也。以恬淡寂寞之士观钟鼓醪醴，则丧乱道业。观膏粱[1]充溢，则动多艰苦。观[2]权势取慰者，溺为身疾。攫金不顾者，甚于戮辱。而委积无厌，忧畏不释，一旦祸至身倾，唯求所积之早尽耳。当此之时，真性已竭，货财已单，思鹰犬于蔡上，闻鹤唳于华亭，讵可复得耶？口义 此人[3]，指富贵者，非有甚高难及之行。心无所主，失其正性，而为流俗所化。非人是己，览察古今向[4]背，以求自利而已。至重至尊者，天理；皆弃而去之，独为其所谓求富贵之事，此岂安体乐意之道哉？迷而不觉，故曰不监。为所为，乃人为；所以为者，天理也。弃天理而弗循，虽天子犹不免患，况其下者乎？富贵之人，极其美好，尽其权势。至人贤士，有所不及。侠人、因人、秉人，皆言其力可役物也。知者所

①粱，原作“梁”，误，据《义海》卷九十六改。
②观，原脱，据《义海》卷九十六补。
③此人，原作“此富”，误，据《口义》卷九改。
④向，原作“尚”，误，据《义海》卷九十六改。

为，以百姓之同得于天也为主，不敢违于法度。德足于己，则无所争。为不在人，而在天，人力无所与，故曰无以为。四处，四方也。贪廉之实，非以为人也，非务外也，皆求天理法度而监之，故曰反监之度。戏人，鼓舞天下也。虑其反，反身而虑之也。雍黎民于变，时雍也。不以美名害身，有天下而不与也。嗛，谓塞满其口。侅溺，不自在。冯气，怒而气不通也。取慰，犹取足也。竭，用力也。虽静居亦没于嗜欲，体肥泽而有骄满之意。积财如堵，恋而不舍，戚戚焦焦于胸中。疏，窗也。楼，墙上楼也。缭意绝体，缠缚其身心也。义海 平为福，有馀为害，通天下之至论，无足亦为之心服矣。此后至篇终，备言富者之所为，其心术机谋不逃乎达人之鉴，然皆无益于身，终不免为大盗积守而已。及其患至，知非已晚。缭绕其意，谓深思。决绝其体，谓忘生也。补注 体泽则冯，谓气壅满也。

刘概总论 是非生于人之情。夫不能会于正以均忘，而纷纷于有为之域，物物自贵而相贱，孰能定之？故虽孔、跖之分，而相谓为盗矣。庄子非不知尊孔子而贱盗跖也，以世人不悟均忘之理，相胜以知，相夸以能，若复徇情而尊之，则是非愈彰，性命之情愈烂漫矣。故借天下之所共非者，而述其自是之情，则虽圣人亦不能以辩胜。故篇末[①]以子张之言为未当，而以知和之论终焉。补注 是篇褚氏曲为解释，迂谬甚矣。且辞意甚明，无总论可也，姑不录。口义 东坡谓《让王》以下四篇，非庄子所作。此见极高。

①篇末，原作“末篇”，倒，据《义海》卷九十六乙正。

四篇,《盗跖》尤甚。而太史公《庄子传》但谓作《渔父》《盗跖》《胠箧》以诋訾孔子之徒,略不疑其文字精粗同异,何也?岂子长之意且以其非议夫子为言,不暇及其文字乎?不然,则此书此篇在汉而后,或因散轶为人所窜易,亦犹今《列子》也。

《应义要删》卷之十《盗跖》终

庄义要删杂篇　卷之十

说剑第三十

昔赵文王喜剑，剑士夹门而客三千馀人，日夜相击于前，死伤者岁百馀人，好之不厌。如是三年，国衰，诸侯谋之。太子悝患之，募左右曰："孰能说悦王之意止剑士者，赐之千金。"左右曰："庄子当能。"太子乃使人以千金奉庄子。庄子弗受，与使者俱往，见太子曰："太子何以教周，赐周千金？"太子曰："闻夫子明圣，谨奉千金以币从者。夫子弗受，悝尚何敢言！"庄子曰："闻太子所欲用周者，欲绝王之喜好也。使臣上说税大王而逆王意，下不当太子，则身刑而死，周尚安所事金乎？使臣上说税大王，下当太子，赵国何求而不得也！"太子曰："然。吾王所见唯剑士也。"庄子曰："诺。周善为剑。"太子曰："然吾王所见剑士，皆蓬头、突鬓、垂冠，曼莫干反胡之缨，短后之衣，瞋目而语难，王乃说悦之。今夫子必儒服而见王，事必大逆。"庄子曰："请治剑服。"治剑服三日，乃见太子。太子乃与见王，王脱白刃待之。庄子入殿门不趋，见王不拜。王曰："子欲何以教寡人，使太子先？"曰："臣闻大王喜剑，故以剑见王。"王曰："子之剑，何能禁制？"曰："臣之剑，十步一人，千里不留行。”王大说悦之，曰：“天下无敌矣！”庄子曰：“夫为剑者，示之以虚，开之以利，后之以发，先之以至。愿得试之。”王曰：“夫子休就舍待命，令设戏请夫子。”王乃校剑士七日，死伤者六十馀人，得五六人，使奉剑于殿下，乃召庄子曰：“今日试使士敦剑。”庄子曰：“望之久矣。”王曰：“夫子所御杖，长短何如？”曰：“臣之所奉一作奏皆可。然臣有三剑，唯王所用，请先言而后试。”王曰：“愿闻三剑。”曰：“有天子剑，有诸侯剑，有庶人剑。”王曰：“天子之剑何如？”曰：“天子之剑，以燕溪石城为锋，齐岱为锷，晋魏为脊，周宋为镡寻、谈二音，韩魏为夹；铗，同。一作铗。包以四夷，裹以四时；统[①]以渤海，带以常山；制以五行，论以刑德；开以阴阳，持以春夏，行以秋冬。此剑，直之无前，举之无上，案之无下，运之无旁；上决浮云，下绝地纪。此剑一用，匡诸侯，天下服矣。此天子之剑也。”文王芒然自失，曰：“诸侯之剑何如？”曰：“诸侯之剑，以知勇士为锋，以清廉士为锷，以贤良士为脊，以忠圣士为镡，以豪杰士为夹。此剑，直之亦无前，举之亦无上，案之亦无下，运之亦无旁。上法圆天，以顺三光；下法方地，以顺四时；中和民意，以安四乡。此剑一用，如雷霆之震也，四封之内，无不宾服而听从君命者矣。此诸侯之剑也。”王曰：“庶人之剑何如？”曰：“庶人之剑，蓬头突鬓垂冠，曼胡之缨，短后之衣，瞋目而语难。相击于前，上斩颈领，下决肝肺。此庶人之剑，无异于斗鸡，一旦命已绝矣，无所用于国事。今大王有天子之

①统，郭象《庄子注》卷十作“绕”。

位，而好庶人之剑，臣窃为大王薄之。”王乃牵而上殿。宰人上食，王三环患之。庄子曰：“大王安坐定气，剑事已毕奏矣。”于是文王不出宫三月，剑士皆服毙其处也。曼胡，粗缨，无纹理也。锷，剑刃也。镡，剑口也。铗，把也。一云镡从棱向背，铗从棱向刃也。三环，闻义而愧，绕馔三周，不能坐食也。服毙，谓忿不见礼，皆自杀也。

吕注 庄子之制行，愿曳尾于涂中而不为太庙牺牲，以悟危身殉物之俗，则说剑实所未闻，盖借此以明道之所用无往而不可耳。能止其君之喜好而安其国之危，则其泽之所及，亦岂小哉？夫天子之剑，以天下为之，所以言天下神器不可为也。示之以虚，开之以利，后之以发，先之以至，此所以用神器之道，以其不可为而为之者也。诸侯以一国为剑，故以士言。士者，民之望也。知勇居先，故以为锋。清廉居次，故以为锷。贤良，倚以为干者，故为脊。忠圣，植以为本者，故为镡。豪杰，则吾所持而行者，故以为铗。为国者，观其所以为锋锷镡铗者合与否，则器之利不利，国之安危可知也。天下一国，大小虽殊，其所以用之者在精神之运，则一而已。及问庶人之剑，则正指王之所好以救其失。碧虚 庙战者帝[①]，神化者王。庙战法天地，神化法四时。故政修于境内而远方慕其德，制胜于未战而诸侯服其威，是以天下为剑，岂直太阿、干将比哉？赵文王之喜剑傲吏，所以进说其旨在乎神武而不杀者也。古有宝剑名曰含光，视之不见，触之不觉，影无曲直，响无清浊；匣于庙堂之上，则威慑四夷；用于敌国

①帝，原作“常”，误，据《义海》卷九十七改。

之际，则一童子佩之，却三军之众。若乃示之以中虚，开之以外漠，运之以无形，发之以无作，进退而鸾舞麟振，屈伸而凤骞龙跃，又何事乎击搏斩砍而弗休止耶？刘概 天下事物之情，莫不毁异而尊同，捐小而慕大，以至违害就利，往往皆然。若其不与己同，虽利不从，不见所利，虽大不慕也。庄子论道，是篇及于辞人说客之言者，盖寓至理于微眇，必假言而后获也。夫突鬓、垂冠、曼胡、短后、瞋目而语难者，赵王之所好，非庄子之情。今且变其常情，易其常服者，彼将尊其所说也。上论天子，次及诸侯，下鄙庶人者，彼将慕其所大也。大则服天下，次则宾四封，下则斩颈领者，彼将就其所利也。事物之情，不过于此，圣人调而应之，物而畜之，则众狙之服于朝四暮三之术，岂无其道哉？口义 喜剑，喜剑斗之戏也。夹门，拥门也。币从者，犹言犒从也。垂冠，不高其冠，如今包巾也。曼胡，粗鲁也。短后，不襜也。语难，欲斗之时，以语相诘难也。示以虚，开以利，与其进也。发后先至，鸷鸟将击，必匿之势也。敦，断也，以剑相击断也。锋，剑首也。四时五行，日月阴阳，皆顺造化自然之意。上决浮云，下绝地纪，形容其所用广大。上法天，下法地，中和民意，即天时地利人和也。服与伏同。王既感悟，不用此戏，剑士皆退伏自毙于所居之处也。补注 此篇全不似庄语。按，庄生傲世肆志，见于牺牛生龟之喻审矣。治剑服而说赵王，何异说盗跖而料虎须哉！庄生有此，不足为庄生矣。且文字直突浅露，大类策士所为，不足辩也。

《应义要删》卷之十《说剑》终

庄义要删杂篇　卷之十

渔父第三十一

孔子游乎缁帷之林，休坐乎杏坛之上。弟子读书，孔子弦歌鼓琴。奏曲未半，有渔父甫者，下船而来，须眉交白，被发揄摇袂，行原以上，距陆而止，左手据膝，右手持颐以听。曲终而招子贡、子路二人俱对。客指孔子曰："彼何为者也？"子路对曰："鲁之君子也。"客问其族。子路对曰："族孔氏。"客曰："孔氏者何治也？"子路未应，子贡对曰："孔氏者，性服忠信，身行仁义，饰礼乐，选人伦，上以忠于世主，下以化于齐民，将以利天下。此孔氏之所治也。"又问曰："有土之君与？"子贡曰："非也。""侯王之佐与？"子贡曰："非也。"客乃笑而还，行言曰："仁则仁矣，恐不免其身。苦心劳形，以危其真。呜呼！远哉其分于道也！"子贡还报孔子。孔子推吐雷反琴而起曰："其圣人与！"乃下求之，至于泽畔，方将杖拏那、如二音而引其船，顾见孔子，还乡而立。孔子反走，再拜而进。客曰："子将何求？"孔子曰："曩者先生有绪言而去，丘不肖，未知所谓，窃待于下风，幸闻咳慨唾吐卧切之音，以卒相丘也！"客曰："嘻！甚矣，子之好学也！"孔子再拜而起曰："丘少而修学，以至于今，六十九岁矣，无所得闻至教，敢不虚心！”客曰：“同类相从，同声相应，天之理也。请释吾之所有，而经子之所以。子之所以者，人事也。天子诸侯大夫庶人，此四者自正，治之美也，四者离位而乱莫大焉。官治其职，人忧其事，乃无所陵。故田荒室露，衣食不足，征赋不属，烛。妻妾不和，长少无序，庶人之忧也；能不胜任，官事不治，行不清白，群下荒怠，功美不有[①]，爵禄不持，大夫之忧也；廷无忠臣，国家昏乱，工技不巧，贡职一作赋不美，春秋后伦，不顺天子，诸侯之忧也；阴阳不和，寒暑不时，以伤庶物，诸侯暴乱，擅相攘伐，以残民人，礼乐不节，财用穷匮，人伦不饬，百姓淫乱，天子有司之忧也。今子既上无君侯有司之势，而下无大臣职事之官，而擅饰[②]礼乐，选人伦，以化齐民，不泰多事乎？且人有八疵，慈。事有四患，不可不察也。非其事而事之，谓之总；莫之顾而进之，谓之佞；希意道言，谓之谄；不择是非而言，谓之谀；好言人之恶，谓之谗；析交离亲，谓之贼；称誉诈伪，以败恶人，谓之慝；忒。不择善否，两容颊或颜字适，偷拔其所欲，谓之险。此八疵者，外以乱人，内以伤身，君子不友，明君不臣。所谓四患者[③]：好经大事，变更易常，以挂卦功名，谓之叨；专知擅事，侵人自用，谓之贪；见过不更，闻谏愈甚，谓之狠；人同于己则可，不同于己，虽善不善，谓之矜。此四患也。能去八疵，无行四患，而始可教已。”孔子愀悄然而叹，再拜而起曰：“丘再逐于鲁，削迹于卫，伐树于宋，围于陈蔡。丘不知所失，而离此四谤者，何

①有，原作“用”，误，据《庄子注》卷十改。
②饰，原作“饬”，误，据《庄子注》卷十改。
③者，原脱，据《庄子注》卷十补。

也?”客凄然变容[1]曰:“甚矣子之难悟也!人有畏影恶迹而去之走者,举足愈数而迹愈多,走愈疾而影不离身,自以为尚迟,疾走不休,绝力而死。不知处阴以休影,处静以息迹,愚亦甚矣!子审仁义之间,察同异之际,观动静之变,适受与之度,理好恶之情,和喜怒之节,而几于不免矣。谨修而身,慎守其真,还以物与人,则无所累矣。今不修之身而求之人,不亦外乎?”孔子愀然曰:“请问何谓真?”客曰:“真者,精诚之至也。不精不诚,不能动人。故强哭者,虽悲不哀;强怒者,虽严不威;强亲者,虽笑不和。真悲无声而哀,真怒未发而威,真亲未笑而和。真在内者,神动于外,是所以贵真也。其用于人理也,事亲则慈孝,事君则忠贞,饮酒则欢乐,处丧则悲哀。忠贞以功为主,饮酒以乐为主,处丧以哀为主,事亲以适为主。功成之美,无一其迹矣。事亲以适,不论所以矣;饮酒以乐,不选其具矣;处丧以哀,无问其礼矣。礼者,世俗之所为也;真者,所以受于天也,自然不可易也。故圣人法天贵真,不拘于俗。愚者反此。不能法天而恤于人,不知贵真,禄禄而受变于俗,故不足。惜哉,子之蚤湛耽于伪而晚闻大道也!”孔子又再拜而起曰:“今者丘得过一作遇也,若天幸然。先生不羞而比之服役,而身教之。敢问舍所在,请因受业而卒学大道。”客曰:“吾闻之,可与往者,与之至于妙道;不可与往者,不知其道,慎勿与之,身乃无咎。子勉之!吾去子矣,吾去子矣!”乃刺船而去,延缘苇间。颜渊还车,子路授绥,孔子不顾,待水波定,不闻拏音而后敢乘。子路旁车而问曰:“由得为役久矣,未尝见夫子遇人如此其威也。万乘之主,千

①凄然变容,原脱,据《庄子注》卷十补。

乘之君，见夫子未尝不分庭伉礼，夫子犹有倨傲之容。今渔父杖拏逆立，而夫子曲要磬折，言拜而应，得无太甚乎！门人皆怪夫子矣，渔父何以得此乎？”孔子伏轼而叹曰：“甚矣由之难化也！湛一作其于礼义有间矣，而朴鄙之心至今未去。进，吾语汝：夫遇长不敬，失礼也；见贤不尊，不仁也。彼非至仁，不能下人，下人不精，不得其真，故长伤身。惜哉！不仁之于人也，祸莫大焉，而由独擅之。且道者，万物之所由也。庶物失之者死，得之者生；为事逆之则败，顺之则成。故道之所在，圣人尊之。今渔父之于道，可谓有矣，吾敢不敬乎？”揄袂，挥袂也。齐民，犹言平民。春秋后伦，朝觐不及等也。两容颊适者，善恶皆容颜貌调适也。得过者，言得过失也。

郭注 此篇言无江海而间者，能下江海之士也。夫孔子之所放任，岂直渔父而已哉？将周流六虚，旁通无外，蠢[①]动之类，咸得尽其所怀，而穷理至命，固所以为至人之道也。吕注 孔子之所贵者，非世俗所知。子贡之告渔父者，乃世儒所知者也。天下虽大，亦物而已，孔子之所谓孔子者，孰肯以物为事？故道之真以治身，绪馀[②]土苴以治国家天下。观后世得孔子之迹者，而考其所为，则庄子之言，千载之下犹亲见之，得不谓之神人乎？刘概 夫真积于内，神动于外，刑名礼法之用，又其外者焉。老氏尝谓：“贵爱以身为天下，然后可以寄托天下。”则其利天下之术，固有不治而治者矣。此孔子之所取也。若夫长沮、桀溺之洁身而乱伦，未尝不辞而辟之，以此知寓言之意，有所在也。口义 拏，船篙也。绪

①蠢，原作“蠕”，误，据《庄子注》卷十、《义海》卷九十八改。
②绪馀，原作“绪除”，误，据《义海》卷九十八改。

言，微言也。不属，不继也。春秋后伦，朝觐失序也。总，兜揽也。称誉诈伪，誉所不当誉也。以败恶人，毁所不当毁也。以颜色投人之好曰颜适。善恶，皆欲其悦己，曰两容。揣人所欲而潜引拔之，曰偷拔。其所欲所以，谓用以自点检也。凡所为为人，所以不免世谤。若修身而守真，无物我之对，则无所累矣。还以物与人，言以物付物，而一归之自然，则物我不对立也。礼者，文饰于外，故曰世俗之为真者，天命自然之理也。比之服役，言比之弟子也。威，敬畏之也。逆立，迎面立也。湛于礼义有间者，言浸[①]润于礼义之学，亦有时也。义海 缁帷，言林木茂密，暗如帷幄，因以为名。夫名，亦物也。造物者所靳，过分则忌之。真者，在己之良贵，外物不足比。人而不知贵真，则中无所主，禄禄而受变于俗也宜矣。凡渔父所言，明世俗之知孔子者，不过于此，特其行世之迹耳。唯南华得夫子之心，持其迹而非之。世人多病是经，余谓南华之于孔子，独得其所以尊之之妙，正言若反，盖谓是也。补注 禄禄即碌碌，盖古字通。

附口义 自《让王》以下四篇，其文不类庄子所作。《让王》篇中犹有一二段，《渔父》篇亦有好处，《盗跖》篇比之《说剑》，又疏直矣。《盗跖》篇谓“宰相曰”，战国时未有称宰相者，此为后人私撰明甚。前汉《艺文志》“庄子五十二篇”，篇数与今不同。《唐书》只四十卷，即今行于世者。不知所谓五十二篇者，更有《让王》《说剑》之类乎？抑犹有庄子所作而不传者乎？

《应义要删》卷之十《渔父》终

---

①浸，原作“没”，误，据《口义》卷十改。

庄义要删杂篇　卷之十

列御寇第三十二

列御寇之齐，中道而反，遇伯昏瞀务人。伯昏瞀人曰：“奚方而反？”曰：“吾惊焉。”曰：“恶乎惊？”曰：“吾尝食于十饕，而五饕先馈。”伯昏瞀人曰：“若是，则汝何为惊已？”曰：“夫内诚不解，形谍牒成光，以外镇人心，使人轻乎贵老，而整齑其所患。夫饕人特为食羹之货，多馀之赢，盈。其为利也薄，其为权也轻，而犹若是，而况于万乘之主乎！身劳于国，而知尽于事。彼将任我以事，而效我以功。吾是以惊。”伯昏瞀人曰：“善哉观乎！汝处己，人将保汝矣！”无几何而往，则户外之屦满矣。伯昏瞀人北面而立，敦顿杖蹙之乎颐。立有间，不言而出。宾摈者以告列子，列子提屦，跣而走，暨乎门，曰：“先生既来，曾不发药乎？”曰：“已矣！吾固告汝曰‘人将保汝’，果保汝矣。非汝能使人保汝，而汝不能使人无保汝也，而焉用之感豫出异也！必且有感，摇而本才，一作性。又无谓也。与汝游者，又莫汝告也。彼所小言，尽人毒也。莫觉莫悟，何相孰也！巧者劳而知者忧，无能者无所求，食而遨游，泛若不系之舟，虚而遨游者也。”方，李云：道也。吾惊者，见人感己，即违道故也。饕，读曰浆。

谍，问也。贵老，谓重御寇过于老人也。韲，乱也。保，附也。敦，竖也。宾者，通客之人也。无谓也者，非道德之谓也。食而遨游，本作“饱食而游”。

郭注 浆，谓卖浆之家。先馈，言其敬己。内不解，则外矜饰。形谍成光，举动盘辟[1]而成光仪也。外镇人心，内实不足以服物也。若镇物由乎内实，则使人贵老之情笃也。韲患，言以美形动物，则所患乱生也。浆人权轻利薄，无求于人。苟不遗形，则所在见保。保者，聚守之谓也。任平而化，则无感无求；无感无求，乃不相保。先物施惠，惠不因彼，豫出则异也。必将有感，则与本性动也。细巧入人为小言。夫无其能者，唯圣人耳。“过此”以下，至于昆虫，未有自忘[2]其能而任众人者也。吕注 内诚不解，未能忘心。形光可谍，而知非藏身之道也。食于十浆，其半先馈，是有以外镇人心，使之轻贵老而重己，则自贻其患也。唯感而后应，体性抱神，以游世俗，乃能使人无保也。孰，言其熏蒸而至于成。为学者日益，故劳且忧。为道者日损，去知巧而复无能，故泛若不系之舟，虚而遨游者也。疑独 内未能解脱，故见外而成光。谍，有密察之意。谓德性未造悬解，而密察之形于外，患由之而杂生矣。善哉观乎，言非徒见彼而能反观也。礼见尊者，脱屦而升堂。户外屦满，言归之者众，果为人所保也。发药，谓善言教人，如药治病也。碧虚 户外屦满，人果保附。有迹故人保附，无心则人莫知。列子能不失德矣，未能支离其德也。感物悦豫，有心出异，摇汝本性，理何可堪？从游之人，皆出汝

①盘辟，《庄子注》卷十作“便僻”。

②忘，原作“忌”，误，据《庄子注》卷十改。

下，忠告莫闻，唯事巧毒。且人来保汝，不求无为，而必学巧知，唯圣人知其然也。故虚怀无系，委任群才，无劳无忧，饱食遨游而已。口义 诚积成仪，所以人敬。赵州云"老僧修行无力，被鬼神觑破"，即此意。贵者老者，人所当敬，今反轻彼而敬我，言其迹愈露，则不能逃当世之患也。处，止也。已，助词。言汝不必出游也。古人坐席，必脱屦而入，急于迎髾人，不及穿屦，提之而走也。此段文归结在一"虚"字上。义海 凡有以感人者，必先摇其本性。彼方从而化之，又何说也？我若无心，鬼神莫能测，况于人乎？汝之朋友又莫汝告，徒以巧佞入人，而汝莫觉悟，何相熏蒸习孰若此？古文熟与孰同。无能，犹云无为也。通义 列子自反存诚之功未化，露于词气之间，是以英华昭[①]人，而人敬之。感豫出异，言人感而悦，由我出之，不同于常人耳。外既不常，内必摇性。人方豫悦，焉能知我之摇性而告我耶？补注 出异，犹言表异。

郑人缓也，呻吟裘氏之地。祇支三年，而缓为儒，河润九里，泽及三族。使其弟墨。儒墨相与辩，其父助翟。十年而缓自杀。其父梦之曰："使而子为墨者，予也。阖胡尝视其良？既为秋柏之实矣。"夫造物者之报人也，不报其人而报其人之天，彼故使彼。夫人以己为有以异于人，以贱其亲。齐人之井饮者相捽卒也。故曰：今之世皆缓也。自是有德者以不知也，而况有道者乎？古者谓之遁天之刑。

①昭，《通义》卷十作"服"。

阘,语助也。胡,何也。良,良人,谓缓也。或作埌,音浪,冢也。言何不试视缓墓,已化秋柏之实矣。

郭注 呻吟,吟咏之谓。祇,适也。翟,缓弟名。缓怨父助弟,感激自杀,死而见梦,谓己既能自化为儒,又化弟令墨,弟由己化而不能顺己,己以良师而使怨死,精诚之至,故为秋柏之实。夫造物以下,庄子辞也。积习之功为报,报其性,不报其为也。然则习学之功成性而已,岂为之哉?彼有彼性,故使习彼。缓自美其儒,谓己有积学之功,而不知其性之自然也。夫有其功以贱物者,不避其亲;无其身以平性者,贵贱不失其伦也。穿井所以导泉,吟咏所以通性。无泉则无所穿,无性则无所咏。世皆忘其泉、性之自然,徒识穿咏之末功,因欲矜而有之,不亦妄乎?观缓之谬以为学,父故能任其自尔而知,故无为乎其间也。仍自然之能以为己功,逃天者也,故刑戮及之。吕注 缓自为儒而使弟为墨,以至相与辩。其父助翟,而缓自杀,皆其人而已。缓之所以为儒,翟之所以为墨,则其人之天也。论其人,则父子兄弟不一其身,儒墨不同其业。论其人之天,则一而已。学儒而儒,学墨而墨,与缓之为柏实,乃其所以报,皆天使之。未尝异也,而人乃以为有以异于人,至于贱其亲,如缓之所为,可不悲哉!此与齐人以井为己有,而至于相捽者无异。世之贱彼贵我者,皆缓也。原其所以失性者,以其有知而已。有德者以不知,所以全其天也。有知则遁天,是以谓之遁天之刑。疑独 河润,喻泽及之远。三族,父母妻也。缓之为儒,弟之为墨,因其性分以充之。良,如良心良能之良。言为儒之性不可变也,人各有一天。

造物之所与，人不能强无之。造化所不与，人不能强有之。此缓翟儒墨之分，虽父之尊严，兄之爱友，不可得而移。盖彼有一天，使之如彼也。学不至于命，则无由知其本。有德者犹能以不知为知，而不自矜，况为道者乎？口义 阖、胡，皆何也。庄子从而断之曰缓谓己能使弟为墨，而不知造物于人自有报应之理，不以人之能者为应，而以人之得于天者为应。彼学墨而墨，是造物以其天应之，非汝以人力资给而成也。彼故使彼，上彼指造物，下彼指其弟。夫人，谓缓也。义海 有德者以不知，言缓所以失道，为有知而分别耳。浑然不知，所以全其天也。通义 "阖胡"二句，诸解无意味，谓父何不见其成弟之善，如时之秋，如柏之实，成其材，开其生意，而乃党弟以致我死乎？十年宿怨，其为儒可知矣。补注 陆云：穿井者，谓己有造泉之功而捽饮者，不知泉之出，乃天也。缓以使弟墨为功而怨其父，不知翟之能墨，亦其天也。

圣人安其所安，不安其所不安；众人安其所不安，不安其所安。

郭注 圣人无安无不安，顺百姓之心也。所安相与异，所以为众人也。吕注 所安者，天也。所不安者，人也。口义 所安者，自然之理也；所不安者，人为也。

庄子曰："知道易，勿言难。知而不言，所以之天也；知而言之，所以之人也。古之人，天而不人。"

郭注 知虽落天地，未尝开言以引物，应其至分而已。

口义 夘言难，谓难于忘言也，知道而忘言，则离人绝迹，与天为徒矣。之，往也，归于天人之意。义海 知道而言，知之事也。知道忘言，圣之事也，圣则天矣。世有浅学謏闻而矜炫自足者，口虽不言而形色已言，又何足以知古人合天之妙哉？

朱泙平漫慢学屠龙于支离益，单丹千金之家，三年技成而无所用其巧。

郭注 事在于适，无贵远功。吕注 龙之为物，其变化有似乎圣知。屠，则绝弃之谓。单千金之家，空其所有也。无所用其巧，则亦无所事于绝弃矣。此之天之全者也。碧虚 龙者，变化之物，合而成体，散而成章，不可的视，又恶可得而屠？设为此，大言耳。至于技成而无所用其巧，则深有旨云。义海 此喻学道之难，而见道能忘为尤难也。始于求龙而得见，则知吾身有无穷之变化。终于得龙而能屠，则明吾道有不形之至神。龙，非尸居莫见，当求诸恍惚窅冥之间。屠，非刀刃所加，故超乎砉向肯綮之外，穷神极妙，岂《桑林》之舞所能形容哉？功成，无所用巧，则一以神遇，能解俱忘，不知龙为何物，屠者何人也。按，古有豢龙氏，则屠龙之技，世或有之。但世之所巧，道之所拙也。世之有用，道之所无用也。盖寓言以讥世尔。诸说皆鉴，郭为得之。

圣人以必不必，故无兵；众人以不必必之，故多兵。顺于兵，故行有求。兵恃之则亡。

郭注 理虽必然，犹不必之，斯至顺矣，兵其安有？理虽未必，抑而必之，各必所见，则乖逆生。物各顺性则足，足则无求矣。不得已而用之，以恬淡为上者，未之亡也。疑独 言不必信，行不必果，此以必不必也。言必信，行必果，硜硜然小人哉！此以不必必之也。兵非在外，喜怒交战于胸中者是也。碧虚 外物不可必，故至人偾然任之，以免恚忤。若强欲必之，则有抉眼藏血之祸，可不谨欤？补注 圣人以事出于天，非人所能必，故能专任自然，随因顺应，而与物无争。众人则以不可必之事，而欲任智力以遂之，此争之所由兴也。圣众之异，在必不必与不必必尔。"必"字原无异。《口义》分知与事言，恐非庄意。

小夫之知，不离苞苴竿牍，敝精神乎蹇浅，而欲兼济道导物，太一形虚。若是者，迷惑于宇宙，形累不知太初。彼至人者，归精神乎无始，而甘冥乎无何有之乡。水流乎无形，发泄乎太清。悲哉乎！汝为知在毫毛，而不知大宁。竿牍，竹简，为书相问遗也。冥，一作瞑，音眠。悲哉乎，一作悲哉悲哉。

郭注 苞苴以遗，竿牍以问，小知所徇也。昏于小务，所得者浅。而欲兼济道物，经虚涉远，志大神敝，形为之累，则迷惑而失致也。是以至人泊然无为，任其天行也。为知所得者细，任性大宁而至也。吕注 小夫之知，不离问遗之间，则是敝精神乎蹇浅，而欲兼济导物，太一形虚，非其任也。此所以迷惑于宇宙，形累不知太初矣。唯圣人归精神乎无始，而甘瞑乎无何有之乡，至其动也，水流乎无形，发泄乎太清，乃所以兼济导物，太一形虚者也。夫心之为物亦大矣，而其知不离乎苞苴竿牍之间，此其知在毫毛而不知大宁，为可悲也。口义 馈遗书问，皆蹇浅之事，而欲兼济天下，辅导万物，以合太一之始，无形之妙，岂可得耶？所以迷惑乎宇宙，为形迹所累，而不知有太初自然之理也。至人则归精神于无物之始，而安处无为之地。水流，人见其有形，不知实出于无形，其发泄而去，归于太清之虚无。世人不知事物之终始，亦犹水然。大宁，即无为自然之理，无所不包也。补注 冥者，息心静虑之谓。"水流"二句，接至人来，谓其归神无始，冥心自然，如水之流泄，一任其天行耳。小夫之智，不离苞苴竿牍，毫毛之小。若夫太一太初自然安宁之理，皆迷惑之矣，故曰不知大宁。

宋人有曹商者，为宋王使秦。其往也，得车数乘。王说悦之，益车百乘。反于宋，见庄子曰："夫处穷闾厄[1]巷，困窘织屦，槁项黄馘国者，商之所短也；一寤万乘之主，而从车百乘者，商之所长也。"庄子曰："秦王有病召医，破痈溃会痤才何反者，得车一乘；舐矢痔雉者，得车五乘；所治愈下，得车愈多。子岂治其痔耶？何得车之多也？子行矣！"

郭注 事下然后功高，功高然后禄重，故高远恬淡者，遗荣也。口义 槁项，瘦也。黄馘，发黄而被耳也。痤，亦痈类。痈痤在上，痔疾在下。医愈下而赏愈厚，鄙其污辱不足贵也。通义 曹商以偶然之得自骄[2]，小人也。今鄙之

①厄，原作"扼"，误，据《庄子注》卷十改。

②骄，原作"腾"，误，据《通义》卷十改。

过甚，殆非庄子之气宇矣。

鲁哀公问乎颜阖曰："吾以仲尼为贞干，国其有瘳乎？"曰："殆哉！圾汲乎！仲尼方且饰羽而画，从事华辞，以支为旨，忍性以视民，而不知不信，受乎心，宰乎神，夫何足以上民！彼宜汝与？余，下同。予颐与？误而可矣。今使民离实学伪，非所以视民也。为后世虑，不若休之。难治也！"施于人而不忘，非天布也，商贾不齿；虽以事一作士齿之，神者弗齿。为外刑者，金与木也；为内刑者，动与过也。宵人之离外刑者，金木讯之；离内刑者，阴阳食之。夫免乎外内之刑者，唯真人能之。

郭注 圾，危也。夫至人以民静为安。今一为贞干，则遗高迹于万世，令饰竞于仁义而雕画其毛彩。百姓既危，至人亦无以为安也。凡言方且，皆谓后世从事。饰画，非任真也。从事华词，以支为旨者，言将令后世从事者无实[①]而意趣横出也。后世人君慕仲尼之遐轨，忍性自矫伪以临民，上下相习，遂不自知也。今以上民，则后世百姓非直外形从之而已，乃以心神受而用之，不复自得于体中也。彼，百姓也。汝，哀公也。各自有所宜，相效则失真，此即今之见验也。予颐，言效彼非所以养己。误而可，言正不可也。为后世虑，明不谓当时也。治之则伪，故圣人不治。布而识之，非刍狗万物也。商贾不齿，况士君子乎？要能施惠，故于事不得不齿，以其不忘，故心神忽之。此百姓之大情也。金谓刀锯斧钺，木谓捶楚桎梏。

①实，原作"贵"，误，据《庄子注》卷十改。

静而当，则内外无刑。不由明坦之途，谓之宵人。动而过分，则性气伤于内，金木讯于外。自非真人，未有能止其分者也。吕注 唯忘心可以致一，致一所以为贞干。为天下国家者，倘不知此，而徒欲任圣知以为治，不能忘心而受乎心，不能体神而宰乎神，何足以上民哉？云行雨施，则何不忘之？有金与木，刑人之体。动与过，刑人之心。寂然不动者，心之正，动无非邪也。有为而欲当，则缘于不得已，否则皆过而已。为道未至乎光大而不免内外刑者，犹为宵人耳。唯真人寂然而为，缘于不得已，内外之刑，安能累哉？疑独 天布则施者不见其惠，受者不知其恩；人布则施而务报，商贾犹不齿之矣。碧虚 离实学伪，不若己之施政而欲民不忘其德，非无心也，虽负贩之徒尚有不望报者，况士君子乎？有惠有报，俗情所称，无惠无报，神理所尚。外刑金木，内刑动过，显明幽暗，俱不可逃，何望乎平治哉！口义 画彩饰毛，言文藻之甚。以支为旨，不知本也。忍性，矫激。临民之上以示之，自不知其不真实也。受心者，心著乎此，故神识以此为主宰也。彼，夫子。汝，哀公也。宜，益。颐，养也。言彼有益于汝乎。汝若以彼为贤而养之，无益于汝也。视，教示之也。休，已也。民可以不治治之，有心于治，则难治矣。施政而不忘，即有心于治。天布，天经也。譬商贾之人，为士者不屑与之齿，因事偶相聚会，其神亦不乐之。彼有为之人，故有道者不屑与之俱也。离，丽也。讯，鞫问也。食，犹日食之食，病之也。人身之举动过失，与刑戮同。义海 物至则以心受之，心受物则神主之，内不虚而外纷扰，与民同耳，何足以上民？民之难治，以其知多，实由为民上者有以启之。宵人，谓冥行而无知见也。动，谓心念始差。过，则见诸行事。过形而不可掩，所以金木讯之，阴阳食之。食，犹寇也。补注 贞与桢同，古字通用。《诗》云："惟周之桢。"贞干，谓用为辅相，犹今言栋梁也。

孔子曰："凡人心险于山川，难于知天。天犹有春秋冬夏旦暮之期，人者厚貌深情。故有貌愿而益，有长若不肖，有顺一作慎懁狷而达，有坚而缦，有缓而焊。旱。故其就义若渴者，其去义若热。故君子远使之而观其忠，近使之而观其敬，烦使之而观其能，卒猝然问焉而观其知，急与之期而观其信，委之以财而观其仁，告之以危而观其节，醉之以酒而观其侧。或作则。杂之以处而观其色。九征至，不肖人得矣。"

郭注 "险于山川"至"去义若热"，言人情貌之反，有如此者。"就义"两句，言但难知耳，未为无迹。夫君子易观，不肖难明，然视所以，观所由，察所安，搜之有途，亦可知也。口义 有貌虽朴愿而实求益利者，有内抱所长而外不似有能者，有柔顺怀急而反达理者，有似坚刚而实缠绕者，有若宽缓而实褊急者，此言人之不可知也。若渴，言其进锐。若热，言其退速。相去远者，易欺，故观其忠。近而亲者，易亵，故观其敬。剸烦易困，故观能。见鲁应迟，故观智。急期易爽，故观信。临财易贪，故观仁。临难苟免，故观节。酒能昏人，故观其威仪。色能惑人，故观其所守。征，验也。通义 九征，皆设诈以为心者。李克之卜相，彼但即平素无心之应以为据。君子以为不若见垣一方人者之明，况圣人无将无迎，明睿烛微者乎？此非体道之言，亦非庄子之言也。补注 此乃战国谲诈之谈。圣人观人，固自有道，安用此琐猥者哉？殆亦庄生所不取也。

正考父一命而伛，语。再命而偻，吕。三命而俯，循墙而走，孰敢不轨？如而夫者，一命而吕巨，再命而于车上儛，舞。三命而名诸父；孰协唐、许？贼莫大乎德有心，而心有睫，接。及其有睫也而内视，内视而败矣。凶德有五，中德为首。何谓中德？中德也者，有以自好也，而吡比其所不为者也。穷有八极，达有三必，形有六府。美、髯、然。长、大、壮、丽、勇、敢，八者俱过人也，因以是穷。缘循，偃佒鞅，困畏不若人，三者俱通达。知慧外通，勇动多怨，仁义多责。达生之情者傀，葵。达于知者肖，消。达大命者随，达小命者遭。

郭注 孰敢不轨，言不敢以不轨之事侮之也。而夫，谓凡夫。唐，谓尧。许，谓由。言而夫与考父，谁同于唐、许之事也。有心为德，非真德也。真德者，忽然自得而不知所以得也。率心为德，犹之可也，役心于眉睫之间，伪已甚矣，乃欲探射幽隐，以深为事，则心与事俱败矣。吡，訾也。夫自是而非彼，则攻之者非一，故为凶首。若中无自好之情，恣万物之所是，所是各不失，天下皆思奉之矣。穷，谓穷于受役。天下未尝穷于所短，而常以所长自困。缘循，杖物而行也。偃佒，不能俯执也。困畏，怯弱也。此三者既不以事见任，乃将接佐之，故必达也。通外则以无涯伤其内。怯而静，乃厚其身耳。仁义者，天下皆望其爱。爱有不周，故多责。傀然，大悟解之貌。肖，释散也。随者，泯然与化俱也。遭者，每在节上住，乃悟也。吕注 正考父至孰协唐、许，言器度大小有如此者，不识不知，顺帝之则，毁则为贼矣。德有心而心有眼，知识具而败其则，贼莫大于是。内视，则所谓贼也。五官之动，迷而不反，莫非凶也。中德为首，谓德有心，有心则有我，自是而非彼，故有以自好而吡其所不为也。八者俱过人，则自裕，故以是穷。三者不若人，则自强，故通达。命者造物所为，吾与造物为人，故达大命者随之而不去。知穷达在天，而不在我，故达小命者遭之而不辞也。疑独 一命士，二命大夫，三命卿也。吕巨，直腰貌。车上舞，轻浮之甚。呼诸父以名，傲慢之极。尧、许以天下让而彼不能，故曰孰协唐、许。德有心，下德也，上德则无心。心有眼，动心也，静心则无眼。德有心，则贼道；心有眼，则贼德；道德丧，则人伪生；伪生，则内视；思虑营营，败其真性矣。凶德，谓眼耳鼻舌心。心为中德，动则四者从之。中有以自好，人不为己之所好，则訾毁之，此心之贼也。达大命者，忘死生而无累，乐天者也。达小命者，贫富寿夭，遭则受之安之者也。口义 伛，背曲。偻，腰曲。俯，身伏也。循墙而走，不敢正路行也。吕巨，骄矜貌。车上舞者，轻掀也。孰协唐、许者，言以我与唐尧、许由合而观之，则可见轻重，彼又安能合而观之也？“德有心”数句，于学人分上最为亲切。禅家谓之渗漏心，又曰第二念。为德而知其为德，则是有心。于有心中，又有思前算后之意，是又开一眼。以此有眼之心而内视，则千差万别，不复知有浑然者矣。有以自好，言已有所能也。以我之能，訾人所不能，此心不可以学道也。八极，言有所恃者，必至于穷。三必，言慊然不足者，有时而达。缘循，柔顺。偃佒，随起随倒也。形有六府，言人身中有此六个蕴畜之地，知慧、勇动、仁义，达生、达知、达命是也。遭者，犹有得失委命之心。随则听之而无容心矣。按，穷有八极，言八者，穷之极也。达有三必，言三者，达之必也。形有六府，形者，表暴于外之名。府者，畜藏于中之义。言有六者畜藏于中，不免表暴于外也。知慧勇动仁义，所谓六府也。故惟达者免乎此矣。达生者无心，达知者无睫，达命者，吉凶好恶，无思无营，而与天游也。《口义》以达生以下俱为六府，似欠通。

人有见宋王者，锡车十乘，以其十乘骄稚治庄子。庄子曰："河上有家贫，恃纬萧而食者，其子没于渊，得千金之珠。其父谓其子曰：'取石来锻断之！夫千金之珠，必在九重之渊而骊离龙颔罕下，子能得珠者，必遭其睡也。使骊龙而寤，子尚奚微之有哉？'今宋国之深，非直九重之渊也；宋王之猛，非直骊龙也；子能得车者，必遭其眶也。使宋王而寤，子为齑粉夫！"骄稚者，自骄而稚庄子也。纬，织也。萧，荻蒿也。锻，捶碎之也。骊龙，黑龙也。

郭注 取富贵者，必顺其民望。若挟奇说，乘天衢，以婴人主之心者，明君之所不受也。故如有所誉，必有所试，于斯民不违，佥曰举之，以合万夫之望者，此三代之所以直道而行之也。口义 骄稚者，骄矜而孩视人也。纬萧，织芦为箔也。得珠遇龙睡，喻人之取富贵皆危道也。奚微之有，言残食无馀也。

或聘于庄子。庄子应其使曰:“子见夫牺牛乎?衣以文绣,食以刍菽;及其牵而入于太庙,虽欲为孤犊,其可得乎?”

郭注 乐生者畏牺而辞聘,髑髅闻生而矉蹙,此死生之情异而各自当也。吕注 庄子尝以死为南面王乐,则太庙牺牲非所畏也,而俗方危身伤生以蹈利,故其制行如此。

庄子将死,弟子欲厚葬之。庄子曰:“吾以天地为棺椁,日月为连璧,星辰为珠玑,万物为赍资送。吾葬具岂不备耶?何以加此!”弟子曰:“吾恐乌鸢之食夫子也!”庄子曰:“在上为乌鸢食,在下为蝼楼蚁以食,夺彼与此,何其偏也。”以不平平,其平也不平;以不征征,其征也不征。明者唯为之使,神者征之。夫明之不胜神也久矣,而愚者恃其所见入于人,其功外也,不亦悲乎?

郭注 以一家之平平万物,不若任万物之自平。征,应也。不应万物之自应,而欲以其所见应之,必不合矣。夫执其所见,受役多矣,安能使物哉?惟任神然后能至顺,故无往不应也。明之所及,不过于形骸,至顺则无远近幽深,皆各自得。至顺则用发于彼而功藏于物,若恃其所见,执其自是,虽欲入人,其功外也。吕注 天地万物之所一而同焉以为体,则其生也,备物以将形,其死也,以之为赍送,非虚言也。彼患乌鸢蝼蚁之食,则不免予夺之偏。唯无心,则无所予夺。于以平之,则平之至。于以征之,则征之至。苟有心,则不无取舍,失其常心,是为至不征,至不平也。

凡今知所以予夺者，明而已，其不知者，乃所以为神也。碧虚 任乌鸢蝼蚁为两平，夺彼予此为不平。以偏见平万物，万物何由而平？以偏见应群动，群动何由而应？分别为明，明者受役。神则冥漠虚通，无物不应。分别有尽，冥漠无穷，是为明不胜神也。口义 万物之理本[①]平，我以不平之心而欲平之，则其平者亦不平矣。征，验也。为之使，言以无心为有心也。明者之自累每如此，至于神，则听其自应验而已。明不胜神，言人之有为不能胜无为也。义海 以天地为棺椁，达哉斯言！古所未道，杨王孙裸葬之说，刘伯伦荷锸之意，皆自此发。明，谓形之可见者，必藉形中不可见者主之，欲动而动，欲止而止，其中有信，即此所谓征也。故曰明不胜神。盖使学者所重在内而不在外，所养在神而不在形也。

义海总论 首以馈浆之事，戒其出异感人。未几而户外屦满，不能使人无保也。次以缓、翟交争，愤死化为楸[②]柏，遁自然而之刑戮，造物者报其人之天也。知道不言，如天之运。知而言之，其机浅矣。是以屠龙技成，无所用巧，用巧不足以效于屠龙。甘舐痔者，得车愈多，不多不足以旌其舐痔。皆所以警学徒而针时病也。至于赖贞干以扶国，不若休之。悟动过之刑，心当知谨。只九征用而不肖得，三命至而恭慢分。八极三必之不常，一珠九渊而仅得。又以喻处世应物之多端，贪名逐利之召患也。倘能因其有

①本，原作“太”，误，据《口义》卷十改。

②楸，原作“秋”，误，据《义海》卷一〇二改。

形,反究夫未始有物,则人间世之累可免矣。舍牺牛而为孤犊,亦在人笃信而力行之。篇末结以庄子死,示幻形不足恋,凡物必有终也。门人虑乌鸢之食,犹以世眼观。唯至人忘形任化,无予夺之或偏,体神用明,显平征之不谬,此其所以离人入天而登假乎道也欤。

《应义要删》卷之十《列御寇》终

庄义要删杂篇　卷之十

天下第三十三

天下之治方术者多矣，皆以其有为不可加矣。古之所谓道术者，果恶乎在？曰："无乎不在。"曰："神何由降？明何由出？""圣有所生，王有所成，皆原于一。"不离于宗，谓之天人。不离于精，谓之神人。不离于真，谓之至人。以天为宗，以德为本，以道为门，兆于变化，谓之圣人。以仁为恩，以义为理，以礼为行，以乐为和，薰然慈仁，谓之君子。以法为分，以名为表，以参一作操为验，以稽为决，其数一二三四是也，百官以此相齿。以事为常，以衣食为主，蕃息畜藏，老弱孤寡为意，皆有以养，民之理也。古之人其备乎？配神明，醇天地，育万物，和天下，泽及百姓，明于本数，系于末度，六通四辟，音璧，一作闢。大小精粗，其运无乎不在。其明而在数度者，旧法世传之史，尚多有之。其在于《诗》《书》《礼》《乐》者，邹鲁之士缙绅先生，多能明之。《诗》以道志，《书》以道事，《礼》以道行，《乐》以道和，《易》以道阴阳，《春秋》以道名分。其数散于天下而设于中国者，百家之学时或称而道之。天下大乱，贤圣不明，道德不一，天下多得一，察焉以自好。譬如耳目鼻口皆有所明，不能相通。犹百家众技也，皆有所长，时有所用。虽然，不该不遍，一曲之士也。判天地之美，析万物之理，察古人之全，寡能备于天地之美，称神明之容。是故内圣外王之道，暗而不明，郁而不发，天下之人各为其所欲焉以自为方。悲夫！百家往而不反，必不合矣！后世之学者，不幸不见天地之纯，古人之大体。道术将为天下裂。

郭注 为其所有为，则真为也，为其真为，则无伪矣，又何加焉！神明由事感而后降出。使物各归其根，抱一而已，无饰于外，斯圣王所以生成也。天神至圣四名，一人耳，所自言之异也。仁义礼乐，又四名之粗迹，而贤人君子之所服膺也。其名法参稽以下，民之理也。民理既然，故圣贤不逆。古人，即向之四名也。本数明，故末不离。无乎不在，所以为备也。其在数度可明者，虽多有之，已疏外也。缙绅先生能明其迹耳，岂所以迹哉？六经散于天下，皆道古人之迹耳，百家尚复不能常称。天下大乱，用其迹而无统故也。圣贤不明，迹未易明也。道德不一，百家穿凿也。天下多得一，各信偏见，而不能都举也。夫圣人统百姓之大情，因为之制，百姓寄情于所统，而自忘其好恶，故与一世而得淡漠焉。乱则反之，人恣其近好，家用典法，故国异政，家殊俗也。所长不同，不得常用。不该，不遍，故未足备任也。各用其一曲，故析判。全人难遇，故暗郁圣王之道。大体者，各归根抱一，则天地之纯也。裂，分离也。道术流弊，各奋其方，或以主物，则物离性以从其上，而性命丧矣。吕注 一者，神明之主。天神至圣君子，其体大同，所从言之异耳。天者，所宗也，故不离于宗，谓之天人。精所以入神，不真则不至。圣人则全天体神之至者，故统道德而兆变化，此即神降而为圣也。及其见于仁义礼乐，薰然慈仁，谓之君子，则明出而为王也。以法为分，以名为表，以操为验，以稽为决，此皆有数存焉。数多者位高而用大，数少者居下而治小，百官相齿，以此而已。古之道术其大体如此。而所谓神者，不可以书言传也。自《诗》以道志，至《春秋》以道名分，皆古之道术明而在数度者。先王以其数施于有政，散于天下，故百家时称道之。天下有道，圣贤明而道德一，学者得见其全，不为奇方异术所蔽。及其乱也，天下多得其一端，察焉以自好，岂各有所长，而不该不遍，一曲之士而已。是故圣王之道，暗而不明，人各为其所欲为，道术裂矣。疑独 道术无乎不在，方术则有在矣。本数言其精，末度言其粗，明而有系，此道所以备而无乎不在也。六经判而百家各是其所是，道术所以不明。时称道于口，不能以心体之，致圣贤暗而不明。道德二而不一，各为其所欲为，所以寡能备天地之美，称神明之容。其于内圣外王之道，必不合矣。碧虚 君子以仁义礼乐治天下，立法以定职分，授名以表性行，观操以验才能，稽考以决黜陟，皆有术数存焉。道不足则用法，法不足则用术，术不足则用权，权不足则用势，势不足则反权，权反术，术反法，法反道，道则无为而自化也。口义 庄子于末篇论古今之学，犹《孟子》末篇闻知见知。自篇首至将为天下裂，是个冒头。总序方随家数言之，以其书自列于家数中，邹鲁之学乃述于总序，则此老未尝不知圣门之学为正。人皆以其学为不可加，言人人自是。恶乎在，即无乎不在。言学虽不同，而道无不在也。一，谓造化。曰宗曰精曰真，皆与

"一"字同。"以天为宗"至"以道为门",皆无为自然之意。兆于变化,则原于一。薰然慈仁,以气象言。法有区别,名有操准,其所验决,亦各有据。一二三四,言其纤悉明备。"配神明"四句,言功用之大。本末,即精粗。六通四辟,无施不可也。次序六经之学,分明是说孔子。及散为百家众技,天下多得其一端而察然以自夸,犹耳目之不相通,于天地神明有所不备矣。评庄 此篇直叙体,中分五节。要在明道,故机轴稍异。然[①]奇正险易,迭相为经,精神命脉,隐中自见。司马子长稍凑泊,班孟坚便远甚。"古人之大体以上"总序,先六经而后各家。庄子岂鄙儒者哉?盗跖、渔父有激其言之也。补注 察古人之全,此"察"字与"判""析"字一样,言不见古人大体而窥其细,犹所谓于道万分而知其一也,即前"天下多得一察焉以自好"之察。

不侈于后世,不靡于万物,不晖于数度,以绳墨自矫,而备世之急,古之道术有在于是者。墨翟、禽滑骨厘闻其风而说悦之。为之大过,已之大顺。荆公作《三圣论》出此。作为《非乐》,命之曰《节用》;生不歌,死无服。墨子泛爱兼利而非斗,其道不怒;又好学而博不异,不与先王同,毁古之礼乐。黄帝有《咸池》,尧有《大章》,舜有《大韶》,禹有《大夏》,汤有《大濩》,文王有《辟璧雍》之乐,武王、周公作《武》。古之丧礼,贵贱有仪,上下有等,天子棺椁七重,诸侯五重,大夫三重,士再重。今墨子独生不歌,死不服,桐棺三寸而无椁,以为法式。以此教人,恐不爱人;以

①"然"下原衍"其",据《评庄》删。

此自行，固不爱己，未败墨子道。虽然，歌而非歌，哭而非哭，乐而非乐，是果类乎？其生也勤，其死也薄，其道大觳；恪、学二音。使人忧，使人悲，其行难为也。恐其不可以为圣人之道，反天下之心，天下不堪。墨子虽独能任，奈天下何！离于天下，其去王也远矣。墨子称道曰："昔者禹之湮因洪水，决江河而通四夷九州也，名山三百，支川三千，小者无数。禹亲自操槀应作橐耜，而九鸠杂天下之川；腓肥无胈，拔。胫幸无毛，沐甚风，栉侧瑟反疾雨，置万国。禹大圣也，而形劳天下也如此。"使后世之墨者，多以裘褐为衣，以跂屐蹻脚为服，日夜不休，以自苦为极，曰："不能如此，非禹之道也，不足谓墨。"相里勤之弟子，五[①]侯之徒，南方之墨者，苦获、已齿、邓陵子之属，俱诵《墨经》，而倍谲不同，相谓别墨；以坚白同异之辩相訾，咨。以觭羁偶不仵之辞相应；以巨子为圣人，皆愿为之尸，冀得为其后世，至今不决。墨翟、禽滑厘之意则是，其行则非也。将使后世之墨者，必自苦以腓无胈、胫无毛相进而已矣。乱之上也，治之下也。虽然，墨子真天下之好也，将求之不得也，虽枯槁不舍也。才士也夫！《非乐》《节用》，《墨》篇名。槀，盛土器。耜，耒头铁也。九，聚也。所治非一，故曰杂。跂、屐同，木曰跂，麻曰蹻，鞋下藉也。巨子，墨道成者，犹云硕儒。

郭注 勤俭则瘁，故不晖也。矫，厉也。勤俭则财有馀而急有备。大过大顺，不复度众所能也。物不足则斗，令百姓勤俭有馀，故以斗为非。不怒，言但自刻也。既自以为是，则欲令万物皆同乎己，故博而不异。不与先王同者，

---

①五，原作"伍"，误，据《庄子注》卷十、《义海》卷一〇四改。

先王则恣其群异，然后同焉，皆得而不知所以得也。毁古礼乐，嫌其侈靡。物皆以任力称情为爱，今以勤俭为法而为之太过，虽欲饶天下，更非所以为爱也。未败墨道，但非道德，虽独成墨，而不类万物之情。觳，无润也。不可为圣人之道者，言圣道悦以使民，民得性之所乐则悦，悦则天下无难矣。王者必合天下之欢心而与物俱往，故离于天下者去王远也。墨子独见禹之形劳耳，未睹其性之适也。以自苦为极，谓自苦为尽理之法也。非其时而守其道，所以为墨也。各守所见，则所在无通，故于墨之中又相与别也。巨子最能辩其所是，以成其行。尸，主也。为其后世，欲系巨子之业也。意在不侈靡而备世急，所以为是。为之太过，则[①]非也。乱莫大于逆物而伤性，故为乱之上。任众适性，上也，今墨反之，故为治之下。为其真好，故圣贤不逆也，但不可以教人。求之不得，谓无辈也。枯槁不舍，所以为真好也。才士也夫，非有德者也。吕注 自作为《非乐》至“博不异”，皆为之太过，已之太顺者也。先圣礼乐有节，丧葬有仪，今乃生不歌，死不服，不同先王，毁古礼乐，其俭薄如此，非特不爱人，亦不爱己矣。墨子本以泛爱兼利为心，甘其苦而为之以约，失之者鲜，则未败墨子道也。哀乐，人所不免，先圣为之节文。墨子使之歌而非歌，哭而非哭，是果人情乎？生勤死薄，使人忧悲，古之道术虽有在于是，而墨子为之太过，其去王道远矣。昔禹遭洪水，其劳至于如此，所谓备世之急者，墨子以为常然，则非也。将使后世学者自苦以相进而已。疑独 生不歌，故为非乐。以节

①则，原作“故”，误，据《义海》卷一〇四改。

用为道，故死无服。自“黄帝有《咸池》”至“周公作《武》”，明其生不歌之非。自“古之丧礼”至“士再重”，明其死无服之非。使歌而非歌，哭而非哭，是果类乎？盖先王与民同患，其道本诸人情，非期于难行，欲使天下皆如己也。禹之道非墨也，流习之弊则有墨。墨才近禹而道远于禹，所以不能无弊，止于一墨而已。碧虚 墨氏勤俭厉己，救世之急，非乐节用，生忧死薄，可谓大拂人情矣。然而泛爱近仁，兼利近义，非斗近礼[1]，不怒近知，又好学而广尚同，则亦异乎流俗也。但后世效之，乱之上也，治何望焉！然亦才士之美者也，但所行失道德之正耳。口义 不教后世以侈，故不饰丽。万物不以礼乐度数为晖华，拘束其身以矫世，欲天下之用有馀，主于俭以足用，言世人以衣食不足，故致争乱也。后之学墨者，遂抑遏大甚，以斗争为非，以不怒为道。博不异者，广其说而尚同。教人爱己，两失其道。不近人情，故不类。相里，姓；勤，名也。奇偶本异而曰不忤，此强辩之辞。后世，子孙也。求之不得，言无复有斯人。虽极其枯槁，而为之不止，可谓豪杰之士矣。义海 此言墨子之道，不可行于天下后世。议不及杨氏，意在其中矣。补注 庄学老，与杨同师，故不辟。

不累于俗，不饰于物，不苟于人，不忮至于众，愿天下之安宁以活民命，人我之养，毕足而止，以比白心。古之道术，有在于是者，宋钘、刑。尹文闻其风而悦之。作为华山

①礼，原作“理”，误，据《义海》卷一〇四改。

之冠以自表,接万物以别宥为始;语心之容,命之曰心之行。以聏而合欢,以调海内。请欲置之以为主。见侮不辱,救民之斗,禁攻寝兵,救世之战。以此周行天下,上说税下教,虽天下不取,强上声,下同聒而不舍者也,故曰上下见厌而强见也。虽然,其为人太多,其自为太少;曰:"请欲固置五升之饭足矣。"先生恐不得饱,弟子虽饥,不忘天下,日夜不休,曰:"我必得活哉!"图傲乎救世之士哉!曰:"君子不为苛察,不以身假物。"以为无益于天下者,明之不如已也。以禁攻寝兵为外,以情欲寡浅为内。其小大精粗,其行适至是而止。

郭注 忮,逆也。毕足而止,不望有馀也。华山,上下均平。别宥万物,不欲令相犯错也。强以其道聏令合,调令和。二子请得若此者,立以为物主也。见侮不辱,以活民为急也。救斗寝兵,所谓聏调也。虽天下不取,强聒而不舍,聏调之理然也。见厌强见,所谓不辱也。不因其自化而强慰之,则其功太重也。请[①]置五升之饭,明自为太少也。日夜不休以为民,谓民亦当报己,必得活也。图傲乎,挥斥高大之貌[②]。不为苛察,务宽恕也。不以身假物,必自出其力也。无益于天下者已之,所以为救世之士也。其行适至是而止,未能经虚涉旷也。吕注 不为俗所累,不求饰于物,推诚以及人,在丑而不争,愿人安养而不求馀。夫物之纷争,由于交侵而苛急,别而宥之,乃所以息纷争而愿安

①请,原作"谓",误,据经文"请欲固置五升之饭足矣"及《义海》卷一〇四改。
②"图傲乎,挥斥高大之貌",原脱"乎","斥"误作"斤",据《庄子注》卷十补、改。

宁之道。以聏合欢，以调海内，是谓心之行。自见侮不辱至强聒不舍，此所谓调聏之道也。其行适至是而止，谓其不闻道也。疑独 宋、尹二人，其道小异于墨，故继之墨翟之后。言其流风，末世尚有如此者，故闻风而悦之。其意愿天下之安，故以聏合欢，以调海内。上说其君，下教其民，有以见为人太多。见侮不辱至于置五升之饭而足，见其自为太少。碧虚 我必得活哉，言我思救人，天必活我。图傲乎，言不图傲也，岂图[1]夸傲为救世？虚名而已。口义 别宥，犹在宥。容，谓体。行，谓用。以和聏合人之欢，以调一海内，请欲置之以为主也。强聒不舍，人厌听而夸说不已也。日得五升之饭，师与弟子共之，先生犹不得饱，弟子可知。忍饥自苦，日夜不休，岂为久活之道？盖欲以此矫夫托名救世而自利之人。图傲，谋矫之也。义海 接物以别善类，宥愚蒙为本，则必不趋乎恶，亦足以厚风俗、兴教化，但行之有弊，不若圣治之大全而可久也。补注 不饰，是不致饰也。凡事有益于天下，则为之。苟明知其无益于天下，则不如已之耳。《口义》欠明。

公而不当，一作党。易异而无私，决然无主，趣物而不两，不顾于虑，不谋于知，于物无择，与之俱往。古之道术，有在于是者，彭蒙、田骈、便，平声。慎到闻其风而悦之。齐万物以为首，曰："天能覆之而不能载之，地能载之而不能覆之，大道能包之而不能辩之。"知万物皆有所可，有所不

---

①图，原作"徒"，误，据《义海》卷一〇四改。

可，故曰："选则不遍，教则不至，道则无遗者矣。"是故慎到弃知去己，而缘不得已。泠零汰泰于物，以为道理。曰："知不知，将薄知而后邻伤之者也。"谿奚髁火无任，而笑天下之尚贤也；纵脱无行，而非天下之大圣；椎追拍輐断，与物宛转；舍是与非，苟可以免。不师知虑，不知前后，魏危然而已矣。推吐雷反而后行，曳而后往。若飘风之还，若羽之旋，若磨石之隧。全而无非，动静无过，未尝有罪。是何故？夫无知之物，无建己之患，无用知之累[1]，动静不离于理，是以终身无誉。故曰："至于若无知之物而已。无用圣贤，夫块不失道。"豪杰相与笑之曰："慎到之道，非生人之行，而至死人之理。"适得怪焉。田骈亦然，学于彭蒙，得不教焉。彭蒙之师曰："古之道人，至于莫之是、莫之非而已矣。其风窢域然，恶可而言？"常反人，不见[2]观，而不免于魭輐断。其所谓道非道；而所言之韪，韦。不免于非。彭蒙、田骈、慎到不知道。虽然，概乎皆尝有闻者也。

郭注 决然无主，各自任也。物得所趣，故一。而不两选，则不遍，都用乃周也。教则不至，任其性乃至也。泠汰，犹听放也。"曰知"以下，谓知力浅，不知任其自然，故薄之而又邻伤焉。谿髁无任，言不当其任而任夫众人，众人各自能，则无为横复尚贤也。非大圣者，欲坏其迹，使物不殉也。法家虽妙，犹有椎拍，故未泯合。不能知是非前后，瞽目恣性，苟免当时之患耳。魏然者，任性独立也。推曳而行，缘于不得已也。患生于誉，誉生于有

①累，原作"虑"，误，据《庄子注》卷十改。

②见，《义海》卷一〇五作"聚"。

建，唯圣人然后能去知与？故循天之理，故愚知处宜，贵贱当位，贤不肖袭情。而云无用贤圣，所以为不知道也。块不失道，欲令去知，如土块也。夫去知任性，然后神明洞照，所以为贤圣。而云块不失道，人若土块，非死而何？豪杰所以笑也。未合至道，故为诡怪。得不教，谓得自任之道也。莫之是非，所谓齐万物以为言也。窢然，逆风所动之声。反人不见观，不顺民望也。鲩断，无圭角也。韪，是也。道无不在，而云土块乃不失道，所以为不知。概尝有闻，言但不至也。吕注 不当无私，则中虚而无主，故与物为一。不顾不谋，与物俱往，寂然不动，三子所悦也，感而遂通天下之故，则三子者之所不知也。泠者，清其浊。汰者，去其扰。古之人由是以入道，非以是为道。二子以道为止于此，盖不知智与己未始有物也。谿髁，不定。纵脱无形，而非天下之贤圣，所以弃知去己也。椎拍，炼治之。鲩断，破绝之。宛转，则与之俱往。故忘知虑前后，魏然而已。其所谓道非道者，以其滞于无知之域也。疑独 泠汰自放，不累于物。故以薄知为犹近伤，将欲都忘之。无任则无事，无行[①]则无迹。与物宛转，舍是与非，则免累矣。魏然独立，未尝唱而常和，未尝感而常应，行如推车，往如曳尾，缘于不得已也。故若风还羽旋，磨石之隧，所以患累莫及焉。夫吉凶生于动，毁誉出于有建，二子游于吉凶毁誉之外，故至若无知之物，以块然为不失道也。道者，有形所同由。德者，有心所同得。虽瓦砾之微，道无不在，而慎到之道非生人之行，适得怪焉。

①行，原作“形”，误，据经文“纵脱无行”及《义海》卷一〇五改。

是三子概尝闻道而未得道也。口义 趣物，万物之理趣也。不顾不谋，无计度也。彭、田、慎三子，皆齐之隐士，其说谓天地亦万物之一者，一则皆齐，则无为之道也。去知与己，无为也。泠汰，脱洒无拘碍也。其说曰若以知与不知为分，则迫于知而近自伤矣。謑髁，不定貌。椎拍輐断，无圭角也。隧，转也，回也。风还羽旋，磨石之隧，皆无心而与物宛转之喻。物唯无知，则无是己之患，无容心之累，何用贤圣之名？但块然无知，可以不失道矣。如今山林修苦行之人，故豪杰笑之，以为犹死人也。魭断，与前輐断同。其言虽壮伟，而所谓道者，非道也。义海 慎到弃知而若愚，去己而任物，不得已而用，虽为非为也。其知者出于不知，若但薄其知，犹近于伤性，必至于无知乃全也。故不慕圣贤之名，以块然无知为得道，而不知有感通潜化之理，所以豪杰笑怪也。通义 "曰知不知"二句，言若求知其不知，以良知为薄，则外来者得以蔽其明也。

以本为精，以物为粗，以有积为不足，澹淡然独与神明居。古之道术有在于是者，关尹、老聃闻其风而悦之。建之以常无有，主之以太一；以濡耎弱谦下为表，以空虚不毁万物为实。关尹曰："在己无居，形物自著。其动若水，其静若镜，其应若响。芴忽乎若亡，寂乎若清。同焉者和，得焉者失。未尝先人而常随人。"老聃曰："知其雄，守其雌，为天下溪；知其白，守其辱，为天下谷。人皆取先，己独取后。"曰："受天下之垢。苟。"人皆取实，己独取虚，无藏也故有馀，岿然而有馀。其行身也，徐而不费，无为也而笑巧；人皆求福，己独曲全。曰："苟免于咎。""以深为根，以约为纪。"曰："坚则毁矣，锐则挫矣。"常宽容于物，不削于人，可谓至极，关尹、老聃乎！古之博大真人哉？

郭注 有积为不足，寄之天下，乃有馀也。无有，何所能建？建之以常无有，明有物之自建也。天地万物，皆各自得，而不兼他饰，斯非主之以太一耶？在己无居者，物来则应，应而不藏，故功随物去也。形物自著者，不自是而委万物，故物形各自彰著也。应若响者，常无情也。得焉者失，常全者不知所得也。物各自守其分，则静默而已。无雄，白也。夫雄白者，尚胜自显，岂非逐知过分以殆其生耶？故古人不随无涯之知，守其分内而已。故其性全，性全然后能及天下，天下归之如溪谷也。不与万物争锋，然后天下乐推而不厌，故后其身。雌辱后下，皆物之所谓垢也。取实者，唯知有之以为利，未知无之以为用。取虚者，守冲泊以待群实也。无藏有馀者，付万物使各自守，故不患其少也。巍然独立，自足之谓。徐而不费者，因民所利而行之，随四时而成之。常与道理俱，故无疾无费也。巧者有为，以伤神器之自成；故无为者，因其自生，任其自成，万物各得自为。蜘蛛犹能结网，则人人自有能矣，无贵于工倕也。委顺至理则常全，故无求而福自足也。随物，故物不得咎。理根为太初之极，不可谓之浅也。以约为纪，去甚泰也。至顺，则金石无坚；迕逆，则水气无软。顺全逆毁，斯正理也。进躁无涯为锐，各守其分，则自容有馀，不削于人，全其性也。吕注 以道为精，则以物为粗，以物为粗，则以无物为精矣。道本无物而时有焉，则犹有未树也。

建之以常无有，则物不能拔矣。一与言为二，有所谓一则非太一，太一则一亦不可得，故万物归焉而不知。“关尹子曰”十一句，皆在己无居，形物自著之功。“老子曰”以下，则建以常无有，主以太一之谓也。口义 以有积为不足，藏富于天下也。与神明居，守自然也。以无物为宗，以太极之始为主。表者，应世接物见于外者也。空虚，则物物皆全。实，实理也。无居，无私主也。自著者，随物形见，皆自然也。水之动，镜之静，谷之应，皆无心也。若亡，似有而无。若清，清而无名。以同于物为和，以无所得为得。徐，安也。不费，无所损也。唯其以虚为实，故无藏而有余，安徐而无损。人皆以巧为巧，我以无为为巧；人皆以福为福，我以免咎为福。凡物坚锐，则有挫毁。以容物为量，则人于我无所侵削而全其生。此天下至极之道也！补注 以有积为不足，只是贵虚无意，非藏富天下也。此段关尹、老聃凡三见，皆先关尹，当自有意。《口义》以为先弟后师，一时快笔，非也。

芴一作寂漠无形，变化无常，死与？生与？天地并与？神明往与？芒乎何之？忽乎何适？万物毕罗，莫足以归。古之道术，有在于是者，庄周闻其风而悦之。以谬悠之说，荒唐之言，无端崖之辞，时恣纵而不傥，不以觭稽见之也。以天下为沉浊，不可与庄语。以卮言为曼衍，以重言为真，以寓言为广。独与天地精神往来，而不敖傲倪诣于万物，不谴欠是非，以与世俗处。其书虽瓌瑰玮，而连犿翻无伤也。其辞虽参差而諔尺叔反诡可观。彼其充实不可以已，上与造物者游，而下与外死生、无终始者为友。其于本也，弘大而辟，壁。深闳宏而肆；其于宗也，可谓稠调适而上遂矣。虽然，其应于化而解于物也，其理不竭，其来不蜕，税。芒乎昧乎，未之尽者。谬悠，若忘于情实者。荒唐，无域畔也。庄，端正也。瑰玮，奇特也。连犿，宛转貌，与物相从不违也。

郭注 无形、无常，随物也。死与、生与，任化也。何之、何适，无意趣也。物莫足归，都任置也。时恣纵而不傥，不急欲使物见其意也。沉浊者，累于形名，以庄语为狂而不信，故不语也。卮言、重言、寓言，俱逕至理，正当万物之性命也。己无是非，故恣物而行。形群于物，故与俗处。还与物合，故无伤也。不唯应当时之务，故参差也。充实不可已，多所有也。庄子通以平意说己，与说他人无异也。案其辞明其汪汪然，禹拜昌言，亦何嫌乎此也！ 吕注 无形故不可见，无常故不可测。以为死与，则未尝有生。以为生与，则未尝有死。以为天地并与，未尝有古今。以为神明往与，未尝有彼是。然则芒芴无为，寂然不动而已。万物毕罗，无不任也。莫足以归，其唯神之所为乎？庄语，犹法言。卮言，喻道之日用无穷。人不吾言之信，故称古昔以为重。重言不能喻，而后有寓言。夫庄子之所体者，独与天地精神往来而不傲倪于万物，故其言亦然。不谴是非，所以辟于世俗。唯其有诸中而充实不可以已，故上与造物者游，下与外死生、无终始者友，则入于神矣，故应化也。其理不竭，解物也。其来不蜕，谓形不待蜕而后解也。芒昧无尽，此神之不可知也。 疑独 天地者，神明之体。神明者，天地之用。体有常而用有变。外物而至于外死生，体道而至于任变化。虽万物毕罗而不出乎道之外。古之圣人，所以其道为万[①]世法、天下贵者，要在无不该、无不遍而已。是非本无有，故[②]不劳遣。唯其混是非，故处世无忤。所言瑰玮而连犿，参差而諔诡，皆充实于内，发见于外，不可自已也。口义 寂寞无形，无物也。无常，以不一为一也。何之何适，动而无迹也。毕罗，尽万物之理也。莫足以归，人莫知其所归宿也。谬悠，虚远也。荒唐，旷大也。无端崖，无首尾也。傥、党同。觭、奇同。不傥，无偏党也。不以觭见，所见不主一端也。不譡，无所泥[③]也。连犿，和同混融之意。参差，抑扬不定。諔诡，滑稽诡谲也。此皆自说破其著书之意。充实不可以已，言道理充塞其间，亦世间不可无之书也。上遂，上达天理，故能应于教化，解释物理。不蜕，不离于道。芒昧，言其书之深远，然其胸中所得之，又非言语可尽也。此篇自总序以下分别为五，自处其末，继老子之后，明其学出于老子也。义海 此段南华首于论化，次则自述其所言所行，后又归结于化，明己能穷神知化，所以横说竖说无非道也。评庄 前三段作三个“虽然”，皆断说其学之是非，独老子无之。至此，又著“虽然”两字，谓其学非无用乎世者。此是其文字转换处，笔力最高。补注 与天地精神往来，而不敖倪于万物，言其道与天地万物为一，玄同至化，乃其自任处。《口义》以为反说，非也。无伤，即无妨意。

惠施多方，其书五车，其道舛驳，其言也不中。厤古历

---

①万，原作“当”，误，据《义海》卷一〇六改。

②故，原作“无”，误，据《义海》卷一〇六改。

③无所泥，原作“无泥所”，倒，据《口义》卷十乙正。

字物之意，曰："至大无外，谓之大一；至小无内，谓之小一。无厚，不可积也，其大千里。天与地卑，山与泽平。日方中方睨，物方生方死。大同而与小同异，此之谓小同异；万物毕同毕异，此之谓大同异。南方无穷而有穷，今日适越而昔来。连环可解也。我知天下之中央，燕之北、越之南是也。泛爱万物，天地一体也。"惠施以此为大，观于天下而晓辩者，天下之辩者相与乐洛之。卵有毛。鸡三足。郢有天下。犬可以为羊。马有卵。丁子有尾。火不热。山出口。轮不蹍地。目不见。指不至，至不绝。龟长于蛇。矩不方，规不可以为圆。凿不围枘。芮。飞鸟之景影，未尝动也。镞矢之疾，而有不行不止之时。狗非犬。黄马骊牛三。白狗黑。孤驹未尝有母。一尺之棰，主蕊切。日取其半，万世不竭。辩者以此与惠施相应，终身无穷。桓团、公孙龙，辩者之徒，饰人之心，易人之意，能胜人之口，不能服人之心。辩者之囿也。惠施日以其知与人之辩，特与天下之辩者为怪，此其柢帝也。然惠施之口谈，自以为最贤，曰："天地其壮乎，施存雄而无术。"南方有倚一作畸人焉，曰黄缭了，问天地所以不坠不陷，风雨雷霆之故。惠施不辞而应，不虑而对，遍为万物说；说而不休，多而无已，犹以为寡，益之以怪。以反人为实，而欲以胜人为名，是以与众不适也。弱于德，强于物，其途隩奥矣。由天地之道，观惠施之能，其犹一蚊一虻之劳者也。其于物也何庸？夫充一尚可，曰愈贵，道几矣！惠施不能以此自宁，散于万物而不厌，卒以善辩为名。惜乎！惠施之才，骀殆荡而不得，逐万物而不反，是穷响以声，形与影竞走也，悲夫！

郭注 昔余未览《庄子》，尝闻论者争夫尺棰连环之意，而皆云庄子之言，遂以为辩者之流。按此篇较评诸子，至于此章则曰“其道舛驳，其言不中”，乃知道听途说之伤实也。吾意亦谓无经国体制，真所谓无用之谈也。然膏粱之子，均之戏豫，或倦于典言，而能辩名析理，以宣其气，以系其思，流于后世，使性不邪淫，不犹贤于博奕者乎？故存而不论，以贻好事也。吕注《老子》曰“多言数穷”，又曰“希言自然”，则有言者不得已者。而施之口谈，自以为贤，不知天地之虚旷而有我之甚，不能守雌者也，宜其以天地为壮，存雄而无术也。夫圣人以无言为言，所以为德，今施恃其辩，则不知无言者也。为言所役，不能自胜，则弱于德，以胜人为名，则强于物。其途隩，谓非六通四辟之道也。夫无声则响绝，处阴则影灭已，无我则天下莫与之争。施虽有才而不知出此，徒事言辞之末，以与物竞，其失性甚矣，所以深惜而悲之。疑独施之辩，能反人之心，或与天下辩其数，鸡三足是也。或与天下辩其名，狗非犬是也。或与天下辩其形，矩不方是也。或与天下辩其色，白狗黑是也。或辩其上下，天与地卑是也。或辩其长短，龟长于蛇是也。其论大率以谓万物无高下长短之殊，无形名方圆之异，无青黄黑白之别，以齐万物为首，谓大道散而有形名，皆出于人之私，以为差别而已。施持此以与天下辩，卒以善辩为名。此古人所不为，故不曰古之道术，惜其有才而终于逐物，丧其本真也。口义墨翟、宋、尹、彭、慎之徒，犹为见道之偏者。惠子则专于好辩，故不与道术闻风之列，特于末篇言之。至大无外，太虚也；至小无内，秋毫之类也。一则无大小矣，于一之中，又分大小，便是同而异，异而同也。无厚，至薄也。积之则厚，其大可至千里。又言大与小同也。天气下降，则与地卑；山气通泽，则与泽平。日方中之时，侧而视之，则非中矣。物方发生，其种必前日之死者。大者不出小者之积，小者合之可以为大，则无同无异矣。南方，海也。本无穷，而谓之方，则必有穷。今适昔来，言虽未至其地，先闻其名而后来也。连环，各自为圆，本不相连，亦犹解也。燕北越南，固非天下之中，而其国人各自以为国之中也。天地乃万物中之一物，犹一体也。毛之在卵，虽未可见，而鸭为鸭，鸡为鸡，毛各不同，是有毛矣。鸡本二足，有运行之者，是三也。楚都郢而为王，亦与有天下同。丁子，虾蟆也，始为科斗，则有尾。水寒火热，亦人名之，有火中之鼠，则非热矣。空谷，人呼而应，非山有口乎？行地则为轮，著地则不可转，谓不蹍地亦可。目见而后指可至，目不可至，指不能见，则是其至者，目与指不可得而分绝也。鸟飞影随，但可谓鸟飞，不可谓影动。矢在弦为止，射侯[①]谓之行；离弦而未至侯，则为不行不止之时。狗、犬，一也，谓狗而不称犬。牛马，二体；黄骊，二色；以二体与色并言，谓之三；以黄骊附马牛之体而见，亦谓之三。黑白之名非出于有物之始，则谓白为黑亦可。名孤驹，则非有母，不可言孤又言有母也。尺棰折而为二，今日用此，明日用彼，万世不尽可也。此又学者推广其说，与惠子相应强辩而不已。柢，本也。言其本领不过如此。隩，幽暗也。但以一人之私见自足，则可；若以此为胜于贵道者，则殆矣。《庄子》终篇以惠子结末，虽不与闻道之列，

①侯，原作“后”，误，据《口义》卷十改。

然语亦奇特，故存而不废。评庄“卵有毛”以下数语，奇峰怪石，千态万状，柳宗元终身不辨。庄子序道术，而以己终，乃借惠子相形。细读书中，惟惠子尝有辩难，岂当时疑惠子与庄子并者而姑破之邪？

陆德明总释子玄之注，论其大体，真可谓得庄生之旨矣。郭生前叹膏梁之途说，余亦晚睹贵游之妄谈，斯所谓异代同风，何可复言也！或曰庄、惠标濠梁之契，发郢匠之模，而言其道舛驳，其言不中，何也？岂契若郢匠，褒同寝斤，而相非之言如此之甚邪？曰：夫欲极有教之肆，神明其言者，岂得不善其辞而尽其喻乎？庄子振徽音于七篇，列斯文于后世，重言尽涉玄之路，从事展有辞之叙。虽谈无贵辩，而教无虚唱，然其文易览，其趣难窥，恐造怀而未达者有过理之嫌，祛斯之弊，故大举惠子之宏[1]辩也。刘概总论道体广大，包覆无遗。形数肇一，奇偶相生。自此以往，巧历不能算矣。古之人，循大道之序，顺神明之理，于是有内圣外王之道。其在数度者，杂而难遍，然本末先后之出于一而散为万者，未尝不通也。故时出时处，或动或静，能短能长，以矫天下之枉，而曲当不齐之变。且伏羲非无法也，而成于尧，二帝非无政也，而备于周。不先时而好新，不后时而玩故，此圣人之在上者有所不能尽备也。伊尹，任也，伯夷矫之以清，清近隘。柳下惠济之以和，不逆世以蹈节，不徇[2]俗以造名。此圣人之在下者有所不能尽全也。道至于孔子而后集大成。孔子之下，诸子之立家

①宏，原作“云”，误，据《义海》卷一〇六改。

②徇，原作“循”，误，据《义海》卷一〇六改。

者，各是其是也。庄子之时，去圣已远，道德仁义，裂于杨、墨，无为清净[①]，坠于田、彭，于是宋钘[②]、尹文之徒，闻风而肆。庄子思欲复仲尼之道而非仲尼之时，遂高言道以矫天下之卑，无为复朴以绝天下之华，清虚寂寞以拯天下之浊。谓约言不足以解弊，故曼衍而无家；谓庄语不足以喻俗，故荒唐而无崖。其言好尊老聃而下仲尼，至论百家之学，则仲尼不与焉。盖谓道非集大成之时，则虽博大真人，犹在一曲。老聃一书，得吾之本，故调适而上遂。惠子之书，得吾之末，未免一曲而已。呜呼！诸子之书，曷尝不尊仲尼哉？知其所以尊者，莫如庄子，学者致知于言外可也。义海 末篇叙天下道术皆不免于有为，趋尚或偏，未有久而无弊者。一儒道，二墨教，三明治，四论法，五赞老，六叙庄，其论天下古今道[③]术备矣。继之以自叙，明其学出于老聃也。立言既多，虑学者以辞害意，故以评惠终焉，载其雄辩而辟其舛驳，使后人知所趋舍也。补注 此篇总论道术，实本经之后序也，亦序其祖老而不同于诸子之故。邹鲁缙绅之说，是推尊圣人之道，非百家者流也。庄生宗老，而老子亦与诸子并列，此老胸次可知矣。

《庄义要删》卷之十《天下》终

①净，原作“静”，误，据《义海》卷一〇六改。
②钘，原作“骈”，误，据卷十《天下第三十三》“宋钘、尹文闻其风而悦之”改。
③道，原脱，据《义海》卷一〇六补。

《庄义要删》跋

李载贽曰：老子与孔子同时，庄子又与孟子同时，知孟子愿学孔子，则知庄子之所自来矣。太史公谓老子深远，予谓老子非深远者，庄子深远耳。惟达故通，惟深故远。有通有达，有深有远，故为累。夫子曰："老子其犹龙乎！"真知老矣。古今注《道德》者无虑数百家，终莫形状，无惑也！《南华》注有郭有吕。郭氏不能解其书而能通其学，谓郭即庄可也。若吕氏，不但通其学，而又能解其书，学者但由之以入，则自然能通乎道。通乎道，则利有攸往，亦庶几深远矣。虽然，是未可以易言也。第由之以资闻见，亦可以工述作，掇秕糠，亦可以铸尧舜。故此经群注并采，所以兼摄上中下三机，俾饮河者小大各足，不使有望洋之叹云耳。此侍御刘公所以广少方王公嘉惠后学之意，而必欲锓梓以传也。予虽告老，不及遍观，而识其意如此云。

人亦有言：蒙庄达生。惟达故通。视宇宙古今之变，若寒暑昼夜相代乎前，而尧舜圣人仁义礼乐之迹，不啻秕糠尘垢。往往理不必天地有而语不由千古道者，彼其人岂徒摛藻谈艺与铅椠之士絜短长哉？诸家注者，或洞玄冥，或兼训故，言虽人人殊，要之，学者得其言而探其所以言，庶几于蒙庄达生之旨矣。今少宰少方王公往开府金陵，公暇,手是编,命沆偕中郎周君光镐、方君扬,稍稍删润之。既竣役,会公奉召命而北,未及杀梨。比入滇,侍御江陵刘公复出其书,命沆校梓以传。追昔感今,宛然梦呓。无亦天欲发皇《南华》千载之秘,假宠于二三元老而然邪?乃猥以不佞,幸得终始其事,亦未为不遇矣夫。

莆中方沆谨识。

贵州文库编辑出版委员会

贵州文库

孙应鳌全集

第四册

〔明〕孙应鳌 撰
赵广升 编校

贵州出版集团
贵州人民出版社

貴州文庫

孙山甫督学集

〔明〕孙应鳌 著
〔明〕任 瀚 批评
赵广升 点校

点校前言

《孙山甫督学集》八卷，孙应鳌著，任瀚批评，嘉靖四十五年（一五六六）邵元善刻。前四卷为《孙山甫督学文集》，胡直序，文八十七篇；后四卷为《孙山甫督学诗集》，任瀚、吴懋、乔因羽序，诗四百一十八首。末附任瀚赠序二篇、颜鲸赠序一篇。日本静嘉堂文库藏八卷本一部、文集四卷本一部，京都大学人文科学研究所藏八卷本两部。台北"故宫博物院"藏四卷本一部，原系宁波天一阁旧藏，清中叶前四卷文集遭抽毁，存后四卷诗集，民国三年（一九一四）被盗出，后流入国立北平图书馆，抗战时期寄存于美国国会图书馆，一九六四年入存台北"国立中央图书馆"，最后入藏台北"故宫博物院"图书文献处（以下简称"台北故宫本"）。笔者于二〇一一年得到"台北故宫本"复印件，二〇一四年得到静嘉堂藏八卷本复印件（以下简称"静嘉堂本"），"静嘉堂本"保存完好，字迹清晰，无缺页，卷五《鄜畤》《梦登太和》与卷六《秋兴》第二首各有一字与台北故宫本异文，系挖补所致；"台北故宫本"由于辗转收藏，保护不善，部分字迹模糊不辨，缺吴懋序，卷八缺第二十页，计诗九首。

万历六年（一五七八），清平及门弟子为孙应鳌刻印《学孔精舍汇稿》十六卷，至清乾隆朝修《四库全书》时遭禁毁，翰林侍讲艾茂抄录《学孔精舍诗稿》六卷，咸丰四年（一八五四）艾述之据其祖钞本过录，寄与莫友芝，收入光绪六年（一八八〇）所刻《孙文恭公遗书》，共诗八百九十七首。《学孔精舍诗钞》为诗人晚年手订，故润色改动颇多；又为了与全书体例一致，删去了任瀚的圈点批评；又调整了体例，取消了《孙山甫督学集》中的杂体、仄律、排律、三句体的小类，归入相应的古近体中；又因为辗转抄录，故讹脱衍倒甚多，如"负暄"误"鱼暄"、"冶由"误"冶田"、"结璘"误"结隣"、"徼妙"误"微妙"、人名"狄榜山"误作"秋榜山"等，脱整诗九首、整句一处，另有墨围墨丁四十三字，等等，因此未为善本。光绪十五年（一八八九），驻日公使黎庶昌于日本友人中村敬宇家获睹《孙山甫督学文集》四卷（该本系江户时代林氏大学头家旧藏，后归中村敬宇，即今静嘉堂文库另一部四卷文集），抄录以归，于光绪十九年（一八九三）川东巡署任上刻印《孙文恭公督学文集》（以下称"川东巡署本"）。"川东巡署本"删去了任瀚批评文字，极为可惜，同时脱文也不少，如《奉别鉴川王公叙》脱九十九字，《赠辰州太守蔡澹塘擢陕西按察副使序》脱二十七字，《重刻海叟集叙》脱二十一字，其他衍误也不少。宣统二年（一九一〇）南洋官书局铅印《孙文恭公遗书》，增入《督学文集》（以下称"文恭遗书本"），后来《黔南丛书》即据"川东巡署本"刻印（以下称"黔南丛书本"），《丛书集成续编》又据黔南丛书影印。

《孙山甫督学集》是贵州流传下来的最早的一部诗文集，也是孙应鳌诸种诗文集中唯一流传下来的善本。该集由"嘉靖八才子"之称的名家任瀚圈点批评，批评文字凡六百一十馀条，从语言、内容、意境、风格诸方面做了精到的分析批评，与原著相映生辉。该本刊刻于嘉靖四十五年（一五六六），刊刻精美，存世仅有四部，极为珍贵。此次点校，以“静嘉堂本”为底本，以“川东巡署本”“文恭遗书本”“黔南丛书本”为参校本，其他总集如《明文海》《黔诗纪略》《东皋诗存》，单刻如胡直《衡庐精舍藏稿》、乔三石《丘隅集》、丘浚《世史正纲》等所收孙应鳌散文，西安碑林博物馆所藏孙应鳌散文碑刻，凡笔者目力所及，一一取以校勘。底本中任瀚所做圈点，予以照录；其中的眉批文字，或移于文中相应句段之后，或置于篇末；底本卷五诗集序后有卷五至卷八目录，今移至卷首接续卷一至卷四目录以便读者，其他一遵原刻，不加改动。

点校者

目　录

孙山甫督学文集　卷二

孙山甫督学文集　卷三

孙山甫督学文集　卷四

孙山甫督学诗集　卷五

孙山甫督学诗集　卷六

孙山甫督学诗集　卷七

孙山甫督学诗集　卷八

五言绝

六言绝

七言绝

刻《孙山甫督学文集》序[1]

道原至一而散见于至不一，是故以至不一求至一，固不可得，以至一而拒至不一，尤不可得。何则[2]？至不一者，固至一者之无为为之而不能不为者也。不观日与月乎？贞明之体至一，而散见于下土，虽寸壤尺波，容光隙地，莫非明之所被。夸父逐之于隅谷，犀牛瞩之于两角，固不足以得其体，然谓下土与隅谷、两角所见非明也，乃欲截而拒之，以专求于无所被无所见之间，则亦将二而违之矣。是故苟不得一，则虽块立尸居，杜机忘言，固非一也。苟诚得一，则天地之持帱，日月之临照，山川之峙流，庶物之冯生，吾得统而论之，无非一也。上之二帝三王，下之九流六家，内之六经诸子，外之五千文四万八千言；[3]巨之家国、朝廷、郊庙、庠序、贡举、馕饷、军府之制，细之礼器、乐舞、幼仪[4]、内则、药工、场师、稗官小说之故，吾得统而论之，无弗

①《衡庐精舍藏稿》题作“刻督学集序”。

②则，《衡庐精舍藏稿》作“者”。

③“内之六经诸子，外之五千文四万八千言”，《衡庐精舍藏稿》作“内之六经，外之诸子百氏”。

④幼仪，《衡庐精舍藏稿》作“少仪”。按，《礼器》《少仪》《内则》皆《礼记》中篇名。

一也。古今之学术，上下之政治，吾得该而论之，无弗一也。

然而一之一也易，不一之一也难。予不能知一，而幸友于淮海孙子。方予与孙子足未相数，言未相洽，骎骎乎合矣。已而足相数也，言相洽也，不知孙子之为予，予之为孙子也。孙子生神颖，长学于道林子，视其气，杜机忘言，弗谍一光；至读其诗文，凡数千万言，达于天地庶物，究于帝王，辩[1]于诸家，放于上下内外巨细，尤严于学术政治，而皆出其[2]几微之所该，其韵不假揣度，靡不应律；其辞不烦比拟，靡不合轨。予知孙子之无为为之而不能不为，虽千万言，无言也，进乎一矣。

孙子督学关西，门人尝刻其诗曰《督学集》，今台山邵子刻藏保宁者，皆[3]文类，复仍其名，岂不以孙子寤[4]道得一自居关中浸盛也？夫孙子名满天下，而莫逆莫予若，序而传之，以明孙子之学，非予则谁宜？[5]

嘉靖丙寅孟冬十月之吉，友弟庐陵胡直书

①辩，《衡庐精舍藏稿》作“辨”。

②其，《衡庐精舍藏稿》作“于”。

③皆，《衡庐精舍藏稿》作“增”。

④寤，《衡庐精舍藏稿》作“悟”。

⑤非予则谁宜，《衡庐精舍藏稿》作“非予谁耶”。

孙山甫督学文集　卷一

如皋孙应鳌　著

南充任　瀚　批评

《古文关键》叙

观此一序，则淮海之精妙于文见矣。

昔者郑侨有言，予甚善之："射御贯，则能获禽，若未尝登车射御，则败绩厌覆是惧，何暇思获？"此非直以喻田猎，世所为文章，未睹大体，昧于典要，因以瑕衅，欲决策著作之林，其始志之慕用，后效之倍戾，则亦何异是也？便有关键。

夫所谓贯者，亦第言闲习于技耳，然论其精则微矣。承接有关键。纪昌学射于飞卫，相遇于野，二人交射，中路矢锋相触，坠地而尘不扬。造父学御于泰豆氏，立木为途，仅可容足，计步履行，三日尽其巧，无有跌失。技至此，殆与神合，不必言闲习。然论其至精之微，飞卫不过曰"先学不瞬而后可言射"，泰豆氏不过曰"先观吾趣，趣如吾，然后六辔可持，六马可御"云尔。夫所谓趣与不瞬者，岂特在承挺倒锥之形、趋走往还之迹也？专其眇忽之思，俾视小如大，视微如著；一其夷险之观，俾内得中心，外得马志。精语。其所语，虽世俗之所知无绝殊者，而以极于至久至纯，非终身如一日之心不能，此所以难也。《史记》冷语，妙。今之技得闲习者寡矣，况极于是乎？然不极于是，则虽闲习，而谓之不精也亦宜。妙甚。

诸生学文章于予，予愧无有所知以答诸生。尝闻古人能文章者，曰韩退之氏、柳子厚氏、欧阳六一氏、苏老泉氏、东坡氏、颍[①]滨氏、曾南丰氏、陈宛丘氏，此文法自《庄子》。则固文章家之飞卫、泰豆者。而吕东莱氏所辑《古文关键》，则固亦退之诸氏承挺倒锥之形、趋走往还之迹也。诸生惟于所谓趋与不瞬者，以终身如一日之心求之，则至精之微，诸生且将悟而得之。予且将从而问技，以进乎道，又何言焉。一篇要妙，收摄无遗。

《世史正纲》叙[②]

此等文字，世间不可多见。

作史者，大要在明人心乎，不能明人心，非史也。开门见山。何言明人心也？天地为万物父母，人得天地之心为人，灵于万物。人得天地之心，在父子为亲，在君臣为义，在夫妇为别，在兄弟为序，在朋友为信，此中国所有，夷狄所无也。真切精至，无一剩字。何言中国有之，夷狄无之也？夷狄，禽兽类也。天不能治人，人不能自治，于是群五者之所附属，必立之君，然后统有归。统有归，则必父父子子，君君臣臣，夫夫妇妇，兄兄弟弟，各安各宁，无有奸慝，然后统正。统正，然后不入夷狄，不陷禽兽。不入夷狄，不陷禽兽，然后可为中国主。可为中国主，然后所践曰天位，秩曰天秩，叙曰天叙，赏曰天命，罚曰天讨，是为天子。五帝三

①颍，原作"颖"，误，据文义改。

②《世史正纲》作"刻世史正纲序"。

王，主中国者也。五帝三王为中国主，天地之心不失其天地，人之心不失其人；太和休风，流盎宇宙；言道之极，言治之至，莫有逾越。呜呼！中国若此，不失其中国矣！大议论，一字不可易。

自五帝三王已远，遗教既衰，人竞其私智，家图其私利，相轧以势，相争以力，在父子不知有父子，在君臣不知有君臣，在夫妇兄弟不知有夫妇兄弟，夷狄不守分，禽兽不安居。故仲尼惧，为作《春秋》。故中国虽不得如五帝三王者为主，乃五帝三王之道之治可垂万世，则《春秋》之大功。若《春秋》者，可谓能明人心矣。切当。故曰"《春秋》大一统"，又曰"《春秋》大居正①"，此史之准也。

后世作史，徒以钩奇缀事，驰辨角辞，其陋识卑见，诚罔足异。间有稍解铨评之旨，酌事例之条，又不明于《春秋》所谓"正统"者。于是新安朱子采《资治通鉴》作《纲目》，东莱吕氏作《大事记》，其详略格趣虽殊，要皆取法《春秋》明人心之旨。点化好。然《大事记》始周敬王三十九年，终汉武帝征和三年，未究厥全。本朝金华王子充虽著《大事记续编》七十七卷，大抵皆沿故旧。《纲目》《续编》亦纂于宪宗朝，诸臣纂修，皆繁复眩惑，视朱子所著远甚。即朱子所著，天台方逊志已有"立一法不足尽情伪，小人驰骛于法外，窃笑吾疏"之议，则信作史者之难也。微而婉。逊志著《释统》三篇，言周秦以来甚悉，其要谓正统之说不当以全有天下者概加是名。见周为正统，汉唐宋宜如朱子

①正，原作"王"，误。按，《公羊传·隐公三年》："故君子大居正。宋之祸，宣公为之也。"川东巡署本、文恭遗书本及哈佛大学藏《世史正纲》本亦作"正"，据改。

意，亦为正统；秦晋隋，女后夷狄，当立变统待之。变统之制，必异天子之礼。又著《后正统论》一篇，所以发明《春秋》正统之说。至是始昭晰不疑，贰为不可易。直截。琼山丘氏乃取逊志意，掇《纲目》《大事记》二书镕裁之，著为《世史正纲》，凡非所据而据者，虽不明立变统，乃分注甲子、帝年、国号、名谥、死殂，无不依仿逊志所论撰故事。辞之要束，在子则重父，在臣则重君，在妇则重夫，在弟则重兄，在夷狄则重中国，曰家曰国曰天下，务各得其所以为心。关键，妙。缘往哲辨说之精，故析理严；本载籍纪陈之实，故持义当。其于取法《春秋》以明人心之旨，庶已哉！庶已哉！

呜呼！予[①]尝反复是书，自秦以来，中国虽不得如五帝三王者为主，父子君臣五者之教，或兴于仆，或晦于明，犹未至澌灭，乃至于元，则世变之极，自天地剖判以来所未有矣。我太祖御历，然后中国之正统复，父子君臣五者之教大兴大明，不啻五帝三王时。归重本朝，词严义正。士生其间，诚幸甚。学士大夫览睹得失之林、今昔之故，宁无三致意于正心之学？其期以《春秋》经世，庶于帝王之道之治不若跖鳌耶？

是书凡三十二卷，锲成，藏秦之学台，与明正学者共之。

《西玄集》叙

此作潇洒有味，才既高朗，情尤恳款，妙妙！

余自入关中，访关中学士大夫近代所撰述，征文献，乃

①予，《世史正纲》作“愚”。

鉴川子示余《西玄集》，读之，犁然有当于心。集为天水胡氏所叙，凡二百首，大略已具。鉴川子又求得全稿，付三石子选，选之，总得七百四十八首。三石子因付余锲，以毕鉴川子表扬之意。

始余自延州岁试旋辕，道耀州，三石子觞余尊经阁，相与论诗。余曰："世所谈诗，详哉其言之矣！然总之，则才情两端。凡曰体格、采色、声律、事类，皆才也；曰思致、比兴、风调、神理，皆情也。[①] 才所经纬酝酿于情，情所缘饰荐藉于才，总文精虑，妙先超悟[②]，斯解脱[③]之真机，密附之要诠也。"的当。三石子曰："韪哉！"又问诗之世代。余曰："近体歌行，擅美于唐；五言古体，轶尘于汉魏；乃六朝者，则汉魏之委流而唐之滥觞也。代既殊制，人亦异轨，但逐才之篇易求，体情之制难得，虽莫不有传，折衷无戾，见亦罕矣。"极是。三石子颔之，曰："韪哉！"因与论近代诸诗、关中诸诗而及《西玄集》。三石子曰："西玄子近体歌行法唐，古体法汉魏，于才情无戾焉，其可传已！"余曰："韪哉！"三石子又曰："西玄子为翰林编修，谏武皇南巡，被杖不屈。谪知泽州，亲藩束手敛迹，贪墨吏解绶去，莫不以严见惮。所自树奇特若是，顾终其官秩宗，未尝有振矜色。读其诗，率温厚和平，无亢逸者，斯又何也？"余曰："世所谓才情者，可矫致否耶？西玄子出其磨砺，裁其肮脏，委心素定，总术不迷，斯集之所繇可传也。使怀自树奇特心，其养

①"采色""声律""事类""比兴""风调""神理"前，《明文海》各有一"曰"字；"皆才也""皆情也"，《明文海》分别作"皆才所经纬也""皆情所缘饰也"。

②妙先超悟，《明文海》作"妙在心悟"。

③解脱，《明文海》作"悬解"。

薄,其才情移矣,诗乌乎传?”极是。三石子又颔之,曰:“韪哉!”乃转旋,遂风雨满楼阁。余亟于行,乃罢觞而别。情景宛然。

集既锲成,三石子先卒,不获见矣。是日相与论辩颇多,皆莫逆于心,以不关是集,故不著。

西玄子姓马,名汝骥,谥文简,绥德人。三石子姓乔,名世宁,即耀州人。鉴川子姓王,名崇古,蒲州人。

《世用录》叙

垂世立教之文。

余既视关中学政,尝环辙而校诸士之文,因得纵观关中,河岳雄深,山川绣错,精英攸萃,无论成周,即汉唐以来,犹代号俊国。故士之质禀多朴楙遒朗,不相诡随。其所为文,大略亦称是,可称述。余每校士,得文有称是者,辄亟赏之,乃摘取若干篇,汇为六卷,锓梓以传,命之曰《世用录》。录所不尽者,虞伯生曰:“浙中之庖,岂必尽味?而味在是。”故此亦可以观关中之文矣。洒落。

文之敝久矣!敝之极,则莫甚于王荆公易词赋为经义,荆公既身悔当时,以至今日,卒莫可更革。然明道先生看详学制,其说已同于荆公,有宋大儒朱、陆、张、吕亦率由是出,岂明道所看详,其原本或不专倚于此?即朱陆之徒或自待者不以时制自限耶?一篇骨子。以经义造士,欲人知正学,意良厚善,其流弊,使业兹术者挟持浮说,因以逃去本质,未用则如承蜩,已售则如弁髦,乌在所谓知正学也!精畅。古者师所为教与士所为学,无不毕志乎道德,曰俊曰秀,各不自枉其才,求得先王之可使,知者孳孳于躬行,故性情身心之懿，天地民物之奥，咸究精微而才之成，天下国家罔不利赖其用。发摅于文章辞令，譬生意具满，吐诸英华，明本不穷，溢为光耀，皆自然之神理，不可阏遏。逮此意既失，上之人不知素养，士之知以古自待益寡，多急于自用，眩目薰心，皆贵富之途。于是掇拾经义之学，若语意，若规格，择已售者之糟粕，敝精神以求相肖，冀以侥幸。洎一得志于时，上焉者犹稍稍顾畏名检，自全徽誉，以古之孳孳者为文字绪馀所及；返是者视昔所诵读且不啻冰炭，遂甘心贵富而陆沉之，至丧败天下国家不之恤。古之人，务力行而文莫不举，则两得之；后之学，文者已非古之文，既以文得志，遂不复顾其他，则两失之；则岂等经义不足造士为经义之过耶？要之，为教为学，能原本道德，虽经义可溯三代，不能原本道德，虽日以三物号于人，其流弊与经义等。故得失之效，不系于时，不系于制，苟有其人，由今复古，明道之学制可循，援失为得，朱陆之学术可期，斯固余与诸生共图者也。机轴严整，檃括殆尽，如众流汇。

夫得乎道，必兼乎艺，专于艺，难语道矣。故曰："德成而上，艺成而下，行成而先，事成而后。"录于斯者，未尽录于斯者，览睹于斯，无宁以专艺自成不期为世用，无宁以古自待无自入于流弊而不之恤哉！

斯刻先请于中丞裴公、侍御鲍公，咸嘉厥成，乃檄汉中教授吴子绍周校正云。

重刻《海叟集》叙

匪特谈艺之极诠，抑亦宗圣之正论。

云间袁凯所著《海叟集》，空同李子、大复何子俱为叙以传，亦俱称其诗冠国初诸作者，顾世罕觏见，余因再梓之。

叟立朝大节，空同子亟叹服，故余不备论，特论作诗大旨，使欲引绳墨者知审画焉。大复子谓："三代以前，不可一日无诗，故治美；三代以后，言治不及诗，故靡有治。"此诚高论。又谓："称学为理者，比之曲艺，遂亡其辞；其为诗者，率牵时好，莫知上达，遂亡其意。"乃指歌行近体当取李杜及唐初盛唐诸人，古作必求诸汉魏，所以令操觚者审财择而得坚决甚具然。

余尝览《虞典》，见所谓"声音克谐，可和神人"，则又非专区区以声音示贵务也，大要则在所谓"诗言志"耳。志之指微矣，是性情之枢管也。有其志，然后可言诗，非不明于志先求于诗也。提掇要领。直温宽栗，无虐无傲，所以端志也。志端则性情得，性情得则声音谐，皆自然所疏属，不可强也。而乃曰"专尚诗，故治美；不及诗，故靡有治"，此何以称焉！志所体物为意，志所永言为辞。意亡，斯不能存其辞；辞亡，亦未有能独存其意者。形神相守，人所由生，若之何可以剖判也？无论三代，即后世专长擅能，如汉魏之古作，唐人之歌行近体，所由发藻树义，敷写委曲，使诵者哀歔而喜悦，慷慨而踟躕，以皆有性情，故能传也。彼学步为趋，依妍为色，无论追汉魏追唐，即追《三百篇》，谓之言志，奚益？诗林确论。

昔宋神宗诏范镇、杨杰详定大乐之失，一曰歌不永言，声不依永，律不和声，二曰八音不谐，三曰金石夺伦，反复以辨器数，始也滥耳，极于汪洋。余惜其不及言志之旨焉。正辨极当。

大复子以诗鸣当代，知诗之重，凡著作悉不诡于法，又能本诸性情，可以垂于后世。所以取“海叟”，意自有在。其序《海叟集》，不竟说诗之归宿，似俾业诗自紬绎者，故余得备论之。婉厚。

《丘隅集》序

大雅之作，卓尔不群。

三石子乔公世宁卒，友人孙应鳌志其墓矣，再叙其诗文。叙曰：文章为道，总机械于造化，妙兴象于情性[①]。凡品格程度，往献谈析大略亦备矣。要必得所师承，则遵途不诡，门户堂奥可循焉入，而又必用志罔分，始精凝神会，是北宫无设于一间之旨，梓庆所繇不敢以耗气加成鐻也。然非博极其趣，亦无以究竟指归，精神所凝会，发之易穷，传也不必远。文章之道其难乎！统论。

明兴，当弘治、正德间，文治郁起，是时北地空同李子、信阳大复何子为之宗。三石子与空同子同产于秦，相距甚迩，少即慕效焉，稍长为诸生，适大复子来秦为督学使，首目三石子必且鸣世，必且耀后，于是立召前，立与语无常时，分照。口授三石子意义，谈必移日。自是三石子文思益伟拔，迈流俗，遂赫然以诗文雄关中。斯师承之正辙也。

三石子既仕，官主事，官中郎，官佥事，官督学使，官参政，官按察使，爵禄皆不入其心。官十五年，食不重味，身不离布衣，补其敝衣，一巾辄[②]数年不易，于嗜好澹漠，顾独

①情性，《丘隅集》（孙应鳌刻本）作“性情”。
②辄，原作“辙”，误，据《丘隅集》（孙应鳌刻本）改。

心于诗文,是精神所凝会矣。三石子既心于诗文,乃积书至万馀卷,鞠明究曛,纂英撷华,凡宇宙间广长数千万里,上下数千万年,靡不融浃,随意所向而出之,较若画一,信博极其趣哉!

三石子诗文具在斯集,文不作汉以后语,诗不作唐以后语,洗剽夺繁陋之习,一裁于造化性情之真,传也必远。照应。以三石子异禀,其成一家言必若此,文章之道信其难乎?

三石子未没,人人仰服德行,比于光岳。凡侍坐听论议,皆得所未有,再三叹嗟而去。诸交游与关中新进旧门下士,无不迂道来访,罔虚日。洎没临哭,数百千人奔吊相属于道途。其人如此,其集之出,其传之必远,抑又可知。又以人论之。士多惜三石子官至按察使,遂自靳其用,嗟嗟!空同子、大复子官止督学使,视按察使又稍亚,今二子所传何似耶?又出此一论,妙。

集曰《丘隅》,本三石子所自命。《诗》云:"绵蛮黄鸟,止于丘隅。"小丘,三石子隐居所也。然其命意,抑又澹漠远矣。又如此一结,真是清远。

《左粹题评》序

谨严精约,末意尤为远奥。

左氏内外二传,世未有不称美者,岂非以羽翼圣经邪!故论世则事核,综变则术该,辩理则意密,程艺则旨深,信枢管文字,莫能相为竞高矣。然称美而能举其辞者,鲜矣,能析其义,尤鲜。虽诸家各有采录,然未睹大体,甚者模拟以为引重,乃又振暴其短,二句断尽古今文人心术。独吴郡施宏济《摘粹类纂》可为诸家决正。余为诸生时亦妄有采录，既仕，见施氏所纂而罢，于是即施氏所纂为加批评，以明己意，庶几参会作者之辞义焉。

呜呼！学士大夫总揽古今，欲撷其精英是矣。顾一卷之中，淑可为法，忒可为戒，遐足资理，迩能鉴形，皆罨罨然，莫之关省，即识无不博，微无不通，于一已奚有哉？是又非特读左氏者当知已。

《古文集》序

此作大意，欲本至真以立法，不泥法以灭真，

轮扁不能语斤之妙理也，词约而风趣最长。

大复何子择古文合于法者，凡四卷，梓诸秦之学台。以岁月既久，至龉龁莫可辩。亟访其全，乃李生枝蓄有原本，得之，遂如所附离者，再梓之。梓成，为披览数十返复，益信大复子择之之精而古之为文者信有法也。

夫断木为棋，梡革为鞠，尚必遵法，文独无法耶？惜后世为文，因陋就寡，欲以烦言碎辞，取要功绪；其以多靡自售，则又若涉水，若猎兽，转腾澈洌，横溃四出，无所统纪。法之蔑极矣！大复子梓是集，意远已哉！

虽然，吾又惜后世为文之泥于法也。为文欲合于法与绘事欲肖于形，奚异？形肖矣，以拟草木人物之生，生其神采若何？故绘事，丝发不忒，进熟于精极，不如本具一色之至真也。然古今人睹绘事之精极，必曰不啻生，生而草木人物有可览采，又必曰不啻绘事，此又何以谓焉？岂非所谓羿之射，大匠之规矩，所谓不可传之巧矣可合妙造化，相语曰法，相语曰非法，为神明之在人者非耶？杨子曰："不合乎先王之法,君子不法。”吾第于是取其至真,庶以合于巧,而又何泥焉?此篇无限转折,妙溢法表。

《日程》序

读之,真热面流汗。

予览载籍,至记“孔子读《易》,韦编三绝,铁擿三折”,面未尝不勃勃发赪热,汗未尝不濡濡沾衣也。孔子以天纵生知,敏求若此,后之人未少有得而遂自足,故曰“后生可畏,焉知来者之不如今?四十、五十而无闻焉,斯亦不足畏也已”。孔子所谓“闻”为闻道,非若解者曰“以善闻于人”之谓也。彼其三绝三折之勤,务达天德而合神明,即《书》言“象数”,莫非精神之所旁作。后之人于当闻者,悠悠然靡所振厉,乃蹩躠[1]精神于无用。噫!甚已哉!即自后生至四十、五十,即由是至八十、九十、百年,尚复何有哉!警策!夫日回而月周,时不与人游。予惜夫从事斯道,无藨蓘之小勤,望秸穗之大获也。是以得东莱吕氏《日程》,命西安苟郡丞梓行之。有负衣冠而从我游者,省循是刻,宁毋悔既逝之莫追,惧方来之易失,第若予之徒热面流汗而无补也欤!

《射礼仪节》序

不特文字之佳,实有关学问。

是书为《射礼仪节》,吾乡邃庵先生董学关西订正者。余为重梓,布诸郡邑庠校,使咸肄习之。

---

①蹩躠,原作“撇躠”,误,据《庄子·马蹄》改。

射礼之为至大礼，其所来久远，后世皆身无竞竞于先王之典，不能修其经艺，以是渐湮缺。余甚悯焉。射之义，靡争同于君子，反己拟诸仁人，明节以观德，志鹄以绎伦，示四方之有事，具诸侯之为正，是咸载圣贤经训，故余不备论，特论先王所由以礼教人者。凡道德性命之微，高深要妙之旨，不以露见，若将秘为己宝，乃立形器名数揖让酬酢之文，俾学者孳孳焉，岂以斯民咸不足与于昭旷，故为是拘挛之以相牵迫？斯其意非下中者可准测矣。词古。人不能无耳目手足之应接，则言动视听之感生，应感生而无礼为厥范围，则智虑取舍之罔定，而血气筋力益以便欲而得逞，故为不易位之仪，不更制之节，使情文兼尽，两者相持，斯礼乐生焉。去其悍戾乖惰而嵬琐化，则不出耳目手足，所谓道德性命者行矣；不外言动视听，所谓高深幽眇者著矣。经理正宗。后世徒剽撰莫可见闻之影响，日号呼于人，命之曰“不落言筌，不入声臭”，以是为希天，为学圣，以是索隐口给之所精诣，卒于察著无依，沦散而靡所纲纪。正是后世学术之差。呜呼！先王教人诚若是弊坏耶？斯浮实由分，三代若前若后成材多寡所由剖析也。诸生闻余言，将无谓卑卑非高论，将无谓六艺之旨归，或匪特发射仪焉。结意自《庄子》。

《谷音》序

文有关系。

宪使梦鹤田公示余清碧先生杜伯原诗一卷，余读而哀怜之，已又敛襟叹服，若觏其人，亲挹其节行也。诗本仿藉“乌有”“无是”诸名，以诡异踪迹，故寓兴远，虽绳步间有出入，要在解释积结，淘汰深愤，于矫俗厉化具有功德，以是田公深味其言，欲传布焉。

伯原先居京兆，后徙天台，又徙临江。少博学，善属文。江浙行省丞相忽剌目得所为《救荒策》，大奇之，入荐元武宗，甫召下，旋隐武夷。元文宗在江南，闻其名，及即位，征之，不起。丞相脱脱再荐，以翰林待制征，亦不起。彼所由隐，痛赵室，厌胡虏入居帝王位，思以脱溷浊而濯清泠[①]，其中心所藏，宁能自缅缅期得剖白于今日耶！痛切！

士穷居负奇，厄于州部，沉涔鄙俗，计欲湔袚仆使，高鸣远步，展舒所能，斯本人人同情，顾君臣华夷之辩，有覆载不可易，生死不可变者。他诸顾不必细论，若孟频辈以玉牒懿亲，至补荫署敕，莫不戴恩泽，道感激不暇；至许衡、姚枢尤以儒名，亦咸逶迤殿陛，不知引避。嗟哉！其于祖宗之思，圣贤之经训何乎！得美食大官，重高门之地，愉快于一时，所以垂首伯原，万万而不当一者也。痛切！

伯原方再征不起时，致书辞脱脱曰："以万事合为一理，以万民合为一心，以千载合为一日，以四海合为一家，乃可言制礼作乐，跻帝王之盛。"信斯言也！彼且近道，彼方且以帝王之广大精微，视胡元何啻鸿毛！归宿妙。节行不足盖之矣！

伯原所著，有《四经表义》《六书通编》《十原》等书，惜不尽见，仅尝此一脔云。

---

①泠，原作"冷"，误，据文义改。

《道林先生诸集》序

理学文字，无一陈语，此为至难。

道林先生蒋公，嘉靖癸卯督学黔中，鳌未获见也。洎癸丑鳌入仕，往来道武陵境，始见之，见则未尝不造膝移日。虽旋别去，凡谭说之入耳，鼎鼎于心，又未尝忘也。

公年二十八而学道，三十时婴危疾，习静道林几一纪。阳明先生自龙场谪归，公谒诸虎溪，已乃师事甘泉先生。五十始举进士，六十即致仕。卜筑桃冈，聚从游弟子，日讲学其中。越十六年已未，公卒。

公著述颇富，所以陈是非、權经籍甚备。总之，蒇扬圣则，发摅学轨，俾持循者不迷谬于荆榛而可蹑履窔奥，则《古大学义》《讲义》《日录》《训规》四卷尽厥旨归矣。鳌每怀是自照览，迩得兴平尹章子评昔从公游者，乃托为梓行云。

夫圣道之大，至矣！凡往来古今间，自两仪立位，庶物成形，至不可名象，不可纪极，语其流通为理，语其实体为性，语其禀赋为命，此生生之真精，六合之内，同一原本，于是秀灵之独会于人者，语其天聪明之良，莫不兼备乎万有，贯通乎一心，故孔门直指示人，乃命曰仁，此之谓也。人得是生生者为心，不容以有我自外，不容以有间自蔽，故必默识，然后闻见之支离可去，而必慎独，然后默识之端绪可求。去闻见之支离，然后明通公溥之用得；知默识之端绪，然后显微合一之机神。斯心所由存，生生所由不息，仁所由得，而穷理尽性至命之学所由一贯也。噫嘻！至矣！文古义精。

世有从事是学，徒摭其华，不食其实，涉其流，不推其澜，由之若存若亡，罕臻实际。是以沉痼词章之陋习，乖离克圣之根荄者有矣;囊珍二氏之馂馀,鼎饰斯文之正味者有矣;其最甚者,不知构基之始,当绝恶于未萌,省研于幽眇,徒窃讲论之名号以传呼于人,因为矫迹济私之便计,故机变械饰,网罗毕翳,所以肆希宠规利之具,不可胜数。察其本,虽自好乡里不忍为者,彼犹且暴炙匽薄,莫不甘心,然犹假虚美以熏心,矜得志而不耻,则所讲论者,其于圣道之谓何?毋乃缘尧舜之声称,作桀跖之嚆矢耶?于是蹈瑕候间之徒,手指口讥,从横大笑,相因并起,转转益甚,遂为圣道诟病。呜呼!圣道病人?人病圣道耶?彼偏诐者既不雅驯于宫墙,而赝诈者已自叛不返,则圣道之不明不行,又何惑善治真儒之寥寥也?说透心髓。

公闳积邃养,洞察理脉,知物我同体为言仁标准,是以于默识慎独之旨独观其昭旷,故著述不诡于圣人,视偏诐者何啻秦越!且也公自学道之年及七十七之末龄,发愤砥厉,恒如一日。于是闻公者曰:“道林先生实学也。”见公者曰:“道林先生躬行人也。”呜呼!公于孔门培植光大之功不伟与?彼窃讲论之名号者,宁不当夷踵于公欤?

鳌少亦知学道,见公而其志始坚。梓是四卷,欲以共于同志,亦欲同志者不以偏诐赝诈自寓,庶鳌也或不负于公也云尔。

蒋见岳《初志稿》叙

精工不待言矣,却又广大高明。

见岳蒋子,余同里人戚党也。自少能诗,有俊逸才,郁郁播美誉庠校间。当时自谓可立跻廊庙,顾今十举犹不第。嗟嗟!惜哉!

兹岁辛酉秋，余便归省觐。适见岳子不第，亦归，过访余，持诗一卷相示，凡八十一首，其思结，其情苦，其格律壮而悲。余以谓见岳子昔固有闻于道，岂应厄穷遂戚戚至此？要以负其奇，不遂一展所蕴，姑以是鸣不平耳。于是见岳子大噱，曰："子知余！子知余！"于是共引满，留为夜半客，击节歌古风雅数章，始别去。气概勃勃！予于是携是诗入关西，为加批评，付兴平尹斗阳章子梓之。章子尝与道林公论学有得者，见岳子寔道林公门人云。

见岳子初谒道林公，知万物一体为圣门宗旨。既又谒甘泉公，乃登岣嵝，登罗浮，登太和，直凌层巅，俯睇六合，襟抱豁朗，不知有己，况于有人？益信甘泉、道林二公之言为不诬。气概！归而玩《易》读《书》，借宅安居，时缉秸穗藤，稍避床屋，风日晨炊断续，居无病颜，冬夏仅纫絺褐，未尝向人斯须乞怜取助，一妻一仆共相依，视窘束若甘美食，各不愠恼，亦足以发明守贫学道之志矣。

厥考素斋公为吉藩右史久，囊有馀金，占籍湘潭，时时买便利田宅，没之日，见岳子不欲伤继母心，尽两手付其弟。使见岳子稍取一二分内得，亦不至今日贫，即当日效义举出勉强，亦不至今日不怨。嗟嗟！斯岂琐细人可仿佛，则余欲传者岂以八十一首哉！写得曲至！

见岳子格貌颀硕，又美此才行，未必终不遇，则兹不平之鸣将毋益。求道林昔日之所谓，以䌷绎"无然畔援，无然歆羡"之旨，以坐进万物一体之学，则坎壈华艳，何莫非"诞登道岸"地矣。

诗始名《下第稿》，余因自叙有"欲要终功，以毕初志"诸语，乃更《初志稿》云。

重刊[1]《大唐六典》叙

考古证今之学,通变达权之识。

夫论德使能而官施之者,圣王之道也。故农分田而耕,贾分货而贩,百工分事而劝,士大夫分职而听,此已然之迹,未有能易者也。成王之言曰:"唐虞稽古,建官惟百。夏商官倍,亦克用乂。"吾以是知《周官》立法官人之善矣。古今异宜,繁简殊势,虽圣人不能强而同,唯能以先王之意行今日之法,斟酌损益,不失其节,是为善法古耳。唐虞稽于古,夏商倍于唐虞,此所谓不可强而同也,惟庶政之和乂,则效一也。周之不可同夏商,犹夏商不可同唐虞,确论。故曰:"尧舜之道,使民宜之。"时异势殊,周公有不强,后之法周者,观诸《周礼》而已矣。《周礼》设六官以立民极,设三百六十属以分六官之务,后王能尽法之乎?亦惟斟酌损益,不失周公之意,是为善法《周礼》耳。

《大唐六典》,唐玄宗所撰,李林甫、张说等所注,以三公、三师、三省、九寺、五监、十二卫列其职司官佐,叙其秩品,以拟《周礼》。慨自秦得天下,尽坏先王之法,本无足论。汉兴,沿秦故习,有君如文帝,审取舍,定经制之请,顾犹未逮,则《周礼》之后,舍《六典》其谁归?入得婉曲。

今之议曰:"唐制,内外官与《周礼》缪戾甚多,既有太尉、司徒、司空,又有尚书省,既有尚书省,又有九寺。"盖不知《周官》六职,视《周礼》已有邦土、邦事之殊,不可考证,况又以《六典》责之《周礼》,必欲一一强合无差耶?所惜有唐之君阙关雎麟趾之意,惟欲窃一二糟粕为粉饰太平

①重刊,原无,据底本目录及本文末句补。

具，吾未见能成康耳。确论。然吾观孔子于告朔，爱其礼，尚存其羊，一羊而孔子爱之，恐告朔自此湮也。唐之《六典》去《周礼》，岂特一羊之可爱哉！

世有成康为君，有周公为相，则唐之《六典》是亦《周礼》已矣。王田、市易、青苗、均输，即行之不臻厥效，亦可谓《周礼》乎？好议论！乃《六典》之书，有唐所以致三百年之治，纪纲条目，敕然振举，亦一代之治体，不可不知也。故为之重刊，以自附孔子爱礼存羊之意云。

《江云海日卷》叙

正大有体，借巧精妙。

呜呼！《江云海日卷》者何？我同年侯应文氏思厥高祖鲁原公、曾祖郓田公而求同志以咏歌其衷者也。何思也？哀二祖之饮志而逝也。二祖之饮志而逝者何？鲁原公维，章皇帝朝官吏部司务，三载考绩，特旨擢江西参议，逾年，以疾乞归，过江夏卒。郓田公镗，令元氏，有政绩，民祀之，逮擢海州，亦如元氏之所以治民治海州，后以疾乞休，未及归，亦卒于海。应文之言曰："二祖不可起矣！江云依依，海日晖晖，抚景追昔，吾何能已于吾思？是以求诸同志，以咏歌其衷也。"呜呼！若应文者，君子以为能永其思矣。

古之人思其亲，自食饮嗜好之末至声音色笑之真，犹耿耿不以忘诸心。矧如侯氏之二祖，著夙夜之忠，位不竟其施，冀考盘之乐，年不逮其志，即在他人，犹恻然兴怀，何惑乎应文氏哉！虽然，应文之思善矣。愚请无思其小者近者，而更于远者大者图之。

鲁原、郓田公之为政，固尝濯岷源之波，引渤澥之润，以泽及一方矣，而未尽所施，则二公之没，岂惟以没于江海为恨，亦惟未尽江海之用，有馀恨焉。便自有意味。应文者，固承委输之流，接灵长之德者也，仰先人之显烈，懿晖祚之允辑，应远期于已旷，昭前光于未泯，当不外江海之思，得之矣。江海之水，注流天汉，沦耀井络，见浚发之远，君子思之，以缵业也。总包汉泗，吞蔽淮湘，浮析木而浃太虚，薄碣石而荡壶峤，见广大之体，君子思之，以弘量也。阳侯冰夷之所啸傲，鲲鹏神仙之所隐见，见变化之神，君子思之，以广识也。毓奇储怪，不逆其所受，见容纳之度，君子思之，以蓄德也。滋万有之生长，包乾坤之奥区，以播灵润，以泽枯槁，而人不见德，物不见功，见德用之溥，君子思之，以弘化也。物该大，则利及厚，志期远，则收效深，二公未尽江海之用，得应文氏充拓，之江之云，何如其昭回！海之日，何如其光华哉！凑理自合。《诗》曰："永言孝思，孝思维则。"又曰："孝子不匮，永锡尔类。"

《正学心法》序

义理最精，不但文字。公之所得深矣，岂人可窥其涯涘！

泰和庐山胡子为西蜀督学使，力任斯道，蒇教树轨。是时中丞宜黄谭公、侍御湘阴李公咸行部西蜀，相与崇嘉正学，士则易趣。胡子爰取高泉谢子昔共扬搉周、程、阳明之遗言，属慎斋伍子梓，乃问序友人孙应鳌。

鳌常从道林蒋子游，讲"求仁"之旨，已乃得数见海内大人先生，以是稍有闻圣贤绪论，今且与胡子相切磋将十年。《传》有之："仲尼没，微言绝。"《孟子》又曰："道若大路，人病不求。"则微言之绝，职不求之故矣。顾求道有二：

有自圣人之心求者，有自圣人言语文字求者。求圣人之心，求吾心也，《孟子》曰“仁，人心也”是也。仲尼微言，综之在“一贯”，曾子得之，为唯得诸心也，门人疑之，问为何，谓求诸言语文字也。圣人之心即吾心，求之有得有失，有至有不至，非圣人之教有传有不传。最警策处。《易》曰：“寂然不动，感而遂通天下之故。”寂感，人心也。寂感之间，圣人所谓“一贯”也。虽寂而天下之故未尝不感，虽感而本然之真未尝不寂，故寂感非二，不二则仁。譬洪钟含声，明镜蓄照，不将迎于物，物至应之，适中天则，应已不留，非拟议形迹可逮。语分量，则天地万物莫不该备；语宁极，则天地万物莫能挠焉；语经纶，则天地万物莫不各正。本体在此，工用在此，易简理得，得是尔，岂后世学术或偏内或偏外，遗事物以求心，将无人空灭？逐吾心于事物，将无陷支离哉？又警策。

三先生崛起数千载后，今谛观其言，虽人人殊，其要归在濂溪曰：“寂然不动，诚也。感而遂通，神也。动而未形，有无之间，几也。诚精故明，神应故妙，几微故幽。”明道曰：“寂然感通，天理具备，元无欠少，不为尧存桀亡。父子君臣，常理不易，感非自外。”阳明曰：“有事感通，固可言动，寂然者未尝有增；无事寂然，固可言静，感通者未尝有减。故照心非动，妄心亦照。”谓皆仲尼之微言，非耶？於戏！尧舜授受“危微精一”数言而止，至仲尼论仁，孟子指仁为人心，然后其道丕著。仲尼之后，人私所学，至三先生然后其说大明。故圣人立教，贤人明教，君子修教。不必有言，不必无言，要在当体，即能认识，即能著察，得于心尔。使心之无得，则仲尼“一贯”之两言已隶言语文字之末，非属于我，况三先生之论若是觋缕耶！又警策。楚侗耿子语鳌曰："子今为仁，庐山子其依也。"故鳌愿与胡子以此学相终身，且效于同志云。

《衡庐诗稿》后叙

淘洗洁净，不染一尘。

庐山胡子，江西泰和人也。自少工诗，师事念庵罗先生，笃志于道。往者余两官江西，得缔交庐山子，已又数会芷厓兰水之间，今复同官于蜀。楚侗耿子自南都寓书余曰："子今得为仁之依，舍庐山子莫可究竟者。"又寓书庐山子曰："淮海子入蜀，其为子贺得良朋。"以余二人合并之益，即楚侗子在数千里外犹相为慰藉，则余二人之情可知已。

庐山子博诣玄解，为人绳墨崭然，故其诗甚精，不诡于法。其胸次洞然无蔕蓟，有物我同体之怀，故其诗畅而郁，直而宛。究厥品流，独立物表，埃壒者不得睨焉，故其诗天趣最深，非追琢可及。余素亦喜为诗，年来自愧未有万分之一得处于道，乃渐次离去不为，理将无亦偶同庐山子悔少之嗟耶？然庐山子则固得处于道，斯高泉谢子所谓"不必作，不必不作"者，故余不敢望而同也。集既得高泉子序诸首，乃付戴别驾、谢郡守梓行之。

赠大司马吴皋喻公序

有复意之工，有卓绝之巧，叙事似马迁，议论似刘向，信妙手也。

今制，陕西三边军务，廷推重臣一人总提之。嘉靖以前无论已，三四十年来，以固守贻永利者，有太原王公，以战胜著威名者，有东平王公、麻城刘公。照。故夫比境数千里作邻于黠虏，乘障鸣镝，欲折冲厌难，夺彼之便，成我所利，非若《诗》《书》所称若肃将天命、顺否邦国、柔嘉维则之君子，恶能胜其任而愉快哉！照。

岁壬戌，吴皋先生喻公以廷推至。先是，胡骑横厉，民惨于受祸。公既至，洞察膏肓，握其要领，于是发摅于精神而敷布之。下令诸将卒，通调协剿，共灭凶端，期取功绝阵，泄忠愤之气，示以腾荣流辱之概，辞极恳恻，莫不感激思奋。凡得诸逻警侦[①]报，运多方之筹，时出秘计示，诸将卒立伏，正奇收敛邀击，各异机宜，又莫不拱手听成算。

是年冬始交，虏果欲劚墙窥我固靖，所将卒引军出境，扑击中峁，大破之。聚兵尖山虏，冲敌二十合，疾斗破之。转战草滩，疾力破其骑。虏馀三四百骑营马梁，所将卒人人先登，捕虏六十五人。虏不利，引去。攻于麦湖，捕八十七人。遇战半坡，疾战，虏三十二人。虏酋拥众数万，聚安定，入卤掠。所将卒遇于清水，殊死战。公特下令督战，所将卒邀击省嵬，再邀击芗苦，鏖战暖泉，皆境外地，先后斩首虏百数十人，断其中坚，虏众在境内不能出者。旋战烟墩、北空，战撤卜掌，接战杨川、古墩，战白城，战虎岭，所将卒无不人人自当，特起生气，所战斩馘不可胜计。虏既深犯被创，遁逃去，三边以宁。虽马迁叙周勃战功，不过如此。

公于是奏于朝，大略谓数十年旷迈之绩，赖主上鸿德溥震及将士膂力之劳，不敢自有其功。公疏又称，有耆老人于虏入时，见日下五色云甚章，占者谓圣人当阳，天清人和，必有大功，为今日大捷征应。于是主上览公疏大喜，驰

①侦，原作“值”，据文义改。川东巡署本、文恭遗书本俱作“值”。

金币赐公。於戏！东平公开府凡七年，合兵击虏，获首功三百耳，已称克捷之异。麻城公以他官在秦，又久其规度注厝，习而当也，固宜。应。公始来开府，即虏酋士马骄腾之会，乃不动声色，建此数十年旷迈之绩。

公既以战胜著威名，欲稍得岁月，大仿太原公筑埤设堑之策，补颓振微，为固守永利。乃主上念公功不置，特擢南京司马，得参赞机务。三司诸僚宷谋所由赠公行者，于是臬使应鳌推原公成功之由有四，告诸大夫诸将军曰：公性廉，不以苞苴竿牍挠浊其心。夫水澄则须眉可鉴，矧司将士之命，能一出以至公，有不廪廪于赏罚耶？公学正。经纬诸家之变，取裁于理道，蓄焉既厚，施之不匮，即文事武备无不左右宜矣。公量能容。世以才见败，岂才不足藉耶？好自用也。故曰：“独知之所知，浅矣。”惟临戎但示将士恩义，使奉节制，不一一拘牵剞劂之，是以人人得效其长。公识能沉几。夫静为躁君，事莫不皆然，况军旅乎？迫而后动，不得已而起，劳而不伐，斯超然远览，发无不中已。整肃流动。尝考《诗》《书》所称若仲山甫，若出若入，或经营四方，或典司政本，实其德所谓“柔嘉维则”者。将之四者，固所谓“柔嘉维则”也。应。应鳌不敏，既以四者觇公，经营四方，所在有成功，不爽忒矣。愿执笔以觇公之典司政本，将天下尽蒙力，不特陕以西洎诸边焉，所谓“我仪图之，惟仲山甫举之，爱莫助之”。意在斯乎！意在斯乎！

督学集卷一终

孙山甫督学文集　卷二

如皋孙应鳌　著

南充任　瀚　批评

送张晴湖任嘉兴大尹序

文有启发，不蹖故常。

晴湖张子擢进士，授嘉兴令，过淮海孙子问政。孙子曰："嘉兴为邑，予尝读李渐《政绩记》知之，全吴在扬州之域最大，嘉兴在全吴之壤最腴，盖负海控江，为泽国之佳致。其风俗淳秀，慕文儒，勤农务，自昔为然，号称易治。然其民柔，弗闲兵革，是以迩年倭夷延缘入寇，焚烧刘刈之惨，环城郭无不深罹者，即四野可知也。天官部慎择任子，子之往也如之何？夫仁者不易宜而从政，智者不执方以滞用，故立纲展目，申令戒，事会计，信缩绳，约违犯，此无事之时，令之所常施于民者也。大结则斫，小结则析，戡戢以刚，绥宁以柔，此则所以从宜制变，令之因事设具者也。类《淮南》。今嘉兴之地既非昔之地，是可以昔之治治乎？故子之职则牧养，今之事则兵革也；子之学则文墨，今之用则武备也。即使倭夷扑灭，其受害已深，况势方焰焰乎？嘉民自今爱护生全之复业尚未期，又未必能比者乎？昔人有欲筑城以备亡，不知筑城之所以亡也；发戍以备越，不知难之从中发也；此特知备远难忘近患者也。波澜层叠。今之嘉兴，远难近患可谓兼之矣，非子之才不能当之矣。夫鸿鹄未出于卵，可一指灭，至筋骨就，羽翮成，非蒲卢、养由之技不得也。江水出岷，褰衣可塞，及下洞庭，驰石城、丹徒，非寻丈之舟罔济也。子之智力，譬诸蒲卢、养由之技，子之具，则方舟也。”

于是张子矍然曰：“然则予之往也，将何所从事？”孙子曰：“清慎与勤，吾不子虑也。明而能仁，吾知子豫也。子惟从宜制变，不失其政，虽天下无不可，何嘉兴之足为？”

奉贺王植庵寿文

寿文如此脱俗，如此合作，绝少。

翰林吉士王子少潜得请告归长沙，与其同馆士孙子应鳌言曰：“吾兹之归，岂徒窃休闲为颐养计？吾将大获所志矣。吾父植庵公，性夷旷嗜酒，忻慕靖节之为人，读书怀独，不苟合当世。素善植花木，择时相壤，培本分干，节其灌浇，咸茂而寿，虽至难树，莫不郁然以长，硕然以实，是以称植庵云。秀。宦于潜今四年，吾既官于朝，吾父乃犹为禄仕，居卑贫，矧今年六十有四，八月十五日为诞辰。古人不以一日养易三公贵，吾将取道迎归，去喧居寂，约亲戚之倦游而归与旧之不仕者，往来杖履，以乐父心。因父之诞辰，酌菽水，遂歌舞，以致吾忱。”

孙子曰：“嘻！有是哉！由子之言，可谓孝矣！公之寿，其在兹乎！吾闻履道之至者，靳于身，必施于后；信行之笃者，合于天，必征于人。尝读苏子《王晋公植槐记》，心忻然异之，乃今观植庵公事，若出一辙。天人之报施如此其不忒也。文字附会之妙有如此者，信巧匠也。晋公直道，不容于时，其子卒以相显。植庵公位不究其所施，人皆惜之，今少潜且登金门，上玉堂，又安知他日功业所就不如魏公之炳耀于宋乎？夫晋公植槐，期其子为宰相，是修德责报，犹未能忘取必之心，乃植庵公种植花木，不过顺所天以致其性，逍遥永日，适吾娱乐，非有责报取必若晋公者。语曰：‘尔惟无冀福，是以大。尔惟无求福，是以休。’则天之报施植庵公又当何如也？又进一步说，妙极妙极！今少潜之归，正及公寿，然公之寿，亦不外善植而积致者。柳子曰：‘植木之性，其本欲舒，其培欲平，其筑欲密，勿动勿虑，是即养生之理也。’是故不滑其性，本之舒也；抱精守真，培之平也；节食慎语，筑之密也；安恬而游，熙皞而居，戒动虑也；是所谓自为者也。达于兹者，鲜不寿也。又复归在本身上说，以发明寿意，妙不容言。植庵公以天之报施，有少潜为之养，而又自为若是，其寿讵有涯涘哉？”关锁妙。

少潜归，因致吾同馆士祝望之私如此云。

送侍御邵缨泉之南台叙

此作足为言官龟鉴。

予尝览睹载籍，见古人论言官上得与天子宰相争可否是非，谏责纠绳之任于是焉寄，以为士大夫用世，权足倾人，势能自托，可照耀凌轶一时，莫是官若也。然古居是官多矣，惟知大体，富猷略，厉名节，秉正直，则万世有遗名；拾琐务，崇威虐，乱毁誉，事阿党，则万世有馀讥。言官议人失得惟一时，其见议于人至流诸万世，君子者将万世是图，岂一时照耀凌轶是志？则是官难易荣辱，厥系可知矣。读之凛然可畏。明兴，稽古设官，特重兹选。成皇帝定鼎燕京，重建北台御史，南台乃仍旧制，弗之革。秩平任均，近远纠连，合听为公，用恢治理，岂不称祖宗善制弘拓言路者哉！提掇好。

永昌缨泉先生，擢嘉靖丁未进士，为行人。甲寅，得选南台御史。予辱交缨泉子久，乃缨泉子浮湛文章，出入仁义，自少已有令名。逮通仕籍，恪勤罔懈，奉使藩邦，廉隅条理，不辱君命。今推之，知大体，富猷略，厉名节，秉正直，道皆前定者，勉而进之，遗名万世，孰御焉？

先是，人有为予言，谓南台去京师悬隔，莫朝夕闻见政事，即一封疏，先达，或不中机宜，缓之，每为后期。又不可摘摭小节，以不厌众心。比陟擢，较北为差亚。缨泉子往也，如之何？或曰不然，金陵古号佳丽，胜北地；御史，显秩也；台虽无出按正命，又朝谒不数数，得清暇。顿挫起伏，最佳。予以其言问缨泉子，乃缨泉子曰："嘻！某也受天子耳目托，将不称是惧，遑南北是恤？"予闻斯言，喜。夫不称是惧，斯称莫大焉。以不称为心，岂以照耀凌铁为事哉！字字蓍龟。

缨泉子行矣。异日者人称名御史，见其易而无其难，必缨泉子也；有其荣而无其辱，亦必缨泉子也。

送卢云冈擢长芦运司同知序

附意切事，瑰伟俊拔。

食货之政，其帝王所以聚人守位，养成群生之本欤！予往读史传，见所载文学议论之臣，侍从禁近，摛衍藻绘，谭说是非，莫不晔然炳耀一时，仰望其风采。然至兴利去疾，商榷国家盈缩，使上无乏用，下无废事，则非悃愊厚重有条理而能干局者罔克与于[1]斯。皆实语。古昔善理食货非

①于，原作"予"，误，据川东巡署本改。

一人，乃即论盐课，咸必以刘晏为称首。《唐书》记：乾元初，晏始至盐池，岁入才四十万缗，至大历，遂六十万。予私心异之，谓晏岂有奇谋秘术，不虐不敛，能长益财赋其速若此？及览《晏列传》，晏初补温令，所至有惠利，民皆刻石以传。甫诏拜度支郎中，领江淮租庸事，最得大体，号为称职。于是始信晏之不虐不敛能长益财赋者，皆自其质悃愊厚重，而条理干局已素善其能，其实效所裨，岂炳耀一时者可加耶？

云冈卢先生，甲寅四月拜命长芦盐运同知，闻者多焉[1]，云冈子不色喜。夫人臣之委质，各出所能以事上，各供所职以自靖。设云冈子能择美任自安而不克出所能以事上，即文学议论之位，又将何以称焉？切实。云冈子尝为犍为令，爱立教行，民恋慕若父母，是晏之治温也。逮为户部员外郎，区画综理，曲当尚书意绪，是晏之领度支也。今为国家佐理盐政，予且以晏转运之绩望之矣。切类以指事，依微以拟议，何乃符合若此！何为其勿喜？方今天下总盐政者六，惟长芦密迩京师，官府宫庶资其用，并边储取给，岁亿万计。用广则政繁，条分则弊滥。且课入比他司稍劣，民不力本，不究地利，赋役负重，草荡本业，兼并朘削，请托公行，灶氓之困已极。今之往也，兴利去疾，商榷盈缩，以获上下，非得如刘晏者，曷克胜兹任欤？以晏之望，当时执政谓宜师表百僚，唐宗遂诏加仆射领使，又安知云冈子不如予所期也？于其行，申以慰之。

①焉，原作“为”，误，据川东巡署本改。

送田梦鹤入贺序

关系官常士气国风民俗，不敢以文字之美视之。

余至陕以西，盖庶几两年所，乃得梦鹤田公为良朋。公纂太保家声之旧，以纯洁自树，介不忤俗，和不诡群，抱天下之虑，凡闻国政有当于理，则跃然喜，否则攫然惧以悲，堇堇然望治之诚也。公今以入贺万寿，将戒行李，余觇公之行，益信公所自树，又以今之时非昔之时，为公庆，知公所自树者将表著缙绅间，亦因大慰公用世之衷云。

夫入贺号称常典，然臣子所由修事君父于是乎在。先之以礼，以表忠也；饬之以敬，以明畏也。锻炼。自百官纾恬于平阜之久，廉耻渐微，乃有大谬不然者。往岁余在掖垣，见所谓入贺者至，未陛见则已闻人谭说，某省官某先私谒政府某矣；贺之日，缀班行，稽首拜舞，呼万岁毕，各罢散，即又闻人谭说，某省官某谒政府某，馈遗某较某差左，某最矣；及朝辞而行也，又闻人谭说，某馈遗较某最者，拟议迁某官某省已不移，某仍不获迁，已又一一验矣。余心诚窃悲之。无几何，余出补外秩，周旋藩臬，逮今几所年。又见藩臬入贺者某，叙次在某后，不当行，某攘臂夺之行矣。未行，则预会计所馈遗，至括土物之产，取赎锾不为忌，属之官亦各以所谓土物来献。于是见者私曰，某行资薄，今虽入贺，仍不获迁，某亟迁，已又一一验矣。模写一时景象，历历如见，非笔力明朗不能到此。余盖不觉长叹息，愈益悲天下散儒者流，眩惑功名之会，恢形异艺，欲以习舌调吻饰辞争进，乃假臣子修事君父之典，以行求济所私若此，臣节何赖焉！而善为委曲之论者，乃曰：士俗随国政之方圆，犹屈蠖之于叶也，食黄则身黄，食苍则身苍。嗟嗟！士果不能自树耶？于是道义不以核名，政刑不以计吏。相率砥砺，惟在迁除。官无大小，曰谁之力？益信俗既成，虽自树者犹难胜之也。三复之馀，义形于色。

余尝览《唐书》：贞元中，朝廷谕陆贽清慎太过，诸道馈遗拒绝，恐事情不通，即鞭靴受亦无伤。于是贽上奏，大略谓：监临受贿，盈尺有刑，矧居风化之首。鞭靴不已，必及金玉。初心已与交私，何能中绝其意？俱辞不受，复何嫌阻？嗟哉！非若斯人之俦秉国均，孰能力挽之！颂述微婉。

岁之前，幸主上察知其微，赫然下令更治，再下令戒馈遗，复下令大臣台谏各务正己，勿受私谒，明睿所照，诚神圣莫能及。于是荡涤疏通，精脉宣畅，四肢节族，毛蒸理泄，机枢调利，絯存九窍，莫不顺比，丛弊所胶殢凡二十年者，一旦解罢。公尝与余跃然喜焉。好笔力！公今入贺，以叙次当行，行之日，表一函，图书数箧，无纤发土物，先礼饬敬，臣节廪廪。公至京，见谒政府者足盘跚不敢进，谭迁除者口逡巡不敢道，更当跃然喜。公之迁与不迁，搢绅间知公纯洁自树，必不久淹。迁不迁，公素无吝情。英风爽气，令人敛衽。公自觏明时，若是思精白，上承休德；又公之衷公用世之心，且大慰。公能无忘砥砺于余，求所以裨益士俗，共无负国政，斯余所赖公为良朋，岂其微哉！岂其微哉！

送郭麓池令孝感叙

平正通达。

余偕麓池郭子登进士，是唯嘉靖之癸丑。余之性，薄奉，寡营，鲜交，喜独，四者人所病而弃焉也，乃麓池子不余弃，与余寓居，非有取于余之所同乎？余之与麓池子寓居，匪骸肤隔，匪言笑亲，匪杯觞昵，匪踪迹疑也。麓池子尝以义正余之失，有一善，忻然恐不垂成。屡空则交相贷，交相慰，交相勖，毋为贫累德。是其交，岂非今人之所罕，古人之所稽乎？余与麓池子同寓居，遂尽得其所以。麓池子性禀最灵哲；威仪则象之度，肃然以温，庄焉以栗；其猷渊焉以弘，其文蔚然以兴；其秉持蓁吐茹之操，确然不可以拔。於戏！古所谓博雅君子有"恺弟乐只"之称，其在斯人欤！

麓池子之与余交也，未达之事上临下，余之得尽所以也，未觇之政理。乃麓池子今年六月以铨次得补湖广孝感县令，是将有事上临下之责，有政理之系矣。令之与民，其职最近；上之临之也，其人至众；惟众者不可尽得其说，而近者不可骤施其威，由是上疑下慢，治用以难。虽然，诚以行之，无难也。麓池与余交，可谓诚矣。《记》有之：治一人者，治天下之准也。然则与余之诚，非上交下交之准乎？是故无过察以矫廉，毋恃才以凌尊，笃仁义以固民心，道礼乐以和民志，宣君德以弘大其化，明国法以至于无刑，守宰之忠尽于此矣。余昔感麓池子之诚，思欲常得为友，矧准是而行，则在上有不欲得麓池子为守宰，在下有不欲得麓池子为父母乎？《诗》曰："伐柯伐柯，其则不远。"斯之谓矣。麓池能获上治民，昔与余交之诚，斯为有征已。

送罗贯溪令枣强叙

归在父母身上，便是一篇大议论。

嘉靖甲寅冬十月，永川罗子以进士铨次得补枣强令。

乃同门士告孙子曰：枣强，古巨鹿地，旷悍太强之习，可变礼义廉耻之风。罗子兹往，其惟宽以绥之乎！然以左右畿辅，猾诈者易缘为奸，匪明以察之，鲜克济矣。又令之为职卑而上临者众，职卑则易沮，临众则难事，居之匪和，未见能获上而行己志也。罗子其尚审于三者而后焉行！

孙子曰：以若所言，是以执矩之说尽通方之士矣。夫以罗子之博学多闻也，朗鉴洞识也，岂俟闻兹三言而后勉焉以行也？余今欲以忠孝之大节进罗子矣。余往读孔子之言曰："君子之于亲，生则敬养，没则敬事。"又曰："孝子成身。"余未尝不废书而叹，以为因生所以尽孝，因位所以立忠，资敬之理既一，则率由之道靡殊，此理道精微之训，臣子景行之模也。故敬养者非腹口肢体之奉，敬事者非声色嗜欲之荐，继其志思以行其道，承其心思以永其名，出由休显，受职任事，罔不在斯，而后始得称矣。

罗子之先人则浒矶公，公举进士，遂上疏斥宦官辈，乞请圣明奋大断，决大机，以致大治；比为民部，又请更化善治以消天变。夫以任非专谏，权由内制，吐胆发论，良以危矣。而公慷慨从容，自信于道，奇伟之节，卒用自完，岂庸众人可几万一欤？罗子今策名委质，以继公之业，其无以公为志乎？发得透。且罗子举进士，迎养张孺人于京师。孺人之贤，余所饫闻，其教子惟恐坠先人之贻为忧，奉嫡抚幼，矜持约纾之绩不与焉。今罗子又将奉孺人以百里养，亦无以承孺人之教为心乎？透。枣强为邑，不足囿罗子也。等而上之，心恒兢兢焉惧不得如先人之秉德贻谋，以不得悦母氏之心如迎养之心，则大忠之尽斯大孝克举如是。是于浒矶公为敬事，于张孺人为敬养，故曰"孝子成身"。罗子其必审于余言而后焉行于是。

罗子闻之,曰:孙子之言,其进我也大矣,曷请书之,予将勉焉。

送陈守默奉使归省叙

论说正而不颇,叙事冗而不杂,可谓深而通,茂而有间矣,妙妙!

三代之盛,士之仕于时者何其幸与！人之情,莫不思奉父母,故虽奔走劳勚,必不可暇,亦罔能去于怀。然既委质为人臣,则有不获直遂其情,惟君能体臣,则思奉父母之心未尝不达于上,即奔走劳勚,上亦未尝不曲通其情以结其忠。《四牡》之歌,君上所以劳使臣者,“王事靡盬”,可谓亟矣,故至于“不遑将父”“不遑将母”;其以情达于君,则曰“岂不怀归”“将母来谂”;是君之遣臣,臣之告君,皆以情相通也,何其幸也！后世不能如三代,非独失其情,亦制使之然耳。宛转,最妙。于此有亟于王事,乃获将父母之愿,则虽不能如三代受君之劳与作歌以告君,所以私遂其情者,又何其幸与!

铜仁守默陈子,举进士,为行人。甲寅春,天子推恩宗典,遣陈子往祭建昌藩府。乃陈子以六月三日为其父碧溪公诞辰,九月九日为母熊夫人诞辰,建昌之卒事,当以期计,陈子得以馀日归寿其亲。是亟于王事,虽不能作歌告君,乃获将父母之愿,所以私遂其情者,何其幸也!

夫思奉父母,愿致其寿,斯自人子通情言耳。即父母罔可称道,或可称道,人子又鲜克肖,是所为养亲与自待其身皆众人者流,纪传继述之莫由,君子不取。总提纲要在此。乃陈子为人多意智,有计略;喜谈文章,所为诗往往格律壮伟，可歌讽；慷慨有大节，至论时事，激烈愤发，即欲以身济其难；心志洞豁，乐道人美而成其名；贤人君子咸愿为之交，岂正大秀杰之气，陈子独得赋欤！将铜仁开建二百年，举制科自陈子始，山川之清淑，蜿蟺郁积，陈子独得钟欤！抑斯二者或不可诬，将尤必有种植培封以作于先，如立屋厚于筑基，发条丰于卫本，是以流及陈子，完固畅达，振振然光辉盛大，此必其源委矣。累累贯珠。乃永康松溪先生尝为余谈陈子翁母事，盖陈子事先生久，先生尝有诗寿陈子翁母。先生之言，天下取信，予至是始信陈子不独赋正大秀杰之气，钟山川之清淑，真有种植培封以作于先，是以得至此。先生谓碧溪公少有令名，用不究施，位止竟陵丞，然观走巩昌脱父絷事，间关五年，竟得解以归。熊夫人之事姑，如碧溪公之事父，解系持秽，若合一节。斯谓筑基之厚欤！斯谓卫本之丰欤！碧溪翁母以其厚基丰本贻陈子，陈子得以光辉盛大之，则虽未究所施，食报固远矣。陈子得藉王事归寿其亲，翁母之善又章章如是，是获将父母之愿，岂惟得以私遂其情，即纪传继述皆可无忝，尤为人所难备，又何其幸也！文外重旨，愈发愈秀，如层峦叠嶂，长澜浩波，自极伟观，岂曰烦复。古人论致寿之道二，一曰积，二曰养。积有厚薄，系之身者；养有大小，系之子也。翁母善积，陈子愈厚其养；陈子善养，翁母愈厚其积。陈子之遂其情，岂惟今日，且占诸无穷哉！

于是陈子谓予为同心之言，请载以行。予仍歌《四牡》送之陈子别。结亦不苟，仍归本色。

送左使两城靳公考绩叙

又潇洒，又严重，真是作者！

两城先生靳公，自少以文章著名海内，公起家齐鲁间，齐鲁士于文学固天性，公尤称杰特，可雄今古。如此点缀便妙。其所为学，皆本诸身心，非世儒仿佛者。

公始仕，司理南阳，再擢为吉安太守，晋陕西督学使，屡迁陕西布政左使。余昔往来道南阳，见南阳人颂说公不置，于是亟慕公。乃岁乙卯，见公京邸，相得欢甚。无何，余分察江以西，又见吉安人颂说公不啻若南阳人，誉问愈益流显。暨余至陕，则身承公所为教者，目觏公所为政者，诚倾心事之矣。今制，外僚阶秩至左右使为崇绝，以违孤卿不远，至有未莅位即已他擢去。公乃独莅兹凡三年，余以是三叹陕之人何厚幸得公久，因又三叹公所为治陕之难也。陕以数千里提封，为总督者一，巡抚者四，巡按者三，亲藩之禄十万有七，戎卒所待饮食十万有三，此其视某省某省建置供输诚且倍蓰。发抒明核。欲本上之法守，宣布教条，俾吏有持循，以不加益之土，人民耗残物力所倚办，必齐其盈缩，不执其诎，使上无隳事，下无离心，若此者，莫不问在左使，责在左使也。夫下所觊望，惟节纾优养，上之所贤，则惟足需求而快适意，乃左使寔持厥柄，俾剂调其间。阶秩既已崇绝，终日粥粥于度支主算，当此地之难，即内之铨司不以疏迁，其心则未尝一日不冀他擢，此恒人之大较，况肯三年淹耶？无他，只是写得意趣出。若此者惟凌竞于功名，其持乎己也，蓄也必无难穷之积，施也必有易竭之累；其待乎人也，作也必鲜合宜之制，止也必多纷挐之绪。何者？所为学非也。

公莅兹以来，不大声色，罢苛急之罚，示以和平，人咸服其广；自一身服食，逮酬酢仪会，仅取成礼，罔事繁缛，人咸服其廉；民以疾苦凶瘥来诉，辄便宜施行，不诿上，人咸服其刚；政涉大体，不阿附，纤悉委曲，一一深观详酌，务在振所未起，补所勿坏，思相缘为奸者各束手退，不能有所萌孽，人咸服其明；剂调于上下之所交致，譬诸良医人，使络脉不瘀壅其身而精理日固。於戏！是岂徒以文章著名者耶！收括。

公政成，今奏绩天子，幸天子览公政绩，必再三加赏，旋拔在左右，公推所以治陕治天下，宜无难者。公昔在吉安，吉安人念庵罗公称公笃行博闻，精经术，根理道，与律令之吏殊。益信公所为学皆本诸身心，非世儒仿佛，虽以治天下无不可也。又点出个话头，以足前意，真是宗匠。

送梅山陈老先生升浙江宪副叙

典而则，节节有意味，佳甚。

吾师梅山先生，自水部郎中擢浙江按察副使，将戒行李，门下士张谊辈谋欲为先生别，乃属孙应鳌申言以赠。

鳌惟君子之笃学而志于道，贵得其所师，或代世旷隔，弗及事其人，则诵诗读书想慕私淑之；幸偕其时有贤哲士，即遐邈数千里外罔厌，跋跻山川，百舍重趼，以质所学而安其教。虽师于弟子，亦莫不欲得其人而寄托所有，以永其传。如此抑扬顿挫，便是家数。方吾二十人者以经术试礼部，先生同主考试，乃褎然举之，进于廷。吾二十人是以得师事先生，则是不烦想慕贤哲之士于异代，无跋跻重趼之劳，得寄托先生之有而永其传矣。先生之行，虽未由以从而永，惟相际之不偶，以无忘先生之教，则于我心有共勖，何能为先生赠？

然鳌闻之，有国家之用才每亟于所需，才之具于人有宜，国家之因其宜而用之有地。然此为中人言可耳，即世有一殊才，则亦必有异用，非若与中人者程资而等爵，计劳而叙官；而殊才者之得异用，其建立表著信行所见，不依俗为俯仰，斯其志操卓绝素定，与仓卒应给苟抱尺寸者不伦也。另出脱，立论迥别。自鳌事先生，见先生之学不可窥，而发于文则渊然以长，郁然以光；先生之蕴不可窥，而履于身则皭乎其明，粹乎其良；先生之志不可窥，而征于事则洞以析微，恪以莅职，义以贞利，变以通方；由文知学，由履知蕴，由事知志，谓先生非世殊才乎？先生二十仕于朝，人皆且谓先生当异用，乃先生为郎十年始转兹秩，部署历外台为铨格，匪特擢，即擢亦匪十年。先生以殊才顾与中人者程资计劳，相为下上，以天之与之之难，世之需之之亟，今若此，鳌固终知先生当不久于淹也。士君子有殊才，将为国家任重寄大，亦必历试而后愈坚，必致远而后愈力。又出脱，立论又迥别。先生之往，将综核江左，风励百执事，俾善者有所怙恃，而慝者惧寝不为，非殆一方有溥利，又岂中人同为下上者可冀乎！

夫彻于一事，察于一辞，审于一技，可以曲处，未可以广应者，无他，失其具耳。先生之志操卓绝素定矣，以利一方，达为天下之用，以试一职，晋为揆宰之施，又焉所不可？方今海内多事，主上忧劳，遑遑然唯得人是图，鳌固终知先生不久于淹，愿相与共勖，无忘先生之教，待先生之归于朝。

送宪使莓崖周公赴河南右辖任叙

老成郑重，格更奇古。

主上纪元之明年，为嘉靖癸未，拔士四百人，到今四十馀稔，负老成之典刑，表著于位者，在内廷则吾师存斋先生徐公，在外服则莓厓先生周公耳。

世所谈种树，必种松柏，种必三五十年始成，成则可以栋明堂，楮大厦，信不诬矣。然松柏之成，摧剥于风霜，阓厄于岩石，节之植也益厉，则材之就也愈坚，不特可以栋明堂，楮大厦，其木液所融结，犹为苓，为珀，得神于世。以是知君子能任重致远负踔绝之称者，亦每于出入忧患寻绎险阻焉得之。字字句句，苍翠可爱。故存斋先生谪自翰林，公谪自御史，其摧剥于风霜，阓厄于岩石，已非一朝夕，今日所由表著在位为国老成，诚非偶然，安可谓非天所成也？

存斋先生为翰林，上书议孔庙祀事，今并著在旂常，不具论。公为御史，适河南灵宝令张廷桂奏河清，公吐胆抗疏，请主上却其奏，勿遣祭，引太祖令郡邑许以灾异闻禁献祥瑞事甚具。是时，廷桂奏已下秩宗议，秩宗请比大观中乾宁军奏河清曾有祭，宜遣祭如礼。公疏指大观本宋末世号，主上远媲尧舜，部臣何得敢妄拟！是时，会宰相亦咸欲遣祭。公疏入，引汉宣帝祠凤凰，致后鹖雀皆称贺，诚由丙吉魏相不强谏，今循其辙，不可。疏入，宰相心弗便，怒甚，秩宗亦怒，搢绅莫不为公惧，赖主上明圣，知公忠，于是仅谪公岭表。叙得条理。方其时，以公负奇抱略冠于朝端，主上又知公忠，即使旋显擢股肱，付以事任，俾执政于左右，其风采可畏，爰挥斥，倚办宜无所难。顾古先帝王所以揽治辩之极，欲成人才，使历年滋多，誉望所系益久而重，由是晋列公卿，黼藻治理，收其恢伟浩博之锐，归诸恳切忧爱之纯，夷其睢盱挟持之高，约诸阅历情变之熟，不动色理，以干阴阳，运机有常，邦家利赖，此国老之蕴量，虽一时负奇抱略，风采可畏，爱者自非益厉其节，愈坚其材，则曷克臻是耶？森耸扶疏。

公壬戌再起，来陕西为按察使，余得侍公两月，公擢河南右布政使去。计公不须臾且当召入内廷，列公卿位，黼藻治理，共成存斋先生调燮之，犹信皆天所成。于是仰识主上能成人才，且身享其利，虽古帝王蔑以过之矣。如此收拾，真是奇特。

奉别鉴川王公叙

气雄词典，义正理精，镕裁昭畅，虎视文苑。

维大寅长蒲坂鉴川先生王公掌宪关中，余鳌以菲薄幸佐公，辱公知，兹迁蜀藩，将去公。公曰：“我知君，君亦我知。君将去我，何言于我？”余曰：“交深忘言。公心乎余，余公知，则奚俟于言？”虽然，惟交深，然后能言，故曰：“同心之言，其臭如兰。”余安能自已于言？叙述宛然。

公以官守术业表树中外，今且二纪矣。为比部，即为名比部。为郡守，即为名郡守。饬兵江以南，则江南之名著。再饬兵陕以北，则陕北之名著。余始仕即闻公名，迩年始得陪公末议，朝夕得参侍公，与公言所未尝言，点化妙。而公寔惟余信。公时时与余订正古今学术，以及当世之务，辩别是否，若日之与星，垂于著作，媲美哲匠，其轨迹可见也。欲以补国家之阙，展四体而宣劳，智足以为源泉，胸臆之经纬，如“镜仪而居，无执不臧，衡虚无私，平静而处，轻重毕悬，各得其所”。复俾余闻所未闻，及观公所为，即其常所言。点化妙。故掌宪关中，尽关中且弥覆之。向则吏以民为鱼肉，巧计浚民，充塞私橐。今吏束缩两手不敢取，取之，民不与矣。向则若郡若邑，多系无辜，掠立迫恐，即非无辜，又不为决遣。今论报罢，一一服罪，不为穷竟，囹圄如洗，吏无故不书狱，即书狱不直者，辄平反之矣。向则宗藩之豪徒，里闾之暴夫，蹊夺民田屋，复搒捶其身，民至无诉所。今皆莫敢恣其虐，稍恣，民乃反唇骂曰：“尔无我虐，上有王按察，尔独不知？”诸豪暴[1]顿迹闭门避矣。向则游手蚕食之惰夫，投足官府，倚于胥史，官府之供什一，胥史之供什九，胥史之供什三，蚕食惰夫之取什七。今非公家之役，民不在官府；非公家之赋，民不入官府矣。向则民为市鬻于官，得半值，今得全值。向则往来传舍之人，妄持驿券，鞭民攫金。今妄者不崇朝即败露，不妄亦不敢攫矣。向则随部使行者，依部使气力，殴民至死，不问；凡为部使从事，每乞部使牒案，夺他从事优等之役。公摘一二人论罪，凡嫌于忌器甘心媚灶之夫，皆张目改行矣。按察总百度，于事无所不当问，往为按察使第曰：“我刑官耳，不复及其他。”今庠校作育之司彬彬矣，军令纪法之典秩秩矣，钱谷出纳之掌井井矣。历历铺叙，奇古磊落。兹公之学术见诸实用甚速且大，而余之所称皆验于平日之执事，质诸贯行之深乎，非徒求言语之际已也。点化妙。

---

①豪暴，原作“暴豪”，倒，据上文“宗藩之豪徒，里闾之暴夫”及川东巡署本乙正。

天下之势，常患阴盛而阳弱。以天道言，阳主生，阴主消。以人道言，阳主善，阴主恶。故物之生理遂，然后天道正，民之善机长，然后人道立，二者交为根著也。故人道失平，则天道妨损，近之为水旱变灾，极之为盗贼夷狄，皆原细民失所，莫由遂厥生理；恶之雄于上，肆于下，浸以日长，而善机消，阴阳之分剂凌竞矣。极论至理，意足文远。公既默识此理，以弥覆关中，关中民物咸遂厥生理若此。公今稍跻擢，将为拊循大臣以激扬于外，再跻擢，当为天子左右股肱，以进退天下士于内，皆不出是道，乃所谓燮理之术，天下之治所繇成，在顺其机默导之耳。夫阴阳之分剂虽至微，然大较若黑白易辩耳，今人往往谈学术，竟不明于天道人道之故，则何以称焉。斯余与公之深知，不能已于言者在于斯，与公忘言者亦在于斯。末意点化尤妙。

茹母刘夫人七衮叙

文整雅，末意叙说恳到真切，乃知文贵由衷。

嘉靖癸丑长至后之十日，贵阳刘夫人年七十。待诏可泉潘子、进士近衡陈子、司务顺庵罗子、助教后山万子，以其子孔目南谷子之交，命吉士淮海孙子应鳌致言祝之。鳌少闻一川公之风，今且与其子同官翰林，知夫人之寿必有以也，乃询夫人之详于南谷子。

乃南谷子曰："吾母适吾父，贫窭寡助，母勤纺练，躬汲杵，以相其业，吾父是以得专志于学。乃后举壬午，秉教岳池洎马湖诸生，进讲无虚日。母乐之，罔厌供给，诸生莫不悦喜。洎尹蒲江，母约束臧获，无至外庭，闱阃以肃，矧于苞苴，吾父是以有冰檗[①]之誉。”鳌曰：“寿已哉！恭俭而令矣！”

南谷子曰：“吾先祖母性严急，母事之诚敬无怠，以故得其欢心。入不蔽其有，必以献之，衣食莫之敢先。待妾媵无妒忌，处诸姻党，接临中矩，敦睦中礼。”鳌曰：“寿已哉！柔孝而顺矣！”

南谷子曰：“吾[②]思母之教嘉，未尝不牿犓然踌踌然惕心兴感也。方吾父见背，母总家政，唯矜持约省是事，唯躬亲督率是勤，唯训子诵读恐坠先业是惧。嘉举于乡，谋禄仕于伊阳，语嘉曰：‘尔不见岳池之祀尔父为名宦？’嘉摄伊县事，则又语嘉曰：‘尔不见尔父之署邻水？’故嘉之受赏鉴于少宰葛公。嘉之转秩兹官，嘉之寡不肖之名，是匪嘉之能，惟母之休。”鳌曰：“寿已哉！端则而正矣！”

鳌曰：“余于是知夫人之寿必有以也。夫恭俭而令，维德之仪；柔嘉而顺，维德之施；端则而正，维德之基。夫勤种，饶兼田之获；厚埴，广乔木之荫。乃夫人以德之积庆，享厥寿于己，又以德之食报，流信美于后。乃南谷子养志不违，左右无缺，乃其身安得不优游顺裕，不知其老，日集隆祉也！鳌家大夫、家宜人惟鳌一子，今年登第，遣人迎养，家宜人乃以难离祖母宋孺人、曾祖母王恭人之侧，不果来。前九月十一日为宜人诞辰，是月十二日为大夫诞辰，望云以祝，安能必吾二亲优游顺豫如刘夫人之乐，无游子之怀耶？人子处此，大有不得于心矣。天下之不得于心似

①檗，原作“蘗”，误。按，黄檗，性寒味苦，可入药。“冰檗”为“饮冰食檗”缩语，喻生活清苦、能守清白。

②吾，原作“五”，误，据川东巡署本改。

鳌者何限？即以此推言，人之有亲与南谷子同，而色养不及南谷子者何限？古人有言：‘事亲，日知不足，惟孝子乎！’孝子之言。夫人之寿与乐无穷，南谷子勉事之，故曰‘孝子爱日’。”

送江新原守安吉州叙

辞体宏润，有德之言。

至哉！孔子之言曰：“通达之国皆人也，以道导之，则吾蓄也，不以道导之，则吾仇也。”昔宓子治单父，忧官事而臞。有子曰：“舜五弦歌《南风》而天下治，今治单父之细而忧。故有术而御之，身坐于庙堂，有处女之色，无术以御之，身虽瘁臞，犹未有益。”甚矣！有子之言似夫子也。所谓术以御之，非夫子之道以导之欤？冷语，妙。自入官者无道术，磷缁眩其常，纠纷错其虑，掠德攖行，易为逆施，民困于令，怨由以生。上之人犹弗及知，民于是强豪猾诈，竞其私智，以讦众讼上，上是以败。继之者又不及知，则民之讦众讼上渐以长，而犷悍徂逆之风遂成而不可解，而继之者益以难。至论。

今之安吉州，非吴越犷悍徂逆之地欤？然余尝考其俗，江左而后，清流美士，馀风相续。盖五湖之表，南国之奥，世有雅旷之尚，或始为上者失其道术，非其初遂若此也。是。新原子今继治安吉，身益值其难矣。

曷观诸御乎？夫马体调于车御，心和于马，则历险致远，进退周游，罔不如志。虽有骐骥騄駬之良，臧获御之，则马反自恣，人不能制。民譬则马也，治之得宜，则民可使为善，机妙于上也；治之不得宜，则不可与入化，制牵于下也。比喻切。故持廉则民不议，施爱则民不悖，秉哲则民不伪，防微则民不罔，张教则民不敢不仁不义，如是少不为，顽民皆化矣，况善民乎？使民议则廉废，使民悖则爱隐，使民伪则哲昏，使民罔则防疏，使民不仁不义则教弛，如是少不为，善民皆不可与矣，况顽民乎？极中事理。

新原子与余同举进士，又同师事莆阳梅山陈先生，相观淬砺，求无负梅山先生之教甚笃。予观其为人，存心诚，与人信，学博而识精，临事不急剧，剖析一要诸理，镇静宽简，有屹然不可夺之操，其素所蓄积也。以此治安吉，非所谓以道导之将为吾蓄耶？非所谓有术以御之耶？安吉之民必见化新原子矣，后之继新原子者，犷悍徂逆之俗消而称易治，其尚知新原子继之之难。辨析疏通，乃真作手。

贺衡州郡公游行野诞辰叙

趣幽旨深，精脉宣畅。

岁己未，余以赍捧毕事，取道归觐。乃叔父衡山令走一介行李，示书于鳌，以郡公行野先生十二月三日为诞辰，欲鳌修辞纪盛，致颂祝也。

叔父之言若曰：自余为衡山令，盖得深蒙幸于游公云。公每坐衙视事，沕穆深幽，不可窥也，至剖别一二属僚，丝发罔遁，斯所谓端明君子哉！衡，故湘东名地，惟[1]昔称志者谓为淳朴近古，畏法少讼，然世下风移，亦稍稍异矣。公乃以古道治今民，昔也盗斥，今也盗戢，昔也争胜，今也争平，故除秽剔蠹，则瘵者自欲其瘳，恕难矜愚，则劳者自欲

①惟，原作“谁”，误，据文恭遗书本改。

其息。夫茵厚而人藉之矣，渊渟而鱼趣之矣，四境之内，莫不曰公仁人也。且也公又不以政事为名高，纲条尽布，下忘其密，经谟毕陈，上泯其功，岂非沉且毅，曷克臻兹欤！公之门扃启闭，风声洒洒然，凡以事至者，必啧啧称清廉。自褒为衡山令，窃观于公，见其施无失纪，修无遗轨，以为劳于治矣，公顾旷而达，恬而怡，又何其文雅博物也！自褒为衡山令，今仅六月尔，乃以叨承下风，备奔走之末，方且观法不暇，方且不称任使是惧。夫爱斯乐，戴斯慕，乐慕弸于中，斯颂祝彪于外，褒为公寿，又不能自文也，若也其何以阐吾忱？极工练。

于是鳌再拜，致言于公，以复叔父：余自丙辰辱交于公，丁巳与公为别，今三年矣。思公不见，闻公之政之善，不胜大愿。余尝览睹公为人，能而不伐，巽而不颇，是所以能端也。执理御物，密察中通，是所以能明也。学道爱人，是所以能仁也。节以立己，不因以成名，经以履正，不因以危俗，是所以能沉且毅、清且廉也。读书考古，探究益力，濯淖污泥之中，逍遥尘垢之外，是所以能文雅博物也。余得公之素履于久要，叔父得公之仪则于治理。两句总括无遗。古人有言："被风者偃，获源者永。"又曰："道故不二，施惟一义。"此曷征焉？公方升于位，方强于年，余何能为公寿？无已，则以少所研究《太玄》一二之微旨为公扬搉之：

《玄》之永曰：纲得中极，天永厥福。测曰：三纲之永，其道长也。故端明者，永之基也。公能久于端明，其于天福乎何有？

养曰：粪以肥丘，育厥根荄。测曰：粪以肥丘，中光大也。故仁者，养之术也。公能久于仁，其于光大乎何有？

增曰：泽庳其容，谦虚大也。故沉毅者，增之本也。公能久于沉毅，其于众润乎何有？

守曰：守中以和，要侯贞。测曰：守中以和，侯之素也。故清廉者，守之轨也。公能久于清廉，其于贞素乎何有？

进曰：进以高明，受祉无疆。测曰：进以高明，其道迂也。故文雅博物者，进之域也。公能久于文雅博物，其于受祉乎何有？

余愿以是为公寿，公其以余所以寿公者亦自为寿！敛括颖拔。

赠辰州太守蔡澹塘擢陕西按察副使叙

风骨迥异。

澹塘蔡公守辰州也五年矣。岁己未春，吏部大计天下吏治，以行黜陟，公始擢陕西按察副使，何其后也！

我朝废置秩序，一准《周礼》，然岁终超迁，一岁九迁，若汉法者，又未尝不参其中。故董仲舒曰："古之所谓功以任官，称职为差，非谓积日累久。"是以有司竭力尽知，务修其业而以赴功，此亦周人六叙迁转之遗意。若夫累日以取贵，积久以致官，则废迁转而为年劳，年劳之法，岂所以语贤豪间乎？

辰州当楚北隩阻，襟带乎百蛮，盘礴乎五溪，地利单微，居处杂猱，视他郡为劣，然以简于事，民多朴野，夙无难治。惟是顷岁苗夷弗靖，爰建总制，重臣开府于沅，诸凡馈饷之转输，材械之创造，调发之供亿，日给之需办，车马之将迎，上之人莫不取资于郡，郡无所待，不得不加赋于民。盖有昔之官府，百姓未尝经见耳，目今且为聚敛督责之常，豈上之人不知恤下哉？不得已也。

自公来守是邦，视民之苦，若疾在己，惟恐弗去，其心鼎鼎焉，惟恐己为民病。欲以兴利防患，惟恐行之后，听之不先。日所取赎，自米菜外，无所事事。求诸蠹弊，尽得其根节穴窦，刈伐扫蹇，猾胥黠吏缄口拱手，不能动作。以身之所约缩与受役之所屏除，冀与民解累积之困。民于是有欲逃徙，则相率谓曰："蔡公仁，我毋去。"以事入府，则又相率谓曰："蔡公不我冤。"抑公又尝勤显陵之役，又筑理沅州城，迩以庙堂需材，山溪之险，雾塞兽盘，穴深薮密，商旅昼梗，公履窟穿巢，为官僚先，经画不费，榱栋咸得。颖秀。呜呼！古称"恺弟君子，民之父母"，此多自居常言耳。公当民憔悴之秋，值事势所难，盘错纠缠，日若不给，力倍于前，功仅半之。顿挫。当是时，公惟知尽心其间，使上不事废，下不民虐，恶自知所谓年劳与计迁转也？公方将视守辰若终身，五年若一日，今兹之擢，又何后乎？

或曰：子论蔡公，真矣！今往也[①]，无可赠规乎？应之曰：辰州狼戾于苗夷，陕右踯躅于戎翟，地俗虽不同，均以安内攘外为义。郡守职专于拊惠，宪使职专于严决，政体虽不同，均以肃治辑民为本。公以治辰之政，不累于俗，不饰于物矣。以守郡之心，不苟于人，不忮于众矣。

郡丞榜山狄君与余为同乡，事公最久，为余道其详也，是以得悉数之。

①也，原作"化"，误，据川东巡署本改。

送参戎王雪湖赴龙州叙

绝类《史》《汉》，又不蹈袭，淮海之文，必传无疑。

《传》曰："王者立武，以威四方，安万人。淳德布洽，戎夷禀命。统君之师[①]，仁以怀之，义以厉之，礼以训之，信以行之，赏以劝之，刑以严之。是以攻之则克，守之则固。"达是者曰贤将，艰哉！古今将之有能名，或攻或守，得策者至伙众，第惟明于刑赏两端，遂可决胜耳；进于信、进于礼，则希矣；语以仁义之概，则漠然不知也。

雪湖王君，少荫新安镇抚，洊陟指挥佥事，屡征倭夷有功，晋督漕务，再晋佐蜀阃政。无几何，龙州土酋乱，君讨平之，功益著，遂晋龙州参将。

龙州土酋者，薛兆乾也，先世宋元时守龙州，国初兵入蜀，薛之祖首降，故仍得世龙州，仍晋宣抚。至兆乾不道，欲以一旦逞于蜀。是时，蜀土无远近咸震动。都御史得逆状，左右视，问将之可行者，君任之。即行，士卒属君者三千人。道江油，因以余监君之行，余占君仁义人也，不君制。君于是简锐兵，凡五百，备佐击[②]，首简奇兵，凡八百，备先登冲击，馀留营中。兵之入，道明月关，贼坚壁距守，沉其舟，使我军不能西渡，伏兵栈路间。君日夜创筏数十，一夕尽渡。贼既不虞我兵渡，即渡，必不虞若是速，乃兵渡，皆胆落，诸伏兵栈路者尽窜嵁岩中。君分奇兵，衔枚驰关，上山立。贼又不知我奇兵绕出关后立，仓卒来迎战，大败之，斩首功若而人，奔北无算。君兵威既大振，四路兵咸

①师，《忠经·武备章第八》作"帅"。

②击（擊），原作"繫（系）"，误，据川东巡署本改。

集，君乃入龙州，缚兆乾，槛之，献都御史府。馀党不复问，下令招徕反侧，得三千人，龙州平。写得痛快直截，虽马迁不能过。龙州故有参将，囚系于兆乾，捷书至阙下，下大司马，即褫故参将而以擢君。君于是奉玺书往龙州，龙之民无不欲得君者。绝警拔！於戏！君之功若是伟耶！

始，君闻贼檄，奋色毅然曰："某受世禄恩，见无礼于君者，思磔其肉醢之。乱臣贼子，安可不讨！"余曰："义哉！"已乃贼就缚，君又言曰："贼羽翼诚众，然迫胁耳！渠魁得，多杀何为?"余又曰："仁哉斯言！"君有子，昨以将材举，随兹行，亦有功。君为将而后人克昌，仁义之效欤！余尝览古今为将，有有功不能有名者，有有名不能有后者。盖明于刑赏，可以立功；明于礼信，可以永名；明于仁义，可以昌后；君行仁义，既有效，名君曰贤将，信不诬矣！精要之至。

贺刑部主事吴定泉考绩貤恩叙

前段乃大议论。

国家封官之制，吾尝以为有三劝焉：善于职则有是，不忘忠也；因子贵及其亲，世有隐德者诸由以彰，以显善也；推恩于世，图报激焉，以兴感也。然此自美制始意言耳。官于今日，计禀食之日月，率例以请，罔有不得，虽不善于职而冒之，亦有矣。先世无可称述，一旦安享上之赐，服非其称，又有矣。其不忠者既已受君之恩，执事临政，邈焉不思报之，亦又不寡鲜矣。夫国家之制明，上之不虚取于下，而下乃虚负于上，理然乎哉！理然乎哉！故善于职而得曰顺，反是曰罔；有隐德而受曰荣，反是曰辱；知报曰忠，反是曰悖。

永昌定泉吴子起家进士，官刑部主事三年，嘉靖乙卯六月，绩成，有司请于上，乃以例得封其父澹轩公如其官，赠其母华为安人。吴子者，西南杰士也，服官于京，其善于职，人咸知之。然余以为知吴子之深莫余若。余曩岁壬寅得侍家大夫任保山时，郡守曰西泉童公，择士之可师者教厥子，吴子终童公任罔一事干童公私。永昌士人谓童公吴子不相负，至今不容口云。吴子受人子弟，不一日旷业，受知郡守，不肯负，其有受君恩而负乎？若吴有是而曰顺，奚不可也？且澹轩公之为厥父，孝友信义，为乡人所推。尝有人负贷，公取之，贷者忘负，奋然欲执诅誓于神。公令归思，思不得，又再三请誓。公曰："思不得，置之勿论，何必诅誓？"后数日，贷者来，曰："资在矣，余忘其已贮粟。"稽首谢过，归偿于公，公笑而受之。又入市得遗金十斤，遂坐以待，顷之，有人果来，公告之得，且还之金。则公今日安享上赐，隐德由彰，岂惟曰称，厥亦有真荣哉！

呜呼！臣道之大，君未加恩，犹当尽忠；子节之正，父有未善，犹当干蛊；故曰"君子有无禄而益君，无有禄而已者也"。吴子今有貤恩，澹轩公又历历可述，吴子其尚知保永终之誉、善继之图！余与吴子非耳目交也，故既论其制，葴其德，又申以勖之。

奉寿张母周夫人叙

另是一格，八章古雅。

嘉靖乙卯三月癸丑，沁州张夫人春秋几一[①]甲子。先

①一，原作"十"，误，径改。

是，其子维叙氏迎养夫人于京邸，夫人就养甫五月及兹寿。馆中诸君子欲申同袍之雅，致胥庆之私，乃取次当余鳌修辞贺之。

鳌惟服德摅情，则矢祝所由兴，述往祈来，则介寿以之昉。粤惟函谷藻图，鹤飞侈曲，皆藉吟咏，用纪盛美。鳌虽不敏，敢附斯矩，爰作八歌，修兹缛典。以夫人有攸行也，作《垂贞》之章；以夫人克相其夫漳源公及大业也，作《于归》之章；以夫人教子有成绩也，作《教成》之章；以夫人孀居，总家政，肃而治，慈而溥也，作《闲家》之章；凡以阐德也。述夫人之诞辰也，作《阳春》之章；述夫人之食报也，作《优游》之章；述夫人之宜跻寿考也，作《寿考》之章；述维叙氏之欲无忘夫人之教也，作《不匮》之章；凡以致望也。孙子鳌曰：余于张夫人八章之歌，于寿祝之道庶几已乎！夫人乐得其子之心，维叙氏乐得其母之心，必在斯言矣，必在斯言矣！似《书》叙。

《垂贞》之章曰：天降懿兮女执惟柔，匪刚是竞兮匪才是遒。窈窕淑女夙好修，发言讷讷兮行步羞，籊籊樛木枝根幽。

《于归》之章曰：有桃兮灼华，于归兮室家。望夫君兮乐亨嘉，柏台棘府兮人叹嗟，孰相成兮美而葩。

《教成》之章曰：哀所天兮秋旻高，子在膝兮知愚豪。和丸有熊兮断杼有刀，追昔年兮心劬劳。

《闲家》之章曰：德善炯炯兮琉珥溶溶，声可听兮行不可踪，克振厥户兮永绥内宗。

《阳春》之章曰：灿彼瀛之洲兮珠台玉楼，金母之车煌煌兮瞰海筹。蟠桃一实兮阅三千之春秋，青鸟聿降兮光石梯铜鍉之雄陬。东风融融兮何绸缪。

《优游》之章曰:励姶节兮守婺操,光宠宠兮被芝诰。夫显立兮子姣好,征天道兮信美报,鸠杖优游兮耋而耄。

《寿考》之章曰:维婺寿康兮载讴载觞,其乐穰穰兮厥裔锵锵。荣兮荣兮壸仪攸行,饮琼筵之醽醁兮历甲子之灵长。

《不匮》之章曰:歌将竟兮意逾欢,宾客舞兮食饮兰珊。千秋万年兮乐未殚,之子日养兮气容宽,保不匮兮慎加餐。

督学集卷二终

孙山甫督学文集　卷三

如皋孙应鳌　著

南充任　瀚　批评

荣寿纪遇篇奉祝静庵耿公洎秦太夫人

根极至理，文复佳甚。

楚侗先生耿公，嘉靖丙辰登进士第，授大行人。丁巳[①]奉命使楚，得便归，归之日，为秦太夫人诞辰五月廿七日也。荣哉！戊午八月，上以万寿推恩，颁金币近臣，公与焉。是岁冬，公再使卫，亦得便归，归之次日，为封君静庵公诞辰十二月十日也，公乃以上所赐金币为寿。荣哉！异已！越己未，公首擢御史，是年上颁万寿金币若例，公再与。无几何，公出按陕以西[②]，又得归省，归之日，又为秦夫人诞辰，又奉上所赐金币为寿。岁壬戌[③]，秦夫人寿六袠，公以迁南畿学台，又得归寿。荣哉！不尤异哉！

鳌与东洲孟君咸辱公知，窃叹世之大夫君子所论著，凡备物皆可为孝，然公得以天子所赐，昭光华之伟观；凡悦亲皆可为寿，然公得以天子所命，遘舞彩之佳会；夫天之翼

①人丁巳，静嘉堂本三字坏，据川东巡署本补。

②陕以西，静嘉堂本三字坏，据川东巡署本补。

③壬戌，原作“壬子”，误。按，《耿定向集·观生记》：“四十年辛酉夏初，奉命巡按甘肃。便过里，复遇秦淑人诞辰，以上赐绮罗为寿……四十一年壬戌，正月巡兰州……其年闰三月，改督南直隶学政……余改督学差，无何，分宜遂败。初计径归，载得为秦淑人寿，著《纪遇》。”据改。

德独厚，福之流庆必远，公之孝其无穷！静庵公洎秦夫人之寿其无疆耶！

然鳌尚有说进于是，则以其道有大于是。公已[①]坐进此道，则指所荣而异为孝之致，寿之征，可也；曰[②]公所以孝，所以寿亲在是，则未也。鳌尝读孔子论撰[③]：子之孝在成身，身之成在仁，人之仁者，事亲如天，事天如亲。莫究其说之精微。已乃读《西铭》，有悟焉。身体发肤受之父母，心性受之天地，不可毁伤等也。心性与身体发肤孰重？知者能言之。故存心养性为孝之大，是所以寿亲也。何言乎寿亲也？子于亲一本也，子之心性与亲之心性一本也，不能不二于天地是自贰其亲，谓孝乎？是一本也，天地之纪，民物之统也，举之则君相所以达治，圣贤所以合德也，贰其亲则宇宙以内涣然离矣。故心性不贰于亲，然后宇宙一本之真全，是谓之仁。夫惟天无疆，惟善不朽，达心性于天地，孝孰大焉！全一本于宇宙，寿孰尚焉！精微之言。故鳌不敢以天子所赐所命为公荣而异，而谓公已坐进此道，指是也。公今为世师表，郁焉以儒宗称，行且为国大臣，是有宗子家相之责。凡高年孤弱颠连无告求遂于公之仁，皆一本攸属，孰非公所由成身者？其分诚殊，其举之，岂出不贰于亲之外乎？精至。

鳌愿以是觊之也。于是孟君闻斯言以为不诬，命函之，为公下执事献，致祝忱焉。

---

①是公已，静嘉堂本三字坏，据川东巡署本补。

②可也曰，静嘉堂本三字坏，据川东巡署本补。

③论撰，静嘉堂本二字坏，据川东巡署本补。

奉寿胡母周太安人七袠序

以秦汉之文词，发濂洛之学问，惟公独步，其馀名家罕见其比。

嘉靖丙寅三月十有三日，泰和胡正甫氏之母周太安人年满七十。天地干支之运，周六十年而再始，故人生六十称寿。自再始以往，七十，八十，九十，百年，其年弥高，故称寿弥重。然将寿在德，其寿之弥重也，重于后人之贤。故凡无德，则不足言寿，有有德而后人不贤，其寿亦不光。叙得脱俗。以太安人之德寿，正甫氏又为时名贤，世所遘兹，厥惟难哉！正甫氏董学西蜀，不得捧觞膝下，有望云之思，斐斐焉，迟迟焉，若难解于心者。淮海孙子应鳌者，正甫氏同志友也，于是寅长仙台李子命鳌举寿亲之大义释正甫氏，且为太安人祝。

鳌尝览载籍，上下古今间，以不敏不能胜识，顾其大较可得论数者，则以亲之贻善于子，考其钟庆之原，则其积可知也；子之成善于亲，察其不匮之实，则其类可知也。然亲未尝不欲善其子，第子之成亲有大小，则亲之善即依凭之。有宣勤邦国，昭垂劳烈，为树勋之子，如陶侃忠顺勤王，则湛母闻。有服礼行义，检镜绳准，为履善之子，如郑善果克己清吏，则崔母闻。有敷文析理，妙总鸿辞，为力学之子，如崔寔郁为儒宗，则刘母闻。有凌厉谋猷，主持国论，为职办之子，如欧阳文忠、蔡君谟，则二氏之母闻。有独行不偶，栖泊澹漠，为纯洁之子，如介子推，则其母亦闻。典则流丽。是数子皆一节偏善，不知圣贤之大道。君子有遗论：进之，有学究源本，志求孔颜，为尹彦明氏，以善养，不以禄养，则尹氏之母闻。又进之，有阐明人极，主持斯文，奉三迁之教，为孟子舆氏，则孟氏之母闻。故士有所立，不至羞辱其所生，虽成亲之大小不同，而服膳视寝诸末节不与。由是观之，在彼不在此。《史记》家数。

正甫氏之父晴冈公，有奇志，少以称力泽物为己责。得太安人为配，太安人事舅姑，能顺承志意，脱簪珥，供滫瀡，竭力襄事；相夫子柔而恭，勤劬以给其业；娴于内则若是，自其素行而已然矣。晴冈公年不满德，赖太安人之教，益操劳茹苦，甘心窘窭，躬视正甫氏之成而享其养。正甫氏有纯洁履善之行，其为文如崔寔；位望所诣，人以陶侃在晋，文忠、君谟在宋者期之；乃正甫氏之学，视世之一节偏善，不少注足；目其作道尚友，尹氏不以为止而以孟子为归。他日人称太安人为胡氏之母，此于孟氏、尹氏之母无疑者。斯正甫氏成亲之大，诚不在捧觞膝下，如世俗服膳视寝然后为孝，而太安人德寿之重，将永闻于世。世不独以年，况其年之自此以往，即八十，九十，即百年又未可期哉！精思造极，无一罅漏。

正甫氏昔为比部，考绩貤封，故母得称太安人，封之麻检，列太安人素行，宜享遐龄禄养，及正甫氏之贤亦甚具，大抵皆美词云。意亦甚出常格。

贺姜泉南公寿序

高大盘礴，奇巧幽邃，即以华山比此文，亦足并雄。大作手！

余鳌昔尝为关中文学掌故，得登览华山。海以内名山，余登览多矣，顾未有如华山者，浑沦磅礴之所郁积，秀异瑰伟之所揽结，余意必有贤人君子钟灵其间，庶足以当之而增其胜。便含蓄。华之麓，去渭水百里而近，居渭水之南，有姜泉先生南公者。余既下华山，乃得见姜泉公，于是私叹余所自计，以谓华山之所钟灵，其在斯人欤！其在斯人欤！

公既一见余，与余语合，乃为治具，约宿息，共展款曲。余曰："登山者不在览形势，在得其情。大精妙。是故山匪高莫立其准，匪奇莫振其气，匪邃莫竟其奥，匪文莫标其彩，匪蓄莫富其施，惟兹以岳称，惟兹兼哉！"公曰："子非论山，实以论人。"余曰："旨哉！立人之道亦犹是矣。士非节则易隳，故立准在节。非智则易塞，故振气在智。发之不可久，竭于养也，必湛而润，厚而胶，庶竟其奥。出之无章，困于博也，必名训中雅，敷扬入玄，庶标其彩。不能载济，短于爱也，必枯槁得泽，广散不愦，庶富其施。然有本焉，故皆不可以力致。"公曰："子非论人，实以论学。"转换最好。余于是与公论学，公为极阐其微。盖公少从伯兄瑞泉公越州时，阳明先生倡道东南，公因师事之，故独得最深。因俾余闻所未闻逾日，余再三叹嗟，始别去。

凡缙绅士大夫问余行部何见，曰见华山。又何见，曰见姜泉公。问余何征，奇。余以公为仪曹时，不嫭婀贵势，擢督学南中，虽被萋菲中伤，不为折，表公节。动有程准，昭旷远览，践行踔绝，非负俗之累，表公智。五经既具，以文懿熏其里人，里之贤无不出门下，愚者无不化，表公邃。覃思于古，润色于今，词旨蔚然，表公文。孝友睦爱，教诸侄如己子；济里人之穷蹐，鼓义发粟；拯震圮之灾，安定远近之乱民，还张进英之金，表公爱。于是闻者亦再三叹嗟，皆以余言为非诬。

再越岁，余自关入蜀。无何，宪使仙台李子至，问余关中何见，余亦如前为言者，而征之李子，亦以余言为非诬。

无何，宪副使南叔后氏亦至，叔后者，姜泉公嗣君也。叔后氏以公今年七十有三，七月廿八日为诞辰，不得捧觞，抱游子之遐思。仙台子谋欲为公祝，以余素谈公，因属言于余。余卒欲舍昔者论华之旨而不得，承接有精神。乃再拜，赞曰：

孔子言“仁者乐山”，又推之“仁者静，仁者寿”。盖山体静，故曰高，曰奇，曰邃，曰文，曰蓄，皆可久，故寿。余前论公诸懿善，皆仁者之行，故公亦宜寿。公早闻阳明良知之训，服行至老不为怠。良知者，仁体也。得仁之体，则备有众善，不以挠己。不得仁体，则虽有众善，惟物徇美。惟物之徇，是谓丧真，是谓忘生。不以挠己，为止其所，为宇宙主。至理之言。故公之寿不可为量数。《诗》曰：“惟其有之，是以似之。”又曰：“高山仰止，景行行止。”

送司徒三川刘公序

文与《史》《汉》并雄竞秀，而理致趣味尤杰出。

岁嘉靖乙丑春三月，三川先生刘公自应天府尹晋大中丞，来抚蜀土，鳌以职事候境上。公入境，即孳孳询民间痌瘝，凡损民，凡益民，咸察其真，即取次罢行之。于时属支罗土寇黄中不靖，言官疏其恶已稔，据法当诛，旨下问状，有持先声后实计可为抚处者。公毅然曰：“寇为乱数十年，宁能再抚？今当先实后声耳！”乃一意选将士，备糗刍，案地形天时之便，誓师而行，躬临渝州，程督攻战。支罗绝险，又贼为谋久且固。公皆筹度至精熟，贼众胆破。功将半，会大足田、蔡妖寇起，妖寇为谋更久，所在莫不联络响应，连陷郡县，合阳、定远、璧山、铜梁、安居、荣昌皆陷，分兵犯永川、遂宁、蓬溪、岳池。公不动声色，募死士，得数千人，征兵万人，分道进。公曰："合阳为蜀剧郡，先夺合阳，则人心不捏扤[1]，诸贼自解。"于是夺合阳，擒斩无算。合阳复，即夺定远、安居、荣昌、璧山、铜梁，皆复。贼披靡首鼠窜，折北不救，于是人人生气。公曰："江津有党类众，设起而应之，必烦枝梧。必灭江津！"趣川南兵将，舣舟江津。贼党类果起，我兵一战，尽歼之。各贼既败，渠魁退保大足，分路纠聚其人，以抗我师。时有画策围守者，公曰："围守之计非得也，万一贼纠众至，腹背受敌，事去矣！趣夺渠魁，贼众将自溃。"将士奉命，于是果缚渠魁，馀悉平。公速下令，免胁从之罪，焚刈掳钞者恤之，民则欢声鼓舞，父子夫妇人人庆更生。公前定三略，皆肯綮所在，故中其经会，灭寇如此其神速。妖寇灭，又逾月，支罗寇益穷蹙，反缚降楚。其馀或降蜀，或降楚，或斩或馘或俘虏，支罗亦破平。公亦如前所以免胁从恤焚刈掳钞者，皆毕，始班师，又莫不人人相庆，欢声益振。维兹蜀地号称偏安，无大震惊。如此叙事，节奏严整，翕张精妙。

在昔正德庚午、辛未，蓝鄢为虐，祸炽矣，得见素林公，难始解，故蜀人德林公至深远。今五六十年来，土寇与妖贼并炽，乃得公平之。然蓝鄢复越疆，祸及秦，今寇卒无一得逸其土。蓝鄢寇狂逞数年，今寇一发辄俱灭。蓝鄢仍遗其逋贼曰麻曰任者，肆荼毒；今寇灭，凡我土地人民无再忧。林公灭蓝鄢，卒与洪公语不合，有郤；今公处支罗，主剿楚，主抚事若反。公则以谓此寔成我，故今日之功德尤伟。如此议论，间架正当，回互明透。鳌尝览睹近代名臣若见素

①捏扤，当作"杌陧"。按，《书·秦誓》："邦之杌陧，曰由一人。"

公，史称“罔恋官爵，罔趋权势，罔择利害，罔畏强御，抗犯颜敢谏之节，高难进易退之风”，故当其时不屈近幸梁方事，今缙绅士大夫谈说犹津津有味。公昔为铨司，知有王典，知有职守，知有人才，知有公论，不知有执政。既乃蒙罪出，栖迟藩臬，知有吏治，知有民事，不知有淹速崇卑。其品流与林公同，是以皆能为国建大勋劳如此。鳌因叹君子立世，必信道明，然后不惑纷华，能置心利达富贵之外；必执德固，然后不挠事变，能运心天下国家之中。由是藏则为名儒，用则为名臣，非浅小丈夫苟抱尺寸者可管窥也。说出本意。

公既成功，未及奏报，适天子召公为少司徒，理西苑农事。公行，鳌又以职事候境上。鳌受公知在十年之前，兹无能赠公，乃举林公往事，偕分巡邵君为公缀言于行李。末乃平平，语亦自佳。

送庐山胡正甫序

胸次洞达如空中楼阁，笔端圆转

如盘内珠玑，极理之精，极文之变，妙不容言，敬服！

庐山胡公以嘉靖乙丑为四川督学使，逾年，以疾乞归。台使留之不得，诸学官弟子上状留之不得，余亦留之不得。于是诸学官弟子问言于余，因为公别。

公尝乞禄仕，教于句容。洎举进士，比部在公，秉罔挠之节，负踔绝之风。内焉不可，爰出于外，出而达，光陟师席，身为儒宗。何必不仕？政劳婴病，病久不瘳。慈母在堂，乞告行休。见可而止，引足以游。何必仕？公之临斯，士有典刑，下有式承。民风还醇，蔚然一变，为天下新。斯作人之楷范，为委质之规程。何必不留？先民良言，人各有志。虽进者之当尽忠,岂退者之皆违义?用则安富尊荣,不用则忠信孝弟,理固罔背。何必留?青青子衿,沉汨举业,谁知心学?曷繇昭揭?自辱公教,提真性之原,示至善之则。如聋得闻,如溺得济,如疲得歇。公今遄归,疑义孰决?二三子也,惴惴蓬塞。何必不悲?人情大较,未见圣若不克见圣,既见圣亦不克由圣。故志不同则造膝而悖,志同则千里而应。何必悲?以韵语转折,神施鬼设间见层出。

盖尝闻之:天命流行,宇宙广大。古往今来,四方上下。生生不息,曰神曰化。未尝间断,未尝虚假。以可行名之道,以通贯名之仁。以实理名之伦,以感通名之心。是谓至真,是谓至精,是谓至纯。能明此者,始命曰师,始命曰朋。吾人务学,全在于是。形骸所不能间,疆域所不能系。仕止所不能与,圣贤所不能异。公尝从念庵罗子以学,余亦从道林蒋子以游,二先生皆尽仁之至。公已剖厥藩墙,入厥窔奥,发扬光大。愧余之碌碌,犹不足与谋。程子见茂叔归,吟风弄月,有与点之趣。余思罗子、蒋子不可见,今舍公其何求!余与公先后游衡山,相约诛茅结庐,共探此学之深蕴。余家去衡千里而遥,公家去衡千里而近。公今先归,余归非吝。异日与公拂衣岣嵝之颠,枕易朱陵之穴,共证所得者之非古今非物我非内外非起灭,一笑往日之仕不仕留不留悲不悲,皆风云寒暑之陈迹。所谓知之至则不流遁,德之厚则无决绝。是公与余所共期为尔学官弟子隐者之孔周风月,达者之尧舜事业也。精思妙理,任其谈吐,无不是道,予尝以为淮海真天之徒也!

于是余始歌送公,诸学官弟子和之。诸学官弟子赓载歌送公,余和之。余又与诸学官弟子同声歌送公,公和之。

凡三章。

其一曰：道譬则岁兮，圣譬则时。学圣学道兮，匪迹是泥。迹有离合有隐显兮，道何为拘？衡山结庐终老兮，公也暨余。

其二曰：大道泛兮，如木有根，如水有源。剖括无馀兮，在公独知之一言。莫以有名有实为物之居兮，皆我真宰者存。勉哉兮吾汝之所终身，请观日夜兮相代乎前。

其三曰：怀友兮慕师，含情兮别离。别离兮何乡？东楚兮江阳。所忘者形兮，尤有不可忘。日就月将兮，缉熙于光明。即三章，亦无一凡近字语，妙极！

邵隐君传

学《史记》如淮海，方是得其心髓，如他人，止是得其皮毛耳。千古文豪，舍是奚归！

贵竹之普安，有隐君子曰邵元吉，字修之，别号忍斋。孝友绝伦，读书怀独，不苟合当世。少通《易》，又通《书》，通《春秋》，博通诸史，为学官弟子。嘉靖庚子试科举，场当初试，试之七日皆可合格，自谓第，人亦谓邵君第。偶街立，闻行路人私语曰："重庆邵郡丞病。"邵郡丞者，君之父也。君疾趋，问所繇来，行路人漫应，谓得自传闻语，非真实事。君蹙额不能解。入旅舍，结束行李。同舍人与同试士齐来止其行，但令毕再试三试，事可两遂。君不顾，即日行，日夜行不辍，比至渝，郡丞公已逝。君哀毁骨立，匍匐奉舆柩归。渝之道，通普安，由播州入，播为古夜郎道，雾霾多昼夜塞，虎多昼行。君奉舆柩，尝露宿，已乃果有虎咆哮来，同行人呼令第避藏茅屋，君但泣下不顾，虎竟走别径，掉尾去，不加害。孝感哉！孝感哉！

君之庐曾火，火方突，君入庐，左手抱郡丞公主，右手掖母出。再入，取一二图书，曰："有先人手泽在。"取之，果得出，馀不顾，火亦旋息。

君以例应岁贡，上京师，就通州视仲弟元善，时元善自户部郎谪丞通州。君忽两日不语，亦不食，时时泣数行下。元善问故，君曰："我思母，尔仕，我不愿仕。我一念至，我即欲归奉母，尔得安心仕。"于是兄弟两人相持泣。时又有同乡人同旅人劝君："君即不仕，请投牒，即得易冠绂，华其身。"君又不顾，弃牒归，归而母果以思诸子病，见君至，母病愈。自子长后，谁能叙事得如此？输写逼真，大作家！君以母病精于药，虽不专业，每奉母即效。

君三弟，元哲、元高先后皆举科第，君之教为多。元善守涿州，忤内贵，诏逮下狱，赖涿之民齐声叫阙，得免，谪通判辰州。君母闻而哭，不知已得释且得官。君慰母再三，请间关视弟解母忧，至武陵，与元善会面，兄弟两人又相持泣。如对面看见者。元善以得生为望，觊不及，欲还。君力止曰："朝廷其以汝为不才耶？何浩然以归为小丈夫？国恩厚，不可不报。若奉母，有我在。"遂止。

君居家俭。郡丞公名华谱，居官不卑节自点。君之三弟，今居官咸如郡丞公，亦不卑节自点，亦以君甘心隐约奉母，故得无内顾忧云。

臬使[①]孙应鳌曰：予往读《唐史》，谓隐之末者，内审其

①使，原作"史"，误。按，孙应鳌任四川按察使时，邵元善任四川按察司佥事，孙应鳌为元善作此传。按察使又称臬使，据改。

材，终不可当世取舍，故逃丘园不返，且使人高其风，不敢加訾，此论隐之诡尔。如邵君元吉，力本笃行，可谓克睹其大，非不能用世者比。孔子曰："惟孝友于兄弟，是亦为政。"於戏！岂不信哉！元吉妻，故贵家子，以元吉不仕，能屏去服饰，荆布操作，事姑与夫相终身。范晔称"扶风伯鸾"，有以也夫！虽是邵元吉一人传，却是邵氏一家全传也。

讲院种柏记

文有情思，不特规格古典已尔，每诵忘倦。

余所寓官邸之左曰讲院，院以外为隟道，院以内为方圃，盖创自安宁杨公，而宜阳王公额之者。余每闲暇，独徘徊于斯，乃列种以柏，在隟道南北者凡十六株，在方圃东西者凡二十二株。种时正当大旱，余觇方圃之东南有井且竭，令浚之，得水，遂引注之，柏是以皆生活。余于是深幸，盖冀他日之材可就，结荫之隐庇者或有赖也。乃已思符载所为《植松论》，因以取譬余职，则又不能自霍然者：

楚国主人嗜材，种美松于庭，培沃土，灌甘泽，根柢深固，柯叶畅达。主人将行斧采矣，客见而非之曰："是木有戛云之姿，构厦之材，绳墨太速，恐夭其理。今植于庭除，耳目狎习，气色不振，若徙嵩岱之间，当境胜神王，拔地千丈，根实黄泉，枝摩苍天，则可以柱明堂，栋大厦。"于是主人曰："客言虽阔而无岸，然余终能大之矣。"

夫柏与松类也。栽莳近陋，不克昭遐旷之旨。责成以旦夕，即嘉干贞根犹将枉敝焉。况培非沃土，灌非甘泽，植非松柏[1]，顾欲期以异用，垂耀荣华，岂不谓释远览之业而虚为此纷纷耶！妙语。故作人者，暗于大道，废太古之醇行，第使睍目攘臂乎取仕入官之小径[2]者，栽莳近陋者也。督以决骤声名，称之为贤，所由优裕自得，端趋向而约性情，视之已返，若圜墙之不可入，责成旦夕者也。斡转宛曲，罕譬而逾。故余种兹柏，诚不敢自夭其理，然终愧莫能大之，以崇余职，不能不笃望于嗣至之大雅君子焉。作斯记。

陕西省城添设参将记

兼先秦西京之长，淮海真文中之龙凤也！

嘉靖壬戌，陕西巡抚都御史蒲坂右山先生裴公，于省会选军三千人，请设参将一人领其事，疏达天子，下大司马杨公议，悉如裴公议。兹惟兵将有纪，外内有防，自裴公始也。不费力。

自陕西诸边设总督，开府固原，于是兵部疏请，每当秋防，总督移镇花马池，陕西巡抚移镇固原，遐迩胥图豫矣。乃延庆、庄宁，寇逸薮也，去固原千里而遥，有急，势难驰控。便见设将本意，文古。于是先总督魏公复疏请，凡寇入延庆，巡抚移镇庆阳，若犯庄宁，则移镇兰巩。此于相度机宜捍御部索之说，非不称密，乃巡抚所隶仅马军五百耳，举封界之总，欲提空名以示敌，临事而重，困则难为工矣。古。故裴公揆所当然，熟计之，乃檄清戎布政右使魏君尚纯、副使袁君光翰洎都指挥等，遴选西安四卫，得步队者四百九

①柏，原作“相”，误，据西安碑林《讲院种柏记》刻石改。

②径，原作“经”，误，据西安碑林《讲院种柏记》刻石改。

十有八，新戍者八百六十有一，城操者七百二十有二，寄尺籍者四百十有九，合马军为三千人。月糗糒人以斗计者五，皆取诸屯耕积羡，不溢费，不屈财而食用裕。于是裴公始上疏，请设参将，无事则于省会专训练，当秋防或延庆有警，则率队听指示，以折虏冲。陶心研虑，求策所至便，不失铢分，综核如此之详也。提提掇掇，精研疏畅。官有常职，斯军有定志，习久则艺精，威振则气锐，将知兵矣，兵知将矣。裴公虑远哉！

人臣御侮先后，在识天下大势耳。关中者，天下之鹄籥也；固原、延庆、兰巩，关中之牙阖也。关中宁，则天下宁；固原诸路宁，则关中宁。既设将，虏知我有备，必不敢逞，即逞，必不得气。况内之欲草窃作奸者，各懔懔胆落束手，转而缘南亩。审势达权，攘外安内，裴公知要哉！大议论，卓尔不群。

然余于是不能不三致意于将之继至者，以求无负于裴公，则何也？昔孔明谓："有制之兵，无能之将，不可败人；无制之兵，有能之将，不可自胜。"岂非兵贵有制，将贵有能，庶克相成也与哉？今三千人者，辖御营部，可谓有制矣。顾将之继至者，其能否若何？将之所慎者五：一曰理，二曰备，三曰果，四曰戒，五曰约。此虽吴起之言，然实将之经也。斡转在将上归重。不能治众如治寡，难以言理。不能整暇临敌，难以言备。只此二句，何等顿挫！整暇临敌不能勇，难以言果。令出不能使敬信于进退，难以言戒。崇己之欲，苛烦无恩，难以言约。若是，虽将之无能，将三千人各一心矣，又何制焉！斯裴公所望于继至者至厚，诚亦关中固原诸路系属为重轻哉。提掇又妙。

裴公抚陕二年，人人爱戴，犹弱子之遌父母，兹不述。参将公署在都司之左，三千人营舍，城以内者半，城以外者半。参将始至者孟君鸾，宁夏人。

辛酉举人题名记

光彩灿然，理致悠然，字字脱俗。

嘉靖辛酉，陕以西大比士，遵制举六十五人。初，余奉命董是邦胶庠，以未至，未克观盛典，暨至，则闻得人之颂，盖泱泱满封域也。御史董公有劳哉！故事，宾兴成燕以序齿，犹稍仿唐制，题名慈恩雁塔。余因诸士所请，重以御史之言，乃为记其事。

慨自三代盛时，治称极隆，莫逾成周。当其时，文武为君，周召为臣，精英畅萃，达于域中，固兹地丰芑之流声也。成周既遐，治称极隆，莫逾本朝。考其鸿生巨儒，振庙堂踔绝之称，则雍产尤为重，仍未尝匮竭，岂非沐圣人之遗化，愈衍溢于皇明作新之大泽耶？愈淡愈浓，愈远愈切。士生而为国家之干，欲以成名当世，照耀将来。人皆有竞竞之心，故奋迹者匪由于地，然毓值其地，则灵特之禀尤至；兴业者匪系于时，然际当其时，则休嘉之开尤敏。特立自树，匪专启于乡之往哲，然往哲之风轨具存，则崇术端趋，师程尤信。字字有开阖。故余为诸士厚幸，欲诸士之无斯负也。

盖尝览《穆叔论》“久而不废，在立德立功立言”，以为三者有一，可无负于士，名不朽矣。已乃读孔子“文吾犹人，躬行未得”之训，然后知穆叔之未暨厥实也。功与言，皆文所表见，名攸属焉，要必本诸躬行，德之不可以已如是。故有德，则功足昭政，言为匡教，反是则矫称蜂出，鲜不刺谬。故曰:“令名,德之舆也;德,国家之基也。”文武周召,共成极治,亦惟毕力躬行,率先至德,故功与言今耿耿焉。以躬行为立德,以立功立言为文,论合一之理极精。诸士惟德是以,则文所表见,虽大小先后各有所成,要其归等耳。反是,功与言何丽耶?况功无足拟言无足纪耶?皆自《史记》。故余发御史之旨,欲诸士绎训于躬行,无负皇明作新之大泽,聿追往哲,丕成文武周召之治,则兹石也,令名载而行之,其亦德之舆已。如此一缴,万钧笔力!

周公渠记

节奏严洁,文势自然。

周公渠者,鄠莓厓周公引潼水渠之,妙句。潼之人不能忘公,因以名渠,用永厥思者也。公名相,举嘉靖癸未进士。岁辛丑,来任陕西按察副使,饬兵潼关。潼儒学在卫治西,地湫隘,弗备于制。饬兵兹土者恐经费,故未尝从算事。公既至,欲教士成其材,又不欲动摇民力,老辣。于是量度盈缩,捐饩斥羡,赎文庙居廛,俾规界敞豁,撤堂斋祠舍,一一新之。语在王祭酒记中。庙以内修泮池,池之水发源自终南山而北,名曰潼水。杜氏《通典》所谓“潼关,本名冲关,后因关西一里有潼水,因以为名”,即此水也。点缀极妙。潼水味清甘。公引由南门入,复转西,遵南水门,绕凤皇山以下。水皆自西流自山下,水渠约数百丈,防其敷漶,皆以石。至西城下,又转北,复曲而东,经饬兵公署及儒学,乃至泮池,泄其馀尾于黄河。渠既成,民所日用饮汲,咸不烦辐轳,雲然称便。学以内,含清毓澄,气脉攸钟。士知公期望意甚厚,各奋经术,连得举,有司进于朝。他人作此,便要说出风水来。以故潼之民不能忘公,因名曰周公渠云。

乙卯冬,适地大震,渠所道多湮塞,泮池且圮。后又以他役取迫于成,至尽掘渠石去,渠遂废。乃壬戌公来为按察使,潼人怀公嘉迹,思修葺,不能直,遂负抱郁郁者不谋同辞诉望于公,公嗟而许之,于是渠又成。公昔在潼时,三秦人闻知公,莫不冀来泽,然何意公去潼且馀二十年,三秦人犹获所愿,而是渠已废,得公来,复再成。潼之人非尤有专幸耶!

凡政教之施,有罔恃于制作,靡寓于颂说者,感奋乎不容已之爱,赓洽乎不可释之心,此上之人躬率以德,相与驯习而悦安之常道尔。然以驯习悦安之久,一旦去其土,岁月既移,继续稍异,爱愈切而心愈坚,感奋赓洽之真无所于寄,于是见制作之遗令,则踟蹰而难禁,听颂说之馀声,则慕叹而不自胜,此宁有所迫胁枝柱以言貌相文致耶?只论道理,而颂赞之意溢然。公在潼,修文告,饬武备,宽肃随节,良恶异施,封疆按堵,功施到今。其所宜表著,不可一二举,而潼人第以是渠称公,则正所谓感奋赓洽之真之所寄焉者。点得出。余因主断,潼人今日得再见公,其踟蹰慕叹厥思之永,不特二十年如一日,虽百千年可知也。虽三秦人自今日以往不啻如潼人,抑又可知也。翕张有味。

让溪书院记

滚滚不穷中更警策。

让溪游公,徽郡婺源人也。自少即事圣学,入乎耳,著乎心,弘积厚养,神明自得,以故靖共有位,惠施不竭,声实所加,若士若民,莫不极服感之真云。

嘉靖丙辰，公为湖广行省参知政事，分守湖北地。湖北土无他产，民多贫窭，赋税之入薄而艰。自沅州开府后，以其供需所出，来往所给，军旅所资，敛括视昔不啻百亿。乃当事者日晏恬于上，漠然不为念，岂非学道未至，故爱人之术未裕耶？说政事，便见学问。公自临莅来，首先正己，因语诸属僚以侈败俭存，陈设得失，禁戒明白，发于悖恻，裁约一身服食以为准，凡交际往来一切旧度所破产以营縻费，悉罢去。于是咨询闾阎疾苦不得尽闻不得尽见之状，操纲展目，程猷经谋，于是亡业者复，游食者务。又稍取一二横放难谕狐鼠诸徒，重置诸法，虽当路以为忤不恤，利害不怵也。

苗穴戍守官军有承风邀赏者，往曾激苗突出，刘刈最惨，主将以下咸失措。公遂单车[①]入苗地，告以祸福，苗则各受约束去，于是立十策议，惜乎不见之举行。古昔有言："至诚之道，可孚豚鱼。"信矣！信矣！

公暇，辄进诸生论学。公之学，大要以天地万物本为一体，知是者谓知，行是者谓仁，尽是者为圣。故观若草木观若鸟兽有长养者孳息者，心未尝不欣欣以喜且欲遂之也；有摧折者死亡者，心未尝不戚戚以怜且欲拯之也；此好恶之天则也。以此反之家国天下，有异趣乎？以此举之修齐治平，有异理乎？说学问，便见政事。谨微慎独，恒久不已，出中正于偏颇，扩太公于私利，澄清虚于混浊，挹顺适于纷挐，发生几于枯槁，则化裁通变，宇宙在我。故圣人之仁，合德以为能，外道之教，偏诐而自遂。于是诸生听者，缘公

①车，原脱，据徐学谟《（万历）湖广总志·让溪书院记》补。

所言，质公所行，莫不充然各足，信为精理，若泛溟渤，知汇众流，若登乔岳，不足齿百里之卑微也。古雅。

公以己未擢湖广宪使，民庶不能舍公，各为纪载祠祀，颂公永久。乃辰州诸士辱公教者共建让溪书院，日讲习其中，如侍左右，适余鳌[1]以公役经辰境上，诸士乃乞记于余，以示不忘。余因是则再三叹，以为圣学不见于天下也，厥咎曷由？盖蔽焉不讲，瞀焉不行，既以颛蒙固陋，胶泥天常，则诚无足比数；乃有悬门户以自表树者，讲焉弗至，行焉弗力，斯掩迹佹众，倜然无所归宿，是君子甚戚者也。何戚也？彼其自驾以孤高之称望，然不足以析精微而綦践蹈；示人以形声之步履，然不足以昭准则而富施张，则叛且议者，矫且怠者，何不难之有焉！今世之为士，自诵习能文章，由之服官从政，膺当时之务，其于圣学有能讲而行者，不以自止，必究其致，必极其力，若公者，吾见心所涵蓄与政所推行，成教化俗，至于赓缉周洽，范围鼓舞，若士若民，莫知其所由，然岂非振绝响而拔常流，于圣人之道恢恢然益光大而昭扬哉！真中膏肓。鳌[2]掖垣江臬，两继公躅，兹又得以文托于不朽，于公之学，实不忍不自相切劘以负公，并为诸士勉也。

诸士乞记者，舒生一鹏、柏生愈秀、陈生潜、丁生文炳，[3]馀载碑末。书院外额“让溪书院”之坊，中额“怀德堂”，内像公貌，额曰“斗山瞻仰”，左右为号舍若干楹。址

①鳌，原作“某”，据徐学谟《（万历）湖广总志·让溪书院记》改。

②鳌，原作“某”，据徐学谟《（万历）湖广总志·让溪书院记》改。

③按，《（万历）湖广总志·让溪书院记》所载七人：“诸士乞记者，高生等、丁生相、舒生一鹏、柏生愈秀、陈生潜、胡生考宁、丁生文炳，馀载碑末。”

在虎溪精舍之东。虎溪精舍者,祠阳明先生所也。如此一句,亦自有味。

菊 记

说花,说官,说教士,说种花,错错落落,婉曲比并,妙甚!

嘉靖丁巳,余提刑江西按察佥事。是时天台王敬所子为督学使,每秋之季月,尝折简相期余过廨舍看所种菊,自署万菊主人。所种菊,率在陶埴器若盂甗形者,菊甚茂蔚,花繁甚。每相期过,未尝不赋诗投壶,竭情欢伯,然后别。

居无何,余迁参议,仍江西,敬所子亦来为布政使。余亦因政事暇,以陶埴器学种菊,率多槁,即不槁,亦不茂蔚,且不花。余因以质敬所子,乃敬所子曰:"物莫不生于土。菊者,尤草卉类之秉土为性也。余虽种诸陶埴器,然置诸土上,器内贮土满,不用底,[①]其气通。子以置诸石,除土性,既隔气,因阏塞矣。"余于是私识之。无何,余载迁陕西督学使。既至陕,亦因暇,载学种菊,如敬所子之言,菊于是果茂蔚,花繁甚。

语曰:"熟者之智,暗者之决。"讵不信耶!自余载学种菊,欲尽其方,于是考谱牒,遍询善艺者。当春苗时,剔根析茎,掇去其颠,数日则歧出两枝。又掇之,每掇益歧。至秋则一干数花,婆娑如小盖。风韵极佳。其粪灌,宜活水,宜鸟兽之焊水,宜衣垢水,皆可肥。粪灌不宜数[②],宜雨壶,庶水散而徐。宜就日,不宜熯干,宜常润,不宜佩麝。虑虫啮苞颖,宜勤视。凡是数者,皆敬所子之未余告。然敬所子

---

①"器内贮土满,不用底",西安碑林《菊记》碑刻作"器底多为款窦"。

②"不宜数"后,《菊记》碑刻有"根易烂"三字。

谓毋失土性以阏塞其气,则固括是数者,何必尽告于余?

自余迁官陕西,敬所子为文宠行,大要称陕本西京流风,经术词赋素所称雄,谬指余亦以经术词赋誉于时,谓士不通性命,则经术为口耳,词赋为俳优,欲余进士子于性命。此其旨与种菊者毋失土性以阏塞其气何异?一篇骨子在此。惜进士子于性命之详未余告。然以余欲尽种菊之方例之:苟知欲毋失其性,恐阏塞其气,则凡欲以顺时行教,随质异裁,约禁其淫忒放逾,使昏蔽撤去,各得所以为心;由是循法践矩,习耳目手足之则于不识不知,由之诵说讽咏,得返于性情;树辞摛文,能摅乎理趣,俾硕大光伟之业,此焉基之。斯曹刿所谓"苟中心以图[①],知虽不及,将必至焉",庸讵两有轨躅哉?惜敬所子今远隔数千里,莫相对为欢,证前说当否。把菊[②]怀人,为之怃然。

淮海孙应鳌记,时壬戌秋之季月。

刘公井记

说事说人,一节一节,形容得痛快无比。

嘉靖壬戌四月二日,三川刘公任陕西按察使。是时天久不雨,熯甚,无论田塍间枯槁状,即城郭内井泉皆竭。虽青神余公所为导引龙首、通济二渠入城郭利济民者,源亦竭。公忧之,乃广步廨舍前后而指东南之巽地,曰:"是当有泉。"令工掘之,掘八九尺,土渐润。再掘,为泥土。掘二十尺许,水涓涓出。乃令工益浚之,泉涌上不可止。是时,

①苟中心以图,《菊记》碑刻作"苟中心图民"。按,《国语·鲁语上》:"苟中心以图,知虽不及,必将至焉。"

②菊,《菊记》碑刻作"花"。

环匝左右望得水者若林樾，既得水，于是人人绠汲持归，不啻醴露。炊者，暍者，浣者，酿者，盥而漱者，莫不昕夕于斯，随取各足。是水味复甘平，掬之且清。以是人皆德公，遂同声一辞，呼曰刘公井云。公又为民祷雨，颜色黯惨，吁天雩神，已乃果得雨，三日始止，田塍之枯槁者皆返青色。人愈益德公。叙事绝似马迁。

公为按察使无几时，百姓咸孚。即叩泉于地，地应之，祷雨于天，天应之。以此两言总括，极有气力。使非爱民悬恻，此岂可虚辞借邪？昔苏长公为杭州筑堤以障水患，杭人呼曰苏公堤。今秦人呼是井曰刘公井，古今事偶同，固宜尔。然以是觇考民情，古今亦岂甚相远也？闲语有紧要。凡任[①]官受职，心乎民事者鲜矣。其有历华要，居禁近，偶调补于外者，下则局蹐愁苦不能解，稍异是者则放浪自遣，适其心乎民尤鲜。余以是叹苏长公自翰林出为杭州，即今三川公自天官大夫历列卿出为藩臬，皆能竭力勤治若此，即古今贤豪所注厝，又岂甚相远也？闲语有紧要。天下四海至广众，察其本，不殊一身。凡任官受职者，施布有地，视一身尤宜切，手足之寒燠，周于四体，则气脉贯；腠理之宣秘，乖于百窍，则精理窒；彼不知心乎民事者，不自知己身耳。余以是又叹公所由竭力勤治，爱民悬恻，虽甚盛德，诚亦由学道以为之本欤！便见学问。因记之碑，诏于将来。公名自强，河南扶沟人，甲辰进士。

①任，原作“仁”，误，据下文“凡任官受职”句改。

孚吉堂记

班马有辞，缺于理；程张有理，短于辞；兼此二妙，惟公独也。

余缮治果州之公局，得苟完，详著《敬安堂记》中。敬安堂后为私居正室，室有堂。余既命其堂为孚吉之堂，复著其义。

盖余尝学《易》，《易》悬象辞以示占玩，虽方类至殊，然以孚获吉什之九，吉原于孚亦什之九。《比》之初六："有孚盈缶，终来有他，吉。"表论交定始，孚则吉也。《大有》之六五："厥孚交如威如，吉。"表居尊下贤，孚则吉也。《随》之六五："孚于嘉，吉。"表正位应下，孚则吉也。《家人》之上九："有孚威如，终吉。"表正家久远，孚则吉也。《益》之九五："有孚惠心，勿问，元吉。"表聚欲益民，孚则吉也。《萃》之六二："引吉，无咎，孚乃利用禴。"表卜祭修享，孚则吉也。《井》之上六："井收勿幕，有孚元吉。"表行道上出，孚则吉也。《革》之九四："悔亡。有孚改命吉。"表维新起弊，孚则吉也。《丰》之六二："丰其蔀，日中见斗，往得疑疾，有孚，发若吉。"表应柔事暗，孚则吉也。《兑》之九二："孚兑，吉。"表疑朋居悔，孚则吉也。《未济》之六五："君子之光有孚，吉。"表文明发挥，孚则吉也。一引一断，左氏家数。至揭诸《中孚》本卦曰："中孚豚鱼，吉，利涉大川。利贞。"夫豚鱼异类，中孚可感，大川险难在前，中孚可涉，推是也，用《易》之道括是矣。《易》之道，中而已矣。天地设位，《易》行乎中。《乾》《坤》两卦之外，卦凡六十有二，得以中名，惟《孚》卦耳。新异。二阴居四阳之中，其象虚。二阳居二体之中，其象实。圣人以此明中，盖明心也。心无一私，然后无欲，无欲则虚。心全天理，然后有主，有主则实。虚则孚也，为明。实则孚也，为诚。至实然后能虚，虚者，心之神以用中也。至虚然后能实，实者，心之体以立中也。无他，不实其所虚，则实；不虚其所实，则虚。故曰《易》之道，中也。彼指下兑上巽为解者，《中孚》末旨耳。一中立，自论交定始，居尊下贤，逮至疑朋居悔，文明发挥，安往不吉？故曰："中孚利贞，乃应乎天。"孚之道，天道也，吉在我也。中以孚，孚，《易》也。发扬《易》蕴殆尽。余官于此，《比》之初六以下之诸义，莫不日用焉，思通一毕万之道在《中孚》，故题诸起居之所，思以孚吉共起居，或得精进于将来，而为记其岁月。

敬安堂记

无限转折，无限事情，无限比喻，

用得不费一毫气力，如珠走盘，圆融之至。

嘉靖癸亥，余自关中迁蜀藩参政，分守蜀以北，阆州、果州、梓州皆辖焉，而驻节则在果州。果州夙著称文献，其士大夫咸礼义自持，诗书弦诵，彬彬质有其文采，余所愿游。地非孔道，不数于酬接，余所愿居。其民朴[①]野，安本业，无外作，罔竞讼，又余所愿治也。自余莅任再稔矣，同御史行部他州郡者四，摄藩省事者再，摄他路分巡分守事者三。已乃龙州变作，征兵督饷尤剧，甫两月扑灭之。乃都御史禅代，复往来境上，候出入其境，中间驻果未五十日耳。轻省。

始余驻果，见廨舍敝坏颓圮，甚阴湿阒塞，中者咸病，

①朴，原作"扑"，误，据文义改。

欲稍缮葺之，爰请于都御史。御史许给官帑，得以不费民一钱刀。取诸城旦为佣作，得以不扰民一力役。用得轻省。昔孟文子恐为利，故易其次，不弛宅。郈敬子以出入有数，不弛宅。典实。余非智不及此，盖不敢以传舍视此地，欲久居此，时时求士大夫之益波润余心身，因煦妪吾民而休息之。故额出政之所曰“正己”之堂，额延会之所曰“论学求治”之堂，取孔子“修己以敬，修己安人”之旨，额休衙之所曰“敬安”之堂，凡以表志也。何等脱落，不缠绕。

乃缮葺苟完，又以境上逆御史，谨假道一至，则余所志者其将谓何？古者身不易官，官不易地，不纠缠于制令，不拘牵于期会，是以居是邦，事贤友仁，则学可相观而成，省烦专爱，则民可不更而治。今非其时矣，余安能违之？此处正见公志。继自今，余或幸得久于此，即或不得久于此，诚未可期，至其心之怀负乎斯地之士大夫与民，则虽他日易地易官，真歉歉焉不能自忘也。记之。

周亚夫论

真正西汉文字，论透心骨，马迁亦当心服。

愚尝读《史记》至《绛侯世家》，未尝不废书而叹曰：“嗟乎！人臣之用于世者多矣，要之，以得君为本，不得于君而能用于时者，否也。周亚夫征之矣。”

太史公论亚夫曰：“亚夫之用兵，持威重，执坚忍，穰苴曷加焉！足己而不学，守节不逊，终以困穷。”吁！执此以定论亚夫，信邪？否耶？夫所谓“用兵持威重，执坚忍，穰苴曷加焉”，谓其事文帝事。夫所谓“足己而不学，守节不逊，终以困穷”，谓其事景帝事。事文帝，世多知之，故不论，论其事景帝者。照。

方吴楚反，吴攻梁急。梁请救，亚夫不与，梁请景帝，不奉诏。吴奔东南，亚夫使备西北。已而大破吴王，斩吴王首而吴楚破平，何成功之伟与！虽与梁王为有隙，景帝恶不奉诏，执信不移，近古以来所未见有也。破《史记》，妙。

景帝欲废栗太子，亚夫固争之，景帝怒。窦太后趣景帝侯后兄信，帝曰："请与丞相亚夫议之。"亚夫执高帝"定天下，非刘氏不王，非有功不侯"之约，景帝默然而止。不学而能之乎？又破，妙。

匈奴王徐卢等五人降，景帝欲侯之。亚夫曰："彼背其主降陛下，若侯之，何以责人臣不守节者？"愚以为人臣逊其君者莫过于是。及景帝召廷尉，坐以反罪，乃亚夫与勃两朝遭际如此，不可罪其不逊也。又破，妙。

人臣所事，莫非其主，或得毕愿忠之节，或反蒙诟辱之耻，身之所遇异也。亚夫军细柳，天子至，坚壁不动，介胄不拜。非文帝之宽仁，曷足以容之？彼一亚夫耳，在文帝则称善，在景帝则坐以反，亚夫非先忠于文而后背于景也，故曰身之所遇异也。应。以景帝之惨刻而亚夫事之，不屈其志，不从其欲，身虽陷败，历千百载犹足为将相法，固不当以成败先后之迹论之也。忠而不报，信而见疑，无代无之。人臣不能必其报与不疑而能必其忠信，若亚夫者，可谓能必其忠信者矣。极论其事理，悲壮严密。

赵充国论

敷陈明确。

赵充国以威信招降先零羌，议者谓先零兵盛而负罕幵之助，不先破罕幵，则先零未可图。《诗》云“谋夫孔多，是用不集”，其斯之谓与！

时罕幵与先零不合兵，且以先零之反来告，其无反意明矣，或者观望于其间，未可知也。先零兵胜，则与先零，以分其利；汉兵胜，则与汉，以自免；此时最不宜轻战。切。幸而胜，彼将窜伏奔突，据险守要，吾兵进不得与之战，退而撤其备，则彼乘隙而复入。不幸而不胜，则诸羌之势合，益无所忌而不可制。先击罕幵，则驱之使合，而又生一敌，此不知兵者之谋也。

原先零之叛，亦无远计。吾以大兵临之，彼自有所畏而不敢轻动，既无所掠，其势必不能久。屯兵不动，彼亦莫知吾计所出，诸持二心者可招而下也。罕幵降，则先零之势益孤，不溃何待？故当坐困。然大军难以持久，故计无如屯田善。屯田，彼知吾不与较胜于一战，且为持久[①]计，其聚散无常，乘时窃发之谋不攻自破矣。吾不得烦调度，假以岁月，而守御之备益修。凡战之道，攻心为上，如充国计得之矣，汉廷诸臣何哓哓耶！当时无魏相主之，则几败事，故曰自古未有奸臣在内而大将能立大功于外者。

魏武论

千古遗事，计谋出入，如指目前，信是作手。

曹操因取荆州之势而移兵于江东，不因取汉中之势而加兵于蜀，苏子瞻以为长于料事而不长于料人。人与事何以相远哉？破得苏子精当。

①持久，原作“待久”，误，据川东巡署本改。

人之情，骄常生于得志之后，而退缩保全之意每自艰难顿挫得之。赤壁之败，乃降黄巾，杀吕布，破二袁，定刘表者以为驱使也。其后止于南郑而不敢窥视西蜀，又赤壁之战先有以夺其气。实是如此。自孙氏归保江东，未尝有事于四方，故亦未有显名。曹操以为区区一隅之地，人才气势无逾数雄，席此累胜之威，顺流而下，何往不克？当时吴中已有欲迎降以为安者。孰知孙刘皆雄才，又得孔明、周瑜者以为之佐，居于危迫险急之中，譬之同舟而遇风波，其势不得不合，其心不得不一，势合心一，亦何往不克？故其狼狈奔北，乃骄心之使然也。切中。志犹未已，后与孙权会兵于濡须，见舟楫器杖军伍之盛，乃知吴蜀犹为劲敌，相与合谋，以抗中原，客主逸劳，势不相若，未可以席卷长驱也。拔阳平，入南郑，特鲁之无援耳。今移兵于蜀，蜀人守险不下，吴兵从而蹙之，非若赤壁之役可以间道北归也。观其鸡肋之喻，知汉中在于吴蜀之间，二国所必争，尚亦不得而有，何以谓新造之蜀可一举得之耶？切中事情。

鸣呼！无新野之役刘备旁视而不忍夺其国，则荆州非其所有；无江陵之役，则吴蜀之交不合而无以自固。故操之所以自为，皆备之所以为资者与。说透。

孔明伐魏论

事辞纠错，脉络分明。

孔明谋伐魏，魏延欲由褒斜之间分道以进，孔明不从其计，乃自祁山以出，三出军竟无功。有志之士不能无恨于延之计不用云。

褒中斜谷乃蜀中东道，其路险隘，兵法所谓“可以往，难以返”者也。魏不为备，故得潜师以出，所谓“攻其无备，出其不意”矣，一举而直入于魏之腹心。祁山乃蜀中西道，其路坦平，蜀与魏之边境也。由此以出，得寸则寸，得尺则尺，此所谓蚕食之计也。如此，则延之谋力逸而功倍，亮之谋事劳而功半，孔明何不乐用其逸，顾自出于劳耶？

盖直入腹心，此强大之施于弱小，智勇之施于愚怯者也，一动而直不敢与之相抗，可以安享其成而无后患。当时势力，蜀不敌魏远矣，一旦移兵而溃其腹心，则魏人之势必急，当悉力以拒矣，出陇右之兵以绝粮道，撤关东之兵以与之战，蜀人进无所据，退不得归，即一败涂地；吴乘其敝，逆流而上，益州非汉有也；故谓之危计。正是如此。战卒策士于魏不乏，独以智力相角，蜀必不能得志于魏；曹魏君臣多用诈力，民不心服，惟恩信可以胜之；故每出不待粮饷之足，亦无意于深入，特小示信义于中原，使自溃以背魏而即蜀。蜀之兵力，以制魏则不足，以自守则有馀，故分兵屯田，与居民杂于渭滨，魏人无以制之，而民亦不以为苦，使孔明不死，积以岁月，蜀之恩信日入于魏民之心。魏人征发无已，民或不堪，必叛魏而为蜀民，心一归于蜀，魏即不战而自破，《易》所谓“以杞包瓜”是也。若谓一战可以胜魏，遂能复高、光之业，不知兵者矣。正是。

司马懿谓诸将曰：“亮若出武功，依山而东，诚为可忧。若西上五丈原，诸将无事。”亮乃屯五丈原，而懿卒不敢与之战。何也？盖懿意欲诡辞以误亮耳。由武功以东，此关中内地，如此则腹心受病，即魏延之计是也。但武功以东居民多而地无遗利，亮计出此役，坚壁清野以待之，攻掠则顿兵而力疲，屯耕则夺民之田而伤其心，以孤军深入敌境，伤民心而励其气，则速其败矣。五丈原乃三国交道，往来受兵之所，民不利于居，故隙地可耕，且在渭滨，可引渭水以溉田，故可与持久，战即不胜，东可以求援于吴，西可以退保于蜀，此十全必克之计，兵法所谓“交地则无绝”者是也。正是如此。

至于街亭之败，则失于用人之不当，马谡非不可用，但所用不当其材耳。史谓马谡“才器过人，好论军计”，无他言行，可见只南中攻心之议，亦切中事机者也；则每谈论之自昼达夜者，必有出于一时将吏意见之外，多可采用，故为孔明所重耳。魏延每欲请兵异道，必勇猛不羁之士，史谓“善养士卒，则士亦乐为之用”，兵识将意，将得士情，斯可决胜；即使不幸而不胜，亦不至如街亭之狼狈；大不幸而置之于法，死者与我皆无恨也。故用人当因其所长，使人当以其所乐。孔明轻用于马谡而至于败，重用于魏延而丧其功，可为千古之一恨云。切中。

淝水论

淝水之战，秦兵逼淝水而陈，谢玄请陈小却，晋渡兵以战。苻坚计引兵少却，使之半渡，则以铁骑蹙而杀之。“半渡可击”，此兵法也，秦兵卒以大败，何也？

李靖谓苻坚为慕容垂所陷，正在此际。时慕容垂为冠军将军，将其军为前锋，则三军进止之节，皆视于垂矣。所遣士来说降者朱序，又秦所掳于晋之襄州者也，垂与序已有谋矣。谓序晋人，使说晋，晋人不疑，可诱而下，不知垂正使序谕意于晋耳。故晋人恃以无恐，敢鼓勇以与战。及梁成军败于洛涧，则秦兵之气已夺，中军举帜一麾，则慕容垂首先奔溃，三军之士皆随风而靡。此秦兵初出时燕人之始谋也，是燕与晋合力以亡秦矣。

不然，苻坚百万之众，谢玄等所将仅八万[1]人，不及十分之一，攻即不破，力亦足以相救，即不得晋，亦当全师以归，何乃狼狈若是哉？且以前攻寿阳而克者，秦固此军，后崩溃于洛涧、淝水之间者，秦亦此军，故此亦天幸，秦适有燕人之隙，晋得因以自全耳。后人乃责其不能因淝水之胜遂复中原，不知攻与守，其势难易相去远矣。藉燕人之力仅能自守，又恶能自以其力而攻人耶？却正是。

督学集三卷终

①万，原作“千”，误，据《晋书·谢玄传》改。

孙山甫督学文集　卷四

如皋　孙应鳌　著
南充　任　瀚　批评

三家弃地论

甚是。

汉议弃珠崖，唐议弃维州，宋议弃灵州。珠崖去中国极远，民情物产亦大不类于中国，其地不可耕而食，其民不可臣而使，自当弃之。汉累岁征役不息，是所谓无故而勤民于远，故贾捐之建议弃之，弃之诚是也。维、灵二州，自中国之地，其民皆中国之民，为西北藩蔽，维州陷入于吐番，固当用兵以收复之。李德裕召诱款附，岂有执其降人送之敌境，坐视杀戮，以快虏心之理哉？灵州为夏人所迫，力不能守，乃拔而去之，以全其师，其势益迫。灵州守备单弱，当益发关中兵以戍守之，无遗弃于虏之理。故唐宋二议，皆非汉比也。

然杨亿、李沆犹以土地为轻而人民为重，边境为缓而内郡为急，欲弃其彼而全其此，事虽失而意则公。牛僧孺全不为国，但一受维州之降，西戎、南蛮多求内属，功皆德裕之功，上以德裕为可用，则德裕将入相矣，德裕相，则己必为其所斥，故以此闭塞其途，以为己保位之计，且使土地人民终陷于虏而不可复，事与意无一可者。温公乃以《春秋》荀吴不受鼓人之叛之义[1]责德裕，而以僧孺为得，何其异哉！

荀吴之义亦为未尽。苟不欲叛，则如勿伐，既以力攻，何恶于叛？此伯者假义以欺人之术也，亦非可以为万世法者。况维州自吾故地，亦非晋与鼓人之比。胡致堂颇知牛、李是非之辨，乃谓僧孺以小信而妨大计，亦未为深知僧孺者矣。僧孺全不为信，特假名以阻挠德裕之入相，此德裕亦有以致之也。李宗闵策辞讥切其父，亦自公论，非为有怨于吉甫父子而为之。吉甫一朝宰相，言行政事俱在史册，天下后世岂无知者？即使宗闵不言，是非得失亦不容掩。孟子曰："名之曰幽、厉，虽孝子慈孙百世不能改也。"则亦何恨之有？彼言而诬，其失在彼；言之而得，当迈迹自身，以盖前人之愆。何不公心为国？乃思其父而怨恨以相倾轧，所以致宗闵引荐僧孺以为羽翼而排摈之也。僧孺小人，不足责，宗闵讥切吉甫，亦可谓知从违矣，何乃出此阴私之计耶？皋陶对禹称鲧之恶，指其事而不斥其人，禹且以昌言拜之。古人忘私为国，善处臣僚之间，后人所以不逮哉。

海运议

据古陈今，审时达变，经济大手。

文字妙美，谨严切密，更不俟言。

谨按北平建都，元以前无有也。元时，河运未开，欲疏凿则不能，欲陆挽则劳甚，故不得已求济于海，复得张、朱

①之叛之义，原作"之义之叛"，倒，据川东巡署本乙正。

二寇久于泛海，熟知险阻，遂假事权，是以东南之粮得至燕都。作《元史》者遂谓一代良法，丘文庄因以为今日可行之策。叙有来历。殊不知成祖迁都，以泛海为艰，命重臣疏河道，则已无事于海。近以河流不出徐派，故道湮塞，而治河诸臣遂以为登、莱本海运故道，平度东南有南北新河，元人常于此治闸，达安东，避开洋之险，搜罗考求，拳拳于海运之讲，此则甚不可者。

元人法度宽纵，张、朱二寇任其所欲，及其骄恣，终莫可制。今孰能胜此任如二寇耶？是得人之难也。极是。漕运四百万石，计舟则一万艘，虽海舟可千石，不必若是多，然舟大费广，非数十万钱不可。以东南既竭之民，非一民不遗不足兴此，倘略不如意，则海功未奏，民且乱矣。灼知真见。

大海非江河比。今河舟之卒十万，运于海未必可减，滨海之民应募可十万乎？是造舟与人力之难也。夫海道之消溢不一，载籍之陈说难凭，海运废几二百年，复欲按书求路，一一不差乎？

且今闸河居民求活漕运多矣。海运既工，河运必略，况淤塞之患无岁无之，居民罹于昏垫，山东啸聚而起，能保必无乎？计画无遗。今日倭夷为害，漕河居内，彼尚犯之，海为彼途，其非借寇兵赍盗粮乎？海水自天津以东淤浅数百里，海舟仅能达静海，静海去直沽数百里，陆挽之费可省乎？元人之因以士诚，非以运也。辨析到至处。今若有啸聚能阻我漕于临清，独不能阻天津乎？今河且不能治，况及于海乎？海治而河决，付河于不治乎？有治海之费之劳，何不因其已然者而工于治河乎？二运并兴，此不至则彼至，听之则易，行之则难。一节警策一节。

方今河运具有成法，愚请以海运不必行，一以重权责之河道总督官，专意讲求治河通变之法为上。次则虞集屯田之策，无工费之难，有坐收之利，此固昔人行之有效，正今日当举行者。其视海运之说，其虚实利害，不待智者能辨。请以此付有司议。谨议。又入别调。

立更始将军议

精密卓绝，大篇所不能及者。

新市、平林将帅之立更始将军，与项羽之立义帝，事同而意异。楚之宗室，岂无长而贤者？独取牧竖子而立之，为其易制也。故其势不废则弑，自其始立而已然矣。明知玄之懦弱而故定策立之，利其不我制也，其势必溃，此皆天意所在。当时使项籍诚心戴楚，则高帝之成败未可知；使南阳豪杰得先主立缜，则中兴之业不在光武矣。故天欲有所就，必有所夺，废兴存亡之数，殆不可以预料也。

庄公戒饬守臣辩

又妙甚，足破左氏之差。

郑伯入许，许庄公奔卫，郑伯使许大夫百里奉许叔以居许东偏，使公孙获处许西偏。左氏以郑庄公为有礼。

郑庄之辞，不敢自以为功，似让能；其况能久有许，似反己；况能禋祀许，似虑患；吾其能与许争，似忧远。然其言曰“不唯许国之为，亦聊以固吾圉”，则自为自利之心不觉尽露矣！要之，残忍阴忌，庄公本性。不爱于段，何爱于许？郑庄而知礼，孰不知礼？

孔子称叔向辩

义理甚确，足正千古之讹，文复有要领。

仲尼曰："叔向，古之遗直也。治国制刑，不隐于亲，三数叔鱼之恶，不为末减，曰义也夫，可谓直矣！"鳌以为此非孔子之言。

肸可称述诚多。但平丘之会，胁诸侯以示威[①]者，肸也。鲋渎货，肸独不受羹乎？归鲁季孙，乃惠伯请从诸侯之会，宣子患之，谋于叔向，因使鲋说之，则鲋之诈，肸实启之矣。邢[②]侯与雍子争鄐田，肸既知[③]直在邢侯，不以教鲋，而令任其贪婪，及宣子问罪于肸，直言当杀，法之所在，肸固不得自私，略无忧喜休戚相涉之情，况望其养不中不才也？其父攘羊而子证之，孔子不以直，肸之直，此之类也，孔子其肯直之又义之乎？若周公之诛管蔡，事关宗社，不得不然，故曰大义灭亲，肸也而若是班乎？故曰非孔子之言也。

严尤议伐匈奴辩

文妙。论秦汉处，岂世之迂儒俗儒能窥其阃奥一二？是经国者。

严尤议伐匈奴，谓周秦汉三家未有得上策者。推尤之意，必如舞干羽于两阶，有苗来格，然后谓得上策乎？吾恐使舜禹当周宣之时，其策亦不出此。

虞夏之际，声教讫于四海，所未服者，独三苗耳。禹之班师，非其力不能也，特置不问耳。彼进不得与中国抗衡，

①威，原作"戚"，误，据孙应鳌《左粹题评》卷五《孔子称晋叔问》"题评"改。

②邢，原作"刑"，误，据孙应鳌《左粹题评》卷五《叔向议邢侯狱》改。

③知，原作"之"，误，据孙应鳌《左粹题评》卷五《孔子称晋叔问》"题评"改。

退无与乱者，自守一隅，其势必溃，释此不降，则穷无所归矣。周宣起积衰之后，四夷交侵，疆土日蹙，不奋然一征，则国势不张，又不穷追远讨，驱之出境而止，策之上者，无逾于此。

秦皇汉武，概论其人，汉武贤于秦皇。盖表章六经，罢黜百家，较之焚书坑儒之事相去远矣。即此一事而言，长城之筑较之深入远戍，犹为彼善于此。盖设险守国，理固有之，穷兵黩武，《春秋》所恶。但内治不修，即以长城为御外夷而安中国之事，则失之矣。当时若使无他失德，即以戍边之士，积以岁月而筑之，则中国亦赖以安。有议见。

至于武备，不止御夷，中国亦自有变，故秦皇之失，不在于筑长城，而在于发闾左。汉武之失，不在选将练兵，而在于深入远戍。字字是断案。以秦皇之筑城，汉武之练兵，而行与民休息之政，存闭玉门以谢西域之心，则上可以为唐虞，下亦不失为周宣。若其边防武备一切废而不讲，虽以尧舜之德行之，亦未得安枕而卧也。真知国家之治理。

张纲治盗辩

切实。

张纲与虞诩事相类，而所以处之者不同。盖虞诩凉州之议，私言于太尉张禹，议朝政得失，比劾奏权贵事亦不同。故其声闻不远，上不见信于朝廷，下不见重于寇盗。使诩以纲之所以喻张婴者喻宁季，则邓骘必以为玩寇养奸而罪之矣，季亦不信而从之也。

李固议象林蛮，与虞诩凉州之议相类，但以土人制之，最为得策。其平荆州、泰山贼，与张纲广陵之事相类，全用恩信，亦以出阿母劾诸常侍以为之先声也与？

王霸辩

名正言顺。

张齐贤《谏伐幽燕疏》，其言皆近王道，晁错、贾谊所不能及，后败契丹于土镫寨，功亦最奇。

曹彬、潘美、杨业皆当时名将，无不败绩者，齐贤独战胜于代州。其初誓众感慨，使无不一当百，得兵法之正。后期潘美不至，乃闭美使，夜发兵二百，人持一帜，负一束刍，距州西南三十里列帜然刍，伏步兵三千于契丹之归路。契丹兵遥见火光中有旗帜，谓潘美师至，警骇而遁，伏兵掩袭击之，得兵法之奇，真佳士也。

但后对真宗特以皇、王道言之，即此二事，是自以为有二道矣。以伯、王道，顾上所遇厚薄语之，岂人臣所以事主耶？皇、王、伯之分，在乎公私诚伪之间。仁恩之与兵刑，即天道之有阴阳，虽皇、王未尝不以兵刑立威，虽伯者亦未尝不以仁恩树德，但王者之心公而诚，仁恩兵刑之用各适其宜，伯者之心私而伪，仁恩兵刑之用则济其欲。断尽！断尽！以此各自为一事，一失也。人臣事君，当尽其所长，不明乎王道已矣，苟所知之及乎此，不引其君于王不已也，岂以其君待之薄，仅语之以卑近易行之事以塞责耶？二失也。学术之微不可不辩者，愚故存其说而剖析之。

子产数子晳罪解

辨难得无所逃遁。

徐吾犯之妹适公孙子南矣，公孙子晳橐甲欲杀子南，子南执戈伤子皙。子产因执子南，数其罪。余以为子产偏颇矣。

君在用兵，固矣，然启衅者子皙也。子南固奸国纪，然子皙欲夺人妻，独非奸纪乎？子南不尊上大夫，殊不知皙已自失其尊。幼而不忌兵其从兄，盖子皙实欲杀子南以夺妻，则子南之伤皙，出于应敌免身，非无故用兵者。二人厥罪惟均，焉独恕子南哉？以子皙之淫恶而子产纵之也，其后谋欲作乱，实此焉基之，所幸子产犹能终除之耳。

又，犯之妹始聘子南，而子皙强委禽，犯惧，告子产。子产不能据始聘之正礼以折子皙，乃曰"惟所欲与"，则子产已先失辞，则后之恕子南，无亦曲护失辞之始戾耶？

更始杀刘缤解

正当。

更始杀刘缤，人或追恨其固争于刘稷之诛。当时虽不固争，其势亦杀，盖其失不在于争诛刘稷，而在于合兵。更始之不能以君，人所共知也，不能以君而立之为君，其意正以制缤。挟彼以制我，则惟恐其犯之也不速，而其杀之也无名。故缤不死，诸将之心不已，人方幸其得罪也，而适中其机。缤故不足责也，而南阳豪杰亦可谓无人矣。

《易》曰："云雷屯，君子以经纶。"盖拨乱世反之正，非庸才所能办。又曰："天造草昧，宜建侯而不宁。"名分未定，贤者各以自树。方其议立之不合也，能则取其首议者而诛之，不能则委而去之，自为一军，不相统属。以更始之才，与盗贼之计，其势必不能以制。不然，或明言更始之不足，以与立功而善其后，彼亦知所择矣。不逾于业已许之，而受其制于危疑之中，而乃欲自行其志乎？噫！此天所以资秀也。

武宗能平泽潞解

文有斟酌。

武宗能平泽潞，由于先使安慰河北三镇，其不能遂复河北，由于杀郭谊。

盖方镇所以难制者，以声势相倚，一镇受兵，诸镇救之。先使安慰河北三镇，则泽潞之势孤，出禁军以讨之，则刘稹以山东为归路，游说之士必有以唇齿利害恐动河北三镇者，合交并力以拒官军，则事无成矣。故即[①]以两镇之兵讨山东三州，则刘稹退无所归，三镇[②]之人亦无疑畏，而连兵自安之言不入，此上党之所以不攻自破也。

郭谊助逆卖主，罪固当诛，既已来降，亦宜宥之。当时若正明其罪，播告诸镇曰："从谏拒命承袭，罪固不在郭谊。"从谏垂死，刘稹孺子无知，谊能劝使归命朝廷，则当以昭义一州处谊，乃教之阻兵拒命，罪一可诛。即使稹欲擅制，罪止于稹，何与宗族而尽杀之耶？罪又可诛。今以来降特贷其死，流徙远方，禁锢终身，如此则诸镇谋主各有后望，其宗族亦感恩朝廷，久当劝而归顺，则一举诸镇可因缘而平也。乃斩谊而无辞以告于天下，不以绝后来降附者之心而益固其助逆拒命者之谋耶？则德裕此谋得失相半，亦不精于进取者矣。

---

①故即，静嘉堂本二字坏，据文恭遗书本补。

②镇，静嘉堂本字坏，据文恭遗书本补。

答楚侗公书

论师道处卓异真切。

某近按平凉试士。五月二十八日,孟大参致到门下尊札,伏读诲言,不胜忻忭。

某企道德为岁久矣,虽未觌睹光辉,然每窃伏自念,宇宙至广大,士生其间,即异代不必论,幸而偕其时有豪杰称卓卓以圣贤自表树者,虽不能接颜色,得昕夕侍下风相周旋,鄙心诚向往之,斯古人所谓“声者无翼而飞,情者不根而固”。苟知从事斯文,欲以究竟问学,则精神所注厝,欲取资法程,俾自陶冶,虽素未闻问,隔远千万里,区区之私,真有如昕夕相周旋者矣。伏惟门下卓卓以圣贤自表树,为一时豪杰,故某之向往最久。然不自意迩来得遂伏谒,是昔日之徒以精神相周旋者,今且德容是承,德音是听,何其幸也!门下天德完厚,中和可经,以某顽钝,得一遂伏谒,其向往犹十倍昔日。

今三吴得门下为师,三吴故多才,即感乎兴起,不知当复何似?故某又为三吴士称幸。门下尊札问及学政可并心为者,门下备师道矣,某何能仰赞万一!惟是世道理乱关于人才,人才成就系于师道,则人人能言之。至师道之以克举其职称于时者,大者勤力较阅,品评不爽已耳,其次则猎名词华,驰誉经学,若师道之若是也,则其克举宜无难。尝考诸《荀子》曰:“师术有四,而博习不与焉。尊严而惮,可以为师;耆艾而信,可以为师;诵说而不陵不犯,可以为师;知微而论,可以为师。”此荀子大醇之言,似矣,而未尽者也。孔子曰:“温故知新,可以为师。”此则孔子示人以万世师道之准,师道之极则也。“温故知新”,学者多以所闻所得为解。某妄意谓“故”者，当如《孟子》言“性则故”之“故”；“新”者，当如《大传》“日新盛德”之“新”。凡天地万物之实体灿然具陈，是则所谓“故”也；凡天地万物之真机昭然不息，是则所谓“新”也。二词虽有显微之不同，其总括于人心，运行于人心，生生之妙一也。能温，则实体之总括者不晦；能知，则真机之运行者不滞。不晦不滞，则天地万物合为一体。天地万物合为一体，则仁，仁则成己成物，位育参赞，皆其能事。成己成物者，师道也，师职也。故子思作《中庸》，亦以“温故知新”专承圣人发育峻极之大道，此孔氏家法也。故某妄以孔子“温故知新”之旨为孔子示人万世师道之准，为师道之极则者，此也。此见畜之久矣。

年来缪叨师职，愧浮声虚影，不能有所自立，故每于门下卓卓以圣贤自表树者倾心焉。学绝道丧之馀，颛蒙者锢蔽而不知，离叛者轻侮而不信。其有一二知从事者，又徒饰荣名，不求实际，发愤之念方起，惰慢之气已生，则世道之不唐虞，人才之不皋夔，何憾已！某诚愿门下永肩是任，则斯文幸甚！某虽顽钝，其忍自弃捐以负门下？伏惟门下为道为国保重。

合寿遥祝乞语

文雅实典重，意思洋溢。

家大夫名衣，别号南明山人。少在诸生时，以俊乂称。嘉靖辛卯，举乡试《礼记》选首。典教犍为，以道义经术造士，士咸有成。后为云南保山县令，保山本新创邑，夷僚杂居，大夫约己示准，惇信示仁，一邑遂帖服，政绩为滇有司之冠。六年凡六腾荐剡，仅擢云南府同知。云南府为滇都会，诸务杂猱，大夫莅之三年，上无废事，下无冤民。又三腾荐剡。无何，以先祖监察公忧归。起，复补大理府。未行，寻承重先曾祖母王恭人忧，又接先祖母宋孺人忧，凡九年。既服阕，诸戚党向大夫劝驾。大夫曰："吾少负报主心，已乃周旋郡邑间，不得展所蕴。今儿鳌且在仕路，代吾报主，发吾未展之蕴，幸有托，吾何为复出？"遂焚牒自隐，筑舍之右，为学易斋，藏图书。筑舍之西隅，为南明精舍，植卉木。日盘桓其中，不接一贵势，时约二三宦游之罢归者相为赓酬。居常急人之难，以孝友重于乡闾。不谈人短长，好览究今古，时时以谦厚道训族姓。犍为人为立教思碑，保山人为纪名宦事迹。是大夫之行也。

家宜人为训导司恕斋公之长女，国初功臣六安侯王志之女裔。其笄而归大夫，孝以承舅姑，咸各得其欢心。和族里，内外无间言。御奴仆，济以严厚。居不苟笑，行无惰容。总家务，昧爽而兴，丙夜始寝。节约其用，舍诸耕织，皆自筹理。人或谏以太劳，辄答曰："吾夫官十馀年，能守清白，田舍无增其旧什之一二。吾儿官，又益贫。即吾不劳不俭，家业隳矣！"于是人人叹服，称为贤母。有乞济者，随力以赒，不为勉强。仲儿豸既丧，已乃侧室柳氏生有子，宜人爱护不啻己出。是宜人之行也。

大夫生甲子，今年十一月十二日六袠。宜人生乙丑，明年九月十一日六袠。鳌远官三秦，不得捧觞届寿期之祝，望云徘徊，有馀思焉。惟尔二三文学官洎二三弟子，咸以道业聚乐于此，既以鳌一日之长，父兄视鳌，则于鳌之亲，其系情均也。夫谊不关切者，虽强弗真，言不根心者，虽祝徒文。二三子于鳌真矣，非文矣，故鳌各乞一言，为二亲合寿祝，即函以献二亲膝下。二亲览听英贤之倡赓琅琅也，将亦由稍缓游子之念，且谂鳌能以道业效切磋于二三子，未敢负亲也；其于未展之蕴，或因又大慰，则二三子惠鳌盛矣哉！盛矣哉！

禁　语

刊落浮华，力求道本，若淮海者，方为志士。

余少喜为诗，不知非其本质，顾力强以求似。继乃得数见海内大人先生，闻圣贤绪论，乃始信学者自有向上一大件，匪专于诗，以习缘既久，不能即弃去。后董学关西，因劳致瘁，盖病甚矣，幸犹不先朝露，忽自猛省，苟无得向上一大件，即谓之不死，奚益？诗虽工，奚益？始悟以前耽诗之久，真为非计。然嗜好虽顿减，尚时有见猎之萌，故自入蜀后，二年犹三作焉。

孔子删诗三百，夥矣，惟于《鸱鸮》《蒸民》谓为知道。盖《鸱鸮》，周公元圣所为纾忠立伦，于是焉在；至《蒸民》，则剖示秉彝之真好，直指人心，信非他诗可及。于时门弟子三千，其可与言诗，第惟商、赐一再许耳，岂非赐之学进于无谄无骄，商之学能达忠信立礼之本欤？故不知道，不可以为诗，不知学，不可言诗，斯孔门诗教也。真见道者。

以余暗于学，无泽于道，乃不反其本质，顾力强于诗以求似，谬矣！自今以往，于诗当一字不谈，一字不作。倘于孔门之所谓道与学得少分，即咏歌《三百篇》终其身至足矣，他虽有美，且不暇，空谈云乎哉！徒作云乎哉！

功冠南荒卷题辞

文拟董贾，学达经权。

余鳌少尝从波石徐公论学，波石公庚戌死难元江，余览虹崖王公《功冠南荒卷》而悲之，不忍言。

孔子自谓未学军旅，又谓忠信可行蛮貊，此自学当先知大本言耳。至语行三军，则必“临事而惧，好谋而成”。以斧斤芒刃之异施，张机省栝之异释，非精义妙用各中轨，则譬犹持空舟渡江河，无有维楫，安能不败哉？妙甚！真知圣学，非世儒可及。

初，那鉴作变，虹崖公不欲以提剑挥鼓之勇几幸于一时，画策所至便甚悉，可谓知惧。策既不用，公犹欲以权决塞，因宜而行，可谓知谋。又不用，我兵折北，公披难扫众，不以为艰。人贻公以瓦裂之势，公弥缝其缺，不以为怨。收拾失亡之卒，回戈斜指，兵气肇扬，夷蛮喋血，不以为勇。发愤快志，勋烈焜耀，欲以掩同事之失，耻言己之得，不以为功。嗟乎！士大夫临事画策未必皆中，或中而不用，则总总然樽樽然袖两手观成败耳。即肯以中立之身，当已衄之地，行不疑阻，心无带蓟，抑已难矣。况其功之高莫有攀者，顾退与失事为伍，不复置牙颊耶？无一剩语，好文字！

古之学者，不戾事机，不染名誉，不度胜负，不矜功能，以精义致用，无不宜也。象山曰：“后之人行或与古人同，情则与古人异。”若虹崖公可谓与古人同情矣，非精义之学不至是，故余得推本言之。叙得宕荡。

峨眉稿题辞

真妙悟者!

峨眉山,佛经所谓光明山也,西竺千岁和尚称其高出五岳,秀甲九州。余至蜀二年所,不得一登,然得读庐山子诸诗,则不啻卧游焉。孔子曰:“仁者乐山。”仁,性也。仁者得乎性,故于云雷风雨之诡异见性之变化,草木禽兽之蕃息见性之育养,晴雾暄烜之洞豁见性之宣朗,岩谷硖涧之幽奇见性之盘礴,方域原野之俯视见性之广大。何也?以性之妙明真实无不综也。得是者为不徒登,诗为不徒作。余读庐山子诸诗,得之矣,得之矣。

书《太祖梦游西岳文》后

臣应鳌至陕之明年,得登华岳,周览其胜。仰惟我皇祖尝神游斯境,发为文章,古所谓宇宙入于胸怀,风云出于掌握,造化协于隐显,阴阳顺其卷舒,发虚无之蕴,森为众形,收雷霆之动,归诸精象者,霏润春容,卓哉!备矣!

昔黄帝斋心服形,梦游华胥氏之国,天下果大治,几若华胥氏之国。我皇祖以天授神圣,廓清海宇,再奠乾坤。今观御制所载梦中睹记之详,所由肇国家清宁之景运者,冥冥之中独见晓焉。且畏上帝于咫尺,祈民和之屡丰,一念融结,精至纯诚,寝寐须臾,罔有间隔,何俟举云亭之吉仪,然后受羲姒之珍箓耶!

臣备员文学,掌一方之史,谨书斯文于石,传诸将来,非欲为兹山增厥崇高,实以觇上天眷命之祯符,卜世卜年,允垂无疆之庆,其殊尤绝迹可考于今者,固如此昭赫云。

书《谕官师诸生檄》文后

至妙之文，每譬而意与俱转，且不觉。

余初视陕西学事，既条所以为教者凡十有六，布诸下矣，学官辈复请余书而镌诸石。

夫农师举树艺之美夸于人，弃己之田芜而不治，听其言者遂勤树艺，果获其美，农师犹不免于饥，其不听者笑之。余方惧余条所以为教之类是也，敢复取不听之笑？一譬。乃学官辈固请之。

夫教者，因体能质而利之者也。若川然，开其原，迎之以浦水，斯益大。苟得开迎之方，固不在言语，若体质利成，视言语尤附赘矣，敢又附赘于斯石？再譬。乃学官辈请益力。

虽然，诸生于余，所谓譬诸草木，固臭味也，而何敢差池？三譬。世以医鸣者，业虽在愈人疾，均度人荣卫，诚知自考鉴，干荣卫，则用诸人者为暂事，而己所利赖诚厚矣。四譬。于是勉依所请，书而镌之。亦因欲自知考鉴，非专均度二三子也。

书章草后

真非信手师心者，真有古程不苟。

秦中学台有章草石刻，予至，得览观，心甚爱之。章草传自汉章帝，或以为杜操、崔瑗、崔寔工草书，章帝令上，章亦作草字，故曰章草。或曰黄门令史游作也。今《史游传》有《急就章》，其法固此。《分韵》云："章草去分隶未远，故点画皆有矩矱。后世信手师心，自号能书，蔑古程而不准。"予以是窃悲世道，不独三叹于字学也。穷河源者，当溯龙门而上之,学书虽一艺,故亦安可不知孰古欤?

书智永禅师帖后

永师书,东坡评之详矣:“骨气深稳,体兼众妙,精能之至,反造深淡[①]。”是故如陶彭泽之诗,有奇趣也。然予谓陶诗奇趣,正非一艺精能所到,妙悟于机械,超脱于兴象,殆若阿难睹手轮,毫光性真,触见有不专在言语者,此伯昏无人以不射之射讽列御寇也。永师得之于书,遂雄千古,况进于永师耶?达是者惟勿怵然有恂目之志云尔。却是说道。

跋韦苏州刘随州孟东野诸集

邃庵杨文襄公为三秦督学使,去今七十年,声称英艳,不啻当其时。休哉!文襄刻有韦苏州、刘随州、孟东野三集,岁久,日益凋残,逸者强半。夫教之入人也厚于政,士之服化也深于民。予因感召伯甘棠事,爱其人,尚不忍伐其树,乃补辑三集,得称完帙,第愧不能绍公造士之轨。虽然,树德者必济同欲,斯固亦补辑三集之意云尔。

正学先生道林蒋公墓志铭

详而不迂,质而不俚,信史之笔。

岁嘉靖己未冬十月,某以省觐道武陵,侍论道林先生桃冈三日,期莅官之便再侍焉。逾三月,某以莅官复道武陵,未至前十日,先生属纩矣,十二月三日也。嗟!痛哉!

先生寿七十有七。感疾时,诸门人侍疾,惟论学,无他

①深淡,《东坡题跋》作“疏淡”。

语。疾革，作诗二章，歌咏传性传神之微。贵竹汪君若泮持马君廷锡书至，仍就榻与论《中庸》首义。命其子如川、如止曰："我化，柳孟卿侍我久，撰我行。志我者，孙山甫乎！"是夜分瞑目，衣冠端坐逝。越六年乙丑，孟卿具有状。于是某再拜，谨志其墓。

先生为海内巨儒，禀受既粹洁，然究竟于学问者益醇；气量既弘毅，然蒇明于师友者益精；锻炼于贫病者证之弥切，故体察至真；厝注于事应者用之愈彰，故践履至熟。卫道则剖判微眇，防之甚严；守德则兼融动静，持之至密。中和涵诸心，光彩焕诸外；型范被诸人，述作流诸后。蔼焉春回，灿焉星布；岳焉山立，沃焉海润。光大孔门，厥功伟矣！

始先生少，与暗斋冀公元亨友善，交砥砺。已乃阳明王先生自龙场谪归，先生见焉，阳明谓冀公曰："作颜子者，卿实也。"无何，先生病，久之唠血，于是寓道林寺，一室自养，默坐澄心，常达昼夜。一旦忽觉此心洞豁，宇宙尽属一身，呼吸痌瘝，全无隔阂，虚白盈室，溘然病已。乃信大公廓然无内外之旨，此身与万[①]有流通之旨，自悦自乐，自慊自成，悉由自得。由是神明焕[②]发，有不言自喻之趣。

后应贡入京师，谒甘泉湛先生，执弟子礼。甘泉每与议，皆契合。随侍甘泉于南雍时，尚书费钟石公寀、司成魏庄渠[③]公校一见，皆叹服，以为不及。海内士问学，有不之甘泉而之先生者。官京师时，与太原潘公高、江西徐公樾、六安潘公子正、徽州汪公尚宁、归安吕公光洵，日与讲明正

①"万"后，《明文海》有"化"字。

②焕，原作"涣"，误，据《明文海》改。

③庄渠，原作"莅渠"，误，据《明文海》改。

学。官蜀时，蜀之士石洲张公鉴辈请设讲大益书院。官贵州时，建书院二，左文明，右正学，群诸士讲之。凡所至，冀望指准，莫不鼓舞兴起。逮晚年家居，隐善德山，门下士日集。复再游南岳，衡之士请设讲甘泉精舍、石鼓书院，遂省甘泉增城，粤之士请设讲独冈书院[1]。增城返，始卜筑桃花冈，为精舍，门下士远近大集，以精舍田所入廪之。如向君淇辈自数百里至，吴君宗尧、章君评辈自数千里至，缙绅闻名者亦纡道至。先生第四孟祀祖考一归，日惟危坐慎独堂、大观楼，与诸士究微言警发，游息歌咏风雅，如是十有六年。

先生声言大致备文集、续集、后集中，不具论。其实见道本，如《古大学义》《桃冈日录》[2]《讲义训规》所载，与摽摘罗念庵公洪先《冬游记》、答何吉阳公迁《论学》诸书，咸关闽诸儒以来未逮，所繇揭日月以启后途，皆千古正鹄未曾有者。以上叙讲学，以下叙履历。

先生年十八为县庠生，家故窘，不给饘粥。旧居陋巷复毁，乃僦母舅万居之[3]。正德改元，捧诏沅江，沅令知其贫，稍厚馈，先生不为顾。督学使张甬川公邦奇、御史毛东塘公伯温先后至郡试士，得先生，大奇之。寻居母忧，不用阴阳家，以历内日吉从事。里人严氏尽疫，无与往来，先生朝夕之，得全活。

嘉靖戊子，举南畿乡试。壬辰，登进士，授户部主事。丙申，改擢兵部，再擢四川按察水利佥事。播州土酋私馈

①独冈书院，《明文海》作“独石书院”。

②桃冈日录，原作“桃冈目录”，误，据《明文海》改。

③乃僦母舅万居之，《明文海》作“乃僦舅屋以居”。

金，立叱出。关堡戍守久废，苗夷白日格杀人，即条其事，得复旧，商旅为通。至则咨询民隐，苟利于民，不以忤当道及权力人为忌。议罢岷江之东诸水驿供亿，岁省无算。议茶马法：一复秤盘，二禁湖茶，三限引目。私额一时尽堕，今犹守为成轨。摄按察事，廉得冤狱二，释之。摄督学事，汰冗滥，杜绝求托，人不敢干以私。有方士以妖术凭愚民，武夺大衢中，人莫能近。先生召前立，方士作术，不复效，置之法。

己亥，擢贵州提学副使，作《圣谕衍》寓约束，好士爱人，真气流盎。于是士知崇正学，莫不饬名检，贤者劝，不肖者愧且革。奏益普定十四卫廪生额，奏改湖广清浪五卫附贵州试。城中黠民易棐[1]若而人匿宣慰土酋所，不逞。巡按赵方厓公大佑捕之，宣慰土酋纠众扬乱为挟持计，自巡抚下莫不谓当抚。先生正色曰："宁乱而毙我，抚何可行也！"命人谕以法，土酋戢众遄归。

癸卯，先生病，且亟求致仕，巡抚刘公彭年难其请。适督府檄藩臬官各一诣幕府议状，刘公遂属先生行，得便归武陵。刘公闻先生疾且愈，又数使促之来。乃御史魏君初至，宿憾先生，遂劾先生自离职，于法不便。适宰丞亦宿嫉先生名，旨下若曰："此讲学蒋某，罢归，籍仍隶之民。"行之日，贵人士号泣持舆前后，不能前，为诗慰勖之。丁未冬，奉恩诏得复其官，如闲住例。先后部使荐先生宜为宫辅，为司成，疏凡几上，不报。

凡乡里后学可接引，接引之；郡邑有隐痛郡邑吏，造请

①棐，《明文海》作"裴"。

殚告之；乡里朋友不能殡，殡之；有难，恤之。郡邑民无大小，敬依先生若神明，若父母。虽永顺、保靖土酋提兵，亦必再拜先生之庐，然后行。叙得如见其人。盖先生蚤得圣门天地万物一体之宗，其识虽殊，其本为要于知止，知止为严于慎独，慎独为妙于默识，默识为融于勿忘勿助之间，其综之为成此仁于一身。故凡学术，偏外皆不敢望厥宫墙，而乾乾终日，即一息尚存，清明独照；没其身，一言一行靡外天则。斯躬行君子哉！发明学术，不腐不冗。

先生讳信，字卿实，姓蒋氏。既没，学者私谥为正学先生。先凤阳人，洪武初五世祖讳文举来判常德，因家焉。高、祖俱不仕。父讳经，别号惠庵，赠兵部车驾司员外郎，有厚德，乡人称为长者。母万氏，赠宜人。成化癸卯八月丁亥，为先生始生。初娶姜氏，再娶李氏，三娶柳氏。子三：长如霖，李出；次即如川、如止，柳出；俱府学生。女四：长适杨应宽，次适李与禋，次适陈可禹，次适张天秩，俱庠生。孙男四：孟贤，县庠生；孟祥、孟才、孟奇。曾孙男一。辛酉二月九日，葬于金霞山之罗带峰。铭曰：

衡之山崔崎兮①，江汉洪流兮深广无涯。钟祥炳灵兮，哲人生而邹鲁路迷。丰蒿莱兮白日黝垩，唐虞世远道何卑。嗟哉我心将安归！哲人兮哲人，手芟榛莽，袖拂嚣塞之雾埃。大道如流水，景风澄朗青天开，哲人行藏和且怡。哲人观化兮独遗我思，我所思兮，衡之山丽迤，江汉离离。金霞之山突起兮，相掩映而崥崌。哲人肉骨藏在斯兮，千秋万年永无亏，金霞兮自今哲人交为依。一铭奇崛奥妙。

①衡之山崔崎兮，《明文海》作“衡南之山郁崔崎兮”。

乔三石公墓志铭

真信史也！近日作墓铭者宁有此！

三石先生乔公，耀州人也，讳世宁，字景叔，生于弘治壬戌十月十八日，嘉靖壬戌八月廿五日卒，寿六十。公名声在海宇重且久，人人愿见。余兹秋试士，道耀州，得见公，欢甚，再申约为期会。无何，公讣[①]至。嗟哉！

公生有异禀，日能记数百千言，又强学不倦，虽至老未尝一日不学问。古诗法汉魏，近体法唐，文法秦汉，融贯于古，自创矩矱。一时作者敛绅叹服，咸称不及，遂卓然为名家。今所传《丘隅集》，是手自芟裁者也。亦实录也。

初，公在诸生，督学使秦公文、何公景明、唐公龙皆目为国士。嘉靖乙酉，举于乡，果第一。戊戌，诸进士对制，独公文剀切粹美，业已置进士选首。会唐公为司寇，与读卷，见文词大类公，于是间语诸同事。语稍泄，执政意忌，遂不以选首进。乃出身得授南京户部主事，凡再擢，至郎中。搢绅学士若马公汝骥、崔公铣，莫不交好于公。许公檖、孟公淮，皆自以友而师公，各枕经藉书，求通其愿。

未几，公擢四川佥事，分按川南地。川南控引越隽、牂牁诸戎，号难治。公尽取故牍，察事所缓急重轻，即连引数十年，悉酌以法理，决遣罢之。时时巡行郡县，奖吏民之良与罚其怙恶者。公素强执，不阿比。执政者欲公叙其文，因蜀之僚寀致言于公，公置之不为理。叙有体。有蒲人告嘉州人不偿贷，州笞之死，仇蒲人者谓蒲人殴之死信于御史，

①讣，原作“计”，误，据文恭遗书本改。

公为白其冤。泸人黄蒿豪猾，官府不能制，捕得之，御史欲重诸法，公以数问讯，无左验，罪止徙，蒿得不死。诸所平反多类是，于是川以南无冤民。叙得轻便。

公为湖广督学使，湖地绵邈，公试士，岁必遍，罔所遗逸。士所擢拔无愧颜，其所厌抑无绌辞，人人争自濯励，文教大兴。公又敦本树标，因质成善，湖之士莫不以名检德行相为引重，故士之以文艺举，以才谊著者，一一皆公所滋植。故今虽去楚几所年，士人感奋，不啻一日，谓善教之得人心者非耶？独详。

岁庚戌，虏犯京师，上遣近臣募兵河南，议绪纷挐。公适以参政莅任，独选丁男壮者从军，裁损供费，后诸应募恶少多道亡，且卤掠，独公大梁部署兵全无不法者。寻督饷小滩。小滩故监兑于主事，第主事多听商贾闭粜计，使转饷者无阶输官，因翔其值，得倚藉为利。公令转饷者分籴旁近邑，夺商贾利，而坐失主事阴所操纵，民便之，河南至今遵为成法。公又有《田赋议》《宗室议》，皆国家大计，惜不能尽行云。他人叙此，不知费多少言语。

公自河南擢四川按察使，以忧归。公在官十五年，归十年，自读书外绝无嗜好。联亲戚同姓以恩义，周其窘乏[①]，敬老抚孤，尝作《纠宗碑》《族谱》。急乡里之患，不责其报。关中士大夫劝公起官，公不应。司马杨公博、中丞殷公学、御史崔公栋、李公秋交疏荐之，竟不肯起。

呜呼！世所谈文章士不闲经济，公行足世师，郁为儒宗，纂英艺林，视文章特一技，其所建造，率凿凿副名实；抱

---

①乏，原作“之”，误，据川东巡署本改。

奇不售，自靳其用，乃后人咸克世家业，虽不当世，后必有达，乃其所欤！绝类《史》《汉》。

公之先，在元魏时有曰吉察曰子清者，远不可考。国初，讳文质者生克信，克信生刚，刚生志玉。志玉生仲节，配李氏，生公；继配白氏。仲节以公贵，封承德郎，李赠安人。公配宋氏，封安人；继鱼氏。子二：长因羽，学生；因阜，举人；皆宋出。女二，孙三。公以是年十一月廿三日葬曹家坪，合宋安人之圹。因羽、因阜哭泣来请铭。铭曰：

世德克昌，公生也良，翘焉国章。笃古准时，请考龟蓍，曰文与诗。进不蔽忠，退敛其雄，士轨攸崇。生宁死完，体魄永安，庆源式繁。铭甚佳。

明赠中宪大夫寿峰罗公洎配袁恭人合葬墓表

机轴悉自《史记》，又无蹈袭。

寿峰罗公，西安之淳化人也，讳仁夫，字孟居。年六十有五，嘉靖丁巳六月九日卒，葬祖茔西原。后六年为嘉靖癸亥，其配袁氏卒二月十六日也，年七十有八，合寿峰公葬焉。

寿峰公生而颖秀，尝从溪田马公游，知为学指归，遂肆志不怠。督学使何公景明、唐公龙先后试，奇其才，皆优等之，然不得第。诸弟子第者累累矣，犹不第，似《史记》。乃以选贡入太学，为今少师徐公雅重焉。公虽不第，实自负，期得一当于世以自表见，故未尝以子中丞公廷绣显贵夺其志。中丞昔以考功叙绩，请公受封，不听。后又以太常通政叙绩，请公受封，又不听。乃铨次除山西乐平知县，欣然笑曰："少业圣贤书，许因分致忠孝，今幸小试，独不可图报耶?”于是殚心任民事,兴学校,表宦游之贤与乡之往哲,具示风劝。凡丁役羡金悉裁之,均赋税,使逋负者毋苦。又能搜隐狱若管。囚人李稷为牛盗,赵姓匿夻,湮没不可诘矣,竟访致,偿其冤。三年,邑大治,欣然笑曰:“吾岂不足经济耶?然小试颇若此效,吾可去矣。”遂乞致仕。小民咸遮留,当路闻之,咸不肯释,竟不听,浩然而归。写得宕荡。

公少即能孝于父母,衣履服用,一一先意承顺,无不曲当。与兄弟共居,至老无两词。中丞入官,每谕毋黩货,毋受私谒,毋蔽才遗奸。不以中丞贤忘儆诫,不以中丞显贵侈耀里闾,斯鞠躬君子哉!

袁母性尤惇敏,归寿峰公,虽不在舅姑侧,声未尝叱咤,容未尝惰,故舅姑亟喜重之。寿峰公或晏起,稍缓诵读,即脱簪侍立。处兄弟娣姒,同爨四十馀年,出入相让,不私藏,雍雍如也。以一体视诸侄若孙。中丞在铨曹,迎母养,偶疾,几殆。已乃愈,自责曰:“为子妇而旷定省,殆天以此谴我。”促归事舅姑。寿峰公仕乐平,将引去,母赞之曰:“君志非温饱,业已箕裘有托,何为是栖栖!”公志遂决。戒中丞受朝廷重寄,毋怀璧[①]贾祸。平居惟粟帛,不服丝罗,不二羹胾。乐施与,抚僮仆,恩[②]纪不弛。视寿峰公,事父母,处兄弟,训子居乡,若一辙也。母始封安人,再封恭人。寿峰公没,中丞始请改,貤赠中宪大夫、通政司右通政。乙卯冬,陕以西地大震,公寝室圮,家人趋视之,二人皆无恙稳卧,人称德祐云。

---

①璧,原作“壁”,误,据川东巡署本改。

②恩,原脱,据川东巡署本补。

呜呼！寿峰公以隽懿，使得遇时，则云蒸龙变，孰可料耶？抱奇不售，仅试一令，即又不待年自谢病去，道固委蛇，岂庸众人能几及哉！然公虽不售，中丞以行业耀于时，非善积之庆，乌能有是乎？语曰"力田深勤，利留后人"，此之谓也。乃恭人柔淑之行，又时所罕俪，克为公配，斯可谓难矣。家之兴，徽美并称，福所合并，岂偶然欤？余总一方掌故，故表之碑碣，俾过墓者式焉。若公与恭人先世子姓之详，则志铭备载，余可略已。

与李文麓求亡弟应豸圹铭

凄惨哀苦，一字一泪，非孝友至笃，亦写不出此。

余读《诗》至《杕杜》《棠棣》，未尝不长叹太息涕泗交下也，盖伤吾弟夭死云。

弟名应豸，小字八哥。初，家宜人孕豸时，梦凤立左肩。生之夕，再如其梦。家大夫梦文庙东哲火。洎生，质赋醇秀，性灵敞达。术者览其格，咸谓曰不常，未有言短折者。

家大夫辛丑自犍为教谕擢知保山县，便归省觐，乃姻党族姓日相往来不绝。豸时方二岁，即识问某为某，某为某，揖呼立酭，辄无所遗。性最喜书，每见一帙册，嗜好把弄，固藏之，恐得之他人。大夫戏之谓："尔不能读，何笃好若此？"豸曰："即儿今不能读，他日长，不能读耶？"于是大夫喜，期他日可成人。

甲辰，大夫以保山朝觐回。余家居，豸随任中。宜人多疾，豸自为请医至官舍诊视，入则供宜人汤药，出与诸医陪餐食，陪几榻，不少怠，以故诸药性无不知。宜人疾尚在，忧愁局脊，发于颜色，疾愈，然后欢䜣踊跃，从童稚嬉游。

大夫官保山，官云南府，凡置器必二，一遗余，一遗豸。问豸孰取，豸曰："此皆长兄所有，兄不欲，然后及儿，儿何取也！"于是大夫愈益喜。一篇通是家常话，却叙得欢欢喜喜、哭哭泣泣，虽读者亦不知其情之变也。

余丁未不第，客京读书三年。有人北至，豸因便时时致问平安不缺。庚戌，余又不第归，久之，余患肺痈，昼夜呕血不止。豸奔走焦劳，遑遑如不能救。余病笃，豸伏床下，闻一呻吟，即泪下如流泉，默祷曰："天佑孙氏，岂使吾兄至是！愿以豸代兄，不为恨。"

先祖初丧时，豸辟泣，服齐衰，不说。夜则宿丧次，谓："吾父在任，吾兄且病，吾何可不尽哀？"

每大夫令一帛衣、一肉食，即不安曰："大人谓儿他日不能有此耶？抑大人居官清白，儿又安所得华靡？"

豸禀体干素弱甚，病疟五年，愈益弱。父母怜惜，不令事诵习，赖善自节慎，得安好。壬子春，余肺病愈，从余为蒙业，一披览，能记数千言，未三月，读《大学》，读《中庸》，读《论语》，读《虞书》，读《夏书》，读《商书》，俱历历了毕。间面试一二课作，率凿凿可观。何物英郎，乃不寿！即读之，令人凄楚！

是岁五月十三日病喘热，半体不能动，亦止意为寻常疾，乃渐益沉革，不幸六月初七日死矣。豸虽危笃，亦自意必不死，及不能言，气出入呼呼呜呜，双目锼锼，视父兄不为瞬，手抠母衣裙，泪不自为止耳！写至此，令人不堪！

豸生庚子二月十一日，距死才十三岁。死后五日，埋卫南，离祖茔里许，曰麒麟山。

余按上古有墓无志，中古有志，然多不及殇，唯有可传可悯则亦为圹铭，虽女殇亦可为铭，今载之中郎昌黎诸集中《胡根》《女挐》诸铭可考。三殇皆有祭有祔，中殇祭终兄弟之身，豸在祭终兄弟之身之列，故兹求圹铭于吾兄。惟我大夫、宜人生二子，余与[1]豸。女一，已外适。豸弃余去，如失左右手，且滥在仕籍，卒卒无代心定省人。兄弟死丧，孰不为痛？则又孰痛于余？豸之生，天厚其质而夺其年，使豸得至成立，德业所诣，遐哉不可量，抑不知来孰厚之去孰夺之也。真可兴恻，亦其笔端之妙足以动人！古云："生而不淑，何谓之寿？死而不朽，何谓之夭？"豸之生，虽有可称而难于传，不可言不朽，得吾兄一言，斯不朽矣！引笔触心，伤悼无已。其言之缕锁不文，惟吾兄裁掇之。

正学祠祭文

道术在人，天地命脉。孔孟既徂，微言渐绝。兴起倡厉，惟三先生。濂溪继响，关洛同声。菁英遗编，功流后学。休有烈光，景星乔岳。兹惟秋仲，明荐式昭。于铄报礼，相我髦髦。

祭蒋道林先生文

佳篇。

呜呼！某自髫龄，慕公道德，未及门墙，有怀立雪。丁巳归省，溯流桃源，获聆謦欬，于今三年。昨缘公役，两承

①与，原脱，据文恭遗书本补。

色喜，来游再期，善卷之址。宁知讣至，梁木摧颓，岁时转棹，遂隔泉台！

慨惟圣学，天地命脉。孔孟虽亡，六经日月。异端猬杂，坦履荆榛。图书具在，孰开我人？公独钟灵，兴为世轨。性命澄清，问学纯美。濂洛馀波，悠悠江门。发扬光大，万亿苦心。万物一体，仁乃至善。非公知止，孰为定见？求仁有要，默识无遗。非公指示，孰得所师？默识靡他，几在慎独。非公深潜，精理谁属？破璞取玉，入渊得珠。宇宙在手，昭然巨儒。养盛用裕，躬修实践。门户呶呶，烟披雾散。公之称望，瑶彩金光。公之襟抱，星布云翔。公之功劳，鱼孚鸟格。公之精神，岳崇川决。生死咸称，名寿具兼。克肖父母，何忝圣贤！

真诀数言，遗书数卷。惭我疏愚，荷公黾勉。瞻依筵几，凝眺封丘。感知最切，证道无由。所哀斯文，失厥张主。又哀邦家，典刑失据。罔尽者情，可质者心。灵当鉴我，潇洒芳馨。

三石祭文

风物满前，巧于叙悲。

秦有伟人，曰维乔子，文为道规，德为世轨。愚始入秦，首讯于公，还答勤恳，许志之同。荏苒三时，亦既云觏，意气平生，岂曰故旧。我欲言别，公仍我留，执袂缱绻，风雨满楼。我既别公，公情如剪，兹虽励勤，再期布展。旋辕都会，载颛问遗，介使遽返，报公陈尸。既悼既惊，随问随哭，别时甚强，人命何蹙！文字之妙如此！此等点化，甚足动人！

公属我言：秦有名师，邃庵虎谷，渔石崛奇；今再见君，振武继响。我非敢承，公过提奖。公又属言：君诗如唐，君文学汉，亦涉津梁。我复于公：我志道德。公为跃然，勉哉毕力！公之教楚，我法于秦。驾言希骥，庶几作人。公今不还，慕公何极！国无蓍龟，士鲜绳墨。

已志公墓，再叙公文，崇祀于社，公神知闻。胤嗣克昌，著作流显，没也弥芳，生兮何腼！椒奠式陈，远将明禋，望风洒泪，云日无春。

祭周慎轩先生文

情往会悲，文来引泣，非极本实，何能感人！

鳌以稚龄，受业门下，优游六年，谬尘陶冶。六年之内，一日攸同，训诲开譬，发我颛蒙。学书运笔，横经受旨，督爱思劳，何啻如子！不烦负笈，无俟担囊，略其鄙陋，裁厥简狂。岁晚铅椠，夜深灯火，师也勤劬，心乎在我。师寻遘疾，某亦归从，长怀面北，讵谓易东。光阴云几，闻师不起，哭向天涯，虚陈筵几。

某赖师教，矫迹要津，晋提文学，纲纪儒绅。来参蜀藩，期展师墓，逸驾莫攀，哀衷或诉。无公可假，荏苒年馀，筑场有愿，叱驭徒歔。自古高才，必为世重，师抱瑰琦，而不登用。自古有德，天畀遐终，师德渊懿，早世愍穷。欲葺师文，遗篇莫购，欲恤师家，师也无后。零丁一女，转脱鸡栖，天乎人哉，有是不齐！空怀旧恩，空念旧德，明珠可衔，逝水难即。谨陈俎豆，侑以椒浆，专官奠酹，告此腑肠[1]。

---

①肠，原作“阳”，误，据川东巡署本改。

春风岁生，师税何所？惟因春风，想师容鬌。秋月虚白，师魂何依？惟因秋月，觌师光辉。万事都空，乾坤归尽。世故人新，我愁奚愁？敢云我用，师学攸行。誓不负教，以愧幽明。

祭叔父南原先生文

都只是家常口头语，却铺得哀怨满前。

惟我叔父，夙抱异禀，蜚声南徼，命不偶时，七试场屋，竟弗获售。然以学擅渊源，才优经济，故佐郡滇阳，夷獠向化，典教湖浙，儒绅服义，司牧郧西，黎庶归心。谢政西还，拟共吾父，共吾季父，娱乐桑榆，延绵寿考。何期遽尔奄逝，长卧不起！

鳌自始生，迄今成立，仰赖保抱携持，教训督诲。幼龄则抚摩视疾，渐长则勤恳传经。道路则忧虞衔橛，叨仕则勉策官常。语其陶铸，是曰师资。论厥恩德，可同父母。

昨岁叨迁，省觐庭帏。叔父伏病在床，执手踟蹰。述首丘得遂之私忭，道数年乖隔之离悰。喜鳌克自树立，罔负育养。忧鳌尚乏嗣续，日冀生息。五日家园，十侍颜色，口不尽言，心不尽意。洎鳌脂车赴任，忽倏黯惨。榻前一拜，两目交视，两裾交持，泣数行下，含凄判别。于时叔父貌甚黑瘁，脾络伤倦，正怀深愁，恐难复故。曾几何时，果就永诀！痛念慈渥无涯，涓滴未报，叫天撞首，五内摧裂，百身莫赎！

尚忍言之：叔父幽密戒惧，不愧屋漏，可谓居身有道。孝亲敬长，友爱宗党，可谓处家有礼。官十馀年，萧条淡泊，无一长物，可谓不负于君，不负士民。力崇古道，厌薄轻靡,可谓邦之典刑,后之模范。位不在大,寿不在高,生顺没宁,是曰无忝。

松区已剪,刍灵将驾。鳌也官守羁絷,执绋莫由。寻平生于想象,追护葬之无从。千楚百酸,痛心入骨。引领几筵,式陈哀悃。叔父有知,其永妥厥灵,以保后生,鉴鳌悲戚之衷诚也。

督学集四卷终

刻《孙山甫督学诗集》序

嘉靖初，五星聚东壁，明德中兴，海内文章道术，至是隆盛。阅四十年来，摛菁掞藻之家，朝野相望。淮海孙山甫以辞翰起家黔中，入史馆，迁谏议大夫。上命提学关西，善作士，与邃庵、渔石齐名。甲子春，移镇剑南，始按部，访予江门钓台。予逃空谷久，见君娴雅缊藉，翊栩若平生欢。明日，从事来，赍所得南游以后诸体诗五百馀篇相印可。予扫石披云一再读，叹曰："吴大帝之后散亡列国，若淮海者，其诗蔚然有江左风流，其隽永闳鬯，自鲍谢诸人不能过也！"

始吾读李献吉诗，谓如娲皇捣炼补天石，奔走百灵雷电，日月星辰并躔炉冶。读何仲默诗，如黄钟在悬，金石发作，伶坊供奉之官，莫不按宫商，谨节奏，其横放处，如项羽提三尺剑出江东，不必斩将搴旗，而登坛啸咤，千人皆废。读张愈光诗，如巨灵擘太华，黄魔太翳决瞿唐，其险怪诘屈，虽不中绳墨，定知出鬼神手而无斧凿痕。今吾读山甫诗，则如七十二君封泰山，望见沧海有无中，蜃气楼阁，盘薄烟霏，景光万状，便翛然起仙灵霞外之思。如君兹选，当与高子业、顾华玉格力相埒，诚足刬建安锋，劘六朝垒，惜二君已宿草，不及见也。

吾闻龙嘘气成云，云之灵，龙冯之，然龙非云之所能使为神物也。人嘘气成声，声之精者为诗人，岂诗所能使为圣贤君子者哉？语曰："明珠弹于飞肉，其得不复"，"周鼎铸倕而龁其指"，明大巧之不可常也。淮海固力为圣贤君子者，其神明内蕴，思若悬河，吾惧其或常试于大巧也，故以是节之。

鸿蒙处士任瀚著

《督学诗集》序

淮海先生孙公，贵州清平人，其先扬州如皋人也，故学者称先生为淮海先生云。先生举嘉靖癸丑进士，选入翰林，迁谏议，廷论以先生文行宜为学者宗师，遂擢陕西督学使。今为蜀藩参政，懋得以职事奉令承教焉。

先生文不在斯集，诗略具斯集中。其古体法汉魏，近体法唐，然皆根著汉魏，以其妙本性情，融贯景物，于近代繁陋剽袭之氛祲，廓清荡涤，殆无遗憾。懋以谂诸太子司直任少海公，公曰："是必传之作也，本朝又添一名家矣。盍梓之郡斋，为西南天地增光？"于是懋遂谋于任公，相校评毕，选梓之。

先生迩来笃心道德性命之学弥切，故自入蜀后为诗益寡。然是集则固莫非先生道德性命之学所流溢也，览者毋徒以诗之名家目之。

嘉靖甲子至后，大理高河后学吴懋谨书

《督学诗集》序

嘉靖壬戌，先生督学关中，是时羽侍先生正学书院，得见先生游衡庐诗，即如卧游衡庐，奇胜可览，读之真不忍释卷，然私以为金英玉屑，恨未见其全集。已而先生去关中，参蜀政。二年，乃自蜀中寄所为诸体诗四卷，题曰《督学集》，先生诗盖具在斯集矣。

乔生曰：往见黄五岳叙《空同集》，言空同先生曾遗以全集而仍属为叙，空同先生固以五岳海内知言之士，又高义，足托也。羽自惟非可与言诗者，何以承此于先生也？然窃闻先君论诗，谓风人本指皆自性情发之，体裁古今可不必论也。自羽侍先生，见先生仪度雍雅，言辞温纯，典要无一不参于道轨。其教关中士，要归于道德性命之指，于文艺不尽据，诚作人之模楷而范世之真儒也！斯其温柔敦厚之意，非其天性然邪？是以感兴播咏，比物陈怀，类皆命意清远，修词精工，畅发玄旨，博综群籍，而构体复奇古，殊常调，固知有德之言，要自天性中出也，岂徒研模剽夺竞才藻而矜雕绘者邪！至于《病中闻虏寇京师》诸作，则又感事忧时激切悲愤之情也。览者因以议政决策，皆足以信世而传远，斯非所谓诗史者哉！是不可与诗赋并论矣。羽以关中士日思见先生，乃遂自刻先生集，刻成，以藏之正学书院，令关中士读此集者，因以识先生之遗教云。乃先生德学在翰苑，风烈在谏院，与关中士所系思者，则人人能颂说之，兹亦不具论焉。

嘉靖乙丑冬十二月，关中门生乔因羽撰

孙山甫督学诗集　卷五

如皋孙应鳌　著

南充任　瀚　批评

四言古

南游得宝剑上有赤符作赤符曲

南游炎方，神物攸藏。云火其光，掘精拭芒。灵异孔彰，赤符载扬。北斗夜霜，南星炯昌。照耀飞翔，四达靡常。蛟龙在阴，虹霓在阳。倚临八荒，焕海文章。可以爱身，为君子防。画影朦胧，腾空遐终。胡为来斯？奇英景丛。琉璃作函，莲花为缨。镡璩室衣，金钻罕同。提携气恍，佩服志崇。魑魅伏僵，幽隐潜通。宝器难逢，逢当致功。感慨激昂，为丈夫雄。四方多尤，一人多忧。干戈不休，廊庙忍羞。何物可酬？终当见求。挥斥九州，直万貔貅。霞吞烟收，云迷鸟愁。插干胡丘，殄歼旄头。功可全修，物不暗投。结约邀仙，朱陵同游。苍翠奇古，宛腻流畅，精严震撼，字字珠玉。

五言古

己酉十月十三夜梦予身挟两羽飞入天宫见玉帝帝命予作步虚词一首以进觉而识之

上天何高高，鼓翼一跻攀。耳聆仙圣语，身在碧虚间。

凤凰绕金殿，虎豹峙玉关。长望倚阊阖，红云时往还。

养疴秋怀

凉飙凝萧辰，秋晏百草折。鋑鋑商气深，苍苍芒熛撤。弘景怨寒夜，惠连悲淑节。陈思嗟转蓬，文通惨离别。忧来无端倪，矧复疾病结。将因餐落英，味苦不能说。意苦格高。

山 堂

烟交露凝，鲍赋佳语，此衍为十字，而浑若天成，老斫轮也。

山堂忽已暝，寒云千嶂肃。苍烟交丛桂，玉露凝佳菊。狂斟浊醪饮，细检离骚读。久病俦侣稀，端居怜幽独。

送陈对华

只圈点四句，亦可作一至妙绝句。

柔风戢佳时，鲜云披平楚。眷言洽欢游，忽尔牵愁绪。故里冠盖稀，君今复行旅。并辔饯远郊，杯停牙旌举。目极千里遥，春心渺何处。公程期早旋，无为久延伫。

东陵寺

逸客无俗轨，灵区寡尘迹。躁静实异缘，趣景各有适。东陵表黔中，奕奕清虚宅。长峦莽回抱，峭壁隐络绎。渐次入云林，潜觉市途隔。洞天忽开朗，径磴递掀掷。飞崖覆远空，坐卧平于席。风雨万壑惊，泉响泻湖涛。芳木遥沉翠，素烟突浮白。以兹飘潇境，契我泓澄积。相对各忘言，孰信有真益。度阿愿考室，故里况只尺。终当谢世鞅，托此忻晨夕。

便归省觐暂息太玄亭别墅咏怀十首

比肩魏晋，不论韦柳。

羁旅若泛舟，舣泊孰能拟。园亭夙栖迟，为别徒逦迤。假节今归来，山川信开美。净境洽素襟，嘉缘续芳履。森森万象闲，坐对浑忘己。移文非我讥，至人本无累。

二

角里常栖岩，於陵亦灌园。达性虑累遣，适分道能敦。譬彼凤鹤翼，常畏落丘樊。[①] 我生良非晚，心渊怀灵根。致身虽通显[②]，雅情惟隐沦。物色列筵几，幸此怡芳樽。

三

千章擢秀木，百亩临平庄。蔚茂当炎夏，多阴正可凉。礨砢实本色[③]，斯景况幽藏。清风娱疏荷，细箨抽丛篁。丘壑响俄定，泉溜声琳琅。薄态与愿违，遐举偕情长。

四

昔年选奇胜，不假筮与卜。灵皋得奥区，编蓬遂成屋。听琴疾能愈，习静念自伏。朅来整冠佩，宿业负深恧。鸣凤功伐疏，舞鸥生计缩。回首清泠游，苍翠慰心目。

五

高士有洞观，亦贵居要妙。别墅兹澄鲜，神情启临眺。

①凤、落，《学孔精舍诗稿》作“鸾”“绁”。

②致身虽通显，《学孔精舍诗稿》作“拔迹忝薪槱”。

③本色，《学孔精舍诗稿》作“本致”。

青丘带旸晖，翠烟冲[1]萝茑。往古不可兴，遗言窥末照。览书意有合，悠然发长啸[2]。赏理林壑间，自信非凡调。与陶竞秀，妙在自然。

六

聃庄方外人，言诠颇奇崛。雌雄贵知我，蝴蝶乃齐物。朗鉴信斯存，世途何牵拂。力竞讵足伸，天全未为屈。自缘幽兴生，转觉道情郁。飘飘贫无虑[3]，华苑真荟蔚。

七

倚槛瞩暮坰，天际乱归羽。川气敛夕曛，山影澹秋雾。遥遥群牧还，忽与樵侣聚。微钟度松风，苔径纡闲步。东岭朗魄升，月色在高树。广心若空虚，道胜复何慕。真是天然。

八

中谷执静慧[4]，观化思太玄。机缘互倚伏，哲士寡累牵。把钓有春渚，洗耳称颍川。愚公谷隐秀，涓子岩栖贤。兹山足灵僻，披豁心油然。他年遂初服，前修倘比肩。

九

玄亭有桂树，苍苍烟雾林。其干一何直，其根一何深。植木有本性，由来坚固心。抚景日偃仰，开轩独长吟。华叶迴馥郁，风霜惟萧森。三复淮南辞，攀援情难禁。真黄初也。

---

①冲，《学孔精舍诗稿》作“上”。

②啸，原作“笑”，误，据《学孔精舍诗稿》改。

③贫无虑，《学孔精舍诗稿》作“何外虑”。

④中谷执静慧，《学孔精舍诗稿》作“中扃抱静慧”。

十

公程难久留，王事况系绁。税驾未云几，缀赏忽将别。本乏舟楫才，且复去岩穴。良辰违奇怀，踟蹰念方结。先圣亦有言，出止无定辙。知味在闻韶，至理非外说。

南望鬼谷山因忆其人山云有苏秦台张仪井

女爱不极席，男欢不毕轮。[1] 功名烜赫时，能不思逆鳞？苏季既入燕，张仪亦相秦。吁嗟鬼谷子，千古称高民。高民今何归，山水仍熹微。用本事而全不露，在太冲辈亦罕矣！

三首赠别敬所建安风骨。

瑶华耀海月，七采开清晖。丹水濯凤羽，错落摇黄玑。至宝岂常伦，嘉祥世所希。寂历廊庙间，夫君独振衣。圭瓒秀追琢，箫[2]韶偕音徽。纷予怀德情，眷恋徒因依。听之不尽响，玩之有馀辉。

荆榛满世路，结交古今难。肝胆异畛域，谁为同志欢。美人何绸缪，高义故多端。酌我醴泉水，佩我芝田兰。披我锦绣段，餐我金琅玕。永愿依声韵，讵云齐羽翰。瞻彼枞与桧，岁暮殊凋残。

别促怨已深，交远念方永。眷兹佳人期，行旅戒夙请。飞蓬独长征，转盼嗟俄顷。章江春水层，归鸿鸣何迥。青堤带横烟，丹霞清夕景。心曲乱流波，遥遥隔林影。浮云

①极、毕，《学孔精舍诗稿》作“敝”“尽”。

②箫，原作“萧”，误。按，箫韶，舜乐名。《书·益稷》：“箫韶九成，凤皇来仪。”据改。

何再逢，居然叹萍梗。

十五夜四鼓到武阳是夜月食

月出征轮行，月落征轮息。众星润积水，群鸟寂遥夕。缺蚀何太频，干戈见疢疾。佳赏秋正中，私心转忧仄。至人有妙诠，劳生竟何益。“众星润积水”，足驾“回眺积水”之咏。

南岳道中

怀山夙昔志，兹行方悠哉。逍遥入长林，泠泠谷风来。旖旎变真境，瞳蒙转曲隈。松深俨行列，泉响相纡回。眷景瀹心虑，烟云行当开。

登　山

好山孰云癖，名岳矧崇远。遵途指灵扃，蹑袂陟奇巘。沿湘徂千里，凝睇重华阪。九向若纵横，九背复舒卷。及兹游混蒙，采真独偃蹇。望美先释怀，探幽数忘返。自觉青天阔，谁言白日晚。何等襟抱！

半山亭

侵晨发山麓，亭午憩山半。仰止若易穷，攀援益玄晏。云游导和风，树交排绝岸。在路泉石分，开林晴暝判。清旷藻野鲜，历历引雄观。逶迤不知疲，绝顶冀佳玩。翻叹入谷初，望此已霄汉。无一作非魏晋音调。

衡山绝顶二首景与诗皆绝到矣！

扶桑拂晨明，广轮豁方域。高春转悬车，群动肃栖息。

五岳信棱层，耿兹奠南国。屡觉陵阜迷，方讶星辰仄。下视连苍苍，孰云非正色。以我痞寐怀，岂惮险艰力。行行陟冠峰，不假双飞翼。冥心四时春，异景万古特。欣乐偶澹然，敦旷自兹得。

平居不能至，湘梦随南流。既至亦恬然，情愫良悠悠。乃知寄幽赏，惟以追冥搜。回冈隐佳树，列苑标神丘。五峰何郁盘，三春复佳柔。渟海朝夕池，芬葍几席浮。何当返初服，对此长淹留。

南台

悠扬之韵，飘潇之度，格调皆《选》，又无一字蹈袭。

山势本非别，启途何殊观。境界称疏密，气候异燠寒。中峰日正杲，南台雨未干。岳灵不可测，长啸青云端。哀壑一以扣，幽[1]堂居能安。虚牝清泠声，况复契中丹。

朱陵

灵台郁迢迢，太虚森宝栋。上悬紫盖峰，下注朱陵洞。芙蓉映水底，赤日奇葩动。万壑隐新鲜，千岩互将送。曲涧濯星衣，长帘缀霞缕。调琴枭遗音，鼓箫展馀弄。缅彼云壑姿，届此松筠梦。变化愧卧龙，行藏思蹲凤。置之三谢，亦何再别！

方广

昭晰既已眺，幽邃杳难寻。祝融一何高，方广一何深。

①幽，原作“虚”，误，据下文“虚牝”及《学孔精舍诗稿》改。

秀峰簇莲崿，危磴环香林。灵春舒光彩，沙界逾萧森。仙源实玄逖，万叠移遥[1]岑。采药更何往，踟蹰西日沉。感兹旷世怀，孰识非滞淫。陶谢之手。

兜　率

孤界抗长晖，净缘惬幽甸。路绝径仍通，流芳突舒显。山际万木丛，岩端一楼见。岂不畏诘屈，偶此脱浮恋。华风起丰茸，曾岭发葱蒨。耳目信韬映，物外复谁擅。振衣千古豪，历落回英盼。一句一画。

集　贤

玩水岂听响，登山非眷崇。怀遐意有适，体逸兴罔穷。驾言古高民，英游扬令风。著书竟卒岁，谈道屡契衷。衣冠悲断续，觉梦惊朣胧。石室藏既灭，绝壁题亦空。眷予卜邻心，投迹倘无同。

青玉坛即试心石

奥区一咏游，遂与烟霞偶。心迹两寂漠，身世复何有。桥危仅累足，景绝自挥手。居然顽似鄙，攀萝坐倾陡。悬均无重轻，趣如任奔走。倒影上出岫，横野下藏斗。珠瑛气俄封，林籁声乍吼。遐哉耳视人，崇岱一培塿。险绝奇异，有此景，有此诗。

①遥，《学孔精舍诗稿》作“迷”。

黄庭观

深涧独静明，崇丘颇荟蔚。叹逝情转长，攀高道孰贵。聊耽熙旷游，数向蓬壶憩。云幄灿繁星，丹房蒸三气。草木饶花实，错落皆滋味。招隐结幽栖，巢居得所慰。余虽匪仙才，兹山有灵气。真仙才，真仙才！

卜筑衡山四首思如陶谢，无逾公矣！

山岳钟神秀，衡霍美今昔。春服结胜游，时景会有适。徜徉坐晴林，绸缪倚幽石。捐佩意非远，释衮情自赤。蜉蝣不知年，寸晷烦忧积。愿以和静心，一得混芒迹。壤父歌道中，耕凿更何择。

经世乏长策，见素实寸心。爰卜万古宅，一寄紫云岑。越乡谅非遥，逃名夙所钦。五峰杂昏晓，四时稠卉禽。飘瓦鬫浮怨，道胜非陆沉。何以写我怀，高泉流商音。又何清我神，光风披空林。

老氏有高踪，不为屈玄纁。法真身难见，惟有名可闻。谁能混泥淖，所志希青云。开轩敞华宿，归壁藏灵文。步虚夜逾静，时礼祝融君。山北抚乔干，山南采苾芬。既与水石友，载随麋鹿群。法真事见《汉史》。

养性托柔境，栖翔眷秀乡。一投初始地，旋复返清凉。隐弁恣遐登，思虑已尽忘。目睹芝蕙馥，想属水云长。松风播韶夏，端默游虞唐。河清未有期，花落宁再芳。再拜申寻盟，斯言式我将。

别　山

即衡山事用得全不露，神妙！神妙！真不易及。

爱山复出山，既出行当返。路逢数少年，执笔作书卷。行行欲相亲，化鹤飞绝巘。机心久消忘，道情日纡远。何事惊且疑，烟林隔萝幰。招摇可归来，与尔栖神苑。

华山诗八首

玄致夙亹亹，登临资内观。仙踪[①]富华岳，岩谷回芒端。凝目神已豁，蹑足兴不殚。倚岸聊解佩，择枝先脱冠。崎嵚岂罥碍，天机动所欢[②]。奇翮奋空远，清风生昼寒。冥契自偕乐，独游谁称难。平生幽遐心，览兹逾舒宽。

二

云薄散烟姿，山深发泉响。还复穷神奇，孰云适苍莽。俯投磐石底，转出险径上。日影随峰横，金翠乱消长。寥阒理无涯，卷舒情还爽。仲尼昔闻韶，忘味惬心赏。缅余涤尘容，眷此高山仰。丈夫远览怀，古来称肮脏。幽秀高明。

三

入谷千万盘，绝顶信难至。身前石崚嶒，足外壑深閟。织铁穿寸桥，削木缀单骑。欲息[③]负初怀，拟进转惊悸。来非不贰心，宁免遗书泪。蹈水在无私，涉[④]山亦同类。尺寸

---

①踪，《学孔精舍诗稿》《黔诗纪略》《东皋诗存》作“迹”。

②天机动所欢，《学孔精舍诗稿》作“天机动新欢”，《华山诗》刻石作“结束便蹒跚”。

③息，《学孔精舍诗稿》作“止”。

④涉，《孙山甫督学集》《黔诗纪略》《华山诗》刻石俱作“涉”，《学孔精舍诗稿》作“陟”。

罔愆步，冠峰竟能企。始知历高旷，穹壤皆俯视。郦生云“搦岭须骑行”，谓拾级移步不可并足也。

四

华山若君子，先民遗[1]良言。尽日望靡厌，松柏茂以繁。山上茂松柏，溪边饶兰荪。满香乱烟道，平翠迷云根。香翠长不歇，云烟互吐吞。仙都出欲界，尘世何嚣烦。一身本自由，驱时易寒温。既以同彼视，何能丧吾存。以晏子妙语入诗，真成妙诗。

五

山峰芙蓉秀，山涧芝蕙芳。客至暮春候，高歌月几望。晚色渐收照，林皋何混茫。崖际映微白，流晖突飞翔。孤嶂激幽籁，万树披寒光。俯境撷玄润，屏息怡清凉。安道曾破琴，冯亮亦结房。二妙诚高步，予何独彷徨。必胸中如空楼，乃有此诗。

六

神岳本峻美，标奇发苞结。谷转晴晦分，溪回峦岫别。东西郁相望，两壁何巇嶭。屈曲陟南峰，九州几丘垤。玉井一何甘，十丈莲初茁。饮水醴露凝，采花芳香缬[2]。笑谈伫襟抱，容易尘想绝。前山日月岩，光景倏明灭。空洞朗丽。

七

女萝互缠绵，犹欲附高桧。矧我青云志，宁不履尘外。

---

①遗，《华山诗》刻石作“治”。

②缬，《学孔精舍诗稿》《黔诗纪略》《东皋诗存》作“撷”。

兽槛羡丰林，鱼悬慕清濑。忘乐岂知疲，失路始兴慨。[1] 卓哉偶良游，适与玄览会。理冥任寂喧，物齐均小大。高寒苍翠丛，远近递烟霭。澹然山水音，萧萧满天籁。高立物表。

八

昔年跻岣嵝，已极平生心。今窥素灵宫，幽悰益萧森。名山偕夙嗜，高民多雅音。不观西游子，来隐兹山岑。菖蒲发旧池，丹灶闲空林。指宝诚可拾，要在探其深。汤汤大河流，日落生重阴。感物增叹息，徒令时变侵。浩荡无垠，更多感慨。

鄜　畤

秦文昔游猎，车马阗渭汧。大蛇感幽梦，史敦强称贤。上帝岂征祠，迂哉祀皇天。赤帝兆远祥，万[2]事非偶然。鄜畤西南限，长城力徒悭。废兴本寻常，令人私自怜。

赠别莓崖公

扣君朱丝弦，和君白雪篇。知音在同调，异代谁称贤。女萝附乔松，托根长自怜。荟蔚嘉难逾，缠绵意已传。君行振羽仪，辅佐尧舜年。为乐信能几，惜别翻凄然。高吟引遥[3]旌，历乱梅花前。梅花入君怀，我梦应勾连。汉音。

---

①“忘乐岂知疲，失路始兴慨”，《华山诗》刻石同，《学孔精舍诗稿》作“志乐安知疲，失路岂兴慨”。按，“忘”当作“志”。集中《缅怀》诗有“夙志静者乐”句，“静者乐”即隐居者之乐，“志乐”即有志归隐山林之乐。

②万，原作“高”，误，据台北故宫本及《学孔精舍诗稿》改。

③遥，《学孔精舍诗稿》《黔诗纪略》作“心”。

磻溪

磻溪何粼粼，邃壁盘[①]长薮。石室[②]烟霭封，两膝迹未朽。本非持钓人，常钓但在手。强起离溪头，风云复何有。凤鸣山尚存，麟游水犹浏。徘徊欲言旋，月落渭川口。

种菊

昨夜春雨滋，晓起自搔首。分菊三[③]百茎，绕径皆佳友。迟尔霜下杰，对我尊中酒。故园繁露丛，感此情何有。

知者以为似陶，不知者以为韦。

疑冢

疑冢七十二，曹公虑已极。王业况难保[④]，枯骨岂能必。高原下牛羊，日暮生寒色。

铜雀台

铜雀何从来？铜雀何从去？铜雀空有名，美人果何处？无情漳水流，滔滔竟何注？

具茨山

怀古二首，幽宛古艳，意调自殊。

黄帝游具茨，道过襄城野。当时七圣迷，怜予独驻马。南华有真诠，自愧悠悠者。

---

①盘，《学孔精舍诗稿》作“亘”。

②室，《学孔精舍诗稿》作“上”。

③三，《学孔精舍诗稿》《黔诗纪略》作“二”。

④保，《学孔精舍诗稿》作“存”。

六言古

鹤鸣山辞

奇郁古朗，胸中有万卷而无一尘者。

蜀国五城山阳，鹤鸣郁兮老苍。金軆玉垒当中，焚煴宝术云房。仙人旖旎来居，贞心净景灵思。握气含精养虚，道成冲举高遐。投予之佩远游，飏节腾跃丹丘。松霞隐鲜庆霄，玄踪往矣何求。玄踪虽往道存，守静自然妙门。中根百灵我尊，治身幼眇不烦。日月西驰浩波，骸影委灭奈何。车马衣服弦歌，从来恩爱易移。高翔宁须跨龙，远览宁须登崇。清泠宁须御风，我兹既见则降。是时甲子元轮，秋中月午夜匀。独听广乐甚真，永愿交属所亲。

云台引**极工密，极豪宕。**

昔梦太岳高峰，今游云台秘宫。灵颜威仪沕穆，真气[①]影迹葱茏。崇标云变为雨，幽壑气噫生风。大道何言可假？尘根长此安穷？仙药一丸五色，鸿宝万毕八公。天地古今如寄，对博六箸从容。[②]

七言古

春堂夜宴歌

华星出云辉兰池，金壶启夕严更移。悬景东秀映娥

①气，《学孔精舍诗稿》作“境”。

②博、箸，原作“愽”“著”，误，据《学孔精舍诗稿》改。

眉，春堂张宴淑气熙。春风风人不可支，新花旧跗香飔飔。碧云将合袅袅垂，美人至止肃光仪。濯色江波锦四披，玉瑱[①]瑀席清流离。明缸列钱朱火曦，绮縠纷错四膏随。抽弦郊讴鸾凤吹，倾瓷酌醑羽爵施。缀赏接坐款眷滋，主人为寿千金虒。佳宾为酬万年卮，欢爱未央景刻遗。雅会难常君自知，恺乐令终勿言疲。东方未明且莫疑，折枝继佩谐心期。“春风风人”出《管子》，本诗语也，而自无用者。

公无渡河哭波石徐师

师为云南左方伯，提兵征元江，我军败绩，遂死。

公无渡河，公竟渡河！堕河而死，当奈公何！河水何汤汤，毒疠淫澜沧。鱼不敢游，鸟不敢翔，公独何为驾旌航？旌航去迢迢，游魂杳难招。遐夷不庭国之耻，提兵只欲扫蛮妖。蛮妖扫未得，国耻几时消。阴霾阂天雄风起，落日昏黄杀气紫。军败力尽北面呼，不受骩屈宁受死。目乐之山猛虎屯，混龙之桥恶蛟瞋。芳草萧艾异今昔，可怜同作战场尘。皇穹万里岂复照，孤忠一点谁堪论。瘴烟雾兮草斑，彗蛊回兮林殷。磷火青兮云黑阵，鬼往来兮雨泪潸潸。南方不可托，公当何时还？吁嗟乎！使人听此凋心颜！

送孔振斋之澜沧卫经历任

岩岩乌洞山，冬门罗落雄内关。浩浩金沙江，吐蕃九

---

①玉瑱，《学孔精舍诗稿》《黔诗纪略》《东皋诗存》作“玉盘”。按，玉瑱，压席用的玉器。

赕通外邦。一官万里赞戎卫，五奇三略看裁制。幕府清秋白日闲，梧阴郁郁边氓憩。立马都门送此行，翻怜半百始成名。凤凰池上牵离梦，晻暧山川一望明。

海上行

年年海丑何猖狂，更入今年特跳梁。[①] 捷书方报已杀尽，又看羽檄驰明光。[②] 柘林乍浦元相接，蚁聚蜂屯任践蹦。天堑由来形势雄，何事扬州复焚劫。三分夷人七分华，一时得利忘身家。[③] 货[④]舶当时空阻绝，旌干此日总咨嗟。咨嗟今日成何事，祭罢海神仍奰赑。东市才悬上将头，南方已夺元戎帜。把总调得截海艘，摇到中流入贼中。[⑤] 回头拱手看岸上，尔辈何蚩想立功。[⑥] 曾记五十三人恶，吴越周遭任挥霍。[⑦] 于今千艘何怕来，谈笑欢歌且杯酌。[⑧] 瓜州争看饷船飞，运道之水[⑨]一线微。只知民命

---

①海丑，《东皋诗存》作“海寇”；特，《学孔精舍诗稿》作“剧”。

②已杀尽，《学孔精舍诗稿》作“歼灭尽”；又看羽檄驰明光，《东皋诗存》作“又有羽檄驰苍江”。

③三分夷人七分华，《学孔精舍诗稿》作“真倭无几半中华”；得利，《东皋诗存》作“从逆”。

④货，《学孔精舍诗稿》《黔诗纪略》《东皋诗存》作“贾”。

⑤“把总调得截海艘，摇到中流入贼中”，《东皋诗存》作“谝得熊罴截海艘，乘流鼓浪洪涛中”。

⑥回头拱手看岸上，《东皋诗存》作“来往逍遥笑相谓”；拱手、何蚩，《学孔精舍诗稿》作“挥手”“何愚”。

⑦“曾记五十三人恶，吴越周遭任挥霍”，《东皋诗存》作“不记前年驾巨艭，五十三人任挥霍”；曾记，《学孔精舍诗稿》作“不记”。

⑧“于今千艘何怕来，谈笑欢歌且杯酌”，《东皋诗存》作“吴越之区且遁逃，何况江皋小城郭”。

⑨之水，《学孔精舍诗稿》作“原争”。

堪长痛，还恐军需[①]渐日非。土兵骄恣民兵弱，札营摆队齐盘薄[②]。无边白骨蔽林垌，何处美人[③]倚江阁。共言庙算如神明，枢密大臣新遣行。绣斧铁衣亲拜节，挥戈万里想澄清。[④] 君不见江之南江之北，白日惨烈无颜色。又不见浙之东浙之西，颠风[⑤]凄切增悲啼。正名大义须洞晓，兵家韬略亦难少。莫使鲸鲵再掣翻，伫看鹳鹜齐雕剿。圣人在上元无为，海不扬波守四夷[⑥]。况闻大内日祠祷，百万神灵应护持。写悲志感，陈义纪事，镕裁鼓铸，无毫发遗憾，真诗史！

韶松歌赠三叔

非直咏松，实微妙槖籥之微言也。

君有百亩园[⑦]，非培亦非塿。十年种松忽[⑧]长成，苍苍枝盖盘蚴虬。披襟豁俗谐心期，南华逍遥独对时。烦景渐除星汉移[⑨]，秋露将坠云影迟。此时中谷微声起，渐入林端清莫比。[⑩] 潇洒如从天上来，纵横忽向尊前止。将寂复作

①军需，《学孔精舍诗稿》作“漕储”。

②札营摆队齐盘薄，《东皋诗存》作“止齐步伐无束约”，《学孔精舍诗稿》作“插营布队齐盘薄”。

③美人，《东皋诗存》作“将军”。

④亲，《学孔精舍诗稿》作“新”；想，《学孔精舍诗稿》作“志”。

⑤颠风，《东皋诗存》作“颓风”。

⑥守四夷，《东皋诗存》作“静鼓鼙”。

⑦君有百亩园，西安碑林《松韶雅韵》诗碑作“猗嗟百亩园”。

⑧忽，《学孔精舍诗稿》作“俱”。

⑨移，《学孔精舍诗稿》作“垂”。

⑩中谷，《松韶雅韵》诗碑作“玄谷”；渐，《松韶雅韵》诗碑作“倏”；清莫比，《学孔精舍诗稿》《黔诗纪略》《东皋诗存》作“不移晷”。

意何长，琴音泉响同琳琅。[①] 幽怀远瞩平峦净，爽梦初醒满耳凉。[②] 飒飒谁知风雨散，惊起龙吟仍历乱。堂上吹箫将九成，庙中奏瑟惟三叹。须臾丛薄含沉寥，明月朗照澄层霄。两值相呼递相引，静中特起静中消。[③] 自然噫气元大块，至和不假竽与籁。徽妙橐籥果何如，劲节贞姿但烟霭。[④] 我试问君君不知，神游八极何希夷。[⑤] 惟应仿佛唐虞世[⑥]，忘味闻韶今在兹。

紫芝行为见岳作

无限转折，所以为妙，末尤秀劲。

紫芝初生光未满，浮云翔覆荣气暖。紫芝渐大柯已成，星华曜彩含金精。读书结舍萧兮瑟，何意嵁岩产灵质。幽秘佳祥渺莫传，六英三秀特新鲜。风和雨润滋培久，日丽烟消茎叶厚。珊瑚出海华盖移，煌煌烨烨[⑦]盘贞姿。罗浮岣嵝神护守，君曾游之得见否？乃知瑞种不择生，岑寂相对双眼明。汉时甘泉毓嘉运，亦有涵德垂芳韵。君今好持献九重，五色葳蕤七采笼。不然服食亦为得，天地齐老寿无极。商颜商颜君莫歌，今代唐虞多网罗。

①寂，《学孔精舍诗稿》作“停”；泉响，《学孔精舍诗稿》作“泉溜”。

②两句《学孔精舍诗稿》作“翠涛忽涨兼天涌，清梦初回满耳凉”。

③两句《学孔精舍诗稿》作“空外沉冥空外响，静中发越静中消”。

④两句《学孔精舍诗稿》作“出虚吹万总天机，秀尊贞姿但烟霭”。

⑤八极，《学孔精舍诗稿》作“太古”；何，《松韶雅韵》诗碑作“情”。

⑥世，《松韶雅韵》诗碑作“上”。

⑦烨烨，《学孔精舍诗稿》《黔诗纪略》作“煜煜”。

题李咸熙画

此篇可作山水谱，又可作李成传，非得工部之三昧不及此。

南原叔父饮我酒，坐我竹林兴何逸。此身宛在图画间[①]，更出李成墨妙笔。李成称画仙，玄默[②]久绝传。生绡四幅何所得？一展遂使俗虑[③]蠲。信手挥扫迷云烟，蒙蒙翠壁含清妍。悬崖缀石藤萝覆，万木参差松舍连。众壑水涨拥光怪，忽然洞口分馀派。不知谁处委陂陀，耳边恍若闻澎湃。晓霁开林宿雾轻，避世沮溺相耦耕。复有寒峦萧洒客，坐者自坐行者行。何独区区辱泥土，蓬莱迥隔玄之[④]圃。满眼风流怅望多，百年功业驱驰苦。静中日月易掷抛，膏肓痼疾休相嘲。古来画士岂专画，脱颖标格元飘旓。即论山水家，唐有李思训，五代出荆浩，人品擅奇问。李成元自荆浩来，出蓝点染称异才。范宽郭熙岂足比，一时锁锁空尘埃。试观此景特文理，近者只尺远万里。阴阳明晦转盼间，造化神秀茏葱里。成也成也本业儒，磊落大志空四隅。才命不偶精画图，诗酒之间气调孤。片纸落世如金珠，徒令览者常嗟吁。

泛彭蠡歌

空同有此排律，以严整胜，此以跌宕胜，
然感慨隽永，此作远矣，并玩自见。

春满三月湖水阔，风涛雪浪翻木末。云梦洞庭孰与

①间，《学孔精舍诗稿》作“中”。
②玄默，《学孔精舍诗稿》作“旷迹”。
③俗虑，《学孔精舍诗稿》作“百虑”。
④之，《学孔精舍诗稿》作“芝”。

此[①]，一叶舟航杳难越。忆昔伪汉趣吴中，身与太祖[②]争两雄。楼船蔽翼此湖内，天地为黑[③]云雾蒙。帝王真命符瑞集，成败之间异呼吸。白日忽照赤乌临，鲸鲵窜伏蛟龙立。世事悠悠二百秋，江连九派只东流。榜舟渔父吹夜笛，采草儿童唱野讴。青芜已没枝撑骨，黄烟长掩咆哮窟。谁识当初血战劳，鬼声[④]泣破寒霜月。我复巡风击楫来，气吞南国沧溟开。低垂象纬挂河汉，阳雁丛居鸣正哀。康山巍庙功臣辈，仰瞻不啻如嵩岱。拔山堕水力与徂，后人更有何人在。翻怜庐阜周颠仙，倏忽变化如腾骞。太平告得即隐去，长卧云霞忘岁年。

重游白鹿洞歌

白云初开瀑布飞，逸客复来登翠微。山影照耀转日晖，忽忽满空烟雨霏。穿林渡岸苔鲜腓[⑤]，野花袭人香气馡。洞口波长没钓矶，石脉泉溜冲荆扉。爱景步涉忘曲碕，随到杯酒相与挥。气志萧洒偕音徽，盘桓送目未云几[⑥]。群峰散紫暑色稀，不觉明月乍沾衣。濯出混沌流光辉，移阴曜彩星宿稀。啸歌逍遥言旋归，心[⑦]虑澹然理无违。世事浩渺何是非，回首陈迹莫歔欷。古来曾点得所

①此，《学孔精舍诗稿》作“比”。

②太祖，《学孔精舍诗稿》作“皇祖”。

③为黑，《学孔精舍诗稿》作“澒洞”。

④鬼声，《黔诗纪略》《东皋诗存》作“鬼神”。

⑤腓，《学孔精舍诗稿》作“肥”。按，腓，草木枯萎。与上下文意不合，当作“肥”是。

⑥未云几，《学孔精舍诗稿》作“良未几”。

⑦心，《学孔精舍诗稿》《黔诗纪略》作“百”。

依，不见舞雩与沿沂[①]。六极放怀且忘机，松风悠扬露渐晞。“浴沂”当作“沿沂”，韩子有解。

寻访名迹屈曲龙虎山中

岚霭历历山之峰，岩外之洞紫翠重。鞭鸾翳凤我何术，石髓蟠桃随所逢。忽看满地簇瑶草，欲拾不拾情春容。明日下山出尘世，回头一啸多奇踪。万古高怀向谁尽，玄城千步题苍松。

望日台

天鸡初鸣海乌泣，翔阳弭节六龙集。扶桑既登始将行，揽衣起向悬崖立。沧波万里惊涛急，只尺溟蒙如可挹。映处重渊云锦鲜，望来大壑瑶华湿。是时羽鳞咸伏蛰，空山冻肃寒风袭。广远初看荡漾开，扶摇尚觉升腾涩。突尔飙轮吐爚煜，烟飞云散嗟何及。诸方连彩孤曜流，万色层晖满空入。浮天元气转敛翕，壮怀奇观不可戢[②]。会飞东极狎群仙，合璧精荧一吞吸。长吉终年不办，此以从容出之，更不费力。

望月台

望月台古云雾栖，灵图秀发祝融西。人间朗魄已落尽，此地清光犹未低。我闻佳境特凝眺，雾散云开欻幽妙。虚明夜色荡初晴，错落霁华浮晚照。晚照亭亭月渐中，南

①舞雩与沿沂，《学孔精舍诗稿》《黔诗纪略》误作“风雩与浴沂”。

②壮怀奇观不可戢，明徐学谟《（万历）湖广总志》、清李元度《南岳志》俱作“壮怀尽向奇观释”。

山桂发映寒丛。碧流冰壑阴平布，素展星河影乍空。春风微微琪草茁，缥缈湘灵来鼓瑟。望而不见起长叹，欲赋青峰转愁失。浮杯几席洞庭涯，海外三山不可期。坐惜凋年怜急景，惟应明月最相知。莹然如玉。

南山篇为北川陆公乃翁寿南山陆翁别号

南山之山何蝉联，东瞰浮玉南别鲜，紫霞赤霭相回漩。造化含灵通日月，山中融秀何当发，瑞符缥缈欻展越。山中高人独爱山，曾丘荟蔚水潺潺，日玩朱凤娱朱颜。朝廷有道奏韶夏，山人安车不肯驾，朱凤来仪虞廷下。生年五百当凤仪，遗荣得遂巢由期，日日种术采木芝。桂树丛生复偃蹇[1]，未须招隐赋连卷，独游混蒙得自遣。长嬴启时开远空，薰风翩幡南山中，来往牖北与墙东。酌仙九酝试八斗，山人携媪酹斯酒，更问媪也能饮否？山人百事颇自宜，寄言凤兮鸣尔时，南山有图衔献之。格奇韵远。

宛转歌赠王鉴川公

拂君珠玉尘，偕我平生亲。心肠衣裳结，爱新问君贯。祸因激我愤世情，谁人为浊谁为清。醉可指作醒，渭可指作泾，大风生波云昼冥。缓君中流吟，听我绿绮琴，我有旨酒向君斟。太古不可兴，高才常见陵，崎岖贤路从骧腾。莳荪萧艾群，英华各芳芬，杂佩拂郁岂独君。人言虽龂龂，仲尼犹殷勤，何必言归逃楚氛。文若丝麻纯，行若彝鼎敦，江南塞北恩爱存。培君大树根，由君中广门，朝廷养士原

---

①蹇，原作“謇”，误，据《学孔精舍诗稿》改。

厚恩。慷慨愤激，优柔和平，无不具有，格更新异，虎视乐府，篇篇源委，当求其端于汉魏也！

观昭陵六骏碑云蒸龙变，妙美之至。

九嵕崚嶒云昼暝，阴飙萧爽山谷冷。拭碑细玩六骏图，骏骨如生神炯炯。秦王英雄古来少，龙飞虎视风云绕。天生薛鄂[①]肇洪基，奔踶还与生骡褭。騕褭当年谁可见，流传仿佛追风电。身上多存枪斧痕，鬃前各带疆场箭。青骓特勒拳毛起，金刚刘窦立诛死。平仁杲者白蹄乌，平东都者飒露紫。最后赐名什伐赤，清旌[②]凯归赤汗剧。万军一跃火生睛，世充建德齐辟易。宛西冀北世常产，生不逢时老何限。吁嗟此马虽已徂，犹有雄姿照青眼。感恩服乘倍增价，金石精光惊泛驾。千里真空远塞尘，一鸣更响清秋夜。秦王念马常兴慨，驰驱何况功臣辈。请看昭陵左右傍，薛国鄂国坟相对。郑国坟墓亦只尺，见者参差生爱惜。今日还瞻六骏碑，当时何仆旌忠石。

梦登太和奇梦，奇境，奇格，奇韵。

神游武当忽超趨，轻风吹梦到帝宅。迴驭丹梯度危索，手扪三天振奇翮。冲林出巘立穹石，不知何处来踪迹。芙蓉开霞丽彩射，芝草挹露清晖积。步虚声转月[③]色白，紫霄下听五龙咋。万壑空蒙足枕藉，九州庵蔼何跼蹐。三千年来只朝夕，琪花乱落真可惜。乞帝赐我灵药核，玄鹤忽

①薛鄂，《学孔精舍诗稿》作“猛士”。

②旌，《观昭陵六骏碑诗》作“精”。

③月，原作“分”，误，据台北故宫本改。

唳惊魂魄[1]。觉来但讶真境隔，闲云在目不得借。金精想像竟谁益，问道藐姑兴转剧。烟尘何必相拘迫，期脱世纷扣琼液。坐玩山青海天碧，逍遥内外忘所适，太和之峰日岸帻。超趨，出《古文苑》；迴驭，见《文中子》。

无麦谣

郑重稠叠，自为一格，可兴可观，斯之谓乎！

一冬无雪春无雨，谁人迎龙谁置虎。云脚欲聚风脚生，官家茹甘农茹苦。边取军需仓取租，十人催捉九人逋。麦苗不生[2]稻不种，子弃父母妻弃夫。难得上身难入口，贫者何薄富何厚。手足尽折眼尽枯，相食宁论复相守。不求珠玉不求金，惟求膏泽求甘霖。今宵望月倘见月，愿言离毕又离阴。

昭陵笔

似怨似达，比兴皆至，古乐府中似此亦不多得。

行路莫悲道里寒，种花休伤蕙兰晚。地生草木天生时，古来得失何近远。盗跖吹笙曾孔忧，绝粮结鹑走不休。邯郸才人嫁厮养，开笥窥镜空叹愁。宇宙展转任甲乙，今夕何须问明日。生前一杯万事毕，嵬锁之徒自啐啐。君不见，乌马樵径昭陵笔！

听彭两泉弹樵歌**听琴三歌，非人间语也。**

海中方壶联员峤，我欲负薪山颠烂斧柯。沧波渺茫不

①惊魂魄，原作“魂惊魄”，倒，据《学孔精舍诗稿》乙正。

②生，原作“收”，误，据《学孔精舍诗稿》改。

得往，听君今夜把酒弹樵歌。樵声初入朱弦里，满眼云山清莫比[1]。朗[2]月天高苍径开，歌罢归云落松子。我闻山讴野语寡音律，何乃写在号钟应宫徵。千[3]峰万木相盘旋，水远霞明物外天。松风倏至散岩谷，笛韵平吹飞涧泉。竹鸡啼残野花发，袅袅馀吟正萧霎。我今一听伐木已忘情，何况在山之人不恰恰。方壶员峤虽难寻，寰中五岳有知音。斸取珊瑚煮银母，酒瓢高挂紫芝林。醉来豪兴气出唱，不信琴心非我心。号钟，古琴名。此作变化分合，巧夺天孙。

再听弹梅花

朱明气赤阳已盛，脱巾露顶夜稍静。招摇清风不肯来，何处有此梅花咏。满堂冰骨渐生寒，玄云白雪同飞翻。[4] 参差琼佩堪长听，摇曳朱裳若乍看。[5] 弹中宛有幽香出[6]，翻念霜花与露实。陇上凄凉送别年，江头狼藉怜芳日。对此徒然忆故林，年华荏苒自销沉。流水高山千古意，杜陵姑射七弦心。断魂难写罗浮梦，香散悠然月满襟。感君奏我梅花弄，还许相遗绿绮琴。“霜华”“露实”，古乐府《梅花横吹》语。

①清莫比，《学孔精舍诗稿》作“叠千里”。

②朗，《学孔精舍诗稿》作“明”。

③千，《学孔精舍诗稿》作“群”。

④冰骨，《学孔精舍诗稿》作“疏响”；同飞翻，《学孔精舍诗稿》作“巧相攒”。

⑤堪长听，《学孔精舍诗稿》作“低鸣鹤”；若乍看，《学孔精舍诗稿》作“细舞鸾”。

⑥弹中宛有幽香出，《学孔精舍诗稿》作“舞鸾突迸幽香出”。

又弹双清

初弹已萧洒，再弹更有情。[1]三弹音调突别出，闻此猿鹤之双清。空山岑寂秋气平，长河畹晚午夜明。悠悠虚[2]谷相和鸣，细听转觉意态生。九皋乱落风雨声，三峡波涛魂梦惊。次第出脱偕韶韺，恍如置我白玉京，妙响入耳身体轻。又如采药游赤城，青云长啸何铿铿。回溪缘谷不知暮，鹿豕同群本朋故。爱君弹此惬衷素，流商激羽君且住，不弹吾已知其趣。待我策杖烟霞路，为君更著双清赋。变化分合，不能赞一语。

赠别两城靳公

旅舍京华笑相属，九年再聚秦川曲。秦川桃李尽成蹊，满目惭予重品题。殷勤送君出关路，关东云日关西树。三纪声名讵足多，左丞嘉绩更谁过。衮衣赤舄风流在，青云万层鹏之海。君今行矣音尘乖，出门异乡何时偕。忧来思君令人老，把君诗赋如鸿宝。结客古今岂必多，对君怀抱非草草。转换皆自乐府。

张子仪买鹤行

本以咏鹤，又咏及琴，巧匠信手，皆妙方员。

鹤楼山人买鹤行，日日相对双眼明。羡君嵇绍早同调，为吏实有沧洲情。还须买琴同宦游，冰壶碧海清风流。功成倘扣赤松术，骑此一访蓬莱丘。九转丹成定入帐，真

---

①两句《学孔精舍诗稿》作“初弹樵歌已萧洒，再弹梅花更有情”。

②虚，《学孔精舍诗稿》作“空”。

诀茅君契[1]好修。

杂体

鞠歌行送别罗江公还海南

近幸食桃，野人美负暄。穷达有命，仕宦难为言。粤山朱鸟，高栖无卑枝。大江急流，岂复能逶迤。是非孰定，辨别拙与工。皎皎肝胆，陆地波涛风。昨日得鹿，今朝复梦蕉。[2] 不为祸逐，雄飞何寂寥。入犹蛇窦，出则似雁行。东山采药，媲美潘茂名。敦厚中动荡，旷达中谨严，古乐府高调也。

谒南岳庙祭神三章骚楚之英。

精意严兮叶宁，德盛昭兮式听。舞云门兮楚伶，礼乐备兮广庭。实沈光兮中星，温风纯兮赤灵。神之来兮山青，蔼都房兮芳馨。

昭顺乐兮布舒和，神威灵兮南陆图。奸纷乱兮四海嗟，乞灵眷兮民望多。羌庶几兮翳舞歌，奠宝鼎兮永不磨。处高明兮百礼加，玉帛陈兮纷列檥。全用吴才老韵，古意古调。

朱鹭咽兮斓斑，礼卒度兮意闲。云飘扬兮满山，神穆穆兮欲还。神不言兮中间，恍倏见兮和颜。望神驭兮谁扳，耿湘流兮潺潺。

督学集五卷终

---

①契，《学孔精舍诗稿》作“期”。

②两句《学孔精舍诗稿》作“昨来今往，拮据问鹿蕉”。

孙山甫督学诗集　卷六

如皋孙应鳌　著

南充任　瀚　批评

五言律

晓发怀化无非唐调之精。

半林开晓发，杳霭冒青氛。野色笼江日，霜华缀浦云。五溪愁里度，三楚望中分。客思方萧索，哀猿不忍闻。

桃源夜泊

夜色有无里，孤舟四望通。水开云树月，蓬转雪山风。卧病待衾枕，怀乡闻[①]雁鸿。停桡一相问，已近武陵东。

"待"如"衰象归想相待"之"待"。

秋　兴

虏马秋来便，长年发[②]羽书。边关愁正绝，廊庙计何如。山白胡云暗，霜黄塞草疏。[③] 燕台天险国，永永帝王居。[④] "便"字，秦语也，妙！

---

①闻，《学孔精舍诗稿》作"惊"。

②发，《学孔精舍诗稿》作"剧"。

③白，《学孔精舍诗稿》作"绕"；黄，《学孔精舍诗稿》作"拖"。

④两句《学孔精舍诗稿》作"幽陵雄要地，今日帝王居"。

十日招提雨，沿阶秋草明。[1] 风尘看拂剑，时序感流莺。[2] 晓角家千里，寒云雁一声。碧鸡山[3]色远，凝眺不胜情。

钱绍湖约游圆通寺

幽居病独侵，选胜一登临。危阁盘霄堮，层岩俯[4]暮林。万家烟雨暗，十里海云深。太华山头月，还同共豁襟。

"霄堮"出《选》。

咏料丝灯

艳帐一灯悬，光明耿四筵。蕊珠金的皪，英石翠腾骞。蚌吐波流月，龙衔烛照天。花云数重丽，欲赋玉灵篇。

赋得雨霞晴曙皆自《选》来。

暝色初分霁，朝光破晓寒。翠微丹气绕，青浦露英汍。浥树开新润，增辉耀远澜。常因得起早，宛在赤城看。

悼弟应豸四首

应豸生庚子二月十一日。初，母宜人孕时，梦凤立左肩。生之夕，再如其梦。父大夫梦文庙东哲火。既生，资质清妙，性灵敞达。甫三周，即知嗜书。渐长，孝敬和谨，言行动容卓有礼法，盖得之性成。术者览其格，咸谓不常，未有言短折

①两句《学孔精舍诗稿》作"十日悄悄雨，蓬蓬秋草明"。

②两句《学孔精舍诗稿》作"风尘谁采菲，时序自餐英"。

③山，原作"千"，误，据台北故宫本改。

④俯，《学孔精舍诗稿》作"偃"。

者。丁未来病疟，辛亥始脱体。壬子，甫十三岁，乃五月二十三日病热，六月七日死矣。於戏！父母生子二，予与豸。豸今弃予，予将畴依？即使豸得成立，德业所诣，或不可限，岂修短前定乎？抑门祚不能钟也？痛手足之亏残，悲枝辅之脆剥，[1]赋诗四章，用纾哀悰。四作苦楚哀怨，殆不忍读。

一

二老日衰白，承颜尔共吾。尔亡千古恨，吾在一身孤。阀阅悲初志，风云息壮图。不堪渊客泪，索器泣明珠。

二

蚕算一何促，池空春草疏。屡年常苦病，三岁已贪书。积薄难钟尔，情深易惨予。向来灵鸟梦，曾是庆充闾。

三

临命呼兄母，牵裾重可伤。诸经初遍读，一见总称良。玉折残鸿宝，兰摧散国香。黄金谁复化，愁望海天长。

四

肝臂今何化？三晨[2]隔九原。藏舟空有恨，题凑[3]岂堪言。雨暗甘棠萼，云迷落雁魂。读书堂室在，肠断晓山猿。

传胪和平之雅音也。

礼士开三殿，胪传候晓过。贤良超汉选，词赋陋唐科。日丽黄金榜，风鸣白玉珂。湛恩不可量[4]，惟听奏云和。

---

①亏残，《学孔精舍诗稿》作“戕残”；脆剥，作“脆绝”。

②三晨，《学孔精舍诗稿》作“从兹”。

③题凑，《学孔精舍诗稿》作“归輤”。

④量，《黔诗纪略》《东皋诗存》作“极”。

寄永昌禺山张公二首

昔览禺山集，公居汉魏间。名辉丹凤徼，宅近白龙山。才大人皆避，机忘老更闲。版松凌岁晚，何日一跻扳。

又

绝域传风雅，明时有隐沦。张华真博物，杜甫是前身。泛[①]艇烟波阔，横琴麋鹿亲。山阿渺难见，遥想薜萝春。《选》意好。

送张西吴太史册封江西王府

想到西江日，王孙拥彗迎。梁园堪授简，梓里暂悬旌。文拟春花灿，行兼昼锦荣。亦知芸阁吏，去住有馀清。

上元观灯应制

元夕灯光丽，春风发夜梅。月随华盖转，珠缀火云开。淑气披琼馆，祥烟满露台。愿言万方乐，长此得趋陪。"春风"句极奇。

秋祀诸陵典重有思致。

并命趋山殿，凄其霜露浓。群工严肃荐，万祀仰朝宗。[②] 龙去思遗化，松深识旧封。回瞻京邑近，王气郁重重。

---

①泛，《学孔精舍诗稿》作"泊"。

②两句《学孔精舍诗稿》作"群公同肃荐，万祀尽朝宗"。

朱时法寄所作春兴诗依韵裁答示怀

想见幽居地，春来花不迟。披烟穿细箨，吮露缀芳蕤。济胜怜康乐，含情忆惠施。逍遥聊物外，世事有前期。“吮露”见《白虎通》。

聚首三年外，高谈玉露繁。忽怜分影雁，忍作断肠猿。游览牵词赋，风流入梦魂。他时同结社，来往百花村。颔联工极。

夜梦随侍法从跪陈民事觉后漫赋可以知公之情。

五年通仕籍[1]，梦里识天颜。记取[2]孤忠念，犹存一寐间。神情真太苦，时事已多艰。觉后空愁我，虚惭玉笋班。

送刘默庵分教深州有味。

文学汉更生，传经旧有名。十年嗟契阔，今日见峥嵘。别绪长烟绕，羁愁素月明。看君衡水去，芹藻尽含荣。

喜李云壁至京赋此五首示怀悲喜之情，流丽目前。

昨日如昔别，童童且八年。交情隔云水，世路足风烟。形变驱驰后，心惊梦寐先。淮阳一片月，故向帝城圆。五、六曲尽情态。

却忆分符竹，停车楚水涯。相思不可见，几欲折梅花。诗兴虞城柳，仙丹勾漏砂。知君清啸发，月色满千家。不落色象。

---

①通仕籍，《学孔精舍诗稿》作“居禁籞”。

②记取，《学孔精舍诗稿》作“独有”。

故人久寂寞，偶此复追随。剑合惊风雨，觞行感岁时。王仲[①]壶堪击，桓伊笛试吹。平生各豪兴，相见忽相悲。必交至者。

听说家居日，兵戈事正繁。战云横海岸，杀气隐江村。何计弭长寇，无人乐故园。一官聊避地，语罢倍销魂。凄楚如见。

契阔心知远，淹留职守荒。君心自明圣，国事正彷徨。炼石情何恨，怀山兴已长。拂龟幸一卜，为我决行藏。忧思可掬。

栾城道中喜遇晴山

邂逅栾城道，终身交臂思。风尘愁话旧，天地几相知。仓卒前亭约，埛林浮客悲。路难有如此，离合定何期。三四极妙，五六事秘语工，结又妙，非透彻之悟不能有此句。

路接天雄郡，春风满客程。心偕嫞婉约，人作颂歌声。黄鸟方求友，青山复送行。何因一夕话，总慰隔年情。

恒山行台见陈近衡所题有"忧时颇恨成名晚"之句怅然兴怀近衡时坐谪官

朗诵河舟赋，怜君忧世心。成名良以晚，兴谤一何深。威凤摧长翮，宾鸿滞好音。冶由颜笑在，怀想泪沾襟。颔妙。

①王仲，《学孔精舍诗稿》作"处仲"。按，王敦，字处仲，临沂琅琊人。东晋元帝时任大将军。《语林》载：王大将军每酒后，辄咏"老骥伏枥，志在千里。烈士暮年，壮心不已"，便以如意击珊瑚唾壶，壶尽缺。

河南道中述怀

旌旆孤轺发，莺花满路繁。青霄辞汉署，白日下中原。献纳违心事，栖迟负主恩。劳劳且行役，出处总难言。沉郁。

博望亭

登高成小憩，博望有佳亭。云度[①]长溪白，山连远树青。寒城馀壁垒，灏气觉[②]凄清。颇怪逢幽景，偏令野兴生。

周洞岩水部招饮夜坐静观水亭

宵分不尽兴，乘月敞幽襟。曲沼浮虚白，长松散远阴。时危真恋别，语合即知音。伐木相求切，宁忘皓首心。

钟鼓洞

绝壁辰溪上，人传大酉岑。山川此遗响，天地本希音。危磴通虚谷，悬崖缀石林。偶然来击拊，惊起一龙吟。兴象超脱。

舟　中

木叶潇潇下，空江夜雨霏。秋清云影澹，水阔雁声微。国事日多难，羁怀胡不归。坐怜白鸥鸟，个个绕船飞。全美。

---

①度，《学孔精舍诗稿》作“叠”。

②觉，《学孔精舍诗稿》作“故”。

九江喜会吴川楼

南楚龙头士，西清凤阙臣。一为天路别，三见柳条春。官远应怀主，途危幸爱身。近闻襟抱好，知尔出风尘。出尘之作。

开先寺骤雨

胜游谁易得，天意故难猜。鸟鼓微风起，虹骧骤雨来。深潭疑吸日，飞瀑但闻雷。总是澄鲜景，应迟苍翠开。雄而秀。

柴　桑

栗里纡徐道，柴桑有故村。风标今已远，松菊可犹存。酒作当年癖，诗为后代尊。① 折腰正愧尔，俯仰欲伤魂。

寄方奎山

自到新安郡，羁怀近若何？世途已如此，长日但高歌。天地尘沙满，江湖风浪多。官穷应达命，道胜肯焚和。超脱。

天师炼台

丹灶今犹在，仙人竟不逢。莓苔迷剩药，烟霭带孤峰。何处寻天路，凄然对古松。思玄自有赋，长此托遗踪。雅趣不凡。

---

①两句《学孔精舍诗稿》作“酒岂当年癖，名应后代尊”。

太平兴国宫用王龙溪韵

咏真元福地，古径已平芜。林隐云光乱，烟销殿影孤。仙源何寂历，灵迹半虚无。闲坐观元化，吾今且丧吾。天趣最深。

谒濂溪墓次罗念庵韵

地切名儒墓，瞻依洽素襟。水苹成独荐，风叶自相吟。庐阜高何极，浔江信几深。卜居邻有道，洒扫亦吾心。

念庵公寄示近作

一函天上至，瑶草寄幽襟。古洞石莲发，遥知相对吟。道高名并重，心隐迹俱深。三叹应忘味，非徒识雅音。幽艳。

沙河阻水过石佛寺

风雨何凌乱，川原共渺茫。劳歌怜宦辙，小憩得禅房。出定[①]僧分榻，将雏鹤上堂。遥遥看彼岸，吾欲藉慈航。三四正尔得意。

过翠岩僧院

仳别招提境，风尘叹长年。片心云渡水，半榻月窥泉。清籁依朝磬，丛林澹晚烟。浮生真幻梦，欲缔住山缘。信熟精《文选》者。

---

①出定，《学孔精舍诗稿》作"啜茗"。

喜闻王杜陵连得二子口占述怀

闻君宜两子，不羡[1]两麒麟。祥已钟嵩岱，生应及甫申。诗书堪累积，骨相定清真。何日吾兼此，逌然慰老亲。有情。

问纪山疾兼致鄙怀意味真至。

示病官衙静，翻增楚客情。问奇思过宅，把酒只听莺。苦思诗应富，劳心政已成。未须亲药裹，澹莫见吾真。

纪山示近作奉谢

大雅能遗我，悠然韶頀音。愁霖何太剧，怀友正难禁。著作看前辈，英华满上林。章江倾盖晚，犹得慰初心。

题鸣鹤轩二首

白鹤轩初敞，青田宅更幽。扬音何太远，鼓翼若为留。露警钟山夜，风清秀水秋。他年丹鼎熟，好跨十洲游。

又

舞鹤鸣何剧，巢栖正尔宜。岂缘诗客至，端为主人知。月色凉依竹，松阴曲覆池。清音真不愧，长共白云期。洗濯殆尽。

送刘仁山榷税回家

为别匡山下，重逢章水浔。翻怜充国计，不尽悯穷心。晓雨消清酝，春风洽素襟。因君怀岣嵝，为我卜幽林。似韦。

---

①不羡，《学孔精舍诗稿》作"健羡"。

匡庐雪霁

巨阜迥苍苍，明霞落黛光。朝来一夜雪，奇绝更难量。色界披银海，清都锁石梁。还应慧日出，处处照迷方。如冰如玉。

同台峰游岳

孤缘祝融顶，万转会仙桥。残夜日初起，空山云乱飘。潮音何不断，天路若相邀。莫惜来游晚，同心得共招。三四不偶得者。

问朱射陂太守疾

亦是执珪客，怀乡愈不禁。吏民歌已遂，朱文季事。圣智疾何深。龙叔事。素讲中黄术，兼耽太古音。恬愉能蓄道，啸咏足娱心。极精工。

寄余九崖二首

无论仙可见，隐士亦难寻。为问辞官兴，还同出世心。阶移苍藓密，屋寄白云深。满目匡山色，从多灌木吟。首句翻庾肩吾，无字不精。

又

判及初醅熟，欢逢三径新。怜予栖壑性，对尔茹芝人。虚谷神应胜，深山道不贫。咏真容卜筑，愿与德为邻。

四月八日游终南二首

万壑翠娟娟，凭高兴洒然。偶来逢浴佛，不醉亦逃禅。得暖蜂喧树，开晴草宿烟。藤萝澄夜景，月色净诸天。与

"华亭入翠微"同调。

又

千里山相属，苕荛势不分。中条宾晓日，太华阁晴云。幽谷花香出，遥空鸟语闻。何须谈捷径，歌啸且同群。"宾"字奇古，"阁"字又奇古。

望华岳

十年西岳梦，今上太清家。历落天开貌，"天貌"出孔稚圭诗。冲融日载华。望移云石乱，兴绕洞烟赊。童冠春风侣，仙游总列麻。

坐青柯坪

晓散千峰色，盘空独往还。树滋烟影碧，花迸露痕斑。悬瀑飞雄雨，回飙肃峻关。本无婚嫁累，何事不栖山。又严重，又流动，似太白。

游空同山似审言。

山隐栖真窟，宫馀问道名。登临空偃仰，云日半阴晴。冰壑奇花满，烟郊古木平。大明何可遂，衹自羡长生。[1] "遂大明"出《庄子》。

空同山招鹤

登山招古鹤，抱膝啸孤岑。落落风尘色，悠悠壶[2]海心。好来万里翮，一振九皋音。饮啄吾何慕，同栖珠树林。

---

①两句《学孔精舍诗稿》作"何由寻地轴，亹亹抱秋情"。

②壶，《学孔精舍诗稿》作"湖"。按，"壶"疑误，当作"湖"。

高怀落落。

七月十五日同沧崖游清凉寺[①]

结璘当既望，壬戌正初秋。偶作青莲会，浑疑赤壁游。兰侵霜气薄，树杂野光浮。自觉清凉甚，非关此地幽。皆佳，结又佳。

寄楚侗文宗四首

搴帷临渭水，怜我乍逢迎。气味应心赏，襟期自目成。冷风看独御，高旆忽南征。何处吴天月，三江一水盈。

二

三度归宁日，亲闱寿域开。衣分宫锦色，酒漉内金杯。具庆偕难老，长歌愧独裁。遥瞻楚云外，春满洞庭隈。

三

模范开佳士，文章识巨儒。共传鹏运海，不异凤栖梧。化首王畿重，风还帝道俱。栽培三载后，桃李满三都。

四

王国独骞腾，文园蚤见称。提携何太剧，惭愧若无凭。世路谁知己，斯文愿得朋。倘因尊俎夜，造膝话三乘。五六尤精美。

寄吴中莪

德山[②]曾酹月，锦里试为霖。借问栽花兴，能移鼓柵

①《学孔精舍诗稿》题作“七月十五日同张沧崖游清凉寺”。

②德山，《学孔精舍诗稿》作“鼎山”。

心。光分还忆剑，音在不须琴。陇蜀怜吾汝，梅开思转深。

汉中岁暮书怀四首感怆深矣。

荏苒年光逼，瞻云思若何。六身形影在，万里信音过。儿女看人大，风尘入鬓多。酒杯同泪写，椒柏祗悲歌。

二

为客瞻天末，惊心忽汉南。山川人共远，时序我何堪。岸柳青将发，村梅冻尚含。故园滋味友，犹忆昔清谈。三四雄视今古。

三

四十年将及，蹉跎仕宦林。[①] 古今空入梦，山水亦知音。望岳张衡赋，怀乡庄舄吟。不应逢岁晚，倍感[②]索群心。绝妙。

四

汉水春仍满，三秦遂薄游。铸人惊后畏，推毂愧前修。草色侵塘遍，莺声伐木稠。含情逐萍梗，随意坐销忧。

两亭[③]再邀过金胜寺

高怀何滚滚，秉烛过双林。欲尽探春兴，翻生出世心。梵音清籁发，昙影夜光沉。莫更斟杯酒，逃禅醉已深。磊磊落落。

---

①将，《学孔精舍诗稿》作“俄”；仕宦林，《学孔精舍诗稿》作“百感侵”。

②倍感，《学孔精舍诗稿》作“凄断”。

③两亭，《学孔精舍诗稿》作“韩两亭”。

试士商州藩臬诸公饯饮郊亭

上洛复于迈，宠行劳巨公。芝兰满高座，襟带尽春风。佳节且祓禊，浮生真转蓬。计归花信晚，还醉绿阴丛。

送横泉南归二首

声名二十载，今日遽言归。离绪当春晚，行踪与世违。崎岖原末路，馥郁有初衣。章水连彭蠡，凭君选钓矶。

又

归田休叹惋，琼树似诸郎。浊酒酬官道，轻车返故乡。邑存耆旧社，家近水云庄。课读情何倦，题诗兴自长。

褒　城

地转褒斜谷，天雄楚蜀关。轻云千壑暝，落日万峰斑。农隙各鼓腹，客行多苦颜。曙鸡待明发，栈阁任跻攀。真是褒城诗，点缀俊逸。

栈　道

栈阁八百里，云山千万重。行游暮冬候，草木转丰茸。茅屋隐村落，遥林蹊绝踪。冷然玄水兴，楚楚拂寒松。全不对之律诗也妙！

说经台

道德遗经处，人题①第一山。洞幽云自适，林爽鹤同闲。怀古空凝目，沽名独强颜。宁知微妙理，不在有无间。妙诠。

---

①人题，《学孔精舍诗稿》作“天开”。

讲院病

隐几款归虑，翛然惟抱疴[1]。宦情何莣葪，世事足悲歌。不寐蛩吟夕，贪看星渡河。浮云倘可借，送我故山阿。

“莣葪”即“芥蒂”，见《文选》。

再病书怀

退伏末庭中，居然一病翁。谁能捐杂佩，独自感秋蓬。虚幌填新帙，寒花满故丛。从来离垢好，老氏重知雄。

病中闻虏寇京师三首

忧国爱君，感时纪事，无不曲尽，妙绝！

世难有如此，病怀其奈何！至尊忧定剧，诸将捷谁多。讵恃金城险，能令铁骑过。莫须三北后，犹奏凯旋歌。

二

节钺须名帅，边关满健儿。论功终有日，报国此何时。台谏齐封事，仓忙竞虑危。祇疑露布喜，未及失亡悲。

三

一纪纾筹策，防危只晏然。凄凉庚戌事，叹息祖宗年。三辅皆要害，诸陵况接联。孤怀惟痛哭，此日仗皇天。

奉别见送诸大夫情味自殊。

严驾出秦郊，离筵盛拥旄。夷犹寒日短，惨栗朔风高。握手意无尽，赠刀情正豪。明堂列周鼎，何幸忝同袍。

---

①翛然惟抱疴，《学孔精舍诗稿》作“凄兮悲积疴”。

又

归喜娱亲寿，仍怜别大贤。清尊临远浦，长路袅寒烟。落月青宵梦，停云白雪篇。遗芳结永好，稍藉慰缠绵。

与段虚舟言别作五言古律二首为赠

可谓不烦斧凿矣。

金门十献赋，天上孰吹嘘。瓠大难为用，依然返故庐。萧萧斑马去，远道属凉初。况有高堂老，归与计岂疏。

又

骊驹首万里，秋色满蒹葭。若到滇池上，猗兰意自嘉。君怀元灏古，世事总抟沙。一笑功名小，沧洲梦不赊。

游嵩岳崇丽并竞。

百年将过半，五岳已游三。太室云霞入，中天紫翠含。关河平若尽，松柏静相参。面壁空馀影，闲花发古昙。

又

山影层霄外，歌声皓月中。三峰谁最峻，万里若为空。流禽娇翠涧，落叶袅玄风。为访浮丘伯，遇逢河上公。

督学集六卷终

孙山甫督学诗集　卷七

如皋　孙应鳌　著

南充　任　瀚　批评

六言律

太玄亭

十年五度归觐，今日独际令春。红雪翻阶风韵，翠阴出雨精神。吾翁哦松自喜，有弟扶杖相亲。笋韭时时选具，况偕寿母宜人。

瑞虹桥

夜影月空万壑，瑞虹桥左披襟。水石下濛上蔼，风籁殊窍异音。嗒焉机象外朗，仙乎神理内沉。愧我济川舟楫，怀兹伐木山林。精工不必言，然非有道者亦何能及此微哉！

牡丹砌

小园魏紫初放，一本五十二花。瑞色尽夸此种，春光更数谁家。袅袅相辉日永，亭亭独立风斜。陋杀十年旧事，山丹惊诧双葩。

君子亭

愿结幽人雅会，稍栖君子新亭。鲁褒贫素自立，孔淳农田可经。物意花香鸟语，诗怀云白山青。异日遍游五岳，著书老此柴扃。

七言律

谒昭烈祠慷慨隽永，必传无疑。

昭烈曾为新野牧，到今祠祀尚相仍。三分遂使雄图尽，百折能令壮气增。相有孔明星既殒，运非光武业难兴。我来瞻礼思流涕，云日沉迷暮霭凝。

观楚人竞舟作此以吊屈原

括尽一部骚经，绝妙！

竞渡仍怜楚俗存，香兰芳芷满江繁。美人窈窕空相忆，公子怀思未敢言。水石可消千载恨，诗骚难吊九歌魂。怀忠毕竟谁为报，今古浮云一任翻。

忆安乡令李孟慱五六自然之工。

落叶流苹牵梦思，别离犹记昨年悲。有时云物吟孤屿，何处山川共屈卮。览德[1]正须霄汉上，鸣琴一在芷兰涯。洞庭东接秦淮水，知尔曾题去国诗。结妙。

平溪高指挥请登獭崖朗丽雄俊。

平溪岸头江水回，高阁凭虚结伴来。乡思暗随秋色老，旅怀重向故人开。风凄落木催寒切，云破惊鸿逐侣哀。

①览德，《黔诗纪略》作“飞舄”，《学孔精舍诗稿》误作“飞易”。

一览西南边徼地，铁桥铜柱仗[1]雄才。

九日舟次[2]芷水合作，结句尤妙。

霜剑星旌明短波，瑞云芳树转长河。[3] 只今千里怀乡远，独是重阳向楚过。黄菊岭阿芳露缀，白鸥沙畔野烟和。杯寒竹叶萧萧夜，自采香苹咏九歌。

送邓春塘守新化精宛。

初沾恩命绾银青，五马驱驰照使星。把袂正怜新舍辂，联征却忆旧扬舲。春风雅什能须寄，夜月夷歌自可听。祇恐邓侯挽[4]不得，册书盘凤下彤庭。

送松溪先生南行二首两颔联尤工异。

暂离蓬岛下春宫，名与当年谪宦同。祖席东都殊蔼蔼，征帆南潞转沖沖。赐环恩在时非远，恋阙情深梦易通。回首金陵旧游地，应怜世路似飘蓬。

禁垣春日罢朝天，无奈从公濑水边。道在自怜臣节苦，分深奚但别情牵。皇恩得许仍南去，时论同归望北旋。渺渺旅游随转棹，融风华月自依然。两起皆丽而有情兴。

---

①仗，《黔诗纪略》作"费"。

②次，《黔诗纪略》《东皋诗存》作"泛"。

③两句《学孔精舍诗稿》作"木落洞庭秋始波，孤舟明月影长河"。

④挽，《学孔精舍诗稿》作"留"。

送王吉士请告归长沙[①]全佳，且有《选》意。

早年载笔入明光，乞得君恩卧草堂。凉气开秋苏病骨，新亭张乐缓离肠。题诗岣嵝凌千壑，拾佩湘潭纫众芳。此去桂丛聊偃蹇，清阴华月正相望。

送张文江任兴化县

"知能"字用《淮阴传》语，极妙。

薰风袅袅行舟远，蓬转三江接广陵。此去山川真引重，向来政绩已知能。神明束皙人争颂，强直朱晖众所凭。独是与君情更倍，愁云别鹤况难胜。

同翰林诸僚院内观红莲次黄泰泉詹事韵四首

四首皆佳，然亦易及，惟四结句遂以意胜，不可及。

瀛洲亭畔胜游多，六月莲开雨乍过。叠叠露珠浮翠盖，翩翩霞绮拂金河。风流迥在蓬莱岛，灌溉元通太液波。爱惜芳华意无限，美人持赠欲如何。

方池近接帝城东，菡萏标霞别样红。袅娜自怜琼岛上，品流况是玉堂中。尊开北海看周锦，弦播南薰引舜风。喜有同心得同赏，秉芳欲献建章宫。

赏花日日坐丹丘，欲著浮槎趁稳流。高韵正谐词翰客，清香偏绕凤凰楼。鸟冲烟渚溪光落，云起晴堤水气[②]浮。何必太华看玉井，孤英素质总宜秋。

---

①《学孔精舍诗稿》题作"送王会沙归长沙"。

②水气，《学孔精舍诗稿》作"野色"。

禁林清切玉为堂，的皪芙蓉泛水光。忽有九苞辉凤彩，恍如双阙舞霓裳。月明云沼低回影，风静烟波暗发香。相对深惟幽意惬，满庭松露不胜凉。“深惟”出迁史，妙。

寄答友人

少年射策魁东省，半豹才名愧未成。讵谓风云宜劲翮，翻怜踪迹似飘萍。楚山驻马悲长剑，汉水临流濯短缨。回首只今增感慨，兴来因忆旧同盟。

送任冽泉宰庐山任谷旸倅抚州高岑雅调。

西南秀士称连璧，早向明庭共乞官。郡邑分符家庆满，郊原鸣辔别情难。金川风过波澜静，蜀水春回雨露漙。莫以姜衾分两地，青冥终许接鹓鸾。

巡行坝上先柬近衡“都尽”二字用得恰好。

京国缁尘染素衣，偶乘公暇出郊畿。花飞忽讶春都尽，雨过仍怜麦尚稀。碍日青林浑隐隐，翻风黄鸟自辉辉。投车好共题诗侣，下榻陈蕃愿不违。

送白沙村往真阳五六雄浑有意味。

广陵才子旧知名，乍见翻怜别梦惊。酒畔葵榴同索笑，路歧烟树总含情。朝廷此日须良令，燕赵当年有颂声。想到汝南官界静，桑枝麦穗野云平。

王杜陵约游城外平易奇崛。

一官尽作愁中过，六月才[①]为郭外行。暂假霜威同笑傲[②]，偶看山色若平生。雨收残暑吹风澹，林隐幽蹊起雾轻。饮罢扣君[③]匡世略，知君同有补天情。

登大毗卢阁感慨悲壮。

招谣[④]净境树千章，一上珍楼自引凉。危栋慈云光杳霭，虚檐晴日影青苍。纵观惟羡雄三辅，多难翻怜满四方。世事宦情悲独漉，暂从幽暇礼空王。

志怀四首

衔沙沧海情何极[⑤]，偃仰翻然念式微。大厦柱楮应有托，高堂几杖独相依。匡衡经术愁谁用，汲黯风流愿已违。心事难从詹尹卜，乡园曾是辟荆扉。

九重明圣有羲轩，下诏弭灾问[⑥]直言。愿得祝厘通造化，蚤令降福满乾坤。惊心禄食悲时序，在眼疮痍入梦魂。谁谓琐闱华要地，宁如猿鹤嬲山樊。三联雄伟悲切。

干戈满地连秋色，久为寒心感右军。雨雪冲关烽转剧，楼船横海捷空闻。诸公廊庙安危在，二祖江山创造勤。我已迂儒惭黼黻，请缨谁更扫尘氛。诵之警策，不特诗之工也，妙！妙！

---

①才，《学孔精舍诗稿》作“初”。

②笑傲，《学孔精舍诗稿》作“慰藉”。

③饮罢扣君，《学孔精舍诗稿》作“强饮细询”。

④招谣，疑误，《学孔精舍诗稿》作“招提”是。

⑤衔沙沧海情何极，《学孔精舍诗稿》作“穷阴万里阏春晖”。

⑥问，《学孔精舍诗稿》作“求”。

惆怅泬寥私自怜，深忧未敢向人前。许身稷契真悲我，济世黄虞独仗天。好待太平回景象，从教去住任机缘。韦铤叙志元同调，惭愧蒙恩只叹年。字字宛切。

咏榴

予庭前有千叶榴一株，繁花既谢，数实渐垂，露霜饫满，朱颗硕美。凡花千叶者多不实，即实亦不成果。览兹嘉树，心颇异之，聊奋笔为之赋云。

若榴庭外缀芳蕤，花后仍看硕果垂。信有千重开烂熳，不妨联蒂挺瑰奇。初霜渐敛光珠迸，满露潜滋碧玉披。安德曾夸多子兆，高枝相对意俱迟。

送张少源两淮巡盐是盛唐赠送调格。

漳浦苍麟护紫烟，身从词苑早腾骞。独持纲纪兰台上，忽拥旌旗泗水边。侨肸老谋元自许，东南新赋转堪怜。采诗问俗公多暇，愿得停车访计然。①

送蒋毅所按南又胜，又胜。

天上初分鹓鹭行，远持绣斧下江乡。高标独映青骢马，丽藻曾辉白玉堂。路入桂林翻彩服，风回淮甸肃秋霜。太微光彩星辰迴，极目南天望转长。②

①两句《学孔精舍诗稿》作“皂囊封事含霜入，翘首声名赤汉悬”。

②两句《学孔精舍诗稿》作“欲知琐闼相思梦，梧竹烟消月到床”。

奉旨阅视京营将士

十万分戍下禁銮，近臣衔命阅材官。烟开细柳旌旗转，霜肃重营甲仗寒。[①] 此日龙韬谁上策，古来麟阁本雄观。纷纷南北饶[②]兵檄，感激休言报主难。

同乡士夫饯别雅调。

同乡冠盖正依稀，春色相看又远违。青柳不堪歧路[③]折，彩衣惟得故园归。五云回首澄霄远，三楚驱车去路微。把袂凄其分手后，果然告别恋音徽。

将至彰德先柬张竹亭情切。

石渠一别更参商，满眼交游忽老苍。邺下近传碟碗赋，台中曾作绣衣郎。艳歌念我何尝乐，遥夜思君不敢忘。远道他乡重会面，计程明日下河阳。

柬谢四溟音响琳琅，自然之工。

诗名常忆谢玄晖，邺下相期愿不违。五岳佳题应烂熳，四溟高翮任翻飞。从来志士难逢世，独羡闲情早息机[④]。便欲与君十日饮，河阳南去故人稀。

渡河"两条"字用得妙。

春风三月渡河水，夹岸杨柳生暖烟。中流浩渺有舟

①转，《学孔精舍诗稿》作"湿"；重营，《学孔精舍诗稿》作"前茅"。

②饶，《学孔精舍诗稿》作"飞"。

③歧路，《学孔精舍诗稿》作"官道"。

④息机，《学孔精舍诗稿》作"识微"。

楫，长路驱驰空岁年。南北两条地势迴，波涛万里天汉悬。乘槎奇游昔所羡，安得一上昆仑颠！

太岳先生为予谈衡山之胜因示登游诸作

见说高风[①]迥不群，游仙特礼祝融君。远从千里浮湘浦，独立孤峰辨禹文。紫盖琼云时缥缈，朱陵瑶草正氤氲。诗篇一一思玄兴，何得相随坐日曛。三四与岳并雄者。

柬越润斋无字不工，第六句入神品矣，妙不在言。

苍凉云树洞庭涯，一别春明隔岁华。制锦想应齐亶父，驱车何意过长沙。霜寒坐听层空雁，秋尽来看满县花。世路艰难销宦况，凭君相对话思家。

会龙庵全胜，结又胜。

仙令鸣琴尽日闲，偶逢词客共看山。中流水立鱼龙舞，上界风呼鹳鹤还。缥缈飞楼凌绝景，嵚崎仄[②]径隐禅关。坐闻经梵相和切，疑有清音出世间。

闻谢岷山廷杖罢官感赋颇凄楚。

我出江藩君忽归，从今见面各依稀。楚猿遗祸知何及，卞璞虚投事已非。落魄向怜生计薄，艰危翻惜宦情微。故山筋力须强健，定有新篇赋息机。

---

①风，疑误，《学孔精舍诗稿》作“峰”是。

②仄，原作“昃”，意为“太阳偏西”，与意不合，当作“仄”是。据上下文义改。

汀洲情景真至。

汀洲历历戍更残，烟雨冥冥入夜寒。坐对清江怜往迹，与谁浊酒罄馀欢。蓬心犹在思三益，机事难忘愧一官。回首乡园隔湖楚，白云时复向南看。

安仁行台冬夜志怀后四句壮而悲，宛而畅。

羁怀冬绪夜如何，谢朓诗成只自歌[①]。瓠落世途惟感慨，觥羊吾道已蹉跎。乡山旧业萧条甚，天地新愁战伐多。振树长风惊不定，梦魂遥夕隔烟萝。谢朓有《羁怀冬绪》诗，"瓠落"见《庄子》，"觥羊"见《太玄经》。稳而且巧。

同双江臬使水东藩伯夜坐东林寺[②]三四甚工。

双林何意成三啸，今日芳游亦古人。野雪寒冲山影破，岸梅高映月华新。禅心法界元俱幻，酒盏炉煙[③]且共亲。最胜天池看不远，相将明发陟嶙峋。"鼓芳风而扇游尘"自谷梁子，"芳游"二字亦非苟下。

宿天池三联乃七言之长城也。

庐岳登临春[④]正晴，壶天孤秀一寻盟。偶然逸驾神灵境，倬彼前修旷达情。烟净九江开夜色，月明千壑散风声。因知世界元无住，魂梦宵来大故清。[⑤]

---

①谢朓诗成只自歌，《学孔精舍诗稿》作"窅窅离忧独抱疴"。

②《学孔精舍诗稿》题作"同方双江张水东夜坐东林寺"。

③煙，《学孔精舍诗稿》作"薰"。按，"煙"疑为"燻"之形误。

④春，《学孔精舍诗稿》《黔诗纪略》作"天"。

⑤两句《学孔精舍诗稿》作"竹林遗迹今何在，时有昙花舞雪瑛"。

白鹿洞“累累”“岳岳”妙，皆出《汉书》。

匡山游览意不尽，挟翼飞下五老峰。岩壑累累漱琼玉，穹窿岳岳开芙蓉。洞中鹿去草花合，林外鹤鸣烟雾浓。学道采真本吾志，兴来直欲凌乔松。

访栖贤桥万选之作，必传必传。

雨霞变幻少定色，扫石共坐岩溪头。铁船紫霄峰独秀，金井玉渊山更幽。巾裘随意郭文举，猎钓无心翟祖休。采采仙源有灵药，得之还赠同心俦。

演法观首尾特异。

飞升台上放歌声，俯眺其如物外情。四照烟霞花并发，百层泉涧月齐明。独怜远道能乘兴，谁向深林学隐名。望鹤不归秋欲老，坐看岩际晚云生。颔妙。

上清宫真唐音也。

看山兼作访真行，望斗乘风到上清。白日不惊吞易梦，玄都还听步虚声。银河露冷仙坛静，玉洞花香宝篆轻。莫问当年生羽翼，只须方外学逃名。“吞易”，虞诩事。

出龙虎山另是一格，纵横脱落。五六甚奇。

端正月光云缥缈，清泠风影竹交加。从来独玩人间世，此别应怀太上家。或隐或仙灵迹远，在坑在谷晚烟赊。幽禽乱语如相送，转首纷纷满路花。

杨源山闻予游龙虎有诗来赠倚韵和答且定弋阳龟峰之约不落色象。

云峤游仙生野心，傲宾何意突相寻。百年梦入名山境，一札诗传太古音。别有中流通绝巘，只持怀抱对长林。龟峰入望闻多美，曳屣同君啸碧岑。

信州望灵山偶览《海岳从游稿》因怀蒋丈灵山盘亘葱苍几六十里三十六洞天之一也

高人诗赋掇云霞，海岳从游兴不赊。路近诸天邀玉女，月明千里度香花。玉女，峰名；香花，岭名。稿内有诗。凭谁为买翀霄鹤，将我同浮上汉槎。指点灵山看不远，登临无伴日西斜。

同赵南庵谒濂溪祠次阳明先生韵

溢溪对眼照还真，绿草离离映葛巾。共尔后游寻圣轨，启予先觉是天民。满庭风月应无尽，千古心知合有神。泣路昔曾悲白首，采芳今得荐青苹。

辰州会狄榜山

轻舠东下水云乡，望里沅陵正渺茫。旅客心期齐九咏，故人名价美三湘。清风江雾开林暝，明月烟汀散野凉。莫话五溪萧瑟甚，相逢且共酌天浆。

九日饮鸣泉宅见鸣泉《清查疏稿》行边诸诗

天长路远欢相迎，白酒黄花何恨[1]情。鹓鸾别后结交

---

①恨，《学孔精舍诗稿》作“限”。

尽,尘土年来悲感生。塞下诸诗可杜甫,怀中疏草其匡衡[①]。联床灯火夜深梦,风叶棱棱魂易惊。雄浑。

坐朋来亭奉怀敬所兼次其韵二首

乔岳新碑外史名,文章相对有馀清。怀兹萝薜投幽赏,及尔巉岩结静盟。歌罢雅音真寡和,梦残天籁自相鸣。买山倘许巢由隐,读易同探损益情。幽奇。

欲向兹峰蚤卜邻,开花鸣鸟八千春。采真常想宽闲野,适志应归磊落人。天地松檀非骨肉,圣贤磨涅避[②]缁磷。巴园橘里宁非[③]梦,姑射山中信有身。天然之趣,起尤美秀;五六天成句也,隐显并陈。

登祝融峰是夜梦白沙先生起句对得绝精,"隔是"字用尤奇古,雅称！雅称！

灵辙到来山作主,层霄飞上我乘风。诸方胜概同心赏,千古高民有梦通。天柱泉声吟不尽,江门月色照还空。超全俊逸辉南斗,隔是当年寤寐中。即白沙梦衡山事。

喜雨起句之妙,前无古人,水中月也。

满空佳雨落不尽,朝来华山生片云。天地之施何霭霭,出《河图·帝通纪》。民物有命皆欣欣。麦苗零乱忽竞秀,林花参差齐吐芬。谁言散吏竟无补,逢运均休情更殷。宋傅亮事。

---

①怀中疏草其匡衡,《学孔精舍诗稿》《黔诗纪略》作"□□两疏敌匡衡"。

②避,《学孔精舍诗稿》作"岂"。

③宁非,《学孔精舍诗稿》作"还如"。

寄乔三石公宛润。

观察何年拂袖归，逸民高节古今稀。著书函谷遗风在，卖药长安生事微。三楚香兰犹雨露，五台霞术[1]日芳菲。销摇我亦逃名侣，肯许衡门酒共挥。

谒西岳庙五六妙。

怀仙先扣总仙宫，白帝威灵秩祀崇。藏马汉皇无故迹，省方虞帝有遗风。生涯欲藉嵁岩老，世事空怜战斗丛。为乞神功广恩泽，西方屏翰古称雄。

赠别两峰二首[2]

历下才名信不虚，牵衣洵水独怜予。凉心世路应肠断，转瞬风光忽岁除。鸿影乍分辞去后，棠阴未改到来初。凭君细写还山赋，伫立浮云看卷舒。宛细。

梅花历乱石泉头，迟暮年华可自由。宦路听君怀故国，交情怜我益新愁。歌残贝锦惟长啸，光满隋珠岂暗投。海岱风烟他日梦，萧萧长夜一淹留。精工。

题韩两亭别业

只第四句与“春色满园关不住”之调，何啻天壤！

宦路应怜蚤息机，司徒旧业尚芳菲。孤云乍入常分席，万杏齐开不掩扉。共访郊居闲索笑，偶依泉石澹忘归。

---

①术，《黔诗纪略》作“绮”。

②《学孔精舍诗稿》题作“别就两峰二首”。

南山未负烟霞侣，幽意知君与世违。

辋川四首

白日畹晚孤兴发，搴裳独来游辋川。云霞谷口乱林石，空翠山中飞涧泉。高韵瀼瀼夜吐月，遗踪渺渺春生烟。桑麻络绎隐村舍，野老荷锄歌白田[①]。“夜吐月”“春生烟”，在盛唐亦罕矣！

沿溪忽转翠微半，一径突入开禅扉。结绿扬白浚灵液，澈霞悬魄娱清辉。积岨云归据梧瞑，幽篁风回鼓瑟希。去者来者竟何有，思托澄景相因依。起语画亦不到，三四句奇，五六尤奇绝。

川光半落树欲写[②]，虹影将合山更明。葱蒨满楼撼野色，彀雏千种翻春声。题诗尚想求友兴，施宅独传好佛名。空林借榻百感寂，游居何日能遗荣。班嗣有《游居赋》。

秦中山水善复善，峭峙三百昆仑陬。兹川特地迸奇美，有客乘春夸好修[③]。著论达庄称阮籍，作诗招隐惟闾丘。殊音鸣鸟异心木，明日别去何胜愁。幽秀可爱。

示别诸弟子

行旅风霜逼岁除，诸生离绪重怜予。独惭鼓箧非鸣铎，犹忆横经盛曳裾。别后愿言通慰藉，[④]向来曾共惜居诸。总看文雅西京士，回首秦川望转纾。

①白田，《学孔精舍诗稿》《黔诗纪略》作“葑田”。

②写，《学孔精舍诗稿》作“辨”。

③夸好修，《学孔精舍诗稿》作“探阻修”。

④别后愿言通慰藉，《学孔精舍诗稿》作“别后可能励斧藻”。

示别书院弟子

珠光剑气满堂前，欢剧翻令别思牵。侍席弦歌常入夜，逢春桃李异当年。文章两汉须归厚，俊杰三秦定孰先。斜日灞桥临远道，依依歧路莫悲怜。

重经华阴感别名岳古律也，畴其识之！

太华少华何绝奇，我昔登览偕前期。朝发山阳夕陟巇，北饮飞泉南采芝。紫云暂憩不满意，玄圃重游空系思。明日出关弥远路，私微所伤当语谁。

七言仄律

家居感怀秋兴六首

篇篇悲切，字字沉郁，非有忧国至忠亦写不到此。

江山回首情何极，一望郊原惨颜色。晚日昏黄隐隐村，秋风零落丛丛棘。戍鼓黔南不断鸣，三苗氛祲竟谁清。虞庭原自敷文德，何事频年不解兵。

蚤辞京国事离披，三殿烟销满目悲。当宁已颁罪己诏，群臣谁上责躬诗。一时天意堪忧惴，四海苍生皆涕泪。征财绣衣络绎行，采木使者联翩至。

暮云天末飘飘起，遥忆美人隔秋水。耀彩翻怜妒羽毛，秉芳徒自怀兰芷。风沼龙颜日渐疏，还思珥笔殿庭初。尽教愁极多诗草，敢谓时清乏谏书。

南夷岁岁接兵戈，胡虏年来望聚多。空月半山沙上骨，合云连阵海中波。渔樵谁是安闲者，调发中原疲士马。宦况乡情总不胜，满园风露潇潇下。

聚散艰虞谁共语，幽襟独抱真如许。坐令白发唤新愁，乍见青山皆旧侣。何物能令百感惊，登楼豪气未能平。风波世路凭吾道，云雨交情见友生。

马首行看又欲东，长吟北望对秋风。拾遗袛为忧时老，散骑谁知作赋工。廊庙有人禆国计，江湖生事还凋弊。霜寒木落感清商，宾雁一声复南逝。

五言排律

拟献圣寿无疆词可配巨源之作。

诞圣开佳节，称觞进海筹。斗枢光电绕，华渚彩虹流。鸾掖张黄道，龙旂映紫旒。帝图天并永，王气日争浮。玄德通三极，湛恩洽九州。词臣齐献颂，愿祝万千秋。

西苑观获应制正尔合作。

帝藉收禾日，亲承法驾旋。百夫初辍耦，七月正鸣蝉。圣念欣时熟，农功喜岁蠲。翠华迎露润，黄颖饫霜圆。省敛应施惠，脩尝拟荐先。小臣叨侍从，稽首咏丰年。

送叶少亭复任贵州

有美西江客，仍为南徼行。天长一雁远，地迥只轮轻。雅什饶新兴，高才识旧名。英标青绶弹，奕世锦衣荣。望望铜川道，摇摇竹马迎。山川重借色，膏雨倍添情。问路梅初发，临岐雪正晴。因君怀故里，翻觉宦心惊。

七月十五夜同洋山海渠养白泛舟章江[1]清雅。

偶泛江中棹，真同象外游。萍蓬还此地，云物已初秋。澹月山光合，凉波水气收。放歌非庾亮，乘兴亦王猷。岸曲通渔火，沙长隐钓舟。岂缘牵簿领，应共惜风流。五老浑如见，三丘不可求。沧浪有真趣，回首愧轻鸥。

送姜蒙泉兵备淮阳极雄极丽极精极工，必传必传！

分阃淮阳地，新兼节制尊。旌旗开远道，弓剑拥高轩。铜虎占儒略，朱衣识主恩。气雄同海壮，令出共雷奔。却忆旬年事，堪怜战斗繁。供支无处所，离乱几人存。天地悲萧瑟，风云藉吐吞。地形元险隘，国计有耕屯。陵寝衣冠域，京都锁钥门。看君勒钟鼎，别意满清樽。

送白石蔡公巡抚河南

青霄持绣斧，恩诏紫麻宣。寄托同周召，经营有涧瀍。清芬三纪重，妙略万民悬。见说中朝杰，宁论异代贤。乘时思报主，玩复每探玄。文著新书富，名随大雅传。神龙元变化，祥凤任腾骞。想到嵩丘地，应瞻只尺天。人犹歌出牧，官已似登仙。巧属经纶手，威专节制权。采诗情自得，问俗意翻怜。赋役蒿莱尽，仪刑郡国先。远猷中土外，嘉绩古人前。魏北闲枹鼓，河阴美稻田。当楼明月满，载路惠风牵。将相兹行矣，襟期只燕然。追欢淹使节，劝别敞离筵。下走惭吹剑，周旋幸执鞭。折枝琼作佩，解繻锦为缘。此擢关宗社，相亲忽岁年。祇疑霄汉隔，徒讶路歧

---

[1]《学孔精舍诗稿》题作"同凌洋山陈海渠冯养白泛舟章江"。

偏。立马云依水，遵途雨在烟。何因通慰藉，夜夜望台躔。格调夺少陵之工矣，转换尤得乐府之精，知者可语此。

宿草堂寺

渼陂萧瑟甚，复作草堂游。夕磬声未落，初林景更幽。白云苍径绕，紫阁瑞烟收。峰挺玄圭秀，川明丽锦稠。满堂千亩竹，一夜万山秋。兴逸常随喜，官闲得自由。译经怜往昔，礼佛暂迟留。不寐看孤月，多情恋一丘。谁言世界广，天地本虚舟。又似王孟。

览五津写峨山障子并赋[①]

震旦第一山，来兹渺莫扳。因看图画里，如到翠微间。五气朝光变，千灯夜影斑。回桥漂崒嵂，豁涧竦潺湲。江汉同分秀，华嵩孰可班。星辰平地仄，风雨半天还。静挹空香影，清留石髓颜。遐标雄福宇，逸韵缔灵关。赋有兴公丽，情原子晋闲。婆娑寄冲气，并欲隘区寰。奇俊朗润。

督学集七卷终

①《学孔精舍诗稿》题作“览周五津峨山障子并赋”。

孙山甫督学诗集　卷八

如皋　孙应鳌　著

南充　任　瀚　批评

五言绝

再与暗斋王丈话别三首必情至者。

病怀愁对酒，惜别意何长。明朝秋色里，旌旆下河阳。

二

故国望不极，音书已久稀。关山旅梦杳，心逐雁南飞。

三

相聚今又离，此怀共谁语。临歧无一言，徒有泪如洗。

昆明池泛舟二首乐府之遗，妙妙！

高树拂回飙，浪花卷江蓠。疑有白龙来，雨色满滇池。

又

春枝发临岸，春花开照江。枝枝都作两，花花自成双。

玄亭莲开偶成口号二首

首夏初移种，初秋烂熳开。竞芳何太剧，端为主人来。

又

寸心何婀娜，蓄霜复含露。叶圆堪比镜，筒直况如柱。

首二句变换最妙，后二句一洗江从简借荷兴刺之污意，尤渊永，咏荷自无有逮此者。

道旁见梅开因忆草堂

寒蕊临路发，客行惊早春。故园有佳树，谁作咏花人。

翻虞意若已出，出蓝之手。

海天寺

水国秋风夜，萧萧宿海天。九江波浪阔，心响只泠然。

字字明珠，非公有道，亦不及此。

辰沅舟行六首

王事嗟行役，长途暑气侵。浮云翻病眼，流水竞闲心。

久雨开新涨，随山叠浪轻。沅湘千里道，只作一朝行。

可比"朝辞白帝"之调。

林边晨雨嶂，水外夕阳村。时见逍遥叟，科头倚树根。

妙极。

日出消川气，云移只尺间。沧浪水正阔，濯足看青山。

妙不容言。

舟中无一事，睡起酌村醪。抱膝长吟罢，松音落翠涛。

又妙。

万物各有适，翻令愧此生。輾然发长啸，水木散孤清。

亦妙。

云锦屏

日出烟分道，氤氲乱眼前。屏开天上锦，花发镜中莲。

卧龙潭“五花”出《括地志》。

玉峡飞雄瀑，深潭久卧龙。年年长未起，可有五花供。

五老峰

五老重相见，真如遇所亲。独看青眼在，共作白头新[①]。无情为有情，特善咏矣！

衡山纪事四首

金简亘长溪，昕夕异霞霰。万点晶曜流，齐报圣灯见。含蓄不同。

一夜幽岩雨，光风发佳条。町畦何零茂，尽长黄精苗。自在。

石菌挺流英，云是珊瑚芝。采来试咀嚼，缓我渴与饥。又自在。

烟薄沙生影，林遮路绝踪。为寻云母石，特上石榴峰。精工之极。

咏甘雨堂四绝为白石公作首首迥别。

六月初归院，三时羡作霖。特张邀客宴，共慰悯农心。

二

左辖今专席，提封千里馀。不须亲剪爪，自有雨随车。

---

①新，《学孔精舍诗稿》作“人”。

三

晴转中天月，阴生南国棠。尽祛蒸郁苦，随地得清凉。

四

堂前多径竹，堂后足园蔬。雨洗青青色，官闲但读书。

忆少南同春楼之宴寄怀一首[①]

何逊开高阁，兰台驾彩虹。未知春几许，偏我不能同。

合作。

夜梦与纪山对弈觉后枕上赋怀四首[②]

世事元棋局，依违况梦中。独惭不竞意，不与醒时同。

诵此可以知所养矣，敬服！

二

幻境非真戏，凭君共手谈。亦知王待诏，仙术战方酣。

三

剧弈发一笑，瀛洲生玉尘。谁知相谑意，寤寐尚相亲。

四

欲隐不得隐，坐隐梦围棋。借问七日景，宁如一梦时。

“坐隐”本《世说》。末意之妙入神，言说不及。

花萼龙池故址

一散长竿伎，空留兴庆名。更谁争热戏，惟听啭春莺。

---

①《学孔精舍诗稿》题作“忆何少南同春楼宴”。

②《学孔精舍诗稿》题作“梦与曹纪山对弈觉后赋四首”。

"热戏乐""春莺啭"俱唐高宗、玄宗事。

望袁云麓不至

灵崖坐欲暝,美人期不来。山空明月满,樽酒向谁开。

是唐绝体。

题王摩诘风竹雨竹二绝

题王维画,即学王维诗,兼才卓识。

绕径清风起,高秋月更明。翠鬟双导引,叠奏玉鸾笙。

又

紫脱拂云霄,烟沉翠欲消。濯枝含晚润,貌出雨馀标。

六言绝

次答永昌禺山张公五首情兴兼至。

碧海迢迢玄鹤,青天皦皦白龙。可惜惊人文彩,羽鳞不在王宫。

村浦鸟鸣声静,坞台月落光悬。世故翛然无累,犹怜诗思萦牵。

山水老来兴味,词华少日声名。闻道双龙豪气,匣中宝剑犹鸣。

爱杀长公诗赋,字字辉煌凤毛。相望天南何处,夜凉明月烟霄。

李白惟耽酒趣,陶潜不羡弦声。古往今来雅韵,眼前身后高名。

闻克平倭贼作破阵乐八首诗史也。

十万精兵南下，谋臣猛将齐行。天日回看朗照，海波坐见澄清。

枹鼓朝平岙穴，捷书夜奏明光。堪比服苗虞帝，不称挞楚商王。

乍浦蜂螗[①]散尽，舟山禽鸟潜藏。争睹一时战伐，共言千载平康。含蓄。

岛夷自昔效顺，掉臂此日公行。皇国威灵炯炯，上天报应明明。

选吉已告天地，献功仍奠祖宗。九叶神孙耀武，山川不改尧封。

敕举献俘盛典，文皇武庙曾行。颁诏屡请不许，巍巍圣德难名。

大将拥旄杀贼，功成特旨宣回。今岁魄销胆落，明年莫再重来。又有含蓄。

草木风声披靡，雷霆火势交加。骁骑三江破阵，征人一夜思家。神品。

辰阳行次二首萧瑟不堪。

宿岭阴云少霁，沿溪毒草常新。叹惜住山茅屋，桃花落尽无春。

片片溪流绕渡，层层谷气生岚。兵甲频年未解，山川萧瑟西南。

---

①螗，《学孔精舍诗稿》作“蚕”。

观衡岳诸峰泉七首

信胸中有丘壑者，何乃出脱至此！

蚰蜒灵涧寿涧，延缘舜溪禹溪。看处不知境异，到来自觉心齐。①

雨润沧凉云树，霞明浮动水花。朝日台前樵径，夕阳溪畔人家。不数王孟。

金牛石上巨迹②，黄药洞口繁花。爱景不思归去，踟蹰月转风斜。

峰势千回幻巧，泉流一③转生奇。紫云变为紫盖，白龙化作白龟。变化尤奇，奇之又奇。

静室云深夜润，重关星淡春晴。川岳灵晖自朗，仙真修景长清。

若峰峻岐险峭，梧桐独发高枝。为问碧鸡凤鸟，年来可复来仪。

烟外山飞翠鹫，榻前石拥青萝。鼓腹摊书小酌，开眸曳履长歌。

山中吟和虎谷先生二首天趣流溢。

上界塔翻虹带，南山烟锁云根。松阴满地不扫，歌罢潇遥洞门。

藉甚融风甘雨，悠然白石苍苔。春日郊坰闲步，三秦弟子齐来。

①两句《学孔精舍诗稿》作“半出长空云雨，横分斜日虹蜺”。

②石上巨迹，《学孔精舍诗稿》作“石畔秀箨”。

③一，《学孔精舍诗稿》作“百”。

由洵阳至金州

诗极潇洒，又可作秦中水路谱。

峻岭千重云矗，小滩万点花轻。历尽秦中道路，今朝暂得舟行。

收菊花贮枕感怀宛切。

枕簟金风凉夜，英葩玉露清秋。梦里频归三径，觉来影散香浮。①

出关望嵩岳

二华再览愈好，两室初游未迟。踏遍三山五岳，众人中国何卑。用《惜誓》语。

七言绝

西峰小景为蒋见岳和

石虹飞梁何者桥，翠涧含雨迟春朝。山色水容两不恶，长留清影伴归樵。诗中之画。

登高明楼即事雄秀。

浪阔帆惊水倒流，挽舟乘兴直登楼。四山月逗钟初定，万木风微雨渐收。

①两句《学孔精舍诗稿》作"苦忆乡园三径，好凭飞梦归游"。

太玄亭前开并头山丹

一枝浓艳两歧春，相倚相偎意自亲。庭院无人初日永，二乔丰韵特鲜新。出尘。

雨后望西山应制

霖雨三朝滋绿壤，黄尘千里净边庭。西山亦识君王喜，豁尽云烟远送青。庙堂气概，明良景象，不必论题咏之工。

送刘贞斋宰青神

待送刘郎辞紫銮，濯枝新雨湿旌鞶。县中无事北鸿便，细写峨眉一寄看。似刘长卿音调而风韵尤迈。

送程武分教东安

三月春风柳满堤，翩翩征旆下湖西。东安八十四渡水，采藻濯芹明月低。比兴精至。

桃 花

晓露凝桃桃正妍，芳姿隐映一尊前。嫣然只向春台里，醉日牵风意自翩。意远。

闻归雁一拈一新。

东风袅袅雨霏霏，家近衡州音信稀。客身不及随阳雁，一度春来一度归。

巡视二十四外厩歌六首

帝里巍巍虎豹关，星分二十四天闲。周家牧圉畴能数，汉代骠骁讵足班。

成祖当年鼎建时，一时繁牧最称奇。连云戎马搜山外，直使胡奴不敢窥。

武宗曾是亲来往，前此英皇亦遍行。偏有中原骙褭种，何须复羡渥洼生。

牧地空疏生野花，官房居住两三家。迢迢谁见苍龙跃，隐隐唯馀绿树遮。

自昔燕台收骏骨，黄金遗迹尚依然。方今圣主崇贤俊，况有威灵镇九边。

朱鬣黄睛马吉疆，曾闻乘此寿千霜。乾坤倘肯生灵骨，先产天闲进我皇。意切事当。

九日一拈一新。

九日登高出帝城，潇潇鸿雁颉颃鸣。故乡已是难听尔，何况他乡旅宦情。

过白沟河有感

将士当年战白沟，天时人事不相侔。可怜慷慨[①]英雄血，化作长河日夜流。

裕州熊双明留饮

双明别驾太清狂，十里将迎夜宴张。莫惜笙歌度长夜，明朝云树隔南阳。宛然唐调。

①慷慨，《学孔精舍诗稿》作"百万"。

桃冈泛舟

幽径贞林步紫苔，回源一舸水云开。临行细记归时路，还许渔郎几度来。造诣至此，方可言淡。

平溪与顾约斋言别口号三首

铜江此去路歧分，匹马看山兴不群。作赋好寻陈户部，谈兵须过石将军。

海内高人顾虎头，深交已是十年流。独怜此别无他赠，惟有青萍双玉钩。

萧条秋色真无赖，风雨相随几日程。宾雁可同乡国梦，章江应比故人情。可谓淡矣。

庐山四绝句陶写真性，发纾旷思，真不可到。

涧水自流花自秾，幽源取次[①]觅仙踪。举头一笑不相语，独对亭前五老峰。

千山掩映万山低，一径萦回百径迷。风静云消还独啸，满轮孤月在天西。

空蒙点点圣灯疏，身在高寒若太虚。已到庐山夸绝景，泰山不识更何如。神解。

茅茨隐隐听鸣鸡，路入仙家却又迷。朽壤抽泉果灵应，结庐还傍此山栖。

再览庐山诸峰皆可歌诵。

联袂翩翩五老峰，苍颜的的笑芙蓉。他时杖履能相

①取次，《学孔精舍诗稿》作“屈曲”。

伴，结屋应多紫翠重。

右五老峰

庐岳高峰望不穷，二[①]龙飞去铁船空。天风幸借扶摇力，吹入沧溟作钓翁。

右铁船峰

紫霄峰上俯丹丘，石室烟霞景独幽。神禹碑文何处觅，空令长啸望江流。昔有人得禹刻兹峰石室中，有百馀字，仅辨“鸿荒漾余乃撵”六字，今迷。

右紫霄峰

吾将学道庐山巅，紫电白虹相护缠。湖中蛟龙莫浪吼，倚天双剑秋娟娟。

右双剑峰

海外神人不可扳，始皇曾此望仙山。白云翠壁还堪老，浪说飞升出世间。

右上霄峰

泛云锦溪四首

高秋爽气落长川，芗水溪南云锦鲜。杼轴已空环佩远，清泠河汉只依然。

青林隐隐紫霞开，云影冲山送雨来。二十四岩看不尽，兹游重上妙高台。言不尽意。

丹崖何处是仙家，碧藕冰桃总浪夸。山鸟一声舟已过，满溪浮出石莲花。妙用莫测。

---

①二，《学孔精舍诗稿》作“玉”。

兀坐星槎思渺然，真人窟宅迥风烟。洞箫一曲灵山划，何处停鸾忽满前。

咏麻姑

共说蔡经缘法好，蔡经原未脱尘心。不思问道思爬痒，鸾旆当年亦错临。可为麻姑史断。

湖口县石钟寺

湖口波涛绕石林，上方听彻悟禅心。宫商乱落钧天奏，雨后风前何处寻。其妙入神。

见都门酒肆偶题

典衣曾脱赐袍新，都邑重来已数春。处处青旗共摇飐，垆头谁是昔年人。玄都咏桃之旨。

寄桃岗诸友

爱桃老子今何在，万树桃花手自栽。黄鸟嘤嘤溪水绿，独怜芳蕊为谁开。有思致。

衡山感怀八首

只此八绝便可作此山全史，他虽有美，不与易也。

衡岳高高湘水深，重瞳当日翠华临。九嶷可得如都广，凤舞鸾歌已不禁。

残碑剥落字如云，争讶当年治水文。金简玉书知在否，离披幽壑敛灵氛。

樛枝欲觅养和松，隐士遗居有故踪。烂熳已无三万轴，清冷惟对一双峰。

深崖气积自苍苍，高士光晖万丈长。南宋刘凝真磊落，直携妻子隐山阳。诗尤磊落。

开云堂后开云岭，指点名山信有神。何意我来亦晴霁，雨霞飞尽万峰新。末句特新。

紫阳真人游岳情，翩然独感向子平。向平惟欲游五岳，我今欲作升天行。高视千古之怀。

白龙潭上仰天台，台畔桃花无数开。魏母玉箫声已断，彩鸾不向月明来。自别。

封禅何年翠幰来，招提犹有上封台。鸿名显号皆流易，郢上龙光夜夜开。典重流丽。

柬桑南皋四绝流丽之极。

林隐庵中习静缘，庐山纪事茁新编。斋心已悟三千界，谪宦休嗟二十年。

少小承恩紫禁深，一为去妇老江浔。江头旧有琵琶曲，可似当年泪满襟。妙不容言。

三湘水落九江来，九派江流去不回。欲采兰荪意无限，空歌楚些赋难裁。

邗江东去无多路，不比潮阳叹八千。雪色又销春草发，王孙何日是归年。慰藉叹惜，不能再置一语。

景德镇御厂谣八首

盛唐之格，乐府之调，只此便可作陶史。

御器烧成白雪缫，接联监督有官曹。共言敦朴先天下，不用金银只用陶。颂而有体。

汉家宝鼎同波镜，周室珠盘并玉敦。花样降来真太巧，从前何必更评论。

圣节重开八月中，祝厘处处启斋宫。半年三万分三限，煅炼全凭造化工。

瓦器黄流自可尝，从来玉器每无当。中官乞旨严催督，千百良工昼夜忙。棠溪空见昭侯，曰："今有白玉卮而无当，瓦器有当，君渴，将何以饮？"曰："以瓦器。"空曰："白玉卮美，而君不以其无当耶？"曰："然。"见《韩子》，词有讽喻。

制作谁过宣德间，午门两观积如山。年来色色皆灰烬，补造于今尚苦颜。

尽同埏埴是生涯，一镇人民十万赊。中国贸迁连外国，官家制席[1]满私家。

起解官员尽有名，先差散骑报前程。黄旗绿盖翩翩过，磦碗瑶觥细细行。

一夫领作十夫陪，一件生瑕十件摧。官价莫嗟难给取，还愁中贵复差来。

商　山

留侯秘计来征聘，踪迹浮云一往还。独怪含光同避世，姓名何事出商山。风韵酝藉，极妙。

观都会三庠行射礼示诸生二绝

樽俎弦歌射礼成，威仪肃肃尔诸生。还应贯虱能闻道，岂谓穿杨但猎名。

①席，疑误，《学孔精舍诗稿》作"度"是。

调弓见尔能穿的，用彀[①]怜予愧失鵰。兵甲年来天地满，不知谁有四方情。

游沉香亭翻清平调三首

与原调皆敌手棋也。千古遗恨，一一在目。

浓艳娟娟已散香，秋风落燕惜红妆。当年云雨怜肠断，此日凄凉更断肠。

栏干何处可销忧，有限春风不尽愁。带笑君王翻堕泪，名花空发凤池头。

西蜀归来卷翠华，瑶台迢递玉山賒。春风不酿真珠露，惟对衣裳叹落花。

游骊山温泉华清宫怀古二首

言外之意，歌舞不尽。

雨霖铃曲调歌新，柳色花阴不惜春。一出西川空有恨，得归南内已无人。

赐浴池连举火台，山川遗迹总堪哀。惟应寻问骊山母，曾与筌生说道来。

题龙门禹迹

千仞龙门势欲倾，河流禹迹自雄名。万涛直下奔雷电，不信人间梦不惊。与山争雄，又有风致，作者！作者！

①彀，原作“榖”，误，据《学孔精舍诗稿》改。

华山杂咏十绝每诵一过，辄欲凌云。

撩乱红云桃李晨，叔卿棋石尚如新。武皇好道原无比，忍把山人作汉臣。

玉女窗开眼倍明，仙童肃队奏鸾笙。海云初散蓬莱色，人在苍龙背上行。

洞玄石室酿烟霞，满界金英杂绛花。乞取峰前三径地，荷锄来种枣如瓜。

黄芦谷口谈芝桂，石羊城边访薜萝。云波遥夐日在眼，沧洲之约将奈何。

峰头毛女煮白石，峰下金仙骑白云。白石已烂白云散，苍茫何处寻灵氛。

金银气色[1]晓来齐，闪烁光生万丈梯。瑟瑟四真栖隐处，碧云山下碧云溪。

拂枕稳眠延露石，开襟长啸蔚蓝天。尽驱虎豹耕南亩，种出黄精养寿年。

无忧树发白云隈，竹坞含烟午未开。真讶希夷常不醒，后身今我又重来。华山有树，名无忧树。

云气初沉山影飘，仙人环佩坐相邀。月前共饮金精醴，吹彻双鬟紫玉箫。

名岳精神元落落，山人梦觉自蘧蘧。琼枝瑶草参差长，为问人间春尽无。

回山戏咏一绝

王母西临大有缘，池边青鸟共翩翩。独怜武帝非仙

①金银气色，《学孔精舍诗稿》作“玉辉珠彩”。

骨，乞得蟠桃尚短年。神品。

谒黄帝桥陵辄成三咏[①]

皆佳，后首尤奇绝，真是神品！

龙驭当时忽渺漫，桥陵惟说葬衣冠。空青碧玉皆林木，出庾信。可有中宵下凤鸾。

不羡垂衣羡久生，武皇台上望仙情。荒台寂寞仙仍远，九鼎由来未易成。[②]

帝梦双龙玄又玄，鲈鱼折溜翠汭川。朱文兰叶归何处，不与图书一样传。事见《河图挺佐辅》。

鉴川梦鹤二公枉过讲院看桃花

桃花片片斗春妍，上客开尊落舞筵。昨日出郊寻乐事，不知春在小堂前。风韵若此，公亦不自知也。

蓝桥道中雨雪

春光已暮犹飞雪，气候山中信不齐。纵使东君妒桃李，宁知暖律自能吹。

又　雪

冷雨凄风总不禁，花迟柳困倍伤心。从教雪片凌寒谷，已有莺声出上林。

---

①西安碑林孙应鳌行书《观昭陵六骏碑诗》作"谒黄帝桥陵辄成四咏"，末落款"嘉靖壬戌夏如皋孙应鳌手书"。其中第二首："八月宝树参差长，三洞飞花自在还。学道人人思振佩，最怜当日已□攀。"《孙山甫督学集》不录。

②两句西安碑林《观昭陵六骏碑诗》作"凤鸣惊破华胥梦，那更神游白玉京"。

离省半月归来桃花尚开偶成口号

丹花紫荣烟雾塞，桃花绕径开如织。浃辰风雨不离披，留取主人照颜色。

经城固张子房辟谷处

黄石犹传身后名，布衣已极遂遗荣。刍驹过隙真堪惜，强食能胜辟谷情。借事为讽，妙夺天工。

三句体

道吾山人读书处三句体三首首首迥异。

道吾山人读书处，琼树玉芝鸾鹤翥，天高月明自来去。

幽人风转烟霞举，道吾山人读书处，抱玄高卧忘天曙。

醴露滋兰满幽署，燕莺清昼星辰夜，道吾山人读书处。

关塞曲十首可泣鬼神。

城南转战城北死，关山月照春闺里，陇头泣尽呜呜水。

四月青草八月雪，交河水流层冰结，元戎功名壮士血。与"莫话封侯"同调。

头曼北徙无烽火，长城被边尽辽左，嗟哉斯高从中颇。痛恨满目。

金吾子弟寄名姓，不出长安受赏庆，战卒阴山自殒命。痛恨。

折杨柳兮春女思，寄征衣兮秋士悲，落梅花兮归何期。凄惋。

身无完衣腹无饭，令严天冻格斗困，朝廷岁例四百万。

痛恨满目。

数行寒雁一声角，阴火燐燐鬼递哭，战场无人魂觫觫。

凄惋。

莫愁覆师玉门域，冠军自来得气力，钲鼓候迎赏功敕。

痛恨。

身作健士诛贼宄，不向卫霍启唇齿，一身一死报天子。

愤切。

国家威灵将军武，莫问从军乐与苦，紫骝马骄美人舞。

愤切。

述帝德二首见西域贡狮子作

驯犀拳弱不堪数，大明有道格戎虏，狮子雷音百兽舞。

黄帝白泽东海傍，神尧白虎高丘阳，明时金猊来西羌。

督学集八卷终

附淮海操有叙

始吾游关东，宴两崤，问关西学政，闻淮海之名在天上；既吾浮江汉，归休敝庐，挹淮海之容，不似从人中来，疑乘烟雾堕耶。其人炯炯，如清冰出万壑，置三壶中，神采映射天地；琅琅然咏其诗，呻其文辞，如升清都聆广乐，万籁俱废；于于然与之谈道德性命，如披鸿蒙饮沆瀣而消摇乎葛天阴康之世也；淮海其天之徒耶！思其人，不堪其行，黯然销魂，为作《淮海操》：

古有神帝，怒撼天关。天倾西北，地缺东南。至今洪涛浸白日，乃在渚宫之下秦淮间。长淮汹汹海波立，中有老蛟啼烟独抱玄珠泣，玄珠错落夜吐光怪八万丈，直上射天天为赤。北斗诉帝南斗瞋，帝曰：咄哉！此是岁星精，五纬未生时，炉冶走百灵。太乙炼阳燧，元君飞黄银，大者埏型范日月，小者铸泻团星辰。乾坤既荒且老，此物下驶沦沧溟。帝乃敕天吴，诏阳侯，谪送西极之神州。幽闭昆崚王母阆风之窟，蹩沓五城十二楼，猰貐磨牙舐睒不得出，神物汩没饮愤三千秋。母曰：岁星之精，三千年下为帝者师。吾当返汝黄金阙，借汝五斗风云姿，沥丹事明主，雕龙掞雄辞，横经白虎观，才名蚤受丞相知。前年提印过秦关，太华低头不敢睹。今年仗剑夺取蓬婆雪外城，马前立斩三大虏，旗枭蔡假王，槛送薛宣抚，白骨如山鬼夜哭，蜀天破漏要君补。天子开明堂，发德音：我欲取之还玉京，世上只闻淮海名，谁知淮海是星精。星精明透天，淮海清彻地。何当飞去还复来，莫使岘山之石笑人惆怅烟江长堕思君泪。

嘉靖丙寅夏四月，霞父任瀚少海著

附送淮海孙公升观察使序

淮海公以左参政分守川北正三年，吏部书公劳奏上，诏补四川按察使。当行，果州太守伍君使序公丕绩，声诸祖道，以告行事。

淮海公行谊协天地，制作通神明。其在镇讨叛，擒王勋、高塞，莫吾恶能言之？吾闻古所称王佐才者，不将以其人可属大事，决大疑，天下猝然有变，坐帷幄从容数语而定，系社稷安危者乎？

甲子夏，薛兆乾叛龙州，执参将贺麐见，卤其属，为质贼中，麐见麾下偏裨卫士皆首鼠进退。都御史山东谷君问计，诸司噤莫知所出。淮海公进曰："参将与天子孰轻？昔英宗北狩至居庸，卤酋也先数遣橐驼使驰谕百官，令迎帝还阙，群臣相顾啧啧，欲下从卤计。于肃愍公厉声曰：'君已不国，又何迎为！天朝自有明主，胡预卤事！'还报，咋舌，不敢加害，而国威益振，卒返英皇。今者岂恤一参将耶？"诸司闻议，亟奋兵攻兆乾，赭其族，槛送京师，麐见竟免，夺蛮部而州之。都御史谢曰："孙参知鸿辩博识，可定国是，自白虎诸儒不及，劳臣哉！"

明年，东川盗起，蔡伯贯攻陷合州，田纮纯据定远，并戴黄屋，僭名号，连破六七城，三川震荡。都御史汴梁刘君自将南军驻渝州，飞檄约淮海公将北军为左翼，迎敌江上。公按《军志》曰："百里而趋战者，蹶上将。令提兵走三百里外击贼，非计，且贼乘间袭吾垒，即有拔赵赤帜如成安君事，法当谓何？昔刘曜讨羌，但坚壁勿战，候其不戒，出击之，遂略地以归。其按兵无发！"寻报两寇合兵围蓬溪甚亟。公进枭尉授画，曰："贼破矣！"夜出奇兵数百人往，距贼垒一堠所设伏；为疑兵，张火万炬，燔林木，远近鼓噪震天。贼呼大军至，望风奔溃，堕崖谷自相蹂藉。城中亦发兵内应，乘胜追截，斩首数千级。穷寇皆逃无处所，田、蔡竟伏诛。都御史谢曰："孙参知谙晓军略，有成算，自漠南王庭诸将帅不及，劳臣哉！"

淮海公居常浑浑，执谦孙，体若不胜，脉脉不自表见，言若不出诸其口。至其猝然遇阃外事，气雄万夫，出奇计，若风霆海潮欻至而莫之御。汉丞相羽扇一挥，神奸胆落，古所称王佐才者，不相准耶？梁益提封数千里，凡诸司百执事奸政蠹民，守官职不职，按察使无所不当问。公前日为参知，分镇方隅，则道在方镇。今日为监司按察使，则道在监司。由按察使而上，受顾命为殿中丞，为冢宰，进退百官，为枢密三省，坐政事堂，与天子平章天下事，则道在天下。后来别有史官掌故书公劳，藏诸石室，垂千万祀不朽，何赖予言！

左春坊、太子司直兼翰林院检讨、奉政大夫南充任瀚书

附赠淮海先生拜大中丞节制三藩序

淮海先生，贵竹清平人也，其先又为如皋人。少负异资而性嗜学，淹贯六籍，殚射百氏。为文章，浑涵光芒，根极玄奥。诗沉致婉秀，追古作者之风。发解，登第，入翰林，则已杰然称巨丽矣。已乃从道林蒋先生讲学桃冈，闻慎独体仁之旨，大有感悟，刊落声华，潜修力造，凝神夙夜，庶几求所谓默识而心得之者，尤其实际云。

其始，由馆选入谏垣，为权贵所忌，外补江臬。寻视学关中，正学绪纶，士类翕然丕变。扬历川湖之疆，是岁十月，以楚右辖超拜御史中丞，抚治郧阳。夫郧据襄汉上流，当河洛秦陇潇湘之交，地势纠错，事壅格不易达，人情以遐阻怀观望之私，迪屡未同。汉陕宛邓荆樊之间，其民剽悍，好作乱，啸聚横恣而辄逋诛，故益无所忌。厥任盖未易为理也，朝议举先生镇抚兹土，真知人哉！

夫掀髯拔剑，千夫辟易，霸气之标末也；谈天屠龙，悬河决策，好奇之馀习也；风厉威强，矜高炫俗，以驰誉于当年，徇时之故智也；虚名无当于实用久矣，君子不由焉。惟从容坛席应务神闲者，可以处大事；精微慎密退藏若虚者，乃能弘远猷；宇量冲然游无何有之乡者，万有所由宅也。先生中刚自持，坚破金石，而德度深醇，探之益远；力道沉潜,所得弥进,而自视不足;虽盛年美业,渐至通显,常有物外遐举之思。兹仗钺而临是邦,谊声先路,百物悚容,化不违俗,井不越疆,指顾委蛇,厥民乃裕,仁之厚也。函关以西,宛洛以北,江汉之南,地大且博,明我约束,诘尔戎兵,事举其纲,理得其腠,治常宁也。吏黠以偷,去其甚;法或弛玩,防其源;化自行也。秦楚河洛之民,其永有奠乎!我闻洪钟之响在于未振,真阳萌于九渊,不逾时而遍九垓,此岂待于推移宣达之迹哉!先生之学,忠信入门,最所得力,一念昭融,百嘉闿泽,身作之范,何人不怀?则必有意驰色授不言而自信者矣。诸司于先生之行也属颜子为之言,而经国庇民,慎所以感之之道,则其素所蓄积也。故重有望于先生云。

隆庆元年岁在丁卯一阳月之吉,钦差提督学校湖广等处提刑按察司副使、前山西道监察御史、奉敕提督北畿学慈溪颜鲸顿首书

貴州文庫

学孔精舍诗钞

〔明〕孙应鳌 著
〔清〕艾 茂 钞
赵广升 点校

点校前言

嘉靖四十五年（一五六六）前孙应鳌所作诗四百一十八首，见前《孙山甫督学集》。其后又有《归来漫兴》，已佚。万历六年（一五七八），清平及门弟子刻《学孔精舍汇稿》十六卷，系孙应鳌晚年手订，收录万历六年（一五七八）前所作诗文。殁后，及门弟子又刻《学孔精舍续稿》，已佚。至清乾隆朝修四库全书，《学孔精舍汇稿》遭抽毁，幸赖翰林侍讲艾茂从中抄录《学孔精舍诗稿》六卷。咸丰四年（一八五四），艾述之据其祖钞本过录，寄与莫友芝，莫友芝选四百五十七首，辑入《黔诗纪略》，是书刻成于同治十二年（一八七三）。莫友芝同时辑刻孙应鳌著述，未竟而卒，后由其弟莫祥芝于光绪六年（一八八〇）刻《孙文恭公遗书》，内收《学孔精舍诗钞》六卷，收诗八百九十七首。比勘三本，《学孔精舍诗钞》较《孙山甫督学集》少《十五夜四鼓到武阳是夜月食》《奉别见送诸大夫》（第二首）《与段虚舟言别作五言古律二首为赠》《游嵩岳二首》《送叶少亭复任贵州》《柬越润斋》《会龙菴》《闻谢岷山廷杖罢官感赋》，共十首；较《黔诗纪略》少《仙掌》一首。又，今西安碑林博物馆藏《〈观昭陵六骏碑〉诸诗刻石》有《谒黄帝桥陵辄成四咏》，而《孙山甫督学集》和《学孔精舍诗钞》中《谒黄帝桥陵辄成三咏》，脱第二首。这样，共得孙应鳌诗作九〇九首，较《学孔精舍诗钞》多十二首。本次点校，以光绪六年刻《孙文恭公遗书》所收《学孔精舍诗钞》为底本，以同治十二年刻《黔诗纪略》为参校本，又以《东皋诗存》《（万历）郧阳府志》《（万历）襄阳府志》《太岳太和山志》《（万历）贵州通志》《清平县志》等为参考。为避与《孙山甫督学集》重复收录，只录其未收诗作，仍按《学孔精舍诗钞》六卷体例次序。

点校者

目　录

学孔精舍诗钞　卷一

五言古

学孔精舍诗钞　卷二

学孔精舍诗钞　卷三

五言律

学孔精舍诗钞　卷四

学孔精舍诗钞　卷五

五言绝

学孔精舍诗钞　卷六

七言绝

学孔精舍诗钞　卷一

明　清平　孙应鳌山甫　撰

五言古

紫霄福地

丈夫万古志，安能守隅窔。结发游名山，五岳恣临眺。熙旷惬兹游，福地结幽妙。百折俯灵标，千盘陟仙峤。南岩翳紫霄，天柱回孤照。苍莽玉虚中，五龙倏吟叫。须臾风怒号，声止空众窍。云月霁宵[1]晨，雪霰荣萝茑。猿禽不惊人，飞走互缭绕。岩栖昔所钦，隐几怀高调。良晨惜难再，老至岂复少。吾将寻灵源，采药垂常钓。傥逢偓佺子，一叩环枢要。天地自久长，万物不相肖。濯足漱正阳，瞠然振柔啸。

缅　怀

缅怀达人轨，夙志静者乐。中龄游楚泽，五岳偕幽约。灵奇袭峰涧，紫蔚焕丘壑。高回日月姿，秀袅松筠萼。虚危转乾枢，河汉萦坤络。雄俊杳莫伦，神明讵能度。岐岐中极表，五城灿楼阁。万有列仪象，九光散煜爚。对此怡

①宵，原作“霄”，误，据《黔诗纪略》改。

心神，悠悠入寥廓。始知登高者，大观非妄托。千古瞬息间，六合何浩博。丈夫图不朽，安足较龙蠖。遐哉环中理，握者竟何泊。大道傥有闻，圣智信如昨。

述祖德

炎黄辟庆原，后代承纲维。风云灿英烈，云仍信委绥。物理重初始，族系传德滋。怀我上胄裔，雉皋繁干枝。皇朝开天地，从龙兴义师。功成裂爵土，世禄清平陲。三传奋大祖，业儒崇圣规。褎然举上第，政教扬当时。郡丞八桂林，挂冠不可追。高风动宥府，肃衽[1]赞伟奇。祖氏即嗣兴，梁益芳誉垂。循良挺谣颂，磨涅眩磷缁。依然振远调，纳绶归江湄。吾父缵前服，文彩光陆离。讲幄横六经，弦诵环犍为。百里歌神君，尽化哀牢夷。总管佐滇云，岂复恤所私。例满罢谒选，焚牒甘自颐。荣华亦健羡，清约信足持。乡里悬雅躅，祚阀崇厚基。遂令高大积，允及菲薄儿。载质二十稔，列秩参中司。拊循转竦仄，宁非逾分涯。戴胜既堪忧，履满诚当思。进惭责任隆，退恧报补迟。独不鉴往昔，何能待来兹。爰抗引疾疏，庶偕舞彩期。大道无险径，哲人有广居。生平谅靡负，冀免皓首悲。本源安可忘，请观先世遗。

小饮许少华宅少华初得子

我生同君庚，葭亲托肺腑。少年共嬉游，半百今何补。忽闻英物啼，君始为人父。一杯递相斟，山房月初吐。不

①衽，《黔诗纪略》作“任”。

速客偕来，三人共歌舞。明星照疏筵，乌鹊翻庭树。得子何在迟，晚器成圭瑀。原知父母恩，新有琴书主。头角耸凤麟，善庆兹验取。我亦望悬弧，期慰高堂苦。欢剧醉莫辞，三复螽斯羽。

空　夜

月色湛空夜，缱绻松桂林。流光散丛薄，萧然生道心。良朋共邀伴[1]，一杯行自斟。防微在戒宠，遵晦偕雅音。虚壑射苍霭，微茫盘夕阴。永言托幽迹，三叹挥素琴。

毁　誉

毁至讵足恸，誉来靡堪悦。素秉松苓心，永抱商皓节。谗深慈母疑，交移故朋绝。祸福兆无垠，倚伏自更迭。坠鼠悯虞氏，遇盗悲牛缺。万事付虚胎，行矣遵前哲。

选卜伟拔山

兹山信伟拔，选栖愿靡违。青翠郁高重，岩壑莽千围。融结挺灵异，藏育生光辉。雅宜虚豁境，日夕娱清晖。石构剧幽险，吾庐恰因依。山南饶水竹，山北多蕨薇。既已足吟眺，且得慰渴饥。贵贱各有适，君子重知几。悠悠猿鸟性，冉冉云霞衣。四序浑忘忧，百年堪息机。野老时过从，农桑话荆扉。身世两相弃，焉知是与非。寄语城市人，巢由吾同归。

---

①朋，原作“俦”，据《黔诗纪略》改；伴，《黔诗纪略》为一墨丁。

家大夫植杜鹃花二株于松竹行窠栽已十年高逾三丈开时如火扶疏艳丽的的可爱[①]

踯躅繁山花，红英[②]开无那。飞霞映长天，列炬艳高座。栽培岁滋深，抽耸益崇大。对月酒杯空，舞风颜色破。爱尔殿春残，慰我孤斋坐。

送郭慊庵

投交二十年，会面含深情。旅邸虽濡留，惬我故旧盟。君侯金闺彦，西台播芳声。孤操罹谗诟[③]，郡邑岁屡更。调补复荒徼，嵚崎万里行。世路有伸屈，人事多亏盈。愿君慎居诸，俯仰保令名。博南山独高，澜沧水独清。山水意不极，悁悁怀西征。

送别访川不及怅怀

青郊送君行，新晴转初昱。嗟予来偶迟，君往一何速。心旌远招摇，回盼隔幽谷。折杨意徒殷，停云情相逐。高才世莫知，令德信有俶。一官怜栖栖，老至走夷陆。近约鸡黍盟，永矢硕人轴。气味方绸缪，去住俄反覆。踪迹杳莫偕，久要见吾独。春光随日变，韶景纷可掬。宁知怀良朋，千里长在目。[④]

---

①大夫，《黔诗纪略》作"大人"；窠，《黔诗纪略》作"窝"。按，父孙衣以子应鳌贵诰授奉政大夫，晋封光禄大夫，故从《学孔精舍诗稿》。

②英，《黔诗纪略》作"叶"。

③谗诟，《东皋诗存》作"残诟"。

④末二句，底本脱，据《东皋诗存》补。

梦阳明先生述怀

平居学道心，晚路孰期许。年往惭无闻，归来宅幽陼。先觉遗良模，神交倏相与。缠绵心曲事，恳款梦中语。精爽偕寤言，意气同居处。徒增觉后悲，拊循转凄楚。拥衾结长思，望斗怀遐举。遗我大还诀，誓以铭肱膂。

江门叔约坐禅林

相知岂在多，即事见真契。招邀入双林，朋簪偕佳俪。草木何丰茸，空城霭初霁。雨气尚郁纡，鸟声互迢递。澹然生旷怀，抚景独凝睇。名理恣高谈，赏心惬良憩。屈蠖已藏身，优游卒吾岁。一樽聊共倾，雅歌庶为继。

坐对南山

南山郁崔嵬，苍翠日引领。城府纡僻地，衡门敞幽境。高栖十亩间，自觉百虑屏。石床春正温，松籁夜逾静。超然悟至理，天光发真景。浮生怀深盟，坐对独循省。

谢高泉寄家居诗

人生易暌别，合欢何苍茫。畴昔涪西游，停盖飞华觞。清歌激风雅，野怀傲羲皇。回首突感慨，岂殊参与商。物态多错迕，宦路堪悲伤。君既振冥羽，余亦返山阳。黔南与蜀北，道远不可将。得展嫣婉词，满室皆芳香。两心信如一，遗盼生辉光。一叹复一吟，吟苦意弥长。愤世言已宛，忆友情益张。荷君结金兰，投契我衷肠。衷肠竟难达，春晖转凄凉。

怀胡庐山

春月何姣姣，春风何啬啬。我正有所思，我正有所忆。故人美意气，故人美颜色。远缄千里书，远寄千丝织。慰我长相思，增我常叹息。君处粤之西，我处黔之北。所欣同肝胆，所嗟异邦国。我怀转绸缪，我情转凄恻。愿作双树枝，愿作双飞翼。言语不可竭，襟抱不可即。努力加餐饭，努力崇明德。

广福观[①]偶坐

竹柏浮阴森，云霞吐光耀。奇哉神灵区，玄扃入深峭。[②] 孤标脱尘鞅，来往时舒啸。野兴布清赏，前期洽[③]高调。突然虚白生，风止齐虚窍。复命在知常，达始惟观妙。偶坐已忘言，遐致即壶峤。

连得邹善颖泉书

我家金华[④]墟，云山接楚甸。重君千里情，书札屡轸眷。人生深相知，岂必见颜面。款曲书中意，耿耿回英盼。勉我修令德，期我展嬿娈。空斋望所思，良会未有便。不教蕙草残，香风时宛转。

---

①广福观，《（万历）贵州通志》载“回龙观，城南，改名广福观”，《东皋诗存》作“广福寺”。

②神，底本及《黔诗纪略》作“坤”，据《（万历）贵州通志》改。灵，《（万历）贵州通志》作“云”。玄，原作“元”，据《（万历）贵州通志》《黔诗纪略》改。

③洽，《东皋诗存》作“浃”。

④金华，《东皋诗存》作“清平”。

忆万合溪

玭珠贯星彩，鸿宝缀露华。本质既贵重，世目同赏嗟。夫君美无度，令仪清且嘉。感君结约心，容辉偕三巴。欢剧遽为别，横舟钟滩涯。不惜乖离苦，但伤音徽赊。一书何方来，惊喜不可加。仕止虽异辙，君心非我遐。友道久缺绝，君言能攻瑕。直调和朱弦，高谊凌紫霞。欹歔宿昔意，苍苍咏蒹葭。

顾会塘闲过草堂

异患得遣释，处约良自安。便嬛三径中，不知春色残。时有野客来，披裘岸鹖冠。握手忘揖让，谈笑投交欢。山空卉木深，天远云水宽。徘徊物外心，倾倒诚非难。幽栖保微尚，因之歌考槃。

同蒋杨二丈《清平志》作"同见岳、醴泉"。沿二水交流处坐啸

溪流抱曲城，潆波锁崇巘。半壑相延缘，孰谓川途远。隔岩水气凉，盘石烟姿暖。清渎涵空明，临渊坐忘返。眷兹鱼鸟情，行云自舒卷。高啸投素心，野旷白日晚。

同陈伯谦袁时汲王宪甫诸友雅坐

平楚簇水石，鲜云披岩阿。左右皆吾徒，净宇屡相过。一笑合襟抱，千觞讵云多。畅饮非在酒，依韵遂成歌。落日澹城阴，深烟明薜萝。居然满幽趣，馀欢其奈何。

与王允严诸友游东园

万物何芬芸，人生贵自适。蓬茅缚数椽，已足罗几席。东郭偶行游，南薰满阡陌。朝翠袅山霭，暮紫萦蟾魄。韶景渐微茫，烟树孤村白。流水且潺湲，环溪濯灵液。良朋方相羊，雅怀信络绎。契阔亦云展，深期独脉脉。幽贞傥同操，黾勉望三益。

白望行

白望人共趋，清谈世所贵。圣规愕波颓，俗言竞鼎沸。伤哉群力衰，谁为总经纬。远念信郁纡，独怀日歔欷。理窟堪泳游，义根足滋味。滋味真苾芳，其如君不尝。

鸿飞引

鸿飞绝天首，积远众莫悉。越人号作凫，楚人称为乙。楚越自喧拏，谁知鸿常一。鸿飞愿益高，鸿鸣勿嗷嗷。指摘苟非实，何能损毫毛。

向伯真觅松子

君性本介持[①]，北郭构虚室。种松二十秋，今始结佳实。累累凝素髓，挺挺散香质。生成各有期，宁能测徐疾。伊子望颖心，毓美信可必。分少岂见辞，食甘剖芬苾。自顾有微悰[②]，愿君加护恤。翦伐勿频施，栽培益宁谧。年年

①持，疑误，当作“特”。介特，孤介特立也。

②悰，原作“棕”，误，据集中卷三《平旦草堂咏怀三十首》中第十六首“微悰本澹然”改。

奇果垂，采摘遗亲密。不妨更[①]招邀，阴森共永日。

桃李笑歌行十六首

桃李寂无言，芙蓉堪笑把。下里歌正繁，阳春[②]倡原寡。

不必夸肝胆，何须辨赝真。从来承宠客，多是负恩人。

云气向西行，水泉从东委。异虽能安同，同亦能危异。

夏罟不趣渊，春斤不上山。只为存敦厚，返令苦心颜。

无翼玉可飞，无胫珠可走。影响既足凭，形声复何有。

天地忌盈满，鬼神瞰高明。若自知趋避，方堪托死生。

双手遏群邪，片言除众谮。忠信诚宜仗，勇力恐难禁。

铅刀擅一割，白璧有微瑕。快意逞报复，忍心忘国家。

种兰忌当门，怀璞莫向楚。愤深采桑妇，怨极浣纱女。

后来仍并辔，前乘已覆车。徒欲盛势位，宁不叹居诸。

五害与十辉，四灵及三瑞。念虑慎初萌，作为戒私智。

良田无晚播，卒岁惨荒芜。一身任零落，望人助槁枯。

月固不周玩，情亦不给赏。迂哉伸尺寸，坐已缩寻丈。

弹雀费明珠，载鼷枉高舆。当筵难挥日，过河空泣鱼。

新愁知几许，旧恨无处所。路歧益诘曲，世态倍崎阻。

卦畴列规矩，律历布和平。愿君程万物，无为万物程。

又五首

楚璧何焯烁，楚林何峪嵸。为旒贯冕藻，作柱排清宫。

---

①更，《黔诗纪略》作“共”。

②阳春，原作“阳和”，误，据《黔诗纪略》改。

繄予系瞻仰，心目企流风。独勤专问情，要约肝胆同。两生相契合，安在频过逢。虽未接欢笑，久矣展私衷。款识幽思长，绸缪遐念丛。缅想托婉媛，寄首双飞鸿。伫君树高勋，慰藉宁有终。□□□□□，□□□□□。[①]

侯将军筑小堂三楹于太玄亭后坐对南山题赋

怀疴不自怡，依然返初服。美人倾素衷，殷勤款茅屋。锄烟滋芳兰，芟莽挺贞木。清风披我襟，皓月濯我目。石棱旋绿沍，云埒飞金瀑。南山九叠姿，窈窕纷在掬。道超世若遗，境寂念同伏。鸟嘤谷响虚，鹤梦茶香熟。夙兹静者心，胡为久干禄。悠悠愧前非，容容迟后福。缓带时过从，白驹共三复。

六言古

再归来

病惨意结难舒，秃发不胜把梳。万美归宿总虚，事往谁复怜渠。山光冉冉暾初，倏忽中宵玉蜍。胡不浩哉归欤，苦蹀莽棘淤洳。衣带翩翩白蕖，茗亭巍若仙居。行云来去檐除，回飙披荡林篨。旷邈目游几籧[②]，葆真罢诗废书。混迹陇亩樵渔，终老洞穴吾庐。即填沟壑怡如，达命那更求馀，高天旷野踟蹰。

---

①末两句十字，底本为墨框。

②籧，原作"蘧"，误，据《黔诗纪略》改。

哀二华谭公

飒来何方悲风？天地惨淡冥霿。宗臣奄忽遐终，苍生涕泪泛泛。靖氛[1]海漠举空，枢管伟陟称雄。简兹帝眷独崇，忧劳憔悴股肱。邦桢摧折长筵，纬曜陊坠高穹。蹇予黯浅更蠢，何当推毂九隆。缔交四方友朋，知己今古难逢。非私汲引无双，但感顾许意同。报陈彷徨罔从，音徽结滞素悰。永眷令德昭融，殊谥厚锡丰功。束刍渍酒我衷，道远莫致哀丛。

学孔精舍诗钞卷一

①氛，原作"气"，误，据《黔诗纪略》改。

学孔精舍诗钞　卷二

明　清平　孙应鳌山甫　撰

七言古

太岳朝天宫

一丘之木深如屋，涤除玄览吾不辱。一溪之石平如席，乘乘无归吾以息。一窦之泉清如弦，泛兮左右吾在悬。三天门外朝天宫，十年魂梦[1]遥相通。我今来游发深省，灵踪历历梦中境。泰清何必问无穷，只恐斯游亦梦中。

四山四歌[2]

春雨乱落日夜剧，溪头春水长数尺。光风一洗万山碧，满眼新晴散阡陌。我今避世忘跼蹐，日坐树根倚幽石。白云宛转丹霞射，迷津渺渺桃花隔，时有玄猿伴萧索。

深林草长麋鹿游，仙山壶峤方之洲。采芳饲鹿仙者俦[3]，海天长啸情悠悠。藤萝百丈翠色流，九夏对此如清秋。披襟何言行且休，藏舟藏山百不忧，空蒙云水相夷犹。

①魂梦，《黔诗纪略》作“梦魂”。

②《东皋诗存》题作“四山放歌”。

③俦，《黔诗纪略》作“畴”。

空山阒[1]寂夜景发，天风万壑涌溟渤。星辰熹微避明月，道人兀坐肃毛骨。琴心三叠转清越，蕊珠之宫水精阙。众窍忽虚群籁歇，素影空碧散丛樾，知音何人思超忽。

柴扃不掩朔雪骄，策杖独往凌飞桥。百川冻合万木凋，曳衣丹鹤随飘飘。俏蒨青葱竹柏标，乾坤怀抱何萧萧。梅花消息春不遥，谁知此意窥参寥，获我心者边景昭。

忧来四首

忧来无端不可支，长夜展转方自私。白鹄噤口摧毛羽，黄金改色生别离。今朝握手乐相乐，晚路刺心悲复悲。肝胆自昔向谁尽，春荣随风董逃辞。

董逃之行历九秋，才人妙妓如水沤。初醮结发不相保，促席沽欢安所求。朝日夕月渐灭没，膏消骨尽谁扳留。他人终难托躯体，誓学大道从浮邱。

浮邱伯在蓬之壶，吸风饮露颜如朱。芝兰入口益我寿，酒色何物令人枯。谁云松柏受命独，转惜岁月随川徂。悲哉途穷悔短计，蜉蝣生死空嗟吁。

嗟吁忧煎摧肺肝，来日晼晚真大难。仙之人兮杳何许，望而未见起长叹。蛟龙原不类蚓鳖，燕雀安能知凤鸾。终年勃溪在一室，九州八极徒自宽。

郑滇仙障子

古来画家夺妙理，精思奇气贵具体。有笔无墨蹊径多，有墨无笔意态死。近代悬解能得几，喜见滇仙之郑子。

①空山，《东皋诗存》作“四山”；阒，《黔诗纪略》误作“间”。

云日缭绕湍濑雄，岩壑僻邃林木诡。荒远闲暇谐[①]我怀，坐玩行歌忽移晷，不分真山与真水。

阎道士自太和寄拂子

幽居石径开牖户，独立苍茫万花圃。道人书来自天柱，赠我谈玄之玉麈。绿阴清昼日卓午，水木鲜新互吞吐。龙髯飘飘拂尘土，薜萝高垂玄鹤舞。倚天翠壁散青缕，千壑轻飙落花雨。指挥烟霞了无取，时招良朋话今古。

阎道士再寄瓢

武当道人何飘飖，寄我玉麈拂尘嚣，又寄鹤嘴之丹瓢。我闻许由箕山吹风声萧萧，又闻颜回陋巷饮水乐陶陶。高踪千古不可招，辞荣今得归山椒，从今出处同渔樵。万树涛生月上潮，千岩寒色横空寥。飞楼缥缈白云饶，近天浮气层为霄。挥麈几上，歌南华之逍遥。挂瓢杖头，游东皋之溪桥。人间之世何哓哓。我忆道人，太和碧落一别如驰飙。道人忆我，净乐紫宫偶坐同讴谣。何时提携瓢麈再访玄岳之嶕峣，与尔捣炼药石烹服五色之灵苗。颜色千龄永不凋，羽翰八极随扶摇，悠哉我心真漻漻。

送五叔父南还歌

羁心辽莫不可支，病怀黯淡深自思。叔父远来特相访，开樽下马情何其。去年省觐离乡县，诸父北桥同饮饯。转盼风烟曾几时，七叔遽已来悲唁。昨夏叔父病亦危，恨

①谐，《黔诗纪略》作“偕”。

不奋飞相护持。青囊徙药幸强健，得此对面谈衷私。诸父孔怀如手足，年来不忍听隔谷。二叔六叔久悬封，岂期七叔仍局促。吾翁中丞今寿昌，赖有叔父同徜徉。更赖三叔共朝夕，桑青榆绿时相将。叔父少年才行煜，挟策干时不克捷。负米常怀孝养心，逃名早弃胶庠业。壮年踪迹半江湖，酒渴诗狂气调孤。逍遥不数董威辇，偃息真同郑重虞。只今忽忽过半百，陈迹倏然一驹隙。远道他乡醉莫辞，五宗六戚情偏剧。嗟余奔走苦风尘，屡疏蒙恩遂乞身。古人四十号强仕，出处有道难具论。叔父先归动高兴，殷勤为我开三径。待我秋风归去来，同穿霞窦披云磴。我携童仆耕山丘，种出粳稻酿薄醅。跪斟瓦爵起舞綵，叔父为劝吾翁酬。吾翁吾母偕难老，偕荣并寿诰词好。幼弟二童渐长成，捧榼洗[①]觞供洒扫。先歌南陔后白华，田园风景清且嘉。物情世故不复道，人貌荣名何用嗟。世间此乐能有几，草衣木食亦自美。叔父友爱况绝伦，棠棣之华真韡韡。[②]

孙知微寿星

眉扬孙太古，画格特疏蹈。写此寿星图，奇趣不可量。南极精光突照眼，东华英色耿难状。形貌高凌日月姿，衣裳雅称仙真行。高踪缥缈气如生，远韵悠扬神独王。孙生孙生天机畅，不茹妇食喜清凉。舐笔和墨人争向，擅场妙法信哲匠。呜呼此图数百年，何得畦畛犹无恙。我闻孙生

①洗，《黔诗纪略》作“携”。

②末四句，《黔诗纪略》脱。

尤工宓羲像,斯文鼻祖万古空怀仰。安得更见慰我色惆怅,高歌青天披襟独熙旷!

送阮中江

杨侯为令阮为尉,清平部夷怀且畏。令也神明尉儒雅,垂帘横琴共潇洒。参佐才贤赖其长,尉令相得能相赏。尉今将行令亲送,春水春花绕离梦。绶香袍色滇耳陆,神仙风韵古梅福。典判勾稽岂跼蹐,闲曹远地雅自适。回首清平万山礴,云孤昼静莲华幕。尉兮感恩怀投报,令兮念旧永为好。

石阡太守行

石阡太守吴枢季,儒雅风流出群类。南面临民将二年,政平讼理齐归义。一方夷僚快讴歌,四境桑麻荷滋植。太守逍遥转瘦生,日罗诸士独横经。貔貅无警春风满,鸡犬安居夜月明。承筐既礼孙山甫,折节仍延蒋叔英。蒋君蒋君亟趋命,休嗟贫窘休辞病。负笈担簦自可行,裁诗琢句谁能并。东家之后久参寥,北斗以南正辉映。蟠塞胸中万斛奇,好从知己话心期。下车跪石情应苦,扣角单衣思转悲。请看满眼簪缨客,爱士亲贤更属谁。

采葛篇

问君尝胆何不苦?宴安本腊毒,盘豫作奴虏。问君尝胆何若饴?上山须缚虎,入泽须斩螭。葛之纍纍可作丝,君今采采自忘疲,掺掺女手苦莫辞。草皮之良胡弃为?至物在迩非远而。杼轴傥可成,服之遨以嬉。岂但服之遨以嬉，且比锦绣段，还将遗所思。

四时怀远曲

予从病归，日远同志，山川既阻，音讯亦稀，见《三百篇》诸诗，义关朋友，词托夫妇，爰准《子夜》之古词，翻为《怀远》之清曲，久要永矢，奋修不忘，将寄天末故人①，庶以见志云耳。

自别夫君杳莫攀，叹音络绎响联环。苦心黄檗随春长，纵发枝条亦等闲。等闲休羡开桃李，素质朱颜同逝水。为谁离绪乱三辰，伤我幽怀隔千里。

凉台朝登骀荡倚，兰池夜宿清泠里。秉芳乘月采芙蓉，夜夜谁知得莲子。莲子中间多苦心，羞诗房药满衣襟。风吹不断丝千尺，得藕殷勤意更深。

记得三春别五溪，九秋风物已凄凄。君心一似东流水，终日滔滔不顾西。西来鸿雁飞相亚，万木惊飙激中夜。自叹身非金石姿，宽忧释恨从谁假。

三尺冰坚觱栗悲，雪飘千里沍寒时。我心耿耿如松柏，不识君心更似谁。君心莫向岁寒改，七宿三星更何待。时惨难令万物欢，枯槁徒然后时悔。

喜睡谣

兴至不读书，困来不饮酒。翕目齁鼾孤树根，世间万事吾何有。内化已与外化同涬冥，大梦已与大觉同撄②宁。

①将寄天末故人，《黔诗纪略》脱。

②撄，原作“瓔”，误，据文义改。

试问老夫一月二十九日睡，何如他人一月二十九日醒？

激水篇

君不见，激水之流怒势悬，波涛直驶无漪涟。又不见，槁木之枝苔藓侵，槎枒倒插无繁阴。鱼龙不游激水流，君胡为乎不与我好仇？凤鸟不栖槁木枝，君胡为乎不与我逶迤？我若薄劣君莫嗔，自惴原非履错人。若我[1]忠信君幸怜，苍蝇污壁莫弃捐。宋玉才人伤白雪，调高莫使朱弦绝。庄周达者笑皇华，路难莫使志士嗟。君有斧钺，我惟持赤心。君有毁誉，我惟怀好音。痛来不先搔，痒去不再抑。任君手足凭君臆，谨我礼乐式我职。

结交行

君不见，只弦难振韶頀音，单丝不绚衮龙采。少年结交海内英，志气凌云久相待。自从弃置归山阿，尺素经年不得过。松茂柏悦转凄恻，琴偕瑟合将奈何。无端世态那能拟，古来良朋重知己。寂寞谁怜白发翁，峥嵘只羡青云士。青云白发日缤纷，五交三衅讵堪闻。但使芳香不销歇，从教踪迹叹离群。

虎狼叹

我倚尔为父，谁知尔为我虎。我藉尔为兄，谁知尔为我狼。人犯虎狼威，虎狼方决怒。尔有父兄情，父兄忍嫉妒。竭尔心思，助彼寇仇。天命各有极，祸福宁尔由。太

①若我，疑误倒，前有句为“我若薄劣君莫嗔”。

公欲处殷，众憎其人恶其馀。周公欲安殷，众田其田居其居。我无可憎，尔何见疏？纵不念尔与我同巷复共舂，曷不思我与尔偕祖复并宗？翻心覆肠虽世情，反戈操刃莫自倾。我闻鱼龙灭，薮泽竭；又闻薮泽竭，莲藕掘。衹恐仇亲亲不仇，坦腹谈笑，安步道周。又恐亲仇仇不亲，根株既露，斧斤相寻。天为盖，地为轸，忠邪鉴戒各未泯。日为环，月为玦，鬼神照临纷可说。辰六竟兮甲再周，尔虑诚深将何求。甲六复兮岁更始，我智诚浅且自俟。积石嵬嵬，河水汤汤。凤凰居止，云霞耿光。天为生琼枝，又为生离珠。球琳玕琪信堪食，网罗谗谤安足虞！叹彼虎狼，不如犬羊。

见岳送藤枕

蓬荜编门茅盖屋，竹床纸帐铺篴篨。五尺布被聊可覆，一緉兜鞋安所如。感君赠我草藤枕，重之不减冰蚕锦。静来歌[①]玉正清温，醉后眠云独安寝。君不见，仲尼当时百口憎，饭蔬饮水枕曲肱。但得居贫免惊辱，白日羲皇心自足。

鸡初鸣送少松入贺

鸡初鸣，旭日生，朱衣大夫长歌行。黔之阳，楚东疆，腾骧首路臣马良。望上都，行渡滹，结绶曳佩紫微枢。明堂新，列凤麟，垂衣坐者称圣人。应昌期，化九夷，臣也拜舞乐无涯。臣进觞，韶頀张，皇帝万历和且康。劳而归，驷

①歌，《黔诗纪略》亦作“歌”，疑当作“攲”，“攲玉”与“眠云”对。

牡骓，加地进律扬光辉。舜敷文，臣服勤，卿云四表灿氤氲。臣为儒，东海隅，愿效涓滴同委输。播清风，磬折躬，谦谦君子民攸崇。临高台，心徘徊，拥旌开府能再来。

洞庭图歌

天开九派九江水，汇泽奔涛洞庭涘。谁人缩入片楮间，气概雄披数千里。高悬茅屋波光流，冰壶荡漾风飕飕。翻愁排浪冲四壁，五月对此如深秋。忆昔遨游遍湖楚，岳阳楼上常容与。北斗南箕互吐吞，黄云苍霭时来去。孤兴缤纷不可支，凭高望远意俱迟。江山未改题诗旧，岁序空遗吊古悲。九疑嶚嶫青不断，虞皇幡节仍零乱。何处湘娥十二鬟，生离远别增长叹。兰茝含荣蕙若馨，屈平馀韵转清泠。怀沙忧愤歌难状，举世谁人知独醒。跨鹤仙人真绰约，沧桑更变随谈谑。棋老楸枰蟾魄低，声残铁笛梅花落。自古神仙原渺茫，忠臣圣帝同销亡。世间万事复何有，濯发长啸晞朝阳。江湖年来异踪迹，阴晴景物[1]殊昕夕。松暝酒香人已归，芝草瑶华几回碧。闲居试展画图看，结想前盟尚未寒。赤潴回涵天镜阔，君山宛列锦屏丹。乾坤一笑豪吟起，佯狂好学鸱夷子。蹈海逾河本素怀，买断扁舟入烟水。不论古今不谈玄，惟与渔父相盘旋。对月琴尊还在在，浮空舟楫自年年。醉来傥梦钧天奏，有猋之颂吾何又。大道可载吾与俱，无言心悦天机逗。[2] 湖中巨蚌深夜游，展壳张帆光彩浮。莫教明珠自我得，抱膝掀髯笑未休。

---

①景物，原作“物景”，倒，据《黔诗纪略》乙正。

②“不论古今不谈玄”至“无言心悦天机逗”八句，《黔诗纪略》脱。

重游太岳返均阳坐沧浪精舍

自从拂袖归故丘，武当别去空凝睇。今日重来寻旧盟，万壑千峰尽开霁。三月春风生蕙烟，九光曦彩笼玄天。曲阿危磴层层转，鸟语花香处处鲜。层层处处舒高旷，积翠流丹郁相望。盘礴俄穿幽涧中，扳援倏出澄霄上。挥手凌空路不迷，秘图载启瑞氛齐。松深时吓詻韶作，天阔惊看象纬低。昔年游此仅大概，兹游细览穷幽态。自怜奇胜偶多缘，谁说江山真有待。一回相见一回新，安得栖岩[①]同隐沦。策杖褰衣仍下岳，白鹤苍猿俱恼人。侍中文雅留行旆，沧浪精舍开高会。九叠芙蓉指顾间，五城楼阁嬖姗外。临风脉脉转含情，倚槛观澜万木平。莫论濯缨兼[②]濯足，只须逃世与逃名。

坚白行

谁谓玉白？蒼草可使血。谁谓玉坚？礈石可使穿。坚白在我，外来一何颇。君子安常，小人立易方。

学孔精舍诗钞卷二

①栖岩，《黔诗纪略》作“崖栖”。

②兼，《黔诗纪略》作“并”。

学孔精舍诗钞　卷三

明　清平　孙应鳌山甫　撰

五言律

清　微

翼翼清微道，迢迢太上家。星环九芝盖，日丽五云车。[①] 灵药尽濯露，仙人如列麻。愿分三径地，锄月种梅花。

寄怀鉴川王司马四首

苦忆离君日，凄凉灞浐西。楚云千片绕，秦树万行低。岁月心空切，关山梦总[②]迷。偏怜同气味，踪迹更难齐。

殊锡膺中衮，奇功缚左贤。风云闲八阵，种牧满三边。心折全军后，忠殚奏凯先。看君扶社稷，白发照凌烟。

病剧恰抽身，归能慰老亲。时因学农圃，聊得助饥贫。山径牛羊夕，江城草木春。惟馀[③]怀友意，吟望每伤神。

天上传芳讯，秋斋气色开。筹边多暇日，作赋见雄才。

---

①四句底本为墨框，据《黔诗纪略》补。

②总，《东皋诗存》作“屡”。

③馀，疑误，当作“余”。

承宠新麻检，论文旧酒杯。山中白云满，持赠独徘徊。

寄答张助甫兼讯乃弟四首

新句皆佳句，元方与季方。埙篪今正叶，鸿雁俨成行。馀彩分淮曲，英标擅汝阳。池塘春欲草，风雨夜同床。

闻尔新荼苦，堂前失二尊。蓼莪应尽废，薤露尚堪言。古木秋风切，寒花暮雨繁。好光诗礼训，莫负杼机恩。

云林成草阁，恨未与君同。离梦曾谙路，豪饮欲御风。抽思回极外，高步古人中。不朽真何事，吾生各有终。

才名时辈在，大雅伫君先。谗妒寻常事，低回二十年。青山随笑傲，白璧[1]慎周旋。知己艰难尽，悲歌明月篇。

太和宫

天柱开金阙，虹梁缀玉墀。势雄中汉表，气浑太初时。日月低双璧，神[2]灵肃万仪。名山游历遍，谁似此山奇！

感怀八首

疏狂应罢免，踪迹自江湖。老去空迷野，归来尚畏途。神奇谁复化，牛马任相呼。独喜无增益，翛然只故吾。

一笑怜生计，千忧感岁年。世情从贝锦，心事可青天。削迹宁藏壑，资贫但力田。时因翻彩服，转觉兴蹁跹。

短衣怀圣世，长夜发悲歌。今古还如此，贤豪独奈何！市城游猛虎，鸿雁罹高罗。谁和将归操，从吾乐且多。

①璧，原作“壁”，误，据《黔诗纪略》改。

②神，《黔诗纪略》作“坤”。

时光催过翼，愁病强登台。旧业仍寥廓，浮云自去来。知希怜我贵，用拙任人猜。振古悲黄里，何须叹七哀。

玄发临秋变，聊歌送远游。身全随按剑，道废且乘桴。士论原无据，吾生行已休。文章如有待，花鸟莫深愁。

妍媸真孰定，心迹讵相违。昭氏成为毁，封人是即非。黄金交后淡，白雪和来稀。怀抱同谁尽，开尊赋式微。

天高难可问，岁晚独愁吾。忠佞关昭代，行藏愧腐儒。怀人还起舞，避地正踟蹰。郑尹今何在，将因卜所趋。

四愁销野思，九辨散秋声。虞夏逢生远，诗书拭眼明。关心防世路，随事见人情。好溯沧浪水，临流自濯缨。

与见岳夜坐二首

充虚堪脱粟，甘分合焚鱼。自笑支离甚，谁容礼法疏。有朋频慰藉，无地可樵渔。羡尔忘身世，因之一起予。

相期千古意，相对百年身。老丑犹防妒，嵁岩独避人。乡愁随漏转，交态逐时新。海上任公子，还同理钓纶。

访五山胜寿禅林

空城存古寺，寂寞已无僧。独有横经客，时分供佛灯。淡云盘老桂，寒日隐荒藤。斟酌谈时事，相看百感增。

送陈敬亭

一封身已退，四海德为邻。世事惟挥麈，官阶自积薪。春光堪作伴，归计不忧贫。转盼湖山远，风烟阻越津。

坐敬所乐寿亭

偕来同和友，东郭更招寻。昼静林音妙，天澄野径深。渔樵投旧侣，山水称闲心。涉趣从薖轴，雅宜挥素琴。

宿李伯贞百罜庄三首

长林同出入，秋色起山阿。织日悬飞雨，缫云倒乱禾。村醅能引醉，蛮语自成歌。信是居夷好，淳庞更孰过。

野屋全依石，幽扃半掩山。出郊期信宿，对客破心颜。高树夕烟外，乱禽秋渚间。自然清宴足，城市不思还。

茅庐依枕簟，对榻见情[1]真。白谷应容我，青山不负人。柴桑穿窈窕，户牖出星辰。禾黍登场近，为农自爱贫。

十三夜月

向夕依华月，巡檐挹远岚。气随秋共爽，明与魄相涵。银汉漂金镜，冰娥逗玉骖。自惭松桂影，短发不胜簪。

十四夜月

秋期何历落，月色正分明。身世怜初度，光辉喜乍盈。每因酬胜节，翻自愧虚生。觞豆供亲宴，陔兰不愿名。

十五夜月

桂魄临秋半，瓜盘入座初。即看蟾宛转，休问海盈虚。影结珠胎满，泉生玉蕊疏。独兹三五夜，怀抱更踌躇。

---

①情，原作“清”，误，据《黔诗纪略》改。

十六夜月

露下已云夕，明生亦未迟。正堪千里共，谁限一分亏。丹鹤瓢仍满，金柑树尽垂。霓裳吾和就，此曲少人知。

十七夜月

甲漏浮银箭，纤阿久玉弦。魄当初减后，光胜未亏前。星宿澄遥夕，风烟换昔年。谢庄谁共赋，篁韵转凄然。

送冯纬川归寿母二首

归献慈帏寿，恩当宠命新。蓂阶滋雨露，薇省焕星辰。□[①]引千年酒，晖延寸草春。膝前看舞彩，的的玉麒麟。

省觐牵朱绂，封貤照紫麻。龟龙元瑞世，节操久承家。宝婺明星汉，瑶池散岛霞。北堂春正永，努力树勋华。

喜接明卿

别久怜愁断，名高想德馨。输心头欲白，对面眼全青。乐府回风雅，儒林重典刑。看君振文教，多士待传经。

新　法

秋心正无那，旷野尽层阴。田里悲新法，朋俦惜旧簪。人烟三户少，偃仰二毛侵。袅袅滋繁虑，端居叹陆沉。

平旦草堂咏怀三十首

末路谢世絷，托心栖混蒙。我游惭方内，彼是得环中。

①□，底本为一墨丁。

卓尔三丘地，萧然一亩宫。从兹逐高蹈，清兴复何穷。

中野霞千片，前峰翠万重。分襟披小草，结屋藉高松。懒止储新酿，贫惟具宿舂。村居无外户，一任白云封。

青山淹病骨，白袷莹澄江。枞桧三千本，凫鸥数百双。深期还北郭，闲梦只南窗。落魄谁同我，千忧付酒缸。

荣华非不羡，达士重知时。老去桑榆景，生来麋鹿姿。幽居无逼侧，大道有希夷。质朴吾家事，安翔□□[1]宜。

荡潏天风起，高歌落翠微。山川散云日，物色尽光辉。村醴同仙醴，初衣即布衣。丈夫千古志，谁复慕雄飞。

戆性由天翳，淳心爱穴居。物情随诘曲，时运且盈虚。夜月山藏斗，春风水到渠。大名俱不用，宁计屡空如。

孰是著潜夫？畅然归旧都。潭光涵色象，山气霭虚无。境胜冥心烛，思玄徇道枢。巢由吾自计，今世正黄虞。

曙色判初霁，岚烟一瞬齐。案存周易注，家有太常妻。云起泉争涌，花开鸟乱啼。渔人任来往，不作武陵迷。

丹荣蒸渫雨，青浦孕灵荄。选石摊奇服，看山入素怀。泠泠游淡漠，兀兀外形骸。漫羡乾坤里，常羊未有涯。

何物堪嗟苦，斯丘信乐哉。潮通银汉转，山簇玉莲开。谈笑双吟巷，登临一酒杯。不教迷路远，头白始归来。

妙筌冥契久，即事道吾真。灵谷天光满，虚堂夜气新。北山罗水竹，南极挺星辰。好是安耕凿，长为击壤民。

藏书都卖尽，买断一溪云。天籁依林发，渔歌隔岸闻。金芝滋烂漫，瑶草茁缤纷。日日临川上，观澜到夕曛。

依约烟霞境，风光拟鹿门。聊因娱水石，自可长儿孙。

---

①□□，底本为二墨丁。

白雪词谁和，青山道自尊。天游忻远韵，涉趣复何言。

谁说欲归难？欀槮转自安。远沙多落雁，幽谷独滋兰。谈道思吹剑，凝神学累丸。翠氛时缥缈，触类是檀栾。

皋壤欣初志，尘埃避素颜。风盘玄鹤舞，雨护白龙还。伐木双峰顶，投竿九曲湾。本无经世略，自合早栖山。

非为学神仙，微悰本淡然。特逢虚豁地，如住泬寥天。早晚成圭荜，弦歌足岁年。山庄图不尽，安得李龙眠。

往事如昨梦，世途殊飘摇。寒热递相苦，欢怨安可调。既得反淳素，且足辞喧嚣。肉味久不识，何能一闻韶。

疏放甘违俗，安能复解嘲。清风还绮夏，晚节自衡茅。道丧争蜗国，身轻蹑鸟巢。最怜山似卦，瞻玩总羲爻。

道德一何惧，山林未足劳。身宜随地隐，名莫向人高。造化怜虫臂，云霄识凤毛。旷怀千万斛，时复寄诗骚。

回也箪瓢乐，参乎金石歌。斯人不可见，吾道欲如何。韶景东隅晚，英才后辈多。将无自补缀，随分葆天和。

及肩墙已筑，交臂树初遮。我道盖如是，人言安足嗟。天荧千涧月，风洒万山霞。一笑无何有，潇潇处士家。

西灏秋将半，中天月未央。同心真久别，大壑永相望。谁和金石响，独持兰桂芳。远游那可遂，濯发待晞旸。

莞尔歌中谷，悠然坐太清。棼氲都荡涤，耳目倏空明。渔父思逃姓，庖丁悟养生。从谁证奇璞，洒濯陋南荣。

宁不濯冠冕，岂能临浊泾。萧艾覆荃芷，终难霾德馨。显晦各有适，中和古所经。非无璠玙美，行矣珍性灵。

偶入宽闲野，时招清素明。梦醒无足辨，风浴自相乘。猿鹤时将引，烟云共寝兴。兴来临净几，何意拓黄庭。

野趣谐澄景，幽期洽道心。长林森夏气，积水阁春阴。

樵牧山相近，蓬蒿径转深。未须怜阒甚[①]，满目尽知音。

乍可开三径，将因缓五游。鸟穿烟翠落，鱼跃藻丹流。皎洁成妍美，清泠慰好修。孰哉陶谢手，赋此小壶丘。

高致传三世，新篇愧二南。鸠桑惟任拙，虫蓼不从甘。野色披寥廓，波容杂蔚蓝。虽无轩冕乐，随地有奇探。

雪意陡廉纤，回风气转严。辽天齐布玉，大地莽生盐。卧拥袁安被，吟巡杜甫檐。晚晴清绝景，黛色万山尖。

酒未倾三雅，书应废百函。支离从挫缩，跧伏自嵁岩。远瀑飞虹带，平林挂石帆。时能供菽水，绕膝舞春衫。

馀仙寺见邹颖泉诗怀赋

凌缅出遥岑，凄然坐夕阴。擂檐多丽句，倾盖几同心。万壑寒云矗，千村秋树深。更堪鸿雁下，求侣有遗音。

於信夫约余馀仙洞天余至信夫未至怀赋

垂野迁禅径，临江敞洞扉。相期三月久，独到寸心违。霜叶翻秋色，烟波澹夕晖。出山非我愿，行矣欲言归。

五言排律

邵台山寄碧云洞赋到辄兴远怀

早罢荆门镇，言寻石户耕。风尘闲老眼，丘壑澹秋情。忽枉骚人札，深怀胜地盟。洞泉开僻壤，词赋振韶韺。一

①阒甚，《东皋诗存》作“阒寂”。

径层林入，千岩[1]曲窦平。轩窗含宿润，箭括引新晴。云影罗青壁[2]，霞标带赤城。龙蟠潭隐隐，猿啸谷铮铮。五踶俱称美，千奇不辨名。鬼神留斧凿，造化见生成。日净沉朝彩，天澄起夜声。蔚蓝盘岛屿，花鸟映空明。信矣遗尘世，悠然薄太清。会心思得象，阅世欲餐英。何日褰裳去，同君策杖行。钩玄纾雅况，发兴出高评。独往探牛斗，相知洽弟兄。斯游如可遂，岂羡接蓬瀛。

六言律

所翁画龙

神龙世目难及，惊见陈生妙纨。九似蜿蜒笔力，三亭升降羽翰。雷霆气势发响，湖海波涛壮观。可比吴兴曹手，济时□□[3]弥漫。

於梦玄惠我好音怅然兴怀二首

秋气悲哉自苦，离悰渺矣难禁。蒹葭历乱愁眼，鸿雁凄凉远音。精微欲烂金石，意气横出古今。梦里谈玄何事，非君之故谁心。

良辰永感知己，艰路正悲苦寒。结伴光尘不见，劳心展转长叹。渑淄莫乱妙察，华萼尚想交欢。我情想于无尽，来日何当大难。

---

①岩，《黔诗纪略》作“崖”。

②云影罗青壁，《黔诗纪略》作“云彩罗青壁”。

③□□，底本为二墨丁。

归来有怀经筵一时同事诸公马乾庵汪远峰林璧东申瑶泉王荆石陈对溪何震川许海岳张洪阳于谷山①十君子辄成短咏

沧洲此日怀友②,玉殿当年奏经。群籍纷披圣理,十臣绰约国桢。星辰光护苍极,剑佩声镠紫冥。好见同心翊主,太平老我躬耕。

学孔精舍诗钞卷三

①于谷山,底本及《黔诗纪略》误作“余谷山”。按,《明神宗显皇帝实录》卷四十五载:“万历三年十二月癸亥,以礼部右侍郎管国子监祭酒事孙应鳌、翰林院编修沉渊补经筵讲官,翰林院修撰于慎行、编修黄凤翔、习孔教补展书官。”于慎行,号谷山。据改。

②友,原作“及”,误,据《黔诗纪略》改。

学孔精舍诗钞 卷四

明 清平 孙应鳌山甫 撰

七言律

访仙亭

访仙亭畔野云深,幻迹曾传古竹林。灵岳御碑常照耀,祇园宝树只萧森。寻岩忽动栖岩兴,住世其如出世心。兀坐观空移晚日,独怜山水似知音。

归宗寺寻逸少墨池

两晋逸士特矫出,风流无那王羲之。兰亭已张笼鹅迹,绀园复传洗墨池。游云惊龙不可见,疏竹乱萍空所思。自缘山水偶同好,徙倚长林西日迟。

游方广①

方广潆洄鸟道攒,莲花洞里秘奇观。先贤曾设春风榻,佳句犹悬白雪坛。正学千年昭日月,斯文万里聚衣冠。堂开嘉会瞻依在,翘首清光北斗寒。

①曾凤仪纂、邓云霄编《衡岳志》题作“游岳”,尹继隆编《南岳二贤祠志》题作“嘉会堂”。

仙　掌[1]

仙掌崚嶒太华东，首阳仙趾亦玲珑。亭亭赤汉双轮下，隐隐黄河一线通。行处物华同跌宕，望馀元气只鸿蒙。放歌不尽凌云兴，月满深山衣影空。

南　岩[2]

三十六岩盘福地，南岩景物更檀栾。满襟水月春常在，一笑乾坤梦已残。日暴灵苗滋雨露，风回仙佩引琅玕。红颜羽翰当年事，坐对高松欲挂冠。

题培竹李公仰泉书院

乔木森森[3]卉草芳，中丞别业午桥庄。楼台尽揽山川秀，纶綍高悬日月光。万竹晓寒开翠幄，一泉春暖浸银塘。异时强为苍生起，猿鹤翻怜秋夜长。

题南明精舍[4]

潇洒郊垧向秀园，水云千顷映柴门。披襟独鼓南薰调，爱客时开北海尊。烟浦疏风闲鹤侣，石苔新雨长龙孙。种桃他日尘寰隔，鸡犬林深自一村。

---

①本诗《孙山甫督学集》《学孔精舍诗稿》俱无，据《黔诗纪畧》卷七补入。

②《（万历）襄阳府志》题作“南岩宫”。

③森森，《黔诗纪略》作“深深”。

④南明精舍，原作“□南精舍”。按，《孙山甫督学文集》卷四《合寿遥祝乞语》、张九一《绿波楼诗集》卷十《南明精舍为淮海中丞尊人赋》二首、胡直《衡庐精舍藏稿》卷十二《世德楼记》，都提到孙应鳌父孙衣归里后筑“南明精舍”，据改。

题姚碧崖金紫重封卷

具庆堂开揽众芳，青阳韶景照高堂。瞻云数绕千山梦，爱日常牵寸草肠。琼岛露滋松柏古，紫麻恩映桂兰香。海天筹算纾遐祝，瑞世麟游倍宠光。

怀马心庵

万桃冈上共歌游，十载离心绕故丘。得意烟霞今税驾，有时风雨独登楼。东西南北知音少，泉石沙汀卜地幽。折尽梅花难寄与，停云落月两悠悠。

闻马心庵欲来同隐

白头愿得一心人，万岁为期属所亲。对榻平分孤月影，杖藜偕赏四时春。苏门啸罢能同调，彭泽归来不厌贫。漫道渔矶烟水阔，玄亭风物更清真。

送李太守赴春官

中表弟兄多意气，北桥离别倍绸缪。明经夙擅儒林望，决策今看帝里游。桃李三春龙虎榜，文章五色凤凰楼。清时得士须公等，老我何妨伴海鸥。

赠李槎溪

少年学武老耽玄，大道君今合自然。丹□[①]独栖金凤顶，诗成高咏翠云边。壶中日月闲无事，物外烟霞静有缘。

①□，底本为一墨丁。

自是英雄能出世，好骑白鹤玩芝田。

送槎溪

黎峨奇阜仙之槎，突兀青壁[①]披紫霞。芝房丹灶足炼药，草衣木食今移家。日翻林壑万顷浪，春酿洞天千树花。何日策杖探灵秘，高踪飞步登云车。

草堂独坐

石户之农何许人？避名入海将终身。高山放歌黄桑碗，明月倒影乌角巾。容色此日不再好，乾坤万古常如新。知音识曲者谁子？与我寻盟同隐沦。

哭柳洞阳

哀来丛木改秋光，目渺关河恨别长。枉渚凫鸥吾失侣，道林门径尔升堂。鸿逵偃蹇官三黜，彩服离披泪万行。末路伤心兰蕙晚，武溪吹笛亦山阳。

送英兰洲游蜀

别路劳歌蜀国弦，予怀渺渺锦江天。题诗杜甫应千首，卖卜严遵但百钱。重到锦城伤旧事，早归榆社乐新年。乾坤双眼孤蓬转，白发青尊自悄然。

似王笔山

昆明池曲太华隈，卓笔为山草阁开。一落江湖谁借

①壁，原作“璧”，误，据《黔诗纪略》改。

箸，若论时事但衔杯。输心读易多能解，信口谈天百不猜。我正艰虞君亦老，好同卖卜混尘埃。

寄孟月波

重开绛帐拥诸生，管领春风到石城。泮水能兼高士隐，乡关常系故人情。采芹对酒诗初就，炙简传经岁屡更。何日公车看待诏，祗因[①]儒服有光荣。

小至日闻薛敬轩先生从祀孔庭喜赋

河津此日膺明祀，庙庑登崇倍宠光。万古衣冠瞻俎豆，一朝文物重宫墙。紫衣奇梦祥麟降，黄阁清风威凤翔。采藻荐苹无限意，波摇环璧日初长。

渔　隐

收拾丝纶付钓竿，更谁豹隐与龙蟠。古今万态双篷卷，风月千层一艇寒。洗耳沧洲烟浪阔，洁身鸥鹭酒杯宽。短蓑长笛吾生事，叹尽人间行路难。

樵　隐

云间仄径何逶迤，伐木空林穿曲碕。某水某丘日孤往，畅飞畅舞心自知。江村卖薪行沽酒，石室投斧看奕棋。夷险阴晴不具论，山中生业常相期。

①祗因，《黔诗纪略》为二墨丁。

耕　隐

学道无成学老农，村居一径野云封。招呼鸡犬尘寰隔，长养桑麻雨露重。刘毅不愁无担石，陶潜惟喜有孤松。荷锄负杖幽山去，知在烟霞第几峰。

牧　隐

炊黍蒸藜林坞外，骑牛吹笛水田中。青青草长初过雨，脉脉泉鸣欲送风。十里烟郊春鸟乱，千重云壑夕阳空。红尘赤日何须问，白石南山意不穷。

秋郊访见岳

尘满虚亭独草玄，问奇相过自翛然。三秋风物怜萧瑟，千古襟期孰后先。幽谷浮云青眼在，老年长日素心悬。惜才见说谁推毂，叹世重歌独漉篇。

甘太溪寄东游诗因怀泰山二首

蜀川高士怀瑰奇，东览岱岳多新诗。汉柏秦松郁森爽，天门日观何崥崐。黛烟一缕散九野，空同三宫繁五芝。孔父从游不可遂，君能试见荣启期。

泰山之山沧海水，我生不游心不休。七十二君金玉箧，万八千丈仙灵丘。夜半天鸡叫日出，空中野鹤盘云浮。登高望远果何意，一笑桑田天地秋。

紫霞宴坐

比邻西接梅花观，闲日迟留坐晚曛。松影满盘千片月，鹤声高入万重云。王褒石璧才难尽，陶景仙风思不群。

迫厄悲时怀远举，宁从人世叹长勤。

杨明府屡访山斋

万山紫翠挹[1]人衣，背郭茅堂款钓矶。藜杖未过言偃室，干旄重访管宁扉。闲挥小草云烟落，坐玩双凫日月飞。谁谓荒陬淹墨绶，西南列宿有光辉。

醉　歌

醉后狂歌不自由，希微人外复三秋。陆机明月王猷竹，谢朓青山李白楼。老疾转思凌海岳，飞沉随意取栖游。皇天终惠容高尚，莫遣浮云乱客愁。

题吴晋轩莲花荡鸥鸟同游楼

美人别墅莲花渚，独好楼居小筑幽。日暖凫鸥春共浴，月函空水夜同浮。深盟不负江湖□[2]，胜概真疑汗漫游。争席何年偕野老，对君歌咏未□[3]休。

寄答鸣泉中丞二首

常山投辖兴婆娑，尺棰流光一纪过。晓雁倚楼时极目，春风对酒独劳歌。中原节钺安危在，北阙星辰照耀多。珍重故人怀友意，缄题犹自寄羊何。

踪迹幽栖寂寞乡，故烦问讯远题将。经年独漉泥沾足，永夜相思月满梁。末路自怜浮态尽，推心翻信旧交长。

---

①挹，疑当作“浥”。

②□，底本为一墨丁。

③□，底本为一墨丁。

五云天迥难投赠，空惜临流撷众芳。

挽颜淮汉

剖符得意嗟怀璧，投杼离忧学钓鳌。吾道独看三代直，君名应并五峰高。阳秋物色归题品，湖海文章振羽毛。欲向楚西寻旧隐，采兰何处奠江皋。

同冯治斋杨醴泉秋郊游饮

物候孤城惊落莫，年华双鬓寄风流。北山松桂还高隐，南国烟霞总旧游。紫蟹红萸供酒盏，闲云远水趁沙鸥。更端世事随棋局，且向登临数散愁。

督府蔡公谬荐

逃名岁晚久悬车，幕府谁缘辱荐书。掉臂风尘怜潦倒，侧身谗妒愧吹嘘。宋纤形像从图画，冯亮栖游称隐居。独望云霄谢朋旧，祇应初志老樵渔。

送秦黄门册封东王府

奉使今推谏省才，九天阊阖曙光开。沂山星斗金函过，北海风云玉节来。羽骑城边秋纵猎，歌[①]钟花底昼行杯。悬知六辔勤咨度，青琐明年待客回。

题诸黄门哀思册叶

遗安久遂鹿门期，偕隐姚江更母仪。白首谈经勤鼓

①歌，《黔诗纪略》作“攲”。

篋，青灯课读苦机丝。淮阳鸾诰褒封日，蓟北乌啼反葬时。谏省酬恩忠训在，显扬深慰九泉思。

送复斋刘太史册封韩府

颁封并命将周典，阊阖烟开玉检赍。艺苑才名空冀北，宗潢恩数重关西。蓬莱家近依红日，兰桂堂高照紫泥。莫向乡园淹使节，早归天禄待燃藜。

送衡野刘太史册封周府

近臣暂辍花砖草，持节分封下紫微。楚泽风云干气象，梁园词赋发光辉。仙槎北斗高银汉，寿斝南山照彩衣。自是凤毛能瑞世，羽仪家国似君希。

裴淡泉貤封二亲

衣簪盛事表南闽，具庆承欢白发亲。鸾诰新沾金阙露，翟冠光照玉华春。教贻琐闼名尤重，功似河东代有人。谁为鹿门偏遁世，一时歌颂满朝绅。

学孔精舍诗钞卷四

学孔精舍诗钞　卷五

明　清平　孙应鳌山甫　撰

五言绝

开先寺偶得三首

青冥横梵林，万象□[1]古色。秀崿净遥天，韬映真无极。

白昼云未合，青山雨忽来。树声轰鹳鹊，衣色晃莓苔。

遐心愉芳林，高韵恬初地。行游月外山，回望烟中寺。

太岳天池

一片秋光净[2]，千山夜影孤。洪源开宝镜，明月浸冰壶。

会仙桥

两巘亘长虹，绝谷十万丈。桥下望人行，宛宛在天上。

---

①□，底本为墨丁。

②净，《黔诗纪略》作“静”。

妙花岩

邃谷敲茶杵，□[1]林挂石屋。地形通地脉，奇绝妙花曲。

滴水岩

泉流倾绀液，乳窟近青溪。莫是华阳洞，龙珠忽已迷。

仙侣岩

霓高紫英色，霭揭翠微巅。挥麈眠穹石，飘飘我亦仙。

紫霄岩

芳岩芳草暮，桂涧桂波凉。独立思君子，儃徊一断肠。

独阳岩

日照月光生，日蔽月魄长。沉冥独阳岩，玩理惬真赏。

谢天地岩

抱朴齐静喧，见独忘寤寐。得意披云山，齐心谢天地。

参斗泉

清液翻玄镜，寒流漱晚汀。谁知岩洞水，上应斗参星。

试剑石

一石断复续，划然霜剑痕。芙英腾紫电，持立二天门。

---

①□，底本为一墨丁。

青　崖

明月照已醉，和风吹又醒。雪留九夏白，崖拥万年青。

琼　台

帝室金为屋，仙都玉作台。上方灿星斗，下界走风雷。

万松亭

清吟敧枕簟，爽梦缓笙竽。满目同心友，青松十万株。

渊默亭

混沌那生三，千喁忽吹万。系表天何言，亭前我独闷。

紫盖峰

参参成远望，攒图屹绛霄。耦坐丧吾[1]我，独游窥参寥。

松萝峰

幕地翠云满，松萝拾作衣。凭衿不尽兴，凝眺澹忘归。

桃源峰

上耸桃源峰，下翳桃源洞。安得齐州僧，二桃特将送。

①吾，原作“五”，误，据《庄子·内篇·齐物论》改。

伏龙峰

身佩双龙剑,欲化双龙去。假寐龙湫旁,双髯坐相语。

五龙峰

岸容初得雨,山势欲飞天。王母乘云至,斑龙九色鲜。

灵应峰

带皁袅佳条,缨峦迸幽树。我爱房长须,植木即成悟。

隐仙峰

青叶葬仍紫,峰前峙竹关。坐爱浮□□[①],如对蓬莱山。

太和阳鹤峰

阳鹤立我前,伴我式如玉。不饮溶溪水,不食潭皋粟。

复朝峰

薜壁罗千簇,花溪绣万重。南冈仍北向,山亦解朝宗。

青羊峰

阳林春采香,阴坞白露凉。山头蟠金锁,山麓舞青羊。

七星峰

云荡金城北,天回斗极东。解衣聊宴坐,盘礴七星中。

①□□,底本为二墨丁。

系马峰

怀仙空望远，系马不知年。隔谷疑无地，穷崖忽有天。

茅阜峰

冥心观太始，天岭气相交。真诀何由得，乘风访大茅。

隐仙岩

棋石横苍岭，巴园橘已空。世间无限事，索莫一枰中。

磨针涧

掘井贵及泉，为山莫亏篑。斯涧独起予，验取磨针志。

万虎涧

绝涧风怒号，厉声如万虎。破山复何惊，嗒然游太古。

日月池

望近倚天山，苏门亦咫尺。日月迭耀灵，广野灿金碧。

五龙井

五龙传蛰法，井畔稳眠时。乾坤一大梦，觉即是希夷。

希言严道士

草木为衣食，松霞共起眠。世情都洗尽，心地忽昭然。

梦中作

岩谷发层秀，森爽重翠间。飞空万斛水，滴露五云山。

友人夜酌

疏灯摇夜雨，寒色满秋衣。对酒不成饮，伤哉国故非。

同见岳伯贞游华峰醴泉以事不往

幽栖澹无营，特抱紫霞想。结约登华巅，探奇足心赏。
缥缈灵之岑，秀峙在邦域。美人不共游，揽结空相忆。

秋　气

秋气日夕清，游心浩难即。风烟忽荡尽，天山共一色。

崇安江趺坐咏四首

微风披落叶，秋色满江波。野旷行人少，萧萧雁影过。
霜力撼微茫，江烟入座凉。观澜情自适，洗耳意何长。
平沙漂碧玉，一水即沧洲。浪迹同渔父，闲心对野鸥。
地僻聊垂钓，江清一濯缨。年来幽事惬，销尽济川情。

龙江寺

落日空坛静，孤城递远阴。斋心同瀹茗，香气积丛林。

登华峰四首

太清浮颢气，紫蔚满灵区。诘曲寻丹洞，精虔扣秘图。
云样空山影，风和秀木声。九光霞掩映，瑶草尽抽荣。
群峰发朝翠，特立表中峰。下界风烟隔，白云千万重。

人间何斗捷，象外自沉冥。风月时来去，仙关常不扃。

华藏寺谈酌

爽霁散烟水，精庐偕倡酬。槛外星河夕，山中桂树秋。

再宿龙江[1]

月出不知夜，石床山翠深。鹤鸣惊客梦，绕地起潮音。

口占赠见岳

世愁不入梦，神仙非渺茫。歌游吾兴在，交谊尔情长。

赠李伯贞

圣贤同川岳，仁智乐山水。登崇与入深，眼中望吾子。

憩李默虚龙泉洞[2]

老去学神仙，深隐龙泉穴。家传五千言，尽是长生诀。

华岩采兰归植草堂四首

采兰幽涧底，珍重莳山房。好待敷荣日，终朝对国香。

素心今会心，臭味本相同。纫佩濡朝露，援琴曳晚风。

托根三径侧，荏苒映寒姿。秀色日在眼，清芬方自滋。

萧艾尽芟刈，招呼心志群。悠悠满佳致，香翠日氛氲。

---

①《黔诗纪略》题作“再宿龙江寺”。

②《黔诗纪略》《东皋诗存》题作“憩龙泉洞为李默虚隐所”。

李伯贞邀酌云溪洞

云[①]霞铺洞满，松竹照岩幽。迟暮歌空谷，旷然怀远游。

梅花落二首[②]

春色不少驻，繁花迅速开。吟残三径竹，落尽一庭梅。

梅花开又落，岁月坐消亡。何必关山月，方能断客肠。

偶题四首

牡丹晞竹涧，锦绣落潺湲。绿草翻银浪，双双舞白鹇。

溪中毒气收，鸂鶒恋溪头。一片荷花近，香围紫石榴。

冲襟掇静境，水木袅澄心。雁鹜河洲满，秋摇丹桂林。

寒风闲晚集，冻雪艳山茶。造物欃槮意，梅梢数点花。

文与可竹

一幅开能事，数竿偕旧知。佳人当日暮，翠偃倚栏时。

秋夜吟

万木变青苍，高秋露气凉。月开幽独夜，空谷满天香。

焚　香

尽谢浮生理，焚香宴坐时。幽居心曲事，惟有翠禽知。

---

①云，底本及《黔诗纪略》误作"雨"，据《清平县志》改。

②《黔诗纪略》题"梅花落"，题下注"三首录一"，今《学孔精舍诗稿》仅见二首。

明月篇

孤城飞片月，处处动砧声。无限悲秋意，都从此夜生。

缓声歌

广除剩佳树，游誉缓声歌。岁序不自保，芳华将奈何。

怀耿在伦

登楼月珥烟，望美情空迟。何处楚天窝，山深霭松翠。

怀邹继甫

归鬓海风疏，罢官类蝉蜕。独有求友心，乖离怨芳岁。

晤李同野

南云媚归辔，春日晓风遒。如闻一语妙①，为破半生愁。

别罗近溪

孤证喜逢君，投心美芳夜。欲去仍迟徊，月坼青云罅。

陈愚所见访

六诏玉骢鸣，怜君揽辔情。相逢一夜语，愁绝为苍生。

①语妙，《黔诗纪略》作“妙语”。

六言绝

太岳叠字峰

叠叠松岑秀苑，回回瑰逸令姿。百花投春乱发，万鸟迎旭交嬉。

金鼎峰

灿烂非烟非雾，巑岏宜画宜图。一洞春云堆积，四时暖气萦纡。

健人峰

拔足风尘之外，振衣雄健之巅。自笑如昏如默，安知非佛非仙。

太子岩

天泉正连星渚，水雾更杂山烟。岭畔苍龙横立，沙头白鹭安眠。

白龙岩

鬼斧构成白屋，地肺凝邃重重。叠石长松盘礴，尽生鳞甲为龙。

风　岩

万虎涧溪石穴，千章树木霜崖。气噫风生肃肃，泠然列子高怀。

常春岩

投分幽怀莞尔，长春修景依然。山谷郁盘霞表，水云飞动天边。

集云岩

连山吸晖函汉，秀水振颖干云。半壑翠丹环照，一溪瑶碧斜分。

武当涧

紫极孤岑斜入，黄崖众水[①]同沉。天边微生岸影，涧里骤结浮阴。

西　涧

春风不随逝水，阳谷时撼霁虹。策杖夷犹西涧，一樽高况谁同。

鬼谷涧

渡水穿云随意，看花问鸟忘形。幽涧尚传鬼谷，灵风迭偃仙扃。

双溪涧

一岸高盘浦尾，双溪背绕村头。入夜猿猱共宿，侵晨麋鹿偕游。

①水，吴道尔纂修《（万历）襄阳府志》作“木”。

黑龙涧

对涧照形一笑，相看孰是真吾。长流不舍昏晓，大道谁言有无。

白云涧

开室临流酌酒，逍遥四望皎然。羡杀白云自在，阅穷沧海桑田。

九渡涧

密树低柯翠郁，雄潭隐日青空。雨过黄精苗长，风来朱草香浓①。

黑龙潭

昏昼深林不辨，踟跌潭上高台。夜半满盈雷雨，得非问法龙来？

卧龙岩

岩下何年龙卧，深渊独抱明珠。我欲鞭龙四起，为霖遍满寰区。

尹喜岩

梦中鉴中天地，有用无用辐轮。远矣玄玄老子，翛然文始真人。

---

①浓，原作“丛”，误，据《黔诗纪略》改。

朱砂岩

阴康赫胥身世，标枝野鹿襟期。笑指紫岩丹洞，金光草发含滋。

云母岩

泛泛桃花春水，萋萋云草晴洲。烟抹半山欲卷，云飞万木俱浮。

杨仙岩

出岫水春云碓，掬泉风飏烟簑。复嶂斜阳返照，仄径归樵浩歌。

紫霄涧

霞月磋磨潭影，霜岩皦绎秋光。欲访青冥谷口，小憩紫霄涧旁。

鸦[1]鹊岭

屺岵柯[2]分叶散，嵩岑鹊奋鸦翘。不识人间苔热，泠然万虑俱消。

观运甫弟写竹二首

密叶低翻鸾凤，高枝秀拔琅玕。六月相看无暑，清风疑在林端。

---

①鸦，原阙，据《黔诗纪略》补。

②柯，原阙，据《黔诗纪略》补。

云雾乍开素练，冰霜忽挺寒条。午夜月回三径，亭中翠影萧萧。

李伯贞邀北郭观莳禾二首

身世已同沮溺，执杖来助耦耕。饭香茶熟月上，细话田家五行。

一犁春雨初足，百亩秋成可期。瓦碗酒斟桑下，舞蓑击壤歌诗。

漫题四首

小舫蕙风欲满，轻林膏雨初晴。收尽乾坤生意，一腔花气琴声。

冰簟乍过梅雨，霜弦半拂薰风。鸟和数声远笛，泉奔双涧长虹。

露白中天破夜，月苍西极凝秋。傍水依山静坐，抱琴携鹤闲游。

水落霜清石岸，山空风凛荆扉。钓得一鳊沽酒，高吟敌退寒威。

菊

数椽聊尔颐颜，万事不须开口。但得金英放花，何必白衣送酒。

赏梅二首

容易春风过眼，相将夜月开襟。隐几山斋无侣，一枝惟尔同心。

竹外松边雅韵，三花五蕊佳条。雪干烟姿袅袅，横窗照水潇潇。

山楼偶成

万象昭融泰宇，六经酝藉春风。白日青天独坐，高山流水相同。

赐鲥鱼

南国鲥鱼贡到，冰船雪棹生寒。进罢两宫色喜，敕使先颁讲官。

赐枇杷

甘露枝枝玉映，黄金颗颗纱笼。惟有翠芳亭上，宋家橙实堪同。

赐　藕

天上千年碧藕，颁来冰雪犹新。未忍自尝君赐，缄縢先寄双亲。

赐杨梅

赐出杨家珍果，小斋照耀龙睛。我已金茎止渴，谁应玉鼎调羹?

赐　笋

琼苑林中迸出，金銮殿上擎来。一段雨园风味，昨宵乡梦初回。

赐扇

素月忽依怀抱，清风遍洒衣裳。珍此五明佳扇，颁恩来自虞皇。

赐貂鼠

栗烈风威渐紧，温和衣被偏亲。劝讲已叨恩渥，愿应念到边臣。

赐万历新宝

御极诏通泉布，铸来体制初成。为玩六铢重宝，翻惭万选佳名。

辟雍诗十首

大祀咸秩郊社，彝章肇举辟雍。文武千官扈圣，华夷万国同风。

司天筮吉报可，宗伯具仪请裁。征使先驰邹鲁，子孙三氏偕来。

庙庑妥灵既饬，致斋思格明神。共瞻六飞初驾，大乐不作前陈。

降辇桥门肃入，更衣幄次升禋。日丽宫墙化国，运回礼乐昌辰。

翠葆和鸾莅止，洋洋帝范堪亲。特召司成坐讲，制传天语谆谆。

三阙鸣鞭开晓，六龙扶辇当天。臣工称贺稽首，问道谟烈谁先。

总总三千胄子，光华照耀何多。表谢天恩莫尽，但歌棫朴菁莪。

碧霭红云缭绕，颁恩亲自临轩。冠带衣裳镪楮，一时捧出骈蕃。

南宫珍重锡宴，升俎登歌肃雍。圣胄云仍皆在，儒臣沾沐尤隆。

敕书九天赐下，宣华拜舞呼嵩。留揭璇题银榜，作人万历无穷。

山中

天上乍醒浮梦，山中细阅澄晖。万花含笑相向，今日主人又归。

学孔精舍诗钞卷五

学孔精舍诗钞　卷六

明　清平　孙应鳌山甫　撰

七言绝

渔

柳串鱼归正午时，儿童门外笑嘻嘻。问翁何故归来早，懒看滩头鹬蚌持。

樵

脱却乌巾去斫柴，白云深处衬芒鞋。老妻嘱付轻挑担，莫踏高冈与险崖。

耕

农事纷纷日夜忙，问渠还有许多粮。阿婆笑指南山下，小麦青青大麦黄。

牧

黄发儿童枕地眠，蒙蒙细草雨生烟[1]。醒来不见黄坡犊，寻到落花流水边。

①草雨，疑倒，该句当作“蒙蒙细雨草生烟”。

太岳天柱峰[1]

中天缥缈开灵域[2],特地雄标山影直。晓日初临大[3]顶东,万峰尽散黄金色。

显定峰

顶北岧峣显定峰,游人满眼绝行踪。云霞乱落芙蓉影,白日长拖[4]白玉龙。

狮子峰

悬崖高对一天门,裸坐盘礴睡亦得。毛孔能孕紫檀香,舌表善变红莲色。

皇崖峰

皇后崖高俯汉襄,望中平楚正苍苍。玄云忽起虚无谷,不待崇朝过八荒。

笔　峰

峰峦如笔笔如峰,五色花枝照眼浓。欲写步虚词万首,好倾解渴酒千钟。

---

①《(万历)襄阳府志》题作"天柱峰"。

②域,原作"补",误,据《(万历)襄阳府志》改。

③大,原作"天",误,据《(万历)襄阳府志》改。按,《太岳太和山志》卷四:"大顶天柱峰,一名参岭,高万丈,居七十二峰之中,上应三天,当翼轸之次,俯眺豫雍之野,山川之远,无不在目。晨夕见日月之升降,常有彩云密覆其岭,峰顶东西长九丈,南北阔二丈,四维皆石脊,如金银之色。"

④拖,《(万历)郧阳府志》作"施"。

七星峰

贯珠连月众山晴，罗列星辰拱玉京。欲扣帝扉何处是，白榆历历水盈盈。

中笏峰

金顶崚嶒立绛霄，一峰中笏特相朝。忽闻仙乐空中度，缥缈鸾音十二箫。

千丈峰

洞庭始波木叶脱，千丈峰高苍翠丛。方壶员峤若可到，我欲更问扶桑东。

万丈峰

玄峰插地一万丈，日光横彩长汉分。摄衣跻攀不可得，瑞云来去时烟煴。

大小莲花峰

两山同峙天之关，笑而不语相对闲。大莲花开似云锦，小莲花开如玉环。

落帽峰

飞升戴孟曾遗帽，不比人间说孟嘉。世远渐忘当日事，春来时发满山花。

白云峰

山高云兴多变态，如鹄如珠如车盖。森如树木垂如缨，四旋八转如飞带。

仙人峰

峥嵘玄圃紫芝荣，仄径飞华落绛英。无数仙人不可见，闲依老树看云生。

隐士峰

蹇[①]林霞彩泛山光，仙子峰前隐士房。欲访岩扉问丹诀，莫将不语答云将。

大明峰

传道此山长不夜，竭来一座发光明。琼珠岁岁垂千颗，天籁时时奏九成。

灶门峰

天际乍看烟作雾，林端忽变雨为云。生山莫是裴张否，五里冥蒙路不分。

九卿峰

共讶端绅列九卿，九峰磊落势俱倾。道人独向西岩宿，夜半惟闻钟磬声。

①蹇，《（万历）襄阳府志》作“褰”。

五老峰

曾向匡庐看五老，兹山风物倍澄鲜。九江秀色分晴雪，三楚斜晖弄晚川。

甘　泉

明蟾荡漾冰玉壶，甘露清泠功德水。闲居委顺自生生，虚室吉祥能止止。

试心石

泰豆履危随步骤，吕梁蹈水任浮沉。年来夷险都忘却，不向崖前更试心。

飞升台

望岳寻真得得来，更衣犹说上升台。玉书金简归何处，翠叶红葩寂寞开。

紫霄峰

紫霄倒景落青莲，玄岳天空泽国前。梦里松涛听不尽，千山明月对孤眠。

香炉峰

日照香炉生紫烟，匡庐巅亦太和巅。目前尽是金银气，象外谁为兜率天。

九渡峰[①]

九渡峰悬九渡溪，山垂平野四天低。风生寒吹千崖响，日缀祥光一瞬齐。

展旗峰

飘飖[②]山影黑云移，仿佛神君一展旗。蜃气楼台真错落，鳌簪鸟[③]屿更参差。

三公峰

三公峰上万桃开，招手卢敖驭鹤来。太空低铺青玉案，洞庭涓滴紫霞杯。

伏魔峰

孰是真兮孰是魔？消摇山下一长歌。雷声渊默含群响，斗极荧煌转大罗。

玉笋峰[④]

百仞层峰苞紫篁，四时含雪复含霜。中宵满月穿林破，山影扶疏共我长。

---

①《太岳太和山志》作“九度峰”。

②飖，《(万历)襄阳府志》作“飘”。

③鸟，原作“岛”，误，据《(万历)襄阳府志》改。

④玉笋峰，《(万历)襄阳府志》亦作“玉笋峰”，《黔诗纪略》误作“玉简峰”。按，《太岳太和山志》七十二峰，无玉简峰。

大夷峰

仙峰在眼平于掌，万顷云铺即大夷。拾取枯松煮瀑布，石幢隐隐露华滋。

把针峰

万珠野马自语语，方寸灵龟聊处处。至人悟道倏冲举，俄有元君飞铁杵。

丹灶峰

丹炉药火望脉脉，冷烟寒雾封遗迹。见说长生不尽欢，短生于我乎何益。

天马峰

山势凌空若天马，金房秦陇当其下。我歌黄鹄和者寡，歌声零乱落九野。

鸡鸣峰

海日鸣鸡夜未央，沧波万里影扶桑。霏微颢气笼三岛，倏忽灵飙耀九阳。

太上岩

一声铁笛千峰暮，片片霞飞太上岩。银汉不流圭月满，科头鼓腹更掀髯。

玉虚岩

云尽长空天一色，寂然万籁朏明初。物华满眼能交乐，得喜年来住玉虚。

蒿谷涧

梅花竞发蒿水滨，相笑瀛洲生玉尘。姑射神人得□[①]我，与君岁晚结芳邻。

梅溪涧[②]

绕涧梅花三万树，更谁人世有冰霜。高歌白雪阳春调，尽散[③]灵山作洞章。

与周懒拙小谈因赠

举世皆忙尔独懒，众人皆巧尔独拙。懒忙巧拙是邪非，明日溪头拂衣别。

望仙台

望仙台迥草花笼，犁踏真仙落故踪。永乐圣人书诰在，谁知不为觅三峰。

①□，底本为墨丁。

②梅溪涧，原作“梅溪洞”，误，据《（万历）襄阳府志》改。按，《太岳太和山志》卷四有梅溪涧。

③尽散，《（万历）襄阳府志》作“散与”。

紫云亭

焚香兀兀小亭前，柴立中央象帝先。缭绕紫云常不散，依稀玄岳降生年。

下太岳

何不同生寂寞郊，万云回首掩松巢。世途历尽谁知己，惟有青山是故交。

怀胡庐山

松乔宾友神仙宅，今我龙蟠复凤栖。赋就游仙三百首，故凭秋雁寄江西。

耿楚侗信来游太岳

山空木[①]敛岳云隈，迟尔仙人驾凤来。七十二峰都览遍，因风我欲到天台。

洪芳洲登太岳见怀

同约登山不同赏，君今思我我思君。一笑流光三万日，几披真箓五千文。

怀颜冲宇

小分云水坐孤槎，种出仙人五色瓜。无奈孙登频发啸[②]，可能颜阖更移家。

---

①木，《黔诗纪略》作“未”。

②啸，原作“笑”，误，据《黔诗纪略》改。

瑞竹词十二首

隆庆己巳，余移疾得归田里[①]，卜筑城西别墅，为草堂。誉髦多士，时时来从余游，奉亲之暇[②]，日与讲道谈艺。明年，草堂成，产瑞竹一本，上分两枝，与古图籍所载合，亲朋于是多携酒为赏，且宠以诗文。余久荒于诗，亦聊述数章用志岁月，因答群公之贶云。

小筑茅堂石径斜，超然燕处卧烟霞。忽看斤竹[③]生连理，愧比东阳道德家。

一本高抽八节奇，即从九节挺双枝。满林时引钧天奏，听到无声只自知。

翠葆联翻绀叶攒，从今日报竹平安。宁知劲节冰霜骨，也似芙蓉结合欢。

苍龙两两跃澄霄，赤日停轮黑雾飘。咫尺莫愁风雨至，神灵回护最长条。

青叶紫茎披万玉，更看双玉耸蓬山。自今吟啸随方便，感戴君恩早赐闲。

题诗载酒发狂歌，每日朋侪[④]看竹过。峭蒨已夸桢干别，交加又喜子孙多。

康济无能合退藏，顾怜菲薄愧嘉祥。竹生紫笋兼连理，自是君王泰道昌。

陋巷归来只一瓢，此君相对日逍遥。悠然如坐虞廷

①余移疾得归田里，原作“余移疾归里”，据《黔诗纪略》补。

②奉亲之暇，原脱，据《黔诗纪略》补。

③斤竹，疑误，《黔诗纪略》作“筋竹”。按，晋戴凯之《竹谱》：“筋竹为矛，称利海表，槿仍其干，刃即其杪，生于日南，别名为篻。”

④朋侪，《黔诗纪略》作“朋从”。

上，双凤和鸣叶大韶。

皇祐名臣元祐贤，宋家瑞物至今传。一樽细向门人说，期尔前修得并肩。

霜气初浮月彩移，幽姿袅袅影离离。石床梦爽回风后，伯氏吹埙仲氏篪。

流水高山意不穷，榻前明月共清风。襟期千古谁同调，落落知音卫武公。

留取清阴覆药栏，春衣新制箨为冠。奇根异竿浑闲事，与尔相将结岁寒。

并蒂栀子花

药圃新开薝[①]卜林，玉葩为友结同襟。双因久识如来意，不待闻香始悟心。

枯橼复发荣

春意融融隐士家，稊[②]生枯木发丛芽。年来[③]学易占消长，静玩山斋枳壳花。

元旦见岳过我弹琴二首

笙歌入夜转销沉，何处观灯胜鼓琴。高调凄凉怜昨梦，老年落魄见馀心。

月色今宵首作圆，边乡此景亦堪怜。星楼火树虽凄

①薝，原作“簷”，误，据《黔诗纪略》改。按，薝卜，佛经 Campaka 音译，意译为郁金花。

②稊，原作“梯”，误，据《黔诗纪略》改。按，《易・大过》：“枯杨生稊。”

③年来，《黔诗纪略》作“年年”。

甚，桂影松阴自宛然。

梅花落二首

一度梅开[1]一度春，春来梅蕊特精神。Ⅲ梅不与春相待，春在梅残恼杀人。

读易因窥天地心，岁华来往独沉吟。茅檐偶尔纾闲步，落尽梅花一尺深。

春　和

春和不雨苔长滑，院静无风松自鸣。木屐桦巾任游往，几人身世在清平。

雪　吐

雪吐长空花吐林，早梅消息竞春心。罗浮歌罢香风积，谁似今宵得意深。

满　榻

满榻疏风曳素琴，茅斋隐几自萧森。山光寂寂溪声远，明月高悬太古心。

杏　花

讲坛不是缁帷地，休坐弦歌意自同。一夜清烟缠绛雪，春风开到杏花红。

①开，《黔诗纪略》作"花"。

桃　花

脉脉无言照水楼，自怜春意满枝头。不教风雨空相妒，尽对斜阳笑不休。

沈慎斋惠笔

霜管相遗意有馀，井蛙久自笑拘墟。即今不写笼鹅帖，犹得时抄种树书。

同诸友北林行歌

与尔同侪憩静林，歌来风雅尽圆音。千层水月都归我，不受人间五热侵。

李伯益郊亭①

烟萝深处野人家，散发溪桥濯水花。风洗碧天无暑气，夕阳齐拥万山霞。

赠近衡

之子高怀未有涯，投车远访野人家。山斋相对忘言说，开遍金钗石斛花。

及门诸友为余祝嗣华峰口占志谢二首

横经朝夕聚朋簪，未有珍奇可绝甘。何事佟佟共相念，殷勤为我乞多男。

故望华峰结伴行，同瞻绛阙叩神明。玄天香火开聪

---

①《东皋诗存》作“饮李伯益郊亭”。

听，傥鉴诸君款款情。

辛未九月二十二日梦与见岳登游玄岳作绝句一首觉但记后二句前忘之矣因为足之

金顶光华敞帝扉，灵标游梦转霏微。坐来月色如秋水，乱落琪花满客衣。

盛子昭山水四首

杨柳津头风色遥，重峦春晓露华销。何人解写营丘趣，妙墨今看盛子昭。

夏山烟霭揭幽轩，苍水泠泠远避喧。物色满怀情意洽，令人不独忆华原。

秋山远浦更相宜，心匹谁夸燕穆之。上下空明凌倒景，船中安坐者为谁？

夺得宋家松柟笔，枯槎老干压寒云。瑶岑玉叶风微度，翠雪纷纷瀹晚曛。

荒城谣十二首

秋日荒城隐暮笳，太山猛虎永州蛇。棱棱黄叶漫空舞，绕郭茅炊只几家。

土司粮马卫家当，怒气瞢腾化眚祥。泪眼已枯骨髓尽，九阍何处叫[①]天皇。

一卫军馀二伯人，千般差役在军身。遗氓自合甘心

①叫，原作"教"，误，据《黔诗纪略》改。

死，敢向何人诉苦辛。

大道通衢流水过，扛抬日夜两肩磨。清官行李犹堪送，辎重多时更奈何！

岁岁修城不得休，已无毛血待诛求。城门不闭城隍圮，白日街逵饥虎[1]游。

一番巡历一番悲，觱篥吹寒骨肉离。军卖月粮官卖俸，更无到口上身时。

教场草长蟪蛄鸣，数十操军不满营。但愿承平似今日，国初屯戍九千名。

弟作生员兄养马，子为官宦父当军。家家问有谁闲逸，优免徒然感圣君。

开卫屯田美不赀[2]，周遭二十四屯基。屯军逃尽田何在，鸡犬无声宿莽滋。

逻警官兵意气豪，弢无弓箭鞘无刀。杀人白昼何须问，拄腹撑肠没野蒿。

张翰秋风兴有馀，归来感事泪盈裾。鲈鱼不美莼羹苦，无限穷愁难著书。

宗祖坟丘系所思，高堂白发况难移。故乡东望如皋族，欲往从之路险巇。

祝近衡六袠八首

鸾鸣麟走春初晓，无数神仙驾玉骖。何处人间开寿域，忽看淑气绕西南。

---

①虎，原作“处”，误，据《黔诗纪略》改。

②赀，原作“资”，误，据《黔诗纪略》改。

三月正当三十日，衡山岳降属佳辰。桑青榆绿盘幽景，燕舞莺啼弄好春。

侃侃风裁亹亹词，昭昭心事有天知。雪霜剥尽严寒退，始信君为松柏姿。

屠龙妙技谁能用，小试襄城即善刀。传说兖城遗事在，罢官之日万民号。

称觞为寿舞氍毹，绕膝佳儿尽凤雏。记取三槐成荫日，一门陈氏五经儒。

不炼丹砂不草玄，披襟随处乐便便。名山游遍归来晚，钟鼎长栖小洞天。

心知海内独看兄，赤帜黔中冠世英。无计致兄霄汉上，相将惟结岁寒盟。

兵拥提溪烟雾赊，夫君持论转堪嗟。信知邹衍能吹律，寒谷齐令草木花。

先天图

先天坐玩独忘言，一气神明杳若存。大造混茫随物化，却从何处问真源。

端居深怀阙里

踪迹遨游海内深，崎岖觅路半生心。何年散步观东鲁，红杏坛前识孔林。

刘世儒红梅

十里溪头照水妆，琼枝玉蕊醉冰霜。香风细散檀心雪，万斛阳春不可量。

和晦翁武夷棹歌十首

大壑空蒙倏耀灵，山盘曲曲共澄清。望中何处求金草，耳畔铮然若有声。

幔亭一曲试乘船，两棹扬音逗远川。白气浮蒸随上下，升真洞口满春烟。

玉女高扪二曲峰，豪游谁道抗尘容。持杯独倡三千首，揽尽云霞几万重。

仙楼岩下铁为船，三曲风光可判年。海外神人思不见，山中猿鹤总堪怜。

罨[1]霭霜风碧玉岩，月浮四曲影毵毵。沃泉悬出瀸泉涌，无数奔流直到潭。

玉渊龙卧紫云深，白鹤高栖五曲林。山水满前真皎洁，清吟谁识澹然心。

崚嶒仙掌俯青湾，雪月风花尽不关。停桡六曲舒长啸，千古何人是大闲。

禅关岑寂隐惊滩，晴后山容雨后看。石转树回迷七曲，苍云素濑照衣寒。

竦节楼岩眼忽开，四时风物互纡回。丹梯翠壁皆云锦，八曲奇踪得到来。

铁笛吹残自嗒然，云中鸡犬隔桃川。生平不尽跻攀兴，都在兹山九曲天。

①罨，疑当作“奄”，王粲《莺赋》：“日奄霭以西迈，忽逍遥而既明。”

述怀寄温一斋二首

年来欲赋武溪深，千里居能一和音。满目毒淫题不尽，渊鱼林鸟总惊心。

西京别绪不胜情，瑞世文章彩凤鸣。月色当楼书札到，怀人回忆武昌城。

辛未正月二十四夜梦予游一密室中景象极清和桌上铜印数颗有童子携取一颗印与予形方而长盛以铜池语予曰此伏羲心印也予受而藏之箧中印文如薤叶状奇古莫辨上有一柄可手握云觉后识之系诗八绝

三皇之世我何云，大道无由索典坟。犹记少时多志气，几经梦孔梦周文。

万仞峰晴云尽散，千株松响鹤初还。梦中的意谁能会，一笑图书未画前。

庖牺游梦思泠然，太上襟期已尽传。觉后欲言言不得，梅香月色绕床前。

先天日显常行道，上帝时临不贰心。梦断华胥无觅处，萧萧春色坐来深。

我所思兮在太初，还醇返朴梦何如。未须细辨龟图字，心领奇文薤叶书。

温凉密室坐鸿蒙，惬意谁知是梦中。学道何成人已老，光阴随水又随风。

梦真我得精神路，真梦谁参造化工。梦亦是真真亦梦，伏羲心印本来同。

老懒公然不读书，高眠过午日蘧蘧。羲皇梦罢开双眼，物色天光满太虚。

同醴泉坐紫霞宫

云洞班荆谈老易，炉烟帘影日初斜。三花翻蕊条风度，片片阶前落紫霞。

徽宗鹳鸲

金风吹倒木槎枒，鹳鸲之巢正可嗟。鲁国童谣遗恨在，忍将毛羽向人夸。

思虑吾先叔

我家叔父贤观察，文藻今归白玉楼。药院尚馀新蓓蕾，竹林无复旧风流。

别纬川

一片离心惨旧盟，郊园尊酒忍能倾。可怜歧路千行泪，不是寻常恋别情。

同少松游宿华峰八绝

路尽千盘突解弢，灵枝露顶一峰高。天关云锁风烟迥，下界平销陆海涛。

拥被谈玄静夜分，两身同寄万重云。莫教觌面犹匆剧，空向名山访赤文。

荒陬何处可移家，瘴雨蛮烟未有涯。独爱此山多[1]瑞气，春风不到亦开花。

耦坐孤岑漱九阳，向来阶级已都忘。乾坤尽变金银色，日月同开耳目光。

金凤高栖白雪楼，羚羊挂角月沉钩。与君证到无言处，四野青山尽点头。

老来登览兴俱迟，陟险探幽忆壮时。四海朋从魂梦在，百年心事杖藜知。

山下空凝望岳情，到来面目自分明。声前一句难题尽，坐对灵松惬素盟。

秘殿寒消皓魄霜，碧虚一段好风光。明朝撒手下山去，踏尽天花满路香。

答川楼二首

文旌遥指瀰溪东，小驻清平调转工。几阵春风与春雨，满城开遍杏花红。

铸人久擅黄金术，怀友先题白雪词。更欲御风金凤顶，吹箫采术故相期。

送许赐山入贺三首

掖垣别后几经秋，喜逐千官拜冕旒。囊里尚存言事稿，偶因宣问展嘉猷。

初秋驿路绕蝉声，万里看君入庆行。只恐上林全得借，空留南国召棠名。

---

①多，原作“名”，误，据《黔诗纪略》改。

屡枉干旄在浚郊，夫君意气重衡茅。别离不尽青尊兴，瞻望深怜白首交。

闻王凤洲大征材官阅武郧郊赋此六诗奉赠

讲武乘春将士豪，吴钩雄色倚天高。发生气暖传铃柝，长养风和绕节旄。

精兵数路走盘珠，后劲中权号令俱。一览楚氛齐改色，安流江汉自名区。

汉家武节尽龙骧，电走雷奔阵色扬。真有先声飞万里，坐令嶓冢殄星狼。

关河千里肃貔貅，手握金符控上游。勋绩看君记名氏，万山之下岘山头。

洛水商山初问俗，双旌五马乍临戎。春朝雨霁阳乌转，一洗烟尘万里空。

凤麟江右识名家，汉上威仪早建牙。北斗星辰高不极，只从博望望仙槎。

祝年鹤曲十二首寿暗丈

寿筵高傍菊花开，柱史家声学士才。六甲已周仍肇起，我今裁曲鹤飞来。

才名掇锦看花晨，回首风流四十春。云雨交情蕉鹿梦，老来一笑见吾真。

一命由来堪报主，弦歌蓬阆挹清芬。至今南部存遗爱，百里烟花说使君。

交臂每怜时眼白，输心惟对故山青。年年下诏求遗佚，谁识西南处士星。

抡才相马古今同，激羽流商调自工。犹有西山两御史，荐书曾达建章宫。

礼斗坛西学闭关，小山招隐竟谁扳。婆娑松桂聊吟啸，销尽豪心是此间。

少不封侯老即休，边乡风月若为酬。登高望远情何极，五岳三山一卧游。

佐郡为郎岁月深，归家不道有馀金。里闾尽爱轻裘者，蔬布谁知太古心。

杨山耕稼结柴扉，杜德逃名愿不违。独有慈帏常在念，时时归觐舞莱衣。

痛饮渊明是我师，闲情感赋见襟期。纷纷万事浮烟里，多少英雄不遇时。

身到耆年经万态，劝君自酌自高歌。从今满历三千岁，独抱玄同养太和。

灵骨仙风出世情，前身遮莫是方平。摩挲双眼乾坤老，海水沧田任浅清。

赠李及泉

玄岳崚嶒插太空，绣衣游兴浩无穷。冲寒独到黄金顶，万壑千岩尽下风。

汉上过逢意气深，与君谈易夜将沉。明蟾宛转依人立，照彻羲皇万古心。

大理卿署小亭感赋二首

谁道斯民尽不冤，小亭深念转凄然。明刑渐负唐虞化，一岁书囚满二千。

焚香披对俨神明，法令森森犯转轻。每到狱词无害处，却怜何地为求生。

讲筵恭述四首

瑞旭初分散晓鸦，青云宫阙敞文华。勾陈阁道传清跸，经幄辉煌北斗车。

衮衣缥缈五云间，侍从威仪玉笋班。讲罢典谟因讽劝，即看喜气满天颜。

图书天上罗奎壁[①]，羽卫阶前转日星。尽颂圣君勤访接，时临朱夏尚诹经。

炉烟袅袅殿中低，璇额高悬御笔题。文华殿中帝亲书"学二帝三王治天下大经大法"十二字，悬之以寓观省。天语传颁光禄宴，恩沾湛露地天齐。

密　意

云蟠山影荡渔矶，泛泛涟漪日色微。密意相看谁领略，春风吹石长苔衣。

学孔精舍诗钞卷六

①壁，原作"璧"，误，据《黔诗纪略》改。按，奎壁：奎宿与壁宿的合称，旧谓二宿主文运，常用以比喻文苑。

貴州文庫

孙应鳌佚文

〔明〕孙应鳌 著

赵广升 辑校

辑校前言

明代刊印孙应鳌诗文集共有六部。第一部是《衡庐游稿》,见载于朱睦㮮《万卷堂书目》和乔因羽《督学诗集序》,收录孙应鳌嘉靖三十六年(一五五七)至四十年(一五六一)间在江西为官时登游衡庐诗作,故名《衡庐游稿》,大约刻于嘉靖四十年,卷数不详,已佚,集中登游衡庐诗作收录于其后的《孙山甫督学集》。第二部是《孙山甫督学诗集》,嘉靖四十三年(一五六四)由乔因羽刻于关中书院,收嘉靖四十年至四十二年(一五六三)任陕西督学及以前的诗作。第三部是《孙山甫督学集》,嘉靖四十五年(一五六六)邵元善在《孙山甫督学诗集》四卷四百一十八首诗的基础上增加文类四卷八十七篇而成。今"台北故宫博物院"、日本静嘉堂文库和京都大学人文科学研究所藏共四部,为目前所知流传下来的孙应鳌最早的诗文集,也是贵州最早的诗文集。第四部是《归来漫兴》,万历元年(一五七三)由温纯编选,程逊刻印,收孙应鳌嘉靖四十二年以来主要是隆庆三年(一五六九)自郧阳巡抚任请告归里至万历元年复起郧台期间的诗作(后收入《学孔精舍诗稿》),卷数不详,已佚。第五部是《学孔精舍汇稿》,万历六年(一五七八)经孙应鳌手定,清平及门弟子刻印,共十六卷,刘伯燮序称"集首奏疏经筵讲义,次序传碑铭诸文,次古风绝律诸诗",清中叶遭清廷抽毁,《四库全书总目》"别集类存目五"载有两江总督采进本十二卷，今已佚，只有艾茂所抄录《学孔精舍诗稿》六卷存世。第六部是《学孔精舍续稿》，收万历四年（一五七六）孙应鳌归里后至万历十二年（一五八四）去世间所作诗文，殁后由清平弟子所编，卷数不详，已佚。

据艾茂所抄录《学孔精舍诗稿》六卷推知，《学孔精舍汇稿》文部有十卷，又据嘉靖四十五年所刻《孙山甫督学集》收文八十七篇推算，孙应鳌自隆庆元年（一五六七）至万历十二年这十八年间所作诸体文当数倍于八十七篇，尤其是在湖广右布政使、郧阳巡抚、大理寺卿、国子监祭酒任上，正是其政治事业逐步走上鼎盛、文学声望日隆的时期，这期间的奏疏、经筵讲义及序传碑铭诸文，对于考察其政治主张、文学交游具有重要意义，可惜随着《学孔精舍汇稿》的亡佚而不可复见，尤令人扼腕慨叹者。莫祥芝刊印《孙文恭公遗书》，内《补辑杂文》一卷，辑佚文四篇。今继其事业，泛览明清史志、别集总集，辑得佚文计乡试文四篇、书序九篇、赠别序一篇、奏绩序二篇、题名记二篇、纪事一篇、题跋一篇、书一封、墓志铭四通、奏疏四道，共计二十九篇。又将《谕陕西官师诸生檄》（《孙文恭公遗书》误作《教秦绪言》，单独列为一种），编入佚文卷二檄类；《幽心瑶草》（又名《寄学孔书院诸会友琐言》，《孙文恭公遗书》亦单独列为一种），编入佚文语类。以上凡三十一篇，厘为五卷。

新旧所辑二十九篇，加上《孙山甫督学集》文部八十七篇，尚不及《学孔精舍汇稿》文部总数之半，佚文尚多，搜辑未尽，有馀恨焉。

辑校者

目　录

佚文　卷一

乡试文

佚文　卷二

檄

佚文　卷三

书　序

佚文　卷四

序

记

纪　事

佚文　卷五

佚文　卷一

乡试文[①]四篇

送往迎来，嘉善而矜不能，所以柔远人也

《中庸》详言仁宾旅之事，以著九经之一也，盖忘宾旅则仁匮，远人之所以不至也。《中庸》详言之，以告时君，而王政之端见于是矣。《中庸》叙九经之事至此。若曰人君之道，治内之既修，则治外之术不可以不讲，能迩之既备，则柔远之政不可以不施。夫子庶民，来百工，则内而迩者处之既有道矣，又进而天下，有所谓柔远人焉。其事果何如邪？盖远人之至于斯，有往者而亦有来者。于其往也，则授以路节，环人掌之，达其道路，野庐掌之，所以卫之者有道矣。于其来也，则郊里之委积，以待宾客，野鄙之委积，以待羁旅，所以养之者有道矣。是谓送往迎来，仁之事也。远人之至于国，有善者而亦有不能者。于其善者，则曰四方之良，吾之良也，器使之以尽其能，不以其地故弃之

①天一阁博物馆整理《天一阁藏明代科举录选刊·嘉靖二十五年贵州乡试录》，宁波出版社，二〇一〇年七月，第十七至十九、四十一至四十二、四十八至五十二、五十九至六十六页。考试官批语原在标题之后、正文之前，今移至文后。

矣。于其不能者,则曰人各有能,有不能也,恕求之以适其愿,不以其所不能者病人矣。是谓嘉善矜不能,厚之道也。若是者,何以为柔远人邪?盖宾旅无以仁之,非所以广施德于天下也。兹吾尽法制之详而是致是附,惠此四方,以处厚也,而怀柔之义于是乎备矣。极礼意之周而以绥以怀,毋忘宾旅,以示惠也,而敦恤之意于是乎明矣。往者得以安于疆,来者得以安于国,宾至如归而无宁灾害焉者,皆吾之各展其物者基之也,则治外之道得,而四方不自是而归乎?贤者有以尽其才,不肖者有以遂其志,宾旅荐至而莫不怀爱焉者,皆吾之各体其私者起之也,则柔远之事尽,而天下之旅不自是而悦乎?所谓柔远人者若此,而九经之事,此其一端矣。是固文武之政所不废也,而况于鲁国乎?昔者陈侯送逆无节,而单子知其必亡;晋人用楚材,而声子谓其获逞。甚矣!柔远之道之不可已也。是故戎伐凡伯,《春秋》讥之;而秦下逐客之令,君子有遗论矣。迩叛远携,职此之故也,吾不能无感于《中庸》之训。

同考试官教谕梁以蘅批:起讲得章句"由国以及天下"之旨。

考试官教谕誉绍芳批:发明"柔远"意是。

考试官学正毛沂批:鬯达。

醴酒之用,玄酒之尚;割刀之用,鸾刀之贵;莞簟之安而稿秸之设

《记》者,论君子修古之事,惟质之为贵焉。甚矣!自然之质之近乎古也。观其所尚,而君子修古之事可征矣。《记·礼器》者,谓夫君子之于礼也,以敦质者尚其本,以修古者尚其朴,吾于祭祀焉征之矣。

彼酒之为用，所以达芬芳之德而交于鬼神者也。自夫人而言之，醴酒惟旨，斯可尚矣，而乃玄溗之尚，何哉？盖醴酒者，成于人者也，玄酒者，原于天者也。成于人者，虽可以致味，而适足以乱其真；原于天者，虽非以悦口，而实足以敦其素。是故玄酒之尚者，取其味之近乎古也，不然，则天下莫不用者，醴酒也，何舍之而不尚哉！

刀之为用，割牺牲之牲而荐之神明者也。自夫人而言之，割刀为铦，斯可贵矣，而乃鸾刀之贵，何哉？盖割刀者，制之趋时者也，鸾刀者，制之存故者也。趍乎时者，虽足以利用，而本然之真以漓；存乎故者，则足以和声，而物用之体不失。是故鸾刀之贵者，取其制器之近乎古也，不然，则天下莫不用者，割刀也，何舍之而弗贵哉！

至若几筵之设，所以为依神之具者，言有席也。自后世而观之，上莞下簟，莫此为安矣，而乃稿秸之设，何也？盖莞簟之精，巧伪之日滋也，稿秸之粗，本始之攸寓也。精虽足以通天下之变，而浑朴之体已荡然而无遗；粗则足以存天下之实，而物则之原尚居然其可考。是故稿秸之设，取其席之近乎古而质之为可尚也，否则，莞簟之用，天下皆是也，顾可舍之而弗尚邪？

由是观之，本质之足尚而古道不可不修也。如此，然则典祀者无亦敬信诚悫之尽以求神明之享而已乎？虽然，经礼三百，曲礼三千，皆所以谨节文也，何玄酒鸾刀稿秸之用，乃惟本质之尚邪？盖礼有本有文，均之不可偏废，而周末文胜，则无本不立之患，尤《记》者之所深忧也。是故反本修古之论，其殆甚不得已之意与？否则，礼贵得中，夫子亦既知之矣，何以又曰“礼，与其奢也，宁俭；丧，与其易也，宁戚”？斯言也，亦《记》礼者之意也。

同考试官教谕梁以蘅批：铺叙春容，且得经旨。

考试官教谕詹绍芳批：冲淡有味。

考试官学正毛沂批：质而丰。

拟赐文华堂肄业编修张唯等白金弓矢鞍马谢表洪武六年

洪武六年某月某日，臣唯等伏蒙圣恩赐以白金弓矢鞍马者，渔服蜃珧，介以六厩之上驷，朱提宝铤，居然九牧之奇珍，方叨鼓铸之恩，遽沐便蕃之宠，中心所贶，同党咸休。臣等诚欢诚忭，稽首顿首，窃以唐宗物色英贤，以弘文而萃士，宋室陶镕隽乂，作三馆以储材，时称入彀之荣，史纪登瀛之盛。懿兹烈后，式广徽猷，当归马华山之初，用养士燕台之制，意殷求骏，曾何爱于千金，鉴极披沙，竟误回于一顾，借恩辉于骤进，扬侧陋以汇征。盖亦察其桑弧蓬矢之心，是以忘夫牝牡骊黄之质，故令驽蹇亦与班资，始中选于泽宫，俄崇登乎金马，置之禁苑，联以师儒，俾悉发兰台之储，获恣观石渠之秘；承明止跸，凡文章辞赋之咸见品题；尚食传餐，至储贰藩封之迭陪燕饮。既惠徼于殊遇，复贶予以多仪，锦障腾空，忽讶龙鬐之瑞；碧光耀日，竞夸麟趾之精；彤弓巧贯于夜号，紫干神输于海若；一时大赉，众美同归。望何止于识途，义爰资其作砺，教之臣鹄，观尔德容，昔文侯之四马六弓，以成显德，而魏征之黄金厩马，爰劝殊忠，讵期疏远之微踪，兼得古今之异数。兹惟昭旷，实佩宠灵，循迹奚堪，反身知愧。

兹盖伏遇皇帝陛下，钦明启运，文武成功，一驰而歼群凶，再发而清四海，德法为衔勒，控驭群方，仁育若炉锤，范围万物。王道并精金之粹，睿图厉朽索之勤，方肇造乎寰区，爰弋致乎多士，收之型冶，以备驱驰，假晋接之华，为从臣之胜事,优匪颁之逮,起词苑之大观。

臣等有事四方,无称千里,踵陈绎之步骤,势终谢于行空,窃孙绰之铿锵,声卒惭于掷地。遭逢既溢其素望,经营敢负其初心?愿言鞭策之私,式矢锱铢之报。念《干旄》之六马,何以畀之?诵《采蘩》之五章,乐不失也。臣等敢不守奔踶之累,以自致于功名,效百炼之精,用宏资其学问,射策占翟何之技,骋辞追班马之风,绝尘而奔,奋图睎骥,正己后发,冀免失鹄。伏愿银瓮征祥,朱髦协瑞,和弓垂矢,永珍匮府之藏,宛马荆金,世守职方之贡。臣等无任瞻天仰圣,欣跃感戴之至,谨奉表称谢以闻。

同考试官教谕梁以蘅批:措词典而雅,用事精而确,虽千金不能易一字也。

考试官教谕詹绍芳批:观此表,知群无留良矣。

考试官学正毛沂批:穿杨之才。

问:瞽宗配食,以明反始,上丁舍采,曰惟美报,若今释奠先师之礼是也。汉唐而下,代有褒仪矣。至我皇上始酌古礼而厘正之,说者以为适于中义,虽百王不能易矣。其所厘者何制?而所适者何义?可得而扬历欤?近世之议者乃欲极褒崇之典,复古始之仪,或以为南面而享近于渎,或以为二仲而祀近于疏,或以为焚香近于俗,或以为秉炬近于陋,兹数者果皆合诸古典而足以补今制之未备乎否也?尔多士助献有年,习于典故矣,其斟酌损益之以告我,毋曰笾豆之事则有司存

君子之言礼也,协诸义而已矣。夫事异于古今,制睽于文质,此则义所当循而执古以强世者,谓之泥。度以久而弛，仪以沿而缺，此则义所当益而因陋以就简者，谓之随。二者皆不协于义之过也。《记》曰："礼从宜。"言当循也。又曰："礼者，体也。"体不备君子，谓之不成人，言当益也。二者，义之端也。是故君子之议礼也，苟可以从宜，则不必于过作以自取纷更之名；苟可以备体，则不嫌于易制以坐观阙略之敝。以此议礼，而又安有泥与随之失也哉！故曰君子之言礼也，协诸义而已矣。

夫褒祀先师，盖《周官》祭于瞽宗之遗也。其祀夫子，则自汉安帝始也，历代相承，莫之敢替。敕有司行荐享者，魏文成也。上丁释奠者，隋高帝也。舞六佾、设轩悬之乐者，宋文帝也。追王而谥之者，唐玄宗也。虽褒崇之意至，而雅俗之道殊，有识之士不能无议焉。我皇上作，始酌古礼而厘正之，此其独断之明也，制作之密也，反古之道也，垂宪之仁也，真足以当作者之圣而有以默契夫子之心矣。愚也其曷能扬厉？而执事复以宋濂之四议，俾斟酌损益之。愚也未闻性与天道，安敢与于议礼邪？尝闻濂之说矣。夫濂之说非止四议也，其最善者，则正名号、毁像设祠、启圣，此三者皇上既行之矣。而其四议者，愚固未敢以为必可也，而其议之所未及者，愚亦未敢以为必无可者也。愚请陈其本末而缕疏之，且折以《礼经》焉，执事幸垂听之。

夫释奠之礼，愚以为不容议者三，不必议者四，不得不议者一。夫名义正矣，规画善矣，循而行之，万世不易，所谓有其举之，莫敢废也，若皇上所厘之三事是也。仪则纡曲，制或趋时，轻议则扰成，易置则骇众，所谓有其废之，莫敢举也，若濂之四议是也。若夫讲画有所未精，因袭有所未替，士心未厌，物采未章，所谓协诸义而协可以义起者也，则愚窃谓乐舞之制未达于天下者是也。何以言之？谨按《记》曰：“名者，人治之大也。”又曰：“谥以尊名，节以壹惠。”夫褒之王爵，非所以正名也，加之大成、文宣之号，非所以壹惠也，此开元、咸平之失而后世莫或改之者也。我皇上始厘正之，去前代之封谥，惟称曰先师，而后夫子之名号始正，此其不容议者一也。《记》曰：“至敬不坛，扫地而祭。”古者学官释奠，有乐而无尸，况像设乎！用夷教而抟之，非所以崇正也，废木主栖神之制，非所以尚古也，此开元之失而后世莫或改之者也。我皇上始厘正之，令天下屏像置主，而抑邪崇正之义备，此其不容议者二也。《记》曰：“夫祭，见父子之伦焉。”今也跻颜回、曾参、孔伋之祀，非所谓不先父食之道也，废邹大夫之血食，非所谓反其所自始之义也，此前代之所未及而莫或举之者也。我皇上始厘正之，祀叔梁于别室，而以颜无繇诸贤配之，而后尊尊亲亲之义明，此其不容议者三也。按，古者春释奠于其先师，秋冬亦如之，言四时之有祭也。今以春秋释奠，疑若未足以极褒崇之意者。然观之《记》曰：“祭不欲数。”数则烦，烦则不敬。夫藉天下之郡邑而祀之以春秋，亦既足以报本反始矣，安在其必备哉！此其不必议者一也。古者宫室辟户于东南，而西南谓之奥，故祀神以西为上者，取诸幽之义也。今庙户已南辟矣，以为因今之制而迁神与？则失其所以为尊，以为复古之制而立庙与？则必尽天下之百神而改置之也。《记》曰：“三王殊世，不相沿礼。”夫周之尚西，亦犹今之尚北也，安在其必复哉？此其不必议者二也。古者既奠焫萧合膻芗，所以求神也，今易之以熏芗矣。夫熏芗虽非古制，然尚臭之义则均，未有不可以致敬于鬼神也。《记》

曰:“虞人尚气,殷人尚声。”夫周之不因夫殷,亦犹今之不因夫周也,安在其必同哉?此其不必议者三也。古者司烜共庭燎以共祭享之事,所以备物也,今则以秉炬矣。夫炬虽近于陋也,而其所由来者旧矣。《记》曰:“君子行礼,不求变俗。”苟有诚悫之心,则燎可也,炬可也,安在其必变哉?此其不必议者四也。至于愚所谓不得不议者,则又有说焉。谨按《记》曰:“仲春之月,命乐正习舞释菜。仲丁又命乐正入学习舞。”又曰:“凡释奠者,必有合也。”今天下郡学则有乐矣,而州县则阙焉,盖沿之也。夫国初颁乐于府,曰以为度也,曰为度,则凡有祀必有乐者可知也。然而未有举之者,岂非袭陋循简之过乎!释奠岁举,则代之以俗乐矣,饰之以武乐矣,遂使庠序之士老死不闻韶箾之音,是其敝也,非特习舞合乐之义有所未明,而于化士教和之道亦所未备,此愚所以敢于议乐也。然吾所以议者,非欲以六佾施之通祀也,要在降杀有等而已。夫国朝之祀夫子也,尝以八佾矣,其后杀而六佾,所以别郊庙也,傧微明嫌之义也。然而天下之同以六佾也,愚则犹以为非也。何者?古者乐佾之数,诸侯六,大夫四,士二,其等为甚明也。祭用生者之爵,其义为甚辨也。此则所谓傧微明嫌之义也。今州县之祀,既以乐舞之不具为嫌,而郡国之微者又以器币之不共是患,二者胥失,其可无议乎?故愚以谓宜仿傧微明嫌之意,令天下释奠乐舞各以其主祭者之爵为差,降杀以两,而州县之祀亦设乐置器,列之学官,则庶乎礼乐明备而天地官矣。此则愚所谓可以义起而不得不议者也。谨按《周礼》:“大司徒以六乐防万民之情而教之和。”今天子建中和之极,制礼作乐,天地昭矣,而乐舞之制未达之天下，其于移风易俗之道阙而未章，甚非所以明教化之意也，此愚之所以惓惓于议也。执事者傥转闻以行焉，则移风易俗而举明主于三代之隆者，其在兹乎！其在兹乎！

同考试官教谕梁以蘅批：议论甚精，援引甚当。

考试官教谕訾绍芳批：能为专门之学者。

考试官学正毛沂批：知《礼》。

佚文 卷二

檄一道

谕陕西官师诸生檄[①]

切念本道本以谬悠，行能无所比数，主上欲以广历学官之路，乃略其不肖，遂令代匮，俾掌庠校。顾惟身为人师，既不克负荷是惧，关中又故多豪杰，文质彬彬[②]，以诸生涵濡圣化，凡卧碑敕谕，传服已久。前此守是职者，播告化条，业咸具举。本道延登受策于斯[③]，似宜无所事事。然尝闻之：挈令每警于提撕，营道不厌夫紬绎。苟使展采蒙成，能不称官，空当禄食，职办有缺，则上累任使，下负平生，徒以牵位备员，诚有不自宁者。[④] 故今莅任伊始，与诸有司教职暨诸生约，稍为章程，分别体要，庶濯磨披抉，免诸紊杂，

①以西安碑林博物馆第六室989号《谕陕西官师诸生檄》碑为底本（以下简称“碑刻”），以《孙文恭公遗书》所收《教秦绪言》为参校本（以下简称“遗书本”）。按，《孙文恭公遗书》把《谕陕西官师诸生檄》误为《教秦绪言》。

②彬彬，原作“斷斷”，误，据遗书本改。

③斯，遗书本作“兹”。

④禄食，遗书本作“禄秩”。诚有不自宁者，遗书本脱“有”“者”。

端绪有稽，由之上下督劝，诚乎罔间，楙有嘉绩。[1] 在诸生是为教学相长，在各官是为法纪相成。本道藉手以报天子者，非浅鲜矣。

明　制[2]

我国家以科举取士，士以此进，制也。[3] 然伏读《圣谕》，首言"崇正学，迪正道，革浮靡之习，振笃实之风，务敦尚孝弟忠信礼义廉耻，不许务口耳之学"，法良意美，至远至周，是科举取士之根本也。惟士由科举进，既自移朝廷，所责效于本根者于枝叶，至司倡厉之柄者，其为鼓舞化导，又咸不越于是。夫其养之使可用，用之以所素养，则士之以本根责效者，出而任天下国家之事，斯其为术，[4]与唐虞敬敷、三代宾兴何异？惟[5]教而选之，与司徒典乐所掌，闾胥司马所论，古今不同，其时使然，其旨未尝异也。士之以是素养，进能卓然表见于世，或以政事，或以文章，或以行谊，或以气节，使纯然一出于道德，士之所由报塞于期待者，为效大矣。[6] 今讲习诵读，但以拘挛乎训诂，崇尚磨砺，尽皆胶滞乎占毕，以其词章争妍取怜，无所不至，术陋心迷，罔自振拔。是国家期待本高且重，顾自处于卑且轻，所谓正学正道弃而弗省，笃实之风浸微浸灭，浮靡之习浸明

---

①"故今"前，遗书本衍"是"。稍为章程，遗书本脱。罔间、嘉绩，遗书本作"罔弗""嘉绪"。

②明制，遗书本作"崇制"。

③"进"后，遗书本衍"身"，脱"制也"。

④本根，遗书本倒作"根本"；斯其为术，遗书本倒作"斯为其术"。

⑤惟，遗书本作"虽"。

⑥行谊，遗书本作"行诣"；期待，遗书本作"斯时"，其后脱"者"。

浸昌,甚为诸士不取也。夫系乎时世,囿法制而病焉者,凡夫也。况时世不能系,法制本未尝囿者哉?人才隆替,治忽攸关。本道不佞,诚愿输写心力,以效丝发之功。德音洋洋,诸生其敬听之!

订　学

夫学之道大矣!《圣谕》首言正学正道。所谓正学,尧舜周孔之学也;所谓正道,尧舜周孔之道也。人生所禀之性,与天地同量,与民物同则,与万古同息,流行宇宙,至久而大,於穆不已,至精而深,昭旷旁达,至灵而明,粹然无杂,无有间隙,至纯而真,故圣门[1]名之曰仁。故合天地民物万古而览镜[2]之,是为一体;合一身家国天下而属联之,是为一物。其情之相为通贯,几之相为应感,故其功之妙于慎独者,极诸默识而不漏;其知之达于悦乐者,[3]合诸外内而罔遗。夫然,故辅相裁赞,无分隔隘陋[4],有不可以假借求也。人惟不达于兹,以圣贤非可企及,歉焉不敢自承,高者或自足于悬悟,下者每袭取于容辞[5],其天聪明之蔽锢者[6],即父子兄弟骨肉堂室间,亦且好恶乖蹇,知觉迷谬[7],惟见七尺之身属乎我,一身之外漠然不相统摄。故凡属乎我者,其规为无不至矣;不属乎我者,其陵竞亦无不至矣。

①门,遗书本脱。

②览镜,遗书本倒作"镜览"。

③"极诸默识而不漏;其知之达于悦乐者",遗书本脱。

④隘陋,遗书本作"碍",脱"陋"。

⑤于,遗书本作"其"。

⑥天,遗书本脱;蔽锢,遗书本倒作"锢蔽"。

⑦谬,遗书本作"缪"。按,"缪"通"谬"。

由是一智之知，一势之先，一技之巧[①]，一利之饶，一言之辩，属乎我者，惟恐其不加于人也，属乎人者，惟恐其不下于我也。由是顺逆之境，富贵贫贱，忧喜升沉，夷狄患难，荣华美丽[②]，倾覆流离，古人以为衣食之常不加意念者，今皆颠冥而不自省[③]，悲苦而不能解，必极生死然后已，不复知己性为何物，则亦何贵为人而同量于天地、同则于民物、同息于万古者不几自丧？其实不仁之甚者耶！投珠于污泥，掷璧于岩石，渔樵见之，谔然惜焉。性也者，不啻珠璧之贵也，而忍自投掷耶？己不知惜而使见者惜之耶？本道素闇[④]理术，然希志圣贤，实所孳孳，故愿与诸生共期勉。所谓妙于慎独，极诸默识，达于悦乐，合诸内外之旨，心之精微，口不能言，言之微眇，书不能文，自非面相订证，决难以尽厥归趣[⑤]。会乎此，则挈矩强恕，靡有二贯，异日建造，自尔非常。关西，古圣贤域也，诸生图之！

论　心

人之心至难驭也，至难收也。故接美艳之爱欲[⑥]，则生悦喜；觏悲苦之情状，则萌感怆；值横逆之交加，则畜[⑦]愠怒；当势利之丛集，则发歆羡；见才智之腾跃，则起娼嫉；遇忧患之因仍，则生畏阻；无事则悠荡于千里，有事则胶扰于

①巧，遗书本误作“功”。

②美丽，遗书本作“美利”。

③不自省，遗书本作“不自知省”，衍“知”。

④闇，遗书本作“谙”。

⑤归趣，遗书本作“旨归”，其后衍“端其趋”。

⑥美艳之爱欲，遗书本倒作“爱欲之美艳”。

⑦畜，遗书本作“蓄”。

只尺[①];拘检则横溃而他出,任纵则渐靡[②]而不知;声色蠖于外则心术塞于内,欲恶蠖于内则耳目丧于外。吁嗟!夫不逾方寸,神明舍焉,顾倏忽之间,热如火灼,寒如冰凝,骄如雄雷,偾如骤雨,急如操弦,驰如奔马,奈之何能燕处超然而与道息也?然犹有可指以见本体者。明道《定性》之书则尝言之:"人之心有所蔽,故不能适道,大率患在自私而用智。"不能内外两忘而求以廓然应物,其于道也不亦远乎!昔陈烈苦无记性,一日读"求放心"章,忽悟曰:"我放心,不曾收得,如何记得书?"遂闭门静坐百馀日,然后读书,遂一览无遗。彼特收其心于记诵耳,推此而收心于理道[③],其效又可知也。故明道《定性》之书以"无将迎,无内外"发明"动亦定,静亦定"之旨,而所谓"喜怒哀乐未发以前气象",当亦不出此而观之。故放心既收,则未发气象自见,随感而应之体,浑沦无物之实,莫非自然妙用,其求静恶动之心,执动泥静之心,至此俱知其非真矣。由之把柄在我,物岂能引之乎![④] 鉴不以无照而不明,心不以无感而不应,此酬酢之本根[⑤],理性之枢管也。故与诸生晓譬,使知操存长养焉。[⑥]

①只尺,遗书本作"咫尺"。

②渐靡,遗书本倒作"靡渐"。

③理道,遗书本倒作"道理"。

④"由之把柄在我,物岂能引之乎",遗书本脱。

⑤本根,遗书本倒作"根本"。

⑥晓譬,遗书本作"巧譬";使知操存长养焉,遗书本作"使操存焉"。

立　志

夫为田者，必辩[①]谷种之美恶，然后耕获可得而稽也；为室者，必度基址之小大[②]，然后涂构可得而施也。志者，士人之谷种也，址基也[③]。程子曰："学者多为气所胜，习所夺，只可责志。"吾尝试之，有左验[④]焉。平居讲论，莫不在于尧舜周孔[⑤]，于是[⑥]见人以文词显者，则慕文词；又见人以言语称者，则慕言语；闻穷儿之猝富，则慕温饱；睹匹士之暴贵，则慕荣华；与接为构，莫不皆然。吾之一心，为终身向往枢纽者，尚莫知所主裁若此，以是考其所终，卤莽蔑裂[⑦]，卒于无成，无志故也。人而无志，虽技艺不可与为而可为尧舜周孔之道也哉[⑧]！不可为道[⑨]，则凡讲论尧舜周孔者，不过出乎口，入乎耳，口耳之间，足以美七尺之躯也哉！昔者孔明自比管乐，苏子瞻愿为范滂，及其成就，果相肖似。志于圣人之道，不能为圣人之徒者，吾不信也。耳顺从心，境域至矣，必始于志学。据德依仁，工夫精矣，必原于志道。此皆诸生幼而习者，非诬也。昔陆象山讲"君子喻义，小人喻利"一章，极言学者所喻由于所习，所习由于

①辩，遗书本作"辨"。

②小大，遗书本倒作"大小"。

③人，遗书本脱；址基，遗书本作"基址"。按，上文作"基址"，碑文当误倒。

④左验，遗书本作"所验"。

⑤尧舜周孔，遗书本作"周公孔子"。

⑥于是，遗书本作"一旦"。

⑦蔑裂，遗书本作"灭裂"。

⑧与，遗书本误作"以"；"而可"后，遗书本衍"以"。

⑨不可为道，遗书本脱。

所志,极其发明,在座闻之,至有泣下者。[①] 此人之真心诚有欲掩而不得,欲欺而不能者矣。愿诸生之有[②]志者,喻于义而学圣人焉,毋自悠荡宽假,日见摧颓也。夫勇士一人,雄入于九军,不过此志之坚定耳,执是以求圣道,岂大有径庭也哉!

破 迷

於戏!圣人之道诚大矣!其义[③]诚精矣!曷言大?极天地万物同体之量,故曰大。曷言精?极人心道心危微之辨,故曰精。曷谓人心?人者,对我而言,即有我之心是也。有我之心未能去,则衣服[④]不若人也,耻之矣;饮食不若人也,耻之矣;又推之,则宫室舆马仆从田产不若人也,耻之矣;又推之,则名位声誉权力智巧不若人也,耻之矣。既耻之,必思以致之。思致之,则凡可为者莫[⑤]不为,不可为者亦为之矣。不可为者亦为之,则凡害于家,凶于国,祸于天下者,不复顾矣,[⑥]皆由耻不若人一念始之也。夫学圣人之道,以天地万物同体为量,则国家天下固修齐治平于我者也,乃至于害于凶于祸而不复顾,无乃非其类也乎![⑦] 舜禹,圣人也,菲食恶衣,耕稼陶渔,若将终身,彼所欲自奉者,岂独异人哉?广大高明,有我之心不与[⑧]故也。是以舍

---

①喻义、喻利,遗书本作“喻于义”“喻于利”;“学者”后衍“之”。

②有,遗书本脱。

③义,遗书本作“意”。

④衣服,遗书本误作“衣食”。

⑤莫,遗书本作“无”。

⑥不可为者亦为之则,遗书本脱;“不复”后衍“反”。

⑦国家,遗书本倒作“家国”;“不复顾”,遗书本脱“复”。

⑧不与,遗书本作“以害”。

己从人，不矜不伐，言[①]盛德大业莫加焉。今德业去舜禹万分未能处一焉，而自奉欲广出舜禹上，其无愧而不知耻也甚矣。夫修俭以崇德，若筑九成之台，易隳而难立；导奢以浚欲，若开九派之流，易溃而难防。圣门颜由，岂不贫窭？乃箪瓢陋巷，衣敝缊袍，乐而不耻，诚以学问之道当然也。诸生中贫富靡齐，有志于道者，则斯言也固今昔得失之林矣。夫一志圣道，必能恬于世情，能淡于世味，然后可以有道，是以亹亹为诸生指迷云。

修　行

食实不概其根，浚泉不溯其始，君子鄙之，谓其徒言而不能修行也。[②] 圣贤善言，诵而讽之，若甘美食。圣贤实德，返而修之，若蹈荆棘。是人也，今诚伙矣。卧碑曰："熏陶德性[③]，以成贤人。"本道于诸生有一日之长，故兹申戒，贤知闻之，益加策励；愚不肖闻之，亟图徙迁。[④] 毋不孝父母，毋不弟[⑤]，毋凌轹族党[⑥]，毋武断乡曲，毋长傲，毋遂非，毋讪谤有司，毋议论人长短，毋讥刺时政，毋建言民情，毋挟制官吏[⑦]，毋党同伐异，毋乱伦伤化[⑧]，毋干名犯义，毋淫荡，毋取非其有，毋嫉忌才美，毋博弈，毋纵饮猖狂，毋捏词写状，毋争竞田产，毋保放私债，毋强买商货，毋投匿名文

①言，遗书本脱。

②概，遗书本作"溉"。"谓"后，遗书本脱"其"。

③德性，遗书本误作"德行"。

④益加，遗书本作"益增"；亟，作"急"。

⑤毋不弟，遗书本作"毋不弟兄长"。

⑥族党（鄙），遗书本作"族邻"。

⑦官吏，遗书本作"官长"。

⑧毋乱伦伤化，遗书本置于"毋建言民情"前。

书告言人罪，假无头说帖陷害他人。毋交不义，毋欺灭师长[①]，毋包揽钱粮徭役，毋卑污苟贱出入衙门，毋偷惰不攻本业，毋奔竞请托，求书札帮补科举；毋擅投各衙门官，假以求讲请教，希图侥幸；毋引类兴词，连佥呈揭，保留官员；毋诈冒籍贯，隐更姓名；毋以本学告改他学，毋因省视父兄宦邸，肆纳贿赂，丧败父兄名节；毋于乡贤[②]孝义贞节市恩行私，毋争廪争贡，毋把持搜索新进生员，毋因管祭分脤[③]斋膳，克落及侵渔学田学租；毋因偶考便利，辄讥前辈，恣肆骄矜；毋旷学，毋惮改过。有一于此，本道按临，先行黜落，重者仍以律例从事。盖牧者去其败群，而后孳息可冀；耕者去其恶种，而后稂莠不生。本道作养人才，培植善类，即文艺虽佳，诚不能曲庇矣。人之情，誉以尧舜周孔，莫不逊然以喜，指为桀纣盗跖，莫不拂然[④]以怒。至身之践履，于所喜者显避其善，而所怒者明遂[⑤]其非。诸生儒冠儒衣，称为俊秀，尚不自爱，则非所知矣。武王，圣人也，召公尚恐不矜细行，拳拳陈戒，至耳目玩好之微，若诲童子[⑥]。盖[⑦]见益精者检益密，德愈盛者心愈小。学以闻道为极则，修行为实际，此盘盂几杖犹不废铭箴，以自儆[⑧]也。诸士[⑨]念之！

①师长，遗书本误作“私长”。
②乡贤，遗书本作“乡里”。
③分脤，遗书本误作“分赈”。
④拂然，遗书本作“怫然”。
⑤遂，遗书本作“逐”。
⑥童子，遗书本作“童蒙”。
⑦盖，遗书本脱。
⑧儆，遗书本作“警”。
⑨诸士，遗书本作“诸生”。

规　让

学问不能长裕[①]，无他，由所得者浅而不虚也。阳明先生曰："古之人有终身不能究者，今吾皆能言其略，自以为若是足矣。"此言诚中学者之弊。然能言其略而自足者，犹曰彼能略言之，今不能言其略而亦自足者又不为少矣。巨贾适市，有怀百金之宝者，有怀千金者，[②]有怀万金者，旁之人不能窥。于是持百金者与之较，彼百金者忿然，其势敌也；千金者欢然，其势倍也；万金者不喜不怒，漠然不顾，不足与雠多寡也。欲知君子所蕴之浅深，[③]亦犹是矣，然此自比喻言耳。君子大心以体天下之物，诚心以纳天下之善，在人者莫非我，在我者莫非人，故义道浑融，酬酢罔间，是以行于家，则能以礼让化家；行于国，则能以礼让化国；行于天下，则能以礼让化天下。[④] 呜呼！何其仁也！今之人，念虑不越乎躯壳，心志不达乎大同，是以形骸分于尔我，运用判于方类，挟胜心而染诞习，溢浮气而持骄志。自以为是矣，人孰告之以非？自陷于恶矣，人孰救之以善？由是狂狠渐长，背戾已成，敢于挚行，将由恶终，得敛乎足而比于人数亦幸矣，尚望其有光烨俊伟之业乎！[⑤] 故达于道，则天下亦为一家；不达，则肝胆独为异域。孔子欲以礼让为

---

①长裕，遗书本作"充裕"。

②"有怀百金之宝者，有怀千金者"，遗书本倒作"有怀千金之宝者，有怀百金者"。

③"君子"后，遗书本衍"之"；浅深，倒作"深浅"。

④义道，遗书本倒作"道义"；行于家，作"行于身家"，衍"身"。

⑤已成，遗书本作"由己"；挚行，作"鸷行"；"敛"后"乎"，作"手"；光烨，作"光明"。

国，而曰“当仁不让”。呜呼！惟当仁不让之人，庶能以礼让为国耳，诸生其审崇让之术乎！

饬礼

横渠教人，必先以礼，固关中大儒也。本道取为法焉。《曲礼》《仪礼》二书，自入学成童，其坐趋行立，揖让起居，饮食衣服，及割酳馂彻，帚彗捧持，莫不各有规矩。是以自长至老[①]，习熟于约束而理义[②]由立，周旋于秉彝而德性由成，邪僻莫得以相干，制作因之以宣备。今弟子之职已皆尽废，其诸生在庠校者，固选于乡而升居礼义相先之地，乃俱不共讲肄，以求发明；志趣卑下者，惟尚谈谑以自娱；识见高明者，但攻举业以求利，恶拘检而乐放纵，舍秩叙而习浮华，由是凝滞则瞀于智，忿懥则䐢于仁，纤吝则蠹于义。[③]噫！甚矣哉，不知礼之过也。诸士[④]自今伊始，冠婚丧祭，朱子《家礼》一书，所以斟酌仪礼，施诸后世，咸有定则，务在详备解析，见诸施行，使事有持循，动不横决；平居则习《射礼》《士相见礼》。凡生员行冠不于庠序，婚礼不举亲迎，丧祭擅用浮屠，及本道按临，而《士相见礼》《射礼》不闲[⑤]熟者，各罚之。审能隆礼由礼，为有方之士，以为民倡，岐邠之化将复兴焉，本道何幸亲见之！夫有威可畏，有仪可象，足以表则；欲不穷乎物，物不屈于欲，足以知本；四体

①至老，遗书本作“至壮”。

②理义，遗书本作“礼义”。

③其诸生在庠校者，遗书本脱“生”；共讲，作“供讲”；“攻举业”前脱“但”；瞀，作“鹜”；纤吝(悋)，误作“纤恪”。

④诸士，遗书本作“诸生”。

⑤闲熟，遗书本作“娴熟”。

能养，百物能和，足以宣化；固诸生他日之治具也。

励　勤

凡学之有所睹见，然竟不能底于成，其究返恣于情性，[①]聪明不开者，则不勤之弊害螯之矣。勤则不匮，不匮则日充。不勤则堕，堕则日隳。[②] 农夫尽力于田亩，工人尽力于廛肆，商贾尽力于道途，身无经业，则货无常主，能者辐凑，不能者瓦解，彼所以自食，道固然也。[③] 士生明时，无四体之劳，数者之所尽力，吾得食之居之用之，天生四民，岂使独于吾也安享其利？将必有大者，扶植纲常，熙明学术，恢弘化理，非特田亩廛肆道途之间尽力者可仿佛也，则彼之堕而日隳也，不过缺所自食耳。[④] 士之堕而日隳也若之何？《诗》不云乎："采采卷耳，不盈倾筐。嗟我怀人，寘[⑤]彼周行。"心苟移于怀人，即倾筐易满，卷耳易得，其物与器尚不能以[⑥]相副而有获，况乎难得之正道而不以勤居之，其于至也不亦远乎？故骐骥之跼躅，不如驽马之续步；孟贲之狐疑，不如庸夫之必至。事难得之正道，失难得之佳时，末世穷年，不免为陋儒也，悲哉！古之人自强不息，终日乾乾，修学励[⑦]行，缉熙光明，是以德崇业广，令闻垂诸无穷。李翱生廿九年，自言"回视十九年时若朝日耳"，又

①"凡学"后"之"、"睹"后"见"，遗书本作"者""记"；返恣于情性，作"反恣其性情"。

②日充，遗书本误作"日光"；堕，作"惰"。

③肆，遗书本作"市"；辐凑，作"辐辏"。

④将必，遗书本倒作"必将"；肆，作"市"；缺所自食，作"缺其所食"。

⑤寘，遗书本作"置"。

⑥能以，遗书本脱。

⑦励，遗书本作"砺"。

言"回视九年时若朝日耳"。[1] 本道尝[2]回视之,非虚语也。诸生试各一回视之。

戒 速

为学莫善于能勤,莫不善于欲速。速与勤反,惟不能勤,故欲速。若勤者,则心志恒一,积累罔间,不求速而自速矣。即举读书一节,与诸生商量当否。以身体之,以心验之,[3]从容默会于幽闲静一之中,超然自得于书言象意之表,此读书正法也。今有欲贪多务广者则不然,未能竟毕此章,心已驰他章矣;未能疏通此卷,心已驰他卷矣;未能融彻此部,心已驰他部矣。[4] 起其生疏,则辐辏之不相及;补其隙漏,则先后之不相谋,甚者无异初读乍见也。夫善用兵者,不轻试其锋,必天时地形技击器用之皆备,然后成鏖战之功。善治狱者,不轻论其报,必初词两证党与对簿之无害,然后尽审察之理。苟欲速,若是则糟粕粗迹且不能得,其不可传者又安能庶几之?使其言之若不出于吾口,思之若不出于吾心,虽读之,吾犹以为未读也。故持此心以制举,必且为幸进;持此心以求道,必且为助长;持此心以莅官,必且为速化;持此心以临政,必且为苟简。长梧封人为禾,耕而卤莽,则其实亦卤莽;芸而灭裂,则其实亦灭裂;深耕而熟耰,则禾繁以滋,终年厌餐。此治形理心之

①廿,遗书本作"二十";"自言""又言"两句中"若",遗书本作"如"。

②尝,遗书本作"常"。

③"即举"至"验之"二十一字,遗书本脱。

④未能竟毕此章,遗书本脱"能";"他卷""他部"前"驰",分别作"移""往";融彻,作"融澈"。

要理[1]，非特施诸读书也。诸生多有似封人之所谓者，曷改图！[2]

博　理

“学者，所以修性。”旨哉言也！然性无所不备，则学无所不在；学能无所不达，则性无所不明。儒者以通三才今古为一身，[3]故《易》曰：“多识前言往行，以畜其德。”《书》曰：“学于古训，乃有获。”故知道沿圣而成文，圣因文而明道，性命理术之微著于经，治乱兴亡之迹载于史，错综经史，抝其独得之蕴存于子[4]，融会贯通，审择[5]体认，诚圣学所不废者矣。今日士习，其体要微辞正言精义不能偕通并用，徒取捷径，以资发身，自四书本经、《性理》《通鉴》之外，了无干涉。至其流弊之陋，且将全书传注俱属弃捐[6]，一篇一章之旨，理路脉道不识所由入，徒记时文，演袭规格，妆缀[7]起承，倒句换字，转相牵合，败坏文体，蛊惑心术，月异而岁不同。《圣谕》曰：“不肯实下工夫，惟记诵旧文，意图侥幸。”本道不意国家作士而士习之至此也！愿诸生各痛洗涤，毋蹈前轨。先之以经，开道心之惟微，穷圣谟之卓绝，譬万钧之洪钟，无铮铮之细响。然后博通诸史，立意选言，必依经以树则；劝戒与夺，必附圣以居宗；使铨详昭

①理，遗书本脱。

②似、改，遗书本脱；“图”后，衍“之”。

③今古，遗书本倒作“古今”；“一身”下衍“用”。

④存于子，遗书本误作“存于心”。

⑤审择，遗书本误作“审则”。

⑥弃捐，遗书本作“弃摈”。

⑦妆缀，遗书本作“装缀”。

整，苛滥不作。于是诸子中[1]之炳耀垂文、英才特达者，览华而食实，弃邪而采正，极睇参差，用洽壮观，毋使膏腴害骨，粉黛灭[2]容。是谓[3]存于己为有本之学，发于外为有用之文，要其所归，阐性命，明民彝，举不外矣。然此未易为也。以我观书，则卷帙莫非资益。故闯鸿裁之寰域，可以显类；执雅文之枢辖，可以序志；循小制之区畛，可以酌理；握奇巧之机要，可以博见；所谓心悟，转法华也。以书观我，则意绪莫非乱棼。故道理之端偏，莫由疏析；事势之是非，莫由剖判；文章之美恶，莫由解娆；坚白之异同，莫由雌黄；所谓心迷，法华转也。载籍[4]虽多，要以六艺为本，毒之酉腊者，其杀也滋速，是以欲诸生之博理也。

讲　治

昔范文正公自做秀才便以天下为己任，非驰骛高远，吾儒性命之学本如是也。国家养士泽厚矣，固将责诸异日，黼黻后先，[5]使化理有资焉。士穷居，不能通五常三王之道，审当今之要务，察安危之术，不能预有此具[6]，徒规时好，窃取荣名，异日者仕而任官效职，苟抱尺寸，应给仓卒，是人也，其出入不远矣。本道愿诸生以经世为志[7]，其学以能用世为本，凡食货所资若田亩河渠、户税钱币、转漕盐

①中，遗书本脱。

②灭，遗书本作“污”。

③谓，遗书本脱。

④载籍，碑刻、遗书本俱误作“戴籍”，径改。

⑤固，遗书本误作“因”；黼黻，作“黻冕”。

⑥具，遗书本作“术”。

⑦以经世为志，遗书本作“矢为志”，脱“以经世”三字，衍“矢”字。

铁，凡选举所关若学校荐辟、经术词赋[①]、铨管考绩，凡职官所统若公孤卿寺、史谏[②]台省、守令勋秩，凡礼乐所摄若郊庙祀享、朝聘燕会、律吕器数，凡兵刑所理若将卒攻守、赏罚诛宥、法比详谳，凡州郡所列若民风土俗、形势强弱、经略要缓，凡边防所系若厄塞[③]堤防、徙举[④]进退、技击精锐，莫不据曩者之迹，究变通之宜。岁历绵暖，条流纷糅，将核其论，必征言焉；将信其用，必考实焉；一一观诸要难而辨黑白于掌上，治天下之大器举在此。是以处则为名儒，出则为名臣，视苟抱尺寸应给仓卒者，九霄之上九地之下矣。夫历途于远，以言有车，涉津于广，以言有航，"前事之不忘，后事之师"，[⑤]此之谓也。

进　业

提督学校之职，敕谕所载，大都以三场文字课士，各有绳尺，合是[⑥]者为中式。程子有言："举业不患[⑦]妨工，惟患夺志。"此技经肯綮之言也。然士以此进，固人臣出疆之贽。相见而载贽不举，不可以上交，名曰无礼。则进身而举业不修，不可以利用，名曰悖制。先资之言，固献身成信之地也。惟是今日所尚，不依章句，专崇旧染，以精研为末义，蹈袭为得理，轻侮道术，诚非诏书实选本意[⑧]。诸生自

①词赋，遗书本作"词章"。

②史谏，遗书本误作"吏谏"。

③厄塞，遗书本误作"扼塞"。

④徙举，遗书本误作"徒举"。

⑤于广，遗书本脱；后事之师，脱"事"。

⑥合是，遗书本误作"合式"。

⑦患，遗书本脱。

⑧本意，遗书本作"本义"。

今宜洗脱陋习，更易观听[①]，平居则博闻强记，根极要领，临时则端坐凝神，收敛身心。于是主之以理，辅之以气，直写所得，求有发明。人之才质，本不可同，短长异齐，宣郁殊致，惟能义意浃洽，罔[②]诡于道；出其昌大，不失诸空疏；出其清纯，不失诸枯落；出其依据，不失诸朽腐；出其谨严，不失诸逼窄；出其质直，不失诸鄙野；出其华藻，不失诸浮蔓；是为自成一家，各中归趣，不求过人，人自不能及矣。《四书》经义以阐扬圣贤之旨，论以辩悉事理之奥[③]；诏诰[④]，代言之体；五判，断制之宗；表，学不专于骈丽，贵能宣德而达情；策，学不专于纵横，贵能订古而适用。情者，文之经；辞者，理之纬。经正而后纬成，理定而后辞畅。柳子有言："未敢以轻心掉之，惧其剽而不留；未敢以怠心易之，惧其弛而不严；未敢以昏气出之，惧其昧没而杂；未敢以矜气作之，惧其偃蹇而骄。"[⑤]古体时制，规格虽差，通变化裁，神思无二。略为诸生陈梗概如此，未能悉备，粗[⑥]见首尾，懋勉焉。

惇　友

夫声专一，不能听也；色专一，不能文也；味专一，不能美也；物专一，不能讲也。以是见师友之道系赖至为切重，不可忽也。师友之道暗塞于世久矣，在今日为尤甚。童子

①观听，遗书本误倒。
②罔，遗书本误作"周"。
③论以辩悉，遗书本脱"论"；辩悉，作"辨析"。
④诏诰，遗书本误作"诏告"。
⑤柳子，遗书本误作"杨子"；矜气，误作"矜心"。
⑥粗，遗书本误作"初"。

十五六以上即耻从师，其从者必刓方为圆，不严不尊，然后父兄悦焉，童子安焉。至其所谓朋友聚集，不过饮食相征召，博塞[①]相遨游，言语相谑浪，甚者猖狂鼓舞，旁若无人，非礼之地，非义之事，率而行之，不知耻恶。即有稍以文字从事者，务在交美互奖，背违面从，[②]稍示规儆，旋生忿恚。后进躐于成人，长老相为卑谄[③]；行无伦序，居无仪则；同于己为是之，异于己为非之。若是，则责善辅仁之美沦胥以溺，鲜成德而废交道，何异焉！古人有言："以它平它谓之和，故能丰长而物生之。若以同裨同，尽乃弃矣。"故子夏圣门高弟，犹离群索居，自悔好善不能择人；季札尚谓叔孙豹子不得其死，引掖切磋，同底于道。[④] 诸生今日乌能自已耶？[⑤] 请各择同志为会，凡会之事与日各随所宜。每会，立长一人，副一人。会之日，有师从师，无师从长，商议文字，谈说经籍，各尽所长，虚怀以改[⑥]，尤宜行谊相先，叠[⑦]为劝勉，善者共师之，否则共诤诫之，不听则共斥逐之。本道躬亲查核焉。夫君臣父子兄弟夫妇之外，凡天下交接于我者，皆朋友类也，近而不能受人之善，他日何以能兼天下之善？近而不能以善成人，他日何能以善养人？[⑧] 是可知矣。

---

①博塞，遗书本作"博弈"。

②"即有稍"后，遗书本衍"稍"；"背违"前衍"皆"。

③长老，遗书本作"长大"；谄，误作"谄"。

④自悔，遗书本误作"是悔"；叔孙豹子，作"叔孙穆子"。按，叔孙豹，谥号曰"穆"，史称叔孙穆子，碑刻误。

⑤乌，遗书本作"焉"。

⑥改，遗书本误作"解"。

⑦叠，遗书本作"迭"。

⑧"兼天下"前，遗书本脱"能"；"近而不能"后，脱"以"；"善养人"前"能以"，误倒。

养　蒙

舅犯曰："坚树在始。始不固本，终必槁落。"有味哉！有味哉！水之出于山也，涓涓耳；决之，东西惟人；导之，清浊惟人；引之，汇流惟人；逮末流既广，莫能为也。[①] 故曰："山下出泉，蒙。君子以果行育德。"故曰："江水发源岷山[②]，褰裳可塞，及下洞庭，经丹徒，非寻丈之舟不能济也。"此心未滥而先谕教之，则化易成之谓也。[③] 诸生有子弟者，育之正[④]宜在始。毋专骄怜爱惜，将至于纵；毋任嬉戏游谑，将至于狂；毋令多言躁暴，将至于诞。教以孝弟忠信之实，洒扫应对之节，日所读记肄习，亦毋拘挛促迫，[⑤]俾其涵泳，当有自得，切而不愧，中道若性。凡世情崇侈好尚不能蹈瑕候间而入，圣基立矣。程子《学则》最为切近精实养正之要也，录示之：严朔望之仪，谨晨昏之令；居处必恭，步立必正；视听必端，言语必谨；容貌必庄，衣冠必整；饮食必节，出入必省；读书必专一，写字必楷敬；几案必整齐[⑥]，堂室必洁净；相呼必以齿，接见必有定；修业有馀功，游艺有适性；使人庄以恕，而必专所听。

严　范

师严，然后道尊；道尊，然后民知敬学。故师者，人之模范也。国初荐辟多出儒职，至备顾问，历卿寺，跻公辅，

①"清浊""汇流"下"惟"，遗书本作"由"。

②"岷"后"山"，遗书本脱。

③"谕教"后"之"，遗书本误作"成"；"则化"后，脱"易"。

④之正，遗书本脱。

⑤孝弟忠信之实，遗书本误作"孝忠实笃"；肄习，作"肄业"；毋，误作"无"。

⑥几案必整齐，遗书本脱。

皆不乏人。近年来职任渐轻，习染浸下，固不敢谓振厉挺拔之无人，然日暮途远，倒行逆施，血气之精益衰，身家之念愈重者，则诚不寡鲜矣。简懒甚者，公堂几案间[①]尘土毛毳楮叶日丛集也。其不甚者，稍稍分析班次，曳履入坐，击鼓呼揖毕，则各罢去，不问左右侍立多少。程督诸生，所宜日有诵记，月有考试，罔知为何事。生员家有宦势并素所近密，更不复置牙颊，[②]有问德行，则以荐举；无宦势不能近密者，于是痛绳[③]以过不为礼；有病疾[④]或满期限，转帖案乞假，赴考徒手至，旋即斥去。廪膳、增广、附学应收补，不足所欲，不能得收补；银货至，亲为铢较尺量；起送岁贡，综核时节仪[⑤]物，莫不皆然。喜则扬颂众听，怒则睚眦而视，争时急不知自[⑥]择，虽赤面横出恶言不自觉，见有司游睇援号，侧媚求悦。其刚愎者专肆凌侮，荧惑诸生，钩巨为词，伉侠以取；得志，又时时阴采事情，[⑦]把持其短。膳银至，干没之。敛收粮谷，以家量入，而以公量出。[⑧] 州邑视事者偶乏人，秘计营为，欲以绾章听政，窃须臾之柄，括削百姓。猝有所入，终夜屈五指展转以计，来日择诸生中[⑨]一二干局者，翕翕訾訾，更相佐附；网罗市人入廨舍，分券责偿，倍取

①“间”前，遗书本衍“之”。
②宦势，遗书本作“官势”；“牙颊”前，脱“置”。
③痛绳，遗书本作“痛绝绳”。
④病疾，遗书本倒作“疾病”。
⑤节仪，遗书本误倒。
⑥知自，遗书本误倒。
⑦专肆，遗书本误作“专恃”；“时时”后衍“因”。
⑧敛收，遗书本误倒；而，遗书本脱。
⑨中，遗书本脱。

孳息。平居不能无易买，悉负[①]之，敢吐气，即持一帖送县官加榜掠。临祭祀，僮仆逡巡庙庑，一夜数十百往来，鼓刀屠宰之夫咸意忌[②]。呜呼！朝廷以作人重事付托其身，顾自污蔑至此。本道持宪一方，肃清风教，安所从事焉？愿诸文学官省改[③]之！曲表而欲直景，却行而求及前人[④]，童子犹或非笑[⑤]。以身设利[⑥]，不改其原，而责人之廉；以身居惰，不修其勤，责人之精；即膏唇拭舌，将见訾[⑦]矣。本道典教，非二三文学官，孰与共图重思之！

---

①负，遗书本误作“附”。
②意忌，遗书本作“忿忌”。
③改，遗书本脱。
④人，遗书本脱。
⑤非，遗书本脱；“笑”后衍“之”。
⑥设利，遗书本作“射利”。
⑦訾，原作“玼”，误，据遗书本改。

佚文　卷三

书序九篇

《陈王二先生诗抄》序①

予少学诗，取名家所著作览之，见其比拟于声格之似，陶研于字句之工，谓诗道盖是也。厥后稍有闻，知以前所用慕者，反诸性情，不甚符合。于是叹息廿所称名家诸著作，不过丹雘之施，雕朽之附耳。

性情者，自然之神思也。“诗三百，一言以蔽之，曰思无邪。”学非宗诸圣，文罔准诸经，乌能极华实之根干，溯条流之汇泽耶？思能无邪，则性情之自然者，不索而得，不求而至，发为诗歌，淡焉不伤，和焉不淫，入耳感心，平欲释躁，斯温柔敦厚归于自养之本致也。

予读本朝诸梓行诗，独有取于白沙、阳明二先生，学诗者于二先生诗概目为迂。嗟哉！彼其秉心潜理，含章司契，无意于言而不得不言者，下视销铄精胆，蹙迫天和，求附会辐凑之偶获，相去奚若耶？规矩者，方圆所由出，玄解于规矩，则总术于方圆，刳劂于方圆，则昧目于规矩。此谨

①黄宗羲编《明文海》（影印文渊阁四库全书本）卷二百六十二。

审绳墨之徒，比屋接踵，运斤独照之士，旷世莫觏也。予故录二先生之诗而并传之。

或曰：二先生谈学诸诗，子又不录，何与？应之曰：登览、赠送、行旅、宴游、咏怀、纪时，凡人事物情，莫非学也。专以诗谈学，视学拘矣。专以学言诗，视诗隘矣。予又叹息世所称谈学诸家，至以韵语为答问议论之详，以歌律明心性动静之理，连章累牍，不厌烦陋，其弊将举诗之规矩方圆而尽捐之。三百篇无是也，为赋，为比，为兴，或以风，或以雅，或以颂，因事敷陈，则何莫非学也？是以不录，亦欲谈学诸家观法二先生，见二先生之不拘不隘，坐得性情自然之神思。如斯录所具者，是由规矩而出方圆之前辙也。

《稽古绪论》叙[①]

刘勰之言曰："论也者，弥纶群言，而研一理者也。"又曰："义贵圆通，辞忌枝碎，必使心与理合，弥缝莫见其隙，辞共心密，敌人不知所乘，斯其要也。"余尝味斯言，因以缔观文章家，其标格名目至夥众，乃若融百虑而出一辞，辨析事势道术之奥，以为权衡，则所谓论学者实兼综焉，然质诸心与理合、辞共心密之旨，则率又多漫羡窅窊，靡定于要束，难以称作者。将无弥纶群言之本未立，其研理者无所折衷欤？

兹岁壬戌，余试士至平凉，得见浚谷先生赵公，移日始别去。已又得公所著《稽古绪论》读之，虽累日弥旬，馀音

①明赵时春著《稽古绪论》，续修四库全书子部一一二三册，影印北京师大图书馆藏明嘉靖间刊本。

遗味犹不尽于口耳。於戏！其理合矣，其心密矣。夫形器易征，文情难鉴，二三子从余游，于所谓论学者，欲知权衡，盍肄业于是以求源本，宁毋徒傅会缘饰于枝叶耶？

世之论公为文，多击节于异禀而褫魄于奇气。於戏！公有言曰："不观诸子之学，则无以知圣人之德大而精，不究异端之失，则无以见圣人之道微而显，是交用者也。"又曰："听明者，耳目之正事，知识者，耳目之馀事，能不作馀事，则心静而清，知识自退藏矣，故曰'栽者培之'。知识者，己也；帝则者，礼也，故曰'克己复礼'。"於戏！此公所以弥纶群言而研一理为作者所不能及，是所谓源本而不可以徒傅会缘饰者也，二三子肄业之！

壬戌秋中淮海孙应鳌书。

《痘疹心法》序[①]

隆庆纪元，予辖楚藩，以女病，诸医用药皆不效，闻罗田有万生疗小儿有神验，亟延至之，命之诊治，女病果愈。予政暇，时时与万生卮谈，乃万生非如他医，但了一方一脉，自售其术，其为业，自《素》《难》下及近代医书，靡不究悉源委，剖别是非，又能溯诸六经性理，根于吾儒之道，信有本矣。盖万生少尝从事科举，以不得志而遂隐于医，宜其世之为医者不能望而及也。万生著有《痘疹心法》一书，予为梓之，俾表见于世。以予爱女求医之心推言之，则为父母之保赤子者，斯心大略皆同，而赤子之最难保莫过痘疹，得是书审察之，剂量调摄之，万生之术，溥而大行，安谓

①明万全著《痘疹世医心法》，明万历十一年陈允升刻本。

其不得志耶?

淮海山人孙应鳌书。

《道林蒋先生粹言》序[①]

道林蒋先生,本朝名儒也,著有《古大学义》《桃冈日录》《训规》《讲义》,余梓诸秦矣。其文集、续集,余尝谋柳洞阳氏、龙渠阳氏选,二氏选既毕,视余,余复僭为简摘编辑,乃梓于襄以传。

叙之曰:万世论学之的则准诸孔子,孔子论学之端委括于求仁。仁,人心也;心也者,天地万物一体者也。惟天地万物一体为人之本心,故学以一以要;惟人之本心与天地万物一体,故得一;斯得心,斯得仁。奈何后世之学卒不能一,则孔门之旨远矣。何言乎不能一也?心也者,天地万物一体,是无内无外者也。世之是内者遗事物以论心,其弊将游其心于空无虚寂之归,是外者溺事物以丧心,其弊将荡其心于形器支离之末,贤知之过,愚不肖之不及,率是焉。孔子悲怜之,欲救援不可得,以谓无内无外之间所谓一者诚难于言,而惟举兼内兼外之要,则内外之道合而一之体即可见。故凡曰敬直,曰约礼,曰尊德性,曰寂然不动,曰学而思,曰静专静翕,曰智及,曰知崇,曰致中,曰大德敦化,皆以示无外之非内也,非离外以言内也,见物理即吾心也。曰义方,曰博文,曰道问学,曰感通天下之故,曰思而学,曰动直动辟,曰仁守庄莅动礼,曰礼卑,曰致和,曰

①蒋信撰《道林先生摘言》。隆庆二年如皋孙应鳌编,门人柳东伯、龙德孚校刻本,藏湖南省图书馆。

小德川流，皆以示无内之非外也，非离内以言外也，见吾心即物理也。名义虽殊，匪两端，匪二致，匪多岐也。故敬义同体而并至，博约同体而并用，德性问学同体而并彻，寂感同体而并妙，思学同体而并尽，动静同体而并运，智仁同体而并到，知礼同体而并著，中和同体而并践，大小同体而并察，是所谓几也。几也者，动而未形，有无之间者也。动矣然未形，未形矣然动，不落于有，不落于无，人所不见，为己自知，是曰独也。知几者，知此也。真知此动而未形、有无之间，是谓慎独；而无内无外之间，所谓一者，即默识矣。勿忘以沦于无，勿助以汨于有，允执斯中，卓尔不倚，天理流形，人欲净尽，不见天地万物之非我，不见我之非天地万物，上下四方，往古来今，浑然一己。即敬是义，即义是敬；即博是约，即约是博；德性问学，寂感动静，智礼中和，大德小德，一以贯之，无剩词矣。此人之心也，是仁体也。故《大学》曰："大学之道，在明明德，在亲民，在止于至善。"无内无外之间，所谓一者，是至善也。惟心体至善，惟仁然后可以言至善；惟动而未形、有无之间，然后可以见至善。知止者，知此也。故知止即知几也，即慎独也，即默识也，即合内外之道也。后世之学卒不能一，则以不偏于是内，则偏于是外耳。道林先生所论著，具明斯旨，学者循其言，可以入圣道，无过与不及之失，诚有功于孔门矣。

顾余于斯学犹有深忧焉。有宋以来至于今日，号称道学大明，然偏内偏外之学返夹杂其中者，众言淆乱，比诸未明之前尤至夥众，而道学之晦蚀亦即因之转以益甚。但荡其心于形器支离之末者，其病易见，游其心于空无虚寂之归者，其微难知。使皆空无虚寂是归，使孔门下学之功悉可废罢，而下学之外别有上达一径，为千载秘密，至今日始露见。则自开辟以来，帝王圣贤由之立经陈纪，序伦敷治，修身及家，平均天下，亦形器支离之末，则生心害政，为毒尤厉，是又今日浸淫之末流，赓倡之共病，而当亟防力挽者也。则道林是编，尤不可不大彰显于时云。

隆庆戊辰长至日，如皋孙应鳌谨书。

《公馀漫稿》序[①]

余尝览近代选录名臣，百数十年间，自肃皇帝前，在晋产者，若河津薛先生，笃志理学，郁为儒宗，不可尚矣；乃有公崇国家，行业之光粹俊拔，足为后来士大夫标准，则有若阳城杨公，有若阳曲周公，有若洪洞韩公，有若和顺王公，有若乐平乔公。余每诵厥遗事，辄抚卷叹息，假令数公今尚在，虽为执鞭所忻慕焉。

岁之前六七祀，余董学三秦，是时鉴川王公掌三秦宪事。公蒲坂人，晋产也。余于是私计，即不得见前所指数公者，今得参佐公，即使得见前所指数公宜不是过，何其幸耶！公素不为脂韦澳涩状，入官服政，不事作业，谨持法度，虽贵势不能夺，诸所兴剔，必察于利害之真，见恶必去，闻邪必戒，介矣！阳城之范也！介者难于大。公则又兼包并容，休休然，断断然，人之负德能才智，即若身有，爱怜优扬之，使俾成立，弃小过不为校，大矣！乐平之度也！大者难于正。公则又缘本乎经术，绳尺乎理道，检镜所归，莫得而指纰焉，正矣！和顺之辙也！正者难于奇。公则又弛张

①王崇古《公馀漫稿》，隆庆二年栗永禄、冯惟讷刻本。

有纪，经纬不穷，大之军旅，次之政刑，细之应酬，无不炳智而先几，观变而中的，奇矣！阳曲之迹也！奇者难于平。公则又不作好恶，不加矜饰，心所蕴积即口所谭说者，口所谈说即身所蹈履者，平矣！洪洞之规也！

公所著有《公馀漫稿》，余参佐时得受而卒业。今公晋位司马，总提陕以西诸边戎务，乃秦左使健斋栗君奉公稿，梓成，示余，余又得受而卒业。公之诗，大要主于风骨。先民有言："辞之待骨，如体之树骸，情之含风，犹形之包气。结言端直则骨成，意气骏爽则风清。"故诗之正理，必约归程律，剪截浮冗，即介之旨也；必罗笼景物，则兴象渊永，即大之旨也；必不淫于性情，然后无邪思，即正之旨也；必有复意之工，有卓绝之巧，乃妙中隐秀，即奇之旨也；必文质合伦，始振声淡雅，即平之旨也；兼是众美，自然不愧风骨，公诗有焉。

世之事理道者，陋文艺为末技；竞事功者，视词翰为迂言。余窃笑之。余不论其他，即论前所指数公，阳城、阳曲、洪洞著作，余未有所睹；乃若和顺、乐平，莫不品藻玄黄，摛扣金玉，缀思于格调者，今犹传布士林，人相物色；即河津巨儒《盘山秋游》之作，荥阳、巩洛之咏，《春日即事》之歌，识者至列诸开元大历之上。道与艺，事功与文词，可剖判为两途否邪？

公今功崇国家，其行业可为后来标准，他日论名臣，必有举公与前所指数公并称者。世有遽未能即见公面，得读公诗，以有求似，可以知公矣。

隆庆戊辰冬孟朔日，如皋孙应鳌书。

《西征杂述》序①

《西征杂述》，为吾贵督学使明卿吴公行部罗施所得诸什，中间指陈山川风土，因以寓怀纪事，贻诸将来，足为西南天地增光。兵宪使沈公从善梓而传之，有以也。

余尝览柳子厚永州柳州诸著作，凡谈永柳遗迹，必举为口实。古今闻人有经游题品，后之欲藉名高者咸引以为重，大都若此。独惜子厚以彼其才，顾少壮嗜进，累于王叔文、韦执谊坐废，遂不振。余每读所赋《解祟》《惩咎》《闵生》《梦归》等篇，哀怜之。

今明卿公直道守节，冠冕一世，秉正卫善，赞毁无所挠骫，权贵衔忌，罔能踣踬，光烨俊伟之业，蒸蒸日起，郁然为海内儒宗，不但以文词称雄。回视子厚所自立，奚啻倍蓰什伯！益信士君子当见微而知清浊，此身一败，百美崩解，不可苟然已也。

余又反复子厚洎公著作，私评之：子厚研精于色泽，公脱颖于风骨，又各似其为人。夫色泽者，采饰具足，真宰罕存；风骨者，气志妙凝，规程自雅。孔子曰："诗可以观。"讵不信夫！讵不信夫！

万历纪元秋中日，清平友弟孙应鳌谨书。

《唐诗会选》序②

勺溪李子会选唐诗成，淮海孙子首览序例，泛览诸体诸家，其论议精以奥，其简核严以密，诚藻囿之妙筌，艺渊

①吴国伦著《甔甀洞稿》，《续修四库全书》影印明万历三十一年明吴士良、马攀龙刻本。

②李栻编《唐诗会选》，明万历二年李氏湖广刊本。

之振楫也。

然犹有譬说。噫气生风，吹万不同，所闻无非声也；能达怒号之谁使，众窍之自取，则天籁在我，耳中无全声矣。鼓刀解牛，批隙导窾，所见无非牛也；能识有间之节理，无厚之新刃，则神遇在我，目中无全牛矣。诗亦有天籁焉，有神遇焉。精虑萌启，机械方通，旨授于思，则辞总乎情内。理脉流畅，兴象遂阐，言授于旨，则情溢乎辞表。盖惟洞瞩性术之根源，自能浃洽雅道之委曲，命曰玄解，是勺溪子之所谓要在妙悟，固不外格力、音调、气象、意趣四者之眇论而有能定墨然，亦岂执格力、音调、气象、意趣四者之成心而后能运斤哉？则心得在我，古今无全诗矣。

爰引简端，谂诸同嗜。

万历甲戌秋中日，赐进士第、都察院右副都御史、奉敕提督军务兼抚治郧阳等处地方如皋孙应鳌书。

《李襄敏公奏议》序[①]

《传》有之："国之大事，在祀与戎。"岂不信哉！夫议祀礼，在准古据经，明当世之务，不蹠不盭，惬快人心，是以难。饬戎事，在申明国家纪纲法度，呼吸进退间能反乱为治，划陂为平，朝廷气势之轻重，生灵命脉之存亡，恒必繇焉，是以尤难。以余观于襄敏李公奏议，何其犁然有当于心邪！

公丰城人也，起家嘉靖丙戌进士，积官至尚书。中间以忤权贵，故再蹶再起。方仕祠部时，首辟安都史学之妄。

①李遂著《李襄敏公奏议》，明万历二年陈瑞刻本。

孟冬祫祭太庙时，享世庙，议得与祭者自缌麻以上丧皆回避如律。洎奏灾异，请修省，至云“揽威福之权，辨忠邪之分”，此其意盖有所指矣。世庙因太常祈谷请省牲，制命圜丘称天坛，方泽称地坛，计以为久而舛也。奏有事坛所称天地，祝祠之文圜丘方泽如故，卒得请。会修太庙，特建成祖世室及昭穆六庙，规制名额，悉议如礼。覆严州守臣请祀严光、范仲淹祠状，祠得世世祀。是时宗伯孤卿倚公为重，凡核拟敷陈，罔不曲当世宗意旨云。

后以都御史操江，移置马头教场，操守称便。已提督军务巡抚凤阳时，开府草创，倭奴飙至，此淮扬旦夕之势而天下安危之机也。议兵粮战马，议将领官守，议运道海防，议将材客兵，议妖贼奸党，议赏罚蠲恤，俱卓有远猷，画一上请，动中机宜，剪伐倭奴殆尽。江左知倭可征，自公始。论者谓公为东南武功第一，非虚语也。

又议修仪真城，皆漕盐先忧至计。无何，留都五营兵变，其注措危紧百倍于征倭。公适贰留枢，即单骑入乱军中，谕以大义。已乃为疏奏，大较正法安人为本，谋即与胤征歼渠魁、不治胁从之义合，乱军始帖帖听命。无何，迁京营戎政。留兵又变，公又晋掌留枢。比至留都，又申谕大义，营兵又帖帖听命。详具《报成事疏》中。

襄敏公前后所上疏且百数，咸朝廷典礼，军国要机，议人所不敢议，为人所不能为，皆可世世传者，故得悉数之。嗟乎！使公得大柄用，得平章天下事，即润泽生民，即四夷咸赖，何忧乎倭夷！何畏乎营军！顾当日为宰相以不附己摈挤之，使放弃田里。及变起，不得已始用。变稍稍定，即假他迁，夺之柄。及变又起，又不得已复用。用不效，则显饰汲引之虚言，阴售中伤之隐祸。而不知公抱元神之闳朗，抽渊睿之经图，夥缕计略，瞬盻立集，如造父御奔，由基释括，非盘错可得撼窨，计术可得抉擿也。盖公生而尚志不群。阳明王公抚江西，公从诸生谒郡学，闻教跃然，退与南野欧公推良知之旨，南野避席曰："斯文得无在子乎！"其学问以复性为宗，敦行为据，节义为防，经世为用，故神凝气定，不动声色，遗宗社磐石之休若此。我闻豪杰不圣贤者有之，未有圣贤不豪杰者。夫执圣贤之学而展豪杰之才，古今克尽究者几何觏之？吾舍公，其奚与归？

既以是说复于公之伯子侍御君，因系之曰：公所不朽者繄自有在，无俟专于论功业矣。

万历甲戌孟冬望日，赐进士出身、嘉议大夫、大理寺卿如皋孙应鳌书。

《南华真经》原序[①]

前代解《庄子》甚多，自郭象、成玄英注疏外，若林疑独、吕惠卿、陈景元、王元泽、刘概、吴俦、赵以夫各有传，林希逸有《口义》，李士表有《十论》，王旦有《发题》，范无隐有《讲语》，至武林褚伯秀汇采为《义海纂微》而独断之，于是诸家全书行于世者益罕。虽吴澄有订正，罗勉道有循本，亦多阔略未备。乃万历己卯侍御九泽刘公按滇，访余清平别墅，出王元泽新传，曰是书为胡庐山督学楚中示张太衡氏，而张太衡氏得之不释手，玩索最久者，爰属余一言，欲广其传。余受而卒业，则再三叹嗟，谓元泽之为人世

---

①宋王雱撰《南华真经新传》，钦定四库全书本。

多訾点，其解《庄子》顾翘楚诸家而雅驯若此，此《宋史》称元泽性敏气豪，睥睨一世，要亦不诬。侍御取言不以人废，厥旨远哉！

缘诸家各持己意解《庄子》，是以有合有不合，元泽持《庄子》解《庄子》，是以无不合。粤稽《庄子》之指义，大都以至理自然，故首《逍遥游》；逍遥则彼此齐，故次《齐物论》；齐则无生，无生而生所以存，故次《养生主》；善养生则足处世变，故次《人间世》；能处世变则德日起，故次《德充符》；德者，得其所真宰也，故次《大宗师》；真宰得则天下不能违，故次《应帝王》；此论著之纶贯，皆括于内篇七篇。其十五外篇，十一杂篇，或激而宣愤，或诡而树矫，或放而遣滞，或深而造朴，不过蒇内篇之宏绰幽广已尔。元泽妙涉斯趣，独提挈纲领，因以批郤导窾，曲畅条疏。其拾遗杂说尤推见至隐，卒会通于内篇之本根，虽《骈拇》《马蹄》《胠箧》《在宥》简衺脱失，然其精证未尝不赅存于他注之中。读《庄子》获此，如泛江河有利楫，陟华嵩有济胜具，岂不快哉！

余既叙《新传》之崖略如是，又更端请于侍御曰：世评《庄子》不经而为百家之冠，夫不经，何足冠百家？盖徒见决圣智弃仁义诸语为悖尧舜周孔，皆泛其辞，不达其意，惟大儒邵康节达其意而曰《庄子》善通物。曷言通物？道之形体曰物，物之性命曰道，道自通物，物自通我，我自通道。凡役我于大小是非成毁生死得丧祸福，奚繇通物？不通物，奚繇通道？不通道，我与天地万物奚繇复通为一？此本尧舜周孔之宗绪，庄子窥见之，遂窃以陶铸《南华》，因鼓舞纵横其辨驳，以自成旷古之奇谈。正言若反，何谓不经？

苟但袭尧舜周孔为名高，而大小是非成毁生死得丧祸福日樊笼胶漆其中，何谓经？是庄子所姗笑也。为尧舜周孔之学，不蹈庄子姗笑也者，则庄子方将拜下风，膝行而望进矣。

万历己卯六月朏，淮海山人孙应鳌书。

佚文　卷四

序三篇

别于梦玄序

余故尝辱交于武陵之梦玄于公。公少负异才，三试礼部不售，授新蔡令，擢睢阳太守，治绩冠一时。以母病，力乞致仕归。归而有同郡道林蒋先生倡明理学，公即就蒋先生讲理学。今世士大夫罢官，第终日夜筹计生产作业，不则放浪诗酒，销沉岁月，有如公诚麟角凤毛，不可观睹。蒋先生没，余往来武陵，公又时时以理学下问于余。余曩蒙赐告，返清平，公寓书，欲至清平与余居，共探讨精微。顷余起沦废，公又寓书约余馀仙洞天。余至馀仙，公以他夺，未晤，晤武陵，约游玄岳，因过访余郧台。乃兹春，果过访余，将一月然后返。自余专侍公一月，见公于同时诸君子所讲论，于本朝诸先正所著述，莫不各究旨趣，求归宿。其归宿，必抽濂洛之绪，必溯沂泗之源，必遵羲尧之途。志向定，故老而弥笃；识见正，故博而能精；践履实，故为而不亏。余未有丝发益公，顾受公益则不可量计。公语余曰："吾从事斯学，经一年斯悔一年。"又曰："人生天地，不与禽兽同，惟在此心，安可不自求修证？"又曰："前境光阴，知能几何？既自知之，复自悖之，其能自忍之？”余不觉肃衽惊惕，背汗为下。公之进愈勃然，公之成愈卓然，余所资于公且油油然。公先归，为余悬榻馀仙，待秋风凉冷，余得乞骸骨，与公造滕江干，再为公一尽平生之愚，身心正鹄，印证契合，即谓公与余为莫逆友同心二人，亦不愧矣！

缮城奏绩序[①]

清浪参戎少泉侯公程督清平城将成，乡之士大夫相与周游而环睇焉。观于垣，则内外甃石，四墉如一，曰："美哉！攀援无阶，莫得上下，可谓险矣！"观于堞，则飞雉鳞次，百堵冯翼[②]，曰："美哉！瞰敌有馀，罔繇相窥，可谓密矣！"观于埤，则雉减堞半，坚厚与埒，观于隍，则就易不倾，居危堪恃，曰："美哉！宜障宜垒，深壁有守，可谓固矣！"观于郛，观于橹，则爰度爰定，鼓倡方起，曰："俟之哉！丽谯在兹，护抱必终，行将媲众美矣！"遂相与过淮海孙子别业，欲征一言为侯公赠，则相与语曰："畴昔乙亥，罗中丞因清平剧盗乘城入行抄掳，面向三司僚寀曰：'吾欲更城清平非难，独得肩事之人为难，其奈何？'时侯公在列而曰：'清平诚不城耳！诚城，而岂复忧肩事人之难乎？'于是罗公揖侯公曰：'贤哉参戎！即以属君矣。'"

当今封疆诸臣，治隶所职，地专所辖，犹多诿避，不以公家一撄心念，公于斯城，于立谈间慷慨自承，何其任也！命既下，一二同事若秦越人，肥瘠相视，公操莫助之权，综

①清段荣勋修《清平县志》（光绪辛巳年重刊本）卷六，第四十八至第五十页。
②翼，原作"異（异）"，误，据文义改。

难聚之众，鸠易挠之工，筹未至之帑，心劳力奋，体癯貌瘁，不啻痌瘝在身，何其切也！已乃握枢挈要，渐得经会，为量功日，分财用平，板干称畚，筑程土物，议远迩，略基址，具糇粮，度有司，虑定以动，不愆于素，何其周也！两年所，什八九在清平，什一二在清浪，暴衣露盖，日凡三出，冲冒寒暑，为百役先，又何勤也！猾民之不给徭赋，贪吏之匿财没货，黠卒之妄[1]肆啁噶，悉置诸法，不虞诽怨，又何肃也！忌公者欲以度支出入中公，顾掌记有主，刻核至再，竟莫能媒孽，又何洁也！兹城信非公不成，安可无颂？

孙子曰："《春秋》重民力，凡城必书，兹城果不可以已乎？"诸士大夫则又相与语曰："何可已也！明兴草辟，贵筑星罗，卫戍清平。至正统，苗踞炉山叛，攻城，当其时，公私充牣，民有固志。至正德，苗仍据炉山叛，攻城，当其时，上下豫附，邦无携政。今之日，无论正统，以拟正德日，何如？行伍非无人，储饷浸竭，睥睨尽圮，虎狼接迹，桴鼓不衰。盖域中凋残极于贵筑，而贵筑极于清平矣。夫鸟犹封巢，鱼尚潜泽，即二三遗黎，其忍弃之？故兹城不可已也。"

于是孙子喟然叹曰：古今倜傥非常之士，能为国为民布德宣力，垂勋不朽，其挟持至大，斯建造自殊。公之先中丞尝抚大同，雄声骏绩，到今照耀塞漠，故所凭甚厚。公少博学多闻，蜚声庠序，以不得志辄投笔，自起功名，故所蕴甚深。公为西北偏裨，草灭寇长策上督抚，督抚不斥其躐而心壮其能，故其所志甚奇。公既统京营，道遇司马属不避，竟不折节而甘外迁，故所立甚伟。素所蓄积如是，兹城

---

①妄，原作"忘"，误，据文义径改。

何有？抑予闻楚囊瓦城郢，沈尹戌曰："苟不能卫，城无益也。"公既懋保障清平之烈，凡择官平政，杜衅堤患，毋为行伍增虐，毋为储饷增蠹，毋为睥睨增剥，身即不得尽行，口宁不得尽言，言焉不效，自有攸责，言焉而效，厥利犹溥，斯保障之烈，世世无斁矣。《诗》曰："哲夫成城。"敢以是为乡之士大夫致颂于公。又曰："无俾城坏。"敢以是为乡之士大夫致望于公。

贺中丞沙城阮公抚定水西序[1]

大中丞沙城阮公抚循贵阳，阅明年，处置水西土酋安氏詟服，西南底定。疏于朝，部书公劳奉上，天子喜，降温纶褒与，特赐兼金纯币甚厚。报既至，藩臬诸大夫暨都护诸将军咸欲扬休纪绩，交语清平人孙子应鳌，俾载言以贺。

藩大夫曰：安氏世禄罗施，至国亨残害安信，与智构怨，诚有罪。往岁我军轶迹之失，国亨因陈兵卫守，罪弥著。自公临莅是邦，察知几微，才决游刃之馀，识出漏般之表，剖判祸福，听许胁雪，约法既布，咸遵要束。方今圣神天覆，悉主悉臣，四夷款塞，父子请贡，粤酋纳土，祖孙并戮，何有兹丑？公独恻念无辜者众，溥好生之懿，慎玉石之惨，容与谈笑，措一方赤子枕席之上，罔骛近名，罔竞勇功，公实有焉。昔毕公尹东郊，道兼保厘，召穆平淮夷，命首旬宣。继自今吾侪肃将执事，群黎和安，可以言保，宄慝不作，可以言厘，政施环匝，可以言旬，治理昌正，可以言宣，皆公力也。

臬大夫曰：高皇帝创三尺法，悬衡天下，画一来世，孰

①清段荣勋修《清平县志》（光绪辛巳年重刊本）卷六，第五十一至第五十三页。

敢逆节！国亨有罪，不在继嗣，公褫其爵，乃俾其子。原安智复仇之衅，矜其情，优其后，划其疆界，俾有宁宇，执其攘患之奸党，渠魁诛杀，□从流徙[①]，剪其羽翼，剔其心腹。国亨拜将称王围城鸩祖事，无凭依无节核者，不文致案问，仍重其罚，锾输诸官，空其畜货，杜绝两家隙孽，设其戍，纠其邪萌。公剸坚制变，铢分靡爽，遵朝廷纪纲如在天上，若从中植表而外四维之综纬纬结不牵且摇，古所称文武为宪，公其以之。

都护诸将军曰：公初至，经略戎务，考山川，发间谍，探要领，畤刍粟，遴士马，亟罢偾事之旧将，请更易东南名将刘君总提军旅，搜罗部曲材官，各得献名设策，风棱抗乎雷霆，义问昭乎日星。国亨闻之大惧，因稽颡辕门，摅暴衷悰，免于殄灭。夫持君之命，违而征之，展武之经，服而舍之，某等候事指使不暇给，何能俾成算万一！

于是鳌再拜，复于诸大僚曰：由藩大夫言，见公笃于用恩；由臬大夫言，见公精于用法；由诸将军言，见公娴于用武。鳌受一廛为公氓，不能睹其大，惟生长斯土，习闻已往任宷错事之得失，参考乡邻修治齐政之宜否，窃窥一二之细。贵阳棋布星列，莫非夷酋，苟干冒国典，不式王命，叛侮毁常，利在威克；乃争强夺职，骨肉私愤，自相倾伐，第因时辑柔，不足烦国家力，利在德绥。德先威为不竞，德行于威之中，善用威者也，则邓襄敏昔攻都匀，邹庄简昔攻炉山是已。威先德为不仁，威行于德之中，善用德者也，则公今抚水西是已。邓邹所处皆弱夷，兼值时势之易，公今处时

①□从，原文一字坏，据上下文义，当为"胁"。

势之难，名与邓邹齐，勤劳实且过之，抑威克者事显易知，德绥者功深无迹，故公之功视邓邹尤广厚不可量数。后事之师若我三公皆可有辞，永世服美无斁矣。诸大僚闻斯言，将无曰由治属士民言见公明于相时审于因地哉！然卒不能有出于诸大僚所交语也。

记二篇

国子监祭酒司业题名记[①]

我太祖平元乱，即于岁乙巳建国子学。暨成祖定鼎北平，南国子仍旧制，弗革，乃改北平学为国子监，首命大学士胡公俨自内阁出领监事，其崇厥任如此。成化丙戌，河东邢公让昉刻[②]前人名氏，俾有考，凡监丞以下俱附入。岁久，石既盈。隆庆丁卯，钟陵万公浩又为碑，续镌嘉靖以来名氏。石又盈。余于是谋诸新城沈公，复戒工砻石，裒二碑所载，祭酒自胡公始，司业自赵公季通始，补其遗，正其讹，汇粹二碑，咸虚左方，以俟来哲。监丞以下，官繁人夥，

①碑原在今北京市东城区国子监街孔庙内，东厢正堂之右，南向。碑通高二〇六厘米，宽八五厘米。碑身断为三截，左下角亦断，原碑碑文磨泐殆尽。现移于“十三经碑林”展厅内。国家图书馆藏有拓片一通，额篆题“国子监题名记”，上截“国子监祭酒司业题名记”，楷书，大部清晰可辨；中刻祭酒题名，碑文大半不辨；下截刻司业题名，字迹完全不辨。梁国治《钦定国子监志》（四库全书本）卷五十九第五十九至六十页、文庆《国子监志》第六十二卷第十至十二页俱录有该题名记，以梁国治《钦定国子监志》所录题名记为底本，参校以文庆《国子监志》和国家图书馆藏拓片。

②昉刻，拓片及文庆《国子监志》缺，梁国治《钦定国子监志》作“列”，张业《国子监题名记》：“乃成化丙戌秋，河东邢公让自翰林出为祭酒，兴废举坠，昉刻示其名氏于石”，可知所缺二字为“昉刻”。

不能尽纪，故不与镌。

告成，余因再三览镜之：凡诸长贰于斯，间有声光泯阙者不论，乃如或以道德闻，或以节义著，或以文章显，或以勋业楙，彬彬然，前修达轨，实多其人，皆余之愿学未能者，抑何盛也！盖是官之重久矣。国家兴治以人，造人以师，师得则得人，人得则得治，古今一揆，未有能易。粤稽人才最盛，无逾唐虞，亦无逾成周。观《虞书》司徒以五典敷教，典乐者以四德教胄子；《周礼》师氏以三德三行教国子，保氏养国子以道，教之六艺六仪；其立教之慎如此，则为师之必惟其人可知也。当是时，成德吉士，彰且有常，至百僚庶位，如《思齐》所称誉髦，成人小子莫不有德有造，其人才之盛如此，则治化可知也。

肆我太祖谆切命国子师正心实学，崇德重义，检身饬行，率属训士，不专于文辞记诵；成祖申谕师范务先正己，讲学渐摩以养心淑身；斯其旨与虞周何异？一时宅俊超轶前代，有繇然矣。顾迩年士习□□，多靡薄侻荡，不逮畴昔。自余代匮来，仰稽成宪每废，格而不张，俯察群情，率玩愒而难振，即欲稍严监[1]令，期有以广厉之，恐本之则无终，不克宣序化条，□□职办。顷皇上幸临，诏官师诸生，体行六经，毖勔教学，属望“助宣风化之[2]原，翊赞文明之

①严监，拓片及文庆《国子监志》、梁国治《钦定国子监志》俱缺。孙应鳌《恳乞圣明裒集英才以弘教育事疏》：“此非独士之过也，所以养之无素而教之不豫，则入监之令弗严焉耳。”根据上下文义补。

②助宣风化之，拓片及《钦定国子监志》为墨框。《明神宗显皇帝实录》卷五十三：万历四年八月癸亥，明神宗敕谕：“国子监师坐！朕惟人君化民成俗，学校为先。我祖宗列圣致治之隆，惟尔师生均有修己治人之责者，尚孟加毖勉，懋乃教学，助宣风化之原，翊赞文明之治。钦哉！故谕。”据补。

治"甚笃,风声攸树,敬应自不□□□□□,莫能对扬休命。诚愿嗣至之大雅君子,紬绎德意,率育英才,共惇尚根实,还二祖时作养之旧,遹追虞周,则余虽以不肖厕名兹石,窃亦与有宠光矣。

万历四年丙子九月壬寅,嘉议大夫、礼部右侍郎、掌国子监祭酒事、经筵讲官淮海孙应鳌书。

分守新镇道题名记[①]

万历戊寅,平越卫创建分守新镇道行省。逾庚辰,参议振海黄公驻节于兹,树绩宣矩,起残敷惠,盖一方遂称靖谧云。

粤稽贵竹,本古鬼方靡莫地。秦汉晋来,稍置黔中、牂牁、夜郎诸郡。唐宋元,或附楚,或附蜀,或置八番罗甸顺元宣慰都元帅。要以夷酋顺叛殊状,又隔阂中土,故率随所疏属而区处之,未有画一。逮我明,威德四被,风化昭启,为裂郡县卫戍,设省设台设阃曰三司,埒他藩,纲纪法度灿然具举矣。省台各有长有贰,省之贰分守各路,台之贰分巡兵备各路,人莫不展采错事矣。牵他路者不论,其分守新镇都清兵巡,专辖都匀、镇远、黎平三郡,龙里、新添、平越、清平、兴隆、都匀、黄平七卫所,兼综湖广偏桥、镇远、清浪、平溪、五开、铜鼓六卫,广西南丹一州,山河辽阻,蛮夷犷悍,垒伍凋劫,地产呰窳,皆倍蓰他路,不可不谓难与剧矣!都清兵巡驻都匀,久在提封中,章程之沿革,户赋之徭征,徼塞之防捍,课殿之施法,莫不资揆度,取裁择,乃分守以驻都会,去

①明万历《贵州通志》卷二十一,第十九至第二十一页。

牵路迴远一切，上之人案牍关白甚鲜，故下之人第习知兵巡，不复知分守，乃分守亦延缘往昔之素乐闲适，目为吏隐，而亦自以燕安，不钩校非一朝夕，所由来渐也。

万历乙亥，云南寅所严公清巡抚兹土，察之，因驻都会诸分守大夫屡日开衙，有全无一报牒及禀一公家计者，叹曰："分守、兵巡均地方要秩，分守无所事事若是，朝廷列秩本意必不其然！"遂疏于朝，大约谓："诘戎敕罚，广厉条宪，为兵巡事；理财覃泽，奠安封疆，为分守事；铨管虽异，实相须偕济，不可独倚一偏臣简核。分守贵宁同毕节兵巡，率贵筑西路，地险夷强，止一兵巡驻毕节，难控驭，宜以分守贵宁移驻乌撒；分守新镇同都清兵巡，牵贵筑北路，境壤犬牙，于他藩尤甚，劫夺且充牣，宜以分守新镇移驻平越，分守安平宜改兼于清军，清军事寡，普定距都会声闻易及，彼此俱利。其巨细诸务，守巡兵备宜协恭调赞：文武臧否则交互咨询，重大机密则交互定命，遴委典授则交互详覆，狱讼则交互鞫谳，阙任则交互权摄；兵刑主兵巡，分守参之；钱谷主分守，兵巡参之；事可责成，官无尸旷，免偏重之嫌，得术业共饬之义，策似便。"制下吏部，议如抚臣指，制再下，特允所请，而分守新镇即移驻平越矣。

是时，分守巴渝刘公世赏爰卜平越城内隙地，丁癸向吉，选经历刘信、千户陈策、王朝彦董厥工，缮造于丙子十二月，构竖于丁丑三月，完美于戊寅二月，堂庑廨署门楔阶除，攸跻攸宁，有伦有序。刘驻两月，捧表入贺，擢广东按察司副使去，万安张公尚大至。己卯，清平戍卒迫苦于募役置邮，群鼓噪倡乱，张夜闻变，亟驰檄遣人抚辑，各戍卒随定。是时，微张驻平越、清平，事几殆。张致仕，今晋江黄公德洋至，谓行省分立，操论之筹虑，经始之勤劳，不同于寻常兴作，欲刻石题继至者姓名爵里，虚下方俟来哲，俾清平孙生应鳌记其事。孙生曰："凡公署有题名，将核治绩，垂标准，备征文献，稽实功令，抑亦待观者按评品而彰鉴戒之旨，咸寓于中。兹所营拓，已见部使善审画，不再具。吾闻'物聚则好丑形，事比则得失辩，人并则贤不肖判'，异日士民睹斯石，口诵而手擿曰：'某裨益邦域，某遗爱在人心有去思，某节概当名宦。'则斯石非特分守诸大夫考政镜德之林，实一方所繇视为'甘棠蔽芾，勿剪伐败拜'之具哉！其不然者，士民之觳也弥溢甚，直道载而行之，余固不能私，不敢私矣！"

纪事一篇

馀仙洞宇纪事①

武陵梦玄于公文征致睢阳郡事归，隆庆己巳冬，选胜得此山，山箐有汉马伏波凿石避暑二石屋，迤东邃谷为馀仙洞，公筑隐居，曰："馀仙，出世之逸民乎！"遂别号馀仙子。辛未秋，颍泉邹参知善访公，议凿馀仙新洞，公乃凿新洞。壬申春，邹助工，洞成，是秋公即洞前构妙高玄阁，负山瞰江，登览豁然。万历癸酉秋，余起镇郧，访公不遇，怅惘赋诗而去。乙亥春，余入补廷尉，晤公洞天，公谓伏波征南，殁于此。丙子秋，建瞿仙灵祠。是冬，予得请南还，再与公晤。念公生事清约而丰构以成胜境，炳耀其文行而沉

①郑天佐《（万历）桃源县志》卷下，第三十九页。

晦于深山曲水之间，固齐芳前哲彰美后来者也。爰略纪其事，口口口阃帅超大书深刻于新洞中。

题一篇

题鲁司寇孔子像[①]

吴道子画先圣像，独此为真，馀皆盛于须髯，画伪本耳。子思告齐君曰："吾先君生无须眉。"而元儒黄四如亦谓："自宗庙小影外，偶塑转异，美髯长髭，未审何据。"益足证验。汉文翁曾图遗像，想尤真，今不可见矣。虽然，当时门人欲以事夫子礼事有若，以有若似夫子也，曾子直指不可，欲学者得江汉秋阳之本以求悟所谓皜皜，是为善事夫子耳。瞻容貌者欲得夫子之真，尚敬念斯哉！

明嘉靖癸亥六月望，陕西督学使孙应鳌稽首手书。

书一封

与邹聚所先生书[②]

鳌不肖，曩宦名邦，得奉文庄公颜色，聆诲旨，得告赐田后，颖泉先生正分辖楚北，与贵筑境壤相接也，又辱时惠教言。昨再起旧镇，于邸报中览睹门下请从祀阳明先生大疏，虽未即悟，心切向往之。家庭累叶，正学相承，若高门一德渊源之远，岂惟近代希有，抑亦旷古仅见也。思慕颖

①西安碑林博物馆所藏《鲁司寇孔子像并题》碑，原藏第五室。

②邹德涵《邹聚所先生外集》，明万历邹衮、邹衮刻本，第二十二页。

泉先生甚切，久未通一书，以郧去东广绝，无鳞羽之便，念想为劳，计门下官京邸，必常有家信来往，故敢僭通姓名于记室，且致尺牍于颍泉先生，冀得附往来之家信，得转达云。不尽硕言，统祈照鉴。

语一篇

寄学孔书院诸会友琐言[①]

立志以圣贤为归，学道以伦理为准。

天惟虚，故万物皆容。心惟虚，故万善皆纳。天之生物，若有一刻之停，则造化便息。心之理，若有一刻之闲，则道义便泯。

不以君之心为心，为臣便不忠。不以亲之心为心，为子便不孝。终身可行，信惟一恕。

道不稽诸孔孟，虽贯穿百家，不足以言道。学不本诸身心，虽涉猎千古，不足以言学。

忠信之资，圣凡同具。能充之，便做得圣人；不能充，便止于乡人。

此身与天下国家共为一物者也，不知立其身以为天下国家之本，失此身矣。此心与天地万物合为一体者也，不知充其心以尽天地万物之大，失此心矣。

人之所以同于禽兽者，血气也；所以异于禽兽者，义理也。终身惟血气用事，不知义理为何物，是不能存其异于禽兽者而惟存其同于禽兽者耳。

①又名《幽心瑶草》，据莫友芝辑《孙文恭公遗书》改。

虚名客气，冗具羡财，贪求而不知止；怨府畏途，祸胎鬼趣，颠冥而不能出；虽有人之身，殊无人之实。

命数既定，岂容强求？禀赋有限，何以妄想？不知修德反身，惟欲行险侥幸，过用其心，自丧厥善。

世人莫不有聪明，可惜不在自己性分上留聪明。世人莫不有作用，可惜不在自己性分上善作用。终归无益，其何有成？

心是活物，出入靡常，如就规矩，则日精日微，任其放荡，则愈骛愈远。造入精微，则天地万物且将贯通；流于骛远，则百骸四肢亦无管束。

人心，至神者也，物蔽之，则不神。人心，至明者也，欲昏之，则不明。去我本无，有何烦难？复我本有，岂不易简？

义利关头，即有梦觉之别；悔吝介内，遂为生死之歧。差但毫厘，谬逾千里。故《大易》惟揭知几，而宣圣首示慎独。

古之圣人惜寸阴，古之贤人惜分阴。今之学者去古圣贤远矣！悠荡自遂，老大无成，何异暴弃！

气浮者，其心乱；言多者，其心粗；色矜者，其心骄；容傲者，其心窄。斯人也，难与为仁矣。心实者，其外庄；行修者，其辞谨；内虚者，其容谦；衷和者，其气平。斯人也，可与入德矣。

独立不惧，真是在我，天下非之，而不顾者也；遁世无闷，真得在我，世不见知，而不悔者也。今之学者，一人非之，便立不定，只见有毁誉，何曾见有道理？一人不知，便怀不平，只见有得失，何曾见有义命？

度量如海涵春育，处事如行云流水，操存如青天白日，威仪如凤毛麟趾，言论如敲金戛石，持守如冰清玉洁，襟抱如光风霁月，节概如泰山乔岳。

富莫富于蓄道德，贵莫贵于为圣贤，荣莫荣于守义理，安莫安于尽伦常，乐莫乐于养性情，亨莫亨于行仁义，大莫大于充学问，寿莫寿于全性命。

心若有主，不拘应事接物读书作文，全是真宰运用，是我制外；心若无主，不拘应事接物读书作文，全无安顿去处，是外制我。

市井之愚夫愚妇看剧戏本，遇有忠臣孝子义夫节妇，触动良心，悲伤涕泣不自禁，卒有敦行为善者。吾辈士大夫自幼读圣贤书，一得第后即判而弃之，到老不曾行得一字，反不若愚夫妇看杂剧者，虽谓为市井之罪人可也。

视朝廷重，则爵禄轻；视父母重，则妻子轻；视兄弟重，则财产轻；轻其所重，重其所轻，不知类也。视性分大，则宇宙小；视道义大，则祸福小；视纲常大，则死生小；小其所大，大其所小，不知务也。

根本盛，则枝叶茂；泉原长，则流派远；故学者务先修德。镜明则物无遁形，衡平则物无隐数，故学者务先养心。

仁者，恻隐之心。今且不必讲别的恻隐，但能知道自家恻隐，便可与言仁矣。

智者，是非之心。今且不必讲别的是非，但能知道自家是非，便可与言智矣。

孔子曰："仁者，天地之心。"须时时以此激昂，不失了我的心，便不失了天地之心。孔子曰："天地之性人为贵。"须时时以此策励，不堕了我的性，便不堕了天地的性。

人只有这点心，却使之不能自作主，东挨西靠，而卒无以自立，所以此身只东倒西歪，而无以自立于天地之间。

圣贤言语，如遍地黄金。今人皆窭夫也，若肯低头拾起，便可足衣足食，而卒无人，宁甘饥寒以毙，悲夫！

六经四子如药，今人皆病夫也。若肯审究己病，或攻或和，始因病以得药，终病去而药忘，亦卒无其人，甘讳疾忌医，灭身不悟，悲夫！

万历甲戌七月朔日会末撰于郧台之冰玉堂。

佚文　卷五

墓志铭四通

总兵石公邦宪墓志铭[①]

南服自方叔于征后，惟汉马伏波兵振临沅，受[②]降置吏。其后地虽内附，不能去兵，历代来苗夷为乱。天启皇明，历纪贰百，世宗皇帝受命抚运，天赐忠良勇智[③]之士，克清大憞，扫荡氛孽，九真、日南、夜郎徼外，罔不率俾，足为明德申威之臣，吾党都督南溪公其人也。

公姓石，讳邦宪，字希尹。其先山东寿光人，汉万石君奋之后。元魏时，有讳昶者，官东莱太守，遂居乐陵。传至玉，仕元为辽东行院同佥，洪武肆年归附，授辽东卫百户，调平越卫后所。玉生贞，从靖难兵阵亡。成祖御极，升其子宣清平卫指挥使。正德间，升都指挥佥事，割宅改建卫

①明万历《贵州通志》卷二十三，第七十三至第八十一页。另，焦竑编《国朝献征录》亦有《前军都督府右都督赠左都督石公邦宪墓志铭》，署张鼎文撰，盖张鼎文时在郧阳巡抚孙应鳌幕府，乃应孙应鳌之命代笔也，后经孙应鳌润色之，故二文文字大同小异。卷一〇六，第四十七至第五十三页。

②受，原作“寿”，误，据《国朝献征录》改。

③智，原作“志”，误，据《国朝献征录》改。

学。宣传宗,宗生瑛,瑛生竖,竖生公,有千叶榴结实之异。甫十岁,苗夷迫城,公于阶下立垒持镖,愿当一队,霞山蔡公壮之。嘉靖戊子袭职,庚寅后寻升都清守备,历云南都司参将、贵州总兵官,从事征剿大小肆拾馀战。

其小者:镇抚凯里司,恶苗纳款,湄潭六寨投降。进征都清铜苗阿保等,斩首百级。截杀凯口贼阿廷等,斩首二百四十九级。答干地方斩首五十级,白洗寨张仰保斩首七十二级,雕剿六龙山残苗九十四级,邛水司台黎等斩首七十二级,簸箕寨龙若三等斩首八十四级,王三奓长等斩首六十八级,龙塘寨龙老三等斩首五十三级,拗洞寨岑贾斩首一百六十八级,沙留寨龙老田等斩首三十三级,龙山斩获一百二十三人,龙老寨阿利等斩首四十级,邛水司梁山鬼央等斩首一百九十二级,地隆、阡龙、力水等斩首四十三级。

其大者:四川流贼合思石苗夷据江村囤叛,大征命下,攻之不克。公视其崖壁高仅三丈,令军士积草崖下,军中选一少年何全,谬充千户,与贼交质,诒曰招抚。全往探,贼食尽,守者皆妇人,即如公策,从囤上一跃下,大军鼓噪急攻,斩首一百馀级。

都匀七司相继仇杀,兵宪忧之。公曰:“七司如鼠斗穴中,气尽自毙。独山蒙钺杀父争官,诛不可缓。丰宁杨垣罪恶次之。”令先声罪独山,然后移师丰宁。丰宁抗我师,公乘胜捣之,斩首二百四十九级,各司皆平。

云南江川等州县有猡猡、朴剌、犸鸡等,东有昌明、龙朋等,南有歹李成、老阿旦等,恃险固,各肆抄掠,兵不能入。公诇[1]得贼状，分麾而行，亲督诸军，伐木填堑，川陆并进，猝入贼巢，火炮俱发，四面响应，贼弃甲走者，伏兵执之，行且斗者，追尽殪之，东南二贼皆就擒，夺回男女牛马无算，斩首三百馀级。

磨子崖囤苗卢阿项等，擅生杀，异章服，为川湖梗，抚之不服，调土兵七千进征。春江雨涨，公令军士编筏径[2]渡，猝至崖下。夜防劫营，是夜果至，伏兵斩首数拾级，铠仗尽弃。贼求援于播之吴鲲、赵懋等，诸将皆恐，公曰："安万全，杨烈所畏也，调水西兵三万进次乌江，声问烈纵鲲助逆犯顺之罪，烈奚暇援人乎！"公每路分兵，迭肆疲，时二月，沿路桃花未发，公集兵犒劳曰："桃花须一二日开，吾以鼓催之，花速开，囤即破矣。"日午，报桃花尽开，军中作气。又令树旗百步外，曰："我射中旗杆，贼父子俱禽。"一发果中，军中踊跃，乘风举火，烟焰障天，斩关而登，生擒贼父子，斩首肆百柒拾馀级。

湖广溆浦县瑶贼乱，公征之。令制五色旗各百，立五营，令贼探者识之。越日至山，分旗兵左右前后立帜夺山，公总中坚，分两翼，由前山入。贼出迎战，入则夺山者据巢矣！斩首三百馀级，俘获数百人，贼平。溆人肖公像祠之。

容山土官张问、韩甸仇杀不已，公以兵声罪。守备叶勋、千户郭继武颇易之，稍近，伏兵四起，勋、继武皆遇害。公于重围中杀数十人，挺出，至镇远，调度兵粮。贼于沿江

①诇，原作"詗"，误，据《国朝献征录》改。下文"公又遣人诇吴黑苗子侄"处亦作"诇"。按，詗，《说文解字》："共也，一曰譀也。"与上下文义不合。诇，侦察、探听，与上下文义合。

②径，原作"征"，误，据《国朝献征录》改。

防渡，公佯与争渡，别于上流三十里编竹为桥，潜军暗渡，公为后应。贼势转盛，公身当矢石，我兵水陆并进，贼溃，坠河者千人，斩首三百馀级，禽问、甸，容山平。

其尤大者：铜仁剧贼龙许保、吴黑苗据六龙山，剽掠湖广川贵二十馀年，其地阴溪穷谷，竹树云迷，连高夹深，危险叵测。督府张襄惠公请合三省兵攻之，公曰："地险易匿，贼首不可得，不若厚赏顺苗为腹心，以贼攻贼，便时以召兵。"公至铜仁，招纳顺苗二千馀人，示以恩信，日出猎鹿，据其要布营结寨，诸苗莫测。迫铜仁，或欲闭门坚守，公曰："城外无人乎？"开门出兵，贼已欲济，公以飞枪中之，炮火俱发，自相蹂躏，死者无算，贼首遁去，袭破思州府城。公督兵严程束甲而趋，追至黄山，夺回掳去人畜各数十。贼首又遁去，陷石阡府城。公乘其疲困，分兵要截归路，首尾不救，斩首百级，夺回男女八百馀人，牛马器械无数。贼首又遁。大征命下，三省兵克期大进。公声言由滑石江进，谬令奇兵于江上山头张虚旗燃火疑贼，公乃率众衔枚疾走攻亚寨，冒雪而行，出其不意，一鼓破之，得其仓米钱帛牛马，进克滑石江、狗脑坡、麦地、龙塘诸处。龙塘，许保所居，或曰："难克，且先攻瑕，兵法也。"公曰："斩蛇先断头。"令敢死士数十人潜伏后山，令宣慰安万全开山，公以步兵与贼背寨门殊死战，军中炮起，伏者应以火器，贼疑前后兵至，弃甲散走，追杀过半。贼首又遁，督府檄进董留山。公曰："兵贵神速。"乘胜兼程倍进，贼分兵拒之。公据险立营，坚壁不战，夜令某处开一面以防劫，某处设伏以待贼。是夜，果如公料，伏兵四起，杀贼过半，攻剿四昼夜，董留山平，前后斩首五百五十级，擒获者不计。进攻湖苗，川湖二省援兵不至，苗贼并力冲营，营溃，公以数十骑横[①]戈格杀数十人出。走十里，遇伏兵，又格杀数人，收败卒数千，据险以待。守备柳之文死之，廷议以公戴罪杀贼。公得谍报，许保逃匿深洞，间与各苗往来纠合行劫。公召顺苗某某，属以诱贼，且谓之曰："昔在围中，见二人挺而麾曰：'开路开路，我马得行。'既访之，老猫老猓也，似欲归顺，其妻子系狱，彼能来归，我能开释，若大兵至，无及矣！"猫猓来降，公即取彼妻子令见，执手痛哭。晚令宿府中，夫人为其妻易衣添妆。厌饫酒肉，数日遣去。一日，公置酒高宴，招猫猓旁侍，情狎，酌以大斗，猫猓心醉，誓许[②]报恩。明日，赏衣服酒肉，令与妻子同归，诸苗闻知，皆有顺意。猫猓归甫八日，率诸苗来降，且报曰："许保缚矣！"公择精锐四千人，夜抵塘寨立营，大雨，公喜曰："此洗兵雨也。"问其地，曰汤总兵垒，公又喜，默祷于天，须臾晴霁。黎明，猫猓等谒见，缚许保献功。公椎牛飨士毕，与数十人往猫猓寨，妻孥奉觞，欢如父子，仍送公五十里别。公又遣人诇吴黑苗子侄家丁止四十人[③]某日欲出，伏兵中途斩之，苗悉平。督府上功，加提督麻阳、酉邑等处，节制川湖，驻扎铜仁，自公始。

平州司杨进雄杀叔及侄而夺其妻，公合诸土官宣扬其罪曰："汝能自服，子孙不失茅土，不然，吾纵汝以兵决战，吾将郡县汝。"雄泣，就缚。

---

①横，原脱，据《国朝献征录》补。

②许，原作"取"，误，据《国朝献征录》改。

③侄，原作"姓"，误，据《国朝献征录》改；四十人，《国朝献征录》作"十四人"。

白泥司土官杨赟杀一家男女数十人，自戕其族，负衅阻命。公发兵镇远，赟佯使人以他事来侦伺动静，公直谕以征诛之法，明示破之之计。赟遂与家人泣别，翼日诣公款降。

安国亨以四十八万众为乱水西，谒上官，辞色不善，即拥众讙噪出。主兵者谓宜讨之。公以尺咫檄召国亨，责之曰："乃欲反耶？吾视尔釜中鱼耳！尔四十八酋长能忠主乎？吾铸四十八印，立为四十八官，朝下令而夕馘汝矣。不然，吾令尔仇严仓、乌蒙攻后，四川播州攻右，调云南兵以象攻左，吾以湖贵攻前，尔谁敌？尔汉唐来基业在吾掌股中，可裂为郡县耳！"国亨免冠顿首，痛哭谢罪。

惟公天成勇略，动合神机，或以兵力取威，或以口舌定乱，虽古名将不是过。若夫孝先祖，尊事祖母席太夫人、母王太夫人，友爱二弟姊妹，敬其族叔虎，仁及三族之亲，助丧赒贫，不矜己功，不扬人过，读书好学，为兵宪鹤皋张公所器重。已乃尊敬迪德，生事死祭，以报知己，则又循循然儒者气象，非武夫介士能为之。大司马冯公、开府顾公及两京九卿诸荐疏咸当实不华，天啬其年，隆庆戊辰七月六日卒于铜仁官署。公卒后，贵州诸夷多蠕动兽突，水西竟不逞，或剿之不得，辄行抚，抚之又不听，凡四易总兵，皆无策，若公在，何至是！呜呼！天其未使我明无南顾之忧乎！

卒之日，呼二子曰："我有俸廪，皆饷军士。死以贫累，汝无我怨。"端坐而瞑。士大夫及夷汉军民无不辛酸涕涕[1]，披麻临奠不绝于路。铜仁士民捐赀立祠。抚按以恤

①涕涕，《国朝献征录》作"涕洟"。

典请，赠左都督，祭六坛，敕布政司营葬城北祖茔后山。生前蒙钦赏一十有四，升俸级者三，膺荫[①]者二，追赠三代，祖、父皆如其官，武臣之恩极矣。[②] 配周氏，赠夫人；继宋氏，封夫人。子三：长山，冠带舍人，有将材，早卒；次岳，袭授都指挥佥事；次嵩，卫学生。孙男二：长振，次擐，应袭。公生正德丁卯十月二十三日，享年六十有三。

余与公有世戚。往公捐馆舍，余适越乡，不能临哭。比移疾还山，嗣君岳征碑铭，病未克就。兹起废郧台，复辱使使申前请，乃摭其略序之而系以铭。铭曰：肃皇圣明，在位灵昌。绥文诘武，勘定四方。桓桓石公，万夫之特。应运协符，镇定南国。南国开阃，远扬天声。用奇制变，夷方震惊。荆巫来威，苗夷荡覆。三十馀年，貔虎詟服。煌煌烈烈，翊我皇明。尊主庇人，万里干城。厥有怀来，不专杀伐。武之善经，布昭式遏。西南一柱，屹屹擎天。霜凝风谧，烽火不燃。百越三巴，楚南交北。三千里间，顺帝之则。岁在丁戊，日坠星黄。君臣后先，爰继惧伤。中兴之功，壮猷未极。于铄其懿，垂诸竹帛。丕哉制辞，廓兮大隧。曰归曰藏，岁维己巳。

培竹李公墓志铭[③]

培竹李公，贵州清平人。举嘉靖丁未进士，授南京大理评事，升寺正。丁孙太夫人忧归，孙太夫人者，鳌太姑

①荫，原脱，据《国朝献征录》补。

②"武臣之恩极矣"以下文字，《国朝献征录》无。

③《清平县志》卷六，第五十七至第六十页。又见莫友芝辑《孙文恭公遗书·补辑杂文》第八页。

也。已又丁竹泉公忧。先后服阕，赴铨部，改缮部督木郎中。五年，升江西按察兵备南赣副使。秩将满，留，加参政，仍掌兵备南赣事，先后四年。升都察院右佥都御史巡抚广东，又二年，以致论听勘归。归三年，遘疾考终。

初，公举进士，时三百人，皆推公器识。暨官南京，谳狱明允，得讼之情，以丽于法。南京缙绅大夫莫不推与公，于是公声名日起。会丁巳春三殿灾，世宗欲鼎建殊亟，求可称任使者，遂特改公缮部，往董川贵大木事。先是，采木使第稽籍款数，公必深入岚瘴，不辞险阻，为有司先，一时报发独多。公又不似他采木使理商值，第令有司出纳，终其役，皭然无物议。西南民力匮竭甚，部檄日旁午，公调停有宜，事毕集，民不为苦，巨工实赖攸济。于是公声名愈益崇重，朝廷遂畀公南赣兵事矣。南赣者，盗薮也，犬牙于闽粤三楚之交，自阳明先生经略后，垂数十年萌孽滋长，岁辛酉，杀汪宪使，猖狂弥甚。公莅任仅浃辰，即单车入岑岗三巢，譬晓李文彪、谢允樟诸剧贼祸福，各敛束听命，还返掳夺人民田亩，思革面向化。适邻省黠寇梁道辉、温鉴、苏阿普、李仕政辈，或拥劲兵乘间内劫，或抄卤乡邑，惨毒不可言，时下历巢贼首赖清规盘据尤久，互相响应。公倡勇敢，定方略，尽讨平之。一捷于上杭、瑞金、石城，斩首千数百级；再捷于曲江，斩千级；三捷于洪田、长汀、漳平、永安，斩九百级；四捷于始兴、长乐，斩五百级；五捷于平远，斩三百级；六捷于连州、阳山、英德，斩四百级；七捷于信丰，斩四百级；八捷于信丰，斩百级；九捷于翁源、河源，斩万二千级；十捷于下历，斩三千六百级；诸俘获与招徕迫胁者悉称是。立定南县治，控制诸巢，安恤旄倪，南赣境土，赖公廓清荡平，士民如解倒悬，神人之郁愤尽泄，室家始相庆更生，馀风所被，罔不震慑，诚东南用兵以来所未有。

无何，广东贼煽乱遍满耳目，不能戢，廷议请杀抚臣。公以在南赣有大劳效，特膺简命开府。其地当百务，创造无所承袭，公综理周密，号令严明，省汰减费，虽羽檄纷驰，馈饷连络，未尝增岁额。外缮兵甲，造战舰，修城郭，练士卒，勤瘁不可殚述。剿翁源叛贼张韶南，斩三百五十级；剿长乐纠倭贼黄允，斩百六十级；剿惠湖贼梁有川、林道乾、林爵，斩五百七十级；剿归善贼林金、黎尚德，剿泷水贼黎希文，剿恩平、新兴、新宁贼仓步、谢廷宾，斩千级；剿韶州贼吴子和、张子贤，斩三百级；剿程乡贼杨子亮、李春又、蓝松山，斩千级。公用兵，谋定方战，应变不穷，鼓舞将士，人人乐为用，即当盘错，迄有成功。凡虎啸于山林，鲸吞于瀚海，积累跳梁，莫敢谁何，一一诛锄芟刈，终岁内捷书相继十馀上，受金币之赐者十有三。先皇御极，首录公功，赐玺书谕劳。

鳌尝谓，人君莫不欲求御侮奔走之臣以为桢干，以保土宇，然败绩厌覆相随属，而倜傥非常之人稀，旷世而不可见，非惟才智之难，兼抑以得精白忠贞之士尤不易也。公才智既卓绝，任国家事当封疆责任，但知有国家有封疆，不复知有身有家，庶几哉可俪美精白忠贞，不忝社稷臣矣。

广东贼业已次第殄除，广东人不欲再建抚臣，公缘是瑕衅颇起。及解组归来，舆论既定，朝廷又谋及公再用者，乃公遽长逝。嗟乎！重可惜哉！

公讳佑，字吉甫。先世福建崇安人，远祖琦，洪武初以仕寓清。祖纯，官教谕。父夔，南京刑部员外郎，是为竹泉公，赠如公官。公读书史，能强记，文章浩荡浑雄，自申意趣。乐汲引后进，胸次坦夷而操履不弛。执亲丧，事伯兄，皆极情礼，抚幼弟俶，教爱笃至。居常自奉俭素，时时考究典籍，见人侈靡不学者，不悦也，谓乌宜有是。生丁丑九月十一日，卒辛未十二月二十五日，年五十有五。配白氏，赠夫人。继吕氏，封夫人。子大晋，辛未进士，授四川宜宾知县；大有，庠生；大鼎、大恒，业儒。女三，长适孙应鹗。孙二，敦孝、敦性。孙女一。著有《南法寺驳稿》六卷，《抚粤疏草》八卷，诗文四卷。都匀府建有宸翰楼，在城西屠姓宅左。以今壬申十二月二十日安窆于翁沼山之阳。铭曰：于铄华裔，建佳城只。胥宇黔壖，世业亨只。中丞崛起，声闻宏只。射杨蕊殿，陟方瀛只。南都掌理，天下平只。明堂云矗，信峥嵘只。东南寇盗，倏满盈只。狼心枭响，古虔郴只。非公孰伐？饬五兵只。扬麾指日，神鬼惊只。韬钤变疾，风云横只。威灵赫奕，群丑撄只。幕天氛祲，尽廓清只。士女箪壶，马首迎只。献俘奏凯，归帝京只。授钺东粤，得专征只。赤心白刃，耀光声只。迅雷破竹，何铿锵只。商返贾肆，农复耕只。皇锡络绎，金币擎只。功高谗兴，徒狰狰只。公兮归来，投素盟只。忧乐先后，国老成只。徽美矩矱，乡耆英只。鹤縻好爵，子和鸣只。没安存宁，耿嘉名只。沼南葱蒨，阡冈营只。志辞无惭，视我铭只。

江西按察使李廷龙墓志①

近麓李公者，湖广湘阴人也，与予同举嘉靖癸丑进士。公，名御史也，岁乙丑巡按四川，予时为四川参政，已又为按察使，得以职事参佐公下风，几两年。

公初入四川境，首察郡县吏之虐下贪婪者，与纵左右为奸者，旷官守者，各弹按数人。以一身为准，凡无名糜费，悉与减削。百姓莫不欢欣鼓舞。会逋寇黄中作乱东川，湖广巡抚依违观望，不欲加以兵。公乃持大义，必会剿，毋令荼毒我赤子为也，黄中巢穴卒荡平。白莲贼蔡伯贯起，连破七城。公时巡顺庆，谓余曰："君守顺庆，我当驰守潼川，此时宁能分职任？要无令贼逸出剑外行，当尽毙蜀中，庶为上策耳。"公发财募勇士，贼果歼灭无遗。龙州宣抚薛兆②，朝既命公甄别统军监军功罪，为请设府治，安戢胁从诸遗氓，龙州悉宁。凡此皆公四川大功。今巡按第曰我惟司纠察，孰能以身肩地方事不他诿如公之果毅耶？余掌宪，访知剧盗抄虏叙州帑藏，守巡官急捕富民程撰三十馀人责偿，论死，俱诬服，奏覆下。余白于公，欲雪其冤。公即亲为推鞫，得冤状，遂反成案，立出之。公尝劾龙州统兵指挥使，论戍，属余再核，无实，不当戍，请于公，公莞尔曰："百司庶职，故当可否相成，岂以巡按论定，遂心知其非，不敢出一言乎？君实成我，非与我左也。"即再疏，释其罪。今巡按在外，虽藩臬大僚惟恐失一言笑，巡按亦自谓

①李瀚章等修，光绪《湖南通志》卷三十六，光绪十一年刻本，第五十七页。题目系整理者所加。

②"薛兆"下脱文。龙州宣抚薛兆乾执参将贺麐见叛事，详见丘禾实《孙文恭先生传》。

宜然，如公但执事理之是，不以异同为喜愠，盖近世不可一二睹见者。公又尝劾按察之庸懦者，又劾操江巡抚之不当隶本贯者，及得代，所举劾奖斥文武诸司，若衡之较，鉴之照，无爽忒也。出境之日，行李但四筐箧。呜呼！此可为御史楷程矣！

公初授徽州府推官，民多以财相雄，得官府一盼睐，捐数十百金不惜，公卓然涅而不滓。与民断狱讼，不为株连蔓引，事至即讯，讯罢即遣人，人颂其公平。为建城池，资保障，所署歙婺休邑，皆播美誉。去之日，民立祠勒碑，以识不忘。既行，取选河南道御史，巡盐两淮，值岁大歉，遍行赈救，恤商人利病，所济活不知几万人。巡按福建，监临乡试，场屋中宿弊尽剔，一时得人称最。赐告归，归而再起，巡按四川，寻擢河南兵备汝南副使。又赐告归，归六年间，湖广都御史刘公、汪公、张公，御史雷公、舒公、陈公交荐，又起陕西兵备河南副使。公兵备汝南未一年，兵备河南未数月，去之日，民皆哭泣相送于道旁。虽未悉公之政，可觇公之泽民深矣。公去陕西，擢河南，分守汝南，参政汝南，民咸曰："非分巡我土我欲留不得而去而今复来者欤！"公至南阳，诘兵戎，训武胄，修河堤，塞矿洞，溽暑则施药，饥馑则赈贷，民果人人相庆，若孺子遇慈母。会公感夙疾，屡乞休，未得请，迁江西按察使，行次岳阳，遂捐馆舍矣。公生正德壬申正月二十日，卒万历丙子八月初八日，寿六十有五。

公居家，以礼义自闲。有赋税不均者，公为之平；有争讼者，为息争；子弟有可教者，开导造就，使有成立；有以事求造谒者，不与接，立叱去。时时申明太祖教民之条，使人循冠昏丧祭礼仪，敦古厚伦，尚俭崇朴，作《还朴约说》，以挽世风；置学校祭器，增号舍；置义田义冢，修桥堤；散谷周急，施棺椁。没之日，宗族乡里莫不涕泣悲哀。盖公学有原本，不事功利词章，故出则济时，即修己所达，处则修己，即济时所敛。呜呼！斯人也，岂特可祭于社哉！

兖州丞陈公近衡墓志铭①

近衡陈公，余同年友也，讳珊，字鸣仲。其先庐陵人，洪武初，有福寿者举孝廉，授汲县令，调四川富顺，卒于官，遂家焉。累传至绮，从掾贵藩，生时谟，仕景陵县县丞，再经铜仁，因附籍于铜。配熊氏，生公。公生而颖拔，十岁能为古诗文。嘉靖癸巳，诏选贡诸生，公褎然为举首。碧溪公署景陵，以豪民诬讦，被逮。公驰赴督抚东桥顾公，上状数千百语，顾一览，疑顿释，召碧溪公语曰："吾解尔冤，且奇尔子伟节。"急还县，旋举贵州庚子乡试第二。时铜平守备邵鉴为当道媒蘖，督抚石溪韩公问于公，公历言其贤，韩竟以此荐鉴。卒业南雍，执贽玉崖余公、松溪程公之门，一时名重金陵。魏公东园徐君愿假馆，公为书固辞，以平原、信陵归徐而自别于龙子侯生，于是徐愈益倾重。

铜环匝苗夷，丙午、丁未间，苗猖獗甚，朝议下巡抚大廓王公剿之。公上戎务十馀事，谓总兵白铉可任。王忌公，诸施厝悉与公言左，夺白总兵权，委将军李宗佑以兵事。李害下而不恤，师持久无功。有旨逮大廓，推净峰张公总督诸军。张公至，一一求谋画，公谓诸将军惟石参戎邦宪可倚以

①明陈以耀修《(万历)铜仁府志》卷十二，第九至第十三页。

大事。及老健营败绩,巡按董近淮欲劾石,而公又力请曰:“劾邦宪无补往败,顾坐失后效,非计之得。”董为寝其疏。无何,总兵沈希仪病免,公白于松溪程公,竟得石代总兵,而又草疏托给谏游让溪闻于一朝,令石得总督湖北,无挠事权,至今因之。道辰州,遇械校奸细十馀人,询之,知以避苗故见逮,白督抚,立宥之。壬子,计偕京师,值杨椒山论分宜系狱,公与吴悟斋、陈蒲州欲申救,后疏草为友人夺,乃中止。皆公未释褐时所为,然英毅气已勃勃盖一世矣。

举癸丑进士,授行人,往江西治建安王葬。巡抚陈五山、巡按吴初泉属公校序《欧阳文忠全集》,梓成,分宜览之,曰:“吾里人也,何物陈生而遽任此!”业已衔之。适公业师王兰为北胜知州,致仕,武人诬其通夷,迎郡守吴交湖意,坐王氏阖门死刑,洎无辜军配流徙三十馀人。公闻之,大哭,列其诬,上诸当路十馀札。吴,丰城人,与分宜门下士鄢懋卿、万寀至戚。鄢、万同构公于分宜,而分宜恨之日深。万点文选,拟补行人司副,太宰古冲李公不可,未几李下狱,公竟补户部主事兖运山东、河南。丁父忧归。坐前诟考察,谪福建布政司照磨。量移襄城知县。襄受汝河害,数犯城隍,公力任河务,七十日浚三百五十丈。迁兖州同知,驻曹任河务,尽查革守铺堤夫,岁减冗费五千金。区置桩草大户,法简弊绝。所筑堤一百八十里,不掩寻尺。廉得兖郡诸州邑二十八冤狱,条上,尽释之。锄抑曹豪猾十八九,期年,令行禁止。而曹故有逆子凌嫡,事败,公尽按治,逆子逃京师,散万金,反复其事。会星变,诏检中外官,公遂以坐前诟,拾遗闲住。

公既家居,王兰家有地产与公业界连络,举以报公。

公曰:“吾申吾师冤,不惜一行人,反受一掌地耶?”笑却之。创同仁楼,延进郡诸俊秀,为择良师友诲诸子,人业一经。诸子先后出身,或贡,或举,或成进士。公时时令读当代名臣录,曰:“毋徒目前光彩,转瞬三十年,若无实物,此与水上浮沤何异?”海宁君迎养,公欣然命驾,取道宁远,尽采岣嵝之胜。自海宁西归,迟留孤苏金陵,虎丘牛首,访旧题诗,凡两月。闻孙孺人洎春元君讣,不胜哀痛,甫修宗祠竣工妥灵,亦即以丁丑八月十八日不起矣。距其生正德庚午三月三十日,寿六十有八云云。

海宁君手状公行实,奉公遗命来索志铭。初余闻公讣,为位哭,已为文奠公,大略谓公之学,见善必亲,见恶必怒,就义若渴,去利若濯;由衷以言,任真以行,虽仕宦不达,交游同猜,动罹触忤,屡招诸忌,不自计也,庶几实录。而余又读公平日诸体诗,格律超佚,意兴所融结,类多天成。文章浩荡辨博。字于行草尤精绝。人但服公才艺之雄,而孰知惇伦常,重节概,遇事当为,不尽其心,不极其极不止。人但服竖立之高,而孰知鄙陋智谋,根著天理,自再见道林蒋先生讲诚意之旨,识见弥亲,发摅弥大。公尝与予言:“学不充,乍见孺子入井,怵惕恻隐一念,终属虚伪,终移赞毁。”则公所最用力所最得力。其书座右铭曰:“士大夫能以居乡之心居官,天下必无冤抑之民;能以居官之心居乡,天下必无请托之事。”则余所最服膺者也。嗟嗟!余深知公,公亡,非余铭公而谁铭?铭曰[①]:

---

①“铭曰”以下,见《(万历)铜仁府志》卷九第六页《陈珊传》。又,郭子章《黔记·乡贤列传三·行人陈珊》卷四十六,第十五页,亦载此铭。

厥赋伉隆，厥才显融。厥节巃嵸，以殢其躬。仕宦不逢，业传五经。子挺八英，文撷群菁。以昌其声，芳华允明。折渚若流，环岫若捄。密樾若怀，公丘式修，藏兹永休。青山何依，白云何霏，西冈何倾，公诗孔辉，信哉如归！

奏疏四道

重建郧阳提督军务行台疏①

明万历之二载，都御史臣应鳌言："臣幸得奉玺书，领大藩，以时布天子威德，吏民貌共寝，事事小间，然实不胜卒逖之虑。臣所领郧镇，北抵华阳，南跨江汉，西逾嶓冢而遥，东尽澨水，实割秦楚梁三藩之垂而又间错蜀，以不时縻属兵事，罢则已。所领名为提督抚治，而不恒受符节，不得从军兴法以便宜从事，虽亦用考功计吏，顾三方之抚臣实共之，而其黠桀者阳受柬而阴娆以左支右吾，甚或借躯椎埋奸铸亡命之徒，出一探丸而繁丑糜至螨附，距弘治于今未百年，而叛者十三，一杀倅，二杀令，三杀尉，而祸未已竟也，则岂其先臣之咸弗事事？毋亦县官之所以委任之者未尽欤？臣不胜过计，窃以当武宗朝，赣实据江闽岭海要害，数困贼，而都御史守仁以提督军务请，诏许之，一切便宜从事。守仁用是得募卒搜伍，缮甲庀訾，三载而夷环赣之险以千里计，诸盗穴若洗，至以其馀劲扫窃号之强王，而国家无亡镞之费。臣不佞，不敢望守仁，请郧一切得比赣。"

---

①王世贞《弇州山人四部稿》卷之七十六《重建提督军务行台记》，第八至第十页。

议加兵备职衔疏[1]

都御史孙应鳌题为议请加添兵备职衔以便责成事:臣惟我国家于按察司官建立兵备,或以天下之要枢当防则设之,或以方隅之广长当驭则设之,或地值上游宜控扼其势则设之,或境切重关宜捍蔽其中则设之;或有司军卫之不相统,则设之;或郊圻犬牙之不相制,则设之,盖以纠察之权作弹压之地,藉法纪之任为振厉之图,实要秩也。臣提督抚治,在湖广之郧襄曰下荆南道,在陕西汉中曰关南道。国初,兵事不属文臣,故贰道惟以按察司副使专分巡之职,其后因流贼平定,开府编氓,故二道惟以分巡专职加抚民之任,经略处置,亦可谓善矣。但政必审微以擘画而后不戾于弛张,必因时以变通而后可贻于久远。臣谨稽诸往事,察诸今时,研心陶虑,以求至当,则此二道抚民分巡官员俱宜加兵备职衔,使之整饬戎务,然后足以保障地方,免于他虞。自襄阳、汉中之惟以分巡驻其地也,官于是者第曰我职分巡尔,一切武事悉废而不讲。于是河南秦楚之交,流离转徙,丛集既多。刘千斤、石和尚作乱,是以有成化乙酉之变。刘千斤等伏诛,控制戍守未设,防禁复疏,李胡子、小王洪复乱,是以有成化辛卯之变。此皆未设抚治以前事也。自襄阳、汉中之以抚民兼分巡也,官于是者第曰我职抚民尔,一切武事仍废而不讲。于是唐、邓盗起,流毒汉南,是以有成化乙巳之变;竹山寇野王刚作乱于洪平,是以有弘治庚戌之变;何淮作乱于宜城,是以有弘治庚申之变;蓝鄢盗起,襄汉之贼皆云集响应,是以有正德庚午之

①裴应章、彭遵古等撰《万历郧台志》(明万历庚寅郧阳刊本)。

变;廖时贵、喻思俸作乱于褒斜,是以有正德癸酉之变;徐学作乱于均州武当山后,是以有嘉靖癸未之变;杨文正等作乱于商南、南郑,是以有嘉靖己丑之变;郭仲才作乱于竹溪、平利,杀死主簿张文英,是以有嘉靖己亥之变;田世爵、张万友等作乱于凤县,是以有嘉靖甲子之变;河南矿贼桂佳等越境犯襄阳、枣阳、随州,匡悟车、刘孟湖等作乱于西乡、洋县、石泉、汉阴,刘本川等作乱于紫阳,杀死典史高洪,是以有嘉靖丙寅之变;常自良行劫双沟、樊城,杀死巡检穆文深,汤济民突入保康,杀死知县张士勋,是以有隆庆丁卯之变;此皆既设抚治以后事也。虽经调动官兵,毕力驱捕,地方幸获安全,然劳费兵粮,上勤宸虑,已不可胜言。盖缘建议之始,谓流民招安,无复馀患,遂将臣本衙门官衔为抚治,各分巡官为抚民。使当日设有兵备专责,官员有常,声实所加,奸宄必不敢逞,即逞,必不能大肆猖狂。顾乃恬熙之久,上下相安,惮振作而乐因循,恶励精而习苟且,致使一兵不教,一卒不练。难未发,鲜彻桑御侮之谋;难既发,为见兔顾犬之策;难既去,寡干蛊承考之志,冀求侥幸于万一。变至乃图,其若国事民命何?臣至襄阳,委都司官查阅操务,凡行伍之隶尺籍,有其名,无其实,十人而八也。臣又牌行汉中分巡,查取实在操备军士数目,今已七阅月,犹未报也。平居不过期会文案相综核,且然若此,临事而重困,不啻前辙之难又可知矣。往年都御史王学夔欲于下荆南守巡之外添一郧襄兵备,驻札竹溪,于关南守巡之外添一汉羌兵备,驻扎宁羌,议皆寝阁,未之施行。彼诚有见于地方治兵之不可已也。然守巡之外议设兵备,未免官多而权不一,民扰而下难胜。臣今之议,则欲以二道按察之官以兵备为专职,以抚民分巡为兼职也。夫以兵备为专职,必各以诘戎为专务,自时厥后,使犹袭故智,不克经理戎行,明其政刑,消弭盗贼,则臣既不能无执辞,各官亦难以逭重谴矣。下荆南所统二府一州十三县,关南所统一府二州十四县,崇山峻岭,回溪复壑,随在皆然,计其封守,各不下三四千里。疆土绵邈,则蛇豕难防,陵谷深险,则枭獍易聚。自臣所钤辖若二道者,当设立兵备,固不俟论,即考究天下形势,二道地方尤为舆轴重地,尤不可以易视。是以唐宋名臣所论著,咸谓自武昌至江陵为东南一大都会,人皆知其为江湖之险,然后知有荆湖之势,不知为襄阳之计,则非知荆湖之险者。自涪陵抵成都为西南一大都[①]会,人皆知其巴蜀之险,然徒知有巴蜀之势,不知为汉中之备,则非知巴蜀之险者。盖襄阳为荆湖之唇齿,汉中为巴蜀之门户。荆湖重镇以襄阳为唇齿,则荆湖之险可得而固;巴蜀要害以汉中为门户,则巴蜀之险可得而备。陶侃使桓宣镇襄阳,故赵人不能越汉沔以取荆,蜀以魏延镇汉中,故魏人不能逾南郑以谋蜀。观昔贤参讨之详若是,则襄阳、汉中厥系之大,非特臣之部御,实荆湖、巴蜀、河洛所共倚为重轻,则襄阳、汉中兵备之设,亦非特资于臣之职办,实荆湖、巴蜀、河洛之守臣所共倚为轩轾。质诸国家建立兵备之地,或握枢要,或控上游,或兼驭于统制,或联属乎幅员,若斯二道,加添兵备职衔,罄无不宜。夫无增官之烦,有治兵之任,至便也。以一官兼民兵之责,缮介胄,必无婪憯怵威之慝;理绳墨,必无哃喝蹠盭

①都,原脱,据上文"自武昌至江陵为东南一大都会"句例补。

之行;文贴武妥,如水火相济,至顺也。至下荆南,合郧襄郡县卫所之校卒,立法团练之;在关南,合汉羌金沔郡县卫所之校卒,立法团练之;神气周贯,声势交重,至威也。无事而抚绥,则惠允孚;有事而擒剿,则兵中律。凡草窃作奸之徒,知外防不索于内,内取不求诸外,列疆而守,绝其钞掠,易于束缚,各思敛藏。虽有纤芥适至之疾,而无仓皇诪张之患,至安也。伏望皇上敕下该部,看详臣议。如果臣议不涉谬妄,关于安攘之策,乞将驻扎襄阳湖广按察司副使一员专命整饬郧襄兵备,兼抚民及分巡下荆南道事务;其驻扎汉中陕西按察司副使一员专于整饬汉羌兵备,兼抚民及分巡关南道事务。各添给敕书一道,责成往来该管地方,操练兵马,修理城池,禁缉盗贼,稽查奸弊,抚安人民。事权既归,循名可以责实;掌治既定,按职可以奏功。地方幸甚,臣愚幸甚!昔莒之渠丘公恃陋不备,左丘明讥之曰:“恃陋而不备,罪之大者矣!备豫不虞,善之大者矣!”臣不敢求善之大,求以免罪之大者尔。惟陛下裁择!

恳乞圣明裒集英才以弘教育事疏①

礼部右侍郎管国子监祭酒事臣孙应鳌等谨题为恳乞圣明裒集英才以弘教育事:

臣惟兴化治理,本之贤才,成贤育才,要于素养,不素养士而求得贤,譬犹不琢玉而求文彩也。国家以科目取人,得人称盛,顷我皇上综核群吏,法诸尤无良,以风示天

①王材、郭鎜等撰《皇明太学志》卷九,第四十至第四十二页。黄儒炳撰《续南雍志》亦载此疏,文有节略。

下,天下吏士谓宜洗心涤虑,斤斤焉一新听闻,乃政以贿成,官由宠败者,往往形于奏牍,此曷故耶?臣愚以为法禁于已著而教化于未形,忽未形之化而崇已著之禁,臣恐植木不于其根,浚水不自其源,终非所以培养人才曲成士类也。祖宗设立太学,凡举人下第及副榜不就职者,俱令卒业其中,诚不欲小其才而用之,俾切劘久而资性纯,闻见博而才猷练,躁心浮气无所容而高明光大之域日以进,养之于未用,用之以所素养,得人之盛,职此其由。迩来下第举人不务向上意指,勉图大成,率多回籍自便,返以入监卒业为耻。见今在班仅二三人,又皆班期将满,行且候拨历事,胄学空虚,惟存赀算庸流,师儒备员,莫称誉髦实意,臣窃惜之。

臣惟人情由检而荡易,由荡而检难,检之犹恐其荡,况莫之检乎!士之未举也,乡学以居之,师儒以联之,宪臣以课教之,黜陟之,法严令具,抑时有不率教者。举人在籍,师儒之训不加,宪臣之令弗及,闾党矜其资望,有司待之有加,其身靡所检而势易以荡,即有志者不免独学寡闻之病,诸无志者相率征逐于酒食,驰骛于请谒,豪华纷丽之习移其心,而车马衣裘之饰竞其欲,自非卓然特立,鲜不荡而无归矣。习奢既久,则其入官也,目见可欲,夫宁不至于贪,恣睢已甚,则其操柄也,自谓得肆,夫宁不至于纵贪也?纵也而法之,则材质已坏,如破甑朽株,莫可如何矣。彼其初,固皆论于乡而称秀者也,一旦至于莫可如何,不亦重可慨哉!此非独士之过也,所以养之无素而教之不豫,则入监之令弗严焉耳。

查得嘉靖十五年本监祭酒吕柟奏行南北直隶并各布

政司,将原在部在监告病依亲搬取毕姻等举人,限三月内起送发监肄业,有违限并通未入监、会试临期方至者,送问勘明,方准入试,该礼部覆奉钦依,举行甚严。臣愚欲乞敕下礼部,查举吕柟所言,将在籍举人未经入监及监事未毕者,行移各处,勒限送部,发监肄业,不入监者,不准会试,即来科会试不第者,通照前例,尽数送监,使之观齿让之节,则逊心生,隆师友之仪,则豪心息,束以绳墨,则旧染坐消,课以艺文,则新知日益。臣等虽不知所以为教,敢不躬勤率励,夙夜作兴?学必师于圣人,非心身性命之精不以训,行期轨于先哲,即起居出入之际有必稽,异日仕而效用,或有真才实行,足副任使,庶贤关不虚养士之名,而臣愚幸免瘝官之咎矣。

缘系恳乞圣明裒集英才,以弘教育事理,未敢擅便,谨题请旨。

议停援纳入监事例疏①

万历夏四月丙子,礼部右侍郎掌祭酒事孙应鳌上言:臣等待罪成均,见今所行援纳事例有妨教化,辄敢冒昧言之。伏考祖宗设立太学,非举贡暨勋胄恩荫,不得滥入。自景泰初年边储不给,始行开纳之例,然援例者皆实充廪膳增广附学生员,且暂开即止,未尝以为不易之规。滥觞至隆庆年间,遂将停廪降增降附降青发社斥退者,通令入赀进监,而先朝一时权宜不得已之法遂败溃极矣。夫停廪降增降附尤藉口在学,若发社斥退,既褫其服,又复援而进

①黄儒炳撰《续南雍志》卷四,第十三至第十六页。

之,提学之宪条安在?国家建首善自京师始,祭酒司业为朝廷作人于内,学臣作人于外,必在内敦树风教而后在外能振纲维,今提学所摈斥之人尽可归诸太学,倒置如此,彼太学者不几为生员不才者之逋逃薮欤!粪土之墙,施以涂泽,朽腐之木,更从雕饰,不惟无所用之,且辱天子之辟雍甚矣。此降斥援例所宜亟议者也。又考民间俊秀子弟,与告准附学名目;在京官随任读书子弟未经入学者,俱令入赀进监,亦隆庆以来覆定事例也。自此例行而富商大贾荡子顽童但入微赀,咸得厕于成均之籍,国学之污滥无以复加矣。窃计郡县之士,必试以经术,始入黉宫,今则身未成童,一丁不识者,皆可骤躐贤关,需次叙用,是虎闱重地反不若党庠术序之犹有推择也。且此辈淫朋燕佚,呰[①]窳比周,无所不至,此时在监,为士倡首,他日服官,为民蠹贼,成贤造士之意谓何而可以若是?此民生援纳尤宜亟议者也。昔唐肃宗时,纳钱百千,与明经出身,不识文字,加三十千,后世讥之。宋孝宗令除歉岁入粟赈饥取旨补官外,其馀鬻算一切罢之,论者谓为识体。臣等所疏,在今日则系人材学政之兴替,在后日则系官常吏治之污隆,诚非细故。伏冀敕下户部详议,如果经费大匮,停廪降增降附生员暂许援例,发社斥退者不许,并不许各项民生径自在京告纳,俱令本贯廉审身家无过,送提学考试,果堪作养,方准援纳。苟军国之需不至甚诎,则请一遵旧制,于停降以下一切罢之,庶几彝伦之堂不至全为市易之肆,教事可兴,振德有藉,而于足国裕用之意不甚相左矣。

①呰,原作"砦",误,据文义改。

疏闻,下户部议。壬辰,户部覆:钦奉明旨,敕提学官清理郡学,不许滥收,顾乃清之于乡庠而溷收之于国学,法令倒置,何以奉行?臣等窃谓应鳌所陈各款亟宜除去,永不复开。他若五城兵马与光禄寺监事、鸿胪序班,均一京官也,今预纳之例停于兵马而独存监事、序班,似于非体,亦当并行停止。除未奏以前在京告有通状,在途起有文牒者,仍准送纳,馀皆立案不行。疏上,令考退生员及俊秀子弟等例,皆依拟停之,监事序班如故。

貴州文庫

附录

赵广升　辑校

辑校前言

附录收相关诗文一百四十三篇，共五卷。卷一收当时明人致孙应鳌书信三十六封，有内阁首辅徐阶、张居正，阳明后学巨子蒋信、罗洪先、王畿、胡直等，过士同年兼好友姜宝、张四维、南轩、张九一、凌儒，“嘉靖八才子”任瀚，“后七子”巨擘吴国伦，僚属徐学谟等，凡十七人，对研究孙应鳌仕宦升沉、心学师承、文学交游有重要意义。卷二收明清以来有关孙应鳌著述的序、跋、提要十五篇，有助于梳理孙应鳌著述刊刻及版本流传情况。卷三收序、记、奏疏、诰敕、檄文共十六篇，有助于研究孙应鳌的仕宦交游及没后赐谥祭祀情况。卷四收明清以来诸贤所撰孙应鳌传记、祭文、墓志铭，共十二篇，尤其都匀陈尚象撰《南京工部尚书孙应鳌墓志铭》和贵定丘禾实撰《孙文恭先生传》，为今人研究孙应鳌提供了第一手传记材料。卷五收嘉靖万历朝诗人与孙应鳌赠和诗词及明清以来诸贤缅怀诗，共六十三首，藉此可以考察孙应鳌的文学交游以及孙应鳌在明代嘉万朝诗坛的地位。

辑校者

目　录

附录卷一　友朋书信

附录卷二　序跋提要

附录卷三　序记疏敕檄

记五篇

疏四道

诰一道

敕一道

檄一道

附录卷四　传记资料

传记八篇

附录卷五　诗歌酬唱

附录卷六　清平孙氏族谱

附录卷一　友朋书信三十六封

蒋信书二封

寄孙淮海黄门[①]

兢兢业业，一日二日万几，此即古大圣大贤之学。门下静质断知，一日千里，请法古人，昧爽丕显，以臻神明默识，俾世之口耳影响，拘拘门户者有所准焉，则门下兹出也，非天将借以觉斯人耶？

简孙淮海[②]

长江大河之文，任重道远之志，寤寝神交之雅，恍惚令人神爽警逸，振古豪杰，于今见之，非门下之谓乎！学绝道丧之馀，岂胜为斯文庆幸？程子有言："才下手，须知有得力处。"以门下高明，尽扫习气，直截向里，更于近时仙释诸门一切挥斥，不使混吾尧舜孔孟之旨，悬意深造自得之趣，虽阻万里，想是一堂，惟无由缩地，相与倾倒，行将就木之身，能无怅乎！

①蒋信《道林先生摘言》卷四，第一页。

②蒋信《道林先生摘言》卷四，第二页。

罗洪先书一封

答孙淮海少参[1]

去岁伏承书惠，过持谦勤，务令献其迂鄙，草草漫有所呈，曾不记云何，要之皆誊空谈，非出自得，若真自得，必有难以出诸口者。仰辱越疆遣使礼问益专，复理前语，不任含愧，诚不知所以为报也。贱体自去冬至后衰症杂见，翻然有动于中，曰："吾已非久人间世者，尚何役役为哉！"闭户伏枕，不复见客，今半期矣，犹然尫怯，于是平生妄意尽向此中消蚀，栉沐已废，即家庭祀饮皆不与，其将来可知。此何足闻于执事，而虚怀雅度施之不厌，则将奈何？执书徒切耿耿。若残喘稍延，尚得以默坐景象相质也。榻上命笔，莫能详整，惟不深罪，幸甚幸甚！

吴悌书一封

与孙淮海书[2]

日者法驾贲临敝邑，悌以小疾，末由趋候，至今怀歉。惟公道济时艰，谊先民隐，比山寇窃发，犯攻新城，使出而北，则金溪为之次矣。幸赖德威，遂底宁定，而可虑者，吾溪东面皆山，联络闽岭，贼所出没，间道实多，异时为久安之策，计惟筑城为可免耳。顾时诎，难于举赢，而民情狃于

---

①钟彩钧主编、朱湘钰点校《罗洪先集补编》，第一六七页。

②吴悌《吴疏山先生遗集》，明别集丛刊影印清刻本，卷三，第八页。

故常，难与虑始，自非当道诸公主张于上而兴发以补不给，专任而责其成，则千万年卫民之功，岂朝夕所可冀也？有司仰受成命，方与阖境士民画城郭，规当有以复者。伏惟留神，幸幸！承翰教腆仪，拜领，感感谨谢！何时东巡，尚图请教，不尽。

姜宝书五封

寄孙淮海（一）①

弟凭限本在仲冬，所以早之任者，为向关中行则道由中土，于事体不得复还南，故先期入洛，而所以间关过陕，为欲会兄与登华岳览形胜两事耳。今兄咫尺不得出，殊令人惘惘，又途次多俗子相逢，亦殊不可人意。然辱兄两番谆切手教并大篇满纸贻之，又竟游说经台及登西峰绝顶，升高望远，足眇人世，自是生平一幽探奇遇，不止如明道所云"足疲马倦深山里，犹胜低眉对俗人"也如何如何。兄云时事既更，弟且召还禁近，故当跻其颠，殆不然也。弟连年登岱宗、太和、峨眉，皆跻其颠，自是生平粗豪乃尔。尚冀他日遍游衡岳、匡庐、天台、雁宕、武夷诸名山，即未能资藉山川灵秀，一吐胸中之藏，如太史公所云，当亦不失为天壤间一放游矣，此亦是生平一适意之期也。兄咋游尚未登千尺淙上，岂惩昌黎事而然耶？弟不敢自谓能过昌黎，直粗心大胆尔，兄如未能，亦不可强也。佳作首首清逸，殊不类

①姜宝《姜凤阿文集》，卷十第十六至十九页、卷十二第廿二页。次序为整理者重排。

世间吃烟火物，然此作犹似渺茫，为未亲履其地耳。弟每过一处，即有一二语收入奚囊中，然未成篇章，俟闲中稍编次之，倘似音响，当书以仰丐斤斧，然自度不及兄之新奇也。

山中归华阴，适县尹以生辰会客，张乐设宴，不得一相晤，因自发一噱曰："使仆如昌黎于峰顶发狂恸哭，欲望此尹百计取之，岂不难哉！"乃知痴呆人自有天幸，无庸以途穷仗友生也。又渭南见有两古刻，嘱署印者为拓之，屡嘱屡不应。缘癖好未已，去华州，犹遣一随行吏，烦觅拓手，而自办工料，卒不应，竟烦一学谕觅工，始得之。以此又知兄虽多方访求此物，有司终是相欺瞒也。弟未得者，今仍书一单附上，得不得当听之。

弟自入陕以来，驿站所解廪给银未尝敢受，然此辈多欺匿，幸转语驿传公为一查理。恃爱不觉潦倒，万万照亮，诸所未尽，俟续音奉布，不宣。

寄孙淮海（二）

曩也蜀与楚隔越难通，每得兄一书，则情真溢于笔札，今过陕不获面，驻洛而书信反杳然焉，何耶？兄才望与道望并茂，独坐皋比为诸生师，蔚然时所推重。如弟去文史而亲案牍，离儒生而课俗吏，又洛中至号难处，加以寇贼充斥于四郊，食不得下咽，其为鞅掌亦甚矣。近虽略有次第，然恐非疏拙所能办也，兄将何以教之乎？少溟兄近过此，谈盛美不辍口，谓关中士子山野仗兄严以治之。弟正谓教士子不在严也，昨过咸阳，闻取入学者两生，弟甚诧异，人才待养而成，岂宜若是过求耶！书院之作养，拔其尤而教之，庶几亦古人振德之意。弟则又以为已不得常常课督，下无模范而徒尔群居，亦空费廪饩尔。二事偶所见不同，故敢便以相正，幸不惜一开谕，勿便以为意见不合，置不复谈也。冗次草草，容嗣布翔，便亦乞时时通一音，千万！

寄孙淮海（三）

新正后，闻文从方临汉中，继而又闻即凤翔诸处，无何，则又闻了商洛，阖省且竣事矣，一何神速也！曩有所请，以中心有未安，又恃爱久，故敢一相印证可否尔，来教若漫以相应，岂中有不可其说耶？弟与兄亦自谓心相知，道求相济矣，乃犹不肯吐心见示，是切磨之益终不可致望于友朋间也。千万念之，千万念之！

弟驻此，初以河贼山矿交发督缉，在外日居多，而此心常安，乃今则忧危计画，日无厌餐，夜亦无宁寝矣。盖古来城守之策，敌在外者易为力，而患在内者难为防。今处其难，又当之以绵薄之质，此所以觉心劳而力费也，以此知劳乃弟命中实有之。一官量移，去远就近，人谓我渐得所矣，而所遭乃尔，敢谓挤我者能害我耶？最恃兄爱，故敢一吐露，兼发一笑，幸勿以传示人也。

京朝考察，同年沦落颇多，而禹门、少庄二兄皆出，少庄今人古貌，讷口朴心，时辈中最难得者，但少内翰威仪尔，而禹门则又兼有其文，又不知何也。要是后来补授者当然，盖弟与会沙兄四人一体耳，夫与其谪于今，孰若并外补于昔耶！以此又知人生处世，其升沉迟速与一切外来利钝，皆若有默持而预定者，要在以我为主，能不失其本心而已。然否？然否？嵩崖兄来，便附此一道仰思。冗次草草，千万台亮。

寄孙淮海（四）

三月间，承差王镕过陕，曾寄一书，想达矣。昨大洲老先生从京师还，云承致书而未及相面，此公海内大望，馆中先辈，兄失之，亦一阙典也。弟正校士，特出锦屏山，挽留两日，亦多领未发之论，殊惬平生。大段此公精处高处多从老庄楞严得来，而种种学术足可穷究，真是当世人物，第恨未能久从之游耳。京师所闻，别自有说，正不足为此公累也。兄新任，闻已考数处矣，接壤闻风，令人兴起。第闻会沙兄讣音，欲哭之不能出声，殊为于悒难遣耳，好友满天壤间不可多得，今失此兄，何异失却左右手也，痛伤！痛伤！知兄亦同此情，故敢及之。新都谢尹来，便聊此一致讯。谢，乾菴兄同年也，力不能救之，殊愧所托。见时望一赐容接，如何？灯下草草，乞台亮。

寄孙淮海（五）

自陕洛睽违以来，东西相去几万里，每于门下有停云之思，尺素久未一通，方用耿耿。春初，忽丁顺庆寄到手书，如接晤语，殊喜慰不可言。锦城参藩驻守，自台司往来外，颇无事，馀闲可仕学半，又西望青城峨眉，秀色若图画，足发吟兴，想著作日富且精。乃黔蜀壤相错，家庆得时时通，尤兄至适地至乐意时。第雅望方际清时，时方以出格用人，想柄召当在即，来教云欲自引，在此时于贤者恐非所宜也，然否？然否？弟叨冒两省学职，一无裨补，惟是挽回颓俗一念，则不敢自弃于知己。近以欲遵部行久任，冀稍得勤拙相补,无乃为迂乎!风便,幸不吝一裁示之。冗次草草,乞台亮。

任瀚书一封

题陈图南睡像复孙山甫[①]

天地一大寝室,古今一大梦寐,元会运世,梦寐之短长,皇帝王伯,梦中之得丧,人处寝室中,谁非梦者?独陈图南以睡法名天下,其梦中谈梦,自谓其非梦耶!吾尝游华岳,见其书号《五龙蛰法》,其睡也,蛰也,犹龙蛇之蛰以存神也。夫人劳其神,日应万事,鹿鹿不得休,至乎睡则蘧然忘矣。卜梁倚始学为圣人,七日而后能忘天下,九日而后能忘身,忘身而后能见独,见独而后能无古今,无古今而后能入于不死不生,若图南者,其殆无古今无天下无人我万象逃世纷而忘焉者乎!神存乎内,世诱忘乎外,是谓坐忘,坐忘,圣学也。今伏羲先天之易皆出于图南,世称理窟,其蛰也,殆忘言之象,画前之易,枕籍乎羲皇之庭而以神遇者哉。图南常昼寝,天人下访焉,而听其息鼾齁然,则乌涂满纸而后去之,曰:“彼华胥调此混沌谱也。”今所自为图者,华胥耶?混沌耶?其坐忘乎而莫得其朕耶?赞曰:蛰而形无滑,而神不死不生;而窣与鬼邻,宥乎□天之人斯!

①任瀚《任文逸稿》卷三,万历辛卯序刊本。

南轩书三封

与淮海孙馆丈书[①]

闻丈荣陟楚藩，益觇君子道长，台辅之召，行当不日至矣。且获乘便归省，用慰素心，忠孝并伸，显扬弥懋，忻羡何如！弟性疏戆寡合，积咎良多，独仗高明教引，爱同骨肉，感奋淬砺，幸可恃以不仆。顾今远违道范，踽踽独行，百凡未谙，何所就以取正，兴念及此，辄怏怏莫可喻焉。

昨在巫山，已先勒状，遣人赴省称贺，且计弟过渝州尚可与丈一晤，用领教益，展别怀也。乃今水陆相左，竟违初心，遥望仙舟，怅恋又可胜邪！惟丈学擅正宗，业弘经济，当路推毂，舆望攸归，正当勉承亲志，丕彰休烈，谒告之疏，愚意宜从寝阁，何如？弟也年逾四十，殊愧无闻，且数月来痰火时作，精神渐消，又老父久违，瞻云日切，自忖学力情况俱非丈比，若尚悠悠宦途，其谁与我哉！兹惟勉完渝州试事，回省过节，当即投疏去矣。知己天涯，后会未卜，搦笔硬塞，言不尽意，惟丈终爱，便中不惜尺素，尤至幸也。

答淮海孙馆丈书[②]

拜辱教言，方知仙舟东下，亟欲趋候，顾缘试剧中止，怅歉如之何！捧诵再四，仰口高情雅谊，眷眷恳恳，诚感同胞之爱，顾疲驽无能报称，愧汗殊簌簌下也。惟兄敷政持

①南轩《渭上稿》卷十八，第九至第十页。
②南轩《渭上稿》卷十八，第十至第十一页。

身，动协理道，来谕谓毁誉恩怨，承望风旨，一切抹杀，诚自信得及矣，然犹谓欲寡过而过弥多，即此一念，又自是作圣之功也。敬服！敬服！弟固愚矇，亦尝自附于兄所自信者，然动辄蹠盭，积咎日多，即兄所谓不能知不得闻者，正弟之谓也。兄兹远别，当必有以处我，惟不靳指示为爱。计台从往万，回涪尚须旬日，弟至渝，当即遣武隆等处官吏回候前驱也。对使草此奉复，馀怀详前启矣，统冀照原，不胜依恋。会勘事仗庇苟完，大抵惟两解耳。谨附闻。

答淮海孙馆丈书[①]

窃尝旁观时流，类以荣势缔交，虽素号知厚，一遭沉沦，即洋洋过门不讯者众矣，矧远在千里之外，巍居开府之尊，而能略迹信心敦旧不置如台下者，宁可再睹哉！杨两川来，拜领札教贶仪，盖数月继至矣，且于里中显者悉未之及焉，此其高谊，奚啻古人知己云也！夫以不肖叨转，次豚登第，仗庇实多，自分则逾涯矣，顾重辱台下念存，眷眷言贺，乃鄙心固感之甚，且复增之愧也。

日来尘溷憧憧，殊为苦之，获诵佳刻，恍若跻盛唐，聆大雅，旷然发矇，受益良为无既，第方以远游为难，适领归来之教，于此心又殊戚戚焉耳。辰下栖栖里中，实缘重违老亲，兼惮暑溽，非有他觊也，竢见秋风，当即戒御西矣。承谕定交纬川公，尤荷开示曲至，近得楚侗老丈书，其意亦同之也，乃鄙心又窃自庆云。属者朱守行，尝附启候，计当达管记矣。两川差人报命，谨此附申谢，私顷之欲图遣一

①南轩《渭上稿》卷十八，第十九至第二十页。

力专布积悃，顾山居凉薄，未知竟能遂所愿不也？

凌儒书一封

与湖广孙方伯书①

十载分襟，回首犹昔，世途险易，宦辙升沉，盖不知翻覆几遭矣。无缘聚首一剧言之，梦寐为劳，瞻企耿耿，忽辱手翰飞锡，开函伸纸，依然面谈。人品才猷，朋辈中如兄指不多屈，乃冲然自退，情见乎词，则谦尊而光，又宜当路挽留之专也。弟明农长淮，窜首伏处，永与市朝隔绝，宠荷新命，再获滥竽西台，自度绵才，于世教何补？顷以资暂代惺庵之役，冷心坚卧，旧业靡掷，奚啻刍狗！复欲借朦瞽辨华衮之观，不称甚矣。桑梓之情，昆季之谊，仰止开示，两有厚望焉。

张九一书三封

寄孙淮海②

一往薄游南楚，幸厕下僚，自惟寡毛遂脱颖之奇，负申生缀蜂之诟，怀贾谊鹏鸟之悲，重张华鷦鹩之感。夫翠以羽贵，象以齿珍，若一者，久意为门墙所麾矣，乃辱不鄙而赐以色笑，披以腹心，谈经折五鹿之角，博物识双龙之气，缔交追嵇阮之踪，同心伸侨札之义，片语深江河，尊酒

①凌儒《旧业堂集》卷八，第三十五页。

②张九一《绿波楼集》卷八，第十六至第二十页。

破磊块，花明雨霁，野服葛巾，称大隐于市朝，逢多暇于省署，摛文则子长敛襟，作赋则灵均在坐，尺牍则孟公袖手，微言则曼倩结舌，晨叩关而延夕照，暮秉烛而望朝暾。门下欲罄十日之欢，一亦遂忘三月之味，庾公南楼之兴，颇为未豪，颍水贤人之星，今焉再聚。语云："蝇附骥，日千里。"又云："蓬依麻中，不扶自直。"一诚厚幸哉！比门下膺授钺之荣，开府上游，一旋被投杼之耗，掩扉下里，论势则迥如云泥，语时则岐为显晦，征人则情殊用舍，明物则理判飞潜。故虽抱豫让国士之恩，衔信陵公子之遇，竭张敏梦思之苦，效子卿晨风之托，而过市为恶少所欺，适野为醉尉所止，溯剡水以无舟，遵陈留而罔驾。汉之广矣，不可方思。白云在天，山川间之。徒占紫气于天宇，仰太薇于法垣耳。传云："乐莫乐兮新相知，悲莫悲兮生别离。"此情何可言尽！

春仲归来，剪仲蔚之蓬蒿，植陶令之杨柳，啸王猷之径竹，滋三闾之畹兰，出无吏人之拘，入无簿书之扰，上侍二亲，下抚诸弟，岁时从父老饮田间，世故长亦已矣，岂谓门下复求故剑，不忘遗簪，假足音于空谷，缄尺帛于鸿毛，词累千言，肠堪九转，于一出处盖屡致意焉。顾一亢仲举犯上之性，窃柳下直道之风，乏君卿五侯之舌，备叔夜七不堪之状，相如倦游，子云寂寞，门下所素知者。今复欲以长揖求荣，强项取贵，此何异鼓瑟于齐，章甫适越也？语云："醉者俯入城门以为七尺之闺，超江湖以为寻常之沟，酒浊其神也。怯者夜见立表以为鬼，见寝石以为虎，惧掩其气也。"故一之往在东省，妄意古人之旨，谓青云可立致，是醉者之类也，今且怯矣。伏惟门下以合一之德，据三独之位，而又遇兹清朝，畀以简命，运枢则道化淳，飞檄则疆场定，讲德则学术明，下士则贤哲集，论汤沐则比勋于营洛，较要害则侔绩于分陕。昔尼父泣麟以伤否，伊尹负鼎以趋时，吕望垂竿以俟清，宁戚扣角以自售，若门下正蛟龙得云雨，鲲鹏抟扶摇，而可言去乎！故一不可去，所遇则然也。

又

往岁贻太和诸篇，读之，觉有白云起于几席，飞流挂我栋宇，更欲乘班龙，啜流霞，期十洲，拾瑶草，以共冲举，嗣见邸报，则足下三上疏乞身矣。遵孔氏知几之训，持蘧子可卷之操，投我印绶，不俟终日。吾闻楚粤之间多奇人，足下诚有意哉！黄石可师，赤松为侣，羽翰参差，蓬莱咫尺，抑亦草阁玄亭，著书自娱已乎！漱先圣之芳华，成一家之典训，藏之名山，佑启后人。昔范蠡辅越王，霸诸侯，雪会稽之耻，乃遁迹五湖，自称鸱夷子。梅福上书阙下，指斥鼎臣，遂变名姓，为吴市门。夫鸱夷子，功名之士也；吴市门，隐逸之流也；严夫子云“经有五，涉其四，州有九，游其八”，惟足下兼之矣。明兴以来，帝王之道，于斯始显，登扬岩穴，臣服夷虏，靡可及已，顾阉宦窃威福，椒房专宠权，诸公独不见汉唐故事，何怡然以为亡害也？足下鸿渐于逵，高尚其事，日选甘软奉二尊人，想甚欣然，不以为恨。相去万里，聚首无期，滇云楚水，目穿心拆。

又

展诵《归来漫稿》，探六典之精赜，掇群籍之菁华，气挟蛟龙，光抱日月，感怀之什，其愠于群小乎！荒城之谣，其苛政猛于虎乎！虎狼之叹，其行苇废而相犹乎！某自弃掷家居，颇罹种种之苦，为之掩卷流涕，安得缩地一布此怀也！及纵观诸作，播陶令之高风，畅庄生之玄旨，逸如海鹤，清如冰壶，盖草堂中不可一日无此君矣。某年来涔涔抱痾，便便嗜睡，药饵之外，不复关心，疏庸狂野之态，门下卒然通之，且不知为谁氏也。

徐阶书二封

复孙淮海中丞[①]

远辱遣问，具知执事记念旧好，注情勤惓，迥出今时之所谓交游者，感甚！感甚！

夫治乱之机，相为倚伏，诚如尊谕，但以为仆能有转移之具，则似执事于此亦不免有过爱之蔽焉。何者？贤才之怙恃，凶恶之忌惮，当宁之依毗，僚寀之承式，民命之裕养，外防之振厉，必有高明弘远之才，刚特严毅之节，乃始能之。仆才识陋庸，性资暗懦，若使处平世，守成法，抚摩伤残，保护正直，与斯世相安于安静和平之中，或可勉也，若前云云，则非所能办也。故自知甚明，自计甚审，两年以来，求退凡二十疏，即令人能见容，犹不敢一日苟安其位，况重以繁言，希巨珰之意，受权势之嗾，从旁攻之哉！自抵家以来，罕有先人之薄田可耕，敝庐可以蔽风雨，而又有书可以教孙曾，盖惟知守，是以没齿而已，他无所觊也。

①徐阶《世经堂续集》卷十一，第二页、第四十九页。

隔远不能面罄所怀，辄因使者还，薄布一二，幸惟亮之！

复孙淮海中丞

往岁闻执事被谗西归，于时仆方为群小所攻击，父子宗族几不免流离，故无能一遣候。及去岁闻执事召还，仆亦幸脱网罗，然折翼败鳞，困悴未复，故亦未由遣贺。兹辱记念，远惠书仪拜嘉，感愧俱不自胜也。华缄所叙交道世态，读之三叹，但仆向来叨冒过分，掇患允宜，执事则可谓大冤矣。顾犹跋蹇累年，始得昭雪，士大夫至以执法守礼目为陷阱，始习循默，终成媕阿，纪纲隳颓，风俗败坏，小人之流毒如此哉！如此哉！

仆今山居，幸得饱食晏卧，以毕馀生。执事受恩明时，固将图所报称，垂名不朽，想方悄然抱终身之忧，然又不知今所居官，诸凡举措，颇得自由，究竟素志否？临楮悬系！悬系！近来所著述何如？便中不惜示教为幸！

张居正书二封

与中丞孙淮海[①]

比者冒昧，妄有论建，辱奖誉过情，深以为愧。大厦之成，非一木之干，仆既已倡之矣，尚赖一时贤士同心和之，庶克有济。奈何人心玩愒已久，溺于故常，蔽于私意，虽心知其当然，而终不能踊跃以趋附也。今惟积此真意，渐次

①张居正《新刻张太岳先生集》卷二十一，第四至第五页。

薰蒸，假以一二年，庶可少变。但仆以病躯，久欲弃人间事，恐不能从容以需之耳。辱道谊知己，辄尽其愚。

答中丞孙淮海[1]

辱惠佳刻，略读数种，皆入玄造奥，含菁咀华，且其议论不诡于圣人，向也吾见公之貌而已，今乃得窥其深矣。苏氏有言："千金之富，卿相之贵，苟非天之所与，求一言之几乎道，不可得也。"公以涉壮之年，早窥道域，天所与也。愿勉旃自爱，归见令叔虑吾，证以山中所得何如，恐当远逊阿戎矣！

吴国伦书一封

报孙山甫中丞书[2]

见答一章，词旨温逸，殆非鄙薄所能承。至于《华顶》八绝，意以象生，而率多无象无意处，使人诵之跃然，如所云"春风不到亦开花"，则妙悟甚也。一二君子不解妙悟，谓公近以诗文为戒，偶一挥洒耳。夫有意而戒，孰与无意而作？甚矣，知言难哉！岁晏疾作，拥雪高卧，适蒋生辞去，附谢教，诸不一一。

---

①张居正《新刻张太岳先生集》卷二十一，第廿六页。

②吴国伦《甔甀洞稿》卷五十一，第一页。

张四维书四封

寄孙淮海[①]

积久不奉教言，追忆昔游，非不宛然在目，而岁月渐迈，知己天涯，览镜自观，形容非少矣。每阅古纪传诸奇伟磊落表表自著当世者，方其抗行奋迹，著论纡谋，固烂然盈帙也，数幅之后，世代顿异，翻帙以思，则已窅然远矣。今我兄弟所勖念者，固此数幅内事尔，而聚散靡常，少壮易过，每静言自念，辄恻然有疚于中。

家舅至，备闻我兄造诣纯融，制行端确，令人怀仰无斁。及出兄文，洪州之制，典腴秀雅，其五言古诸诗，直得康乐正派，敛衽踧踖，心诚服之。夫兄宣力四方，烨有茂绩，而学文日益若此，如弟之端居縻禄，不唯道不加修，并铅椠而失其故者，其自弃何如也！秋来乃有校书之命，愧博非雄向，对卷茫然，鲁鱼莫辨，然由是得稍窥石渠天禄之藏，则不为无益耳。

家舅西旋，敬此附言申候，临楮恋恋，走笔不能自已，又不能次也。伏惟慈鉴是荷！

又

伏辱惠教言，兼领袁先辈集，益念国初作者之盛，固气运使然哉！及庄诵嘉叙，语高旨深，三四过不能通晓，吾丈留心理窟，其探诣超卓若此，孤陋者何能望焉！

①张四维《条麓堂集》卷十六，第三至第七页。

然文章得失千古，寸心苟窥见一斑，亦曷敢不就正明哲？窃谓大复子谓“上代不可无诗而治美，后世言治不及诗，故靡”，此高谈，非事实耳！若谓亡辞亡意云者，则诚作者之独观，艺林之正旨矣。兄丈谓“辞由意生，意以辞宁，未有意亡而得其辞，辞亡而存其意”者，其论诚美，不止可为区区章句道者。然弟尝游泳词场，纵观述作，则固二端判然，其说不可易也。盖有辞有意，则如化工生物，意态充足，彩藻内绚，名葩贞干[①]，种种可喜者矣；亡其辞者，如卑丛弱蔓，虽生意具足，而才美不足观；亡其意者，如绘绡剪彩，虽巧夺天工，而元神靡与，若齐梁之艳缛而兴寄都绝，此意亡也，谓之无辞则不可。有宋诸人，其发述性情，阐明理道，长篇短什，若诲若诉，此谓无意可乎？然率直致而无风格，即常言而押之韵耳，乃亡辞也。若夫一人之辞，一章之指，或此得彼失，或先同后异，兼备全美不过什二三耳，此又不可论也。原诗之初，则“言志”一言尽矣，感物抒情，宫商自应，天籁披拂，万窍生音，言乎其所不得不言，不求为诗而诗焉者也。而世之文士，含毫绎思，以之匠物敷藻，固已非本来面目矣，中间五十、百步，又何计焉！盖讲艺之谈与原道之训，要须有别，原道者贵探其精微，讲艺者在得其实际，兄之论原本精矣，必以实际，则何子有焉。试观吾辈今日所以体物敷章缘情立象，莫非志也，而岂有所不得已而后然哉？盖亦陶写性灵游玩一翰墨云耳，而作者苦心，缘以并见，毫得纤失，可具而陈，故弟欲兄于何子之言而加察焉。必如尊谕，则《康衢》《击壤》之老，岂亦具有九

①干，原作“餘”，当为“榦”之形误，据文义径改。

德哉！将其诗非言志也。弟至陋且暗，无所知识，辱兄下问，至情不敢不悉其愚，以取裁于高哲，虽词之浅妄轻率有不遑计焉，惟兄恕而教之。幸甚！幸甚！

又

不奉教久矣！然海内交游私心所歆向者，虽万里与比邻不异。某孱且戆人也，自志学至今，兢兢自持，未敢少悖于圣贤之训。顾见世之先生长者，怵于外道，执其成心，借老衲侏俪馀说，诧为之奇货，以为吾儒宗门向上第一件大事。末学辈脚跟不定，群然和声，将使天纲人伦渐就泯斁，而方傲然自以为得无上三昧。昔辛有见被发野祭，知伊洛之为戎，彼野人耳，其祥之不偶如此，今号称儒家子，乃取葱岭之馀烬而煽之，其为野祭不既大乎？仰惟兄丈明辨天启，独探道要，弟心诚仰之重之，可誓诸天日，不特为相知言也。幸有以抑此狂澜，标明正学，则弟终身当北面拜下风矣。伏希鉴其愚僭，不宣。

又

与丈别来久，年来渴思一晤，启塞消吝，渺不可得。且世方仰重贤豪，宣翊兴运，乃眷然起东山之思，要之冲怀玄鉴，有非时俗可易窥者。但溯风益遐，使仰止私衷倍迟觏止耳！

辱示诸伟制，老丈深思静诣，可谓独契于心，不随人色笑者，此仆所愿执鞭也。近时学者率剿听语言，喜奇矜诞，互相夸翊，倜然若狂，其流之弊，将决裂准绳，灭绝彝典，乃曰邹鲁之教固若此，闻者不能察也，岂不悖哉？某钝根未除,无缘可入,不揣固陋,辄欲推明儒者本来面目,屏彼诐淫,使不得作心害政,内所恃者,亦以此理人心公共,世之达观君子或有取焉,则世教深有赖耳。吾丈深造自得,世所标目,乃谓区区末论不谬,使此拘方,果于自信矣,感慰何可喻。弟故謇于词,至于铨讨宗奥,尤不欲以言说究竟,方当尊闻行知以求所至。异日倘得侍下风,容从臾请益,冀指南之我示也。不宣。

王畿书一封

与孙淮海[1]

我公信道力学,为道林、波石二兄入室宗盟,楚侗兄亦时时传诵高谊,无由聚首一谈,徒有耿耿!

近见我公应酬诸作,其曰:"寂感,人心也,虽寂而未尝不感,虽感而未尝不寂,谓之一贯。譬诸洪钟含声,明镜蓄照,不将迎于物,物至应之,适中天则,应已不留,非拟议行迹可逮。本体在此,工夫在此,天地万物有不能违焉。后世学术,或失则内,或失则外,遗事以求心,将无入于空灭?逐吾心于事物,将无陷于支离?"此数言,深契先师格致之微旨,可谓得其髓矣!

世传当局者有不喜讲学之说,愚窃以为不然。讲以身心与讲以口耳,先正常有辨矣。虽有褊心之人,未尝非颜孟,毁周程,吾人所当自省。若夫沉痼词章之陋习,囊珍二氏之馂馀,甚者窃讲之名号,以传呼于人,因为矫迹希宠之

①王畿《龙溪王先生全集》卷十,第七至第八页。

具,毋乃缘尧舜之声称,作桀跖之嚆矢耶!彼偏诐者,既不驯于宫墙,而赝诈者复自叛于大道,道之不明不行,又何惑焉?审若是,吾人视之,且汗颜愧心之不暇,况诸公以高明临之,固有不能遁其情者矣。虽然,当局者处势重,属望隆,一言向背,世道从违所关。且道学名号,非盛世所宜有,先朝殷鉴,淑慝昭然,导之使从,犹恐其不吾信,况从而抑之乎?诸公虽无抑之之心,不幸有其迹矣,世人不原其心而泥其迹,将循覆辙而惩后车,不可以不慎也。

胡直书二封

与孙淮海书[①]

前者寓朗两书,皆出仓卒,聊与丈相闻而已。盖贱体湿症自出峡时已稍愈,至澧,以游山触风雪,遂病寒咳血,凡九日,转为喘,至今喘尚间发。先拟今夏疾愈居衡,已约刘仁山矣,不谓季弟长逝,割老母爱肠,相继又殒一同心友,向所言欧阳昌者是也。病躯不能多哀,蕴蓄愈痛,日惟嗒然块居,而衡岳之约遂成幻语,以是竟不得与丈相闻,竟不知佳况所似,怀思实梦寐见之。忽荷远使,教翰若自天降,欣慰何言!又荷多惠,贲及老母,海内道义,肉骨如丈,屈指止数人,弟当何以为复?惟相感奋,期不断同心,死生以之而已。

弟尤惭在蜀时,坐病未尝与丈倾所未尽。圣人之学,自尧舜以来,相传唯仁体,故孔门惟程伯子言之尤详,越是

①胡直《太虚轩稿》,第二十四至第二十六页。

则二氏矣。二氏未可谓无得于道，第于天地伦物终成窒隔，故弟尝谓吾儒能兼二氏，二氏不能兼吾儒，此非身体不能知，尤不能以楮笔尽也。弟方自憾不得尽于丈，今得来封《教秦录》读之，其中言言与鄙心协甚，即如所驳"博施济众及康斋第一着"之说，见丈于仁体盖初有得，而后或陵迟矣。且念丈向相晤时，何不以是诲弟？岂以弟耽静退之僻，遂弃之耶？何者？人心本通于天地伦物，如弟病骨，决从静退，非得已也，苟当可行而自顾强壮，又以严君督迫，乃固欲卷藏去之，此其于仁体何如也？来教云"即日疏上，不俞则欲固请"，此意似着之重矣。盖丈虽有小恙，犹尚可勉，今请之而俞，可成其愿，如必不俞，则顺吾仁体应之。但既出，后当自调停，可久可速，惟因时变易，奈何即欲固请而不出乎！弟非恕己而独责丈，缘弟实病，而丈犹可勉。近日闻林屏泉公以固请不出，亦致当事者之议，此则事体，固不可不省也，愿更详之。

闻楚侗已就告，弟明春约[1]赴庐岳，遂约过衡，或可至太和，至是犹望丈作主人耳。前凤阿书谓在仕途同志犹可合并，此语亦不可不省也。吏归，迫岁暮，有言不既，录序容后成之。外近稿二篇见意。

答淮海书[2]

归来已全成白髭癯叟矣！喜闻吾丈复起郧台，正欲得仕楚者附数字相问讯，忽拜远使累缄长篇短语，又惠及老

①约，原作"的"，误，据文义改。

②胡直《太虚轩稿》，第二十三至第二十四页。

母，一时若觌面承音，倾领不尽。

来谕“别已十年”，弟屈指计之，诚十年矣。念之，不啻怀丈之笃，且增过时不学之惧。读至“未有握手造膝，不可再期，至为下涕”，弟亦不能不踟蹰湿裳也。盖弟往日见先师罗文恭，常命“千里之驾，获遂四方之游”，初欲效之，谓与海内知己如丈必有晤。不自意前度告休，以病阻游，及起补楚，亦无由与丈觌。今归，为老母足病；至今岁，弟亦病足；近病痔，不能坐卧，其衰态可想见。此心虽未已，然其势不能相从左右如往昔，恐当如来谕矣。嗟嗟！岂不可念哉！

虽然，弟与丈所求不相负者，必有在矣。彼世俗之交不足论。尝见紫阳与象山因议论不一，即有断来章之说，如此亦未可语同心之交也。今弟与丈从事此学，弟数年前虽名学孔，然举孔子不能无悖意。向得丈委记，甚有激发之益，是与丈相期在孔子，相见在发愤，皜皜之中，古人所谓不约而同者，不在兹与！

弟前者起楚，亦非敢漫然。盖弟实见一体之真，不以隐显家国殊致，隐非离群，而显非为邪，家非在内，而国非在外。故濂溪云：“古人束发为学，将以有为，必不得已，止未晚也。”所谓不得已，顾自观精力与事势何如耳。今弟之精力惫矣，止可收拾作全归计，将来苟真有得，传一二人足矣，即不能传，亦罔若何。丈少我十年，精力尚健，不识过之，今方出，事势正可为，即有微恙，居郧台调理似较便，而来谕乃又有行且告之语，似犹以隐显异观，恐终堕意必耳。夫一体而无意必，乃真以血髓学孔，而非以肤甲学孔也。不然，则弟记内所谓“蔀其责者”，其能免乎？丈可一笑矣。

拙记谨如命，因稽来使，力疾成之，而自顾功不副文，词不达意，幸丈正之。然所以报丈一二者，亦不出此。外惟为时为道，百倍珍调，则非言语可能既也，不宣。

徐学谟书五封

饯孙开府启[①]

恭惟化被抚厘，共卜槐阶之日近；恩覃赐告，遄依梓里以星旋。庭趋洽双寿之欢，旆转切三藩之恋。望违北斗，仪刑渐远于崇班；路引南津，攀慕弥深于下走。属芝宇之幸临襄汉，暂延棨戟之辉；揣芹衷之可献王公，肃展豆觞之敬。礼遵蠲吉，分愧逾涯。倾注台衡，明德讵酬于百拜；赡驰黼衮，微悰曷罄于初筵。亦知赤绂之难淹，祈为苍生而少驻。颛呈短引，恳鉴末忱。

复郧阳孙中丞书[②]

某二月二十日莅任后，恭修陵谒，寻南走潭湘参承府院，三月中旬始归会城。奉到慈谕，猥矜故吏，敦慰再三，忘分过情，捧函思涕。自惟菲薄，揣非世器，上赖明德，曾辱品题，遂荷当衡，谬加披拣，得再齿人数，诚大惠也。即晨循省，勉补前尤。更叨属路，伊迩衮钺，惟不忘教督而终始玉成之，不胜幸甚。偶班吏还台，附布区区，并候台履万福。

①徐学谟《徐氏海隅集》卷二十五，第七至第八页。

②徐学谟《徐氏海隅集》卷三十，第八页。

武陵饯孙廷尉启①

伏以棘寺风清，指春明而引轡；桃源花发，旋昼绣以迎骢。莫慰翘褰，聊陈樽俎。恭惟某官，才宏八斗，秀擅九州。始懋学于词垣，继蜚声于禁闼。郧台握宪，威怀夙迈前闻；楚徼承恩，沾溉弥深。下走顷置吏列，仰法曜于西曹；恭迓双旌，愧武陵之东道。离悰轸结，祖陌骖停。用以洁虔，少展芹衷之献；因□蠲吉，共依芝宇之辉。侑此车徒，乘阳和而迅迈；□马台鼎，同泰运以升跻。伏乞俯临，不胜孔贲。谨启。

与孙淮海书②

某颛愚无似，向领辖司，伏承指诲，黾勉逾年。自以困衡之馀，不敢滔纵，凡大小事体，略加振刷，宣上达下，稍有成规。顾独力寡援，颇虞其后。顷承推择，竟冒崇迁，圣明在上，人不遐遗，乃门下之素所培植于不肖者，敢忘所自哉！矧郧乡两蒙过化，政教具存，即继组之缘，反为得师之地矣，何胜愉快！比闻天子视学，礼遇优隆，迫次端揆，已为之兆，异时霖雨天下，波及陈人，则所大愿也。方循例疏代，略布区区，伏冀台慈，俯垂鉴念，皇恐不具。

与孙淮海书③

前月承力自京回，奉至报书，过蒙奖借，兼之慰诲，惓惓道义，谆切之爱，愧何敢当。嗣接邸报，知公以小患鼻衄

①徐学谟《徐氏海隅集》卷二十五，第十页。

②徐学谟《徐氏海隅集》卷三十二，第五页。

③徐学谟《徐氏海隅集》卷三十二，第二十四至第二十五页。

注籍,谓当旬日寻就勿药,不意竟引告而归。虽圣恩宽假,不欲少咈儒臣之请,硕公之明德,中外所恃以定是稽疑者,而忍使一日恝然去国耶?岂当事者固自有独见,而姑遂公勇退,将以其高蹈风诸有位耶?皆非远臣之所能测也。使从不知何时出春明,所经宛襄二郡久渐德教,父老思一见公而不可得,今幸复炙芝宇,而学谟故吏,分当引领以备前驱,奈羁于职守,又恐行李不肯少淹,以罄信宿之欢,用是逡巡,谨遣材官逆诸境上。学谟蹇拙如昨,填郧三阅月,仰遵画一,不敢少有纷更,盖保境息民之注措,固亲得于见知者,大贤过化之泽久而弥芳有如此也。此外更不惜指迷,所为造就之恩,岂有既耶?馀悰如缕,觖于面承,伏冀台慈鉴念,皇恐不宣。

俞大猷书一封

与孙淮海书①

恭唯名公,振世道望,昭代真儒,天下有志之士,莫不愿立门墙,听一日之教,为终身之宗。猷抱此志,盖亦有年,为向无介绍,未遂夙怀。病中伏读《四书近语》,仰知名公盛德则实心实行,大业而善教善政,每一开卷,真若与古圣贤相对语,精神交契,意气交孚,一字一言,咸得圣贤精深之旨,循之即可以入道,愚蒙如猷,虽未横经亲受,亦窃谓私淑而少有得矣。军旅俎豆,夫子答卫灵之意微也,惜其不能再问。猷一节之愚,偶于名公有合,尝著于《战车近

①俞大猷《正气堂续集》卷一,第三十六页。

议》之末，僭呈门下求正，尚容病可，洁诚扣依，叩领玉钥匙，以不错此生。有教无类，夫子之事也，名公其许之欤？初冒尊严，未敢究言，可胜惶悚，伏惟赐亮，不宣。

邹德涵书一封

上孙淮海公①

昨于邸报中见公养亲之疏，无任惊骇，圣君贤相，方欲相倚，一旦䂨然思去，公何忍于圣君贤相不一动念如此也！公岂不谓“教民亲爱，莫善于孝”？然涵稽之孔氏之言孝矣，孔氏言卿大夫之孝与庶人异。“夙夜匪懈，以事一人”，是卿大夫之孝也。“谨身节用，以养父母”，是庶人之孝也。居卿大夫之位，欲下行庶人之孝，孔氏之传恐不如此。且公之学，以识仁为宗。《西铭》一书，盖读之熟矣。谓乾坤非公之父母，必不然也；谓大君非公父母之宗子，大臣非公宗子之家相，必不然也；谓天下之疲癃残疾，非公兄弟之颠连无告，必不然也。然必欲去而不留者，大都以大父母之子尚多可倚，而公之父母非公无倚，然涵窃念大父母之无倚，盖甚于公之父母。公平日岂不以父乾母坤为孝思，以己身为大父母之肖子乎？即今尚且以民胞物与之任推之众子，则又望谁挺然独以其身任克家之责而无私虑者？窃恐乾坤终至于无子矣。且大父母生公者，岂其微哉！俾之聪明，异于群伦，知觉先于庶类，岂徒使公之自有馀而已哉？殆将以寰宇之人寄之也。如以家为家，不以天下为家，非大父母生公之

①邹德涵《邹聚所先生文集》卷四，第十八至第二十一页。

意，公且以为仁乎？非仁乎？公尝谓仁天下之道在正人心，岂以今之人心为已正乎？如以为未正，则又不宜汲汲而去矣。尧舜之时，比屋可封，微尧舜一手一足之力，共赖于契夔者不可诬也。今学人皆曰正人心，非我之责，尧舜之责，则恐尚有痿痹之病在，决不可以言仁。愿公回心易虑，国尔忘家，以契夔为任，助尧舜之仁，上副大父母之托，不忍其无倚，则四海之远，万世之下，莫不曰孙公之父母教其子以忠如此，其能事君如此，人人相观而止于慈；又莫不曰孙公之以孝事君如此，其以忠显亲如此，人人相观而止于孝；则公之孝与天壤相为无敝，视庶人承欢膝下，徒令亲泯泯无闻与草木之属者，孰大孰小？孰远孰近？必有能辨之者矣。言无伦序，惟俯赐采纳，幸甚！

附录卷二　序跋提要十五篇

序七篇

《归来漫兴》序[①]

明　温纯

夫诗岂不关切世教哉？纯闻之刘勰矣："诗者，持也。"古以诗持性情，即以性情持世教，后业诗者乃往往离去本质，即所模拟，唐矣，汉魏矣，然令当官事事，不啻弁髦土梗焉，卒乃使用世君子讳谈之。夫诗病我耶？我自病耶！

吾师淮海先生故喜为诗已。在蜀，登峨眉，陟汶岭，眺锦江玉垒，尽发为诗，何減工部《夔府》以后诸什！然先生深于性命者，自谓诗之一道，雕情绘物，故禁不为已。自郧中归，又为之。不必为，不必不为，先生深于诗可知已。

初，先生自弱冠学道，以默识寻孔颜真乐，又往来武陵，与道林蒋先生相印证，久之，忘形宇宙，收春肺腑，兴至景值，性触情流，吟咏成声，无斧凿痕，即造化可与通，庶物可与偕，学术治理可与该。纯既得先生《归来稿》，卒业颔之矣。

---

①温纯《温恭毅集》卷七，第十一至第十二页。

会先生拜上命，再抚郧中，纯当以职事奉约束，乃所部诸大夫即以纯故先生弟子，知先生，即先生至，纯以职事奉约束，将安所从事？纯以先生官禁中、官藩臬、官中丞往事一一为诸大夫郎告。大都先生治状，大者在以数言收平薛蔡二寇，功详具南充任太史叙中，不论。论督关中学，一时关中博士弟子事先生如山斗，乃阐明道妙，揭示默识本旨，即世世可师承矣。日先生不以纯不佞，目为国士，既入官，视向所闻于先生然且如弁髦土梗，纯大惧焉。第侍先生久，知先生精神所综该，意脉所流贯，一切注措，即其发为咏歌者，今以往，以诗理我，以我理民，是纯与诸大夫郎所奉先生约束者也。诸大夫郎唯唯，乃付程郎逊梓布之。

《孙先生格言》序①

明　刘伯燮

滇昆明尹张子志皋刻《孙先生格言》成，属刘生序之。刘生曰：余自少游江州，入彭蠡，从何中丞所得先生《水说》，读之澹然，一渣不存，其川流之馀韵乎！然窃以先生之学偶志于物也。时先生官匡庐，未及面。继入秦，从藩臬中搜方策，得先生《教秦总录》《易谈》诸书，读之充然，六经之芳矩乎，何精微晰辨若是！盖不离乎六经而深于经矣。先生督秦学政在往年，余入关后，比先生由中丞位成均，俨然为国学师。适上临雍盛举，上启沃而下开导诸生，当必有不可传者。丁丑秋，余小子释秦兵，远督滇学，式先生庐，得《雍谕》一帙、《琐言》一楮，即今合并而为《格言》

①刘伯燮《鹤鸣集》卷二十，第十九至第二十一页。

者。嗟乎！先生学浑然成矣。何假于物？何拾取于人？岂先生之学不无浅深？而余小子读之殊觉其醇厚也。夫学自江门、粤东而来，至浙龙山集其成，言人人殊，孰非泽于道根极于性者？自后谭者百起，亦各有所见，率鲜质，蹈卖柑者言。余自见孙先生，乃今知先生哉。先生粹然金玉，不以知识示人，身在春风中，是为格容；启口容声，自性真流出，不设城府，亦绝无烟火气，是为格性；儿童走卒，咸知先生，不扞格我，乃利益我，游门墙者几遍寰中，是为格行。兹《格言》，其示人以可见闻者耳。夫丹鸟以朽腐之馀，当其晦时，亦足自表见，至大明当空，而爝火自熄，读《孙先生格言》，更复何言哉！

先生诸诗文几百卷，学者罕能睹其全书，安得造幕下挥戈尽日读之？兹名《格言》者，张尹意，亦余意也。

《学孔精舍汇稿》序①

明　刘伯燮

余今睹孙先生全集矣。先生自读中秘，历藩臬，洎掌成均来所至，门下士据所得及见锲为帙，以故集时时传域中，类弗全。丁丑秋，余督学南中，到门所讯全书，亡有也。戊寅，清平及门士得备收，始备锲之而《汇稿》成，据人间所散见，尚多集中所无，岂先生尝自定之乎？集首奏疏经筵讲义，次序传碑铭诸文，次古风绝律诸诗。备读之，大都先生集体直迫古人，而抒以心所独到，自为一家言。奏疏似贾董，无凌厉激昂之态；经筵进劝似衡向，多指要切实之

①刘伯燮《鹤鸣集》卷二十一，第五至第六页。

归；序传似迁固，无险涩支离之失；古风似汉魏，绝律似盛唐，殊多雍颙渊懿之度。余小子燮尝序述《先生格言》，谓先生言殊醇厚也，近之矣。

刘伯燮曰：后人慕古谈天风，庶几乎梁苑、楚台、上林、长杨一遇也，其所为艺，蔺轹横放，亦自以为道，动称关世教，试取读之，所得意语直长短家一任侠忮耳！试令语理道，反之身心，则口噤不能发一奇。彼其目江门、粤东、龙山之言，不阔则迂，相与姗笑之。不知臧与谷纵均亡羊，而挟策之与博塞，亦终有辨也，况天壤哉！夫人之有言也，必根于学，学必诣于道，不诣于道者，杂学也，不根于学者，杂言也。野物不为牺牲，杂学不为通儒，权谋士能道之矣。徐伟长曰："心不苟愿，必以求学；言不苟出，必以博闻。此性情合人而德音相继也。"彼数子者曷何尝禁学弗语，特彼谓学非吾江门、粤东、龙山之学，而抑归之心焉性情之云，庶矣乎！

先生自少颖悟绝伦，博极群书，时已志于道；长游四方，得定性求仁之学于宋大儒程纯公；中归本于学孔，故是稿标以"学孔"云。夫孔奋乎千古之上，学耳矣，不以文名，不以诗名。两汉唐宋迄乎千古之下，汉，文耳矣；唐，诗耳矣；至宋，理学耳矣。文则无诗，诗则无学。孰精其传？孰汇其全？今仅见先生焉。《诗》曰："德音孔昭，视民不恌，是则是傚。"余读先生之德音，为甚醇厚，是足以视民之恌也已。

《学孔精舍汇编》序①

明　刘伯燮

学孔精舍者，淮海孙先生所自盟也。为汇编先生在秦、在郧、在雍及友朋相切琢语，时为门下士各编摩之以传，至是汇而为一也，故题曰《学孔精舍汇编》云。

刘伯燮曰：余自少业举子，闻学来长，卒业南雍，僦居新泉精舍，上书长安，遨游周道者十有四年，前后不离灵宫，以故得与诸谈人学子游。大约今时学者言人人殊，总之，沉潜者苦无究竟，日端居而求寡欲，庸常而专责志。欲何由寡？志何时树？以此为学，吾敢谓非学哉！第不可以言道。高明者合下见得些子，即是天机，一言之外无言，千百言总为一言，简易直截。以此求道，吾敢谓非道哉！第不可以言学。悟后者合并而曰："本体即工夫，工夫即本体。时时灵明，时时澄彻，时时即道，时时即功。"吾敢谓非是哉！第见也，而未可以尽道，亦未可以尽学。

宋大儒勿论，吾明之学，前后无虑数十家，自江门揭自然阃奥，鸢鱼飞跃，所在为昭，盖已启其源；至粤东天理之旨，体认为功，动见天则，实已衍其派；逮乎龙山氏出良知，而是更勿复疑，高朗闳肆，颎洞渊深，至是实大浚其流。然匪自然宗旨，无以见体认实功，匪体认实功，无以诣良知真境。三先生者语不相蒙而义实递发，百世而在，吾愿为执鞭可也。

读孙先生《汇编》，以求仁为体，以谨独为功，以合一为几。语道而天地万物，上下四旁，原与我无二体；语学而真

①刘伯燮《鹤鸣集》卷二十一，第七至第八页。

际实诣，本之身心，证之事物，原与道无二致；语几微而动静内外，本末寂感，绝无偏重独见之嫌。以故在秦语秦，在郧语郧，在雍语雍，言更仆未易数，随叩辄应，人无不得所欲而去，即苦精极研，学人终身不能造，先生一语尽之矣。然吾观先生，岂非天实俾之以西南哉！河东而北，龙山而东，粤东而南，自今曰黔南以西孙先生焉。吾道大明，日中天矣。

《孙文恭公遗稿》序略①

明　毛在

万历甲子，予领巡按贵州命，吾乡荆石、凤州二公三致意于公，比入境，过清平，则捐馆矣。因檄清平令搜公遗稿，得若干卷，稍为诠次刻之。呜呼！公月旦在乡，清望在朝，功业在仕宦，精思诣力在文章，谓公不亡也亦宜。

文恭公所著《学孔精舍汇稿》《汇编》《易谈》《春秋节要》《四书近语》《律吕分解》《左粹题评》等书行于世。先生自少颖悟绝伦，博极群书，时已志于道，长游四方，得定性求仁之学于宋大儒程纯公，中归本于学孔，故《汇稿》《汇编》标以学孔云。

《孙文恭公遗书》序录②

清　莫祥芝

黔中乡贤，始后汉尹道真，褎然为儒者冠，惜范史不立

---

①段荣勳《重刊清平县志》卷六，第四十七页。

②莫友芝辑《孙文恭公遗书》，南洋官书局宣统二年本。

传，亦无传书，自后寂寂，鲜知名士。山川之气非有靳于是，殆僻远而老牖下，每裹足不识荆，故堙郁以没世而阙然于通材之口耳也。家兄郘亭深矉焉，辑《黔诗纪略》以存之，昉自前明，人为之传，所以表章其人与书者至矣。

尝读其书而为孙文恭公惜焉。公以词臣洊践卿贰，外历参政巡抚，镌巨珰，论革除，清国学，政事赫一时，而明史无传，此可为公惜者一也。公受阳明心斋之学于徐樾，与罗洪先、汝芳、蒋信、胡直、赵贞吉、耿定向、定理相切劘，发挥良知，张皇眇悟，而《学案》不载其姓字，此可为公惜者又一也。公之著述，见于史志者五种，其见录于四库者仅三种，今三种中只存《易谭》四卷，而《四书近语》六卷赖王先生震来刊传之；其《学孔精舍汇稿》十六卷久已散佚，咸丰甲寅，家兄得写本《诗稿》六卷于麻哈艾述之，疑即《汇稿》末数卷，甚慨文恭文在诗右，传录无人而遽散亡；嗣又得《教秦绪言》《幽心瑶草》两种，其他则皆缺如；此更可为公惜者一也。然公遗书虽不能全见，而前得郭青螺之请谥，田山姜之立传，王震来之刊书，今诗稿亦得家兄为掇其精英，此则可为公幸矣。家兄访求公书有年，仅获此五种，刊《黔诗》时取杂文之散见他书者数篇附其末，祥芝今刊公遗书，因萃为一卷，又取当时友朋赠答与后贤之表彰者为附录一卷，并丽其后，以扩公传而毕兄志，凡为卷二十，庶几尚友之士不以惜尹氏之无传书者惜公欤！公别有《左粹题评》十二卷，以卷帙繁重，俟续刊之。

光绪四年二月，独山莫祥芝。

刻《孙淮海先生督学文集》序[1]

清　黎庶昌

吾黔僻在西南隅，自后汉时道真尹公从许慎、应奉受经书图纬，还教乡里，以北学开南中之陋，仕至荆州刺史，历有名德，惜无传书。厥后土宇乖分，黔服陷于蛮夷，郁千馀年不能振拔，遂无人焉。能继起以昌明圣学、兴起斯文为己任者，至明，乃得文恭孙淮海先生。先生当明中世，传阳明王氏之学于贵溪徐樾波石，即能洞彻良知之弊，嗣又讨论于蒋道林，其学以求仁为宗，以诚意慎独为要，以尽人合天为求仁之终始，其于成己成物，位育参赞，天人一体之原，心契微眇，温故知新，浩然自得。晚岁筑学孔精舍以居，尤致精于《易》理。生平难进易退，不以依违徇人，亦不以激烈取异，匡君德，镌巨珰，论革除，清国学，兢兢焉惟以维持风教、作育人才为急务，物来顺应，沛乎有馀，海内群以名臣大儒归之，可谓命世贤豪，不待文王而兴者也。惜其身没之后，传业无人，《明史》未为立传，虽有郭青螺表章于前，田山姜扬搉于后，而遗书湮晦，行迹无存，三百年来，通人学士几至不能举其名氏，况于黔之后生小子乎！

先生之书，见于《明史·志》者，《淮海易谭》四卷、《律吕分解发明》四卷、《论学会编》八卷、《庄义要删》十卷、《学孔精舍汇稿》十六卷，本朝《四库》著录，已少《论学》《庄义》二种，而其散见于《黔书·理学传》及温纯《恭毅集》、毛在《遗稿序》、黄虞稷《千顷堂书目》者，复有《春秋节要》《四书近语》《左粹题评》《教秦语录》《雍谕》《学孔

[1]莫友芝辑《孙文恭公遗书》，南洋官书局宣统二年本。

精舍续稿》《道林先生粹言》《教秦总录》《归来漫兴》等编。道光咸丰中，独山莫友芝子偲搜求邦故，竭数十年之力，仅得《易谭》四卷、《四书近语》六卷、《左粹题评》十二卷、《教秦绪言》一卷、《幽心瑶草》一卷、《学孔精舍诗稿》六卷，因为先生立传，详载《黔诗纪略》中。光绪四年，子偲之弟祥芝汇刊为《文恭遗书》，别辑《杂文》一卷附于其后，馀皆不可复得。今年夏，庶昌偶于日本友人中村正直家获先生《督学文集》四卷，取以与《杂文》校，增多八十馀篇，首末完备，虽不能复还《汇稿》旧观，庶几先生遗文粗具于是。乃举而刻之，将使吾黔人士由先生之书以推知先生志业，讲明而昌大之，使圣学复明于时，又益知先生之文，如星日之气，历久弥光，迟之三百年，犹于海外遇之，终不可磨灭，然则，士之有志于圣，慨然以斯道自任者，可以兴已。

光绪十五年八月黎庶昌。

跋五篇

合刻孙文恭公三书跋①

清　王耘

征文献于中州易，征文献于边省难，而在吾黔省尤难。黔之建置自明始，积时未久，文献无多，而又治日常少，物力寡助，纵有可传，不能登刻行世。卓然著见者，如理学则有孙文恭、李同野、马心菴，当日非不振起前修，彪炳六艺，未及百年而著述文章消沉过半。当日抚黔为郭公青螺，手

①莫友芝辑《孙文恭公遗书》，南洋官书局宣统二年本。

著《黔记》，征采登录，不遗馀力，亦未及百年而与之俱尽。呜呼！莫为之后，虽盛弗述。后之学者仰望风流，思欲踵其芳躅，岂可得乎！

理学三先生各有著述。予二十年前，犹及闻文恭《学孔精舍汇稿》为抚黔者檄取购求而去。夫能于购取，诚贤矣，而竟拔本而去，俾一线之存，竟成绝响，视郭公何如？非徒追慕之为难，而表章传述之为难。《近语》一篇，始亦不及见，自予师田山姜先生抚黔，力事征采，予始录于同里赵某家，既钞录以应，存有草本，未及三十年，予读礼归，始阅前本，又复遗其半。予滋惧焉，乃觅之清平公族裔，欲补成全璧，卒无以应。会张生维际盛子以《学孔精舍琐言》见覆，如获拱璧。间又得《论语》下卷，由施秉周孝廉进也。至武陵，得《秦中教士十六条》于张太史志尹家，乃合刻以行世。

夫存其什一，可以见先生于羹墙矣。人情贵独而贱众，贵难而贱易，无先生之著述，而先生之名或因之而贵，有先生之著述，而先生之实不因之而学且众乎！难与易，惟其自取尔。有志学先生者，得此本，思过半矣，无事他购焉可也。

蒲水王柼合跋。

《学孔精舍诗钞》跋①

清　莫友芝

此二册六卷，咸丰甲寅闰七月寄到自麻哈艾述之，从其祖凤岩侍讲手抄本过录者，疑即《明史·艺文志》所载《学孔精舍汇稿》十六卷之末数卷也。凤岩录之，必见《汇

①莫友芝辑《孙文恭公遗书》，南洋官书局宣统二年本。

稿》之全，文恭文在诗右，不知何以不录？今遍访不得，殊可惜也。就卷中诗通核之，所历官皆备先生之诗，此当足本。唯省志载有《圣寿寺小集》一绝，《思南志》载有《孝友堂》小七古三首，为此本所无。《圣寿寺》诗据《清平志》乃孙兴甫作，而省志误为文恭；《孝友堂》诗自嫌事涉语怪，不存其稿，皆非遗脱也。

廿有一日独山后学莫友芝识。

《孙文恭公遗书》跋[①]

清　孙茂櫺

先文恭公著述，自雍正乙卯后，家藏已无完帙，咸丰中遭苗变，举残缺者并荡然。今岁櫺以大挑得江苏知县，道出上海，邑令为同郡独山莫君善征，手《文恭公遗书》五种见贻，盖其令兄子偲先生昔年所收得而今始刊成者。吾家以如皋籍来隶清平，再传至文恭，遂阐阳明良知之旨，为黔儒宗，流风馀荫，沾溉历数百年。今寇氛荡涤，此帙为子孙所不能有者而复得刊之以传，不可谓非厚幸也。因书简末，以志愧感。

光绪六年仲冬裔孙茂櫺谨识。

《淮海易谈》跋[②]

清　陈矩

黔南江山灵秀，贤豪挺生，若汉犍为文学舍公、长通盛公、后汉道真尹公，德行经学词章，方之蜀都四子，殆无愧

①莫友芝辑《孙文恭公遗书》，南洋官书局宣统二年本。

②任可澄编《黔南丛书》第一集，民国文通书局本。

色，杨升庵先生《全蜀艺文志序》称相如、君平、王褒、子云为四子。黔中不可谓无人矣。厥后兵燹屡兴，黔服没于邻邦者半，湮于蛮荒者亦半，山灵不轻钟毓，寂寞流风，千有馀载。有明中叶，始得淮海先生焉，先生生于龙场讲学后数十年，年十九试儒士，受知督学贵溪徐樾，为阳明再传弟子，继又获交蒋道林，相与渐摩，研精覃思，著书等身，公政教著述具见莫征君郘亭《黔诗纪略》及家四兄崧山《明诗纪事》。晚归建学孔精舍，穷探《易》理，得孔子心传。夷考《论语》“五十学易”一章，自汉而降，聚讼已久，虽贤如朱氏、何氏，亦多所未安。何晏《集解》云：“《易》穷理尽性以至于命，年五十而知天命，以知命之年读至命之书，故可以无大过。”如此臆说，似不足据。朱子《集注》则云：“刘聘君见元城刘忠定公，自言尝读他《论语》‘五十’作‘卒’，盖卒与五十字相似而误分也。”矩足迹半中外，所见内府及士夫家、名山古刹所藏古本《论语》不下三十馀宗，无作卒字者，足征此说未为确论。又按宋郑氏汝谐虽知夫子晚而喜《易》，求其说而不得，亦以五十为误字，阙疑以俟后来。惟先生卓识出群儒上，独得千古不传之秘，谓五十非言孔子读《易》之年，“五十学《易》”非五十之年学《易》，是以五十之理数学《易》也。大衍之数五十，《河图》中之所虚者，惟五与十，参天两地而倚数，合参与两成五，衍之成十，五者十其五，十者五其十，参伍错综，《易》之理数尽于是矣。透得此五十之精微，以通神明之德，以类万物之情，皆不能外，所以夫子谓为无过。足破千古疑案，寥寥数十百言，已足包孕《易》之全体。由此说可推知《易谭》之精粹，读《易谭》愈知公学业之深醇，讲明而昌大之，使圣学复明于天下后世，岂不懿哉！

普定任志清先生，博雅嗜古，拥书百城，著述宏博，慨梓桑文献残阙，十数年前即有裒辑黔人遗著盛举，旧岁当轴礼聘先生续修《贵州通志》，乃商定兼印《黔南丛书》，表彰先贤，嘉惠来学，诚不可缓之图也。先生素仰文恭公为有明理学名臣，遂举斯编冠丛书首，属矩校勘。因忆昔年从黎莼斋星使使日本，值彼国文学博士中村正直所著《敬宇文编》成，踵使馆乞矩制序，序成，敬宇大喜过望，开文宴，延星使莼斋先生与矩入座，呈家藏《孙文恭公督学文集》，星使喜顾矩曰："此莫郘亭征君求之数十年而未获者，今吾与子得之，可谓异数。"已携归付梓，属矩校刊。流光似电，距今三十馀载，矩今老矣，又获校勘是编，岂非与公有文字夙缘耶！书此以志庆幸。

贵阳陈矩。

《督学文集》跋语①

民国　李独清

右《督学文集》四卷，明清平孙应鳌撰。应鳌，字山甫，号淮海，其先自如皋来，占籍清平卫，遂世为清平人。举嘉靖丙午乡试第一，癸丑成进士，选庶吉士，改户科给事中，出为江西按察司佥事，迁陕西提学副使，晋四川右参政。隆庆践祚，擢佥都御史，抚治郧阳，罢归。万历初，复起故官，入为大理卿，晋户部右侍郎，改礼部，充经筵讲官，掌国子监祭酒事，以病引告。寻起刑部右侍郎，晋南京工部尚书。卒，赐祭葬，赠太子太保，谥文恭。学者称淮海先生。

①孙应鳌《孙山甫督学文集》，黔南丛书第六集第一一七册，第五八七页。

按，先生殁后无子，行迹堙晦，《明史》不为立传，馀姚黄宗羲《明儒学案》亦漏载之。其事可考见者，首称泰和郭子章《理学传》，传内历官皆备，无赠太子太保事，始见秀水朱彝尊《明诗综小传》，未知所据。独山莫友芝辑《黔诗纪略》，搜采诸书，跖为《传证》，颇号详赡，然于先生卒年，仍无定说。予撰先生年谱，列举诸证，定为万历丙戌，年五十九，说详原谱，不赘。

此集据嘉靖丙寅庐陵胡直序，为台山邵元善刻藏保宁者。先生督学关西，门人尝刻其诗，名曰《督学》，邵氏复以名文类，前于丙寅未有刻者，是盖先生刊文之始。《明史·艺文志》载“《学孔精舍汇稿》十六卷”，四库著录为十二卷，《提要》云：“据万历己卯刘伯燮序，言集首奏疏，终于古风绝律，而采进本绝句七言律诗皆阙，知非足本。”上元黄虞稷《千顷堂书目》又载有《学孔精舍续稿》，虽误并《汇稿》以为在雍条教，读有未审，然先生文集可知更有续刻，今此集无迁郧以后文，是《汇稿》《续稿》之刻当在其后，但《汇稿》刻时，已否收入此集各篇，自四库但存其目，《汇稿》尽佚，无从揣悉矣。先生所为文，散失滋多，此集不过一鳞爪耳，然即此片帙，来甚不易。独山莫氏于光绪中访求数十年，虽得他著一二种，而文集终付阙如，仅获散见他书之杂文四篇。光绪四年，其弟祥芝刻《孙文恭公遗书》时，补辑杂文一卷于后。殆光绪十五年遵义黎庶昌出使日本，始得此集于中村正直家，遂梓入《黎氏家集》。据黎序，谓取以与杂文校，增多八十馀篇，似祥芝所辑杂文此集已具，而所梓则无此四篇。是已有祥芝所辑遂不复再梓耶？抑《督学文集》本无此四篇耶？以先生历官推之，四篇皆抚郧罢归后作，《督学文集》不当有,黎氏之言稍涉迷罔。宣统元年,先生族裔回澜于南洋官书局以铅字重印《遗书》,乃合《督学文集》刊之,并删《补辑杂文》内之《左粹题评序》《谕陕西官师诸生檄文》《书太祖梦游西岳文后》三篇,以省重复,即世所通行本也。考《清平县志》,又有先生所撰《贺中丞沙城阮公抚定水西序》,为《遗书》所未有,不萃刊一帙,更易散落。今《黔南丛书》校印此集,即据黎氏原刻印行,后以杂文各篇附之,庶先生文传于今者,复传之弥久也。

先生生明中叶,及今不过四百年耳,何以遗著散逸如是?莫祥芝尝慨为又一可惜者,不知先生文集摧折非一。归安姚氏《咫进斋丛书》内英廉等抽毁书目谓:"查《学孔精舍汇稿》三本,系明孙如鳌撰,书内《世史正纲序》《谷音序》《张浚论》诸篇,语多偏驳,应请抽毁。"四库查办书籍,先生《汇稿》已遭其厄,至误应鳌为如鳌,或刊本之讹。此集两序皆存,仅无《张浚论》一篇,黎氏得诸海外者,或系明刻,犹存真面,亦云幸事。

又,蒲水王枟《合刻孙文恭公三书跋》谓:"二十年前,犹闻文恭《学孔精舍汇稿》为抚黔者檄取购求而去,夫能于购求,则贤矣,而竟拔本而去,俾一线之存,竟成绝响!"先生遗著屡为莅黔大吏檄取以去,檄取者或不善守,一有散亡,即无片楮驯致,非止远地难求,即郡中已不易觏矣。

呜呼!先生之功业文章为吾黔开省以来人物最,徒以传业无人,散失零灭,犹赖诸贤勤为搜访,掇其精英,首末粗具。先生志业借以考见其大,是则可为吾黔幸矣!

昔会稽李慈铭论明文之病谓:"谈道学者以语录为文,其病偄;沿馆阁者以官样为文,其病霸;夸风流者以小说为文，其病俚；习场屋者以帖括为文，其病陋；盖流为四端而趋日下。”先生当李何雄长坛坫之际，貌袭之风一时盛极，晋江王慎中起而矫之，亦未甚著，先生独能以清空劲直之笔，发抒正大中和之气，一空依傍，无爱伯所言四病，以讲学家为文章伯，或稍有未脱明人气习，乃时代使然，不足为先生责，览先生集者自得之，无待予之费辞也。

先生内践卿贰，外历参抚，匡君之失，救世之弊，于当时坏政拳拳致词，偶不即见采，而古谊忠肝，灼然千古。今世运日衰，生心害政者奚止百十！民生凋疲，转转益甚。遵义郑珍《题先生书谕陕西官师诸生檄文石本》诗所谓：“货取兵选愈旷奇，问公倘见作何笔！”跋先生此集，不禁感慨系之！

此集为沈君渐逵所校，初校方毕，遽尔病殁，致鲁鱼亥豕讹字稍多，已印成篇，无从勘正，是可憾也。

民国三十年二月贵阳李独清。

提要三篇

《律吕分解》《律吕发明》提要①

《律吕分解》二卷、《律吕发明》二卷，浙江巡抚采进本，明孙应鳌撰。应鳌有《淮海易谈》，已著录。是书考辨律吕，多出臆断。如旋宫之法以十二律相生为次，每调用五声二变，止得七声。如通计一均五调所用之七律，则三十五声只得十一律。今以黄钟一均言之，自黄钟而上，用夷则、夹钟、无射、仲吕四律，自黄钟而下，用林钟、太簇、南

①永瑢等纂《四库全书总目》中华书局一九六五年版，第三三三页。

吕、姑洗、应钟、蕤宾六律，并黄钟为十一律，其不用大吕者，以旋宫之法所不及也。应鳌不解其义，乃云大吕助黄钟宣气，后妃之象，地道无成，而代有终，故虚而不用，穿凿殊甚。其算汉斛铭文之径，尤为疏舛。嘉量方尺图，其外方斜即圆径也。方求斜术，以方尺自乘倍之，开方得斜，即以之为圆径，用祖氏密率得圆周，乃不易之法。今应鳌以径一围三最疏之率起算，命斜径为一尺四寸有奇，周四尺二寸，是以开方乘除所得之数无一不谬，与祖氏所有径一一四周三五五密率相去殊远，乃自云依祖氏布算，何也？况即以径一围三论之，则斜径一尺四寸有奇者，周亦不止于四尺二寸。总之根柢不明，故无往而不牴牾也。

《学孔精舍汇稿》提要①

《学孔精舍汇稿》十二卷，两江总督采进本，明孙应鳌撰。应鳌有《淮海易谈》，已著录。《明史·艺文志》载："应鳌《汇稿》十六卷。"此本十二卷，前有万历己卯刘伯燮序，言集首奏疏，终于古风绝律。今第十二卷止于五言律诗，而绝句七言律诗皆阙，知非足本矣。

《四书近语》提要②

伦　明

《四书近语》六卷，明孙应鳌撰，为康熙甲午黄平王椃

①四库全书存目丛书编委会《四库全书存目丛书》集部第一二九册，第九十五页。

②中国科学院图书馆编《续修四库全书总目提要(稿本)》，第十四册，第二二三页。

刊本。应鳌讲学清平时著此书,已梓行,而传本甚罕。柡得残帙,缺下论《孟子》,多方搜访,始辑成完本付刊。卷首有柡序及戴嗣方二序。原本有应鳌自序。

柡序称:“每发一论,亲切著明,与朱注相表里。”嗣方序称:“应鳌为切问近思之学,窥知行合一之原,其于四子书融会贯通,详说反约,著是书务得圣贤大旨所存。以《论语》开章言学为圣人教人求仁之事,论《大学》则以格致为圣学之安身立命,论《中庸》则以慎独为尽性之始终条理,谓孟子一生之学为性学,故可以正人心,息邪说,回治道,端学术云云。”

按,明人讲章大都宗朱,然拘迂空泛,鲜能自抒心得。应鳌是书,泛论大义,不为章解句释,与朱注互有详略,不肯苟同,亦不染讲章习套,似在其所著《易谭》之上。《四库》著录《淮海易谈》而不及是书,殆未之见欤!

附录卷三　序记疏敕檄十六篇

序四篇

赠淮海孙公序①

王宗沐

凡国家取士，自乡举之法废，大都无出于词赋之与经术，而二者亦迭为盛衰，门户各峙，互讪更笑，而其极莫盛于西京，虽其士之所习各有专业，然亦以上之人督厉而倡之，然后精诣而成俗，其势然也。武帝之季，汉平天下几六十年，士无所用其精锐，相如、枚乘诸人始出为词赋，以庶人而达天子，一旦宠笃，天下争慕效，而其后枚皋、寿王诸人几并俳优，直以为戏，识者薄之。而宣元之间，匡衡、刘向诸人始出为经术，白首专门，要亦不出于笺注之间，未有能窥圣人之奥者。然东京而下，风会稍渝，即若为之，犹不及也。

关中固西京故都，余尝考次其风俗。自公刘、不窋之倡于邠岐《七月》之诗，民皆以稼穑织纴为尚；其后秦人倡而霸，斩艾而使之，则车璘驷铁其为俗，又甘斗战披服成

①王宗沐《敬所王先生文集》卷五，第十至第十二页。

俗,至歌于季札,其言曰:“此谓夏声,能夏则大,其周之旧乎!”由此言之,俗之成于倡,先后可睹,其机实有司之,非偶然也。国家之兴二百年,本以重农,然士不以课,太平全盛,亦不复有所斩艾者,而词赋一科,惧其浮夸,亦以罢废。自洪武戊申以来,取士尽归于经术,然四方之士仅仅穷经术以程于有司已矣,而关中之士往往能兼为词赋,有声于天下。今制,举经术者不禁为词赋,而关中士独能兼之,岂非其才力之裕,能不困于所习?抑亦西京之遗韵尚有存者与?或者谓督学之职柄实司倡而其在关中者往往皆当世名公卿,其素所督厉亦有然者。予亦意制不以此取士而士辄能兼之,非有所倡,予恐其犹无以成俗也。

嘉靖辛酉,予僚淮海孙公受命督学关中。公挺生南服,明悟绝人,其所为词赋直追古作者,而经术博诣尤有师承,至于禔身秉道,绳墨崭然,真足以为诸生之师者。夫关中之士之才得人倡之,固已能自见于兼长,而况其遗韵流溯非一朝夕。然则公之所倡将有进于经术者,士不通于性命,则经术口耳而词赋几俳矣。余之不肖,两滥兹役,尝自恨其不能有所建立以进士,予于道而今以望于公,自后关中士有驾枚马匡刘而出者,必孙先生弟子,则余言其几有藉乎!

是为序。

孙督学寿亲序[①]

赵时春

孔子曰:“言忠信,行笃敬,虽蛮貊之邦,行矣。”而子自

①赵时春《赵浚谷文集》卷九,第四十七页。

欲居九夷，其赞中孚以为信可以及豚鱼，而况人乎？方元之胜时，带甲弦骑而血刃者且百万，躏蹂[1]沙漠中原西域以及南海，奚啻十万里！兵行百年不休，其狙诈威焰，包山回海，至极矣！然扣其馀智，终不能伏牂牁一隅之地。天丧其精，我皇祖仗忠信，一麾而豪杰景附，举元所有，无思不服，而牂牁自列为贵州，请官吏。于是淮海孙氏之先服戎往抚，布其心腹，骨肉相保，几二百年，它方或有小盗，而清平之卫名与实孚，且弦诵衣冠埒维扬，谓非忠信之效而孙氏之功与？

今督学先生之亲皆以大年渊塞白首，善道乡里，而父行仕于朝者率大僚，向进先生方以诗书礼乐化后人，行将及天下，再以岁事教平凉士，顾余泾上之庐，其言恂恂可复质，无所矫饰，可以致久于天地间，此先生之亲所以为寿而其荣望将垂于无穷与！近纵横家弄术得志，乡里亲戚相诒相残，以苟富贵而天人交戾之，虽鸟兽不食其馀，由先生之亲观之，为何如也！元以诈力服天下，运不逾百，当时士生其间者，为何如也！今天下承平二百年，缙绅多奕世，其先皆以质胜华得之，士之遭际又何如也！纵横家间亦有得，然得乃其失，至于父子不相信，戚矣！视忠信之效，得失何相远哉！是故揭之，以为先生之亲寿，后之君子，其有所取法而毋以忠信为迂哉！

①蹂，原作“渘”，误，据文义改。

贺南明孙先生暨配司宜人并寿序[①]

南　轩

今年孟夏，上念巴蜀多警，爰重执法之臣，乃擢藩参淮海孙公为宪使。先是，公守川北且三年矣，以不得省侍二亲，数图谒休。故事，必先关白两台，两台素重公，固留不报。无何，闻有宪使命，然未有檄也，遂乘间驰归，若将终身云。乃二亲又以忠孝大义促之抵任，公意南明大夫诞仲冬十有二日，司宜人诞季秋十有一日，且皆年逾六袠高矣，顾不得捧觞为寿，望云徘徊，有馀思焉。于是左辖临溪杨公属言于阳谷子轩代为并寿遥祝，以释淮海公。

轩闻寿之为道也，葆精颐神，遐龄介祉，寿在一身；世德衍庆，三乐永昌，寿在一家；孝友锡类，仁让成风，寿在一乡；移孝为忠，康民翊世，寿在天下。夫身一也，由家而乡，机速于感，可自致也，至通天下以成其寿，则非道在而位副焉不可也。其或分有限而道阻于远，施庆有馀而功恢于继志人，谓不在其身，在其后人，不知后人之显扬，即此身所为寿否邪？今夫濮泉在渊，川导其泽，嘉木隐谷，干逮其荣，即其川与干而不谓之泉与木焉，然邪？非邪？

余尝读书中秘，与淮海公同笔砚，且同志也，以故习闻南明大夫暨司宜人之懿行甚悉。大夫少承父监察公训，绩学明经，举乡试礼魁，即所抱负凌驾时杰，掇魁天下，奚难焉？顾且典教犍为，正己作人，岂苟且以赴功名者伦哉！盖将以行吾志，虽委吏乘田可也，况职师道乎！无何，擢为保山令，又擢为云南别驾，约己敦信，几十年所，未尝有躁

①南轩《渭上稿》卷十三，第十一至第十四页。

心。于是上下交孚,称为滇有司冠。无何,以外艰奔归,寻接内艰,家居凡九年所。服既阕,又未尝有宦心。于是乡贤士惜其未究所施也,相与劝驾焉。当是时,淮海公自中秘简陟谏垣,谠论忠猷,已籍籍驰声中外矣,大夫乃曰:"吾少负报主心,今幸有托,吾何为复出?"遂焚牒自隐,筑学易斋,游息其中,不接一贵势,是举未行之道寄诸子,不与洁身忘君者异邪?夫忠孝性成,贻谋章志,大夫之所造诚渊矣。而宜人又庄严淑慎,崇俭任劳,俾夫无内顾之忧,子若克家之训,妇道母仪,追踪古范,即德施之广远,又不与伟丈夫埒盛邪?

夫寿,锡诸天者也;道,修诸人者也。寿止于身家者,其道隘;寿达诸天下者,其道弘。孔子曰:"仁者寿。"乃原其本于静,后之学者皆知静为仁之体,而不知仁之为体则通乎天地万物者也。惟静故虚,惟虚故能大,观不蔽而与天下之民共跻仁寿之域,始为寿之至焉耳。观大夫暨宜人促公抵任,惓惓以忠孝大义寄之,即所悬望可识矣。公素忠鲠直谅,固能善继志者,今且扬历中外越十馀年,不惟德泽汪濊,所在腾声,而识仁主静与物同体之学尤日兢兢惺惺,上达高明未艾焉,兹求所为寿二亲者,讵在函币捧觞遥致祈年之私尔哉!公将益殚忠猷,懋宣德意,福及善类,泽被生民,俾天下后世仰而颂之曰:"此南明大夫暨司宜人之烈也。"即大夫暨宜人闻之,亦将怡然喜曰:"有子如此,道其遐昌矣乎!"由是沐宠承休,永锡难老,即又德与年晋,名不浮实,视彼身享眉寿而功乏兼济者,相距果何如哉?语云:"上寿寿国,其次寿民,其次寿身。"《诗》曰:"君子有谷贻孙子,于胥乐兮!"余请以是质诸淮海公,因以质诸明翁大夫。

贺孙中丞太公太夫人双寿序代王座师作[①]

陈与郊

清平淮海孙先生既以大中丞节钺再镇郧阳，会其父封中宪翁、母恭人先后跻七十，使使征不佞言为寿。先是，翁恭人以今上初御东朝，覃在列之庆，得貤封如其子官，而某时承乏奉玺书从事，窃睹记一二绪语，盖所称偕荣并寿，以为天道福谦之报，久而弥验。已而先生书来，念违其父母，有悁悁之思焉，则不佞何能无言哉！

往不佞读《诗》至《四牡》，叹乎先王之世，人臣以王事不遑将其父母，其怀归来谂，若有所甚苦，而饱于区区一日之养，盖古今人情大抵然也。且夫家人儿女晨昏细曲之私恋，而至于感及万乘，为之动心累欷，此诚知其意有所苦而谋便之易耳。然而三旌不辍招，九折不辞险，若是者，主非为禄使，而臣非利之也，将以致忠广孝而慰其父母之心也。自战国策士以为孝如曾参，念不去其亲，必不越数千里而事主，如其言，将使亲无违膝之子，而主无效功之臣，则忠者毋乃孝之薄与？贤父母之心必不然矣。孙翁忠臣也，彼其出而事君，为名师，为良守令，不究厥施，将悉于先生乎属之，故先生之仕而乞归养，养而复起仕，圣天子不为夺其孝，而先生不嫌去其亲者，吾以为孙翁意也。孙翁之家居也，当路之踵其门者，常称病谢却之，又吾以为孙翁非病也，盖亦有所托焉，以成先生之忠也。先生自解褐游中外二十年逾矣，其文章风烈在天下，其行谊在乡里，其成之在

①陈与郊《隅园集》卷四，第十一至第十三页。

翁与恭人。故酌泉悬鱼,翁恭人不嗛贫;被纶曳绣,翁恭人不矜宠;庭槐阶玉,蜿蜿云仍,翁恭人不责报;盖父子间相为师友而泊然自疏,濯于炎炎攘攘之外,以留有馀之福。故曰:“饮不尽樽,遗之子孙。”又曰:“神不注于外,则身全。”岂翁与恭人谓邪!《白华》之称孝子以洁白,岂先生谓邪!则板舆列鼎持以效亲者末矣,而况造膝之暖姝,蹴蒲之磬折,以方琅琅炳炳扬修名于天壤间,孰轻重哉!故先生之念违其父母者,私也,则天子且歌《四牡》以劳之矣;其忠以成孝者,公也,则先生不能自言,不佞能言之。宴庆之辰,酌沧溟为上尊,俎泰华为加笾,庶其有取乎尔也。

记五篇

世德楼记①

胡　直

贵阳南明先生,性孝履厚,口不臧否人。甫弱冠,以《礼经》魁多士。筮仕教犍为,六年膺五荐,迁保山令。保山新置,杂夷僚而屋,先生治以廉信,民翕然服,为诸令冠。六年凡六荐,擢云南府同知。云南府为滇都会,号难治,先生莅三年,事举而民化②。凡三腾荐剡,例当内陟,以父监察公、母宋孺人忧,暨承重太母王恭人,九年服阕,戚党劝驾。先生曰:“吾结发期报主,已乃录录郡邑间,非吾意,吾已矣夫!”时伯子山甫君已登上第,遴翰苑,补给舍,名蒸蒸

①胡直《衡庐精舍藏稿》卷十二,第六至第八页。

②化,原作“比”,误,据文义改。

起，方向用。先生复曰："将代吾有行者，不在吾儿鳌乎？"遂焚牒，不复出。筑庐之西，为南明精舍，植花卉果树，日引二三耆旧，倡和薖轴，视世味泊如也。又好览观古今书史，究探原本，而尤精《易》，乃又筑学易斋，日兀坐其中，有以自得。岁丙寅，先生已六十有二，曰："吾晚好楼居。"又筑一楼，扁曰"世德"。适山甫君以蜀川宪使归省，落成，比至蜀，告其友生某记之。某闻古今称树德士，至自卜其子孙之兴、门闾之充，已而酬若左契者，何哉？其感应之机固然也。夫感应之机固然，而人区区焉有意以为之，又有心以卜之，是可以言人德，未可言天德也，可以逮一世二世，未可逮不世也。《易》首言"乾元天德"，盖乾始能以美利利天下而不言所利，无心于为德，故曰天德。先生既尝利一方矣，寻退而学《易》，山甫君又将其德以行于天下，濊泽丰功岳岳然著，而爵禄名誉一不以奸其衷。盖方焦然为之，而又嗒[1]然忘之，黾乎揭乎以尽夫人，而恢乎遨乎以游其天，若先生父子，岂非其以天德相承者哉！虽然，乾元之道大矣！人知乾之资始，而不知资生之功皆乾也。山甫君之学，固奉乾赞元之学也，宇宙生乎身而不为大，造化运乎手而不为巧，范围不过，曲成不遗而不为有增，此先生之厚望于山甫君，固不可以世计者也。山甫君著书数万言，行关以西、江以南，莫不满家，然多发阐先生《易》旨，不为叶言。某与山甫君有弟昆之好，亦尝辱先生远诲，愧病不能从事，故特推其意，为山甫君诵之。山甫君行且偿先生所欲为者，又奚假于某之叶言！

①嗒，原作"嗒"，误，《庄子・齐物论》："嗒然似丧其耦。"据文义改。

学孔书院记[1]

胡 直

始予友淮海孙公解大中丞归，而远近问学者履盈户，公乃选伟拔山之麓，得其胜者止焉，遂辟为书院，以居学徒，中为堂曰某堂，斋曰某斋，轩曰某轩，亭曰某亭，后为寝室，旁两楹为学舍，凡若干间。公自以平昔所学，舍孔子无繇也，因名曰学孔书院，而以书抵不敏而属之记，凡四易载矣。不敏岂故为缓哉？诚以孔子至圣，自《乡党》记其威仪言辞，下逮服食，莫不有法，若是密也。自《家语》诸家记其为政，未几而诛正卯，堕三都，却莱夷，若是勇也。辨商羊萍实之繇，对羵羊专车楛矢之异，若是博也。自宰我、子贡、有若赞其贤于尧舜，罄生民未有之盛，若是高也。自子思子述其祖述《宪章》，上律下袭，自孟氏称其金声玉振，始终条理，若是大且全也。后之人苟有欲学之者，犹之逐日，有拟之者，犹之绘天，彼天与日岂终可得哉？是故不敏非爱言也，不能言也。已而不敏亦以癸酉解粤臬归而自顾老矣，方不自揆，将毕力所学以冀全归，则反思曰：夫日至明矣，必有所以明者；天至大矣，必有所以大者；孔子至圣矣，必有所以圣者。昔者孔子尝自名其学曰发愤，夫愤何为也？愤之文从心从贲，诚以人心有至贲焉蔀且多矣，孔子之发之也，江汉以濯，秋阳以暴，极之于皜皜，则意识尽泯而贲之全体见矣。贲之全体见，夫然后施于四体，见于仕止久速，其绪馀为政事，其土苴为多能，其不得已为六经之

---

[1]胡直《衡庐精舍藏稿》卷十二，第二十至第二十一页。

删述，后之人从而称其为密，为勇，为博，为高，为大且全，皆贲之至也，即孔子自言志学而从心不逾者是也。孔子岂尝猎取之哉？末儒者不得孔子所从入，而遽欲讨求其至者而学之，未见其能孔也。虽然，不敏既惭于老无闻也，而犹幸其晚而不迷于从入也。又一年，孙公复起大中丞，仍镇郧台，使来督记。不敏知公之得于孔子深矣，而竟不能舍从入之言，以相质正，且以为公之在门告，作《学孔书院记》。

重建提督军务行台记①

王世贞

明万历之二载，都御史臣应鳌言："臣幸得奉玺书，领大藩，以时布天子威德，吏民貌共寝，事事小间，然实不胜卒逖之虑。臣所领郧镇，北抵华阳，南跨江汉，西逾嶓冢而遥，东尽湍水，实割秦楚梁三藩之垂而又间错蜀，以不时縻属兵事，罢则已。所领名为提督抚治，而不恒受符节，不得从军兴法以便宜从事。虽亦用考功计吏，顾三方之抚臣实共之，而其黠桀者阳受束而阴娆以左支右吾，甚或借躯椎埋奸铸亡命之徒，出一探丸而繁丑糜至蜹附，距弘治于今未百年而叛者十三，一杀倅，二杀令，三杀尉，而祸未已竟也，则岂其先臣之咸弗事事？毋亦县官之所以委任之者未尽欤？臣不胜过计，窃以当武宗朝，赣实据江闽岭海要害，数困贼，而都御史守仁以提督军务请，诏许之，一切便宜从事。守仁用是得募卒搜伍，缮甲庀訾，三载而夷环赣之险

①王世贞《弇州山人四部稿》卷七十六，第八至第十页。

以千里计，诸盗穴若洗，至以其馀劲扫窃号之强王，而国家无亡镞之费。臣不佞，不敢望守仁，请郧一切得比赣。”

制下尚书兵部议，尚书兵部议如都御史言，请更玺书为提督军务兼抚治者，请给军令，为旗为牌若节钺者十。制曰：“可。”于是都御史拜受命，乃为檄檄诸道：“曰荆襄汝以楚之被甲组练左右广六卒长来，曰南阳汝以韩之少府溪子龙渊革抉其劲士若长来，曰金商汝以秦之厹矛鋈錞虎韔镂膺绲縢之骑步若长来，曰汉中汝以巴宾叟兵白发黄头若长来。”既集，则为之饬前茅，虑无中权后劲，为之置鱼丽鹳鹅之阵而亲鼓之，又三令五申之，俾各受约束，以归勒部士。乃咸叹曰：“吾郧自是有帅哉！”

盖前是孙公以抚治之节钺来填郧，率厉文武士，西刈巨憝，欲申是请，会念其二尊人，移疾去。去而使院有不儆于灾者，属新之，凡更二使者。院告新而公复至，始拜命，名之曰提督行台。有司砻石以记请，而公用治行第一入卿大理，顾谓其代者世贞曰：“志之，毋忘所繇更也。”世贞谢不敏，不可。退而思之：当成化时，国家尽西南之兵力，以仅胜诸流人而始服，崇郡侨邑居之而犹不足，为置阃，阃不足，为置台，然其指乃在抚而不在督，何也？今天下方治平，荒服解辫，郧四履之地皆大镇，其民逮曾玄以至耳孙，不复知所由创，顾抚不足而以督请，又何也？当成化时，其人犹困兽饥鸟然，思一就栖食之地而无其道，苟有以籍之，则笠耳，是谓无治形有治端，其用不得不抚。今天下号为平，而文恬武熙，孽牙之萌，盖日夜其间，是谓无乱形有乱端，其用不得不改而督。是故晋武之销兵，巨源进而陈讽，颍考退而偷食，有以也。孙公不以且得代，谆谆言地方大策，手成事而授之不佞，乃犹徇治人治法之说云。即不佞乌能使是官重？《书》曰："知之非艰，行之惟艰。"以俟后之君子相与慢然顾名图践哉！

南工部尚书孙文恭公祠记[①]

郭子章

人情所极虑于身后者，在易世之裔与易名之典，而此二者恒相因也。有子孙陈乞，虽中才可获褒称，亡子孙陈乞，即高贤未免堙圽，抑势使然乎！亡论往故，如我国家李韩公之功，不逊于武宁、武顺，而李不谥，祺不善终也。解大绅之贤，不逊于杨文贞、黄文简，而解不谥，家徙辽阳也。邹吏目之忠，不逊于罗文毅、舒文节，而邹不谥，虽云秩庳，亦其嗣斩也。人臣生竖太常之勋，死为若敖之鬼，非国家念其故恤其私，谁为然已溺之灰而反既失之履？故人情所极虑而不可必得者，国家曲体之，令其世绝而祀存，骨朽而名易，所以彰往而劝来也。隆万以来，此论诮明，章耳而目之，无子孙陈乞而褒谥如故，得四人焉：少保于公谦，改谥忠肃；少师夏公言，谥文愍；中丞海公瑞，谥忠介；尚书孙公应鳌，谥文恭。文恭之谥，实章与御史宋公兴祖、李公时华同请者。公赐谥诏下，章又与御史毕公三才作公祠于清平，市田以供岁祀。清平令刘启周等以公祠记来请，予计公督学秦中，为三秦士师，瞽宗北雍，为天下士师，及门入室弟子当有善言师者，乃请于今御史大夫三原温公，温公故公所简秦士也。温公曰："弟子即诵师，无若公言。"公且

---

①郭子章《黔草》卷十二，第五十九至第六十一页。

以《哭公集杜八首》示予，读之令人涕落。予辞不获，乃稽公履历记之。

公姓孙氏，讳应鳌，字山甫，扬州如皋县人，占籍清平卫。嘉靖己酉[①]举乡试第一，癸丑成进士，选庶吉士。改户科给事中，出佥江西。历陕西提学副使、都察院佥都御史抚治郧阳，入为大理卿，迁户部右侍，改礼部，掌国子监祭酒事。隆庆[②]改元，上幸学，公进讲《无逸》，赐茶。请告。起刑右侍，晋南京工部尚书。卒，赐祭葬，墓木拱矣。万历庚子，章等为请谥于朝。壬寅，诏下，谥文恭，锡之诰命，始祠公于清平城中。

予按谥法，恭有九义，谥公曰恭，其尊贤贵义执事坚固之谓乎！予师胡正甫先生尝语章曰："宇内讲明正学，楚有黄安耿公，蜀有内江赵公，黔有清平孙公，吾豫章有南城罗公，皆贤人也。"已予入蜀，予师与赵孙二公皆捐馆舍，乃合祀三公于大儒祠。及予入黔，别邹尔瞻江上，尔瞻曰："黔中孙淮海、李同野、马心菴皆致力斯学，君此行惜不及见三君耳！"予平播后，辑《黔记》，乃合三公类传于理学，已复为公请谥而得恭，乃知正甫先生与尔瞻言不我欺也。嗟乎！公亡易世之裔而得易名之典，人情所极虑不能必得之身后者，公不虑而得之，遭逢圣明，视李解邹三公千里矣。

公所著，有《学孔精舍汇稿》《易谈》《四书近语》《教秦语录》《春秋节要》《律吕分解》等书，共若干卷，发明圣学，

---

①己酉，误，据《嘉靖二十五年贵州乡试录》，孙应鳌举嘉靖二十五年丙午贵州乡试第一。

②隆庆，误，应作"万历"。先生官国子监祭酒在万历三年，万历帝幸学在万历四年八月二日。

具载诸书。立朝大节,他日国史当有大书之者,兹记止纪公请谥及建祠颠末。祠即公书舍故址,袤若干丈,长若干丈。中为堂,祀公。外为门,颜曰“工部尚书孙文恭公祠”。祭田若干亩,俱在碑阴。

孙文恭公祠碑记①

田雯

余于戊辰奉抚黔之命,驱车万里,道经楚南湘沅地,见三闾大夫、新息侯二祠几遍五溪七泽间,入黔则不祠,祠竹王。夫三闾大夫,楚之放臣;新息侯,壶头一战,楚人惜之,尸祝俎豆之,千百载不少衰,宜也。夜郎竹王,其事怪诞不经,黔人何以祠?武乡侯渡泸之役,大有功于黔,贵筑铜鼓山为诸葛贮甲处,陈迹犹存,黔之人又何以不祠?余入黔,慨然为立丞相祠堂于涵碧潭上。追考《黔志》所载,清平有孙文恭祠,今废,墓在邑西五里,茑葛蒙荟,狨语熊鸣,公之一抔土,虽樵苏莫辨矣。嗟乎!当明世庙时,边宇乂安,崇尚儒术,公一鬼方产耳,以著书讲学自任,树立勋名,入为司成,出膺节钺,有古仲山甫风,何以历今不二百年,里之父老及公之子孙遂无传闻绍述之者?所以于入黔时扼腕抵掌,慷慨论列,流连追慕其为人,且重有感于祠之废而累歔流涕也。

公姓孙氏,名应鳌,字山甫,别字淮海,先世扬州人,以流寓占籍清平。举嘉靖癸丑进士,累官南京工部尚书。卒,其谥文恭,则万历间从黔抚郭青螺之请也。公著述数

①田雯《古欢堂集》卷三十,第八至第十一页。

种,有《学孔精舍汇稿》《易谈》《四书近语》《教秦语录》《春秋节要》《律吕分解》诸书,诗赋若干卷。

夫蛮髦之邦,农不习耒耜,士不治诗书,官斯土者,必表章一二前哲,所以扶植纲常,袚濯习俗,庶可潜移而默化之。不然,罗施鬼国,未有积十数年近或五七年无疵疠夭札刀兵水火之患者,以公之文章理学事功而顾可使之闷而不耀耶?则余今日之祠公,亦犹青螺请谥之意也。余尝谓畏垒祠庚桑,有“垣墙蓬蒿”之喻。大抵人情各乐祀其乡里之闻人,齐人高石庆之行,立石相祠;白居易以文章名,没而乡人祭其墓,以视栾公之社、朱邑之桐乡有间焉。武乡侯功在征蛮,余既为黔人祠之,则文恭可知矣。祠之上,高柳澄潭,小山丛篠,可与丞相祠堂遥相望也,是亦黔人之幸矣!清平令许君国干曰:“是不可以无记。”盖祠成于辛未之春,遂以文请,值余以忧去黔,逾三年,官京朝,殆复二年,许君书凡六至,始为文寄之,锓之石而系以辞:

香炉峰童,麦冲泷黑,邕音骇骇,苴风瑟瑟。毒雾运帚,碧空垂蔓,粹灵杂集,王后邹前。曰诞伟人,淮海山甫,伊吕其俦,程朱之伍。神器独立,仙的孤临,绛花析落,翠芃幽寻。经行牢牢,儒林长德,轫轫啟啟,髳人僰客。遗文坠翰,骈出横陈,周情孔思,一代名臣。经师人师,大雅仿佛,历位司空,才猷跞逴。迓鼓盗竽,伪体别裁,醇儒正学,范往围来。李杜雄辞,徐庾丽句,焱攸容裔,钧天韶頀。爰有遗庙,平邑崇冈,何以妥之?不疚其光。胸春旦饥,梳烟劙草,风哀雉噫,日睆官道。划楔磨石,组文紫钱,摆云掠风,用永千年。平仲君迁,干霄蔽日,拜其下者,牂狁猪犹。

许君贤宰，百废聿兴，无陨芳躅，断啮冯陵。万里而来，荡栉鲤雁，俾余摛词，青螺再见。旧植荒落，华颠白纷，倪腕渴笔，何以为文？岦研覃思，言薤且陋，触怀谁昔，儋酹酘酒。堙山堑谷，豚鼍雨风，长卿晚翠，简子秋红。

疏四道

覆贵州巡按御史蔡廷臣论都御史孙应鳌等疏①

高　拱

该巡按贵州监察御史蔡廷臣参论贵州乡官、原任抚治郧阳右佥都御史孙应鳌居乡不检，乞要速为议处，或赐罢斥。原任府同知孙衣、知州王朴、生员王烋等各挟私诬妄，乞要提问各等因。奉圣旨："吏部知道，钦此。"

钦遵为照：乡官孙衣、王朴，生员王烋假捏公文，诬陷土舍，若果是实，法自难容。其孙应鳌乃孙衣之子，必须同谋有证，乃可并论。今申文既系孙衣等所为，应鳌未有干涉，则安得因父之事遂连其子？难以遽议罢斥。合候命下本部，移咨都察院札行彼处巡按御史，将孙衣等提问明白，奏请发落。孙应鳌照旧在籍养病，斯于事理为当。隆庆五年七月初六日题。

初八日奉圣旨："是。孙衣等着巡按御史提问具奏。钦此！"

①高拱《掌铨题稿》卷二十七，第六至第七页。

敬采舆论共推士品恳乞查明录用昭雪疏①

邹元标

臣于本月初九日阅户科都给事中萧彦疏，为荐举边材，末因荐及数臣，以为默移世道，维持士习，乞并抡擢，以风天下。臣三四读，未尝不服其卓识闳议。臣最驽钝，髫年闻海内缙绅有则古昔谭先王者，辄手记心存之，拊膺衡茅，冀诸臣骎骎向用，已而睹其中道厄塞，心甚惜之。承乏该科，欲陈忠陛下之日久矣，戚友止臣多言丛忌，臣蓄而未言，比见萧彦疏论深剀，触臣愚衷，且进退人才，系臣职掌，臣感切不能自已，谨摅臣所睹记者，一一为陛下陈之。

臣所陈者，非敢谫谫然执理学以必天下之才也。圣门英才，何其济济，教列四科，皆足名世，故有得圣道之真传者，有得圣道之猷为者，有以自守称者，皆有功于斯道，亦臣所不弃也。原任礼部侍郎王锡爵，望高海宇。原任国子监祭酒孙应鳌，数经荐剡，无容复赘。访得原任福建巡抚耿定向，洞彻道源，力维名教，以成就人才为真修而质行式端乎表率，以康济民生为实学而经画允协于机宜。原任太仆寺少卿魏时亮，器宇温粹，问学端平，恬约如处子，当官有不夺之操，贫素如儒生，居隐有自得之味。原任广东按察使胡直，禔身端介，研道精深，志存海宇，动止必追古人，学博典坟，著作可垂来祀。原任云南参政罗汝芳，性资超脱，行谊高贞，惟道是慕，富贵功名不入其心，逢人必诲，贵贱贤否，不知其类。山西参政王时槐，秉心幽静，赋器严凝，复性以为志，言行不诡于闲，湔欲以为功，生产不撄其

①邹元标《邹忠介公奏疏》卷一，第四十四至第四十八页。

虑。原任苑马寺卿颜鲸，志趋高迥，识谊宏深，道欲追于古人而不可以利染，行欲挺于当时而不可以威摇。原任广西副使刘应峰，秉意卓荦，抱识圆融，孝足以范闾里而不忘心于圣学，才足以济埏垓而不濡迹于权门。原任江西参政周思敬，朴贞之性，端介之行，志切于扶世道，讽谕不显其迹，学急于育人材，提撕不厌其勤。见任杭州府知府张振之，孤洁性赋，耿介天然，学称考亭，回狂澜于既倒，治效颍川，垂恩泽于去思。建昌府知府许孚远，秉心端介，信道坚贞，与古为徒，操不改于岁寒，视民如子，政每布乎春熙。未仕举人刘元卿，抱物外之志节，蕴心上之经纶，风动一方，庶几实践君子，凤翔千仞，可谓高蹈逸民。以上数臣，虽脉络不齐，造诣不一，要皆卓然自立，非吊诡以博名高者；内耿定向、胡直，昭代淳儒，白首一心，宜加显擢，以兴斯文；张振之、许孚远，肮脏仕途廿年有馀，宜加优处，以起顽懦；臣信其不为陛下负也。

虽然，臣亦岂能必诸臣悉谐众口哉？臣知其故矣。古之学者，知行合一，以践履为实地，今之学者，专谈性命，以圆机为妙用，此学术流传之弊，其人品之不容磨灭者，固自在也。古之人，其望人也厚，厚必欲成人之美，有一善者，汲引之恐后，惟惧其身之隳也。今之人，其待人也严，严必欲扬人之过，有寸瑕者，攻击之无遗，惟惧其名之成也。诸臣之所以受议，与人之所以议诸臣者，当分任其责可也。臣查诸臣中，如魏时亮、颜鲸，曾经考察，拾遗所以惩奸宄，风有位，非欲为奸人报复计也，陛下以为此二臣者公耶？私耶？公也明，明国典，谁能议之？今三尺竖儿知其冤矣。伤正直之节，沮好修之心，臣切痛焉。迩年考察，臣等六七人被之矣,幸陛下明圣,寒灰再燃,臣等显被之,而显锢之过幸得白,诸臣阴逆之,而阴斥之冤终难释,此臣日夜郁结于心不能已于言也。刍荛可采,伏乞敕下吏部,念人才之难得,悯幽抑之当伸,应录用者即为录用,应昭雪者即为昭雪,诸臣生得弹冠于朝,殁得俎豆于乡,甚盛举也。以臣废言,臣亦欲使四方闻之,天下有不容泯之人心,庙堂有不容废之公论,隐丘壑者笃志沉修,被污蔑者矢志考槃,先达有所恃而益勉,后进有所欣而乐从,未必非淬砺人心之一机也。

抑臣有深惧焉。臣尝见美玉矣,远望之温润而栗,近索之不无瑕疵。臣问之人曰:“斯玉何以称美?”人教臣曰:“尔以无瑕求玉,斯天下无良玉矣。”臣因悟知人之方,亦当类此。夫不以片瑕弃玉者,斯玉无遗良也;不以一眚责人者,斯野无遗贤也。诸臣功成一篑,臣无负知人之明,诸臣自玷晚节,在臣不失为过信之厚,诸臣如自负何?惟愿陛下垂宽明之听,鉴狂瞽之衷,在廷臣工必有知臣之所未知,举臣之所未举,接踵比翼于熙明之朝者,愈出而愈奇也。臣不任拳拳之至。

万历十二年二月二十日奉圣旨:吏部知道。

请谥孙尚书疏[①]

郭子章

谨题为儒臣学行久著,乡评永归,肯乞赐谥,以崇正学,以广风励事。万历二十八年七月十五日。

①郭子章《黔草》卷四,第三十二至第三十七页。

据贵州按察司提学道佥事徐来仪呈详奉臣批：据贵州阖省乡官、举监生员、乡约耆老许一德等呈称："窃惟士怀暗修之行，讵在得名？国有激劝之权，严于表实。故三不朽之业，立德为难，千百圣之宗，传心最要。照得故南京工部尚书孙应鳌，学有本源，行无枝叶；揭六经之正脉，慧烛迷途；破百氏之异同，司南歧路；以易简中庸为的，以纲常伦纪为修；得宋儒定性安仁之旨，归宿孔门；用《大学》明德亲民之精，宣猷帝侧；咀华吸髓，道统仰契于前修；戢景埋光，晚节益坚于末路。事业以生前既著，舆论自身后愈清，第崛起遐方，沉沦荒徼，且嗣胤靡有孑遗，名恐湮于草木。乞赐题请加谥，庶命名考实，泉壤之潜德攸光，继往开来，边土之斯文不坠。"夺情奉批：孙乡官斯文山斗，吾道羽翼，谢世已久，未易其名，诚为阙典。仰提学道查核详夺，奉此。

又蒙巡按贵州监察宋御史批：同前情，蒙批提学道查报，蒙此，又奉臣批：据清平卫儒学廪增附生员赵文炳等呈称：本卫原任南京工部尚书孙应鳌，中嘉靖丙午乡试解元，癸丑进士，改庶吉士，除刑科右给事中，升江西佥事、参议，陕西提学副使，四川参政、按察使，湖广右布政使。寻转都察院右佥都御史，抚治郧阳。升大理寺卿，礼部右侍郎，掌国子监祭酒事。再起前官。本宦性资聪睿，问学渊涵；文章济美于词林，谏议效忠于青琐；振威开府，承宠经筵；历宦居乡，著述讲学，《易谈》《近语》阐先圣之微言，《雍谕》《训规》开后学之成法；芳闻无间于同声，懿行有难于悉举。本学于十六年内具呈巡按赵御史批：谥法，国家大典；乡贤，闾巷公论；非其人不得私，有其人不得蔽也。本官无子孙可凭据矣，而士论乡评翕然推重于身殁之后，可见素履之孚，人心之公也。既经司道咨议，众论佥同，合候会题施行。仍行提学道专详，缴该提学伍佥事议：详得本宦挺生异质，崛起巍科，词坛蔚有时名，行履久推月旦，倡明道学，则《易谈》《近语》言言悉入精微，砥砺励猷，则立朝居藩在在想闻丰采。生前公论已白，身后恤典尤隆，相应如议，请谥。奉军门萧都御史批：司道之公论佥同，本宦之懿行具见，不然，彼其人化矣，势去矣，子孙无可托矣，而何独翕然若一口一心也？仰候会题施行。本年十二月内已经入祀乡贤讫，第祀事虽以举行，谥典未蒙请赐，恳乞题请特谥，庶潜德昭于既往，懿范垂于将来等情，奉批：仰提学道会同布按二司，新、都守巡二道，查核确详报，奉此。

又蒙巡按贵州监察宋御史批：同前情，蒙批提学道查报，蒙此。就经备移布按二司，新镇都清二道查议确当回覆，及行都匀府拜清平县查确，以凭通详。去后随准布政司照会移称卷查万历十六年六月内，前军门萧都御史批：据都匀府申详清平卫已故工部尚书孙应鳌入祀乡贤，俯赐请谥等因，已经题请，缘由在卷。今准前因，该本司看得：本宦著作有功于六籍，忠荩久效于三朝，造士安民而政与教皆炳乎垂不朽之绩，慎言修行而华与实皆确乎有成法之存，非特用夏变夷，素重于南黔月旦，抑且挽今拟古，可称为北斗泰山，允宜易名，用惬舆论。又准按察司关看得：本宦黔方砥柱，昭代羽仪，见解躬修，终身匪懈，论思谏诤，素位而行，甘棠有遗爱之存，衣钵得真传之秘，诚文章之宗匠，理学之名臣也，千秋无愧，一字宜褒。又准分守新镇道手本行据清平县申蒙本道按验前事,遵依转行清平卫儒学并乡约耆老杨传一等。查报去后,随据该学廪增附生员赵文炳等,乡约杨传一,耆老陈训、顾节等,各具不致扶同结状在卷。该卑县看得:本宦禀资颖异,识见殊常,少领解名,旋登制举;被选馆垣,则掞藻敷词,匠心根于性命;擢居谏省,则批鳞折槛,奏草写出血诚;秉宪持公,旬宣美化;倡理学以教三秦,直接羲周馀脉;阐道真而陶六馆,仰追邹鲁遗风。惟是年龄不长,胤嗣衰绝,家乏百金之产,门无三尺之童。其行谊真可师,其凋残尤可悯,而遗行弗蒙表章,潜光久且掩没。如蒙上请,加以美谥,则俗学有还醇之望,夷方有至道之机。等因据此,随据都匀府呈称该本府看得:本宦文学建议兼优,阐微易理而擅名省垣;才干徽猷并著,赫炳藩省而振威部院;乃一代翰苑之臣,实三朝元老之硕,生为名宦,殁当请谥。等因呈详到道,该本道看得:本宦奋迹贤科,潜心理学;衣钵传圣贤之奥诀,文章泄今古之奇英;历仕三朝,正气直声,天下想闻其丰采;归休一壑,清风高节,黔中咸视为羽仪;宜加华衮之褒,用作士林之范。又准都清兵巡道关看得:本宦天生名世,作代羽仪;学耻章句呻吟之末,而求仁定性惟以孔孟之道为必可师;身为文学谏诤之臣,而纳诲论思直以尧舜其君为己之任;由藩臬之司,建牙开府,天下望如景星庆云;谢司空之召,适志林泉,学者仰为泰山北斗。今其人已朽矣,而休称乃历久而愈著,则知其论已定矣,而谥典宜及时而宠加。等因各回覆到道,准此。该本道看得:本宦少挺奇姿,沉酣百氏;长崇正学,鼓吹六经;迈迹玉堂,词赋真称倚马;致身青琐,封章直欲批鳞;外补愈励,清勤孤忠贯日;内陟终孚,简在一德格天;奏《无逸》之篇,祭酒名高北斗;却司空之召,尚书望重东山;法言与至行绝伦,硕德共丰功竞爽;以定性识仁为根宗,以审几慎独为门户;奋足何假兴文,没齿确然学孔;真南方之砥柱,吾道之宗工也。顾崇祀已行,易名尚阙;荒凉门祚,固天道之无知;藻缋舆评,正人心之匪溺;矧劝一风百,用夏变夷,尤今日黔中之所宜亟讲者,伏乞会题加谥。等因呈详到臣除批,仰候会题行。外该臣会同巡按贵州监察御史宋兴祖看得:已故南京工部尚书孙应鳌,起家黔南,读书中秘;议论关四海之休戚,嘉隆间时有谠言;进退系一生之重轻,山林内晚全劲节;三朝元老,勋名久勒于鼎彝;一代真儒,渊源直溯于洙泗;望已隆于藏壑,论益定于盖棺;在黔已崇祀于乡贤,在蜀更配享于书院;况羊舌之鬼已馁于庙,而月旦之评不改于乡;微独征人心之公,益足定国论之是;既协舆情,允宜易名。相应题请,伏乞敕下礼部,再加查议。如果臣等所言不谬,将孙应鳌赐谥易名,庶昭代真儒得光泉壤,而夷方士子有所矜式。吾道幸甚!斯文幸甚!谨题请旨。

礼部覆孙应鳌谥疏略①

看得原任南京工部尚书孙应鳌:起家中秘,历内外,咸称其官;税驾司空,概出处,折衷于道。忠摅黼座,谠言不但封章;化洽桥门,声教尤殚节钺。至称渊渊理窟,益征表表人材。论性必本诸仁,孔惟愿学;说天莫辨乎《易》,文乃

①杨受延等修、马汝舟纂《如皋县志》,卷二十,第四十页。

在兹。言皆羽翼六经，行足楷模一世，直欲超凡而入圣，岂惟用夏以变夷。崇祀以宗其贤，知群情之共仰，易名以彰厥美，宜国典之独优。既经山西道监察御史李时华及彼处抚按官郭子章等会题前来，臣等再三谘访，无异相应，覆请恭候命下，行翰林院撰拟施行。

奉圣旨：孙应鳌准与他谥，钦此。

诰一道

诏赐十世祖南京工部尚书孙应鳌号淮海谥文恭诰命一道[①]

奉天承运皇帝制曰："国家易名之典，最所慎重，惟鸿儒硕彦，行业昭于往昔，器品重于来兹，不靳荣施，以资风劝。尔南京工部尚书孙应鳌，学敦实用，道黜多岐，潜神理窟之中，抗志尘寰之表。储材禁苑，文望攸归；囊草掖垣，直声允著。陈臬而风裁克振，于蕃而惠化旁流，元戎收保障之勋，廷尉著平反之誉。阶崇宗伯，位正司成，重席谈经，丕阐圣贤之秘，两科造士，聿兴棫朴之风。暂与林栖，终虚环召，优游作述，洞悉古今，偃息经纶，研穷道术，士类仰为标准，朝绅信若蓍龟。论定盖棺，用彰徽数，特谥曰文恭，锡之诰命。於戏！老臣邈矣，三朝绰有典型，血胤崭然，一字永垂华衮。眷惟精爽，服此休嘉！"

①《孙氏家乘·制诰》，第七页。

敕一道

敕都御史孙应鳌与汤院同[①]

敕都御史孙应鳌：湖广行都司、郧阳府并荆州、襄阳、河南南阳、陕西汉中、西安各府所属州县与郧阳接境去处，土地广阔，山川深险，流民潜聚，易于构乱。今特命尔前去提督抚治，在于郧阳府驻扎，专一往来前项地方，巡察奸贪，抚安人民，整饬兵备，区画粮储；令各该司府抚治流民官员，修理城池，禁防盗贼，作兴学校，清理狱讼，使先年编籍之民各安生业；仍时常省谕军民人等，不许收藏应禁之书及捏造妖言，冒干刑宪，罪及身家。倘遇草寇生发，尔即量调所部官军民快，督同各该分巡兵备及军卫有司，上紧扑灭，毋致滋蔓。若各官事有干涉不行关报者，听尔指实参奏。其应与各镇巡等官会议者，须从公议行。凡所属司府军卫有司官员人等有犯，应拿问者，究问如律，应奏请者，奏闻区处。尔受兹重托，尤须持廉秉公，正己率下。务俾军民得所，地方宁静，斯为尔能。

檄一道

建二尚书六中丞坊檄[②]

郭子章

照得荀氏八龙，里擅高阳之称，康成大儒，乡震郑公之

①裴应章《万历郧台志》，第一九九至第二〇一页。

②郭子章《黔草》卷十，第二十九至第三十页。

名，式闾旌贤，其来久矣。贵州故僻壤，我朝贰百馀年，为尚书者贰，为中丞者陆，而省城无坊，何以表厥宅里？为此牌，仰布按二司照牌事理，再加查议，建贰尚书坊一座、陆中丞坊一座。左书年月及两院姓名，右书三司姓名，下壹层书各乡贤姓名。行贵阳府估计价值，详动官银建造，毋违。

计开：都察院左都御史、前南京户部尚书黄绂，平越卫人。南京工部尚书、前国子监祭酒孙应鳌，清平卫人。以上贰尚书坊。右副都御史、食正贰品俸徐节，贵州卫人。右副都御史侯位，思州府人。右副都御史敖宗庆，思南府人。右佥都御史蒋宗鲁，普安卫人。右佥都御史李佑，清平卫人。右佥都御史刘秉仁，贵州卫人。以上陆中丞坊。

附录卷四　传记资料十二篇

传记八篇

工部尚书孙应鳌[1]

明　郭子章

孙应鳌，字山甫，清平卫人。生之日，适卫人馈六鲤，因以名。就塾受业，日诵数千言，正襟危坐，求解大义。年十九，以儒士应乡试，督学徐公樾一见大奇之，许必解额，放榜，果以《礼经》中第一人。癸丑成进士，选庶吉士，改户科给事中。出补江西佥事，流贼起，公捍御得画，一道晏然。九江三百人误坐贼党，公一言出之。

未几，迁陕西提学副使，公实意作人，身先为范。尝与耿楚侗公书云："世道理乱关于人才，人才成就系于师道，人人能言之。至师道之以称职于时者，勤力较阅，品评不爽已耳，猎名词华，驰誉经学已耳。某意不然。尝考诸《荀子》曰：'师术有四，博习不与焉。尊严而惮，可以为师；耆艾而信，可以为师；诵说而不陵不犯，可以为师；知微而论，可以为师。'此荀子大醇之言，似矣，而未尽也。孔子曰：

①郭子章《黔记》卷四十五，第一至第五页。

'温故知新,可以为师。'此则万世师道之极则也。温故知新,学者多以'所闻所得'为解,某妄意谓故者,当如《孟子》'言性则故'之故,新者,当如《大传》'日新盛德'之新。凡天地万物之实体灿然具陈,故也;其真机昭然不息,新也;二词虽有显微不同,其总括于人心,运行于人心,生生之妙一也。能温,则实体之总括者不晦;能知,则真机之运行者不滞。不晦不滞,则天地万物合为一体,天地万物合为一体,则仁,仁则成己成物,位育参赞,皆其能事,成己成物者,师道也,师职也。故子思作《中庸》,亦以'温故知新'专承圣人发育峻极之大道,此孔氏家法也。故某妄以孔子'温故知新'之旨为孔子示人万世师道之极则者,此也。"公在秦所取士,悉一时名硕。

迁四川右参政,土酋薛兆乾执参将贺麐见以叛,都御史谷公中虚问计。公曰:"参将与天子孰轻?昔英宗北狩,于肃愍公数语,国威益振,卒返英庙,今者岂恤一参将邪!"谷从公议,擒兆乾,麐见竟免于害。

隆庆改元,升佥都御史,巡抚郧阳。以主上冲年,莅政伊始,防杜宜蚤,乃因境内灾,疏请勤学、励政、亲贤、远奸等十事,上嘉纳之。太和提督巨珰侮宪蠹民,公劾其欺悖悍险贪谬状,上为斥逐。既,恳疏乞骸归。

万历初,诏起抚郧阳。首疏加衔提督军务。建文死事诸臣,人皆讳,未敢言。公推衍诏书德意,慷慨言曰:"褒扬人之子,必先其父,则子之心安。故褒扬人之臣,必先其君,则臣之心安。建文诸臣,委质致身,志节甚伟,陛下深为恤录,真厚幸矣。但建文君未沾旷绝之典,恐诸臣有知,更且不能安受地下。亟复位号，量拟谥法，[①]事有系空名而舆论悉归，人心愈固者，此类是也。孔子作《春秋》，每年必书，每时必书，见天道王政上下维属不可缺也。建文君在位凡四年，尽以革除，举其事缀附洪武，名实紊淆，轨迹惑贰，何以补国家信史之缺？"疏奏留中，举朝目为昌言。

甲戌，入为大理卿。丁丑，升户右侍郎，改礼部，掌国子监祭酒事。公在监，雅意持风化，造人才，仿吕公柟遗意，以"举人率多回籍自便，以入监卒业为耻。不知当其在籍，师儒之训弗及，宪臣之令弗加，闾党矜其资望，有司遇之隆重，身靡所检而易荡，及入官，材质已坏，莫可如何矣。宜征天下举人悉入监。祖宗设太学，非举贡非勋胄恩荫不入。祭酒司业为朝廷作人于内，提学为朝廷作人于外，必在内树风教而后在外振纪纲，今提学所摈斥者尽归之太学，倒置若此，则太学毋乃为提学藏垢匿瑕之所，为生员不才者之逋逃薮与？甚且至愚不赀货一入，咸厕其中，太学之污蔑极矣！"疏上，俱著为令。丙子八月，驾幸太学，公举《虞书·无教逸欲有邦》进讲，上嘉纳，命坐，赐茶，盖旷典云。寻以病予告，筑学孔精舍于西城之阳。起刑部右侍郎，寻升南工部尚书。卒，赐祭葬。万历壬寅，赐公谥文恭。所著有《易谈》《四书近语》《教秦语录》《雍谕》《学孔精舍汇稿》《续稿》《春秋节要》《律吕分解》等集传于世。

蠙衣生曰：予督学川中，川中故有大儒祠，祀周元公、二程子、张敬夫、魏了翁诸公，至明，止祀合州邹吏目，即司

①亟复位号，量拟谥法，原在"但建文君未沾旷绝之典"后，疑倒。今据莫友芝《文恭孙淮海先生应鳌》乙正。

马长卿、扬子云不得与焉，盖慎之矣。予至，始祀公及赵大洲先生、予师胡庐山先生。赵，故内江人。公与先师后先宦于蜀者，蜀人啧啧无异议云。予入黔，式先生之墓，问其嗣，斩焉弗续，为请谥于朝。呜呼！伯道亡儿，中郎有女，从古如兹，宁独先生！

孙文恭先生传①

明　丘禾实

孙文恭者，吾乡淮海先生也，讳应鳌，字山甫，贵州清平卫人。先世祖曰华，以从龙功授神策卫千户，籍凤阳之如皋。淮海者，从如皋也。华以永乐中调清平，传其子礼，礼传钦，钦累官万户，有别子曰铎，生瀚，瀚生重，重生衣，衣乃生先生。自衣以前三世皆以孝廉起家至郡丞守令，衣复以先生贵封中宪大夫，而衣有弟曰裒，又先先生举进士，读中秘书，为柱下史。《诗》曰："相彼雨雪，先集维霰。"若先世皆霰乎！

先生生而颖异，九岁能属文。授之书，辄取大义，书竟，辄瞑目危坐，不从群儿嬉。已尽发家藏书读之，学遂通。弱冠举省试第一。明年卒业太学，谓士当友天下，不宜应故事取具日月，三年始归，一时司成甚礼重之，谓孙生良苦。又三年，成进士，复读书中秘。时馆师徐文贞公以国士目之，请留史局，分宜不可，乃改给事户垣，有《财用大计》一疏，为时论所重。迁刑垣右。会以他事不为分宜用，出佥江西，巡南昌道。适流贼大起，先生悉心捍御，取其

①丘禾实《循陔园集》卷五，第三十一至第三十六页。

魁，馀听解散，因请释部使者所逮系三百人，全活甚众。寻晋少参。晋宪副，视关中学政。先生自太学时常慨教学陵夷，非祖宗造士本意，至是辟正学书院，群秦士谈经讲道，士无不凛凛，争自祓濯，至片语单词竞相传诵，曰《绪言》，曰《语录》，高足弟子卒多名卿云。

居三年，迁四川参政，守川北。值宣抚薛兆乾以龙州叛，质参将贺麐见①，督府问计安出，或且为参将忧。先生曰："参将孰与天子？不记于肃愍闭关事乎？"趣兵之，卒擒兆乾，以贺麐见归。明年，东川白莲妖蔡伯贯、田纯大乱，攻陷合州、定远六七城，遂僭名号，三川震恐。督府檄先生以兵来会，先生佯言："百里趋利，兵家所忌。今提孤军走三百里外，令贼乘吾虚，非计。"故按兵不动，督府忧之。贼果以兵不至，悉众围蓬溪。先生闻之，笑曰："贼破矣！"乃潜师疾驰，据其垒，且张疑兵山谷间，贼首尾失据，又疑大军至，夺气，遂尽歼焉。督府乃谢先生知兵，上其功，当大用。于是期年之间，一擢蜀宪，再领楚藩，三迁而抚郧上。值穆庙改元，公首列十事，皆杜渐防微要务，文见集中。寻以郧多亡命，易与为乱，故成弘正嘉中数有郧变，今尺籍空，屯田废，责在守巡而无备兵，责得相诿，请改荆南、汉羌为两兵备。复论太和珰宜革者五，皆报俞。旋以疾归。

至今上改元，再起故秩。先生念郧用武之地，前设备兵使者，才具臂指，而非头目之用，再引南赣事例，请改本衔提督军务，得便宜从事，故郧有兵备，有提督军务，皆自

①"质参将贺麐见"与下文"以贺麐见归"，原脱"见"，他传俱作"贺麐见"，据补。

先生始，卒至今无复蠢动焉。先生常私慨建文时事，会有诏恤录死事诸臣，先生引宪宗待景皇帝故事，谓建文于义为逊国，宜还位号，复纪元，以垂信史，纚纚千馀言。江陵读之曰："昌言也！"后竟留中。

明年，晋大廷尉。又明年，晋少司农，改少宗伯，管大司成事。先生既素惩太学陵夷，乃益讨求旧章，严饬功令，务在必行。奏征天下举人卒业，如祖制。因论贤士所关，不得复以西园，污蔑一时皆罢之。复请修号舍，禁诸生不得假馆于外。课艺之暇，俾执经问难而前，弟子录其言，复成《雍谕》。当是时，乘积弊之后，既用沙汰，而操之亦稍严，故议者以为太学一时，而寻常亦不无望。未几，充经筵讲官。先生自以书生得备启沃，每先期，必斋戒沐浴，演所陈说。值上初幸辟雍，先生为讲《无教逸欲有邦》一章，赐茶，命坐。明日，谢恩，复面赐大红纻罗各一袭。会进讲劳，感鼻衄，再疏得告。逾二年，为万历己卯，复用故秩起先生，若虚以待之者。乃先生再疏，竟辞。癸未，起少司寇，辞。甲申，起南大司空，又辞。于是言者论先生屡起不仕，无人臣礼。有旨："致先生仕。"而先生卒矣。

先生自少下帷，业以理学自任，入仕之日，访蒋道林于桃岗，与语三日，欲证所知，而道林转以为畏友，于是先生之名益闻，而胡庐山、耿天台、冯纬川诸君子与先生往来切磨，务为直谅，而先生天资高迈，日新富有，益日异而月不同。尝手释程子《定性》《识仁》二篇，署曰《学孔正脉》，自是历官操行，一以为依归。故先生之学，初若无所师承，不立门户，至其入手，则似于江门余姚得力独深，若其处变应卒，错综文武之间，亦似余姚衣钵。惜世不竟其用，而天亦不假之年，未五十而拂衣，未六十而谢世，至于图书莫付，身后立孤，然则天道与善，是耶？非耶？幸际圣明，恤典备至，廿年之后，犹用中丞郭子章、台臣李时华疏，谥曰文恭。中丞疏曰："羊舌之鬼已馁于庙，而月旦之评不改于乡。"真论定之言也。

先生孝友天至，归之日，日侍中宪公杖履为欢。中宪公初止先生一子，先生自以无子，乃复请中宪公置侧室，卒有弟嗣其家。居平好古，执义凛然壁立，及其接人，穆如也。家居服食，一如寒素，见者不知其为九列。自解秩宗归，即筑学孔精舍于近城山麓，日携子弟游习，若将终焉。邹尔瞻先生来戍匀，常过其家，与先生谈屡日，不能去。迩年郭中丞入黔，尔瞻送之江上，犹以不及见先生为恨云。所著有《学孔精舍汇稿》《汇编》《易谈》《近语》《春秋节要》《律吕分解》等书，惜不尽行于世。余尝读先生之文，以为在信阳北地之间，至其诗，当在大历而上，而任太史瀚尝称先生高明广大，前无古人，至论其诗谓"如七十二君封泰山，望见沧海中蜃气楼阁，烟霏万状，便萧然起霞外之思，当与高子业、顾华玉并驱"，当非阿所好矣。

余与先生里居相距数舍，先生之卒也，余已能受书，竟不一聆謦欬，可恨也。既为诸生，始见先生于纸上而慕之，尝一梦先生枉临，再梦先生携余谒先圣，光景不一，觉而感奋，有私淑之心，顾其材力非也。已过先生墓，为诗酹之，至读温中丞公《哭先生十咏》，则又叹先生兴起斯文之功，真与日月争光，而惜其后之不振也。常窥先生之意，当上初政励精，身在讲筵，不可谓不行其志，而祖帐东门，惟恐不速，既而环召，犹用故秩，此于近例亦属希有，而先生若将浼焉，何哉？此其意吾不知，然吾知论学者当以出处为大矣。

孙应鳌[①]

万历《如皋县志》

孙应鳌，字山甫，世家燕庄，以清平卫籍中嘉靖丙午贵州解元，癸丑登进士。公生而颖敏，兼治诸经，初以《戴记》荐，至第南宫则以《尚书》，时共推公博雅，选翰林院庶吉士。改授给事中，公矢心献纳，偪偪不肯阿柄臣意，分宜衔公，出公佥江西宪。历按察副使，督陕西学。晋参蜀藩。土酋薛兆乾以龙州[②]叛，公设方略禽之，柙送阙下，夺蛮部而设版焉。东川白莲贼蔡伯贯陷合州，田纯据定远，势张甚，三川几摇。中丞以公为左翼，公夜率锐卒数百人设伏，列万炬，鼓而进，贼众奔溃，坠岩陷谷，自相蹂躏，斩获数千级，贼皆伏诛。晋公按察使，旋长楚藩，再晋右佥都御史，填郧阳。累迁礼部右侍郎，掌国子监祭酒事，充经筵讲官。上幸太学，公进讲《无逸》，命坐，赐茶，又赐衣二袭。公适患鼻衄，不能侍上讲，得予告归。诏即家起公，守工部侍郎[③]，未几晋南尚书，且示向用，公请益力，竟终于家。赐祭葬，赠太子太保，谥文恭。皋人祀公学宫，而清平别有专祠。公讲明正学，以定性识仁为根宗，审几慎独为门户，庶几躬行君子云。公自号淮海，示所本也，学者亦称淮海先生。公抚郧阳时，特至皋，择族子二人为后，后善述者以请

①吕克孝《(万历)如皋县志》卷七，第三十二至第三十三页。

②龙州，原作“龙川”，误，据任瀚《送淮海孙公升观察使序》改。

③工部侍郎，误，万历十一年起先生刑部右侍郎，见《明神宗实录》及丘禾实《孙文恭先生传》。

恤归，万里匍匐，劳瘁得疾死，亦无子。

孙应鳌[①]

明　过庭训

孙应鳌，字山甫，清平卫人。生之日，适卫人馈六鲤，因以名。就塾受业，日诵数千言，正襟危坐，求解大义。年十九，以儒士应乡试，督学徐公樾一见，大奇之，许必解额，放榜，果以《礼经》中第一人。癸丑成进士，选庶吉士，改户科给事中。出补江西佥事，流贼起，捍御有法，一道晏然。九江三百人误坐贼党，一言出之。未几，迁陕西提学副使，实意作人，身先为范。在秦所取士，悉一时名硕。迁四川右参政，土酋薛兆乾执参将贺麐见[②]以叛，都御史谷公问计，鳌曰："参将与天子孰轻？昔英宗北狩，于肃愍[③]公数语，国威益振，卒返英庙，今者岂恤一参将邪！"谷从其议，擒兆乾，麐见竟免于害。

隆庆改元，升佥都御史，巡抚郧阳。因境内灾，疏请勤学、励政、亲贤、远奸等十事，上嘉纳之。太和提督巨珰侮宪蠹民，乃劾其欺悖悍险贪谬状，上为斥逐。既恳疏乞骸归。

万历初，诏起抚郧阳，首疏加衔提督军务。建文死事诸臣，人皆讳，未敢言，鳌推衍诏书德意，慷慨言之，疏奏留中，举朝目为昌言。甲戌入为大理卿，丁丑升户部右侍郎，

①过庭训《本朝分省人物考》卷一百十五，第二十六至第二十八页。

②贺麐见，原脱"见"，据任瀚《送淮海孙公升观察使序》补。下文"麐见竟免于害"同。

③于肃愍，原作"于愍肃"，倒，据前后文乙正。

改礼部，掌国子监祭酒事。在监雅意持风化，造人才，仿吕公柟遗意，“以举人率多回籍自便，以入监卒业为耻，不知当其在籍，师儒之训弗及，宪臣之令弗加，闾党矜其资望，有司遇之隆重，身靡所检而易荡，及入官，材质已坏，莫可如何矣，宜征天下举人悉入监。祖宗设太学，非举贡非勋胄恩荫不入，祭酒司业为朝廷作人于内，提学为朝廷作人于外，必在内树风教而后在外振纪纲，今提学所摈斥者尽归之太学，倒置若此，则太学毋乃为提学藏垢匿瑕之所，为生员不才者之逋逃薮与！甚且至愚不肖，赀货一入，咸厕其中，太学之污蔑极矣”！疏上，俱著为令。丙子八月，驾幸太学，鳌举《虞书·无教逸欲有邦》进讲，上嘉纳，命坐，赐茶，盖旷典云。

以病予告，筑学孔精舍于西城之阳。起刑部右侍郎，寻升南工部尚书。卒，赐祭葬，万历壬寅赐谥文恭。所著有《易谈》《四书近语》《教秦语录》《雍谕》《汇稿》《续稿》《春秋节要》《律吕分解》等集传于世。

孙应鳌传①

清　万斯同

孙应鳌，字山甫，贵州清平卫人。年十九，举乡试第一。嘉靖三十二年，成进士，选庶吉士。改户科给事中，出为江西佥事，三迁四川右参政。龙州宣抚薛兆乾作乱，执参将贺麐见，巡抚谷中虚问计，应鳌曰：“昔也先挟英宗犯都城，于肃愍与之战而国威振，卒返英庙。天子且然，何有

①万斯同《明史》卷三一八，第五〇〇至第五〇一页。

乎参将！不可苟事姑息，堕兆乾术中也！”中虚从其议，发兵擒兆乾，而麐见亦得免。

隆庆元年，累迁右佥都御史，抚治郧阳。岁饥，奏免兆化诸县秋粮。已，陈勤学、励政、亲贤、远奸等十事。太和山提督中官吕祥贪暴，劾而罢之。寻以病乞归。

万历元年，起故官。疏请推诏书德意，赠恤建文死事诸臣，不报。应鳌凡再莅郧阳，皆以廉惠得民和。明年，入为大理卿。又明年，迁户部右侍郎，寻改礼部，掌国子监事。时举人下第者率还籍自便，莫肯赴监。应鳌请遵祖制，悉征入卒业。四年，又言："太学育才之区，非举贡贵胄不得入，自景泰中开例纳粟，其途始滥，然亦惟诸生得与，至隆庆间又惟及诸生降黜者，由是乡学所摈，尽归之太学，而太学乃藏污纳垢之地矣。甚且商贾舆台之子，目不知书，皆得托名俊秀，滥厕贤关，他日可使服官莅政哉？乞亟罢前令，毋使为辟雍玷。"于是诸生降黜及民间子弟不堪造就者皆不听入监。其秋，帝幸太学。先期习仪，学正周道直者素狂易，应鳌尝叱之，至是突呼曰："天颜不违咫尺，祭酒应鳌屡反顾，以巾拭面，不敬。"于是应鳌以见侮属吏自陈求去，帝以道直狂肆，命下诏狱，杖之，削其籍，慰留应鳌。寻以病予告。

十一年，言官交荐，起刑部右侍郎。未上，拜南京工部尚书。御使谭耀言其之任迁延，遂令致仕。应鳌奋起荒徼，以学行知名，为黔中人士之冠。卒谥文恭。

尚书孙文恭公应鳌[1]

清　徐开任

字山甫，贵州清平卫人。嘉靖癸丑进士，选庶吉士，官至南工部尚书。卒谥文恭。

幼就塾受业，日诵数千言，正襟危坐，求解大义。年十九，以儒士应乡试，督学徐公樾一见，大奇之，许必解额，放榜，果以《礼经》中第一人。癸丑，成进士，选庶吉士，改户科给事中。出补江西佥事，流贼起，捍御有法，一道晏然。九江三百人误坐贼党，一言出之。未几，迁陕西提学副使，实意作人，身先为范，在秦所取士，悉一时名硕。迁四川右参政。土酋薛兆乾执参将贺麐见[2]以叛，都御史谷公问计。公曰："参将与天子孰轻？昔英宗北狩，于肃愍数语，国威益振，卒返英庙，今者岂惜一参将邪！"谷从其议，擒兆乾，麐见竟免于害。

隆庆改元，升佥都御史，巡抚郧阳。因境内灾，疏请勤学、励政、亲贤、远奸等十事，上嘉纳之。太和提督巨珰侮宪蠹民，乃劾其欺悖悍险贪谬状，上为斥逐。遂恳疏乞骸骨归。

万历初，诏起抚郧阳，首疏加衔提督军务。建文死事诸臣，人皆讳，未敢言，公推衍诏书德意，慷慨言之，疏奏，留中，举朝目为昌言。甲戌，入为大理卿。丁丑，升户部右侍郎，改礼部，掌国子监祭酒事。在监雅意持风化，造人

①徐开任《明名臣言行录》卷六十六，第十二至第十三页。

②贺麐见，原脱"见"，据任瀚《送淮海孙公升观察使序》补。下文"麐见竟免于害"同。

才,仿吕公柟遗意,“以举人[1]率多回籍自便,以入监卒业为耻,不知当其在籍,师儒之训弗及,宪臣之令弗加,闾党矜其资望,有司遇之隆重,身靡所简而易荡,及入官,材质已坏,莫可如何矣!宜征天下举人,悉入监。祖宗设太学,非举贡非勋胄恩荫不入,祭酒司业为朝廷作人于内,提学为朝廷作人于外,必在内树风教而后在外振纪纲,今提学所摈斥者尽归之太学,倒置若此,则太学毋乃为提学藏垢匿瑕之所,为生员不才者之逋逃薮与!甚至至愚不肖,赀货一入,咸厕其中,太学之污蔑极矣”!疏上,俱著为令。

丙子八月,驾幸太学,公举《虞书·无教逸欲有邦》进讲,上嘉纳,命坐,赐茶,盖旷典云。以病予告,筑学孔精舍于西城之阳。起刑部右侍郎,寻升南工部尚书。卒,赐祭葬。万历壬寅,赐谥文恭。

文恭孙淮海先生应鳌[2]

清　莫友芝

先生字山甫,号淮海。其先自南直如皋来,为清平卫官,遂世为清平人。举嘉靖二十五年乡试第一,三十二年进士,选庶吉士。改户科给事中,出为江西按察司佥事,迁陕西提学副使,晋四川右参政。隆庆改元,擢佥都御史,抚治郧阳。罢归。万历初,起故官。二年,入为大理卿。明年,晋户部右侍郎,改礼部,充经筵讲官,掌国子监祭酒事。

①举人,原作“多人”,误,据孙应鳌《恳乞圣明裒集英才以弘教育事疏》改。

②唐树义、黎兆勋、莫友芝《黔诗纪略》卷五,第一至第六页。

逾二年，以病引告。十三年[①]，起刑部右侍郎，寻晋南工部尚书。年五十口[②]卒，赐祭葬，赠太子太保，谥文恭，学者称淮海先生。

淮海生之日，卫人馈六鲤于父郡丞衣，因以名。就塾，日诵数千言，正襟危坐，务解大义。年十九，试儒士，督学贵溪徐樾大奇之，许必魁多士，放榜，果中第一人。佥事江西，流贼起，捍御有方，一道晏然。九江三百人误坐贼党，一言出之。

提学陕西，实意作人，身先为范。尝与楚黄耿定力[③]书云："世道理乱关于人才，人才成就系于师道，人人能言之。至师道之以称职名于时者，勤力[④]较阅，品评不爽已耳，猎名词华，驰誉经学已耳，某意不然。荀卿子曰：'师术有四，传习不与焉。尊严而惮，可以为师；耆艾而信，可以为师；诵说而不陵不犯，可以为师；知微而论，可以为师。'此荀氏大醇之言，似矣，而未尽也。孔子曰：'温故而知新，可以为师。'此则万世师道之极则也。温故知新，学者多以所闻所得为解，某妄意谓[⑤]故者，当如《孟子》言'性则故'之故；新者，当如《大传》'日新盛德'之新。凡天下万物之实体灿

①十三年，误。按，陈尚象《南京工部尚书孙应鳌墓志铭》《明神宗实录》俱载万历十一年十二月起刑部右侍郎。

②五十口，"五十"后原为墨丁，盖莫友芝考证未暇，阙如也。今按陈尚象《南京工部尚书孙应鳌墓志铭》载"寿五十有八"。

③耿定力，误，应作"耿定向"。所引书信内容见《孙山甫督学集》卷四《答楚侗公书》。耿定向，字在伦，号楚侗；弟定理，字子庸，号楚倥；定力，字子健，号叔台；湖广黄州府黄安县人，兄弟三人居天台山创设书院，授徒讲学，合称"天台三耿"。

④勤力，原作"力勤"，倒，据孙应鳌《答楚侗公书》乙正。

⑤谓，原作"为"，误，据孙应鳌《答楚侗公书》改。

然具陈，故也，其真机昭然不息，新也，二者虽有显微，其总括于人心，运行于人心，生生之妙一也。能温，则实体之总括不晦；能知，则真机之运行者不滞。不晦不滞，则天地万物合为一体，则仁，仁则成己成物，位育参赞，皆其能事①。成己成物者，师道也，师职也。故子思作《中庸》，亦以‘温故知新’承圣人发育峻极之大道，此孔氏家法也。故某妄以孔子‘温故知新’之旨为孔子示人万世师道之极则者，此也。”在秦所取士，悉一时名硕。

参政四川，土夷薛兆乾执参将贺麐见②以叛，都御史谷公中虚问计。曰：“参将与天子孰轻？昔英宗北狩，于肃愍数语，国威益振，卒返英庙，今者岂恤一参将耶！”中虚从其议，擒兆乾，麐见竟免于害。

初抚郧阳，以上方冲年，莅政伊始，防杜宜蚤，乃因境内灾，疏请勤学、励政、亲贤、远奸等十事，上嘉纳之。太和提督巨珰为民蠹，疏劾其欺悖贪谬状，上为斥逐。有蜚语，遭言者诬陷，遽乞骸骨以去。比再抚郧阳，有诏录建文死事诸臣至革除事，人皆讳言之，因推衍德意，上疏曰：“褒扬人之子，必先其父，则子之心安。故褒扬人之臣，必先其君，则臣之心安。建文诸臣，委质致身，志节甚伟，陛下深为恤录，真厚幸矣。但建文君未沾旷绝之典，恐诸臣有知，且不能安受地下。亟复位号，量拟谥法，事有系空名而舆论悉归，人心愈固者，此类是也。孔子作《春秋》，每年必书，每时必书，见天道王政上下维属不可缺也。建文君在

①事，原作“焉”，误，据孙应鳌《答楚侗公书》改。

②贺麐见，原脱“见”，据任瀚《送淮海孙公升观察使序》补。下文“麐见竟免于害”同此。

位凡四年，尽[1]以革除，举其事缀附洪武间，名实紊淆，轨迹惑贰，何以补国家信史之缺？”疏奏留中，举朝目为昌言。

掌祭酒，在监雅意持风化，作人才，仿吕公柟遗意，疏言：“举人率多回籍自便，以入监卒业为耻，不知当其在籍，师儒之训弗及，宪臣之令弗加，闾党矜其资望，有司遇之隆重，身靡所检而易荡，及入官，材质已坏，莫可如何矣。宜征天下举人，悉入监。”“祖宗设太学，非举贡非勋胄恩荫不入，祭酒司业为朝廷作人于内，提学为朝廷作人于外，必在内树风教而后在外振纪纲，今提学所摈斥者尽归之太学，倒置若此，则太学毋乃为生员不才者之逋逃薮与！甚且至愚不肖，资货一入，咸厕其中，太学之污蔑极矣！”疏上，悉著为令。丙子八月，驾幸太学，进讲《周书·无逸》章，上嘉纳，命坐，赐茶，盖旷典云。

先生自见知波石，即传其所受阳明心斋之学，终日抠趋，与李同野、马心庵、蒋见岳同励圣轨。既又走桃冈，印证于道林，所造益实。通籍后，遍交罗念庵、胡庐山、邹颍泉、罗近溪、赵大洲、耿在伦楚侗诸巨公，往复切劘，温故知新，浩然自得。其与楚侗论师道书，盖自道也，提学为秦中师，有《教秦绪言》；祭酒为天下士师，有《雍谕》；在乡里，筑学孔精舍以居学子；抚郧时，有《幽心瑶草》之寄；乞身在告，有《易谭》《四书近语》，今不能悉见。观其《近语》云：“一部《论语》，圣人惟教人以求仁，学者学此而已。”又曰：“明道先生谓：‘学者先须识仁，识得此体，以诚敬存之。’三言者，《大学》之要领。格得此身与天下国家共是一物而

①尽，原作“书”，误，据郭子章《黔记》卷四十五《工部尚书孙应鳌》改。

致其知，无一毫疑惑障蔽，便是识仁体。由此著实下诚意功夫以正心修身，便是以诚敬存之，便是大人之学。识仁则大，不识则小。”又曰：“《中庸》首言天命之性，终言上天之载，始终以天，则中庸之道，不过尽人合天而已，慎独者，尽人合天者也。高乎此者是佛老之空寂，卑乎此者是世俗之功利，以其外乎天不中不庸也。”盖先生之学，以求仁为宗，以尽人合天为求仁之始终，而其致功扼要在诚意慎独。平生难进易退，任事敢言，不以依违徇人，亦不以激烈取异，物来顺应，沛然有馀，海内群以名臣大儒推之。惜传业无人，当时行迹百不存一，本朝修《明史》，遂不为立传。谨摭郭子章《黔书·理学传》，益所闻见述于篇。

其著述见《明史·志》者，《淮海易谭》四卷、《律吕分解发明》四卷、《论学会编》八卷、《庄义要删》十卷、《学孔精舍汇稿》十六卷。四库著录已少《论学》《庄义》二种。其见于《理学传》及毛在《遗稿序》、黄虞稷《千顷堂书目》者，复有《春秋节要》《四书近语》《左粹题评》《教秦语录》此种西安有手书石刻，本题作《谕陕西官师诸生檄》，即《理学传》之《教秦绪言》《雍谕》《学孔精舍续稿》《千顷目》于《教秦》一种下继之云：又《南雍汇稿》，又《续稿》。按，先生未官南雍，其“南雍”二字盖“雍谕”之误。又误以文集之《汇稿》《续稿》为在雍条教，皆未见本书，徒因他人总记笔之而读未审也《道林先生粹言》《千顷目》云：“二卷，盖约蒋信论学语。”其见于温纯《恭毅集》者，又有《教秦总录》《千顷目》云四卷《归来漫兴》。友芝访求数十年，仅得《易谈》四卷、《四书近语》七卷、《左粹题评》十二卷、《教秦绪言》一卷、《幽心瑶草》一卷或题作《寄学孔精舍诸会友琐言》而已。其《庄义要删》十卷，有万历庚辰滇中刊本，近曾见之吴中，盖依褚伯秀《义海》并宋以来说庄家删辑其要略如焦竑《庄子翼藏》者，靳借录，后遂不可复见。咸丰癸丑，麻哈艾嗣宗据其祖侍讲茂所录《学孔精舍诗稿》约九百篇，录副柜寄，乃得遍读先生之诗，谨略取其半，编为四卷。先生馀事为诗，当弇洲、于鳞、明卿诸子雄长坛坫时，使其拔帜并驰，正不知谁执牛耳，而先生不屑也。五言乐府，沉雄森秀，直逼魏晋而无何李王李太似之嫌；七言及近体，舒和苍润，品亦在初盛唐间，尤讲学家所未有。先生以儒术经世，为贵州开省以来人物冠，即以词章论，亦未有媲于先生者也。《明诗综》仅录其《华山》一绝，殆不可解。《诗稿》《瑶草》二种，前人著录皆不及，盖并摘自《汇稿》《汇编》中。《总录》为秦中正学书院诸弟子汇记口授语，《漫兴》为初抚郧归所作诗，亦当与《汇编》《汇稿》等相出入也。其家世别附《述祖》《送叔》诸诗后。

拟明孙应鳌传①

清　冒广生

人臣生竖太常之勋，死为若敖之鬼，非国家念其故恤其私，谁为然已溺之灰而反既失之履？故人情所极虑而不可必得者，国家曲体之，令其世绝而祀存，骨朽而名扬，隆万以来，得四人焉：少保于公谦，改谥忠肃；少师夏公言，谥文愍；中丞海公瑞，谥忠介；尚书孙公应鳌，谥文恭。文恭之谥，郭子章《孙文恭公祠碑记》。从今黔抚郭青螺之请也。田雯《孙文恭公祠碑记》。

①冒广生《小三吾亭文甲集》，第四十至第四十二页。

公姓孙氏，讳应鳌，字山甫，先扬州如皋县人，占籍清平卫。郭子章《孙文恭公祠碑记》。曾祖瀚，成化丁酉举人，桂林府同知。《黔诗纪略》。妣王恭人。见《孙山甫督学文集·合寿遥祝乞语》。祖重，正德庚午举人，知绵竹县，改学博，迁云南左卫经历。《黔诗纪略》。妣宋孺人。《合寿遥祝乞语》。父衣，嘉靖辛卯举人，知云南保山县，迁同知。《黔诗纪略》。母宜人，为训导司恕斋公之长女，明初功臣六安侯王志之裔。《合寿遥祝乞语》。生之日，卫人馈六鲤于父郡丞衣，因以名。年十九试儒士，督学贵溪徐樾大奇之。举嘉靖二十五年乡试第一。三十二年进士，选庶吉士，改户科给事中。《黔诗纪略》。矢心献纳，偘偘不肯阿柄臣意，严嵩衔之，出为江西佥宪，历按察副使[①]。《如皋县志》。江西流贼起，捍御有方，一道晏然。九江三百人误坐贼党，一言出之。提学陕西，实意作人，身先为范，所取士悉一时名硕。参政四川，《黔诗纪略》。土酋薛兆乾以龙州[②]叛，公设方略擒之，柙送阙下，夺蛮部而设版焉。东川白莲贼蔡伯贯陷合州，田纯据定远，势张甚，两川几摇。中丞以公为左翼，公夜领锐卒数百人设伏，列万炬，鼓而进，贼众奔溃，斩获数千级，贼平。晋按察使，旋长楚藩。《县志》。隆庆改元，擢佥都御史，抚治郧阳。公以上冲年，莅政伊始，防杜宜蚤，乃因境内灾，疏请勤学、励政、亲贤、远奸等十事，上嘉纳之。太和提督巨珰为民蠹，疏劾其欺悖贪谬状，上为斥逐。有蜚语，遭言者诬陷，遽乞骸骨

①嘉靖三十六年二月，孙应鳌出为江西按察司佥事，既升江西布政使司参议，嘉靖四十年辛酉闰五月升陕西按察司副使。故“历按察副使”应置于“一言出之”后。

②龙州，原作“龙川”，误，据任瀚《送淮海孙公升观察使序》改。

以去。万历初，起故官。有诏录建文死事诸臣至革除事，人皆讳言之，因推衍德意，上疏曰："褒扬人之子，必先其父，则子之心安，故褒扬人之臣，必先其君，则臣之心安。建文诸臣，委质致身，志节甚伟，陛下深为恤录，真厚幸矣。建文未沾旷绝之典，恐诸臣有知，且不能安受地下。亟复位号，量拟谥法，事有系空名而舆论悉归人心愈固者，此类是也。孔子作《春秋》，每年必书，每时必书，见天道王政上下维属不可缺也。建文君在位凡四年，尽[①]以革除，举其事缀附洪武间，名实紊淆，轨迹惑贰，何以补国家信史之缺？"疏奏留中，举朝目为昌言。二年，入为大理卿。明年，晋户部右侍郎，改礼部，充经筵讲官，掌国子监祭酒事。《黔诗纪略》。上幸太学，公进讲《无逸》篇，命坐，赐茶，又赐衣二袭，《县志》。盖旷典云。逾二年，《黔诗纪略》。公适患鼻衄，不能侍上讲，予告归。《县志》。十三年[②]，起刑部右侍郎，寻晋南工部尚书，《黔诗纪略》。且示向用，公坚辞不行。终于家，《县志》。年五十[③]。赐祭葬，赠太子太保。学者称淮海先生。《黔诗纪略》。

嗟乎！当明世庙时，边宇乂安，崇尚儒术，公以著书讲学自任。田雯《孙文恭公祠碑记》。传阳明王氏之学于贵溪徐樾。黎庶昌《孙山甫督学文集序》。又往来武陵与道林蒋先生相印证，温纯《归来漫兴序》。与豫章南城罗公近溪、蜀内江赵公

①尽，原作"书"，误，据郭子章《黔记》卷四十五《工部尚书孙应鳌》改。

②十三年，误。按，陈尚象《南京工部尚书孙应鳌墓志铭》《明神宗实录》俱载万历十一年十二月起刑部右侍郎，十二年三月升南京工部尚书。

③年五十，误。盖因莫友芝《黔诗纪略·孙文恭公小传》载孙应鳌"年五十口"，"五十"后为墨丁，盖莫友芝考证未暇，阙如也，冒广生遂讹作"年五十"。

大洲、楚黄安耿公楚侗，号称理学。王柸《四书近语序》。其学以求仁为宗，以诚意慎独为要，以尽人合天为求仁之终始，其于成己成物，位育参赞，天人一体之原，心契微眇，温故知新，浩然自得。晚岁筑学孔精舍以居，尤致精于易理。生平难进易退，不以依违徇人，亦不以激烈取异，海内群以名臣大儒归之。《督学文集序》。而《明史》无传，《学案》不载其姓字，此可为公惜者也。莫祥芝《孙文恭公遗书跋》。其著述见《明史·志》者，《淮海易谈》四卷、《律吕分解发明》四卷、《论学汇编》八卷、《庄义要删》十卷、《学孔精舍汇稿》十六卷。《四库》著录已少《论学》《庄义》二种。其见于《理学传》及毛在《遗稿序》、黄虞稷《千顷堂书目》者，复有《春秋节要》《四书近语》《左粹题评》《教秦语录》《雍谕》《学孔精舍续稿》《道林先生粹言》。其见于温纯《恭毅集》者，又有《教秦总录》《归来漫兴》。《黔诗纪略》。皋人祀公学宫，而清平别有专祠。墓在清平县凤凰山下。《县志》。

祭文三篇

祭孙母司太恭人文①

明　赵南星

炎德孔嘉，丽于南维。酝灵酿和，权舆迄兹。景福肸蠁，命世协期。曷开厥祥，乃有硕人。素霜侔洁，青兰比芬。凤鸟导言，莱鸿是嫔。才允克相，鸡鸣靡息。执雌持下，内外序别。绸缪之饰，心兮如结。曰余无仪，荣问謐

①赵南星《味檗斋文集》，第三十至第三十一页。

醇。用能有子，逸伟罕双。道体次圣，文纬群龙。早陟玉堂，名实炳著。天门司直，风采高世。崇亮玑衡，俯式士类。三趾陈修，神人藉乂。天子曰都，母氏之刑。锡荣有章，扬德以名。绩茂宠深，南望阻修。莱舞仙仙，可以忘忧。爰得请告，返于梓里。帝思股肱，征而不起。畏此简书，同德可恃。母曰异哉，往无滞淫。返哺靡及，何能异林。母宁子仕，朝野之心。胡为不延，弃此昭昭。夜光可育，蕙草长凋。讣音北迈，万里崇朝。奄动皇恤，降典九幽。辱在僚寀，中心怊怊。匪命不融，德则如阜。匪福不庶，孝慕永久。棘人呱泣，空堂虚牖。悲往念居，愁云莽莽。神驰无远，奠此絮酒。

祭大司空淮海孙文恭先师文①

明　温纯

呜呼哀哉！树伐需材，大道贵夷，津梁不作，孰指我迷。笃生先生，为世真儒，悟在象先，拓我广居。追惟筮仕，读书中秘；及拜夕郎，抗直当世；出按豫章，奸墨辟易；视学关中，文章赤帜。纯时弱冠，实侍绛帏，不谓散樗，国士被知。历迁蜀楚，保厘声施，岷峨颂德，云梦系思。南北藩臬，声称藉甚，遂拜中丞，抚治是任。两镇郧阳，如木斯荫，今上拊髀，召还中禁。廷尉未几，晋陟南宫，侍讲经筵，教胄辟雍，时有启沃，上为敛容，乃恋亲帏，辞陛引躬。上念老成，典刑攸寄，召起陪京，司空是畀，谓即登庸，翱翔鼎司，和羹盐梅，庶几无愧。天胡不慭，遽殒其生，讣闻之日，中外动情，闾里罢市，缙绅涕零，国有恤典，士无师承。

①温纯《温恭毅集》卷十六，第七至第九页。

鸣呼痛哉！世岂乏才，亦岂乏贤，其根不沃，光宁煜然？先生学孔，妙契言筌，默识慎独，体仁溯源。近世学派，先生要矣，圣人有作，或弗易矣。纯也饮醇，廿年于此，习气为累，毫无践履。念于先生，三沐芬芳：青衿岁馀，日侍门墙；受约于郧，则部淯阳；受教于京，则官奉常。昔在一堂，犹多扞格，今业死别，安望聚乐？即把遗言，以求领略，恐蹑前踪，欲追复却。

鸣呼痛哉！梁木其坏兮乔岳其颓，斯文中堕兮图书凌夷。缅怀春风兮抱心孔悲，郁瞻南斗兮潸然涕洟。万里遣使兮生刍一束，地不能缩兮悲不能赎。含愁夜雨兮五内若劚，山川间隔兮爰诉我曲。

祭孙司空文代人作[1]

明　茅坤

鸣呼哀哉！惟公释褐，读书中秘，及拜夕郎，伉直当世，出按豫章，奸墨敛避，督学关中，文章赤帜。已而遍历藩臬，声籍岩廊，遂领中丞，节钺郧阳，允文允武，不柔不刚，矫矫虎臣，膂力四方。于是之时，道已光显，中朝推毂，言还翰院，礼部侍郎，司成攸典，公且引疾，逡巡偃蹇。天子玺书，召还陪京，晋秩司空，翱翔列卿，谓士蓍蔡，谓国典刑。胡天不吊，遽殒其生，讣闻之日，中外如毁，儒绅流涕，闾里罢市。锡谥易名，赐葬崇祀，勒铭鼎彝，炳誉青史。

鸣呼哀哉！侍列清华，官至侍中，世犹其惜，坎壈困穷。繄公学问，慎独为功，康斋白沙，后先攸同。骤褭之材，或靳其算，鸾凤之德，或曳其翰。天道犹弓，屈张若乱，

①茅坤《玉芝山房稿》卷十二，第七至第八页。

大哉易谭，士也永叹。

呜呼哀哉！梁木其坏兮乔岳其颓，斯文中坠兮图书陵夷。某也门生兮我心孔悲，郁瞻南斗兮能不涕洟！呜呼哀哉！万里遣使兮生刍一束，情不能申兮悲不能赎。向长风号兮五内若斸，山川间隔兮爰诉我曲！呜呼哀哉！尚飨！

墓志铭一篇

南京工部尚书孙应鳌墓志铭[①]

明　陈尚象

公字山甫，号淮海，别号道吾。其先直隶如皋人，一世祖华永乐初以南京神策卫千户调清平，家焉。华生礼，袭千户。礼生钦，累官指挥佥事；次铎。铎而后曰瀚，曰重，咸以文学科第世其家。公父为云南府同知南明公衣。

公生而颖异，弱冠潜心圣学。嘉靖丙午举于乡，中《礼记》第一人。癸丑[②]以《书经》登进士，改翰林庶吉士。授户科给事中，遇事感激，无少回避，目睹财用匮乏，上《财用大计疏》，上行其言。丙辰迁刑科右给事中，时严相嵩秉政，台省多取容，公独避远。顷之外补，佥宪南昌三年，擢本省参议。历陕西督学使、四川参政、按察使、湖广右布政，所至有声。其督学关中，简髦士作养，日以邹鲁微言训迪之，士类蒸蒸起。分守川东，土酋薛兆乾与妖贼蔡伯贯先后叛乱，公定计殄之，三川宴然。

隆庆丁卯，擢都察院右佥都御史，抚治郧阳。疏劾上

①王来贤、陈尚象修纂《（万历）贵州通志》卷二十三，第八十一至第八十四页。

②癸丑，原作“癸未”，误，据《明清进士题名碑录·嘉靖三十二年癸丑科》改。

修德、勤政，语剀切。辖属各道故无兵备衔，公疏改湖广分荆南为郧襄兵备，陕西关南为汉羌兵备，期克诘戎兵之实。提太和山太监柳朝，怙宠凌虐，莫敢谁何，公陈《八害五宜革状》，上为斥之。已予告得代，犹惓惓为地方计长久，条上《处置汉中事宜四事》。寻归杜门，稍不能于部使者，会地方有警，卫官萋菲南明公，部使者以弹文中之，并齮龁公，公沥血陈情，上重公，竟得雪。

今上龙飞之岁，巡抚蔡敬斋荐公，诏仍起督郧阳。公故习郧为重地，乃援南赣事例，请改添衔提督军务。特请复建文君号编年，补国史之缺，疏奏，留中，举朝以为昌言。甲戌，入为大理寺卿。乙亥，升户部右侍郎，寻改礼部，掌国子监祭酒事。司成为儒臣妙选，上以畀公，盖异数云。公荷主知，以成就人才为己任，仿先祭酒吕泾野柟遗意，奏征天下举人入监卒业，疏禁骄惰子弟顽不可教者不得以赀援纳，上皆可之。已又议修号舍，群生徒日肄业其中，随其材器陶铸之，无不底于成者，太学彬彬然，多成德达材之士矣。丙子八月，驾临太学，公举《虞书·无教逸欲有邦》进讲，上嘉纳之，命坐，赐茶，已宴于礼部，翌日降玺书，褒谕之。九月，复入讲，感鼻衄。十月，予告。

在籍二年，中丞何来山荐公，诏仍以原官起，管国子监祭酒事。公奏，休沐如故。家食五六年间，台省抚按荐剡稠垒。癸未十二月起刑部右侍郎，甲申三月进南京工部尚书，上方以鼎铉属公，而公不起矣。

公名著宇内，世以此重之，而亦以此忌之。当其从床笫间闻命，恨不委身以报明主，而言者未察，至有以“屡用不仕”苛责公者，然奉旨致仕未一月而遽捐馆，岂有所顾计以图柄用者邪！公德器性成而操存于学问者笃，才猷天授而体验于躬行者精，处为真儒，出为名世，上结主知，下孚苍赤，有由然矣。

万历甲申七月二十五日薨于家，距其生嘉靖丁亥八月十四日，寿五十有八。配李氏，封恭人。子寿昌夭，继子善行。本年季冬月厝于赐葬之凤凰山。崇祀乡贤与蜀大儒祠。公生平孝友，惇让好义，乐汲引后学，多所成立。宦游三十馀年，秩跻上卿，田庐不加其旧。著述种种，《学孔精舍汇编》《汇稿》《续稿》行于世，楚人刘公伯燮为之序曰："河东而北，龙山而东，粤东而南，自今曰黔南以西孙先生焉。吾道大明，日中天矣！"吁！知言哉！

尚象既撮公之大者著于墓，而系之铭曰：孟称豪杰，无文犹兴，谁谓黔远，而产先生。多识畜德，尚友千古，理学宗盟，为时山斗。既信而仕，蔚有时名，词坛琐闼，推毂惟公。分宜秉政，出公藩臬，节爱勋猷，异地一辙。中丞之节，两莅郧阳，殚竭忠荩，固乃封疆。既典沄台，不骪三尺，方二司徒，旋坐宗伯。成均特简，断自宸衷，临雍大典，公独遭逢。帝眷真儒，鼎铉攸属，士类忻然，公乃休沐。家食几时，群情共推，哲人知几，辞荣若遗。皇路淆夷，留都再起，柄用方新，未究遐祉。人之云亡，善类殄瘁，皇心攸恫，愍渥孔至。凤凰佳城，司空取营，藏灵于兹，身名俱罄。高山仰止，景行行止，千载而下，视此贞石。

附录卷五　诗歌酬唱六十三首

五言古诗八首

淮海吟题号图赠淮海孙寅丈[1]

明　王崇古

君先世自如皋宦贵阳，振宗奕业，笃念首丘，别号淮海。职秦臬文宗，与予笃。尝索河中宗人大石为淮海图，赋赠四首。

清淮出桐柏，源流本澄澈。朝宗入南海，渎汇何荡跌。大河度龙门，故道东南折。奔激赴淮浦，淮流失故洁。就下性攸同，海含忘区别。知者情乐水，仁孝怀故穴。仁知本性灵，得意成愉悦。淮海为襟期，凌虚振高节。

名都带淮水，南拥海门潮。巨川萃百灵，豪华振六朝。流裔代雨散，高门木惟乔。贵阳托灵根，遐域树英标。眷兹淮海丘，永言思遗祧。采兰布清芬，种桂荫芳苗。膏泽滋栽培，百祀庆弥饶。

淮海称大川，达人夙利涉。浩荡神与游，沉渊道心惬。遭时薄乘桴，济世为舟楫。文澜涣馀波，润泽流宦业。吾

①王崇古《公馀漫稿》卷一，第六至第七页。

志偶与同，空明鉴中怯。道岸如可登，期君共攀蹑。

忆昔泛淮海，风波何浜宏。鲸鲵冲涛起，白日惨无晶。未逢淮海翁，愁闻海气鳇。十年驱蛟螭，淮海安流平。何当共仙舟，浮淮游南溟。洗兵淮浦深，浴日沧波明。沽酒维扬市，放歌淮阴城。庇覆谢明主，江海颂澄清。

送孙学使转官入蜀[①]

明　张瀚

渭水东悠悠，逝者无时息。欢会何可长，一别不再得。君昔下凤池，西京典文墨。门墙桃李花，芳菲遍春色。人娱倚玉心，自耽稽古力。贻我云锦章，天葩烂如织。云锦岂不贵，永怀在明德。怀德不忍分，离绪填胸臆。夙秉文翁化，仍被蚕丛国。岷峨杳难攀，巴渝深不测。猿啸饶悲风，雁问鲜回翼。历历想旧游，经过莫相忆。

再赠孙佥宪一首[②]

明　宋仪望

北极新明主，中台旧侍臣。扬旌拂海峤，展佩谒枫宸。祖帐群僚饯，长途短剑贫。酒酣惟感激，裘在任风尘。豸服先朝赐，鸳班此日新。立阶仙仗近，拜表圣颜亲。万国欢声动，千官蹈舞频。颂将天保献，祝比华封陈。睿质尧为帝，遐龄算是椿。八荒昌景运，万历衍皇仁。优渥分官膳，传宣出内珍。由知方岳重，并荷旷恩均。归向河桥晚，

①张瀚《奚囊蠹馀》卷三，第十一页。

②宋仪望《华阳馆文集》卷十六，第十三页。

吟馀禁苑春。高谈丞相府，长揖大夫绅。骢马人还旧，芝兰芳自邻。剧谈欢秉烛，多病欲思莼。愤世心犹赤，酬恩鬓未银。知君多磊落，书此慰征轮。

怀孙祭酒山甫[①]

明 吴国伦

山甫金玉人，一出为世宝。明经冠时隽，掞艺发天藻。少握中秘书，旋焚掖垣草。翱翔涉中外，结志遵大道。晚遘圣主知，视学修三老。言陈辟雍诗，尊礼属师保。鱼水方见谐，悬车亦何早。逍遥不赴征，非学商山皓。

上孙淮海先生排律[②]

明 帅机

间气钟吴楚，名家绍德音。鹏抟高艺苑，凤藻振词林。耿介多乖忤，蕃宣久滞淫。宪臣开戟府，南国被棠阴。望重时家食，征频眷国琛。南宫储鼎铉，东序育青衿。华贯稀兼美，嘉谟副往钦。诸生宗斗岱，时论重球琳。亚相将虚席，群黎待沛霖。忽移金马步，归卧玉山岑。綵服欢愉切，岩廊简注深。日余惭濩洛，荣问素怀歆。披雾方输写，降阶亟况临。温言逾挟纩，淑顾重兼金。晚略无官态，冲夷见道心。休休弘吐握，泛泛载浮沉。蹇拙难胜任，猖狂欲舍簪。荒郊无缓辙，落日怅分襟。将隐文焉用，陈辞聊布忱。

①吴国伦《甔甀洞稿》卷六，第九页。
②帅机《阳秋馆集》卷八，第十三页。

七言古诗十九首

白鹿图歌为孙参知淮海题[1]

明　蔡汝楠

西方列宿晶曜涵，爰降神物游名山。如麟白兽翳芝草，寄身直上青云巅。神仙购之绛阙间，朝元䥫玉声珊珊。亦闻可以献天子，黄金为殿娱龙颜。紫薇孙君玉堂客，胡为移守庐山部。登堂忽披白鹿图，无乃乘与神仙遇。鸿裁巨望宁滞留，采真谒帝常周游。伫看珥笔黄金殿，特书世瑞垂千秋。

燕市逢孙山甫[2]

明　王寅

余游塞北返，燕市正冰霜。姓名少年识，因留结客场。逢君江东来，下马牵衣裳。大笑上酒楼，挑钱胡姬傍。稚子书封数行寄，袖之且置故乡事。三千里外相逢难，好拼呼卢一沉醉。寒云低锁白日昏，放歌何惜买千尊。囊空自有同心赠，无用弹铗干王门。

北风行送淮海孙寅丈晋蜀藩参便道归省[3]

明　王崇古

北风淅淅霜月寒，灞桥柳枝冻难攀。有客凌风万里还，青门送客多苦颜。忆昨长安共留连，同心倾倒气如兰。

---

①蔡汝楠《自知堂集》卷二，第五页。

②王寅《王十岳山人诗集》卷二，第六十八页。

③王崇古《公馀漫稿》卷二，第十七页。

念我独兮恤我后，砭我愚兮驱我前。有时把酒对明月，共披天香探桂窟。兴来尝期五岳游，并驾芳躅遍九州。何当一夕北风起，吹散萍踪同逝水。君归五溪春正妍，灵椿荫覆萱草鲜。彩衣称觞祝上寿，昼锦堂高荪枝秀。嗟予将卧首阳云，从教世事日纷纭。思君时诵梦岳文，何日与[①]君共采芹。眼前聚散乍戚欣，古来神物有合分。北风再发白日曛，君不可留遗芳芬，天涯空复叹离群。

孙中丞淮海图歌[②]

明　张九一

石齿齿，波弥弥，生绡咫尺开千里。谁系桐柏入酒杯，当筵泻出长淮水。寒光青荧摩天流，四壁萧森秋涛起。海门豁达不见底，日月星辰出其里。我家寄在水之阿，客且停杯听我歌。拳石峙为胎簪山，一勺散漫天地间。积气遥沉冥厄塞，奔声直撼弋阳关。左结鸿陂初浩荡，右经雀浦何潺湲。将将汩汩流不息，窈窈冥冥深无极。白马湖边草正青，黄龙渊畔云仍黑。盘浦俄惊岛屿迁，委输信是神明力。南过禹墟趋北固，海水东来值其怒。流沫回回走千虹，跳波闪闪翔群鹭。鲸鲵迎舞广陵箫，涧壑纷啮扶桑树。潮落江平净若空，郁山徙自苍梧中。金阙玉楼浮大巘，湘娥汉女摇春风。化鲲之背负层霄，乘之可以造紫宫。君今杖钺临桐柏，应访河源凌绝壁。斗女之间下沧海，坐见中原万顷碧。振衣为展画图看，图上山前宛相射。须臾千林

①与，原作"于"，误，据文义改。

②张九一《绿波楼集》卷一，第十五页。

生烟雾，惊雷急电蛟龙度，散为霖雨飞空去。

南明精舍为淮海中丞尊人赋[1]

明　张九一

风尘解绶一凭栏，海上浮云万里看。台岳赋留霞并烂，苏门啸罢月俱寒。当年佐郡推孙楚，未老逃名似谢安。白雪自知能和寡，青山谁道欲归难。垂杨缭绕陶潜宅，短发虚无贡禹冠。巢木暂应齐鹤驭，枕流聊复与龙蟠。秋高八桂吟梁甫，日落三苗起钓竿。经术向来称汉阀，玄成今见再登坛。

其　二

南明精舍结山阿，面对滇云枕蜀河。睥睨万峰环几杖，飞扬千瀑散藤萝。振衣忽送关门气，洗耳如临颍水波。罢郡已堪冲象纬，全身兼得远兵戈。忘机白日群鸥下，乘兴清尊二仲过。徙倚盘江秋色满，萧骚贵竹雨声多。闲驱凫鸟行霄汉，自佩虔刀佐啸歌。纵是主恩深长吏，倦游无奈马卿何。

诵孙中丞山甫全集赋得长歌寄赠时镇郧阳[2]

明　谢榛

黔南词人吾旧识，吟成不下千金璧。调如白雪郢中才，响如倚楼吹铁笛。力如夸娥移二山，神如骤雨走霹雳。势如昆仑周万里，气如战胜开边鄙。老如篯铿三代仙，古如夏鼎出地底。丽如丛桃蒸晓霞，清如片月蘸秋水。奇如侠士慨谈兵，深如沧海没长鲸。高如鸿鹄碧空尽，远如葱

①张九一《绿波楼集》卷四，第二十一页。

②谢榛《四溟山人全集》卷三，第十四页。

岭细烟横。君家流风自孙绰，赋就天台掷地声。忆昔琐闱夜直向北斗，先朝谏草不复有。旌旄过郧访衡门，应记垂杨夹巷口。磨崖独步太和巅，托彼山灵护悠久。

览孙中丞《梦游太和》诗有作[①]

明　李宗木

白也世传天姥作，令我意气常挥霍。何处骑鲸汗漫游，乾坤千载音寥落。羡君才华天所钟，熚赫赤霄飞两虹。矜妍角诡焉足数，直与古道相争雄。丝纶早渥紫泥宠，魂梦时与玄岳通。玄岳之峰在天半，崔嵬滃铄金银宫。飚轮倏忽夹两肘，云旂曳曳纷五龙。洞垂碧萝滴丹溜，崖蹲黑虎啼黄熊。瑶朵琪枝秀堪把，日月辉焕灯光灺。松林鼓涛激翠虬，瀑布争流奔万马。咫尺珠斗扪绛河，一泓汉沔杯中泻。觉来骨爽神气清，此身如在三丘行。驾鹤骖鸾远尘世，蹑斗披霞朝玉京。

集杜八首挽孙淮海先生[②]

明　温纯

淮海维扬一俊人，湖南为客动经春。古人已用三冬足，归赴朝廷已入秦。朝廷衮职谁争补，枉沐旌旄出城府。童稚相亲四十年，使君高义驱千古。风流儒雅亦吾师，药饵扶吾随所之。川合东西瞻使节，白头吟望苦低垂。

其　二

文章日自负，经术竟相传。天地身何往，溪风为飒然。

---

①李宗木《李杏山集》卷五，第六页。

②吕克孝《如皋县志》卷八，第二十三至第二十四页。

自知白发非春事，离别不堪无限意。中天月色好谁看，更为后会知何地。轻轻柳絮点人衣，蜀道兵戈有是非。念我能书数[①]字至，总戎楚蜀应全未。

其　三

开府当朝杰，主恩前后三持节。公堂宿雾披，物色生态知几时。仗钺褰帷瞻具美，楚宫腊送荆门水。城尖径仄旌旆愁，一体交态同悠悠。形容劳宇宙，心折此淹留。

其　四

时来知宦达，北极捧星辰。尚[②]愧微躯在，苍生倚大臣。往时文彩动人主，南极一星朝北斗。讲殿辟书帏，侧身天地更怀古。斯文去矣休，屈注沧江流。便与先生相永诀，琴瑟几杖柴门幽。

其　五

北阙心常恋，苍生起谢安。早春重引江湖兴，凭几萧条戴鹖冠。学贯天人际，愿闻第一义。低空有断云，俯仰悲身世。十年不见来何时，摇落深知宋玉悲。中夜起坐[③]万感集，反思前夜风雨急。此道未磷缁，门户无人持。高天意凄恻，清秋望不极。恨别鸟惊心，修文地下深。

其　六

致君丹槛折，天际伤愁别。子规昼夜啼，益叹身世拙。悲风为我从天来，城阙秋生画角哀。但话夙昔伤怀抱，江

①"数"下原衍"行"，据杜甫《公安送韦二少府匡赞》删。

②尚，原作"向"，误，据杜甫《与严二郎奉礼别》改。

③中夜起坐，原作"中起夜坐"，倒，据杜甫《乾元中寓居同谷县作歌七首》之五乙正。

山故宅空文藻。惨淡凌霜烟，凄凉忆去年。寒雨飒飒枯树湿，木叶黄落龙正蛰。吾将罪真宰，真宰上诉天应泣。吾道竟何之，鸥归只故池。由来忧国泪，不愧史臣辞。

其　七

往在西京时，到今耆旧悲。已堕岘山泪，排闷强裁诗。尚书践台斗，近泪无干土。上有行云愁，郁结回我首。孤魂久客闻，何处出尘氛。露从今夜白，风处急纷纷。

其　八

道为诗书重，名归故国楼。盖棺事则已，涕泗[①]不能收。朝廷非不知，岂徒恤备享。呜呼就窀穸，牢落吾安放。名与日月悬，死亦垂千年。杖藜叹世者谁子，春渚日落梦相牵。墓久狐兔邻，浩歌泪盈把。向来披述作，垂之俟来者[②]。

雨中望淮海先生墓[③]

明　丘禾实

郁郁松楸树，道是尚书墓。苔碑字尚新，龙剑知何骛。我来望松楸，满目云霞流。云霞凝作雨，咫尺迷荒丘，欲往瞻之路无由。时方事祓禊，三农占有秋。疑是先生灵，沛为霖雨匀桑畴。先生有德开堂燕，身后立孤身不见。先生有望为国耆，今日易名君不知。遗文藏石室，赐额挂山郿。谷鸟鸣乔处，林猿泣夜时。凄风来陇早，凉月下山迟。感

①泗，原作“泪”，误，据杜甫《重题》改。

②垂之俟来者，原作“垂俟后来者”，误，据杜甫《八哀诗》改。

③段荣勋《清平县志》卷六，第八十五页。

此何异山阳地，对此难禁旷世思。愿言矢私淑，不忍问遗规。神理如绵绵，斯文或在兹。

书孙淮海先生楷书《谕陕西官师诸生檄》石本后[①]

清　莫友芝

此檄青螺《黔书》著录称《教秦绪言》，家有写本。石本更溢出书后一篇，戊午伏日中获观于周春浦所，乃其尊甫小湖都转所收西安碑洞本，从乞以归。末署名一行已漫漶，春浦美其字而不省何人书。幸余曾录其文，反复谛审，得"淮海山人孙应□书"七字于隐约间，仅失一"鳌"字，亦快事也。

孙先学孔开精室，手辟山荒衍儒术。偶然游艺逐文人，触事元超俱第一。绪言近语伴诗卷，迩岁搜从郑乡出。辛亥壬子间始于麻哈清平亲故许搜得先生所著《教秦绪言》《四书近语》《学孔精舍诗稿》，录副藏之，今两城为墟，人民死徙且尽，幸副本犹得存耳。小编已括洛闽要，短韵亦登颜谢匹。水声天影荡擘窠，腾掷苍崖记雄逸。清平城北宗伯桥侧石壁镵"云晴天影阔，山静水声幽"十字，先生手迹也。剩珍手迹十字奇，断楮零碑难更觅。东皋草堂坐逃暑，连屋书堆比禾秩。眼明一卷古斑斑，乐论黄庭相甲乙。循章讶即使秦教，署尾模糊辞可质。请书伐石馀系言，更补丛残旧亡失。先生蹈道薛蔡侪，体用自抒经国实。史家行迹慨夺漏，名姓依稀艺文帙。传业无人朝市改，旧录消沉逾十七。平生师道颇自任，温故知新启程律。先生谓"温故知新"，故当如孟子言"性则故"之故，新当如《大传》"日新其德"之新，能温能知则仁，仁则成己成物皆其能，此师道师职也。详《与耿楚侗书》。燕雍秦岭两薪火，衣德绍闻争屹崒。农师授艺效美

①莫友芝《郘亭遗诗》卷四，第十七至第十八页。

丰，不免饥寒取嘲诘。医家荣卫匪自度，暂事治人宁愈疾。四句括石本书后语意。圜桥书阙此岿在，过化知根检身密。况兼楷法足摩挲，心画精英粲元笔。我生苦晚三百载，不得抠趋承作述。爬逡断简致恭敬，稍稍不摇邪说试。年来烽爕赤沅首，村郭荒烟莽萧瑟。北来副墨尚无恙，后死擎拳定逢吉。乞归袭入子本藏，遍示同方味芬苾。

前八九年，访得明清平孙文恭公《教秦绪言》一卷刻本于其家祠中，今年夏莫郘亭从吉安周小湖作楫观察寓所搜得石本，前题“谕陕西官师诸生檄”，其文即《绪言》也，末多《自书后》一篇。尾行款识模糊，审识是“嘉靖壬戌秋九月淮海山人孙应鳌书”，乃知为公笔迹。讯小湖，云得之西安，则此石或即存碑洞也。郘亭作诗书其后，因次韵和之[①]

清　郑珍

古人已入长夜室，不赖后死固无术。精闳零灭俚俗在，幸否早叹欧六一。虽然此中有堪信，虎气所在必腾出。孙公学孔开南荒，邃诣同时几人匹。但论位业足佳传，邻子门单史因逸。后生不复重国故，遗著至今难觏觅。君于乡献诚殷勤，拾尽群翚得秩秩。郘亭纂辑《黔诗纪略》一百卷，于文献甚详。一篇瑶草寄幽心，十纸绪言申令乙。作诗远逼郭景纯，近语尤似罗文质。前贤传者亦不尽，但见奥要馀可失。文恭平生著述，今仅得《幽心瑶草》一卷、《学孔精舍诗集》十卷[②]、《四书近

①郑珍《巢经巢诗后集》卷三，第十七至第十八页。

②《学孔精舍诗集》十卷，应为“《学孔精舍诗稿》六卷”。

语》六卷及此《绪言》，馀载《明史·艺文志》及《四库全书》著录者，俱未见。每从吟讽想声貌，若遇其人大而实。抠衣捧手慨末由，向往徒珍转钞帙。宗伯桥边有心画，久恨苔封十六七。公建桥清平城北门外，后呼"宗伯桥"，桥侧石壁上手书"云晴天影阔，山静水声幽"二句，字大径二尺许。何期手楷此无恙，紫阳学谕黄庭律。真儒信是无不能，岱华峰峰总嵬崒。独叹师儒系邦国，古风一去何由诘。当时弊蠹固不浅，病虽费治犹号疾。而公破迷与严范，已令汗下如雨密。《破迷》《严范》，《檄》中二条。货取兵选愈旷奇，问公傥见作何笔。咄哉养才造士具，大质小剂那忍述。与君誓守万金璧，自度营卫莫受讹。用公《书后》中语。世有升降道不变，筝琶敢夺古琴瑟。搜访心劳鬼当相，特要康强及逢吉。心庵桐野仍缺如，瓣祷为君致芬苾。

五言律诗六首

嘲山甫卖剑[1]

明　王寅

君家有宝剑，十载佩随身。难遘千金售，伤哉一士贫。既然沈斗气，胡不去延津。匣内神终在，宁甘逐世人。

送孙淮海督学关西[2]

明　张翀

圣代罗贤俊，公和有盛名。黄门频对仗，艺院早登瀛。士集石渠阁，经横璧易城。赤传邹鲁后，吾道已西行。

---

①王寅《王十岳山人诗集》卷三，第三十二页。

②张翀《鹤楼集》卷五，第十页。

寄孙山甫移病山居[1]

明　张九一

忆尔窥中秘，挥毫禁掖垣。玄兴四百岁，经述五千言。解绥初移疏，看山且避喧。不因司马病，谁识茂陵园。

抵清平不得遽见山甫中丞先赋一诗奉怀兼订金凤山之约[2]

明　吴国伦

驻马山城里，严更坐寂寥。曾无一水隔，其奈美人遥。问礼将从野，陈诗合在朝。且悬金凤榻，携我宿云霄。

寄孙山甫二首[3]

明　邵元吉

圣代何容隐，无才况有亲。世皆嗤我拙，君独喜其真。勤迟初衣暇，相存荒涧滨。高歌出岩谷，风物与光新。

人人能学孔，闻者遽难寻。有善同尧舜，精言见古今。黔泮数先献，尹谢久希音。勤子张斯道，惭余老病侵。

七言律诗十八首

送宗伯孙公请告还清平省觐[4]

明　欧大任

箧中五色已裁衣，入讲经筵出虎闱。诏下暂容扶疾

①张九一《绿波楼集》卷二，第三十六页。

②吴国伦《甔甄洞稿》卷三，第五页。

③《黔诗纪略》卷九，第二页。

④欧大任《蘧馆集》卷三，第十九页。

去，恩深兼得问安归。蓟门霜叶鸿边度，黔阁春云马首飞。官属此时多怅望，明年还待谒彤扉。

暇日思楚侗淮海二君期春暖访之[①]

明　胡直

苦病深山绝世情，怀人翻觉道心惊。南瞻伟拔山思孙子，北顾天台山名，二山乃孙、耿二君书舍忆耿卿。青眼高歌云共渺，白头怅望月同明。尚期春暖莺花丽，抱瘵还应访洞庭。

南明孙年伯构草亭于瑞虹桥以避俗诗以赠之[②]

明　张翀

何事孙登独自吟，傍溪还似武陵深。半间茅屋五株柳，一榻图书三弄琴。秋水芙蓉香淡淡，庭阶芝菌茁森森。月明天上来仙子，桥畔吹箫作凤音。

秋日寄怀淮海孙寅丈时孙自秦文宗陟蜀藩参[③]

明　王崇古

文始别来秋复三，德伦车辅怅忘骖。晨风西逝期频托，白驹朝过忆远函。巫峡秋吟君寡和，朔方边寄渺应惭。多情惟有关山月，万里同人照斗南。

---

①胡直《太虚轩稿》，第二页。

②张翀《鹤楼集》卷六，第九页。

③王崇古《公馀漫稿》卷四，第二十一页。

奉怀贵竹孙山甫中丞二首[①]

明　徐学谟

得归双袖秘屠龙，那羡单车有画熊。北极尚悬补衮望，东山不废著书功。回瞻幕府霜麾白，借隐禅关腊树红。惭却当年收败鼓，可堪留盼药笼中。公尝荐余于朝。

其　二

黑头卿相世应稀，双寿能兼三釜归。疏傅[②]本无金可散，唐臣惟有发堪晞。古槐门巷疏车马，玉树庭阶恋彩衣。贵竹肯容鸿雁至，天南莫遣尺书违。

武陵送孙山甫中丞赴任北廷尉公两抚郧台尝两荐余感其知遇赠诗二首[③]

明　徐学谟

青琐何年别帝京，公自给舍出补。召还犹是黑头卿。春来箐谷荣旋锦，水长桃源候使旌。霄汉崇班新执法，瀛洲仙侣旧知名。公癸丑吉士。从教门第堪容驷，谳狱无如定国平。公未有子，故末句祝之。

其　二

尚忆郧台抱案初，鄢城回首六年馀。周王立政忧方切，隽尹明经术未疏。三楚羁臣空老大，两朝封事愧吹嘘。石渠金马应虚席，召对能无奏御书。

---

①徐学谟《徐氏海隅集诗编》卷十五，第十六页。

②疏傅，西汉疏广、疏受叔侄分别为宣帝太子太傅、少傅，于荣显中同时称病隐退，后遂以“疏傅”为急流勇退得典型。原本误作“疏传”，据文义改。

③徐学谟《徐氏海隅集诗编》卷十六，第九页。

寄送廷尉孙公渡襄北上时郧镇自公疏开督府申军令不佞忝继武云[1]

明　王世贞

一疏明光有大邦，雄开幕府拥旌幢。前茅曙色通秦岭，后吹春声叠汉江。萧相规成元画一，羊公名在雅无双。欲知铃阁留题处，时复芸香透琐窗。

其　二

儿童竹马汉江边，不数铜鞮拍手年。但是征南书负癖，还应大理棹登仙。青编倡雪犹存郢，白简雄风已到燕。三事故人如见及，可容平子赋归田。

送孙山甫佥宪北上因酬乃叔益之侍御时谪中山[2]

明　谢榛

卿家大阮咏怀诗，此去惊看鬓几丝。北塞多兵长啸日，中山有酒独醒时。露溥署柳秋衣薄，风动城乌晓角悲。万里宦游聊共话，千年勋业好相期。

孙山甫中丞宅道故[3]

明　吴国伦

壮岁簪貂出总戎，纡筹清切在隆中。却看西岘碑重勒，岂是南阳战未工。解组尚勤明主问，悬车真与古人同。却惭青琐追陪客，垂老无闻自转蓬。

①王世贞《弇州山人四部稿》卷四十三，第一页。

②谢榛《四溟山人全集》卷三，第十四页。益之，原作“送之”。按，孙应鳌七叔孙衰，字益之，由陕西道监察御史谪定州州判。据改。

③吴国伦《甔甄洞稿》卷二，第十页。

过山甫书院因赠[①]

明　吴国伦

城上诸峰赴讲堂，如云门客俨趋跄。横经案倚三辰丽，问道津悬四渎长。冠冕旧通罗鬼国，弦歌新满郑公乡。居然坐我清虚府，一语无闻百虑忘。

馀仙洞寄孙淮海[②]

明　于文征

记得前旌发习池，醉余同望岘山碑。三年踪迹劳心写，万里云霄见羽仪。偃仰洞中聊自适，交游海内几相知。题书漫附黔西使，鸡黍重逢未有期。

新添道中闻清平孙司成举子喜先驰贺二首[③]

明　刘伯燮

南徼门墙问道徒，今看庭际有同趋。难分天上麒麟色，信是人间孔释雏。磊落万山平献瑞，清漪一水远呈珠。经过不及随汤饼，英物喧传出上都。

其　二

司成不挂学士鱼，自到青山一径锄。却怪君恩临掉

①吴国伦《藏甲岩稿》卷三，第六页。

②《沅湘耆旧集》卷十八，第十二页。郑天佐《（万历）桃源县志》（卷下，第二十一页）题作“馀仙洞天寄孙淮海公”，首颔二联作“三载旌麾去习池，南中不数岘山碑。斯文邹鲁应心法，雅望云霄见羽仪”，颈联“洞中”作“洞天”，尾联“重逢”作“过逢”。

③刘伯燮《鹤鸣集》卷十四，第十一页。

臂，始知佳气早充闾。六经榻下真传在，万石天边庆泽馀。它日汉庭承著作，龙门天禄有遗书。

孙天衢叔侄邀饯淮海先生别墅[1]

明　丘禾实

衡门仄径接云平，学孔人高此地名。架上赐书千卷在，祠前玄草几行明。山藜本为供燃绿，溪水曾经洗墨清。伯道无传公等在，风流谁嗣阮家声。

清平谒孙文恭祠[2]

清　傅潢

纷纷旗帜竞披猖，遥爇尼山一瓣香。爝火尽随璁萼煽，雄军终共洛闽张。原知性拙难人合，翻虑诗成与道妨。怪底青螺齐俯首，关心来处亦龙冈。

七言绝句十首

友人孙山甫索草金元乐府[3]

明　王寅

翻出梁州足擅场，知音今为寄周郎。四弦早按琵琶拍，莫遣先传落教坊。

---

①丘禾实《循陔园集》卷三，第三页。

②陈田《黔诗纪略后编》卷十五，第二十一页。

③王寅《王十岳山人诗集》卷四，第六十五页。

瑞竹吟二首和孙中丞作[①]

明　吴国伦

九节离奇双簳分，含风浥露洒青云。惟应南海琅玕树，连理相辉似此君。

其　二

一片清阴朗玉壶，风生鸣篠自相呼。听来羌水龙成匹，看到昆墟凤不孤。

大廷尉孙公山甫闻予阅兵以六绝句见遗此皆公节制之师予乐观厥成耳辄勉奉酬以伸感谢[②]

明　王世贞

大府横开汉水滨，天王三锡玺书新。君看猛士如云拥，来听轻裘缓带人。

其　二

山蟠庸汉带中州，水压襄荆控上游。谋帅自来先礼乐，干城元不要公侯。

其　三

三千组练控雕弧，竦立辕门听若无。阅罢不须鞭贯耳，此军原属斗於菟。

其　四

南阳溪子镞如矛，板楯巴宾虎见愁。俱道普天无白

---

①吴国伦《藏甲岩稿》卷三，第九页。

②王世贞《弇州四部稿》卷五十二，第二十一至第二十二页。

羽，技成何处觅封侯。

其　五

叠鼓鸣笳汉水浑，牙前飞将按三门。怪来全似吴宫队，旧帅从知也姓孙。

其　六

郧山增色水增波，为是清风吉甫多。江汉自来周雅地，可教新句入铙歌。

清平县作[①]

清　韦谦恒

突兀山城枕水湄，此间合有士嵚崎。不知谁似孙淮海，谭易犹能替九师。郭青螺谓，黔中学者有孙淮海、李同野、马心庵。按，孙公应鳌，字山甫，清平卫人，嘉靖癸丑进士，官至南工部尚书，谥文恭。所著有《易谈》《四书近语》《律吕分解》《教秦绪言》等书。

曲二首

朝天子·端阳孙山甫席上[②]

明　王寅

三日雨稠叠，一文钱断绝，端阳节临茅舍。高朋相对愧豪奢，绿酒东邻借。　瓦缶翻干，菖蒲细切，大开怀拼醉者。也不羡英杰，也不笑歪斜，到底都消歇。

①韦谦恒《传经堂诗钞》卷七，第十六页。

②王寅《王十岳乐府》，第三十四页。

水仙子·送孙山甫游吴[①]

明　王寅

柳丝长，难系下江船。桃瓣飞，争供饯酒筵。鸟声柔，细唱离人怨。涨春波，三月天。话前途，请暂留连。买笑钱，好省在仙灵场，吊古寻幽。结交情，谩输与市井儿，雨复云翻。恋归心，肯忘了渔樵社，鲈鲙莼餐。

①王寅《王十岳乐府》，第二十七页。

附录卷六　清平孙氏族谱

清平孙氏族谱

十九世孙	注册候选直隶州州判	培秀	重修
	留黔补用尽先守备	培元	监刷
二十世孙	廪膳生	锡畴	重修并校对
	廪膳生	锡兰	校对并捡字

光绪三十二年岁次丙午仲夏月谷旦重刊于清邑先文恭公祠之学孔精舍

整理说明

隆庆三年，孙应鳌于郧阳巡抚任上乞病归清平后，曾作《述祖德》诗："怀我上胄裔，雉皋繁干枝。皇朝开天地，从龙兴义师。功成裂爵土，世禄清平陲。三传奋大祖，业儒崇圣规。褒然举上第，政教扬当时……爰抗引疾疏，庶偕舞彩期。大道无险径，哲人有广居。生平谅靡负，冀免皓首悲。本源安可忘，请观先世遗。"今观《清平孙氏族谱》所载，其一世祖八三公于宋理宗时由姑苏而迁如皋，至四世祖华四公于明洪武间调贵州清平卫副千户，遂家于此。六世祖孙钦升指挥同知，世袭武德将军。成化间七世祖孙瀚中举，为孙氏肇科之祖，自此科甲连绵，至十一世止，清平孙氏一门共出二进士、十四举人，遂为明代贵州诗礼簪缨之族，按之《述祖德》一诗，一一不爽。万斯同《明史》称"应鳌奋起荒徼，以学行知名，为黔中人士之冠"，原因何在？除了明代贵州政治、经济、文化的影响因素外，其家世影响决不可忽略。《清平孙氏族谱》，不惟对考察孙应鳌家世、生卒以及后裔等信息有直接帮助，对于研究明代贵州政治、文化的兴衰及人口迁移也有较大的意义，故点校附录于后，以备读者需用采择焉。

《清平孙氏族谱》，由清平孙氏十九世孙培秀、二十世孙锡畴重修,刊于光绪三十二年孙文恭公祠之学孔精舍。今即据该本作为点校底本。是谱原分上编,自一世起至十二世止,即上册;下编自十三世起至二十世止,即下册。笔者从凯里市炉山镇孙氏族人处访得上册,虽然下册未获见,有遗珠之憾,然而清平孙氏在有明一代为最盛,迨至清代以后,随着改土归流,清平卫的军事、文化地位式微,清平孙氏也逐渐衰落,有清一代仅出过两位进士,举人寥寥无几,因此下册的意义也远不如上册重要。族谱正文前列有自明至清家谱序跋共七篇,清平与如皋族来往书信三封、修建文恭公祠序文四篇以及修谱凡例、祭祀仪注、祝文、乐章、文恭祠对联匾额等,其承载的深厚的历史文化及家国兴亡之感,尤令人抚膺扼腕,为之三叹!

整理者

广陵孙氏重修宗谱序

闻之国有信史，其国必昌，族有藏书，其族必盛，审是而人家之不可无谱也明甚。顾有谱而不知修与修而弗求其详，将创于前者既因世而及分房而书，使宗派之发源，云礽之递衍，开牒悉朗若列眉，而为之后者竟淡然贸然，数典忘祖，贻祖宗实生后人，后人莫知所自出之羞若是者，乌乎可！

吾家自有明入黔，隶籍清平以来，始以武功肇其基，继以文业世其泽，宗谱之修，代不乏人。不幸咸丰乙卯，逆苗作叛，家藏旧本尽厄兵燹。逮同治壬申，匪党渐平，各房人口次第麇集。欢聚之馀，叙及家乘之就毁，宗器之无存，莫不扼腕兴叹，徒唤奈何！幸祖先有灵，硕果不食。壬午秋，族叔俊夫贡省乡试，亲拜谒叔曾祖茂亭公于家，公因出其父所遗抄谱以示，俊叔见之，如获拱璧，随面恳携回抄阅。公既慨允，课读之暇，亦遂不惜馀力，焚膏继晷，假寐不遑，计数月而新谱之造甫成，旧谱之索迭至。盖逆知公于斯慎重过甚，失此不录，旋必追悔故也。至今清平所幸以得悉先代之渊源，历传之巅末者，端藉有此。

呜呼！经患难，阅变迁，是谱之存，虽赖茂亭公护持之力，而其实抱残守缺。补遗订正，使斯谱之克广其传者，谓非俊叔续辑之功，其可得乎？兹又鉴于既往，虑于将来，以斯谱之不可不修，修不可不刊，刊不可不散，散不可不广也。爰于光绪庚子秋，借同宗谷山祖旧捡族谱字母，与族叔青山会议，命畴等筹款而另梓之。在畴也，鹏飞待奋，骥伏犹嗟，现未能志先人之志，何能事先人之事？然幸有俊叔倡始，青叔监工，畴纵不敏，亦弗敢弗勉从于后也。因设局汇稿，就当日借来字母可用者因之，不足者增之，虽镌刷装订有匠自为，而一切捡列成行，排韵归盘，俊叔既因办公不暇及，皆畴与弟兰靡辞劳悴，目睹而手拈之，起止半年，家事毫莫敢顾而工始获告成。噫嘻！谱之就绪良难哉！

第根深则枝叶弥茂，源远则宗派愈长。计兹谱自道光壬寅十六世祖静轩公绍修而后逮畴已廿世，距今花甲零夫！此数十年即际承平，而合族之生没若何，婚嫁若何，行谊与葬所又若何，乏人纪录，已多遗漏。况值乙卯之变，各房老幼，有城陷时殉难尽节，茔冢无存，有城陷后远徙逃亡，踪迹靡定者，欲尽确查，其远者相隔在数世，固苦于文献之无征，其近者散处匪一家，尤碍于访辑之难遍，不得已，亦惟与两叔协心商订，于现在知之的信之深有可为法戒者，间附数语而已。至旧谱久经蠹注，辗转抄录，不无错误，畴皆一一点窜而请命于俊叔，曰改则改，曰因仍因，毫不敢以私意妄为增减。推而离乱之馀，读书者少，四乡族众竟有问其世系而莫知所自出者，仍照旧谱，仿《春秋》夏五、郭公之例，悉阙于后，期无紊乱而便观览，一词莫敢妄替焉！疏脱简陋，自知弗免，惟冀祖灵佑启，哲裔蘖生，起而续之，改而正之，使家乘之焜耀，与国史并垂于不朽，不似畴之强效续貂也，则幸矣夫！谨薰沐而为之序。

时光绪三十二年岁次丙午荷月之吉，二十世孙锡畴谨撰。

重修孙氏家谱序

盖闻玉牒，天潢帝王之谱，尚矣！况家乎哉！我孙氏，广陵人也，其先世以戎事隶籍贵州，由南京神策卫调龙里卫正千户，后改清平卫中左所正千户，此完赤公四世祖矣。至六世祖钦公屡战有功，升授本卫指挥同知，世袭其职，遂世为清平孙氏，旧有谱矣。然始以武功世传，继以文教世业，故自七世见一祖肇科，以至十五世龙岩祖、十六世静川祖，凡十传，其间入台阁，列翰苑，以及府厅州县，累累若若，后先辉映，以光大家乘者，不可胜数！

不肖秀久困棘闱，未博一第，有辱先人，不免对谱牒而滋愧。然展视之馀，见其前则支分派衍，朗若日星，后则地远人稀，茫无考证，不禁有数典忘祖之慨也。及读我先祖相公《创修谱序》有言曰：“惟祖宗实生我后人，我后人莫知其祖宗，木本水源之谓何?”读至此，殊令吾潸然泪下。伏思吾族内自金字辈至土字辈仅五世耳，有问其祖宗而不知者，何哉？推其故，实由于咸丰乙卯苗叛，转徙流离，靡所定处，老者不暇言，少者无从闻，以致如斯耳。秀虽不敏，敢不以先人之志为志，而忍视其阙略无考哉？不以先人之志为志，任其阙略无考，将后之视今，不犹今之视昔也哉！秀是以修谱之心汲汲不可终日，爰弗辞劳于跋涉，亲诣各支族人住处，挨家遍户，详问抄录。有弗知者，又至祖茔山上，凡断碑残碣，靡不摩挲尽之。如此，亦仅十知六七耳。他如葛洞寨泽彰公之父，不知派属何名；湾水羊排文光叔之父，不知系出何支。由是观之，数典忘祖之慨，能不戚然于今哉？回思此谱，列祖修之屡矣，志之亦详矣，于兵燹之后幸而犹存者，实赖叔祖茂亭公之爱惜保护而然也。兹秀不过采其知者而补录之，以俟后之孝子慈孙得所依据而复修之耳，敢云修谱乎哉？不揣冒昧，谨叙数语，以志其巅末云尔。

吾高平庄旧有谱牒，因咸丰乙卯苗叛，家虽破而谱尚存。缘避难在长溪居住九年，后逮各宪兵至重安，窃喜复见天日，欲归练营，未得其便。突一日，有恶苗欲夜图劫杀，幸天佑，不遭毒手，得人漏信，即刻夜奔重安，仓皇之际，谱遂失焉。吾家君屡忧之，曰："人家无谱，何所寻宗而问派乎？"秀闻而劝之，以吾族甚繁，岂无一人能藏者？且喜于光绪壬午科乡试，秀赴闱，亲拜谒叔祖茂亭公于家，公因出其谱以示，秀读之，窃喜吾族尚有家乘。然家乘之所得以不失者，实祖宗在天之灵暗为护持与茂亭公极力保守之所致也。至乙酉科，秀又赴闱，试毕，祖即令搬至其家住近半月，及回，祖面示："此谱乃予父静轩公所修，予历刀兵水火，转徙流离所保而存之者。吾忧无所寄托，今幸予长房有汝可以承此谱，余无虑也。"于是重重包裹，亲手付秀，并嘱以"好为收藏，庶不枉我数十年收捡之苦"，秀遵教携归，什袭藏之。然此谱历日甚久，不无蠹注残缺，秀即贴补重订，更另抄一本。乃未几而公函云集，要将斯谱追还。秀于戊子晋省乡试，亲奉还焉。似此谱牒一帙，顾不重哉。前者抄录固甚难，今之刻散亦非易。吾愿族人之得此谱者，什袭藏之，以昭世守，则厚幸矣！

光绪二十年甲午桐月下旬，十九世嗣孙培秀沐手谨序。

禀复先文恭祠基序

盖闻创业难，守成亦不易，洵然哉！何则？如我先祖文恭公之祠基，原系祖业。按公生于斯，长于斯，前明贵州巡抚郭公青螺为公请谥而即建专祠于斯，地在北街，原有四抵丈尺。祠成，并置有北门外祭田，四抵丘数载在碑阴。缘代远年湮，迭遭叛乱，祠毁碑坏，其田不知系经手者所侵，抑或为他人所占，均不可考，而所幸存者惟祠址耳。由咸丰乙卯苗叛二十馀年，及承平归梓，祠地虽无恙，则已满目蓬蒿矣！时有百长彭惠俊以银十两向予敏伯父佃文恭公祠地，起房居住，去时验物作价，伯父以为利中有利，而不知害之伏于利中者甚烈也。夫惠俊为曾局宪百长后，将住房卖与局宪作公馆，及曾荣升方伯，遂改为碉堍，局于是屡禀不复，至杨总统亦如故，然蒙出银肆百金买余总统公馆，捐为文恭公祠，并拨田七十挑为香灯，于光绪甲申秋蒙本县主徐始举行祀典。是时，我文恭公虽有祠，终非永久，且祠基半失于他人，为后人者于心能不戚戚焉？午夜自思，昔先灵之所凭式者，即在此基耳，今一旦失之而不理，将何以为人？且何以仰对先文恭公乎？于是竭力上禀，于本县主则徐、谭、刘、赵、何、杨，于抚宪则李、潘，于藩宪则曾、史、马、王，于学院则杨、陈，于云南巡抚则谭，此诸公案下均属徒然。然此心终不已，幸天从人愿，至辛卯年高公荣升此任，秀以禀恳拨掉，具情上呈，蒙恩即于四月十一日午刻亲临踏勘碉堍所占基地，东西四十弓，长十二丈；南北十一弓，长三丈三尺；又对门照墙地东西进四弓，长一丈二尺；南北二十弓，长六丈，绘图通详。时值秋闱，又闻崧公巡抚贵州，爰缮具禀词，托玉堂大叔，青山、晓堂二兄拦舆投递，秀乃赴试。试毕归，则崧公禀已批发下县，县主传秀到署，出中丞批面示，并道及前县所详一切，秀方了了，是以缕悉原委，其禀恳，其据词转详，因得掉回故址。俗语云“差之一毫，失之千里”，信不诬也。倘敏伯不贪区区之银，何至有此一番周折乎！秀为兹祠基与修祠事件，屈指数年，虽无甚益处，而心血几枯，举业一道不知置于何地。自暴耶？自弃耶？实一心不能两用耳。秀不揣冒昧，特序数语，以见失之易而得之难云尔。

谨将先文恭公祠全基四至开列于后：

一，此祠址西右上抵圣寿寺界，左下抵丁姓界；东抵老黉墙，上抵辕门石墙，下抵小街路；南至刘姓基园，北至李姓宅下横街。四至分明，此乃全基四至。前碉坉占去一半而规复者，即现起祠地之所与对面街地皆是也。

谨录札谕一道于后：

光绪十八年三月初四日，奉高县主札，为录批谕知事案，奉藩宪王批，奉抚部院崧批：本县禀，查明该生等禀请给还孙文恭公祠旧址，实为规复起见，别无私意等情一案。奉批：据禀已悉查孙文恭公专祠，该后裔等既非意在贸易，应俯如所请，仰布政司即饬照旧掉还，以顺舆情。缴等因转行下县，奉此合行谕知。为此谕仰该生等即便遵照，赶将祠宇移建具报，毋得刻延，切切！特札。

右札，廪生孙培秀等准此。其所禀所批甚多，不及全录，谨录斯以见一斑。

谨将前明贵州巡抚郭公青螺所置先文恭公祭田，除北门外之田已失不计外，所有老鸦山全庄四至开列于后：

一，此庄熟田原系一百八十八丘，外有十二世祖拱辰公捐置助祭，十三世祖玉周公捐赀恳补，不在此数。其田上抵爵翁坡，下抵山银洞，左抵谷叶坳，右抵尾巴坡。

一，先文恭祖茔下享堂田一坋，上抵紫霞宫界，下至沟，左至侯姓界，右抵庙业。

光绪二十年甲午桐月下旬，十九世嗣孙培秀沐手敬序。

移修先文恭公专祠序

夫人之所难必者，身后之名耳，其所最难必者，身后名存而馨香罔替耳。何则？如我先祖文恭公，固理学名宦，继王阳明先生而明其道也者，其功勋著作品诣文章，通志邑志载之甚详而不必言矣，于捐馆舍时，钦赐祭葬，温公郭公为请谥，并准建专祠，以春秋次丁致祭，委本县官主其祀焉，此身后之隆，难得之事也。及我朝定鼎，举行如初，其尤难之难者也。至雍正乙卯，苗叛祠毁，禋祀阙然。适县主尹公龙光、训导罗公英、典史季公师泌、府尊黎公际皞，会同申报巡抚田转奏，仍建专祠，崇祀不衰。距至咸丰乙卯，逆苗复叛，祠宇废而祭典湮近三十年矣！及承平归梓，为子孙者念其基为我先祖文恭生斯长斯，幼而读书于斯，卒而建祠于斯之地，现为碉坉所占，屡禀不复，致修祠之议未即果行，莫不相对叹息，含故宫禾黍之悲。越数年，乃幸得统宪杨出银肆佰金买余统宪公馆，捐为先文恭公祠，并拨田七十挑为香灯，于光绪甲申秋蒙邑侯徐公润生始举行祀事。然此祠乃行札公馆，未几朽滥不堪。至丙戌夏，有黎公纯斋适以丁忧由京旋黔，道经清邑，入祠四观，见其朽坏，伫立慨叹者久之，回顾秀云："待予转，筹款重建，以壮观瞻，予之愿也。"明年秋，值公有事晋省，函赶秀与敏伯赴省领赀重修，并商事宜。殊迟行不遇，公所捐款项肆佰金寄存藩库，旋荷藩宪曾札，令本县主赵会同我族修理，因祠基未复，是以不果。时值赵告终养，何县主来，不察其情，以秀等有所希冀,不许与闻,强领所存库银,札邑绅刘君辅周承修,彼就杨统宪所捐公馆地起正殿三间,下面朝门半边水三间,左厢未动,右厢仍旧补之,工未毕而墙壁即圮。黎公闻之,又复寄净银一百两,交谷山伯父携归,山伯亦捐净银二百三十两作移修之计。然祠基不复,未敢举行。适天使高公来莅此任,又使崧公荣膺抚黔,道经于此,因拦舆递禀,蒙高公力挽回天,备细通详,始获掉还故址。秀与青山、晓堂二兄承领黎公及山伯捐款银,于壬辰春二月二十七日起工,至癸巳夏,芝柱笔立,鳞瓦甲盖。然款项支绌,无从接济,秀乃偕侄锡瑛亲诣重庆,道呼将伯于黎公,又捐净银三百四十两,并蹇公致和旧捐净银六十两,二共肆百金;及合族照粮摊派之数,并外借与当田兼卖二年谷花,通共票银一千一百一十两。就掉回旧祠故址,以修正殿五间,对厅五间,两厢各三间,三面俱封墙,内外门壁窗格皆备焉。朝门半边水三间,外封一字墙,内现牌坊一座,下系石朝门,外有街房六间。及甲午春三月止,工三人,经理三年,凡鸠工庀材,未敢稍懈,其火食一切俱秀自垫,于此捐数并未遗漏锱铢,始成此规模,上栋下宇,虽未足为全璧,亦实可以蔽风雨而妥先灵。是其祠基之复与祠宇之成,我子孙得以申瞻拜之忱,先文恭公得以永式凭之地,绵馨香之祀者,非高公黎公之力不及此也。秀与青、晓二兄虽止监修,亦不得不谨序巅末,以纪其事云。

光绪二十年桐月浴佛会后一日,十九世嗣孙培秀谨序。

青山监修文恭祠序

天下事有因乎人而成者，名有附骥尾而彰者，是可知有一事，必有一名，然匪可以侥幸而得也。若元之监修文恭公祠，固吾分内事，而何必名？又何必序？盖吾先文恭公祠之修也，银自他人出，工系匠人为，于元何与焉，抑何必序？乃族弟俊夫从旁谓予曰："兄不记耶？昔辛卯端月抄吾兄之上省领款也，寒风飘衣，雨雪在途，驻马南关，人歇野庐，非有心于先人之事，其谁肯下此苦？迨夫兴工之时，伐木之际，鸠工庀材，时而在厂，时而在山，任其泥途风雨，道路险夷，皆所不计，非有心于先人之事，其谁肯任此劳？后当款项支绌，集族人而照粮摊派，先乎人而首为之倡，任劳任怨，无私无偏，非有心于先人之事，其谁肯遭此恨？约计其时三年之久，我思其人八口之多。当日大禹治水，三过其门而不入，人谓之忧国忧民，所以为圣。今者吾兄监修此祠，一置其家而不问。我言其无怠无荒，不愧为人兄，何必只知任其事而不计其名，坚执而不肯序？弟今为兄序，非谄于兄，而但欲序此以示后人而为后人法云。"俊夫如此言，元是以听其言而为之序。

时光绪二十年菊月重九之吉，十九世孙培元嘱弟秀代序。

静轩公重修孙氏家谱序

吾家世系，列祖志之详矣。因旧谱毁于兵燹，伯父龙岩公访辑重修，支分派别，朗若列眉，合族为之一快。后得如皋来谱图本甚善，但止及十世，阅今四十馀年。余早夜筹思，若不及今谱定，后世子孙将有问其祖宗而不知者，木本水源之谓何？而顾忍自弃若是耶！因谨照皋谱图本，合之龙岩公所修，纂辑成帙，世系支派，一目了然，其中生婚殁葬概多缺略，系照旧谱抄写，一字不敢增减，俟各支子孙有知其祖父者自行补入，庶无差讹。余苦无上进，有玷先人，不得已勉体祖宗之心以为心，俾后之有志重修者获所依据云尔，敢云修谱呼哉！族中之贤达而高明者，勿以此唾笑我也，则厚幸矣！是为序，时年七十岁。

时道光壬寅年冬至前三日之吉，十六世孙泽健沐手谨序。

吾家世系，自曾祖炳字辈议定用火土金水木五行取名定世，周而复始。炳字取火傍起，今又及火字矣。以此取名，虽相去千里，皆可知其世次也。源源之义，世永遵守之。

近火字辈有用文字取名者，犯文恭公祖谥文，自致罪过，以后切记不可再用。健谨志。

按，公序谱时，年已七十岁，足见其留心木本水源，我后人其可忽诸！

乾隆五十八年龙岩公寄达如皋族长字

贵州清平县族末录，谨奉书于江南如皋众位族长大人尊前：

录等于乾隆九年得接手缄，肫肫如亲面晤，暨今阅四十九年，道路遥远，音问难通，疏阔之感，日深一日。录托宗族庇荫，于乾隆丙子科偕侄灏同登乡荐，庚辰复捷南宫，榜下，分部学习，彼时即欲一至家乡，以展亲亲之谊，申瞻拜之忱，缘水路纡回，官程紧急，是以不克如愿。今老矣，林下隳颓，不能远出矣，然而本源之思，未尝一日忘也。兹遇敝友王公来江之便，谨缮芜启，统候纯祺，并寄支牒一本，乞为查收，附诸谱末，实叨荣幸。再者，我皋邑必有家乘，祈[①]捡赐一函，交与来手带回，以与清平族人等抄录世守，俾得共睹我宗支之繁茂，并长幼尊卑之次序。录虽未得至皋，亦无殊于亲至也，且使后之来者有所征信，不亦可与？

万里音书，不嫌唐突。统维丙鉴，并候德音。不戬。

乾隆五十八年如皋来字

江南如皋县十六世侄洪，谨覆书于贵州清平县龙岩大叔大人暨众位族长大人尊前：

侄于五十八年十一月十三日接翰谕，随请族长并合族人等，捧读之馀，无不欣然恺慕。以老叔大人竹林联步青云，勋猷早著，更急流勇[②]退，功成名就，实足大家声而光宗族也，殊深健羡！忆乾隆四十年后曾有来谕，托卢兄又缙邮寄皋邑，侄后使族弟宗鹗携谱诣京，各部寻请，面禀家乡一切，乃已于月前致政荣旋，不获一瞻颜色。及鹗回里，细述巅末，悉为怅仄。兹历十馀年，忽又蒙瑶函下颁，殷拳肫挚，萦萦于木本水源，曷胜雀跃！但考谱十六本，世远年湮，渐饫蠹腹，有不敢不承先人之志重修者。满拟明年聘人纂辑，缘支繁派衍，散若晨星，共计廿世，况山、海两叔相继辞世三十馀年矣，兼以侄力绵德薄，何堪责此重任？尚冀老叔大人指诲详明，以匡不逮，是所悬切耳。只以侄幼

①祈，原作“析”，误，据文义改。
②勇，原作“涌”，误，据文义改。

孤母寡,株守家园,致不能肄业上进,实增惭赧。接来抄谱一本,捡阅不无遗漏差讹,先将前十六世系照老谱绘图缮写呈览,俟告成后统部寄上。第万里迢迢,游鳞难便,不知老叔大人作何办理?是否期明年再赐示音,以定章程?伏惟大人优游杖履,颐养太和,频添筹于海屋,则乐蔗境[①],曷有涯耶?不揣愚昧,对联书画数纸,系李甥读书之馀笔,用佐芜禀。

鸿便肃缄,敬请金安。统维丙照,不戬。

所著《龙岩草诗文集》,乞付封来书内,为宗党楷模,自当什袭藏之。

乾隆九年三月如皋来字

江南如皋县族侄学山、学淮谨覆书于贵州清平县族长大人尊前:

山等于乾隆四年秋间致书于族长大人,修屡世疏阔,兼请我文恭公手迹并世系源流,蒙大人不以疏远见弃,微末为嫌,惠然以瑶函远颁,于上年前四月初十日接读翰教,情意恳挚,如承面谕,小子何幸,获此加宠也!

文祖《幽心瑶草》一帙,真理学正宗,非姚江一派,实下绍程朱而上接孔孟,已荐诸祖庙,藏诸寝室,永为子孙观美。其世系节录亦与皋乘无异,但九三公系八三公之嗣,即二世,惟此不同耳。自文恭公十世后阅至十六世,其间琳琳琅琅,后先辉映,将大家声而绍前徽者,实繁有人,又不胜鼓舞欣羡者屡自,今已编入皋乘清平谱牒后矣。山等

①蔗境,原作“蔗景”,误,据《晋书·顾恺之传》改。

居城,离燕庄六十馀里,自接尊示,随寄与族长及合族人等,俱来捧读敬听,人人悦慕。本拟修词致覆,第世系开录未就,来人匆遽,立刻登舟,不及禀命于族长,恐失此机会,故山等先为禀覆,伏惟原宥。大抵皋邑人丁虽盛,而力田务本者多,横经稽古者少,廪增附贡以及捐纳其数虽过于清,而簉仕者竟无一人。即以山等弟兄不才,久困棘闱,不获邀一命之荣,有玷先人,感愧无地。承命询文恭公著作,仅有《督学集》《汇稿》《左粹》三书,其馀俱无,因卷帙甚多,不便寄上。来书系皋中范姓,在六合作教,六合县尊白公系贵州清平人氏,此书从白署中托范氏带下,不知白与我清族是何亲谊?皋距六合又七八里,不能致谢往问,如便,亦乞开明寄示。

万里途程,空函申报,且灯下潦草,不恭之罪,曷胜惶悚!统希丙鉴。

龙岩公重修孙氏家谱序

国有牒,家有谱,由来旧矣。吾孙氏世居江南,前明洪武二十五年,四世祖华公以武功拔贵州龙里卫千户,二十九年,转清平卫千户,至六世祖钦公升本卫指挥同知,世袭于清平,遂为清平孙氏。旧有家乘,因毁于兵燹,乾隆四年,族伯孝廉元章公身为修辑,颇属详备,迄今已阅多年,其不及纪载者正不少矣,抑犹有缺焉者。自古丘墓与宗庙兼隆,而拜瞻与享祀并重,今但详其支系而略其坟茔,其有碑铭者固可考而知,其无碑铭者何所据而识?历年既远,竟有子孙不识其祖宗者,甚者为豪家所欺,竟至于践踏,势不免焉。余窃忧之!今欲备为详载,而所生也晚,其远者固苦于考证之无因，其近者亦阻于耳目之难遍，故第就其见闻所及者载入谱内，其馀者阙之，以俟本家自行添注，庶几无漏无讹，其于本源之义不更切与？且使后之来者志余之志，时而修之，庶斯谱之不替也夫！

乾隆五十七年蒲月上浣，十五世孙录恭序。

龙岩公重修孙氏家谱后跋

龙岩录曰：余修家谱，既序而复跋之者，有慨乎其言之也。吾先世自见一公肇科以来，继继承承，云蒸霞蔚，如文恭公之功名事业学问文章，彪炳寰区，辉光家乘者，不必言矣，其他则成进士者二，列贤书者十八，内而翰苑兰台，外而府厅州县，累累若若，代不乏人，可谓盛矣！厥后宜日积而日盛，乃自十一世以来，登科第者不过二三人，筮仕版者不过五六人，降至水字一辈而入胶庠者，不过数人而已，何其衰也！岂其世运所遭，有一隆，必有一替耶？抑亦后嗣子孙颓惰自甘，不复以光大前人为心耶？余修之，不禁累废而窃叹也。虽然，兴衰者，天运之常，振作者，人事之定。后之云礽，果能志先人之志，安在不可业先人之业，留心儒术，奋志青云，耀祖光宗，承先启后，岂不伟与？慎勿以身家之故，而自安于菲薄焉，则厚幸矣夫！是为跋。

元章公修补孙氏世系谱序

今夫天地者，万物之父母也，而父母者，又一家之天地。故人之生，本于父母，而祖宗者，父母之所由来也，木本水源，奉先思孝，秋霜春露，恻怛凄怆，本支百世，恩莫重焉。即古圣帝明王为法于天下，可传于后世，未有不本肇修人纪，以亲九族，而成百世不朽之谟烈者，然则宗支谱牒，其可不敬矣哉！如我广陵孙氏世系谱牒，自高祖心海太公于崇祯元年修于大成县任，于康熙甲子春我春云曾祖复修之，丁卯我祖明弼太公又修之，以公诸族，以示一有不如众有，俾家乘永垂于奕祀，而孰料雍正十三年乙卯前四月，逆苗作乱，清平典籍尽为灰烬，岂我孙氏宗谱而独存乎？而幸存者实由于冕父大人爱护典籍，细心收捡之力居多也。盖其思之也深，故其敬守也切，其虑也远，故其修补誊录以公诸族也殷，而要之，守斯谱者必望吾族中夙娴诗书而为孝子慈孙者，常念吾祖功宗德，庶几珍重爱惜也。幸于乾隆戊午秋，赋庵辉岳言及宗谱，予曾录以共守，第塾字辈与夫金水二辈之人丁讳号尚未逐一查明，多有阙略，未注于谱。今又幸我魁士叔父留心斯谱，特命文思弟来取，既得此举，莫非宗图之幸，不应残缺失坠于地下，肫嘱文思悉查族内尊卑长幼讳号并其配氏，或遗落未及载者，一一备纪之于谱，令后世子孙见之，未尝不叹我族之甲于清邑，愿灵秀者争自濯磨，以期媲美先人之名宦，椎鲁者努力自爱，以足衣食，不辱先人之忠厚，庶不忘礼祖始至仙山，流芳衍庆远且长者之一派也夫。是为序。

时乾隆四年己未桂月上浣之吉，清平十四代孙塾冕谨序。

心海公重修孙氏家谱序

闻之木有本，其枝始茂，水有源，其流始长，吾孙氏，广陵人也，而木本水源，今为之一序述云。

先世以武功从明太祖高皇帝讨张士诚有功而袭千夫

长于神策，自四世祖调镇龙里，改镇清平中左所正千户，及后累功升授指挥同知，乃六世祖矣。成化丁酉，伯祖见一公科名肇启，名贤交祀，嗣后奕叶重光，世世相传，叠上公车，两荣翰苑，或掌成均而入御经筵，或陟台省而出敷猷政，其缵组分符，膺一命而受专城者，累累若若，盖已详哉胪列矣。然文臣，世业也，而武功，世职也，至于今文臣虽代不乏人，而武功竟属寥寥也，实不无能慨于衷焉。斯时戎马在郊，桑梓需武甚急，况文武并用，本国家久安长治之法，奈何我武之微弱也！犹幸今之衍袭武功者，适伯兄文恭公之一派也。文恭道德文章固已久著于仕籍，而军功伟烈尤素炳灼于蜀中。宣圣夫子曰："我战必克。"文恭信学孔者也。则夫觐扬光烈，大振武功，不能无望于今之承缨而袭爵者矣。

虽然，经术其所以起家者乎！予生也晚，予先大人生而颖异，弱冠抡庠，棘闱一试，遂薄举子业而不为，于焉博极群书，凡《典》《坟》《丘》《索》，五经百家，充栋盈箱，笃嗜成癖，非敢曰聚书必兴，殆沉酣于经术而志耽夫隐德者也，大凡质疑问难群家，人咸景仰焉。余序家谱世系，因序及先大人之隐德者，殆以先大人之癖因经术也。凡我一本，振振绳绳，光昭奕叶，信乎经术尤重也。经术重，则本枝益茂而流益远，木本水源，祖功宗德为益重矣！是为序。

明崇祯元年岁在戊辰正壬之吉，知大成县事十世嗣孙应对谨序。

天衢公朝祖会金序

天衢太公曰：粤稽姓氏，原文王之子康叔封于卫，至武公子惠孙曾耳为卫上卿，因氏为孙。而我维扬燕庄，首都福祖倡义从龙，迨至华祖缵绪，调镇龙里，后改清平，故礼祖继之，而钦伯高祖、铎高祖文武流芬矣。且文武英华肇端铎祖，祖茔于阅武场之左，首发其祥。暨见一祖妣、小山祖妣次第配列，衍我数支，共二十有一房。嘉隆间，吾父南明大人首出会钱，曰发科若干，发甲若干，入廪庠若干，银已八两馀，流递祭扫，行之数年，事易情美。不意不肖之徒干没会金，遂废义举。殆至天启甲子，亨衢与泰交复约众族为四季之祭，祭享之后，或饮福于家，或饮福于场，昆季叔侄和睦，雍雍如也，俨然宗周旅酬之家法。泰交为之说，以序于首，品第其人名，编次其时日，而情文甚娴雅，乃相传遗落，事几湮没，遂致愆期。幸成庵、文元、鸣宇、征吾、休吾、洪源、海宇、淑元、太和等力为复其义，实敬祖睦宗之豪举也。事行，请予为之序。但事贵易简，则可从可久。每祭，只用肴酒于足，往祭于茔，众皆与祭，不往拜者罚其金。祭毕，或饮福于场，或饮福于家，毋敢媟亵，毋敢侮慢，毋生非为乱端，犯者亦罚。此中兴之盛事，世家之孝思，守见一祖之家训所云“孝谨谦和，孙氏传家之宝”，是即孝子慈孙没世不忘继述之大者也。故考孙氏之源并著事之例，复书义约云。

湖广祁阳县训导，十代孙应驹谨序。

按，华祖于洪武二十五年调贵州龙里卫，二十九年升副千户，改清平卫。景泰元年，六世祖钦公以功升正千户，四年征炉山，累功升指挥佥事，九年晋指挥同知，世袭其职。至十一世兆蕃公、十二世保之公犹荫袭焉。

相公创修孙氏家谱摘要

不肖相幸叨列士林,敢忘先世哉?及与诸父老寻宗问派,吾家可屈指而记,六世以上则杳不可知。余仰面而叹曰:"惟祖宗实生我后人,而我后人莫知祖宗,木本水源之谓何?而竟若是?"时有宗人复语者曰:"吾逆推世数,从明而元,从元而宋,而五季,而唐,而五代,而晋,而汉,而秦,而周,而三代唐虞,世代屡革,国系莫溯,况家乎哉?吾家今虽籍扬,而从前之播迁不知凡几,渺兹世系,尚可问乎?不可问乎?"余默然而退,清夜筹之,每念世代遥隔而一脉之宗亲不可问如此,不谱,则后之视今,不犹今之视昔也哉!我伯兄时恩每以不获睹先世之宗派为恨,不得已,则以八三公为始祖,而皋邑,而清平,为公之所出,咸昭穆序之,生婚殁葬,详辑备录成帙。乃忽恍有觉者曰:"尔始祖宁生空桑耶?"于是复中止。又逾年,余一日捡箧中,得蠹书一册,乃汉贾谊书,展而阅之,内载一贴,乃八三公之遗笔,所载之事则吾家宗派世系并所屡迁之由也。余得之,若获珍宝,捧而读之,方知家世渊源,发祥于富春,跸徙于姑苏,而后迁于扬也。我八三公生于姑苏之阊门。按,姑苏之祖宋孙道夫,道夫生鼎臣,鼎臣生时用,时用生云从,云从生大馥,大馥生八三公。八三公宋末以明经举乡贤,教授海陵,因金元屡寇,遂止故土之思,见皋邑西南地渥风美,卜是地而家焉。溯之道夫公,以逮八三公,凡五世。八三公以逮不肖,凡七世矣。道夫公以前,渊源甚远,而名断字乏,余不能起九原之祖一一而问之,仅就其见闻之确者,汇东西及分清平者修集共成一帙,欲拜之当代名公,浮誉溢美,转生影响之弊,故敢以俚句铨次始末,使后之观览者信其可据云尔，庶不致后人复恨我后人哉。后有志者，宜共谅诸。是为序。

时明成化乙酉菊月既望之吉，七世孙相谨序。

锡畴重修宗谱凡例

一、旧谱仿欧式，照史表体，用横格，五世相承，篇幅既大，最壮观瞻。兹以其借来字母不合前式，特改从苏式，照史传体，每人为传之例。一则图本缩小，遇非常而可便收藏；一则款项难筹，因其字而可省工费。故从权而变通之，非敢于成例妄有更改也。

一、葬所为祖灵安寝之区，修谱者能于后靠、前朝、左环、右抱及经过邻近地方，一一纪明，俾后世子孙猝值非常，而祖茔所在，不难按图以稽，界址既明，不为豪家所占，岂不甚美？兹亦虑及，惟限于时日，绌于经费，故皆有愿莫酬。爰著之凡例，使后之修谱者仿斯意而详为补注，以匡乎此次之不逮焉，则幸甚！

一、世家谱牒历叙世系后，另绘有瓜藤一图，藉以联络历代之祖先，累贯后来之子孙，使阅者披图一观，了若指掌。兹以经款不济，故亦仿葬所从阙之意，见之凡例，俾后之孝子慈孙补绘焉。

一、族中有添丁者，赖祖灵默佑，麒趾螽诜，诚大幸事。宜于五六岁时引与祭祖，藉答神庥而观典礼，顺请族中之贤达者照宗派更名，庶乎名正而言顺。不然，宗派虽是，各出己见，任意纷歧，将如此次收族，有一辈而同名相呼者，有祖讳而复取不忌者。夫同名则长幼莫辨，犯祖则厥后难昌，凡我族类，可勿戒诸？

一、谱末订有空页数篇，凡族中有丁父母艰者，宜于安葬后将生庚死忌葬所山向一一注明，庶于父母身后大事不至年久而遗忘，且日后修谱，亦可照录，不劳另行采访矣。

一、谱内附载祭先文恭公仪注祝文，并祭家庙仪注祝文乐章，所以使读书子弟得以学习观美，赞扬祖德，庶口诵心维，虽未尽陶为礼乐彬雅之才，而习与性成，要亦不无所裨也。

龙岩公重修家谱凡例

一、孙氏祖茔，自八世而上，多在城南校场，统计百有馀冢，既泐碑以记之谱，不复赘。其馀之散于四处，谱中所不及载者，还望族中孝子慈孙共为补注焉。

一、谱止载世系，多不及行谊者，一则族繁，不及备述；一则恐以讹传讹也。然其间实有嘉言懿行，昭然耳目，可传后世者，间亦志及之。然不过数言，期于切实而止，慎勿浮词虚誉，阿其所好，贻讥后世也。嗣之修谱者，当以此为训。

一、谱所以次世代之先后也，分房分之长幼也。旧谱间有颠倒者，悉更正之，使阅者一目了然。

一、谱以简明为要。我族瓜瓞绵绵，云礽相继，但间有不齐者，即于其下加圈别之，后不必载入，期于便览。

一、谱所以重一脉，别嫌疑也。第族姓既繁，难保无外姓过继并出继外姓之事。外姓过继者，已入我宗盟，可不复置辨。若出继外姓者，必详以载之，恐年代久而婚姻也。

文恭公祠春秋次丁祭祀仪注并附祝文

行春秋祭礼，执事者各司其事：启户、鸣钟、启鼓、奏乐、设馔。承祭官就位，陪祭官各就位。

承祭官诣盥洗所，盥洗，沐手，净巾，复位。

瘗毛血执事生诣神位前，跪，一叩，捧毛血由中门出，瘗于瘗所。迎神，齐鸣钟鼓。神降，众官行迎神礼：众官跪，叩首，叩首，三叩首，兴。

承祭官登堂，行上香礼。恭诣明工部尚书诰谥文恭淮海孙老先生之神位前，行上香礼：跪，叩首。初上香，亚上香，三上香。叩首，兴，复位。

承祭官登堂，行初献礼。恭诣明工部尚书诰谥文恭淮海孙老先生之神位前，行初献礼：跪，叩首，献帛，初献爵，叩首，兴。诣读祝所，跪，众官皆跪，读祝生跪，乐止，读祝文，读毕，奏[①]乐，叩首，凡三兴，众官皆兴，复位。

承祭官登堂，行亚献礼。恭诣明工部尚书诰谥文恭淮海孙老先生之神位前，行亚献礼：跪，叩首，亚献爵，叩首，兴，复位。

承祭官登堂，行终献礼。恭诣明工部尚书诰谥文恭淮海孙老先生之神位前，行终献礼：跪，叩首，终献爵，叩首，兴，复位。

彻馔，送神，齐鸣钟鼓，众官行送神礼：众官跪，叩首，叩首，三叩首，兴。焚祝帛，击镛钟。礼成，阖户，众官皆退。

---

①奏，原作“凑”，误，据文义改。

祭文恭公祝文

维大清光绪年月日春秋祭之吉，承祭官清平县知县某，陪祭官教谕某、训导某、典史某、把总某、外委某，致祭于明工部尚书诰谥文恭淮海孙老先生曰："惟公学宗孔孟，德重蜀秦，帝佐储师，臣宗士表。一樽微献，万祀斯纯。兹当仲春秋，次丁谨以牲帛醴菹粢盛蔬品式陈钦荐，尚飨！"

谨将文恭公祠对联匾额录列于后：

一、前明温公纯题神座两傍对联云：德业不朽，闻望不磨，俎豆馨香承孔孟；师位如生，典型如在，文章宗派衍程朱。

二、前明贵州巡抚郭公青螺赠正殿中柱对联云：讲幄近龙颜，祭酒名高北斗；征车驰凤诰，尚书望重东山。

三、承平时本县主所赠云：间气独钟隆正学，祠宇荣先德；遗风常在仰高山，忝尝荷上恩。

演出圣贤真学问，掀翻今古大文章。

四、咸丰苗叛祠毁，及光绪甲申秋开祭，宗人谷山所题：凤綍忆初颁，称后世儒宗，数百载敢忘隆贶？狼烽欣永息，率先人宪典，三十年重焕明禋。

五、温公所赠匾云：帝佐储师。

六、郭公所赠匾云：臣宗士表。

七、贵州学院孙公所题匾云：继武扬名。

八、光绪甲午秋本县主高公也愚所题匾云：理学鸿儒。

广陵孙氏家庙仪注并附祝文

行春秋祭礼，执事者各司其事：启户，鸣钟，启鼓，奏乐，设馔。承祭孙就位，陪祭孙亦就位。承祭孙诣盥洗所，盥洗，沐手，净巾，复位。瘗毛血。执事孙恭诣乐安堂上历代昭穆考妣之神主位前，跪，一叩，捧毛血由中门出，瘗于瘗所。迎祖，齐鸣钟鼓，祖格。众孙行迎祖礼：众孙跪，叩首凡九，兴，乐止。

歌溯源之章。奏乐。承祭孙登堂，行上香礼：恭诣乐安堂上历代昭穆考妣之神主位前，行上香礼。跪，叩首，初上香，亚上香，三上香。叩首，兴，复位。乐止。

歌述事之章。奏乐。承祭孙登堂，行初献礼：恭诣乐安堂上历代昭穆考妣之神主位前，行初献礼。跪，叩首，献帛，初献爵，叩首，兴。诣读祝所，跪，陪祭孙皆跪，读祝孙亦跪。读祝文。读毕，奏乐。叩首凡三，兴。陪祭孙皆兴，复位。乐止。

歌报本之章。奏乐。承祭孙登堂，行亚献礼。恭诣乐安堂上历代昭穆考妣之神主位前，行亚献礼。跪，叩首，亚献爵，叩首，兴，复位。乐止。

歌荐馨之章。奏乐。承祭孙登堂，行终献礼。恭诣乐安堂上历代昭穆考妣之神主位前，行终献礼。跪，叩首，终献爵，叩首，兴。诣饮福受胙所，跪，陪祭孙亦跪。饮福酒，受福胙，叩首凡三，兴。陪祭孙亦兴，复位。乐止。

歌受福之章。彻馔，齐鸣钟鼓，奏乐。送祖，众孙行送祖礼。众孙跪，叩首凡九。众孙皆兴。焚祝帛，击镛钟。

礼成，阖户。众孙均退。

祭家庙祝文

维大清光绪年月日之吉，嗣孙某等谨以香帛、钱楮、素羞、清酌、刚鬣柔毛之仪致祭于乐安堂上历代昭穆考妣神主之位前，曰："惟我祖宗，源来吴水，派衍黔疆，肇启武功，旋崇文教，惟骏烈业兮攸昭，斯后人之佑启。兹当仲春秋，次丁用与文恭祭典。由文恭而上祀，理合寻源；由文恭而推恩，谊宜锡类。凡我昭穆，莫不来歆。尚飨！"

祭家庙乐章

首溯源。迎祖九叩后歌：穆穆我祖，发祥富春。从征古筑，调卫清平。武功肇启，文教聿兴。有典有则，贻厥云礽。

次述事。上香复位后歌：千户始授，指挥继荫。积功累仁，帝眷弥殷。外资保障，内藉股肱。基宏理学，绩懋名臣。

三报本。读祝复位后歌：至今想像，矩矱犹新。昭兹来许，启我后人。时逢春秋祀，礼重明禋。虔陈薄馔，敬迓祖灵。

四荐馨。亚献复位后歌：祖之吊矣，其香始升。在旁在上，如见如闻。馨惟以德，享于克诚。庶几奏格，多福永膺。

五受福。受胙复位后歌：永膺多福，子孙其湛。其湛曰乐，时靡有争。谋延燕冀，庆集螽诜。于万斯年，祖武常绳。

广陵孙氏宗谱源流

维扬皋邑孙氏，鼻祖宋尚书孙道夫之后。道夫公、鼎臣公、时用公、云从公、大馥公,八三公以前五世事迹行谊俱未详,至公始居如皋,故世系叙自公始。

广陵孙氏族谱

始迁如皋。

一世祖宋乡贡讳八三,字庠,号教先。原系姑苏人,宋理宗宝庆间以明经举乡贡,教授海陵,遂卜皋邑之南古燕庄而家焉。生于宋宝庆壬子年,殁于元至元戊寅年,享年八十七岁。

祖妣孺人王氏,与祖同庚,没时并合葬于古燕庄南刘家堡前。生一子:九三。

二世祖宋隐士讳九三,字定受,号德辅。幼习儒业,躬耕自给,以孝行上闻。宋元帝征,不应召,杜门著书,日聚生徒,讲学不辍。生于宋咸淳壬午年,没于元元统丙午年,享年八十五岁。葬于父茔侧。

祖妣孺人钱氏,生卒葬所俱未详。生子五:福一、贤五、正六、贵六、贵十。

三世祖讳福一,号元正。九三公长子。明诰授昭信校尉。幼有大志,弓马娴熟,从明太祖讨张士诚有功,升虎贲卫。因其善战,复于庚戌调征西定,临敌箭伤左腿。阵亡于洪武庚戌年,生于元大德癸卯年。葬所失考。

祖妣安人氏族生殁葬所俱失考。乏嗣,以季弟正六次子名华四为嗣。

三世祖处士讳贤五。九三公次子。

配氏生庚死忌俱失考,葬于刘家堡西老将庄。生一子富二,迁居县东林梓庄,后遂家于此焉。

三世祖处士讳正六，号端甫。九三公三子。生于元大德乙巳年，没于明洪熙乙巳年。葬祖茔侧。

祖妣黄氏，生没葬所俱未详。生四子：荣一、华四、继福为嗣。安六、安十二。

三世祖讳贵六，九三公四子。诰授武德将军。因任陕西西安卫指挥佥事，举家以行，故配氏生殁葬所俱未详。

三世祖讳贵十，九三公五子。明诰授武德将军。因任云南鹤庆卫指挥佥事，举家以行，故配氏生殁葬所俱未详。

四世祖讳华四，号完赤[①]，福一公子。诰授游骑将军。弓马娴熟，善继父志，屡战有功，兵部引奏，升授南京神策卫副千户，调贵州清平卫中左所副千户。世袭其职，遂家于此。生于元元统丁丑年，没于明永乐丁亥年。

祖妣宜人氏族生庚死忌俱失考，与祖同葬于南门外之凤凰山玉索牵牛。生子三：礼、贵、美。

四世祖处士讳富二。贤五公子。

祖妣氏族生庚死忌失考，合葬于林梓庄前正茔。生子二：禄一、先锋。

四世祖处士讳荣一，号仁斋。正六公长子。

祖妣石氏，生卒葬所俱失考。生子四：敬、智、敏、信。

四世祖处士讳安六，号平甫。正六公三子。

祖妣黄氏，生庚死忌俱失考，合葬于四十亩田内，西向。生子三：玺、毅、宏。

四世祖处士讳安十二。正六公四子。

---

①完赤，原为墨围，今据孙培秀《重修孙氏家谱序》“我孙氏，广陵人也，其先世以戎事隶籍贵州，由南京神策卫调龙里卫正千户，后改清平卫中左所正千户，此完赤公四世祖矣”改。

祖妣葛氏，生卒葬所俱失考。生子一：竖。

五世祖讳礼，华四公长子。明袭授游骑将军。生于洪武戊午年，没于正统癸亥年，葬于南门外禾上原之左山，有碑。

祖妣宜人氏族生庚死忌葬所俱失考。生子三：钦、铎、锐。

五世祖处士讳贵。华四公次子。

祖妣氏族生庚死忌葬所俱失考。生子三：锳、铠、鑑。

五世祖处士讳美。华四公三子。

配氏生庚死忌葬所俱未详。生子二：钺、铨。

五世祖处士讳禄一。富二公长子。

配氏生庚死忌葬所俱未详。生子二：智二、仁三。

五世祖讳先锋。富二公次子。自幼从戎，征辽为先锋，战克有功，授之以职，出仕浙江，后遂卒于彼处。阴灵不昧，浙人梦征为神，立祠以祀之，盖相传云云。其生庚死忌葬所配氏子孙俱未详。

五世祖处士讳敬。荣一公长子。

配氏生庚死忌葬所俱失考。生子三：琮、璟、珵。

五世祖处士讳智。荣一公次子。

配氏生庚死忌葬所俱失考。生子二：玘、玉。

五世祖处士讳敏，号彦文。荣一公三子。

配杨氏，生庚死忌俱失考，葬于庄后石桥北荒田，东首，向河。生子一：瑸。

五世祖处士讳信，号彦秀。荣一公四子。

配氏生庚死忌葬所俱失考。生子三：琏、琬、璑。

五世祖处士讳玺，号彦辉。安六公长子。

配章氏，生庚死忌葬所俱失考。生子三：鏚、铭、鑵。

五世祖处士讳毅，号彦刚。安六公次子。

配黄氏，生庚死忌未详，合葬于刘家堡东。生子四：鑑、鈂、镜、鑛。

五世祖处士讳宏，号彦宽。安六公三子。

配朱氏，生庚死忌葬所俱失考。生子一：凝。

五世祖处士讳竖。安十二公子。

配许氏，生庚死忌葬所俱失考。生子一：鏍。

自贤五公以下数世至此，皆江南河东西之祖。

清平一派，华四公之孙，礼公之长子。

六世祖讳钦。礼公长子。袭父职，有才略，勇敢先人，屡战有功[①]。兵部奏请，升指挥同知，明诰授武德将军。生庚死忌未详，葬于北门外石龙过江下。

祖妣宜人氏族生庚死忌葬所失考。生子二：源、演。

六世祖讳铎，号克振。礼公次子。以子瀚贵，明诰赠朝议大夫，以曾孙裒，贵貤封通议大夫。精岐黄术，施济贫乏，远近戴德。

祖妣淑人何氏，生庚死忌俱未详，同葬于城南玉索牵牛。生子四：瀚、济、藻、洁。

六世祖讳锐，礼公三子。以胞侄瀚贵貤封朝议大夫。

祖妣恭人氏族生庚死忌葬所俱失考。生子二：漳、涌。

六世祖处士讳锳。贵公长子。

祖妣氏族生庚死忌葬所失考，无传。

①功，原无，疑脱，据文义补。

六世祖处士讳铠。贵公次子。

祖妣氏族生庚死忌葬所俱失考。乏嗣。

六世祖处士讳鑑。贵公三子。

祖妣氏族生庚死忌葬所俱未详。无嗣。

六世祖处士讳钺。美公长子。

祖妣氏族生庚死忌葬所俱失考。生子一:满。

六世祖处士讳铨。美公次子。

祖妣氏族生庚死忌葬所俱失考。生子二:濂、清。

七世祖讳源,钦公长子。明袭授武德将军。

祖妣宜人氏族生没葬所俱未详。生子二:本、桧。

七世祖处士讳演。钦公次①子。

祖妣氏族生殁葬所俱未详。生子一:樘。

七世祖讳瀚,字宗渊,号行素。铎公长子。成化丁酉举人,官桂林府同知,明诰授奉直大夫,以幼孙裒贵,晋封资政大夫。

按,公为吾家肇科之祖。居家则孝友端直,足为乡里矜式;在官则敬慎廉明,无愧邦国典型。享年七十八岁。晚号见一先生。崇祀名宦乡贤祠。

祖妣王氏,诰封夫人,享年九十八岁。生卒年月俱详墓志中。葬于城南外祖茔之右。生四子:重、厚、介、合。生女四:一适于巡按御史王木,二适于指挥同知王济,三适于中州知州李夔,四适于大理别驾王朴。

七世祖讳济,号凯桥。铎公次子。庠生。以子仝贵,明诰封奉政大夫。生庚死忌俱未详,葬于凯旋桥左山顶,

①次,原作“长”,误,据上文“六世祖讳钦……生子二:源、演”改。

有碑。

祖妣张氏，诰封宜人，生庚死忌葬所俱失考。生子一：仝。

七世祖处士讳藻。铎公三子。

祖妣氏族生没葬所俱失考。生子二：良、善。

七世祖贡士讳洁，铎公四子。任安庆府训导，明例赠修职郎，以子贤贵晋封文林郎。生殁年月失考，葬于翁河冲。

祖妣孺人氏族生卒葬所俱未详。生子五：贤、能、俊、达、奇。

七世祖处士讳漳。锐公长子。

祖妣氏族生庚死忌葬所俱失考。

七世祖处士讳涌。锐公次子。

祖妣氏族生庚死忌葬所俱未详。生子一：龠。

七世祖处士讳满。钺公之子。

祖妣氏族生殁葬所俱未详。生子三：愈、含、龛。

七世祖处士讳濂。铨公长子。

祖妣氏族生庚死忌葬所俱未详。乏嗣。

七世祖讳清。铨公次子。

祖妣氏族生庚死忌葬所俱失考。生子二：企、令。

八世祖讳本，源公长子。明袭授武德将军。

祖妣宜人氏族生卒葬所俱未详。生子五：高、充、京、元、彦。

八世祖处士讳桧。源公次子。

祖妣氏族生庚死忌葬所俱失考。生子一：意。

八世祖处士讳樘。演公之子。

祖妣氏族生卒葬所俱失考，乏嗣。

八世祖讳重，字威卿，号小山。瀚公长子。正德庚午举人，明敕授文林郎，以幼子衮贵，诰封资政大夫，以孙应鳌贵，晋封光禄大夫。享年七十一岁。崇祀绵竹名宦祠、本卫乡贤祠。生没年月俱经御史张岳详铭于墓志中。

按，邑志载：公令绵竹时，罢繁苛，锄蠹梗，性戆直，不苟为顺承。后改学博，迁云南左卫经历。寻乞归，赋诗娱老，垂二十年始卒云。

祖妣宋氏，诰赠夫人，享年七十有五岁。生没年月俱详墓志中。生子七：衣、衮、卞、雍、襄、褒、衮。生女三：长适本卫王世臣，次适大庾县尹莫侔三，三适本卫指挥同知王守元。

八世祖讳厚。瀚公次子。弘治甲子举人，明例授文林郎。

祖妣孺人氏族生庚死忌葬所俱失考，乏嗣。

八世祖贡士讳介。瀚公三子。明例赠修职佐郎。

祖妣孺人氏族生卒葬所俱未详。生子三：言、亶、旁。

八世祖处士讳仝，号春山。瀚公四子。正德丙子举人，任浙江绍兴府同知，明诰授奉政大夫。生没年月未详，葬于水米庄。祖妣汪氏，诰授宜人。生卒年月失考，葬于凯旋桥左山中。生子七：方、育、豪、袠、亭、亢、燮。

八世祖处士讳良。藻公长子。

八世祖处士讳善。藻公次子。二公俱回如皋。

八世祖讳贤。洁公长子。中成化庚子科，任四川省长寿县知县，明敕授文林郎。生庚死忌葬所俱未详。

祖妣孺人氏族生没葬所俱失考。生子一：立。

八世祖处士讳能。洁公次子。

祖妣氏族生庚死忌葬所俱未详。生子一:文。

八世祖处士讳俊。洁公三子。

祖妣氏族生庚死忌葬所俱失考。

八世祖处士讳达。洁公四子。

祖妣氏族生庚死忌葬所俱未详。

八世祖处士讳奇。洁公五子。

祖妣氏族生卒葬所俱失考。

八世祖处士讳龠。涌公之子。

祖妣氏族生卒葬所俱未详。生子三:裔、齐、鎣。

八世祖处士讳愈。满公长子。

祖妣氏族生庚死忌葬所俱失考。生子一:亮。

八世祖处士讳含。满公次子。

祖妣氏族生庚死忌葬所俱失考,乏嗣。

八世祖处士讳龛。满公三子。

祖妣氏族生卒葬所俱失考。生子一:交。

八世祖处士讳企。清公长子。

祖妣氏族生庚死忌葬所俱未详。生子一:永。

八世祖处士讳令。清公次子。

祖妣氏族生卒葬所俱失考。生子一:衷。

九世祖讳高。本公长子。明袭授武德将军。

祖妣宜人氏族生庚死忌葬所俱未详。生子一:昂。

九世祖讳充。本公次子。

祖讳京。本公三子。

祖讳元。本公四子。

祖讳彦。本公五子。

祖讳意。桧公之子。

以上自充公至意公俱无传。

九世祖讳衣，字宜之，号南明。重公长子。嘉靖辛卯科经魁，任大理府同知，明诰授奉政大夫，以子应鳌贵，晋封光禄大夫。

按，邑志载：公秉性刚廉，在仕时杜绝苞苴，宽于民而严于吏。迁云南同知，益自励。故子应鳌世其家，佥以为盛德之报云。享年八十有六岁。葬于东乡平初堡后山。崇祀历任名宦祠及本卫乡贤祠。

祖妣司氏，诰封夫人。

按，祖妣为训导司恕斋公之长女，洪武功臣六安侯王志之女裔。其笄而归先祖，孝以承舅姑，咸各得其欢心。和族里，内外无闲言。御奴仆，济以宽厚。居不苟笑，行无惰容。总家务，昧爽而兴，丙夜始寝。节约其用，舍诸耕织，皆自料理。人或谏以太劳，辄答曰："吾夫官十馀年，能守清白，田舍无增其旧十之一二。吾儿官，又益贫。吾不劳不俭，家业坠矣。"故一时闻者皆叹服，称为贤母云。自奉虽极薄，人有乞济者，随力以济，不为勉强。① 享年七十有七岁。没，赐谕祭。葬于平乐堡东山，甲向。生子二：应鳌、应豸。生女一，适于本邑贡士李大状。

祖妣孺人柳氏，享年七十岁。生卒未详。葬平旦庄。生子三：应玉、应驹、应祥。

九世祖讳衮，字补之，号南原。重公次子。选进士，任云南顺

①原谱"自奉虽极薄，人有乞济者，随力以济，不为勉强"与"诸耕织，皆自料理……贤母云"误倒，据《孙山甫督学集·合寿遥祝乞语》乙正。

宁府通判，明诰授奉政大夫。生卒年月未详，葬于城南校场。

按，邑志载：公居官节俭爱民，居乡恂雅谨饬。公卒，文恭哭之曰："叔父幽密戒惧，不愧屋漏，可谓居身有道。孝亲敬长，友爱宗族，可谓处家有礼。官十馀年，萧条淡泊，可谓不负于君，不负于民。力崇古道，厌薄轻靡，可谓邦之典型，后之模范。位不在大，寿不在高，生顺死安，是曰无忝。"此亦足以觇公矣。

祖妣鲁氏诰赠宜人。生没年月失考，葬于东乡红坳。生子二：应麒、应阳。

九世祖儒官讳卞，号南埜。重公三子。以子应鹏贵明诰封奉政大夫。

祖妣宜人氏，族生殁年月葬所俱未详。生子四：应鹏、应麟、应凤、应凰。

九世祖庠生讳雍，号南冈。重公四子。以子应鹍贵，明诰封修职郎。

祖妣孺人周氏，生卒年月葬所俱未详。生子三：应骥、应鸿、应鹍。

九世祖庠生讳襄，号南皋。重公五子。

祖妣孺人金氏，生庚死忌葬所俱未详。生子三：应鹄、应雕、应鹏。

九世祖讳褒，号法斋。重公六子。嘉靖庚子科经魁，授湖广衡山县尹，升江西建昌府通判，明诰授奉直大夫。

祖妣王氏，诰赠宜人，生卒年月未详。与祖同葬于城西社坛。生子三：应鹗、应图、应雁。

九世祖讳裒，字益之，号虑吾。重公七子。嘉靖癸卯科亚魁，丁未进士，授翰林院庶吉士，陕西道监察御史，擢南京户部员外、两广巡按、湖广按察司副使，诰授资政大夫。生卒年月详于墓志中。葬于城南禾上原。崇祀乡贤祠。

查，邑志载：公任陕西道监察御史时，南城内多中贵宅产，公巡视，悉约以理法，不受请托。及奉命清戎两粤，凡闾阎隐痛，官僚贪墨，胥吏黠猾，公以便宜施行，诸司股栗。其在台时，如疏议清平夫马之疲累，粮储之催征，皆切中时弊，因得少苏。罢归，诸属馈遗，屏绝弗受。居家，孝友并笃，桑梓亲党周恤无少吝，暇则读书课农。惜年仅四十有七，位与寿俱不满德云。

祖妣王氏，诰授夫人。

继夫人冯氏，生殁年月俱详于墓志中。生子二：应槐、应桂。

九世祖庠生讳言，号南川。介公长子。

祖妣孺人王氏，生卒年月葬所俱未详。生子二：应宿、应举。

九世祖庠生讳亶。介公次子。

祖妣孺人方氏，生庚死忌葬所俱失考。生一子：应豹。

九世祖讳旁，号南洋。介公三子。嘉靖辛酉科举人，新郑县教谕，历任四川叙州府通判，改浙江衢州府通判，明敕授承德郎。

祖妣安人氏族生庚死忌葬所俱未详。生一子：应震。

继祖妣安人王氏，生卒年月葬所俱未详。

按，邑志载：祖妣系旁祖继妻，河南新郑人。祖卒，氏年十九，生一女，甫六月。前妻一子，六岁。氏誓不再醮，抚育子女。祖仕未久，家计萧条，氏食贫茹苦，破屋三间，淡然安之。卒年七十岁。奉旨旌表建坊。

九世祖庠生讳方。全公长子。

祖妣孺人王氏，年二十岁守节。奉旨，准其建坊。生没年月葬所俱失考，乏嗣。

按，邑志载：祖妣无子，守节终身，之死靡他。巡抚毛公题旌。

九世祖庠生讳育，号晴峰。全公次子。

祖妣孺人曹氏，生卒年月葬所俱未详。生子三：应箕、应轸、应娄。

九世祖讳豪，号绍松。全公三子。贡士，任山东夏津县二尹，明敕授修职郎。

祖妣孺人杨氏，生殁葬所俱未详。生子二：应雷、应霄。

九世祖处士讳衮，号月川。全公四子。

祖妣氏族生庚死忌葬所俱失考。生子一：应奎。

九世祖讳亭，号江门。全公五子。贡士，任湖广云梦县知县，明敕授文林郎。

祖妣孺人赵氏，生卒葬所俱未详。生子二：应登、应选。

九世祖处士讳亢。全公六子。

祖妣氏族生卒年月葬所俱失考，乏嗣。

九世祖庠生讳燮，字七勿，号海阳。全公七子。以子应对贵，明敕封文林郎。

按，公赋性古直，嗜书不仕，故亲朋赠语曰“里中高月旦之评，居然长者；足下起青云之业，厥有闻人”云云。

祖妣孺人蒋氏，生殁葬所俱失考。生子二：应唯、应对。

九世祖讳立，贤公子。弘治甲子举人，授湖广黄冈县教谕，国子监助教，楚雄府长史，明敕授修职郎。

祖妣氏族生卒葬所，因随任两湖，遂家武昌，故失考。生子五：昌、晟、昮、最、景。

九世祖处士讳文。能公子。

祖妣氏族生殁葬所俱未详，无传。

九世祖庠生讳裔，号阳谷。龠公长子。

祖妣孺人黄氏，生卒年月葬所俱未详，乏嗣。

九世祖庠生讳齐，号南楼。龠公次子。

祖妣孺人周氏，生没年月葬所俱失考。生子一：应星。

九世祖讳銮，号南桥。龠公三子。恭遇覃恩荣赐乡饮耆宾。生卒未详，葬于翁河对门坡丙山，壬向。

祖妣孺人王氏，生庚死忌葬所俱失考。生子一：应璧。

九世祖处士讳亮。愈公子。

祖妣氏族生殁葬所俱失考。生子一：应科。

九世祖处士讳交。龛公子。

祖妣氏族生卒年月葬所俱失考，乏嗣。

九世祖处士讳永。企公子。

祖妣氏族生卒年月葬所俱失考，无传。

九世祖处士讳衷。令公子。

祖妣氏族生庚死忌葬所俱失考。生子一：应期。

十世祖讳昂。高公之子。明袭授武德将军。

祖妣宜人氏族生殁葬所俱未详。生子一:兆蕃。

十世祖讳应鳌,字山甫,号淮海。衣公长子。明诰授光禄大夫,予谥文恭。公中嘉靖丙午解元,癸丑进士,授翰林院庶吉士,户科给事中,刑科右给事中;江西佥事,本省参议;陕西提学,四川廉使,湖广布政,郧阳巡抚右佥都御史;迁大理寺卿,户部右侍郎,转礼部右侍郎,掌国子监祭酒事,经筵讲官。告病回籍。起刑部右侍郎,晋南京工部尚书。致仕归,著书自娱,所作甚富。因兵燹,家藏百不存一。其采入国朝《四库全书》与传世者,仅有《淮海易谈》《律吕分解》《学孔精舍汇稿》《四书近语》《春秋节要》《左粹题评》《幽心瑶草》《教秦绪言》《督学文集》等书而已。

按,公生于嘉靖丁亥年己酉月己未日庚午时。自少颖异绝伦,博极群书,时已有志于道,未游四方,得定性求仁之学于宋大儒程纯公,中归本于学孔,故《汇稿》《类编》特标以"学孔"。享年五十八岁。及没,钦赐祭葬,葬于城南里许凤凰山下,华表巍然,翁仲犹存。至万历间,本省巡抚郭公青螺为请谥,建立专祠,置祭田以供祀事,每岁颁以春秋,次丁本县官致祭。逮国朝康熙年间,邑侯尹公龙光、训导罗公英、典史季公师泌、都匀府黎公际皞同报本省巡抚田公雯转奏,举行如初。并历祀四川大儒祠、如皋乡贤祠及黔省乡贤祠,两地俱建有坊。其出处大节具载诰敕邑志疏记中。故前明毛公奉命抚黔,驻节清邑,慨慕公之为人,恨不及见云。呜呼!公月旦在乡,清望在朝,功业在仕宦,精思诣力在文章,谓公之不亡也亦宜。

元配祖妣李氏，诰授夫人，享年八十岁。回葬如皋。生卒年月并茔所俱详墓志中。乏嗣，继立三嗣：长善述，系河东一支；次善继，系河西一支；清平一嗣，善行，无传。

侧室鲍氏，生庚死忌葬所俱失考。生女二：一适于生员冯起英，二适于廪生王志。

十世祖，讳应豸，号神童，小字八哥，衣公次子。初，祖妣孕时，梦凤立左肩。生之夕，再如其梦。家先祖梦文庙东哲火。暨生，质赋醇秀，性灵阔达。方二岁，姻党族姓，往来即识，问某为某，某为某，揖呼立酬，辄无所遗。性最喜书，每见一帙册，嗜好把弄，固藏之，惧得之他人。祖戏之，谓："尔不能读，何笃好若此？"豸曰："即儿今不能读，他日长，不能读耶？"于是祖喜。后从兄鳌蒙业，一披览，能记数千言，未三月，读《大学》，读《中庸》，读《论语》，读《虞书》《夏书》《商书》，俱历历了毕。间面试一二课作，率凿凿可观。是岁五月十三日病喘热，半体不能动，亦止意为寻常疾。乃渐益沉革，不幸六月初七日死矣。距豸生于嘉靖庚子年二月十一日，死仅十三岁。葬麒麟山。故先文恭公与李文麓[1]铭其圹云："兄弟死丧，谁不为痛？则又谁痛于余！豸之生，天厚其质而夺其年，使豸得至成立，德业所诣，遐哉不可量，抑不知来孰厚之，去孰夺之也。古云：'生而不淑，何谓之寿？死而不朽，何谓之殇？'豸

---

①李文麓，原作"李文荐"，误，据《孙山甫督学集·与李文麓求亡弟应豸圹铭》改。

之生，虽有可称而难于传，不可言不朽，得吾兄同赞一言，斯不朽矣。引笔触心，伤悼曷已！”

十世祖庠生讳应玉，号琢菴。衣公三子。

祖妣孺人孟氏，生没葬所俱失考，乏嗣。

十世祖岁进士讳应驹，号鹿苑居士。衣公四子。授浙江开化县司训，升祁阳县教谕、乌撒卫教授、陈州卫经历，明敕授征仕郎。生庚未详，享年八十三岁。殁，葬于平乐堡大坡。

祖妣孺人石氏，侧室李氏，又胡氏，生卒年月未详，俱葬于石龙过江下滴流坡。生子四：兆萃、世德、世美、世忠。生女三：长适于恩贡李友德，二适于廪生方时可，三适于指挥王定国，俱李氏出。

十世祖讳应祥，号亨衢。衣公五子。从戎有功，升授把总，明敕授忠勇校尉。

祖妣孺人谷氏，生庚死忌葬所俱未详。生一子：昌胤。

十世祖讳应麒。衮公长子。

祖妣氏族生庚死忌葬所俱失考。生子一：启宗。

十世祖讳应阳，号泰衢。衮公次子。万历丙子科举人，任南直山阳县教谕、湖广武昌县县尹，明敕赠文林郎。

祖妣孺人赵氏，生卒年月葬所俱失考。生子一：乔宗。

十世祖讳应鹏，号海门。卞公长子。嘉靖戊午举人，任云南大理府通判，明诰授奉直大夫。

元配宜人宋氏。继宜人杨氏，守节，奉旨旌表建坊。卒年七十七岁。生庚死忌葬所俱失考。生子三：耀宗、朝宗、儒宗。

十世祖廪生讳应麟，号斗门。卞公次子。明例赠修职郎。

祖妣孺人戴氏，生歿年月葬所俱未详。生子三：裕宗、荣宗、鑑宗。

十世祖庠生讳应凤。卞公三子。

祖妣孺人曹氏，生卒葬所后嗣俱未详。

十世祖讳应凰。卞公四子。

祖妣氏族生庚死忌葬所后嗣俱失考。

十世祖讳应骥。雍公长子。

祖妣氏族生卒葬所俱失考。无传。

十世祖廪生讳应鸿，号静海。雍公次子。明例授修职郎。

祖妣孺人汪氏。继汪氏，生卒葬所俱失考。生子三：善庆、宗三、兆庆。

十世祖岁进士讳应鹍，号海陵。雍公三子。明敕授修职郎。

祖妣孺人吴氏，生庚死忌葬所俱未详。生子二：道宗、德宗。

十世祖庠生讳应鹄，号的轩。襄公长子。

祖妣孺人司氏，生卒葬所俱失考。生子二：宪宗、承宗。

十世祖武庠讳应雕，号翼甫。襄公次子。

祖妣孺人顾氏，生庚死忌葬所俱失考。生子一：守宗。

十世祖讳应鹏，号长甫。襄公三子。

祖妣曹氏，生庚死忌葬所俱未详。生子二：十儿、小弟。

十世祖讳应鹗，号上海。褒公长子。官王府典仪，明敕授承务郎。

祖妣安人李氏，生没年月葬所俱失考。生子一：绥宗。

十世祖讳应图，号河圃。褒公次子。

祖妣王氏，生没葬所俱未详。生子三：继宗、述宗、盛宗。

十世祖增生讳应雁，号瑞海。褒公三子。

祖妣孺人顾氏，生庚死忌葬所俱未详。生子一：显宗。

十世祖庠生讳应槐，号观海。裒公长子。

祖妣孺人王氏，生卒葬所俱失考。生子二：绍宗、统宗。

十世祖庠生讳应桂。裒公次子。

祖妣孺人李氏，生庚死忌葬所俱未详。生子一：会宗。

十世祖处士讳应宿。言公长子。

祖妣张氏，生没年月葬所俱失考。生子一：象宗。

十世祖庠生讳应举，号水海。言公次子。

祖妣孺人刘氏，生庚死忌葬所后嗣俱失考。

十世祖讳应豹，号文海。亶公子。恭遇覃恩，荣赐乡饮耆宾。

祖妣孺人王氏，生庚死忌葬所后嗣俱未详。

十世祖处士讳应震，号定海。旁公之子。

祖妣元配金氏。

侧室艾氏，生殁年月葬所俱失考。生子一：文宗。

十世祖庠生讳应箕，号康衢。育公长子。

祖妣孺人李氏，生卒年月葬所俱失考。生子三：逢春、逢祐、逢知。

十世祖讳应轸，号邗江。育公次子。万历癸酉科举人，任湖广郧西教谕，升四川汶川县县尹、云南大理府通判、路南昆阳知州，明诰授奉直大夫。

祖妣宜人石氏，生没年月葬所俱未详。生子二：逢明、逢盛。

十世祖岁进士讳应娄，号少淮。育公三子。明例授修职郎。

祖妣孺人黄氏，生庚死忌葬所俱未详。生子三：逢成、逢时、逢乾。

十世祖岁进士讳应雷，字养灵，号豫轩。豪公长子。任潜江县司训、平和县教谕、广安州学正，明敕授修职郎，以次子修吉官，晋封奉政大夫。

按，邑志载：公司教潜江，恭敬和乐，甚得士民心。转广安州学正未久，以礼致仕归。居家恬静，课子侄，慎交游。盖力行古道而耻于徇俗者云。崇祀本卫乡贤祠。

祖妣宜人李氏，生卒葬所俱失考。生子二：逢吉、修吉。

十世祖处士讳应霄，号竹轩。豪公次子。

祖妣氏族生没年月葬所俱失考。生子二：逢聘、逢相。

十世祖庠生讳应奎，号聚庵。衮公之子。

祖妣孺人氏族生殁年月葬所后嗣俱失考。

十世祖庠生讳应登，号云衢。亭公长子。

祖妣孺人氏族生庚死忌葬所俱失考。生子三：逢期、逢祯、逢祥。

十世祖处士讳应选。亭公次子。

祖妣氏族生庚死忌葬所，因其裔回如皋，故俱未详。

十世祖处士讳应唯，号玉海。夔公长子。

祖妣潘氏，生没年月葬所俱失考。生子一：逢会。

十世祖讳应对，号心海。夔公二子。万历己酉科举人，授淝乡教谕，迁北直大成县知县，明敕授文林郎。

按，邑志载：公令大成时，正逢魏珰用事，自院司至郡邑悉出其门，甚至代建生祠，争奴颜婢膝以希宠利，公独守正不阿，耻附权贵，以礼致仕。按台傅公宗龙赠匾曰“居然长者”，布政使杨公先芳额其堂曰“林下见一”。崇祀本卫乡贤祠。生庚死忌失考，葬于水米庄。

祖妣元配孺人王氏，继祖妣曹氏、刘氏、罗氏，生卒年月葬所俱失考。生子三：逢皞、逢昇、逢鼎。

十世祖讳应昌。

祖讳应晟。

祖讳应昴。

祖讳应最。

祖讳应景。

此五公均立公子，因随宦寄居武昌，故其后裔除昌公所生二子命名遇、远外，其馀他裔及配氏行谊与生殁年月葬所俱未详。

十世祖讳应星，号斗轩。齐公之子。

祖妣孺人司氏，生卒葬所俱失考。生子一：逢试。

十世祖庠生讳应璧，号近台。銮公子。生殁失考，葬于翁河庄。

祖妣孺人氏族生殁年月葬所俱失考。生子二：光宗、昌宗。

十世祖处士讳应科。亮公子。

祖妣氏族生庚死忌葬所俱失考。

十世祖处士讳应期。衷公子。

祖妣氏族生卒年月葬所俱失考。生子肖宗，回如皋。

十一世祖讳兆蕃，昂公之子。明袭授武德将军。

祖妣宜人氏族生卒年月葬所俱未详。乏嗣，以兆萃公之子保之为嗣。

十一世祖讳善述。

祖妣氏族生庚死忌葬所俱失考。生子一：守谟。

十一世祖讳善继。

此二公均应鳌公子，原住如皋，故其生婚没葬及行谊俱详皋乘。

十一世祖讳善行。应鳌公三子。生庚未详，卒葬父茔左侧。

祖妣氏族生卒葬所俱失考。生子一：克顺。早没，无传。

十一世祖讳兆萃。应驹公长子。明例赠武德将军。

祖妣宜人氏族生卒年月葬所俱未详。生子一：保之。

十一世祖廪生讳世美，号盛甫。应驹公次子。明例赠修职郎。

祖妣孺人王氏，生庚死忌葬所俱失考。生子四：田之、笃之、申之、富之。

十一世祖庠生讳世德，号恕民。应驹公三子。

祖妣孺人陈氏，生卒年月葬所俱失考。生子一：教之。

十一世祖处士讳世忠，号熙周。应驹公四子。

祖妣王氏。

继祖妣李氏，生于戊辰年十二月十五日，卒于甲子年三月初二日。生子一：凯之。

十一世祖处士讳昌胤。应祥公长子。

祖妣周氏，生卒年月葬所俱失考。生子二：兴之、培之。

十一世祖处士讳启宗。应麒公之子。回住如皋，故其生婚行谊后裔与死忌葬所俱未详。

十一世祖岁进士讳乔宗，字肖岳。应阳公之子。任山东兖州府训导、嘉祥县教谕，明敕授修职郎。

祖妣孺人王氏，生庚死忌葬所俱未详。生子三：平章、大章、日章。

十一世祖讳耀宗。

祖讳朝宗。

祖讳儒宗。

以上三公俱应鹏公子，因回居如皋，故其生庚配氏行谊后裔与死忌葬所俱详皋乘。

十一世祖庠生讳裕宗。应麟公长子。

祖妣孺人莫氏，生殁葬所俱失考。生子二：良佐、良俊。

十一世祖处士讳荣宗。应麟公次子。

祖妣氏族生卒年月葬所俱失考。生子一：良牧。

十一世祖处士讳鑑宗。应麟公三子。

十一世祖讳善庆。应鸿公长子。

以上二公俱回居如皋，故其配氏生庚行谊后裔与死忌葬所俱未详。

十一世祖讳可宗。应鸿公次子。

祖妣氏族生卒葬所俱失考。生子四：祚、禧、祉、祐。四公回住如皋，故其生婚行谊殁葬俱未详。

十一世祖廪生讳兆庆。应鸿公三子。明例赠修职郎。

祖妣孺人氏族生卒葬所俱失考。生子一：月生。不寿。

十一世祖讳道宗。

祖讳德宗。

二公系应鸥公子，回居如皋，故其配氏后裔生庚死忌葬所俱未详。

十一世祖庠生讳宪宗，号征吾。应鹄公长子。

祖妣孺人唐氏，生卒年月葬所俱失考。生子三：之彦、之秀、之奇。

十一世祖讳承宗。应鹄公次子。

祖妣氏族生卒年月葬所俱未详。

十一世祖讳守宗，号安成。应雕公之子。享年七十三岁。恭遇覃恩荣赐礼部六品寿官。

祖妣氏族生卒葬所俱失考。生二子：良士、良誉。

十一世祖讳十儿。

祖讳小弟。

二公俱应鹏公子，回居如皋，故其配氏生庚行谊后裔与死忌葬所俱未详。

十一世祖讳绥宗。应鹗公子。

祖妣氏族及后裔生殁葬所，因回住如皋，故俱详皋乘。

十一世祖处士讳继宗。应图公长子。

祖妣氏族生卒葬所俱失考。无传。

十一世祖处士讳述宗。应图公次子。

祖妣邓氏，生卒年月葬所俱失考。生子一：之耀。

十一世祖处士讳盛宗。应图公三子。生庚失考，没，葬于北山顶丙字穴。

祖妣王氏，生庚未详，卒，葬于乾沟。生子二：明产、之昌。

十一世祖讳显宗。应雁公之子。

祖讳绍宗，祖讳统宗，此二公俱应槐公子。

祖讳会宗，系应桂公之子

祖讳象宗，系应宿公之子。

以上五公除会公无传外，其四公俱回如皋，故其生婚殁葬俱详皋乘。

十一世祖处士讳大宗。应震公之子。

祖妣氏族生卒年月葬所俱失考。生子一：元之。

十一世祖庠生讳逢春。

十一世祖处士讳逢祐。

十一世祖处士讳逢知。

以上三公俱应箕公子，回居如皋，故其配氏生庚行谊后裔与死忌葬所俱未详。

十一世祖廪生讳逢明，号遇虞。应轸公长子。明例赠修职郎。

祖妣孺人氏族生卒年月葬所俱未详。

十一世祖庠生讳逢盛，号际虞。应轸公次子。

祖妣孺人王氏，生卒葬所俱失考。生子一：之瑞。

十一世祖选进士讳逢成，字太和。应娄公长子。官四川成都府通判，明诰授奉直大夫。

按，公宦游于川，举家以行，遂住于川省之虎坐山。

祖妣宜人王氏，生卒年月葬所俱未详。生子四：之俊、之杰、之兰、之伟。

十一世祖处士讳逢时。应娄公次子。

祖妣氏族生庚死忌葬所俱失考。无传。

十一世祖处士讳逢乾，号健甫。应娄公三子。

祖妣王氏，生没葬所俱失考。生子二：之说、之爽。

十一世祖岁进士讳逢吉，号迪康。应雷公子。任玉山县教谕，明敕授修职郎。

元配孺人王氏，继孺人度氏，生卒葬所俱失考。生子二：之典、之锦。

十一世祖讳修吉，字淑元。应雷公次子。天启辛酉科举人，任云南府推官，升永昌府同知，明诰授奉政大夫。

祖妣宜人王氏，继宜人吴氏，生卒葬所俱未详。生子二：之望、之植。

十一世祖庠生讳逢聘，字闰元。应霄公长子。

祖妣孺人吕氏，生殁葬所俱未详。生子一：之绪。

十一世祖岁进士讳逢相，号体元。应霄公次子。任江南和州学正，明敕授修职郎。

元配孺人曹氏，继高氏，生卒葬所失考。生一子：之隆。孙一：文郎。均随宦游江南，就便回居如皋，故其后裔俱详皋乘。

十一世祖庠生讳逢期，字化雨，号清仙。应登公长子。

祖妣孺人氏族生庚死忌葬所俱失考。生子一：之绳。回住如皋，故其后裔之行谊俱未详。

十一世祖庠生讳逢祯，字云吉，号寿亨。应登公次子。

祖妣孺人氏族生卒葬所俱失考，乏嗣。

十一世祖处士讳逢祥。应登公三子。

祖妣氏族生卒葬所俱失考，无传。

十一世祖庠生讳逢会，号太元。应唯公之子。

按，旧谱载："公行事近古，出言常正。"

祖妣孺人傅氏，生没葬所俱未详。乏嗣。

十一世祖业儒讳逢皞。应对公长子。

祖妣氏族生庚死忌葬所俱未详。无传。

十一世祖优进士讳逢昇，字自抑，号梯云。应对公次子。明例授修职郎。

按，邑志载：公素多干略。崇祯末，黄平蓝贼叛，集乡勇守城有功，初保功贡，次选优贡。隐居葛洞山庄，筑棽麓台，又筑双台，广植名花异卉。豪饮彻夜，以此自终。

祖妣孺人金氏，生庚死忌葬所俱失考。生子四：之皋、之旦、之伯、之尹。

十一世祖岁进士讳逢鼎，字澹素，号梅和。应对公三子。明例授修职郎。

祖妣孺人葛氏，生卒葬所俱未详。生子一：之夔。

十一世祖处士讳逢试。应星公子。生婚殁葬均失考。

十一世祖岁进士讳光宗，号鸣宇。应璧公长子。明例授修职郎。

祖妣孺人曹氏，生卒葬所俱未详。生子一：之益

十一世祖处士讳昌宗。应璧公次子。

祖妣氏族生卒葬所俱失考。生子一：良之。

十二世祖讳保之，号定尔。兆蕃公之子。明袭授武德将军。

祖妣宜人氏，族生卒葬所俱失考，乏嗣。

十二世祖讳田之，号禹甸。世美公长子。荫嫡堂兄定尔之职，明袭授武德将军。时值改卫设县，吾家指挥之缺遂于此时裁焉。

祖妣宜人王氏，生没未详，合葬于平初左山。

继宜人艾氏，生没葬所俱未详。生子一：炳厚。

十二世祖讳笃之，号益我。世美公次子。以三子炳从贵，诰赠武德将军，享年八十八岁。

祖妣宜人何氏，生庚死忌失考，合葬于平初堡左山，有碑。生子三：炳和、炳恭、炳从。

十二世祖处士讳申之，字君佑。世美公三子。

祖妣李氏，生卒葬所俱失考。生子二：炳圣、炳穆。

十二世祖处士讳富之，号际亨。世美公四子。

祖妣何氏，生卒失考，葬于平初堡左山。生子四：炳廉、炳龄、炳惠、炳慈。

十二世祖处士讳教之。世德公子。生婚殁葬均失考。

十二世祖处士讳之凯，号君友。世忠公子。

祖妣赵氏，生卒葬所俱未详。生子一：炳伦。

十二世祖处士讳兴之，号起予。昌胤公长子。

祖妣氏族生卒葬所俱未详。生子一：炳士。

十二世祖处士讳培之。昌胤公次子。

祖妣袁氏，生没葬所俱未详，乏嗣。

十二世祖庠生讳平章，号继照。乔宗公长子。

祖妣孺人李氏，生庚死忌葬所俱失考。生子一：高鼎。

十二世祖庠生讳大章，号玉德。乔宗公次子。

祖妣孺人孟氏，生卒葬所失考。生子二：高重、高举。

十二世祖处士讳日章，号闇然。乔宗公三子。

祖妣金氏，生卒葬所俱失考。生子一：炳谟。

十二世祖岁进士讳良佐，选江西乐平县训导，敕授修职郎。

十二世祖处士讳良俊。

以上二公俱裕宗公子，因变回如皋，故其生婚殁葬后裔俱详皋乘。

十二世祖衣巾礼生讳良牧，号拱辰。荣宗公子。公所置老鸦山田，卒后捐入先文恭公祠助祭。祖妣孺人氏族生卒葬所俱未详。乏嗣。

十二世祖庠生讳之彦，字君圣。宪宗公长子。

元配孺人陆氏，继娶李氏、张氏、董氏。生没葬所俱未详。生子二：炳明、炳玑。

十二世祖处士讳之秀。宪宗公次子。

祖妣氏族生庚死忌葬所俱失考。生子一：炳树。

十二世祖处士讳之奇。宪宗公三子。随族宦游湖广，故其配氏生卒葬所后裔俱失考。

十二世祖处士讳良士，号信庵。守宗公长子。

祖妣氏族生殁葬所俱未详。生子一：炳灏，不寿。

十二世祖庠生讳良誉。守宗公次子。回居如皋，故其配氏生卒葬所后裔俱失考。

十二世祖庠生讳之耀，号继淮。述宗公之子。

元配孺人石氏，他本作谷。继孺人顾氏，他本作徐。生卒葬所俱失考。生一子：炳健。

十二世祖廪生讳明产。盛宗公长子。清例授修职郎。

按，旧谱载："公赋性端严，言笑不苟，生平嗜学，课读弥勤。"生庚死忌葬所俱失考。

祖妣孺人龙氏，生没葬所俱未详。

十二世祖讳之昌，号君显。盛宗公次子。以曾孙录贵清貤赠奉政大夫。

祖妣宜人顾氏，生庚死忌葬所俱失考。生子四：炳俊、炳杰、炳英、炳雄。

十二世祖处士讳之元。大宗公之子。

祖妣氏族生殁葬所俱未详。生子一：炳嘉。

十二世祖廪生讳之瑞，号腾川。逢盛公之子。清例授修职郎。

祖妣孺人刘氏，生卒葬所俱失考。生一子：炳麟。

十二世祖讳之俊。

祖讳之杰。

祖讳之兰。

祖讳之伟。

以上四公俱逢成公子，随父宦游成都府，遂家于彼处之虎坐山，故其生婚卒葬俱失考。

十二世祖讳之说，号君锡。

祖讳之爽。

二公俱逢乾公子，回居如皋，故其配氏后裔生庚死忌葬所均详皋乘。

十二世祖廪生讳之典，号君敕。逢吉公长子。清例授修职郎。

祖妣孺人氏族生卒葬所俱失考。生子二：炳仁、炳义。

十二世祖处士讳之锦。逢吉公次子。

祖妣氏族生卒葬所俱失考。无传。

十二世祖廪生讳之望。修吉公长子。清例赠修职郎。

祖妣孺人氏族生殁葬所俱未详。乏嗣。

十二世祖庠生讳之植，号君培。修吉公次子。

祖妣元配孺人王氏，继娶唐氏、李氏、汪氏，生庚死忌葬所俱未详。生子一：炳旭。回居如皋。

十二世祖廪生讳之绪，号君握。逢聘公之子。清例赠修职郎。

祖妣孺人李氏，生卒葬所俱失考。生子二：炳志、炳文。

十二世祖廪生讳之皋，字见之。逢昇公长子。清例赠修职郎。

按，旧谱载：公好学不厌，乐善不倦，故一时人士嘉其笃行，咸有菩萨之目云。

祖妣孺人段氏，生卒葬所俱未详。生子二：炳常、炳圭。

十二世祖讳之旦。逢昇公次子。生婚没葬俱失考。

十二世祖处士讳之伯，字君咨，号维清。逢昇公三子。

祖妣金氏，生卒葬所俱失考。生子四：炳乐、炳美、炳服、炳味。

十二世祖处士讳之尹，字君任，号觉先。逢昇公四子。

祖妣戴氏，生卒葬所俱失考。生子二：炳道、炳教。

十二世祖处士讳之夔，号吉哉。逢鼎公之子。

元配顾氏，继娶吴氏，生卒葬所失考。生子一：炳器。

十二世祖庠生讳之益，号君相。光宗公之子。

祖妣孺人赵氏，生庚死忌葬所俱未详。生子一：炳慧。

自一世至十二世止此，《孙氏宗谱》上册终。

参考书目

经 部

孔颖达《毛诗注疏》,乾隆四年校刊同治十年重刊本。

孔颖达《尚书注疏》,乾隆四年校刊同治十年重刊本。

郑玄,孔颖达等《礼记注疏》,影印文渊阁四库全书本。

朱熹《周易本义》,袁州府仰韩堂明正德十六年刻本。

孙应鳌《淮海易谈》,明隆庆间刻本,四库全书存目丛书第七册。

高亨《周易大传今注》,清华大学出版社二〇一〇年版。

陆德明等《春秋公羊传注疏》,影印文渊阁四库全书一四五册。

孔颖达等《春秋左传注疏》,清乾隆四年校刊同治十年重刊本。

吕祖谦《左氏博议》,影印文渊阁四库全书一五二册。

朱熹《四书章句集注》,影印文渊阁四库全书一九七册。

顾野王等《玉篇》,台湾商务印书馆股份有限公司二〇一一年。

张自烈,廖文英《正字通》,中国工人出版社一九九六年。

丁度《集韵》，上海古籍出版社一九八三年。

史　部

北京图书馆金石组编《北京图书馆藏中国历代石刻拓本汇编》，中州古籍出版社一九九〇年。

陈以耀《万历铜仁府志》，北京图书馆出版社二〇〇二年版。

段荣勋，孙茂櫺《清平县志》，光绪间刊，贵州省图书馆藏。

邓云霄，曾凤仪《衡岳志》，明万历四十年刊本。

范钦《天一阁书目》，清嘉庆十三年扬州阮氏元文选楼刻本，续修四库全书九二〇册。

房玄龄《晋书》，影印文渊阁四库全书史部二五五至二五六册。

顾秉谦等《大神宗显皇帝实录》，原北图平库善本丛书影印明朱格抄本。

过庭训《本朝分省人物考》，明天启间刻本，续修四库全书五三三至五三六册。

胡宏《皇王大纪》，影印文渊阁四库全书史部三一三册。

黄宗羲《宋元学案》，续修四库全书史部五一八至五一九册。

黄宗羲《明儒学案》，影印文渊阁四库全书史部四五七册。

黄佐《南雍志》，明嘉靖间刻隆庆万历天启间增修本，四库全书存目丛书史部二五七册。

黄儒炳《续南雍志》，伟文图书出版社影印天启刻本。

黄虞稷《千顷堂书目》，影印文渊阁四库全书史部六七六册。

纪昀等《四库全书总目提要》，河北人民出版社二〇〇〇年。

焦竑《国朝献征录》，明万历四十四年徐象枟曼山馆刻本，续修四库全书五二五至五三一册。

李遂《李襄敏公奏议》，明万历二年陈瑞刻本，四库全书存目丛书史部六一册。

李元度《南岳志》，岳麓书社二〇一三年。

李瀚章，郭嵩焘《光绪湖南通志》，清光绪十一年刻本。

卢上铭，冯士骅《辟雍纪事》，明崇祯间刻本，续修四库全书八二八册。

卢重华《太岳太和山志》，明隆庆六年刻本。

吕克孝《万历如皋县志》，万历四十六年刻本，原北平国立图书馆甲库善本三〇五册。

杨受延等修，马汝舟纂《如皋县志》，清嘉庆十三年刊本。

梁国治《钦定国子监志》，影印文渊阁四库全书史部六〇〇册。

莫友芝《宋元旧本书经眼录》，清同治间刻本，续修四库全书九二六册。

裴应章，彭遵古《万历郧台志》，明万历庚寅郧阳刊本。

丘濬《世史正纲》，嘉靖四十二年孙应鳌刻本，四库全书存目丛书史部第六册。

孙培秀，孙锡畴《清平孙氏族谱》，清光绪三十二年学孔精舍重刊。

天一阁博物馆整理《天一阁藏明代科举录选刊》，宁波出版社二〇一〇年。

万斯同《明史》，清钞本，续修四库全书三二四至三三一册。

王材，郭鎜《皇明太学志》，明嘉靖三十八年国子监刻隆庆万历递修本，原国立北平图书馆甲库善本丛书四一四册。

王来贤，许一德《万历贵州通志》，日本藏中国罕见地方志丛刊本。

文庆《国子监志》，清道光间抄本，续修四库全书七五一至七五二册。

韦昭注《国语》，影印文渊阁四库全书史部四〇六册。

卫既齐，薛载德《康熙贵州通志》，康熙三十六年刻本。

吴道迩《万历襄阳府志》，中国书店出版社二〇〇二年。

徐学谟《万历湖广总志》，明万历间刻本，四库全书存目丛书史部一九四至一九六册。

徐开任《明名臣言行录》，清康熙间刻本，续修四库全书五二〇至五二一册。

姚觐元《清代禁毁书目四种》，光绪十年刻咫进斋丛书，续修四库全书九二一册。

尹继隆《南岳二贤祠志》，清咸丰三年刊本。

邹元标《邹忠介公奏疏》，明崇祯十四年林铨刻本，续修四库全书史部四八一册。

张维新《华岳全集》，上海图书馆藏明末刻本，续修四库全书七二二册。

郑天佐,李征《万历桃源县志》,明万历四年刊本。

朱睦㮮《万卷堂书目》,观古堂书目从刻本,续修四库全书九一九册。

中国科学院图书馆整理《续修四库全书总目提要》,中华书局一九九三年。

子　部

程颢,程颐《二程遗书》,影印文渊阁四库全书子部六九八册。

褚伯秀《南华真经义海纂微》,影印文渊阁四库全书子部一〇五七册。

郭庆藩《庄子集释》,清光绪间思贤讲舍刻本,续修四库全书子部九五七至九五八册。

郭象《庄子注》,影印文渊阁四库全书子部一〇五六册。

李士表《庄子九论》,影印文渊阁四库全书子部一〇五七册。

林希逸《庄子口义》,影印文渊阁四库全书子部一〇五六册。

马融《忠经》,商务印书馆一九二二年。

邵雍《皇极经世》,影印文渊阁四库全书子部八〇三册。

施仁《左粹类纂》,明嘉靖锡山安国弘仁堂刻本,北京出版社四库全书存目丛书子部一七八册。

孙应鳌《庄义要删》,明万历八年陶幼学等刻本,北京出版社四库未收书辑刊三辑二十七册。

孙应鳌《教秦总录》，日本内阁文库藏明隆庆二年颜鲸序刻本。

万全《痘疹世医心法》，明万历十一年 莯允升刻本本，续修四库全书子部一〇一一册。

万全《新刊万氏家传养生四要》，清乾隆六年敷文堂刻万密斋书本，

万全《痘疹世医心法》，明万历元年孙光祖重刻本。

王冰《灵枢经》，影印文渊阁四库全书子部七三三册。

王雱《南华真经新传》，影印文渊阁四库全书子部一〇五七册。

赵时春《稽古绪论》，北京师大图书馆藏明嘉靖间刊本，续修四库全书子部一一二三册。

郑处诲《明皇杂录补遗》，影印文渊阁四库全书子部一〇三五册。

朱得之《庄子通义》，明嘉靖四十四年浩然斋刻三子通义本，续修四库全书九五五至九五六册。

庄周《庄子》，江苏古籍出版社二〇〇二年。

集　部

蔡汝楠《自知堂集》，明嘉靖四十三年刻本，明别集丛刊第三辑二册。

陈与郊《隅园集》，明万历四十五年至天启元年赐绯堂刻本，明别集丛刊第三辑九十八册。

陈田《明诗纪事》，贵阳陈氏听诗斋刻本，续修四库全书一七一〇至一七一二册。

邓显鹤《沅湘耆旧集》,清道光二十四年邓氏小九华山楼刻本,续修四库全书一六九〇册。

高拱《掌铨题稿》,《明别集丛刊》第二辑九十册,影印康熙丁卯重刻本。

耿定向《耿天台先生文集》,明万历二十六年刘元卿刻本,四库全书存目丛书集部一三一册。

郭子章《黔草》,明万历间刻本,四库全书存目丛书集部一五五至一五六册。

郭子章《青螺公遗书合编》,清光绪八年三乐堂刻本,明别集丛刊第三辑九十四册。

胡直《衡庐精舍藏稿续稿》,明万历刻本,明别集丛刊第三辑四册。

胡直《太虚轩稿》,明万历二十一年旷骥刻本。

黄宗羲《明文海》,影印文渊阁四库全书本一四五三至一四五八册。

姜宝《姜凤阿文集》,明万历间刻本,明别集丛刊第二辑九十五册。

蒋信《蒋道林先生文粹》,明万历四年姚世英刻本,四库全书存目丛书集部九十六册。

蒋信《道林先生摘言》,湖南省图书馆藏明隆庆二年刻本。

李栻《唐诗会选》,北京师范大学图书馆藏明万历刻本。

凌儒《旧业堂集》,明天启四年刻本,明别集丛刊第三辑四十七册。

李宗木《李杏山集》,明万历三十五年刻六李集本,明别集丛刊第二辑八十六册。

刘伯燮《鹤鸣集》,明万历十四年郑懋洵刻本,四库未收书辑刊第五辑二十二册。

罗洪先《念庵文集》,影印文渊阁四库全书珍本五集三五二至三五五册。

罗洪先《罗洪先集补编》,“中央研究院”中国文哲研究所二〇〇九年。

茅坤《玉芝山房稿》,明万历十六年刻本,四库全书存目丛书集部一〇五至一〇六册。

冒广生《小三吾亭文甲集》,丛书集成三编五十四册。

莫友芝《郘亭遗诗》,天津图书馆藏清光绪元年刻本。

南轩《渭上稿》,明万历十六年关中南氏家刻本,明别集丛刊第三辑五十二册。

欧大任《欧虞部集》,清刻本,明别集丛刊第三辑第三册。

乔世宁《丘隅集》,明嘉靖四十二年孙应鳌刻本,明别集丛刊第二辑八十册。

丘禾实《循陔园集》,中国科学院图书馆藏明万历四十一年刻本。

任瀚《任文逸稿》,傅斯年图书馆藏明万历辛卯序刊本。

帅机《阳秋馆集》,清乾隆三年日新堂修献堂刻本,明别集丛刊第三辑十八册。

宋仪望《华阳馆文集》,清道光二十二年永丰宋氏刻本,明别集丛刊第三辑七册。

孙应鳌《孙文恭公遗书》,清宣统二年南洋官书局铅印本,明别集丛刊第三辑四十二册。

孙应鳌《孙山甫督学集》,日本静嘉堂文库藏嘉靖四十五年邵元善刻八卷本。

孙应鳌《孙山甫督学集》,台北故宫博物院藏嘉靖四十五年邵元善刻存四卷本。

苏轼《东坡题跋》,人民美术出版社二〇〇八年版。

唐伯元《醉经楼集》,中国历史文集丛刊朱鸿林点校本,中华书局二〇一三年。

唐树义、黎兆勋、莫友芝《黔诗纪略》,清同治十二年金陵书局刻本。

田雯《古欢堂集》,影印文渊阁四库全书一三二四册。

王崇古《公馀漫稿》,明隆庆二年栗永禄、冯惟讷刻本。

王宗沐《敬所王先生文集》,明万历元年刘良弼刻本,明别集丛刊第三辑二十四册。

温纯《温恭毅公文集》,明崇祯刻清乾隆重修本,明别集丛刊第三辑七十九册。

吴悌《吴疏山先生遗集》,清刻本,明别集丛刊第二辑八十册。

王畿《龙溪王先生全集》,万历四十三年丁宾张汝霖刻本,明别集丛刊第二辑四十九册。

王世贞《弇州山人四部稿》,明万历五年世经堂刻本,明别集丛刊第三辑三十三册。

吴国伦《甔甀洞稿》,明万历三十一年吴士良、马攀龙刻本,续修四库全书一三五〇册。

吴国伦《甔甀洞续稿》,明万历三十一年吴士良刻本,明别集丛刊第三辑二十六册。